Datenschutzrecht und Datenwirtschaftsrecht

dtv

Schnellübersicht

Datenschutzrecht und Datenwirtschaftsrecht

Datenschutz-Grundverordnung
JI-Richtlinie
Bundesdatenschutzgesetz
Verordnung über künstliche Intelligenz
Gesetz über digitale Dienste/Digital Services Act
Gesetz über digitale Märkte/Digital Markets Act
Datenverordnung/Data Act
Daten-Governance-Rechtsakt/Data Governance Act
Grundrechtecharta
Europäische Datenschutzkonvention
Telekommunikation-Digitale-Dienste-Datenschutz-Gesetz
Standardvertragsklauseln für die Übermittlung personenbezogener Daten in Drittländer

Textausgabe mit ausführlichem Sachverzeichnis und einer Einführung von

Prof. Dr. Marcus Helfrich, Rechtsanwalt,
FOM Hochschule für Oekonomie und Management,
München

16. Auflage
Stand: 15. Oktober 2024

dtv

dtv.de | beck.de

Sonderausgabe
dtv Verlagsgesellschaft mbH & Co. KG,
Tumblingerstraße 21, 80337 München

Wilhelmstraße 9, 80801 München
info@beck.de
Satz, Druck und Bindung: Druckerei C.H.Beck Nördlingen
(Adresse wie Verlag)
Umschlaggestaltung auf der Grundlage
der Gestaltung von Celestino Piatti

myclimate
shape our future

chbeck.de/nachhaltig
produktsicherheit.beck.de

ISBN 978-3-423-53283-9 (dtv)
ISBN 978-3-406-83138-6 (C.H.Beck)

9 783406 831386

Inhaltsverzeichnis

Erster Teil. Europäische Regelungen

Zweiter Teil. Nationales Recht

Dritter Teil. Materialien und Empfehlungen für die Praxis

Abkürzungsverzeichnis

a. A.	anderer Ansicht
a. a. O.	am angegebenen Ort
Abs.	Absatz
aF	alte Fassung
AG	Amtsgericht
AGG	Allgemeines Gleichbehandlungsgesetz
Anm.	Anmerkung
AO	Abgabenordnung
ArbG	Arbeitsgericht
ArbGG	Arbeitsgerichtsgesetz
Art.	Artikel
AuslG	Ausländergesetz
BAG	Bundesarbeitsgericht
BAT	Bundesangestelltentarifvertrag
BayDSG	Bayerisches Datenschutzgesetz
BayObLG	Bayerisches Oberstes Landesgericht
BBankG	Bundesbankgesetz
BBauG	Bundesbaugesetz
BBG	Bundesbeamtengesetz
BCR	Binding Corporate Rules
BdgDSG	Brandenburgisches Datenschutzgesetz
Bd.	Band
BDO	Bundesdisziplinarordnung
BDSG	Bundesdatenschutzgesetz
BeamtStG	Beamtenstatusgesetz
BetrVG	Betriebsverfassungsgesetz
BfDI	Bundesbeauftragte oder Bundesbeauftragter für den Datenschutz und die Informationsfreiheit
BFH	Bundesfinanzhof
BGB	Bürgerliches Gesetzbuch
BGBl.	Bundesgesetzblatt
BGH	Bundesgerichtshof
BGSG	Bundesgrenzschutzgesetz
BHO	Bundeshaushaltsordnung
BKA	Bundeskriminalamt
BKAG	Gesetz über die Einrichtung eines Bundeskriminalpolizeiamtes
BlnDSB	Berliner Datenschutzbeauftragter
BlnDSG	Berliner Datenschutzgesetz
BMI	Bundesminister ium des Inneren
BMinG	Bundesministergesetz
BNDG	Gesetz über den Bundesnachrichtendienst
BPersVG	Bundespersonalvertretungsgesetz
BPolG	Bundespolizeigesetz
BR-Drs.	Bundesrats-Drucksache
BrDSG	Bremisches Datenschutzgesetz

Abkürzungsverzeichnis

BStatG	Gesetz über die Statistik für Bundeszwecke
BT-Drs.	Bundestags-Drucksache
BVerfG	Bundesverfassungsgericht
BVerfSchG	Bundesverfassungsschutzgesetz
BVerwG	Bundesverwaltungsgericht
BZRG	Bundeszentralregistergesetz
bzw.	beziehungsweise
CR	Computer und Recht (Zeitschrift)
d. h.	das heißt
DDG	Digitale-Dienste-Gesetz
ders.	derselbe
DIHT	Deutscher Industrie- und Handelskammertag
DGA	Digital Governance Act (Daten-Governance-Rechtsakt)
DMA	Digital Markets Act (Gesetz über digitale Märkte)
DSA	Digital Services Act (Gesetz über digitale Dienste)
DS-GVO	Datenschutz-Grundverordnung
DSG	Datenschutzgesetz
DSG-LSA	Datenschutzgesetz Sachsen-Anhalt
DSG-MV	Landesdatenschutzgesetz Mecklenburg-Vorpommern
DSG NW	Datenschutzgesetz Nordrhein-Westfalen
E	Entwurf
EDV	Elektronische Datenverarbeitung
EG	Europäische Gemeinschaft, Erwägungsgrund
EG-DSRL	EU-Datenschutzrichtlinie (RL 95/46/EG)
EK-DSRL	Datenschutzrichtlinie für elektronische Kommunikation (RL 2002/58/EG)
E-Mail	Electronic Mail
Erl.	Erläuterung
etc.	und so weiter
EU	Europäische Union
EuGH	Europäischer Gerichtshof
evtl.	eventuell
EWR	Europäischer Wirtschaftsraum
ff.	fortfolgend
Fn.	Fußnote
GDD	Gesellschaft für Datenschutz und Datensicherung e. V.
gem.	gemäß
GeschGehG	Geschäftsgeheimnis-Schutzgesetz
GG	Grundgesetz für die Bundesrepublik Deutschland
ggf.	gegebenenfalls
GMBl.	Gemeinsames Ministerialblatt
GVBl.	Gesetz- und Verordnungsblatt
HDSG	Hessisches Landesdatenschutzgesetz
HmbDSG	Landesdatenschutzgesetz Hamburg
h. M.	herrschende Meinung
Hess. DSB	Hessischer Datenschutzbeauftragter
HGB	Handelsgesetzbuch

Hrsg.	Herausgeber
Hs.	Halbsatz
i. d. F.	in der Fassung
i. d. R.	in der Regel
IFG	Informationsfreiheitsgesetz
i. G.	im Gegensatz
i. S. d.	im Sinne des
i. V. m.	in Verbindung mit
IuKDG	Informations- und Kommunikationsdienstegesetz
JMStV	Jugendmedienschutz-Staatsvertrag
JuSchG	Jugendschutzgesetz
KG	Kammergericht Berlin
KI-VO	Verordnung über künstliche Intelligenz
KpS-Richtlinien	Richtlinien für die Führung Kriminalpolizeilicher Sammlungen
KUG	Kunsturhebergesetz
KWG	Gesetz über das Kreditwesen
LDSG	Landesdatenschutzgesetz
LDSG-BW	Landesdatenschutzgesetz Baden-Württemberg
LDSG-SH	Landesdatenschutzgesetz Schleswig-Holstein
LDSG-RPf	Landesdatenschutzgesetz Rheinland-Pfalz
LG	Landgericht
Ls.	Leitsatz
m. w. N.	mit weiteren Nachweisen
MADG	Gesetz über den militärischen Abschirmdienst
MDStV	Mediendienstestaatsvertrag
MRRG	Melderechtsrahmengesetz
MMR	MultiMedia und Recht (Zeitschrift)
MiStra	Anordnung über Mitteilungen in Strafsachen
MStV	Medienstaatsvertrag
NDSG	Niedersächsisches Landesdatenschutzgesetz
nF	neue Fassung
NJW	Neue Juristische Wochenschrift (Zeitschrift)
Nr.	Nummer
Nrn.	Nummern
NVwZ	Neue Zeitschrift für Verwaltungsrecht (Zeitschrift)
o. g.	oben genannt
OECD	Organization for Economic Cooperation and Development (Organisation für wirtschaftliche Zusammenarbeit und Entwicklung)
OLG	Oberlandesgericht
OVG	Oberverwaltungsgericht
OWiG	Ordnungswidrigkeitengesetz
PAG	Polizeiaufgabengesetz
PC	Personalcomputer

Abkürzungsverzeichnis

PDSG .... Patientendaten-Schutz-Gesetz
PIN .... Persönliche Identifikationsnummer
PR .... Personalrat
PStG .... Personenstandsgesetz

Rn. .... Randnummer
RDV .... Recht der Datenverarbeitung (Zeitschrift)
RStV .... Rundfunkstaatsvertrag

S. .... Seite
s. .... siehe
SächsDSG .... Sächsisches Datenschutzgesetz
Schufa .... Schutzgemeinschaft für allgemeine Kreditsicherung
SDSG .... Saarländisches Datenschutzgesetz
SGB .... Sozialgesetzbuch
sog. .... sogenannt
StAnz. .... Staatsanzeiger
StGB .... Strafgesetzbuch
str. .... strittig
SÜG .... Sicherheitsüberprüfungsgesetz
StUG .... Stasiunterlagengesetz

TB .... Tätigkeitsbericht
TDDSG .... Teledienstedatenschutzgesetz
TDDDG .... Telekommunikation-Digitale-Dienste-Datenschutz-Gesetz
TDG .... Teledienstegesetz
TDSV .... Telekommunikations-Datenschutzverordnung
TKG .... Telekommunikationsgesetz
ThürDSG .... Thüringer Datenschutzgesetz
TMG .... Telemediengesetz
TTDSG .... Telekommunikation-Telemedien-Datenschutz-Gesetz

u. a. .... unter anderem
UKlaG .... Unterlassungsklagengesetz
u. U. .... unter Umständen
UWG .... Gesetz gegen den unlauteren Wettbewerb

VerfGH .... Verfassungsgerichtshof
VG .... Verwaltungsgericht
VGH .... Verwaltungsgerichtshof
vgl. .... vergleiche
VwGO .... Verwaltungsgerichtsordnung
VwVfG .... Verwaltungsverfahrensgesetz

WP .... Working Party
WWW .... World Wide Web

z. B. .... zum Beispiel
ZD .... Zeitschrift für Datenschutz (Zeitschrift)
ZEWIS .... Zentrales Verkehrsinformationssystem
Ziff. .... Ziffer
ZPO .... Zivilprozessordnung
ZRP .... Zeitschrift für Rechtspolitik (Zeitschrift)

Einführung

von Prof. Dr. iur. Marcus Helfrich,
FOM Hochschule für Oekonomie & Management, München

In der digitalisierten Gesellschaft hinterlassen wir Datenspuren. Betreiber sozialer Netzwerke bündeln die Einträge eines Mitglieds zu einem multimedialen Lebenslauf, Lieferanten entwickeln durch Empfehlungsalgorithmen Nutzerprofile ihrer Kunden, Marketingkonzepte stellen auf datenbasierte Verhaltensprognosen ab, in der Arbeitswelt bilden Unternehmen durch Monitoring-Systeme Kommunikationsmuster ihrer Mitarbeiter ab oder streben nach einer Optimierung von Geschäftsprozessen durch eine möglichst lückenlose Protokollierung des Arbeitsverhaltens. Schließlich wird allenthalben eine verheißungsvolle Zukunft mit Smart Home, autonomem Fahren oder auch der künftigen Produktion von Gütern im Rahmen der Industrie 4.0 gezeichnet. Staatliche Stellen sammeln Daten für die Strafverfolgung und ringen im Bemühen um die effektive Prävention terroristischer Bedrohungen sowie der wirksamen Verfolgung nationaler oder internationaler Kriminalität um die hierzu nötigen Informationen. Pandemische Gefährdungslagen lassen das Bedürfnis nach einer umfassenden Verarbeitung von Gesundheitsdaten sichtbar werden. In dieser vernetzten digitalen Gesellschaft hat das Datenschutzrecht die Aufgabe, das Recht auf informationelle Selbstbestimmung zu schützen und zugleich einen wirksamen Ausgleich zwischen miteinander streitenden Interessen und anderen grundrechtlich geschützten Positionen zu schaffen. Datenschutzrecht ist ein komplexes Recht, das ursprünglich aus dem nationalen Verfassungsrecht abgeleitet wurde und inzwischen durch die Datenschutz-Grundverordnung (DS-GVO) auf einer europaweit harmonisierten Grundlage beruht. Stand im Zuge der EG-Datenschutzrichtlinie des Jahres 1995 noch das Bemühen im Vordergrund, unter Beachtung des Subsidiaritätsprinzips auf nationaler Ebene ein möglichst harmonisiertes Datenschutzniveau zu schaffen, stiftet die Datenschutz-Grundverordnung mit ihrer Wirksamkeit seit dem 25. Mai 2018 ein einheitliches Datenschutzrecht[1] innerhalb der gesamten Europäischen Union. In der Zukunft wird der Datenschutz in der wachsenden Netzgesellschaft mit mobiler Kommunikation, der cloudgespeicherten Daten, dem „Internet der Dinge" (IoT) sowie der steigenden Bedeutung künstlicher Intelligenz und der damit verbundenen Verarbeitung auch personenbezogener Daten seine Aufgabe und Wirkung finden müssen.

Die am 13. Juli 2024 verabschiedete Verordnung über künstliche Intelligenz **(Nr. 4)** stellt den weltweit ersten Versuch eines Gesetzgebers dar, regulatorische Rahmenbedingungen für die Entwicklung, das Inverkehrbringen und die Verwendung von KI-Systemen in der Union zu schaffen.

Mit der Verabschiedung des Gesetzes über digitale Dienste (Digital Services Act)[2] **(Nr. 5)**, des Gesetzes über digitale Märkte (Digital Markets Act)[3]

[1] Siehe Erwägungsgrund 3 DS-GVO.

[2] Verordnung (EU) 2022/2065 des Europäischen Parlaments und des Rates vom 19. Oktober 2022 über einen Binnenmarkt für digitale Dienste und zur Änderung der Richtlinie 2000/31/EG, ABl. EU L 277, S. 1 v. 27.10.2022.

[3] Verordnung (EU) 2022/1925 des Europäischen Parlaments und des Rates vom 14. September 2022 über bestreitbare und faire Märkte im digitalen Sektor und zur Änderung der Richtlinien (EU) 2019/1937 und (EU) 2020/1828, ABl. EU L 265, S. 1 v. 12.10.2022.

(Nr. 6) sowie des Daten-Governance-Rechtsakts (Data Governance Act)[1] **(Nr. 8)** verdeutlicht die Europäische Union ihre Regelungsanstrengungen im Rahmen der Digitalstrategie.[2] Auch wenn die genannten Regelwerke auf den ersten Blick nicht den Umgang mit personenbezogenen Daten zum Gegenstand haben, zeigen sie an vielfältigen Stellen Bezüge zum Datenschutzrecht und werfen Abgrenzungsfragen auf.

Mit der Datenverordnung (Data Act)[3] **(Nr. 7)** vom 13. Dezember 2023 trägt der europäische Gesetzgeber dem Umstand Rechnung, dass datengetriebene Technologien und eine stetig intensivierte Vernetzung zu einer Transformation verschiedener Wirtschaftssektoren geführt hat.[4] Die Verordnung stellt auf die Schaffung eines Binnenmarktes für Daten ab und soll die hierfür erforderlichen rechtlichen Rahmenbedingungen gewährleisten.

Sämtliche Verordnungen, wie sie unter **Nr. 4** bis **Nr. 8** in diese Textsammlung aufgenommen wurden, bilden gemeinsam mit den datenschutzrechtlichen Bestimmungen Bausteine dessen, was als „Datenwirtschaftsrecht" bezeichnet werden kann. In vielfältiger Weise erfordern diese gesetzlichen Regelungen eine Auseinandersetzung mit der Frage, ob und in welcher Hinsicht personenbezogene Daten Gegenstand eines Verarbeitungsvorgangs sind. Die Befassung mit Rechtsfragen der Digitalisierung muss deren Komplexität Rechnung tragen. Die Entwicklung des Rechts der Digitalisierung zeigt, dass über das Datenschutzrecht im engeren Sinne hinaus Wechselwirkungen mit den einschlägigen Verordnungen der EU beachtet werden müssen. Die Textsammlung greift dieses Erfordernis auf und erweitert den Fokus vom Datenschutzrecht auf das Datenwirtschaftsrecht.

Im Interesse einer kompakten Textsammlung wurde auf die Aufnahme der bis zur 15. Auflage enthaltenen Regelungen des Sozialgesetzbuches (SGB I bis XII) verzichtet, da mit vier Textsammlungen zum SGB[5] in der Reihe Beck-Texte im dtv jeweils vollständige Editionen zur Verfügung stehen.

A. Datenschutzrecht

I. Datenschutz zwischen Europarecht und nationalem Recht

Die Verarbeitung personenbezogener Daten bildet eine der wesentlichen Säulen der Informationsgesellschaft und der in ihr erfolgreichen digitalen Wirtschaft. IT-Verarbeitungen sind nicht mehr nur lokal vorstellbar. Von der Erhe-

---

[1] Verordnung (EU) 2022/868 des Europäischen Parlaments und des Rates vom 30. Mai 2022 über europäische Daten-Governance und zur Änderung der Verordnung (EU) 2018/1724, ABl. EU L 152, S. 1 v. 3.6.2022.

[2] Siehe hierzu die Mitteilung der Kommission an das Europäische Parlament, den Rat, den Europäischen Wirtschafts- und Sozialausschuss und den Ausschuss der Regionen, Gestaltung der digitalen Zukunft Europas vom 19.2.2020, COM(2020) 67 final.

[3] Verordnung (EU) 2023/2854 des Europäischen Parlaments und des Rates vom 13. Dezember 2023 über harmonisierte Vorschriften für einen fairen Datenzugang und eine faire Datennutzung sowie zur Änderung der Verordnung (EU) 2017/2394 und der Richtlinie (EU) 2020/1828 (Datenverordnung), ABl. EU L 2023/2854 v. 22.12.2023.

[4] Siehe hierzu Erwägungsgrund 1 ff. Datenverordnung.

[5] Sozialgesetzbuch mit Sozialgerichtsgesetz: SGB, 53. Aufl. 2024; SGB V – Recht des öffentlichen Gesundheitswesens, 23. Aufl. 2024; SGB II: Grundsicherung für Arbeitsuchende / SGB XII: Sozialhilfe, 20. Aufl. 2024; SGB IX Rehabilitation und Teilhabe von Menschen mit Behinderungen, 12. Aufl. 2024.

bung personenbezogener Daten bis hin zur Verarbeitung und deren Speicherung in transnationalen oder internationalen Cloud-Lösungen finden IT-Prozesse im grenzüberschreitenden Kontext statt. Gleichzeitig bildet das jeweilige nationale Recht stets den Anknüpfungspunkt für die datenschutzrechtliche Ausgestaltung der IT-Prozesse. Der Europarat erkannte 1981 die grundrechtliche Bedeutung des Schutzes des Persönlichkeitsrechts für den Einzelnen und verankerte im „Übereinkommen zum Schutz des Menschen bei der automatischen Verarbeitung personenbezogener Daten (Konvention Nr. 108)“ **(Nr. 10)** eine Verpflichtung der Unterzeichnerstaaten zum Schutz des Persönlichkeitsrechts im Zusammenhang mit der Verarbeitung personenbezogener Daten. Die Konvention stellt einen wichtigen Baustein der europäischen Datenschutzhistorie dar. Am 18. Mai 2018 legte das Ministerkomitee des Europarats eine modernisierte Fassung der Konvention vor („Konvention 108+“),[1] die jedoch bislang für die Bundesrepublik Deutschland noch nicht in Kraft getreten ist. Vom Abdruck in der vorliegenden Textsammlung wird deshalb einstweilen abgesehen.

Auf der Ebene der Europäischen Gemeinschaft verfolgte die EG-Datenschutzrichtlinie (Richtlinie 95/46/EG)[2] des Jahres 1995 das Ziel, die in den Mitgliedstaaten bestehende Rechtslage in Bezug auf den Schutz der personenbezogenen Daten zu harmonisieren und so innerhalb der Europäischen Gemeinschaft ein gemeinsames Datenschutzniveau zu bilden. Die Richtlinie wurde in den Mitgliedstaaten der EG umgesetzt. Allerdings führte dies nicht zu der angestrebten einheitlichen Handhabung des Datenschutzes. So waren die festzustellenden Unterschiede beim Schutz der Rechte und Grundfreiheiten von Personen im Zusammenhang mit der Verarbeitung personenbezogener Daten für die Kommission Anlass, im Januar 2012 den Entwurf einer Datenschutz-Grundverordnung[3] dem ordentlichen Gesetzgebungsverfahren nach Art. 294 AEUV zuzuführen. Nach intensiven und teilweise langwierigen Beratungen und Verhandlungen, sowohl im Rahmen des Europaparlaments als auch des Rates der Europäischen Union, verständigten sich die im Gesetzgebungsverfahren beteiligten Organe im Rahmen des sog. „Trilogs“ am 15. Dezember 2015 auf eine gemeinsame Entwurfsfassung der Datenschutz-Grundverordnung (DS-GVO). Diese wurde am 27. April 2016 verabschiedet und am 4. Mai 2016 im Amtsblatt der EU veröffentlicht **(Nr. 1)**.[4] Zeitgleich wurde im Rahmen des verabschiedeten Datenschutzpakets die Richtlinie (EU) 2016/680 **(Nr. 2)** verabschiedet und veröffentlicht, mit der vor allen Dingen die datenschutzrechtlichen Rahmenbedingungen für die Strafverfolgung und -vollstreckung innerhalb der EU-Mitgliedstaaten harmonisiert werden sollen.[5]

---

[1] Modernised Convention for the Protection of Individuals with Regard to the Processing of Personal Data, CM/Inf(2018)15-final v. 18.5.2018.

[2] RL 95/46/EG des Europäischen Parlaments und des Rates vom 24. Oktober 1995 zum Schutz natürlicher Personen bei der Verarbeitung personenbezogener Daten und zum freien Datenverkehr, ABl. EG L 281, S. 31.

[3] Entwurf einer Verordnung des Europäischen Parlaments und des Rates zum Schutz natürlicher Personen bei der Verarbeitung personenbezogener Daten und zum freien Datenverkehr, KOM/2012/011 endg. v. 25.1.2012.

[4] Verordnung (EU) 2016/679 des Europäischen Parlaments und des Rates vom 27. April 2016 zum Schutz natürlicher Personen bei der Verarbeitung personenbezogener Daten, zum freien Datenverkehr und zur Aufhebung der Richtlinie 95/46/EG (Datenschutz-Grundverordnung), ABl. EU L 119, S. 1 v. 4.5.2016.

[5] Richtlinie (EU) 2016/680 des Europäischen Parlaments und des Rates vom 27. April 2016 zum Schutz natürlicher Personen bei der Verarbeitung personenbezogener Daten durch die zuständigen

Einführung

Die DS-GVO ist seit dem 25. Mai 2018 in allen Mitgliedstaaten der Europäischen Union einheitlich zu beachten. Zeitgleich trat in der Bundesrepublik Deutschland ein grundlegend reformiertes Bundesdatenschutzgesetz (BDSG) **(Nr. 11)** in Kraft, mit dem der nationale Gesetzgeber sich um die Ausgestaltung verbliebener oder eingeräumter datenschutzrechtlicher Regelungskompetenzen bemüht.

Als „Grundverordnung"[1] sieht die DS-GVO zwar einerseits allgemeine und grundlegende Regeln zur Verarbeitung[2] personenbezogener Daten vor. Andererseits enthält die Verordnung eine Vielzahl an Klauseln,[3] die den Mitgliedstaaten gestatten, ergänzende bzw. spezifischere Vorschriften des Schutzes personenbezogener Daten entweder aufrechtzuerhalten oder zu schaffen. Wie *Selmayr*[4] zutreffend betont, handelt es sich bei diesen Regelungen streng genommen nicht um „Öffnungsklauseln", sondern um Spezifizierungsklauseln, da dem nationalen Gesetzgeber nur in dem durch die Verordnung vorgegebenen Rahmen der Erlass spezifizierender Vorschriften gestattet ist.

Der Bundesgesetzgeber sah sich in der Pflicht, über die unionsrechtlich geforderte Umsetzung der Richtlinie (EU) 2016/680 **(Nr. 2)** hinaus auch von der aus seiner Sicht eingeräumten rechtsgestaltenden Befugnis aufgrund zahlreicher als „Öffnungsklauseln" wahrgenommenen Regelungen der DS-GVO Gebrauch zu machen. Dies geschah trotz erheblicher europarechtlicher Bedenken[5] mit der Verabschiedung des (Ersten) Datenschutz-Anpassungs- und -Umsetzungsgesetzes EU (DSAnpUG-EU). Das in dem Artikelgesetz enthaltene BDSG ist als **Nr. 11** in diesen Textband aufgenommen.

Mit dem „Zweiten Gesetz zur Anpassung des Datenschutzrechts an die Verordnung (EU) 2016/679 und zur Umsetzung der Richtlinie (EU) 2016/680 (Zweites Datenschutz-Anpassungs- und Umsetzungsgesetz EU – 2. DSAnpUG-EU)"[6] vom 20. November 2019 hat der Bundesgesetzgeber in mehr als 150 Einzelgesetzen überwiegend[7] redaktionelle Anpassungen vorgenommen. Im Rahmen dieses Gesetzgebungsvorhabens wurde die in § 38 Abs. 1 BDSG zuvor enthaltene Schwelle für die Benennung eines Datenschutzbeauftragten von zehn auf zwanzig Mitarbeiter angehoben.[8]

In welchem Umfang die Bestimmungen des BDSG neben der DS-GVO europarechtlich Bestand haben werden, bleibt ausdrücklich abzuwarten.[9] Die im Gesetzgebungsverfahren zum 1. DSAnpUG-EU geäußerte Kritik verweist sowohl darauf, dass der Bundesgesetzgeber teilweise in Verkennung der Bedeutung der Spezifizierungsklauseln über den Regelungsrahmen der DS-GVO hinausgeht als auch in anderer Hinsicht unter Verletzung des unionsrechtlichen

---

Behörden zum Zwecke der Verhütung, Ermittlung, Aufdeckung oder Verfolgung von Straftaten oder der Strafvollstreckung sowie zum freien Datenverkehr und zur Aufhebung des Rahmenbeschlusses 2008/977/JI des Rates, ABl. EU L 119, S. 89 v. 4.5.2016.

[1] Zum Begriff der „Grundverordnung" *Selmayr/Ehmann* in: Ehmann/Selmayr, Datenschutz-Grundverordnung, 3. Aufl. 2024, Einleitung Rn. 89 ff.

[2] Zum umfassenden Begriff der „Verarbeitung" vgl. Art. 4 Nr. 2 DS-GVO.

[3] Vgl. beispielsweise Art. 6 Abs. 2 DS-GVO oder auch Art. 88 Abs. 1 DS-GVO.

[4] Vgl. *Selmayr/Ehmann* in: Ehmann/Selmayr, Datenschutz-Grundverordnung, 3. Aufl. 2024, Einleitung Rn. 97.

[5] *Jensen*, ZD-Aktuell 2017, 05596; *Ehmann*, ZD-Aktuell 2016, 04216; *Johannes*, ZD-Aktuell 2016, 05322; *Helfrich*, ZD 2017, 97; *Franck*, ZD 2018, 345.

[6] BGBl. I 1626 vom 25.11.2019.

[7] Zu den einzelnen Änderungen und deren Begründung vgl. BR-Drs. 430/18 vom 7.9.2018 S. 2 ff.

[8] Hierzu *Helfrich* in: Sydow/Marsch, DS-GVO, BDSG, 3. Aufl. 2022, § 38 Rn. 40.

[9] Siehe hierzu *Franck*, ZD 2018, 345.

Verbots den Wortlaut und Regelungsgehalt der Verordnung im nationalen Recht wiederholt.

Der Europäische Gerichtshof verwies in seinem Urteil vom 30. März 2023 – C-34/21 (Hauptpersonalrat der Lehrerinnen und Lehrer beim Hessischen Kultusministerium / Minister des Hessischen Kultusministeriums) den nationalen Gesetzgeber deutlich darauf hin, dass eine – auch sinngemäße – Wiederholung des Wortlauts einer Vorschrift der Verordnung nicht den europarechtlichen Anforderungen an eine spezifischere Vorschrift genügt.[1)]

In jedem Fall bedürfen auch die bestehenden nationalen Datenschutzvorschriften vor dem Hintergrund des höherrangigen Europarechts jedenfalls der europarechtsfreundlichen Auslegung.[2)]

Die DS-GVO bringt einen teilweise erheblichen Änderungs- oder Anpassungsbedarf mit sich: Die für die Verarbeitung Verantwortlichen müssen ihre Verfahren und Abläufe so gestalten, dass eine möglichst hohe Datenschutzfreundlichkeit gewährleistet ist („Privacy by Design“ sowie „Privacy by Default“),[3)] dem Betroffenen werden unter dem Schlagwort des „Rechts auf Vergessenwerden“ ausgeprägtere Löschungs-[4)] und Berichtigungsansprüche[5)] gewährt sowie ein neuer Anspruch auf „Datenportabilität“ formuliert,[6)] mit dem langfristig die Häufigkeit von Neuerhebungen personenbezogener Daten reduziert werden soll. Die für die Verarbeitung verantwortlichen Unternehmen müssen ihrerseits Instrumente und Verfahren entwickeln, die eine Datenschutz-Folgenabschätzung[7)] ermöglichen. Neben diesen Instrumenten und Ansprüchen enthält die DS-GVO eine Reihe von vertrauten Strukturen wie beispielsweise den Grundsatz des Verbots mit Erlaubnisvorbehalt[8)] und eine Vielzahl an Präzisierungen bisheriger datenschutzrechtlicher Prinzipien[9)], die durchaus eine Überprüfung bestehender datenschutzrechtlicher Strukturen in Unternehmen auf ihre künftige Vereinbarkeit mit den Anforderungen der DS-GVO rechtfertigen.[10)] Auch der Aufgabenbereich des Datenschutzbeauftragten ändert sich unter der DS-GVO, da die Verordnung dem betrieblichen Datenschutzbeauftragten eine stärkere Rolle[11)] zuweist und diese nicht zuletzt auch im Zusammenhang mit der Einrichtung eines effektiven Systems der Datenschutz-Folgenabschätzung[12)] sowie der Implementierung eines effektiven Datenschutz-Managementsystems an Bedeutung gewinnt.

[1)] Siehe EuGH, Urt. v. 30.3.2023 – C-34/21, ZD 2023, 392 (m. Anm. *Schild*), dort insbesondere Rn. 65.

[2)] Die vorliegende Textsammlung nimmt auf diese Parallelität der datenschutzrechtlichen Regelungsebenen insoweit Rücksicht, als der DS-GVO wegen ihres Vorrangs in der Gliederungssystematik der erste Rang eingeräumt wird, während die bisherige nationale Rechtslage strukturell unverändert (weiter) neben dem neu gefassten BDSG abgebildet bleibt.

[3)] Vgl. Art. 25 DS-GVO.

[4)] Vgl. Art. 17 DS-GVO.

[5)] Vgl. Art. 16 DS-GVO.

[6)] Vgl. Art. 20 DS-GVO.

[7)] Art. 35 DS-GVO.

[8)] Art. 6 DS-GVO.

[9)] Siehe hierzu insbesondere die in Art. 5 Abs. 1 DS-GVO enthaltenen Grundsätze für die Verarbeitung personenbezogener Daten, deren Einhaltung von den Bußgeldtatbeständen des Art. 83 DS-GVO umfasst ist.

[10)] Eine solche Überprüfung und Dokumentation der Einhaltung der Grundsätze nach Art. 5 Abs. 1 DS-GVO ist nicht zuletzt durch die in Art. 5 Abs. 2 DS-GVO fixierte Rechenschaftspflicht geboten.

[11)] Siehe hierzu Art. 38 und 39 DS-GVO.

[12)] Siehe hierzu Art. 35 DS-GVO.

Schließlich ist auf die mit der DS-GVO deutlich verschärften Bußgeldtatbestände des Art. 83 DS-GVO hinzuweisen, mit denen die Einhaltung des Datenschutzes noch stärker in den Fokus der Unternehmensführung und letztlich auch der Compliance rückt.

II. Die grundrechtliche Verankerung des Datenschutzrechts im nationalen und europäischen Recht

Personenbezogene Daten werden nach dem Volkszählungsurteil des Bundesverfassungsgerichts durch das Recht auf informationelle Selbstbestimmung verfassungsrechtlich geschützt: die Befugnis, über die Preisgabe und Verwendung der eigenen persönlichen Daten zu bestimmen.[1] Das Recht auf informationelle Selbstbestimmung ist dabei keine „Erfindung" des Bundesverfassungsgerichts, sondern vielmehr eine „Konkretisierung" dessen, was bereits verfassungsrechtlich im allgemeinen Persönlichkeitsrecht verankert ist.[2] Das Bundesverfassungsgericht verdeutlicht im Volkszählungsurteil, dass es das informationelle Selbstbestimmungsrecht nicht in einer sphärenbezogenen Weise interpretiert, sondern dass dieses Recht vor Gefahren schützt, die sich aus der Zusammenfügung mit anderen Datensammlungen zu einem mehr oder weniger vollständigen Persönlichkeitsbild ergeben, dessen Richtigkeit und Verwendung der Betroffene nur unzureichend kontrollieren kann.[3] Damit entfaltet das Recht auf informationelle Selbstbestimmung einen flexiblen, gegenüber technischen und gesellschaftlichen Entwicklungen reagiblen und an der konkreten Gefährdungssituation ausgerichteten Gewährleistungsgehalt.[4] Als absolutes Nutzungs- und Verfügungsrecht analog dem Eigentum ist das informationelle Selbstbestimmungsrecht jedoch nicht anerkannt.[5] Die Konstruktion als absolutes Nutzungs- und Verfügungsrecht gilt als nicht angemessen, da der Betroffene kein Herrschaftsrecht über Informationen beanspruchen kann, die erst der Verwender aus einem Bestand von Daten konstruiert hat.[6] Schutzwürdig ist aber sein Recht, die Verwendung seiner persönlichen Daten durch Dritte kennen und kontrollieren zu können.[7] Das Bundesverfassungsgericht findet im Jahr 1983 hierfür noch deutliche Worte: „Mit dem Recht auf informationelle Selbstbestimmung wären eine Gesellschaftsordnung und eine diese ermöglichende Rechtsordnung nicht vereinbar, in der Bürger nicht mehr wissen können, wer was wann und bei welcher Gelegenheit über sie weiß."[8]

Dies gilt besonders dann, wenn diese Verwendung sich für ihn selbst als folgenreich erweist. Denn nicht allein Art und Umfang der erhobenen Daten sind grundrechtsrelevant, vielmehr kommt es auch auf die denkbaren Verwendungen und das jeweilige Missbrauchspotenzial an.[9]

---

[1] *BVerfGE* 65, 1 (41 ff.).

[2] Vgl. instruktiv *Di Fabio*, Grundrechtsgeltung in digitalen Systemen, 2016, S. 45 f.

[3] *BVerfGE* 65, 1 (42).

[4] Auf die Gefährdungsabhängigkeit stellt *Trute*, Verfassungsrechtliche Grundlagen, in: Roßnagel, Handbuch Datenschutzrecht, 2003, S. 156 ff. Rn. 14, ab.

[5] So aber *Ladeur*, DuD 2000, 12 (18).

[6] *Trute*, Verfassungsrechtliche Grundlagen, in: Roßnagel, Handbuch Datenschutzrecht, 2003, S. 156 ff. Rn. 21.

[7] *Trute*, Verfassungsrechtliche Grundlagen, in: Roßnagel, Handbuch Datenschutzrecht, 2003, S. 156 ff. Rn. 19.

[8] *BVerfGE* 65, 1 = NJW 1984, 419 (422).

[9] Vgl. *BVerfGE* 65, 1 (46).

Eine erweiternde Interpretation hat das informationelle Selbstbestimmungsrecht durch das Urteil des Bundesverfassungsgerichts vom 2. März 2006 und den Beschluss vom 4. April 2006 erhalten. Mit dem Urteil des Zweiten Senats vom 2. März 2006[1] wurde die Grenze zwischen Fernmeldegeheimnis des Art. 10 GG und dem informationellen Selbstbestimmungsrecht nach Art. 1 Abs. 2 i. V. m. Art. 2 Abs. 1 GG gezogen. Der Schutz des Fernmeldegeheimnisses gilt nur für die telekommunikative Übermittlungsphase. Die auf Telekommunikationsendgeräten gespeicherten Daten werden hingegen durch das informationelle Selbstbestimmungsrecht geschützt. Nach diesem Schutzrecht ist den staatlichen Sicherheitsbehörden der Zugriff auf mobile Speichermedien verwehrt, wenn die dort gespeicherten Daten auf andere Weise schon verfügbar waren und der Eingriff damit nicht mehr für die Rechtssicherung notwendig war. Mit Beschluss vom 4. April 2006[2] zur Rasterfahndung hat der Erste Senat des Bundesverfassungsgerichts eine Grenze für die polizeiliche Rasterfahndung gezogen.[3]

Nach Ansicht des Gerichts ist ein derart intensiver Grundrechtseingriff nur verhältnismäßig, wenn die Anforderungen an die Wahrscheinlichkeit des Gefahreneintritts und die Nähe des Betroffenen zur Bedrohung eingegrenzt werden. Der Grundsatz der Verhältnismäßigkeit verlangt, dass die Einbußen an grundrechtlich geschützter Freiheit nicht in unangemessenem Verhältnis zu den Gemeinwohlzwecken stehen, denen die Grundrechtsbeschränkung dient. Die Maßnahme der Rasterfahndung zur Aufdeckung sog. „Schläfer" ist nur dann mit dem Grundrecht auf informationelle Selbstbestimmung vereinbar, wenn eine „konkrete" und somit durch hinreichende Tatsachen zu belegende Gefahr für hochrangige Rechtsgüter wie den Bestand oder die Sicherheit des Bundes oder eines Landes oder für Leib, Leben oder Freiheit einer Person gegeben ist. Das Vorliegen einer allgemeinen Bedrohungslage, etwa bei Vorliegen von vagen Vermutungen ohne greifbaren auf den Einzelfall bezogenen Anlass, ist hingegen nicht ausreichend.

Das Bundesverfassungsgericht hat mit seinem Urteil vom 27. Februar 2008 (1 BvR 370/07)[4] die rechtlichen Grenzen für heimliche Online-Durchsuchungen von Computern aufgezeigt.[5] Danach umfasst das allgemeine Persönlichkeitsrecht nach Art. 2 Abs. 1 i. V. m. Art. 1 Abs. 1 GG das „Grundrecht auf Gewährleistung der Vertraulichkeit und Integrität informationstechnischer Systeme". Diese neu interpretierte Ausprägung des allgemeinen Persönlichkeitsrechts soll vor Eingriffen in informationstechnische Systeme schützen, soweit der Schutz nicht durch andere Grundrechte, wie Art. 10, 13 GG und das Recht auf informationelle Selbstbestimmung gewährleistet ist. Das Grundrecht soll das Persönlichkeitsrecht vor den Gefahren schützen, die durch den Zugriff staatlicher Stellen auf vernetzte Systeme wie PCs, Notebooks und Mobiltelefone bestehen und deren Daten ein Bild über die Persönlichkeit des Nutzers bilden können. Es bleibt abzuwarten, ob dieses Grundrecht über die Rechtsfigur der mittelbaren Drittwirkung in den Privatrechtsbereich ausstrahlen wird wie auf

---

[1] MMR 2006, 217.

[2] MMR 2006, 531.

[3] Vgl. *BVerfG*, ZD 2013, 328 m. Anm. *Petri*. Zur Konsequenz dieser Entscheidung für die Antiterrordatei *Kirchberg*, CR 2007, 10 (14); *Petri*, ZD 2013, 3; *ders.*, ZD 2014, 599; Rasterfahndung wegen Kinderpornographie soll den Anforderungen dieser Entscheidung entsprechen, da nur nach Straftätern gefahndet wird; hierzu FAZ v. 11. Januar 2007, S. 7 und 9.

[4] MMR 2008, 315 m. Anm. *Bär* = NJW 2008, 822.

[5] Siehe hierzu *Hornung*, CR 2008, 299; *Stögmüller*, CR 2008, 435.

die Überwachung von IT-Systemen, die Unternehmen ihren Mitarbeitern zur Verfügung stellen. Hierfür ist die Überwachung des E-Mail-Accounts, der auch für private Zwecke genutzt wird, ein Beispiel.

Das Bundesverfassungsgericht hatte in einer viel beachteten Entscheidung zu prüfen, ob die Umsetzung der Richtlinie 2006/24/EG vom 15. März 2006 über die Vorratsspeicherung von Daten, die bei der Bereitstellung öffentlich zugänglicher elektronischer Kommunikationsdienste oder öffentlicher Kommunikationsnetze erzeugt oder verarbeitet werden,[1] in das nationale Recht mit den verfassungsrechtlichen Vorgaben des Grundgesetzes vereinbar ist. Während der Europäische Gerichtshof zunächst noch in seiner Entscheidung vom 10. Februar 2009 (C-301/06) feststellte, dass die Richtlinie zu Recht auf der Grundlage des EG-Vertrags erlassen sei,[2] setzte sich das Bundesverfassungsgericht materiellrechtlich mit der Umsetzung der EG-Richtlinie über Vorratsdatenspeicherung auseinander und kam zu dem Ergebnis, dass eine sechsmonatige anlasslose Speicherung von Telekommunikations-Verkehrsdaten mit Art. 10 GG schlechthin nicht vereinbar sei und es auf einen etwaigen Vorrang der EG-Richtlinie nicht ankomme.[3] Der EuGH selbst befand in seinem Urteil vom 8. April 2010, dass die Richtlinie mit dem geltenden EU-Recht nicht vereinbar sei, da der Eingriff in die nach Art. 7 und 8 Grundrechtecharta geschützten Rechte nicht verhältnismäßig ist.[4] Damit stellt der EuGH klar, dass auch das legislative Handeln der Organe der Europäischen Union an den in der Charta der Grundrechte der Europäischen Union verankerten Grundrechten, zu denen ausdrücklich auch der Datenschutz zu rechnen ist, gemessen werden muss.[5]

Mit Beschluss vom 28. Oktober 2014 legte der BGH[6] dem EuGH im Rahmen eines Vorabentscheidungsverfahrens nach Art. 267 AEUV die Frage vor, ob Art. 2 Buchst. a der EG-Datenschutzrichtlinie (Richtlinie 95/46/EG) so auszulegen ist, dass eine IP-Adresse bereits dann als personenbezogenes Datum anzusehen ist, wenn ein Dritter über das zur Identifizierung der betroffenen Person erforderliche Zusatzwissen verfügt. Die Entscheidung des EuGH[7] stellt darauf ab, dass bei einer dynamischen IP-Adresse dann von einem personenbezogenen Datum auszugehen ist, wenn der Verantwortliche über rechtliche Mittel verfügt, die es ihm erlauben, die betreffende Person anhand der Zusatzinformationen, über die der Internetzugangsanbieter dieser Person verfügt, bestimmen zu lassen. Mit der Entscheidung wird Rechtssicherheit für die Nutzung des Internets sowie der cloudbasierten Dienste geschaffen. Die Entscheidung behält auch für die Anwendung der DS-GVO ihre Bedeutung, da aus ihr deutlich wird, dass die Beurteilung der Frage, ob personenbezogene Daten i. S. d. Art. 4 Nr. 1 DS-GVO im konkreten Fall vorliegen, stets aus der Perspektive dessen vorzunehmen ist, der mit diesem Datum eine Verarbeitung i. S. d. Art. 4 Nr. 2 DS-GVO beabsichtigt.

Im europäischen Recht wurde der Schutz des allgemeinen Persönlichkeitsrechts spätestens mit der Richtlinie 95/46/EG vom 24. Oktober 1995 (EG-

---

[1] ABl. EG L 105, S. 54.

[2] *EuGH,* Urt. v. 10.2.2009 – C-301/06, MMR 2009, 244.

[3] *BVerfG,* Urt. v. 2.3.2010 – 1 BvR 256/08, 1 BvR 263/08, 1 BvR 586/08, MMR 2010, 356.

[4] *EuGH,* Urt. v. 8.4.2014 – C-203/12, C-594/12 (Digital Rights Ireland Ltd.), ZD 2014, 296 m. Anm. *Petri.*

[5] ABl. EG C 364, S. 1 v. 18.12.2000.

[6] *BGH,* Beschl. v. 28.10.2014 – VI ZR 135/13, GRUR 2015, 192.

[7] *EuGH,* GRUR Int. 2016, 1169 (Breyer) = NJW 2016, 3579 m. Anm. *Mantz/Spittka* = MMR 2016, 842 m. Anm. *Moos/Rothkegel* = ZD 2017, 24 m. Anm. *Kühling/Klar.*

Datenschutzrichtlinie) verankert. Während der EuGH zunächst zur Begründung des Datenschutzrechts auf allgemeine Rechtsgrundsätze zurückgreifen musste,[1] ist der Schutz personenbezogener Daten seit dem Inkrafttreten des Vertrags von Lissabon im Dezember 2009 im Primärrecht (EU-Verfassungsrecht) verankert. Art. 16 AEUV ist die Grundlage des heutigen europäischen Datenschutzrechts ebenso wie Art. 7 GRCh (Achtung des Privat- und Familienlebens) sowie Art. 8 GRCh (Schutz personenbezogener Daten).[2]

III. Das Verhältnis des europäischen zum nationalen Datenschutzrecht

1. Europäische Richtlinie, Datenschutz-Grundverordnung und BDSG

Der Ministerrat und das Europäische Parlament verabschiedeten am 24. Oktober 1995 eine allgemeine Datenschutzrichtlinie, die in nationales Recht umgesetzt wurde.[3] Die mit der EG-Datenschutzrichtlinie bezweckte Harmonisierung des Datenschutzrechts in der Europäischen Union war bereits durch das „Übereinkommen zum Schutz des Menschen bei der automatischen Verarbeitung personenbezogener Daten" (Europäische Datenschutzkonvention) vom 28. Januar 1981[4] **(Nr. 10)** vorgezeichnet. Die Konvention verpflichtete die Unterzeichnerstaaten, die niedergelegten Grundsätze als gemeinsames datenschutzrechtliches Minimum zu verwirklichen. Eine Pflicht der Mitgliedstaaten zur Umsetzung in nationales Recht war hiermit jedoch nicht verbunden. Eine solche Verpflichtung ist erst mit der allgemeinen Datenschutzrichtlinie des Jahres 1995 entstanden.

Der von der EU-Kommission am 25. Januar 2012 vorgelegte Entwurf einer Datenschutz-Grundverordnung sowie einer Richtlinie für die polizeiliche und justizielle Informationsverarbeitung[5] wurde als „Datenschutzpaket" im Gesetzgebungsverfahren nach Art. 294 AEUV intensiv und kontrovers diskutiert und erlebte mehrere teilweise tiefgreifende Änderungen. Die schließlich verabschiedete DS-GVO spiegelt den politischen Kompromiss wider, der zwischen Kommission, Parlament und Rat gefunden wurde. Am 28. April 2016 wurde das Datenschutzpaket verabschiedet. Die DS-GVO trat am 25. Mai 2016 in Kraft und entfaltete ihre Wirksamkeit nach Art. 99 Abs. 2 DS-GVO am 25. Mai 2018.

a) Rechtsangleichung im Binnenmarkt

Die datenschutzrechtlichen Regelungen in Europa spiegeln die schrittweise Rechtsangleichung im Binnenmarkt und veranschaulichen zugleich das Verhältnis zwischen Europäischer Union einerseits und den Mitgliedstaaten andererseits. Während als Rechtsgrundlage für die Datenschutz-Richtlinie des Jahres

---

[1] *EuGH,* Urt. v. 17.6.2014 – C-141/12 u. C-372/12 (Y. S. u. M. S./Minister voor Immigratie), EuR 2015, 89 m. Anm. *Gundel.*

[2] Siehe hierzu auch *Selmayr/Ehmann* in: Ehmann/Selmayr, Datenschutz-Grundverordnung, 3. Aufl. 2024, Einleitung Rn. 1 ff.

[3] *Ehmann/Helfrich,* EG-Datenschutzrichtlinie, Kurzkommentar, 1999.

[4] Hierzu näher *Burkert* in: Roßnagel, Handbuch Datenschutzrecht, 2.3 Internationale Grundlagen Rn. 35.

[5] KOM(2012) 10 endg. v. 15.1.2012.

1995 die Notwendigkeit der Rechtsangleichung im Binnenmarkt (Art. 100a EGV) erachtet wurde, bildet vor allen Dingen Art. 16 AEUV, der ein eigenständiges Recht „jeder Person (…) auf Schutz der sie betreffenden personenbezogenen Daten“ enthält, die Rechtsgrundlage zur Verabschiedung der DS-GVO. Darüber hinaus kann die DS-GVO auf Art. 8 Abs. 1 der Charta der Grundrechte der EU gestützt werden.[1] Nach dem Subsidiaritätsprinzip (Art. 5 Abs. 1 Satz 2 EUV) wird die EU nur dann tätig,[2] sofern und soweit ein Ziel besser auf der Gemeinschaftsebene als auf derjenigen der einzelnen Mitgliedstaaten erreicht werden kann.[3] Aus ökonomischer Sicht erfordert der Warenverkehr oder die Anbahnung und Abwicklung von Dienstleistungen eine europäische Regelung für die Verarbeitung personenbezogener Daten, da die Übermittlung personenbezogener Daten wesentlicher Bestandteil des Geschäftsverkehrs ist.

Datenschutz ist zugleich auch die Gewährleistung eines elementaren Menschenrechts. Der Gerichtshof hat das in Art. 8 der Europäischen Menschenrechtskonvention (EMRK) verankerte Recht auf Achtung des Privatlebens in seiner Entscheidung vom 5. Oktober 1994 als „ein von der Gemeinschaftsordnung geschütztes Grundrecht“ bezeichnet und damit auch den Wert des Grundrechts auf Privatheit/Datenschutz für die Gemeinschaftsordnung betont. Zweck der Richtlinie 95/46/EG war es,[4] ein möglichst hohes und gleichwertiges Datenschutzniveau für den Binnenmarkt herzustellen. Diesem Ziel ist auch die DS-GVO verpflichtet. Sie nimmt in Erwägungsgrund 3 auf die Richtlinie 95/46/EG Bezug und betont die Gewährleistung eines hohen Datenschutzniveaus vor dem Hintergrund eines deutlich angestiegenen grenzüberschreitenden Datenverkehrs sowie der raschen technologischen Entwicklung und der mit der Globalisierung verbundenen datenschutzrechtlichen Herausforderungen.

Sowohl die Richtlinie als auch die DS-GVO regeln die manuelle und die automatisierte bzw. teilweise automatisierte Verarbeitung personenbezogener Daten in Dateien[5] bzw. Dateisystemen.[6] Die Definitionen, was unter „Datei“ sowie „Dateisystem“ zu verstehen ist, gehen weiter als jene des BDSG und erfassen „jede strukturierte Sammlung personenbezogener Daten, die nach bestimmten Kriterien zugänglich sind, unabhängig davon, ob diese Sammlung zentral, dezentralisiert oder nach funktionalen oder geographischen Gesichtspunkten geordnet geführt wird“.[7]

Die DS-GVO[8] sieht unabhängige[9] Kontrollinstanzen (Aufsichtsbehörden) vor, die eine Regelkontrolle[10] vornehmen müssen.

Den Verantwortlichen für die Datenverarbeitung gab die Richtlinie 95/46/EG noch ein Wahlrecht zwischen der generellen Meldepflicht automa-

---

[1] Charta der Grundrechte der Europäischen Union vom 14.12.2007, ABl. EU C 303, S. 1.

[2] Die Tätigkeit der EU im Rahmen des Subsidiaritätsprinzips erfolgt über Art. 5 Abs. 1, 3 EUV hinaus auf der Grundlage des Protokolls über die Anwendung der Grundsätze der Subsidiarität und der Verhältnismäßigkeit vom 13.12.2007, ABl. EU C 306, S. 150.

[3] Art. 5 Abs. 3 EUV.

[4] Erwägungsgrund 10 RL 95/46/EG.

[5] Art. 2 Buchst. c RL 95/46/EG.

[6] Art. 4 Nr. 6 DS-GVO.

[7] Art. 2 Buchst. c RL 95/46/EG sowie Art. 4 Nr. 6 DS-GVO; hierzu *Brühann* in: Roßnagel, Handbuch Datenschutzrecht, 2.4 Europarechtliche Grundlagen Rn. 17–56.

[8] Art. 51 ff. DS-GVO.

[9] Art. 52 Abs. 1 DS-GVO.

[10] Art. 57 DS-GVO legt einen umfangreichen Katalog an Aufgaben fest, die durch die Aufsichtsbehörden wahrzunehmen sind.

tisierter Datenverarbeitung an ein öffentliches Register und der Bestellung eines betrieblichen/behördlichen Beauftragten für den Datenschutz.[1] Die DS-GVO kennt keine allgemeine Meldepflicht des Verantwortlichen[2] gegenüber einer Aufsichtsbehörde. Eine spezielle Meldepflicht sieht die DS-GVO allerdings für den Fall der Verletzung des Datenschutzes vor (Art. 33 DS-GVO). Die Einführung eines obligatorischen betrieblichen Datenschutzbeauftragten war im Rahmen der Verhandlungen über die DS-GVO zunächst noch umstritten. Während der Entwurf der Kommission vorsah, dass die Verantwortlichen für die Datenverarbeitung zur Bestellung eines betrieblichen Datenschutzbeauftragten verpflichtet werden sollten und sich das Europaparlament dieser Auffassung grundsätzlich anschloss, konnte sich der Rat auf eine solche Bestellungspflicht nicht einigen und sah vor, dass die Frage der obligatorischen Bestellung eines Datenschutzbeauftragten in der Regelungskompetenz der Mitgliedstaaten verbleiben solle. Die DS-GVO sieht nun europaweit die Benennung eines Datenschutzbeauftragten vor, wenn bestimmte eng umschriebene Bedingungen vorliegen.[3] Darüber hinaus überlässt die DS-GVO es den Mitgliedstaaten, weitere Bedingungen vorzusehen, unter denen ein Datenschutzbeauftragter zu benennen ist.[4] Von dieser Regelungsbefugnis hat der Bundesgesetzgeber Gebrauch gemacht und mit § 38 Abs. 1 BDSG eine Verpflichtung zur Benennung eines Datenschutzbeauftragten vorgesehen, sofern zwanzig oder mehr Personen ständig mit der Verarbeitung personenbezogener Daten beschäftigt sind, eine Datenschutz-Folgenabschätzung vorzunehmen ist oder Daten geschäftsmäßig zum Zweck der Übermittlung, der anonymisierten Übermittlung oder für Zwecke der Markt- oder Meinungsforschung verarbeitet werden.

Mit der Einrichtung eines Europäischen Datenschutzausschusses[5] nach Art. 68 DS-GVO ist die bislang unter der Richtlinie 95/46/EG eingerichtete Gruppe nach Art. 29 abgelöst. Dieser Ausschuss ist mit eigener Rechtspersönlichkeit ausgestattet,[6] übt seine Funktion unabhängig aus und findet seine Aufgabe in der Sicherstellung der einheitlichen Anwendung der DS-GVO.[7] Er füllt diese Aufgabe unabhängig von den durch die nationalen Aufsichtsbehörden wahrgenommenen Funktionen aus. Wie bereits im Fall der Gruppe nach Art. 29[8] nimmt auch der Europäische Datenschutzausschuss eine wichtige Rolle bei der Entwicklung von Leitlinien, Empfehlungen oder ähnlichen Verfahren ein, die für die Datenschutzpraxis von Bedeutung sind.

b) Marktortprinzip, Anwendbarkeit des europäischen Datenschutzrechts und grenzüberschreitender Datenaustausch

Der Ort der Niederlassung wird von der DS-GVO[9] als Anknüpfungspunkt für die Anwendbarkeit des europäischen Datenschutzrechts bestimmt.[10] Die

---

[1] Art. 18 RL 95/46/EG.
[2] Art. 4 Nr. 7 DS-GVO.
[3] Art. 37 Abs. 1 Buchst. b und c DS-GVO.
[4] Art. 37 Abs. 4 DS-GVO.
[5] Vgl. https://edpb.europa.eu.
[6] Art. 68 Abs. 1 DS-GVO.
[7] Der Europäische Datenschutzausschuss informiert sowohl über die von ihm ausgeübten Tätigkeiten als auch über wichtige datenschutzrechtliche Entwicklungen unter https://edpb.europa.eu.
[8] Die Dokumente der Artikel-29-Datenschutzgruppe sind über einen Webserver der Europäischen Kommission zugänglich unter https://ec.europa.eu/info/law/law-topic/data-protection_de.
[9] Art. 3 Abs. 1 DS-GVO.
[10] Mit der DS-GVO wird dieses Prinzip in Art. 5 Abs. 2 DS-GVO um das Marktortprinzip ergänzt.

jeweiligen Datenschutzbestimmungen greifen also dort, wo die datenverarbeitende Stelle ihren Sitz hat. Das mit der DS-GVO in das Datenschutzrecht integrierte Marktortprinzip[1] führt dazu, dass auch dann die Bestimmungen der Verordnung zu beachten sind, wenn der Verarbeiter zwar seine Niederlassung nicht in der Union hat, er aber gegenüber der betroffenen Person in der Union Waren oder Dienstleistungen anbietet (Art. 3 Abs. 2 Buchst. a DS-GVO). Entsprechendes gilt, wenn der nicht in der EU niedergelassene Verantwortliche oder Auftragsverarbeiter das Verhalten betroffener Personen beobachtet, soweit dieses Verhalten in der Union erfolgt. Damit fallen regelmäßig Tracking, Profiling oder auch Methoden der Verhaltensanalyse von Betroffenen auch dann in den Anwendungsbereich der DS-GVO, wenn der betreffende Anbieter nicht in der EU ansässig ist.

Der Datenexport in Drittstaaten ist nur im Rahmen der durch die europäischen Datenschutzbestimmungen vorgegebenen Grenzen zulässig. Das europäische Datenschutzrecht erlaubt den Datentransfer grundsätzlich nur dann, wenn im Land des Datenempfängers ein angemessenes Datenschutzniveau vorliegt.[2] Alternativ kann in Ausnahmefällen der Transfer vertraglich zwischen Datenübermittler, Betroffenem und Datenempfänger vereinbart werden (Vertragslösung), wenn auf diese Weise die datenschutzrechtlichen Interessen des Betroffenen durch die Übernahme geeigneter Garantien[3] sichergestellt werden. Für die Beurteilung des Schutzniveaus in der Gemeinschaft und in Drittstaaten spielte die Artikel-29-Datenschutzgruppe bislang eine wichtige Rolle. Sie nahm hierzu auf Anfrage gegenüber der Kommission Stellung, hat aber auch die Möglichkeit von sich aus präventiv Empfehlungen abzugeben.[4] Diese Funktion hat nun der Europäische Datenschutzausschuss nach Art. 68 DS-GVO übernommen. Die während der Geltungsdauer der Richtlinie 95/46/EG durch die Kommission gemäß Art. 25 Abs. 6 Richtlinie 95/46/EG getroffenen Feststellungen zu einem angemessenen Schutzniveau in bestimmten Drittländern bleiben auch nach dem Wirksamwerden der DS-GVO und der Ablösung der Richtlinie 95/46/EG nach Art. 45 Abs. 9 DS-GVO so lange in Kraft, bis sie durch einen nach Art. 45 Abs. 3 oder 5 DS-GVO erlassenen neuen Beschluss der Kommission geändert, ersetzt oder aufgehoben werden. Die von der Kommission auf der Grundlage von Art. 26 Abs. 4 Richtlinie 95/46/EG verabschiedeten Standardvertragsklauseln aus den Jahren 2001 und 2010 wurden mit dem Durchführungsbeschluss (EU) 2021/914 vom 4. Juni 2021 ersetzt **(Nr. 27).** In der Vergangenheit vereinbarte Standardvertragsklauseln waren bis 27. Dezember 2022 durch die Standardvertragsklauseln 2021 zu ersetzen.

Demzufolge findet die Verordnung auch dann Anwendung, wenn diese durch einen nicht in der Union niedergelassenen Verantwortlichen oder Auftragsverarbeiter erfolgt und die Datenverarbeitung im Zusammenhang damit steht, der betroffenen Person „in der Union Waren oder Dienstleistungen anzubieten“ oder „das Verhalten Betroffener Personen zu beobachten, soweit ihr Verhalten in der Union erfolgt“.

[1] Hierzu eingehend *Selmayr/Ehmann* in: Ehmann/Selmayr, Datenschutz-Grundverordnung, 3. Aufl. 2024, Einleitung Rn. 24 ff.; *Zerdick* in: Ehmann/Selmayr, a. a. O., Art. 3 DS-GVO Rn. 2 ff.

[2] Art. 45 Abs. 1 DS-GVO. Vgl. hierzu die wegweisende Rechtsprechung des *EuGH*, Urt. v. 16.7.2020 – C-311/18 (Schrems II), NJW 2020, 2613 = MMR 2020, 597 m. Anm. *Hoeren* = ZD 2020, 511 m. Anm. *Moos/Rothkegel*; *Schwartmann/Burkhardt*, ZD 2021, 235; *Paal/Kukmar*, MMR 2020, 733; siehe zum Problemkreis des Datenverkehrs mit dem Vereinigten Königreich nach dem Brexit *Brauneck*, RDi 2021, 425.

[3] Art. 46 DS-GVO.

[4] *Brühann* in: Roßnagel, Handbuch Datenschutzrecht, 2.4 Europarechtliche Grundlagen Rn. 50–55.

Mit dem „Privacy Shield"-Abkommen[1] bestand eine Nachfolgeregelung zu „Safe Harbor", die mit der Entscheidung des EuGH[2] nicht mehr als Grundlage für den Datenexport an in den USA ansässige Unternehmen dienen kann. Laufende Verhandlungen zwischen den USA und der EU über ein Nachfolgeabkommen erwiesen sich als schwierig.[3] Nachdem am 25. März 2022 eine grundsätzliche Verständigung auf ein modifiziertes US-EU-Privacy-Framework erzielt werden konnte[4] und US-Präsident *Joe Biden* am 7. Oktober 2022 mit der „Executive Order on Enhancing Safeguards für United States Signals Intelligence Activities" die rechtlichen Rahmenbedingungen für die Erhebung und Verarbeitung von Informationen im Interesse der nationalen Sicherheit der USA neu gefasst hat, legte die EU-Kommission den Entwurf eines Angemessenheitsbeschlusses bezüglich der USA vor.[5]

Das frühere BDSG wurde seit seinem Bestehen wiederholt Novellen unterzogen, die teilweise der technischen Entwicklung, ganz überwiegend jedoch der Umsetzung europäischer Richtlinienvorgaben geschuldet waren. Das BDSG hat darüber hinaus als Umsetzung der europäischen Vorgaben auch die durch die Europäische Grundrechtecharta geprägte Vorstellung vom Schutz des allgemeinen Persönlichkeitsrechts zu beachten. Diese Orientierung an der in der Europäischen Grundrechtecharta sowie der in Art. 16 EUV enthaltenen Gewährleistung des Rechts auf Schutz der personenbezogenen Daten in Europa wird das nationale Recht in verstärktem Maße nach dem Wirksamwerden der DS-GVO berücksichtigen müssen. Die DS-GVO entfaltet nach Art. 288 Abs. 2 AEUV allgemeine und unmittelbare Wirkung in den Mitgliedstaaten der EU. Sie verdrängt in der Praxis deshalb wegen des ihr innewohnenden Anwendungsvorrangs entgegenstehendes nationales Recht.[6]

2. Die Datenschutz-Grundverordnung

a) Rechtsnatur der DS-GVO

Bei der Datenschutz-Grundverordnung handelt es sich um eine europäische Verordnung nach Art. 288 Abs. 2 AEUV. Diese ist nach dem Wortlaut des AEUV unmittelbar anwendbar und bedarf ihrerseits keiner Umsetzung in den Mitgliedstaaten. Sie entspricht deshalb in ihrer Wirkung dem innerstaatlichen Gesetz.

---

[1] Siehe Durchführungsbeschluss (EU) 2016/1250 der Kommission vom 12. Juli 2016 gemäß der Richtlinie 95/46/EG des Europäischen Parlaments und des Rates über die Angemessenheit des vom EU-US-Datenschutzschild gebotenen Schutzes, ABl. EU L 207 v. 1.8.2016, S. 1.

[2] Vgl. *EuGH*, Urt. v. 16.7.2020 – C-311/18 (Schrems II), NJW 2020, 2613 = MMR 2020, 597 m. Anm. *Hoeren* = ZD 2020, 511 m. Anm. *Moos/Rothkegel* sowie bereits zuvor zur Kritik am Privacy Shield-Abkommen *Molnár-Gábor/Kaffenberger*, ZD 2017, 18; *Filip*, ZD-Aktuell 2016, 05108; *Weichert*, ZD 2016, 209. Allgemein zur Problematik des Datenverkehrs mit in den USA ansässigen Stellen *Spies* in: Forgó/Helfrich/Schneider, Betrieblicher Datenschutz, 3. Aufl. 2019, VI.2. Rn. 9 ff.

[3] Vgl. hierzu *Spies*, ZD 2021, 478.

[4] Siehe hierzu Trans-Atlantic Data Privacy Framework, 25.3.2022, abrufbar unter https://ec.europa.eu/commission/presscorner/detail/en/FS_22_2100.

[5] Commission Implementing Decision (draft) pursuant to Regulation (EU) 2016/679 of the European Parliament and of the Council on the adequate level of protection of personal data under the EU-US Data Privacy Framework, abrufbar unter https://commission.europa.eu/system/files/2022-12/Draft%20adequacy%20decision%20on%20EU-US%20Data%20Privacy%20Framework_0.pdf

[6] Vgl. statt vieler *Grabitz/Hilf/Nettesheim*, Das Recht der Europäischen Union, 77. EL September 2022, Art. 1 AEUV Rn. 79–81.

Demgegenüber wäre eine Richtlinie nach Art. 288 Abs. 3 AEUV nur an die Mitgliedstaaten gerichtet und bezüglich der Ziele, wie sie in der Richtlinie verankert sind, für die Mitgliedstaaten bindend. Die Richtlinie bedarf deshalb der Umsetzung durch die Mitgliedstaaten, um gegenüber den EU-Bürgern Wirkung entfalten zu können.

Die Mitgliedstaaten haben im Rahmen der DS-GVO nur dort eine Möglichkeit, gesetzgeberisch tätig zu werden, wo dies die Verordnung selbst vorsieht. Entgegen der teilweise geäußerten Auffassung,[1] es gebe in der DS-GVO zahlreiche „Öffnungsklauseln", trifft dies nicht zu. Bereits der Wortlaut der DS-GVO zeigt klar und deutlich, dass die Mitgliedstaaten nur das Recht zur „Spezifizierung" der in der Verordnung enthaltenen Vorschriften haben.[2]

Es handelt sich also um Spezifizierungsklauseln.

Die Mitgliedstaaten können die in der Verordnung jeweils enthaltene Regelung genauer und auf einen Sachverhalt hin präzisieren. Dies gilt nicht generell, sondern nur an jenen Stellen, an denen die Verordnung dies ausdrücklich zulässt.[3]

b) Verhältnis von DS-GVO zu BDSG

Die DS-GVO stellt die datenschutzrechtliche Grundlage für sämtliche Vorschriften dar, die den Schutz personenbezogener Daten bezwecken.[4] Sie enthält deshalb beispielsweise Rechtsgrundlagen für die Verarbeitung (z. B. Einwilligung)[5] oder auch eine Vorschrift, bei der das berechtigte Interesse des Verarbeiters[6] als Grundlage für die Verarbeitung herangezogen werden kann, wenn dies nach der Güterabwägung nicht vom Interesse des Betroffenen überwogen wird. Die DS-GVO enthält ferner zahlreiche Vorschriften, die sich sowohl mit der Art und Weise der Verarbeitung als auch der auf Seiten des Verantwortlichen oder des Auftragsverarbeiters vorzunehmenden Maßnahmen auseinandersetzen. In diesem Zusammenhang soll lediglich auf die Datenschutz-Folgenabschätzung[7] oder die Verpflichtung zur Erfüllung von Auskunftsansprüchen[8] sowie die Löschungsverpflichtung[9] hingewiesen werden.

Die Verordnung selbst enthält an einigen Stellen Spezifizierungsklauseln, mit denen die Mitgliedstaaten ermächtigt werden, speziellere Regelungen zur Ausformung der in der Verordnung enthaltenen Verpflichtungen zu erlassen. Dies gilt beispielsweise im Rahmen des Art. 88 DS-GVO für den Beschäftigtendatenschutz.

Zur Klärung des Verhältnisses zwischen DS-GVO und der nationalen Vorschrift, wie sie beispielsweise im BDSG enthalten sein könnte, ist die Rechtsprechung des Europäischen Gerichtshofs (EuGH)[10] zu beachten. Mit seiner

---

[1] Siehe hierzu *Heberlein* in: Ehmann/Selmayr, Datenschutz-Grundverordnung, 3. Aufl. 2024, Art. 6 Rn. 10.

[2] Vgl. beispielsweise Art. 6 Abs. 2, Art. 6 Abs. 3 Satz 3, Art. 23 Abs. 2, Art. 88 Abs. 1 DS-GVO.

[3] Vgl. *Heberlein* in: Ehmann/Selmayr, Datenschutz-Grundverordnung, 3. Aufl. 2024, Art. 6 Rn. 10.

[4] Art. 1 DS-GVO.

[5] Art. 6 Abs. 1 Buchst. a DS-GVO.

[6] Art. 6 Abs. 1 Buchst. f DS-GVO.

[7] Art. 35 DS-GVO.

[8] Art. 15 DS-GVO.

[9] Art. 17 DS-GVO.

[10] *Sydow/Marsch*, DS-GVO, BDSG, 3. Aufl. 2022, Einleitung Rn. 75 ff.; *EuGH*, Urt. v. 28.3.1985 – C 272/83, ECLI:EU:C:1985:147 Rn. 26 f. – Kommission/Italien; *EuGH*, Urt. v. 22.5.1975

Entscheidung vom 30. März 2023[1] formulierte der EuGH die Anforderungen an die Spezifizierung durch eine nationale Rechtsvorschrift aus und beschied, dass die auch nur sinngemäße Wiederholung der bereits in der DS-GVO angelegten Regelung nicht als speziellere Regelung im Sinne des Art. 88 Abs. 1 DS-GVO angesehen werden könne. Der EuGH entschied mehrfach, dass eine schlichte Wiederholung europarechtlicher Vorschriften im nationalen Recht grundsätzlich nicht zulässig ist.[2] Eine Wiederholung ist nach der Auffassung des EuGH in engen Grenzen nur dort zulässig, wo sie dem Ziel folgt, eine europarechtliche Vorschrift verständlicher zu machen. Grundsätzlich ist allerdings das „Wiederholungsverbot" durch den nationalen Gesetzgeber zu beachten und damit eine inhaltliche Wiederholung europarechtlicher Vorschriften folglich auf nationaler Ebene nicht gestattet. Ebenfalls ist nicht zulässig, dass der nationale Gesetzgeber mit eigenen Vorschriften den Geltungsbereich des Datenschutzrechts anders bestimmt, als dies mit der DS-GVO der Fall ist. Gänzlich unzulässig wäre die Regelung datenschutzrechtlicher Sachverhalte, die außerhalb der DS-GVO angesiedelt sind. Die europäische Datenschutz-Grundverordnung soll als umfassende Grundlage[3] den Schutz personenbezogener Daten regeln.

Die Gesetzgebung der Europäischen Union auf dem Gebiet des Datenschutzrechts beruht auf der in Art. 16 Abs. 2 AEUV verankerten Gesetzgebungskompetenz. Dabei handelt es sich um eine „geteilte Zuständigkeit" nach Art. 2 Abs. 2 AEUV i. V. m. Art. 4 Abs. 2 Buchst. j AEUV. Nach Art. 2 Abs. 2 Satz 2 AEUV nehmen die Mitgliedstaaten im Rahmen der geteilten Zuständigkeit ihre Kompetenz wahr, sofern und soweit die Union ihre Zuständigkeit nicht ausgeübt hat.

Eine Regelungskompetenz der Mitgliedstaaten außerhalb der Vorschriften, wie sie in der DS-GVO angesiedelt sind, sieht die Verordnung nicht vor. Dies lässt sich bereits aus dem Wortlaut der Spezifizierungsklauseln ableiten, die klar nur davon sprechen, dass genauere Regelungen getroffen werden können. Dies schließt davon abweichende Regelungen aus, die ihrerseits im Konflikt zu der DS-GVO stehen könnten.

Es ist deshalb davon auszugehen, dass im Zweifel die DS-GVO anzuwenden ist. Nationale Regelungen können nur dann angewendet werden, wenn sie im Rahmen der europarechtlichen Zulässigkeit unter Beachtung der Spezifizierungsklauseln geschaffen wurden. Eine eigenständige Regelungskompetenz besteht auf nationaler Ebene nicht.

Nach der ständigen Rechtsprechung des Europäischen Gerichtshofs genießt das europäische Recht gegenüber dem nationalen Recht sog. „Anwendungsvorrang".[4] Im Rahmen der Gesetzgebungskompetenz der Europäischen Union geschaffenes Recht verdrängt nicht automatisch das bestehende nationale Recht in dem Sinne, dass das nationale Recht ungültig würde. Dies wäre allenfalls der Fall, wenn von einem sog. „Geltungsvorrang" ausgegangen werden könnte.

– C 34/73, ECLI:EU:C:1973:101 = Slg. 1973, 981 = BeckEuRS 1973, 33732 = BeckRS 2004, 70873 Rn. 10 – Variola.

[1] *EuGH* Urt. v. 30.3.2023 – C-34/21, ZD 2023, 392 (m. Anm. *Schild*).

[2] *Calliess/Kahl* in: Calliess/Ruffert, EUV/AEUV, 6. Aufl. 2022, Art. 4 EUV Rn. 165.

[3] Vgl. hierzu *Selmayr/Ehmann* in: Ehmann/Selmayr, Datenschutz-Grundverordnung, 3. Aufl. 2024, Einleitung Rn. 89 ff.

[4] *EuGH*, Urt. v. 28.3.1985 – 273/82, Slg. 1984, 483 Rn. 6; *Sydow/Marsch*, DS-GVO, BDSG, 3. Aufl. 2022, Einleitung Rn. 8.

Dies ist jedoch nach der Auffassung des EuGH[1] nicht der Fall, da die europäische Gesetzgebungskompetenz sich nicht auf die Aufhebung nationalen Rechts, das stets in der Gesetzgebungskompetenz der Mitgliedstaaten verbleibt, erstreckt und der Europäische Gerichtshof nicht zur Intervention[2] in die Rechtsprechung der Mitgliedstaaten befugt ist.

In der Praxis bringt dies die Schwierigkeit mit sich, dass im Einzelfall sowohl eine europarechtliche Vorschrift besteht, als auch eine nationale Bestimmung den Anspruch formal erhebt, beachtet zu werden.

Der Rechtsanwender muss deshalb kritisch prüfen, ob das geltende nationale Recht gänzlich oder in Teilen gegen europäische Rechtsvorschriften verstößt. Ist dies der Fall, so ist der europäischen Vorschrift in der Anwendung der Vorrang zu gewähren.

c) Rechenschaftspflicht

Die DS-GVO enthält in Art. 5 Abs. 1 die Grundsätze der Datenverarbeitung. Über diese Grundsätze und deren Einhaltung muss der Verantwortliche nach Art. 5 Abs. 2 DS-GVO Rechenschaft ablegen (Accountability). Bei den Grundsätzen der Datenverarbeitung nach Art. 5 Abs. 1 DS-GVO handelt es sich um:
- Rechtmäßigkeit der Verarbeitung
- Verarbeitung nach Treu und Glauben
- Transparenz der Verarbeitung
- Zweckbindung der Verarbeitung
- Datenminimierung
- Richtigkeit
- Speicherbegrenzung
- Integrität
- Vertraulichkeit.

Über diese in der DS-GVO genannten Grundsätze der Datenverarbeitung muss der Verantwortliche im Rahmen seiner Rechenschaftspflicht den Nachweis erbringen, dass diese eingehalten werden. Kann dieser Nachweis nicht erbracht werden, droht ein Bußgeld nach Art. 83 Abs. 5 DS-GVO, das bis zu 20 Millionen Euro oder im Falle eines Unternehmens 4 Prozent seines Weltjahresumsatzes des vorausgegangenen Geschäftsjahres betragen kann, je nachdem, welcher der Beträge höher ist. Nach der Rechtsprechung des EuGH bringt die in Art. 5 Abs. 2 DS-GVO verankerte Rechenschaftspflicht ebenfalls eine Beweislastregelung zum Ausdruck.[3]

Eine genaue Auseinandersetzung mit diesen Prinzipien ist folglich zur Vermeidung des Bußgelds dringend geboten. Der Gesetzgeber macht mit den in Art. 5 Abs. 1 DS-GVO enthaltenen Grundsätzen deutlich, dass derjenige, der personenbezogene Daten verarbeitet, in besonders sorgsamer Weise mit den Daten umzugehen und den mit der Verarbeitung verbundenen Risiken Rechnung zu tragen hat.

---

[1] Ebenda.

[2] Vgl. beispielsweise Art. 6 Abs. 2, Art. 6 Abs. 3 Satz 3, Art. 23 Abs. 2, Art. 88 Abs. 1 DS-GVO.

[3] *EuGH* Urt. v. 14.12.2023 – C-340/21 (VB/Natsionalna agentsia za prihodite) = ZD 2024, 150 m. Anm. *Ligocki/Sosna*.

d) Rechtmäßigkeit der Verarbeitung

Die Frage, unter welchen Voraussetzungen personenbezogene Daten verarbeitet werden dürfen, ist in Art. 6 Abs. 1 DS-GVO abschließend geregelt. Mit der Struktur des Art. 6 Abs. 1 DS-GVO trifft die europäische Datenschutzgesetzgebung eine einheitliche Bestimmung, unter welchen Voraussetzungen die Verarbeitung rechtmäßig ist. Art. 6 Abs. 1 DS-GVO verkörpert das bereits im bisherigen nationalen Recht enthaltene „Verbot mit Erlaubnisvorbehalt". Demnach ist die Verarbeitung nur rechtmäßig, wenn eine der in Art. 6 Abs. 1 Buchst. a bis f DS-GVO genannten Bedingungen erfüllt ist. Die sind im Einzelnen:

(i) Die betroffene Person hat ihre Einwilligung zu der Verarbeitung der sie betreffenden personenbezogenen Daten für einen oder mehrere bestimmte Zwecke gegeben.

(ii) Die Verarbeitung ist für die Erfüllung eines Vertrags erforderlich, dessen Vertragspartei die betroffene Person ist. Ebenso ist die Verarbeitung rechtmäßig, wenn sie zur Durchführung vorvertraglicher Maßnahmen erforderlich ist, die auf Anfrage des Betroffenen erfolgen.

(iii) Die Verarbeitung ist zur Erfüllung einer rechtlichen Verpflichtung erforderlich, der der Verantwortliche unterliegt. Bei dieser rechtlichen Verpflichtung handelt es sich nicht um vertragliche Verpflichtungen, die sich aus dem Verhältnis zweier Parteien ergeben und die die jeweilige Vertragspartei zu erfüllen hat. Der Gesetzgeber DS-GVO geht hier davon aus, dass es sich um rechtliche Verpflichtungen handelt, die durch Normen eines Gesetzgebers (formelle oder materielle Gesetze) resultieren.[1)]

(iv) Die Verarbeitung ist erforderlich, um lebenswichtige Interessen der betroffenen Person oder einer anderen natürlichen Person zu schützen.

(v) Die Verarbeitung ist für die Wahrnehmung einer Aufgabe erforderlich, die im öffentlichen Interesse liegt. Ebenso ist die Verarbeitung rechtmäßig, wenn sie in Ausübung einer öffentlichen Gewalt erforderlich ist, die dem Verantwortlichen beispielsweise im Rahmen der Funktion als beliehener Unternehmer übertragen wurde.

(vi) Die Verarbeitung ist zur Wahrnehmung der berechtigten Interessen[2)] des Verantwortlichen oder eines Dritten erforderlich, sofern nicht Interessen oder Grundrechte und Grundfreiheiten der betroffenen Person, die den Schutz bezugsbezogener Daten bezwecken, überwiegen.[3)] Dies gilt insbesondere auch dann, wenn es sich bei der betroffenen Person um ein Kind handelt.

Im Zusammenhang mit der Rechtmäßigkeit der Verarbeitung ist in Art. 6 Abs. 2 DS-GVO eine der bereits genannten Spezifizierungsklauseln vorzufinden. Der europäische Gesetzgeber gestattet es den Mitgliedstaaten, spezifische Bestimmungen „zur Anpassung der Anwendung der Vorschriften dieser Verordnung" beizubehalten oder einzuführen. Diese Befugnis ist allerdings nur auf die in Art. 6 Abs. 1 Buchst. c und e DS-GVO enthaltenen Tatbestände beschränkt.

Dies bedeutet, dass der nationale Gesetzgeber spezifischere Regelungen aufstellen kann, die eine Verpflichtung zur Datenverarbeitung mit sich bringen.

[1)] *Heberlein* in: Ehmann/Selmayr, Datenschutz-Grundverordnung, 3. Aufl. 2024, Art. 6 Rn. 29 ff.

[2)] Europäischer Datenschutzausschuss (EDSA), Guidelines 1/2024 on processing of personal data based on Article 6(1)(f) GDPR, Version 1.0, Adopted on 8 October 2024, https://www.edpb.europa.eu/system/files/2024-10/edpb_guidelines_202401_legitimateinterest_en.pdf.

[3)] Siehe zur Güterabwägung insbesondere auch Erwägungsgrund 47 DS-GVO.

Dies ist beispielsweise dort erfolgt, wo handelsrechtliche Aufbewahrungspflichten eine Speicherung der Daten erfordern. Die insoweit einschlägige Vorschrift des Handelsgesetzbuches (HGB) wurde deshalb als **Nr. 25** in diese Textsammlung aufgenommen. Ebenso ist an sozialversicherungsrechtliche Regelungen oder steuerrechtliche Regelungen **(Nr. 26)** zu denken, die eine Datenverarbeitung als Pflicht beinhalten.

Soweit ein Mitgliedstaat Aufgaben wahrnimmt, die im öffentlichen Interesse liegen oder eine Ausübung öffentlicher Gewalt darstellen, lässt Art. 6 Abs. 2 DS-GVO dem Mitgliedstaat die Möglichkeit, die hierzu erforderlichen spezifischen Vorschriften zu erlassen. Entscheidend ist allerdings, dass diese im Rahmen der Spezifizierungsklauseln erlassenen Vorschriften tatsächlich die Anforderungen der DS-GVO präzisierend bestimmen und dem Zweck folgen, eine rechtmäßige und nach Treu und Glauben erfolgende Verarbeitung zu gewährleisten. Für sog. „besondere Verarbeitungssituationen" sieht bereits die DS-GVO Spezifizierungsklauseln in den Art. 85 bis 91 DS-GVO vor. Hierunter sind beispielsweise auch der Beschäftigtendatenschutz oder die Regelungen zur Verarbeitung personenbezogener Daten im Zusammenhang mit der Meinungsäußerung und Informationsfreiheit zu rechnen.

e) Einwilligung

Im Rahmen des Art. 6 Abs. 1 Buchst. a DS-GVO kommt der Einwilligung als Erlaubnistatbestand Bedeutung zu.[1] Art. 4 Nr. 11 DS-GVO definiert die Einwilligung als jede freiwillig für den bestimmten Fall und in informierter Weise sowie unmissverständlich abgegebene Willensbekundung.[2] Diese kann in Form einer Erklärung oder sonstigen eindeutigen bestätigenden Handlung (schlüssiges Verhalten) abgegeben werden. Ausschlaggebend ist allerdings, dass die betroffene Person mit dieser Erklärung zu verstehen gibt, dass sie mit der Verarbeitung der sie betreffenden personenbezogenen Daten einverstanden ist. Der Europäische Gerichtshof hat in einer weitreichend beachteten Entscheidung vom 1. Oktober 2019 deutlich gemacht, dass die Vorbelegung eines Ankreuzkästchens, das der Internetnutzer nicht abwählt, den Anforderungen an eine eindeutige bestätigende Handlung nicht genügt.[3]

Die Einwilligung ist also eine Erklärung, die einen klaren unmissverständlichen Erklärungswillen beinhaltet, der sich auf die Verarbeitung der betreffenden Daten bezieht. Die Einwilligung ist eine „informierte Einwilligung", da sich bereits denklogisch eine Einwilligung nur auf jene Sachverhalte erstrecken kann, über die der Erklärende ein Bewusstsein hat entwickeln können.

Der Verantwortliche hat nach Art. 7 DS-GVO die Beweislast zu tragen, dass die erklärte Einwilligung den gesetzlichen Anforderungen genügt. Ebenso ist nach Art. 7 Abs. 2 DS-GVO das Ersuchen um Einwilligung in „verständlicher und leicht zugänglicher Form" sowie in einer „klaren und einfachen Sprache" so abzufassen, dass es von anderen Sachverhalten klar zu unterscheiden ist. Die DS-GVO gibt folglich einen Gestaltungsrahmen vor, der bei der Ausgestaltung des Einwilligungsprozesses zu beachten ist. Werden Teile der Einwilligungser-

---

[1] Siehe hierzu die EDPB-Leitlinien 05/2020 zur Einwilligung gemäß Verordnung 2016/679, Version 1.1, angenommen am 4.5.2020.

[2] Siehe hierzu die Entscheidung des EuGH zu den Anforderungen an eine wirksame Einwilligung i. S. d. Art. 4 Nr. 11 DS-GVO, *EuGH,* Urt. v. 1.10.2019 – C-673/17 (Planet49), MMR 2019, 732 m. Anm. *Moos/Rothkegel* = ZD 2019, 556 m. Anm. *Hanloser.*

[3] Ebenda.

klärung auf unklarer Basis abgegeben, sind sie nicht verbindlich, da sie als Verstoß gegen die Verordnung zu werten sind.

Der Betroffene hat jederzeit das Recht, seine Einwilligung zu widerrufen. Der Widerruf der Einwilligungserklärung bezieht sich allerdings nur auf die künftige Rechtmäßigkeit der Verarbeitung. Beruht eine in der Vergangenheit erfolgte Verarbeitung auf einer wirksamen Einwilligung, ist diese vom Widerruf nicht erfasst. Der Widerruf entfaltet nur Wirkung für die Zukunft. Der Betroffene muss vor der Abgabe seiner Einwilligungserklärung von seinem Widerrufsrecht in Kenntnis gesetzt werden. Ebenso ist der Widerruf der Einwilligung so einfach auszugestalten, wie dies für die Erteilung der Einwilligungserklärung vorgesehen ist.

Art. 7 Abs. 4 DS-GVO sieht schließlich ein Koppelungsverbot vor, wonach die Einwilligung, um noch als „freiwillige Einwilligung" klassifiziert werden zu können, nicht an die Erbringung einer anderen Leistung gekoppelt werden darf.

Art. 8 DS-GVO fixiert besondere Anforderungen für die Einwilligung, wie sie durch einen Minderjährigen erklärt werden. Die Gesetzesbestimmung sieht vor, dass ein Kind, das sein sechzehntes Lebensjahr noch nicht vollendet hat, nicht wirksam selbst einwilligen kann. Die Einwilligung ist nur rechtmäßig, sofern diese durch den „Träger der elterlichen Verantwortung" erklärt oder die Einwilligungserklärung mit dessen Zustimmung abgegeben wurde.

Mit der Einwilligung ist ein besonderes Haftungsrisiko verbunden: Art. 7 Abs. 1 DS-GVO legt dem Verantwortlichen die Beweislast auf. Art. 83 Abs. 5 Buchst. a DS-GVO sieht ein Bußgeld von bis zu 4 Prozent des Weltjahresumsatzes vor, sofern die Wirksamkeit der Einwilligung nicht gegeben ist.

Das Gesetz macht deutlich, dass die Einwilligung sich auf einen konkreten Verarbeitungszweck bezieht. Die Informationen, die der Verantwortliche dem Betroffenen im Rahmen des Einwilligungsprozesses zur Verfügung stellen muss, haben deshalb die Verarbeitungszwecke klar und hinreichend präzise zu umfassen.

Schließlich ist die Einwilligungserklärung zu dokumentieren und dafür zu sorgen, dass sowohl der Informationsfluss als auch Art und Umfang der Einwilligung hinreichend nachgewiesen werden können, um die Anforderungen des Art. 7 Abs. 1 DS-GVO zu erfüllen.

f) Rechte des Betroffenen – Pflichten des Verantwortlichen

Den Rechten des Betroffenen entsprechen regelmäßig auch korrespondierenden Pflichten des Verantwortlichen. An vorderster Stelle ist das aus Art. 12 DS-GVO abzuleitende Transparenzgebot zu nennen, da dort dem Verantwortlichen die Verpflichtung auferlegt wird, geeignete Maßnahmen zu treffen, um dem Betroffenen die Ausübung seiner Rechte zu ermöglichen.

Informationspflicht. Art. 12 DS-GVO beinhaltet über Art. 13 DS-GVO hinausgehende Informationspflichten, die der Verantwortliche zu erbringen hat. Art. 13 und 14 DS-GVO unterscheiden danach, ob die Erhebung personenbezogener Daten beim Betroffenen selbst oder indirekt erfolgt. In beiden Fallkonstellationen sind dem Betroffenen gesetzlich verankerte Informationen „entweder bei der Erhebung" oder innerhalb einer angemessenen kurzen Frist nach der Erhebung (längstens innerhalb eines Monats gemäß Art. 14 Abs. 3 Buchst. a DS-GVO) zu unterbreiten.

Auskunftsanspruch. Art. 15 DS-GVO sieht ein Auskunftsrecht der betroffenen Person vor. Dabei hat der Betroffene einen Anspruch darauf, dass ihm die Verarbeitungszwecke sowie die Kategorien der personenbezogenen Daten, die verarbeitet werden, mitgeteilt werden. Gleichfalls erstreckt sich das Auskunftsrecht auf die etwaigen Empfänger von Daten und auf die Frage, ob diese Empfänger möglicherweise in Drittländern ansässig sind.

Ebenso ist das Auskunftsrecht auf die Dauer der Verarbeitung (Speicherfristen, Löschungsbedingungen) zu erstrecken. Auf das Recht des Betroffenen, die Berichtigung der Daten oder Löschung zu verlangen, ist in diesem Zusammenhang ebenfalls hinzuweisen.

Eine besondere Verpflichtung besteht dahin gehend, dem Betroffenen eine Information über das Bestehen eines Beschwerderechts bei der Aufsichtsbehörde zu erteilen. Dies kann beispielsweise dadurch erfolgen, dass vorsorglich im Rahmen eines Impressums auf die entsprechende Aufsichtsbehörde hingewiesen wird.

Werden personenbezogene Daten indirekt, das heißt nicht bei der betroffenen Person selbst, erhoben, so erstreckt sich die Auskunftsverpflichtung auch auf die Herkunft der Daten. Ebenso muss die Auskunft das Bestehen einer automatisierten Entscheidungsfindung, sofern diese stattfindet, umfassen.

Problematisch ist die Verpflichtung nach Art. 15 Abs. 3 DS-GVO, eine Kopie „der personenbezogenen Daten, die Gegenstand der Verarbeitung sind", dem Betroffenen zur Verfügung zu stellen.[1] Diese Kopie ist unentgeltlich zur Verfügung zu stellen. Eine Bearbeitungsgebühr kann nur dann verlangt werden, wenn es sich um eine wiederholte Anforderung einer Datenkopie handelt.

Das Recht auf Erhalt einer Kopie gemäß Art. 15 Abs. 3 DS-GVO ist allerdings durch die Rechte und Freiheiten anderer Personen beschränkt (Art. 15 Abs. 4 DS-GVO).

Recht auf Vergessenwerden (Löschung). Die DS-GVO sieht in Art. 17 ein Recht auf Löschung vor. Landläufig wird dies als „Recht auf Vergessenwerden" bezeichnet. Die Tatbestandsvoraussetzungen für die Geltendmachung des Löschungsanspruchs sind in Art. 17 DS-GVO abschließend geregelt. Grundsätzlich kann davon ausgegangen werden, dass so lange nicht gelöscht werden muss, als im Rahmen des Art. 6 Abs. 1 DS-GVO der Verantwortliche eine Rechtsgrundlage für die weitere Verarbeitung bzw. Speicherung der Daten für sich in Anspruch nehmen kann.

Datenportabilität. Art. 20 DS-GVO sieht ein Recht auf Datenübertragbarkeit (Portabilität) vor. Dabei ist zu beachten, dass der Anspruch auf Erhalt der Daten in einem strukturierten, gängigen und maschinenlesbaren Format auf jene Daten beschränkt ist, die die betroffene Person dem Verarbeiter bereitgestellt hat. Denkbar wäre dies beispielsweise im Verhältnis des Versicherungsnehmers zur Versicherungsgesellschaft, bei Nutzerdaten, die bei Geschäftsmodellen der Software as a Service (SaaS) anfallen oder beispielsweise bei Exportfunktionen proprietärer datenverarbeitender Systeme.

g) Datenschutzmanagementsystem

Art. 25 DS-GVO enthält die Verpflichtung des Verantwortlichen, seine Verarbeitungen nach den Grundprinzipien der „Privacy by Design" sowie der

[1] Siehe hierzu die Entscheidung des *BAG* zum Umfang des Auskunftsanspruchs eines ausgeschiedenen Mitarbeiters gegen den ehemaligen Arbeitgeber, *BAG*, Urt. v. 27.4.2021 – 2 AZR 342/20 sowie zum Auskunftsanspruch des Betriebsrats, *BAG*, Beschl. v. 9.4.2019 – 1 ABR 51/17, ZD 2020, 46 m. Anm. *Tiedemann*. Allgemein zum Umfang des Anspruchs aus Art. 15 Abs. 3 DS-GVO *EuGH*, Urt. v. 4.5.2023 – C-487/21 (F.F./Österreichische Datenschutzbehörde) = ZD 2023, 539.

„Privacy by Default" auszurichten. Der Verantwortliche wird nach Art. 24 DS-GVO verpflichtet, präventive Maßnahmen zu ergreifen, die im Wesentlichen in der Vornahme geeigneter technischer und organisatorischer Maßnahmen liegen. Er hat dabei das Risiko zu berücksichtigen, das von der Art, dem Umfang, der Umstände sowie der Zwecke der Datenverarbeitung ausgeht, und bei der Beurteilung des Risikos die Eintrittswahrscheinlichkeit sowie die Schwere eines Eingriffs in das Persönlichkeitsrecht einzukalkulieren.

Die in Art. 24 und Art. 25 DS-GVO enthaltenen Grundsätze werden in den nachfolgenden Bestimmungen, insbesondere der Verpflichtung zur Aufstellung eines Verzeichnisses von Verarbeitungstätigkeiten (Art. 30 DS-GVO), der Sicherstellung der Sicherheit der Verarbeitung (auf Art. 32 DS-GVO) sowie der Vornahme der Datenschutz-Folgenabschätzung (Art. 35 DS-GVO), konkretisiert. Insgesamt ergeben diese Verpflichtungen im Zusammenhang mit der Pflicht zur Benennung eines Datenschutzbeauftragten ein Datenschutzmanagement-System, zu dessen Errichtung und Unterhaltung der Verantwortliche verpflichtet ist.

Entscheidend ist in diesem Zusammenhang, dass vor dem Hintergrund der Rechenschaftspflicht, wie sie in Art. 5 Abs. 2 DS-GVO verankert ist, der Verantwortliche den Nachweis über die Einhaltung der DS-GVO sowie die Überprüfung und Aktualisierung der von ihm ergriffenen Maßnahmen sicherzustellen hat.

h) Datenschutz-Folgenabschätzung

Art. 35 DS-GVO enthält die Verpflichtung zur Datenschutz-Folgenabschätzung. Diese ist nach Art. 35 Abs. 1 DS-GVO vorzunehmen, wenn eine Form der Verarbeitung, insbesondere bei Verwendung „neuer Technologien" aufgrund der Art, des Umfangs, der Umstände und der Zwecke der Verarbeitung voraussichtlich zu einem hohen Risiko für die Beeinträchtigung der Rechte und Freiheiten natürlicher Personen führt.

Bedeutsam ist in diesem Zusammenhang, dass Art. 35 Abs. 1 DS-GVO mit dem Begriff „neue Technologien" auf eine allgemeine Betrachtung des Stands der Technik abstellt und nicht als Bezugsgröße den bisherigen Technologieeinsatz im Unternehmen selbst ansieht.[1] Wird also im Unternehmen des Verarbeiters eine neue Technologie eingeführt, mit der sich die Risiken für die Verarbeitung personenbezogener Daten verändern, ist grundsätzlich eine Datenschutz-Folgenabschätzung, jedenfalls in ihren ersten Stufen, durchzuführen. Ziel ist dabei feststellen, ob ein hohes Risiko mit diesen Technologien verknüpft ist.

Auf den ersten Blick scheint die Vorschrift nur darauf abzustellen, dass ein hohes Risiko besteht, und legt die Vermutung nahe, eine Datenschutz-Folgenabschätzung sei in allen anderen Fällen nicht durchzuführen. Diese Einschätzung ist jedoch bei genauer Betrachtung nicht zutreffend. Eine Folgenabschätzung ist jedenfalls insoweit durchzuführen, als überhaupt festgestellt werden muss, ob ein hohes Risiko für die Verarbeitung besteht. Sollte ein solches hohes Risiko bejaht werden, muss im Anschluss an die Folgenabschätzung danach gesucht werden, mit welchen Eindämmungsmaßnahmen das hohe Risiko reduziert werden kann.

---

[1] Vgl. hierzu *Baumgartner* in: Ehmann/Selmayr, Datenschutz-Grundverordnung, 3. Aufl. 2024, Art. 35 Rn. 23 mit Verweis auf Erwägungsgrund 91; *Schwendemann* in: Sydow/Marsch, DS-GVO, BDSG, 3. Aufl. 2022, Art. 35 Rn. 10.

In diesem Zusammenhang ist darauf hinzuweisen, dass in einem Fall, in dem ein hohes Risiko nicht eingedämmt werden kann, die Verarbeitung nicht schlechterdings verboten ist. Vielmehr hat der Verantwortliche nach Art. 36 DS-GVO die Aufsichtsbehörde zu konsultieren, um gemeinsam mit dieser nach möglichen Eindämmungsmaßnahmen zu suchen.

Die Datenschutz-Folgenabschätzung nach Art. 35 DS-GVO ist in vier Schritten durchzuführen.

(1) Zunächst ist eine systematische Beschreibung der Verarbeitungsvorgänge vorzunehmen (Art. 35 Abs. 7 Buchst. a DS-GVO). Diese systematische Beschreibung kann durchaus auf der Grundlage des nach Art. 30 DS-GVO zu erstellenden Verzeichnisses von Verarbeitungstätigkeiten vorgenommen werden. Gleichwohl bietet die DS-GVO die Möglichkeit, im Hinblick auf die Detailliertheit der Folgenabschätzung einen anderen Betrachtungsansatz zu wählen, als dies nach Art. 30 DS-GVO für das Verzeichnis der Verarbeitungstätigkeiten der Fall ist. Art. 35 Abs. 7 Buchst. a DS-GVO stellt auf die „geplanten Verarbeitungsvorgänge" ab. Nach der Legaldefinition der Verarbeitung, wie sie in Art. 4 Nr. 2 DS-GVO vorzufinden ist, stellt eine Verarbeitung auch „Vorgangsreihen" dar, die im Zusammenhang mit personenbezogenen Daten vorgenommen werden. Art. 35 DS-GVO lässt folglich durchaus zu, dass Geschäftsprozesse als Vorgangsreihen definiert werden, die sodann als Geschäftsprozesse selbst Gegenstand der Folgenabschätzung sind. Damit setzt die Datenschutz-Folgenabschätzung nicht alleine an einer juristischen Betrachtung der Verarbeitungsvorgänge an. Eine betriebswirtschaftlich differenzierte Analyse der Unternehmensabläufe gestattet hier eine ökonomische und effiziente Durchführung der Folgenabschätzung. Abstrakte Empfehlungen sind hier allerdings kaum möglich, da die Identifikation und Beschreibung von Geschäftsprozessen sowohl von den Geschäftsmodellen selbst als auch von den Strukturen im Unternehmen abhängen.

(2) An die systematische Beschreibung schließt sich die Bewertung der Notwendigkeit und Verhältnismäßigkeit in Bezug auf den Verarbeitungszweck an. Diese Stufe setzt sich mit der Rechtsgrundlage der Verarbeitung auseinander, wie sie in Art. 6 Abs. 1 DS-GVO enthalten ist. Bereits der Wortlaut der Bestimmung in Art. 35 Abs. 7 Buchst. b DS-GVO zeigt, dass eine Verhältnismäßigkeitsprüfung stattzufinden hat. Diese erfolgt nicht nur im Fall des Art. 6 Abs. 1 Buchst. f DS-GVO sondern auch in jenen Fällen, in denen beispielsweise aufgrund einer Einwilligung in Art. 6 Abs. 1 Buchst. a DS-GVO eine Verarbeitung erfolgen kann. Auch in diesem Fall ist der Verantwortliche nicht schlechterdings berechtigt, jede Art der Verarbeitung durchzuführen. Er hat vielmehr eine Verhältnismäßigkeitsprüfung vorzunehmen und jenes Mittel zur Verarbeitung zu wählen, das den geringsten Eingriff in die Persönlichkeitsrechte mit sich bringt.

(3) In der dritten Stufe der Folgenabschätzung erfolgt die eigentliche Risikobewertung für die Rechte und Freiheiten des Betroffenen. An dieser Risikoabschätzung, deren Verpflichtung auf der Ebene der Geschäftsleitung (Gesamtverantwortung nach Art. 35 Abs. 1 Satz 1 DS-GVO) liegt, nimmt die gesamte der Geschäftsleitung unterstellte Struktur des Unternehmens teil, da im Rahmen der Definition der Geschäftsprozesse die jeweiligen beteiligten Abteilungen einzubeziehen sind. Daneben ist der Datenschutzbeauftragte auf Anforderung der Geschäftsleitung nach Art. 35 Abs. 2 DS-GVO beratend hinzuzuziehen. Dies empfiehlt sich insbesondere im Hinblick auf die Prüfung der Verhältnismäßigkeit sowie die Durchführung der eigentlichen Risikofolgenabschätzung.

Diese Stufe setzt die Identifikation unternehmensspezifischer oder verarbeitungsspezifischer Bedrohungsszenarien voraus. Hier ist von Bedeutung, dass der Verantwortliche sich im Detail mit den möglichen Bedrohungsszenarien auseinandersetzt. Dies können sowohl Szenarien sein, wie sie sich aus einschlägigen ISO-Normen zur Datensicherheit ergeben. Daneben sind jedoch auch Bedrohungsszenarien vorstellbar und zu berücksichtigen, wie sie sich aus organisatorischen Risiken oder solchen des Geschäftsmodells ableiten lassen. Diese Bedrohungsszenarien sind im Rahmen einer Balanced Scorecard aufzunehmen, um schließlich hieraus abgebildet eine Risikoeinschätzung vorzunehmen. Die Risikoeinschätzung ist an den Datenschutzzielen der Verfügbarkeit, Integrität und Vertraulichkeit zu orientieren. Diese Datenschutzziele ergeben sich sowohl aus Art. 5 Abs. 1 Buchst. f DS-GVO als auch aus Art. 32 Abs. 1 Buchst. b DS-GVO. Berücksichtigt man im Rahmen der Balanced Scorecard die mögliche Auswirkung etwaiger Risikosituationen als auch die jeweilige Eintrittswahrscheinlichkeit, ergeben sich im Hinblick auf die Datenschutzziele Wertepaare, die in einer Tabelle nach Risikoklassen abgebildet werden können.

(4) Ergibt diese Risikobewertung ein voraussichtlich hohes Risiko, so fordert Art. 35 Abs. 7 Buchst. d DS-GVO die Identifikation etwaiger Abhilfemaßnahmen, mit denen die Risiken so reduziert werden können, dass jedenfalls kein hohes Risiko vorliegt.

Sowohl die Risikofolgenabschätzung als auch die jeweiligen Abhilfemaßnahmen sind so zu dokumentieren, dass die Datenschutz-Folgenabschätzung und die hierauf gebildeten Maßnahmen der Aufsichtsbehörde vorgelegt werden können. Die Datenschutz-Folgenabschätzung ist kein einmaliger Vorgang. Die DS-GVO fordert in Art. 35 Abs. 11 eine Überprüfung der Wirksamkeit der Maßnahmen sowie dahin gehend, ob die Verarbeitung auch tatsächlich gemäß der erfolgten Risikoabschätzung durchgeführt wird. Eine neuerliche Überprüfung ist jedenfalls dann erforderlich, wenn mit den Verarbeitungsvorgängen Änderungen verbunden sind, die sich auf das analysierte Risiko auswirken.

i) Datenschutzbeauftragter

Art. 37 DS-GVO verlangt die Benennung eines Datenschutzbeauftragten,[1] wenn die Verarbeitung in einer Behörde oder öffentlichen Stelle durchgeführt wird (Art. 37 Abs. 1 Buchst. a DS-GVO) oder die Kerntätigkeit des Verantwortlichen oder des Auftragsverarbeiters in der Durchführung von Verarbeitungsvorgängen besteht, welche aufgrund ihrer Art, ihres Umfangs oder ihrer Zwecke eine umfangreiche regelmäßige und systematische Überwachung von betroffenen Personen erforderlich machen (Art. 37 Abs. 1 Buchst. b DS-GVO) oder die Kerntätigkeit des Verantwortlichen oder des Auftragsverarbeiters in der umfangreichen Verarbeitung besonderer Kategorien von Daten gemäß Art. 9 oder Art. 10 DS-GVO besteht (Art. 37 Abs. 1 Buchst. c DS-GVO).

In diesen genannten Fällen besteht eine Benennungspflicht. Diese Pflicht knüpft nach der DS-GVO nur an diesen drei Fallgruppen an. Auf die Frage, wie viele Personen mit der Datenverarbeitung befasst sind oder inwieweit sich diese auswirkt, ist für die Pflicht nach der DS-GVO ohne Belang.

Zusätzlich zu der in Art. 37 Abs. 1 DS-GVO verankerten Benennungspflicht sieht § 38 BDSG vor, dass ein Datenschutzbeauftragter dann zu benennen ist,

---

[1] Siehe zu den Voraussetzungen der Benennung eines Datenschutzbeauftragten sowie dessen Stellung und Aufgaben die Kommentierung bei *Helfrich* in: Sydow/Marsch, DS-GVO, BDSG, 3. Aufl. 2022, Art. 37 ff.

wenn mindestens zwanzig Personen ständig mit der automatisierten Verarbeitung beschäftigt sind. Ebenso ist ein Datenschutzbeauftragter zu benennen, wenn es sich um eine Verarbeitung handelt, die der Datenschutz-Folgenabschätzung nach Art. 35 DS-GVO bedarf oder wenn geschäftsmäßig Daten verarbeitet werden oder dies zum Zweck der Übermittlung oder für die Markt- oder Meinungsforschung erfolgt.

Art. 37 Abs. 5 DS-GVO verlangt von dem Datenschutzbeauftragten, dass er beruflich hierzu qualifiziert ist und über ein entsprechendes Fachwissen verfügt. Sowohl die berufliche Qualifikation als auch das hinreichende Fachwissen sind Benennungsvoraussetzungen für den Datenschutzbeauftragten.

Beide Qualifikationen müssen auf dem Gebiet des Datenschutzrechts sowie der Datenschutzpraxis bestehen und so ausgestaltet sein, dass der Datenschutzbeauftragte seine Pflichten aus Art. 39 DS-GVO erfüllen kann. Diese Pflichten liegen unter anderem in der Beratung des Verantwortlichen und der Beschäftigten. Sodann hat dieser nach Art. 39 Abs. 1 Buchst. b DS-GVO die Einhaltung der Verordnung und anderer Datenschutzvorschriften zu überwachen. Er bedarf deshalb neben des technischen Sachverstandes auch eingehender rechtlicher Kenntnisse.

Schließlich muss der Datenschutzbeauftragte nach Art. 39 Abs. 1 Buchst. d DS-GVO den Verantwortlichen im Zusammenhang mit der Datenschutz-Folgenabschätzung beraten. Wie bereits oben ausgeführt, kann sich diese Beratungsfunktion nicht nur auf die juristische oder technische Beratung beschränken. Der Datenschutzbeauftragte müsste jedenfalls auch in der Lage sein, Geschäftsprozesse so zu definieren oder zu modellieren, dass diese zum Gegenstand der Datenschutz-Folgenabschätzung gemacht werden können.

Über diese Pflichten hinaus sieht Art. 39 Abs. 1 Buchst. d und e DS-GVO vor, dass der Datenschutzbeauftragte als Ansprechpartner für die Aufsichtsbehörde zur Verfügung steht und für diese eine Anlaufstelle darstellt.

Die Stellung des Datenschutzbeauftragten ist in Art. 38 DS-GVO geregelt. Er ist frühzeitig in alle mit dem Schutz personenbezogener Daten zusammenhängenden Fragen einzubinden. Er hat, damit er seine Funktion ausüben kann, einen Anspruch auf Unterstützung sowie Zurverfügungstellung der erforderlichen Ressourcen. Zu diesen gehört auch ein Anspruch auf Zugang zu den personenbezogenen Daten und den entsprechenden Verarbeitungsvorgängen. Der Datenschutzbeauftragte ist eine Stabsstelle. Er berichtet unmittelbar an die oberste Managementebene (Art. 38 Abs. 3 Satz 3 DS-GVO).

Sein Fachwissen muss der Datenschutzbeauftragte laufend erhalten und aktualisieren. Sein Anspruch auf Unterstützung durch die verantwortliche Stelle erstreckt sich deshalb auch auf seine Fort- und Weiterbildung.

Der Datenschutzbeauftragte ist weisungsfrei und in seiner Funktion unabhängig. Er ist deshalb vor der Abberufung geschützt[1)] und in seiner Funktion nicht zu benachteiligen. § 38 Abs. 2 BDSG i. V. m. § 6 Abs. 4 BDSG schützt den Datenschutzbeauftragten zudem vor einer Kündigung.

j) Internationaler Datenschutz

Die Übermittlung personenbezogener Daten innerhalb der Europäischen Union unterliegt den Regelungen der DS-GVO. Für diese Form der Datentransaktionen ist deshalb keine besondere über die DS-GVO hinausgehende

---

1) Zur Abberufung eines Datenschutzbeauftragten *EuGH*, Urt. v. 9.2.2023 – C-453/21 (X-FAB Dresden), ZD 2023, 334 m. Anm. *Moos/Dirkers*.

Rechtslage zu beachten. Anders verhält es sich, wenn Daten in Drittländer exportiert werden.

Ein Datenexport stellt einen Verarbeitungsvorgang dar. Er ist deshalb nur dann rechtmäßig, wenn einer der Erlaubnistatbestände des Art. 6 Abs. 1 DS-GVO vorliegt. Zusätzlich zu den Rechtmäßigkeitsvoraussetzungen des Art. 6 Abs. 1 DS-GVO ist ein Datenexport nur möglich, wenn entweder ein Angemessenheitsbeschluss nach Art. 45 DS-GVO, geeignete Garantien nach Art. 46 DS-GVO oder Binding Corporate Rules (verbindliche interne Datenschutzvorschriften) nach Art. 47 DS-GVO vorliegen.

Art. 49 DS-GVO lässt unter sehr engen Voraussetzungen Ausnahmen von den drei Erlaubnistatbeständen (Angemessenheitsbeschluss, geeignete Garantien, Binding Corporate Rules) zu. Hierzu zählen beispielsweise die Einwilligung des Betroffenen oder die Erfüllung einer vertraglichen Verpflichtung zwischen dem Betroffenen und dem Verantwortlichen.

Die in Art. 46 DS-GVO genannten geeigneten Garantien dürften in der Datenschutzpraxis eine besondere Bedeutung erhalten. Solche geeigneten Garantien bedürfen grundsätzlich der Genehmigung der Aufsichtsbehörde. Allerdings sind Situationen in der DS-GVO geregelt, in denen auch ohne gesonderte Genehmigung der Aufsichtsbehörden solche Garantien als Grundlage für den Datenexport bzw. Datenverarbeitung im Drittland gemacht werden können. Zu diesen genehmigungsfreien Garantien gehören neben den rechtlich bindenden durchsetzbaren Dokumenten zwischen Behörden auch Binding Corporate Rules nach Art. 47 DS-GVO. Diese sind allerdings, wenn man Art. 47 DS-GVO einer genaueren Analyse unterzieht, ebenfalls auf der Grundlage einer Genehmigung durch die Aufsichtsbehörde gebildet.

In der Praxis bedeutsam dürften neben Zertifizierungen nach Art. 42 DS-GVO vor allen Dingen sog. EU-Standardvertragsklauseln **(Nr. 27)** oder von Aufsichtsbehörden angenommene Standarddatenschutzklauseln gehören.

Neben den Standardvertragsklauseln sind genehmigte Verhaltensregeln (Codes of Conduct) nach Art. 40 DS-GVO eine geeignete Grundlage, um beispielsweise im Rahmen einer internationalen Unternehmensgruppe zwischen den Gesellschaften Daten austauschen zu können. Die Artikel-29-Datenschutzgruppe hat Gestaltungshilfen veröffentlicht, die es Unternehmen ermöglichen sollen, ungeachtet der nach wie vor bestehenden unterschiedlichen Gesetzeslage in den Mitgliedstaaten der Europäischen Union sowie im Verhältnis zu Unternehmen in Drittstaaten verbindliche unternehmensinterne Datenschutzregelungen zu schaffen.[1] Damit wird im Sinne des „Selbstdatenschutzes" sowohl den unternehmensspezifischen Besonderheiten als auch der Vorstellung des Datenschutzes als qualitatives Merkmal des verarbeitenden Unternehmens Rechnung getragen.

k) Auftragsverarbeitung

Begriff des Auftragsverarbeiters. Auftragsdatenverarbeitung liegt nach Art. 4 Nr. 8 DS-GVO dann vor, wenn eine natürliche oder juristische Person, Behörde, Einrichtung oder andere Stelle im Auftrag des Verantwortlichen Daten verarbeitet.[2] Der Auftragsdatenverarbeiter ist deshalb nicht gleichzusetzen

---

[1] Die archivierten Arbeitspapiere der Artikel-29-Datenschutzgruppe sind unter https://ec.europa.eu/newsroom/article29/items/itemType/1358 abrufbar.

[2] Siehe zur Abgrenzung zwischen Verantwortlichem und Auftragsverarbeiter die EDBP Guidelines 07/2020 on the concepts of controller and processor in the GDPR, Version 2.0, vom 7.7.2021,

mit dem Verantwortlichen selbst. Nach Art. 4 Nr. 7 DS-GVO ist dann von einem Verantwortlichen auszugehen, wenn dieser „alleine oder gemeinsam mit anderen über die Zwecke und Mittel der Verarbeitung" entscheidet.

Der Auftragsverarbeiter ist also jener, der nicht über Zwecke bzw. Mittel der Auftragsverarbeitung entscheidet. Nach dem Working Paper 169 (WP 169)[1] der Artikel-29-Datenschutzgruppe ist dann davon auszugehen, dass kein Verantwortlicher vorliegt, wenn weder rechtlich noch tatsächlich Einfluss auf die Entscheidung, zu welchen Zwecken oder auf welche Weise personenbezogene Daten verarbeitet werden, Einfluss genommen werden kann. Trifft eine Stelle alleine oder gemeinsam mit anderen allerdings eine Entscheidung über die Zwecke der Verarbeitung, ist diese stets als Verantwortlicher anzusehen.

Nach der Auffassung der Artikel-29-Datenschutzgruppe kann die Entscheidung über die Mittel durchaus an den Auftragsverarbeiter delegiert werden. Dies bedeutet, dass ein Auftragsverarbeiter im Rahmen seines Auftrags zwar nicht darüber entscheiden kann, zu welchem Zweck die Verarbeitung erfolgt. Er könnte allerdings durchaus selbst darüber entscheiden, welche technischen Mittel eingesetzt werden, um diese Zwecke zu erreichen.

Zulässigkeit der Auftragsverarbeitung. Die DS-GVO enthält in Art. 28 und 29 Bedingungen, unter denen Auftragsverarbeitung zulässig ist. Art. 28 DS-GVO ist keine eigenständige Rechtsgrundlage, die neben Art. 6 Abs. 1 DS-GVO herangezogen werden könnte. Die Einbeziehung eines Auftragsverarbeiters ist nur im Rahmen des Art. 6 Abs. 1 DS-GVO möglich. Jedenfalls einer der dort genannten Tatbestände für eine rechtmäßige Verarbeitung personenbezogener Daten muss erfüllt sein, damit die Übermittlung personenbezogener Daten durch den Verantwortlichen an den Auftragsverarbeiter und die Verarbeitung durch den Auftragsverarbeiter rechtmäßig ist.

Zwischen Verantwortlichem und Auftragsverarbeiter ist ein Vertrag über die Verarbeitung zu schließen. Dieser muss jedenfalls die in Art. 28 Abs. 3 DS-GVO genannten inhaltlichen Kriterien erfüllen. Der Vertrag ist schriftlich abzufassen. Dies kann allerdings auch „in einem elektronischen Format" erfolgen (Art. 28 Abs. 9 DS-GVO).

l) Gemeinsame Verantwortung

Legen zwei oder mehr Verantwortliche die Zwecke oder Mittel der Verarbeitung fest, so liegt keine Auftragsverarbeitung vor. Sie sind vielmehr gemeinsam Verantwortliche.[2] Die DS-GVO erlaubt eine solche Form der Zusammenarbeit in der Verarbeitung.

Beide Verantwortliche legen in einer speziellen Vereinbarung fest, wer von ihnen welche Verpflichtungen aus der DS-GVO erfüllt und diese insbesondere gegenüber dem Betroffenen wahrnimmt. So ist in einer solchen Vereinbarung insbesondere zu regeln, wer die Informationspflichten nach Art. 13 und 14 DS-GVO erfüllt.

---

abrufbar unter https://edpb.europa.eu/system/files/2021-07/eppb_guidelines_202007_controller-processor_final_en.pdf.

[1] Abrufbar unter: https://ec.europa.eu/justice/article-29/documentation/opinion-recommendation/files/2010/wp169_de.pdf.

[2] Vgl. zur Verantwortlichkeit sowie deren Reichweite *EuGH*, Urt. v. 5.6.2018 – C-210/16 (Fanpage), ZD 2018, 357 m. Anm. *Marosi/Schulz* = MMR 2018, 591 m. Anm. *Moos/Rothkegel* sowie *EuGH*, Urt. v. 29.7.2019 – C-40/17 (FashionID), MMR 2019, 579 m. Anm. *Moos/Rothkegel*; instruktiv *Gierschmann*, ZD 2020, 69 sowie *Folkerts*, ZD 2022, 201.

m) Beschäftigtendatenschutz

Die DS-GVO sieht in Art. 88 vor, dass die Mitgliedstaaten von der Möglichkeit Gebrauch machen können, den Schutz der personenbezogenen Daten im Beschäftigungsverhältnis spezifisch zu regeln. Die Verordnung lässt dabei offen, ob diese Regelungen durch gesetzliche Bestimmungen oder durch Vereinbarungen der Tarifparteien erfolgen. Im Ergebnis ist deshalb auf der nationalen Ebene sowohl eine gesetzliche Ausgestaltung des Beschäftigtendatenschutzes als auch die Regelung des Datenschutzes im Rahmen von Betriebsvereinbarungen möglich.

Der Bundesgesetzgeber hatte von dieser Möglichkeit jedenfalls teilweise Gebrauch gemacht und mit § 26 BDSG eine Vorschrift auf nationaler Ebene geschaffen, die sich mit der Wahrung des Datenschutzes im Beschäftigungsverhältnis befasst. Die zum Zeitpunkt der Drucklegung dieser Auflage bestehende gesetzliche Regelung des § 26 Abs. 1 Satz 1 BDSG stößt allerdings auf europarechtliche Bedenken, da die Bestimmung nicht die Anforderungen des Art. 88 Abs. 1 DS-GVO an eine spezifischere nationale Regelung erfüllt.[1]

Demzufolge ist für die Verarbeitung personenbezogener Daten im Beschäftigungskontext bis zur Neufassung der betreffenden Regelungen des BDSG auf die allgemeinen Erlaubnistatbestände des Art. 6 Abs. 1 DS-GVO und insbesondere auf Art. 6 Abs. 1 Buchst. b DS-GVO zurückzugreifen.

Die DS-GVO ihrerseits enthält in Art. 88 Abs. 2 spezifische Anforderungen an die inhaltliche Ausgestaltung von Betriebsvereinbarungen, die sich auch mit der Verarbeitung personenbezogener Daten befassen.

3. Das Bundesdatenschutzgesetz

Der Deutsche Bundestag verabschiedete am 27. April 2017 das Gesetz zur Anpassung des Datenschutzrechts an die Verordnung (EU) 2016/679 und zur Umsetzung der Richtlinie (EU) 2016/680 (Datenschutz-Anpassungs- und -umsetzungsgesetz EU – DSAnpUG-EU). Der Bundesrat stimmte dem Gesetz am 12. Mai 2017 zu.[2] Mit dem Gesetz erfolgt eine Neufassung des BDSG **(Nr. 11).** Mit dem 2. Datenschutz-Anpassungs- und -Umsetzungsgesetz EU – DSAnpUG-EU[3] nahm der Bundesgesetzgeber im Jahr 2019 weitere Änderungen im BDSG vor, die vor allen Dingen die Benennungsschwelle des § 38 Abs. 1 Satz 1 BDSG für den Datenschutzbeauftragten betraf. Während zuvor diese Schwelle bei zehn Mitarbeitern lag, wurde diese auf zwanzig Mitarbeiter angehoben.

Das BDSG enthält in den §§ 3 bis 21 gemeinsame Bestimmungen, die sowohl für öffentliche als auch nichtöffentliche Stellen gelten. In §§ 3 und 4 BDSG werden allgemeine Rechtsgrundlagen für die Datenverarbeitung durch öffentliche Stellen und für die Videoüberwachung geschaffen. Der Datenschutzbeauftragte öffentlicher Stellen wird in §§ 5 bis 7 BDSG verankert. Im Zuge der DS-GVO haben die Aufsichtsbehörden geänderte Aufgaben wahrzunehmen. Die Struktur der Aufsichtsbehörden sowie deren Aufgaben und Befugnisse werden folglich in §§ 8 bis 16 BDSG gesetzlich fixiert. Die Festlegung der deut-

---

[1] Siehe hierzu *EuGH*, Urt. v. 30.3.2023 – C-34/21, ZD 2023, 391 m. Anm. *Schild.*
[2] BR-Drs. 332/17.
[3] BGBl. I 1626 vom 25.11.2019.

schen Vertretung im Europäischen Datenschutzausschuss (§§ 17 bis 19 BDSG) sowie die Ausgestaltung der Rechtsbehelfe (§§ 20 und 21 BDSG) schließen den ersten Teil des BDSG ab.

Mit dem zweiten Teil des BDSG strebt der Gesetzgeber die Ausgestaltung der DS-GVO an.[1] Mit § 22 BDSG wird eine Rechtsgrundlage für die Verarbeitung besonderer Kategorien personenbezogener Daten geschaffen.[2] Die Zulässigkeitsvoraussetzungen für die Verarbeitungen zu anderen Zwecken durch öffentliche Stellen sowie durch nichtöffentliche Stellen und die Datenübermittlungen durch öffentliche Stellen werden in §§ 23 bis 25 BDSG gesetzlich verankert. Unter der Kapitelüberschrift der „Besonderen Verarbeitungssituationen" nimmt der Gesetzgeber Regelungen vor, die im Vorfeld des Gesetzgebungsvorhabens bereits Gegenstand intensiver Kritik waren: Beschäftigtendatenschutz (§ 26 BDSG),[3] Wissenschaftsprivileg (§ 27 BDSG),[4] Datenverarbeitung zu Archivzwecken (§ 28 BDSG),[5] Datenschutz bei Verbraucherkrediten (§ 30 BDSG) sowie Schutz des Wirtschaftsverkehrs bei Scoring und Bonitätsauskünften (§ 31 BDSG). Die Rechte des Betroffenen werden in §§ 32 bis 37 BDSG gefasst. Problematisch dürfte in diesem Zusammenhang sein, dass die Rechte des Betroffenen bereits im Rahmen der DS-GVO umfassend in Art. 12 bis 22 DS-GVO geregelt sind und lediglich im Rahmen des Art. 23 DS-GVO den Mitgliedstaaten in engen Grenzen die Möglichkeit zur Beschränkung der Betroffenenrechte eröffnet ist.[6] Inwieweit die nunmehr im BDSG enthaltenen Vorschriften europarechtlichen Bestand haben werden, bleibt abzuwarten. Eine erste Einschränkung der Anwendung des BDSG erfuhr § 26 Abs. 1 BDSG, der nach der Entscheidung des EuGH vom 30. März 2023[7] die Anforderungen an eine spezifischere nationale Regelung nicht zu erfüllen vermag. Ebenso wird mit einer Neufassung der bislang in § 31 BDSG normierten Anforderungen an ein Scoring zu rechnen sein, da der EuGH in seiner Entscheidung vom 7. Dezember 2023[8] die Bildung eines Scorewerts als automatisierte Entscheidung im Einzelfall nach Art. 22 DS-GVO qualifizierte und § 31 BDSG nicht die Anforderungen an eine nationale Gestattung[9] im Sinne des Art. 22 Abs. 2 lit b DS-GVO erfüllt. In der Praxis wird wohl zunächst die DS-GVO heranzuziehen sein. Für die Anwendung der Vorschriften des BDSG bleibt nur in den in der DS-GVO gesetzten eng umgrenzten Fällen Raum. Ergänzend zu den in der DS-GVO enthaltenen Bußgeldtatbeständen stellen §§ 41 und 43 BDSG zusätzliche Bußgeldtatbestände auf.

---

[1] In diesem Zusammenhang sei auf die bereits an früherer Stelle erwähnten europarechtlichen Bedenken verwiesen.

[2] Siehe hierzu allerdings Art. 9 DS-GVO sowie *Schiff* in: Ehmann/Selmayr, Datenschutz-Grundverordnung, 3. Aufl. 2024, Art. 9 Rn. 74.

[3] Siehe hierzu Art. 88 DS-GVO sowie zum Gesamtkomplex der spezifischeren Regelung des Beschäftigtendatenschutzes bei *Selk* in: Ehmann/Selmayr, Datenschutz-Grundverordnung, 3. Aufl. 2024, Art. 88.

[4] Siehe hierzu auch Art. 89 DS-GVO sowie *Raum* in: Ehmann/Selmayr, Datenschutz-Grundverordnung, 3. Aufl. 2024, Art. 89 Rn. 57 ff.

[5] Ebenda.

[6] Vgl. hierzu *Bertermann* in: Ehmann/Selmayr, Datenschutz-Grundverordnung, 3. Aufl. 2024, Art. 23 Rn. 3 ff.

[7] *EuGH*, Urt. v. 30.3.2023 – C-34/21, ZD 2023, 391 m. Anm. *Schild*.

[8] *EuGH*, Urt. v. 7.12.2023 – C-634/21, ZD 2024, 157 m. Anm. *Schild*.

[9] Zum Zeitpunkt der Drucklegung dieser Auflage befand sich eine Neufassung der nationalen Regelung des Scorings als § 37a BDSG in der ersten Lesung des Deutschen Bundestags. Der Gesetzentwurf der Bundesregierung wurde mit BT-Drs. 20/10859 vorgelegt.

In seinem dritten Teil setzt das 1. DSAnpUG-EU die Vorgaben der Richtlinie EU 2016/680 um. Diese Vorschriften gelten für die Verarbeitung personenbezogener Daten durch die für die Verhütung, Ermittlung, Aufdeckung, Verfolgung oder Ahndung von Straftaten oder Ordnungswidrigkeiten zuständigen öffentlichen Stellen. Neben den Regelungen zu den Rechtsgrundlagen der Verarbeitung, der Zweckbindung und der -änderung (§§ 47 bis 51 BDSG) werden die Betroffenenrechte mit den Regelungen der §§ 55 bis 61 BDSG ausgeformt. Der für die Verarbeitung Verantwortliche muss im Rahmen der Richtlinienumsetzung besondere Pflichten erfüllen. Diese beziehen sich sowohl auf die Situation der Auftragsdatenverarbeitung (§ 62 BDSG), der Datensicherheit und der Meldung von Datenschutzverletzungen (§§ 64 bis 66 BDSG), der Datenschutz-Folgenabschätzung, des Verarbeitungsverzeichnisses und der Protokollierung (§§ 67 bis 79 und 76 BDSG) als auch auf die Berichtigungs- und Löschungspflichten nach § 75 BDSG.

Im vierten Teil der BDSG Novelle 2017 wendet sich der Gesetzgeber Datenverarbeitungen zu, die weder von der DS-GVO noch von der Richtlinie (EU) 2016/680 erfasst werden. Der Wortlaut des § 85 BDSG macht bereits deutlich, dass es sich hierbei um Ausnahmesituationen handelt, die v. a. für Situationen der Verteidigung, Erfüllung über- oder zwischenstaatlicher Verpflichtungen auf dem Gebiet der Krisenbewältigung oder Konfliktverhinderung oder für humanitäre Maßnahmen erforderlich sind.

IV. Das Digitale-Dienste-Gesetz

Das Digitale-Dienste-Gesetz vom 6. Mai 2024 (DDG) **(Nr. 13)** hat eine lange Geschichte. Sie beginnt mit dem Informations- und Kommunikationsdienstegesetz (IuKDG) des Jahres 1997, mit dem rechtliche Rahmenbedingungen für die neuen Dienste in der Informationsgesellschaft, die Teledienste, geschaffen wurden. Mit dem Teledienstegesetz vom 22. Juli 1997 (TDG) entstanden Regeln für die Zulassungsfreiheit, die Informationspflichten und die Verantwortlichkeit für Inhalte. Das Telemediengesetz vom 26. Februar 2007 (TMG) folgte in der Regelung der rechtlichen Rahmenbedingungen der Telemedien. Es wurde mit dem Digitale-Dienste-Gesetz vom 6. Mai 2024 (DDG) abgelöst. Die datenschutzrechtlichen Pflichten dieser Dienste wurden mit dem Teledienstedatenschutzgesetz vom 23. Juni 2021 (TDDSG) zum 1. Dezember 2021 aus dem TMG ausgegliedert und gesondert geregelt. Die Anpassung bestehender nationaler Vorschriften an die Verordnung (EU) 2022/2065 vom 19. Oktober 2022 (Gesetz über digitale Dienste) **(Nr. 5)** erfolgte eine Umbenennung des TDDSG in Telekommunikation-Digitale-Dienste-Datenschutz-Gesetz (TDDDG) **(Nr. 14).**

Das TDDDG dient ausdrücklich der Umsetzung der Richtlinie 2002/58/EG und übernimmt in enger Anlehnung an den Wortlaut der Richtlinie in § 25 TDDDG die Regelungen zur Rechtmäßigkeit der Verarbeitung personenbezogener Daten.

Der EU-Gesetzgeber sah sich bei der Beratung und Verabschiedung der DS-GVO vor das Problem gestellt, dass für den speziellen Sektor der elektronischen Kommunikation mit der Richtlinie 2002/58/EG (ePrivacy-Richtlinie)[1] ein

[1] Richtlinie 2002/58/EG des Europäischen Parlaments und des Rates vom 12. Juli 2002 über die Verarbeitung personenbezogener Daten und den Schutz der Privatsphäre in der elektronischen Kommunikation, ABl. EG L 201, S. 37.

Regelungswerk bestand, das den Mitgliedstaaten aufgab, bereichsspezifische Datenschutzregelungen zu schaffen. Erwägungsgrund 173 der DS-GVO zeigt deutlich, dass dieser Regelungsbereich von der DS-GVO nicht erfasst ist und dass zugleich dem EU-Gesetzgeber die Aufgabe auferlegt werden sollte, eine Überarbeitung der ePrivacy-Richtlinie vorzunehmen. Diese Bemühungen sind bislang noch nicht abgeschlossen. Unter dem 10. Januar 2017 legte die EU-Kommission einen Vorschlag für eine Verordnung des Europäischen Parlaments und des Rates über die Achtung des Privatlebens und den Schutz personenbezogener Daten in der elektronischen Kommunikation und zur Aufhebung der Richtlinie 2002/58/EG (Verordnung über Privatsphäre und elektronische Kommunikation) vor.[1] Das Europaparlament hat diesen Vorschlag beraten und empfohlen, im Rahmen des ordentlichen Gesetzgebungsverfahrens in den Trilog zwischen Kommission, Parlament und Rat einzutreten, um eine beschlussfähige Fassung des Verordnungsentwurfs beraten zu können. Dieser Prozess konnte nach langjährigen und intensiven Beratungen auf der Ebene der Mitgliedstaaten abgeschlossen werden. Am 10. Februar 2021 legte der Rat seinen Standpunkt zur geplanten ePrivacy-VO vor.[2] Bis zur Verabschiedung und dem Inkrafttreten einer ePrivacy-Verordnung gilt die bisherige Rechtslage in Gestalt der Datenschutzrichtlinie für elektronische Kommunikation **(Nr. 3)** weiter. Soweit in der Vergangenheit die Richtlinienvorgaben durch nationale Bestimmungen umgesetzt wurden, bleiben diese auch weiterhin anwendbar. Dies gilt ebenfalls für das TDDDG **(Nr. 14).**

Zwar ist die ePrivacy-Verordnung als spezifische Regelung zur DS-GVO beabsichtigt, dies führt allerdings nicht dazu, dass im Bereich der elektronischen Kommunikation keine gesetzlichen Regelungen bestehen würden.

Mit Art. 95 DS-GVO wird deutlich gemacht, dass die DS-GVO den Verarbeitern dann keine zusätzlichen Pflichten auferlegt, wenn sie bereits bereichsspezifischen Vorschriften der elektronischen Kommunikation genügen müssen, soweit diese mit der DS-GVO vereinbar[3] sind.

Im Ergebnis bedeutet dies, dass künftig die Bestimmungen der DS-GVO auch für den Bereich der elektronischen Kommunikation relevant sind: Die bisher auf nationaler Ebene in Umsetzung der ePrivacy-Richtlinie geschaffenen Bestimmungen gelten weiter. Liegt keine richtlinienkonforme Umsetzung der Richtlinie 2002/58/EG vor, ist die DS-GVO zu beachten.[4]

Das Gesetz gilt nach § 1 Abs. 1 Satz 1 DDG für alle digitalen Dienste im Sinne des Art. 1 Abs. 1 Buchst. b der Richtlinie (EU) 2015/1535.[5]

---

[1] EU-Kommission, Vorschlag für eine Verordnung des Europäischen Parlaments und des Rates über die Achtung des Privatlebens und den Schutz personenbezogener Daten in der elektronischen Kommunikation und zur Aufhebung der Richtlinie 2002/58/EG (Verordnung über Privatsphäre und elektronische Kommunikation) vom 10.1.2017, COM(2017) 10 final.

[2] Proposal for a Regulation of the European Parliament and of the Council concerning the respect for private life and the protection of personal data in electronic communications and repealing Directive 2002/58/EC (Regulation on Privacy and Electronic Communications) – Mandate for negotiations with EP, 2017/0003(COD) v. 10.2.2021.

[3] Art. 95 DS-GVO spricht davon, dass diese „dasselbe Ziel" verfolgen.

[4] Vgl. zu dem komplexen Problem des Verhältnisses zwischen DS-GVO und den Bestimmungen der elektronischen Kommunikation *Klabunde/Selmayr* in: Ehmann/Selmayr, Datenschutz-Grundverordnung, 2. Aufl. 2018, Art. 95 Rn. 1 ff.

[5] Richtlinie (EU) 2015/1535 des Europäischen Parlaments und des Rates vom 9. September 2015 über ein Informationsverfahren auf dem Gebiet der technischen Vorschriften und der Vorschriften für die Dienste der Informationsgesellschaft, ABl. EU L 241 vom 17.9.2015.

Die Regeln des DDG zum Herkunftslandprinzip (§ 3 DDG), zur Zulassungs- und Anmeldefreiheit (§ 4 DDG) und zur beschränkten Verantwortlichkeit (§ 8 DDG) prägen die nationale Ausgestaltung der digitalen Dienste. Der Datenschutz regelt sich nach dem TDDDG. Die bislang im TKG enthaltenen datenschutzrechtlichen Regelungen wurden aus dem ausgegliedert und in §§ 3 ff. TDDDG normiert.

V. Telekommunikation-Digitale-Dienste-Datenschutz-Gesetz (TDDDG)

Mit dem am 23. Juni 2021 verabschiedeten TTDSG und mit Wirkung vom 14. Mai 2024 in TDDDG **(Nr. 14)** umbenannten Gesetz setzt der Bundesgesetzgeber die Vorgaben der Richtlinie 2002/58/EG in nationales Recht um. Das Gesetz umfasst sowohl datenschutzrechtliche Regelungen des Telekommunikationsrechts als auch des Telemedienrechts.

Mit der Schaffung des TDDDG soll nicht zuletzt eine mit Inkrafttreten der DS-GVO intensiv geführte Diskussion um die Anwendbarkeit der DS-GVO auf den Einsatz von Cookies oder ähnlichen Techniken beendet und wieder Rechtssicherheit hergestellt werden.

Für das Telemedienrecht hatten die Datenschutzaufsichtsbehörden des Bundes und der Länder (DSK) die Rechtsauffassung entwickelt, dass die datenschutzrechtlichen Regelungen der bisherigen §§ 11 ff. TMG a. F. in der Anwendung hinter die Vorschriften der DS-GVO zurückzutreten haben. Dies hatte Auswirkungen auf den Einsatz und die Nutzung spezifischer Web-Technologien. Die Datenschutzkonferenz der Aufsichtsbehörden vertrat deshalb die Auffassung, dass die §§ 12, 13 und 15 TMG a. F. bei der Beurteilung der Rechtmäßigkeit der Reichweitenmessung (z. B. Cookies) und des Einsatzes von Tracking-Mechanismen, die das Verhalten von betroffenen Personen im Internet nachvollziehbar machen, nicht mehr angewendet werden können.[1] Als Rechtsgrundlage für die Verarbeitung personenbezogener Daten konnte somit nur Art. 6 Abs. 1 DS-GVO[2] herangezogen werden.

Dem Rechtsanwender blieb vor dem Hintergrund der geäußerten Auffassung der Aufsichtsbehörden nur die risikobezogene Abwägung, ob die Regelungen des TMG a. F. wie in der Vergangenheit auch angewendet werden sollten oder ob nicht vielmehr wegen des europarechtlich wohl geltenden Anwendungsvorrangs der DS-GVO die datenschutzrechtliche Gestaltung von Webseiten und der Einsatz spezifischer Tools (Cookies oder einschlägige Tracking- und Analysetools) an den Kriterien der DS-GVO gemessen werden müssten.

Mit der Regelung des § 25 Abs. 1 und Abs. 2 Nr. 2 TDDDG wird Rechtssicherheit insoweit geschaffen, als die grundsätzliche Einwilligungsbedürftigkeit

---

[1] Datenschutzkonferenz (DSK), Positionsbestimmung der Konferenz der unabhängigen Datenschutzbehörden des Bundes und der Länder: Zur Anwendbarkeit des TMG für nicht-öffentliche Stellen ab dem 25. Mai 2018, Düsseldorf, 26.4.2018 sowie die Orientierungshilfe der Aufsichtsbehörden für Anbieter von Telemedien vom 29.3.2019 der Datenschutzkonferenz, abzurufen unter https://www.datenschutzkonferenz-online.de/media/oh/20190405_oh_tmg.pdf; vgl. hierzu auch *Gierschmann*, ZD 2018, 297; *Breyer*, ZD 2018, 302.

[2] Dort vor allen Dingen die Tatbestände des Art. 6 Abs. 1 Buchst. a DS-GVO (Einwilligung), Art. 6 Abs. 1 Buchst. b DS-GVO (Erfüllung einer vertraglichen Verpflichtung gegenüber dem Betroffenen) sowie Art. 6 Abs. 1 Buchst. f DS-GVO (Vorliegen eines berechtigten Interesses, das nach einer Güterabwägung schwerer wiegt, als das Interesse des Betroffenen daran, dass die Verarbeitung unterbleibt).

des Einsatzes von Cookies oder vergleichbaren Techniken normiert wird. Für den Begriff der Einwilligung wird ausdrücklich auf die Begriffsbestimmung der DS-GVO Bezug genommen. Von der Einwilligungsbedürftigkeit ausgenommen sind nur solche Vorgänge, bei der die Speicherung von Informationen in der Endeinrichtung des Endnutzers oder der Zugriff auf bereits in der Endeinrichtung gespeicherte Informationen unbedingt erforderlich ist, damit der Anbieter eines Telemediendienstes einen vom Nutzer ausdrücklich gewünschten Telemediendienst zur Verfügung stellen kann (§ 25 Abs. 2 Nr. 2 TDDDG).

Das TDDDG enthält in § 19 TDDDG die Verpflichtung, durch technische und organisatorische Vorkehrungen sicherzustellen, dass die Nutzung des Dienstes jederzeit beendet werden kann und die Inanspruchnahme von digitalen Diensten gegen Kenntnisnahme Dritter geschützt ist. Ebenso muss die Nutzung der digitalen Dienste sowie deren Bezahlung auf anonyme oder pseudonyme Weise ermöglicht werden, soweit dies technisch möglich und zumutbar ist.

Mit § 20 TDDDG wird darauf abgestellt, dass personenbezogene Daten, die von Minderjährigen erhoben wurden, nicht für kommerzielle Zwecke verwendet werden dürfen.

Einen besonderen Schwerpunkt bildet die regulative Auseinandersetzung mit Bestandsdaten sowie dem Verfahren, das bei der Geltendmachung von Auskunftsbegehren hinsichtlich dieser Daten einzuhalten ist (§§ 21 f. TDDDG). Die Auskunft über Passwörter und andere Zugangsdaten sowie über Nutzungsdaten finden in §§ 23 und 24 TDDDG eigenständige Berücksichtigung.

Mit den datenschutzrechtlichen Regelungen, wie sie im TDDDG vorzufinden sind, strebt der Bundesgesetzgeber keine umfassende und abschließende Regelung an. Die gesetzgeberische Normierung wurde erforderlich, da bislang die Verabschiedung einer ePrivacy-Verordnung noch nicht erfolgen konnte. So bleiben die Regelungen des TDDDG vor dem Hintergrund der sich dynamisch entwickelnden Entwicklung der Telemedien wohl unvollständig.

VI. Weitere datenschutzrechtliche Regeln

Das Grundgesetz **(Nr. 19)** gewährt Datenschutz durch das aus Art. 1 und 2 GG abgeleitete informationelle Selbstbestimmungsrecht und das Fernmeldegeheimnis des Art. 10 GG. Dies strahlt auf das Gesetz zu Art. 10 GG **(Nr. 20),** auf Regeln des Strafgesetzbuches **(Nr. 23)** und der Strafprozessordnung **(Nr. 22)** aus. Im öffentlichen Dienst besteht Datenschutz durch das Beamtenstatusgesetz[1] und das Bundesbeamtengesetz[2], im Arbeitsrecht durch das Betriebsverfassungsgesetz **(Nr. 24).** Für den Datenschutz im Wirtschaftsverkehr hat die EU-Kommission Standardvertragsklauseln für die Übermittlung personenbezogener Daten in Drittländer entwickelt **(Nr. 27).** In das Aufgabengebiet des Datenschutzbeauftragten des Bundes fällt das Informationsfreiheitsgesetz **(Nr. 12).** Dieses Gesetz gibt jedem gegenüber den Behörden des Bundes einen Anspruch auf Zugang zu amtlichen Informationen. Der Anspruch ist durch umfangreiche Ausnahmen wie mögliche nachteilige Auswirkungen auf internationale Beziehungen und die Gefährdung der öffentlichen Sicherheit gekennzeichnet.

---

1) Vom Abdruck wurde abgesehen.
2) Vom Abdruck wurde abgesehen.

Im Zusammenhang mit der Wirksamkeit der DS-GVO traten vermehrt Unsicherheiten und Zweifel auf, ob und inwieweit durch die europarechtliche Regelung bestehende nationale Vorschriften zum Schutz der Persönlichkeitsrechte verdrängt werden. So musste die Frage geklärt werden, ob und in wieweit die Vorschriften der DS-GVO für Fotografen vordringlich zu beachten sind. Das OLG Köln setzte sich in einem Beschluss vom 18.6.2018 mit dieser Abgrenzungsfrage auseinander und betonte, dass die insoweit einschlägige Vorschrift des § 23 KUG von der DS-GVO nicht verdrängt werde.[1] Da die Diskussion um die Reichweite des Art. 85 DS-GVO wohl mit dieser Entscheidung noch nicht abgeschlossen sein dürfte, wurde das KUG **(Nr. 18)** mit einem Auszug in diese Textsammlung aufgenommen.

Die Nutzung personenbezogener Daten zu werblichen Zwecken muss mit dem Wirksamwerden der DS-GVO den darin fixierten gesetzlichen Vorgaben folgen. Wie bereits die ersten Wochen nach dem 25.5.2018 zeigten, warfen die Anforderungen an die Rechtmäßigkeit einer Verarbeitung allerdings nicht nur Fragen des Art. 6 Abs. 1 DS-GVO auf. Die werbliche Nutzung personenbezogener Daten hat ebenso den Anforderungen des Wettbewerbsrechts und insbesondere § 7 UWG zu folgen. Um dem praktischen Bedürfnis der regelungstechnischen Abgrenzung beider Rechtsgebiete Rechnung tragen zu können, wurde das UWG mit einem Auszug ebenfalls in diese Textsammlung aufgenommen **(Nr. 17)**.

Die im Rahmen der Erfüllung von Löschungspflichten aus Art. 17 DS-GVO zu beachtenden handels- oder steuerrechtlichen Aufbewahrungspflichten führten zu einer Aufnahme der insoweit einschlägigen Vorschriften des HGB **(Nr. 25)** und der AO **(Nr. 26)**.

VII. Ausblick

Cloud, Social Media, mobile Kommunikation sowie eMobility, Smart Home oder auch Smart City sind die Merkmale einer ständig wachsenden Netzgesellschaft. Nutzer jeder Art, von Großunternehmen bis zu Einzelnutzern speichern ihre Daten in der Cloud und rufen sie mit mobilen Kommunikationsmitteln von beliebigen Orten wieder ab. Social-Media-Dienste werden genutzt, um Daten an einen stetig wachsenden Kreis von Freunden zu verteilen. Diese Entwicklung ist eine Herausforderung für den Datenschutz.[2] Die wachsende Integration künstlicher Intelligenz in Geschäftsprozesse und IT-Anwendungen lässt auch in Hinsicht auf die Verarbeitung personenbezogener Daten die Bewältigung der mit dem Einsatz von KI verbundenen Risiken in den Vordergrund treten.

Die Internationalisierung der Datenspeicherung und der Kommunikation macht die Wirkung national begrenzter Datenschutzgesetzgebung fragwürdig. Der Zuspruch, den Social-Media-Dienste finden, die Daten verteilen, berührt die Idee des Datenschutzes in seiner Grundlage. Ebenso stellt der mögliche Missbrauch personenbezogener Daten zu Zwecken der Beeinflussung von Wählerverhalten, wie dies im Fall Facebook/Cambridge Analytica[3] vermutet wird, den Datenschutz vor neue Herausforderungen, die weit über den Schutz

---

[1] *OLG Köln,* ZD 2018, 434 m. Anm. *Hoeren.*
[2] Hierzu *Forgó* in: Forgó/Helfrich/Schneider, Betrieblicher Datenschutz, I. 2.
[3] *Selmayr,* ZD 2018, 197.

des Einzelnen hinausgehen und das gesellschaftliche Verständnis des Datenumgangs berühren.

In diese Bewährungsphase des Datenschutzes fällt die Verabschiedung der Datenschutz-Grundverordnung **(Nr. 1)** sowie der JI-Richtlinie **(Nr. 2).** Mit der Verordnung wird für sämtliche Mitgliedstaaten ein einheitlicher datenschutzrechtlicher Rahmen geschaffen. Anders als bei Richtlinien haben die Mitgliedstaaten bei Verordnungen keinen Handlungsspielraum. Verordnungen haben nach Art. 288 Abs. 2 AEUV unmittelbare Wirkung und bedürfen deshalb keines nationalen Umsetzungsakts. Dies hat erhebliche Rechtsfolgen für die Mitgliedstaaten. Soweit die EU-Verordnung datenschutzrechtliche Sachverhalte regelt, besteht kein Raum mehr für ein entsprechendes deutsches Datenschutzrecht. Es gilt direkt die Grundverordnung, für deren Auslegung der EuGH im Vorabentscheidungsverfahren (Art. 267 Abs. 1 Buchst. b AEUV) zuständig ist. Die Verordnung enthält eine Vielzahl an Klauseln, die den Mitgliedstaaten die Aufrechterhaltung oder die Schaffung spezifischerer Datenschutzregelungen gestatten, um so die in der Grundverordnung festgelegten datenschutzrechtlichen Rahmenbedingungen zu spezifizieren. Vor diesem Hintergrund stehen vielfältige gesetzgeberische Herausforderungen auf Bundes- oder auch auf Landesebene bevor, da der Gesetzgeber das nationale Datenschutzrecht verordnungskonform um- und auszugestalten hat.[1]

Die Verordnung macht in vielerlei Hinsicht eine Anpassung bestehender Prozesse aufseiten der mit der Verarbeitung personenbezogener Daten befassten Unternehmen erforderlich. Die Umsetzung der Anforderungen der DS-GVO kann dabei durchaus nicht aufgeschoben werden. Bußgelder können ab Inkrafttreten der DS-GVO bis zu 4 Prozent des Weltumsatzes eines Unternehmens betragen. Gleichzeitig verschärfen sich die Haftungsszenarien für die Unternehmensleitung.[2]

Eine Analyse der DS-GVO zeigt, dass unabhängig von den zu erwartenden Anpassungen des nationalen Rechts bereits kurzfristig auf folgenden Gebieten Gestaltungsbedarf besteht:

– Anpassung der Anforderungen an eine datenschutzrechtlich wirksame Einwilligung an die technische Entwicklung,
– umfassende Informations- und Dokumentationspflichten, um eine Transparenz der Verarbeitungsverfahren herzustellen,
– erweiterte Auskunfts- und Betroffenenrechte,
– Anpassung bestehender Speicher- und Löschkonzepte zur Erfüllung des „Rechts auf Vergessenwerden",
– Erfüllung des Anspruchs auf Datenportabilität,
– Einführung eines Systems der Datenschutz-Folgenabschätzung (Risikoanalyse),
– Erweiterung der Haftung bei Auftragsdatenverarbeitung,
– mögliche Neuinterpretation des Beschäftigtendatenschutzes vor dem Hintergrund der DS-GVO,

[1] Vgl. hierzu die Webseiten der Datenaufsichtsbehörden der Länder sowie der Datenschutzkonferenz. Hier finden sich eine Vielzahl von konkreten Handlungsempfehlungen. Auf den Internetauftritt der DSK unter www.datenschutz-konferenz.de wird ausdrücklich hingewiesen. Dort sind neben Kurzpapieren vor allen Dingen Orientierungshilfen zu finden, die für die datenschutzrechtliche Praxis von außerordentlich großer Bedeutung sind und laufend aktualisiert werden.

[2] Eine eindrückliche Dokumentation der in Anwendung der DS-GVO in den EU-Mitgliedstaaten ausgelösten Bußgeldverfahren ist unter www.enforcementtracker.com zu finden.

- Annäherung des Datenschutzes an die Compliance im Unternehmen, indem der Aspekt der Prävention betont wird,
- Stärkung des betrieblichen Datenschutzbeauftragten, indem diesem eine explizite Überwachungspflicht auferlegt und das Unternehmen verpflichtet wird, ihn so früh wie möglich in Geschäftsprozesse einzubeziehen.

Für die Erfüllung der datenschutzrechtlichen Anforderungen der DS-GVO bestehen neben dem in Art. 83 DS-GVO angelegten Bußgeldrisiko gewichtige kaufmännische Gründe: Die Rechtsprechung hat in der jüngsten Vergangenheit wiederholt die Verletzung datenschutzrechtlicher Vorschriften als wettbewerbswidriges Verhalten gewertet und hieran Unterlassungsansprüche geknüpft.[1] Damit wird die Einhaltung datenschutzrechtlicher Vorschriften nicht zuletzt im Wettbewerb konkurrierender Unternehmen zu einem Faktor des kaufmännischen Erfolgs: Wird die Nutzung eines Datenbestands beispielsweise deshalb untersagt, weil die Datenportabilität nicht sichergestellt werden kann, droht dem Unternehmen, das sein Vertriebskonzept auf personenbezogene Daten gründet, ein erheblicher Schaden, der neben dem Reputationsschaden nur langsam wieder kompensiert werden kann. Ob die Anwendung wettbewerbsrechtlicher Vorschriften auf Datenschutzverstöße nach dem Inkrafttreten der DS-GVO in Betracht kommen kann, ist umstritten. Die wohl herrschende Meinung geht davon aus, dass die DS-GVO die Verfolgung von Verletzungshandlungen abschließend regelt und folglich für die Anwendung wettbewerbsrechtlicher Regelungen kein Raum verbleibt.[2]

Sofern ein datenschutzrechtlicher Sachverhalt grenzüberschreitende und damit europäische Wirkung entfaltet, hat das nationale Gericht den ihm unterbreiteten Sachverhalt im Hinblick auf die Auslegung der DS-GVO dem EuGH vorzulegen. Dieser prüft dann nicht zuletzt auch vor dem Hintergrund der Europäischen Grundrechtecharta sowie des im AEUV enthaltenen Primärrechts die betreffende Vorschrift der Verordnung auf ihre grundrechtliche Ausgestaltung. Nationales Datenschutzrecht sowie die hierzu ergangene Rechtsprechung des BVerfG werden nicht per se obsolet, auch wenn dies im Rahmen der Diskussion um die Ausgestaltung der DS-GVO vereinzelt befürchtet wurde. Soweit die Grundverordnung durch nationales Recht ausgestaltet wird bzw. das europäische Recht nicht einschlägig ist oder auch im öffentlichen Bereich nach wie vor der nationale Gesetzgeber originär kompetent ist, sind die bestehenden Entscheidungen des Bundesverfassungsgerichts heranzuziehen. Ein ausgesprochenes Ziel der DS-GVO ist die Anpassung des Datenschutzrechts an die technischen Innovationen, die mit dem Internet seit Verabschiedung der EG-Datenschutzrichtlinie im Jahre 1995 eingetreten sind.

Im Ergebnis befindet sich das Datenschutzrecht in einer Umbruchphase. Es wird sich in den nächsten Jahren zeigen, in wieweit die Idee des Datenschutzes den neuen Formen der Kommunikation, die durch Mobilität der Nutzer und Internationalisierung der Anbieter gekennzeichnet ist, sowie der immer intensiveren Integration und Vernetzung der Lebens- und Wirtschafts-

---

[1] *LG Düsseldorf*, ZD 2016, 231; *OLG Karlsruhe*, ZD 2012, 432; *LG Würzburg*, ZD 2019, 38 m. Anm. *Schlüter*; a. A. *OLG München*, MMR 2012, 317 m. Anm. *Schröder; OLG Düsseldorf*, MMR 2017, 254 m. Anm. *Meyer; LG Berlin*, MMR 2018, 328 m. Anm. *Heldt*. Kritisch zum wettbewerbsrechtlichen Unterlassungsanspruch bei Datenschutzverletzungen *Baumgartner/Sitte*, ZD 2018, 555; *Wolf*, ZD 2018, 248; *Ohly*, GRUR 2019, 686.

[2] Vgl. *Ohly*, GRUR 2019, 686; *Köhler* in: Köhler/Bornkamm, UWG, 41. Aufl. 2023, § 3a Rn. 1.40a, der sich insbesondere auch mit der jüngeren Rechtsprechung des EuGH in diesem Zusammenhang auseinandersetzt.

bereiche so Rechnung tragen kann, dass ein Ausgleich zwischen dem Schutz des Persönlichkeitsrechts des Einzelnen und den wirtschaftlichen Interessen der Unternehmen sowie der gesellschaftlichen Entwicklung erzielt werden kann.

B. Datenwirtschaftsrecht

Die Europäische Union verfolgt mit ihrer Digitalen Agenda für Europa[1] die Bildung eines digitalen Binnenmarkts, der auf einem schnellen bis extrem schnellen Internet und interoperablen Anwendungen beruht, um einen nachhaltigen wirtschaftlichen und sozialen Nutzen zu ziehen.[2] In Verfolgung dieser programmatischen Zielsetzung schuf der europäische Gesetzgeber in den Jahren 2020 bis 2024 einen normativen Rahmen für die Bildung eines Binnenmarkts für Daten, der die globale Wettbewerbsfähigkeit und die Datensouveränität Europas sicherstellen soll.

I. Verordnung über künstliche Intelligenz

Im Zentrum der gesetzgeberischen Aktivitäten steht die normative Fassung der Rahmenbedingungen für die Entwicklung und die Nutzung künstlicher Intelligenz in unterschiedlichen Bereichen der Wirtschaft, Gesellschaft und öffentlicher Verwaltung. Die Verordnung (EU) 2024/1689 des Europäischen Parlaments und des Rates vom 13. Juni 2024 zur Festlegung harmonisierter Vorschriften für künstliche Intelligenz und zur Änderung der Verordnungen (EG) Nr. 300/2008, (EU) Nr. 167/2013, (EU) Nr. 168/2013, (EU) 2018/858, (EU) 2018/1139 und (EU) 2019/2144 sowie der Richtlinien 2014/90/EU, (EU) 2016/797 und (EU) 2020/1828 (Verordnung über künstliche Intelligenz) **(Nr. 4)** stellt in dieser Hinsicht erstmals europaweit einen regulatorischen Ansatz dar.

Die Verordnung ist zum 1. August 2024 in Kraft getreten und verfolgt das Ziel der Förderung der verantwortlichen Entwicklung und Verwendung künstlicher Intelligenz. Die Erfassung und der Umgang mit potenziellen Risiken künstlicher Intelligenz für Gesundheit, Sicherheit und Grundrechte der Bürger charakterisiert die generelle Ausrichtung der Verordnung. Die Verordnung weist klare Anforderungen auf, welche die KI-Entwickler und KI-Betreiber je nach der spezifischen Verwendung künstlicher Intelligenz zu erfüllen haben.

Mit der Verordnung über künstliche Intelligenz wird erstmals ein einheitlicher Rechtsrahmen für alle EU-Mitgliedstaaten geschaffen.

II. Gesetz über digitale Dienste

Mit dem Gesetz über digitale Dienste (Digital Services Act) **(Nr. 5)** vom 19. Oktober 2022 bezweckt der europäische Gesetzgeber die Schaffung eines sichereren digitalen Rahmens, in dem die Grundrechte der Nutzer ebenso ge-

[1] Mitteilung der Kommission vom 19. Mai 2010 an das Europäische Parlament, den Rat, den Europäischen Wirtschafts- und Sozialausschuss und den Ausschuss der Regionen „Eine Digitale Agenda für Europa" KOM(2010) 245 endg.

[2] Ebenda, S. 3.

schützt sind, wie gleiche Wettbewerbsbedingungen für Unternehmen geschaffen werden. Die Verordnung gilt seit dem 17. Februar 2024.

Der regulatorische Rahmen betrifft in erster Linie Online-Vermittler und Online-Plattformen wie Online-Marktplätze, soziale Netzwerke, Content-Sharing-Plattformen, App-Stores oder auch Online-Reise und Unterkunftsplattformen. Sehr große Online-Plattformen und Suchmaschinen (dies sind solche mit mehr als 45 Millionen Nutzern pro Monat in der EU) werden durch die EU-Kommission benannt.[1] Sie haben unter anderem eine Kontaktstelle für Behörden und Nutzer einzurichten, Straftaten zu melden und über benutzerfreundliche Geschäftsbedingungen zu verfügen. Hinsichtlich der Werbung, der Empfehlungssysteme oder Entscheidungen über die Moderation von Inhalten sind Transparenzanforderungen zu erfüllen. Darüber hinaus sind insbesondere systemische Risiken, wie sie mit dem jeweiligen Dienst verbunden sind, zu identifizieren, zu analysieren und zu bewerten.

Neben weiteren Pflichten haben die sehr großen Online-Plattformen und Suchmaschinen eine interne Compliance-Funktion zu implementieren, mit der die systemischen Risiken minimiert werden können. Sie werden zudem jährlich durch einen unabhängigen Prüfer geprüft.

III. Gesetz über digitale Märkte

Das Gesetz über digitale Märkte (Digital Markets Act, DMA) **(Nr. 6)** trat am 1. November 2022 in Kraft, bildet mit dem Digital Services Act **(Nr. 5)** ein einheitliches Regelwerk und verfolgt das Ziel, gleiche Wettbewerbsbedingungen zur Förderung von Innovation, Wachstum und Wettbewerbsfähigkeit sowohl im europäischen Binnenmarkt als auch weltweit zu schaffen. Der Digital Markets Act ist seit dem 2. Mai 2023 als geltendes Recht zu beachten.

Anhand einer Reihe objektiver Kriterien werden sog. „Gatekeeper" identifiziert, die den regulatorischen Vorgaben zu folgen haben. Gatekeeper sind verpflichtet, Dritten die Möglichkeit zu geben, in spezifischen Situationen mit eigenen Diensten des Gatekeepers zusammenzuarbeiten, gewerblichen Nutzern den Zugang zu den Daten zu ermöglichen, die diese bei ihrer Nutzung der Gatekeeper-Plattform generieren sowie gewerblichen Nutzern die Möglichkeit zu geben, ihr Angebot zu bewerben und Verträge mit ihren Kunden außerhalb der Gatekeeper-Plattform abzuschließen. Darüber hinaus hat der Gatekeeper Unternehmen, die auf seiner Plattform werben, jene Werkzeuge und Informationen zur Verfügung zu stellen, die Werbetreibende und Verleger benötigen, um die vom Gatekeeper gehosteten Anzeigen selbst und unabhängig zu überprüfen.

Der Digital Markets Act untersagt dem Gatekeeper, eigene Angebote im Rahmen eines Rankings besser zu bewerten als ähnliche Dienstleistungen oder Produkte, die von Dritten auf der Plattform des Gatekeepers angeboten werden. Der DMA untersagt dem Gatekeeper, Verbraucher daran zu hindern, sich mit Unternehmen außerhalb der Plattform zu verbinden. Ebenso ist untersagt, Verbraucher daran zu hindern, vorinstallierte Software oder Apps zu deinstallieren, wenn der Verbraucher das wünscht. Die Verfolgung von Endnutzern außerhalb des zentralen Plattformdienstes des Gatekeepers, um targeted marketing zu be-

[1] Siehe die Veröffentlichung mit Stand 11. Oktober 2024 unter https://digital-strategy.ec.europa.eu/en/policies/list-designated-vlops-and-vloses mit bislang elf klassifizierten Unternehmen.

treiben, ist unzulässig, es sei denn, es ist eine wirksame Zustimmung erteilt worden.[1]

IV. Datenverordnung

Am 27. November 2023 verabschiedete der Rat der Europäischen Union die „Verordnung über harmonisierte Vorschriften für einen fairen Datenzugang und eine faire Datennutzung“ (Data Act, Datenverordnung) **(Nr. 7)**. Die Europäische Union verfolgt mit der Verordnung das Ziel, in unterschiedlichen Lebensbereichen künftig mehr Daten und diese zugleich in besserer Weise nutzen zu können. Auf diesem Weg soll mehr Wertschöpfung erreicht werden. Neue Geschäftsmodelle sollen dabei ebenso gefördert wie die ökonomischen Rahmenbedingungen für Start-ups oder KMU verbessert werden.

Regelungsgegenstände sind die Datenweitergabe von Unternehmen an Verbraucher im B2C und die Weitergabe zwischen Unternehmen im B2B. Es ist die Pflicht der Dateninhaber, Daten bereitzustellen. Zivilrechtlich werden sich die Regelungen bezüglich des Verbots missbräuchlicher Vertragsklauseln für den Datenzugang und die Datennutzung zwischen Unternehmen auswirken. Besteht eine außergewöhnliche Notwendigkeit, sind Daten für öffentliche Stellen bereitzustellen. Schließlich umfasst der Data Act ebenfalls die regulatorischen Bedingungen für vertragliche Regelungen und die technische Umsetzung im Fall eines Wechsels zwischen Datenverarbeitungsdiensten, wie er im Zusammenhang mit dem sog. „Cloud Switching“ vorzufinden ist.

Der Data Act ist ab 12. September 2025 direkt anwendbares Recht.

V. Daten-Governance-Rechtsakt

Mit dem Data Governance Act **(Nr. 8)** strebt der europäische Gesetzgeber eine bessere Nutzung des wirtschaftlichen und gesellschaftlichen Potenzials von Daten an. So soll die Verordnung die Entwicklung neuer Produkte und Dienstleistungen auf der Grundlage neuartiger Technologien ermöglichen, die Produktion effizienter machen und Instrumente zur Bewältigung gesellschaftlicher Herausforderungen bereitstellen. Insbesondere im Gesundheitsbereich könnten nach Auffassung der EU-Kommission Daten dazu beitragen, eine bessere Gesundheitsversorgung zu gewährleisten, die personalisierte Behandlung zu verbessern und seltene oder chronische Erkrankungen zu heilen.[2] Die Verordnung trat am 23. Juni 2022 in Kraft und ist seit 24. September 2023 zu beachten.

Der Daten-Governance-Rechtsakt ist als zentrale Säule der europäischen Datenstrategie anzusehen und zielt darauf ab, das Vertrauen in den Datenaustausch zu stärken, die Mechanismen zur Erhöhung der Datenverfügbarkeit zu stärken und technische Hindernisse für die Weiterverwendung von Daten zu überwinden.[3] Der Gesetzgeber strebt mit der Regelung die Einrichtung und Entwicklung gemeinsamer europäischer Datenräume in strategischen Bereichen an.

---

[1] Vgl. zum Digital Markets Act näher die Erläuterungen der Europäischen Kommission unter https://digital-markets-act.ec.europa.eu/about-dma_en?prefLang=de.

[2] Siehe hierzu die Erläuterungen der EU-Kommission unter https://digital-strategy.ec.europa.eu/en/policies/data-governance-act-explained.

[3] Siehe hierzu die Erläuterungen der EU-Kommission unter https://digital-strategy.ec.europa.eu/de/policies/data-governance-act

Der Daten-Governance-Rechtsakt ist ein sektorübergreifendes Instrument und zielt darauf ab, die Weiterverwendung öffentlicher sowie geschützter Daten zu regeln, indem der Datenaustausch durch die Regulierung neuartiger sog. „Datenmittler" gefördert und der Austausch von Daten für altruistische Zwecke gefördert wird. Der Anwendungsbereich der Verordnung umfasst sowohl personenbezogene als auch nicht personenbezogene Daten. In der Rechtsanwendung stellt folglich die gleichzeitige Anwendung der DS-GVO und des DGA eine Voraussetzung für die angestrebte Nutzung und Wiederverwendung von Daten. Klärungsbedürftig dürfte aus datenschutzrechtlicher Sicht die Einhaltung der Grundsätze für die Verarbeitung personenbezogener Daten nach Art. 5 Abs. 1 DS-GVO sein. Insbesondere der dort verankerte Grundsatz der Zweckbindung und der Datenminimierung verlangt eine Abgrenzung zwischen DS-GVO und DGA.

Befinden sich bestimmte Kategorien von Daten im Besitz öffentlicher Stellen, wird deren Weiterverwendung durch eine gesonderte Richtlinie, die in nationales Recht umzusetzen ist, geregelt. Die Richtlinie (EU) 2019/1024 des Europäischen Parlaments und des Rates vom 20. Juni 2019 über offene Daten und die Weiterverwendung von Informationen des öffentlichen Sektors[1] ergänzt den Daten-Governance-Rechtsakt und soll sicherstellen, dass im Rahmen der Weiterverwendung auch geschützte Daten, die beispielsweise in den Anwendungsbereich des Datenschutzrechts fallen, oder vertrauliche Geschäftsdaten im Rahmen spezifischer europäischer oder nationaler Rechtsvorschriften wiederverwendet werden können.

C. Synopsen

I. Synopse der Erwägungsgründe und Artikel der DS-GVO

Die DS-GVO ist nach Art. 288 Abs. 2 AEUV in allen ihren Teilen verbindlich. Die Erwägungsgründe gehören jedoch nicht zum verfügenden Teil der Verordnung und sind als solche nicht rechtsverbindlich.[2] Den Erwägungsgründen kommt allerdings für die Auslegung[3] der Verordnung eine zentrale Bedeutung zu, da sie oftmals Ausdruck des politischen Kompromisses sind, wie er im Gesetzgebungsverfahren sowohl im Rahmen der parlamentarischen als auch der Behandlung im Rat letztlich zum verabschiedeten Rechtsakt führte.[4] Um die Arbeit mit der DS-GVO in der Praxis für die Rezeption der Erwägungsgründe zu öffnen, sind den Bestimmungen der DS-GVO die einzelnen Erwägungsgründe wie folgt zuzuordnen:

[1] ABl. EU L 172 v. 26.6.209, S. 56; von der Aufnahme in die vorliegende Textsammlung wurde abgesehen.

[2] So mit eingehendem Nachweis auf die Rechtsprechung des EuGH *Selmayr/Ehmann* in: Ehmann/Selmayr, Datenschutz-Grundverordnung, 2. Aufl. 2018, Einführung Rn. 97.

[3] Zu der Bedeutung der außerhalb des Rechtsakts stehenden Dokumente für die Auslegung nahm der EuGH in seiner Entscheidung vom 26.2.1991, in welcher er verlangt, dass die Quelle in der fraglichen Bestimmung des Rechtsaktes ihren Ausdruck gefunden hat. *EuGH*, Urt. v. 26.2.1991 – C-292/89 (The Queen/Immigration Appeal Tribunal, ex parte Antonissen), BeckEuRS 1991, 176674 = BeckRS 2004, 76058 Rn. 18.

[4] *Selmayr/Ehmann* in: Ehmann/Selmayr, Datenschutz-Grundverordnung, 2. Aufl. 2018, Einführung Rn. 97.

Bestimmungen der VO (EU) 2016/679	**Erwägungsgründe zu VO (EU) 2016/679**
Kapitel I Allgemeine Bestimmungen	EG 1–37
Artikel 1	EG 1–13
Artikel 2	EG 14–21
Artikel 3	EG 22–25
Artikel 4	EG 26–37
Kapitel II Grundsätze	EG 38–57
Artikel 5	EG 39
Artikel 6	EG 32, 40–50, 55, 56
Artikel 7	EG 32, 33, 42, 43
Artikel 8	EG 38
Artikel 9	EG 51–56
Artikel 10	
Artikel 11	EG 57
Kapitel III Rechte der betroffenen Person	EG 58–73
Abschnitt 1 Transparenz und Modalitäten	
Artikel 12	EG 58, 59
Abschnitt 2 Informationspflicht und Recht auf Auskunft zu personenbezogenen Daten	
Artikel 13	EG 60–62
Artikel 14	EG 61, 62
Artikel 15	EG 63, 64
Abschnitt 3 Berichtigung und Löschung	
Artikel 16	EG 65
Artikel 17	EG 65
Artikel 18	EG 67
Artikel 19	
Artikel 20	EG 68
Abschnitt 4 Widerspruchsrecht und automatisierte Entscheidungsfindung im Einzelfall	
Artikel 21	EG 69, 70
Artikel 22	EG 71, 72
Abschnitt 5 Beschränkungen	
Artikel 23	EG 73
Kapitel IV Verantwortlicher und Auftragsverarbeiter	EG 74–100
Abschnitt 1 Allgemeine Pflichten	
Artikel 24	EG 74–77
Artikel 25	EG 78
Artikel 26	EG 79
Artikel 27	EG 80

Bestimmungen der VO (EU) 2016/679	Erwägungsgründe zu VO (EU) 2016/679
Artikel 28	EG 81
Artikel 29	
Artikel 30	EG 82
Artikel 31	
Abschnitt 2 Sicherheit personenbezogener Daten	
Artikel 32	EG 83
Artikel 33	EG 85, 87, 88
Artikel 34	EG 86
Abschnitt 3 Datenschutz-Folgenabschätzung und vorherige Konsultation	
Artikel 35	EG 84, 89–93
Artikel 36	EG 94–96
Abschnitt 4 Datenschutzbeauftragter	
Artikel 37	EG 97
Artikel 38	
Artikel 39	
Abschnitt 5 Verhaltensregeln und Zertifizierung	
Artikel 40	EG 98, 99
Artikel 41	
Artikel 42	EG 100
Artikel 43	
Kapitel V Übermittlungen personenbezogener Daten an Drittländer oder an internationale Organisationen	EG 101–116
Artikel 44	
Artikel 45	EG 101–107
Artikel 46	EG 108, 109
Artikel 47	EG 110
Artikel 48	EG 115
Artikel 49	EG 111–114
Artikel 50	EG 116
Kapitel VI Unabhängige Aufsichtsbehörden	EG 117–129
Abschnitt 1 Unabhängigkeit	
Artikel 51	EG 117, 119
Artikel 52	EG 118, 120
Artikel 53	EG 121
Artikel 54	
Abschnitt 1 Zuständigkeit, Aufgaben und Befugnisse	
Artikel 55	EG 122, 123
Artikel 56	EG 124–128
Artikel 57	EG 123, 132

Bestimmungen der VO (EU) 2016/679	Erwägungsgründe zu VO (EU) 2016/679
Artikel 58	EG 129
Artikel 59	
Kapitel VII Zusammenarbeit und Kohärenz	EG 130–140
Abschnitt 1 Zusammenarbeit	
Artikel 60	EG 130, 131
Artikel 61	EG 133
Artikel 62	EG 133, 134
Abschnitt 2 Kohärenz	
Artikel 63	EG 135, 136
Artikel 64	EG 136
Artikel 65	
Artikel 66	EG 137, 138
Artikel 67	
Abschnitt 3 Europäischer Datenschutzausschuss	
Artikel 68	EG 139
Artikel 69	
Artikel 70	
Artikel 71	
Artikel 72	
Artikel 73	
Artikel 74	
Artikel 75	EG 140
Artikel 76	
Kapitel VIII Rechtsbehelfe, Haftung, Sanktionen	EG 141–152
Artikel 77	EG 141, 142
Artikel 78	EG 143, 144
Artikel 79	EG 145
Artikel 80	EG 142
Artikel 81	EG 144, 145
Artikel 82	EG 146, 147
Artikel 83	EG 148, 150, 151
Artikel 84	EG 149, 152
Kapitel IX Vorschriften für besondere Verarbeitungssituationen	EG 153–165
Artikel 85	EG 153–165
Artikel 86	EG 154
Artikel 87	
Artikel 88	EG 155
Artikel 89	EG 156–163
Artikel 90	EG 164
Artikel 91	EG 165

Bestimmungen der VO (EU) 2016/679	Erwägungsgründe zu VO (EU) 2016/679
Kapitel X Delegierte Rechtsakte und Durchführungsrechtsakte	EG 166–170
Artikel 92	EG 166–169
Artikel 93	EG 170
Kapitel XI Schlussbestimmungen	EG 171–173
Artikel 94	EG 171–173
Artikel 95	EG 173
Artikel 96	
Artikel 97	
Artikel 98	
Artikel 99	EG 171

II. Synopse der Artikel der DS-GVO und des BDSG

Der Bundesgesetzgeber hat von der Möglichkeit Gebrauch gemacht, mit spezifizierenden Regelungen Gestaltungsspielräume auszuschöpfen, die von der DS-GVO eingeräumt werden. Im Einzelfall kann deshalb für die Rechtsanwendung eine Gegenüberstellung jener Vorschriften des BDSG hilfreich sein, die direkt oder indirekt auf die DS-GVO Bezug nehmen. Mit der nachstehenden Synopse soll diesem Informationsbedürfnis Rechnung getragen werden. Gleichzeitig ist darauf hinzuweisen, dass durchaus im Einzelfall der europarechtliche Anwendungsvorrang der DS-GVO auch dann zu beachten sein kann, wenn auf nationaler Ebene eine Vorschrift besteht, die mit Regelungen der DS-GVO korrespondiert, und die Berufung des nationalen Gesetzgebers auf eine Spezifizierungsklausel jedenfalls fraglich ist.[1)]

Bestimmungen der VO (EU) 2016/679	Bestimmungen des BDSG
Kapitel I Allgemeine Bestimmungen	
Artikel 1	
Artikel 2	§ 1 Anwendungsbereich des Gesetzes
Artikel 3	§ 1 Abs. 4 Anwendungsbereich des Gesetzes
Artikel 4	§ 2 Begriffsbestimmungen
	§ 26 Abs. 8 Datenverarbeitung für Zwecke des Beschäftigungsverhältnisses
Kapitel II Grundsätze	
Artikel 5	
Artikel 6	§ 3 Verarbeitung personenbezogener Daten durch öffentliche Stellen

1) Siehe hierzu *Franck*, ZD 2018, 345.

Bestimmungen der VO (EU) 2016/679	Bestimmungen des BDSG
	§ 4 Videoüberwachung öffentlich zugänglicher Räume
	§ 23 Verarbeitung zu anderen Zwecken durch öffentliche Stellen
	§ 24 Verarbeitung zu anderen Zwecken durch nichtöffentliche Stellen
	§ 25 Datenübermittlungen durch öffentliche Stellen
Artikel 7	
Artikel 8	
Artikel 9	§ 22 Verarbeitung besonderer Kategorien personenbezogener Daten
	§ 24 Verarbeitung zu anderen Zwecken durch nichtöffentliche Stellen
	§ 27 Datenverarbeitung zu wissenschaftlichen oder historischen Forschungszwecken und zu statischen Zwecken
	§ 28 Datenverarbeitung zu im öffentlichen Interesse liegenden Archivzwecken
Artikel 10	
Artikel 11	
Kapitel III Rechte der betroffenen Person	
Abschnitt 1 Transparenz und Modalitäten	
Artikel 12	
Abschnitt 2 Informationspflicht und Recht auf Auskunft zu personenbezogenen Daten	
Artikel 13	§ 29 Abs. 2 Rechte der betroffenen Person und aufsichtsbehördliche Befugnisse im Fall von Geheimhaltungspflichten
	§ 32 Informationspflicht bei Erhebung von personenbezogenen Daten bei der betroffenen Person
Artikel 14	§ 29 Abs. 1 Satz 1 Rechte der betroffenen Person und aufsichtsbehördliche Befugnisse

Bestimmungen der VO (EU) 2016/679	Bestimmungen des BDSG
	im Fall von Geheimhaltungspflichten
	§ 32 Informationspflicht bei Erhebung von personenbezogenen Daten bei der betroffenen Person
Artikel 15	§ 29 Abs. 1 Satz 2 Rechte der betroffenen Person und aufsichtsbehördliche Befugnisse im Fall von Geheimhaltungspflichten
	§ 30 Verbraucherkredite
	§ 34 Auskunftsrecht der betroffenen Person
Abschnitt 3 Berichtigung und Löschung	
Artikel 16	
Artikel 17	§ 35 Abs. 1 und 3 Recht auf Löschung
Artikel 18	§ 35 Abs. 2 Recht auf Löschung
Artikel 19	
Artikel 20	
Abschnitt 4 Widerspruchsrecht und automatisierte Entscheidungsfindung im Einzelfall	
Artikel 21	§ 36 Widerspruchsrecht
Artikel 22	§ 31 Schutz des Wirtschaftsverkehrs bei Scoring und Bonitätsauskünften
	§ 37 Automatisierte Entscheidungen im Einzelfall einschließlich Profiling
Abschnitt 5 Beschränkungen	
Artikel 23	
Kapitel IV Verantwortlicher und Auftragsverarbeiter	
Abschnitt 1 Allgemeine Pflichten	
Artikel 24	
Artikel 25	
Artikel 26	
Artikel 27	
Artikel 28	
Artikel 29	
Artikel 30	
Artikel 31	
Abschnitt 2 Sicherheit personenbezogener Daten	
Artikel 32	
Artikel 33	

Bestimmungen der VO (EU) 2016/679	Bestimmungen des BDSG
Artikel 34	§ 29 Abs. 1 Satz 3 und 4 Rechte der betroffenen Person und aufsichtsbehördliche Befugnisse im Fall von Geheimhaltungspflichten
Abschnitt 3 Datenschutz-Folgenabschätzung und vorherige Konsultation	
Artikel 35	
Artikel 36	
Abschnitt 4 Datenschutzbeauftragter	
Artikel 37	§ 5 Benennung
	§ 38 Abs. 1 Datenschutzbeauftragte nichtöffentlicher Stellen
Artikel 38	§ 6 Stellung
	§ 38 Abs. 2 Datenschutzbeauftragte nichtöffentlicher Stellen
Artikel 39	§ 7 Aufgaben
Abschnitt 5 Verhaltensregeln und Zertifizierung	
Artikel 40	
Artikel 41	
Artikel 42	
Artikel 43	§ 39 Akkreditierung
Kapitel V Übermittlungen personenbezogener Daten an Drittländer oder an internationale Organisationen	
Artikel 44	
Artikel 45	
Artikel 46	
Artikel 47	
Artikel 48	
Artikel 49	
Artikel 50	
Kapitel VI Unabhängige Aufsichtsbehörden	
Abschnitt 1 Unabhängigkeit	
Artikel 51	§ 8 Errichtung
	§ 9 Zuständigkeit
	§ 17 Vertretung im Europäischen Datenschutzausschuss, zentrale Anlaufstelle
	§ 18 Verfahren der Zusammenarbeit der Aufsichtsbehörden des Bundes und der Länder
	§ 40 Aufsichtsbehörden der Länder

Bestimmungen der VO (EU) 2016/679	Bestimmungen des BDSG
Artikel 52	§ 10 Unabhängigkeit
	§ 13 Rechte und Pflichten
Artikel 53	§ 11 Abs. 1 und 2 Ernennung und Amtszeit
Artikel 54	§ 8 Errichtung
	§ 11 Ernennung und Amtszeit
	§ 12 Amtsverhältnis
	§ 13 Rechte und Pflichten
Abschnitt 2 Zuständigkeit, Aufgaben und Befugnisse	
Artikel 55	§ 9 Zuständigkeit
Artikel 56	§ 19 Zuständigkeiten
Artikel 57	§ 14 Aufgaben
Artikel 58	§ 16 Befugnisse
	§ 21 Antrag der Aufsichtsbehörde auf gerichtliche Entscheidung bei angenommener Rechtswidrigkeit eines Beschlusses der Europäischen Kommission
Artikel 59	§ 15 Tätigkeitsbericht
Kapitel VII Zusammenarbeit und Kohärenz	
Abschnitt 1 Zusammenarbeit	
Artikel 60	
Artikel 61	
Artikel 62	
Abschnitt 2 Kohärenz	
Artikel 63	
Artikel 64	
Artikel 65	
Artikel 66	
Artikel 67	
Abschnitt 3 Europäischer Datenschutzausschuss	
Artikel 68	§ 17 Vertretung im Europäischen Datenschutzausschuss, zentrale Anlaufstelle
Artikel 69	
Artikel 70	
Artikel 71	
Artikel 72	
Artikel 73	
Artikel 74	
Artikel 75	
Artikel 76	

Bestimmungen der VO (EU) 2016/679	Bestimmungen des BDSG
Kapitel VIII Rechtsbehelfe, Haftung und Sanktionen	
Artikel 77	
Artikel 78	§ 20 Gerichtlicher Rechtsschutz
Artikel 79	§ 44 Klagen gegen den Verantwortlichen oder Auftragsverarbeiter
Artikel 80	
Artikel 81	
Artikel 82	
Artikel 83	§ 41 Anwendung der Vorschriften über das Bußgeld- und Strafverfahren
	§ 43 Bußgeldvorschriften
Artikel 84	§ 42 Strafvorschriften
Kapitel IX Vorschriften für besondere Verarbeitungssituationen	
Artikel 85	
Artikel 86	
Artikel 87	
Artikel 88	§ 26 Datenverarbeitung für Zwecke des Beschäftigungsverhältnisses
Artikel 89	§ 27 Datenverarbeitung zu wissenschaftlichen oder historischen Forschungszwecken und zu statistischen Zwecken
	§ 28 Datenverarbeitung zu im öffentlichen Interesse liegenden Archivzwecken
Artikel 90	
Artikel 91	
Kapitel X Delegierte Rechtsakte und Durchführungsrechtsakte	
Artikel 92	
Artikel 93	
Kapitel XI Schlussbestimmungen	
Artikel 94	
Artikel 95	
Artikel 96	
Artikel 97	
Artikel 98	
Artikel 99	

Erster Teil. Europäische Regelungen

1. Verordnung (EU) 2016/679 des Europäischen Parlaments und des Rates vom 27. April 2016 zum Schutz natürlicher Personen bei der Verarbeitung personenbezogener Daten, zum freien Datenverkehr und zur Aufhebung der Richtlinie 95/46/EG (Datenschutz-Grundverordnung)

(Text von Bedeutung für den EWR)

(ABl. L 119 vom 4.5.2016, S. 1, ELI: http://data.europa.eu/eli/reg/2016/679/oj)

Celex-Nr. 3 2016 R 0679

Nichtamtliche Inhaltsübersicht

DAS EUROPÄISCHE PARLAMENT UND DER RAT DER EUROPÄISCHEN UNION –

gestützt auf den Vertrag über die Arbeitsweise der Europäischen Union, insbesondere auf Artikel 16,

auf Vorschlag der Europäischen Kommission,

nach Zuleitung des Entwurfs des Gesetzgebungsakts an die nationalen Parlamente,

nach Stellungnahme des Europäischen Wirtschafts- und Sozialausschusses[1)],
nach Stellungnahme des Ausschusses der Regionen[2)],
gemäß dem ordentlichen Gesetzgebungsverfahren[3)],
in Erwägung nachstehender Gründe:

(1) Der Schutz natürlicher Personen bei der Verarbeitung personenbezogener Daten ist ein Grundrecht. Gemäß Artikel 8 Absatz 1 der Charta der Grundrechte der Europäischen Union[4)] (im Folgenden „Charta") sowie Artikel 16 Absatz 1 des Vertrags über die Arbeitsweise der Europäischen Union (AEUV) hat jede Person das Recht auf Schutz der sie betreffenden personenbezogenen Daten.

(2) Die Grundsätze und Vorschriften zum Schutz natürlicher Personen bei der Verarbeitung ihrer personenbezogenen Daten sollten gewährleisten, dass ihre Grundrechte und Grundfreiheiten und insbesondere ihr Recht auf Schutz personenbezogener Daten ungeachtet ihrer Staatsangehörigkeit oder ihres Aufenthaltsorts gewahrt bleiben. Diese Verordnung soll zur Vollendung eines Raums der Freiheit, der Sicherheit und des Rechts und einer Wirtschaftsunion, zum wirtschaftlichen und sozialen Fortschritt, zur Stärkung und zum Zusammenwachsen der Volkswirtschaften innerhalb des Binnenmarkts sowie zum Wohlergehen natürlicher Personen beitragen.

(3) Zweck der Richtlinie 95/46/EG des Europäischen Parlaments und des Rates[5)] ist die Harmonisierung der Vorschriften zum Schutz der Grundrechte und Grundfreiheiten natürlicher Personen bei der Datenverarbeitung sowie die Gewährleistung des freien Verkehrs personenbezogener Daten zwischen den Mitgliedstaaten.

(4) Die Verarbeitung personenbezogener Daten sollte im Dienste der Menschheit stehen. Das Recht auf Schutz der personenbezogenen Daten ist kein uneingeschränktes Recht; es muss im Hinblick auf seine gesellschaftliche Funktion gesehen und unter Wahrung des Verhältnismäßigkeitsprinzips gegen andere Grundrechte abgewogen werden. Diese Verordnung steht im Einklang mit allen Grundrechten und achtet alle Freiheiten und Grundsätze, die mit der Charta anerkannt wurden und in den Europäischen Verträgen verankert sind, insbesondere Achtung des Privat- und Familienlebens, der Wohnung und der Kommunikation, Schutz personenbezogener Daten, Gedanken-, Gewissens- und Religionsfreiheit, Freiheit der Meinungsäußerung und Informationsfreiheit, unternehmerische Freiheit, Recht auf einen wirksamen Rechtsbehelf und ein faires Verfahren und Vielfalt der Kulturen, Religionen und Sprachen.

(5) Die wirtschaftliche und soziale Integration als Folge eines funktionierenden Binnenmarkts hat zu einem deutlichen Anstieg des grenzüberschrei-

---

1) **Amtl. Anm.:** ABl. C 229 vom 31.7.2012, S. 90.

2) **Amtl. Anm.:** ABl. C 391 vom 18.12.2012, S. 127.

3) **Amtl. Anm.:** Standpunkt des Europäischen Parlaments vom 12. März 2014 (noch nicht im Amtsblatt veröffentlicht) und Standpunkt des Rates in erster Lesung vom 8. April 2016 (noch nicht im Amtsblatt veröffentlicht). Standpunkt des Europäischen Parlaments vom 14. April 2016.

4) Nr. **9**.

5) **Amtl. Anm.:** Richtlinie 95/46/EG des Europäischen Parlaments und des Rates vom 24. Oktober 1995 zum Schutz natürlicher Personen bei der Verarbeitung personenbezogener Daten und zum freien Datenverkehr (ABl. L 281 vom 23.11.1995, S. 31).

tenden Verkehrs personenbezogener Daten geführt. Der unionsweite Austausch personenbezogener Daten zwischen öffentlichen und privaten Akteuren einschließlich natürlichen Personen, Vereinigungen und Unternehmen hat zugenommen. Das Unionsrecht verpflichtet die Verwaltungen der Mitgliedstaaten, zusammenzuarbeiten und personenbezogene Daten auszutauschen, damit sie ihren Pflichten nachkommen oder für eine Behörde eines anderen Mitgliedstaats Aufgaben durchführen können.

(6) Rasche technologische Entwicklungen und die Globalisierung haben den Datenschutz vor neue Herausforderungen gestellt. Das Ausmaß der Erhebung und des Austauschs personenbezogener Daten hat eindrucksvoll zugenommen. Die Technik macht es möglich, dass private Unternehmen und Behörden im Rahmen ihrer Tätigkeiten in einem noch nie dagewesenen Umfang auf personenbezogene Daten zurückgreifen. Zunehmend machen auch natürliche Personen Informationen öffentlich weltweit zugänglich. Die Technik hat das wirtschaftliche und gesellschaftliche Leben verändert und dürfte den Verkehr personenbezogener Daten innerhalb der Union sowie die Datenübermittlung an Drittländer und internationale Organisationen noch weiter erleichtern, wobei ein hohes Datenschutzniveau zu gewährleisten ist.

(7) Diese Entwicklungen erfordern einen soliden, kohärenteren und klar durchsetzbaren Rechtsrahmen im Bereich des Datenschutzes in der Union, da es von großer Wichtigkeit ist, eine Vertrauensbasis zu schaffen, die die digitale Wirtschaft dringend benötigt, um im Binnenmarkt weiter wachsen zu können. Natürliche Personen sollten die Kontrolle über ihre eigenen Daten besitzen. Natürliche Personen, Wirtschaft und Staat sollten in rechtlicher und praktischer Hinsicht über mehr Sicherheit verfügen.

(8) Wenn in dieser Verordnung Präzisierungen oder Einschränkungen ihrer Vorschriften durch das Recht der Mitgliedstaaten vorgesehen sind, können die Mitgliedstaaten Teile dieser Verordnung in ihr nationales Recht aufnehmen, soweit dies erforderlich ist, um die Kohärenz zu wahren und die nationalen Rechtsvorschriften für die Personen, für die sie gelten, verständlicher zu machen.

(9) Die Ziele und Grundsätze der Richtlinie 95/46/EG besitzen nach wie vor Gültigkeit, doch hat die Richtlinie nicht verhindern können, dass der Datenschutz in der Union unterschiedlich gehandhabt wird, Rechtsunsicherheit besteht oder in der Öffentlichkeit die Meinung weit verbreitet ist, dass erhebliche Risiken für den Schutz natürlicher Personen bestehen, insbesondere im Zusammenhang mit der Benutzung des Internets. Unterschiede beim Schutzniveau für die Rechte und Freiheiten von natürlichen Personen im Zusammenhang mit der Verarbeitung personenbezogener Daten in den Mitgliedstaaten, vor allem beim Recht auf Schutz dieser Daten, können den unionsweiten freien Verkehr solcher Daten behindern. Diese Unterschiede im Schutzniveau können daher ein Hemmnis für die unionsweite Ausübung von Wirtschaftstätigkeiten darstellen, den Wettbewerb verzerren und die Behörden an der Erfüllung der ihnen nach dem Unionsrecht obliegenden Pflichten hindern. Sie erklären sich aus den Unterschieden bei der Umsetzung und Anwendung der Richtlinie 95/46/EG.

(10) Um ein gleichmäßiges und hohes Datenschutzniveau für natürliche Personen zu gewährleisten und die Hemmnisse für den Verkehr personenbezogener Daten in der Union zu beseitigen, sollte das Schutzniveau für die Rechte und Freiheiten von natürlichen Personen bei der Verarbeitung dieser Daten in allen Mitgliedstaaten gleichwertig sein. Die Vorschriften zum Schutz der Grundrechte und Grundfreiheiten von natürlichen Personen bei der Verarbeitung personenbezogener Daten sollten unionsweit gleichmäßig und einheitlich angewandt werden. Hinsichtlich der Verarbeitung personenbezogener Daten zur Erfüllung einer rechtlichen Verpflichtung oder zur Wahrnehmung einer Aufgabe, die im öffentlichen Interesse liegt oder in Ausübung öffentlicher Gewalt erfolgt, die dem Verantwortlichen übertragen wurde, sollten die Mitgliedstaaten die Möglichkeit haben, nationale Bestimmungen, mit denen die Anwendung der Vorschriften dieser Verordnung genauer festgelegt wird, beizubehalten oder einzuführen. In Verbindung mit den allgemeinen und horizontalen Rechtsvorschriften über den Datenschutz zur Umsetzung der Richtlinie 95/46/EG gibt es in den Mitgliedstaaten mehrere sektorspezifische Rechtsvorschriften in Bereichen, die spezifischere Bestimmungen erfordern. Diese Verordnung bietet den Mitgliedstaaten zudem einen Spielraum für die Spezifizierung ihrer Vorschriften, auch für die Verarbeitung besonderer Kategorien von personenbezogenen Daten (im Folgenden „sensible Daten"). Diesbezüglich schließt diese Verordnung nicht Rechtsvorschriften der Mitgliedstaaten aus, in denen die Umstände besonderer Verarbeitungssituationen festgelegt werden, einschließlich einer genaueren Bestimmung der Voraussetzungen, unter denen die Verarbeitung personenbezogener Daten rechtmäßig ist.

(11) Ein unionsweiter wirksamer Schutz personenbezogener Daten erfordert die Stärkung und präzise Festlegung der Rechte der betroffenen Personen sowie eine Verschärfung der Verpflichtungen für diejenigen, die personenbezogene Daten verarbeiten und darüber entscheiden, ebenso wie – in den Mitgliedstaaten – gleiche Befugnisse bei der Überwachung und Gewährleistung der Einhaltung der Vorschriften zum Schutz personenbezogener Daten sowie gleiche Sanktionen im Falle ihrer Verletzung.

(12) Artikel 16 Absatz 2 AEUV ermächtigt das Europäische Parlament und den Rat, Vorschriften über den Schutz natürlicher Personen bei der Verarbeitung personenbezogener Daten und zum freien Verkehr solcher Daten zu erlassen.

(13) Damit in der Union ein gleichmäßiges Datenschutzniveau für natürliche Personen gewährleistet ist und Unterschiede, die den freien Verkehr personenbezogener Daten im Binnenmarkt behindern könnten, beseitigt werden, ist eine Verordnung erforderlich, die für die Wirtschaftsteilnehmer einschließlich Kleinstunternehmen sowie kleiner und mittlerer Unternehmen Rechtssicherheit und Transparenz schafft, natürliche Personen in allen Mitgliedstaaten mit demselben Niveau an durchsetzbaren Rechten ausstattet, dieselben Pflichten und Zuständigkeiten für die Verantwortlichen und Auftragsverarbeiter vorsieht und eine gleichmäßige Kontrolle der Verarbeitung personenbezogener Daten und gleichwertige Sanktionen in allen Mitgliedstaaten sowie eine wirksame Zusammenarbeit zwischen den Aufsichtsbehörden der einzelnen Mitgliedstaaten gewährleistet. Das reibungslose Funktionieren des Binnenmarkts erfor-

dert, dass der freie Verkehr personenbezogener Daten in der Union nicht aus Gründen des Schutzes natürlicher Personen bei der Verarbeitung personenbezogener Daten eingeschränkt oder verboten wird. Um der besonderen Situation der Kleinstunternehmen sowie der kleinen und mittleren Unternehmen Rechnung zu tragen, enthält diese Verordnung eine abweichende Regelung hinsichtlich des Führens eines Verzeichnisses für Einrichtungen, die weniger als 250 Mitarbeiter beschäftigen. Außerdem werden die Organe und Einrichtungen der Union sowie die Mitgliedstaaten und deren Aufsichtsbehörden dazu angehalten, bei der Anwendung dieser Verordnung die besonderen Bedürfnisse von Kleinstunternehmen sowie von kleinen und mittleren Unternehmen zu berücksichtigen. Für die Definition des Begriffs „Kleinstunternehmen sowie kleine und mittlere Unternehmen" sollte Artikel 2 des Anhangs zur Empfehlung 2003/361/EG der Kommission[1)] maßgebend sein.

(14) Der durch diese Verordnung gewährte Schutz sollte für die Verarbeitung der personenbezogenen Daten natürlicher Personen ungeachtet ihrer Staatsangehörigkeit oder ihres Aufenthaltsorts gelten. Diese Verordnung gilt nicht für die Verarbeitung personenbezogener Daten juristischer Personen und insbesondere als juristische Person gegründeter Unternehmen, einschließlich Name, Rechtsform oder Kontaktdaten der juristischen Person.

(15) Um ein ernsthaftes Risiko einer Umgehung der Vorschriften zu vermeiden, sollte der Schutz natürlicher Personen technologieneutral sein und nicht von den verwendeten Techniken abhängen. Der Schutz natürlicher Personen sollte für die automatisierte Verarbeitung personenbezogener Daten ebenso gelten wie für die manuelle Verarbeitung von personenbezogenen Daten, wenn die personenbezogenen Daten in einem Dateisystem gespeichert sind oder gespeichert werden sollen. Akten oder Aktensammlungen sowie ihre Deckblätter, die nicht nach bestimmten Kriterien geordnet sind, sollten nicht in den Anwendungsbereich dieser Verordnung fallen.

(16) Diese Verordnung gilt nicht für Fragen des Schutzes von Grundrechten und Grundfreiheiten und des freien Verkehrs personenbezogener Daten im Zusammenhang mit Tätigkeiten, die nicht in den Anwendungsbereich des Unionsrechts fallen, wie etwa die nationale Sicherheit betreffende Tätigkeiten. Diese Verordnung gilt nicht für die von den Mitgliedstaaten im Rahmen der Gemeinsamen Außen- und Sicherheitspolitik der Union durchgeführte Verarbeitung personenbezogener Daten.

(17) Die Verordnung (EG) Nr. 45/2001 des Europäischen Parlaments und des Rates[2)] gilt für die Verarbeitung personenbezogener Daten durch die Organe, Einrichtungen, Ämter und Agenturen der Union. Die Verordnung (EG) Nr. 45/2001 und sonstige Rechtsakte der Union, die diese Verarbeitung personenbezogener Daten regeln, sollten an die Grundsätze

---

[1)] **Amtl. Anm.:** Empfehlung der Kommission vom 6. Mai 2003 betreffend die Definition der Kleinstunternehmen sowie der kleinen und mittleren Unternehmen (C (2003) 1422) (ABl. L 124 vom 20.5.2003, S. 36).

[2)] **Amtl. Anm.:** Verordnung (EG) Nr. 45/2001 des Europäischen Parlaments und des Rates vom 18. Dezember 2000 zum Schutz natürlicher Personen bei der Verarbeitung personenbezogener Daten durch die Organe und Einrichtungen der Gemeinschaft und zum freien Datenverkehr (ABl. L 8 vom 12.1.2001, S. 1).

und Vorschriften der vorliegenden Verordnung angepasst und im Lichte der vorliegenden Verordnung angewandt werden. Um einen soliden und kohärenten Rechtsrahmen im Bereich des Datenschutzes in der Union zu gewährleisten, sollten die erforderlichen Anpassungen der Verordnung (EG) Nr. 45/2001 im Anschluss an den Erlass der vorliegenden Verordnung vorgenommen werden, damit sie gleichzeitig mit der vorliegenden Verordnung angewandt werden können.

(18) Diese Verordnung gilt nicht für die Verarbeitung von personenbezogenen Daten, die von einer natürlichen Person zur Ausübung ausschließlich persönlicher oder familiärer Tätigkeiten und somit ohne Bezug zu einer beruflichen oder wirtschaftlichen Tätigkeit vorgenommen wird. Als persönliche oder familiäre Tätigkeiten könnte auch das Führen eines Schriftverkehrs oder von Anschriftenverzeichnissen oder die Nutzung sozialer Netze und Online-Tätigkeiten im Rahmen solcher Tätigkeiten gelten. Diese Verordnung gilt jedoch für die Verantwortlichen oder Auftragsverarbeiter, die die Instrumente für die Verarbeitung personenbezogener Daten für solche persönlichen oder familiären Tätigkeiten bereitstellen.

(19) Der Schutz natürlicher Personen bei der Verarbeitung personenbezogener Daten durch die zuständigen Behörden zum Zwecke der Verhütung, Ermittlung, Aufdeckung oder Verfolgung von Straftaten oder der Strafvollstreckung, einschließlich des Schutzes vor und der Abwehr von Gefahren für die öffentliche Sicherheit, sowie der freie Verkehr dieser Daten sind in einem eigenen Unionsrechtsakt geregelt. Deshalb sollte diese Verordnung auf Verarbeitungstätigkeiten dieser Art keine Anwendung finden. Personenbezogene Daten, die von Behörden nach dieser Verordnung verarbeitet werden, sollten jedoch, wenn sie zu den vorstehenden Zwecken verwendet werden, einem spezifischeren Unionsrechtsakt, nämlich der Richtlinie (EU) 2016/680[1] des Europäischen Parlaments und des Rates[2] unterliegen. Die Mitgliedstaaten können die zuständigen Behörden im Sinne der Richtlinie (EU) 2016/680[1] mit Aufgaben betrauen, die nicht zwangsläufig für die Zwecke der Verhütung, Ermittlung, Aufdeckung oder Verfolgung von Straftaten oder der Strafvollstreckung, einschließlich des Schutzes vor und der Abwehr von Gefahren für die öffentliche Sicherheit, ausgeführt werden, so dass die Verarbeitung von personenbezogenen Daten für diese anderen Zwecke insoweit in den Anwendungsbereich dieser Verordnung fällt,
als sie in den Anwendungsbereich des Unionsrechts fällt. In Bezug auf die Verarbeitung personenbezogener Daten durch diese Behörden für Zwecke, die in den Anwendungsbereich dieser Verordnung fallen, sollten die Mitgliedstaaten spezifischere Bestimmungen beibehalten oder einführen können, um die Anwendung der Vorschriften dieser Verordnung anzupassen. In den betreffenden Bestimmungen können die Auflagen für die Verarbeitung personenbezogener Daten durch diese zuständigen Behörden für jene anderen Zwecke präziser festgelegt werden, wobei der

[1] Nr. **2**.
[2] **Amtl. Anm.:** Richtlinie (EU) 2016/680 des Europäischen Parlaments und des Rates vom 27. April 2016 zum Schutz natürlicher Personen bei der Verarbeitung personenbezogener Daten durch die zuständigen Behörden zum Zwecke der Verhütung, Aufdeckung, Untersuchung oder Verfolgung von Straftaten oder der Strafvollstreckung sowie zum freien Datenverkehr und zur Aufhebung des Rahmenbeschlusses 2000/383/JI des Rates (siehe Seite 89 dieses Amtsblatts).

verfassungsmäßigen, organisatorischen und administrativen Struktur des betreffenden Mitgliedstaats Rechnung zu tragen ist. Soweit diese Verordnung für die Verarbeitung personenbezogener Daten durch private Stellen gilt, sollte sie vorsehen, dass die Mitgliedstaaten einige Pflichten und Rechte unter bestimmten Voraussetzungen mittels Rechtsvorschriften beschränken können, wenn diese Beschränkung in einer demokratischen Gesellschaft eine notwendige und verhältnismäßige Maßnahme zum Schutz bestimmter wichtiger Interessen darstellt, wozu auch die öffentliche Sicherheit und die Verhütung, Ermittlung, Aufdeckung und Verfolgung von Straftaten oder die Strafvollstreckung zählen, einschließlich des Schutzes vor und der Abwehr von Gefahren für die öffentliche Sicherheit. Dies ist beispielsweise im Rahmen der Bekämpfung der Geldwäsche oder der Arbeit kriminaltechnischer Labors von Bedeutung.

(20) Diese Verordnung gilt zwar unter anderem für die Tätigkeiten der Gerichte und anderer Justizbehörden, doch könnte im Unionsrecht oder im Recht der Mitgliedstaaten festgelegt werden, wie die Verarbeitungsvorgänge und Verarbeitungsverfahren bei der Verarbeitung personenbezogener Daten durch Gerichte und andere Justizbehörden im Einzelnen auszusehen haben. Damit die Unabhängigkeit der Justiz bei der Ausübung ihrer gerichtlichen Aufgaben einschließlich ihrer Beschlussfassung unangetastet bleibt, sollten die Aufsichtsbehörden nicht für die Verarbeitung personenbezogener Daten durch Gerichte im Rahmen ihrer justiziellen Tätigkeit zuständig sein. Mit der Aufsicht über diese Datenverarbeitungsvorgänge sollten besondere Stellen im Justizsystem des Mitgliedstaats betraut werden können, die insbesondere die Einhaltung der Vorschriften dieser Verordnung sicherstellen, Richter und Staatsanwälte besser für ihre Pflichten aus dieser Verordnung sensibilisieren und Beschwerden in Bezug auf derartige Datenverarbeitungsvorgänge bearbeiten sollten.

(21) Die vorliegende Verordnung berührt nicht die Anwendung der Richtlinie 2000/31/EG des Europäischen Parlaments und des Rates[1] und insbesondere die der Vorschriften der Artikel 12 bis 15 jener Richtlinie zur Verantwortlichkeit von Anbietern reiner Vermittlungsdienste. Die genannte Richtlinie soll dazu beitragen, dass der Binnenmarkt einwandfrei funktioniert, indem sie den freien Verkehr von Diensten der Informationsgesellschaft zwischen den Mitgliedstaaten sicherstellt.

(22) Jede Verarbeitung personenbezogener Daten im Rahmen der Tätigkeiten einer Niederlassung eines Verantwortlichen oder eines Auftragsverarbeiters in der Union sollte gemäß dieser Verordnung erfolgen, gleich, ob die Verarbeitung in oder außerhalb der Union stattfindet. Eine Niederlassung setzt die effektive und tatsächliche Ausübung einer Tätigkeit durch eine feste Einrichtung voraus. Die Rechtsform einer solchen Einrichtung, gleich, ob es sich um eine Zweigstelle oder eine Tochtergesellschaft mit eigener Rechtspersönlichkeit handelt, ist dabei nicht ausschlaggebend.

(23) Damit einer natürlichen Person der gemäß dieser Verordnung gewährleistete Schutz nicht vorenthalten wird, sollte die Verarbeitung personen-

---

[1] **Amtl. Anm.:** Richtlinie 2000/31/EG des Europäischen Parlaments und des Rates vom 8. Juni 2000 über bestimmte rechtliche Aspekte der Dienste der Informationsgesellschaft, insbesondere des elektronischen Geschäftsverkehrs, im Binnenmarkt („Richtlinie über den elektronischen Geschäftsverkehr") (ABl. L 178 vom 17.7.2000, S. 1).

bezogener Daten von betroffenen Personen, die sich in der Union befinden, durch einen nicht in der Union niedergelassenen Verantwortlichen oder Auftragsverarbeiter dieser Verordnung unterliegen, wenn die Verarbeitung dazu dient, diesen betroffenen Personen gegen Entgelt oder unentgeltlich Waren oder Dienstleistungen anzubieten. Um festzustellen, ob dieser Verantwortliche oder Auftragsverarbeiter betroffenen Personen, die sich in der Union befinden, Waren oder Dienstleistungen anbietet, sollte festgestellt werden, ob der Verantwortliche oder Auftragsverarbeiter offensichtlich beabsichtigt, betroffenen Personen in einem oder mehreren Mitgliedstaaten der Union Dienstleistungen anzubieten. Während die bloße Zugänglichkeit der Website des Verantwortlichen, des Auftragsverarbeiters oder eines Vermittlers in der Union, einer E-Mail-Adresse oder anderer Kontaktdaten oder die Verwendung einer Sprache, die in dem Drittland, in dem der Verantwortliche niedergelassen ist, allgemein gebräuchlich ist, hierfür kein ausreichender Anhaltspunkt ist, können andere Faktoren wie die Verwendung einer Sprache oder Währung, die in einem oder mehreren Mitgliedstaaten gebräuchlich ist, in Verbindung mit der Möglichkeit, Waren und Dienstleistungen in dieser anderen Sprache zu bestellen, oder die Erwähnung von Kunden oder Nutzern, die sich in der Union befinden, darauf hindeuten, dass der Verantwortliche beabsichtigt, den Personen in der Union Waren oder Dienstleistungen anzubieten.

(24) Die Verarbeitung personenbezogener Daten von betroffenen Personen, die sich in der Union befinden, durch einen nicht in der Union niedergelassenen Verantwortlichen oder Auftragsverarbeiter sollte auch dann dieser Verordnung unterliegen, wenn sie dazu dient, das Verhalten dieser betroffenen Personen zu beobachten, soweit ihr Verhalten in der Union erfolgt. Ob eine Verarbeitungstätigkeit der Beobachtung des Verhaltens von betroffenen Personen gilt, sollte daran festgemacht werden, ob ihre Internetaktivitäten nachvollzogen werden, einschließlich der möglichen nachfolgenden Verwendung von Techniken zur Verarbeitung personenbezogener Daten, durch die von einer natürlichen Person ein Profil erstellt wird, das insbesondere die Grundlage für sie betreffende Entscheidungen bildet oder anhand dessen ihre persönlichen Vorlieben, Verhaltensweisen oder Gepflogenheiten analysiert oder vorausgesagt werden sollen.

(25) Ist nach Völkerrecht das Recht eines Mitgliedstaats anwendbar, z.B. in einer diplomatischen oder konsularischen Vertretung eines Mitgliedstaats, so sollte die Verordnung auch auf einen nicht in der Union niedergelassenen Verantwortlichen Anwendung finden.

(26) Die Grundsätze des Datenschutzes sollten für alle Informationen gelten, die sich auf eine identifizierte oder identifizierbare natürliche Person beziehen. Einer Pseudonymisierung unterzogene personenbezogene Daten, die durch Heranziehung zusätzlicher Informationen einer natürlichen Person zugeordnet werden könnten, sollten als Informationen über eine identifizierbare natürliche Person betrachtet werden. Um festzustellen, ob eine natürliche Person identifizierbar ist, sollten alle Mittel berücksichtigt werden, die von dem Verantwortlichen oder einer anderen Person nach allgemeinem Ermessen wahrscheinlich genutzt werden, um die natürliche Person direkt oder indirekt zu identifizieren, wie beispielsweise das Aussondern. Bei der Feststellung, ob Mittel nach allgemeinem

Ermessen wahrscheinlich zur Identifizierung der natürlichen Person genutzt werden, sollten alle objektiven Faktoren, wie die Kosten der Identifizierung und der dafür erforderliche Zeitaufwand, herangezogen werden, wobei die zum Zeitpunkt der Verarbeitung verfügbare Technologie und technologische Entwicklungen zu berücksichtigen sind. Die Grundsätze des Datenschutzes sollten daher nicht für anonyme Informationen gelten, d.h. für Informationen, die sich nicht auf eine identifizierte oder identifizierbare natürliche Person beziehen, oder personenbezogene Daten, die in einer Weise anonymisiert worden sind, dass die betroffene Person nicht oder nicht mehr identifiziert werden kann. Diese Verordnung betrifft somit nicht die Verarbeitung solcher anonymer Daten, auch für statistische oder für Forschungszwecke.

(27) Diese Verordnung gilt nicht für die personenbezogenen Daten Verstorbener. Die Mitgliedstaaten können Vorschriften für die Verarbeitung der personenbezogenen Daten Verstorbener vorsehen.

(28) Die Anwendung der Pseudonymisierung auf personenbezogene Daten kann die Risiken für die betroffenen Personen senken und die Verantwortlichen und die Auftragsverarbeiter bei der Einhaltung ihrer Datenschutzpflichten unterstützen. Durch die ausdrückliche Einführung der „Pseudonymisierung" in dieser Verordnung ist nicht beabsichtigt, andere Datenschutzmaßnahmen auszuschließen.

(29) Um Anreize für die Anwendung der Pseudonymisierung bei der Verarbeitung personenbezogener Daten zu schaffen, sollten Pseudonymisierungsmaßnahmen, die jedoch eine allgemeine Analyse zulassen, bei demselben Verantwortlichen möglich sein, wenn dieser die erforderlichen technischen und organisatorischen Maßnahmen getroffen hat, um – für die jeweilige Verarbeitung – die Umsetzung dieser Verordnung zu gewährleisten, wobei sicherzustellen ist, dass zusätzliche Informationen, mit denen die personenbezogenen Daten einer speziellen betroffenen Person zugeordnet werden können, gesondert aufbewahrt werden. Der für die Verarbeitung der personenbezogenen Daten Verantwortliche,[1] sollte die befugten Personen bei diesem Verantwortlichen angeben.

(30) Natürlichen Personen werden unter Umständen Online-Kennungen wie IP-Adressen und Cookie-Kennungen, die sein Gerät oder Software-Anwendungen und -Tools oder Protokolle liefern, oder sonstige Kennungen wie Funkfrequenzkennzeichnungen zugeordnet. Dies kann Spuren hinterlassen, die insbesondere in Kombination mit eindeutigen Kennungen und anderen beim Server eingehenden Informationen dazu benutzt werden können, um Profile der natürlichen Personen zu erstellen und sie zu identifizieren.

(31) Behörden, gegenüber denen personenbezogene Daten aufgrund einer rechtlichen Verpflichtung für die Ausübung ihres offiziellen Auftrags offengelegt werden, wie Steuer- und Zollbehörden, Finanzermittlungsstellen, unabhängige Verwaltungsbehörden oder Finanzmarktbehörden, die für die Regulierung und Aufsicht von Wertpapiermärkten zuständig sind, sollten nicht als Empfänger gelten, wenn sie personenbezogene Daten erhalten, die für die Durchführung – gemäß dem Unionsrecht oder dem Recht der Mitgliedstaaten – eines einzelnen Untersuchungs-

[1] Zeichensetzung amtlich.

auftrags im Interesse der Allgemeinheit erforderlich sind. Anträge auf Offenlegung, die von Behörden ausgehen, sollten immer schriftlich erfolgen, mit Gründen versehen sein und gelegentlichen Charakter haben, und sie sollten nicht vollständige Dateisysteme betreffen oder zur Verknüpfung von Dateisystemen führen. Die Verarbeitung personenbezogener Daten durch die genannten Behörden sollte den für die Zwecke der Verarbeitung geltenden Datenschutzvorschriften entsprechen.

(32) Die Einwilligung sollte durch eine eindeutige bestätigende Handlung erfolgen, mit der freiwillig, für den konkreten Fall, in informierter Weise und unmissverständlich bekundet wird, dass die betroffene Person mit der Verarbeitung der sie betreffenden personenbezogenen Daten einverstanden ist, etwa in Form einer schriftlichen Erklärung, die auch elektronisch erfolgen kann, oder einer mündlichen Erklärung. Dies könnte etwa durch Anklicken eines Kästchens beim Besuch einer Internetseite, durch die Auswahl technischer Einstellungen für Dienste der Informationsgesellschaft oder durch eine andere Erklärung oder Verhaltensweise geschehen, mit der die betroffene Person in dem jeweiligen Kontext eindeutig ihr Einverständnis mit der beabsichtigten Verarbeitung ihrer personenbezogenen Daten signalisiert. Stillschweigen, bereits angekreuzte Kästchen oder Untätigkeit der betroffenen Person sollten daher keine Einwilligung darstellen. Die Einwilligung sollte sich auf alle zu demselben Zweck oder denselben Zwecken vorgenommenen Verarbeitungsvorgänge beziehen. Wenn die Verarbeitung mehreren Zwecken dient, sollte für alle diese Verarbeitungszwecke eine Einwilligung gegeben werden. Wird die betroffene Person auf elektronischem Weg zur Einwilligung aufgefordert, so muss die Aufforderung in klarer und knapper Form und ohne unnötige Unterbrechung des Dienstes, für den die Einwilligung gegeben wird, erfolgen.

(33) Oftmals kann der Zweck der Verarbeitung personenbezogener Daten für Zwecke der wissenschaftlichen Forschung zum Zeitpunkt der Erhebung der personenbezogenen Daten nicht vollständig angegeben werden. Daher sollte es betroffenen Personen erlaubt sein, ihre Einwilligung für bestimmte Bereiche wissenschaftlicher Forschung zu geben, wenn dies unter Einhaltung der anerkannten ethischen Standards der wissenschaftlichen Forschung geschieht. Die betroffenen Personen sollten Gelegenheit erhalten, ihre Einwilligung nur für bestimme Forschungsbereiche oder Teile von Forschungsprojekten in dem vom verfolgten Zweck zugelassenen Maße zu erteilen.

(34) Genetische Daten sollten als personenbezogene Daten über die ererbten oder erworbenen genetischen Eigenschaften einer natürlichen Person definiert werden, die aus der Analyse einer biologischen Probe der betreffenden natürlichen Person, insbesondere durch eine *Chromosomen*[1], Desoxyribonukleinsäure (DNS)- oder Ribonukleinsäure (RNS)-Analyse oder der Analyse eines anderen Elements, durch die gleichwertige Informationen erlangt werden können, gewonnen werden.

(35) Zu den personenbezogenen Gesundheitsdaten sollten alle Daten zählen, die sich auf den Gesundheitszustand einer betroffenen Person beziehen und aus denen Informationen über den früheren, gegenwärtigen und

[1] Richtig wohl: „Chromosomen-Analyse".

künftigen körperlichen oder geistigen Gesundheitszustand der betroffenen Person hervorgehen. Dazu gehören auch Informationen über die natürliche Person, die im Zuge der Anmeldung für sowie der Erbringung von Gesundheitsdienstleistungen im Sinne der Richtlinie 2011/24/EU des Europäischen Parlaments und des Rates[1] für die natürliche Person erhoben werden, Nummern, Symbole oder Kennzeichen, die einer natürlichen Person zugeteilt wurden, um diese natürliche Person für gesundheitliche Zwecke eindeutig zu identifizieren, Informationen, die von der Prüfung oder Untersuchung eines Körperteils oder einer körpereigenen Substanz, auch aus genetischen Daten und biologischen Proben, abgeleitet wurden, und Informationen etwa über Krankheiten, Behinderungen, Krankheitsrisiken, Vorerkrankungen, klinische Behandlungen oder den physiologischen oder biomedizinischen Zustand der betroffenen Person unabhängig von der Herkunft der Daten, ob sie nun von einem Arzt oder sonstigem Angehörigen eines Gesundheitsberufes, einem Krankenhaus, einem Medizinprodukt oder einem In-Vitro-Diagnostikum stammen.

(36) Die Hauptniederlassung des Verantwortlichen in der Union sollte der Ort seiner Hauptverwaltung in der Union sein, es sei denn, dass Entscheidungen über die Zwecke und Mittel der Verarbeitung personenbezogener Daten in einer anderen Niederlassung des Verantwortlichen in der Union getroffen werden; in diesem Fall sollte die letztgenannte als Hauptniederlassung gelten. Zur Bestimmung der Hauptniederlassung eines Verantwortlichen in der Union sollten objektive Kriterien herangezogen werden; ein Kriterium sollte dabei die effektive und tatsächliche Ausübung von Managementtätigkeiten durch eine feste Einrichtung sein, in deren Rahmen die Grundsatzentscheidungen zur Festlegung der Zwecke und Mittel der Verarbeitung getroffen werden. Dabei sollte nicht ausschlaggebend sein, ob die Verarbeitung der personenbezogenen Daten tatsächlich an diesem Ort ausgeführt wird. Das Vorhandensein und die Verwendung technischer Mittel und Verfahren zur Verarbeitung personenbezogener Daten oder Verarbeitungstätigkeiten begründen an sich noch keine Hauptniederlassung und sind daher kein ausschlaggebender Faktor für das Bestehen einer Hauptniederlassung. Die Hauptniederlassung des Auftragsverarbeiters sollte der Ort sein, an dem der Auftragsverarbeiter seine Hauptverwaltung in der Union hat, oder – wenn er keine Hauptverwaltung in der Union hat – der Ort, an dem die wesentlichen Verarbeitungstätigkeiten in der Union stattfinden. Sind sowohl der Verantwortliche als auch der Auftragsverarbeiter betroffen, so sollte die Aufsichtsbehörde des Mitgliedstaats, in dem der Verantwortliche seine Hauptniederlassung hat, die zuständige federführende Aufsichtsbehörde bleiben, doch sollte die Aufsichtsbehörde des Auftragsverarbeiters als betroffene Aufsichtsbehörde betrachtet werden und diese Aufsichtsbehörde sollte sich an dem in dieser Verordnung vorgesehenen Verfahren der Zusammenarbeit beteiligen. Auf jeden Fall sollten die Aufsichtsbehörden des Mitgliedstaats oder der Mitgliedstaaten, in dem bzw. denen der Auftragsverarbeiter eine oder mehrere Niederlassungen hat, nicht als betrof-

[1] **Amtl. Anm.:** Richtlinie 2011/24/EU des Europäischen Parlaments und des Rates vom 9. März 2011 über die Ausübung der Patientenrechte in der grenzüberschreitenden Gesundheitsversorgung (ABl. L 88 vom 4.4.2011, S. 45).

fene Aufsichtsbehörden betrachtet werden, wenn sich der Beschlussentwurf nur auf den Verantwortlichen bezieht. Wird die Verarbeitung durch eine Unternehmensgruppe vorgenommen, so sollte die Hauptniederlassung des herrschenden Unternehmens als Hauptniederlassung der Unternehmensgruppe gelten, es sei denn, die Zwecke und Mittel der Verarbeitung werden von einem anderen Unternehmen festgelegt.

(37) Eine Unternehmensgruppe sollte aus einem herrschenden Unternehmen und den von diesem abhängigen Unternehmen bestehen, wobei das herrschende Unternehmen dasjenige sein sollte, das zum Beispiel aufgrund der Eigentumsverhältnisse, der finanziellen Beteiligung oder der für das Unternehmen geltenden Vorschriften oder der Befugnis, Datenschutzvorschriften umsetzen zu lassen, einen beherrschenden Einfluss auf die übrigen Unternehmen ausüben kann. Ein Unternehmen, das die Verarbeitung personenbezogener Daten in ihm angeschlossenen Unternehmen kontrolliert, sollte zusammen mit diesen als eine „Unternehmensgruppe" betrachtet werden.

(38) Kinder verdienen bei ihren personenbezogenen Daten besonderen Schutz, da Kinder sich der betreffenden Risiken, Folgen und Garantien und ihrer Rechte bei der Verarbeitung personenbezogener Daten möglicherweise weniger bewusst sind. Ein solcher besonderer Schutz sollte insbesondere die Verwendung personenbezogener Daten von Kindern für Werbezwecke oder für die Erstellung von Persönlichkeits- oder Nutzerprofilen und die Erhebung von personenbezogenen Daten von Kindern bei der Nutzung von Diensten, die Kindern direkt angeboten werden, betreffen. Die Einwilligung des Trägers der elterlichen Verantwortung sollte im Zusammenhang mit Präventions- oder Beratungsdiensten, die unmittelbar einem Kind angeboten werden, nicht erforderlich sein.

(39) Jede Verarbeitung personenbezogener Daten sollte rechtmäßig und nach Treu und Glauben erfolgen. Für natürliche Personen sollte Transparenz dahingehend bestehen, dass sie betreffende personenbezogene Daten erhoben, verwendet, eingesehen oder anderweitig verarbeitet werden und in welchem Umfang die personenbezogenen Daten verarbeitet werden und künftig noch verarbeitet werden. Der Grundsatz der Transparenz setzt voraus, dass alle Informationen und Mitteilungen zur Verarbeitung dieser personenbezogenen Daten leicht zugänglich und verständlich und in klarer und einfacher Sprache abgefasst sind. Dieser Grundsatz betrifft insbesondere die Informationen über die Identität des Verantwortlichen und die Zwecke der Verarbeitung und sonstige Informationen, die eine faire und transparente Verarbeitung im Hinblick auf die betroffenen natürlichen Personen gewährleisten, sowie deren Recht, eine Bestätigung und Auskunft darüber zu erhalten, welche sie betreffende personenbezogene Daten verarbeitet werden. Natürliche Personen sollten über die Risiken, Vorschriften, Garantien und Rechte im Zusammenhang mit der Verarbeitung personenbezogener Daten informiert und darüber aufgeklärt werden, wie sie ihre diesbezüglichen Rechte geltend machen können. Insbesondere sollten die bestimmten Zwecke, zu denen die personenbezogenen Daten verarbeitet werden, eindeutig und rechtmäßig sein und zum Zeitpunkt der Erhebung der personenbezogenen Daten feststehen. Die personenbezogenen Daten sollten für die Zwecke, zu denen sie verarbeitet werden, angemessen und erheblich sowie auf das für

die Zwecke ihrer Verarbeitung notwendige Maß beschränkt sein. Dies erfordert insbesondere, dass die Speicherfrist für personenbezogene Daten auf das unbedingt erforderliche Mindestmaß beschränkt bleibt. Personenbezogene Daten sollten nur verarbeitet werden dürfen, wenn der Zweck der Verarbeitung nicht in zumutbarer Weise durch andere Mittel erreicht werden kann. Um sicherzustellen, dass die personenbezogenen Daten nicht länger als nötig gespeichert werden, sollte der Verantwortliche Fristen für ihre Löschung oder regelmäßige Überprüfung vorsehen. Es sollten alle vertretbaren Schritte unternommen werden, damit unrichtige personenbezogene Daten gelöscht oder berichtigt werden. Personenbezogene Daten sollten so verarbeitet werden, dass ihre Sicherheit und Vertraulichkeit hinreichend gewährleistet ist, wozu auch gehört, dass Unbefugte keinen Zugang zu den Daten haben und weder die Daten noch die Geräte, mit denen diese verarbeitet werden, benutzen können.

(40) Damit die Verarbeitung rechtmäßig ist, müssen personenbezogene Daten mit Einwilligung der betroffenen Person oder auf einer sonstigen zulässigen Rechtsgrundlage verarbeitet werden, die sich aus dieser Verordnung oder – wann immer in dieser Verordnung darauf Bezug genommen wird – aus dem sonstigen Unionsrecht oder dem Recht der Mitgliedstaaten ergibt, so unter anderem auf der Grundlage, dass sie zur Erfüllung der rechtlichen Verpflichtung, der der Verantwortliche unterliegt, oder zur Erfüllung eines Vertrags, dessen Vertragspartei die betroffene Person ist, oder für die Durchführung vorvertraglicher Maßnahmen, die auf Anfrage der betroffenen Person erfolgen, erforderlich ist.

(41) Wenn in dieser Verordnung auf eine Rechtsgrundlage oder eine Gesetzgebungsmaßnahme Bezug genommen wird, erfordert dies nicht notwendigerweise einen von einem Parlament angenommenen Gesetzgebungsakt; davon unberührt bleiben Anforderungen gemäß der Verfassungsordnung des betreffenden Mitgliedstaats. Die entsprechende Rechtsgrundlage oder Gesetzgebungsmaßnahme sollte jedoch klar und präzise sein und ihre Anwendung sollte für die Rechtsunterworfenen gemäß der Rechtsprechung des Gerichtshofs der Europäischen Union (im Folgenden „Gerichtshof") und des Europäischen Gerichtshofs für Menschenrechte vorhersehbar sein.

(42) Erfolgt die Verarbeitung mit Einwilligung der betroffenen Person, sollte der Verantwortliche nachweisen können, dass die betroffene Person ihre Einwilligung zu dem Verarbeitungsvorgang gegeben hat. Insbesondere bei Abgabe einer schriftlichen Erklärung in anderer Sache sollten Garantien sicherstellen, dass die betroffene Person weiß, dass und in welchem Umfang sie ihre Einwilligung erteilt. Gemäß der Richtlinie 93/13/EWG des Rates[1)] sollte eine vom Verantwortlichen vorformulierte Einwilligungserklärung in verständlicher und leicht zugänglicher Form in einer klaren und einfachen Sprache zur Verfügung gestellt werden, und sie sollte keine missbräuchlichen Klauseln beinhalten. Damit sie in Kenntnis der Sachlage ihre Einwilligung geben kann, sollte die betroffene Person mindestens wissen, wer der Verantwortliche ist und für welche Zwecke ihre personenbezogenen Daten verarbeitet werden sollen. Es sollte nur

---

[1)] **Amtl. Anm.:** Richtlinie 93/13/EWG des Rates vom 5. April 1993 über missbräuchliche Klauseln in Verbraucherverträgen (ABl. L 95 vom 21.4.1993, S. 29).

dann davon ausgegangen werden, dass sie ihre Einwilligung freiwillig gegeben hat, wenn sie eine echte oder freie Wahl hat und somit in der Lage ist, die Einwilligung zu verweigern oder zurückzuziehen, ohne Nachteile zu erleiden.

(43) Um sicherzustellen, dass die Einwilligung freiwillig erfolgt ist, sollte diese in besonderen Fällen, wenn zwischen der betroffenen Person und dem Verantwortlichen ein klares Ungleichgewicht besteht, insbesondere wenn es sich bei dem Verantwortlichen um eine Behörde handelt, und es deshalb in Anbetracht aller Umstände in dem speziellen Fall unwahrscheinlich ist, dass die Einwilligung freiwillig gegeben wurde, keine gültige Rechtsgrundlage liefern. Die Einwilligung gilt nicht als freiwillig erteilt, wenn zu verschiedenen Verarbeitungsvorgängen von personenbezogenen Daten nicht gesondert eine Einwilligung erteilt werden kann, obwohl dies im Einzelfall angebracht ist, oder wenn die Erfüllung eines Vertrags, einschließlich der Erbringung einer Dienstleistung, von der Einwilligung abhängig ist, obwohl diese Einwilligung für die Erfüllung nicht erforderlich ist.

(44) Die Verarbeitung von Daten sollte als rechtmäßig gelten, wenn sie für die Erfüllung oder den geplanten Abschluss eines Vertrags erforderlich ist.

(45) Erfolgt die Verarbeitung durch den Verantwortlichen aufgrund einer ihm obliegenden rechtlichen Verpflichtung oder ist die Verarbeitung zur Wahrnehmung einer Aufgabe im öffentlichen Interesse oder in Ausübung öffentlicher Gewalt erforderlich, muss hierfür eine Grundlage im Unionsrecht oder im Recht eines Mitgliedstaats bestehen. Mit dieser Verordnung wird nicht für jede einzelne Verarbeitung ein spezifisches Gesetz verlangt. Ein Gesetz als Grundlage für mehrere Verarbeitungsvorgänge kann ausreichend sein, wenn die Verarbeitung aufgrund einer dem Verantwortlichen obliegenden rechtlichen Verpflichtung erfolgt oder wenn die Verarbeitung zur Wahrnehmung einer Aufgabe im öffentlichen Interesse oder in Ausübung öffentlicher Gewalt erforderlich ist. Desgleichen sollte im Unionsrecht oder im Recht der Mitgliedstaaten geregelt werden, für welche Zwecke die Daten verarbeitet werden dürfen. Ferner könnten in diesem Recht die allgemeinen Bedingungen dieser Verordnung zur Regelung der Rechtmäßigkeit der Verarbeitung personenbezogener Daten präzisiert und es könnte darin festgelegt werden, wie der Verantwortliche zu bestimmen ist, welche Art von personenbezogenen Daten verarbeitet werden, welche Personen betroffen sind, welchen Einrichtungen die personenbezogenen Daten offengelegt, für welche Zwecke und wie lange sie gespeichert werden dürfen und welche anderen Maßnahmen ergriffen werden, um zu gewährleisten, dass die Verarbeitung rechtmäßig und nach Treu und Glauben erfolgt. Desgleichen sollte im Unionsrecht oder im Recht der Mitgliedstaaten geregelt werden, ob es sich bei dem Verantwortlichen, der eine Aufgabe wahrnimmt, die im öffentlichen Interesse liegt oder in Ausübung öffentlicher Gewalt erfolgt, um eine Behörde oder um eine andere unter das öffentliche Recht fallende natürliche oder juristische Person oder, sofern dies durch das öffentliche Interesse einschließlich gesundheitlicher Zwecke, wie die öffentliche Gesundheit oder die soziale Sicherheit oder die Verwaltung von Leistungen der Gesundheitsfürsorge, gerechtfertigt ist, eine natürliche oder juristische Person des Privatrechts, wie beispielsweise eine Berufsvereinigung, handeln sollte.

(46) Die Verarbeitung personenbezogener Daten sollte ebenfalls als rechtmäßig angesehen werden, wenn sie erforderlich ist, um ein lebenswichtiges Interesse der betroffenen Person oder einer anderen natürlichen Person zu schützen. Personenbezogene Daten sollten grundsätzlich nur dann aufgrund eines lebenswichtigen Interesses einer anderen natürlichen Person verarbeitet werden, wenn die Verarbeitung offensichtlich nicht auf eine andere Rechtsgrundlage gestützt werden kann. Einige Arten der Verarbeitung können sowohl wichtigen Gründen des öffentlichen Interesses als auch lebenswichtigen Interessen der betroffenen Person dienen; so kann beispielsweise die Verarbeitung für humanitäre Zwecke einschließlich der Überwachung von Epidemien und deren Ausbreitung oder in humanitären Notfällen insbesondere bei Naturkatastrophen oder vom Menschen verursachten Katastrophen erforderlich sein.

(47) Die Rechtmäßigkeit der Verarbeitung kann durch die berechtigten Interessen eines Verantwortlichen, auch eines Verantwortlichen, dem die personenbezogenen Daten offengelegt werden dürfen, oder eines Dritten begründet sein, sofern die Interessen oder die Grundrechte und Grundfreiheiten der betroffenen Person nicht überwiegen; dabei sind die vernünftigen Erwartungen der betroffenen Personen, die auf ihrer Beziehung zu dem Verantwortlichen beruhen, zu berücksichtigen. Ein berechtigtes Interesse könnte beispielsweise vorliegen, wenn eine maßgebliche und angemessene Beziehung zwischen der betroffenen Person und dem Verantwortlichen besteht, z.B. wenn die betroffene Person ein Kunde des Verantwortlichen ist oder in seinen Diensten steht. Auf jeden Fall wäre das Bestehen eines berechtigten Interesses besonders sorgfältig abzuwägen, wobei auch zu prüfen ist, ob eine betroffene Person zum Zeitpunkt der Erhebung der personenbezogenen Daten und angesichts der Umstände, unter denen sie erfolgt, vernünftigerweise absehen kann, dass möglicherweise eine Verarbeitung für diesen Zweck erfolgen wird. Insbesondere dann, wenn personenbezogene Daten in Situationen verarbeitet werden, in denen eine betroffene Person vernünftigerweise nicht mit einer weiteren Verarbeitung rechnen muss, könnten die Interessen und Grundrechte der betroffenen Person das Interesse des Verantwortlichen überwiegen. Da es dem Gesetzgeber obliegt, per Rechtsvorschrift die Rechtsgrundlage für die Verarbeitung personenbezogener Daten durch die Behörden zu schaffen, sollte diese Rechtsgrundlage nicht für Verarbeitungen durch Behörden gelten, die diese in Erfüllung ihrer Aufgaben vornehmen. Die Verarbeitung personenbezogener Daten im für die Verhinderung von Betrug unbedingt erforderlichen Umfang stellt ebenfalls ein berechtigtes Interesse des jeweiligen Verantwortlichen dar. Die Verarbeitung personenbezogener Daten zum Zwecke der Direktwerbung kann als eine einem berechtigten Interesse dienende Verarbeitung betrachtet werden.

(48) Verantwortliche, die Teil einer Unternehmensgruppe oder einer Gruppe von Einrichtungen sind, die einer zentralen Stelle zugeordnet sind können ein berechtigtes Interesse haben, personenbezogene Daten innerhalb der Unternehmensgruppe für interne Verwaltungszwecke, einschließlich der Verarbeitung personenbezogener Daten von Kunden und Beschäftigten, zu übermitteln. Die Grundprinzipien für die Übermittlung per-

sonenbezogener Daten innerhalb von Unternehmensgruppen an ein Unternehmen in einem Drittland bleiben unberührt.

(49) Die Verarbeitung von personenbezogenen Daten durch Behörden, Computer-Notdienste (Computer Emergency Response Teams – CERT, beziehungsweise Computer Security Incident Response Teams – CSIRT), Betreiber von elektronischen Kommunikationsnetzen und -diensten sowie durch Anbieter von Sicherheitstechnologien und -diensten stellt in dem Maße ein berechtigtes Interesse des jeweiligen Verantwortlichen dar, wie dies für die Gewährleistung der Netz- und Informationssicherheit unbedingt notwendig und verhältnismäßig ist, d.h. soweit dadurch die Fähigkeit eines Netzes oder Informationssystems gewährleistet wird, mit einem vorgegebenen Grad der Zuverlässigkeit Störungen oder widerrechtliche oder mutwillige Eingriffe abzuwehren, die die Verfügbarkeit, Authentizität, Vollständigkeit und Vertraulichkeit von gespeicherten oder übermittelten personenbezogenen Daten sowie die Sicherheit damit zusammenhängender Dienste, die über diese Netze oder Informationssysteme angeboten werden bzw. zugänglich sind, beeinträchtigen. Ein solches berechtigtes Interesse könnte beispielsweise darin bestehen, den Zugang Unbefugter zu elektronischen Kommunikationsnetzen und die Verbreitung schädlicher Programmcodes zu verhindern sowie Angriffe in Form der gezielten Überlastung von Servern („Denial of service"-Angriffe) und Schädigungen von Computer- und elektronischen Kommunikationssystemen abzuwehren.

(50) Die Verarbeitung personenbezogener Daten für andere Zwecke als die, für die die personenbezogenen Daten ursprünglich erhoben wurden, sollte nur zulässig sein, wenn die Verarbeitung mit den Zwecken, für die die personenbezogenen Daten ursprünglich erhoben wurden, vereinbar ist. In diesem Fall ist keine andere gesonderte Rechtsgrundlage erforderlich als diejenige für die Erhebung der personenbezogenen Daten. Ist die Verarbeitung für die Wahrnehmung einer Aufgabe erforderlich, die im öffentlichen Interesse liegt oder in Ausübung öffentlicher Gewalt erfolgt, die dem Verantwortlichen übertragen wurde, so können im Unionsrecht oder im Recht der Mitgliedstaaten die Aufgaben und Zwecke bestimmt und konkretisiert werden, für die eine Weiterverarbeitung als vereinbar und rechtmäßig erachtet wird. Die Weiterverarbeitung für im öffentlichen Interesse liegende Archivzwecke, für wissenschaftliche oder historische Forschungszwecke oder für statistische Zwecke sollte als vereinbarer und rechtmäßiger Verarbeitungsvorgang gelten. Die im Unionsrecht oder im Recht der Mitgliedstaaten vorgesehene Rechtsgrundlage für die Verarbeitung personenbezogener Daten kann auch als Rechtsgrundlage für eine Weiterverarbeitung dienen. Um festzustellen, ob ein Zweck der Weiterverarbeitung mit dem Zweck, für den die personenbezogenen Daten ursprünglich erhoben wurden, vereinbar ist, sollte der Verantwortliche nach Einhaltung aller Anforderungen für die Rechtmäßigkeit der ursprünglichen Verarbeitung unter anderem prüfen, ob ein Zusammenhang zwischen den Zwecken, für die die personenbezogenen Daten erhoben wurden, und den Zwecken der beabsichtigten Weiterverarbeitung besteht, in welchem Kontext die Daten erhoben wurden, insbesondere die vernünftigen Erwartungen der betroffenen Personen, die auf ihrer Beziehung zu dem Verantwortlichen beruhen, in Bezug auf die

weitere Verwendung dieser Daten, um welche Art von personenbezogenen Daten es sich handelt, welche Folgen die beabsichtigte Weiterverarbeitung für die betroffenen Personen hat und ob sowohl beim ursprünglichen als auch beim beabsichtigten Weiterverarbeitungsvorgang geeignete Garantien bestehen.

Hat die betroffene Person ihre Einwilligung erteilt oder beruht die Verarbeitung auf Unionsrecht oder dem Recht der Mitgliedstaaten, was in einer demokratischen Gesellschaft eine notwendige und verhältnismäßige Maßnahme zum Schutz insbesondere wichtiger Ziele des allgemeinen öffentlichen Interesses darstellt, so sollte der Verantwortliche die personenbezogenen Daten ungeachtet der Vereinbarkeit der Zwecke weiterverarbeiten dürfen. In jedem Fall sollte gewährleistet sein, dass die in dieser Verordnung niedergelegten Grundsätze angewandt werden und insbesondere die betroffene Person über diese anderen Zwecke und über ihre Rechte einschließlich des Widerspruchsrechts unterrichtet wird. Der Hinweis des Verantwortlichen auf mögliche Straftaten oder Bedrohungen der öffentlichen Sicherheit und die Übermittlung der maßgeblichen personenbezogenen Daten in Einzelfällen oder in mehreren Fällen, die im Zusammenhang mit derselben Straftat oder derselben Bedrohung der öffentlichen Sicherheit stehen, an eine zuständige Behörde sollten als berechtigtes Interesse des Verantwortlichen gelten. Eine derartige Übermittlung personenbezogener Daten im berechtigten Interesse des Verantwortlichen oder deren Weiterverarbeitung sollte jedoch unzulässig sein, wenn die Verarbeitung mit einer rechtlichen, beruflichen oder sonstigen verbindlichen Pflicht zur Geheimhaltung unvereinbar ist.

(51) Personenbezogene Daten, die ihrem Wesen nach hinsichtlich der Grundrechte und Grundfreiheiten besonders sensibel sind, verdienen einen besonderen Schutz, da im Zusammenhang mit ihrer Verarbeitung erhebliche Risiken für die Grundrechte und Grundfreiheiten auftreten können. Diese personenbezogenen Daten sollten personenbezogene Daten umfassen, aus denen die rassische oder ethnische Herkunft hervorgeht, wobei die Verwendung des Begriffs „rassische Herkunft" in dieser Verordnung nicht bedeutet, dass die Union Theorien, mit denen versucht wird, die Existenz verschiedener menschlicher Rassen zu belegen, gutheißt. Die Verarbeitung von Lichtbildern sollte nicht grundsätzlich als Verarbeitung besonderer Kategorien von personenbezogenen Daten angesehen werden, da Lichtbilder nur dann von der Definition des Begriffs „biometrische Daten" erfasst werden, wenn sie mit speziellen technischen Mitteln verarbeitet werden, die die eindeutige Identifizierung oder Authentifizierung einer natürlichen Person ermöglichen. Derartige personenbezogene Daten sollten nicht verarbeitet werden, es sei denn, die Verarbeitung ist in den in dieser Verordnung dargelegten besonderen Fällen zulässig, wobei zu berücksichtigen ist, dass im Recht der Mitgliedstaaten besondere Datenschutzbestimmungen festgelegt sein können, um die Anwendung der Bestimmungen dieser Verordnung anzupassen, damit die Einhaltung einer rechtlichen Verpflichtung oder die Wahrnehmung einer Aufgabe im öffentlichen Interesse oder die Ausübung öffentlicher Gewalt, die dem Verantwortlichen übertragen wurde, möglich ist. Zusätzlich zu den speziellen Anforderungen an eine derartige Verarbeitung sollten die allgemeinen Grundsätze und andere Bestimmungen dieser Verordnung, ins-

besondere hinsichtlich der Bedingungen für eine rechtmäßige Verarbeitung, gelten. Ausnahmen von dem allgemeinen Verbot der Verarbeitung dieser besonderen Kategorien personenbezogener Daten sollten ausdrücklich vorgesehen werden, unter anderem bei ausdrücklicher Einwilligung der betroffenen Person oder bei bestimmten Notwendigkeiten, insbesondere wenn die Verarbeitung im Rahmen rechtmäßiger Tätigkeiten bestimmter Vereinigungen oder Stiftungen vorgenommen wird, die sich für die Ausübung von Grundfreiheiten einsetzen.

(52) Ausnahmen vom Verbot der Verarbeitung besonderer Kategorien von personenbezogenen Daten sollten auch erlaubt sein, wenn sie im Unionsrecht oder dem Recht der Mitgliedstaaten vorgesehen sind, und – vorbehaltlich angemessener Garantien zum Schutz der personenbezogenen Daten und anderer Grundrechte – wenn dies durch das öffentliche Interesse gerechtfertigt ist, insbesondere für die Verarbeitung von personenbezogenen Daten auf dem Gebiet des Arbeitsrechts und des Rechts der sozialen Sicherheit einschließlich Renten und zwecks Sicherstellung und Überwachung der Gesundheit und Gesundheitswarnungen, Prävention oder Kontrolle ansteckender Krankheiten und anderer schwerwiegender Gesundheitsgefahren. Eine solche Ausnahme kann zu gesundheitlichen Zwecken gemacht werden, wie der Gewährleistung der öffentlichen Gesundheit und der Verwaltung von Leistungen der Gesundheitsversorgung, insbesondere wenn dadurch die Qualität und Wirtschaftlichkeit der Verfahren zur Abrechnung von Leistungen in den sozialen Krankenversicherungssystemen sichergestellt werden soll, oder wenn die Verarbeitung im öffentlichen Interesse liegenden Archivzwecken, wissenschaftlichen oder historischen Forschungszwecken oder statistischen Zwecken dient. Die Verarbeitung solcher personenbezogener Daten sollte zudem ausnahmsweise erlaubt sein, wenn sie erforderlich ist, um rechtliche Ansprüche, sei es in einem Gerichtsverfahren oder in einem Verwaltungsverfahren oder einem außergerichtlichen Verfahren, geltend zu machen, auszuüben oder zu verteidigen.

(53) Besondere Kategorien personenbezogener Daten, die *eines höheren Schutzes*[1] verdienen, sollten nur dann für gesundheitsbezogene Zwecke verarbeitet werden, wenn dies für das Erreichen dieser Zwecke im Interesse einzelner natürlicher Personen und der Gesellschaft insgesamt erforderlich ist, insbesondere im Zusammenhang mit der Verwaltung der Dienste und Systeme des Gesundheits- oder Sozialbereichs, einschließlich der Verarbeitung dieser Daten durch die Verwaltung und die zentralen nationalen Gesundheitsbehörden zwecks Qualitätskontrolle, Verwaltungsinformationen und der allgemeinen nationalen und lokalen Überwachung des Gesundheitssystems oder des Sozialsystems und zwecks Gewährleistung der Kontinuität der Gesundheits- und Sozialfürsorge und der grenzüberschreitenden Gesundheitsversorgung oder Sicherstellung und Überwachung der Gesundheit und Gesundheitswarnungen oder für im öffentlichen Interesse liegende Archivzwecke, zu wissenschaftlichen oder historischen Forschungszwecken oder statistischen Zwecken, die auf Rechtsvorschriften der Union oder der Mitgliedstaaten beruhen, die einem im öffentlichen Interesse liegenden Ziel dienen müssen, sowie für

[1] Richtig wohl: „einen höheren Schutz".

Studien, die im öffentlichen Interesse im Bereich der öffentlichen Gesundheit durchgeführt werden. Diese Verordnung sollte daher harmonisierte Bedingungen für die Verarbeitung besonderer Kategorien personenbezogener Gesundheitsdaten im Hinblick auf bestimmte Erfordernisse harmonisieren, insbesondere wenn die Verarbeitung dieser Daten für gesundheitsbezogene Zwecke von Personen durchgeführt wird, die gemäß einer rechtlichen Verpflichtung dem Berufsgeheimnis unterliegen. Im Recht der Union oder der Mitgliedstaaten sollten besondere und angemessene Maßnahmen zum Schutz der Grundrechte und der personenbezogenen Daten natürlicher Personen vorgesehen werden. Den Mitgliedstaaten sollte gestattet werden, weitere Bedingungen einschließlich Beschränkungen – in Bezug auf die Verarbeitung von genetischen Daten, biometrischen Daten oder Gesundheitsdaten beizubehalten oder einzuführen. Dies sollte jedoch den freien Verkehr personenbezogener Daten innerhalb der Union nicht beeinträchtigen, falls die betreffenden Bedingungen für die grenzüberschreitende Verarbeitung solcher Daten gelten.

(54) Aus Gründen des öffentlichen Interesses in Bereichen der öffentlichen Gesundheit kann es notwendig sein, besondere Kategorien personenbezogener Daten auch ohne Einwilligung der betroffenen Person zu verarbeiten. Diese Verarbeitung sollte angemessenen und besonderen Maßnahmen zum Schutz der Rechte und Freiheiten natürlicher Personen unterliegen. In diesem Zusammenhang sollte der Begriff „öffentliche Gesundheit" im Sinne der Verordnung (EG) Nr. 1338/2008 des Europäischen Parlaments und des Rates[1)] ausgelegt werden und alle Elemente im Zusammenhang mit der Gesundheit wie den Gesundheitszustand einschließlich Morbidität und Behinderung, die sich auf diesen Gesundheitszustand auswirkenden Determinanten, den Bedarf an Gesundheitsversorgung, die der Gesundheitsversorgung zugewiesenen Mittel, die Bereitstellung von Gesundheitsversorgungsleistungen und den allgemeinen Zugang zu diesen Leistungen sowie die entsprechenden Ausgaben und die Finanzierung und schließlich die Ursachen der Mortalität einschließen. Eine solche Verarbeitung von Gesundheitsdaten aus Gründen des öffentlichen Interesses darf nicht dazu führen, dass Dritte, unter anderem Arbeitgeber oder Versicherungs- und Finanzunternehmen, solche *personenbezogene*[2)] Daten zu anderen Zwecken verarbeiten.

(55) Auch die Verarbeitung personenbezogener Daten durch staatliche Stellen zu verfassungsrechtlich oder völkerrechtlich verankerten Zielen von staatlich anerkannten Religionsgemeinschaften erfolgt aus Gründen des öffentlichen Interesses.

(56) Wenn es in einem Mitgliedstaat das Funktionieren des demokratischen Systems erfordert, dass die politischen Parteien im Zusammenhang mit Wahlen personenbezogene Daten über die politische Einstellung von Personen sammeln, kann die Verarbeitung derartiger Daten aus Gründen

---

[1)] **Amtl. Anm.:** Verordnung (EG) Nr. 1338/2008 des Europäischen Parlaments und des Rates vom 16. Dezember 2008 zu Gemeinschaftsstatistiken über öffentliche Gesundheit und über Gesundheitsschutz und Sicherheit am Arbeitsplatz (ABl. L 354 vom 31.12.2008, S. 70).

[2)] Richtig wohl: „personenbezogenen".

des öffentlichen Interesses zugelassen werden, sofern geeignete Garantien vorgesehen werden.

(57) Kann der Verantwortliche anhand der von ihm verarbeiteten personenbezogenen Daten eine natürliche Person nicht identifizieren, so sollte er nicht verpflichtet sein, zur bloßen Einhaltung einer Vorschrift dieser Verordnung zusätzliche Daten einzuholen, um die betroffene Person zu identifizieren. Allerdings sollte er sich nicht weigern, zusätzliche Informationen entgegenzunehmen, die von der betroffenen Person beigebracht werden, um ihre Rechte geltend zu machen. Die Identifizierung sollte die digitale Identifizierung einer betroffenen Person beispielsweise durch Authentifizierungsverfahren etwa mit denselben Berechtigungsnachweisen, wie sie die betroffene Person verwendet, um sich bei dem von dem Verantwortlichen bereitgestellten Online-Dienst anzumelden – einschließen.

(58) Der Grundsatz der Transparenz setzt voraus, dass eine für die Öffentlichkeit oder die betroffene Person bestimmte Information präzise, leicht zugänglich und verständlich sowie in klarer und einfacher Sprache abgefasst ist und gegebenenfalls zusätzlich visuelle Elemente verwendet werden. Diese Information könnte in elektronischer Form bereitgestellt werden, beispielsweise auf einer Website, wenn sie für die Öffentlichkeit bestimmt ist. Dies gilt insbesondere für Situationen, wo die große Zahl der Beteiligten und die Komplexität der dazu benötigten Technik es der betroffenen Person schwer machen, zu erkennen und nachzuvollziehen, ob, von wem und zu welchem Zweck sie betreffende personenbezogene Daten erfasst werden, wie etwa bei der Werbung im Internet. Wenn sich die Verarbeitung an Kinder richtet, sollten aufgrund der besonderen Schutzwürdigkeit von Kindern Informationen und Hinweise in einer dergestalt klaren und einfachen Sprache erfolgen, dass ein Kind sie verstehen kann.

(59) Es sollten Modalitäten festgelegt werden, die einer betroffenen Person die Ausübung der Rechte, die ihr nach dieser Verordnung zustehen, erleichtern, darunter auch Mechanismen, die dafür sorgen, dass sie unentgeltlich insbesondere Zugang zu personenbezogenen Daten und deren Berichtigung oder Löschung beantragen und gegebenenfalls erhalten oder von ihrem Widerspruchsrecht Gebrauch machen kann. So sollte der Verantwortliche auch dafür sorgen, dass Anträge elektronisch gestellt werden können, insbesondere wenn die personenbezogenen Daten elektronisch verarbeitet werden. Der Verantwortliche sollte verpflichtet werden, den Antrag der betroffenen Person unverzüglich, spätestens aber innerhalb eines Monats zu beantworten und gegebenenfalls zu begründen, warum er den Antrag ablehnt.

(60) Die Grundsätze einer fairen und transparenten Verarbeitung machen es erforderlich, dass die betroffene Person über die Existenz des Verarbeitungsvorgangs und seine Zwecke unterrichtet wird. Der Verantwortliche sollte der betroffenen Person alle weiteren Informationen zur Verfügung stellen, die unter Berücksichtigung der besonderen Umstände und Rahmenbedingungen, unter denen die personenbezogenen Daten verarbeitet werden, notwendig sind, um eine faire und transparente Verarbeitung zu gewährleisten. Darüber hinaus sollte er die betroffene Person darauf hinweisen, dass Profiling stattfindet und welche Folgen dies hat. Werden die

personenbezogenen Daten bei der betroffenen Person erhoben, so sollte dieser darüber hinaus mitgeteilt werden, ob sie verpflichtet ist, die personenbezogenen Daten bereitzustellen, und welche Folgen eine Zurückhaltung der Daten nach sich ziehen würde. Die betreffenden Informationen können in Kombination mit standardisierten Bildsymbolen bereitgestellt werden, um in leicht wahrnehmbarer, verständlicher und klar nachvollziehbarer Form einen aussagekräftigen Überblick über die beabsichtigte Verarbeitung zu vermitteln. Werden die Bildsymbole in elektronischer Form dargestellt, so sollten sie maschinenlesbar sein.

(61) Dass sie betreffende personenbezogene Daten verarbeitet werden, sollte der betroffenen Person zum Zeitpunkt der Erhebung mitgeteilt werden oder, falls die Daten nicht von ihr, sondern aus einer anderen Quelle erlangt werden, innerhalb einer angemessenen Frist, die sich nach dem konkreten Einzelfall richtet. Wenn die personenbezogenen Daten rechtmäßig einem anderen Empfänger offengelegt werden dürfen, sollte die betroffene Person bei der erstmaligen Offenlegung der personenbezogenen Daten für diesen Empfänger darüber aufgeklärt werden. Beabsichtigt der Verantwortliche, die personenbezogenen Daten für einen anderen Zweck zu verarbeiten als den, für den die Daten erhoben wurden, so sollte er der betroffenen Person vor dieser Weiterverarbeitung Informationen über diesen anderen Zweck und andere erforderliche Informationen zur Verfügung stellen. Konnte der betroffenen Person nicht mitgeteilt werden, woher die personenbezogenen Daten stammen, weil verschiedene Quellen benutzt wurden, so sollte die Unterrichtung allgemein gehalten werden.

(62) Die Pflicht, Informationen zur Verfügung zu stellen, erübrigt sich jedoch, wenn die betroffene Person die Information bereits hat, wenn die Speicherung oder Offenlegung der personenbezogenen Daten ausdrücklich durch Rechtsvorschriften geregelt ist oder wenn sich die Unterrichtung der betroffenen Person als unmöglich erweist oder mit unverhältnismäßig hohem Aufwand verbunden ist. Letzteres könnte insbesondere bei Verarbeitungen für im öffentlichen Interesse liegende Archivzwecke, zu wissenschaftlichen oder historischen Forschungszwecken oder zu statistischen Zwecken der Fall sein. Als Anhaltspunkte sollten dabei die Zahl der betroffenen Personen, das Alter der Daten oder etwaige geeignete Garantien in Betracht gezogen werden.

(63) Eine betroffene Person sollte ein Auskunftsrecht hinsichtlich der sie betreffenden personenbezogenen Daten, die erhoben worden sind, besitzen und dieses Recht problemlos und in angemessenen Abständen wahrnehmen können, um sich der Verarbeitung bewusst zu sein und deren Rechtmäßigkeit überprüfen zu können. Dies schließt das Recht betroffene Personen auf Auskunft über ihre eigenen gesundheitsbezogenen Daten ein, etwa Daten in ihren Patientenakten, die Informationen wie beispielsweise Diagnosen, Untersuchungsergebnisse, Befunde der behandelnden Ärzte und Angaben zu Behandlungen oder Eingriffen enthalten. Jede betroffene Person sollte daher ein Anrecht darauf haben zu wissen und zu erfahren, insbesondere zu welchen Zwecken die personenbezogenen Daten verarbeitet werden und, wenn möglich, wie lange sie gespeichert werden, wer die Empfänger der personenbezogenen Daten sind, nach welcher Logik die automatische Verarbeitung personenbezogener Daten

erfolgt und welche Folgen eine solche Verarbeitung haben kann, zumindest in Fällen, in denen die Verarbeitung auf Profiling beruht. Nach Möglichkeit sollte der Verantwortliche den Fernzugang zu einem sicheren System bereitstellen können, der der betroffenen Person direkten Zugang zu ihren personenbezogenen Daten ermöglichen würde. Dieses Recht sollte die Rechte und Freiheiten anderer Personen, etwa Geschäftsgeheimnisse oder Rechte des geistigen Eigentums und insbesondere das Urheberrecht an Software, nicht beeinträchtigen. Dies darf jedoch nicht dazu führen, dass der betroffenen Person jegliche Auskunft verweigert wird. Verarbeitet der Verantwortliche eine große Menge von Informationen über die betroffene Person, so sollte er verlangen können, dass die betroffene Person präzisiert, auf welche Information oder welche Verarbeitungsvorgänge sich ihr Auskunftsersuchen bezieht, bevor er ihr Auskunft erteilt.

(64) Der Verantwortliche sollte alle vertretbaren Mittel nutzen, um die Identität einer Auskunft suchenden betroffenen Person zu überprüfen, insbesondere im Rahmen von Online-Diensten und im Fall von Online-Kennungen. Ein Verantwortlicher sollte personenbezogene Daten nicht allein zu dem Zweck speichern, auf mögliche Auskunftsersuchen reagieren zu können.

(65) Eine betroffene Person sollte ein Recht auf Berichtigung der sie betreffenden personenbezogenen Daten besitzen sowie ein „Recht auf Vergessenwerden", wenn die Speicherung ihrer Daten gegen diese Verordnung oder gegen das Unionsrecht oder das Recht der Mitgliedstaaten, dem der Verantwortliche unterliegt, verstößt. Insbesondere sollten betroffene Personen Anspruch darauf haben, dass ihre personenbezogenen Daten gelöscht und nicht mehr verarbeitet werden, wenn die personenbezogenen Daten hinsichtlich der Zwecke, für die sie erhoben bzw. anderweitig verarbeitet wurden, nicht mehr benötigt werden, wenn die betroffenen Personen ihre Einwilligung in die Verarbeitung widerrufen oder Widerspruch gegen die Verarbeitung der sie betreffenden personenbezogenen Daten eingelegt haben oder wenn die Verarbeitung ihrer personenbezogenen Daten aus anderen Gründen gegen diese Verordnung verstößt. Dieses Recht ist insbesondere wichtig in Fällen, in denen die betroffene Person ihre Einwilligung noch im Kindesalter gegeben hat und insofern die mit der Verarbeitung verbundenen Gefahren nicht in vollem Umfang absehen konnte und die personenbezogenen Daten – insbesondere die im Internet gespeicherten – später löschen möchte. Die betroffene Person sollte dieses Recht auch dann ausüben können, wenn sie kein Kind mehr ist. Die weitere Speicherung der personenbezogenen Daten sollte jedoch rechtmäßig sein, wenn dies für die Ausübung des Rechts auf freie Meinungsäußerung und Information, zur Erfüllung einer rechtlichen Verpflichtung, für die Wahrnehmung einer Aufgabe, die im öffentlichen Interesse liegt oder in Ausübung öffentlicher Gewalt erfolgt, die dem Verantwortlichen übertragen wurde, aus Gründen des öffentlichen Interesses im Bereich der öffentlichen Gesundheit, für im öffentlichen Interesse liegende Archivzwecke, zu wissenschaftlichen oder historischen Forschungszwecken oder zu statistischen Zwecken oder zur Geltendmachung, Ausübung oder Verteidigung von Rechtsansprüchen erforderlich ist.

(66) Um dem „Recht auf Vergessenwerden" im Netz mehr Geltung zu verschaffen, sollte das Recht auf Löschung ausgeweitet werden, indem ein Verantwortlicher, der die personenbezogenen Daten öffentlich gemacht hat, verpflichtet wird, den Verantwortlichen, die diese personenbezogenen Daten verarbeiten, mitzuteilen, alle Links zu diesen personenbezogenen Daten oder Kopien oder Replikationen der personenbezogenen Daten zu löschen. Dabei sollte der Verantwortliche, unter Berücksichtigung der verfügbaren Technologien und der ihm zur Verfügung stehenden Mittel, angemessene Maßnahmen – auch technischer Art – treffen, um die Verantwortlichen, die diese personenbezogenen Daten verarbeiten, über den Antrag der betroffenen Person zu informieren.

(67) Methoden zur Beschränkung der Verarbeitung personenbezogener Daten könnten unter anderem darin bestehen, dass ausgewählte personenbezogenen Daten vorübergehend auf ein anderes Verarbeitungssystem übertragen werden, dass sie für Nutzer gesperrt werden oder dass *veröffentliche*[1] Daten vorübergehend von einer Website entfernt werden. In automatisierten Dateisystemen sollte die Einschränkung der Verarbeitung grundsätzlich durch technische Mittel so erfolgen, dass die personenbezogenen Daten in keiner Weise weiterverarbeitet werden und nicht verändert werden können. Auf die Tatsache, dass die Verarbeitung der personenbezogenen Daten beschränkt wurde, sollte in dem System unmissverständlich hingewiesen werden.

(68) Um im Fall der Verarbeitung personenbezogener Daten mit automatischen Mitteln eine bessere Kontrolle über die eigenen Daten zu haben, sollte die betroffene Person außerdem berechtigt sein, die sie betreffenden personenbezogenen Daten, die sie einem Verantwortlichen bereitgestellt hat, in einem strukturierten, gängigen, maschinenlesbaren und interoperablen Format zu erhalten und sie einem anderen Verantwortlichen zu übermitteln. Die Verantwortlichen sollten dazu aufgefordert werden, interoperable Formate zu entwickeln, die die Datenübertragbarkeit ermöglichen. Dieses Recht sollte dann gelten, wenn die betroffene Person die personenbezogenen Daten mit ihrer Einwilligung zur Verfügung gestellt hat oder die Verarbeitung zur Erfüllung eines Vertrags erforderlich ist. Es sollte nicht gelten, wenn die Verarbeitung auf einer anderen Rechtsgrundlage als ihrer Einwilligung oder eines Vertrags erfolgt. Dieses Recht sollte naturgemäß nicht gegen Verantwortliche ausgeübt werden, die personenbezogenen Daten in Erfüllung ihrer öffentlichen Aufgaben verarbeiten. Es sollte daher nicht gelten, wenn die Verarbeitung der personenbezogenen Daten zur Erfüllung einer rechtlichen Verpflichtung, der der Verantwortliche unterliegt, oder für die Wahrnehmung einer ihm übertragenen Aufgabe, die im öffentlichen Interesse liegt oder in Ausübung einer ihm übertragenen öffentlichen Gewalt erfolgt, erforderlich ist. Das Recht der betroffenen Person, sie betreffende personenbezogene Daten zu übermitteln oder zu empfangen, sollte für den Verantwortlichen nicht die Pflicht begründen, technisch kompatible Datenverarbeitungssysteme zu übernehmen oder beizubehalten. Ist im Fall eines bestimmten Satzes personenbezogener Daten mehr als eine betroffene Person tangiert, so sollte das Recht auf Empfang der Daten die Grundrechte und Grund-

---

[1] Richtig wohl: „veröffentlichte".

freiheiten anderer betroffener Personen nach dieser Verordnung unberührt lassen. Dieses Recht sollte zudem das Recht der betroffenen Person auf Löschung ihrer personenbezogenen Daten und die Beschränkungen dieses Rechts gemäß dieser Verordnung nicht berühren und insbesondere nicht bedeuten, dass die Daten, die sich auf die betroffene Person beziehen und von ihr zur Erfüllung eines Vertrags zur Verfügung gestellt worden sind, gelöscht werden, soweit und solange diese personenbezogenen Daten für die Erfüllung des Vertrags notwendig sind. Soweit technisch machbar, sollte die betroffene Person das Recht haben, zu erwirken, dass die personenbezogenen Daten direkt von einem Verantwortlichen einem anderen Verantwortlichen übermittelt werden.

(69) Dürfen die personenbezogenen Daten möglicherweise rechtmäßig verarbeitet werden, weil die Verarbeitung für die Wahrnehmung einer Aufgabe, die im öffentlichen Interesse liegt oder in Ausübung öffentlicher Gewalt – die dem Verantwortlichen übertragen wurde, – oder aufgrund des berechtigten Interesses des Verantwortlichen oder eines Dritten erforderlich ist, sollte jede betroffene Person trotzdem das Recht haben, Widerspruch gegen die Verarbeitung der sich aus ihrer besonderen Situation ergebenden personenbezogenen Daten einzulegen. Der für die Verarbeitung Verantwortliche sollte darlegen müssen, dass seine zwingenden berechtigten Interessen Vorrang vor den Interessen oder Grundrechten und Grundfreiheiten der betroffenen Person haben.

(70) Werden personenbezogene Daten verarbeitet, um Direktwerbung zu betreiben, so sollte die betroffene Person jederzeit unentgeltlich insoweit Widerspruch gegen eine solche – ursprüngliche oder spätere – Verarbeitung einschließlich des Profilings einlegen können, als sie mit dieser Direktwerbung zusammenhängt. Die betroffene Person sollte ausdrücklich auf dieses Recht hingewiesen werden; dieser Hinweis sollte in einer verständlichen und von anderen Informationen getrennten Form erfolgen.

(71) Die betroffene Person sollte das Recht haben, keiner Entscheidung – was eine Maßnahme einschließen kann – zur Bewertung von sie betreffenden persönlichen Aspekten unterworfen zu werden, die ausschließlich auf einer automatisierten Verarbeitung beruht und die rechtliche Wirkung für die betroffene Person entfaltet oder sie in ähnlicher Weise erheblich beeinträchtigt, wie die automatische Ablehnung eines Online-Kreditantrags oder Online-Einstellungsverfahren ohne jegliches menschliche Eingreifen. Zu einer derartigen Verarbeitung zählt auch das „Profiling", das in jeglicher Form automatisierter Verarbeitung personenbezogener Daten unter Bewertung der persönlichen Aspekte in Bezug auf eine natürliche Person besteht, insbesondere zur Analyse oder Prognose von Aspekten bezüglich Arbeitsleistung, wirtschaftliche Lage, Gesundheit, persönliche Vorlieben oder Interessen, Zuverlässigkeit oder Verhalten, Aufenthaltsort oder Ortswechsel der betroffenen Person, soweit dies rechtliche Wirkung für die betroffene Person entfaltet oder sie in ähnlicher Weise erheblich beeinträchtigt. Eine auf einer derartigen Verarbeitung, einschließlich des Profilings, beruhende Entscheidungsfindung sollte allerdings erlaubt sein, wenn dies nach dem Unionsrecht oder dem Recht der Mitgliedstaaten, dem der für die Verarbeitung Verantwortliche unterliegt, ausdrücklich zulässig ist, auch um im Einklang mit den Vor-

schriften, Standards und Empfehlungen der Institutionen der Union oder der nationalen Aufsichtsgremien Betrug und Steuerhinterziehung zu überwachen und zu verhindern und die Sicherheit und Zuverlässigkeit eines von dem Verantwortlichen bereitgestellten Dienstes zu gewährleisten, oder wenn dies für den Abschluss oder die Erfüllung eines Vertrags zwischen der betroffenen Person und einem Verantwortlichen erforderlich ist oder wenn die betroffene Person ihre ausdrückliche Einwilligung hierzu erteilt hat. In jedem Fall sollte eine solche Verarbeitung mit angemessenen Garantien verbunden sein, einschließlich der spezifischen Unterrichtung der betroffenen Person und des Anspruchs auf direktes Eingreifen einer Person, auf Darlegung des eigenen Standpunkts, auf Erläuterung der nach einer entsprechenden Bewertung getroffenen Entscheidung sowie des Rechts auf Anfechtung der Entscheidung. Diese Maßnahme sollte kein Kind betreffen.

Um unter Berücksichtigung der besonderen Umstände und Rahmenbedingungen, unter denen die personenbezogenen Daten verarbeitet werden, der betroffenen Person gegenüber eine faire und transparente Verarbeitung zu gewährleisten, sollte der für die Verarbeitung Verantwortliche geeignete mathematische oder statistische Verfahren für das Profiling verwenden, technische und organisatorische Maßnahmen treffen, mit denen in geeigneter Weise insbesondere sichergestellt wird, dass Faktoren, die zu unrichtigen personenbezogenen Daten führen, korrigiert werden und das Risiko von Fehlern minimiert wird, und personenbezogene Daten in einer Weise sichern, dass den potenziellen Bedrohungen für die Interessen und Rechte der betroffenen Person Rechnung getragen wird und unter anderem verhindern, dass es gegenüber natürlichen Personen aufgrund von Rasse, ethnischer Herkunft, politischer Meinung, Religion oder Weltanschauung, Gewerkschaftszugehörigkeit, genetischer Anlagen oder Gesundheitszustand sowie sexueller Orientierung zu diskriminierenden Wirkungen oder zu einer Verarbeitung kommt, die eine solche Wirkung hat.

Automatisierte Entscheidungsfindung und Profiling auf der Grundlage besonderer Kategorien von personenbezogenen Daten sollten nur unter bestimmten Bedingungen erlaubt sein.

(72) Das Profiling unterliegt den Vorschriften dieser Verordnung für die Verarbeitung personenbezogener Daten, wie etwa die Rechtsgrundlage für die Verarbeitung oder die Datenschutzgrundsätze. Der durch diese Verordnung eingerichtete Europäische Datenschutzausschuss (im Folgenden „Ausschuss") sollte,[1] diesbezüglich Leitlinien herausgeben können.

(73) Im Recht der Union oder der Mitgliedstaaten können Beschränkungen hinsichtlich bestimmter Grundsätze und hinsichtlich des Rechts auf Unterrichtung, Auskunft zu und Berichtigung oder Löschung personenbezogener Daten, des Rechts auf Datenübertragbarkeit und Widerspruch, Entscheidungen, die auf der Erstellung von Profilen beruhen, sowie Mitteilungen über eine Verletzung des Schutzes personenbezogener Daten an eine betroffene Person und bestimmten damit zusammenhängenden Pflichten der Verantwortlichen vorgesehen werden, soweit dies in einer demokratischen Gesellschaft notwendig und verhältnismäßig ist, um die

[1] Zeichensetzung amtlich.

öffentliche Sicherheit aufrechtzuerhalten, wozu unter anderem der Schutz von Menschenleben insbesondere bei Naturkatastrophen oder vom Menschen verursachten Katastrophen, die Verhütung, Aufdeckung und Verfolgung von Straftaten oder die Strafvollstreckung – was auch den Schutz vor und die Abwehr von Gefahren für die öffentliche Sicherheit einschließt – oder die Verhütung, Aufdeckung und Verfolgung von Verstößen gegen Berufsstandsregeln bei reglementierten Berufen, das Führen öffentlicher Register aus Gründen des allgemeinen öffentlichen Interesses sowie die Weiterverarbeitung von archivierten personenbezogenen Daten zur Bereitstellung spezifischer Informationen im Zusammenhang mit dem politischen Verhalten unter ehemaligen totalitären Regimen gehört, und zum Schutz sonstiger wichtiger Ziele des allgemeinen öffentlichen Interesses der Union oder eines Mitgliedstaats, etwa wichtige wirtschaftliche oder finanzielle Interessen, oder die betroffene Person und die Rechte und Freiheiten anderer Personen, einschließlich in den Bereichen soziale Sicherheit, öffentliche Gesundheit und humanitäre Hilfe, zu schützen. Diese Beschränkungen sollten mit der Charta und mit der Europäischen Konvention zum Schutz der Menschenrechte und Grundfreiheiten im Einklang stehen.

(74) Die Verantwortung und Haftung des Verantwortlichen für jedwede Verarbeitung personenbezogener Daten, die durch ihn oder in seinem Namen erfolgt, sollte geregelt werden. Insbesondere sollte der Verantwortliche geeignete und wirksame Maßnahmen treffen müssen und nachweisen können, dass die Verarbeitungstätigkeiten im Einklang mit dieser Verordnung stehen und die Maßnahmen auch wirksam sind. Dabei sollte er die Art, den Umfang, die Umstände und die Zwecke der Verarbeitung und das Risiko für die Rechte und Freiheiten natürlicher Personen berücksichtigen.

(75) Die Risiken für die Rechte und Freiheiten natürlicher Personen – mit unterschiedlicher Eintrittswahrscheinlichkeit und Schwere – können aus einer Verarbeitung personenbezogener Daten hervorgehen, die zu einem physischen, materiellen oder immateriellen Schaden führen könnte, insbesondere wenn die Verarbeitung zu einer Diskriminierung, einem Identitätsdiebstahl oder -betrug, einem finanziellen Verlust, einer Rufschädigung, einem Verlust der Vertraulichkeit von dem Berufsgeheimnis unterliegenden personenbezogenen Daten, der unbefugten Aufhebung der Pseudonymisierung oder anderen erheblichen wirtschaftlichen oder gesellschaftlichen Nachteilen führen kann, wenn die betroffenen Personen um ihre Rechte und Freiheiten gebracht oder daran gehindert werden, die sie betreffenden personenbezogenen Daten zu kontrollieren, wenn personenbezogene Daten, aus denen die rassische oder ethnische Herkunft, politische Meinungen, religiöse oder weltanschauliche Überzeugungen oder die Zugehörigkeit zu einer Gewerkschaft hervorgehen, und genetische Daten, Gesundheitsdaten oder das Sexualleben oder strafrechtliche Verurteilungen und Straftaten oder damit zusammenhängende Sicherungsmaßregeln betreffende Daten verarbeitet werden, wenn persönliche Aspekte bewertet werden, insbesondere wenn Aspekte, die die Arbeitsleistung, wirtschaftliche Lage, Gesundheit, persönliche Vorlieben oder Interessen, die Zuverlässigkeit oder das Verhalten, den Aufenthaltsort oder Ortswechsel betreffen, analysiert oder prognostiziert werden, um

persönliche Profile zu erstellen oder zu nutzen, wenn personenbezogene Daten schutzbedürftiger natürlicher Personen, insbesondere Daten von Kindern, verarbeitet werden oder wenn die Verarbeitung eine große Menge personenbezogener Daten und eine große Anzahl von betroffenen Personen betrifft.

(76) Eintrittswahrscheinlichkeit und Schwere des Risikos für die Rechte und Freiheiten der betroffenen Person sollten in Bezug auf die Art, den Umfang, die Umstände und die Zwecke der Verarbeitung bestimmt werden. Das Risiko sollte anhand einer objektiven Bewertung beurteilt werden, bei der festgestellt wird, ob die Datenverarbeitung ein Risiko oder ein hohes Risiko birgt.

(77) Anleitungen, wie der Verantwortliche oder Auftragsverarbeiter geeignete Maßnahmen durchzuführen hat und wie die Einhaltung der Anforderungen nachzuweisen ist, insbesondere was die Ermittlung des mit der Verarbeitung verbundenen Risikos, dessen Abschätzung in Bezug auf Ursache, Art, Eintrittswahrscheinlichkeit und Schwere und die Festlegung bewährter Verfahren für dessen Eindämmung betrifft, könnten insbesondere in Form von genehmigten Verhaltensregeln, genehmigten Zertifizierungsverfahren, Leitlinien des Ausschusses oder Hinweisen eines Datenschutzbeauftragten gegeben werden. Der Ausschuss kann ferner Leitlinien für Verarbeitungsvorgänge ausgeben, bei denen davon auszugehen ist, dass sie kein hohes Risiko für die Rechte und Freiheiten natürlicher Personen mit sich bringen, und angeben, welche Abhilfemaßnahmen in diesen Fällen ausreichend sein können.

(78) Zum Schutz der in Bezug auf die Verarbeitung personenbezogener Daten bestehenden Rechte und Freiheiten natürlicher Personen ist es erforderlich, dass geeignete technische und organisatorische Maßnahmen getroffen werden, damit die Anforderungen dieser Verordnung erfüllt werden. Um die Einhaltung dieser Verordnung nachweisen zu können, sollte der Verantwortliche interne Strategien festlegen und Maßnahmen ergreifen, die insbesondere den Grundsätzen des Datenschutzes durch Technik (data protection by design) und durch datenschutzfreundliche Voreinstellungen (data protection by default) Genüge tun. Solche Maßnahmen könnten unter anderem darin bestehen, dass die Verarbeitung personenbezogener Daten minimiert wird, personenbezogene Daten so schnell wie möglich pseudonymisiert werden, Transparenz in Bezug auf die Funktionen und die Verarbeitung personenbezogener Daten hergestellt wird, der betroffenen Person ermöglicht wird, die Verarbeitung personenbezogener Daten zu überwachen, und der Verantwortliche in die Lage versetzt wird, Sicherheitsfunktionen zu schaffen und zu verbessern. In Bezug auf Entwicklung, Gestaltung, Auswahl und Nutzung von Anwendungen, Diensten und Produkten, die entweder auf der Verarbeitung von personenbezogenen Daten beruhen oder zur Erfüllung ihrer Aufgaben personenbezogene Daten verarbeiten, sollten die Hersteller der Produkte, Dienste und Anwendungen ermutigt werden, das Recht auf Datenschutz bei der Entwicklung und Gestaltung der Produkte, Dienste und Anwendungen zu berücksichtigen und unter gebührender Berücksichtigung des Stands der Technik sicherzustellen, dass die Verantwortlichen und die Verarbeiter in der Lage sind, ihren Datenschutzpflichten nachzukommen. Den Grundsätzen des Datenschutzes durch Technik und durch datenschutz-

freundliche Voreinstellungen sollte auch bei öffentlichen Ausschreibungen Rechnung getragen werden.

(79) Zum Schutz der Rechte und Freiheiten der betroffenen Personen sowie bezüglich der Verantwortung und Haftung der Verantwortlichen und der Auftragsverarbeiter bedarf es – auch mit Blick auf die Überwachungs- und sonstigen Maßnahmen von Aufsichtsbehörden – einer klaren Zuteilung der Verantwortlichkeiten durch diese Verordnung, einschließlich der Fälle, in denen ein Verantwortlicher die Verarbeitungszwecke und -mittel gemeinsam mit anderen Verantwortlichen festlegt oder ein Verarbeitungsvorgang im Auftrag eines Verantwortlichen durchgeführt wird.

(80) Jeder Verantwortliche oder Auftragsverarbeiter ohne Niederlassung in der Union, dessen Verarbeitungstätigkeiten sich auf betroffene Personen beziehen, die sich in der Union aufhalten, und dazu dienen, diesen Personen in der Union Waren oder Dienstleistungen anzubieten – unabhängig davon, ob von der betroffenen Person eine Zahlung verlangt wird – oder deren Verhalten, soweit dieses innerhalb der Union erfolgt, zu beobachten, sollte einen Vertreter benennen müssen, es sei denn, die Verarbeitung erfolgt gelegentlich, schließt nicht die umfangreiche Verarbeitung besonderer Kategorien personenbezogener Daten oder die Verarbeitung von personenbezogenen Daten über strafrechtliche Verurteilungen und Straftaten ein und bringt unter Berücksichtigung ihrer Art, ihrer Umstände, ihres Umfangs und ihrer Zwecke wahrscheinlich kein Risiko für die Rechte und Freiheiten natürlicher Personen mit sich oder bei dem Verantwortlichen handelt es sich um eine Behörde oder öffentliche Stelle. Der Vertreter sollte im Namen des Verantwortlichen oder des Auftragsverarbeiters tätig werden und den Aufsichtsbehörden als Anlaufstelle dienen. Der Verantwortliche oder der Auftragsverarbeiter sollte den Vertreter ausdrücklich bestellen und schriftlich beauftragen, in Bezug auf die ihm nach dieser Verordnung obliegenden Verpflichtungen an seiner Stelle zu handeln. Die Benennung eines solchen Vertreters berührt nicht die Verantwortung oder Haftung des Verantwortlichen oder des Auftragsverarbeiters nach Maßgabe dieser Verordnung. Ein solcher Vertreter sollte seine Aufgaben entsprechend dem Mandat des Verantwortlichen oder Auftragsverarbeiters ausführen und insbesondere mit den zuständigen Aufsichtsbehörden in Bezug auf Maßnahmen, die die Einhaltung dieser Verordnung sicherstellen sollen, zusammenarbeiten. Bei Verstößen des Verantwortlichen oder Auftragsverarbeiters sollte der bestellte Vertreter Durchsetzungsverfahren unterworfen werden.

(81) Damit die Anforderungen dieser Verordnung in Bezug auf die vom Auftragsverarbeiter im Namen des Verantwortlichen vorzunehmende Verarbeitung eingehalten werden, sollte ein Verantwortlicher, der einen Auftragsverarbeiter mit Verarbeitungstätigkeiten betrauen will, nur Auftragsverarbeiter heranziehen, die – insbesondere im Hinblick auf Fachwissen, Zuverlässigkeit und Ressourcen – hinreichende Garantien dafür bieten, dass technische und organisatorische Maßnahmen – auch für die Sicherheit der Verarbeitung – getroffen werden, die den Anforderungen dieser Verordnung genügen. Die Einhaltung genehmigter Verhaltensregeln oder eines genehmigten Zertifizierungsverfahrens durch einen Auftragsverarbeiter kann als Faktor herangezogen werden, um die Erfüllung der Pflichten des Verantwortlichen nachzuweisen. Die Durchfüh-

rung einer Verarbeitung durch einen Auftragsverarbeiter sollte auf Grundlage eines Vertrags oder eines anderen Rechtsinstruments nach dem Recht der Union oder der Mitgliedstaaten erfolgen, der bzw. das den Auftragsverarbeiter an den Verantwortlichen bindet und in dem Gegenstand und Dauer der Verarbeitung, Art und Zwecke der Verarbeitung, die Art der personenbezogenen Daten und die Kategorien von betroffenen Personen festgelegt sind, wobei die besonderen Aufgaben und Pflichten des Auftragsverarbeiters bei der geplanten Verarbeitung und das Risiko für die Rechte und Freiheiten der betroffenen Person zu berücksichtigen sind. Der Verantwortliche und der Auftragsverarbeiter können entscheiden, ob sie einen individuellen Vertrag oder Standardvertragsklauseln verwenden, die entweder unmittelbar von der Kommission erlassen oder aber nach dem Kohärenzverfahren von einer Aufsichtsbehörde angenommen und dann von der Kommission erlassen wurden. Nach Beendigung der Verarbeitung im Namen des Verantwortlichen sollte der Auftragsverarbeiter die personenbezogenen Daten nach Wahl des Verantwortlichen entweder zurückgeben oder löschen, sofern nicht nach dem Recht der Union oder der Mitgliedstaaten, dem der Auftragsverarbeiter unterliegt, eine Verpflichtung zur Speicherung der personenbezogenen Daten besteht.

(82) Zum Nachweis der Einhaltung dieser Verordnung sollte der Verantwortliche oder der Auftragsverarbeiter ein Verzeichnis der Verarbeitungstätigkeiten, die seiner Zuständigkeit unterliegen, führen. Jeder Verantwortliche und jeder Auftragsverarbeiter sollte verpflichtet sein, mit der Aufsichtsbehörde zusammenzuarbeiten und dieser auf Anfrage das entsprechende Verzeichnis vorzulegen, damit die betreffenden Verarbeitungsvorgänge anhand dieser Verzeichnisse kontrolliert werden können.

(83) Zur Aufrechterhaltung der Sicherheit und zur Vorbeugung gegen eine gegen diese Verordnung verstoßende Verarbeitung sollte der Verantwortliche oder der Auftragsverarbeiter die mit der Verarbeitung verbundenen Risiken ermitteln und Maßnahmen zu ihrer Eindämmung, wie etwa eine Verschlüsselung, treffen. Diese Maßnahmen sollten unter Berücksichtigung des Stands der Technik und der Implementierungskosten ein Schutzniveau – auch hinsichtlich der Vertraulichkeit – gewährleisten, das den von der Verarbeitung ausgehenden Risiken und der Art der zu schützenden personenbezogenen Daten angemessen ist. Bei der Bewertung der Datensicherheitsrisiken sollten die mit der Verarbeitung personenbezogener Daten verbundenen Risiken berücksichtigt werden, wie etwa – ob unbeabsichtigt oder unrechtmäßig – Vernichtung, Verlust, Veränderung oder unbefugte Offenlegung von oder unbefugter Zugang zu personenbezogenen Daten, die übermittelt, gespeichert oder auf sonstige Weise verarbeitet wurden, insbesondere wenn dies zu einem physischen, materiellen oder immateriellen Schaden führen könnte.

(84) Damit diese Verordnung in Fällen, in denen die Verarbeitungsvorgänge wahrscheinlich ein hohes Risiko für die Rechte und Freiheiten natürlicher Personen mit sich bringen, besser eingehalten wird, sollte der Verantwortliche für die Durchführung einer Datenschutz-Folgenabschätzung, mit der insbesondere die Ursache, Art, Besonderheit und Schwere dieses Risikos evaluiert werden, verantwortlich sein. Die Ergebnisse der

Abschätzung sollten berücksichtigt werden, wenn darüber entschieden wird, welche geeigneten Maßnahmen ergriffen werden müssen, um nachzuweisen, dass die Verarbeitung der personenbezogenen Daten mit dieser Verordnung in Einklang steht. Geht aus einer Datenschutz-Folgenabschätzung hervor, dass Verarbeitungsvorgänge ein hohes Risiko bergen, das der Verantwortliche nicht durch geeignete Maßnahmen in Bezug auf verfügbare Technik und Implementierungskosten eindämmen kann, so sollte die Aufsichtsbehörde vor der Verarbeitung konsultiert werden.

(85) Eine Verletzung des Schutzes personenbezogener Daten kann – wenn nicht rechtzeitig und angemessen reagiert wird – einen physischen, materiellen oder immateriellen Schaden für natürliche Personen nach sich ziehen, wie etwa Verlust der Kontrolle über ihre personenbezogenen Daten oder Einschränkung ihrer Rechte, Diskriminierung, Identitätsdiebstahl oder -betrug, finanzielle Verluste, unbefugte Aufhebung der Pseudonymisierung, Rufschädigung, Verlust der Vertraulichkeit von dem Berufsgeheimnis unterliegenden Daten oder andere erhebliche wirtschaftliche oder gesellschaftliche Nachteile für die betroffene natürliche Person. Deshalb sollte der Verantwortliche, sobald ihm eine Verletzung des Schutzes personenbezogener Daten bekannt wird, die Aufsichtsbehörde von der Verletzung des Schutzes personenbezogener Daten unverzüglich und, falls möglich, binnen höchstens 72 Stunden, nachdem ihm die Verletzung bekannt wurde, unterrichten, es sei denn, der Verantwortliche kann im Einklang mit dem Grundsatz der Rechenschaftspflicht nachweisen, dass die Verletzung des Schutzes personenbezogener Daten voraussichtlich nicht zu einem Risiko für die persönlichen Rechte und Freiheiten natürlicher Personen führt. Falls diese Benachrichtigung nicht binnen 72 Stunden erfolgen kann, sollten in ihr die Gründe für die Verzögerung angegeben werden müssen, und die Informationen können schrittweise ohne unangemessene weitere Verzögerung bereitgestellt werden.

(86) Der für die Verarbeitung Verantwortliche sollte die betroffene Person unverzüglich von der Verletzung des Schutzes personenbezogener Daten benachrichtigen, wenn diese Verletzung des Schutzes personenbezogener Daten voraussichtlich zu einem hohen Risiko für die persönlichen Rechte und Freiheiten natürlicher Personen führt, damit diese die erforderlichen Vorkehrungen treffen können. Die Benachrichtigung sollte eine Beschreibung der Art der Verletzung des Schutzes personenbezogener Daten sowie an die betroffene natürliche Person gerichtete Empfehlungen zur Minderung etwaiger nachteiliger Auswirkungen dieser Verletzung enthalten. Solche Benachrichtigungen der betroffenen Person sollten stets so rasch wie nach allgemeinem Ermessen möglich, in enger Absprache mit der Aufsichtsbehörde und nach Maßgabe der von dieser oder von anderen zuständigen Behörden wie beispielsweise Strafverfolgungsbehörden erteilten Weisungen erfolgen. Um beispielsweise das Risiko eines unmittelbaren Schadens mindern zu können, müssten betroffene Personen sofort benachrichtigt werden, wohingegen eine längere Benachrichtigungsfrist gerechtfertigt sein kann, wenn es darum geht, geeignete Maßnahmen gegen fortlaufende oder vergleichbare Verletzungen des Schutzes personenbezogener Daten zu treffen.

(87) Es sollte festgestellt werden, ob alle geeigneten technischen Schutz- sowie organisatorischen Maßnahmen getroffen wurden, um sofort feststellen zu können, ob eine Verletzung des Schutzes personenbezogener Daten aufgetreten ist, und um die Aufsichtsbehörde und die betroffene Person umgehend unterrichten zu können. Bei der Feststellung, ob die Meldung unverzüglich erfolgt ist, sollten die Art und Schwere der Verletzung des Schutzes personenbezogener Daten sowie deren Folgen und nachteilige Auswirkungen für die betroffene Person berücksichtigt werden. Die entsprechende Meldung kann zu einem Tätigwerden der Aufsichtsbehörde im Einklang mit ihren in dieser Verordnung festgelegten Aufgaben und Befugnissen führen.

(88) Bei der detaillierten Regelung des Formats und der Verfahren für die Meldung von Verletzungen des Schutzes personenbezogener Daten sollten die Umstände der Verletzung hinreichend berücksichtigt werden, beispielsweise ob personenbezogene Daten durch geeignete technische Sicherheitsvorkehrungen geschützt waren, die die Wahrscheinlichkeit eines Identitätsbetrugs oder anderer Formen des Datenmissbrauchs wirksam verringern. Überdies sollten solche Regeln und Verfahren den berechtigten Interessen der Strafverfolgungsbehörden in Fällen Rechnung tragen, in denen die Untersuchung der Umstände einer Verletzung des Schutzes personenbezogener Daten durch eine frühzeitige Offenlegung in unnötiger Weise behindert würde.

(89) Gemäß der Richtlinie 95/46/EG waren Verarbeitungen personenbezogener Daten bei den Aufsichtsbehörden generell meldepflichtig. Diese Meldepflicht ist mit einem bürokratischen und finanziellen Aufwand verbunden und hat dennoch nicht in allen Fällen zu einem besseren Schutz personenbezogener Daten geführt. Diese unterschiedslosen allgemeinen Meldepflichten sollten daher abgeschafft und durch wirksame Verfahren und Mechanismen ersetzt werden, die sich stattdessen vorrangig mit denjenigen Arten von Verarbeitungsvorgängen befassen, die aufgrund ihrer Art, ihres Umfangs, ihrer Umstände und ihrer Zwecke wahrscheinlich ein hohes Risiko für die Rechte und Freiheiten natürlicher Personen mit sich bringen. Zu solchen Arten von Verarbeitungsvorgängen gehören insbesondere solche, bei denen neue Technologien eingesetzt werden oder die neuartig sind und bei denen der Verantwortliche noch keine Datenschutz-Folgenabschätzung durchgeführt hat bzw. bei denen aufgrund der seit der ursprünglichen Verarbeitung vergangenen Zeit eine Datenschutz-Folgenabschätzung notwendig geworden ist.

(90) In derartigen Fällen sollte der Verantwortliche vor der Verarbeitung eine Datenschutz-Folgenabschätzung durchführen, mit der die spezifische Eintrittswahrscheinlichkeit und die Schwere dieses hohen Risikos unter Berücksichtigung der Art, des Umfangs, der Umstände und der Zwecke der Verarbeitung und der Ursachen des Risikos bewertet werden. Diese Folgenabschätzung sollte sich insbesondere mit den Maßnahmen, Garantien und Verfahren befassen, durch die dieses Risiko eingedämmt, der Schutz personenbezogener Daten sichergestellt und die Einhaltung der Bestimmungen dieser Verordnung nachgewiesen werden soll.

(91) Dies sollte insbesondere für umfangreiche Verarbeitungsvorgänge gelten, die dazu dienen, große Mengen personenbezogener Daten auf regionaler, nationaler oder supranationaler Ebene zu verarbeiten, eine große Zahl

von Personen betreffen könnten und – beispielsweise aufgrund ihrer Sensibilität – wahrscheinlich ein hohes Risiko mit sich bringen und bei denen entsprechend dem jeweils aktuellen Stand der Technik in großem Umfang eine neue Technologie eingesetzt wird, sowie für andere Verarbeitungsvorgänge, die ein hohes Risiko für die Rechte und Freiheiten der betroffenen Personen mit sich bringen, insbesondere dann, wenn diese Verarbeitungsvorgänge den betroffenen Personen die Ausübung ihrer Rechte erschweren. Eine Datenschutz-Folgenabschätzung sollte auch durchgeführt werden, wenn die personenbezogenen Daten für das Treffen von Entscheidungen in Bezug auf bestimmte natürliche Personen im Anschluss an eine systematische und eingehende Bewertung persönlicher Aspekte natürlicher Personen auf der Grundlage eines Profilings dieser Daten oder im Anschluss an die Verarbeitung besonderer Kategorien von personenbezogenen Daten, biometrischen Daten oder von Daten über strafrechtliche Verurteilungen und Straftaten sowie damit zusammenhängende Sicherungsmaßregeln verarbeitet werden. Gleichermaßen erforderlich ist eine Datenschutz-Folgenabschätzung für die weiträumige Überwachung öffentlich zugänglicher Bereiche, insbesondere mittels optoelektronischer Vorrichtungen, oder für alle anderen Vorgänge, bei denen nach Auffassung der zuständigen Aufsichtsbehörde die Verarbeitung wahrscheinlich ein hohes Risiko für die Rechte und Freiheiten der betroffenen Personen mit sich bringt, insbesondere weil sie die betroffenen Personen an der Ausübung eines Rechts oder der Nutzung einer Dienstleistung bzw. Durchführung eines Vertrags hindern oder weil sie systematisch in großem Umfang erfolgen. Die Verarbeitung personenbezogener Daten sollte nicht als umfangreich gelten, wenn die Verarbeitung personenbezogene Daten von Patienten oder von Mandanten betrifft und durch einen einzelnen Arzt, sonstigen Angehörigen eines Gesundheitsberufes oder Rechtsanwalt erfolgt. In diesen Fällen sollte eine Datenschutz-Folgenabschätzung nicht zwingend vorgeschrieben sein.

(92) Unter bestimmten Umständen kann es vernünftig und unter ökonomischen Gesichtspunkten zweckmäßig sein, eine Datenschutz-Folgenabschätzung nicht lediglich auf ein bestimmtes Projekt zu beziehen, sondern sie thematisch breiter anzulegen – beispielsweise wenn Behörden oder öffentliche Stellen eine gemeinsame Anwendung oder Verarbeitungsplattform schaffen möchten oder wenn mehrere Verantwortliche eine gemeinsame Anwendung oder Verarbeitungsumgebung für einen gesamten Wirtschaftssektor, für ein bestimmtes Marktsegment oder für eine weit verbreitete horizontale Tätigkeit einführen möchten.

(93) Anlässlich des Erlasses des Gesetzes des Mitgliedstaats, auf dessen Grundlage die Behörde oder öffentliche Stelle ihre Aufgaben wahrnimmt und das den fraglichen Verarbeitungsvorgang oder die fraglichen Arten von Verarbeitungsvorgängen regelt, können die Mitgliedstaaten es für erforderlich erachten, solche Folgeabschätzungen vor den Verarbeitungsvorgängen durchzuführen.

(94) Geht aus einer Datenschutz-Folgenabschätzung hervor, dass die Verarbeitung bei Fehlen von Garantien, Sicherheitsvorkehrungen und Mechanismen zur Minderung des Risikos ein hohes Risiko für die Rechte und Freiheiten natürlicher Personen mit sich bringen würde, und ist der Verantwortliche der Auffassung, dass das Risiko nicht durch in Bezug auf

verfügbare Technologien und Implementierungskosten vertretbare Mittel eingedämmt werden kann, so sollte die Aufsichtsbehörde vor Beginn der Verarbeitungstätigkeiten konsultiert werden. Ein solches hohes Risiko ist wahrscheinlich mit bestimmten Arten der Verarbeitung und dem Umfang und der Häufigkeit der Verarbeitung verbunden, die für natürliche Personen auch eine Schädigung oder eine Beeinträchtigung der persönlichen Rechte und Freiheiten mit sich bringen können. Die Aufsichtsbehörde sollte das Beratungsersuchen innerhalb einer bestimmten Frist beantworten. Allerdings kann sie, auch wenn sie nicht innerhalb dieser Frist reagiert hat, entsprechend ihren in dieser Verordnung festgelegten Aufgaben und Befugnissen eingreifen, was die Befugnis einschließt, Verarbeitungsvorgänge zu untersagen. Im Rahmen dieses Konsultationsprozesses kann das Ergebnis einer im Hinblick auf die betreffende Verarbeitung personenbezogener Daten durchgeführten Datenschutz-Folgenabschätzung der Aufsichtsbehörde unterbreitet werden; dies gilt insbesondere für die zur Eindämmung des Risikos für die Rechte und Freiheiten natürlicher Personen geplanten Maßnahmen.

(95) Der Auftragsverarbeiter sollte erforderlichenfalls den Verantwortlichen auf Anfrage bei der Gewährleistung der Einhaltung der sich aus der Durchführung der Datenschutz-Folgenabschätzung und der vorherigen Konsultation der Aufsichtsbehörde ergebenden Auflagen unterstützen.

(96) Eine Konsultation der Aufsichtsbehörde sollte auch während der Ausarbeitung von Gesetzes- oder Regelungsvorschriften, in denen eine Verarbeitung personenbezogener Daten vorgesehen ist, erfolgen, um die Vereinbarkeit der geplanten Verarbeitung mit dieser Verordnung sicherzustellen und insbesondere das mit ihr für die betroffene Person verbundene Risiko einzudämmen.

(97) In Fällen, in denen die Verarbeitung durch eine Behörde – mit Ausnahmen von Gerichten oder unabhängigen Justizbehörden, die im Rahmen ihrer justiziellen Tätigkeit handeln –, im privaten Sektor durch einen Verantwortlichen erfolgt, dessen Kerntätigkeit in Verarbeitungsvorgängen besteht, die eine regelmäßige und systematische Überwachung der betroffenen Personen in großem Umfang erfordern, oder wenn die Kerntätigkeit des Verantwortlichen oder des Auftragsverarbeiters in der umfangreichen Verarbeitung besonderer Kategorien von personenbezogenen Daten oder von Daten über strafrechtliche Verurteilungen und Straftaten besteht, sollte der Verantwortliche oder der Auftragsverarbeiter bei der Überwachung der internen Einhaltung der Bestimmungen dieser Verordnung von einer weiteren Person, die über Fachwissen auf dem Gebiet des Datenschutzrechts und der Datenschutzverfahren verfügt, unterstützt werden. Im privaten Sektor bezieht sich die Kerntätigkeit eines Verantwortlichen auf seine Haupttätigkeiten und nicht auf die Verarbeitung personenbezogener Daten als Nebentätigkeit. Das erforderliche Niveau des Fachwissens sollte sich insbesondere nach den durchgeführten Datenverarbeitungsvorgängen und dem erforderlichen Schutz für die von dem Verantwortlichen oder dem Auftragsverarbeiter verarbeiteten personenbezogenen Daten richten. Derartige Datenschutzbeauftragte sollten unabhängig davon, ob es sich bei ihnen um Beschäftigte des Verantwortlichen handelt oder nicht, ihre Pflichten und Aufgaben in vollständiger Unabhängigkeit ausüben können.

(98) Verbände oder andere Vereinigungen, die bestimmte Kategorien von Verantwortlichen oder Auftragsverarbeitern vertreten, sollten ermutigt werden, in den Grenzen dieser Verordnung Verhaltensregeln auszuarbeiten, um eine wirksame Anwendung dieser Verordnung zu erleichtern, wobei den Besonderheiten der in bestimmten Sektoren erfolgenden Verarbeitungen und den besonderen Bedürfnissen der Kleinstunternehmen sowie der kleinen und mittleren Unternehmen Rechnung zu tragen ist. Insbesondere könnten in diesen Verhaltensregeln – unter Berücksichtigung des mit der Verarbeitung wahrscheinlich einhergehenden Risikos für die Rechte und Freiheiten natürlicher Personen – die Pflichten der Verantwortlichen und der Auftragsverarbeiter bestimmt werden.

(99) Bei der Ausarbeitung oder bei der Änderung oder Erweiterung solcher Verhaltensregeln sollten Verbände und/oder andere Vereinigungen, die bestimmte Kategorien von Verantwortlichen oder Auftragsverarbeitern vertreten, die maßgeblichen Interessenträger, möglichst auch die betroffenen Personen, konsultieren und die Eingaben und Stellungnahmen, die sie dabei erhalten, berücksichtigen.

(100) Um die Transparenz zu erhöhen und die Einhaltung dieser Verordnung zu verbessern, sollte angeregt werden, dass Zertifizierungsverfahren sowie Datenschutzsiegel und -prüfzeichen eingeführt werden, die den betroffenen Personen einen raschen Überblick über das Datenschutzniveau einschlägiger Produkte und Dienstleistungen ermöglichen.

(101) Der Fluss personenbezogener Daten aus Drittländern und internationalen Organisationen und in Drittländer und internationale Organisationen ist für die Ausweitung des internationalen Handels und der internationalen Zusammenarbeit notwendig. Durch die Zunahme dieser Datenströme sind neue Herausforderungen und Anforderungen in Bezug auf den Schutz personenbezogener Daten entstanden. Das durch diese Verordnung unionsweit gewährleistete Schutzniveau für natürliche Personen sollte jedoch bei der Übermittlung personenbezogener Daten aus der Union an Verantwortliche, Auftragsverarbeiter oder andere Empfänger in Drittländern oder an internationale Organisationen nicht untergraben werden, und zwar auch dann nicht, wenn aus einem Drittland oder von einer internationalen Organisation personenbezogene Daten an Verantwortliche oder Auftragsverarbeiter in demselben oder einem anderen Drittland oder an dieselbe oder eine andere internationale Organisation weiterübermittelt werden. In jedem Fall sind derartige Datenübermittlungen an Drittländer und internationale Organisationen nur unter strikter Einhaltung dieser Verordnung zulässig. Eine Datenübermittlung könnte nur stattfinden, wenn die in dieser Verordnung festgelegten Bedingungen zur Übermittlung personenbezogener Daten an Drittländer oder internationale Organisationen vorbehaltlich der übrigen Bestimmungen dieser Verordnung von dem Verantwortlichen oder dem Auftragsverarbeiter erfüllt werden.

(102) Internationale Abkommen zwischen der Union und Drittländern über die Übermittlung von personenbezogenen Daten einschließlich geeigneter Garantien für die betroffenen Personen werden von dieser Verordnung nicht berührt. Die Mitgliedstaaten können völkerrechtliche Übereinkünfte schließen, die die Übermittlung personenbezogener Daten an Drittländer oder internationale Organisationen beinhalten, sofern sich

diese Übereinkünfte weder auf diese Verordnung noch auf andere Bestimmungen des Unionsrechts auswirken und ein angemessenes Schutzniveau für die Grundrechte der betroffenen Personen umfassen.

(103) Die Kommission darf mit Wirkung für die gesamte Union beschließen, dass ein bestimmtes Drittland, ein Gebiet oder ein bestimmter Sektor eines Drittlands oder eine internationale Organisation ein angemessenes Datenschutzniveau bietet, und auf diese Weise in Bezug auf das Drittland oder die internationale Organisation, das bzw. die für fähig gehalten wird, ein solches Schutzniveau zu bieten, in der gesamten Union Rechtssicherheit schaffen und eine einheitliche Rechtsanwendung sicherstellen. In derartigen Fällen dürfen personenbezogene Daten ohne weitere Genehmigung an dieses Land oder diese internationale Organisation übermittelt werden. Die Kommission kann, nach Abgabe einer ausführlichen Erklärung, in der dem Drittland oder der internationalen Organisation eine Begründung gegeben wird, auch entscheiden, eine solche Feststellung zu widerrufen.

(104) In Übereinstimmung mit den Grundwerten der Union, zu denen insbesondere der Schutz der Menschenrechte zählt, sollte die Kommission bei der Bewertung des Drittlands oder eines Gebiets oder eines bestimmten Sektors eines Drittlands berücksichtigen, inwieweit dort die Rechtsstaatlichkeit gewahrt ist, der Rechtsweg gewährleistet ist und die internationalen Menschenrechtsnormen und -Standards eingehalten werden und welche allgemeinen und sektorspezifischen Vorschriften, wozu auch die Vorschriften über die öffentliche Sicherheit, die Landesverteidigung und die nationale Sicherheit sowie die öffentliche Ordnung und das Strafrecht zählen, dort gelten. Die Annahme eines Angemessenheitsbeschlusses in Bezug auf ein Gebiet oder einen bestimmten Sektor eines Drittlands sollte unter Berücksichtigung eindeutiger und objektiver Kriterien wie bestimmter Verarbeitungsvorgänge und des Anwendungsbereichs anwendbarer Rechtsnormen und geltender Rechtsvorschriften in dem Drittland erfolgen. Das Drittland sollte Garantien für ein angemessenes Schutzniveau bieten, das dem innerhalb der Union gewährleisteten Schutzniveau der Sache nach gleichwertig ist, insbesondere in Fällen, in denen personenbezogene Daten in einem oder mehreren spezifischen Sektoren verarbeitet werden. Das Drittland sollte insbesondere eine wirksame unabhängige Überwachung des Datenschutzes gewährleisten und Mechanismen für eine Zusammenarbeit mit den Datenschutzbehörden der Mitgliedstaaten vorsehen, und den betroffenen Personen sollten wirksame und durchsetzbare Rechte sowie wirksame verwaltungsrechtliche und gerichtliche Rechtsbehelfe eingeräumt werden.

(105) Die Kommission sollte neben den internationalen Verpflichtungen, die das Drittland oder die internationale Organisation eingegangen ist, die Verpflichtungen, die sich aus der Teilnahme des Drittlands oder der internationalen Organisation an multilateralen oder regionalen Systemen insbesondere im Hinblick auf den Schutz personenbezogener Daten ergeben, sowie die Umsetzung dieser Verpflichtungen berücksichtigen. Insbesondere sollte der Beitritt des Drittlands zum Übereinkommen des Europarates vom 28. Januar 1981 zum Schutz des Menschen bei der automatischen Verarbeitung personenbezogener Daten und dem dazugehörigen Zusatzprotokoll berücksichtigt werden. Die Kommission sollte

den Ausschuss konsultieren, wenn sie das Schutzniveau in Drittländern oder internationalen Organisationen bewertet.

(106) Die Kommission sollte die Wirkungsweise von Feststellungen zum Schutzniveau in einem Drittland, einem Gebiet oder einem bestimmten Sektor eines Drittlands oder einer internationalen Organisation überwachen; sie sollte auch die Wirkungsweise der Feststellungen, die auf der Grundlage des Artikels 25 Absatz 6 oder des Artikels 26 Absatz 4 der Richtlinie 95/46/EG erlassen werden, überwachen. In ihren Angemessenheitsbeschlüssen sollte die Kommission einen Mechanismus für die regelmäßige Überprüfung von deren Wirkungsweise vorsehen. Diese regelmäßige Überprüfung sollte in Konsultation mit dem betreffenden Drittland oder der betreffenden internationalen Organisation erfolgen und allen maßgeblichen Entwicklungen in dem Drittland oder der internationalen Organisation Rechnung tragen. Für die Zwecke der Überwachung und der Durchführung der regelmäßigen Überprüfungen sollte die Kommission die Standpunkte und Feststellungen des Europäischen Parlaments und des Rates sowie der anderen einschlägigen Stellen und Quellen berücksichtigen. Die Kommission sollte innerhalb einer angemessenen Frist die Wirkungsweise der letztgenannten Beschlüsse bewerten und dem durch diese Verordnung eingesetzten Ausschuss im Sinne der Verordnung (EU) Nr. 182/2011 des Europäischen Parlaments und des Rates[1] sowie dem Europäischen Parlament und dem Rat über alle maßgeblichen Feststellungen Bericht erstatten.

(107) Die Kommission kann feststellen, dass ein Drittland, ein Gebiet oder ein bestimmter Sektor eines Drittlands oder eine internationale Organisation kein angemessenes Datenschutzniveau mehr bietet. Die Übermittlung personenbezogener Daten an dieses Drittland oder an diese internationale Organisation sollte daraufhin verboten werden, es sei denn, die Anforderungen dieser Verordnung in Bezug auf die Datenübermittlung vorbehaltlich geeigneter Garantien, einschließlich verbindlicher interner Datenschutzvorschriften und auf Ausnahmen für bestimmte Fälle werden erfüllt. In diesem Falle sollten Konsultationen zwischen der Kommission und den betreffenden Drittländern oder internationalen Organisationen vorgesehen werden. Die Kommission sollte dem Drittland oder der internationalen Organisation frühzeitig die Gründe mitteilen und Konsultationen aufnehmen, um Abhilfe für die Situation zu schaffen.

(108) Bei Fehlen eines Angemessenheitsbeschlusses sollte der Verantwortliche oder der Auftragsverarbeiter als Ausgleich für den in einem Drittland bestehenden Mangel an Datenschutz geeignete Garantien für den Schutz der betroffenen Person vorsehen. Diese geeigneten Garantien können darin bestehen, dass auf verbindliche interne Datenschutzvorschriften, von der Kommission oder von einer Aufsichtsbehörde angenommene Standarddatenschutzklauseln oder von einer Aufsichtsbehörde genehmigte Vertragsklauseln zurückgegriffen wird. Diese Garantien sollten sicherstellen, dass die Datenschutzvorschriften und die Rechte der betroffenen

[1] **Amtl. Anm.:** Verordnung (EU) Nr. 182/2011 des Europäischen Parlaments und des Rates vom 16. Februar 2011 zur Festlegung der allgemeinen Regeln und Grundsätze, nach denen die Mitgliedstaaten die Wahrnehmung der Durchführungsbefugnisse durch die Kommission kontrollieren (ABl. L 55 vom 28.2.2011, S. 13).

Personen auf eine der Verarbeitung innerhalb der Union angemessene Art und Weise beachtet werden; dies gilt auch hinsichtlich der Verfügbarkeit von durchsetzbaren Rechten der betroffenen Person und von wirksamen Rechtsbehelfen einschließlich des Rechts auf wirksame verwaltungsrechtliche oder gerichtliche Rechtsbehelfe sowie des Rechts auf Geltendmachung von Schadenersatzansprüchen in der Union oder in einem Drittland. Sie sollten sich insbesondere auf die Einhaltung der allgemeinen Grundsätze für die Verarbeitung personenbezogener Daten, die Grundsätze des Datenschutzes durch Technik und durch datenschutzfreundliche Voreinstellungen beziehen. Datenübermittlungen dürfen auch von Behörden oder öffentlichen Stellen an Behörden oder öffentliche Stellen in Drittländern oder an internationale Organisationen mit entsprechenden Pflichten oder Aufgaben vorgenommen werden, auch auf der Grundlage von Bestimmungen, die in Verwaltungsvereinbarungen – wie beispielsweise einer gemeinsamen Absichtserklärung –, mit denen den betroffenen Personen durchsetzbare und wirksame Rechte eingeräumt werden, aufzunehmen sind. Die Genehmigung der zuständigen Aufsichtsbehörde sollte erlangt werden, wenn die Garantien in nicht rechtsverbindlichen Verwaltungsvereinbarungen vorgesehen sind.

(109) Die dem Verantwortlichen oder dem Auftragsverarbeiter offenstehende Möglichkeit, auf die von der Kommission oder einer Aufsichtsbehörde festgelegten Standard-Datenschutzklauseln zurückzugreifen, sollte den Verantwortlichen oder den Auftragsverarbeiter weder daran hindern, die Standard-Datenschutzklauseln auch in umfangreicheren Verträgen, wie zum Beispiel Verträgen zwischen dem Auftragsverarbeiter und einem anderen Auftragsverarbeiter, zu verwenden, noch ihn daran hindern, ihnen weitere Klauseln oder zusätzliche Garantien hinzuzufügen, solange diese weder mittelbar noch unmittelbar im Widerspruch zu den von der Kommission oder einer Aufsichtsbehörde erlassenen Standard-Datenschutzklauseln stehen oder die Grundrechte und Grundfreiheiten der betroffenen Personen beschneiden. Die Verantwortlichen und die Auftragsverarbeiter sollten ermutigt werden, mit vertraglichen Verpflichtungen, die die Standard-Schutzklauseln ergänzen, zusätzliche Garantien zu bieten.

(110) Jede Unternehmensgruppe oder jede Gruppe von Unternehmen, die eine gemeinsame Wirtschaftstätigkeit ausüben, sollte für ihre internationalen Datenübermittlungen aus der Union an Organisationen derselben Unternehmensgruppe oder derselben Gruppe von Unternehmen, die eine gemeinsame Wirtschaftstätigkeit ausüben, genehmigte verbindliche interne Datenschutzvorschriften anwenden dürfen, sofern diese sämtliche Grundprinzipien und durchsetzbaren Rechte enthalten, die geeignete Garantien für die Übermittlungen beziehungsweise Kategorien von Übermittlungen personenbezogener Daten bieten.

(111) Datenübermittlungen sollten unter bestimmten Voraussetzungen zulässig sein, nämlich wenn die betroffene Person ihre ausdrückliche Einwilligung erteilt hat, wenn die Übermittlung gelegentlich erfolgt und im Rahmen eines Vertrags oder zur Geltendmachung von Rechtsansprüchen, sei es vor Gericht oder auf dem Verwaltungswege oder in außergerichtlichen Verfahren, wozu auch Verfahren vor Regulierungsbehörden zählen, erforderlich ist. Die Übermittlung sollte zudem möglich sein, wenn sie zur

Wahrung eines im Unionsrecht oder im Recht eines Mitgliedstaats festgelegten wichtigen öffentlichen Interesses erforderlich ist oder wenn sie aus einem durch Rechtsvorschriften vorgesehenen Register erfolgt, das von der Öffentlichkeit oder Personen mit berechtigtem Interesse eingesehen werden kann. In letzterem Fall sollte sich eine solche Übermittlung nicht auf die Gesamtheit oder ganze Kategorien der im Register enthaltenen personenbezogenen Daten erstrecken dürfen. Ist das betreffende Register zur Einsichtnahme durch Personen mit berechtigtem Interesse bestimmt, sollte die Übermittlung nur auf Anfrage dieser Personen oder nur dann erfolgen, wenn diese Personen die Adressaten der Übermittlung sind, wobei den Interessen und Grundrechten der betroffenen Person in vollem Umfang Rechnung zu tragen ist.

(112) Diese Ausnahmen sollten insbesondere für Datenübermittlungen gelten, die aus wichtigen Gründen des öffentlichen Interesses erforderlich sind, beispielsweise für den internationalen Datenaustausch zwischen Wettbewerbs-, Steuer- oder Zollbehörden, zwischen Finanzaufsichtsbehörden oder zwischen für Angelegenheiten der sozialen Sicherheit oder für die öffentliche Gesundheit zuständigen Diensten, beispielsweise im Falle der Umgebungsuntersuchung bei ansteckenden Krankheiten oder zur Verringerung und/oder Beseitigung des Dopings im Sport. Die Übermittlung personenbezogener Daten sollte ebenfalls als rechtmäßig angesehen werden, wenn sie erforderlich ist, um ein Interesse, das für die lebenswichtigen Interessen – einschließlich der körperlichen Unversehrtheit oder des Lebens – der betroffenen Person oder einer anderen Person wesentlich ist, zu schützen und die betroffene Person außerstande ist, ihre Einwilligung zu geben. Liegt kein Angemessenheitsbeschluss vor, so können im Unionsrecht oder im Recht der Mitgliedstaaten aus wichtigen Gründen des öffentlichen Interesses ausdrücklich Beschränkungen der Übermittlung bestimmter Kategorien von Daten an Drittländer oder internationale Organisationen vorgesehen werden. Die Mitgliedstaaten sollten solche Bestimmungen der Kommission mitteilen. Jede Übermittlung personenbezogener Daten einer betroffenen Person, die aus physischen oder rechtlichen Gründen außerstande ist, ihre Einwilligung zu erteilen, an eine internationale humanitäre Organisation, die erfolgt, um eine nach den Genfer Konventionen obliegende Aufgabe auszuführen oder um dem in bewaffneten Konflikten anwendbaren humanitären Völkerrecht nachzukommen, könnte als aus einem wichtigen Grund im öffentlichen Interesse notwendig oder als im lebenswichtigen Interesse der betroffenen Person liegend erachtet werden.

(113) Übermittlungen, die als nicht wiederholt erfolgend gelten können und nur eine begrenzte Zahl von betroffenen Personen betreffen, könnten auch zur Wahrung der zwingenden berechtigten Interessen des Verantwortlichen möglich sein, sofern die Interessen oder Rechte und Freiheiten der betroffenen Person nicht überwiegen und der Verantwortliche sämtliche Umstände der Datenübermittlung geprüft hat. Der Verantwortliche sollte insbesondere die Art der personenbezogenen Daten, den Zweck und die Dauer der vorgesehenen Verarbeitung, die Situation im Herkunftsland, in dem betreffenden Drittland und im Endbestimmungsland berücksichtigen und angemessene Garantien zum Schutz der Grundrechte und Grundfreiheiten natürlicher Personen in Bezug auf die Ver-

arbeitung ihrer personenbezogener Daten vorsehen. Diese Übermittlungen sollten nur in den verbleibenden Fällen möglich sein, in denen keiner der anderen Gründe für die Übermittlung anwendbar ist. Bei wissenschaftlichen oder historischen Forschungszwecken oder bei statistischen Zwecken sollten die legitimen gesellschaftlichen Erwartungen in Bezug auf einen Wissenszuwachs berücksichtigt werden. Der Verantwortliche sollte die Aufsichtsbehörde und die betroffene Person von der Übermittlung in Kenntnis setzen.

(114) In allen Fällen, in denen kein Kommissionsbeschluss zur Angemessenheit des in einem Drittland bestehenden Datenschutzniveaus vorliegt, sollte der Verantwortliche oder der Auftragsverarbeiter auf Lösungen zurückgreifen, mit denen den betroffenen Personen durchsetzbare und wirksame Rechte in Bezug auf die Verarbeitung ihrer personenbezogenen Daten in der Union nach der Übermittlung dieser Daten eingeräumt werden, damit sie weiterhin die Grundrechte und Garantien genießen können.

(115) Manche Drittländer erlassen Gesetze, Vorschriften und sonstige Rechtsakte, die vorgeben, die Verarbeitungstätigkeiten natürlicher und juristischer Personen, die der Rechtsprechung der Mitgliedstaaten unterliegen, unmittelbar zu regeln. Dies kann Urteile von Gerichten und Entscheidungen von Verwaltungsbehörden in Drittländern umfassen, mit denen von einem Verantwortlichen oder einem Auftragsverarbeiter die Übermittlung oder Offenlegung personenbezogener Daten verlangt wird und die nicht auf eine in Kraft befindliche internationale Übereinkunft wie etwa ein Rechtshilfeabkommen zwischen dem ersuchenden Drittland und der Union oder einem Mitgliedstaat gestützt sind. Die Anwendung dieser Gesetze, Verordnungen und sonstigen Rechtsakte außerhalb des Hoheitsgebiets der betreffenden Drittländer kann gegen internationales Recht verstoßen und dem durch diese Verordnung in der Union gewährleisteten Schutz natürlicher Personen zuwiderlaufen. Datenübermittlungen sollten daher nur zulässig sein, wenn die Bedingungen dieser Verordnung für Datenübermittlungen an Drittländer eingehalten werden. Dies kann unter anderem der Fall sein, wenn die Offenlegung aus einem wichtigen öffentlichen Interesse erforderlich ist, das im Unionsrecht oder im Recht des Mitgliedstaats, dem der Verantwortliche unterliegt, anerkannt ist.

(116) Wenn personenbezogene Daten in ein anderes Land außerhalb der Union übermittelt werden, besteht eine erhöhte Gefahr, dass natürliche Personen ihre Datenschutzrechte nicht wahrnehmen können und sich insbesondere gegen die unrechtmäßige Nutzung oder Offenlegung dieser Informationen zu schützen. Ebenso kann es vorkommen, dass Aufsichtsbehörden Beschwerden nicht nachgehen oder Untersuchungen nicht durchführen können, die einen Bezug zu Tätigkeiten außerhalb der Grenzen ihres Mitgliedstaats haben. Ihre Bemühungen um grenzüberschreitende Zusammenarbeit können auch durch unzureichende Präventiv- und Abhilfebefugnisse, widersprüchliche Rechtsordnungen und praktische Hindernisse wie Ressourcenknappheit behindert werden. Die Zusammenarbeit zwischen den Datenschutzaufsichtsbehörden muss daher gefördert werden, damit sie Informationen austauschen und mit den Aufsichtsbehörden in anderen Ländern Untersuchungen durchführen können. Um Mechanismen der internationalen Zusammenarbeit zu ent-

wickeln, die die internationale Amtshilfe bei der Durchsetzung von Rechtsvorschriften zum Schutz personenbezogener Daten erleichtern und sicherstellen, sollten die Kommission und die Aufsichtsbehörden Informationen austauschen und bei Tätigkeiten, die mit der Ausübung ihrer Befugnisse in Zusammenhang stehen, mit den zuständigen Behörden der Drittländer nach dem Grundsatz der Gegenseitigkeit und gemäß dieser Verordnung zusammenarbeiten.

(117) Die Errichtung von Aufsichtsbehörden in den Mitgliedstaaten, die befugt sind, ihre Aufgaben und Befugnisse völlig unabhängig wahrzunehmen, ist ein wesentlicher Bestandteil des Schutzes natürlicher Personen bei der Verarbeitung personenbezogener Daten. Die Mitgliedstaaten sollten mehr als eine Aufsichtsbehörde errichten können, wenn dies ihrer verfassungsmäßigen, organisatorischen und administrativen Struktur entspricht.

(118) Die Tatsache, dass die Aufsichtsbehörden unabhängig sind, sollte nicht bedeuten, dass sie hinsichtlich ihrer Ausgaben keinem Kontroll- oder Überwachungsmechanismus unterworfen werden bzw. sie keiner gerichtlichen Überprüfung unterzogen werden können.

(119) Errichtet ein Mitgliedstaat mehrere Aufsichtsbehörden, so sollte er mittels Rechtsvorschriften sicherstellen, dass diese Aufsichtsbehörden am Kohärenzverfahren wirksam beteiligt werden. Insbesondere sollte dieser Mitgliedstaat eine Aufsichtsbehörde bestimmen, die als zentrale Anlaufstelle für eine wirksame Beteiligung dieser Behörden an dem Verfahren fungiert und eine rasche und reibungslose Zusammenarbeit mit anderen Aufsichtsbehörden, dem Ausschuss und der Kommission gewährleistet.

(120) Jede Aufsichtsbehörde sollte mit Finanzmitteln, Personal, Räumlichkeiten und einer Infrastruktur ausgestattet werden, wie sie für die wirksame Wahrnehmung ihrer Aufgaben, einschließlich derer im Zusammenhang mit der Amtshilfe und Zusammenarbeit mit anderen Aufsichtsbehörden in der gesamten Union, notwendig sind. Jede Aufsichtsbehörde sollte über einen eigenen, öffentlichen, jährlichen Haushaltsplan verfügen, der Teil des gesamten Staatshaushalts oder nationalen Haushalts sein kann.

(121) Die allgemeinen Anforderungen an das Mitglied oder die Mitglieder der Aufsichtsbehörde sollten durch Rechtsvorschriften von jedem Mitgliedstaat geregelt werden und insbesondere vorsehen, dass diese Mitglieder im Wege eines transparenten Verfahrens entweder – auf Vorschlag der Regierung, eines Mitglieds der Regierung, des Parlaments oder einer Parlamentskammer – vom Parlament, der Regierung oder dem Staatsoberhaupt des Mitgliedstaats oder von einer unabhängigen Stelle ernannt werden, die nach dem Recht des Mitgliedstaats mit der Ernennung betraut wird. Um die Unabhängigkeit der Aufsichtsbehörde zu gewährleisten, sollten ihre Mitglieder ihr Amt integer ausüben, von allen mit den Aufgaben ihres Amts nicht zu vereinbarenden Handlungen absehen und während ihrer Amtszeit keine andere mit ihrem Amt nicht zu vereinbarende entgeltliche oder unentgeltliche Tätigkeit ausüben. Die Aufsichtsbehörde sollte über eigenes Personal verfügen, das sie selbst oder eine nach dem Recht des Mitgliedstaats eingerichtete unabhängige Stelle auswählt und das ausschließlich der Leitung des Mitglieds oder der Mitglieder der Aufsichtsbehörde unterstehen sollte.

(122) Jede Aufsichtsbehörde sollte dafür zuständig sein, im Hoheitsgebiet ihres Mitgliedstaats die Befugnisse auszuüben und die Aufgaben zu erfüllen, die

ihr mit dieser Verordnung übertragen wurden. Dies sollte insbesondere für Folgendes gelten: die Verarbeitung im Rahmen der Tätigkeiten einer Niederlassung des Verantwortlichen oder Auftragsverarbeiters im Hoheitsgebiet ihres Mitgliedstaats, die Verarbeitung personenbezogener Daten durch Behörden oder private Stellen, die im öffentlichen Interesse handeln, Verarbeitungstätigkeiten, die Auswirkungen auf betroffene Personen in ihrem Hoheitsgebiet haben, oder Verarbeitungstätigkeiten eines Verantwortlichen oder Auftragsverarbeiters ohne Niederlassung in der Union, sofern sie auf betroffene Personen mit Wohnsitz in ihrem Hoheitsgebiet ausgerichtet sind. Dies sollte auch die Bearbeitung von Beschwerden einer betroffenen Person, die Durchführung von Untersuchungen über die Anwendung dieser Verordnung sowie die Förderung der Information der Öffentlichkeit über Risiken, Vorschriften, Garantien und Rechte im Zusammenhang mit der Verarbeitung personenbezogener Daten einschließen.

(123) Die Aufsichtsbehörden sollten die Anwendung der Bestimmungen dieser Verordnung überwachen und zu ihrer einheitlichen Anwendung in der gesamten Union beitragen, um natürliche Personen im Hinblick auf die Verarbeitung ihrer Daten zu schützen und den freien Verkehr personenbezogener Daten im Binnenmarkt zu erleichtern. Zu diesem Zweck sollten die Aufsichtsbehörden untereinander und mit der Kommission zusammenarbeiten, ohne dass eine Vereinbarung zwischen den Mitgliedstaaten über die Leistung von Amtshilfe oder über eine derartige Zusammenarbeit erforderlich wäre.

(124) Findet die Verarbeitung personenbezogener Daten im Zusammenhang mit der Tätigkeit einer Niederlassung eines Verantwortlichen oder eines Auftragsverarbeiters in der Union statt und hat der Verantwortliche oder der Auftragsverarbeiter Niederlassungen in mehr als einem Mitgliedstaat oder hat die Verarbeitungstätigkeit im Zusammenhang mit der Tätigkeit einer einzigen Niederlassung eines Verantwortlichen oder Auftragsverarbeiters in der Union erhebliche Auswirkungen auf betroffene Personen in mehr als einem Mitgliedstaat bzw. wird sie voraussichtlich solche Auswirkungen haben, so sollte die Aufsichtsbehörde für die Hauptniederlassung des Verantwortlichen oder Auftragsverarbeiters oder für die einzige Niederlassung des Verantwortlichen oder Auftragsverarbeiters als federführende Behörde fungieren. Sie sollte mit den anderen Behörden zusammenarbeiten, die betroffen sind, weil der Verantwortliche oder Auftragsverarbeiter eine Niederlassung im Hoheitsgebiet ihres Mitgliedstaats hat, weil die Verarbeitung erhebliche Auswirkungen auf betroffene Personen mit Wohnsitz in ihrem Hoheitsgebiet hat oder weil bei ihnen eine Beschwerde eingelegt wurde. Auch wenn eine betroffene Person ohne Wohnsitz in dem betreffenden Mitgliedstaat eine Beschwerde eingelegt hat, sollte die Aufsichtsbehörde, bei der Beschwerde eingelegt wurde, auch eine betroffene Aufsichtsbehörde sein. Der Ausschuss sollte – im Rahmen seiner Aufgaben in Bezug auf die Herausgabe von Leitlinien zu allen Fragen im Zusammenhang mit der Anwendung dieser Verordnung – insbesondere Leitlinien zu den Kriterien ausgeben können, die bei der Feststellung zu berücksichtigen sind, ob die fragliche Verarbeitung erhebliche Auswirkungen auf betroffene Personen in mehr als

einem Mitgliedstaat hat und was einen maßgeblichen und begründeten Einspruch darstellt.

(125) Die federführende Behörde sollte berechtigt sein, verbindliche Beschlüsse über Maßnahmen zu erlassen, mit denen die ihr gemäß dieser Verordnung übertragenen Befugnisse ausgeübt werden. In ihrer Eigenschaft als federführende Behörde sollte diese Aufsichtsbehörde für die enge Einbindung und Koordinierung der betroffenen Aufsichtsbehörden im Entscheidungsprozess sorgen. Wird beschlossen, die Beschwerde der betroffenen Person vollständig oder teilweise abzuweisen, so sollte dieser Beschluss von der Aufsichtsbehörde angenommen werden, bei der die Beschwerde eingelegt wurde.

(126) Der Beschluss sollte von der federführenden Aufsichtsbehörde und den betroffenen Aufsichtsbehörden gemeinsam vereinbart werden und an die Hauptniederlassung oder die einzige Niederlassung des Verantwortlichen oder Auftragsverarbeiters gerichtet sein und für den Verantwortlichen und den Auftragsverarbeiter verbindlich sein. Der Verantwortliche oder Auftragsverarbeiter sollte die erforderlichen Maßnahmen treffen, um die Einhaltung dieser Verordnung und die Umsetzung des Beschlusses zu gewährleisten, der der Hauptniederlassung des Verantwortlichen oder Auftragsverarbeiters im Hinblick auf die Verarbeitungstätigkeiten in der Union von der federführenden Aufsichtsbehörde mitgeteilt wurde.

(127) Jede Aufsichtsbehörde, die nicht als federführende Aufsichtsbehörde fungiert, sollte in örtlichen Fällen zuständig sein, wenn der Verantwortliche oder Auftragsverarbeiter Niederlassungen in mehr als einem Mitgliedstaat hat, der Gegenstand der spezifischen Verarbeitung aber nur die Verarbeitungstätigkeiten in einem einzigen Mitgliedstaat und nur betroffene Personen in diesem einen Mitgliedstaat betrifft, beispielsweise wenn es um die Verarbeitung von personenbezogenen Daten von Arbeitnehmern im spezifischen Beschäftigungskontext eines Mitgliedstaats geht. In solchen Fällen sollte die Aufsichtsbehörde unverzüglich die federführende Aufsichtsbehörde über diese Angelegenheit unterrichten. Nach ihrer Unterrichtung sollte die federführende Aufsichtsbehörde entscheiden, ob sie den Fall nach den Bestimmungen zur Zusammenarbeit zwischen der federführenden Aufsichtsbehörde und anderen betroffenen Aufsichtsbehörden gemäß der Vorschrift zur Zusammenarbeit zwischen der federführenden Aufsichtsbehörde und anderen betroffenen Aufsichtsbehörden (im Folgenden „Verfahren der Zusammenarbeit und Kohärenz“) regelt oder ob die Aufsichtsbehörde, die sie unterrichtet hat, den Fall auf örtlicher Ebene regeln sollte. Dabei sollte die federführende Aufsichtsbehörde berücksichtigen, ob der Verantwortliche oder der Auftragsverarbeiter in dem Mitgliedstaat, dessen Aufsichtsbehörde sie unterrichtet hat, eine Niederlassung hat, damit Beschlüsse gegenüber dem Verantwortlichen oder dem Auftragsverarbeiter wirksam durchgesetzt werden. Entscheidet die federführende Aufsichtsbehörde, den Fall selbst zu regeln, sollte die Aufsichtsbehörde, die sie unterrichtet hat, die Möglichkeit haben, einen Beschlussentwurf vorzulegen, dem die federführende Aufsichtsbehörde bei der Ausarbeitung ihres Beschlussentwurfs im Rahmen dieses Verfahrens der Zusammenarbeit und Kohärenz weitestgehend Rechnung tragen sollte.

(128) Die Vorschriften über die federführende Behörde und das Verfahren der Zusammenarbeit und Kohärenz sollten keine Anwendung finden, wenn die Verarbeitung durch Behörden oder private Stellen im öffentlichen Interesse erfolgt. In diesen Fällen sollte die Aufsichtsbehörde des Mitgliedstaats, in dem die Behörde oder private Einrichtung ihren Sitz hat, die einzige Aufsichtsbehörde sein, die dafür zuständig ist, die Befugnisse auszuüben, die ihr mit dieser Verordnung übertragen wurden.

(129) Um die einheitliche Überwachung und Durchsetzung dieser Verordnung in der gesamten Union sicherzustellen, sollten die Aufsichtsbehörden in jedem Mitgliedstaat dieselben Aufgaben und wirksamen Befugnisse haben, darunter, insbesondere im Fall von Beschwerden natürlicher Personen, Untersuchungsbefugnisse, Abhilfebefugnisse und Sanktionsbefugnisse und Genehmigungsbefugnisse und beratende Befugnisse, sowie – unbeschadet der Befugnisse der Strafverfolgungsbehörden nach dem Recht der Mitgliedstaaten – die Befugnis, Verstöße gegen diese Verordnung den Justizbehörden zur Kenntnis zu bringen und Gerichtsverfahren anzustrengen. Dazu sollte auch die Befugnis zählen, eine vorübergehende oder endgültige Beschränkung der Verarbeitung, einschließlich eines Verbots, zu verhängen. Die Mitgliedstaaten können andere Aufgaben im Zusammenhang mit dem Schutz personenbezogener Daten im Rahmen dieser Verordnung festlegen. Die Befugnisse der Aufsichtsbehörden sollten in Übereinstimmung mit den geeigneten Verfahrensgarantien nach dem Unionsrecht und dem Recht der Mitgliedstaaten unparteiisch, gerecht und innerhalb einer angemessenen Frist ausgeübt werden. Insbesondere sollte jede Maßnahme im Hinblick auf die Gewährleistung der Einhaltung dieser Verordnung geeignet, erforderlich und verhältnismäßig sein, wobei die Umstände des jeweiligen Einzelfalls zu berücksichtigen sind, das Recht einer jeden Person, gehört zu werden, bevor eine individuelle Maßnahme getroffen wird, die nachteilige Auswirkungen auf diese Person hätte, zu achten ist und überflüssige Kosten und übermäßige Unannehmlichkeiten für die Betroffenen zu vermeiden sind. Untersuchungsbefugnisse im Hinblick auf den Zugang zu Räumlichkeiten sollten im Einklang mit besonderen Anforderungen im Verfahrensrecht der Mitgliedstaaten ausgeübt werden, wie etwa dem Erfordernis einer vorherigen richterlichen Genehmigung. Jede rechtsverbindliche Maßnahme der Aufsichtsbehörde sollte schriftlich erlassen werden und sie sollte klar und eindeutig sein; die Aufsichtsbehörde, die die Maßnahme erlassen hat, und das Datum, an dem die Maßnahme erlassen wurde, sollten angegeben werden und die Maßnahme sollte vom Leiter oder von einem von ihm bevollmächtigten Mitglied der Aufsichtsbehörde unterschrieben sein und eine Begründung für die Maßnahme sowie einen Hinweis auf das Recht auf einen wirksamen Rechtsbehelf enthalten. Dies sollte zusätzliche Anforderungen nach dem Verfahrensrecht der Mitgliedstaaten nicht ausschließen. Der Erlass eines rechtsverbindlichen Beschlusses setzt voraus, dass er in dem Mitgliedstaat der Aufsichtsbehörde, die den Beschluss erlassen hat, gerichtlich überprüft werden kann.

(130) Ist die Aufsichtsbehörde, bei der die Beschwerde eingereicht wurde, nicht die federführende Aufsichtsbehörde, so sollte die federführende Aufsichtsbehörde gemäß den Bestimmungen dieser Verordnung über Zusammenarbeit und Kohärenz eng mit der Aufsichtsbehörde zusammenarbeiten,

bei der die Beschwerde eingereicht wurde. In solchen Fällen sollte die federführende Aufsichtsbehörde bei Maßnahmen, die rechtliche Wirkungen entfalten sollen, unter anderem bei der Verhängung von Geldbußen, den Standpunkt der Aufsichtsbehörde, bei der die Beschwerde eingereicht wurde und die weiterhin befugt sein sollte, in Abstimmung mit der zuständigen Aufsichtsbehörde Untersuchungen im Hoheitsgebiet ihres eigenen Mitgliedstaats durchzuführen, weitestgehend berücksichtigen.

(131) Wenn eine andere Aufsichtsbehörde als federführende Aufsichtsbehörde für die Verarbeitungstätigkeiten des Verantwortlichen oder des Auftragsverarbeiters fungieren sollte, der konkrete Gegenstand einer Beschwerde oder der mögliche Verstoß jedoch nur die Verarbeitungstätigkeiten des Verantwortlichen oder des Auftragsverarbeiters in dem Mitgliedstaat betrifft, in dem die Beschwerde eingereicht wurde oder der mögliche Verstoß aufgedeckt wurde, und die Angelegenheit keine erheblichen Auswirkungen auf betroffene Personen in anderen Mitgliedstaaten hat oder haben dürfte, sollte die Aufsichtsbehörde, bei der eine Beschwerde eingereicht wurde oder die Situationen, die mögliche Verstöße gegen diese Verordnung darstellen, aufgedeckt hat bzw. auf andere Weise darüber informiert wurde, versuchen, eine gütliche Einigung mit dem Verantwortlichen zu erzielen; falls sich dies als nicht erfolgreich erweist, sollte sie die gesamte Bandbreite ihrer Befugnisse wahrnehmen. Dies sollte auch Folgendes umfassen: die spezifische Verarbeitung im Hoheitsgebiet des Mitgliedstaats der Aufsichtsbehörde oder im Hinblick auf betroffene Personen im Hoheitsgebiet dieses Mitgliedstaats; die Verarbeitung im Rahmen eines Angebots von Waren oder Dienstleistungen, das speziell auf betroffene Personen im Hoheitsgebiet des Mitgliedstaats der Aufsichtsbehörde ausgerichtet ist; oder eine Verarbeitung, die unter Berücksichtigung der einschlägigen rechtlichen Verpflichtungen nach dem Recht der Mitgliedstaaten bewertet werden muss.

(132) Auf die Öffentlichkeit ausgerichtete Sensibilisierungsmaßnahmen der Aufsichtsbehörden sollten spezifische Maßnahmen einschließen, die sich an die Verantwortlichen und die Auftragsverarbeiter, einschließlich Kleinstunternehmen sowie kleiner und mittlerer Unternehmen, und an natürliche Personen, insbesondere im Bildungsbereich, richten.

(133) Die Aufsichtsbehörden sollten sich gegenseitig bei der Erfüllung ihrer Aufgaben unterstützen und Amtshilfe leisten, damit eine einheitliche Anwendung und Durchsetzung dieser Verordnung im Binnenmarkt gewährleistet ist. Eine Aufsichtsbehörde, die um Amtshilfe ersucht hat, kann eine einstweilige Maßnahme erlassen, wenn sie nicht binnen eines Monats nach Eingang des Amtshilfeersuchens bei der ersuchten Aufsichtsbehörde eine Antwort von dieser erhalten hat.

(134) Jede Aufsichtsbehörde sollte gegebenenfalls an gemeinsamen Maßnahmen von anderen Aufsichtsbehörden teilnehmen. Die ersuchte Aufsichtsbehörde sollte auf das Ersuchen binnen einer bestimmten Frist antworten müssen.

(135) Um die einheitliche Anwendung dieser Verordnung in der gesamten Union sicherzustellen, sollte ein Verfahren zur Gewährleistung einer einheitlichen Rechtsanwendung (Kohärenzverfahren) für die Zusammenarbeit zwischen den Aufsichtsbehörden eingeführt werden. Dieses Verfahren sollte insbesondere dann angewendet werden, wenn eine Auf-

sichtsbehörde beabsichtigt, eine Maßnahme zu erlassen, die rechtliche Wirkungen in Bezug auf Verarbeitungsvorgänge entfalten soll, die für eine bedeutende Zahl betroffener Personen in mehreren Mitgliedstaaten erhebliche Auswirkungen haben. Ferner sollte es zur Anwendung kommen, wenn eine betroffene Aufsichtsbehörde oder die Kommission beantragt, dass die Angelegenheit im Rahmen des Kohärenzverfahrens behandelt wird. Dieses Verfahren sollte andere Maßnahmen, die die Kommission möglicherweise in Ausübung ihrer Befugnisse nach den Verträgen trifft, unberührt lassen.

(136) Bei Anwendung des Kohärenzverfahrens sollte der Ausschuss, falls von der Mehrheit seiner Mitglieder so entschieden wird oder falls eine andere betroffene Aufsichtsbehörde oder die Kommission darum ersuchen, binnen einer festgelegten Frist eine Stellungnahme abgeben. Dem Ausschuss sollte auch die Befugnis übertragen werden, bei Streitigkeiten zwischen Aufsichtsbehörden rechtsverbindliche Beschlüsse zu erlassen. Zu diesem Zweck sollte er in klar bestimmten Fällen, in denen die Aufsichtsbehörden insbesondere im Rahmen des Verfahrens der Zusammenarbeit zwischen der federführenden Aufsichtsbehörde und den betroffenen Aufsichtsbehörden widersprüchliche Standpunkte zu dem Sachverhalt, vor allem in der Frage, ob ein Verstoß gegen diese Verordnung vorliegt, vertreten, grundsätzlich mit einer Mehrheit von zwei Dritteln seiner Mitglieder rechtsverbindliche Beschlüsse erlassen.

(137) Es kann dringender Handlungsbedarf zum Schutz der Rechte und Freiheiten von betroffenen Personen bestehen, insbesondere wenn eine erhebliche Behinderung der Durchsetzung des Rechts einer betroffenen Person droht. Eine Aufsichtsbehörde sollte daher hinreichend begründete einstweilige Maßnahmen in ihrem Hoheitsgebiet mit einer festgelegten Geltungsdauer von höchstens drei Monaten erlassen können.

(138) Die Anwendung dieses Verfahrens sollte in den Fällen, in denen sie verbindlich vorgeschrieben ist, eine Bedingung für die Rechtmäßigkeit einer Maßnahme einer Aufsichtsbehörde sein, die rechtliche Wirkungen entfalten soll. In anderen Fällen von grenzüberschreitender Relevanz sollte das Verfahren der Zusammenarbeit zwischen der federführenden Aufsichtsbehörde und den betroffenen Aufsichtsbehörden zur Anwendung gelangen, und die betroffenen Aufsichtsbehörden können auf bilateraler oder multilateraler Ebene Amtshilfe leisten und gemeinsame Maßnahmen durchführen, ohne auf das Kohärenzverfahren zurückzugreifen.

(139) Zur Förderung der einheitlichen Anwendung dieser Verordnung sollte der Ausschuss als unabhängige Einrichtung der Union eingesetzt werden. Damit der Ausschuss seine Ziele erreichen kann, sollte er Rechtspersönlichkeit besitzen. Der Ausschuss sollte von seinem Vorsitz vertreten werden. Er sollte die mit der Richtlinie 95/46/EG eingesetzte Arbeitsgruppe für den Schutz der Rechte von Personen bei der Verarbeitung personenbezogener Daten ersetzen. Er sollte aus dem Leiter einer Aufsichtsbehörde jedes Mitgliedstaats und dem Europäischen Datenschutzbeauftragten oder deren jeweiligen Vertretern gebildet werden. An den Beratungen des Ausschusses sollte die Kommission ohne Stimmrecht teilnehmen und der Europäische Datenschutzbeauftragte sollte spezifische Stimmrechte haben. Der Ausschuss sollte zur einheitlichen Anwendung der Verordnung in der gesamten Union beitragen, die Kommission insbesondere im

Hinblick auf das Schutzniveau in Drittländern oder internationalen Organisationen beraten und die Zusammenarbeit der Aufsichtsbehörden in der Union fördern. Der Ausschuss sollte bei der Erfüllung seiner Aufgaben unabhängig handeln.

(140) Der Ausschuss sollte von einem Sekretariat unterstützt werden, das von dem Europäischen Datenschutzbeauftragten bereitgestellt wird. Das Personal des Europäischen Datenschutzbeauftragten, das an der Wahrnehmung der dem Ausschuss gemäß dieser Verordnung übertragenen Aufgaben beteiligt ist, sollte diese Aufgaben ausschließlich gemäß den Anweisungen des Vorsitzes des Ausschusses durchführen und diesem Bericht erstatten.

(141) Jede betroffene Person sollte das Recht haben, bei einer einzigen Aufsichtsbehörde insbesondere in dem Mitgliedstaat ihres gewöhnlichen Aufenthalts eine Beschwerde einzureichen und gemäß Artikel 47 der Charta[1] einen wirksamen gerichtlichen Rechtsbehelf einzulegen, wenn sie sich in ihren Rechten gemäß dieser Verordnung verletzt sieht oder wenn die Aufsichtsbehörde auf eine Beschwerde hin nicht tätig wird, eine Beschwerde teilweise oder ganz abweist oder ablehnt oder nicht tätig wird, obwohl dies zum Schutz der Rechte der betroffenen Person notwendig ist. Die auf eine Beschwerde folgende Untersuchung sollte vorbehaltlich gerichtlicher Überprüfung so weit gehen, wie dies im Einzelfall angemessen ist. Die Aufsichtsbehörde sollte die betroffene Person innerhalb eines angemessenen Zeitraums über den Fortgang und die Ergebnisse der Beschwerde unterrichten. Sollten weitere Untersuchungen oder die Abstimmung mit einer anderen Aufsichtsbehörde erforderlich sein, sollte die betroffene Person über den Zwischenstand informiert werden. Jede Aufsichtsbehörde sollte Maßnahmen zur Erleichterung der Einreichung von Beschwerden treffen, wie etwa die Bereitstellung eines Beschwerdeformulars, das auch elektronisch ausgefüllt werden kann, ohne dass andere Kommunikationsmittel ausgeschlossen werden.

(142) Betroffene Personen, die sich in ihren Rechten gemäß dieser Verordnung verletzt sehen, sollten das Recht haben, nach dem Recht eines Mitgliedstaats gegründete Einrichtungen, Organisationen oder Verbände ohne Gewinnerzielungsabsicht, deren satzungsmäßige Ziele im öffentlichem Interesse liegen und die im Bereich des Schutzes personenbezogener Daten tätig sind, zu beauftragen, in ihrem Namen Beschwerde bei einer Aufsichtsbehörde oder einen gerichtlichen Rechtsbehelf einzulegen oder das Recht auf Schadensersatz in Anspruch zu nehmen, sofern dieses im Recht der Mitgliedstaaten vorgesehen ist. Die Mitgliedstaaten können vorsehen, dass diese Einrichtungen, Organisationen oder Verbände das Recht haben, unabhängig vom Auftrag einer betroffenen Person in dem betreffenden Mitgliedstaat eine eigene Beschwerde einzulegen, und das Recht auf einen wirksamen gerichtlichen Rechtsbehelf haben sollten, wenn sie Grund zu der Annahme haben, dass die Rechte der betroffenen Person infolge einer nicht im Einklang mit dieser Verordnung stehenden Verarbeitung verletzt worden sind. Diesen Einrichtungen, Organisationen oder Verbänden kann unabhängig vom Auftrag einer betroffenen Person

[1] Nr. **9**.

nicht gestattet werden, im Namen einer betroffenen Person Schadenersatz zu verlangen.

(143) Jede natürliche oder juristische Person hat das Recht, unter den in Artikel 263 AEUV genannten Voraussetzungen beim Gerichtshof eine Klage auf Nichtigerklärung eines Beschlusses des Ausschusses zu erheben. Als Adressaten solcher Beschlüsse müssen die betroffenen Aufsichtsbehörden, die diese Beschlüsse anfechten möchten, binnen zwei Monaten nach deren Übermittlung gemäß Artikel 263 AEUV Klage erheben. Sofern Beschlüsse des Ausschusses einen Verantwortlichen, einen Auftragsverarbeiter oder den Beschwerdeführer unmittelbar und individuell betreffen, so können diese Personen binnen zwei Monaten nach Veröffentlichung der betreffenden Beschlüsse auf der Website des Ausschusses im Einklang mit Artikel 263 AEUV eine Klage auf Nichtigerklärung erheben. Unbeschadet dieses Rechts nach Artikel 263 AEUV sollte jede natürliche oder juristische Person das Recht auf einen wirksamen gerichtlichen Rechtsbehelf bei dem zuständigen einzelstaatlichen Gericht gegen einen Beschluss einer Aufsichtsbehörde haben, der gegenüber dieser Person Rechtswirkungen entfaltet. Ein derartiger Beschluss betrifft insbesondere die Ausübung von Untersuchungs-, Abhilfe- und Genehmigungsbefugnissen durch die Aufsichtsbehörde oder die Ablehnung oder Abweisung von Beschwerden. Das Recht auf einen wirksamen gerichtlichen Rechtsbehelf umfasst jedoch nicht rechtlich nicht bindende Maßnahmen der Aufsichtsbehörden wie von ihr abgegebene Stellungnahmen oder Empfehlungen. Verfahren gegen eine Aufsichtsbehörde sollten bei den Gerichten des Mitgliedstaats angestrengt werden, in dem die Aufsichtsbehörde ihren Sitz hat, und sollten im Einklang mit dem Verfahrensrecht dieses Mitgliedstaats durchgeführt werden. Diese Gerichte sollten eine uneingeschränkte Zuständigkeit besitzen, was die Zuständigkeit, sämtliche für den bei ihnen anhängigen Rechtsstreit maßgebliche Sach- und Rechtsfragen zu prüfen, einschließt. Wurde eine Beschwerde von einer Aufsichtsbehörde abgelehnt oder abgewiesen, kann der Beschwerdeführer Klage bei den Gerichten desselben Mitgliedstaats erheben.

Im Zusammenhang mit gerichtlichen Rechtsbehelfen in Bezug auf die Anwendung dieser Verordnung können einzelstaatliche Gerichte, die eine Entscheidung über diese Frage für erforderlich halten, um ihr Urteil erlassen zu können, bzw. müssen einzelstaatliche Gerichte in den Fällen nach Artikel 267 AEUV den Gerichtshof um eine Vorabentscheidung zur Auslegung des Unionsrechts – das auch diese Verordnung einschließt – ersuchen. Wird darüber hinaus der Beschluss einer Aufsichtsbehörde zur Umsetzung eines Beschlusses des Ausschusses vor einem einzelstaatlichen Gericht angefochten und wird die Gültigkeit des Beschlusses des Ausschusses in Frage gestellt, so hat dieses einzelstaatliche Gericht nicht die Befugnis, den Beschluss des Ausschusses für nichtig zu erklären, sondern es muss im Einklang mit Artikel 267 AEUV in der Auslegung des Gerichtshofs den Gerichtshof mit der Frage der Gültigkeit befassen, wenn es den Beschluss für nichtig hält. Allerdings darf ein einzelstaatliches Gericht den Gerichtshof nicht auf Anfrage einer natürlichen oder juristischen Person mit Fragen der Gültigkeit des Beschlusses des Ausschusses befassen, wenn diese Person Gelegenheit hatte, eine Klage auf Nichtigerklärung dieses Beschlusses zu erheben – insbesondere wenn sie unmittelbar und individuell von dem Beschluss betroffen war –, diese Gelegenheit jedoch nicht innerhalb der Frist gemäß Artikel 263 AEUV genutzt hat.

(144) Hat ein mit einem Verfahren gegen die Entscheidung einer Aufsichtsbehörde befasstes Gericht Anlass zu der Vermutung, dass ein dieselbe Verarbeitung betreffendes Verfahren – etwa zu demselben Gegenstand in Bezug auf die Verarbeitung durch denselben Verantwortlichen oder Auftragsverarbeiter oder wegen desselben Anspruchs – vor einem zuständigen Gericht in einem anderen Mitgliedstaat anhängig ist, so sollte es mit diesem Gericht Kontakt aufnehmen, um sich zu vergewissern, dass ein solches verwandtes Verfahren existiert. Sind verwandte Verfahren vor einem Gericht in einem anderen Mitgliedstaat anhängig, so kann jedes später angerufene Gericht das Verfahren aussetzen oder sich auf Anfrage einer Partei auch zugunsten des zuerst angerufenen Gerichts für unzuständig erklären, wenn dieses später angerufene Gericht für die betreffenden Verfahren zuständig ist und die Verbindung von solchen verwandten Verfahren nach seinem Recht zulässig ist. Verfahren gelten als miteinander verwandt, wenn zwischen ihnen eine so enge Beziehung gegeben ist, dass eine gemeinsame Verhandlung und Entscheidung geboten erscheint, um zu vermeiden, dass in getrennten Verfahren einander widersprechende Entscheidungen ergehen.

(145) Bei Verfahren gegen Verantwortliche oder Auftragsverarbeiter sollte es dem Kläger überlassen bleiben, ob er die Gerichte des Mitgliedstaats anruft, in dem der Verantwortliche oder der Auftragsverarbeiter eine Niederlassung hat, oder des Mitgliedstaats, in dem die betroffene Person wohnt; dies gilt nicht, wenn es sich bei dem Verantwortlichen um eine Behörde eines Mitgliedstaats handelt, die in Ausübung ihrer hoheitlichen Befugnisse tätig geworden ist.

(146) Der Verantwortliche oder der Auftragsverarbeiter sollte Schäden, die einer Person aufgrund einer Verarbeitung entstehen, die mit dieser Verordnung nicht im Einklang steht, ersetzen. Der Verantwortliche oder der Auftragsverarbeiter sollte von seiner Haftung befreit werden, wenn er nachweist, dass er in keiner Weise für den Schaden verantwortlich ist. Der Begriff des Schadens sollte im Lichte der Rechtsprechung des Gerichtshofs weit auf eine Art und Weise ausgelegt werden, die den Zielen dieser Verordnung in vollem Umfang entspricht. Dies gilt unbeschadet von Schadenersatzforderungen aufgrund von Verstößen gegen andere Vorschriften des Unionsrechts oder des Rechts der Mitgliedstaaten. Zu einer Verarbeitung, die mit der vorliegenden Verordnung nicht im Einklang steht, zählt auch eine Verarbeitung, die nicht mit den nach Maßgabe der vorliegenden Verordnung erlassenen delegierten Rechtsakten und Durchführungsrechtsakten und Rechtsvorschriften der Mitgliedstaaten zur Präzisierung von Bestimmungen der vorliegenden Verordnung im Einklang steht. Die betroffenen Personen sollten einen vollständigen und wirksamen Schadenersatz für den erlittenen Schaden erhalten. Sind Verantwortliche oder Auftragsverarbeiter an derselben Verarbeitung beteiligt, so sollte jeder Verantwortliche oder Auftragsverarbeiter für den gesamten Schaden haftbar gemacht werden. Werden sie jedoch nach Maßgabe des Rechts der Mitgliedstaaten zu demselben Verfahren hinzugezogen, so können sie im Verhältnis zu der Verantwortung anteilmäßig haftbar

gemacht werden, die jeder Verantwortliche oder Auftragsverarbeiter für den durch die Verarbeitung entstandenen Schaden zu tragen hat, sofern sichergestellt ist, dass die betroffene Person einen vollständigen und wirksamen Schadenersatz für den erlittenen Schaden erhält. Jeder Verantwortliche oder Auftragsverarbeiter, der den vollen Schadenersatz geleistet hat, kann anschließend ein Rückgriffsverfahren gegen andere an derselben Verarbeitung beteiligte Verantwortliche oder Auftragsverarbeiter anstrengen.

(147) Soweit in dieser Verordnung spezifische Vorschriften über die Gerichtsbarkeit – insbesondere in Bezug auf Verfahren im Hinblick auf einen gerichtlichen Rechtsbehelf einschließlich Schadenersatz gegen einen Verantwortlichen oder Auftragsverarbeiter – enthalten sind, sollten die allgemeinen Vorschriften über die Gerichtsbarkeit, wie sie etwa in der Verordnung (EU) Nr. 1215/2012 des Europäischen Parlaments und des Rates[1)] enthalten sind, der Anwendung dieser spezifischen Vorschriften nicht entgegenstehen.

(148) Im Interesse einer konsequenteren Durchsetzung der Vorschriften dieser Verordnung sollten bei Verstößen gegen diese Verordnung zusätzlich zu den geeigneten Maßnahmen, die die Aufsichtsbehörde gemäß dieser Verordnung verhängt, oder an Stelle solcher Maßnahmen Sanktionen einschließlich Geldbußen verhängt werden. Im Falle eines geringfügigeren Verstoßes oder falls voraussichtlich zu verhängende Geldbuße eine unverhältnismäßige Belastung für eine natürliche Person bewirken würde, kann anstelle einer Geldbuße eine Verwarnung erteilt werden. Folgendem sollte jedoch gebührend Rechnung getragen werden: der Art, Schwere und Dauer des Verstoßes, dem vorsätzlichen Charakter des Verstoßes, den Maßnahmen zur Minderung des entstandenen Schadens, dem Grad der Verantwortlichkeit oder jeglichem früheren Verstoß, der Art und Weise, wie der Verstoß der Aufsichtsbehörde bekannt wurde, der Einhaltung der gegen den Verantwortlichen oder Auftragsverarbeiter angeordneten Maßnahmen, der Einhaltung von Verhaltensregeln und jedem anderen erschwerenden oder mildernden Umstand. Für die Verhängung von Sanktionen einschließlich Geldbußen sollte es angemessene Verfahrensgarantien geben, die den allgemeinen Grundsätzen des Unionsrechts und der Charta, einschließlich des Rechts auf wirksamen Rechtsschutz und ein faires Verfahren, entsprechen.

(149) Die Mitgliedstaaten sollten die strafrechtlichen Sanktionen für Verstöße gegen diese Verordnung, auch für Verstöße gegen auf der Grundlage und in den Grenzen dieser Verordnung erlassene nationale Vorschriften, festlegen können. Diese strafrechtlichen Sanktionen können auch die Einziehung der durch die Verstöße gegen diese Verordnung erzielten Gewinne ermöglichen. Die Verhängung von strafrechtlichen Sanktionen für Verstöße gegen solche nationalen Vorschriften und von verwaltungsrechtlichen Sanktionen sollte jedoch nicht zu einer Verletzung des Grundsatzes „ne bis in idem", wie er vom Gerichtshof ausgelegt worden ist, führen.

[1)] **Amtl. Anm.:** Verordnung (EU) Nr. 1215/2012 des Europäischen Parlaments und des Rates vom 12. Dezember 2012 über die gerichtliche Zuständigkeit und die Anerkennung und Vollstreckung von Entscheidungen in Zivil- und Handelssachen (ABl. L 351 vom 20.12.2012, S. 1).

(150) Um die verwaltungsrechtlichen Sanktionen bei Verstößen gegen diese Verordnung zu vereinheitlichen und ihnen mehr Wirkung zu verleihen, sollte jede Aufsichtsbehörde befugt sein, Geldbußen zu verhängen. In dieser Verordnung sollten die Verstöße sowie die Obergrenze der entsprechenden Geldbußen und die Kriterien für ihre Festsetzung genannt werden, wobei diese Geldbußen von der zuständigen Aufsichtsbehörde in jedem Einzelfall unter Berücksichtigung aller besonderen Umstände und insbesondere der Art, Schwere und Dauer des Verstoßes und seiner Folgen sowie der Maßnahmen, die ergriffen worden sind, um die Einhaltung der aus dieser Verordnung erwachsenden Verpflichtungen zu gewährleisten und die Folgen des Verstoßes abzuwenden oder abzumildern, festzusetzen sind. Werden Geldbußen Unternehmen auferlegt, sollte zu diesem Zweck der Begriff „Unternehmen" im Sinne der Artikel 101 und 102 AEUV verstanden werden. Werden Geldbußen Personen auferlegt, bei denen es sich nicht um Unternehmen handelt, so sollte die Aufsichtsbehörde bei der Erwägung des angemessenen Betrags für die Geldbuße dem allgemeinen Einkommensniveau in dem betreffenden Mitgliedstaat und der wirtschaftlichen Lage der Personen Rechnung tragen. Das Kohärenzverfahren kann auch genutzt werden, um eine kohärente Anwendung von Geldbußen zu fördern. Die Mitgliedstaaten sollten bestimmen können, ob und inwieweit gegen Behörden Geldbußen verhängt werden können. Auch wenn die Aufsichtsbehörden bereits Geldbußen verhängt oder eine Verwarnung erteilt haben, können sie ihre anderen Befugnisse ausüben oder andere Sanktionen nach Maßgabe dieser Verordnung verhängen.

(151) Nach den Rechtsordnungen Dänemarks und Estlands sind die in dieser Verordnung vorgesehenen Geldbußen nicht zulässig. Die Vorschriften über die Geldbußen können so angewandt werden, dass die Geldbuße in Dänemark durch die zuständigen nationalen Gerichte als Strafe und in Estland durch die Aufsichtsbehörde im Rahmen eines Verfahrens bei Vergehen verhängt wird, sofern eine solche Anwendung der Vorschriften in diesen Mitgliedstaaten die gleiche Wirkung wie die von den Aufsichtsbehörden verhängten Geldbußen hat. Daher sollten die zuständigen nationalen Gerichte die Empfehlung der Aufsichtsbehörde, die die Geldbuße in die Wege geleitet hat, berücksichtigen. In *jeden*[1] Fall sollten die verhängten Geldbußen wirksam, verhältnismäßig und abschreckend sein.

(152) Soweit diese Verordnung verwaltungsrechtliche Sanktionen nicht harmonisiert oder wenn es in anderen Fällen – beispielsweise bei schweren Verstößen gegen diese Verordnung – erforderlich ist, sollten die Mitgliedstaaten eine Regelung anwenden, die wirksame, verhältnismäßige und abschreckende Sanktionen vorsieht. Es sollte im Recht der Mitgliedstaaten geregelt werden, ob diese Sanktionen strafrechtlicher oder verwaltungsrechtlicher Art sind.

(153) Im Recht der Mitgliedstaaten sollten die Vorschriften über die freie Meinungsäußerung und Informationsfreiheit, auch von Journalisten, Wissenschaftlern, Künstlern und/oder Schriftstellern, mit dem Recht auf Schutz der personenbezogenen Daten gemäß dieser Verordnung in Einklang gebracht werden. Für die Verarbeitung personenbezogener Daten

[1] Richtig wohl: „jedem".

ausschließlich zu journalistischen Zwecken oder zu wissenschaftlichen, künstlerischen oder literarischen Zwecken sollten Abweichungen und Ausnahmen von bestimmten Vorschriften dieser Verordnung gelten, wenn dies erforderlich ist, um das Recht auf Schutz der personenbezogenen Daten mit dem Recht auf Freiheit der Meinungsäußerung und Informationsfreiheit, wie es in Artikel 11 der Charta[1)] garantiert ist, in Einklang zu bringen. Dies sollte insbesondere für die Verarbeitung personenbezogener Daten im audiovisuellen Bereich sowie in Nachrichten- und Pressearchiven gelten. Die Mitgliedstaaten sollten daher Gesetzgebungsmaßnahmen zur Regelung der Abweichungen und Ausnahmen erlassen, die zum Zwecke der Abwägung zwischen diesen Grundrechten notwendig sind. Die Mitgliedstaaten sollten solche Abweichungen und Ausnahmen in Bezug auf die allgemeinen Grundsätze, die Rechte der betroffenen Person, den Verantwortlichen und den Auftragsverarbeiter, die Übermittlung von personenbezogenen Daten an Drittländer oder an internationale Organisationen, die unabhängigen Aufsichtsbehörden, die Zusammenarbeit und Kohärenz und besondere Datenverarbeitungssituationen erlassen. Sollten diese Abweichungen oder Ausnahmen von Mitgliedstaat zu Mitgliedstaat unterschiedlich sein, sollte das Recht des Mitgliedstaats angewendet werden, dem der Verantwortliche unterliegt. Um der Bedeutung des Rechts auf freie Meinungsäußerung in einer demokratischen Gesellschaft Rechnung zu tragen, müssen Begriffe wie Journalismus, die sich auf diese Freiheit beziehen, weit ausgelegt werden.

(154) Diese Verordnung ermöglicht es, dass bei ihrer Anwendung der Grundsatz des Zugangs der Öffentlichkeit zu amtlichen Dokumenten berücksichtigt wird. Der Zugang der Öffentlichkeit zu amtlichen Dokumenten kann als öffentliches Interesse betrachtet werden. Personenbezogene Daten in Dokumenten, die sich im Besitz einer Behörde oder einer öffentlichen Stelle befinden, sollten von dieser Behörde oder Stelle öffentlich offengelegt werden können, sofern dies im Unionsrecht oder im Recht der Mitgliedstaaten, denen sie unterliegt, vorgesehen ist. Diese Rechtsvorschriften sollten den Zugang der Öffentlichkeit zu amtlichen Dokumenten und die Weiterverwendung von Informationen des öffentlichen Sektors mit dem Recht auf Schutz personenbezogener Daten in Einklang bringen und können daher die notwendige Übereinstimmung mit dem Recht auf Schutz personenbezogener Daten gemäß dieser Verordnung regeln. Die Bezugnahme auf Behörden und öffentliche Stellen sollte in diesem Kontext sämtliche Behörden oder sonstigen Stellen beinhalten, die vom Recht des jeweiligen Mitgliedstaats über den Zugang der Öffentlichkeit zu Dokumenten erfasst werden. Die Richtlinie 2003/98/EG des Europäischen Parlaments und des Rates[2)] lässt das Schutzniveau für natürliche Personen in Bezug auf die Verarbeitung personenbezogener Daten gemäß den Bestimmungen des Unionsrechts und des Rechts der Mitgliedstaaten unberührt und beeinträchtigt diesen in keiner Weise, und sie bewirkt insbesondere keine Änderung der in dieser Verordnung dargelegten Rechte und Pflichten. Insbesondere sollte die genannte Richtlinie

---

[1)] Nr. **9**.

[2)] **Amtl. Anm.:** Richtlinie 2003/98/EG des Europäischen Parlaments und des Rates vom 17. November 2003 über die Weiterverwendung von Informationen des öffentlichen Sektors (ABl. L 345 vom 31.12.2003, S. 90).

nicht für Dokumente gelten, die nach den Zugangsregelungen der Mitgliedstaaten aus Gründen des Schutzes personenbezogener Daten nicht oder nur eingeschränkt zugänglich sind, oder für Teile von Dokumenten, die nach diesen Regelungen zugänglich sind, wenn sie personenbezogene Daten enthalten, bei denen Rechtsvorschriften vorsehen, dass ihre Weiterverwendung nicht mit dem Recht über den Schutz natürlicher Personen in Bezug auf die Verarbeitung personenbezogener Daten vereinbar ist.

(155) Im Recht der Mitgliedstaaten oder in Kollektivvereinbarungen (einschließlich „Betriebsvereinbarungen") können spezifische Vorschriften für die Verarbeitung personenbezogener Beschäftigtendaten im Beschäftigungskontext vorgesehen werden, und zwar insbesondere Vorschriften über die Bedingungen, unter denen personenbezogene Daten im Beschäftigungskontext auf der Grundlage der Einwilligung des Beschäftigten verarbeitet werden dürfen, über die Verarbeitung dieser Daten für Zwecke der Einstellung, der Erfüllung des Arbeitsvertrags einschließlich der Erfüllung von durch Rechtsvorschriften oder durch Kollektivvereinbarungen festgelegten Pflichten, des Managements, der Planung und der Organisation der Arbeit, der Gleichheit und Diversität am Arbeitsplatz, der Gesundheit und Sicherheit am Arbeitsplatz sowie für Zwecke der Inanspruchnahme der mit der Beschäftigung zusammenhängenden individuellen oder kollektiven Rechte und Leistungen und für Zwecke der Beendigung des Beschäftigungsverhältnisses.

(156) Die Verarbeitung personenbezogener Daten für im öffentlichen Interesse liegende Archivzwecke, zu wissenschaftlichen oder historischen Forschungszwecken oder zu statistischen Zwecken sollte geeigneten Garantien für die Rechte und Freiheiten der betroffenen Person gemäß dieser Verordnung unterliegen. Mit diesen Garantien sollte sichergestellt werden, dass technische und organisatorische Maßnahmen bestehen, mit denen insbesondere der Grundsatz der Datenminimierung gewährleistet wird. Die Weiterverarbeitung personenbezogener Daten zu im öffentlichen Interesse liegende Archivzwecken, zu wissenschaftlichen oder historischen Forschungszwecken oder zu statistischen Zwecken erfolgt erst dann, wenn der Verantwortliche geprüft hat, ob es möglich ist, diese Zwecke durch die Verarbeitung von personenbezogenen Daten, bei der die Identifizierung von betroffenen Personen nicht oder nicht mehr möglich ist, zu erfüllen, sofern geeignete Garantien bestehen (wie z.B. die Pseudonymisierung von personenbezogenen Daten). Die Mitgliedstaaten sollten geeignete Garantien in Bezug auf die Verarbeitung personenbezogener Daten für im öffentlichen Interesse liegende Archivzwecke, zu wissenschaftlichen oder historischen Forschungszwecken oder zu statistischen Zwecken vorsehen. Es sollte den Mitgliedstaaten erlaubt sein, unter bestimmten Bedingungen und vorbehaltlich geeigneter Garantien für die betroffenen Personen Präzisierungen und Ausnahmen in Bezug auf die Informationsanforderungen sowie der Rechte auf Berichtigung, Löschung, Vergessenwerden, zur Einschränkung der Verarbeitung, auf Datenübertragbarkeit sowie auf Widerspruch bei der Verarbeitung personenbezogener Daten zu im öffentlichen Interesse liegende Archivzwecken, zu wissenschaftlichen oder historischen Forschungszwecken oder zu statistischen Zwecken vorzusehen. Im Rahmen der betreffenden Be-

dingungen und Garantien können spezifische Verfahren für die Ausübung dieser Rechte durch die betroffenen Personen vorgesehen sein – sofern dies angesichts der mit der spezifischen Verarbeitung verfolgten Zwecke angemessen ist – sowie technische und organisatorische Maßnahmen zur Minimierung der Verarbeitung personenbezogener Daten im Hinblick auf die Grundsätze der Verhältnismäßigkeit und der Notwendigkeit. Die Verarbeitung personenbezogener Daten zu wissenschaftlichen Zwecken sollte auch anderen einschlägigen Rechtsvorschriften, beispielsweise für klinische Prüfungen, genügen.

(157) Durch die Verknüpfung von Informationen aus Registern können Forscher neue Erkenntnisse von großem Wert in Bezug auf weit verbreiteten Krankheiten wie Herz-Kreislauferkrankungen, Krebs und Depression erhalten. Durch die Verwendung von Registern können bessere Forschungsergebnisse erzielt werden, da sie auf einen größeren Bevölkerungsanteil gestützt sind. Im Bereich der Sozialwissenschaften ermöglicht die Forschung anhand von Registern es den Forschern, entscheidende Erkenntnisse über den langfristigen Zusammenhang einer Reihe sozialer Umstände zu erlangen, wie Arbeitslosigkeit und Bildung mit anderen Lebensumständen. Durch Register erhaltene Forschungsergebnisse bieten solide, hochwertige Erkenntnisse, die die Basis für die Erarbeitung und Umsetzung wissensgestützter politischer Maßnahmen darstellen, die Lebensqualität zahlreicher Menschen verbessern und die Effizienz der Sozialdienste verbessern können. Zur Erleichterung der wissenschaftlichen Forschung können daher personenbezogene Daten zu wissenschaftlichen Forschungszwecken verarbeitet werden, wobei sie angemessenen Bedingungen und Garantien unterliegen, die im Unionsrecht oder im Recht der Mitgliedstaaten festgelegt sind.

(158) Diese Verordnung sollte auch für die Verarbeitung personenbezogener Daten zu Archivzwecken gelten, wobei darauf hinzuweisen ist, dass die Verordnung nicht für verstorbene Personen gelten sollte. Behörden oder öffentliche oder private Stellen, die Aufzeichnungen von öffentlichem Interesse führen, sollten gemäß dem Unionsrecht oder dem Recht der Mitgliedstaaten rechtlich verpflichtet sein, Aufzeichnungen von bleibendem Wert für das allgemeine öffentliche Interesse zu erwerben, zu erhalten, zu bewerten, aufzubereiten, zu beschreiben, mitzuteilen, zu fördern, zu verbreiten sowie Zugang dazu bereitzustellen. Es sollte den Mitgliedstaaten ferner erlaubt sein vorzusehen, dass personenbezogene Daten zu Archivzwecken weiterverarbeitet werden, beispielsweise im Hinblick auf die Bereitstellung spezifischer Informationen im Zusammenhang mit dem politischen Verhalten unter ehemaligen totalitären Regimen, Völkermord, Verbrechen gegen die Menschlichkeit, insbesondere dem Holocaust, und Kriegsverbrechen.

(159) Diese Verordnung sollte auch für die Verarbeitung personenbezogener Daten zu wissenschaftlichen Forschungszwecken gelten. Die Verarbeitung personenbezogener Daten zu wissenschaftlichen Forschungszwecken im Sinne dieser Verordnung sollte weit ausgelegt werden und die Verarbeitung für beispielsweise die technologische Entwicklung und die Demonstration, die Grundlagenforschung, die angewandte Forschung und die privat finanzierte Forschung einschließen. Darüber hinaus sollte sie dem in Artikel 179 Absatz 1 AEUV festgeschriebenen Ziel, einen europäisch-

en Raum der Forschung zu schaffen, Rechnung tragen. Die wissenschaftlichen Forschungszwecke sollten auch Studien umfassen, die im öffentlichen Interesse im Bereich der öffentlichen Gesundheit durchgeführt werden. Um den Besonderheiten der Verarbeitung personenbezogener Daten zu wissenschaftlichen Forschungszwecken zu genügen, sollten spezifische Bedingungen insbesondere hinsichtlich der Veröffentlichung oder sonstigen Offenlegung personenbezogener Daten im Kontext wissenschaftlicher Zwecke gelten. Geben die Ergebnisse wissenschaftlicher Forschung insbesondere im Gesundheitsbereich Anlass zu weiteren Maßnahmen im Interesse der betroffenen Person, sollten die allgemeinen Vorschriften dieser Verordnung für diese Maßnahmen gelten.

(160) Diese Verordnung sollte auch für die Verarbeitung personenbezogener Daten zu historischen Forschungszwecken gelten. Dazu sollte auch historische Forschung und Forschung im Bereich der Genealogie zählen, wobei darauf hinzuweisen ist, dass diese Verordnung nicht für verstorbene Personen gelten sollte.

(161) Für die Zwecke der Einwilligung in die Teilnahme an wissenschaftlichen Forschungstätigkeiten im Rahmen klinischer Prüfungen sollten die einschlägigen Bestimmungen der Verordnung (EU) Nr. 536/2014 des Europäischen Parlaments und des Rates[1] gelten.

(162) Diese Verordnung sollte auch für die Verarbeitung personenbezogener Daten zu statistischen Zwecken gelten. Das Unionsrecht oder das Recht der Mitgliedstaaten sollte in den Grenzen dieser Verordnung den statistischen Inhalt, die Zugangskontrolle, die Spezifikationen für die Verarbeitung personenbezogener Daten zu statistischen Zwecken und geeignete Maßnahmen zur Sicherung der Rechte und Freiheiten der betroffenen Personen und zur Sicherstellung der statistischen Geheimhaltung bestimmen. Unter dem Begriff „statistische Zwecke" ist jeder für die Durchführung statistischer Untersuchungen und die Erstellung statistischer Ergebnisse erforderliche Vorgang der Erhebung und Verarbeitung personenbezogener Daten zu verstehen. Diese statistischen Ergebnisse können für verschiedene Zwecke, so auch für wissenschaftliche Forschungszwecke, weiterverwendet werden. Im Zusammenhang mit den statistischen Zwecken wird vorausgesetzt, dass die Ergebnisse der Verarbeitung zu statistischen Zwecken keine personenbezogenen Daten, sondern aggregierte Daten sind und diese Ergebnisse oder personenbezogenen Daten nicht für Maßnahmen oder Entscheidungen gegenüber einzelnen natürlichen Personen verwendet werden.

(163) Die vertraulichen Informationen, die die statistischen Behörden der Union und der Mitgliedstaaten zur Erstellung der amtlichen europäischen und der amtlichen nationalen Statistiken erheben, sollten geschützt werden. Die europäischen Statistiken sollten im Einklang mit den in Artikel 338 Absatz 2 AEUV dargelegten statistischen Grundsätzen entwickelt, erstellt und verbreitet werden, wobei die nationalen Statistiken auch mit dem Recht der Mitgliedstaaten übereinstimmen müssen. Die Verordnung

[1] **Amtl. Anm.:** Verordnung (EU) Nr. 536/2014 des Europäischen Parlaments und des Rates vom 16. April 2014 über klinische Prüfungen mit Humanarzneimitteln und zur Aufhebung der Richtlinie 2001/20/EG Text von Bedeutung für den EWR (ABl. L 158 vom 27.5.2014, S. 1).

(EG) Nr. 223/2009 des Europäischen Parlaments und des Rates[1] enthält genauere Bestimmungen zur Vertraulichkeit europäischer Statistiken.

(164) Hinsichtlich der Befugnisse der Aufsichtsbehörden, von dem Verantwortlichen oder vom Auftragsverarbeiter Zugang zu personenbezogenen Daten oder zu seinen Räumlichkeiten zu erlangen, können die Mitgliedstaaten in den Grenzen dieser Verordnung den Schutz des Berufsgeheimnisses oder anderer gleichwertiger Geheimhaltungspflichten durch Rechtsvorschriften regeln, soweit dies notwendig ist, um das Recht auf Schutz der personenbezogenen Daten mit einer Pflicht zur Wahrung des Berufsgeheimnisses in Einklang zu bringen. Dies berührt nicht die bestehenden Verpflichtungen der Mitgliedstaaten zum Erlass von Vorschriften über das Berufsgeheimnis, wenn dies aufgrund des Unionsrechts erforderlich ist.

(165) Im Einklang mit Artikel 17 AEUV achtet diese Verordnung den Status, den Kirchen und religiöse Vereinigungen oder Gemeinschaften in den Mitgliedstaaten nach deren bestehenden verfassungsrechtlichen Vorschriften genießen, und beeinträchtigt ihn nicht.

(166) Um die Zielvorgaben dieser Verordnung zu erfüllen, d.h. die Grundrechte und Grundfreiheiten natürlicher Personen und insbesondere ihr Recht auf Schutz ihrer personenbezogenen Daten zu schützen und den freien Verkehr personenbezogener Daten innerhalb der Union zu gewährleisten, sollte der Kommission die Befugnis übertragen werden, gemäß Artikel 290 AEUV Rechtsakte zu erlassen. Delegierte Rechtsakte sollten insbesondere in Bezug auf die für Zertifizierungsverfahren geltenden Kriterien und Anforderungen, die durch standardisierte Bildsymbole darzustellenden Informationen und die Verfahren für die Bereitstellung dieser Bildsymbole erlassen werden. Es ist von besonderer Bedeutung, dass die Kommission im Zuge ihrer Vorbereitungsarbeit angemessene Konsultationen, auch auf der Ebene von Sachverständigen, durchführt. Bei der Vorbereitung und Ausarbeitung delegierter Rechtsakte sollte die Kommission gewährleisten, dass die einschlägigen Dokumente dem Europäischen Parlament und dem Rat gleichzeitig, rechtzeitig und auf angemessene Weise übermittelt werden.

(167) Zur Gewährleistung einheitlicher Bedingungen für die Durchführung dieser Verordnung sollten der Kommission Durchführungsbefugnisse übertragen werden, wenn dies in dieser Verordnung vorgesehen ist. Diese Befugnisse sollten nach Maßgabe der Verordnung (EU) Nr. 182/2011 des Europäischen Parlaments und des Rates ausgeübt werden. In diesem Zusammenhang sollte die Kommission besondere Maßnahmen für Kleinstunternehmen sowie kleine und mittlere Unternehmen erwägen.

(168) Für den Erlass von Durchführungsrechtsakten bezüglich Standardvertragsklauseln für Verträge zwischen Verantwortlichen und Auftragsverarbeitern sowie zwischen Auftragsverarbeitern; Verhaltensregeln; tech-

---

[1] **Amtl. Anm.:** Verordnung (EG) Nr. 223/2009 des Europäischen Parlaments und des Rates vom 11. März 2009 über europäische Statistiken und zur Aufhebung der Verordnung (EG, Euratom) Nr. 1101/2008 des Europäischen Parlaments und des Rates über die Übermittlung von unter die Geheimhaltungspflicht fallenden Informationen an das Statistische Amt der Europäischen Gemeinschaften, der Verordnung (EG) Nr. 322/97 des Rates über die Gemeinschaftsstatistiken und des Beschlusses 89/382/EWG, Euratom des Rates zur Einsetzung eines Ausschusses für das Statistische Programm der Europäischen Gemeinschaften (ABl. L 87 vom 31.3.2009, S. 164).

nische Standards und Verfahren für die Zertifizierung; Anforderungen an die Angemessenheit des Datenschutzniveaus in einem Drittland, einem Gebiet oder bestimmten Sektor dieses Drittlands oder in einer internationalen Organisation; Standardschutzklauseln; Formate und Verfahren für den Informationsaustausch zwischen Verantwortlichen, Auftragsverarbeitern und Aufsichtsbehörden im Hinblick auf verbindliche interne Datenschutzvorschriften; Amtshilfe; sowie Vorkehrungen für den elektronischen Informationsaustausch zwischen Aufsichtsbehörden und zwischen Aufsichtsbehörden und dem Ausschuss sollte das Prüfverfahren angewandt werden.

(169) Die Kommission sollte sofort geltende Durchführungsrechtsakte erlassen, wenn anhand vorliegender Beweise festgestellt wird, dass ein Drittland, ein Gebiet oder ein bestimmter Sektor in diesem Drittland oder eine internationale Organisation kein angemessenes Schutzniveau gewährleistet, und dies aus Gründen äußerster Dringlichkeit erforderlich ist.

(170) Da das Ziel dieser Verordnung, nämlich die Gewährleistung eines gleichwertigen Datenschutzniveaus für natürliche Personen und des freien Verkehrs personenbezogener Daten in der Union, von den Mitgliedstaaten nicht ausreichend verwirklicht werden kann, sondern vielmehr wegen des Umfangs oder der Wirkungen der Maßnahme auf Unionsebene besser zu verwirklichen ist, kann die Union im Einklang mit dem in Artikel 5 des Vertrags über die Europäische Union (EUV) verankerten Subsidiaritätsprinzip tätig werden. Entsprechend dem in demselben Artikel genannten Grundsatz der Verhältnismäßigkeit geht diese Verordnung nicht über das für die Verwirklichung dieses Ziels erforderliche Maß hinaus.

(171) Die Richtlinie 95/46/EG sollte durch diese Verordnung aufgehoben werden. Verarbeitungen, die zum Zeitpunkt der Anwendung dieser Verordnung bereits begonnen haben, sollten innerhalb von zwei Jahren nach dem Inkrafttreten dieser Verordnung mit ihr in Einklang gebracht werden. Beruhen die Verarbeitungen auf einer Einwilligung gemäß der Richtlinie 95/46/EG, so ist es nicht erforderlich, dass die betroffene Person erneut ihre Einwilligung dazu erteilt, wenn die Art der bereits erteilten Einwilligung den Bedingungen dieser Verordnung entspricht, so dass der Verantwortliche die Verarbeitung nach dem Zeitpunkt der Anwendung der vorliegenden Verordnung fortsetzen kann. Auf der Richtlinie 95/46/EG beruhende Entscheidungen bzw. Beschlüsse der Kommission und Genehmigungen der Aufsichtsbehörden bleiben in Kraft, bis sie geändert, ersetzt oder aufgehoben werden.

(172) Der Europäische Datenschutzbeauftragte wurde gemäß Artikel 28 Absatz 2 der Verordnung (EG) Nr. 45/2001 konsultiert und hat am 7. März 2012[1)] eine Stellungnahme abgegeben.

(173) Diese Verordnung sollte auf alle Fragen des Schutzes der Grundrechte und Grundfreiheiten bei der Verarbeitung personenbezogener Daten Anwendung finden, die nicht den in der Richtlinie 2002/58/EG[2)] des

---

[1)] **Amtl. Anm.:** ABl. C 192 vom 30.6.2012, S. 7.
[2)] Nr. **3**.

Europäischen Parlaments und des Rates[1] bestimmte Pflichten, die dasselbe Ziel verfolgen, unterliegen, einschließlich der Pflichten des Verantwortlichen und der Rechte natürlicher Personen. Um das Verhältnis zwischen der vorliegenden Verordnung und der Richtlinie 2002/58/EG[2] klarzustellen, sollte die Richtlinie entsprechend geändert werden. Sobald diese Verordnung angenommen ist, sollte die Richtlinie 2002/58/EG[2] einer Überprüfung unterzogen werden, um insbesondere die Kohärenz mit dieser Verordnung zu gewährleisten –

HABEN FOLGENDE VERORDNUNG ERLASSEN:

Kapitel I. Allgemeine Bestimmungen

Art. 1 Gegenstand und Ziele. (1) Diese Verordnung enthält Vorschriften zum Schutz natürlicher Personen bei der Verarbeitung personenbezogener Daten und zum freien Verkehr solcher Daten.

(2) Diese Verordnung schützt die Grundrechte und Grundfreiheiten natürlicher Personen und insbesondere deren Recht auf Schutz personenbezogener Daten.

(3) Der freie Verkehr personenbezogener Daten in der Union darf aus Gründen des Schutzes natürlicher Personen bei der Verarbeitung personenbezogener Daten weder eingeschränkt noch verboten werden.

Art. 2 Sachlicher Anwendungsbereich. (1) Diese Verordnung gilt für die ganz oder teilweise automatisierte Verarbeitung personenbezogener Daten sowie für die nichtautomatisierte Verarbeitung personenbezogener Daten, die in einem Dateisystem gespeichert sind oder gespeichert werden sollen.

(2) Diese Verordnung findet keine Anwendung auf die Verarbeitung personenbezogener Daten

a) im Rahmen einer Tätigkeit, die nicht in den Anwendungsbereich des Unionsrechts fällt,

b) durch die Mitgliedstaaten im Rahmen von Tätigkeiten, die in den Anwendungsbereich von Titel V Kapitel 2 EUV fallen,

c) durch natürliche Personen zur Ausübung ausschließlich persönlicher oder familiärer Tätigkeiten,

d) durch die zuständigen Behörden zum Zwecke der Verhütung, Ermittlung, Aufdeckung oder Verfolgung von Straftaten oder der Strafvollstreckung, einschließlich des Schutzes vor und der Abwehr von Gefahren für die öffentliche Sicherheit.

(3) [1] Für die Verarbeitung personenbezogener Daten durch die Organe, Einrichtungen, Ämter und Agenturen der Union gilt die Verordnung (EG) Nr. 45/2001. [2] Die Verordnung (EG) Nr. 45/2001 und sonstige Rechtsakte der Union, die diese Verarbeitung personenbezogener Daten regeln, werden im

---

[1] **Amtl. Anm.:** Richtlinie 2002/58/EG des Europäischen Parlaments und des Rates vom 12. Juli 2002 über die Verarbeitung personenbezogener Daten und den Schutz der Privatsphäre in der elektronischen Kommunikation (Datenschutzrichtlinie für elektronische Kommunikation) (ABl. L 201 vom 31.7.2002, S. 37).

[2] Nr. 3.

Einklang mit Artikel 98 an die Grundsätze und Vorschriften der vorliegenden Verordnung angepasst.

(4) Die vorliegende Verordnung lässt die Anwendung der Richtlinie 2000/31/EG und speziell die Vorschriften der Artikel 12 bis 15 dieser Richtlinie zur Verantwortlichkeit der Vermittler unberührt.

Art. 3 Räumlicher Anwendungsbereich. (1) Diese Verordnung findet Anwendung auf die Verarbeitung personenbezogener Daten, soweit diese im Rahmen der Tätigkeiten einer Niederlassung eines Verantwortlichen oder eines Auftragsverarbeiters in der Union erfolgt, unabhängig davon, ob die Verarbeitung in der Union stattfindet.

(2) Diese Verordnung findet Anwendung auf die Verarbeitung personenbezogener Daten von betroffenen Personen, die sich in der Union befinden, durch einen nicht in der Union niedergelassenen Verantwortlichen oder Auftragsverarbeiter, wenn die Datenverarbeitung im Zusammenhang damit steht

a) betroffenen Personen in der Union Waren oder Dienstleistungen anzubieten, unabhängig davon, ob von diesen betroffenen Personen eine Zahlung zu leisten ist;
b) das Verhalten betroffener Personen zu beobachten, soweit ihr Verhalten in der Union erfolgt.

(3) Diese Verordnung findet Anwendung auf die Verarbeitung personenbezogener Daten durch einen nicht in der Union niedergelassenen Verantwortlichen an einem Ort, der aufgrund Völkerrechts dem Recht eines Mitgliedstaats unterliegt.

Art. 4 Begriffsbestimmungen. Im Sinne dieser Verordnung bezeichnet der Ausdruck:

1. „personenbezogene Daten" alle Informationen, die sich auf eine identifizierte oder identifizierbare natürliche Person (im Folgenden „betroffene Person") beziehen; als identifizierbar wird eine natürliche Person angesehen, die direkt oder indirekt, insbesondere mittels Zuordnung zu einer Kennung wie einem Namen, zu einer Kennnummer, zu Standortdaten, zu einer Online-Kennung oder zu einem oder mehreren besonderen Merkmalen, die Ausdruck der physischen, physiologischen, genetischen, psychischen, wirtschaftlichen, kulturellen oder sozialen Identität dieser natürlichen Person sind, identifiziert werden kann;
2. „Verarbeitung" jeden mit oder ohne Hilfe automatisierter Verfahren ausgeführten Vorgang oder jede solche Vorgangsreihe im Zusammenhang mit personenbezogenen Daten wie das Erheben, das Erfassen, die Organisation, das Ordnen, die Speicherung, die Anpassung oder Veränderung, das Auslesen, das Abfragen, die Verwendung, die Offenlegung durch Übermittlung, Verbreitung oder eine andere Form der Bereitstellung, den Abgleich oder die Verknüpfung, die Einschränkung, das Löschen oder die Vernichtung;
3. „Einschränkung der Verarbeitung" die Markierung gespeicherter personenbezogener Daten mit dem Ziel, ihre künftige Verarbeitung einzuschränken;
4. „Profiling" jede Art der automatisierten Verarbeitung personenbezogener Daten, die darin besteht, dass diese personenbezogenen Daten verwendet werden, um bestimmte persönliche Aspekte, die sich auf eine natürliche

Person beziehen, zu bewerten, insbesondere um Aspekte bezüglich Arbeitsleistung, wirtschaftliche Lage, Gesundheit, persönliche Vorlieben, Interessen, Zuverlässigkeit, Verhalten, Aufenthaltsort oder Ortswechsel dieser natürlichen Person zu analysieren oder vorherzusagen;

5. „Pseudonymisierung" die Verarbeitung personenbezogener Daten in einer Weise, dass die personenbezogenen Daten ohne Hinzuziehung zusätzlicher Informationen nicht mehr einer spezifischen betroffenen Person zugeordnet werden können, sofern diese zusätzlichen Informationen gesondert aufbewahrt werden und technischen und organisatorischen Maßnahmen unterliegen, die gewährleisten, dass die personenbezogenen Daten nicht einer identifizierten oder identifizierbaren natürlichen Person zugewiesen werden;
6. „Dateisystem" jede strukturierte Sammlung personenbezogener Daten, die nach bestimmten Kriterien zugänglich sind, unabhängig davon, ob diese Sammlung zentral, dezentral oder nach funktionalen oder geografischen Gesichtspunkten geordnet geführt wird;
7. „Verantwortlicher" die natürliche oder juristische Person, Behörde, Einrichtung oder andere Stelle, die allein oder gemeinsam mit anderen über die Zwecke und Mittel der Verarbeitung von personenbezogenen Daten entscheidet; sind die Zwecke und Mittel dieser Verarbeitung durch das Unionsrecht oder das Recht der Mitgliedstaaten vorgegeben, so kann der Verantwortliche beziehungsweise können die bestimmten Kriterien seiner Benennung nach dem Unionsrecht oder dem Recht der Mitgliedstaaten vorgesehen werden;
8. „Auftragsverarbeiter" eine natürliche oder juristische Person, Behörde, Einrichtung oder andere Stelle, die personenbezogene Daten im Auftrag des Verantwortlichen verarbeitet;
9. „Empfänger" eine natürliche oder juristische Person, Behörde, Einrichtung oder andere Stelle, der personenbezogene Daten offengelegt werden, unabhängig davon, ob es sich bei ihr um einen Dritten handelt oder nicht. Behörden, die im Rahmen eines bestimmten Untersuchungsauftrags nach dem Unionsrecht oder dem Recht der Mitgliedstaaten möglicherweise personenbezogene Daten erhalten, gelten jedoch nicht als Empfänger; die Verarbeitung dieser Daten durch die genannten Behörden erfolgt im Einklang mit den geltenden Datenschutzvorschriften gemäß den Zwecken der Verarbeitung;
10. „Dritter" eine natürliche oder juristische Person, Behörde, Einrichtung oder andere Stelle, außer der betroffenen Person, dem Verantwortlichen, dem Auftragsverarbeiter und den Personen, die unter der unmittelbaren Verantwortung des Verantwortlichen oder des Auftragsverarbeiters befugt sind, die personenbezogenen Daten zu verarbeiten;
11. „Einwilligung" der betroffenen Person jede freiwillig für den bestimmten Fall, in informierter Weise und unmissverständlich abgegebene Willensbekundung in Form einer Erklärung oder einer sonstigen eindeutigen bestätigenden Handlung, mit der die betroffene Person zu verstehen gibt, dass sie mit der Verarbeitung der sie betreffenden personenbezogenen Daten einverstanden ist;

12. „Verletzung des Schutzes personenbezogener Daten" eine Verletzung der Sicherheit, die, ob unbeabsichtigt oder unrechtmäßig, zur Vernichtung, zum Verlust, zur Veränderung, oder zur unbefugten Offenlegung von beziehungsweise zum unbefugten Zugang zu personenbezogenen Daten führt, die übermittelt, gespeichert oder auf sonstige Weise verarbeitet wurden;
13. „genetische Daten" personenbezogene Daten zu den ererbten oder erworbenen genetischen Eigenschaften einer natürlichen Person, die eindeutige Informationen über die Physiologie oder die Gesundheit dieser natürlichen Person liefern und insbesondere aus der Analyse einer biologischen Probe der betreffenden natürlichen Person gewonnen wurden;
14. „biometrische Daten" mit speziellen technischen Verfahren gewonnene personenbezogene Daten zu den physischen, physiologischen oder verhaltenstypischen Merkmalen einer natürlichen Person, die die eindeutige Identifizierung dieser natürlichen Person ermöglichen oder bestätigen, wie Gesichtsbilder oder daktyloskopische Daten;
15. „Gesundheitsdaten" personenbezogene Daten, die sich auf die körperliche oder geistige Gesundheit einer natürlichen Person, einschließlich der Erbringung von Gesundheitsdienstleistungen, beziehen und aus denen Informationen über deren Gesundheitszustand hervorgehen;
16. „Hauptniederlassung"
    a) im Falle eines Verantwortlichen mit Niederlassungen in mehr als einem Mitgliedstaat den Ort seiner Hauptverwaltung in der Union, es sei denn, die Entscheidungen hinsichtlich der Zwecke und Mittel der Verarbeitung personenbezogener Daten werden in einer anderen Niederlassung des Verantwortlichen in der Union getroffen und diese Niederlassung ist befugt, diese Entscheidungen umsetzen zu lassen; in diesem Fall gilt die Niederlassung, die derartige Entscheidungen trifft, als Hauptniederlassung;
    b) im Falle eines Auftragsverarbeiters mit Niederlassungen in mehr als einem Mitgliedstaat den Ort seiner Hauptverwaltung in der Union oder, sofern der Auftragsverarbeiter keine Hauptverwaltung in der Union hat, die Niederlassung des Auftragsverarbeiters in der Union, in der die Verarbeitungstätigkeiten im Rahmen der Tätigkeiten einer Niederlassung eines Auftragsverarbeiters hauptsächlich stattfinden, soweit der Auftragsverarbeiter spezifischen Pflichten aus dieser Verordnung unterliegt;
17. „Vertreter" eine in der Union niedergelassene natürliche oder juristische Person, die von dem Verantwortlichen oder Auftragsverarbeiter schriftlich gemäß Artikel 27 bestellt wurde und den Verantwortlichen oder Auftragsverarbeiter in Bezug auf die ihnen jeweils nach dieser Verordnung obliegenden Pflichten vertritt;
18. „Unternehmen" eine natürliche oder juristische Person, die eine wirtschaftliche Tätigkeit ausübt, unabhängig von ihrer Rechtsform, einschließlich Personengesellschaften oder Vereinigungen, die regelmäßig einer wirtschaftlichen Tätigkeit nachgehen;
19. „Unternehmensgruppe" eine Gruppe, die aus einem herrschenden Unternehmen und den von diesem abhängigen Unternehmen besteht;
20. „verbindliche interne Datenschutzvorschriften" Maßnahmen zum Schutz personenbezogener Daten, zu deren Einhaltung sich ein im Hoheitsgebiet

eines Mitgliedstaats niedergelassener Verantwortlicher oder Auftragsverarbeiter verpflichtet im Hinblick auf Datenübermittlungen oder eine Kategorie von Datenübermittlungen personenbezogener Daten an einen Verantwortlichen oder Auftragsverarbeiter derselben Unternehmensgruppe oder derselben Gruppe von Unternehmen, die eine gemeinsame Wirtschaftstätigkeit ausüben, in einem oder mehreren Drittländern;

21. „Aufsichtsbehörde" eine von einem Mitgliedstaat gemäß Artikel 51 eingerichtete unabhängige staatliche Stelle;

22. „betroffene Aufsichtsbehörde" eine Aufsichtsbehörde, die von der Verarbeitung personenbezogener Daten betroffen ist, weil
    a) der Verantwortliche oder der Auftragsverarbeiter im Hoheitsgebiet des Mitgliedstaats dieser Aufsichtsbehörde niedergelassen ist,
    b) diese Verarbeitung erhebliche Auswirkungen auf betroffene Personen mit Wohnsitz im Mitgliedstaat dieser Aufsichtsbehörde hat oder haben kann oder
    c) eine Beschwerde bei dieser Aufsichtsbehörde eingereicht wurde;

23. „grenzüberschreitende Verarbeitung" entweder
    a) eine Verarbeitung personenbezogener Daten, die im Rahmen der Tätigkeiten von Niederlassungen eines Verantwortlichen oder eines Auftragsverarbeiters in der Union in mehr als einem Mitgliedstaat erfolgt, wenn der Verantwortliche oder Auftragsverarbeiter in mehr als einem Mitgliedstaat niedergelassen ist, oder
    b) eine Verarbeitung personenbezogener Daten, die im Rahmen der Tätigkeiten einer einzelnen Niederlassung eines Verantwortlichen oder eines Auftragsverarbeiters in der Union erfolgt, die jedoch erhebliche Auswirkungen auf betroffene Personen in mehr als einem Mitgliedstaat hat oder haben kann;

24. „maßgeblicher und begründeter Einspruch" einen Einspruch gegen einen Beschlussentwurf im Hinblick darauf, ob ein Verstoß gegen diese Verordnung vorliegt oder ob beabsichtigte Maßnahmen gegen den Verantwortlichen oder den Auftragsverarbeiter im Einklang mit dieser Verordnung steht, wobei aus diesem Einspruch die Tragweite der Risiken klar hervorgeht, die von dem Beschlussentwurf in Bezug auf die Grundrechte und Grundfreiheiten der betroffenen Personen und gegebenenfalls den freien Verkehr personenbezogener Daten in der Union ausgehen;

25. „Dienst der Informationsgesellschaft" eine Dienstleistung im Sinne des Artikels 1 Nummer 1 Buchstabe b der Richtlinie (EU) 2015/1535 des Europäischen Parlaments und des Rates[1];

26. „internationale Organisation" eine völkerrechtliche Organisation und ihre nachgeordneten Stellen oder jede sonstige Einrichtung, die durch eine zwischen zwei oder mehr Ländern geschlossene Übereinkunft oder auf der Grundlage einer solchen Übereinkunft geschaffen wurde.

---

[1] **Amtl. Anm.:** Richtlinie (EU) 2015/1535 des Europäischen Parlaments und des Rates vom 9. September 2015 über ein Informationsverfahren auf dem Gebiet der technischen Vorschriften und der Vorschriften für die Dienste der Informationsgesellschaft (ABl. L 241 vom 17.9.2015, S. 1).

Kapitel II. Grundsätze

Art. 5 Grundsätze für die Verarbeitung personenbezogener Daten.

(1) Personenbezogene Daten müssen

a) auf rechtmäßige Weise, nach Treu und Glauben und in einer für die betroffene Person nachvollziehbaren Weise verarbeitet werden („Rechtmäßigkeit, Verarbeitung nach Treu und Glauben, Transparenz");

b) für festgelegte, eindeutige und legitime Zwecke erhoben werden und dürfen nicht in einer mit diesen Zwecken nicht zu vereinbarenden Weise weiterverarbeitet werden; eine Weiterverarbeitung für im öffentlichen Interesse liegende Archivzwecke, für wissenschaftliche oder historische Forschungszwecke oder für statistische Zwecke gilt gemäß Artikel 89 Absatz 1 nicht als unvereinbar mit den ursprünglichen Zwecken („Zweckbindung");

c) dem Zweck angemessen und erheblich sowie auf das für die Zwecke der Verarbeitung notwendige Maß beschränkt sein („Datenminimierung");

d) sachlich richtig und erforderlichenfalls auf dem neuesten Stand sein; es sind alle angemessenen Maßnahmen zu treffen, damit personenbezogene Daten, die im Hinblick auf die Zwecke ihrer Verarbeitung unrichtig sind, unverzüglich gelöscht oder berichtigt werden („Richtigkeit");

e) in einer Form gespeichert werden, die die Identifizierung der betroffenen Personen nur so lange ermöglicht, wie es für die Zwecke, für die sie verarbeitet werden, erforderlich ist; personenbezogene Daten dürfen länger gespeichert werden, soweit die personenbezogenen Daten vorbehaltlich der Durchführung geeigneter technischer und organisatorischer Maßnahmen, die von dieser Verordnung zum Schutz der Rechte und Freiheiten der betroffenen Person gefordert werden, ausschließlich für im öffentlichen Interesse liegende Archivzwecke oder für wissenschaftliche und historische Forschungszwecke oder für statistische Zwecke gemäß Artikel 89 Absatz 1 verarbeitet werden („Speicherbegrenzung");

f) in einer Weise verarbeitet werden, die eine angemessene Sicherheit der personenbezogenen Daten gewährleistet, einschließlich Schutz vor unbefugter oder unrechtmäßiger Verarbeitung und vor unbeabsichtigtem Verlust, unbeabsichtigter Zerstörung oder unbeabsichtigter Schädigung durch geeignete technische und organisatorische Maßnahmen („Integrität und Vertraulichkeit");[1]

(2) Der Verantwortliche ist für die Einhaltung des Absatzes 1 verantwortlich und muss dessen Einhaltung nachweisen können („Rechenschaftspflicht").

Art. 6 Rechtmäßigkeit der Verarbeitung. (1) *[1]* Die Verarbeitung ist nur rechtmäßig, wenn mindestens eine der nachstehenden Bedingungen erfüllt ist:

a) Die betroffene Person hat ihre Einwilligung zu der Verarbeitung der sie betreffenden personenbezogenen Daten für einen oder mehrere bestimmte Zwecke gegeben;

b) die Verarbeitung ist für die Erfüllung eines Vertrags, dessen Vertragspartei die betroffene Person ist, oder zur Durchführung vorvertraglicher Maßnahmen erforderlich, die auf Anfrage der betroffenen Person erfolgen;

---

[1] Zeichensetzung amtlich.

c) die Verarbeitung ist zur Erfüllung einer rechtlichen Verpflichtung erforderlich, der der Verantwortliche unterliegt;
d) die Verarbeitung ist erforderlich, um lebenswichtige Interessen der betroffenen Person oder einer anderen natürlichen Person zu schützen;
e) die Verarbeitung ist für die Wahrnehmung einer Aufgabe erforderlich, die im öffentlichen Interesse liegt oder in Ausübung öffentlicher Gewalt erfolgt, die dem Verantwortlichen übertragen wurde;
f) die Verarbeitung ist zur Wahrung der berechtigten Interessen des Verantwortlichen oder eines Dritten erforderlich, sofern nicht die Interessen oder Grundrechte und Grundfreiheiten der betroffenen Person, die den Schutz personenbezogener Daten erfordern, überwiegen, insbesondere dann, wenn es sich bei der betroffenen Person um ein Kind handelt.

[2] Unterabsatz 1 Buchstabe f gilt nicht für die von Behörden in Erfüllung ihrer Aufgaben vorgenommene Verarbeitung.

(2) Die Mitgliedstaaten können spezifischere Bestimmungen zur Anpassung der Anwendung der Vorschriften dieser Verordnung in Bezug auf die Verarbeitung zur Erfüllung von Absatz 1 Buchstaben c und e beibehalten oder einführen, indem sie spezifische Anforderungen für die Verarbeitung sowie sonstige Maßnahmen präziser bestimmen, um eine rechtmäßig und nach Treu und Glauben erfolgende Verarbeitung zu gewährleisten, einschließlich für andere besondere Verarbeitungssituationen gemäß Kapitel IX.

(3) [1]Die Rechtsgrundlage für die Verarbeitungen gemäß Absatz 1 Buchstaben c und e wird festgelegt durch
a) Unionsrecht oder
b) das Recht der Mitgliedstaaten, dem der Verantwortliche unterliegt.

[2]Der Zweck der Verarbeitung muss in dieser Rechtsgrundlage festgelegt oder hinsichtlich der Verarbeitung gemäß Absatz 1 Buchstabe e für die Erfüllung einer Aufgabe erforderlich sein, die im öffentlichen Interesse liegt oder in Ausübung öffentlicher Gewalt erfolgt, die dem Verantwortlichen übertragen wurde. [3]Diese Rechtsgrundlage kann spezifische Bestimmungen zur Anpassung der Anwendung der Vorschriften dieser Verordnung enthalten, unter anderem Bestimmungen darüber, welche allgemeinen Bedingungen für die Regelung der Rechtmäßigkeit der Verarbeitung durch den Verantwortlichen gelten, welche Arten von Daten verarbeitet werden, welche Personen betroffen sind, an welche Einrichtungen und für welche Zwecke die personenbezogenen Daten offengelegt werden dürfen, welcher Zweckbindung sie unterliegen, wie lange sie gespeichert werden dürfen und welche Verarbeitungsvorgänge und -verfahren angewandt werden dürfen, einschließlich Maßnahmen zur Gewährleistung einer rechtmäßig und nach Treu und Glauben erfolgenden Verarbeitung, wie solche für sonstige besondere Verarbeitungssituationen gemäß Kapitel IX. [4]Das Unionsrecht oder das Recht der Mitgliedstaaten müssen ein im öffentlichen Interesse liegendes Ziel verfolgen und in einem angemessenen Verhältnis zu dem verfolgten legitimen Zweck stehen.

(4) Beruht die Verarbeitung zu einem anderen Zweck als zu demjenigen, zu dem die personenbezogenen Daten erhoben wurden, nicht auf der Einwilligung der betroffenen Person oder auf einer Rechtsvorschrift der Union oder der Mitgliedstaaten, die in einer demokratischen Gesellschaft eine notwendige und verhältnismäßige Maßnahme zum Schutz der in Artikel 23 Absatz 1

genannten Ziele darstellt, so berücksichtigt der Verantwortliche – um festzustellen, ob die Verarbeitung zu einem anderen Zweck mit demjenigen, zu dem die personenbezogenen Daten ursprünglich erhoben wurden, vereinbar ist – unter anderem

a) jede Verbindung zwischen den Zwecken, für die die personenbezogenen Daten erhoben wurden, und den Zwecken der beabsichtigten Weiterverarbeitung,

b) den Zusammenhang, in dem die personenbezogenen Daten erhoben wurden, insbesondere hinsichtlich des Verhältnisses zwischen den betroffenen Personen und dem Verantwortlichen,

c) die Art der personenbezogenen Daten, insbesondere ob besondere Kategorien personenbezogener Daten gemäß Artikel 9 verarbeitet werden oder ob personenbezogene Daten über strafrechtliche Verurteilungen und Straftaten gemäß Artikel 10 verarbeitet werden,

d) die möglichen Folgen der beabsichtigten Weiterverarbeitung für die betroffenen Personen,

e) das Vorhandensein geeigneter Garantien, wozu Verschlüsselung oder Pseudonymisierung gehören kann.

Art. 7 Bedingungen für die Einwilligung. (1) Beruht die Verarbeitung auf einer Einwilligung, muss der Verantwortliche nachweisen können, dass die betroffene Person in die Verarbeitung ihrer personenbezogenen Daten eingewilligt hat.

(2) [1] Erfolgt die Einwilligung der betroffenen Person durch eine schriftliche Erklärung, die noch andere Sachverhalte betrifft, so muss das Ersuchen um Einwilligung in verständlicher und leicht zugänglicher Form in einer klaren und einfachen Sprache so erfolgen, dass es von den anderen Sachverhalten klar zu unterscheiden ist. [2] Teile der Erklärung sind dann nicht verbindlich, wenn sie einen Verstoß gegen diese Verordnung darstellen.

(3) [1] Die betroffene Person hat das Recht, ihre Einwilligung jederzeit zu widerrufen. [2] Durch den Widerruf der Einwilligung wird die Rechtmäßigkeit der aufgrund der Einwilligung bis zum Widerruf erfolgten Verarbeitung nicht berührt. [3] Die betroffene Person wird vor Abgabe der Einwilligung hiervon in Kenntnis gesetzt. [4] Der Widerruf der Einwilligung muss so einfach wie die Erteilung der Einwilligung sein.

(4) Bei der Beurteilung, ob die Einwilligung freiwillig erteilt wurde, muss dem Umstand in größtmöglichem Umfang Rechnung getragen werden, ob unter anderem die Erfüllung eines Vertrags, einschließlich der Erbringung einer Dienstleistung, von der Einwilligung zu einer Verarbeitung von personenbezogenen Daten abhängig ist, die für die Erfüllung des Vertrags nicht erforderlich sind.

Art. 8 Bedingungen für die Einwilligung eines Kindes in Bezug auf Dienste der Informationsgesellschaft. (1) *[1]* [1] Gilt Artikel 6 Absatz 1 Buchstabe a bei einem Angebot von Diensten der Informationsgesellschaft, das einem Kind direkt gemacht wird, so ist die Verarbeitung der personenbezogenen Daten des Kindes rechtmäßig, wenn das Kind das sechzehnte Lebensjahr vollendet hat. [2] Hat das Kind noch nicht das sechzehnte Lebensjahr vollendet, so ist diese Verarbeitung nur rechtmäßig, sofern und soweit diese Einwilligung durch den Träger der elterlichen Verantwortung für das Kind oder mit dessen Zustimmung erteilt wird.

[2] Die Mitgliedstaaten können durch Rechtsvorschriften zu diesen Zwecken eine niedrigere Altersgrenze vorsehen, die jedoch nicht unter dem vollendeten dreizehnten Lebensjahr liegen darf.

(2) Der Verantwortliche unternimmt unter Berücksichtigung der verfügbaren Technik angemessene Anstrengungen, um sich in solchen Fällen zu vergewissern, dass die Einwilligung durch den Träger der elterlichen Verantwortung für das Kind oder mit dessen Zustimmung erteilt wurde.

(3) Absatz 1 lässt das allgemeine Vertragsrecht der Mitgliedstaaten, wie etwa die Vorschriften zur Gültigkeit, zum Zustandekommen oder zu den Rechtsfolgen eines Vertrags in Bezug auf ein Kind, unberührt.

Art. 9 Verarbeitung besonderer Kategorien personenbezogener Daten. (1) Die Verarbeitung personenbezogener Daten, aus denen die rassische und ethnische Herkunft, politische Meinungen, religiöse oder weltanschauliche Überzeugungen oder die Gewerkschaftszugehörigkeit hervorgehen, sowie die Verarbeitung von genetischen Daten, biometrischen Daten zur eindeutigen Identifizierung einer natürlichen Person, Gesundheitsdaten oder Daten zum Sexualleben oder der sexuellen Orientierung einer natürlichen Person ist untersagt.

(2) Absatz 1 gilt nicht in folgenden Fällen:

a) Die betroffene Person hat in die Verarbeitung der genannten personenbezogenen Daten für einen oder mehrere festgelegte Zwecke ausdrücklich eingewilligt, es sei denn, nach Unionsrecht oder dem Recht der Mitgliedstaaten kann das Verbot nach Absatz 1 durch die Einwilligung der betroffenen Person nicht aufgehoben werden,

b) die Verarbeitung ist erforderlich, damit der Verantwortliche oder die betroffene Person die ihm bzw. ihr aus dem Arbeitsrecht und dem Recht der sozialen Sicherheit und des Sozialschutzes erwachsenden Rechte ausüben und seinen bzw. ihren diesbezüglichen Pflichten nachkommen kann, soweit dies nach Unionsrecht oder dem Recht der Mitgliedstaaten oder einer Kollektivvereinbarung nach dem Recht der Mitgliedstaaten, das geeignete Garantien für die Grundrechte und die Interessen der betroffenen Person vorsieht, zulässig ist,

c) die Verarbeitung ist zum Schutz lebenswichtiger Interessen der betroffenen Person oder einer anderen natürlichen Person erforderlich und die betroffene Person ist aus körperlichen oder rechtlichen Gründen außerstande, ihre Einwilligung zu geben,

d) die Verarbeitung erfolgt auf der Grundlage geeigneter Garantien durch eine politisch, weltanschaulich, religiös oder gewerkschaftlich ausgerichtete Stiftung, Vereinigung oder sonstige Organisation ohne Gewinnerzielungsabsicht im Rahmen ihrer rechtmäßigen Tätigkeiten und unter der Voraussetzung, dass sich die Verarbeitung ausschließlich auf die Mitglieder oder ehemalige Mitglieder der Organisation oder auf Personen, die im Zusammenhang mit deren Tätigkeitszweck regelmäßige Kontakte mit ihr unterhalten, bezieht und die personenbezogenen Daten nicht ohne Einwilligung der betroffenen Personen nach außen offengelegt werden,

e) die Verarbeitung bezieht sich auf personenbezogene Daten, die die betroffene Person offensichtlich öffentlich gemacht hat,

f) die Verarbeitung ist zur Geltendmachung, Ausübung oder Verteidigung von Rechtsansprüchen oder bei Handlungen der Gerichte im Rahmen ihrer justiziellen Tätigkeit erforderlich,

g) die Verarbeitung ist auf der Grundlage des Unionsrechts oder des Rechts eines Mitgliedstaats, das in angemessenem Verhältnis zu dem verfolgten Ziel steht, den Wesensgehalt des Rechts auf Datenschutz wahrt und angemessene und spezifische Maßnahmen zur Wahrung der Grundrechte und Interessen der betroffenen Person vorsieht, aus Gründen eines erheblichen öffentlichen Interesses erforderlich,

h) die Verarbeitung ist für Zwecke der Gesundheitsvorsorge oder der Arbeitsmedizin, für die Beurteilung der Arbeitsfähigkeit des Beschäftigten, für die medizinische Diagnostik, die Versorgung oder Behandlung im Gesundheits- oder Sozialbereich oder für die Verwaltung von Systemen und Diensten im Gesundheits- oder Sozialbereich auf der Grundlage des Unionsrechts oder des Rechts eines Mitgliedstaats oder aufgrund eines Vertrags mit einem Angehörigen eines Gesundheitsberufs und vorbehaltlich der in Absatz 3 genannten Bedingungen und Garantien erforderlich,

i) die Verarbeitung ist aus Gründen des öffentlichen Interesses im Bereich der öffentlichen Gesundheit, wie dem Schutz vor schwerwiegenden grenzüberschreitenden Gesundheitsgefahren oder zur Gewährleistung hoher Qualitäts- und Sicherheitsstandards bei der Gesundheitsversorgung und bei Arzneimitteln und Medizinprodukten, auf der Grundlage des Unionsrechts oder des Rechts eines Mitgliedstaats, das angemessene und spezifische Maßnahmen zur Wahrung der Rechte und Freiheiten der betroffenen Person, insbesondere des Berufsgeheimnisses, vorsieht, erforderlich, oder

j) die Verarbeitung ist auf der Grundlage des Unionsrechts oder des Rechts eines Mitgliedstaats, das in angemessenem Verhältnis zu dem verfolgten Ziel steht, den Wesensgehalt des Rechts auf Datenschutz wahrt und angemessene und spezifische Maßnahmen zur Wahrung der Grundrechte und Interessen der betroffenen Person vorsieht, für im öffentlichen Interesse liegende Archivzwecke, für wissenschaftliche oder historische Forschungszwecke oder für statistische Zwecke gemäß Artikel 89 Absatz 1 erforderlich.

(3) Die in Absatz 1 genannten personenbezogenen Daten dürfen zu den in Absatz 2 Buchstabe h genannten Zwecken verarbeitet werden, wenn diese Daten von Fachpersonal oder unter dessen Verantwortung verarbeitet werden und dieses Fachpersonal nach dem Unionsrecht oder dem Recht eines Mitgliedstaats oder den Vorschriften nationaler zuständiger Stellen dem Berufsgeheimnis unterliegt, oder wenn die Verarbeitung durch eine andere Person erfolgt, die ebenfalls nach dem Unionsrecht oder dem Recht eines Mitgliedstaats oder den Vorschriften nationaler zuständiger Stellen einer Geheimhaltungspflicht unterliegt.

(4) Die Mitgliedstaaten können zusätzliche Bedingungen, einschließlich Beschränkungen, einführen oder aufrechterhalten, soweit die Verarbeitung von genetischen, biometrischen oder Gesundheitsdaten betroffen ist.

Art. 10 Verarbeitung von personenbezogenen Daten über strafrechtliche Verurteilungen und Straftaten. [1]Die Verarbeitung personenbezogener Daten über strafrechtliche Verurteilungen und Straftaten oder damit zusammenhängende Sicherungsmaßregeln aufgrund von Artikel 6 Absatz 1 darf nur unter behördlicher Aufsicht vorgenommen werden oder wenn dies nach dem Unionsrecht oder dem Recht der Mitgliedstaaten, das geeignete Garantien für die Rechte und Freiheiten der betroffenen Personen vorsieht, zulässig ist. [2]Ein umfassendes Register der strafrechtlichen Verurteilungen darf nur unter behördlicher Aufsicht geführt werden.

Art. 11 Verarbeitung, für die eine Identifizierung der betroffenen Person nicht erforderlich ist. (1) Ist für die Zwecke, für die ein Verantwortlicher personenbezogene Daten verarbeitet, die Identifizierung der betroffenen Person durch den Verantwortlichen nicht oder nicht mehr erforderlich, so ist dieser nicht verpflichtet, zur bloßen Einhaltung dieser Verordnung zusätzliche Informationen aufzubewahren, einzuholen oder zu verarbeiten, um die betroffene Person zu identifizieren.

(2) [1]Kann der Verantwortliche in Fällen gemäß Absatz 1 des vorliegenden Artikels nachweisen, dass er nicht in der Lage ist, die betroffene Person zu identifizieren, so unterrichtet er die betroffene Person hierüber, sofern möglich. [2]In diesen Fällen finden die Artikel 15 bis 20 keine Anwendung, es sei denn, die betroffene Person stellt zur Ausübung ihrer in diesen Artikeln niedergelegten Rechte zusätzliche Informationen bereit, die ihre Identifizierung ermöglichen.

Kapitel III. Rechte der betroffenen Person

Abschnitt 1. Transparenz und Modalitäten

Art. 12 Transparente Information, Kommunikation und Modalitäten für die Ausübung der Rechte der betroffenen Person. (1) [1]Der Verantwortliche trifft geeignete Maßnahmen, um der betroffenen Person alle Informationen gemäß den Artikeln 13 und 14 und alle Mitteilungen gemäß den Artikeln 15 bis 22 und Artikel 34, die sich auf die Verarbeitung beziehen, in präziser, transparenter, verständlicher und leicht zugänglicher Form in einer klaren und einfachen Sprache zu übermitteln; dies gilt insbesondere für Informationen, die sich speziell an Kinder richten. [2]Die Übermittlung der Informationen erfolgt schriftlich oder in anderer Form, gegebenenfalls auch elektronisch. [3]Falls von der betroffenen Person verlangt, kann die Information mündlich erteilt werden, sofern die Identität der betroffenen Person in anderer Form nachgewiesen wurde.

(2) [1]Der Verantwortliche erleichtert der betroffenen Person die Ausübung ihrer Rechte gemäß den Artikeln 15 bis 22. [2]In den in Artikel 11 Absatz 2 genannten Fällen darf sich der Verantwortliche nur dann weigern, aufgrund des Antrags der betroffenen Person auf Wahrnehmung ihrer Rechte gemäß den Artikeln 15 bis 22 tätig zu werden, wenn er glaubhaft macht, dass er nicht in der Lage ist, die betroffene Person zu identifizieren.

(3) [1]Der Verantwortliche stellt der betroffenen Person Informationen über die auf Antrag gemäß den Artikeln 15 bis 22 ergriffenen Maßnahmen unverzüglich, in jedem Fall aber innerhalb eines Monats nach Eingang des Antrags zur Verfügung. [2]Diese Frist kann um weitere zwei Monate verlängert werden,

wenn dies unter Berücksichtigung der Komplexität und der Anzahl von Anträgen erforderlich ist. [3] Der Verantwortliche unterrichtet die betroffene Person innerhalb eines Monats nach Eingang des Antrags über eine Fristverlängerung, zusammen mit den Gründen für die Verzögerung. [4] Stellt die betroffene Person den Antrag elektronisch, so ist sie nach Möglichkeit auf elektronischem Weg zu unterrichten, sofern sie nichts anderes angibt.

(4) Wird der Verantwortliche auf den Antrag der betroffenen Person hin nicht tätig, so unterrichtet er die betroffene Person ohne Verzögerung, spätestens aber innerhalb eines Monats nach Eingang des Antrags über die Gründe hierfür und über die Möglichkeit, bei einer Aufsichtsbehörde Beschwerde einzulegen oder einen gerichtlichen Rechtsbehelf einzulegen.

(5) [1] Informationen gemäß den Artikeln 13 und 14 sowie alle Mitteilungen und Maßnahmen gemäß den Artikeln 15 bis 22 und Artikel 34 werden unentgeltlich zur Verfügung gestellt. [2] Bei offenkundig unbegründeten oder – insbesondere im Fall von häufiger Wiederholung – exzessiven Anträgen einer betroffenen Person kann der Verantwortliche entweder

a) ein angemessenes Entgelt verlangen, bei dem die Verwaltungskosten für die Unterrichtung oder die Mitteilung oder die Durchführung der beantragten Maßnahme berücksichtigt werden, oder
b) sich weigern, aufgrund des Antrags tätig zu werden.

[3] Der Verantwortliche hat den Nachweis für den offenkundig unbegründeten oder exzessiven Charakter des Antrags zu erbringen.

(6) Hat der Verantwortliche begründete Zweifel an der Identität der natürlichen Person, die den Antrag gemäß den Artikeln 15 bis 21 stellt, so kann er unbeschadet des Artikels 11 zusätzliche Informationen anfordern, die zur Bestätigung der Identität der betroffenen Person erforderlich sind.

(7) [1] Die Informationen, die den betroffenen Personen gemäß den Artikeln 13 und 14 bereitzustellen sind, können in Kombination mit standardisierten Bildsymbolen bereitgestellt werden, um in leicht wahrnehmbarer, verständlicher und klar nachvollziehbarer Form einen aussagekräftigen Überblick über die beabsichtigte Verarbeitung zu vermitteln. [2] Werden die Bildsymbole in elektronischer Form dargestellt, müssen sie maschinenlesbar sein.

(8) Der Kommission wird die Befugnis übertragen, gemäß Artikel 92 delegierte Rechtsakte zur Bestimmung der Informationen, die durch Bildsymbole darzustellen sind, und der Verfahren für die Bereitstellung standardisierter Bildsymbole zu erlassen.

Abschnitt 2. Informationspflicht und Recht auf Auskunft zu personenbezogenen Daten

Art. 13 Informationspflicht bei Erhebung von personenbezogenen Daten bei der betroffenen Person. (1) Werden personenbezogene Daten bei der betroffenen Person erhoben, so teilt der Verantwortliche der betroffenen Person zum Zeitpunkt der Erhebung dieser Daten Folgendes mit:

a) den Namen und die Kontaktdaten des Verantwortlichen sowie gegebenenfalls seines Vertreters;
b) gegebenenfalls die Kontaktdaten des Datenschutzbeauftragten;
c) die Zwecke, für die die personenbezogenen Daten verarbeitet werden sollen, sowie die Rechtsgrundlage für die Verarbeitung;

d) wenn die Verarbeitung auf Artikel 6 Absatz 1 Buchstabe f beruht, die berechtigten Interessen, die von dem Verantwortlichen oder einem Dritten verfolgt werden;

e) gegebenenfalls die Empfänger oder Kategorien von Empfängern der personenbezogenen Daten und

f) gegebenenfalls die Absicht des Verantwortlichen, die personenbezogenen Daten an ein Drittland oder eine internationale Organisation zu übermitteln, sowie das Vorhandensein oder das Fehlen eines Angemessenheitsbeschlusses der Kommission oder im Falle von Übermittlungen gemäß Artikel 46 oder Artikel 47 oder Artikel 49 Absatz 1 Unterabsatz 2 einen Verweis auf die geeigneten oder angemessenen Garantien und die Möglichkeit, wie eine Kopie von ihnen zu erhalten ist, oder wo sie verfügbar sind.

(2) Zusätzlich zu den Informationen gemäß Absatz 1 stellt der Verantwortliche der betroffenen Person zum Zeitpunkt der Erhebung dieser Daten folgende weitere Informationen zur Verfügung, die notwendig sind, um eine faire und transparente Verarbeitung zu gewährleisten:

a) die Dauer, für die die personenbezogenen Daten gespeichert werden oder, falls dies nicht möglich ist, die Kriterien für die Festlegung dieser Dauer;

b) das Bestehen eines Rechts auf Auskunft seitens des Verantwortlichen über die betreffenden personenbezogenen Daten sowie auf Berichtigung oder Löschung oder auf Einschränkung der Verarbeitung oder eines Widerspruchsrechts gegen die Verarbeitung sowie des Rechts auf Datenübertragbarkeit;

c) wenn die Verarbeitung auf Artikel 6 Absatz 1 Buchstabe a oder Artikel 9 Absatz 2 Buchstabe a beruht, das Bestehen eines Rechts, die Einwilligung jederzeit zu widerrufen, ohne dass die Rechtmäßigkeit der aufgrund der Einwilligung bis zum Widerruf erfolgten Verarbeitung berührt wird;

d) das Bestehen eines Beschwerderechts bei einer Aufsichtsbehörde;

e) ob die Bereitstellung der personenbezogenen Daten gesetzlich oder vertraglich vorgeschrieben oder für einen Vertragsabschluss erforderlich ist, ob die betroffene Person verpflichtet ist, die personenbezogenen Daten bereitzustellen, und welche *mögliche*[1] Folgen die Nichtbereitstellung hätte und

f) das Bestehen einer automatisierten Entscheidungsfindung einschließlich Profiling gemäß Artikel 22 Absätze 1 und 4 und – zumindest in diesen Fällen – aussagekräftige Informationen über die involvierte Logik sowie die Tragweite und die angestrebten Auswirkungen einer derartigen Verarbeitung für die betroffene Person.

(3) Beabsichtigt der Verantwortliche, die personenbezogenen Daten für einen anderen Zweck weiterzuverarbeiten als den, für den die personenbezogenen Daten erhoben wurden, so stellt er der betroffenen Person vor dieser Weiterverarbeitung Informationen über diesen anderen Zweck und alle anderen maßgeblichen Informationen gemäß Absatz 2 zur Verfügung.

(4) Die Absätze 1, 2 und 3 finden keine Anwendung, wenn und soweit die betroffene Person bereits über die Informationen verfügt.

---

[1] Richtig wohl: „möglichen".

Art. 14 Informationspflicht, wenn die personenbezogenen Daten nicht bei der betroffenen Person erhoben wurden. (1) Werden personenbezogene Daten nicht bei der betroffenen Person erhoben, so teilt der Verantwortliche der betroffenen Person Folgendes mit:

a) den Namen und die Kontaktdaten des Verantwortlichen sowie gegebenenfalls seines Vertreters;

b) zusätzlich die Kontaktdaten des Datenschutzbeauftragten;

c) die Zwecke, für die die personenbezogenen Daten verarbeitet werden sollen, sowie die Rechtsgrundlage für die Verarbeitung;

d) die Kategorien personenbezogener Daten, die verarbeitet werden;

e) gegebenenfalls die Empfänger oder Kategorien von Empfängern der personenbezogenen Daten;

f) gegebenenfalls die Absicht des Verantwortlichen, die personenbezogenen Daten an einen Empfänger in einem Drittland oder einer internationalen Organisation zu übermitteln, sowie das Vorhandensein oder das Fehlen eines Angemessenheitsbeschlusses der Kommission oder im Falle von Übermittlungen gemäß Artikel 46 oder Artikel 47 oder Artikel 49 Absatz 1 Unterabsatz 2 einen Verweis auf die geeigneten oder angemessenen Garantien und die Möglichkeit, eine Kopie von ihnen zu erhalten, oder wo sie verfügbar sind.

(2) Zusätzlich zu den Informationen gemäß Absatz 1 stellt der Verantwortliche der betroffenen Person die folgenden Informationen zur Verfügung, die erforderlich sind, um der betroffenen Person gegenüber eine faire und transparente Verarbeitung zu gewährleisten:

a) die Dauer, für die die personenbezogenen Daten gespeichert werden oder, falls dies nicht möglich ist, die Kriterien für die Festlegung dieser Dauer;

b) wenn die Verarbeitung auf Artikel 6 Absatz 1 Buchstabe f beruht, die berechtigten Interessen, die von dem Verantwortlichen oder einem Dritten verfolgt werden;

c) das Bestehen eines Rechts auf Auskunft seitens des Verantwortlichen über die betreffenden personenbezogenen Daten sowie auf Berichtigung oder Löschung oder auf Einschränkung der Verarbeitung und eines Widerspruchsrechts gegen die Verarbeitung sowie des Rechts auf Datenübertragbarkeit;

d) wenn die Verarbeitung auf Artikel 6 Absatz 1 Buchstabe a oder Artikel 9 Absatz 2 Buchstabe a beruht, das Bestehen eines Rechts, die Einwilligung jederzeit zu widerrufen, ohne dass die Rechtmäßigkeit der aufgrund der Einwilligung bis zum Widerruf erfolgten Verarbeitung berührt wird;

e) das Bestehen eines Beschwerderechts bei einer Aufsichtsbehörde;

f) aus welcher Quelle die personenbezogenen Daten stammen und gegebenenfalls ob sie aus öffentlich zugänglichen Quellen stammen;

g) das Bestehen einer automatisierten Entscheidungsfindung einschließlich Profiling gemäß Artikel 22 Absätze 1 und 4 und – zumindest in diesen Fällen – aussagekräftige Informationen über die involvierte Logik sowie die Tragweite und die angestrebten Auswirkungen einer derartigen Verarbeitung für die betroffene Person.

(3) Der Verantwortliche erteilt die Informationen gemäß den Absätzen 1 und 2

a) unter Berücksichtigung der spezifischen Umstände der Verarbeitung der personenbezogenen Daten innerhalb einer angemessenen Frist nach Erlangung der personenbezogenen Daten, längstens jedoch innerhalb eines Monats,
b) falls die personenbezogenen Daten zur Kommunikation mit der betroffenen Person verwendet werden sollen, spätestens zum Zeitpunkt der ersten Mitteilung an sie, oder,
c) falls die Offenlegung an einen anderen Empfänger beabsichtigt ist, spätestens zum Zeitpunkt der ersten Offenlegung.

(4) Beabsichtigt der Verantwortliche, die personenbezogenen Daten für einen anderen Zweck weiterzuverarbeiten als den, für den die personenbezogenen Daten erlangt wurden, so stellt er der betroffenen Person vor dieser Weiterverarbeitung Informationen über diesen anderen Zweck und alle anderen maßgeblichen Informationen gemäß Absatz 2 zur Verfügung.

(5) Die Absätze 1 bis 4 finden keine Anwendung, wenn und soweit

a) die betroffene Person bereits über die Informationen verfügt,
b) die Erteilung dieser Informationen sich als unmöglich erweist oder einen unverhältnismäßigen Aufwand erfordern würde; dies gilt insbesondere für die Verarbeitung für im öffentlichen Interesse liegende Archivzwecke, für wissenschaftliche oder historische Forschungszwecke oder für statistische Zwecke vorbehaltlich der in Artikel 89 Absatz 1 genannten Bedingungen und Garantien oder soweit die in Absatz 1 des vorliegenden Artikels genannte Pflicht voraussichtlich die Verwirklichung der Ziele dieser Verarbeitung unmöglich macht oder ernsthaft beeinträchtigt. In diesen Fällen ergreift der Verantwortliche geeignete Maßnahmen zum Schutz der Rechte und Freiheiten sowie der berechtigten Interessen der betroffenen Person, einschließlich der Bereitstellung dieser Informationen für die Öffentlichkeit,
c) die Erlangung oder Offenlegung durch Rechtsvorschriften der Union oder der Mitgliedstaaten, denen der Verantwortliche unterliegt und die geeignete Maßnahmen zum Schutz der berechtigten Interessen der betroffenen Person vorsehen, ausdrücklich geregelt ist oder
d) die personenbezogenen Daten gemäß dem Unionsrecht oder dem Recht der Mitgliedstaaten dem Berufsgeheimnis, einschließlich einer satzungsmäßigen Geheimhaltungspflicht, unterliegen und daher vertraulich behandelt werden müssen.

Art. 15 Auskunftsrecht der betroffenen Person. (1) Die betroffene Person hat das Recht, von dem Verantwortlichen eine Bestätigung darüber zu verlangen, ob sie betreffende personenbezogene Daten verarbeitet werden; ist dies der Fall, so hat sie ein Recht auf Auskunft über diese personenbezogenen Daten und auf folgende Informationen:

a) die Verarbeitungszwecke;
b) die Kategorien personenbezogener Daten, die verarbeitet werden;
c) die Empfänger oder Kategorien von Empfängern, gegenüber denen die personenbezogenen Daten offengelegt worden sind oder noch offengelegt

werden, insbesondere bei Empfängern in Drittländern oder bei internationalen Organisationen;

d) falls möglich die geplante Dauer, für die die personenbezogenen Daten gespeichert werden, oder, falls dies nicht möglich ist, die Kriterien für die Festlegung dieser Dauer;

e) das Bestehen eines Rechts auf Berichtigung oder Löschung der sie betreffenden personenbezogenen Daten oder auf Einschränkung der Verarbeitung durch den Verantwortlichen oder eines Widerspruchsrechts gegen diese Verarbeitung;

f) das Bestehen eines Beschwerderechts bei einer Aufsichtsbehörde;

g) wenn die personenbezogenen Daten nicht bei der betroffenen Person erhoben werden, alle verfügbaren Informationen über die Herkunft der Daten;

h) das Bestehen einer automatisierten Entscheidungsfindung einschließlich Profiling gemäß Artikel 22 Absätze 1 und 4 und – zumindest in diesen Fällen – aussagekräftige Informationen über die involvierte Logik sowie die Tragweite und die angestrebten Auswirkungen einer derartigen Verarbeitung für die betroffene Person.

(2) Werden personenbezogene Daten an ein Drittland oder an eine internationale Organisation übermittelt, so hat die betroffene Person das Recht, über die geeigneten Garantien gemäß Artikel 46 im Zusammenhang mit der Übermittlung unterrichtet zu werden.

(3) [1] Der Verantwortliche stellt eine Kopie der personenbezogenen Daten, die Gegenstand der Verarbeitung sind, zur Verfügung. [2] Für alle weiteren Kopien, die die betroffene Person beantragt, kann der Verantwortliche ein angemessenes Entgelt auf der Grundlage der Verwaltungskosten verlangen. [3] Stellt die betroffene Person den Antrag elektronisch, so sind die Informationen in einem gängigen elektronischen Format zur Verfügung zu stellen, sofern sie nichts anderes angibt.

(4) Das Recht auf Erhalt einer Kopie gemäß Absatz 3 darf die Rechte und Freiheiten anderer Personen nicht beeinträchtigen.

Abschnitt 3. Berichtigung und Löschung

Art. 16 Recht auf Berichtigung. [1] Die betroffene Person hat das Recht, von dem Verantwortlichen unverzüglich die Berichtigung sie betreffender unrichtiger personenbezogener Daten zu verlangen. [2] Unter Berücksichtigung der Zwecke der Verarbeitung hat die betroffene Person das Recht, die Vervollständigung unvollständiger personenbezogener Daten – auch mittels einer ergänzenden Erklärung – zu verlangen.

Art. 17 Recht auf Löschung („Recht auf Vergessenwerden") (1) Die betroffene Person hat das Recht, von dem Verantwortlichen zu verlangen, dass sie betreffende personenbezogene Daten unverzüglich gelöscht werden, und der Verantwortliche ist verpflichtet, personenbezogene Daten unverzüglich zu löschen, sofern einer der folgenden Gründe zutrifft:

a) Die personenbezogenen Daten sind für die Zwecke, für die sie erhoben oder auf sonstige Weise verarbeitet wurden, nicht mehr notwendig.

b) Die betroffene Person widerruft ihre Einwilligung, auf die sich die Verarbeitung gemäß Artikel 6 Absatz 1 Buchstabe a oder Artikel 9 Absatz 2

Buchstabe a stützte, und es fehlt an einer anderweitigen Rechtsgrundlage für die Verarbeitung.

c) Die betroffene Person legt gemäß Artikel 21 Absatz 1 Widerspruch gegen die Verarbeitung ein und es liegen keine vorrangigen berechtigten Gründe für die Verarbeitung vor, oder die betroffene Person legt gemäß Artikel 21 Absatz 2 Widerspruch gegen die Verarbeitung ein.

d) Die personenbezogenen Daten wurden unrechtmäßig verarbeitet.

e) Die Löschung der personenbezogenen Daten ist zur Erfüllung einer rechtlichen Verpflichtung nach dem Unionsrecht oder dem Recht der Mitgliedstaaten erforderlich, dem der Verantwortliche unterliegt.

f) Die personenbezogenen Daten wurden in Bezug auf angebotene Dienste der Informationsgesellschaft gemäß Artikel 8 Absatz 1 erhoben.

(2) Hat der Verantwortliche die personenbezogenen Daten öffentlich gemacht und ist er gemäß Absatz 1 zu deren Löschung verpflichtet, so trifft er unter Berücksichtigung der verfügbaren Technologie und der Implementierungskosten angemessene Maßnahmen, auch technischer Art, um für die Datenverarbeitung Verantwortliche, die die personenbezogenen Daten verarbeiten, darüber zu informieren, dass eine betroffene Person von ihnen die Löschung aller Links zu diesen personenbezogenen Daten oder von Kopien oder Replikationen dieser personenbezogenen Daten verlangt hat.

(3) Die Absätze 1 und 2 gelten nicht, soweit die Verarbeitung erforderlich ist

a) zur Ausübung des Rechts auf freie Meinungsäußerung und Information;

b) zur Erfüllung einer rechtlichen Verpflichtung, die die Verarbeitung nach dem Recht der Union oder der Mitgliedstaaten, dem der Verantwortliche unterliegt, erfordert, oder zur Wahrnehmung einer Aufgabe, die im öffentlichen Interesse liegt oder in Ausübung öffentlicher Gewalt erfolgt, die dem Verantwortlichen übertragen wurde;

c) aus Gründen des öffentlichen Interesses im Bereich der öffentlichen Gesundheit gemäß Artikel 9 Absatz 2 Buchstaben h und i sowie Artikel 9 Absatz 3;

d) für im öffentlichen Interesse liegende Archivzwecke, wissenschaftliche oder historische Forschungszwecke oder für statistische Zwecke gemäß Artikel 89 Absatz 1, soweit das in Absatz 1 genannte Recht voraussichtlich die Verwirklichung der Ziele dieser Verarbeitung unmöglich macht oder ernsthaft beeinträchtigt, oder

e) zur Geltendmachung, Ausübung oder Verteidigung von Rechtsansprüchen.

Art. 18 Recht auf Einschränkung der Verarbeitung. (1) Die betroffene Person hat das Recht, von dem Verantwortlichen die Einschränkung der Verarbeitung zu verlangen, wenn eine der folgenden Voraussetzungen gegeben ist:

a) die Richtigkeit der personenbezogenen Daten von der betroffenen Person bestritten wird, und zwar für eine Dauer, die es dem Verantwortlichen ermöglicht, die Richtigkeit der personenbezogenen Daten zu überprüfen,

b) die Verarbeitung unrechtmäßig ist und die betroffene Person die Löschung der personenbezogenen Daten ablehnt und stattdessen die Einschränkung der Nutzung der personenbezogenen Daten verlangt;[1]

---

[1] Zeichensetzung amtlich.

c) der Verantwortliche die personenbezogenen Daten für die Zwecke der Verarbeitung nicht länger benötigt, die betroffene Person sie jedoch zur Geltendmachung, Ausübung oder Verteidigung von Rechtsansprüchen benötigt, oder
d) die betroffene Person Widerspruch gegen die Verarbeitung gemäß Artikel 21 Absatz 1 eingelegt hat, solange noch nicht feststeht, ob die berechtigten Gründe des Verantwortlichen gegenüber denen der betroffenen Person überwiegen.

(2) Wurde die Verarbeitung gemäß Absatz 1 eingeschränkt, so dürfen diese personenbezogenen Daten – von ihrer Speicherung abgesehen – nur mit Einwilligung der betroffenen Person oder zur Geltendmachung, Ausübung oder Verteidigung von Rechtsansprüchen oder zum Schutz der Rechte einer anderen natürlichen oder juristischen Person oder aus Gründen eines wichtigen öffentlichen Interesses der Union oder eines Mitgliedstaats verarbeitet werden.

(3) Eine betroffene Person, die eine Einschränkung der Verarbeitung gemäß Absatz 1 erwirkt hat, wird von dem Verantwortlichen unterrichtet, bevor die Einschränkung aufgehoben wird.

Art. 19 Mitteilungspflicht im Zusammenhang mit der Berichtigung oder Löschung personenbezogener Daten oder der Einschränkung der Verarbeitung. [1] Der Verantwortliche teilt allen Empfängern, denen personenbezogenen Daten offengelegt wurden, jede Berichtigung oder Löschung der personenbezogenen Daten oder eine Einschränkung der Verarbeitung nach Artikel 16, Artikel 17 Absatz 1 und Artikel 18 mit, es sei denn, dies erweist sich als unmöglich oder ist mit einem unverhältnismäßigen Aufwand verbunden. [2] Der Verantwortliche unterrichtet die betroffene Person über diese Empfänger, wenn die betroffene Person dies verlangt.

Art. 20 Recht auf Datenübertragbarkeit. (1) Die betroffene Person hat das Recht, die sie betreffenden personenbezogenen Daten, die sie einem Verantwortlichen bereitgestellt hat, in einem strukturierten, gängigen und maschinenlesbaren Format zu erhalten, und sie hat das Recht, diese Daten einem anderen Verantwortlichen ohne Behinderung durch den Verantwortlichen, dem die personenbezogenen Daten bereitgestellt wurden, zu übermitteln, sofern
a) die Verarbeitung auf einer Einwilligung gemäß Artikel 6 Absatz 1 Buchstabe a oder Artikel 9 Absatz 2 Buchstabe a oder auf einem Vertrag gemäß Artikel 6 Absatz 1 Buchstabe b beruht und
b) die Verarbeitung mithilfe automatisierter Verfahren erfolgt.

(2) Bei der Ausübung ihres Rechts auf Datenübertragbarkeit gemäß Absatz 1 hat die betroffene Person das Recht, zu erwirken, dass die personenbezogenen Daten direkt von einem Verantwortlichen einem anderen Verantwortlichen übermittelt werden, soweit dies technisch machbar ist.

(3) [1] Die Ausübung des Rechts nach Absatz 1 des vorliegenden Artikels lässt Artikel 17 unberührt. [2] Dieses Recht gilt nicht für eine Verarbeitung, die für die Wahrnehmung einer Aufgabe erforderlich ist, die im öffentlichen Interesse liegt oder in Ausübung öffentlicher Gewalt erfolgt, die dem Verantwortlichen übertragen wurde.

(4) Das Recht gemäß Absatz 1 darf die Rechte und Freiheiten anderer Personen nicht beeinträchtigen.

Abschnitt 4. Widerspruchsrecht und automatisierte Entscheidungsfindung im Einzelfall

Art. 21 Widerspruchsrecht. (1) [1] Die betroffene Person hat das Recht, aus Gründen, die sich aus ihrer besonderen Situation ergeben, jederzeit gegen die Verarbeitung sie betreffender personenbezogener Daten, die aufgrund von Artikel 6 Absatz 1 Buchstaben e oder f erfolgt, Widerspruch einzulegen; dies gilt auch für ein auf diese Bestimmungen gestütztes Profiling. [2] Der Verantwortliche verarbeitet die personenbezogenen Daten nicht mehr, es sei denn, er kann zwingende schutzwürdige Gründe für die Verarbeitung nachweisen, die die Interessen, Rechte und Freiheiten der betroffenen Person überwiegen, oder die Verarbeitung dient der Geltendmachung, Ausübung oder Verteidigung von Rechtsansprüchen.

(2) Werden personenbezogene Daten verarbeitet, um Direktwerbung zu betreiben, so hat die betroffene Person das Recht, jederzeit Widerspruch gegen die Verarbeitung sie betreffender personenbezogener Daten zum Zwecke derartiger Werbung einzulegen; dies gilt auch für das Profiling, soweit es mit solcher Direktwerbung in Verbindung steht.

(3) Widerspricht die betroffene Person der Verarbeitung für Zwecke der Direktwerbung, so werden die personenbezogenen Daten nicht mehr für diese Zwecke verarbeitet.

(4) Die betroffene Person muss spätestens zum Zeitpunkt der ersten Kommunikation mit ihr ausdrücklich auf das in den Absätzen 1 und 2 genannte Recht hingewiesen werden; dieser Hinweis hat in einer verständlichen und von anderen Informationen getrennten Form zu erfolgen.

(5) Im Zusammenhang mit der Nutzung von Diensten der Informationsgesellschaft kann die betroffene Person ungeachtet der Richtlinie 2002/58/EG ihr Widerspruchsrecht mittels automatisierter Verfahren ausüben, bei denen technische Spezifikationen verwendet werden.

(6) Die betroffene Person hat das Recht, aus Gründen, die sich aus ihrer besonderen Situation ergeben, gegen die sie betreffende Verarbeitung sie betreffender personenbezogener Daten, die zu wissenschaftlichen oder historischen Forschungszwecken oder zu statistischen Zwecken gemäß Artikel 89 Absatz 1 erfolgt, Widerspruch einzulegen, es sei denn, die Verarbeitung ist zur Erfüllung einer im öffentlichen Interesse liegenden Aufgabe erforderlich.

Art. 22 Automatisierte Entscheidungen im Einzelfall einschließlich Profiling. (1) Die betroffene Person hat das Recht, nicht einer ausschließlich auf einer automatisierten Verarbeitung – einschließlich Profiling – beruhenden Entscheidung unterworfen zu werden, die ihr gegenüber rechtliche Wirkung entfaltet oder sie in ähnlicher Weise erheblich beeinträchtigt.

(2) Absatz 1 gilt nicht, wenn die Entscheidung

a) für den Abschluss oder die Erfüllung eines Vertrags zwischen der betroffenen Person und dem Verantwortlichen erforderlich ist,

b) aufgrund von Rechtsvorschriften der Union oder der Mitgliedstaaten, denen der Verantwortliche unterliegt, zulässig ist und diese Rechtsvorschriften angemessene Maßnahmen zur Wahrung der Rechte und Freiheiten sowie der berechtigten Interessen der betroffenen Person enthalten oder

c) mit ausdrücklicher Einwilligung der betroffenen Person erfolgt.

(3) In den in Absatz 2 Buchstaben a und c genannten Fällen trifft der Verantwortliche angemessene Maßnahmen, um die Rechte und Freiheiten sowie die berechtigten Interessen der betroffenen Person zu wahren, wozu mindestens das Recht auf Erwirkung des Eingreifens einer Person seitens des Verantwortlichen, auf Darlegung des eigenen Standpunkts und auf Anfechtung der Entscheidung gehört.

(4) Entscheidungen nach Absatz 2 dürfen nicht auf besonderen Kategorien personenbezogener Daten nach Artikel 9 Absatz 1 beruhen, sofern nicht Artikel 9 Absatz 2 Buchstabe a oder g gilt und angemessene Maßnahmen zum Schutz der Rechte und Freiheiten sowie der berechtigten Interessen der betroffenen Person getroffen wurden.

Abschnitt 5. Beschränkungen

Art. 23 Beschränkungen. (1) Durch Rechtsvorschriften der Union oder der Mitgliedstaaten, denen der Verantwortliche oder der Auftragsverarbeiter unterliegt, können die Pflichten und Rechte gemäß den Artikeln 12 bis 22 und Artikel 34 sowie Artikel 5, insofern dessen Bestimmungen den in den Artikeln 12 bis 22 vorgesehenen Rechten und Pflichten entsprechen, im Wege von Gesetzgebungsmaßnahmen beschränkt werden, sofern eine solche Beschränkung den Wesensgehalt der Grundrechte und Grundfreiheiten achtet und in einer demokratischen Gesellschaft eine notwendige und verhältnismäßige Maßnahme darstellt, die Folgendes sicherstellt:

a) die nationale Sicherheit;

b) die Landesverteidigung;

c) die öffentliche Sicherheit;

d) die Verhütung, Ermittlung, Aufdeckung oder Verfolgung von Straftaten oder die Strafvollstreckung, einschließlich des Schutzes vor und der Abwehr von Gefahren für die öffentliche Sicherheit;

e) den Schutz sonstiger wichtiger Ziele des allgemeinen öffentlichen Interesses der Union oder eines Mitgliedstaats, insbesondere eines wichtigen wirtschaftlichen oder finanziellen Interesses der Union oder eines Mitgliedstaats, etwa im Währungs-, Haushalts- und Steuerbereich sowie im Bereich der öffentlichen Gesundheit und der sozialen Sicherheit;

f) den Schutz der Unabhängigkeit der Justiz und den Schutz von Gerichtsverfahren;

g) die Verhütung, Aufdeckung, Ermittlung und Verfolgung von Verstößen gegen die berufsständischen Regeln reglementierter Berufe;

h) Kontroll-, Überwachungs- und Ordnungsfunktionen, die dauernd oder zeitweise mit der Ausübung öffentlicher Gewalt für die unter den Buchstaben a bis e und g genannten Zwecke verbunden sind;

i) den Schutz der betroffenen Person oder der Rechte und Freiheiten anderer Personen;

j) die Durchsetzung zivilrechtlicher Ansprüche.

(2) Jede Gesetzgebungsmaßnahme im Sinne des Absatzes 1 muss insbesondere gegebenenfalls spezifische Vorschriften enthalten zumindest in Bezug auf

a) die Zwecke der Verarbeitung oder die Verarbeitungskategorien,
b) die Kategorien personenbezogener Daten,
c) den Umfang der vorgenommenen Beschränkungen,
d) die Garantien gegen Missbrauch oder unrechtmäßigen Zugang oder unrechtmäßige Übermittlung;
e) die Angaben zu dem Verantwortlichen oder den Kategorien von Verantwortlichen,
f) die jeweiligen Speicherfristen sowie die geltenden Garantien unter Berücksichtigung von Art, Umfang und Zwecken der Verarbeitung oder der Verarbeitungskategorien,
g) die Risiken für die Rechte und Freiheiten der betroffenen Personen und
h) das Recht der betroffenen Personen auf Unterrichtung über die Beschränkung, sofern dies nicht dem Zweck der Beschränkung abträglich ist.

Kapitel IV. Verantwortlicher und Auftragsverarbeiter

Abschnitt 1. Allgemeine Pflichten

Art. 24 Verantwortung des für die Verarbeitung Verantwortlichen.

(1) [1] Der Verantwortliche setzt unter Berücksichtigung der Art, des Umfangs, der Umstände und der Zwecke der Verarbeitung sowie der unterschiedlichen Eintrittswahrscheinlichkeit und Schwere der Risiken für die Rechte und Freiheiten natürlicher Personen geeignete technische und organisatorische Maßnahmen um, um sicherzustellen und den Nachweis dafür erbringen zu können, dass die Verarbeitung gemäß dieser Verordnung erfolgt. [2] Diese Maßnahmen werden erforderlichenfalls überprüft und aktualisiert.

(2) Sofern dies in einem angemessenen Verhältnis zu den Verarbeitungstätigkeiten steht, müssen die Maßnahmen gemäß Absatz 1 die Anwendung geeigneter Datenschutzvorkehrungen durch den Verantwortlichen umfassen.

(3) Die Einhaltung der genehmigten Verhaltensregeln gemäß Artikel 40 oder eines genehmigten Zertifizierungsverfahrens gemäß Artikel 42 kann als Gesichtspunkt herangezogen werden, um die Erfüllung der Pflichten des Verantwortlichen nachzuweisen.

Art. 25 Datenschutz durch Technikgestaltung und durch datenschutzfreundliche Voreinstellungen. (1) Unter Berücksichtigung des Stands der Technik, der Implementierungskosten und der Art, des Umfangs, der Umstände und der Zwecke der Verarbeitung sowie der unterschiedlichen Eintrittswahrscheinlichkeit und Schwere der mit der Verarbeitung verbundenen Risiken für die Rechte und Freiheiten natürlicher Personen trifft der Verantwortliche sowohl zum Zeitpunkt der Festlegung der Mittel für die Verarbeitung als auch zum Zeitpunkt der eigentlichen Verarbeitung geeignete technische und organisatorische Maßnahmen – wie z.B. Pseudonymisierung –, die dafür ausgelegt sind, die Datenschutzgrundsätze wie etwa Datenminimierung wirksam umzusetzen und die notwendigen Garantien in die Verarbeitung aufzunehmen, um den Anforderungen dieser Verordnung zu genügen und die Rechte der betroffenen Personen zu schützen.

(2) [1] Der Verantwortliche trifft geeignete technische und organisatorische Maßnahmen, die sicherstellen, dass durch Voreinstellung nur personenbezogene Daten, deren Verarbeitung für den jeweiligen bestimmten Verarbeitungszweck erforderlich ist, verarbeitet werden. [2] Diese Verpflichtung gilt für die Menge der erhobenen personenbezogenen Daten, den Umfang ihrer Verarbeitung, ihre Speicherfrist und ihre Zugänglichkeit. [3] Solche Maßnahmen müssen insbesondere sicherstellen, dass personenbezogene Daten durch Voreinstellungen nicht ohne Eingreifen der Person einer unbestimmten Zahl von natürlichen Personen zugänglich gemacht werden.

(3) Ein genehmigtes Zertifizierungsverfahren gemäß Artikel 42 kann als Faktor herangezogen werden, um die Erfüllung der in den Absätzen 1 und 2 des vorliegenden Artikels genannten Anforderungen nachzuweisen.

Art. 26 Gemeinsam Verantwortliche. (1) [1] Legen zwei oder mehr Verantwortliche gemeinsam die Zwecke der und die Mittel zur Verarbeitung fest, so sind sie gemeinsam Verantwortliche. [2] Sie legen in einer Vereinbarung in transparenter Form fest, wer von ihnen welche Verpflichtung gemäß dieser Verordnung erfüllt, insbesondere was die Wahrnehmung der Rechte der betroffenen Person angeht, und wer welchen Informationspflichten gemäß den Artikeln 13 und 14 nachkommt, sofern und soweit die jeweiligen Aufgaben der Verantwortlichen nicht durch Rechtsvorschriften der Union oder der Mitgliedstaaten, denen die Verantwortlichen unterliegen, festgelegt sind. [3] In der Vereinbarung kann eine Anlaufstelle für die betroffenen Personen angegeben werden.

(2) [1] Die Vereinbarung gemäß Absatz 1 muss die jeweiligen tatsächlichen Funktionen und Beziehungen der gemeinsam Verantwortlichen gegenüber betroffenen Personen gebührend widerspiegeln. [2] Das wesentliche der Vereinbarung wird der betroffenen Person zur Verfügung gestellt.

(3) Ungeachtet der Einzelheiten der Vereinbarung gemäß Absatz 1 kann die betroffene Person ihre Rechte im Rahmen dieser Verordnung bei und gegenüber jedem einzelnen der Verantwortlichen geltend machen.

Art. 27 Vertreter von nicht in der Union niedergelassenen Verantwortlichen oder Auftragsverarbeitern. (1) In den Fällen gemäß Artikel 3 Absatz 2 benennt der Verantwortliche oder der Auftragsverarbeiter schriftlich einen Vertreter in der Union.

(2) Die Pflicht gemäß Absatz 1 des vorliegenden Artikels gilt nicht für

a) eine Verarbeitung, die gelegentlich erfolgt, nicht die umfangreiche Verarbeitung besonderer Datenkategorien im Sinne des Artikels 9 Absatz 1 oder die umfangreiche Verarbeitung von personenbezogenen Daten über strafrechtliche Verurteilungen und Straftaten im Sinne des Artikels 10 einschließt und unter Berücksichtigung der Art, der Umstände, des Umfangs und der Zwecke der Verarbeitung voraussichtlich nicht zu einem Risiko für die Rechte und Freiheiten natürlicher Personen führt, oder
b) Behörden oder öffentliche Stellen.

(3) Der Vertreter muss in einem der Mitgliedstaaten niedergelassen sein, in denen die betroffenen Personen, deren personenbezogene Daten im Zusammenhang mit den ihnen angebotenen Waren oder Dienstleistungen verarbeitet werden oder deren Verhalten beobachtet wird, sich befinden.

(4) Der Vertreter wird durch den Verantwortlichen oder den Auftragsverarbeiter beauftragt, zusätzlich zu diesem oder an seiner Stelle insbesondere für Aufsichtsbehörden und betroffene Personen bei sämtlichen Fragen im Zusammenhang mit der Verarbeitung zur Gewährleistung der Einhaltung dieser Verordnung als Anlaufstelle zu dienen.

(5) Die Benennung eines Vertreters durch den Verantwortlichen oder den Auftragsverarbeiter erfolgt unbeschadet etwaiger rechtlicher Schritte gegen den Verantwortlichen oder den Auftragsverarbeiter selbst.

Art. 28 Auftragsverarbeiter. (1) Erfolgt eine Verarbeitung im Auftrag eines Verantwortlichen, so arbeitet dieser nur mit Auftragsverarbeitern, die hinreichend Garantien dafür bieten, dass geeignete technische und organisatorische Maßnahmen so durchgeführt werden, dass die Verarbeitung im Einklang mit den Anforderungen dieser Verordnung erfolgt und den Schutz der Rechte der betroffenen Person gewährleistet.

(2) [1] Der Auftragsverarbeiter nimmt keinen weiteren Auftragsverarbeiter ohne vorherige gesonderte oder allgemeine schriftliche Genehmigung des Verantwortlichen in Anspruch. [2] Im Fall einer allgemeinen schriftlichen Genehmigung informiert der Auftragsverarbeiter den Verantwortlichen immer über jede beabsichtigte Änderung in Bezug auf die Hinzuziehung oder die Ersetzung anderer Auftragsverarbeiter, wodurch der Verantwortliche die Möglichkeit erhält, gegen derartige Änderungen Einspruch zu erheben.

(3) *[1]* [1] Die Verarbeitung durch einen Auftragsverarbeiter erfolgt auf der Grundlage eines Vertrags oder eines anderen Rechtsinstruments nach dem Unionsrecht oder dem Recht der Mitgliedstaaten, der bzw. das den Auftragsverarbeiter in Bezug auf den Verantwortlichen bindet und in dem Gegenstand und Dauer der Verarbeitung, Art und Zweck der Verarbeitung, die Art der personenbezogenen Daten, die Kategorien betroffener Personen und die Pflichten und Rechte des Verantwortlichen festgelegt sind. [2] Dieser Vertrag bzw. dieses andere Rechtsinstrument sieht insbesondere vor, dass der Auftragsverarbeiter

a) die personenbezogenen Daten nur auf dokumentierte Weisung des Verantwortlichen – auch in Bezug auf die Übermittlung personenbezogener Daten an ein Drittland oder eine internationale Organisation – verarbeitet, sofern er nicht durch das Recht der Union oder der Mitgliedstaaten, dem der Auftragsverarbeiter unterliegt, hierzu verpflichtet ist; in einem solchen Fall teilt der Auftragsverarbeiter dem Verantwortlichen diese rechtlichen Anforderungen vor der Verarbeitung mit, sofern das betreffende Recht eine solche Mitteilung nicht wegen eines wichtigen öffentlichen Interesses verbietet;
b) gewährleistet, dass sich die zur Verarbeitung der personenbezogenen Daten befugten Personen zur Vertraulichkeit verpflichtet haben oder einer angemessenen gesetzlichen Verschwiegenheitspflicht unterliegen;
c) alle gemäß Artikel 32 erforderlichen Maßnahmen ergreift;
d) die in den Absätzen 2 und 4 genannten Bedingungen für die Inanspruchnahme der Dienste eines weiteren Auftragsverarbeiters einhält;
e) angesichts der Art der Verarbeitung den Verantwortlichen nach Möglichkeit mit geeigneten technischen und organisatorischen Maßnahmen dabei unterstützt, seiner Pflicht zur Beantwortung von Anträgen auf Wahrnehmung der in Kapitel III genannten Rechte der betroffenen Person nachzukommen;

f) unter Berücksichtigung der Art der Verarbeitung und der ihm zur Verfügung stehenden Informationen den Verantwortlichen bei der Einhaltung der in den Artikeln 32 bis 36 genannten Pflichten unterstützt;

g) nach Abschluss der Erbringung der Verarbeitungsleistungen alle personenbezogenen Daten nach Wahl des Verantwortlichen entweder löscht oder zurückgibt und die vorhandenen Kopien löscht, sofern nicht nach dem Unionsrecht oder dem Recht der Mitgliedstaaten eine Verpflichtung zur Speicherung der personenbezogenen Daten besteht;

h) dem Verantwortlichen alle erforderlichen Informationen zum Nachweis der Einhaltung der in diesem Artikel niedergelegten Pflichten zur Verfügung stellt und Überprüfungen – einschließlich Inspektionen –, die vom Verantwortlichen oder einem anderen von diesem beauftragten Prüfer durchgeführt werden, ermöglicht und dazu beiträgt.

[2] Mit Blick auf Unterabsatz 1 Buchstabe h informiert der Auftragsverarbeiter den Verantwortlichen unverzüglich, falls er der Auffassung ist, dass eine Weisung gegen diese Verordnung oder gegen andere Datenschutzbestimmungen der Union oder der Mitgliedstaaten verstößt.

(4) [1] Nimmt der Auftragsverarbeiter die Dienste eines weiteren Auftragsverarbeiters in Anspruch, um bestimmte Verarbeitungstätigkeiten im Namen des Verantwortlichen auszuführen, so werden diesem weiteren Auftragsverarbeiter im Wege eines Vertrags oder eines anderen Rechtsinstruments nach dem Unionsrecht oder dem Recht des betreffenden Mitgliedstaats dieselben Datenschutzpflichten auferlegt, die in dem Vertrag oder anderen Rechtsinstrument zwischen dem Verantwortlichen und dem Auftragsverarbeiter gemäß Absatz 3 festgelegt sind, wobei insbesondere hinreichende Garantien dafür geboten werden muss, dass die geeigneten technischen und organisatorischen Maßnahmen so durchgeführt werden, dass die Verarbeitung entsprechend den Anforderungen dieser Verordnung erfolgt. [2] Kommt der weitere Auftragsverarbeiter seinen Datenschutzpflichten nicht nach, so haftet der erste Auftragsverarbeiter gegenüber dem Verantwortlichen für die Einhaltung der Pflichten jenes anderen Auftragsverarbeiters.

(5) Die Einhaltung genehmigter Verhaltensregeln gemäß Artikel 40 oder eines genehmigten Zertifizierungsverfahrens gemäß Artikel 42 durch einen Auftragsverarbeiter kann als Faktor herangezogen werden, um hinreichende Garantien im Sinne der Absätze 1 und 4 des vorliegenden Artikels nachzuweisen.

(6) Unbeschadet eines individuellen Vertrags zwischen dem Verantwortlichen und dem Auftragsverarbeiter kann der Vertrag oder das andere Rechtsinstrument im Sinne der Absätze 3 und 4 des vorliegenden Artikels ganz oder teilweise auf den in den Absätzen 7 und 8 des vorliegenden Artikels genannten Standardvertragsklauseln beruhen, auch wenn diese Bestandteil einer dem Verantwortlichen oder dem Auftragsverarbeiter gemäß den Artikeln 42 und 43 erteilten Zertifizierung sind.

(7) Die Kommission kann im Einklang mit dem Prüfverfahren gemäß Artikel 93 Absatz 2 Standardvertragsklauseln zur Regelung der in den Absätzen 3 und 4 des vorliegenden Artikels genannten Fragen festlegen.

(8) Eine Aufsichtsbehörde kann im Einklang mit dem Kohärenzverfahren gemäß Artikel 63 Standardvertragsklauseln zur Regelung der in den Absätzen 3 und 4 des vorliegenden Artikels genannten Fragen festlegen.

(9) Der Vertrag oder das andere Rechtsinstrument im Sinne der Absätze 3 und 4 ist schriftlich abzufassen, was auch in einem elektronischen Format erfolgen kann.

(10) Unbeschadet der Artikel 82, 83 und 84 gilt ein Auftragsverarbeiter, der unter Verstoß gegen diese Verordnung die Zwecke und Mittel der Verarbeitung bestimmt, in Bezug auf diese Verarbeitung als Verantwortlicher.

Art. 29 Verarbeitung unter der Aufsicht des Verantwortlichen oder des Auftragsverarbeiters. Der Auftragsverarbeiter und jede dem Verantwortlichen oder dem Auftragsverarbeiter unterstellte Person, die Zugang zu personenbezogenen Daten hat, dürfen diese Daten ausschließlich auf Weisung des Verantwortlichen verarbeiten, es sei denn, dass sie nach dem Unionsrecht oder dem Recht der Mitgliedstaaten zur Verarbeitung verpflichtet sind.

Art. 30 Verzeichnis von Verarbeitungstätigkeiten. (1) [1]Jeder Verantwortliche und gegebenenfalls sein Vertreter führen ein Verzeichnis aller Verarbeitungstätigkeiten, die ihrer Zuständigkeit unterliegen. [2]Dieses Verzeichnis enthält sämtliche folgenden Angaben:

a) den Namen und die Kontaktdaten des Verantwortlichen und gegebenenfalls des gemeinsam mit ihm Verantwortlichen, des Vertreters des Verantwortlichen sowie eines etwaigen Datenschutzbeauftragten;
b) die Zwecke der Verarbeitung;
c) eine Beschreibung der Kategorien betroffener Personen und der Kategorien personenbezogener Daten;
d) die Kategorien von Empfängern, gegenüber denen die personenbezogenen Daten offengelegt worden sind oder noch offengelegt werden, einschließlich Empfänger in Drittländern oder internationalen Organisationen;
e) gegebenenfalls Übermittlungen von personenbezogenen Daten an ein Drittland oder an eine internationale Organisation, einschließlich der Angabe des betreffenden Drittlands oder der betreffenden internationalen Organisation, sowie bei den in Artikel 49 Absatz 1 Unterabsatz 2 genannten Datenübermittlungen die Dokumentierung geeigneter Garantien;
f) wenn möglich, die vorgesehenen Fristen für die Löschung der verschiedenen Datenkategorien;
g) wenn möglich, eine allgemeine Beschreibung der technischen und organisatorischen Maßnahmen gemäß Artikel 32 Absatz 1.

(2) Jeder Auftragsverarbeiter und gegebenenfalls sein Vertreter führen ein Verzeichnis zu allen Kategorien von im Auftrag eines Verantwortlichen durchgeführten Tätigkeiten der Verarbeitung, das Folgendes enthält:

a) den Namen und die Kontaktdaten des Auftragsverarbeiters oder der Auftragsverarbeiter und jedes Verantwortlichen, in dessen Auftrag der Auftragsverarbeiter tätig ist, sowie gegebenenfalls des Vertreters des Verantwortlichen oder des Auftragsverarbeiters und eines etwaigen Datenschutzbeauftragten;
b) die Kategorien von Verarbeitungen, die im Auftrag jedes Verantwortlichen durchgeführt werden;
c) gegebenenfalls Übermittlungen von personenbezogenen Daten an ein Drittland oder an eine internationale Organisation, einschließlich der Angabe des betreffenden Drittlands oder der betreffenden internationalen Organisation,

sowie bei den in Artikel 49 Absatz 1 Unterabsatz 2 genannten Datenübermittlungen die Dokumentierung geeigneter Garantien;

d) wenn möglich, eine allgemeine Beschreibung der technischen und organisatorischen Maßnahmen gemäß Artikel 32 Absatz 1.

(3) Das in den Absätzen 1 und 2 genannte Verzeichnis ist schriftlich zu führen, was auch in einem elektronischen Format erfolgen kann.

(4) Der Verantwortliche oder der Auftragsverarbeiter sowie gegebenenfalls der Vertreter des Verantwortlichen oder des Auftragsverarbeiters stellen der Aufsichtsbehörde das Verzeichnis auf Anfrage zur Verfügung.

(5) Die in den Absätzen 1 und 2 genannten Pflichten gelten nicht für Unternehmen oder Einrichtungen, die weniger als 250 Mitarbeiter beschäftigen, es sei denn, die von ihnen vorgenommene Verarbeitung birgt ein Risiko für die Rechte und Freiheiten der betroffenen Personen, die Verarbeitung erfolgt nicht nur gelegentlich oder es erfolgt eine Verarbeitung besonderer Datenkategorien gemäß Artikel 9 Absatz 1 bzw. die Verarbeitung von personenbezogenen Daten über strafrechtliche Verurteilungen und Straftaten im Sinne des Artikels 10.

Art. 31 Zusammenarbeit mit der Aufsichtsbehörde. Der Verantwortliche und der Auftragsverarbeiter und gegebenenfalls deren Vertreter arbeiten auf Anfrage mit der Aufsichtsbehörde bei der Erfüllung ihrer Aufgaben zusammen.

Abschnitt 2. Sicherheit personenbezogener Daten

Art. 32 Sicherheit der Verarbeitung. (1) Unter Berücksichtigung des Stands der Technik, der Implementierungskosten und der Art, des Umfangs, der Umstände und der Zwecke der Verarbeitung sowie der unterschiedlichen Eintrittswahrscheinlichkeit und Schwere des Risikos für die Rechte und Freiheiten natürlicher Personen treffen der Verantwortliche und der Auftragsverarbeiter geeignete technische und organisatorische Maßnahmen, um ein dem Risiko angemessenes Schutzniveau zu gewährleisten; diese Maßnahmen schließen gegebenenfalls unter anderem Folgendes ein:

a) die Pseudonymisierung und Verschlüsselung personenbezogener Daten;

b) die Fähigkeit, die Vertraulichkeit, Integrität, Verfügbarkeit und Belastbarkeit der Systeme und Dienste im Zusammenhang mit der Verarbeitung auf Dauer sicherzustellen;

c) die Fähigkeit, die Verfügbarkeit der personenbezogenen Daten und den Zugang zu ihnen bei einem physischen oder technischen Zwischenfall rasch wiederherzustellen;

d) ein Verfahren zur regelmäßigen Überprüfung, Bewertung und Evaluierung der Wirksamkeit der technischen und organisatorischen Maßnahmen zur Gewährleistung der Sicherheit der Verarbeitung.

(2) Bei der Beurteilung des angemessenen Schutzniveaus sind insbesondere die Risiken zu berücksichtigen, die mit der Verarbeitung verbunden sind, insbesondere durch – ob unbeabsichtigt oder unrechtmäßig – Vernichtung, Verlust, Veränderung oder unbefugte Offenlegung von beziehungsweise unbefugten Zugang zu personenbezogenen Daten, die übermittelt, gespeichert oder auf andere Weise verarbeitet wurden.

(3) Die Einhaltung genehmigter Verhaltensregeln gemäß Artikel 40 oder eines genehmigten Zertifizierungsverfahrens gemäß Artikel 42 kann als Faktor herangezogen werden, um die Erfüllung der in Absatz 1 des vorliegenden Artikels genannten Anforderungen nachzuweisen.

(4) Der Verantwortliche und der Auftragsverarbeiter unternehmen Schritte, um sicherzustellen, dass ihnen unterstellte natürliche Personen, die Zugang zu personenbezogenen Daten haben, diese nur auf Anweisung des Verantwortlichen verarbeiten, es sei denn, sie sind nach dem Recht der Union oder der Mitgliedstaaten zur Verarbeitung verpflichtet.

Art. 33 Meldung von Verletzungen des Schutzes personenbezogener Daten an die Aufsichtsbehörde. (1) [1] Im Falle einer Verletzung des Schutzes personenbezogener Daten meldet der Verantwortliche unverzüglich und möglichst binnen 72 Stunden, nachdem ihm die Verletzung bekannt wurde, diese der gemäß Artikel 55 zuständigen Aufsichtsbehörde, es sei denn, dass die Verletzung des Schutzes personenbezogener Daten voraussichtlich nicht zu einem Risiko für die Rechte und Freiheiten natürlicher Personen führt. [2] Erfolgt die Meldung an die Aufsichtsbehörde nicht binnen 72 Stunden, so ist ihr eine Begründung für die Verzögerung beizufügen.

(2) Wenn dem Auftragsverarbeiter eine Verletzung des Schutzes personenbezogener Daten bekannt wird, meldet er diese dem Verantwortlichen unverzüglich.

(3) Die Meldung gemäß Absatz 1 enthält zumindest folgende Informationen:

a) eine Beschreibung der Art der Verletzung des Schutzes personenbezogener Daten, soweit möglich mit Angabe der Kategorien und der ungefähren Zahl der betroffenen Personen, der betroffenen Kategorien und der ungefähren Zahl der betroffenen personenbezogenen Datensätze;
b) den Namen und die Kontaktdaten des Datenschutzbeauftragten oder einer sonstigen Anlaufstelle für weitere Informationen;
c) eine Beschreibung der wahrscheinlichen Folgen der Verletzung des Schutzes personenbezogener Daten;
d) eine Beschreibung der von dem Verantwortlichen ergriffenen oder vorgeschlagenen Maßnahmen zur Behebung der Verletzung des Schutzes personenbezogener Daten und gegebenenfalls Maßnahmen zur Abmilderung ihrer möglichen nachteiligen Auswirkungen.

(4) Wenn und soweit die Informationen nicht zur gleichen Zeit bereitgestellt werden können, kann der Verantwortliche diese Informationen ohne unangemessene weitere Verzögerung schrittweise zur Verfügung stellen.

(5) [1] Der Verantwortliche dokumentiert Verletzungen des Schutzes personenbezogener Daten einschließlich aller im Zusammenhang mit der Verletzung des Schutzes personenbezogener Daten stehenden Fakten, ihrer Auswirkungen und der ergriffenen Abhilfemaßnahmen. [2] Diese Dokumentation muss der Aufsichtsbehörde die Überprüfung der Einhaltung der Bestimmungen dieses Artikels ermöglichen.

Art. 34 Benachrichtigung der von einer Verletzung des Schutzes personenbezogener Daten betroffenen Person. (1) Hat die Verletzung des Schutzes personenbezogener Daten voraussichtlich ein hohes Risiko für die persönlichen Rechte und Freiheiten natürlicher Personen zur Folge, so benachrichtigt der Verantwortliche die betroffene Person unverzüglich von der Verletzung.

(2) Die in Absatz 1 genannte Benachrichtigung der betroffenen Person beschreibt in klarer und einfacher Sprache die Art der Verletzung des Schutzes personenbezogener Daten und enthält zumindest die in Artikel 33 Absatz 3 Buchstaben b, c und d genannten Informationen und Maßnahmen.

(3) Die Benachrichtigung der betroffenen Person gemäß Absatz 1 ist nicht erforderlich, wenn eine der folgenden Bedingungen erfüllt ist:

a) der Verantwortliche hat geeignete technische und organisatorische Sicherheitsvorkehrungen getroffen und diese Vorkehrungen wurden auf die von der Verletzung betroffenen personenbezogenen Daten angewandt, insbesondere solche, durch die die personenbezogenen Daten für alle Personen, die nicht zum Zugang zu den personenbezogenen Daten befugt sind, unzugänglich gemacht werden, etwa durch Verschlüsselung;
b) der Verantwortliche hat durch nachfolgende Maßnahmen sichergestellt, dass das hohe Risiko für die Rechte und Freiheiten der betroffenen Personen gemäß Absatz 1 aller Wahrscheinlichkeit nach nicht mehr besteht;
c) die Benachrichtigung wäre mit einem unverhältnismäßigen Aufwand verbunden. In diesem Fall hat stattdessen eine öffentliche Bekanntmachung oder eine ähnliche Maßnahme zu erfolgen, durch die die betroffenen Personen vergleichbar wirksam informiert werden.

(4) Wenn der Verantwortliche die betroffene Person nicht bereits über die Verletzung des Schutzes personenbezogener Daten benachrichtigt hat, kann die Aufsichtsbehörde unter Berücksichtigung der Wahrscheinlichkeit, mit der die Verletzung des Schutzes personenbezogener Daten zu einem hohen Risiko führt, von dem Verantwortlichen verlangen, dies nachzuholen, oder sie kann mit einem Beschluss feststellen, dass bestimmte der in Absatz 3 genannten Voraussetzungen erfüllt sind.

Abschnitt 3. Datenschutz-Folgenabschätzung und vorherige Konsultation

Art. 35 Datenschutz-Folgenabschätzung. (1) [1] Hat eine Form der Verarbeitung, insbesondere bei Verwendung neuer Technologien, aufgrund der Art, des Umfangs, der Umstände und der Zwecke der Verarbeitung voraussichtlich ein hohes Risiko für die Rechte und Freiheiten natürlicher Personen zur Folge, so führt der Verantwortliche vorab eine Abschätzung der Folgen der vorgesehenen Verarbeitungsvorgänge für den Schutz personenbezogener Daten durch. [2] Für die Untersuchung mehrerer ähnlicher Verarbeitungsvorgänge mit ähnlich hohen Risiken kann eine einzige Abschätzung vorgenommen werden.

(2) Der Verantwortliche holt bei der Durchführung einer Datenschutz-Folgenabschätzung den Rat des Datenschutzbeauftragten, sofern ein solcher benannt wurde, ein.

(3) Eine Datenschutz-Folgenabschätzung gemäß Absatz 1 ist insbesondere in folgenden Fällen erforderlich:

a) systematische und umfassende Bewertung persönlicher Aspekte natürlicher Personen, die sich auf automatisierte Verarbeitung einschließlich Profiling gründet und die ihrerseits als Grundlage für Entscheidungen dient, die

Rechtswirkung gegenüber natürlichen Personen entfalten oder diese in ähnlich erheblicher Weise beeinträchtigen;

b) umfangreiche Verarbeitung besonderer Kategorien von personenbezogenen Daten gemäß Artikel 9 Absatz 1 oder von personenbezogenen Daten über strafrechtliche Verurteilungen und Straftaten gemäß Artikel 10 oder

c) systematische umfangreiche Überwachung öffentlich zugänglicher Bereiche.

(4) [1] Die Aufsichtsbehörde erstellt eine Liste der Verarbeitungsvorgänge, für die gemäß Absatz 1 eine Datenschutz-Folgenabschätzung durchzuführen ist, und veröffentlicht diese. [2] Die Aufsichtsbehörde übermittelt diese Listen dem in Artikel 68 genannten Ausschuss.

(5) [1] Die Aufsichtsbehörde kann des Weiteren eine Liste der Arten von Verarbeitungsvorgängen erstellen und veröffentlichen, für die keine Datenschutz-Folgenabschätzung erforderlich ist. [2] Die Aufsichtsbehörde übermittelt diese Listen dem Ausschuss.

(6) Vor Festlegung der in den Absätzen 4 und 5 genannten Listen wendet die zuständige Aufsichtsbehörde das Kohärenzverfahren gemäß Artikel 63 an, wenn solche Listen Verarbeitungstätigkeiten umfassen, die mit dem Angebot von Waren oder Dienstleistungen für betroffene Personen oder der Beobachtung des Verhaltens dieser Personen in mehreren Mitgliedstaaten im Zusammenhang stehen oder die den freien Verkehr personenbezogener Daten innerhalb der Union erheblich beeinträchtigen könnten.

(7) Die Folgenabschätzung enthält zumindest Folgendes:

a) eine systematische Beschreibung der geplanten Verarbeitungsvorgänge und der Zwecke der Verarbeitung, gegebenenfalls einschließlich der von dem Verantwortlichen verfolgten berechtigten Interessen;

b) eine Bewertung der Notwendigkeit und Verhältnismäßigkeit der Verarbeitungsvorgänge in Bezug auf den Zweck;

c) eine Bewertung der Risiken für die Rechte und Freiheiten der betroffenen Personen gemäß Absatz 1 und

d) die zur Bewältigung der Risiken geplanten Abhilfemaßnahmen, einschließlich Garantien, Sicherheitsvorkehrungen und Verfahren, durch die der Schutz personenbezogener Daten sichergestellt und der Nachweis dafür erbracht wird, dass diese Verordnung eingehalten wird, wobei den Rechten und berechtigten Interessen der betroffenen Personen und sonstiger Betroffener Rechnung getragen wird.

(8) Die Einhaltung genehmigter Verhaltensregeln gemäß Artikel 40 durch die zuständigen Verantwortlichen oder die zuständigen Auftragsverarbeiter ist bei der Beurteilung der Auswirkungen der von diesen durchgeführten Verarbeitungsvorgänge, insbesondere für die Zwecke einer Datenschutz-Folgenabschätzung, gebührend zu berücksichtigen.

(9) Der Verantwortliche holt gegebenenfalls den Standpunkt der betroffenen Personen oder ihrer Vertreter zu der beabsichtigten Verarbeitung unbeschadet des Schutzes gewerblicher oder öffentlicher Interessen oder der Sicherheit der Verarbeitungsvorgänge ein.

(10) Falls die Verarbeitung gemäß Artikel 6 Absatz 1 Buchstabe c oder e auf einer Rechtsgrundlage im Unionsrecht oder im Recht des Mitgliedstaats, dem der Verantwortliche unterliegt, beruht und falls diese Rechtsvorschriften den konkreten Verarbeitungsvorgang oder die konkreten Verarbeitungsvorgänge

regeln und bereits im Rahmen der allgemeinen Folgenabschätzung im Zusammenhang mit dem Erlass dieser Rechtsgrundlage eine Datenschutz-Folgenabschätzung erfolgte, gelten die Absätze 1 bis 7 nur, wenn es nach dem Ermessen der Mitgliedstaaten erforderlich ist, vor den betreffenden Verarbeitungstätigkeiten eine solche Folgenabschätzung durchzuführen.

(11) Erforderlichenfalls führt der Verantwortliche eine Überprüfung durch, um zu bewerten, ob die Verarbeitung gemäß der Datenschutz-Folgenabschätzung durchgeführt wird; dies gilt zumindest, wenn hinsichtlich des mit den Verarbeitungsvorgängen verbundenen Risikos Änderungen eingetreten sind.

Art. 36 Vorherige Konsultation. (1) Der Verantwortliche konsultiert vor der Verarbeitung die Aufsichtsbehörde, wenn aus einer Datenschutz-Folgenabschätzung gemäß Artikel 35 hervorgeht, dass die Verarbeitung ein hohes Risiko zur Folge hätte, sofern der Verantwortliche keine Maßnahmen zur Eindämmung des Risikos trifft.

(2) [1] Falls die Aufsichtsbehörde der Auffassung ist, dass die geplante Verarbeitung gemäß Absatz 1 nicht im Einklang mit dieser Verordnung stünde, insbesondere weil der Verantwortliche das Risiko nicht ausreichend ermittelt oder nicht ausreichend eingedämmt hat, unterbreitet sie dem Verantwortlichen und gegebenenfalls dem Auftragsverarbeiter innerhalb eines Zeitraums von bis zu acht Wochen nach Erhalt des Ersuchens um Konsultation entsprechende schriftliche Empfehlungen und kann ihre in Artikel 58 genannten Befugnisse ausüben. [2] Diese Frist kann unter Berücksichtigung der Komplexität der geplanten Verarbeitung um sechs Wochen verlängert werden. [3] Die Aufsichtsbehörde unterrichtet den Verantwortlichen oder gegebenenfalls den Auftragsverarbeiter über eine solche Fristverlängerung innerhalb eines Monats nach Eingang des Antrags auf Konsultation zusammen mit den Gründen für die Verzögerung. [4] Diese Fristen können ausgesetzt werden, bis die Aufsichtsbehörde die für die Zwecke der Konsultation angeforderten Informationen erhalten hat.

(3) Der Verantwortliche stellt der Aufsichtsbehörde bei einer Konsultation gemäß Absatz 1 folgende Informationen zur Verfügung:

a) gegebenenfalls Angaben zu den jeweiligen Zuständigkeiten des Verantwortlichen, der gemeinsam Verantwortlichen und der an der Verarbeitung beteiligten Auftragsverarbeiter, insbesondere bei einer Verarbeitung innerhalb einer Gruppe von Unternehmen;
b) die Zwecke und die Mittel der beabsichtigten Verarbeitung;
c) die zum Schutz der Rechte und Freiheiten der betroffenen Personen gemäß dieser Verordnung vorgesehenen Maßnahmen und Garantien;
d) gegebenenfalls die Kontaktdaten des Datenschutzbeauftragten;
e) die Datenschutz-Folgenabschätzung gemäß Artikel 35 und
f) alle sonstigen von der Aufsichtsbehörde angeforderten Informationen.

(4) Die Mitgliedstaaten konsultieren die Aufsichtsbehörde bei der Ausarbeitung eines Vorschlags für von einem nationalen Parlament zu erlassende Gesetzgebungsmaßnahmen oder von auf solchen Gesetzgebungsmaßnahmen basierenden Regelungsmaßnahmen, die die Verarbeitung betreffen.

(5) Ungeachtet des Absatzes 1 können Verantwortliche durch das Recht der Mitgliedstaaten verpflichtet werden, bei der Verarbeitung zur Erfüllung einer im öffentlichen Interesse liegenden Aufgabe, einschließlich der Verarbeitung zu

Zwecken der sozialen Sicherheit und der öffentlichen Gesundheit, die Aufsichtsbehörde zu konsultieren und deren vorherige Genehmigung einzuholen.

Abschnitt 4. Datenschutzbeauftragter

Art. 37 Benennung eines Datenschutzbeauftragten. (1) Der Verantwortliche und der Auftragsverarbeiter benennen auf jeden Fall einen Datenschutzbeauftragten, wenn

a) die Verarbeitung von einer Behörde oder öffentlichen Stelle durchgeführt wird, mit Ausnahme von Gerichten, soweit sie im Rahmen ihrer justiziellen Tätigkeit handeln,
b) die Kerntätigkeit des Verantwortlichen oder des Auftragsverarbeiters in der Durchführung von Verarbeitungsvorgängen besteht, welche aufgrund ihrer Art, ihres Umfangs und/oder ihrer Zwecke eine umfangreiche regelmäßige und systematische Überwachung von betroffenen Personen erforderlich machen, oder
c) die Kerntätigkeit des Verantwortlichen oder des Auftragsverarbeiters in der umfangreichen Verarbeitung besonderer Kategorien von Daten gemäß Artikel 9 oder von personenbezogenen Daten über strafrechtliche Verurteilungen und Straftaten gemäß Artikel 10 besteht.

(2) Eine Unternehmensgruppe darf einen gemeinsamen Datenschutzbeauftragten ernennen, sofern von jeder Niederlassung aus der Datenschutzbeauftragte leicht erreicht werden kann.

(3) Falls es sich bei dem Verantwortlichen oder dem Auftragsverarbeiter um eine Behörde oder öffentliche Stelle handelt, kann für mehrere solcher Behörden oder Stellen unter Berücksichtigung ihrer Organisationsstruktur und ihrer Größe ein gemeinsamer Datenschutzbeauftragter benannt werden.

(4) [1] In anderen als den in Absatz 1 genannten Fällen können der Verantwortliche oder der Auftragsverarbeiter oder Verbände und andere Vereinigungen, die Kategorien von Verantwortlichen oder Auftragsverarbeitern vertreten, einen Datenschutzbeauftragten benennen; falls dies nach dem Recht der Union oder der Mitgliedstaaten vorgeschrieben ist, müssen sie einen solchen benennen. [2] Der Datenschutzbeauftragte kann für derartige Verbände und andere Vereinigungen, die Verantwortliche oder Auftragsverarbeiter vertreten, handeln.

(5) Der Datenschutzbeauftragte wird auf der Grundlage seiner beruflichen Qualifikation und insbesondere des Fachwissens benannt, das er auf dem Gebiet des Datenschutzrechts und der Datenschutzpraxis besitzt, sowie auf der Grundlage seiner Fähigkeit zur Erfüllung der in Artikel 39 genannten Aufgaben.

(6) Der Datenschutzbeauftragte kann Beschäftigter des Verantwortlichen oder des Auftragsverarbeiters sein oder seine Aufgaben auf der Grundlage eines Dienstleistungsvertrags erfüllen.

(7) Der Verantwortliche oder der Auftragsverarbeiter veröffentlicht die Kontaktdaten des Datenschutzbeauftragten und teilt diese Daten der Aufsichtsbehörde mit.

Art. 38 Stellung des Datenschutzbeauftragten. (1) Der Verantwortliche und der Auftragsverarbeiter stellen sicher, dass der Datenschutzbeauftragte ordnungsgemäß und frühzeitig in alle mit dem Schutz personenbezogener Daten zusammenhängenden Fragen eingebunden wird.

(2) Der Verantwortliche und der Auftragsverarbeiter unterstützen den Datenschutzbeauftragten bei der Erfüllung seiner Aufgaben gemäß Artikel 39, indem sie die für die Erfüllung dieser Aufgaben erforderlichen Ressourcen und den Zugang zu personenbezogenen Daten und Verarbeitungsvorgängen sowie die zur Erhaltung seines Fachwissens erforderlichen Ressourcen zur Verfügung stellen.

(3) [1] Der Verantwortliche und der Auftragsverarbeiter stellen sicher, dass der Datenschutzbeauftragte bei der Erfüllung seiner Aufgaben keine Anweisungen bezüglich der Ausübung dieser Aufgaben erhält. [2] Der Datenschutzbeauftragte darf von dem Verantwortlichen oder dem Auftragsverarbeiter wegen der Erfüllung seiner Aufgaben nicht abberufen oder benachteiligt werden. [3] Der Datenschutzbeauftragte berichtet unmittelbar der höchsten Managementebene des Verantwortlichen oder des Auftragsverarbeiters.

(4) Betroffene Personen können den Datenschutzbeauftragten zu allen mit der Verarbeitung ihrer personenbezogenen Daten und mit der Wahrnehmung ihrer Rechte gemäß dieser Verordnung im Zusammenhang stehenden Fragen zu Rate ziehen.

(5) Der Datenschutzbeauftragte ist nach dem Recht der Union oder der Mitgliedstaaten bei der Erfüllung seiner Aufgaben an die Wahrung der Geheimhaltung oder der Vertraulichkeit gebunden.

(6) [1] Der Datenschutzbeauftragte kann andere Aufgaben und Pflichten wahrnehmen. [2] Der Verantwortliche oder der Auftragsverarbeiter stellt sicher, dass derartige Aufgaben und Pflichten nicht zu einem Interessenkonflikt führen.

Art. 39 Aufgaben des Datenschutzbeauftragten. (1) Dem Datenschutzbeauftragten obliegen zumindest folgende Aufgaben:

a) Unterrichtung und Beratung des Verantwortlichen oder des Auftragsverarbeiters und der Beschäftigten, die Verarbeitungen durchführen, hinsichtlich ihrer Pflichten nach dieser Verordnung sowie nach sonstigen Datenschutzvorschriften der Union bzw. der Mitgliedstaaten;

b) Überwachung der Einhaltung dieser Verordnung, anderer Datenschutzvorschriften der Union bzw. der Mitgliedstaaten sowie der Strategien des Verantwortlichen oder des Auftragsverarbeiters für den Schutz personenbezogener Daten einschließlich der Zuweisung von Zuständigkeiten, der Sensibilisierung und Schulung der an den Verarbeitungsvorgängen beteiligten Mitarbeiter und der diesbezüglichen Überprüfungen;

c) Beratung – auf Anfrage – im Zusammenhang mit der Datenschutz-Folgenabschätzung und Überwachung ihrer Durchführung gemäß Artikel 35;

d) Zusammenarbeit mit der Aufsichtsbehörde;

e) Tätigkeit als Anlaufstelle für die Aufsichtsbehörde in mit der Verarbeitung zusammenhängenden Fragen, einschließlich der vorherigen Konsultation gemäß Artikel 36, und gegebenenfalls Beratung zu allen sonstigen Fragen.

(2) Der Datenschutzbeauftragte trägt bei der Erfüllung seiner Aufgaben dem mit den Verarbeitungsvorgängen verbundenen Risiko gebührend Rechnung,

wobei er die Art, den Umfang, die Umstände und die Zwecke der Verarbeitung berücksichtigt.

Abschnitt 5. Verhaltensregeln und Zertifizierung

Art. 40 Verhaltensregeln. (1) Die Mitgliedstaaten, die Aufsichtsbehörden, der Ausschuss und die Kommission fördern die Ausarbeitung von Verhaltensregeln, die nach Maßgabe der Besonderheiten der einzelnen Verarbeitungsbereiche und der besonderen Bedürfnisse von Kleinstunternehmen sowie kleinen und mittleren Unternehmen zur ordnungsgemäßen Anwendung dieser Verordnung beitragen sollen.

(2) Verbände und andere Vereinigungen, die Kategorien von Verantwortlichen oder Auftragsverarbeitern vertreten, können Verhaltensregeln ausarbeiten oder ändern oder erweitern, mit denen die Anwendung dieser Verordnung beispielsweise zu dem Folgenden präzisiert wird:

a) faire und transparente Verarbeitung;
b) die berechtigten Interessen des Verantwortlichen in bestimmten Zusammenhängen;
c) Erhebung personenbezogener Daten;
d) Pseudonymisierung personenbezogener Daten;
e) Unterrichtung der Öffentlichkeit und der betroffenen Personen;
f) Ausübung der Rechte betroffener Personen;
g) Unterrichtung und Schutz von Kindern und Art und Weise, in der die Einwilligung des Trägers der elterlichen Verantwortung für das Kind einzuholen ist;
h) die Maßnahmen und Verfahren gemäß den Artikeln 24 und 25 und die Maßnahmen für die Sicherheit der Verarbeitung gemäß Artikel 32;
i) die Meldung von Verletzungen des Schutzes personenbezogener Daten an Aufsichtsbehörden und die Benachrichtigung der betroffenen Person von solchen Verletzungen des Schutzes personenbezogener Daten;
j) die Übermittlung personenbezogener Daten an Drittländer oder an internationale Organisationen oder
k) außergerichtliche Verfahren und sonstige Streitbeilegungsverfahren zur Beilegung von Streitigkeiten zwischen Verantwortlichen und betroffenen Personen im Zusammenhang mit der Verarbeitung, unbeschadet der Rechte betroffener Personen gemäß den Artikeln 77 und 79.

(3) [1] Zusätzlich zur Einhaltung durch die unter diese Verordnung fallenden Verantwortlichen oder Auftragsverarbeiter können Verhaltensregeln, die gemäß Absatz 5 des vorliegenden Artikels genehmigt wurden und gemäß Absatz 9 des vorliegenden Artikels allgemeine Gültigkeit besitzen, auch von Verantwortlichen oder Auftragsverarbeitern, die gemäß Artikel 3 nicht unter diese Verordnung fallen, eingehalten werden, um geeignete Garantien im Rahmen der Übermittlung personenbezogener Daten an Drittländer oder internationale Organisationen nach Maßgabe des Artikels 46 Absatz 2 Buchstabe e zu bieten. [2] Diese Verantwortlichen oder Auftragsverarbeiter gehen mittels vertraglicher oder sonstiger rechtlich bindender Instrumente die verbindliche und durchsetzbare Verpflichtung ein, die geeigneten Garantien anzuwenden, auch im Hinblick auf die Rechte der betroffenen Personen.

(4) Die Verhaltensregeln gemäß Absatz 2 des vorliegenden Artikels müssen Verfahren vorsehen, die es der in Artikel 41 Absatz 1 genannten Stelle ermöglichen, die obligatorische Überwachung der Einhaltung ihrer Bestimmungen durch die Verantwortlichen oder die Auftragsverarbeiter, die sich zur Anwendung der Verhaltensregeln verpflichten, vorzunehmen, unbeschadet der Aufgaben und Befugnisse der Aufsichtsbehörde, die nach Artikel 55 oder 56 zuständig ist.

(5) [1]Verbände und andere Vereinigungen gemäß Absatz 2 des vorliegenden Artikels, die beabsichtigen, Verhaltensregeln auszuarbeiten oder bestehende Verhaltensregeln zu ändern oder zu erweitern, legen den Entwurf der Verhaltensregeln bzw. den Entwurf zu deren Änderung oder Erweiterung der Aufsichtsbehörde vor, die nach Artikel 55 zuständig ist. [2]Die Aufsichtsbehörde gibt eine Stellungnahme darüber ab, ob der Entwurf der Verhaltensregeln bzw. der Entwurf zu deren Änderung oder Erweiterung mit dieser Verordnung vereinbar ist und genehmigt diesen Entwurf der Verhaltensregeln bzw. den Entwurf zu deren Änderung oder Erweiterung, wenn sie der Auffassung ist, dass er ausreichende geeignete Garantien bietet.

(6) Wird durch die Stellungnahme nach Absatz 5 der Entwurf der Verhaltensregeln bzw. der Entwurf zu deren Änderung oder Erweiterung genehmigt und beziehen sich die betreffenden Verhaltensregeln nicht auf Verarbeitungstätigkeiten in mehreren Mitgliedstaaten, so nimmt die Aufsichtsbehörde die Verhaltensregeln in ein Verzeichnis auf und veröffentlicht sie.

(7) Bezieht sich der Entwurf der Verhaltensregeln auf Verarbeitungstätigkeiten in mehreren Mitgliedstaaten, so legt die nach Artikel 55 zuständige Aufsichtsbehörde – bevor sie den Entwurf der Verhaltensregeln bzw. den Entwurf zu deren Änderung oder Erweiterung genehmigt – ihn nach dem Verfahren gemäß Artikel 63 dem Ausschuss vor, der zu der Frage Stellung nimmt, ob der Entwurf der Verhaltensregeln bzw. der Entwurf zu deren Änderung oder Erweiterung mit dieser Verordnung vereinbar ist oder – im Fall nach Absatz 3 dieses Artikels – geeignete Garantien vorsieht.

(8) Wird durch die Stellungnahme nach Absatz 7 bestätigt, dass der Entwurf der Verhaltensregeln bzw. der Entwurf zu deren Änderung oder Erweiterung mit dieser Verordnung vereinbar ist oder – im Fall nach Absatz 3 – geeignete Garantien vorsieht, so übermittelt der Ausschuss seine Stellungnahme der Kommission.

(9) [1]Die Kommission kann im Wege von Durchführungsrechtsakten beschließen, dass die ihr gemäß Absatz 8 übermittelten genehmigten Verhaltensregeln bzw. deren genehmigte Änderung oder Erweiterung allgemeine Gültigkeit in der Union besitzen. [2]Diese Durchführungsrechtsakte werden gemäß dem Prüfverfahren nach Artikel 93 Absatz 2 erlassen.

(10) Die Kommission trägt dafür Sorge, dass die genehmigten Verhaltensregeln, denen gemäß Absatz 9 allgemeine Gültigkeit zuerkannt wurde, in geeigneter Weise veröffentlicht werden.

(11) Der Ausschuss nimmt alle genehmigten Verhaltensregeln bzw. deren genehmigte Änderungen oder Erweiterungen in ein Register auf und veröffentlicht sie in geeigneter Weise.

Art. 41 Überwachung der genehmigten Verhaltensregeln. (1) Unbeschadet der Aufgaben und Befugnisse der zuständigen Aufsichtsbehörde gemäß den Artikeln 57 und 58 kann die Überwachung der Einhaltung von Verhaltensregeln gemäß Artikel 40 von einer Stelle durchgeführt werden, die über das geeignete Fachwissen hinsichtlich des Gegenstands der Verhaltensregeln verfügt und die von der zuständigen Aufsichtsbehörde zu diesem Zweck akkreditiert wurde.

(2) Eine Stelle gemäß Absatz 1 kann zum Zwecke der Überwachung der Einhaltung von Verhaltensregeln akkreditiert werden, wenn sie

a) ihre Unabhängigkeit und ihr Fachwissen hinsichtlich des Gegenstands der Verhaltensregeln zur Zufriedenheit der zuständigen Aufsichtsbehörde nachgewiesen hat;
b) Verfahren festgelegt hat, die es ihr ermöglichen, zu bewerten, ob Verantwortliche und Auftragsverarbeiter die Verhaltensregeln anwenden können, die Einhaltung der Verhaltensregeln durch die Verantwortlichen und Auftragsverarbeiter zu überwachen und die Anwendung der Verhaltensregeln regelmäßig zu überprüfen;
c) Verfahren und Strukturen festgelegt hat, mit denen sie Beschwerden über Verletzungen der Verhaltensregeln oder über die Art und Weise, in der die Verhaltensregeln von dem Verantwortlichen oder dem Auftragsverarbeiter angewendet werden oder wurden, nachgeht und diese Verfahren und Strukturen für betroffene Personen und die Öffentlichkeit transparent macht, und
d) zur Zufriedenheit der zuständigen Aufsichtsbehörde nachgewiesen hat, dass ihre Aufgaben und Pflichten nicht zu einem Interessenkonflikt führen.

(3) Die zuständige Aufsichtsbehörde übermittelt den Entwurf der Anforderungen an die Akkreditierung einer Stelle nach Absatz 1 gemäß dem Kohärenzverfahren nach Artikel 63 an den Ausschuss.

(4) [1] Unbeschadet der Aufgaben und Befugnisse der zuständigen Aufsichtsbehörde und der Bestimmungen des Kapitels VIII ergreift eine Stelle gemäß Absatz 1 vorbehaltlich geeigneter Garantien im Falle einer Verletzung der Verhaltensregeln durch einen Verantwortlichen oder einen Auftragsverarbeiter geeignete Maßnahmen, einschließlich eines vorläufigen oder endgültigen Ausschlusses des Verantwortlichen oder Auftragsverarbeiters von den Verhaltensregeln. [2] Sie unterrichtet die zuständige Aufsichtsbehörde über solche Maßnahmen und deren Begründung.

(5) Die zuständige Aufsichtsbehörde widerruft die Akkreditierung einer Stelle gemäß Absatz 1, wenn die Anforderungen an ihre Akkreditierung nicht oder nicht mehr erfüllt sind oder wenn die Stelle Maßnahmen ergreift, die nicht mit dieser Verordnung vereinbar sind.

(6) Dieser Artikel gilt nicht für die Verarbeitung durch Behörden oder öffentliche Stellen.

Art. 42 Zertifizierung. (1) [1] Die Mitgliedstaaten, die Aufsichtsbehörden, der Ausschuss und die Kommission fördern insbesondere auf Unionsebene die Einführung von datenschutzspezifischen Zertifizierungsverfahren sowie von Datenschutzsiegeln und -prüfzeichen, die dazu dienen, nachzuweisen, dass diese Verordnung bei Verarbeitungsvorgängen von Verantwortlichen oder Auftragsverarbeitern eingehalten wird. [2] Den besonderen Bedürfnissen von Kleinstunternehmen sowie kleinen und mittleren Unternehmen wird Rechnung getragen.

(2) [1]Zusätzlich zur Einhaltung durch die unter diese Verordnung fallenden Verantwortlichen oder Auftragsverarbeiter können auch datenschutzspezifische Zertifizierungsverfahren, Siegel oder Prüfzeichen, die gemäß Absatz 5 des vorliegenden Artikels genehmigt worden sind, vorgesehen werden, um nachzuweisen, dass die Verantwortlichen oder Auftragsverarbeiter, die gemäß Artikel 3 nicht unter diese Verordnung fallen, im Rahmen der Übermittlung personenbezogener Daten an Drittländer oder internationale Organisationen nach Maßgabe von Artikel 46 Absatz 2 Buchstabe f geeignete Garantien bieten. [2]Diese Verantwortlichen oder Auftragsverarbeiter gehen mittels vertraglicher oder sonstiger rechtlich bindender Instrumente die verbindliche und durchsetzbare Verpflichtung ein, diese geeigneten Garantien anzuwenden, auch im Hinblick auf die Rechte der betroffenen Personen.

(3) Die Zertifizierung muss freiwillig und über ein transparentes Verfahren zugänglich sein.

(4) Eine Zertifizierung gemäß diesem Artikel mindert nicht die Verantwortung des Verantwortlichen oder des Auftragsverarbeiters für die Einhaltung dieser Verordnung und berührt nicht die Aufgaben und Befugnisse der Aufsichtsbehörden, die gemäß Artikel 55 oder 56 zuständig sind.

(5) [1]Eine Zertifizierung nach diesem Artikel wird durch die Zertifizierungsstellen nach Artikel 43 oder durch die zuständige Aufsichtsbehörde anhand der von dieser zuständigen Aufsichtsbehörde gemäß Artikel 58 Absatz 3 oder – gemäß Artikel 63 – durch den Ausschuss genehmigten Kriterien erteilt. [2]Werden die Kriterien vom Ausschuss genehmigt, kann dies zu einer gemeinsamen Zertifizierung, dem Europäischen Datenschutzsiegel, führen.

(6) Der Verantwortliche oder der Auftragsverarbeiter, der die von ihm durchgeführte Verarbeitung dem Zertifizierungsverfahren unterwirft, stellt der Zertifizierungsstelle nach Artikel 43 oder gegebenenfalls der zuständigen Aufsichtsbehörde alle für die Durchführung des Zertifizierungsverfahrens erforderlichen Informationen zur Verfügung und gewährt ihr den in diesem Zusammenhang erforderlichen Zugang zu seinen Verarbeitungstätigkeiten.

(7) [1]Die Zertifizierung wird einem Verantwortlichen oder einem Auftragsverarbeiter für eine Höchstdauer von drei Jahren erteilt und kann unter denselben Bedingungen verlängert werden, sofern die einschlägigen Kriterien weiterhin erfüllt werden. [2]Die Zertifizierung wird gegebenenfalls durch die Zertifizierungsstellen nach Artikel 43 oder durch die zuständige Aufsichtsbehörde widerrufen, wenn die Kriterien für die Zertifizierung nicht oder nicht mehr erfüllt werden.

(8) Der Ausschuss nimmt alle Zertifizierungsverfahren und Datenschutzsiegel und -prüfzeichen in ein Register auf und veröffentlicht sie in geeigneter Weise.

Art. 43 Zertifizierungsstellen. (1) [1]Unbeschadet der Aufgaben und Befugnisse der zuständigen Aufsichtsbehörde gemäß den Artikeln 57 und 58 erteilen oder verlängern Zertifizierungsstellen, die über das geeignete Fachwissen hinsichtlich des Datenschutzes verfügen, nach Unterrichtung der Aufsichtsbehörde – damit diese erforderlichenfalls von ihren Befugnissen gemäß Artikel 58 Absatz 2 Buchstabe h Gebrauch machen kann – die Zertifizierung. [2]Die Mitgliedstaaten stellen sicher, dass diese Zertifizierungsstellen von einer oder beiden der folgenden Stellen akkreditiert werden:

a) der gemäß Artikel 55 oder 56 zuständigen Aufsichtsbehörde;

b) der nationalen Akkreditierungsstelle, die gemäß der Verordnung (EG) Nr. 765/2008 des Europäischen Parlaments und des Rates[1)] im Einklang mit EN-ISO/IEC 17065/2012 und mit den zusätzlichen von der gemäß Artikel 55 oder 56 zuständigen Aufsichtsbehörde festgelegten Anforderungen benannt wurde.

(2) Zertifizierungsstellen nach Absatz 1 dürfen nur dann gemäß dem genannten Absatz akkreditiert werden, wenn sie

a) ihre Unabhängigkeit und ihr Fachwissen hinsichtlich des Gegenstands der Zertifizierung zur Zufriedenheit der zuständigen Aufsichtsbehörde nachgewiesen haben;

b) sich verpflichtet haben, die Kriterien nach Artikel 42 Absatz 5, die von der gemäß Artikel 55 oder 56 zuständigen Aufsichtsbehörde oder – gemäß Artikel 63 – von dem Ausschuss genehmigt wurden, einzuhalten;

c) Verfahren für die Erteilung, die regelmäßige Überprüfung und den Widerruf der Datenschutzzertifizierung sowie der Datenschutzsiegel und -prüfzeichen festgelegt haben;

d) Verfahren und Strukturen festgelegt haben, mit denen sie Beschwerden über Verletzungen der Zertifizierung oder die Art und Weise, in der die Zertifizierung von dem Verantwortlichen oder dem Auftragsverarbeiter umgesetzt wird oder wurde, nachgehen und diese Verfahren und Strukturen für betroffene Personen und die Öffentlichkeit transparent machen, und

e) zur Zufriedenheit der zuständigen Aufsichtsbehörde nachgewiesen haben, dass ihre Aufgaben und Pflichten nicht zu einem Interessenkonflikt führen.

(3) [1] Die Akkreditierung von Zertifizierungsstellen nach den Absätzen 1 und 2 erfolgt anhand der Anforderungen, die von der gemäß Artikel 55 oder 56 zuständigen Aufsichtsbehörde oder – gemäß Artikel 63 – von dem Ausschuss genehmigt wurden. [2] Im Fall einer Akkreditierung nach Absatz 1 Buchstabe b des vorliegenden Artikels ergänzen diese Anforderungen diejenigen, die in der Verordnung (EG) Nr. 765/2008 und in den technischen Vorschriften, in denen die Methoden und Verfahren der Zertifizierungsstellen beschrieben werden, vorgesehen sind.

(4) [1] Die Zertifizierungsstellen nach Absatz 1 sind unbeschadet der Verantwortung, die der Verantwortliche oder der Auftragsverarbeiter für die Einhaltung dieser Verordnung hat, für die angemessene Bewertung, die der Zertifizierung oder dem Widerruf einer Zertifizierung zugrunde liegt, verantwortlich. [2] Die Akkreditierung wird für eine Höchstdauer von fünf Jahren erteilt und kann unter denselben Bedingungen verlängert werden, sofern die Zertifizierungsstelle die Anforderungen dieses Artikels erfüllt.

[1)] **Amtl. Anm.:** Verordnung (EG) Nr. 765/2008 des Europäischen Parlaments und des Rates vom 9. Juli 2008 über die Vorschriften für die Akkreditierung und Marktüberwachung im Zusammenhang mit der Vermarktung von Produkten und zur Aufhebung der Verordnung (EWG) Nr. 339/93 des Rates (ABl. L 218 vom 13.8.2008, S. 30).

(5) Die Zertifizierungsstellen nach Absatz 1 teilen den zuständigen Aufsichtsbehörden die Gründe für die Erteilung oder den Widerruf der beantragten Zertifizierung mit.

(6) [1] Die Anforderungen nach Absatz 3 des vorliegenden Artikels und die Kriterien nach Artikel 42 Absatz 5 werden von der Aufsichtsbehörde in leicht zugänglicher Form veröffentlicht. [2] Die Aufsichtsbehörden übermitteln diese Anforderungen und Kriterien auch dem Ausschuss.

(7) Unbeschadet des Kapitels VIII widerruft die zuständige Aufsichtsbehörde oder die nationale Akkreditierungsstelle die Akkreditierung einer Zertifizierungsstelle nach Absatz 1, wenn die Voraussetzungen für die Akkreditierung nicht oder nicht mehr erfüllt sind oder wenn eine Zertifizierungsstelle Maßnahmen ergreift, die nicht mit dieser Verordnung vereinbar sind.

(8) Der Kommission wird die Befugnis übertragen, gemäß Artikel 92 delegierte Rechtsakte zu erlassen, um die Anforderungen festzulegen, die für die in Artikel 42 Absatz 1 genannten datenschutzspezifischen Zertifizierungsverfahren zu berücksichtigen sind.

(9) [1] Die Kommission kann Durchführungsrechtsakte erlassen, mit denen technische Standards für Zertifizierungsverfahren und Datenschutzsiegel und -prüfzeichen sowie Mechanismen zur Förderung und Anerkennung dieser Zertifizierungsverfahren und Datenschutzsiegel und -prüfzeichen festgelegt werden. [2] Diese Durchführungsrechtsakte werden gemäß dem in Artikel 93 Absatz 2 genannten Prüfverfahren erlassen.

Kapitel V. Übermittlungen personenbezogener Daten an Drittländer oder an internationale Organisationen

Art. 44 Allgemeine Grundsätze der Datenübermittlung. [1] Jedwede Übermittlung personenbezogener Daten, die bereits verarbeitet werden oder nach ihrer Übermittlung an ein Drittland oder eine internationale Organisation verarbeitet werden sollen, ist nur zulässig, wenn der Verantwortliche und der Auftragsverarbeiter die in diesem Kapitel niedergelegten Bedingungen einhalten und auch die sonstigen Bestimmungen dieser Verordnung eingehalten werden; dies gilt auch für die etwaige Weiterübermittlung personenbezogener Daten aus dem betreffenden Drittland oder der betreffenden internationalen Organisation an ein anderes Drittland oder eine andere internationale Organisation. [2] Alle Bestimmungen dieses Kapitels sind anzuwenden, um sicherzustellen, dass das durch diese Verordnung gewährleistete Schutzniveau für natürliche Personen nicht untergraben wird.

Art. 45 Datenübermittlung auf der Grundlage eines Angemessenheitsbeschlusses. (1) [1] Eine Übermittlung personenbezogener Daten an ein Drittland oder eine internationale Organisation darf vorgenommen werden, wenn die Kommission beschlossen hat, dass das betreffende Drittland, ein Gebiet oder ein oder mehrere spezifische Sektoren in diesem Drittland oder die betreffende internationale Organisation ein angemessenes Schutzniveau bietet. [2] Eine solche Datenübermittlung bedarf keiner besonderen Genehmigung.

(2) Bei der Prüfung der Angemessenheit des gebotenen Schutzniveaus berücksichtigt die Kommission insbesondere das Folgende:

a) die Rechtsstaatlichkeit, die Achtung der Menschenrechte und Grundfreiheiten, die in dem betreffenden Land bzw. bei der betreffenden internationalen Organisation geltenden einschlägigen Rechtsvorschriften sowohl allgemeiner als auch sektoraler Art – auch in Bezug auf öffentliche Sicherheit, Verteidigung, nationale Sicherheit und Strafrecht sowie Zugang der Behörden zu personenbezogenen Daten – sowie die Anwendung dieser Rechtsvorschriften, Datenschutzvorschriften, Berufsregeln und Sicherheitsvorschriften einschließlich der Vorschriften für die Weiterübermittlung personenbezogener Daten an ein anderes Drittland bzw. eine andere internationale Organisation, die Rechtsprechung sowie wirksame und durchsetzbare Rechte der betroffenen Person und wirksame verwaltungsrechtliche und gerichtliche Rechtsbehelfe für betroffene Personen, deren personenbezogene Daten übermittelt werden,

b) die Existenz und die wirksame Funktionsweise einer oder mehrerer unabhängiger Aufsichtsbehörden in dem betreffenden Drittland oder denen eine internationale Organisation untersteht und die für die Einhaltung und Durchsetzung der Datenschutzvorschriften, einschließlich angemessener Durchsetzungsbefugnisse, für die Unterstützung und Beratung der betroffenen Personen bei der Ausübung ihrer Rechte und für die Zusammenarbeit mit den Aufsichtsbehörden der Mitgliedstaaten zuständig sind, und

c) die von dem betreffenden Drittland bzw. der betreffenden internationalen Organisation eingegangenen internationalen Verpflichtungen oder andere Verpflichtungen, die sich aus rechtsverbindlichen Übereinkünften oder Instrumenten sowie aus der Teilnahme des Drittlands oder der internationalen Organisation an multilateralen oder regionalen Systemen insbesondere in Bezug auf den Schutz personenbezogener Daten ergeben.

(3) [1] Nach der Beurteilung der Angemessenheit des Schutzniveaus kann die Kommission im Wege eines Durchführungsrechtsaktes beschließen, dass ein Drittland, ein Gebiet oder ein oder mehrere spezifische Sektoren in einem Drittland oder eine internationale Organisation ein angemessenes Schutzniveau im Sinne des Absatzes 2 des vorliegenden Artikels bieten. [2] In dem Durchführungsrechtsakt ist ein Mechanismus für eine regelmäßige Überprüfung, die mindestens alle vier Jahre erfolgt, vorzusehen, bei der allen maßgeblichen Entwicklungen in dem Drittland oder bei der internationalen Organisation Rechnung getragen wird. [3] Im Durchführungsrechtsakt werden der territoriale und der sektorale Anwendungsbereich sowie gegebenenfalls die in Absatz 2 Buchstabe b des vorliegenden Artikels genannte Aufsichtsbehörde bzw. genannten Aufsichtsbehörden angegeben. [4] Der Durchführungsrechtsakt wird gemäß dem in Artikel 93 Absatz 2 genannten Prüfverfahren erlassen.

(4) Die Kommission überwacht fortlaufend die Entwicklungen in Drittländern und bei internationalen Organisationen, die die Wirkungsweise der nach Absatz 3 des vorliegenden Artikels erlassenen Beschlüsse und der nach Artikel 25 Absatz 6 der Richtlinie 95/46/EG erlassenen Feststellungen beeinträchtigen könnten.

(5) *[1]* [1] Die Kommission widerruft, ändert oder setzt die in Absatz 3 des vorliegenden Artikels genannten Beschlüsse im Wege von Durchführungsrechtsakten aus, soweit dies nötig ist und ohne rückwirkende Kraft, soweit entsprechende Informationen – insbesondere im Anschluss an die in Absatz 3 des vorliegenden Artikels genannte Überprüfung – dahingehend vorliegen, dass

ein Drittland, ein Gebiet oder ein oder mehrere spezifischer Sektor in einem Drittland oder eine internationale Organisation kein angemessenes Schutzniveau im Sinne des Absatzes 2 des vorliegenden Artikels mehr gewährleistet. [2]Diese Durchführungsrechtsakte werden gemäß dem Prüfverfahren nach Artikel 93 Absatz 2 erlassen.

[2] In hinreichend begründeten Fällen äußerster Dringlichkeit erlässt die Kommission gemäß dem in Artikel 93 Absatz 3 genannten Verfahren sofort geltende Durchführungsrechtsakte.

(6) Die Kommission nimmt Beratungen mit dem betreffenden Drittland bzw. der betreffenden internationalen Organisation auf, um Abhilfe für die Situation zu schaffen, die zu dem gemäß Absatz 5 erlassenen Beschluss geführt hat.

(7) Übermittlungen personenbezogener Daten an das betreffende Drittland, das Gebiet oder einen oder mehrere spezifische Sektoren in diesem Drittland oder an die betreffende internationale Organisation gemäß den Artikeln 46 bis 49 werden durch einen Beschluss nach Absatz 5 des vorliegenden Artikels nicht berührt.

(8) Die Kommission veröffentlicht im *Amtsblatt der Europäischen Union* und auf ihrer Website eine Liste aller Drittländer beziehungsweise Gebiete und spezifischen Sektoren in einem Drittland und aller internationalen Organisationen, für die sie durch Beschluss festgestellt hat, dass sie ein angemessenes Schutzniveau gewährleisten bzw. nicht mehr gewährleisten.

(9) Von der Kommission auf der Grundlage von Artikel 25 Absatz 6 der Richtlinie 95/46/EG erlassene Feststellungen bleiben so lange in Kraft, bis sie durch einen nach dem Prüfverfahren gemäß den Absätzen 3 oder 5 des vorliegenden Artikels erlassenen Beschluss der Kommission geändert, ersetzt oder aufgehoben werden.

Art. 46 Datenübermittlung vorbehaltlich geeigneter Garantien.

(1) Falls kein Beschluss nach Artikel 45 Absatz 3 vorliegt, darf ein Verantwortlicher oder ein Auftragsverarbeiter personenbezogene Daten an ein Drittland oder eine internationale Organisation nur übermitteln, sofern der Verantwortliche oder der Auftragsverarbeiter geeignete Garantien vorgesehen hat und sofern den betroffenen Personen durchsetzbare Rechte und wirksame Rechtsbehelfe zur Verfügung stehen.

(2) Die in Absatz 1 genannten geeigneten Garantien können, ohne dass hierzu eine besondere Genehmigung einer Aufsichtsbehörde erforderlich wäre, bestehen in

a) einem rechtlich bindenden und durchsetzbaren Dokument zwischen den Behörden oder öffentlichen Stellen,
b) verbindlichen internen Datenschutzvorschriften gemäß Artikel 47,
c)[1] Standarddatenschutzklauseln, die von der Kommission gemäß dem Prüfverfahren nach Artikel 93 Absatz 2 erlassen werden,

[1] Siehe hierzu ua:
B (EU) 2021/914 über Standardvertragsklauseln für die Übermittlung personenbezogener Daten an Drittländer (Nr. **27**).

d) von einer Aufsichtsbehörde angenommenen Standarddatenschutzklauseln, die von der Kommission gemäß dem Prüfverfahren nach Artikel 93 Absatz 2 genehmigt wurden,

e) genehmigten Verhaltensregeln gemäß Artikel 40 zusammen mit rechtsverbindlichen und durchsetzbaren Verpflichtungen des Verantwortlichen oder des Auftragsverarbeiters in dem Drittland zur Anwendung der geeigneten Garantien, einschließlich in Bezug auf die Rechte der betroffenen Personen, oder

f) einem genehmigten Zertifizierungsmechanismus gemäß Artikel 42 zusammen mit rechtsverbindlichen und durchsetzbaren Verpflichtungen des Verantwortlichen oder des Auftragsverarbeiters in dem Drittland zur Anwendung der geeigneten Garantien, einschließlich in Bezug auf die Rechte der betroffenen Personen.

(3) Vorbehaltlich der Genehmigung durch die zuständige Aufsichtsbehörde können die geeigneten Garantien gemäß Absatz 1 auch insbesondere bestehen in

a) Vertragsklauseln, die zwischen dem Verantwortlichen oder dem Auftragsverarbeiter und dem Verantwortlichen, dem Auftragsverarbeiter oder dem Empfänger der personenbezogenen Daten im Drittland oder der internationalen Organisation vereinbart wurden, oder

b) Bestimmungen, die in Verwaltungsvereinbarungen zwischen Behörden oder öffentlichen Stellen aufzunehmen sind und durchsetzbare und wirksame Rechte für die betroffenen Personen einschließen.

(4) Die Aufsichtsbehörde wendet das Kohärenzverfahren nach Artikel 63 an, wenn ein Fall gemäß Absatz 3 des vorliegenden Artikels vorliegt.

(5) [1] Von einem Mitgliedstaat oder einer Aufsichtsbehörde auf der Grundlage von Artikel 26 Absatz 2 der Richtlinie 95/46/EG erteilte Genehmigungen bleiben so lange gültig, bis sie erforderlichenfalls von dieser Aufsichtsbehörde geändert, ersetzt oder aufgehoben werden. [2] Von der Kommission auf der Grundlage von Artikel 26 Absatz 4 der Richtlinie 95/46/EG erlassene Feststellungen bleiben so lange in Kraft, bis sie erforderlichenfalls mit einem nach Absatz 2 des vorliegenden Artikels erlassenen Beschluss der Kommission geändert, ersetzt oder aufgehoben werden.

Art. 47 Verbindliche interne Datenschutzvorschriften. (1) Die zuständige Aufsichtsbehörde genehmigt gemäß dem Kohärenzverfahren nach Artikel 63 verbindliche interne Datenschutzvorschriften, sofern diese

a) rechtlich bindend sind, für alle betreffenden Mitglieder der Unternehmensgruppe oder einer Gruppe von Unternehmen, die eine gemeinsame Wirtschaftstätigkeit ausüben, gelten und von diesen Mitgliedern durchgesetzt werden, und dies auch für ihre Beschäftigten gilt,

b) den betroffenen Personen ausdrücklich durchsetzbare Rechte in Bezug auf die Verarbeitung ihrer personenbezogenen Daten übertragen und

c) die in Absatz 2 festgelegten Anforderungen erfüllen.

(2) Die verbindlichen internen Datenschutzvorschriften nach Absatz 1 enthalten mindestens folgende Angaben:

a) Struktur und Kontaktdaten der Unternehmensgruppe oder Gruppe von Unternehmen, die eine gemeinsame Wirtschaftstätigkeit ausüben, und jedes ihrer Mitglieder;
b) die betreffenden Datenübermittlungen oder Reihen von Datenübermittlungen einschließlich der betreffenden Arten personenbezogener Daten, Art und Zweck der Datenverarbeitung, Art der betroffenen Personen und das betreffende Drittland beziehungsweise die betreffenden Drittländer;
c) interne und externe Rechtsverbindlichkeit der betreffenden internen Datenschutzvorschriften;
d) die Anwendung der allgemeinen Datenschutzgrundsätze, insbesondere Zweckbindung, Datenminimierung, begrenzte Speicherfristen, Datenqualität, Datenschutz durch Technikgestaltung und durch datenschutzfreundliche Voreinstellungen, Rechtsgrundlage für die Verarbeitung, Verarbeitung besonderer Kategorien von personenbezogenen Daten, Maßnahmen zur Sicherstellung der Datensicherheit und Anforderungen für die Weiterübermittlung an nicht an diese internen Datenschutzvorschriften gebundene Stellen;
e) die Rechte der betroffenen Personen in Bezug auf die Verarbeitung und die diesen offenstehenden Mittel zur Wahrnehmung dieser Rechte einschließlich des Rechts, nicht einer ausschließlich auf einer automatisierten Verarbeitung – einschließlich Profiling – beruhenden Entscheidung nach Artikel 22 unterworfen zu werden sowie des in Artikel 79 niedergelegten Rechts auf Beschwerde bei der zuständigen Aufsichtsbehörde beziehungsweise auf Einlegung eines Rechtsbehelfs bei den zuständigen Gerichten der Mitgliedstaaten und im Falle einer Verletzung der verbindlichen internen Datenschutzvorschriften Wiedergutmachung und gegebenenfalls Schadenersatz zu erhalten;
f) die von dem in einem Mitgliedstaat niedergelassenen Verantwortlichen oder Auftragsverarbeiter übernommene Haftung für etwaige Verstöße eines nicht in der Union niedergelassenen betreffenden Mitglieds der Unternehmensgruppe gegen die verbindlichen internen Datenschutzvorschriften; der Verantwortliche oder der Auftragsverarbeiter ist nur dann teilweise oder vollständig von dieser Haftung befreit, wenn er nachweist, dass der Umstand, durch den der Schaden eingetreten ist, dem betreffenden Mitglied nicht zur Last gelegt werden kann;
g) die Art und Weise, wie die betroffenen Personen über die Bestimmungen der Artikel 13 und 14 hinaus über die verbindlichen internen Datenschutzvorschriften und insbesondere über die unter den Buchstaben d, e und f dieses Absatzes genannten Aspekte informiert werden;
h) die Aufgaben jedes gemäß Artikel 37 benannten Datenschutzbeauftragten oder jeder anderen Person oder Einrichtung, die mit der Überwachung der Einhaltung der verbindlichen internen Datenschutzvorschriften in der Unternehmensgruppe oder Gruppe von Unternehmen, die eine gemeinsame Wirtschaftstätigkeit ausüben, sowie mit der Überwachung der Schulungsmaßnahmen und dem Umgang mit Beschwerden befasst ist;
i) die Beschwerdeverfahren;
j) die innerhalb der Unternehmensgruppe oder Gruppe von Unternehmen, die eine gemeinsame Wirtschaftstätigkeit ausüben, bestehenden Verfahren zur Überprüfung der Einhaltung der verbindlichen internen Datenschutz-

vorschriften. Derartige Verfahren beinhalten Datenschutzüberprüfungen und Verfahren zur Gewährleistung von Abhilfemaßnahmen zum Schutz der Rechte der betroffenen Person. Die Ergebnisse derartiger Überprüfungen sollten der in Buchstabe h genannten Person oder Einrichtung sowie dem Verwaltungsrat des herrschenden Unternehmens einer Unternehmensgruppe oder der Gruppe von Unternehmen, die eine gemeinsame Wirtschaftstätigkeit ausüben, mitgeteilt werden und sollten der zuständigen Aufsichtsbehörde auf Anfrage zur Verfügung gestellt werden;

k) die Verfahren für die Meldung und Erfassung von Änderungen der Vorschriften und ihre Meldung an die Aufsichtsbehörde;

l) die Verfahren für die Zusammenarbeit mit der Aufsichtsbehörde, die die Befolgung der Vorschriften durch sämtliche Mitglieder der Unternehmensgruppe oder Gruppe von Unternehmen, die eine gemeinsame Wirtschaftstätigkeit ausüben, gewährleisten, insbesondere durch Offenlegung der Ergebnisse von Überprüfungen der unter Buchstabe j genannten Maßnahmen gegenüber der Aufsichtsbehörde;

m) die Meldeverfahren zur Unterrichtung der zuständigen Aufsichtsbehörde über jegliche für ein Mitglied der Unternehmensgruppe oder Gruppe von Unternehmen, die eine gemeinsame Wirtschaftstätigkeit ausüben, in einem Drittland geltenden rechtlichen Bestimmungen, die sich nachteilig auf die Garantien auswirken könnten, die die verbindlichen internen Datenschutzvorschriften bieten, und

n) geeignete Datenschutzschulungen für Personal mit ständigem oder regelmäßigem Zugang zu personenbezogenen Daten.

(3) [1] Die Kommission kann das Format und die Verfahren für den Informationsaustausch über verbindliche interne Datenschutzvorschriften im Sinne des vorliegenden Artikels zwischen Verantwortlichen, Auftragsverarbeitern und Aufsichtsbehörden festlegen. [2] Diese Durchführungsrechtsakte werden gemäß dem Prüfverfahren nach Artikel 93 Absatz 2 erlassen.

Art. 48 Nach dem Unionsrecht nicht zulässige Übermittlung oder Offenlegung. Jegliches Urteil eines Gerichts eines Drittlands und jegliche Entscheidung einer Verwaltungsbehörde eines Drittlands, mit denen von einem Verantwortlichen oder einem Auftragsverarbeiter die Übermittlung oder Offenlegung personenbezogener Daten verlangt wird, dürfen unbeschadet anderer Gründe für die Übermittlung gemäß diesem Kapitel jedenfalls nur dann anerkannt oder vollstreckbar werden, wenn sie auf eine in Kraft befindliche internationale Übereinkunft wie etwa ein Rechtshilfeabkommen zwischen dem ersuchenden Drittland und der Union oder einem Mitgliedstaat gestützt sind.

Art. 49 Ausnahmen für bestimmte Fälle. (1) *[1]* Falls weder ein Angemessenheitsbeschluss nach Artikel 45 Absatz 3 vorliegt noch geeignete Garantien nach Artikel 46, einschließlich verbindlicher interner Datenschutzvorschriften, bestehen, ist eine Übermittlung oder eine Reihe von Übermittlungen personenbezogener Daten an ein Drittland oder an eine internationale Organisation nur unter einer der folgenden Bedingungen zulässig:

a) die betroffene Person hat in die vorgeschlagene Datenübermittlung ausdrücklich eingewilligt, nachdem sie über die für sie bestehenden möglichen

Risiken derartiger Datenübermittlungen ohne Vorliegen eines Angemessenheitsbeschlusses und ohne geeignete Garantien unterrichtet wurde,

b) die Übermittlung ist für die Erfüllung eines Vertrags zwischen der betroffenen Person und dem Verantwortlichen oder zur Durchführung von vorvertraglichen Maßnahmen auf Antrag der betroffenen Person erforderlich,

c) die Übermittlung ist zum Abschluss oder zur Erfüllung eines im Interesse der betroffenen Person von dem Verantwortlichen mit einer anderen natürlichen oder juristischen Person geschlossenen Vertrags erforderlich,

d) die Übermittlung ist aus wichtigen Gründen des öffentlichen Interesses notwendig,

e) die Übermittlung ist zur Geltendmachung, Ausübung oder Verteidigung von Rechtsansprüchen erforderlich,

f) die Übermittlung ist zum Schutz lebenswichtiger Interessen der betroffenen Person oder anderer Personen erforderlich, sofern die betroffene Person aus physischen oder rechtlichen Gründen außerstande ist, ihre Einwilligung zu geben,

g) die Übermittlung erfolgt aus einem Register, das gemäß dem Recht der Union oder der Mitgliedstaaten zur Information der Öffentlichkeit bestimmt ist und entweder der gesamten Öffentlichkeit oder allen Personen, die ein berechtigtes Interesse nachweisen können, zur Einsichtnahme offensteht, aber nur soweit die im Recht der Union oder der Mitgliedstaaten festgelegten Voraussetzungen für die Einsichtnahme im Einzelfall gegeben sind.

[2] [1] Falls die Übermittlung nicht auf eine Bestimmung der Artikel 45 oder 46 – einschließlich der verbindlichen internen Datenschutzvorschriften – gestützt werden könnte und keine der Ausnahmen für einen bestimmten Fall gemäß dem ersten Unterabsatz anwendbar ist, darf eine Übermittlung an ein Drittland oder eine internationale Organisation nur dann erfolgen, wenn die Übermittlung nicht wiederholt erfolgt, nur eine begrenzte Zahl von betroffenen Personen betrifft, für die Wahrung der zwingenden berechtigten Interessen des Verantwortlichen erforderlich ist, sofern die Interessen oder die Rechte und Freiheiten der betroffenen Person nicht überwiegen, und der Verantwortliche alle Umstände der Datenübermittlung beurteilt und auf der Grundlage dieser Beurteilung geeignete Garantien in Bezug auf den Schutz personenbezogener Daten vorgesehen hat. [2] Der Verantwortliche setzt die Aufsichtsbehörde von der Übermittlung in Kenntnis. [3] Der Verantwortliche unterrichtet die betroffene Person über die Übermittlung und seine zwingenden berechtigten Interessen; dies erfolgt zusätzlich zu den der betroffenen Person nach den Artikeln 13 und 14 mitgeteilten Informationen.

(2) [1] Datenübermittlungen gemäß Absatz 1 Unterabsatz 1 Buchstabe g dürfen nicht die Gesamtheit oder ganze Kategorien der im Register enthaltenen personenbezogenen Daten umfassen. [2] Wenn das Register der Einsichtnahme durch Personen mit berechtigtem Interesse dient, darf die Übermittlung nur auf Anfrage dieser Personen oder nur dann erfolgen, wenn diese Personen die Adressaten der Übermittlung sind.

(3) Absatz 1 Unterabsatz 1 Buchstaben a, b und c und sowie Absatz 1 Unterabsatz 2 gelten nicht für Tätigkeiten, die Behörden in Ausübung ihrer hoheitlichen Befugnisse durchführen.

(4) Das öffentliche Interesse im Sinne des Absatzes 1 Unterabsatz 1 Buchstabe d muss im Unionsrecht oder im Recht des Mitgliedstaats, dem der Verantwortliche unterliegt, anerkannt sein.

(5) [1] Liegt kein Angemessenheitsbeschluss vor, so können im Unionsrecht oder im Recht der Mitgliedstaaten aus wichtigen Gründen des öffentlichen Interesses ausdrücklich Beschränkungen der Übermittlung bestimmter Kategorien von personenbezogenen Daten an Drittländer oder internationale Organisationen vorgesehen werden. [2] Die Mitgliedstaaten teilen der Kommission derartige Bestimmungen mit.

(6) Der Verantwortliche oder der Auftragsverarbeiter erfasst die von ihm vorgenommene Beurteilung sowie die angemessenen Garantien im Sinne des Absatzes 1 Unterabsatz 2 des vorliegenden Artikels in der Dokumentation gemäß Artikel 30.

Art. 50 Internationale Zusammenarbeit zum Schutz personenbezogener Daten. In Bezug auf Drittländer und internationale Organisationen treffen die Kommission und die Aufsichtsbehörden geeignete Maßnahmen zur

a) Entwicklung von Mechanismen der internationalen Zusammenarbeit, durch die die wirksame Durchsetzung von Rechtsvorschriften zum Schutz personenbezogener Daten erleichtert wird,
b) gegenseitigen Leistung internationaler Amtshilfe bei der Durchsetzung von Rechtsvorschriften zum Schutz personenbezogener Daten, unter anderem durch Meldungen, Beschwerdeverweisungen, Amtshilfe bei Untersuchungen und Informationsaustausch, sofern geeignete Garantien für den Schutz personenbezogener Daten und anderer Grundrechte und Grundfreiheiten bestehen,
c) Einbindung maßgeblicher Interessenträger in Diskussionen und Tätigkeiten, die zum Ausbau der internationalen Zusammenarbeit bei der Durchsetzung von Rechtsvorschriften zum Schutz personenbezogener Daten dienen,
d) Förderung des Austauschs und der Dokumentation von Rechtsvorschriften und Praktiken zum Schutz personenbezogener Daten einschließlich Zuständigkeitskonflikten mit Drittländern.

Kapitel VI. Unabhängige Aufsichtsbehörden

Abschnitt 1. Unabhängigkeit

Art. 51 Aufsichtsbehörde. (1) Jeder Mitgliedstaat sieht vor, dass eine oder mehrere unabhängige Behörden für die Überwachung der Anwendung dieser Verordnung zuständig sind, damit die Grundrechte und Grundfreiheiten natürlicher Personen bei der Verarbeitung geschützt werden und der freie Verkehr personenbezogener Daten in der Union erleichtert wird (im Folgenden „Aufsichtsbehörde“).

(2) [1] Jede Aufsichtsbehörde leistet einen Beitrag zur einheitlichen Anwendung dieser Verordnung in der gesamten Union. [2] Zu diesem Zweck arbeiten die Aufsichtsbehörden untereinander sowie mit der Kommission gemäß Kapitel VII zusammen.

(3) Gibt es in einem Mitgliedstaat mehr als eine Aufsichtsbehörde, so bestimmt dieser Mitgliedstaat die Aufsichtsbehörde, die diese Behörden im Ausschuss vertritt, und führt ein Verfahren ein, mit dem sichergestellt wird, dass die

anderen Behörden die Regeln für das Kohärenzverfahren nach Artikel 63 einhalten.

(4) Jeder Mitgliedstaat teilt der Kommission bis spätestens 25. Mai 2018 die Rechtsvorschriften, die er aufgrund dieses Kapitels erlässt, sowie unverzüglich alle folgenden Änderungen dieser Vorschriften mit.

Art. 52 Unabhängigkeit. (1) Jede Aufsichtsbehörde handelt bei der Erfüllung ihrer Aufgaben und bei der Ausübung ihrer Befugnisse gemäß dieser Verordnung völlig unabhängig.

(2) Das Mitglied oder die Mitglieder jeder Aufsichtsbehörde unterliegen bei der Erfüllung ihrer Aufgaben und der Ausübung ihrer Befugnisse gemäß dieser Verordnung weder direkter noch indirekter Beeinflussung von außen und ersuchen weder um Weisung noch nehmen sie Weisungen entgegen.

(3) Das Mitglied oder die Mitglieder der Aufsichtsbehörde sehen von allen mit den Aufgaben ihres Amtes nicht zu vereinbarenden Handlungen ab und üben während ihrer Amtszeit keine andere mit ihrem Amt nicht zu vereinbarende entgeltliche oder unentgeltliche Tätigkeit aus.

(4) Jeder Mitgliedstaat stellt sicher, dass jede Aufsichtsbehörde mit den personellen, technischen und finanziellen Ressourcen, Räumlichkeiten und Infrastrukturen ausgestattet wird, die sie benötigt, um ihre Aufgaben und Befugnisse auch im Rahmen der Amtshilfe, Zusammenarbeit und Mitwirkung im Ausschuss effektiv wahrnehmen zu können.

(5) Jeder Mitgliedstaat stellt sicher, dass jede Aufsichtsbehörde ihr eigenes Personal auswählt und hat, das ausschließlich der Leitung des Mitglieds oder der Mitglieder der betreffenden Aufsichtsbehörde untersteht.

(6) Jeder Mitgliedstaat stellt sicher, dass jede Aufsichtsbehörde einer Finanzkontrolle unterliegt, die ihre Unabhängigkeit nicht beeinträchtigt und dass sie über eigene, öffentliche, jährliche Haushaltspläne verfügt, die Teil des gesamten Staatshaushalts oder nationalen Haushalts sein können.

Art. 53 Allgemeine Bedingungen für die Mitglieder der Aufsichtsbehörde. (1) Die Mitgliedstaaten sehen vor, dass jedes Mitglied ihrer Aufsichtsbehörden im Wege eines transparenten Verfahrens ernannt wird, und zwar

- vom Parlament,
- von der Regierung,
- vom Staatsoberhaupt oder
- von einer unabhängigen Stelle, die nach dem Recht des Mitgliedstaats mit der Ernennung betraut wird.

(2) Jedes Mitglied muss über die für die Erfüllung seiner Aufgaben und Ausübung seiner Befugnisse erforderliche Qualifikation, Erfahrung und Sachkunde insbesondere im Bereich des Schutzes personenbezogener Daten verfügen.

(3) Das Amt eines Mitglieds endet mit Ablauf der Amtszeit, mit seinem Rücktritt oder verpflichtender Versetzung in den Ruhestand gemäß dem Recht des betroffenen Mitgliedstaats.

(4) Ein Mitglied wird seines Amtes nur enthoben, wenn es eine schwere Verfehlung begangen hat oder die Voraussetzungen für die Wahrnehmung seiner Aufgaben nicht mehr erfüllt.

Art. 54 Errichtung der Aufsichtsbehörde. (1) Jeder Mitgliedstaat sieht durch Rechtsvorschriften Folgendes vor:

a) die Errichtung jeder Aufsichtsbehörde;
b) die erforderlichen Qualifikationen und sonstigen Voraussetzungen für die Ernennung zum Mitglied jeder Aufsichtsbehörde;
c) die Vorschriften und Verfahren für die Ernennung des Mitglieds oder der Mitglieder jeder Aufsichtsbehörde;
d) die Amtszeit des Mitglieds oder der Mitglieder jeder Aufsichtsbehörde von mindestens vier Jahren; dies gilt nicht für die erste Amtszeit *nach*[1] 24. Mai 2016, die für einen Teil der Mitglieder kürzer sein kann, wenn eine zeitlich versetzte Ernennung zur Wahrung der Unabhängigkeit der Aufsichtsbehörde notwendig ist;
e) die Frage, ob und – wenn ja – wie oft das Mitglied oder die Mitglieder jeder Aufsichtsbehörde wiederernannt werden können;
f) die Bedingungen im Hinblick auf die Pflichten des Mitglieds oder der Mitglieder und der Bediensteten jeder Aufsichtsbehörde, die Verbote von Handlungen, beruflichen Tätigkeiten und Vergütungen während und nach der Amtszeit, die mit diesen Pflichten unvereinbar sind, und die Regeln für die Beendigung des Beschäftigungsverhältnisses.

(2) [1] Das Mitglied oder die Mitglieder und die Bediensteten jeder Aufsichtsbehörde sind gemäß dem Unionsrecht oder dem Recht der Mitgliedstaaten sowohl während ihrer Amts- beziehungsweise Dienstzeit als auch nach deren Beendigung verpflichtet, über alle vertraulichen Informationen, die ihnen bei der Wahrnehmung ihrer Aufgaben oder der Ausübung ihrer Befugnisse bekannt geworden sind, Verschwiegenheit zu wahren. [2] Während dieser Amts- beziehungsweise Dienstzeit gilt diese Verschwiegenheitspflicht insbesondere für die von natürlichen Personen gemeldeten Verstößen gegen diese Verordnung.

Abschnitt 2. Zuständigkeit, Aufgaben und Befugnisse

Art. 55 Zuständigkeit. (1) Jede Aufsichtsbehörde ist für die Erfüllung der Aufgaben und die Ausübung der Befugnisse, die ihr mit dieser Verordnung übertragen wurden, im Hoheitsgebiet ihres eigenen Mitgliedstaats zuständig.

(2) [1] Erfolgt die Verarbeitung durch Behörden oder private Stellen auf der Grundlage von Artikel 6 Absatz 1 Buchstabe c oder e, so ist die Aufsichtsbehörde des betroffenen Mitgliedstaats zuständig. [2] In diesem Fall findet Artikel 56 keine Anwendung.

(3) Die Aufsichtsbehörden sind nicht zuständig für die Aufsicht über die von Gerichten im Rahmen ihrer justiziellen Tätigkeit vorgenommenen Verarbeitungen.

Art. 56 Zuständigkeit der federführenden Aufsichtsbehörde. (1) Unbeschadet des Artikels 55 ist die Aufsichtsbehörde der Hauptniederlassung oder der einzigen Niederlassung des Verantwortlichen oder des Auftragsverarbeiters gemäß dem Verfahren nach Artikel 60 die zuständige federführende Aufsichtsbehörde für die von diesem Verantwortlichen oder diesem Auftragsverarbeiter durchgeführte grenzüberschreitende Verarbeitung.

---

[1] Richtig wohl: „nach dem".

(2) Abweichend von Absatz 1 ist jede Aufsichtsbehörde dafür zuständig, sich mit einer bei ihr eingereichten Beschwerde oder einem etwaigen Verstoß gegen diese Verordnung zu befassen, wenn der Gegenstand nur mit einer Niederlassung in ihrem Mitgliedstaat zusammenhängt oder betroffene Personen nur ihres Mitgliedstaats erheblich beeinträchtigt.

(3) [1] In den in Absatz 2 des vorliegenden Artikels genannten Fällen unterrichtet die Aufsichtsbehörde unverzüglich die federführende Aufsichtsbehörde über diese Angelegenheit. [2] Innerhalb einer Frist von drei Wochen nach der Unterrichtung entscheidet die federführende Aufsichtsbehörde, ob sie sich mit dem Fall gemäß dem Verfahren nach Artikel 60 befasst oder nicht, wobei sie berücksichtigt, ob der Verantwortliche oder der Auftragsverarbeiter in dem Mitgliedstaat, dessen Aufsichtsbehörde sie unterrichtet hat, eine Niederlassung hat oder nicht.

(4) [1] Entscheidet die federführende Aufsichtsbehörde, sich mit dem Fall zu befassen, so findet das Verfahren nach Artikel 60 Anwendung. [2] Die Aufsichtsbehörde, die die federführende Aufsichtsbehörde unterrichtet hat, kann dieser einen Beschlussentwurf vorlegen. [3] Die federführende Aufsichtsbehörde trägt diesem Entwurf bei der Ausarbeitung des Beschlussentwurfs nach Artikel 60 Absatz 3 weitestgehend Rechnung.

(5) Entscheidet die federführende Aufsichtsbehörde, sich mit dem Fall nicht selbst zu befassen, so befasst die Aufsichtsbehörde, die die federführende Aufsichtsbehörde unterrichtet hat, sich mit dem Fall gemäß den Artikeln 61 und 62.

(6) Die federführende Aufsichtsbehörde ist der einzige Ansprechpartner der Verantwortlichen oder der Auftragsverarbeiter für Fragen der von diesem Verantwortlichen oder diesem Auftragsverarbeiter durchgeführten grenzüberschreitenden Verarbeitung.

Art. 57 Aufgaben. (1) Unbeschadet anderer in dieser Verordnung dargelegter Aufgaben muss jede Aufsichtsbehörde in ihrem Hoheitsgebiet

a) die Anwendung dieser Verordnung überwachen und durchsetzen;

b) die Öffentlichkeit für die Risiken, Vorschriften, Garantien und Rechte im Zusammenhang mit der Verarbeitung sensibilisieren und sie darüber aufklären. Besondere Beachtung finden dabei spezifische Maßnahmen für Kinder;

c) im Einklang mit dem Recht des Mitgliedsstaats das nationale Parlament, die Regierung und andere Einrichtungen und Gremien über legislative und administrative Maßnahmen zum Schutz der Rechte und Freiheiten natürlicher Personen in Bezug auf die Verarbeitung beraten;

d) die Verantwortlichen und die Auftragsverarbeiter für die ihnen aus dieser Verordnung entstehenden Pflichten sensibilisieren;

e) auf Anfrage jeder betroffenen Person Informationen über die Ausübung ihrer Rechte aufgrund dieser Verordnung zur Verfügung stellen und gegebenenfalls zu diesem Zweck mit den Aufsichtsbehörden in anderen Mitgliedstaaten zusammenarbeiten;

f) sich mit Beschwerden einer betroffenen Person oder Beschwerden einer Stelle, einer Organisation oder eines Verbandes gemäß Artikel 80 befassen, den Gegenstand der Beschwerde in angemessenem Umfang untersuchen und den Beschwerdeführer innerhalb einer angemessenen Frist über den Fortgang und das Ergebnis der Untersuchung unterrichten, insbesondere, wenn eine weitere Untersuchung oder Koordinierung mit einer anderen Aufsichtsbehörde notwendig ist;

g) mit anderen Aufsichtsbehörden zusammenarbeiten, auch durch Informationsaustausch, und ihnen Amtshilfe leisten, um die einheitliche Anwendung und Durchsetzung dieser Verordnung zu gewährleisten;

h) Untersuchungen über die Anwendung dieser Verordnung durchführen, auch auf der Grundlage von Informationen einer anderen Aufsichtsbehörde oder einer anderen Behörde;

i) maßgebliche Entwicklungen verfolgen, soweit sie sich auf den Schutz personenbezogener Daten auswirken, insbesondere die Entwicklung der Informations- und Kommunikationstechnologie und der Geschäftspraktiken;

j) Standardvertragsklauseln im Sinne des Artikels 28 Absatz 8 und des Artikels 46 Absatz 2 Buchstabe d festlegen;

k) eine Liste der Verarbeitungsarten erstellen und führen, für die gemäß Artikel 35 Absatz 4 eine Datenschutz-Folgenabschätzung durchzuführen ist;

l) Beratung in Bezug auf die in Artikel 36 Absatz 2 genannten Verarbeitungsvorgänge leisten;

m) die Ausarbeitung von Verhaltensregeln gemäß Artikel 40 Absatz 1 fördern und zu diesen Verhaltensregeln, die ausreichende Garantien im Sinne des Artikels 40 Absatz 5 bieten müssen, Stellungnahmen abgeben und sie billigen;

n) die Einführung von Datenschutzzertifizierungsmechanismen und von Datenschutzsiegeln und -prüfzeichen nach Artikel 42 Absatz 1 anregen und Zertifizierungskriterien nach Artikel 42 Absatz 5 billigen;

o) gegebenenfalls die nach Artikel 42 Absatz 7 erteilten Zertifizierungen regelmäßig überprüfen;

p) die Anforderungen an die Akkreditierung einer Stelle für die Überwachung der Einhaltung der Verhaltensregeln gemäß Artikel 41 und einer Zertifizierungsstelle gemäß Artikel 43 abfassen und veröffentlichen;

q) die Akkreditierung einer Stelle für die Überwachung der Einhaltung der Verhaltensregeln gemäß Artikel 41 und einer Zertifizierungsstelle gemäß Artikel 43 vornehmen;

r) Vertragsklauseln und Bestimmungen im Sinne des Artikels 46 Absatz 3 genehmigen;

s) verbindliche interne Vorschriften gemäß Artikel 47 genehmigen;

t) Beiträge zur Tätigkeit des Ausschusses leisten;

u) interne Verzeichnisse über Verstöße gegen diese Verordnung und gemäß Artikel 58 Absatz 2 ergriffene Maßnahmen und

v) jede sonstige Aufgabe im Zusammenhang mit dem Schutz personenbezogener Daten erfüllen.

(2) Jede Aufsichtsbehörde erleichtert das Einreichen von in Absatz 1 Buchstabe f genannten Beschwerden durch Maßnahmen wie etwa die Bereitstellung eines Beschwerdeformulars, das auch elektronisch ausgefüllt werden kann, ohne dass andere Kommunikationsmittel ausgeschlossen werden.

(3) Die Erfüllung der Aufgaben jeder Aufsichtsbehörde ist für die betroffene Person und gegebenenfalls für den Datenschutzbeauftragten unentgeltlich.

(4) [1] Bei offenkundig unbegründeten oder – insbesondere im Fall von häufiger Wiederholung – exzessiven Anfragen kann die Aufsichtsbehörde eine angemessene Gebühr auf der Grundlage der Verwaltungskosten verlangen oder sich weigern, aufgrund der Anfrage tätig zu werden. [2] In diesem Fall trägt die Aufsichtsbehörde die Beweislast für den offenkundig unbegründeten oder exzessiven Charakter der Anfrage.

Art. 58 Befugnisse. (1) Jede Aufsichtsbehörde verfügt über sämtliche folgenden Untersuchungsbefugnisse, die es ihr gestatten,

a) den Verantwortlichen, den Auftragsverarbeiter und gegebenenfalls den Vertreter des Verantwortlichen oder des Auftragsverarbeiters anzuweisen, alle Informationen bereitzustellen, die für die Erfüllung ihrer Aufgaben erforderlich sind,

b) Untersuchungen in Form von Datenschutzüberprüfungen durchzuführen,

c) eine Überprüfung der nach Artikel 42 Absatz 7 erteilten Zertifizierungen durchzuführen,

d) den Verantwortlichen oder den Auftragsverarbeiter auf einen vermeintlichen Verstoß gegen diese Verordnung hinzuweisen,

e) von dem Verantwortlichen und dem Auftragsverarbeiter Zugang zu allen personenbezogenen Daten und Informationen, die zur Erfüllung ihrer Aufgaben notwendig sind, zu erhalten,

f) gemäß dem Verfahrensrecht der Union oder dem Verfahrensrecht des Mitgliedstaats Zugang zu den Räumlichkeiten, einschließlich aller Datenverarbeitungsanlagen und -geräte, des Verantwortlichen und des Auftragsverarbeiters zu erhalten.

(2) Jede Aufsichtsbehörde verfügt über sämtliche folgenden Abhilfebefugnisse, die es ihr gestatten,

a) einen Verantwortlichen oder einen Auftragsverarbeiter zu warnen, dass beabsichtigte Verarbeitungsvorgänge voraussichtlich gegen diese Verordnung verstoßen,

b) einen Verantwortlichen oder einen Auftragsverarbeiter zu verwarnen, wenn er mit Verarbeitungsvorgängen gegen diese Verordnung verstoßen hat,

c) den Verantwortlichen oder den Auftragsverarbeiter anzuweisen, den Anträgen der betroffenen Person auf Ausübung der ihr nach dieser Verordnung zustehenden Rechte zu entsprechen,

d) den Verantwortlichen oder den Auftragsverarbeiter anzuweisen, Verarbeitungsvorgänge gegebenenfalls auf bestimmte Weise und innerhalb eines bestimmten Zeitraums in Einklang mit dieser Verordnung zu bringen,

e) den Verantwortlichen anzuweisen, die von einer Verletzung des Schutzes personenbezogener Daten betroffene Person entsprechend zu benachrichtigen,

f) eine vorübergehende oder endgültige Beschränkung der Verarbeitung, einschließlich eines Verbots, zu verhängen,

g) die Berichtigung oder Löschung von personenbezogenen Daten oder die Einschränkung der Verarbeitung gemäß den Artikeln 16, 17 und 18 und die Unterrichtung der Empfänger, an die diese personenbezogenen Daten gemäß Artikel 17 Absatz 2 und Artikel 19 offengelegt wurden, über solche Maßnahmen anzuordnen,

h) eine Zertifizierung zu widerrufen oder die Zertifizierungsstelle anzuweisen, eine gemäß den *Artikel*[1] 42 und 43 erteilte Zertifizierung zu widerrufen, oder die Zertifizierungsstelle anzuweisen, keine Zertifizierung zu erteilen, wenn die Voraussetzungen für die Zertifizierung nicht oder nicht mehr erfüllt werden,
i) eine Geldbuße gemäß Artikel 83 zu verhängen, zusätzlich zu oder anstelle von in diesem Absatz genannten Maßnahmen, je nach den Umständen des Einzelfalls,
j) die Aussetzung der Übermittlung von Daten an einen Empfänger in einem Drittland oder an eine internationale Organisation anzuordnen.

(3) Jede Aufsichtsbehörde verfügt über sämtliche folgenden Genehmigungsbefugnisse und beratenden Befugnisse, die es ihr gestatten,
a) gemäß dem Verfahren der vorherigen Konsultation nach Artikel 36 den Verantwortlichen zu beraten,
b) zu allen Fragen, die im Zusammenhang mit dem Schutz personenbezogener Daten stehen, von sich aus oder auf Anfrage Stellungnahmen an das nationale Parlament, die Regierung des Mitgliedstaats oder im Einklang mit dem Recht des Mitgliedstaats an sonstige Einrichtungen und Stellen sowie an die Öffentlichkeit zu richten,
c) die Verarbeitung gemäß Artikel 36 Absatz 5 zu genehmigen, falls im Recht des Mitgliedstaats eine derartige vorherige Genehmigung verlangt wird,
d) eine Stellungnahme abzugeben und Entwürfe von Verhaltensregeln gemäß Artikel 40 Absatz 5 zu billigen,
e) Zertifizierungsstellen gemäß Artikel 43 zu akkreditieren,
f) im Einklang mit Artikel 42 Absatz 5 Zertifizierungen zu erteilen und Kriterien für die Zertifizierung zu billigen,
g) Standarddatenschutzklauseln nach Artikel 28 Absatz 8 und Artikel 46 Absatz 2 Buchstabe d festzulegen,
h) Vertragsklauseln gemäß Artikel 46 Absatz 3 Buchstabe a zu genehmigen,
i) Verwaltungsvereinbarungen gemäß Artikel 46 Absatz 3 Buchstabe b zu genehmigen[2]
j) verbindliche interne Vorschriften gemäß Artikel 47 zu genehmigen.

(4) Die Ausübung der der Aufsichtsbehörde gemäß diesem Artikel übertragenen Befugnisse erfolgt vorbehaltlich geeigneter Garantien einschließlich wirksamer gerichtlicher Rechtsbehelfe und ordnungsgemäßer Verfahren gemäß dem Unionsrecht und dem Recht des Mitgliedstaats im Einklang mit der Charta.

(5) Jeder Mitgliedstaat sieht durch Rechtsvorschriften vor, dass seine Aufsichtsbehörde befugt ist, Verstöße gegen diese Verordnung den Justizbehörden zur Kenntnis zu bringen und gegebenenfalls die Einleitung eines gerichtlichen Verfahrens zu betreiben oder sich sonst daran zu beteiligen, um die Bestimmungen dieser Verordnung durchzusetzen.

(6) [1] Jeder Mitgliedstaat kann durch Rechtsvorschriften vorsehen, dass seine Aufsichtsbehörde neben den in den Absätzen 1, 2 und 3 aufgeführten Befug-

[1] Richtig wohl: „Artikeln".
[2] Fehlende Zeichensetzung amtlich.

nissen über zusätzliche Befugnisse verfügt. [2]Die Ausübung dieser Befugnisse darf nicht die effektive Durchführung des Kapitels VII beeinträchtigen.

Art. 59 Tätigkeitsbericht. [1]Jede Aufsichtsbehörde erstellt einen Jahresbericht über ihre Tätigkeit, der eine Liste der Arten der gemeldeten Verstöße und der Arten der getroffenen Maßnahmen nach Artikel 58 Absatz 2 enthalten kann. [2]Diese Berichte werden dem nationalen Parlament, der Regierung und anderen nach dem Recht der Mitgliedstaaten bestimmten Behörden übermittelt. [3]Sie werden der Öffentlichkeit, der Kommission und dem Ausschuss zugänglich gemacht.

Kapitel VII. Zusammenarbeit und Kohärenz

Abschnitt 1. Zusammenarbeit

Art. 60 Zusammenarbeit zwischen der federführenden Aufsichtsbehörde und den anderen betroffenen Aufsichtsbehörden. (1) [1]Die federführende Aufsichtsbehörde arbeitet mit den anderen betroffenen Aufsichtsbehörden im Einklang mit diesem Artikel zusammen und bemüht sich dabei, einen Konsens zu erzielen. [2]Die federführende Aufsichtsbehörde und die betroffenen Aufsichtsbehörden tauschen untereinander alle zweckdienlichen Informationen aus.

(2) Die federführende Aufsichtsbehörde kann jederzeit andere betroffene Aufsichtsbehörden um Amtshilfe gemäß Artikel 61 ersuchen und gemeinsame Maßnahmen gemäß Artikel 62 durchführen, insbesondere zur Durchführung von Untersuchungen oder zur Überwachung der Umsetzung einer Maßnahme in Bezug auf einen Verantwortlichen oder einen Auftragsverarbeiter, der in einem anderen Mitgliedstaat niedergelassen ist.

(3) [1]Die federführende Aufsichtsbehörde übermittelt den anderen betroffenen Aufsichtsbehörden unverzüglich die zweckdienlichen Informationen zu der Angelegenheit. [2]Sie legt den anderen betroffenen Aufsichtsbehörden unverzüglich einen Beschlussentwurf zur Stellungnahme vor und trägt deren Standpunkten gebührend Rechnung.

(4) Legt eine der anderen betroffenen Aufsichtsbehörden innerhalb von vier Wochen, nachdem sie gemäß Absatz 3 des vorliegenden Artikels konsultiert wurde, gegen diesen Beschlussentwurf einen maßgeblichen und begründeten Einspruch ein und schließt sich die federführende Aufsichtsbehörde dem maßgeblichen und begründeten Einspruch nicht an oder ist der Ansicht, dass der Einspruch nicht maßgeblich oder nicht begründet ist, so leitet die federführende Aufsichtsbehörde das Kohärenzverfahren gemäß Artikel 63 für die Angelegenheit ein.

(5) [1]Beabsichtigt die federführende Aufsichtsbehörde, sich dem maßgeblichen und begründeten Einspruch anzuschließen, so legt sie den anderen betroffenen Aufsichtsbehörden einen überarbeiteten Beschlussentwurf zur Stellungnahme vor. [2]Der überarbeitete Beschlussentwurf wird innerhalb von zwei Wochen dem Verfahren nach Absatz 4 unterzogen.

(6) Legt keine der anderen betroffenen Aufsichtsbehörden Einspruch gegen den Beschlussentwurf ein, der von der federführenden Aufsichtsbehörde innerhalb der in den Absätzen 4 und 5 festgelegten Frist vorgelegt wurde, so gelten

die federführende Aufsichtsbehörde und die betroffenen Aufsichtsbehörden als mit dem Beschlussentwurf einverstanden und sind an ihn gebunden.

(7) [1] Die federführende Aufsichtsbehörde erlässt den Beschluss und teilt ihn der Hauptniederlassung oder der einzigen Niederlassung des Verantwortlichen oder gegebenenfalls des Auftragsverarbeiters mit und setzt die anderen betroffenen Aufsichtsbehörden und den Ausschuss von dem betreffenden Beschluss einschließlich einer Zusammenfassung der maßgeblichen Fakten und Gründe in Kenntnis. [2] Die Aufsichtsbehörde, bei der eine Beschwerde eingereicht worden ist, unterrichtet den Beschwerdeführer über den Beschluss.

(8) Wird eine Beschwerde abgelehnt oder abgewiesen, so erlässt die Aufsichtsbehörde, bei der die Beschwerde eingereicht wurde, abweichend von Absatz 7 den Beschluss, teilt ihn dem Beschwerdeführer mit und setzt den Verantwortlichen in Kenntnis.

(9) [1] Sind sich die federführende Aufsichtsbehörde und die betreffenden Aufsichtsbehörden darüber einig, Teile der Beschwerde abzulehnen oder abzuweisen und bezüglich anderer Teile dieser Beschwerde tätig zu werden, so wird in dieser Angelegenheit für jeden dieser Teile ein eigener Beschluss erlassen. [2] Die federführende Aufsichtsbehörde erlässt den Beschluss für den Teil, der das Tätigwerden in Bezug auf den Verantwortlichen betrifft, teilt ihn der Hauptniederlassung oder einzigen Niederlassung des Verantwortlichen oder des Auftragsverarbeiters im Hoheitsgebiet ihres Mitgliedstaats mit und setzt den Beschwerdeführer hiervon in Kenntnis, während die für den Beschwerdeführer zuständige Aufsichtsbehörde den Beschluss für den Teil erlässt, der die Ablehnung oder Abweisung dieser Beschwerde betrifft, und ihn diesem Beschwerdeführer mitteilt und den Verantwortlichen oder den Auftragsverarbeiter hiervon in Kenntnis setzt.

(10) [1] Nach der Unterrichtung über den Beschluss der federführenden Aufsichtsbehörde gemäß den Absätzen 7 und 9 ergreift der Verantwortliche oder der Auftragsverarbeiter die erforderlichen Maßnahmen, um die Verarbeitungstätigkeiten all seiner Niederlassungen in der Union mit dem Beschluss in Einklang zu bringen. [2] Der Verantwortliche oder der Auftragsverarbeiter teilt der federführenden Aufsichtsbehörde die Maßnahmen mit, die zur Einhaltung des Beschlusses ergriffen wurden; diese wiederum unterrichtet die anderen betroffenen Aufsichtsbehörden.

(11) Hat – in Ausnahmefällen – eine betroffene Aufsichtsbehörde Grund zu der Annahme, dass zum Schutz der Interessen betroffener Personen dringender Handlungsbedarf besteht, so kommt das Dringlichkeitsverfahren nach Artikel 66 zur Anwendung.

(12) Die federführende Aufsichtsbehörde und die anderen betroffenen Aufsichtsbehörden übermitteln einander die nach diesem Artikel geforderten Informationen auf elektronischem Wege unter Verwendung eines standardisierten Formats.

Art. 61 Gegenseitige Amtshilfe. (1) [1] Die Aufsichtsbehörden übermitteln einander maßgebliche Informationen und gewähren einander Amtshilfe, um diese Verordnung einheitlich durchzuführen und anzuwenden, und treffen Vorkehrungen für eine wirksame Zusammenarbeit. [2] Die Amtshilfe bezieht sich insbesondere auf Auskunftsersuchen und aufsichtsbezogene Maßnahmen, beispielsweise Ersuchen um vorherige Genehmigungen und eine vorherige Konsultation, um Vornahme von Nachprüfungen und Untersuchungen.

(2) [1] Jede Aufsichtsbehörde ergreift alle geeigneten Maßnahmen, um einem Ersuchen einer anderen Aufsichtsbehörde unverzüglich und spätestens innerhalb eines Monats nach Eingang des Ersuchens nachzukommen. [2] Dazu kann insbesondere auch die Übermittlung maßgeblicher Informationen über die Durchführung einer Untersuchung gehören.

(3) [1] Amtshilfeersuchen enthalten alle erforderlichen Informationen, einschließlich Zweck und Begründung des Ersuchens. [2] Die übermittelten Informationen werden ausschließlich für den Zweck verwendet, für den sie angefordert wurden.

(4) Die ersuchte Aufsichtsbehörde lehnt das Ersuchen nur ab, wenn

a) sie für den Gegenstand des Ersuchens oder für die Maßnahmen, die sie durchführen soll, nicht zuständig ist oder

b) ein Eingehen auf das Ersuchen gegen diese Verordnung verstoßen würde oder gegen das Unionsrecht oder das Recht der Mitgliedstaaten, dem die Aufsichtsbehörde, bei der das Ersuchen eingeht, unterliegt.

(5) [1] Die ersuchte Aufsichtsbehörde informiert die ersuchende Aufsichtsbehörde über die Ergebnisse oder gegebenenfalls über den Fortgang der Maßnahmen, die getroffen wurden, um dem Ersuchen nachzukommen. [2] Die ersuchte Aufsichtsbehörde erläutert gemäß Absatz 4 die Gründe für die Ablehnung des Ersuchens.

(6) Die ersuchten Aufsichtsbehörden übermitteln die Informationen, um die von einer anderen Aufsichtsbehörde ersucht wurde, in der Regel auf elektronischem Wege unter Verwendung eines standardisierten Formats.

(7) [1] Ersuchte Aufsichtsbehörden verlangen für Maßnahmen, die sie aufgrund eines Amtshilfeersuchens getroffen haben, keine Gebühren. [2] Die Aufsichtsbehörden können untereinander Regeln vereinbaren, um einander in Ausnahmefällen besondere aufgrund der Amtshilfe entstandene Ausgaben zu erstatten.

(8) [1] Erteilt eine ersuchte Aufsichtsbehörde nicht binnen eines Monats nach Eingang des Ersuchens einer anderen Aufsichtsbehörde die Informationen gemäß Absatz 5, so kann die ersuchende Aufsichtsbehörde eine einstweilige Maßnahme im Hoheitsgebiet ihres Mitgliedstaats gemäß Artikel 55 Absatz 1 ergreifen. [2] In diesem Fall wird von einem dringenden Handlungsbedarf gemäß Artikel 66 Absatz 1 ausgegangen, der einen im Dringlichkeitsverfahren angenommenen verbindlichen Beschluss des Ausschuss gemäß Artikel 66 Absatz 2 erforderlich macht.

(9) [1] Die Kommission kann im Wege von Durchführungsrechtsakten Form und Verfahren der Amtshilfe nach diesem Artikel und die Ausgestaltung des elektronischen Informationsaustauschs zwischen den Aufsichtsbehörden sowie zwischen den Aufsichtsbehörden und dem Ausschuss, insbesondere das in Absatz 6 des vorliegenden Artikels genannte standardisierte Format, festlegen. [2] Diese Durchführungsrechtsakte werden gemäß dem in Artikel 93 Absatz 2 genannten Prüfverfahren erlassen.

Art. 62 Gemeinsame Maßnahmen der Aufsichtsbehörden. (1) Die Aufsichtsbehörden führen gegebenenfalls gemeinsame Maßnahmen einschließlich gemeinsamer Untersuchungen und gemeinsamer Durchsetzungsmaßnahmen durch, an denen Mitglieder oder Bedienstete der Aufsichtsbehörden anderer Mitgliedstaaten teilnehmen.

(2) [1] Verfügt der Verantwortliche oder der Auftragsverarbeiter über Niederlassungen in mehreren Mitgliedstaaten oder werden die Verarbeitungsvorgänge voraussichtlich auf eine bedeutende Zahl betroffener Personen in mehr als einem Mitgliedstaat erhebliche Auswirkungen haben, ist die Aufsichtsbehörde jedes dieser Mitgliedstaaten berechtigt, an den gemeinsamen Maßnahmen teilzunehmen. [2] Die gemäß Artikel 56 Absatz 1 oder Absatz 4 zuständige Aufsichtsbehörde lädt die Aufsichtsbehörde jedes dieser Mitgliedstaaten zur Teilnahme an den gemeinsamen Maßnahmen ein und antwortet unverzüglich auf das Ersuchen einer Aufsichtsbehörde um Teilnahme.

(3) [1] Eine Aufsichtsbehörde kann gemäß dem Recht des Mitgliedstaats und mit Genehmigung der unterstützenden Aufsichtsbehörde den an den gemeinsamen Maßnahmen beteiligten Mitgliedern oder Bediensteten der unterstützenden Aufsichtsbehörde Befugnisse einschließlich Untersuchungsbefugnisse übertragen oder, soweit dies nach dem Recht des Mitgliedstaats der einladenden Aufsichtsbehörde zulässig ist, den Mitgliedern oder Bediensteten der unterstützenden Aufsichtsbehörde gestatten, ihre Untersuchungsbefugnisse nach dem Recht des Mitgliedstaats der unterstützenden Aufsichtsbehörde auszuüben. [2] Diese Untersuchungsbefugnisse können nur unter der Leitung und in Gegenwart der Mitglieder oder Bediensteten der einladenden Aufsichtsbehörde ausgeübt werden. [3] Die Mitglieder oder Bediensteten der unterstützenden Aufsichtsbehörde unterliegen dem Recht des Mitgliedstaats der einladenden Aufsichtsbehörde.

(4) Sind gemäß Absatz 1 Bedienstete einer unterstützenden Aufsichtsbehörde in einem anderen Mitgliedstaat im Einsatz, so übernimmt der Mitgliedstaat der einladenden Aufsichtsbehörde nach Maßgabe des Rechts des Mitgliedstaats, in dessen Hoheitsgebiet der Einsatz erfolgt, die Verantwortung für ihr Handeln, einschließlich der Haftung für alle von ihnen bei ihrem Einsatz verursachten Schäden.

(5) [1] Der Mitgliedstaat, in dessen Hoheitsgebiet der Schaden verursacht wurde, ersetzt diesen Schaden so, wie er ihn ersetzen müsste, wenn seine eigenen Bediensteten ihn verursacht hätten. [2] Der Mitgliedstaat der unterstützenden Aufsichtsbehörde, deren Bedienstete im Hoheitsgebiet eines anderen Mitgliedstaats einer Person Schaden zugefügt haben, erstattet diesem anderen Mitgliedstaat den Gesamtbetrag des Schadenersatzes, den dieser an die Berechtigten geleistet hat.

(6) Unbeschadet der Ausübung seiner Rechte gegenüber Dritten und mit Ausnahme des Absatzes 5 verzichtet jeder Mitgliedstaat in dem Fall des Absatzes 1 darauf, den in Absatz 4 genannten Betrag des erlittenen Schadens anderen Mitgliedstaaten gegenüber geltend zu machen.

(7) [1] Ist eine gemeinsame Maßnahme geplant und kommt eine Aufsichtsbehörde binnen eines Monats nicht der Verpflichtung nach Absatz 2 Satz 2 des vorliegenden Artikels nach, so können die anderen Aufsichtsbehörden eine einstweilige Maßnahme im Hoheitsgebiet ihres Mitgliedstaats gemäß Artikel 55 ergreifen. [2] In diesem Fall wird von einem dringenden Handlungsbedarf gemäß Artikel 66 Absatz 1 ausgegangen, der eine im Dringlichkeitsverfahren angenommene Stellungnahme oder einen im Dringlichkeitsverfahren angenommenen verbindlichen Beschluss des Ausschusses gemäß Artikel 66 Absatz 2 erforderlich macht.

Abschnitt 2. Kohärenz

Art. 63 Kohärenzverfahren. Um zur einheitlichen Anwendung dieser Verordnung in der gesamten Union beizutragen, arbeiten die Aufsichtsbehörden im Rahmen des in diesem Abschnitt beschriebenen Kohärenzverfahrens untereinander und gegebenenfalls mit der Kommission zusammen.

Art. 64 Stellungnahme des Ausschusses. (1) [1] Der Ausschuss gibt eine Stellungnahme ab, wenn die zuständige Aufsichtsbehörde beabsichtigt, eine der nachstehenden Maßnahmen zu erlassen. [2] Zu diesem Zweck übermittelt die zuständige Aufsichtsbehörde dem Ausschuss den Entwurf des Beschlusses, wenn dieser

a) der Annahme einer Liste der Verarbeitungsvorgänge dient, die der Anforderung einer Datenschutz-Folgenabschätzung gemäß Artikel 35 Absatz 4 unterliegen,
b) eine Angelegenheit gemäß Artikel 40 Absatz 7 und damit die Frage betrifft, ob ein Entwurf von Verhaltensregeln oder eine Änderung oder Ergänzung von Verhaltensregeln mit dieser Verordnung in Einklang steht,
c) der Billigung der Anforderungen an die Akkreditierung einer Stelle nach Artikel 41 Absatz 3, einer Zertifizierungsstelle nach Artikel 43 Absatz 3 oder der Kriterien für die Zertifizierung gemäß Artikel 42 Absatz 5 dient,
d) der Festlegung von Standard-Datenschutzklauseln gemäß Artikel 46 Absatz 2 Buchstabe d und Artikel 28 Absatz 8 dient,
e) der Genehmigung von Vertragsklauseln gemäß Artikels 46 Absatz 3 Buchstabe a dient, oder
f) der Annahme verbindlicher interner Vorschriften im Sinne von Artikel 47 dient.

(2) Jede Aufsichtsbehörde, der Vorsitz des Ausschuss oder die Kommission können beantragen, dass eine Angelegenheit mit allgemeiner Geltung oder mit Auswirkungen in mehr als einem Mitgliedstaat vom Ausschuss geprüft wird, um eine Stellungnahme zu erhalten, insbesondere wenn eine zuständige Aufsichtsbehörde den Verpflichtungen zur Amtshilfe gemäß Artikel 61 oder zu gemeinsamen Maßnahmen gemäß Artikel 62 nicht nachkommt.

(3) [1] In den in den Absätzen 1 und 2 genannten Fällen gibt der Ausschuss eine Stellungnahme zu der Angelegenheit ab, die ihm vorgelegt wurde, sofern er nicht bereits eine Stellungnahme zu derselben Angelegenheit abgegeben hat. [2] Diese Stellungnahme wird binnen acht Wochen mit der einfachen Mehrheit der Mitglieder des Ausschusses angenommen. [3] Diese Frist kann unter Berücksichtigung der Komplexität der Angelegenheit um weitere sechs Wochen verlängert werden. [4] Was den in Absatz 1 genannten Beschlussentwurf angeht, der gemäß Absatz 5 den Mitgliedern des Ausschusses übermittelt wird, so wird angenommen, dass ein Mitglied, das innerhalb einer vom Vorsitz angegebenen angemessenen Frist keine Einwände erhoben hat, dem Beschlussentwurf zustimmt.

(4) Die Aufsichtsbehörden und die Kommission übermitteln unverzüglich dem Ausschuss auf elektronischem Wege unter Verwendung eines standardisierten Formats alle zweckdienlichen Informationen, einschließlich – je nach Fall – einer kurzen Darstellung des Sachverhalts, des Beschlussentwurfs, der Gründe, warum eine solche Maßnahme ergriffen werden muss, und der Standpunkte anderer betroffener Aufsichtsbehörden.

(5) Der Vorsitz des Ausschusses unterrichtet unverzüglich auf elektronischem Wege

a) unter Verwendung eines standardisierten Formats die Mitglieder des Ausschusses und die Kommission über alle zweckdienlichen Informationen, die ihm zugegangen sind. Soweit erforderlich stellt das Sekretariat des Ausschusses Übersetzungen der zweckdienlichen Informationen zur Verfügung und
b) je nach Fall die in den Absätzen 1 und 2 genannte Aufsichtsbehörde und die Kommission über die Stellungnahme und veröffentlicht sie.

(6) Die in Absatz 1 genannte zuständige Aufsichtsbehörde nimmt den in Absatz 1 genannten Beschlussentwurf nicht vor Ablauf der in Absatz 3 genannten Frist an.

(7) Die in Absatz 1 genannte zuständige Aufsichtsbehörde trägt der Stellungnahme des Ausschusses weitestgehend Rechnung und teilt dessen Vorsitz binnen zwei Wochen nach Eingang der Stellungnahme auf elektronischem Wege unter Verwendung eines standardisierten Formats mit, ob sie den Beschlussentwurf beibehalten oder ändern wird; gegebenenfalls übermittelt sie den geänderten Beschlussentwurf.

(8) Teilt die in Absatz 1 genannte zuständige Aufsichtsbehörde dem Vorsitz des Ausschusses innerhalb der Frist nach Absatz 7 des vorliegenden Artikels unter Angabe der maßgeblichen Gründe mit, dass sie beabsichtigt, der Stellungnahme des Ausschusses insgesamt oder teilweise nicht zu folgen, so gilt Artikel 65 Absatz 1.

Art. 65 Streitbeilegung durch den Ausschuss. (1) Um die ordnungsgemäße und einheitliche Anwendung dieser Verordnung in Einzelfällen sicherzustellen, erlässt der Ausschuss in den folgenden Fällen einen verbindlichen Beschluss:

a) wenn eine betroffene Aufsichtsbehörde in einem Fall nach Artikel 60 Absatz 4 einen maßgeblichen und begründeten Einspruch gegen einen Beschlussentwurf der federführenden Aufsichtsbehörde eingelegt hat und sich die federführende Aufsichtsbehörde dem Einspruch nicht angeschlossen hat oder den Einspruch als nicht maßgeblich oder nicht begründet abgelehnt hat. Der verbindliche Beschluss betrifft alle Angelegenheiten, die Gegenstand des maßgeblichen und begründeten Einspruchs sind, insbesondere die Frage, ob ein Verstoß gegen diese Verordnung vorliegt;
b) wenn es widersprüchliche Standpunkte dazu gibt, welche der betroffenen Aufsichtsbehörden für die Hauptniederlassung zuständig ist,
c) wenn eine zuständige Aufsichtsbehörde in den in Artikel 64 Absatz 1 genannten Fällen keine Stellungnahme des Ausschusses einholt oder der Stellungnahme des Ausschusses gemäß Artikel 64 nicht folgt. In diesem Fall kann jede betroffene Aufsichtsbehörde oder die Kommission die Angelegenheit dem Ausschuss vorlegen.

(2) [1] Der in Absatz 1 genannte Beschluss wird innerhalb eines Monats nach der Befassung mit der Angelegenheit mit einer Mehrheit von zwei Dritteln der Mitglieder des Ausschusses angenommen. [2] Diese Frist kann wegen der Komplexität der Angelegenheit um einen weiteren Monat verlängert werden. [3] Der in Absatz 1 genannte Beschluss wird begründet und an die federführende Aufsichtsbehörde und alle betroffenen Aufsichtsbehörden übermittelt und ist für diese verbindlich.

(3) [1] War der Ausschuss nicht in der Lage, innerhalb der in Absatz 2 genannten Fristen einen Beschluss anzunehmen, so nimmt er seinen Beschluss innerhalb von zwei Wochen nach Ablauf des in Absatz 2 genannten zweiten Monats mit einfacher Mehrheit der Mitglieder des Ausschusses an. [2] Bei Stimmengleichheit zwischen den Mitgliedern des Ausschusses gibt die Stimme des Vorsitzes den Ausschlag.

(4) Die betroffenen Aufsichtsbehörden nehmen vor Ablauf der in den Absätzen 2 und 3 genannten Fristen keinen Beschluss über die dem Ausschuss vorgelegte Angelegenheit an.

(5) [1] Der Vorsitz des Ausschusses unterrichtet die betroffenen Aufsichtsbehörden unverzüglich über den in Absatz 1 genannten Beschluss. [2] Er setzt die Kommission hiervon in Kenntnis. [3] Der Beschluss wird unverzüglich auf der Website des Ausschusses veröffentlicht, nachdem die Aufsichtsbehörde den in Absatz 6 genannten endgültigen Beschluss mitgeteilt hat.

(6) [1] Die federführende Aufsichtsbehörde oder gegebenenfalls die Aufsichtsbehörde, bei der die Beschwerde eingereicht wurde, trifft den endgültigen Beschluss auf der Grundlage des in Absatz 1 des vorliegenden Artikels genannten Beschlusses unverzüglich und spätestens einen Monat, nachdem der Europäische Datenschutzausschuss seinen Beschluss mitgeteilt hat. [2] Die federführende Aufsichtsbehörde oder gegebenenfalls die Aufsichtsbehörde, bei der die Beschwerde eingereicht wurde, setzt den Ausschuss von dem Zeitpunkt, zu dem ihr endgültiger Beschluss dem Verantwortlichen oder dem Auftragsverarbeiter bzw. der betroffenen Person mitgeteilt wird, in Kenntnis. [3] Der endgültige Beschluss der betroffenen Aufsichtsbehörden wird gemäß Artikel 60 Absätze 7, 8 und 9 angenommen. [4] Im endgültigen Beschluss wird auf den in Absatz 1 genannten Beschluss verwiesen und festgelegt, dass der in Absatz 1 des vorliegenden Artikels genannte Beschluss gemäß Absatz 5 auf der Website des Ausschusses veröffentlicht wird. [5] Dem endgültigen Beschluss wird der in Absatz 1 des vorliegenden Artikels genannte Beschluss beigefügt.

Art. 66 Dringlichkeitsverfahren. (1) [1] Unter außergewöhnlichen Umständen kann eine betroffene Aufsichtsbehörde abweichend vom Kohärenzverfahren nach Artikel 63, 64 und 65 oder dem Verfahren nach Artikel 60 sofort einstweilige Maßnahmen mit festgelegter Geltungsdauer von höchstens drei Monaten treffen, die in ihrem Hoheitsgebiet rechtliche Wirkung entfalten sollen, wenn sie zu der Auffassung gelangt, dass dringender Handlungsbedarf besteht, um Rechte und Freiheiten von betroffenen Personen zu schützen. [2] Die Aufsichtsbehörde setzt die anderen betroffenen Aufsichtsbehörden, den Ausschuss und die Kommission unverzüglich von diesen Maßnahmen und den Gründen für deren Erlass in Kenntnis.

(2) Hat eine Aufsichtsbehörde eine Maßnahme nach Absatz 1 ergriffen und ist sie der Auffassung, dass dringend endgültige Maßnahmen erlassen werden müssen, kann sie unter Angabe von Gründen im Dringlichkeitsverfahren um eine Stellungnahme oder einen verbindlichen Beschluss des Ausschusses ersuchen.

(3) Jede Aufsichtsbehörde kann unter Angabe von Gründen, auch für den dringenden Handlungsbedarf, im Dringlichkeitsverfahren um eine Stellungnahme oder gegebenenfalls einen verbindlichen Beschluss des Ausschusses ersuchen, wenn eine zuständige Aufsichtsbehörde trotz dringenden Handlungs-

bedarfs keine geeignete Maßnahme getroffen hat, um die Rechte und Freiheiten von betroffenen Personen zu schützen.

(4) Abweichend von Artikel 64 Absatz 3 und Artikel 65 Absatz 2 wird eine Stellungnahme oder ein verbindlicher Beschluss im Dringlichkeitsverfahren nach den Absätzen 2 und 3 binnen zwei Wochen mit einfacher Mehrheit der Mitglieder des Ausschusses angenommen.

Art. 67 Informationsaustausch. *[1]* Die Kommission kann Durchführungsrechtsakte von allgemeiner Tragweite zur Festlegung der Ausgestaltung des elektronischen Informationsaustauschs zwischen den Aufsichtsbehörden sowie zwischen den Aufsichtsbehörden und dem Ausschuss, insbesondere des standardisierten Formats nach Artikel 64, erlassen.

[2] Diese Durchführungsrechtsakte werden gemäß dem Prüfverfahren nach Artikel 93 Absatz 2 erlassen.

Abschnitt 3. Europäischer Datenschutzausschuss

Art. 68 Europäischer Datenschutzausschuss. (1) Der Europäische Datenschutzausschuss (im Folgenden „Ausschuss“) wird als Einrichtung der Union mit eigener Rechtspersönlichkeit eingerichtet.

(2) Der Ausschuss wird von seinem Vorsitz vertreten.

(3) Der Ausschuss besteht aus dem Leiter einer Aufsichtsbehörde jedes Mitgliedstaats und dem Europäischen Datenschutzbeauftragten oder ihren jeweiligen Vertretern.

(4) Ist in einem Mitgliedstaat mehr als eine Aufsichtsbehörde für die Überwachung der Anwendung der nach Maßgabe dieser Verordnung erlassenen Vorschriften zuständig, so wird im Einklang mit den Rechtsvorschriften dieses Mitgliedstaats ein gemeinsamer Vertreter benannt.

(5) [1] Die Kommission ist berechtigt, ohne Stimmrecht an den Tätigkeiten und Sitzungen des Ausschusses teilzunehmen. [2] Die Kommission benennt einen Vertreter. [3] Der Vorsitz des Ausschusses unterrichtet die Kommission über die Tätigkeiten des Ausschusses.

(6) In den in Artikel 65 genannten Fällen ist der Europäische Datenschutzbeauftragte nur bei Beschlüssen stimmberechtigt, die Grundsätze und Vorschriften betreffen, die für die Organe, Einrichtungen, Ämter und Agenturen der Union gelten und inhaltlich den Grundsätzen und Vorschriften dieser Verordnung entsprechen.

Art. 69 Unabhängigkeit. (1) Der Ausschuss handelt bei der Erfüllung seiner Aufgaben oder in Ausübung seiner Befugnisse gemäß den Artikeln 70 und 71 unabhängig.

(2) Unbeschadet der Ersuchen der Kommission gemäß Artikel 70 Absätze 1 und 2 ersucht der Ausschuss bei der Erfüllung seiner Aufgaben oder in Ausübung seiner Befugnisse weder um Weisung noch nimmt er Weisungen entgegen.

Art. 70 Aufgaben des Ausschusses. (1) [1] Der Ausschuss stellt die einheitliche Anwendung dieser Verordnung sicher. [2] Hierzu nimmt der Ausschuss von sich aus oder gegebenenfalls auf Ersuchen der Kommission insbesondere folgende Tätigkeiten wahr:

a) Überwachung und Sicherstellung der ordnungsgemäßen Anwendung dieser Verordnung in den in den Artikeln 64 und 65 genannten Fällen unbeschadet der Aufgaben der nationalen Aufsichtsbehörden;
b) Beratung der Kommission in allen Fragen, die im Zusammenhang mit dem Schutz personenbezogener Daten in der Union stehen, einschließlich etwaiger Vorschläge zur Änderung dieser Verordnung;
c) Beratung der Kommission über das Format und die Verfahren für den Austausch von Informationen zwischen den Verantwortlichen, den Auftragsverarbeitern und den Aufsichtsbehörden in Bezug auf verbindliche interne Datenschutzvorschriften;
d) Bereitstellung von Leitlinien, Empfehlungen und bewährten Verfahren zu Verfahren für die Löschung gemäß Artikel 17 Absatz 2 von Links zu personenbezogenen Daten oder Kopien oder Replikationen dieser Daten aus öffentlich zugänglichen Kommunikationsdiensten;
e) Prüfung – von sich aus, auf Antrag eines seiner Mitglieder oder auf Ersuchen der Kommission – von die Anwendung dieser Verordnung betreffenden Fragen und Bereitstellung von Leitlinien, Empfehlungen und bewährten Verfahren zwecks Sicherstellung einer einheitlichen Anwendung dieser Verordnung;
f) Bereitstellung von Leitlinien, Empfehlungen und bewährten Verfahren gemäß Buchstabe e des vorliegenden Absatzes zur näheren Bestimmung der Kriterien und Bedingungen für die auf Profiling beruhenden Entscheidungen gemäß Artikel 22 Absatz 2;
g) Bereitstellung von Leitlinien, Empfehlungen und bewährten Verfahren gemäß Buchstabe e des vorliegenden Absatzes für die Feststellung von Verletzungen des Schutzes personenbezogener Daten und die Festlegung der Unverzüglichkeit im Sinne des Artikels 33 Absätze 1 und 2, und zu den spezifischen Umständen, unter denen der Verantwortliche oder der Auftragsverarbeiter die Verletzung des Schutzes personenbezogener Daten zu melden hat;
h) Bereitstellung von Leitlinien, Empfehlungen und bewährten Verfahren gemäß Buchstabe e des vorliegenden Absatzes zu den Umständen, unter denen eine Verletzung des Schutzes personenbezogener Daten voraussichtlich ein hohes Risiko für die Rechte und Freiheiten natürlicher Personen im Sinne des Artikels 34 Absatz 1 zur Folge hat;
i) Bereitstellung von Leitlinien, Empfehlungen und bewährten Verfahren gemäß Buchstabe e des vorliegenden Absatzes zur näheren Bestimmung der in Artikel 47 aufgeführten Kriterien und Anforderungen für die Übermittlungen personenbezogener Daten, die auf verbindlichen internen Datenschutzvorschriften von Verantwortlichen oder Auftragsverarbeitern beruhen, und der dort aufgeführten weiteren erforderlichen Anforderungen zum Schutz personenbezogener Daten der betroffenen Personen;
j) Bereitstellung von Leitlinien, Empfehlungen und bewährten Verfahren gemäß Buchstabe e des vorliegenden Absatzes zur näheren Bestimmung der Kriterien und Bedingungen für die Übermittlungen personenbezogener Daten gemäß Artikel 49 Absatz 1;
k) Ausarbeitung von Leitlinien für die Aufsichtsbehörden in Bezug auf die Anwendung von Maßnahmen nach Artikel 58 Absätze 1, 2 und 3 und die Festsetzung von Geldbußen gemäß Artikel 83;

l) Überprüfung der praktischen Anwendung der Leitlinien, Empfehlungen und bewährten Verfahren;

m) Bereitstellung von Leitlinien, Empfehlungen und bewährten Verfahren gemäß Buchstabe e des vorliegenden Absatzes zur Festlegung gemeinsamer Verfahren für die von natürlichen Personen vorgenommene Meldung von Verstößen gegen diese Verordnung gemäß Artikel 54 Absatz 2;

n) Förderung der Ausarbeitung von Verhaltensregeln und der Einrichtung von datenschutzspezifischen Zertifizierungsverfahren sowie Datenschutzsiegeln und -prüfzeichen gemäß den Artikeln 40 und 42;

o) Genehmigung der Zertifizierungskriterien gemäß Artikel 42 Absatz 5 und Führung eines öffentlichen Registers der Zertifizierungsverfahren sowie von Datenschutzsiegeln und -prüfzeichen gemäß Artikel 42 Absatz 8 und der in Drittländern niedergelassenen zertifizierten Verantwortlichen oder Auftragsverarbeiter gemäß Artikel 42 Absatz 7;

p) Genehmigung der in Artikel 43 Absatz 3 genannten Anforderungen im Hinblick auf die Akkreditierung von Zertifizierungsstellen gemäß Artikel 43;

q) Abgabe einer Stellungnahme für die Kommission zu den Zertifizierungsanforderungen gemäß Artikel 43 Absatz 8;

r) Abgabe einer Stellungnahme für die Kommission zu den Bildsymbolen gemäß Artikel 12 Absatz 7;

s) Abgabe einer Stellungnahme für die Kommission zur Beurteilung der Angemessenheit des in einem Drittland oder einer internationalen Organisation gebotenen Schutzniveaus einschließlich zur Beurteilung der Frage, ob das Drittland, das Gebiet, ein oder mehrere spezifische Sektoren in diesem Drittland oder eine internationale Organisation kein angemessenes Schutzniveau mehr gewährleistet. Zu diesem Zweck gibt die Kommission dem Ausschuss alle erforderlichen Unterlagen, darunter den Schriftwechsel mit der Regierung des Drittlands, dem Gebiet oder spezifischen Sektor oder der internationalen Organisation;

t) Abgabe von Stellungnahmen im Kohärenzverfahren gemäß Artikel 64 Absatz 1 zu Beschlussentwürfen von Aufsichtsbehörden, zu Angelegenheiten, die nach Artikel 64 Absatz 2 vorgelegt wurden und um Erlass verbindlicher Beschlüsse gemäß Artikel 65, einschließlich der in Artikel 66 genannten Fälle;

u) Förderung der Zusammenarbeit und eines wirksamen bilateralen und multilateralen Austauschs von Informationen und bewährten Verfahren zwischen den Aufsichtsbehörden;

v) Förderung von Schulungsprogrammen und Erleichterung des Personalaustausches zwischen Aufsichtsbehörden sowie gegebenenfalls mit Aufsichtsbehörden von Drittländern oder mit internationalen Organisationen;

w) Förderung des Austausches von Fachwissen und von Dokumentationen über Datenschutzvorschriften und -praxis mit Datenschutzaufsichtsbehörden in aller Welt;

x) Abgabe von Stellungnahmen zu den auf Unionsebene erarbeiteten Verhaltensregeln gemäß Artikel 40 Absatz 9 und

y) Führung eines öffentlich zugänglichen elektronischen Registers der Beschlüsse der Aufsichtsbehörden und Gerichte in Bezug auf Fragen, die im Rahmen des Kohärenzverfahrens behandelt wurden.

(2) Die Kommission kann, wenn sie den Ausschuss um Rat ersucht, unter Berücksichtigung der Dringlichkeit des Sachverhalts eine Frist angeben.

(3) Der Ausschuss leitet seine Stellungnahmen, Leitlinien, Empfehlungen und bewährten Verfahren an die Kommission und an den in Artikel 93 genannten Ausschuss weiter und veröffentlicht sie.

(4) [1]Der Ausschuss konsultiert gegebenenfalls interessierte Kreise und gibt ihnen Gelegenheit, innerhalb einer angemessenen Frist Stellung zu nehmen. [2]Unbeschadet des Artikels 76 macht der Ausschuss die Ergebnisse der Konsultation der Öffentlichkeit zugänglich.

Art. 71 Berichterstattung. (1) [1]Der Ausschuss erstellt einen Jahresbericht über den Schutz natürlicher Personen bei der Verarbeitung in der Union und gegebenenfalls in Drittländern und internationalen Organisationen. [2]Der Bericht wird veröffentlicht und dem Europäischen Parlament, dem Rat und der Kommission übermittelt.

(2) Der Jahresbericht enthält eine Überprüfung der praktischen Anwendung der in Artikel 70 Absatz 1 Buchstabe 1 genannten Leitlinien, Empfehlungen und bewährten Verfahren sowie der in Artikel 65 genannten verbindlichen Beschlüsse.

Art. 72 Verfahrensweise. (1) Sofern in dieser Verordnung nichts anderes bestimmt ist, fasst der Ausschuss seine Beschlüsse mit einfacher Mehrheit seiner Mitglieder.

(2) Der Ausschuss gibt sich mit einer Mehrheit von zwei Dritteln seiner Mitglieder eine Geschäftsordnung und legt seine Arbeitsweise fest.

Art. 73 Vorsitz. (1) Der Ausschuss wählt aus dem Kreis seiner Mitglieder mit einfacher Mehrheit einen Vorsitzenden und zwei stellvertretende Vorsitzende.

(2) Die Amtszeit des Vorsitzenden und seiner beiden Stellvertreter beträgt fünf Jahre; ihre einmalige Wiederwahl ist zulässig.

Art. 74 Aufgaben des Vorsitzes. (1) Der Vorsitz hat folgende Aufgaben:

a) Einberufung der Sitzungen des Ausschusses und Erstellung der Tagesordnungen,
b) Übermittlung der Beschlüsse des Ausschusses nach Artikel 65 an die federführende Aufsichtsbehörde und die betroffenen Aufsichtsbehörden,
c) Sicherstellung einer rechtzeitigen Ausführung der Aufgaben des Ausschusses, insbesondere der Aufgaben im Zusammenhang mit dem Kohärenzverfahren nach Artikel 63.

(2) Der Ausschuss legt die Aufteilung der Aufgaben zwischen dem Vorsitzenden und dessen Stellvertretern in seiner Geschäftsordnung fest.

Art. 75 Sekretariat. (1) Der Ausschuss wird von einem Sekretariat unterstützt, das von dem Europäischen Datenschutzbeauftragten bereitgestellt wird.

(2) Das Sekretariat führt seine Aufgaben ausschließlich auf Anweisung des Vorsitzes des Ausschusses aus.

(3) Das Personal des Europäischen Datenschutzbeauftragten, das an der Wahrnehmung der dem Ausschuss gemäß dieser Verordnung übertragenen

Aufgaben beteiligt ist, unterliegt anderen Berichtspflichten als das Personal, das an der Wahrnehmung der dem Europäischen Datenschutzbeauftragten übertragenen Aufgaben beteiligt ist.

(4) Soweit angebracht, erstellen und veröffentlichen der Ausschuss und der Europäische Datenschutzbeauftragte eine Vereinbarung zur Anwendung des vorliegenden Artikels, in der die Bedingungen ihrer Zusammenarbeit festgelegt sind und die für das Personal des Europäischen Datenschutzbeauftragten gilt, das an der Wahrnehmung der dem Ausschuss gemäß dieser Verordnung übertragenen Aufgaben beteiligt ist.

(5) Das Sekretariat leistet dem Ausschuss analytische, administrative und logistische Unterstützung.

(6) Das Sekretariat ist insbesondere verantwortlich für

a) das Tagesgeschäft des Ausschusses,
b) die Kommunikation zwischen den Mitgliedern des Ausschusses, seinem Vorsitz und der Kommission,
c) die Kommunikation mit anderen Organen und mit der Öffentlichkeit,
d) den Rückgriff auf elektronische Mittel für die interne und die externe Kommunikation,
e) die Übersetzung sachdienlicher Informationen,
f) die Vor- und Nachbereitung der Sitzungen des Ausschusses,
g) die Vorbereitung, Abfassung und Veröffentlichung von Stellungnahmen, von Beschlüssen über die Beilegung von Streitigkeiten zwischen Aufsichtsbehörden und von sonstigen vom Ausschuss angenommenen Dokumenten.

Art. 76 Vertraulichkeit. (1) Die Beratungen des Ausschusses sind gemäß seiner Geschäftsordnung vertraulich, wenn der Ausschuss dies für erforderlich hält.

(2) Der Zugang zu Dokumenten, die Mitgliedern des Ausschusses, Sachverständigen und Vertretern von Dritten vorgelegt werden, wird durch die Verordnung (EG) Nr. 1049/2001 des Europäischen Parlaments und des Rates[1] geregelt.

Kapitel VIII. Rechtsbehelfe, Haftung und Sanktionen

Art. 77 Recht auf Beschwerde bei einer Aufsichtsbehörde. (1) Jede betroffene Person hat unbeschadet eines anderweitigen verwaltungsrechtlichen oder gerichtlichen Rechtsbehelfs das Recht auf Beschwerde bei einer Aufsichtsbehörde, insbesondere in dem Mitgliedstaat ihres gewöhnlichen Aufenthaltsorts, ihres Arbeitsplatzes oder des Orts des mutmaßlichen Verstoßes, wenn die betroffene Person der Ansicht ist, dass die Verarbeitung der sie betreffenden personenbezogenen Daten gegen diese Verordnung verstößt.

(2) Die Aufsichtsbehörde, bei der die Beschwerde eingereicht wurde, unterrichtet den Beschwerdeführer über den Stand und die Ergebnisse der Beschwerde einschließlich der Möglichkeit eines gerichtlichen Rechtsbehelfs nach Artikel 78.

---

[1] **Amtl. Anm.:** Verordnung (EG) Nr. 1049/2001 des Europäischen Parlaments und des Rates vom 30. Mai 2001 über den Zugang der Öffentlichkeit zu Dokumenten des Europäischen Parlaments, des Rates und der Kommission (ABl. L 145 vom 31.5.2001, S. 43).

Art. 78 Recht auf wirksamen gerichtlichen Rechtsbehelf gegen eine Aufsichtsbehörde. (1) Jede natürliche oder juristische Person hat unbeschadet eines anderweitigen verwaltungsrechtlichen oder außergerichtlichen Rechtsbehelfs das Recht auf einen wirksamen gerichtlichen Rechtsbehelf gegen einen sie betreffenden rechtsverbindlichen Beschluss einer Aufsichtsbehörde.

(2) Jede betroffene Person hat unbeschadet eines anderweitigen verwaltungsrechtlichen oder außergerichtlichen Rechtbehelfs das Recht auf einen wirksamen gerichtlichen Rechtsbehelf, wenn die nach den Artikeln 55 und 56 zuständige Aufsichtsbehörde sich nicht mit einer Beschwerde befasst oder die betroffene Person nicht innerhalb von drei Monaten über den Stand oder das Ergebnis der gemäß Artikel 77 erhobenen Beschwerde in Kenntnis gesetzt hat.

(3) Für Verfahren gegen eine Aufsichtsbehörde sind die Gerichte des Mitgliedstaats zuständig, in dem die Aufsichtsbehörde ihren Sitz hat.

(4) Kommt es zu einem Verfahren gegen den Beschluss einer Aufsichtsbehörde, dem eine Stellungnahme oder ein Beschluss des Ausschusses im Rahmen des Kohärenzverfahrens vorangegangen ist, so leitet die Aufsichtsbehörde diese Stellungnahme oder diesen Beschluss dem Gericht zu.

Art. 79 Recht auf wirksamen gerichtlichen Rechtsbehelf gegen Verantwortliche oder Auftragsverarbeiter. (1) Jede betroffene Person hat unbeschadet eines verfügbaren verwaltungsrechtlichen oder außergerichtlichen Rechtsbehelfs einschließlich des Rechts auf Beschwerde bei einer Aufsichtsbehörde gemäß Artikel 77 das Recht auf einen wirksamen gerichtlichen Rechtsbehelf, wenn sie der Ansicht ist, dass die ihr aufgrund dieser Verordnung zustehenden Rechte infolge einer nicht im Einklang mit dieser Verordnung stehenden Verarbeitung ihrer personenbezogenen Daten verletzt wurden.

(2) [1] Für Klagen gegen einen Verantwortlichen oder gegen einen Auftragsverarbeiter sind die Gerichte des Mitgliedstaats zuständig, in dem der Verantwortliche oder der Auftragsverarbeiter eine Niederlassung hat. [2] Wahlweise können solche Klagen auch bei den Gerichten des Mitgliedstaats erhoben werden, in dem die betroffene Person ihren gewöhnlichen Aufenthaltsort hat, es sei denn, es handelt sich bei dem Verantwortlichen oder dem Auftragsverarbeiter um eine Behörde eines Mitgliedstaats, die in Ausübung ihrer hoheitlichen Befugnisse tätig geworden ist.

Art. 80 Vertretung von betroffenen Personen. (1) Die betroffene Person hat das Recht, eine Einrichtung, Organisationen oder Vereinigung ohne Gewinnerzielungsabsicht, die ordnungsgemäß nach dem Recht eines Mitgliedstaats gegründet ist, deren satzungsmäßige Ziele im öffentlichem Interesse liegen und die im Bereich des Schutzes der Rechte und Freiheiten von betroffenen Personen in Bezug auf den Schutz ihrer personenbezogenen Daten tätig ist, zu beauftragen, in ihrem Namen eine Beschwerde einzureichen, in ihrem Namen die in den Artikeln 77, 78 und 79 genannten Rechte wahrzunehmen und das Recht auf Schadensersatz gemäß Artikel 82 in Anspruch zu nehmen, sofern dieses im Recht der Mitgliedstaaten vorgesehen ist.

(2) Die Mitgliedstaaten können vorsehen, dass jede der in Absatz 1 des vorliegenden Artikels genannten Einrichtungen, Organisationen oder Vereinigungen unabhängig von einem Auftrag der betroffenen Person in diesem Mitgliedstaat das Recht hat, bei der gemäß Artikel 77 zuständigen Aufsichtsbehörde eine Beschwerde einzulegen und die in den Artikeln 78 und 79 aufgeführten

Rechte in Anspruch zu nehmen, wenn ihres Erachtens die Rechte einer betroffenen Person gemäß dieser Verordnung infolge einer Verarbeitung verletzt worden sind.

Art. 81 Aussetzung des Verfahrens. (1) Erhält ein zuständiges Gericht in einem Mitgliedstaat Kenntnis von einem Verfahren zu demselben Gegenstand in Bezug auf die Verarbeitung durch denselben Verantwortlichen oder Auftragsverarbeiter, das vor einem Gericht in einem anderen Mitgliedstaat anhängig ist, so nimmt es mit diesem Gericht Kontakt auf, um sich zu vergewissern, dass ein solches Verfahren existiert.

(2) Ist ein Verfahren zu demselben Gegenstand in Bezug auf die Verarbeitung durch denselben Verantwortlichen oder Auftragsverarbeiter vor einem Gericht in einem anderen Mitgliedstaat anhängig, so kann jedes später angerufene zuständige Gericht das bei ihm anhängige Verfahren aussetzen.

(3) Sind diese Verfahren in erster Instanz anhängig, so kann sich jedes später angerufene Gericht auf Antrag einer Partei auch für unzuständig erklären, wenn das zuerst angerufene Gericht für die betreffenden Klagen zuständig ist und die Verbindung der Klagen nach seinem Recht zulässig ist.

Art. 82 Haftung und Recht auf Schadenersatz. (1) Jede Person, der wegen eines Verstoßes gegen diese Verordnung ein materieller oder immaterieller Schaden entstanden ist, hat Anspruch auf Schadenersatz gegen den Verantwortlichen oder gegen den Auftragsverarbeiter.

(2) [1]Jeder an einer Verarbeitung beteiligte Verantwortliche haftet für den Schaden, der durch eine nicht dieser Verordnung entsprechende Verarbeitung verursacht wurde. [2]Ein Auftragsverarbeiter haftet für den durch eine Verarbeitung verursachten Schaden nur dann, wenn er seinen speziell den Auftragsverarbeitern auferlegten Pflichten aus dieser Verordnung nicht nachgekommen ist oder unter Nichtbeachtung der rechtmäßig erteilten Anweisungen des für die Datenverarbeitung Verantwortlichen oder gegen diese Anweisungen gehandelt hat.

(3) Der Verantwortliche oder der Auftragsverarbeiter wird von der Haftung gemäß Absatz 2 befreit, wenn er nachweist, dass er in keinerlei Hinsicht für den Umstand, durch den der Schaden eingetreten ist, verantwortlich ist.

(4) Ist mehr als ein Verantwortlicher oder mehr als ein Auftragsverarbeiter bzw. sowohl ein Verantwortlicher als auch ein Auftragsverarbeiter an derselben Verarbeitung beteiligt und sind sie gemäß den Absätzen 2 und 3 für einen durch die Verarbeitung verursachten Schaden verantwortlich, so haftet jeder Verantwortliche oder jeder Auftragsverarbeiter für den gesamten Schaden, damit ein wirksamer Schadensersatz für die betroffene Person sichergestellt ist.

(5) Hat ein Verantwortlicher oder Auftragsverarbeiter gemäß Absatz 4 vollständigen Schadenersatz für den erlittenen Schaden gezahlt, so ist dieser Verantwortliche oder Auftragsverarbeiter berechtigt, von den übrigen an derselben Verarbeitung beteiligten für die Datenverarbeitung Verantwortlichen oder Auftragsverarbeitern den Teil des Schadenersatzes zurückzufordern, der unter den in Absatz 2 festgelegten Bedingungen ihrem Anteil an der Verantwortung für den Schaden entspricht.

(6) Mit Gerichtsverfahren zur Inanspruchnahme des Rechts auf Schadenersatz sind die Gerichte zu befassen, die nach den in Artikel 79 Absatz 2 genannten Rechtsvorschriften des Mitgliedstaats zuständig sind.

Art. 83 Allgemeine Bedingungen für die Verhängung von Geldbußen.

(1) Jede Aufsichtsbehörde stellt sicher, dass die Verhängung von Geldbußen gemäß diesem Artikel für Verstöße gegen diese Verordnung gemäß den Absätzen 4, 5 und 6 in jedem Einzelfall wirksam, verhältnismäßig und abschreckend ist.

(2) [1] Geldbußen werden je nach den Umständen des Einzelfalls zusätzlich zu oder anstelle von Maßnahmen nach Artikel 58 Absatz 2 Buchstaben a bis h und j verhängt. [2] Bei der Entscheidung über die Verhängung einer Geldbuße und über deren Betrag wird in jedem Einzelfall Folgendes gebührend berücksichtigt:

a) Art, Schwere und Dauer des Verstoßes unter Berücksichtigung der Art, des Umfangs oder des Zwecks der betreffenden Verarbeitung sowie der Zahl der von der Verarbeitung betroffenen Personen und des Ausmaßes des von ihnen erlittenen Schadens;
b) Vorsätzlichkeit oder Fahrlässigkeit des Verstoßes;
c) jegliche von dem Verantwortlichen oder dem Auftragsverarbeiter getroffenen Maßnahmen zur Minderung des den betroffenen Personen entstandenen Schadens;
d) Grad der Verantwortung des Verantwortlichen oder des Auftragsverarbeiters unter Berücksichtigung der von ihnen gemäß den Artikeln 25 und 32 getroffenen technischen und organisatorischen Maßnahmen;
e) etwaige einschlägige frühere Verstöße des Verantwortlichen oder des Auftragsverarbeiters;
f) Umfang der Zusammenarbeit mit der Aufsichtsbehörde, um dem Verstoß abzuhelfen und seine möglichen nachteiligen Auswirkungen zu mindern;
g) Kategorien personenbezogener Daten, die von dem Verstoß betroffen sind;
h) Art und Weise, wie der Verstoß der Aufsichtsbehörde bekannt wurde, insbesondere ob und gegebenenfalls in welchem Umfang der Verantwortliche oder der Auftragsverarbeiter den Verstoß mitgeteilt hat;
i) Einhaltung der nach Artikel 58 Absatz 2 früher gegen den für den betreffenden Verantwortlichen oder Auftragsverarbeiter in Bezug auf denselben Gegenstand angeordneten Maßnahmen, wenn solche Maßnahmen angeordnet wurden;
j) Einhaltung von genehmigten Verhaltensregeln nach Artikel 40 oder genehmigten Zertifizierungsverfahren nach Artikel 42 und
k) jegliche anderen erschwerenden oder mildernden Umstände im jeweiligen Fall, wie unmittelbar oder mittelbar durch den Verstoß erlangte finanzielle Vorteile oder vermiedene Verluste.

(3) Verstößt ein Verantwortlicher oder ein Auftragsverarbeiter bei gleichen oder miteinander verbundenen Verarbeitungsvorgängen vorsätzlich oder fahrlässig gegen mehrere Bestimmungen dieser Verordnung, so übersteigt der Gesamtbetrag der Geldbuße nicht den Betrag für den schwerwiegendsten Verstoß.

(4) Bei Verstößen gegen die folgenden Bestimmungen werden im Einklang mit Absatz 2 Geldbußen von bis zu 10 000 000 EUR oder im Fall eines Unternehmens von bis zu 2 % seines gesamten weltweit erzielten Jahresumsatzes des vorangegangenen Geschäftsjahrs verhängt, je nachdem, welcher der Beträge höher ist:

a) die Pflichten der Verantwortlichen und der Auftragsverarbeiter gemäß den Artikeln 8, 11, 25 bis 39, 42 und 43;
b) die Pflichten der Zertifizierungsstelle gemäß den Artikeln 42 und 43;
c) die Pflichten der Überwachungsstelle gemäß Artikel 41 Absatz 4.

(5) Bei Verstößen gegen die folgenden Bestimmungen werden im Einklang mit Absatz 2 Geldbußen von bis zu 20 000 000 EUR oder im Fall eines Unternehmens von bis zu 4 % seines gesamten weltweit erzielten Jahresumsatzes des vorangegangenen Geschäftsjahrs verhängt, je nachdem, welcher der Beträge höher ist:
a) die Grundsätze für die Verarbeitung, einschließlich der Bedingungen für die Einwilligung, gemäß den Artikeln 5, 6, 7 und 9;
b) die Rechte der betroffenen Person gemäß den Artikeln 12 bis 22;
c) die Übermittlung personenbezogener Daten an einen Empfänger in einem Drittland oder an eine internationale Organisation gemäß den Artikeln 44 bis 49;
d) alle Pflichten gemäß den Rechtsvorschriften der Mitgliedstaaten, die im Rahmen des Kapitels IX erlassen wurden;
e) Nichtbefolgung einer Anweisung oder einer vorübergehenden oder endgültigen Beschränkung oder Aussetzung der Datenübermittlung durch die Aufsichtsbehörde gemäß Artikel 58 Absatz 2 oder Nichtgewährung des Zugangs unter Verstoß gegen Artikel 58 Absatz 1.

(6) Bei Nichtbefolgung einer Anweisung der Aufsichtsbehörde gemäß Artikel 58 Absatz 2 werden im Einklang mit Absatz 2 des vorliegenden Artikels Geldbußen von bis zu 20 000 000 EUR oder im Fall eines Unternehmens von bis zu 4 % seines gesamten weltweit erzielten Jahresumsatzes des vorangegangenen Geschäftsjahrs verhängt, je nachdem, welcher der Beträge höher ist.

(7) Unbeschadet der Abhilfebefugnisse der Aufsichtsbehörden gemäß Artikel 58 Absatz 2 kann jeder Mitgliedstaat Vorschriften dafür festlegen, ob und in welchem Umfang gegen Behörden und öffentliche Stellen, die in dem betreffenden Mitgliedstaat niedergelassen sind, Geldbußen verhängt werden können.

(8) Die Ausübung der eigenen Befugnisse durch eine Aufsichtsbehörde gemäß diesem Artikel muss angemessenen Verfahrensgarantien gemäß dem Unionsrecht und dem Recht der Mitgliedstaaten, einschließlich wirksamer gerichtlicher Rechtsbehelfe und ordnungsgemäßer Verfahren, unterliegen.

(9) [1] Sieht die Rechtsordnung eines Mitgliedstaats keine Geldbußen vor, kann dieser Artikel so angewandt werden, dass die Geldbuße von der zuständigen Aufsichtsbehörde in die Wege geleitet und von den zuständigen nationalen Gerichten verhängt wird, wobei sicherzustellen ist, dass diese Rechtsbehelfe wirksam sind und die gleiche Wirkung wie die von Aufsichtsbehörden verhängten Geldbußen haben. [2] In jeden Fall müssen die verhängten Geldbußen wirksam, verhältnismäßig und abschreckend sein. [3] Die betreffenden Mitgliedstaaten teilen der Kommission bis zum 25. Mai 2018 die Rechtsvorschriften mit, die sie aufgrund dieses Absatzes erlassen, sowie unverzüglich alle späteren Änderungsgesetze oder Änderungen dieser Vorschriften.

Art. 84 Sanktionen. (1) [1] Die Mitgliedstaaten legen die Vorschriften über andere Sanktionen für Verstöße gegen diese Verordnung – insbesondere für Verstöße, die keiner Geldbuße gemäß Artikel 83 unterliegen – fest und treffen alle zu deren Anwendung erforderlichen Maßnahmen. [2]Diese Sanktionen müssen wirksam, verhältnismäßig und abschreckend sein.

(2) Jeder Mitgliedstaat teilt der Kommission bis zum 25. Mai 2018 die Rechtsvorschriften, die er aufgrund von Absatz 1 erlässt, sowie unverzüglich alle späteren Änderungen dieser Vorschriften mit.

Kapitel IX. Vorschriften für besondere Verarbeitungssituationen

Art. 85 Verarbeitung und Freiheit der Meinungsäußerung und Informationsfreiheit. (1) Die Mitgliedstaaten bringen durch Rechtsvorschriften das Recht auf den Schutz personenbezogener Daten gemäß dieser Verordnung mit dem Recht auf freie Meinungsäußerung und Informationsfreiheit, einschließlich der Verarbeitung zu journalistischen Zwecken und zu wissenschaftlichen, künstlerischen oder literarischen Zwecken, in Einklang.

(2) Für die Verarbeitung, die zu journalistischen Zwecken oder zu wissenschaftlichen, künstlerischen oder literarischen Zwecken erfolgt, sehen die Mitgliedstaaten Abweichungen oder Ausnahmen von Kapitel II (Grundsätze), Kapitel III (Rechte der betroffenen Person), Kapitel IV (Verantwortlicher und Auftragsverarbeiter), Kapitel V (Übermittlung personenbezogener Daten an Drittländer oder an internationale Organisationen), Kapitel VI (Unabhängige Aufsichtsbehörden), Kapitel VII (Zusammenarbeit und Kohärenz) und Kapitel IX (Vorschriften für besondere Verarbeitungssituationen) vor, wenn dies erforderlich ist, um das Recht auf Schutz der personenbezogenen Daten mit der Freiheit der Meinungsäußerung und der Informationsfreiheit in Einklang zu bringen.

(3) Jeder Mitgliedstaat teilt der Kommission die Rechtsvorschriften, die er aufgrund von Absatz 2 erlassen hat, sowie unverzüglich alle späteren Änderungsgesetze oder Änderungen dieser Vorschriften mit.

Art. 86 Verarbeitung und Zugang der Öffentlichkeit zu amtlichen Dokumenten. Personenbezogene Daten in amtlichen Dokumenten, die sich im Besitz einer Behörde oder einer öffentlichen Einrichtung oder einer privaten Einrichtung zur Erfüllung einer im öffentlichen Interesse liegenden Aufgabe befinden, können von der Behörde oder der Einrichtung gemäß dem Unionsrecht oder dem Recht des Mitgliedstaats, dem die Behörde oder Einrichtung unterliegt, offengelegt werden, um den Zugang der Öffentlichkeit zu amtlichen Dokumenten mit dem Recht auf Schutz personenbezogener Daten gemäß dieser Verordnung in Einklang zu bringen.

Art. 87 Verarbeitung der nationalen Kennziffer. [1]Die Mitgliedstaaten können näher bestimmen, unter welchen spezifischen Bedingungen eine nationale Kennziffer oder andere Kennzeichen von allgemeiner Bedeutung Gegenstand einer Verarbeitung sein dürfen. [2]In diesem Fall darf die nationale Kennziffer oder das andere Kennzeichen von allgemeiner Bedeutung nur unter Wahrung geeigneter Garantien für die Rechte und Freiheiten der betroffenen Person gemäß dieser Verordnung verwendet werden.

Art. 88 Datenverarbeitung im Beschäftigungskontext. (1) Die Mitgliedstaaten können durch Rechtsvorschriften oder durch Kollektivvereinbarungen spezifischere Vorschriften zur Gewährleistung des Schutzes der Rechte und Freiheiten hinsichtlich der Verarbeitung personenbezogener Beschäftigtendaten im Beschäftigungskontext, insbesondere für Zwecke der Einstellung, der Erfüllung des Arbeitsvertrags einschließlich der Erfüllung von durch Rechtsvorschriften oder durch Kollektivvereinbarungen festgelegten Pflichten, des Managements, der Planung und der Organisation der Arbeit, der Gleichheit und Diversität am Arbeitsplatz, der Gesundheit und Sicherheit am Arbeitsplatz, des Schutzes des Eigentums der Arbeitgeber oder der Kunden sowie für Zwecke der Inanspruchnahme der mit der Beschäftigung zusammenhängenden individuellen oder kollektiven Rechte und Leistungen und für Zwecke der Beendigung des Beschäftigungsverhältnisses vorsehen.

(2) Diese Vorschriften umfassen geeignete und besondere Maßnahmen zur Wahrung der menschlichen Würde, der berechtigten Interessen und der Grundrechte der betroffenen Person, insbesondere im Hinblick auf die Transparenz der Verarbeitung, die Übermittlung personenbezogener Daten innerhalb einer Unternehmensgruppe oder einer Gruppe von Unternehmen, die eine gemeinsame Wirtschaftstätigkeit ausüben, und die Überwachungssysteme am Arbeitsplatz.

(3) Jeder Mitgliedstaat teilt der Kommission bis zum 25. Mai 2018 die Rechtsvorschriften, die er aufgrund von Absatz 1 erlässt, sowie unverzüglich alle späteren Änderungen dieser Vorschriften mit.

Art. 89 Garantien und Ausnahmen in Bezug auf die Verarbeitung zu im öffentlichen Interesse liegenden Archivzwecken, zu wissenschaftlichen oder historischen Forschungszwecken und zu statistischen Zwecken. (1) [1]Die Verarbeitung zu im öffentlichen Interesse liegenden Archivzwecken, zu wissenschaftlichen oder historischen Forschungszwecken oder zu statistischen Zwecken unterliegt geeigneten Garantien für die Rechte und Freiheiten der betroffenen Person gemäß dieser Verordnung. [2]Mit diesen Garantien wird sichergestellt, dass technische und organisatorische Maßnahmen bestehen, mit denen insbesondere die Achtung des Grundsatzes der Datenminimierung gewährleistet wird. [3]Zu diesen Maßnahmen kann die Pseudonymisierung gehören, sofern es möglich ist, diese Zwecke auf diese Weise zu erfüllen. [4]In allen Fällen, in denen diese Zwecke durch die Weiterverarbeitung, bei der die Identifizierung von betroffenen Personen nicht oder nicht mehr möglich ist, erfüllt werden können, werden diese Zwecke auf diese Weise erfüllt.

(2) Werden personenbezogene Daten zu wissenschaftlichen oder historischen Forschungszwecken oder zu statistischen Zwecken verarbeitet, können vorbehaltlich der Bedingungen und Garantien gemäß Absatz 1 des vorliegenden Artikels im Unionsrecht oder im Recht der Mitgliedstaaten insoweit Ausnahmen von den Rechten gemäß der Artikel 15, 16, 18 und 21 vorgesehen werden, als diese Rechte voraussichtlich die Verwirklichung der spezifischen Zwecke unmöglich machen oder ernsthaft beeinträchtigen und solche Ausnahmen für die Erfüllung dieser Zwecke notwendig sind.

(3) Werden personenbezogene Daten für im öffentlichen Interesse liegende Archivzwecke verarbeitet, können vorbehaltlich der Bedingungen und Garantien gemäß Absatz 1 des vorliegenden Artikels im Unionsrecht oder im Recht der Mitgliedstaaten insoweit Ausnahmen von den Rechten gemäß der Artikel 15, 16, 18, 19, 20 und 21 vorgesehen werden, als diese Rechte voraussichtlich die Verwirklichung der spezifischen Zwecke unmöglich machen oder

ernsthaft beeinträchtigen und solche Ausnahmen für die Erfüllung dieser Zwecke notwendig sind.

(4) Dient die in den Absätzen 2 und 3 genannte Verarbeitung gleichzeitig einem anderen Zweck, gelten die Ausnahmen nur für die Verarbeitung zu den in diesen Absätzen genannten Zwecken.

Art. 90 Geheimhaltungspflichten. (1) [1]Die Mitgliedstaaten können die Befugnisse der Aufsichtsbehörden im Sinne des Artikels 58 Absatz 1 Buchstaben e und f gegenüber den Verantwortlichen oder den Auftragsverarbeitern, die nach Unionsrecht oder dem Recht der Mitgliedstaaten oder nach einer von den zuständigen nationalen Stellen erlassenen Verpflichtung dem Berufsgeheimnis oder einer gleichwertigen Geheimhaltungspflicht unterliegen, regeln, soweit dies notwendig und verhältnismäßig ist, um das Recht auf Schutz der personenbezogenen Daten mit der Pflicht zur Geheimhaltung in Einklang zu bringen. [2]Diese Vorschriften gelten nur in Bezug auf personenbezogene Daten, die der Verantwortliche oder der Auftragsverarbeiter bei einer Tätigkeit erlangt oder erhoben hat, die einer solchen Geheimhaltungspflicht unterliegt.

(2) Jeder Mitgliedstaat teilt der Kommission bis zum 25. Mai 2018 die Vorschriften mit, die er aufgrund von Absatz 1 erlässt, und setzt sie unverzüglich von allen weiteren Änderungen dieser Vorschriften in Kenntnis.

Art. 91 Bestehende Datenschutzvorschriften von Kirchen und religiösen Vereinigungen oder Gemeinschaften. (1) Wendet eine Kirche oder eine religiöse Vereinigung oder Gemeinschaft in einem Mitgliedstaat zum Zeitpunkt des Inkrafttretens dieser Verordnung umfassende Regeln zum Schutz natürlicher Personen bei der Verarbeitung an, so dürfen diese Regeln weiter angewandt werden, sofern sie mit dieser Verordnung in Einklang gebracht werden.

(2) Kirchen und religiöse Vereinigungen oder Gemeinschaften, die gemäß Absatz 1 umfassende Datenschutzregeln anwenden, unterliegen der Aufsicht durch eine unabhängige Aufsichtsbehörde, die spezifischer Art sein kann, sofern sie die in Kapitel VI niedergelegten Bedingungen erfüllt.

Kapitel X. Delegierte Rechtsakte und Durchführungsrechtsakte

Art. 92 Ausübung der Befugnisübertragung. (1) Die Befugnis zum Erlass delegierter Rechtsakte wird der Kommission unter den in diesem Artikel festgelegten Bedingungen übertragen.

(2) Die Befugnis zum Erlass delegierter Rechtsakte gemäß Artikel 12 Absatz 8 und Artikel 43 Absatz 8 wird der Kommission auf unbestimmte Zeit ab dem 24. Mai 2016 übertragen.

(3) [1]Die Befugnisübertragung gemäß Artikel 12 Absatz 8 und Artikel 43 Absatz 8 kann vom Europäischen Parlament oder vom Rat jederzeit widerrufen werden. [2]Der Beschluss über den Widerruf beendet die Übertragung der in diesem Beschluss angegebenen Befugnis. [3]Er wird am Tag nach seiner Veröffentlichung im Amtsblatt der Europäischen Union oder zu einem im Beschluss über den Widerruf angegebenen späteren Zeitpunkt wirksam. [4]Die Gültigkeit von delegierten Rechtsakten, die bereits in Kraft sind, wird von dem Beschluss über den Widerruf nicht berührt.

(4) Sobald die Kommission einen delegierten Rechtsakt erlässt, übermittelt sie ihn gleichzeitig dem Europäischen Parlament und dem Rat.

(5) [1]Ein delegierter Rechtsakt, der gemäß Artikel 12 Absatz 8 und Artikel 43 Absatz 8 erlassen wurde, tritt nur in Kraft, wenn weder das Europäische Parlament noch der Rat innerhalb einer Frist von drei Monaten nach Übermittlung dieses Rechtsakts an das Europäische Parlament und den Rat Einwände erhoben haben oder wenn vor Ablauf dieser Frist das Europäische Parlament und der Rat beide der Kommission mitgeteilt haben, dass sie keine Einwände erheben werden. [2]Auf Veranlassung des Europäischen Parlaments oder des Rates wird diese Frist um drei Monate verlängert.

Art. 93 Ausschussverfahren. (1) [1]Die Kommission wird von einem Ausschuss unterstützt. [2]Dieser Ausschuss ist ein Ausschuss im Sinne der Verordnung (EU) Nr. 182/2011.

(2) Wird auf diesen Absatz Bezug genommen, so gilt Artikel 5 der Verordnung (EU) Nr. 182/2011.

(3) Wird auf diesen Absatz Bezug genommen, so gilt Artikel 8 der Verordnung (EU) Nr. 182/2011 in Verbindung mit deren Artikel 5.

Kapitel XI. Schlussbestimmungen

Art. 94 Aufhebung der Richtlinie 95/46/EG. (1) Die Richtlinie 95/46/EG wird mit Wirkung vom 25. Mai 2018 aufgehoben.

(2) [1]Verweise auf die aufgehobene Richtlinie gelten als Verweise auf die vorliegende Verordnung. [2]Verweise auf die durch Artikel 29 der Richtlinie 95/46/EG eingesetzte Gruppe für den Schutz von Personen bei der Verarbeitung personenbezogener Daten gelten als Verweise auf den kraft dieser Verordnung errichteten Europäischen Datenschutzausschuss.

Art. 95 Verhältnis zur Richtlinie 2002/58/EG. Diese Verordnung erlegt natürlichen oder juristischen Personen in Bezug auf die Verarbeitung in Verbindung mit der Bereitstellung öffentlich zugänglicher elektronischer Kommunikationsdienste in öffentlichen Kommunikationsnetzen in der Union keine zusätzlichen Pflichten auf, soweit sie besonderen in der Richtlinie 2002/58/EG[1)] festgelegten Pflichten unterliegen, die dasselbe Ziel verfolgen.

Art. 96 Verhältnis zu bereits geschlossenen Übereinkünften. Internationale Übereinkünfte, die die Übermittlung personenbezogener Daten an Drittländer oder internationale Organisationen mit sich bringen, die von den Mitgliedstaaten vor dem 24. Mai 2016 abgeschlossen wurden und die im Einklang mit dem vor diesem Tag geltenden Unionsrecht stehen, bleiben in Kraft, bis sie geändert, ersetzt oder gekündigt werden.

Art. 97 Berichte der Kommission. (1) [1]Bis zum 25. Mai 2020 und danach alle vier Jahre legt die Kommission dem Europäischen Parlament und dem Rat einen Bericht über die Bewertung und Überprüfung dieser Verordnung vor. [2]Die Berichte werden öffentlich gemacht.

[1)] Nr. 3.

(2) Im Rahmen der Bewertungen und Überprüfungen nach Absatz 1 prüft die Kommission insbesondere die Anwendung und die Wirkungsweise

a) des Kapitels V über die Übermittlung personenbezogener Daten an Drittländer oder an internationale Organisationen insbesondere im Hinblick auf die gemäß Artikel 45 Absatz 3 der vorliegenden Verordnung erlassenen Beschlüsse sowie die gemäß Artikel 25 Absatz 6 der Richtlinie 95/46/EG erlassenen Feststellungen,

b) des Kapitels VII über Zusammenarbeit und Kohärenz.

(3) Für den in Absatz 1 genannten Zweck kann die Kommission Informationen von den Mitgliedstaaten und den Aufsichtsbehörden anfordern.

(4) Bei den in den Absätzen 1 und 2 genannten Bewertungen und Überprüfungen berücksichtigt die Kommission die Standpunkte und Feststellungen des Europäischen Parlaments, des Rates und anderer einschlägiger Stellen oder Quellen.

(5) Die Kommission legt erforderlichenfalls geeignete Vorschläge zur Änderung dieser Verordnung vor und berücksichtigt dabei insbesondere die Entwicklungen in der Informationstechnologie und die Fortschritte in der Informationsgesellschaft.

Art. 98 Überprüfung anderer Rechtsakte der Union zum Datenschutz. [1]Die Kommission legt gegebenenfalls Gesetzgebungsvorschläge zur Änderung anderer Rechtsakte der Union zum Schutz personenbezogener Daten vor, damit ein einheitlicher und kohärenter Schutz natürlicher Personen bei der Verarbeitung sichergestellt wird. [2]Dies betrifft insbesondere die Vorschriften zum Schutz natürlicher Personen bei der Verarbeitung solcher Daten durch die Organe, Einrichtungen, Ämter und Agenturen der Union und zum freien Verkehr solcher Daten.

Art. 99 Inkrafttreten und Anwendung. (1) Diese Verordnung tritt am zwanzigsten Tag nach ihrer Veröffentlichung[1)] im Amtsblatt der Europäischen Union in Kraft.

(2) Sie gilt ab dem 25. Mai 2018.

Diese Verordnung ist in allen ihren Teilen verbindlich und gilt unmittelbar in jedem Mitgliedstaat.

[1)] Veröffentlicht am 4.5.2016.

2. Richtlinie (EU) 2016/680 des Europäischen Parlaments und des Rates vom 27. April 2016 zum Schutz natürlicher Personen bei der Verarbeitung personenbezogener Daten durch die zuständigen Behörden zum Zwecke der Verhütung, Ermittlung, Aufdeckung oder Verfolgung von Straftaten oder der Strafvollstreckung sowie zum freien Datenverkehr und zur Aufhebung des Rahmenbeschlusses 2008/977/JI des Rates

(ABl. L 119 vom 4.5.2016, S. 89, ELI: http://data.europa.eu/eli/dir/2016/680/oj)

Celex-Nr. 3 2016 L 0680

Nichtamtliche Inhaltsübersicht

DAS EUROPÄISCHE PARLAMENT UND DER RAT DER EUROPÄISCHEN UNION –

gestützt auf den Vertrag über die Arbeitsweise der Europäischen Union, insbesondere auf Artikel 16 Absatz 2, auf Vorschlag der Europäischen Kommission,

nach Zuleitung des Entwurfs des Gesetzgebungsakts an die nationalen Parlamente,

nach Stellungnahme des Ausschusses der Regionen[1],

gemäß dem ordentlichen Gesetzgebungsverfahren,[2]

in Erwägung nachstehender Gründe:

(1) Der Schutz natürlicher Personen bei der Verarbeitung personenbezogener Daten ist ein Grundrecht. Gemäß Artikel 8 Absatz 1 der Charta der Grundrechte der Europäischen Union[3] (im Folgenden „Charta") sowie Artikel 16 Absatz 1 des Vertrags über die Arbeitsweise der Europäischen Union (AEUV) hat jede Person das Recht auf Schutz der sie betreffenden personenbezogenen Daten.

(2) Die Grundsätze und Vorschriften zum Schutz natürlicher Personen bei der Verarbeitung ihrer personenbezogenen Daten sollten gewährleisten, dass ihre Grundrechte und Grundfreiheiten und insbesondere ihr Recht auf Schutz personenbezogener Daten ungeachtet ihrer Staatsangehörigkeit oder ihres Aufenthaltsorts gewahrt bleiben. Diese Richtlinie soll zur Vollendung eines Raums der Freiheit, der Sicherheit und des Rechts beitragen.

(3) Rasche technologische Entwicklungen und die Globalisierung haben den Datenschutz vor neue Herausforderungen gestellt. Das Ausmaß der Erhebung und des Austauschs personenbezogener Daten hat eindrucksvoll zugenommen. Die Technik macht es möglich, dass für die Ausübung von Tätigkeiten wie die Verhütung, Ermittlung, Aufdeckung oder Verfolgung von Straftaten oder die Strafvollstreckung in einem noch nie dagewesenen Umfang personenbezogene Daten verarbeitet werden können.

(4) Der freie Verkehr personenbezogener Daten zwischen den zuständigen Behörden zum Zwecke der Verhütung, Ermittlung, Aufdeckung oder Verfolgung von Straftaten oder der Strafvollstreckung, einschließlich des Schutzes vor und der Abwehr von Gefahren für die öffentliche Sicherheit innerhalb der Union und die Übermittlung solcher personenbezogener Daten an Drittländer und internationale Organisationen, sollte erleichtert und dabei gleichzeitig ein hohes Schutzniveau für personenbezogene Daten gewährleistet werden. Angesichts dieser Entwicklungen bedarf es des Aufbaus eines soliden und kohärenteren Rechtsrahmens für den Schutz personenbezogener Daten in der Union, die konsequent durchgesetzt werden.

(5) Die Richtlinie 95/46/EG des Europäischen Parlaments und des Rates[4] gilt für jegliche Verarbeitung personenbezogener Daten in den Mitgliedstaaten sowohl im öffentlichen als auch im privaten Bereich. Ausgenommen ist jedoch die Verarbeitung personenbezogener Daten, die für die

---

[1] **Amtl. Anm.:** ABl. C 391, 18.12.2012, S. 127.

[2] **Amtl. Anm.:** Standpunkt des Europäischen Parlamentes vom 12. März 2014 (noch nicht im Amtsblatt veröffentlicht) und Standpunkt des Rates in erster Lesung vom 8. April 2016 (noch nicht im Amtsblatt veröffentlicht). Standpunkt des Europäischen Parlamentes vom 14. April 2016.

[3] Nr. **9**.

[4] **Amtl. Anm.:** Richtlinie 95/46/EG des Europäischen Parlaments und des Rates vom 24. Oktober 1995 zum Schutz natürlicher Personen bei der Verarbeitung personenbezogener Daten und zum freien Datenverkehr (ABl. L 281 vom 23.11.1995, S. 31).

Ausübung von Tätigkeiten erfolgt, die nicht in den Anwendungsbereich des Gemeinschaftsrechts fallen, beispielsweise im Bereich der justiziellen Zusammenarbeit in Strafsachen und der polizeilichen Zusammenarbeit.

(6) Für den Bereich der justiziellen Zusammenarbeit in Strafsachen und der polizeilichen Zusammenarbeit gilt der Rahmenbeschluss 2008/977/JI des Rates[1]. Der Anwendungsbereich dieses Rahmenbeschlusses beschränkt sich auf die Verarbeitung personenbezogener Daten, die zwischen Mitgliedstaaten weitergegeben oder bereitgestellt werden.

(7) Für den Zweck der wirksamen justiziellen Zusammenarbeit in Strafsachen und der polizeilichen Zusammenarbeit ist es entscheidend, ein einheitliches und hohes Schutzniveau für die personenbezogenen Daten natürlicher Personen zu gewährleisten und den Austausch personenbezogener Daten zwischen den zuständigen Behörden der Mitgliedstaaten zu erleichtern. Im Hinblick darauf sollte dafür gesorgt werden, dass die Rechte und Freiheiten natürlicher Personen bei der Verarbeitung personenbezogener Daten durch zuständige Behörden zum Zwecke der Verhütung, Ermittlung, Aufdeckung oder Verfolgung von Straftaten oder der Strafvollstreckung, einschließlich des Schutzes vor und der Abwehr von Gefahren für die öffentliche Sicherheit, in allen Mitgliedstaaten gleichwertig geschützt werden. Ein unionsweiter wirksamer Schutz personenbezogener Daten erfordert die Stärkung der Rechte der betroffenen Personen und eine Verschärfung der Verpflichtungen für diejenigen, die personenbezogene Daten verarbeiten, und auch gleichwertige Befugnisse der Mitgliedstaaten bei der Überwachung und Gewährleistung der Einhaltung der Vorschriften zum Schutz personenbezogener Daten.

(8) Artikel 16 Absatz 2 AEUV ermächtigt das Europäische Parlament und den Rat, Vorschriften über den Schutz natürlicher Personen bei der Verarbeitung personenbezogener Daten und zum freien Verkehr personenbezogener Daten zu erlassen.

(9) Auf dieser Grundlage sind in der Verordnung (EU) 2016/679[2] des Europäischen Parlaments und des Rates[3] allgemeine Bestimmungen für den Schutz natürlicher Personen bei der Verarbeitung personenbezogener Daten und zum freien Verkehr personenbezogener Daten in der Union niedergelegt.

(10) In der Erklärung Nr. 21 zum Schutz personenbezogener Daten im Bereich der justiziellen Zusammenarbeit in Strafsachen und der polizeilichen Zusammenarbeit im Anhang zur Schlussakte der Regierungskonferenz, die den Vertrag von Lissabon annahm, erkannte die Regierungskonferenz an, dass es sich aufgrund der Besonderheiten dieser Bereiche als erforderlich erweisen könnte, auf Artikel 16 AEUV gestützte spezifische Vorschriften über den Schutz personenbezogener Daten und den freien Verkehr personenbezogener Daten im Bereich der justiziellen Zu-

---

[1] **Amtl. Anm.:** Rahmenbeschluss 2008/977/JI des Rates vom 27. November 2008 über den Schutz personenbezogener Daten, die im Rahmen der polizeilichen und justiziellen Zusammenarbeit in Strafsachen verarbeitet werden (ABl. L 350 vom 30.12.2008, S. 60).

[2] Nr. **1**.

[3] **Amtl. Anm.:** Verordnung (EU) 2016/679 des Europäischen Parlaments und des Rates vom 27. April 2016 zum Schutz natürlicher Personen bei der Verarbeitung personenbezogener Daten und zum freien Datenverkehr und zur Ersetzung von Richtlinie 95/46/EC (Datenschutz-Grundverordnung) (Siehe Seite 1 dieses Amtsblatts).

sammenarbeit in Strafsachen und der polizeilichen Zusammenarbeit zu erlassen.

(11) Daher sollte diesen Bereichen durch eine Richtlinie Rechnung getragen werden, die spezifische Vorschriften zum Schutz natürlicher Personen bei der Verarbeitung personenbezogener Daten durch die zuständigen Behörden zum Zwecke der Verhütung, Ermittlung, Aufdeckung oder Verfolgung von Straftaten oder der Strafvollstreckung, einschließlich des Schutzes vor und der Abwehr von Gefahren für die öffentliche Sicherheit, enthält, wobei den Besonderheiten dieser Tätigkeiten Rechnung getragen wird. Diese zuständigen Behörden können nicht nur staatliche Stellen wie die Justizbehörden, die Polizei oder andere Strafverfolgungsbehörden einschließen, sondern auch alle anderen Stellen oder Einrichtungen, denen durch das Recht der Mitgliedstaaten die Ausübung öffentlicher Gewalt und hoheitlicher Befugnisse für die Zwecke dieser Richtlinie übertragen wurde. Wenn solche Stellen oder Einrichtungen jedoch personenbezogene Daten zu anderen Zwecken als denen dieser Richtlinie verarbeiten, gilt die Verordnung (EU) 2016/679[1]. Daher gilt die Verordnung (EU) 2016/679[1] in Fällen, in denen eine Stelle oder Einrichtung personenbezogene Daten zu anderen Zwecken erhebt und diese personenbezogenen Daten zur Erfüllung einer rechtlichen Verpflichtung, der sie unterliegt, weiterverarbeitet. Zum Beispiel speichern Finanzinstitute zum Zwecke der Ermittlung, Aufdeckung oder Verfolgung von Straftaten bestimmte personenbezogene Daten, die sie verarbeiten, und stellen sie nur den zuständigen nationalen Behörden in bestimmten Fällen und in Einklang mit dem Recht der Mitgliedstaaten zur Verfügung. Eine Stelle oder Einrichtung, die personenbezogene Daten im Rahmen des Anwendungsbereichs dieser Richtlinie für solche Behörden verarbeitet, sollte auf Grundlage eines Vertrags oder eines anderen Rechtsinstruments und durch die für Auftragsverarbeiter nach dieser Richtlinie geltenden Bestimmungen gebunden sein, wobei die Anwendung der Verordnung (EU) 2016/679[1] in Bezug auf die Verarbeitung personenbezogener Daten, die der Auftragsverarbeiter außerhalb des Anwendungsbereichs dieser Richtlinie durchführt, unberührt bleibt.

(12) Die Tätigkeiten der Polizei oder anderer Strafverfolgungsbehörden sind hauptsächlich auf die Verhütung, Ermittlung, Aufdeckung oder Verfolgung von Straftaten ausgerichtet, dazu zählen auch polizeiliche Tätigkeiten in Fällen, in denen nicht von vornherein bekannt ist, ob es sich um Straftaten handelt oder nicht. Solche Tätigkeiten können ferner die Ausübung hoheitlicher Gewalt durch Ergreifung von Zwangsmitteln umfassen, wie polizeiliche Tätigkeiten bei Demonstrationen, großen Sportveranstaltungen und Ausschreitungen. Sie umfassen auch die Aufrechterhaltung der öffentlichen Ordnung als Aufgabe, die der Polizei oder anderen Strafverfolgungsbehörden übertragen wurde, soweit dies zum Zweck des Schutzes vor und der Abwehr von Bedrohungen der öffentlichen Sicherheit und Bedrohungen für durch Rechtsvorschriften geschützte grundlegende Interessen der Gesellschaft, die zu einer Straftat führen können, erforderlich ist. Die Mitgliedstaaten können die zuständigen Behörden mit anderen Aufgaben betrauen, die nicht zwangsläufig für die Zwecke

---

[1] Nr. **1**.

der Verhütung, Ermittlung, Aufdeckung oder Verfolgung von Straftaten, einschließlich des Schutzes vor und der Abwehr von Gefahren für die öffentliche Sicherheit, ausgeführt werden, so dass die Verarbeitung von personenbezogenen Daten für diese anderen Zwecke insoweit in den Anwendungsbereich der Verordnung (EU) 2016/679[1] fällt, als sie in den Anwendungsbereich des Unionsrechts fällt.

(13) Eine Straftat im Sinne dieser Richtlinie sollte ein eigenständiger Begriff des Unionsrechts in der Auslegung durch den Gerichtshof der Europäischen Union (im Folgenden „Gerichtshof") sein.

(14) Da diese Richtlinie nicht für die Verarbeitung personenbezogener Daten gelten sollte, die im Rahmen einer nicht unter das Unionsrecht fallenden Tätigkeit erfolgt, sollten die nationale Sicherheit betreffende Tätigkeiten, Tätigkeiten von Agenturen oder Stellen, die mit Fragen der nationalen Sicherheit befasst sind, und die Verarbeitung personenbezogener Daten, die von den Mitgliedstaaten bei Tätigkeiten vorgenommen wird, die in den Anwendungsbereich des Titels V Kapitel 2 des Vertrags über die Europäische Union (EUV) fallen, nicht als Tätigkeiten betrachtet werden, die in den Anwendungsbereich dieser Richtlinie fallen.

(15) Um zu gewährleisten, dass natürliche Personen in der Union auf der Grundlage unionsweit durchsetzbarer Rechte das gleiche Maß an Schutz genießen und Unterschiede, die den Austausch personenbezogener Daten zwischen den zuständigen Behörden behindern könnten, beseitigt werden, sollte diese Richtlinie harmonisierte Vorschriften für den Schutz und den freien Verkehr personenbezogener Daten festlegen, die zum Zwecke der Verhütung, Ermittlung, Aufdeckung oder Verfolgung von Straftaten oder der Strafvollstreckung, einschließlich des Schutzes vor und der Abwehr von Gefahren für die öffentliche Sicherheit, verarbeitet werden. Die Angleichung der Rechtsvorschriften der Mitgliedstaaten sollte nicht zu einer Lockerung des Schutzes personenbezogener Daten in diesen Ländern führen, sondern vielmehr auf ein hohes Schutzniveau in der gesamten Union abstellen. Die Mitgliedstaaten sollten nicht daran gehindert werden, zum Schutz der Rechte und Freiheiten der betroffenen Person bei der Verarbeitung personenbezogener Daten durch die zuständigen Behörden Garantien festzulegen, die strenger sind als die Garantien dieser Richtlinie.

(16) Diese Richtlinie berührt nicht den Grundsatz des Zugangs der Öffentlichkeit zu amtlichen Dokumenten. Gemäß der Verordnung (EU) 2016/679[1] können personenbezogene Daten in amtlichen Dokumenten, die sich im Besitz einer öffentlichen Behörde oder einer öffentlichen oder privaten Einrichtung zur Erfüllung einer im öffentlichen Interesse liegenden Aufgabe befinden, von der Behörde oder der Einrichtung gemäß dem Unionsrecht oder dem Recht des Mitgliedstaats, dem die öffentliche Behörde oder Einrichtung unterliegt, offengelegt werden, um den Zugang der Öffentlichkeit zu amtlichen Dokumenten mit dem Recht auf Schutz personenbezogener Daten in Einklang zu bringen.

(17) Der durch diese Richtlinie gewährte Schutz sollte für die Verarbeitung der personenbezogenen Daten natürlicher Personen ungeachtet ihrer Staatsangehörigkeit oder ihres Aufenthaltsorts gelten.

---

[1] Nr. 1.

(18) Um ein ernsthaftes Risiko einer Umgehung der Vorschriften zu vermeiden, sollte der Schutz natürlicher Personen technologieneutral sein und nicht von den verwendeten Techniken abhängen. Er sollte für die automatisierte Verarbeitung personenbezogener Daten ebenso gelten wie für die manuelle Verarbeitung, wenn die personenbezogenen Daten in einem Dateisystem gespeichert sind oder gespeichert werden sollen. Akten oder Aktensammlungen sowie ihre Deckblätter, die nicht nach bestimmten Kriterien geordnet sind, sollten nicht in den Anwendungsbereich der Richtlinie fallen.

(19) Die Verordnung (EG) Nr. 45/2001 des Europäischen Parlaments und des Rates[1)] gilt für die Verarbeitung personenbezogener Daten durch die Organe, Einrichtungen, Ämter und Agenturen der Union. Die Verordnung (EG) Nr. 45/2001 und sonstige Rechtsakte der Union, die diese Verarbeitung personenbezogener Daten regeln, sollten an die Grundsätze und Vorschriften gemäß der Verordnung (EU) 2016/679[2)] angepasst werden.

(20) Diese Richtlinie hindert die Mitgliedstaaten nicht daran, in den nationalen Vorschriften für Strafverfahren Verarbeitungsvorgänge und Verarbeitungsverfahren bei der Verarbeitung personenbezogener Daten durch Gerichte und andere Justizbehörden festzulegen, insbesondere in Bezug auf personenbezogene Daten in einer gerichtlichen Entscheidung oder in Dokumenten betreffend Strafverfahren.

(21) Die Grundsätze des Datenschutzes sollten für alle Informationen gelten, die sich auf eine identifizierte oder identifizierbare natürliche Person beziehen. Um festzustellen, ob eine natürliche Person identifizierbar ist, sollten alle Mittel berücksichtigt werden, die von dem Verantwortlichen oder einer anderen Person nach allgemeinem Ermessen wahrscheinlich genutzt werden, um die natürliche Person direkt oder indirekt zu identifizieren, wie beispielsweise das Aussondern. Bei der Feststellung, ob Mittel nach allgemeinem Ermessen wahrscheinlich zur Identifizierung der natürlichen Person genutzt werden, sollten alle objektiven Faktoren, wie die Kosten der Identifizierung und der dafür erforderliche Zeitaufwand, herangezogen werden, wobei die zum Zeitpunkt der Verarbeitung verfügbare Technologie und technologischen Entwicklungen zu berücksichtigen sind. Die Grundsätze des Datenschutzes sollten daher nicht für anonyme Informationen gelten, d.h. für Informationen, die sich nicht auf eine identifizierte oder identifizierbare natürliche Person beziehen, oder personenbezogene Daten, die in einer Weise anonymisiert worden sind, dass die betroffene Person nicht mehr identifiziert werden kann.

(22) Behörden, gegenüber denen personenbezogene Daten aufgrund einer rechtlichen Verpflichtung für die Ausübung ihres offiziellen Auftrags offengelegt werden, wie Steuer- und Zollbehörden, Finanzermittlungsstellen, unabhängige Verwaltungsbehörden oder Finanzmarktbehörden, die für die Regulierung und Aufsicht von Wertpapiermärkten zuständig

---

1) **Amtl. Anm.:** Verordnung (EG) Nr. 45/2001 des Europäischen Parlaments und des Rates vom 18. Dezember 2000 zum Schutz natürlicher Personen bei der Verarbeitung personenbezogener Daten durch die Organe und Einrichtungen der Gemeinschaft und zum freien Datenverkehr (ABl. L 8 vom 12.1.2001, S. 1).

2) Nr. **1**.

sind, sollten nicht als Empfänger gelten, wenn sie personenbezogene Daten erhalten, die für die Durchführung – gemäß dem Unionsrecht oder dem Recht der Mitgliedstaaten – eines einzelnen Untersuchungsauftrags im Interesse der Allgemeinheit erforderlich sind. Anträge auf Offenlegung, die von Behörden ausgehen, sollten immer schriftlich erfolgen, mit Gründen versehen sein und gelegentlichen Charakter haben, und sie sollten nicht vollständige Dateisysteme betreffen oder zur Verknüpfung von Dateisystemen führen. Die Verarbeitung personenbezogener Daten durch die genannten Behörden sollte für die Zwecke der Verarbeitung geltenden Datenschutzvorschriften entsprechen.

(23) Genetische Daten sollten als personenbezogene Daten über die ererbten oder erworbenen genetischen Eigenschaften einer natürlichen Person definiert werden, die eindeutige Informationen über die Physiologie oder die Gesundheit dieser natürlichen Person liefern und die aus der Analyse einer biologischen Probe der betreffenden natürlichen Person, insbesondere durch eine Chromosomen-, Desoxyribonukleinsäure (DNS)- oder Ribonukleinsäure (RNS)-Analyse oder der Analyse eines anderen Elements, durch die gleichwertige Informationen erlangt werden können, gewonnen werden. Angesichts der Komplexität und Sensibilität genetischer Informationen besteht ein hohes Missbrauchs- und Wiederverwendungsrisiko für unterschiedliche Zwecke durch den Verantwortlichen. Jede Diskriminierung aufgrund genetischer Merkmale sollte grundsätzlich verboten sein.

(24) Zu den personenbezogenen Gesundheitsdaten sollten alle Daten zählen, die sich auf den Gesundheitszustand einer betroffenen Person beziehen und aus denen Informationen über den früheren, gegenwärtigen und künftigen körperlichen oder geistigen Gesundheitszustand der betroffenen Person hervorgehen. Dazu gehören auch Informationen über die natürliche Person, die im Zuge der Vormerkung zur Erbringung und der Erbringung von Gesundheitsdienstleistungen im Sinne der Richtlinie 2011/24/EU des Europäischen Parlaments und des Rates[1] erhoben werden, Nummern, Symbole oder Kennzeichen, die einer natürlichen Person zugeteilt wurden, um diese für gesundheitliche Zwecke eindeutig zu identifizieren, Informationen, die von der Prüfung oder Untersuchung eines Körperteils oder einer körpereigenen Substanz, einschließlich genetischer Daten und biologischer Proben, abgeleitet wurden, sowie Informationen etwa über Krankheiten, Behinderungen, Krankheitsrisiken, Vorerkrankungen, klinische Behandlungen oder den physiologischen oder biomedizinischen Zustand der betroffenen Person unabhängig von der Herkunft der Daten, ob sie nun von einem Arzt oder sonstigem Angehörigen eines Gesundheitsberufes, einem Krankenhaus, einem Medizinprodukt oder einem In-Vitro-Diagnostikum stammen.

(25) Alle Mitgliedstaaten sind Mitglied der Internationalen Kriminalpolizeilichen Organisation (Interpol). Interpol erhält, speichert und übermittelt für die Erfüllung ihres Auftrags personenbezogene Daten, um die zuständigen Behörden dabei zu unterstützen, internationale Kriminalität zu

[1] **Amtl. Anm.:** Richtlinie 2011/24/EU des Europäischen Parlaments und des Rates vom 9. März 2011 über die Ausübung der Patientenrechte in der grenzüberschreitenden Gesundheitsversorgung (ABl. L 88 vom 4.4.2011, S. 45).

verhüten und zu bekämpfen. Daher sollte die Zusammenarbeit zwischen der Union und Interpol gestärkt werden, indem ein effizienter Austausch personenbezogener Daten gefördert und zugleich die Achtung der Grundrechte und Grundfreiheiten hinsichtlich der automatischen Verarbeitung personenbezogener Daten gewährleistet wird. Wenn personenbezogene Daten aus der Union an Interpol und die Staaten, die Mitglieder zu Interpol abgestellt haben, übermittelt werden, sollte diese Richtlinie, insbesondere die Bestimmungen über grenzüberschreitende Datenübermittlungen, zur Anwendung kommen. Diese Richtlinie sollte die spezifischen Vorschriften unberührt lassen, die im Gemeinsamen Standpunkt 2005/69/JI des Rates[1)] und im Beschluss 2007/533/JI des Rates[2)] festgelegt sind.

(26) Jede Verarbeitung personenbezogener Daten muss auf rechtmäßige Weise, nach dem Grundsatz von Treu und Glauben und in einer für die betroffenen natürlichen Personen nachvollziehbaren Weise erfolgen, und die Daten dürfen nur für bestimmte, durch Rechtsvorschriften geregelte Zwecke verarbeitet werden. Dies steht an sich der Durchführung von Maßnahmen wie verdeckten Ermittlungen oder Videoüberwachung durch die Strafverfolgungsbehörden nicht entgegen. Diese Maßnahmen können zwecks Verhütung, Ermittlung, Aufdeckung oder Verfolgung von Straftaten oder zur Strafvollstreckung, einschließlich des Schutzes vor und der Abwehr von Gefahren für die öffentliche Sicherheit, getroffen werden, sofern sie durch Rechtsvorschriften geregelt sind und eine erforderliche und verhältnismäßige Maßnahme in einer demokratischen Gesellschaft darstellen, bei der die berechtigten Interessen der betroffenen natürlichen Person gebührend berücksichtigt werden. Der Datenschutzgrundsatz der Verarbeitung nach Treu und Glauben ist ein anderes Konzept als das Recht auf ein faires Verfahren im Sinne des Artikels 47 der Charta[3)] und des Artikels 6 der Europäischen Konvention zum Schutze der Menschenrechte und Grundfreiheiten (EMRK). Natürliche Personen sollten über die Risiken, Vorschriften, Garantien und Rechte im Zusammenhang mit der Verarbeitung ihrer personenbezogenen Daten informiert und darüber aufgeklärt werden, wie sie ihre diesbezüglichen Rechte geltend machen können. Insbesondere sollten die bestimmten Zwecke, zu denen die personenbezogene Daten verarbeitet werden, eindeutig und rechtmäßig sein und zum Zeitpunkt deren Erhebung feststehen. Die personenbezogenen Daten sollten für die Zwecke, zu denen sie verarbeitet werden, angemessen und erheblich sein. Es sollte insbesondere sichergestellt werden, dass nicht übermäßige personenbezogene Daten erhoben werden und sie nicht länger aufbewahrt werden, als dies für den Zweck, zu dem sie verarbeitet werden, erforderlich ist. Personenbezogene Daten sollten nur verarbeitet werden dürfen, wenn der Zweck der Verarbeitung nicht in zumutbarer Weise durch andere Mittel erreicht werden kann. Um sicherzustellen, dass die Daten nicht länger als nötig gespeichert

---

1) **Amtl. Anm.:** Gemeinsamer Standpunkt 2005/69/JI des Rates vom 24. Januar 2005 zum Austausch bestimmter Daten mit Interpol (ABl. L 27 vom 29.1.2005, S. 61).

2) **Amtl. Anm.:** Beschluss 2007/533/JI des Rates vom 12. Juni 2007 über die Einrichtung, den Betrieb und die Nutzung des Schengener Informationssystems der zweiten Generation (SIS II) (ABl. L 205 vom 7.8.2007, S. 63).

3) Nr. **9**.

werden, sollte der Verantwortliche Fristen für ihre Löschung oder regelmäßige Überprüfung vorsehen. Die Mitgliedstaaten sollten geeignete Garantien für den Fall festlegen, dass personenbezogene Daten für die Archivierung im öffentlichen Interesse und die wissenschaftliche, statistische oder historische Verwendung für längere Zeiträume gespeichert werden.

(27) Zur Verhütung, Ermittlung und Verfolgung von Straftaten müssen die zuständigen Behörden personenbezogene Daten, die im Zusammenhang mit der Verhütung, Ermittlung, Aufdeckung oder Verfolgung einer bestimmten Straftat erhoben wurden, auch in einem anderen Kontext verarbeiten können, um sich ein Bild von den kriminellen Handlungen machen und Verbindungen zwischen verschiedenen aufgedeckten Straftaten herstellen zu können.

(28) Um stets eine sichere Verarbeitung zu gewährleisten und Verarbeitungen, die gegen diese Richtlinie verstoßen, zu verhindern, sollten personenbezogene Daten so verarbeitet werden, dass ein Maß an Sicherheit und Vertraulichkeit gegeben ist, wozu auch gehört, dass Unbefugte keinen Zugang zu den Daten haben und weder die Daten noch die Geräte, mit denen diese verarbeitet werden, benutzen können, und dass die Verarbeitung den Stand der verfügbaren Technik, die Kosten für ihre Einführung im Verhältnis zu den von der Verarbeitung ausgehenden Risiken und die Art der zu schützenden personenbezogenen Daten berücksichtigt.

(29) Personenbezogene Daten sollten für festgelegte, eindeutige und rechtmäßige Zwecke innerhalb des Anwendungsbereichs dieser Richtlinie erhoben und nicht zu Zwecken verarbeitet werden, die nicht mit den Zwecken der Verhütung, Ermittlung, Aufdeckung oder Verfolgung von Straftaten oder der Strafvollstreckung, einschließlich des Schutzes vor und der Abwehr von Gefahren für die öffentliche Sicherheit, zu vereinbaren sind. Werden personenbezogene Daten von demselben oder einem anderen Verantwortlichen für einen anderen in den Anwendungsbereich dieser Richtlinie fallenden Zweck als den, für den sie erhoben wurden, verarbeitet, so sollte diese Verarbeitung erlaubt sein, unter der Bedingung, dass diese Verarbeitung nach den geltenden Rechtsvorschriften zulässig ist und dass sie für diesen anderen Zweck erforderlich und verhältnismäßig ist.

(30) Der Grundsatz der sachlichen Richtigkeit der Daten sollte unter Berücksichtigung von Art und Zweck der jeweiligen Verarbeitung angewandt werden. Aussagen, die personenbezogene Daten enthalten, basieren gerade in Gerichtsverfahren auf der subjektiven Wahrnehmung von natürlichen Personen und sind nicht immer nachprüfbar. Infolgedessen sollte sich der Grundsatz der sachlichen Richtigkeit nicht auf die Richtigkeit einer Aussage beziehen, sondern lediglich auf die Tatsache, dass eine bestimmte Aussage gemacht worden ist.

(31) Bei der Verarbeitung personenbezogener Daten im Rahmen der justiziellen Zusammenarbeit in Strafsachen und der polizeilichen Zusammenarbeit geht es naturgemäß um betroffene Personen verschiedener Kategorien. Daher sollte gegebenenfalls und so weit wie möglich klar zwischen den personenbezogenen Daten der einzelnen Kategorien betroffener Personen unterschieden werden wie Verdächtige, verurteilte Straftäter, Opfer und andere Parteien, beispielsweise Zeugen, Personen, die über einschlä-

gige Informationen verfügen, oder Personen, die mit Verdächtigen oder verurteilten Straftätern in Kontakt oder in Verbindung stehen. Dies sollte nicht der Anwendung des Rechts auf die Unschuldsvermutung, wie es in der Charta und in der EMRK gewährleistet ist, in der Auslegung durch die Rechtsprechung des Gerichtshofs bzw. des Europäischen Gerichtshofs für Menschenrechte entgegenstehen.

(32) Die zuständigen Behörden sollten dafür sorgen, dass personenbezogene Daten, die unrichtig, unvollständig oder nicht mehr aktuell sind, nicht übermittelt oder bereitgestellt werden. Um den Schutz natürlicher Personen, die Richtigkeit, die Vollständigkeit oder den Aktualitätsgrad sowie die Zuverlässigkeit der übermittelten oder bereitgestellten personenbezogenen Daten zu gewährleisten, sollten die zuständigen Behörden möglichst bei allen Übermittlungen personenbezogener Daten die erforderlichen Informationen beifügen.

(33) Wenn in dieser Richtlinie auf Recht der Mitgliedstaaten, eine Rechtsgrundlage oder eine Gesetzgebungsmaßnahme Bezug genommen wird, erfordert dies nicht notwendigerweise einen von einem Parlament angenommenen Gesetzgebungsakt, wobei Anforderungen gemäß der Verfassungsordnung des betreffenden Mitgliedstaats unberührt bleiben. Recht der Mitgliedstaaten, Rechtsgrundlagen oder Gesetzgebungsmaßnahmen sollten jedoch klar und präzise sein und ihre Anwendung sollte für diejenigen, die ihnen unterliegen, vorhersehbar sein, wie in der Rechtsprechung des Gerichtshofs und des Europäischen Gerichtshofs für Menschenrechte gefordert. Im Recht der Mitgliedstaaten, das die Verarbeitung personenbezogener Daten innerhalb des Anwendungsbereichs dieser Richtlinie regelt, sollten zumindest die Ziele, die zu verarbeitenden personenbezogenen Daten, die Zwecke der Verarbeitung sowie Verfahren zur Wahrung von Integrität und Vertraulichkeit der personenbezogenen Daten und Verfahren für ihre Vernichtung angegeben werden, um hinreichende Garantien gegen die Gefahr des Missbrauchs und der Willkür zu bieten.

(34) Die Verarbeitung personenbezogener Daten durch die zuständigen Behörden zum Zwecke der Verhütung, Ermittlung, Aufdeckung oder Verfolgung von Straftaten oder zur Strafvollstreckung, einschließlich des Schutzes vor und der Abwehr von Gefahren für die öffentliche Sicherheit, sollte jeden mit Hilfe automatisierter Verfahren oder auf anderem Wege ausgeführten Vorgang oder jede solche Vorgangsreihe im Zusammenhang mit personenbezogenen Daten wie das Erheben, das Erfassen, die Organisation, das Ordnen, die Speicherung, die Anpassung oder Veränderung, das Auslesen, das Abfragen, die Verwendung, den Abgleich oder die Verknüpfung, die Einschränkung der Verarbeitung, das Löschen oder die Vernichtung abdecken. Insbesondere sollte diese Richtlinie Anwendung finden, wenn personenbezogene Daten für die Zwecke dieser Richtlinie an einen Empfänger übermittelt werden, der nicht dieser Richtlinie unterliegt. Unter einem solchen Empfänger sollte eine natürliche oder juristische Person, Behörde, Einrichtung oder jede andere Stelle zu verstehen sein, gegenüber der personenbezogene Daten von der zuständigen Behörde rechtmäßig offengelegt werden. Wurden personenbezogene Daten ursprünglich von einer zuständigen Behörde für einen der Zwecke dieser Richtlinie erhoben, so sollte die Verordnung (EU)

2016/679[1)] für die Verarbeitung dieser Daten für andere Zwecke als diejenigen dieser Richtlinie gelten, wenn eine solche Verarbeitung nach dem Unionsrecht oder dem Recht der Mitgliedstaaten zulässig ist. Insbesondere sollte die Verordnung (EU) 2016/679[1)] für die Übermittlung personenbezogener Daten für Zwecke gelten, die außerhalb des Anwendungsbereichs dieser Richtlinie liegen. Für die Verarbeitung personenbezogener Daten durch einen Empfänger, der keine zuständige Behörde im Sinne dieser Richtlinie ist oder nicht als solche handelt und gegenüber dem personenbezogene Daten von einer zuständigen Behörde rechtmäßig offengelegt werden, sollte die Verordnung (EU) 2016/679[1)] gelten. Bei der Umsetzung dieser Richtlinie sollten die Mitgliedstaaten außerdem, die Anwendung der Vorschriften der Verordnung (EU) 2016/679[1)] – vorbehaltlich der darin genannten Bedingungen – genauer regeln können.

(35) Die Verarbeitung personenbezogener Daten im Rahmen dieser Richtlinie sollte nur dann als rechtmäßig gelten, wenn sie zur Wahrnehmung einer Aufgabe erforderlich ist, die eine zuständige Behörde im öffentlichen Interesse auf Grundlage des Unionsrechts oder des Rechts der Mitgliedstaaten zum Zwecke der Verhütung, Ermittlung, Aufdeckung oder Verfolgung von Straftaten oder der Strafvollstreckung, einschließlich des Schutzes vor und der Abwehr von Gefahren für die öffentliche Sicherheit, ausführt. Diese Tätigkeiten sollten sich auf die Wahrung lebenswichtiger Interessen der betroffenen Person erstrecken. Bei der Wahrnehmung der ihnen als gesetzlich begründeter Institution übertragenen Aufgaben, Straftaten zu verhüten, zu ermitteln, aufzudecken und zu verfolgen, können die zuständigen Behörden natürliche Personen auffordern oder anweisen, ihren Anordnungen nachzukommen. In einem solchen Fall sollte die Einwilligung der betroffenen Person im Sinne der Verordnung (EU) 2016/679[1)] keine rechtliche Grundlage für die Verarbeitung personenbezogener Daten durch die zuständigen Behörden darstellen. Wird die betroffene Person aufgefordert, einer rechtlichen Verpflichtung nachzukommen, so hat sie keine echte Wahlfreiheit, weshalb ihre Reaktion nicht als freiwillig abgegebene Willensbekundung betrachtet werden kann. Dies sollte die Mitgliedstaaten nicht daran hindern, durch Rechtsvorschriften vorzusehen, dass die betroffene Person der Verarbeitung ihrer personenbezogenen Daten für die Zwecke dieser Richtlinie zustimmen kann, beispielsweise im Falle von DNA-Tests in strafrechtlichen Ermittlungen oder zur Überwachung ihres Aufenthaltsorts mittels elektronischer Fußfessel zur Strafvollstreckung.

(36) Die Mitgliedstaaten sollten vorsehen, dass immer dann, wenn nach dem Unionsrecht oder dem Recht der Mitgliedstaaten, dem die übermittelnde zuständige Behörde unterliegt, für die Verarbeitung von personenbezogenen Daten unter bestimmten Umständen besondere Bedingungen, etwa zur Verwendung von Bearbeitungscodes, gelten, die übermittelnde zuständige Behörde den Empfänger der personenbezogenen Daten auf diese Bedingungen und die Verpflichtung sie einzuhalten hinweisen sollte. Hierzu könnte beispielsweise das Verbot, personenbezogene Daten an andere weiter zu übermitteln, oder das Verbot, sie für andere Zwecke, als

[1)] Nr. 1.

die Zwecke zu denen sie an den Empfänger übermittelt wurden, zu verwenden, oder das Verbot, die betroffene Person im Falle der Einschränkung des Rechts auf Unterrichtung ohne vorheriger Genehmigung der übermittelnden zuständigen Behörde zu informieren, zählen. Diese Pflichten gelten auch für Übermittlungen durch die übermittelnde zuständige Behörde an Empfänger in Drittländern oder an internationale Organisationen. Die Mitgliedstaaten sollten sicherstellen, dass die übermittelnde zuständige Behörde auf Empfänger in anderen Mitgliedstaaten oder nach Titel V Kapitel 4 und 5 AEUV errichtete Einrichtungen und sonstige Stellen nur solche Bedingungen anwendet, die auch für entsprechende Datenübermittlungen innerhalb ihres eigenen Mitgliedstaats gelten.

(37) Personenbezogene Daten, die ihrem Wesen nach hinsichtlich der Grundrechte und Grundfreiheiten besonders sensibel sind, verdienen einen besonderen Schutz, da im Zusammenhang mit ihrer Verarbeitung erhebliche Risiken für die Grundrechte und Grundfreiheiten auftreten können. Diese personenbezogenen Daten sollten personenbezogene Daten umfassen, aus denen die rassische oder ethnische Herkunft hervorgeht, wobei die Verwendung des Begriffs „rassische Herkunft" in dieser Richtlinie nicht bedeutet, dass die Union Theorien, mit denen versucht wird, die Existenz verschiedener menschlicher Rassen zu belegen, gutheißt. Solche personenbezogenen Daten sollten nur dann verarbeitet werden, wenn die Verarbeitung vorbehaltlich geeigneter Garantien für die durch Rechtsvorschriften festgelegten Rechte und Freiheiten der betroffenen Person erfolgt und in durch Rechtsvorschriften geregelten Fällen erlaubt ist oder anderenfalls zur Wahrung lebenswichtiger Interessen der betroffenen Person oder einer anderen Person erforderlich ist oder aber sich auf Daten bezieht, die die betroffene Person offensichtlich öffentlich gemacht hat. Zu den geeigneten Garantien für die Rechte und Freiheiten der betroffenen Person kann beispielsweise zählen, dass diese Daten nur in Verbindung mit anderen Daten über die betroffene natürliche Person erhoben werden dürfen, die erhobenen Daten hinreichend gesichert werden müssen, der Zugang der Mitarbeiter der zuständigen Behörde zu den Daten strenger geregelt und die Übermittlung dieser Daten verboten wird. Die Verarbeitung solcher Daten sollte ebenfalls durch Rechtsvorschriften erlaubt sein, wenn die betroffene Person der Datenverarbeitung, die besonders stark in ihre Privatsphäre eingreift, ausdrücklich zugestimmt hat. Die Einwilligung der betroffenen Person allein sollte jedoch noch keine rechtliche Grundlage für die Verarbeitung solch sensibler personenbezogener Daten durch die zuständigen Behörden liefern.

(38) Die betroffene Person sollte das Recht haben, keiner Entscheidung zur Bewertung von sie betreffenden persönlichen Aspekten unterworfen zu werden, die ausschließlich auf einer automatisierten Verarbeitung beruht und die nachteilige rechtliche Wirkung für sie entfaltet oder sie in erheblichem Maße beeinträchtigt. In jedem Fall sollte eine solche Verarbeitung mit geeigneten Garantien verbunden sein, einschließlich der spezifischen Unterrichtung der betroffenen Person und des Rechts, das Eingreifen einer Person zu erwirken, insbesondere auf Darlegung des eigenen Standpunkts, auf Erläuterung der nach einer entsprechenden Bewertung getroffenen Entscheidung oder auf Anfechtung der Entschei-

dung. Ein Profiling, das zur Folge hat, dass natürliche Personen aufgrund von personenbezogenen Daten diskriminiert werden, die ihrem Wesen nach hinsichtlich der Grundrechte und Grundfreiheiten besonders sensibel sind, sollte gemäß den Bestimmungen der Artikel 21 und 52 der Charta[1] verboten werden.

(39) Damit die betroffene Person ihre Rechte wahrnehmen kann, sollten alle Informationen für sie leicht zugänglich auch auf der Website des Verantwortlichen – und verständlich, also in klarer und einfacher Sprache abgefasst sein. Diese Informationen sollten an die Bedürfnisse von schutzbedürftigen Personen, wie etwa Kindern, angepasst werden.

(40) Es sollten Modalitäten festgelegt werden, die einer betroffenen Person die Ausübung ihrer Rechte aufgrund der nach dieser Richtlinie erlassenen Vorschriften erleichtern, darunter auch Mechanismen, die dafür sorgen, dass sie unentgeltlich insbesondere Zugang zu personenbezogenen Daten und deren Berichtigung oder Löschung beantragen und gegebenenfalls erhalten oder von ihrem Widerspruchsrecht Gebrauch machen kann. Der Verantwortliche sollte verpflichtet werden, den Antrag der betroffenen Person unverzüglich zu beantworten, es sei denn, er wendet Einschränkungen in Bezug auf die Rechte der betroffenen Person gemäß dieser Richtlinie an. Bei offenkundig unbegründeten oder exzessiven Anträgen, zum Beispiel wenn die betroffene Person ungebührlich und wiederholt Informationen verlangt oder wenn die betroffene Person ihr Recht auf Unterrichtung missbraucht, beispielsweise indem sie in ihrem Antrag falsche oder irreführende Angaben macht, sollte der Verantwortliche, eine angemessene Gebühr erheben können oder sich weigern können, aufgrund des Antrags tätig zu werden.

(41) Fordert der Verantwortliche zusätzliche Informationen an, die zur Bestätigung der Identität der betroffenen Person erforderlich sind, so sollten diese Informationen nur für diesen konkreten Zweck verarbeitet werden und nicht länger gespeichert werden, als es für diesen Zweck notwendig ist.

(42) Der betroffenen Person sollten zumindest folgende Informationen zur Verfügung gestellt werden: die Identität des Verantwortlichen, die Existenz des Verarbeitungsvorgangs, die Zwecke der Verarbeitung, das Beschwerderecht und das Bestehen eines Rechts auf Auskunft und Berichtigung oder Löschung personenbezogener Daten und auf Einschränkung der Verarbeitung durch den Verantwortlichen. Dies könnte auf der Website der zuständigen Behörde erfolgen. Außerdem sollte die betroffene Person in bestimmten Fällen und zur Ermöglichung der Ausübung ihrer Rechte über die Rechtsgrundlage der Verarbeitung und die Speicherfrist informiert werden, soweit diese zusätzlichen Informationen unter Berücksichtigung der spezifischen Umstände, unter denen die Daten verarbeitet werden, notwendig sind, um gegenüber der betroffenen Person eine Verarbeitung nach Treu und Glauben zu gewährleisten.

(43) Eine natürliche Person sollte ein Auskunftsrecht hinsichtlich der sie betreffenden Daten, die erhoben worden sind, besitzen und dieses Recht problemlos und in angemessenen Abständen wahrnehmen können, um sich der Verarbeitung bewusst zu sein und deren Rechtmäßigkeit über-

---

[1] Nr. **9**.

prüfen zu können. Jede betroffene Person sollte daher das Recht haben, zu wissen und zu erfahren, zu welchen Zwecken die Daten verarbeitet werden, wie lange sie verarbeitet werden und wer deren Empfänger, einschließlich solcher in Drittländern, sind. Enthalten solche Mitteilungen Informationen über den Ursprung der personenbezogenen Daten, so sollten die Informationen nicht die Identität natürlicher Personen und insbesondere keine vertraulichen Quellen preisgeben. Damit diesem Recht entsprochen wird, braucht die betroffene Person lediglich im Besitz einer vollständigen Übersicht über diese Daten in verständlicher Form zu sein, d.h. in einer Form, die es ihr ermöglicht, sich dieser Daten bewusst zu werden und nachzuprüfen, ob sie richtig sind und im Einklang mit dieser Richtlinie verarbeitet werden, so dass sie die ihr durch diese Richtlinie verliehenen Rechte ausüben kann. Eine solche Übersicht könnte in Form einer Kopie der personenbezogenen Daten, die Gegenstand der Verarbeitung sind, bereitgestellt werden.

(44) Die Mitgliedstaaten sollten Gesetzgebungsmaßnahmen erlassen können, mit denen die Unterrichtung der betroffenen Person aufgeschoben, eingeschränkt oder unterlassen oder die Auskunft über ihre personenbezogenen Daten ganz oder teilweise in dem Umfang und so lange eingeschränkt wird, wie dies in einer demokratischen Gesellschaft unter gebührender Berücksichtigung der Grundrechte und der berechtigten Interessen der betroffenen natürlichen Person eine erforderliche und verhältnismäßige Maßnahme darstellt, um behördliche oder gerichtliche Untersuchungen, Ermittlungen und Verfahren nicht zu behindern, die Verhütung, Ermittlung, Aufdeckung oder Verfolgung von Straftaten oder die Strafvollstreckung nicht zu gefährden und um die öffentliche und die nationale Sicherheit oder die Rechte und Freiheiten anderer zu schützen. Der Verantwortliche sollte im Wege einer konkreten Einzelfallprüfung feststellen, ob das Auskunftsrecht teilweise oder vollständig eingeschränkt werden sollte.

(45) Eine Verweigerung oder Einschränkung der Auskunft sollte der betroffenen Person grundsätzlich unter Angabe der sachlichen oder rechtlichen Gründe hierfür schriftlich mitgeteilt werden.

(46) Jede Einschränkung der Rechte der betroffenen Person muss mit der Charta und mit der EMRK in der Auslegung durch die Rechtsprechung des Gerichtshofs bzw. des Europäischen Gerichtshofs für Menschenrechte vereinbar sein und insbesondere den Wesensgehalt dieser Rechte und Freiheiten achten.

(47) Eine natürliche Person sollte das Recht auf Berichtigung sie betreffender unrichtiger personenbezogener Daten, insbesondere bei Bezug auf Tatsachen, sowie das Recht auf Löschung besitzen, wenn die Datenverarbeitung gegen diese Richtlinie verstößt. Das Recht auf Berichtigung sollte allerdings beispielsweise nicht den Inhalt einer Zeugenaussage berühren. Eine natürliche Person sollte auch das Recht auf Einschränkung der Verarbeitung besitzen, wenn sie die Richtigkeit personenbezogener Daten bestreitet und deren Richtigkeit oder Unrichtigkeit nicht festgestellt werden kann oder wenn die personenbezogenen Daten für Beweiszwecke weiter aufbewahrt werden müssen. Insbesondere sollte statt der Löschung personenbezogener Daten die Verarbeitung eingeschränkt werden, wenn in einem konkreten Fall berechtigter Grund zu der Annahme besteht,

dass eine Löschung die berechtigten Interessen der betroffenen Person beeinträchtigen könnte. In einem solchen Fall sollten Daten mit Einschränkungsmarkierung nur zu dem Zweck verarbeitet werden, der ihrer Löschung entgegenstand. Methoden zur Einschränkung der Verarbeitung personenbezogener Daten könnten unter anderem darin bestehen, dass ausgewählte Daten, beispielsweise zu Archivierungszwecken, auf ein anderes Verarbeitungssystem übertragen oder gesperrt werden. In automatisierten Dateisystemen sollte die Einschränkung der Verarbeitung grundsätzlich durch technische Mittel erfolgen. Auf die Tatsache, dass die Verarbeitung der personenbezogenen Daten beschränkt wurde, sollte in dem System unmissverständlich hingewiesen werden. Entsprechende Berichtigungen oder Löschungen personenbezogener Daten oder Einschränkungen der Verarbeitung sollten den Empfängern, gegenüber dem die personenbezogenen Daten offengelegt wurden, und den zuständigen Behörden, von denen die unrichtigen Daten stammen, mitgeteilt werden. Der Verantwortliche sollte auch von jeglicher Weiterverbreitung dieser Daten Abstand nehmen.

(48) Verweigert ein Verantwortlicher einer betroffenen Person ihr Recht auf Unterrichtung, Auskunft, Berichtigung oder Löschung personenbezogener Daten oder Einschränkung der Verarbeitung, so sollte die betroffene Person die nationale Aufsichtsbehörde ersuchen können, die Rechtmäßigkeit der Verarbeitung zu überprüfen. Die betroffene Person sollte über dieses Recht unterrichtet werden. Handelt die Aufsichtsbehörde im Namen der betroffenen Person, so sollte sie die betroffene Person zumindest darüber informieren, dass alle erforderlichen Prüfungen oder Überprüfungen durchgeführt wurden. Die Aufsichtsbehörde sollte die betroffene Person zudem über ihr Recht auf gerichtlichen Rechtsbehelf in Kenntnis setzen.

(49) Werden personenbezogene Daten im Zusammenhang mit strafrechtlichen Ermittlungen und Gerichtsverfahren in Strafsachen verarbeitet, so sollten die Mitgliedstaaten vorsehen können, dass die Ausübung des Rechts auf Unterrichtung, Auskunft, Berichtigung oder Löschung personenbezogener Daten oder Einschränkung der Verarbeitung nach Maßgabe des einzelstaatlichen Strafverfahrensrechts erfolgt.

(50) Die Verantwortung und Haftung des Verantwortlichen für jedwede Verarbeitung personenbezogener Daten, die durch ihn oder in seinem Namen erfolgt, sollte geregelt werden. Insbesondere sollte der Verantwortliche geeignete und wirksame Maßnahmen treffen müssen und nachweisen können, dass die Verarbeitungstätigkeiten im Einklang mit dieser Richtlinie stehen. Dabei sollte er die Art, den Umfang, die Umstände und die Zwecke der Verarbeitung und das Risiko für die Rechte und Freiheiten natürlicher Personen berücksichtigen. Im Rahmen der von ihm ergriffenen Maßnahmen sollte der Verantwortliche auch spezifische Garantien für die Verarbeitung personenbezogener Daten von schutzbedürftigen natürlichen Personen, wie etwa Kindern, ausarbeiten und implementieren.

(51) Risiken für die Rechte und Freiheiten der natürlichen Personen – mit unterschiedlicher Eintrittswahrscheinlichkeit und Schwere – können aus einer Datenverarbeitung hervorgehen, die zu einem physischen, materiellen oder immateriellen Schaden führen könnte, insbesondere wenn die

Verarbeitung zu einer Diskriminierung, einem Identitätsdiebstahl oder -betrug, einem finanziellen Verlust, einer Rufschädigung, einem Verlust der Vertraulichkeit von dem Berufsgeheimnis unterliegenden Daten, der unbefugten Umkehr der Pseudonymisierung oder anderen erheblichen wirtschaftlichen oder gesellschaftlichen Nachteilen führen kann, wenn die betroffenen Personen um ihre Rechte und Freiheiten gebracht oder daran gehindert werden, die sie betreffenden personenbezogenen Daten zu kontrollieren, wenn personenbezogene Daten, aus denen die rassische oder ethnische Herkunft, politische Meinungen, die Religion oder weltanschauliche Überzeugungen oder die Zugehörigkeit zu einer Gewerkschaft hervorgehen, wenn genetische Daten oder biometrische Daten zur eindeutigen Identifizierung einer Person oder Daten über die Gesundheit oder Daten über das Sexualleben und sexuelle Orientierung oder über strafrechtliche Verurteilungen und Straftaten oder damit zusammenhängende Sicherungsmaßregeln verarbeitet werden, wenn persönliche Aspekte bewertet werden, insbesondere wenn Aspekte, die die Arbeitsleistung, wirtschaftliche Lage, Gesundheit, persönliche Vorlieben oder Interessen, die Zuverlässigkeit oder das Verhalten, den Aufenthaltsort oder Ortswechsel betreffen, analysiert und prognostiziert werden, um ein persönliches Profil zu erstellen oder zu nutzen, wenn personenbezogene Daten schutzbedürftiger natürlicher Personen, insbesondere Daten von Kindern, verarbeitet werden oder wenn die Verarbeitung eine große Menge personenbezogener Daten und eine große Anzahl von Personen betrifft.

(52) Eintrittswahrscheinlichkeit und Schwere des Risikos sollten nach der Art, dem Umfang, den Umständen und den Zwecken der Verarbeitung bestimmt werden. Das Risiko sollte anhand einer objektiven Bewertung beurteilt werden, bei der festgestellt wird, ob die Datenverarbeitung ein hohes Risiko birgt. Ein hohes Risiko ist ein besonderes Risiko der Beeinträchtigung der Rechte und Freiheiten der betroffenen Personen.

(53) Zum Schutz der in Bezug auf die Verarbeitung personenbezogener Daten bestehenden Rechte und Freiheiten natürlicher Personen ist es erforderlich, dass geeignete technische und organisatorische Maßnahmen getroffen werden, damit die Anforderungen dieser Richtlinie erfüllt werden. Die Umsetzung dieser Maßnahmen sollte nicht ausschließlich von wirtschaftlichen Erwägungen abhängig gemacht werden. Um die Einhaltung dieser Richtlinie nachweisen zu können, sollte der Verantwortliche interne Strategien festlegen und Maßnahmen ergreifen, die insbesondere den Grundsätzen des Datenschutzes durch Technikgestaltung und durch datenschutzfreundliche Voreinstellungen Genüge tun. Hat der Verantwortliche eine Datenschutz-Folgenabschätzung gemäß dieser Richtlinie vorgenommen, sollten die entsprechenden Ergebnisse bei der Entwicklung dieser Maßnahmen und Verfahren berücksichtigt werden. Die Maßnahmen könnten u.a. aus einer möglichst frühen Pseudonymisierung bestehen. Gerade durch die Pseudonymisierung für die Zwecke dieser Richtlinie könnte der freie Verkehr personenbezogener Daten im Raum der Freiheit, der Sicherheit und des Rechts erleichtert werden.

(54) Zum Schutz der Rechte und Freiheiten der betroffenen Personen sowie bezüglich der Verantwortung und Haftung der Verantwortlichen und der Auftragsverarbeiter bedarf es – auch mit Blick auf die Überwachungs-

und sonstigen Maßnahmen von Aufsichtsbehörden – einer klaren Zuteilung der Verantwortlichkeiten gemäß dieser Richtlinie, einschließlich der Fälle, in denen ein Verantwortlicher die Verarbeitungszwecke und -mittel gemeinsam mit anderen Verantwortlichen festlegt oder ein Verarbeitungsvorgang im Auftrag eines Verantwortlichen durchgeführt wird.

(55) Die Durchführung einer Verarbeitung durch einen Auftragsverarbeiter sollte auf der Grundlage eines Rechtsinstruments einschließlich eines Vertrags erfolgen, der den Auftragsverarbeiter an den Verantwortlichen bindet und in dem insbesondere vorgesehen ist, dass der Auftragsverarbeiter nur auf Weisung des Verantwortlichen handeln sollte. Der Auftragsverarbeiter sollte den Grundsatz des Datenschutzes durch Technikgestaltung und durch datenschutzfreundliche Voreinstellungen berücksichtigen.

(56) Zum Nachweis der Einhaltung dieser Richtlinie sollte der Verantwortliche oder der Auftragsverarbeiter ein Verzeichnis aller Kategorien von Tätigkeiten, die seiner Zuständigkeit unterliegen, führen. Jeder Verantwortliche und jeder Auftragsverarbeiter sollte verpflichtet sein, mit der Aufsichtsbehörde zusammenzuarbeiten und dieser auf Anfrage dieses Verzeichnis vorzulegen, damit die betreffenden Verarbeitungsvorgänge anhand dieses Verzeichnisses kontrolliert werden können. Der Verantwortliche oder der Auftragsverarbeiter, der personenbezogene Daten in nicht automatisierten Verarbeitungssystemen verarbeitet, sollte über wirksame Methoden zum Nachweis der Rechtmäßigkeit der Verarbeitung, zur Ermöglichung der Eigenüberwachung und zur Sicherstellung der Integrität und Sicherheit der Daten, wie etwa Protokolle oder andere Formen von Verzeichnissen, verfügen.

(57) In automatisierten Verarbeitungssystemen werden zumindest über folgende Verarbeitungsvorgänge Protokolle geführt: Erhebung, Veränderung, Abfrage, Offenlegung einschließlich Übermittlungen, Kombination oder Löschung. Die Identifizierung der Person, die personenbezogene Daten abgefragt oder offengelegt hat, sollte protokolliert werden und aus dieser Identifizierung *sollt*[1] sich die Begründung für die Verarbeitungsvorgänge ableiten lassen. Die Protokolle sollten ausschließlich zum Zwecke der Überprüfung der Rechtmäßigkeit der Datenverarbeitung, der Eigenüberwachung, der Sicherstellung der Integrität und Sicherheit der Daten sowie für Strafverfahren verwendet werden. Die Eigenüberwachung umfasst auch interne Disziplinarverfahren der zuständigen Behörden.

(58) Eine Datenschutz-Folgenabschätzung, die sich insbesondere mit den Maßnahmen, Garantien und Verfahren befasst, die geplant sind den Schutz personenbezogener Daten zu gewährleisten und die die Einhaltung der Bestimmungen dieser Richtlinie nachweisen sollen, sollte durch den Verantwortlichen durchgeführt werden, wenn die Verarbeitungsvorgänge aufgrund ihres Wesens, ihres Umfangs oder ihrer Zwecke voraussichtlich ein hohes Risiko für die Rechte und Freiheiten der betroffenen Personen zur Folge haben. Datenschutz-Folgenabschätzungen sollten auf maßgebliche Systeme und Verfahren im Rahmen von Verarbeitungsvorgängen abstellen, nicht jedoch auf Einzelfälle.

---

[1] Richtig wohl: „sollte".

(59) Um einen wirksamen Schutz der Rechte und Freiheiten der betroffenen Personen zu gewährleisten, sollte der Verantwortliche oder der Auftragsverarbeiter in bestimmten Fällen vor der Verarbeitung die Aufsichtsbehörde konsultieren.

(60) Zur Aufrechterhaltung der Sicherheit und zur Vorbeugung gegen eine gegen diese Richtlinie verstoßende Verarbeitung sollte der Verantwortliche oder der Auftragsverarbeiter die mit der Verarbeitung verbundenen Risiken ermitteln und Maßnahmen zu ihrer Eindämmung, wie etwa eine Verschlüsselung, treffen. Solche Maßnahmen sollten unter Berücksichtigung des Stands der Technik und der Implementierungskosten ein Schutzniveau – auch hinsichtlich der Vertraulichkeit – gewährleisten, das dem von der Verarbeitung ausgehenden Risiko und der Art der zu schützenden personenbezogenen Daten angemessen ist. Bei der Bewertung der Datensicherheitsrisiken sollten die mit der Datenverarbeitung verbundenen Risiken berücksichtigt werden, wie etwa Vernichtung, Verlust oder Veränderung, ob unbeabsichtigt oder unrechtmäßig, oder unbefugte Offenlegung von oder unbefugter Zugang zu personenbezogenen Daten, die übermittelt, gespeichert oder auf sonstige Weise verarbeitet wurden, insbesondere wenn dies zu einem physischen, materiellen oder immateriellen Schaden führen könnte. Der Verantwortliche und der Auftragsverarbeiter sollten sicherstellen, dass personenbezogene Daten nicht durch Unbefugte verarbeitet werden.

(61) Eine Verletzung des Schutzes personenbezogener Daten kann – wenn nicht rechtzeitig und angemessen reagiert wird – einen physischen, materiellen oder immateriellen Schaden für natürliche Personen nach sich ziehen, wie etwa Verlust der Kontrolle über ihre personenbezogenen Daten oder Einschränkung ihrer Rechte, Diskriminierung, Identitätsdiebstahl oder -betrug, finanzielle Verluste, unbefugte Aufhebung der Pseudonymisierung, Rufschädigung, Verlust der Vertraulichkeit von dem Berufsgeheimnis unterliegenden personenbezogenen Daten oder andere erhebliche wirtschaftliche oder gesellschaftliche Nachteile für die betroffene natürliche Person. Deshalb sollte der Verantwortliche, sobald ihm eine Verletzung des Schutzes personenbezogener Daten bekannt wird, die Aufsichtsbehörde von der Verletzung des Schutzes personenbezogener Daten unverzüglich und, falls möglich, binnen höchstens 72 Stunden nachdem ihm die Verletzung bekannt wurde, unterrichten, es sei denn der Verantwortliche kann im Einklang mit dem Grundsatz der Rechenschaftspflicht nachweisen, dass die Verletzung des Schutzes personenbezogener Daten voraussichtlich nicht zu einem Risiko für die persönlichen Rechte und Freiheiten natürlicher Personen führt. Falls diese Benachrichtigung nicht binnen 72 Stunden erfolgen kann, sollten in ihr die Gründe für die Verzögerung angegeben werden müssen, und die Informationen können schrittweise ohne unangemessene weitere Verzögerung bereitgestellt werden.

(62) Natürliche Personen,[1)] sollten unverzüglich benachrichtigt werden, wenn die Verletzung des Schutzes personenbezogener Daten voraussichtlich zu einem hohen Risiko für die Rechte und Freiheiten natürlicher Personen führt, damit sie die erforderlichen Vorkehrungen treffen können. Die

---

[1)] Zeichensetzung amtlich.

Benachrichtigung sollte eine Beschreibung der Art der Verletzung des Schutzes personenbezogener Daten sowie an die betroffene natürliche Person gerichtete Empfehlungen zur Minderung etwaiger nachteiliger Auswirkungen dieser Verletzung enthalten. Die Benachrichtigung der betroffenen Person sollte stets so rasch wie nach allgemeinem Ermessen möglich, in enger Absprache mit der Aufsichtsbehörde und nach Maßgabe der von dieser oder von anderen zuständigen Behörden erteilten Weisungen erfolgen. Um beispielsweise das Risiko eines unmittelbaren Schadens mindern zu können, müsste die betroffene Person sofort benachrichtigt werden, wohingegen eine längere Benachrichtigungsfrist gerechtfertigt sein kann, wenn es darum geht, geeignete Maßnahmen gegen fortlaufende oder ähnliche Verletzungen des Schutzes von Daten zu treffen. In Ausnahmefällen könnte die Benachrichtigung der von einer Verletzung des Schutzes personenbezogener Daten betroffenen natürlichen Person unterbleiben, wenn ein Aufschub oder eine Einschränkung dieser Benachrichtigung nicht ausreicht, um behördliche oder gerichtliche Untersuchungen, Ermittlungen und Verfahren nicht zu behindern, die Verhütung, Aufdeckung, Ermittlung oder Verfolgung von Straftaten oder die Strafvollstreckung nicht zu gefährden und um die öffentliche und die nationale Sicherheit oder die Rechte und Freiheiten anderer zu schützen.

(63) Der Verantwortliche sollte eine Person benennen, die ihn dabei unterstützt, die interne Einhaltung der nach dieser Richtlinie erlassenen Vorschriften zu überwachen, es sei denn, ein Mitgliedstaat beschließt eine Ausnahmeregelung für Gerichte und andere unabhängige Justizbehörden im Rahmen ihrer justiziellen Tätigkeit. Bei dieser Person kann es sich um ein Mitglied des vorhandenen Personals des Verantwortlichen handeln, das eine besondere Schulung auf dem Gebiet der Datenschutzvorschriften und der Datenschutzpraxis erhalten hat, um einschlägiges Fachwissen in diesem Bereich zu erwerben. Der Grad des erforderlichen Fachwissens sollte sich insbesondere nach der Art der durchgeführten Datenverarbeitung und des erforderlichen Schutzes für die von dem Verantwortlichen verarbeiteten personenbezogenen Daten richten. Die betreffende Person kann ihre Aufgabe auf Teilzeit- oder Vollzeitbasis wahrnehmen. Mehrere Verantwortliche können unter Berücksichtigung ihrer Organisationsstruktur und ihrer Größe gemeinsam einen Datenschutzbeauftragten bestellen, zum Beispiel im Falle einer gemeinsamen Nutzung von Ressourcen in zentralen Stellen. Die betreffende Person kann auch für verschiedene Positionen innerhalb der Struktur der jeweils Verantwortlichen benannt werden. Sie sollte den Verantwortlichen und die Beschäftigten, die personenbezogene Daten verarbeiten, unterstützen, indem sie diese Personen über die Einhaltung ihrer jeweiligen Datenschutzpflichten unterrichtet und berät. Diese Datenschutzbeauftragten sollten ihren Auftrag und ihre Aufgaben auf unabhängige Weise gemäß dem Recht der Mitgliedstaaten wahrnehmen können.

(64) Die Mitgliedstaaten sollten dafür sorgen, dass Daten nur dann an ein Drittland oder eine internationale Organisation übermittelt werden, wenn dies für die Verhütung, Ermittlung, Aufdeckung oder Verfolgung von Straftaten oder für die Strafvollstreckung, einschließlich des Schutzes vor und der Abwehr von Gefahren für die öffentliche Sicherheit, not-

wendig ist und es sich bei dem Verantwortlichen in dem Drittland oder in der internationalen Organisation um eine zuständige Behörde im Sinne dieser Richtlinie handelt. Eine Übermittlung sollte nur durch zuständige Behörden vorgenommen werden, die als Verantwortliche agieren, es sei denn, Auftragsverarbeiter werden ausdrücklich beauftragt, im Namen der Verantwortlichen Übermittlungen vorzunehmen. Derartige Übermittlungen können erfolgen, wenn die Kommission beschlossen hat, dass das betreffende Drittland oder die betreffende internationale Organisation ein angemessenes Schutzniveau gewährleistet, oder wenn geeignete Garantien bestehen oder wenn Ausnahmen für bestimmte Fälle gelten. Das durch diese Richtlinie unionsweit gewährleistete Schutzniveau für natürliche Personen sollte bei der Übermittlung personenbezogener Daten aus der Union an Verantwortliche, Auftragsverarbeiter oder andere Empfänger in Drittländern oder an internationale Organisationen nicht untergraben werden, und zwar auch dann nicht, wenn aus dem Drittland oder von der internationalen Organisation personenbezogene Daten an Verantwortliche oder Auftragsverarbeiter in demselben oder einem anderen Drittland oder an dieselbe oder eine andere internationale Organisation weiterübermittelt werden.

(65) Werden personenbezogene Daten von einem Mitgliedstaat an Drittländer oder internationale Organisationen übermittelt, so sollte die Übermittlung grundsätzlich erst dann erfolgen, wenn der Mitgliedstaat, von dem die Daten stammen, die Übermittlung genehmigt hat. Im Interesse einer wirksamen Zusammenarbeit bei der Verhütung, Ermittlung und Aufdeckung von Straftaten ist es erforderlich, dass im Falle einer Gefahr für die öffentliche Sicherheit eines Mitgliedstaats oder eines Drittlandes oder für die wesentlichen Interessen eines Mitgliedstaats, die so unvermittelt eintritt, dass es unmöglich ist, rechtzeitig eine vorherige Genehmigung einzuholen, die zuständige Behörde die maßgeblichen personenbezogenen Daten ohne vorherige Genehmigung an das betreffende Drittland oder die betreffende internationale Organisation übermitteln können sollte. Die Mitgliedstaaten sollten vorsehen, dass Drittländern oder internationalen Organisationen etwaige besondere Bedingungen für die Übermittlung mitgeteilt werden. Die Weiterübermittlung personenbezogener Daten sollte der vorherigen Genehmigung durch die zuständige Behörde bedürfen, die die ursprüngliche Übermittlung durchgeführt hat. Bei der Entscheidung über einen Antrag auf die Genehmigung einer Weiterübermittlung sollte die zuständige Behörde, die die ursprüngliche Übermittlung durchgeführt hat, alle maßgeblichen Faktoren gebührend berücksichtigen, einschließlich der Schwere der Straftat, der spezifischen Auflagen und des Zwecks der ursprünglichen Datenübermittlung, der Art und der Bedingungen der Strafvollstreckung sowie des Schutzniveaus für personenbezogene Daten in dem Drittland oder der internationalen Organisation, an das bzw. die personenbezogene Daten weiterübermittelt werden sollen. Die zuständige Behörde, die die ursprüngliche Übermittlung durchgeführt hat, sollte die Weiterübermittlung auch an besondere Bedingungen knüpfen können. Diese besonderen Bedingungen können zum Beispiel in Bearbeitungscodes dargelegt werden.

(66) Die Kommission sollte mit Wirkung für die gesamte Union beschließen können, dass bestimmte Drittländer, ein Gebiet oder ein oder mehrere

spezifische Sektoren in einem Drittland oder eine internationale Organisation ein angemessenes Datenschutzniveau bieten, und auf diese Weise in Bezug auf die Drittländer und internationalen Organisationen, die für fähig gehalten werden, ein solches Schutzniveau zu bieten, in der gesamten Union Rechtssicherheit schaffen und eine einheitliche Rechtsanwendung sicherstellen. In derartigen Fällen sollten personenbezogene Daten ohne besondere Genehmigung an diese Länder übermittelt werden können, es sei denn, dass ein anderer Mitgliedstaat, von dem die Daten stammen, die Übermittlung zu genehmigen hat.

(67) In Übereinstimmung mit den Grundwerten der Union, zu denen insbesondere der Schutz der Menschenrechte zählt, sollte die Kommission bei der Bewertung des Drittlandes oder eines Gebiets oder eines bestimmten Sektors in einem Drittland berücksichtigen, inwieweit in einem bestimmten Drittland die Rechtsstaatlichkeit gewahrt ist, der Rechtsweg gewährleistet ist und die internationalen Menschenrechtsnormen und -standards eingehalten werden und welche allgemeinen und sektorspezifischen Vorschriften, wozu auch die Vorschriften über die öffentliche Sicherheit, die Landesverteidigung, die nationale Sicherheit und öffentliche Ordnung sowie das Strafrecht zählen, dort gelten. Die Annahme eines Angemessenheitsbeschlusses in Bezug auf ein Gebiet oder einen bestimmten Sektor in einem Drittland sollte unter Berücksichtigung eindeutiger und objektiver Kriterien wie bestimmter Verarbeitungsvorgänge und des Anwendungsbereichs anwendbarer Rechtsnormen und geltender Rechtsvorschriften in dem Drittland erfolgen. Das Drittland sollte Garantien für ein angemessenes Schutzniveau bieten, das im Wesentlichen dem innerhalb der Union gewährleisteten Schutzniveau der Sache nach gleichwertig ist, insbesondere in Fällen, in denen Daten in einem oder mehreren spezifischen Sektoren verarbeitet werden. Das Drittland sollte insbesondere eine wirksame unabhängige Überwachung des Datenschutzes gewährleisten und Mechanismen für eine Zusammenarbeit mit den Datenschutzbehörden der Mitgliedstaaten vorsehen, und den betroffenen Personen sollten wirksame und durchsetzbare Rechte sowie wirksame behördliche und gerichtliche Rechtsbehelfe eingeräumt werden.

(68) Die Kommission sollte neben den internationalen Verpflichtungen, die das Drittland oder die internationale Organisation eingegangen ist, auch die Verpflichtungen, die sich aus der Teilnahme des Drittlandes oder der internationalen Organisation an multilateralen oder regionalen Systemen insbesondere im Hinblick auf den Schutz personenbezogener Daten ergeben, sowie die Umsetzung dieser Verpflichtungen berücksichtigen. Insbesondere sollte der Beitritt des Drittlandes zum Übereinkommen des Europarates vom 28. Januar 1981 zum Schutz des Menschen bei der automatischen Verarbeitung personenbezogener Daten und dem dazugehörigen Zusatzprotokoll berücksichtigt werden. Die Kommission sollte den durch die Verordnung (EU) 2016/679[1] eingesetzten Europäischen Datenschutzausschuss (im Folgenden „Ausschuss") konsultieren, wenn sie das Schutzniveau in Drittländern oder internationalen Organisationen bewertet. Die Kommission sollte ferner alle maßgeblichen Angemessen-

[1] Nr. 1.

heitsbeschlüsse berücksichtigen, die sie nach Artikel 45 der Verordnung (EU) 2016/679[1] angenommen hat.

(69) Die Kommission sollte die Wirksamkeit von Feststellungen zum Schutzniveau in einem Drittland, einem Gebiet oder einem spezifischen Sektor in einem Drittland oder einer internationalen Organisation überwachen. In ihren Angemessenheitsbeschlüssen sollte die Kommission einen Mechanismus für die regelmäßige Überprüfung ihrer Wirkungsweise vorsehen. Diese regelmäßige Überprüfung sollte in Konsultation mit dem betreffenden Drittland oder der betreffenden internationalen Organisation erfolgen und allen maßgeblichen Entwicklungen in dem Drittland oder der internationalen Organisation Rechnung tragen.

(70) Die Kommission sollte auch feststellen können, dass ein Drittland, ein Gebiet oder ein spezifischer Sektor in einem Drittland oder eine internationale Organisation kein angemessenes Datenschutzniveau mehr bietet. Die Übermittlung personenbezogener Daten an dieses Drittland oder an diese internationale Organisation sollte daraufhin verboten werden, es sei denn, die Anforderungen dieser Richtlinie in Bezug auf Datenübermittlung vorbehaltlich geeigneter Garantien und Ausnahmen für bestimmte Fälle werden erfüllt. Es sollten Verfahren für Konsultationen zwischen der Kommission und den betreffenden Drittländern oder internationalen Organisationen vorgesehen werden. Die Kommission sollte dem Drittland oder der internationalen Organisation frühzeitig die Gründe mitteilen und Konsultationen aufnehmen, um Abhilfe für die Situation zu schaffen.

(71) Datenübermittlungen, die nicht auf der Grundlage eines Angemessenheitsbeschlusses erfolgen, sollten nur dann zulässig sein, wenn in einem rechtsverbindlichen Instrument geeignete Garantien festgelegt sind, die den Schutz personenbezogener Daten gewährleisten, oder wenn der Verantwortliche alle Umstände beurteilt hat, die bei der Datenübermittlung eine Rolle spielen, und auf der Grundlage dieser Beurteilung zu der Auffassung gelangt ist, dass geeignete Garantien zum Schutz personenbezogener Daten bestehen. Solche rechtsverbindlichen Instrumente könnten beispielsweise rechtsverbindliche bilaterale Abkommen sein, die von den Mitgliedstaaten geschlossen und in ihre Rechtsordnung übernommen wurden und von ihren betroffenen Personen durchgesetzt werden können und die sicherstellen, dass die Datenschutzvorschriften und die Rechte der betroffenen Personen einschließlich ihres Rechts auf wirksame verwaltungsrechtliche und gerichtliche Rechtsbehelfe beachtet werden. Der Verantwortliche sollte Kooperationsvereinbarungen zwischen Europol oder Eurojust und Drittländern berücksichtigen können, die den Austausch personenbezogener Daten ermöglichen, wenn er alle Umstände im Zusammenhang mit der Datenübermittlung beurteilt. Der Verantwortliche sollte außerdem berücksichtigen können, dass die Übermittlung personenbezogener Daten Geheimhaltungspflichten und dem Grundsatz der Spezialität unterliegt, damit gewährleistet wird, dass die Daten nicht zu anderen Zwecken als zu den Zwecken, zu denen sie übermittelt wurden, verarbeitet werden. Darüber hinaus sollte der Verantwortliche berücksichtigen, dass die personenbezogenen Daten nicht

---

[1] Nr. 1.

verwendet werden, um die Todesstrafe oder eine Form der grausamen und unmenschlichen Behandlung zu beantragen, zu verhängen oder zu vollstrecken. Diese Bedingungen könnten zwar als geeignete Garantien angesehen werden, die die Datenübermittlung zulassen, jedoch sollte der Verantwortliche zusätzliche Garantien verlangen können.

(72) Sind weder ein Angemessenheitsbeschluss noch geeignete Garantien vorhanden, so sollte eine Übermittlung oder eine Kategorie von Übermittlungen nur in bestimmten Fällen erfolgen können, in denen dies erforderlich ist: zur Wahrung wesentlicher Interessen der betroffenen oder einer anderen Person; zum Schutz berechtigter Interessen der betroffenen Person, wenn dies nach dem Recht des Mitgliedstaats, aus dem die personenbezogenen Daten übermittelt werden, vorgesehen ist; zur Abwehr einer unmittelbaren, ernsthaften Gefahr für die öffentliche Sicherheit eines Mitgliedstaats oder eines Drittlandes; in einem Einzelfall zum Zwecke der Verhütung, Ermittlung, Aufdeckung oder Verfolgung von Straftaten oder der Strafvollstreckung, einschließlich des Schutzes vor und der Abwehr von Gefahren für die öffentliche Sicherheit; oder in einem Einzelfall zur Geltendmachung, Ausübung oder Verteidigung von Rechtsansprüchen. Diese Ausnahmen sollten restriktiv ausgelegt werden, häufige, umfassende und strukturelle Übermittlungen personenbezogener Daten sowie Datenübermittlungen in großem Umfang ausschließen und daher auf unbedingt notwendige Daten beschränkt sein. Derartige Übermittlungen sollten dokumentiert werden, und die entsprechende Dokumentation sollte der Aufsichtsbehörde auf Anfrage zur Verfügung gestellt werden, damit diese die Rechtmäßigkeit der Übermittlung überprüfen kann.

(73) Die zuständigen Behörden der Mitgliedstaaten wenden die geltenden bilateralen oder multilateralen internationalen Übereinkünfte, die mit Drittländern auf den Gebieten der justiziellen Zusammenarbeit in Strafsachen und der polizeilichen Zusammenarbeit geschlossen wurden, für den Austausch maßgeblicher Informationen an, um ihnen zu ermöglichen, die ihnen rechtlich zugewiesenen Aufgaben wahrzunehmen. Grundsätzlich erfolgt dies über die im betreffenden Drittland für die Zwecke dieser Richtlinie zuständigen Behörden oder zumindest in Zusammenarbeit mit diesen Behörden des Drittlandes, mitunter auch dann, wenn keine bilaterale oder multilaterale internationale Übereinkunft existiert. In speziellen Einzelfällen können die regulären Verfahren, die eine Kontaktaufnahme mit dieser Behörde in dem betreffenden Drittland vorschreiben, wirkungslos oder ungeeignet sein, insbesondere weil die Übermittlung nicht rechtzeitig durchgeführt werden konnte oder weil diese Behörde in dem betreffenden Drittland die Rechtsstaatlichkeit oder die internationalen Menschenrechtsbestimmungen nicht achtet, so dass die zuständigen Behörden der Mitgliedstaaten beschließen können, die personenbezogenen Daten direkt an in Drittländern niedergelassene Empfänger zu übermitteln. Dies kann der Fall sein, wenn es dringend geboten ist, personenbezogene Daten zu übermitteln, um das Leben einer Person zu schützen, die Gefahr läuft, Opfer einer Straftat zu werden, oder um die unmittelbar bevorstehende Begehung einer Straftat, einschließlich einer terroristischen Straftat, zu verhindern. Auch wenn eine solche Übermittlung zwischen zuständigen Behörden und in Drittländern niedergelassenen

Empfängern nur in speziellen Einzelfällen erfolgen sollte, sollte diese Richtlinie die Voraussetzungen für die Regelung solcher Fälle vorsehen. Diese Bestimmungen sollten nicht als Ausnahmen von geltenden bilateralen oder multilateralen internationalen Übereinkünften auf den Gebieten der justiziellen Zusammenarbeit in Strafsachen und der polizeilichen Zusammenarbeit betrachtet werden. Diese Vorschriften sollten zusätzlich zu den sonstigen Vorschriften dieser Richtlinie gelten, insbesondere den Vorschriften über die Rechtmäßigkeit der Verarbeitung und Kapitel V.

(74) Wenn personenbezogene Daten in ein anderes Land übermittelt werden, kann dies dazu führen, dass natürliche Personen weniger Möglichkeiten haben, ihre Datenschutzrechte wahrzunehmen und sich gegen eine unrechtmäßige Nutzung oder Offenlegung dieser Daten zu schützen. Ebenso kann es vorkommen, dass Aufsichtsbehörden Beschwerden nicht nachgehen oder Untersuchungen nicht durchführen können, die einen Bezug zu Tätigkeiten außerhalb der Grenzen ihres Mitgliedstaats haben. Ihre Bemühungen um grenzübergreifende Zusammenarbeit können auch durch unzureichende Präventiv- und Abhilfebefugnisse und durch widersprüchliche Rechtsordnungen behindert werden. Die Zusammenarbeit zwischen den Datenschutzaufsichtsbehörden muss daher gefördert werden, um ihnen den Informationsaustausch mit Aufsichtsbehörden in anderen Ländern zu erleichtern.

(75) Die Einrichtung von Aufsichtsbehörden in den Mitgliedstaaten, die ihre Aufgaben völlig unabhängig erfüllen können, ist ein wesentlicher Bestandteil des Schutzes natürlicher Personen bei der Verarbeitung personenbezogener Daten. Die Aufsichtsbehörden sollten die Anwendung der nach dieser Richtlinie erlassenen Vorschriften überwachen und zu ihrer einheitlichen Anwendung in der gesamten Union beitragen, um natürliche Personen bei der Verarbeitung ihrer personenbezogenen Daten zu schützen. Zu diesem Zweck bedarf es der Zusammenarbeit der Aufsichtsbehörden untereinander und mit der Kommission.

(76) Die Mitgliedstaaten können einer bereits gemäß der Verordnung (EU) 2016/679[1] errichteten Aufsichtsbehörde die Verantwortung für die Aufgaben übertragen, die von den nach dieser Richtlinie einzurichtenden nationalen Aufsichtsbehörden auszuführen sind.

(77) Die Mitgliedstaaten sollten mehr als eine Aufsichtsbehörde einrichten können, wenn dies ihrer verfassungsmäßigen, organisatorischen und administrativen Struktur entspricht. Jede Aufsichtsbehörde sollte mit Finanzmitteln, Personal, Räumlichkeiten und einer Infrastruktur ausgestattet werden, wie sie für die wirksame Wahrnehmung ihrer Aufgaben, auch der Aufgaben im Zusammenhang mit der Amtshilfe und Zusammenarbeit mit anderen Aufsichtsbehörden in der gesamten Union, notwendig sind. Jede Aufsichtsbehörde sollte über eigene, öffentliche, jährliche Haushaltspläne verfügen, die Teil des gesamten Staatshaushalts oder nationalen Haushalts sein können.

(78) Die Aufsichtsbehörden sollten unabhängigen Kontroll- oder Überwachungsmechanismen hinsichtlich ihrer Ausgaben unterliegen, sofern diese Finanzkontrolle ihre Unabhängigkeit nicht berührt.

[1] Nr. 1.

(79) Die allgemeinen Anforderungen an das Mitglied oder die Mitglieder der Aufsichtsbehörde sollten durch Recht der Mitgliedstaaten geregelt werden und insbesondere vorsehen, dass diese Mitglieder entweder vom Parlament oder von der Regierung oder dem Staatsoberhaupt des betreffenden Mitgliedstaats auf Vorschlag der Regierung oder eines Regierungsmitglieds oder des Parlaments oder dessen Kammer oder von einer unabhängigen Stelle ernannt werden, die nach dem Recht des Mitgliedstaats mit der Ernennung im Wege eines transparenten Verfahrens betraut wird. Um die Unabhängigkeit der Aufsichtsbehörde zu gewährleisten, sollten ihre Mitglieder integer handeln, von allen mit den Aufgaben ihres Amts nicht zu vereinbarenden Handlungen absehen und während ihrer Amtszeit keine andere mit ihrem Amt nicht zu vereinbarende entgeltliche oder unentgeltliche Tätigkeit ausüben. Um die Unabhängigkeit der Aufsichtsbehörde zu gewährleisten, sollte ihr Personal von der Aufsichtsbehörde selbst ausgewählt werden; dabei kann eine unabhängige, nach dem Recht des Mitgliedstaats betraute Stelle eingeschaltet werden.

(80) Obgleich diese Richtlinie auch für die Tätigkeit der nationalen Gerichte und anderer Justizbehörden gilt, sollte sich die Zuständigkeit der Aufsichtsbehörden nicht auf die von Gerichten im Rahmen ihrer justiziellen Tätigkeit vorgenommenen Datenverarbeitungen erstrecken, damit die Unabhängigkeit der Richter bei der Ausübung ihrer richterlichen Aufgaben gewahrt bleibt. Diese Ausnahme sollte allerdings begrenzt werden auf justizielle Tätigkeiten in Gerichtssachen und sich nicht auf andere Tätigkeiten beziehen, mit denen Richter nach dem Recht der Mitgliedstaaten betraut werden können. Die Mitgliedstaaten sollten außerdem vorsehen können, dass sich die Zuständigkeit der Aufsichtsbehörde nicht auf die Überwachung der Verarbeitung personenbezogener Daten erstreckt, die durch andere unabhängige Justizbehörden im Rahmen ihrer justiziellen Tätigkeit, beispielsweise Staatsanwaltschaften, erfolgt. Die Einhaltung der Vorschriften dieser Richtlinie durch die Gerichte und andere unabhängige Justizbehörden unterliegt in jedem Fall stets der unabhängigen Überwachung gemäß Artikel 8 Absatz 3 der Charta[1].

(81) Jede Aufsichtsbehörde sollte sich mit Beschwerden von betroffenen Personen befassen und die Angelegenheit untersuchen oder an die zuständige Aufsichtsbehörde übermitteln. Die auf eine Beschwerde folgende Untersuchung sollte vorbehaltlich einer gerichtlichen Überprüfung so weit gehen, wie dies im Einzelfall angemessen ist. Die Aufsichtsbehörde sollte die betroffene Person innerhalb eines angemessenen Zeitraums über den Stand und die Ergebnisse der Beschwerde unterrichten. Sollten weitere Untersuchungen oder die Abstimmung mit einer anderen Aufsichtsbehörde erforderlich sein, so sollte die betroffene Person über den Zwischenstand informiert werden.

(82) Um die wirksame, zuverlässige und einheitliche Überwachung der Einhaltung und Durchsetzung dieser Richtlinie in der gesamten Union gemäß dem AEUV in der Auslegung durch den Gerichtshof sicherzustellen, sollten die Aufsichtsbehörden in jedem Mitgliedstaat dieselben Aufgaben und wirksamen Befugnisse haben, darunter Untersuchungsbefugnisse, Abhilfebefugnisse und beratende Befugnisse, die notwendige In-

---

[1] Nr. **9**.

strumente zur Erfüllung ihrer Aufgaben darstellen. Ihre Befugnisse dürfen jedoch weder die speziellen Vorschriften für Strafverfahren, einschließlich der Ermittlung und Verfolgung von Straftaten, noch die Unabhängigkeit der Gerichte berühren. Unbeschadet der Befugnisse der Strafverfolgungsbehörden nach dem Recht der Mitgliedstaaten sollten die Aufsichtsbehörden außerdem die Befugnis haben, Verstöße gegen diese Richtlinie den Justizbehörden zur Kenntnis zu bringen oder Gerichtsverfahren anzustrengen. Die Befugnisse der Aufsichtsbehörden sollten in Übereinstimmung mit den geeigneten Verfahrensgarantien nach dem Unionsrecht und dem Recht der Mitgliedstaaten unparteiisch, gerecht und innerhalb einer angemessenen Frist ausgeübt werden. Insbesondere sollte jede Maßnahme im Hinblick auf die Gewährleistung der Einhaltung dieser Richtlinie geeignet, erforderlich und verhältnismäßig sein, wobei die Umstände des jeweiligen Einzelfalls zu berücksichtigen sind, das Recht einer jeden Person, gehört zu werden, bevor eine individuelle Maßnahme getroffen wird, die nachteilige Auswirkungen auf die betroffene Person hätte, zu achten ist und überflüssige Kosten und übermäßige Unannehmlichkeiten für sie zu vermeiden sind. Untersuchungsbefugnisse im Hinblick auf den Zugang zu Räumlichkeiten sollten im Einklang mit besonderen Anforderungen im Recht der Mitgliedstaaten ausgeübt werden, wie etwa dem Erfordernis einer vorherigen richterlichen Genehmigung. Der Erlass eines rechtsverbindlichen Beschlusses sollte in dem Mitgliedstaat der Aufsichtsbehörde, die den Beschluss erlassen hat, einer gerichtlichen Überprüfung unterliegen.

(83) Die Aufsichtsbehörden sollten sich gegenseitig bei der Erfüllung ihrer Aufgaben unterstützen und einander Amtshilfe leisten, damit eine einheitliche Anwendung und Durchsetzung der nach dieser Richtlinie erlassenen Vorschriften gewährleistet ist.

(84) Der Ausschuss sollte zur einheitlichen Anwendung dieser Richtlinie in der Union beitragen, einschließlich der Beratung der Kommission und der Förderung der Zusammenarbeit der Aufsichtsbehörden in der Union.

(85) Jede betroffene Person sollte das Recht haben, bei einer einzigen Aufsichtsbehörde eine Beschwerde einzureichen und gemäß Artikel 47 der Charta[1)] einen wirksamen gerichtlichen Rechtsbehelf einzulegen, wenn sie sich in ihren Rechten aufgrund von nach dieser Richtlinie erlassenen Vorschriften verletzt sieht oder wenn die Aufsichtsbehörde auf eine Beschwerde hin nicht tätig wird, eine Beschwerde teilweise oder ganz abweist oder ablehnt oder nicht tätig wird, obwohl dies zum Schutz der Rechte der betroffenen Person notwendig ist. Die auf eine Beschwerde folgende Untersuchung sollte vorbehaltlich gerichtlicher Überprüfung so weit gehen, wie dies im Einzelfall angemessen ist. Die zuständige Aufsichtsbehörde sollte die betroffene Person innerhalb eines angemessenen Zeitraums über den Stand und die Ergebnisse der Beschwerde unterrichten. Sollten weitere Untersuchungen oder die Abstimmung mit einer anderen Aufsichtsbehörde erforderlich sein, so sollte die betroffene Person über den Zwischenstand informiert werden. Jede Aufsichtsbehörde sollte Maßnahmen zur Erleichterung der Einreichung von Beschwerden treffen, wie etwa die Bereitstellung eines Beschwerdeformulars, das auch

1) Nr. **9**.

elektronisch ausgefüllt werden kann, ohne dass andere Kommunikationsmittel ausgeschlossen werden.

(86) Jede natürliche oder juristische Person sollte das Recht auf einen wirksamen gerichtlichen Rechtsbehelf bei dem zuständigen einzelstaatlichen Gericht gegen einen Beschluss einer Aufsichtsbehörde haben, der gegenüber dieser Person Rechtswirkungen entfaltet. Ein derartiger Beschluss betrifft insbesondere die Ausübung von Untersuchungs-, Abhilfe- und Genehmigungsbefugnissen durch die Aufsichtsbehörde oder die Ablehnung oder Abweisung von Beschwerden. Dieses Recht umfasst jedoch nicht andere – rechtlich nicht bindende – Maßnahmen der Aufsichtsbehörden wie von ihr abgegebene Stellungnahmen oder Empfehlungen. Verfahren gegen eine Aufsichtsbehörde sollten bei den Gerichten des Mitgliedstaats angestrengt werden, in dem die Aufsichtsbehörde ihren Sitz hat, und sollten im Einklang mit dem Recht dieses Mitgliedstaats durchgeführt werden. Diese Gerichte sollten eine uneingeschränkte Zuständigkeit besitzen, was die Zuständigkeit, sämtliche für den anhängigen Rechtsstreit maßgeblichen Sach- und Rechtsfragen zu prüfen, einschließt.

(87) Betroffene Personen, die sich in ihren Rechten gemäß dieser Richtlinie verletzt sehen, sollten das Recht haben, Einrichtungen, die sich den Schutz der Rechte und Interessen der betroffenen Personen im Bereich des Schutzes ihrer personenbezogenen Daten zum Ziel gesetzt haben und die nach dem Recht eines Mitgliedstaats gegründet sind, zu beauftragen, in ihrem Namen eine Beschwerde bei einer Aufsichtsbehörde einzureichen und einen gerichtlichen Rechtsbehelf einzulegen. Das Recht betroffener Personen auf Vertretung sollte das Verfahrensrecht der Mitgliedstaaten unberührt lassen, nach dem eine obligatorische Vertretung betroffener Personen durch einen Rechtsanwalt im Sinne der Richtlinie 77/249/EWG des Rates[1)] vor nationalen Gerichten erforderlich sein kann.

(88) Schäden, die einer Person aufgrund einer Verarbeitung entstehen, die gegen nach dieser Richtlinie erlassene Vorschriften verstößt, sollten von dem Verantwortlichen oder einer anderen nach dem Recht der Mitgliedstaaten zuständigen Behörde ersetzt werden. Der Begriff des Schadens sollte im Lichte der Rechtsprechung des Gerichtshofs weit und auf eine Art und Weise ausgelegt werden, die den Zielen dieser Richtlinie in vollem Umfang entspricht. Dies gilt unbeschadet von Schadenersatzforderungen aufgrund von Verstößen gegen andere Vorschriften des Unionsrechts oder des Rechts der Mitgliedstaaten. Wird auf eine Verarbeitung Bezug genommen, die unrechtmäßig ist oder nicht im Einklang mit den nach dieser Richtlinie erlassenen Vorschriften steht, so gilt dies auch für Verarbeitungen, die gegen gemäß dieser Richtlinie erlassene Durchführungsrechtsakte verstoßen. Die betroffenen Personen sollten einen vollständigen und wirksamen Schadenersatz für den erlittenen Schaden erhalten.

(89) Gegen jede natürliche oder juristische – privatem oder öffentlichem Recht unterliegende – Person, die gegen diese Richtlinie verstößt, sollten

[1)] **Amtl. Anm.:** Richtlinie 77/249/EWG des Rates vom 22. März 1977 zur Erleichterung der tatsächlichen Ausübung des freien Dienstleistungsverkehrs der Rechtsanwälte (ABl. L 78 vom 26.3. 1977, S. 17).

Sanktionen verhängt werden. Die Mitgliedstaaten sollten dafür sorgen, dass die Sanktionen wirksam, verhältnismäßig und abschreckend sind, und alle Maßnahmen zur Anwendung der Sanktionen treffen.

(90) Um einheitliche Bedingungen für die Anwendung dieser Richtlinie sicherzustellen, sollten der Kommission Durchführungsbefugnisse in Bezug auf Folgendes übertragen werden: die Angemessenheit des Datenschutzniveaus in einem Drittland, in einem Gebiet oder einem spezifischen Sektor in einem Drittland oder in einer internationalen Organisation, das Format und die Verfahren für Amtshilfe und die Vorkehrungen für den elektronischen Informationsaustausch zwischen Aufsichtsbehörden und zwischen Aufsichtsbehörden und dem Ausschuss. Diese Befugnisse sollten nach Maßgabe der Verordnung (EU) Nr. 182/2011 des Europäischen Parlaments und des Rates[1] ausgeübt werden.

(91) Durchführungsrechtsakte über die Angemessenheit des Datenschutzniveaus in einem Drittland, in einem Gebiet oder einem spezifischen Sektor in einem Drittland oder in einer internationalen Organisation, über das Format und die Verfahren für Amtshilfe und die Vorkehrungen für den elektronischen Informationsaustausch zwischen Aufsichtsbehörden und zwischen Aufsichtsbehörden und dem Ausschuss sollten im Wege des Prüfverfahrens festgelegt werden, da es sich um Rechtsakte von allgemeiner Tragweite handelt.

(92) Die Kommission sollte in hinreichend begründeten Fällen äußerster Dringlichkeit, die ein Drittland, ein Gebiet oder einen spezifischen Sektor in einem Drittland oder eine internationale Organisation betreffen, die kein angemessenes Schutzniveau mehr gewährleisten, sofort geltende Durchführungsrechtsakte erlassen.

(93) Da die Ziele dieser Richtlinie, nämlich die Grundrechte und Grundfreiheiten natürlicher Personen und insbesondere deren Recht auf Schutz ihrer personenbezogenen Daten und den ungehinderten Austausch personenbezogener Daten im Verkehr zwischen den zuständigen Behörden innerhalb der Union zu gewährleisten, von den Mitgliedstaaten nicht ausreichend verwirklicht werden können, sondern vielmehr wegen des Umfangs oder der Wirkungen der Maßnahme auf Unionsebene besser zu verwirklichen sind, kann die Union im Einklang mit dem in Artikel 5 EUV verankerten Subsidiaritätsprinzip tätig werden. Entsprechend dem in demselben Artikel genannten Grundsatz der Verhältnismäßigkeit geht diese Richtlinie nicht über das für die Verwirklichung dieser Ziele erforderliche Maß hinaus.

(94) Besondere Bestimmungen, die in vor Erlass dieser Richtlinie im Bereich der justiziellen Zusammenarbeit in Strafsachen und der polizeilichen Zusammenarbeit erlassenen Rechtsakten der Union enthalten sind, die die Verarbeitung personenbezogener Daten im Verkehr der Mitgliedstaaten untereinander sowie den Zugang der von den Mitgliedstaaten bestimmten Behörden zu den gemäß den Verträgen errichteten Informationssystemen im Anwendungsbereich dieser Richtlinie regeln, sollten

[1] **Amtl. Anm.:** Verordnung (EU) Nr. 182/2011 des Europäischen Parlaments und des Rates vom 16. Februar 2011 zur Festlegung der allgemeinen Regeln und Grundsätze, nach denen die Mitgliedstaaten die Wahrnehmung der Durchführungsbefugnisse durch die Kommission kontrollieren (ABl. L 55 vom 28.2.2011, S. 13).

unberührt bleiben, beispielsweise die besonderen Bestimmungen betreffend den Schutz personenbezogener Daten gemäß dem Beschluss 2008/615/JI des Rates[1] oder Artikel 23 des Übereinkommens über die Rechtshilfe in Strafsachen zwischen den Mitgliedstaaten der Europäischen Union[2]. Da Artikel 8 der Charta[3] und Artikel 16 AEUV vorschreiben, dass das Grundrecht auf Schutz personenbezogener Daten in der Union einheitlich angewendet werden sollte, sollte die Kommission das Verhältnis zwischen dieser Richtlinie und den vor ihrem Erlass angenommenen Rechtsakten, die die Verarbeitung personenbezogener Daten im Verkehr der Mitgliedstaaten untereinander oder den Zugang der von den Mitgliedstaaten bestimmten Behörden zu den gemäß den Verträgen errichteten Informationssystemen regeln, daraufhin prüfen, inwieweit die besonderen Bestimmungen dieser Rechtsakte an diese Richtlinie angepasst werden müssen. Die Kommission sollte gegebenenfalls Vorschläge zur Gewährleistung einheitlicher Rechtsvorschriften in Bezug auf die Verarbeitung personenbezogener Daten unterbreiten.

(95) Zur Gewährleistung eines umfassenden und einheitlichen Schutzes personenbezogener Daten in der Union sollten internationale Übereinkünfte, die von den Mitgliedstaaten vor Inkrafttreten dieser Richtlinie geschlossen wurden und die im Einklang mit dem maßgeblichen vor Inkrafttreten dieser Richtlinie geltenden Unionsrecht stehen, in Kraft bleiben, bis sie geändert, ersetzt oder gekündigt werden.

(96) Die Mitgliedstaaten sollten gehalten sein, diese Richtlinie innerhalb von höchstens zwei Jahren nach ihrem Inkrafttreten umzusetzen. Verarbeitungen, die zu diesem Zeitpunkt bereits begonnen haben, sollten innerhalb von zwei Jahren nach dem Inkrafttreten dieser Richtlinie mit ihr in Einklang gebracht werden. Stehen die Verarbeitungen jedoch im Einklang mit dem vor Inkrafttreten dieser Richtlinie geltenden Unionsrecht, so sollten die Anforderungen der vorliegenden Richtlinie betreffend die vorherige Konsultation der Aufsichtsbehörde nicht für Verarbeitungsvorgänge gelten, die bereits vor diesem Zeitpunkt begonnen wurden, da diese Anforderungen naturgemäß vor der Verarbeitung erfüllt sein müssen. Nehmen Mitgliedstaaten die längere Umsetzungsfrist, die sieben Jahre nach dem Inkrafttreten dieser Richtlinie endet, in Anspruch, um den Protokollierungspflichten für vor dem Inkrafttreten dieser Richtlinie eingerichtete automatisierte Verarbeitungssysteme nachzukommen, so sollte der Verantwortliche oder der Auftragsverarbeiter über wirksame Methoden zum Nachweis der Rechtmäßigkeit der Datenverarbeitung, zur Ermöglichung der Eigenüberwachung und zur Sicherstellung der Integrität und Sicherheit der Daten, wie etwa Protokolle oder andere Formen von Verzeichnissen, verfügen.

(97) Diese Richtlinie lässt die Vorschriften zur Bekämpfung des sexuellen Missbrauchs und der sexuellen Ausbeutung von Kindern sowie der Kin-

---

[1] **Amtl. Anm.:** Rahmenbeschluss 2008/615/JI des Rates vom 23. Juni 2008 zur Vertiefung der grenzüberschreitenden Zusammenarbeit, insbesondere zur Bekämpfung des Terrorismus und der grenzüberschreitenden Kriminalität (ABl. L 210 vom 6.8.2008, S. 1).

[2] **Amtl. Anm.:** Rechtsakt des Rates vom 29. Mai 2000 über die Erstellung – gemäß Artikel 34 des Vertrags über die Europäische Union – des Übereinkommens über die Rechtshilfe in Strafsachen zwischen den Mitgliedstaaten der Europäischen Union (ABl. C 197 vom 12.7.2000, S. 1).

[3] Nr. **9**.

derpornografie nach Maßgabe der Richtlinie 2011/93/EU des Europäischen Parlaments und des Rates[1] unberührt.

(98) Der Rahmenbeschluss 2008/977/JI sollte daher aufgehoben werden.

(99) Nach Artikel 6a des dem EUV und dem AEUV beigefügten Protokolls Nr. 21 über die Position des Vereinigten Königreichs und Irlands hinsichtlich des Raums der Freiheit, der Sicherheit und des Rechts sind die Bestimmungen dieser Richtlinie über die Verarbeitung personenbezogener Daten durch die Mitgliedstaaten im Rahmen der Ausübung von Tätigkeiten, die in den Anwendungsbereich des Dritten Teils Titel V Kapitel 4 und 5 AEUV fallen, für das Vereinigte Königreich und Irland nicht bindend, wenn das Vereinigte Königreich und Irland nicht durch die Vorschriften gebunden sind, die Formen der justiziellen Zusammenarbeit in Strafsachen oder der polizeilichen Zusammenarbeit regeln, in deren Rahmen die auf der Grundlage des Artikels 16 AEUV festgelegten Vorschriften eingehalten werden müssen.

(100) Nach den Artikeln 2 und 2a des dem EUV und dem AEUV beigefügten Protokolls Nr. 22 über die Position Dänemarks ist Dänemark durch die Bestimmungen dieser Richtlinie, die sich auf die Verarbeitung personenbezogener Daten durch die Mitgliedstaaten im Rahmen der Ausübung von Tätigkeiten beziehen, die in den Anwendungsbereich des Dritten Teils Titel V Kapitel 4 und 5 AEUV fallen, weder gebunden noch zu ihrer Anwendung verpflichtet. Da diese Richtlinie den Schengen-Besitzstand gemäß dem Dritten Teil Titel V AEUV ergänzt, beschließt Dänemark gemäß Artikel 4 des genannten Protokolls innerhalb von sechs Monaten nach Erlass dieser Richtlinie, ob es sie in nationales Recht umsetzt.

(101) Für Island und Norwegen stellt diese Richtlinie eine Weiterentwicklung von Bestimmungen des Schengen-Besitzstands im Sinne des Übereinkommens zwischen dem Rat der Europäischen Union sowie der Republik Island und dem Königreich Norwegen über die Assoziierung der beiden letztgenannten Staaten bei der Umsetzung, Anwendung und Entwicklung des Schengen-Besitzstands dar.[2]

(102) Für die Schweiz stellt diese Richtlinie eine Weiterentwicklung von Bestimmungen des Schengen-Besitzstands im Sinne des Abkommens zwischen der Europäischen Union, der Europäischen Gemeinschaft und der Schweizerischen Eidgenossenschaft über die Assoziierung dieses Staates bei der Umsetzung, Anwendung und Entwicklung des Schengen-Besitzstands dar.[3]

(103) Für *Lichtenstein*[4] stellt diese Richtlinie eine Weiterentwicklung von Bestimmungen des Schengen-Besitzstands im Sinne des Protokolls zwischen der Europäischen Union, der Europäischen Gemeinschaft, der Schweizerischen Eidgenossenschaft und dem Fürstentum Liechtenstein über den Beitritt des Fürstentums Liechtenstein zu dem Abkommen zwischen der

---

[1] **Amtl. Anm.:** Richtlinie 2011/93/EU des Europäischen Parlaments und des Rates vom 13. Dezember 2011 zur Bekämpfung des sexuellen Missbrauchs und der sexuellen Ausbeutung von Kindern sowie der Kinderpornografie sowie zur Ersetzung des Rahmenbeschlusses 2004/68/JI des Rates (ABl. L 335 vom 17.12.2011, S. 1).

[2] **Amtl. Anm.:** ABl. L 176 vom 10.7.1999, S. 36.

[3] **Amtl. Anm.:** ABl. L 53 vom 27.2.2008, S. 52.

[4] Richtig wohl: „Liechtenstein".

Europäischen Union, der Europäischen Gemeinschaft und der Schweizerischen Eidgenossenschaft über die Assoziierung der Schweizerischen Eidgenossenschaft bei der Umsetzung, Anwendung und Entwicklung des Schengen-Besitzstands dar.[1)]

(104) Diese Richtlinie steht im Einklang mit den Grundrechten und Grundsätzen, die mit der Charta[2)] anerkannt wurden und im AEUV verankert sind, insbesondere mit dem Recht auf Achtung des Privat- und Familienlebens, dem Recht auf Schutz personenbezogener Daten sowie dem Recht auf einen wirksamen Rechtsbehelf und ein faires Verfahren. Die Einschränkungen dieser Rechte stehen im Einklang mit Artikel 52 Absatz 1 der Charta[2)], da sie erforderlich sind, um den von der Union anerkannten dem Gemeinwohl dienenden Zielsetzungen oder den Erfordernissen des Schutzes der Rechte und der Freiheiten anderer zu entsprechen.

(105) Gemäß der Gemeinsamen Politischen Erklärung der Mitgliedstaaten und der Kommission vom 28. September 2011 zu erläuternden Dokumenten haben sich die Mitgliedstaaten verpflichtet, in begründeten Fällen zusätzlich zur Mitteilung ihrer Umsetzungsmaßnahmen ein oder mehrere Dokumente zu übermitteln, in denen der Zusammenhang zwischen den Bestandteilen einer Richtlinie und den entsprechenden Teilen einzelstaatlicher Umsetzungsmaßnahmen erläutert wird. In Bezug auf diese Richtlinie hält der Gesetzgeber die Übermittlung derartiger Dokumente für gerechtfertigt.

(106) Der Europäische Datenschutzbeauftragte wurde gemäß Artikel 28 Absatz 2 der Verordnung (EG) Nr. 45/2001 konsultiert und hat seine Stellungnahme am 7. März 2012 abgegeben[3)].

(107) Diese Richtlinie sollte die Mitgliedstaaten nicht daran hindern, die Bestimmungen über die Ausübung der Rechte der betroffenen Personen auf Unterrichtung, Auskunft und Berichtigung oder Löschung personenbezogener Daten und Beschränkung der Verarbeitung im Rahmen eines Strafverfahrens sowie mögliche Beschränkungen dieser Rechte in ihr einzelstaatliches Strafverfahrensrecht umzusetzen –

HABEN FOLGENDE RICHTLINIE ERLASSEN:

Kapitel I. Allgemeine Bestimmungen

Art. 1 Gegenstand und Ziele. (1) Diese Richtlinie enthält Bestimmungen zum Schutz natürlicher Personen bei der Verarbeitung personenbezogener Daten durch die zuständigen Behörden zum Zwecke der Verhütung, Ermittlung, Aufdeckung oder Verfolgung von Straftaten oder der Strafvollstreckung, einschließlich des Schutzes vor und der Abwehr von Gefahren für die öffentliche Sicherheit.

(2) Gemäß dieser Richtlinie haben die Mitgliedstaaten

a) die Grundrechte und Grundfreiheiten natürlicher Personen, insbesondere deren Recht auf Schutz personenbezogener Daten, zu schützen und

---

1) **Amtl. Anm.:** ABl. L 160 vom 18.6.2011, S. 21.
2) Nr. **9**.
3) **Amtl. Anm.:** ABl. C 192, 30.6.2012, S. 7

b) sicherzustellen, dass der Austausch personenbezogener Daten zwischen den zuständigen Behörden in der Union sofern er nach dem Unionsrecht oder dem Recht der Mitgliedstaaten vorgesehen ist – nicht aus Gründen, die mit dem Schutz natürlicher Personen bei der Verarbeitung personenbezogener Daten verbunden sind, eingeschränkt oder verboten wird.

(3) Diese Richtlinie hindert die Mitgliedstaaten nicht daran, zum Schutz der Rechte und Freiheiten der betroffenen Person bei der Verarbeitung personenbezogener Daten durch die zuständigen Behörden Garantien festzulegen, die strenger sind als die Garantien dieser Richtlinie.

Art. 2 Anwendungsbereich. (1) Diese Richtlinie gilt für die Verarbeitung personenbezogener Daten durch die zuständigen Behörden zu den in Artikel 1 Absatz 1 genannten Zwecken.

(2) Diese Richtlinie gilt für die ganz oder teilweise automatisierte Verarbeitung personenbezogener Daten sowie für die nichtautomatisierte Verarbeitung personenbezogener Daten, die in einem Dateisystem gespeichert sind oder gespeichert werden sollen.

(3) Diese Richtlinie findet keine Anwendung auf die Verarbeitung personenbezogener Daten

a) im Rahmen einer Tätigkeit, die nicht in den Anwendungsbereich des Unionsrechts fällt,

b) durch die Organe, Einrichtungen, Ämter und Agenturen der Europäischen Union.

Art. 3 Begriffsbestimmungen. Im Sinne dieser Richtlinie bezeichnet der Ausdruck:

1. „personenbezogene Daten" alle Informationen, die sich auf eine identifizierte oder identifizierbare natürliche Person (im Folgenden „betroffene Person") beziehen; als identifizierbar wird eine natürliche Person angesehen, die direkt oder indirekt, insbesondere mittels Zuordnung zu einer Kennung wie einem Namen, zu einer Kennnummer, zu Standortdaten, zu einer Online-Kennung oder zu einem oder mehreren besonderen Merkmalen, die Ausdruck der physischen, physiologischen, genetischen, psychischen, wirtschaftlichen, kulturellen oder sozialen Identität dieser natürlichen Person sind, identifiziert werden kann;
2. „Verarbeitung" jeden mit oder ohne Hilfe automatisierter Verfahren ausgeführten Vorgang oder jede solche Vorgangsreihe im Zusammenhang mit personenbezogenen Daten wie das Erheben, das Erfassen, die Organisation, das Ordnen, die Speicherung, die Anpassung oder Veränderung, das Auslesen, das Abfragen, die Verwendung, die Offenlegung durch Übermittlung, Verbreitung oder eine andere Form der Bereitstellung, den Abgleich oder die Verknüpfung, die Einschränkung, das Löschen oder die Vernichtung;
3. „Einschränkung der Verarbeitung" die Markierung gespeicherter personenbezogener Daten mit dem Ziel, ihre künftige Verarbeitung einzuschränken;
4. „Profiling" jede Art der automatisierten Verarbeitung personenbezogener Daten, die darin besteht, dass diese personenbezogenen Daten verwendet werden, um bestimmte persönliche Aspekte, die sich auf eine natürliche Person beziehen, zu bewerten, insbesondere um Aspekte bezüglich Arbeits-

leistung, wirtschaftliche Lage, Gesundheit, persönliche Vorlieben, Interessen, Zuverlässigkeit, Verhalten, Aufenthaltsort oder Ortswechsel dieser natürlichen Person zu analysieren oder vorherzusagen;

5. „Pseudonymisierung" die Verarbeitung personenbezogener Daten in einer Weise, dass die personenbezogenen Daten ohne Hinzuziehung zusätzlicher Informationen nicht mehr einer spezifischen betroffenen Person zugeordnet werden können, sofern diese zusätzlichen Informationen gesondert aufbewahrt werden und technischen und organisatorischen Maßnahmen unterliegen, die gewährleisten, dass die personenbezogenen Daten nicht einer identifizierten oder identifizierbaren natürlichen Person zugewiesen werden;
6. „Dateisystem" jede strukturierte Sammlung personenbezogener Daten, die nach bestimmten Kriterien zugänglich sind, unabhängig davon, ob diese Sammlung zentral, dezentral oder nach funktionalen oder geografischen Gesichtspunkten geordnet geführt wird;
7. „zuständige Behörde"
   a) eine staatliche Stelle, die für die Verhütung, Ermittlung, Aufdeckung oder Verfolgung von Straftaten oder die Strafvollstreckung, einschließlich des Schutzes vor und der Abwehr von Gefahren für die öffentliche Sicherheit, zuständig ist, oder
   b) eine andere Stelle oder Einrichtung, der durch das Recht der Mitgliedstaaten die Ausübung öffentlicher Gewalt und hoheitlicher Befugnisse zur Verhütung, Ermittlung, Aufdeckung oder Verfolgung von Straftaten oder zur Strafvollstreckung, einschließlich des Schutzes vor und der Abwehr von Gefahren für die öffentliche Sicherheit, übertragen wurde;
8. „Verantwortlicher" die zuständige Behörde, die allein oder gemeinsam mit anderen über die Zwecke und Mittel der Verarbeitung von personenbezogenen Daten entscheidet; sind die Zwecke und Mittel dieser Verarbeitung durch das Unionsrecht oder das Recht der Mitgliedstaaten vorgegeben, so kann der Verantwortliche beziehungsweise können die bestimmten Kriterien seiner Benennung nach dem Unionsrecht oder dem Recht der Mitgliedstaaten vorgesehen werden;
9. „Auftragsverarbeiter" eine natürliche oder juristische Person, Behörde, Einrichtung oder andere Stelle, die personenbezogene Daten im Auftrag des Verantwortlichen verarbeitet;
10. „Empfänger" eine natürliche oder juristische Person, Behörde, Einrichtung oder andere Stelle, denen personenbezogene Daten offengelegt werden, unabhängig davon, ob es sich bei ihr um einen Dritten handelt oder nicht. Behörden, die im Rahmen eines bestimmten Untersuchungsauftrags nach dem Recht der Mitgliedstaaten möglicherweise personenbezogene Daten erhalten, gelten jedoch nicht als Empfänger; die Verarbeitung dieser Daten durch die genannten Behörden erfolgt im Einklang mit den geltenden Datenschutzvorschriften gemäß den Zwecken der Verarbeitung;
11. „Verletzung des Schutzes personenbezogener Daten" eine Verletzung der Sicherheit, die zur Vernichtung, zum Verlust oder zur Veränderung, ob unbeabsichtigt oder unrechtmäßig, oder zur unbefugten Offenlegung von beziehungsweise zum unbefugten Zugang zu personenbezogenen Daten führt, die übermittelt, gespeichert oder auf sonstige Weise verarbeitet wurden;

12. „genetische Daten“ personenbezogene Daten zu den ererbten oder erworbenen genetischen Eigenschaften einer natürlichen Person, die eindeutige Informationen über die Physiologie oder die Gesundheit dieser natürlichen Person liefern und insbesondere aus der Analyse einer biologischen Probe der betreffenden natürlichen Person gewonnen wurden;
13. „biometrische Daten“ mit speziellen technischen Verfahren gewonnene personenbezogene Daten zu den physischen, physiologischen oder verhaltenstypischen Merkmalen einer natürlichen Person, die die eindeutige Identifizierung dieser natürlichen Person ermöglichen oder bestätigen, wie Gesichtsbilder oder daktyloskopische Daten;
14. „Gesundheitsdaten“ personenbezogene Daten, die sich auf die körperliche oder geistige Gesundheit einer natürlichen Person, einschließlich der Erbringung von Gesundheitsdienstleistungen, beziehen und aus denen Informationen über deren Gesundheitszustand hervorgehen;
15. „Aufsichtsbehörde“ eine von einem Mitgliedstaat gemäß Artikel 41 eingerichtete unabhängige staatliche Stelle;
16. „internationale Organisation“ eine völkerrechtliche Organisation und ihre nachgeordneten Stellen oder jede sonstige Einrichtung, die durch eine zwischen zwei oder mehr Ländern geschlossene Übereinkunft oder auf der Grundlage einer solchen Übereinkunft geschaffen wurde.

Kapitel II. Grundsätze

Art. 4 Grundsätze in Bezug auf die Verarbeitung personenbezogener Daten. (1) Die Mitgliedstaaten sehen vor, dass personenbezogene Daten

a) auf rechtmäßige Weise und nach Treu und Glauben verarbeitet werden,
b) für festgelegte, eindeutige und rechtmäßige Zwecke erhoben und nicht in einer mit diesen Zwecken nicht zu vereinbarenden Weise verarbeitet werden,
c) dem Verarbeitungszweck entsprechen, maßgeblich und in Bezug auf die Zwecke, für die sie verarbeitet werden, nicht übermäßig sind,
d) sachlich richtig und erforderlichenfalls auf dem neuesten Stand sind; dabei sind alle angemessenen Maßnahmen zu treffen, damit personenbezogene Daten, die im Hinblick auf die Zwecke ihrer Verarbeitung unrichtig sind, unverzüglich gelöscht oder berichtigt werden,
e) nicht länger, als es für die Zwecke, für die sie verarbeitet werden, erforderlich ist, in einer Form gespeichert werden, die die Identifizierung der betroffenen Personen ermöglicht,
f) in einer Weise verarbeitet werden, die eine angemessene Sicherheit der personenbezogenen Daten gewährleistet, einschließlich des Schutzes vor unbefugter oder unrechtmäßiger Verarbeitung und vor unbeabsichtigtem Verlust, unbeabsichtigter Zerstörung oder unbeabsichtigter Schädigung durch geeignete technische und organisatorische Maßnahmen.

(2) Eine Verarbeitung durch denselben oder einen anderen Verantwortlichen für einen anderen der in Artikel 1 Absatz 1 genannten Zwecke als den, für den die personenbezogenen Daten erhoben werden, ist erlaubt, sofern

a) der Verantwortliche nach dem Unionsrecht oder dem Recht der Mitgliedstaaten befugt ist, solche personenbezogenen Daten für diesen anderen Zweck zu verarbeiten, und

b) die Verarbeitung für diesen anderen Zweck nach dem Unionsrecht oder dem Recht der Mitgliedstaaten erforderlich und verhältnismäßig ist.

(3) Die Verarbeitung durch denselben oder einen anderen Verantwortlichen kann die Archivierung im öffentlichen Interesse und die wissenschaftliche, statistische oder historische Verwendung für die in Artikel 1 Absatz 1 genannten Zwecke umfassen, sofern geeignete Garantien für die Rechte und Freiheiten der betroffenen Personen vorhanden sind.

(4) Der Verantwortliche ist für die Einhaltung der Absätze 1, 2 und 3 verantwortlich und muss deren Einhaltung nachweisen können.

Art. 5 Fristen für die Speicherung und Überprüfung. [1]Die Mitgliedstaaten sehen vor, dass für die Löschung von personenbezogenen Daten oder eine regelmäßige Überprüfung der Notwendigkeit ihrer Speicherung angemessene Fristen vorzusehen sind. [2]Durch verfahrensrechtliche Vorkehrungen ist sicherzustellen, dass diese Fristen eingehalten werden.

Art. 6 Unterscheidung verschiedener Kategorien betroffener Personen. Die Mitgliedstaaten sehen vor, dass der Verantwortliche gegebenenfalls und so weit wie möglich zwischen den personenbezogenen Daten verschiedener Kategorien betroffener Personen klar unterscheidet, darunter:

a) Personen, gegen die ein begründeter Verdacht besteht, dass sie eine Straftat begangen haben oder in naher Zukunft begehen werden,

b) verurteilte Straftäter,

c) Opfer einer Straftat oder Personen, bei denen bestimmte Fakten darauf hindeuten, dass sie Opfer einer Straftat sein könnten, und

d) andere Parteien im Zusammenhang mit einer Straftat, wie Personen, die bei Ermittlungen in Verbindung mit der betreffenden Straftat oder beim anschließenden Strafverfahren als Zeugen in Betracht kommen, Personen, die Hinweise zur Straftat geben können, oder Personen, die mit den unter den Buchstaben a und b genannten Personen in Kontakt oder in Verbindung stehen.

Art. 7 Unterscheidung zwischen personenbezogenen Daten und Überprüfung der Qualität der personenbezogenen Daten. (1) Die Mitgliedstaaten sehen vor, dass bei personenbezogenen Daten so weit wie möglich zwischen faktenbasierten Daten und auf persönlichen Einschätzungen beruhenden Daten unterschieden wird.

(2) [1]Die Mitgliedstaaten sehen vor, dass die zuständigen Behörden alle angemessenen Maßnahmen ergreifen, um zu gewährleisten, dass personenbezogene Daten, die unrichtig, unvollständig oder nicht mehr aktuell sind, nicht übermittelt oder bereitgestellt werden. [2]Zu diesem Zweck überprüft jede zuständige Behörde, soweit durchführbar, die Qualität der personenbezogenen Daten vor ihrer Übermittlung oder Bereitstellung. [3]Bei jeder Übermittlung personenbezogener Daten werden nach Möglichkeit die erforderlichen Informationen beigefügt, die es der empfangenden zuständigen Behörde gestatten,

die Richtigkeit, die Vollständigkeit und die Zuverlässigkeit der personenbezogenen Daten sowie deren Aktualitätsgrad zu beurteilen.

(3) [1] Wird festgestellt, dass unrichtige personenbezogene Daten übermittelt worden sind oder die personenbezogenen Daten unrechtmäßig übermittelt worden sind, so ist dies dem Empfänger unverzüglich mitzuteilen. [2] In diesem Fall ist gemäß Artikel 16 eine Berichtigung oder Löschung oder die Einschränkung der Verarbeitung der personenbezogenen Daten vorzunehmen.

Art. 8 Rechtmäßigkeit der Verarbeitung. (1) Die Mitgliedstaaten sehen vor, dass die Verarbeitung nur dann rechtmäßig ist, wenn und soweit diese Verarbeitung für die Erfüllung einer Aufgabe erforderlich ist, die von der zuständigen Behörde zu den in Artikel 1 Absatz 1 genannten Zwecken wahrgenommenen wird, und auf Grundlage des Unionsrechts oder des Rechts der Mitgliedstaaten erfolgt.

(2) Im Recht der Mitgliedstaaten, das die Verarbeitung innerhalb des Anwendungsbereichs dieser Richtlinie regelt, werden zumindest die Ziele der Verarbeitung, die personenbezogenen Daten, die verarbeitet werden sollen, und die Zwecke der Verarbeitung angegeben.

Art. 9 Besondere Verarbeitungsbedingungen. (1) [1] Personenbezogene Daten, die von zuständigen Behörden für die in Artikel 1 Absatz 1 genannten Zwecke erhoben werden, dürfen nicht für andere als die in Artikel 1 Absatz 1 genannten Zwecke verarbeitet werden, es sei denn, eine derartige Verarbeitung ist nach dem Unionsrecht oder dem Recht der Mitgliedstaaten zulässig. [2] Wenn personenbezogene Daten für solche andere Zwecke verarbeitet werden, gilt die Verordnung (EU) 2016/679[1)], es sei denn, die Verarbeitung erfolgt im Rahmen einer Tätigkeit, die nicht in den Anwendungsbereich des Unionsrechts fällt.

(2) Sind nach dem Recht der Mitgliedstaaten zuständige Behörden mit der Wahrnehmung von Aufgaben betraut, die sich nicht mit den für die in Artikel 1 Absatz 1 genannten Zwecke wahrgenommenen Aufgaben decken, gilt die Verordnung (EU) 2016/679 für die Verarbeitung zu diesen Zwecken – wozu auch im öffentlichen Interesse liegende Archivzwecke, wissenschaftliche oder historische Forschungszwecke oder statistische Zwecke zählen –, es sei denn, die Verarbeitung erfolgt im Rahmen einer Tätigkeit, die nicht in den Anwendungsbereich des Unionsrechts fällt.

(3) Die Mitgliedstaaten sehen vor, dass immer dann, wenn nach dem Unionsrecht oder dem Recht der Mitgliedstaaten, dem die übermittelnde zuständige Behörde unterliegt, für die Verarbeitung besondere Bedingungen gelten, die übermittelnde zuständige Behörde den Empfänger der Daten darauf hinweist, dass diese Bedingungen gelten und einzuhalten sind.

(4) Die Mitgliedstaaten sehen vor, dass die übermittelnde zuständige Behörde auf Empfänger in anderen Mitgliedstaaten oder nach Titel V Kapitel 4 und 5 AEUV errichtete Einrichtungen und sonstige Stellen keine Bedingungen nach Absatz 3 anwendet, die nicht auch für entsprechende Datenübermittlungen innerhalb ihres eigenen Mitgliedstaats gelten.

[1)] Nr. 1.

Art. 10 Verarbeitung besonderer Kategorien personenbezogener Daten. Die Verarbeitung personenbezogener Daten, aus denen die rassische oder ethnische Herkunft, politische Meinungen, religiöse oder weltanschauliche Überzeugungen oder die Gewerkschaftszugehörigkeit hervorgehen, sowie die Verarbeitung von genetischen Daten, biometrischen Daten zur eindeutigen Identifizierung einer natürlichen Person, Gesundheitsdaten oder Daten zum Sexualleben oder der sexuellen Orientierung ist nur dann erlaubt, wenn sie unbedingt erforderlich ist und vorbehaltlich geeigneter Garantien für die Rechte und Freiheiten der betroffenen Person erfolgt und

a) wenn sie nach dem Unionsrecht oder dem Recht der Mitgliedstaaten zulässig ist,
b) der Wahrung lebenswichtiger Interessen der betroffenen oder einer anderen natürlichen Person dient oder
c) wenn sie sich auf Daten bezieht, die die betroffene Person offensichtlich öffentlich gemacht hat.

Art. 11 Automatisierte Entscheidungsfindung im Einzelfall. (1) Die Mitgliedstaaten sehen vor, dass eine ausschließlich auf einer automatischen Verarbeitung beruhende Entscheidung – einschließlich Profiling –, die eine nachteilige Rechtsfolge für die betroffene Person hat oder sie erheblich beeinträchtigt, verboten ist, es sei denn, sie ist nach dem Unionsrecht oder dem Recht der Mitgliedstaaten, dem der Verantwortliche unterliegt und das geeignete Garantien für die Rechte und Freiheiten der betroffenen Person bietet, zumindest aber das Recht auf persönliches Eingreifen seitens des Verantwortlichen, erlaubt.

(2) Entscheidungen nach Absatz 1 dieses Artikels dürfen nicht auf besonderen Kategorien personenbezogener Daten nach Artikel 10 beruhen, sofern nicht geeignete Maßnahmen zum Schutz der Rechte und Freiheiten sowie der berechtigten Interessen der betroffenen Person getroffen wurden.

(3) Profiling, das zur Folge hat, dass natürliche Personen auf Grundlage von besonderen Datenkategorien nach Artikel 10 diskriminiert werden, ist nach dem Unionsrecht verboten.

Kapitel III. Rechte der betroffenen Person

Art. 12 Mitteilungen und Modalitäten für die Ausübung der Rechte der betroffenen Person. (1) [1] Die Mitgliedstaaten sehen vor, dass der Verantwortliche alle angemessenen Maßnahmen trifft, um der betroffenen Person alle Informationen gemäß Artikel 13 sowie alle Mitteilungen gemäß den Artikeln 11, 14 bis 18 und 31, die sich auf die Verarbeitung beziehen, in präziser, verständlicher und leicht zugänglicher Form in einer klaren und einfachen Sprache zu übermitteln. [2] Die Übermittlung der Informationen erfolgt in einer beliebigen geeigneten Form, wozu auch die elektronische Übermittlung zählt. [3] Grundsätzlich übermittelt der Verantwortliche die Informationen in derselben Form, in der er den Antrag erhalten hat.

(2) Die Mitgliedstaaten sehen vor, dass der Verantwortliche die Ausübung der den betroffenen Personen gemäß den Artikeln 11 und 14 bis 18 zustehenden Rechte erleichtert.

(3) Die Mitgliedstaaten sehen vor, dass der Verantwortliche die betroffene Person unverzüglich schriftlich darüber in Kenntnis setzt, wie mit ihrem Antrag verfahren wurde.

(4) [1] Die Mitgliedstaaten sehen vor, dass die Informationen gemäß Artikel 13 und alle gemachten Mitteilungen und getroffenen Maßnahmen gemäß den Artikeln 11, 14 bis 18 und 31 unentgeltlich zur Verfügung gestellt werden. [2] Bei offenkundig unbegründeten oder – insbesondere im Fall von häufiger Wiederholung – exzessiven Anträgen einer betroffenen Person kann der Verantwortliche entweder

a) eine angemessene Gebühr verlangen, bei der die Verwaltungskosten für die Unterrichtung oder die Mitteilung oder die Durchführung der beantragten Maßnahme berücksichtigt werden, oder

b) er kann sich weigern, aufgrund des Antrags tätig zu werden.

[3] Der Verantwortliche hat den Nachweis für den offenkundig unbegründeten oder exzessiven Charakter des Antrags zu erbringen.

(5) Hat der Verantwortliche begründete Zweifel an der Identität der natürlichen Person, die den Antrag gemäß den Artikeln 14 oder 16 stellt, so kann er zusätzliche Informationen anfordern, die zur Bestätigung der Identität der betroffenen Person erforderlich sind.

Art. 13 Der betroffenen Person zur Verfügung zu stellende oder zu erteilende Informationen. (1) Die Mitgliedstaaten sehen vor, dass der Verantwortliche der betroffenen Person zumindest die folgenden Informationen zur Verfügung stellt:

a) den Namen und die Kontaktdaten des Verantwortlichen,

b) gegebenenfalls die Kontaktdaten des Datenschutzbeauftragten,

c) die Zwecke, für die die personenbezogenen Daten verarbeitet werden,

d) das Bestehen eines Beschwerderechts bei der Aufsichtsbehörde sowie deren Kontaktdaten,

e) das Bestehen eines Rechts auf Auskunft und Berichtigung oder Löschung personenbezogener Daten und Einschränkung der Verarbeitung der personenbezogenen Daten der betroffenen Person durch den Verantwortlichen.

(2) Zusätzlich zu den in Absatz 1 genannten Informationen sehen die Mitgliedstaaten durch Rechtsvorschriften vor, dass der Verantwortliche der betroffenen Person in besonderen Fällen die folgenden zusätzlichen Informationen erteilt, um die Ausübung der Rechte der betroffenen Person zu ermöglichen:

a) die Rechtsgrundlage der Verarbeitung,

b) die Dauer, für die die personenbezogenen Daten gespeichert werden oder, falls dies nicht möglich ist, die Kriterien für die Festlegung dieser Dauer,

c) gegebenenfalls die Kategorien von Empfängern der personenbezogenen Daten, auch der Empfänger in Drittländern oder in internationalen Organisationen,

d) erforderlichenfalls weitere Informationen, insbesondere wenn die personenbezogenen Daten ohne Wissen der betroffenen Person erhoben werden.

(3) Die Mitgliedstaaten können Gesetzgebungsmaßnahmen erlassen, nach denen die Unterrichtung der betroffenen Person gemäß Absatz 2 soweit und so lange aufgeschoben, eingeschränkt oder unterlassen werden kann, wie diese

Maßnahme in einer demokratischen Gesellschaft erforderlich und verhältnismäßig ist und sofern den Grundrechten und den berechtigten Interessen der betroffenen natürlichen Person Rechnung getragen wird:

a) zur Gewährleistung, dass behördliche oder gerichtliche Untersuchungen, Ermittlungen oder Verfahren nicht behindert werden,
b) zur Gewährleistung, dass die Verhütung, Aufdeckung, Ermittlung oder Verfolgung von Straftaten oder die Strafvollstreckung nicht beeinträchtigt werden,
c) zum Schutz der öffentlichen Sicherheit,
d) zum Schutz der nationalen Sicherheit,
e) zum Schutz der Rechte und Freiheiten anderer.

(4) Die Mitgliedstaaten können Gesetzgebungsmaßnahmen zur Festlegung der Verarbeitungskategorien erlassen, für die einer der Buchstaben des Absatz 3 vollständig oder teilweise zur Anwendung kommt.

Art. 14 Auskunftsrecht der betroffenen Person. Vorbehaltlich des Artikels 15 sehen die Mitgliedstaaten vor, dass die betroffene Person das Recht hat, von dem Verantwortlichen eine Bestätigung darüber zu erhalten, ob sie betreffende personenbezogene Daten verarbeitet werden; ist dies der Fall, so hat sie das Recht, Auskunft über personenbezogene Daten und zu folgenden Informationen zu erhalten:

a) die Zwecke der Verarbeitung und deren Rechtsgrundlage,
b) die Kategorien personenbezogener Daten, die verarbeitet werden,
c) die Empfänger oder Kategorien von Empfängern, gegenüber denen die personenbezogenen Daten offengelegt worden sind, insbesondere bei Empfängern in Drittländern oder bei internationalen Organisationen,
d) falls möglich die geplante Dauer, für die die personenbezogenen Daten gespeichert werden oder, falls dies nicht möglich ist, die Kriterien für die Festlegung dieser Dauer,
e) das Bestehen eines Rechts auf Berichtigung oder Löschung personenbezogener Daten oder Einschränkung der Verarbeitung personenbezogener Daten der betroffenen Person durch den Verantwortlichen,
f) das Bestehen eines Beschwerderechts bei der Aufsichtsbehörde sowie deren Kontaktdaten,
g) Mitteilung zu den personenbezogenen Daten, die Gegenstand der Verarbeitung sind, sowie alle verfügbaren Informationen über die Herkunft der Daten.

Art. 15 Einschränkung des Auskunftsrechts. (1) Die Mitgliedstaaten können Gesetzgebungsmaßnahmen erlassen, die zu nachstehenden Zwecken das Recht der betroffenen Person auf Auskunft teilweise oder vollständig einschränken, soweit und so lange wie diese teilweise oder vollständige Einschränkung in einer demokratischen Gesellschaft erforderlich und verhältnismäßig ist und den Grundrechten und den berechtigten Interessen der betroffenen natürlichen Person Rechnung getragen wird:

a) Gewährleistung, dass behördliche oder gerichtliche Untersuchungen, Ermittlungen oder Verfahren nicht behindert werden,

b) Gewährleistung, dass die Verhütung, Aufdeckung, Ermittlung oder Verfolgung von Straftaten oder die Strafvollstreckung nicht beeinträchtigt werden,
c) Schutz der öffentlichen Sicherheit,
d) Schutz der nationalen Sicherheit,
e) Schutz der Rechte und Freiheiten anderer.

(2) Die Mitgliedstaaten können Gesetzgebungsmaßnahmen zur Festlegung der Verarbeitungskategorien erlassen, für die Absatz 1 Buchstaben a bis e vollständig oder teilweise zur Anwendung kommen.

(3) [1] Für die in den Absätzen 1 und 2 genannten Fälle sehen die Mitgliedstaaten vor, dass der Verantwortliche die betroffene Person unverzüglich schriftlich über die Verweigerung oder die Einschränkung der Auskunft und die Gründe hierfür unterrichtet. [2] Dies gilt nicht, wenn die Erteilung dieser Informationen einem der in Absatz 1 genannten Zwecke zuwiderliefe. [3] Die Mitgliedstaaten sehen vor, dass der Verantwortliche die betroffene Person über die Möglichkeit unterrichtet, bei der Aufsichtsbehörde Beschwerde einzulegen oder einen gerichtlichen Rechtsbehelf einzulegen.

(4) [1] Die Mitgliedstaaten sehen vor, dass der Verantwortliche die sachlichen oder rechtlichen Gründe für die Entscheidung dokumentiert. [2] Diese Angaben sind der Aufsichtsbehörde zur Verfügung zu stellen.

Art. 16 Recht auf Berichtigung oder Löschung personenbezogener Daten und Einschränkung der Verarbeitung. (1) [1] Die Mitgliedstaaten sehen vor, dass die betroffene Person das Recht hat, von dem Verantwortlichen unverzüglich die Berichtigung sie betreffender unrichtiger Daten zu verlangen. [2] Unter Berücksichtigung der Zwecke der Verarbeitung sehen die Mitgliedstaaten vor, dass die betroffene Person das Recht hat, die Vervollständigung unvollständiger personenbezogener Daten – auch mittels einer ergänzenden Erklärung – zu verlangen.

(2) Die Mitgliedstaaten verlangen vom Verantwortlichen, personenbezogene Daten unverzüglich zu löschen, und sehen vor, dass die betroffene Person das Recht hat, von dem Verantwortlichen die Löschung von sie betreffenden personenbezogenen Daten unverzüglich zu verlangen, wenn die Verarbeitung gegen die nach den Artikeln 4, 8 und 10 erlassenen Vorschriften verstößt oder wenn die personenbezogenen Daten zur Erfüllung einer rechtlichen Verpflichtung gelöscht werden müssen, der der Verantwortliche unterliegt.

(3) [1] Anstatt die personenbezogenen Daten zu löschen, kann der Verantwortliche deren Verarbeitung einschränken, wenn

a) die betroffene Person die Richtigkeit der personenbezogenen Daten bestreitet und die Richtigkeit oder Unrichtigkeit nicht festgestellt werden kann, oder
b) die personenbezogenen Daten für Beweiszwecke weiter aufbewahrt werden müssen.

[2] Unterliegt die Verarbeitung einer Beschränkung gemäß Unterabsatz 1 Buchstabe a, unterrichtet der Verantwortliche die betroffene Person, bevor er die Beschränkung aufhebt.

(4) [1] Die Mitgliedstaaten sehen vor, dass der Verantwortliche die betroffene Person schriftlich über eine Verweigerung der Berichtigung oder Löschung personenbezogener Daten oder Einschränkung der Verarbeitung und über die

Gründe für die Verweigerung unterrichtet. [2]Die Mitgliedstaaten können Gesetzgebungsmaßnahmen erlassen, die zu nachstehenden Zwecken die Pflicht, diese Informationen zur Verfügung zu stellen, teilweise oder vollständig einschränken, soweit diese Einschränkung in einer demokratischen Gesellschaft erforderlich und verhältnismäßig ist und den Grundrechten und den berechtigten Interessen der betroffenen natürlichen Person Rechnung getragen wird:

a) Gewährleistung, dass behördliche oder gerichtliche Untersuchungen, Ermittlungen oder Verfahren nicht behindert werden,

b) Gewährleistung, dass die Verhütung, Aufdeckung, Ermittlungen oder Verfolgung von Straftaten oder die Strafvollstreckung nicht beeinträchtigt werden,

c) Schutz der öffentlichen Sicherheit,

d) Schutz der nationalen Sicherheit,

e) Schutz der Rechte und Freiheiten anderer.

[3]Die Mitgliedstaaten sehen vor, dass der Verantwortliche die betroffene Person über die Möglichkeit unterrichtet, bei der Aufsichtsbehörde Beschwerde einzulegen oder einen gerichtlichen Rechtsbehelf einzulegen.

(5) Die Mitgliedstaaten sehen vor, dass der Verantwortliche die Berichtigung von unrichtigen personenbezogenen Daten der zuständigen Behörde, von der die unrichtigen Daten stammen, mitteilt.

(6) Die Mitgliedstaaten sehen vor, dass in Fällen der Berichtigung, Löschung oder Einschränkung der Verarbeitung nach den Absätzen 1, 2 und 3 der Verantwortliche die Empfänger in Kenntnis setzt und dass die Empfänger die ihrer Verantwortung unterliegenden personenbezogenen Daten berichtigen, löschen oder deren Verarbeitung einschränken.

Art. 17 Ausübung von Rechten durch die betroffene Person und Prüfung durch die Aufsichtsbehörde. (1) In den in Artikel 13 Absatz 3, Artikel 15 Absatz 3 und Artikel 16 Absatz 4 genannten Fällen erlassen die Mitgliedstaaten Maßnahmen, in denen vorgesehen ist, dass die Rechte der betroffenen Person auch über die zuständige Aufsichtsbehörde ausgeübt werden können.

(2) Die Mitgliedstaaten sehen vor, dass der Verantwortliche die betroffene Person über die Möglichkeit unterrichtet, ihr Recht auf Befassung der Aufsichtsbehörde gemäß Absatz 1 auszuüben.

(3) [1]Wird das in Absatz 1 genannte Recht ausgeübt, unterrichtet die Aufsichtsbehörde die betroffene Person zumindest darüber, dass alle erforderlichen Prüfungen oder eine Überprüfung durch die Aufsichtsbehörde erfolgt sind. [2]Die Aufsichtsbehörde hat zudem die betroffene Person über ihr Recht auf einen gerichtlichen Rechtsbehelf zu unterrichten.

Art. 18 Rechte der betroffenen Person in strafrechtlichen Ermittlungen und in Strafverfahren. Die Mitgliedstaaten können vorsehen, dass die Ausübung der Rechte nach den Artikeln 13, 14 und 16 im Einklang mit dem Recht der Mitgliedstaaten erfolgt, wenn es um personenbezogene Daten in einer gerichtlichen Entscheidung oder einem Dokument oder einer Verfahrensakte geht, die in strafrechtlichen Ermittlungen und in Strafverfahren verarbeitet werden.

Kapitel IV. Verantwortlicher und Auftragsverarbeiter

Abschnitt 1. Allgemeine Pflichten

Art. 19 Pflichten des Verantwortlichen. (1) [1]Die Mitgliedstaaten sehen vor, dass der Verantwortliche unter Berücksichtigung der Art, des Umfangs, der Umstände und der Zwecke der Verarbeitung sowie der unterschiedlichen Eintrittswahrscheinlichkeit und Schwere der Risiken für die Rechte und Freiheiten natürlicher Personen geeignete technische und organisatorische Maßnahmen umsetzt, um sicherzustellen und den Nachweis dafür erbringen zu können, dass die Verarbeitung in Übereinstimmung mit dieser Richtlinie erfolgt. [2]Diese Maßnahmen werden erforderlichenfalls überprüft und aktualisiert.

(2) Sofern dies in einem angemessenen Verhältnis zu den Verarbeitungstätigkeiten steht, müssen die Maßnahmen gemäß Absatz 1 die Anwendung geeigneter Datenschutzvorkehrungen durch den Verantwortlichen umfassen.

Art. 20 Datenschutz durch Technikgestaltung und datenschutzfreundliche Voreinstellungen. (1) Die Mitgliedstaaten sehen vor, dass der Verantwortliche unter Berücksichtigung des Stands der Technik, der Implementierungskosten und der Art, des Umfangs, der Umstände und der Zwecke der Verarbeitung sowie der unterschiedlichen Eintrittswahrscheinlichkeit und Schwere der mit der Verarbeitung verbundenen Risiken für die Rechte und Freiheiten natürlicher Personen sowohl zum Zeitpunkt der Festlegung der Mittel für die Verarbeitung als auch zum Zeitpunkt der eigentlichen Verarbeitung geeignete technische und organisatorische Maßnahmen – wie z. B. Pseudonymisierung – trifft, die dafür ausgelegt sind, Datenschutzgrundsätze wie etwa Datenminimierung wirksam umzusetzen und die notwendigen Garantien in die Verarbeitung aufzunehmen, um den Anforderungen dieser Richtlinie zu genügen und die Rechte der betroffenen Personen zu schützen.

(2) [1]Die Mitgliedstaaten sehen vor, dass der Verantwortliche geeignete technische und organisatorische Maßnahmen trifft, die sicherstellen, dass durch Voreinstellung grundsätzlich nur personenbezogene Daten, deren Verarbeitung für den jeweiligen bestimmten Verarbeitungszweck erforderlich ist, verarbeitet werden. [2]Diese Verpflichtung gilt für die Menge der erhobenen personenbezogenen Daten, den Umfang ihrer Verarbeitung, ihre Speicherfrist und ihre Zugänglichkeit. [3]Solche Maßnahmen müssen insbesondere sicherstellen, dass personenbezogene Daten durch Voreinstellungen nicht ohne Eingreifen der Person einer unbestimmten Zahl von natürlichen Personen zugänglich gemacht werden.

Art. 21 Gemeinsam Verantwortliche. (1) [1]Die Mitgliedstaaten sehen vor, dass in dem Fall, dass zwei oder mehr Verantwortliche gemeinsam die Zwecke und die Mittel zur Verarbeitung festlegen, sie gemeinsam Verantwortliche sind. [2]Sie legen in einer Vereinbarung in transparenter Form ihre jeweiligen Aufgaben gemäß dieser Richtlinie fest insbesondere was die Wahrnehmung der Rechte der betroffenen Person angeht, und wer welchen Informationspflichten gemäß Artikel 13 nachkommt, sofern und soweit die jeweiligen Aufgaben der Verantwortlichen nicht durch das Unionsrecht oder das Recht der Mitgliedstaaten, denen die Verantwortlichen unterliegen, festgelegt sind. [3]In der Vereinbarung wird eine Anlaufstelle für die betroffenen Personen angegeben. [4]Die

Mitgliedstaaten können angeben, welcher der gemeinsam Verantwortlichen als zentrale Anlaufstelle für die betroffenen Personen handeln kann, wenn es um die Ausübung ihrer Rechte geht.

(2) Ungeachtet der Einzelheiten der Vereinbarung gemäß Absatz 1 können die Mitgliedstaaten vorsehen, dass die betroffene Person ihre Rechte im Rahmen der nach dieser Richtlinie erlassenen Vorschriften bei und gegenüber jedem einzelnen der Verantwortlichen geltend machen kann.

Art. 22 Auftragsverarbeiter. (1) Die Mitgliedstaaten sehen vor, dass in dem Fall, dass eine Verarbeitung im Auftrag eines Verantwortlichen erfolgt, dieser nur mit Auftragsverarbeitern arbeitet, die hinreichende Garantien dafür bieten, dass geeignete technische und organisatorische Maßnahmen so durchgeführt werden, dass die Verarbeitung im Einklang mit den Anforderungen dieser Richtlinie erfolgt und den Schutz der Rechte der betroffenen Person gewährleistet.

(2) [1] Die Mitgliedstaaten sehen vor, dass der Auftragsverarbeiter keinen weiteren Auftragsverarbeiter ohne vorherige gesonderte oder allgemeine schriftliche Genehmigung des Verantwortlichen in Anspruch nimmt. [2] Im Fall einer allgemeinen schriftlichen Genehmigung unterrichtet der Auftragsverarbeiter den Verantwortlichen über jede beabsichtigte Änderung in Bezug auf die Hinzuziehung oder die Ersetzung anderer Auftragsverarbeiter, wodurch der Verantwortliche die Möglichkeit erhält, gegen derartige Änderungen Einspruch zu erheben.

(3) [1] Die Mitgliedstaaten sehen vor, dass die Verarbeitung durch einen Auftragsverarbeiter auf der Grundlage eines Vertrags oder eines anderen Rechtsinstruments nach dem Unionsrecht oder dem Recht der Mitgliedstaaten erfolgt, der bzw. das den Auftragsverarbeiter an den Verantwortlichen bindet und der den Gegenstand und Dauer der Verarbeitung, Art und Zweck der Verarbeitung, die Art der personenbezogenen Daten, die Kategorien betroffener Personen und die Pflichten und Rechte des Verantwortlichen festlegt. [2] Der Vertrag oder das andere Rechtsinstrument sieht insbesondere vor, dass der Auftragsverarbeiter

a) nur auf Weisung des Verantwortlichen handelt,
b) gewährleistet, dass sich die zur Verarbeitung der personenbezogenen Daten befugten Personen zur Vertraulichkeit verpflichtet haben oder einer angemessenen gesetzlichen Verschwiegenheitspflicht unterliegen,
c) den Verantwortlichen mit geeigneten Mitteln dabei unterstützt, die Einhaltung der Bestimmungen über die Rechte der betroffenen Person zu gewährleisten,
d) alle personenbezogenen Daten nach Abschluss der Erbringung der Verarbeitungsleistungen – nach Wahl des Verantwortlichen – zurückgibt bzw. löscht und bestehende Kopien vernichtet, sofern nicht nach dem Unionsrecht oder dem Recht der Mitgliedstaaten eine Verpflichtung zur Speicherung der personenbezogenen Daten besteht,
e) dem Verantwortlichen alle erforderlichen Informationen zum Nachweis der Einhaltung der in diesem Artikel niedergelegten Pflichten zur Verfügung stellt,
f) die in den Absätzen 2 und 3 aufgeführten Bedingungen für die Inanspruchnahme der Dienste eines weiteren Auftragsverarbeiters einhält.

(4) Der Vertrag oder das andere Rechtsinstrument im Sinne von Absatz 3 ist schriftlich abzufassen, was auch in einem elektronischen Format erfolgen kann.

(5) Ein Auftragsverarbeiter, der unter Verstoß gegen diese Richtlinie die Zwecke und Mittel der Verarbeitung bestimmt, gilt in Bezug auf diese Verarbeitung als Verantwortlicher.

Art. 23 Verarbeitung unter der Aufsicht des Verantwortlichen oder des Auftragsverarbeiters. Die Mitgliedstaaten sehen vor, dass der Auftragsverarbeiter und jede dem Verantwortlichen oder dem Auftragsverarbeiter unterstellte Person, die Zugang zu personenbezogenen Daten hat, diese Daten ausschließlich auf Weisung des Verantwortlichen verarbeiten, es sei denn, dass sie nach dem Unionsrecht oder dem Recht der Mitgliedstaaten zur Verarbeitung verpflichtet sind.

Art. 24 Verzeichnis von Verarbeitungstätigkeiten. (1) [1]Die Mitgliedstaaten sehen vor, dass jeder Verantwortliche ein Verzeichnis aller Kategorien von Tätigkeiten der Verarbeitung, die seiner Zuständigkeit unterliegen, führt. [2]Dieses Verzeichnis enthält alle der folgenden Angaben:

a) den Namen und die Kontaktdaten des Verantwortlichen, gegebenenfalls des gemeinsam mit ihm Verantwortlichen und eines etwaigen Datenschutzbeauftragten,
b) die Zwecke der Verarbeitung,
c) die Kategorien von Empfängern, gegenüber denen die personenbezogenen Daten offengelegt worden sind oder noch offengelegt werden, einschließlich Empfängern in Drittländern oder internationalen Organisationen,
d) eine Beschreibung der Kategorien betroffener Personen und der Kategorien personenbezogener Daten,
e) gegebenenfalls die Verwendung von Profiling,
f) gegebenenfalls die Kategorien von Übermittlungen personenbezogener Daten an ein Drittland oder an eine internationale Organisation,
g) Angaben über die Rechtsgrundlage der Verarbeitung, einschließlich Übermittlungen, für die die personenbezogenen Daten bestimmt sind,
h) wenn möglich, die vorgesehenen Fristen für die Löschung der verschiedenen Kategorien personenbezogener Daten,
i) wenn möglich, eine allgemeine Beschreibung der technischen und organisatorischen Maßnahmen gemäß Artikel 29 Absatz 1.

(2) Die Mitgliedstaaten sehen vor, dass jeder Auftragsverarbeiter ein Verzeichnis zu allen Kategorien von im Auftrag eines Verantwortlichen durchgeführten Tätigkeiten der Verarbeitung führt, das Folgendes enthält:

a) Name und Kontaktdaten des Auftragsverarbeiters oder der Auftragsverarbeiter, jedes Verantwortlichen, in dessen Auftrag der Auftragsverarbeiter tätig ist, sowie eines etwaigen Datenschutzbeauftragten,
b) die Kategorien von Verarbeitungen, die im Auftrag jedes Verantwortlichen durchgeführt werden,
c) gegebenenfalls Übermittlungen von personenbezogenen Daten an ein Drittland oder an eine internationale Organisation, wenn vom Verantwortlichen entsprechend angewiesen, einschließlich der Identifizierung des Drittlandes oder der internationalen Organisation,

d) wenn möglich, eine allgemeine Beschreibung der technischen und organisatorischen Maßnahmen gemäß Artikel 29 Absatz 1.

(3) *[1]* Das in den Absätzen 1 und 2 genannte Verzeichnis ist schriftlich zu führen, was auch in einem elektronischen Format erfolgen kann.

[2] Der Verantwortliche und der Auftragsverarbeiter stellen der Aufsichtsbehörde das Verzeichnis auf Anfrage zur Verfügung.

Art. 25 Protokollierung. (1) [1] Die Mitgliedstaaten sehen vor, dass in automatisierten Verarbeitungssystemen zumindest die folgenden Verarbeitungsvorgänge protokolliert werden: Erhebung, Veränderung, Abfrage, Offenlegung einschließlich Übermittlung, Kombination und Löschung. [2] Die Protokolle über Abfragen und Offenlegungen müssen es ermöglichen, die Begründung, das Datum und die Uhrzeit dieser Vorgänge und so weit wie möglich die Identifizierung der Person, die die personenbezogenen Daten abgefragt oder offengelegt hat, und die Identität des Empfängers solcher personenbezogenen Daten festzustellen.

(2) Die Protokolle werden ausschließlich zur Überprüfung der Rechtmäßigkeit der Datenverarbeitung, der Eigenüberwachung, der Sicherstellung der Integrität und Sicherheit der personenbezogenen Daten sowie für Strafverfahren verwendet.

(3) Der Verantwortliche sowie der Auftragsverarbeiter stellen die Protokolle der Aufsichtsbehörde auf Anforderung zur Verfügung.

Art. 26 Zusammenarbeit mit der Aufsichtsbehörde. Die Mitgliedstaaten sehen vor, dass der Verantwortliche und der Auftragsverarbeiter auf Anfrage mit der Aufsichtsbehörde bei der Erfüllung ihrer Aufgaben zusammenarbeiten.

Art. 27 Datenschutz-Folgenabschätzung. (1) Hat eine Form der Verarbeitung, insbesondere bei Verwendung neuer Technologien, aufgrund der Art, des Umfangs, der Umstände und der Zwecke der Verarbeitung voraussichtlich ein hohes Risiko für die Rechte und Freiheiten natürlicher Personen zur Folge, so sehen die Mitgliedstaaten vor, dass der Verantwortliche vorab eine Abschätzung der Folgen der vorgesehenen Verarbeitungsvorgänge für den Schutz personenbezogener Daten durchführt.

(2) Die Folgenabschätzung gemäß Absatz 1 trägt den Rechten und den berechtigten Interessen der von der Datenverarbeitung betroffenen Personen und sonstiger Betroffener Rechnung und enthält zumindest eine allgemeine Beschreibung der geplanten Verarbeitungsvorgänge und eine Bewertung der in Bezug auf die Rechte und Freiheiten der betroffenen Personen bestehenden Risiken sowie der geplanten Abhilfemaßnahmen, Garantien, Sicherheitsvorkehrungen und Verfahren, durch die der Schutz personenbezogener Daten sichergestellt und der Nachweis dafür erbracht wird, dass diese Richtlinie eingehalten wird.

Art. 28 Vorherige Konsultation der Aufsichtsbehörde. (1) Die Mitgliedstaaten sehen vor, dass der Verantwortliche oder der Auftragsverarbeiter vor der Verarbeitung personenbezogener Daten in neu anzulegenden Dateisystemen die Aufsichtsbehörde konsultiert, wenn

a) aus einer Datenschutz-Folgenabschätzung gemäß Artikel 27 hervorgeht, dass die Verarbeitung ein hohes Risiko zur Folge hätte, sofern der Verantwortliche keine Maßnahmen zur Eindämmung des Risikos trifft, oder

b) die Form der Verarbeitung, insbesondere bei Verwendung neuer Technologien, Mechanismen oder Verfahren, ein hohes Risiko für die Rechte und Freiheiten der betroffenen Personen zur Folge hat.

(2) Die Mitgliedstaaten sehen vor, dass bei der Ausarbeitung eines Vorschlags für von einem nationalen Parlament zu erlassende Gesetzgebungsmaßnahmen oder von auf solchen Gesetzgebungsmaßnahmen basierenden Regelungsmaßnahmen, die die Verarbeitung betreffen, die Aufsichtsbehörde konsultiert wird.

(3) Die Mitgliedstaaten sehen vor, dass die Aufsichtsbehörde eine Liste der Verarbeitungsvorgänge erstellen kann, die der Pflicht zur vorherigen Konsultation nach Absatz 1 unterliegen.

(4) Die Mitgliedstaaten sehen vor, dass der Verantwortliche der Aufsichtsbehörde die Datenschutz-Folgenabschätzung gemäß Artikel 27 vorlegt und ihr auf Anfrage alle sonstigen Informationen übermittelt, die sie benötigt, um die Ordnungsgemäßheit der Verarbeitung sowie insbesondere die in Bezug auf den Schutz der personenbezogenen Daten der betroffenen Person bestehenden Gefahren und die diesbezüglichen Garantien bewerten zu können.

(5) [1]Die Mitgliedstaaten sehen vor, dass die Aufsichtsbehörde, wenn sie der Auffassung ist, dass die geplante Verarbeitung gemäß Absatz 1 dieses Artikels gegen die nach dieser Richtlinie erlassenen Vorschriften verstoßen würde, insbesondere weil der Verantwortliche das Risiko nicht ausreichend ermittelt oder nicht ausreichend eingedämmt hat, dem Verantwortlichen und gegebenenfalls dem Auftragsverarbeiter innerhalb eines Zeitraums von bis zu sechs Wochen nach Erhalt des Ersuchens um Konsultation entsprechende schriftliche Empfehlungen unterbreitet und ihre in Artikel 47 genannten Befugnisse ausüben kann. [2]Diese Frist kann unter Berücksichtigung der Komplexität der geplanten Verarbeitung um einen weiteren Monat verlängert werden. [3]Die Aufsichtsbehörde unterrichtet den Verantwortlichen oder gegebenenfalls den Auftragsverarbeiter über eine solche Fristverlängerung innerhalb eines Monats nach Eingang des Antrags auf Konsultation zusammen mit den Gründen für die Verzögerung.

Abschnitt 2. Sicherheit personenbezogener Daten

Art. 29 Sicherheit der Verarbeitung. (1) Die Mitgliedstaaten sehen vor, dass der Verantwortliche und der Auftragsverarbeiter unter Berücksichtigung des Stands der Technik, der Implementierungskosten und der Art, des Umfangs, der Umstände und der Zwecke der Verarbeitung sowie der unterschiedlichen Eintrittswahrscheinlichkeit und Schwere des Risikos für die Rechte und Freiheiten natürlicher Personen geeignete technische und organisatorische Maßnahmen treffen, um ein dem Risiko angemessenes Schutzniveau zu gewährleisten, insbesondere im Hinblick auf die Verarbeitung besonderer Kategorien personenbezogener Daten im Sinne von Artikel 10.

(2) Die Mitgliedstaaten sehen im Hinblick auf die automatisierte Verarbeitung vor, dass der Verantwortliche oder der Auftragsverarbeiter nach einer Risikobewertung Maßnahmen ergreift, die auf Folgendes ausgelegt sind:

a) Verwehrung des Zugangs zu Verarbeitungsanlagen, mit denen die Verarbeitung durchgeführt wird, für Unbefugte (Anlagenzugangskontrolle),
b) Verhinderung des unbefugten Lesens, Kopierens, Veränderns oder Entfernens von Datenträgern (Datenträgerkontrolle),
c) Verhinderung der unbefugten Eingabe von personenbezogenen Daten sowie der unbefugten Kenntnisnahme, Veränderung und Löschung von gespeicherten personenbezogenen Daten (Speicherkontrolle),
d) Verhinderung der Nutzung automatisierter Verarbeitungssysteme durch Unbefugte mit Hilfe von Einrichtungen zur Datenübertragung (Benutzerkontrolle),
e) Gewährleistung, dass die zur Benutzung eines automatisierten Verarbeitungssystems Berechtigten ausschließlich auf die ihrer Zugriffsberechtigung unterliegenden personenbezogenen Daten Zugriff haben (Datenzugriffskontrolle),
f) Gewährleistung, dass überprüft und festgestellt werden kann, an welche Stellen personenbezogene Daten mit Hilfe von Einrichtungen zur Datenübertragung übermittelt oder zur Verfügung gestellt wurden oder werden können (Übertragungskontrolle),
g) Gewährleistung, dass nachträglich überprüft und festgestellt werden kann, welche personenbezogenen Daten zu welcher Zeit und von wem in automatisierte Verarbeitungssysteme eingegeben worden sind (Eingabekontrolle),
h) Verhinderung, dass bei der Übermittlung personenbezogener Daten sowie beim Transport von Datenträgern die Daten unbefugt gelesen, kopiert, verändert oder gelöscht werden können (Transportkontrolle),
i) Gewährleistung, dass eingesetzte Systeme im Störungsfall wiederhergestellt werden können (Wiederherstellung),
j) Gewährleistung, dass alle Funktionen des Systems zur Verfügung stehen, auftretende Fehlfunktionen gemeldet werden (Zuverlässigkeit) und gespeicherte personenbezogene Daten nicht durch Fehlfunktionen des Systems beschädigt werden können (Datenintegrität).

Art. 30 Meldung von Verletzungen des Schutzes personenbezogener Daten an die Aufsichtsbehörde. (1) [1] Die Mitgliedstaaten sehen vor, dass im Falle einer Verletzung des Schutzes personenbezogener Daten der Verantwortliche diese unverzüglich und möglichst binnen 72 Stunden, nachdem ihm die Verletzung bekannt wurde, der Aufsichtsbehörde meldet, es sei denn, dass die Verletzung des Schutzes personenbezogener Daten voraussichtlich nicht zu einem Risiko für die Rechte und Freiheiten natürlicher Personen führt. [2] Erfolgt die Meldung an die Aufsichtsbehörde nicht binnen 72 Stunden, so ist ihr eine Begründung für die Verzögerung beizufügen.

(2) Wenn dem Auftragsverarbeiter eine Verletzung des Schutzes personenbezogener Daten bekannt wird, meldet er diese dem Verantwortlichen unverzüglich.

(3) Die Meldung gemäß Absatz 1 enthält zumindest folgende Informationen:

a) eine Beschreibung der Art der Verletzung des Schutzes personenbezogener Daten, soweit möglich mit Angabe der Kategorien und der ungefähren Zahl der betroffenen Personen, der betroffenen Kategorien personenbezogener

Daten und der ungefähren Zahl der betroffenen personenbezogenen Datensätze,

b) Name und Kontaktdaten des Datenschutzbeauftragten oder einer sonstigen Anlaufstelle für weitere Informationen,

c) eine Beschreibung der wahrscheinlichen Folgen der Verletzung des Schutzes personenbezogener Daten,

d) eine Beschreibung der von dem Verantwortlichen ergriffenen oder vorgeschlagenen Maßnahmen zur Behandlung der Verletzung des Schutzes personenbezogener Daten und gegebenenfalls der Maßnahmen zur Abmilderung ihrer möglichen nachteiligen Auswirkungen.

(4) Wenn und soweit die Informationen nicht zur gleichen Zeit bereitgestellt werden können, kann der Verantwortliche diese Informationen ohne unangemessene weitere Verzögerung schrittweise zur Verfügung stellen.

(5) [1] Die Mitgliedstaaten sehen vor, dass der Verantwortliche Verletzungen des Schutzes personenbezogener Daten nach Absatz 1 einschließlich aller im Zusammenhang mit der Verletzung des Schutzes personenbezogener Daten stehenden Fakten, ihrer Auswirkungen und der ergriffenen Abhilfemaßnahmen dokumentiert. [2] Diese Dokumentation ermöglicht der Aufsichtsbehörde die Überprüfung der Einhaltung der Bestimmungen dieses Artikels.

(6) Die Mitgliedstaaten sehen vor, dass, soweit von der Verletzung des Schutzes personenbezogener Daten personenbezogene Daten betroffen sind, die von dem oder an den Verantwortlichen eines anderen Mitgliedstaats übermittelt wurden, die in Absatz 3 genannten Informationen dem Verantwortlichen jenes Mitgliedstaats unverzüglich übermittelt werden.

Art. 31 Benachrichtigung der von einer Verletzung des Schutzes personenbezogener Daten betroffenen Person. (1) Die Mitgliedstaaten sehen vor, dass, wenn die Verletzung des Schutzes personenbezogener Daten voraussichtlich ein hohes Risiko für die Rechte und Freiheiten natürlicher Personen zur Folge hat, der Verantwortliche die betroffene Person unverzüglich von der Verletzung benachrichtigt.

(2) Die in Absatz 1 dieses Artikels genannte Benachrichtigung der betroffenen Person beschreibt in klarer und einfacher Sprache die Art der Verletzung des Schutzes personenbezogener Daten und enthält zumindest die in Artikel 30 Absatz 3 Buchstaben b, c und d genannten Informationen und Maßnahmen.

(3) Die Benachrichtigung der betroffenen Person gemäß Absatz 1 ist nicht erforderlich, wenn eine der folgenden Bedingungen erfüllt ist:

a) der Verantwortliche hat geeignete technische und organisatorische Sicherheitsvorkehrungen getroffen und diese Vorkehrungen wurden auf die von der Verletzung betroffenen personenbezogenen Daten angewandt, insbesondere solche, durch die die personenbezogenen Daten für alle Personen, die nicht zum Zugang zu den personenbezogenen Daten befugt sind, unzugänglich gemacht werden, etwa durch Verschlüsselung,

b) der Verantwortliche hat durch nachfolgende Maßnahmen sichergestellt, dass das hohe Risiko für die Rechte und Freiheiten der betroffenen Personen gemäß Absatz 1 aller Wahrscheinlichkeit nach nicht mehr besteht,

c) die Benachrichtigung wäre mit einem unverhältnismäßigen Aufwand verbunden. In diesem Fall hat stattdessen eine öffentliche Bekanntmachung oder eine ähnliche Maßnahme zu erfolgen, durch die die betroffenen Personen vergleichbar wirksam informiert werden.

(4) Wenn der Verantwortliche die betroffene Person nicht bereits über die Verletzung des Schutzes personenbezogener Daten benachrichtigt hat, kann die Aufsichtsbehörde unter Berücksichtigung der Wahrscheinlichkeit, mit der die Verletzung des Schutzes personenbezogener Daten zu einem hohen Risiko führt, von dem Verantwortlichen verlangen, dies nachzuholen oder sie kann mit einem Beschluss feststellen, dass bestimmte der in Absatz 3 genannten Voraussetzungen erfüllt sind.

(5) Die Benachrichtigung der betroffenen Person gemäß Absatz 1 dieses Artikels kann unter zu den in Artikel 13 Absatz 3 genannten Voraussetzungen und aus den dort genannten Gründen aufgeschoben, eingeschränkt oder unterlassen werden.

Abschnitt 3. Datenschutzbeauftragter

Art. 32 Benennung eines Datenschutzbeauftragten. (1) [1]Die Mitgliedstaaten sehen vor, dass der Verantwortliche einen Datenschutzbeauftragten benennt. [2]Mitgliedstaaten können Gerichte und andere unabhängige Justizbehörden im Rahmen ihrer justiziellen Tätigkeit von dieser Pflicht befreien.

(2) Der Datenschutzbeauftragte wird auf der Grundlage seiner beruflichen Qualifikation und insbesondere des Fachwissens benannt, das er auf dem Gebiet des Datenschutzrechts und der Datenschutzpraxis besitzt, sowie auf der Grundlage seiner Fähigkeit zur Erfüllung der in Artikel 34 genannten Aufgaben.

(3) Ein Datenschutzbeauftragter kann für mehrere zuständige Behörden gemeinsam ernannt werden, wobei deren Organisationsstruktur und Größe Rechnung getragen wird.

(4) Die Mitgliedstaaten sehen vor, dass der Verantwortliche die Kontaktdaten des Datenschutzbeauftragten veröffentlicht und der Aufsichtsbehörde mitteilt.

Art. 33 Stellung des Datenschutzbeauftragten. (1) Die Mitgliedstaaten sehen vor, dass der Verantwortliche sicherstellt, dass der Datenschutzbeauftragte ordnungsgemäß und frühzeitig in alle mit dem Schutz personenbezogener Daten zusammenhängenden Fragen eingebunden wird.

(2) Der Verantwortliche unterstützt den Datenschutzbeauftragten bei der Erfüllung seiner Aufgaben gemäß Artikel 34, indem er die hierfür erforderlichen Ressourcen und den Zugang zu personenbezogenen Daten und Verarbeitungsvorgängen sowie die zur Erhaltung seines Fachwissens erforderlichen Ressourcen zur Verfügung stellt.

Art. 34 Aufgaben des Datenschutzbeauftragten. Die Mitgliedstaaten sehen vor, dass der Verantwortliche den Datenschutzbeauftragten mit zumindest folgenden Aufgaben betraut:

a) Unterrichtung und Beratung des Verantwortlichen und der Beschäftigten, die Verarbeitungen durchführen, hinsichtlich ihrer Pflichten nach dieser Richtlinie sowie anderer Datenschutzvorschriften der Union oder der Mitgliedstaaten,

b) Überwachung der Einhaltung dieser Richtlinie, anderer Datenschutzvorschriften der Union oder der Mitgliedstaaten sowie der Strategien des Verantwortlichen für den Schutz personenbezogener Daten einschließlich der

Zuweisung von Zuständigkeiten, der Sensibilisierung und Schulung der an Verarbeitungsvorgängen beteiligten Mitarbeiter und der diesbezüglichen Überprüfungen,

c) Beratung – auf Anfrage – im Zusammenhang mit der Datenschutz-Folgenabschätzung und Überwachung ihrer Durchführung gemäß Artikel 27,

d) Zusammenarbeit mit der Aufsichtsbehörde,

e) Tätigkeit als Anlaufstelle für die Aufsichtsbehörde in mit der Verarbeitung zusammenhängenden Fragen, einschließlich der vorherigen Konsultation gemäß Artikel 28, und gegebenenfalls Beratung zu allen sonstigen Fragen.

Kapitel V. Übermittlung personenbezogener Daten an Drittländer oder internationale Organisationen

Art. 35 Allgemeine Grundsätze für die Übermittlung personenbezogener Daten. (1) Die Mitgliedstaaten sehen vor, dass jedwede von einer zuständigen Behörde vorgenommene Übermittlung von personenbezogenen Daten, die bereits verarbeitet werden oder nach ihrer Übermittlung an ein Drittland oder eine internationale Organisation verarbeitet werden sollen, einschließlich der Weiterübermittlung an ein anderes Drittland oder eine andere internationale Organisation, nur unter Einhaltung der nach Maßgabe anderer Bestimmungen dieser Richtlinie erlassenen nationalen Bestimmungen, zulässig ist, wenn die in diesem Kapitel festgelegten Bedingungen eingehalten werden, nämlich

a) die Übermittlung für die in Artikel 1 Absatz 1 genannten Zwecke erforderlich ist;

b) die personenbezogenen Daten an einen Verantwortlichen in einem Drittland oder einer internationalen Organisation, die eine für die in Artikel 1 Absatz 1 genannten Zwecke zuständige Behörde ist, übermittelt werden;

c) in Fällen, in denen personenbezogene Daten aus einem anderen Mitgliedstaat übermittelt oder zur Verfügung gestellt werden, dieser Mitgliedstaat die Übermittlung zuvor in Einklang mit seinem nationalen Recht genehmigt hat;

d) die Kommission gemäß Artikel 36 einen Angemessenheitsbeschluss gefasst hat oder, wenn kein solcher Beschluss vorliegt, geeignete Garantien im Sinne des Artikels 37 erbracht wurden oder bestehen oder, wenn kein Angemessenheitsbeschluss gemäß Artikel 36 vorliegt und keine geeigneten Garantien im Sinne des Artikels 37 vorhanden sind, Ausnahmen für bestimmte Fälle gemäß Artikel 38 anwendbar sind und

e) im Fall der Weiterübermittlung an ein anderes Drittland oder eine andere internationale Organisation die zuständige Behörde, die die ursprüngliche Übermittlung durchgeführt hat, oder eine andere zuständige Behörde des gleichen Mitgliedstaats die Weiterübermittlung genehmigt nach gebührender Berücksichtigung sämtlicher maßgeblicher Faktoren, einschließlich der Schwere der Straftat, des Zwecks der ursprünglichen Übermittlung personenbezogener Daten und des Schutzniveaus für personenbezogene Daten in dem Drittland oder der internationalen Organisation, an das bzw. die personenbezogene Daten weiterübermittelt werden.

(2) [1]Die Mitgliedstaaten sehen vor, dass Übermittlungen ohne vorherige Genehmigung durch einen anderen Mitgliedstaat gemäß Absatz 1 Buchstabe c nur dann zulässig sind, wenn die Übermittlung der personenbezogenen Daten erforderlich ist, um eine unmittelbare und ernsthafte Gefahr für die öffentliche Sicherheit eines Mitgliedstaats oder eines Drittlandes oder für die wesentlichen Interessen eines Mitgliedstaats abzuwehren, und die vorherige Genehmigung nicht rechtzeitig eingeholt werden kann. [2]Die Behörde, die für die Erteilung der vorherigen Genehmigung zuständig ist, wird unverzüglich unterrichtet.

(3) Sämtliche Bestimmungen dieses Kapitels werden angewendet, um sicherzustellen, dass das durch diese Richtlinie gewährleistete Schutzniveau für natürliche Personen nicht untergraben wird.

Art. 36 Datenübermittlung auf der Grundlage eines Angemessenheitsbeschlusses. (1) [1]Die Mitgliedstaaten sehen vor, dass personenbezogene Daten an ein Drittland oder eine internationale Organisation übermittelt werden dürfen, wenn die Kommission beschlossen hat, dass das betreffende Drittland, ein Gebiet oder ein oder mehrere spezifische Sektoren in diesem Drittland oder die betreffende internationale Organisation ein angemessenes Schutzniveau bietet. [2]Eine solche Datenübermittlung bedarf keiner besonderen Genehmigung.

(2) Bei der Prüfung der Angemessenheit des Schutzniveaus berücksichtigt die Kommission insbesondere

a) die Rechtsstaatlichkeit, die Achtung der Menschenrechte und Grundfreiheiten, die in dem betreffenden Land bzw. der betreffenden internationalen Organisation geltenden Vorschriften sowohl allgemeiner als auch sektoraler Art, auch in Bezug auf die öffentliche Sicherheit, die Landesverteidigung, die nationale Sicherheit und das Strafrecht, und der Zugang der Behörden zu personenbezogenen Daten sowie die Durchsetzung dieser Vorschriften, Datenschutzvorschriften, Berufsregeln und Sicherheitsvorschriften einschließlich der Vorschriften für die Weiterübermittlung personenbezogener Daten an ein anderes Drittland bzw. eine andere internationale Organisation, Rechtsprechung sowie wirksame und durchsetzbare Rechte der betroffenen Person und wirksame verwaltungsrechtliche und gerichtliche Rechtsbehelfe für betroffene Personen, deren personenbezogene Daten übermittelt werden,

b) die Existenz und die wirksame Funktionsweise einer oder mehrerer unabhängiger Aufsichtsbehörden in dem betreffenden Drittland oder denen eine internationale Organisation untersteht und die für die Einhaltung und Durchsetzung der Datenschutzvorschriften, einschließlich angemessener Durchsetzungsbefugnisse, für die Unterstützung und Beratung der betroffenen Personen bei der Ausübung ihrer Rechte und für die Zusammenarbeit mit den Aufsichtsbehörden der Mitgliedstaaten zuständig sind, und

c) die von dem betreffenden Drittland bzw. der betreffenden internationalen Organisation eingegangenen internationalen Verpflichtungen oder andere Verpflichtungen, die sich aus rechtsverbindlichen Übereinkünften oder Rechtsinstrumenten sowie aus der Teilnahme des Drittlandes oder der internationalen Organisation an multilateralen oder regionalen Systemen insbesondere in Bezug auf den Schutz personenbezogener Daten ergeben.

(3) [1] Nach der Beurteilung der Angemessenheit des Schutzniveaus kann die Kommission im Wege eines Durchführungsrechtsaktes beschließen, dass ein Drittland beziehungsweise ein Gebiet oder ein oder mehrere spezifische Sektoren in einem Drittland oder eine internationale Organisation ein angemessenes Schutzniveau im Sinne des Absatzes 2 dieses Artikels bietet. [2] In dem Durchführungsrechtsakt wird ein Mechanismus für die regelmäßige Überprüfung vorgesehen, die mindestens alle vier Jahre erfolgt und bei der allen maßgeblichen Entwicklungen in dem Drittland oder der internationalen Organisation Rechnung getragen wird. [3] Im Durchführungsrechtsakt werden der territoriale und der sektorale Anwendungsbereich sowie gegebenenfalls die in Absatz 2 Buchstabe b dieses Artikels genannte Aufsichtsbehörde oder die dort genannten Aufsichtsbehörden angegeben. [4] Der Durchführungsrechtsakt wird gemäß dem in Artikel 58 Absatz 2 genannten Prüfverfahren erlassen.

(4) Die Kommission überwacht fortlaufend die Entwicklungen in Drittländern und internationalen Organisationen, die die Wirkungsweise der nach Absatz 3 erlassenen Beschlüsse beeinträchtigen könnten.

(5) *[1]* [1] Die Kommission widerruft, ändert oder setzt die in Absatz 3 des vorliegenden Artikels genannten Beschlüsse im Wege von Durchführungsrechtsakten aus, soweit dies nötig ist und ohne rückwirkende Kraft, soweit entsprechende Informationen – insbesondere im Anschluss an die in Absatz 3 des vorliegenden Artikels genannte Überprüfung – dahingehend vorliegen, dass ein Drittland, ein Gebiet oder ein oder mehrere spezifische Sektoren in einem Drittland oder eine internationale Organisation kein angemessenes Schutzniveau im Sinne des Absatzes 2 des vorliegenden Artikels mehr gewährleistet. [2] Diese Durchführungsrechtsakte werden gemäß dem in Artikel 58 Absatz 2 genannten Prüfverfahren oder in äußerst dringlichen Fällen gemäß dem in Artikel 58 Absatz 3 genannten Verfahren erlassen.

[2] In hinreichend begründeten Fällen äußerster Dringlichkeit erlässt die Kommission gemäß dem in Artikel 58 Absatz 3 genannten Verfahren sofort geltende Durchführungsrechtsakte.

(6) Die Kommission nimmt Beratungen mit dem betreffenden Drittland bzw. der betreffenden internationalen Organisation auf, um Abhilfe für die Situation zu schaffen, die zu dem Beschluss nach Absatz 5 geführt hat.

(7) Die Mitgliedstaaten sehen vor, dass Übermittlungen personenbezogener Daten an das betreffende Drittland, an das Gebiet oder einen oder mehrere spezifischen Sektoren in einem Drittland oder an die betreffende internationale Organisation gemäß den Artikeln 37 und 38 durch einen Beschluss nach Absatz 5 nicht berührt werden.

(8) Die Kommission veröffentlicht im Amtsblatt der Europäischen Union und auf ihrer Website eine Liste aller Drittländer beziehungsweise Gebiete und spezifischen Sektoren in einem Drittland und aller internationalen Organisationen, bei denen sie durch Beschluss festgestellt hat, dass diese ein beziehungsweise kein angemessenes Schutzniveau für personenbezogene Daten bieten.

Art. 37 Datenübermittlung vorbehaltlich geeigneter Garantien.

(1) Liegt kein Beschluss nach Artikel 36 Absatz 3 vor, so sehen die Mitgliedstaaten vor, dass eine Übermittlung personenbezogener Daten an ein Drittland oder eine internationale Organisation erfolgen darf, wenn

a) in einem rechtsverbindlichen Instrument geeignete Garantien für den Schutz personenbezogener Daten vorgesehen sind oder
b) der Verantwortliche alle Umstände beurteilt hat, die bei der Übermittlung personenbezogener Daten eine Rolle spielen, und zu der Auffassung gelangt ist, dass geeignete Garantien zum Schutz personenbezogener Daten bestehen.

(2) Der Verantwortliche unterrichtet die Aufsichtsbehörde über Kategorien von Übermittlungen gemäß Absatz 1 Buchstabe b.

(3) Übermittlungen gemäß Absatz 1 Buchstabe b werden dokumentiert und die Dokumentation einschließlich Datum und Zeitpunkt der Übermittlung, Informationen über die empfangende zuständige Behörde, Begründung der Übermittlung und übermittelte personenbezogenen Daten, der Aufsichtsbehörde auf Anforderung zur Verfügung gestellt.

Art. 38 Ausnahmen für bestimmte Fälle. (1) Falls weder ein Angemessenheitsbeschluss nach Artikel 36 vorliegt noch geeignete Garantien nach Artikel 37 bestehen, sehen die Mitgliedstaaten vor, dass eine Übermittlung oder eine Kategorie von Übermittlungen personenbezogener Daten an ein Drittland oder an eine internationale Organisation nur zulässig ist, wenn die Übermittlung aus einem der folgenden Gründe erforderlich ist

a) zum Schutz lebenswichtiger Interessen der betroffenen Person oder einer anderen Person,
b) zur Wahrung berechtigter Interessen der betroffenen Person, wenn dies im Recht des Mitgliedstaats, aus dem die personenbezogenen Daten übermittelt werden, vorgesehen ist,
c) zur Abwehr einer unmittelbaren und ernsthaften Gefahr für die öffentliche Sicherheit eines Mitgliedstaats oder eines Drittlandes,
d) im Einzelfall für die in Artikel 1 Absatz 1 genannten Zwecke, oder
e) im Einzelfall zur Geltendmachung, Ausübung oder Verteidigung von Rechtsansprüchen im Zusammenhang mit den in Artikel 1 Absatz 1 genannten Zwecken.

(2) Personenbezogene Daten dürfen nicht übermittelt werden, wenn die übermittelnde zuständige Behörde feststellt, dass Grundrechte und Grundfreiheiten der betroffenen Person das öffentliche Interesse an der Übermittlung im Sinne des Absatzes 1 Buchstaben d und e überwiegen.

(3) Übermittlungen gemäß Absatz 1 werden dokumentiert und die Dokumentation einschließlich Datum und Zeitpunkt der Übermittlung, Informationen über die empfangende zuständige Behörde, Begründung der Übermittlung und übermittelte personenbezogene Daten, der Aufsichtsbehörde auf Anforderung zur Verfügung gestellt.

Art. 39 Übermittlung personenbezogener Daten an in Drittländern niedergelassene Empfänger. (1) Abweichend von Artikel 35 Absatz 1 Buchstabe b und unbeschadet der in Absatz 2 dieses Artikels genannten internationalen Übereinkünfte kann das Unionsrecht oder das Recht der Mitgliedstaaten vorsehen, dass die in Artikel 3 Nummer 7 Buchstabe a genannten zuständigen Behörden im speziellen Einzelfall nur dann personenbezogene Daten direkt an in Drittländern niedergelassene Empfänger übermitteln dürfen, wenn die übrigen Bestimmungen dieser Richtlinie eingehalten werden und alle der folgende Voraussetzungen gegeben sind:

a) Die Übermittlung ist für die Ausübung einer Aufgabe der übermittelnden zuständigen Behörde gemäß dem Unionsrecht oder dem Recht der Mitgliedstaaten für die in Artikel 1 Absatz 1 genannten Zwecke unbedingt erforderlich,

b) die übermittelnde zuständige Behörde stellt fest, dass im konkreten Fall keine Grundrechte und Grundfreiheiten der betroffenen Person das öffentliche Interesse an einer Übermittlung überwiegen,

c) die übermittelnde zuständige Behörde hält die Übermittlung an eine für die in Artikel 1 Absatz 1 genannten Zwecke zuständige Behörde in dem Drittland für wirkungslos oder ungeeignet, insbesondere weil die Übermittlung nicht rechtzeitig durchgeführt werden kann,

d) die für die in Artikel 1 Absatz 1 genannten Zwecke zuständige Behörde in dem Drittland wird unverzüglich unterrichtet, es sei denn, dies ist wirkungslos oder ungeeignet, und

e) die übermittelnde zuständige Behörde teilt dem Empfänger den festgelegten Zweck oder die festgelegten Zwecke mit, für die die personenbezogenen Daten nur dann durch diesen verarbeitet werden dürfen, wenn eine derartige Verarbeitung erforderlich ist.

(2) Eine internationale Übereinkunft im Sinne des Absatzes 1 ist jede in Kraft befindliche bilaterale oder multilaterale internationale Übereinkunft zwischen Mitgliedstaaten und Drittländern im Bereich der justiziellen Zusammenarbeit in Strafsachen und der polizeilichen Zusammenarbeit.

(3) Die übermittelnde zuständige Behörde unterrichtet die Aufsichtsbehörde über die Übermittlungen gemäß diesem Artikel.

(4) Übermittlungen gemäß Absatz 1 werden dokumentiert.

Art. 40 Internationale Zusammenarbeit zum Schutz personenbezogener Daten. In Bezug auf Drittländer und internationale Organisationen treffen die Kommission und die Mitgliedstaaten geeignete Maßnahmen zur

a) Entwicklung von Mechanismen der internationalen Zusammenarbeit, durch die die wirksame Durchsetzung von Rechtsvorschriften zum Schutz personenbezogener Daten erleichtert wird,

b) gegenseitigen Leistung internationaler Amtshilfe bei der Durchsetzung von Rechtsvorschriften zum Schutz personenbezogener Daten, unter anderem durch Meldungen, Beschwerdeverweisungen, Amtshilfe bei Untersuchungen und Informationsaustausch, sofern geeignete Garantien für den Schutz personenbezogener Daten und anderer Grundrechte und Grundfreiheiten bestehen,

c) Einbindung maßgeblicher Interessenträger in Diskussionen und Tätigkeiten, die zum Ausbau der internationalen Zusammenarbeit bei der Durchsetzung von Rechtsvorschriften zum Schutz personenbezogener Daten dienen,

d) Förderung des Austausches und der Dokumentation von Rechtsvorschriften und Praktiken zum Schutz personenbezogener Daten einschließlich Zuständigkeitskonflikten mit Drittländern.

Kapitel VI. Unabhänge Aufsichtsbehörden

Abschnitt 1. Unabhängigkeit

Art. 41 Aufsichtsbehörde. (1) Jeder Mitgliedstaat sieht vor, dass eine oder mehrere unabhängige Behörden für die Überwachung der Anwendung dieser Richtlinie zuständig sind, damit die Grundrechte und Grundfreiheiten natürlicher Personen bei der Verarbeitung geschützt werden und der freie Verkehr personenbezogener Daten in der Union erleichtert wird (im Folgenden „Aufsichtsbehörde“).

(2) [1]Jede Aufsichtsbehörde leistet einen Beitrag zur einheitlichen Anwendung dieser Richtlinie in der gesamten Union. [2]Zu diesem Zweck bedarf es der Zusammenarbeit der Aufsichtsbehörden untereinander sowie mit der Kommission gemäß Kapitel VII.

(3) Die Mitgliedstaaten können vorsehen, dass die gemäß der Verordnung (EU) 2016/679[1)] in den Mitgliedstaaten errichtete Aufsichtsbehörde die in dieser Richtlinie genannte Aufsichtsbehörde ist und die Verantwortung für die Aufgaben der nach Absatz 1 zu errichtenden Aufsichtsbehörde übernimmt.

(4) Gibt es in einem Mitgliedstaat mehr als eine Aufsichtsbehörde, so bestimmt dieser Mitgliedstaat die Aufsichtsbehörde, die diese Behörden im in Artikel 51 genannten Ausschuss zu vertreten hat.

Art. 42 Unabhängigkeit. (1) Jeder Mitgliedstaat sieht vor, dass jede Aufsichtsbehörde bei der Erfüllung ihrer Aufgaben und der Ausübung ihrer Befugnisse gemäß dieser Richtlinie völlig unabhängig handelt.

(2) Die Mitgliedstaaten sehen vor, dass das Mitglied oder die Mitglieder ihrer Aufsichtsbehörden bei der Erfüllung ihrer Aufgaben und der Ausübung ihrer Befugnisse gemäß dieser Richtlinie weder direkter noch indirekter Beeinflussung von außen unterliegen und dass sie weder um Weisung ersuchen noch Weisungen entgegennehmen.

(3) Die Mitglieder der Aufsichtsbehörden der Mitgliedstaaten sehen von allen mit den Aufgaben ihres Amts nicht zu vereinbarenden Handlungen ab und üben während ihrer Amtszeit keine andere mit ihrem Amt nicht zu vereinbarende entgeltliche oder unentgeltliche Tätigkeit aus.

(4) Jeder Mitgliedstaat stellt sicher, dass jede Aufsichtsbehörde mit den personellen, technischen und finanziellen Ressourcen, Räumlichkeiten und Infrastrukturen ausgestattet wird, die sie benötigt, um ihre Aufgaben und Befugnisse auch im Rahmen der Amtshilfe, Zusammenarbeit und Mitwirkung im Ausschuss effektiv wahrnehmen zu können.

(5) Jeder Mitgliedstaat stellt sicher, dass jede Aufsichtsbehörde ihr eigenes Personal auswählt und hat, das ausschließlich der Leitung des Mitglieds oder der Mitglieder der betreffenden Aufsichtsbehörde untersteht.

(6) Jeder Mitgliedstaat stellt sicher, dass jede Aufsichtsbehörde einer Finanzkontrolle unterliegt, die ihre Unabhängigkeit nicht beeinträchtigt, und dass sie über eigene, öffentliche, jährliche Haushaltspläne verfügt, die Teil des gesamten Staatshaushalts oder nationalen Haushalts sein können.

[1)] Nr. 1.

Art. 43 Allgemeine Bedingungen für die Mitglieder der Aufsichtsbehörde. (1) Die Mitgliedstaaten sehen vor, dass jedes Mitglied ihrer Aufsichtsbehörden im Wege eines transparenten Verfahrens ernannt wird, und zwar
– vom Parlament;
– von der Regierung;
– vom Staatsoberhaupt oder
– von einer unabhängigen Stelle, die nach dem Recht des Mitgliedstaats mit der Ernennung betraut wird.

(2) Jedes Mitglied muss über die für die Erfüllung seiner Aufgaben und Ausübung seiner Befugnisse erforderliche Qualifikation, Erfahrung und Sachkunde insbesondere im Bereich des Schutzes personenbezogener Daten verfügen.

(3) Das Amt eines Mitglieds endet mit Ablauf der Amtszeit, mit seinem Rücktritt oder verpflichtender Versetzung in den Ruhestand gemäß dem Recht des betroffenen Mitgliedstaats.

(4) Ein Mitglied wird seines Amtes nur enthoben, wenn es eine schwere Verfehlung begangen hat oder die Voraussetzungen für die Erfüllung seiner Aufgaben nicht mehr erfüllt.

Art. 44 Errichtung der Aufsichtsbehörde. (1) Jeder Mitgliedstaat sieht durch Rechtsvorschriften Folgendes vor
a) die Errichtung jeder Aufsichtsbehörde,
b) die erforderlichen Qualifikationen und sonstigen Voraussetzungen für die Ernennung zum Mitglied jeder Aufsichtsbehörde,
c) die Vorschriften und Verfahren für die Ernennung des Mitglieds oder der Mitglieder jeder Aufsichtsbehörde,
d) die Amtszeit des Mitglieds oder der Mitglieder jeder Aufsichtsbehörde von mindestens vier Jahren, außer für die erste Amtszeit nach dem 6. Mai 2016, die für einen Teil der Mitglieder kürzer sein kann, wenn eine zeitlich versetzte Ernennung zur Wahrung der Unabhängigkeit der Aufsichtsbehörde notwendig ist,
e) die Frage, ob und – wenn ja – wie oft das Mitglied oder die Mitglieder jeder Aufsichtsbehörde wiederernannt werden können,
f) die Bedingungen im Hinblick auf die Pflichten des Mitglieds oder der Mitglieder und der Bediensteten jeder Aufsichtsbehörde, die Verbote von Handlungen, beruflichen Tätigkeiten und Vergütungen während und nach der Amtszeit, die mit diesen Pflichten unvereinbar sind, und die Regeln für die Beendigung des Beschäftigungsverhältnisses.

(2) [1] Das Mitglied oder die Mitglieder und die Bediensteten jeder Aufsichtsbehörde sind gemäß dem Unionsrecht oder dem Recht der Mitgliedstaaten sowohl während ihrer Amts- beziehungsweise Dienstzeit als auch nach deren Beendigung verpflichtet, über alle vertraulichen Informationen, die ihnen bei der Wahrnehmung ihrer Aufgaben oder der Ausübung ihrer Befugnisse bekannt geworden sind, Verschwiegenheit zu wahren. [2] Während ihrer Amts- beziehungsweise Dienstzeit gilt diese Verschwiegenheitspflicht insbesondere für die von natürlichen Personen gemeldeten Verstöße gegen diese Richtlinie.

Abschnitt 2. Zuständigkeit, Aufgaben und Befugnisse

Art. 45 Zuständigkeit. (1) Jeder Mitgliedstaat sieht vor, dass jede Aufsichtsbehörde dafür zuständig ist, im Hoheitsgebiet ihres eigenen Mitgliedstaats die ihr gemäß dieser Richtlinie zugewiesenen Aufgaben und übertragenen Befugnisse zu erfüllen bzw. auszuüben.

(2) [1]Jeder Mitgliedstaat sieht vor, dass jede Aufsichtsbehörde nicht für die Aufsicht über die von Gerichten im Rahmen ihrer justiziellen Tätigkeit vorgenommenen Verarbeitungen zuständig ist. [2]Die Mitgliedstaaten können vorsehen, dass ihre Aufsichtsbehörde nicht für die Überwachung der von anderen unabhängigen Justizbehörden im Rahmen ihrer justiziellen Tätigkeit vorgenommenen Verarbeitungen zuständig ist.

Art. 46 Aufgaben. (1) Jeder Mitgliedstaat sieht vor, dass jede Aufsichtsbehörde in seinem Hoheitsgebiet

a) die Anwendung der nach dieser Richtlinie erlassenen Vorschriften sowie deren Durchführungsvorschriften überwacht und durchsetzt;
b) die Öffentlichkeit für die Risiken, Vorschriften, Garantien und Rechte im Zusammenhang mit der Verarbeitung sensibilisiert und sie darüber aufklärt;
c) im Einklang mit dem Recht der Mitgliedstaaten das nationale Parlament, die Regierung und andere Einrichtungen und Gremien über legislative und administrative Maßnahmen zum Schutz der Rechte und Freiheiten natürlicher Personen in Bezug auf die Verarbeitung berät;
d) die Verantwortlichen und die Auftragsverarbeiter für die ihnen aus dieser Richtlinie entstehenden Pflichten sensibilisiert;
e) auf Antrag jeder betroffenen Person Informationen über die Ausübung ihrer Rechte aufgrund dieser Richtlinie zur Verfügung stellt und gegebenenfalls zu diesem Zweck mit den Aufsichtsbehörden in anderen Mitgliedstaaten zusammenarbeitet;
f) sich mit Beschwerden einer betroffenen Person oder einer Stelle, einer Organisation oder eines Verbandes gemäß Artikel 55 befasst, den Gegenstand der Beschwerde in angemessenem Umfang untersucht und den Beschwerdeführer innerhalb einer angemessenen Frist über den Fortgang und das Ergebnis der Untersuchung unterrichtet, insbesondere, wenn eine weitere Untersuchung oder Koordinierung mit einer anderen Aufsichtsbehörde notwendig ist;
g) die Rechtmäßigkeit der Verarbeitung gemäß Artikel 17 überprüft und die betroffene Person innerhalb einer angemessenen Frist über das Ergebnis der Überprüfung gemäß Absatz 3 des genannten Artikels unterrichtet oder ihr die Gründe mitteilt, aus denen die Überprüfung nicht vorgenommen wurde;
h) mit anderen Aufsichtsbehörden zusammenarbeitet, auch durch Informationsaustausch, und ihnen Amtshilfe leistet, um die einheitliche Anwendung und Durchsetzung dieser Richtlinie zu gewährleisten;
i) Untersuchungen über die Anwendung dieser Richtlinie durchführt, auch auf der Grundlage von Informationen einer anderen Aufsichtsbehörde oder einer anderen Behörde;
j) maßgebliche Entwicklungen verfolgt, soweit sie sich auf den Schutz personenbezogener Daten auswirken, insbesondere die Entwicklung der Informations- und Kommunikationstechnologie;

k) Beratung in Bezug auf die in Artikel 28 genannten Verarbeitungsvorgänge leistet; und

l) Beiträge zur Tätigkeit des Ausschusses leistet.

(2) Jede Aufsichtsbehörde erleichtert das Einreichen von in Absatz 1 Buchstabe f genannten Beschwerden durch Maßnahmen wie etwa die Bereitstellung eines Beschwerdeformulars, das auch elektronisch ausgefüllt werden kann, ohne dass andere Kommunikationsmittel ausgeschlossen werden.

(3) Die Erfüllung der Aufgaben jeder Aufsichtsbehörde ist für die betroffene Person und für den Datenschutzbeauftragten unentgeltlich.

(4) [1] Bei offenkundig unbegründeten oder – besonders wegen häufiger Wiederholung – exzessiven Anträgen kann die Aufsichtsbehörde eine angemessene Gebühr auf der Grundlage ihrer Verwaltungskosten verlangen oder sich weigern, aufgrund des Antrags tätig zu werden. [2] In diesem Fall trägt die Aufsichtsbehörde die Beweislast dafür, dass der Antrag offensichtlich unbegründet oder exzessiv ist.

Art. 47 Befugnisse. (1) [1] Jeder Mitgliedstaat sieht durch Rechtsvorschriften vor, dass jede Aufsichtsbehörde über wirksame Untersuchungsbefugnisse verfügt. [2] Diese Befugnisse umfassen zumindest die Befugnis, von dem Verantwortlichen und dem Auftragsverarbeiter Zugang zu allen personenbezogenen Daten, die verarbeitet werden, und auf alle Informationen, die zur Erfüllung ihrer Aufgaben notwendig sind, zu erhalten.

(2) Jeder Mitgliedstaat sieht durch Rechtsvorschriften vor, dass jede Aufsichtsbehörde über wirksame Abhilfebefugnisse wie etwa die beispielhaft genannten folgenden verfügt, die es ihr gestatten,

a) einen Verantwortlichen oder einen Auftragsverarbeiter zu warnen, dass beabsichtigte Verarbeitungsvorgänge voraussichtlich gegen die nach dieser Richtlinie erlassenen Vorschriften verstoßen;

b) den Verantwortlichen oder den Auftragsverarbeiter anzuweisen, Verarbeitungsvorgänge, gegebenenfalls auf bestimmte Weise und innerhalb eines bestimmten Zeitraums, mit den nach dieser Richtlinie erlassenen Vorschriften in Einklang zu bringen, insbesondere durch die Anordnung der Berichtigung oder Löschung personenbezogener Daten oder Einschränkung der Verarbeitung gemäß Artikel 16;

c) eine vorübergehende oder endgültige Beschränkung der Verarbeitung, einschließlich eines Verbots, zu verhängen.

(3) Jeder Mitgliedstaat sieht durch Rechtsvorschriften vor, dass jede Aufsichtsbehörde über wirksame Beratungsbefugnisse verfügt, die es ihr gestatten, gemäß dem Verfahren der vorherigen Konsultation nach Artikel 28 den Verantwortlichen zu beraten und zu allen Fragen, die im Zusammenhang mit dem Schutz personenbezogener Daten stehen, von sich aus oder auf Antrag Stellungnahmen an ihr nationales Parlament, ihre Regierung oder im Einklang mit seinem nationalen Recht an sonstige Einrichtungen und Stellen sowie an die Öffentlichkeit zu richten.

(4) Die Ausübung der der Aufsichtsbehörde gemäß diesem Artikel übertragenen Befugnisse erfolgt vorbehaltlich geeigneter Garantien einschließlich wirksamer gerichtlicher Rechtsbehelfe und ordnungsgemäßer Verfahren gemäß

dem Unionsrecht und dem Recht des Mitgliedstaats im Einklang mit der Charta.

(5) Jeder Mitgliedstaat sieht durch Rechtsvorschriften vor, dass jede Aufsichtsbehörde befugt ist, Verstöße gegen nach dieser Richtlinie erlassene Vorschriften den Justizbehörden zur Kenntnis zu bringen und gegebenenfalls die Einleitung eines gerichtlichen Verfahrens zu betreiben oder sich sonst daran zu beteiligen, um die nach dieser Richtlinie erlassenen Vorschriften durchzusetzen.

Art. 48 Meldung von Verstößen. Die Mitgliedstaaten sehen vor, dass die zuständigen Behörden wirksame Vorkehrungen treffen, um vertrauliche Meldungen über Verstöße gegen diese Richtlinie zu fördern.

Art. 49 Tätigkeitsbericht. [1] Jede Aufsichtsbehörde erstellt einen Jahresbericht über ihre Tätigkeit, der eine Liste der Arten der gemeldeten Verstöße und der Arten der verhängten Sanktionen enthalten kann. [2] Die Berichte werden dem nationalen Parlament, der Regierung und anderen nach dem Recht der Mitgliedstaaten bestimmten Behörden übermittelt. [3] Sie werden der Öffentlichkeit, der Kommission und dem Ausschuss zugänglich gemacht.

Kapitel VII. Zusammenarbeit

Art. 50 Gegenseitige Amtshilfe. (1) [1] Jeder Mitgliedstaat sieht vor, dass seine Aufsichtsbehörden einander maßgebliche Informationen übermitteln und Amtshilfe gewähren, um diese Richtlinie einheitlich durchzuführen und anzuwenden, und treffen Vorkehrungen für eine wirksame Zusammenarbeit. [2] Die Amtshilfe bezieht sich insbesondere auf Auskunftsersuchen und aufsichtsbezogene Maßnahmen, beispielsweise Ersuchen um Konsultation oder um Vornahme von Nachprüfungen und Untersuchungen.

(2) [1] Jeder Mitgliedstaat sieht vor, dass jede Aufsichtsbehörde alle geeigneten Maßnahmen ergreift, um dem Ersuchen einer anderen Aufsichtsbehörde unverzüglich und spätestens innerhalb eines Monats nach Eingang des Ersuchens nachzukommen. [2] Dazu kann insbesondere auch die Übermittlung maßgeblicher Informationen über die Durchführung einer Untersuchung gehören.

(3) [1] Amtshilfeersuchen enthalten alle erforderlichen Informationen, einschließlich Zweck und Begründung des Ersuchens. [2] Die übermittelten Informationen werden ausschließlich für den Zweck verwendet, für den sie angefordert wurden.

(4) Die ersuchte Aufsichtsbehörde lehnt das Ersuchen nur ab, wenn

a) sie für den Gegenstand des Ersuchens oder für die Maßnahmen, die sie durchführen soll, nicht zuständig ist oder

b) ein Eingehen auf das Ersuchen gegen diese Richtlinie oder gegen das Unionsrecht verstoßen würde oder gegen das Recht des Mitgliedstaats, dem die Aufsichtsbehörde, bei der das Ersuchen eingeht, unterliegt.

(5) [1] Die ersuchte Aufsichtsbehörde informiert die ersuchende Aufsichtsbehörde über die Ergebnisse oder gegebenenfalls über den Fortgang der Maßnahmen, die getroffen wurden, um dem Ersuchen nachzukommen. [2] Die ersuchte Aufsichtsbehörde erläutert gemäß Absatz 4 die Gründe für die Ablehnung des Ersuchens.

(6) Die ersuchten Aufsichtsbehörden übermitteln die Informationen, um die von einer anderen Aufsichtsbehörde ersucht wurde, in der Regel auf elektronischem Wege unter Verwendung eines standardisierten Formats.

(7) [1] Ersuchte Aufsichtsbehörden verlangen für Maßnahmen, die sie aufgrund eines Amtshilfeersuchens getroffen haben, keine Gebühren. [2] Die Aufsichtsbehörden können untereinander Regeln vereinbaren, um einander in Ausnahmefällen besondere aufgrund der Amtshilfe entstandene Ausgaben zu erstatten.

(8) [1] Die Kommission kann im Wege von Durchführungsrechtsakten Form und Verfahren der Amtshilfe nach diesem Artikel und die Ausgestaltung des elektronischen Informationsaustauschs zwischen den Aufsichtsbehörden sowie zwischen den Aufsichtsbehörden und dem Ausschuss festlegen. [2] Diese Durchführungsrechtsakte werden gemäß dem in Artikel 58 Absatz 2 genannten Prüfverfahren erlassen.

Art. 51 Aufgaben des Ausschusses. (1) [1] Der mit der Verordnung (EU) 2016/679[1)] eingesetzte Europäische Ausschuss nimmt in Bezug auf Verarbeitungsvorgänge im Anwendungsbereich dieser Richtlinie folgende Aufgaben wahr:

a) Beratung der Kommission in allen Fragen, die im Zusammenhang mit dem Schutz personenbezogener Daten in der Union stehen, einschließlich etwaiger Vorschläge zur Änderung dieser Richtlinie;

b) Prüfung – von sich aus, auf Antrag eines seiner Mitglieder oder auf Ersuchen der Kommission – von die Anwendung dieser Richtlinie betreffenden Fragen und Ausarbeitung von Leitlinien, Empfehlungen und bewährten Verfahren zwecks Sicherstellung einer einheitlichen Anwendung dieser Richtlinie;

c) Ausarbeitung von Leitlinien für die Aufsichtsbehörden in Bezug auf die Anwendung von Maßnahmen nach Artikel 47 Absätze 1 und 3;

d) Ausarbeitung von Leitlinien, Empfehlungen und bewährten Verfahren gemäß Buchstabe b dieses Unterabsatzes für die Feststellung von Verletzungen des Schutzes personenbezogener Daten und die Festlegung der Unverzüglichkeit im Sinne des Artikels 30 Absätze 1 und 2 und für die konkreten Umstände, unter denen der Verantwortliche und der Auftragsverarbeiter die Verletzung des Schutzes personenbezogener Daten zu melden haben;

e) Ausarbeitung von Leitlinien, Empfehlungen und bewährten Verfahren gemäß Buchstabe b dieses Absatzes in Bezug auf die Umstände, unter denen eine Verletzung des Schutzes personenbezogener Daten voraussichtlich ein hohes Risiko für die Rechte und Freiheiten der natürlichen Personen im Sinne des Artikels 31 Absatz 1 zur Folge hat;

f) Überprüfung der praktischen Anwendung der Leitlinien, Empfehlungen und bewährten Verfahren;

g) Abgabe einer Stellungnahme gegenüber der Kommission zur Beurteilung der Angemessenheit des in einem Drittland, einem Gebiet oder einem oder mehreren spezifischen Sektoren in einem Drittland oder einer internationalen Organisation gebotenen Schutzniveaus sowie zur Beurteilung der Frage,

---

[1)] Nr. **1**.

ob ein solches Drittland, das Gebiet, der spezifische Sektor oder die internationale Organisation kein angemessenes Schutzniveau mehr gewährleistet;

h) Förderung der Zusammenarbeit und eines wirksamen bilateralen und multilateralen Austauschs von Informationen und bewährten Verfahren zwischen den Aufsichtsbehörden;

i) Förderung von Schulungsprogrammen und Erleichterung des Personalaustauschs zwischen Aufsichtsbehörden sowie gegebenenfalls mit Aufsichtsbehörden von Drittländern oder mit internationalen Organisationen;

j) Förderung des Austausches von Fachwissen und von Dokumentationen über Datenschutzrecht und -praxis mit Datenschutzaufsichtsbehörden in aller Welt.

[2] In Bezug auf Unterabsatz 1 Buchstabe g stellt die Kommission dem Ausschuss alle erforderlichen Unterlagen zur Verfügung, darunter den Schriftwechsel mit der Regierung des Drittlandes, mit dem Gebiet oder spezifischen Sektor in diesem Drittland oder mit der internationalen Organisation.

(2) Die Kommission kann, wenn sie den Ausschuss um Rat ersucht, unter Berücksichtigung der Dringlichkeit des Sachverhalts eine Frist angeben.

(3) Der Ausschuss leitet seine Stellungnahmen, Leitlinien, Empfehlungen und bewährten Verfahren an die Kommission und an den in Artikel 58 Absatz 1 genannten Ausschuss weiter und veröffentlicht sie.

(4) Die Kommission setzt den Ausschuss von allen Maßnahmen in Kenntnis, die sie im Anschluss an die von ihm herausgegebenen Stellungnahmen, Leitlinien, Empfehlungen und bewährten Verfahren ergriffen hat.

Kapitel VIII. Rechtsbehelfe, Haftung und Sanktionen

Art. 52 Recht auf Beschwerde bei einer Aufsichtsbehörde. (1) Die Mitgliedstaaten sehen vor, dass jede betroffene Person unbeschadet eines anderweitigen verwaltungsrechtlichen oder gerichtlichen Rechtsbehelfs das Recht auf Beschwerde bei einer Aufsichtsbehörde hat, wenn sie der Ansicht ist, dass die Verarbeitung der sie betreffenden personenbezogenen Daten gegen die nach dieser Richtlinie erlassenen Vorschriften verstößt.

(2) [1] Die Mitgliedstaaten sehen vor, dass eine Beschwerde, die nicht bei der gemäß Artikel 45 Absatz 1 zuständigen Aufsichtsbehörde eingereicht wird, von der Aufsichtsbehörde, bei der die Beschwerde eingelegt wird, unverzüglich an die zuständige Aufsichtsbehörde übermittelt wird. [2] Die betroffene Person wird über die Übermittlung unterrichtet.

(3) Die Mitgliedstaaten sehen vor, dass die Aufsichtsbehörde, bei der die Beschwerde eingelegt wurde, auf Ersuchen der betroffenen Person weitere Unterstützung leistet.

(4) Die betroffene Person wird von der zuständigen Aufsichtsbehörde über den Stand und das Ergebnis der Beschwerde einschließlich der Möglichkeit eines gerichtlichen Rechtsbehelfs nach Artikel 53 unterrichtet.

Art. 53 Recht auf wirksamen gerichtlichen Rechtsbehelf gegen eine Aufsichtsbehörde. (1) Die Mitgliedstaaten sehen vor, dass jede natürliche oder juristische Person unbeschadet eines anderweitigen verwaltungsrechtlichen oder außergerichtlichen Rechtsbehelfs das Recht auf einen wirksamen gerichtlichen Rechtsbehelf gegen einen sie betreffenden rechtsverbindlichen Beschluss einer Aufsichtsbehörde hat.

(2) Jede betroffene Person hat unbeschadet eines anderweitigen verwaltungsrechtlichen oder außergerichtlichen Rechtbehelfs das Recht auf einen wirksamen gerichtlichen Rechtsbehelf, wenn die gemäß Artikel 45 Absatz 1 zuständige Aufsichtsbehörde sich nicht mit der Beschwerde befasst oder die betroffene Person nicht innerhalb von drei Monaten über den Stand oder das Ergebnis der gemäß Artikel 52 erhobenen Beschwerde in Kenntnis gesetzt hat.

(3) Die Mitgliedstaaten sehen vor, dass für Verfahren gegen eine Aufsichtsbehörde die Gerichte des Mitgliedstaats zuständig sind, in dem die Aufsichtsbehörde ihren Sitz hat.

Art. 54 Recht auf wirksamen gerichtlichen Rechtsbehelf gegen Verantwortliche oder Auftragsverarbeiter. Die Mitgliedstaaten sehen vor, dass jede betroffene Person unbeschadet eines verfügbaren verwaltungsrechtlichen oder außergerichtlichen Rechtsbehelfs einschließlich des Rechts auf Beschwerde bei einer Aufsichtsbehörde gemäß Artikel 52 das Recht auf einen wirksamen gerichtlichen Rechtsbehelf hat, wenn sie der Ansicht ist, dass die Rechte, die ihr aufgrund von nach dieser Richtlinie erlassenen Vorschriften zustehen, infolge einer nicht mit diesen Vorschriften im Einklang stehenden Verarbeitung ihrer personenbezogenen Daten verletzt wurden.

Art. 55 Vertretung von betroffenen Personen. Die Mitgliedstaaten sehen im Einklang mit dem Verfahrensrecht der Mitgliedstaaten vor, dass die betroffene Person das Recht hat, nach dem Recht eines Mitgliedstaats ordnungsgemäß gegründete Einrichtungen, Organisationen oder Vereinigungen ohne Gewinnerzielungsabsicht, deren satzungsmäßige Ziele im öffentlichen Interesse liegen und die im Bereich des Schutzes der Rechte und Freiheiten von betroffenen Personen in Bezug auf den Schutz ihrer personenbezogenen Daten tätig sind, zu beauftragen, in ihrem Namen eine Beschwerde einzureichen und in ihrem Namen die in den Artikeln 52, 53 und 54 genannten Rechte wahrzunehmen.

Art. 56 Recht auf Schadenersatz. Die Mitgliedstaaten sehen vor, dass jede Person, der wegen einer rechtswidrigen Verarbeitung oder einer anderen Handlung, die gegen nach Maßgabe dieser Richtlinie erlassenen nationalen Vorschriften verstößt, ein materieller oder immaterieller Schaden entstanden ist, Recht auf Schadenersatz seitens des Verantwortlichen oder jeder sonst nach dem Recht der Mitgliedstaaten zuständigen Stelle hat.

Art. 57 Sanktionen. [1] Die Mitgliedstaaten legen fest, welche Sanktionen bei einem Verstoß gegen die nach dieser Richtlinie erlassenen Vorschriften zu verhängen sind, und treffen die zu deren Anwendung erforderlichen Maßnahmen. [2] Die Sanktionen müssen wirksam, verhältnismäßig und abschreckend sein.

Kapitel IX. Durchführungsrechtsakte

Art. 58 Ausschussverfahren. (1) [1] Die Kommission wird von dem mit Artikel 93 der Verordnung (EU) 2016/679 eingesetzten Ausschuss unterstützt. [2] Dieser Ausschuss ist ein Ausschuss im Sinne der Verordnung (EU) Nr. 182/2011.

(2) Wird auf diesen Absatz Bezug genommen, so gilt Artikel 5 der Verordnung (EU) Nr. 182/2011.

(3) Wird auf diesen Absatz Bezug genommen, so gilt Artikel 8 der Verordnung (EU) Nr. 182/2011 in Verbindung mit deren Artikel 5.

Kapitel X. Schlussbestimmungen

Art. 59 Aufhebung des Rahmenbeschlusses 2008/977/JI. (1) Der Rahmenbeschluss 2008/977/JI wird mit Wirkung vom 6. Mai 2018 aufgehoben.

(2) Verweise auf den in Absatz 1 genannten aufgehobenen Beschluss gelten als Verweise auf diese Richtlinie.

Art. 60 Bestehende Unionsrechtsakte. Die besonderen Bestimmungen zum Schutz personenbezogener Daten in Unionsrechtsakten, die am oder vor dem 6. Mai 2016 im Bereich der justiziellen Zusammenarbeit in Strafsachen und der polizeilichen Zusammenarbeit erlassenen Rechtsakten der Union enthalten sind, die die Verarbeitung im Verkehr der Mitgliedstaaten untereinander sowie den Zugang der von den Mitgliedstaaten bestimmten Behörden zu den gemäß den Verträgen errichteten Informationssystemen im Anwendungsbereich dieser Richtlinie regeln, bleiben unberührt.

Art. 61 Verhältnis zu bereits geschlossenen internationalen Übereinkünften im Bereich der justiziellen Zusammenarbeit in Strafsachen und der polizeilichen Zusammenarbeit. Internationale Übereinkünfte, die die Übermittlung personenbezogener Daten an Drittländer oder internationale Organisationen mit sich bringen, die von den Mitgliedstaaten vor dem 6. Mai 2016 geschlossen wurden und die mit dem vor dem genannten Datum geltenden Unionsrecht vereinbar sind, bleiben in Kraft, bis sie geändert, ersetzt oder gekündigt werden.

Art. 62 Berichte der Kommission. (1) [1] Bis zum 6. Mai 2022 und danach alle vier Jahre legt die Kommission dem Europäischen Parlament und dem Rat einen Bericht über die Bewertung und Überprüfung dieser Richtlinie vor. [2] Die Berichte werden öffentlich gemacht.

(2) Im Rahmen der Bewertungen und Überprüfungen gemäß Absatz 1 prüft die Kommission insbesondere die Anwendung und Wirkungsweise des Kapitels V über die Übermittlung personenbezogener Daten an Drittländer oder internationale Organisationen und vor allem die Beschlüsse nach Artikel 36 Absatz 3 und Artikel 39.

(3) Für die in den Absätzen 1 und 2 genannten Zwecke kann die Kommission Informationen von den Mitgliedstaaten und den Aufsichtsbehörden anfordern.

(4) Bei den in den Absätzen 1 und 2 genannten Bewertungen und Überprüfungen berücksichtigt die Kommission die Standpunkte und Feststellungen des Europäischen Parlaments, des Rates sowie der anderen einschlägigen Stellen und Quellen.

(5) Die Kommission legt erforderlichenfalls geeignete Vorschläge zur Änderung dieser Richtlinie vor und berücksichtigt dabei insbesondere die Entwicklungen in der Informationstechnologie und die Fortschritte in der Informationsgesellschaft.

(6) Bis zum 6. Mai 2019 überprüft die Kommission andere Rechtsakte der Union über die Verarbeitung durch die zuständigen Behörden für die in Artikel 1 Absatz 1 genannten Zwecke, einschließlich der auf der Grundlage von Artikel 60 erlassenen Rechtsakte, um festzustellen, inwieweit eine Anpassung an diese Richtlinie notwendig ist, und um gegebenenfalls die erforderlichen Vorschläge zur Änderung dieser Rechtsakte zu unterbreiten, damit ein einheitliches Vorgehen beim Schutz personenbezogener Daten innerhalb des Anwendungsbereichs dieser Richtlinie gewährleistet ist.

Art. 63 Umsetzung. (1) *[1]* [1] Die Mitgliedstaaten erlassen und veröffentlichen bis zum 6. Mai 2018 die Rechts- und Verwaltungsvorschriften, die erforderlich sind, um dieser Richtlinie nachzukommen. [2] Sie teilen der Kommission unverzüglich den Wortlaut dieser Vorschriften mit. [3] Sie wenden diese Vorschriften ab dem 6. Mai 2018 an.

[2] [1] Bei Erlass dieser Vorschriften nehmen die Mitgliedstaaten in den Vorschriften selbst oder durch einen Hinweis bei der amtlichen Veröffentlichung auf diese Richtlinie Bezug. [2] Die Mitgliedstaaten regeln die Einzelheiten der Bezugnahme.

(2) Abweichend von Absatz 1 können die Mitgliedstaaten vorsehen, dass in Ausnahmefällen, in denen dies für die vor dem 6. Mai 2016 eingerichteten automatisierten Verarbeitungssysteme mit einem unverhältnismäßigen Aufwand verbunden ist, diese bis zum 6. Mai 2023 mit Artikel 25 Absatz 1 in Einklang gebracht werden müssen.

(3) [1] Abweichend von Absätzen 1 und 2 dieses Artikels kann ein Mitgliedstaat in außergewöhnlichen Umständen ein automatisiertes Verarbeitungssystem im Sinne des Absatzes 2 dieses Artikels innerhalb einer bestimmten Frist nach Ablauf der in Absatz 2 dieses Artikels genannten Frist mit Artikel 25 Absatz 1 in Einklang bringen, wenn hierdurch sonst schwerwiegende Schwierigkeiten für den Betrieb dieses automatisierten Verarbeitungssystems entstehen würden. [2] Der betreffende Mitgliedstaat begründet gegenüber der Kommission, weshalb diese schwerwiegenden Schwierigkeiten entstehen würden und die Gründe für die bestimmte Frist, innerhalb derer er das automatisierte Verarbeitungssystem mit Artikel 25 Absatz 1 in Einklang bringen wird. [3] Diese Frist muss vor dem 6. Mai 2026 enden.

(4) Die Mitgliedstaaten teilen der Kommission den Wortlaut der wichtigsten nationalen Rechtsvorschriften mit, die sie auf dem unter diese Richtlinie fallenden Gebiet erlassen.

Art. 64 Inkrafttreten. Diese Richtlinie tritt am Tag nach ihrer Veröffentlichung[1)] im *Amtsblatt der Europäischen Union* in Kraft.

Art. 65 Adressaten. Diese Richtlinie ist an die Mitgliedstaaten gerichtet.

[1)] Veröffentlicht am 4.5.2016.

3. Richtlinie 2002/58/EG des Europäischen Parlaments und des Rates vom 12. Juli 2002 über die Verarbeitung personenbezogener Daten und den Schutz der Privatsphäre in der elektronischen Kommunikation (Datenschutzrichtlinie für elektronische Kommunikation)

(ABl. L 201 S. 37)

Celex-Nr. 3 2002 L 0058

zuletzt geänd. durch Art. 2 RL 2009/136/EG v. 25.11.2009 (ABl. L 337 S. 11, ber. 2013 ABl. L 241 S. 9, ber. 2017 ABl. L 162 S. 56)

Nichtamtliche Inhaltsübersicht

DAS EUROPÄISCHE PARLAMENT UND DER RAT DER EUROPÄISCHEN UNION –

gestützt auf den Vertrag zur Gründung der Europäischen Gemeinschaft, insbesondere auf Artikel 95,

auf Vorschlag der Kommission[1)],

nach Stellungnahme des Wirtschafts- und Sozialausschusses[2)],

nach Anhörung des Ausschusses der Regionen,

gemäß dem Verfahren des Artikels 251 des Vertrags[3)],

in Erwägung nachstehender Gründe:

[1)] **Amtl. Anm.:** ABl. C 365 E vom 19.12.2000, S. 223.

[2)] **Amtl. Anm.:** ABl. C 123 vom 25.4.2001, S. 53.

[3)] **Amtl. Anm.:** Stellungnahme des Europäischen Parlaments vom 13. November 2001 (noch nicht im Amtsblatt veröffentlicht), Gemeinsamer Standpunkt des Rates vom 28. Januar 2002 (ABl. C 113 E vom 14.5.2002, S. 39) und Beschluss des Europäischen Parlaments vom 30. Mai 2002 (noch nicht im Amtsblatt veröffentlicht). Beschluss des Rates vom 25. Juni 2002.

(1) Die Richtlinie 95/46/EG des Europäischen Parlaments und des Rates vom 24. Oktober 1995 zum Schutz natürlicher Personen bei der Verarbeitung personenbezogener Daten und zum freien Datenverkehr[1] schreibt vor, dass die Mitgliedstaaten die Rechte und Freiheiten natürlicher Personen bei der Verarbeitung personenbezogener Daten und insbesondere ihr Recht auf Privatsphäre sicherstellen, um in der Gemeinschaft den freien Verkehr personenbezogener Daten zu gewährleisten.

(2) Ziel dieser Richtlinie ist die Achtung der Grundrechte; sie steht insbesondere im Einklang mit den durch die Charta der Grundrechte der Europäischen Union anerkannten Grundsätzen. Insbesondere soll mit dieser Richtlinie gewährleistet werden, dass die in den Artikeln 7 und 8 jener Charta niedergelegten Rechte uneingeschränkt geachtet werden.

(3) Die Vertraulichkeit der Kommunikation wird nach den internationalen Menschenrechtsübereinkünften, insbesondere der Europäischen Konvention zum Schutze der Menschenrechte und Grundfreiheiten, und den Verfassungen der Mitgliedstaaten garantiert.

(4) Mit der Richtlinie 97/66/EG des Europäischen Parlaments und des Rates vom 15. Dezember 1997 über die Verarbeitung personenbezogener Daten und den Schutz der Privatsphäre im Bereich der Telekommunikation[2] wurden die Grundsätze der Richtlinie 95/46/EG in spezielle Vorschriften für den Telekommunikationssektor umgesetzt. Die Richtlinie 97/66/EG muss an die Entwicklungen der Märkte und Technologien für elektronische Kommunikationsdienste angepasst werden, um den Nutzern öffentlich zugänglicher elektronischer Kommunikationsdienste unabhängig von der zugrunde liegenden Technologie den gleichen Grad des Schutzes personenbezogener Daten und der Privatsphäre zu bieten. Jene Richtlinie ist daher aufzuheben und durch die vorliegende Richtlinie zu ersetzen.

(5) Gegenwärtig werden öffentliche Kommunikationsnetze in der Gemeinschaft mit fortschrittlichen neuen Digitaltechnologien ausgestattet, die besondere Anforderungen an den Schutz personenbezogener Daten und der Privatsphäre des Nutzers mit sich bringen. Die Entwicklung der Informationsgesellschaft ist durch die Einführung neuer elektronischer Kommunikationsdienste gekennzeichnet. Der Zugang zu digitalen Mobilfunknetzen ist für breite Kreise möglich und erschwinglich geworden. Diese digitalen Netze verfügen über große Kapazitäten und Möglichkeiten zur Datenverarbeitung. Die erfolgreiche grenzüberschreitende Entwicklung dieser Dienste hängt zum Teil davon ab, inwieweit die Nutzer darauf vertrauen, dass ihre Privatsphäre unangetastet bleibt.

(6) Das Internet revolutioniert die herkömmlichen Marktstrukturen, indem es eine gemeinsame, weltweite Infrastruktur für die Bereitstellung eines breiten Spektrums elektronischer Kommunikationsdienste bietet. Öffentlich zugängliche elektronische Kommunikationsdienste über das Internet eröffnen neue Möglichkeiten für die Nutzer, bilden aber auch neue Risiken in Bezug auf ihre personenbezogenen Daten und ihre Privatsphäre.

(7) Für öffentliche Kommunikationsnetze sollten besondere rechtliche, ordnungspolitische und technische Vorschriften zum Schutz der Grundrechte und Grundfreiheiten natürlicher Personen und der berechtigten Interessen

---

[1] **Amtl. Anm.:** ABl. L 281 vom 23.11.1995, S. 31.
[2] **Amtl. Anm.:** ABl. L 24 vom 30.1.1998, S. 1.

juristischer Personen erlassen werden, insbesondere im Hinblick auf die zunehmenden Fähigkeiten zur automatischen Speicherung und Verarbeitung personenbezogener Daten über Teilnehmer und Nutzer.

(8) Die von den Mitgliedstaaten erlassenen rechtlichen, ordnungspolitischen und technischen Bestimmungen zum Schutz personenbezogener Daten, der Privatsphäre und der berechtigten Interessen juristischer Personen im Bereich der elektronischen Kommunikation sollten harmonisiert werden, um Behinderungen des Binnenmarktes der elektronischen Kommunikation nach Artikel 14 des Vertrags zu beseitigen. Die Harmonisierung sollte sich auf die Anforderungen beschränken, die notwendig sind, um zu gewährleisten, dass die Entstehung und die Weiterentwicklung neuer elektronischer Kommunikationsdienste und -netze zwischen Mitgliedstaaten nicht behindert werden.

(9) Die Mitgliedstaaten, die betroffenen Anbieter und Nutzer sowie die zuständigen Stellen der Gemeinschaft sollten bei der Einführung und Weiterentwicklung der entsprechenden Technologien zusammenarbeiten, soweit dies zur Anwendung der in dieser Richtlinie vorgesehenen Garantien erforderlich ist; als Ziele zu berücksichtigen sind dabei insbesondere die Beschränkung der Verarbeitung personenbezogener Daten auf das erforderliche Mindestmaß und die Verwendung anonymer oder pseudonymer Daten.

(10) Im Bereich der elektronischen Kommunikation gilt die Richtlinie 95/46/EG vor allem für alle Fragen des Schutzes der Grundrechte und Grundfreiheiten, die von der vorliegenden Richtlinie nicht spezifisch erfasst werden, einschließlich der Pflichten des für die Verarbeitung Verantwortlichen und der Rechte des Einzelnen. Die Richtlinie 95/46/EG gilt für nicht öffentliche Kommunikationsdienste.

(11) Wie die Richtlinie 95/46/EG gilt auch die vorliegende Richtlinie nicht für Fragen des Schutzes der Grundrechte und Grundfreiheiten in Bereichen, die nicht unter das Gemeinschaftsrecht fallen. Deshalb hat sie keine Auswirkungen auf das bestehende Gleichgewicht zwischen dem Recht des Einzelnen auf Privatsphäre und der Möglichkeit der Mitgliedstaaten, Maßnahmen nach Artikel 15 Absatz 1 dieser Richtlinie zu ergreifen, die für den Schutz der öffentlichen Sicherheit, für die Landesverteidigung, für die Sicherheit des Staates (einschließlich des wirtschaftlichen Wohls des Staates, soweit die Tätigkeiten die Sicherheit des Staates berühren) und für die Durchsetzung strafrechtlicher Bestimmungen erforderlich sind. Folglich betrifft diese Richtlinie nicht die Möglichkeit der Mitgliedstaaten zum rechtmäßigen Abfangen elektronischer Nachrichten oder zum Ergreifen anderer Maßnahmen, sofern dies erforderlich ist, um einen dieser Zwecke zu erreichen, und sofern dies im Einklang mit der Europäischen Konvention zum Schutze der Menschenrechte und Grundfreiheiten in ihrer Auslegung durch die Urteile des Europäischen Gerichtshofs für Menschenrechte erfolgt. Diese Maßnahmen müssen sowohl geeignet sein als auch in einem strikt angemessenen Verhältnis zum intendierten Zweck stehen und ferner innerhalb einer demokratischen Gesellschaft notwendig sein sowie angemessenen Garantien gemäß der Europäischen Konvention zum Schutze der Menschenrechte und Grundfreiheiten entsprechen.

(12) Bei den Teilnehmern eines öffentlich zugänglichen elektronischen Kommunikationsdienstes kann es sich um natürliche oder juristische Personen

handeln. Diese Richtlinie zielt durch Ergänzung der Richtlinie 95/46/EG darauf ab, die Grundrechte natürlicher Personen, insbesondere ihr Recht auf Privatsphäre, sowie die berechtigten Interessen juristischer Personen zu schützen. Aus dieser Richtlinie ergibt sich keine Verpflichtung der Mitgliedstaaten, die Richtlinie 95/46/EG auf den Schutz der berechtigten Interessen juristischer Personen auszudehnen, der im Rahmen der geltenden gemeinschaftlichen und einzelstaatlichen Rechtsvorschriften sichergestellt ist.

(13) Das Vertragsverhältnis zwischen einem Teilnehmer und einem Diensteanbieter kann zu einer regelmäßigen oder einmaligen Zahlung für den erbrachten oder zu erbringenden Dienst führen. Auch vorbezahlte Karten gelten als eine Form des Vertrags.

(14) Standortdaten können sich beziehen auf den Standort des Endgeräts des Nutzers nach geografischer Länge, Breite und Höhe, die Übertragungsrichtung, den Grad der Genauigkeit der Standortinformationen, die Identifizierung des Netzpunktes, an dem sich das Endgerät zu einem bestimmten Zeitpunkt befindet, und den Zeitpunkt, zu dem die Standortinformationen erfasst wurden.

(15) Eine Nachricht kann alle Informationen über Namen, Nummern oder Adressen einschließen, die der Absender einer Nachricht oder der Nutzer einer Verbindung für die Zwecke der Übermittlung der Nachricht bereitstellt. Der Begriff „Verkehrsdaten" kann alle Formen einschließen, in die diese Informationen durch das Netz, über das die Nachricht übertragen wird, für die Zwecke der Übermittlung umgewandelt werden. Verkehrsdaten können sich unter anderem auf die Leitwege, die Dauer, den Zeitpunkt oder die Datenmenge einer Nachricht, das verwendete Protokoll, den Standort des Endgeräts des Absenders oder Empfängers, das Netz, von dem die Nachricht ausgeht bzw. an das es gesendet wird, oder den Beginn, das Ende oder die Dauer einer Verbindung beziehen. Sie können auch das Format betreffen, in dem die Nachricht über das Netz weitergeleitet wird.

(16) Eine Information, die als Teil eines Rundfunkdienstes über ein öffentliches Kommunikationsnetz weitergeleitet wird, ist für einen potenziell unbegrenzten Personenkreis bestimmt und stellt keine Nachricht im Sinne dieser Richtlinie dar. Kann jedoch ein einzelner Teilnehmer oder Nutzer, der eine derartige Information erhält, beispielsweise durch einen Videoabruf-Dienst identifiziert werden, so ist die weitergeleitete Information als Nachricht im Sinne dieser Richtlinie zu verstehen.

(17) Für die Zwecke dieser Richtlinie sollte die Einwilligung des Nutzers oder Teilnehmers unabhängig davon, ob es sich um eine natürliche oder eine juristische Person handelt, dieselbe Bedeutung haben wie der in der Richtlinie 95/46/EG definierte und dort weiter präzisierte Begriff „Einwilligung der betroffenen Person". Die Einwilligung kann in jeder geeigneten Weise gegeben werden, wodurch der Wunsch des Nutzers in einer spezifischen Angabe zum Ausdruck kommt, die sachkundig und in freier Entscheidung erfolgt; hierzu zählt auch das Markieren eines Feldes auf einer Internet-Website.

(18) Dienste mit Zusatznutzen können beispielsweise die Beratung hinsichtlich der billigsten Tarifpakete, Navigationshilfen, Verkehrsinformationen, Wettervorhersage oder touristische Informationen umfassen.

(19) Die Anwendung bestimmter Anforderungen für die Anzeige des rufenden und angerufenen Anschlusses sowie für die Einschränkung dieser Anzeige und für die automatische Weiterschaltung zu Teilnehmeranschlüssen, die an analoge Vermittlungen angeschlossen sind, sollte in besonderen Fällen nicht zwingend vorgeschrieben werden, wenn sich die Anwendung als technisch nicht machbar erweist oder einen unangemessen hohen wirtschaftlichen Aufwand erfordert. Für die Beteiligten ist es wichtig, in solchen Fällen in Kenntnis gesetzt zu werden, und die Mitgliedstaaten müssen sie deshalb der Kommission anzeigen.

(20) Diensteanbieter sollen geeignete Maßnahmen ergreifen, um die Sicherheit ihrer Dienste, erforderlichenfalls zusammen mit dem Netzbetreiber, zu gewährleisten, und die Teilnehmer über alle besonderen Risiken der Verletzung der Netzsicherheit unterrichten. Solche Risiken können vor allem bei elektronischen Kommunikationsdiensten auftreten, die über ein offenes Netz wie das Internet oder den analogen Mobilfunk bereitgestellt werden. Der Diensteanbieter muss die Teilnehmer und Nutzer solcher Dienste unbedingt vollständig über die Sicherheitsrisiken aufklären, gegen die er selbst keine Abhilfe bieten kann. Diensteanbieter, die öffentlich zugängliche elektronische Kommunikationsdienste über das Internet anbieten, sollten die Nutzer und Teilnehmer über Maßnahmen zum Schutz ihrer zu übertragenden Nachrichten informieren, wie z.B. den Einsatz spezieller Software oder von Verschlüsselungstechniken. Die Anforderung, die Teilnehmer über besondere Sicherheitsrisiken aufzuklären, entbindet einen Diensteanbieter nicht von der Verpflichtung, auf eigene Kosten unverzüglich geeignete Maßnahmen zu treffen, um einem neuen, unvorhergesehenen Sicherheitsrisiko vorzubeugen und den normalen Sicherheitsstandard des Dienstes wiederherzustellen. Abgesehen von den nominellen Kosten, die dem Teilnehmer bei Erhalt oder Abruf der Information entstehen, beispielsweise durch das Laden einer elektronischen Post, sollte die Bereitstellung der Informationen über Sicherheitsrisiken für die Teilnehmer kostenfrei sein. Die Bewertung der Sicherheit erfolgt unter Berücksichtigung des Artikels 17 der Richtlinie 95/46/EG.

(21) Es sollten Maßnahmen getroffen werden, um den unerlaubten Zugang zu Nachrichten – und zwar sowohl zu ihrem Inhalt als auch zu mit ihnen verbundenen Daten – zu verhindern und so die Vertraulichkeit der mit öffentlichen Kommunikationsnetzen und öffentlich zugänglichen elektronischen Kommunikationsdiensten erfolgenden Nachrichtenübertragung zu schützen. Nach dem Recht einiger Mitgliedstaaten ist nur der absichtliche unberechtigte Zugriff auf die Kommunikation untersagt.

(22) Mit dem Verbot der Speicherung von Nachrichten und zugehörigen Verkehrsdaten durch andere Personen als die Nutzer oder ohne deren Einwilligung soll die automatische, einstweilige und vorübergehende Speicherung dieser Informationen insoweit nicht untersagt werden, als diese Speicherung einzig und allein zum Zwecke der Durchführung der Übertragung in dem elektronischen Kommunikationsnetz erfolgt und als die Information nicht länger gespeichert wird, als dies für die Übertragung und zum Zwecke der Verkehrsabwicklung erforderlich ist, und die Vertraulichkeit der Nachrichten gewahrt bleibt. Wenn dies für eine effizientere Weiterleitung einer öffentlich zugänglichen Information an andere Empfänger des Dienstes auf ihr Ersuchen hin erforderlich ist, sollte diese Richt-

linie dem nicht entgegenstehen, dass die Information länger gespeichert wird, sofern diese Information der Öffentlichkeit auf jeden Fall uneingeschränkt zugänglich wäre und Daten, die einzelne, die Information anfordernde Teilnehmer oder Nutzer betreffen, gelöscht würden.

(23) Die Vertraulichkeit von Nachrichten sollte auch im Rahmen einer rechtmäßigen Geschäftspraxis sichergestellt sein. Falls erforderlich und rechtlich zulässig, können Nachrichten zum Nachweis einer kommerziellen Transaktion aufgezeichnet werden. Diese Art der Verarbeitung fällt unter die Richtlinie 95/46/EG. Die von der Nachricht betroffenen Personen sollten vorab von der Absicht der Aufzeichnung, ihrem Zweck und der Dauer ihrer Speicherung in Kenntnis gesetzt werden. Die aufgezeichnete Nachricht sollte so schnell wie möglich und auf jeden Fall spätestens mit Ablauf der Frist gelöscht werden, innerhalb deren die Transaktion rechtmäßig angefochten werden kann.

(24) Die Endgeräte von Nutzern elektronischer Kommunikationsnetze und in diesen Geräten gespeicherte Informationen sind Teil der Privatsphäre der Nutzer, die dem Schutz aufgrund der Europäischen Konvention zum Schutze der Menschenrechte und Grundfreiheiten unterliegt. So genannte „Spyware", „Web-Bugs", „Hidden Identifiers" und ähnliche Instrumente können ohne das Wissen des Nutzers in dessen Endgerät eindringen, um Zugang zu Informationen zu erlangen, oder die Nutzeraktivität zurückzuverfolgen und können eine ernsthafte Verletzung der Privatsphäre dieser Nutzer darstellen. Die Verwendung solcher Instrumente sollte nur für rechtmäßige Zwecke mit dem Wissen der betreffenden Nutzer gestattet sein.

(25) Solche Instrumente, z.B. so genannte „Cookies", können ein legitimes und nützliches Hilfsmittel sein, um die Wirksamkeit von Website-Gestaltung und Werbung zu untersuchen und die Identität der an Online-Transaktionen beteiligten Nutzer zu überprüfen. Dienen solche Instrumente, z.B. „Cookies", einem rechtmäßigen Zweck, z.B. der Erleichterung der Bereitstellung von Diensten der Informationsgesellschaft, so sollte deren Einsatz unter der Bedingung zugelassen werden, dass die Nutzer gemäß der Richtlinie 95/46/EG klare und genaue Informationen über den Zweck von Cookies oder ähnlichen Instrumenten erhalten, d.h., der Nutzer muss wissen, dass bestimmte Informationen auf dem von ihm benutzten Endgerät platziert werden. Die Nutzer sollten die Gelegenheit haben, die Speicherung eines Cookies oder eines ähnlichen Instruments in ihrem Endgerät abzulehnen. Dies ist besonders bedeutsam, wenn auch andere Nutzer Zugang zu dem betreffenden Endgerät haben und damit auch zu dort gespeicherten Daten, die sensible Informationen privater Natur beinhalten. Die Auskunft und das Ablehnungsrecht können einmalig für die Nutzung verschiedener in dem Endgerät des Nutzers während derselben Verbindung zu installierender Instrumente angeboten werden und auch die künftige Verwendung derartiger Instrumente umfassen, die während nachfolgender Verbindungen vorgenommen werden können. Die Modalitäten für die Erteilung der Informationen oder für den Hinweis auf das Verweigerungsrecht und die Einholung der Zustimmung sollten so benutzerfreundlich wie möglich sein. Der Zugriff auf spezifische Website-Inhalte kann nach wie vor davon abhängig gemacht werden, dass ein Cookie oder ein ähnliches Instrument von einer in Kenntnis der Sachlage

gegebenen Einwilligung abhängig gemacht wird, wenn der Einsatz zu einem rechtmäßigen Zweck erfolgt.

(26) Teilnehmerdaten, die in elektronischen Kommunikationsnetzen zum Verbindungsaufbau und zur Nachrichtenübertragung verarbeitet werden, enthalten Informationen über das Privatleben natürlicher Personen und betreffen ihr Recht auf Achtung ihrer Kommunikationsfreiheit, oder sie betreffen berechtigte Interessen juristischer Personen. Diese Daten dürfen nur für einen begrenzten Zeitraum und nur insoweit gespeichert werden, wie dies für die Erbringung des Dienstes, für die Gebührenabrechnung und für Zusammenschaltungszahlungen erforderlich ist. Jede weitere Verarbeitung solcher Daten, die der Betreiber des öffentlich zugänglichen elektronischen Kommunikationsdienstes zum Zwecke der Vermarktung elektronischer Kommunikationsdienste oder für die Bereitstellung von Diensten mit Zusatznutzen vornehmen möchte, darf nur unter der Bedingung gestattet werden, dass der Teilnehmer dieser Verarbeitung auf der Grundlage genauer, vollständiger Angaben des Betreibers des öffentlich zugänglichen elektronischen Kommunikationsdienstes über die Formen der von ihm beabsichtigten weiteren Verarbeitung und über das Recht des Teilnehmers, seine Einwilligung zu dieser Verarbeitung nicht zu erteilen oder zurückzuziehen, zugestimmt hat. Verkehrsdaten, die für die Vermarktung von Kommunikationsdiensten oder für die Bereitstellung von Diensten mit Zusatznutzen verwendet wurden, sollten ferner nach der Bereitstellung des Dienstes gelöscht oder anonymisiert werden. Diensteanbieter sollen die Teilnehmer stets darüber auf dem Laufenden halten, welche Art von Daten sie verarbeiten und für welche Zwecke und wie lange das geschieht.

(27) Der genaue Zeitpunkt des Abschlusses der Übermittlung einer Nachricht, nach dem die Verkehrsdaten außer zu Fakturierungszwecken gelöscht werden sollten, kann von der Art des bereitgestellten elektronischen Kommunikationsdienstes abhängen. Bei einem Sprach-Telefonanruf beispielsweise ist die Übermittlung abgeschlossen, sobald einer der Teilnehmer die Verbindung beendet. Bei der elektronischen Post ist die Übermittlung dann abgeschlossen, wenn der Adressat die Nachricht – üblicherweise vom Server seines Diensteanbieters – abruft.

(28) Die Verpflichtung, Verkehrsdaten zu löschen oder zu anonymisieren, sobald sie für die Übertragung einer Nachricht nicht mehr benötigt werden, steht nicht im Widerspruch zu im Internet angewandten Verfahren wie dem Caching von IP-Adressen im Domain-Namen-System oder dem Caching einer IP-Adresse, die einer physischen Adresse zugeordnet ist, oder der Verwendung von Informationen über den Nutzer zum Zwecke der Kontrolle des Rechts auf Zugang zu Netzen oder Diensten.

(29) Der Diensteanbieter kann Verkehrsdaten in Bezug auf Teilnehmer und Nutzer in Einzelfällen verarbeiten, um technische Versehen oder Fehler bei der Übertragung von Nachrichten zu ermitteln. Für Fakturierungszwecke notwendige Verkehrsdaten dürfen ebenfalls vom Diensteanbieter verarbeitet werden, um Fälle von Betrug, die darin bestehen, die elektronischen Kommunikationsdienste ohne entsprechende Bezahlung nutzen, ermitteln und abstellen zu können.

(30) Die Systeme für die Bereitstellung elektronischer Kommunikationsnetze und -dienste sollten so konzipiert werden, dass so wenig personenbezogene

Daten wie möglich benötigt werden. Jedwede Tätigkeit im Zusammenhang mit der Bereitstellung elektronischer Kommunikationsdienste, die über die Übermittlung einer Nachricht und die Fakturierung dieses Vorgangs hinausgeht, sollte auf aggregierten Verkehrsdaten basieren, die nicht mit Teilnehmern oder Nutzern in Verbindung gebracht werden können. Können diese Tätigkeiten nicht auf aggregierte Daten gestützt werden, so sollten sie als Dienste mit Zusatznutzen angesehen werden, für die die Einwilligung des Teilnehmers erforderlich ist.

(31) Ob die Einwilligung in die Verarbeitung personenbezogener Daten im Hinblick auf die Erbringung eines speziellen Dienstes mit Zusatznutzen beim Nutzer oder beim Teilnehmer eingeholt werden muss, hängt von den zu verarbeitenden Daten, von der Art des zu erbringenden Dienstes und von der Frage ab, ob es technisch, verfahrenstechnisch und vertraglich möglich ist, zwischen der einen elektronischen Kommunikationsdienst in Anspruch nehmenden Einzelperson und der an diesem Dienst teilnehmenden juristischen oder natürlichen Person zu unterscheiden.

(32) Vergibt der Betreiber eines elektronischen Kommunikationsdienstes oder eines Dienstes mit Zusatznutzen die für die Bereitstellung dieser Dienste erforderliche Verarbeitung personenbezogener Daten an eine andere Stelle weiter, so sollten diese Weitervergabe und die anschließende Datenverarbeitung in vollem Umfang den Anforderungen in Bezug auf die für die Verarbeitung Verantwortlichen und die Auftragsverarbeiter im Sinne der Richtlinie 95/46/EG entsprechen. Erfordert die Bereitstellung eines Dienstes mit Zusatznutzen die Weitergabe von Verkehrsdaten oder Standortdaten von dem Betreiber eines elektronischen Kommunikationsdienstes an einen Betreiber eines Dienstes mit Zusatznutzen, so sollten die Teilnehmer oder Nutzer, auf die sich die Daten beziehen, ebenfalls in vollem Umfang über diese Weitergabe unterrichtet werden, bevor sie in die Verarbeitung der Daten einwilligen.

(33) Durch die Einführung des Einzelgebührennachweises hat der Teilnehmer mehr Möglichkeiten erhalten, die Richtigkeit der vom Diensteanbieter erhobenen Entgelte zu überprüfen, gleichzeitig kann dadurch aber eine Gefahr für die Privatsphäre der Nutzer öffentlich zugänglicher elektronischer Kommunikationsdienste entstehen. Um die Privatsphäre des Nutzers zu schützen, müssen die Mitgliedstaaten daher darauf hinwirken, dass bei den elektronischen Kommunikationsdiensten beispielsweise alternative Funktionen entwickelt werden, die den anonymen oder rein privaten Zugang zu öffentlich zugänglichen elektronischen Kommunikationsdiensten ermöglichen, beispielsweise Telefonkarten und Möglichkeiten der Zahlung per Kreditkarte. Zu dem gleichen Zweck können die Mitgliedstaaten die Anbieter auffordern, ihren Teilnehmern eine andere Art von ausführlicher Rechnung anzubieten, in der eine bestimmte Anzahl von Ziffern der Rufnummer unkenntlich gemacht ist.

(34) Im Hinblick auf die Rufnummernanzeige ist es erforderlich, das Recht des Anrufers zu wahren, die Anzeige der Rufnummer des Anschlusses, von dem aus der Anruf erfolgt, zu unterdrücken, ebenso wie das Recht des Angerufenen, Anrufe von nicht identifizierten Anschlüssen abzuweisen. Es ist gerechtfertigt, in Sonderfällen die Unterdrückung der Rufnummernanzeige aufzuheben. Bestimmte Teilnehmer, insbesondere telefonische Beratungsdienste und ähnliche Einrichtungen, haben ein Interesse daran, die

Anonymität ihrer Anrufer zu gewährleisten. Im Hinblick auf die Anzeige der Rufnummer des Angerufenen ist es erforderlich, das Recht und das berechtigte Interesse des Angerufenen zu wahren, die Anzeige der Rufnummer des Anschlusses, mit dem der Anrufer tatsächlich verbunden ist, zu unterdrücken; dies gilt besonders für den Fall weitergeschalteter Anrufe. Die Betreiber öffentlich zugänglicher elektronischer Kommunikationsdienste sollten ihre Teilnehmer über die Möglichkeit der Anzeige der Rufnummer des Anrufenden und des Angerufenen, über alle Dienste, die auf der Grundlage der Anzeige der Rufnummer des Anrufenden und des Angerufenen angeboten werden, sowie über die verfügbaren Funktionen zur Wahrung der Vertraulichkeit unterrichten. Die Teilnehmer können dann sachkundig die Funktionen auswählen, die sie zur Wahrung der Vertraulichkeit nutzen möchten. Die Funktionen zur Wahrung der Vertraulichkeit, die anschlussbezogen angeboten werden, müssen nicht unbedingt als automatischer Netzdienst zur Verfügung stehen, sondern können von dem Betreiber des öffentlich zugänglichen elektronischen Kommunikationsdienstes auf einfachen Antrag bereitgestellt werden.

(35) In digitalen Mobilfunknetzen werden Standortdaten verarbeitet, die Aufschluss über den geografischen Standort des Endgeräts des mobilen Nutzers geben, um die Nachrichtenübertragung zu ermöglichen. Solche Daten sind Verkehrsdaten, die unter Artikel 6 dieser Richtlinie fallen. Doch können digitale Mobilfunknetze zusätzlich auch in der Lage sein, Standortdaten zu verarbeiten, die genauer sind als es für die Nachrichtenübertragung erforderlich wäre und die für die Bereitstellung von Diensten mit Zusatznutzen verwendet werden, wie z.B. persönliche Verkehrsinformationen und Hilfen für den Fahrzeugführer. Die Verarbeitung solcher Daten für die Bereitstellung von Diensten mit Zusatznutzen soll nur dann gestattet werden, wenn die Teilnehmer darin eingewilligt haben. Selbst dann sollten sie die Möglichkeit haben, die Verarbeitung von Standortdaten auf einfache Weise und gebührenfrei zeitweise zu untersagen.

(36) Die Mitgliedstaaten können die Rechte der Nutzer und Teilnehmer auf Privatsphäre in Bezug auf die Rufnummernanzeige einschränken, wenn dies erforderlich ist, um belästigende Anrufe zurückzuverfolgen; in Bezug auf Rufnummernanzeige und Standortdaten kann dies geschehen, wenn es erforderlich ist, Notfalldiensten zu ermöglichen, ihre Aufgaben so effektiv wie möglich zu erfüllen. Hierzu können die Mitgliedstaaten besondere Vorschriften erlassen, um die Anbieter von elektronischen Kommunikationsdiensten zu ermächtigen, einen Zugang zur Rufnummernanzeige und zu Standortdaten ohne vorherige Einwilligung der betreffenden Nutzer oder Teilnehmer zu verschaffen.

(37) Es sollten Vorkehrungen getroffen werden, um die Teilnehmer vor eventueller Belästigung durch die automatische Weiterschaltung von Anrufen durch andere zu schützen. In derartigen Fällen muss der Teilnehmer durch einfachen Antrag beim Betreiber des öffentlich zugänglichen elektronischen Kommunikationsdienstes die Weiterschaltung von Anrufen auf sein Endgerät unterbinden können.

(38) Die Verzeichnisse der Teilnehmer elektronischer Kommunikationsdienste sind weit verbreitet und öffentlich. Das Recht auf Privatsphäre natürlicher Personen und das berechtigte Interesse juristischer Personen erfordern daher, dass die Teilnehmer bestimmen können, ob ihre persönlichen Daten

– und gegebenenfalls welche – in einem Teilnehmerverzeichnis veröffentlicht werden. Die Anbieter öffentlicher Verzeichnisse sollten die darin aufzunehmenden Teilnehmer über die Zwecke des Verzeichnisses und eine eventuelle besondere Nutzung elektronischer Fassungen solcher Verzeichnisse informieren; dabei ist insbesondere an in die Software eingebettete Suchfunktionen gedacht, etwa die umgekehrte Suche, mit deren Hilfe Nutzer des Verzeichnisses den Namen und die Anschrift eines Teilnehmers allein aufgrund dessen Telefonnummer herausfinden können.

(39) Die Verpflichtung zur Unterrichtung der Teilnehmer über den Zweck bzw. die Zwecke öffentlicher Verzeichnisse, in die ihre personenbezogenen Daten aufzunehmen sind, sollte demjenigen auferlegt werden, der die Daten für die Aufnahme erhebt. Können die Daten an einen oder mehrere Dritte weitergegeben werden, so sollte der Teilnehmer über diese Möglichkeit und über den Empfänger oder die Kategorien möglicher Empfänger unterrichtet werden. Voraussetzung für die Weitergabe sollte sein, dass die Daten nicht für andere Zwecke als diejenigen verwendet werden, für die sie erhoben wurden. Wünscht derjenige, der die Daten beim Teilnehmer erhebt, oder ein Dritter, an den die Daten weitergegeben wurden, diese Daten zu einem weiteren Zweck zu verwenden, so muss entweder der ursprüngliche Datenerheber oder der Dritte, an den die Daten weitergegeben wurden, die erneute Einwilligung des Teilnehmers einholen.

(40) Es sollten Vorkehrungen getroffen werden, um die Teilnehmer gegen die Verletzung ihrer Privatsphäre durch unerbetene Nachrichten für Zwecke der Direktwerbung, insbesondere durch automatische Anrufsysteme, Faxgeräte und elektronische Post, einschließlich SMS, zu schützen. Diese Formen von unerbetenen Werbenachrichten können zum einen relativ leicht und preiswert zu versenden sein und zum anderen eine Belastung und/oder einen Kostenaufwand für den Empfänger bedeuten. Darüber hinaus kann in einigen Fällen ihr Umfang auch Schwierigkeiten für die elektronischen Kommunikationsnetze und die Endgeräte verursachen. Bei solchen Formen unerbetener Nachrichten zum Zweck der Direktwerbung ist es gerechtfertigt, zu verlangen, die Einwilligung der Empfänger einzuholen, bevor ihnen solche Nachrichten gesandt werden. Der Binnenmarkt verlangt einen harmonisierten Ansatz, damit für die Unternehmen und die Nutzer einfache, gemeinschaftsweite Regeln gelten.

(41) Im Rahmen einer bestehenden Kundenbeziehung ist es vertretbar, die Nutzung elektronischer Kontaktinformationen zuzulassen, damit ähnliche Produkte oder Dienstleistungen angeboten werden; dies gilt jedoch nur für dasselbe Unternehmen, das auch die Kontaktinformationen gemäß der Richtlinie 95/46/EG erhalten hat. Bei der Erlangung der Kontaktinformationen sollte der Kunde über deren weitere Nutzung zum Zweck der Direktwerbung klar und eindeutig unterrichtet werden und die Möglichkeit erhalten, diese Verwendung abzulehnen. Diese Möglichkeit sollte ferner mit jeder weiteren als Direktwerbung gesendeten Nachricht gebührenfrei angeboten werden, wobei Kosten für die Übermittlung der Ablehnung nicht unter die Gebührenfreiheit fallen.

(42) Sonstige Formen der Direktwerbung, die für den Absender kostspieliger sind und für die Teilnehmer und Nutzer keine finanziellen Kosten mit sich bringen, wie Sprach-Telefonanrufe zwischen Einzelpersonen, können die

Beibehaltung eines Systems rechtfertigen, bei dem die Teilnehmer oder Nutzer die Möglichkeit erhalten, zu erklären, dass sie solche Anrufe nicht erhalten möchten. Damit das bestehende Niveau des Schutzes der Privatsphäre nicht gesenkt wird, sollten die Mitgliedstaaten jedoch einzelstaatliche Systeme beibehalten können, bei denen solche an Teilnehmer und Nutzer gerichtete Anrufe nur gestattet werden, wenn diese vorher ihre Einwilligung gegeben haben.

(43) Zur Erleichterung der wirksamen Durchsetzung der Gemeinschaftsvorschriften für unerbetene Nachrichten zum Zweck der Direktwerbung ist es notwendig, die Verwendung falscher Identitäten oder falscher Absenderadressen oder Anrufernummern beim Versand unerbetener Nachrichten zum Zweck der Direktwerbung zu untersagen.

(44) Bei einigen elektronischen Postsystemen können die Teilnehmer Absender und Betreffzeile einer elektronischen Post sehen und darüber hinaus diese Post löschen, ohne die gesamte Post oder deren Anlagen herunterladen zu müssen; dadurch lassen sich die Kosten senken, die möglicherweise mit dem Herunterladen unerwünschter elektronischer Post oder deren Anlagen verbunden sind. Diese Verfahren können in bestimmten Fällen zusätzlich zu den in dieser Richtlinie festgelegten allgemeinen Verpflichtungen von Nutzen bleiben.

(45) Diese Richtlinie berührt nicht die Vorkehrungen der Mitgliedstaaten, mit denen die legitimen Interessen juristischer Personen gegen unerbetene Direktwerbungsnachrichten geschützt werden sollen. Errichten die Mitgliedstaaten ein Register der juristischen Personen – großenteils gewerbetreibende Nutzer –, die derartige Nachrichten nicht erhalten möchten („opt-out Register"), so gilt Artikel 7 der Richtlinie 2000/31/EG des Europäischen Parlaments und des Rates vom 8. Juni 2000 über bestimmte rechtliche Aspekte der Dienste der Informationsgesellschaft, insbesondere des elektronischen Geschäftsverkehrs, im Binnenmarkt („Richtlinie über den elektronischen Geschäftsverkehr")[1)] in vollem Umfang.

(46) Die Funktion für die Bereitstellung elektronischer Kommunikationsdienste kann in das Netz oder in irgendeinen Teil des Endgeräts des Nutzers, auch in die Software, eingebaut sein. Der Schutz personenbezogener Daten und der Privatsphäre des Nutzers öffentlich zugänglicher elektronischer Kommunikationsdienste sollte nicht von der Konfiguration der für die Bereitstellung des Dienstes notwendigen Komponenten oder von der Verteilung der erforderlichen Funktionen auf diese Komponenten abhängen. Die Richtlinie 95/46/EG gilt unabhängig von der verwendeten Technologie für alle Formen der Verarbeitung personenbezogener Daten. Bestehen neben allgemeinen Vorschriften für die Komponenten, die für die Bereitstellung elektronischer Kommunikationsdienste notwendig sind, auch noch spezielle Vorschriften für solche Dienste, dann erleichtert dies nicht unbedingt den technologieunabhängigen Schutz personenbezogener Daten und der Privatsphäre. Daher könnten sich Maßnahmen als notwendig erweisen, mit denen die Hersteller bestimmter Arten von Geräten, die für elektronische Kommunikationsdienste benutzt werden, verpflichtet werden, in ihren Produkten von vornherein Sicherheitsfunktionen vorzusehen, die den Schutz personenbezogener Daten und der Privatsphäre des

[1)] **Amtl. Anm.:** ABl. L 178 vom 17.7.2000, S. 1.

Nutzers und Teilnehmers gewährleisten. Der Erlass solcher Maßnahmen in Einklang mit der Richtlinie 1999/5/EG des Europäischen Parlaments und des Rates vom 9. März 1999 über Funkanlagen und Telekommunikationsendeinrichtungen und die gegenseitige Anerkennung ihrer Konformität[1] gewährleistet, dass die aus Gründen des Datenschutzes erforderliche Einführung von technischen Merkmalen elektronischer Kommunikationsgeräte einschließlich der Software harmonisiert wird, damit sie der Verwirklichung des Binnenmarktes nicht entgegensteht.

(47) Das innerstaatliche Recht sollte Rechtsbehelfe für den Fall vorsehen, dass die Rechte der Benutzer und Teilnehmer nicht respektiert werden. Gegen jede – privatem oder öffentlichem Recht unterliegende – Person, die den nach dieser Richtlinie getroffenen einzelstaatlichen Maßnahmen zuwiderhandelt, sollten Sanktionen verhängt werden.

(48) Bei der Anwendung dieser Richtlinie ist es sinnvoll, auf die Erfahrung der gemäß Artikel 29 der Richtlinie 95/46/EG eingesetzten Datenschutzgruppe aus Vertretern der für den Schutz personenbezogener Daten zuständigen Kontrollstellen der Mitgliedstaaten zurückzugreifen.

(49) Zur leichteren Einhaltung der Vorschriften dieser Richtlinie bedarf es einer Sonderregelung für die Datenverarbeitungen, die zum Zeitpunkt des Inkrafttretens der nach dieser Richtlinie erlassenen innerstaatlichen Vorschriften bereits durchgeführt werden –

HABEN FOLGENDE RICHTLINIE ERLASSEN:

Art. 1 Geltungsbereich und Zielsetzung. (1) Diese Richtlinie sieht die Harmonisierung der Vorschriften der Mitgliedstaaten vor, die erforderlich sind, um einen gleichwertigen Schutz der Grundrechte und Grundfreiheiten, insbesondere des Rechts auf Privatsphäre und Vertraulichkeit, in Bezug auf die Verarbeitung personenbezogener Daten im Bereich der elektronischen Kommunikation sowie den freien Verkehr dieser Daten und von elektronischen Kommunikationsgeräten und -diensten in der Gemeinschaft zu gewährleisten.

(2) [1]Die Bestimmungen dieser Richtlinie stellen eine Detaillierung und Ergänzung der Richtlinie 95/46/EG im Hinblick auf die in Absatz 1 genannten Zwecke dar. [2]Darüber hinaus regeln sie den Schutz der berechtigten Interessen von Teilnehmern, bei denen es sich um juristische Personen handelt.

(3) Diese Richtlinie gilt nicht für Tätigkeiten, die nicht in den Anwendungsbereich des Vertrags zur Gründung der Europäischen Gemeinschaft fallen, beispielsweise Tätigkeiten gemäß den Titeln V und VI des Vertrags über die Europäische Union, und auf keinen Fall für Tätigkeiten betreffend die öffentliche Sicherheit, die Landesverteidigung, die Sicherheit des Staates (einschließlich seines wirtschaftlichen Wohls, wenn die Tätigkeit die Sicherheit des Staates berührt) und die Tätigkeiten des Staates im strafrechtlichen Bereich.

Art. 2 Begriffsbestimmungen. *[1]* Sofern nicht anders angegeben, gelten die Begriffsbestimmungen der Richtlinie 95/46/EG und der Richtlinie 2002/21/EG des Europäischen Parlaments und des Rates vom 7. März 2002 über einen gemeinsamen Rechtsrahmen für elektronische Kommunikationsnetze und -dienste („Rahmenrichtlinie“)[2] auch für diese Richtlinie.

---

[1] **Amtl. Anm.:** ABl. L 91 vom 7.4.1999„ S. 10.
[2] **Amtl. Anm.:** ABl. L 108 vom 24.4.2002, S. 33.

[2] Weiterhin bezeichnet im Sinne dieser Richtlinie der Ausdruck

a) „Nutzer“ eine natürliche Person, die einen öffentlich zugänglichen elektronischen Kommunikationsdienst für private oder geschäftliche Zwecke nutzt, ohne diesen Dienst notwendigerweise abonniert zu haben;

b) „Verkehrsdaten“ Daten, die zum Zwecke der Weiterleitung einer Nachricht an ein elektronisches Kommunikationsnetz oder zum Zwecke der Fakturierung dieses Vorgangs verarbeitet werden;

c) „Standortdaten“ Daten, die in einem elektronischen Kommunikationsnetz oder von einem elektronischen Kommunikationsdienst verarbeitet werden und die den geografischen Standort des Endgeräts eines Nutzers eines öffentlich zugänglichen elektronischen Kommunikationsdienstes angeben;

d) „Nachricht“ jede Information, die zwischen einer endlichen Zahl von Beteiligten über einen öffentlich zugänglichen elektronischen Kommunikationsdienst ausgetauscht oder weitergeleitet wird. Dies schließt nicht Informationen ein, die als Teil eines Rundfunkdienstes über ein elektronisches Kommunikationsnetz an die Öffentlichkeit weitergeleitet werden, soweit die Informationen nicht mit dem identifizierbaren Teilnehmer oder Nutzer, der sie erhält, in Verbindung gebracht werden können;

e) *(aufgehoben)*

f) „Einwilligung“ eines Nutzers oder Teilnehmers die Einwilligung der betroffenen Person im Sinne von Richtlinie 95/46/EG;

g) „Dienst mit Zusatznutzen“ jeden Dienst, der die Bearbeitung von Verkehrsdaten oder anderen Standortdaten als Verkehrsdaten in einem Maße erfordert, das über das für die Übermittlung einer Nachricht oder die Fakturierung dieses Vorgangs erforderliche Maß hinausgeht;

h) „elektronische Post“ jede über ein öffentliches Kommunikationsnetz verschickte Text-, Sprach-, Ton- oder Bildnachricht, die im Netz oder im Endgerät des Empfängers gespeichert werden kann, bis sie von diesem abgerufen wird;

i) „Verletzung des Schutzes personenbezogener Daten“ eine Verletzung der Sicherheit, die auf unbeabsichtigte oder unrechtmäßige Weise zur Vernichtung, zum Verlust, zur Veränderung und zur unbefugten Weitergabe von bzw. zum unbefugten Zugang zu personenbezogenen Daten führt, die übertragen, gespeichert oder auf andere Weise im Zusammenhang mit der Bereitstellung öffentlich zugänglicher elektronischer Kommunikationsdienste in der Gemeinschaft verarbeitet werden.

Art. 3 Betroffene Dienste. Diese Richtlinie gilt für die Verarbeitung personenbezogener Daten in Verbindung mit der Bereitstellung öffentlich zugänglicher elektronischer Kommunikationsdienste in öffentlichen Kommunikationsnetzen in der Gemeinschaft, einschließlich öffentlicher Kommunikationsnetze, die Datenerfassungs- und Identifizierungsgeräte unterstützen.

Art. 4 Sicherheit der Verarbeitung. (1) [1]Der Betreiber eines öffentlich zugänglichen elektronischen Kommunikationsdienstes muss geeignete technische und organisatorische Maßnahmen ergreifen, um die Sicherheit seiner Dienste zu gewährleisten; die Netzsicherheit ist hierbei erforderlichenfalls zusammen mit dem Betreiber des öffentlichen Kommunikationsnetzes zu gewährleisten. [2]Diese Maßnahmen müssen unter Berücksichtigung des Standes der Technik und der Kosten ihrer Durchführung ein Sicherheitsniveau gewährleisten, das angesichts des bestehenden Risikos angemessen ist.

(1a) *[1]* Unbeschadet der Richtlinie 95/46/EG ist durch die in Absatz 1 genannten Maßnahmen zumindest Folgendes zu erreichen:

- Sicherstellung, dass nur ermächtigte Personen für rechtlich zulässige Zwecke Zugang zu personenbezogenen Daten erhalten,
- Schutz gespeicherter oder übermittelter personenbezogener Daten vor unbeabsichtigter oder unrechtmäßiger Zerstörung, unbeabsichtigtem Verlust oder unbeabsichtigter Veränderung und unbefugter oder unrechtmäßiger Speicherung oder Verarbeitung, unbefugtem oder unberechtigtem Zugang oder unbefugter oder unrechtmäßiger Weitergabe und
- Sicherstellung der Umsetzung eines Sicherheitskonzepts für die Verarbeitung personenbezogener Daten.

[2] Die zuständigen nationalen Behörden haben die Möglichkeit, die von den Betreibern öffentlich zugänglicher elektronischer Kommunikationsdienste getroffenen Maßnahmen zu prüfen und Empfehlungen zu bewährten Verfahren im Zusammenhang mit dem mit Hilfe dieser Maßnahmen zu erreichenden Sicherheitsniveau zu abzugeben.

(2) Besteht ein besonderes Risiko der Verletzung der Netzsicherheit, muss der Betreiber eines öffentlich zugänglichen elektronischen Kommunikationsdienstes die Teilnehmer über dieses Risiko und – wenn das Risiko außerhalb des Anwendungsbereichs der vom Diensteanbieter zu treffenden Maßnahmen liegt – über mögliche Abhilfen, einschließlich der voraussichtlich entstehenden Kosten, unterrichten.

(3) *[1]* Im Fall einer Verletzung des Schutzes personenbezogener Daten benachrichtigt der Betreiber der öffentlich zugänglichen elektronischen Kommunikationsdienste unverzüglich die zuständige nationale Behörde von der Verletzung.

[2] Ist anzunehmen, dass durch die Verletzung personenbezogener Daten die personenbezogenen Daten, oder Teilnehmer oder Personen in ihrer Privatsphäre, beeinträchtigt werden, so benachrichtigt der Betreiber auch den Teilnehmer bzw. die Person unverzüglich von der Verletzung.

[3] [1]Der Anbieter braucht die betroffenen Teilnehmer oder Personen nicht von einer Verletzung des Schutzes personenbezogener Daten zu benachrichtigen, wenn er zur Zufriedenheit der zuständigen Behörde nachgewiesen hat, dass er geeignete technische Schutzmaßnahmen getroffen hat und dass diese Maßnahmen auf die von der Sicherheitsverletzung betroffenen Daten angewendet wurden. [2]Diese technischen Schutzmaßnahmen verschlüsseln die Daten für alle Personen, die nicht befugt sind, Zugang zu den Daten zu haben.

[4] Unbeschadet der Pflicht des Betreibers, den betroffenen Teilnehmer und die Person zu benachrichtigen, kann die zuständige nationale Behörde, wenn der Betreiber den Teilnehmer bzw. die Person noch nicht über die Verletzung des Schutzes personenbezogener Daten benachrichtigt hat, diesen nach Berücksichtigung der wahrscheinlichen nachteiligen Auswirkungen der Verletzung zur Benachrichtigung auffordern.

[5] [1]In der Benachrichtigung des Teilnehmers bzw. der Person werden mindestens die Art der Verletzung des Schutzes personenbezogener Daten und die Kontaktstellen, bei denen weitere Informationen erhältlich sind, genannt und

Maßnahmen zur Begrenzung der möglichen nachteiligen Auswirkungen der Verletzung des Schutzes personenbezogener Daten empfohlen. [2] In der Benachrichtigung der zuständigen nationalen Behörde werden zusätzlich die Folgen der Verletzung des Schutzes personenbezogener Daten und die vom Betreiber nach der Verletzung vorgeschlagenen oder ergriffenen Maßnahmen dargelegt.

(4) *[1]* [1] Vorbehaltlich technischer Durchführungsmaßnahmen nach Absatz 5 können die zuständigen nationalen Behörden Leitlinien annehmen und gegebenenfalls Anweisungen erteilen bezüglich der Umstände, unter denen die Benachrichtigung seitens der Betreiber über eine Verletzung des Schutzes personenbezogener Daten erforderlich ist, sowie bezüglich des Formates und der Verfahrensweise für die Benachrichtigung. [2] Sie müssen auch in der Lage sein zu überwachen, ob die Betreiber ihre Pflichten zur Benachrichtigung nach diesem Absatz erfüllt haben, und verhängen, falls dies nicht der Fall ist, geeignete Sanktionen.

[2] [1] Die Betreiber führen ein Verzeichnis der Verletzungen des Schutzes personenbezogener Daten, das Angaben zu den Umständen der Verletzungen, zu deren Auswirkungen und zu den ergriffenen Abhilfemaßnahmen enthält, wobei diese Angaben ausreichend sein müssen, um den zuständigen nationalen Behörden die Prüfung der Einhaltung der Bestimmungen des Absatzes 3 zu ermöglichen. [2] Das Verzeichnis enthält nur die zu diesem Zweck erforderlichen Informationen.

(5) *[1]* [1] Zur Gewährleistung einer einheitlichen Anwendung der in den Absätzen 2, 3 und 4 vorgesehenen Maßnahmen kann die Kommission nach Anhörung der Europäischen Agentur für Netz- und Informationssicherheit (ENISA), der gemäß Artikel 29 der Richtlinie 95/46/EG eingesetzten Gruppe für den Schutz von Personen bei der Verarbeitung personenbezogener Daten und des Europäischen Datenschutzbeauftragten technische Durchführungsmaßnahmen in Bezug auf Umstände, Form und Verfahren der in diesem Artikel vorgeschriebenen Informationen und Benachrichtigungen erlassen. [2] Beim Erlass dieser Maßnahmen bezieht die Kommission alle relevanten Interessengruppen mit ein, um sich insbesondere über die besten verfügbaren technischen und wirtschaftlichen Mittel zur Durchführung dieses Artikels zu informieren.

[2] Diese Maßnahmen zur Änderung nicht wesentlicher Bestimmungen dieser Richtlinie durch Ergänzung werden nach dem in Artikel 14a Absatz 2 genannten Regelungsverfahren mit Kontrolle erlassen.

Art. 5 Vertraulichkeit der Kommunikation. (1)[1)] [1] Die Mitgliedstaaten stellen die Vertraulichkeit der mit öffentlichen Kommunikationsnetzen und öffentlich zugänglichen Kommunikationsdiensten übertragenen Nachrichten und der damit verbundenen Verkehrsdaten durch innerstaatliche Vorschriften sicher. [2] Insbesondere untersagen sie das Mithören, Abhören und Speichern sowie andere Arten des Abfangens oder Überwachens von Nachrichten und der damit verbundenen Verkehrsdaten durch andere Personen als die Nutzer, wenn keine Einwilligung der betroffenen Nutzer vorliegt, es sei denn, dass diese Personen gemäß Artikel 15 Absatz 1 gesetzlich dazu ermächtigt sind.

[1)] Siehe hierzu die Maßgabe in VO (EU) 2021/1232 v. 14.7.2021 (ABl. L 274 vom 30.7.2021, S. 41, ELI: http://data.europa.eu/eli/reg/2021/1232/oj), geänd. durch VO v. 29.4.2024 (ABl. L, 2024/1307, 14.5.2024, ELI: http://data.europa.eu/eli/reg/2024/1307/oj).

[3] Diese Bestimmung steht – unbeschadet des Grundsatzes der Vertraulichkeit – der für die Weiterleitung einer Nachricht erforderlichen technischen Speicherung nicht entgegen.

(2) Absatz 1 betrifft nicht das rechtlich zulässige Aufzeichnen von Nachrichten und der damit verbundenen Verkehrsdaten, wenn dies im Rahmen einer rechtmäßigen Geschäftspraxis zum Nachweis einer kommerziellen Transaktion oder einer sonstigen geschäftlichen Nachricht geschieht.

(3) [1] Die Mitgliedstaaten stellen sicher, dass die Speicherung von Informationen oder der Zugriff auf Informationen, die bereits im Endgerät eines Teilnehmers oder Nutzers gespeichert sind, nur gestattet ist, wenn der betreffende Teilnehmer oder Nutzer auf der Grundlage von klaren und umfassenden Informationen, die er gemäß der Richtlinie 95/46/EG u.a. über die Zwecke der Verarbeitung erhält, seine Einwilligung gegeben hat. [2] Dies steht einer technischen Speicherung oder dem Zugang nicht entgegen, wenn der alleinige Zweck die Durchführung der Übertragung einer Nachricht über ein elektronisches Kommunikationsnetz ist oder wenn dies unbedingt erforderlich ist, damit der Anbieter eines Dienstes der Informationsgesellschaft, der vom Teilnehmer oder Nutzer ausdrücklich gewünscht wurde, diesen Dienst zur Verfügung stellen kann.

Art. 6 Verkehrsdaten. (1)[1)] Verkehrsdaten, die sich auf Teilnehmer und Nutzer beziehen und vom Betreiber eines öffentlichen Kommunikationsnetzes oder eines öffentlich zugänglichen Kommunikationsdienstes verarbeitet und gespeichert werden, sind unbeschadet der Absätze 2, 3 und 5 des vorliegenden Artikels und des Artikels 15 Absatz 1 zu löschen oder zu anonymisieren, sobald sie für die Übertragung einer Nachricht nicht mehr benötigt werden.

(2) [1] Verkehrsdaten, die zum Zwecke der Gebührenabrechnung und der Bezahlung von Zusammenschaltungen erforderlich sind, dürfen verarbeitet werden. [2] Diese Verarbeitung ist nur bis zum Ablauf der Frist zulässig, innerhalb deren die Rechnung rechtlich angefochten oder der Anspruch auf Zahlung geltend gemacht werden kann.

(3) [1] Der Betreiber eines öffentlich zugänglichen elektronischen Kommunikationsdienstes kann die in Absatz 1 genannten Daten zum Zwecke der Vermarktung elektronischer Kommunikationsdienste oder zur Bereitstellung von Diensten mit Zusatznutzen im dazu erforderlichen Maß und innerhalb des dazu oder zur Vermarktung erforderlichen Zeitraums verarbeiten, sofern der Teilnehmer oder der Nutzer, auf den sich die Daten beziehen, zuvor seine Einwilligung gegeben hat. [2] Der Nutzer oder der Teilnehmer hat die Möglichkeit, seine Einwilligung zur Verarbeitung der Verkehrsdaten jederzeit zu widerrufen.

(4) Der Diensteanbieter muss dem Teilnehmer oder Nutzer mitteilen, welche Arten von Verkehrsdaten für die in Absatz 2 genannten Zwecke verarbeitet werden und wie lange das geschieht; bei einer Verarbeitung für die in Absatz 3 genannten Zwecke muss diese Mitteilung erfolgen, bevor um Einwilligung ersucht wird.

(5) Die Verarbeitung von Verkehrsdaten gemäß den Absätzen 1, 2, 3 und 4 darf nur durch Personen erfolgen, die auf Weisung der Betreiber öffentlicher

---

[1)] Siehe hierzu die Maßgabe in VO (EU) 2021/1232 v. 14.7.2021 (ABl. L 274 vom 30.7.2021, S. 41, ELI: http://data.europa.eu/eli/reg/2021/1232/oj), geänd. durch VO v. 29.4.2024 (ABl. L, 2024/1307, 14.5.2024, ELI: http://data.europa.eu/eli/reg/2024/1307/oj).

Kommunikationsnetze und öffentlich zugänglicher Kommunikationsdienste handeln und die für Gebührenabrechnungen oder Verkehrsabwicklung, Kundenanfragen, Betrugsermittlung, die Vermarktung der elektronischen Kommunikationsdienste oder für die Bereitstellung eines Dienstes mit Zusatznutzen zuständig sind; ferner ist sie auf das für diese Tätigkeiten erforderliche Maß zu beschränken.

(6) Die Absätze 1, 2, 3 und 5 gelten unbeschadet der Möglichkeit der zuständigen Gremien, in Einklang mit den geltenden Rechtsvorschriften für die Beilegung von Streitigkeiten, insbesondere Zusammenschaltungs- oder Abrechnungsstreitigkeiten, von Verkehrsdaten Kenntnis zu erhalten.

Art. 7 Einzelgebührennachweis. (1) Die Teilnehmer haben das Recht, Rechnungen ohne Einzelgebührennachweis zu erhalten.

(2) Die Mitgliedstaaten wenden innerstaatliche Vorschriften an, um das Recht der Teilnehmer, Einzelgebührennachweise zu erhalten, und das Recht anrufender Nutzer und angerufener Teilnehmer auf Vertraulichkeit miteinander in Einklang zu bringen, indem sie beispielsweise sicherstellen, dass diesen Nutzern und Teilnehmern genügend andere, den Schutz der Privatsphäre fördernde Methoden für die Kommunikation oder Zahlungen zur Verfügung stehen.

Art. 8 Anzeige der Rufnummer des Anrufers und des Angerufenen und deren Unterdrückung. (1) [1] Wird die Anzeige der Rufnummer des Anrufers angeboten, so muss der Diensteanbieter dem anrufenden Nutzer die Möglichkeit geben, die Rufnummernanzeige für jeden Anruf einzeln auf einfache Weise und gebührenfrei zu verhindern. [2] Dem anrufenden Teilnehmer muss diese Möglichkeit anschlussbezogen zur Verfügung stehen.

(2) Wird die Anzeige der Rufnummer des Anrufers angeboten, so muss der Diensteanbieter dem angerufenen Teilnehmer die Möglichkeit geben, die Anzeige der Rufnummer eingehender Anrufe auf einfache Weise und für jede vertretbare Nutzung dieser Funktion gebührenfrei zu verhindern.

(3) Wird die Anzeige der Rufnummer des Anrufers angeboten und wird die Rufnummer vor der Herstellung der Verbindung angezeigt, so muss der Diensteanbieter dem angerufenen Teilnehmer die Möglichkeit geben, eingehende Anrufe, bei denen die Rufnummernanzeige durch den anrufenden Nutzer oder Teilnehmer verhindert wurde, auf einfache Weise und gebührenfrei abzuweisen.

(4) Wird die Anzeige der Rufnummer des Angerufenen angeboten, so muss der Diensteanbieter dem angerufenen Teilnehmer die Möglichkeit geben, die Anzeige seiner Rufnummer beim anrufenden Nutzer auf einfache Weise und gebührenfrei zu verhindern.

(5) [1] Absatz 1 gilt auch für aus der Gemeinschaft kommende Anrufe in Drittländern. [2] Die Absätze 2, 3 und 4 gelten auch für aus Drittländern kommende Anrufe.

(6) Wird die Anzeige der Rufnummer des Anrufers und/oder des Angerufenen angeboten, so stellen die Mitgliedstaaten sicher, dass die Betreiber öffentlich zugänglicher elektronischer Kommunikationsdienste die Öffentlichkeit hierüber und über die in den Absätzen 1, 2, 3 und 4 beschriebenen Möglichkeiten unterrichten.

Art. 9 Andere Standortdaten als Verkehrsdaten. (1) [1]Können andere Standortdaten als Verkehrsdaten in Bezug auf die Nutzer oder Teilnehmer von öffentlichen Kommunikationsnetzen oder öffentlich zugänglichen Kommunikationsdiensten verarbeitet werden, so dürfen diese Daten nur im zur Bereitstellung von Diensten mit Zusatznutzen erforderlichen Maß und innerhalb des dafür erforderlichen Zeitraums verarbeitet werden, wenn sie anonymisiert wurden oder wenn die Nutzer oder Teilnehmer ihre Einwilligung gegeben haben. [2]Der Diensteanbieter muss den Nutzern oder Teilnehmern vor Einholung ihrer Einwilligung mitteilen, welche Arten anderer Standortdaten als Verkehrsdaten verarbeitet werden, für welche Zwecke und wie lange das geschieht, und ob die Daten zum Zwecke der Bereitstellung des Dienstes mit Zusatznutzen an einen Dritten weitergegeben werden. [3]Die Nutzer oder Teilnehmer können ihre Einwilligung zur Verarbeitung anderer Standortdaten als Verkehrsdaten jederzeit zurückziehen.

(2) Haben die Nutzer oder Teilnehmer ihre Einwilligung zur Verarbeitung von anderen Standortdaten als Verkehrsdaten gegeben, dann müssen sie auch weiterhin die Möglichkeit haben, die Verarbeitung solcher Daten für jede Verbindung zum Netz oder für jede Übertragung einer Nachricht auf einfache Weise und gebührenfrei zeitweise zu untersagen.

(3) Die Verarbeitung anderer Standortdaten als Verkehrsdaten gemäß den Absätzen 1 und 2 muss auf das für die Bereitstellung des Dienstes mit Zusatznutzen erforderliche Maß sowie auf Personen beschränkt werden, die im Auftrag des Betreibers des öffentlichen Kommunikationsnetzes oder öffentlich zugänglichen Kommunikationsdienstes oder des Dritten, der den Dienst mit Zusatznutzen anbietet, handeln.

Art. 10 Ausnahmen. Die Mitgliedstaaten stellen sicher, dass es transparente Verfahren gibt, nach denen der Betreiber eines öffentlichen Kommunikationsnetzes und/oder eines öffentlich zugänglichen elektronischen Kommunikationsdienstes

a) die Unterdrückung der Anzeige der Rufnummer des Anrufers vorübergehend aufheben kann, wenn ein Teilnehmer beantragt hat, dass böswillige oder belästigende Anrufe zurückverfolgt werden; in diesem Fall werden nach innerstaatlichem Recht die Daten mit der Rufnummer des anrufenden Teilnehmers vom Betreiber des öffentlichen Kommunikationsnetzes und/oder des öffentlich zugänglichen elektronischen Kommunikationsdienstes gespeichert und zur Verfügung gestellt;
b) die Unterdrückung der Anzeige der Rufnummer des Anrufers aufheben und Standortdaten trotz der vorübergehenden Untersagung oder fehlenden Einwilligung durch den Teilnehmer oder Nutzer verarbeiten kann, und zwar anschlussbezogen für Einrichtungen, die Notrufe bearbeiten und dafür von einem Mitgliedstaat anerkannt sind, einschließlich Strafverfolgungsbehörden, Ambulanzdiensten und Feuerwehren, zum Zwecke der Beantwortung dieser Anrufe.

Art. 11 Automatische Anrufweiterschaltung. Die Mitgliedstaaten stellen sicher, dass jeder Teilnehmer die Möglichkeit hat, auf einfache Weise und gebührenfrei die von einer dritten Partei veranlasste automatische Anrufweiterschaltung zum Endgerät des Teilnehmers abzustellen.

Art. 12 Teilnehmerverzeichnisse. (1) Die Mitgliedstaaten stellen sicher, dass die Teilnehmer gebührenfrei und vor Aufnahme in das Teilnehmerverzeichnis über den Zweck bzw. die Zwecke von gedruckten oder elektronischen, der Öffentlichkeit unmittelbar oder über Auskunftsdienste zugänglichen Teilnehmerverzeichnissen, in die ihre personenbezogenen Daten aufgenommen werden können, sowie über weitere Nutzungsmöglichkeiten aufgrund der in elektronischen Fassungen der Verzeichnisse eingebetteten Suchfunktionen informiert werden.

(2) [1]Die Mitgliedstaaten stellen sicher, dass die Teilnehmer Gelegenheit erhalten festzulegen, ob ihre personenbezogenen Daten – und ggf. welche – in ein öffentliches Verzeichnis aufgenommen werden, sofern diese Daten für den vom Anbieter des Verzeichnisses angegebenen Zweck relevant sind, und diese Daten prüfen, korrigieren oder löschen dürfen. [2]Für die Nicht-Aufnahme in ein der Öffentlichkeit zugängliches Teilnehmerverzeichnis oder die Prüfung, Berichtigung oder Streichung personenbezogener Daten aus einem solchen Verzeichnis werden keine Gebühren erhoben.

(3) Die Mitgliedstaaten können verlangen, dass eine zusätzliche Einwilligung der Teilnehmer eingeholt wird, wenn ein öffentliches Verzeichnis anderen Zwecken als der Suche nach Einzelheiten betreffend die Kommunikation mit Personen anhand ihres Namens und gegebenenfalls eines Mindestbestands an anderen Kennzeichen dient.

(4) [1]Die Absätze 1 und 2 gelten für Teilnehmer, die natürliche Personen sind. [2]Die Mitgliedstaaten tragen im Rahmen des Gemeinschaftsrechts und der geltenden einzelstaatlichen Rechtsvorschriften außerdem dafür Sorge, dass die berechtigten Interessen anderer Teilnehmer als natürlicher Personen in Bezug auf ihre Aufnahme in öffentliche Verzeichnisse ausreichend geschützt werden.

Art. 13 Unerbetene Nachrichten. (1) Die Verwendung von automatischen Anruf- und Kommunikationssystemen ohne menschlichen Eingriff (automatische Anrufmaschinen), Faxgeräten oder elektronischer Post für die Zwecke der Direktwerbung darf nur bei vorheriger Einwilligung der Teilnehmer oder Nutzer gestattet werden.

(2) Ungeachtet des Absatzes 1 kann eine natürliche oder juristische Person, wenn sie von ihren Kunden im Zusammenhang mit dem Verkauf eines Produkts oder einer Dienstleistung gemäß der Richtlinie 95/46/EG deren elektronische Kontaktinformationen für elektronische Post erhalten hat, diese zur Direktwerbung für eigene ähnliche Produkte oder Dienstleistungen verwenden, sofern die Kunden klar und deutlich die Möglichkeit erhalten, eine solche Nutzung ihrer elektronischen Kontaktinformationen zum Zeitpunkt ihrer Erhebung und bei jeder Übertragung gebührenfrei und problemlos abzulehnen, wenn der Kunde diese Nutzung nicht von vornherein abgelehnt hat.

(3) Die Mitgliedstaaten ergreifen geeignete Maßnahmen, um sicherzustellen, dass außer in den in den Absätzen 1 und 2 genannten Fällen unerbetene Nachrichten zum Zwecke der Direktwerbung, die entweder ohne die Einwilligung der betreffenden Teilnehmer oder Nutzer erfolgen oder an Teilnehmer oder Nutzer gerichtet sind, die keine solchen Nachrichten erhalten möchten, nicht gestattet sind; welche dieser Optionen gewählt wird, wird im innerstaatlichen Recht geregelt, wobei berücksichtigt wird, dass beide Optionen für den Teilnehmer oder Nutzer gebührenfrei sein müssen.

(4) Auf jeden Fall verboten ist die Praxis des Versendens elektronischer Nachrichten zu Zwecken der Direktwerbung, bei der die Identität des Absenders, in dessen Auftrag die Nachricht übermittelt wird, verschleiert oder verheimlicht wird, bei der gegen Artikel 6 der Richtlinie 2000/31/EG verstoßen wird oder bei der keine gültige Adresse vorhanden ist, an die der Empfänger eine Aufforderung zur Einstellung solcher Nachrichten richten kann, oder in denen der Empfänger aufgefordert wird, Websites zu besuchen, die gegen den genannten Artikel verstoßen.

(5) [1] Die Absätze 1 und 3 gelten für Teilnehmer, die natürliche Personen sind. [2] Die Mitgliedstaaten stellen im Rahmen des Gemeinschaftsrechts und der geltenden nationalen Rechtsvorschriften außerdem sicher, dass die berechtigten Interessen anderer Teilnehmer als natürlicher Personen in Bezug auf unerbetene Nachrichten ausreichend geschützt werden.

(6) [1] Unbeschadet etwaiger Verwaltungsvorschriften, die unter anderem gemäß Artikel 15a Absatz 2 erlassen werden können, stellen die Mitgliedstaaten sicher, dass natürliche oder juristische Personen, die durch Verstöße gegen die aufgrund dieses Artikels erlassenen nationalen Vorschriften beeinträchtigt werden und somit ein berechtigtes Interesse an der Einstellung oder dem Verbot solcher Verstöße haben, einschließlich der Anbieter elektronischer Kommunikationsdienste, die ihre berechtigten Geschäftsinteressen schützen wollen, gegen solche Verstöße gerichtlich vorgehen können. [2] Die Mitgliedstaaten können auch spezifische Vorschriften über Sanktionen festlegen, die gegen Betreiber elektronischer Kommunikationsdienste zu verhängen sind, die durch Fahrlässigkeit zu Verstößen gegen die aufgrund dieses Artikels erlassenen nationalen Vorschriften beitragen.

Art. 14 Technische Merkmale und Normung. (1) Bei der Durchführung der Bestimmungen dieser Richtlinie stellen die Mitgliedstaaten vorbehaltlich der Absätze 2 und 3 sicher, dass keine zwingenden Anforderungen in Bezug auf spezifische technische Merkmale für Endgeräte oder sonstige elektronische Kommunikationsgeräte gestellt werden, die deren Inverkehrbringen und freien Vertrieb in und zwischen den Mitgliedstaaten behindern können.

(2) Soweit die Bestimmungen dieser Richtlinie nur mit Hilfe spezifischer technischer Merkmale elektronischer Kommunikationsnetze durchgeführt werden können, unterrichten die Mitgliedstaaten die Kommission darüber gemäß der Richtlinie 98/34/EG des Europäischen Parlaments und des Rates vom 22. Juni 1998 über ein Informationsverfahren auf dem Gebiet der Normen und technischen Vorschriften und der Vorschriften für die Dienste der Informationsgesellschaft[1)].

(3) Erforderlichenfalls können gemäß der Richtlinie 1999/5/EG und dem Beschluss 87/95/EWG des Rates vom 22. Dezember 1986 über die Normung auf dem Gebiet der Informationstechnik und der Telekommunikation[2)] Maßnahmen getroffen werden, um sicherzustellen, dass Endgeräte in einer Weise gebaut sind, die mit dem Recht der Nutzer auf Schutz und Kontrolle der Verwendung ihrer personenbezogenen Daten vereinbar ist.

[1)] **Amtl. Anm.:** ABl. L 204 vom 21.7.1998, S. 37. Richtlinie geändert durch die Richtlinie 98/48/EG (ABl. L 217 vom 5.8.1998, S. 18).

[2)] **Amtl. Anm.:** ABl. L 36 vom 7.2.1987. Beschluss zuletzt geändert durch die Beitrittsakte von 1994.

Art. 14a Ausschussverfahren. (1) Die Kommission wird von dem durch Artikel 22 der Richtlinie 2002/21/EG (Rahmenrichtlinie) eingesetzten Kommunikationsausschuss unterstützt.

(2) Wird auf diesen Absatz Bezug genommen, so gelten Artikel 5a Absätze 1 bis 4 und Artikel 7 des Beschlusses 1999/468/EG unter Beachtung von dessen Artikel 8.

(3) Wird auf diesen Absatz Bezug genommen, so gelten Artikel 5a Absätze 1, 2, 4 und 6 und Artikel 7 des Beschlusses 1999/468/EG unter Beachtung von dessen Artikel 8.

Art. 15 Anwendung einzelner Bestimmungen der Richtlinie 95/46/EG. (1) [1]Die Mitgliedstaaten können Rechtsvorschriften erlassen, die die Rechte und Pflichten gemäß Artikel 5, Artikel 6, Artikel 8 Absätze 1, 2, 3 und 4 sowie Artikel 9 dieser Richtlinie beschränken, sofern eine solche Beschränkung gemäß Artikel 13 Absatz 1 der Richtlinie 95/46/EG für die nationale Sicherheit, (d.h. die Sicherheit des Staates), die Landesverteidigung, die öffentliche Sicherheit sowie die Verhütung, Ermittlung, Feststellung und Verfolgung von Straftaten oder des unzulässigen Gebrauchs von elektronischen Kommunikationssystemen in einer demokratischen Gesellschaft notwendig, angemessen und verhältnismäßig ist. [2]Zu diesem Zweck können die Mitgliedstaaten unter anderem durch Rechtsvorschriften vorsehen, dass Daten aus den in diesem Absatz aufgeführten Gründen während einer begrenzten Zeit aufbewahrt werden. [3]Alle in diesem Absatz genannten Maßnahmen müssen den allgemeinen Grundsätzen des Gemeinschaftsrechts einschließlich den in Artikel 6 Absätze 1 und 2 des Vertrags über die Europäische Union niedergelegten Grundsätzen entsprechen.

(1a) Absatz 1 gilt nicht für Daten, für die in der Richtlinie 2006/24/EG des Europäischen Parlaments und des Rates vom 15. März 2006 über die Vorratsspeicherung von Daten, die bei der Bereitstellung öffentlich zugänglicher elektronischer Kommunikationsdienste oder öffentlicher Kommunikationsnetze erzeugt oder verarbeitet werden[1)], eine Vorratsspeicherung zu den in Artikel 1 Absatz 1 der genannten Richtlinie aufgeführten Zwecken ausdrücklich vorgeschrieben ist.

(1b) [1]Die Anbieter richten nach den gemäß Absatz 1 eingeführten nationalen Vorschriften interne Verfahren zur Beantwortung von Anfragen über den Zugang zu den personenbezogenen Daten der Nutzer ein. [2]Sie stellen den zuständigen nationalen Behörden auf Anfrage Informationen über diese Verfahren, die Zahl der eingegangenen Anfragen, die vorgebrachten rechtlichen Begründungen und ihrer Antworten zur Verfügung.

(2) Die Bestimmungen des Kapitels III der Richtlinie 95/46/EG über Rechtsbehelfe, Haftung und Sanktionen gelten im Hinblick auf innerstaatliche Vorschriften, die nach der vorliegenden Richtlinie erlassen werden, und im Hinblick auf die aus dieser Richtlinie resultierenden individuellen Rechte.

(3) Die gemäß Artikel 29 der Richtlinie 95/46/EG eingesetzte Datenschutzgruppe nimmt auch die in Artikel 30 jener Richtlinie festgelegten Aufgaben im Hinblick auf die von der vorliegenden Richtlinie abgedeckten Aspekte, näm-

[1)] **Amtl. Anm.:** ABl. L 105 vom 13.4.2006, S. 54.

lich den Schutz der Grundrechte und der Grundfreiheiten und der berechtigten Interessen im Bereich der elektronischen Kommunikation wahr.

Art. 15a Umsetzung und Durchsetzung. (1) [1]Die Mitgliedstaaten legen fest, welche Sanktionen, gegebenenfalls einschließlich strafrechtlicher Sanktionen, bei einem Verstoß gegen die innerstaatlichen Vorschriften zur Umsetzung dieser Richtlinie zu verhängen sind, und treffen die zu deren Durchsetzung erforderlichen Maßnahmen. [2]Die vorgesehenen Sanktionen müssen wirksam, verhältnismäßig und abschreckend sein und können für den gesamten Zeitraum einer Verletzung angewendet werden, auch wenn die Verletzung in der Folge abgestellt wurde. [3]Die Mitgliedstaaten teilen der Kommission diese Vorschriften bis zum 25. Mai 2011 mit und melden ihr unverzüglich etwaige spätere Änderungen, die diese Vorschriften betreffen.

(2) Unbeschadet etwaiger gerichtlicher Rechtsbehelfe stellen die Mitgliedstaaten sicher, dass die zuständige nationale Behörde und gegebenenfalls andere nationale Stellen befugt sind, die Einstellung der in Absatz 1 genannten Verstöße anzuordnen.

(3) Die Mitgliedstaaten stellen sicher, dass die zuständigen nationalen Regulierungsbehörden und gegebenenfalls andere nationale Stellen über die erforderlichen Untersuchungsbefugnisse und Mittel verfügen, einschließlich der Befugnis, sämtliche zweckdienliche Informationen zu erlangen, die sie benötigen, um die Einhaltung der gemäß dieser Richtlinie erlassenen innerstaatlichen Rechtsvorschriften zu überwachen und durchzusetzen.

(4) *[1]* Zur Gewährleistung einer wirksamen grenzübergreifenden Koordinierung der Durchsetzung der gemäß dieser Richtlinie erlassenen innerstaatlichen Rechtsvorschriften und zur Schaffung harmonisierter Bedingungen für die Erbringung von Diensten, mit denen ein grenzüberschreitender Datenfluss verbunden ist, können die zuständigen nationalen Regulierungsbehörden Maßnahmen erlassen.

[2] [1]Die nationalen Regulierungsbehörden übermitteln der Kommission rechtzeitig vor dem Erlass solcher Maßnahmen eine Zusammenfassung der Gründe für ein Tätigwerden, der geplanten Maßnahmen und der vorgeschlagenen Vorgehensweise. [2]Die Kommission kann hierzu nach Anhörung der ENISA und der gemäß Artikel 29 der Richtlinie 95/46/EG eingesetzten Gruppe für den Schutz von Personen bei der Verarbeitung personenbezogener Daten Kommentare oder Empfehlungen abgeben, insbesondere um sicherzustellen, dass die vorgesehenen Maßnahmen ein ordnungsmäßiges Funktionieren des Binnenmarktes nicht beeinträchtigen. [3]Die nationalen Regulierungsbehörden tragen den Kommentaren oder Empfehlungen der Kommission weitestgehend Rechnung, wenn sie die Maßnahmen beschließen.

Art. 16 Übergangsbestimmungen. (1) Artikel 12 gilt nicht für Ausgaben von Teilnehmerverzeichnissen, die vor dem Inkrafttreten der nach dieser Richtlinie erlassenen innerstaatlichen Vorschriften bereits in gedruckter oder in netzunabhängiger elektronischer Form produziert oder in Verkehr gebracht wurden.

(2) Sind die personenbezogenen Daten von Teilnehmern von Festnetz- oder Mobil-Sprachtelefondiensten in ein öffentliches Teilnehmerverzeichnis gemäß der Richtlinie 95/46/EG und gemäß Artikel 11 der Richtlinie 97/66/EG aufgenommen worden, bevor die nach der vorliegenden Richtlinie erlassenen

innerstaatlichen Rechtsvorschriften in Kraft treten, so können die personenbezogenen Daten dieser Teilnehmer in der gedruckten oder elektronischen Fassung, einschließlich Fassungen mit Umkehrsuchfunktionen, in diesem öffentlichen Verzeichnis verbleiben, sofern die Teilnehmer nach Erhalt vollständiger Informationen über die Zwecke und Möglichkeiten gemäß Artikel 12 nicht etwas anderes wünschen.

Art. 17 Umsetzung. (1) *[1]* [1] Die Mitgliedstaaten setzen vor dem 31. Oktober 2003 die Rechtsvorschriften in Kraft, die erforderlich sind, um dieser Richtlinie nachzukommen. [2] Sie setzen die Kommission unverzüglich davon in Kenntnis.

[2] [1] Wenn die Mitgliedstaaten diese Vorschriften erlassen, nehmen sie in den Vorschriften selbst oder durch einen Hinweis bei der amtlichen Veröffentlichung auf diese Richtlinie Bezug. [2] Die Mitgliedstaaten regeln die Einzelheiten der Bezugnahme.

(2) Die Mitgliedstaaten teilen der Kommission den Wortlaut der innerstaatlichen Rechts-Vorschriften mit, die sie auf dem unter diese Richtlinie fallenden Gebiet erlassen, sowie aller späteren Änderungen dieser Vorschriften.

Art. 18 Überprüfung. [1] Die Kommission unterbreitet dem Europäischen Parlament und dem Rat spätestens drei Jahre nach dem in Artikel 17 Absatz 1 genannten Zeitpunkt einen Bericht über die Durchführung dieser Richtlinie und ihre Auswirkungen auf die Wirtschaftsteilnehmer und Verbraucher, insbesondere in Bezug auf die Bestimmungen über unerbetene Nachrichten, unter Berücksichtigung des internationalen Umfelds. [2] Hierzu kann die Kommission von den Mitgliedstaaten Informationen einholen, die ohne unangemessene Verzögerung zu liefern sind. [3] Gegebenenfalls unterbreitet die Kommission unter Berücksichtigung der Ergebnisse des genannten Berichts, etwaiger Änderungen in dem betreffenden Sektor sowie etwaiger weiterer Vorschläge, die sie zur Verbesserung der Wirksamkeit dieser Richtlinie für erforderlich hält, Vorschläge zur Änderung dieser Richtlinie.

Art. 19 Aufhebung. *[1]* Die Richtlinie 97/66/EG wird mit Wirkung ab dem in Artikel 17 Absatz 1 genannten Zeitpunkt aufgehoben.

[2] Verweisungen auf die aufgehobene Richtlinie gelten als Verweisungen auf die vorliegende Richtlinie.

Art. 20 Inkrafttreten. Diese Richtlinie tritt am Tag ihrer Veröffentlichung[1] im *Amtsblatt der Europäischen Gemeinschaften* in Kraft.

Art. 21 Adressaten. Diese Richtlinie ist an alle Mitgliedstaaten gerichtet.

[1] Veröffentlicht am 31.7.2002.

4. Verordnung (EU) 2024/1689 des Europäischen Parlaments und des Rates vom 13. Juni 2024 zur Festlegung harmonisierter Vorschriften für künstliche Intelligenz und zur Änderung der Verordnungen (EG) Nr. 300/2008, (EU) Nr. 167/2013, (EU) Nr. 168/2013, (EU) 2018/858, (EU) 2018/1139 und (EU) 2019/2144 sowie der Richtlinien 2014/90/EU, (EU) 2016/797 und (EU) 2020/1828 (Verordnung über künstliche Intelligenz)[1] [2]

(Text von Bedeutung für den EWR)

(ABl. L, 2024/1689, 12.7.2024, ELI: http://data.europa.eu/eli/reg/2024/1689/oj)

Celex-Nr. 32024R1689

Nichtamtliche Inhaltsübersicht

---

[1] Englische Kurzbezeichnung: „AI Act".

[2] Die KI-Verordnung tritt nach ihrem Art. 113 UAbs. 1 am zwanzigsten Tag nach ihrer Veröffentlichung in Kraft. Sie wurde am 12.7.2024 veröffentlicht.

Sie gilt nach Art. 113 UAbs. 2 **überwiegend ab dem 2.8.2026**.

Nach Art. 113 UAbs. 3 gelten

a) Kapitel I und II (Art. 1–5) ab dem **2.2.2025**,

b) Kapitel III Abschnitt 4 (Art. 28–39), Kapitel V (Art. 51–56), Kapitel VII (Art. 64–70), Kapitek XII (Art. 99 und 100, mit Ausnahme des Artikels 101) sowieArt. 78 ab dem **2.8.2025** und

c) Art. 6 Abs. 1 und die entsprechenden Pflichten gemäß der KI-Verordnung ab dem **2.8.2027**.

DAS EUROPÄISCHE PARLAMENT UND DER RAT DER EUROPÄISCHEN UNION –

gestützt auf den Vertrag über die Arbeitsweise der Europäischen Union, insbesondere auf die Artikel 16 und 114,

auf Vorschlag der Europäischen Kommission,

nach Zuleitung des Entwurfs des Gesetzgebungsakts an die nationalen Parlamente,

nach Stellungnahme des Europäischen Wirtschafts- und Sozialausschusses[1)],

nach Stellungnahme der Europäischen Zentralbank[2)],

nach Stellungnahme des Ausschusses der Regionen[3)],

gemäß dem ordentlichen Gesetzgebungsverfahren[4)],

in Erwägung nachstehender Gründe:

(1) Zweck dieser Verordnung ist es, das Funktionieren des Binnenmarkts zu verbessern, indem ein einheitlicher Rechtsrahmen insbesondere für die

[1)] **Amtl. Anm.:** ABl. C 517 vom 22.12.2021, S. 56.

[2)] **Amtl. Anm.:** ABl. C 115 vom 11.3.2022, S. 5.

[3)] **Amtl. Anm.:** ABl. C 97 vom 28.2.2022, S. 60.

[4)] **Amtl. Anm.:** Standpunkt des Europäischen Parlaments vom 13. März 2024 (noch nicht im Amtsblatt veröffentlicht) und Beschluss des Rates vom 21. Mai 2024.

Entwicklung, das Inverkehrbringen, die Inbetriebnahme und die Verwendung von Systemen künstlicher Intelligenz (KI-Systeme) in der Union im Einklang mit den Werten der Union festgelegt wird, um die Einführung von menschenzentrierter und vertrauenswürdiger künstlicher Intelligenz (KI) zu fördern und gleichzeitig ein hohes Schutzniveau in Bezug auf Gesundheit, Sicherheit und der in der Charta der Grundrechte der Europäischen Union[1] („Charta") verankerten Grundrechte, einschließlich Demokratie, Rechtsstaatlichkeit und Umweltschutz, sicherzustellen, den Schutz vor schädlichen Auswirkungen von KI-Systemen in der Union zu gewährleisten und gleichzeitig die Innovation zu unterstützen. Diese Verordnung gewährleistet den grenzüberschreitenden freien Verkehr KI-gestützter Waren und Dienstleistungen, wodurch verhindert wird, dass die Mitgliedstaaten die Entwicklung, Vermarktung und Verwendung von KI-Systemen beschränken, sofern dies nicht ausdrücklich durch diese Verordnung erlaubt wird.

(2) Diese Verordnung sollte im Einklang mit den in der Charta verankerten Werten der Union angewandt werden, den Schutz von natürlichen Personen, Unternehmen, Demokratie und Rechtsstaatlichkeit sowie der Umwelt erleichtern und gleichzeitig Innovation und Beschäftigung fördern und der Union eine Führungsrolle bei der Einführung vertrauenswürdiger KI verschaffen.

(3) KI-Systeme können problemlos in verschiedenen Bereichen der Wirtschaft und Gesellschaft, auch grenzüberschreitend, eingesetzt werden und in der gesamten Union verkehren. Einige Mitgliedstaaten haben bereits die Verabschiedung nationaler Vorschriften in Erwägung gezogen, damit KI vertrauenswürdig und sicher ist und im Einklang mit den Grundrechten entwickelt und verwendet wird. Unterschiedliche nationale Vorschriften können zu einer Fragmentierung des Binnenmarkts führen und können die Rechtssicherheit für Akteure, die KI-Systeme entwickeln, einführen oder verwenden, beeinträchtigen. Daher sollte in der gesamten Union ein einheitlich hohes Schutzniveau sichergestellt werden, um eine vertrauenswürdige KI zu erreichen, wobei Unterschiede, die den freien Verkehr, Innovationen, den Einsatz und die Verbreitung von KI-Systemen und damit zusammenhängenden Produkten und Dienstleistungen im Binnenmarkt behindern, vermieden werden sollten, indem den Akteuren einheitliche Pflichten auferlegt werden und der gleiche Schutz der zwingenden Gründe des Allgemeininteresses und der Rechte von Personen im gesamten Binnenmarkt auf der Grundlage des Artikels 114 des Vertrags über die Arbeitsweise der Europäischen Union (AEUV) gewährleistet wird. Soweit diese Verordnung konkrete Vorschriften zum Schutz von Einzelpersonen im Hinblick auf die Verarbeitung personenbezogener Daten enthält, mit denen die Verwendung von KI-Systemen zur biometrischen Fernidentifizierung zu Strafverfolgungszwecken, die Verwendung von KI-Systemen für die Risikobewertung natürlicher Personen zu Strafverfolgungszwecken und die Verwendung von KI-Systemen zur biometrischen Kategorisierung zu Strafverfolgungszwecken eingeschränkt wird, ist es angezeigt, diese Verordnung in Bezug auf diese konkreten Vorschriften auf Artikel 16 AEUV zu stützen. Angesichts dieser konkre-

---

[1] Nr. 9.

ten Vorschriften und des Rückgriffs auf Artikel 16 AEUV ist es angezeigt, den Europäischen Datenschutzausschuss zu konsultieren.

(4) KI bezeichnet eine Reihe von Technologien, die sich rasant entwickeln und zu vielfältigem Nutzen für Wirtschaft, Umwelt und Gesellschaft über das gesamte Spektrum industrieller und gesellschaftlicher Tätigkeiten hinweg beitragen. Durch die Verbesserung der Vorhersage, die Optimierung der Abläufe, Ressourcenzuweisung und die Personalisierung digitaler Lösungen, die Einzelpersonen und Organisationen zur Verfügung stehen, kann die Verwendung von KI Unternehmen wesentliche Wettbewerbsvorteile verschaffen und zu guten Ergebnissen für Gesellschaft und Umwelt führen, beispielsweise in den Bereichen Gesundheitsversorgung, Landwirtschaft, Lebensmittelsicherheit, allgemeine und berufliche Bildung, Medien, Sport, Kultur, Infrastrukturmanagement, Energie, Verkehr und Logistik, öffentliche Dienstleistungen, Sicherheit, Justiz, Ressourcen- und Energieeffizienz, Umweltüberwachung, Bewahrung und Wiederherstellung der Biodiversität und der Ökosysteme sowie Klimaschutz und Anpassung an den Klimawandel.

(5) Gleichzeitig kann KI je nach den Umständen ihrer konkreten Anwendung und Nutzung sowie der technologischen Entwicklungsstufe Risiken mit sich bringen und öffentliche Interessen und grundlegende Rechte schädigen, die durch das Unionsrecht geschützt sind. Ein solcher Schaden kann materieller oder immaterieller Art sein, einschließlich physischer, psychischer, gesellschaftlicher oder wirtschaftlicher Schäden.

(6) Angesichts der großen Auswirkungen, die KI auf die Gesellschaft haben kann, und der Notwendigkeit, Vertrauen aufzubauen, ist es von entscheidender Bedeutung, dass KI und ihr Regulierungsrahmen im Einklang mit den in Artikel 2 des Vertrags über die Europäische Union (EUV) verankerten Werten der Union, den in den Verträgen und, nach Artikel 6 EUV, der Charta verankerten Grundrechten und -freiheiten entwickelt werden. Voraussetzung sollte sein, dass KI eine menschenzentrierte Technologie ist. Sie sollte den Menschen als Instrument dienen und letztendlich das menschliche Wohlergehen verbessern.

(7) Um ein einheitliches und hohes Schutzniveau in Bezug auf öffentliche Interessen im Hinblick auf Gesundheit, Sicherheit und Grundrechte zu gewährleisten, sollten für alle Hochrisiko-KI-Systeme gemeinsame Vorschriften festgelegt werden. Diese Vorschriften sollten mit der Charta im Einklang stehen, nichtdiskriminierend sein und mit den internationalen Handelsverpflichtungen der Union vereinbar sein. Sie sollten auch die Europäische Erklärung zu den digitalen Rechten und Grundsätzen für die digitale Dekade und die Ethikleitlinien für vertrauenswürdige KI der hochrangigen Expertengruppe für künstliche Intelligenz berücksichtigen.

(8) Daher ist ein Rechtsrahmen der Union mit harmonisierten Vorschriften für KI erforderlich, um die Entwicklung, Verwendung und Verbreitung von KI im Binnenmarkt zu fördern und gleichzeitig ein hohes Schutzniveau in Bezug auf öffentliche Interessen wie etwa Gesundheit und Sicherheit und den Schutz der durch das Unionsrecht anerkannten und geschützten Grundrechte, einschließlich der Demokratie, der Rechtsstaatlichkeit und des Umweltschutzes, zu gewährleisten. Zur Umsetzung dieses Ziels sollten Vorschriften für das Inverkehrbringen, die Inbetriebnahme und die Verwendung bestimmter KI-Systeme festgelegt werden,

um das reibungslose Funktionieren des Binnenmarkts zu gewährleisten, sodass diesen Systemen der Grundsatz des freien Waren- und Dienstleistungsverkehrs zugutekommen kann. Diese Regeln sollten klar und robust sein, um die Grundrechte zu schützen, neue innovative Lösungen zu unterstützen und ein europäisches Ökosystem öffentlicher und privater Akteure zu ermöglichen, die KI-Systeme im Einklang mit den Werten der Union entwickeln, und um das Potenzial des digitalen Wandels in allen Regionen der Union zu erschließen. Durch die Festlegung dieser Vorschriften sowie durch Maßnahmen zur Unterstützung der Innovation mit besonderem Augenmerk auf kleinen und mittleren Unternehmen (KMU), einschließlich Start-up-Unternehmen, unterstützt diese Verordnung das vom Europäischen Rat formulierte Ziel, das europäische menschenzentrierte KI-Konzept zu fördern und bei der Entwicklung einer sicheren, vertrauenswürdigen und ethisch vertretbaren KI weltweit eine Führungsrolle einzunehmen[1)], und sorgt für den vom Europäischen Parlament ausdrücklich geforderten Schutz von Ethikgrundsätzen[2)].

(9) Es sollten harmonisierte Vorschriften für das Inverkehrbringen, die Inbetriebnahme und die Verwendung von Hochrisiko-KI-Systemen im Einklang mit der Verordnung (EG) Nr. 765/2008 des Europäischen Parlaments und des Rates[3)], dem Beschluss Nr. 768/2008/EG des Europäischen Parlaments und des Rates[4)] und der Verordnung (EU) 2019/1020 des Europäischen Parlaments und des Rates[5)] („neuer Rechtsrahmen") festgelegt werden. Die in dieser Verordnung festgelegten harmonisierten Vorschriften sollten in allen Sektoren gelten und sollten im Einklang mit dem neuen Rechtsrahmen bestehendes Unionsrecht, das durch diese Verordnung ergänzt wird, unberührt lassen, insbesondere in den Bereichen Datenschutz, Verbraucherschutz, Grundrechte, Beschäftigung, Arbeitnehmerschutz und Produktsicherheit. Daher bleiben alle Rechte und Rechtsbehelfe, die für Verbraucher und andere Personen, auf die sich KI-Systeme negativ auswirken können, gemäß diesem Unionsrecht vorgesehen sind, auch in Bezug auf einen möglichen Schadenersatz gemäß der Richtlinie 85/374/EWG des Rates[6)] unberührt und in vollem Umfang anwendbar. Darüber hinaus und unter Einhaltung des Unionsrechts in Bezug auf Beschäftigungs- und Arbeitsbedingungen, einschließlich des

[1)] **Amtl. Anm.:** Europäischer Rat, Außerordentliche Tagung des Europäischen Rates (1. und 2. Oktober 2020) – Schlussfolgerungen, EUCO 13/20, 2020, S. 6.

[2)] **Amtl. Anm.:** Entschließung des Europäischen Parlaments vom 20. Oktober 2020 mit Empfehlungen an die Kommission zu dem Rahmen für die ethischen Aspekte von künstlicher Intelligenz, Robotik und damit zusammenhängenden Technologien, 2020/2012 (INL).

[3)] **Amtl. Anm.:** Verordnung (EG) Nr. 765/2008 des Europäischen Parlaments und des Rates vom 9. Juli 2008 über die Vorschriften für die Akkreditierung und zur Aufhebung der Verordnung (EWG) Nr. 339/93 des Rates (ABl. L 218 vom 13.8.2008, S. 30).

[4)] **Amtl. Anm.:** Beschluss Nr. 768/2008/EG des Europäischen Parlaments und des Rates vom 9. Juli 2008 über einen gemeinsamen Rechtsrahmen für die Vermarktung von Produkten und zur Aufhebung des Beschlusses 93/465/EWG des Rates (ABl. L 218 vom 13.8.2008, S. 82).

[5)] **Amtl. Anm.:** Verordnung (EU) 2019/1020 des Europäischen Parlaments und des Rates vom 20. Juni 2019 über Marktüberwachung und die Konformität von Produkten sowie zur Änderung der Richtlinie 2004/42/EG und der Verordnungen (EG) Nr. 765/2008 und (EU) Nr. 305/2011 (ABl. L 169 vom 25.6.2019, S. 1).

[6)] **Amtl. Anm.:** Richtlinie 85/374/EWG des Rates vom 25. Juli 1985 zur Angleichung der Rechts- und Verwaltungsvorschriften der Mitgliedstaaten über die Haftung für fehlerhafte Produkte (ABl. L 210 vom 7.8.1985, S. 29).

Gesundheitsschutzes und der Sicherheit am Arbeitsplatz sowie der Beziehungen zwischen Arbeitgebern und Arbeitnehmern sollte diese Verordnung daher – was Beschäftigung und den Schutz von Arbeitnehmern angeht – das Unionsrecht im Bereich der Sozialpolitik und die nationalen Arbeitsrechtsvorschriften nicht berühren. Diese Verordnung sollte auch die Ausübung der in den Mitgliedstaaten und auf Unionsebene anerkannten Grundrechte, einschließlich des Rechts oder der Freiheit zum Streik oder zur Durchführung anderer Maßnahmen, die im Rahmen der spezifischen Systeme der Mitgliedstaaten im Bereich der Arbeitsbeziehungen vorgesehen sind, sowie das Recht, im Einklang mit nationalem Recht Kollektivvereinbarungen auszuhandeln, abzuschließen und durchzusetzen oder kollektive Maßnahmen zu ergreifen, nicht beeinträchtigen. Diese Verordnung sollte die in einer Richtlinie des Europäischen Parlaments und des Rates zur Verbesserung der Arbeitsbedingungen in der Plattformarbeit enthaltenen Bestimmungen nicht berühren. Darüber hinaus zielt diese Verordnung darauf ab, die Wirksamkeit dieser bestehenden Rechte und Rechtsbehelfe zu stärken, indem bestimmte Anforderungen und Pflichten, auch in Bezug auf die Transparenz, die technische Dokumentation und das Führen von Aufzeichnungen von KI-Systemen, festgelegt werden. Ferner sollten die in dieser Verordnung festgelegten Pflichten der verschiedenen Akteure, die an der KI-Wertschöpfungskette beteiligt sind, unbeschadet der nationalen Rechtsvorschriften unter Einhaltung des Unionsrechts angewandt werden, wodurch die Verwendung bestimmter KI-Systeme begrenzt wird, wenn diese Rechtsvorschriften nicht in den Anwendungsbereich dieser Verordnung fallen oder mit ihnen andere legitime Ziele des öffentlichen Interesses verfolgt werden als in dieser Verordnung. So sollten etwa die nationalen arbeitsrechtlichen Vorschriften und die Rechtsvorschriften zum Schutz Minderjähriger, nämlich Personen unter 18 Jahren, unter Berücksichtigung der Allgemeinen Bemerkung Nr. 25 (2021) des UNCRC über die Rechte der Kinder im digitalen Umfeld von dieser Verordnung unberührt bleiben, sofern sie nicht spezifisch KI-Systeme betreffen und mit ihnen andere legitime Ziele des öffentlichen Interesses verfolgt werden.

(10) Das Grundrecht auf Schutz personenbezogener Daten wird insbesondere durch die Verordnungen (EU) 2016/679[1)] und (EU) 2018/1725[2)] des Europäischen Parlaments und des Rates und die Richtlinie (EU) 2016/680 des Europäischen Parlaments und des Rates[3)] gewahrt. Die Richtlinie

---

[1)] **Amtl. Anm.:** Verordnung (EU) 2016/679 *[Nr. 1]* des Europäischen Parlaments und des Rates vom 27. April 2016 zum Schutz natürlicher Personen bei der Verarbeitung personenbezogener Daten, zum freien Datenverkehr und zur Aufhebung der Richtlinie 95/46/EG (Datenschutz-Grundverordnung) (ABl. L 119 vom 4.5.2016, S. 1).

[2)] **Amtl. Anm.:** Verordnung (EU) 2018/1725 des Europäischen Parlaments und des Rates vom 23. Oktober 2018 zum Schutz natürlicher Personen bei der Verarbeitung personenbezogener Daten durch die Organe, Einrichtungen und sonstigen Stellen der Union, zum freien Datenverkehr und zur Aufhebung der Verordnung (EG) Nr. 45/2001 und des Beschlusses Nr. 1247/2002/EG (ABl. L 295 vom 21.11.2018, S. 39).

[3)] **Amtl. Anm.:** Richtlinie (EU) 2016/680 *[Nr. 2]* des Europäischen Parlaments und des Rates vom 27. April 2016 zum Schutz natürlicher Personen bei der Verarbeitung personenbezogener Daten durch die zuständigen Behörden zum Zwecke der Verhütung, Ermittlung, Aufdeckung oder Verfolgung von Straftaten oder der Strafvollstreckung sowie zum freien Datenverkehr und zur Aufhebung des Rahmenbeschlusses 2008/977/JI des Rates (ABl. L 119 vom 4.5.2016, S. 89).

2002/58/EG des Europäischen Parlaments und des Rates[1] schützt darüber hinaus die Privatsphäre und die Vertraulichkeit der Kommunikation, auch durch Bedingungen für die Speicherung personenbezogener und nicht personenbezogener Daten auf Endgeräten und den Zugang dazu. Diese Rechtsakte der Union bieten die Grundlage für eine nachhaltige und verantwortungsvolle Datenverarbeitung, auch wenn Datensätze eine Mischung aus personenbezogenen und nicht-personenbezogenen Daten enthalten. Diese Verordnung soll die Anwendung des bestehenden Unionsrechts zur Verarbeitung personenbezogener Daten, einschließlich der Aufgaben und Befugnisse der unabhängigen Aufsichtsbehörden, die für die Überwachung der Einhaltung dieser Instrumente zuständig sind, nicht berühren. Sie lässt ferner die Pflichten der Anbieter und Betreiber von KI-Systemen in ihrer Rolle als Verantwortliche oder Auftragsverarbeiter, die sich aus dem Unionsrecht oder dem nationalen Recht über den Schutz personenbezogener Daten ergeben, unberührt, soweit die Konzeption, die Entwicklung oder die Verwendung von KI-Systemen die Verarbeitung personenbezogener Daten umfasst. Ferner sollte klargestellt werden, dass betroffene Personen weiterhin über alle Rechte und Garantien verfügen, die ihnen durch dieses Unionsrecht gewährt werden, einschließlich der Rechte im Zusammenhang mit der ausschließlich automatisierten Entscheidungsfindung im Einzelfall und dem Profiling. Harmonisierte Vorschriften für das Inverkehrbringen, die Inbetriebnahme und die Verwendung von KI-Systemen, die im Rahmen dieser Verordnung festgelegt werden, sollten die wirksame Durchführung erleichtern und die Ausübung der Rechte betroffener Personen und anderer Rechtsbehelfe, die im Unionsrecht über den Schutz personenbezogener Daten und anderer Grundrechte garantiert sind, ermöglichen.

(11) Diese Verordnung sollte die Bestimmungen über die Verantwortlichkeit der Anbieter von Vermittlungsdiensten gemäß der Verordnung (EU) 2022/2065 des Europäischen Parlaments und des Rates[2] unberührt lassen.

(12) Der Begriff „KI-System" in dieser Verordnung sollte klar definiert und eng mit der Tätigkeit internationaler Organisationen abgestimmt werden, die sich mit KI befassen, um Rechtssicherheit, mehr internationale Konvergenz und hohe Akzeptanz sicherzustellen und gleichzeitig Flexibilität zu bieten, um den raschen technologischen Entwicklungen in diesem Bereich Rechnung zu tragen. Darüber hinaus sollte die Begriffsbestimmung auf den wesentlichen Merkmalen der KI beruhen, die sie von einfacheren herkömmlichen Softwaresystemen und Programmierungsansätzen abgrenzen, und sollte sich nicht auf Systeme beziehen, die auf ausschließlich von natürlichen Personen definierten Regeln für das automatische Ausführen von Operationen beruhen. Ein wesentliches Merkmal von KI-Systemen ist ihre Fähigkeit, abzuleiten. Diese Fähigkeit

---

[1] **Amtl. Anm.:** Richtlinie 2002/58/EG *[Nr. 3]* des Europäischen Parlaments und des Rates vom 12. Juli 2002 über die Verarbeitung personenbezogener Daten und den Schutz der Privatsphäre in der elektronischen Kommunikation (Datenschutzrichtlinie für elektronische Kommunikation) (ABl. L 201 vom 31.7.2002, S. 37).

[2] **Amtl. Anm.:** Verordnung (EU) 2022/2065 *[Nr. 5]* des Europäischen Parlaments und des Rates vom 19. Oktober 2022 über einen Binnenmarkt für digitale Dienste und zur Änderung der Richtlinie 2000/31/EG (Gesetz über digitale Dienste) (ABl. L 277 vom 27.10.2022, S. 1).

bezieht sich auf den Prozess der Erzeugung von Ausgaben, wie Vorhersagen, Inhalte, Empfehlungen oder Entscheidungen, die physische und digitale Umgebungen beeinflussen können, sowie auf die Fähigkeit von KI-Systemen, Modelle oder Algorithmen oder beides aus Eingaben oder Daten abzuleiten. Zu den Techniken, die während der Gestaltung eines KI-Systems das Ableiten ermöglichen, gehören Ansätze für maschinelles Lernen, wobei aus Daten gelernt wird, wie bestimmte Ziele erreicht werden können, sowie logik- und wissensgestützte Konzepte, wobei aus kodierten Informationen oder symbolischen Darstellungen der zu lösenden Aufgabe abgeleitet wird. Die Fähigkeit eines KI-Systems, abzuleiten, geht über die einfache Datenverarbeitung hinaus, indem Lern-, Schlussfolgerungs- und Modellierungsprozesse ermöglicht werden. Die Bezeichnung „maschinenbasiert" bezieht sich auf die Tatsache, dass KI-Systeme von Maschinen betrieben werden. Durch die Bezugnahme auf explizite oder implizite Ziele wird betont, dass KI-Systeme gemäß explizit festgelegten Zielen oder gemäß impliziten Zielen arbeiten können. Die Ziele des KI-Systems können sich – unter bestimmten Umständen – von der Zweckbestimmung des KI-Systems unterscheiden. Für die Zwecke dieser Verordnung sollten Umgebungen als Kontexte verstanden werden, in denen KI-Systeme betrieben werden, während die von einem KI-System erzeugten Ausgaben verschiedene Funktionen von KI-Systemen widerspiegeln, darunter Vorhersagen, Inhalte, Empfehlungen oder Entscheidungen. KI-Systeme sind mit verschiedenen Graden der Autonomie ausgestattet, was bedeutet, dass sie bis zu einem gewissen Grad unabhängig von menschlichem Zutun agieren und in der Lage sind, ohne menschliches Eingreifen zu arbeiten. Die Anpassungsfähigkeit, die ein KI-System nach Inbetriebnahme aufweisen könnte, bezieht sich auf seine Lernfähigkeit, durch sie es sich während seiner Verwendung verändern kann. KI-Systeme können eigenständig oder als Bestandteil eines Produkts verwendet werden, unabhängig davon, ob das System physisch in das Produkt integriert (eingebettet) ist oder der Funktion des Produkts dient, ohne darin integriert zu sein (nicht eingebettet).

(13) Der in dieser Verordnung verwendete Begriff „Betreiber" sollte als eine natürliche oder juristische Person, einschließlich Behörden, Einrichtungen oder sonstiger Stellen, die ein KI-System unter ihrer Befugnis verwenden, verstanden werden, es sei denn das KI-System wird im Rahmen einer persönlichen und nicht beruflichen Tätigkeit verwendet. Je nach Art des KI-Systems kann sich dessen Verwendung auf andere Personen als den Betreiber auswirken.

(14) Der in dieser Verordnung verwendete Begriff „biometrische Daten" sollte im Sinne des Begriffs „biometrische Daten" nach Artikel 4 Nummer 14 der Verordnung (EU) 2016/679[1)], Artikel 3 Nummer 18 der Verordnung (EU) 2018/1725 und Artikel 3 Nummer 13 der Richtlinie (EU) 2016/680[2)] ausgelegt werden. Biometrische Daten können die Authentifizierung, Identifizierung oder Kategorisierung natürlicher Personen und die Erkennung von Emotionen natürlicher Personen ermöglichen.

---

1) Nr. 1.
2) Nr. 2.

(15) Der Begriff „biometrische Identifizierung" sollte gemäß dieser Verordnung als automatische Erkennung physischer, physiologischer und verhaltensbezogener menschlicher Merkmale wie Gesicht, Augenbewegungen, Körperform, Stimme, Prosodie, Gang, Haltung, Herzfrequenz, Blutdruck, Geruch, charakteristischer Tastenanschlag zum Zweck der Überprüfung der Identität einer Person durch Abgleich der biometrischen Daten der entsprechenden Person mit den in einer Datenbank gespeicherten biometrischen Daten definiert werden, unabhängig davon, ob die Einzelperson ihre Zustimmung dazu gegeben hat oder nicht. Dies umfasst keine KI-Systeme, die bestimmungsgemäß für die biometrische Verifizierung, wozu die Authentifizierung gehört, verwendet werden sollen, deren einziger Zweck darin besteht, zu bestätigen, dass eine bestimmte natürliche Person die Person ist, für die sie sich ausgibt, sowie zur Bestätigung der Identität einer natürlichen Person zu dem alleinigen Zweck Zugang zu einem Dienst zu erhalten, ein Gerät zu entriegeln oder Sicherheitszugang zu Räumlichkeiten zu erhalten.

(16) Der Begriff „biometrischen Kategorisierung" sollte im Sinne dieser Verordnung die Zuordnung natürlicher Personen auf der Grundlage ihrer biometrischen Daten zu bestimmten Kategorien bezeichnen. Diese bestimmten Kategorien können Aspekte wie Geschlecht, Alter, Haarfarbe, Augenfarbe, Tätowierungen, Verhaltens- oder Persönlichkeitsmerkmale, Sprache, Religion, Zugehörigkeit zu einer nationalen Minderheit, sexuelle oder politische Ausrichtung betreffen. Dies gilt nicht für Systeme zur biometrischen Kategorisierung, bei denen es sich um eine reine Nebenfunktion handelt, die untrennbar mit einem anderen kommerziellen Dienst verbunden ist, d.h. die Funktion kann aus objektiven technischen Gründen nicht ohne den Hauptdienst verwendet werden und die Integration dieses Merkmals oder dieser Funktion dient nicht dazu, die Anwendbarkeit der Vorschriften dieser Verordnung zu umgehen. Beispielsweise könnten Filter zur Kategorisierung von Gesichts- oder Körpermerkmalen, die auf Online-Marktplätzen verwendet werden, eine solche Nebenfunktion darstellen, da sie nur im Zusammenhang mit der Hauptdienstleistung verwendet werden können, die darin besteht, ein Produkt zu verkaufen, indem es dem Verbraucher ermöglicht wird, zu sehen, wie das Produkt an seiner Person aussieht, und ihm so zu helfen, eine Kaufentscheidung zu treffen. Filter, die in sozialen Netzwerken eingesetzt werden und Gesichts- oder Körpermerkmale kategorisieren, um es den Nutzern zu ermöglichen, Bilder oder Videos hinzuzufügen oder zu verändern, können ebenfalls als Nebenfunktion betrachtet werden, da ein solcher Filter nicht ohne die Hauptdienstleistung sozialer Netzwerke verwendet werden kann, die in der Weitergabe von Online-Inhalten besteht.

(17) Der in dieser Verordnung verwendete Begriff „biometrisches Fernidentifizierungssystem" sollte funktional definiert werden als KI-System, das dem Zweck dient, natürliche Personen ohne ihre aktive Einbeziehung in der Regel aus der Ferne durch Abgleich der biometrischen Daten einer Person mit den in einer Referenzdatenbank gespeicherten biometrischen Daten zu identifizieren, unabhängig davon, welche Technologie, Verfahren oder Arten biometrischer Daten dazu verwendet werden. Diese biometrischen Fernidentifizierungssysteme werden in der Regel zur zeit-

gleichen Erkennung mehrerer Personen oder ihrer Verhaltensweisen verwendet, um die Identifizierung natürlicher Personen ohne ihre aktive Einbeziehung erheblich zu erleichtern. Dies umfasst keine KI-Systeme, die bestimmungsgemäß für die biometrische Verifizierung, wozu die Authentifizierung gehört, verwendet werden sollen, deren einziger Zweck darin besteht, zu bestätigen, dass eine bestimmte natürliche Person die Person ist, für die sie sich ausgibt, sowie zur Bestätigung der Identität einer natürlichen Person zu dem alleinigen Zweck Zugang zu einem Dienst zu erhalten, ein Gerät zu entriegeln oder Sicherheitszugang zu Räumlichkeiten zu erhalten. Diese Ausnahme wird damit begründet, dass diese Systeme im Vergleich zu biometrischen Fernidentifizierungssystemen, die zur Verarbeitung biometrischer Daten einer großen Anzahl von Personen ohne ihre aktive Einbeziehung verwendet werden können, geringfügige Auswirkungen auf die Grundrechte natürlicher Personen haben dürften. Bei „Echtzeit-Systemen" erfolgen die Erfassung der biometrischen Daten, der Abgleich und die Identifizierung zeitgleich, nahezu zeitgleich oder auf jeden Fall ohne erhebliche Verzögerung. In diesem Zusammenhang sollte es keinen Spielraum für eine Umgehung der Bestimmungen dieser Verordnung über die „Echtzeit-Nutzung" der betreffenden KI-Systeme geben, indem kleinere Verzögerungen vorgesehen werden. „Echtzeit-Systeme" umfassen die Verwendung von „Live-Material" oder „Near-live-Material" wie etwa Videoaufnahmen, die von einer Kamera oder einem anderen Gerät mit ähnlicher Funktion erzeugt werden. Bei Systemen zur nachträglichen Identifizierung hingegen wurden die biometrischen Daten schon zuvor erfasst und der Abgleich und die Identifizierung erfolgen erst mit erheblicher Verzögerung. Dabei handelt es sich um Material wie etwa Bild- oder Videoaufnahmen, die von Video-Überwachungssystemen oder privaten Geräten vor der Anwendung des Systems auf die betroffenen natürlichen Personen erzeugt wurden.

(18) Der in dieser Verordnung verwendete Begriff „Emotionserkennungssystem" sollte als ein KI-System definiert werden, das dem Zweck dient, Emotionen oder Absichten natürlicher Personen auf der Grundlage ihrer biometrischen Daten festzustellen oder daraus abzuleiten. In diesem Begriff geht es um Emotionen oder Absichten wie Glück, Trauer, Wut, Überraschung, Ekel, Verlegenheit, Aufregung, Scham, Verachtung, Zufriedenheit und Vergnügen. Dies umfasst nicht physische Zustände wie Schmerz oder Ermüdung, einschließlich beispielsweise Systeme, die zur Erkennung des Zustands der Ermüdung von Berufspiloten oder -fahrern eigesetzt werden, um Unfälle zu verhindern. Es geht dabei auch nicht um die bloße Erkennung offensichtlicher Ausdrucksformen, Gesten und Bewegungen, es sei denn, sie werden zum Erkennen oder Ableiten von Emotionen verwendet. Bei diesen Ausdrucksformen kann es sich um einfache Gesichtsausdrücke wie ein Stirnrunzeln oder ein Lächeln oder um Gesten wie Hand-, Arm- oder Kopfbewegungen oder um die Stimmmerkmale einer Person handeln, wie eine erhobene Stimme oder ein Flüstern.

(19) Für die Zwecke dieser Verordnung sollte der Begriff „öffentlich zugänglicher Raum" so verstanden werden, dass er sich auf einen einer unbestimmten Anzahl natürlicher Personen zugänglichen physischen Ort be-

zieht, unabhängig davon, ob er sich in privatem oder öffentlichem Eigentum befindet, unabhängig von den Tätigkeiten, für die der Ort verwendet werden kann; dazu zählen Bereiche wie etwa für Gewerbe, etwa Geschäfte, Restaurants, Cafés, für Dienstleistungen, etwa Banken, berufliche Tätigkeiten, Gastgewerbe, für Sport, etwa Schwimmbäder, Fitnessstudios, Stadien, für Verkehr, etwa Bus- und U-Bahn-Haltestellen, Bahnhöfe, Flughäfen, Transportmittel, für Unterhaltung, etwa Kinos, Theater, Museen, Konzert- und Konferenzsäle oder für Freizeit oder Sonstiges, etwa öffentliche Straßen und Plätze, Parks, Wälder, Spielplätze. Ein Ort sollte auch als öffentlich zugänglich eingestuft werden, wenn der Zugang, unabhängig von möglichen Kapazitäts- oder Sicherheitsbeschränkungen, bestimmten im Voraus festgelegten Bedingungen unterliegt, die von einer unbestimmten Anzahl von Personen erfüllt werden können, etwa durch den Kauf eines Fahrscheins, die vorherige Registrierung oder die Erfüllung eines Mindestalters. Dahingegen sollte ein Ort nicht als öffentlich zugänglich gelten, wenn der Zugang auf natürliche Personen beschränkt ist, die entweder im Unionsrecht oder im nationalen Recht, das direkt mit der öffentlichen Sicherheit zusammenhängt, oder im Rahmen einer eindeutigen Willenserklärung der Person, die die entsprechende Befugnis über den Ort ausübt, bestimmt und festgelegt werden. Die tatsächliche Zugangsmöglichkeit allein, etwa eine unversperrte Tür oder ein offenes Zauntor, bedeutet nicht, dass der Ort öffentlich zugänglich ist, wenn aufgrund von Hinweisen oder Umständen das Gegenteil nahegelegt wird (etwa Schilder, die den Zugang verbieten oder einschränken). Unternehmens- und Fabrikgelände sowie Büros und Arbeitsplätze, die nur für die betreffenden Mitarbeiter und Dienstleister zugänglich sein sollen, sind Orte, die nicht öffentlich zugänglich sind. Justizvollzugsanstalten und Grenzkontrollbereiche sollten nicht zu den öffentlich zugänglichen Orten zählen. Einige andere Gebiete können sowohl öffentlich zugängliche als auch nicht öffentlich zugängliche Orte umfassen, etwa die Gänge eines privaten Wohngebäudes, deren Zugang erforderlich ist, um zu einer Arztpraxis zu gelangen, oder Flughäfen. Online-Räume werden nicht erfasst, da es sich nicht um physische Räume handelt. Ob ein bestimmter Raum öffentlich zugänglich ist, sollte jedoch von Fall zu Fall unter Berücksichtigung der Besonderheiten der jeweiligen individuellen Situation entschieden werden.

(20) Um den größtmöglichen Nutzen aus KI-Systemen zu ziehen und gleichzeitig die Grundrechte, Gesundheit und Sicherheit zu wahren und eine demokratische Kontrolle zu ermöglichen, sollte die KI-Kompetenz Anbieter, Betreiber und betroffene Personen mit den notwendigen Konzepten ausstatten, um fundierte Entscheidungen über KI-Systeme zu treffen. Diese Konzepte können in Bezug auf den jeweiligen Kontext unterschiedlich sein und das Verstehen der korrekten Anwendung technischer Elemente in der Entwicklungsphase des KI-Systems, der bei seiner Verwendung anzuwendenden Maßnahmen und der geeigneten Auslegung der Ausgaben des KI-Systems umfassen sowie – im Falle betroffener Personen – das nötige Wissen, um zu verstehen, wie sich mithilfe von KI getroffene Entscheidungen auf sie auswirken werden. Im Zusammenhang mit der Anwendung dieser Verordnung sollte die KI-Kompetenz allen einschlägigen Akteuren der KI-Wertschöpfungskette die Kenntnisse ver-

mitteln, die erforderlich sind, um die angemessene Einhaltung und die ordnungsgemäße Durchsetzung der Verordnung sicherzustellen. Darüber hinaus könnten die umfassende Umsetzung von KI-Kompetenzmaßnahmen und die Einführung geeigneter Folgemaßnahmen dazu beitragen, die Arbeitsbedingungen zu verbessern und letztlich die Konsolidierung und den Innovationspfad vertrauenswürdiger KI in der Union unterstützen. Ein Europäisches Gremium für Künstliche Intelligenz (im Folgenden „KI-Gremium") sollte die Kommission dabei unterstützen, KI-Kompetenzinstrumente sowie die Sensibilisierung und Aufklärung der Öffentlichkeit in Bezug auf die Vorteile, Risiken, Schutzmaßnahmen, Rechte und Pflichten im Zusammenhang mit der Nutzung von KI-Systeme zu fördern. In Zusammenarbeit mit den einschlägigen Interessenträgern sollten die Kommission und die Mitgliedstaaten die Ausarbeitung freiwilliger Verhaltenskodizes erleichtern, um die KI-Kompetenz von Personen, die mit der Entwicklung, dem Betrieb und der Verwendung von KI befasst sind, zu fördern.

(21) Um gleiche Wettbewerbsbedingungen und einen wirksamen Schutz der Rechte und Freiheiten von Einzelpersonen in der gesamten Union zu gewährleisten, sollten die in dieser Verordnung festgelegten Vorschriften in nichtdiskriminierender Weise für Anbieter von KI-Systemen – unabhängig davon, ob sie in der Union oder in einem Drittland niedergelassen sind – und für Betreiber von KI-Systemen, die in der Union niedergelassen sind, gelten.

(22) Angesichts ihres digitalen Charakters sollten bestimmte KI-Systeme in den Anwendungsbereich dieser Verordnung fallen, selbst wenn sie in der Union weder in Verkehr gebracht noch in Betrieb genommen oder verwendet werden. Dies ist beispielsweise der Fall, wenn ein in der Union niedergelassener Akteur bestimmte Dienstleistungen an einen in einem Drittland niedergelassenen Akteur im Zusammenhang mit einer Tätigkeit vergibt, die von einem KI-System ausgeübt werden soll, das als hochriskant einzustufen wäre. Unter diesen Umständen könnte das von dem Akteur in einem Drittland betriebene KI-System Daten verarbeiten, die rechtmäßig in der Union erhoben und aus der Union übertragen wurden, und dem vertraglichen Akteur in der Union die aus dieser Verarbeitung resultierende Ausgabe dieses KI-Systems liefern, ohne dass dieses KI-System dabei in der Union in Verkehr gebracht, in Betrieb genommen oder verwendet würde. Um die Umgehung dieser Verordnung zu verhindern und einen wirksamen Schutz in der Union ansässiger natürlicher Personen zu gewährleisten, sollte diese Verordnung auch für Anbieter und Betreiber von KI-Systemen gelten, die in einem Drittland niedergelassen sind, soweit beabsichtigt wird, die von diesem System erzeugte Ausgabe in der Union zu verwenden. Um jedoch bestehenden Vereinbarungen und besonderen Erfordernissen für die künftige Zusammenarbeit mit ausländischen Partnern, mit denen Informationen und Beweismittel ausgetauscht werden, Rechnung zu tragen, sollte diese Verordnung nicht für Behörden eines Drittlands und internationale Organisationen gelten, wenn sie im Rahmen der Zusammenarbeit oder internationaler Übereinkünfte tätig werden, die auf Unionsebene oder nationaler Ebene für die Zusammenarbeit mit der Union oder den Mitgliedstaaten im Bereich der Strafverfolgung und der justiziellen Zusammenarbeit ge-

schlossen wurden, vorausgesetzt dass dieses Drittland oder diese internationale Organisationen angemessene Garantien in Bezug auf den Schutz der Grundrechte und -freiheiten von Einzelpersonen bieten. Dies kann gegebenenfalls Tätigkeiten von Einrichtungen umfassen, die von Drittländern mit der Wahrnehmung bestimmter Aufgaben zur Unterstützung dieser Zusammenarbeit im Bereich der Strafverfolgung und der justiziellen Zusammenarbeit betraut wurden. Ein solcher Rahmen für die Zusammenarbeit oder für Übereinkünfte wurde bilateral zwischen Mitgliedstaaten und Drittländern oder zwischen der Europäischen Union, Europol und anderen Agenturen der Union und Drittländern und internationalen Organisationen erarbeitet. Die Behörden, die nach dieser Verordnung für die Aufsicht über die Strafverfolgungs- und Justizbehörden zuständig sind, sollten prüfen, ob diese Rahmen für die Zusammenarbeit oder internationale Übereinkünfte angemessene Garantien in Bezug auf den Schutz der Grundrechte und -freiheiten von Einzelpersonen enthalten. Empfangende nationale Behörden und Organe, Einrichtungen sowie sonstige Stellen der Union, die diese Ausgaben in der Union verwenden, sind weiterhin dafür verantwortlich, sicherzustellen, dass ihre Verwendung mit Unionsrecht vereinbar ist. Wenn diese internationalen Übereinkünfte überarbeitet oder wenn künftig neue Übereinkünfte geschlossen werden, sollten die Vertragsparteien größtmögliche Anstrengungen unternehmen, um diese Übereinkünfte an die Anforderungen dieser Verordnung anzugleichen.

(23) Diese Verordnung sollte auch für Organe, Einrichtungen und sonstige Stellen der Union gelten, wenn sie als Anbieter oder Betreiber eines KI-Systems auftreten.

(24) Wenn und soweit KI-Systeme mit oder ohne Änderungen für Zwecke in den Bereichen Militär, Verteidigung oder nationale Sicherheit in Verkehr gebracht, in Betrieb genommen oder verwendet werden, sollten sie vom Anwendungsbereich dieser Verordnung ausgenommen werden, unabhängig von der Art der Einrichtung, die diese Tätigkeiten ausübt, etwa ob es sich um eine öffentliche oder private Einrichtung handelt. In Bezug auf die Zwecke in den Bereichen Militär und Verteidigung gründet sich die Ausnahme sowohl auf Artikel 4 Absatz 2 EUV als auch auf die Besonderheiten der Verteidigungspolitik der Mitgliedstaaten und der in Titel V Kapitel 2 EUV abgedeckten gemeinsamen Verteidigungspolitik der Union, die dem Völkerrecht unterliegen, was daher den geeigneteren Rechtsrahmen für die Regulierung von KI-Systemen im Zusammenhang mit der Anwendung tödlicher Gewalt und sonstigen KI-Systemen im Zusammenhang mit Militär- oder Verteidigungstätigkeiten darstellt. In Bezug auf die Zwecke im Bereich nationale Sicherheit gründet sich die Ausnahme sowohl auf die Tatsache, dass die nationale Sicherheit gemäß Artikel 4 Absatz 2 EUV weiterhin in die alleinige Verantwortung der Mitgliedstaaten fällt, als auch auf die besondere Art und die operativen Bedürfnisse der Tätigkeiten im Bereich der nationalen Sicherheit und der spezifischen nationalen Vorschriften für diese Tätigkeiten. Wird ein KI-System, das für Zwecke in den Bereichen Militär, Verteidigung oder nationale Sicherheit entwickelt, in Verkehr gebracht, in Betrieb genommen oder verwendet wird, jedoch vorübergehend oder ständig für andere Zwecke verwendet, etwa für zivile oder humanitäre Zwecke oder für

Zwecke der Strafverfolgung oder öffentlichen Sicherheit, so würde dieses System in den Anwendungsbereich dieser Verordnung fallen. In diesem Fall sollte die Einrichtung, die das KI-System für andere Zwecke als Zwecke in den Bereichen Militär, Verteidigung oder nationale Sicherheit verwendet, die Konformität des KI-Systems mit dieser Verordnung sicherstellen, es sei denn, das System entspricht bereits dieser Verordnung. KI-Systeme, die für einen ausgeschlossenen Zweck, nämlich Militär, Verteidigung oder nationale Sicherheit, und für einen oder mehrere nicht ausgeschlossene Zwecke, etwa zivile Zwecke oder Strafverfolgungszwecke, in Verkehr gebracht oder in Betrieb genommen werden, fallen in den Anwendungsbereich dieser Verordnung, und Anbieter dieser Systeme sollten die Einhaltung dieser Verordnung sicherstellen. In diesen Fällen sollte sich die Tatsache, dass ein KI-System in den Anwendungsbereich dieser Verordnung fällt, nicht darauf auswirken, dass Einrichtungen, die Tätigkeiten in den Bereichen nationale Sicherheit, Verteidigung oder Militär ausüben, KI-Systeme für Zwecke in den Bereichen nationale Sicherheit, Militär und Verteidigung verwenden können, unabhängig von der Art der Einrichtung, die diese Tätigkeiten ausübt, wobei die Verwendung vom Anwendungsbereich dieser Verordnung ausgenommen ist. Ein KI-System, das für zivile Zwecke oder Strafverfolgungszwecke in Verkehr gebracht wurde und mit oder ohne Änderungen für Zwecke in den Bereichen Militär, Verteidigung oder nationale Sicherheit verwendet wird, sollte nicht in den Anwendungsbereich dieser Verordnung fallen, unabhängig von der Art der Einrichtung, die diese Tätigkeiten ausübt.

(25) Diese Verordnung sollte die Innovation fördern, die Freiheit der Wissenschaft achten und Forschungs- und Entwicklungstätigkeiten nicht untergraben. Daher müssen KI-Systeme und -Modelle, die eigens für den alleinigen Zweck der wissenschaftlichen Forschung und Entwicklung entwickelt und in Betrieb genommen werden, vom Anwendungsbereich der Verordnung ausgenommen werden. Ferner muss sichergestellt werden, dass sich die Verordnung nicht anderweitig auf Forschungs- und Entwicklungstätigkeiten zu KI-Systemen und -Modellen auswirkt, bevor diese in Verkehr gebracht oder in Betrieb genommen werden. Hinsichtlich produktorientierter Forschungs-, Test- und Entwicklungstätigkeiten in Bezug auf KI-Systeme oder -Modelle sollten die Bestimmungen dieser Verordnung auch nicht vor der Inbetriebnahme oder dem Inverkehrbringen dieser Systeme und Modelle gelten. Diese Ausnahme berührt weder die Pflicht zur Einhaltung dieser Verordnung, wenn ein KI-System, das in den Anwendungsbereich dieser Verordnung fällt, infolge solcher Forschungs- und Entwicklungstätigkeiten in Verkehr gebracht oder in Betrieb genommen wird, noch die Anwendung der Bestimmungen zu KI-Reallaboren und zu Tests unter Realbedingungen. Darüber hinaus sollte unbeschadet der Ausnahme in Bezug auf KI-Systeme, die eigens für den alleinigen Zweck der wissenschaftlichen Forschung und Entwicklung entwickelt und in Betrieb genommen werden, jedes andere KI-System, das für die Durchführung von Forschungs- und Entwicklungstätigkeiten verwendet werden könnte, den Bestimmungen dieser Verordnung unterliegen. In jedem Fall sollten jegliche Forschungs- und Entwicklungstätigkeiten gemäß anerkannten ethischen und professionel-

len Grundsätzen für die wissenschaftliche Forschung und unter Wahrung des geltenden Unionsrechts ausgeführt werden.

(26) Um ein verhältnismäßiges und wirksames verbindliches Regelwerk für KI-Systeme einzuführen, sollte ein klar definierter risikobasierter Ansatz verfolgt werden. Bei diesem Ansatz sollten Art und Inhalt solcher Vorschriften auf die Intensität und den Umfang der Risiken zugeschnitten werden, die von KI-Systemen ausgehen können. Es ist daher notwendig, bestimmte inakzeptable Praktiken im Bereich der KI zu verbieten und Anforderungen an Hochrisiko-KI-Systeme und Pflichten für die betreffenden Akteure sowie Transparenzpflichten für bestimmte KI-Systeme festzulegen.

(27) Während der risikobasierte Ansatz die Grundlage für ein verhältnismäßiges und wirksames verbindliches Regelwerk bildet, muss auch auf die Ethikleitlinien für vertrauenswürdige KI von 2019 der von der Kommission eingesetzten unabhängigen hochrangigen Expertengruppe für künstliche Intelligenz verwiesen werden. In diesen Leitlinien hat die hochrangige Expertengruppe sieben unverbindliche ethische Grundsätze für KI entwickelt, die dazu beitragen sollten, dass KI vertrauenswürdig und ethisch vertretbar ist. Zu den sieben Grundsätzen gehören: menschliches Handeln und menschliche Aufsicht, technische Robustheit und Sicherheit, Privatsphäre und Daten-Governance, Transparenz, Vielfalt, Nichtdiskriminierung und Fairness, soziales und ökologisches Wohlergehen sowie Rechenschaftspflicht. Unbeschadet der rechtsverbindlichen Anforderungen dieser Verordnung und anderer geltender Rechtsvorschriften der Union tragen diese Leitlinien zur Gestaltung kohärenter, vertrauenswürdiger und menschenzentrierter KI bei im Einklang mit der Charta und den Werten, auf die sich die Union gründet. Nach den Leitlinien der hochrangigen Expertengruppe bedeutet „menschliches Handeln und menschliche Aufsicht“, dass ein KI-System entwickelt und als Instrument verwendet wird, das den Menschen dient, die Menschenwürde und die persönliche Autonomie achtet und so funktioniert, dass es von Menschen angemessen kontrolliert und überwacht werden kann. „Technische Robustheit und Sicherheit“ bedeutet, dass KI-Systeme so entwickelt und verwendet werden, dass sie im Fall von Schwierigkeiten robust sind und widerstandsfähig gegen Versuche, die Verwendung oder Leistung des KI-Systems so zu verändern, dass dadurch die unrechtmäßige Verwendung durch Dritte ermöglicht wird, und dass ferner unbeabsichtigte Schäden minimiert werden. „Privatsphäre und Daten-Governance“ bedeutet, dass KI-Systeme im Einklang mit den geltenden Vorschriften zum Schutz der Privatsphäre und zum Datenschutz entwickelt und verwendet werden und dabei Daten verarbeiten, die hohen Qualitäts- und Integritätsstandards genügen. „Transparenz“ bedeutet, dass KI-Systeme so entwickelt und verwendet werden, dass sie angemessen nachvollziehbar und erklärbar sind, wobei den Menschen bewusst gemacht werden muss, dass sie mit einem KI-System kommunizieren oder interagieren, und dass die Betreiber ordnungsgemäß über die Fähigkeiten und Grenzen des KI-Systems informieren und die betroffenen Personen über ihre Rechte in Kenntnis setzen müssen. „Vielfalt, Nichtdiskriminierung und Fairness“ bedeutet, dass KI-Systeme in einer Weise entwickelt und verwendet werden, die unterschiedliche Akteure einbezieht und den gleichberech-

tigten Zugang, die Geschlechtergleichstellung und die kulturelle Vielfalt fördert, wobei diskriminierende Auswirkungen und unfaire Verzerrungen, die nach Unionsrecht oder nationalem Recht verboten sind, verhindert werden. „Soziales und ökologisches Wohlergehen" bedeutet, dass KI-Systeme in nachhaltiger und umweltfreundlicher Weise und zum Nutzen aller Menschen entwickelt und verwendet werden, wobei die langfristigen Auswirkungen auf den Einzelnen, die Gesellschaft und die Demokratie überwacht und bewertet werden. Die Anwendung dieser Grundsätze sollte, soweit möglich, in die Gestaltung und Verwendung von KI-Modellen einfließen. Sie sollten in jedem Fall als Grundlage für die Ausarbeitung von Verhaltenskodizes im Rahmen dieser Verordnung dienen. Alle Interessenträger, einschließlich der Industrie, der Wissenschaft, der Zivilgesellschaft und der Normungsorganisationen, werden aufgefordert, die ethischen Grundsätze bei der Entwicklung freiwilliger bewährter Verfahren und Normen, soweit angebracht, zu berücksichtigen.

(28) Abgesehen von den zahlreichen nutzbringenden Verwendungsmöglichkeiten von KI kann diese Technologie auch missbraucht werden und neue und wirkungsvolle Instrumente für manipulative, ausbeuterische und soziale Kontrollpraktiken bieten. Solche Praktiken sind besonders schädlich und missbräuchlich und sollten verboten werden, weil sie im Widerspruch zu den Werten der Union stehen, nämlich der Achtung der Menschenwürde, Freiheit, Gleichheit, Demokratie und Rechtsstaatlichkeit sowie der in der Charta verankerten Grundrechte, einschließlich des Rechts auf Nichtdiskriminierung, Datenschutz und Privatsphäre sowie der Rechte des Kindes.

(29) KI-gestützte manipulative Techniken können dazu verwendet werden, Personen zu unerwünschten Verhaltensweisen zu bewegen oder sie zu täuschen, indem sie in einer Weise zu Entscheidungen angeregt werden, die ihre Autonomie, Entscheidungsfindung und freie Auswahl untergräbt und beeinträchtigt. Das Inverkehrbringen, die Inbetriebnahme oder die Verwendung bestimmter KI-Systeme, die das Ziel oder die Auswirkung haben, menschliches Verhalten maßgeblich nachteilig zu beeinflussen, und große Schäden, insbesondere erhebliche nachteilige Auswirkungen auf die physische und psychische Gesundheit oder auf die finanziellen Interessen verursachen dürften, ist besonders gefährlich und sollte dementsprechend verboten werden. Solche KI-Systeme setzen auf eine unterschwellige Beeinflussung, beispielweise durch Reize in Form von Ton-, Bild- oder Videoinhalten, die für Menschen nicht erkennbar sind, da diese Reize außerhalb ihres Wahrnehmungsbereichs liegen, oder auf andere Arten manipulativer oder täuschender Beeinflussung, die ihre Autonomie, Entscheidungsfindung oder freie Auswahl in einer Weise untergraben und beeinträchtigen, die sich ihrer bewussten Wahrnehmung entzieht oder deren Einfluss – selbst wenn sie sich seiner bewusst sind – sie nicht kontrollieren oder widerstehen können. Dies könnte beispielsweise durch Gehirn-Computer-Schnittstellen oder virtuelle Realität erfolgen, da diese ein höheres Maß an Kontrolle darüber ermöglichen, welche Reize den Personen, insofern diese das Verhalten der Personen in erheblichem Maße schädlich beeinflussen können, angeboten werden. Ferner können KI-Systeme auch anderweitig die Vulnerabilität einer

Person oder bestimmter Gruppen von Personen aufgrund ihres Alters oder einer Behinderung im Sinne der Richtlinie (EU) 2019/882 des Europäischen Parlaments und des Rates[1] oder aufgrund einer bestimmten sozialen oder wirtschaftlichen Situation ausnutzen, durch die diese Personen gegenüber einer Ausnutzung anfälliger werden dürften, beispielweise Personen, die in extremer Armut leben, und ethnische oder religiöse Minderheiten. Solche KI-Systeme können mit dem Ziel oder der Wirkung in Verkehr gebracht, in Betrieb genommen oder verwendet werden, das Verhalten einer Person in einer Weise wesentlich zu beeinflussen, die dieser Person oder einer anderen Person oder Gruppen von Personen einen erheblichen Schaden zufügt oder mit hinreichender Wahrscheinlichkeit zufügen wird, einschließlich Schäden, die sich im Laufe der Zeit anhäufen können, und sollten daher verboten werden. Diese Absicht, das Verhalten zu beeinflussen, kann nicht vermutet werden, wenn die Beeinflussung auf Faktoren zurückzuführen ist, die nicht Teil des KI-Systems sind und außerhalb der Kontrolle des Anbieters oder Betreibers liegen, d.h. Faktoren, die vom Anbieter oder Betreiber des KI-Systems vernünftigerweise nicht vorhergesehen oder gemindert werden können. In jedem Fall ist es nicht erforderlich, dass der Anbieter oder der Betreiber die Absicht haben, erheblichen Schaden zuzufügen, wenn dieser Schaden aufgrund von manipulativen oder ausbeuterischen KI-gestützten Praktiken entsteht. Das Verbot solcher KI-Praktiken ergänzt die Bestimmungen der Richtlinie 2005/29/EG des Europäischen Parlaments und des Rates[2]; insbesondere sind unlautere Geschäftspraktiken, durch die Verbraucher wirtschaftliche oder finanzielle Schäden erleiden, unter allen Umständen verboten, unabhängig davon, ob sie durch KI-Systeme oder anderweitig umgesetzt werden. Das Verbot manipulativer und ausbeuterischer Praktiken gemäß dieser Verordnung sollte sich nicht auf rechtmäßige Praktiken im Zusammenhang mit medizinischen Behandlungen, etwa der psychologischen Behandlung einer psychischen Krankheit oder der physischen Rehabilitation, auswirken, wenn diese Praktiken gemäß den geltenden Rechtsvorschriften und medizinischen Standards erfolgen, z. B mit der ausdrücklichen Zustimmung der Einzelpersonen oder ihrer gesetzlichen Vertreter. Darüber hinaus sollten übliche und rechtmäßige Geschäftspraktiken, beispielsweise im Bereich der Werbung, die im Einklang mit den geltenden Rechtsvorschriften stehen, als solche nicht als schädliche manipulative KI-gestützten Praktiken gelten.

(30) Systeme zur biometrischen Kategorisierung, die anhand der biometrischen Daten von natürlichen Personen, wie dem Gesicht oder dem Fingerabdruck einer Person, die politische Meinung, die Mitgliedschaft in einer Gewerkschaft, religiöse oder weltanschauliche Überzeugungen, die Rasse, das Sexualleben oder die sexuelle Ausrichtung einer Person

---

[1] **Amtl. Anm.:** Richtlinie (EU) 2019/882 des Europäischen Parlaments und des Rates vom 17. April 2019 über die Barrierefreiheitsanforderungen für Produkte und Dienstleistungen (ABl. L 151 vom 7.6.2019, S. 70).

[2] **Amtl. Anm.:** Richtlinie 2005/29/EG des Europäischen Parlaments und des Rates vom 11. Mai 2005 über unlautere Geschäftspraktiken im binnenmarktinternen Geschäftsverkehr zwischen Unternehmen und Verbrauchern und zur Änderung der Richtlinie 84/450/EWG des Rates, der Richtlinien 97/7/EG, 98/27/EG und 2002/65/EG des Europäischen Parlaments und des Rates sowie der Verordnung (EG) Nr. 2006/2004 des Europäischen Parlaments und des Rates (Richtlinie über unlautere Geschäftspraktiken) (ABl. L 149 vom 11.6.2005, S. 22).

erschließen oder ableiten, sollten verboten werden. Dieses Verbot sollte nicht für die rechtmäßige Kennzeichnung, Filterung oder Kategorisierung biometrischer Datensätze gelten, die im Einklang mit dem Unionsrecht oder dem nationalen Recht anhand biometrischer Daten erworben wurden, wie das Sortieren von Bildern nach Haar- oder Augenfarbe, was beispielsweise im Bereich der Strafverfolgung verwendet werden kann.

(31) KI-Systeme, die eine soziale Bewertung natürlicher Personen durch öffentliche oder private Akteure bereitstellen, können zu diskriminierenden Ergebnissen und zur Ausgrenzung bestimmter Gruppen führen. Sie können die Menschenwürde und das Recht auf Nichtdiskriminierung sowie die Werte der Gleichheit und Gerechtigkeit verletzen. Solche KI-Systeme bewerten oder klassifizieren natürliche Personen oder Gruppen natürlicher Personen in einem bestimmten Zeitraum auf der Grundlage zahlreicher Datenpunkte in Bezug auf ihr soziales Verhalten in verschiedenen Zusammenhängen oder aufgrund bekannter, vermuteter oder vorhergesagter persönlicher Eigenschaften oder Persönlichkeitsmerkmale. Die aus solchen KI-Systemen erzielte soziale Bewertung kann zu einer Schlechterstellung oder Benachteiligung bestimmter natürlicher Personen oder ganzer Gruppen natürlicher Personen in sozialen Kontexten, die in keinem Zusammenhang mit den Umständen stehen, unter denen die Daten ursprünglich erzeugt oder erhoben wurden, oder zu einer Schlechterstellung führen, die im Hinblick auf die Tragweite ihres sozialen Verhaltens unverhältnismäßig oder ungerechtfertigt ist. KI-Systeme, die solche inakzeptablen Bewertungspraktiken mit sich bringen und zu einer solchen Schlechterstellung oder Benachteiligung führen, sollten daher verboten werden. Dieses Verbot sollte nicht die rechtmäßigen Praktiken zur Bewertung natürlicher Personen berühren, die im Einklang mit dem Unionsrecht und dem nationalen Recht zu einem bestimmten Zweck durchgeführt werden.

(32) Die Verwendung von KI-Systemen zur biometrischen Echtzeit-Fernidentifizierung natürlicher Personen in öffentlich zugänglichen Räumen zu Strafverfolgungszwecken greift besonders in die Rechte und Freiheiten der betroffenen Personen ein, da sie die Privatsphäre eines großen Teils der Bevölkerung beeinträchtigt, ein Gefühl der ständigen Überwachung weckt und indirekt von der Ausübung der Versammlungsfreiheit und anderer Grundrechte abhalten kann. Technische Ungenauigkeiten von KI-Systemen, die für die biometrische Fernidentifizierung natürlicher Personen bestimmt sind, können zu verzerrten Ergebnissen führen und eine diskriminierende Wirkung haben. Solche möglichen verzerrten Ergebnisse und eine solche diskriminierende Wirkung sind von besonderer Bedeutung, wenn es um das Alter, die ethnische Herkunft, die Rasse, das Geschlecht oder Behinderungen geht. Darüber hinaus bergen die Unmittelbarkeit der Auswirkungen und die begrenzten Möglichkeiten weiterer Kontrollen oder Korrekturen im Zusammenhang mit der Verwendung solcher in Echtzeit betriebener Systeme erhöhte Risiken für die Rechte und Freiheiten der betreffenden Personen, die im Zusammenhang mit Strafverfolgungsmaßnahmen stehen oder davon betroffen sind.

(33) Die Verwendung solcher Systeme zu Strafverfolgungszwecken sollte daher untersagt werden, außer in erschöpfend aufgeführten und eng abgegrenzten Fällen, in denen die Verwendung unbedingt erforderlich ist, um

einem erheblichen öffentlichen Interesse zu dienen, dessen Bedeutung die Risiken überwiegt. Zu diesen Fällen gehört die Suche nach bestimmten Opfern von Straftaten, einschließlich vermisster Personen, bestimmte Gefahren für das Leben oder die körperliche Unversehrtheit natürlicher Personen oder die Gefahr eines Terroranschlags sowie das Aufspüren oder Identifizieren von Tätern oder Verdächtigen in Bezug auf die in einem Anhang zu dieser Verordnung genannten Straftaten, sofern diese Straftaten in dem betreffenden Mitgliedstaat im Sinne des Rechts dieses Mitgliedstaats mit einer Freiheitsstrafe oder einer freiheitsentziehenden Maßregel der Sicherung im Höchstmaß von mindestens vier Jahren bedroht sind. Eine solche Schwelle für eine Freiheitsstrafe oder eine freiheitsentziehende Maßregel der Sicherung nach nationalem Recht trägt dazu bei, sicherzustellen, dass die Straftat schwerwiegend genug ist, um den Einsatz biometrischer Echtzeit-Fernidentifizierungssysteme möglicherweise zu rechtfertigen. Darüber hinaus beruht die im Anhang dieser Verordnung aufgeführte Liste der Straftaten auf den 32 im Rahmenbeschluss 2002/584/JI des Rates[1)] aufgeführten Straftaten, unter Berücksichtigung der Tatsache, dass einige der Straftaten in der Praxis eher relevant sein können als andere, da der Rückgriff auf die biometrische Echtzeit-Fernidentifizierung für die konkrete Aufspürung oder Identifizierung eines Täters oder Verdächtigen in Bezug auf eine der verschiedenen aufgeführten Straftaten voraussichtlich in äußerst unterschiedlichem Maße erforderlich und verhältnismäßig sein könnte und da dabei die wahrscheinlichen Unterschiede in Schwere, Wahrscheinlichkeit und Ausmaß des Schadens oder möglicher negativer Folgen zu berücksichtigen sind. Eine unmittelbare Gefahr für das Leben oder die körperliche Unversehrtheit natürlicher Personen kann auch durch die schwerwiegende Störung einer kritischen Infrastruktur im Sinne des Artikels 2 Nummer 4 der Richtlinie (EU) 2022/2557 des Europäischen Parlaments und des Rates[2)] entstehen, wenn die Störung oder Zerstörung einer solchen kritischen Infrastruktur zu einer unmittelbaren Gefahr für das Leben oder die körperliche Unversehrtheit einer Person führen würde, auch durch die schwerwiegende Beeinträchtigung der Bereitstellung der Grundversorgung für die Bevölkerung oder der Wahrnehmung der Kernfunktion des Staates. Darüber hinaus sollte diese Verordnung die Fähigkeit der Strafverfolgungs-, Grenzschutz-, Einwanderungs- oder Asylbehörden erhalten, gemäß den im Unionsrecht und im nationalen Recht für diesen Zweck festgelegten Bedingungen die Identität der betreffenden Person in ihrer Anwesenheit festzustellen. Insbesondere sollten Strafverfolgungs-, Grenzschutz-, Einwanderungs- oder Asylbehörden gemäß dem Unionsrecht oder dem nationalen Recht Informationssysteme verwenden können, um eine Person zu identifizieren, die während einer Identitätsfeststellung entweder verweigert, identifiziert zu werden, oder nicht in der Lage ist, ihre Identität anzugeben oder zu belegen, wobei gemäß dieser

---

[1)] **Amtl. Anm.:** Rahmenbeschluss 2002/584/JI des Rates vom 13. Juni 2002 über den Europäischen Haftbefehl und die Übergabeverfahren zwischen den Mitgliedstaaten (ABl. L 190 vom 18.7.2002, S. 1).

[2)] **Amtl. Anm.:** Richtlinie (EU) 2022/2557 des Europäischen Parlaments und des Rates vom 14. Dezember 2022 über die Resilienz kritischer Einrichtungen und zur Aufhebung der Richtlinie 2008/114/EG des Rates (ABl. L 333 vom 27.12.2022, S. 164).

Verordnung keine vorherige Genehmigung erlangt werden muss. Dabei könnte es sich beispielsweise um eine Person handeln, die in eine Straftat verwickelt ist und nicht gewillt oder aufgrund eines Unfalls oder des Gesundheitszustands nicht in der Lage ist, den Strafverfolgungsbehörden ihre Identität offenzulegen.

(34) Um sicherzustellen, dass diese Systeme verantwortungsvoll und verhältnismäßig genutzt werden, ist es auch wichtig, festzulegen, dass in jedem dieser erschöpfend aufgeführten und eng abgegrenzten Fälle bestimmte Elemente berücksichtigt werden sollten, insbesondere in Bezug auf die Art des dem Antrag zugrunde liegenden Falls und die Auswirkungen der Verwendung auf die Rechte und Freiheiten aller betroffenen Personen sowie auf die für die Verwendung geltenden Schutzvorkehrungen und Bedingungen. Darüber hinaus sollte die Verwendung biometrischer Echtzeit-Fernidentifizierungssysteme in öffentlich zugänglichen Räumen für die Zwecke der Strafverfolgung nur eingesetzt werden, um die Identität der speziell betroffenen Person zu bestätigen und sollte sich hinsichtlich des Zeitraums und des geografischen und personenbezogenen Anwendungsbereichs auf das unbedingt Notwendige beschränken, wobei insbesondere den Beweisen oder Hinweisen in Bezug auf die Bedrohungen, die Opfer oder den Täter Rechnung zu tragen ist. Die Verwendung des biometrischen Echtzeit-Fernidentifizierungssystems in öffentlich zugänglichen Räumen sollte nur genehmigt werden, wenn die zuständige Strafverfolgungsbehörde eine Grundrechte-Folgenabschätzung durchgeführt und, sofern in dieser Verordnung nichts anderes bestimmt ist, das System gemäß dieser Verordnung in der Datenbank registriert hat. Die Personenreferenzdatenbank sollte für jeden Anwendungsfall in jedem der oben genannten Fälle geeignet sein.

(35) Jede Verwendung biometrischer Echtzeit-Fernidentifizierungssysteme in öffentlich zugänglichen Räumen zu Strafverfolgungszwecken sollte einer ausdrücklichen spezifischen Genehmigung durch eine Justizbehörde oder eine unabhängige Verwaltungsbehörde eines Mitgliedstaats, deren Entscheidung rechtsverbindlich ist, unterliegen. Eine solche Genehmigung sollte grundsätzlich vor der Verwendung des KI-Systems zur Identifizierung einer Person oder mehrerer Personen eingeholt werden. Ausnahmen von dieser Regel sollten in hinreichend begründeten dringenden Fällen erlaubt sein, d.h. in Situationen, in denen es wegen der Notwendigkeit der Verwendung der betreffenden Systeme tatsächlich und objektiv unmöglich ist, vor dem Beginn der Verwendung des KI-Systems eine Genehmigung einzuholen. In solchen dringenden Fällen sollte die Verwendung des KI-Systems auf das absolut notwendige Mindestmaß beschränkt werden und angemessenen Schutzvorkehrungen und Bedingungen unterliegen, die im nationalen Recht festgelegt sind und im Zusammenhang mit jedem einzelnen dringenden Anwendungsfall von der Strafverfolgungsbehörde selbst präzisiert werden. Darüber hinaus sollte die Strafverfolgungsbehörde in solchen Fällen eine solche Genehmigung beantragen und die Gründe dafür angeben, warum sie sie nicht früher, unverzüglich, spätestens jedoch innerhalb von 24 Stunden beantragen konnte. Wird eine solche Genehmigung abgelehnt, sollte die Verwendung biometrischer Echtzeit-Identifizierungssysteme, die mit dieser Genehmigung verbunden sind, mit sofortiger Wirkung eingestellt werden,

und alle Daten im Zusammenhang mit dieser Verwendung sollten verworfen und gelöscht werden. Diese Daten umfassen Eingabedaten, die von einem KI-System während der Nutzung eines solchen Systems direkt erfasst werden, sowie die Ergebnisse und Ausgaben der mit dieser Genehmigung verbundenen Verwendung. Daten, die im Einklang mit anderem Unionsrecht oder nationalem Recht rechtmäßig erworben wurden, sollten davon nicht betroffen sein. In jedem Fall darf keine Entscheidung mit nachteiligen Rechtsfolgen für eine Person allein auf der Grundlage der Ausgaben des biometrischen Fernidentifizierungssystems getroffen werden.

(36) Damit sie ihre Aufgaben im Einklang mit den Anforderungen dieser Verordnung und der nationalen Vorschriften erfüllen können, sollte die zuständige Marktüberwachungsbehörde und die nationale Datenschutzbehörde über jede Verwendung des biometrischen Echtzeit-Identifizierungssystems unterrichtet werden. Die Marktüberwachungsbehörden und die nationalen Datenschutzbehörden, die unterrichtet wurden, sollten der Kommission jährlich einen Bericht über die Verwendung biometrischer Echtzeit-Identifizierungssysteme vorlegen.

(37) Darüber hinaus ist es angezeigt, innerhalb des durch diese Verordnung vorgegebenen erschöpfenden Rahmens festzulegen, dass eine solche Verwendung im Hoheitsgebiet eines Mitgliedstaats gemäß dieser Verordnung nur möglich sein sollte, sofern der betreffende Mitgliedstaat in seinen detaillierten nationalen Rechtsvorschriften ausdrücklich vorgesehen hat, dass eine solche Verwendung genehmigt werden kann. Folglich steht es den Mitgliedstaaten im Rahmen dieser Verordnung frei, eine solche Möglichkeit generell oder nur in Bezug auf einige der in dieser Verordnung genannten Ziele, für die eine genehmigte Verwendung gerechtfertigt sein kann, vorzusehen. Solche nationalen Rechtsvorschriften sollten der Kommission spätestens 30 Tage nach ihrer Annahme mitgeteilt werden.

(38) Die Verwendung von KI-Systemen zur biometrischen Echtzeit-Fernidentifizierung natürlicher Personen in öffentlich zugänglichen Räumen zu Strafverfolgungszwecken erfordert zwangsläufig die Verarbeitung biometrischer Daten. Die Vorschriften dieser Verordnung, die vorbehaltlich bestimmter Ausnahmen eine solche Verwendung auf der Grundlage des Artikels 16 AEUV verbieten, sollten als Lex specialis in Bezug auf die in Artikel 10 der Richtlinie (EU) 2016/680[1)] enthaltenen Vorschriften über die Verarbeitung biometrischer Daten gelten und somit die Verwendung und Verarbeitung der betreffenden biometrischen Daten umfassend regeln. Eine solche Verwendung und Verarbeitung sollte daher nur möglich sein, soweit sie mit dem in dieser Verordnung festgelegten Rahmen vereinbar ist, ohne dass es den zuständigen Behörden bei ihren Tätigkeiten zu Strafverfolgungszwecken Raum lässt, außerhalb dieses Rahmens solche Systeme zu verwenden und die damit verbundenen Daten aus den in Artikel 10 der Richtlinie (EU) 2016/680[1)] aufgeführten Gründen zu verarbeiten. In diesem Zusammenhang soll diese Verordnung nicht als Rechtsgrundlage für die Verarbeitung personenbezogener Daten gemäß Artikel 8 der Richtlinie (EU) 2016/680[1)] dienen. Die Verwendung bio-

---

[1)] Nr. 2.

metrischer Echtzeit-Fernidentifizierungssysteme in öffentlich zugänglichen Räumen zu anderen Zwecken als der Strafverfolgung, auch durch zuständige Behörden, sollte jedoch nicht unter den in dieser Verordnung festgelegten spezifischen Rahmen für diese Verwendung zu Strafverfolgungszwecken fallen. Eine solche Verwendung zu anderen Zwecken als der Strafverfolgung sollte daher nicht der Genehmigungspflicht gemäß dieser Verordnung und den zu dieser Genehmigung anwendbaren detaillierten nationalen Rechtsvorschriften unterliegen.

(39) Jede Verarbeitung biometrischer Daten und anderer personenbezogener Daten im Zusammenhang mit der Verwendung von KI-Systemen für die biometrische Identifizierung, ausgenommen im Zusammenhang mit der Verwendung biometrischer Echtzeit-Fernidentifizierungssysteme in öffentlich zugänglichen Räumen zu Strafverfolgungszwecken im Sinne dieser Verordnung, sollte weiterhin allen Anforderungen genügen, die sich aus Artikel 10 der Richtlinie (EU) 2016/680[1] ergeben. Für andere Zwecke als die Strafverfolgung ist die Verarbeitung biometrischer Daten gemäß Artikel 9 Absatz 1 der Verordnung (EU) 2016/679[2] und Artikel 10 Absatz 1 der Verordnung (EU) 2018/1725, vorbehaltlich der in diesen Artikeln vorgesehenen begrenzten Ausnahmefällen, verboten. In Anwendung des Artikels 9 Absatz 1 der Verordnung (EU) 2016/679[2] war die Verwendung biometrischer Fernidentifizierung zu anderen Zwecken als der Strafverfolgung bereits Gegenstand von Verbotsentscheidungen der nationalen Datenschutzbehörden.

(40) Nach Artikel 6a des dem EUV und dem AEUV beigefügten Protokolls Nr. 21 über die Position des Vereinigten Königreichs und Irlands hinsichtlich des Raums der Freiheit, der Sicherheit und des Rechts sind die auf der Grundlage des Artikels 16 AEUV festgelegten Vorschriften in Artikel 5 Absatz 1 Unterabsatz 1 Buchstabe g, soweit er auf die Verwendung von Systemen zur biometrischen Kategorisierung für Tätigkeiten im Bereich der polizeilichen Zusammenarbeit und der justiziellen Zusammenarbeit in Strafsachen Anwendung findet, Artikel 5 Absatz 1 Buchstabe d, soweit sie auf die Verwendung von KI-Systemen nach der darin festgelegten Bestimmung Anwendung finden, sowie Artikel 5 Absatz 1 Unterabsatz 1 Buchstabe h, Artikel 5 Absätze 2 bis 6 und Artikel 26 Absatz 10 dieser Verordnung in Bezug auf die Verarbeitung personenbezogener Daten durch die Mitgliedstaaten im Rahmen der Ausübung von Tätigkeiten, die in den Anwendungsbereich des Dritten Teils Titel V Kapitel 4 oder 5 AEUV fallen, für Irland nicht bindend, wenn Irland nicht durch die Vorschriften gebunden ist, die die Formen der justiziellen Zusammenarbeit in Strafsachen oder der polizeilichen Zusammenarbeit regeln, in deren Rahmen die auf der Grundlage des Artikels 16 AEUV festgelegten Vorschriften eingehalten werden müssen.

(41) Nach den Artikeln 2 und 2a des dem EUV und dem AEUV beigefügten Protokolls Nr. 22 über die Position Dänemarks ist Dänemark durch die auf der Grundlage des Artikels 16 AEUV festgelegten Vorschriften in Artikel 5 Absatz 1 Unterabsatz 1 Buchstabe g soweit er auf die Verwendung von Systemen zur biometrischen Kategorisierung für Tätig-

---

[1] Nr. 2.
[2] Nr. 1.

keiten im Bereich der polizeilichen Zusammenarbeit und der justiziellen Zusammenarbeit in Strafsachen Anwendung findet, Artikel 5 Absatz 1 Unterabsatz 1 Buchstaben d soweit sie auf die Verwendung von KI-Systemen nach der darin festgelegten Bestimmung Anwendung finden, sowie Artikel 5 Absatz 1 Unterabsatz 1 Buchstabe h, Artikel 5 Absätze 2 bis 6 und Artikel 26 Absatz 10 dieser Verordnung in Bezug auf die Verarbeitung personenbezogener Daten durch die Mitgliedstaaten im Rahmen der Ausübung von Tätigkeiten, die in den Anwendungsbereich des Dritten Teils Titel V Kapitel 4 oder 5 AEUV fallen, weder gebunden noch zu ihrer Anwendung verpflichtet.

(42) Im Einklang mit der Unschuldsvermutung sollten natürliche Personen in der Union stets nach ihrem tatsächlichen Verhalten beurteilt werden. Natürliche Personen sollten niemals allein nach dem Verhalten beurteilt werden, das von einer KI auf der Grundlage ihres Profiling, ihrer Persönlichkeitsmerkmale oder -eigenschaften wie Staatsangehörigkeit, Geburtsort, Wohnort, Anzahl der Kinder, Schulden oder Art ihres Fahrzeugs vorhergesagt wird, ohne dass ein begründeter Verdacht besteht, dass diese Person an einer kriminellen Tätigkeit auf der Grundlage objektiver nachprüfbarer Tatsachen beteiligt ist, und ohne dass eine menschliche Überprüfung stattfindet. Daher sollten Risikobewertungen, die in Bezug auf natürliche Personen durchgeführt werden, um zu bewerten, ob sie straffällig werden oder um eine tatsächliche oder mögliche Straftat vorherzusagen, und dies ausschließlich auf dem Profiling dieser Personen oder der Bewertung ihrer Persönlichkeitsmerkmale und -eigenschaften beruht, verboten werden. In jedem Fall betrifft oder berührt dieses Verbot nicht Risikoanalysen, die nicht auf dem Profiling von Einzelpersonen oder auf Persönlichkeitsmerkmalen und -eigenschaften von Einzelpersonen beruhen, wie etwa KI-Systeme, die Risikoanalysen zur Bewertung der Wahrscheinlichkeit eines Finanzbetrugs durch Unternehmen auf der Grundlage verdächtiger Transaktionen durchführen, oder Risikoanalyseinstrumente einsetzen, um die Wahrscheinlichkeit vorherzusagen, dass Betäubungsmittel oder illegale Waren durch Zollbehörden, beispielsweise auf der Grundlage bekannter Schmuggelrouten, aufgespürt werden.

(43) Das Inverkehrbringen, die Inbetriebnahme für diesen spezifischen Zweck oder die Verwendung von KI-Systemen, die Datenbanken zur Gesichtserkennung durch das ungezielte Auslesen von Gesichtsbildern aus dem Internet oder von Videoüberwachungsaufnahmen erstellen oder erweitern, sollte verboten werden, da dies das Gefühl der Massenüberwachung verstärkt und zu schweren Verstößen gegen die Grundrechte, einschließlich des Rechts auf Privatsphäre, führen kann.

(44) Im Hinblick auf die wissenschaftliche Grundlage von KI-Systemen, die darauf abzielen, Emotionen zu erkennen oder abzuleiten, bestehen ernsthafte Bedenken, insbesondere da sich Gefühlsausdrücke je nach Kultur oder Situation und selbst bei ein und derselben Person erheblich unterscheiden. Zu den größten Schwachstellen solcher Systeme gehört, dass sie beschränkt zuverlässig, nicht eindeutig und nur begrenzt verallgemeinerbar sind. Daher können KI-Systeme, die Emotionen oder Absichten natürlicher Personen auf der Grundlage ihrer biometrischen Daten erkennen oder ableiten, diskriminierende Ergebnisse hervorbringen und in die Rechte und Freiheiten der betroffenen Personen eingreifen. Angesichts

des Machtungleichgewichts in den Bereichen Arbeit und Bildung in Verbindung mit dem intrusiven Charakter dieser Systeme können diese zu einer Schlechterstellung oder Benachteiligung bestimmter natürlicher Personen oder ganzer Gruppen führen. Daher sollte das Inverkehrbringen, die Inbetriebnahme oder die Verwendung von KI-Systemen, die den emotionalen Zustand von Einzelpersonen in Situationen, ableiten sollen, die mit dem Arbeitsplatz oder dem Bildungsbereich in Zusammenhang stehen, verboten werden. Dieses Verbot sollte nicht für KI-Systeme gelten, die ausschließlich aus medizinischen oder sicherheitstechnischen Gründen in Verkehr gebracht werden, wie z.B. Systeme, die für therapeutische Zwecke bestimmt sind.

(45) Praktiken, die nach Unionsrecht, einschließlich Datenschutzrecht, Nichtdiskriminierungsrecht, Verbraucherschutzrecht und Wettbewerbsrecht, verboten sind, sollten von dieser Verordnung nicht betroffen sein.

(46) Hochrisiko-KI-Systeme sollten nur dann auf dem Unionsmarkt in Verkehr gebracht, in Betrieb genommen oder verwendet werden, wenn sie bestimmte verbindliche Anforderungen erfüllen. Mit diesen Anforderungen sollte sichergestellt werden, dass Hochrisiko-KI-Systeme, die in der Union verfügbar sind oder deren Ausgabe anderweitig in der Union verwendet wird, keine unannehmbaren Risiken für wichtige öffentliche Interessen der Union bergen, wie sie im Unionsrecht anerkannt und geschützt sind. Auf der Grundlage des neuen Rechtsrahmens, wie in der Bekanntmachung der Kommission „Leitfaden für die Umsetzung der Produktvorschriften der EU 2022 (Blue Guide)“[1)] dargelegt, gilt als allgemeine Regel, dass mehr als ein Rechtsakt der Harmonisierungsrechtsvorschriften der Union wie die Verordnungen (EU) 2017/745[2)] und (EU) 2017/746[3)] des Europäischen Parlaments und des Rates oder die Richtlinie 2006/42/EG des Europäischen Parlaments und des Rates[4)] auf ein Produkt anwendbar sein können, da die Bereitstellung oder Inbetriebnahme nur erfolgen kann, wenn das Produkt allen geltenden Harmonisierungsrechtsvorschriften der Union entspricht. Um Kohärenz zu gewährleisten und unnötigen Verwaltungsaufwand oder Kosten zu vermeiden, sollten die Anbieter eines Produkts, das ein oder mehrere Hochrisiko-KI-Systeme enthält, für die die Anforderungen dieser Verordnung und der in einem Anhang dieser Verordnung aufgeführten Harmonisierungsrechtsvorschriften der Union gelten, in Bezug auf operative Entscheidungen darüber flexibel sein, wie die Konformität eines Produkts, das ein oder mehrere Hochrisiko-KI-Systeme enthält, bestmöglich mit allen geltenden Anforderungen der Harmonisierungsrechtsvorschriften der Union sichergestellt werden kann. Als hochriskant sollten nur solche KI-Systeme eingestuft werden, die erhebliche schädliche Auswirkungen auf die Ge-

---

[1)] **Amtl. Anm.:** ABl. C 247 vom 29.6.2022, S. 1.

[2)] **Amtl. Anm.:** Verordnung (EU) 2017/745 des Europäischen Parlaments und des Rates vom 5. April 2017 über Medizinprodukte, zur Änderung der Richtlinie 2001/83/EG, der Verordnung (EG) Nr. 178/2002 und der Verordnung (EG) Nr. 1223/2009 und zur Aufhebung der Richtlinien 90/385/EWG und 93/42/EWG des Rates (ABl. L 117 vom 5.5.2017, S. 1).

[3)] **Amtl. Anm.:** Verordnung (EU) 2017/746 des Europäischen Parlaments und des Rates vom 5. April 2017 über In-vitro-Diagnostika und zur Aufhebung der Richtlinie 98/79/EG und des Beschlusses 2010/227/EU der Kommission (ABl. L 117 vom 5.5.2017, S. 176).

[4)] **Amtl. Anm.:** Richtlinie 2006/42/EG des Europäischen Parlaments und des Rates vom 17. Mai 2006 über Maschinen und zur Änderung der Richtlinie 95/16/EG (ABl. L 157 vom 9.6.2006, S. 24).

sundheit, die Sicherheit und die Grundrechte von Personen in der Union haben, wodurch eine mögliche Beschränkung des internationalen Handels so gering wie möglich bleiben sollte.

(47) KI-Systeme könnten nachteilige Auswirkungen auf die Gesundheit und Sicherheit von Personen haben, insbesondere wenn solche Systeme als Sicherheitsbauteile von Produkten zum Einsatz kommen. Im Einklang mit den Zielen der Harmonisierungsrechtsvorschriften der Union, die den freien Verkehr von Produkten im Binnenmarkt erleichtern und gewährleisten sollen, dass nur sichere und anderweitig konforme Produkte auf den Markt gelangen, ist es wichtig, dass die Sicherheitsrisiken, die ein Produkt als Ganzes aufgrund seiner digitalen Komponenten, einschließlich KI-Systeme, mit sich bringen kann, angemessen vermieden und gemindert werden. So sollten beispielsweise zunehmend autonome Roboter – sei es in der Fertigung oder in der persönlichen Assistenz und Pflege – in der Lage sein, sicher zu arbeiten und ihre Funktionen in komplexen Umgebungen zu erfüllen. Desgleichen sollten die immer ausgefeilteren Diagnosesysteme und Systeme zur Unterstützung menschlicher Entscheidungen im Gesundheitssektor, in dem die Risiken für Leib und Leben besonders hoch sind, zuverlässig und genau sein.

(48) Das Ausmaß der nachteiligen Auswirkungen des KI-Systems auf die durch die Charta geschützten Grundrechte ist bei der Einstufung eines KI-Systems als hochriskant von besonderer Bedeutung. Zu diesen Rechten gehören die Würde des Menschen, die Achtung des Privat- und Familienlebens, der Schutz personenbezogener Daten, die Freiheit der Meinungsäußerung und die Informationsfreiheit, die Versammlungs- und Vereinigungsfreiheit, das Recht auf Nichtdiskriminierung, das Recht auf Bildung, der Verbraucherschutz, die Arbeitnehmerrechte, die Rechte von Menschen mit Behinderungen, die Gleichstellung der Geschlechter, Rechte des geistigen Eigentums, das Recht auf einen wirksamen Rechtsbehelf und ein faires Gerichtsverfahren, das Verteidigungsrecht, die Unschuldsvermutung sowie das Recht auf eine gute Verwaltung. Es muss betont werden, dass Kinder – zusätzlich zu diesen Rechten – über spezifische Rechte verfügen, wie sie in Artikel 24 der Charta und im Übereinkommen der Vereinten Nationen über die Rechte des Kindes (UNCRC) – im Hinblick auf das digitale Umfeld weiter ausgeführt in der Allgemeinen Bemerkung Nr. 25 des UNCRC – verankert sind; in beiden wird die Berücksichtigung der Schutzbedürftigkeit der Kinder gefordert und ihr Anspruch auf den Schutz und die Fürsorge festgelegt, die für ihr Wohlergehen notwendig sind. Darüber hinaus sollte dem Grundrecht auf ein hohes Umweltschutzniveau, das in der Charta verankert ist und mit der Unionspolitik umgesetzt wird, bei der Bewertung der Schwere des Schadens, den ein KI-System unter anderem in Bezug auf die Gesundheit und Sicherheit von Personen verursachen kann, ebenfalls Rechnung getragen werden.

(49) In Bezug auf Hochrisiko-KI-Systeme, die Sicherheitsbauteile von Produkten oder Systemen oder selbst Produkte oder Systeme sind, die in den Anwendungsbereich der Verordnung (EG) Nr. 300/2008 des Europäisch-

en Parlaments und des Rates[1]), der Verordnung (EU) Nr. 167/2013 des Europäischen Parlaments und des Rates[2]), der Verordnung (EU) Nr. 168/2013 des Europäischen Parlaments und des Rates[3]), der Richtlinie 2014/90/EU des Europäischen Parlaments und des Rates[4]), der Richtlinie (EU) 2016/797 des Europäischen Parlaments und des Rates[5]), der Verordnung (EU) 2018/858 des Europäischen Parlaments und des Rates[6]), der Verordnung (EU) 2018/1139 des Europäischen Parlaments und des Rates[7]) und der Verordnung (EU) 2019/2144 des Europäischen Parlaments und des Rates[8]) fallen, ist es angezeigt, diese Rechtsakte zu ändern, damit die Kommission – aufbauend auf den technischen und regulatorischen Besonderheiten des jeweiligen Sektors und ohne Beeinträchtigung bestehender Governance-, Konformitätsbewertungs- und Durchsetzungsmechanismen sowie der darin eingerichteten Behörden – beim Erlass von etwaigen delegierten Rechtsakten oder Durchführungsrechtsakten auf der Grundlage der genannten Rechtsakte die in der vorliegenden Verordnung festgelegten verbindlichen Anforderungen an Hochrisiko-KI-Systeme berücksichtigt.

---

1) **Amtl. Anm.:** Verordnung (EG) Nr. 300/2008 des Europäischen Parlaments und des Rates vom 11. März 2008 über gemeinsame Vorschriften für die Sicherheit in der Zivilluftfahrt und zur Aufhebung der Verordnung (EG) Nr. 2320/2002 (ABl. L 97 vom 9.4.2008, S. 72).

2) **Amtl. Anm.:** Verordnung (EU) Nr. 167/2013 des Europäischen Parlaments und des Rates vom 5. Februar 2013 über die Genehmigung und Marktüberwachung von land- und forstwirtschaftlichen Fahrzeugen (ABl. L 60 vom 2.3.2013, S. 1).

3) **Amtl. Anm.:** Verordnung (EU) Nr. 168/2013 des Europäischen Parlaments und des Rates vom 15. Januar 2013 über die Genehmigung und Marktüberwachung von zwei- oder dreirädrigen und vierrädrigen Fahrzeugen (ABl. L 60 vom 2.3.2013, S. 52).

4) **Amtl. Anm.:** Richtlinie 2014/90/EU des Europäischen Parlaments und des Rates vom 23. Juli 2014 über Schiffsausrüstung und zur Aufhebung der Richtlinie 96/98/EG des Rates (ABl. L 257 vom 28.8.2014, S. 146).

5) **Amtl. Anm.:** Richtlinie (EU) 2016/797 des Europäischen Parlaments und des Rates vom 11. Mai 2016 über die Interoperabilität des Eisenbahnsystems in der Europäischen Union (ABl. L 138 vom 26.5.2016, S. 44).

6) **Amtl. Anm.:** Verordnung (EU) 2018/858 des Europäischen Parlaments und des Rates vom 30. Mai 2018 über die Genehmigung und die Marktüberwachung von Kraftfahrzeugen und Kraftfahrzeuganhängern sowie von Systemen, Bauteilen und selbstständigen technischen Einheiten für diese Fahrzeuge, zur Änderung der Verordnungen (EG) Nr. 715/2007 und (EG) Nr. 595/2009 und zur Aufhebung der Richtlinie 2007/46/EG (ABl. L 151 vom 14.6.2018, S. 1).

7) **Amtl. Anm.:** Verordnung (EU) 2018/1139 des Europäischen Parlaments und des Rates vom 4. Juli 2018 zur Festlegung gemeinsamer Vorschriften für die Zivilluftfahrt und zur Errichtung einer Agentur der Europäischen Union für Flugsicherheit sowie zur Änderung der Verordnungen (EG) Nr. 2111/2005, (EG) Nr. 1008/2008, (EU) Nr. 996/2010, (EU) Nr. 376/2014 und der Richtlinien 2014/30/EU und 2014/53/EU des Europäischen Parlaments und des Rates, und zur Aufhebung der Verordnungen (EG) Nr. 552/2004 und (EG) Nr. 216/2008 des Europäischen Parlaments und des Rates und der Verordnung (EWG) Nr. 3922/91 des Rates (ABl. L 212 vom 22.8.2018, S. 1).

8) **Amtl. Anm.:** Verordnung (EU) 2019/2144 des Europäischen Parlaments und des Rates vom 27. November 2019 über die Typgenehmigung von Kraftfahrzeugen und Kraftfahrzeuganhängern sowie von Systemen, Bauteilen und selbstständigen technischen Einheiten für diese Fahrzeuge im Hinblick auf ihre allgemeine Sicherheit und den Schutz der Fahrzeuginsassen und von ungeschützten Verkehrsteilnehmern, zur Änderung der Verordnung (EU) 2018/858 des Europäischen Parlaments und des Rates und zur Aufhebung der Verordnungen (EG) Nr. 78/2009, (EG) Nr. 79/2009 und (EG) Nr. 661/2009 des Europäischen Parlaments und des Rates sowie der Verordnungen (EG) Nr. 631/2009, (EU) Nr. 406/2010, (EU) Nr. 672/2010, (EU) Nr. 1003/2010, (EU) Nr. 1005/2010, (EU) Nr. 1008/2010, (EU) Nr. 1009/2010, (EU) Nr. 19/2011, (EU) Nr. 109/2011, (EU) Nr. 458/2011, (EU) Nr. 65/2012, (EU) Nr. 130/2012, (EU) Nr. 347/2012, (EU) Nr. 351/2012, (EU) Nr. 1230/2012 und (EU) 2015/166 der Kommission (ABl. L 325 vom 16.12.2019, S. 1).

(50) In Bezug auf KI-Systeme, die Sicherheitsbauteile von Produkten oder selbst Produkte sind, die in den Anwendungsbereich bestimmter, im Anhang dieser Verordnung aufgeführter Harmonisierungsrechtsvorschriften der Union fallen, ist es angezeigt, sie im Rahmen dieser Verordnung als hochriskant einzustufen, wenn das betreffende Produkt gemäß den einschlägigen Harmonisierungsrechtsvorschriften der Union dem Konformitätsbewertungsverfahren durch eine als Dritte auftretende Konformitätsbewertungsstelle unterzogen wird. Dabei handelt es sich insbesondere um Produkte wie Maschinen, Spielzeuge, Aufzüge, Geräte und Schutzsysteme zur bestimmungsgemäßen Verwendung in explosionsgefährdeten Bereichen, Funkanlagen, Druckgeräte, Sportbootausrüstung, Seilbahnen, Geräte zur Verbrennung gasförmiger Brennstoffe, Medizinprodukte, In-vitro-Diagnostika, Automobile und Flugzeuge.

(51) Die Einstufung eines KI-Systems als hochriskant gemäß dieser Verordnung sollte nicht zwangsläufig bedeuten, dass von dem Produkt, dessen Sicherheitsbauteil das KI-System ist, oder von dem KI-System als eigenständigem Produkt nach den Kriterien der einschlägigen Harmonisierungsrechtsvorschriften der Union für das betreffende Produkt ein hohes Risiko ausgeht. Dies gilt insbesondere für die Verordnungen (EU) 2017/745 und (EU) 2017/746, wo für Produkte mit mittlerem und hohem Risiko eine Konformitätsbewertung durch Dritte vorgesehen ist.

(52) Bei eigenständigen KI-Systemen, d.h. Hochrisiko-KI-Systemen, bei denen es sich um andere Systeme als Sicherheitsbauteile von Produkten handelt oder die selbst Produkte sind, ist es angezeigt, sie als hochriskant einzustufen, wenn sie aufgrund ihrer Zweckbestimmung ein hohes Risiko bergen, die Gesundheit und Sicherheit oder die Grundrechte von Personen zu schädigen, wobei sowohl die Schwere des möglichen Schadens als auch die Wahrscheinlichkeit seines Auftretens zu berücksichtigen sind, und sofern sie in einer Reihe von Bereichen verwendet werden, die in dieser Verordnung ausdrücklich festgelegt sind. Die Bestimmung dieser Systeme erfolgt nach derselben Methodik und denselben Kriterien, die auch für künftige Änderungen der Liste der Hochrisiko-KI-Systeme vorgesehen sind, zu deren Annahme die Kommission im Wege delegierter Rechtsakte ermächtigt werden sollte, um dem rasanten Tempo der technologischen Entwicklung sowie den möglichen Änderungen bei der Verwendung von KI-Systemen Rechnung zu tragen.

(53) Ferner muss klargestellt werden, dass es bestimmte Fälle geben kann, in denen KI-Systeme für vordefinierte in dieser Verordnung festgelegte Bereiche nicht zu einem bedeutenden Risiko der Beeinträchtigung der in diesen Bereichen geschützten rechtlichen Interessen führen, da sie die Entscheidungsfindung nicht wesentlich beeinflussen oder diesen Interessen nicht erheblich schaden. Für die Zwecke dieser Verordnung sollte ein KI-System, das das Ergebnis der Entscheidungsfindung nicht wesentlich beeinflusst, als ein KI-System verstanden werden, das keine Auswirkungen auf den Inhalt und damit das Ergebnis der Entscheidungsfindung hat, unabhängig davon, ob es sich um menschliche oder automatisierte Entscheidungen handelt. Ein KI-System, das das Ergebnis der Entscheidungsfindung nicht wesentlich beeinflusst, könnte Situationen einschließen, in denen eine oder mehrere der folgenden Bedingungen erfüllt sind. Die erste dieser Bedingungen ist, dass das KI-System dazu bestimmt ist, in

einem Verfahren eine eng gefasste Aufgabe zu erfüllen, wie etwa ein KI-System, das unstrukturierte Daten in strukturierte Daten umwandelt, ein KI-System, das eingehende Dokumente in Kategorien einordnet, oder ein KI-System, das zur Erkennung von Duplikaten unter einer großen Zahl von Anwendungen eingesetzt wird. Diese Aufgaben sind so eng gefasst und begrenzt, dass sie nur beschränkte Risiken darstellen, die sich durch die Verwendung eines KI-Systems in einem Kontext, der in einem Anhang dieser Verordnung als Verwendung mit hohem Risiko aufgeführt ist, nicht erhöhen. Die zweite Bedingung sollte darin bestehen, dass die von einem KI-System ausgeführte Aufgabe das Ergebnis einer zuvor abgeschlossenen menschlichen Tätigkeit verbessert, die für die Zwecke der in einem Anhang dieser Verordnung aufgeführten Verwendungen mit hohem Risiko relevant sein kann. Unter Berücksichtigung dieser Merkmale wird eine menschliche Tätigkeit durch das KI-System lediglich durch eine zusätzliche Ebene ergänzt und stellt daher ein geringeres Risiko dar. Diese Bedingung würde beispielsweise für KI-Systeme gelten, deren Ziel es ist, die in zuvor verfassten Dokumenten verwendete Sprache zu verbessern, etwa den professionellen Ton, den wissenschaftlichen Sprachstil oder um den Text an einen bestimmten mit einer Marke verbundenen Stil anzupassen. Dritte Bedingung sollte sein, dass mit dem KI-System Entscheidungsmuster oder Abweichungen von früheren Entscheidungsmustern erkannt werden sollen. Das Risiko wäre geringer, da die Verwendung des KI-Systems einer zuvor abgeschlossenen menschlichen Bewertung folgt, die das KI-System ohne angemessene menschliche Überprüfung nicht ersetzen oder beeinflussen soll. Zu solchen KI-Systemen gehören beispielsweise solche, die in Bezug auf ein bestimmtes Benotungsmuster eines Lehrers dazu verwendet werden können, nachträglich zu prüfen, ob der Lehrer möglicherweise von dem Benotungsmuster abgewichen ist, um so auf mögliche Unstimmigkeiten oder Unregelmäßigkeiten aufmerksam zu machen. Die vierte Bedingung sollte darin bestehen, dass das KI-System dazu bestimmt ist, eine Aufgabe auszuführen, die eine Bewertung, die für die Zwecke der in einem Anhang dieser Verordnung aufgeführten KI-Systeme relevant ist, lediglich vorbereitet, wodurch die mögliche Wirkung der Ausgaben des Systems im Hinblick auf das Risiko für die folgende Bewertung sehr gering bleibt. Diese Bedingung umfasst u.a. intelligente Lösungen für die Bearbeitung von Dossiers, wozu verschiedene Funktionen wie Indexierung, Suche, Text- und Sprachverarbeitung oder Verknüpfung von Daten mit anderen Datenquellen gehören, oder KI-Systeme, die für die Übersetzung von Erstdokumenten verwendet werden. In jedem Fall sollten KI-Systeme, die in den in einem Anhang dieser Verordnung aufgeführten Anwendungsfälle mit hohem Risiko verwendet werden, als erhebliche Risiken für die Gesundheit, Sicherheit oder Grundrechte gelten, wenn das KI-System Profiling im Sinne von Artikel 4 Nummer 4 der Verordnung (EU) 2016/679[1)] oder Artikel 3 Nummer 4 der Richtlinie (EU) 2016/680[2)] oder Artikel 3 Nummer 5 der Verordnung (EU) 2018/1725 beinhaltet. Um die Nachvollziehbarkeit und Transparenz zu gewährleisten, sollte ein

[1)] Nr. **1**.
[2)] Nr. **2**.

Anbieter, der der Auffassung ist, dass ein KI-System auf der Grundlage der oben genannten Bedingungen kein hohes Risiko darstellt, eine Dokumentation der Bewertung erstellen, bevor dieses System in Verkehr gebracht oder in Betrieb genommen wird, und die genannte Dokumentation den zuständigen nationalen Behörden auf Anfrage zur Verfügung stellen. Ein solcher Anbieter sollte verpflichtet sein, das KI-System in der gemäß dieser Verordnung eingerichteten EU-Datenbank zu registrieren. Um eine weitere Anleitung für die praktische Umsetzung der Bedingungen zu geben, unter denen die in einem Anhang dieser Verordnung aufgeführten Systeme ausnahmsweise kein hohes Risiko darstellen, sollte die Kommission nach Konsultation des KI-Gremiums Leitlinien bereitstellen, in denen diese praktische Umsetzung detailliert aufgeführt ist und durch eine umfassende Liste praktischer Beispiele für Anwendungsfälle von KI-Systemen, die ein hohes Risiko und Anwendungsfälle, die kein hohes Risiko darstellen, ergänzt wird.

(54) Da biometrische Daten eine besondere Kategorie personenbezogener Daten darstellen, sollten einige kritische Anwendungsfälle biometrischer Systeme als hochriskant eingestuft werden, sofern ihre Verwendung nach den einschlägigen Rechtsvorschriften der Union und den nationalen Rechtsvorschriften zulässig ist. Technische Ungenauigkeiten von KI-Systemen, die für die biometrische Fernidentifizierung natürlicher Personen bestimmt sind, können zu verzerrten Ergebnissen führen und eine diskriminierende Wirkung haben. Das Risiko solcher verzerrter Ergebnisse und solcher diskriminierender Wirkungen ist von besonderer Bedeutung, wenn es um das Alter, die ethnische Herkunft, die Rasse, das Geschlecht oder Behinderungen geht. Biometrische Fernidentifizierungssysteme sollten daher angesichts der von ihnen ausgehenden Risiken als hochriskant eingestuft werden. Diese Einstufung umfasst keine KI-Systeme, die bestimmungsgemäß für die biometrische Verifizierung, wozu die Authentifizierung gehört, verwendet werden sollen, deren einziger Zweck darin besteht, zu bestätigen, dass eine bestimmte natürliche Person die Person ist, für die sie sich ausgibt, sowie zur Bestätigung der Identität einer natürlichen Person zu dem alleinigen Zweck Zugang zu einem Dienst zu erhalten, ein Gerät zu entriegeln oder sicheren Zugang zu Räumlichkeiten zu erhalten. Darüber hinaus sollten KI-Systeme, die bestimmungsgemäß für die biometrische Kategorisierung nach sensiblen Attributen oder Merkmalen, die gemäß Artikel 9 Absatz 1 der Verordnung (EU) 2016/679[1)] auf der Grundlage biometrischer Daten geschützt sind, und sofern sie nicht nach der vorliegenden Verordnung verboten sind, sowie Emotionserkennungssysteme, die nach dieser Verordnung nicht verboten sind, als hochriskant eingestuft werden. Biometrische Systeme, die ausschließlich dazu bestimmt sind, um Maßnahmen zur Cybersicherheit und zum Schutz personenbezogener Daten durchführen zu können, sollten nicht als Hochrisiko-KI-Systeme gelten.

(55) Was die Verwaltung und den Betrieb kritischer Infrastruktur anbelangt, so ist es angezeigt, KI-Systeme, die als Sicherheitsbauteile für die Verwaltung und den Betrieb kritischer digitaler Infrastruktur gemäß Nummer 8 des Anhangs der Richtlinie (EU) 2022/2557, des Straßenverkehrs sowie für

---

[1)] Nr. 1.

die Wasser-, Gas-, Wärme- und Stromversorgung verwendet werden sollen, als hochriskant einzustufen, da ihr Ausfall oder ihre Störung in großem Umfang ein Risiko für das Leben und die Gesundheit von Personen darstellen und zu erheblichen Störungen bei der normalen Durchführung sozialer und wirtschaftlicher Tätigkeiten führen kann. Sicherheitsbauteile kritischer Infrastruktur, einschließlich kritischer digitaler Infrastruktur, sind Systeme, die verwendet werden, um die physische Integrität kritischer Infrastruktur oder die Gesundheit und Sicherheit von Personen und Eigentum zu schützen, die aber nicht notwendig sind, damit das System funktioniert. Ausfälle oder Störungen solcher Komponenten können direkt zu Risiken für die physische Integrität kritischer Infrastruktur und somit zu Risiken für die Gesundheit und Sicherheit von Personen und Eigentum führen. Komponenten, die für die ausschließliche Verwendung zu Zwecken der Cybersicherheit vorgesehen sind, sollten nicht als Sicherheitsbauteile gelten. Zu Beispielen von Sicherheitsbauteilen solcher kritischen Infrastruktur zählen etwa Systeme für die Überwachung des Wasserdrucks oder Feuermelder-Kontrollsysteme in Cloud-Computing-Zentren.

(56) Der Einsatz von KI-Systemen in der Bildung ist wichtig, um eine hochwertige digitale allgemeine und berufliche Bildung zu fördern und es allen Lernenden und Lehrkräften zu ermöglichen, die erforderlichen digitalen Fähigkeiten und Kompetenzen, einschließlich Medienkompetenz und kritischem Denken, zu erwerben und auszutauschen, damit sie sich aktiv an Wirtschaft, Gesellschaft und demokratischen Prozessen beteiligen können. Allerdings sollten KI-Systeme, die in der allgemeinen oder beruflichen Bildung eingesetzt werden, um insbesondere den Zugang oder die Zulassung zum Zweck der Zuordnung von Personen zu Bildungs- und Berufsbildungseinrichtungen oder -programmen auf allen Ebenen zu bestimmen, die Lernergebnisse von Personen zu beurteilen, das angemessene Bildungsniveau einer Person zu bewerten und das Niveau der Bildung und Ausbildung, das die Person erhält oder zu dem sie Zugang erhält, wesentlich zu beeinflussen und verbotenes Verhalten von Schülern während Prüfungen zu überwachen und zu erkennen als hochriskante KI-Systeme eingestuft werden, da sie über den Verlauf der Bildung und des Berufslebens einer Person entscheiden und daher ihre Fähigkeit beeinträchtigen können, ihren Lebensunterhalt zu sichern. Bei unsachgemäßer Konzeption und Verwendung können solche Systeme sehr intrusiv sein und das Recht auf allgemeine und berufliche Bildung sowie das Recht auf Nichtdiskriminierung verletzen und historische Diskriminierungsmuster fortschreiben, beispielsweise gegenüber Frauen, bestimmten Altersgruppen und Menschen mit Behinderungen oder Personen mit einer bestimmten rassischen oder ethnischen Herkunft oder sexuellen Ausrichtung.

(57) KI-Systeme, die in den Bereichen Beschäftigung, Personalmanagement und Zugang zur Selbstständigkeit eingesetzt werden, insbesondere für die Einstellung und Auswahl von Personen, für Entscheidungen über die Bedingungen des Arbeitsverhältnisses sowie die Beförderung und die Beendigung von Arbeitsvertragsverhältnissen, für die Zuweisung von Arbeitsaufgaben auf der Grundlage von individuellem Verhalten, persönlichen Eigenschaften oder Merkmalen sowie für die Überwachung oder

Bewertung von Personen in Arbeitsvertragsverhältnissen sollten ebenfalls als hochriskant eingestuft werden, da diese Systeme die künftigen Karriereaussichten und die Lebensgrundlagen dieser Personen und die Arbeitnehmerrechte spürbar beeinflussen können. Einschlägige Arbeitsvertragsverhältnisse sollten in sinnvoller Weise Beschäftigte und Personen erfassen, die Dienstleistungen über Plattformen erbringen, auf die im Arbeitsprogramm der Kommission für 2021 Bezug genommen wird. Solche Systeme können während des gesamten Einstellungsverfahrens und bei der Bewertung, Beförderung oder Weiterbeschäftigung von Personen in Arbeitsvertragsverhältnissen historische Diskriminierungsmuster fortschreiben, beispielsweise gegenüber Frauen, bestimmten Altersgruppen und Menschen mit Behinderungen oder Personen mit einer bestimmten rassischen oder ethnischen Herkunft oder sexuellen Ausrichtung. KI-Systeme zur Überwachung der Leistung und des Verhaltens solcher Personen können auch deren Grundrechte auf Datenschutz und Privatsphäre untergraben.

(58) Ein weiterer Bereich, in dem der Einsatz von KI-Systemen besondere Aufmerksamkeit verdient, ist der Zugang zu und die Nutzung von bestimmten grundlegenden privaten und öffentlichen Diensten und Leistungen, die erforderlich sind, damit Menschen uneingeschränkt an der Gesellschaft teilhaben oder ihren Lebensstandard verbessern können. Insbesondere natürliche Personen, die grundlegende staatliche Unterstützungsleistungen und -dienste von Behörden beantragen oder erhalten, wie etwa Gesundheitsdienste, Leistungen der sozialen Sicherheit, soziale Dienste, die Schutz in Fällen wie Mutterschaft, Krankheit, Arbeitsunfall, Pflegebedürftigkeit oder Alter und Arbeitsplatzverlust sowie Sozialhilfe und Wohngeld bieten, sind in der Regel von diesen Leistungen und Diensten abhängig und befinden sich gegenüber den zuständigen Behörden in einer prekären Lage. Wenn KI-Systeme eingesetzt werden, um zu bestimmen, ob solche Leistungen und Dienste von den Behörden gewährt, verweigert, gekürzt, widerrufen oder zurückgefordert werden sollten, einschließlich der Frage, ob Begünstigte rechtmäßig Anspruch auf solche Leistungen oder Dienste haben, können diese Systeme erhebliche Auswirkungen auf die Lebensgrundlage von Personen haben und ihre Grundrechte wie etwa das Recht auf sozialen Schutz, Nichtdiskriminierung, Menschenwürde oder einen wirksamen Rechtsbehelf verletzen und sollten daher als hochriskant eingestuft werden. Dennoch sollte diese Verordnung die Entwicklung und Verwendung innovativer Ansätze in der öffentlichen Verwaltung nicht behindern, die von einer breiteren Verwendung konformer und sicherer KI-Systeme profitieren würde, sofern diese Systeme kein hohes Risiko für juristische und natürliche Personen bergen. Darüber hinaus sollten KI-Systeme, die zur Bewertung der Bonität oder Kreditwürdigkeit natürlicher Personen verwendet werden, als Hochrisiko-KI-Systeme eingestuft werden, da sie den Zugang dieser Personen zu Finanzmitteln oder wesentlichen Dienstleistungen wie etwa Wohnraum, Elektrizität und Telekommunikationsdienstleistungen bestimmen. KI-Systeme, die für diese Zwecke eingesetzt werden, können zur Diskriminierung von Personen oder Gruppen führen und historische Diskriminierungsmuster, wie etwa aufgrund der rassischen oder ethnischen Herkunft, des Geschlechts, einer Behinderung, des Alters oder

der sexuellen Ausrichtung, fortschreiben oder neue Formen von Diskriminierung mit sich bringen. Allerdings sollten KI-Systeme, die nach Unionsrecht zur Aufdeckung von Betrug beim Angebot von Finanzdienstleistungen oder für Aufsichtszwecke zur Berechnung der Eigenkapitalanforderungen von Kreditinstituten und Versicherungsunternehmen vorgesehen sind, nicht als Hochrisiko-Systeme gemäß dieser Verordnung angesehen werden. Darüber hinaus können KI-Systeme, die für die Risikobewertung und Preisbildung in Bezug auf natürliche Personen im Fall von Kranken- und Lebensversicherungen eingesetzt werden, auch erhebliche Auswirkungen auf die Existenzgrundlage der Menschen haben und bei nicht ordnungsgemäßer Konzeption, Entwicklung und Verwendung schwerwiegende Konsequenzen für das Leben und die Gesundheit von Menschen nach sich ziehen, einschließlich finanzieller Ausgrenzung und Diskriminierung. Schließlich sollten KI-Systeme, die bei der Bewertung und Einstufung von Notrufen durch natürliche Personen oder der Entsendung oder der Priorisierung der Entsendung von Not- und Rettungsdiensten wie Polizei, Feuerwehr und medizinischer Nothilfe sowie für die Triage von Patienten bei der Notfallversorgung eingesetzt werden, ebenfalls als hochriskant eingestuft werden, da sie in für das Leben und die Gesundheit von Personen und für ihr Eigentum sehr kritischen Situationen Entscheidungen treffen.

(59) In Anbetracht der Rolle und Zuständigkeit von Strafverfolgungsbehörden sind deren Maßnahmen im Zusammenhang mit bestimmten Verwendungen von KI-Systemen durch ein erhebliches Machtungleichgewicht gekennzeichnet und können zur Überwachung, zur Festnahme oder zum Entzug der Freiheit einer natürlichen Person sowie zu anderen nachteiligen Auswirkungen auf die in der Charta verankerten Grundrechte führen. Insbesondere wenn das KI-System nicht mit hochwertigen Daten trainiert wird, die Anforderungen an seine Leistung, Genauigkeit oder Robustheit nicht erfüllt werden oder das System nicht ordnungsgemäß konzipiert und getestet wird, bevor es in Verkehr gebracht oder in anderer Weise in Betrieb genommen wird, kann es Personen in diskriminierender oder anderweitig falscher oder ungerechter Weise ausgrenzen. Darüber hinaus könnte die Ausübung wichtiger verfahrensrechtlicher Grundrechte wie etwa des Rechts auf einen wirksamen Rechtsbehelf und ein unparteiisches Gericht sowie das Verteidigungsrecht und die Unschuldsvermutung behindert werden, insbesondere wenn solche KI-Systeme nicht hinreichend transparent, erklärbar und dokumentiert sind. Daher ist es angezeigt, eine Reihe von KI-Systemen – sofern deren Einsatz nach einschlägigem Unions- oder nationalem Recht zugelassen ist –, die im Rahmen der Strafverfolgung eingesetzt werden sollen und bei denen Genauigkeit, Zuverlässigkeit und Transparenz besonders wichtig sind, als hochriskant einzustufen, um nachteilige Auswirkungen zu vermeiden, das Vertrauen der Öffentlichkeit zu erhalten und die Rechenschaftspflicht und einen wirksamen Rechtsschutz zu gewährleisten. Angesichts der Art der Tätigkeiten und der damit verbundenen Risiken sollten diese Hochrisiko-KI-Systeme insbesondere KI-Systeme umfassen, die von Strafverfolgungsbehörden oder in ihrem Auftrag oder von Organen, Einrichtungen und sonstigen Stellen der Union zur Unterstützung von Strafverfolgungsbehörden für folgende Zwecke eingesetzt werden:

zur Bewertung des Risikos, dass eine natürliche Person Opfer von Straftaten wird, wie Lügendetektoren und ähnliche Instrumente, zur Bewertung der Zuverlässigkeit von Beweismitteln im Rahmen der Ermittlung oder Verfolgung von Straftaten und – soweit nach dieser Verordnung nicht untersagt – zur Bewertung des Risikos, dass eine natürliche Person eine Straftat begeht oder erneut begeht, nicht nur auf der Grundlage der Erstellung von Profilen natürlicher Personen oder zur Bewertung von Persönlichkeitsmerkmalen und Eigenschaften oder vergangenem kriminellen Verhalten von natürlichen Personen oder Gruppen, zur Erstellung von Profilen während der Aufdeckung, Untersuchung oder strafrechtlichen Verfolgung einer Straftat. KI-Systeme, die speziell für Verwaltungsverfahren in Steuer- und Zollbehörden sowie in Zentralstellen für Geldwäsche-Verdachtsanzeigen, die Verwaltungsaufgaben zur Analyse von Informationen gemäß dem Unionsrecht zur Bekämpfung der Geldwäsche durchführen, bestimmt sind, sollten nicht als Hochrisiko-KI-Systeme eingestuft werden, die von Strafverfolgungsbehörden zum Zweck der Verhütung, Aufdeckung, Untersuchung und strafrechtlichen Verfolgung von Straftaten eingesetzt werden. Der Einsatz von KI-Instrumenten durch Strafverfolgungsbehörden und anderen relevanten Behörden sollte nicht zu einem Faktor der Ungleichheit oder Ausgrenzung werden. Die Auswirkungen des Einsatzes von KI-Instrumenten auf die Verteidigungsrechte von Verdächtigen sollten nicht außer Acht gelassen werden, insbesondere nicht die Schwierigkeit, aussagekräftige Informationen über die Funktionsweise solcher Systeme zu erhalten, und die daraus resultierende Schwierigkeit einer gerichtlichen Anfechtung ihrer Ergebnisse, insbesondere durch natürliche Personen, gegen die ermittelt wird.

(60) KI-Systeme, die in den Bereichen Migration, Asyl und Grenzkontrolle eingesetzt werden, betreffen Personen, die sich häufig in einer besonders prekären Lage befinden und vom Ergebnis der Maßnahmen der zuständigen Behörden abhängig sind. Die Genauigkeit, der nichtdiskriminierende Charakter und die Transparenz der KI-Systeme, die in solchen Zusammenhängen eingesetzt werden, sind daher besonders wichtig, um die Achtung der Grundrechte der betroffenen Personen, insbesondere ihrer Rechte auf Freizügigkeit, Nichtdiskriminierung, Schutz des Privatlebens und personenbezogener Daten, internationalen Schutz und gute Verwaltung, zu gewährleisten. Daher ist es angezeigt, KI-Systeme – sofern deren Einsatz nach einschlägigem Unions- oder nationalem Recht zugelassen ist – als hochriskant einzustufen, die von den zuständigen mit Aufgaben in den Bereichen Migration, Asyl und Grenzkontrolle betrauten Behörden oder in deren Auftrag oder von Organen, Einrichtungen oder sonstigen Stellen der Union für Folgendes eingesetzt werden: als Lügendetektoren und ähnliche Instrumente; zur Bewertung bestimmter Risiken, die von natürlichen Personen ausgehen, die in das Hoheitsgebiet eines Mitgliedstaats einreisen oder ein Visum oder Asyl beantragen; zur Unterstützung der zuständigen Behörden bei der Prüfung – einschließlich der damit zusammenhängenden Bewertung der Zuverlässigkeit von Beweismitteln – von Asyl- und Visumanträgen sowie Aufenthaltstiteln und damit verbundenen Beschwerden im Hinblick darauf, die Berechtigung der den Antrag stellenden natürlichen Personen festzustellen; zum Zweck der Aufdeckung, Anerkennung oder Identifizierung natürlicher Personen

im Zusammenhang mit Migration, Asyl und Grenzkontrolle, mit Ausnahme der Überprüfung von Reisedokumenten. KI-Systeme im Bereich Migration, Asyl und Grenzkontrolle, die unter diese Verordnung fallen, sollten den einschlägigen Verfahrensvorschriften der Verordnung (EG) Nr. 810/2009 des Europäischen Parlaments und des Rates[1)], der Richtlinie 2013/32/EU des Europäischen Parlaments und des Rates[2)] und anderem einschlägigen Unionsrecht entsprechen. Der Einsatz von KI-Systemen in den Bereichen Migration, Asyl und Grenzkontrolle sollte unter keinen Umständen von den Mitgliedstaaten oder Organen, Einrichtungen oder sonstigen Stellen der Union als Mittel zur Umgehung ihrer internationalen Verpflichtungen aus dem am 28. Juli 1951 in Genf unterzeichneten Abkommen der Vereinten Nationen über die Rechtsstellung der Flüchtlinge in der durch das Protokoll vom 31. Januar 1967 geänderten Fassung genutzt werden. Die Systeme sollten auch nicht dazu genutzt werden, in irgendeiner Weise gegen den Grundsatz der Nichtzurückweisung zu verstoßen oder sichere und wirksame legale Wege in das Gebiet der Union, einschließlich des Rechts auf internationalen Schutz, zu verweigern.

(61) Bestimmte KI-Systeme, die für die Rechtspflege und demokratische Prozesse bestimmt sind, sollten angesichts ihrer möglichen erheblichen Auswirkungen auf die Demokratie, die Rechtsstaatlichkeit, die individuellen Freiheiten sowie das Recht auf einen wirksamen Rechtsbehelf und ein unparteiisches Gericht als hochriskant eingestuft werden. Um insbesondere den Risiken möglicher Verzerrungen, Fehler und Undurchsichtigkeiten zu begegnen, sollten KI-Systeme, die von einer Justizbehörde oder in ihrem Auftrag dazu genutzt werden sollen, Justizbehörden bei der Ermittlung und Auslegung von Sachverhalten und Rechtsvorschriften und bei der Anwendung des Rechts auf konkrete Sachverhalte zu unterstützen, als hochriskant eingestuft werden. KI-Systeme, die von Stellen für die alternative Streitbeilegung für diese Zwecke genutzt werden sollen, sollten ebenfalls als hochriskant gelten, wenn die Ergebnisse der alternativen Streitbeilegung Rechtswirkung für die Parteien entfalten. Der Einsatz von KI-Instrumenten kann die Entscheidungsgewalt von Richtern oder die Unabhängigkeit der Justiz unterstützen, sollte sie aber nicht ersetzen; die endgültige Entscheidungsfindung muss eine von Menschen gesteuerte Tätigkeit bleiben. Die Einstufung von KI-Systemen als hochriskant sollte sich jedoch nicht auf KI-Systeme erstrecken, die für rein begleitende Verwaltungstätigkeiten bestimmt sind, die die tatsächliche Rechtspflege in Einzelfällen nicht beeinträchtigen, wie etwa die Anonymisierung oder Pseudonymisierung gerichtlicher Urteile, Dokumente oder Daten, die Kommunikation zwischen dem Personal oder Verwaltungsaufgaben.

[1)] **Amtl. Anm.:** Verordnung (EG) Nr. 810/2009 des Europäischen Parlaments und des Rates vom 13. Juli 2009 über einen Visakodex der Gemeinschaft (Visakodex) (ABl. L 243 vom 15.9.2009, S. 1).

[2)] **Amtl. Anm.:** Richtlinie 2013/32/EU des Europäischen Parlaments und des Rates vom 26. Juni 2013 zu gemeinsamen Verfahren für die Zuerkennung und Aberkennung des internationalen Schutzes (ABl. L 180 vom 29.6.2013, S. 60).

(62) Unbeschadet der Vorschriften der Verordnung (EU) 2024/900 des Europäischen Parlaments und des Rates[1] und um den Risiken eines unzulässigen externen Eingriffs in das in Artikel 39 der Charta verankerte Wahlrecht und nachteiligen Auswirkungen auf die Demokratie und die Rechtsstaatlichkeit zu begegnen, sollten KI-Systeme, die verwendet werden sollen, um das Ergebnis einer Wahl oder eines Referendums oder das Wahlverhalten natürlicher Personen bei der Ausübung ihres Wahlrechts in einer Wahl oder in Referenden zu beeinflussen, als Hochrisiko-KI-Systeme eingestuft werden, mit Ausnahme von KI-Systemen, deren Ausgaben natürliche Personen nicht direkt ausgesetzt sind, wie Instrumente zur Organisation, Optimierung und Strukturierung politischer Kampagnen in administrativer und logistischer Hinsicht.

(63) Die Tatsache, dass ein KI-System gemäß dieser Verordnung als ein Hochrisiko-KI-System eingestuft wird, sollte nicht dahin gehend ausgelegt werden, dass die Verwendung des Systems nach anderen Rechtsakten der Union oder nach nationalen Rechtsvorschriften, die mit dem Unionsrecht vereinbar sind, rechtmäßig ist, beispielsweise in Bezug auf den Schutz personenbezogener Daten, die Verwendung von Lügendetektoren und ähnlichen Instrumenten oder anderen Systemen zur Ermittlung des emotionalen Zustands natürlicher Personen. Eine solche Verwendung sollte weiterhin ausschließlich gemäß den geltenden Anforderungen erfolgen, die sich aus der Charta, dem anwendbaren Sekundärrecht der Union und nationalen Recht ergeben. Diese Verordnung sollte nicht so verstanden werden, dass sie eine Rechtsgrundlage für die Verarbeitung personenbezogener Daten, gegebenenfalls einschließlich besonderer Kategorien personenbezogener Daten, bildet, es sei denn, in dieser Verordnung ist ausdrücklich etwas anderes vorgesehen.

(64) Um die von in Verkehr gebrachten oder in Betrieb genommenen Hochrisiko-KI-Systemen ausgehenden Risiken zu mindern und ein hohes Maß an Vertrauenswürdigkeit zu gewährleisten, sollten für Hochrisiko-KI-Systeme bestimmte verbindliche Anforderungen gelten, wobei der Zweckbestimmung und dem Nutzungskontext des KI-Systems sowie dem vom Anbieter einzurichtenden Risikomanagementsystem Rechnung zu tragen ist. Die von den Anbietern zur Erfüllung der verbindlichen Anforderungen dieser Verordnung ergriffenen Maßnahmen sollten dem allgemein anerkannten Stand der KI Rechnung tragen, verhältnismäßig und wirksam sein, um die Ziele dieser Verordnung zu erreichen. Auf der Grundlage des neuen Rechtsrahmens, wie in der Bekanntmachung der Kommission „Leitfaden für die Umsetzung der Produktvorschriften der EU 2022 (Blue Guide)“ dargelegt, gilt als allgemeine Regel, dass mehr als ein Rechtsakt der Harmonisierungsrechtsvorschriften der Union auf ein Produkt anwendbar sein können, da die Bereitstellung oder Inbetriebnahme nur erfolgen kann, wenn das Produkt allen geltenden Harmonisierungsrechtsvorschriften der Union entspricht. Die Gefahren von KI-Systemen, die unter die Anforderungen dieser Verordnung fallen, decken andere Aspekte ab als die bestehenden Harmonisie-

[1] **Amtl. Anm.:** Verordnung (EU) 2024/900 des Europäischen Parlaments und des Rates vom 13. März 2024 über die Transparenz und das Targeting politischer Werbung (ABl. L, 2024/900, 20.3. 2024, ELI: http://data.europa.eu/eli/reg/2024/900/oj).

rungsrechtsvorschriften der Union, weshalb die Anforderungen dieser Verordnung das bestehende Regelwerk der Harmonisierungsrechtsvorschriften der Union ergänzen würden. So bergen etwa Maschinen oder Medizinprodukte mit einer KI-Komponente möglicherweise Risiken, die von den grundlegenden Gesundheits- und Sicherheitsanforderungen der einschlägigen harmonisierten Rechtsvorschriften der Union nicht erfasst werden, da diese sektoralen Rechtsvorschriften keine spezifischen KI-Risiken behandeln. Dies erfordert die gleichzeitige und ergänzende Anwendung mehrerer Rechtsakte. Um Kohärenz zu gewährleisten und unnötigen Verwaltungsaufwand sowie unnötige Kosten zu vermeiden, sollten die Anbieter eines Produkts, das ein oder mehrere Hochrisiko-KI-Systeme enthält, für die die Anforderungen dieser Verordnung und der in einem Anhang dieser Verordnung aufgeführten und auf dem neuen Rechtsrahmen beruhenden Harmonisierungsvorschriften der Union gelten, in Bezug auf betriebliche Entscheidungen darüber flexibel sein, wie die Konformität eines Produkts, das ein oder mehrere Hochrisiko-KI-Systeme enthält, bestmöglich mit allen geltenden Anforderungen dieser harmonisierten Rechtsvorschriften der Union sichergestellt werden kann. Diese Flexibilität könnte beispielsweise bedeuten, dass der Anbieter beschließt, einen Teil der gemäß dieser Verordnung erforderlichen Test- und Berichterstattungsverfahren, Informationen und Unterlagen in bereits bestehende Dokumentationen und Verfahren zu integrieren, die nach den auf dem neuen Rechtsrahmen beruhenden und in einem Anhang dieser Verordnung aufgeführten geltenden Harmonisierungsrechtsvorschriften der Union erforderlich sind. Dies sollte in keiner Weise die Verpflichtung des Anbieters untergraben, alle geltenden Anforderungen zu erfüllen.

(65) Das Risikomanagementsystem sollte in einem kontinuierlichen iterativen Prozess bestehen, der während des gesamten Lebenszyklus eines Hochrisiko-KI-Systems geplant und durchgeführt wird. Ziel dieses Prozesses sollte es ein, die einschlägigen Risiken von KI-Systemen für Gesundheit, Sicherheit und Grundrechte zu ermitteln und zu mindern. Das Risikomanagementsystem sollte regelmäßig überprüft und aktualisiert werden, um seine dauerhafte Wirksamkeit sowie die Begründetheit und Dokumentierung aller gemäß dieser Verordnung getroffenen wesentlichen Entscheidungen und Maßnahmen zu gewährleisten. Mit diesem Prozess sollte sichergestellt werden, dass der Anbieter Risiken oder negative Auswirkungen ermittelt und Minderungsmaßnahmen ergreift in Bezug auf die bekannten und vernünftigerweise vorhersehbaren Risiken von KI-Systemen für die Gesundheit, die Sicherheit und die Grundrechte angesichts ihrer Zweckbestimmung und vernünftigerweise vorhersehbaren Fehlanwendung, einschließlich der möglichen Risiken, die sich aus der Interaktion zwischen dem KI-System und der Umgebung, in der es betrieben wird, ergeben könnten. Im Rahmen des Risikomanagementsystems sollten die vor dem Hintergrund des Stands der KI am besten geeigneten Risikomanagementmaßnahmen ergriffen werden. Bei der Ermittlung der am besten geeigneten Risikomanagementmaßnahmen sollte der Anbieter die getroffenen Entscheidungen dokumentieren und erläutern und gegebenenfalls Sachverständige und externe Interessenträger hinzuziehen. Bei der Ermittlung der vernünftigerweise vorherseh-

baren Fehlanwendung von Hochrisiko-KI-Systemen sollte der Anbieter die Verwendungen von KI-Systemen erfassen, die zwar nicht unmittelbar der Zweckbestimmung entsprechen und in der Betriebsanleitung vorgesehen sind, jedoch nach vernünftigem Ermessen davon auszugehen ist, dass sie sich aus einem leicht absehbaren menschlichen Verhalten im Zusammenhang mit den spezifischen Merkmalen und der Verwendung eines bestimmten KI-Systems ergeben. Alle bekannten oder vorhersehbaren Umstände bezüglich der Verwendung des Hochrisiko-KI-Systems im Einklang mit seiner Zweckbestimmung oder einer vernünftigerweise vorhersehbaren Fehlanwendung, die zu Risiken für die Gesundheit und Sicherheit oder die Grundrechte führen können, sollten vom Anbieter in der Betriebsanleitung aufgeführt werden. Damit soll sichergestellt werden, dass der Betreiber diese Umstände bei der Nutzung des Hochrisiko-KI-Systems kennt und berücksichtigt. Die Ermittlung und Umsetzung von Risikominderungsmaßnahmen in Bezug auf vorhersehbare Fehlanwendungen im Rahmen dieser Verordnung sollte keine spezifische zusätzliche Schulung für das Hochrisiko-KI-System durch den Anbieter erfordern, um gegen vorhersehbare Fehlanwendungen vorzugehen. Die Anbieter sind jedoch gehalten, solche zusätzlichen Schulungsmaßnahmen in Erwägung zu ziehen, um einer vernünftigerweise vorhersehbare Fehlanwendung entgegenzuwirken, soweit dies erforderlich und angemessen ist.

(66) Die Anforderungen sollten für Hochrisiko-KI-Systeme im Hinblick auf das Risikomanagement, die Qualität und Relevanz der verwendeten Datensätze, die technische Dokumentation und die Aufzeichnungspflichten, die Transparenz und die Bereitstellung von Informationen für die Betreiber, die menschliche Aufsicht sowie die Robustheit, Genauigkeit und Sicherheit gelten. Diese Anforderungen sind erforderlich, um die Risiken für Gesundheit, Sicherheit und Grundrechte wirksam zu mindern. Nachdem nach vernünftigem Ermessen keine anderen weniger handelsbeschränkenden Maßnahmen zur Verfügung stehen, stellen sie keine ungerechtfertigten Handelsbeschränkungen dar.

(67) Hochwertige Daten und der Zugang dazu spielen eine zentrale Rolle bei der Bereitstellung von Strukturen und für die Sicherstellung der Leistung vieler KI-Systeme, insbesondere wenn Techniken eingesetzt werden, bei denen Modelle mit Daten trainiert werden, um sicherzustellen, dass das Hochrisiko-KI-System bestimmungsgemäß und sicher funktioniert und nicht zur Ursache für Diskriminierung wird, die nach dem Unionsrecht verboten ist. Hochwertige Trainings-, Validierungs- und Testdatensätze erfordern geeignete Daten-Governance- und Datenverwaltungsverfahren. Die Trainings-, Validierungs- und Testdatensätze, einschließlich der Kennzeichnungen, sollten im Hinblick auf die Zweckbestimmung des Systems relevant, hinreichend repräsentativ und so weit wie möglich fehlerfrei und vollständig sein. Um die Einhaltung des Datenschutzrechts der Union, wie der Verordnung (EU) 2016/679[1)], zu erleichtern, sollten Daten-Governance- und Datenverwaltungsverfahren bei personenbezogenen Daten Transparenz in Bezug auf den ursprünglichen Zweck der Datenerhebung umfassen. Die Datensätze sollten auch die geeigneten

---

[1)] Nr. **1**.

statistischen Merkmale haben, auch bezüglich der Personen oder Personengruppen, auf die das Hochrisiko-KI-System bestimmungsgemäß angewandt werden soll, unter besonderer Berücksichtigung der Minderung möglicher Verzerrungen in den Datensätzen, die die Gesundheit und Sicherheit von Personen beeinträchtigen, sich negativ auf die Grundrechte auswirken oder zu einer nach dem Unionsrecht verbotenen Diskriminierung führen könnten, insbesondere wenn die Datenausgaben die Eingaben für künftige Operationen beeinflussen (Rückkopplungsschleifen). Verzerrungen können zum Beispiel – insbesondere bei Verwendung historischer Daten – den zugrunde liegenden Datensätzen innewohnen oder bei der Implementierung der Systeme in der realen Welt generiert werden. Die von einem KI-System ausgegebenen Ergebnisse könnten durch solche inhärenten Verzerrungen beeinflusst werden, die tendenziell allmählich zunehmen und dadurch bestehende Diskriminierungen fortschreiben und verstärken, insbesondere in Bezug auf Personen, die bestimmten schutzbedürftigen Gruppen wie aufgrund von Rassismus benachteiligten oder ethnischen Gruppen angehören. Die Anforderung, dass die Datensätze so weit wie möglich vollständig und fehlerfrei sein müssen, sollte sich nicht auf den Einsatz von Techniken zur Wahrung der Privatsphäre im Zusammenhang mit der Entwicklung und dem Testen von KI-Systemen auswirken. Insbesondere sollten die Datensätze, soweit dies für die Zweckbestimmung erforderlich ist, den Eigenschaften, Merkmalen oder Elementen entsprechen, die für die besonderen geografischen, kontextuellen, verhaltensbezogenen oder funktionalen Rahmenbedingungen, unter denen das Hochrisiko-KI-System bestimmungsgemäß verwendet werden soll, typisch sind. Die Anforderungen an die Daten-Governance können durch die Inanspruchnahme Dritter erfüllt werden, die zertifizierte Compliance-Dienste anbieten, einschließlich der Überprüfung der Daten-Governance, der Datensatzintegrität und der Datenschulungs-, Validierungs- und Testverfahren, sofern die Einhaltung der Datenanforderungen dieser Verordnung gewährleistet ist.

(68) Für die Entwicklung und Bewertung von Hochrisiko-KI-Systemen sollten bestimmte Akteure wie etwa Anbieter, notifizierte Stellen und andere einschlägige Einrichtungen wie etwa Europäische Digitale Innovationszentren, Test- und Versuchseinrichtungen und Forscher in der Lage sein, in den Tätigkeitsbereichen, in denen diese Akteure tätig sind und die mit dieser Verordnung in Zusammenhang stehen, auf hochwertige Datensätze zuzugreifen und diese zu nutzen. Die von der Kommission eingerichteten gemeinsamen europäischen Datenräume und die Erleichterung des Datenaustauschs im öffentlichen Interesse zwischen Unternehmen und mit Behörden werden entscheidend dazu beitragen, einen vertrauensvollen, rechenschaftspflichtigen und diskriminierungsfreien Zugang zu hochwertigen Daten für das Training, die Validierung und das Testen von KI-Systemen zu gewährleisten. Im Gesundheitsbereich beispielsweise wird der europäische Raum für Gesundheitsdaten den diskriminierungsfreien Zugang zu Gesundheitsdaten und das Training von KI-Algorithmen mithilfe dieser Datensätze erleichtern, und zwar unter Wahrung der Privatsphäre, auf sichere, zeitnahe, transparente und vertrauenswürdige Weise und unter angemessener institutioneller Leitung. Die einschlägigen zuständigen Behörden, einschließlich sektoraler Behörden, die den Zugang

zu Daten bereitstellen oder unterstützen, können auch die Bereitstellung hochwertiger Daten für das Training, die Validierung und das Testen von KI-Systemen unterstützen.

(69) Das Recht auf Privatsphäre und den Schutz personenbezogener Daten muss während des gesamten Lebenszyklus des KI-Systems sichergestellt sein. In dieser Hinsicht gelten die Grundsätze der Datenminimierung und des Datenschutzes durch Technikgestaltung und Voreinstellungen, wie sie im Datenschutzrecht der Union festgelegt sind, wenn personenbezogene Daten verarbeitet werden. Unbeschadet der in dieser Verordnung festgelegten Anforderungen an die Daten-Governance können zu den Maßnahmen, mit denen die Anbieter die Einhaltung dieser Grundsätze sicherstellen, nicht nur Anonymisierung und Verschlüsselung gehören, sondern auch der Einsatz von Technik, die es ermöglicht, Algorithmen direkt am Ort der Datenerzeugung einzusetzen und KI-Systeme zu trainieren, ohne dass Daten zwischen Parteien übertragen oder die Rohdaten oder strukturierten Daten selbst kopiert werden.

(70) Um das Recht anderer auf Schutz vor Diskriminierung, die sich aus Verzerrungen in KI-Systemen ergeben könnte, zu wahren, sollten die Anbieter ausnahmsweise und in dem unbedingt erforderlichen Ausmaß, um die Erkennung und Korrektur von Verzerrungen im Zusammenhang mit Hochrisiko-KI-Systemen sicherzustellen, vorbehaltlich angemessener Vorkehrungen für den Schutz der Grundrechte und Grundfreiheiten natürlicher Personen und nach Anwendung aller in dieser Verordnung festgelegten geltenden Bedingungen zusätzlich zu den in den Verordnungen (EU) 2016/679[1] und (EU) 2018/1725 sowie der Richtlinie (EU) 2016/680[2] festgelegten Bedingungen besondere Kategorien personenbezogener Daten als Angelegenheit von erheblichem öffentlichen Interesse im Sinne des Artikels 9 Absatz 2 Buchstabe g der Verordnung (EU) 2016/679[1] und des Artikels 10 Absatz 2 Buchstabe g der Verordnung (EU) 2018/1725 verarbeiten können.

(71) Umfassende Informationen darüber, wie Hochrisiko-KI-Systeme entwickelt wurden und wie sie während ihrer gesamten Lebensdauer funktionieren, sind unerlässlich, um die Nachvollziehbarkeit dieser Systeme, die Überprüfung der Einhaltung der Anforderungen dieser Verordnung sowie die Beobachtung ihres Betriebs und ihre Beobachtung nach dem Inverkehrbringen zu ermöglichen. Dies erfordert die Führung von Aufzeichnungen und die Verfügbarkeit einer technischen Dokumentation, die alle erforderlichen Informationen enthält, um die Einhaltung der einschlägigen Anforderungen durch das KI-System zu beurteilen und die Beobachtung nach dem Inverkehrbringen zu erleichtern. Diese Informationen sollten die allgemeinen Merkmale, Fähigkeiten und Grenzen des Systems, die verwendeten Algorithmen, Daten und Trainings-, Test- und Validierungsverfahren sowie die Dokumentation des einschlägigen Risikomanagementsystems umfassen und in klarer und umfassender Form abgefasst sein. Die technische Dokumentation sollte während der gesamten Lebensdauer des KI-Systems angemessen auf dem neuesten Stand gehalten werden. Darüber hinaus sollten die Hochrisiko-KI-Systeme

---

[1] Nr. **1**.
[2] Nr. **2**.

technisch die automatische Aufzeichnung von Ereignissen mittels Protokollierung während der Lebensdauer des Systems ermöglichen.

(72) Um Bedenken hinsichtlich der Undurchsichtigkeit und Komplexität bestimmter KI-Systeme auszuräumen und die Betreiber bei der Erfüllung ihrer Pflichten gemäß dieser Verordnung zu unterstützen, sollte für Hochrisiko-KI-Systeme Transparenz vorgeschrieben werden, bevor sie in Verkehr gebracht oder in Betrieb genommen werden. Hochrisiko-KI-Systeme sollten so gestaltet sein, dass die Betreiber in der Lage sind, zu verstehen, wie das KI-System funktioniert, seine Funktionalität zu bewerten und seine Stärken und Grenzen zu erfassen. Hochrisiko-KI-Systemen sollten angemessene Informationen in Form von Betriebsanleitungen beigefügt sein. Zu diesen Informationen sollten die Merkmale, Fähigkeiten und Leistungsbeschränkungen des KI-Systems gehören. Diese würden Informationen über mögliche bekannte und vorhersehbare Umstände im Zusammenhang mit der Nutzung des Hochrisiko-KI-Systems, einschließlich Handlungen des Betreibers, die das Verhalten und die Leistung des Systems beeinflussen können, unter denen das KI-System zu Risiken in Bezug auf die Gesundheit, die Sicherheit und die Grundrechte führen kann, über die Änderungen, die vom Anbieter vorab festgelegt und auf Konformität geprüft wurden, und über die einschlägigen Maßnahmen der menschlichen Aufsicht, einschließlich der Maßnahmen, um den Betreibern die Interpretation der Ausgaben von KI-Systemen zu erleichtern, umfassen. Transparenz, einschließlich der begleitenden Betriebsanleitungen, sollte den Betreibern bei der Nutzung des Systems helfen und ihre fundierte Entscheidungsfindung unterstützen. Unter anderem sollten Betreiber besser in der Lage sein, das richtige System auszuwählen, das sie angesichts der für sie geltenden Pflichten verwenden wollen, über die beabsichtigten und ausgeschlossenen Verwendungszwecke informiert sein und das KI-System korrekt und angemessen verwenden. Um die Lesbarkeit und Zugänglichkeit der in der Betriebsanleitung enthaltenen Informationen zu verbessern, sollten diese gegebenenfalls anschauliche Beispiele enthalten, zum Beispiel zu den Beschränkungen sowie zu den beabsichtigten und ausgeschlossenen Verwendungen des KI-Systems. Die Anbieter sollten dafür sorgen, dass in der gesamten Dokumentation, einschließlich der Betriebsanleitungen, aussagekräftige, umfassende, zugängliche und verständliche Informationen enthalten sind, wobei die Bedürfnisse und vorhersehbaren Kenntnisse der Zielbetreiber zu berücksichtigen sind. Die Betriebsanleitungen sollten in einer vom betreffenden Mitgliedstaat festgelegten Sprache zur Verfügung gestellt werden, die von den Zielbetreibern leicht verstanden werden kann.

(73) Hochrisiko-KI-Systeme sollten so gestaltet und entwickelt werden, dass natürliche Personen ihre Funktionsweise überwachen und sicherstellen können, dass sie bestimmungsgemäß verwendet werden und dass ihre Auswirkungen während des Lebenszyklus des Systems berücksichtigt werden. Zu diesem Zweck sollte der Anbieter des Systems vor dem Inverkehrbringen oder der Inbetriebnahme geeignete Maßnahmen zur Gewährleistung der menschlichen Aufsicht festlegen. Insbesondere sollten solche Maßnahmen gegebenenfalls gewährleisten, dass das System integrierten Betriebseinschränkungen unterliegt, über die sich das System selbst nicht hinwegsetzen kann, dass es auf den menschlichen Bediener

reagiert und dass die natürlichen Personen, denen die menschliche Aufsicht übertragen wurde, über die erforderliche Kompetenz, Ausbildung und Befugnis verfügen, um diese Aufgabe wahrzunehmen. Es ist außerdem unerlässlich, gegebenenfalls dafür zu sorgen, dass in Hochrisiko-KI-Systemen Mechanismen enthalten sind, um eine natürliche Person, der die menschliche Aufsicht übertragen wurde, zu beraten und zu informieren, damit sie fundierte Entscheidungen darüber trifft, ob, wann und wie einzugreifen ist, um negative Folgen oder Risiken zu vermeiden, oder das System anzuhalten, wenn es nicht wie beabsichtigt funktioniert. Angesichts der bedeutenden Konsequenzen für Personen im Falle eines falschen Treffers durch bestimmte biometrische Identifizierungssysteme ist es angezeigt, für diese Systeme eine verstärkte Anforderung im Hinblick auf die menschliche Aufsicht vorzusehen, sodass der Betreiber keine Maßnahmen oder Entscheidungen aufgrund des vom System hervorgebrachten Identifizierungsergebnisses treffen kann, solange dies nicht von mindestens zwei natürlichen Personen getrennt überprüft und bestätigt wurde. Diese Personen könnten von einer oder mehreren Einrichtungen stammen und die Person umfassen, die das System bedient oder verwendet. Diese Anforderung sollte keine unnötigen Belastungen oder Verzögerungen mit sich bringen, und es könnte ausreichen, dass die getrennten Überprüfungen durch die verschiedenen Personen automatisch in die vom System erzeugten Protokolle aufgenommen werden. Angesichts der Besonderheiten der Bereiche Strafverfolgung, Migration, Grenzkontrolle und Asyl sollte diese Anforderung nicht gelten, wenn die Geltung dieser Anforderung nach Unionsrecht oder nationalem Recht unverhältnismäßig ist.

(74) Hochrisiko-KI-Systeme sollten während ihres gesamten Lebenszyklus beständig funktionieren und ein angemessenes Maß an Genauigkeit, Robustheit und Cybersicherheit angesichts ihrer Zweckbestimmung und entsprechend dem allgemein anerkannten Stand der Technik aufweisen. Die Kommission sowie einschlägige Interessenträger und Organisationen sind aufgefordert, der Minderung der Risiken und negativen Auswirkungen des KI-Systems gebührend Rechnung zu tragen. Das erwartete Leistungskennzahlenniveau sollte in der beigefügten Betriebsanleitung angegeben werden. Die Anbieter werden nachdrücklich aufgefordert, diese Informationen den Betreibern in klarer und leicht verständlicher Weise ohne Missverständnisse oder irreführende Aussagen zu übermitteln. Die Rechtsvorschriften der Union zum gesetzlichen Messwesen, einschließlich der Richtlinien 2014/31/EU[1)] und 2014/32/EU des Europäischen Parlaments und des Rates[2)], zielt darauf ab, die Genauigkeit von Messungen sicherzustellen und die Transparenz und Fairness im Geschäftsverkehr zu fördern. In diesem Zusammenhang sollte die Kommission in Zusammenarbeit mit einschlägigen Interessenträgern und Organisationen, wie Metrologie- und Benchmarking-Behörden, gegebenenfalls die Entwick-

---

[1)] **Amtl. Anm.:** Richtlinie 2014/31/EU des Europäischen Parlaments und des Rates vom 26. Februar 2014 zur Angleichung der Rechtsvorschriften der Mitgliedstaaten betreffend die Bereitstellung nichtselbsttätiger Waagen auf dem Markt (ABl. L 96 vom 29.3.2014, S. 107).

[2)] **Amtl. Anm.:** Richtlinie 2014/32/EU des Europäischen Parlaments und des Rates vom 26. Februar 2014 zur Harmonisierung der Rechtsvorschriften der Mitgliedstaaten über die Bereitstellung von Messgeräten auf dem Markt (ABl. L 96 vom 29.3.2014, S. 149).

lung von Benchmarks und Messmethoden für KI-Systeme fördern. Dabei sollte die Kommission internationale Partner, die an Metrologie und einschlägigen Messindikatoren für KI arbeiten, beachten und mit ihnen zusammenarbeiten.

(75) Die technische Robustheit ist eine wesentliche Voraussetzung für Hochrisiko-KI-Systeme. Sie sollten widerstandsfähig in Bezug auf schädliches oder anderweitig unerwünschtes Verhalten sein, das sich aus Einschränkungen innerhalb der Systeme oder der Umgebung, in der die Systeme betrieben werden, ergeben kann (z.B. Fehler, Störungen, Unstimmigkeiten, unerwartete Situationen). Daher sollten technische und organisatorische Maßnahmen ergriffen werden, um die Robustheit von Hochrisiko-KI-Systemen sicherzustellen, indem beispielsweise geeignete technische Lösungen konzipiert und entwickelt werden, um schädliches oder anderweitig unerwünschtes Verhalten zu verhindern oder zu minimieren. Zu diesen technischen Lösungen können beispielsweise Mechanismen gehören, die es dem System ermöglichen, seinen Betrieb bei bestimmten Anomalien oder beim Betrieb außerhalb bestimmter vorab festgelegter Grenzen sicher zu unterbrechen (Störungssicherheitspläne). Ein fehlender Schutz vor diesen Risiken könnte die Sicherheit beeinträchtigen oder sich negativ auf die Grundrechte auswirken, wenn das KI-System beispielsweise falsche Entscheidungen trifft oder falsche oder verzerrte Ausgaben hervorbringt.

(76) Die Cybersicherheit spielt eine entscheidende Rolle, wenn es darum geht, sicherzustellen, dass KI-Systeme widerstandsfähig gegenüber Versuchen böswilliger Dritter sind, unter Ausnutzung der Schwachstellen der Systeme deren Verwendung, Verhalten, Leistung zu verändern oder ihre Sicherheitsmerkmale zu beeinträchtigen. Cyberangriffe auf KI-Systeme können KI-spezifische Ressourcen wie Trainingsdatensätze (z.B. Datenvergiftung) oder trainierte Modelle (z.B. feindliche Angriffe oder Inferenzangriffe auf Mitgliederdaten) nutzen oder Schwachstellen in den digitalen Ressourcen des KI-Systems oder der zugrunde liegenden IKT-Infrastruktur ausnutzen. Um ein den Risiken angemessenes Cybersicherheitsniveau zu gewährleisten, sollten die Anbieter von Hochrisiko-KI-Systemen daher geeignete Maßnahmen, etwa Sicherheitskontrollen, ergreifen, wobei gegebenenfalls auch die zugrunde liegende IKT-Infrastruktur zu berücksichtigen ist.

(77) Unbeschadet der in dieser Verordnung festgelegten Anforderungen an Robustheit und Genauigkeit können Hochrisiko-AI-Systeme, die in den Geltungsbereich einer Verordnung des Europäischen Parlaments und des Rates über horizontale Cybersicherheitsanforderungen für Produkte mit digitalen Elementen gemäß der genannten Verordnung fallen, die Erfüllung der Cybersicherheitsanforderungen der vorliegenden Verordnung nachweisen, indem sie die in der genannten Verordnung festgelegten grundlegenden Cybersicherheitsanforderungen erfüllen. Wenn Hochrisiko-KI-Systeme die grundlegenden Anforderungen einer Verordnung des Europäischen Parlaments und des Rates über horizontale Cybersicherheitsanforderungen für Produkte mit digitalen Elementen erfüllen, sollten sie als die in der vorliegenden Verordnung festgelegten Cybersicherheitsanforderungen erfüllend gelten, soweit die Erfüllung der genannten Anforderungen in der gemäß der genannten Verordnung ausgestellten EU-

Konformitätserklärung oder in Teilen davon nachgewiesen wird. Zu diesem Zweck sollten bei der im Rahmen einer Verordnung des Europäischen Parlaments und des Rates über horizontale Cybersicherheitsanforderungen für Produkte mit digitalen Elementen durchgeführten Bewertung der Cybersicherheitsrisiken, die mit einem gemäß der vorliegenden Verordnung als Hochrisiko-KI-System eingestuften Produkt mit digitalen Elementen verbunden sind, Risiken für die Cyberabwehrfähigkeit eines KI-Systems in Bezug auf Versuche unbefugter Dritter, seine Verwendung, sein Verhalten oder seine Leistung zu verändern, einschließlich KI-spezifischer Schwachstellen wie Datenvergiftung oder feindlicher Angriffe, sowie gegebenenfalls Risiken für die Grundrechte gemäß der vorliegenden Verordnung berücksichtigt werden.

(78) Das in dieser Verordnung vorgesehene Konformitätsbewertungsverfahren sollte in Bezug auf die grundlegenden Cybersicherheitsanforderungen an ein Produkt mit digitalen Elementen, das unter eine Verordnung des Europäischen Parlaments und des Rates über horizontale Cybersicherheitsanforderungen für Produkte mit digitalen Elementen fällt und gemäß der vorliegenden Verordnung als Hochrisiko-KI-System eingestuft ist, gelten. Diese Regel sollte jedoch nicht dazu führen, dass die erforderliche Vertrauenswürdigkeit für unter eine Verordnung des Europäischen Parlaments und des Rates über horizontale Cybersicherheitsanforderungen für Produkte mit digitalen Elementen fallende kritische Produkte mit digitalen Elementen verringert wird. Daher unterliegen abweichend von dieser Regel Hochrisiko-KI-Systeme, die in den Anwendungsbereich der vorliegenden Verordnung fallen und gemäß einer Verordnung des Europäischen Parlaments und des Rates über horizontale Cybersicherheitsanforderungen für Produkte mit digitalen Elementen als wichtige und kritische Produkte mit digitalen Elementen eingestuft werden und für die das Konformitätsbewertungsverfahren auf der Grundlage der internen Kontrolle gemäß einem Anhang der vorliegenden Verordnung gilt, den Konformitätsbewertungsbestimmungen einer Verordnung des Europäischen Parlaments und des Rates über horizontale Cybersicherheitsanforderungen für Produkte mit digitalen Elementen, soweit die wesentlichen Cybersicherheitsanforderungen der genannten Verordnung betroffen sind. In diesem Fall sollten für alle anderen Aspekte, die unter die vorliegende Verordnung fallen, die entsprechenden Bestimmungen über die Konformitätsbewertung auf der Grundlage der internen Kontrolle gelten, die in einem Anhang der vorliegenden Verordnung festgelegt sind. Aufbauend auf den Kenntnissen und dem Fachwissen der ENISA in Bezug auf die Cybersicherheitspolitik und die der ENISA gemäß der Verordnung (EU) 2019/881 des Europäischen Parlaments und des Rates[1)] übertragenen Aufgaben sollte die Kommission in Fragen im Zusammenhang mit der Cybersicherheit von KI-Systemen mit der ENISA zusammenarbeiten.

[1)] **Amtl. Anm.:** Verordnung (EU) 2019/881 des Europäischen Parlaments und des Rates vom 17. April 2019 über die ENISA (Agentur der Europäischen Union für Cybersicherheit) und über die Zertifizierung der Cybersicherheit von Informations- und Kommunikationstechnik und zur Aufhebung der Verordnung (EU) Nr. 526/2013 (Rechtsakt zur Cybersicherheit) (ABl. L 151 vom 7.6. 2019, S. 15).

(79) Es ist angezeigt, dass eine bestimmte als Anbieter definierte natürliche oder juristische Person die Verantwortung für das Inverkehrbringen oder die Inbetriebnahme eines Hochrisiko-KI-Systems übernimmt, unabhängig davon, ob es sich bei dieser natürlichen oder juristischen Person um die Person handelt, die das System konzipiert oder entwickelt hat.

(80) Als Unterzeichner des Übereinkommens über die Rechte von Menschen mit Behinderungen der Vereinten Nationen sind die Union und alle Mitgliedstaaten rechtlich verpflichtet, Menschen mit Behinderungen vor Diskriminierung zu schützen und ihre Gleichstellung zu fördern, sicherzustellen, dass Menschen mit Behinderungen gleichberechtigt Zugang zu Informations- und Kommunikationstechnologien und -systemen haben, und die Achtung der Privatsphäre von Menschen mit Behinderungen sicherzustellen. Angesichts der zunehmenden Bedeutung und Nutzung von KI-Systemen sollte die strikte Anwendung der Grundsätze des universellen Designs auf alle neuen Technologien und Dienste einen vollständigen und gleichberechtigten Zugang für alle Menschen sicherstellen, die potenziell von KI-Technologien betroffen sind oder diese nutzen, einschließlich Menschen mit Behinderungen, und zwar in einer Weise, die ihrer Würde und Vielfalt in vollem Umfang Rechnung trägt. Es ist daher von wesentlicher Bedeutung, dass die Anbieter die uneingeschränkte Einhaltung der Barrierefreiheitsanforderungen sicherstellen, einschließlich der in der Richtlinie (EU) 2016/2102 des Europäischen Parlaments und des Rates[1)] und in der Richtlinie (EU) 2019/882 festgelegten Anforderungen. Die Anbieter sollten die Einhaltung dieser Anforderungen durch Voreinstellungen sicherstellen. Die erforderlichen Maßnahmen sollten daher so weit wie möglich in die Konzeption von Hochrisiko-KI-Systemen integriert werden.

(81) Der Anbieter sollte ein solides Qualitätsmanagementsystem einrichten, die Durchführung des vorgeschriebenen Konformitätsbewertungsverfahrens sicherstellen, die einschlägige Dokumentation erstellen und ein robustes System zur Beobachtung nach dem Inverkehrbringen einrichten. Anbieter von Hochrisiko-KI-Systemen, die Pflichten in Bezug auf Qualitätsmanagementsysteme gemäß den einschlägigen sektorspezifischen Rechtsvorschriften der Union unterliegen, sollten die Möglichkeit haben, die Elemente des in dieser Verordnung vorgesehenen Qualitätsmanagementsystems als Teil des bestehenden, in diesen anderen sektoralen Rechtsvorschriften der Union vorgesehen Qualitätsmanagementsystems aufzunehmen. Auch bei künftigen Normungstätigkeiten oder Leitlinien, die von der Kommission angenommen werden, sollte der Komplementarität zwischen dieser Verordnung und den bestehenden sektorspezifischen Rechtsvorschriften der Union Rechnung getragen werden. Behörden, die Hochrisiko-KI-Systeme für den Eigengebrauch in Betrieb nehmen, können unter Berücksichtigung der Besonderheiten des Bereichs sowie der Zuständigkeiten und der Organisation der besagten Behörde die Vorschriften für das Qualitätsmanagementsystem als Teil des auf nationaler

---

[1)] **Amtl. Anm.:** Richtlinie (EU) 2016/2102 des Europäischen Parlaments und des Rates vom 26. Oktober 2016 über den barrierefreien Zugang zu den Websites und mobilen Anwendungen öffentlicher Stellen (ABl. L 327 vom 2.12.2016, S. 1).

oder regionaler Ebene eingesetzten Qualitätsmanagementsystems annehmen und umsetzen.

(82) Um die Durchsetzung dieser Verordnung zu ermöglichen und gleiche Wettbewerbsbedingungen für die Akteure zu schaffen, muss unter Berücksichtigung der verschiedenen Formen der Bereitstellung digitaler Produkte sichergestellt sein, dass unter allen Umständen eine in der Union niedergelassene Person den Behörden alle erforderlichen Informationen über die Konformität eines KI-Systems zur Verfügung stellen kann. Daher sollten Anbieter, die in Drittländern niedergelassen sind, vor der Bereitstellung ihrer KI-Systeme in der Union schriftlich einen in der Union niedergelassenen Bevollmächtigten benennen. Dieser Bevollmächtigte spielt eine zentrale Rolle bei der Gewährleistung der Konformität der von den betreffenden Anbietern, die nicht in der Union niedergelassen sind, in der Union in Verkehr gebrachten oder in Betrieb genommenen Hochrisiko-KI-Systeme und indem er als ihr in der Union niedergelassener Ansprechpartner dient.

(83) Angesichts des Wesens und der Komplexität der Wertschöpfungskette für KI-Systeme und im Einklang mit dem neuen Rechtsrahmen ist es von wesentlicher Bedeutung, Rechtssicherheit zu gewährleisten und die Einhaltung dieser Verordnung zu erleichtern. Daher müssen die Rolle und die spezifischen Pflichten der relevanten Akteure entlang dieser Wertschöpfungskette, wie Einführer und Händler, die zur Entwicklung von KI-Systemen beitragen können, präzisiert werden. In bestimmten Situationen könnten diese Akteure mehr als eine Rolle gleichzeitig wahrnehmen und sollten daher alle einschlägigen Pflichten, die mit diesen Rollen verbunden sind, kumulativ erfüllen. So könnte ein Akteur beispielsweise gleichzeitig als Händler und als Einführer auftreten.

(84) Um Rechtssicherheit zu gewährleisten, muss präzisiert werden, dass unter bestimmten spezifischen Bedingungen jeder Händler, Einführer, Betreiber oder andere Dritte als Anbieter eines Hochrisiko-KI-Systems betrachtet werden und daher alle einschlägigen Pflichten erfüllen sollte. Dies wäre auch der Fall, wenn diese Partei ein bereits in Verkehr gebrachtes oder in Betrieb genommenes Hochrisiko-KI-System mit ihrem Namen oder ihrer Handelsmarke versieht, unbeschadet vertraglicher Vereinbarungen, die eine andere Aufteilung der Pflichten vorsehen, oder wenn sie eine wesentliche Veränderung des Hochrisiko-KI-Systems, das bereits in Verkehr gebracht oder bereits in Betrieb genommen wurde, so vornimmt, dass es ein Hochrisiko-KI-System im Sinne dieser Verordnung bleibt, oder wenn sie die Zweckbestimmung eines KI-Systems, einschließlich eines KI-Systems mit allgemeinem Verwendungszweck, das nicht als Hochrisiko-KI-System eingestuft wurde und bereits in Verkehr gebracht oder in Betrieb genommen wurde, so verändert, dass das KI-System zu einem Hochrisiko-KI-System im Sinne dieser Verordnung wird. Diese Bestimmungen sollten unbeschadet spezifischerer Bestimmungen in bestimmten Harmonisierungsrechtsvorschriften der Union auf Grundlage des neuen Rechtsrahmens gelten, mit denen diese Verordnung zusammen gelten sollte. So sollte beispielsweise Artikel 16 Absatz 2 der Verordnung (EU) 2017/745, wonach bestimmte Änderungen nicht als eine Änderung des Produkts, die Auswirkungen auf seine Konformität mit den geltenden Anforderungen haben könnte, gelten sollten,

weiterhin auf Hochrisiko-KI-Systeme angewandt werden, bei denen es sich um Medizinprodukte im Sinne der genannten Verordnung handelt.

(85) KI-Systeme mit allgemeinem Verwendungszweck können als eigenständige Hochrisiko-KI-Systeme eingesetzt werden oder Komponenten anderer Hochrisiko-KI-Systemen sein. Daher sollten, aufgrund der besonderen Merkmale dieser KI-Systeme und um für eine gerechte Verteilung der Verantwortlichkeiten entlang der KI-Wertschöpfungskette zu sorgen, Anbieter solcher Systeme, unabhängig davon, ob sie von anderen Anbietern als eigenständige Hochrisiko-KI-Systeme oder als Komponenten von Hochrisiko-KI-Systemen verwendet werden können, und sofern in dieser Verordnung nichts anderes bestimmt ist, eng mit den Anbietern der relevanten Hochrisiko-KI-Systeme, um ihnen die Einhaltung der entsprechenden Pflichten aus dieser Verordnung zu ermöglichen, und mit den gemäß dieser Verordnung eingerichteten zuständigen Behörden zusammenarbeiten.

(86) Sollte der Anbieter, der das KI-System ursprünglich in Verkehr gebracht oder in Betrieb genommen hat, unter den in dieser Verordnung festgelegten Bedingungen nicht mehr als Anbieter im Sinne dieser Verordnung gelten und hat jener Anbieter die Änderung des KI-Systems in ein Hochrisiko-KI-System nicht ausdrücklich ausgeschlossen, so sollte der erstgenannte Anbieter dennoch eng zusammenarbeiten, die erforderlichen Informationen zur Verfügung stellen und den vernünftigerweise erwarteten technischen Zugang und sonstige Unterstützung leisten, die für die Erfüllung der in dieser Verordnung festgelegten Pflichten, insbesondere in Bezug auf die Konformitätsbewertung von Hochrisiko-KI-Systemen, erforderlich sind.

(87) Zusätzlich sollte, wenn ein Hochrisiko-KI-System, bei dem es sich um ein Sicherheitsbauteil eines Produkts handelt, das in den Geltungsbereich von Harmonisierungsrechtsvorschriften der Union auf Grundlage des neuen Rechtsrahmens fällt, nicht unabhängig von dem Produkt in Verkehr gebracht oder in Betrieb genommen wird, der Produkthersteller im Sinne der genannten Rechtsvorschriften die in der vorliegenden Verordnung festgelegten Anbieterpflichten erfüllen und sollte insbesondere sicherstellen, dass das in das Endprodukt eingebettete KI-System den Anforderungen dieser Verordnung entspricht.

(88) Entlang der KI-Wertschöpfungskette liefern häufig mehrere Parteien KI-Systeme, Instrumente und Dienstleistungen, aber auch Komponenten oder Prozesse, die vom Anbieter zu diversen Zwecken in das KI-System integriert werden; dazu gehören das Trainieren, Neutrainieren, Testen und Bewerten von Modellen, die Integration in Software oder andere Aspekte der Modellentwicklung. Diese Parteien haben eine wichtige Rolle in der Wertschöpfungskette gegenüber dem Anbieter des Hochrisiko-KI-Systems, in das ihre KI-Systeme, Instrumente, Dienste, Komponenten oder Verfahren integriert werden, und sollten in einer schriftlichen Vereinbarung die Informationen, die Fähigkeiten, den technischen Zugang und die sonstige Unterstützung nach dem allgemein anerkannten Stand der Technik bereitstellen, die erforderlich sind, damit der Anbieter die in dieser Verordnung festgelegten Pflichten vollständig erfüllen kann, ohne seine eigenen Rechte des geistigen Eigentums oder Geschäftsgeheimnisse zu gefährden.

(89) Dritte, die Instrumente, Dienste, Verfahren oder Komponenten, bei denen es sich nicht um KI-Modelle mit allgemeinem Verwendungszweck handelt, öffentlich zugänglich machen, sollten nicht dazu verpflichtet werden, Anforderungen zu erfüllen, die auf die Verantwortlichkeiten entlang der KI-Wertschöpfungskette ausgerichtet sind, insbesondere gegenüber dem Anbieter, der sie genutzt oder integriert hat, wenn diese Instrumente, Dienste, Verfahren oder KI-Komponenten im Rahmen einer freien und quelloffenen Lizenz zugänglich gemacht werden. Die Entwickler von freien und quelloffenen Instrumenten, Diensten, Verfahren oder KI-Komponenten, bei denen es sich nicht um KI-Modelle mit allgemeinem Verwendungszweck handelt, sollten dazu ermutigt werden, weit verbreitete Dokumentationsverfahren, wie z.B. Modellkarten und Datenblätter, als Mittel dazu einzusetzen, den Informationsaustausch entlang der KI-Wertschöpfungskette zu beschleunigen, sodass vertrauenswürdige KI-Systeme in der Union gefördert werden können.

(90) Die Kommission könnte freiwillige Mustervertragsbedingungen für Verträge zwischen Anbietern von Hochrisiko-KI-Systemen und Dritten ausarbeiten und empfehlen, in deren Rahmen Instrumente, Dienste, Komponenten oder Verfahren bereitgestellt werden, die für Hochrisiko-KI-Systeme verwendet oder in diese integriert werden, um die Zusammenarbeit entlang der Wertschöpfungskette zu erleichtern. Bei der Ausarbeitung dieser freiwilligen Mustervertragsbedingungen sollte die Kommission auch mögliche vertragliche Anforderungen berücksichtigen, die in bestimmten Sektoren oder Geschäftsfällen gelten.

(91) Angesichts des Charakters von KI-Systemen und der Risiken für die Sicherheit und die Grundrechte, die mit ihrer Verwendung verbunden sein können, ist es angezeigt, besondere Zuständigkeiten für die Betreiber festzulegen, auch im Hinblick darauf, dass eine angemessene Beobachtung der Leistung eines KI-Systems unter Realbedingungen sichergestellt werden muss. Die Betreiber sollten insbesondere geeignete technische und organisatorische Maßnahmen treffen, um sicherzustellen, dass sie Hochrisiko-KI-Systeme gemäß den Betriebsanleitungen verwenden, und es sollten bestimmte andere Pflichten in Bezug auf die Überwachung der Funktionsweise der KI-Systeme und gegebenenfalls auch Aufzeichnungspflichten festgelegt werden. Darüber hinaus sollten die Betreiber sicherstellen, dass die Personen, denen die Umsetzung der Betriebsanleitungen und die menschliche Aufsicht gemäß dieser Verordnung übertragen wurde, über die erforderliche Kompetenz verfügen, insbesondere über ein angemessenes Niveau an KI-Kompetenz, Schulung und Befugnis, um diese Aufgaben ordnungsgemäß zu erfüllen. Diese Pflichten sollten sonstige Pflichten des Betreibers in Bezug auf Hochrisiko-KI-Systeme nach Unionsrecht oder nationalem Recht unberührt lassen.

(92) Diese Verordnung lässt Pflichten der Arbeitgeber unberührt, Arbeitnehmer oder ihre Vertreter nach dem Unionsrecht oder nationalem Recht und nationaler Praxis, einschließlich der Richtlinie 2002/14/EG des Europäischen Parlaments und des Rates[1)] über Entscheidungen zur In-

[1)] **Amtl. Anm.:** Richtlinie 2002/14/EG des Europäischen Parlaments und des Rates vom 11. März 2002 zur Festlegung eines allgemeinen Rahmens für die Unterrichtung und Anhörung der Arbeitnehmer in der Europäischen Gemeinschaft (ABl. L 80 vom 23.3.2002, S. 29).

betriebnahme oder Nutzung von KI-Systemen zu unterrichten oder zu unterrichten und anzuhören. Es muss nach wie vor sichergestellt werden, dass Arbeitnehmer und ihre Vertreter über die geplante Einführung von Hochrisiko-KI-Systemen am Arbeitsplatz unterrichtet werden, wenn die Bedingungen für diese Pflichten zur Unterrichtung oder zur Unterrichtung und Anhörung gemäß anderen Rechtsinstrumenten nicht erfüllt sind. Darüber hinaus ist dieses Recht, unterrichtet zu werden, ein Nebenrecht und für das Ziel des Schutzes der Grundrechte, das dieser Verordnung zugrunde liegt, erforderlich. Daher sollte in dieser Verordnung eine entsprechende Unterrichtungsanforderung festgelegt werden, ohne bestehende Arbeitnehmerrechte zu beeinträchtigen.

(93) Während Risiken im Zusammenhang mit KI-Systemen einerseits aus der Art und Weise entstehen können, in der solche Systeme konzipiert sind, können sie sich andererseits auch aus der Art und Weise ergeben, in der diese Systeme verwendet werden. Betreiber von Hochrisiko-KI-Systemen spielen daher eine entscheidende Rolle bei der Gewährleistung des Schutzes der Grundrechte in Ergänzung der Pflichten der Anbieter bei der Entwicklung der KI-Systeme. Betreiber können am besten verstehen, wie das Hochrisiko-KI-System konkret eingesetzt wird, und können somit dank einer genaueren Kenntnis des Verwendungskontextes sowie der wahrscheinlich betroffenen Personen oder Personengruppen, einschließlich schutzbedürftiger Gruppen, erhebliche potenzielle Risiken erkennen, die in der Entwicklungsphase nicht vorausgesehen wurden. Betreiber der in einem Anhang dieser Verordnung aufgeführten Hochrisiko-KI-Systeme spielen ebenfalls eine entscheidende Rolle bei der Unterrichtung natürlicher Personen und sollten, wenn sie natürliche Personen betreffende Entscheidungen treffen oder bei solchen Entscheidungen Unterstützung leisten, gegebenenfalls die natürlichen Personen darüber unterrichten, dass sie Gegenstand des Einsatzes des Hochrisiko-KI-Systems sind. Diese Unterrichtung sollte die Zweckbestimmung und die Art der getroffenen Entscheidungen umfassen. Der Betreiber sollte die natürlichen Personen auch über ihr Recht auf eine Erklärung gemäß dieser Verordnung unterrichten. Bei Hochrisiko-KI-Systemen, die zu Strafverfolgungszwecken eingesetzt werden, sollte diese Pflicht im Einklang mit Artikel 13 der Richtlinie (EU) 2016/680[1] umgesetzt werden.

(94) Jede Verarbeitung biometrischer Daten im Zusammenhang mit der Verwendung von KI-Systemen für die biometrische Identifizierung zu Strafverfolgungszwecken muss im Einklang mit Artikel 10 der Richtlinie (EU) 2016/680[1], demzufolge eine solche Verarbeitung nur dann erlaubt ist, wenn sie unbedingt erforderlich ist, vorbehaltlich angemessener Vorkehrungen für den Schutz der Rechte und Freiheiten der betroffenen Person, und sofern sie nach dem Unionsrecht oder dem Recht der Mitgliedstaaten zulässig ist, erfolgen. Bei einer solchen Nutzung, sofern sie zulässig ist, müssen auch die in Artikel 4 Absatz 1 der Richtlinie (EU) 2016/680[1] festgelegten Grundsätze geachtet werden, einschließlich Rechtmäßigkeit, Fairness und Transparenz, Zweckbindung, sachliche Richtigkeit und Speicherbegrenzung.

---

[1] Nr. 2.

(95) Unbeschadet des geltenden Unionsrechts, insbesondere der Verordnung (EU) 2016/679[1] und der Richtlinie (EU) 2016/680[2], sollte die Verwendung von Systemen zur nachträglichen biometrischen Fernidentifizierung in Anbetracht des intrusiven Charakters von Systemen zur nachträglichen biometrischen Fernidentifizierung Schutzvorkehrungen unterliegen. Systeme zur nachträglichen biometrischen Fernidentifizierung sollten stets auf verhältnismäßige, legitime und unbedingt erforderliche Weise eingesetzt werden und somit zielgerichtet sein, was die zu identifizierenden Personen, den Ort und den zeitlichen Anwendungsbereich betrifft, und auf einem geschlossenen Datensatz rechtmäßig erworbener Videoaufnahmen basieren. In jedem Fall sollten Systeme zur nachträglichen biometrischen Fernidentifizierung im Rahmen der Strafverfolgung nicht so verwendet werden, dass sie zu willkürlicher Überwachung führen. Die Bedingungen für die nachträgliche biometrische Fernidentifizierung sollten keinesfalls eine Grundlage dafür bieten, die Bedingungen des Verbots und der strengen Ausnahmen für biometrische Echtzeit-Fernidentifizierung zu umgehen.

(96) Um wirksam sicherzustellen, dass die Grundrechte geschützt werden, sollten Betreiber von Hochrisiko-KI-Systemen, bei denen es sich um Einrichtungen des öffentlichen Rechts oder private Einrichtungen, die öffentliche Dienste erbringen, handelt, und Betreiber, die bestimmte Hochrisiko-KI-Systemen gemäß einem Anhang dieser Verordnung betreiben, wie Bank- oder Versicherungsunternehmen, vor der Inbetriebnahme eine Grundrechte-Folgenabschätzung durchführen. Für Einzelpersonen wichtige Dienstleistungen öffentlicher Art können auch von privaten Einrichtungen erbracht werden. Private Einrichtungen, die solche öffentliche Dienstleistungen erbringen, sind mit Aufgaben im öffentlichen Interesse verknüpft, etwa in den Bereichen Bildung, Gesundheitsversorgung, Sozialdienste, Wohnungswesen und Justizverwaltung. Ziel der Grundrechte-Folgenabschätzung ist es, dass der Betreiber die spezifischen Risiken für die Rechte von Einzelpersonen oder Gruppen von Einzelpersonen, die wahrscheinlich betroffen sein werden, ermittelt und Maßnahmen ermittelt, die im Falle eines Eintretens dieser Risiken zu ergreifen sind. Die Folgenabschätzung sollte vor dem erstmaligen Einsatz des Hochrisiko-KI-Systems durchgeführt werden, und sie sollte aktualisiert werden, wenn der Betreiber der Auffassung ist, dass sich einer der relevanten Faktoren geändert hat. In der Folgenabschätzung sollten die einschlägigen Verfahren des Betreibers, bei denen das Hochrisiko-KI-System im Einklang mit seiner Zweckbestimmung verwendet wird, genannt werden, und sie sollte eine Beschreibung des Zeitraums und der Häufigkeit, innerhalb dessen bzw. mit der das Hochrisiko-KI-System verwendet werden soll, sowie der Kategorien der natürlichen Personen und Gruppen, die im spezifischen Verwendungskontext betroffen sein könnten, enthalten. Die Abschätzung sollte außerdem die spezifischen Schadensrisiken enthalten, die sich auf die Grundrechte dieser Personen oder Gruppen auswirken können. Bei der Durchführung dieser Bewertung sollte der Betreiber Informationen Rechnung tragen, die für eine ord-

---

[1] Nr. **1**.
[2] Nr. **2**.

nungsgemäße Abschätzung der Folgen relevant sind, unter anderem die vom Anbieter des Hochrisiko-KI-Systems in der Betriebsanleitung angegebenen Informationen. Angesichts der ermittelten Risiken sollten die Betreiber Maßnahmen festlegen, die im Falle eines Eintretens dieser Risiken zu ergreifen sind, einschließlich beispielsweise Unternehmensführungsregelungen in diesem spezifischen Verwendungskontext, etwa Regelungen für die menschliche Aufsicht gemäß den Betriebsanleitungen oder Verfahren für die Bearbeitung von Beschwerden und Rechtsbehelfsverfahren, da sie dazu beitragen könnten, Risiken für die Grundrechte in konkreten Anwendungsfällen zu mindern. Nach Durchführung dieser Folgenabschätzung sollte der Betreiber die zuständige Marktüberwachungsbehörde unterrichten. Um einschlägige Informationen einzuholen, die für die Durchführung der Folgenabschätzung erforderlich sind, könnten die Betreiber von Hochrisiko-KI-Systemen, insbesondere wenn KI-Systeme im öffentlichen Sektor verwendet werden, relevante Interessenträger, unter anderem Vertreter von Personengruppen, die von dem KI-System betroffen sein könnten, unabhängige Sachverständige und Organisationen der Zivilgesellschaft, in die Durchführung solcher Folgenabschätzungen und die Gestaltung von Maßnahmen, die im Falle des Eintretens der Risiken zu ergreifen sind, einbeziehen. Das Europäische Büro für Künstliche Intelligenz (im Folgenden „Büro für Künstliche Intelligenz") sollte ein Muster für einen Fragebogen ausarbeiten, um den Betreibern die Einhaltung der Vorschriften zu erleichtern und den Verwaltungsaufwand für sie zu verringern.

(97) Der Begriff „KI-Modelle mit allgemeinem Verwendungszweck" sollte klar bestimmt und vom Begriff der KI-Systeme abgegrenzt werden, um Rechtssicherheit zu schaffen. Die Begriffsbestimmung sollte auf den wesentlichen funktionalen Merkmalen eines KI-Modells mit allgemeinem Verwendungszweck beruhen, insbesondere auf der allgemeinen Verwendbarkeit und der Fähigkeit, ein breites Spektrum unterschiedlicher Aufgaben kompetent zu erfüllen. Diese Modelle werden in der Regel mit großen Datenmengen durch verschiedene Methoden, etwa überwachtes, unüberwachtes und bestärkendes Lernen, trainiert. KI-Modelle mit allgemeinem Verwendungszweck können auf verschiedene Weise in Verkehr gebracht werden, unter anderem über Bibliotheken, Anwendungsprogrammierschnittstellen (API), durch direktes Herunterladen oder als physische Kopie. Diese Modelle können weiter geändert oder zu neuen Modellen verfeinert werden. Obwohl KI-Modelle wesentliche Komponenten von KI-Systemen sind, stellen sie für sich genommen keine KI-Systeme dar. Damit KI-Modelle zu KI-Systemen werden, ist die Hinzufügung weiterer Komponenten, zum Beispiel einer Nutzerschnittstelle, erforderlich. KI-Modelle sind in der Regel in KI-Systeme integriert und Teil davon. Diese Verordnung enthält spezifische Vorschriften für KI-Modelle mit allgemeinem Verwendungszweck und für KI-Modelle mit allgemeinem Verwendungszweck, die systemische Risiken bergen; diese sollten auch gelten, wenn diese Modelle in ein KI-System integriert oder Teil davon sind. Es sollte klar sein, dass die Pflichten für die Anbieter von KI-Modellen mit allgemeinem Verwendungszweck gelten sollten, sobald die KI-Modelle mit allgemeinem Verwendungszweck in Verkehr gebracht werden. Wenn der Anbieter eines KI-Modells mit allgemeinem Verwen-

dungszweck ein eigenes Modell in sein eigenes KI-System integriert, das auf dem Markt bereitgestellt oder in Betrieb genommen wird, sollte jenes Modell als in Verkehr gebracht gelten und sollten daher die Pflichten aus dieser Verordnung für Modelle weiterhin zusätzlich zu den Pflichten für KI-Systeme gelten. Die für Modelle festgelegten Pflichten sollten in jedem Fall nicht gelten, wenn ein eigenes Modell für rein interne Verfahren verwendet wird, die für die Bereitstellung eines Produkts oder einer Dienstleistung an Dritte nicht wesentlich sind, und die Rechte natürlicher Personen nicht beeinträchtigt werden. Angesichts ihrer potenziellen in erheblichem Ausmaße negativen Auswirkungen sollten KI-Modelle mit allgemeinem Verwendungszweck mit systemischem Risiko stets den einschlägigen Pflichten gemäß dieser Verordnung unterliegen. Die Begriffsbestimmung sollte nicht für KI-Modelle gelten, die vor ihrem Inverkehrbringen ausschließlich für Forschungs- und Entwicklungstätigkeiten oder die Konzipierung von Prototypen verwendet werden. Dies gilt unbeschadet der Pflicht, dieser Verordnung nachzukommen, wenn ein Modell nach solchen Tätigkeiten in Verkehr gebracht wird.

(98) Die allgemeine Verwendbarkeit eines Modells könnte zwar unter anderem auch durch eine bestimmte Anzahl von Parametern bestimmt werden, doch sollten Modelle mit mindestens einer Milliarde Parametern, die mit einer großen Datenmenge unter umfassender Selbstüberwachung trainiert werden, als Modelle gelten, die eine erhebliche allgemeine Verwendbarkeit aufweisen und ein breites Spektrum unterschiedlicher Aufgaben kompetent erfüllen.

(99) Große generative KI-Modelle sind ein typisches Beispiel für ein KI-Modell mit allgemeinem Verwendungszweck, da sie eine flexible Erzeugung von Inhalten ermöglichen, etwa in Form von Text-, Audio-, Bild- oder Videoinhalten, die leicht ein breites Spektrum unterschiedlicher Aufgaben umfassen können.

(100) Wenn ein KI-Modell mit allgemeinem Verwendungszweck in ein KI-System integriert oder Teil davon ist, sollte dieses System als KI-System mit allgemeinem Verwendungszweck gelten, wenn dieses System aufgrund dieser Integration in der Lage ist, einer Vielzahl von Zwecken zu dienen. Ein KI-System mit allgemeinem Verwendungszweck kann direkt eingesetzt oder in andere KI-Systeme integriert werden.

(101) Anbieter von KI-Modellen mit allgemeinem Verwendungszweck nehmen entlang der KI-Wertschöpfungskette eine besondere Rolle und Verantwortung wahr, da die von ihnen bereitgestellten Modelle die Grundlage für eine Reihe nachgelagerter Systeme bilden können, die häufig von nachgelagerten Anbietern bereitgestellt werden und ein gutes Verständnis der Modelle und ihrer Fähigkeiten erfordern, sowohl um die Integration solcher Modelle in ihre Produkte zu ermöglichen als auch ihre Pflichten im Rahmen dieser oder anderer Verordnungen zu erfüllen. Daher sollten verhältnismäßige Transparenzmaßnahmen festgelegt werden, einschließlich der Erstellung und Aktualisierung von Dokumentation und der Bereitstellung von Informationen über das KI-Modell mit allgemeinem Verwendungszweck für dessen Nutzung durch die nachgelagerten Anbieter. Der Anbieter von KI-Modellen mit allgemeinem Verwendungszweck sollte technische Dokumentation erarbeiten und aktualisieren, damit sie dem Büro für Künstliche Intelligenz und den zuständi-

gen nationalen Behörden auf Anfrage zur Verfügung gestellt werden kann. Welche Elemente mindestens in eine solche Dokumentation aufzunehmen sind, sollte in bestimmten Anhängen dieser Verordnung festgelegt werden. Der Kommission sollte die Befugnis übertragen werden, diese Anhänge im Wege delegierter Rechtsakte vor dem Hintergrund sich wandelnder technologischer Entwicklungen zu ändern.

(102) Software und Daten, einschließlich Modellen, die im Rahmen einer freien und quelloffenen Lizenz freigegeben werden, die ihre offene Weitergabe erlaubt und die Nutzer kostenlos abrufen, nutzen, verändern und weiter verteilen können, auch in veränderter Form, können zu Forschung und Innovation auf dem Markt beitragen und der Wirtschaft der Union erhebliche Wachstumschancen eröffnen. KI-Modelle mit allgemeinem Verwendungszweck, die im Rahmen freier und quelloffener Lizenzen freigegeben werden, sollten als ein hohes Maß an Transparenz und Offenheit sicherstellend gelten, wenn ihre Parameter, einschließlich Gewichte, Informationen über die Modellarchitektur und Informationen über die Modellnutzung, öffentlich zugänglich gemacht werden. Die Lizenz sollte auch als freie quelloffene Lizenz gelten, wenn sie es den Nutzern ermöglicht, Software und Daten zu betreiben, zu kopieren, zu verbreiten, zu untersuchen, zu ändern und zu verbessern, einschließlich Modelle, sofern der ursprüngliche Anbieter des Modells genannt und identische oder vergleichbare Vertriebsbedingungen eingehalten werden.

(103) Zu freien und quelloffenen KI-Komponenten zählen Software und Daten, einschließlich Modelle und KI-Modelle mit allgemeinem Verwendungszweck, Instrumente, Dienste oder Verfahren eines KI-Systems. Freie und quelloffene KI-Komponenten können über verschiedene Kanäle bereitgestellt werden, einschließlich ihrer Entwicklung auf offenen Speichern. Für die Zwecke dieser Verordnung sollten KI-Komponenten, die gegen einen Preis bereitgestellt oder anderweitig monetarisiert werden, einschließlich durch die Bereitstellung technischer Unterstützung oder anderer Dienste – einschließlich über eine Softwareplattform – im Zusammenhang mit der KI-Komponente oder durch die Verwendung personenbezogener Daten aus anderen Gründen als der alleinigen Verbesserung der Sicherheit, Kompatibilität oder Interoperabilität der Software, mit Ausnahme von Transaktionen zwischen Kleinstunternehmen, nicht unter die Ausnahmen für freie und quelloffene KI-Komponenten fallen. Die Bereitstellung von KI-Komponenten über offene Speicher sollte für sich genommen keine Monetarisierung darstellen.

(104) Für die Anbieter von KI-Modellen mit allgemeinem Verwendungszweck, die im Rahmen einer freien und quelloffenen Lizenz freigegeben werden und deren Parameter, einschließlich Gewichte, Informationen über die Modellarchitektur und Informationen über die Modellnutzung, öffentlich zugänglich gemacht werden, sollten Ausnahmen in Bezug auf die Transparenzanforderungen für KI-Modelle mit allgemeinem Verwendungszweck gelten, es sei denn, sie können als Modelle gelten, die ein systemisches Risiko bergen; in diesem Fall sollte der Umstand, dass das Modell transparent ist und mit einer quelloffenen Lizenz einhergeht, nicht als ausreichender Grund gelten, um sie von der Einhaltung der Pflichten aus dieser Verordnung auszunehmen. Da die Freigabe von KI-Modellen mit allgemeinem Verwendungszweck im Rahmen einer freien

und quelloffenen Lizenz nicht unbedingt wesentliche Informationen über den für das Trainieren oder die Feinabstimmung des Modells verwendeten Datensatz und die Art und Weise, wie damit die Einhaltung des Urheberrechts sichergestellt wurde, offenbart, sollte die für KI-Modelle mit allgemeinem Verwendungszweck vorgesehene Ausnahme von der Einhaltung der Transparenzanforderungen in jedem Fall nicht die Pflicht zur Erstellung einer Zusammenfassung der für das Training des Modells verwendeten Inhalte und die Pflicht, eine Strategie zur Einhaltung des Urheberrechts der Union, insbesondere zur Ermittlung und Einhaltung der gemäß Artikel 4 Absatz 3 der Richtlinie (EU) 2019/790 des Europäischen Parlaments und des Rates[1] geltend gemachten Rechtsvorbehalte, auf den Weg zu bringen, betreffen.

(105) KI-Modelle mit allgemeinem Verwendungszweck, insbesondere große generative KI-Modelle, die Text, Bilder und andere Inhalte erzeugen können, bedeuten einzigartige Innovationsmöglichkeiten, aber auch Herausforderungen für Künstler, Autoren und andere Kreative sowie die Art und Weise, wie ihre kreativen Inhalte geschaffen, verbreitet, genutzt und konsumiert werden. Für die Entwicklung und das Training solcher Modelle ist der Zugang zu riesigen Mengen an Text, Bildern, Videos und anderen Daten erforderlich. In diesem Zusammenhang können Text-und-Data-Mining-Techniken in großem Umfang für das Abrufen und die Analyse solcher Inhalte, die urheberrechtlich und durch verwandte Schutzrechte geschützt sein können, eingesetzt werden. Für jede Nutzung urheberrechtlich geschützter Inhalte ist die Zustimmung des betreffenden Rechteinhabers erforderlich, es sei denn, es gelten einschlägige Ausnahmen und Beschränkungen des Urheberrechts. Mit der Richtlinie (EU) 2019/790 wurden Ausnahmen und Beschränkungen eingeführt, um unter bestimmten Bedingungen Vervielfältigungen und Entnahmen von Werken oder sonstigen Schutzgegenständen für die Zwecke des Text und Data Mining zu erlauben. Nach diesen Vorschriften können Rechteinhaber beschließen, ihre Rechte an ihren Werken oder sonstigen Schutzgegenständen vorzubehalten, um Text und Data Mining zu verhindern, es sei denn, es erfolgt zum Zwecke der wissenschaftlichen Forschung. Wenn die Vorbehaltsrechte ausdrücklich und in geeigneter Weise vorbehalten wurden, müssen Anbieter von KI-Modellen mit allgemeinem Verwendungszweck eine Genehmigung von den Rechteinhabern einholen, wenn sie Text und Data Mining bei solchen Werken durchführen wollen.

(106) Anbieter, die KI-Modelle mit allgemeinem Verwendungszweck in der Union in Verkehr bringen, sollten die Erfüllung der einschlägigen Pflichten aus dieser Verordnung gewährleisten. Zu diesem Zweck sollten Anbieter von KI-Modellen mit allgemeinem Verwendungszweck eine Strategie zur Einhaltung des Urheberrechts der Union und der verwandten Schutzrechte einführen, insbesondere zur Ermittlung und Einhaltung des gemäß Artikel 4 Absatz 3 der Richtlinie (EU) 2019/790 durch die Rechteinhaber geltend gemachten Rechtsvorbehalts. Jeder Anbieter, der

[1] **Amtl. Anm.:** Richtlinie (EU) 2019/790 des Europäischen Parlaments und des Rates vom 17. April 2019 über das Urheberrecht und die verwandten Schutzrechte im digitalen Binnenmarkt und zur Änderung der Richtlinien 96/9/EG und 2001/29/EG (ABl. L 130 vom 17.5.2019, S. 92).

ein KI-Modell mit allgemeinem Verwendungszweck in der Union in Verkehr bringt, sollte diese Pflicht erfüllen, unabhängig davon, in welchem Hoheitsgebiet die urheberrechtlich relevanten Handlungen, die dem Training dieser KI-Modelle mit allgemeinem Verwendungszweck zugrunde liegen, stattfinden. Dies ist erforderlich, um gleiche Wettbewerbsbedingungen für Anbieter von KI-Modellen mit allgemeinem Verwendungszweck sicherzustellen, unter denen kein Anbieter in der Lage sein sollte, durch die Anwendung niedrigerer Urheberrechtsstandards als in der Union einen Wettbewerbsvorteil auf dem Unionsmarkt zu erlangen.

(107) Um die Transparenz in Bezug auf die beim Vortraining und Training von KI-Modellen mit allgemeinem Verwendungszweck verwendeten Daten, einschließlich urheberrechtlich geschützter Texte und Daten, zu erhöhen, ist es angemessen, dass die Anbieter solcher Modelle eine hinreichend detaillierte Zusammenfassung der für das Training des KI-Modells mit allgemeinem Verwendungszweck verwendeten Inhalte erstellen und veröffentlichen. Unter gebührender Berücksichtigung der Notwendigkeit, Geschäftsgeheimnisse und vertrauliche Geschäftsinformationen zu schützen, sollte der Umfang dieser Zusammenfassung allgemein weitreichend und nicht technisch detailliert sein, um Parteien mit berechtigtem Interesse, einschließlich der Inhaber von Urheberrechten, die Ausübung und Durchsetzung ihrer Rechte nach dem Unionsrecht zu erleichtern, beispielsweise indem die wichtigsten Datenerhebungen oder Datensätze aufgeführt werden, die beim Training des Modells verwendet wurden, etwa große private oder öffentliche Datenbanken oder Datenarchive, und indem eine beschreibende Erläuterung anderer verwendeter Datenquellen bereitgestellt wird. Es ist angebracht, dass das Büro für Künstliche Intelligenz eine Vorlage für die Zusammenfassung bereitstellt, die einfach und wirksam sein sollte und es dem Anbieter ermöglichen sollte, die erforderliche Zusammenfassung in beschreibender Form bereitzustellen.

(108) In Bezug auf die den Anbietern von KI-Modellen mit allgemeinem Verwendungszweck auferlegten Pflichten, eine Strategie zur Einhaltung des Urheberrechts der Union einzuführen und eine Zusammenfassung der für das Training verwendeten Inhalte zu veröffentlichen, sollte das Büro für Künstliche Intelligenz überwachen, ob der Anbieter diese Pflichten erfüllt hat, ohne dies zu überprüfen oder die Trainingsdaten im Hinblick auf die Einhaltung des Urheberrechts Werk für Werk zu bewerten. Diese Verordnung berührt nicht die Durchsetzung der Urheberrechtsvorschriften des Unionsrechts.

(109) Die Einhaltung der für die Anbieter von KI-Modellen mit allgemeinem Verwendungszweck geltenden Pflichten sollte der Art des Anbieters von Modellen angemessen und verhältnismäßig sein, wobei Personen, die Modelle für nicht berufliche oder wissenschaftliche Forschungszwecke entwickeln oder verwenden, ausgenommen sind, jedoch ermutigt werden sollten, diese Anforderungen freiwillig zu erfüllen. Unbeschadet des Urheberrechts der Union sollte bei der Einhaltung dieser Pflichten der Größe des Anbieters gebührend Rechnung getragen und für KMU, einschließlich Start-up-Unternehmen, vereinfachte Verfahren zur Einhaltung ermöglicht werden, die keine übermäßigen Kosten verursachen und nicht von der Verwendung solcher Modelle abhalten sollten. Im Falle

einer Änderung oder Feinabstimmung eines Modells sollten die Pflichten der Anbieter von KI-Modellen mit allgemeinem Verwendungszweck auf diese Änderung oder Feinabstimmung beschränkt sein, indem beispielsweise die bereits vorhandene technische Dokumentation um Informationen über die Änderungen, einschließlich neuer Trainingsdatenquellen, ergänzt wird, um die in dieser Verordnung festgelegten Pflichten in der Wertschöpfungskette zu erfüllen.

(110) KI-Modelle mit allgemeinem Verwendungszweck könnten systemische Risiken bergen, unter anderem tatsächliche oder vernünftigerweise vorhersehbare negative Auswirkungen im Zusammenhang mit schweren Unfällen, Störungen kritischer Sektoren und schwerwiegende Folgen für die öffentliche Gesundheit und Sicherheit; alle tatsächlichen oder vernünftigerweise vorhersehbaren negativen Auswirkungen auf die demokratischen Prozesse und die öffentliche und wirtschaftliche Sicherheit; die Verbreitung illegaler, falscher oder diskriminierender Inhalte. Bei systemischen Risiken sollte davon ausgegangen werden, dass sie mit den Fähigkeiten und der Reichweite des Modells zunehmen, während des gesamten Lebenszyklus des Modells auftreten können und von Bedingungen einer Fehlanwendung, der Zuverlässigkeit des Modells, der Modellgerechtigkeit und der Modellsicherheit, dem Grad der Autonomie des Modells, seinem Zugang zu Instrumenten, neuartigen oder kombinierten Modalitäten, Freigabe- und Vertriebsstrategien, dem Potenzial zur Beseitigung von Leitplanken und anderen Faktoren beeinflusst werden. Insbesondere bei internationalen Ansätzen wurde bisher festgestellt, dass folgenden Risiken Rechnung getragen werden muss: den Risiken einer möglichen vorsätzlichen Fehlanwendung oder unbeabsichtigter Kontrollprobleme im Zusammenhang mit der Ausrichtung auf menschliche Absicht; chemischen, biologischen, radiologischen und nuklearen Risiken, zum Beispiel Möglichkeiten zur Verringerung der Zutrittsschranken, einschließlich für Entwicklung, Gestaltung, Erwerb oder Nutzung von Waffen; offensiven Cyberfähigkeiten, zum Beispiel die Art und Weise, wie Entdeckung, Ausbeutung oder operative Nutzung von Schwachstellen ermöglicht werden können; den Auswirkungen der Interaktion und des Einsatzes von Instrumenten, einschließlich zum Beispiel der Fähigkeit, physische Systeme zu steuern und in kritische Infrastrukturen einzugreifen; Risiken, dass Modelle sich selbst vervielfältigen, oder der „Selbstreplikation" oder des Trainings anderer Modelle; der Art und Weise, wie Modelle zu schädlichen Verzerrungen und Diskriminierung mit Risiken für Einzelpersonen, Gemeinschaften oder Gesellschaften führen können; der Erleichterung von Desinformation oder der Verletzung der Privatsphäre mit Gefahren für demokratische Werte und Menschenrechte; dem Risiko, dass ein bestimmtes Ereignis zu einer Kettenreaktion mit erheblichen negativen Auswirkungen führen könnte, die sich auf eine ganze Stadt, eine ganze Tätigkeit in einem Bereich oder eine ganze Gemeinschaft auswirken könnten.

(111) Es ist angezeigt, eine Methodik für die Einstufung von KI-Modellen mit allgemeinem Verwendungszweck als KI-Modelle mit allgemeinem Verwendungszweck mit systemischen Risiken festzulegen. Da sich systemische Risiken aus besonders hohen Fähigkeiten ergeben, sollte ein KI-Modell mit allgemeinem Verwendungszweck als Modell mit systemischen

Risiken gelten, wenn es über auf der Grundlage geeigneter technischer Instrumente und Methoden bewertete Fähigkeiten mit hoher Wirkkraft verfügt oder aufgrund seiner Reichweite erhebliche Auswirkungen auf den Binnenmarkt hat. „Fähigkeiten mit hoher Wirkkraft" bei KI-Modellen mit allgemeinem Verwendungszweck bezeichnet Fähigkeiten, die den bei den fortschrittlichsten KI-Modellen mit allgemeinem Verwendungszweck festgestellten Fähigkeiten entsprechen oder diese übersteigen. Das gesamte Spektrum der Fähigkeiten eines Modells könnte besser verstanden werden, nachdem es in Verkehr gebracht wurde oder wenn die Betreiber mit dem Modell interagieren. Nach dem Stand der Technik zum Zeitpunkt des Inkrafttretens dieser Verordnung ist die kumulierte Menge der für das Training des KI-Modells mit allgemeinem Verwendungszweck verwendeten Berechnungen, gemessen in Gleitkommaoperationen, einer der einschlägigen Näherungswerte für Modellfähigkeiten. Die kumulierte Menge der für das Training verwendeten Berechnungen umfasst die kumulierte Menge der für die Tätigkeiten und Methoden, mit denen die Fähigkeiten des Modells vor der Einführung verbessert werden sollen, wie zum Beispiel Vortraining, Generierung synthetischer Daten und Feinabstimmung, verwendeten Berechnungen. Daher sollte ein erster Schwellenwert der Gleitkommaoperationen festgelegt werden, dessen Erreichen durch ein KI-Modell mit allgemeinem Verwendungszweck zu der Annahme führt, dass es sich bei dem Modell um ein KI-Modell mit allgemeinem Verwendungszweck mit systemischen Risiken handelt. Dieser Schwellenwert sollte im Laufe der Zeit angepasst werden, um technologischen und industriellen Veränderungen, wie zum Beispiel algorithmischen Verbesserungen oder erhöhter Hardwareeffizienz, Rechnung zu tragen, und um Benchmarks und Indikatoren für die Modellfähigkeit ergänzt werden. Um die Grundlage dafür zu schaffen, sollte das Büro für Künstliche Intelligenz mit der Wissenschaftsgemeinschaft, der Industrie, der Zivilgesellschaft und anderen Sachverständigen zusammenarbeiten. Schwellenwerte sowie Instrumente und Benchmarks für die Bewertung von Fähigkeiten mit hoher Wirkkraft sollten zuverlässig die allgemeine Verwendbarkeit, die Fähigkeiten und die mit ihnen verbundenen systemischen Risikos von KI-Modellen mit allgemeinem Verwendungszweck vorhersagen können und könnten die Art und Weise, wie das Modell in Verkehr gebracht wird, oder die Zahl der Nutzer, auf die es sich auswirken könnte, berücksichtigen. Ergänzend zu diesem System sollte die Kommission Einzelentscheidungen treffen können, mit denen ein KI-Modell mit allgemeinem Verwendungszweck als KI-Modell mit allgemeinem Verwendungszweck mit systemischem Risiko eingestuft wird, wenn festgestellt wurde, dass dieses Modell Fähigkeiten oder Auswirkungen hat, die den von dem festgelegten Schwellenwert erfassten entsprechen. Die genannte Entscheidung sollte auf der Grundlage einer Gesamtbewertung der in einem Anhang dieser Verordnung festgelegten Kriterien für die Benennung von KI-Modellen mit allgemeinem Verwendungszweck mit systemischem Risiko getroffen werden, etwa Qualität oder Größe des Trainingsdatensatzes, Anzahl der gewerblichen Nutzer und Endnutzer, seine Ein- und Ausgabemodalitäten, sein Grad an Autonomie und Skalierbarkeit oder die Instrumente, zu denen es Zugang hat. Stellt der Anbieter, dessen Modell als KI-Modell mit allgemeinem Verwendungszweck mit systemischem Risiko benannt wurde, einen entsprechenden Antrag, sollte die Kommission den Antrag berücksichtigen, und sie kann entscheiden, erneut zu prüfen, ob beim KI-Modell mit allgemeinem Verwendungszweck immer noch davon ausgegangen werden kann, dass es systemische Risiken aufweist.

(112) Außerdem muss das Verfahren für die Einstufung eines KI-Modell mit allgemeinem Verwendungszweck mit systemischem Risiko präzisiert werden. Bei einem KI-Modell mit allgemeinem Verwendungszweck, das den geltenden Schwellenwert für Fähigkeiten mit hoher Wirkkraft erreicht, sollte angenommen werden, dass es sich um ein KI-Modell mit allgemeinem Verwendungszweck mit systemischem Risiko handelt. Der Anbieter sollte spätestens zwei Wochen, nachdem die Bedingungen erfüllt sind oder bekannt wird, dass ein KI-Modell mit allgemeinem Verwendungszweck die Bedingungen, die die Annahme bewirken, erfüllen wird, dies dem Büro für Künstliche Intelligenz mitteilen. Dies ist insbesondere im Zusammenhang mit dem Schwellenwert der Gleitkommaoperationen relevant, da das Training von KI-Modellen mit allgemeinem Verwendungszweck eine erhebliche Planung erfordert, die die vorab durchgeführte Zuweisung von Rechenressourcen umfasst, sodass die Anbieter von KI-Modellen mit allgemeinem Verwendungszweck vor Abschluss des Trainings erfahren können, ob ihr Modell den Schwellenwert erreichen wird. Im Rahmen dieser Mitteilung sollte der Anbieter nachweisen können, dass ein KI-Modell mit allgemeinem Verwendungszweck aufgrund seiner besonderen Merkmale außerordentlicherweise keine systemischen Risiken birgt und daher nicht als KI-Modell mit allgemeinem Verwendungszweck mit systemischem Risiko eingestuft werden sollte. Diese Informationen sind für das Büro für Künstliche Intelligenz wertvoll, um das Inverkehrbringen von KI-Modellen mit allgemeinem Verwendungszweck mit systemischem Risiko zu antizipieren, und die Anbieter können frühzeitig mit der Zusammenarbeit mit dem Büro für Künstliche Intelligenz beginnen. Diese Informationen sind besonders wichtig im Hinblick auf KI-Modell mit allgemeinem Verwendungszweck, die als quelloffene Modelle bereitgestellt werden sollen, da nach der Bereitstellung von quelloffenen Modellen die erforderlichen Maßnahmen zur Gewährleistung der Einhaltung der Pflichten gemäß dieser Verordnung möglicherweise schwieriger umzusetzen sind.

(113) Erhält die Kommission Kenntnis davon, dass ein KI-Modell mit allgemeinem Verwendungszweck die Anforderungen für die Einstufung als KI-Modell mit allgemeinem Verwendungszweck mit systemischem Risiko erfüllt, das zuvor nicht bekannt war oder das der betreffende Anbieter nicht der Kommission gemeldet hat, sollte die Kommission befugt sein, es als solches auszuweisen. Zusätzlich zu den Überwachungstätigkeiten des Büros für Künstliche Intelligenz sollte ein System qualifizierter Warnungen sicherstellen, dass das Büro für Künstliche Intelligenz von dem wissenschaftlichen Gremium von KI-Modelle mit allgemeinem Verwendungszweck in Kenntnis gesetzt wird, die möglicherweise als KI-Modelle mit allgemeinem Verwendungszweck mit systemischem Risiko eingestuft werden sollten, was zu den hinzukommt.

(114) Anbieter von KI-Modellen mit allgemeinem Verwendungszweck, die systemische Risiken bergen, sollten zusätzlich zu den Pflichten für Anbieter von KI-Modellen mit allgemeinem Verwendungszweck Pflichten

unterliegen, die darauf abzielen, diese Risiken zu ermitteln und zu mindern und ein angemessenes Maß an Cybersicherheit zu gewährleisten, unabhängig davon, ob es als eigenständiges Modell bereitgestellt wird oder in ein KI-System oder ein Produkt eingebettet ist. Um diese Ziele zu erreichen, sollten die Anbieter in dieser Verordnung verpflichtet werden, die erforderlichen Bewertungen des Modells – insbesondere vor seinem ersten Inverkehrbringen – durchzuführen, wozu auch die Durchführung und Dokumentation von Angriffstests bei Modellen gehören, gegebenenfalls auch im Rahmen interner oder unabhängiger externer Tests. Darüber hinaus sollten KI-Modellen mit allgemeinem Verwendungszweck mit systemischem Risiko fortlaufend systemische Risiken bewerten und mindern, unter anderem durch die Einführung von Risikomanagementstrategien wie Verfahren der Rechenschaftspflicht und Governance-Verfahren, die Umsetzung der Beobachtung nach dem Inverkehrbringen, die Ergreifung geeigneter Maßnahmen während des gesamten Lebenszyklus des Modells und die Zusammenarbeit mit einschlägigen Akteuren entlang der KI-Wertschöpfungskette.

(115) Anbieter von KI-Modellen mit allgemeinem Verwendungszweck mit systemischem Risiko sollten mögliche systemische Risiken bewerten und mindern. Wenn trotz der Bemühungen um Ermittlung und Vermeidung von Risiken im Zusammenhang mit einem KI-Modell mit allgemeinem Verwendungszweck, das systemische Risiken bergen könnte, die Entwicklung oder Verwendung des Modells einen schwerwiegenden Vorfall verursacht, so sollte der Anbieter des KI-Modells mit allgemeinem Verwendungszweck unverzüglich dem Vorfall nachgehen und der Kommission und den zuständigen nationalen Behörden alle einschlägigen Informationen und mögliche Korrekturmaßnahmen mitteilen. Zudem sollten die Anbieter während des gesamten Lebenszyklus des Modells ein angemessenes Maß an Cybersicherheit für das Modell und seine physische Infrastruktur gewährleisten. Beim Schutz der Cybersicherheit im Zusammenhang mit systemischen Risiken, die mit böswilliger Nutzung oder böswilligen Angriffen verbunden sind, sollte der unbeabsichtigte Modelldatenverlust, die unerlaubte Bereitstellung, die Umgehung von Sicherheitsmaßnahmen und der Schutz vor Cyberangriffen, unbefugtem Zugriff oder Modelldiebstahl gebührend beachtet werden. Dieser Schutz könnte durch die Sicherung von Modellgewichten, Algorithmen, Servern und Datensätzen erleichtert werden, z.B. durch Betriebssicherheitsmaßnahmen für die Informationssicherheit, spezifische Cybersicherheitsstrategien, geeignete technische und etablierte Lösungen sowie Kontrollen des physischen Zugangs und des Cyberzugangs, die den jeweiligen Umständen und den damit verbundenen Risiken angemessen sind.

(116) Das Büro für Künstliche Intelligenz sollte die Ausarbeitung, Überprüfung und Anpassung von Praxisleitfäden unter Berücksichtigung internationaler Ansätze fördern und erleichtern. Alle Anbieter von KI-Modellen mit allgemeinem Verwendungszweck könnten ersucht werden, sich daran zu beteiligen. Um sicherzustellen, dass die Praxisleitfäden dem Stand der Technik entsprechen und unterschiedlichen Perspektiven gebührend Rechnung tragen, sollte das Büro für Künstliche Intelligenz bei der Ausarbeitung solcher Leitfäden mit den einschlägigen zuständigen nationalen Behörden zusammenarbeiten und könnte dabei gegebenenfalls Organisa-

tionen der Zivilgesellschaft und andere einschlägige Interessenträger und Sachverständige, einschließlich des wissenschaftlichen Gremiums, konsultieren. Die Praxisleitfäden sollten die Pflichten für Anbieter von KI-Modellen mit allgemeinem Verwendungszweck und von KI-Modellen mit allgemeinem Verwendungszweck, die systemische Risiken bergen, abdecken. Ferner sollten Praxisleitfäden im Zusammenhang mit systemischen Risiken dazu beitragen, dass eine Risikotaxonomie für Art und Wesen der systemischen Risiken auf Unionsebene, einschließlich ihrer Ursachen, festgelegt wird. Bei den Praxisleitfäden sollten auch auf spezifische Maßnahmen zur Risikobewertung und -minderung im Mittelpunkt stehen.

(117) Die Verhaltenskodizes sollten ein zentrales Instrument für die ordnungsgemäße Einhaltung der in dieser Verordnung für Anbieter von KI-Modellen mit allgemeinem Verwendungszweck vorgesehenen Pflichten darstellen. Die Anbieter sollten sich auf Verhaltenskodizes stützen können, um die Einhaltung der Pflichten nachzuweisen. Die Kommission kann im Wege von Durchführungsrechtsakten beschließen, einen Praxisleitfaden zu genehmigen und ihm eine allgemeine Gültigkeit in der Union zu verleihen oder alternativ gemeinsame Vorschriften für die Umsetzung der einschlägigen Pflichten festzulegen, wenn ein Verhaltenskodex bis zum Zeitpunkt der Anwendbarkeit dieser Verordnung nicht fertiggestellt werden kann oder dies vom Büro für Künstliche Intelligenz für nicht angemessen erachtet wird. Sobald eine harmonisierte Norm veröffentlicht und als geeignet bewertet wurde, um die einschlägigen Pflichten des Büros für Künstliche Intelligenz abzudecken, sollte die Einhaltung einer harmonisierten europäischen Norm den Anbietern die Konformitätsvermutung begründen. Anbieter von KI-Modellen mit allgemeinem Verwendungszweck sollten darüber hinaus in der Lage sein, die Konformität mit angemessenen alternativen Mitteln nachzuweisen, wenn Praxisleitfäden oder harmonisierte Normen nicht verfügbar sind oder sie sich dafür entscheiden, sich nicht auf diese zu stützen.

(118) Mit dieser Verordnung werden KI-Systeme und KI-Modelle reguliert, indem einschlägigen Marktteilnehmern, die sie in der Union in Verkehr bringen, in Betrieb nehmen oder verwenden, bestimmte Anforderungen und Pflichten auferlegt werden, wodurch die Pflichten für Anbieter von Vermittlungsdiensten ergänzt werden, die solche Systeme oder Modelle in ihre unter die Verordnung (EU) 2022/2065[1)] fallenden Dienste integrieren. Soweit solche Systeme oder Modelle in als sehr groß eingestufte Online-Plattformen oder als sehr groß eingestufte Online-Suchmaschinen eingebettet sind, unterliegen sie dem in der Verordnung (EU) 2022/2065[1)] vorgesehenen Rahmen für das Risikomanagement. Folglich sollte angenommen werden, dass die entsprechenden Verpflichtungen dieser Verordnung erfüllt sind, es sei denn, in solchen Modellen treten erhebliche systemische Risiken auf, die nicht unter die Verordnung (EU) 2022/2065[1)] fallen, und werden dort ermittelt. Im vorliegenden Rahmen sind Anbieter sehr großer Online-Plattformen und sehr großer Online-Suchmaschinen verpflichtet, potenzielle systemische Risiken, die sich aus dem Entwurf, dem Funktionieren und der Nutzung ihrer Dienste er-

[1)] Nr. **5**.

geben, einschließlich der Frage, wie der Entwurf der in dem Dienst verwendeten algorithmischen Systeme zu solchen Risiken beitragen kann, sowie systemische Risiken, die sich aus potenziellen Fehlanwendungen ergeben, zu bewerten. Diese Anbieter sind zudem verpflichtet, unter Wahrung der Grundrechte geeignete Risikominderungsmaßnahmen zu ergreifen.

(119) Angesichts des raschen Innovationstempos und der technologischen Entwicklung digitaler Dienste, die in den Anwendungsbereich verschiedener Instrumente des Unionsrechts fallen, können insbesondere unter Berücksichtigung der Verwendung durch ihre Nutzer und deren Wahrnehmung die dieser Verordnung unterliegenden KI-Systeme als Vermittlungsdienste oder Teile davon im Sinne der Verordnung (EU) 2022/2065[1)] bereitgestellt werden, was technologieneutral ausgelegt werden sollte. Beispielsweise können KI-Systeme als Online-Suchmaschinen verwendet werden, insbesondere wenn ein KI-System wie ein Online-Chatbot grundsätzlich alle Websites durchsucht, die Ergebnisse anschließend in sein vorhandenes Wissen integriert und das aktualisierte Wissen nutzt, um eine einzige Ausgabe zu generieren, bei der verschiedene Informationsquellen zusammengeführt wurden.

(120) Zudem sind die Pflichten, die Anbietern und Betreibern bestimmter KI-Systeme mit dieser Verordnung auferlegt werden, um die Feststellung und Offenlegung zu ermöglichen, dass die Ausgaben dieser Systeme künstlich erzeugt oder manipuliert werden, von besonderer Bedeutung für die Erleichterung der wirksamen Umsetzung der Verordnung (EU) 2022/2065[1)]. Dies gilt insbesondere für die Pflichten der Anbieter sehr großer Online-Plattformen oder sehr großer Online-Suchmaschinen, systemische Risiken zu ermitteln und zu mindern, die aus der Verbreitung von künstlich erzeugten oder manipulierten Inhalten entstehen können, insbesondere das Risiko tatsächlicher oder vorhersehbarer negativer Auswirkungen auf demokratische Prozesse, den gesellschaftlichen Diskurs und Wahlprozesse, unter anderem durch Desinformation.

(121) Die Normung sollte eine Schlüsselrolle dabei spielen, den Anbietern technische Lösungen zur Verfügung zu stellen, um im Einklang mit dem Stand der Technik die Einhaltung dieser Verordnung zu gewährleisten und Innovation sowie Wettbewerbsfähigkeit und Wachstum im Binnenmarkt zu fördern. Die Einhaltung harmonisierter Normen im Sinne von Artikel 2 Nummer 1 Buchstabe c der Verordnung (EU) Nr. 1025/2012 des Europäischen Parlaments und des Rates[2)], die normalerweise den Stand der Technik widerspiegeln sollten, sollte den Anbietern den Nachweis der Konformität mit den Anforderungen der vorliegenden Verordnung ermöglichen. Daher sollte eine ausgewogene Interessenvertretung unter Einbeziehung aller relevanten Interessenträger, insbesondere KMU, Verbraucherorganisationen sowie ökologischer und sozialer Interessenträ-

[1)] Nr. **5**.

[2)] **Amtl. Anm.:** Verordnung (EU) Nr. 1025/2012 des Europäischen Parlaments und des Rates vom 25. Oktober 2012 zur europäischen Normung, zur Änderung der Richtlinien 89/686/EWG und 93/15/EWG des Rates sowie der Richtlinien 94/9/EG, 94/25/EG, 95/16/EG, 97/23/EG, 98/34/EG, 2004/22/EG, 2007/23/EG, 2009/23/EG und 2009/105/EG des Europäischen Parlaments und des Rates und zur Aufhebung des Beschlusses 87/95/EWG des Rates und des Beschlusses Nr. 1673/2006/EG des Europäischen Parlaments und des Rates (ABl. L 316 vom 14.11.2012, S. 12).

ger, bei der Entwicklung von Normen gemäß den Artikeln 5 und 6 der Verordnung (EU) Nr. 1025/2012, gefördert werden. Um die Einhaltung der Vorschriften zu erleichtern, sollten die Normungsaufträge von der Kommission unverzüglich erteilt werden. Bei der Ausarbeitung des Normungsauftrags sollte die Kommission das Beratungsforum und das KI-Gremium konsultieren, um einschlägiges Fachwissen einzuholen. In Ermangelung einschlägiger Fundstellen zu harmonisierten Normen sollte die Kommission jedoch im Wege von Durchführungsrechtsakten und nach Konsultation des Beratungsforums gemeinsame Spezifikationen für bestimmte Anforderungen im Rahmen dieser Verordnung festlegen können. Die gemeinsame Spezifikation sollte eine außergewöhnliche Ausweichlösung sein, um die Pflicht des Anbieters zur Einhaltung der Anforderungen dieser Verordnung zu erleichtern, wenn der Normungsauftrag von keiner der europäischen Normungsorganisationen angenommen wurde oder die einschlägigen harmonisierten Normen den Bedenken im Bereich der Grundrechte nicht ausreichend Rechnung tragen oder die harmonisierten Normen dem Auftrag nicht entsprechen oder es Verzögerungen bei der Annahme einer geeigneten harmonisierten Norm gibt. Ist eine solche Verzögerung bei der Annahme einer harmonisierten Norm auf die technische Komplexität dieser Norm zurückzuführen, so sollte die Kommission dies prüfen, bevor sie die Festlegung gemeinsamer Spezifikationen in Erwägung zieht. Die Kommission wird ermutigt, bei der Entwicklung gemeinsamer Spezifikationen mit internationalen Partnern und internationalen Normungsgremien zusammenzuarbeiten.

(122) Unbeschadet der Anwendung harmonisierter Normen und gemeinsamer Spezifikationen ist es angezeigt, dass für Anbieter von Hochrisiko-KI-Systemen, die mit Daten, in denen sich die besonderen geografischen, verhaltensbezogenen, kontextuellen oder funktionalen Rahmenbedingungen niederschlagen, unter denen sie verwendet werden sollen, trainiert und getestet wurden, die Vermutung der Konformität mit der einschlägigen Maßnahme gilt, die im Rahmen der in dieser Verordnung festgelegten Anforderungen an die Daten-Governance vorgesehen ist. Unbeschadet der in dieser Verordnung festgelegten Anforderungen an Robustheit und Genauigkeit sollte gemäß Artikel 54 Absatz 3 der Verordnung (EU) 2019/881 bei Hochrisiko-KI-Systemen, die im Rahmen eines Schemas für die Cybersicherheit gemäß der genannten Verordnung zertifiziert wurden oder für die eine Konformitätserklärung ausgestellt wurde und deren Fundstellen im *Amtsblatt der Europäischen Union* veröffentlicht wurden, vermutet werden, dass eine Übereinstimmung mit den Cybersicherheitsanforderungen der vorliegenden Verordnung gegeben ist, sofern das Cybersicherheitszertifikat oder die Konformitätserklärung oder Teile davon die Cybersicherheitsanforderungen dieser Verordnung abdecken. Dies gilt unbeschadet des freiwilligen Charakters dieses Schemas für die Cybersicherheit.

(123) Um ein hohes Maß an Vertrauenswürdigkeit von Hochrisiko-KI-Systemen zu gewährleisten, sollten diese Systeme einer Konformitätsbewertung unterzogen werden, bevor sie in Verkehr gebracht oder in Betrieb genommen werden.

(124) Damit für Akteure möglichst wenig Aufwand entsteht und etwaige Doppelarbeit vermieden wird, ist es angezeigt, dass bei Hochrisiko-KI-Syste-

men im Zusammenhang mit Produkten, die auf der Grundlage des neuen Rechtsrahmens unter bestehende Harmonisierungsrechtsvorschriften der Union fallen, im Rahmen der bereits in den genannten Rechtsvorschriften vorgesehenen Konformitätsbewertung bewertet wird, ob diese KI-Systeme den Anforderungen dieser Verordnung genügen. Die Anwendbarkeit der Anforderungen dieser Verordnung sollte daher die besondere Logik, Methodik oder allgemeine Struktur der Konformitätsbewertung gemäß den einschlägigen Harmonisierungsrechtsvorschriften der Union unberührt lassen.

(125) Angesichts der Komplexität von Hochrisiko-KI-Systemen und der damit verbundenen Risiken ist es wichtig, ein angemessenes Konformitätsbewertungsverfahren für Hochrisiko-KI-Systeme, an denen notifizierte Stellen beteiligt sind, – die sogenannte Konformitätsbewertung durch Dritte – zu entwickeln. In Anbetracht der derzeitigen Erfahrung professioneller dem Inverkehrbringen vorgeschalteter Zertifizierer im Bereich der Produktsicherheit und der unterschiedlichen Art der damit verbundenen Risiken empfiehlt es sich jedoch, zumindest während der anfänglichen Anwendung dieser Verordnung für Hochrisiko-KI-Systeme, die nicht mit Produkten in Verbindung stehen, den Anwendungsbereich der Konformitätsbewertung durch Dritte einzuschränken. Daher sollte die Konformitätsbewertung solcher Systeme in der Regel vom Anbieter in eigener Verantwortung durchgeführt werden, mit Ausnahme von KI-Systemen, die für die Biometrie verwendet werden sollen.

(126) Damit KI-Systeme, falls vorgeschrieben, Konformitätsbewertungen durch Dritte unterzogen werden können, sollten die notifizierten Stellen gemäß dieser Verordnung von den zuständigen nationalen Behörden notifiziert werden, sofern sie eine Reihe von Anforderungen erfüllen, insbesondere in Bezug auf Unabhängigkeit, Kompetenz, Nichtvorliegen von Interessenkonflikten und geeignete Anforderungen an die Cybersicherheit. Die Notifizierung dieser Stellen sollte von den zuständigen nationalen Behörden der Kommission und den anderen Mitgliedstaaten mittels des von der Kommission entwickelten und verwalteten elektronischen Notifizierungsinstruments gemäß Anhang I Artikel R23 des Beschlusses Nr. 768/2008/EG übermittelt werden.

(127) Im Einklang mit den Verpflichtungen der Union im Rahmen des Übereinkommens der Welthandelsorganisation über technische Handelshemmnisse ist es angemessen, die gegenseitige Anerkennung von Konformitätsbewertungsergebnissen zu erleichtern, die von den zuständigen Konformitätsbewertungsstellen unabhängig von dem Gebiet, in dem sie niedergelassen sind, generiert wurden, sofern diese nach dem Recht eines Drittlandes errichteten Konformitätsbewertungsstellen die geltenden Anforderungen dieser Verordnung erfüllen und die Union ein entsprechendes Abkommen geschlossen hat. In diesem Zusammenhang sollte die Kommission aktiv mögliche internationale Instrumente zu diesem Zweck prüfen und insbesondere den Abschluss von Abkommen über die gegenseitige Anerkennung mit Drittländern anstreben.

(128) Im Einklang mit dem allgemein anerkannten Begriff der wesentlichen Änderung von Produkten, für die Harmonisierungsvorschriften der Union gelten, ist es angezeigt, dass das KI-System bei jeder Änderung, die die Einhaltung dieser Verordnung durch das Hochrisiko-KI-System beein-

trächtigen könnte (z.B. Änderung des Betriebssystems oder der Softwarearchitektur), oder wenn sich die Zweckbestimmung des Systems ändert, als neues KI-System betrachtet werden sollte, das einer neuen Konformitätsbewertung unterzogen werden sollte. Änderungen, die den Algorithmus und die Leistung von KI-Systemen betreffen, die nach dem Inverkehrbringen oder der Inbetriebnahme weiterhin dazulernen – d.h., sie passen automatisch an, wie die Funktionen ausgeführt werden –, sollten jedoch keine wesentliche Veränderung darstellen, sofern diese Änderungen vom Anbieter vorab festgelegt und zum Zeitpunkt der Konformitätsbewertung bewertet wurden.

(129) Hochrisiko-KI-Systeme sollten grundsätzlich mit der CE-Kennzeichnung versehen sein, aus der ihre Konformität mit dieser Verordnung hervorgeht, sodass sie frei im Binnenmarkt verkehren können. Bei in ein Produkt integrierten Hochrisiko-KI-Systemen sollte eine physische CE-Kennzeichnung angebracht werden, die durch eine digitale CE Kenn zeichnung ergänzt werden kann. Bei Hochrisiko-KI-Systemen, die nur digital bereitgestellt werden, sollte eine digitale CE-Kennzeichnung verwendet werden. Die Mitgliedstaaten sollten keine ungerechtfertigten Hindernisse für das Inverkehrbringen oder die Inbetriebnahme von Hochrisiko-KI-Systemen schaffen, die die in dieser Verordnung festgelegten Anforderungen erfüllen und mit der CE-Kennzeichnung versehen sind.

(130) Unter bestimmten Bedingungen kann die rasche Verfügbarkeit innovativer Technik für die Gesundheit und Sicherheit von Menschen, den Schutz der Umwelt und vor dem Klimawandel und die Gesellschaft insgesamt von entscheidender Bedeutung sein. Es ist daher angezeigt, dass die Aufsichtsbehörden aus außergewöhnlichen Gründen der öffentlichen Sicherheit, des Schutzes des Lebens und der Gesundheit natürlicher Personen, des Umweltschutzes und des Schutzes wichtiger Industrie- und Infrastrukturanlagen das Inverkehrbringen oder die Inbetriebnahme von KI-Systemen, die keiner Konformitätsbewertung unterzogen wurden, genehmigen könnten. In hinreichend begründeten Fällen gemäß dieser Verordnung können Strafverfolgungs- oder Katastrophenschutzbehörden ein bestimmtes Hochrisiko-KI-System ohne Genehmigung der Marktüberwachungsbehörde in Betrieb nehmen, sofern diese Genehmigung während der Verwendung oder im Anschluss daran unverzüglich beantragt wird.

(131) Um die Arbeit der Kommission und der Mitgliedstaaten im KI-Bereich zu erleichtern und die Transparenz gegenüber der Öffentlichkeit zu erhöhen, sollten Anbieter von Hochrisiko-KI-Systemen, die nicht im Zusammenhang mit Produkten stehen, welche in den Anwendungsbereich einschlägiger Harmonisierungsrechtsvorschriften der Union fallen, und Anbieter, die der Auffassung sind, dass ein KI-System, das in den in einem Anhang dieser Verordnung aufgeführten Anwendungsfällen mit hohem Risiko aufgeführt ist, auf der Grundlage einer Ausnahme nicht hochriskant ist, dazu verpflichtet werden, sich und Informationen über ihr KI-System in einer von der Kommission einzurichtenden und zu verwaltenden EU-Datenbank zu registrieren. Vor der Verwendung eines KI-Systems, das in den in einem Anhang dieser Verordnung aufgeführten Anwendungsfällen mit hohem Risiko aufgeführt ist, sollten sich Betreiber

von Hochrisiko-KI-Systemen, die Behörden, Einrichtungen oder sonstige Stellen sind, in dieser Datenbank registrieren und das System auswählen, dessen Verwendung sie planen. Andere Betreiber sollten berechtigt sein, dies freiwillig zu tun. Dieser Teil der EU-Datenbank sollte öffentlich und kostenlos zugänglich sein, und die Informationen sollten leicht zu navigieren, verständlich und maschinenlesbar sein. Die EU-Datenbank sollte außerdem benutzerfreundlich sein und beispielsweise die Suche, auch mit Stichwörtern, vorsehen, damit die breite Öffentlichkeit die einschlägigen Informationen finden kann, die bei der Registrierung von Hochrisiko-KI-Systemen einzureichen sind und die sich auf einen in einem Anhang dieser Verordnung aufgeführten Anwendungsfall der Hochrisiko-KI-Systeme, denen die betreffenden Hochrisiko-KI-Systeme entsprechen, beziehen. Jede wesentliche Veränderung von Hochrisiko-KI-Systemen sollte ebenfalls in der EU-Datenbank registriert werden. Bei Hochrisiko-KI-Systemen, die in den Bereichen Strafverfolgung, Migration, Asyl und Grenzkontrolle eingesetzt werden, sollten die Registrierungspflichten in einem sicheren nicht öffentlichen Teil der EU-Datenbank erfüllt werden. Der Zugang zu dem gesicherten nicht öffentlichen Teil sollte sich strikt auf die Kommission sowie auf die Marktüberwachungsbehörden und bei diesen auf ihren nationalen Teil dieser Datenbank beschränken. Hochrisiko-KI-Systeme im Bereich kritischer Infrastrukturen sollten nur auf nationaler Ebene registriert werden. Die Kommission sollte gemäß der Verordnung (EU) 2018/1725 als für die EU-Datenbank Verantwortlicher gelten. Um die volle Funktionsfähigkeit der EU-Datenbank zu gewährleisten, sollte das Verfahren für die Einrichtung der Datenbank auch die Entwicklung von funktionalen Spezifikationen durch die Kommission und einen unabhängigen Prüfbericht umfassen. Die Kommission sollte bei der Wahrnehmung ihrer Aufgaben als Verantwortliche für die EU-Datenbank die Risiken im Zusammenhang mit Cybersicherheit berücksichtigen. Um für ein Höchstmaß an Verfügbarkeit und Nutzung der EU-Datenbank durch die Öffentlichkeit zu sorgen, sollte die EU-Datenbank, einschließlich der über sie zur Verfügung gestellten Informationen, den Anforderungen der Richtlinie (EU) 2019/882 entsprechen.

(132) Bestimmte KI-Systeme, die mit natürlichen Personen interagieren oder Inhalte erzeugen sollen, können unabhängig davon, ob sie als hochriskant eingestuft werden, ein besonderes Risiko in Bezug auf Identitätsbetrug oder Täuschung bergen. Unter bestimmten Umständen sollte die Verwendung solcher Systeme daher – unbeschadet der Anforderungen an und Pflichten für Hochrisiko-KI-Systeme und vorbehaltlich punktueller Ausnahmen, um den besonderen Erfordernissen der Strafverfolgung Rechnung zu tragen – besonderen Transparenzpflichten unterliegen. Insbesondere sollte natürlichen Personen mitgeteilt werden, dass sie es mit einem KI-System zu tun haben, es sei denn, dies ist aus Sicht einer angemessen informierten, aufmerksamen und verständigen natürlichen Person aufgrund der Umstände und des Kontexts der Nutzung offensichtlich. Bei der Umsetzung dieser Pflicht sollten die Merkmale von natürlichen Personen, die aufgrund ihres Alters oder einer Behinderung schutzbedürftigen Gruppen angehören, berücksichtigt werden, soweit das KI-System auch mit diesen Gruppen interagieren soll. Darüber hinaus

sollte natürlichen Personen mitgeteilt werden, wenn sie KI-Systemen ausgesetzt sind, die durch die Verarbeitung ihrer biometrischen Daten die Gefühle oder Absichten dieser Personen identifizieren oder ableiten oder sie bestimmten Kategorien zuordnen können. Solche spezifischen Kategorien können Aspekte wie etwa Geschlecht, Alter, Haarfarbe, Augenfarbe, Tätowierungen, persönliche Merkmale, ethnische Herkunft sowie persönliche Vorlieben und Interessen betreffen. Diese Informationen und Mitteilungen sollten für Menschen mit Behinderungen in entsprechend barrierefrei zugänglicher Form bereitgestellt werden.

(133) Eine Vielzahl von KI-Systemen kann große Mengen synthetischer Inhalte erzeugen, bei denen es für Menschen immer schwieriger wird, sie vom Menschen erzeugten und authentischen Inhalten zu unterscheiden. Die breite Verfügbarkeit und die zunehmenden Fähigkeiten dieser Systeme wirken sich erheblich auf die Integrität des Informationsökosystems und das ihm entgegengebrachte Vertrauen aus, weil neue Risiken in Bezug auf Fehlinformation und Manipulation in großem Maßstab, Betrug, Identitätsbetrug und Täuschung der Verbraucher entstehen. Angesichts dieser Auswirkungen, des raschen Tempos im Technologiebereich und der Notwendigkeit neuer Methoden und Techniken zur Rückverfolgung der Herkunft von Informationen sollten die Anbieter dieser Systeme verpflichtet werden, technische Lösungen zu integrieren, die die Kennzeichnung in einem maschinenlesbaren Format und die Feststellung ermöglichen, dass die Ausgabe von einem KI-System und nicht von einem Menschen erzeugt oder manipuliert wurde. Diese Techniken und Methoden sollten – soweit technisch möglich – hinreichend zuverlässig, interoperabel, wirksam und belastbar sein, wobei verfügbare Techniken, wie Wasserzeichen, Metadatenidentifizierungen, kryptografische Methoden zum Nachweis der Herkunft und Authentizität des Inhalts, Protokollierungsmethoden, Fingerabdrücke oder andere Techniken, oder eine Kombination solcher Techniken je nach Sachlage zu berücksichtigen sind. Bei der Umsetzung dieser Pflicht sollten die Anbieter auch die Besonderheiten und Einschränkungen der verschiedenen Arten von Inhalten und die einschlägigen technologischen Entwicklungen und Marktentwicklungen in diesem Bereich, die dem allgemein anerkannten Stand der Technik entsprechen, berücksichtigen. Solche Techniken und Methoden können auf der Ebene des KI-Systems oder der Ebene des KI-Modells, darunter KI-Modelle mit allgemeinem Verwendungszweck zur Erzeugung von Inhalten, angewandt werden, wodurch dem nachgelagerten Anbieter des KI-Systems die Erfüllung dieser Pflicht erleichtert wird. Um die Verhältnismäßigkeit zu wahren, sollte vorgesehen werden, dass diese Kennzeichnungspflicht weder für KI-Systeme, die in erster Linie eine unterstützende Funktion für die Standardbearbeitung ausführen, noch für KI-Systeme, die die vom Betreiber bereitgestellten Eingabedaten oder deren Semantik nicht wesentlich verändern, gilt.

(134) Neben den technischen Lösungen, die von den Anbietern von KI-Systemen eingesetzt werden, sollten Betreiber, die ein KI-System zum Erzeugen oder Manipulieren von Bild-, Audio- oder Videoinhalte verwenden, die wirklichen Personen, Gegenständen, Orten, Einrichtungen oder Ereignissen merklich ähneln und einer Person fälschlicherweise echt oder wahr erscheinen würden (Deepfakes), auch klar und deutlich offenlegen,

dass die Inhalte künstlich erzeugt oder manipuliert wurden, indem sie die Ausgaben von KI entsprechend kennzeichnen und auf ihren künstlichen Ursprung hinweisen. Die Einhaltung dieser Transparenzpflicht sollte nicht so ausgelegt werden, dass sie darauf hindeutet, dass die Verwendung des KI-Systems oder seiner Ausgabe das Recht auf freie Meinungsäußerung und das Recht auf Freiheit der Kunst und Wissenschaft, die in der Charta garantiert sind, behindern, insbesondere wenn der Inhalt Teil eines offensichtlich kreativen, satirischen, künstlerischen, fiktionalen oder analogen Werks oder Programms ist und geeignete Schutzvorkehrungen für die Rechte und Freiheiten Dritter bestehen. In diesen Fällen beschränkt sich die in dieser Verordnung festgelegte Transparenzpflicht für Deepfakes darauf, das Vorhandenseins solcher erzeugten oder manipulierten Inhalte in geeigneter Weise offenzulegen, die die Darstellung oder den Genuss des Werks, einschließlich seiner normalen Nutzung und Verwendung, nicht beeinträchtigt und gleichzeitig den Nutzen und die Qualität des Werks aufrechterhält. Darüber hinaus ist es angezeigt, eine ähnliche Offenlegungspflicht in Bezug auf durch KI erzeugte oder manipulierte Texte anzustreben, soweit diese veröffentlicht werden, um die Öffentlichkeit über Angelegenheiten von öffentlichem Interesse zu informieren, es sei denn, die durch KI erzeugten Inhalte wurden einem Verfahren der menschlichen Überprüfung oder redaktionellen Kontrolle unterzogen und eine natürliche oder juristische Person trägt die redaktionelle Verantwortung für die Veröffentlichung der Inhalte.

(135) Unbeschadet des verbindlichen Charakters und der uneingeschränkten Anwendbarkeit der Transparenzpflichten kann die Kommission zudem die Ausarbeitung von Praxisleitfäden auf Unionsebene im Hinblick auf die Ermöglichung der wirksamen Umsetzung der Pflichten in Bezug auf die Feststellung und Kennzeichnung künstlich erzeugter oder manipulierter Inhalte erleichtern und fördern, auch um praktische Vorkehrungen zu unterstützen, mit denen gegebenenfalls die Feststellungsmechanismen zugänglich gemacht werden, die Zusammenarbeit mit anderen Akteuren entlang der Wertschöpfungskette erleichtert wird und Inhalte verbreitet oder ihre Echtheit und Herkunft überprüft werden, damit die Öffentlichkeit durch KI erzeugte Inhalte wirksam erkennen kann.

(136) Die Pflichten, die Anbietern und Betreibern bestimmter KI-Systeme mit dieser Verordnung auferlegt werden, die Feststellung und Offenlegung zu ermöglichen, dass die Ausgaben dieser Systeme künstlich erzeugt oder manipuliert werden, sind von besonderer Bedeutung für die Erleichterung der wirksamen Umsetzung der Verordnung (EU) 2022/2065[1]. Dies gilt insbesondere für die Pflicht der Anbieter sehr großer Online-Plattformen oder sehr großer Online-Suchmaschinen, systemische Risiken zu ermitteln und zu mindern, die aus der Verbreitung von künstlich erzeugten oder manipulierten Inhalten entstehen können, insbesondere das Risiko tatsächlicher oder vorhersehbarer negativer Auswirkungen auf demokratische Prozesse, den gesellschaftlichen Diskurs und Wahlprozesse, unter anderem durch Desinformation. Die Anforderung gemäß dieser Verordnung, durch KI-Systeme erzeugte Inhalte zu kennzeichnen, berührt nicht die Pflicht in Artikel 16 Absatz 6 der Verordnung (EU) 2022/

[1] Nr. **5**.

2065[1] für Anbieter von Hostingdiensten, gemäß Artikel 16 Absatz 1 der genannten Verordnung eingegangene Meldungen über illegale Inhalte zu bearbeiten, und sollte nicht die Beurteilung der Rechtswidrigkeit der betreffenden Inhalte und die Entscheidung darüber beeinflussen. Diese Beurteilung sollte ausschließlich anhand der Vorschriften für die Rechtmäßigkeit der Inhalte vorgenommen werden.

(137) Die Einhaltung der Transparenzpflichten für die von dieser Verordnung erfassten KI-Systeme sollte nicht als Hinweis darauf ausgelegt werden, dass die Verwendung des KI-Systems oder seiner Ausgabe nach dieser Verordnung oder anderen Rechtsvorschriften der Union und der Mitgliedstaaten rechtmäßig ist, und sollte andere Transparenzpflichten für Betreiber von KI-Systemen, die im Unionsrecht oder im nationalen Recht festgelegt sind, unberührt lassen.

(138) KI bezeichnet eine Reihe sich rasch entwickelnder Technologien, die eine Regulierungsaufsicht und einen sicheren und kontrollierten Raum für die Erprobung erfordern, wobei gleichzeitig eine verantwortungsvolle Innovation und die Integration geeigneter Schutzvorkehrungen und Risikominderungsmaßnahmen gewährleistet werden müssen. Um einen innovationsfördernden, zukunftssicheren und gegenüber Störungen widerstandsfähigen Rechtsrahmen sicherzustellen, sollten die Mitgliedstaaten sicherstellen, dass ihre zuständigen nationalen Behörden mindestens ein KI-Reallabor auf nationaler Ebene einrichten, um die Entwicklung und die Erprobung innovativer KI-Systeme vor deren Inverkehrbringen oder anderweitiger Inbetriebnahme unter strenger Regulierungsaufsicht zu erleichtern. Die Mitgliedstaaten könnten diese Pflicht auch erfüllen, indem sie sich an bereits bestehenden Reallaboren beteiligen oder ein Reallabor mit den zuständigen Behörden eines oder mehrerer Mitgliedstaaten gemeinsam einrichten, insoweit diese Beteiligung eine gleichwertige nationale Abdeckung für die teilnehmenden Mitgliedstaaten bietet. KI-Reallabore könnten in physischer, digitaler oder Hybrid-Form eingerichtet werden, und sie können physische sowie digitale Produkte umfassen. Die einrichtenden Behörden sollten ferner sicherstellen, dass die KI-Reallabore über angemessene Ressourcen für ihre Aufgaben, einschließlich finanzieller und personeller Ressourcen, verfügen.

(139) Die Ziele der KI-Reallabore sollten in Folgendem bestehen: Innovationen im Bereich KI zu fördern, indem eine kontrollierte Versuchs- und Testumgebung für die Entwicklungsphase und die dem Inverkehrbringen vorgelagerte Phase geschaffen wird, um sicherzustellen, dass die innovativen KI-Systeme mit dieser Verordnung und anderem einschlägigen Unionsrecht und dem nationalen Recht in Einklang stehen. Darüber hinaus sollten die KI-Reallabore darauf abzielen, die Rechtssicherheit für Innovatoren sowie die Aufsicht und das Verständnis der zuständigen Behörden in Bezug auf die Möglichkeiten, neu auftretenden Risiken und Auswirkungen der KI-Nutzung zu verbessern, das regulatorische Lernen für Behörden und Unternehmen zu erleichtern, unter anderem im Hinblick auf künftige Anpassungen des Rechtsrahmens, die Zusammenarbeit und den Austausch bewährter Praktiken mit den an dem KI-Reallabor beteiligten Behörden zu unterstützen und den Marktzugang zu beschleunigen,

[1] Nr. **5**.

unter anderem indem Hindernisse für KMU, einschließlich Start-up-Unternehmen, abgebaut werden. KI-Reallabore sollten in der gesamten Union weithin verfügbar sein, und ein besonderes Augenmerk sollte auf ihre Zugänglichkeit für KMU, einschließlich Start-up-Unternehmen, gelegt werden. Die Beteiligung am KI-Reallabor sollte sich auf Fragen konzentrieren, die zu Rechtsunsicherheit für Anbieter und zukünftige Anbieter führen, damit sie Innovationen vornehmen, mit KI in der Union experimentieren und zu evidenzbasiertem regulatorischen Lernen beitragen. Die Beaufsichtigung der KI-Systeme im KI-Reallabor sollte sich daher auf deren Entwicklung, Training, Testen und Validierung vor dem Inverkehrbringen oder der Inbetriebnahme der Systeme sowie auf das Konzept und das Auftreten wesentlicher Änderungen erstrecken, die möglicherweise ein neues Konformitätsbewertungsverfahren erfordern. Alle erheblichen Risiken, die bei der Entwicklung und Erprobung solcher KI-Systeme festgestellt werden, sollten eine angemessene Risikominderung und, in Ermangelung dessen, die Aussetzung des Entwicklungs- und Erprobungsprozesses nach sich ziehen. Gegebenenfalls sollten die zuständigen nationalen Behörden, die KI-Reallabore einrichten, mit anderen einschlägigen Behörden zusammenarbeiten, einschließlich derjenigen, die den Schutz der Grundrechte überwachen, und könnten die Einbeziehung anderer Akteure innerhalb des KI-Ökosystems gestatten, wie etwa nationaler oder europäischer Normungsorganisationen, notifizierter Stellen, Test- und Versuchseinrichtungen, Forschungs- und Versuchslabore, Europäischer Digitaler Innovationszentren und einschlägiger Interessenträger und Organisationen der Zivilgesellschaft. Im Interesse einer unionsweit einheitlichen Umsetzung und der Erzielung von Größenvorteilen ist es angezeigt, dass gemeinsame Vorschriften für die Umsetzung von KI-Reallaboren und ein Rahmen für die Zusammenarbeit zwischen den an der Beaufsichtigung der Reallabore beteiligten Behörden festgelegt werden. KI-Reallabore, die im Rahmen dieser Verordnung eingerichtet werden, sollten anderes Recht, das die Einrichtung anderer Reallabore ermöglicht, unberührt lassen, um die Einhaltung anderen Rechts als dieser Verordnung sicherzustellen. Gegebenenfalls sollten die für diese anderen Reallabore zuständigen Behörden die Vorteile der Nutzung dieser Reallabore auch zum Zweck der Gewährleistung der Konformität der KI-Systeme mit dieser Verordnung berücksichtigen. Im Einvernehmen zwischen den zuständigen nationalen Behörden und den am KI-Reallabor Beteiligten können Tests unter Realbedingungen auch im Rahmen des KI-Reallabors durchgeführt und beaufsichtigt werden.

(140) Die vorliegende Verordnung sollte im Einklang mit Artikel 6 Absatz 4 und Artikel 9 Absatz 2 Buchstabe g der Verordnung (EU) 2016/679[1)] und den Artikeln 5, 6 und 10 der Verordnung (EU) 2018/1725 sowie unbeschadet des Artikels 4 Absatz 2 und des Artikels 10 der Richtlinie (EU) 2016/680[2)] die Rechtsgrundlage für die Verwendung – ausschließlich unter bestimmten Bedingungen – personenbezogener Daten, die für andere Zwecke erhoben wurden, zur Entwicklung bestimmter KI-Systeme im öffentlichen Interesse innerhalb des KI-Reallabors durch die

---

1) Nr. 1.
2) Nr. 2.

Anbieter und zukünftigen Anbieter im KI-Reallabor bilden. Alle anderen Pflichten von Verantwortlichen und Rechte betroffener Personen im Rahmen der Verordnungen (EU) 2016/679[1] und (EU) 2018/1725 und der Richtlinie (EU) 2016/680[2] gelten weiterhin. Insbesondere sollte diese Verordnung keine Rechtsgrundlage im Sinne des Artikels 22 Absatz 2 Buchstabe b der Verordnung (EU) 2016/679[1] und des Artikels 24 Absatz 2 Buchstabe b der Verordnung (EU) 2018/1725 bilden. Anbieter und zukünftige Anbieter im KI-Reallabor sollten angemessene Schutzvorkehrungen treffen und mit den zuständigen Behörden zusammenarbeiten, unter anderem indem sie deren Anleitung folgen und zügig und nach Treu und Glauben handeln, um etwaige erhebliche Risiken für die Sicherheit, die Gesundheit und die Grundrechte, die bei der Entwicklung, bei der Erprobung und bei Versuchen in diesem Reallabor auftreten können, zu mindern.

(141) Um den Prozess der Entwicklung und des Inverkehrbringens der in einem Anhang dieser Verordnung aufgeführten Hochrisiko-KI-Systeme zu beschleunigen, ist es wichtig, dass Anbieter oder zukünftige Anbieter solcher Systeme auch von einer spezifischen Regelung für das Testen dieser Systeme unter Realbedingungen profitieren können, ohne sich an einem KI-Reallabor zu beteiligen. In solchen Fällen, unter Berücksichtigung der möglichen Folgen solcher Tests für Einzelpersonen, sollte jedoch sichergestellt werden, dass mit dieser Verordnung angemessene und ausreichende Garantien und Bedingungen für Anbieter oder zukünftige Anbieter eingeführt werden. Diese Garantien sollten unter anderem die Einholung der informierten Einwilligung natürlicher Personen in die Beteiligung an Tests unter Realbedingungen umfassen, mit Ausnahme der Strafverfolgung, wenn die Einholung der informierten Einwilligung verhindern würde, dass das KI-System getestet wird. Die Einwilligung der Testteilnehmer zur Teilnahme an solchen Tests im Rahmen dieser Verordnung unterscheidet sich von der Einwilligung betroffener Personen in die Verarbeitung ihrer personenbezogenen Daten nach den einschlägigen Datenschutzvorschriften und greift dieser nicht vor. Ferner ist es wichtig, die Risiken zu minimieren und die Aufsicht durch die zuständigen Behörden zu ermöglichen und daher von zukünftigen Anbietern zu verlangen, dass sie der zuständigen Marktüberwachungsbehörde einen Plan für einen Test unter Realbedingungen vorgelegt haben, die Tests – vorbehaltlich einiger begrenzter Ausnahmen – in den dafür vorgesehenen Abschnitten der EU-Datenbank zu registrieren, den Zeitraum zu begrenzen, in dem die Tests durchgeführt werden können, und zusätzliche Schutzmaßnahmen für Personen, die schutzbedürftigen Gruppen angehören, sowie eine schriftliche Einwilligung mit der Festlegung der Aufgaben und Zuständigkeiten der zukünftigen Anbieter und der Betreiber und eine wirksame Aufsicht durch zuständiges Personal, das an den Tests unter Realbedingungen beteiligt ist, zu verlangen. Darüber hinaus ist es angezeigt, zusätzliche Schutzmaßnahmen vorzusehen, um sicherzustellen, dass die Vorhersagen, Empfehlungen oder Entscheidungen des KI-Systems effektiv rückgängig gemacht und missachtet werden können, und

[1] Nr. 1.
[2] Nr. 2.

dass personenbezogene Daten geschützt sind und gelöscht werden, wenn die Testteilnehmer ihre Einwilligung zur Teilnahme an den Tests widerrufen haben, und zwar unbeschadet ihrer Rechte als betroffene Personen nach dem Datenschutzrecht der Union. Was die Datenübermittlung betrifft, so ist es angezeigt vorzusehen, dass Daten, die zum Zweck von Tests unter Realbedingungen erhoben und verarbeitet wurden, nur dann an Drittstaaten übermittelt werden sollten, wenn angemessene und anwendbare Schutzmaßnahmen nach dem Unionsrecht umgesetzt wurden, insbesondere im Einklang mit den Grundlagen für die Übermittlung personenbezogener Daten nach dem Datenschutzrecht der Union, während für nicht personenbezogene Daten angemessene Schutzmaßnahmen im Einklang mit dem Unionsrecht, z.B. den Verordnungen (EU) 2022/868[1)] und (EU) 2023/2854[2)] des Europäischen Parlaments und des Rates eingerichtet wurden.

(142) Um sicherzustellen, dass KI zu sozial und ökologisch vorteilhaften Ergebnissen führt, werden die Mitgliedstaaten ermutigt, Forschung und Entwicklung zu KI-Lösungen, die zu sozial und ökologisch vorteilhaften Ergebnissen beitragen, zu unterstützen und zu fördern, wie KI-gestützte Lösungen für mehr Barrierefreiheit für Personen mit Behinderungen, zur Bekämpfung sozioökonomischer Ungleichheiten oder zur Erreichung von Umweltzielen, indem ausreichend Ressourcen – einschließlich öffentlicher Mittel und Unionsmittel – bereitgestellt werden, und – soweit angebracht und sofern die Voraussetzungen und Zulassungskriterien erfüllt sind – insbesondere unter Berücksichtigung von Projekten, mit denen diese Ziele verfolgt werden. Diese Projekte sollten auf dem Grundsatz der interdisziplinären Zusammenarbeit zwischen KI-Entwicklern, Sachverständigen in den Bereichen Gleichstellung und Nichtdiskriminierung, Barrierefreiheit und Verbraucher-, Umwelt- und digitale Rechte sowie Wissenschaftlern beruhen.

(143) Um Innovationen zu fördern und zu schützen, ist es wichtig, die Interessen von KMU, einschließlich Start-up-Unternehmen, die Anbieter und Betreiber von KI-Systemen sind, besonders zu berücksichtigen. Zu diesem Zweck sollten die Mitgliedstaaten Initiativen ergreifen, die sich an diese Akteure richten, darunter auch Sensibilisierungs- und Informationsmaßnahmen. Die Mitgliedstaaten sollten KMU, einschließlich Start-up-Unternehmen, die ihren Sitz oder eine Zweigniederlassung in der Union haben, vorrangigen Zugang zu den KI-Reallaboren gewähren, soweit sie die Voraussetzungen und Zulassungskriterien erfüllen und ohne andere Anbieter und zukünftige Anbieter am Zugang zu den Reallaboren zu hindern, sofern die gleichen Voraussetzungen und Kriterien erfüllt sind. Die Mitgliedstaaten sollten bestehende Kanäle nutzen und gegebenenfalls neue Kanäle für die Kommunikation mit KMU, einschließlich Start-up-

---

[1)] **Amtl. Anm.:** Verordnung (EU) 2022/868 *[Nr. 8]* des Europäischen Parlaments und des Rates vom 30. Mai 2022 über europäische Daten-Governance und zur Änderung der Verordnung (EU) 2018/1724 (Daten-Governance-Rechtsakt) (ABl. L 152 vom 3.6.2022, S. 1).

[2)] **Amtl. Anm.:** Verordnung (EU) 2023/2854 *[Nr. 7]* des Rates und des Europäischen Parlaments vom 13. Dezember 2023 über harmonisierte Vorschriften für einen fairen Datenzugang und eine faire Datennutzung sowie zur Änderung der Verordnung (EU) 2017/2394 und der Richtlinie (EU) 2020/1828 (Datenverordnung) (ABl. L, 2023/2854, 22.12.2023, ELI: http://data.europa.eu/eli/reg/2023/2854/oj).

Unternehmen, Betreibern, anderen Innovatoren und gegebenenfalls Behörden einrichten, um KMU auf ihrem gesamten Entwicklungsweg zu unterstützen, indem sie ihnen Orientierungshilfe bieten und Fragen zur Durchführung dieser Verordnung beantworten. Diese Kanäle sollten gegebenenfalls zusammenarbeiten, um Synergien zu schaffen und eine Homogenität ihrer Leitlinien für KMU, einschließlich Start-up-Unternehmen, und Betreiber sicherzustellen. Darüber hinaus sollten die Mitgliedstaaten die Beteiligung von KMU und anderen einschlägigen Interessenträgern an der Entwicklung von Normen fördern. Außerdem sollten die besonderen Interessen und Bedürfnisse von Anbietern, die KMU, einschließlich Start-up-Unternehmen, sind, bei der Festlegung der Gebühren für die Konformitätsbewertung durch die notifizierten Stellen berücksichtigt werden. Die Kommission sollte regelmäßig die Zertifizierungs- und Befolgungskosten für KMU, einschließlich Start-up-Unternehmen, durch transparente Konsultationen bewerten, und sie sollte mit den Mitgliedstaaten zusammenarbeiten, um diese Kosten zu senken. So können beispielsweise Übersetzungen im Zusammenhang mit der verpflichtenden Dokumentation und Kommunikation mit Behörden für Anbieter und andere Akteure, insbesondere die kleineren unter ihnen, erhebliche Kosten verursachen. Die Mitgliedstaaten sollten möglichst dafür sorgen, dass eine der Sprachen, die sie für die einschlägige Dokumentation der Anbieter und für die Kommunikation mit den Akteuren bestimmen und akzeptieren, eine Sprache ist, die von der größtmöglichen Zahl grenzüberschreitender Betreiber weitgehend verstanden wird. Um den besonderen Bedürfnissen von KMU, einschließlich Start-up-Unternehmen, gerecht zu werden, sollte die Kommission auf Ersuchen des KI-Gremiums standardisierte Vorlagen für die unter diese Verordnung fallenden Bereiche bereitstellen. Ferner sollte die Kommission die Bemühungen der Mitgliedstaaten ergänzen, indem sie eine zentrale Informationsplattform mit leicht nutzbaren Informationen über diese Verordnung für alle Anbieter und Betreiber bereitstellt, indem sie angemessene Informationskampagnen durchführt, um für die aus dieser Verordnung erwachsenden Pflichten zu sensibilisieren, und indem sie die Konvergenz bewährter Praktiken bei Vergabeverfahren im Zusammenhang mit KI-Systemen bewertet und fördert. Mittlere Unternehmen, die bis vor kurzem als kleine Unternehmen im Sinne des Anhangs der Empfehlung 2003/361/EG der Kommission[1] galten, sollten Zugang zu diesen Unterstützungsmaßnahmen haben, da diese neuen mittleren Unternehmen mitunter nicht über die erforderlichen rechtlichen Ressourcen und Ausbildung verfügen, um ein ordnungsgemäßes Verständnis und eine entsprechende Einhaltung dieser Verordnung zu gewährleisten.

(144) Um Innovationen zu fördern und zu schützen, sollten die Plattform für KI auf Abruf, alle einschlägigen Finanzierungsprogramme und -projekte der Union, wie etwa das Programm „Digitales Europa" und Horizont Europa, die von der Kommission und den Mitgliedstaaten auf Unionsebene bzw. auf nationaler Ebene durchgeführt werden, zur Verwirklichung der Ziele dieser Verordnung beitragen.

---

[1] **Amtl. Anm.:** Empfehlung der Kommission vom 6. Mai 2003 betreffend die Definition der Kleinstunternehmen sowie der kleinen und mittleren Unternehmen (ABl. L 124 vom 20.5.2003, S. 36).

(145) Um die Risiken bei der Umsetzung, die sich aus mangelndem Wissen und fehlenden Fachkenntnissen auf dem Markt ergeben, zu minimieren und den Anbietern, insbesondere KMU, einschließlich Start-up-Unternehmen, und notifizierten Stellen die Einhaltung ihrer Pflichten aus dieser Verordnung zu erleichtern, sollten insbesondere die Plattform für KI auf Abruf, die europäischen Zentren für digitale Innovation und die Test- und Versuchseinrichtungen, die von der Kommission und den Mitgliedstaaten auf Unionsebene bzw. auf nationaler Ebene eingerichtet werden, zur Durchführung dieser Verordnung beitragen. Die Plattform für KI auf Abruf, die europäischen Zentren für digitale Innovation und die Test- und Versuchseinrichtungen können Anbieter und notifizierte Stellen im Rahmen ihres jeweiligen Auftrags und ihrer jeweiligen Kompetenzbereiche insbesondere technisch und wissenschaftlich unterstützen.

(146) Angesichts der sehr geringen Größe einiger Akteure und um die Verhältnismäßigkeit in Bezug auf die Innovationskosten sicherzustellen, ist es darüber hinaus angezeigt, Kleinstunternehmen zu erlauben, eine der kostspieligsten Pflichten, nämlich die Einführung eines Qualitätsmanagementsystems, in vereinfachter Weise zu erfüllen, was den Verwaltungsaufwand und die Kosten für diese Unternehmen verringern würde, ohne das Schutzniveau und die Notwendigkeit der Einhaltung der Anforderungen für Hochrisiko-KI-Systeme zu beeinträchtigen. Die Kommission sollte Leitlinien ausarbeiten, um die Elemente des Qualitätsmanagementsystems zu bestimmen, die von Kleinstunternehmen auf diese vereinfachte Weise zu erfüllen sind.

(147) Es ist angezeigt, dass die Kommission den Stellen, Gruppen oder Laboratorien, die gemäß den einschlägigen Harmonisierungsrechtsvorschriften der Union eingerichtet oder akkreditiert sind und Aufgaben im Zusammenhang mit der Konformitätsbewertung von Produkten oder Geräten wahrnehmen, die unter diese Harmonisierungsrechtsvorschriften der Union fallen, so weit wie möglich den Zugang zu Test- und Versuchseinrichtungen erleichtert. Dies gilt insbesondere für Expertengremien, Fachlaboratorien und Referenzlaboratorien im Bereich Medizinprodukte gemäß den Verordnungen (EU) 2017/745 und (EU) 2017/746.

(148) Mit dieser Verordnung sollte ein Governance-Rahmen geschaffen werden, der sowohl die Koordinierung und Unterstützung der Anwendung dieser Verordnung auf nationaler Ebene als auch den Aufbau von Kapazitäten auf Unionsebene und die Integration von Interessenträgern im Bereich der KI ermöglicht. Für die wirksame Umsetzung und Durchsetzung dieser Verordnung ist ein Governance-Rahmen erforderlich, der es ermöglicht, zentrales Fachwissen auf Unionsebene zu koordinieren und aufzubauen. Per Kommissionbeschluss[1)] wurde das Büro für Künstliche Intelligenz errichtet, dessen Aufgabe es ist, Fachwissen und Kapazitäten der Union im Bereich der KI zu entwickeln und zur Umsetzung des Unionsrechts im KI-Bereich beizutragen. Die Mitgliedstaaten sollten die Aufgaben des Büros für Künstliche Intelligenz erleichtern, um die Entwicklung von Fachwissen und Kapazitäten auf Unionsebene zu unterstützen und die Funktionsweise des digitalen Binnenmarkts zu stärken.

[1)] **Amtl. Anm.:** Beschluss C (2024) 390 der Kommission vom 24.1.2024 zur Errichtung des Europäischen Amts für künstliche Intelligenz.

Darüber hinaus sollten ein aus Vertretern der Mitgliedstaaten zusammengesetztes KI-Gremium, ein wissenschaftliches Gremium zur Integration der Wissenschaftsgemeinschaft und ein Beratungsforum für Beiträge von Interessenträgern zur Durchführung dieser Verordnung auf Unionsebene und auf nationaler Ebene eingerichtet werden. Die Entwicklung von Fachwissen und Kapazitäten der Union sollte auch die Nutzung bestehender Ressourcen und Fachkenntnisse umfassen, insbesondere durch Synergien mit Strukturen, die im Rahmen der Durchsetzung anderen Rechts auf Unionsebene aufgebaut wurden, und Synergien mit einschlägigen Initiativen auf Unionsebene, wie dem Gemeinsamen Unternehmen EuroHPC und den KI-Test- und Versuchseinrichtungen im Rahmen des Programms „Digitales Europa".

(149) Um eine reibungslose, wirksame und harmonisierte Durchführung dieser Verordnung zu erleichtern, sollte ein KI-Gremium eingerichtet werden. Das KI-Gremium sollte die verschiedenen Interessen des KI-Ökosystems widerspiegeln und sich aus Vertretern der Mitgliedstaaten zusammensetzen. Das KI-Gremium sollte für eine Reihe von Beratungsaufgaben zuständig sein, einschließlich der Abgabe von Stellungnahmen, Empfehlungen, Ratschlägen oder Beiträgen zu Leitlinien zu Fragen im Zusammenhang mit der Durchführung dieser Verordnung – darunter zu Durchsetzungsfragen, technischen Spezifikationen oder bestehenden Normen in Bezug auf die in dieser Verordnung festgelegten Anforderungen – sowie der Beratung der Kommission und der Mitgliedstaaten und ihrer zuständigen nationalen Behörden in spezifischen Fragen im Zusammenhang mit KI. Um den Mitgliedstaaten eine gewisse Flexibilität bei der Benennung ihrer Vertreter im KI-Gremium zu geben, können diese Vertreter alle Personen sein, die öffentlichen Einrichtungen angehören, die über einschlägige Zuständigkeiten und Befugnisse verfügen sollten, um die Koordinierung auf nationaler Ebene zu erleichtern und zur Erfüllung der Aufgaben des KI-Gremiums beizutragen. Das KI-Gremium sollte zwei ständige Untergruppen einrichten, um Marktüberwachungsbehörden und notifizierenden Behörden für die Zusammenarbeit und den Austausch in Fragen, die die Marktüberwachung bzw. notifizierende Stellen betreffen, eine Plattform zu bieten. Die ständige Untergruppe für Marktüberwachung sollte für diese Verordnung als Gruppe für die Verwaltungszusammenarbeit (ADCO-Gruppe) im Sinne des Artikels 30 der Verordnung (EU) 2019/1020 fungieren. Im Einklang mit Artikel 33 der genannten Verordnung sollte die Kommission die Tätigkeiten der ständigen Untergruppe für Marktüberwachung durch die Durchführung von Marktbewertungen oder -untersuchungen unterstützen, insbesondere im Hinblick auf die Ermittlung von Aspekten dieser Verordnung, die eine spezifische und dringende Koordinierung zwischen den Marktüberwachungsbehörden erfordern. Das KI-Gremium kann weitere ständige oder nichtständige Untergruppen einrichten, falls das für die Prüfung bestimmter Fragen zweckmäßig sein sollte. Das KI-Gremium sollte gegebenenfalls auch mit einschlägigen Einrichtungen, Sachverständigengruppen und Netzwerken der Union zusammenarbeiten, die im Zusammenhang mit dem einschlägigen Unionsrecht tätig sind, einschließlich insbesondere derjenigen, die im Rahmen des einschlägigen Unionsrechts über Daten, digitale Produkte und Dienstleistungen tätig sind.

(150) Im Hinblick auf die Einbeziehung von Interessenträgern in die Umsetzung und Anwendung dieser Verordnung sollte ein Beratungsforum eingerichtet werden, um das KI-Gremium und die Kommission zu beraten und ihnen technisches Fachwissen bereitzustellen. Um eine vielfältige und ausgewogene Vertretung der Interessenträger mit gewerblichen und nicht gewerblichen Interessen und – innerhalb der Kategorie mit gewerblichen Interessen – in Bezug auf KMU und andere Unternehmen zu gewährleisten, sollten in dem Beratungsforum unter anderem die Industrie, Start-up-Unternehmen, KMU, die Wissenschaft, die Zivilgesellschaft, einschließlich der Sozialpartner, sowie die Agentur für Grundrechte, die ENISA, das Europäische Komitee für Normung (CEN), das Europäische Komitee für elektrotechnische Normung (CENELEC) und das Europäische Institut für Telekommunikationsnormen (ETSI) vertreten sein.

(151) Zur Unterstützung der Umsetzung und Durchsetzung dieser Verordnung, insbesondere der Beobachtungstätigkeiten des Büros für Künstliche Intelligenz in Bezug auf KI-Modelle mit allgemeinem Verwendungszweck, sollte ein wissenschaftliches Gremium mit unabhängigen Sachverständigen eingerichtet werden. Die unabhängigen Sachverständigen, aus denen sich das wissenschaftliche Gremium zusammensetzt, sollten auf der Grundlage des aktuellen wissenschaftlichen oder technischen Fachwissens im KI-Bereich ausgewählt werden und ihre Aufgaben unparteiisch, objektiv und unter Achtung der Vertraulichkeit der bei der Durchführung ihrer Aufgaben und Tätigkeiten erhaltenen Informationen und Daten ausüben. Um eine Aufstockung der nationalen Kapazitäten, die für die wirksame Durchsetzung dieser Verordnung erforderlich sind, zu ermöglichen, sollten die Mitgliedstaaten für ihre Durchsetzungstätigkeiten Unterstützung aus dem Pool von Sachverständigen anfordern können, der das wissenschaftliche Gremium bildet.

(152) Um eine angemessene Durchsetzung in Bezug auf KI-Systeme zu unterstützen und die Kapazitäten der Mitgliedstaaten zu stärken, sollten Unionsstrukturen zur Unterstützung der Prüfung von KI eingerichtet und den Mitgliedstaaten zur Verfügung gestellt werden.

(153) Den Mitgliedstaaten kommt bei der Anwendung und Durchsetzung dieser Verordnung eine Schlüsselrolle zu. Dazu sollte jeder Mitgliedstaat mindestens eine notifizierende Behörde und mindestens eine Marktüberwachungsbehörde als zuständige nationale Behörden benennen, die die Anwendung und Durchführung dieser Verordnung beaufsichtigen. Die Mitgliedstaaten können beschließen, öffentliche Einrichtungen jeder Art zu benennen, die die Aufgaben der zuständigen nationalen Behörden im Sinne dieser Verordnung gemäß ihren spezifischen nationalen organisatorischen Merkmalen und Bedürfnissen wahrnehmen. Um die Effizienz der Organisation aufseiten der Mitgliedstaaten zu steigern und eine zentrale Anlaufstelle gegenüber der Öffentlichkeit und anderen Ansprechpartnern auf Ebene der Mitgliedstaaten und der Union einzurichten, sollte jeder Mitgliedstaat eine Marktüberwachungsbehörde als zentrale Anlaufstelle benennen.

(154) Die zuständigen nationalen Behörden sollten ihre Befugnisse unabhängig, unparteiisch und unvoreingenommen ausüben, um die Grundsätze der Objektivität ihrer Tätigkeiten und Aufgaben zu wahren und die Anwen-

dung und Durchführung dieser Verordnung sicherzustellen. Die Mitglieder dieser Behörden sollten sich jeder Handlung enthalten, die mit ihren Aufgaben unvereinbar wäre, und sie sollten den Vertraulichkeitsvorschriften gemäß dieser Verordnung unterliegen.

(155) Damit Anbieter von Hochrisiko-KI-Systemen die Erfahrungen mit der Verwendung von Hochrisiko-KI-Systemen bei der Verbesserung ihrer Systeme und im Konzeptions- und Entwicklungsprozess berücksichtigen oder rechtzeitig etwaige Korrekturmaßnahmen ergreifen können, sollten alle Anbieter über ein System zur Beobachtung nach dem Inverkehrbringen verfügen. Gegebenenfalls sollte die Beobachtung nach dem Inverkehrbringen eine Analyse der Interaktion mit anderen KI-Systemen, einschließlich anderer Geräte und Software, umfassen. Die Beobachtung nach dem Inverkehrbringen sollte nicht für sensible operative Daten von Betreibern, die Strafverfolgungsbehörden sind, gelten. Dieses System ist auch wichtig, damit den möglichen Risiken, die von KI-Systemen ausgehen, die nach dem Inverkehrbringen oder der Inbetriebnahme dazulernen, effizienter und zeitnah begegnet werden kann. In diesem Zusammenhang sollten die Anbieter auch verpflichtet sein, ein System einzurichten, um den zuständigen Behörden schwerwiegende Vorfälle zu melden, die sich aus der Verwendung ihrer KI-Systeme ergeben; damit sind Vorfälle oder Fehlfunktionen gemeint, die zum Tod oder zu schweren Gesundheitsschäden führen, schwerwiegende und irreversible Störungen der Verwaltung und des Betriebs kritischer Infrastrukturen, Verstöße gegen Verpflichtungen aus dem Unionsrecht, mit denen die Grundrechte geschützt werden sollen, oder schwere Sach- oder Umweltschäden.

(156) Zur Gewährleistung einer angemessenen und wirksamen Durchsetzung der Anforderungen und Pflichten gemäß dieser Verordnung, bei der es sich um eine Harmonisierungsrechtsvorschrift der Union handelt, sollte das mit der Verordnung (EU) 2019/1020 eingeführte System der Marktüberwachung und der Konformität von Produkten in vollem Umfang gelten. Die gemäß dieser Verordnung benannten Marktüberwachungsbehörden sollten über alle in der vorliegenden Verordnung und der Verordnung (EU) 2019/1020 festgelegten Durchsetzungsbefugnisse verfügen und ihre Befugnisse und Aufgaben unabhängig, unparteiisch und unvoreingenommen wahrnehmen. Obwohl die meisten KI-Systeme keinen spezifischen Anforderungen und Pflichten gemäß der vorliegenden Verordnung unterliegen, können die Marktüberwachungsbehörden Maßnahmen in Bezug auf alle KI-Systeme ergreifen, wenn sie ein Risiko gemäß dieser Verordnung darstellen. Aufgrund des spezifischen Charakters der Organe, Einrichtungen und sonstigen Stellen der Union, die in den Anwendungsbereich dieser Verordnung fallen, ist es angezeigt, dass der Europäische Datenschutzbeauftragte als eine zuständige Marktüberwachungsbehörde für sie benannt wird. Die Benennung zuständiger nationaler Behörden durch die Mitgliedstaaten sollte davon unberührt bleiben. Die Marktüberwachungstätigkeiten sollten die Fähigkeit der beaufsichtigten Einrichtungen, ihre Aufgaben unabhängig wahrzunehmen, nicht beeinträchtigen, wenn eine solche Unabhängigkeit nach dem Unionsrecht erforderlich ist.

(157) Diese Verordnung berührt nicht die Zuständigkeiten, Aufgaben, Befugnisse und Unabhängigkeit der einschlägigen nationalen Behörden oder

Stellen, die die Anwendung des Unionsrechts zum Schutz der Grundrechte überwachen, einschließlich Gleichbehandlungsstellen und Datenschutzbehörden. Sofern dies für die Erfüllung ihres Auftrags erforderlich ist, sollten auch diese nationalen Behörden oder Stellen Zugang zu der gesamten im Rahmen dieser Verordnung erstellten Dokumentation haben. Es sollte ein spezifisches Schutzklauselverfahren festgelegt werden, um eine angemessene und zeitnahe Durchsetzung gegenüber KI-Systemen, die ein Risiko für Gesundheit, Sicherheit und Grundrechte bergen, sicherzustellen. Das Verfahren für solche KI-Systeme, die ein Risiko bergen, sollte auf Hochrisiko-KI-Systeme, von denen ein Risiko ausgeht, auf verbotene Systeme, die unter Verstoß gegen die in dieser Verordnung festgelegten verbotenen Praktiken in Verkehr gebracht, in Betrieb genommen oder verwendet wurden, sowie auf KI-Systeme, die unter Verstoß der Transparenzanforderungen dieser Verordnung bereitgestellt wurden und ein Risiko bergen, angewandt werden..

(158) Die Rechtsvorschriften der Union über Finanzdienstleistungen enthalten Vorschriften und Anforderungen für die interne Unternehmensführung und das Risikomanagement, die für regulierte Finanzinstitute bei der Erbringung solcher Dienstleistungen gelten, auch wenn sie KI-Systeme verwenden. Um eine kohärente Anwendung und Durchsetzung der Pflichten aus dieser Verordnung sowie der einschlägigen Vorschriften und Anforderungen der Rechtsvorschriften der Union über Finanzdienstleistungen zu gewährleisten, sollten die für die Beaufsichtigung und Durchsetzung jener Rechtsvorschriften zuständigen Behörden, insbesondere die zuständigen Behörden im Sinne der Verordnung (EU) Nr. 575/2013 des Europäischen Parlaments und des Rates[1] und der Richtlinien 2008/48/EG[2], 2009/138/EG[3], 2013/36/EU[4], 2014/17/EU[5] und (EU) 2016/97[6] des Europäischen Parlaments und des Rates, im Rahmen ihrer jeweiligen Zuständigkeiten auch als zuständige Behörden für die Beaufsichtigung der Durchführung dieser Verordnung, einschließlich der Marktüberwachungstätigkeiten, in Bezug auf von regulierten und beaufsichtigten Finanzinstituten bereitgestellte oder verwendete KI-Systeme benannt werden, es sei denn, die Mitgliedstaaten beschließen, eine andere

---

[1] **Amtl. Anm.:** Verordnung (EU) Nr. 575/2013 des Europäischen Parlaments und des Rates vom 26. Juni 2013 über Aufsichtsanforderungen an Kreditinstitute und Wertpapierfirmen und zur Änderung der Verordnung (EU) Nr. 648/2012 (ABl. L 176 vom 27.6.2013, S. 1).

[2] **Amtl. Anm.:** Richtlinie 2008/48/EG des Europäischen Parlaments und des Rates vom 23. April 2008 über Verbraucherkreditverträge und zur Aufhebung der Richtlinie 87/102/EWG des Rates (ABl. L 133 vom 22.5.2008, S. 66).

[3] **Amtl. Anm.:** Richtlinie 2009/138/EG des Europäischen Parlaments und des Rates vom 25. November 2009 betreffend die Aufnahme und Ausübung der Versicherungs- und der Rückversicherungstätigkeit (Solvabilität II) (ABl. L 335 vom 17.12.2009, S. 1).

[4] **Amtl. Anm.:** Richtlinie 2013/36/EU des Europäischen Parlaments und des Rates vom 26. Juni 2013 über den Zugang zur Tätigkeit von Kreditinstituten und die Beaufsichtigung von Kreditinstituten und Wertpapierfirmen, zur Änderung der Richtlinie 2002/87/EG und zur Aufhebung der Richtlinien 2006/48/EG und 2006/49/EG (ABl. L 176 vom 27.6.2013, S. 338).

[5] **Amtl. Anm.:** Richtlinie 2014/17/EU des Europäischen Parlaments und des Rates vom 4. Februar 2014 über Wohnimmobilienkreditverträge für Verbraucher und zur Änderung der Richtlinien 2008/48/EG und 2013/36/EU und der Verordnung (EU) Nr. 1093/2010 (ABl. L 60 vom 28.2.2014, S. 34).

[6] **Amtl. Anm.:** Richtlinie (EU) 2016/97 des Europäischen Parlaments und des Rates vom 20. Januar 2016 über Versicherungsvertrieb (ABl. L 26 vom 2.2.2016, S. 19).

Behörde zu benennen, um diese Marktüberwachungsaufgaben wahrzunehmen. Diese zuständigen Behörden sollten alle Befugnisse gemäß dieser Verordnung und der Verordnung (EU) 2019/1020 haben, um die Anforderungen und Pflichten der vorliegenden Verordnung durchzusetzen, einschließlich Befugnisse zur Durchführung von Ex-post-Marktüberwachungstätigkeiten, die gegebenenfalls in ihre bestehenden Aufsichtsmechanismen und -verfahren im Rahmen des einschlägigen Unionsrechts über Finanzdienstleistungen integriert werden können. Es ist angezeigt, vorzusehen, dass die nationalen Behörden, die für die Aufsicht über unter die Richtlinie 2013/36/EU fallende Kreditinstitute zuständig sind, welche an dem mit der Verordnung (EU) Nr. 1024/2013 des Rates[1)] eingerichteten einheitlichen Aufsichtsmechanismus teilnehmen, in ihrer Funktion als Marktüberwachungsbehörden gemäß der vorliegenden Verordnung der Europäischen Zentralbank unverzüglich alle im Zuge ihrer Marktüberwachungstätigkeiten ermittelten Informationen übermitteln, die für die in der genannten Verordnung festgelegten Aufsichtsaufgaben der Europäischen Zentralbank von Belang sein könnten. Um die Kohärenz zwischen der vorliegenden Verordnung und den Vorschriften für Kreditinstitute, die unter die Richtlinie 2013/36/EU fallen, weiter zu verbessern, ist es ferner angezeigt, einige verfahrenstechnische Anbieterpflichten in Bezug auf das Risikomanagement, die Beobachtung nach dem Inverkehrbringen und die Dokumentation in die bestehenden Pflichten und Verfahren gemäß der Richtlinie 2013/36/EU aufzunehmen. Zur Vermeidung von Überschneidungen sollten auch begrenzte Ausnahmen in Bezug auf das Qualitätsmanagementsystem der Anbieter und die Beobachtungspflicht der Betreiber von Hochrisiko-KI-Systemen in Betracht gezogen werden, soweit diese Kreditinstitute betreffen, die unter die Richtlinie 2013/36/EU fallen. Die gleiche Regelung sollte für Versicherungs- und Rückversicherungsunternehmen und Versicherungsholdinggesellschaften gemäß der Richtlinie 2009/138/EG und Versicherungsvermittler gemäß der Richtlinie (EU) 2016/97 sowie für andere Arten von Finanzinstituten gelten, die Anforderungen in Bezug auf ihre Regelungen oder Verfahren der internen Unternehmensführung unterliegen, die gemäß einschlägigem Unionsrecht der Union über Finanzdienstleistungen festgelegt wurden, um Kohärenz und Gleichbehandlung im Finanzsektor sicherzustellen.

(159) Jede Marktüberwachungsbehörde für Hochrisiko-KI-Systeme im Bereich der Biometrie, die in einem Anhang zu dieser Verordnung aufgeführt sind, sollte – soweit diese Systeme für die Zwecke der Strafverfolgung, von Migration, Asyl und Grenzkontrolle oder von Rechtspflege und demokratischen Prozessen eingesetzt werden – über wirksame Ermittlungs- und Korrekturbefugnisse verfügen, einschließlich mindestens der Befugnis, Zugang zu allen personenbezogenen Daten, die verarbeitet werden, und zu allen Informationen, die für die Ausübung ihrer Aufgaben erforderlich sind, zu erhalten. Die Marktüberwachungsbehörden sollten in der Lage sein, ihre Befugnisse in völliger Unabhängigkeit auszuüben. Jede Beschränkung ihres Zugangs zu sensiblen operativen Daten

---

1) **Amtl. Anm.:** Verordnung (EU) Nr. 1024/2013 des Rates vom 15. Oktober 2013 zur Übertragung besonderer Aufgaben im Zusammenhang mit der Aufsicht über Kreditinstitute auf die Europäische Zentralbank (ABl. L 287 vom 29.10.2013, S. 63).

im Rahmen dieser Verordnung sollte die Befugnisse unberührt lassen, die ihnen mit der Richtlinie (EU) 2016/680[1] übertragen wurden. Kein Ausschluss der Offenlegung von Daten gegenüber nationalen Datenschutzbehörden im Rahmen dieser Verordnung sollte die derzeitigen oder künftigen Befugnisse dieser Behörden über den Geltungsbereich dieser Verordnung hinaus beeinträchtigen.

(160) Die Marktüberwachungsbehörden und die Kommission sollten gemeinsame Tätigkeiten, einschließlich gemeinsamer Untersuchungen, vorschlagen können, die von den Marktüberwachungsbehörden oder von den Marktüberwachungsbehörden gemeinsam mit der Kommission durchgeführt werden, um Konformität zu fördern, Nichtkonformität festzustellen, zu sensibilisieren und Orientierung zu dieser Verordnung und bestimmten Kategorien von Hochrisiko-KI-Systemen bereitzustellen, bei denen festgestellt wird, dass sie in zwei oder mehr Mitgliedstaaten ein ernstes Risiko darstellen. Gemeinsame Tätigkeiten zur Förderung der Konformität sollten im Einklang mit Artikel 9 der Verordnung (EU) 2019/1020 durchgeführt werden. Das Büro für Künstliche Intelligenz sollte die Koordinierung gemeinsamer Untersuchungen unterstützen.

(161) Die Verantwortlichkeiten und Zuständigkeiten auf Unionsebene und nationaler Ebene in Bezug auf KI-Systeme, die auf KI-Modellen mit allgemeinem Verwendungszweck aufbauen, müssen präzisiert werden. Um sich überschneidende Zuständigkeiten zu vermeiden, sollte die Aufsicht für KI-Systeme, die auf KI-Modellen mit allgemeinem Verwendungszweck beruhen und bei denen das Modell und das System vom selben Anbieter bereitgestellt werden, auf der Unionsebene durch das Büro für Künstliche Intelligenz erfolgen, das für diesen Zweck über die Befugnisse einer Marktüberwachungsbehörde im Sinne der Verordnung (EU) 2019/1020 verfügen sollte. In allen anderen Fällen sollten die nationalen Marktüberwachungsbehörden weiterhin für die Aufsicht über KI-Systeme zuständig sein. Bei KI-Systemen mit allgemeinem Verwendungszweck, die von Betreibern direkt für mindestens einen Zweck verwendet werden können, der als hochriskant eingestuft wird, sollten die Marktüberwachungsbehörden jedoch mit dem Büro für Künstliche Intelligenz zusammenarbeiten, um Konformitätsbewertungen durchzuführen, und sie sollten KI-Gremium und andere Marktüberwachungsbehörden entsprechend informieren. Darüber hinaus sollten Marktüberwachungsbehörden das Büro für Künstliche Intelligenz um Unterstützung ersuchen können, wenn die Marktüberwachungsbehörde nicht in der Lage ist, eine Untersuchung zu einem Hochrisiko-KI-System abzuschließen, weil sie keinen Zugang zu bestimmten Informationen im Zusammenhang mit dem KI-Modell mit allgemeinem Verwendungszweck, auf dem das Hochrisiko-KI-System beruht, haben. In diesen Fällen sollte das Verfahren bezüglich grenzübergreifender Amtshilfe nach Kapitel VI der Verordnung (EU) 2019/1020 entsprechend Anwendung finden.

(162) Um das zentralisierte Fachwissen der Union und Synergien auf Unionsebene bestmöglich zu nutzen, sollte die Kommission für die Aufsicht und die Durchsetzung der Pflichten der Anbieter von KI-Modellen mit allgemeinem Verwendungszweck zuständig sein. Das Büro für Künstliche

[1] Nr. 2.

Intelligenz sollte alle erforderlichen Maßnahmen durchführen können, um die wirksame Umsetzung dieser Verordnung im Hinblick auf KI-Modelle mit allgemeinem Verwendungszweck zu überwachen. Es sollte mögliche Verstöße gegen die Vorschriften für Anbieter von KI-Modellen mit allgemeinem Verwendungszweck sowohl auf eigene Initiative, auf der Grundlage der Ergebnisse seiner Überwachungstätigkeiten, als auch auf Anfrage von Marktüberwachungsbehörden gemäß den in dieser Verordnung festgelegten Bedingungen untersuchen können. Zur Unterstützung einer wirksamen Überwachung durch das Büro für Künstliche Intelligenz sollte die Möglichkeit vorgesehen werden, dass nachgelagerte Anbieter Beschwerden über mögliche Verstöße gegen die Vorschriften für Anbieter von KI-Modellen und -Systemen mit allgemeinem Verwendungszweck einreichen können.

(163) Um die Governance-Systeme für KI-Modelle mit allgemeinem Verwendungszweck zu ergänzen, sollte das wissenschaftliche Gremium die Überwachungstätigkeiten des Büros für Künstliche Intelligenz unterstützen; dazu kann es in bestimmten Fällen qualifizierte Warnungen an das Büro für Künstliche Intelligenz richten, die Folgemaßnahmen wie etwa Untersuchungen auslösen. Dies sollte der Fall sein, wenn das wissenschaftliche Gremium Grund zu der Annahme hat, dass ein KI-Modell mit allgemeinem Verwendungszweck ein konkretes und identifizierbares Risiko auf Unionsebene darstellt. Außerdem sollte dies der Fall sein, wenn das wissenschaftliche Gremium Grund zu der Annahme hat, dass ein KI-Modell mit allgemeinem Verwendungszweck die Kriterien erfüllt, die zu einer Einstufung als KI-Modell mit allgemeinem Verwendungszweck mit systemischem Risiko führen würde. Um dem wissenschaftlichen Gremium die Informationen zur Verfügung zu stellen, die für die Ausübung dieser Aufgaben erforderlich sind, sollte es einen Mechanismus geben, wonach das wissenschaftliche Gremium die Kommission ersuchen kann, Unterlagen oder Informationen von einem Anbieter anzufordern.

(164) Das Büro für Künstliche Intelligenz sollte die erforderlichen Maßnahmen ergreifen können, um die wirksame Umsetzung und die Einhaltung der in dieser Verordnung festgelegten Pflichten der Anbieter von KI-Modellen mit allgemeinem Verwendungszweck zu überwachen. Das Büro für Künstliche Intelligenz sollte mögliche Verstöße im Einklang mit den in dieser Verordnung vorgesehenen Befugnissen untersuchen können, unter anderem indem es Unterlagen und Informationen anfordert, Bewertungen durchführt und Maßnahmen von Anbietern von KI-Modellen mit allgemeinem Verwendungszweck verlangt. Was die Durchführung von Bewertungen betrifft, so sollte das Büro für Künstliche Intelligenz unabhängige Sachverständige mit der Durchführung der Bewertungen in seinem Namen beauftragen können, damit unabhängiges Fachwissen genutzt werden kann. Die Einhaltung der Pflichten sollte durchsetzbar sein, unter anderem durch die Aufforderung zum Ergreifen angemessener Maßnahmen, einschließlich Risikominderungsmaßnahmen im Fall von festgestellten systemischen Risiken, sowie durch die Einschränkung der Bereitstellung des Modells auf dem Markt, die Rücknahme des Modells oder den Rückruf des Modells. Als Schutzmaßnahme, die erforderlichenfalls über die in dieser Verordnung vorgesehenen Verfahrensrechte hinausgeht, sollten die Anbieter von KI-Modellen mit allgemeinem Verwen-

dungszweck über die in Artikel 18 der Verordnung (EU) 2019/1020 vorgesehenen Verfahrensrechte verfügen, die – unbeschadet in der vorliegenden Verordnung vorgesehener spezifischerer Verfahrensrechte – entsprechend gelten sollten.

(165) Die Entwicklung anderer KI-Systeme als Hochrisiko-KI-Systeme gemäß den Anforderungen dieser Verordnung kann zu einer stärkeren Verbreitung ethischer und vertrauenswürdiger KI in der Union führen. Anbieter von KI-Systemen, die kein hohes Risiko bergen, sollten angehalten werden, Verhaltenskodizes – einschließlich zugehöriger Governance-Mechanismen – zu erstellen, um eine freiwillige Anwendung einiger oder aller der für Hochrisiko-KI-Systeme geltenden Anforderungen zu fördern, die angesichts der Zweckbestimmung der Systeme und des niedrigeren Risikos angepasst werden, und unter Berücksichtigung der verfügbaren technischen Lösungen und bewährten Verfahren der Branche wie Modell- und Datenkarten. Darüber hinaus sollten die Anbieter und gegebenenfalls die Betreiber aller KI-Systeme, ob mit hohem Risiko oder nicht, und aller KI-Modelle auch ermutigt werden, freiwillig zusätzliche Anforderungen anzuwenden, z.B. in Bezug auf die Elemente der Ethikleitlinien der Union für vertrauenswürdige KI, die ökologische Nachhaltigkeit, Maßnahmen für KI-Kompetenz, die inklusive und vielfältige Gestaltung und Entwicklung von KI-Systemen, unter anderem mit Schwerpunkt auf schutzbedürftige Personen und die Barrierefreiheit für Menschen mit Behinderungen, die Beteiligung der Interessenträger, gegebenenfalls mit Einbindung einschlägiger Interessenträger wie Unternehmensverbänden und Organisationen der Zivilgesellschaft, Wissenschaft, Forschungsorganisationen, Gewerkschaften und Verbraucherschutzorganisationen an der Konzeption und Entwicklung von KI-Systemen und die Vielfalt der Entwicklungsteams, einschließlich einer ausgewogenen Vertretung der Geschlechter. Um sicherzustellen, dass die freiwilligen Verhaltenskodizes wirksam sind, sollten sie auf klaren Zielen und zentralen Leistungsindikatoren zur Messung der Verwirklichung dieser Ziele beruhen. Sie sollten außerdem in inklusiver Weise entwickelt werden, gegebenenfalls unter Einbeziehung einschlägiger Interessenträger wie Unternehmensverbände und Organisationen der Zivilgesellschaft, Wissenschaft, Forschungsorganisationen, Gewerkschaften und Verbraucherschutzorganisationen. Die Kommission kann Initiativen, auch sektoraler Art, ergreifen, um den Abbau technischer Hindernisse zu erleichtern, die den grenzüberschreitenden Datenaustausch im Zusammenhang mit der KI-Entwicklung behindern, unter anderem in Bezug auf die Infrastruktur für den Datenzugang und die semantische und technische Interoperabilität verschiedener Arten von Daten.

(166) Es ist wichtig, dass KI-Systeme im Zusammenhang mit Produkten, die gemäß dieser Verordnung kein hohes Risiko bergen und daher nicht die in dieser Verordnung festgelegten Anforderungen für Hochrisiko-KI-Systeme erfüllen müssen, dennoch sicher sind, wenn sie in Verkehr gebracht oder in Betrieb genommen werden. Um zu diesem Ziel bei-

zutragen, würde die Verordnung (EU) 2023/988 des Europäischen Parlaments und des Rates[1] als Sicherheitsnetz dienen.

(167) Zur Gewährleistung einer vertrauensvollen und konstruktiven Zusammenarbeit der zuständigen Behörden auf Ebene der Union und der Mitgliedstaaten sollten alle an der Anwendung dieser Verordnung beteiligten Parteien gemäß dem Unionsrecht und dem nationalen Recht die Vertraulichkeit der im Rahmen der Wahrnehmung ihrer Aufgaben erlangten Informationen und Daten wahren. Sie sollten ihre Aufgaben und Tätigkeiten so ausüben, dass insbesondere die Rechte des geistigen Eigentums, vertrauliche Geschäftsinformationen und Geschäftsgeheimnisse, die wirksame Durchführung dieser Verordnung, die öffentlichen und nationalen Sicherheitsinteressen, die Integrität von Straf- und Verwaltungsverfahren und die Integrität von Verschlusssachen geschützt werden.

(168) Die Einhaltung dieser Verordnung sollte durch die Verhängung von Sanktionen und anderen Durchsetzungsmaßnahmen durchsetzbar sein. Die Mitgliedstaaten sollten alle erforderlichen Maßnahmen ergreifen, um sicherzustellen, dass die Bestimmungen dieser Verordnung durchgeführt werden, und dazu unter anderem wirksame, verhältnismäßige und abschreckende Sanktionen für Verstöße festlegen und das Verbot der Doppelbestrafung befolgen. Um die verwaltungsrechtlichen Sanktionen für Verstöße gegen diese Verordnung zu verschärfen und zu harmonisieren, sollten Obergrenzen für die Festsetzung der Geldbußen bei bestimmten Verstößen festgelegt werden. Bei der Bemessung der Höhe der Geldbußen sollten die Mitgliedstaaten in jedem Einzelfall alle relevanten Umstände der jeweiligen Situation berücksichtigen, insbesondere die Art, die Schwere und die Dauer des Verstoßes und seiner Folgen sowie die Größe des Anbieters, vor allem wenn es sich bei diesem um ein KMU – einschließlich eines Start-up-Unternehmens – handelt. Der Europäische Datenschutzbeauftragte sollte befugt sein, gegen Organe, Einrichtungen und sonstige Stellen der Union, die in den Anwendungsbereich dieser Verordnung fallen, Geldbußen zu verhängen.

(169) Die Einhaltung der mit dieser Verordnung auferlegten Pflichten für Anbieter von KI-Modellen mit allgemeinem Verwendungszweck sollte unter anderem durch Geldbußen durchgesetzt werden können. Zu diesem Zweck sollten Geldbußen in angemessener Höhe für Verstöße gegen diese Pflichten, einschließlich der Nichteinhaltung der von der Kommission gemäß dieser Verordnung verlangten Maßnahmen, festgesetzt werden, vorbehaltlich angemessener Verjährungsfristen im Einklang mit dem Grundsatz der Verhältnismäßigkeit. Alle Beschlüsse, die die Kommission auf der Grundlage dieser Verordnung fasst, unterliegen der Überprüfung durch den Gerichtshof der Europäischen Union im Einklang mit dem AEUV, einschließlich der Befugnis des Gerichtshofs zu unbeschränkter Ermessensnachprüfung hinsichtlich Zwangsmaßnahmen im Einklang mit Artikel 261 AEUV.

---

[1] **Amtl. Anm.:** Verordnung (EU) 2023/988 des Europäischen Parlaments und des Rates vom 10. Mai 2023 über die allgemeine Produktsicherheit, zur Änderung der Verordnung (EU) Nr. 1025/2012 des Europäischen Parlaments und des Rates und der Richtlinie (EU) 2020/1828 des Europäischen Parlaments und des Rates sowie zur Aufhebung der Richtlinie 2001/95/EG des Europäischen Parlaments und des Rates und der Richtlinie 87/357/EWG des Rates (ABl. L 135 vom 23.5.2023, S. 1).

(170) Im Unionsrecht und im nationalen Recht sind bereits wirksame Rechtsbehelfe für natürliche und juristische Personen vorgesehen, deren Rechte und Freiheiten durch die Nutzung von KI-Systemen beeinträchtigt werden. Unbeschadet dieser Rechtsbehelfe sollte jede natürliche oder juristische Person, die Grund zu der Annahme hat, dass gegen diese Verordnung verstoßen wurde, befugt sein, bei der betreffenden Marktüberwachungsbehörde eine Beschwerde einzureichen.

(171) Betroffene Personen sollten das Recht haben, eine Erklärung zu erhalten, wenn eine Entscheidung eines Betreibers überwiegend auf den Ausgaben bestimmter Hochrisiko-KI-Systeme beruht, die in den Geltungsbereich dieser Verordnung fallen, und wenn diese Entscheidung Rechtswirkungen entfaltet oder diese Personen in ähnlicher Weise wesentlich beeinträchtigt, und zwar so, dass sie ihrer Ansicht nach negative Auswirkungen auf ihre Gesundheit, ihre Sicherheit oder ihre Grundrechte hat. Diese Erklärung sollte klar und aussagekräftig sein, und sie sollte eine Grundlage bieten, auf der die betroffenen Personen ihre Rechte ausüben können. Das Recht auf eine Erklärung sollte nicht für die Nutzung von KI-Systemen gelten, für die sich aus dem Unionsrecht oder dem nationalen Recht Ausnahmen oder Beschränkungen ergeben, und es sollte nur insoweit gelten, als es nicht bereits in anderem Unionsrecht vorgesehen ist.

(172) Personen, die als Hinweisgeber in Bezug auf die in dieser Verordnung genannten Verstöße auftreten, sollten durch das Unionsrecht geschützt werden. Für die Meldung von Verstößen gegen diese Verordnung und den Schutz von Personen, die solche Verstöße melden, sollte daher die Richtlinie (EU) 2019/1937 des Europäischen Parlaments und des Rates[1] gelten.

(173) Damit der Regelungsrahmen erforderlichenfalls angepasst werden kann, sollte der Kommission die Befugnis übertragen werden, gemäß Artikel 290 AEUV Rechtsakte zur Änderung der Bedingungen, unter denen ein KI-System nicht als Hochrisiko-System einzustufen ist, der Liste der Hochrisiko-KI-Systeme, der Bestimmungen über die technische Dokumentation, des Inhalts der EU-Konformitätserklärung, der Bestimmungen über die Konformitätsbewertungsverfahren, der Bestimmungen zur Festlegung der Hochrisiko-KI-Systeme, für die das Konformitätsbewertungsverfahren auf der Grundlage der Bewertung des Qualitätsmanagementsystems und der technischen Dokumentation gelten sollte, der Schwellenwerte, Benchmarks und Indikatoren – auch durch Ergänzung dieser Benchmarks und Indikatoren – in den Vorschriften für die Einstufung von KI-Modellen mit allgemeinem Verwendungszweck mit systemischem Risiko, der Kriterien für die Benennung von KI-Modellen mit allgemeinem Verwendungszweck mit systemischem Risiko, der technischen Dokumentation für Anbieter von KI-Modellen mit allgemeinem Verwendungszweck und der Transparenzinformationen für Anbieter von KI-Modellen mit allgemeinem Verwendungszweck zu erlassen. Es ist von besonderer Bedeutung, dass die Kommission im Zuge ihrer Vorberei-

---

[1] **Amtl. Anm.:** Richtlinie (EU) 2019/1937 des Europäischen Parlaments und des Rates vom 23. Oktober 2019 zum Schutz von Personen, die Verstöße gegen das Unionsrecht melden (ABl. L 305 vom 26.11.2019, S. 17).

tungsarbeit angemessene Konsultationen, auch auf der Ebene von Sachverständigen, durchführt, die mit den Grundsätzen in Einklang stehen, die in der Interinstitutionellen Vereinbarung vom 13. April 2016 über bessere Rechtsetzung[1)] niedergelegt wurden. Um insbesondere für eine gleichberechtigte Beteiligung an der Vorbereitung delegierter Rechtsakte zu sorgen, erhalten das Europäische Parlament und der Rat alle Dokumente zur gleichen Zeit wie die Sachverständigen der Mitgliedstaaten, und ihre Sachverständigen haben systematisch Zugang zu den Sitzungen der Sachverständigengruppen der Kommission, die mit der Vorbereitung der delegierten Rechtsakte befasst sind.

(174) Angesichts der raschen technologischen Entwicklungen und des für die wirksame Anwendung dieser Verordnung erforderlichen technischen Fachwissens sollte die Kommission diese Verordnung bis zum 2. August 2029 und danach alle vier Jahre bewerten und überprüfen und dem Europäischen Parlament und dem Rat darüber Bericht erstatten. Darüber hinaus sollte die Kommission – unter Berücksichtigung der Auswirkungen auf den Geltungsbereich dieser Verordnung – einmal jährlich beurteilen, ob es notwendig ist, die Liste der Hochrisiko-KI-Systeme und die Liste der verbotenen Praktiken zu ändern. Außerdem sollte die Kommission bis zum 2. August 2028 und danach alle vier Jahre die Notwendigkeit einer Änderung der Liste der Hochrisikobereiche im Anhang dieser Verordnung, die KI-Systeme im Geltungsbereich der Transparenzpflichten, die Wirksamkeit des Aufsichts- und Governance-Systems und die Fortschritte bei der Entwicklung von Normungsdokumenten zur energieeffizienten Entwicklung von KI-Modellen mit allgemeinem Verwendungszweck, einschließlich der Notwendigkeit weiterer Maßnahmen oder Handlungen, bewerten und dem Europäischen Parlament und dem Rat darüber Bericht erstatten. Schließlich sollte die Kommission bis zum 2. August 2028 und danach alle drei Jahre eine Bewertung der Folgen und der Wirksamkeit der freiwilligen Verhaltenskodizes durchführen, mit denen die Anwendung der für Hochrisiko-KI-Systeme vorgesehenen Anforderungen bei anderen KI-Systemen als Hochrisiko-KI-Systemen und möglicherweise auch zusätzlicher Anforderungen an solche KI-Systeme gefördert werden soll.

(175) Zur Gewährleistung einheitlicher Bedingungen für die Durchführung dieser Verordnung sollten der Kommission Durchführungsbefugnisse übertragen werden. Diese Befugnisse sollten gemäß der Verordnung (EU) Nr. 182/2011 des Europäischen Parlaments und des Rates[2)] ausgeübt werden.

(176) Da das Ziel dieser Verordnung, nämlich die Verbesserung der Funktionsweise des Binnenmarkts und die Förderung der Einführung einer auf den Menschen ausgerichteten und vertrauenswürdigen KI bei gleichzeitiger Gewährleistung eines hohen Maßes an Schutz der Gesundheit, der Sicherheit, der in der Charta verankerten Grundrechte, einschließlich Demokratie, Rechtsstaatlichkeit und Schutz der Umwelt vor schädlichen

---

[1)] **Amtl. Anm.:** ABl. L 123 vom 12.5.2016, S. 1.

[2)] **Amtl. Anm.:** Verordnung (EU) Nr. 182/2011 des Europäischen Parlaments und des Rates vom 16. Februar 2011 zur Festlegung der allgemeinen Regeln und Grundsätze, nach denen die Mitgliedstaaten die Wahrnehmung der Durchführungsbefugnisse durch die Kommission kontrollieren (ABl. L 55 vom 28.2.2011, S. 13).

Auswirkungen von KI-Systemen in der Union, und der Förderung von Innovation, von den Mitgliedstaaten nicht ausreichend verwirklicht werden kann, sondern vielmehr wegen des Umfangs oder der Wirkungen der Maßnahme auf Unionsebene besser zu verwirklichen ist, kann die Union im Einklang mit dem in Artikel 5 EUV verankerten Subsidiaritätsprinzip tätig werden. Entsprechend dem in demselben Artikel genannten Grundsatz der Verhältnismäßigkeit geht diese Verordnung nicht über das für die Verwirklichung dieses Ziels erforderliche Maß hinaus.

(177) Um Rechtssicherheit zu gewährleisten, einen angemessenen Anpassungszeitraum für die Akteure sicherzustellen und Marktstörungen zu vermeiden, unter anderem durch Gewährleistung der Kontinuität der Verwendung von KI-Systemen, ist es angezeigt, dass diese Verordnung nur dann für die Hochrisiko-KI-Systeme, die vor dem allgemeinen Anwendungsbeginn dieser Verordnung in Verkehr gebracht oder in Betrieb genommen wurden, gilt, wenn diese Systeme ab diesem Datum erheblichen Veränderungen in Bezug auf ihre Konzeption oder Zweckbestimmung unterliegen. Es ist angezeigt, klarzustellen, dass der Begriff der erheblichen Veränderung in diesem Hinblick als gleichwertig mit dem Begriff der wesentlichen Änderung verstanden werden sollte, der nur in Bezug auf Hochrisiko-KI-Systeme im Sinne dieser Verordnung verwendet wird. Ausnahmsweise und im Lichte der öffentlichen Rechenschaftspflicht sollten Betreiber von KI-Systemen, die Komponenten der in einem Anhang zu dieser Verordnung aufgeführten durch Rechtsakte eingerichteten IT-Großsysteme sind, und Betreiber von Hochrisiko-KI-Systemen, die von Behörden genutzt werden sollen, die erforderlichen Schritte unternehmen, um den Anforderungen dieser Verordnung bis Ende 2030 bzw. bis zum 2. August 2030 nachzukommen.

(178) Die Anbieter von Hochrisiko-KI-Systemen werden ermutigt, auf freiwilliger Basis bereits während der Übergangsphase mit der Einhaltung der einschlägigen Pflichten aus dieser Verordnung zu beginnen.

(179) Diese Verordnung sollte ab dem 2. August 2026 gelten. Angesichts des unannehmbaren Risikos, das mit der Nutzung von KI auf bestimmte Weise verbunden ist, sollten die Verbote sowie die allgemeinen Bestimmungen dieser Verordnung jedoch bereits ab dem 2. Februar 2025 gelten. Während die volle Wirkung dieser Verbote erst mit der Festlegung der Leitung und der Durchsetzung dieser Verordnung entsteht, ist die Vorwegnahme der Anwendung der Verbote wichtig, um unannehmbaren Risiken Rechnung zu tragen und Wirkung auf andere Verfahren, etwa im Zivilrecht, zu entfalten. Darüber hinaus sollte die Infrastruktur für die Leitung und das Konformitätsbewertungssystem vor dem 2. August 2026 einsatzbereit sein, weshalb die Bestimmungen über notifizierte Stellen und die Leitungsstruktur ab dem 2. August 2025 gelten sollten. Angesichts des raschen technologischen Fortschritts und der Einführung von KI-Modellen mit allgemeinem Verwendungszweck sollten die Pflichten der Anbieter von KI-Modellen mit allgemeinem Verwendungszweck ab dem 2. August 2025 gelten. Die Verhaltenskodizes sollten bis zum 2. Mai 2025 vorliegen, damit die Anbieter die Einhaltung fristgerecht nachweisen können. Das Büro für Künstliche Intelligenz sollte sicherstellen, dass die Vorschriften und Verfahren für die Einstufung jeweils dem Stand der technologischen Entwicklung entsprechen. Darüber hinaus sollten die

Mitgliedstaaten die Vorschriften über Sanktionen, einschließlich Geldbußen, festlegen und der Kommission mitteilen sowie dafür sorgen, dass diese bis zum Geltungsbeginn dieser Verordnung ordnungsgemäß und wirksam umgesetzt werden. Daher sollten die Bestimmungen über Sanktionen ab dem 2. August 2025 gelten.

(180) Der Europäische Datenschutzbeauftragte und der Europäische Datenschutzausschuss wurden gemäß Artikel 42 Absätze 1 und 2 der Verordnung (EU) 2018/1725 angehört und haben am 18. Juni 2021 ihre gemeinsame Stellungnahme abgegeben –

HABEN FOLGENDE VERORDNUNG ERLASSEN:

Kapitel I.[1] Allgemeine Bestimmungen

Art. 1[1] Gegenstand (1) Zweck dieser Verordnung ist es, das Funktionieren des Binnenmarkts zu verbessern und die Einführung einer auf den Menschen ausgerichteten und vertrauenswürdigen künstlichen Intelligenz (KI) zu fördern und gleichzeitig ein hohes Schutzniveau in Bezug auf Gesundheit, Sicherheit und die in der Charta verankerten Grundrechte, einschließlich Demokratie, Rechtsstaatlichkeit und Umweltschutz, vor schädlichen Auswirkungen von KI-Systemen in der Union zu gewährleisten und die Innovation zu unterstützen.

(2) In dieser Verordnung wird Folgendes festgelegt:

a) harmonisierte Vorschriften für das Inverkehrbringen, die Inbetriebnahme und die Verwendung von KI-Systemen in der Union;
b) Verbote bestimmter Praktiken im KI-Bereich;
c) besondere Anforderungen an Hochrisiko-KI-Systeme und Pflichten für Akteure in Bezug auf solche Systeme;
d) harmonisierte Transparenzvorschriften für bestimmte KI-Systeme;
e) harmonisierte Vorschriften für das Inverkehrbringen von KI-Modellen mit allgemeinem Verwendungszweck;
f) Vorschriften für die Marktbeobachtung sowie die Governance und Durchsetzung der Marktüberwachung;
g) Maßnahmen zur Innovationsförderung mit besonderem Augenmerk auf KMU, einschließlich Start-up-Unternehmen.

Art. 2[1] Anwendungsbereich. (1) Diese Verordnung gilt für

a) Anbieter, die in der Union KI-Systeme in Verkehr bringen oder in Betrieb nehmen oder KI-Modelle mit allgemeinem Verwendungszweck in Verkehr bringen, unabhängig davon, ob diese Anbieter in der Union oder in einem Drittland niedergelassen sind;
b) Betreiber von KI-Systemen, die ihren Sitz in der Union haben oder in der Union befinden;
c) Anbieter und Betreiber von KI-Systemen, die ihren Sitz in einem Drittland haben oder sich in einem Drittland befinden, wenn die vom KI-System hervorgebrachte Ausgabe in der Union verwendet wird;
d) Einführer und Händler von KI-Systemen;

---

[1] Kapitel I (Art. 1–4) gilt gem. Art. 113 UAbs. 3 Buchst. a bereits ab 2.2.2025.

e) Produkthersteller, die KI-Systeme zusammen mit ihrem Produkt unter ihrem eigenen Namen oder ihrer Handelsmarke in Verkehr bringen oder in Betrieb nehmen;

f) Bevollmächtigte von Anbietern, die nicht in der Union niedergelassen sind;

g) betroffene Personen, die sich in der Union befinden.

(2) [1] Für KI-Systeme, die als Hochrisiko-KI-Systeme gemäß Artikel 6 Absatz 1 eingestuft sind und im Zusammenhang mit Produkten stehen, die unter die in Anhang I Abschnitt B aufgeführten Harmonisierungsrechtsvorschriften der Union fallen, gelten nur Artikel 6 Absatz 1, die Artikel 102 bis 109 und Artikel 112. [2] Artikel 57 gilt nur, soweit die Anforderungen an Hochrisiko-KI-Systeme gemäß dieser Verordnung im Rahmen der genannten Harmonisierungsrechtsvorschriften der Union eingebunden wurden.

(3) *[1]* Diese Verordnung gilt nur in den unter das Unionsrecht fallenden Bereichen und berührt keinesfalls die Zuständigkeiten der Mitgliedstaaten in Bezug auf die nationale Sicherheit, unabhängig von der Art der Einrichtung, die von den Mitgliedstaaten mit der Wahrnehmung von Aufgaben im Zusammenhang mit diesen Zuständigkeiten betraut wurde.

[2] Diese Verordnung gilt nicht für KI-Systeme, wenn und soweit sie ausschließlich für militärische Zwecke, Verteidigungszwecke oder Zwecke der nationalen Sicherheit in Verkehr gebracht, in Betrieb genommen oder, mit oder ohne Änderungen, verwendet werden, unabhängig von der Art der Einrichtung, die diese Tätigkeiten ausübt.

[3] Diese Verordnung gilt nicht für KI-Systeme, die nicht in der Union in Verkehr gebracht oder in Betrieb genommen werden, wenn die Ausgaben in der Union ausschließlich für militärische Zwecke, Verteidigungszwecke oder Zwecke der nationalen Sicherheit verwendet werden, unabhängig von der Art der Einrichtung, die diese Tätigkeiten ausübt.

(4) Diese Verordnung gilt weder für Behörden in Drittländern noch für internationale Organisationen, die gemäß Absatz 1 in den Anwendungsbereich dieser Verordnung fallen, soweit diese Behörden oder Organisationen KI-Systeme im Rahmen der internationalen Zusammenarbeit oder internationaler Übereinkünfte im Bereich der Strafverfolgung und justiziellen Zusammenarbeit mit der Union oder mit einem oder mehreren Mitgliedstaaten verwenden und sofern ein solches Drittland oder eine solche internationale Organisation angemessene Garantien hinsichtlich des Schutz der Privatsphäre, der Grundrechte und der Grundfreiheiten von Personen bietet.

(5) Die Anwendung der Bestimmungen über die Haftung der Anbieter von Vermittlungsdiensten in Kapitel II der Verordnung 2022/2065 bleibt von dieser Verordnung unberührt.

(6) Diese Verordnung gilt nicht für KI-Systeme oder KI-Modelle, einschließlich ihrer Ausgabe, die eigens für den alleinigen Zweck der wissenschaftlichen Forschung und Entwicklung entwickelt und in Betrieb genommen werden.

(7) [1] Die Rechtsvorschriften der Union zum Schutz personenbezogener Daten, der Privatsphäre und der Vertraulichkeit der Kommunikation gelten für die Verarbeitung personenbezogener Daten im Zusammenhang mit den in dieser Verordnung festgelegten Rechten und Pflichten. [2] Diese Verordnung berührt

nicht die Verordnung (EU) 2016/679[1] bzw. (EU) 2018/1725 oder die Richtlinie 2002/58/EG[2] bzw. (EU) 2016/680[3], unbeschadet des Artikels 10 Absatz 5 und des Artikels 59 der vorliegenden Verordnung.

(8) [1] Diese Verordnung gilt nicht für Forschungs-, Test- und Entwicklungstätigkeiten zu KI-Systemen oder KI-Modellen, bevor diese in Verkehr gebracht oder in Betrieb genommen werden. [2] Solche Tätigkeiten werden im Einklang mit dem geltenden Unionsrecht durchgeführt. [3] Tests unter Realbedingungen fallen nicht unter diesen Ausschluss.

(9) Diese Verordnung berührt nicht die Vorschriften anderer Rechtsakte der Union zum Verbraucherschutz und zur Produktsicherheit.

(10) Diese Verordnung gilt nicht für die Pflichten von Betreibern, die natürliche Personen sind und KI-Systeme im Rahmen einer ausschließlich persönlichen und nicht beruflichen Tätigkeit verwenden.

(11) Diese Verordnung hindert die Union oder die Mitgliedstaaten nicht daran, Rechts- oder Verwaltungsvorschriften beizubehalten oder einzuführen, die für die Arbeitnehmer im Hinblick auf den Schutz ihrer Rechte bei der Verwendung von KI-Systemen durch die Arbeitgeber vorteilhafter sind, oder die Anwendung von Kollektivvereinbarungen zu fördern oder zuzulassen, die für die Arbeitnehmer vorteilhafter sind.

(12) Diese Verordnung gilt nicht für KI-Systeme, die unter freien und quelloffenen Lizenzen bereitgestellt werden, es sei denn, sie werden als Hochrisiko-KI-Systeme oder als ein KI-System, das unter Artikel 5 oder 50 fällt, in Verkehr gebracht oder in Betrieb genommen.

Art. 3[4] Begriffsbestimmungen. Für die Zwecke dieser Verordnung bezeichnet der Ausdruck

1. „KI-System" ein maschinengestütztes System, das für einen in unterschiedlichem Grade autonomen Betrieb ausgelegt ist und das nach seiner Betriebsaufnahme anpassungsfähig sein kann und das aus den erhaltenen Eingaben für explizite oder implizite Ziele ableitet, wie Ausgaben wie etwa Vorhersagen, Inhalte, Empfehlungen oder Entscheidungen erstellt werden, die physische oder virtuelle Umgebungen beeinflussen können;
2. „Risiko" die Kombination aus der Wahrscheinlichkeit des Auftretens eines Schadens und der Schwere dieses Schadens;
3. „Anbieter" eine natürliche oder juristische Person, Behörde, Einrichtung oder sonstige Stelle, die ein KI-System oder ein KI-Modell mit allgemeinem Verwendungszweck entwickelt oder entwickeln lässt und es unter ihrem eigenen Namen oder ihrer Handelsmarke in Verkehr bringt oder das KI-System unter ihrem eigenen Namen oder ihrer Handelsmarke in Betrieb nimmt, sei es entgeltlich oder unentgeltlich;
4. „Betreiber" eine natürliche oder juristische Person, Behörde, Einrichtung oder sonstige Stelle, die ein KI-System in eigener Verantwortung verwendet, es sei denn, das KI-System wird im Rahmen einer persönlichen und nicht beruflichen Tätigkeit verwendet;

---

[1] Nr. **1**.
[2] Nr. **3**.
[3] Nr. **2**.
[4] Kapitel I (Art. 1–4) gilt gem. Art. 113 UAbs. 3 Buchst. a bereits ab 2.2.2025.

5. „Bevollmächtigter“ eine in der Union ansässige oder niedergelassene natürliche oder juristische Person, die vom Anbieter eines KI-Systems oder eines KI-Modells mit allgemeinem Verwendungszweck schriftlich dazu bevollmächtigt wurde und sich damit einverstanden erklärt hat, in seinem Namen die in dieser Verordnung festgelegten Pflichten zu erfüllen bzw. Verfahren durchzuführen;
6. „Einführer“ eine in der Union ansässige oder niedergelassene natürliche oder juristische Person, die ein KI-System, das den Namen oder die Handelsmarke einer in einem Drittland niedergelassenen natürlichen oder juristischen Person trägt, in Verkehr bringt;
7. „Händler“ eine natürliche oder juristische Person in der Lieferkette, die ein KI-System auf dem Unionsmarkt bereitstellt, mit Ausnahme des Anbieters oder des Einführers;
8. „Akteur“ einen Anbieter, Produkthersteller, Betreiber, Bevollmächtigten, Einführer oder Händler;
9. „Inverkehrbringen“ die erstmalige Bereitstellung eines KI-Systems oder eines KI-Modells mit allgemeinem Verwendungszweck auf dem Unionsmarkt;
10. „Bereitstellung auf dem Markt“ die entgeltliche oder unentgeltliche Abgabe eines KI-Systems oder eines KI-Modells mit allgemeinem Verwendungszweck zum Vertrieb oder zur Verwendung auf dem Unionsmarkt im Rahmen einer Geschäftstätigkeit;
11. „Inbetriebnahme“ die Bereitstellung eines KI-Systems in der Union zum Erstgebrauch direkt an den Betreiber oder zum Eigengebrauch entsprechend seiner Zweckbestimmung;
12. „Zweckbestimmung“ die Verwendung, für die ein KI-System laut Anbieter bestimmt ist, einschließlich der besonderen Umstände und Bedingungen für die Verwendung, entsprechend den vom Anbieter bereitgestellten Informationen in den Betriebsanleitungen, im Werbe- oder Verkaufsmaterial und in diesbezüglichen Erklärungen sowie in der technischen Dokumentation;
13. „vernünftigerweise vorhersehbare Fehlanwendung“ die Verwendung eines KI-Systems in einer Weise, die nicht seiner Zweckbestimmung entspricht, die sich aber aus einem vernünftigerweise vorhersehbaren menschlichen Verhalten oder einer vernünftigerweise vorhersehbaren Interaktion mit anderen Systemen, auch anderen KI-Systemen, ergeben kann;
14. „Sicherheitsbauteil“ einen Bestandteil eines Produkts oder KI-Systems, der eine Sicherheitsfunktion für dieses Produkt oder KI-System erfüllt oder dessen Ausfall oder Störung die Gesundheit und Sicherheit von Personen oder Eigentum gefährdet;
15. „Betriebsanleitungen“ die Informationen, die der Anbieter bereitstellt, um den Betreiber insbesondere über die Zweckbestimmung und die ordnungsgemäße Verwendung eines KI-Systems zu informieren;
16. „Rückruf eines KI-Systems“ jede Maßnahme, die auf die Rückgabe an den Anbieter oder auf die Außerbetriebsetzung oder Abschaltung eines den Betreibern bereits zur Verfügung gestellten KI-Systems abzielt;
17. „Rücknahme eines KI-Systems“ jede Maßnahme, mit der die Bereitstellung eines in der Lieferkette befindlichen KI-Systems auf dem Markt verhindert werden soll;

18. „Leistung eines KI-Systems" die Fähigkeit eines KI-Systems, seine Zweckbestimmung zu erfüllen;
19. „notifizierende Behörde" die nationale Behörde, die für die Einrichtung und Durchführung der erforderlichen Verfahren für die Bewertung, Benennung und Notifizierung von Konformitätsbewertungsstellen und für deren Überwachung zuständig ist;
20. „Konformitätsbewertung" ein Verfahren mit dem bewertet wird, ob die in Titel III Abschnitt 2 festgelegten Anforderungen an ein Hochrisiko-KI-System erfüllt wurden;
21. „Konformitätsbewertungsstelle" eine Stelle, die Konformitätsbewertungstätigkeiten einschließlich Prüfungen, Zertifizierungen und Inspektionen durchführt und dabei als Dritte auftritt;
22. „notifizierte Stelle" eine Konformitätsbewertungsstelle, die gemäß dieser Verordnung und den anderen einschlägigen Harmonisierungsrechtsvorschriften der Union notifiziert wurde;
23. „wesentliche Veränderung" eine Veränderung eines KI-Systems nach dessen Inverkehrbringen oder Inbetriebnahme, die in der vom Anbieter durchgeführten ursprünglichen Konformitätsbewertung nicht vorgesehen oder geplant war und durch die die Konformität des KI-Systems mit den Anforderungen in Kapitel III Abschnitt 2 beeinträchtigt wird oder die zu einer Änderung der Zweckbestimmung führt, für die das KI-System bewertet wurde;
24. „CE-Kennzeichnung" eine Kennzeichnung, durch die ein Anbieter erklärt, dass ein KI-System die Anforderungen erfüllt, die in Kapitel III Abschnitt 2 und in anderen anwendbaren Harmonisierungsrechtsvorschriften, die die Anbringung dieser Kennzeichnung vorsehen, festgelegt sind;
25. „System zur Beobachtung nach dem Inverkehrbringen" alle Tätigkeiten, die Anbieter von KI-Systemen zur Sammlung und Überprüfung von Erfahrungen mit der Verwendung der von ihnen in Verkehr gebrachten oder in Betrieb genommenen KI-Systeme durchführen, um festzustellen, ob unverzüglich nötige Korrektur- oder Präventivmaßnahmen zu ergreifen sind;
26. „Marktüberwachungsbehörde" die nationale Behörde, die die Tätigkeiten durchführt und die Maßnahmen ergreift, die in der Verordnung (EU) 2019/1020 vorgesehen sind;
27. „harmonisierte Norm" bezeichnet eine harmonisierte Norm im Sinne des Artikels 2 Absatz 1 Buchstabe c der Verordnung (EU) Nr. 1025/2012;
28. „gemeinsame Spezifikation" eine Reihe technischer Spezifikationen im Sinne des Artikels 2 Nummer 4 der Verordnung (EU) Nr. 1025/2012, deren Befolgung es ermöglicht, bestimmte Anforderungen der vorliegenden Verordnung zu erfüllen;
29. „Trainingsdaten" Daten, die zum Trainieren eines KI-Systems verwendet werden, wobei dessen lernbare Parameter angepasst werden;
30. „Validierungsdaten" Daten, die zur Evaluation des trainierten KI-Systems und zur Einstellung seiner nicht erlernbaren Parameter und seines Lernprozesses verwendet werden, um unter anderem eine Unter- oder Überanpassung zu vermeiden;
31. „Validierungsdatensatz" einen separaten Datensatz oder einen Teil des Trainingsdatensatzes mit fester oder variabler Aufteilung;

32. „Testdaten" Daten, die für eine unabhängige Bewertung des KI-Systems verwendet werden, um die erwartete Leistung dieses Systems vor dessen Inverkehrbringen oder Inbetriebnahme zu bestätigen;
33. „Eingabedaten" die in ein KI-System eingespeisten oder von diesem direkt erfassten Daten, auf deren Grundlage das System eine Ausgabe hervorbringt;
34. „biometrische Daten" mit speziellen technischen Verfahren gewonnene personenbezogene Daten zu den physischen, physiologischen oder verhaltenstypischen Merkmalen einer natürlichen Person, wie etwa Gesichtsbilder oder daktyloskopische Daten;
35. „biometrische Identifizierung" die automatisierte Erkennung physischer, physiologischer, verhaltensbezogener oder psychologischer menschlicher Merkmale zum Zwecke der Feststellung der Identität einer natürlichen Person durch den Vergleich biometrischer Daten dieser Person mit biometrischen Daten von Personen, die in einer Datenbank gespeichert sind;
36. „biometrische Verifizierung" die automatisierte Eins-zu-eins-Verifizierung, einschließlich Authentifizierung, der Identität natürlicher Personen durch den Vergleich ihrer biometrischen Daten mit zuvor bereitgestellten biometrischen Daten;
37. „besondere Kategorien personenbezogener Daten" die in Artikel 9 Absatz 1 der Verordnung (EU) 2016/679[1], Artikel 10 der Richtlinie (EU) 2016/680[2] und Artikel 10 Absatz 1 der Verordnung (EU) 2018/1725 aufgeführten Kategorien personenbezogener Daten;
38. „sensible operative Daten" operative Daten im Zusammenhang mit Tätigkeiten zur Verhütung, Aufdeckung, Untersuchung oder Verfolgung von Straftaten, deren Offenlegung die Integrität von Strafverfahren gefährden könnte;
39. „Emotionserkennungssystem" ein KI-System, das dem Zweck dient, Emotionen oder Absichten natürlicher Personen auf der Grundlage ihrer biometrischen Daten festzustellen oder daraus abzuleiten;
40. „System zur biometrischen Kategorisierung" ein KI-System, das dem Zweck dient, natürliche Personen auf der Grundlage ihrer biometrischen Daten bestimmten Kategorien zuzuordnen, sofern es sich um eine Nebenfunktion eines anderen kommerziellen Dienstes handelt und aus objektiven technischen Gründen unbedingt erforderlich ist;
41. „biometrisches Fernidentifizierungssystem" ein KI-System, das dem Zweck dient, natürliche Personen ohne ihre aktive Einbeziehung und in der Regel aus der Ferne durch Abgleich der biometrischen Daten einer Person mit den in einer Referenzdatenbank gespeicherten biometrischen Daten zu identifizieren;
42. „biometrisches Echtzeit-Fernidentifizierungssystem" ein biometrisches Fernidentifizierungssystem, bei dem die Erfassung biometrischer Daten, der Abgleich und die Identifizierung ohne erhebliche Verzögerung erfolgen, und das zur Vermeidung einer Umgehung der Vorschriften nicht nur die sofortige Identifizierung, sondern auch eine Identifizierung mit begrenzten kurzen Verzögerungen umfasst;

---

[1] Nr. 1.
[2] Nr. 2.

43. „System zur nachträglichen biometrischen Fernidentifizierung" ein biometrisches Fernidentifizierungssystem, das kein biometrisches Echtzeit-Fernidentifizierungssystem ist;
44. „öffentlich zugänglicher Raum" einen einer unbestimmten Anzahl natürlicher Personen zugänglichen physischen Ort in privatem oder öffentlichem Eigentum, unabhängig davon, ob bestimmte Bedingungen für den Zugang gelten, und unabhängig von möglichen Kapazitätsbeschränkungen;
45. „Strafverfolgungsbehörde"
    a) eine Behörde, die für die Verhütung, Ermittlung, Aufdeckung oder Verfolgung von Straftaten oder die Strafvollstreckung, einschließlich des Schutzes vor und der Abwehr von Gefahren für die öffentliche Sicherheit, zuständig ist, oder
    b) eine andere Stelle oder Einrichtung, der durch nationales Recht die Ausübung öffentlicher Gewalt und hoheitlicher Befugnisse zur Verhütung, Ermittlung, Aufdeckung oder Verfolgung von Straftaten oder zur Strafvollstreckung, einschließlich des Schutzes vor und der Abwehr von Gefahren für die öffentliche Sicherheit, übertragen wurde;
46. „Strafverfolgung" Tätigkeiten der Strafverfolgungsbehörden oder in deren Auftrag zur Verhütung, Ermittlung, Aufdeckung oder Verfolgung von Straftaten oder zur Strafvollstreckung, einschließlich des Schutzes vor und der Abwehr von Gefahren für die öffentliche Sicherheit;
47. „Büro für Künstliche Intelligenz" die Aufgabe der Kommission, zur Umsetzung, Beobachtung und Überwachung von KI-Systemen und KI-Modellen mit allgemeinem Verwendungszweck und zu der im Beschluss der Kommission vom 24. Januar 2024 vorgesehenen KI-Governance beizutragen; Bezugnahmen in dieser Verordnung auf das Büro für Künstliche Intelligenz gelten als Bezugnahmen auf die Kommission;
48. „zuständige nationale Behörde" eine notifizierende Behörde oder eine Marktüberwachungsbehörde; in Bezug auf KI-Systeme, die von Organen, Einrichtungen und sonstigen Stellen der Union in Betrieb genommen oder verwendet werden, sind Bezugnahmen auf die zuständigen nationalen Behörden oder Marktüberwachungsbehörden in dieser Verordnung als Bezugnahmen auf den Europäischen Datenschutzbeauftragten auszulegen;
49. „schwerwiegender Vorfall" einen Vorfall oder eine Fehlfunktion bezüglich eines KI-Systems, das bzw. die direkt oder indirekt eine der nachstehenden Folgen hat:
    a) den Tod oder die schwere gesundheitliche Schädigung einer Person;
    b) eine schwere und unumkehrbare Störung der Verwaltung oder des Betriebs kritischer Infrastrukturen;
    c) die Verletzung von Pflichten aus den Unionsrechtsvorschriften zum Schutz der Grundrechte;
    d) schwere Sach- oder Umweltschäden;
50. „personenbezogene Daten" personenbezogene Daten im Sinne von Artikel 4 Nummer 1 der Verordnung (EU) 2016/679;
51. „nicht personenbezogene Daten" Daten, die keine personenbezogenen Daten im Sinne von Artikel 4 Nummer 1 der Verordnung (EU) 2016/679 sind;

52. „Profiling“ das Profiling im Sinne von Artikel 4 Nummer 4 der Verordnung (EU) 2016/679;
53. „Plan für einen Test unter Realbedingungen“ ein Dokument, in dem die Ziele, die Methodik, der geografische, bevölkerungsbezogene und zeitliche Umfang, die Überwachung, die Organisation und die Durchführung eines Tests unter Realbedingungen beschrieben werden;
54. „Plan für das Reallabor“ ein zwischen dem teilnehmenden Anbieter und der zuständigen Behörde vereinbartes Dokument, in dem die Ziele, die Bedingungen, der Zeitrahmen, die Methodik und die Anforderungen für die im Reallabor durchgeführten Tätigkeiten beschrieben werden;
55. „KI-Reallabor“ einen kontrollierten Rahmen, der von einer zuständigen Behörde geschaffen wird und den Anbieter oder zukünftige Anbieter von KI-Systemen nach einem Plan für das Reallabor einen begrenzten Zeitraum und unter regulatorischer Aufsicht nutzen können, um ein innovatives KI-System zu entwickeln, zu trainieren, zu validieren und – gegebenenfalls unter Realbedingungen – zu testen.
56. „KI-Kompetenz“ die Fähigkeiten, die Kenntnisse und das Verständnis, die es Anbietern, Betreibern und Betroffenen unter Berücksichtigung ihrer jeweiligen Rechte und Pflichten im Rahmen dieser Verordnung ermöglichen, KI-Systeme sachkundig einzusetzen sowie sich der Chancen und Risiken von KI und möglicher Schäden, die sie verursachen kann, bewusst zu werden.
57. „Test unter Realbedingungen“ den befristeten Test eines KI-Systems auf seine Zweckbestimmung, der unter Realbedingungen außerhalb eines Labors oder einer anderweitig simulierten Umgebung erfolgt, um zuverlässige und belastbare Daten zu erheben und die Konformität des KI-Systems mit den Anforderungen der vorliegenden Verordnung zu bewerten und zu überprüfen, wobei dieser Test nicht als Inverkehrbringen oder Inbetriebnahme des KI-Systems im Sinne dieser Verordnung gilt, sofern alle Bedingungen nach Artikel 57 oder Artikel 60 erfüllt sind;
58. „Testteilnehmer“ für die Zwecke eines Tests unter Realbedingungen eine natürliche Person, die an dem Test unter Realbedingungen teilnimmt;
59. „informierte Einwilligung“ eine aus freien Stücken erfolgende, spezifische, eindeutige und freiwillige Erklärung der Bereitschaft, an einem bestimmten Test unter Realbedingungen teilzunehmen, durch einen Testteilnehmer, nachdem dieser über alle Aspekte des Tests, die für die Entscheidungsfindung des Testteilnehmers bezüglich der Teilnahme relevant sind, aufgeklärt wurde;
60. „Deepfake“ einen durch KI erzeugten oder manipulierten Bild-, Ton- oder Videoinhalt, der wirklichen Personen, Gegenständen, Orten, Einrichtungen oder Ereignissen ähnelt und einer Person fälschlicherweise als echt oder wahrheitsgemäß erscheinen würde;
61. „weitverbreiteter Verstoß“ jede Handlung oder Unterlassung, die gegen das Unionsrecht verstößt, das die Interessen von Einzelpersonen schützt, und die
    a) die kollektiven Interessen von Einzelpersonen in mindestens zwei anderen Mitgliedstaaten als dem Mitgliedstaat schädigt oder zu schädigen droht, in dem

i) die Handlung oder die Unterlassung ihren Ursprung hatte oder stattfand,

ii) der betreffende Anbieter oder gegebenenfalls sein Bevollmächtigter sich befindet oder niedergelassen ist oder

iii) der Betreiber niedergelassen ist, sofern der Verstoß vom Betreiber begangen wird,

b) die kollektiven Interessen von Einzelpersonen geschädigt hat, schädigt oder schädigen könnte und allgemeine Merkmale aufweist, einschließlich derselben rechtswidrigen Praxis oder desselben verletzten Interesses, und gleichzeitig auftritt und von demselben Akteur in mindestens drei Mitgliedstaaten begangen wird;

62. „kritische Infrastrukturen" kritische Infrastrukturen im Sinne von Artikel 2 Nummer 4 der Richtlinie (EU) 2022/2557;

63. „KI-Modell mit allgemeinem Verwendungszweck" ein KI-Modell – einschließlich der Fälle, in denen ein solches KI-Modell mit einer großen Datenmenge unter umfassender Selbstüberwachung trainiert wird –, das eine erhebliche allgemeine Verwendbarkeit aufweist und in der Lage ist, unabhängig von der Art und Weise seines Inverkehrbringens ein breites Spektrum unterschiedlicher Aufgaben kompetent zu erfüllen, und das in eine Vielzahl nachgelagerter Systeme oder Anwendungen integriert werden kann, ausgenommen KI-Modelle, die vor ihrem Inverkehrbringen für Forschungs- und Entwicklungstätigkeiten oder die Konzipierung von Prototypen eingesetzt werden;

64. „Fähigkeiten mit hoher Wirkkraft" bezeichnet Fähigkeiten, die den bei den fortschrittlichsten KI-Modellen mit allgemeinem Verwendungszweck festgestellten Fähigkeiten entsprechen oder diese übersteigen;

65. „systemisches Risiko" ein Risiko, das für die Fähigkeiten mit hoher Wirkkraft von KI-Modellen mit allgemeinem Verwendungszweck spezifisch ist und aufgrund deren Reichweite oder aufgrund tatsächlicher oder vernünftigerweise vorhersehbarer negativer Folgen für die öffentliche Gesundheit, die Sicherheit, die öffentliche Sicherheit, die Grundrechte oder die Gesellschaft insgesamt erhebliche Auswirkungen auf den Unionsmarkt hat, die sich in großem Umfang über die gesamte Wertschöpfungskette hinweg verbreiten können;

66. „KI-System mit allgemeinem Verwendungszweck" ein KI-System, das auf einem KI-Modell mit allgemeinem Verwendungszweck beruht und in der Lage ist, einer Vielzahl von Zwecken sowohl für die direkte Verwendung als auch für die Integration in andere KI-Systeme zu dienen;

67. „Gleitkommaoperation" jede Rechenoperation oder jede Zuweisung mit Gleitkommazahlen, bei denen es sich um eine Teilmenge der reellen Zahlen handelt, die auf Computern typischerweise durch das Produkt aus einer ganzen Zahl mit fester Genauigkeit und einer festen Basis mit ganzzahligem Exponenten dargestellt wird;

68. „nachgelagerter Anbieter" einen Anbieter eines KI-Systems, einschließlich eines KI-Systems mit allgemeinem Verwendungszweck, das ein KI-Modell integriert, unabhängig davon, ob das KI-Modell von ihm selbst bereitgestellt und vertikal integriert wird oder von einer anderen Einrichtung auf der Grundlage vertraglicher Beziehungen bereitgestellt wird.

Art. 4[1] KI-Kompetenz. Die Anbieter und Betreiber von KI-Systemen ergreifen Maßnahmen, um nach besten Kräften sicherzustellen, dass ihr Personal und andere Personen, die in ihrem Auftrag mit dem Betrieb und der Nutzung von KI-Systemen befasst sind, über ein ausreichendes Maß an KI-Kompetenz verfügen, wobei ihre technischen Kenntnisse, ihre Erfahrung, ihre Ausbildung und Schulung und der Kontext, in dem die KI-Systeme eingesetzt werden sollen, sowie die Personen oder Personengruppen, bei denen die KI-Systeme eingesetzt werden sollen, zu berücksichtigen sind.

Kapitel II.[2] Verbotene Praktiken im KI-Bereich

Art. 5[2] Verbotene Praktiken im KI-Bereich. (1) [1] Folgende Praktiken im KI-Bereich sind verboten:

a) das Inverkehrbringen, die Inbetriebnahme oder die Verwendung eines KI-Systems, das Techniken der unterschwelligen Beeinflussung außerhalb des Bewusstseins einer Person oder absichtlich manipulative oder täuschende Techniken mit dem Ziel oder der Wirkung einsetzt, das Verhalten einer Person oder einer Gruppe von Personen wesentlich zu verändern, indem ihre Fähigkeit, eine fundierte Entscheidung zu treffen, deutlich beeinträchtigt wird, wodurch sie veranlasst wird, eine Entscheidung zu treffen, die sie andernfalls nicht getroffen hätte, und zwar in einer Weise, die dieser Person, einer anderen Person oder einer Gruppe von Personen erheblichen Schaden zufügt oder mit hinreichender Wahrscheinlichkeit zufügen wird.

b) das Inverkehrbringen, die Inbetriebnahme oder die Verwendung eines KI-Systems, das eine Vulnerabilität oder Schutzbedürftigkeit einer natürlichen Person oder einer bestimmten Gruppe von Personen aufgrund ihres Alters, einer Behinderung oder einer bestimmten sozialen oder wirtschaftlichen Situation mit dem Ziel oder der Wirkung ausnutzt, das Verhalten dieser Person oder einer dieser Gruppe angehörenden Person in einer Weise wesentlich zu verändern, die dieser Person oder einer anderen Person erheblichen Schaden zufügt oder mit hinreichender Wahrscheinlichkeit zufügen wird;

c) das Inverkehrbringen, die Inbetriebnahme oder die Verwendung von KI-Systemen zur Bewertung oder Einstufung von natürlichen Personen oder Gruppen von Personen über einen bestimmten Zeitraum auf der Grundlage ihres sozialen Verhaltens oder bekannter, abgeleiteter oder vorhergesagter persönlicher Eigenschaften oder Persönlichkeitsmerkmale, wobei die soziale Bewertung zu einem oder beiden der folgenden Ergebnisse führt:
   i) Schlechterstellung oder Benachteiligung bestimmter natürlicher Personen oder Gruppen von Personen in sozialen Zusammenhängen, die in keinem Zusammenhang zu den Umständen stehen, unter denen die Daten ursprünglich erzeugt oder erhoben wurden;
   ii) Schlechterstellung oder Benachteiligung bestimmter natürlicher Personen oder Gruppen von Personen in einer Weise, die im Hinblick auf ihr soziales Verhalten oder dessen Tragweite ungerechtfertigt oder unverhältnismäßig ist;

---

[1] Kapitel I (Art. 1–4) gilt gem. Art. 113 UAbs. 3 Buchst. a bereits ab 2.2.2025.
[2] Kapitel II (Art. 5) gilt gem. Art. 113 UAbs. 3 Buchst. a bereits ab 2.2.2025.

d) das Inverkehrbringen, die Inbetriebnahme für diesen spezifischen Zweck oder die Verwendung eines KI-Systems zur Durchführung von Risikobewertungen in Bezug auf natürliche Personen, um das Risiko, dass eine natürliche Person eine Straftat begeht, ausschließlich auf der Grundlage des Profiling einer natürlichen Person oder der Bewertung ihrer persönlichen Merkmale und Eigenschaften zu bewerten oder vorherzusagen; dieses Verbot gilt nicht für KI-Systeme, die dazu verwendet werden, die durch Menschen durchgeführte Bewertung der Beteiligung einer Person an einer kriminellen Aktivität, die sich bereits auf objektive und überprüfbare Tatsachen stützt, die in unmittelbarem Zusammenhang mit einer kriminellen Aktivität stehen, zu unterstützen;

e) das Inverkehrbringen, die Inbetriebnahme für diesen spezifischen Zweck oder die Verwendung von KI-Systemen, die Datenbanken zur Gesichtserkennung durch das ungezielte Auslesen von Gesichtsbildern aus dem Internet oder von Überwachungsaufnahmen erstellen oder erweitern;

f) das Inverkehrbringen, die Inbetriebnahme für diesen spezifischen Zweck oder die Verwendung von KI-Systemen zur Ableitung von Emotionen einer natürlichen Person am Arbeitsplatz und in Bildungseinrichtungen, es sei denn, die Verwendung des KI-Systems soll aus medizinischen Gründen oder Sicherheitsgründen eingeführt oder auf den Markt gebracht werden;

g) das Inverkehrbringen, die Inbetriebnahme für diesen spezifischen Zweck oder die Verwendung von Systemen zur biometrischen Kategorisierung, mit denen natürliche Personen individuell auf der Grundlage ihrer biometrischen Daten kategorisiert werden, um ihre Rasse, ihre politischen Einstellungen, ihre Gewerkschaftszugehörigkeit, ihre religiösen oder weltanschaulichen Überzeugungen, ihr Sexualleben oder ihre sexuelle Ausrichtung zu erschließen oder abzuleiten; dieses Verbot gilt nicht für die Kennzeichnung oder Filterung rechtmäßig erworbener biometrischer Datensätze, wie z.B. Bilder auf der Grundlage biometrischer Daten oder die Kategorisierung biometrischer Daten im Bereich der Strafverfolgung;

h) die Verwendung biometrischer Echtzeit-Fernidentifizierungssysteme in öffentlich zugänglichen Räumen zu Strafverfolgungszwecken, außer wenn und insoweit dies im Hinblick auf eines der folgenden Ziele unbedingt erforderlich ist:

   i) gezielte Suche nach bestimmten Opfern von Entführung, Menschenhandel oder sexueller Ausbeutung sowie die Suche nach vermissten Personen;

   ii) Abwenden einer konkreten, erheblichen und unmittelbaren Gefahr für das Leben oder die körperliche Unversehrtheit natürlicher Personen oder einer tatsächlichen und bestehenden oder tatsächlichen und vorhersehbaren Gefahr eines Terroranschlags;

   iii) Aufspüren oder Identifizieren einer Person, die der Begehung einer Straftat verdächtigt wird, zum Zwecke der Durchführung von strafrechtlichen Ermittlungen oder von Strafverfahren oder der Vollstreckung einer Strafe für die in Anhang II aufgeführten Straftaten, die in dem betreffenden Mitgliedstaat nach dessen Recht mit einer Freiheitsstrafe oder einer freiheitsentziehenden Maßregel der Sicherung im Höchstmaß von mindestens vier Jahren bedroht ist.

[2]Unterabsatz 1 Buchstabe h gilt unbeschadet des Artikels 9 der Verordnung (EU) 2016/679[1)] für die Verarbeitung biometrischer Daten zu anderen Zwecken als der Strafverfolgung.

(2) [1]Die Verwendung biometrischer Echtzeit-Fernidentifizierungssysteme in öffentlich zugänglichen Räumen zu Strafverfolgungszwecken im Hinblick auf die in Absatz 1 Unterabsatz 1 Buchstabe h genannten Ziele darf für die in jenem Buchstaben genannten Zwecke nur zur Bestätigung der Identität der speziell betroffenen Person erfolgen, wobei folgende Elemente berücksichtigt werden:

a) die Art der Situation, die der möglichen Verwendung zugrunde liegt, insbesondere die Schwere, die Wahrscheinlichkeit und das Ausmaß des Schadens, der entstehen würde, wenn das System nicht eingesetzt würde;
b) die Folgen der Verwendung des Systems für die Rechte und Freiheiten aller betroffenen Personen, insbesondere die Schwere, die Wahrscheinlichkeit und das Ausmaß solcher Folgen.

[2]Darüber hinaus sind bei der Verwendung biometrischer Echtzeit-Fernidentifizierungssysteme in öffentlich zugänglichen Räumen zu Strafverfolgungszwecken im Hinblick auf die in Absatz 1 Unterabsatz 1 Buchstabe h des vorliegenden Artikels genannten Ziele notwendige und verhältnismäßige Schutzvorkehrungen und Bedingungen für die Verwendung im Einklang mit nationalem Recht über die Ermächtigung ihrer Verwendung einzuhalten, insbesondere in Bezug auf die zeitlichen, geografischen und personenbezogenen Beschränkungen. [3]Die Verwendung biometrischer Echtzeit-Fernidentifizierungssysteme in öffentlich zugänglichen Räumen ist nur dann zu gestatten, wenn die Strafverfolgungsbehörde eine Folgenabschätzung im Hinblick auf die Grundrechte gemäß Artikel 27 abgeschlossen und das System gemäß Artikel 49 in der EU-Datenbank registriert hat. [4]In hinreichend begründeten dringenden Fällen kann jedoch mit der Verwendung solcher Systeme zunächst ohne Registrierung in der EU-Datenbank begonnen werden, sofern diese Registrierung unverzüglich erfolgt.

(3) *[1]* [1]Für die Zwecke des Absatz 1 Unterabsatz 1 Buchstabe h und des Absatzes 2 ist für jede Verwendung eines biometrischen Echtzeit-Fernidentifizierungssystems in öffentlich zugänglichen Räumen zu Strafverfolgungszwecken eine vorherige Genehmigung erforderlich, die von einer Justizbehörde oder einer unabhängigen Verwaltungsbehörde des Mitgliedstaats, in dem die Verwendung erfolgen soll, auf begründeten Antrag und gemäß den in Absatz 5 genannten detaillierten nationalen Rechtsvorschriften erteilt wird, wobei deren Entscheidung bindend ist. [2]In hinreichend begründeten dringenden Fällen kann jedoch mit der Verwendung eines solchen Systems zunächst ohne Genehmigung begonnen werden, sofern eine solche Genehmigung unverzüglich, spätestens jedoch innerhalb von 24 Stunden beantragt wird. [3]Wird eine solche Genehmigung abgelehnt, so wird die Verwendung mit sofortiger Wirkung eingestellt und werden alle Daten sowie die Ergebnisse und Ausgaben dieser Verwendung unverzüglich verworfen und gelöscht.

[2] [1]Die zuständige Justizbehörde oder eine unabhängige Verwaltungsbehörde, deren Entscheidung bindend ist, erteilt die Genehmigung nur dann, wenn sie auf der Grundlage objektiver Nachweise oder eindeutiger Hinweise, die ihr

---

[1)] Nr. **1**.

vorgelegt werden, davon überzeugt ist, dass die Verwendung des betreffenden biometrischen Echtzeit-Fernidentifizierungssystems für das Erreichen eines der in Absatz 1 Unterabsatz 1 Buchstabe h genannten Ziele – wie im Antrag angegeben – notwendig und verhältnismäßig ist und insbesondere auf das in Bezug auf den Zeitraum sowie den geografischen und persönlichen Anwendungsbereich unbedingt erforderliche Maß beschränkt bleibt. [2] Bei ihrer Entscheidung über den Antrag berücksichtigt diese Behörde die in Absatz 2 genannten Elemente. [3] Eine Entscheidung, aus der sich eine nachteilige Rechtsfolge für eine Person ergibt, darf nicht ausschließlich auf der Grundlage der Ausgabe des biometrischen Echtzeit-Fernidentifizierungssystems getroffen werden.

(4) [1] Unbeschadet des Absatzes 3 wird jede Verwendung eines biometrischen Echtzeit-Fernidentifizierungssystems in öffentlich zugänglichen Räumen zu Strafverfolgungszwecken der zuständigen Marktüberwachungsbehörde und der nationalen Datenschutzbehörde gemäß den in Absatz 5 genannten nationalen Vorschriften mitgeteilt. [2] Die Mitteilung muss mindestens die in Absatz 6 genannten Angaben enthalten und darf keine sensiblen operativen Daten enthalten.

(5) [1] Ein Mitgliedstaat kann die Möglichkeit einer vollständigen oder teilweisen Ermächtigung zur Verwendung biometrischer Echtzeit-Fernidentifizierungssysteme in öffentlich zugänglichen Räumen zu Strafverfolgungszwecken innerhalb der in Absatz 1 Unterabsatz 1 Buchstabe h sowie Absätze 2 und 3 aufgeführten Grenzen und unter den dort genannten Bedingungen vorsehen. [2] Die betreffenden Mitgliedstaaten legen in ihrem nationalen Recht die erforderlichen detaillierten Vorschriften für die Beantragung, Erteilung und Ausübung der in Absatz 3 genannten Genehmigungen sowie für die entsprechende Beaufsichtigung und Berichterstattung fest. [3] In diesen Vorschriften wird auch festgelegt, im Hinblick auf welche der in Absatz 1 Unterabsatz 1 Buchstabe h aufgeführten Ziele und welche der unter Buchstabe h Ziffer iii genannten Straftaten die zuständigen Behörden ermächtigt werden können, diese Systeme zu Strafverfolgungszwecken zu verwenden. [4] Die Mitgliedstaaten teilen der Kommission diese Vorschriften spätestens 30 Tage nach ihrem Erlass mit. [5] Die Mitgliedstaaten können im Einklang mit dem Unionsrecht strengere Rechtsvorschriften für die Verwendung biometrischer Fernidentifizierungssysteme erlassen.

(6) [1] Die nationalen Marktüberwachungsbehörden und die nationalen Datenschutzbehörden der Mitgliedstaaten, denen gemäß Absatz 4 die Verwendung biometrischer Echtzeit-Fernidentifizierungssysteme in öffentlich zugänglichen Räumen zu Strafverfolgungszwecken mitgeteilt wurden, legen der Kommission Jahresberichte über diese Verwendung vor. [2] Zu diesem Zweck stellt die Kommission den Mitgliedstaaten und den nationalen Marktüberwachungs- und Datenschutzbehörden ein Muster zur Verfügung, das Angaben über die Anzahl der Entscheidungen der zuständigen Justizbehörden oder einer unabhängigen Verwaltungsbehörde, deren Entscheidung über Genehmigungsanträge gemäß Absatz 3 bindend ist, und deren Ergebnis enthält.

(7) [1] Die Kommission veröffentlicht Jahresberichte über die Verwendung biometrischer Echtzeit-Fernidentifizierungssysteme in öffentlich zugänglichen Räumen zu Strafverfolgungszwecken, die auf aggregierten Daten aus den Mitgliedstaaten auf der Grundlage der in Absatz 6 genannten Jahresberichte beru-

hen. [2]Diese Jahresberichte dürfen keine sensiblen operativen Daten im Zusammenhang mit den damit verbundenen Strafverfolgungsmaßnahmen enthalten.

(8) Dieser Artikel berührt nicht die Verbote, die gelten, wenn KI-Praktiken gegen andere Rechtsvorschriften der Union verstoßen.

Kapitel III. Hochrisiko-KI-Systeme

Abschnitt 1. Einstufung von KI-Systemen als Hochrisiko-KI-Systeme

Art. 6 Einstufungsvorschriften für Hochrisiko-KI-Systeme. (1)[1)] Ungeachtet dessen, ob ein KI-System unabhängig von den unter den Buchstaben a und b genannten Produkten in Verkehr gebracht oder in Betrieb genommen wird, gilt es als Hochrisiko-KI-System, wenn die beiden folgenden Bedingungen erfüllt sind:

a) das KI-System soll als Sicherheitsbauteil eines unter die in Anhang I aufgeführten Harmonisierungsrechtsvorschriften der Union fallenden Produkts verwendet werden oder das KI-System ist selbst ein solches Produkt;

b) das Produkt, dessen Sicherheitsbauteil gemäß Buchstabe a das KI-System ist, oder das KI-System selbst als Produkt muss einer Konformitätsbewertung durch Dritte im Hinblick auf das Inverkehrbringen oder die Inbetriebnahme dieses Produkts gemäß den in Anhang I aufgeführten Harmonisierungsrechtsvorschriften der Union unterzogen werden.

(2) Zusätzlich zu den in Absatz 1 genannten Hochrisiko-KI-Systemen gelten die in Anhang III genannten KI-Systeme als hochriskant.

(3) *[1]* Abweichend von Absatz 2 gilt ein in Anhang III genanntes KI-System nicht als hochriskant, wenn es kein erhebliches Risiko der Beeinträchtigung in Bezug auf die Gesundheit, Sicherheit oder Grundrechte natürlicher Personen birgt, indem es unter anderem nicht das Ergebnis der Entscheidungsfindung wesentlich beeinflusst.

[2] [1]Unterabsatz 1 gilt, wenn eine der folgenden Bedingungen erfüllt ist:

a) das KI-System ist dazu bestimmt, eine eng gefasste Verfahrensaufgabe durchzuführen;

b) das KI-System ist dazu bestimmt, das Ergebnis einer zuvor abgeschlossenen menschlichen Tätigkeit zu verbessern;

c) das KI-System ist dazu bestimmt, Entscheidungsmuster oder Abweichungen von früheren Entscheidungsmustern zu erkennen, und ist nicht dazu gedacht, die zuvor abgeschlossene menschliche Bewertung ohne eine angemessene menschliche Überprüfung zu ersetzen oder zu beeinflussen; oder

d) das KI-System ist dazu bestimmt, eine vorbereitende Aufgabe für eine Bewertung durchzuführen, die für die Zwecke der in Anhang III aufgeführten Anwendungsfälle relevant ist.

[2]Ungeachtet des Unterabsatzes 1 gilt ein in Anhang III aufgeführtes KI-System immer dann als hochriskant, wenn es ein Profiling natürlicher Personen vornimmt.

---

1) Art. 6 Abs. 1 und die entsprechenden Verpflichtungen dieser VO gelten gem. Art. 113 UAbs. 3 Buchst. c erst ab 2.8.2027.

(4) [1] Ein Anbieter, der der Auffassung ist, dass ein in Anhang III aufgeführtes KI-System nicht hochriskant ist, dokumentiert seine Bewertung, bevor dieses System in Verkehr gebracht oder in Betrieb genommen wird. [2] Dieser Anbieter unterliegt der Registrierungspflicht gemäß Artikel 49 Absatz 2. [3] Auf Verlangen der zuständigen nationalen Behörden legt der Anbieter die Dokumentation der Bewertung vor.

(5) Die Kommission stellt nach Konsultation des Europäischen Gremiums für Künstliche Intelligenz (im Folgenden „KI-Gremium") spätestens bis zum 2. Februar 2026 Leitlinien zur praktischen Umsetzung dieses Artikels gemäß Artikel 96 und eine umfassende Liste praktischer Beispiele für Anwendungsfälle für KI-Systeme, die hochriskant oder nicht hochriskant sind, bereit.

(6) Die Kommission ist befugt, gemäß Artikel 97 delegierte Rechtsakte zu erlassen, um Absatz 3 Unterabsatz 2 des vorliegenden Artikels zu ändern, indem neue Bedingungen zu den darin genannten Bedingungen hinzugefügt oder diese geändert werden, wenn konkrete und zuverlässige Beweise für das Vorhandensein von KI-Systemen vorliegen, die in den Anwendungsbereich von Anhang III fallen, jedoch kein erhebliches Risiko der Beeinträchtigung in Bezug auf die Gesundheit, Sicherheit oder Grundrechte natürlicher Personen bergen.

(7) Die Kommission erlässt gemäß Artikel 97 delegierte Rechtsakte, um Absatz 3 Unterabsatz 2 des vorliegenden Artikels zu ändern, indem eine der darin festgelegten Bedingungen gestrichen wird, wenn konkrete und zuverlässige Beweise dafür vorliegen, dass dies für die Aufrechterhaltung des Schutzniveaus in Bezug auf Gesundheit, Sicherheit und die in dieser Verordnung vorgesehenen Grundrechte erforderlich ist.

(8) Eine Änderung der in Absatz 3 Unterabsatz 2 festgelegten Bedingungen, die gemäß den Absätzen 6 und 7 des vorliegenden Artikels erlassen wurde, darf das allgemeine Schutzniveau in Bezug auf Gesundheit, Sicherheit und die in dieser Verordnung vorgesehenen Grundrechte nicht senken; dabei ist die Kohärenz mit den gemäß Artikel 7 Absatz 1 erlassenen delegierten Rechtsakten sicherzustellen und die Marktentwicklungen und die technologischen Entwicklungen sind zu berücksichtigen.

Art. 7 Änderungen des Anhangs III. (1) Die Kommission ist befugt, gemäß Artikel 97 delegierte Rechtsakte zur Änderung von Anhang III durch Hinzufügung oder Änderung von Anwendungsfällen für Hochrisiko-KI-Systeme zu erlassen, die beide der folgenden Bedingungen erfüllen:

a) Die KI-Systeme sollen in einem der in Anhang III aufgeführten Bereiche eingesetzt werden;
b) die KI-Systeme bergen ein Risiko der Schädigung in Bezug auf die Gesundheit und Sicherheit oder haben nachteilige Auswirkungen auf die Grundrechte und dieses Risiko gleicht dem Risiko der Schädigung oder den nachteiligen Auswirkungen, das bzw. die von den in Anhang III bereits genannten Hochrisiko-KI-Systemen ausgeht bzw. ausgehen, oder übersteigt diese.

(2) Bei der Bewertung der Bedingung gemäß Absatz 1 Buchstabe b berücksichtigt die Kommission folgende Kriterien:

a) die Zweckbestimmung des KI-Systems;
b) das Ausmaß, in dem ein KI-System verwendet wird oder voraussichtlich verwendet werden wird;

c) die Art und den Umfang der vom KI-System verarbeiteten und verwendeten Daten, insbesondere die Frage, ob besondere Kategorien personenbezogener Daten verarbeitet werden;

d) das Ausmaß, in dem das KI-System autonom handelt, und die Möglichkeit, dass ein Mensch eine Entscheidung oder Empfehlungen, die zu einem potenziellen Schaden führen können, außer Kraft setzt;

e) das Ausmaß, in dem durch die Verwendung eines KI-Systems schon die Gesundheit und Sicherheit geschädigt wurden, es nachteilige Auswirkungen auf die Grundrechte gab oder z.B. nach Berichten oder dokumentierten Behauptungen, die den zuständigen nationalen Behörden übermittelt werden, oder gegebenenfalls anderen Berichten Anlass zu erheblichen Bedenken hinsichtlich der Wahrscheinlichkeit eines solchen Schadens oder solcher nachteiligen Auswirkungen besteht;

f) das potenzielle Ausmaß solcher Schäden oder nachteiligen Auswirkungen, insbesondere hinsichtlich ihrer Intensität und ihrer Eignung, mehrere Personen zu beeinträchtigen oder eine bestimmte Gruppe von Personen unverhältnismäßig stark zu beeinträchtigen;

g) das Ausmaß, in dem Personen, die potenziell geschädigt oder negative Auswirkungen erleiden werden, von dem von einem KI-System hervorgebrachten Ergebnis abhängen, weil es insbesondere aus praktischen oder rechtlichen Gründen nach vernünftigem Ermessen unmöglich ist, sich diesem Ergebnis zu entziehen;

h) das Ausmaß, in dem ein Machtungleichgewicht besteht oder in dem Personen, die potenziell geschädigt oder negative Auswirkungen erleiden werden, gegenüber dem Betreiber eines KI-Systems schutzbedürftig sind, insbesondere aufgrund von Status, Autorität, Wissen, wirtschaftlichen oder sozialen Umständen oder Alter;

i) das Ausmaß, in dem das mithilfe eines KI-Systems hervorgebrachte Ergebnis unter Berücksichtigung der verfügbaren technischen Lösungen für seine Korrektur oder Rückgängigmachung leicht zu korrigieren oder rückgängig zu machen ist, wobei Ergebnisse, die sich auf die Gesundheit, Sicherheit oder Grundrechte von Personen negativ auswirken, nicht als leicht korrigierbar oder rückgängig zu machen gelten;

j) das Ausmaß und die Wahrscheinlichkeit, dass der Einsatz des KI-Systems für Einzelpersonen, Gruppen oder die Gesellschaft im Allgemeinen, einschließlich möglicher Verbesserungen der Produktsicherheit, nützlich ist;

k) das Ausmaß, in dem bestehendes Unionsrecht Folgendes vorsieht:

   i) wirksame Abhilfemaßnahmen in Bezug auf die Risiken, die von einem KI-System ausgehen, mit Ausnahme von Schadenersatzansprüchen;

   ii) wirksame Maßnahmen zur Vermeidung oder wesentlichen Verringerung dieser Risiken.

(3) Die Kommission ist befugt, gemäß Artikel 97 delegierte Rechtsakte zur Änderung der Liste in Anhang III zu erlassen, um Hochrisiko-KI-Systeme zu streichen, die beide der folgenden Bedingungen erfüllen:

a) Das betreffende Hochrisiko-KI-System weist unter Berücksichtigung der in Absatz 2 aufgeführten Kriterien keine erheblichen Risiken mehr für die Grundrechte, Gesundheit oder Sicherheit auf;

b) durch die Streichung wird das allgemeine Schutzniveau in Bezug auf Gesundheit, Sicherheit und Grundrechte im Rahmen des Unionsrechts nicht gesenkt.

Abschnitt 2. Anforderungen an Hochrisiko-KI-Systeme

Art. 8 Einhaltung der Anforderungen. (1) [1] Hochrisiko-KI-Systeme müssen die in diesem Abschnitt festgelegten Anforderungen erfüllen, wobei ihrer Zweckbestimmung sowie dem allgemein anerkannten Stand der Technik in Bezug auf KI und KI-bezogene Technologien Rechnung zu tragen ist. [2] Bei der Gewährleistung der Einhaltung dieser Anforderungen wird dem in Artikel 9 genannten Risikomanagementsystem Rechnung getragen.

(2) [1] Enthält ein Produkt ein KI-System, für das die Anforderungen dieser Verordnung und die Anforderungen der in Anhang I Abschnitt A aufgeführten Harmonisierungsrechtsvorschriften der Union gelten, so sind die Anbieter dafür verantwortlich, sicherzustellen, dass ihr Produkt alle geltenden Anforderungen der geltenden Harmonisierungsrechtsvorschriften der Union vollständig erfüllt. [2] Bei der Gewährleistung der Erfüllung der in diesem Abschnitt festgelegten Anforderungen durch die in Absatz 1 genannten Hochrisiko-KI-Systeme und im Hinblick auf die Gewährleistung der Kohärenz, der Vermeidung von Doppelarbeit und der Minimierung zusätzlicher Belastungen haben die Anbieter die Wahl, die erforderlichen Test- und Berichterstattungsverfahren, Informationen und Dokumentationen, die sie im Zusammenhang mit ihrem Produkt bereitstellen, gegebenenfalls in Dokumentationen und Verfahren zu integrieren, die bereits bestehen und gemäß den in Anhang I Abschnitt A aufgeführten Harmonisierungsrechtsvorschriften der Union vorgeschrieben sind.

Art. 9 Risikomanagementsystem. (1) Für Hochrisiko-KI-Systeme wird ein Risikomanagementsystem eingerichtet, angewandt, dokumentiert und aufrechterhalten.

(2) [1] Das Risikomanagementsystem versteht sich als ein kontinuierlicher iterativer Prozess, der während des gesamten Lebenszyklus eines Hochrisiko-KI-Systems geplant und durchgeführt wird und eine regelmäßige systematische Überprüfung und Aktualisierung erfordert. [2] Es umfasst folgende Schritte:

a) die Ermittlung und Analyse der bekannten und vernünftigerweise vorhersehbaren Risiken, die vom Hochrisiko-KI-System für die Gesundheit, Sicherheit oder Grundrechte ausgehen können, wenn es entsprechend seiner Zweckbestimmung verwendet wird;
b) die Abschätzung und Bewertung der Risiken, die entstehen können, wenn das Hochrisiko-KI-System entsprechend seiner Zweckbestimmung oder im Rahmen einer vernünftigerweise vorhersehbaren Fehlanwendung verwendet wird;
c) die Bewertung anderer möglicherweise auftretender Risiken auf der Grundlage der Auswertung der Daten aus dem in Artikel 72 genannten System zur Beobachtung nach dem Inverkehrbringen;
d) die Ergreifung geeigneter und gezielter Risikomanagementmaßnahmen zur Bewältigung der gemäß Buchstabe a ermittelten Risiken.

(3) Die in diesem Artikel genannten Risiken betreffen nur solche Risiken, die durch die Entwicklung oder Konzeption des Hochrisiko-KI-Systems oder

durch die Bereitstellung ausreichender technischer Informationen angemessen gemindert oder behoben werden können.

(4) Bei den in Absatz 2 Buchstabe d genannten Risikomanagementmaßnahmen werden die Auswirkungen und möglichen Wechselwirkungen, die sich aus der kombinierten Anwendung der Anforderungen dieses Abschnitts ergeben, gebührend berücksichtigt, um die Risiken wirksamer zu minimieren und gleichzeitig ein angemessenes Gleichgewicht bei der Durchführung der Maßnahmen zur Erfüllung dieser Anforderungen sicherzustellen.

(5) *[1]* Die in Absatz 2 Buchstabe d genannten Risikomanagementmaßnahmen werden so gestaltet, dass jedes mit einer bestimmten Gefahr verbundene relevante Restrisiko sowie das Gesamtrestrisiko der Hochrisiko-KI-Systeme als vertretbar beurteilt wird.

[2] [1]Bei der Festlegung der am besten geeigneten Risikomanagementmaßnahmen ist Folgendes sicherzustellen:

a) soweit technisch möglich, Beseitigung oder Verringerung der gemäß Absatz 2 ermittelten und bewerteten Risiken durch eine geeignete Konzeption und Entwicklung des Hochrisiko-KI-Systems;

b) gegebenenfalls Anwendung angemessener Minderungs- und Kontrollmaßnahmen zur Bewältigung nicht auszuschließender Risiken;

c) Bereitstellung der gemäß Artikel 13 erforderlichen Informationen und gegebenenfalls entsprechende Schulung der Betreiber.

[2]Zur Beseitigung oder Verringerung der Risiken im Zusammenhang mit der Verwendung des Hochrisiko-KI-Systems werden die technischen Kenntnisse, die Erfahrungen und der Bildungsstand, die vom Betreiber erwartet werden können, sowie der voraussichtliche Kontext, in dem das System eingesetzt werden soll, gebührend berücksichtigt.

(6) [1]Hochrisiko-KI-Systeme müssen getestet werden, um die am besten geeigneten gezielten Risikomanagementmaßnahmen zu ermitteln. [2]Durch das Testen wird sichergestellt, dass Hochrisiko-KI-Systeme stets im Einklang mit ihrer Zweckbestimmung funktionieren und die Anforderungen dieses Abschnitts erfüllen.

(7) Die Testverfahren können einen Test unter Realbedingungen gemäß Artikel 60 umfassen.

(8) [1]Das Testen von Hochrisiko-KI-Systemen erfolgt zu jedem geeigneten Zeitpunkt während des gesamten Entwicklungsprozesses und in jedem Fall vor ihrem Inverkehrbringen oder ihrer Inbetriebnahme. [2]Das Testen erfolgt anhand vorab festgelegter Metriken und Wahrscheinlichkeitsschwellenwerte, die für die Zweckbestimmung des Hochrisiko-KI-Systems geeignet sind.

(9) Bei der Umsetzung des in den Absätzen 1 bis 7 vorgesehenen Risikomanagementsystems berücksichtigen die Anbieter, ob angesichts seiner Zweckbestimmung das Hochrisiko-KI-System wahrscheinlich nachteilige Auswirkungen auf Personen unter 18 Jahren oder gegebenenfalls andere schutzbedürftige Gruppen haben wird.

(10) Bei Anbietern von Hochrisiko-KI-Systemen, die den Anforderungen an interne Risikomanagementprozesse gemäß anderen einschlägigen Bestimmungen des Unionsrechts unterliegen, können die in den Absätzen 1 bis 9 enthaltenen Aspekte Bestandteil der nach diesem Recht festgelegten Risikomanagementverfahren sein oder mit diesen Verfahren kombiniert werden.

Art. 10 Daten und Daten-Governance. (1) Hochrisiko-KI-Systeme, in denen Techniken eingesetzt werden, bei denen KI-Modelle mit Daten trainiert werden, müssen mit Trainings-, Validierungs- und Testdatensätzen entwickelt werden, die den in den Absätzen 2 bis 5 genannten Qualitätskriterien entsprechen, wenn solche Datensätze verwendet werden.

(2) [1] Für Trainings-, Validierungs- und Testdatensätze gelten Daten-Governance- und Datenverwaltungsverfahren, die für die Zweckbestimmung des Hochrisiko-KI-Systems geeignet sind. [2] Diese Verfahren betreffen insbesondere

a) die einschlägigen konzeptionellen Entscheidungen,
b) die Datenerhebungsverfahren und die Herkunft der Daten und im Falle personenbezogener Daten den ursprünglichen Zweck der Datenerhebung,
c) relevante Datenaufbereitungsvorgänge wie Annotation, Kennzeichnung, Bereinigung, Aktualisierung, Anreicherung und Aggregierung,
d) die Aufstellung von Annahmen, insbesondere in Bezug auf die Informationen, die mit den Daten erfasst und dargestellt werden sollen,
e) eine Bewertung der Verfügbarkeit, Menge und Eignung der benötigten Datensätze,
f) eine Untersuchung im Hinblick auf mögliche Verzerrungen (Bias), die die Gesundheit und Sicherheit von Personen beeinträchtigen, sich negativ auf die Grundrechte auswirken oder zu einer nach den Rechtsvorschriften der Union verbotenen Diskriminierung führen könnten, insbesondere wenn die Datenausgaben die Eingaben für künftige Operationen beeinflussen,
g) geeignete Maßnahmen zur Erkennung, Verhinderung und Abschwächung möglicher gemäß Buchstabe f ermittelter Verzerrungen,
h) die Ermittlung relevanter Datenlücken oder Mängel, die der Einhaltung dieser Verordnung entgegenstehen, und wie diese Lücken und Mängel behoben werden können.

(3) [1] Die Trainings-, Validierungs- und Testdatensätze müssen im Hinblick auf die Zweckbestimmung relevant, hinreichend repräsentativ und so weit wie möglich fehlerfrei und vollständig sein. [2] Sie müssen die geeigneten statistischen Merkmale, gegebenenfalls auch bezüglich der Personen oder Personengruppen, für die das Hochrisiko-KI-System bestimmungsgemäß verwendet werden soll, haben. [3] Diese Merkmale der Datensätze können auf der Ebene einzelner Datensätze oder auf der Ebene einer Kombination davon erfüllt werden.

(4) Die Datensätze müssen, soweit dies für die Zweckbestimmung erforderlich ist, die entsprechenden Merkmale oder Elemente berücksichtigen, die für die besonderen geografischen, kontextuellen, verhaltensbezogenen oder funktionalen Rahmenbedingungen, unter denen das Hochrisiko-KI-System bestimmungsgemäß verwendet werden soll, typisch sind.

(5) [1] Soweit dies für die Erkennung und Korrektur von Verzerrungen im Zusammenhang mit Hochrisiko-KI-Systemen im Einklang mit Absatz 2 Buchstaben f und g dieses Artikels unbedingt erforderlich ist, dürfen die Anbieter solcher Systeme ausnahmsweise besondere Kategorien personenbezogener Daten verarbeiten, wobei sie angemessene Vorkehrungen für den Schutz der Grundrechte und Grundfreiheiten natürlicher Personen treffen müssen. [2] Zusätzlich zu den Bestimmungen der Verordnungen (EU) 2016/679[1)] und (EU)

[1)] Nr. **1**.

2018/1725 und der Richtlinie (EU) 2016/680[1] müssen alle folgenden Bedingungen erfüllt sein, damit eine solche Verarbeitung stattfinden kann:

a) Die Erkennung und Korrektur von Verzerrungen kann durch die Verarbeitung anderer Daten, einschließlich synthetischer oder anonymisierter Daten, nicht effektiv durchgeführt werden;

b) die besonderen Kategorien personenbezogener Daten unterliegen technischen Beschränkungen einer Weiterverwendung der personenbezogenen Daten und modernsten Sicherheits- und Datenschutzmaßnahmen, einschließlich Pseudonymisierung;

c) die besonderen Kategorien personenbezogener Daten unterliegen Maßnahmen, mit denen sichergestellt wird, dass die verarbeiteten personenbezogenen Daten gesichert, geschützt und Gegenstand angemessener Sicherheitsvorkehrungen sind, wozu auch strenge Kontrollen des Zugriffs und seine Dokumentation gehören, um Missbrauch zu verhindern und sicherzustellen, dass nur befugte Personen Zugang zu diesen personenbezogenen Daten mit angemessenen Vertraulichkeitspflichten haben;

d) die besonderen Kategorien personenbezogener Daten werden nicht an Dritte übermittelt oder übertragen, noch haben diese Dritten anderweitigen Zugang zu diesen Daten;

e) die besonderen Kategorien personenbezogener Daten werden gelöscht, sobald die Verzerrung korrigiert wurde oder das Ende der Speicherfrist für die personenbezogenen Daten erreicht ist, je nachdem, was zuerst eintritt;

f) die Aufzeichnungen über Verarbeitungstätigkeiten gemäß den Verordnungen (EU) 2016/679 und (EU) 2018/1725 und der Richtlinie (EU) 2016/680 enthalten die Gründe, warum die Verarbeitung besonderer Kategorien personenbezogener Daten für die Erkennung und Korrektur von Verzerrungen unbedingt erforderlich war und warum dieses Ziel mit der Verarbeitung anderer Daten nicht erreicht werden konnte.

(6) Bei der Entwicklung von Hochrisiko-KI-Systemen, in denen keine Techniken eingesetzt werden, bei denen KI-Modelle trainiert werden, gelten die Absätze 2 bis 5 nur für Testdatensätze.

Art. 11 Technische Dokumentation. (1) *[1]* Die technische Dokumentation eines Hochrisiko-KI-Systems wird erstellt, bevor dieses System in Verkehr gebracht oder in Betrieb genommen wird, und ist auf dem neuesten Stand zu halten.

[2] [1]Die technische Dokumentation wird so erstellt, dass aus ihr der Nachweis hervorgeht, wie das Hochrisiko-KI-System die Anforderungen dieses Abschnitts erfüllt, und dass den zuständigen nationalen Behörden und den notifizierten Stellen die Informationen in klarer und verständlicher Form zur Verfügung stehen, die erforderlich sind, um zu beurteilen, ob das KI-System diese Anforderungen erfüllt. [2]Sie enthält zumindest die in Anhang IV genannten Angaben. KMU, einschließlich Start-up-Unternehmen, können die in Anhang IV aufgeführten Elemente der technischen Dokumentation in vereinfachter Weise bereitstellen. [3]Zu diesem Zweck erstellt die Kommission ein vereinfachtes Formular für die technische Dokumentation, das auf die Bedürfnisse von kleinen Unternehmen und Kleinstunternehmen zugeschnitten ist.

---

[1] Nr. 2.

[4]Entscheidet sich ein KMU, einschließlich Start-up-Unternehmen, für eine vereinfachte Bereitstellung der in Anhang IV vorgeschriebenen Angaben, so verwendet es das in diesem Absatz genannte Formular. [5]Die notifizierten Stellen akzeptieren das Formular für die Zwecke der Konformitätsbewertung.

(2) Wird ein Hochrisiko-KI-System, das mit einem Produkt verbunden ist, das unter die in Anhang I Abschnitt A aufgeführten Harmonisierungsrechtsvorschriften der Union fällt, in Verkehr gebracht oder in Betrieb genommen, so wird eine einzige technische Dokumentation erstellt, die alle in Absatz 1 genannten Informationen sowie die nach diesen Rechtsakten erforderlichen Informationen enthält.

(3) Die Kommission ist befugt, wenn dies nötig ist, gemäß Artikel 97 delegierte Rechtsakte zur Änderung des Anhangs IV zu erlassen, damit die technische Dokumentation in Anbetracht des technischen Fortschritts stets alle Informationen enthält, die erforderlich sind, um zu beurteilen, ob das System die Anforderungen dieses Abschnitts erfüllt.

Art. 12 Aufzeichnungspflichten. (1) Die Technik der Hochrisiko-KI-Systeme muss die automatische Aufzeichnung von Ereignissen (im Folgenden „Protokollierung“) während des Lebenszyklus des Systems ermöglichen.

(2) Zur Gewährleistung, dass das Funktionieren des Hochrisiko-KI-Systems in einem der Zweckbestimmung des Systems angemessenen Maße rückverfolgbar ist, ermöglichen die Protokollierungsfunktionen die Aufzeichnung von Ereignissen, die für Folgendes relevant sind:

a) die Ermittlung von Situationen, die dazu führen können, dass das Hochrisiko-KI-System ein Risiko im Sinne des Artikels 79 Absatz 1 birgt oder dass es zu einer wesentlichen Änderung kommt,
b) die Erleichterung der Beobachtung nach dem Inverkehrbringen gemäß Artikel 72 und
c) die Überwachung des Betriebs der Hochrisiko-KI-Systeme gemäß Artikel 26 Absatz 5.

(3) Die Protokollierungsfunktionen der in Anhang III Nummer 1 Buchstabe a genannten Hochrisiko-KI-Systeme müssen zumindest Folgendes umfassen:

a) Aufzeichnung jedes Zeitraums der Verwendung des Systems (Datum und Uhrzeit des Beginns und des Endes jeder Verwendung);
b) die Referenzdatenbank, mit der das System die Eingabedaten abgleicht;
c) die Eingabedaten, mit denen die Abfrage zu einer Übereinstimmung geführt hat;
d) die Identität der gemäß Artikel 14 Absatz 5 an der Überprüfung der Ergebnisse beteiligten natürlichen Personen.

Art. 13 Transparenz und Bereitstellung von Informationen für die Betreiber. (1) [1]Hochrisiko-KI-Systeme werden so konzipiert und entwickelt, dass ihr Betrieb hinreichend transparent ist, damit die Betreiber die Ausgaben eines Systems angemessen interpretieren und verwenden können. [2]Die Transparenz wird auf eine geeignete Art und in einem angemessenen Maß gewährleistet, damit die Anbieter und Betreiber ihre in Abschnitt 3 festgelegten einschlägigen Pflichten erfüllen können.

(2) Hochrisiko-KI-Systeme werden mit Betriebsanleitungen in einem geeigneten digitalen Format bereitgestellt oder auf andere Weise mit Betriebsanleitungen versehen, die präzise, vollständige, korrekte und eindeutige Informationen in einer für die Betreiber relevanten, barrierefrei zugänglichen und verständlichen Form enthalten.

(3) Die Betriebsanleitungen enthalten mindestens folgende Informationen:

a) den Namen und die Kontaktangaben des Anbieters sowie gegebenenfalls seines Bevollmächtigten;

b) die Merkmale, Fähigkeiten und Leistungsgrenzen des Hochrisiko-KI-Systems, einschließlich
   i) seiner Zweckbestimmung,
   ii) des Maßes an Genauigkeit – einschließlich diesbezüglicher Metriken –, Robustheit und Cybersicherheit gemäß Artikel 15, für das das Hochrisiko-KI-System getestet und validiert wurde und das zu erwarten ist, sowie aller bekannten und vorhersehbaren Umstände, die sich auf das erwartete Maß an Genauigkeit, Robustheit und Cybersicherheit auswirken können;
   iii) aller bekannten oder vorhersehbaren Umstände bezüglich der Verwendung des Hochrisiko-KI-Systems im Einklang mit seiner Zweckbestimmung oder einer vernünftigerweise vorhersehbaren Fehlanwendung, die zu den in Artikel 9 Absatz 2 genannten Risiken für die Gesundheit und Sicherheit oder die Grundrechte führen können,
   iv) gegebenenfalls der technischen Fähigkeiten und Merkmale des Hochrisiko-KI-Systems, um Informationen bereitzustellen, die zur Erläuterung seiner Ausgaben relevant sind;
   v) gegebenenfalls seiner Leistung in Bezug auf bestimmte Personen oder Personengruppen, auf die das System bestimmungsgemäß angewandt werden soll;
   vi) gegebenenfalls der Spezifikationen für die Eingabedaten oder sonstiger relevanter Informationen über die verwendeten Trainings-, Validierungs- und Testdatensätze, unter Berücksichtigung der Zweckbestimmung des Hochrisiko-KI-Systems;
   vii) gegebenenfalls Informationen, die es den Betreibern ermöglichen, die Ausgabe des Hochrisiko-KI-Systems zu interpretieren und es angemessen zu nutzen;

c) etwaige Änderungen des Hochrisiko-KI-Systems und seiner Leistung, die der Anbieter zum Zeitpunkt der ersten Konformitätsbewertung vorab bestimmt hat;

d) die in Artikel 14 genannten Maßnahmen zur Gewährleistung der menschlichen Aufsicht, einschließlich der technischen Maßnahmen, die getroffen wurden, um den Betreibern die Interpretation der Ausgaben von Hochrisiko-KI-Systemen zu erleichtern;

e) die erforderlichen Rechen- und Hardware-Ressourcen, die erwartete Lebensdauer des Hochrisiko-KI-Systems und alle erforderlichen Wartungs- und Pflegemaßnahmen einschließlich deren Häufigkeit zur Gewährleistung des ordnungsgemäßen Funktionierens dieses KI-Systems, auch in Bezug auf Software-Updates;

f) gegebenenfalls eine Beschreibung der in das Hochrisiko-KI-System integrierten Mechanismen, die es den Betreibern ermöglicht, die Protokolle im Einklang mit Artikel 12 ordnungsgemäß zu erfassen, zu speichern und auszuwerten.

Art. 14 Menschliche Aufsicht. (1) Hochrisiko-KI-Systeme werden so konzipiert und entwickelt, dass sie während der Dauer ihrer Verwendung – auch mit geeigneten Instrumenten einer Mensch-Maschine-Schnittstelle – von natürlichen Personen wirksam beaufsichtigt werden können.

(2) Die menschliche Aufsicht dient der Verhinderung oder Minimierung der Risiken für Gesundheit, Sicherheit oder Grundrechte, die entstehen können, wenn ein Hochrisiko-KI-System im Einklang mit seiner Zweckbestimmung oder im Rahmen einer vernünftigerweise vorhersehbaren Fehlanwendung verwendet wird, insbesondere wenn solche Risiken trotz der Einhaltung anderer Anforderungen dieses Abschnitts fortbestehen.

(3) Die Aufsichtsmaßnahmen müssen den Risiken, dem Grad der Autonomie und dem Kontext der Nutzung des Hochrisiko-KI-Systems angemessen sein und werden durch eine oder beide der folgenden Arten von Vorkehrungen gewährleistet:

a) Vorkehrungen, die vor dem Inverkehrbringen oder der Inbetriebnahme vom Anbieter bestimmt und, sofern technisch machbar, in das Hochrisiko-KI-System eingebaut werden;
b) Vorkehrungen, die vor dem Inverkehrbringen oder der Inbetriebnahme des Hochrisiko-KI-Systems vom Anbieter bestimmt werden und dazu geeignet sind, vom Betreiber umgesetzt zu werden.

(4) Für die Zwecke der Durchführung der Absätze 1, 2 und 3 wird das Hochrisiko-KI-System dem Betreiber so zur Verfügung gestellt, dass die natürlichen Personen, denen die menschliche Aufsicht übertragen wurde, angemessen und verhältnismäßig in der Lage sind,

a) die einschlägigen Fähigkeiten und Grenzen des Hochrisiko-KI-Systems angemessen zu verstehen und seinen Betrieb ordnungsgemäß zu überwachen, einschließlich in Bezug auf das Erkennen und Beheben von Anomalien, Fehlfunktionen und unerwarteter Leistung;
b) sich einer möglichen Neigung zu einem automatischen oder übermäßigen Vertrauen in die von einem Hochrisiko-KI-System hervorgebrachte Ausgabe („Automatisierungsbias“) bewusst zu bleiben, insbesondere wenn Hochrisiko-KI-Systeme Informationen oder Empfehlungen ausgeben, auf deren Grundlage natürliche Personen Entscheidungen treffen;
c) die Ausgabe des Hochrisiko-KI-Systems richtig zu interpretieren, wobei beispielsweise die vorhandenen Interpretationsinstrumente und -methoden zu berücksichtigen sind;
d) in einer bestimmten Situation zu beschließen, das Hochrisiko-KI-System nicht zu verwenden oder die Ausgabe des Hochrisiko-KI-Systems außer Acht zu lassen, außer Kraft zu setzen oder rückgängig zu machen;
e) in den Betrieb des Hochrisiko-KI-Systems einzugreifen oder den Systembetrieb mit einer „Stopptaste“ oder einem ähnlichen Verfahren zu unterbrechen, was dem System ermöglicht, in einem sicheren Zustand zum Stillstand zu kommen.

(5) *[1]* Bei den in Anhang III Nummer 1 Buchstabe a genannten Hochrisiko-KI-Systemen müssen die in Absatz 3 des vorliegenden Artikels genannten Vorkehrungen so gestaltet sein, dass außerdem der Betreiber keine Maßnahmen oder Entscheidungen allein aufgrund des vom System hervorgebrachten Identifizierungsergebnisses trifft, solange diese Identifizierung nicht von mindestens zwei natürlichen Personen, die die notwendige Kompetenz, Ausbildung und Befugnis besitzen, getrennt überprüft und bestätigt wurde.

[2] Die Anforderung einer getrennten Überprüfung durch mindestens zwei natürliche Personen gilt nicht für Hochrisiko-KI-Systeme, die für Zwecke in den Bereichen Strafverfolgung, Migration, Grenzkontrolle oder Asyl verwendet werden, wenn die Anwendung dieser Anforderung nach Unionsrecht oder nationalem Recht unverhältnismäßig wäre.

Art. 15 Genauigkeit, Robustheit und Cybersicherheit. (1) Hochrisiko-KI-Systeme werden so konzipiert und entwickelt, dass sie ein angemessenes Maß an Genauigkeit, Robustheit und Cybersicherheit erreichen und in dieser Hinsicht während ihres gesamten Lebenszyklus beständig funktionieren.

(2) Um die technischen Aspekte der Art und Weise der Messung des angemessenen Maßes an Genauigkeit und Robustheit gemäß Absatz 1 und anderer einschlägiger Leistungsmetriken anzugehen, fördert die Kommission in Zusammenarbeit mit einschlägigen Interessenträgern und Organisationen wie Metrologie- und Benchmarking-Behörden gegebenenfalls die Entwicklung von Benchmarks und Messmethoden.

(3) Die Maße an Genauigkeit und die relevanten Genauigkeitsmetriken von Hochrisiko-KI-Systemen werden in den ihnen beigefügten Betriebsanleitungen angegeben.

(4) *[1]* [1] Hochrisiko-KI-Systeme müssen so widerstandsfähig wie möglich gegenüber Fehlern, Störungen oder Unstimmigkeiten sein, die innerhalb des Systems oder der Umgebung, in der das System betrieben wird, insbesondere wegen seiner Interaktion mit natürlichen Personen oder anderen Systemen, auftreten können. [2] In diesem Zusammenhang sind technische und organisatorische Maßnahmen zu ergreifen.

[2] Die Robustheit von Hochrisiko-KI-Systemen kann durch technische Redundanz erreicht werden, was auch Sicherungs- oder Störungssicherheitspläne umfassen kann.

[3] Hochrisiko-KI-Systeme, die nach dem Inverkehrbringen oder der Inbetriebnahme weiterhin dazulernen, sind so zu entwickeln, dass das Risiko möglicherweise verzerrter Ausgaben, die künftige Vorgänge beeinflussen („Rückkopplungsschleifen"), beseitigt oder so gering wie möglich gehalten wird und sichergestellt wird, dass auf solche Rückkopplungsschleifen angemessen mit geeigneten Risikominderungsmaßnahmen eingegangen wird.

(5) *[1]* Hochrisiko-KI-Systeme müssen widerstandsfähig gegen Versuche unbefugter Dritter sein, ihre Verwendung, Ausgaben oder Leistung durch Ausnutzung von Systemschwachstellen zu verändern.

[2] Die technischen Lösungen zur Gewährleistung der Cybersicherheit von Hochrisiko-KI-Systemen müssen den jeweiligen Umständen und Risiken angemessen sein.

[3] Die technischen Lösungen für den Umgang mit KI-spezifischen Schwachstellen umfassen gegebenenfalls Maßnahmen, um Angriffe, mit denen

versucht wird, eine Manipulation des Trainingsdatensatzes („data poisoning") oder vortrainierter Komponenten, die beim Training verwendet werden („model poisoning"), vorzunehmen, Eingabedaten, die das KI-Modell zu Fehlern verleiten sollen („adversarial examples" oder „model evasions"), Angriffe auf vertrauliche Daten oder Modellmängel zu verhüten, zu erkennen, darauf zu reagieren, sie zu beseitigen und zu kontrollieren.

Abschnitt 3. Pflichten der Anbieter und Betreiber von Hochrisiko-KI-Systemen und anderer Beteiligter

Art. 16 Pflichten der Anbieter von Hochrisiko-KI-Systemen. Anbieter von Hochrisiko-KI-Systemen müssen

a) sicherstellen, dass ihre Hochrisiko-KI-Systeme die in Abschnitt 2 festgelegten Anforderungen erfüllen;
b) auf dem Hochrisiko-KI-System oder, falls dies nicht möglich ist, auf seiner Verpackung oder in der beigefügten Dokumentation ihren Namen, ihren eingetragenen Handelsnamen bzw. ihre eingetragene Handelsmarke und ihre Kontaktanschrift angeben;
c) über ein Qualitätsmanagementsystem verfügen, das Artikel 17 entspricht;
d) die in Artikel 18 genannte Dokumentation aufbewahren;
e) die von ihren Hochrisiko-KI-Systemen automatisch erzeugten Protokolle gemäß Artikel 19 aufbewahren, wenn diese ihrer Kontrolle unterliegen;
f) sicherstellen, dass das Hochrisiko-KI-System dem betreffenden Konformitätsbewertungsverfahren gemäß Artikel 43 unterzogen wird, bevor es in Verkehr gebracht oder in Betrieb genommen wird;
g) eine EU-Konformitätserklärung gemäß Artikel 47 ausstellen;
h) die CE-Kennzeichnung an das Hochrisiko-KI-System oder, falls dies nicht möglich ist, auf seiner Verpackung oder in der beigefügten Dokumentation anbringen, um Konformität mit dieser Verordnung gemäß Artikel 48 anzuzeigen;
i) den in Artikel 49 Absatz 1 genannten Registrierungspflichten nachkommen;
j) die erforderlichen Korrekturmaßnahmen ergreifen und die gemäß Artikel 20 erforderlichen Informationen bereitstellen;
k) auf begründete Anfrage einer zuständigen nationalen Behörde nachweisen, dass das Hochrisiko-KI-System die Anforderungen in Abschnitt 2 erfüllt;
l) sicherstellen, dass das Hochrisiko-KI-System die Barrierefreiheitsanforderungen gemäß den Richtlinien (EU) 2016/2102 und (EU) 2019/882 erfüllt.

Art. 17 Qualitätsmanagementsystem. (1) [1] Anbieter von Hochrisiko-KI-Systemen richten ein Qualitätsmanagementsystem ein, das die Einhaltung dieser Verordnung gewährleistet. [2] Dieses System wird systematisch und ordnungsgemäß in Form schriftlicher Regeln, Verfahren und Anweisungen dokumentiert und umfasst mindestens folgende Aspekte:

a) ein Konzept zur Einhaltung der Regulierungsvorschriften, was die Einhaltung der Konformitätsbewertungsverfahren und der Verfahren für das Management von Änderungen an dem Hochrisiko-KI-System miteinschließt;
b) Techniken, Verfahren und systematische Maßnahmen für den Entwurf, die Entwurfskontrolle und die Entwurfsprüfung des Hochrisiko-KI-Systems;

c) Techniken, Verfahren und systematische Maßnahmen für die Entwicklung, Qualitätskontrolle und Qualitätssicherung des Hochrisiko-KI-Systems;
d) Untersuchungs-, Test- und Validierungsverfahren, die vor, während und nach der Entwicklung des Hochrisiko-KI-Systems durchzuführen sind, und die Häufigkeit der Durchführung;
e) die technischen Spezifikationen und Normen, die anzuwenden sind und, falls die einschlägigen harmonisierten Normen nicht vollständig angewandt werden oder sie nicht alle relevanten Anforderungen gemäß Abschnitt 2 abdecken, die Mittel, mit denen gewährleistet werden soll, dass das Hochrisiko-KI-System diese Anforderungen erfüllt;
f) Systeme und Verfahren für das Datenmanagement, einschließlich Datengewinnung, Datenerhebung, Datenanalyse, Datenkennzeichnung, Datenspeicherung, Datenfilterung, Datenauswertung, Datenaggregation, Vorratsdatenspeicherung und sonstiger Vorgänge in Bezug auf die Daten, die im Vorfeld und für die Zwecke des Inverkehrbringens oder der Inbetriebnahme von Hochrisiko-KI-Systemen durchgeführt werden;
g) das in Artikel 9 genannte Risikomanagementsystem;
h) die Einrichtung, Anwendung und Aufrechterhaltung eines Systems zur Beobachtung nach dem Inverkehrbringen gemäß Artikel 72;
i) Verfahren zur Meldung eines schwerwiegenden Vorfalls gemäß Artikel 73;
j) die Handhabung der Kommunikation mit zuständigen nationalen Behörden, anderen einschlägigen Behörden, auch Behörden, die den Zugang zu Daten gewähren oder erleichtern, notifizierten Stellen, anderen Akteuren, Kunden oder sonstigen interessierten Kreisen;
k) Systeme und Verfahren für die Aufzeichnung sämtlicher einschlägigen Dokumentation und Informationen;
l) Ressourcenmanagement, einschließlich Maßnahmen im Hinblick auf die Versorgungssicherheit;
m) einen Rechenschaftsrahmen, der die Verantwortlichkeiten der Leitung und des sonstigen Personals in Bezug auf alle in diesem Absatz aufgeführten Aspekte regelt.

(2) [1] Die Umsetzung der in Absatz 1 genannten Aspekte erfolgt in einem angemessenen Verhältnis zur Größe der Organisation des Anbieters. [2] Die Anbieter müssen in jedem Fall den Grad der Strenge und das Schutzniveau einhalten, die erforderlich sind, um die Übereinstimmung ihrer Hochrisiko-KI-Systeme mit dieser Verordnung sicherzustellen.

(3) Anbieter von Hochrisiko-KI-Systemen, die Pflichten in Bezug auf Qualitätsmanagementsysteme oder eine gleichwertige Funktion gemäß den sektorspezifischen Rechtsvorschriften der Union unterliegen, können die in Absatz 1 aufgeführten Aspekte als Bestandteil der nach den genannten Rechtsvorschriften festgelegten Qualitätsmanagementsysteme einbeziehen.

(4) [1] Bei Anbietern, die Finanzinstitute sind und gemäß den Rechtsvorschriften der Union über Finanzdienstleistungen Anforderungen in Bezug auf ihre Regelungen oder Verfahren der internen Unternehmensführung unterliegen, gilt die Pflicht zur Einrichtung eines Qualitätsmanagementsystems – mit Ausnahme des Absatzes 1 Buchstaben g, h und i des vorliegenden Artikels – als erfüllt, wenn die Vorschriften über Regelungen oder Verfahren der internen Unternehmensführung gemäß dem einschlägigen Unionsrecht über Finanz-

dienstleistungen eingehalten werden. [2]Zu diesem Zweck werden die in Artikel 40 genannten harmonisierten Normen berücksichtigt.

Art. 18 Aufbewahrung der Dokumentation. (1) Der Anbieter hält für einen Zeitraum von zehn Jahren ab dem Inverkehrbringen oder der Inbetriebnahme des Hochrisiko-KI-Systems folgende Unterlagen für die zuständigen nationalen Behörden bereit:

a) die in Artikel 11 genannte technische Dokumentation;
b) die Dokumentation zu dem in Artikel 17 genannten Qualitätsmanagementsystem;
c) die Dokumentation über etwaige von notifizierten Stellen genehmigte Änderungen;
d) gegebenenfalls die von den notifizierten Stellen ausgestellten Entscheidungen und sonstigen Dokumente;
e) die in Artikel 47 genannte EU-Konformitätserklärung.

(2) Jeder Mitgliedstaat legt die Bedingungen fest, unter denen die in Absatz 1 genannte Dokumentation für die zuständigen nationalen Behörden für den in dem genannten Absatz angegebenen Zeitraum bereitgehalten wird, für den Fall, dass ein Anbieter oder sein in demselben Hoheitsgebiet niedergelassener Bevollmächtigter vor Ende dieses Zeitraums in Konkurs geht oder seine Tätigkeit aufgibt.

(3) Anbieter, die Finanzinstitute sind und gemäß dem Unionsrecht über Finanzdienstleistungen Anforderungen in Bezug auf ihre Regelungen oder Verfahren der internen Unternehmensführung unterliegen, pflegen die technische Dokumentation als Teil der gemäß dem Unionsrecht über Finanzdienstleistungen aufzubewahrenden Dokumentation.

Art. 19 Automatisch erzeugte Protokolle. (1) [1]Anbieter von Hochrisiko-KI-Systemen bewahren die von ihren Hochrisiko-KI-Systemen automatisch erzeugten Protokolle gemäß Artikel 12 Absatz 1 auf, soweit diese Protokolle ihrer Kontrolle unterliegen. [2]Unbeschadet des geltenden Unionsrechts oder nationalen Rechts werden die Protokolle für einen der Zweckbestimmung des Hochrisiko-KI-Systems angemessenen Zeitraum von mindestens sechs Monaten aufbewahrt, sofern in den geltenden Rechtsvorschriften der Union, insbesondere im Unionsrecht zum Schutz personenbezogener Daten, oder im geltenden nationalen Recht nichts anderes vorgesehen ist.

(2) Anbieter, die Finanzinstitute sind und gemäß den Rechtsvorschriften der Union über Finanzdienstleistungen Anforderungen in Bezug auf ihre Regelungen oder Verfahren der internen Unternehmensführung, unterliegen, bewahren die von ihren Hochrisiko-KI-Systemen automatisch erzeugten Protokolle als Teil der gemäß dem einschlägigen Unionsrecht über Finanzdienstleistungen aufzubewahrenden Dokumentation auf.

Art. 20 Korrekturmaßnahmen und Informationspflicht. (1) [1]Anbieter von Hochrisiko-KI-Systemen, die der Auffassung sind oder Grund zu der Annahme haben, dass ein von ihnen in Verkehr gebrachtes oder in Betrieb genommenes Hochrisiko-KI-System nicht dieser Verordnung entspricht, ergreifen unverzüglich die erforderlichen Korrekturmaßnahmen, um die Konformität dieses Systems herzustellen oder es gegebenenfalls zurückzunehmen, zu deaktivieren oder zurückzurufen. [2]Sie informieren die Händler des betreffenden Hochrisiko-KI-Systems und gegebenenfalls die Betreiber, den Bevollmächtigten und die Einführer darüber.

(2) Birgt das Hochrisiko-KI-System ein Risiko im Sinne des Artikels 79 Absatz 1 und wird sich der Anbieter des Systems dieses Risikos bewusst, so führt er unverzüglich gegebenenfalls gemeinsam mit dem meldenden Betreiber eine Untersuchung der Ursachen durch und informiert er die Marktüberwachungsbehörden, in deren Zuständigkeit das betroffene Hochrisiko-KI-System fällt, und gegebenenfalls die notifizierte Stelle, die eine Bescheinigung für dieses Hochrisiko-KI-System gemäß Artikel 44 ausgestellt hat, insbesondere über die Art der Nichtkonformität und über bereits ergriffene relevante Korrekturmaßnahmen.

Art. 21 Zusammenarbeit mit den zuständigen Behörden. (1) Anbieter von Hochrisiko-KI-Systemen übermitteln einer zuständigen Behörde auf deren begründete Anfrage sämtliche Informationen und Dokumentation, die erforderlich sind, um die Konformität des Hochrisiko-KI-Systems mit den in Abschnitt 2 festgelegten Anforderungen nachzuweisen, und zwar in einer Sprache, die für die Behörde leicht verständlich ist und bei der es sich um eine der von dem betreffenden Mitgliedstaat angegebenen Amtssprachen der Institutionen der Union handelt.

(2) Auf begründete Anfrage einer zuständigen Behörde gewähren die Anbieter der anfragenden zuständigen Behörde gegebenenfalls auch Zugang zu den automatisch erzeugten Protokollen des Hochrisiko-KI-Systems gemäß Artikel 12 Absatz 1, soweit diese Protokolle ihrer Kontrolle unterliegen.

(3) Alle Informationen, die eine zuständige Behörde aufgrund dieses Artikels erhält, werden im Einklang mit den in Artikel 78 festgelegten Vertraulichkeitspflichten behandelt.

Art. 22 Bevollmächtigte der Anbieter von Hochrisiko-KI-Systemen.

(1) Anbieter, die in Drittländern niedergelassen sind, benennen vor der Bereitstellung ihrer Hochrisiko-KI-Systeme auf dem Unionsmarkt schriftlich einen in der Union niedergelassenen Bevollmächtigten.

(2) Der Anbieter muss seinem Bevollmächtigten ermöglichen, die Aufgaben wahrzunehmen, die im vom Anbieter erhaltenen Auftrag festgelegt sind.

(3) [1] Der Bevollmächtigte nimmt die Aufgaben wahr, die in seinem vom Anbieter erhaltenen Auftrag festgelegt sind. [2] Er stellt den Marktüberwachungsbehörden auf Anfrage eine Kopie des Auftrags in einer von der zuständigen Behörde angegebenen Amtssprache der Institutionen der Union bereit. [3] Für die Zwecke dieser Verordnung ermächtigt der Auftrag den Bevollmächtigten zumindest zur Wahrnehmung folgender Aufgaben:

a) Überprüfung, ob die in Artikel 47 genannte EU-Konformitätserklärung und die technische Dokumentation gemäß Artikel 11 erstellt wurden und ob der Anbieter ein angemessenes Konformitätsbewertungsverfahren durchgeführt hat;

b) Bereithaltung – für einen Zeitraum von zehn Jahren ab dem Inverkehrbringen oder der Inbetriebnahme des Hochrisiko-KI-Systems – der Kontaktdaten des Anbieters, der den Bevollmächtigten benannt hat, eines Exemplars der in Artikel 47 genannten EU-Konformitätserklärung, der technischen Dokumentation und gegebenenfalls der von der notifizierten Stelle ausgestellten Bescheinigung für die zuständigen Behörden und die in Artikel 74 Absatz 10 genannten nationalen Behörden oder Stellen;

c) Übermittlung sämtlicher – auch der unter Buchstabe b dieses Unterabsatzes genannten – Informationen und Dokumentation, die erforderlich sind, um die Konformität eines Hochrisiko-KI-Systems mit den in Abschnitt 2 festgelegten Anforderungen nachzuweisen, an eine zuständige Behörde auf deren begründete Anfrage, einschließlich der Gewährung des Zugangs zu den vom Hochrisiko-KI-System automatisch erzeugten Protokollen gemäß Artikel 12 Absatz 1, soweit diese Protokolle der Kontrolle des Anbieters unterliegen;

d) Zusammenarbeit mit den zuständigen Behörden auf deren begründete Anfrage bei allen Maßnahmen, die Letztere im Zusammenhang mit dem Hochrisiko-KI-System ergreifen, um insbesondere die von dem Hochrisiko-KI-System ausgehenden Risiken zu verringern und abzumildern;

e) gegebenenfalls die Einhaltung der Registrierungspflichten gemäß Artikel 49 Absatz 1 oder, falls die Registrierung vom Anbieter selbst vorgenommen wird, Sicherstellung der Richtigkeit der in Anhang VIII Abschnitt A Nummer 3 aufgeführten Informationen.

[4] Mit dem Auftrag wird der Bevollmächtigte ermächtigt, neben oder anstelle des Anbieters als Ansprechpartner für die zuständigen Behörden in allen Fragen zu dienen, die die Gewährleistung der Einhaltung dieser Verordnung betreffen.

(4) [1] Der Bevollmächtigte beendet den Auftrag, wenn er der Auffassung ist oder Grund zu der Annahme hat, dass der Anbieter gegen seine Pflichten gemäß dieser Verordnung verstößt. [2] In diesem Fall informiert er unverzüglich die betreffende Marktüberwachungsbehörde und gegebenenfalls die betreffende notifizierte Stelle über die Beendigung des Auftrags und deren Gründe.

Art. 23 Pflichten der Einführer. (1) Bevor sie ein Hochrisiko-KI-System in Verkehr bringen, stellen die Einführer sicher, dass das System dieser Verordnung entspricht, indem sie überprüfen, ob

a) der Anbieter des Hochrisiko-KI-Systems das entsprechende Konformitätsbewertungsverfahren gemäß Artikel 43 durchgeführt hat;

b) der Anbieter die technische Dokumentation gemäß Artikel 11 und Anhang IV erstellt hat;

c) das System mit der erforderlichen CE-Kennzeichnung versehen ist und ihm die in Artikel 47 genannte EU-Konformitätserklärung und Betriebsanleitungen beigefügt sind;

d) der Anbieter einen Bevollmächtigten gemäß Artikel 22 Absatz 1 benannt hat.

(2) [1] Hat ein Einführer hinreichenden Grund zu der Annahme, dass ein Hochrisiko-KI-System nicht dieser Verordnung entspricht oder gefälscht ist oder diesem eine gefälschte Dokumentation beigefügt ist, so bringt er das System erst in Verkehr, nachdem dessen Konformität hergestellt wurde. [2] Birgt das Hochrisiko-KI-System ein Risiko im Sinne des Artikels 79 Absatz 1, so informiert der Einführer den Anbieter des Systems, die Bevollmächtigten und die Marktüberwachungsbehörden darüber.

(3) Die Einführer geben ihren Namen, ihren eingetragenen Handelsnamen oder ihre eingetragene Handelsmarke und die Anschrift, unter der sie in Bezug

auf das Hochrisiko-KI-System kontaktiert werden können, auf der Verpackung oder gegebenenfalls in der beigefügten Dokumentation an.

(4) Solange sich ein Hochrisiko-KI-System in ihrer Verantwortung befindet, gewährleisten Einführer, dass – soweit zutreffend – die Lagerungs- oder Transportbedingungen seine Konformität mit den in Abschnitt 2 festgelegten Anforderungen nicht beeinträchtigen.

(5) Die Einführer halten für einen Zeitraum von zehn Jahren ab dem Inverkehrbringen oder der Inbetriebnahme des Hochrisiko-KI-Systems ein Exemplar der von der notifizierten Stelle ausgestellten Bescheinigung sowie gegebenenfalls die Betriebsanleitungen und die in Artikel 47 genannte EU-Konformitätserklärung bereit.

(6) [1] Die Einführer übermitteln den betreffenden nationalen Behörden auf deren begründete Anfrage sämtliche – auch die in Absatz 5 genannten – Informationen und Dokumentation, die erforderlich sind, um die Konformität des Hochrisiko-KI-Systems mit den in Abschnitt 2 festgelegten Anforderungen nachzuweisen, und zwar in einer Sprache, die für jene leicht verständlich ist. [2] Zu diesem Zweck stellen sie auch sicher, dass diesen Behörden die technische Dokumentation zur Verfügung gestellt werden kann.

(7) Die Einführer arbeiten mit den betreffenden nationalen Behörden bei allen Maßnahmen zusammen, die diese Behörden im Zusammenhang mit einem von den Einführern in Verkehr gebrachten Hochrisiko-KI-System ergreifen, um insbesondere die von diesem System ausgehenden Risiken zu verringern und abzumildern.

Art. 24 Pflichten der Händler. (1) Bevor Händler ein Hochrisiko-KI-System auf dem Markt bereitstellen, überprüfen sie, ob es mit der erforderlichen CE-Kennzeichnung versehen ist, ob ihm eine Kopie der in Artikel 47 genannten EU-Konformitätserklärung und Betriebsanleitungen beigefügt sind und ob der Anbieter und gegebenenfalls der Einführer dieses Systems ihre in Artikel 16 Buchstaben b und c sowie Artikel 23 Absatz 3 festgelegten jeweiligen Pflichten erfüllt haben.

(2) [1] Ist ein Händler der Auffassung oder hat er aufgrund von Informationen, die ihm zur Verfügung stehen, Grund zu der Annahme, dass ein Hochrisiko-KI-System nicht den Anforderungen in Abschnitt 2 entspricht, so stellt er das Hochrisiko-KI-System erst auf dem Markt bereit, nachdem die Konformität des Systems mit den Anforderungen hergestellt wurde. [2] Birgt das Hochrisiko-IT-System zudem ein Risiko im Sinne des Artikels 79 Absatz 1, so informiert der Händler den Anbieter bzw. den Einführer des Systems darüber.

(3) Solange sich ein Hochrisiko-KI-System in ihrer Verantwortung befindet, gewährleisten Händler, dass – soweit zutreffend – die Lagerungs- oder Transportbedingungen die Konformität des Systems mit den in Abschnitt 2 festgelegten Anforderungen nicht beeinträchtigen.

(4) [1] Ein Händler, der aufgrund von Informationen, die ihm zur Verfügung stehen, der Auffassung ist oder Grund zu der Annahme hat, dass ein von ihm auf dem Markt bereitgestelltes Hochrisiko-KI-System nicht den Anforderungen in Abschnitt 2 entspricht, ergreift die erforderlichen Korrekturmaßnahmen, um die Konformität dieses Systems mit diesen Anforderungen herzustellen, es zurückzunehmen oder zurückzurufen, oder er stellt sicher, dass der Anbieter, der Einführer oder gegebenenfalls jeder relevante Akteur diese Kor-

rekturmaßnahmen ergreift. [2]Birgt das Hochrisiko-KI-System ein Risiko im Sinne des Artikels 79 Absatz 1, so informiert der Händler unverzüglich den Anbieter bzw. den Einführer des Systems sowie die für das betroffene Hochrisiko-KI-System zuständigen Behörden und macht dabei ausführliche Angaben, insbesondere zur Nichtkonformität und zu bereits ergriffenen Korrekturmaßnahmen.

(5) Auf begründete Anfrage einer betreffenden zuständigen Behörde übermitteln die Händler eines Hochrisiko-KI-Systems dieser Behörde sämtliche Informationen und Dokumentation in Bezug auf ihre Maßnahmen gemäß den Absätzen 1 bis 4, die erforderlich sind, um die Konformität dieses Systems mit den in Abschnitt 2 festgelegten Anforderungen nachzuweisen.

(6) Die Händler arbeiten mit den betreffenden zuständigen Behörden bei allen Maßnahmen zusammen, die diese Behörden im Zusammenhang mit einem von den Händlern auf dem Markt bereitgestellten Hochrisiko-KI-System ergreifen, um insbesondere das von diesem System ausgehende Risiko zu verringern oder abzumildern.

Art. 25 Verantwortlichkeiten entlang der KI-Wertschöpfungskette.

(1) In den folgenden Fällen gelten Händler, Einführer, Betreiber oder sonstige Dritte als Anbieter eines Hochrisiko-KI-Systems für die Zwecke dieser Verordnung und unterliegen den Anbieterpflichten gemäß Artikel 16:

a) wenn sie ein bereits in Verkehr gebrachtes oder in Betrieb genommenes Hochrisiko-KI-System mit ihrem Namen oder ihrer Handelsmarke versehen, unbeschadet vertraglicher Vereinbarungen, die eine andere Aufteilung der Pflichten vorsehen;

b) wenn sie eine wesentliche Veränderung eines Hochrisiko-KI-Systems, das bereits in Verkehr gebracht oder in Betrieb genommen wurde, so vornehmen, dass es weiterhin ein Hochrisiko-KI-System gemäß Artikel 6 bleibt;

c) wenn sie die Zweckbestimmung eines KI-Systems, einschließlich eines KI-Systems mit allgemeinem Verwendungszweck, das nicht als hochriskant eingestuft wurde und bereits in Verkehr gebracht oder in Betrieb genommen wurde, so verändern, dass das betreffende KI-System zu einem Hochrisiko-KI-System im Sinne von Artikel 6 wird.

(2) [1]Unter den in Absatz 1 genannten Umständen gilt der Anbieter, der das KI-System ursprünglich in Verkehr gebracht oder in Betrieb genommen hatte, nicht mehr als Anbieter dieses spezifischen KI-Systems für die Zwecke dieser Verordnung. [2]Dieser Erstanbieter arbeitet eng mit neuen Anbietern zusammen, stellt die erforderlichen Informationen zur Verfügung und sorgt für den vernünftigerweise zu erwartenden technischen Zugang und sonstige Unterstützung, die für die Erfüllung der in dieser Verordnung festgelegten Pflichten, insbesondere in Bezug auf die Konformitätsbewertung von Hochrisiko-KI-Systemen, erforderlich sind. [3]Dieser Absatz gilt nicht in Fällen, in denen der Erstanbieter eindeutig festgelegt hat, dass sein KI-System nicht in ein Hochrisiko-KI-System umgewandelt werden darf und daher nicht der Pflicht zur Übergabe der Dokumentation unterliegt.

(3) Im Falle von Hochrisiko-KI-Systemen, bei denen es sich um Sicherheitsbauteile von Produkten handelt, die unter die in Anhang I Abschnitt A aufgeführten Harmonisierungsrechtsvorschriften der Union fallen, gilt der Pro-

dukthersteller als Anbieter des Hochrisiko-KI-Systems und unterliegt in den beiden nachfolgenden Fällen den Pflichten nach Artikel 16:

a) Das Hochrisiko-KI-System wird zusammen mit dem Produkt unter dem Namen oder der Handelsmarke des Produktherstellers in Verkehr gebracht;

b) das Hochrisiko-KI-System wird unter dem Namen oder der Handelsmarke des Produktherstellers in Betrieb genommen, nachdem das Produkt in Verkehr gebracht wurde.

(4) *[1]* [1] Der Anbieter eines Hochrisiko-KI-Systems und der Dritte, der ein KI-System, Instrumente, Dienste, Komponenten oder Verfahren bereitstellt, die in einem Hochrisiko-KI-System verwendet oder integriert werden, legen in einer schriftlichen Vereinbarung die Informationen, die Fähigkeiten, den technischen Zugang und die sonstige Unterstützung nach dem allgemein anerkannten Stand der Technik fest, die erforderlich sind, damit der Anbieter des Hochrisiko-KI-Systems die in dieser Verordnung festgelegten Pflichten vollständig erfüllen kann. [2] Dieser Absatz gilt nicht für Dritte, die Instrumente, Dienste, Verfahren oder Komponenten, bei denen es sich nicht um KI-Modelle mit allgemeinem Verwendungszweck handelt, im Rahmen einer freien und quelloffenen Lizenz öffentlich zugänglich machen.

[2] [1] Das Büro für Künstliche Intelligenz kann freiwillige Musterbedingungen für Verträge zwischen Anbietern von Hochrisiko-KI-Systemen und Dritten, die Instrumente, Dienste, Komponenten oder Verfahren bereitstellen, die für Hochrisiko-KI-Systeme verwendet oder in diese integriert werden, ausarbeiten und empfehlen. [2] Bei der Ausarbeitung dieser freiwilligen Musterbedingungen berücksichtigt das Büro für Künstliche Intelligenz mögliche vertragliche Anforderungen, die in bestimmten Sektoren oder Geschäftsfällen gelten. [3] Die freiwilligen Musterbedingungen werden veröffentlicht und sind kostenlos in einem leicht nutzbaren elektronischen Format verfügbar.

(5) Die Absätze 2 und 3 berühren nicht die Notwendigkeit, Rechte des geistigen Eigentums, vertrauliche Geschäftsinformationen und Geschäftsgeheimnisse im Einklang mit dem Unionsrecht und dem nationalen Recht zu achten und zu schützen.

Art. 26 Pflichten der Betreiber von Hochrisiko-KI-Systemen.

(1) Die Betreiber von Hochrisiko-KI-Systemen treffen geeignete technische und organisatorische Maßnahmen, um sicherzustellen, dass sie solche Systeme entsprechend der den Systemen beigefügten Betriebsanleitungen und gemäß den Absätzen 3 und 6 verwenden.

(2) Die Betreiber übertragen natürlichen Personen, die über die erforderliche Kompetenz, Ausbildung und Befugnis verfügen, die menschliche Aufsicht und lassen ihnen die erforderliche Unterstützung zukommen.

(3) Die Pflichten nach den Absätzen 1 und 2 lassen sonstige Pflichten der Betreiber nach Unionsrecht oder nationalem Recht sowie die Freiheit der Betreiber bei der Organisation ihrer eigenen Ressourcen und Tätigkeiten zur Wahrnehmung der vom Anbieter angegebenen Maßnahmen der menschlichen Aufsicht unberührt.

(4) Unbeschadet der Absätze 1 und 2 und soweit die Eingabedaten ihrer Kontrolle unterliegen, sorgen die Betreiber dafür, dass die Eingabedaten der Zweckbestimmung des Hochrisiko-KI-Systems entsprechen und ausreichend repräsentativ sind.

(5) *[1]* [1]Die Betreiber überwachen den Betrieb des Hochrisiko-KI-Systems anhand der Betriebsanleitung und informieren gegebenenfalls die Anbieter gemäß Artikel 72. [2]Haben Betreiber Grund zu der Annahme, dass die Verwendung gemäß der Betriebsanleitung dazu führen kann, dass dieses Hochrisiko-KI-System ein Risiko im Sinne des Artikels 79 Absatz 1 birgt, so informieren sie unverzüglich den Anbieter oder Händler und die zuständige Marktüberwachungsbehörde und setzen die Verwendung dieses Systems aus. [3]Haben die Betreiber einen schwerwiegenden Vorfall festgestellt, informieren sie auch unverzüglich zuerst den Anbieter und dann den Einführer oder Händler und die zuständigen Marktüberwachungsbehörden über diesen Vorfall. [4]Kann der Betreiber den Anbieter nicht erreichen, so gilt Artikel 73 entsprechend. [5]Diese Pflicht gilt nicht für sensible operative Daten von Betreibern von KI-Systemen, die Strafverfolgungsbehörden sind.

[2] Bei Betreibern, die Finanzinstitute sind und gemäß den Rechtsvorschriften der Union über Finanzdienstleistungen Anforderungen in Bezug auf ihre Regelungen oder Verfahren der internen Unternehmensführung, unterliegen, gilt die in Unterabsatz 1 festgelegte Überwachungspflicht als erfüllt, wenn die Vorschriften über Regelungen, Verfahren oder Mechanismen der internen Unternehmensführung gemäß einschlägigem Recht über Finanzdienstleistungen eingehalten werden.

(6) *[1]* Betreiber von Hochrisiko-KI-Systemen bewahren die von ihrem Hochrisiko-KI-System automatisch erzeugten Protokolle, soweit diese Protokolle ihrer Kontrolle unterliegen, für einen der Zweckbestimmung des Hochrisiko-KI-Systems angemessenen Zeitraum von mindestens sechs Monaten auf, sofern im geltenden Unionsrecht, insbesondere im Unionsrecht über den Schutz personenbezogener Daten, oder im geltenden nationalen Recht nichts anderes bestimmt ist.

[2] Betreiber, die Finanzinstitute sind und gemäß den Rechtsvorschriften der Union über Finanzdienstleistungen Anforderungen in Bezug auf ihre Regelungen oder Verfahren der internen Unternehmensführung unterliegen, bewahren die Protokolle als Teil der gemäß einschlägigem Unionsecht über Finanzdienstleistungen aufzubewahrenden Dokumentation auf.

(7) [1]Vor der Inbetriebnahme oder Verwendung eines Hochrisiko-KI-Systems am Arbeitsplatz informieren Betreiber, die Arbeitgeber sind, die Arbeitnehmervertreter und die betroffenen Arbeitnehmer darüber, dass sie der Verwendung des Hochrisiko-KI-Systems unterliegen werden. [2]Diese Informationen werden gegebenenfalls im Einklang mit den Vorschriften und Gepflogenheiten auf Unionsebene und nationaler Ebene in Bezug auf die Unterrichtung der Arbeitnehmer und ihrer Vertreter bereitgestellt.

(8) [1]Betreiber von Hochrisiko-KI-Systemen, bei denen es sich um Organe, Einrichtungen oder sonstige Stellen der Union handelt, müssen den Registrierungspflichten gemäß Artikel 49 nachkommen. [2]Stellen diese Betreiber fest, dass das Hochrisiko-KI-System, dessen Verwendung sie planen, nicht in der in Artikel 71 genannten EU-Datenbank registriert wurde, sehen sie von der Verwendung dieses Systems ab und informieren den Anbieter oder den Händler.

(9) Die Betreiber von Hochrisiko-KI-Systemen verwenden gegebenenfalls die gemäß Artikel 13 der vorliegenden Verordnung bereitgestellten Informationen, um ihrer Pflicht zur Durchführung einer Datenschutz-Folgenabschätzung

gemäß Artikel 35 der Verordnung (EU) 2016/679[1] oder Artikel 27 der Richtlinie (EU) 2016/680[2] nachzukommen.

(10) *[1]* [1]Unbeschadet der Richtlinie (EU) 2016/680 beantragt der Betreiber eines Hochrisiko-KI-Systems zur nachträglichen biometrischen Fernfernidentifizierung im Rahmen von Ermittlungen zur gezielten Suche einer Person, die der Begehung einer Straftat verdächtigt wird oder aufgrund einer solchen verurteilt wurde, vorab oder unverzüglich, spätestens jedoch binnen 48 Stunden bei einer Justizbehörde oder einer Verwaltungsbehörde, deren Entscheidung bindend ist und einer justiziellen Überprüfung unterliegt, die Genehmigung für die Nutzung dieses Systems, es sei denn, es wird zur erstmaligen Identifizierung eines potenziellen Verdächtigen auf der Grundlage objektiver und nachprüfbarer Tatsachen, die in unmittelbarem Zusammenhang mit der Straftat stehen, verwendet. [2]Jede Verwendung ist auf das für die Ermittlung einer bestimmten Straftat unbedingt erforderliche Maß zu beschränken.

[2] Wird die gemäß Unterabsatz 1 beantragte Genehmigung abgelehnt, so wird die Verwendung des mit dieser beantragten Genehmigung verbundenen Systems zur nachträglichen biometrischen Fernidentifizierung mit sofortiger Wirkung eingestellt und werden die personenbezogenen Daten, die im Zusammenhang mit der Verwendung des Hochrisiko-KI-Systems stehen, für die die Genehmigung beantragt wurde, gelöscht.

[3] [1]In keinem Fall darf ein solches Hochrisiko-KI-System zur nachträglichen biometrischen Fernidentifizierung zu Strafverfolgungszwecken in nicht zielgerichteter Weise und ohne jeglichen Zusammenhang mit einer Straftat, einem Strafverfahren, einer tatsächlichen und bestehenden oder tatsächlichen und vorhersehbaren Gefahr einer Straftat oder der Suche nach einer bestimmten vermissten Person verwendet werden. [2]Es muss sichergestellt werden, dass die Strafverfolgungsbehörden keine ausschließlich auf der Grundlage der Ausgabe solcher Systeme zur nachträglichen biometrischen Fernidentifizierung beruhende Entscheidung, aus der sich eine nachteilige Rechtsfolge für eine Person ergibt, treffen.

[4] Dieser Absatz gilt unbeschadet des Artikels 9 der Verordnung (EU) 2016/679 und des Artikels 10 der Richtlinie (EU) 2016/680 für die Verarbeitung biometrischer Daten.

[5] [1]Unabhängig vom Zweck oder Betreiber wird jede Verwendung solcher Hochrisiko-KI-Systeme in der einschlägigen Polizeiakte dokumentiert und der zuständigen Marktüberwachungsbehörde und der nationalen Datenschutzbehörde auf Anfrage zur Verfügung gestellt, wovon die Offenlegung sensibler operativer Daten im Zusammenhang mit der Strafverfolgung ausgenommen ist. [2]Dieser Unterabsatz berührt nicht die den Aufsichtsbehörden durch die Richtlinie (EU) 2016/680 übertragenen Befugnisse.

[6] [1]Die Betreiber legen den zuständigen Marktüberwachungsbehörden und den nationalen Datenschutzbehörden Jahresberichte über ihre Verwendung von Systemen zur nachträglichen biometrischen Fernidentifizierung vor, wovon die Offenlegung sensibler operativer Daten im Zusammenhang mit der Strafverfolgung ausgenommen ist. [2]Die Berichte können eine Zusammenfassung sein, damit sie mehr als einen Einsatz abdecken.

---

[1] Nr. 1.
[2] Nr. 2.

[7] Die Mitgliedstaaten können im Einklang mit dem Unionsrecht strengere Rechtsvorschriften für die Verwendung von Systemen zur nachträglichen biometrischen Fernidentifizierung erlassen.

(11) [1] Unbeschadet des Artikels 50 der vorliegenden Verordnung informieren die Betreiber der in Anhang III aufgeführten Hochrisiko-KI-Systeme, die natürliche Personen betreffende Entscheidungen treffen oder bei solchen Entscheidungen Unterstützung leisten, die natürlichen Personen darüber, dass sie der Verwendung des Hochrisiko-KI-Systems unterliegen. [2] Für Hochrisiko-KI-Systeme, die zu Strafverfolgungszwecken verwendet werden, gilt Artikel 13 der Richtlinie (EU) 2016/680.

(12) Die Betreiber arbeiten mit den zuständigen Behörden bei allen Maßnahmen zusammen, die diese Behörden im Zusammenhang mit dem Hochrisiko-KI-System zur Umsetzung dieser Verordnung ergreifen.

Art. 27 Grundrechte-Folgenabschätzung für Hochrisiko-KI-Systeme.

(1) [1] Vor der Inbetriebnahme eines Hochrisiko-KI-Systems gemäß Artikel 6 Absatz 2 – mit Ausnahme von Hochrisiko-KI-Systemen, die in dem in Anhang III Nummer 2 aufgeführten Bereich verwendet werden sollen – führen Betreiber, bei denen es sich um Einrichtungen des öffentlichen Rechts oder private Einrichtungen, die öffentliche Dienste erbringen, handelt, und Betreiber von Hochrisiko-KI-Systemen gemäß Anhang III Nummer 5 Buchstaben b und c eine Abschätzung der Auswirkungen, die die Verwendung eines solchen Systems auf die Grundrechte haben kann, durch. [2] Zu diesem Zweck führen die Betreiber eine Abschätzung durch, die Folgendes umfasst:

a) eine Beschreibung der Verfahren des Betreibers, bei denen das Hochrisiko-KI-System im Einklang mit seiner Zweckbestimmung verwendet wird;
b) eine Beschreibung des Zeitraums und der Häufigkeit, innerhalb dessen bzw. mit der jedes Hochrisiko-KI-System verwendet werden soll;
c) die Kategorien der natürlichen Personen und Personengruppen, die von seiner Verwendung im spezifischen Kontext betroffen sein könnten;
d) die spezifischen Schadensrisiken, die sich auf die gemäß Buchstabe c dieses Absatzes ermittelten Kategorien natürlicher Personen oder Personengruppen auswirken könnten, unter Berücksichtigung der vom Anbieter gemäß Artikel 13 bereitgestellten Informationen;
e) eine Beschreibung der Umsetzung von Maßnahmen der menschlichen Aufsicht entsprechend den Betriebsanleitungen;
f) die Maßnahmen, die im Falle des Eintretens dieser Risiken zu ergreifen sind, einschließlich der Regelungen für die interne Unternehmensführung und Beschwerdemechanismen.

(2) [1] Die in Absatz 1 festgelegte Pflicht gilt für die erste Verwendung eines Hochrisiko-KI-Systems. [2] Der Betreiber kann sich in ähnlichen Fällen auf zuvor durchgeführte Grundrechte-Folgenabschätzungen oder bereits vorhandene Folgenabschätzungen, die vom Anbieter durchgeführt wurden, stützen. [3] Gelangt der Betreiber während der Verwendung des Hochrisiko-KI-Systems zur Auffassung, dass sich eines der in Absatz 1 aufgeführten Elemente geändert hat oder nicht mehr auf dem neuesten Stand ist, so unternimmt der Betreiber die erforderlichen Schritte, um die Informationen zu aktualisieren.

(3) [1] Sobald die Abschätzung gemäß Absatz 1 des vorliegenden Artikels durchgeführt wurde, teilt der Betreiber der Marktüberwachungsbehörde ihre

Ergebnisse mit, indem er das ausgefüllte, in Absatz 5 des vorliegenden Artikels genannte Muster als Teil der Mitteilung übermittelt. [2]In dem in Artikel 46 Absatz 1 genannten Fall können die Betreiber von der Mitteilungspflicht befreit werden.

(4) Wird eine der in diesem Artikel festgelegten Pflichten bereits infolge einer gemäß Artikel 35 der Verordnung (EU) 2016/679[1)] oder Artikel 27 der Richtlinie (EU) 2016/680[2)] durchgeführten Datenschutz-Folgenabschätzung erfüllt, so ergänzt die Grundrechte-Folgenabschätzung gemäß Absatz 1 des vorliegenden Artikels diese Datenschutz-Folgenabschätzung.

(5) Das Büro für Künstliche Intelligenz arbeitet ein Muster für einen Fragebogen – auch mithilfe eines automatisierten Instruments – aus, um die Betreiber in die Lage zu versetzen, ihren Pflichten gemäß diesem Artikel in vereinfachter Weise nachzukommen.

Abschnitt 4.[3)] Notifizierende Behörden und notifizierte Stellen

Art. 28[3)] Notifizierende Behörden. (1) [1]Jeder Mitgliedstaat sorgt für die Benennung oder Schaffung mindestens einer notifizierenden Behörde, die für die Einrichtung und Durchführung der erforderlichen Verfahren zur Bewertung, Benennung und Notifizierung von Konformitätsbewertungsstellen und für deren Überwachung zuständig ist. [2]Diese Verfahren werden in Zusammenarbeit zwischen den notifizierenden Behörden aller Mitgliedstaaten entwickelt.

(2) Die Mitgliedstaaten können entscheiden, dass die Bewertung und Überwachung nach Absatz 1 von einer nationalen Akkreditierungsstelle im Sinne und gemäß der Verordnung (EG) Nr. 765/2008 durchzuführen ist.

(3) Notifizierende Behörden werden so eingerichtet, organisiert und geführt, dass jegliche Interessenkonflikte mit Konformitätsbewertungsstellen vermieden werden und die Objektivität und die Unparteilichkeit ihrer Tätigkeiten gewährleistet sind.

(4) Notifizierende Behörden werden so organisiert, dass Entscheidungen über die Notifizierung von Konformitätsbewertungsstellen von kompetenten Personen getroffen werden, die nicht mit den Personen identisch sind, die die Bewertung dieser Stellen durchgeführt haben.

(5) Notifizierende Behörden dürfen weder Tätigkeiten, die Konformitätsbewertungsstellen durchführen, noch Beratungsleistungen auf einer gewerblichen oder wettbewerblichen Basis anbieten oder erbringen.

(6) Notifizierende Behörden gewährleisten gemäß Artikel 78 die Vertraulichkeit der von ihnen erlangten Informationen.

(7) [1]Notifizierende Behörden verfügen über eine angemessene Anzahl kompetenter Mitarbeiter, sodass sie ihre Aufgaben ordnungsgemäß wahrnehmen können. [2]Die kompetenten Mitarbeiter verfügen – wo erforderlich – über das für ihre Funktion erforderliche Fachwissen in Bereichen wie Informationstechnologie sowie KI und Recht, einschließlich der Überwachung der Grundrechte.

[1)] Nr. 1.
[2)] Nr. 2.
[3)] Kapitel III Abschnitt 4 (Art. 28–39) gilt gem. Art. 113 UAbs. 3 Buchst. b bereits ab 2.8.2025.

Art. 29[1)] Antrag einer Konformitätsbewertungsstelle auf Notifizierung. (1) Konformitätsbewertungsstellen beantragen ihre Notifizierung bei der notifizierenden Behörde des Mitgliedstaats, in dem sie niedergelassen sind.

(2) *[1]* Dem Antrag auf Notifizierung legen sie eine Beschreibung der Konformitätsbewertungstätigkeiten, des bzw. der Konformitätsbewertungsmodule und der Art der KI-Systeme, für die diese Konformitätsbewertungsstelle Kompetenz beansprucht, sowie, falls vorhanden, eine Akkreditierungsurkunde bei, die von einer nationalen Akkreditierungsstelle ausgestellt wurde und in der bescheinigt wird, dass die Konformitätsbewertungsstelle die Anforderungen des Artikels 31 erfüllt.

[2] Sonstige gültige Dokumente in Bezug auf bestehende Benennungen der antragstellenden notifizierten Stelle im Rahmen anderer Harmonisierungsrechtsvorschriften der Union sind ebenfalls beizufügen.

(3) Kann die betreffende Konformitätsbewertungsstelle keine Akkreditierungsurkunde vorweisen, so legt sie der notifizierenden Behörde als Nachweis alle Unterlagen vor, die erforderlich sind, um zu überprüfen, festzustellen und regelmäßig zu überwachen, ob sie die Anforderungen des Artikels 31 erfüllt.

(4) [1]Bei notifizierten Stellen, die im Rahmen anderer Harmonisierungsrechtsvorschriften der Union benannt wurden, können alle Unterlagen und Bescheinigungen im Zusammenhang mit solchen Benennungen zur Unterstützung ihres Benennungsverfahrens nach dieser Verordnung verwendet werden. [2]Die notifizierte Stelle aktualisiert die in den Absätzen 2 und 3 des vorliegenden Artikels genannte Dokumentation immer dann, wenn sich relevante Änderungen ergeben, damit die für notifizierte Stellen zuständige Behörde überwachen und überprüfen kann, ob die Anforderungen des Artikels 31 kontinuierlich erfüllt sind.

Art. 30[1)] Notifizierungsverfahren. (1) Die notifizierenden Behörden dürfen nur Konformitätsbewertungsstellen notifizieren, die die Anforderungen des Artikels 31 erfüllen.

(2) Die notifizierenden Behörden unterrichten die Kommission und die übrigen Mitgliedstaaten mithilfe des elektronischen Notifizierungsinstruments, das von der Kommission entwickelt und verwaltet wird, über jede Konformitätsbewertungsstelle gemäß Absatz 1.

(3) [1]Die Notifizierung gemäß Absatz 2 des vorliegenden Artikels enthält vollständige Angaben zu den Konformitätsbewertungstätigkeiten, dem betreffenden Konformitätsbewertungsmodul oder den betreffenden Konformitätsbewertungsmodulen, den betreffenden Arten der KI-Systeme und der einschlägigen Bestätigung der Kompetenz. [2]Beruht eine Notifizierung nicht auf einer Akkreditierungsurkunde gemäß Artikel 29 Absatz 2, so legt die notifizierende Behörde der Kommission und den anderen Mitgliedstaaten die Unterlagen vor, die die Kompetenz der Konformitätsbewertungsstelle und die Vereinbarungen nachweisen, die getroffen wurden, um sicherzustellen, dass die Stelle regelmäßig überwacht wird und weiterhin die Anforderungen des Artikels 31 erfüllt.

(4) Die betreffende Konformitätsbewertungsstelle darf die Tätigkeiten einer notifizierten Stelle nur dann wahrnehmen, wenn weder die Kommission noch

---

[1)] Kapitel III Abschnitt 4 (Art. 28–39) gilt gem. Art. 113 UAbs. 3 Buchst. b bereits ab 2.8.2025.

die anderen Mitgliedstaaten innerhalb von zwei Wochen nach einer Notifizierung durch eine notifizierende Behörde, falls eine Akkreditierungsurkunde gemäß Artikel 29 Absatz 2 vorgelegt wird, oder innerhalb von zwei Monaten nach einer Notifizierung durch eine notifizierende Behörde, falls als Nachweis Unterlagen gemäß Artikel 29 Absatz 3 vorgelegt werden, Einwände erhoben haben.

(5) [1] Werden Einwände erhoben, konsultiert die Kommission unverzüglich die betreffenden Mitgliedstaaten und die Konformitätsbewertungsstelle. [2] Im Hinblick darauf entscheidet die Kommission, ob die Genehmigung gerechtfertigt ist. [3] Die Kommission richtet ihren Beschluss an die betroffenen Mitgliedstaaten und an die zuständige Konformitätsbewertungsstelle.

Art. 31[1)] Anforderungen an notifizierte Stellen. (1) Eine notifizierte Stelle wird nach dem nationalen Recht eines Mitgliedstaats gegründet und muss mit Rechtspersönlichkeit ausgestattet sein.

(2) Die notifizierten Stellen müssen die zur Wahrnehmung ihrer Aufgaben erforderlichen Anforderungen an die Organisation, das Qualitätsmanagement, die Ressourcenausstattung und die Verfahren sowie angemessene Cybersicherheitsanforderungen erfüllen.

(3) Die Organisationsstruktur, die Zuweisung der Zuständigkeiten, die Berichtslinien und die Funktionsweise der notifizierten Stellen müssen das Vertrauen in ihre Leistung und in die Ergebnisse der von ihnen durchgeführten Konformitätsbewertungstätigkeiten gewährleisten.

(4) [1] Die notifizierten Stellen müssen von dem Anbieter eines Hochrisiko-KI-Systems, zu dem sie Konformitätsbewertungstätigkeiten durchführen, unabhängig sein. [2] Außerdem müssen die notifizierten Stellen von allen anderen Akteuren, die ein wirtschaftliches Interesse an den bewerteten Hochrisiko-KI-Systemen haben, und von allen Wettbewerbern des Anbieters unabhängig sein. [3] Dies schließt die Verwendung von bewerteten Hochrisiko-KI-Systemen, die für die Tätigkeit der Konformitätsbewertungsstelle nötig sind, oder die Verwendung solcher Hochrisiko-KI-Systeme zum persönlichen Gebrauch nicht aus.

(5) [1] Weder die Konformitätsbewertungsstelle, ihre oberste Leitungsebene noch die für die Erfüllung ihrer Konformitätsbewertungsaufgaben zuständigen Mitarbeiter dürfen direkt an Entwurf, Entwicklung, Vermarktung oder Verwendung von Hochrisiko-KI-Systemen beteiligt sein oder die an diesen Tätigkeiten beteiligten Parteien vertreten. [2] Sie dürfen sich nicht mit Tätigkeiten befassen, die ihre Unabhängigkeit bei der Beurteilung oder ihre Integrität im Zusammenhang mit den Konformitätsbewertungstätigkeiten, für die sie notifiziert sind, beeinträchtigen könnten. [3] Dies gilt besonders für Beratungsdienstleistungen.

(6) [1] Notifizierte Stellen werden so organisiert und geführt, dass bei der Ausübung ihrer Tätigkeit Unabhängigkeit, Objektivität und Unparteilichkeit gewahrt sind. [2] Von den notifizierten Stellen werden eine Struktur und Verfahren dokumentiert und umgesetzt, die ihre Unparteilichkeit gewährleisten und sicherstellen, dass die Grundsätze der Unparteilichkeit in ihrer gesamten

[1)] Kapitel III Abschnitt 4 (Art. 28–39) gilt gem. Art. 113 UAbs. 3 Buchst. b bereits ab 2.8.2025.

Organisation, von allen Mitarbeitern und bei allen Bewertungstätigkeiten gefördert und angewandt werden.

(7) [1] Die notifizierten Stellen gewährleisten durch dokumentierte Verfahren, dass ihre Mitarbeiter, Ausschüsse, Zweigstellen, Unterauftragnehmer sowie alle zugeordneten Stellen oder Mitarbeiter externer Einrichtungen die Vertraulichkeit der Informationen, die bei der Durchführung der Konformitätsbewertungstätigkeiten in ihren Besitz gelangen, im Einklang mit Artikel 78 wahren, außer wenn ihre Offenlegung gesetzlich vorgeschrieben ist. [2] Informationen, von denen Mitarbeiter der notifizierten Stellen bei der Durchführung ihrer Aufgaben gemäß dieser Verordnung Kenntnis erlangen, unterliegen der beruflichen Schweigepflicht, außer gegenüber den notifizierenden Behörden des Mitgliedstaats, in dem sie ihre Tätigkeiten ausüben.

(8) Die notifizierten Stellen verfügen über Verfahren zur Durchführung ihrer Tätigkeiten unter gebührender Berücksichtigung der Größe eines Betreibers, des Sektors, in dem er tätig ist, seiner Struktur sowie der Komplexität des betreffenden KI-Systems.

(9) Die notifizierten Stellen schließen eine angemessene Haftpflichtversicherung für ihre Konformitätsbewertungstätigkeiten ab, es sei denn, diese Haftpflicht wird aufgrund nationalen Rechts von dem Mitgliedstaat, in dem sie niedergelassen sind, gedeckt oder dieser Mitgliedstaat ist selbst unmittelbar für die Konformitätsbewertung zuständig.

(10) Die notifizierten Stellen müssen in der Lage sein, ihre Aufgaben gemäß dieser Verordnung mit höchster beruflicher Integrität und der erforderlichen Fachkompetenz in dem betreffenden Bereich auszuführen, gleichgültig, ob diese Aufgaben von den notifizierten Stellen selbst oder in ihrem Auftrag und in ihrer Verantwortung durchgeführt werden.

(11) [1] Die notifizierten Stellen müssen über ausreichende interne Kompetenzen verfügen, um die von externen Stellen in ihrem Namen wahrgenommen Aufgaben wirksam beurteilen zu können. [2] Die notifizierten Stellen müssen ständig über ausreichendes administratives, technisches, juristisches und wissenschaftliches Personal verfügen, das Erfahrungen und Kenntnisse in Bezug auf einschlägige Arten der KI-Systeme, Daten und Datenverarbeitung sowie die in Abschnitt 2 festgelegten Anforderungen besitzt.

(12) [1] Die notifizierten Stellen wirken an den in Artikel 38 genannten Koordinierungstätigkeiten mit. [2] Sie wirken außerdem unmittelbar oder mittelbar an der Arbeit der europäischen Normungsorganisationen mit oder stellen sicher, dass sie stets über den Stand der einschlägigen Normen unterrichtet sind.

Art. 32[1)] Vermutung der Konformität mit den Anforderungen an notifizierte Stellen. Weist eine Konformitätsbewertungsstelle nach, dass sie die Kriterien der einschlägigen harmonisierten Normen, deren Fundstellen im *Amtsblatt der Europäischen Union* veröffentlicht wurden, oder Teile dieser Normen erfüllt, so wird davon ausgegangen, dass sie die Anforderungen des Artikels 31, soweit diese von den geltenden harmonisierten Normen erfasst werden, erfüllt.

[1)] Kapitel III Abschnitt 4 (Art. 28–39) gilt gem. Art. 113 UAbs. 3 Buchst. b bereits ab 2.8.2025.

Art. 33[1)] Zweigstellen notifizierter Stellen und Vergabe von Unteraufträgen. (1) Vergibt eine notifizierte Stelle bestimmte mit der Konformitätsbewertung verbundene Aufgaben an Unterauftragnehmer oder überträgt sie diese einer Zweigstelle, so stellt sie sicher, dass der Unterauftragnehmer oder die Zweigstelle die Anforderungen des Artikels 31 erfüllt, und informiert die notifizierende Behörde darüber.

(2) Die notifizierten Stellen tragen die volle Verantwortung für Arbeiten, die von jedweden Unterauftragnehmern oder Zweigstellen ausgeführt werden.

(3) [1] Tätigkeiten dürfen nur mit Zustimmung des Anbieters an einen Unterauftragnehmer vergeben oder einer Zweigstelle übertragen werden. [2] Die notifizierten Stellen veröffentlichen ein Verzeichnis ihrer Zweigstellen.

(4) Die einschlägigen Unterlagen über die Bewertung der Qualifikation des Unterauftragnehmers oder der Zweigstelle und die von ihnen gemäß dieser Verordnung ausgeführten Arbeiten werden für einen Zeitraum von fünf Jahren ab dem Datum der Beendigung der Unterauftragsvergabe für die notifizierende Behörde bereitgehalten.

Art. 34[1)] Operative Pflichten der notifizierten Stellen. (1) Die notifizierten Stellen überprüfen die Konformität von Hochrisiko-KI-Systemen nach den in Artikel 43 festgelegten Konformitätsbewertungsverfahren.

(2) [1] Die notifizierten Stellen vermeiden bei der Durchführung ihrer Tätigkeiten unnötige Belastungen für die Anbieter und berücksichtigen gebührend die Größe des Anbieters, den Sektor, in dem er tätig ist, seine Struktur sowie die Komplexität des betreffenden Hochrisiko-KI-Systems, um insbesondere den Verwaltungsaufwand und die Befolgungskosten für Kleinstunternehmen und kleine Unternehmen im Sinne der Empfehlung 2003/361/EG zu minimieren. [2] Die notifizierte Stelle muss jedoch den Grad der Strenge und das Schutzniveau einhalten, die für die Konformität des Hochrisiko-KI-Systems mit den Anforderungen dieser Verordnung erforderlich sind.

(3) Die notifizierten Stellen machen der in Artikel 28 genannten notifizierenden Behörde sämtliche einschlägige Dokumentation, einschließlich der Dokumentation des Anbieters, zugänglich bzw. übermitteln diese auf Anfrage, damit diese Behörde ihre Bewertungs-, Benennungs-, Notifizierungs- und Überwachungstätigkeiten durchführen kann und die Bewertung gemäß diesem Abschnitt erleichtert wird.

Art. 35[1)] Identifizierungsnummern und Verzeichnisse notifizierter Stellen. (1) Die Kommission weist jeder notifizierten Stelle eine einzige Identifizierungsnummer zu, selbst wenn eine Stelle nach mehr als einem Rechtsakt der Union notifiziert wurde.

(2) [1] Die Kommission veröffentlicht das Verzeichnis der nach dieser Verordnung notifizierten Stellen samt ihren Identifizierungsnummern und den Tätigkeiten, für die sie notifiziert wurden. [2] Die Kommission stellt sicher, dass das Verzeichnis auf dem neuesten Stand gehalten wird.

[1)] Kapitel III Abschnitt 4 (Art. 28–39) gilt gem. Art. 113 UAbs. 3 Buchst. b bereits ab 2.8.2025.

Art. 36[1)] Änderungen der Notifizierungen. (1) Die notifizierende Behörde unterrichtet die Kommission und die anderen Mitgliedstaaten mithilfe des in Artikel 30 Absatz 2 genannten elektronischen Notifizierungsinstruments über alle relevanten Änderungen der Notifizierung einer notifizierten Stelle.

(2) *[1]* Für Erweiterungen des Anwendungsbereichs der Notifizierung gelten die in den Artikeln 29 und 30 festgelegten Verfahren.

[2] Für andere Änderungen der Notifizierung als Erweiterungen ihres Anwendungsbereichs gelten die in den Absätzen 3 bis 9 dargelegten Verfahren.

(3) [1] Beschließt eine notifizierte Stelle die Einstellung ihrer Konformitätsbewertungstätigkeiten, so informiert sie die betreffende notifizierende Behörde und die betreffenden Anbieter so bald wie möglich und im Falle einer geplanten Einstellung ihrer Tätigkeiten mindestens ein Jahr vor deren Einstellung darüber. [2] Die Bescheinigungen der notifizierten Stelle können für einen Zeitraum von neun Monaten nach Einstellung der Tätigkeiten der notifizierten Stelle gültig bleiben, sofern eine andere notifizierte Stelle schriftlich bestätigt hat, dass sie die Verantwortung für die von diesen Bescheinigungen abgedeckten Hochrisiko-KI-Systeme übernimmt. [3] Die letztgenannte notifizierte Stelle führt vor Ablauf dieser Frist von neun Monaten eine vollständige Bewertung der betroffenen Hochrisiko-KI-Systeme durch, bevor sie für diese neue Bescheinigungen ausstellt. [4] Stellt die notifizierte Stelle ihre Tätigkeit ein, so widerruft die notifizierende Behörde die Benennung.

(4) [1] Hat eine notifizierende Behörde hinreichenden Grund zu der Annahme, dass eine notifizierte Stelle die in Artikel 31 festgelegten Anforderungen nicht mehr erfüllt oder dass sie ihren Pflichten nicht nachkommt, so untersucht die notifizierende Behörde den Sachverhalt unverzüglich und mit äußerster Sorgfalt. [2] In diesem Zusammenhang teilt sie der betreffenden notifizierten Stelle die erhobenen Einwände mit und gibt ihr die Möglichkeit, dazu Stellung zu nehmen. [3] Kommt die notifizierende Behörde zu dem Schluss, dass die notifizierte Stelle die in Artikel 31 festgelegten Anforderungen nicht mehr erfüllt oder dass sie ihren Pflichten nicht nachkommt, schränkt sie die Benennung gegebenenfalls ein, setzt sie aus oder widerruft sie, je nach Schwere der Nichterfüllung dieser Anforderungen oder Pflichtverletzung. [4] Sie informiert die Kommission und die anderen Mitgliedstaaten unverzüglich darüber.

(5) Wird die Benennung einer notifizierten Stelle ausgesetzt, eingeschränkt oder vollständig oder teilweise widerrufen, so informiert die notifizierte Stelle die betreffenden Anbieter innerhalb von zehn Tagen darüber.

(6) Wird eine Benennung eingeschränkt, ausgesetzt oder widerrufen, so ergreift die notifizierende Behörde geeignete Maßnahmen, um sicherzustellen, dass die Akten der betreffenden notifizierten Stelle für die notifizierenden Behörden in anderen Mitgliedstaaten und die Marktüberwachungsbehörden bereitgehalten und ihnen auf deren Anfrage zur Verfügung gestellt werden.

(7) Wird eine Benennung eingeschränkt, ausgesetzt oder widerrufen, so geht die notifizierende Behörde wie folgt vor:

a) Sie bewertet die Auswirkungen auf die von der notifizierten Stelle ausgestellten Bescheinigungen;

[1)] Kapitel III Abschnitt 4 (Art. 28–39) gilt gem. Art. 113 UAbs. 3 Buchst. b bereits ab 2.8.2025.

b) sie legt der Kommission und den anderen Mitgliedstaaten innerhalb von drei Monaten nach Notifizierung der Änderungen der Benennung einen Bericht über ihre diesbezüglichen Ergebnisse vor;
c) sie weist die notifizierte Stelle zur Gewährleistung der fortlaufenden Konformität der im Verkehr befindlichen Hochrisiko-KI-Systeme an, sämtliche nicht ordnungsgemäß ausgestellten Bescheinigungen innerhalb einer von der Behörde festgelegten angemessenen Frist auszusetzen oder zu widerrufen;
d) sie informiert die Kommission und die Mitgliedstaaten über Bescheinigungen, deren Aussetzung oder Widerruf sie angewiesen hat;
e) sie stellt den zuständigen nationalen Behörden des Mitgliedstaats, in dem der Anbieter seine eingetragene Niederlassung hat, alle relevanten Informationen über Bescheinigungen, deren Aussetzung oder Widerruf sie angewiesen hat, zur Verfügung; diese Behörde ergreift erforderlichenfalls geeignete Maßnahmen, um ein mögliches Risiko für Gesundheit, Sicherheit oder Grundrechte zu verhindern.

(8) Abgesehen von den Fällen, in denen Bescheinigungen nicht ordnungsgemäß ausgestellt wurden und in denen eine Benennung ausgesetzt oder eingeschränkt wurde, bleiben die Bescheinigungen unter einem der folgenden Umstände gültig:

a) Die notifizierende Behörde hat innerhalb eines Monats nach der Aussetzung oder Einschränkung bestätigt, dass im Zusammenhang mit den von der Aussetzung oder Einschränkung betroffenen Bescheinigungen kein Risiko für Gesundheit, Sicherheit oder Grundrechte besteht, und die notifizierende Behörde hat einen Zeitplan für Maßnahmen zur Aufhebung der Aussetzung oder Einschränkung genannt oder
b) die notifizierende Behörde hat bestätigt, dass keine von der Aussetzung betroffenen Bescheinigungen während der Dauer der Aussetzung oder Einschränkung ausgestellt, geändert oder erneut ausgestellt werden, und gibt an, ob die notifizierte Stelle in der Lage ist, bestehende ausgestellte Bescheinigungen während der Dauer der Aussetzung oder Einschränkung weiterhin zu überwachen und die Verantwortung dafür zu übernehmen; falls die notifizierende Behörde feststellt, dass die notifizierte Stelle nicht in der Lage ist, bestehende ausgestellte Bescheinigungen weiterzuführen, so bestätigt der Anbieter des von der Bescheinigung abgedeckten Systems den zuständigen nationalen Behörden des Mitgliedstaats, in dem er seine eingetragene Niederlassung hat, innerhalb von drei Monaten nach der Aussetzung oder Einschränkung schriftlich, dass eine andere qualifizierte notifizierte Stelle vorübergehend die Aufgaben der notifizierten Stelle zur Überwachung der Bescheinigung übernimmt und dass sie während der Dauer der Aussetzung oder Einschränkung für die Bescheinigung verantwortlich bleibt.

(9) *[1]* [1] Abgesehen von den Fällen, in denen Bescheinigungen nicht ordnungsgemäß ausgestellt wurden und in denen eine Benennung widerrufen wurde, bleiben die Bescheinigungen unter folgenden Umständen für eine Dauer von neun Monaten gültig:

a) Die zuständige nationale Behörde des Mitgliedstaats, in dem der Anbieter des von der Bescheinigung abgedeckten Hochrisiko-KI-Systems seine eingetragene Niederlassung hat, hat bestätigt, dass im Zusammenhang mit den betreffenden Hochrisiko-KI-Systemen kein Risiko für Gesundheit, Sicherheit oder Grundrechte besteht, und

b) eine andere notifizierte Stelle hat schriftlich bestätigt, dass sie die unmittelbare Verantwortung für diese KI-Systeme übernehmen und deren Bewertung innerhalb von 12 Monaten ab dem Widerruf der Benennung abgeschlossen haben wird.

[2] Unter den in Unterabsatz 1 genannten Umständen kann die zuständige nationale Behörde des Mitgliedstaats, in dem der Anbieter des von der Bescheinigung abgedeckten Systems seine Niederlassung hat, die vorläufige Gültigkeit der Bescheinigungen um zusätzliche Zeiträume von je drei Monaten, jedoch nicht um insgesamt mehr als 12 Monate, verlängern.

[2] Die zuständige nationale Behörde oder die notifizierte Stelle, die die Aufgaben der von der Benennungsänderung betroffenen notifizierten Stelle übernimmt, informiert unverzüglich die Kommission, die anderen Mitgliedstaaten und die anderen notifizierten Stellen darüber.

Art. 37[1)] Anfechtungen der Kompetenz notifizierter Stellen. (1) Die Kommission untersucht erforderlichenfalls alle Fälle, in denen begründete Zweifel an der Kompetenz einer notifizierten Stelle oder daran bestehen, dass eine notifizierte Stelle die in Artikel 31 festgelegten Anforderungen und ihre geltenden Pflichten weiterhin erfüllt.

(2) Die notifizierende Behörde stellt der Kommission auf Anfrage alle Informationen über die Notifizierung oder die Aufrechterhaltung der Kompetenz der betreffenden notifizierten Stelle zur Verfügung.

(3) Die Kommission stellt sicher, dass alle im Verlauf ihrer Untersuchungen gemäß diesem Artikel erlangten sensiblen Informationen gemäß Artikel 78 vertraulich behandelt werden.

(4) [1] Stellt die Kommission fest, dass eine notifizierte Stelle die Anforderungen für ihre Notifizierung nicht oder nicht mehr erfüllt, so informiert sie den notifizierenden Mitgliedstaat entsprechend und fordert ihn auf, die erforderlichen Abhilfemaßnahmen zu treffen, einschließlich einer Aussetzung oder eines Widerrufs der Notifizierung, sofern dies nötig ist. [2] Versäumt es ein Mitgliedstaat, die erforderlichen Abhilfemaßnahmen zu ergreifen, kann die Kommission die Benennung im Wege eines Durchführungsrechtsakts aussetzen, einschränken oder widerrufen. [3] Dieser Durchführungsrechtsakt wird gemäß dem in Artikel 98 Absatz 2 genannten Prüfverfahren erlassen.

Art. 38[1)] Koordinierung der notifizierten Stellen. (1) Die Kommission sorgt dafür, dass in Bezug auf Hochrisiko-KI-Systeme eine zweckmäßige Koordinierung und Zusammenarbeit zwischen den an den Konformitätsbewertungsverfahren im Rahmen dieser Verordnung beteiligten notifizierten Stellen in Form einer sektoralen Gruppe notifizierter Stellen eingerichtet und ordnungsgemäß weitergeführt wird.

(2) Jede notifizierende Behörde sorgt dafür, dass sich die von ihr notifizierten Stellen direkt oder über benannte Vertreter an der Arbeit der in Absatz 1 genannten Gruppe beteiligen.

(3) Die Kommission sorgt für den Austausch von Wissen und bewährten Verfahren zwischen den notifizierenden Behörden.

[1)] Kapitel III Abschnitt 4 (Art. 28–39) gilt gem. Art. 113 UAbs. 3 Buchst. b bereits ab 2.8.2025.

Art. 39[1)] Konformitätsbewertungsstellen in Drittländern. Konformitätsbewertungsstellen, die nach dem Recht eines Drittlands errichtet wurden, mit dem die Union ein Abkommen geschlossen hat, können ermächtigt werden, die Tätigkeiten notifizierter Stellen gemäß dieser Verordnung durchzuführen, sofern sie die Anforderungen gemäß Artikel 31 erfüllen oder das gleiche Maß an Konformität gewährleisten.

Abschnitt 5. Normen, Konformitätsbewertung, Bescheinigungen, Registrierung

Art. 40 Harmonisierte Normen und Normungsdokumente. (1) Bei Hochrisiko-KI-Systemen oder KI-Modellen mit allgemeinem Verwendungszweck, die mit harmonisierten Normen oder Teilen davon, deren Fundstellen gemäß der Verordnung (EU) Nr. 1025/2012 im *Amtsblatt der Europäischen Union* veröffentlicht wurden, übereinstimmen, wird eine Konformität mit den Anforderungen gemäß Abschnitt 2 des vorliegenden Kapitels oder gegebenenfalls mit den Pflichten gemäß Kapitel V Abschnitte 2 und 3 der vorliegenden Verordnung vermutet, soweit diese Anforderungen oder Verpflichtungen von den Normen abgedeckt sind.

(2) *[1]* [1] Gemäß Artikel 10 der Verordnung (EU) Nr. 1025/2012 erteilt die Kommission unverzüglich Normungsaufträge, die alle Anforderungen gemäß Abschnitt 2 des vorliegenden Kapitels abdecken und gegebenenfalls Normungsaufträge, die Pflichten gemäß Kapitel V Abschnitte 2 und 3 der vorliegenden Verordnung abdecken. [2] In dem Normungsauftrag werden auch Dokumente zu den Berichterstattungs- und Dokumentationsverfahren im Hinblick auf die Verbesserung der Ressourcenleistung von KI-Systemen z.B. durch die Verringerung des Energie- und sonstigen Ressourcenverbrauchs des Hochrisiko-KI-Systems während seines gesamten Lebenszyklus und zu der energieeffizienten Entwicklung von KI-Modellen mit allgemeinem Verwendungszweck verlangt. [3] Bei der Ausarbeitung des Normungsauftrags konsultiert die Kommission das KI-Gremium und die einschlägigen Interessenträger, darunter das Beratungsforum.

[2] Bei der Erteilung eines Normungsauftrags an die europäischen Normungsorganisationen gibt die Kommission an, dass die Normen klar und – u.a. mit den Normen, die in den verschiedenen Sektoren für Produkte entwickelt wurden, die unter die in Anhang I aufgeführten geltenden Harmonisierungsrechtsvorschriften der Union fallen – konsistent sein müssen und sicherstellen sollen, dass die in der Union in Verkehr gebrachten oder in Betrieb genommenen Hochrisiko-KI-Systeme oder KI-Modelle mit allgemeinem Verwendungszweck die in dieser Verordnung festgelegten einschlägigen Anforderungen oder Pflichten erfüllen.

[3] Die Kommission fordert die europäischen Normungsorganisationen auf, Nachweise dafür vorzulegen, dass sie sich nach besten Kräften bemühen, die in den Unterabsätzen 1 und 2 dieses Absatzes genannten Ziele im Einklang mit Artikel 24 der Verordnung (EU) Nr. 1025/2012 zu erreichen.

(3) Die am Normungsprozess Beteiligten bemühen sich, Investitionen und Innovationen im Bereich der KI, u.a. durch Erhöhung der Rechtssicherheit, sowie der Wettbewerbsfähigkeit und des Wachstums des Unionsmarktes zu

[1)] Kapitel III Abschnitt 4 (Art. 28–39) gilt gem. Art. 113 UAbs. 3 Buchst. b bereits ab 2.8.2025.

fördern und zur Stärkung der weltweiten Zusammenarbeit bei der Normung und zur Berücksichtigung bestehender internationaler Normen im Bereich der KI, die mit den Werten, Grundrechten und Interessen der Union im Einklang stehen, beizutragen und die Multi-Stakeholder-Governance zu verbessern, indem eine ausgewogene Vertretung der Interessen und eine wirksame Beteiligung aller relevanten Interessenträger gemäß den Artikeln 5, 6 und 7 der Verordnung (EU) Nr. 1025/2012 sichergestellt werden.

Art. 41 Gemeinsame Spezifikationen. (1) *[1]* [1] Die Kommission kann Durchführungsrechtsakte zur Festlegung gemeinsamer Spezifikationen für die Anforderungen gemäß Abschnitt 2 dieses Kapitels oder gegebenenfalls die Pflichten gemäß Kapitel V Abschnitte 2 und 3 erlassen, wenn die folgenden Bedingungen erfüllt sind:

a) Die Kommission hat gemäß Artikel 10 Absatz 1 der Verordnung (EU) Nr. 1025/2012 eine oder mehrere europäische Normungsorganisationen damit beauftragt, eine harmonisierte Norm für die in Abschnitt 2 dieses Kapitels festgelegten Anforderungen oder gegebenenfalls für die in Kapitel V Abschnitte 2 und 3 festgelegten Pflichten zu erarbeiten, und
   i) der Auftrag wurde von keiner der europäischen Normungsorganisationen angenommen oder
   ii) die harmonisierten Normen, die Gegenstand dieses Auftrags sind, werden nicht innerhalb der gemäß Artikel 10 Absatz 1 der Verordnung (EU) Nr. 1025/2012 festgelegten Frist erarbeitet oder
   iii) die einschlägigen harmonisierten Normen tragen den Bedenken im Bereich der Grundrechte nicht ausreichend Rechnung oder
   iv) die harmonisierten Normen entsprechen nicht dem Auftrag und
b) im *Amtsblatt der Europäischen Union* sind keine Fundstellen zu harmonisierten Normen gemäß der Verordnung (EU) Nr. 1025/2012 veröffentlicht, die den in Abschnitt 2 dieses Kapitels aufgeführten Anforderungen oder gegebenenfalls den in Kapitel V Abschnitte 2 und 3 aufgeführten Pflichten genügen, und es ist nicht zu erwarten, dass eine solche Fundstelle innerhalb eines angemessenen Zeitraums veröffentlicht wird.

[2] Bei der Verfassung der gemeinsamen Spezifikationen konsultiert die Kommission das in Artikel 67 genannte Beratungsforum.

[2] Die in Unterabsatz 1 des vorliegenden Absatzes genannten Durchführungsrechtsakte werden gemäß dem in Artikel 98 Absatz 2 genannten Prüfverfahren erlassen.

(2) Vor der Ausarbeitung eines Entwurfs eines Durchführungsrechtsakts informiert die Kommission den in Artikel 22 der Verordnung (EU) Nr. 1025/2012 genannten Ausschuss darüber, dass sie die in Absatz 1 des vorliegenden Artikels festgelegten Bedingungen als erfüllt erachtet.

(3) Bei Hochrisiko-KI-Systemen oder KI-Modellen mit allgemeinem Verwendungszweck, die mit den in Absatz 1 genannten gemeinsamen Spezifikationen oder Teilen dieser Spezifikationen übereinstimmen, wird eine Konformität mit den Anforderungen in Abschnitt 2 dieses Kapitels oder gegebenenfalls die Einhaltung der in Kapitel V Abschnitte 2 und 3 genannten Pflichten vermutet, soweit diese Anforderungen oder diese Pflichten von den gemeinsamen Spezifikationen abgedeckt sind.

(4) [1] Wird eine harmonisierte Norm von einer europäischen Normungsorganisation angenommen und der Kommission zur Veröffentlichung ihrer Fundstelle im *Amtsblatt der Europäischen Union* vorgeschlagen, so bewertet die Kommission die harmonisierte Norm gemäß der Verordnung (EU) Nr. 1025/2012. [2] Wird die Fundstelle zu einer harmonisierten Norm im *Amtsblatt der Europäischen Union* veröffentlicht, so werden die in Absatz 1 genannten Durchführungsrechtsakte, die dieselben Anforderungen gemäß Abschnitt 2 dieses Kapitels oder gegebenenfalls dieselben Pflichten gemäß Kapitel V Abschnitte 2 und 3 erfassen, von der Kommission ganz oder teilweise aufgehoben.

(5) Wenn Anbieter von Hochrisiko-KI-Systemen oder KI-Modellen mit allgemeinem Verwendungszweck die in Absatz 1 genannten gemeinsamen Spezifikationen nicht befolgen, müssen sie hinreichend nachweisen, dass sie technische Lösungen verwenden, die die in Abschnitt 2 dieses Kapitels aufgeführten Anforderungen oder gegebenenfalls die Pflichten gemäß Kapitel V Abschnitte 2 und 3 zumindest in gleichem Maße erfüllen;

(6) [1] Ist ein Mitgliedstaat der Auffassung, dass eine gemeinsame Spezifikation den Anforderungen gemäß Abschnitt 2 nicht vollständig entspricht oder gegebenenfalls die Pflichten gemäß Kapitel V Abschnitte 2 und 3 nicht vollständig erfüllt, so setzt er die Kommission im Rahmen einer ausführlichen Erläuterung davon in Kenntnis. [2] Die Kommission bewertet die betreffende Information und ändert gegebenenfalls den Durchführungsrechtsakt, durch den die betreffende gemeinsame Spezifikation festgelegt wurde.

Art. 42 Vermutung der Konformität mit bestimmten Anforderungen.

(1) Für Hochrisiko-KI-Systeme, die mit Daten, in denen sich die besonderen geografischen, verhaltensbezogenen, kontextuellen oder funktionalen Rahmenbedingungen niederschlagen, unter denen sie verwendet werden sollen, trainiert und getestet wurden, gilt die Vermutung, dass sie die in Artikel 10 Absatz 4 festgelegten einschlägigen Anforderungen erfüllen.

(2) Für Hochrisiko-KI-Systeme, die im Rahmen eines der Cybersicherheitszertifizierungssysteme gemäß der Verordnung (EU) 2019/881, deren Fundstellen im *Amtsblatt der Europäischen Union* veröffentlicht wurden, zertifiziert wurden oder für die eine solche Konformitätserklärung erstellt wurde, gilt die Vermutung, dass sie die in Artikel 15 der vorliegenden Verordnung festgelegten Cybersicherheitsanforderungen erfüllen, sofern diese Anforderungen von der Cybersicherheitszertifizierung oder der Konformitätserklärung oder Teilen davon abdeckt sind.

Art. 43 Konformitätsbewertung. (1) [1] Hat ein Anbieter zum Nachweis, dass ein in Anhang III Nummer 1 aufgeführtes Hochrisiko-KI-System die in Abschnitt 2 festgelegten Anforderungen erfüllt, harmonisierte Normen gemäß Artikel 40 oder gegebenenfalls gemeinsame Spezifikationen gemäß Artikel 41 angewandt, so entscheidet er sich für eines der folgenden Konformitätsbewertungsverfahren auf der Grundlage

a) der internen Kontrolle gemäß Anhang VI oder

b) der Bewertung des Qualitätsmanagementsystems und der Bewertung der technischen Dokumentation unter Beteiligung einer notifizierten Stelle gemäß Anhang VII.

[2] Zum Nachweis, dass sein Hochrisiko-KI-System die in Abschnitt 2 festgelegten Anforderungen erfüllt, befolgt der Anbieter das Konformitätsbewertungsverfahren gemäß Anhang VII, wenn

a) es harmonisierte Normen gemäß Artikel 40 nicht gibt und keine gemeinsamen Spezifikationen gemäß Artikel 41 vorliegen,
b) der Anbieter die harmonisierte Norm nicht oder nur teilweise angewandt hat;
c) die unter Buchstabe a genannten gemeinsamen Spezifikationen zwar vorliegen, der Anbieter sie jedoch nicht angewandt hat;
d) eine oder mehrere der unter Buchstabe a genannten harmonisierten Normen mit einer Einschränkung und nur für den eingeschränkten Teil der Norm veröffentlicht wurden.

[3] Für die Zwecke des Konformitätsbewertungsverfahrens gemäß Anhang VII kann der Anbieter eine der notifizierten Stellen auswählen. [4] Soll das Hochrisiko-KI-System jedoch von Strafverfolgungs-, Einwanderungs- oder Asylbehörden oder von Organen, Einrichtungen oder sonstigen Stellen der Union in Betrieb genommen werden, so übernimmt die in Artikel 74 Absatz 8 bzw. 9 genannte Marktüberwachungsbehörde die Funktion der notifizierten Stelle.

(2) Bei den in Anhang III Nummern 2 bis 8 aufgeführten Hochrisiko-KI-Systemen befolgen die Anbieter das Konformitätsbewertungsverfahren auf der Grundlage einer internen Kontrolle gemäß Anhang VI, das keine Beteiligung einer notifizierten Stelle vorsieht.

(3) *[1]* [1] Bei den Hochrisiko-KI-Systemen, die unter die in Anhang I Abschnitt A aufgeführten Harmonisierungsrechtsakte der Union fallen, befolgt der Anbieter die einschlägigen Konformitätsbewertungsverfahren, die nach diesen Rechtsakten erforderlich sind. [2] Die in Abschnitt 2 dieses Kapitels festgelegten Anforderungen gelten für diese Hochrisiko-KI-Systeme und werden in diese Bewertung einbezogen. [3] Anhang VII Nummern 4.3, 4.4 und 4.5 sowie Nummer 4.6 Absatz 5 finden ebenfalls Anwendung.

[2] Für die Zwecke dieser Bewertung sind die notifizierten Stellen, die gemäß diesen Rechtsakten notifiziert wurden, berechtigt, die Konformität der Hochrisiko-KI-Systeme mit den in Abschnitt 2 festgelegten Anforderungen zu kontrollieren, sofern im Rahmen des gemäß diesen Rechtsakten durchgeführten Notifizierungsverfahrens geprüft wurde, dass diese notifizierten Stellen die in Artikel 31 Absätze 4, 5, 10 und 11 festgelegten Anforderungen erfüllen.

[3] Wenn ein in Anhang I Abschnitt A aufgeführter Rechtsakte es dem Hersteller des Produkts ermöglicht, auf eine Konformitätsbewertung durch Dritte zu verzichten, sofern dieser Hersteller alle harmonisierten Normen, die alle einschlägigen Anforderungen abdecken, angewandt hat, so darf dieser Hersteller nur dann von dieser Möglichkeit Gebrauch machen, wenn er auch harmonisierte Normen oder gegebenenfalls gemeinsame Spezifikationen gemäß Artikel 41, die alle in Abschnitt 2 dieses Kapitels festgelegten Anforderungen abdecken, angewandt hat.

(4) *[1]* Hochrisiko-KI-Systeme, die bereits Gegenstand eines Konformitätsbewertungsverfahren gewesen sind, werden im Falle einer wesentlichen Änderung einem neuen Konformitätsbewertungsverfahren unterzogen, unabhängig davon, ob das geänderte System noch weiter in Verkehr gebracht oder vom derzeitigen Betreiber weitergenutzt werden soll.

[2] Bei Hochrisiko-KI-Systemen, die nach dem Inverkehrbringen oder der Inbetriebnahme weiterhin dazulernen, gelten Änderungen des Hochrisiko-KI-Systems und seiner Leistung, die vom Anbieter zum Zeitpunkt der ursprünglichen Konformitätsbewertung vorab festgelegt wurden und in den Informationen der technischen Dokumentation gemäß Anhang IV Nummer 2 Buchstabe f enthalten sind, nicht als wesentliche Veränderung;

(5) Die Kommission ist befugt, gemäß Artikel 97 delegierte Rechtsakte zu erlassen, um die Anhänge VI und VII zu ändern, indem sie sie angesichts des technischen Fortschritts aktualisiert.

(6) [1] Die Kommission ist befugt, gemäß Artikel 97 delegierte Rechtsakte zur Änderung der Absätze 1 und 2 des vorliegenden Artikels zu erlassen, um die in Anhang III Nummern 2 bis 8 genannten Hochrisiko-KI-Systeme dem Konformitätsbewertungsverfahren gemäß Anhang VII oder Teilen davon zu unterwerfen. [2] Die Kommission erlässt solche delegierten Rechtsakte unter Berücksichtigung der Wirksamkeit des Konformitätsbewertungsverfahrens auf der Grundlage einer internen Kontrolle gemäß Anhang VI hinsichtlich der Vermeidung oder Minimierung der von solchen Systemen ausgehenden Risiken für die Gesundheit und Sicherheit und den Schutz der Grundrechte sowie hinsichtlich der Verfügbarkeit angemessener Kapazitäten und Ressourcen in den notifizierten Stellen.

Art. 44 Bescheinigungen. (1) Die von notifizierten Stellen gemäß Anhang VII ausgestellten Bescheinigungen werden in einer Sprache ausgefertigt, die für die einschlägigen Behörden des Mitgliedstaats, in dem die notifizierte Stelle niedergelassen ist, leicht verständlich ist.

(2) [1] Die Bescheinigungen sind für die darin genannte Dauer gültig, die maximal fünf Jahre für unter Anhang I fallende KI-Systeme und maximal vier Jahre für unter Anhang III fallende KI-Systeme beträgt. [2] Auf Antrag des Anbieters kann die Gültigkeit einer Bescheinigung auf der Grundlage einer Neubewertung gemäß den geltenden Konformitätsbewertungsverfahren um weitere Zeiträume von jeweils höchstens fünf Jahren für unter Anhang I fallende KI-Systeme und höchstens vier Jahre für unter Anhang III fallende KI-Systeme verlängert werden. [3] Eine Ergänzung zu einer Bescheinigung bleibt gültig, sofern die Bescheinigung, zu der sie gehört, gültig ist.

(3) *[1]* [1] Stellt eine notifizierte Stelle fest, dass ein KI-System die in Abschnitt 2 festgelegten Anforderungen nicht mehr erfüllt, so setzt sie die ausgestellte Bescheinigung aus, widerruft sie oder schränkt sie ein, jeweils unter Berücksichtigung des Grundsatzes der Verhältnismäßigkeit, sofern die Einhaltung der Anforderungen nicht durch geeignete Korrekturmaßnahmen des Anbieters des Systems innerhalb einer von der notifizierten Stelle gesetzten angemessenen Frist wiederhergestellt wird. [2] Die notifizierte Stelle begründet ihre Entscheidung.

[2] Es muss ein Einspruchsverfahren gegen die Entscheidungen der notifizierten Stellen, auch solche über ausgestellte Konformitätsbescheinigungen, vorgesehen sein.

Art. 45 Informationspflichten der notifizierten Stellen. (1) Die notifizierten Stellen informieren die notifizierende Behörde über

a) alle Unionsbescheinigungen über die Bewertung der technischen Dokumentation, etwaige Ergänzungen dieser Bescheinigungen und alle Genehmigungen von Qualitätsmanagementsystemen, die gemäß den Anforderungen des Anhangs VII erteilt wurden;

b) alle Verweigerungen, Einschränkungen, Aussetzungen oder Rücknahmen von Unionsbescheinigungen über die Bewertung der technischen Dokumentation oder Genehmigungen von Qualitätsmanagementsystemen, die gemäß den Anforderungen des Anhangs VII erteilt wurden;

c) alle Umstände, die Folgen für den Anwendungsbereich oder die Bedingungen der Notifizierung haben;

d) alle Auskunftsersuchen über Konformitätsbewertungstätigkeiten, die sie von den Marktüberwachungsbehörden erhalten haben;

e) auf Anfrage die Konformitätsbewertungstätigkeiten, denen sie im Anwendungsbereich ihrer Notifizierung nachgegangen sind, und sonstige Tätigkeiten, einschließlich grenzüberschreitender Tätigkeiten und Vergabe von Unteraufträgen, die sie durchgeführt haben.

(2) Jede notifizierte Stelle informiert die anderen notifizierten Stellen über

a) die Genehmigungen von Qualitätsmanagementsystemen, die sie verweigert, ausgesetzt oder zurückgenommen hat, und auf Anfrage die Genehmigungen von Qualitätsmanagementsystemen, die sie erteilt hat;

b) die Bescheinigungen der Union über die Bewertung der technischen Dokumentation und deren etwaige Ergänzungen, die sie verweigert, ausgesetzt oder zurückgenommen oder anderweitig eingeschränkt hat, und auf Anfrage die Bescheinigungen und/oder deren Ergänzungen, die sie ausgestellt hat.

(3) Jede notifizierte Stelle übermittelt den anderen notifizierten Stellen, die ähnlichen Konformitätsbewertungstätigkeiten für die gleichen Arten der KI-Systeme nachgehen, einschlägige Informationen über negative und auf Anfrage über positive Konformitätsbewertungsergebnisse.

(4) Notifizierende Behörden gewährleisten gemäß Artikel 78 die Vertraulichkeit der von ihnen erlangten Informationen.

Art. 46 Ausnahme vom Konformitätsbewertungsverfahren. (1) [1] Abweichend von Artikel 43 und auf ein hinreichend begründetes Ersuchen kann eine Marktüberwachungsbehörde das Inverkehrbringen oder die Inbetriebnahme bestimmter Hochrisiko-KI-Systeme im Hoheitsgebiet des betreffenden Mitgliedstaats aus außergewöhnlichen Gründen der öffentlichen Sicherheit, des Schutzes des Lebens und der Gesundheit von Personen, des Umweltschutzes oder des Schutzes wichtiger Industrie- und Infrastrukturanlagen genehmigen. [2] Diese Genehmigung wird auf die Dauer der erforderlichen Konformitätsbewertungsverfahren befristet, wobei den außergewöhnlichen Gründen für die Ausnahme Rechnung getragen wird. [3] Der Abschluss dieser Verfahren erfolgt unverzüglich.

(2) [1] In hinreichend begründeten dringenden Fällen aus außergewöhnlichen Gründen der öffentlichen Sicherheit oder in Fällen einer konkreten, erheblichen und unmittelbaren Gefahr für das Leben oder die körperliche Unversehrtheit natürlicher Personen können Strafverfolgungsbehörden oder Katastrophenschutzbehörden ein bestimmtes Hochrisiko-KI-System ohne die in Absatz 1 genannte Genehmigung in Betrieb nehmen, sofern diese Genehmigung während der Verwendung oder im Anschluss daran unverzüglich beantragt wird. [2] Falls die Genehmigung gemäß Absatz 1 abgelehnt wird, wird Verwendung des Hochrisiko-KI-Systems mit sofortiger Wirkung eingestellt und sämt-

liche Ergebnisse und Ausgaben dieser Verwendung werden unverzüglich verworfen.

(3) [1]Die in Absatz 1 genannte Genehmigung wird nur erteilt, wenn die Marktüberwachungsbehörde zu dem Schluss gelangt, dass das Hochrisiko-KI-System die Anforderungen des Abschnitts 2 erfüllt. [2]Die Marktüberwachungsbehörde informiert die Kommission und die anderen Mitgliedstaaten über alle von ihr gemäß den Absätzen 1 und 2 erteilten Genehmigungen. [3]Diese Pflicht erstreckt sich nicht auf sensible operative Daten zu den Tätigkeiten von Strafverfolgungsbehörden.

(4) Erhebt weder ein Mitgliedstaat noch die Kommission innerhalb von 15 Kalendertagen nach Erhalt der in Absatz 3 genannten Mitteilung Einwände gegen die von einer Marktüberwachungsbehörde eines Mitgliedstaats gemäß Absatz 1 erteilte Genehmigung, so gilt diese Genehmigung als gerechtfertigt.

(5) [1]Erhebt innerhalb von 15 Kalendertagen nach Erhalt der in Absatz 3 genannten Mitteilung ein Mitgliedstaat Einwände gegen eine von einer Marktüberwachungsbehörde eines anderen Mitgliedstaats erteilte Genehmigung oder ist die Kommission der Auffassung, dass die Genehmigung mit dem Unionsrecht unvereinbar ist oder dass die Schlussfolgerung der Mitgliedstaaten in Bezug auf die Konformität des in Absatz 3 genannten Systems unbegründet ist, so nimmt die Kommission unverzüglich Konsultationen mit dem betreffenden Mitgliedstaat auf. [2]Die betroffenen Akteure werden konsultiert und erhalten Gelegenheit, dazu Stellung zu nehmen. [3]In Anbetracht dessen entscheidet die Kommission, ob die Genehmigung gerechtfertigt ist. [4]Die Kommission richtet ihren Beschluss an den betroffenen Mitgliedstaat und an die betroffenen Akteure.

(6) Wird die Genehmigung von der Kommission als ungerechtfertigt erachtet, so muss sie von der Marktüberwachungsbehörde des betreffenden Mitgliedstaats zurückgenommen werden.

(7) Für Hochrisiko-KI-Systeme im Zusammenhang mit Produkten, die unter die in Anhang I Abschnitt A aufgeführten Harmonisierungsrechtsvorschriften der Union fallen, gelten nur die in diesen Harmonisierungsrechtsvorschriften der Union festgelegten Ausnahmen von den Konformitätsbewertungsverfahren.

Art. 47 EU-Konformitätserklärung. (1) [1]Der Anbieter stellt für jedes Hochrisiko-KI-System eine schriftliche maschinenlesbare, physische oder elektronisch unterzeichnete EU-Konformitätserklärung aus und hält sie für einen Zeitraum von 10 Jahren ab dem Inverkehrbringen oder der Inbetriebnahme des Hochrisiko-KI-Systems für die zuständigen nationalen Behörden bereit. [2]Aus der EU-Konformitätserklärung geht hervor, für welches Hochrisiko-KI-System sie ausgestellt wurde. [3]Eine Kopie der EU-Konformitätserklärung wird den zuständigen nationalen Behörden auf Anfrage übermittelt.

(2) [1]Die EU-Konformitätserklärung muss feststellen, dass das betreffende Hochrisiko-KI-System die in Abschnitt 2 festgelegten Anforderungen erfüllt. [2]Die EU-Konformitätserklärung enthält die in Anhang V festgelegten Informationen und wird in eine Sprache übersetzt, die für die zuständigen nationalen Behörden der Mitgliedstaaten, in denen das Hochrisiko-KI-System in Verkehr gebracht oder bereitgestellt wird, leicht verständlich ist.

(3) [1] Unterliegen Hochrisiko-KI-Systeme anderen Harmonisierungsrechtsvorschriften der Union, die ebenfalls eine EU-Konformitätserklärung vorschreiben, so wird eine einzige EU-Konformitätserklärung ausgestellt, die sich auf alle für das Hochrisiko-KI-System geltenden Rechtsvorschriften der Union bezieht. [2] Die Erklärung enthält alle erforderlichen Informationen zur Feststellung der Harmonisierungsrechtsvorschriften der Union, auf die sich die Erklärung bezieht.

(4) [1] Mit der Ausstellung der EU-Konformitätserklärung übernimmt der Anbieter die Verantwortung für die Erfüllung der in Abschnitt 2 festgelegten Anforderungen. [2] Der Anbieter hält die EU-Konformitätserklärung gegebenenfalls auf dem neuesten Stand.

(5) Der Kommission ist befugt, gemäß Artikel 97 delegierte Rechtsakte zur Aktualisierung des in Anhang V festgelegten Inhalts der EU-Konformitätserklärung zu erlassen, um den genannten Anhang durch die Einführung von Elementen zu ändern, die angesichts des technischen Fortschritts erforderlich werden.

Art. 48 CE-Kennzeichnung. (1) Für die CE-Kennzeichnung gelten die in Artikel 30 der Verordnung (EG) Nr. 765/2008 festgelegten allgemeinen Grundsätze.

(2) Bei digital bereitgestellten Hochrisiko-KI-Systemen wird eine digitale CE-Kennzeichnung nur dann verwendet, wenn sie über die Schnittstelle, von der aus auf dieses System zugegriffen wird, oder über einen leicht zugänglichen maschinenlesbaren Code oder andere elektronische Mittel leicht zugänglich ist.

(3) [1] Die CE-Kennzeichnung wird gut sichtbar, leserlich und dauerhaft an Hochrisiko-KI-Systemen angebracht. [2] Falls die Art des Hochrisiko-KI-Systems dies nicht zulässt oder nicht rechtfertigt, wird sie auf der Verpackung bzw. der beigefügten Dokumentation angebracht.

(4) [1] Gegebenenfalls wird der CE-Kennzeichnung die Identifizierungsnummer der für die in Artikel 43 festgelegten Konformitätsbewertungsverfahren zuständigen notifizierten Stelle hinzugefügt. [2] Die Identifizierungsnummer der notifizierten Stelle ist entweder von der Stelle selbst oder nach ihren Anweisungen durch den Anbieter oder den Bevollmächtigten des Anbieters anzubringen. [3] Diese Identifizierungsnummer wird auch auf jeglichem Werbematerial angegeben, in dem darauf hingewiesen wird, dass das Hochrisiko-KI-System die Anforderungen für die CE-Kennzeichnung erfüllt.

(5) Falls Hochrisiko-KI-Systeme ferner unter andere Rechtsvorschriften der Union fallen, in denen die CE-Kennzeichnung auch vorgesehen ist, bedeutet die CE-Kennzeichnung, dass das Hochrisiko-KI-System auch die Anforderungen dieser anderen Rechtsvorschriften erfüllt.

Art. 49 Registrierung. (1) Vor dem Inverkehrbringen oder der Inbetriebnahme eines in Anhang III aufgeführten Hochrisiko-KI-Systems – mit Ausnahme der in Anhang III Nummer 2 genannten Hochrisiko-KI-Systeme – registriert der Anbieter oder gegebenenfalls sein Bevollmächtigter sich und sein System in der in Artikel 71 genannten EU-Datenbank.

(2) Vor dem Inverkehrbringen oder der Inbetriebnahme eines Hochrisiko-KI-Systems, bei dem der Anbieter zu dem Schluss gelangt ist, dass es nicht hochriskant gemäß Artikel 6 Absatz 3 ist, registriert dieser Anbieter oder

gegebenenfalls sein Bevollmächtigter sich und dieses System in der in Artikel 71 genannten EU-Datenbank.

(3) Vor der Inbetriebnahme oder Verwendung eines in Anhang III aufgeführten Hochrisiko-KI-Systems – mit Ausnahme der in Anhang III Nummer 2 aufgeführten Hochrisiko-KI-Systeme – registrieren sich Betreiber, bei denen es sich um Behörden oder Organe, Einrichtungen oder sonstige Stellen der Union oder in ihrem Namen handelnde Personen handelt, in der in Artikel 71 genannten EU-Datenbank, wählen das System aus und registrieren es dort.

(4) [1] Bei den in Anhang III Nummern 1, 6 und 7 genannten Hochrisiko-KI-Systemen erfolgt in den Bereichen Strafverfolgung, Migration, Asyl und Grenzkontrolle die Registrierung gemäß den Absätzen 1, 2 und 3 des vorliegenden Artikels in einem sicheren nicht öffentlichen Teil der in Artikel 71 genannten EU-Datenbank und enthält, soweit zutreffend, lediglich die Informationen gemäß

a) Anhang VIII Abschnitt A Nummern 1 bis 10 mit Ausnahme der Nummern 6, 8 und 9,
b) Anhang VIII Abschnitt B Nummern 1 bis 5 sowie Nummern 8 und 9,
c) Anhang VIII Abschnitt C Nummern 1 bis 3,
d) Anhang IX Nummern 1, 2, 3 und Nummer 5.

[2] Nur die Kommission und die in Artikel 74 Absatz 8 genannten nationalen Behörden haben Zugang zu den jeweiligen beschränkten Teilen der EU-Datenbank gemäß Unterabsatz 1 dieses Absatzes.

(5) Die in Anhang III Nummer 2 genannten Hochrisiko-KI-Systeme werden auf nationaler Ebene registriert.

Kapitel IV. Transparenzpflichten für Anbieter und Betreiber bestimmter KI-Systeme

Art. 50 Transparenzpflichten für Anbieter und Betreiber bestimmter KI-Systeme. (1) [1] Die Anbieter stellen sicher, dass KI-Systeme, die für die direkte Interaktion mit natürlichen Personen bestimmt sind, so konzipiert und entwickelt werden, dass die betreffenden natürlichen Personen informiert werden, dass sie mit einem KI-System interagieren, es sei denn, dies ist aus Sicht einer angemessen informierten, aufmerksamen und verständigen natürlichen Person aufgrund der Umstände und des Kontexts der Nutzung offensichtlich. [2] Diese Pflicht gilt nicht für gesetzlich zur Aufdeckung, Verhütung, Ermittlung oder Verfolgung von Straftaten zugelassene KI-Systeme, wenn geeignete Schutzvorkehrungen für die Rechte und Freiheiten Dritter bestehen, es sei denn, diese Systeme stehen der Öffentlichkeit zur Anzeige einer Straftat zur Verfügung.

(2) [1] Anbieter von KI-Systemen, einschließlich KI-Systemen mit allgemeinem Verwendungszweck, die synthetische Audio-, Bild-, Video- oder Textinhalte erzeugen, stellen sicher, dass die Ausgaben des KI-Systems in einem maschinenlesbaren Format gekennzeichnet und als künstlich erzeugt oder manipuliert erkennbar sind. [2] Die Anbieter sorgen dafür, dass – soweit technisch möglich – ihre technischen Lösungen wirksam, interoperabel, belastbar und zuverlässig sind und berücksichtigen dabei die Besonderheiten und Beschrän-

kungen der verschiedenen Arten von Inhalten, die Umsetzungskosten und den allgemein anerkannten Stand der Technik, wie er in den einschlägigen technischen Normen zum Ausdruck kommen kann. [3]Diese Pflicht gilt nicht, soweit die KI-Systeme eine unterstützende Funktion für die Standardbearbeitung ausführen oder die vom Betreiber bereitgestellten Eingabedaten oder deren Semantik nicht wesentlich verändern oder wenn sie zur Aufdeckung, Verhütung, Ermittlung oder Verfolgung von Straftaten gesetzlich zugelassen sind.

(3) [1]Die Betreiber eines Emotionserkennungssystems oder eines Systems zur biometrischen Kategorisierung informieren die davon betroffenen natürlichen Personen über den Betrieb des Systems und verarbeiten personenbezogene Daten gemäß den Verordnungen (EU) 2016/679[1)] und (EU) 2018/1725 und der Richtlinie (EU) 2016/680[2)]. [2]Diese Pflicht gilt nicht für gesetzlich zur Aufdeckung, Verhütung oder Ermittlung von Straftaten zugelassene KI-Systeme, die zur biometrischen Kategorisierung und Emotionserkennung im Einklang mit dem Unionsrecht verwendet werden, sofern geeignete Schutzvorkehrungen für die Rechte und Freiheiten Dritter bestehen.

(4) *[1]* [1]Betreiber eines KI-Systems, das Bild-, Ton- oder Videoinhalte erzeugt oder manipuliert, die ein Deepfake sind, müssen offenlegen, dass die Inhalte künstlich erzeugt oder manipuliert wurden. [2]Diese Pflicht gilt nicht, wenn die Verwendung zur Aufdeckung, Verhütung, Ermittlung oder Verfolgung von Straftaten gesetzlich zugelassen ist. [3]Ist der Inhalt Teil eines offensichtlich künstlerischen, kreativen, satirischen, fiktionalen oder analogen Werks oder Programms, so beschränken sich die in diesem Absatz festgelegten Transparenzpflichten darauf, das Vorhandensein solcher erzeugten oder manipulierten Inhalte in geeigneter Weise offenzulegen, die die Darstellung oder den Genuss des Werks nicht beeinträchtigt.

[2] [1]Betreiber eines KI-Systems, das Text erzeugt oder manipuliert, der veröffentlicht wird, um die Öffentlichkeit über Angelegenheiten von öffentlichem Interesse zu informieren, müssen offenlegen, dass der Text künstlich erzeugt oder manipuliert wurde. [2]Diese Pflicht gilt nicht, wenn die Verwendung zur Aufdeckung, Verhütung, Ermittlung oder Verfolgung von Straftaten gesetzlich zugelassen ist oder wenn die durch KI erzeugten Inhalte einem Verfahren der menschlichen Überprüfung oder redaktionellen Kontrolle unterzogen wurden und wenn eine natürliche oder juristische Person die redaktionelle Verantwortung für die Veröffentlichung der Inhalte trägt.

(5) [1]Die in den Absätzen 1 bis 4 genannten Informationen werden den betreffenden natürlichen Personen spätestens zum Zeitpunkt der ersten Interaktion oder Aussetzung in klarer und eindeutiger Weise bereitgestellt. [2]Die Informationen müssen den geltenden Barrierefreiheitsanforderungen entsprechen.

(6) Die Absätze 1 bis 4 lassen die in Kapitel III festgelegten Anforderungen und Pflichten unberührt und berühren nicht andere Transparenzpflichten, die im Unionsrecht oder dem nationalen Recht für Betreiber von KI-Systemen festgelegt sind.

[1)] Nr. **1**.
[2)] Nr. **2**.

(7) [1]Das Büro für Künstliche Intelligenz fördert und erleichtert die Ausarbeitung von Praxisleitfäden auf Unionsebene, um die wirksame Umsetzung der Pflichten in Bezug auf die Feststellung und Kennzeichnung künstlich erzeugter oder manipulierter Inhalte zu erleichtern. [2]Die Kommission kann Durchführungsrechtsakte zur Genehmigung dieser Praxisleitfäden nach dem in Artikel 56 Absatz 6 festgelegten Verfahren erlassen. [3]Hält sie einen Kodex für nicht angemessen, so kann die Kommission einen Durchführungsrechtsakt gemäß dem in Artikel 98 Absatz 2 genannten Prüfverfahren erlassen, in dem gemeinsame Vorschriften für die Umsetzung dieser Pflichten festgelegt werden.

Kapitel V.[1)] KI-Modelle mit allgemeinem Verwendungszweck

Abschnitt 1.[1)] Einstufungsvorschriften

Art. 51[1)] Einstufung von KI-Modellen mit allgemeinem Verwendungszweck als KI-Modelle mit allgemeinem Verwendungszweck mit systemischem Risiko. (1) Ein KI-Modell mit allgemeinem Verwendungszweck wird als KI-Modell mit allgemeinem Verwendungszweck mit systemischem Risiko eingestuft, wenn eine der folgenden Bedingungen erfüllt ist:

a) Es verfügt über Fähigkeiten mit hohem Wirkungsgrad, die mithilfe geeigneter technischer Instrumente und Methoden, einschließlich Indikatoren und Benchmarks, bewertet werden;

b) einem unter Berücksichtigung der in Anhang XIII festgelegten Kriterien von der Kommission von Amts wegen oder aufgrund einer qualifizierten Warnung des wissenschaftlichen Gremiums getroffenen Entscheidung zufolge verfügt es über Fähigkeiten oder eine Wirkung, die denen gemäß Buchstabe a entsprechen.

(2) Bei einem KI-Modell mit allgemeinem Verwendungszweck wird angenommen, dass es über Fähigkeiten mit hohem Wirkungsgrad gemäß Absatz 1 Buchstabe a verfügt, wenn die kumulierte Menge der für sein Training verwendeten Berechnungen, gemessen in Gleitkommaoperationen, mehr als 10^{25} beträgt.

(3) Die Kommission erlässt gemäß Artikel 97 delegierte Rechtsakte zur Änderung der in den Absätzen 1 und 2 des vorliegenden Artikels aufgeführten Schwellenwerte sowie zur Ergänzung von Benchmarks und Indikatoren vor dem Hintergrund sich wandelnder technologischer Entwicklungen, wie z.B. algorithmische Verbesserungen oder erhöhte Hardwareeffizienz, wenn dies erforderlich ist, damit diese Schwellenwerte dem Stand der Technik entsprechen.

Art. 52[1)] Verfahren. (1) [1]Erfüllt ein KI-Modell mit allgemeinem Verwendungszweck die Bedingung gemäß Artikel 51 Absatz 1 Buchstabe a, so teilt der betreffende Anbieter dies der Kommission unverzüglich, in jedem Fall jedoch innerhalb von zwei Wochen, nachdem diese Bedingung erfüllt ist oder bekannt wird, dass sie erfüllt wird, mit. [2]Diese Mitteilung muss die Informationen enthalten, die erforderlich sind, um nachzuweisen, dass die betreffende Bedingung erfüllt ist. [3]Erlangt die Kommission Kenntnis von einem KI-Modell mit allgemeinem Verwendungszweck, das systemische Risiken birgt, die ihr nicht

---

[1)] Kapitel V (Art. 51–56) gilt gem. Art. 113 UAbs. 3 Buchst. b bereits ab 2.8.2025.

mitgeteilt wurden, so kann sie entscheiden, es als Modell mit systemischen Risiken auszuweisen.

(2) Der Anbieter eines KI-Modells mit allgemeinem Verwendungszweck, das die in Artikel 51 Absatz 1 Buchstabe a genannte Bedingung erfüllt, kann in seiner Mitteilung hinreichend begründete Argumente vorbringen, um nachzuweisen, dass das KI-Modell mit allgemeinem Verwendungszweck, obwohl es diese Bedingung erfüllt, aufgrund seiner besonderen Merkmale außerordentlicherweise keine systemischen Risiken birgt und daher nicht als KI-Modell mit allgemeinem Verwendungszweck mit systemischem Risiko eingestuft werden sollte.

(3) Gelangt die Kommission zu dem Schluss, dass die gemäß Absatz 2 vorgebrachten Argumente nicht hinreichend begründet sind, und konnte der betreffende Anbieter nicht nachweisen, dass das KI-Modell mit allgemeinem Verwendungszweck aufgrund seiner besonderen Merkmale keine systemischen Risiken aufweist, weist sie diese Argumente zurück, und das KI-Modell mit allgemeinem Verwendungszweck gilt als KI-Modell mit allgemeiner Zweckbestimmung mit systemischem Risiko.

(4) *[1]* Die Kommission kann ein KI-Modell mit allgemeinem Verwendungszweck von Amts wegen oder aufgrund einer qualifizierten Warnung des wissenschaftlichen Gremiums gemäß Artikel 90 Absatz 1 Buchstabe a auf der Grundlage der in Anhang XIII festgelegten Kriterien als KI-Modell mit systemischen Risiken ausweisen.

[2] Die Kommission ist befugt, gemäß Artikel 97 delegierte Rechtsakte zu erlassen, um Anhang XIII zu ändern, indem die in dem genannten Anhang genannten Indikatoren präzisiert und aktualisiert werden.

(5) [1] Stellt der Anbieter, dessen Modell gemäß Absatz 4 als KI-Modell mit allgemeinem Verwendungszweck mit systemischem Risiko ausgewiesen wurde, einen entsprechenden Antrag, berücksichtigt die Kommission den Antrag und kann entscheiden, erneut zu prüfen, ob beim KI-Modell mit allgemeinem Verwendungszweck auf der Grundlage der in Anhang XIII festgelegten Kriterien immer noch davon ausgegangen werden kann, dass es systemische Risiken aufweist. [2] Dieser Antrag muss objektive, detaillierte und neue Gründe enthalten, die sich seit der Entscheidung zur Ausweisung ergeben haben. [3] Die Anbieter können frühestens sechs Monate nach der Entscheidung zur Ausweisung eine Neubewertung beantragen. [4] Entscheidet die Kommission nach ihrer Neubewertung, die Ausweisung als KI-Modell mit allgemeiner Zweckbestimmung mit systemischem Risiko beizubehalten, können die Anbieter frühestens sechs Monate nach dieser Entscheidung eine Neubewertung beantragen.

(6) Die Kommission stellt sicher, dass eine Liste von KI-Modellen mit allgemeinem Verwendungszweck mit systemischem Risiko veröffentlicht wird, und hält diese Liste unbeschadet der Notwendigkeit, Rechte des geistigen Eigentums und vertrauliche Geschäftsinformationen oder Geschäftsgeheimnisse im Einklang mit dem Unionsrecht und dem nationalen Recht zu achten und zu schützen, auf dem neuesten Stand.

Abschnitt 2.[1] Pflichten für Anbieter von KI-Modellen mit allgemeinem Verwendungszweck

Art. 53[1] Pflichten für Anbieter von KI-Modellen mit allgemeinem Verwendungszweck. (1) Anbieter von KI-Modellen mit allgemeinem Verwendungszweck

a) erstellen und aktualisieren die technische Dokumentation des Modells, einschließlich seines Trainings- und Testverfahrens und der Ergebnisse seiner Bewertung, die mindestens die in Anhang XI aufgeführten Informationen enthält, damit sie dem Büro für Künstliche Intelligenz und den zuständigen nationalen Behörden auf Anfrage zur Verfügung gestellt werden kann;

b) erstellen und aktualisieren Informationen und die Dokumentation und stellen sie Anbietern von KI-Systemen zur Verfügung, die beabsichtigen, das KI-Modell mit allgemeinem Verwendungszweck in ihre KI-Systeme zu integrieren. Unbeschadet der Notwendigkeit, die Rechte des geistigen Eigentums und vertrauliche Geschäftsinformationen oder Geschäftsgeheimnisse im Einklang mit dem Unionsrecht und dem nationalen Recht zu achten und zu schützen, müssen die Informationen und die Dokumentation

   i) die Anbieter von KI-Systemen in die Lage versetzen, die Fähigkeiten und Grenzen des KI-Modells mit allgemeinem Verwendungszweck gut zu verstehen und ihren Pflichten gemäß dieser Verordnung nachzukommen, und

   ii) zumindest die in Anhang XII genannten Elemente enthalten;

c) bringen eine Strategie zur Einhaltung des Urheberrechts der Union und damit zusammenhängender Rechte und insbesondere zur Ermittlung und Einhaltung eines gemäß Artikel 4 Absatz 3 der Richtlinie (EU) 2019/790 geltend gemachten Rechtsvorbehalts, auch durch modernste Technologien, auf den Weg;

d) erstellen und veröffentlichen eine hinreichend detaillierte Zusammenfassung der für das Training des KI-Modells mit allgemeinem Verwendungszweck verwendeten Inhalte nach einer vom Büro für Künstliche Intelligenz bereitgestellten Vorlage.

(2) [1]Die Pflichten gemäß Absatz 1 Buchstaben a und b gelten nicht für Anbieter von KI-Modellen, die im Rahmen einer freien und quelloffenen Lizenz bereitgestellt werden, die den Zugang, die Nutzung, die Änderung und die Verbreitung des Modells ermöglicht und deren Parameter, einschließlich Gewichte, Informationen über die Modellarchitektur und Informationen über die Modellnutzung, öffentlich zugänglich gemacht werden. [2]Diese Ausnahme gilt nicht für KI-Modellen mit allgemeinem Verwendungszweck mit systemischen Risiken.

(3) Anbieter von KI-Modellen mit allgemeinem Verwendungszweck arbeiten bei der Ausübung ihrer Zuständigkeiten und Befugnisse gemäß dieser Verordnung erforderlichenfalls mit der Kommission und den zuständigen nationalen Behörden zusammen.

(4) [1]Anbieter von KI-Modellen mit allgemeinem Verwendungszweck können sich bis zur Veröffentlichung einer harmonisierten Norm auf Praxisleitfäden im Sinne des Artikels 56 stützen, um die Einhaltung der in Absatz 1 des

---

[1] Kapitel V (Art. 51–56) gilt gem. Art. 113 UAbs. 3 Buchst. b bereits ab 2.8.2025.

vorliegenden Artikels genannten Pflichten nachzuweisen. [2]Die Einhaltung der harmonisierten europäischen Norm begründet für die Anbieter die Vermutung der Konformität, insoweit diese Normen diese Verpflichtungen abdecken. [3]Anbieter von KI-Modellen mit allgemeinem Verwendungszweck, die keinen genehmigten Praxisleitfaden befolgen oder eine harmonisierte europäische Norm nicht einhalten, müssen geeignete alternative Verfahren der Einhaltung aufzeigen, die von der Kommission zu bewerten sind.

(5) Um die Einhaltung von Anhang XI, insbesondere Nummer 2 Buchstaben d und e, zu erleichtern, ist die Kommission befugt, gemäß Artikel 97 delegierte Rechtsakte zu erlassen, um die Mess- und Berechnungsmethoden im Einzelnen festzulegen, damit eine vergleichbare und überprüfbare Dokumentation ermöglicht wird.

(6) Die Kommission ist befugt, gemäß Artikel 97 Absatz 2 delegierte Rechtsakte zu erlassen, um die Anhänge XI und XII vor dem Hintergrund sich wandelnder technologischer Entwicklungen zu ändern.

(7) Jegliche Informationen oder Dokumentation, die gemäß diesem Artikel erlangt werden, einschließlich Geschäftsgeheimnisse, werden im Einklang mit den in Artikel 78 festgelegten Vertraulichkeitspflichten behandelt.

Art. 54[1)] Bevollmächtigte der Anbieter von KI-Modellen mit allgemeinem Verwendungszweck. (1) Anbieter, die in Drittländern niedergelassen sind, benennen vor dem Inverkehrbringen eines KI-Modells mit allgemeinem Verwendungszweck auf dem Unionsmarkt schriftlich einen in der Union niedergelassenen Bevollmächtigten.

(2) Der Anbieter muss seinem Bevollmächtigten ermöglichen, die Aufgaben wahrzunehmen, die im vom Anbieter erhaltenen Auftrag festgelegt sind.

(3) [1]Der Bevollmächtigte nimmt die Aufgaben wahr, die in seinem vom Anbieter erhaltenen Auftrag festgelegt sind. [2]Er stellt dem Büro für Künstliche Intelligenz auf Anfrage eine Kopie des Auftrags in einer der Amtssprachen der Institutionen der Union bereit. [3]Für die Zwecke dieser Verordnung ermächtigt der Auftrag den Bevollmächtigten zumindest zur Wahrnehmung folgender Aufgaben:

a) Überprüfung, ob die technische Dokumentation gemäß Anhang XI erstellt wurde und alle Pflichten gemäß Artikel 53 und gegebenenfalls gemäß Artikel 55 vom Anbieter erfüllt wurden;

b) Bereithaltung einer Kopie der technischen Dokumentation gemäß Anhang XI für das Büro für Künstliche Intelligenz und die zuständigen nationalen Behörden für einen Zeitraum von zehn Jahren nach dem Inverkehrbringen des KI-Modells mit allgemeinem Verwendungszweck und der Kontaktdaten des Anbieters, der den Bevollmächtigten benannt hat;

c) Bereitstellung sämtlicher zum Nachweis der Einhaltung der Pflichten gemäß diesem Kapitel erforderlichen Informationen und Dokumentation, einschließlich der unter Buchstabe b genannten Informationen und Dokumentation, an das Büro für Künstliche Intelligenz auf begründeten Antrag;

d) Zusammenarbeit mit dem Büro für Künstliche Intelligenz und den zuständigen Behörden auf begründeten Antrag bei allen Maßnahmen, die sie im Zusammenhang mit einem KI-Modell mit allgemeinem Verwendungszweck

---

1) Kapitel V (Art. 51–56) gilt gem. Art. 113 UAbs. 3 Buchst. b bereits ab 2.8.2025.

ergreifen, auch wenn das Modell in KI-Systeme integriert ist, die in der Union in Verkehr gebracht oder in Betrieb genommen werden.

(4) Mit dem Auftrag wird der Bevollmächtigte ermächtigt, neben oder anstelle des Anbieters als Ansprechpartner für das Büro für Künstliche Intelligenz oder die zuständigen Behörden in allen Fragen zu dienen, die die Gewährleistung der Einhaltung dieser Verordnung betreffen.

(5) [1] Der Bevollmächtigte beendet den Auftrag, wenn er der Auffassung ist oder Grund zu der Annahme hat, dass der Anbieter gegen seine Pflichten gemäß dieser Verordnung verstößt. [2] In einem solchen Fall informiert er auch das Büro für Künstliche Intelligenz unverzüglich über die Beendigung des Auftrags und die Gründe dafür.

(6) Die Pflicht gemäß diesem Artikel gilt nicht für Anbieter von KI-Modellen, die im Rahmen einer freien und quelloffenen Lizenz bereitgestellt werden, die den Zugang, die Nutzung, die Änderung und die Verbreitung des Modells ermöglicht und deren Parameter, einschließlich Gewichte, Informationen über die Modellarchitektur und Informationen über die Modellnutzung, öffentlich zugänglich gemacht werden, es sei denn, die KI-Modelle mit allgemeinem Verwendungszweck bergen systemische Risiken.

Abschnitt 3.[1)] Pflichten der Anbieter von KI-Modellen mit allgemeinem Verwendungszweck mit systemischem Risiko

Art. 55[1)] Pflichten der Anbieter von KI-Modellen mit allgemeinem Verwendungszweck mit systemischem Risiko. (1) Zusätzlich zu den in den Artikeln 53 und 54 aufgeführten Pflichten müssen Anbieter von KI-Modellen mit allgemeinem Verwendungszweck mit systemischem Risiko

a) eine Modellbewertung mit standardisierten Protokollen und Instrumenten, die dem Stand der Technik entsprechen, durchführen, wozu auch die Durchführung und Dokumentation von Angriffstests beim Modell gehören, um systemische Risiken zu ermitteln und zu mindern,

b) mögliche systemische Risiken auf Unionsebene – einschließlich ihrer Ursachen –, die sich aus der Entwicklung, dem Inverkehrbringen oder der Verwendung von KI-Modellen mit allgemeinem Verwendungszweck mit systemischem Risiko ergeben können, bewerten und mindern,

c) einschlägige Informationen über schwerwiegende Vorfälle und mögliche Abhilfemaßnahmen erfassen und dokumentieren und das Büro für Künstliche Intelligenz und gegebenenfalls die zuständigen nationalen Behörden unverzüglich darüber unterrichten,

d) ein angemessenes Maß an Cybersicherheit für die KI-Modelle mit allgemeinem Verwendungszweck mit systemischem Risiko und die physische Infrastruktur des Modells gewährleisten.

(2) [1] Anbieter von KI-Modellen mit allgemeinem Verwendungszweck mit systemischem Risiko können sich bis zur Veröffentlichung einer harmonisierten Norm auf Praxisleitfäden im Sinne des Artikels 56 stützen, um die Einhaltung der in Absatz 1 des vorliegenden Artikels genannten Pflichten nachzuweisen. [2] Die Einhaltung der harmonisierten europäischen Norm begründet für die Anbieter die Vermutung der Konformität, insoweit diese Normen diese

---

[1)] Kapitel V (Art. 51–56) gilt gem. Art. 113 UAbs. 3 Buchst. b bereits ab 2.8.2025.

Verpflichtungen abdecken. [3] Anbieter von KI-Modellen mit allgemeinem Verwendungszweck mit systemischem Risiko, die einen genehmigten Praxisleitfaden nicht befolgen oder eine harmonisierte europäische Norm nicht einhalten, müssen geeignete alternative Verfahren der Einhaltung aufzeigen, die von der Kommission zu bewerten sind.

(3) Jegliche Informationen oder Dokumentation, die gemäß diesem Artikel erlangt werden, werden im Einklang mit den in Artikel 78 festgelegten Vertraulichkeitspflichten behandelt.

Abschnitt 4.[1] Praxisleitfäden

Art. 56[1] Praxisleitfäden. (1) Das Büro für Künstliche Intelligenz fördert und erleichtert die Ausarbeitung von Praxisleitfäden auf Unionsebene, um unter Berücksichtigung internationaler Ansätze zur ordnungsgemäßen Anwendung dieser Verordnung beizutragen.

(2) Das Büro für Künstliche Intelligenz und das KI-Gremium streben an, sicherzustellen, dass die Praxisleitfäden mindestens die in den Artikeln 53 und 55 vorgesehenen Pflichten abdecken, einschließlich der folgenden Aspekte:

a) Mittel, mit denen sichergestellt wird, dass die in Artikel 53 Absatz 1 Buchstaben a und b genannten Informationen vor dem Hintergrund der Marktentwicklungen und technologischen Entwicklungen auf dem neuesten Stand gehalten werden;

b) die angemessene Detailgenauigkeit bei der Zusammenfassung der für das Training verwendeten Inhalte;

c) die Ermittlung von Art und Wesen der systemischen Risiken auf Unionsebene, gegebenenfalls einschließlich ihrer Ursachen;

d) die Maßnahmen, Verfahren und Modalitäten für die Bewertung und das Management der systemischen Risiken auf Unionsebene, einschließlich ihrer Dokumentation, die in einem angemessenen Verhältnis zu den Risiken stehen, ihrer Schwere und Wahrscheinlichkeit Rechnung tragen und die spezifischen Herausforderungen bei der Bewältigung dieser Risiken vor dem Hintergrund der möglichen Arten der Entstehung und des Eintretens solcher Risiken entlang der KI-Wertschöpfungskette berücksichtigen.

(3) [1] Das Büro für Künstliche Intelligenz kann alle Anbieter von KI-Modellen mit allgemeinem Verwendungszweck sowie die einschlägigen zuständigen nationalen Behörden ersuchen, sich an der Ausarbeitung von Praxisleitfäden zu beteiligen. [2] Organisationen der Zivilgesellschaft, die Industrie, die Wissenschaft und andere einschlägige Interessenträger wie nachgelagerte Anbieter und unabhängige Sachverständige können den Prozess unterstützen.

(4) Das Büro für Künstliche Intelligenz und das KI-Gremium streben an, sicherzustellen, dass in den Praxisleitfäden ihre spezifischen Ziele eindeutig festgelegt sind und Verpflichtungen oder Maßnahmen, gegebenenfalls einschließlich wesentlicher Leistungsindikatoren, enthalten, um die Verwirklichung dieser Ziele gewährleisten, und dass sie den Bedürfnissen und Interessen aller interessierten Kreise, einschließlich betroffener Personen, auf Unionsebene gebührend Rechnung tragen.

---

[1] Kapitel V (Art. 51–56) gilt gem. Art. 113 UAbs. 3 Buchst. b bereits ab 2.8.2025.

(5) [1] Das Büro für Künstliche Intelligenz strebt an, sicherzustellen, dass die an Praxisleitfäden Beteiligten dem Büro für Künstliche Intelligenz regelmäßig über die Umsetzung der Verpflichtungen, die ergriffenen Maßnahmen und deren Ergebnisse, die gegebenenfalls auch anhand der wesentlichen Leistungsindikatoren gemessen werden, Bericht erstatten. [2] Bei den wesentlichen Leistungsindikatoren und den Berichtspflichten wird den Größen- und Kapazitätsunterschieden zwischen den verschiedenen Beteiligten Rechnung getragen.

(6) *[1]* [1] Das Büro für Künstliche Intelligenz und KI-Gremium überwachen und bewerten regelmäßig die Verwirklichung der Ziele der Praxisleitfäden durch die Beteiligten und deren Beitrag zur ordnungsgemäßen Anwendung dieser Verordnung. [2] Das Büro für Künstliche Intelligenz und das KI-Gremium bewerten, ob die Praxisleitfäden die in den Artikeln 53 und 55 vorgesehenen Pflichten abdecken, und überwachen und bewerten regelmäßig die Verwirklichung von deren Zielen. [3] Sie veröffentlichen ihre Bewertung der Angemessenheit der Praxisleitfäden.

[2] [1] Die Kommission kann im Wege eines Durchführungsrechtsakts einen Praxisleitfaden genehmigen und ihm in der Union allgemeine Gültigkeit verleihen. [2] Dieser Durchführungsrechtsakt wird gemäß dem in Artikel 98 Absatz 2 genannten Prüfverfahren erlassen.

(7) [1] Das Büro für Künstliche Intelligenz kann alle Anbieter von KI-Modellen mit allgemeinem Verwendungszweck ersuchen, die Praxisleitfäden zu befolgen. [2] Für Anbieter von KI-Modellen mit allgemeinem Verwendungszweck, die keine systemischen Risiken bergen, kann diese Befolgung auf die in Artikel 53 vorgesehenen Pflichten beschränkt werden, es sei denn, sie erklären ausdrücklich ihr Interesse, sich dem ganzen Kodex anzuschließen.

(8) [1] Das Büro für Künstliche Intelligenz fördert und erleichtert gegebenenfalls auch die Überprüfung und Anpassung der Praxisleitfäden, insbesondere vor dem Hintergrund neuer Normen. [2] Das Büro für Künstliche Intelligenz unterstützt bei der Bewertung der verfügbaren Normen.

(9) *[1]* [1] Praxisleitfäden müssen spätestens am 2. Mai 2025 vorliegen. [2] Das Büro für Künstliche Intelligenz unternimmt die erforderlichen Schritte, einschließlich des Ersuchens von Anbietern gemäß Absatz 7.

[2] [1] Kann bis zum 2. August 2025 ein Verhaltenskodex nicht fertiggestellt werden oder erachtet das Büro für Künstliche Intelligenz dies nach seiner Bewertung gemäß Absatz 6 des vorliegenden Artikels für nicht angemessen, kann die Kommission im Wege von Durchführungsrechtsakten gemeinsame Vorschriften für die Umsetzung der in den Artikeln 53 und 55 vorgesehenen Pflichten, einschließlich der in Absatz 2 des vorliegenden Artikels genannten Aspekte, festlegen. [2] Diese Durchführungsrechtsakte werden gemäß dem in Artikel 98 Absatz 2 genannten Prüfverfahren erlassen.

Kapitel VI. *Massnahmen*[1] zur Innovationsförderung

Art. 57 KI-Reallabore. (1) *[1]* [1] Die Mitgliedstaaten sorgen dafür, dass ihre zuständigen Behörden mindestens ein KI-Reallabor auf nationaler Ebene einrichten, das bis zum 2. August 2026 einsatzbereit sein muss. [2] Dieses Reallabor kann auch gemeinsam mit den zuständigen Behörden anderer Mitgliedstaaten

[1] Richtig wohl: „Maßnahmen".

eingerichtet werden. [3]Die Kommission kann technische Unterstützung, Beratung und Instrumente für die Einrichtung und den Betrieb von KI-Reallaboren bereitstellen.

[2] Die Verpflichtung nach Unterabsatz 1 kann auch durch Beteiligung an einem bestehenden Reallabor erfüllt werden, sofern eine solche Beteiligung die nationale Abdeckung der teilnehmenden Mitgliedstaaten in gleichwertigem Maße gewährleistet.

(2) Es können auch zusätzliche KI-Reallabore auf regionaler oder lokaler Ebene oder gemeinsam mit den zuständigen Behörden anderer Mitgliedstaaten eingerichtet werden;

(3) Der Europäische Datenschutzbeauftragte kann auch ein KI-Reallabor für Organe, Einrichtungen und sonstige Stellen der Union einrichten und die Rollen und Aufgaben der zuständigen nationalen Behörden im Einklang mit diesem Kapitel wahrnehmen.

(4) [1]Die Mitgliedstaaten stellen sicher, dass die in den Absätzen 1 und 2 genannten zuständigen Behörden ausreichende Mittel bereitstellen, um diesem Artikel wirksam und zeitnah nachzukommen. [2]Gegebenenfalls arbeiten die zuständigen nationalen Behörden mit anderen einschlägigen Behörden zusammen und können die Einbeziehung anderer Akteure des KI-Ökosystems gestatten. [3]Andere Reallabore, die im Rahmen des Unionsrechts oder des nationalen Rechts eingerichtet wurden, bleiben von diesem Artikel unberührt. [4]Die Mitgliedstaaten sorgen dafür, dass die diese anderen Reallabore beaufsichtigenden Behörden und die zuständigen nationalen Behörden angemessen zusammenarbeiten.

(5) [1]Die nach Absatz 1 eingerichteten KI-Reallabore bieten eine kontrollierte Umgebung, um Innovation zu fördern und die Entwicklung, das Training, das Testen und die Validierung innovativer KI-Systeme für einen begrenzten Zeitraum vor ihrem Inverkehrbringen oder ihrer Inbetriebnahme nach einem bestimmten zwischen den Anbietern oder zukünftigen Anbietern und der zuständigen Behörde vereinbarten Reallabor-Plan zu erleichtern. [2]In diesen Reallaboren können auch darin beaufsichtigte Tests unter Realbedingungen durchgeführt werden.

(6) Die zuständigen Behörden stellen innerhalb der KI-Reallabore gegebenenfalls Anleitung, Aufsicht und Unterstützung bereit, um Risiken, insbesondere im Hinblick auf Grundrechte, Gesundheit und Sicherheit, Tests und Risikominderungsmaßnahmen sowie deren Wirksamkeit hinsichtlich der Pflichten und Anforderungen dieser Verordnung und gegebenenfalls anderem Unionsrecht und nationalem Recht, deren Einhaltung innerhalb des Reallabors beaufsichtigt wird, zu ermitteln.

(7) *[1]* Die zuständigen Behörden stellen den Anbietern und zukünftigen Anbietern, die am KI-Reallabor teilnehmen, Leitfäden zu regulatorischen Erwartungen und zur Erfüllung der in dieser Verordnung festgelegten Anforderungen und Pflichten zur Verfügung.

[2] [1]Die zuständige Behörde legt dem Anbieter oder zukünftigen Anbieter des KI-Systems auf dessen Anfrage einen schriftlichen Nachweis für die im Reallabor erfolgreich durchgeführten Tätigkeiten vor. [2]Außerdem legt die zuständige Behörde einen Abschlussbericht vor, in dem sie die im Reallabor durchgeführten Tätigkeiten, deren Ergebnisse und die gewonnenen Erkenntnisse im Einzelnen darlegt. [3]Die Anbieter können diese Unterlagen nutzen, um

im Rahmen des Konformitätsbewertungsverfahrens oder einschlägiger Marktüberwachungstätigkeiten nachzuweisen, dass sie dieser Verordnung nachkommen. [4] In diesem Zusammenhang werden die Abschlussberichte und die von der zuständigen nationalen Behörde vorgelegten schriftlichen Nachweise von den Marktüberwachungsbehörden und den notifizierten Stellen im Hinblick auf eine Beschleunigung der Konformitätsbewertungsverfahren in angemessenem Maße positiv gewertet.

(8) [1] Vorbehaltlich der in Artikel 78 enthaltenen Bestimmungen über die Vertraulichkeit und im Einvernehmen mit den Anbietern oder zukünftigen Anbietern, sind die Kommission und das KI-Gremium befugt, die Abschlussberichte einzusehen und tragen diesen gegebenenfalls bei der Wahrnehmung ihrer Aufgaben gemäß dieser Verordnung Rechnung. [2] Wenn der Anbieter oder der zukünftige Anbieter und die zuständige nationale Behörde ihr ausdrückliches Einverständnis erklären, kann der Abschlussbericht über die in diesem Artikel genannte zentrale Informationsplattform veröffentlicht werden.

(9) Die Einrichtung von KI-Reallaboren soll zu den folgenden Zielen beitragen:

a) Verbesserung der Rechtssicherheit, um für die Einhaltung der Regulierungsvorschriften dieser Verordnung oder, gegebenenfalls, anderem geltenden Unionsrecht und nationalem Recht zu sorgen;
b) Förderung des Austauschs bewährter Verfahren durch Zusammenarbeit mit den am KI-Reallabor beteiligten Behörden;
c) Förderung von Innovation und Wettbewerbsfähigkeit sowie Erleichterung der Entwicklung eines KI-Ökosystems;
d) Leisten eines Beitrags zum evidenzbasierten regulatorischen Lernen;
e) Erleichterung und Beschleunigung des Zugangs von KI-Systemen zum Unionsmarkt, insbesondere wenn sie von KMU – einschließlich Start-up-Unternehmen – angeboten werden.

(10) Soweit die innovativen KI-Systeme personenbezogene Daten verarbeiten oder anderweitig der Aufsicht anderer nationaler Behörden oder zuständiger Behörden unterstehen, die den Zugang zu personenbezogenen Daten gewähren oder unterstützen, sorgen die zuständigen nationalen Behörden dafür, dass die nationalen Datenschutzbehörden oder diese anderen nationalen oder zuständigen Behörden in den Betrieb des KI-Reallabors sowie in die Überwachung dieser Aspekte im vollen Umfang ihrer entsprechenden Aufgaben und Befugnisse einbezogen werden.

(11) [1] Die KI-Reallabore lassen die Aufsichts- oder Abhilfebefugnisse der die Reallabore beaufsichtigenden zuständigen Behörden, einschließlich auf regionaler oder lokaler Ebene, unberührt. [2] Alle erheblichen Risiken für die Gesundheit und Sicherheit und die Grundrechte, die bei der Entwicklung und Erprobung solcher KI-Systeme festgestellt werden, führen zur sofortigen und angemessenen Risikominderung. [3] Die zuständigen nationalen Behörden sind befugt, das Testverfahren oder die Beteiligung am Reallabor vorübergehend oder dauerhaft auszusetzen, wenn keine wirksame Risikominderung möglich ist, und unterrichten das Büro für Künstliche Intelligenz über diese Entscheidung. [4] Um Innovationen im Bereich KI in der Union zu fördern, üben die zuständigen nationalen Behörden ihre Aufsichtsbefugnisse im Rahmen des geltenden Rechts aus, indem sie bei der Anwendung der Rechtsvorschriften auf ein bestimmtes KI-Reallabor ihren Ermessensspielraum nutzen.

(12) [1] Die am KI-Reallabor beteiligten Anbieter und zukünftigen Anbieter bleiben nach geltendem Recht der Union und nationalem Haftungsrecht für Schäden haftbar, die Dritten infolge der Erprobung im Reallabor entstehen. [2] Sofern die zukünftigen Anbieter den spezifischen Plan und die Bedingungen für ihre Beteiligung beachten und der Anleitung durch die zuständigen nationalen Behörden in gutem Glauben folgen, werden jedoch von den Behörden keine Geldbußen für Verstöße gegen diese Verordnung verhängt. [3] In Fällen, in denen andere zuständige Behörden, die für anderes Unionsrecht und nationales Recht zuständig sind, aktiv an der Beaufsichtigung des KI-Systems im Reallabor beteiligt waren und Anleitung für die Einhaltung gegeben haben, werden im Hinblick auf dieses Recht keine Geldbußen verhängt.

(13) Die KI-Reallabore sind so konzipiert und werden so umgesetzt, dass sie gegebenenfalls die grenzüberschreitende Zusammenarbeit zwischen zuständigen nationalen Behörden erleichtern.

(14) Die zuständigen nationalen Behörden koordinieren ihre Tätigkeiten und arbeiten im Rahmen des KI-Gremiums zusammen.

(15) [1] Die zuständigen nationalen Behörden unterrichten das Büro für Künstliche Intelligenz und das KI-Gremium über die Einrichtung eines Reallabors und können sie um Unterstützung und Anleitung bitten. [2] Das Büro für Künstliche Intelligenz veröffentlicht eine Liste der geplanten und bestehenden Reallabore und hält sie auf dem neuesten Stand, um eine stärkere Interaktion in den KI-Reallaboren und die grenzüberschreitende Zusammenarbeit zu fördern.

(16) [1] Die zuständigen nationalen Behörden übermitteln dem Büro für Künstliche Intelligenz und dem KI-Gremium jährliche Berichte, und zwar ab einem Jahr nach der Einrichtung des Reallabors und dann jedes Jahr bis zu dessen Beendigung, sowie einen Abschlussbericht. [2] Diese Berichte informieren über den Fortschritt und die Ergebnisse der Umsetzung dieser Reallabore, einschließlich bewährter Verfahren, Vorfällen, gewonnener Erkenntnisse und Empfehlungen zu deren Aufbau, sowie gegebenenfalls über die Anwendung und mögliche Überarbeitung dieser Verordnung, einschließlich ihrer delegierten Rechtsakte und Durchführungsrechtsakte, sowie über die Anwendung anderen Unionsrechts, deren Einhaltung von den zuständigen Behörden innerhalb des Reallabors beaufsichtigt wird. [3] Die zuständigen nationalen Behörden stellen diese jährlichen Berichte oder Zusammenfassungen davon der Öffentlichkeit online zur Verfügung. [4] Die Kommission trägt den jährlichen Berichten gegebenenfalls bei der Wahrnehmung ihrer Aufgaben gemäß dieser Verordnung Rechnung.

(17) [1] Die Kommission richtet eine eigene Schnittstelle ein, die alle relevanten Informationen zu den KI-Reallaboren enthält, um es den Interessenträgern zu ermöglichen, mit den KI-Reallaboren zu interagieren und Anfragen an die zuständigen Behörden zu richten und unverbindliche Beratung zur Konformität von innovativen Produkten, Dienstleistungen und Geschäftsmodellen mit integrierter KI-Technologie im Einklang mit Artikel 62 Absatz 1 Buchstabe c einzuholen. [2] Die Kommission stimmt sich gegebenenfalls proaktiv mit den zuständigen nationalen Behörden ab.

Art. 58 Detaillierte Regelungen für KI-Reallabore und deren Funktionsweise. (1) [1] Um eine Zersplitterung in der Union zu vermeiden, erlässt die Kommission Durchführungsrechtsakte, in denen detaillierte Regelungen für die Einrichtung, Entwicklung, Umsetzung, den Betrieb und die Beaufsichtigung der KI-Reallabore enthalten sind. [2]In den Durchführungsrechtsakten sind gemeinsame Grundsätze zu den folgenden Aspekten festgelegt:

a) Voraussetzungen und Auswahlkriterien für eine Beteiligung am KI-Reallabor;

b) Verfahren für Antragstellung, Beteiligung, Überwachung, Ausstieg und Beendigung bezüglich des KI-Reallabors, einschließlich Plan und Abschlussbericht für das Reallabor;

c) für Beteiligte geltende Anforderungen und Bedingungen.

[3]Diese Durchführungsrechtsakte werden gemäß dem in Artikel 98 Absatz 2 genannten Prüfverfahren erlassen.

(2) Die in Absatz 1 genannten Durchführungsrechtsakte gewährleisten,

a) dass KI-Reallabore allen Anbietern oder zukünftigen Anbietern eines KI-Systems, die einen Antrag stellen und die Voraussetzungen und Auswahlkriterien erfüllen, offen stehen; diese Voraussetzungen und Kriterien sind transparent und fair und die zuständigen nationalen Behörden informieren die Antragsteller innerhalb von drei Monaten nach Antragstellung über ihre Entscheidung;

b) dass die KI-Reallabore einen breiten und gleichberechtigten Zugang ermöglichen und mit der Nachfrage nach Beteiligung Schritt halten; die Anbieter und zukünftigen Anbieter auch Anträge zusammen mit Betreibern oder einschlägigen Dritten, die ihre Partner sind, stellen können;

c) dass die detaillierten Regelungen und Bedingungen für KI-Reallabore so gut wie möglich die Flexibilität der zuständigen nationalen Behörden bei der Einrichtung und dem Betrieb ihrer KI-Reallabore unterstützen;

d) dass der Zugang zu KI-Reallaboren für KMU, einschließlich Start-up-Unternehmen, kostenlos ist, unbeschadet außergewöhnlicher Kosten, die die zuständigen nationalen Behörden in einer fairen und verhältnismäßigen Weise einfordern können;

e) dass den Anbietern und zukünftigen Anbietern die Einhaltung der Verpflichtungen zur Konformitätsbewertung nach dieser Verordnung oder die freiwillige Anwendung der in Artikel 95 genannten Verhaltenskodizes mittels der gewonnenen Erkenntnisse der KI-Reallabore erleichtert wird;

f) dass KI-Reallabore die Einbeziehung anderer einschlägiger Akteure innerhalb des KI-Ökosystems, wie etwa notifizierte Stellen und Normungsorganisationen, KMU, einschließlich Start-up-Unternehmen, Unternehmen, Innovatoren, Test- und Versuchseinrichtungen, Forschungs- und Versuchslabore, europäische digitale Innovationszentren, Kompetenzzentren und einzelne Forscher begünstigen, um die Zusammenarbeit mit dem öffentlichen und dem privaten Sektor zu ermöglichen und zu erleichtern;

g) dass die Verfahren, Prozesse und administrativen Anforderungen für die Antragstellung, die Auswahl, die Beteiligung und den Ausstieg aus dem KI-Reallabor einfach, leicht verständlich und klar kommuniziert sind, um die Beteiligung von KMU, einschließlich Start-up-Unternehmen, mit begrenzten rechtlichen und administrativen Kapazitäten zu erleichtern, sowie unionsweit gestrafft sind, um eine Zersplitterung zu vermeiden, und dass die Beteiligung an einem von einem Mitgliedstaat oder dem Europäischen Datenschutzbeauftragten eingerichteten KI-Reallabor gegenseitig und einheitlich anerkannt wird und in der gesamten Union die gleiche Rechtswirkung hat;

h) dass die Beteiligung an dem KI-Reallabor auf einen der Komplexität und dem Umfang des Projekts entsprechenden Zeitraum beschränkt ist, der von der zuständigen nationalen Behörde verlängert werden kann;

i) dass die KI-Reallabore die Entwicklung von Instrumenten und Infrastruktur für das Testen, das Benchmarking, die Bewertung und die Erklärung der Dimensionen von KI-Systemen erleichtern, die für das regulatorische Lernen Bedeutung sind, wie etwa Genauigkeit, Robustheit und Cybersicherheit, sowie Maßnahmen zur Risikominderung im Hinblick auf die Grundrechte und die Gesellschaft als Ganzes fördern.

(3) Zukünftige Anbieter in den KI-Reallaboren, insbesondere KMU und Start-up-Unternehmen, werden gegebenenfalls vor der Einrichtung an Dienste verwiesen, die beispielsweise eine Anleitung zur Umsetzung dieser Verordnung oder andere Mehrwertdienste wie Hilfe bei Normungsdokumenten bereitstellen, sowie an Zertifizierungs-, Test- und Versuchseinrichtungen, europäische digitale Innovationszentren und Exzellenzzentren.

(4) [1] Wenn zuständige nationale Behörden in Betracht ziehen, Tests unter Realbedingungen zu genehmigen, die im Rahmen eines KI-Reallabors beaufsichtigt werden, welches nach diesem Artikel einzurichten ist, vereinbaren sie mit den Beteiligten ausdrücklich die Anforderungen und Bedingungen für diese Tests und insbesondere geeignete Schutzvorkehrungen für Grundrechte, Gesundheit und Sicherheit. [2] Gegebenenfalls arbeiten sie mit anderen zuständigen nationalen Behörden zusammen, um für unionsweit einheitliche Verfahren zu sorgen.

Art. 59 Weiterverarbeitung personenbezogener Daten zur Entwicklung bestimmter KI-Systeme im öffentlichen Interesse im KI-Reallabor. (1) Rechtmäßig für andere Zwecke erhobene personenbezogene Daten dürfen im KI-Reallabor ausschließlich für die Zwecke der Entwicklung, des Trainings und des Testens bestimmter KI-Systeme im Reallabor verarbeitet werden, wenn alle der folgenden Bedingungen erfüllt sind:

a) Die KI-Systeme werden zur Wahrung eines erheblichen öffentlichen Interesses durch eine Behörde oder eine andere natürliche oder juristische Person und in einem oder mehreren der folgenden Bereiche entwickelt:
   i) öffentliche Sicherheit und öffentliche Gesundheit, einschließlich Erkennung, Diagnose, Verhütung, Bekämpfung und Behandlung von Krankheiten sowie Verbesserung von Gesundheitsversorgungssystemen;
   ii) hohes Umweltschutzniveau und Verbesserung der Umweltqualität, Schutz der biologischen Vielfalt, Schutz gegen Umweltverschmutzung, Maßnahmen für den grünen Wandel sowie Klimaschutz und Anpassung an den Klimawandel;
   iii) nachhaltige Energie;
   iv) Sicherheit und Widerstandsfähigkeit von Verkehrssystemen und Mobilität, kritischen Infrastrukturen und Netzen;
   v) Effizienz und Qualität der öffentlichen Verwaltung und öffentlicher Dienste;

b) die verarbeiteten Daten sind für die Erfüllung einer oder mehrerer der in Kapitel III Abschnitt 2 genannten Anforderungen erforderlich, sofern diese

Anforderungen durch die Verarbeitung anonymisierter, synthetischer oder sonstiger nicht personenbezogener Daten nicht wirksam erfüllt werden können;

c) es bestehen wirksame Überwachungsmechanismen, mit deren Hilfe festgestellt wird, ob während der Reallaborversuche hohe Risiken für die Rechte und Freiheiten betroffener Personen gemäß Artikel 35 der Verordnung (EU) 2016/679[1] und gemäß Artikel 39 der Verordnung (EU) 2018/1725 auftreten können, sowie Reaktionsmechanismen, mit deren Hilfe diese Risiken umgehend eingedämmt werden können und die Verarbeitung bei Bedarf beendet werden kann;

d) personenbezogene Daten, die im Rahmen des Reallabors verarbeitet werden sollen, befinden sich in einer funktional getrennten, isolierten und geschützten Datenverarbeitungsumgebung unter der Kontrolle des zukünftigen Anbieters, und nur befugte Personen haben Zugriff auf diese Daten;

e) Anbieter dürfen die ursprünglich erhobenen Daten nur im Einklang mit dem Datenschutzrecht der Union weitergeben; personenbezogene Daten, die im Reallabor erstellt wurden, dürfen nicht außerhalb des Reallabors weitergegeben werden;

f) eine Verarbeitung personenbezogener Daten im Rahmen des Reallabors führt zu keinen Maßnahmen oder Entscheidungen, die Auswirkungen auf die betroffenen Personen haben, und berührt nicht die Anwendung ihrer Rechte, die in den Rechtsvorschriften der Union über den Schutz personenbezogener Daten festgelegt sind;

g) im Rahmen des Reallabors verarbeitete personenbezogene Daten sind durch geeignete technische und organisatorische Maßnahmen geschützt und werden gelöscht, sobald die Beteiligung an dem Reallabor endet oder das Ende der Speicherfrist für die personenbezogenen Daten erreicht ist;

h) die Protokolle der Verarbeitung personenbezogener Daten im Rahmen des Reallabors werden für die Dauer der Beteiligung am Reallabor aufbewahrt, es sei denn, im Unionsrecht oder nationalen Recht ist etwas anderes bestimmt;

i) eine vollständige und detaillierte Beschreibung des Prozesses und der Gründe für das Trainieren, Testen und Validieren des KI-Systems wird zusammen mit den Testergebnissen als Teil der technischen Dokumentation gemäß Anhang IV aufbewahrt;

j) eine kurze Zusammenfassung des im Reallabor entwickelten KI-Projekts, seiner Ziele und der erwarteten Ergebnisse wird auf der Website der zuständigen Behörden veröffentlicht; diese Pflicht erstreckt sich nicht auf sensible operative Daten zu den Tätigkeiten von Strafverfolgungs-, Grenzschutz-, Einwanderungs- oder Asylbehörden.

(2) Für die Zwecke der Verhütung, Ermittlung, Aufdeckung oder Verfolgung von Straftaten oder der Strafvollstreckung – einschließlich des Schutzes vor und der Abwehr von Gefahren für die öffentliche Sicherheit – unter der Kontrolle und Verantwortung der Strafverfolgungsbehörden erfolgt die Verarbeitung personenbezogener Daten in KI-Reallaboren auf der Grundlage eines spezifischen Unionsrechts oder nationalen Rechts und unterliegt den kumulativen Bedingungen des Absatzes 1.

---

[1] Nr. 1.

(3) Das Unionsrecht oder nationale Recht, das die Verarbeitung personenbezogener Daten für andere Zwecke als die ausdrücklich in jenem Recht genannten ausschließt, sowie Unionsrecht oder nationales Recht, in dem die Grundlagen für eine für die Zwecke der Entwicklung, des Testens oder des Trainings innovativer KI-Systeme notwendige Verarbeitung personenbezogener Daten festgelegt sind, oder jegliche anderen dem Unionsrecht zum Schutz personenbezogener Daten entsprechenden Rechtsgrundlagen bleiben von Absatz 1 unberührt.

Art. 60 Tests von Hochrisiko-KI-Systemen unter Realbedingungen außerhalb von KI-Reallaboren. (1) *[1]* Tests von Hochrisiko-KI-Systemen unter Realbedingungen können von Anbietern oder zukünftigen Anbietern von in Anhang III aufgeführten Hochrisiko-KI-Systemen außerhalb von KI-Reallaboren gemäß diesem Artikel und – unbeschadet der Bestimmungen unter Artikel 5 – dem in diesem Artikel genannten Plan für einen Test unter Realbedingungen durchgeführt werden.

[2] [1] Die Kommission legt die einzelnen Elemente des Plans für einen Test unter Realbedingungen im Wege von Durchführungsrechtsakten fest. [2] Diese Durchführungsrechtsakte werden gemäß dem in Artikel 98 Absatz 2 genannten Prüfverfahren erlassen.

[3] Das Unionsrecht oder nationale Recht für das Testen von Hochrisiko-KI-Systemen unter Realbedingungen im Zusammenhang mit Produkten, die unter die in Anhang I aufgeführten Harmonisierungsrechtsvorschriften der Union fallen, bleibt von dieser Bestimmung unberührt.

(2) Anbieter oder zukünftige Anbieter können in Anhang III genannte Hochrisiko-KI-Systeme vor deren Inverkehrbringen oder Inbetriebnahme jederzeit selbst oder in Partnerschaft mit einem oder mehreren Betreibern oder zukünftigen Betreibern unter Realbedingungen testen.

(3) Tests von KI-Systemen unter Realbedingungen gemäß diesem Artikel lassen nach dem Unionsrecht oder dem nationalen Recht gegebenenfalls vorgeschriebene Ethikprüfungen unberührt.

(4) Tests unter Realbedingungen dürfen von Anbietern oder zukünftigen Anbietern nur durchgeführt werden, wenn alle der folgenden Bedingungen erfüllt sind:

a) Der Anbieter oder der zukünftige Anbieter hat einen Plan für einen Test unter Realbedingungen erstellt und diesen bei der Marktüberwachungsbehörde in dem Mitgliedstaat eingereicht, in dem der Test unter Realbedingungen stattfinden soll;

b) die Marktüberwachungsbehörde in dem Mitgliedstaat, in dem der Test unter Realbedingungen stattfinden soll, hat den Test unter Realbedingungen und den Plan für einen Test unter Realbedingungen genehmigt; hat die Marktüberwachungsbehörde innerhalb von 30 Tagen keine Antwort gegeben, so gelten der Test unter Realbedingungen und der Plan für einen Test unter Realbedingungen als genehmigt; ist im nationalen Recht keine stillschweigende Genehmigung vorgesehen, so bleibt der Test unter Realbedingungen genehmigungspflichtig;

c) der Anbieter oder zukünftige Anbieter, mit Ausnahme der in Anhang III Nummern 1, 6 und 7 genannten Anbieter oder zukünftigen Anbieter von Hochrisiko-KI-Systemen in den Bereichen Strafverfolgung, Migration, Asyl und Grenzkontrolle und der in Anhang III Nummer 2 genannten Hochrisiko-KI-Systeme, hat den Test unter Realbedingungen unter Angabe einer unionsweit einmaligen Identifizierungsnummer und der in Anhang IX festgelegten Informationen gemäß Artikel 71 Absatz 4 registriert; der Anbieter oder zukünftige Anbieter von Hochrisiko-KI-Systemen gemäß Anhang III Nummern 1, 6 und 7 in den Bereichen Strafverfolgung, Migration, Asyl und Grenzkontrollmanagement hat die Tests unter Realbedingungen im sicheren nicht öffentlichen Teil der EU-Datenbank gemäß Artikel 49 Absatz 4 Buchstabe d mit einer unionsweit einmaligen Identifizierungsnummer und den darin festgelegten Informationen registriert; der Anbieter oder zukünftige Anbieter von Hochrisiko-KI-Systemen gemäß Anhang III Nummer 2 hat die Tests unter Realbedingungen gemäß Artikel 49 Absatz 5 registriert;

d) der Anbieter oder der zukünftige Anbieter, der den Test unter Realbedingungen durchführt, ist in der Union niedergelassen oder hat einen in der Union niedergelassenen gesetzlichen Vertreter bestellt;

e) die für die Zwecke des Tests unter Realbedingungen erhobenen und verarbeiteten Daten werden nur dann an Drittländer übermittelt, wenn gemäß Unionsrecht geeignete und anwendbare Schutzvorkehrungen greifen;

f) der Test unter Realbedingungen dauert nicht länger als zur Erfüllung seiner Zielsetzungen nötig und in keinem Fall länger als sechs Monate; dieser Zeitraum kann um weitere sechs Monate verlängert werden, sofern der Anbieter oder der zukünftige Anbieter die Marktüberwachungsbehörde davon vorab in Kenntnis setzt und erläutert, warum eine solche Verlängerung erforderlich ist;

g) Testteilnehmer im Rahmen von Tests unter Realbedingungen, die aufgrund ihres Alters oder einer Behinderung schutzbedürftigen Gruppen angehören, sind angemessen geschützt;

h) wenn ein Anbieter oder zukünftiger Anbieter den Test unter Realbedingungen in Zusammenarbeit mit einem oder mehreren Betreibern oder zukünftigen Betreibern organisiert, werden Letztere vorab über alle für ihre Teilnahmeentscheidung relevanten Aspekte des Tests informiert und erhalten die einschlägigen in Artikel 13 genannten Betriebsanleitungen für das KI-System; der Anbieter oder zukünftige Anbieter und der Betreiber oder zukünftige Betreiber schließen eine Vereinbarung, in der ihre Aufgaben und Zuständigkeiten festgelegt sind, um für die Einhaltung der nach dieser Verordnung und anderem Unionsrecht und nationalem Recht für Tests unter Realbedingungen geltenden Bestimmungen zu sorgen;

i) die Testteilnehmer im Rahmen von Tests unter Realbedingungen erteilen ihre informierte Einwilligung gemäß Artikel 61, oder, wenn im Fall der Strafverfolgung die Einholung einer informierten Einwilligung den Test des KI-Systems verhindern würde, dürfen sich der Test und die Ergebnisse des Tests unter Realbedingungen nicht negativ auf die Testteilnehmer auswirken und ihre personenbezogenen Daten werden nach Durchführung des Tests gelöscht;

j) der Anbieter oder zukünftige Anbieter und die Betreiber und zukünftigen Betreiber lassen den Test unter Realbedingungen von Personen wirksam überwachen, die auf dem betreffenden Gebiet angemessen qualifiziert sind und über die Fähigkeit, Ausbildung und Befugnis verfügen, die für die Wahrnehmung ihrer Aufgaben erforderlich sind;

k) die Vorhersagen, Empfehlungen oder Entscheidungen des KI-Systems können effektiv rückgängig gemacht und außer Acht gelassen werden.

(5) [1] Jeder Testteilnehmer bezüglich des Tests unter Realbedingungen oder gegebenenfalls dessen gesetzlicher Vertreter kann seine Teilnahme an dem Test jederzeit durch Widerruf seiner informierten Einwilligung beenden und die unverzügliche und dauerhafte Löschung seiner personenbezogenen Daten verlangen, ohne dass ihm daraus Nachteile entstehen und er dies in irgendeiner Weise begründen müsste. [2] Der Widerruf der informierten Einwilligung wirkt sich nicht auf bereits durchgeführte Tätigkeiten aus.

(6) [1] Im Einklang mit Artikel 75 übertragen die Mitgliedstaaten ihren Marktüberwachungsbehörden die Befugnis, Anbieter und zukünftige Anbieter zur Bereitstellung von Informationen zu verpflichten, unangekündigte Ferninspektionen oder Vor-Ort-Inspektionen durchzuführen und die Durchführung der Tests unter Realbedingungen und damit zusammenhängende Hochrisiko-KI-Systeme zu prüfen. [2] Die Marktüberwachungsbehörden nutzen diese Befugnisse, um für die sichere Entwicklung von Tests unter Realbedingungen zu sorgen.

(7) [1] Jegliche schwerwiegenden Vorfälle im Verlauf des Tests unter Realbedingungen sind den nationalen Marktüberwachungsbehörden gemäß Artikel 73 zu melden. [2] Der Anbieter oder zukünftige Anbieter trifft Sofortmaßnahmen zur Schadensbegrenzung; andernfalls setzt er den Test unter Realbedingungen so lange aus, bis eine Schadensbegrenzung stattgefunden hat, oder bricht ihn ab. [3] Im Fall eines solchen Abbruchs des Tests unter Realbedingungen richtet der Anbieter oder zukünftige Anbieter ein Verfahren für den sofortigen Rückruf des KI-Systems ein.

(8) Anbieter oder zukünftige Anbieter setzen die nationalen Marktüberwachungsbehörde in dem Mitgliedstaat, in dem der Test unter Realbedingungen stattfindet, über die Aussetzung oder den Abbruch des Tests unter Realbedingungen und die Endergebnisse in Kenntnis.

(9) Anbieter oder zukünftige Anbieter sind nach geltendem Recht der Union und geltendem nationalen Recht für Schäden haftbar, die während ihrer Tests unter Realbedingungen entstehen.

Art. 61 Informierte Einwilligung zur Teilnahme an einem Test unter Realbedingungen außerhalb von KI-Reallaboren. (1) Für die Zwecke von Tests unter Realbedingungen gemäß Artikel 60 ist von den Testteilnehmern eine freiwillig erteilte informierte Einwilligung einzuholen, bevor sie an dem Test teilnehmen und nachdem sie mit präzisen, klaren, relevanten und verständlichen Informationen über Folgendes ordnungsgemäß informiert wurden:

a) die Art und die Zielsetzungen des Tests unter Realbedingungen und etwaige mit ihrer Teilnahme verbundene Unannehmlichkeiten;

b) die Bedingungen, unter denen der Test unter Realbedingungen erfolgen soll, einschließlich der voraussichtlichen Dauer der Teilnahme des Testteilnehmers oder der Testteilnehmer;

c) ihre Rechte und Garantien, die ihnen bezüglich ihrer Teilnahme zustehen, insbesondere ihr Recht, die Teilnahme an dem Test unter Realbedingungen zu verweigern oder diese Teilnahme jederzeit zu beenden, ohne dass ihnen daraus Nachteile entstehen und sie dies in irgendeiner Weise begründen müssten;

d) die Regelungen, unter denen die Rückgängigmachung oder Außerachtlassung der Vorhersagen, Empfehlungen oder Entscheidungen des KI-Systems beantragt werden kann;

e) die unionsweit einmalige Identifizierungsnummer des Tests unter Realbedingungen gemäß Artikel 60 Absatz 4 Buchstabe c und die Kontaktdaten des Anbieters oder seines gesetzlichen Vertreters, bei dem weitere Informationen eingeholt werden können.

(2) Die informierte Einwilligung ist zu datieren und zu dokumentieren, und eine Kopie wird den Testteilnehmern oder ihren gesetzlichen Vertretern ausgehändigt.

Art. 62 Maßnahmen für Anbieter und Betreiber, insbesondere KMU, einschließlich Start-up-Unternehmen. (1) Die Mitgliedstaaten ergreifen die folgenden Maßnahmen:

a) Sie gewähren KMU – einschließlich Start-up-Unternehmen –, die ihren Sitz oder eine Zweigniederlassung in der Union haben, soweit sie die Voraussetzungen und Auswahlkriterien erfüllen, vorrangigen Zugang zu den KI-Reallaboren; der vorrangige Zugang schließt nicht aus, dass andere als die in diesem Absatz genannten KMU, einschließlich Start-up-Unternehmen, Zugang zum KI-Reallabor erhalten, sofern sie ebenfalls die Zulassungsvoraussetzungen und Auswahlkriterien erfüllen;

b) sie führen besondere Sensibilisierungs- und Schulungsmaßnahmen für die Anwendung dieser Verordnung durch, die auf die Bedürfnisse von KMU, einschließlich Start-up-Unternehmen, Betreibern sowie gegebenenfalls lokalen Behörden ausgerichtet sind;

c) sie nutzen entsprechende bestehende Kanäle und richten gegebenenfalls neue Kanäle für die Kommunikation mit KMU, einschließlich Start-up-Unternehmen, Betreibern, anderen Innovatoren sowie gegebenenfalls lokalen Behörden ein, um Ratschläge zu geben und Fragen zur Durchführung dieser Verordnung, auch bezüglich der Beteiligung an KI-Reallaboren, zu beantworten;

d) sie fördern die Beteiligung von KMU und anderen einschlägigen Interessenträgern an der Entwicklung von Normen.

(2) Bei der Festsetzung der Gebühren für die Konformitätsbewertung gemäß Artikel 43 werden die besonderen Interessen und Bedürfnisse von KMU, einschließlich Start-up-Unternehmen, berücksichtigt, indem diese Gebühren proportional zur Größe der Unternehmen, der Größe ihres Marktes und anderen einschlägigen Kennzahlen gesenkt werden.

(3) Das Büro für Künstliche Intelligenz ergreift die folgenden Maßnahmen:

a) es stellt standardisierte Muster für die unter diese Verordnung fallenden Bereiche bereit, wie vom KI-Gremium in seinem Antrag festgelegt;

b) es entwickelt und führt eine zentrale Informationsplattform, über die allen Akteuren in der Union leicht nutzbare Informationen zu dieser Verordnung bereitgestellt werden;

c) es führt geeignete Informationskampagnen durch, um für die aus dieser Verordnung erwachsenden Pflichten zu sensibilisieren;

d) es bewertet und fördert die Zusammenführung bewährter Verfahren im Bereich der mit KI-Systemen verbundenen Vergabeverfahren.

Art. 63 Ausnahmen für bestimmte Akteure. (1) [1] Kleinstunternehmen im Sinne der Empfehlung 2003/361/EG können bestimmte Elemente des in Artikel 17 dieser Verordnung vorgeschriebenen Qualitätsmanagementsystems in vereinfachter Weise einhalten, sofern sie keine Partnerunternehmen oder verbundenen Unternehmen im Sinne dieser Empfehlung haben. [2] Zu diesem Zweck arbeitet die Kommission Leitlinien zu den Elementen des Qualitätsmanagementsystems aus, die unter Berücksichtigung der Bedürfnisse von Kleinstunternehmen in vereinfachter Weise eingehalten werden können, ohne das Schutzniveau oder die Notwendigkeit zur Einhaltung der Anforderungen in Bezug auf Hochrisiko-KI-Systeme zu beeinträchtigen.

(2) Absatz 1 dieses Artikels ist nicht dahin gehend auszulegen, dass diese Akteure auch von anderen in dieser Verordnung festgelegten Anforderungen oder Pflichten, einschließlich der nach den Artikeln 9, 10, 11, 12, 13, 14, 15, 72 und 73 geltenden, befreit sind.

Kapitel VII.[1)] Governance

Abschnitt 1.[1)] Governance auf Unionsebene

Art. 64[1)] Büro für Künstliche Intelligenz. (1) Die Kommission entwickelt über das Büro für Künstliche Intelligenz die Sachkenntnis und Fähigkeiten der Union auf dem Gebiet der KI.

(2) Die Mitgliedstaaten erleichtern dem Büro für Künstliche Intelligenz die ihm gemäß dieser Verordnung übertragenen Aufgaben.

Art. 65[1)] Einrichtung und Struktur des Europäischen Gremiums für Künstliche Intelligenz. (1) Ein Europäisches Gremium für Künstliche Intelligenz (im Folgenden „KI-Gremium") wird hiermit eingerichtet.

(2) [1] Das KI-Gremium setzt sich aus einem Vertreter je Mitgliedstaat zusammen. [2] Der Europäische Datenschutzbeauftragte nimmt als Beobachter teil. [3] Das Büro für Künstliche Intelligenz nimmt ebenfalls an den Sitzungen des KI-Gremiums teil, ohne sich jedoch an den Abstimmungen zu beteiligen. [4] Andere Behörden oder Stellen der Mitgliedstaaten und der Union oder Sachverständige können im Einzelfall zu den Sitzungen des KI-Gremiums eingeladen werden, wenn die erörterten Fragen für sie von Belang sind.

(3) Die Vertreter werden von ihren Mitgliedstaaten für einen Zeitraum von drei Jahren benannt, der einmal verlängert werden kann.

(4) Die Mitgliedstaaten sorgen dafür, dass ihre Vertreter im KI-Gremium

a) in ihrem Mitgliedstaat über die einschlägigen Kompetenzen und Befugnisse verfügen, sodass sie aktiv zur Bewältigung der in Artikel 66 genannten Aufgaben des KI-Gremiums beitragen können;

b) gegenüber dem KI-Gremium sowie gegebenenfalls, unter Berücksichtigung der Erfordernisse der Mitgliedstaaten, gegenüber Interessenträgern als zentrale Ansprechpartner fungieren;

[1)] Kapitel VII (Art. 64–70) gilt gem. Art. 113 UAbs. 3 Buchst. b bereits ab 2.8.2025.

c) ermächtigt sind, auf die Kohärenz und die Abstimmung zwischen den zuständigen nationalen Behörden in ihrem Mitgliedstaat bei der Durchführung dieser Verordnung hinzuwirken, auch durch Erhebung einschlägiger Daten und Informationen für die Zwecke der Erfüllung ihrer Aufgaben im KI-Gremium.

(5) 1 Die benannten Vertreter der Mitgliedstaaten nehmen die Geschäftsordnung des KI-Gremiums mit einer Zweidrittelmehrheit an. 2 In der Geschäftsordnung sind insbesondere die Vorgehensweise für das Auswahlverfahren, die Dauer des Mandats und die genauen Aufgaben des Vorsitzes, die Abstimmungsregelungen und die Organisation der Tätigkeiten des KI-Gremiums und seiner Untergruppen festgelegt.

(6) *[1]* Das KI-Gremium richtet zwei ständige Untergruppen ein, um Marktüberwachungsbehörden eine Plattform für die Zusammenarbeit und den Austausch zu bieten und Behörden über Angelegenheiten, die jeweils die Marktüberwachung und notifizierte Stellen betreffen, zu unterrichten.

[2] Die ständige Untergruppe für Marktüberwachung sollte für diese Verordnung als Gruppe für die Verwaltungszusammenarbeit (ADCO-Gruppe) im Sinne des Artikels 30 der Verordnung (EU) 2019/1020 fungieren.

[3] 1 Das KI-Gremium kann weitere ständige oder nichtständige Untergruppen einrichten, falls das für die Prüfung bestimmter Fragen zweckmäßig sein sollte. 2 Gegebenenfalls können Vertreter des in Artikel 67 genannten Beratungsforums als Beobachter zu diesen Untergruppen oder zu bestimmten Sitzungen dieser Untergruppen eingeladen werden.

(7) Das KI-Gremium wird so organisiert und geführt, dass bei seinen Tätigkeiten Objektivität und Unparteilichkeit gewahrt sind.

(8) 1 Den Vorsitz im KI-Gremium führt einer der Vertreter der Mitgliedstaaten. 2 Die Sekretariatsgeschäfte des KI-Gremiums werden vom Büro für Künstliche Intelligenz geführt; dieses beruft auf Anfrage des Vorsitzes die Sitzungen ein und erstellt die Tagesordnung im Einklang mit den Aufgaben des KI-Gremiums gemäß dieser Verordnung und seiner Geschäftsordnung.

Art. 66[1)] Aufgaben des KI-Gremiums. 1 Das KI-Gremium berät und unterstützt die Kommission und die Mitgliedstaaten, um die einheitliche und wirksame Anwendung dieser Verordnung zu erleichtern. 2 Für diese Zwecke kann das KI-Gremium insbesondere

a) zur Koordinierung zwischen den für die Anwendung dieser Verordnung zuständigen nationalen Behörden beitragen und in Zusammenarbeit mit den betreffenden Marktüberwachungsbehörden und vorbehaltlich ihrer Zustimmung gemeinsame Tätigkeiten der Marktüberwachungsbehörden gemäß Artikel 74 Absatz 11 unterstützen;

b) technisches und regulatorisches Fachwissen und bewährte Verfahren zusammentragen und unter den Mitgliedstaaten verbreiten;

c) zur Durchführung dieser Verordnung Beratung anbieten, insbesondere im Hinblick auf die Durchsetzung der Vorschriften zu KI-Modellen mit allgemeinem Verwendungszweck;

d) zur Harmonisierung der Verwaltungspraxis in den Mitgliedstaaten beitragen, auch bezüglich der Ausnahme vom Konformitätsbewertungsverfahren ge-

---

1) Kapitel VII (Art. 64–70) gilt gem. Art. 113 UAbs. 3 Buchst. b bereits ab 2.8.2025.

mäß Artikel 46 und der Funktionsweise von KI-Reallaboren und Tests unter Realbedingungen gemäß den Artikeln 57, 59 und 60;

e) auf Anfrage der Kommission oder in Eigeninitiative Empfehlungen und schriftliche Stellungnahmen zu einschlägigen Fragen der Durchführung dieser Verordnung und ihrer einheitlichen und wirksamen Anwendung abgeben, einschließlich
   i) zur Entwicklung und Anwendung von Verhaltenskodizes und Praxisleitfäden gemäß dieser Verordnung sowie der Leitlinien der Kommission;
   ii) zur Bewertung und Überprüfung dieser Verordnung gemäß Artikel 112, auch in Bezug auf die Meldung schwerwiegender Vorfälle gemäß Artikel 73 und das Funktionieren der EU-Datenbank gemäß Artikel 71, die Ausarbeitung der delegierten Rechtsakte oder Durchführungsrechtsakte sowie im Hinblick auf mögliche Anpassungen dieser Verordnung an die in Anhang I aufgeführten Harmonisierungsrechtsvorschriften der Union;
   iii) zu technischen Spezifikationen oder geltenden Normen in Bezug auf die in Kapitel III Abschnitt 2 festgelegten Anforderungen;
   iv) zur Anwendung der in den Artikeln 40 und 41 genannten harmonisierten Normen oder gemeinsamen Spezifikationen;
   v) zu Tendenzen, etwa im Bereich der globalen Wettbewerbsfähigkeit Europas auf dem Gebiet der KI, bei der Verbreitung von KI in der Union und bei der Entwicklung digitaler Fähigkeiten;
   vi) zu Tendenzen im Bereich der sich ständig weiterentwickelnden Typologie der KI-Wertschöpfungsketten insbesondere hinsichtlich der sich daraus ergebenden Auswirkungen auf die Rechenschaftspflicht;
   vii) zur möglicherweise notwendigen Änderung des Anhangs III im Einklang mit Artikel 7 und zur möglicherweise notwendigen Überarbeitung des Artikels 5 gemäß Artikel 112 unter Berücksichtigung der einschlägigen verfügbaren Erkenntnisse und der neuesten technologischen Entwicklungen;

f) die Kommission bei der Förderung der KI-Kompetenz, der Sensibilisierung und Aufklärung der Öffentlichkeit in Bezug auf die Vorteile, Risiken, Schutzmaßnahmen, Rechte und Pflichten im Zusammenhang mit der Nutzung von KI-Systemen unterstützen;

g) die Entwicklung gemeinsamer Kriterien und eines gemeinsamen Verständnisses der Marktteilnehmer und der zuständigen Behörden in Bezug auf die in dieser Verordnung vorgesehenen einschlägigen Konzepte erleichtern, auch durch einen Beitrag zur Entwicklung von Benchmarks;

h) gegebenenfalls mit anderen Organen, Einrichtungen und sonstigen Stellen der EU, einschlägigen Sachverständigengruppen und Netzwerken der EU insbesondere in den Bereichen Produktsicherheit, Cybersicherheit, Wettbewerb, digitale und Mediendienste, Finanzdienstleistungen, Verbraucherschutz, Datenschutz und Schutz der Grundrechte zusammenarbeiten;

i) zur wirksamen Zusammenarbeit mit den zuständigen Behörden von Drittstaaten und mit internationalen Organisationen beitragen;

j) die zuständigen nationalen Behörden und die Kommission beim Aufbau des für die Durchführung dieser Verordnung erforderlichen organisatorischen und technischen Fachwissens beraten, unter anderem durch einen Beitrag zur Einschätzung des Schulungsbedarfs des Personals der Mitgliedstaaten, das an der Durchführung dieser Verordnung beteiligt ist;

k) dem Büro für Künstliche Intelligenz helfen, die zuständigen nationalen Behörden bei der Einrichtung und Entwicklung von KI-Reallaboren zu unterstützen, und die Zusammenarbeit und den Informationsaustausch zwischen KI-Reallaboren erleichtern;

l) zur Entwicklung von Leitfäden beitragen und diesbezüglich entsprechend beraten;

m) die Kommission zu internationalen Angelegenheiten im Bereich der KI beraten;

n) der Kommission Stellungnahmen zu qualifizierten Warnungen in Bezug auf KI-Modelle mit allgemeinem Verwendungszweck vorlegen;

o) Stellungnahmen der Mitgliedstaaten zu qualifizierten Warnungen in Bezug auf KI-Modelle mit allgemeinem Verwendungszweck entgegennehmen sowie zu nationalen Erfahrungen und Praktiken bei der Überwachung und Durchsetzung von KI-Systemen, insbesondere von Systemen, die KI-Modelle mit allgemeinem Verwendungszweck integrieren.

Art. 67[1)] Beratungsforum. (1) Es wird ein Beratungsforum eingerichtet, das technisches Fachwissen bereitstellt, das KI-Gremium und die Kommission berät und zu deren Aufgaben im Rahmen dieser Verordnung beiträgt.

(2) [1]Die Mitglieder des Beratungsforums vertreten eine ausgewogene Auswahl von Interessenträgern, darunter die Industrie, Start-up-Unternehmen, KMU, die Zivilgesellschaft und die Wissenschaft. [2]Bei der Zusammensetzung des Beratungsforums wird auf ein ausgewogenes Verhältnis zwischen wirtschaftlichen und nicht-wirtschaftlichen Interessen und innerhalb der Kategorie der wirtschaftlichen Interessen zwischen KMU und anderen Unternehmen geachtet.

(3) Die Kommission ernennt die Mitglieder des Beratungsforums gemäß den in Absatz 2 genannten Kriterien aus dem Kreis der Interessenträger mit anerkanntem Fachwissen auf dem Gebiet der KI.

(4) Die Amtszeit der Mitglieder des Beratungsforums beträgt zwei Jahre; sie kann bis zu höchstens vier Jahre verlängert werden.

(5) Die Agentur der Europäischen Union für Grundrechte, ENISA, das Europäische Komitee für Normung (CEN), das Europäische Komitee für elektrotechnische Normung (CENELEC) und das Europäische Institut für Telekommunikationsnormen (ETSI) sind ständige Mitglieder des Beratungsforums.

(6) [1]Das Beratungsforum gibt sich eine Geschäftsordnung. [2]Es wählt gemäß den in Absatz 2 festgelegten Kriterien zwei Ko-Vorsitzende unter seinen Mitgliedern. [3]Die Amtszeit der Ko-Vorsitzenden beträgt zwei Jahre und kann einmal verlängert werden.

(7) [1]Das Beratungsforum hält mindestens zweimal pro Jahr Sitzungen ab. [2]Das Beratungsforum kann Sachverständige und andere Interessenträger zu seinen Sitzungen einladen.

---

1) Kapitel VII (Art. 64–70) gilt gem. Art. 113 UAbs. 3 Buchst. b bereits ab 2.8.2025.

(8) Das Beratungsforum kann auf Ersuchen des KI-Gremiums oder der Kommission Stellungnahmen, Empfehlungen und schriftliche Beiträge ausarbeiten.

(9) Das Beratungsforum kann gegebenenfalls ständige oder zeitweilige Untergruppen einsetzen, um spezifische Fragen im Zusammenhang mit den Zielen dieser Verordnung zu prüfen.

(10) [1]Das Beratungsforum erstellt jährlich einen Bericht über seine Tätigkeit. [2]Dieser Bericht wird veröffentlicht.

Art. 68[1)] Wissenschaftliches Gremium unabhängiger Sachverständiger. (1) [1]Die Kommission erlässt im Wege eines Durchführungsrechtsakts Bestimmungen über die Einrichtung eines wissenschaftlichen Gremiums unabhängiger Sachverständiger („wissenschaftliches Gremium"), das die Durchsetzungstätigkeiten im Rahmen dieser Verordnung unterstützen soll. [2]Dieser Durchführungsrechtsakt wird gemäß dem in Artikel 98 Absatz 2 genannten Prüfverfahren erlassen.

(2) [1]Das wissenschaftliche Gremium setzt sich aus Sachverständigen zusammen, die von der Kommission auf der Grundlage aktueller wissenschaftlicher oder technischer Fachkenntnisse auf dem Gebiet der KI, die zur Erfüllung der in Absatz 3 genannten Aufgaben erforderlich sind, ausgewählt werden, und muss nachweisen können, dass es alle folgenden Bedingungen erfüllt:

a) es verfügt über besondere Fachkenntnisse und Kompetenzen sowie über wissenschaftliches oder technisches Fachwissen auf dem Gebiet der KI;
b) es ist von Anbietern von KI-Systemen oder KI-Modellen mit allgemeinem Verwendungszweck unabhängig;
c) es ist in der Lage, Tätigkeiten sorgfältig, präzise und objektiv auszuführen.

[2]Die Kommission legt in Absprache mit dem KI-Gremium die Anzahl der Sachverständigen des Gremiums nach Maßgabe der jeweiligen Erfordernisse fest und sorgt für eine ausgewogene Vertretung der Geschlechter und eine gerechte geografische Verteilung.

(3) Das wissenschaftliche Gremium berät und unterstützt das Büro für Künstliche Intelligenz, insbesondere in Bezug auf folgende Aufgaben:

a) Unterstützung bei der Durchführung und Durchsetzung dieser Verordnung in Bezug auf KI-Modelle und -Systeme mit allgemeinem Verwendungszweck, insbesondere indem es
   i) das Büro für Künstliche Intelligenz im Einklang mit Artikel 90 vor möglichen systemischen Risiken von KI-Modellen mit allgemeinem Verwendungszweck auf Unionsebene warnt;
   ii) einen Beitrag zur Entwicklung von Instrumenten und Methoden für die Bewertung der Fähigkeiten von KI-Modellen und -Systemen mit allgemeinem Verwendungszweck, auch durch Benchmarks, leistet;
   iii) Beratung über die Einstufung von KI-Modellen mit allgemeinem Verwendungszweck mit systemischem Risiko anbietet;
   iv) Beratung über die Einstufung verschiedener KI-Modelle und -Systeme mit allgemeinem Verwendungszweck anbietet;
   v) einen Beitrag zur Entwicklung von Instrumenten und Mustern leistet;

[1)] Kapitel VII (Art. 64–70) gilt gem. Art. 113 UAbs. 3 Buchst. b bereits ab 2.8.2025.

b) Unterstützung der Arbeit der Marktüberwachungsbehörden auf deren Ersuchen;
c) Unterstützung grenzüberschreitender Marktüberwachungstätigkeiten gemäß Artikel 74 Absatz 11, ohne dass die Befugnisse der Marktüberwachungsbehörden berührt werden;
d) Unterstützung des Büros für Künstliche Intelligenz bei der Wahrnehmung seiner Aufgaben im Rahmen des Schutzklauselverfahrens der Union gemäß Artikel 81.

(4) [1] Die Sachverständigen des wissenschaftlichen Gremiums führen ihre Aufgaben nach den Grundsätzen der Unparteilichkeit und der Objektivität aus und gewährleisten die Vertraulichkeit der Informationen und Daten, in deren Besitz sie bei der Ausführung ihrer Aufgaben und Tätigkeiten gelangen. [2] Sie dürfen bei der Wahrnehmung ihrer Aufgaben nach Absatz 3 weder Weisungen anfordern noch entgegennehmen. [3] Jeder Sachverständige gibt eine Interessenerklärung ab, die öffentlich zugänglich gemacht wird. [4] Das Büro für Künstliche Intelligenz richtet Systeme und Verfahren ein, mit denen mögliche Interessenkonflikte aktiv bewältigt und verhindert werden können.

(5) Der in Absatz 1 genannte Durchführungsrechtsakt enthält Bestimmungen über die Bedingungen, Verfahren und detaillierten Regelungen nach denen das wissenschaftliche Gremium und seine Mitglieder Warnungen ausgeben und das Büro für Künstliche Intelligenz um Unterstützung bei der Wahrnehmung der Aufgaben des wissenschaftlichen Gremiums ersuchen können.

Art. 69[1)] Zugang zum Pool von Sachverständigen durch die Mitgliedstaaten. (1) Die Mitgliedstaaten können Sachverständige des wissenschaftlichen Gremiums hinzuziehen, um ihre Durchsetzungstätigkeiten im Rahmen dieser Verordnung zu unterstützen.

(2) [1] Die Mitgliedstaaten können verpflichtet werden, für die Beratung und Unterstützung durch die Sachverständigen Gebühren zu entrichten. [2] Struktur und Höhe der Gebühren sowie Umfang und Struktur erstattungsfähiger Kosten werden in dem in Artikel 68 Absatz 1 genannten Durchführungsrechtsakt festgelegt, wobei die Zielsetzung berücksichtigt wird, für die angemessene Durchführung dieser Verordnung, für Kosteneffizienz sowie dafür zu sorgen, dass alle Mitgliedstaaten effektiven Zugang zu Sachverständigen haben müssen.

(3) Die Kommission ermöglicht den Mitgliedstaaten bei Bedarf einen rechtzeitigen Zugang zu den Sachverständigen und sorgt dafür, dass die Kombination aus unterstützenden Tätigkeiten durch die Union zur Prüfung von KI gemäß Artikel 84 und durch die Sachverständigen gemäß dem vorliegenden Artikel effizient organisiert ist und den bestmöglichen zusätzlichen Nutzen bringt.

Abschnitt 2.[1)] Zuständige nationale Behörden

Art. 70[1)] Benennung von zuständigen nationalen Behörden und zentrale Anlaufstelle. (1) [1] Jeder Mitgliedstaat muss für die Zwecke dieser Verordnung mindestens eine notifizierende Behörde und mindestens eine Marktüberwachungsbehörde als zuständige nationale Behörden einrichten oder benennen. [2] Diese zuständigen nationalen Behörden üben ihre Befugnisse un-

[1)] Kapitel VII (Art. 64–70) gilt gem. Art. 113 UAbs. 3 Buchst. b bereits ab 2.8.2025.

abhängig, unparteiisch und unvoreingenommen aus, um die Objektivität ihrer Tätigkeiten und Aufgaben zu gewährleisten und die Anwendung und Durchführung dieser Verordnung sicherzustellen. [3]Die Mitglieder dieser Behörden haben jede Handlung zu unterlassen, die mit ihren Aufgaben unvereinbar ist. [4]Sofern diese Grundsätze gewahrt werden, können die betreffenden Tätigkeiten und Aufgaben gemäß den organisatorischen Erfordernissen des Mitgliedstaats von einer oder mehreren benannten Behörden wahrgenommen werden.

(2) [1]Die Mitgliedstaaten teilen der Kommission die Namen der notifizierenden Behörden und der Marktüberwachungsbehörden und die Aufgaben dieser Behörden sowie alle späteren Änderungen mit. [2]Die Mitgliedstaaten machen Informationen darüber, wie die zuständigen Behörden und zentralen Anlaufstellen bis zum 2. August 2025 auf elektronischem Wege kontaktiert werden können, öffentlich zugänglich. [3]Die Mitgliedstaaten benennen eine Marktüberwachungsbehörde, die als zentrale Anlaufstelle für diese Verordnung fungiert, und teilen der Kommission den Namen der zentralen Anlaufstelle mit. [4]Die Kommission erstellt eine öffentlich verfügbare Liste der zentralen Anlaufstellen.

(3) [1]Die Mitgliedstaaten sorgen dafür, dass ihre zuständigen nationalen Behörden mit angemessenen technischen und finanziellen Mitteln sowie geeignetem Personal und Infrastrukturen ausgestattet werden, damit sie ihre Aufgaben im Rahmen dieser Verordnung wirksam erfüllen können. [2]Insbesondere müssen die zuständigen nationalen Behörden zu jeder Zeit über eine ausreichende Zahl von Mitarbeitern verfügen, zu deren Kompetenzen und Fachwissen ein tiefes Verständnis der KI-Technologien, der Daten und Datenverarbeitung, des Schutzes personenbezogener Daten, der Cybersicherheit, der Grundrechte, der Gesundheits- und Sicherheitsrisiken sowie Kenntnis der bestehenden Normen und rechtlichen Anforderungen gehört. [3]Die Mitgliedstaaten bewerten und aktualisieren, falls erforderlich, jährlich die in diesem Absatz genannten Erfordernisse bezüglich Kompetenzen und Ressourcen.

(4) Die zuständigen nationalen Behörden ergreifen geeignete Maßnahmen zur Sicherstellung eines angemessenen Maßes an Cybersicherheit.

(5) Bei der Erfüllung ihrer Aufgaben halten sich die zuständigen nationalen Behörden an die in Artikel 78 festgelegten Vertraulichkeitspflichten.

(6) [1]Bis zum 2. August 2025 und anschließend alle zwei Jahre erstatten die Mitgliedstaaten der Kommission Bericht über den Sachstand bezüglich der finanziellen Mittel und des Personals der zuständigen nationalen Behörden und geben eine Einschätzung über deren Angemessenheit ab. [2]Die Kommission leitet diese Informationen zur Erörterung und etwaigen Abgabe von Empfehlungen an das KI-Gremium weiter.

(7) Die Kommission fördert den Erfahrungsaustausch zwischen den zuständigen nationalen Behörden.

(8) [1]Die zuständigen nationalen Behörden können gegebenenfalls insbesondere KMU, einschließlich Start-up-Unternehmen, unter Berücksichtigung der Anleitung und Beratung durch das KI-Gremium oder der Kommission mit Anleitung und Beratung bei der Durchführung dieser Verordnung zur Seite stehen. [2]Wenn zuständige nationale Behörden beabsichtigen, Anleitung und Beratung in Bezug auf ein KI-System in Bereichen anzubieten, die unter das

Unionrecht fallen, so sind gegebenenfalls die nach jenen Unionsrecht zuständigen nationalen Behörden zu konsultieren.

(9) Soweit Organe, Einrichtungen und sonstige Stellen der Union in den Anwendungsbereich dieser Verordnung fallen, übernimmt der Europäische Datenschutzbeauftragte die Funktion der für ihre Beaufsichtigung zuständigen Behörde.

Kapitel VIII. EU-Datenbank für Hochrisiko-KI-Systeme

Art. 71 EU-Datenbank für die in Anhang III aufgeführten Hochrisiko-KI-Systeme. (1) [1]Die Kommission errichtet und führt in Zusammenarbeit mit den Mitgliedstaaten eine EU-Datenbank mit den in den Absätzen 2 und 3 dieses Artikels genannten Informationen über Hochrisiko-KI-Systeme nach Artikel 6 Absatz 2, die gemäß den Artikeln 49 und 60 registriert werden und über KI-Systeme, die nicht als Hochrisiko-KI-Systeme gemäß Artikel 6 Absatz 3 gelten und gemäß Artikel 6 Absatz 4 und Artikel 49 registriert werden. [2]Bei der Festlegung der Funktionsspezifikationen dieser Datenbank konsultiert die Kommission die einschlägigen Sachverständigen und bei der Aktualisierung der Funktionsspezifikationen dieser Datenbank konsultiert sie das KI-Gremium.

(2) Die in Anhang VIII Abschnitte A und B aufgeführten Daten werden vom Anbieter oder gegebenenfalls vom Bevollmächtigten in die EU-Datenbank eingegeben.

(3) Die in Anhang VIII Abschnitt C aufgeführten Daten werden vom Betreiber, der eine Behörde, Einrichtung oder sonstige Stelle ist oder in deren Namen handelt, gemäß Artikel 49 Absätze 3 und 4 in die EU-Datenbank eingegeben.

(4) [1]Mit Ausnahme des in Artikel 49 Absatz 4 und Artikel 60 Absatz 4 Buchstabe c genannten Abschnitts müssen die gemäß Artikel 49 in der Datenbank registrierten und dort enthaltenen Informationen auf benutzerfreundliche Weise zugänglich und öffentlich verfügbar sein. [2]Die Informationen sollten leicht handhabbar und maschinenlesbar sein. [3]Auf die gemäß Artikel 60 registrierten Informationen können nur Marktüberwachungsbehörden und die Kommission zugreifen, es sei denn, der zukünftige Anbieter oder der Anbieter hat seine Zustimmung dafür erteilt, dass die Informationen auch öffentlich zugänglich sind.

(5) [1]Die EU-Datenbank enthält personenbezogene Daten nur, soweit dies für die Erfassung und Verarbeitung von Informationen gemäß dieser Verordnung erforderlich ist. [2]Zu diesen Informationen gehören die Namen und Kontaktdaten der natürlichen Personen, die für die Registrierung des Systems verantwortlich sind und die rechtlich befugt sind, den Anbieter oder gegebenenfalls den Betreiber zu vertreten.

(6) [1]Die Kommission gilt als für die EU-Datenbank Verantwortlicher. [2]Sie stellt Anbietern, zukünftigen Anbietern und Betreibern angemessene technische und administrative Unterstützung bereit. [3]Die EU-Datenbank muss den geltenden Barrierefreiheitsanforderungen entsprechen.

Kapitel IX. Beobachtung nach dem Inverkehrbringen, Informationsaustausch und Marktüberwachung

Abschnitt 1. Beobachtung nach dem Inverkehrbringen

Art. 72 Beobachtung nach dem Inverkehrbringen durch die Anbieter und Plan für die Beobachtung nach dem Inverkehrbringen für Hochrisiko-KI-Systeme. (1) Anbieter müssen ein System zur Beobachtung nach dem Inverkehrbringen, das im Verhältnis zur Art der KI-Technik und zu den Risiken des Hochrisiko-KI-Systems steht, einrichten und dokumentieren.

(2) [1] Mit dem System zur Beobachtung nach dem Inverkehrbringen müssen sich die einschlägigen Daten zur Leistung der Hochrisiko-KI-Systeme, die von den Anbietern oder den Betreibern bereitgestellt oder aus anderen Quellen erhoben werden können, über ihre gesamte Lebensdauer hinweg aktiv und systematisch erheben, dokumentieren und analysieren lassen, und der Anbieter muss damit die fortdauernde Einhaltung der in Kapitel III Abschnitt 2 genannten Anforderungen an die KI-Systeme bewerten können. [2] Gegebenenfalls umfasst die Beobachtung nach dem Inverkehrbringen eine Analyse der Interaktion mit anderen KI-Systemen. [3] Diese Pflicht gilt nicht für sensible operative Daten von Betreibern, die Strafverfolgungsbehörden sind.

(3) [1] Das System zur Beobachtung nach dem Inverkehrbringen muss auf einem Plan für die Beobachtung nach dem Inverkehrbringen beruhen. [2] Der Plan für die Beobachtung nach dem Inverkehrbringen ist Teil der in Anhang IV genannten technischen Dokumentation. [3] Die Kommission erlässt einen Durchführungsrechtsakt, in dem sie detaillierte Bestimmungen für die Erstellung eines Musters des Plans für die Beobachtung nach dem Inverkehrbringen sowie die Liste der in den Plan aufzunehmenden Elemente bis zum 2. Februar 2026 detailliert festlegt. [4] Dieser Durchführungsrechtsakt wird gemäß dem in Artikel 98 Absatz 2 genannten Prüfverfahren erlassen.

(4) *[1]* Bei Hochrisiko-KI-Systemen, die unter die in Anhang I Abschnitt A aufgeführten Harmonisierungsrechtsvorschriften der Union fallen, und für die auf der Grundlage dieser Rechtvorschriften bereits ein System zur Beobachtung nach dem Inverkehrbringen sowie ein entsprechender Plan festgelegt wurden, haben die Anbieter zur Gewährleistung der Kohärenz, zur Vermeidung von Doppelarbeit und zur Minimierung zusätzlicher Belastungen die Möglichkeit, unter Verwendung des Musters nach Absatz 3, gegebenenfalls die in den Absätzen 1, 2 und 3 genannten erforderlichen Elemente in die im Rahmen dieser Vorschriften bereits vorhandenen Systeme und Pläne zu integrieren, sofern ein gleichwertiges Schutzniveau erreicht wird.

[2] Unterabsatz 1 dieses Absatzes gilt auch für in Anhang III Nummer 5 genannte Hochrisiko-KI-Systeme, die von Finanzinstituten in Verkehr gebracht oder in Betrieb genommen wurden, die bezüglich ihrer internen Unternehmensführung, Regelungen oder Verfahren Anforderungen gemäß den Rechtsvorschriften der Union über Finanzdienstleistungen unterliegen.

Abschnitt 2. Austausch von Informationen über schwerwiegende Vorfälle

Art. 73 Meldung schwerwiegender Vorfälle. (1) Anbieter von in der Union in Verkehr gebrachten Hochrisiko-KI-Systemen melden schwerwiegende

Vorfälle den Marktüberwachungsbehörden der Mitgliedstaaten, in denen der Vorfall stattgefunden hat.

(2) *[1]* Die Meldung nach Absatz 1 erfolgt unmittelbar, nachdem der Anbieter den kausalen Zusammenhang zwischen dem KI-System und dem schwerwiegenden Vorfall oder die naheliegende Wahrscheinlichkeit eines solchen Zusammenhangs festgestellt hat und in jedem Fall spätestens 15 Tage, nachdem der Anbieter oder gegebenenfalls der Betreiber Kenntnis von diesem schwerwiegenden Vorfall erlangt hat.

[2] Bezüglich des in Unterabsatz 1 genannten Meldezeitraums wird der Schwere des schwerwiegenden Vorfalls Rechnung getragen.

(3) Ungeachtet des Absatzes 2 dieses Artikels erfolgt die in Absatz 1 dieses Artikels genannte Meldung im Falle eines weitverbreiteten Verstoßes oder eines schwerwiegenden Vorfalls im Sinne des Artikels 3 Nummer 49 Buchstabe b unverzüglich, spätestens jedoch zwei Tage nachdem der Anbieter oder gegebenenfalls der Betreiber von diesem Vorfall Kenntnis erlangt hat.

(4) Ungeachtet des Absatzes 2 erfolgt die Meldung im Falle des Todes einer Person unverzüglich nachdem der Anbieter oder der Betreiber einen kausalen Zusammenhang zwischen dem Hochrisiko-KI-System und dem schwerwiegenden Vorfall festgestellt hat, oder einen solchen vermutet, spätestens jedoch zehn Tage nach dem Datum, an dem der Anbieter oder gegebenenfalls der Betreiber von dem schwerwiegenden Vorfall Kenntnis erlangt hat.

(5) Wenn es zur Gewährleistung der rechtzeitigen Meldung erforderlich ist, kann der Anbieter oder gegebenenfalls der Betreiber einen unvollständigen Erstbericht vorlegen, dem ein vollständiger Bericht folgt.

(6) *[1]* [1] Im Anschluss an die Meldung eines schwerwiegenden Vorfalls gemäß Absatz 1 führt der Anbieter unverzüglich die erforderlichen Untersuchungen im Zusammenhang mit dem schwerwiegenden Vorfall und dem betroffenen KI-System durch. [2] Dies umfasst eine Risikobewertung des Vorfalls sowie Korrekturmaßnahmen.

[2] Der Anbieter arbeitet bei den Untersuchungen gemäß Unterabsatz 1 mit den zuständigen Behörden und gegebenenfalls mit der betroffenen notifizierten Stelle zusammen und nimmt keine Untersuchung vor, die zu einer Veränderung des betroffenen KI-Systems in einer Weise führt, die möglicherweise Auswirkungen auf eine spätere Bewertung der Ursachen des Vorfalls hat, bevor er die zuständigen Behörden über eine solche Maßnahme nicht unterrichtet hat.

(7) [1] Sobald die zuständige Marktüberwachungsbehörde eine Meldung über einen in Artikel 3 Nummer 49 Buchstabe c genannten schwerwiegenden Vorfall erhält, informiert sie die in Artikel 77 Absatz 1 genannten nationalen Behörden oder öffentlichen Stellen. [2] Zur leichteren Einhaltung der Pflichten nach Absatz 1 dieses Artikels arbeitet die Kommission entsprechende Leitlinien aus. [3] Diese Leitlinien werden bis zum 2. August 2025 veröffentlicht und regelmäßig bewertet.

(8) Die Marktüberwachungsbehörde ergreift innerhalb von sieben Tagen nach Eingang der in Absatz 1 dieses Artikels genannten Meldung geeignete Maßnahmen gemäß Artikel 19 der Verordnung (EU) 2019/1020 und befolgt die in der genannten Verordnung vorgesehenen Meldeverfahren.

(9) Bei Hochrisiko-KI-Systemen nach Anhang III, die von Anbietern in Verkehr gebracht oder in Betrieb genommen wurden, die Rechtsinstrumenten

der Union mit gleichwertigen Meldepflichten wie jenen in dieser Verordnung festgesetzten unterliegen, müssen nur jene schwerwiegenden Vorfälle gemeldet werden, die in Artikel 3 Nummer 49 Buchstabe c genannt werden.

(10) Bei Hochrisiko-KI-Systemen, bei denen es sich um Sicherheitsbauteile von Produkten handelt, die unter die Verordnungen (EU) 2017/745 und (EU) 2017/746 fallen, oder die selbst solche Produkte sind, müssen nur die in Artikel 3 Nummer 49 Buchstabe c dieser Verordnung genannten schwerwiegenden Vorfälle gemeldet werden, und zwar der zuständigen nationalen Behörde, die für diesen Zweck von den Mitgliedstaaten, in denen der Vorfall stattgefunden hat, ausgewählt wurde.

(11) Die zuständigen nationalen Behörden melden der Kommission unverzüglich jeden schwerwiegenden Vorfall gemäß Artikel 20 der Verordnung (EU) 2019/1020, unabhängig davon, ob sie diesbezüglich Maßnahmen ergriffen haben.

Abschnitt 3. Durchsetzung

Art. 74 Marktüberwachung und Kontrolle von KI-Systemen auf dem Unionsmarkt. (1) [1] Die Verordnung (EU) 2019/1020 gilt für KI-Systeme, die unter die vorliegende Verordnung fallen. [2] Für die Zwecke einer wirksamen Durchsetzung der vorliegenden Verordnung gilt Folgendes:

a) Jede Bezugnahme auf einen Wirtschaftsakteur nach der Verordnung (EU) 2019/1020 gilt auch als Bezugnahme auf alle Akteure, die in Artikel 2 Absatz 1 der vorliegenden Verordnung genannt werden;

b) jede Bezugnahme auf ein Produkt nach der Verordnung (EU) 2019/1020 gilt auch als Bezugnahme auf alle KI-Systeme, die in den Anwendungsbereich der vorliegenden Verordnung fallen.

(2) [1] Im Rahmen ihrer Berichtspflichten gemäß Artikel 34 Absatz 4 der Verordnung (EU) 2019/1020 melden die Marktüberwachungsbehörden der Kommission und den einschlägigen nationalen Wettbewerbsbehörden jährlich alle Informationen, die sie im Verlauf ihrer Marktüberwachungstätigkeiten erlangt haben und die für die Anwendung von Unionsrecht im Bereich der Wettbewerbsregeln von Interesse sein könnten. [2] Ferner erstatten sie der Kommission jährlich Bericht über die Anwendung verbotener Praktiken in dem betreffenden Jahr und über die ergriffenen Maßnahmen.

(3) *[1]* Bei Hochrisiko-KI-Systemen und damit in Zusammenhang stehenden Produkten, auf die die in Anhang I Abschnitt A aufgeführten Harmonisierungsrechtsvorschriften der Union Anwendung finden, gilt als Marktüberwachungsbehörde für die Zwecke dieser Verordnung die in jenen Rechtsakten für die Marktüberwachung benannte Behörde.

[2] Abweichend von Unterabsatz 1 und unter geeigneten Umständen können die Mitgliedstaaten eine andere einschlägige Behörde benennen, die die Funktion der Marktüberwachungsbehörde übernimmt, sofern sie die Koordinierung mit den einschlägigen sektorspezifischen Marktüberwachungsbehörden, die für die Durchsetzung der in Anhang I aufgeführten Harmonisierungsrechtsvorschriften der Union zuständig sind, sicherstellen.

(4) [1] Die Verfahren gemäß den Artikeln 79 bis 83 der vorliegenden Verordnung gelten nicht für KI-Systeme, die im Zusammenhang mit Produkten stehen, auf die die in Anhang I Abschnitt A aufgeführten Harmonisierungs-

rechtsvorschriften der Union Anwendung finden, wenn in diesen Rechtsakten bereits Verfahren, die ein gleichwertiges Schutzniveau sicherstellen und dasselbe Ziel haben, vorgesehen sind. [2] In diesen Fällen kommen stattdessen die einschlägigen sektorspezifischen Verfahren zur Anwendung.

(5) Unbeschadet der Befugnisse der Marktüberwachungsbehörden gemäß Artikel 14 der Verordnung (EU) 2019/1020 können die Marktüberwachungsbehörden für die Zwecke der Sicherstellung der wirksamen Durchsetzung der vorliegenden Verordnung die in Artikel 14 Absatz 4 Buchstaben d und j der genannten Verordnung genannten Befugnisse gegebenenfalls aus der Ferne ausüben.

(6) Bei Hochrisiko-KI-Systemen, die von auf der Grundlage des Unionsrechts im Bereich der Finanzdienstleistungen regulierten Finanzinstituten in Verkehr gebracht, in Betrieb genommen oder verwendet werden, gilt die in jenen Rechtsvorschriften für die Finanzaufsicht über diese Institute benannte nationale Behörde als Marktüberwachungsbehörde für die Zwecke dieser Verordnung, sofern das Inverkehrbringen, die Inbetriebnahme oder die Verwendung des KI-Systems mit der Erbringung dieser Finanzdienstleistungen in direktem Zusammenhang steht.

(7) *[1]* Abweichend von Absatz 6 kann der Mitgliedstaat – unter geeigneten Umständen und wenn für Abstimmung gesorgt ist – eine andere einschlägige Behörde als Marktüberwachungsbehörde für die Zwecke dieser Verordnung benennen.

[2] Nationale Marktüberwachungsbehörden, die unter die Richtlinie 2013/36/EU fallende Kreditinstitute, welche an dem mit der Verordnung (EU) Nr. 1024/2013 eingerichteten einheitlichen Aufsichtsmechanismus teilnehmen, beaufsichtigen, sollten der Europäischen Zentralbank unverzüglich alle im Zuge ihrer Marktüberwachungstätigkeiten ermittelten Informationen übermitteln, die für die in der genannten Verordnung festgelegten Aufsichtsaufgaben der Europäischen Zentralbank von Belang sein könnten.

(8) [1] Für die in Anhang III Nummer 1 der vorliegenden Verordnung genannten Hochrisiko-KI-Systeme, sofern diese Systeme für Strafverfolgungszwecke, Grenzmanagement und Justiz und Demokratie eingesetzt werden, und für die in Anhang III Nummern 6, 7 und 8 genannten Hochrisiko-KI-Systeme benennen die Mitgliedstaaten für die Zwecke dieser Verordnung als Marktüberwachungsbehörden entweder die nach der Verordnung (EU) 2016/679[1)] oder der Richtlinie (EU) 2016/680[2)] für den Datenschutz zuständigen Aufsichtsbehörden oder jede andere gemäß denselben Bedingungen wie den in den Artikeln 41 bis 44 der Richtlinie (EU) 2016/680 festgelegten benannte Behörde. [2] Marktüberwachungstätigkeiten dürfen in keiner Weise die Unabhängigkeit von Justizbehörden beeinträchtigen oder deren Handlungen im Rahmen ihrer justiziellen Tätigkeit anderweitig beeinflussen.

(9) Soweit Organe, Einrichtungen und sonstige Stellen der Union in den Anwendungsbereich dieser Verordnung fallen, übernimmt der Europäische Datenschutzbeauftragte die Funktion der für sie zuständigen Marktüberwachungsbehörde – ausgenommen für den Gerichtshof der Europäischen Union im Rahmen seiner Rechtsprechungstätigkeit.

---

1) Nr. 1.
2) Nr. 2.

(10) Die Mitgliedstaaten erleichtern die Koordinierung zwischen den auf der Grundlage dieser Verordnung benannten Marktüberwachungsbehörden und anderen einschlägigen nationalen Behörden oder Stellen, die die Anwendung der in Anhang I aufgeführten Harmonisierungsrechtsvorschriften der Union oder sonstigen Unionsrechts überwachen, das für die in Anhang III genannten Hochrisiko-KI-Systeme relevant sein könnte.

(11) [1]Die Marktüberwachungsbehörden und die Kommission können gemeinsame Tätigkeiten, einschließlich gemeinsamer Untersuchungen, vorschlagen, die von den Marktüberwachungsbehörden oder von den Marktüberwachungsbehörden gemeinsam mit der Kommission durchgeführt werden, um Konformität zu fördern, Nichtkonformität festzustellen, zu sensibilisieren oder Orientierung zu dieser Verordnung und bestimmten Kategorien von Hochrisiko-KI-Systemen, bei denen festgestellt wird, dass sie in zwei oder mehr Mitgliedstaaten gemäß Artikel 9 der Verordnung (EU) 2019/1020 ein ernstes Risiko darstellen, zu geben. [2]Das Büro für Künstliche Intelligenz unterstützt die Koordinierung der gemeinsamen Untersuchungen.

(12) Die Anbieter gewähren den Marktüberwachungsbehörden unbeschadet der Befugnisübertragung gemäß der Verordnung (EU) 2019/1020 – sofern dies relevant ist und beschränkt auf das zur Wahrnehmung der Aufgaben dieser Behörden erforderliche Maß – uneingeschränkten Zugang zur Dokumentation sowie zu den für die Entwicklung von Hochrisiko-KI-Systemen verwendeten Trainings-, Validierungs- und Testdatensätzen, gegebenenfalls und unter Einhaltung von Sicherheitsvorkehrungen auch über die Anwendungsprogrammierschnittstellen (im Folgenden „API") oder andere einschlägige technische Mittel und Instrumente, die den Fernzugriff ermöglichen.

(13) Zum Quellcode des Hochrisiko-KI-Systems erhalten Marktüberwachungsbehörden auf begründete Anfrage und nur dann Zugang, wenn die beiden folgenden Bedingungen erfüllt sind:

a) Der Zugang zum Quellcode ist zur Bewertung der Konformität eines Hochrisiko-KI-Systems mit den in Kapitel III Abschnitt 2 festgelegten Anforderungen notwendig und
b) die Test- oder Prüfverfahren und Überprüfungen aufgrund der vom Anbieter bereitgestellten Daten und Dokumentation wurden ausgeschöpft oder haben sich als unzureichend erwiesen.

(14) Jegliche Informationen oder Dokumentation, in deren Besitz die Marktüberwachungsbehörden gelangen, werden im Einklang mit den in Artikel 78 festgelegten Vertraulichkeitspflichten behandelt.

Art. 75 Amtshilfe, Marktüberwachung und Kontrolle von KI-Systemen mit allgemeinem Verwendungszweck. (1) [1]Beruht ein KI-System auf einem KI-Modell mit allgemeinem Verwendungszweck und werden das Modell und das System vom selben Anbieter entwickelt, so ist das Büro für Künstliche Intelligenz befugt, die Konformität des KI-Systems mit den Pflichten aus dieser Verordnung zu überwachen und beaufsichtigen. [2]Zur Wahrnehmung seiner Beobachtungs- und Überwachungsaufgaben hat das Büro für Künstliche Intelligenz alle in diesem Abschnitt und in der Verordnung (EU) 2019/1020 vorgesehenen Befugnisse einer Marktüberwachungsbehörde.

(2) Haben die zuständigen Marktüberwachungsbehörden hinreichenden Grund für die Auffassung, dass KI-Systeme mit allgemeinem Verwendungs-

zweck, die von Betreibern direkt für mindestens einen Zweck, der gemäß dieser Verordnung als hochriskant eingestuft ist, verwendet werden können, nicht mit den in dieser Verordnung festgelegten Anforderungen konform sind, so arbeiten sie bei der Durchführung von Konformitätsbewertungen mit dem Büro für Künstliche Intelligenz zusammen und unterrichten das KI-Gremium und andere Marktüberwachungsbehörden entsprechend.

(3) [1] Ist eine Marktüberwachungsbehörde wegen der Unzugänglichkeit bestimmter Informationen im Zusammenhang mit dem KI-Modell mit allgemeinem Verwendungszweck nicht in der Lage, ihre Ermittlungen zu dem Hochrisiko-KI-System abzuschließen, obwohl sie alle angemessenen Anstrengungen unternommen hat, diese Informationen zu erhalten, kann sie ein begründetes Ersuchen an das Büro für Künstliche Intelligenz richten, durch das der Zugang zu den Informationen durchgesetzt werden kann. [2] In diesem Fall übermittelt das Büro für Künstliche Intelligenz der ersuchenden Behörde unverzüglich, spätestens aber innerhalb von 30 Tagen, alle Informationen, die das Büro für Künstliche Intelligenz für die Feststellung, ob ein Hochrisiko-KI-System nicht konform ist, für erforderlich erachtet. [3] Die Marktüberwachungsbehörden gewährleisten gemäß Artikel 78 der vorliegenden Verordnung die Vertraulichkeit der von ihnen erlangten Informationen. [4] Das Verfahren nach Kapitel VI der Verordnung (EU) 2019/1020 gilt entsprechend.

Art. 76 Beaufsichtigung von Tests unter Realbedingungen durch Marktüberwachungsbehörden. (1) Marktüberwachungsbehörden müssen über die Kompetenzen und Befugnisse verfügen, um sicherzustellen, dass Tests unter Realbedingungen gemäß dieser Verordnung erfolgen.

(2) [1] Wenn ein Test unter Realbedingungen für KI-Systeme durchgeführt wird, die in einem KI-Reallabor gemäß Artikel 58 beaufsichtigt werden, überprüfen die Marktüberwachungsbehörden im Rahmen ihrer Aufsichtsaufgaben für das KI-Reallabor die Einhaltung des Artikels 60. [2] Die Behörden können gegebenenfalls gestatten, dass der Anbieter oder zukünftige Anbieter den Test unter Realbedingungen in Abweichung von den in Artikel 60 Absatz 4 Buchstaben f und g festgelegten Bedingungen durchführt.

(3) Wenn eine Marktüberwachungsbehörde vom zukünftigen Anbieter, vom Anbieter oder von einem Dritten über einen schwerwiegenden Vorfall informiert wurde oder Grund zu der Annahme hat, dass die in den Artikeln 60 und 61 festgelegten Bedingungen nicht erfüllt sind, kann sie – je nachdem, was angemessen ist – in ihrem Hoheitsgebiet gegebenenfalls entscheiden, entweder

a) den Test unter Realbedingungen auszusetzen oder abzubrechen oder
b) den Anbieter oder zukünftigen Anbieter und die Betreiber oder zukünftigen Betreiber zur Änderung eines beliebigen Aspekts des Tests unter Realbedingungen zu verpflichten.

(4) Wenn eine Marktüberwachungsbehörde eine Entscheidung nach Absatz 3 des vorliegenden Artikels getroffen oder Einwände im Sinne des Artikels 60 Absatz 4 Buchstabe b erhoben hat, sind im Rahmen der Entscheidung oder der Einwände die Gründe dafür zu nennen sowie anzugeben, wie der Anbieter oder zukünftige Anbieter die Entscheidung oder die Einwände anfechten kann.

(5) Wenn eine Marktüberwachungsbehörde eine Entscheidung nach Absatz 3 getroffen hat, teilt sie ihre Gründe dafür gegebenenfalls den Marktüber-

wachungsbehörden anderer Mitgliedstaaten mit, in denen das KI-System gemäß dem Plan für den Test getestet wurde.

Art. 77 Befugnisse der für den Schutz der Grundrechte zuständigen Behörden. (1) [1] Nationale Behörden oder öffentliche Stellen, die die Einhaltung des Unionsrechts zum Schutz der Grundrechte, einschließlich des Rechts auf Nichtdiskriminierung, in Bezug auf die Verwendung der in Anhang III genannten Hochrisiko-KI-Systeme beaufsichtigen oder durchsetzen, sind befugt, sämtliche auf der Grundlage dieser Verordnung in zugänglicher Sprache und Format erstellte oder geführte Dokumentation anzufordern und einzusehen, sofern der Zugang zu dieser Dokumentation für die wirksame Ausübung ihrer Aufträge im Rahmen ihrer Befugnisse innerhalb der Grenzen ihrer Hoheitsgewalt notwendig ist. [2] Die jeweilige Behörde oder öffentliche Stelle informiert die Marktüberwachungsbehörde des betreffenden Mitgliedstaats von jeder diesbezüglichen Anfrage.

(2) [1] Bis 2. November 2024 muss jeder Mitgliedstaat die in Absatz 1 genannten Behörden oder öffentlichen Stellen benennen und in einer öffentlichen Liste verfügbar machen. [2] Die Mitgliedstaaten übermitteln die Liste der Kommission und den anderen Mitgliedstaaten und halten die Liste auf dem neuesten Stand.

(3) [1] Sollte die in Absatz 1 genannte Dokumentation nicht ausreichen, um feststellen zu können, ob ein Verstoß gegen das Unionsrecht zum Schutz der Grundrechte vorliegt, so kann die in Absatz 1 genannte Behörde oder öffentliche Stelle bei der Marktüberwachungsbehörde einen begründeten Antrag auf Durchführung eines technischen Tests des Hochrisiko-KI-Systems stellen. [2] Die Marktüberwachungsbehörde führt den Test unter enger Einbeziehung der beantragenden Behörde oder öffentlichen Stelle innerhalb eines angemessenen Zeitraums nach Eingang des Antrags durch.

(4) Jegliche Informationen oder Dokumentation, in deren Besitz die in Absatz 1 des vorliegenden Artikels genannten nationalen Behörden oder öffentlichen Stellen auf der Grundlage des vorliegenden Artikels gelangen, werden im Einklang mit den in Artikel 78 festgelegten Vertraulichkeitspflichten behandelt.

Art. 78[1)] Vertraulichkeit. (1) Die Kommission, die Marktüberwachungsbehörden und die notifizierten Stellen sowie alle anderen natürlichen oder juristischen Personen, die an der Anwendung dieser Verordnung beteiligt sind, wahren gemäß dem Unionsrecht oder dem nationalen Recht die Vertraulichkeit der Informationen und Daten, in deren Besitz sie bei der Ausführung ihrer Aufgaben und Tätigkeiten gelangen, sodass insbesondere Folgendes geschützt ist:

a) die Rechte des geistigen Eigentums sowie vertrauliche Geschäftsinformationen oder Geschäftsgeheimnisse natürlicher oder juristischer Personen, einschließlich Quellcodes, mit Ausnahme der in Artikel 5 der Richtlinie (EU) 2016/943 des Europäischen Parlaments und des Rates[2)];

[1)] Art. 78 gilt gem. Art. 113 UAbs. 3 Buchst. b bereits ab 2.8.2025.

[2)] **Amtl. Anm.:** Richtlinie (EU) 2016/943 des Europäischen Parlaments und des Rates vom 8. Juni 2016 über den Schutz vertraulichen Know-hows und vertraulicher Geschäftsinformationen (Geschäftsgeheimnisse) vor rechtswidrigem Erwerb sowie rechtswidriger Nutzung und Offenlegung (ABl. L 157 vom 15.6.2016, S. 1).

b) die wirksame Durchführung dieser Verordnung, insbesondere für die Zwecke von Inspektionen, Untersuchungen oder Audits;

c) öffentliche und nationale Sicherheitsinteressen;

d) die Durchführung von Straf- oder Verwaltungsverfahren;

e) gemäß dem Unionsrecht oder dem nationalen Recht als Verschlusssache eingestufte Informationen.

(2) [1] Die gemäß Absatz 1 an der Anwendung dieser Verordnung beteiligten Behörden fragen nur Daten an, die für die Bewertung des von KI-Systemen ausgehenden Risikos und für die Ausübung ihrer Befugnisse in Übereinstimmung mit dieser Verordnung und mit der Verordnung (EU) 2019/1020 unbedingt erforderlich sind. [2] Sie ergreifen angemessene und wirksame Cybersicherheitsmaßnahmen zum Schutz der Sicherheit und Vertraulichkeit der erlangten Informationen und Daten und löschen im Einklang mit dem geltenden Unionsrecht oder nationalen Recht die erhobenen Daten, sobald sie für den Zweck, für den sie erlangt wurden, nicht mehr benötigt werden.

(3) *[1]* [1] Unbeschadet der Absätze 1 und 2 darf der Austausch vertraulicher Informationen zwischen den zuständigen nationalen Behörden untereinander oder zwischen den zuständigen nationalen Behörden und der Kommission nicht ohne vorherige Rücksprache mit der zuständigen nationalen Behörde, von der die Informationen stammen, und dem Betreiber offengelegt werden, sofern die in Anhang III Nummer 1, 6 oder 7 genannten Hochrisiko-KI-Systeme von Strafverfolgungs-, Grenzschutz-, Einwanderungs- oder Asylbehörden verwendet werden und eine solche Offenlegung die öffentlichen und nationalen Sicherheitsinteressen gefährden könnte. [2] Dieser Informationsaustausch erstreckt sich nicht auf sensible operative Daten zu den Tätigkeiten von Strafverfolgungs-, Grenzschutz-, Einwanderungs- oder Asylbehörden.

[2] [1] Handeln Strafverfolgungs-, Einwanderungs- oder Asylbehörden als Anbieter von in Anhang III Nummer 1, 6 oder 7 genannten Hochrisiko-KI-Systemen, so verbleibt die technische Dokumentation nach Anhang IV in den Räumlichkeiten dieser Behörden. [2] Diese Behörden sorgen dafür, dass die in Artikel 74 Absätze 8 und 9 genannten Marktüberwachungsbehörden auf Anfrage unverzüglich Zugang zu dieser Dokumentation oder eine Kopie davon erhalten. [3] Zugang zu dieser Dokumentation oder zu einer Kopie davon darf nur das Personal der Marktüberwachungsbehörde erhalten, das über eine entsprechende Sicherheitsfreigabe verfügt.

(4) Die Absätze 1, 2 und 3 dürfen sich weder auf die Rechte oder Pflichten der Kommission, der Mitgliedstaaten und ihrer einschlägigen Behörden sowie der notifizierten Stellen in Bezug auf den Informationsaustausch und die Weitergabe von Warnungen, einschließlich im Rahmen der grenzüberschreitenden Zusammenarbeit, noch auf die Pflichten der betreffenden Parteien auswirken, Informationen auf der Grundlage des Strafrechts der Mitgliedstaaten bereitzustellen.

(5) Die Kommission und die Mitgliedstaaten können erforderlichenfalls und im Einklang mit den einschlägigen Bestimmungen internationaler Übereinkommen und Handelsabkommen mit Regulierungsbehörden von Drittstaaten, mit denen sie bilaterale oder multilaterale Vertraulichkeitsvereinbarungen getroffen haben und die ein angemessenes Niveau an Vertraulichkeit gewährleisten, vertrauliche Informationen austauschen.

Art. 79 Verfahren auf nationaler Ebene für den Umgang mit KI-Systemen, die ein Risiko bergen. (1) Als KI-Systeme, die ein Risiko bergen, gelten „Produkte, mit denen ein Risiko verbunden ist" im Sinne des Artikels 3 Nummer 19 der Verordnung (EU) 2019/1020, sofern sie Risiken für die Gesundheit oder Sicherheit oder Grundrechte von Personen bergen.

(2) *[1]* [1] Hat die Marktüberwachungsbehörde eines Mitgliedstaats hinreichend Grund zu der Annahme, dass ein KI-System ein Risiko nach Absatz 1 des vorliegenden Artikels birgt, so prüft sie das betreffende KI-System im Hinblick auf die Erfüllung aller in der vorliegenden Verordnung festgelegten Anforderungen und Pflichten. [2] Besondere Aufmerksamkeit gilt KI-Systemen, die für schutzbedürftige Gruppen ein Risiko bergen. [3] Wenn Risiken für die Grundrechte festgestellt werden, informiert die Marktüberwachungsbehörde auch die in Artikel 77 Absatz 1 genannten einschlägigen nationalen Behörden oder öffentlichen Stellen und arbeitet uneingeschränkt mit ihnen zusammen. [4] Die betreffenden Akteure arbeiten erforderlichenfalls mit der Marktüberwachungsbehörde und den in Artikel 77 Absatz 1 genannten anderen Behörden oder öffentlichen Stellen zusammen.

[2] Stellt die Marktüberwachungsbehörde oder gegebenenfalls die Marktüberwachungsbehörde in Zusammenarbeit mit der in Artikel 77 Absatz 1 genannten nationalen Behörde im Verlauf dieser Prüfung fest, dass das KI-System die in dieser Verordnung festgelegten Anforderungen und Pflichten nicht erfüllt, fordert sie den jeweiligen Akteur unverzüglich auf, alle Korrekturmaßnahmen zu ergreifen, die geeignet sind, die Konformität des KI-Systems herzustellen, das KI-System vom Markt zu nehmen oder es innerhalb einer Frist, die die Marktüberwachungsbehörde vorgeben kann, in jedem Fall innerhalb von weniger als 15 Arbeitstagen, oder gemäß den einschlägigen Harmonisierungsrechtsvorschriften der Union zurückzurufen.

[3] [1] Die Marktüberwachungsbehörde informiert die betreffende notifizierte Stelle entsprechend. [2] Artikel 18 der Verordnung (EU) 2019/1020 gilt für die in Unterabsatz 2 des vorliegenden Absatzes genannten Maßnahmen.

(3) Gelangt die Marktüberwachungsbehörde zu der Auffassung, dass die Nichtkonformität nicht auf ihr nationales Hoheitsgebiet beschränkt ist, so informiert sie die Kommission und die anderen Mitgliedstaaten unverzüglich über die Ergebnisse der Prüfung und über die Maßnahmen, zu denen sie den Akteur aufgefordert hat.

(4) Der Akteur sorgt dafür, dass alle geeigneten Korrekturmaßnahmen in Bezug auf alle betreffenden KI-Systeme, die er auf dem Unionsmarkt bereitgestellt hat, getroffen werden.

(5) [1] Ergreift der Akteur in Bezug auf sein KI-System keine geeigneten Korrekturmaßnahmen innerhalb der in Absatz 2 genannten Frist, trifft die Marktüberwachungsbehörde alle geeigneten vorläufigen Maßnahmen, um die Bereitstellung oder Inbetriebnahme des KI-Systems auf ihrem nationalen Markt zu verbieten oder einzuschränken, das Produkt oder das eigenständige KI-System von diesem Markt zu nehmen oder es zurückzurufen. [2] Diese Behörde notifiziert unverzüglich die Kommission und die anderen Mitgliedstaaten über diese Maßnahmen.

(6) [1] Die Notifizierung nach Absatz 5 enthält alle vorliegenden Angaben, insbesondere die für die Identifizierung des nicht konformen Systems notwendigen Informationen, den Ursprung des KI-Systems und die Lieferkette, die

Art der vermuteten Nichtkonformität und das sich daraus ergebende Risiko, die Art und Dauer der ergriffenen nationalen Maßnahmen und die von dem betreffenden Akteur vorgebrachten Argumente. 2 Die Marktüberwachungsbehörden geben insbesondere an, ob die Nichtkonformität eine oder mehrere der folgenden Ursachen hat:

a) Missachtung des Verbots der in Artikel 5 genannten KI-Praktiken;
b) Nichterfüllung der in Kapitel III Abschnitt 2 festgelegten Anforderungen durch ein Hochrisiko-KI-System;
c) Mängel in den in den Artikeln 40 und 41 genannten harmonisierten Normen oder gemeinsamen Spezifikationen, die eine Konformitätsvermutung begründen;
d) Nichteinhaltung des Artikels 50.

(7) Die anderen Marktüberwachungsbehörden – mit Ausnahme der Marktüberwachungsbehörde des Mitgliedstaats, der das Verfahren eingeleitet hat – informieren unverzüglich die Kommission und die anderen Mitgliedstaaten über jegliche Maßnahmen und ihnen vorliegende zusätzlichen Informationen zur Nichtkonformität des betreffenden KI-Systems sowie – falls sie die ihnen mitgeteilte nationale Maßnahme ablehnen – über ihre Einwände.

(8) 1 Erhebt weder eine Marktüberwachungsbehörde eines Mitgliedstaats noch die Kommission innerhalb von drei Monaten nach Eingang der in Absatz 5 des vorliegenden Artikels genannten Notifizierung Einwände gegen eine von einer Marktüberwachungsbehörde eines anderen Mitgliedstaats erlassene vorläufige Maßnahme, so gilt diese Maßnahme als gerechtfertigt. 2 Die Verfahrensrechte des betreffenden Akteurs nach Artikel 18 der Verordnung (EU) 2019/1020 bleiben hiervon unberührt. 3 Die Frist von drei Monaten gemäß dem vorliegenden Absatz wird bei Nichteinhaltung des Verbots der in Artikel 5 der vorliegenden Verordnung genannten KI-Praktiken auf 30 Tage verkürzt.

(9) Die Marktüberwachungsbehörden tragen dafür Sorge, dass geeignete einschränkende Maßnahmen in Bezug auf das betreffende Produkt oder KI-System ergriffen werden, beispielsweise die unverzügliche Rücknahme des Produkts oder KI-Systems von ihrem Markt.

Art. 80 Verfahren für den Umgang mit KI-Systemen, die vom Anbieter gemäß Anhang III als nicht hochriskant eingestuft werden.

(1) Hat eine Marktüberwachungsbehörde hinreichend Grund zu der Annahme, dass ein vom Anbieter als nicht hochriskant gemäß Artikel 6 Absatz 3 eingestuftes KI-System tatsächlich hochriskant ist, so prüft die Marktüberwachungsbehörde das betreffende KI-System im Hinblick auf seine Einstufung als Hochrisiko-KI-System auf der Grundlage der in Artikel 6 Absatz 3 festgelegten Bedingungen und den Leitlinien der Kommission.

(2) Stellt die Marktüberwachungsbehörde im Verlauf dieser Prüfung fest, dass das betreffende KI-System hochriskant ist, fordert sie den jeweiligen Anbieter unverzüglich auf, alle erforderlichen Maßnahmen zu ergreifen, um die Konformität des KI-Systems mit den in dieser Verordnung festgelegten Anforderungen und Pflichten herzustellen, sowie innerhalb einer Frist, die die Marktüberwachungsbehörde vorgeben kann, geeignete Korrekturmaßnahmen zu ergreifen.

(3) Gelangt die Marktüberwachungsbehörde zu der Auffassung, dass die Verwendung des betreffenden KI-Systems nicht auf ihr nationales Hoheitsgebiet

beschränkt ist, so informiert sie die Kommission und die anderen Mitgliedstaaten unverzüglich über die Ergebnisse der Prüfung und über die Maßnahmen, zu denen sie den Anbieter aufgefordert hat.

(4) [1] Der Anbieter sorgt dafür, dass alle erforderlichen Maßnahmen ergriffen werden, um die Konformität des KI-Systems mit den in dieser Verordnung festgelegten Anforderungen und Pflichten herzustellen. [2] Stellt der Anbieter eines betroffenen KI-Systems die Konformität des KI-Systems mit diesen Anforderungen und Pflichten nicht innerhalb der in Absatz 2 des vorliegenden Artikels genannten Frist her, so werden gegen den Anbieter Geldbußen gemäß Artikel 99 verhängt.

(5) Der Anbieter sorgt dafür, dass alle geeigneten Korrekturmaßnahmen in Bezug auf alle betreffenden KI-Systeme, die er auf dem Unionsmarkt bereitgestellt hat, getroffen werden.

(6) Ergreift der Anbieter des betreffenden KI-Systems innerhalb der in Absatz 2 des vorliegenden Artikels genannten Frist keine angemessenen Korrekturmaßnahmen, so findet Artikel 79 Absätze 5 bis 9 Anwendung.

(7) Stellt die Marktüberwachungsbehörde im Verlauf der Prüfung gemäß Absatz 1 des vorliegenden Artikels fest, dass das KI-System vom Anbieter fälschlich als nicht hochriskant eingestuft wurde, um die Geltung der Anforderungen von Kapitel III Abschnitt 2 zu umgehen, so werden gegen den Anbieter Geldbußen gemäß Artikel 99 verhängt.

(8) Bei der Ausübung ihrer Befugnis zur Überwachung der Anwendung dieses Artikels können die Marktüberwachungsbehörden im Einklang mit Artikel 11 der Verordnung (EU) 2019/1020 geeignete Überprüfungen durchführen, wobei sie insbesondere Informationen berücksichtigen, die in der EU-Datenbank gemäß Artikel 71 der vorliegenden Verordnung gespeichert sind.

Art. 81 Schutzklauselverfahren der Union. (1) [1] Erhebt eine Marktüberwachungsbehörde eines Mitgliedstaats innerhalb von drei Monaten nach Eingang der in Artikel 79 Absatz 5 genannten Notifizierung – oder bei Nichteinhaltung des Verbots der in Artikel 5 genannten KI-Praktiken innerhalb von 30 Tagen – Einwände gegen eine von der Marktüberwachungsbehörde eines anderen Mitgliedstaats getroffene Maßnahme oder ist die Kommission der Ansicht, dass die Maßnahme mit dem Unionsrecht unvereinbar ist, so nimmt die Kommission unverzüglich Konsultationen mit der Marktüberwachungsbehörde des betreffenden Mitgliedstaats und dem Akteur bzw. den Akteuren auf und prüft die nationale Maßnahme. [2] Anhand der Ergebnisse dieser Prüfung entscheidet die Kommission innerhalb von sechs Monaten – oder bei Nichteinhaltung des Verbots der in Artikel 5 genannten KI-Praktiken innerhalb von 60 Tagen – ab dem Eingang der in Artikel 79 Absatz 5 genannten Notifizierung, ob die nationale Maßnahme gerechtfertigt ist, und teilt der Marktüberwachungsbehörde des betreffenden Mitgliedstaats ihre Entscheidung mit. [3] Die Kommission unterrichtet auch alle übrigen Marktüberwachungsbehörden über ihre Entscheidung.

(2) [1] Ist die Kommission der Ansicht, dass die von dem betreffenden Mitgliedstaat ergriffene Maßnahme gerechtfertigt ist, so tragen alle Mitgliedstaaten dafür Sorge, dass sie geeignete einschränkende Maßnahmen in Bezug auf das betreffende KI-System ergreifen, etwa die Anordnung der unverzüglichen Rücknahme des KI-Systems von ihrem Markt, und informiert die Kommission darüber. [2] Erachtet die Kommission die nationale Maßnahme als nicht gerecht-

fertigt, nimmt der betreffende Mitgliedstaat die Maßnahme zurück und informiert die Kommission darüber.

(3) Gilt die nationale Maßnahme als gerechtfertigt und wird die Nichtkonformität des KI-Systems auf Mängel in den in den Artikeln 40 und 41 dieser Verordnung genannten harmonisierten Normen oder gemeinsamen Spezifikationen zurückgeführt, so leitet die Kommission das in Artikel 11 der Verordnung (EU) Nr. 1025/2012 festgelegte Verfahren ein.

Art. 82 Konforme KI-Systeme, die ein Risiko bergen. (1) Stellt die Marktüberwachungsbehörde eines Mitgliedstaats – nach einer Konsultation der in Artikel 77 Absatz 1 genannten betreffenden nationalen Behörde – nach der gemäß Artikel 79 durchgeführten Prüfung fest, dass ein Hochrisiko-KI-System zwar dieser Verordnung entspricht, aber dennoch ein Risiko für die Gesundheit oder Sicherheit von Personen, für die Grundrechte oder für andere Aspekte des Schutzes öffentlicher Interessen darstellt, so fordert sie unverzüglich den betreffenden Akteur auf, alle geeigneten Maßnahmen zu treffen, damit das betreffende KI-System zum Zeitpunkt des Inverkehrbringens oder der Inbetriebnahme dieses Risiko nicht mehr birgt, und zwar innerhalb einer Frist, die sie vorgeben kann.

(2) Der Anbieter oder der andere einschlägige Akteur sorgt dafür, dass in Bezug auf alle betroffenen KI-Systeme, die er auf dem Unionsmarkt bereitgestellt hat, innerhalb der Frist, die von der in Absatz 1 genannten Marktüberwachungsbehörde des Mitgliedstaats vorgegeben wurde, Korrekturmaßnahmen ergriffen werden.

(3) [1] Die Mitgliedstaaten unterrichten unverzüglich die Kommission und die anderen Mitgliedstaaten über Feststellungen gemäß Absatz 1. [2] Diese Unterrichtung enthält alle vorliegenden Angaben, insbesondere die für die Identifizierung des betreffenden KI-Systems notwendigen Daten, den Ursprung und die Lieferkette des KI-Systems, die Art des sich daraus ergebenden Risikos sowie die Art und Dauer der ergriffenen nationalen Maßnahmen.

(4) [1] Die Kommission nimmt unverzüglich mit den betreffenden Mitgliedstaaten und den jeweiligen Akteuren Konsultationen auf und prüft die ergriffenen nationalen Maßnahmen. [2] Anhand der Ergebnisse dieser Prüfung entscheidet die Kommission, ob die Maßnahme gerechtfertigt ist, und schlägt, falls erforderlich, weitere geeignete Maßnahmen vor.

(5) [1] Die Kommission teilt ihren Beschluss unverzüglich den betroffenen Mitgliedstaaten und den jeweiligen Akteuren mit. [2] Sie unterrichtet auch die übrigen Mitgliedstaaten.

Art. 83 Formale Nichtkonformität. (1) Wenn die Marktüberwachungsbehörde eines Mitgliedstaats eine der folgenden Nichtkonformitäten feststellt, fordert sie den jeweiligen Anbieter auf, diese binnen einer Frist, die sie vorgeben kann, zu beheben:

a) die CE-Kennzeichnung wurde unter Verstoß gegen Artikel 48 angebracht;

b) es wurde keine CE-Kennzeichnung angebracht;

c) es wurde keine EU-Konformitätserklärung gemäß Artikel 47 ausgestellt;

d) es wurde keine EU-Konformitätserklärung gemäß Artikel 47 ordnungsgemäß ausgestellt;

e) es wurde keine Registrierung in der EU-Datenbank gemäß Artikel 71 vorgenommen;

f) es wurde kein Bevollmächtigter – sofern erforderlich – ernannt;

g) es ist keine technische Dokumentation verfügbar.

(2) Besteht die Nichtkonformität nach Absatz 1 weiter, so ergreift die Marktüberwachungsbehörde des betreffenden Mitgliedstaats geeignete und verhältnismäßige Maßnahmen, um die Bereitstellung des Hochrisiko-KI-Systems auf dem Markt zu beschränken oder zu verbieten oder um dafür zu sorgen, dass es unverzüglich zurückgerufen oder vom Markt genommen wird.

Art. 84 Unionsstrukturen zur Unterstützung der Prüfung von KI.

(1) Die Kommission benennt eine oder mehrere Unionsstrukturen zur Unterstützung der Prüfung von KI, die die Aufgaben gemäß Artikel 21 Absatz 6 der Verordnung (EU) 2019/1020 im KI-Bereich wahrnehmen.

(2) Unbeschadet der in Absatz 1 genannten Aufgaben leisten die Unionsstrukturen zur Unterstützung der Prüfung von KI auf Anfrage des KI-Gremiums, der Kommission oder der Marktüberwachungsbehörden auch unabhängige technische oder wissenschaftliche Beratung.

Abschnitt 4. Rechtsbehelfe

Art. 85 Recht auf Beschwerde bei einer Marktüberwachungsbehörde.

[1] Unbeschadet anderer verwaltungsrechtlicher oder gerichtlicher Rechtsbehelfe kann jede natürliche oder juristische Person, die Grund zu der Annahme hat, dass gegen die Bestimmungen dieser Verordnung verstoßen wurde, bei der betreffenden Marktüberwachungsbehörde Beschwerden einreichen.

[2] Gemäß der Verordnung (EU) 2019/1020 werden solche Beschwerden für die Zwecke der Durchführung von Marktüberwachungstätigkeiten berücksichtigt und nach den einschlägigen von den Marktüberwachungsbehörden dafür eingerichteten Verfahren behandelt.

Art. 86 Recht auf Erläuterung der Entscheidungsfindung im Einzelfall. (1) Personen, die von einer Entscheidung betroffen sind, die der Betreiber auf der Grundlage der Ausgaben eines in Anhang III aufgeführten Hochrisiko-KI-Systems, mit Ausnahme der in Nummer 2 des genannten Anhangs aufgeführten Systeme, getroffen hat und die rechtliche Auswirkungen hat oder sie in ähnlicher Art erheblich auf eine Weise beeinträchtigt, die ihrer Ansicht nach ihre Gesundheit, ihre Sicherheit oder ihre Grundrechte beeinträchtigt, haben das Recht, vom Betreiber eine klare und aussagekräftige Erläuterung zur Rolle des KI-Systems im Entscheidungsprozess und zu den wichtigsten Elementen der getroffenen Entscheidung zu erhalten.

(2) Absatz 1 gilt nicht für die Verwendung von KI-Systemen, bei denen sich Ausnahmen von oder Beschränkungen der Pflicht nach dem genannten Absatz aus dem Unionsrecht oder dem nationalen Recht im Einklang mit dem Unionsrecht ergeben.

(3) Dieser Artikel gilt nur insoweit, als das Recht gemäß Absatz 1 nicht anderweitig im Unionsrecht festgelegt ist.

Art. 87 Meldung von Verstößen und Schutz von Hinweisgebern. Für die Meldung von Verstößen gegen diese Verordnung und den Schutz von Personen, die solche Verstöße melden, gilt die Richtlinie (EU) 2019/1937.

Abschnitt 5. Aufsicht, Ermittlung, Durchsetzung und Überwachung in Bezug auf Anbieter von KI-Modellen mit allgemeinem Verwendungszweck

Art. 88 Durchsetzung der Pflichten der Anbieter von KI-Modellen mit allgemeinem Verwendungszweck. (1) Die Kommission verfügt unter Berücksichtigung der Verfahrensgarantien nach Artikel 94 über ausschließliche Befugnisse zur Beaufsichtigung und Durchsetzung von Kapitel V. Unbeschadet der Organisationsbefugnisse der Kommission und der Aufteilung der Zuständigkeiten zwischen den Mitgliedstaaten und der Union auf der Grundlage der Verträge überträgt die Kommission dem Büro für Künstliche Intelligenz die Durchführung dieser Aufgaben.

(2) Unbeschadet des Artikels 75 Absatz 3 können die Marktüberwachungsbehörden die Kommission ersuchen, die in diesem Abschnitt festgelegten Befugnisse auszuüben, wenn es erforderlich und verhältnismäßig ist, um die Wahrnehmung ihrer Aufgaben gemäß dieser Verordnung zu unterstützen.

Art. 89 Überwachungsmaßnahmen. (1) Zur Wahrnehmung der ihr in diesem Abschnitt übertragenen Aufgaben kann das Büro für Künstliche Intelligenz die erforderlichen Maßnahmen ergreifen, um die wirksame Umsetzung und Einhaltung dieser Verordnung durch Anbieter von KI-Modellen mit allgemeinem Verwendungszweck, einschließlich der Einhaltung genehmigter Praxisleitfäden, zu überwachen.

(2) [1] Nachgelagerte Anbieter haben das Recht, eine Beschwerde wegen eines Verstoßes gegen diese Verordnung einzureichen. [2] Eine Beschwerde ist hinreichend zu begründen und enthält mindestens Folgendes:

a) die Kontaktstelle des Anbieters des betreffenden KI-Modells mit allgemeinem Verwendungszweck;

b) eine Beschreibung der einschlägigen Fakten, die betreffenden Bestimmungen dieser Verordnung und die Begründung, warum der nachgelagerte Anbieter der Auffassung ist, dass der Anbieter des KI-Modells mit allgemeinem Verwendungszweck gegen diese Verordnung verstoßen hat;

c) alle sonstigen Informationen, die der nachgelagerte Anbieter, der die Anfrage übermittelt hat, für relevant hält, gegebenenfalls einschließlich Informationen, die er auf eigene Initiative hin zusammengetragen hat.

Art. 90 Warnungen des wissenschaftlichen Gremiums vor systemischen Risiken. (1) Das wissenschaftliche Gremium kann dem Büro für Künstliche Intelligenz eine qualifizierte Warnung übermitteln, wenn es Grund zu der Annahme hat, dass

a) ein KI-Modell mit allgemeinem Verwendungszweck ein konkretes, identifizierbares Risiko auf Unionsebene birgt oder

b) ein KI-Modell mit allgemeinem Verwendungszweck die Bedingungen gemäß Artikel 51 erfüllt.

(2) [1] Aufgrund einer solchen qualifizierten Warnung kann die Kommission über das Büro für Künstliche Intelligenz und nach Unterrichtung des KI-Gremiums die in diesem Abschnitt festgelegten Befugnisse zur Beurteilung der Angelegenheit ausüben. [2] Das Büro für Künstliche Intelligenz unterrichtet das KI-Gremium über jede Maßnahme gemäß den Artikeln 91 bis 94.

(3) Eine qualifizierte Warnung ist hinreichend zu begründen und enthält mindestens Folgendes:

a) die Kontaktstelle des Anbieters des betreffenden KI-Modells mit allgemeinem Verwendungszweck mit systemischem Risiko;
b) eine Beschreibung der einschlägigen Fakten und der Gründe für die Warnung durch das wissenschaftliche Gremium;
c) alle sonstigen Informationen, die das wissenschaftliche Gremium für relevant hält, gegebenenfalls einschließlich Informationen, die es auf eigene Initiative hin zusammengetragen hat.

Art. 91 Befugnis zur Anforderung von Dokumentation und Informationen. (1) Die Kommission kann den Anbieter des betreffenden KI-Modells mit allgemeinem Verwendungszweck auffordern, die vom Anbieter gemäß den Artikeln 53 und 55 erstellte Dokumentation oder alle zusätzlichen Informationen vorzulegen, die erforderlich sind, um die Einhaltung dieser Verordnung durch den Anbieter zu beurteilen.

(2) Vor der Übermittlung des Informationsersuchens kann das Büro für Künstliche Intelligenz einen strukturierten Dialog mit dem Anbieter des KI-Modells mit allgemeinem Verwendungszweck einleiten.

(3) Auf hinreichend begründeten Antrag des wissenschaftlichen Gremiums kann die Kommission ein Informationsersuchen an einen Anbieter eines KI-Modells mit allgemeinem Verwendungszweck richten, wenn der Zugang zu Informationen für die Wahrnehmung der Aufgaben des wissenschaftlichen Gremiums gemäß Artikel 68 Absatz 2 erforderlich und verhältnismäßig ist.

(4) In dem Auskunftsersuchen sind die Rechtsgrundlage und der Zweck des Ersuchens zu nennen, anzugeben, welche Informationen benötigt werden, eine Frist für die Übermittlung der Informationen zu setzen, und die Geldbußen für die Erteilung unrichtiger, unvollständiger oder irreführender Informationen gemäß Artikel 101 anzugeben.

(5) [1] Der Anbieter des betreffenden KI-Modells mit allgemeinem Verwendungszweck oder sein Vertreter stellt die angeforderten Informationen bereit. [2] Im Falle juristischer Personen, Gesellschaften oder – wenn der Anbieter keine Rechtspersönlichkeit besitzt – die Personen, die nach Gesetz oder Satzung zur Vertretung dieser Personen befugt sind, stellen die angeforderten Informationen im Namen des Anbieters des betreffenden KI-Modells mit allgemeinem Verwendungszweck zur Verfügung. [3] Ordnungsgemäß bevollmächtigte Rechtsanwälte können Informationen im Namen ihrer Mandanten erteilen. [4] Die Mandanten bleiben jedoch in vollem Umfang dafür verantwortlich, dass die erteilten Auskünfte vollständig, sachlich richtig oder nicht irreführend sind.

Art. 92 Befugnis zur Durchführung von Bewertungen. (1) Das Büro für Künstliche Intelligenz kann nach Konsultation des KI-Gremiums Bewertungen des betreffenden KI-Modells mit allgemeinem Verwendungszweck durchführen, um

a) die Einhaltung der Pflichten aus dieser Verordnung durch den Anbieter zu beurteilen, wenn die gemäß Artikel 91 eingeholten Informationen unzureichend sind, oder

b) systemische Risiken auf Unionsebene von KI-Modellen mit allgemeinem Verwendungszweck mit systemischem Risiko zu ermitteln, insbesondere im Anschluss an eine qualifizierte Warnung des wissenschaftlichen Gremiums gemäß Artikel 90 Absatz 1 Buchstabe a.

(2) [1]Die Kommission kann beschließen, unabhängige Sachverständige zu benennen, die in ihrem Namen Bewertungen durchführen, einschließlich aus dem gemäß Artikel 68 eingesetzten wissenschaftlichen Gremium. [2]Die für diese Aufgabe benannten unabhängigen Sachverständigen erfüllen die in Artikel 68 Absatz 2 umrissenen Kriterien.

(3) Für die Zwecke des Absatzes 1 kann die Kommission über API oder weitere geeignete technische Mittel und Instrumente, einschließlich Quellcode, Zugang zu dem betreffenden KI-Modell mit allgemeinem Verwendungszweck anfordern.

(4) In der Anforderung des Zugangs sind die Rechtsgrundlage, der Zweck und die Gründe für die Anforderung zu nennen und die Frist für die Bereitstellung des Zugangs zu setzen und die Geldbußen gemäß Artikel 101 für den Fall, dass der Zugang nicht bereitgestellt wird, anzugeben.

(5) [1]Die Anbieter des betreffenden KI-Modells mit allgemeinem Verwendungszweck oder seine Vertreter stellen die angeforderten Informationen zur Verfügung. [2]Im Falle juristischer Personen, Gesellschaften oder – wenn der Anbieter keine Rechtspersönlichkeit besitzt – die Personen, die nach Gesetz oder ihrer Satzung zur Vertretung dieser Personen befugt sind, stellen den angeforderten Zugang im Namen des Anbieters des betreffenden KI-Modells mit allgemeinem Verwendungszweck zur Verfügung.

(6) [1]Die Kommission erlässt Durchführungsrechtsakte, in denen die detaillierten Regelungen und Voraussetzungen für die Bewertungen, einschließlich der detaillierten Regelungen für die Einbeziehung unabhängiger Sachverständiger, und das Verfahren für deren Auswahl festgelegt werden. [2]Diese Durchführungsrechtsakte werden gemäß dem in Artikel 98 Absatz 2 genannten Prüfverfahren erlassen.

(7) Bevor es den Zugang zu dem betreffenden KI-Modell mit allgemeinem Verwendungszweck anfordert, kann das Büro für Künstliche Intelligenz einen strukturierten Dialog mit dem Anbieter des KI-Modells mit allgemeinem Verwendungszweck einleiten, um mehr Informationen über die interne Erprobung des Modells, interne Vorkehrungen zur Vermeidung systemischer Risiken und andere interne Verfahren und Maßnahmen, die der Anbieter zur Minderung dieser Risiken ergriffen hat, einzuholen.

Art. 93 Befugnis zur Aufforderung zu Maßnahmen. (1) Soweit erforderlich und angemessen, kann die Kommission die Anbieter auffordern,

a) geeignete Maßnahmen zu ergreifen, um die Verpflichtungen gemäß den Artikeln 53 und 54 einzuhalten;

b) Risikominderungsmaßnahmen durchzuführen, wenn die gemäß Artikel 92 durchgeführte Bewertung zu ernsthaften und begründeten Bedenken hinsichtlich eines systemischen Risikos auf Unionsebene geführt hat;

c) die Bereitstellung des Modells auf dem Markt einzuschränken, es zurückzunehmen oder zurückzurufen.

(2) Vor der Aufforderung zu einer Maßnahme kann das Büro für Künstliche Intelligenz einen strukturierten Dialog mit dem Anbieter des KI-Modells mit allgemeinem Verwendungszweck einleiten.

(3) Wenn der Anbieter des KI-Modells mit allgemeinem Verwendungszweck im Rahmen des strukturierten Dialogs gemäß Absatz 2 Verpflichtungszusagen zur Durchführung von Risikominderungsmaßnahmen, um einem systemischen Risiko auf Unionsebene zu begegnen, anbietet, kann die Kommission diese Verpflichtungszusagen durch einen Beschluss für bindend erklären und feststellen, dass es keinen weiteren Anlass zum Handeln gibt.

Art. 94 Verfahrensrechte der Wirtschaftsakteure des KI-Modells mit allgemeinem Verwendungszweck. Unbeschadet der in dieser Verordnung enthaltenen spezifischeren Verfahrensrechte gilt für die Anbieter des KI-Modells mit allgemeinem Verwendungszweck Artikel 18 der Verordnung (EU) 2019/1020 sinngemäß.

Kapitel X. Verhaltenskodizes und Leitlinien

Art. 95 Verhaltenskodizes für die freiwillige Anwendung bestimmter Anforderungen. (1) Das Büro für Künstliche Intelligenz und die Mitgliedstaaten fördern und erleichtern die Aufstellung von Verhaltenskodizes, einschließlich damit zusammenhängender Governance-Mechanismen, mit denen die freiwillige Anwendung einiger oder aller der in Kapitel III Abschnitt 2 genannten Anforderungen auf KI-Systeme, die kein hohes Risiko bergen, gefördert werden soll, wobei den verfügbaren technischen Lösungen und bewährten Verfahren der Branche, die die Anwendung dieser Anforderungen ermöglichen, Rechnung zu tragen ist.

(2) Das Büro für Künstliche Intelligenz und die Mitgliedstaaten erleichtern die Aufstellung von Verhaltenskodizes in Bezug auf die freiwillige Anwendung spezifischer Anforderungen auf alle KI-Systeme, einschließlich durch Betreiber, auf der Grundlage klarer Zielsetzungen sowie wesentlicher Leistungsindikatoren zur Messung der Erfüllung dieser Zielsetzungen, einschließlich unter anderem folgender Elemente:

a) in den Ethik-Leitlinien der Union für eine vertrauenswürdige KI enthaltene anwendbare Elemente;

b) Beurteilung und Minimierung der Auswirkungen von KI-Systemen auf die ökologische Nachhaltigkeit, einschließlich im Hinblick auf energieeffizientes Programmieren, und Techniken, um KI effizient zu gestalten, zu trainieren und zu nutzen;

c) Förderung der KI-Kompetenz, insbesondere der von Personen, die mit der Entwicklung, dem Betrieb und der Nutzung von KI befasst sind;

d) Erleichterung einer inklusiven und vielfältigen Gestaltung von KI-Systemen, unter anderem durch die Einsetzung inklusiver und vielfältiger Entwicklungsteams und die Förderung der Beteiligung der Interessenträger an diesem Prozess;

e) Bewertung und Verhinderung der negativen Auswirkungen von KI-Systemen auf schutzbedürftige Personen oder Gruppen schutzbedürftiger Personen, einschließlich im Hinblick auf die Barrierefreiheit für Personen mit Behinderungen, sowie auf die Gleichstellung der Geschlechter.

(3) [1] Verhaltenskodizes können von einzelnen KI-System-Anbietern oder -Betreibern oder von Interessenvertretungen dieser Anbieter oder Betreiber oder von beiden aufgestellt werden, auch unter Einbeziehung von Interessenträgern sowie deren Interessenvertretungen einschließlich Organisationen der Zivilgesellschaft und Hochschulen. [2] Verhaltenskodizes können sich auf ein oder mehrere KI-Systeme erstrecken, um ähnlichen Zweckbestimmungen der jeweiligen Systeme Rechnung zu tragen.

(4) Das Büro für Künstliche Intelligenz und die Mitgliedstaaten berücksichtigen die besonderen Interessen und Bedürfnisse von KMU, einschließlich Start-ups, bei der Förderung und Erleichterung der Aufstellung von Verhaltenskodizes.

Art. 96 Leitlinien der Kommission zur Durchführung dieser Verordnung. (1) *[1]* [1] Die Kommission erarbeitet Leitlinien für die praktische Umsetzung dieser Verordnung, die sich insbesondere auf Folgendes beziehen:

a) die Anwendung der in den Artikeln 8 bis 15 und in Artikel 25 genannten Anforderungen und Pflichten;
b) die in Artikel 5 genannten verbotenen Praktiken;
c) die praktische Durchführung der Bestimmungen über wesentliche Veränderungen;
d) die praktische Umsetzung der Transparenzpflichten gemäß Artikel 50;
e) detaillierte Informationen über das Verhältnis dieser Verordnung zu den in Anhang I aufgeführten Harmonisierungsrechtsvorschriften der Union sowie zu anderen einschlägigen Rechtsvorschriften der Union, auch in Bezug auf deren kohärente Durchsetzung;
f) die Anwendung der Definition eines KI-Systems gemäß Artikel 3 Nummer 1.

[2] Wenn die Kommission solche Leitlinien herausgibt, widmet sie den Bedürfnissen von KMU einschließlich Start-up-Unternehmen, von lokalen Behörden und von den am wahrscheinlichsten von dieser Verordnung betroffenen Sektoren besondere Aufmerksamkeit.

[2] Die Leitlinien gemäß Unterabsatz 1 dieses Absatzes tragen dem allgemein anerkannten Stand der Technik im Bereich KI sowie den einschlägigen harmonisierten Normen und gemeinsamen Spezifikationen, auf die in den Artikeln 40 und 41 Bezug genommen wird, oder den harmonisierten Normen oder technischen Spezifikationen, die gemäß den Harmonisierungsrechtsvorschriften der Union festgelegt wurden, gebührend Rechnung.

(2) Auf Ersuchen der Mitgliedstaaten oder des Büros für Künstliche Intelligenz oder von sich aus aktualisiert die Kommission früher verabschiedete Leitlinien, wenn es als notwendig erachtet wird.

Kapitel XI. Befugnisübertragung und Ausschussverfahren

Art. 97 Ausübung der Befugnisübertragung. (1) Die Befugnis zum Erlass delegierter Rechtsakte wird der Kommission unter den in diesem Artikel festgelegten Bedingungen übertragen.

(2) [1]Die in Artikel 6 Absätze 6 und 7, Artikel 7 Absätze 1 und 3, Artikel 11 Absatz 3, Artikel 43 Absätze 5 und 6, Artikel 47 Absatz 5, Artikel 51 Absatz 3, Artikel 52 Absatz 4 sowie Artikel 53 Absätze 5 und 6 genannte Befugnis zum Erlass delegierter Rechtsakte wird der Kommission für einen Zeitraum von fünf Jahren ab 1. August 2024 übertragen. [2]Die Kommission erstellt spätestens neun Monate vor Ablauf des Zeitraums von fünf Jahren einen Bericht über die Befugnisübertragung. [3]Die Befugnisübertragung verlängert sich stillschweigend um Zeiträume gleicher Länge, es sei denn, das Europäische Parlament oder der Rat widersprechen einer solchen Verlängerung spätestens drei Monate vor Ablauf des jeweiligen Zeitraums.

(3) [1]Die Befugnisübertragung gemäß Artikel 6 Absätze 6 und 7, Artikel 7 Absätze 1 und 3, Artikel 11 Absatz 3, Artikel 43 Absätze 5 und 6, Artikel 47 Absatz 5, Artikel 51 Absatz 3, Artikel 52 Absatz 4 sowie Artikel 53 Absätze 5 und 6 kann vom Europäischen Parlament oder vom Rat jederzeit widerrufen werden. [2]Der Beschluss über den Widerruf beendet die Übertragung der in jenem Beschluss angegebenen Befugnis. [3]Er wird am Tag nach seiner Veröffentlichung im *Amtsblatt der Europäischen Union* oder zu einem darin angegebenen späteren Zeitpunkt wirksam. [4]Die Gültigkeit von delegierten Rechtsakten, die bereits in Kraft sind, wird von dem Beschluss über den Widerruf nicht berührt.

(4) Vor dem Erlass eines delegierten Rechtsakts konsultiert die Kommission die von den einzelnen Mitgliedstaaten benannten Sachverständigen im Einklang mit den in der Interinstitutionellen Vereinbarung vom 13. April 2016 über bessere Rechtsetzung niedergelegten Grundsätzen.

(5) Sobald die Kommission einen delegierten Rechtsakt erlässt, übermittelt sie ihn gleichzeitig dem Europäischen Parlament und dem Rat.

(6) [1]Ein delegierter Rechtsakt, der nach Artikel 6 Absatz 6 oder 7, Artikel 7 Absatz 1 oder 3, Artikel 11 Absatz 3, Artikel 43 Absatz 5 oder 6, Artikel 47 Absatz 5, Artikel 51 Absatz 3, Artikel 52 Absatz 4 sowie Artikel 53 Absatz 5 oder 6 erlassen wurde, tritt nur in Kraft, wenn weder das Europäische Parlament noch der Rat innerhalb einer Frist von drei Monaten nach Übermittlung jenes Rechtsakts an das Europäische Parlament und den Rat Einwände erhoben haben oder wenn vor Ablauf dieser Frist das Europäische Parlament und der Rat beide der Kommission mitgeteilt haben, dass sie keine Einwände erheben werden. [2]Auf Initiative des Europäischen Parlaments oder des Rates wird diese Frist um drei Monate verlängert.

Art. 98 Ausschussverfahren. (1) [1]Die Kommission wird von einem Ausschuss unterstützt. [2]Dieser Ausschuss ist ein Ausschuss im Sinne der Verordnung (EU) Nr. 182/2011.

(2) Wird auf diesen Absatz Bezug genommen, so gilt Artikel 5 der Verordnung (EU) Nr. 182/2011.

Kapitel XII. Sanktionen

Art. 99[1] Sanktionen. (1) [1]Entsprechend den Vorgaben dieser Verordnung erlassen die Mitgliedstaaten Vorschriften für Sanktionen und andere Durchsetzungsmaßnahmen, zu denen auch Verwarnungen und nichtmonetäre Maß-

---

[1] Art. 99 gilt gem. Art. 113 UAbs. 3 Buchst. b bereits ab 2.8.2025.

nahmen gehören können, die bei Verstößen gegen diese Verordnung durch Akteure Anwendung finden, und ergreifen alle Maßnahmen, die für deren ordnungsgemäße und wirksame Durchsetzung notwendig sind, wobei die von der Kommission gemäß Artikel 96 erteilten Leitlinien zu berücksichtigen sind. [2]Die vorgesehenen Sanktionen müssen wirksam, verhältnismäßig und abschreckend sein. [3]Sie berücksichtigen die Interessen von KMU, einschließlich Start-up-Unternehmen, sowie deren wirtschaftliches Überleben.

(2) Die Mitgliedstaaten teilen der Kommission die Vorschriften für Sanktionen und andere Durchsetzungsmaßnahmen gemäß Absatz 1 unverzüglich und spätestens zum Zeitpunkt ihres Inkrafttretens mit und melden ihr unverzüglich etwaige spätere Änderungen.

(3) Bei Missachtung des Verbots der in Artikel 5 genannten KI-Praktiken werden Geldbußen von bis zu 35 000 000 EUR oder – im Falle von Unternehmen – von bis zu 7 % des gesamten weltweiten Jahresumsatzes des vorangegangenen Geschäftsjahres verhängt, je nachdem, welcher Betrag höher ist.

(4) Für Verstöße gegen folgende für Akteure oder notifizierte Stellen geltende Bestimmungen, mit Ausnahme der in Artikel 5 genannten, werden Geldbußen von bis zu 15 000 000 EUR oder – im Falle von Unternehmen – von bis zu 3 % des gesamten weltweiten Jahresumsatzes des vorangegangenen Geschäftsjahres verhängt, je nachdem, welcher Betrag höher ist:

a) Pflichten der Anbieter gemäß Artikel 16;

b) Pflichten der Bevollmächtigten gemäß Artikel 22;

c) Pflichten der Einführer gemäß Artikel 23;

d) Pflichten der Händler gemäß Artikel 24;

e) Pflichten der Betreiber gemäß Artikel 26;

f) für notifizierte Stellen geltende Anforderungen und Pflichten gemäß Artikel 31, Artikel 33 Absätze 1, 3 und 4 bzw. Artikel 34;

g) Transparenzpflichten für Anbieter und Betreiber gemäß Artikel 50.

(5) Werden notifizierten Stellen oder zuständigen nationalen Behörden auf deren Auskunftsersuchen hin falsche, unvollständige oder irreführende Informationen bereitgestellt, so werden Geldbußen von bis zu 7 500 000 EUR oder – im Falle von Unternehmen – von bis zu 1 % des gesamten weltweiten Jahresumsatzes des vorangegangenen Geschäftsjahres verhängt, je nachdem, welcher Betrag höher ist.

(6) Im Falle von KMU, einschließlich Start-up-Unternehmen, gilt für jede in diesem Artikel genannte Geldbuße der jeweils niedrigere Betrag aus den in den Absätzen 3, 4 und 5 genannten Prozentsätzen oder Summen.

(7) Bei der Entscheidung, ob eine Geldbuße verhängt wird, und bei der Festsetzung der Höhe der Geldbuße werden in jedem Einzelfall alle relevanten Umstände der konkreten Situation sowie gegebenenfalls Folgendes berücksichtigt:

a) Art, Schwere und Dauer des Verstoßes und seiner Folgen, unter Berücksichtigung des Zwecks des KI-Systems sowie gegebenenfalls der Zahl der betroffenen Personen und des Ausmaßes des von ihnen erlittenen Schadens;

b) ob demselben Akteur bereits von anderen Marktüberwachungsbehörden für denselben Verstoß Geldbußen auferlegt wurden;

c) ob demselben Akteur bereits von anderen Behörden für Verstöße gegen das Unionsrecht oder das nationale Recht Geldbußen auferlegt wurden, wenn diese Verstöße auf dieselbe Handlung oder Unterlassung zurückzuführen sind, die einen einschlägigen Verstoß gegen diese Verordnung darstellt;

d) Größe, Jahresumsatz und Marktanteil des Akteurs, der den Verstoß begangen hat;

e) jegliche anderen erschwerenden oder mildernden Umstände im jeweiligen Fall, wie etwa unmittelbar oder mittelbar durch den Verstoß erlangte finanzielle Vorteile oder vermiedene Verluste;

f) Grad der Zusammenarbeit mit den zuständigen nationalen Behörden, um den Verstoß abzustellen und die möglichen nachteiligen Auswirkungen des Verstoßes abzumildern;

g) Grad an Verantwortung des Akteurs unter Berücksichtigung der von ihm ergriffenen technischen und organisatorischen Maßnahmen;

h) Art und Weise, wie der Verstoß den zuständigen nationalen Behörden bekannt wurde, insbesondere ob und gegebenenfalls in welchem Umfang der Akteur den Verstoß gemeldet hat;

i) Vorsätzlichkeit oder Fahrlässigkeit des Verstoßes;

j) alle Maßnahmen, die der Akteur ergriffen hat, um den Schaden, der den betroffenen Personen zugefügt wird, zu mindern.

(8) Jeder Mitgliedstaat erlässt Vorschriften darüber, in welchem Umfang gegen Behörden und öffentliche Stellen, die in dem betreffenden Mitgliedstaat niedergelassen sind, Geldbußen verhängt werden können.

(9) [1] In Abhängigkeit vom Rechtssystem der Mitgliedstaaten können die Vorschriften über Geldbußen je nach den dort geltenden Regeln so angewandt werden, dass die Geldbußen von den zuständigen nationalen Gerichten oder von sonstigen Stellen verhängt werden. [2] Die Anwendung dieser Vorschriften in diesen Mitgliedstaaten muss eine gleichwertige Wirkung haben.

(10) Die Ausübung der Befugnisse gemäß diesem Artikel muss angemessenen Verfahrensgarantien gemäß dem Unionsrecht und dem nationalen Recht, einschließlich wirksamer gerichtlicher Rechtsbehelfe und ordnungsgemäßer Verfahren, unterliegen.

(11) Die Mitgliedstaaten erstatten der Kommission jährlich Bericht über die Geldbußen, die sie in dem betreffenden Jahr gemäß diesem Artikel verhängt haben, und über damit zusammenhängende Rechtsstreitigkeiten oder Gerichtsverfahren.

Art. 100[1] Verhängung von Geldbußen gegen Organe, Einrichtungen und sonstige Stellen der Union. (1) [1] Der Europäische Datenschutzbeauftragte kann gegen Organe, Einrichtungen und sonstige Stellen der Union, die in den Anwendungsbereich dieser Verordnung fallen, Geldbußen verhängen. [2] Bei der Entscheidung, ob eine Geldbuße verhängt wird, und bei der Festsetzung der Höhe der Geldbuße werden in jedem Einzelfall alle relevanten Umstände der konkreten Situation sowie Folgendes gebührend berücksichtigt:

a) Art, Schwere und Dauer des Verstoßes und dessen Folgen, unter Berücksichtigung des Zwecks des betreffenden KI-Systems sowie gegebenenfalls der

[1] Art. 100 gilt gem. Art. 113 UAbs. 3 Buchst. b bereits ab 2.8.2025.

Zahl der betroffenen Personen und des Ausmaßes des von ihnen erlittenen Schadens;

b) Grad der Verantwortung des Organs, der Einrichtung oder der sonstigen Stelle der Union unter Berücksichtigung der von diesem bzw. dieser ergriffenen technischen und organisatorischen Maßnahmen;

c) alle Maßnahmen, die das Organ, die Einrichtung oder die sonstige Stelle der Union zur Minderung des von den betroffenen Personen erlittenen Schadens ergriffen hat;

d) das Maß der Zusammenarbeit mit dem Europäischen Datenschutzbeauftragten bei der Behebung des Verstoßes und der Minderung seiner möglichen nachteiligen Auswirkungen, einschließlich der Befolgung von Maßnahmen, die der Europäische Datenschutzbeauftragte dem Organ, der Einrichtung oder der sonstigen Stelle der Union im Hinblick auf denselben Gegenstand zuvor bereits auferlegt hatte;

e) ähnliche frühere Verstöße des Organs, der Einrichtung oder der sonstigen Stelle der Union;

f) Art und Weise, wie der Verstoß dem Europäischen Datenschutzbeauftragten bekannt wurde, insbesondere ob und gegebenenfalls in welchem Umfang das Organ, die Einrichtung oder die sonstige Stelle der Union den Verstoß gemeldet hat;

g) der Jahreshaushalt des Organs, der Einrichtung oder der sonstigen Stelle der Union.

(2) Bei Missachtung des Verbots der in Artikel 5 genannten KI-Praktiken werden Geldbußen von bis zu 1 500 000 EUR verhängt.

(3) Bei Nichtkonformität des KI-Systems mit in dieser Verordnung festgelegten Anforderungen oder Pflichten, mit Ausnahme der in Artikel 5 festgelegten, werden Geldbußen von bis zu 750 000 EUR verhängt.

(4) [1] Bevor der Europäische Datenschutzbeauftragte Entscheidungen nach dem vorliegenden Artikel trifft, gibt er dem Organ, der Einrichtung oder der sonstigen Stelle der Union, gegen das bzw. die sich das von ihm geführte Verfahren richtet, Gelegenheit, sich zum Vorwurf des Verstoßes zu äußern. [2] Der Europäische Datenschutzbeauftragte stützt seine Entscheidungen nur auf die Elemente und Umstände, zu denen sich die betreffenden Parteien äußern können. [3] Beschwerdeführer, soweit vorhanden, müssen in das Verfahren eng einbezogen werden.

(5) [1] Die Verteidigungsrechte der betroffenen Parteien werden während des Verfahrens in vollem Umfang gewahrt. [2] Vorbehaltlich der legitimen Interessen von Einzelpersonen oder Unternehmen im Hinblick auf den Schutz ihrer personenbezogenen Daten oder Geschäftsgeheimnisse haben die betroffenen Parteien Anspruch auf Einsicht in die Unterlagen des Europäischen Datenschutzbeauftragten.

(6) [1] Das Aufkommen aus den nach diesem Artikel verhängten Geldbußen trägt zum Gesamthaushalt der Union bei. [2] Die Geldbußen dürfen nicht den wirksamen Betrieb des Organs, der Einrichtung oder der sonstigen Stelle der Union beeinträchtigen, dem bzw. der die Geldbuße auferlegt wurde.

(7) Der Europäische Datenschutzbeauftragte macht der Kommission jährlich Mitteilung über die Geldbußen, die er nach Maßgabe dieses Artikels verhängt

hat, und über die von ihm eingeleiteten Rechtsstreitigkeiten oder Gerichtsverfahren.

Art. 101 Geldbußen für Anbieter von KI-Modellen mit allgemeinem Verwendungszweck. (1) [1]Die Kommission kann gegen Anbieter von KI-Modellen mit allgemeinem Verwendungszweck Geldbußen von bis zu 3 % ihres gesamten weltweiten Jahresumsatzes im vorangegangenen Geschäftsjahr oder 15 000 000 EUR verhängen, je nachdem, welcher Betrag höher ist, wenn sie feststellt, dass der Anbieter vorsätzlich oder fahrlässig

a) gegen die einschlägigen Bestimmungen dieser Verordnung verstoßen hat;

b) der Anforderung eines Dokuments oder von Informationen gemäß Artikel 91 nicht nachgekommen ist oder falsche, unvollständige oder irreführende Informationen bereitgestellt hat;

c) einer gemäß Artikel 93 geforderten Maßnahme nicht nachgekommen ist;

d) der Kommission keinen Zugang zu dem KI-Modell mit allgemeinem Verwendungszweck oder dem KI-Modell mit allgemeinem Verwendungszweck mit systemischem Risiko gewährt hat, um eine Bewertung gemäß Artikel 92 durchzuführen.

[2]Bei der Festsetzung der Höhe der Geldbuße oder des Zwangsgelds wird der Art, der Schwere und der Dauer des Verstoßes sowie den Grundsätzen der Verhältnismäßigkeit und der Angemessenheit gebührend Rechnung getragen. [3]Die Kommission berücksichtigt außerdem Verpflichtungen, die gemäß Artikel 93 Absatz 3 oder in den einschlägigen Praxisleitfäden nach Artikel 56 gemacht wurden.

(2) Vor der Annahme einer Entscheidung nach Absatz 1 teilt die Kommission dem Anbieter des KI-Modells mit allgemeinem Verwendungszweck ihre vorläufige Beurteilung mit und gibt ihm Gelegenheit, Stellung zu nehmen.

(3) Die gemäß diesem Artikel verhängten Geldbußen müssen wirksam, verhältnismäßig und abschreckend sein.

(4) Informationen über gemäß diesem Artikel verhängte Geldbußen werden gegebenenfalls dem KI-Gremium mitgeteilt.

(5) [1]Der Gerichtshof der Europäischen Union hat die unbeschränkte Befugnis zur Überprüfung der Entscheidungen der Kommission über die Festsetzung einer Geldbuße gemäß diesem Artikel. [2]Er kann die verhängte Geldbuße aufheben, herabsetzen oder erhöhen.

(6) [1]Die Kommission erlässt Durchführungsrechtsakte mit detaillierten Regelungen und Verfahrensgarantien für die Verfahren im Hinblick auf den möglichen Erlass von Beschlüssen gemäß Absatz 1 dieses Artikels. [2]Diese Durchführungsrechtsakte werden gemäß dem in Artikel 98 Absatz 2 genannten Prüfverfahren erlassen.

Kapitel XIII. Schlussbestimmungen

Art. 102–110 *(nicht wiedergegebene Änderungsvorschriften)*

Art. 111 Bereits in Verkehr gebrachte oder in Betrieb genommene KI-Systeme und bereits in Verkehr gebrachte KI-Modelle mit allgemeinem Verwendungszweck. (1) *[1]* Unbeschadet der Anwendung des Artikels 5 gemäß Artikel 113 Absatz 3 Buchstabe a werden KI-Systeme, bei denen es sich um Komponenten von IT-Großsystemen handelt, die mit den in Anhang X aufgeführten Rechtsakten eingerichtet wurden und vor dem 2. August 2027 in Verkehr gebracht oder in Betrieb genommen wurden, bis zum 31. Dezember 2030 mit dieser Verordnung in Einklang gebracht.

[2] Die in dieser Verordnung festgelegten Anforderungen werden bei der Bewertung jedes IT-Großsystems, das mit den in Anhang X aufgeführten Rechtsakten eingerichtet wurde, berücksichtigt, wobei die Bewertung entsprechend den Vorgaben der jeweiligen Rechtsakte und bei Ersetzung oder Änderung dieser Rechtsakte erfolgt.

(2) [1] Unbeschadet der Anwendung des Artikels 5 gemäß Artikel 113 Absatz 3 Buchstabe a gilt diese Verordnung für Betreiber von Hochrisiko-KI-Systemen – mit Ausnahme der in Absatz 1 des vorliegenden Artikels genannten Systeme –, die vor dem 2. August 2026 in Verkehr gebracht oder in Betrieb genommen wurden, nur dann, wenn diese Systeme danach in ihrer Konzeption erheblich verändert wurden. [2] In jedem Fall treffen die Anbieter und Betreiber von Hochrisiko-KI-Systemen, die bestimmungsgemäß von Behörden verwendet werden sollen, die erforderlichen Maßnahmen für die Erfüllung der Anforderungen und Pflichten dieser Verordnung bis zum 2. August 2030.

(3) Anbieter von KI-Modellen mit allgemeinem Verwendungszweck, die vor dem 2. August 2025 in Verkehr gebracht wurden, treffen die erforderlichen Maßnahmen für die Erfüllung der in dieser Verordnung festgelegten Pflichten bis zum 2. August 2027.

Art. 112 Bewertung und Überprüfung. (1) [1] Die Kommission prüft nach Inkrafttreten dieser Verordnung und bis zum Ende der Befugnisübertragung gemäß Artikel 97 einmal jährlich, ob eine Änderung der Liste in Anhang III und der Liste der verbotenen Praktiken im KI-Bereich gemäß Artikel 5 erforderlich ist. [2] Die Kommission übermittelt die Ergebnisse dieser Bewertung dem Europäischen Parlament und dem Rat.

(2) Bis zum 2. August 2028 und danach alle vier Jahre bewertet die Kommission Folgendes und erstattet dem Europäischen Parlament und dem Rat Bericht darüber:

a) Notwendigkeit von Änderungen zur Erweiterung bestehender Bereiche oder zur Aufnahme neuer Bereiche in Anhang III:
b) Änderungen der Liste der KI-Systeme, die zusätzliche Transparenzmaßnahmen erfordern, in Artikel 50;
c) Änderungen zur Verbesserung der Wirksamkeit des Überwachungs- und Governance-Systems.

(3) [1] Bis zum 2. August 2029 und danach alle vier Jahre legt die Kommission dem Europäischen Parlament und dem Rat einen Bericht über die Bewertung und Überprüfung dieser Verordnung vor. [2] Der Bericht enthält eine Beurteilung hinsichtlich der Durchsetzungsstruktur und der etwaigen Notwendigkeit einer Agentur der Union zur Lösung der festgestellten Mängel. [3] Auf der Grundlage der Ergebnisse wird diesem Bericht gegebenenfalls ein Vorschlag zur Änderung dieser Verordnung beigefügt. [4] Die Berichte werden veröffentlicht.

(4) In den in Absatz 2 genannten Berichten wird insbesondere auf folgende Aspekte eingegangen:

a) Sachstand bezüglich der finanziellen, technischen und personellen Ressourcen der zuständigen nationalen Behörden im Hinblick auf deren Fähigkeit, die ihnen auf der Grundlage dieser Verordnung übertragenen Aufgaben wirksam zu erfüllen;
b) Stand der Sanktionen, insbesondere der Bußgelder nach Artikel 99 Absatz 1, die Mitgliedstaaten bei Verstößen gegen diese Verordnung verhängt haben;
c) angenommene harmonisierte Normen und gemeinsame Spezifikationen, die zur Unterstützung dieser Verordnung erarbeitet wurden;
d) Zahl der Unternehmen, die nach Inkrafttreten dieser Verordnung in den Markt eintreten, und wie viele davon KMU sind.

(5) [1] Bis zum 2. August 2028 bewertet die Kommission die Arbeitsweise des Büros für Künstliche Intelligenz und prüft, ob das Büro für Künstliche Intelligenz mit ausreichenden Befugnissen und Zuständigkeiten zur Erfüllung seiner Aufgaben ausgestattet wurde, und ob es für die ordnungsgemäße Durchführung und Durchsetzung dieser Verordnung zweckmäßig und erforderlich wäre, das Büro für Künstliche Intelligenz und seine Durchsetzungskompetenzen zu erweitern und seine Ressourcen aufzustocken. [2] Die Kommission übermittelt dem Europäischen Parlament und dem Rat einen Bericht über ihre Bewertung.

(6) [1] Bis zum 2. August 2028 und danach alle vier Jahre legt die Kommission einen Bericht über die Überprüfung der Fortschritte bei der Entwicklung von Normungsdokumenten zur energieeffizienten Entwicklung von KI-Modellen mit allgemeinem Verwendungszweck vor und beurteilt die Notwendigkeit weiterer Maßnahmen oder Handlungen, einschließlich verbindlicher Maßnahmen oder Handlungen. [2] Dieser Bericht wird dem Europäischen Parlament und dem Rat vorgelegt und veröffentlicht.

(7) Bis zum 2. August 2028 und danach alle drei Jahre führt die Kommission eine Bewertung der Folgen und der Wirksamkeit der freiwilligen Verhaltenskodizes durch, mit denen die Anwendung der in Kapitel III Abschnitt 2 festgelegten Anforderungen an andere KI-Systeme als Hochrisiko-KI-Systeme und möglicherweise auch zusätzlicher Anforderungen an andere KI-Systeme als Hochrisiko-KI-Systeme, auch in Bezug auf deren ökologische Nachhaltigkeit, gefördert werden soll.

(8) Für die Zwecke der Absätze 1 bis 7 übermitteln das KI-Gremium, die Mitgliedstaaten und die zuständigen nationalen Behörden der Kommission auf Anfrage unverzüglich die gewünschten Informationen.

(9) Bei den in den Absätzen 1 bis 7 genannten Bewertungen und Überprüfungen berücksichtigt die Kommission die Standpunkte und Feststellungen des KI-Gremiums, des Europäischen Parlaments, des Rates und anderer einschlägiger Stellen oder Quellen.

(10) Die Kommission legt erforderlichenfalls geeignete Vorschläge zur Änderung dieser Verordnung vor und berücksichtigt dabei insbesondere technologische Entwicklungen, die Auswirkungen von KI-Systemen auf die Gesundheit und Sicherheit und auf die Grundrechte und die Fortschritte in der Informationsgesellschaft.

(11) Als Orientierung für die in den Absätzen 1 bis 7 genannten Bewertungen und Überprüfungen entwickelt das Büro für Künstliche Intelligenz ein Ziel und eine partizipative Methode für die Bewertung der Risikoniveaus anhand

der in den jeweiligen Artikeln genannten Kriterien und für die Einbeziehung neuer Systeme in

a) die Liste gemäß Anhang III, einschließlich der Erweiterung bestehender Bereiche oder der Aufnahme neuer Bereiche in diesen Anhang;
b) die Liste der verbotenen Praktiken gemäß Artikel 5; und
c) die Liste der KI-Systeme, die zusätzliche Transparenzmaßnahmen erfordern, in Artikel 50.

(12) Eine Änderung dieser Verordnung im Sinne des Absatzes 10 oder entsprechende delegierte Rechtsakte oder Durchführungsrechtsakte, die sektorspezifische Rechtsvorschriften für eine unionsweite Harmonisierung gemäß Anhang I Abschnitt B betreffen, berücksichtigen die regulatorischen Besonderheiten des jeweiligen Sektors und die in der Verordnung festgelegten bestehenden Governance-, Konformitätsbewertungs- und Durchsetzungsmechanismen und -behörden.

(13) [1] Bis zum 2. August 2031 nimmt die Kommission unter Berücksichtigung der ersten Jahre der Anwendung der Verordnung eine Bewertung der Durchsetzung dieser Verordnung vor und erstattet dem Europäischen Parlament, dem Rat und dem Europäischen Wirtschafts- und Sozialausschuss darüber Bericht. [2] Auf Grundlage der Ergebnisse wird dem Bericht gegebenenfalls ein Vorschlag zur Änderung dieser Verordnung beigefügt, der die Struktur der Durchsetzung und die Notwendigkeit einer Agentur der Union für die Lösung festgestellter Mängel betrifft.

Art. 113 Inkrafttreten und Geltungsbeginn. *[1]* Diese Verordnung tritt am zwanzigsten Tag nach ihrer Veröffentlichung[1)] im *Amtsblatt der Europäischen Union* in Kraft.

[2] Sie gilt ab dem 2. August 2026.

[3] Jedoch:

a) Die Kapitel I und II gelten ab dem 2. Februar 2025;
b) Kapitel III Abschnitt 4, Kapitel V, Kapitel VII und Kapitel XII sowie Artikel 78 gelten ab dem 2. August 2025, mit Ausnahme des Artikels 101;
c) Artikel 6 Absatz 1 und die entsprechenden Pflichten gemäß dieser Verordnung gelten ab dem 2. August 2027.

Diese Verordnung ist in allen ihren Teilen verbindlich und gilt unmittelbar in jedem Mitgliedstaat.

[1)] Veröffentlicht am 12.7.2024.

Anhang I. Liste der Harmonisierungsrechtsvorschriften der Union

Abschnitt A. – Liste der Harmonisierungsrechtsvorschriften der Union auf der Grundlage des neuen Rechtsrahmens

1. Richtlinie 2006/42/EG des Europäischen Parlaments und des Rates vom 17. Mai 2006 über Maschinen und zur Änderung der Richtlinie 95/16/EG (ABl. L 157 vom 9.6.2006, S. 24)
2. Richtlinie 2009/48/EG des Europäischen Parlaments und des Rates vom 18. Juni 2009 über die Sicherheit von Spielzeug (ABl. L 170 vom 30.6. 2009, S. 1)
3. Richtlinie 2013/53/EU des Europäischen Parlaments und des Rates vom 20. November 2013 über Sportboote und Wassermotorräder und zur Aufhebung der Richtlinie 94/25/EG (ABl. L 354 vom 28.12.2013, S. 90)
4. Richtlinie 2014/33/EU des Europäischen Parlaments und des Rates vom 26. Februar 2014 zur Angleichung der Rechtsvorschriften der Mitgliedstaaten über Aufzüge und Sicherheitsbauteile für Aufzüge (ABl. L 96 vom 29.3.2014, S. 251)
5. Richtlinie 2014/34/EU des Europäischen Parlaments und des Rates vom 26. Februar 2014 zur Harmonisierung der Rechtsvorschriften der Mitgliedstaaten für Geräte und Schutzsysteme zur bestimmungsgemäßen Verwendung in explosionsgefährdeten Bereichen (ABl. L 96 vom 29.3.2014, S. 309)
6. Richtlinie 2014/53/EU des Europäischen Parlaments und des Rates vom 16. April 2014 über die Harmonisierung der Rechtsvorschriften der Mitgliedstaaten über die Bereitstellung von Funkanlagen auf dem Markt und zur Aufhebung der Richtlinie 1999/5/EG (ABl. L 153 vom 22.5.2014, S. 62)
7. Richtlinie 2014/68/EU des Europäischen Parlaments und des Rates vom 15. Mai 2014 zur Harmonisierung der Rechtsvorschriften der Mitgliedstaaten über die Bereitstellung von Druckgeräten auf dem Markt (ABl. L 189 vom 27.6.2014, S. 164)
8. Verordnung (EU) 2016/424 des Europäischen Parlaments und des Rates vom 9. März 2016 über Seilbahnen und zur Aufhebung der Richtlinie 2000/9/EG (ABl. L 81 vom 31.3.2016, S. 1)
9. Verordnung (EU) 2016/425 des Europäischen Parlaments und des Rates vom 9. März 2016 über persönliche Schutzausrüstungen und zur Aufhebung der Richtlinie 89/686/EWG des Rates (ABl. L 81 vom 31.3.2016, S. 51)
10. Verordnung (EU) 2016/426 des Europäischen Parlaments und des Rates vom 9. März 2016 über Geräte zur Verbrennung gasförmiger Brennstoffe und zur Aufhebung der Richtlinie 2009/142/EG (ABl. L 81 vom 31.3. 2016, S. 99)
11. Verordnung (EU) 2017/745 des Europäischen Parlaments und des Rates vom 5. April 2017 über Medizinprodukte, zur Änderung der Richtlinie 2001/83/EG, der Verordnung (EG) Nr. 178/2002 und der Verordnung (EG) Nr. 1223/2009 und zur Aufhebung der Richtlinien 90/385/EWG und 93/42/EWG des Rates (ABl. L 117 vom 5.5.2017, S. 1)
12. Verordnung (EU) 2017/746 des Europäischen Parlaments und des Rates vom 5. April 2017 über In-vitro-Diagnostika und zur Aufhebung der

Richtlinie 98/79/EG und des Beschlusses 2010/227/EU der Kommission (ABl. L 117 vom 5.5.2017, S. 176)

Abschnitt B. – Liste anderer Harmonisierungsrechtsvorschriften der Union

13. Verordnung (EG) Nr. 300/2008 des Europäischen Parlaments und des Rates vom 11. März 2008 über gemeinsame Vorschriften für die Sicherheit in der Zivilluftfahrt und zur Aufhebung der Verordnung (EG) Nr. 2320/2002 (ABl. L 97 vom 9.4.2008, S. 72)
14. Verordnung (EU) Nr. 168/2013 des Europäischen Parlaments und des Rates vom 15. Januar 2013 über die Genehmigung und Marktüberwachung von zwei- oder dreirädrigen und vierrädrigen Fahrzeugen (ABl. L 60 vom 2.3.2013, S. 52)
15. Verordnung (EU) Nr. 167/2013 des Europäischen Parlaments und des Rates vom 5. Februar 2013 über die Genehmigung und Marktüberwachung von land- und forstwirtschaftlichen Fahrzeugen (ABl. L 60 vom 2.3.2013, S. 1)
16. Richtlinie 2014/90/EU des Europäischen Parlaments und des Rates vom 23. Juli 2014 über Schiffsausrüstung und zur Aufhebung der Richtlinie 96/98/EG des Rates (ABl. L 257 vom 28.8.2014, S. 146)
17. Richtlinie (EU) 2016/797 des Europäischen Parlaments und des Rates vom 11. Mai 2016 über die Interoperabilität des Eisenbahnsystems in der Europäischen Union (ABl. L 138 vom 26.5.2016, S. 44)
18. Verordnung (EU) 2018/858 des Europäischen Parlaments und des Rates vom 30. Mai 2018 über die Genehmigung und die Marktüberwachung von Kraftfahrzeugen und Kraftfahrzeuganhängern sowie von Systemen, Bauteilen und selbstständigen technischen Einheiten für diese Fahrzeuge, zur Änderung der Verordnungen (EG) Nr. 715/2007 und (EG) Nr. 595/2009 und zur Aufhebung der Richtlinie 2007/46/EG (ABl. L 151 vom 14.6.2018, S. 1)
19. Verordnung (EU) 2019/2144 des Europäischen Parlaments und des Rates vom 27. November 2019 über die Typgenehmigung von Kraftfahrzeugen und Kraftfahrzeuganhängern sowie von Systemen, Bauteilen und selbstständigen technischen Einheiten für diese Fahrzeuge im Hinblick auf ihre allgemeine Sicherheit und den Schutz der Fahrzeuginsassen und von ungeschützten Verkehrsteilnehmern, zur Änderung der Verordnung (EU) 2018/858 des Europäischen Parlaments und des Rates und zur Aufhebung der Verordnungen (EG) Nr. 78/2009, (EG) Nr. 79/2009 und (EG) Nr. 661/2009 des Europäischen Parlaments und des Rates sowie der Verordnungen (EG) Nr. 631/2009, (EU) Nr. 406/2010, (EU) Nr. 672/2010, (EU) Nr. 1003/2010, (EU) Nr. 1005/2010, (EU) Nr. 1008/2010, (EU) Nr. 1009/2010, (EU) Nr. 19/2011, (EU) Nr. 109/2011, (EU) Nr. 458/2011, (EU) Nr. 65/2012, (EU) Nr. 130/2012, (EU) Nr. 347/2012, (EU) Nr. 351/2012, (EU) Nr. 1230/2012 und (EU) 2015/166 der Kommission (ABl. L 325 vom 16.12.2019, S. 1)
20. Verordnung (EU) 2018/1139 des Europäischen Parlaments und des Rates vom 4. Juli 2018 zur Festlegung gemeinsamer Vorschriften für die Zivilluftfahrt und zur Errichtung einer Agentur der Europäischen Union für Flugsicherheit sowie zur Änderung der Verordnungen (EG) Nr. 2111/2005, (EG)

Nr. 1008/2008, (EU) Nr. 996/2010, (EU) Nr. 376/2014 und der Richtlinien 2014/30/EU und 2014/53/EU des Europäischen Parlaments und des Rates, und zur Aufhebung der Verordnungen (EG) Nr. 552/2004 und (EG) Nr. 216/2008 des Europäischen Parlaments und des Rates und der Verordnung (EWG) Nr. 3922/91 des Rates (ABl. L 212 vom 22.8.2018, S. 1), insoweit die Konstruktion, Herstellung und Vermarktung von Luftfahrzeugen gemäß Artikel 2 Absatz 1 Buchstaben a und b in Bezug auf unbemannte Luftfahrzeuge sowie deren Motoren, Propeller, Teile und Ausrüstung zur Fernsteuerung betroffen sind

Anhang II. Liste der Straftaten gemäß Artikel 5 Absatz 1 Unterabsatz 1 Buchstabe h Ziffer iii

Straftaten gemäß Artikel 5 Absatz 1 Unterabsatz 1 Buchstabe h Ziffer iii:

- Terrorismus,
- Menschenhandel,
- sexuelle Ausbeutung von Kindern und Kinderpornografie,
- illegaler Handel mit Drogen oder psychotropen Stoffen,
- illegaler Handel mit Waffen, Munition oder Sprengstoffen,
- Mord, schwere Körperverletzung,
- illegaler Handel mit menschlichen Organen oder menschlichem Gewebe,
- illegaler Handel mit nuklearen oder radioaktiven Substanzen,
- Entführung, Freiheitsberaubung oder Geiselnahme,
- Verbrechen, die in die Zuständigkeit des Internationalen Strafgerichtshofs fallen,
- Flugzeug- oder Schiffsentführung,
- Vergewaltigung,
- Umweltkriminalität,
- organisierter oder bewaffneter Raub,
- Sabotage,
- Beteiligung an einer kriminellen Vereinigung, die an einer oder mehreren der oben genannten Straftaten beteiligt ist.

Anhang III. Hochrisiko-KI-Systeme gemäß Artikel 6 Absatz 2

Als Hochrisiko-KI-Systeme gemäß Artikel 6 Absatz 2 gelten die in folgenden Bereichen aufgeführten KI-Systeme:

1. Biometrie, soweit ihr Einsatz nach einschlägigem Unionsrecht oder nationalem Recht zugelassen ist:
   a) biometrische Fernidentifizierungssysteme.
   Dazu gehören nicht KI-Systeme, die bestimmungsgemäß für die biometrische Verifizierung, deren einziger Zweck darin besteht, zu bestätigen, dass eine bestimmte natürliche Person die Person ist, für die sie sich ausgibt, verwendet werden sollen;
   b) KI-Systeme, die bestimmungsgemäß für die biometrische Kategorisierung nach sensiblen oder geschützten Attributen oder Merkmalen auf der

Grundlage von Rückschlüssen auf diese Attribute oder Merkmale verwendet werden sollen;

c) KI-Systeme, die bestimmungsgemäß zur Emotionserkennung verwendet werden sollen.

2. Kritische Infrastruktur: KI-Systeme, die bestimmungsgemäß als Sicherheitsbauteile im Rahmen der Verwaltung und des Betriebs kritischer digitaler Infrastruktur, des Straßenverkehrs oder der Wasser-, Gas-, Wärme- oder Stromversorgung verwendet werden sollen

3. Allgemeine und berufliche Bildung

a) KI-Systeme, die bestimmungsgemäß zur Feststellung des Zugangs oder der Zulassung oder zur Zuweisung natürlicher Personen zu Einrichtungen aller Ebenen der allgemeinen und beruflichen Bildung verwendet werden sollen;

b) KI-Systeme, die bestimmungsgemäß für die Bewertung von Lernergebnissen verwendet werden sollen, einschließlich des Falles, dass diese Ergebnisse dazu dienen, den Lernprozess natürlicher Personen in Einrichtungen oder Programmen aller Ebenen der allgemeinen und beruflichen Bildung zu steuern;

c) KI-Systeme, die bestimmungsgemäß zum Zweck der Bewertung des angemessenen Bildungsniveaus, das eine Person im Rahmen von oder innerhalb von Einrichtungen aller Ebenen der allgemeinen und beruflichen Bildung erhalten wird oder zu denen sie Zugang erhalten wird, verwendet werden sollen;

d) KI-Systeme, die bestimmungsgemäß zur Überwachung und Erkennung von verbotenem Verhalten von Schülern bei Prüfungen im Rahmen von oder innerhalb von Einrichtungen aller Ebenen der allgemeinen und beruflichen Bildung verwendet werden sollen.

4. Beschäftigung, Personalmanagement und Zugang zur Selbstständigkeit

a) KI-Systeme, die bestimmungsgemäß für die Einstellung oder Auswahl natürlicher Personen verwendet werden sollen, insbesondere um gezielte Stellenanzeigen zu schalten, Bewerbungen zu sichten oder zu filtern und Bewerber zu bewerten;

b) KI-Systeme, die bestimmungsgemäß für Entscheidungen, die die Bedingungen von Arbeitsverhältnissen, Beförderungen und Kündigungen von Arbeitsvertragsverhältnissen beeinflussen, für die Zuweisung von Aufgaben aufgrund des individuellen Verhaltens oder persönlicher Merkmale oder Eigenschaften oder für die Beobachtung und Bewertung der Leistung und des Verhaltens von Personen in solchen Beschäftigungsverhältnissen verwendet werden soll.

5. Zugänglichkeit und Inanspruchnahme grundlegender privater und grundlegender öffentlicher Dienste und Leistungen:

a) KI-Systeme, die bestimmungsgemäß von Behörden oder im Namen von Behörden verwendet werden sollen, um zu beurteilen, ob natürliche Personen Anspruch auf grundlegende öffentliche Unterstützungsleistungen und -dienste, einschließlich Gesundheitsdiensten, haben und ob solche Leistungen und Dienste zu gewähren, einzuschränken, zu widerrufen oder zurückzufordern sind;

b) KI-Systeme, die bestimmungsgemäß für die Kreditwürdigkeitsprüfung und Bonitätsbewertung natürlicher Personen verwendet werden sollen, mit Ausnahme von KI-Systemen, die zur Aufdeckung von Finanzbetrug verwendet werden;

c) KI-Systeme, die bestimmungsgemäß für die Risikobewertung und Preisbildung in Bezug auf natürliche Personen im Fall von Lebens- und Krankenversicherungen verwendet werden sollen;

d) KI-Systeme, die bestimmungsgemäß zur Bewertung und Klassifizierung von Notrufen von natürlichen Personen oder für die Entsendung oder Priorisierung des Einsatzes von Not- und Rettungsdiensten, einschließlich Polizei, Feuerwehr und medizinischer Nothilfe, sowie für Systeme für die Triage von Patienten bei der Notfallversorgung verwendet werden sollen.

6. Strafverfolgung, soweit ihr Einsatz nach einschlägigem Unionsrecht oder nationalem Recht zugelassen ist:

a) KI-Systeme, die bestimmungsgemäß von Strafverfolgungsbehörden oder in deren Namen oder von Organen, Einrichtungen und sonstigen Stellen der Union zur Unterstützung von Strafverfolgungsbehörden oder in deren Namen zur Bewertung des Risikos einer natürlichen Person, zum Opfer von Straftaten zu werden, verwendet werden sollen;

b) KI-Systeme, die bestimmungsgemäß von Strafverfolgungsbehörden oder in deren Namen oder von Organen, Einrichtungen und sonstigen Stellen der Union zur Unterstützung von Strafverfolgungsbehörden als Lügendetektoren oder ähnliche Instrumente verwendet werden sollen;

c) KI-Systeme, die bestimmungsgemäß von Strafverfolgungsbehörden oder in deren Namen oder von Organen, Einrichtungen und sonstigen Stellen der Union zur Unterstützung von Strafverfolgungsbehörden zur Bewertung der Verlässlichkeit von Beweismitteln im Zuge der Ermittlung oder Verfolgung von Straftaten verwendet werden sollen;

d) KI-Systeme, die bestimmungsgemäß von Strafverfolgungsbehörden oder in deren Namen oder von Organen, Einrichtungen und sonstigen Stellen der Union zur Unterstützung von Strafverfolgungsbehörden zur Bewertung des Risikos, dass eine natürliche Person eine Straftat begeht oder erneut begeht, nicht nur auf der Grundlage der Erstellung von Profilen natürlicher Personen gemäß Artikel 3 Absatz 4 der Richtlinie (EU) 2016/680[1] oder zur Bewertung persönlicher Merkmale und Eigenschaften oder vergangenen kriminellen Verhaltens von natürlichen Personen oder Gruppen verwendet werden sollen;

e) KI-Systeme, die bestimmungsgemäß von Strafverfolgungsbehörden oder in deren Namen oder von Organen, Einrichtungen und sonstigen Stellen der Union zur Unterstützung von Strafverfolgungsbehörden zur Erstellung von Profilen natürlicher Personen gemäß Artikel 3 Absatz 4 der Richtlinie (EU) 2016/680[1] im Zuge der Aufdeckung, Ermittlung oder Verfolgung von Straftaten verwendet werden sollen.

7. Migration, Asyl und Grenzkontrolle, soweit ihr Einsatz nach einschlägigem Unionsrecht oder nationalem Recht zugelassen ist:

a) KI-Systeme, die bestimmungsgemäß von zuständigen Behörden oder in deren Namen oder Organen, Einrichtungen und sonstigen Stellen der Union als Lügendetektoren verwendet werden sollen oder ähnliche Instrumente;

---

[1] Nr. 2.

b) KI-Systeme, die bestimmungsgemäß von zuständigen Behörden oder in deren Namen oder von Organen, Einrichtungen und sonstigen Stellen der Union zur Bewertung eines Risikos verwendet werden sollen, einschließlich eines Sicherheitsrisikos, eines Risikos der irregulären Einwanderung oder eines Gesundheitsrisikos, das von einer natürlichen Person ausgeht, die in das Hoheitsgebiet eines Mitgliedstaats einzureisen beabsichtigt oder eingereist ist;

c) KI-Systeme, die bestimmungsgemäß von zuständigen Behörden oder in deren Namen oder von Organen, Einrichtungen und sonstigen Stellen der Union verwendet werden sollen, um zuständige Behörden bei der Prüfung von Asyl- und Visumanträgen sowie Aufenthaltstiteln und damit verbundenen Beschwerden im Hinblick auf die Feststellung der Berechtigung der den Antrag stellenden natürlichen Personen, einschließlich damit zusammenhängender Bewertungen der Verlässlichkeit von Beweismitteln, zu unterstützen;

d) KI-Systeme, die bestimmungsgemäß von oder im Namen der zuständigen Behörden oder Organen, Einrichtungen und sonstigen Stellen der Union, im Zusammenhang mit Migration, Asyl oder Grenzkontrolle zum Zwecke der Aufdeckung, Anerkennung oder Identifizierung natürlicher Personen verwendet werden sollen, mit Ausnahme der Überprüfung von Reisedokumenten.

8. Rechtspflege und demokratische Prozesse

a) KI-Systeme, die bestimmungsgemäß von einer oder im Namen einer Justizbehörde verwendet werden sollen, um eine Justizbehörde bei der Ermittlung und Auslegung von Sachverhalten und Rechtsvorschriften und bei der Anwendung des Rechts auf konkrete Sachverhalte zu unterstützen, oder die auf ähnliche Weise für die alternative Streitbeilegung genutzt werden sollen;

b) KI-Systeme, die bestimmungsgemäß verwendet werden sollen, um das Ergebnis einer Wahl oder eines Referendums oder das Wahlverhalten natürlicher Personen bei der Ausübung ihres Wahlrechts bei einer Wahl oder einem Referendum zu beeinflussen. Dazu gehören nicht KI-Systeme, deren Ausgaben natürliche Personen nicht direkt ausgesetzt sind, wie Instrumente zur Organisation, Optimierung oder Strukturierung politischer Kampagnen in administrativer oder logistischer Hinsicht.

Anhang IV. Technische Dokumentation gemäß Artikel 11 Absatz 1

Die in Artikel 11 Absatz 1 genannte technische Dokumentation muss mindestens die folgenden Informationen enthalten, soweit sie für das betreffende KI-System von Belang sind:

1. Allgemeine Beschreibung des KI-Systems, darunter

a) Zweckbestimmung, Name des Anbieters und Version des Systems mit Angaben dazu, in welcher Beziehung sie zu vorherigen Versionen steht;

b) gegebenenfalls Interaktion oder Verwendung des KI-Systems mit Hardware oder Software, einschließlich anderer KI-Systeme, die nicht Teil des KI-Systems selbst sind;

c) Versionen der betreffenden Software oder Firmware und etwaige Anforderungen in Bezug auf Aktualisierungen der Versionen;

d) Beschreibung aller Formen, in denen das KI-System in Verkehr gebracht oder in Betrieb genommen wird, zum Beispiel in Hardware eingebettete Softwarepakete, Herunterladen oder API;

e) Beschreibung der Hardware, auf der das KI-System betrieben werden soll;

f) falls das KI-System Bestandteil von Produkten ist: Fotografien oder Abbildungen, die äußere Merkmale, die Kennzeichnungen und den inneren Aufbau dieser Produkte zeigen;

g) eine grundlegende Beschreibung der Benutzerschnittstelle, die dem Betreiber zur Verfügung gestellt wird;

h) Betriebsanleitungen für den Betreiber und gegebenenfalls eine grundlegende Beschreibung der dem Betreiber zur Verfügung gestellten Benutzerschnittstelle;

2. Detaillierte Beschreibung der Bestandteile des KI-Systems und seines Entwicklungsprozesses, darunter

a) Methoden und Schritte zur Entwicklung des KI-Systems, gegebenenfalls einschließlich des Einsatzes von durch Dritte bereitgestellten vortrainierten Systemen oder Instrumenten, und wie diese vom Anbieter verwendet, integriert oder verändert wurden;

b) Entwurfsspezifikationen des Systems, insbesondere die allgemeine Logik des KI-Systems und der Algorithmen; die wichtigsten Entwurfsentscheidungen mit den Gründen und getroffenen Annahmen, einschließlich in Bezug auf Personen oder Personengruppen, bezüglich deren das System angewandt werden soll; hauptsächliche Einstufungsentscheidungen; was das System optimieren soll und welche Bedeutung den verschiedenen Parametern dabei zukommt; Beschreibung der erwarteten Ausgabe des Systems und der erwarteten Qualität dieser Ausgabe; die über mögliche Kompromisse in Bezug auf die technischen Lösungen, mit denen die in Kapitel III Abschnitt 2 festgelegten Anforderungen erfüllt werden sollen, getroffenen Entscheidungen;

c) Beschreibung der Systemarchitektur, aus der hervorgeht, wie Softwarekomponenten aufeinander aufbauen oder einander zuarbeiten und in die Gesamtverarbeitung integriert sind; zum Entwickeln, Trainieren, Testen und Validieren des KI-Systems verwendete Rechenressourcen;

d) gegebenenfalls Datenanforderungen in Form von Datenblättern, in denen die Trainingsmethoden und -techniken und die verwendeten Trainingsdatensätze beschrieben werden, einschließlich einer allgemeinen Beschreibung dieser Datensätze sowie Informationen zu deren Herkunft, Umfang und Hauptmerkmalen; Angaben zur Beschaffung und Auswahl der Daten; Kennzeichnungsverfahren (zum Beispiel für überwachtes Lernen) und Datenbereinigungsmethoden (zum Beispiel Erkennung von Ausreißern);

e) Bewertung der nach Artikel 14 erforderlichen Maßnahmen der menschlichen Aufsicht, mit einer Bewertung der technischen Maßnahmen, die erforderlich sind, um den Betreibern gemäß Artikel 13 Absatz 3 Buchstabe d die Interpretation der Ausgaben von KI-Systemen zu erleichtern;

f) gegebenenfalls detaillierte Beschreibung der vorab bestimmten Änderungen an dem KI-System und seiner Leistung mit allen einschlägigen Informationen zu den technischen Lösungen, mit denen sichergestellt wird, dass das KI-System die einschlägigen in Kapitel III Abschnitt 2 festgelegten Anforderungen weiterhin dauerhaft erfüllt;

g) verwendete Validierungs- und Testverfahren, mit Informationen zu den verwendeten Validierungs- und Testdaten und deren Hauptmerkmalen; Parameter, die zur Messung der Genauigkeit, Robustheit und der Erfüllung anderer einschlägiger Anforderungen nach Kapitel III Abschnitt 2 sowie potenziell diskriminierender Auswirkungen verwendet werden; Testprotokolle und alle von den verantwortlichen Personen datierten und unterzeichneten Testberichte, auch in Bezug auf die unter Buchstabe f genannten vorab bestimmten Änderungen;

h) ergriffene Cybersicherheitsmaßnahmen;

3. Detaillierte Informationen über die Überwachung, Funktionsweise und Kontrolle des KI-Systems, insbesondere in Bezug auf Folgendes: die Fähigkeiten und Leistungsgrenzen des Systems, einschließlich der Genauigkeitsgrade bei bestimmten Personen oder Personengruppen, auf die es bestimmungsgemäß angewandt werden soll, sowie des in Bezug auf seine Zweckbestimmung insgesamt erwarteten Maßes an Genauigkeit; angesichts der Zweckbestimmung des KI-Systems vorhersehbare unbeabsichtigte Ergebnisse und Quellen von Risiken in Bezug auf Gesundheit und Sicherheit sowie Grundrechte und Diskriminierung; die nach Artikel 14 erforderlichen Maßnahmen der menschlichen Aufsicht, einschließlich der technischen Maßnahmen, die getroffen wurden, um den Betreibern die Interpretation der Ausgaben von KI-Systemen zu erleichtern; gegebenenfalls Spezifikationen zu Eingabedaten;
4. Darlegungen zur Eignung der Leistungskennzahlen für das spezifische KI-System;
5. Detaillierte Beschreibung des Risikomanagementsystems gemäß Artikel 9;
6. Beschreibung einschlägiger Änderungen, die der Anbieter während des Lebenszyklus an dem System vorgenommen hat;
7. Aufstellung der vollständig oder teilweise angewandten harmonisierten Normen, deren Fundstellen im *Amtsblatt der Europäischen Union* veröffentlicht wurden; falls keine solchen harmonisierten Normen angewandt wurden, eine detaillierte Beschreibung der Lösungen, mit denen die in Kapitel III Abschnitt 2 festgelegten Anforderungen erfüllt werden sollen, mit einer Aufstellung anderer angewandter einschlägiger Normen und technischer Spezifikationen;
8. Kopie der EU-Konformitätserklärung gemäß Artikel 47;
9. Detaillierte Beschreibung des Systems zur Bewertung der Leistung des KI-Systems in der Phase nach dem Inverkehrbringen gemäß Artikel 72, einschließlich des in Artikel 72 Absatz 3 genannten Plans für die Beobachtung nach dem Inverkehrbringen

Anhang V. EU-Konformitätserklärung

Die EU-Konformitätserklärung gemäß Artikel 47 enthält alle folgenden Angaben:

1. Name und Art des KI-Systems und etwaige zusätzliche eindeutige Angaben, die die Identifizierung und Rückverfolgbarkeit des KI-Systems ermöglichen;
2. Name und Anschrift des Anbieters und gegebenenfalls seines Bevollmächtigten;

3. Erklärung darüber, dass der Anbieter die alleinige Verantwortung für die Ausstellung der EU-Konformitätserklärung gemäß Artikel 47 trägt;
4. Versicherung, dass das betreffende KI-System der vorliegenden Verordnung sowie gegebenenfalls weiteren einschlägigen Rechtsvorschriften der Union, in denen die Ausstellung der EU-Konformitätserklärung gemäß Artikel 47 vorgesehen ist, entspricht;
5. wenn ein KI-System die Verarbeitung personenbezogener Daten erfordert, eine Erklärung darüber, dass das KI-System den Verordnungen (EU) 2016/679[1)] und (EU) 2018/1725 sowie der Richtlinie (EU) 2016/680[2)] entspricht;
6. Verweise auf die verwendeten einschlägigen harmonisierten Normen oder sonstigen gemeinsamen Spezifikationen, für die die Konformität erklärt wird;
7. gegebenenfalls Name und Identifizierungsnummer der notifizierten Stelle, Beschreibung des durchgeführten Konformitätsbewertungsverfahrens und Identifizierungsnummer der ausgestellten Bescheinigung;
8. Ort und Datum der Ausstellung der Erklärung, den Namen und die Funktion des Unterzeichners sowie Angabe, für wen oder in wessen Namen diese Person unterzeichnet hat, eine Unterschrift.

Anhang VI. Konformitätsbewertungsverfahren auf der Grundlage einer internen Kontrolle

1. Das Konformitätsbewertungsverfahren auf der Grundlage einer internen Kontrolle ist das Konformitätsbewertungsverfahren gemäß den Nummern 2, 3 und 4.
2. Der Anbieter überprüft, ob das bestehende Qualitätsmanagementsystem den Anforderungen des Artikels 17 entspricht.
3. Der Anbieter prüft die in der technischen Dokumentation enthaltenen Informationen, um zu beurteilen. ob das KI-System den einschlägigen grundlegenden Anforderungen in Kapitel III Abschnitt 2 entspricht.
4. Der Anbieter überprüft ferner, ob der Entwurfs- und Entwicklungsprozess des KI-Systems und seine Beobachtung nach dem Inverkehrbringen gemäß Artikel 72 mit der technischen Dokumentation im Einklang stehen.

Anhang VII. Konformität auf der Grundlage einer Bewertung des Qualitätsmanagementsystems und einer Bewertung der technischen Dokumentation

1. Einleitung

Die Konformität auf der Grundlage einer Bewertung des Qualitätsmanagementsystems und einer Bewertung der technischen Dokumentation entspricht dem Konformitätsbewertungsverfahren gemäß den Nummern 2 bis 5.

---

1) Nr. 1.
2) Nr. 2.

2. Überblick

Das genehmigte Qualitätsmanagementsystem für die Konzeption, die Entwicklung und das Testen von KI-Systemen nach Artikel 17 wird gemäß Nummer 3 geprüft und unterliegt der Überwachung gemäß Nummer 5. Die technische Dokumentation des KI-Systems wird gemäß Nummer 4 geprüft.

3. Qualitätsmanagementsystem

3.1. Der Antrag des Anbieters muss Folgendes enthalten:

a) Name und Anschrift des Anbieters sowie, wenn der Antrag von einem Bevollmächtigten eingereicht wird, auch dessen Namen und Anschrift;

b) die Liste der unter dasselbe Qualitätsmanagementsystem fallenden KI-Systeme;

c) die technische Dokumentation für jedes unter dasselbe Qualitätsmanagementsystem fallende KI-System;

d) die Dokumentation über das Qualitätsmanagementsystem mit allen in Artikel 17 aufgeführten Aspekten;

e) eine Beschreibung der bestehenden Verfahren, mit denen sichergestellt wird, dass das Qualitätsmanagementsystem angemessen und wirksam bleibt;

f) eine schriftliche Erklärung, dass derselbe Antrag bei keiner anderen notifizierten Stelle eingereicht wurde.

3.2. Das Qualitätssicherungssystem wird von der notifizierten Stelle bewertet, um festzustellen, ob es die in Artikel 17 genannten Anforderungen erfüllt.

Die Entscheidung wird dem Anbieter oder dessen Bevollmächtigten mitgeteilt.

Die Mitteilung enthält die Ergebnisse der Bewertung des Qualitätsmanagementsystems und die begründete Bewertungsentscheidung.

3.3. Das genehmigte Qualitätsmanagementsystem wird vom Anbieter weiter angewandt und gepflegt, damit es stets angemessen und effizient funktioniert.

3.4. Der Anbieter unterrichtet die notifizierte Stelle über jede beabsichtigte Änderung des genehmigten Qualitätsmanagementsystems oder der Liste der unter dieses System fallenden KI-Systeme.

Die notifizierte Stelle prüft die vorgeschlagenen Änderungen und entscheidet, ob das geänderte Qualitätsmanagementsystem die unter Nummer 3.2 genannten Anforderungen weiterhin erfüllt oder ob eine erneute Bewertung erforderlich ist.

Die notifizierte Stelle teilt dem Anbieter ihre Entscheidung mit. Die Mitteilung enthält die Ergebnisse der Prüfung der Änderungen und die begründete Bewertungsentscheidung.

4. Kontrolle der technischen Dokumentation

4.1. Zusätzlich zu dem unter Nummer 3 genannten Antrag stellt der Anbieter bei der notifizierten Stelle seiner Wahl einen Antrag auf Bewertung der technischen Dokumentation für das KI-System, das er in Verkehr zu bringen oder in Betrieb zu nehmen beabsichtigt und das unter das unter Nummer 3 genannte Qualitätsmanagementsystem fällt.

4.2. Der Antrag enthält Folgendes:

a) den Namen und die Anschrift des Anbieters;

b) eine schriftliche Erklärung, dass derselbe Antrag bei keiner anderen notifizierten Stelle eingereicht wurde;

c) die in Anhang IV genannte technische Dokumentation.

4.3. Die technische Dokumentation wird von der notifizierten Stelle geprüft. Sofern es relevant ist und beschränkt auf das zur Wahrnehmung ihrer Aufgaben erforderliche Maß erhält die notifizierte Stelle uneingeschränkten Zugang zu den verwendeten Trainings-, Validierungs- und Testdatensätzen, gegebenenfalls und unter Einhaltung von Sicherheitsvorkehrungen auch über API oder sonstige einschlägige technische Mittel und Instrumente, die den Fernzugriff ermöglichen.

4.4. Bei der Prüfung der technischen Dokumentation kann die notifizierte Stelle vom Anbieter weitere Nachweise oder die Durchführung weiterer Tests verlangen, um eine ordnungsgemäße Bewertung der Konformität des KI-Systems mit den in Kapitel III Abschnitt 2 festgelegten Anforderungen zu ermöglichen. Ist die notifizierte Stelle mit den vom Anbieter durchgeführten Tests nicht zufrieden, so führt sie gegebenenfalls unmittelbar selbst angemessene Tests durch.

4.5. Sofern es für die Bewertung der Konformität des Hochrisiko-KI-Systems mit den in Kapitel III Abschnitt 2 festgelegten Anforderungen notwendig ist, und nachdem alle anderen sinnvollen Möglichkeiten zur Überprüfung der Konformität ausgeschöpft sind oder sich als unzureichend erwiesen haben, wird der notifizierten Stelle auf begründeten Antrag Zugang zu den Trainingsmodellen und trainierten Modellen des KI-Systems, einschließlich seiner relevanten Parameter, gewährt. Ein solcher Zugang unterliegt dem bestehenden EU-Recht zum Schutz von geistigem Eigentum und Geschäftsgeheimnissen.

4.6. Die Entscheidung der notifizierten Stelle wird dem Anbieter oder dessen Bevollmächtigten mitgeteilt. Die Mitteilung enthält die Ergebnisse der Bewertung der technischen Dokumentation und die begründete Bewertungsentscheidung.

Erfüllt das KI-System die Anforderungen in Kapitel III Abschnitt 2, so stellt die notifizierte Stelle eine Unionsbescheinigung über die Bewertung der technischen Dokumentation aus. Diese Bescheinigung enthält den Namen und die Anschrift des Anbieters, die Ergebnisse der Prüfung, etwaige Bedingungen für ihre Gültigkeit und die für die Identifizierung des KI-Systems notwendigen Daten.

Die Bescheinigung und ihre Anhänge enthalten alle zweckdienlichen Informationen für die Beurteilung der Konformität des KI-Systems und gegebenenfalls für die Kontrolle des KI-Systems während seiner Verwendung.

Erfüllt das KI-System die in Kapitel III Abschnitt 2 festgelegten Anforderungen nicht, so verweigert die notifizierte Stelle die Ausstellung einer Unionsbescheinigung über die Bewertung der technischen Dokumentation und informiert den Antragsteller darüber, wobei sie ihre Verweigerung ausführlich begründet.

Erfüllt das KI-System nicht die Anforderung in Bezug auf die verwendeten Trainingsdaten, so muss das KI-System vor der Beantragung einer neuen Konformitätsbewertung erneut trainiert werden. In diesem Fall enthält die begründete Bewertungsentscheidung der notifizierten Stelle, mit der die Ausstellung der Unionsbescheinigung über die Bewertung der technischen Dokumentation verweigert wird, besondere Erläuterungen zu den zum Trainieren des KI-Systems verwendeten Qualitätsdaten und insbesondere zu den Gründen für die Nichtkonformität.

4.7. Jede Änderung des KI-Systems, die sich auf die Konformität des KI-Systems mit den Anforderungen oder auf seine Zweckbestimmung auswirken könnte, bedarf der Bewertung durch die notifizierte Stelle, die die Unionsbescheinigung über die Bewertung der technischen Dokumentation ausgestellt hat. Der Anbieter informiert die notifizierte Stelle über seine Absicht, eine der oben genannten Änderungen vorzunehmen, oder wenn er auf andere Weise Kenntnis vom Eintreten solcher Änderungen erhält. Die notifizierte Stelle bewertet die beabsichtigten Änderungen und entscheidet, ob diese Änderungen eine neue Konformitätsbewertung gemäß Artikel 43 Absatz 4 erforderlich machen oder ob ein Nachtrag zu der Unionsbescheinigung über die Bewertung der technischen Dokumentation ausgestellt werden könnte. In letzterem Fall bewertet die notifizierte Stelle die Änderungen, teilt dem Anbieter ihre Entscheidung mit und stellt ihm, sofern die Änderungen genehmigt wurden, einen Nachtrag zu der Unionsbescheinigung über die Bewertung der technischen Dokumentation aus.

5. Überwachung des genehmigten Qualitätsmanagementsystems

5.1. Mit der unter Nummer 3 genannten Überwachung durch die notifizierte Stelle soll sichergestellt werden, dass der Anbieter sich ordnungsgemäß an die Anforderungen und Bedingungen des genehmigten Qualitätsmanagementsystems hält.

5.2. Zu Bewertungszwecken gewährt der Anbieter der notifizierten Stelle Zugang zu den Räumlichkeiten, in denen die Konzeption, die Entwicklung und das Testen der KI-Systeme stattfindet. Außerdem übermittelt der Anbieter der notifizierten Stelle alle erforderlichen Informationen.

5.3. Die notifizierte Stelle führt regelmäßig Audits durch, um sicherzustellen, dass der Anbieter das Qualitätsmanagementsystem pflegt und anwendet, und übermittelt ihm einen Prüfbericht. Im Rahmen dieser Audits kann die notifizierte Stelle die KI-Systeme, für die eine Unionsbescheinigung über die Bewertung der technischen Dokumentation ausgestellt wurde, zusätzlichen Tests unterziehen.

Anhang VIII. Bei der Registrierung des Hochrisiko-KI-Systems gemäß Artikel 49 bereitzustellende Informationen

Abschnitt A. – Von Anbietern von Hochrisiko-KI-Systemen gemäß Artikel 49 Absatz 1 bereitzustellende Informationen

Für Hochrisiko-KI-Systeme, die gemäß Artikel 49 Absatz 1 zu registrieren sind, werden folgende Informationen bereitgestellt und danach auf dem neuesten Stand gehalten:

1. der Name, die Anschrift und die Kontaktdaten des Anbieters;
2. bei Vorlage von Informationen durch eine andere Person im Namen des Anbieters: der Name, die Anschrift und die Kontaktdaten dieser Person;
3. gegebenenfalls der Name, die Anschrift und die Kontaktdaten des Bevollmächtigten;
4. der Handelsname des KI-Systems und etwaige zusätzliche eindeutige Angaben, die die Identifizierung und Rückverfolgbarkeit des KI-Systems ermöglichen;
5. eine Beschreibung der Zweckbestimmung des KI-Systems und der durch dieses KI-System unterstützten Komponenten und Funktionen;
6. eine grundlegende und knappe Beschreibung der vom System verwendeten Informationen (Daten, Eingaben) und seiner Betriebslogik;
7. der Status des KI-Systems (in Verkehr/in Betrieb; nicht mehr in Verkehr/in Betrieb, zurückgerufen);
8. die Art, die Nummer und das Ablaufdatum der von der notifizierten Stelle ausgestellten Bescheinigung und gegebenenfalls Name oder Identifizierungsnummer dieser notifizierten Stelle;
9. gegebenenfalls eine gescannte Kopie der in Nummer 8 genannten Bescheinigung;
10. alle Mitgliedstaaten, in denen das KI-System in Verkehr gebracht, in Betrieb genommen oder in der Union bereitgestellt wurde;
11. eine Kopie der in Artikel 47 genannten EU-Konformitätserklärung;
12. elektronische Betriebsanleitungen; dies gilt nicht für Hochrisiko-KI-Systeme in den Bereichen Strafverfolgung oder Migration, Asyl und Grenzkontrolle gemäß Anhang III Nummern 1, 6 und 7;
13. Eine URL-Adresse für zusätzliche Informationen (fakultativ).

Abschnitt B. – Von Anbietern von Hochrisiko-KI-Systemen gemäß Artikel 49 Absatz 2 bereitzustellende Informationen

Für KI-Systeme, die gemäß Artikel 49 Absatz 2 zu registrieren sind, werden folgende Informationen bereitgestellt und danach auf dem neuesten Stand gehalten:

1. der Name, die Anschrift und die Kontaktdaten des Anbieters;
2. bei Vorlage von Informationen durch eine andere Person im Namen des Anbieters: Name, Anschrift und Kontaktdaten dieser Person;
3. gegebenenfalls der Name, die Anschrift und die Kontaktdaten des Bevollmächtigten;
4. der Handelsname des KI-Systems und etwaige zusätzliche eindeutige Angaben, die die Identifizierung und Rückverfolgbarkeit des KI-Systems ermöglichen;

5. eine Beschreibung der Zweckbestimmung des KI-Systems;
6. die Bedingung oder Bedingungen gemäß Artikel 6 Absatz 3, aufgrund derer das KI-System nicht als Hoch-Risiko-System eingestuft wird;
7. eine kurze Zusammenfassung der Gründe, aus denen das KI-System in Anwendung des Verfahrens gemäß Artikel 6 Absatz 3 nicht als Hoch-Risiko-System eingestuft wird;
8. der Status des KI-Systems (in Verkehr/in Betrieb; nicht mehr in Verkehr/in Betrieb, zurückgerufen)
9. alle Mitgliedstaaten, in denen das KI-System in der Union in Verkehr gebracht, in Betrieb genommen oder bereitgestellt wurde.

Abschnitt C. – Von Betreibern von Hochrisiko-KI-Systemen gemäß Artikel 49 Absatz 3 bereitzustellende Informationen

Für Hochrisiko-KI-Systeme, die gemäß Artikel 49 Absatz 3 zu registrieren sind, werden folgende Informationen bereitgestellt und danach auf dem neuesten Stand gehalten:

1. der Name, die Anschrift und die Kontaktdaten des Betreibers;
2. der Name, die Anschrift und die Kontaktdaten der Person, die im Namen des Betreibers Informationen übermittelt;
3. die URL des Eintrags des KI-Systems in der EU-Datenbank durch seinen Anbieter;
4. eine Zusammenfassung der Ergebnisse der gemäß Artikel 27 durchgeführten Grundrechte-Folgenabschätzung;
5. gegebenenfalls eine Zusammenfassung der im Einklang mit Artikel 35 der Verordnung (EU) 2016/679[1] oder Artikel 27 der Richtlinie (EU) 2016/680[2] gemäß Artikel 26 Absatz 8 der vorliegenden Verordnung durchgeführten Datenschutz-Folgenabschätzung.

Anhang IX. Bezüglich Tests unter Realbedingungen gemäß Artikel 60 bei der Registrierung von in Anhang III aufgeführten Hochrisiko-KI-Systemen bereitzustellende Informationen

Bezüglich Tests unter Realbedingungen, die gemäß Artikel 60 zu registrieren sind, werden folgende Informationen bereitgestellt und danach auf dem aktuellen Stand gehalten:

1. eine unionsweit einmalige Identifizierungsnummer des Tests unter Realbedingungen;
2. der Name und die Kontaktdaten des Anbieters oder zukünftigen Anbieters und der Betreiber, die an dem Test unter Realbedingungen teilgenommen haben;
3. eine kurze Beschreibung des KI-Systems, seine Zweckbestimmung und sonstige zu seiner Identifizierung erforderliche Informationen;
4. eine Übersicht über die Hauptmerkmale des Plans für den Test unter Realbedingungen;

---

[1] Nr. 1.
[2] Nr. 2.

5. Informationen über die Aussetzung oder den Abbruch des Tests unter Realbedingungen.

Anhang X. Rechtsvorschriften der Union über IT-Großsysteme im Raum der Freiheit, der Sicherheit und des Rechts

1. Schengener Informationssystem

a) Verordnung (EU) 2018/1860 des Europäischen Parlaments und des Rates vom 28. November 2018 über die Nutzung des Schengener Informationssystems für die Rückkehr illegal aufhältiger Drittstaatsangehöriger (ABl. L 312 vom 7.12.2018, S. 1)
b) Verordnung (EU) 2018/1861 des Europäischen Parlaments und des Rates vom 28. November 2018 über die Einrichtung, den Betrieb und die Nutzung des Schengener Informationssystems (SIS) im Bereich der Grenzkontrollen, zur Änderung des Übereinkommens zur Durchführung des Übereinkommens von Schengen und zur Änderung und Aufhebung der Verordnung (EG) Nr. 1987/2006 (ABl. L 312 vom 7.12.2018, S. 14)
c) Verordnung (EU) 2018/1862 des Europäischen Parlaments und des Rates vom 28. November 2018 über die Einrichtung, den Betrieb und die Nutzung des Schengener Informationssystems (SIS) im Bereich der polizeilichen Zusammenarbeit und der justiziellen Zusammenarbeit in Strafsachen, zur Änderung und Aufhebung des Beschlusses 2007/533/JI des Rates und zur Aufhebung der Verordnung (EG) Nr. 1986/2006 des Europäischen Parlaments und des Rates und des Beschlusses 2010/261/EU der Kommission (ABl. L 312 vom 7.12.2018, S. 56)

2. Visa-Informationssystem

a) Verordnung (EU) 2021/1133 des Europäischen Parlaments und des Rates vom 7. Juli 2021 zur Änderung der Verordnungen (EU) Nr. 603/2013, (EU) 2016/794, (EU) 2018/1862, (EU) 2019/816 und (EU) 2019/818 hinsichtlich der Festlegung der Voraussetzungen für den Zugang zu anderen Informationssystemen der EU für Zwecke des Visa-Informationssystems (ABl. L 248 vom 13.7.2021, S. 1)
b) Verordnung (EU) 2021/1134 des Europäischen Parlaments und des Rates vom 7. Juli 2021 zur Änderung der Verordnungen (EG) Nr. 767/2008, (EG) Nr. 810/2009, (EU) 2016/399, (EU) 2017/2226, (EU) 2018/1240, (EU) 2018/1860, (EU) 2018/1861, (EU) 2019/817 und (EU) 2019/1896 des Europäischen Parlaments und des Rates und zur Aufhebung der Entscheidung 2004/512/EG und des Beschlusses 2008/633/JI des Rates zum Zwecke der Reform des Visa-Informationssystems (ABl. L 248 vom 13.7.2021, S. 11)

3. Eurodac

Verordnung (EU) 2024/1358 des Europäischen Parlaments und des Rates vom 14. Mai 2024 über die Einrichtung von Eurodac für den Abgleich biometrischer Daten zum Zwecke der effektiven Anwendung der Verordnungen (EU) 2024/1315 und (EU) 2024/1350 des Europäischen Parlaments und des Rates und der Richtlinie 2001/55/EG des Rates und zur Feststellung der Identität illegal aufhältiger Drittstaatsangehöriger und Staatenloser und über der

Gefahrenabwehr und Strafverfolgung dienende Anträge der Gefahrenabwehr- und Strafverfolgungsbehörden der Mitgliedstaaten und Europols auf den Abgleich mit Eurodac-Daten sowie zur Änderung der Verordnungen (EU) 2018/1240 und (EU) 2019/818 des Europäischen Parlaments und des Rates und zur Aufhebung der Verordnung (EU) Nr. 603/2013 des Europäischen Parlaments und des Rates (ABl. L, 2024/1358, 22.5.2024, ELI:http://data.europa.eu/eli/reg/2024/1358/oj)

4. Einreise-/Ausreisesystem

Verordnung (EU) 2017/2226 des Europäischen Parlaments und des Rates vom 30. November 2017 über ein Einreise-/Ausreisesystem (EES) zur Erfassung der Ein- und Ausreisedaten sowie der Einreiseverweigerungsdaten von Drittstaatsangehörigen an den Außengrenzen der Mitgliedstaaten und zur Festlegung der Bedingungen für den Zugang zum EES zu Gefahrenabwehr- und Strafverfolgungszwecken und zur Änderung des Übereinkommens von Schengen sowie der Verordnungen (EG) Nr. 767/2008 und (EU) Nr. 1077/2011 (ABl. L 327 vom 9.12.2017, S. 20)

5. Europäisches Reiseinformations- und -genehmigungssystem

a) Verordnung (EU) 2018/1240 des Europäischen Parlaments und des Rates vom 12. September 2018 über die Einrichtung eines Europäischen Reiseinformations- und -genehmigungssystems (ETIAS) und zur Änderung der Verordnungen (EU) Nr. 1077/2011, (EU) Nr. 515/2014, (EU) 2016/399, (EU) 2016/1624 und (EU) 2017/2226 (ABl. L 236 vom 19.9.2018, S. 1)

b) Verordnung (EU) 2018/1241 des Europäischen Parlaments und des Rates vom 12. September 2018 zur Änderung der Verordnung (EU) 2016/794 für die Zwecke der Einrichtung eines Europäischen Reiseinformations- und -genehmigungssystems (ETIAS) (ABl. L 236 vom 19.9.2018, S. 72)

6. Europäisches Strafregisterinformationssystem über Drittstaatsangehörige und Staatenlose

Verordnung (EU) 2019/816 des Europäischen Parlaments und des Rates vom 17. April 2019 zur Einrichtung eines zentralisierten Systems für die Ermittlung der Mitgliedstaaten, in denen Informationen zu Verurteilungen von Drittstaatsangehörigen und Staatenlosen (ECRIS-TCN) vorliegen, zur Ergänzung des Europäischen Strafregisterinformationssystems und zur Änderung der Verordnung (EU) 2018/1726 (ABl. L 135 vom 22.5.2019, S. 1)

7. Interoperabilität

a) Verordnung (EU) 2019/817 des Europäischen Parlaments und des Rates vom 20. Mai 2019 zur Errichtung eines Rahmens für die Interoperabilität zwischen EU-Informationssystemen in den Bereichen Grenzen und Visa und zur Änderung der Verordnungen (EG) Nr. 767/2008, (EU) 2016/399, (EU) 2017/2226, (EU) 2018/1240, (EU) 2018/1726 und (EU) 2018/1861 des Europäischen Parlaments und des Rates, der Entscheidung 2004/512/EG des Rates und des Beschlusses 2008/633/JI des Rates (ABl. L 135 vom 22.5.2019, S. 27)

b) Verordnung (EU) 2019/818 des Europäischen Parlaments und des Rates vom 20. Mai 2019 zur Errichtung eines Rahmens für die Interoperabilität zwischen EU-Informationssystemen (polizeiliche und justizielle Zusammenarbeit, Asyl und Migration) und zur Änderung der Verordnungen (EU) 2018/1726, (EU) 2018/1862 und (EU) 2019/816 (ABl. L 135 vom 22.5. 2019, S. 85).

Anhang XI. Technische Dokumentation gemäß Artikel 53 Absatz 1 Buchstabe a – technische Dokumentation für Anbieter von KI-Modellen mit allgemeinem Verwendungszweck

Abschnitt 1. Von allen Anbietern von KI-Modellen mit allgemeinem Verwendungszweck bereitzustellende Informationen

Die in Artikel 53 Absatz 1 Buchstabe a genannte technische Dokumentation muss mindestens die folgenden Informationen enthalten, soweit es anhand der Größe und des Risikoprofils des betreffenden Modells angemessen ist:

1. Eine allgemeine Beschreibung des KI-Modells einschließlich
   a) der Aufgaben, die das Modell erfüllen soll, sowie der Art und des Wesens der KI-Systeme, in die es integriert werden kann;
   b) die anwendbaren Regelungen der akzeptablen Nutzung;
   c) das Datum der Freigabe und die Vertriebsmethoden;
   d) die Architektur und die Anzahl der Parameter;
   e) die Modalität (zum Beispiel Text, Bild) und das Format der Ein- und Ausgaben;
   f) die Lizenz.
2. Eine ausführliche Beschreibung der Elemente des Modells gemäß Nummer 1 und relevante Informationen zum Entwicklungsverfahren, einschließlich der folgenden Elemente:
   a) die technischen Mittel (zum Beispiel Betriebsanleitungen, Infrastruktur, Instrumente), die für die Integration des KI-Modells mit allgemeinem Verwendungszweck in KI-Systeme erforderlich sind;
   b) die Entwurfsspezifikationen des Modells und des Trainingsverfahrens einschließlich Trainingsmethoden und -techniken, die wichtigsten Entwurfsentscheidungen mit den Gründen und getroffenen Annahmen; gegebenenfalls, was das Modell optimieren soll und welche Bedeutung den verschiedenen Parametern dabei zukommt;
   c) gegebenenfalls Informationen über die für das Trainieren, Testen und Validieren verwendeten Daten, einschließlich der Art und Herkunft der Daten und der Aufbereitungsmethoden (zum Beispiel Bereinigung, Filterung usw.), der Zahl der Datenpunkte, ihres Umfangs und ihrer Hauptmerkmale; gegebenenfalls die Art und Weise, wie die Daten erlangt und ausgewählt wurden, sowie alle anderen Maßnahmen zur Feststellung, ob Datenquellen ungeeignet sind, und Methoden zur Erkennung ermittelbarer Verzerrungen;
   d) die für das Trainieren des Modells verwendeten Rechenressourcen (zum Beispiel Anzahl der Gleitkommaoperationen), die Trainingszeit und andere relevante Einzelheiten im Zusammenhang mit dem Trainieren;
   e) bekannter oder geschätzter Energieverbrauch des Modells.

Wenn der Energieverbrauch des Modells nicht bekannt ist, kann für Buchstabe e der Energieverbrauch auf Informationen über die eingesetzten Rechenressourcen gestützt werden.

Abschnitt 2. Zusätzliche von Anbietern von KI-Modellen mit allgemeinem Verwendungszweck mit systemischem Risiko bereitzustellende Informationen

1. Eine ausführliche Beschreibung der Prüfstrategien, einschließlich der Prüfungsergebnisse, auf der Grundlage öffentlich verfügbarer Prüfprotokolle und -instrumente oder anderer Prüfmethoden. Die Prüfstrategien umfassen Prüfkriterien und -metrik sowie die Methodik zur Ermittlung von Einschränkungen.
2. Gegebenenfalls eine ausführliche Beschreibung der Maßnahmen, die ergriffen wurden, um interne und/oder externe Angriffstests durchzuführen (zum Beispiel Red Teaming), Modellanpassungen, einschließlich Ausrichtung und Feinabstimmung.
3. Gegebenenfalls eine ausführliche Beschreibung der Systemarchitektur, aus der hervorgeht, wie Softwarekomponenten aufeinander aufbauen oder einander zuarbeiten und in die Gesamtverarbeitung integriert sind.

Anhang XII. Transparenzinformationen gemäß Artikel 53 Absatz 1 Buchstabe b – technische Dokumentation für Anbieter von KI-Modellen mit allgemeinem Verwendungszweck für nachgelagerte Anbieter, die das Modell in ihr KI-System integrieren

Die in Artikel 53 Absatz 1 Buchstabe b genannten Informationen enthalten mindestens Folgendes:

1. eine allgemeine Beschreibung des KI-Modells einschließlich
   a) der Aufgaben, die das Modell erfüllen soll, sowie der Art und des Wesens der KI-Systeme, in die es integriert werden kann;
   b) die anwendbaren Regelungen der akzeptablen Nutzung;
   c) das Datum der Freigabe und die Vertriebsmethoden;
   d) gegebenenfalls wie das Modell mit Hardware oder Software interagiert, die nicht Teil des Modells selbst ist, oder wie es zu einer solchen Interaktion verwendet werden kann;
   e) gegebenenfalls die Versionen der einschlägigen Software im Zusammenhang mit der Verwendung des KI-Modells mit allgemeinem Verwendungszweck;
   f) die Architektur und die Anzahl der Parameter;
   g) die Modalität (zum Beispiel Text, Bild) und das Format der Ein- und Ausgaben;
   h) die Lizenz für das Modell.
2. Eine Beschreibung der Bestandteile des Modells und seines Entwicklungsprozesses, einschließlich
   a) die technischen Mittel (zum Beispiel Betriebsanleitungen, Infrastruktur, Instrumente), die für die Integration des KI-Modells mit allgemeinem Verwendungszweck in KI-Systeme erforderlich sind;

b) Modalität (zum Beispiel Text, Bild usw.) und Format der Ein- und Ausgaben und deren maximale Größe (zum Beispiel Länge des Kontextfensters usw.);

c) gegebenenfalls Informationen über die für das Trainieren, Testen und Validieren verwendeten Daten, einschließlich der Art und Herkunft der Daten und der Aufbereitungsmethoden.

Anhang XIII. Kriterien für die Benennung von KI-Modellen mit allgemeinem Verwendungszweck mit systemischem Risiko gemäß Artikel 51

Um festzustellen, ob ein KI-Modell mit allgemeinem Verwendungszweck über Fähigkeiten oder eine Wirkung verfügt, die den in Artikel 51 Absatz 1 Buchstabe a genannten gleichwertig sind, berücksichtigt die Kommission folgende Kriterien:

a) die Anzahl der Parameter des Modells;

b) die Qualität oder Größe des Datensatzes, zum Beispiel durch Tokens gemessen;

c) die Menge der für das Trainieren des Modells verwendeten Berechnungen, gemessen in Gleitkommaoperationen oder anhand einer Kombination anderer Variablen, wie geschätzte Trainingskosten, geschätzter Zeitaufwand für das Trainieren oder geschätzter Energieverbrauch für das Trainieren;

d) die Ein- und Ausgabemodalitäten des Modells, wie Text-Text (Große Sprachmodelle), Text-Bild, Multimodalität, Schwellenwerte auf dem Stand der Technik für die Bestimmung der Fähigkeiten mit hoher Wirkkraft für jede Modalität und die spezifische Art der Ein- und Ausgaben (zum Beispiel biologische Sequenzen);

e) die Benchmarks und Beurteilungen der Fähigkeiten des Modells, einschließlich unter Berücksichtigung der Zahl der Aufgaben ohne zusätzliches Training, der Anpassungsfähigkeit zum Erlernen neuer, unterschiedlicher Aufgaben, des Grades an Autonomie und Skalierbarkeit sowie der Instrumente, zu denen es Zugang hat;

f) ob es aufgrund seiner Reichweite große Auswirkungen auf den Binnenmarkt hat – davon wird ausgegangen, wenn es mindestens 10 000 in der Union niedergelassenen registrierten gewerblichen Nutzern zur Verfügung gestellt wurde;

g) die Zahl der registrierten Endnutzer.

5. Verordnung (EU) 2022/2065 des Europäischen Parlaments und des Rates vom 19. Oktober 2022 über einen Binnenmarkt für digitale Dienste und zur Änderung der Richtlinie 2000/31/EG (Gesetz über digitale Dienste)[1) 2)]

(Text von Bedeutung für den EWR)

(ABl. L 277 vom 27.10.2022, S. 1, ELI: http://data.europa.eu/eli/reg/2022/2065/oj)

Celex-Nr. 3 2022 R 2065

Nichtamtliche Inhaltsübersicht

[1)] Englische Kurzbezeichnung: „DSA".

[2)] Diese VO gilt gem. Art. 93 Abs. 2 ab dem **17.2.2024**. Art. 24 Abs. 2, 3 und 6, Art. 33 Abs. 3–6, Art. 37 Abs. 7, Art. 40 Abs. 13 und Kap. IV Abschnitte 4, 5, und 6 (Art. 64–88) gelten bereits seit dem **16.11.2022**.

DAS EUROPÄISCHE PARLAMENT UND DER RAT DER EUROPÄISCHEN UNION –

gestützt auf den Vertrag über die Arbeitsweise der Europäischen Union, insbesondere auf Artikel 114,

auf Vorschlag der Europäischen Kommission,

nach Zuleitung des Entwurfs des Gesetzgebungsakts an die nationalen Parlamente,

nach Stellungnahme des Europäischen Wirtschafts- und Sozialausschusses[1)],

nach Stellungnahme des Ausschusses der Regionen[2)],

gemäß dem ordentlichen Gesetzgebungsverfahren[3)],

in Erwägung nachstehender Gründe:

(1) Dienste der Informationsgesellschaft und insbesondere Vermittlungsdienste sind mittlerweile ein wichtiger Bestandteil der Volkswirtschaft der Union und des Alltags ihrer Bürgerinnen und Bürger. Zwanzig Jahre nach der Annahme des bestehenden, auf derlei Dienste anwendbaren Rechtsrahmens, der in der Richtlinie 2000/31/EG des Europäischen Parlaments und des Rates[4)] festgelegt ist, bieten neue und innovative Geschäftsmodelle und Dienste wie soziale Netzwerke und Online-Plattformen, die Verbrauchern den Abschluss von Fernabsatzverträgen mit Unternehmern ermöglichen, Geschäftskunden und Verbrauchern nun

---

[1)] **Amtl. Anm.:** ABl. C 286 vom 16.7.2021, S. 70.

[2)] **Amtl. Anm.:** ABl. C 440 vom 29.10.2021, S. 67.

[3)] **Amtl. Anm.:** Standpunkt des Europäischen Parlaments vom 5. Juli 2022 (noch nicht im Amtsblatt veröffentlicht) und Beschluss des Rates vom 4. Oktober 2022.

[4)] **Amtl. Anm.:** Richtlinie 2000/31/EG des Europäischen Parlaments und des Rates vom 8. Juni 2000 über bestimmte rechtliche Aspekte der Dienste der Informationsgesellschaft, insbesondere des elektronischen Geschäftsverkehrs, im Binnenmarkt („Richtlinie über den elektronischen Geschäftsverkehr") (ABl. L 178 vom 17.7.2000, S. 1).

die Möglichkeit, auf neuartige Weise Informationen weiterzugeben und darauf zuzugreifen und Geschäftsvorgänge durchzuführen. Eine Mehrheit der Bürgerinnen und Bürger der Union nutzt diese Dienste inzwischen täglich. Der digitale Wandel und die verstärkte Nutzung dieser Dienste haben jedoch auch neue Risiken und Herausforderungen mit sich gebracht, und zwar für den einzelnen Nutzer des jeweiligen Dienstes, die Unternehmen und für die Gesellschaft als Ganzes.

(2) Die Mitgliedstaaten führen zunehmend nationale Rechtsvorschriften zu den von dieser Verordnung abgedeckten Angelegenheiten ein, oder ziehen dies in Erwägung, und schaffen damit insbesondere Sorgfaltspflichten für Anbieter von Vermittlungsdiensten im Hinblick auf die Art und Weise, wie jene gegen rechtswidrige Inhalte, Online-Desinformation oder andere gesellschaftliche Risiken vorgehen sollten. Unter Berücksichtigung des von Natur aus grenzüberschreitenden Charakters des Internets, das im Allgemeinen für die Bereitstellung dieser Dienste verwendet wird, beeinträchtigen diese unterschiedlichen nationalen Rechtsvorschriften den Binnenmarkt, der gemäß Artikel 26 des Vertrags über die Arbeitsweise der Europäischen Union (AEUV) ein Raum ohne Binnengrenzen ist, in dem der freie Verkehr von Waren und Dienstleistungen sowie die Niederlassungsfreiheit gewährleistet sind. Die Bedingungen für die Erbringung von Vermittlungsdiensten im gesamten Binnenmarkt sollten harmonisiert werden, um Unternehmen Zugang zu neuen Märkten und Chancen zur Nutzung der Vorteile des Binnenmarkts zu verschaffen und gleichzeitig den Verbrauchern und anderen Nutzern eine größere Auswahl zu bieten. Für die Zwecke dieser Verordnung werden gewerbliche Nutzer, Verbraucher und andere Nutzer als „Nutzer" angesehen.

(3) Damit das Online-Umfeld sicher, berechenbar und vertrauenswürdig ist und sowohl Bürgerinnen und Bürger der Union als auch andere Personen die ihnen in der Charta der Grundrechte der Europäischen Union[1)] (im Folgenden „Charta") garantierten Grundrechte ausüben können, insbesondere das Recht auf Meinungs- und Informationsfreiheit, auf unternehmerische Freiheit, das Recht auf Nichtdiskriminierung und die Erreichung eines hohen Verbraucherschutzniveaus, ist unbedingt ein verantwortungsvolles und sorgfältiges Verhalten der Anbieter von Vermittlungsdiensten erforderlich.

(4) Um das Funktionieren des Binnenmarkts sicherzustellen und zu verbessern, sollten daher auf Unionsebene verbindliche gezielte, einheitliche, wirksame und verhältnismäßige Vorschriften festgelegt werden. Mit dieser Verordnung werden die Voraussetzungen dafür geschaffen, dass im Binnenmarkt innovative digitale Dienste entstehen und expandieren können. Die Angleichung der nationalen Regulierungsmaßnahmen bezüglich der Anforderungen an Anbieter von Vermittlungsdiensten auf Unionsebene ist erforderlich, um eine Fragmentierung des Binnenmarkts zu verhindern und zu beenden, für Rechtssicherheit zu sorgen und somit die Unsicherheit für Entwickler zu verringern und die Interoperabilität zu fördern. Durch die technologieneutrale Gestaltung der Anforderungen sollte die Innovation nicht gehemmt, sondern vielmehr gefördert werden.

[1)] Nr. **9**.

(5) Diese Verordnung sollte für die Anbieter bestimmter Dienste der Informationsgesellschaft im Sinne der Richtlinie (EU) 2015/1535 des Europäischen Parlaments und des Rates[1] gelten, also für jede in der Regel gegen Entgelt elektronisch im Fernabsatz und im individuellen Auftrag eines Nutzers erbrachte Dienstleistung. Im Einzelnen sollte diese Verordnung für die Anbieter von Vermittlungsdiensten gelten, insbesondere für Anbieter einer „reinen Durchleitung", von „Caching"-Leistungen und von „Hostingdienst"-Diensten, da die Nutzung dieser Dienste – hauptsächlich zu verschiedensten berechtigten und gesellschaftlich vorteilhaften Zwecken – exponentiell angestiegen ist und sie dadurch auch bei der Vermittlung und Verbreitung rechtswidriger oder anderweitig schädlicher Informationen und Tätigkeiten eine immer wichtigere Rolle spielen.

(6) In der Praxis vermitteln bestimmte Anbieter von Vermittlungsdiensten Dienstleistungen, die auf elektronischem oder nicht elektronischem Wege erbracht werden können, etwa IT-Dienstleistungen auf Distanz oder Transport-, Beherbergungs- oder Lieferdienste. Diese Verordnung sollte nur für Vermittlungsdienste gelten und die Anforderungen unberührt lassen, die im Unionsrecht oder im nationalen Recht für über Vermittlungsdienste vermittelte Produkte oder Dienstleistungen festgelegt sind; dies gilt auch, wenn der Vermittlungsdienst fester Bestandteil einer anderen Dienstleistung ist, bei der es sich nicht um einen Vermittlungsdienst handelt, wie er in der Rechtsprechung des Gerichtshofs der Europäischen Union anerkannt wird.

(7) Um die Wirksamkeit der in dieser Verordnung festgelegten Vorschriften sowie faire Wettbewerbsbedingungen im Binnenmarkt zu gewährleisten, sollten diese Vorschriften für Anbieter von Vermittlungsdiensten unabhängig von ihrem Niederlassungsort oder ihrem Sitz gelten, sofern sie Dienste in der Union anbieten, belegt durch eine wesentliche Verbindung zur Union.

(8) Eine solche wesentliche Verbindung zur Union sollte dann als gegeben gelten, wenn der Diensteanbieter eine Niederlassung in der Union hat, oder – in Ermangelung einer solchen Niederlassung – wenn die Zahl von Nutzern in einem oder mehreren Mitgliedstaaten im Verhältnis zu dessen oder deren Bevölkerung erheblich ist, oder auf Basis der Ausrichtung von Tätigkeiten auf einen oder mehrere Mitgliedstaaten. Die Ausrichtung von Tätigkeiten auf einen oder mehrere Mitgliedstaaten lässt sich anhand aller relevanten Umstände bestimmen, einschließlich Faktoren wie der Verwendung einer in dem betreffenden Mitgliedstaat gebräuchlichen Sprache oder Währung oder der Möglichkeit, Produkte oder Dienstleistungen zu bestellen, oder der Nutzung einer einschlägigen Domäne oberster Stufe. Ferner ließe sich die Ausrichtung von Tätigkeiten auf einen Mitgliedstaat auch aus der Verfügbarkeit einer Anwendung im jeweiligen nationalen App-Store, der Schaltung lokaler Werbung oder von Werbung in einer im betreffenden Mitgliedstaat verwendeten Sprache oder dem Management der Kundenbeziehungen, zum Beispiel durch die Bereitstellung eines Kundendienstes in einer im betreffenden Mit-

[1] **Amtl. Anm.:** Richtlinie (EU) 2015/1535 des Europäischen Parlaments und des Rates vom 9. September 2015 über ein Informationsverfahren auf dem Gebiet der technischen Vorschriften und der Vorschriften für die Dienste der Informationsgesellschaft (**ABl. L 241 vom 17.9.2015, S. 1**).

gliedstaat gebräuchlichen Sprache, ableiten. Das Vorhandensein einer wesentlichen Verbindung sollte auch dann angenommen werden, wenn ein Diensteanbieter seine Tätigkeit im Sinne von Artikel 17 Absatz 1 Buchstabe c der Verordnung (EU) Nr. 1215/2012 des Europäischen Parlaments und des Rates[1] auf einen oder mehrere Mitgliedstaaten ausrichtet. Die bloße technische Zugänglichkeit einer Website in der Union reicht dagegen nicht aus, damit allein aus diesem Grund eine wesentliche Verbindung angenommen wird.

(9) Mit dieser Verordnung werden die für Vermittlungsdienste im Binnenmarkt geltenden Vorschriften vollständig harmonisiert, um ein sicheres, berechenbares und vertrauenswürdiges Online-Umfeld sicherzustellen, das der Verbreitung rechtswidriger Online-Inhalte und den gesellschaftlichen Risiken, die die Verbreitung von Desinformation oder anderen Inhalten mit sich bringen kann, entgegenwirkt, und in dem die in der Charta[2] verankerten Grundrechte wirksam geschützt und Innovationen gefördert werden. Daher sollten die Mitgliedstaaten keine zusätzlichen nationalen Anforderungen in Bezug auf die in den Anwendungsbereich dieser Verordnung fallenden Bereiche erlassen oder beibehalten, es sei denn, dies ist in dieser Verordnung ausdrücklich vorgesehen, da dies die direkte und einheitliche Anwendung der für die Anbieter von Vermittlungsdiensten geltenden vollständig harmonisierten Vorschriften im Einklang mit den Zielen dieser Verordnung beeinträchtigen würde. Dies sollte die Möglichkeit unberührt lassen, andere nationale Rechtsvorschriften, die für Anbieter von Vermittlungsdiensten gelten, im Einklang mit dem Unionsrecht anzuwenden; dies gilt auch für die Richtlinie 2000/31/EG, insbesondere deren Artikel 3, soweit die nationalen Rechtsvorschriften einem anderen berechtigten öffentlichen Interesse dienen als diese Verordnung.

(10) Diese Verordnung sollte andere Rechtsakte der Union unberührt lassen, die die Bereitstellung von Diensten der Informationsgesellschaft im Allgemeinen regeln, andere Aspekte der Bereitstellung von Vermittlungsdiensten im Binnenmarkt regeln oder die in dieser Verordnung festgelegten harmonisierten Vorschriften festlegen und ergänzen, wie etwa die Richtlinie 2010/13/EU des Europäischen Parlaments und des Rates[3], einschließlich ihrer Bestimmungen in Bezug auf Video-Sharing-Plattformen, die Verordnungen (EU) 2019/1148,[4], (EU) 2019/1150[5], (EU)

---

[1] **Amtl. Anm.:** Verordnung (EU) Nr. 1215/2012 des Europäischen Parlaments und des Rates vom 12. Dezember 2012 über die gerichtliche Zuständigkeit und die Anerkennung und Vollstreckung von Entscheidungen in Zivil- und Handelssachen (ABl. L 351 vom 20.12.2012, S. 1).

[2] Nr. **9**.

[3] **Amtl. Anm.:** Richtlinie 2010/13/EU des Europäischen Parlaments und des Rates vom 10. März 2010 zur Koordinierung bestimmter Rechts- und Verwaltungsvorschriften der Mitgliedstaaten über die Bereitstellung audiovisueller Mediendienste (Richtlinie über audiovisuelle Mediendienste) (ABl. L 95 vom 15.4.2010, S. 1).

[4] **Amtl. Anm.:** Verordnung (EU) 2019/1148 des Europäischen Parlaments und des Rates vom 20. Juni 2019 über die Vermarktung und Verwendung von Ausgangsstoffen für Explosivstoffe, zur Änderung der Verordnung (EG) Nr. 1907/2006 und zur Aufhebung der Verordnung (EU) Nr. 98/2013 (ABl. L 186 vom 11.7.2019, S. 1).

[5] **Amtl. Anm.:** Verordnung (EU) 2019/1150 des Europäischen Parlaments und des Rates vom 20. Juni 2019 zur Förderung von Fairness und Transparenz für gewerbliche Nutzer von Online-Vermittlungsdiensten (ABl. L 186 vom 11.7.2019, S. 57).

2021/784[1] und (EU) 2021/1232[2] des Europäischen Parlaments und des Rates und die Richtlinie 2002/58/EG[3] des Europäischen Parlaments und des Rates[4] und in einer Verordnung des Europäischen Parlaments und des Rates über Europäische Herausgabeanordnungen und Sicherungsanordnungen für elektronische Beweismittel in Strafsachen und einer Richtlinie des Europäischen Parlaments und des Rates zur Festlegung einheitlicher Regeln für die Bestellung von Vertretern zu Zwecken der Beweiserhebung in Strafverfahren festgelegten Bestimmungen des Unionsrechts.

Ebenso sollte diese Verordnung im Interesse der Klarheit das Unionsrecht über den Verbraucherschutz – insbesondere die Verordnungen (EU) 2017/2394[5] und (EU) 2019/1020[6] des Europäischen Parlaments und des Rates, die Richtlinien 2001/95/EG[7], 2005/29/EG[8], 2011/83/EU[9] und 2013/11/EU[10] des Europäischen Parlaments und des Rates und die Richtlinie 93/13/EWG des Rates[11] – sowie das Unionsrecht über den

---

[1] **Amtl. Anm.:** Verordnung (EU) 2021/784 des Europäischen Parlaments und des Rates vom 29. April 2021 zur Bekämpfung der Verbreitung terroristischer Online-Inhalte (ABl. L 172 vom 17.5.2021, S. 79).

[2] **Amtl. Anm.:** Verordnung (EU) 2021/1232 des Europäischen Parlaments und des Rates vom 14. Juli 2021 über eine vorübergehende Ausnahme von bestimmten Vorschriften der Richtlinie 2002/58/EG hinsichtlich der Verwendung von Technologien durch Anbieter nummernunabhängiger interpersoneller Kommunikationsdienste zur Verarbeitung personenbezogener und anderer Daten zwecks Bekämpfung des sexuellen Missbrauchs von Kindern im Internet (ABl. L 274 vom 30.7.2021, S. 41).

[3] Nr. **3**.

[4] **Amtl. Anm.:** Richtlinie 2002/58/EG *[Nr. 3]* des Europäischen Parlaments und des Rates vom 12. Juli 2002 über die Verarbeitung personenbezogener Daten und den Schutz der Privatsphäre in der elektronischen Kommunikation (Datenschutzrichtlinie für elektronische Kommunikation) (ABl. L 201 vom 31.7.2002, S. 37).

[5] **Amtl. Anm.:** Verordnung (EU) 2017/2394 des Europäischen Parlaments und des Rates vom 12. Dezember 2017 über die Zusammenarbeit zwischen den für die Durchsetzung der Verbraucherschutzgesetze zuständigen nationalen Behörden und zur Aufhebung der Verordnung (EG) Nr. 2006/2004, (ABl. L 345 vom 27.12.2017, S. 1).

[6] **Amtl. Anm.:** Verordnung (EU) 2019/1020 des Europäischen Parlaments und des Rates vom 20. Juni 2019 über Marktüberwachung und die Konformität von Produkten sowie zur Änderung der Richtlinie 2004/42/EG und der Verordnungen (EG) Nr. 765/2008 und (EU) Nr. 305/2011 (ABl. L 169 vom 25.6.2019, S. 1).

[7] **Amtl. Anm.:** Richtlinie 2001/95/EG des Europäischen Parlaments und des Rates vom 3. Dezember 2001 über die allgemeine Produktsicherheit (ABl. L 11 vom 15.1.2002, S. 4).

[8] **Amtl. Anm.:** Richtlinie 2005/29/EG des Europäischen Parlaments und des Rates vom 11. Mai 2005 über unlautere Geschäftspraktiken von Unternehmen gegenüber Verbrauchern im Binnenmarkt und zur Änderung der Richtlinie 84/450/EWG des Rates, der Richtlinien 97/7/EG, 98/27/EG und 2002/65/EG des Europäischen Parlaments und des Rates sowie der Verordnung (EG) Nr. 2006/2004 des Europäischen Parlaments und des Rates (Richtlinie über unlautere Geschäftspraktiken) (ABl. L 149 vom 11.6.2005, S. 22).

[9] **Amtl. Anm.:** Richtlinie 2011/83/EU des Europäischen Parlaments und des Rates vom 25. Oktober 2011 über die Rechte der Verbraucher, zur Abänderung der Richtlinie 93/13/EWG des Rates und der Richtlinie 1999/44/EG des Europäischen Parlaments und des Rates sowie zur Aufhebung der Richtlinie 85/577/EWG des Rates und der Richtlinie 97/7/EG des Europäischen Parlaments und des Rates (ABl. L 304 vom 22.11.2011, S. 64).

[10] **Amtl. Anm.:** Richtlinie 2013/11/EU des Europäischen Parlaments und des Rates vom 21. Mai 2013 über die alternative Beilegung verbraucherrechtlicher Streitigkeiten und zur Änderung der Verordnung (EG) Nr. 2006/2004 und der Richtlinie 2009/22/EG (ABl. L 165 vom 18.6.2013, S. 63).

[11] **Amtl. Anm.:** Richtlinie 93/13/EWG des Rates vom 5. April 1993 über missbräuchliche Klauseln in Verbraucherverträgen (**ABl. L 95 vom 21.4.1993, S. 29**).Verordnung (EU) 2016/679 *[Nr. 1]* des Europäischen Parlaments und des Rates vom 27. April 2016 zum Schutz natürlicher Personen bei der Verarbeitung personenbezogener Daten, zum freien Datenverkehr und zur Auf- →

Schutz personenbezogener Daten – insbesondere die Verordnung (EU) 2016/679[1] des Europäischen Parlaments und des Rates[2] – unberührt lassen.

Daher sollte diese Verordnung auch nicht die Unionsvorschriften im Bereich des Internationalen Privatrechts, insbesondere nicht die Vorschriften über die rechtliche Zuständigkeit sowie über die Anerkennung und Vollstreckung von Entscheidungen in Zivil- und Handelssachen, wie die Verordnung (EU) Nr. 1215/2012, und die Vorschriften über das auf vertragliche und außervertragliche Schuldverhältnisse anzuwendende Recht berühren. Der Schutz von Einzelpersonen bei der Verarbeitung personenbezogener Daten wird einzig durch die Vorschriften des Unionsrechts in diesem Bereich geregelt, insbesondere durch die Verordnung (EU) 2016/679[1] und die Richtlinie 2002/58/EG[3]. Diese Verordnung sollte auch das Unionsrecht über Arbeitsbedingungen und das Unionsrechts im Bereich der justiziellen Zusammenarbeit in Zivil- und Strafsachen unberührt lassen. Soweit mit diesen Unionsrechtsakten allerdings dieselben Ziele wie mit dieser Verordnung verfolgt werden, sollten die Vorschriften dieser Verordnung für Fragen gelten, die von den genannten anderen Rechtsakten nicht oder nicht vollständig behandelt werden, und Fragen, bei denen diese anderen Rechtsakte den Mitgliedstaaten die Möglichkeit lassen, bestimmte Maßnahmen auf nationaler Ebene zu ergreifen.

(11) Es sollte präzisiert werden, dass diese Verordnung das Unionsrecht über das Urheberrecht und verwandte Schutzrechte – insbesondere die Richtlinien 2001/29/EG[4], 2004/48/EG[5] und (EU) 2019/790[6] des Europäischen Parlaments und des Rates, in dem bestimmte Vorschriften und Verfahren festgelegt sind, die unberührt bleiben sollten – nicht berührt.

(12) Um das Ziel zu erreichen, ein sicheres, berechenbares und vertrauenswürdiges Online-Umfeld sicherzustellen, sollte die Definition des Begriffs „rechtswidrige Inhalte" für die Zwecke dieser Verordnung im Großen und Ganzen den bestehenden Regeln in der Offline-Umgebung entsprechen. Insbesondere sollte der Begriff „rechtswidrige Inhalte" so weit gefasst werden, dass er Informationen im Zusammenhang mit rechtswidrigen Inhalten, Produkten, Dienstleistungen oder Tätigkeiten umfasst. Insbesondere sollte der Begriff so ausgelegt werden, dass er sich auf

(Fortsetzung der Anm. von voriger Seite)
hebung der Richtlinie 95/46/EG (Datenschutz-Grundverordnung *[Nr. **1**]*) (ABl. L 119 vom 4.5.2016, S. 1).

[1] Nr. **1**.

[2] **Amtl. Anm.:** Verordnung (EU) 2016/679 *[Nr. **1**]* des Europäischen Parlaments und des Rates vom 27. April 2016 zum Schutz natürlicher Personen bei der Verarbeitung personenbezogener Daten, zum freien Datenverkehr und zur Aufhebung der Richtlinie 95/46/EG (Datenschutz-Grundverordnung *[Nr. **1**]*) (ABl. L 119 vom 4.5.2016, S. 1).

[3] Nr. **3**.

[4] **Amtl. Anm.:** Richtlinie 2001/29/EG des Europäischen Parlaments und des Rates vom 22. Mai 2001 zur Harmonisierung bestimmter Aspekte des Urheberrechts und der verwandten Schutzrechte in der Informationsgesellschaft (ABl. L 167 vom 22.6.2001, S. 10).

[5] **Amtl. Anm.:** Richtlinie 2004/48/EG des Europäischen Parlaments und des Rates vom 29. April 2004 zur Durchsetzung der Rechte des geistigen Eigentums (ABl. L 157 vom 30.4.2004, S. 45).

[6] **Amtl. Anm.:** Richtlinie (EU) 2019/790 des Europäischen Parlaments und des Rates vom 17. April 2019 über das Urheberrecht und die verwandten Schutzrechte im digitalen Binnenmarkt und zur Änderung der Richtlinien 96/9/EG und 2001/29/EG (ABl. L 130 vom 17.5.2019, S. 92).

Informationen unabhängig von ihrer Form bezieht, die nach geltendem Recht entweder an sich rechtswidrig sind, etwa rechtswidrige Hassrede, terroristische Inhalte oder rechtswidrige diskriminierende Inhalte, oder nach dem geltenden Recht rechtswidrig sind, weil sie mit rechtswidrigen Handlungen zusammenhängen. Beispiele hierfür sind etwa die Weitergabe von Darstellungen sexuellen Missbrauchs von Kindern, die rechtswidrige Weitergabe privater Bilder ohne Zustimmung, Cyber-Stalking, der Verkauf nicht konformer oder gefälschter Produkte, der Verkauf von Produkten oder die Erbringung von Dienstleistungen unter Verstoß gegen das Verbraucherschutzrecht, die nicht genehmigte Verwendung urheberrechtlich geschützten Materials, das rechtswidrige Angebot von Beherbergungsdienstleistungen oder der rechtswidrige Verkauf von lebenden Tieren. Im Gegensatz dazu sollte ein Augenzeugenvideo eines potenziellen Verbrechens nicht als rechtswidriger Inhalt betrachtet werden, nur weil es eine rechtswidrige Handlung zeigt, wenn die Aufnahme oder öffentliche Verbreitung eines solchen Videos nach nationalem Recht oder Unionsrecht nicht rechtswidrig ist. In dieser Hinsicht ist es unerheblich, ob die Rechtswidrigkeit der Information oder der Handlung sich aus dem Unionsrecht oder aus mit dem Unionsrecht im Einklang stehendem nationalem Recht ergibt, um welche Art von Rechtsvorschriften es geht und was diese zum Gegenstand haben.

(13) Aufgrund der besonderen Merkmale der betreffenden Dienste und der daraus folgenden Notwendigkeit, deren Anbietern bestimmte spezifische Verpflichtungen aufzuerlegen, ist innerhalb der weiter gefassten Kategorie Hostingdiensteanbieter gemäß der Definition in dieser Verordnung die Unterkategorie Online-Plattformen abzugrenzen. Online-Plattformen wie soziale Netzwerke oder Online-Plattformen, die Verbrauchern den Abschluss von Fernabsatzverträgen mit Unternehmern ermöglichen, sollten als Hostingdiensteanbieter definiert werden, die nicht nur im Auftrag der Nutzer von diesen bereitgestellten Informationen speichern, sondern diese Informationen im Auftrag der Nutzer auch öffentlich verbreiten. Um übermäßig weit gefasste Verpflichtungen zu vermeiden, sollten Hostingdiensteanbieter jedoch nicht als Online-Plattformen betrachtet werden, sofern es sich bei dieser Tätigkeit nur um eine unbedeutende und untrennbar mit einem anderen Dienst verbundene reine Nebenfunktion oder um eine unbedeutende Funktion des Hauptdienstes handelt, wobei die Nebenfunktion oder Funktion aus objektiven und technischen Gründen nicht ohne diesen anderen Hauptdienst genutzt werden kann, und sofern die Integration der Nebenfunktion oder der Funktion in den anderen Dienst nicht dazu dient, die Anwendbarkeit der Vorschriften dieser Verordnung für Online-Plattformen zu umgehen. Ein Kommentarbereich einer Online-Zeitung etwa könnte eine solche Funktion darstellen, die eindeutig eine Nebenfunktion des Hauptdienstes ist, nämlich der Veröffentlichung von Nachrichten unter der redaktionellen Verantwortung des Verlegers. Dagegen sollte die Speicherung von Kommentaren in einem sozialen Netzwerk als Online-Plattformdienst betrachtet werden, wenn klar ist, dass es sich um ein nicht unwesentliches Merkmal des angebotenen Dienstes handelt, auch wenn es eine Nebenleistung zur Veröffentlichung der Beiträge der Nutzer ist. Für die Zwecke dieser Verordnung sollten Cloud-Computing- oder Web-Hostingdienste nicht

als Online-Plattform angesehen werden, bei der die öffentliche Verbreitung bestimmter Informationen eine unbedeutende Nebenfunktion oder eine unbedeutende Funktion dieser Dienste darstellt.
Darüber hinaus sollten Cloud-Computing- und Web-Hostingdienste, wenn sie als Infrastruktur dienen – etwa als zugrunde liegender infrastruktureller Speicher- und Rechendienst einer internetbasierten Anwendung, Website oder Online-Plattform – an sich nicht als Mittel zur öffentlichen Verbreitung von Informationen angesehen werden, die im Auftrag eines Nutzers einer von ihnen betriebenen Anwendung, Website oder Online-Plattform gespeichert oder verarbeitet werden.

(14) Der Begriff „öffentliche Verbreitung", wie in dieser Verordnung genutzt, sollte die Bereitstellung von Informationen für eine potenziell unbegrenzte Zahl von Personen umfassen, also die Bereitstellung eines leichten Zugangs für die Nutzer im Allgemeinen, ohne dass weiteres Tätigwerden durch den Nutzer, der die Informationen bereitstellt, erforderlich wäre; dabei spielt es keine Rolle, ob diese Personen tatsächlich auf die betreffenden Informationen zugreifen. Dementsprechend sollte in Fällen, in denen eine Registrierung oder die Aufnahme in eine Nutzergruppe erforderlich ist, um Zugang zu Informationen zu erlangen, nur dann von einer öffentlichen Verbreitung der Informationen ausgegangen werden, wenn die Nutzer, die auf die Informationen zugreifen möchten, automatisch registriert oder aufgenommen werden, ohne eine menschliche Entscheidung oder Auswahl, wem Zugang gewährt wird. Interpersonelle Kommunikationsdienste im Sinne der Richtlinie (EU) 2018/1972 des Europäischen Parlaments und des Rates[1)], etwa E-Mail oder Instant Messaging-Dienste, fallen nicht in den Anwendungsbereich der Begriffsbestimmung für Online-Plattformen, da sie für die interpersonelle Kommunikation zwischen einer endlichen Zahl von Personen verwendet werden, die vom Absender der Kommunikation bestimmt wird. Die in dieser Verordnung festgelegten Verpflichtungen für Anbieter von Online-Plattformen können jedoch auch für Dienste gelten, die die Bereitstellung von Informationen für eine potenziell unbegrenzte Zahl von Nutzern ermöglichen, die nicht vom Absender der Kommunikation bestimmt wird, beispielsweise über öffentliche Gruppen oder offene Kanäle. Informationen sollten nur dann als öffentlich verbreitet im Sinne dieser Verordnung gelten, wenn diese Verbreitung direkt im Auftrag des Nutzers, der die Informationen bereitgestellt hat, geschieht.

(15) Fallen einige von einem Anbieter erbrachte Dienste in den Anwendungsbereich dieser Verordnung und andere nicht, oder fallen die von einem Anbieter erbrachten Dienste unter verschiedene Abschnitte dieser Verordnung, so sollten die einschlägigen Bestimmungen dieser Verordnung nur für diejenigen Dienste gelten, die in deren Anwendungsbereich fallen.

(16) Die mit dem horizontalen Rahmen für bedingte Haftungsausschlüsse für Anbieter von Vermittlungsdiensten gemäß der Richtlinie 2000/31/EG geschaffene Rechtssicherheit hat dazu geführt, dass im ganzen Binnen-

---

[1)] **Amtl. Anm.:** Richtlinie (EU) 2018/1972 des Europäischen Parlaments und des Rates vom 11. Dezember 2018 über den europäischen Kodex für die elektronische Kommunikation (ABl. L 321 vom 17.12.2018, S. 36).

markt viele neuartige Dienste entstehen und expandieren konnten. Dieser Rahmen sollte daher bestehen bleiben. Angesichts der Abweichungen bei der Umsetzung und Anwendung der einschlägigen Vorschriften auf nationaler Ebene und aus Gründen der Klarheit und Kohärenz sollte dieser Rahmen jedoch in diese Verordnung aufgenommen werden. Zudem müssen bestimmte Elemente dieses Rahmens unter Berücksichtigung der Rechtsprechung des Gerichtshofs der Europäischen Union präzisiert werden.

(17) Mit den in dieser Verordnung festgelegten Vorschriften über die Haftung der Anbieter von Vermittlungsdiensten sollte nur festgelegt werden, wann der betreffende Anbieter von Vermittlungsdiensten im Zusammenhang mit von den Nutzern bereitgestellten rechtswidrigen Inhalten nicht haftbar gemacht werden kann. Die Vorschriften sollten nicht so ausgelegt werden, dass sie eine positive Grundlage dafür darstellen, festzustellen, wann ein Anbieter haftbar gemacht werden kann; dies ist nach den geltenden Vorschriften des Unionsrechts oder des nationalen Rechts zu bestimmen. Zudem sollten die in dieser Verordnung festgelegten Haftungsausschlüsse für jegliche Art der Haftung im Zusammenhang mit jeglicher Art von rechtswidrigen Inhalten gelten, unabhängig von dem genauen Gegenstand oder der Art dieser Rechtsvorschriften.

(18) Die in dieser Verordnung festgelegten Haftungsausschlüsse sollten nicht gelten, wenn der Anbieter sich nicht darauf beschränkt, die Dienstleistungen auf neutrale Weise und durch die bloße technische und automatische Verarbeitung der vom Nutzer bereitgestellten Informationen zu erbringen, sondern dahin gehend eine aktive Rolle einnimmt, dass er Wissen oder Kontrolle über diese Informationen erhält. Diese Ausschlüsse sollten dementsprechend nicht für die Haftung im Zusammenhang mit Informationen gelten, die nicht vom Nutzer bereitgestellt werden, sondern vom Anbieter des Vermittlungsdienstes selbst, auch wenn diese Informationen im Rahmen der redaktionellen Verantwortung dieses Anbieters entwickelt wurden.

(19) Vor dem Hintergrund der abweichenden Eigenschaften der Tätigkeiten „reine Durchleitung", „Caching" und „Hosting" sowie der unterschiedlichen Position und Fähigkeiten der Anbieter der betreffenden Dienste ist es erforderlich, die für diese Tätigkeiten geltenden Vorschriften insofern zu unterscheiden, als sie nach dieser Verordnung anderen Anforderungen und Bedingungen unterliegen, und ihr Geltungsbereich nach der Auslegung des Gerichtshofs der Europäischen Union variiert.

(20) Arbeitet ein Anbieter von Vermittlungsdiensten bewusst mit einem Nutzer zusammen, um rechtswidrige Tätigkeiten auszuüben, sollte nicht davon ausgegangen werden, dass die Dienstleistungen auf neutrale Weise erbracht wurden, und der Anbieter sollte dementsprechend die in dieser Verordnung vorgesehenen Haftungsausschlüsse nicht in Anspruch nehmen können. Dies sollte beispielsweise dann der Fall sein, wenn der Anbieter seine Dienstleistung hauptsächlich zu dem Zweck anbietet, rechtswidrige Tätigkeiten zu erleichtern, indem er beispielsweise seinen Zweck – die Erleichterung rechtswidriger Aktivitäten – klar zum Ausdruck bringt und seine Dienstleistungen für diesen Zweck geeignet sind. Allein die Tatsache, dass ein Dienst verschlüsselte Übertragungen oder ein anderes System anbietet, mit dem die Identifizierung des Nutzers un-

möglich wird, sollte für sich genommen nicht als Erleichterung rechtswidriger Tätigkeiten gelten.

(21) Ein Anbieter sollte die Haftungsausschlüsse für die „reine Durchleitung“ und „Caching“-Leistungen in Anspruch nehmen können, wenn er in keiner Weise mit den übermittelten oder abgerufenen Informationen in Verbindung steht. Voraussetzung dafür ist unter anderem, dass er die von ihm übermittelten oder bereitgestellten Informationen nicht verändert. Unter diese Anforderung sollten jedoch keine Eingriffe technischer Art im Verlauf der Übermittlung oder Bereitstellung fallen, solange sie die Integrität der übermittelten oder bereitgestellten Informationen nicht verändern.

(22) Um den Haftungsausschluss für Hostingdienste in Anspruch nehmen zu können, sollte der Anbieter zügig tätig werden und rechtswidrige Tätigkeiten oder rechtswidrige Inhalte entfernen oder den Zugang dazu sperren, sobald er tatsächliche Kenntnis davon oder ein entsprechendes Bewusstsein erlangt. Die Entfernung oder Sperrung des Zugangs sollte unter Beachtung der Grundrechte der Nutzer, einschließlich des Rechts auf freie Meinungsäußerung und des Rechts auf Auskunft, erfolgen. Der Anbieter kann diese tatsächliche Kenntnis oder dieses Bewusstsein des rechtswidrigen Charakters von Inhalten unter anderem durch Untersuchungen aus eigener Initiative oder durch Meldungen erlangen, die bei ihm von Personen oder Stellen im Einklang mit dieser Verordnung eingehen, sofern solche Meldungen ausreichend präzise und hinreichend begründet sind, damit ein sorgfältiger Wirtschaftsteilnehmer die mutmaßlich rechtswidrigen Inhalte angemessen erkennen und bewerten und gegebenenfalls dagegen vorgehen kann. Eine solche tatsächliche Kenntnis oder ein entsprechendes Bewusstsein kann jedoch nicht allein deshalb als erlangt angesehen werden, weil sich der Anbieter allgemein der Tatsache bewusst ist, dass sein Dienst auch zur Speicherung rechtswidriger Inhalte genutzt wird. Darüber hinaus reicht der Umstand, dass der Anbieter automatisch die in seinen Dienst hochgeladene Informationen indexiert, dass dieser über eine Suchfunktion verfügt oder Informationen auf der Grundlage der Profile oder Präferenzen der Nutzer empfiehlt, nicht aus, um daraus den Schluss zu ziehen, dass dieser Anbieter eine „spezifische“ Kenntnis von rechtswidrigen Tätigkeiten auf dieser Plattform oder von auf dieser Plattform gespeicherten rechtswidrigen Inhalten hat.

(23) Der Haftungsausschluss sollte nicht zur Anwendung gelangen, wenn der Nutzer der Aufsicht oder Kontrolle des Anbieters eines Hostingdienstes untersteht. Wenn beispielsweise der Anbieter einer Online-Plattform, die es Verbrauchern ermöglicht, Fernabsatzverträge mit Unternehmern abzuschließen, den Preis der Waren oder Dienstleistungen festlegt, die der Unternehmer anbietet, könnte davon ausgegangen werden, dass der Unternehmer unter der Aufsicht oder Kontrolle dieser Online-Plattform handelt.

(24) Um den wirksamen Schutz der Verbraucher bei Geschäftsvorgängen im Internet über Vermittlungsdienste zu gewährleisten, sollten bestimmte Anbieter von Hostingdiensten, nämlich Online-Plattformen, die Verbrauchern das Abschließen von Fernabsatzverträgen mit Unternehmern ermöglichen, den Haftungsausschluss für Anbieter von Hostingdiensten gemäß dieser Verordnung nicht in Anspruch nehmen können, sofern

diese Online-Plattformen die einschlägigen Informationen bezüglich der betreffenden Vorgänge in einer Weise darstellen, die die Verbraucher zu der Annahme veranlasst, dass diese Informationen entweder von der Online-Plattform selbst oder von einem ihrer Aufsicht oder Kontrolle unterstehenden Unternehmer bereitgestellt werden und die Online-Plattformen deshalb Kenntnis von oder Kontrolle über die Informationen haben müssen, selbst wenn dem nicht tatsächlich so ist. Beispiele für ein solches Verhalten könnten sein, dass eine Online-Plattform die Identität des Unternehmers nicht wie von dieser Verordnung gefordert eindeutig anzeigt, dass eine Online-Plattform die Identität oder Kontaktdaten des Unternehmers bis nach Abschluss des Vertrags zwischen dem Unternehmer und dem Verbraucher zurückhält oder dass eine Online-Plattform die Ware oder die Dienstleistung in eigenem Namen anstatt im Namen des Unternehmers, der diese Ware oder Dienstleistung bereitstellen wird, vermarktet. In dieser Hinsicht sollte objektiv und auf Grundlage aller relevanten Umstände ermittelt werden, ob die Darstellung bei einem durchschnittlichen Verbraucher den Eindruck erwecken könnte, dass die fraglichen Informationen von der Online-Plattform selbst oder von einem ihrer Aufsicht oder Kontrolle unterstehenden Unternehmer bereitgestellt wurden.

(25) Die in dieser Verordnung festgelegten Haftungsausschlüsse sollten die Möglichkeit von Verfügungen unterschiedlicher Art gegen Anbieter von Vermittlungsdiensten unberührt lassen, selbst wenn diese die im Rahmen dieser Ausschlüsse festgelegten Bedingungen erfüllen. Solche Verfügungen könnten insbesondere in im Einklang mit dem Unionsrecht erlassenen gerichtlichen oder behördlichen Anordnungen bestehen, die die Abstellung oder Verhinderung einer Zuwiderhandlung verlangen, einschließlich der Entfernung rechtswidriger Inhalte, die in solchen Anordnungen spezifiziert werden, oder der Sperrung des Zugangs zu ihnen.

(26) Um Rechtssicherheit zu schaffen und Abschreckung vor Tätigkeiten zu vermeiden, die Anbieter von allen Kategorien von Vermittlungsdiensten auf freiwilliger Basis zur Erkennung und Feststellung von rechtswidrigen Inhalten sowie zum Vorgehen dagegen durchführen können, sollte präzisiert werden, dass die bloße Durchführung solcher Tätigkeiten durch Anbieter nicht dazu führt, dass die Haftungsausschlüsse gemäß dieser Verordnung nicht in Anspruch genommen werden können, sofern diese Tätigkeiten nach Treu und Glauben und sorgfältig durchgeführt werden. Die Bedingung, nach Treu und Glauben und sorgfältig zu handeln, sollte im Einklang mit dem Ziel und den Anforderungen dieser Verordnung ein objektives, nicht diskriminierendes und verhältnismäßiges Vorgehen unter gebührender Berücksichtigung der Rechte und berechtigten Interessen aller Beteiligten sowie erforderliche Schutzmaßnahmen gegen die ungerechtfertigte Entfernung rechtmäßiger Inhalte umfassen. Zu diesem Zweck sollten die betreffenden Anbieter beispielsweise angemessene Maßnahmen ergreifen, um sicherzustellen, dass bei der Verwendung automatisierter Werkzeuge zur Durchführung solcher Maßnahmen die betreffende Technologie ausreichend zuverlässig ist, um die Fehlerquote so weit wie möglich zu begrenzen. Zudem sollte präzisiert werden, dass das bloße Ergreifen von Maßnahmen durch die Anbieter nach Treu und Glauben zur Einhaltung der Anforderungen des Unionsrechts, einschließ-

lich derer gemäß dieser Verordnung im Hinblick auf die Umsetzung ihrer allgemeinen Geschäftsbedingungen, nicht dazu führen sollte, dass die in dieser Verordnung festgelegten Ausschlüsse nicht in Anspruch genommen werden können. Jegliche dieser Tätigkeiten und Maßnahmen, die ein Anbieter möglicherweise durchgeführt bzw. ergriffen hat, sollten daher nicht berücksichtigt werden, um zu ermitteln, ob der Anbieter einen Haftungsausschluss in Anspruch nehmen kann, insbesondere in Bezug darauf, ob der Anbieter die Dienstleistung auf neutrale Weise erbringt und die einschlägige Vorschrift daher für ihn gelten kann, ohne dass dies jedoch bedeutet, dass sich der Anbieter zwangsläufig darauf berufen kann. Freiwillige Maßnahmen sollten nicht dazu genutzt werden, die Verpflichtungen von Anbietern von Vermittlungsdiensten gemäß dieser Verordnung zu umgehen.

(27) Während es bei den in dieser Verordnung festgelegten Vorschriften über die Haftung der Anbieter von Vermittlungsdiensten vor allem um den Haftungsausschluss für Anbieter von Vermittlungsdiensten geht, ist es wichtig, darauf hinzuweisen, dass trotz der wichtigen Rolle, die solche Anbieter im Allgemeinen einnehmen, das Problem der rechtswidrigen Inhalte und Tätigkeiten im Internet nicht allein durch den Fokus auf deren Haftung und Verantwortung bewältigt werden sollte. Wenn möglich sollten Dritte, die von im Internet übertragenen oder gespeicherten rechtswidrigen Inhalten betroffen sind, versuchen, Konflikte im Zusammenhang mit solchen Inhalten beizulegen, ohne die betreffenden Anbieter von Vermittlungsdiensten zu beteiligen. Die Nutzer sollten für die von ihnen bereitgestellten und möglicherweise über Vermittlungsdienste öffentlich verbreiteten rechtswidrigen Inhalte haften, sofern die geltenden Vorschriften des Unionsrechts und des nationalen Rechts zur Festlegung solcher Haftung dies vorsehen. Gegebenenfalls sollten auch andere Akteure, etwa Gruppenmoderatoren im nicht öffentlichen Online-Umfeld, insbesondere in großen Gruppen, dabei helfen, die Verbreitung rechtswidriger Inhalte im Internet im Einklang mit dem geltenden Recht zu verhindern. Ist es erforderlich, die Anbieter von Diensten der Informationsgesellschaft zu beteiligen, einschließlich der Anbieter von Vermittlungsdiensten, so sollten zudem sämtliche Aufforderungen zu einer solchen Beteiligung oder entsprechende Anordnungen grundsätzlich an den spezifischen Diensteanbieter gerichtet werden, der über die technischen und operativen Fähigkeiten verfügt, gegen bestimmte rechtswidrige Inhalte vorzugehen, um jegliche negativen Auswirkungen auf die Verfügbarkeit und Zugänglichkeit von nicht rechtswidrigen Informationen zu vermeiden und so gering wie möglich zu halten.

(28) Seit dem Jahr 2000 wurden neue Technologien entwickelt, die für eine bessere Verfügbarkeit, Wirksamkeit, Geschwindigkeit, Verlässlichkeit, Kapazität und Sicherheit von Systemen für die Übermittlung, „Auffindbarkeit" und Speicherung von Daten im Internet sorgen, wodurch ein immer komplexeres Online-Ökosystem entstanden ist. In dieser Hinsicht sollte daran erinnert werden, dass Anbieter von Diensten zur Bereitstellung und Vereinfachung der zugrunde liegenden logischen Architektur und des reibungslosen Funktionierens des Internets, einschließlich technischer Hilfsfunktionen, ebenfalls die in dieser Verordnung festgelegten Haftungsausschlüsse in Anspruch nehmen können, sofern ihre Dienste als

„reine Durchleitung“, „Caching“-Leistung oder „Hosting“-Dienst einzuordnen sind. Zu solchen Diensten gehören u.a. lokale Funknetze (WLAN), DNS-Dienste, die Dienste von Namenregistern der Domäne oberster Stufe, Registrierungsstellen und Zertifizierungsstellen, die digitale Zertifikate ausstellen, virtuelle private Netzwerke, Online-Suchmaschinen, Cloud-Infrastrukturdienste oder Netzwerke zur Bereitstellung von Inhalten, die Funktionen anderer Anbieter von Vermittlungsdiensten ermöglichen, lokalisieren oder verbessern. Auch Dienste für Kommunikationszwecke und die technischen Mittel für ihre Bereitstellung haben sich stark entwickelt und zur Entstehung von Online-Diensten wie der Internet-Sprachtelefonie (VoIP), Nachrichtenübermittlungsdiensten und webgestützten E-Mail-Diensten geführt, bei denen die Kommunikation über einen Internetzugangsdienst ermöglicht wird. Bei diesen Diensten ist ebenfalls eine Inanspruchnahme der Haftungsausschlüsse möglich, sofern sie als „reine Durchleitung-“, „Caching-“-Leistungen oder „Hosting“-Dienste einzuordnen sind.

(29) Vermittlungsdienste umfassen ein breites Spektrum an wirtschaftlichen Tätigkeiten, die online stattfinden und sich kontinuierlich weiterentwickeln, um eine rasche, sichere und geschützte Übermittlung von Informationen zu ermöglichen und allen Beteiligten des Online-Ökosystems komfortable Lösungen zu bieten. Vermittlungsdienste einer „reinen Durchleitung“ umfassen beispielsweise allgemeine Kategorien von Diensten wie Internet-Austauschknoten, drahtlose Zugangspunkte, virtuelle private Netze, DNS-Dienste und DNS-Resolver, Dienste von Namenregistern der Domäne oberster Stufe, Registrierungsstellen, Zertifizierungsstellen, die digitale Zertifikate ausstellen, Internet-Sprachtelefonie (VoIP) und andere interpersonelle Kommunikationsdienste; während als allgemeine Beispiele für Vermittlungsdienste von „Caching“-Leistungen das alleinige Betreiben von Netzwerken zur Bereitstellung von Inhalten, Reverse-Proxys oder Proxys zur Anpassung von Inhalten genannt werden können. Solche Dienste sind von entscheidender Bedeutung für die Sicherstellung einer reibungslosen und effizienten Übertragung der über das Internet bereitgestellten Informationen. Als Beispiele für „Hostingdienste“ können Cloud-Computing-Dienste, Web-Hostingdienste, entgeltliche Referenzierungsdienste oder Dienste, die den Online-Austausch von Informationen und Inhalten ermöglichen – darunter die Speicherung und der Austausch von Dateien – genannt werden. Vermittlungsdienste können isoliert, als Teil einer anderen Art von Vermittlungsdienst oder gleichzeitig mit anderen Vermittlungsdiensten erbracht werden. Ob es sich bei einem bestimmten Dienst um eine „reine Durchleitung“, eine „Caching“-Leistung oder einen „Hosting“-Dienst handelt, hängt ausschließlich von seinen technischen Funktionen ab, die sich möglicherweise im Laufe der Zeit ändern, und sollte von Fall zu Fall geprüft werden.

(30) Die Anbieter von Vermittlungsdiensten sollten – weder de jure noch de facto – einer allgemeinen Überwachungspflicht unterliegen. Dies betrifft nicht die Überwachungspflichten in einem bestimmten Fall und berührt insbesondere nicht die Anordnungen der nationalen Behörden im Einklang mit den nationalen Rechtsvorschriften, im Einklang mit dem Unionsrecht, in der Auslegung durch den Gerichtshof der Europäischen

Union und im Einklang mit den in dieser Verordnung festgelegten Bedingungen. Diese Verordnung sollte in keinem Fall so ausgelegt werden, dass sie eine allgemeine Überwachungspflicht, eine allgemeine Verpflichtung zur aktiven Nachforschung oder eine allgemeine Verpflichtung der Anbieter zum Ergreifen proaktiver Maßnahmen in Bezug auf rechtswidrige Inhalte auferlegt.

(31) In Abhängigkeit von dem Rechtssystem der Mitgliedstaaten und dem betreffenden Rechtsgebiet können nationale Justiz- oder Verwaltungsbehörden, einschließlich der Strafvollzugsbehörden, die Anbieter von Vermittlungsdiensten anweisen, gegen einzelne oder mehrere bestimmte rechtswidrige Inhalte vorzugehen oder bestimmte Informationen zur Verfügung zu stellen. Die nationalen Rechtsvorschriften, nach denen solche Anordnungen erlassen werden, unterscheiden sich erheblich und die Anordnungen erfolgen zunehmend im grenzüberschreitenden Kontext. Um sicherzustellen, dass derlei Anordnungen – insbesondere im grenzüberschreitenden Kontext – wirksam und effizient befolgt werden können, damit die betreffenden Behörden ihre Aufgaben erfüllen können und die Anbieter keinen unverhältnismäßigen Belastungen ausgesetzt sind, und dabei Auswirkungen auf die Rechte und berechtigten Interessen von Dritten zu vermeiden, ist es erforderlich, bestimmte Bedingungen, denen diese Anordnungen genügen sollten, und einige zusätzliche Anforderungen im Zusammenhang mit der Bearbeitung dieser Anordnungen festzulegen. Daher sollten in dieser Verordnung nur bestimmte spezifische Mindestbedingungen harmonisiert werden, die solche Anordnungen erfüllen sollten, damit die Anbieter von Vermittlungsdiensten verpflichtet werden, die einschlägigen Behörden über die Ausführung dieser Anordnungen zu informieren. Daher bietet diese Verordnung weder die Rechtsgrundlage für den Erlass solcher Anordnungen noch regelt sie deren räumlichen Anwendungsbereich oder grenzüberschreitende Durchsetzung.

(32) Das geltende Unionsrecht oder das nationale Recht, auf dessen Grundlage diese Anordnungen erlassen werden, kann zusätzliche Bedingungen umfassen und sollte auch die Grundlage für die Vollstreckung der jeweiligen Anordnungen bilden. Im Falle der Nichtbefolgung solcher Anordnungen sollte der die Anordnung erlassende Mitgliedstaat diese im Einklang mit seinem nationalen Recht durchsetzen können. Die geltenden nationalen Rechtsvorschriften sollten mit dem Unionsrecht, einschließlich der Charta[1)] und der Bestimmungen des AEUV über die Niederlassungsfreiheit und den freien Dienstleistungsverkehr in der Union, insbesondere in Bezug auf Online-Glücksspiele und Online-Wetten, im Einklang stehen. Ebenso lässt die Anwendung solcher nationalen Rechtsvorschriften für die Vollstreckung der jeweiligen Anordnungen geltende Rechtsakte der Union oder internationale Übereinkünfte unberührt, die von der Union oder den Mitgliedstaaten in Bezug auf die grenzüberschreitende Anerkennung, Ausführung und Vollstreckung dieser Anordnungen, insbesondere in Zivil- und Strafsachen, geschlossen wurden. Andererseits sollte die Vollstreckung der Verpflichtung, die einschlägigen Behörden über die Ausführung der Anordnungen zu informieren, im

---

[1)] Nr. **9**.

Gegensatz zur Vollstreckung der Anordnungen selbst, den in dieser Verordnung festgelegten Vorschriften unterliegen.

(33) Der Anbieter von Vermittlungsdiensten sollte die Behörde, die Anordnungen erlassen hat, unverzüglich über etwaige Folgemaßnahmen zu solchen Anordnungen innerhalb der im einschlägigen Unionsrecht oder im nationalen Recht festgelegten Fristen unterrichten.

(34) Die zuständigen nationalen Behörden sollten solche Anordnungen gegen als rechtswidrig erachtete Inhalte oder Auskunftsanordnungen auf der Grundlage des Unionsrechts oder nationaler Rechtsvorschriften im Einklang mit dem Unionsrecht – insbesondere der Charta[1] – erlassen und sie an Anbieter von Vermittlungsdiensten richten können – auch an Vermittlungsdienste, die in einem anderen Mitgliedstaat niedergelassen sind. Das Unionsrecht im Bereich der justiziellen Zusammenarbeit in Zivil- oder Strafsachen, einschließlich der Verordnung (EU) Nr. 1215/2012 und einer Verordnung über Europäische Herausgabeanordnungen und Sicherungsanordnungen für elektronische Beweismittel in Strafsachen, sowie das nationale Straf- oder Zivilprozessrecht bleiben von der vorliegenden Verordnung jedoch unberührt. Sehen diese Rechtsvorschriften im Rahmen von Straf- oder Zivilverfahren Bedingungen vor, die zu den in dieser Verordnung vorgesehenen Bedingungen für Anordnungen zum Vorgehen gegen rechtswidrige Inhalte oder Auskunftsanordnungen hinzukommen oder mit ihnen unvereinbar sind, so könnten die in dieser Verordnung festgelegten Bedingungen nicht zur Anwendung kommen oder angepasst werden. Insbesondere könnte die Verpflichtung des Koordinators für digitale Dienste aus dem Mitgliedstaat der Behörde, die die Anordnung erlassen hat, zur Übermittlung einer Kopie der Anordnung an alle anderen Koordinatoren für digitale Dienste, im Zusammenhang mit Strafverfahren nicht zur Anwendung kommen oder angepasst werden, wenn das geltende nationale Strafprozessrecht dies vorsieht.

Darüber hinaus sollte die Verpflichtung, dass die Anordnung eine Begründung enthalten muss, aus der hervorgeht, warum es sich bei den Informationen um rechtswidrige Inhalte handelt, erforderlichenfalls nach dem geltenden nationalen Strafprozessrecht zur Verhütung, Ermittlung, Aufdeckung oder Verfolgung von Straftaten angepasst werden. Schließlich kann die Verpflichtung des Anbieters von Vermittlungsdiensten zur Unterrichtung des Nutzers im Einklang mit den geltenden Vorschriften des Unionsrechts oder nationalen Rechts verzögert werden, insbesondere im Kontext von straf-, zivil- oder verwaltungsrechtlichen Verfahren. Außerdem sollten die Anordnungen im Einklang mit der Verordnung (EU) 2016/679[2] und dem in dieser Verordnung festgelegten Verbot allgemeiner Verpflichtungen zur Überwachung von Informationen oder zur aktiven Ermittlung von Tatsachen oder Umständen, die auf rechtswidrige Tätigkeiten hindeuten, erlassen werden. Die in dieser Verordnung festgelegten Bedingungen und Anforderungen, die für Anordnungen zum Vorgehen gegen rechtswidrige Inhalte gelten, lassen andere Rechtsakte der Union unberührt, die ähnliche Mechanismen für das Vorgehen gegen bestimmte Arten rechtswidriger Inhalte vorsehen, etwa die Verordnung

---

[1] Nr. **9**.
[2] Nr. **1**.

(EU) 2021/784, die Verordnung (EU) 2019/1020 oder die Verordnung (EU) 2017/2394, mit der spezifische Befugnisse zur Anordnung der Bereitstellung von Informationen an die Verbraucherschutzbehörden der Mitgliedstaaten übertragen werden, während die Bedingungen und Anforderungen, die für Anordnungen zur Bereitstellung von Informationen gelten, andere Rechtsakte der Union unberührt lassen, die ähnliche einschlägige Vorschriften für bestimmte Sektoren vorsehen. Diese Bedingungen und Anforderungen sollten unbeschadet der Vorschriften des anwendbaren nationalen Rechts zur Speicherung und Aufbewahrung im Einklang mit dem Unionsrecht und Ersuchen von Strafverfolgungsbehörden um vertrauliche Behandlung im Zusammenhang mit der Nichtoffenlegung von Informationen gelten. Diese Bedingungen und Anforderungen sollten die Möglichkeit der Mitgliedstaaten unberührt lassen, von einem Anbieter von Vermittlungsdiensten zu verlangen, eine Zuwiderhandlung im Einklang mit dem Unionsrecht, einschließlich dieser Verordnung, und insbesondere mit dem Verbot allgemeiner Überwachungspflichten zu verhindern.

(35) Die in dieser Verordnung festgelegten Bedingungen und Anforderungen sollten spätestens bei der Übermittlung der Anordnung an den betreffenden Anbieter erfüllt sein. Die Anordnung kann deshalb in einer der Amtssprachen der Behörde des betroffenen Mitgliedstaats, die die Anordnung erlässt, erlassen werden. Unterscheidet sich diese Sprache von der Sprache, die der Anbieter von Vermittlungsdiensten angegeben hat, oder von einer anderen Amtssprache der Mitgliedstaaten, die zwischen der Behörde, die die Anordnung erlässt, und dem Anbieter von Vermittlungsdiensten vereinbart wurde, sollte bei der Übermittlung der Anordnung zumindest eine Übersetzung der in dieser Verordnung festgelegten Angaben der Anordnung beigefügt werden. Hat ein Anbieter von Vermittlungsdiensten mit den Behörden eines Mitgliedstaats vereinbart, eine bestimmte Sprache zu verwenden, sollte ihm empfohlen werden, von Behörden in anderen Mitgliedstaaten ausgestellte Anordnungen in derselben Sprache anzunehmen. Die Anordnungen sollten Angaben enthalten, die es dem Adressaten ermöglichen, die Behörde, die die Anordnung erlässt, zu identifizieren – gegebenenfalls einschließlich der Kontaktdaten einer Kontaktstelle innerhalb dieser Behörde – und die Echtheit der Anordnung zu überprüfen.

(36) Der räumliche Geltungsbereich solcher Anordnungen zum Vorgehen gegen rechtswidrige Inhalte sollte auf der Grundlage des geltenden Unions- oder nationalen Rechts, das den Erlass der Anordnung ermöglicht, eindeutig festgelegt werden und nicht über das zur Erreichung ihrer Ziele unbedingt erforderliche Maß hinausgehen. In dieser Hinsicht sollte die nationale Justiz- oder Verwaltungsbehörde, bei der es sich um eine Strafverfolgungsbehörde handeln kann, die die Anordnung erlässt, die Ziele der Anordnung im Einklang mit ihrer Rechtsgrundlage gegen die Rechte und berechtigten Interessen aller Dritten abwägen, die von der Anordnung betroffen sein könnten, insbesondere ihre Grundrechte nach der Charta[1]. Insbesondere in einem grenzüberschreitenden Kontext sollten die Auswirkungen der Anordnung grundsätzlich auf das Hoheitsgebiet

[1] Nr. **9**.

des Mitgliedstaats beschränkt sein, in dem die Anordnung erlassen wird, es sei denn, die Rechtswidrigkeit der Inhalte ergibt sich unmittelbar aus dem Unionsrecht oder die erlassende Behörde ist der Auffassung, dass die betreffenden Rechte einen größeren räumlichen Geltungsbereich im Einklang mit dem Unionsrecht und dem Völkerrecht, unter Berücksichtigung der Interessen diplomatischer Gepflogenheiten, erfordern.

(37) Die in dieser Verordnung geregelten Anordnungen zur Bereitstellung von Informationen betreffen die Vorlage spezifischer Informationen über einzelne Nutzer der betreffenden Vermittlungsdienste, die in diesen Anordnungen genannt sind, um festzustellen, ob die Nutzer die anwendbaren Rechtsvorschriften auf Unions- oder nationaler Ebene einhalten. Mit solchen Anordnungen sollten Informationen angefordert werden, mit denen die Identifizierung der Nutzer des betreffenden Dienstes ermöglicht werden soll. Daher fallen Anordnungen bezüglich Informationen über eine Gruppe von Nutzern, die nicht im Einzelnen genannt werden, einschließlich Anordnungen über die Bereitstellung von für statistische Zwecke oder eine faktengestützte Politikgestaltung erforderlichen aggregierten Informationen, nicht unter die Anforderungen dieser Verordnung über die Bereitstellung von Informationen.

(38) Anordnungen zum Vorgehen gegen rechtswidrige Inhalte und zur Bereitstellung von Informationen unterliegen den Vorschriften zur Wahrung der Zuständigkeit des Mitgliedstaats, in dem der Anbieter niedergelassen ist, und den Vorschriften zur Festlegung möglicher Ausnahmen von dieser Zuständigkeit in bestimmten Fällen gemäß Artikel 3 der Richtlinie 2000/31/EG, sofern die Bedingungen des genannten Artikels erfüllt sind. Da sich die betreffenden Anordnungen auf bestimmte rechtswidrige Inhalte bzw. bestimmte Informationen beziehen, beschränken Anordnungen, die an in einem anderen Mitgliedstaat niedergelassene Anbieter von Vermittlungsdiensten gerichtet sind, grundsätzlich nicht die Freiheit dieser Anbieter, ihre Dienste grenzüberschreitend zu erbringen. Die Vorschriften des Artikels 3 der Richtlinie 2000/31/EG, einschließlich derer über die Notwendigkeit, Maßnahmen zu rechtfertigen, die aus bestimmten genau festgelegten Gründen eine Ausnahme von der Zuständigkeit des Mitgliedstaats, in dem der Anbieter niedergelassen ist, darstellen und über die Mitteilung solcher Maßnahmen, gelten daher nicht für diese Anordnungen.

(39) Zu den Anforderungen an die Bereitstellung von Informationen über Rechtsbehelfsmechanismen, die dem Anbieter von Vermittlungsdiensten und dem Nutzer, der die Inhalte bereitgestellt hat, zur Verfügung stehen, zählt die Verpflichtung zur Bereitstellung von Informationen über verwaltungsrechtliche Beschwerdeverfahren und Rechtsbehelfe, einschließlich Rechtsbehelfe gegen Anordnungen von Justizbehörden. Darüber hinaus könnten die Koordinatoren für digitale Dienste nationale Instrumente und Anleitung für Beschwerde- und Rechtsbehelfsmechanismen entwickeln, die in ihrem jeweiligen Hoheitsgebiet gelten, um den Nutzern des Dienstes den Zugang zu solchen Mechanismen zu erleichtern. Bei der Anwendung dieser Verordnung sollten die Mitgliedstaaten ferner das Grundrecht auf einen wirksamen Rechtsbehelf und ein faires Ver-

fahren gemäß Artikel 47 der Charta[1] achten. Durch diese Verordnung sollten daher die einschlägigen nationalen Justiz- oder Verwaltungsbehörden aufgrund des geltenden Unionsrechts oder nationalen Rechts nicht daran gehindert werden, die Wiederherstellung von Inhalten anzuordnen, wenn diese Inhalte im Einklang mit den Allgemeinen Geschäftsbedingungen des Anbieters von Vermittlungsdiensten standen, aber von diesem Anbieter fälschlicherweise als rechtswidrig erachtet und entfernt wurden.

(40) Um die Ziele dieser Verordnung zu erreichen und insbesondere das Funktionieren des Binnenmarkts zu verbessern und ein sicheres und transparentes Online-Umfeld zu gewährleisten, ist es erforderlich, eindeutige, wirksame, berechenbare und ausgewogene harmonisierte Sorgfaltspflichten für die Anbieter von Vermittlungsdiensten festzulegen. Mit diesen Verpflichtungen sollte insbesondere darauf abgezielt werden, die Verwirklichung verschiedener politischer Ziele wie der Sicherheit und des Vertrauens der Nutzer, einschließlich Verbraucher, minderjähriger Nutzer und Nutzer, die besonders gefährdet sind, Opfer von Hassreden, sexueller Belästigung oder anderen diskriminierenden Handlungen zu werden, zu gewährleisten, die einschlägigen in der Charta[1] verankerten Grundrechte zu schützen, die sinnvolle Rechenschaftspflicht der Anbieter sicherzustellen und die Nutzer sowie andere betroffene Parteien zu stärken und den zuständigen Behörden zugleich die erforderliche Aufsicht zu erleichtern.

(41) In dieser Hinsicht ist es wichtig, die Sorgfaltspflichten an Beschaffenheit, Umfang und Art der betreffenden Vermittlungsdienste anzupassen. In dieser Verordnung werden daher grundlegende Verpflichtungen festgelegt, die für alle Anbieter von Vermittlungsdiensten gelten, sowie zusätzliche Verpflichtungen für Anbieter von Hostingdiensten und, im Einzelnen, für Anbieter von Online-Plattformen und von sehr großen Online-Plattformen und sehr großen Online-Suchmaschinen. Sofern Anbieter von Vermittlungsdiensten aufgrund der Art ihrer Dienste und ihrer Größe in mehrere verschiedene Kategorien fallen, sollten sie alle im Zusammenhang mit diesen Diensten stehenden entsprechenden Verpflichtungen aus dieser Verordnung erfüllen. Diese harmonisierten Sorgfaltspflichten, die angemessen und nicht willkürlich sein sollten, sind erforderlich, um den ordnungspolitischen Bedenken Rechnung zu tragen, etwa die Wahrung der berechtigten Interessen der Nutzer, die Bekämpfung rechtswidriger Praktiken und den Schutz der in der Charta[1] verankerten Grundrechte. Die Sorgfaltspflichten sind unabhängig von der Frage der Haftung von Anbietern von Vermittlungsdiensten, weshalb sie auch gesondert bewertet werden.

(42) Um die reibungslose und wirksame Kommunikation in beide Richtungen, gegebenenfalls auch mit Empfangsbestätigung für derartige Kommunikationen, im Zusammenhang mit den Angelegenheiten, die unter diese Verordnung fallen, zu gewährleisten, sollten die Anbieter von Vermittlungsdiensten verpflichtet werden, eine zentrale elektronische Kontaktstelle zu benennen und einschlägige Informationen zu dieser Kontaktstelle zu veröffentlichen und zu aktualisieren, einschließlich der für diese Kommunikation zu verwendenden Sprachen. Die elektronische Kontakt-

---

[1] Nr. 9.

stelle kann auch von vertrauenswürdigen Hinweisgebern und Gewerbetreibenden, die in einer bestimmten Beziehung zum Anbieter von Vermittlungsdiensten stehen, genutzt werden. Im Gegensatz zum gesetzlichen Vertreter sollte die elektronische Kontaktstelle operativen Zwecken dienen und nicht unbedingt einen physischen Standort benötigen. Die Anbieter von Vermittlungsdiensten können dieselbe zentrale Kontaktstelle für die Anforderungen dieser Verordnung wie auch für die Zwecke anderer Rechtsakte der Union benennen. Bei der Angabe der für die Kommunikation zu verwendenden Sprachen sollten die Anbieter von Vermittlungsdiensten dafür sorgen, dass die gewählten Sprachen an sich kein Kommunikationshindernis darstellen. Falls erforderlich, sollten die Anbieter von Vermittlungsdiensten und die Behörden der Mitgliedstaaten die Möglichkeit haben, eine gesonderte Vereinbarung über die bei der Kommunikation zu verwendende Sprache zu treffen oder alternative Mittel zur Überwindung der Sprachbarriere zu suchen, darunter der Einsatz aller verfügbaren technischen Mittel oder interner und externer Humanressourcen.

(43) Anbieter von Vermittlungsdiensten sollten außerdem verpflichtet werden, eine zentrale Kontaktstelle für Nutzer zu benennen, die eine schnelle, direkte und wirksame Kommunikation insbesondere über leicht zugängliche Mittel wie Telefonnummern, E-Mail-Adressen, elektronische Kontaktformulare, Chatbots oder Sofortnachrichtenübermittlung ermöglicht. Es sollte ausdrücklich angegeben werden, wenn ein Nutzer mit Chatbots kommuniziert. Anbieter von Vermittlungsdiensten sollten den Nutzern die Möglichkeit geben, Mittel der direkten und effizienten Kommunikation zu wählen, die nicht ausschließlich auf automatisierten Tools beruhen. Anbieter von Vermittlungsdiensten sollten alle angemessenen Bemühungen unternehmen, um dafür Sorge zu tragen, dass ausreichende personelle und finanzielle Ressourcen bereitstehen, damit diese Kommunikation schnell und effizient durchgeführt wird.

(44) Die Anbieter von Vermittlungsdiensten mit Sitz in einem Drittstaat, die Dienste in der Union anbieten, sollten einen hinreichend bevollmächtigten gesetzlichen Vertreter in der Union benennen und den einschlägigen Behörden Informationen über ihren gesetzlichen Vertreter bereitstellen und diese öffentlich zugänglich machen. Darüber hinaus sollten solche Anbieter von Vermittlungsdiensten zur Einhaltung dieser Verpflichtung sicherstellen, dass der benannte gesetzliche Vertreter über die notwendigen Befugnisse und Ressourcen für die Zusammenarbeit mit den einschlägigen Behörden verfügt. Dies könnte beispielsweise der Fall sein, wenn ein Anbieter von Vermittlungsdiensten ein Tochterunternehmen derselben Gruppe des Anbieters oder sein Mutterunternehmen benennt, falls dieses Tochter- oder Mutterunternehmen in der Union niedergelassen ist. Dies könnte jedoch unter Umständen nicht der Fall sein, wenn der gesetzliche Vertreter beispielsweise Gegenstand eines Sanierungsverfahrens, eines Konkurses, einer Privatinsolvenz oder einer Unternehmensinsolvenz ist. Durch diese Verpflichtung sollte die wirksame Aufsicht und erforderlichenfalls die Durchsetzung dieser Verordnung in Bezug auf diese Anbieter ermöglicht werden. Es sollte möglich sein, dass ein gesetzlicher Vertreter im Einklang mit dem nationalen Recht von mehr als einem Anbieter von Vermittlungsdiensten beauftragt wird. Die gesetzli-

chen Vertreter sollten auch als Kontaktstellen fungieren können, sofern die einschlägigen Anforderungen dieser Verordnung eingehalten werden.

(45) Während die Vertragsfreiheit der Anbieter von Vermittlungsdiensten grundsätzlich geachtet werden sollte, ist es angemessen, für den Inhalt, die Anwendung und die Durchsetzung der allgemeinen Geschäftsbedingungen dieser Anbieter bestimmte Vorschriften festzulegen, um für Transparenz, den Schutz der Nutzer und die Vermeidung von unlauteren oder willkürlichen Ergebnissen zu sorgen. Anbieter von Vermittlungsdiensten sollten in ihren allgemeinen Geschäftsbedingungen eindeutig die Angaben zu den Gründen nennen und auf dem neuesten Stand halten, aus denen sie die Bereitstellung ihrer Dienste beschränken können. Insbesondere sollten sie Angaben zu allen Leitlinien, Verfahren, Maßnahmen und Tools enthalten, die zur Moderation von Inhalten eingesetzt werden, einschließlich der algorithmischen Entscheidungsfindung und der menschlichen Überprüfung, sowie die Verfahrensregeln für ihr internes Beschwerdemanagementsystem. Ferner sollten sie Informationen über das Recht bereitstellen, die Nutzung des Dienstes zu beenden. Anbieter von Vermittlungsdiensten können in ihren Nutzungsbedingungen grafische Elemente wie Symbole oder Bilder verwenden, um die Hauptelemente der Informationspflichten nach dieser Verordnung zu veranschaulichen. Die Anbieter sollten die Nutzer ihres Dienstes in geeigneter Weise über wesentliche Änderungen der allgemeinen Geschäftsbedingungen informieren, z.B. wenn sie die Regeln für die in ihren Diensten zulässigen Informationen ändern, oder über sonstige derartige Änderungen, die sich unmittelbar auf die Fähigkeit der Nutzer auswirken könnten, den Dienst zu nutzen.

(46) Anbieter von Vermittlungsdiensten, die sich in erster Linie an Minderjährige richten, z.B. aufgrund der Gestaltung oder Vermarktung des Dienstes, oder die überwiegend von Minderjährigen genutzt werden, sollten besondere Anstrengungen unternehmen, um die Erläuterung ihrer allgemeinen Geschäftsbedingungen für Minderjährige leicht verständlich zu machen.

(47) Bei der Gestaltung, Anwendung und Durchsetzung dieser Beschränkungen sollten Anbieter von Vermittlungsdiensten nicht willkürlich und nicht diskriminierend vorgehen und die Rechte und berechtigten Interessen der Nutzer, einschließlich der in der Charta[1)] verankerten Grundrechte, berücksichtigen. Beispielsweise sollten Anbieter sehr großer Online-Plattformen insbesondere die Meinungs- und Informationsfreiheit, einschließlich der Freiheit und des Pluralismus der Medien, gebührend berücksichtigen. Alle Anbieter von Vermittlungsdiensten sollten auch die einschlägigen internationalen Standards für den Schutz der Menschenrechte, wie die Leitprinzipien der Vereinten Nationen für Wirtschaft und Menschenrechte, gebührend berücksichtigen.

(48) In Anbetracht ihrer besonderen Rolle und Reichweite ist es angebracht, sehr großen Online-Plattformen und sehr großen Online-Suchmaschinen zusätzliche Anforderungen im Hinblick auf Information und Transparenz ihrer allgemeinen Geschäftsbedingungen aufzuerlegen. Folglich sollten Anbieter sehr großer Online-Plattformen und sehr großer Online-Such-

---

[1)] Nr. **9**.

maschinen ihre allgemeinen Geschäftsbedingungen in den Amtssprachen aller Mitgliedstaaten bereitstellen, in denen sie ihre Dienste anbieten, und ferner den Nutzern eine kompakte und leicht lesbare Zusammenfassung der wichtigsten Punkte der allgemeinen Geschäftsbedingungen zur Verfügung stellen. In derartigen Zusammenfassungen sollten die Hauptelemente der Informationspflichten genannt werden, einschließlich der Möglichkeit, sich auf einfache Weise gegen optionale Klauseln zu entscheiden.

(49) Um ein angemessenes Maß an Transparenz und Rechenschaftspflicht zu gewährleisten, sollten die Anbieter von Vermittlungsdiensten im Einklang mit den harmonisierten Anforderungen dieser Verordnung in maschinenlesbarem Format einen Jahresbericht über die von ihnen betriebene Moderation von Inhalten, einschließlich der Maßnahmen, die sie zur Anwendung und Durchsetzung ihrer allgemeinen Geschäftsbedingungen ergreifen, öffentlich zugänglich machen. Um unverhältnismäßige Belastungen zu vermeiden, sollten diese Transparenzberichtspflichten nicht für Anbieter gelten, die Kleinstunternehmen oder kleine Unternehmen im Sinne der Empfehlung 2003/361/EG der Kommission[1)] sind, und bei denen es sich nicht um sehr große Online-Plattformen im Sinne dieser Verordnung handelt.

(50) Hostingdiensteanbieter spielen beim Umgang mit rechtswidrigen Online-Inhalten eine besonders wichtige Rolle, da sie im Auftrag der Nutzer von diesen übermittelte Informationen speichern und üblicherweise anderen Nutzern – manchmal in großem Umfang – den Zugang zu diesen Informationen ermöglichen. Es ist wichtig, dass sämtliche Hostingdiensteanbieter, ungeachtet ihrer Größe, leicht zugängliche und benutzerfreundliche Melde- und Abhilfeverfahren schaffen, die es erleichtern, dem Hostingdiensteanbieter bestimmte Informationen zu melden, die die meldende Partei als rechtswidrige Inhalte ansieht (im Folgenden „Meldung"), woraufhin der Anbieter entscheiden kann, ob er der Bewertung zustimmt und diese Inhalte entfernen oder den Zugang dazu sperren möchte (im Folgenden „Abhilfe"). Solche Verfahren sollten klar erkennbar sein, sich in der Nähe der betreffenden Informationen befinden und mindestens ebenso leicht zu finden und zu nutzen sein wie die Verfahren zur Meldung von Inhalten, die gegen die allgemeinen Geschäftsbedingungen des Anbieters von Hostingdiensten verstoßen. Sofern die Anforderungen an Meldungen erfüllt sind, sollte es Einzelpersonen oder Einrichtungen möglich sein, mehrere bestimmte mutmaßlich rechtswidrige Inhalte in einem zu melden, damit das wirksame Funktionieren der Melde- und Abhilfeverfahren gewährleistet ist. Im Rahmen des Meldeverfahren sollte es möglich, aber nicht zwingend erforderlich sein, die meldende Person oder Einrichtung zu identifizieren. Bei einigen Arten von gemeldeten Informationen könnte die Identität der meldenden Person oder Einrichtung erforderlich sein, um festzustellen, ob es sich bei den fraglichen Informationen, wie behauptet, um rechtswidrige Inhalte handelt. Die Verpflichtung zur Schaffung eines Melde- und Abhilfever-

[1)] **Amtl. Anm.:** Empfehlung 2003/361/EG der Kommission vom 6. Mai 2003 betreffend die Definition der Kleinstunternehmen sowie der kleinen und mittleren Unternehmen (ABl. L 124 vom 20.5.2003, S. 36).

fahrens sollte etwa für Datenspeicher- und Weitergabedienste, Web-Hostingdienste, Werbeserver und Pastebin-Dienste gelten, sofern sie als von dieser Verordnung erfasste Anbieter von Hostingdiensten einzustufen sind.

(51) In Anbetracht dessen, dass die in der Charta[1] garantierten Grundrechte aller Betroffenen gebührend berücksichtigt werden müssen, sollten alle Maßnahmen, die ein Anbieter von Hostingdiensten nach Erhalt einer Meldung ergreift, streng zielgerichtet sein, d.h. sie sollten dazu dienen, den Zugang zu den spezifischen Informationen, die als rechtswidrige Inhalte angesehen werden, zu entfernen oder zu sperren, ohne die Freiheit der Meinungsäußerung und die Informationsfreiheit der Nutzer übermäßig zu beeinträchtigen. Meldungen sollten daher grundsätzlich an die Anbieter von Hostingdiensten gerichtet werden, bei denen davon ausgegangen werden kann, dass sie über die technischen und operativen Fähigkeiten verfügen, gegen diese spezifischen Informationen tätig zu werden. Anbieter von Hostingdiensten, die eine Meldung erhalten, bei der sie aus technischen oder operativen Gründen die konkrete Information nicht löschen können, sollten die Person oder Einrichtung in Kenntnis setzen, von der die Meldung stammt.

(52) Die Vorschriften zu solchen Melde- und Abhilfeverfahren sollten auf Unionsebene harmonisiert werden, um die rasche, sorgfältige und nicht willkürliche Bearbeitung von Meldungen auf der Grundlage einheitlicher, transparenter und klarer Regeln zu gewährleisten, die belastbare Mechanismen zum Schutz der Rechte und berechtigten Interessen sämtlicher betroffener Parteien unabhängig von dem Mitgliedstaat, in dem diese Parteien ansässig oder niedergelassen sind und von dem betreffenden Rechtsgebiet schaffen, insbesondere zum Schutz ihrer Grundrechte aus der Charta[1]. Zu diesen Grundrechten gehören unter anderem: für Nutzer das Recht auf freie Meinungsäußerung und Informationsfreiheit, das Recht auf Achtung des Privat- und Familienlebens, das Recht auf den Schutz personenbezogener Daten, das Recht auf Nichtdiskriminierung und das Recht auf einen wirksamen Rechtsbehelf; für Diensteanbieter das Recht auf unternehmerische Freiheit, einschließlich der Vertragsfreiheit; und für von rechtswidrigen Inhalten betroffene Parteien die Menschenwürde, die Rechte des Kindes, das Recht auf Schutz des Eigentums, einschließlich des geistigen Eigentums, und das Recht auf Nichtdiskriminierung. Anbieter von Hostingdiensten sollten auf Meldungen zügig reagieren, insbesondere indem sie der Art der gemeldeten rechtswidrigen Inhalte und der Dringlichkeit, Maßnahmen zu ergreifen, Rechnung tragen. So kann beispielsweise von solchen Anbietern erwartet werden, dass sie unverzüglich handeln, wenn mutmaßlich rechtswidrige Inhalte, die eine Gefahr für das Leben oder die Sicherheit von Personen darstellen, gemeldet werden. Der Anbieter von Hostingdiensten sollte die Person oder Einrichtung, die den konkreten Inhalt meldet, unverzüglich informieren, nachdem er entschieden hat, ob er auf die Meldung hin tätig wird oder nicht.

(53) Die Melde- und Abhilfeverfahren sollten die Übermittlung von Meldungen ermöglichen, die hinreichend genau und angemessen begründet sind,

---

[1] Nr. **9**.

damit der betreffende Anbieter von Hostingdiensten in Kenntnis der Sachlage und sorgfältig eine Entscheidung, die mit der Freiheit der Meinungsäußerung und der Informationsfreiheit vereinbar ist, über die Inhalte, auf die sich die Meldung bezieht, treffen kann, insbesondere darüber, ob diese Inhalte als rechtswidrige Inhalte anzusehen und zu entfernen sind oder der Zugang zu ihnen zu sperren ist. Die Verfahren sollten so beschaffen sein, dass die Hinweise leicht mit einer Begründung versehen werden können, warum die meldende Person oder Einrichtung die Inhalte als rechtswidrig erachtet, sowie mit einer genauen Angabe des Fundorts des betreffenden Inhalts. Eine Meldung, die ausreichende Informationen enthält, um es einem sorgfältig handelnden Anbieter von Hostingdiensten ermöglichen, ohne eingehende rechtliche Prüfung festzustellen, dass der Inhalt eindeutig rechtswidrig ist, bewirkt, dass von einer tatsächlichen Kenntnis oder einem Bewusstsein in Bezug auf die Rechtswidrigkeit ausgegangen wird. Mit Ausnahme der Übermittlung von Meldungen, die sich auf Straftaten nach den Artikeln 3 bis 7 der Richtlinie 2011/93/EU des Europäischen Parlaments und des Rates[1]) beziehen, sollte die meldende Person oder Einrichtung im Zuge dieser Verfahren aufgefordert werden, seine Identität offenzulegen, damit es nicht zu Missbrauch kommt.

(54) Wenn ein Anbieter von Hostingdiensten mit der Begründung, dass die von den Nutzern bereitgestellten Informationen rechtswidrige Inhalte darstellen oder mit den allgemeinen Geschäftsbedingungen unvereinbar sind, entscheidet, von einem Nutzer bereitgestellte Informationen, etwa nach Erhalt einer Meldung oder auf eigene Initiative, zu entfernen oder den Zugang dazu zu sperren oder auf andere Weise ihre Sichtbarkeit oder ihre Monetarisierung zu beschränken, auch unter ausschließlichem Einsatz automatisierter Mittel, so sollte der Anbieter den Nutzer über seine Entscheidung, die Gründe dafür und die verfügbaren Rechtsbehelfsmöglichkeiten zur Beanstandung der Entscheidung im Hinblick auf mögliche negative Folgen für den Nutzer, einschließlich bezüglich der Ausübung seines Grundrechts auf freie Meinungsäußerung, auf klare und leicht verständliche Weise informieren. Diese Verpflichtung sollte unabhängig von den Gründen für die Entscheidung gelten, insbesondere unabhängig davon, ob die Abhilfe durchgeführt wurde, weil die gemeldeten Informationen als rechtswidrige Inhalte oder als nicht mit den geltenden allgemeinen Geschäftsbedingungen vereinbar angesehen werden. Wenn die Entscheidung nach Erhalt einer Meldung getroffen wurde, sollte der Anbieter von Hostingdiensten die Identität der Person oder Einrichtung, die die Meldung an den Nutzer übermittelt hat, nur dann offenlegen, wenn diese Information erforderlich ist, um die Rechtswidrigkeit des Inhalts festzustellen, etwa in Fällen von Verletzungen von Rechten des geistigen Eigentums.

(55) Die Beschränkung der Sichtbarkeit kann darin in einer Herabstufung im Ranking oder in Empfehlungssystemen bestehen, aber auch in der Beschränkung der Zugänglichkeit für einen oder mehrere Nutzer oder im

---

[1]) **Amtl. Anm.:** Richtlinie 2011/93/EU des Europäischen Parlaments und des Rates vom 13. Dezember 2011 zur Bekämpfung des sexuellen Missbrauchs und der sexuellen Ausbeutung von Kindern sowie der Kinderpornografie sowie zur Ersetzung des Rahmenbeschlusses 2004/68/JI des Rates (ABl. L 335 vom 17.12.2011, S. 1).

Ausschluss des Nutzers von einer Online-Gemeinschaft ohne sein Wissen („shadow banning", Schattenverbot). Die Monetarisierung von durch den Nutzer bereitgestellten Informationen über Werbeeinnahmen kann durch Aussetzung oder Beendigung der mit diesen Informationen verbundenen Geldzahlung oder Einnahmen beschränkt werden. Die Verpflichtung zur Vorlegung einer Begründung sollte jedoch nicht für irreführende, umfangreiche kommerzielle Inhalte gelten, die durch vorsätzliche Manipulation des Dienstes verbreitet werden, insbesondere durch unauthentische Nutzung des Dienstes, wie die Nutzung von Bots oder Scheinkonten oder eine sonstige irreführende Nutzung des Dienstes. Ungeachtet anderer Möglichkeiten zur Anfechtung der Entscheidung des Anbieters von Hostingdiensten sollte der Nutzer stets ein Recht auf einen wirksamen Rechtsbehelf bei einem Gericht gemäß den nationalen Rechtsvorschriften haben.

(56) Ein Anbieter von Hostingdiensten könnte in bestimmten Fällen, etwa über eine Meldung durch eine meldende Partei oder durch seine eigenen freiwilligen Maßnahmen, Kenntnis von Informationen über bestimmte Tätigkeiten eines Nutzers erhalten, etwa die Bereitstellung bestimmter Arten rechtswidriger Inhalte, die unter Berücksichtigung aller relevanten Umstände, von der der Anbieter von Hostingdiensten Kenntnis hat, den Verdacht angemessen rechtfertigen, dass dieser Nutzer möglicherweise eine Straftat begangen hat, begeht oder vermutlich begehen wird, die das Leben oder die Sicherheit von Personen in Gefahr bringt, wie eine der in der Richtlinie 2011/36/EU des Europäischen Parlaments und des Rates[1)], der Richtlinie 2011/93/EU oder der Richtlinie (EU) 2017/541 des Europäischen Parlaments und des Rates[2)] genannten Straftaten. So könnten beispielsweise bestimmte Inhalte den Verdacht auf eine Gefahr für die Öffentlichkeit begründen, wie z.B. Aufstachelung zum Terrorismus im Sinne des Artikels 21 der Richtlinie (EU) 2017/541. In solchen Fällen sollte der Anbieter von Hostingdiensten die zuständigen Strafverfolgungsbehörden unverzüglich über einen solchen Verdacht informieren. Der Anbieter von Hostingdiensten sollte alle einschlägigen ihm verfügbaren Informationen bereitstellen, gegebenenfalls auch die jeweiligen Inhalte und, sofern verfügbar, den Zeitpunkt, zu dem die Inhalte veröffentlicht wurden, einschließlich der benannten Zeitzone, einer Erläuterung seines Verdachts und der Informationen, die erforderlich sind, um den betreffenden Nutzer ausfindig zu machen und zu identifizieren. Diese Verordnung bildet keine Rechtsgrundlage für die Erstellung von Profilen von Nutzern für eine mögliche Feststellung von Straftaten durch Anbieter von Hostingdiensten. Anbieter von Hostingdiensten sollten auch andere anwendbare Vorschriften des Unionsrechts oder des nationalen Rechts zum Schutz der Rechte und Freiheiten von Einzelpersonen beachten, wenn sie die Strafverfolgungsbehörden informieren.

[1)] **Amtl. Anm.:** Richtlinie 2011/36/EU des Europäischen Parlaments und des Rates vom 5. April 2011 zur Verhütung und Bekämpfung des Menschenhandels und zum Schutz seiner Opfer sowie zur Ersetzung des Rahmenbeschlusses 2002/629/JI des Rates (ABl. L 101 vom 15.4.2011, S. 1).

[2)] **Amtl. Anm.:** Richtlinie (EU) 2017/541 des Europäischen Parlaments und des Rates vom 15. März 2017 zur Terrorismusbekämpfung und zur Ersetzung des Rahmenbeschlusses 2002/475/JI des Rates und zur Änderung des Beschlusses 2005/671/JI des Rates (ABl. L 88 vom 31.3.2017, S. 6).

(57) Damit keine unverhältnismäßigen Belastungen entstehen, sollten die zusätzlichen Verpflichtungen im Rahmen dieser Verordnung für Anbieter von Online-Plattformen, einschließlich Plattformen, die Verbrauchern den Abschluss von Fernabsatzverträgen mit Unternehmern ermöglichen, nicht für Anbieter gelten, bei denen es sich um Kleinstunternehmen und kleine Unternehmen gemäß der Empfehlung 2003/361/EG handelt. Aus demselben Grund sollten diese zusätzlichen Verpflichtungen auch nicht für Anbieter von Online-Plattformen gelten, die in der Vergangenheit als Kleinstunternehmen oder kleine Unternehmen eingestuft waren, und zwar während eines Zeitraums von 12 Monaten, nachdem sie diesen Status verloren haben. Diese Anbieter sollten nicht von der Verpflichtung ausgenommen werden, auf Ersuchen des Koordinators für digitale Dienste am Niederlassungsort oder der Kommission Angaben zu der durchschnittlichen monatlichen Zahl aktiver Nutzer zu machen. In Anbetracht dessen, dass sehr große Online-Plattformen oder sehr große Online-Suchmaschinen eine größere Reichweite und mehr Einfluss darauf haben, wie die Nutzer online Informationen erhalten und kommunizieren, sollten diese Anbieter, ungeachtet dessen, ob sie als Kleinstunternehmen oder kleine Unternehmen gelten oder vor kurzem als solche eingestuft wurden, jedoch nicht unter diese Ausnahmeregelung fallen. Die in der Empfehlung 2003/361/EG enthaltenen Konsolidierungsvorschriften tragen dazu bei, sicherzustellen, dass jeglicher Umgehung dieser zusätzlichen Verpflichtungen vorgebeugt wird. Diese Verordnung hindert Anbieter von Online-Plattformen, die unter diese Ausnahmeregelung fallen, nicht daran, auf freiwilliger Basis ein System einzurichten, das einer oder mehreren dieser Verpflichtungen genügt.

(58) Die Nutzer sollten in der Lage sein, bestimmte Entscheidungen der Anbieter von Online-Plattformen zur Rechtswidrigkeit von Inhalten oder ihrer Unvereinbarkeit mit den allgemeinen Geschäftsbedingungen, die sich negativ auf sie auswirken, einfach und wirksam zu beanstanden. Die Anbieter von Online-Plattformen sollten daher verpflichtet werden, interne Beschwerdemanagementsysteme einzurichten, die bestimmte Bedingungen erfüllen, die sicherzustellen sollen, dass diese Systeme leicht zugänglich sind und zu raschen, diskriminierungsfreien, nicht willkürlichen und fairen Ergebnissen führen und einer manuellen Überprüfung unterliegen, wenn automatisierte Werkzeuge verwendet werden. Mit diesen Systemen sollte allen Nutzern das Einreichen einer Beschwerde ermöglicht werden, und es sollten keine formalen Anforderungen wie die Verweisung auf spezifische einschlägige Rechtsvorschriften oder die Ausarbeitung rechtlicher Erläuterungen festgelegt werden. Nutzer, die über die Melde- und Abhilfeverfahren gemäß dieser Verordnung oder über das Verfahren zur Meldung von Inhalten, die gegen die allgemeinen Geschäftsbedingungen des Anbieters von Online-Plattformen verstoßen, eine Meldung eingereicht haben, sollten berechtigt sein, das Beschwerdeverfahren zu nutzen, um die Entscheidung des Anbieters von Online-Plattformen zu ihren Meldungen zu beanstanden, und zwar auch dann, wenn sie der Auffassung sind, dass die von diesem Anbieter ergriffenen Maßnahmen nicht angemessen waren. Die Möglichkeit zum Einreichen einer Beschwerde zur Aufhebung der beanstandeten Entscheidungen sollte für einen Zeitraum von mindestens sechs Monaten bestehen, der ab

dem Zeitpunkt berechnet wird, zu dem der Anbieter von Online-Plattformen den Nutzer über die Entscheidung informiert hat.

(59) Zudem sollte die Möglichkeit vorgesehen werden solche Streitigkeiten, einschließlich jener Streitigkeiten, die über die internen Beschwerdemanagementsysteme nicht zufriedenstellend beigelegt werden konnten, nach Treu und Glauben, außergerichtlich durch zertifizierte Stellen beizulegen, die über die erforderliche Unabhängigkeit sowie die nötigen Mittel und Fachkenntnisse verfügen, ihre Tätigkeiten auf faire, rasche und kosteneffiziente Weise durchzuführen. Die Unabhängigkeit der außergerichtlichen Streitbeilegungsstellen sollte auch auf der Ebene der mit der Beilegung von Streitigkeiten betrauten natürlichen Personen gewährleistet werden, u.a. durch Regeln für Interessenkonflikte. Die von den außergerichtlichen Streitbeilegungsstellen erhobenen Gebühren sollten angemessen, zugänglich, attraktiv, kostengünstig für den Verbraucher und verhältnismäßig sein und von Fall zu Fall bewertet werden. Wird eine außergerichtliche Streitbeilegungsstelle von dem zuständigen Koordinator für digitale Dienste zertifiziert, so sollte diese Zertifizierung für alle Mitgliedstaaten gelten. Anbieter von Online-Plattformen sollten die Möglichkeit haben, sich zu weigern, an einem außergerichtlichen Streitbeilegungsverfahren nach dieser Verordnung teilzunehmen, wenn dieselbe Streitigkeit, insbesondere in Bezug auf die betreffenden Informationen und die Gründe für den Erlass der beanstandeten Entscheidung, die Auswirkungen der Entscheidung und die geltend gemachten Gründe für die Beanstandung der Entscheidung, bereits durch ein laufendes Verfahren vor dem zuständigen Gericht oder vor einer anderen zuständigen außergerichtlichen Streitbeilegungsstelle beigelegt wurde oder bereits Gegenstand eines solchen Verfahrens ist. Nutzer sollten zwischen dem internen Beschwerdeverfahren, einer außergerichtlichen Streitbeilegung und der Möglichkeit, jederzeit Klage vor Gericht zu erheben, wählen können. Da das Ergebnis des außergerichtlichen Streitbeilegungsverfahrens nicht bindend ist, sollten die Parteien nicht daran gehindert werden, in Bezug auf dieselbe Streitigkeit Klage vor Gericht zu erheben. Die so geschaffenen Möglichkeiten zur Beanstandung der Entscheidungen von Anbietern von Online-Plattformen sollten die Möglichkeit des gerichtlichen Rechtsbehelfs im Einklang mit den Rechtsvorschriften des betreffenden Mitgliedstaats in jeder Hinsicht unberührt lassen und sollten somit die Ausübung des Rechts auf einen wirksamen Rechtsbehelf gemäß Artikel 47 der Charta[1)] nicht beeinträchtigen. Durch die Bestimmungen dieser Verordnung über die außergerichtliche Streitbeilegung sollten die Mitgliedstaaten nicht verpflichtet werden, solche außergerichtlichen Streitbeilegungsstellen einzurichten.

(60) Bei vertraglichen Streitigkeiten zwischen Verbrauchern und Unternehmen bezüglich des Erwerbs von Waren oder Dienstleistungen stellt die Richtlinie 2013/11/EU sicher, dass die Verbraucher und Unternehmen in der Union Zugang zu zertifizierten Stellen für alternative Streitbeilegungsverfahren haben. In dieser Hinsicht sollte klargestellt werden, dass die Vorschriften dieser Verordnung über die außergerichtliche Streitbeilegung die genannte Richtlinie unberührt lassen, einschließlich des Rechts

---

[1)] Nr. **9**.

der Verbraucher nach dieser Richtlinie, sich jederzeit aus dem Verfahren zurückzuziehen, wenn sie mit der Durchführung oder dem Ablauf des Verfahrens nicht zufrieden sind.

(61) Abhilfe bei rechtswidrigen Inhalten kann schneller und zuverlässiger erfolgen, wenn Anbieter von Online-Plattformen die erforderlichen Maßnahmen ergreifen, um sicherzustellen, dass von vertrauenswürdigen Hinweisgebern, die innerhalb ihres ausgewiesenen Fachgebiets handeln, im Rahmen der von dieser Verordnung geforderten Melde- und Abhilfemechanismen eingereichte Meldungen vorrangig bearbeitet werden, unbeschadet der Verpflichtung, sämtliche über diese Mechanismen eingereichte Meldungen rasch, sorgfältig und in nicht willkürlicher Weise zu bearbeiten und Entscheidungen dazu zu treffen. Dieser Status des vertrauenswürdigen Hinweisgebers sollte vom Koordinator für digitale Dienste des Mitgliedstaats, in dem der Antragsteller niedergelassen ist, vergeben und von allen Anbietern von Online-Plattformen, die in den Anwendungsbereich dieser Verordnung fallen, anerkannt werden. Dieser Status des vertrauenswürdigen Hinweisgebers sollte nur an Einrichtungen, nicht an Einzelpersonen, vergeben werden, die unter anderem nachgewiesen haben, dass sie über besondere Sachkenntnis und Kompetenz im Umgang mit rechtswidrigen Inhalten verfügen und dass sie ihre Tätigkeit sorgfältig, genau und objektiv durchführen. Es kann sich dabei um öffentliche Einrichtungen handeln, bei terroristischen Inhalten etwa die Meldestellen für Internetinhalte der nationalen Strafverfolgungsbehörden oder der Agentur der Europäischen Union für die Zusammenarbeit auf dem Gebiet der Strafverfolgung (Europol), oder um Nichtregierungsorganisationen und private oder halböffentliche Einrichtungen wie Organisationen, die Teil des INHOPE-Meldestellennetzes zur Meldung von Material über sexuellen Kindesmissbrauch sind, oder Organisationen für die Meldung rechtswidriger rassistischer und fremdenfeindlicher Darstellungen im Internet. Um den Mehrwert eines solchen Verfahrens nicht zu mindern, sollte die Gesamtzahl der gemäß dieser Verordnung anerkannten vertrauenswürdigen Hinweisgeber begrenzt werden. Insbesondere wird Wirtschaftsverbänden, die die Interessen ihrer Mitglieder vertreten, empfohlen, den Status vertrauenswürdiger Hinweisgeber zu beantragen, unbeschadet des Rechts privater Einrichtungen oder Personen, mit Anbietern von Online-Plattformen bilaterale Vereinbarungen zu schließen.

(62) Vertrauenswürdige Hinweisgeber sollten leicht verständliche und ausführliche Berichte über gemäß dieser Verordnung erfolgte Meldungen veröffentlichen. In diesen Berichten sollten Informationen wie die Anzahl der vom Anbieter von Hostingdiensten kategorisierten Meldungen, die Art der Inhalte und die vom Anbieter ergriffenen Maßnahmen genannt werden. Da vertrauenswürdige Hinweisgeber über Sachkenntnis und Kompetenz verfügen, kann davon ausgegangen werden, dass die von ihnen eingereichten Meldungen mit weniger Aufwand und daher schneller bearbeitet werden können als die von anderen Nutzern eingereichten Meldungen. Die durchschnittliche Bearbeitungsdauer kann jedoch unter anderem je nach Art der rechtswidrigen Inhalte, der Qualität der Meldungen und den für die Einreichung solcher Meldungen geltenden technischen Verfahren variieren.

Während beispielsweise im Verhaltenskodex für die Bekämpfung rechtswidriger Hassreden im Internet von 2016 für die teilnehmenden Unternehmen ein Richtwert für die Zeit festgelegt wird, die für die Bearbeitung gültiger Meldungen im Hinblick auf die Entfernung rechtswidriger Hassreden benötigt wird, können die Bearbeitungsfristen für andere Arten rechtswidriger Inhalte je nach den spezifischen Tatsachen und Umständen und der Art der betreffenden rechtswidrigen Inhalte erheblich variieren. Damit der Status eines vertrauenswürdigen Hinweisgebers nicht missbräuchlich verwendet wird, sollte es möglich sein, diesen Status auszusetzen, wenn ein Koordinator für digitale Dienste am Niederlassungsort aus berechtigten Gründen eine Untersuchung eingeleitet hat. Die Vorschriften dieser Verordnung in Bezug auf vertrauenswürdige Hinweisgeber sollten nicht so ausgelegt werden, dass sie die Anbieter von Online-Plattformen daran hindern, Meldungen von Einrichtungen oder Einzelpersonen ohne den Status eines vertrauenswürdigen Hinweisgebers im Sinne dieser Verordnung auf ähnliche Weise zu behandeln oder im Einklang mit dem geltenden Recht, einschließlich dieser Verordnung und der Verordnung (EU) 2016/794 des Europäischen Parlaments und des Rates[1], auf andere Art mit weiteren Einrichtungen zusammenzuarbeiten. Die Bestimmungen dieser Verordnung sollten die Anbieter von Online-Plattformen nicht daran hindern, solche vertrauenswürdigen Hinweisgeber oder ähnliche Verfahren zu nutzen, um rasch und zuverlässig gegen Inhalte vorzugehen, die mit ihren allgemeinen Geschäftsbedingungen unvereinbar sind, insbesondere gegen Inhalte, die schutzbedürftigen Nutzern, wie etwa Minderjährigen, schaden.

(63) Der Missbrauch von Online-Plattformen durch die häufige Bereitstellung von offensichtlich rechtswidrigen Inhalten oder die häufige Einreichung von offensichtlich unbegründeten Meldungen oder Beschwerden über die jeweiligen durch diese Verordnung eingerichteten Mechanismen und Systeme führt zu Vertrauensverlust und beeinträchtigt die Rechte und berechtigten Interessen der betroffenen Parteien. Daher ist es erforderlich, angemessene, verhältnismäßige und wirksame Vorkehrungen zum Schutz vor solchem Missbrauch einzurichten, bei denen die Rechte und berechtigten Interessen aller Beteiligten – einschließlich der geltenden, in der Charta[2] verankerten Grundrechte und Grundfreiheiten und insbesondere des Rechts auf Meinungsäußerung – geachtet werden müssen. Inhalte sollten als offensichtlich rechtswidrig und Meldungen oder Beschwerden als offensichtlich unbegründet gelten, wenn es für einen Laien ohne inhaltliche Analyse klar ersichtlich ist, dass die Inhalte rechtswidrig bzw. die Meldungen oder Beschwerden unbegründet sind.

(64) Unter bestimmten Bedingungen sollten Anbieter von Online-Plattformen ihre einschlägigen Dienste für die an missbräuchlichem Verhalten beteiligte Person vorübergehend aussetzen. Die Freiheit der Anbieter von Online-Plattformen, ihre allgemeinen Geschäftsbedingungen festzulegen und strengere Maßnahmen im Falle offensichtlich rechtswidriger Inhalte

[1] **Amtl. Anm.:** Verordnung (EU) 2016/794 des Europäischen Parlaments und des Rates vom 11. Mai 2016 über die Agentur der Europäischen Union für die Zusammenarbeit auf dem Gebiet der Strafverfolgung (Europol) und zur Ersetzung und Aufhebung der Beschlüsse 2009/371/JI, 2009/934/JI, 2009/935/JI, 2009/936/JI und 2009/968/JI des Rates (ABl. L 135 vom 24.5.2016, S. 53).

[2] Nr. **9**.

im Zusammenhang mit schweren Straftaten wie Darstellungen von sexuellem Missbrauch von Kindern zu ergreifen, bleibt hiervon unberührt. Aus Transparenzgründen sollte diese Möglichkeit klar und hinreichend präzise in den allgemeinen Geschäftsbedingungen der Online-Plattformen festgelegt werden. Bei diesbezüglichen Entscheidungen der Anbieter von Online-Plattformen sollten stets Rechtsbehelfe möglich sein und sie sollten der Aufsicht des zuständigen Koordinators für digitale Dienste unterliegen. Vor der Entscheidung über die Aussetzung sollten Anbieter von Online-Plattformen eine Warnung erteilen, in der die Gründe für die mögliche Aussetzung und die möglichen Rechtsbehelfe gegen die Entscheidung des Anbieters der Online-Plattform aufgeführt sind. Mit der Entscheidung über die Aussetzung sollten Anbieter von Online-Plattformen auch die Begründung nach den in dieser Verordnung festgelegten Vorschriften übermitteln. Die Vorschriften dieser Verordnung über Missbrauch sollten Anbieter von Online-Plattformen nicht daran hindern, andere Maßnahmen zu ergreifen, um im Einklang mit dem geltenden Unionsrecht und dem geltenden nationalen Recht gegen die Bereitstellung rechtswidriger Inhalte oder den sonstigen Missbrauch ihrer Dienste, einschließlich durch Verstoß gegen ihre allgemeinen Geschäftsbedingungen, durch die Nutzer vorzugehen. Diese Vorschriften lassen jegliche im Unionsrecht oder im nationalen Recht vorgesehenen Möglichkeiten unberührt, die am Missbrauch beteiligten Personen haftbar zu machen, einschließlich für Schadensersatz.

(65) Angesichts der besonderen Verantwortung und Pflichten von Anbietern von Online-Plattformen sollten ihnen – neben den von allen Anbietern von Vermittlungsdiensten im Rahmen dieser Verordnung zu erfüllenden Transparenzberichtspflichten – zusätzliche Transparenzberichtspflichten auferlegt werden. Damit festgestellt werden kann, ob eine Online-Plattform oder eine Online-Suchmaschine als sehr große Online-Plattform bzw. als sehr große Online-Suchmaschine anzusehen ist, der im Rahmen dieser Verordnung bestimmte zusätzliche Pflichten auferlegt werden, sollten die Transparenzberichtspflichten von Online-Plattformen und Online-Suchmaschinen auch bestimmte Pflichten zur Veröffentlichung und Mitteilung von Informationen über die durchschnittliche monatliche Zahl aktiver Nutzer in der Union umfassen.

(66) Um für Transparenz zu sorgen und die Kontrolle über die Entscheidungen von Anbietern von Online-Plattformen über die Moderation von Inhalten sowie die Überwachung der Verbreitung rechtswidriger Inhalte im Internet zu ermöglichen, sollte die Kommission eine Datenbank führen und veröffentlichen, die die Entscheidungen und Begründungen der Anbieter von Online-Plattformen enthält, mit denen sie Inhalte entfernen oder die Verfügbarkeit von Informationen und den Zugang zu ihnen anderweitig einschränken. Damit die Datenbank stets auf dem neuesten Stand gehalten werden kann, sollten die Anbieter von Online-Plattformen die Entscheidungen und die Begründungen unverzüglich nach einer Entscheidung in einem Standardformat übermitteln, um Aktualisierungen in Echtzeit zu ermöglichen, wenn dies technisch möglich ist und in einem angemessenen Verhältnis zu den Mitteln der betreffenden Online-Plattform steht. Die strukturierte Datenbank sollte den Zugang zu den einschlägigen Informationen und Suchanfragen zu diesen

ermöglichen, insbesondere in Bezug auf die Art der betreffenden mutmaßlich rechtswidrigen Inhalte.

(67) „Dark Patterns" auf Online-Schnittstellen von Online-Plattformen sind Praktiken, mit der darauf abgezielt oder tatsächlich erreicht wird, dass die Fähigkeit der Nutzer, eine autonome und informierte Auswahl oder Entscheidung zu treffen, maßgeblich verzerrt oder beeinträchtigt wird. Solche Praktiken können eingesetzt werden, um die Nutzer zu unerwünschten Verhaltensweisen oder ungewollten Entscheidungen zu bewegen, die negative Folgen für sie haben. Anbietern von Online-Plattformen sollte es daher untersagt sein, die Nutzer in die Irre zu führen oder zu etwas zu verleiten und die Autonomie, die Entscheidungsfreiheit oder die Auswahlmöglichkeiten der Nutzer durch den Aufbau, die Gestaltung oder die Funktionen einer Online-Schnittstelle oder eines Teils davon zu verzerren oder zu beeinträchtigen. Dazu sollten unter anderem ausbeuterische Gestaltungsmuster zählen, mit denen die Nutzer zu Handlungen verleitet werden sollen, die dem Anbieter von Online-Plattformen zugutekommen, aber möglicherweise nicht im Interesse der Nutzer sind, und bei denen die Auswahlmöglichkeiten in einer nicht neutralen Weise präsentiert werden, etwa indem bestimmte Auswahlmöglichkeiten durch visuelle, akustische oder sonstige Elemente stärker hervorgehoben werden, wenn die Nutzer aufgefordert werden, eine Auswahl zu treffen.
Ferner sollten hierzu Praktiken zählen, die darin bestehen, einen Nutzer wiederholt aufzufordern, eine Auswahl zu treffen, wenn diese Auswahl bereits getroffen wurde, das Verfahren zur Stornierung eines Dienstes erheblich umständlicher zu gestalten als die entsprechende Anmeldung oder bestimmte Wahlmöglichkeiten schwieriger oder zeitaufwendiger zu gestalten als andere, es unverhältnismäßig schwierig zu machen, Käufe abzubrechen oder sich von einer bestimmten Online-Plattform abzumelden, die Verbrauchern den Abschluss von Fernabsatzverträgen mit Unternehmern ermöglichen, und die Nutzer in die Irre zu führen, indem sie zu Entscheidungen bezüglich Transaktionen verleitet werden, oder die Entscheidungsfindung der Nutzer durch Standardeinstellungen, die sehr schwer zu ändern sind, unverhältnismäßig zu beeinflussen und somit die Autonomie, die Entscheidungsfreiheit oder die Auswahlmöglichkeiten der Nutzer zu verzerren und zu beeinträchtigen. Allerdings sollten die Bestimmungen zur Verhinderung von Dark Patterns nicht so verstanden werden, dass Anbieter daran gehindert werden, direkt mit Nutzern zu interagieren und ihnen neue oder zusätzliche Dienste anzubieten. Rechtmäßige Praktiken – beispielsweise in der Werbung –, die mit dem Unionsrecht im Einklang stehen, sollten an sich nicht als Dark Patterns angesehen werden. Diese Vorschriften über Dark Patterns sollten dahin ausgelegt werden, dass sie verbotene Praktiken erfassen, die in den Anwendungsbereich dieser Verordnung fallen, soweit diese Praktiken nicht bereits unter die Richtlinie 2005/29/EG oder die Verordnung (EU) 2016/679[1)] fallen.

(68) Online-Werbung spielt im Online-Umfeld eine wichtige Rolle, auch bei der Bereitstellung von Online-Plattformen, bei denen die Erbringung der Dienste mitunter zur Gänze oder teilweise direkt oder indirekt durch

---

[1)] Nr. 1.

Werbeeinnahmen vergütet wird. Online-Werbung kann erhebliche Risiken bergen – von Werbung, die selbst rechtswidrige Inhalte aufweist, bis hin zu Beiträgen zu finanziellen Anreizen für die Veröffentlichung oder Verstärkung rechtswidriger oder anderweitig schädlicher Online-Inhalte und -Tätigkeiten oder einer diskriminierenden Darstellung von Werbung, die der Gleichbehandlung und Chancengleichheit der Bürgerinnen und Bürger zuwiderläuft. Neben den Anforderungen aus Artikel 6 der Richtlinie 2000/31/EG sollten Anbieter von Online-Plattformen daher verpflichtet werden, sicherzustellen, dass die Nutzer bestimmte individuelle Informationen darüber erhalten, wann und in wessen Auftrag die Werbung angezeigt wird. Sie sollten sicherstellen, dass die Informationen hervorgehoben dargestellt werden, unter anderem durch standardisierte visuelle oder akustische Kennzeichnung, sodass sie für den durchschnittlichen Nutzer klar erkennbar und eindeutig sind, und dass die Informationen an die Art der Online-Schnittstelle des jeweiligen Dienstes angepasst sind. Zudem sollten die Nutzer direkt auf der Online-Schnittstelle, auf der die Werbung angezeigt wird, Zugang zu Informationen darüber erhalten, anhand welcher Hauptparameter bestimmt wird, welche Werbung ihnen angezeigt wird, wobei aussagekräftige Erläuterungen zur zugrunde liegenden Logik bereitgestellt werden sollten, einschließlich der Angabe, wann Profiling genutzt wird.

Diese Erläuterungen sollten Informationen über die für die Anzeige der Werbung verwendete Methode – zum Beispiel dazu, ob es sich um kontextbezogene Werbung oder eine andere Art von Werbung handelt – sowie gegebenenfalls die wichtigsten verwendeten Profiling-Kriterien enthalten. Außerdem sollten die Nutzer in den Erläuterungen über alle ihnen zur Verfügung stehenden Mittel zur Änderung dieser Kriterien informiert werden. Die Anforderungen dieser Verordnung an die Bereitstellung von Informationen in Bezug auf Werbung gelten unbeschadet der Anwendung der einschlägigen Bestimmungen der Verordnung (EU) 2016/679[1)], insbesondere was das Widerspruchsrecht und die automatisierte Entscheidungsfindung im Einzelfall betrifft, einschließlich des Profiling und insbesondere der Notwendigkeit, vor der Verarbeitung personenbezogener Daten für gezielte Werbung die Einwilligung der betroffenen Person einzuholen. Zudem gilt sie unbeschadet der Bestimmungen der Richtlinie 2002/58/EG[2)], insbesondere in Bezug auf die Speicherung von Informationen auf Endgeräten und den Zugang zu dort gespeicherten Informationen. Schließlich ergänzt diese Verordnung die Anwendung der Richtlinie 2010/13/EU, gemäß der Maßnahmen ergriffen werden müssen, um es Nutzern zu ermöglichen, audiovisuelle kommerzielle Kommunikation in nutzergenerierten Videos als solche zu deklarieren. Sie ergänzt ferner die Pflichten für Unternehmer in Bezug auf die Offenlegung von kommerzieller Kommunikation, die sich aus der Richtlinie 2005/29/EG ergeben.

(69) Wenn Nutzern Werbung angezeigt wird, die auf Techniken der Personalisierung von Werbung beruht, welche optimiert sind, um ihren Interessen zu entsprechen und möglicherweise auf ihre Schwächen abzuzielen,

---

1) Nr. **1**.
2) Nr. **3**.

kann dies besonders schwerwiegende negative Auswirkungen haben. In bestimmten Fällen können sich manipulative Techniken negativ auf ganze Gruppen auswirken und gesellschaftliche Schäden verstärken, beispielsweise indem sie zu Desinformationskampagnen beitragen oder bestimmte Gruppen diskriminieren. Online-Plattformen sind ein Umfeld, das für solche Praktiken besonders anfällig ist, und bergen ein höheres gesellschaftliches Risiko. Daher dürfen Anbieter von Online-Plattformen keine Werbung anzeigen, die auf Profiling gemäß Artikel 4 Nummer 4 der Verordnung (EU) 2016/679[1)] unter Verwendung besonderer Kategorien personenbezogener Daten gemäß Artikel 9 Absatz 1 jener Verordnung, einschließlich Profiling-Kategorien auf der Grundlage dieser besonderen Kategorien, beruht. Dieses Verbot gilt unbeschadet der Verpflichtungen, die nach dem Unionsrecht über den Schutz personenbezogener Daten für Anbieter von Online-Plattformen oder andere Diensteanbieter oder Werbetreibende, die an der Verbreitung von Werbung beteiligt sind, gelten.

(70) Ein zentraler Bestandteil der Geschäftstätigkeiten einer Online-Plattform ist die Art und Weise, in der Informationen priorisiert und auf ihrer Online-Schnittstelle dargestellt werden, um den Zugang zu Informationen für die Nutzer zu erleichtern und zu optimieren. Dies geschieht beispielsweise durch algorithmische Empfehlungen, Einstufung und Priorisierung von Informationen, die durch textliche oder andere visuelle Darstellungen kenntlich gemacht werden, oder durch andere Arten der Kuratierung der von Nutzern bereitgestellten Informationen. Diese Empfehlungssysteme können wesentliche Auswirkungen auf die Fähigkeit der Nutzer haben, Informationen online abzurufen und mit ihnen zu interagieren. So können sie beispielsweise die Suche nach für die Nutzer relevanten Informationen erleichtern und zu einer verbesserten Nutzererfahrung beitragen. Zudem spielen sie eine wichtige Rolle bei der Verstärkung bestimmter Botschaften, der viralen Verbreitung von Informationen und der Anregung zu Online-Verhaltensweisen. Online-Plattformen sollten daher stets sicherstellen, dass die Nutzer angemessen darüber informiert werden, wie sich Empfehlungssysteme auf die Art und Weise auswirken, in der Informationen angezeigt werden, und wie sie die Art und Weise beeinflussen können, in der ihnen Informationen dargestellt werden. Sie sollten die Parameter dieser Empfehlungssysteme klar und leicht verständlich darstellen, um sicherzustellen, dass die Nutzer nachvollziehen können, wie die ihnen angezeigten Informationen priorisiert werden. Diese Parameter sollten mindestens die wichtigsten Kriterien umfassen, anhand derer festgelegt wird, welche Informationen dem Nutzer vorgeschlagen werden, sowie die Gründe, aus denen die einzelnen Kriterien von Bedeutung sind; dies betrifft auch Fälle, in denen Informationen auf der Grundlage von Profiling und dem Online-Verhalten der Nutzer priorisiert werden.

(71) Der Schutz von Minderjährigen ist ein wichtiges politisches Ziel der Union. Eine Online-Plattform kann als für Minderjährige zugänglich angesehen werden, wenn ihre allgemeinen Geschäftsbedingungen es Minderjährigen gestatten, den Dienst zu nutzen, wenn ihr Dienst sich an

---

1) Nr. **1**.

Minderjährige richtet oder überwiegend von Minderjährigen genutzt wird oder wenn dem Anbieter in anderer Weise bekannt ist, dass einige seiner Nutzer minderjährig sind, etwa weil er bereits personenbezogene Daten von Nutzern verarbeitet, aus denen das Alter der Nutzer zu anderen Zwecken hervorgeht. Anbieter von Online-Plattformen, die von Minderjährigen genutzt werden, sollten geeignete und verhältnismäßige Maßnahmen zum Schutz von Minderjährigen treffen, etwa indem sie, soweit dies angezeigt ist, ihre Online-Schnittstellen oder Teile davon standardmäßig mit dem höchsten Maß an Privatsphäre und Sicherheit für Minderjährige gestalten oder indem sie Standards für den Schutz von Minderjährigen anwenden oder sich an Verhaltenskodizes zum Schutz von Minderjährigen beteiligen. Sie sollten bewährte Verfahren und die verfügbare Anleitung – etwa jene in der Mitteilung der Kommission mit dem Titel „Eine digitale Dekade für Kinder und Jugendliche: die neue europäische Strategie für ein besseres Internet für Kinder (BIK+)" – berücksichtigen. Anbieter von Online-Plattformen sollten keine Werbung auf der Grundlage von Profiling unter Verwendung personenbezogener Daten des betreffenden Nutzers anzeigen, wenn sie hinreichende Gewissheit haben, dass der betreffende Nutzer minderjährig ist. Im Einklang mit der Verordnung (EU) 2016/679[1)], insbesondere mit dem Grundsatz der Datenminimierung im Sinne von Artikel 5 Absatz 1 Buchstabe c jener Verordnung, sollte dieses Verbot den Anbieter der Online-Plattform nicht dazu veranlassen, mehr personenbezogene Daten als die, über die er bereits verfügt, zu speichern, zu erwerben oder zu verarbeiten, um zu beurteilen, ob der betreffende Nutzer minderjährig ist. Mit dieser Verpflichtung sollte daher für Anbieter von Online-Plattformen kein Anreiz dafür geschaffen werden, das Alter der Nutzer zu erfassen, bevor diese die Plattform nutzen. Dies sollte unbeschadet des Unionsrechts über den Schutz personenbezogener Daten gelten.

(72) Um zu einem sicheren, vertrauenswürdigen und transparenten Online-Umfeld für Verbraucher sowie für andere Beteiligte, etwa konkurrierende Unternehmer oder Inhaber von Rechten des geistigen Eigentums, beizutragen und Unternehmer vom Verkauf von Produkten und Dienstleistungen unter Verstoß gegen die geltenden Vorschriften abzuhalten, sollten Online-Plattformen, die Verbrauchern den Abschluss von Fernabsatzverträgen mit Unternehmern ermöglichen, sicherstellen, dass diese Unternehmer nachverfolgt werden können. Der Unternehmer sollte daher verpflichtet sein, den Anbietern von Online-Plattformen, die Verbrauchern den Abschluss von Fernabsatzverträgen mit Unternehmern ermöglichen, bestimmte grundlegende Informationen zur Verfügung zu stellen, auch um für Produkte zu werben oder sie anzubieten. Diese Anforderung sollte auch für Unternehmer gelten, die auf der Grundlage zugrunde liegender Vereinbarungen im Namen von Marken für Produkte werben oder diese anbieten. Diese Anbieter von Online-Plattformen sollten sämtliche Informationen für die Dauer ihrer Vertragsbeziehung mit dem Unternehmer und sechs Monate darüber hinaus sicher speichern, damit etwaige Ansprüche gegenüber dem Unternehmer geltend gemacht oder Anordnungen in Bezug auf den Unternehmer erfüllt werden können.

[1)] Nr. 1.

Diese Verpflichtung ist erforderlich und verhältnismäßig, damit diese Informationen im Einklang mit dem geltenden Recht, einschließlich des Rechts auf Schutz personenbezogener Daten, von Behörden und privaten Parteien mit einem berechtigten Interesse eingesehen werden können, auch aufgrund von in dieser Verordnung genannten Anordnungen zur Bereitstellung von Informationen. Diese Verpflichtung lässt potenzielle Verpflichtungen unberührt, bestimmte Inhalte auf der Grundlage anderer Rechtsvorschriften der Union oder nationaler Rechtsvorschriften im Einklang mit dem Unionsrecht für längere Zeiträume aufzubewahren. Unbeschadet der in dieser Verordnung festgelegten Begriffsbestimmung sollte jeder auf der Grundlage von Artikel 6a Absatz 1 Buchstabe b der Richtlinie 2011/83/EU und Artikel 7 Absatz 4 Buchstabe f der Richtlinie 2005/29/EG identifizierte Unternehmer – unabhängig davon, ob es sich um eine natürliche oder juristische Person handelt – rückverfolgbar sein, wenn er ein Produkt oder eine Dienstleistung über eine Online-Plattform anbietet. Die Richtlinie 2000/31/EG verpflichtet alle Anbieter von Diensten der Informationsgesellschaft, bestimmte Informationen, die die Identifizierung aller Anbieter ermöglichen, den Nutzern und den zuständigen Behörden einfach, unmittelbar und dauerhaft zugänglich zu machen. Die in dieser Verordnung festgelegten Rückverfolgbarkeitsanforderungen an Anbieter von Online-Plattformen, die Verbrauchern den Abschluss von Fernabsatzverträgen mit Unternehmern ermöglichen, berühren nicht die Anwendung der Richtlinie (EU) 2021/514 des Rates[1)], mit der andere legitime Ziele des öffentlichen Interesses verfolgt werden.

(73) Um eine effiziente und angemessene Anwendung dieser Verpflichtung sicherzustellen, ohne unverhältnismäßige Belastungen aufzuerlegen, sollten Anbieter von Online-Plattformen, die Verbrauchern den Abschluss von Fernabsatzverträgen mit Unternehmern ermöglichen, sich nach besten Kräften um die Bewertung der Zuverlässigkeit der von den betreffenden Unternehmern bereitgestellten Informationen bemühen, insbesondere durch die Nutzung frei zugänglicher amtlicher Online-Datenbanken oder Online-Schnittstellen, etwa nationaler Handelsregister und des Mehrwertsteuer-Informationsaustauschsystems, oder die betreffenden Unternehmer auffordern, belastbare Unterlagen als Nachweise vorzulegen, etwa Kopien von Identitätsdokumenten, zertifizierte Zahlungskontenauszüge, Unternehmenszertifikate oder Auszüge aus dem Handelsregister. Sie können für die Einhaltung dieser Verpflichtung auch auf andere für die Nutzung auf Distanz verfügbare Quellen zurückgreifen, die vergleichbare Zuverlässigkeit bieten. Die Anbieter der betroffenen Online-Plattformen sollten jedoch nicht verpflichtet werden, übermäßige oder kostspielige Nachforschungen im Internet anzustellen oder unverhältnismäßige Kontrollen vor Ort durchzuführen. Auch sollte nicht davon ausgegangen werden, dass Anbieter, die sich wie von dieser Verordnung gefordert bereits nach besten Kräften bemüht haben, die Zuverlässigkeit der Informationen gegenüber Verbrauchern oder anderen Beteiligten gewährleisten.

---

1) **Amtl. Anm.:** Richtlinie (EU) 2021/514 des Rates vom 22. März 2021 zur Änderung der Richtlinie 2011/16/EU über die Zusammenarbeit der Verwaltungsbehörden im Bereich der Besteuerung (ABl. L 104 vom 25.3.2021, S. 1).

(74) Anbieter von Online-Plattformen, die Verbrauchern den Abschluss von Fernabsatzverträgen mit Unternehmern ermöglichen, sollten ihre Online-Schnittstelle so gestalten und aufbauen, dass Unternehmer ihren Verpflichtungen gemäß dem einschlägigen Unionsrecht nachkommen können, insbesondere den Anforderungen gemäß Artikel 6 und 8 der Richtlinie 2011/83/EU, Artikel 7 der Richtlinie 2005/29/EG, Artikel 5 und 6 der Richtlinie 2000/31/EG und Artikel 3 der Richtlinie 98/6/EG des Europäischen Parlaments und des Rates[1)]. Zu diesem Zweck sollten Anbieter von betroffenen Online-Plattformen sich nach besten Kräften bemühen, zu prüfen, ob die Unternehmer, die ihre Dienste nutzen, die vollständigen Informationen im Einklang mit dem einschlägigen geltenden Unionsrecht auf ihre Online-Schnittstellen hochgeladen haben. Die Anbieter von Online-Plattformen sollten sicherstellen, dass Produkte oder Dienstleistungen nicht angeboten werden, solange diese Informationen nicht vollständig sind. Dies sollte für die Anbieter von betroffenen Online-Plattformen nicht gleichbedeutend sein mit einer allgemeinen Verpflichtung zur Überwachung der von Unternehmern über ihre Dienste angebotenen Produkte oder Dienstleistungen oder mit einer allgemeinen Verpflichtung zur aktiven Nachforschung, insbesondere um die Richtigkeit der von den Unternehmern bereitgestellten Informationen zu prüfen. Die Online-Schnittstellen sollten nutzerfreundlich und für Unternehmer und Verbraucher leicht zugänglich sein. Darüber hinaus sollten die Anbieter der betroffenen Online-Plattformen, nachdem sie dem Unternehmer das Angebot des Produkts oder der Dienstleistung gestattet haben, angemessene Bemühungen unternehmen, um stichprobenartig zu überprüfen, ob die angebotenen Produkte oder Dienstleistungen in amtlichen, frei zugänglichen und maschinenlesbaren Online-Datenbanken oder Online-Schnittstellen, die in einem Mitgliedstaat oder in der Union verfügbar sind, als rechtswidrig eingestuft wurden. Die Kommission sollte auch die Rückverfolgbarkeit von Produkten durch technologische Lösungen wie digital signierte QR-Codes (Quick Response Codes) oder nicht austauschbare Token fördern. Die Kommission sollte die Entwicklung von Normen und in Ermangelung solcher Normen die Entwicklung marktgestützter Lösungen, die von den betroffenen Parteien akzeptiert werden können, fördern.

(75) Da sehr große Online-Plattformen aufgrund ihrer Reichweite – insbesondere der Zahl der Nutzer – für die Erleichterung von öffentliche Debatten, Wirtschaftstransaktionen und der öffentlichen Verbreitung von Informationen, Meinungen und Ideen sowie bei der Beeinflussung der Informationsbeschaffung und -übermittlung im Internet eine bedeutende Rolle spielen, ist es notwendig, den Anbietern dieser Plattformen neben den für alle Online-Plattformen geltenden Pflichten besondere Pflichten aufzuerlegen. Aufgrund der entscheidenden Rolle von großen Online-Suchmaschinen, wenn es darum geht, Informationen zu finden und im Internet abrufbar zu machen, müssen diese Verpflichtungen, soweit sie anwendbar sind, auch den Anbietern sehr großer Online-Suchmaschinen auferlegt werden. Diese zusätzlichen Pflichten für Anbieter sehr großer

---

[1)] **Amtl. Anm.:** Richtlinie 98/6/EG des Europäischen Parlaments und des Rates vom 16. Februar 1998 über den Schutz der Verbraucher bei der Angabe der Preise der ihnen angebotenen Erzeugnisse (ABl. L 80 vom 18.3.1998, S. 27).

Online-Plattformen und sehr großer Online-Suchmaschinen sind erforderlich, um diesen ordnungspolitischen Bedenken Rechnung zu tragen, da sich durch alternative, weniger restriktive Maßnahmen nicht dieselben Ergebnisse erzielen lassen.

(76) Sehr große Online-Plattformen und sehr große Online-Suchmaschinen können gesellschaftliche Risiken bewirken, die sich hinsichtlich Umfang und Auswirkungen von denen kleinerer Plattformen unterscheiden. Anbieter solcher sehr großen Online-Plattformen und sehr großen Online-Suchmaschinen sollten daher höchsten Sorgfaltspflichten unterliegen, die in einem angemessenen Verhältnis zu ihren gesellschaftlichen Auswirkungen stehen. Sobald die Zahl der aktiven Nutzer einer Online-Plattform oder der aktiven Nutzer einer Online-Suchmaschine, berechnet als Durchschnitt über einen Zeitraum von sechs Monaten, in der Union einen erheblichen Bevölkerungsanteil erreicht, können auch die mit der Online-Plattform oder Online-Suchmaschine verbundenen systemischen Risiken in der Union unverhältnismäßige Auswirkungen haben. Von einer solchen erheblichen Reichweite sollte ausgegangen werden, wenn die Zahl eine operative Schwelle von 45 Millionen – 10% der Bevölkerung in der Union – überschreitet. Diese operative Schwelle sollte stets aktualisiert werden, und daher sollte der Kommission die Befugnis übertragen werden, die Bestimmungen dieser Verordnung durch den Erlass delegierter Rechtsakte zu ergänzen, soweit dies erforderlich ist.

(77) Um die Reichweite einer bestimmten Online-Plattform oder Online-Suchmaschine zu bestimmen, muss die durchschnittliche Zahl der aktiven Nutzer jedes Dienstes einzeln ermittelt werden. Dementsprechend sollte die Zahl der durchschnittlichen monatlichen aktiven Nutzer einer Online-Plattform alle Nutzer widerspiegeln, die den Dienst in einem bestimmten Zeitraum tatsächlich mindestens einmal in Anspruch nehmen, indem sie Informationen ausgesetzt sind, die über die Online-Schnittstelle der Online-Plattform verbreitet werden, etwa indem sie sie ansehen oder anhören oder Informationen bereitstellen, wie z.B. Unternehmer auf einer Online-Plattform, die Verbrauchern den Abschluss von Fernabsatzverträgen mit Unternehmern ermöglicht.
Für die Zwecke dieser Verordnung beschränkt sich die Inanspruchnahme nicht auf die Interaktion mit Informationen durch Anklicken, Kommentieren, Verlinken, Teilen, Kaufen oder Durchführen von Transaktionen auf einer Online-Plattform. Folglich stimmt das Konzept des aktiven Nutzers nicht zwangsläufig mit dem des registrierten Nutzers eines Dienstes überein. In Bezug auf Online-Suchmaschinen sollte der Begriff des aktiven Nutzers diejenigen umfassen, die Informationen auf der Online-Schnittstelle ansehen, aber nicht etwa die Eigentümer der durch eine Online-Suchmaschine indexierten Websites, da diese den Dienst nicht aktiv in Anspruch nehmen. Die Zahl der aktiven Nutzer eines Dienstes sollte alle einmaligen Nutzer umfassen, die den betreffenden Dienst in Anspruch nehmen. Zu diesem Zweck sollte ein Nutzer, der verschiedene Online-Schnittstellen wie Websites oder Anwendungen verwendet, auch wenn die Dienste über verschiedene URL oder Domänennamen abgerufen werden, nach Möglichkeit nur einmal gezählt werden. Das Konzept des aktiven Nutzers sollte jedoch nicht die gelegentliche Nutzung des Dienstes durch Nutzer anderer Anbieter von Vermitt-

lungsdiensten umfassen, die vom Anbieter der Online-Plattform gespeicherte Informationen durch eine Verknüpfung oder Indexierung durch einen Anbieter von Online-Suchmaschinen indirekt zugänglich machen. Darüber hinaus verpflichtet diese Verordnung Anbieter von Online-Plattformen oder Online-Suchmaschinen nicht dazu, ein spezifisches Online-Tracking von Einzelpersonen durchzuführen. Wenn solche Anbieter in der Lage sind, automatisierte Nutzer wie Bots oder Scraper ohne weitere Verarbeitung personenbezogener Daten und Nachverfolgung außer Acht zu lassen, können sie dies tun. Da sich Marktentwicklungen und technische Entwicklungen auf die Bestimmung der Zahl der aktiven Nutzer auswirken können, sollte der Kommission die Befugnis übertragen werden, die Bestimmungen dieser Verordnung durch den Erlass delegierter Rechtsakte zur Festlegung der Methode zur Bestimmung der aktiven Nutzer des Dienstes einer Online-Plattform oder einer Online-Suchmaschine zu ergänzen, wobei erforderlichenfalls die Art des Dienstes und die Art und Weise, wie die Nutzer des Dienstes mit diesem interagieren, berücksichtigt werden sollten.

(78) Angesichts der für Plattformtätigkeiten typischen Netzwerkeffekte kann sich die Nutzerbasis einer Online-Plattform oder einer Online-Suchmaschine rasch erweitern und die Dimension einer sehr großen Online-Plattform oder einer sehr großen Online-Suchmaschine mit den damit verbundenen Auswirkungen auf den Binnenmarkt erreichen. Dies kann z.B. der Fall sein, wenn die Online-Plattform oder die Online-Suchmaschine über einen kurzen Zeitraum exponentiell wächst oder aufgrund einer breiten globalen Präsenz und ihres Umsatzes Netzwerkeffekte sowie Skalen- und Verbundeffekte vollständig nutzen kann. Insbesondere ein hoher Jahresumsatz oder eine hohe Marktkapitalisierung können darauf hindeuten, dass sich die Nutzerreichweite schnell erhöht. In diesen Fällen sollte der Koordinator für digitale Dienste am Niederlassungsort oder die Kommission den Anbieter der Online-Plattform oder der Online-Suchmaschine zu einer häufigeren Berichterstattung über die Anzahl der aktiven Nutzer verpflichten können, um den Zeitpunkt, zu dem die Plattform als sehr große Online-Plattform bzw. sehr große Online-Suchmaschine im Sinne dieser Verordnung anzusehen ist, rechtzeitig bestimmen zu können.

(79) Die Art und Weise, in der sehr große Online-Plattformen und sehr große Online-Suchmaschinen genutzt werden können, hat großen Einfluss auf die Online-Sicherheit, die öffentliche Meinungsbildung und den öffentlichen Diskurs sowie den Online-Handel. Die Gestaltung der Dienste ist im Allgemeinen auf eine Optimierung ihres oft werbegestützten Geschäftsmodells ausgerichtet und kann Anlass zu gesellschaftlichen Bedenken geben. Es bedarf einer wirksamen Regulierung und Durchsetzung, damit die Risiken und der gesellschaftliche und wirtschaftliche Schaden, die möglicherweise entstehen können, wirksam ermittelt und gemindert werden können. Im Rahmen dieser Verordnung sollten Anbieter sehr großer Online-Plattformen und sehr großer Online-Suchmaschinen daher prüfen, welche systemischen Risiken mit der Gestaltung, Funktionsweise und Nutzung ihrer Dienste sowie mit einem möglichen Missbrauch durch die Nutzer verbunden sind, und sollten unter Achtung der Grundrechte angemessene Gegenmaßnahmen treffen. Bei der Bestimmung der

Bedeutung möglicher negativer Wirkungen und Auswirkungen sollten die Anbieter die Schwere der möglichen Auswirkungen und die Wahrscheinlichkeit all dieser systemischen Risiken berücksichtigen. So könnten sie beispielsweise prüfen, ob die möglichen negativen Auswirkungen eine große Zahl von Personen betreffen können, ihre mögliche Unumkehrbarkeit oder wie schwierig es ist, die möglichen Auswirkungen zu beheben und die vorherige Situation wiederherzustellen.

(80) Dabei sollten vier Kategorien systemischer Risiken von Anbietern sehr großer Online-Plattformen und sehr großer Online-Suchmaschinen eingehend geprüft werden. Eine erste Kategorie betrifft die Risiken, die durch Verbreitung rechtswidriger Inhalte entstehen können, darunter die Verbreitung von Darstellungen von sexuellem Missbrauch von Kindern oder von rechtswidriger Hassrede oder andere Arten von Missbrauch ihrer Dienste für Straftaten sowie rechtswidrige Tätigkeiten wie ein nach Unions oder nationalem Recht untersagter Verkauf von Waren oder Dienstleistungen, wie z.B. gefährlicher oder gefälschter Güter oder rechtswidrig gehandelter Tiere. Eine solche Verbreitung oder solche Aktivitäten können beispielsweise ein erhebliches systemisches Risiko darstellen, wenn sich der Zugang zu rechtswidrigen Inhalten über Konten mit besonders großer Reichweite oder andere Möglichkeiten der Verstärkung rasch und weit verbreitet. Anbieter sehr großer Online-Plattformen und sehr großer Online-Suchmaschinen sollten das Risiko der Verbreitung rechtswidriger Inhalte unabhängig davon bewerten, ob die Informationen auch mit ihren allgemeinen Geschäftsbedingungen unvereinbar sind oder nicht. Diese Bewertung lässt die persönliche Verantwortlichkeit des Nutzers sehr großer Online-Plattformen oder der Inhaber von Websites, die von sehr großen Online-Suchmaschinen indexiert werden, für eine mögliche Rechtswidrigkeit ihrer Tätigkeit nach geltendem Recht unberührt.

(81) Eine zweite Kategorie betrifft die tatsächlichen oder absehbaren Auswirkungen des Dienstes auf die Ausübung der durch die Charta[1)] der Grundrechte geschützten Grundrechte, einschließlich, aber nicht beschränkt auf Menschenwürde, Freiheit der Meinungsäußerung und Informationsfreiheit, einschließlich der Freiheit und des Pluralismus der Medien, Recht auf Achtung des Privatlebens, Datenschutz, Recht auf Nichtdiskriminierung, Rechte des Kindes und Verbraucherschutz. Diese Risiken können beispielsweise auf die Gestaltung der algorithmischen Systeme sehr großer Online-Plattformen oder sehr großer Online-Suchmaschinen oder auf den Missbrauch ihres Dienstes für die Übermittlung missbräuchlicher Nachrichten oder auf andere Methoden zur Verhinderung der freien Meinungsäußerung oder zur Behinderung des Wettbewerbs zurückzuführen sein. Bei der Bewertung der Risiken für die Rechte des Kindes sollten die Anbieter sehr großer Online-Plattformen und sehr großer Online-Suchmaschinen beispielsweise prüfen, wie leicht es für Minderjährige ist, die Gestaltung und die Funktionsweise des Dienstes zu verstehen und in welcher Weise Minderjährige durch ihren Dienst Inhalten ausgesetzt sein können, die ihre Gesundheit oder ihre körperliche, geistige oder sittliche Entwicklung beeinträchtigen können.

[1)] Nr. **9**.

Solche Risiken können beispielsweise im Zusammenhang mit der Gestaltung von Online-Schnittstellen entstehen, die absichtlich oder unabsichtlich die Schwächen und Unerfahrenheit von Minderjährigen ausnutzen oder die zu Suchtverhalten führen können.

(82) Eine dritte Kategorie von Risiken betrifft die tatsächlichen oder absehbaren negativen Auswirkungen auf demokratische Prozesse, die gesellschaftliche Debatte und Wahlprozesse sowie auf die öffentliche Sicherheit.

(83) Eine vierte Risikokategorie ergibt sich aus ähnlichen Bedenken in Bezug auf die Gestaltung, die Funktionsweise oder die Nutzung sehr großer Online-Plattformen und sehr großer Online-Suchmaschinen, auch durch Manipulation, mit tatsächlichen oder absehbaren negativen Auswirkungen auf den Schutz der öffentlichen Gesundheit oder von Minderjährigen und schwerwiegenden negativen Folgen für das körperliche und geistige Wohlbefinden einer Person oder in Bezug auf geschlechtsspezifische Gewalt. Solche Risiken können sich auch aus koordinierten Desinformationskampagnen im Zusammenhang mit der öffentlichen Gesundheit oder aus der Gestaltung von Online-Schnittstellen, die verhaltensbezogene Abhängigkeiten der Nutzer stimulieren können, ergeben.

(84) Bei der Bewertung solcher systemischen Risiken sollten sich die Anbieter sehr großer Online-Plattformen und sehr großer Online-Suchmaschinen auf die Systeme oder andere Elemente konzentrieren, die zu den Risiken beitragen können, einschließlich aller algorithmischen Systeme, die relevant sein können, insbesondere ihre Empfehlungssysteme und Werbesysteme, wobei die entsprechenden Datenerhebungs- und -nutzungspraktiken zu berücksichtigen sind. Sie sollten auch prüfen, ob ihre allgemeinen Geschäftsbedingungen und deren Durchsetzung sowie ihre Verfahren zur Moderation von Inhalten und die entsprechenden technischen Instrumente und zugewiesenen Ressourcen angemessen sind. Bei der Bewertung der in dieser Verordnung ermittelten systemischen Risiken sollten sich diese Anbieter auch auf die Informationen konzentrieren, die zwar nicht rechtswidrig sind, aber zu den in dieser Verordnung ermittelten systemischen Risiken beitragen. Solche Anbieter sollten daher besonders darauf achten, wie ihre Dienste zur Verbreitung oder Verstärkung irreführender oder täuschender Inhalte, einschließlich Desinformation, genutzt werden. Wenn die algorithmische Verstärkung von Informationen zu den systemischen Risiken beiträgt, sollten diese Anbieter dies in ihren Risikobewertungen gebührend berücksichtigen. Wo Risiken lokal begrenzt sind oder sprachliche Unterschiede bestehen, sollten diese Anbieter dies auch bei ihren Risikobewertungen berücksichtigen. Anbieter sehr großer Online-Plattformen und sehr großer Online-Suchmaschinen sollten insbesondere prüfen, wie die Gestaltung und Funktionsweise ihres Dienstes sowie die vorsätzliche und häufig koordinierte Manipulation und Nutzung ihrer Dienste oder die systemische Verletzung ihrer Nutzungsbedingungen zu diesen Risiken beitragen. Solche Risiken können beispielsweise auf die unauthentische Nutzung des Dienstes, wie die Einrichtung von Scheinkonten, die Nutzung von Bots oder die irreführende Nutzung eines Dienstes und andere automatisierte oder teilautomatisierte Verhaltensweisen zurückzuführen sein, die zu einer schnellen und umfangreichen öffentlichen Verbreitung von Informationen führen können, die

rechtswidrige Inhalte darstellen oder mit den Geschäftsbedingungen einer Online-Plattform oder einer Online-Suchmaschine unvereinbar sind und zu Desinformationskampagnen beitragen.

(85) Um es zu ermöglichen, dass nachfolgende Risikobewertungen aufeinander aufbauen und die Entwicklung der ermittelten Risiken aufzeigen, sowie um Untersuchungen und Durchsetzungsmaßnahmen zu erleichtern, sollten Anbieter sehr großer Online-Plattformen und sehr großer Online-Suchmaschinen alle Belege für die von ihnen durchgeführten Risikobewertungen, wie etwa Informationen über deren Vorbereitung, zugrunde liegende Daten und Daten über die Tests ihrer algorithmischen Systeme, aufbewahren.

(86) Anbieter sehr großer Online-Plattformen und sehr großer Online-Suchmaschinen sollten die erforderlichen Instrumente einsetzen, um die bei den Risikobewertungen festgestellten systemischen Risiken unter Achtung der Grundrechte sorgfältig zu mindern. Alle Maßnahmen sollten mit den Sorgfaltspflichten aus dieser Verordnung im Einklang stehen sowie angemessen und wirksam zur Minderung der festgestellten spezifischen systemischen Risiken beitragen. Sie sollten in Anbetracht der wirtschaftlichen Leistungsfähigkeit des Anbieters der sehr großen Online-Plattform oder sehr großen Online-Suchmaschine verhältnismäßig sein und der Notwendigkeit Rechnung tragen, unnötige Beschränkungen für die Nutzung ihrer Dienste zu vermeiden, wobei mögliche negative Auswirkungen auf die Grundrechte angemessen zu berücksichtigen sind. Diese Anbieter sollten die Auswirkungen auf die Meinungsfreiheit besonders berücksichtigen.

(87) Anbieter sehr großer Online-Plattformen und sehr großer Online-Suchmaschinen sollten im Rahmen solcher Risikominderungsmaßnahmen beispielsweise in Betracht ziehen, die erforderliche Gestaltung, Funktion oder Funktionsweise ihres Dienstes, wie etwa die Gestaltung der Online-Schnittstelle, anzupassen. Sie sollten ihre allgemeinen Geschäftsbedingungen nach Bedarf und im Einklang mit den Bestimmungen dieser Verordnung über die allgemeinen Geschäftsbedingungen anpassen und anwenden. Weitere geeignete Maßnahmen könnten die Anpassung ihrer Systeme und internen Verfahren zur Moderation von Inhalten oder die Anpassung ihrer Entscheidungsprozesse und Ressourcen, einschließlich des Personals für die Moderation von Inhalten, seiner Ausbildung und seines lokalen Fachwissens, umfassen. Dies betrifft insbesondere die Geschwindigkeit und Qualität der Bearbeitung von Meldungen. In diesem Zusammenhang wird beispielsweise im Verhaltenskodex für die Bekämpfung rechtswidriger Hassreden im Internet aus dem Jahr 2016 ein Referenzwert für die Bearbeitung gültiger Meldungen über die Entfernung rechtswidriger Hassreden von weniger als 24 Stunden festgelegt. Anbieter sehr großer Online-Plattformen, insbesondere solcher, die in erster Linie für die öffentliche Verbreitung pornografischer Inhalte genutzt werden, sollten all ihren Verpflichtungen aus dieser Verordnung in Bezug auf rechtswidrige Inhalte, die Gewalt im Internet darstellen, einschließlich rechtswidriger pornografischer Inhalte, sorgfältig nachkommen, insbesondere im Hinblick darauf, dass Opfer ihre Rechte in Bezug auf Inhalte, die die nicht einvernehmliche Weitergabe von intimem oder manipuliertem Material darstellen, durch die rasche Bearbeitung von

Meldungen und die Entfernung solcher Inhalte unverzüglich wirksam ausüben können. Für andere Arten rechtswidriger Inhalte können abhängig von den Fakten, Umständen und Arten der betreffenden rechtswidrigen Inhalte längere oder kürzere Fristen für die Bearbeitung von Meldungen erforderlich sein. Diese Anbieter können zudem die Zusammenarbeit mit vertrauenswürdigen Hinweisgebern einleiten oder verstärken und Schulungsmaßnahmen und den Austausch mit Zusammenschlüssen vertrauenswürdiger Hinweisgeber organisieren.

(88) Anbieter sehr großer Online-Plattformen und sehr großer Online-Suchmaschinen sollten auch in Bezug auf die Maßnahmen, die sie ergreifen, um ihre algorithmischen Systeme, nicht zuletzt ihre Empfehlungssysteme, zu testen und erforderlichenfalls anzupassen, sorgfältig vorgehen. Möglicherweise müssen sie die negativen Auswirkungen personalisierter Empfehlungen mindern und die in ihren Empfehlungen verwendeten Kriterien korrigieren. Die von den Anbietern sehr großer Online-Plattformen und sehr großer Online-Suchmaschinen verwendeten Werbesysteme können auch ein Katalysator für systemische Risiken sein. Diese Anbieter sollten Korrekturmaßnahmen, wie z.B. die Beendigung von Werbeeinnahmen für bestimmte Informationen, oder andere Maßnahmen wie eine Verbesserung der Sichtbarkeit verlässlicher Informationsquellen oder eine strukturellere Anpassung ihrer Werbesysteme in Erwägung ziehen. Anbieter sehr großer Online-Plattformen und sehr großer Online-Suchmaschinen müssen möglicherweise ihre internen Verfahren oder die interne Überwachung ihrer Tätigkeiten verstärken, insbesondere um systemische Risiken zu ermitteln, und häufigere oder gezieltere Risikobewertungen im Zusammenhang mit neuen Funktionen durchführen. Insbesondere bei über verschiedene Online-Plattformen oder Online-Suchmaschinen geteilten Risiken sollten sie mit anderen Anbietern zusammenarbeiten, etwa durch Einführung von Verhaltenskodizes oder anderen Selbstregulierungsmaßnahmen oder die Beteiligung an bestehenden einschlägigen Kodizes oder Maßnahmen. Sie sollten auch Sensibilisierungsmaßnahmen in Erwägung ziehen, insbesondere bei Risiken im Zusammenhang mit Desinformationskampagnen.

(89) Insbesondere wenn sich ihre Dienste in erster Linie an Minderjährige richten oder überwiegend von diesen genutzt werden, sollten Anbieter sehr großer Online-Plattformen und sehr großer Online-Suchmaschinen bei Maßnahmen wie der Anpassung der Gestaltung ihres Dienstes und ihrer Online-Schnittstelle dem Wohl von Minderjährigen Rechnung tragen. Sie sollten sicherstellen, dass ihre Dienste so organisiert sind, dass Minderjährige problemlos auf die in dieser Verordnung vorgesehenen Mechanismen zugreifen können, gegebenenfalls einschließlich Melde-, Abhilfe- und Beschwerdemechanismen. Sie sollten ferner Maßnahmen ergreifen, um Minderjährige vor Inhalten zu schützen, die ihre körperliche, geistige oder sittliche Entwicklung beeinträchtigen können, und Instrumente bereitstellen, die einen kontrollierten Zugang zu solchen Informationen ermöglichen. Bei der Auswahl der geeigneten Minderungsmaßnahmen können die Anbieter gegebenenfalls bewährte Verfahren der Branche berücksichtigen, unter anderem solche, die durch Zusammenarbeit im Bereich Selbstregulierung festgelegt wurden, wie

Verhaltenskodizes und sollten den Leitlinien der Kommission Rechnung tragen.

(90) Anbieter sehr großer Online-Plattformen und sehr großer Online-Suchmaschinen sollten sicherstellen, dass ihr Konzept für die Risikobewertung und -minderung auf den besten verfügbaren Informationen und wissenschaftlichen Erkenntnissen beruht und dass sie ihre Annahmen mit den Gruppen überprüfen, die von den Risiken und den von ihnen ergriffenen Maßnahmen am stärksten betroffen sind. Zu diesem Zweck sollten sie, soweit angemessen, bei ihren Risikobewertungen und bei der Gestaltung ihrer Risikominderungsmaßnahmen Vertreter der Nutzer und der möglicherweise von ihren Diensten betroffenen Gruppen sowie unabhängige Sachverständige und zivilgesellschaftliche Organisationen einbeziehen. Sie sollten bestrebt sein, solche Konsultationen in ihre Methoden zur Bewertung der Risiken und zur Gestaltung von Risikominderungsmaßnahmen zu integrieren, gegebenenfalls einschließlich Erhebungen, Fokusgruppen, Rundtischgesprächen und anderen Konsultations- und Gestaltungsmethoden. Bei der Bewertung, ob eine Maßnahme angemessen, verhältnismäßig und wirksam ist, sollte ein besonderes Augenmerk auf das Recht auf freie Meinungsäußerung gelegt werden.

(91) In Krisenzeiten kann es erforderlich sein, dass Anbieter sehr großer Online-Plattformen zusätzlich zu den Maßnahmen, die sie im Hinblick auf ihre sonstigen Verpflichtungen aus dieser Verordnung ergreifen würden, dringend bestimmte spezifische Maßnahmen ergreifen. In diesem Zusammenhang sollte davon ausgegangen werden, dass eine Krise eintritt, wenn außergewöhnliche Umstände eintreten, die zu einer ernsthaften Bedrohung der öffentlichen Sicherheit oder der öffentlichen Gesundheit in der Union oder in wesentlichen Teilen der Union führen können. Solche Krisen könnten auf bewaffnete Konflikte oder terroristische Handlungen, einschließlich neu entstehender Konflikte oder terroristischer Handlungen, Naturkatastrophen wie Erdbeben und Wirbelstürme sowie auf Pandemien und andere schwerwiegende grenzüberschreitende Bedrohungen für die öffentliche Gesundheit zurückzuführen sein. Die Kommission sollte die Möglichkeit haben, auf Empfehlung des Europäisches Gremium für digitale Dienste (im Folgenden „Gremium") von Anbietern sehr großer Online-Plattformen und Anbietern sehr großer Suchmaschinen zu verlangen, dringend eine Krisenreaktion einzuleiten. Zu den Maßnahmen, die diese Anbieter ermitteln und in Erwägung ziehen können, zählen beispielsweise die Anpassung der Verfahren zur Moderation von Inhalten und die Aufstockung der Ressourcen für die Moderation von Inhalten, die Anpassung der allgemeinen Geschäftsbedingungen, der einschlägigen algorithmischen Systeme und der Werbesysteme, die weitere Intensivierung der Zusammenarbeit mit vertrauenswürdigen Hinweisgebern, die Durchführung von Sensibilisierungsmaßnahmen und die Förderung vertrauenswürdiger Informationen sowie die Anpassung der Gestaltung ihrer Online-Schnittstellen. Es sollten die erforderlichen Anforderungen festgelegt werden, um sicherzustellen, dass solche Maßnahmen innerhalb eines sehr kurzen Zeitrahmens ergriffen werden und dass der Krisenreaktionsmechanismus nur genutzt wird, wenn und soweit dies unbedingt erforderlich ist und die im Rahmen dieses Mechanismus getroffenen Maßnahmen wirksam und verhältnis-

mäßig sind, wobei den Rechten und berechtigten Interessen aller betroffenen Parteien gebührend Rechnung zu tragen ist. Die Anwendung des Mechanismus sollte die anderen Bestimmungen dieser Verordnung, wie etwa die Bestimmungen über Risikobewertungen und Risikominderungsmaßnahmen und deren Durchsetzung sowie die Bestimmungen über Krisenprotokolle, unberührt lassen.

(92) Da eine Überprüfung durch unabhängige Sachverständige notwendig ist, sollten Anbieter sehr großer Online-Plattformen und sehr großer Online-Suchmaschinen einer Rechenschaftspflicht hinsichtlich der Einhaltung der Pflichten aus dieser Verordnung und gegebenenfalls zusätzlicher Verpflichtungszusagen im Rahmen von Verhaltenskodizes und Krisenprotokollen unterliegen, was durch unabhängige Prüfungen sichergestellt werden sollte. Um sicherzustellen, dass die Prüfungen wirksam, effizient und rechtzeitig durchgeführt werden, sollten die Anbieter sehr großer Online-Plattformen und sehr großer Online-Suchmaschinen den Organisationen, die die Prüfungen durchführen, die erforderliche Zusammenarbeit und Unterstützung leisten, indem sie dem Prüfer unter anderem Zugang zu allen relevanten Daten und Räumlichkeiten gewähren, die für eine ordnungsgemäße Durchführung der Prüfung erforderlich sind, einschließlich gegebenenfalls Daten im Zusammenhang mit algorithmischen Systemen, und indem sie mündliche oder schriftliche Anfragen beantworten. Zudem sollten die Prüfer andere objektive Informationsquellen nutzen können, wie z.B. Studien zugelassener Forscher. Anbieter sehr großer Online-Plattformen und sehr großer Online-Suchmaschinen sollten die Durchführung der Prüfung nicht beeinträchtigen. Die Prüfungen sollten im Einklang mit bewährten Verfahren der Industrie und einer hohen Berufsethik und Objektivität durchgeführt werden, gegebenenfalls unter gebührender Berücksichtigung von Prüfungsnormen und -kodizes. Die Prüfer sollten die Vertraulichkeit, Sicherheit und Integrität der Informationen sicherstellen, die sie bei der Erfüllung ihrer Aufgaben erhalten, einschließlich Geschäftsgeheimnissen. Diese Sicherstellung sollte kein Mittel sein, die Anwendbarkeit von Prüfvorschriften dieser Verordnung zu umgehen. Die Prüfer sollten über die erforderlichen Kenntnisse im Bereich des Risikomanagements sowie über die technische Kompetenz für die Prüfung von Algorithmen verfügen. Sie sollten unabhängig sein, damit sie ihre Aufgaben auf angemessene und vertrauenswürdige Weise wahrnehmen können. Sie sollten die grundlegenden Unabhängigkeitsanforderungen für verbotene prüfungsfremde Dienstleistungen, Wechsel der Prüfungsgesellschaft und nicht an Bedingungen geknüpfte Gebühren erfüllen. Sind ihre Unabhängigkeit und technische Kompetenz nicht über jeden Zweifel erhaben, sollten sie ihre Funktion niederlegen oder auf den Prüfauftrag verzichten.

(93) Der Prüfbericht sollte begründet werden, um eine aussagekräftige Bilanz über die durchgeführten Tätigkeiten und die erzielten Schlussfolgerungen ziehen zu können. Er sollte Informationen darüber enthalten, welche Maßnahmen die Anbieter sehr großer Online-Plattformen und sehr großer Online-Suchmaschinen zur Erfüllung ihrer Pflichten im Rahmen dieser Verordnung getroffen haben, und gegebenenfalls Verbesserungsvorschläge für diese Maßnahmen aufführen. Der Prüfbericht sollte dem Koordinator für digitale Dienste am Niederlassungsort, der Kommission

und dem Gremium nach Eingang des Prüfungsberichts übermittelt werden. Die Anbieter sollten auch unverzüglich nach Abschluss jeden der Berichte über die Risikobewertung und die Risikominderungsmaßnahmen sowie den Bericht über die Umsetzung der Prüfungen des Anbieters der sehr großen Online-Plattform oder der sehr großen Online-Suchmaschine übermitteln, aus dem hervorgeht, wie sie den Empfehlungen aus der Prüfung nachgekommen sind. Der Prüfbericht sollte einen Bestätigungsvermerk enthalten, der auf den Schlussfolgerungen aus den Prüfbelegen beruht. Ein „positiver Vermerk" sollte erstellt werden, wenn alle Belege zeigen, dass der Anbieter der sehr großen Online-Plattform oder der sehr großen Online-Suchmaschine die Pflichten aus dieser Verordnung oder die gegebenenfalls im Rahmen eines Verhaltenskodex oder Krisenprotokolls eingegangenen Verpflichtungszusagen erfüllt, insbesondere durch die Ermittlung, Bewertung und Minderung der mit ihrem System und ihren Diensten verbundenen systemischen Risiken. Ein „positiver Vermerk" sollte durch Anmerkungen ergänzt werden, wenn der Prüfer Bemerkungen hinzufügen möchte, die keine wesentlichen Auswirkungen auf das Prüfergebnis haben. Ein „negativer Vermerk" sollte erstellt werden, wenn der Prüfer der Ansicht ist, dass der Anbieter der sehr großen Online-Plattform oder der sehr großen Online-Suchmaschine diese Verordnung nicht einhält oder die eingegangenen Verpflichtungszusagen nicht erfüllt. Falls in dem Bestätigungsvermerk keine Schlussfolgerung für spezifische Elemente, die Teil des Prüfungsumfangs sind, gezogen werden konnte, sollten die Gründe hierfür angegeben werden. Falls zutreffend, sollte der Bericht eine Beschreibung spezifischer Elemente enthalten, die nicht geprüft werden konnten, sowie eine Erklärung, warum diese nicht geprüft werden konnten.

(94) Die Verpflichtungen zur Bewertung und Minderung von Risiken sollten in jedem Einzelfall dazu führen, dass die Anbieter sehr großer Online-Plattformen oder sehr großer Online-Suchmaschinen die Konzipierung ihrer Empfehlungssysteme bewerten und gegebenenfalls anpassen müssen, beispielsweise indem sie Maßnahmen zur Vermeidung oder Minimierung von Vorurteilen ergreifen, die zur Diskriminierung schutzbedürftiger Personen führen, insbesondere wenn eine derartige Anpassung im Einklang mit dem Datenschutzrecht steht und wenn die Informationen auf der Basis besonderer Kategorien personenbezogener Daten nach Artikel 9 der Verordnung (EU) 2016/679[1)] personalisiert sind. Zusätzlich und ergänzend zu den Transparenzpflichten, die für Online-Plattformen in Bezug auf ihre Empfehlungssysteme gelten, sollten die Anbieter sehr großer Online-Plattformen und sehr großer Online-Suchmaschinen konsequent sicherstellen, dass den Nutzern ihres Dienstes für die wichtigsten Parameter ihrer Empfehlungssysteme alternative Optionen zur Verfügung stehen, die nicht auf Profiling im Sinne der Verordnung (EU) 2016/679[1)] beruhen. Diese Auswahl sollte direkt von der Online-Schnittstelle aus zugänglich sein, auf der die Empfehlungen vorgelegt werden.

(95) Von sehr großen Online-Plattformen und sehr großen Online-Suchmaschinen genutzte Werbesysteme sind mit besonderen Risiken verbunden und machen angesichts ihres Umfangs und der Tatsache, dass sie die

[1)] Nr. **1**.

Nutzer auf der Grundlage ihres Verhaltens innerhalb und außerhalb der Online-Schnittstelle der Plattform oder der Suchmaschine gezielt erreichen können, eine weitergehende öffentliche und regulatorische Aufsicht erforderlich. Sehr große Online-Plattformen oder sehr große Online-Suchmaschinen sollten Archive für Werbung, die auf ihren Online-Schnittstellen angezeigt wird, öffentlich zugänglich machen, um die Aufsicht und die Forschung zu neu entstehenden Risiken im Zusammenhang mit der Online-Verbreitung von Werbung zu unterstützen; dies betrifft etwa rechtswidrige Werbung oder manipulative Techniken und Desinformation mit realen und absehbaren negativen Auswirkungen auf die öffentliche Gesundheit oder Sicherheit, den gesellschaftlichen Diskurs, die politische Teilhabe und die Gleichbehandlung. Die Archive sollten den Inhalt der Werbung – u.a. den Namen des Produkts, der Dienstleistung oder Marke und den Gegenstand der Werbung – sowie damit verbundene Daten zum Werbetreibenden und, falls diese nicht mit ihm identisch ist, zur natürlichen oder juristischen Person, die für die Werbung bezahlt hat, und zur Bereitstellung der Werbung enthalten, insbesondere was gezielte Werbung betrifft. Diese Informationen sollten Angaben sowohl zu den Kriterien für die Zielausrichtung als auch zu den Kriterien für die Bereitstellung enthalten, insbesondere, wenn Werbung für schutzbedürftige Personen, wie etwa Minderjährige, bereitgestellt wird.

(96) Im Interesse einer angemessenen Überwachung und Bewertung der Erfüllung der Pflichten aus dieser Verordnung durch sehr große Online-Plattformen und sehr große Online-Suchmaschinen können der Koordinator für digitale Dienste am Niederlassungsort oder die Kommission Zugang zu bestimmten Daten oder die Meldung dieser Daten verlangen; dies gilt auch für Daten betreffend Algorithmen. Dazu können beispielsweise Daten zählen, die erforderlich sind, um die mit den Systemen der sehr großen Online-Plattform oder der sehr großen Online-Suchmaschine verbundenen Risiken und mögliche Schäden zu bewerten, sowie Daten zur Genauigkeit, Funktionsweise und Prüfung von algorithmischen Systemen für die Moderation von Inhalten, Empfehlungs- oder Werbesysteme, einschließlich gegebenenfalls Daten und Algorithmen zu Schulungen, oder Daten zu Verfahren und Ergebnissen der Moderation von Inhalten oder von internen Beschwerdemanagementsystemen im Sinne dieser Verordnung. Solche Anträge auf Zugang zu Daten sollten nicht Anträge auf Vorlage spezifischer Informationen über einzelne Nutzer zum Zwecke der Feststellung der Einhaltung anderer geltender Rechtsvorschriften der Union oder der Mitgliedstaaten durch diese Nutzer umfassen. Untersuchungen von Forschern zur Entwicklung und Bedeutung systemischer Online-Risiken sind von besonderer Bedeutung, um Informationsasymmetrien zu beseitigen, für ein resilientes Risikominderungssystem zu sorgen und Informationen für Anbieter von Online-Plattformen, Anbieter von Online-Suchmaschinen, Koordinatoren für digitale Dienste, andere zuständige Behörden, die Kommission und die Öffentlichkeit bereitzustellen.

(97) Diese Verordnung enthält daher einen Rahmen für die Verpflichtung, die Daten sehr großer Online-Plattformen und sehr großer Online-Suchmaschinen für zugelassene Fortscher, die einer Forschungseinrichtung im

Sinne des Artikels 2 der Richtlinie (EU) 2019/790 angeschlossen sind, zugänglich zu machen, wozu für die Zwecke dieser Verordnung auch Organisationen der Zivilgesellschaft gehören können, die wissenschaftliche Forschung mit dem vorrangigen Ziel betreiben, ihren Auftrag im öffentlichen Interesse zu unterstützen. Alle Anträge auf Zugang zu Daten innerhalb dieses Rahmens sollten verhältnismäßig sein und Rechte und legitime Interessen angemessen schützen, darunter personenbezogene Daten, Geschäftsgeheimnisse und andere vertrauliche Informationen der sehr großen Online-Plattform oder der sehr großen Online-Suchmaschine und sonstiger Beteiligter, einschließlich der Nutzer. Um jedoch sicherzustellen, dass das Ziel dieser Verordnung erreicht wird, sollte die Berücksichtigung der geschäftlichen Interessen der Anbieter nicht dazu führen, dass der Zugang zu Daten verweigert wird, die für das spezifische Forschungsziel auf der Grundlage einer Anfrage im Rahmen dieser Verordnung erforderlich sind. In diesem Zusammenhang sollten Anbieter unbeschadet der Richtlinie (EU) 2016/943 des Europäischen Parlaments und des Rates[1] für einen angemessenen Zugang für Forscher sorgen, erforderlichenfalls auch durch technische Schutzmaßnahmen, z.B. durch Datenräume. Anträge auf Zugang zu Daten könnten beispielsweise die Anzahl der Aufrufe oder gegebenenfalls andere Arten des Zugangs von Nutzern zu Inhalten vor deren Entfernung durch die Anbieter sehr großer Online-Plattformen oder sehr großer Online-Suchmaschinen betreffen.

(98) Sind diese Daten öffentlich zugänglich, sollten solche Anbieter außerdem Forscher, die eine angemessene Untergruppe von Kriterien erfüllen, nicht daran hindern, diese Daten zu Forschungszwecken zu nutzen, wenn diese zur Aufspürung, zur Ermittlung und zum Verständnis systemischer Risiken beitragen. Sie sollten solchen Forschern, einschließlich – soweit technisch möglich – in Echtzeit, Zugang zu öffentlich zugänglichen Daten gewähren, z.B. zu aggregierten Interaktionen mit Inhalten von öffentlichen Seiten, öffentlichen Gruppen oder Persönlichkeiten des öffentlichen Lebens, einschließlich Daten zu Wahrnehmung und Interaktion, wie z.B. die Anzahl der Reaktionen, Teilungen und Kommentare von Nutzern des Dienstes. Anbieter sehr großer Online-Plattformen oder sehr großer Online-Suchmaschinen sollten dazu angehalten werden, mit Forschern zusammenzuarbeiten und einen breiteren Zugang zu Daten für die Überwachung gesellschaftlicher Belange durch freiwillige Bemühungen zu gewähren, unter anderem durch Verpflichtungen und Verfahren, die im Rahmen von Verhaltenskodizes oder Krisenprotokollen vereinbart wurden. Diese Anbieter und Forscher sollten dem Schutz personenbezogener Daten besondere Aufmerksamkeit widmen und sicherstellen, dass jede Verarbeitung personenbezogener Daten mit der Verordnung (EU) 2016/679[2] im Einklang steht. Anbieter sollten personenbezogene Daten anonymisieren oder pseudonymisieren, es sei denn, dies würde den verfolgten Forschungszweck unmöglich machen.

---

[1] **Amtl. Anm.:** Richtlinie (EU) 2016/943 des Europäischen Parlaments und des Rates vom 8. Juni 2016 über den Schutz vertraulichen Know-hows und vertraulicher Geschäftsinformationen (Geschäftsgeheimnisse) vor rechtswidrigem Erwerb sowie rechtswidriger Nutzung und Offenlegung (ABl. L 157 vom 15.6.2016, S. 1).

[2] Nr. **1**.

(99) Angesichts der Komplexität der Funktionsweise der genutzten Systeme und der mit ihnen verbundenen systemischen Risiken für die Gesellschaft sollten Anbieter sehr großer Online-Plattformen und sehr großer Online-Suchmaschinen eine Compliance-Funktion einrichten, die von ihren operativen Funktionen unabhängig sein sollte. Der Leiter der Compliance-Funktion sollte direkt dem Leitungsorgan dieser Anbieter unterstehen, auch in Bezug auf Fragen der Nichteinhaltung dieser Verordnung. Die Compliance-Beauftragten, die Teil der Compliance-Funktion sind, sollten über die erforderlichen Qualifikationen, Kenntnisse, Erfahrung und Fähigkeiten verfügen, um Maßnahmen umzusetzen und die Einhaltung dieser Verordnung innerhalb der Organisation der Anbieter sehr großer Online-Plattformen oder sehr großer Online-Suchmaschinen zu überwachen. Anbieter sehr großer Online-Plattformen und sehr großer Online-Suchmaschinen sollten sicherstellen, dass die Compliance-Funktion ordnungsgemäß und frühzeitig in alle mit dieser Verordnung zusammenhängenden Fragen eingebunden wird, auch in die Strategie und spezifischen Maßnahmen zur Risikobewertung und -minderung sowie gegebenenfalls in die Bewertung der Einhaltung der Verpflichtungszusagen dieser Anbieter im Rahmen der von ihnen angenommenen Verhaltenskodizes oder Krisenprotokolle.

(100) Angesichts der zusätzlichen Risiken im Zusammenhang mit ihren Tätigkeiten und ihren zusätzlichen Pflichten im Rahmen dieser Verordnung sollten zusätzliche Transparenzanforderungen speziell für sehr große Online-Plattformen und sehr große Online-Suchmaschinen gelten, insbesondere die Pflicht zur umfassenden Berichterstattung über die vorgenommenen Risikobewertungen und die anschließend gemäß dieser Verordnung getroffenen Maßnahmen.

(101) Die Kommission sollte in Bezug auf Personal, Fachwissen und finanzielle Ausstattung über die zur Wahrnehmung ihrer Aufgaben im Sinne dieser Verordnung notwendigen Mittel verfügen. Um die Verfügbarkeit der Ressourcen sicherzustellen, die für eine angemessene Beaufsichtigung auf Unionsebene im Rahmen dieser Verordnung erforderlich sind, und in Anbetracht der Tatsache, dass die Mitgliedstaaten befugt sein sollten, von in ihrem Hoheitsgebiet niedergelassenen Anbietern eine Aufsichtsgebühr für die von ihren Behörden wahrgenommenen Aufsichts- und Durchsetzungsaufgaben zu erheben, sollte die Kommission auf sehr großen Online-Plattformen und sehr großen Online-Suchmaschinen eine Aufsichtsgebühr erheben, deren Höhe jährlich festgelegt werden sollte. Der Gesamtbetrag der jährlichen Aufsichtsgebühr sollte auf der Grundlage des Gesamtbetrags der Kosten ermittelt werden, die der Kommission bei der Wahrnehmung ihrer Aufsichtsaufgaben im Rahmen dieser Verordnung entstehen, wie nach vernünftigem Ermessen im Voraus geschätzt. Dieser Betrag sollte Kosten im Zusammenhang mit der Ausübung der besonderen Befugnisse und Aufgaben der Beaufsichtigung, Untersuchung, Durchsetzung und Überwachung in Bezug auf Anbieter sehr großer Online-Plattformen und sehr großer Online-Suchmaschinen umfassen, einschließlich der Kosten im Zusammenhang mit der Benennung sehr großer Online-Plattformen und sehr großer Online-Suchmaschinen oder mit der Einrichtung, der Wartung und dem Betrieb der in dieser Verordnung vorgesehenen Datenbanken.

Dazu sollten auch Kosten im Zusammenhang mit Einrichtung, Wartung und Betrieb der grundlegenden Informations- und institutionellen Infrastruktur für die Zusammenarbeit zwischen den Koordinatoren für digitale Dienste, dem Gremium und der Kommission gehören, wobei zu berücksichtigen ist, dass sehr große Online-Plattformen und sehr große Online-Suchmaschinen aufgrund ihrer Größe und Reichweite einen erheblichen Einfluss auf die für den Betrieb dieser Infrastrukturen erforderlichen Ressourcen haben. Bei der Schätzung der Gesamtkosten sollten die im Vorjahr angefallenen Aufsichtskosten berücksichtigt werden, gegebenenfalls einschließlich der Kosten, die über die im Vorjahr erhobenen jährlichen Aufsichtsgebühren hinausgehen. Die externen zweckgebundenen Einnahmen aus den jährlichen Aufsichtsgebühren könnten zur Finanzierung zusätzlicher Humanressourcen wie Vertragsbedienstete und abgeordnete nationale Sachverständige sowie anderer Ausgaben im Zusammenhang mit der Erfüllung dieser der Kommission durch diese Verordnung übertragenen Aufgabe verwendet werden. Die jährliche Aufsichtsgebühr, die von Anbietern sehr großer Online-Plattformen und sehr großer Online-Suchmaschinen zu erheben ist, sollte in einem angemessenen Verhältnis zur Größe des Dienstes stehen, die sich aus der Zahl der aktiven Nutzer des Dienstes in der Union ergibt. Darüber hinaus sollte die individuelle jährliche Aufsichtsgebühr eine Obergrenze für jeden Anbieter sehr großer Online-Plattformen oder sehr großer Online-Suchmaschinen unter Berücksichtigung der wirtschaftlichen Leistungsfähigkeit des Anbieters des benannten Dienstes oder der benannten Dienste nicht überschreiten.

(102) Zur Erleichterung einer wirksamen und einheitlichen Anwendung der Pflichten aus dieser Verordnung, für deren Umsetzung möglicherweise technische Mittel erforderlich sind, ist es wichtig, freiwillige Normen, die bestimmte technische Verfahren umfassen, zu unterstützen, soweit die Industrie dazu beitragen kann, genormte Mittel zur Unterstützung von Anbietern von Vermittlungsdiensten bei der Einhaltung dieser Verordnung zu entwickeln, z.B. durch die Möglichkeit, Mitteilungen etwa über Anwendungsprogrammierschnittstellen zu übermitteln, oder Normen betreffend die allgemeinen Geschäftsbedingungen oder Prüfungsnormen oder Normen in Bezug auf eine bessere Interoperabilität von Werbearchiven. Darüber hinaus könnten solche Normen Normen in Bezug auf Online-Werbung, Empfehlungssysteme, Zugänglichkeit und den Schutz Minderjähriger im Internet umfassen. Es steht den Anbietern von Vermittlungsdiensten frei, solche Normen anzunehmen, aber deren Annahme ist nicht gleichbedeutend mit der Einhaltung dieser Verordnung. Besonders für relativ kleine Anbieter von Vermittlungsdiensten könnten solche Normen nützlich sein, da sie bewährte Verfahren vorgeben. Bei den Normen könnte gegebenenfalls zwischen verschiedenen Arten rechtswidriger Inhalte oder verschiedenen Arten von Vermittlungsdiensten unterschieden werden.

(103) Die Kommission und das Gremium sollten die Erstellung von freiwilligen Verhaltenskodizes sowie die Umsetzung der Bestimmungen dieser Kodizes als Beitrag zur Anwendung dieser Verordnung fördern. Die Kommission und das Gremium sollten darauf hinwirken, dass in den Verhaltenskodizes eindeutig die Art der Ziele des öffentlichen Interesses festgelegt

ist, die angestrebt werden, dass sie Verfahren zur unabhängigen Bewertung der Umsetzung dieser Ziele enthalten und dass die Rolle der einschlägigen staatlichen Stellen eindeutig festgelegt ist. Besondere Aufmerksamkeit sollte der Vermeidung negativer Auswirkungen auf die Sicherheit, den Schutz der Privatsphäre und personenbezogener Daten sowie dem Verbot der Auferlegung allgemeiner Überwachungspflichten gelten. Die Umsetzung der Verhaltenskodizes sollte messbar sein und der öffentlichen Aufsicht unterliegen, doch sollte dies den Freiwilligkeitscharakter dieser Kodizes und die Wahlfreiheit der Interessenträger hinsichtlich ihrer Beteiligung nicht beeinträchtigen. Unter bestimmten Umständen kann es wichtig sein, dass sehr große Online-Plattformen bestimmte Verhaltenskodizes gemeinsam erstellen und diese einhalten. Diese Verordnung hält andere Anbieter in keiner Weise davon ab, durch Beteiligung an denselben Verhaltenskodizes dieselben Sorgfaltsstandards einzuhalten, bewährte Verfahren zu übernehmen und die Leitlinien der Kommission und des Gremiums anzuwenden.

(104) In dieser Verordnung sollten bestimmte Bereiche bestimmt werden, die für solche Verhaltenskodizes in Betracht kommen. Insbesondere sollten Risikominderungsmaßnahmen für bestimmte Arten rechtswidriger Inhalte Gegenstand von Selbst- und Koregulierungsvereinbarungen sein. Ein weiteres relevantes Thema sind die möglichen negativen Auswirkungen systemischer Risiken auf Gesellschaft und Demokratie, etwa aufgrund von Desinformation oder manipulativen und missbräuchlichen Tätigkeiten, oder negative Auswirkungen auf Minderjährige. Dazu zählen koordinierte Tätigkeiten zur Verstärkung von Informationen einschließlich Desinformation, etwa durch Nutzung von Bots oder Scheinkonten für die Erstellung vorsätzlich unrichtiger oder irreführender Informationen, die mitunter auch mit einer Gewinnerzielungsabsicht verbunden sein können und für schutzbedürftige Nutzer wie z.B. Minderjährige besonders schädlich sind. In diesen Bereichen kann die Beteiligung einer sehr großen Online-Plattform oder einer sehr großen Online-Suchmaschine an einem Verhaltenskodex und dessen Einhaltung als geeignete Risikominderungsmaßnahme angesehen werden. Weigert sich ein Anbieter einer Online-Plattform oder einer Online-Suchmaschine ohne angemessene Begründung, sich auf Aufforderung der Kommission an der Anwendung eines solchen Verhaltenskodex zu beteiligen, könnte dies hinsichtlich der Feststellung möglicher Zuwiderhandlungen der Online-Plattform oder der Online-Suchmaschine im Rahmen dieser Verordnung berücksichtigt werden. Die bloße Beteiligung an einem bestimmten Verhaltenskodex oder Umsetzung eines solchen sollte an sich nicht als Einhaltung dieser Verordnung gelten.

(105) Die Verhaltenskodizes sollten die Zugänglichkeit sehr großer Online-Plattformen und sehr großer Online-Suchmaschinen im Einklang mit dem Unionsrecht und dem nationalen Recht erleichtern, um ihre vorhersehbare Nutzung durch Menschen mit Behinderungen zu erleichtern. Insbesondere könnten die Verhaltenskodizes sicherstellen, dass die Informationen in einer wahrnehmbaren, bedienbaren, verständlichen und robusten Art und Weise präsentiert werden und dass die gemäß dieser Verordnung bereitgestellten Formulare und Maßnahmen in einer Weise

zur Verfügung gestellt werden, die für Menschen mit Behinderungen leicht auffindbar und zugänglich ist.

(106) Die Bestimmungen über Verhaltenskodizes in dieser Verordnung könnten als Grundlage für bereits bestehende Selbstregulierungsmaßnahmen auf Unionsebene dienen, darunter die Verpflichtungserklärung für mehr Produktsicherheit („Product Safety Pledge"), die gemeinsame Absichtserklärung über den Verkauf gefälschter Waren über das Internet, der Verhaltenskodex zur Bekämpfung rechtswidriger Hassrede im Internet sowie der Verhaltenskodex zur Bekämpfung von Desinformation. Wie im Aktionsplan für Demokratie angekündigt, wurde entsprechend der Anleitung der Kommission der Verhaltenskodex zur Bekämpfung von Desinformation gestärkt.

(107) An der Bereitstellung von Online-Werbung sind im Allgemeinen mehrere Akteure beteiligt, darunter Vermittlungsdienste, die die Werbetreibenden mit dem Anbieter, der die Werbung veröffentlicht, zusammenbringen. Die Verhaltenskodizes sollten die für Werbung festgelegten Transparenzpflichten von Anbietern von Online-Plattformen, sehr großen Online-Plattformen und sehr großen Online-Suchmaschinen gemäß dieser Verordnung unterstützen und ergänzen, um für flexible und wirksame Mechanismen zur Unterstützung und Verbesserung der Einhaltung dieser Pflichten zu sorgen, insbesondere was die Modalitäten für die Übermittlung der relevanten Informationen betrifft. Dies sollte auch die Erleichterung der Übermittlung von Informationen über den Werbetreibenden umfassen, der die Werbung bezahlt, wenn sie sich von der natürlichen oder juristischen Person unterscheidet, in deren Namen die Werbung auf der Online-Schnittstelle einer Online-Plattform angezeigt wird. Die Verhaltenskodizes sollten auch Maßnahmen enthalten, mit denen sichergestellt wird, dass aussagekräftige Informationen über die Monetarisierung von Daten in der gesamten Wertschöpfungskette angemessen ausgetauscht werden. Durch die Beteiligung einer Vielzahl von Interessenträgern sollte sichergestellt sein, dass diese Verhaltenskodizes breite Unterstützung erfahren, technisch solide und wirksam sind und höchsten Standards hinsichtlich der Nutzerfreundlichkeit entsprechen, damit die Ziele der Transparenzpflichten erreicht werden. Um die Wirksamkeit der Verhaltenskodizes zu gewährleisten, sollte die Kommission bei der Ausarbeitung der Verhaltenskodizes Bewertungsmechanismen einbeziehen. Gegebenenfalls kann die Kommission die Agentur der Europäischen Union für Grundrechte oder den Europäischen Datenschutzbeauftragten auffordern, zu dem jeweiligen Verhaltenskodex Stellung zu nehmen.

(108) Zusätzlich zum Krisenreaktionsmechanismus für sehr große Online-Plattformen und sehr große Online-Suchmaschinen kann die Kommission zur Erstellung freiwilliger Krisenprotokolle auffordern, um eine rasche, kollektive und grenzüberschreitende Reaktion im Online-Umfeld zu koordinieren. Dies kann z.B. der Fall sein, wenn Online-Plattformen für eine schnelle Verbreitung von rechtswidrigen Inhalten oder Desinformation missbraucht werden oder eine rasche Verbreitung verlässlicher Informationen erforderlich ist. Angesichts der wichtigen Rolle sehr großer Online-Plattformen bei der Verbreitung von Informationen auf gesellschaftlicher und internationaler Ebene sollten die Anbieter solcher Plattformen dazu aufgefordert werden, spezielle Krisenprotokolle zu erstellen und

anzuwenden. Solche Krisenprotokolle sollten nur für einen begrenzten Zeitraum aktiviert werden, und die getroffenen Maßnahmen sollten sich auf das für die Bewältigung der außergewöhnlichen Umstände absolut notwendige Maß beschränken. Diese Maßnahmen sollten mit dieser Verordnung im Einklang stehen und nicht zu einer allgemeinen Verpflichtung der teilnehmenden Anbieter sehr großer Online-Plattformen und sehr großer Online-Suchmaschinen führen, die von ihnen übermittelten oder gespeicherten Informationen zu überwachen oder aktiv nach Fakten oder Umständen zu forschen, die auf rechtswidrige Inhalte hindeuten.

(109) Um eine angemessene Aufsicht und Durchsetzung der in dieser Verordnung festgelegten Pflichten sicherzustellen, sollten die Mitgliedstaaten mindestens eine Behörde benennen, die mit der Überwachung der Anwendung und mit der Durchsetzung dieser Verordnung beauftragt wird, unbeschadet der Möglichkeit, eine bestehende Behörde zu benennen, und ungeachtet ihrer Rechtsform nach dem nationalen Recht. Die Mitgliedstaaten sollten jedoch je nach konstitutioneller, organisatorischer und administrativer Struktur des Landes mehr als einer zuständigen Behörde bestimmte Aufsichts- oder Durchsetzungsaufgaben und -zuständigkeiten im Zusammenhang mit der Anwendung dieser Verordnung übertragen können, etwa für einzelne Wirtschaftszweige, und zwar auch bestehenden Behörden wie z.B. den Regulierungsbehörden für elektronische Kommunikation oder die Medien oder den Verbraucherschutzbehörden. Alle zuständigen Behörden sollten in der Ausübung ihrer Aufgaben zur Erreichung der Ziele dieser Verordnung beitragen, nämlich dem reibungslosen Funktionieren des Binnenmarkts für Vermittlungsdienste, in dem die harmonisierten Vorschriften für ein sicheres, berechenbares und vertrauenswürdiges Online-Umfeld, das Innovationen begünstigt, und insbesondere die für die verschiedenen Kategorien von Anbietern von Vermittlungsdiensten geltenden Sorgfaltspflichten, wirksam überwacht und durchgesetzt werden, damit sichergestellt wird, dass die in der Charta[1] verankerten Grundrechte, einschließlich des Grundsatzes des Verbraucherschutzes, wirksam geschützt werden. Diese Verordnung verpflichtet die Mitgliedstaaten nicht, den zuständigen Behörden die Aufgabe zu übertragen, über die Rechtmäßigkeit spezifischer Inhalte zu entscheiden.

(110) Angesichts der grenzüberschreitenden Natur der relevanten Dienste und des breiten Spektrums der mit dieser Verordnung eingeführten Pflichten sollte eine mit der Überwachung der Anwendung und erforderlichenfalls der Durchsetzung dieser Verordnung betraute Behörde in jedem Mitgliedstaat als Koordinator für digitale Dienste benannt werden. Ist mehr als eine zuständige Behörde mit der Überwachung der Anwendung sowie der Durchsetzung dieser Verordnung betraut, sollte dennoch nur eine Behörde in diesem Mitgliedstaat als Koordinator für digitale Dienste benannt werden. Der Koordinator für digitale Dienste sollte hinsichtlich aller Angelegenheiten im Zusammenhang mit der Anwendung dieser Verordnung als zentrale Kontaktstelle für die Kommission, das Gremium, die Koordinatoren für digitale Dienste der anderen Mitgliedstaaten sowie für andere zuständige Behörden des jeweiligen Mitgliedstaates fungieren. Wurden in einem bestimmten Mitgliedstaat mehrere zuständige Behör-

[1] Nr. **9**.

den mit Aufgaben im Rahmen dieser Verordnung betraut, so sollte sich der Koordinator für digitale Dienste im Einklang mit den nationalen Rechtsvorschriften und unbeschadet der unabhängigen Bewertung der anderen zuständigen Behörden bei der Festlegung der jeweiligen Aufgaben mit diesen Behörden abstimmen und mit ihnen zusammenarbeiten. Während hiermit keine hierarchische Überordnung über andere zuständige Behörden in der Ausübung ihrer Aufgaben verbunden ist, sollte der Koordinator für digitale Dienste die wirksame Einbeziehung aller einschlägigen zuständigen Behörden sicherstellen und fristgerecht über ihre Bewertung im Kontext der Zusammenarbeit bei der Überwachung und Durchsetzung auf Unionsebene Bericht erstatten. Außerdem sollte der Mitgliedstaat zusätzlich zu den in dieser Verordnung vorgesehenen spezifischen Mechanismen für die Zusammenarbeit auf Unionsebene gegebenenfalls die Zusammenarbeit zwischen dem Koordinator für digitale Dienste und anderen auf nationaler Ebene benannten zuständigen Behörden sicherstellen, und zwar durch geeignete Instrumente wie die Zusammenlegung von Ressourcen, gemeinsame Taskforces, gemeinsame Untersuchungen und gegenseitige Amtshilfe.

(111) Der Koordinator für digitale Dienste und andere gemäß dieser Verordnung benannte zuständige Behörden spielen eine entscheidende Rolle bei der Gewährleistung der Wirksamkeit der Rechte und Pflichten aus dieser Verordnung und bei der Verwirklichung ihrer Ziele. Daher muss sichergestellt werden, dass diese Behörden über die erforderlichen Mittel, einschließlich finanzieller und personeller Ressourcen, verfügen, um alle in ihre Zuständigkeit fallenden Anbieter von Vermittlungsdiensten im Interesse aller Unionsbürger zu überwachen. Angesichts der Vielfalt von Anbietern von Vermittlungsdiensten und ihrer Verwendung fortgeschrittener Technologie bei der Bereitstellung ihrer Dienste ist es ferner von größter Bedeutung, dass der Koordinator für digitale Dienste und die einschlägigen zuständigen Behörden über die erforderliche Zahl von Mitarbeitern und Experten mit Fachkenntnissen und über die erforderlichen fortgeschrittenen technischen Mittel für die Wahrnehmung ihrer Aufgaben verfügen und dass sie die dafür erforderlichen Finanzressourcen selbstständig verwalten. Außerdem sollte bei der Zurverfügungstellung von Ressourcen der Größe, der Komplexität und den potenziellen gesellschaftlichen Auswirkungen der ihrer Zuständigkeit unterstehenden Anbieter von Vermittlungsdiensten sowie der Reichweite ihrer Dienste in der ganzen Union Rechnung getragen werden. Diese Verordnung lässt die Möglichkeit der Mitgliedstaaten unberührt, Finanzierungsmechanismen einzurichten, die auf einer Aufsichtsgebühr beruhen, welche nach nationalem Recht im Einklang mit dem Unionsrecht von Anbietern von Vermittlungsdiensten erhoben wird, sofern diese ihre Hauptniederlassung in dem betreffenden Mitgliedstaat haben, sie strikt auf das Maß beschränkt sind, das zur Deckung der Kosten für die Erfüllung der den zuständigen Behörden gemäß dieser Verordnung übertragenen Aufgaben – mit Ausnahme der der Kommission übertragenen Aufgaben – erforderlich und verhältnismäßig ist, und hinsichtlich der Erhebung und Verwendung solcher Aufsichtsgebühren eine angemessene Transparenz gewährleistet ist.

(112) Die im Rahmen dieser Verordnung benannten zuständigen Behörden sollten ferner völlig unabhängig von privaten und öffentlichen Einrichtungen handeln und sie sollten weder verpflichtet sein noch die Möglichkeit haben, Anweisungen, auch von der Regierung, einzuholen oder entgegenzunehmen, unbeschadet der spezifischen Pflichten zur Zusammenarbeit mit anderen zuständigen Behörden, dem Koordinator für digitale Dienste, dem Gremium und der Kommission. Andererseits sollte die Unabhängigkeit dieser Behörden nicht bedeuten, dass sie keinen verhältnismäßigen Rechenschaftspflichtmechanismen hinsichtlich der allgemeinen Tätigkeiten der Koordinatoren für digitale Dienste, wie etwa ihrer finanziellen Ausgaben oder der Berichterstattung an die nationalen Parlamente, unterliegen können, soweit dies mit der nationalen Verfassung im Einklang steht und die Verwirklichung der Ziele dieser Verordnung nicht beeinträchtigt. Die Anforderung der Unabhängigkeit sollte nicht die Ausübung der gerichtlichen Überprüfung oder die Möglichkeit verhindern, andere nationale Behörden, einschließlich gegebenenfalls Strafverfolgungsbehörden, Krisenmanagementbehörden oder Verbraucherschutzbehörden, zu konsultieren oder einen regelmäßigen Gedankenaustausch mit ihnen zu führen, um sich gegenseitig über laufende Untersuchungen zu unterrichten, ohne die Ausübung ihrer jeweiligen Befugnisse zu beeinträchtigen.

(113) Die Mitgliedstaaten können einer bestehenden nationalen Behörde die Funktion des Koordinators für digitale Dienste oder bestimmte Aufgaben im Zusammenhang mit der Überwachung der Anwendung und mit der Durchsetzung dieser Verordnung übertragen, soweit diese benannte Behörde unter anderem in Bezug auf ihre Unabhängigkeit die Anforderungen dieser Verordnung erfüllt. Zudem ist es den Mitgliedstaaten grundsätzlich nicht untersagt, Funktionen innerhalb einer bestehenden Behörde im Einklang mit dem Unionsrecht zusammenzufassen. Die betreffenden Maßnahmen können unter anderem das Verbot umfassen, den Präsidenten oder ein Mitglied eines Organs einer bestehenden Behörde vor dem Ende seiner nur aus dem Grund zu entlassen, dass eine institutionelle Reform durchgeführt wurde, bei der verschiedene Funktionen innerhalb einer Behörde zusammengefasst werden, wenn keine Bestimmungen vorhanden sind, die gewährleisten, dass diese Entlassungen die Unabhängigkeit und Unparteilichkeit dieser Mitglieder nicht gefährden.

(114) Die Mitgliedstaaten sollten dem Koordinator für digitale Dienste und jeder anderen im Rahmen dieser Verordnung benannten zuständigen Behörde ausreichende Befugnisse und Mittel zuweisen, um die Wirksamkeit der Untersuchungen und Durchsetzung im Einklang mit den ihnen übertragenen Aufgaben sicherzustellen. Dies beinhaltet die Befugnis der zuständigen Behörden, im Einklang mit dem nationalen Recht einstweilige Maßnahmen zu ergreifen, wenn die Gefahr eines ernsthaften Schadens besteht. Diese einstweiligen Maßnahmen, die Anordnungen zur Beendigung oder Behebung einer bestimmten mutmaßlichen Zuwiderhandlung umfassen können, sollten nicht über das hinausgehen, was notwendig ist, um sicherzustellen, dass ein ernsthafter Schaden bis zur endgültigen Entscheidung verhindert wird. Insbesondere sollte der Koordinator für digitale Dienste Informationen, die sich in seinem Gebiet befinden, ermitteln und einholen können, auch im Rahmen gemein-

samer Untersuchungen, wobei der Tatsache angemessen Rechnung zu tragen ist, dass Aufsichts- und Durchsetzungsmaßnahmen in Bezug auf Anbieter, die der rechtlichen Zuständigkeit eines anderes Mitgliedstaats oder der Kommission unterliegen, vom Koordinator für digitale Dienste dieses anderen Mitgliedstaats, gegebenenfalls im Einklang mit den Verfahren für die grenzüberschreitende Zusammenarbeit, oder gegebenenfalls von der Kommission beschlossen werden sollten.

(115) Die Mitgliedstaaten sollten in ihrem nationalen Recht die Bedingungen und Grenzen der Ausübung der Untersuchungs- und Durchsetzungsbefugnisse ihrer Koordinatoren für digitale Dienste und gegebenenfalls anderer zuständiger Behörden im Rahmen dieser Verordnung detailliert festlegen und dabei die Bestimmungen des Unionsrechts, insbesondere dieser Verordnung und der Charta[1)], einhalten.

(116) Bei der Ausübung dieser Befugnisse sollten die zuständigen Behörden die anwendbaren nationalen verfahrensrechtlichen und materiellen Bestimmungen einhalten, darunter z.B. die Verpflichtung, vor dem Betreten bestimmter Räumlichkeiten eine gerichtliche Genehmigung einzuholen und die Privilegien der Angehörigen von Rechtsberufen zu achten. Durch diese Bestimmungen sollten insbesondere die Achtung der Grundrechte auf einen wirksamen Rechtsbehelf und ein unparteiisches Gericht, einschließlich der Verteidigungsrechte, und des Rechts auf Achtung des Privatlebens sichergestellt werden. Als geeigneter Anhaltspunkt könnten in diesem Zusammenhang die für die Verfahren der Kommission gemäß dieser Verordnung vorgesehenen Garantien dienen. Vor jeder endgültigen Entscheidung sollte ein faires und unparteiisches Verfahren garantiert sein, einschließlich des Anspruchs der betroffenen Personen auf rechtliches Gehör und auf Akteneinsicht, wobei die Vertraulichkeit sowie Berufs- und Geschäftsgeheimnisse zu wahren und die Entscheidungen aussagekräftig zu begründen sind. Dies sollte Dringlichkeitsmaßnahmen in angemessen begründeten Fällen und bei geeigneten Bedingungen und Verfahrensvorkehrungen jedoch nicht ausschließen. Zudem sollte die Ausübung von Befugnissen unter anderem in einem angemessenen Verhältnis zur Art der Zuwiderhandlung oder der mutmaßlichen Zuwiderhandlung und des dadurch verursachten tatsächlichen oder potentiellen Gesamtschadens stehen. Die zuständigen Behörden sollten alle relevanten Fakten und Umstände des Falles berücksichtigen, darunter auch Informationen, die von zuständigen Behörden anderer Mitgliedstaaten eingeholt wurden.

(117) Die Mitgliedstaaten sollten sicherstellen, dass Verstöße gegen die Pflichten aus dieser Verordnung auf wirksame, verhältnismäßige und abschreckende Weise sanktioniert werden können, wobei die Art, Schwere, Häufigkeit und Dauer des Verstoßes, das verfolgte öffentliche Interesse, Umfang und Art der ausgeübten Tätigkeiten sowie die wirtschaftliche Leistungsfähigkeit des Zuwiderhandelnden zu berücksichtigen sind. Insbesondere sollte bei Sanktionen berücksichtigt werden, ob der betreffende Anbieter der Vermittlungsdienste seine Pflichten aus dieser Verordnung systematisch oder wiederholt nicht erfüllt, sowie gegebenenfalls die Zahl der betroffenen Nutzer, ob er vorsätzlich oder fahrlässig gehandelt hat und ob er in mehreren Mitgliedstaaten tätig ist. Ist in dieser Verordnung ein Höchst-

---

1) Nr. **9**.

betrag für Geldbußen oder Zwangsgelder vorgesehen, so sollte dieser Höchstbetrag für jede einzelne Zuwiderhandlung gegen diese Verordnung und unbeschadet der Anpassung der Geldbußen und Zwangsgelder für spezifische Zuwiderhandlungen gelten. Die Mitgliedstaaten sollten sicherstellen, dass die aufgrund von Zuwiderhandlungen verhängten Geldbußen oder Zwangsgelder in jedem einzelnen Fall wirksam, angemessen und abschreckend sind, indem sie nationale Vorschriften und Verfahren im Einklang mit dieser Verordnung festlegen, wobei sämtlichen Kriterien in Bezug auf die allgemeinen Bedingungen für das Verhängen von Geldbußen oder Zwangsgeldern Rechnung zu tragen ist.

(118) Im Interesse einer wirksamen Durchsetzung der in dieser Verordnung festgelegten Verpflichtungen sollten natürliche Personen oder Vertretungsorganisationen in dem Hoheitsgebiet, in dem sie die Dienstleistung in Anspruch genommen haben, jede Beschwerde hinsichtlich der Einhaltung dieser Verpflichtungen beim Koordinator für digitale Dienste einreichen können, unbeschadet der Vorschriften dieser Verordnung über die Zuweisung von Zuständigkeiten und der geltenden Vorschriften für die Behandlung von Beschwerden im Einklang mit den nationalen Grundsätzen der guten Verwaltungspraxis. Beschwerden könnten einen faktengetreuen Überblick über die Bedenken hinsichtlich der Einhaltung der Verordnung durch einen bestimmten Anbieter von Vermittlungsdiensten geben und könnten auch Informationen über übergreifende Probleme für den Koordinator für digitale Dienste enthalten. Der Koordinator für digitale Dienste sollte andere zuständige nationale Behörden und, soweit eine grenzüberschreitende Zusammenarbeit erforderlich ist, den Koordinator für digitale Dienste eines anderen Mitgliedstaates einbeziehen, insbesondere den Koordinator des Mitgliedstaates, in dem der betreffende Anbieter der Vermittlungsdienste seine Niederlassung hat.

(119) Die Mitgliedstaaten sollten sicherstellen, dass die Koordinatoren für digitale Dienste wirksame und verhältnismäßige Maßnahmen treffen können, um bestimmten besonders schweren und dauerhaften Zuwiderhandlungen gegen diese Verordnung entgegenzuwirken. Insbesondere wenn diese Maßnahmen die Rechte und Interessen von Dritten berühren können, was besonders bei Einschränkungen des Zugangs zu Online-Schnittstellen der Fall sein kann, sollte dafür gesorgt werden, dass die Maßnahmen weiteren Schutzmaßnahmen unterliegen. Insbesondere sollten möglicherweise betroffene Dritte Anspruch auf rechtliches Gehör haben, und diese Anordnungen sollten nur erteilt werden, wenn nach anderen Unionsvorschriften oder nach nationalem Recht keine Befugnisse zur Durchführung solcher Maßnahmen in angemessener Weise zur Verfügung stehen, etwa um kollektive Verbraucherinteressen zu schützen, für eine umgehende Entfernung von Websites, die Kinderpornographie enthalten oder verbreiten, zu sorgen oder den Zugang zu Diensten, die von Dritten für Zuwiderhandlungen gegen Rechte des geistigen Eigentums missbraucht werden, zu unterbinden.

(120) Eine solche Anordnung für eine Zugangsbeschränkung sollte nicht über das für die Verwirklichung ihres Ziels erforderliche Maß hinausgehen. Sie sollte daher befristet sein und sich grundsätzlich an einen Anbieter von Vermittlungsdiensten richten, wie etwa den betreffenden Hosting- oder Internetdiensteanbieter, das betreffende Register oder die betreffende

Registrierungsstelle für Domänennamen, da diese Stellen angemessen in der Lage sind, dieses Ziel zu erreichen, ohne den Zugang zu legalen Informationen unangemessen zu beschränken.

(121) Unbeschadet der Bestimmungen über den Haftungsausschluss gemäß dieser Verordnung in Bezug auf die auf Ersuchen eines Nutzers übermittelten oder gespeicherten Informationen sollte der Anbieter für Schäden von Nutzern der Dienste haften, die durch Verstöße des jeweiligen Anbieters von Vermittlungsdiensten gegen die in dieser Verordnung festgelegten Verpflichtungen verursacht werden. Eine solche Entschädigung sollte im Einklang mit den Vorschriften und Verfahren des anwendbaren nationalen Rechts und unbeschadet anderer im Rahmen der Verbraucherschutzvorschriften verfügbarer Rechtsbehelfsmöglichkeiten erfolgen.

(122) Der Koordinator für digitale Dienste sollte beispielsweise auf seiner Website regelmäßige Berichte über die gemäß dieser Verordnung durchgeführten Tätigkeiten veröffentlichen. Der Bericht sollte insbesondere in einem maschinenlesbaren Format veröffentlicht werden und einen Überblick über die eingegangenen Beschwerden und die Folgemaßnahmen dazu beinhalten, wie zum Beispiel die Gesamtzahl der eingegangenen Beschwerden und die Anzahl der Beschwerden, die zur Einleitung einer förmlichen Untersuchung oder zur Weiterleitung an andere Koordinatoren für digitale Dienste geführt haben, ohne jedoch personenbezogene Daten zu nennen. Da der Koordinator für digitale Dienste über das Informationsaustauschsystem auch über Anordnungen zu Maßnahmen gegen rechtswidrige Inhalte oder zur Bereitstellung von Informationen gemäß dieser Verordnung informiert wird, sollte er in seinem jährlichen Bericht auch die Zahl und die Kategorien solcher Anordnungen von Justiz- und Verwaltungsbehörden gegenüber Anbietern von Vermittlungsdiensten in seinem Mitgliedstaat angeben.

(123) Im Interesse der Klarheit, Einfachheit und Wirksamkeit sollten die Befugnisse für die Überwachung und Durchsetzung der Verpflichtungen aus dieser Verordnung den zuständigen Behörden des Mitgliedstaats übertragen werden, in dem sich die Hauptniederlassung des Anbieters von Vermittlungsdiensten befindet, d.h. in dem der Anbieter seine Hauptverwaltung oder seinen eingetragenen Sitz hat, an dem die wichtigsten finanziellen Funktionen und die operative Kontrolle ausgeübt werden. Anbieter, die nicht in der Union niedergelassen sind, aber Dienste in der Union erbringen und daher in den Anwendungsbereich dieser Verordnung fallen, sollten angesichts der Funktion der gesetzlichen Vertreter im Rahmen dieser Verordnung der Zuständigkeit des Mitgliedstaates unterliegen, in dem sie ihren gesetzlichen Vertreter bestellt haben. Im Interesse einer wirksamen Anwendung dieser Verordnung sollten jedoch alle Mitgliedstaaten oder gegebenenfalls die Kommission zuständig sein, wenn Anbieter keinen gesetzlichen Vertreter benannt haben. Diese Zuständigkeit kann von einer der zuständigen Behörden oder der Kommission übernommen werden, sofern der Anbieter wegen desselben Sachverhalts nicht Gegenstand eines Durchsetzungsverfahrens durch eine andere zuständige Behörde oder die Kommission ist. Um die Einhaltung des Grundsatzes ne bis in idem zu gewährleisten und insbesondere zu vermeiden, dass ein und derselbe Verstoß gegen die in dieser Verordnung festgelegten Verpflichtungen mehr als einmal geahndet wird, sollte jeder

Mitgliedstaat, der beabsichtigt, seine Zuständigkeit in Bezug auf solche Anbieter auszuüben, unverzüglich alle anderen Behörden, einschließlich der Kommission, über das für die Zwecke dieser Verordnung eingerichtete Informationsaustauschsystem unterrichten.

(124) Angesichts ihrer potenziellen Auswirkungen und der Herausforderungen, die mit ihrer wirksamen Überwachung verbunden sind, bedarf es besonderer Vorschriften für die Überwachung und Durchsetzung in Bezug auf Anbieter sehr großer Online-Plattformen und sehr großer Online-Suchmaschinen. Die Kommission sollte – gegebenenfalls mit Unterstützung der zuständigen nationalen Behörden – für die Überwachung und öffentliche Durchsetzung systemischer Aspekte, wie etwa Aspekte mit weitreichenden Auswirkungen auf die kollektiven Interessen der Nutzer, zuständig sein. Daher sollte die Kommission die ausschließliche Zuständigkeit für die Überwachung und Durchsetzung der zusätzlichen Verpflichtungen in Bezug auf den Umgang mit systemischen Risiken haben, die Anbietern sehr großer Online-Plattformen und sehr großer Online-Suchmaschinen gemäß dieser Verordnung auferlegt werden. Die ausschließliche Zuständigkeit der Kommission sollte bestimmte Verwaltungsaufgaben, die gemäß dieser Verordnung den zuständigen Behörden des Mitgliedstaats der Niederlassung übertragen werden, wie etwa die Vorabüberprüfung von Forschern, unberührt lassen.

(125) Die Zuständigkeit zur Überwachung und Durchsetzung anderer Sorgfaltspflichten als der zusätzlichen Verpflichtungen in Bezug auf den Umgang mit systemischen Risiken, die Anbietern sehr großer Online-Plattformen und sehr großer Online-Suchmaschinen gemäß dieser Verordnung auferlegt werden, sollte sowohl bei der Kommission als auch bei den zuständigen nationalen Behörden liegen. Zum einen könnte die Kommission in vielen Fällen besser in der Lage sein, gegen systemische Verstöße dieser Anbieter, wie z.B. solche, die mehrere Mitgliedstaaten betreffen, gegen schwere wiederholte Verstöße oder gegen das Versäumnis, von dieser Verordnung geforderte wirksame Mechanismen einzurichten, vorzugehen. Zum anderen könnten die zuständigen Behörden in dem Mitgliedstaat, in dem sich die Hauptniederlassung eines Anbieters einer sehr großen Online-Plattform oder einer sehr großen Online-Suchmaschine befindet, besser in der Lage sein, gegen einzelne Verstöße dieser Anbieter, die keine systemischen oder grenzüberschreitenden Probleme verursachen, vorzugehen. Im Interesse der Effizienz, zur Vermeidung von Doppelarbeit und zur Gewährleistung der Einhaltung des Grundsatzes ne bis in idem sollte es der Kommission obliegen, zu beurteilen, ob sie es für angemessen hält, diese geteilten Zuständigkeiten in einem bestimmten Fall auszuüben; und sobald sie ein Verfahren eingeleitet hat, sollten die Mitgliedstaaten nicht mehr in der Lage sein, dies zu tun. Die Mitgliedstaaten sollten sowohl untereinander als auch mit der Kommission eng zusammenarbeiten, und die Kommission sollte eng mit den Mitgliedstaaten zusammenarbeiten, um sicherzustellen, dass das mit dieser Verordnung geschaffene Überwachungs- und Durchsetzungssystem reibungslos funktioniert und wirksam ist.

(126) Die Vorschriften dieser Verordnung über die Zuweisung von Zuständigkeiten sollten die Bestimmungen des Unionsrechts und die nationalen Vorschriften des internationalen Privatrechts über die gerichtliche Zu-

ständigkeit sowie das anwendbare Recht in Zivil- und Handelssachen – wie z.B. Klagen von Verbrauchern vor den Gerichten des Mitgliedstaats, in dem sie ihren Wohnsitz haben, im Einklang mit den einschlägigen Bestimmungen des Unionsrechts – unberührt lassen. Was die den Anbietern von Vermittlungsdiensten durch diese Verordnung auferlegte Verpflichtung betrifft, die erlassende Behörde über die Ausführung von Anordnungen zum Vorgehen gegen rechtswidrige Inhalte und von Anordnungen zur Bereitstellung von Informationen zu informieren, so sollten die Vorschriften über die Zuweisung von Zuständigkeiten nur für die Überwachung der Durchsetzung dieser Verpflichtung gelten, nicht aber für andere Angelegenheiten im Zusammenhang mit der Anordnung, wie etwa die Zuständigkeit für den Erlass der Anordnung.

(127) Angesichts der grenzüberschreitenden und sektorübergreifenden Bedeutung von Vermittlungsdiensten ist ein hohes Maß an Zusammenarbeit erforderlich, um die konsequente Anwendung dieser Verordnung und die Verfügbarkeit der einschlägigen Informationen für die Ausübung der Durchsetzungsaufgaben über das Informationsaustauschsystem sicherzustellen. Diese Zusammenarbeit kann – unbeschadet spezifischer gemeinsamer Untersuchungen – je nach den anstehenden Problemen unterschiedliche Formen annehmen. In jedem Fall muss der Koordinator für digitale Dienste am Niederlassungsort eines Anbieters von Vermittlungsdiensten die anderen Koordinatoren für digitale Dienste über Probleme, Untersuchungen und Maßnahmen, die gegenüber diesem Anbieter ergriffen werden, informieren. Darüber hinaus sollte der Koordinator für digitale Dienste am Bestimmungsort – wenn eine zuständige Behörde in einem Mitgliedstaat einschlägige Informationen für eine Untersuchung besitzt, die von den zuständigen Behörden im Mitgliedstaat der Niederlassung durchgeführt wird, oder in der Lage ist, solche Informationen, die sich in ihrem Hoheitsgebiet befinden und zu denen die zuständigen Behörden im Mitgliedstaat der Niederlassung keinen Zugang haben, zu erheben – den Koordinator für digitale Dienste am Niederlassungsort zeitnah unterstützen, unter anderem durch die Ausübung seiner Untersuchungsbefugnisse im Einklang mit den geltenden nationalen Verfahren und der Charta[1]. Der Adressat dieser Untersuchungsmaßnahmen sollte ihnen Folge leisten und bei Nichtbefolgung haftbar sein, und die zuständigen Behörden im Mitgliedstaat der Niederlassung sollten die im Wege der gegenseitigen Amtshilfe erhobenen Informationen in Anspruch nehmen können, um die Einhaltung dieser Verordnung sicherzustellen.

(128) Der Koordinator für digitale Dienste am Bestimmungsort sollte insbesondere auf der Grundlage eingegangener Beschwerden oder gegebenenfalls von Beiträgen anderer nationaler zuständiger Behörden oder des Gremiums im Fall von Angelegenheiten, an denen mindestens drei Mitgliedstaaten beteiligt sind, den Koordinator für digitale Dienste am Niederlassungsort ersuchen können, Untersuchungs- oder Durchsetzungsmaßnahmen in Bezug auf einen seiner Zuständigkeit unterstehenden Anbieter zu ergreifen. Solche Ersuchen um Maßnahmen sollten sich auf stichhaltige Beweise stützen, die das Vorliegen eines mutmaßlichen Verstoßes mit negativen Auswirkungen auf die kollektiven Interessen der Nutzer des

[1] Nr. **9**.

Dienstes in dem betreffenden Mitgliedstaat oder mit negativen Auswirkungen auf die Gesellschaft belegen. Der Koordinator für digitale Dienste am Niederlassungsort sollte sich auf gegenseitige Amtshilfe stützen oder den Koordinator für digitale Dienste, der das Ersuchen gestellt hat, um eine gemeinsame Untersuchung bitten können, falls weitere Informationen für eine Entscheidung benötigt werden; dies gilt unbeschadet der Möglichkeit, die Kommission um eine Bewertung der Angelegenheit zu ersuchen, wenn Grund zu der Annahme besteht, dass es sich um einen systematischen Verstoß durch eine sehr große Online-Plattform oder eine sehr große Online-Suchmaschine handeln könnte.

(129) Das Gremium sollte die Angelegenheit an die Kommission verweisen können, wenn Uneinigkeit hinsichtlich der Bewertungen oder der getroffenen oder vorgeschlagenen Maßnahmen besteht oder wenn im Anschluss an ein Ersuchen um grenzüberschreitende Zusammenarbeit oder an eine gemeinsame Untersuchung keine Maßnahmen gemäß dieser Verordnung vereinbart werden konnten. Ist die Kommission anhand der von den betroffenen Behörden bereitgestellten Informationen der Ansicht, dass die vorgeschlagenen Maßnahmen, einschließlich der vorgeschlagenen Höhe der Geldbußen, die wirksame Durchsetzung der in dieser Verordnung festgelegten Pflichten nicht gewährleisten können, sollte sie entsprechend ihre ernsthaften Zweifel äußern und den zuständigen Koordinator für digitale Dienste auffordern können, die Angelegenheit neu zu bewerten und innerhalb einer bestimmten Frist die erforderlichen Maßnahmen zu treffen, um die Einhaltung dieser Verordnung sicherzustellen. Diese Möglichkeit gilt unbeschadet der allgemeinen Aufgabe der Kommission, die Anwendung des Unionsrechts unter der Kontrolle des Gerichtshofs der Europäischen Union im Einklang mit den Verträgen zu überwachen und erforderlichenfalls durchzusetzen.

(130) Zur Erleichterung grenzüberschreitender Aufsichtstätigkeiten und Untersuchungen im Hinblick auf die in dieser Verordnung festgelegten Pflichten, an denen mehrere Mitgliedstaaten beteiligt sind, sollten die Koordinatoren für digitale Dienste am Niederlassungsort andere Koordinatoren für digitale Dienste über das Informationsaustauschsystem zur Teilnahme an einer gemeinsamen Untersuchung in Bezug auf eine mutmaßliche Zuwiderhandlung gegen diese Verordnung einladen können. Andere Koordinatoren für digitale Dienste und gegebenenfalls andere zuständige Behörden sollten sich an der vom Koordinator für digitale Dienste am Niederlassungsort vorgeschlagenen gemeinsamen Untersuchung beteiligen können, es sei denn, Letzterer ist der Ansicht, dass eine übermäßige Anzahl an teilnehmenden Behörden unter Berücksichtigung der Merkmale der mutmaßlichen Zuwiderhandlung und der Abwesenheit direkter Auswirkungen auf die Nutzer in diesen Mitgliedstaaten die Wirksamkeit der Untersuchung beeinträchtigen könnte. Gemeinsame Untersuchungstätigkeiten können vielfältige Maßnahmen umfassen, die vom Koordinator für digitale Dienste am Niederlassungsort im Einklang mit den Verfügbarkeiten der teilnehmenden Behörden zu koordinieren sind, etwa koordinierte Datenerhebung, Zusammenlegung von Ressourcen, Taskforces, koordinierte Auskunftsverlangen oder gemeinsame Nachprüfungen von Räumlichkeiten. Alle zuständigen Behörden, die an einer gemeinsamen Untersuchung teilnehmen, sollten mit dem Koor-

dinator für digitale Dienste am Niederlassungsort zusammenarbeiten, auch durch die Ausübung ihrer Untersuchungsbefugnisse in ihrem Hoheitsgebiet im Einklang mit den geltenden nationalen Verfahren. Die gemeinsame Untersuchung sollte innerhalb einer bestimmten Frist mit einem Abschlussbericht abgeschlossen werden, in dem die Beiträge aller teilnehmenden zuständigen Behörden berücksichtigt werden. Ferner kann das Gremium, falls dies von mindestens drei Koordinatoren für digitale Dienste am Bestimmungsort beantragt wird, einem Koordinator für digitale Dienste am Niederlassungsort die Einleitung einer gemeinsamen Untersuchung empfehlen und Hinweise zu deren Organisation erteilen. Um Blockierungen zu verhindern, sollte das Gremium in bestimmten Fällen die Kommission mit der Angelegenheit befassen können, z.B. wenn der Koordinator für digitale Dienste am Niederlassungsort sich weigert, die Untersuchung einzuleiten, und das Gremium mit der Begründung nicht einverstanden ist.

(131) Im Interesse einer einheitlichen Anwendung dieser Verordnung ist es erforderlich, auf Unionsebene eine unabhängige Beratungsgruppe, ein Europäisches Gremium für digitale Dienste, einzusetzen, das die Kommission unterstützt und zur Koordinierung der Tätigkeiten der Koordinatoren für digitale Dienste beiträgt. Das Gremium sollte die Koordinatoren für digitale Dienste – sofern benannt – umfassen, wobei die Koordinatoren für digitale Dienste jedoch die Möglichkeit haben sollten, ad hoc auch Vertreter anderer zuständiger Behörden, denen bestimmte Aufgaben im Rahmen dieser Verordnung zugewiesen wurden, zu Sitzungen einzuladen oder zu ernennen, wenn dies aufgrund der Zuweisung von Aufgaben und Zuständigkeiten auf nationaler Ebene erforderlich ist. Nehmen mehrere Personen aus einem Mitgliedstaat teil, sollte sich das Stimmrecht auf einen Vertreter je Mitgliedstaat beschränken.

(132) Das Gremium sollte dazu beitragen, mit Blick auf eine einheitliche Anwendung dieser Verordnung eine gemeinsame Sichtweise der Union zu entwickeln, und die Zusammenarbeit zwischen den zuständigen Behörden unterstützen, etwa durch Beratung der Kommission und der Koordinatoren für digitale Dienste zu geeigneten Untersuchungs- und Durchsetzungsmaßnahmen, insbesondere gegenüber den Anbietern sehr großer Online-Plattformen oder sehr großer Online-Suchmaschinen und unter besonderer Berücksichtigung der Freiheit der Anbieter von Vermittlungsdiensten, Dienste in der gesamten Union anzubieten. Zudem sollte das Gremium zur Entwicklung relevanter Vorlagen und Verhaltenskodizes sowie zur Analyse neu aufkommender allgemeiner Trends in der Entwicklung digitaler Dienste in der Union beitragen, unter anderem durch die Abgabe von Stellungnahmen oder Empfehlungen zu Fragen im Zusammenhang mit Normen.

(133) Zu diesem Zweck sollte das Gremium Stellungnahmen, Aufforderungen und Empfehlungen an die Koordinatoren für digitale Dienste oder andere zuständige nationale Behörden abgeben können. Wenngleich diese nicht rechtlich bindend sind, sollte eine Entscheidung, davon abzuweichen, ordnungsgemäß begründet werden und könnte von der Kommission bei der Prüfung der Einhaltung dieser Verordnung durch den betreffenden Mitgliedstaat berücksichtigt werden.

(134) Das Gremium sollte Vertreter der Koordinatoren für digitale Dienste und gegebenenfalls anderer zuständiger Behörden umfassen und unter dem Vorsitz der Kommission stehen, um die ihm vorgelegten Angelegenheiten aus umfassender europäischer Perspektive bewerten zu können. Angesichts möglicher weiterreichender Aspekte, die auch für andere Regulierungsrahmen auf Unionsebene von Bedeutung sein können, sollte das Gremium mit anderen Einrichtungen, Ämtern, Agenturen und Beratungsgruppen der Union zusammenarbeiten können, die z.B. in den Bereichen Gleichbehandlung, einschließlich Geschlechtergleichstellung, und Nichtdiskriminierung, Datenschutz, elektronische Kommunikation, audiovisuelle Dienste, Aufdeckung und Untersuchung von Betrug zulasten des Unionshaushalts im Zusammenhang mit Zöllen, Verbraucherschutz oder Wettbewerbsrecht tätig sind, soweit dies für die Ausübung der Aufgaben erforderlich ist.

(135) Die Kommission sollte den Vorsitz des Gremiums führen, aber nicht über Stimmrechte verfügen. Durch den Vorsitz sollte die Kommission sicherstellen, dass die Tagesordnung der Sitzungen im Einklang mit den Anträgen der Mitglieder des Gremiums sowie der Geschäftsordnung und den in dieser Verordnung festgelegten Aufgaben des Gremiums festgelegt wird.

(136) Zur Unterstützung der Tätigkeiten des Gremiums sollte es auf die Kenntnisse und personellen Ressourcen der Kommission und der zuständigen nationalen Behörden zurückgreifen können. Die besonderen operativen Regelungen für die interne Arbeitsweise des Gremiums sollten in der Geschäftsordnung des Gremiums näher festgelegt werden.

(137) Da sehr große Online-Plattformen oder sehr große Online-Suchmaschinen aufgrund ihrer Reichweite und Auswirkungen erhebliche Bedeutung haben, könnte die fehlende Einhaltung der ihnen obliegenden spezifischen Pflichten Auswirkungen auf eine erhebliche Zahl von Nutzern in verschiedenen Mitgliedstaaten haben und zu großen gesellschaftlichen Schäden führen; gleichzeitig kann eine solche fehlende Einhaltung besonders schwierig zu erkennen und zu behandeln sein. Aus diesem Grund sollte die Kommission in Zusammenarbeit mit den Koordinatoren für digitale Dienste und dem Gremium Sachkenntnis und Kapazitäten der Union in Bezug auf die Überwachung sehr großer Online-Plattformen und sehr großer Online-Suchmaschinen entwickeln. Die Kommission sollte daher diese Behörden koordinieren und deren Sachkenntnis und Ressourcen in Anspruch nehmen können, z.B. durch die dauerhafte oder vorübergehende Analyse spezifischer Trends oder Probleme, die in Bezug auf eine oder mehrere sehr große Online-Plattformen oder sehr große Online-Suchmaschinen auftreten. Die Mitgliedstaaten sollten bei der Entwicklung solcher Fähigkeiten mit der Kommission zusammenarbeiten, gegebenenfalls auch durch die Entsendung von Personal, und zur Schaffung einer gemeinsamen Aufsichtskapazität der Union beitragen. Um die Sachkenntnis und Kapazitäten auf Unionsebene zu entwickeln, kann die Kommission außerdem die Sachkenntnis und Kapazitäten der mit dem Beschluss der Kommission vom 26. April 2018 zur Einsetzung einer Expertengruppe für die Beobachtungsstelle für die Online-Plattformwirtschaft eingesetzten Beobachtungsstelle für die Online-Plattformwirtschaft, einschlägiger Expertengremien sowie Exzellenzzentren in An-

spruch nehmen. Die Kommission kann Experten mit spezifischer Sachkenntnis, darunter insbesondere zugelassene Forscher, Vertreter von Agenturen und Einrichtungen der Union, Vertreter der Industrie, Nutzerverbände oder Vereinigungen der Zivilgesellschaft, internationale Organisationen, Experten aus dem Privatsektor sowie andere Interessenträger einladen.

(138) Die Kommission sollte Zuwiderhandlungen auf eigene Initiative im Einklang mit den in dieser Verordnung vorgesehenen Befugnissen untersuchen können, unter anderem durch Beantragung des Zugangs zu Daten, durch Anforderung von Informationen oder durch Durchführung von Nachprüfungen sowie durch Inanspruchnahme der Unterstützung der Koordinatoren für digitale Dienste. Deutet die Überwachung einzelner mutmaßlicher Zuwiderhandlungen von Anbietern sehr großer Online-Plattformen oder sehr großer Online-Suchmaschinen durch die zuständigen nationalen Behörden auf systemische Probleme hin, wie etwa Probleme mit weitreichenden Auswirkungen auf die kollektiven Interessen der Nutzer des betreffenden Dienstes, so sollten die Koordinatoren für digitale Dienste die Möglichkeit haben, auf der Grundlage eines hinreichend begründeten Antrags die Kommission mit diesen Problemen zu befassen. Eine solche Anfrage sollte mindestens alle erforderlichen Tatsachen und Umstände enthalten, die die mutmaßliche Zuwiderhandlung und deren systemischen Charakter untermauern. Je nach Ergebnis ihrer eigenen Bewertung sollte die Kommission die erforderlichen Untersuchungs- und Durchsetzungsmaßnahmen gemäß dieser Verordnung ergreifen können, einschließlich gegebenenfalls der Einleitung einer Untersuchung oder der Ergreifung einstweiliger Maßnahmen.

(139) Um ihre Aufgaben wirksam ausüben zu können, sollte die Kommission über einen Ermessensspielraum bezüglich der Entscheidung verfügen, Verfahren gegen Anbieter sehr großer Online-Plattformen oder sehr großer Online-Suchmaschinen einzuleiten. Wenn die Kommission das Verfahren eingeleitet hat, sollte es den Koordinatoren für digitale Dienste am Niederlassungsort untersagt sein, ihre Untersuchungs- und Durchsetzungsbefugnisse in Bezug auf das fragliche Verhalten des betreffenden Anbieters einer sehr großen Online-Plattform oder einer sehr großen Online-Suchmaschine auszuüben, um Doppelmaßnahmen, Uneinheitlichkeit und Risiken unter dem Gesichtspunkt des Verbots der Doppelbestrafung (ne bis in idem) zu vermeiden. Die Kommission sollte jedoch um einzelne oder gemeinsame Beiträge der Koordinatoren für digitale Dienste zur Untersuchung bitten können. Im Einklang mit der Pflicht zur loyalen Zusammenarbeit sollte sich der Koordinator für digitale Dienste nach Kräften bemühen, begründete und verhältnismäßige Anfragen der Kommission im Zusammenhang mit einer Untersuchung zu erfüllen. Darüber hinaus sollten der Koordinator für digitale Dienste am Niederlassungsort sowie das Gremium und gegebenenfalls alle andere Koordinatoren für digitale Dienste der Kommission alle erforderlichen Informationen und Unterstützungsleistungen bereitstellen, damit diese ihre Aufgaben wirksam erfüllen kann, einschließlich der Informationen, die im Kontext von Datenerhebungen oder Datenzugängen erhoben wurden, soweit dies nicht durch die Rechtsgrundlage, anhand der die Informationen erhoben wurden, ausgeschlossen wird. Im Gegenzug sollte

die Kommission den Koordinator für digitale Dienste am Niederlassungsort und das Gremium über die Ausübung ihrer Befugnisse informieren, insbesondere, wenn sie beabsichtigt, ein Verfahren einzuleiten und ihre Untersuchungsbefugnisse auszuüben. Außerdem sollte die Kommission, wenn sie ihre vorläufigen Feststellungen, einschließlich der Fragen zu denen sie Einwände erhebt, gegenüber den betroffenen Anbietern einer sehr großen Online-Plattform oder einer sehr großen Online-Suchmaschine mitteilt, diese auch dem Gremium mitteilen. Das Gremium sollte seine Ansichten zu den Einwänden und Bewertungen der Kommission äußern; die Kommission sollte diese Stellungnahme bei der Begründung ihrer endgültigen Entscheidung berücksichtigen.

(140) Da Maßnahmen zur Gewährleistung der Einhaltung dieser Verordnung durch Anbieter sehr großer Online-Plattformen oder sehr großer Online-Suchmaschinen mit besonderen Herausforderungen verbunden sein können und wirksame Maßnahmen angesichts ihres Umfangs und ihrer Auswirkungen und der möglicherweise resultierenden Schäden gleichzeitig sehr wichtig sind, sollte die Kommission über wirksame Untersuchungs- und Durchsetzungsbefugnisse verfügen, um in Bezug auf die Einhaltung der Vorschriften dieser Verordnung Untersuchungs-, Durchsetzungs- und Überwachungsmaßnahmen treffen zu können, wobei das Grundrecht auf Anhörung und Akteneinsicht im Kontext des Durchsetzungsverfahrens, der Grundsatz der Verhältnismäßigkeit sowie die Rechte und Interessen der Beteiligten umfassend zu berücksichtigen sind.

(141) Die Kommission sollte die Informationen anfordern können, die erforderlich sind, um die wirksame Umsetzung und Einhaltung der in dieser Verordnung festgelegten Verpflichtungen in der gesamten Union sicherzustellen. Insbesondere sollte die Kommission Zugang zu allen einschlägigen Unterlagen, Daten und Informationen haben, die für die Einleitung und Durchführung von Untersuchungen und die Überwachung der Einhaltung der in dieser Verordnung festgelegten einschlägigen Pflichten erforderlich sind, unabhängig davon, in wessen Besitz sich die betreffenden Unterlagen, Daten oder Informationen befinden und ungeachtet ihrer Form oder ihres Formats, ihres Speichermediums oder des genauen Orts der Speicherung. Die Kommission sollte den betreffenden Anbieter einer sehr großen Online-Plattform oder einer sehr großen Online-Suchmaschine sowie gegebenenfalls alle anderen natürlichen oder juristischen Personen, die zu Zwecken ihrer gewerblichen, geschäftlichen, handwerklichen oder beruflichen Tätigkeit handeln und Kenntnis von Informationen über die mutmaßliche Zuwiderhandlung oder die Zuwiderhandlung haben dürften, direkt im Wege eines hinreichend begründeten Auskunftsverlangens dazu verpflichten können, ihr alle einschlägigen Belege, Daten und Informationen vorzulegen. Darüber hinaus sollte die Kommission einschlägige Informationen für die Zwecke dieser Verordnung bei jeder Behörde, Einrichtung oder Agentur innerhalb des Mitgliedstaates einholen können. Die Kommission sollte Zugang zu Dokumenten, Daten, Informationen, Datenbanken und Algorithmen relevanter Personen sowie diesbezügliche Erläuterungen – im Wege der Ausübung von Untersuchungsbefugnissen wie Auskunftsverlangen oder Befragungen – verlangen und alle natürlichen oder juristischen Personen, die nützliche Informationen besitzen könnten, mit deren Zustimmung befragen und

die gemachten Aussagen mit allen technischen Mitteln aufnehmen können. Zudem sollte die Kommission befugt sein, die für die Durchsetzung der einschlägigen Bestimmungen dieser Verordnung erforderlichen Nachprüfungen durchzuführen. Diese Untersuchungsbefugnisse sollen die Möglichkeit der Kommission ergänzen, Koordinatoren für digitale Dienste und andere Behörden der Mitgliedstaaten um Unterstützung zu ersuchen, etwa durch Bereitstellung von Informationen oder die Ausübung ihrer Befugnisse.

(142) Einstweilige Maßnahmen können ein wichtiges Instrument sein, um sicherzustellen, dass die zu untersuchende Zuwiderhandlung nicht während einer Untersuchung die Gefahr eines schweren Schadens für die Nutzer nach sich zieht. Sie sind ein wichtiges Mittel, um Entwicklungen zu vermeiden, die durch einen Beschluss der Kommission am Ende des Verfahrens nur sehr schwer wieder rückgängig zu machen wären. Die Kommission sollte daher befugt sein, im Rahmen eines Verfahrens, das im Hinblick auf den möglichen Erlass eines Beschlusses wegen Nichteinhaltung eingeleitet wurde, per Beschluss einstweilige Maßnahmen zu verhängen. Diese Befugnis sollte in Fällen gelten, in denen die Kommission auf den ersten Blick eindeutig einen Verstoß des Anbieters einer sehr großen Online-Plattform oder einer sehr großen Online-Suchmaschine gegen die sich aus dieser Verordnung ergebenden Verpflichtungen festgestellt hat. Ein Beschluss, mit dem einstweilige Maßnahmen auferlegt werden, sollte nur für einen bestimmten Zeitraum gelten, entweder bis zum Abschluss des Verfahrens durch die Kommission oder für einen festgelegten Zeitraum, der – sofern erforderlich und angemessen – verlängerbar ist.

(143) Die Kommission sollte geeignete Maßnahmen ergreifen können, um die wirksame Umsetzung und Einhaltung der in dieser Verordnung genannten Verpflichtungen zu überwachen. So sollten unabhängige externe Sachverständige und Rechnungsprüfer bestellet werden können, die die Kommission bei dieser Aufgabe unterstützen – gegebenenfalls auch Sachverständige zuständiger Behörden der Mitgliedstaaten wie Datenschutz- oder Verbraucherschutzbehörden. Bei der Bestellung der Rechnungsprüfer sollte die Kommission für ausreichend Rotation sorgen.

(144) Die Einhaltung der einschlägigen Pflichten aus dieser Verordnung sollte durch Geldbußen und Zwangsgelder durchgesetzt werden können. Zu diesem Zweck sollten im Einklang mit den Grundsätzen der Verhältnismäßigkeit und des Verbots der doppelten Strafverfolgung Geldbußen und Zwangsgelder in angemessener Höhe auch für die Nichteinhaltung verfahrensrechtlicher Pflichten und Bestimmungen festgelegt werden, vorbehaltlich angemessener Verjährungsfristen. Die Kommission und die einschlägigen nationalen Behörden sollten ihre Durchsetzungsbemühungen abstimmen, damit sichergestellt ist, dass diese Grundsätze beachtet werden. Insbesondere sollte die Kommission allen Geldbußen und Sanktionen Rechnung tragen, die im Wege einer endgültigen Entscheidung in einem Verfahren wegen einer Zuwiderhandlung gegen andere Vorschriften der Union oder der Mitgliedstaaten wegen desselben Sachverhalts gegen dieselbe juristische Person verhängt wurden, damit sichergestellt ist, dass die insgesamt verhängten Geldbußen und Sanktionen angemessen sind und der Schwere der begangenen Zuwiderhandlung entsprechen.

Alle Beschlüsse, die die Kommission auf der Grundlage dieser Verordnung fasst, unterliegen der Überprüfung durch den Gerichtshof der Europäischen Union im Einklang mit dem AEUV. Der Gerichtshof der Europäischen Union sollte im Einklang mit Artikel 261 AEUV über die Befugnis zur unbeschränkten Ermessensnachprüfung von Geldbußen und Zwangsgeldern verfügen.

(145) Angesichts der potenziellen erheblichen gesellschaftlichen Auswirkungen einer Zuwiderhandlung gegen die zusätzlichen Pflichten in Bezug auf den Umgang mit systemischen Risiken, die nur für sehr große Online-Plattformen und sehr große Online-Suchmaschinen gelten, und um diesen ordnungspolitischen Bedenken Rechnung zu tragen, ist ein System für die erweiterte Beaufsichtigung aller Maßnahmen, die zur wirksamen Beendigung und Behebung von Zuwiderhandlungen gegen diese Verordnung ergriffen werden, erforderlich. Daher sollte die Kommission, sobald eine Zuwiderhandlung gegen eine der Bestimmungen dieser Verordnung, die ausschließlich für sehr große Online-Plattformen oder sehr große Online-Suchmaschinen gelten, festgestellt und erforderlichenfalls geahndet wurde, den Anbieter einer solchen Plattform oder einer solchen Suchmaschine auffordern, einen detaillierten Aktionsplan zu erstellen, um die Auswirkungen der Zuwiderhandlung für die Zukunft zu beheben, und diesen Aktionsplan innerhalb eines von der Kommission festzulegenden Zeitrahmens den Koordinatoren für digitale Dienste, der Kommission und dem Gremium mitteilen. Die Kommission sollte unter Berücksichtigung der Stellungnahme des Gremiums feststellen, ob die in dem Aktionsplan enthaltenen Maßnahmen ausreichend sind, um die Zuwiderhandlung zu beheben, unter anderem unter Berücksichtigung, ob die Einhaltung der einschlägigen Verhaltenskodizes zu den vorgeschlagenen Maßnahmen gehört. Die Kommission sollte auch alle nachfolgenden Maßnahmen des betreffenden Anbieters einer sehr großen Online-Plattform oder einer sehr großen Online-Suchmaschine gemäß seinem Aktionsplan überwachen, unter anderem unter Berücksichtigung einer unabhängigen Prüfung des Anbieters. Ist die Kommission nach der Umsetzung des Aktionsplans weiterhin der Auffassung, dass die Zuwiderhandlung noch nicht vollständig behoben ist, oder wurde der Aktionsplan nicht vorgelegt oder hält sie den Aktionsplan für ungeeignet, so sollte sie alle Untersuchungs- und Durchsetzungsmaßnahmen gemäß dieser Verordnung ergreifen können, einschließlich der Befugnis Zwangsgelder zu verhängen und ein Verfahrens zur Sperrung des Zugangs zu dem betreffenden Dienst einzuleiten.

(146) Der betreffende Anbieter einer sehr großen Online-Plattform oder einer sehr großen Online-Suchmaschine und andere Personen, die von der Ausübung der Befugnisse der Kommission betroffen sind und deren Interessen durch einen Beschluss berührt werden könnten, sollten vor dem Erlass des Beschlusses Gelegenheit zur Äußerung haben, und die erlassenen Beschlüsse sollten auf breiter Basis bekannt gegeben werden. Neben der Wahrung der Verteidigungsrechte der Beteiligten, insbesondere des Rechts auf Akteneinsicht, ist auch der Schutz vertraulicher Informationen unabdingbar. Zudem sollte die Kommission unter Wahrung der Vertraulichkeit der Informationen sicherstellen, dass alle ihrem Beschluss zugrunde liegenden Informationen in einem Umfang veröffentlicht wer-

den, der es dem Adressaten des Beschlusses ermöglicht, die zugrunde liegenden Fakten und Überlegungen zu verstehen.

(147) Um die einheitliche Anwendung und Durchsetzung dieser Verordnung zu gewährleisten, muss sichergestellt werden, dass nationale Behörden, einschließlich nationaler Gerichte, über alle erforderlichen Informationen verfügen, um sicherstellen zu können, dass ihre Entscheidungen nicht im Widerspruch zu einem von der Kommission im Rahmen dieser Verordnung erlassenen Beschluss stehen. Dies gilt unbeschadet des Artikels 267 AEUV.

(148) Die wirksame Durchsetzung und Überwachung dieser Verordnung erfordert einen nahtlosen Informationsaustausch in Echtzeit zwischen den Koordinatoren für digitale Dienste, dem Gremium und der Kommission auf der Grundlage der in dieser Verordnung festgelegten Informationsflüsse und Verfahren. Dies kann gegebenenfalls auch den Zugang anderer zuständiger Behörden zu diesem System rechtfertigen. Da die ausgetauschten Informationen vertraulich sein oder personenbezogene Daten beinhalten können, sollten sie gleichzeitig vor unbefugtem Zugriff geschützt bleiben, im Einklang mit den Zwecken, zu denen die Informationen erhoben wurden. Daher sollte jede Kommunikation zwischen diesen Behörden auf der Grundlage eines zuverlässigen und gesicherten Informationsaustauschsystems erfolgen, dessen Einzelheiten in einem Durchführungsrechtsakt festgelegt werden sollten. Das Informationsaustauschsystem kann auf bestehende Instrumente des Binnenmarkts gestützt sein, insofern diese die Ziele dieser Verordnung in kostenwirksamer Weise erfüllen können.

(149) Unbeschadet des Rechts der Nutzer, sich an einen Vertreter gemäß der Richtlinie (EU) 2020/1828 des Europäischen Parlament und des Rates[1] zu wenden oder jede andere Art von Vertretung nach nationalem Recht in Anspruch zu nehmen, sollten die Nutzer auch das Recht haben, eine juristische Person oder eine öffentliche Stelle mit der Ausübung ihrer in dieser Verordnung vorgesehenen Rechte zu beauftragen. Zu diesen Rechten können die Rechte im Zusammenhang mit der Einreichung von Meldungen, der Anfechtung der Entscheidungen von Anbietern von Vermittlungsdiensten und der Einlegung von Beschwerden gegen Anbieter wegen Zuwiderhandlungen gegen diese Verordnung gehören. Bestimmte Stellen, Organisationen und Vereinigungen verfügen über besondere Sachkenntnis und Kompetenz bei der Aufdeckung und Meldung fehlerhafter oder ungerechtfertigter Entscheidungen zur Moderation von Inhalten, und ihre Beschwerden im Namen der Nutzer des betreffenden Dienstes können sich positiv auf die Freiheit der Meinungsäußerung und die Informationsfreiheit im Allgemeinen auswirken. Daher sollten die Anbieter von Online-Plattformen diese Beschwerden unverzüglich bearbeiten.

(150) Im Interesse der Wirksamkeit und Effizienz sollte die Kommission eine allgemeine Bewertung dieser Verordnung vornehmen. Bei dieser allgemeinen Bewertung sollten unter anderem der Anwendungsbereich der

---

[1] **Amtl. Anm.:** Richtlinie (EU) 2020/1828 des Europäischen Parlaments und des Rates vom 25. November 2020 über Verbandsklagen zum Schutz der Kollektivinteressen der Verbraucher und zur Aufhebung der Richtlinie 2009/22/EG (ABl. L 409 vom 4.12.2020, S. 1).

unter diese Verordnung fallenden Dienste, das Zusammenspiel mit anderen Rechtsakten, die Auswirkungen dieser Verordnung auf das Funktionieren des Binnenmarkts, insbesondere in Bezug auf digitale Dienste, die Umsetzung der Verhaltenskodizes, die Verpflichtung einen in der Union niedergelassenen Gesetzlicher Vertreter zu benennen, die Auswirkungen der Verpflichtungen auf kleine Unternehmen und Kleinstunternehmen, die Wirksamkeit des Überwachungs- und Durchsetzungsmechanismus sowie die Auswirkungen auf das Recht auf freie Meinungsäußerung und Informationsfreiheit behandelt werden. Um unverhältnismäßige Belastungen zu vermeiden und die dauerhafte Wirksamkeit dieser Verordnung zu gewährleisten, sollte die Kommission außerdem innerhalb von drei Jahren nach Anwendungsbeginn der Verordnung eine Bewertung der Auswirkungen der in dieser Verordnung enthaltenen Verpflichtungen auf kleine und mittlere Unternehmen sowie innerhalb von drei Jahren nach ihrem Inkrafttreten eine Bewertung des Umfangs der von der Verordnung erfassten Dienste, insbesondere für sehr große Online-Plattformen und für sehr große Online-Suchmaschinen, und des Zusammenspiels mit anderen Rechtsakten vornehmen.

(151) Zur Gewährleistung einheitlicher Bedingungen für die Durchführung dieser Verordnung sollten der Kommission Durchführungsbefugnisse übertragen werden, in denen sie Vorlagen für Form, Inhalt und sonstige Einzelheiten der Berichte über die Moderation von Inhalten festlegt, die Höhe der jährlichen Aufsichtsgebühr für Anbieter sehr großer Online-Plattformen und sehr großer Online-Suchmaschinen bestimmt und die praktischen Modalitäten für die Einleitung von Verfahren festlegt, die Anhörungen und die ausgehandelte Offenlegung von Informationen, die im Zusammenhang mit der Beaufsichtigung, Untersuchung, Durchsetzung und Überwachung in Bezug auf Anbieter sehr großer Online-Plattformen und sehr großer Online-Suchmaschinen durchgeführt werden, sowie die praktischen und operativen Modalitäten für die Funktionsweise des Informationsaustauschsystems und seine Interoperabilität mit anderen einschlägigen Systemen festlegt. Diese Befugnisse sollten im Einklang mit der Verordnung (EU) Nr. 182/2011 des Europäischen Parlaments und des Rates[1)] ausgeübt werden.

(152) Zur Verwirklichung der Ziele dieser Verordnung sollte der Kommission die Befugnis übertragen werden, gemäß Artikel 290 AEUV Rechtsakte zur Ergänzung dieser Verordnung in Bezug auf die Kriterien für die Bestimmung sehr großer Online-Plattformen und sehr großer Online-Suchmaschinen, die Verfahrensschritte, die Prüfungsmethoden und die Berichtsvorlagen für die Prüfungen, die technischen Spezifikationen für Zugangsanträge und die genaue Methodik und Verfahren für die Festsetzung der Aufsichtsgebühr zu erlassen. Dabei ist von besonderer Bedeutung, dass die Kommission im Zuge ihrer Vorbereitungsarbeit angemessene Konsultationen, auch auf Sachverständigenebene, durchführt, die mit den Grundsätzen im Einklang stehen, die in der Interinstitutionellen

---

[1)] **Amtl. Anm.:** Verordnung (EU) Nr. 182/2011 des Europäischen Parlaments und des Rates vom 16. Februar 2011 zur Festlegung der allgemeinen Regeln und Grundsätze, nach denen die Mitgliedstaaten die Wahrnehmung der Durchführungsbefugnisse durch die Kommission kontrollieren (ABl. L 55 vom 28.2.2011, S. 13).

Vereinbarung vom 13. April 2016 über bessere Rechtsetzung[1] niedergelegt wurden. Um insbesondere für eine gleichberechtigte Beteiligung an der Vorbereitung delegierter Rechtsakte zu sorgen, erhalten das Europäische Parlament und der Rat alle Dokumente zur gleichen Zeit wie die Sachverständigen der Mitgliedstaaten, und ihre Sachverständigen haben systematisch Zugang zu den Sitzungen der Sachverständigengruppen der Kommission, die mit der Vorbereitung der delegierten Rechtsakte befasst sind.

(153) Diese Verordnung wahrt die mit der Charta[2] der Grundrechte der Europäischen Union anerkannten Grundrechte sowie die Grundrechte, die allgemeine Grundsätze des Unionsrechts darstellen. Diese Verordnung sollte daher im Einklang mit diesen Grundrechten ausgelegt und angewandt werden, einschließlich der Freiheit der Meinungsäußerung und der Informationsfreiheit sowie der Pressefreiheit und -pluralität. Bei der Ausübung der in dieser Verordnung vorgesehenen Befugnisse sollten alle beteiligten Behörden im Einklang mit dem Grundsatz der Verhältnismäßigkeit bei einem Konflikt zwischen verschiedenen Grundrechten die betreffenden Rechte in ausgewogener Weise berücksichtigen.

(154) Angesichts des Umfangs und der Auswirkungen von gesellschaftliche Risiken, die durch sehr große Online-Plattformen und sehr große Online-Suchmaschinen verursacht werden können, der Notwendigkeit, diese Risiken vorrangig anzugehen, und die Kapazität, notwendigen Maßnahmen zu ergreifen, ist es gerechtfertigt, den Zeitrahmen, nach dem diese Verordnung beginnt für Anbieter solcher Dienste zu gelten, zu beschränken.

(155) Da die Ziele dieser Verordnung, nämlich zu einem ordnungsgemäß funktionierenden Binnenmarkt beizutragen und ein sicheres, vorhersehbares und vertrauenswürdiges Online-Umfeld zu schaffen, in dem die in der Charta[2] verankerten Grundrechte angemessen geschützt werden, von den Mitgliedstaaten nicht ausreichend verwirklicht werden kann, da sie allein nicht in der Lage sind, die erforderliche Harmonisierung und Zusammenarbeit und Koordinierung zu erreichen, sondern vielmehr wegen des territorialen und persönlichen Geltungsbereichs auf Unionsebene besser zu verwirklichen ist, kann die Union im Einklang mit dem in Artikel 5 des Vertrags über die Europäische Union verankerten Subsidiaritätsprinzip tätig werden. Entsprechend dem in demselben Artikel genannten Grundsatz der Verhältnismäßigkeit geht diese Verordnung nicht über das für die Verwirklichung dieser Ziele erforderliche Maß hinaus.

(156) Der Europäische Datenschutzbeauftragte wurde gemäß Artikel 42 Absatz 1 der Verordnung (EU) 2018/1725 des Europäischen Parlaments und des Rates[3] angehört und hat am 10. Februar 2021 eine Stellungnahme[4] abgegeben –

HABEN FOLGENDE VERORDNUNG ERLASSEN:

---

[1] **Amtl. Anm.:** ABl. L 123 vom 12.5.2016, S. 1.

[2] Nr. **9**.

[3] **Amtl. Anm.:** Verordnung (EU) 2018/1725 des Europäischen Parlaments und des Rates vom 23. Oktober 2018 zum Schutz natürlicher Personen bei der Verarbeitung personenbezogener Daten durch die Organe, Einrichtungen und sonstigen Stellen der Union, zum freien Datenverkehr und zur →

Kapitel I. Allgemeine Bestimmungen

Art. 1 Gegenstand (1) Ziel dieser Verordnung ist es, durch die Festlegung harmonisierter Vorschriften für ein sicheres, vorhersehbares und vertrauenswürdiges Online-Umfeld, in dem Innovationen gefördert und die in der Charta[1)] verankerten Grundrechte, darunter der Grundsatz des Verbraucherschutzes, wirksam geschützt werden, einen Beitrag zum reibungslosen Funktionieren des Binnenmarkts für Vermittlungsdienste zu leisten.

(2) [1] In dieser Verordnung werden harmonisierte Vorschriften für die Erbringung von Vermittlungsdiensten im Binnenmarkt festgelegt. [2] Insbesondere wird Folgendes festgelegt:

a) ein Rahmen für die bedingte Haftungsbefreiung der Anbieter von Vermittlungsdiensten;
b) Vorschriften über besondere Sorgfaltspflichten, die auf bestimmte Kategorien von Anbietern von Vermittlungsdiensten zugeschnitten sind;
c) Vorschriften über die Durchführung und Durchsetzung dieser Verordnung, einschließlich der Zusammenarbeit und Koordinierung zwischen den zuständigen Behörden.

Art. 2 Geltungsbereich. (1) Diese Verordnung gilt für Vermittlungsdienste, die für Nutzer mit Niederlassungsort oder Sitz in der Union angeboten werden, ungeachtet des Niederlassungsortes des Anbieters dieser Vermittlungsdienste.

(2) Diese Verordnung gilt weder für Dienstleistungen, die keine Vermittlungsdienste sind, noch für Anforderungen, die an eine solche Dienstleistung gestellt werden, ungeachtet dessen, ob die Dienstleistung durch Inanspruchnahme eines Vermittlungsdienstes erbracht wird.

(3) Diese Verordnung hat keine Auswirkungen auf die Anwendung der Richtlinie 2000/31/EG.

(4) Diese Verordnung lässt die Vorschriften anderer Rechtsakte der Union unberührt, die andere Aspekte der Erbringung von Vermittlungsdiensten im Binnenmarkt regeln oder diese Verordnung präzisieren und ergänzen, insbesondere folgende:

a) die Richtlinie 2010/13/EU,
b) die Unionsvorschriften auf dem Gebiet des Urheberrechts und der verwandten Schutzrechte,
c) die Verordnung (EU) 2021/784,
d) die Verordnung (EU) 2019/1148,
e) die Verordnung (EU) 2019/1150,
f) die Unionsvorschriften auf dem Gebiet des Verbraucherschutzes und der Produktsicherheit, einschließlich der Verordnungen (EU) 2017/2394 und (EU) 2019/1020 und der Richtlinien 2001/95/EG und 2013/11/EU,

---

(Fortsetzung der Anm. von voriger Seite)
Aufhebung der Verordnung (EG) Nr. 45/2001 und des Beschlusses Nr. 1247/2002/EG (ABl. L 295 vom 21.11.2018, S. 39).

[4)] **Amtl. Anm.:** ABl. C 149 vom 27.4.2021, S. 3.

[1)] Nr. **9**.

g) die Unionsvorschriften zum Schutz personenbezogener Daten, insbesondere die Verordnung (EU) 2016/679[1] und die Richtlinie 2002/58/EG[2],

h) die Unionsvorschriften im Bereich der justiziellen Zusammenarbeit in Zivilsachen, insbesondere die Verordnung (EU) Nr. 1215/2012 oder Rechtsakte der Union zur Festlegung der rechtlichen Regeln für vertragliche und außervertragliche Schuldverhältnisse anzuwendendes Recht,

i) die Unionsvorschriften im Bereich der justiziellen Zusammenarbeit in Strafsachen, insbesondere eine Verordnung über Europäische Herausgabeanordnungen und Sicherungsanordnungen für elektronische Beweismittel in Strafsachen,

j) eine Richtlinie zur Festlegung einheitlicher Regeln für die Bestellung von Vertretern zu Zwecken der Beweiserhebung in Strafverfahren.

Art. 3 Begriffsbestimmungen. Für die Zwecke dieser Verordnung bezeichnet der Ausdruck

a) „Dienst der Informationsgesellschaft" einen Dienst im Sinne des Artikels 1 Absatz 1 Buchstabe b der Richtlinie (EU) 2015/1535;

b) „Nutzer" jede natürliche oder juristische Person, die einen Vermittlungsdienst in Anspruch nimmt, insbesondere um Informationen zu erlangen oder zugänglich zu machen;

c) „Verbraucher" jede natürliche Person, die zu Zwecken handelt, die außerhalb ihrer gewerblichen, geschäftlichen, handwerklichen oder beruflichen Tätigkeit liegen;

d) „in der Union Dienstleistungen anbieten" die Schaffung der Möglichkeit für natürliche oder juristische Personen in einem oder mehreren Mitgliedstaaten zur Nutzung der Dienste eines Anbieters von Vermittlungsdiensten, der eine wesentliche Verbindung zur Union hat;

e) „wesentliche Verbindung zur Union" eine Verbindung eines Anbieters von Vermittlungsdiensten mit der Union entweder aufgrund seiner Niederlassung in der Union oder anhand besonderer faktischer Kriterien wie
   – einer erheblichen Zahl von Nutzern in einem oder mehreren Mitgliedstaaten im Verhältnis zu dessen oder deren Bevölkerung; oder
   – der Ausrichtung von Tätigkeiten auf einen oder mehrere Mitgliedstaaten;

f) „Unternehmer" jede natürliche oder juristische Person, unabhängig davon, ob sie in privatem oder öffentlichem Eigentum steht, die für die Zwecke ihrer gewerblichen, geschäftlichen, handwerklichen oder beruflichen Tätigkeit entweder selbst oder durch eine andere in ihrem Namen oder Auftrag handelnde Person tätig wird;

g) „Vermittlungsdienst" eine der folgenden Dienstleistungen der Informationsgesellschaft:
   i) eine „reine Durchleitung", die darin besteht, von einem Nutzer bereitgestellte Informationen in einem Kommunikationsnetz zu übermitteln oder den Zugang zu einem Kommunikationsnetz zu vermitteln,

---

[1] Nr. **1**.
[2] Nr. **3**.

ii) eine „Caching"-Leistung, die darin besteht, von einem Nutzer bereitgestellte Informationen in einem Kommunikationsnetz zu übermitteln, wobei eine automatische, zeitlich begrenzte Zwischenspeicherung dieser Informationen zu dem alleinigen Zweck erfolgt, die Übermittlung der Information an andere Nutzer auf deren Anfrage effizienter zu gestalten,

iii) ein „Hosting"-Dienst, der darin besteht, von einem Nutzer bereitgestellte Informationen in dessen Auftrag zu speichern;

h) „rechtswidrige Inhalte" alle Informationen, die als solche oder durch ihre Bezugnahme auf eine Tätigkeit, einschließlich des Verkaufs von Produkten oder der Erbringung von Dienstleistungen, nicht im Einklang mit dem Unionsrecht oder dem Recht eines Mitgliedstaats stehen, ungeachtet des genauen Gegenstands oder der Art der betreffenden Rechtsvorschriften;

i) „Online-Plattform" einen Hostingdienst, der im Auftrag eines Nutzers Informationen speichert und öffentlich verbreitet, sofern es sich bei dieser Tätigkeit nicht nur um eine unbedeutende und reine Nebenfunktion eines anderen Dienstes oder um eine unbedeutende Funktion des Hauptdienstes handelt, die aus objektiven und technischen Gründen nicht ohne diesen anderen Dienst genutzt werden kann, und sofern die Integration der Funktion der Nebenfunktion oder der unbedeutenden Funktion in den anderen Dienst nicht dazu dient, die Anwendbarkeit dieser Verordnung zu umgehen;

j) „Online-Suchmaschine" einen Vermittlungsdienst, der es Nutzern ermöglicht, in Form eines Stichworts, einer Spracheingabe, einer Wortgruppe oder einer anderen Eingabe Anfragen einzugeben, um prinzipiell auf allen Websites oder auf allen Websites in einer bestimmten Sprache eine Suche zu einem beliebigen Thema vorzunehmen und Ergebnisse in einem beliebigen Format, in dem Informationen im Zusammenhang mit dem angeforderten Inhalt zu finden sind, angezeigt zu bekommen;

k) „öffentliche Verbreitung" die Bereitstellung von Informationen für eine potenziell unbegrenzte Zahl von Dritten im Auftrag des Nutzers, der die Informationen bereitgestellt hat;

l) „Fernabsatzvertrag" einen Fernabsatzvertrag im Sinne des Artikels 2 Nummer 7 der Richtlinie 2011/83/EU;

m) „Online-Schnittstelle" eine Software, darunter auch Websites oder Teile davon sowie Anwendungen, einschließlich Mobil-Apps;

n) „Koordinator für digitale Dienste am Niederlassungsort" den Koordinator für digitale Dienste des Mitgliedstaats, in dem sich der Hauptsitz eines Anbieters eines Vermittlungsdienstes befindet oder in dem sein gesetzlicher Vertreter ansässig oder niedergelassen ist;

o) „Koordinator für digitale Dienste am Bestimmungsort" den Koordinator für digitale Dienste eines Mitgliedstaats, in dem der Vermittlungsdienst erbracht wird;

p) „aktiver Nutzer einer Online-Plattform" einen Nutzer des Dienstes, der eine Online-Plattform nutzt, indem er die Online-Plattform damit beauftragt, Informationen zur Verfügung zu stellen, oder der den Inhalten der Online-Plattform ausgesetzt ist, die diese zur Verfügung stellt und über ihre Online-Schnittstelle verbreitet;

q) „aktiver Nutzer einer Online-Suchmaschine" einen Nutzer des Dienstes, der eine Suchanfrage an eine Online-Suchmaschine stellt und dem auf ihrer Online-Schnittstelle dargestellten indexierten Informationen ausgesetzt ist;

r) „Werbung" Informationen, die dazu bestimmt sind, die Botschaft einer juristischen oder natürlichen Person zu verbreiten, unabhängig davon, ob damit gewerbliche oder nichtgewerbliche Zwecke verfolgt werden, und die von einer Online-Plattform auf ihrer Online-Schnittstelle gegen Entgelt speziell zur Bekanntmachung dieser Informationen dargestellt werden;

s) „Empfehlungssystem" ein vollständig oder teilweise automatisiertes System, das von einer Online-Plattform verwendet wird, um auf ihrer Online-Schnittstelle den Nutzern bestimmte Informationen vorzuschlagen oder diese Informationen zu priorisieren, auch infolge einer vom Nutzer veranlassten Suche, oder das auf andere Weise die relative Reihenfolge oder Hervorhebung der angezeigten Informationen bestimmt;

t) „Moderation von Inhalten" die – automatisierten oder nicht automatisierten – Tätigkeiten der Anbieter von Vermittlungsdiensten, mit denen insbesondere rechtswidrige Inhalte oder Informationen, die von Nutzern bereitgestellt werden und mit den allgemeinen Geschäftsbedingungen des Anbieters unvereinbar sind, erkannt, festgestellt und bekämpft werden sollen, darunter auch Maßnahmen in Bezug auf die Verfügbarkeit, Anzeige und Zugänglichkeit der rechtswidrigen Inhalte oder Informationen, z.B. Herabstufung, Demonetisierung, Sperrung des Zugangs oder Entfernung, oder in Bezug auf die Fähigkeit der Nutzer, solche Informationen bereitzustellen, z.B. Schließung oder Aussetzung des Kontos eines Nutzers;

u) „allgemeine Geschäftsbedingungen" alle Klauseln, ungeachtet ihrer Bezeichnung oder Form, die die vertraglichen Beziehungen zwischen dem Anbieter von Vermittlungsdiensten und den Nutzern regeln;

v) „Menschen mit Behinderungen" Menschen mit Behinderungen gemäß Artikel 3 Nummer 1 der Richtlinie (EU) 2019/882 des Europäischen Parlaments und des Rates[1];

w) „kommerzielle Kommunikation" kommerzielle Kommunikation im Sinne von Artikel 2 Buchstabe f der Richtlinie 2000/31/EG;

x) „Umsatz" die von einem Unternehmen im Sinne von Artikel 5 Absatz 1 der Verordnung (EG) Nr. 139/2004 des Rates[2] erzielten Umsätze.

Kapitel II. Haftung der Anbieter von Vermittlungsdiensten

Art. 4 „Reine Durchleitung". (1) Bei der Durchführung eines Dienstes der Informationsgesellschaft, der darin besteht, von einem Nutzer bereitgestellte Informationen in einem Kommunikationsnetz zu übermitteln oder Zugang zu einem Kommunikationsnetz zu vermitteln, haftet der Diensteanbieter nicht für die übermittelten oder abgerufenen Informationen, sofern er

---

[1] **Amtl. Anm.:** Richtlinie (EU) 2019/882 des Europäischen Parlaments und des Rates vom 17. April 2019 über die Barrierefreiheitsanforderungen für Produkte und Dienstleistungen (ABl. L 151 vom 7.6.2019, S. 70).

[2] **Amtl. Anm.:** Verordnung (EG) Nr. 139/2004 des Rates vom 20. Januar 2004 über die Kontrolle von Unternehmenszusammenschlüssen (ABl. L 24 vom 29.1.2004, S. 1).

a) die Übermittlung nicht veranlasst,
b) den Adressaten der übermittelten Informationen nicht auswählt und
c) die übermittelten Informationen nicht auswählt oder verändert.

(2) Die Übermittlung von Informationen und die Vermittlung des Zugangs nach Absatz 1 umfassen auch die automatische kurzzeitige Zwischenspeicherung der übermittelten Informationen, soweit dies nur zur Durchführung der Übermittlung im Kommunikationsnetz geschieht und die Informationen nicht länger gespeichert werden, als es für die Übermittlung üblicherweise erforderlich ist.

(3) Dieser Artikel lässt die Möglichkeit unberührt, dass eine Justiz- oder Verwaltungsbehörde nach dem Rechtssystem eines Mitgliedstaats vom Diensteanbieter verlangt, eine Zuwiderhandlung abzustellen oder zu verhindern.

Art. 5 „Caching". (1) Bei der Durchführung eines Dienstes der Informationsgesellschaft, der darin besteht, von einem Nutzer bereitgestellte Informationen in einem Kommunikationsnetz zu übermitteln, haftet der Diensteanbieter nicht für die automatische, zeitlich begrenzte Zwischenspeicherung, die dem alleinigen Zweck dient, die Übermittlung der Information an andere Nutzer auf deren Anfrage effizienter oder sicherer zu gestalten, sofern seitens des Anbieters folgende Voraussetzungen erfüllt sind:
a) er verändert die Informationen nicht,
b) er beachtet die Bedingungen für den Zugang zu den Informationen,
c) er beachtet die Regeln für die Aktualisierung der Informationen, die weithin in der Branche anerkannt und verwendet werden,
d) er beeinträchtigt die zulässige Anwendung von Technologien zur Sammlung von Daten über die Nutzung der Informationen, die weithin in der Branche anerkannt und verwendet werden, nicht und
e) er handelt zügig, um von ihm gespeicherte Informationen zu entfernen oder den Zugang zu ihnen zu sperren, sobald er tatsächliche Kenntnis davon erhält, dass die Informationen am ursprünglichen Ausgangsort der Übermittlung aus dem Netz entfernt wurden oder der Zugang zu ihnen gesperrt wurde oder eine Justiz- oder Verwaltungsbehörde die Entfernung oder Sperrung angeordnet hat.

(2) Dieser Artikel lässt die Möglichkeit unberührt, dass eine Justiz- oder Verwaltungsbehörde nach dem Rechtssystem eines Mitgliedstaats vom Diensteanbieter verlangt, eine Zuwiderhandlung abzustellen oder zu verhindern.

Art. 6 Hosting. (1) Bei der Durchführung eines Dienstes der Informationsgesellschaft, der in der Speicherung der von einem Nutzer bereitgestellten Informationen besteht, haftet der Diensteanbieter nicht für die im Auftrag eines Nutzers gespeicherten Informationen, sofern er
a) keine tatsächliche Kenntnis von einer rechtswidrigen Tätigkeit oder rechtswidrigen Inhalten hat und sich in Bezug auf Schadenersatzansprüche auch keiner Tatsachen oder Umstände bewusst ist, aus denen eine rechtswidrige Tätigkeit oder rechtswidrige Inhalte offensichtlich hervorgeht, oder
b) sobald er diese Kenntnis oder dieses Bewusstsein erlangt, zügig tätig wird, um den Zugang zu den rechtswidrigen Inhalten zu sperren oder diese zu entfernen.

(2) Absatz 1 findet keine Anwendung, wenn der Nutzer dem Diensteanbieter untersteht oder von ihm beaufsichtigt wird.

(3) Absatz 1 findet keine Anwendung auf die verbraucherschutzrechtliche Haftung von Online-Plattformen, die Verbrauchern das Abschließen von Fernabsatzverträgen mit Unternehmern ermöglichen, wenn die Online-Plattform die spezifischen Einzelinformationen dazu darstellt oder die betreffende Einzeltransaktion anderweitig in einer Weise ermöglicht, bei der ein durchschnittlicher Verbraucher davon ausgehen kann, dass die Information oder das Produkt oder die Dienstleistung, die bzw. das Gegenstand der Transaktion ist, entweder von der Online-Plattform selbst oder von einem ihrer Aufsicht unterstehenden Nutzer bereitgestellt wird.

(4) Dieser Artikel lässt die Möglichkeit unberührt, dass eine Justiz- oder Verwaltungsbehörde nach dem Rechtssystem eines Mitgliedstaats vom Diensteanbieter verlangt, eine Zuwiderhandlung abzustellen oder zu verhindern.

Art. 7 Freiwillige Untersuchungen auf Eigeninitiative und Einhaltung der Rechtsvorschriften. Die Anbieter von Vermittlungsdiensten kommen für die in den Artikeln 4, 5 und 6 genannten Haftungsausschlüsse auch dann in Betracht, wenn sie auf Eigeninitiative nach Treu und Glauben und sorgfältig freiwillige Untersuchungen durchführen oder andere Maßnahmen zur Erkennung, Feststellung und Entfernung rechtswidriger Inhalte oder zur Sperrung des Zugangs zu rechtswidrigen Inhalten treffen oder die erforderlichen Maßnahmen ergreifen, um den Anforderungen des Unionsrechts und des nationalen Rechts im Einklang mit dem Unionsrecht und insbesondere den Anforderungen dieser Verordnung nachzukommen.

Art. 8 Keine allgemeine Verpflichtung zur Überwachung oder aktiven Nachforschung. Anbietern von Vermittlungsdiensten wird keine allgemeine Verpflichtung auferlegt, die von ihnen übermittelten oder gespeicherten Informationen zu überwachen oder aktiv nach Umständen zu forschen, die auf eine rechtswidrige Tätigkeit hindeuten.

Art. 9 Anordnungen zum Vorgehen gegen rechtswidrige Inhalte.

(1) Nach Eingang einer Anordnung zum Vorgehen gegen einen oder mehrere bestimmte rechtswidrige Inhalte, die von den zuständigen nationalen Justiz- oder Verwaltungsbehörden auf der Grundlage des geltenden Unionsrechts oder des nationalen Rechts im Einklang mit dem Unionsrecht erlassen wurde, informieren die Anbieter von Vermittlungsdiensten die eine Anordnung erlassende Behörde oder eine andere in der Anordnung genannte Behörde unverzüglich über die Ausführung der Anordnung, und geben an, ob und wann sie die Anordnung ausgeführt haben.

(2) Die Mitgliedstaaten sorgen dafür, dass eine in Absatz 1 genannte Anordnung bei der Übermittlung an den Diensteanbieter mindestens die folgenden Bedingungen erfüllt:

a) diese Anordnung enthält Folgendes:
   i) eine Angabe der Rechtsgrundlage nach Maßgabe des Unionsrechts oder des nationalen Rechts für die Anordnung,
   ii) eine Begründung, warum es sich bei den Informationen um rechtswidrige Inhalte handelt, mit Bezugnahme auf eine oder mehrere besondere

Bestimmungen des Unionsrechts oder des nationalen Rechts im Einklang mit dem Unionsrecht,

iii) Informationen zur Identifizierung der anordnenden Behörde,

iv) klare Angaben, anhand deren der Anbieter von Vermittlungsdiensten die betreffenden rechtswidrigen Inhalte ermitteln und ausfindig machen kann, beispielsweise eine oder mehrere präzise URL-Adressen, und, soweit erforderlich, weitere Angaben,

v) Angaben über Rechtsbehelfsmechanismen, die dem Anbieter von Vermittlungsdiensten und dem Nutzer, der den Inhalt bereitgestellt hat, zur Verfügung stehen,

vi) unter Umständen Angaben dazu, welche Behörde über die Ausführung der Anordnung zu informieren ist;

b) der räumliche Geltungsbereich dieser Anordnung ist auf der Grundlage der geltenden Vorschriften des Unionsrechts und des nationalen Rechts, einschließlich der Charta[1)], und, falls anwendbar, der allgemeinen Grundsätze des Völkerrechts auf das zur Erreichung ihres Ziels unbedingt erforderliche Maß beschränkt;

c) diese Anordnung wird in einer der vom Anbieter von Vermittlungsdiensten gemäß Artikel 11 Absatz 3 angegebenen Sprachen oder in einer anderen Amtssprache der Mitgliedstaaten, auf die sich die die Anordnung erlassende Behörde und dieser Anbieter geeinigt haben, übermittelt und an die von diesem Anbieter gemäß Artikel 11 benannte elektronische Kontaktstelle geschickt; ist die Anordnung nicht in der vom Anbieter von Vermittlungsdiensten angegebenen Sprache oder in einer anderen bilateral vereinbarten Sprache abgefasst, so kann die Anordnung in der Sprache der erlassenden Behörde übermittelt werden, sofern ihr zumindest eine Übersetzung der unter den Buchstaben a und b dieses Absatzes genannten Elemente in eine solche angegebene oder bilateral vereinbarte Sprache beigefügt ist.

(3) Die die Anordnung erlassende Behörde oder die unter Umständen darin angegebene Behörde übermittelt sie zusammen mit jeglichen vom Anbieter von Vermittlungsdiensten erhaltenen Angaben über die Ausführung dieser Anordnung dem Koordinator für digitale Dienste im Mitgliedstaat der erlassenden Behörde.

(4) Nach Erhalt der Anordnung von der Justiz- oder Verwaltungsbehörde übermittelt der Koordinator für digitale Dienste des betroffenen Mitgliedstaats allen anderen Koordinatoren für digitale Dienste unverzüglich über das nach Artikel 85 eingerichtete System eine Kopie der in Absatz 1 genannten Anordnung.

(5) [1] Spätestens zum Zeitpunkt der Befolgung der Anordnung oder gegebenenfalls zu dem Zeitpunkt, den die erlassende Behörde in ihrer Anordnung angegeben hat, informieren Anbieter von Vermittlungsdiensten den betroffenen Nutzer über die erhaltene Anordnung und deren Ausführung. [2] Diese Unterrichtung des Nutzers umfasst eine Begründung, die existierenden Rechtsbehelfsmöglichkeiten und eine Beschreibung des räumlichen Geltungsbereichs der Anordnung gemäß Absatz 2.

---

1) Nr. **9**.

(6) Die in diesem Artikel festgelegten Bedingungen und Anforderungen lassen das nationale Zivil- und Strafprozessrecht unberührt.

Art. 10 Auskunftsanordnungen. (1) Nach Eingang einer Auskunftsanordnung in Bezug auf bestimmte Informationen über einen oder mehrere bestimmte einzelne Nutzer, die von den zuständigen nationalen Justiz- oder Verwaltungsbehörden auf der Grundlage des geltenden Unionsrechts oder des nationalen Rechts im Einklang mit dem Unionsrecht erlassen wurde, informieren die Anbieter von Vermittlungsdiensten die erlassende Behörde oder eine andere in der Anordnung genannte Behörde unverzüglich über den Erhalt der Anordnung und die Ausführung der Anordnung, und geben an, ob und wann sie die Anordnung ausgeführt haben.

(2) Die Mitgliedstaaten sorgen dafür, dass eine in Absatz 1 genannte Anordnungen bei der Übermittlung an den Diensteanbieter mindestens die folgenden Bedingungen erfüllt:

a) diese Anordnung enthält Folgendes:
   i) eine Angabe der Rechtsgrundlage nach Maßgabe des Unionsrechts oder des nationalen Rechts für die Anordnung;
   ii) Informationen zur Identifizierung der erlassenden Behörde;
   iii) klare Angaben, anhand deren der Anbieter von Vermittlungsdiensten den bzw. die bestimmten Empfänger ermitteln können, zu dem Informationen angefordert werden, etwa einen oder mehrere Kontonamen oder eindeutige Kennungen;
   iv) eine Begründung, wozu die Informationen benötigt werden und warum die Auskunftsanordnung erforderlich und verhältnismäßig ist, um festzustellen, ob die Nutzer des Vermittlungsdienstes das geltende Unionsrecht oder nationale Recht im Einklang mit dem Unionsrecht einhalten, es sei denn, eine solche Begründung kann aus Gründen der Verhütung, Ermittlung, Erkennung und Verfolgung von Straftaten nicht gegeben werden;
   v) Angaben über Rechtsbehelfsmechanismen, die dem Diensteanbieter und den betreffenden Nutzern zur Verfügung stehen;
   vi) unter Umständen Angaben dazu, welche Behörde über die Ausführung der Anordnung zu informieren ist;

b) diese Anordnung verpflichtet den Diensteanbieter nur zur Bereitstellung von Informationen, die er ohnehin bereits für die Zwecke der Erbringung des Dienstes erfasst hat und die seiner Verfügungsgewalt unterliegen;

c) diese Anordnung wird in einer der vom Anbieter von Vermittlungsdiensten gemäß Artikel 11 Absatz 3 angegebenen Sprachen oder in einer anderen Amtssprache der Mitgliedstaaten, auf die sich die die Anordnung erlassende Behörde und der Diensteanbieter geeinigt haben, übermittelt und an die vom Anbieter gemäß Artikel 11 benannte elektronische Kontaktstelle geschickt. Ist die Anordnung nicht in der vom Anbieter von Vermittlungsdiensten angegebenen Sprache oder in einer anderen bilateral vereinbarten Sprache abgefasst, so kann die Anordnung in der Sprache der erlassenden Behörde übermittelt werden, sofern ihr zumindest eine Übersetzung der unter den Buchstaben a und b dieses Absatzes genannten Elemente in eine solche angegebene oder bilateral vereinbarte Sprache beigefügt ist.

(3) Die die Anordnung erlassende Behörde oder die unter Umständen darin angegebene Behörde übermittelt sie dem Koordinator für digitale Dienste im Mitgliedstaat der erlassenden Behörde zusammen mit den vom Anbieter von Vermittlungsdiensten erhaltenen Angaben über die Ausführung dieser Anordnung.

(4) Nach Erhalt der Anordnung von der Justiz- oder Verwaltungsbehörde übermittelt der Koordinator für digitale Dienste des betroffenen Mitgliedstaats allen Koordinatoren für digitale Dienste unverzüglich über das nach Artikel 85 eingerichtete System eine Kopie der in Absatz 1 genannten Anordnung.

(5) [1] Spätestens zum Zeitpunkt der Befolgung der Anordnung oder gegebenenfalls zu dem Zeitpunkt, den die erlassende Behörde in ihrer Anordnung angegeben hat informieren Anbieter von Vermittlungsdiensten den betreffenden Nutzer über den Erhalt der Anordnung und über deren Ausführung. [2] Diese Unterrichtung des Nutzers umfasst eine Begründung und die existierenden Rechtsbehelfsmöglichkeiten gemäß Absatz 2.

(6) Die in diesem Artikel festgelegten Bedingungen und Anforderungen lassen das nationale Zivil- und Strafprozessrecht unberührt.

Kapitel III. Sorgfaltspflichten für ein transparentes und sicheres Online-Umfeld

Abschnitt 1. Bestimmungen für alle Anbieter von Vermittlungsdiensten

Art. 11 Kontaktstellen für die Behörden der Mitgliedstaaten, die Kommission und den Vorstand. (1) Die Anbieter von Vermittlungsdiensten benennen eine zentrale Kontaktstelle, damit sie auf elektronischem Wege unmittelbar mit den Behörden der Mitgliedstaaten, der Kommission und dem in Artikel 61 genannten Gremium in Bezug auf die Anwendung dieser Verordnung kommunizieren können.

(2) [1] Die Anbieter von Vermittlungsdiensten veröffentlichen die Informationen, die nötig sind, um ihre zentrale Kontaktstelle leicht zu ermitteln und mit ihr zu kommunizieren. [2] Diese Informationen müssen leicht zugänglich sein und stets auf dem aktuellen Stand gehalten werden.

(3) In den in Absatz 2 genannten Informationen machen die Anbieter von Vermittlungsdiensten Angaben zu der bzw. den Amtssprachen der Mitgliedstaaten, die – zusätzlich zu einer Sprache, die von möglichst vielen Unionsbürgerinnen und Unionsbürgern verstanden wird – zur Kommunikation mit ihrer Kontaktstelle verwendet werden können und zu denen mindestens eine der Amtssprachen des Mitgliedstaats gehören muss, in dem der Anbieter von Vermittlungsdiensten seine Hauptniederlassung hat oder in dem sein gesetzlicher Vertreter ansässig oder niedergelassen ist.

Art. 12 Kontaktstellen für Nutzer der Dienste. (1) Die Anbieter von Vermittlungsdiensten benennen eine zentrale Kontaktstelle, die es den Nutzern ermöglicht, direkt und schnell mit ihnen zu kommunizieren, und zwar auf elektronischem Wege und in einer benutzerfreundlichen Weise, indem sie den Nutzern auch die Wahl des Kommunikationsmittels überlassen, das nicht ausschließlich auf automatisierten Instrumenten beruhen darf.

(2) [1]Zusätzlich zu den Verpflichtungen nach der Richtlinie 2000/31/EG veröffentlichen die Anbieter von Vermittlungsdiensten die Informationen, die erforderlich sind, damit die Nutzer die zentralen Kontaktstellen der Anbieter von Vermittlungsdiensten leicht ermitteln und mit ihnen kommunizieren können. [2]Diese Informationen müssen leicht zugänglich sein und stets auf dem aktuellen Stand gehalten werden.

Art. 13 Gesetzlicher Vertreter. (1) Die Anbieter von Vermittlungsdiensten, die keine Niederlassung in der Union haben, aber Dienstleistungen in der Union anbieten, benennen schriftlich eine juristische oder natürliche Person, die in einem der Mitgliedstaaten, in denen sie ihre Dienste anbieten, als ihr gesetzlicher Vertreter fungiert.

(2) [1]Die Anbieter von Vermittlungsdiensten bevollmächtigen ihre gesetzlichen Vertreter, sodass diese zusätzlich oder anstelle der Diensteanbieter von den zuständigen Behörden der Mitgliedstaaten, der Kommission und dem Gremium zu allen Fragen in Anspruch genommen werden können, die für die Entgegennahme, Einhaltung und Durchsetzung von Beschlüssen im Zusammenhang mit dieser Verordnung erforderlich sind. [2]Die Anbieter von Vermittlungsdiensten statten ihren gesetzlichen Vertreter mit den notwendigen Befugnissen und hinreichenden Ressourcen aus, damit er wirksam und zeitnah mit den zuständigen Behörden der Mitgliedstaaten, der Kommission und dem Gremium zusammenarbeiten und den Beschlüssen nachkommen kann.

(3) Es ist möglich, den benannten gesetzlichen Vertreter für Verstöße gegen Pflichten aus dieser Verordnung haftbar zu machen; die Haftung und die rechtlichen Schritte, die gegen den Anbieter von Vermittlungsdiensten eingeleitet werden können, bleiben hiervon unberührt.

(4) [1]Die Anbieter von Vermittlungsdiensten melden dem Koordinator für digitale Dienste in dem Mitgliedstaat, in dem ihr gesetzlicher Vertreter ansässig oder niedergelassen ist, den Namen, die Postanschrift, die E-Mail-Adresse und die Telefonnummer ihres gesetzlichen Vertreters. [2]Sie sorgen dafür, dass diese Angaben öffentlich verfügbar, leicht zugänglich, richtig und stets aktuell sind.

(5) Die Benennung eines gesetzlichen Vertreters in der Union gemäß Absatz 1 gilt nicht als Niederlassung in der Union.

Art. 14 Allgemeine Geschäftsbedingungen. (1) [1]Die Anbieter von Vermittlungsdiensten machen in ihren allgemeinen Geschäftsbedingungen Angaben zu etwaigen Beschränkungen in Bezug auf die von den Nutzern bereitgestellten Informationen, die sie im Zusammenhang mit der Nutzung ihres Dienstes auferlegen. [2]Diese Angaben enthalten Angaben zu allen Leitlinien, Verfahren, Maßnahmen und Werkzeuge, die zur Moderation von Inhalten eingesetzt werden, einschließlich der algorithmischen Entscheidungsfindung und der menschlichen Überprüfung, sowie zu den Verfahrensregeln für ihr internes Beschwerdemanagementsystem. [3]Sie werden in klarer, einfacher, verständlicher, benutzerfreundlicher und eindeutiger Sprache abgefasst und in leicht zugänglicher und maschinenlesbarer Form öffentlich zur Verfügung gestellt.

(2) Die Anbieter von Vermittlungsdiensten informieren die Nutzer über etwaige wesentliche Änderungen der allgemeinen Geschäftsbedingungen.

(3) Richtet sich ein Vermittlungsdienst in erster Linie an Minderjährige oder wird er überwiegend von Minderjährigen genutzt, so erläutert der Anbieter

von Vermittlungsdiensten die Bedingungen und jegliche Einschränkungen für die Nutzung des Dienstes so, dass Minderjährige sie verstehen können.

(4) Die Anbieter von Vermittlungsdiensten gehen bei der Anwendung und Durchsetzung der in Absatz 1 genannten Beschränkungen sorgfältig, objektiv und verhältnismäßig vor und berücksichtigen dabei die Rechte und berechtigten Interessen aller Beteiligten sowie die Grundrechte der Nutzer, die in der Charta[1)] verankert sind, etwa das Recht auf freie Meinungsäußerung, die Freiheit und den Pluralismus der Medien und andere Grundrechte und -freiheiten.

(5) Die Anbieter sehr großer Online-Plattformen und sehr großer Suchmaschinen stellen den Nutzern eine kompakte, leicht zugängliche und maschinenlesbare Zusammenfassung der allgemeinen Geschäftsbedingungen einschließlich der verfügbaren Rechtsbehelfe und Rechtsbehelfsmechanismen in klarer und eindeutiger Sprache zur Verfügung.

(6) Sehr große Online-Plattformen und sehr große Online-Suchmaschinen im Sinne von Artikel 33 veröffentlichen ihre allgemeinen Geschäftsbedingungen in den Amtssprachen aller Mitgliedstaaten, in denen sie ihre Dienste anbieten.

Art. 15 Transparenzberichtspflichten der Anbieter von Vermittlungsdiensten. (1) [1]Die Anbieter von Vermittlungsdiensten stellen mindestens einmal jährlich in einem maschinenlesbaren Format und auf leicht zugängliche Art und Weise klare, leicht verständliche Berichte über die die von ihnen in dem betreffenden Zeitraum durchgeführte Moderation von Inhalten öffentlich zur Verfügung. [2]Diese Berichte enthalten – soweit zutreffend – insbesondere folgende Angaben:

a) bei Anbietern von Vermittlungsdiensten die Anzahl der von Behörden der Mitgliedstaaten erhaltenen Anordnungen einschließlich der gemäß den Artikeln 9 und 10 erlassenen Anordnungen, aufgeschlüsselt nach der Art der betroffenen rechtswidrigen Inhalte, dem die Anordnung erlassenden Mitgliedstaat und der Medianzeit, die benötigt wurde, um die die Anordnung erlassende Behörde bzw. die anderen in der Anordnung angegebenen Behörden über den Eingang der Anordnung zu unterrichten und der Anordnung nachzukommen;
b) bei Hostingdiensteanbietern die Anzahl der nach Artikel 16 gemachten Meldungen, aufgeschlüsselt nach der Art der betroffenen mutmaßlich rechtswidrigen Inhalte, die Anzahl der durch vertrauenswürdige Hinweisgeber übermittelten Meldungen, alle aufgrund der Meldungen ergriffenen Maßnahmen, unterschieden danach, ob dies auf gesetzlicher Grundlage oder gemäß den allgemeinen Geschäftsbedingungen des Anbieters erfolgt ist, die Anzahl der ausschließlich automatisch verarbeiteten Meldungen und die Mediandauer bis zur Ergreifung der Maßnahmen;
c) bei Anbietern von Vermittlungsdiensten aussagekräftige und verständliche Informationen über die auf Eigeninitiative des Anbieters durchgeführte Moderation von Inhalten einschließlich der Nutzung automatisierter Werkzeuge, der Maßnahmen zur Schulung und Unterstützung der für die Moderation von Inhalten zuständigen Personen, der Anzahl und Art der ergriffe-

---

1) Nr. 9.

nen Maßnahmen, die sich auf die Verfügbarkeit, Erkennbarkeit und Zugänglichkeit der von den Nutzern bereitgestellten Informationen auswirken, und der Fähigkeit der Nutzer, solche Informationen über den Dienst bereitzustellen, und anderer entsprechender Beschränkungen des Dienstes; die gemeldeten Informationen werden nach der Art der rechtswidrigen Inhalte oder des Verstoßes gegen die allgemeinen Geschäftsbedingungen des Diensteanbieters, nach der zur Aufspürung verwendeten Methode und der Art der angewendeten Beschränkung aufgeschlüsselt;

d) bei Anbietern von Vermittlungsdiensten die Anzahl der Beschwerden, die gemäß den allgemeinen Geschäftsbedingungen des Anbieters über die internen Beschwerdemanagementsysteme und darüber hinaus – bei Anbietern von Online-Plattformen – gemäß Artikel 20 eingegangen sind, die Grundlage dieser Beschwerden, die zu diesen Beschwerden getroffenen Entscheidungen, die bis zur Entscheidung benötigte Mediandauer und die Anzahl der Fälle, in denen diese Entscheidungen rückgängig gemacht wurden.

e) die etwaige Verwendung automatisierter Mittel zur Moderation von Inhalten, mit einer qualitativen Beschreibung, mit Angabe der genauen Zwecke, mit Indikatoren für die Genauigkeit und mit der möglichen Fehlerquote der bei der Erfüllung dieser Zwecke verwendeten automatisierten Mittel und mit angewandten Schutzvorkehrungen.

(2) Absatz 1 des vorliegenden Artikels gilt nicht für Anbieter von Vermittlungsdiensten, bei denen es sich um Kleinst- oder Kleinunternehmen gemäß der Empfehlung 2003/361/EG handelt und die nicht als sehr große Online-Plattform im Sinne von Artikel 33 dieser Verordnung gelten.

(3) [1] Die Kommission kann Durchführungsrechtsakte erlassen, in denen sie Vorlagen für Form, Inhalt und sonstige Einzelheiten der Berichte nach Absatz 1 des vorliegenden Artikels einschließlich harmonisierter Berichtszeiträume festlegt. [2] Diese Durchführungsrechtsakte werden gemäß dem in Artikel 88 genannten Beratungsverfahren erlassen.

Abschnitt 2. Zusätzliche Bestimmungen für Hostingdiensteanbieter, einschließlich Online-Plattformen

Art. 16 Melde- und Abhilfeverfahren. (1) [1] Die Hostingdiensteanbieter richten Verfahren ein, nach denen Personen oder Einrichtungen ihnen das Vorhandensein von Einzelinformationen in ihren Diensten melden können, die die betreffende Person oder Einrichtung als rechtswidrige Inhalte ansieht. [2] Diese Verfahren müssen leicht zugänglich und benutzerfreundlich sein und eine Übermittlung von Meldungen ausschließlich auf elektronischem Weg ermöglichen.

(2) [1] Mit den in Absatz 1 genannten Verfahren muss das Übermitteln hinreichend genauer und angemessen begründeter Meldungen erleichtert werden. [2] Dazu ergreifen die Hostingdiensteanbieter die erforderlichen Maßnahmen, um die Übermittlung von Meldungen zu ermöglichen und zu erleichtern, die alle folgenden Elemente enthalten:

a) eine hinreichend begründete Erläuterung, warum die betreffende Person oder Einrichtung die fraglichen Informationen als rechtswidrige Inhalte ansieht;

b) eine eindeutige Angabe des genauen elektronischen Speicherorts dieser Informationen, etwa die präzise URL-Adresse bzw. die präzisen URL-Adressen, oder, soweit erforderlich, weitere, hinsichtlich der Art der Inhalte und der konkreten Art des Hostingdienstes zweckdienliche Angaben zur Ermittlung der rechtswidrigen Inhalte;

c) den Namen und die E-Mail-Adresse der meldenden Person oder Einrichtung, es sei denn, es handelt sich um Informationen, bei denen davon ausgegangen wird, dass sie eine in den Artikeln 3 bis 7 der Richtlinie 2011/93/EU genannte Straftat betreffen;

d) eine Erklärung darüber, dass die meldende Person oder Einrichtung in gutem Glauben davon überzeugt ist, dass die in der Meldung enthaltenen Angaben und Anführungen richtig und vollständig sind.

(3) Die im vorliegenden Artikel genannten Meldungen bewirken, dass für die Zwecke des Artikels 6 von einer tatsächlichen Kenntnis oder einem Bewusstsein in Bezug auf die betreffende Einzelinformation ausgegangen wird, wenn sie es einem sorgfältig handelnden Anbieter von Hostingdiensten ermöglichen, ohne eingehende rechtliche Prüfung festzustellen, dass die einschlägige Tätigkeit oder Information rechtswidrig ist.

(4) Enthält die Meldung die elektronische Kontaktangabe der meldenden Person oder Einrichtung, so schickt der Hostingdiensteanbieter dieser Person oder Einrichtung unverzüglich eine Empfangsbestätigung.

(5) Ferner teilt der Anbieter der betreffenden Person oder Einrichtung unverzüglich seine Entscheidung in Bezug auf die gemeldeten Informationen mit und weist dabei auf die möglichen Rechtsbehelfe gegen diese Entscheidung hin.

(6) [1] Die Hostingdiensteanbieter bearbeiten alle Meldungen, die sie im Rahmen der in Absatz 1 genannten Verfahren erhalten, und entscheiden zeitnah, sorgfältig, frei von Willkür und objektiv über die gemeldeten Informationen. [2] Wenn sie zu dieser Bearbeitung oder Entscheidungsfindung automatisierte Mittel einsetzen, machen sie in ihrer Mitteilung nach Absatz 5 auch Angaben über den Einsatz dieser Mittel.

Art. 17 Begründung. (1) Die Hostingdiensteanbieter legen allen betroffenen Nutzern eine klare und spezifische Begründung für alle folgenden Beschränkungen vor, die mit der Begründung verhängt werden, dass es sich bei den vom Nutzer bereitgestellten Informationen um rechtswidrige Inhalte handelt oder diese nicht mit ihren Nutzungsbedingungen vereinbar sind:

a) etwaige Beschränkungen der Anzeige bestimmter Einzelinformationen, die vom Nutzer bereitgestellt werden, einschließlich Entfernung von Inhalten, Sperrung des Zugangs zu Inhalten oder Herabstufung von Inhalten;

b) Aussetzung, Beendigung oder sonstige Beschränkung von Geldzahlungen;

c) Aussetzung oder Beendigung der gesamten oder teilweisen Bereitstellung des Dienstes;

d) Aussetzung oder Schließung des Kontos des Nutzers.

(2) *[1]* [1] Absatz 1 findet nur Anwendung, wenn dem Anbieter die einschlägigen elektronischen Kontaktangaben bekannt sind. [2] Er findet spätestens ab dem Datum Anwendung, zu dem die Beschränkung verhängt wird, ungeachtet dessen, warum oder wie sie verhängt wurde.

[2] Absatz 1 findet keine Anwendung, wenn es sich um einen irreführenden, umfangreichen kommerziellen Inhalt handelt.

(3) Die in Absatz 1 genannte Begründung muss mindestens folgende Angaben enthalten:

a) Angaben darüber, ob die Entscheidung die Entfernung der Information, die Sperrung des Zugangs zu der Information, die Herabstufung der Information oder die Einschränkung der Anzeige der Information oder die Aussetzung oder Beendigung von Zahlungen in Verbindung mit dieser Information betrifft oder mit der Entscheidung andere in Absatz 1 genannte Maßnahmen im Zusammenhang mit der Information verhängt werden, und den etwaigen räumlichen Geltungsbereich der Entscheidung und die Dauer ihrer Gültigkeit;

b) die Tatsachen und Umstände, auf denen die Entscheidung beruht, gegebenenfalls einschließlich Angaben darüber, ob die Entscheidung infolge einer nach Artikel 16 gemachten Meldung oder infolge freiwilliger Untersuchungen auf Eigeninitiative getroffen wurde sowie, falls unbedingt notwendig, die Identität der meldenden Person;

c) gegebenenfalls Angaben darüber, ob automatisierte Mittel zur Entscheidungsfindung verwendet wurden, einschließlich Angaben darüber, ob die Entscheidung in Bezug auf Inhalte getroffen wurde, die mit automatisierten Mitteln erkannt oder festgestellt wurden;

d) falls die Entscheidung mutmaßlich rechtswidrige Inhalte betrifft, einen Verweis auf die Rechtsgrundlage und Erläuterungen, warum die Informationen auf dieser Grundlage als rechtswidrige Inhalte angesehen werden;

e) falls die Entscheidung auf der mutmaßlichen Unvereinbarkeit der Informationen mit den allgemeinen Geschäftsbedingungen des Hostingdiensteanbieters beruht, einen Verweis auf die betreffende vertragliche Bestimmung und Erläuterungen, warum die Informationen als damit unvereinbar angesehen werden;

f) klare und benutzerfreundliche Informationen über die dem Nutzer gegen die Maßnahme zur Verfügung stehenden Rechtsbehelfe, insbesondere – je nach Sachlage – interne Beschwerdemanagementverfahren, außergerichtliche Streitbeilegung und gerichtliche Rechtsmittel.

(4) [1] Die von den Hostingdiensteanbietern nach diesem Artikel übermittelten Informationen müssen klar und leicht verständlich und so genau und spezifisch sein, wie dies unter den gegebenen Umständen nach vernünftigem Ermessen möglich ist. [2] Die Informationen müssen insbesondere so beschaffen sein, dass der betreffende Nutzer damit nach vernünftigem Ermessen in der Lage ist, die in Absatz 3 Buchstabe f genannten Rechtsbehelfe wirksam wahrzunehmen.

(5) Dieser Artikel gilt nicht für in Artikel 9 genannte Anordnungen.

Art. 18 Meldung des Verdachts auf Straftaten. (1) Erhält ein Hostingdiensteanbieter Kenntnis von Informationen, die den Verdacht begründen, dass eine Straftat, die eine Gefahr für das Leben oder die Sicherheit einer Person oder von Personen darstellt, begangen wurde, begangen wird oder begangen werden könnte, so teilt er seinen Verdacht unverzüglich den Strafverfolgungs- oder Justizbehörden des betreffenden Mitgliedstaats oder der betreffenden Mitgliedstaaten mit und stellt alle vorliegenden einschlägigen Informationen zur Verfügung.

(2) *[1]* Kann der Hostingdiensteanbieter den betreffenden Mitgliedstaat nicht mit hinreichender Gewissheit ermitteln, so unterrichtet er die Strafverfolgungsbehörden des Mitgliedstaats, in dem er niedergelassen ist oder in dem sein gesetzlicher Vertreter ansässig oder niedergelassen ist, oder Europol oder beide Stellen.

[2] Für die Zwecke dieses Artikels gilt als betreffender Mitgliedstaat der Mitgliedstaat, in dem die Straftat begangen wurde, begangen wird oder begangen werden könnte, oder der Mitgliedstaat, in dem der Verdächtige seinen Wohnsitz oder Aufenthaltsort hat, oder der Mitgliedstaat, in dem das Opfer seinen Wohnsitz oder Aufenthaltsort hat.

Abschnitt 3. Zusätzliche Bestimmungen für Anbieter von Online-Plattformen

Art. 19 Ausnahme für Kleinst- und Kleinunternehmen. (1) *[1]* Der vorliegende Abschnitt gilt mit Ausnahme von Artikel 24 Absatz 3 nicht für Anbieter von Online-Plattformen, bei denen es sich um Kleinst- oder Kleinunternehmen gemäß der Empfehlung 2003/361/EG handelt.

[2] Wenn Unternehmen den Status eines Kleinst- oder Kleinunternehmens gemäß der Empfehlung 2003/361/EG verlieren, findet der vorliegende Abschnitt mit Ausnahme von Artikel 24 Absatz 3 auch in den 12 Monaten nach dem Verlust dieses Status gemäß Artikel 4 Absatz 2 der Empfehlung keine Anwendung auf Anbieter von Online-Plattformen, es sei denn, sie sind sehr große Online-Plattformen im Sinne des Artikels 33.

(2) Abweichend von Absatz 1 findet der vorliegende Abschnitt Anwendung auf Anbieter von Online-Plattformen, die im Sinne des Artikels 33 als sehr große Online-Plattformen eingestuft wurden, unabhängig davon, ob sie als Kleinst- oder Kleinunternehmen gelten.

Art. 20 Internes Beschwerdemanagementsystem. (1) Die Anbieter von Online-Plattformen gewähren den Nutzern einschließlich meldenden Personen oder Einrichtungen während eines Zeitraums von mindestens sechs Monaten nach einer Entscheidung gemäß diesem Absatz Zugang zu einem wirksamen internen Beschwerdemanagementsystem, das eine elektronische und kostenlose Einreichung von Beschwerden gegen die Entscheidung des Anbieters einer Online-Plattform nach Erhalt der Meldung oder gegen folgende Entscheidungen des Anbieters einer Online-Plattform ermöglicht, die damit begründet worden sind, dass die von den Nutzern bereitgestellten Informationen rechtswidrige Inhalte darstellen oder mit den allgemeinen Geschäftsbedingungen der Plattform unvereinbar sind:

a) Entscheidungen, ob die Information entfernt oder der Zugang dazu gesperrt oder die Anzeige der Information beschränkt wird;

b) Entscheidungen, ob die Erbringung des Dienstes gegenüber den Nutzern vollständig oder teilweise ausgesetzt oder beendet wird;

c) Entscheidungen, ob das Konto des Nutzers ausgesetzt oder geschlossen wird;

d) Entscheidungen, ob Geldzahlungen im Zusammenhang mit von den Nutzern bereitgestellten Informationen ausgesetzt, beendet oder die Fähigkeit der Nutzer zu deren Monetarisierung anderweitig eingeschränkt werden.

(2) Der Tag, an dem der Nutzer gemäß Artikel 16 Absatz 5 oder Artikel 17 von der Entscheidung in Kenntnis gesetzt wird, gilt als Beginn des in Absatz 1 des vorliegenden Artikels genannten Zeitraums von mindestens sechs Monaten.

(3) Die Anbieter von Online-Plattformen stellen sicher, dass ihre internen Beschwerdemanagementsysteme leicht zugänglich und benutzerfreundlich sind und die Einreichung hinreichend präziser und angemessen begründeter Beschwerden ermöglichen und erleichtern.

(4) [1]Die Anbieter von Online-Plattformen bearbeiten Beschwerden, die über ihr internes Beschwerdemanagementsystem eingereicht werden, zeitnah, diskriminierungsfrei, sorgfältig und frei von Willkür. [2]Enthält eine Beschwerde ausreichende Gründe für die Annahme, dass die Entscheidung, auf eine Meldung hin nicht tätig zu werden, unbegründet ist oder dass die Informationen, auf die sich die Beschwerde bezieht, weder rechtswidrig sind noch gegen die allgemeinen Geschäftsbedingungen verstoßen, oder enthält sie Informationen, aus denen hervorgeht, dass das Verhalten des Beschwerdeführers keine Aussetzung oder Kündigung des Dienstes oder Schließung des Kontos rechtfertigt, so macht der Anbieter der Online-Plattform seine in Absatz 1 genannte Entscheidung unverzüglich rückgängig.

(5) Die Anbieter von Online-Plattformen teilen den Beschwerdeführern unverzüglich ihre begründete Entscheidung mit, die sie in Bezug auf die Informationen, auf die sich die Beschwerde bezieht, getroffen haben, und weisen die Beschwerdeführer auf die Möglichkeit der außergerichtlichen Streitbeilegung gemäß Artikel 21 und auf andere verfügbare Rechtsbehelfe hin.

(6) Die Anbieter von Online-Plattformen stellen sicher, dass die in Absatz 5 genannten Entscheidungen unter der Aufsicht angemessen qualifizierten Personals und nicht allein mit automatisierten Mitteln getroffen werden.

Art. 21 Außergerichtliche Streitbeilegung. (1) *[1]* Nutzer, einschließlich meldender Personen oder Einrichtungen, die von den in Artikel 20 Absatz 1 genannten Entscheidungen betroffen sind, haben das Recht, zur Beilegung von Streitigkeiten im Zusammenhang mit diesen Entscheidungen sowie mit Beschwerden, die nicht mit den Mitteln des in dem Artikel genannten internen Beschwerdemanagementsystems gelöst wurden, eine gemäß Absatz 3 des vorliegenden Artikels zertifizierte außergerichtliche Streitbeilegungsstelle zu wählen.

[2] Die Anbieter von Online-Plattformen stellen sicher, dass die Informationen über die in Unterabsatz 1 genannte Möglichkeit der Nutzer hinsichtlich des Zugangs zu einer außergerichtlichen Streitbeilegung in klarer und benutzerfreundlicher Form auf ihrer Online-Schnittstelle leicht zugänglich sind.

[3] Unterabsatz 1 lässt das Recht des betroffenen Nutzers unberührt, im Einklang mit dem anwendbaren Recht zur Beanstandung der Entscheidungen von Anbietern von Online-Plattformen jederzeit vor Gericht zu ziehen.

(2) *[1]* Beide Parteien arbeiten nach Treu und Glauben mit der ausgewählten zertifizierten außergerichtlichen Streitbeilegungsstelle zusammen, um die Streitigkeit beizulegen.

[2] Die Anbieter von Online-Plattformen können die Zusammenarbeit mit einer solchen außergerichtlichen Streitbeilegungsstelle verweigern, wenn ein Streit bezüglich derselben Informationen und derselben Gründe für die mut-

maßliche Rechtswidrigkeit der Inhalte oder ihre mutmaßliche Unvereinbarkeit mit den allgemeinen Geschäftsbedingungen bereits beigelegt wurde.

[3] Die zugelassene außergerichtliche Streitbeilegungsstelle ist nicht befugt, den Parteien eine bindende Streitbeilegung aufzuerlegen.

(3) [1] Der Koordinator für digitale Dienste des Mitgliedstaats, in dem die außergerichtliche Streitbeilegungsstelle niedergelassen ist, lässt diese Stelle auf deren Antrag hin für einen Zeitraum von höchstens fünf Jahren, der verlängert werden kann, zu, nachdem die Stelle nachgewiesen hat, dass sie alle folgenden Bedingungen erfüllt:

a) sie ist unparteiisch und unabhängig, einschließlich finanziell unabhängig, von Anbietern von Online-Plattformen und von Nutzern der von diesen Plattformen erbrachten Dienste und auch von den meldenden Personen oder Einrichtungen;
b) sie hat die erforderliche Sachkenntnis in Bezug auf Fragen, die sich in einem oder mehreren bestimmten Bereichen rechtswidriger Inhalte ergeben, oder in Bezug auf die Anwendung und Durchsetzung der allgemeinen Geschäftsbedingungen einer oder mehrerer Arten von Online-Plattformen, sodass die Stelle einen wirksamen Beitrag zur Beilegung einer Streitigkeit leisten kann;
c) ihre Mitglieder werden auf eine Weise vergütet, die nicht mit dem Ergebnis des Verfahrens im Zusammenhang steht;
d) die angebotene außergerichtliche Streitbeilegung ist über elektronische Kommunikationsmittel leicht zugänglich, und es besteht die Möglichkeit, die Streitbeilegung online einzuleiten und die erforderlichen einschlägigen Dokumente online einzureichen;
e) sie ist in der Lage, Streitigkeiten rasch, effizient und kostengünstig in mindestens einer der Amtssprachen der Organe der Union beizulegen;
f) die angebotene außergerichtliche Streitbeilegung erfolgt nach klaren und fairen Verfahrensregeln, die leicht und öffentlich zugänglich sind und die mit dem geltenden Recht, einschließlich dieses Artikels, vereinbar sind.

[2] Der Koordinator für digitale Dienste gibt folgendes in der Zulassung an:

a) die besonderen Angelegenheiten gemäß Unterabsatz 1 Buchstabe b, in denen die Stelle Sachkenntnis besitzt, und
b) die Amtssprache bzw. die Amtssprachen der Organe der Union, in der bzw. denen die Stelle in der Lage ist, Streitigkeiten gemäß Unterabsatz 1 Buchstabe e beizulegen.

(4) *[1]* [1] Die zugelassenen außergerichtlichen Streitbeilegungsstellen erstatten dem Koordinator für digitale Dienste, der sie zugelassen hat, jährlich Bericht über ihre Tätigkeit und geben dabei zumindest die Zahl der bei ihnen eingegangenen Streitfälle, die Informationen über die Ergebnisse dieser Streitfälle, die durchschnittliche Dauer der Streitbeilegung und etwaige Mängel oder Schwierigkeiten an. [2] Auf Anforderung des Koordinators für digitale Dienste erteilen sie zusätzliche Auskünfte.

[2] [1] Die Koordinatoren für digitale Dienste erstellen alle zwei Jahre einen Bericht über das Funktionieren der von ihnen zugelassenen außergerichtlichen Streitbeilegungsstellen. [2] Dieser Bericht umfasst insbesondere

a) eine Liste mit der Anzahl der bei den einzelnen zugelassenen außergerichtlichen Streitbeilegungsstellen pro Jahr eingegangenen Streitfälle;

b) Angaben über die Ergebnisse der bei ihnen eingegangenen Streitfälle und über die durchschnittliche Dauer der Streitbeilegung;
c) eine Darlegung und Erläuterung der etwaigen systematischen oder branchenbezogenen Mängel oder Schwierigkeiten im Zusammenhang mit der Arbeitsweise dieser Stellen;
d) eine Darlegung der bewährten Verfahren in Bezug auf diese Arbeitsweise;
e) etwaige Empfehlungen zur Verbesserung dieser Arbeitsweise.

3 Die zugelassenen außergerichtlichen Streitbeilegungsstellen stellen den Parteien innerhalb einer angemessenen Frist, spätestens jedoch 90 Kalendertage nach Eingang der Beschwerde, ihre Entscheidungen zur Verfügung. 4 Im Fall hochkomplexer Streitfälle kann die zugelassene außergerichtliche Streitbeilegungsstelle den Zeitraum von 90 Kalendertagen nach eigenem Ermessen um einen weiteren Zeitraum verlängern, der 90 Tage nicht überschreiten darf, sodass sich die maximale Gesamtdauer auf 180 Tage beläuft.

(5) *[1]* 1 Entscheidet die außergerichtliche Streitbeilegungsstelle die Streitigkeit zugunsten des Nutzers, einschließlich der meldenden Person oder Einrichtung, so trägt der Anbieter der Online-Plattform sämtliche von der außergerichtlichen Streitbeilegungsstelle erhobenen Gebühren und erstattet dem Nutzer, einschließlich der Person oder Einrichtung, alle sonstigen angemessenen Kosten, die er bzw. sie im Zusammenhang mit der Streitbeilegung gezahlt haben. 2 Entscheidet die außergerichtliche Streitbeilegungsstelle die Streitigkeit zugunsten des Anbieters der Online-Plattform, so ist der Nutzer, einschließlich der meldenden Person oder Einrichtung, nicht verpflichtet, Gebühren oder sonstige Kosten zu erstatten, die der Anbieter der Online-Plattform im Zusammenhang mit der Streitbeilegung gezahlt hat oder noch zahlen muss, es sei denn, die außergerichtliche Streitbeilegungsstelle gelangt zu der Erkenntnis, dass der Nutzer eindeutig böswillig gehandelt hat.

[2] 1 Die von der außergerichtlichen Streitbeilegungsstelle von den Anbietern von Online-Plattformen erhobenen Gebühren müssen angemessen sein und dürfen in keinem Fall die der Streitbeilegungsstelle entstandenen Kosten übersteigen. 2 Für Nutzer ist die Streitbeilegung kostenlos oder für eine Schutzgebühr verfügbar sein.

[3] Die zugelassenen außergerichtlichen Streitbeilegungsstellen geben dem Nutzer, einschließlich der meldenden Personen oder Einrichtungen, und dem Anbieter der Online-Plattform die Gebühren oder das zur Gebührenfestsetzung verwendete Verfahren vor der Einleitung der Streitbeilegung bekannt.

(6) *[1]* Die Mitgliedstaaten können für die Zwecke des Absatzes 1 außergerichtliche Streitbeilegungsstellen einrichten oder die Tätigkeiten einiger oder aller außergerichtlichen Streitbeilegungsstellen, die sie gemäß Absatz 3 zugelassen haben, unterstützen.

[2] Die Mitgliedstaaten stellen sicher, dass ihre nach Unterabsatz 1 unternommenen Handlungen ihre Koordinatoren für digitale Dienste nicht darin beeinträchtigen, die betreffenden Stellen gemäß Absatz 3 zuzulassen.

(7) 1 Ein Koordinator für digitale Dienste, der eine außergerichtliche Streitbeilegungsstelle zugelassen hat, widerruft diese Zulassung, wenn er infolge einer Untersuchung, die er auf eigene Initiative oder aufgrund von von Dritten erhaltenen Informationen durchführt, feststellt, dass die betreffende außergerichtliche Streitbeilegungsstelle die in Absatz 3 genannten Bedingungen nicht

mehr erfüllt. [2]Bevor er diese Zulassung widerruft, gibt der Koordinator für digitale Dienste dieser Stelle Gelegenheit, sich zu den Ergebnissen seiner Untersuchung und zu dem beabsichtigten Widerruf der Zulassung der außergerichtlichen Streitbeilegungsstelle zu äußern.

(8) [1]Die Koordinatoren für digitale Dienste teilen der Kommission die außergerichtlichen Streitbeilegungsstellen mit, die sie gemäß Absatz 3 zugelassen haben,, gegebenenfalls einschließlich der in Unterabsatz 2 jenes Absatzes genannten Spezifikationen, sowie die außergerichtlichen Streitbeilegungsstellen, deren Zulassung sie widerrufen haben. [2]Die Kommission veröffentlicht auf einer eigens hierfür eingerichteten und leicht zugänglichen Website eine Liste dieser Stellen, einschließlich der genannten Spezifikationen, und hält diese auf dem neuesten Stand.

(9) Dieser Artikel lässt die Richtlinie 2013/11/EU sowie die alternativen Streitbeilegungsverfahren und -stellen für Verbraucher, die nach jener Richtlinie eingerichtet wurden, unberührt.

Art. 22 Vertrauenswürdige Hinweisgeber. (1) Die Anbieter von Online-Plattformen ergreifen die erforderlichen technischen und organisatorischen Maßnahmen, damit Meldungen, die von in ihrem ausgewiesenen Fachgebiet tätigen vertrauenswürdigen Hinweisgebern über die in Artikel 16 genannten Mechanismen übermittelt werden, vorrangig behandelt und unverzüglich bearbeitet und einer Entscheidung zugeführt werden.

(2) Der Status des vertrauenswürdigen Hinweisgebers nach dieser Verordnung wird auf Antrag einer Stelle vom Koordinator für digitale Dienste des Mitgliedstaats, in dem der Antragsteller niedergelassen ist, einem Antragsteller zuerkannt, der nachgewiesen hat, dass er alle folgenden Bedingungen erfüllt:

a) die Stelle hat besondere Sachkenntnis und Kompetenz in Bezug auf die Erkennung, Feststellung und Meldung rechtswidriger Inhalte;
b) sie ist unabhängig von jeglichen Anbietern von Online-Plattformen;
c) sie übt ihre Tätigkeiten zur Übermittlung von Meldungen sorgfältig, genau und objektiv aus.

(3) *[1]* [1]Vertrauenswürdige Hinweisgeber veröffentlichen mindestens einmal jährlich leicht verständliche und ausführliche Berichte über die während des betreffenden Zeitraums gemäß Artikel 16 eingereichten Meldungen. [2]In dem Bericht wird mindestens die Anzahl der Meldungen nach folgenden Kategorien aufgeführt:

a) Identität des Hostingdiensteanbieters,
b) Art der gemeldeten mutmaßlich rechtswidrigen Inhalte,
c) vom Anbieter ergriffene Maßnahmen.

[3]Diese Berichte enthalten eine Erläuterung der Verfahren, mit denen sichergestellt wird, dass der vertrauenswürdige Hinweisgeber seine Unabhängigkeit bewahrt.

[2] [1]Vertrauenswürdige Hinweisgeber übermitteln dem Koordinator für digitale Dienste diese Berichte und machen sie öffentlich zugänglich. [2]Die Informationen in diesen Berichten dürfen keine personenbezogenen Daten enthalten.

(4) Die Koordinatoren für digitale Dienste teilen der Kommission und dem Gremium die Namen, Anschriften und E-Mail-Adressen der Stellen mit, denen

sie den Status des vertrauenswürdigen Hinweisgebers nach Absatz 2 zuerkannt haben bzw. deren Status als vertrauenswürdige Hinweisgeber sie im Einklang mit Absatz 6 aufgehoben oder im Einklang mit Absatz 7 aberkannt haben.

(5) Die Kommission veröffentlicht die in Absatz 4 genannten Angaben in einem leicht zugänglichen und maschinenlesbaren Format in einer öffentlich zugänglichen Datenbank und hält diese auf dem neuesten Stand.

(6) [1] Hat ein Anbieter von Online-Plattformen Informationen, aus denen hervorgeht, dass ein vertrauenswürdiger Hinweisgeber über die in Artikel 16 genannten Mechanismen eine erhebliche Anzahl nicht hinreichend präziser, ungenauer oder unzureichend begründeter Meldungen übermittelt hat, was auch Informationen einschließt, die im Zusammenhang mit der Bearbeitung von Beschwerden über die in Artikel 20 Absatz 4 genannten internen Beschwerdemanagementsysteme erfasst wurden, so übermittelt er dem Koordinator für digitale Dienste, der der betreffenden Stelle den Status des vertrauenswürdigen Hinweisgebers zuerkannt hat, diese Informationen zusammen mit den nötigen Erläuterungen und Nachweisen. [2] Bei Erhalt der Information des Anbieters von Online-Plattformen und in dem Fall, dass der Koordinator für digitale Dienste der Ansicht ist, dass es berechtigte Gründe für die Einleitung einer Untersuchung gibt, wird der Status des vertrauenswürdigen Hinweisgebers für den Zeitraum der Untersuchung aufgehoben. [3] Diese Untersuchung wird unverzüglich durchgeführt.

(7) [1] Der Koordinator für digitale Dienste, der einer Stelle den Status des vertrauenswürdigen Hinweisgebers zuerkannt hat, widerruft diesen Status, wenn er infolge einer Untersuchung, die er auf eigene Initiative oder aufgrund von Informationen durchführt, die er von Dritten erhalten hat, auch der von einem Anbieter von Online-Plattformen nach Absatz 6 vorgelegten Informationen, feststellt, dass die betreffende Stelle die in Absatz 2 genannten Bedingungen nicht mehr erfüllt. [2] Bevor er diesen Status widerruft, gibt der Koordinator für digitale Dienste der Stelle Gelegenheit, sich zu den Ergebnissen seiner Untersuchung und zu dem beabsichtigten Widerruf des Status der Stelle als vertrauenswürdiger Hinweisgeber zu äußern.

(8) Die Kommission gibt nach Anhörung des Gremiums, soweit erforderlich, Leitlinien heraus, um die Anbieter von Online-Plattformen und die Koordinatoren für digitale Dienste bei der Anwendung der Absätze 2, 6 und 7 zu unterstützen.

Art. 23 Maßnahmen und Schutz vor missbräuchlicher Verwendung.

(1) Die Anbieter von Online-Plattformen setzen die Erbringung ihrer Dienste für Nutzer, die häufig und offensichtlich rechtswidrige Inhalte bereitstellen, für einen angemessenen Zeitraum nach vorheriger Warnung aus.

(2) Die Anbieter von Online-Plattformen setzen die Bearbeitung von Meldungen und Beschwerden, die über die in den Artikeln 16 und 20 genannten Melde- und Abhilfeverfahren bzw. interne Beschwerdemanagementsysteme von Personen oder Stellen oder von Beschwerdeführern eingehen, die häufig offensichtlich unbegründete Meldungen oder Beschwerden einreichen, für einen angemessenen Zeitraum nach vorheriger Warnung aus.

(3) [1] Bei der Entscheidung über die Aussetzung bewerten die Anbieter von Online-Plattformen von Fall zu Fall zeitnah, sorgfältig und in objektiver Weise, ob der Nutzer, die Person, die Einrichtung oder der Beschwerdeführer an einer

in den Absätzen 1 und 2 genannten missbräuchlichen Verwendung beteiligt ist, wobei sie alle einschlägigen Tatsachen und Umstände berücksichtigen, die aus den dem Anbieter von Online-Plattformen vorliegenden Informationen ersichtlich sind. [2] Zu solchen Umständen gehören zumindest:

a) die absolute Anzahl der offensichtlich rechtswidrigen Inhalte oder der offensichtlich unbegründeten Meldungen oder Beschwerden, die innerhalb eines bestimmten Zeitraums bereitgestellt bzw. eingereicht wurden;
b) deren relativer Anteil an der Gesamtzahl der in einem bestimmten Zeitraum bereitgestellten Einzelinformationen oder innerhalb eines bestimmten Zeitraums gemachten Meldungen;
c) die Schwere der Fälle der missbräuchlichen Verwendung, einschließlich der Art der rechtswidrigen Inhalte, und deren Folgen;
d) die von dem Nutzer, der Person, der Einrichtung oder dem Beschwerdeführer verfolgten Absichten, sofern diese Absichten ermittelt werden können.

(4) Die Anbieter von Online-Plattformen legen in ihren allgemeinen Geschäftsbedingungen klar und ausführlich ihre Regeln für den Umgang mit der in den Absätzen 1 und 2 des vorliegenden Artikels genannten missbräuchlichen Verwendung dar und nennen Beispiele für Tatsachen und Umstände, die sie bei der Beurteilung, ob ein bestimmtes Verhalten eine missbräuchliche Verwendung darstellt, berücksichtigen, und für die Dauer der Aussetzung.

Art. 24[1)] Transparenzberichtspflichten der Anbieter von Online-Plattformen. (1) Zusätzlich zu den in Artikel 15 genannten Informationen nehmen die Anbieter von Online-Plattformen in die in jenem Artikel genannten Berichte folgende Informationen auf:

a) Anzahl der Streitigkeiten, die den in Artikel 21 genannten außergerichtlichen Streitbeilegungsstellen vorgelegt wurden, Ergebnisse der Streitbeilegung und Mediandauer bis zum Abschluss der Streitbeilegungsverfahren sowie Anteil der Streitigkeiten, bei denen die Anbieter von Online-Plattform die Entscheidungen der Stelle umgesetzt haben;
b) Anzahl der Aussetzungen nach Artikel 23, wobei zwischen Aussetzungen wegen offensichtlich rechtswidriger Inhalte, wegen Übermittlung offensichtlich unbegründeter Meldungen und wegen Einreichung offensichtlich unbegründeter Beschwerden zu unterscheiden ist.

(2) Bis zum 17. Februar 2023 und danach mindestens alle sechs Monate veröffentlichen Anbieter für jede Online-Plattform oder Online-Suchmaschine in einem öffentlich zugänglichen Bereich ihrer Online-Schnittstelle Informationen über die durchschnittliche monatliche Zahl ihrer aktiven Nutzer in der Union, berechnet als Durchschnitt der vergangenen sechs Monate und nach der Methode, die in den in Artikel 33 Absatz 3 genannten delegierten Rechtsakten festgelegt wird, wenn diese delegierten Rechtsakte erlassen wurden.

(3) [1] Die Anbieter von Online-Plattformen oder Online-Suchmaschinen übermitteln dem Koordinator für digitale Dienste am Niederlassungsort und der Kommission auf deren Verlangen und unverzüglich die in Absatz 2 genannten Informationen, die zum Zeitpunkt dieses Verlangens aktualisiert werden.

---

1) Art. 24 Abs. 2, 3 und 6 gilt ab dem **16.11.2022**.

[2]Dieser Koordinator für digitale Dienste oder die Kommission kann vom Anbieter der Online-Plattform oder der Online-Suchmaschine zusätzliche Informationen über die in jenem Absatz genannte Berechnung sowie Erläuterungen und Begründungen in Bezug auf die verwendeten Daten verlangen. [3]Diese Informationen dürfen keine personenbezogenen Daten enthalten.

(4) Hat der Koordinator für digitale Dienste am Niederlassungsort auf der Grundlage der gemäß den Absätzen 2 und 3 dieses Artikels erhaltenen Informationen Grund zu der Annahme, dass ein Anbieter einer Online-Plattform oder einer Online-Suchmaschine den in Artikel 33 Absatz 1 festgelegten Schwellenwert der durchschnittlichen monatlichen aktiven Nutzer in der Union erreicht, so teilt er dies der Kommission mit.

(5) [1]Die Anbieter von Online-Plattformen übermitteln der Kommission unverzüglich die in Artikel 17 Absatz 1 genannten Entscheidungen und Begründungen für die Aufnahme in eine öffentlich zugängliche, von der Kommission verwaltete maschinenlesbare Datenbank. [2]Die Anbieter von Online-Plattformen stellen sicher, dass die übermittelten Informationen keine personenbezogenen Daten enthalten.

(6) [1]Die Kommission kann Durchführungsrechtsakte erlassen, in denen sie Vorlagen für Form, Inhalt und sonstige Einzelheiten der Berichte nach Absatz 1 des vorliegenden Artikels festlegt. [2]Diese Durchführungsrechtsakte werden gemäß dem in Artikel 88 genannten Beratungsverfahren erlassen.

Art. 25 Gestaltung und Organisation der Online-Schnittstelle.

(1) Anbieter von Online-Plattformen dürfen ihre Online-Schnittstellen nicht so konzipieren, organisieren oder betreiben, dass Nutzer getäuscht, manipuliert oder anderweitig in ihrer Fähigkeit, freie und informierte Entscheidungen zu treffen, maßgeblich beeinträchtigt oder behindert werden.

(2) Das Verbot in Absatz 1 gilt nicht für Praktiken, die unter die Richtlinie 2005/29/EG oder die Verordnung (EU) 2016/679[1] fallen.

(3) Die Kommission kann Leitlinien für die Anwendung von Absatz 1 auf eine bestimmte Praxis herausgeben, insbesondere in Bezug darauf,

a) dass bestimmte Auswahlmöglichkeiten stärker hervorgehoben werden, wenn der Nutzer eine Entscheidung treffen muss,

b) dass der Nutzer wiederholt aufgefordert wird, eine Auswahl zu treffen, obwohl eine solche Auswahl bereits getroffen wurde, insbesondere durch die Einblendung eines Fensters, mit der die Nutzererfahrung beeinträchtigt wird,

c) dass das Verfahren zur Beendigung eines Dienstes schwieriger als das Verfahren zur Anmeldung bei diesem Dienst gestaltet wird.

Art. 26 Werbung auf Online-Plattformen. (1) Die Anbieter von Online-Plattformen, die Werbung auf ihren Online-Schnittstellen darstellen, stellen sicher, dass Nutzer für jede einzelne Werbung, die jedem einzelnen Nutzer dargestellt wird, in der Lage sind, in klarer, präziser und eindeutiger Weise und in Echtzeit Folgendes zu erkennen:

---

[1] Nr. **1**.

a) dass es sich bei den Informationen um Werbung handelt, einschließlich durch hervorgehobene Kennzeichnungen, die Standards gemäß Artikel 44 folgen können,
b) die natürliche oder juristische Person, in deren Namen die Werbung angezeigt wird,
c) die natürliche oder juristische Person, die für die Werbung bezahlt hat, wenn sich diese Person von der in Buchstabe b genannten natürlichen oder juristischen Person unterscheidet,
d) aussagekräftige, über die Werbung direkt und leicht zugängliche Informationen über die wichtigsten Parameter zur Bestimmung der Nutzer, denen die Werbung angezeigt wird, und darüber, wie diese Parameter unter Umständen geändert werden können.

(2) *[1]* Die Anbieter von Online-Plattformen bieten den Nutzern eine Funktion, mit der sie erklären können, ob der von ihnen bereitgestellte Inhalt eine kommerzielle Kommunikation darstellt oder eine solche kommerzielle Kommunikation enthält.

[2] Gibt ein Nutzer eine Erklärung gemäß diesem Absatz ab, so stellt der Anbieter der Online-Plattform sicher, dass die anderen Nutzer klar und eindeutig und in Echtzeit, einschließlich durch hervorgehobene Kennzeichnungen, die Standards gemäß Artikel 44 folgen können, feststellen können, dass der von dem Nutzer bereitgestellte Inhalt eine kommerzielle Kommunikation wie in dieser Erklärung beschrieben darstellt oder enthält.

(3) Die Anbieter von Online-Plattformen dürfen Nutzern keine Werbung anzeigen, die auf Profiling gemäß Artikel 4 Nummer 4 der Verordnung (EU) 2016/679[1)] unter Verwendung besonderer Kategorien personenbezogener Daten gemäß Artikel 9 Absatz 1 der Verordnung (EU) 2016/679 beruht.

Art. 27 Transparenz der Empfehlungssysteme. (1) Anbieter von Online-Plattformen, die Empfehlungssysteme verwenden, müssen in ihren allgemeinen Geschäftsbedingungen in klarer und verständlicher Sprache die wichtigsten Parameter, die in ihren Empfehlungssystemen verwendet werden, sowie alle Möglichkeiten für die Nutzer, diese wichtigen Parameter zu ändern oder zu beeinflussen, darlegen.

(2) [1] Im Rahmen der in Absatz 1 genannten wichtigen Parameter wird erläutert, warum dem Nutzer bestimmte Informationen vorgeschlagen werden. [2] Sie umfassen mindestens Folgendes:
a) die Kriterien, die für die Bestimmung der Informationen, die dem Nutzer vorgeschlagen werden, am wichtigsten sind,
b) die Gründe für die relative Bedeutung dieser Parameter.

(3) [1] Stehen mehrere Optionen gemäß Absatz 1 für Empfehlungssysteme zur Verfügung, anhand deren die relative Reihenfolge der den Nutzern bereitgestellten Informationen bestimmt wird, so machen die Anbieter von Online-Plattformen auch eine Funktion zugänglich, die es dem Nutzer ermöglicht, seine bevorzugte Option jederzeit auszuwählen und zu ändern. [2] Diese Funktion ist von dem spezifischen Abschnitt der Online-Schnittstelle der Online-

---

1) Nr. **1**.

Plattform, in dem die Informationen vorrangig sind, unmittelbar und leicht zugänglich.

Art. 28 Online-Schutz Minderjähriger. (1) Anbieter von Online-Plattformen, die für Minderjährige zugänglich sind, müssen geeignete und verhältnismäßige Maßnahmen ergreifen, um für ein hohes Maß an Privatsphäre, Sicherheit und Schutz von Minderjährigen innerhalb ihres Dienstes zu sorgen.

(2) Anbieter von Online-Plattformen dürfen auf ihrer Schnittstelle keine Werbung auf der Grundlage von Profiling gemäß Artikel 4 Absatz 4 der Verordnung (EU) 2016/679[1)] unter Verwendung personenbezogener Daten des Nutzers darstellen, wenn sie hinreichende Gewissheit haben, dass der betreffende Nutzer minderjährig ist.

(3) Zur Einhaltung der in diesem Artikel festgelegten Verpflichtungen sind die Anbieter von Online-Plattformen nicht verpflichtet, zusätzliche personenbezogene Daten zu verarbeiten, um festzustellen, ob der Nutzer minderjährig ist.

(4) Die Kommission kann nach Anhörung des Ausschusses Leitlinien herausgeben, um die Anbieter von Online-Plattformen bei der Anwendung von Absatz 1 zu unterstützen.

Abschnitt 4. Bestimmungen für Anbieter von Online-Plattformen, die Verbrauchern den Abschluss von Fernabsatzverträgen mit Unternehmern ermöglichen

Art. 29 Ausnahme für Kleinst- und Kleinunternehmen. (1) *[1]* Der vorliegende Abschnitt gilt nicht für Anbieter von Online-Plattformen, die Verbrauchern den Abschluss von Fernabsatzverträgen mit Unternehmern ermöglichen, bei denen es sich um Kleinst- oder Kleinunternehmen gemäß der Empfehlung 2003/361/EG handelt.

[2] Wenn Unternehmen den Status eines Kleinst- oder Kleinunternehmens gemäß der Empfehlung 2003/361/EG verlieren, findet der vorliegende Abschnitt auch in den 12 Monaten nach dem Verlust dieses Status gemäß Artikel 4 Absatz 2 der Empfehlung keine Anwendung auf Anbieter von Online-Plattformen, die Verbrauchern den Abschluss von Fernabsatzverträgen mit Unternehmern ermöglichen, es sei denn, sie sind sehr große Online-Plattformen im Sinne des Artikels 33.

(2) Abweichend von Absatz 1 findet der vorliegende Abschnitt Anwendung auf Anbieter von Online-Plattformen, die Verbrauchern den Abschluss von Fernabsatzverträgen mit Unternehmern ermöglichen, die im Sinne des Artikels 33 als sehr große Online-Plattformen eingestuft wurden, unabhängig davon, ob sie als Kleinst- oder Kleinunternehmen gelten.

Art. 30 Nachverfolgbarkeit von Unternehmern. (1) Anbieter von Online-Plattformen, die Verbrauchern den Abschluss von Fernabsatzverträgen mit Unternehmern ermöglichen, stellen sicher, dass Unternehmer diese Online-Plattformen nur dann benutzen können, um bei Verbrauchern in der Union für ihre Produkte oder Dienstleistungen zu werben und ihnen diese anzubieten,

---

[1)] Nr. **1**.

wenn sie vor der Benutzung ihrer Dienste zu diesen Zwecken folgende Informationen erhalten haben, soweit dies auf den Unternehmer zutrifft:

a) Name, Anschrift, Telefonnummer und E-Mail-Adresse des Unternehmers,

b) Kopie des Identitätsdokuments des Unternehmers oder eine andere elektronische Identifizierung im Sinne des Artikels 3 der Verordnung (EU) Nr. 910/2014 des Europäischen Parlaments und des Rates[1)],

c) Angaben zum Zahlungskonto des Unternehmers,

d) falls der Unternehmer in einem Handelsregister oder einem ähnlichen öffentlichen Register eingetragen ist, das Handelsregister, in dem er eingetragen ist, und seine Handelsregisternummer oder eine gleichwertige in diesem Register verwendete Kennung,

e) Selbstbescheinigung des Unternehmers, in der sich dieser verpflichtet, nur Produkte oder Dienstleistungen anzubieten, die den geltenden Vorschriften des Unionsrechts entsprechen.

(2) *[1]* [1] Nach Erhalt der in Absatz 1 genannten Informationen und bevor er dem betreffenden Unternehmer die Nutzung seiner Dienste gestattet, bemüht sich der Anbieter der Online-Plattform, die Verbrauchern den Abschluss von Fernabsatzverträgen mit Unternehmern ermöglicht, nach besten Kräften darum, zu prüfen, ob die in Absatz 1 Buchstaben a bis e genannten Informationen verlässlich und vollständig sind, indem er frei zugängliche amtliche Online-Datenbanken abfragt oder Online-Schnittstellen nutzt, die von einem Mitgliedstaat oder der Union zur Verfügung gestellt werden, oder indem er vom Unternehmer Nachweise aus verlässlichen Quellen verlangt. [2] Für die Zwecke dieser Verordnung haften die Unternehmer für die Richtigkeit der übermittelten Informationen.

[2] [1] In Bezug auf Unternehmer, die bereits die Dienste von Anbietern von Online-Plattformen, die Verbrauchern den Abschluss von Fernabsatzverträgen mit Unternehmern ermöglichen, für die in Absatz 1 genannten Zwecke am 17. Februar 2024 nutzen, bemühen sich die Anbieter nach besten Kräften darum, von diesen Unternehmern innerhalb von 12 Monaten die in der Liste aufgeführten Informationen zu erhalten. [2] Übermitteln diese Unternehmer die Informationen nicht innerhalb dieser Frist, so setzen die Anbieter die Erbringung ihrer Dienstleistungen für diese Unternehmer aus, bis sie alle Informationen zur Verfügung gestellt haben.

(3) *[1]* Erhält der Anbieter der Online-Plattform, die Verbrauchern den Abschluss von Fernabsatzverträgen mit Unternehmern ermöglicht, ausreichend Hinweise darauf oder hat er Grund zu der Annahme, dass eine in Absatz 1 genannte Einzelinformation, die er vom betreffenden Unternehmer erhalten hat, unrichtig, unvollständig oder nicht auf dem aktuellen Stand ist, fordert der Anbieter den Unternehmer auf, unverzüglich oder innerhalb der im Unionsrecht und im nationalen Recht festgelegten Frist Abhilfe zu schaffen.

[2] Versäumt es der Unternehmer, diese Informationen zu berichtigen oder zu vervollständigen, so setzt der Anbieter der Online-Plattform, die Verbrauchern den Abschluss von Fernabsatzverträgen mit Unternehmern ermöglicht,

---

[1)] **Amtl. Anm.:** Verordnung (EU) Nr. 910/2014 des Europäischen Parlaments und des Rates vom 23. Juli 2014 über elektronische Identifizierung und Vertrauensdienste für elektronische Transaktionen im Binnenmarkt und zur Aufhebung der Richtlinie 1999/93/EG (**ABl. L 257 vom 28.8.2014, S. 73**).

seine Dienste in Bezug auf das Angebot von Produkten oder Dienstleistungen für Verbraucher in der Union für den Unternehmer zügig aus, bis dieser der Aufforderung vollständig nachgekommen ist.

(4) Unbeschadet des Artikels 4 der Verordnung (EU) 2019/1150 hat ein Unternehmen, wenn ihm ein Anbieter einer Online-Plattform, die Verbrauchern den Abschluss von Fernabsatzverträgen mit Unternehmern ermöglicht, die Nutzung seines Dienstes gemäß Absatz 1 verweigert oder die Bereitstellung seines Dienstes gemäß Absatz 3 des vorliegenden Artikels aussetzt, das Recht, eine Beschwerde gemäß den Artikeln 20 und 21 der vorliegenden Verordnung einzureichen.

(5) [1] Der Anbieter der Online-Plattform, der Verbrauchern den Abschluss von Fernabsatzverträgen mit Unternehmern ermöglicht, speichert die nach den Absätzen 1 und 2 erhaltenen Informationen für die Dauer von sechs Monaten nach Beendigung des Vertragsverhältnisses mit dem betreffenden Unternehmer in sicherer Weise. [2] Anschließend löscht er die Informationen.

(6) Unbeschadet des Absatzes 2 dieses Artikels gibt der Anbieter der Online-Plattform, die Verbrauchern den Abschluss von Fernabsatzverträgen mit Unternehmern ermöglicht, die Informationen nur dann an Dritte weiter, wenn sie nach geltendem Recht, einschließlich der in Artikel 10 genannten Anordnungen und der Anordnungen, die von den zuständigen Behörden der Mitgliedstaaten oder der Kommission zur Erfüllung ihrer Aufgaben gemäß dieser Verordnung erlassen werden, dazu verpflichtet sind.

(7) [1] Der Anbieter der Online-Plattform, die Verbrauchern den Abschluss von Fernabsatzverträgen mit Unternehmern ermöglicht, stellt den Nutzern die in Absatz 1 Buchstaben a, d und e genannten Informationen in klarer, leicht zugänglicher und verständlicher Weise auf seiner Online-Plattform zur Verfügung. [2] Diese Informationen müssen zumindest auf der Online-Schnittstelle der Online-Plattform verfügbar sein, auf der die Informationen über das Produkt oder den Dienst bereitgestellt werden.

Art. 31 Konformität durch Technikgestaltung. (1) *[1]* Anbieter von Online-Plattformen, die Verbrauchern den Abschluss von Fernabsatzverträgen mit Unternehmern ermöglichen, stellen sicher, dass ihre Online-Schnittstelle so konzipiert und organisiert ist, dass die Unternehmer ihren Verpflichtungen in Bezug auf vorvertragliche Informationen, Konformität und Produktsicherheitsinformationen nach geltendem Unionsrecht nachkommen können.

[2] Insbesondere gewährleistet der Anbieter, dass seine Online-Schnittstelle es den Unternehmern ermöglicht, Informationen zu Namen, Adresse, Telefonnummer und E-Mail-Adresse des Wirtschaftsakteurs im Sinne von Artikel 3 Nummer 13 der Verordnung (EU) 2019/1020 und anderen Rechtsvorschriften der Union bereitzustellen.

(2) Anbieter von Online-Plattformen, die Verbrauchern den Abschluss von Fernabsatzverträgen mit Unternehmen ermöglichen, stellen sicher, dass ihre Online-Schnittstelle so konzipiert und organisiert ist, dass Unternehmer zumindest Folgendes bereitstellen können:

a) die Informationen, die für eine klare und eindeutige Identifizierung der Produkte oder Dienstleistungen erforderlich sind, die den Verbrauchern in der Union über die Dienste der Anbieter beworben oder angeboten werden,

b) ein Zeichen zur Identifizierung des Unternehmers, etwa die Marke, das Symbol oder das Logo, und,

c) falls vorgeschrieben, die Informationen in Bezug auf die Etikettierung und Kennzeichnung im Einklang mit den Vorschriften des geltenden Unionsrechts über Produktsicherheit und Produktkonformität.

(3) [1] Anbieter von Online-Plattformen, die Verbrauchern den Abschluss von Fernabsatzverträgen mit Unternehmern ermöglichen, bemühen sich nach besten Kräften darum, zu bewerten, ob solche Unternehmer die in den Absätzen 1 und 2 genannten Informationen bereitgestellt haben, bevor sie diesen gestatten, ihre Produkte oder Dienstleistungen auf diesen Plattformen anzubieten. [2] Nachdem er dem Unternehmer gestattet hat, Produkte oder Dienstleistungen auf seiner Online-Plattform anzubieten, die Verbrauchern den Abschluss von Fernabsatzverträgen mit Unternehmern ermöglicht, bemüht sich der Anbieter, in angemessener Weise darum, stichprobenartig in einer amtlichen, frei zugänglichen und maschinenlesbaren Online-Datenbank oder Online-Schnittstelle zu prüfen, ob die angebotenen Produkte oder Dienstleistungen als rechtswidrig eingestuft wurden.

Art. 32 Recht auf Information. (1) [1] Erhält ein Anbieter einer Online-Plattform, die Verbrauchern den Abschluss von Fernabsatzverträgen mit Unternehmern ermöglicht, unabhängig von den verwendeten Mitteln Kenntnis, dass ein rechtswidriges Produkt oder eine rechtswidrige Dienstleistung von einem Unternehmer über seine Dienste Verbrauchern in der Union angeboten wurde, so informiert er – sofern ihm deren Kontaktdaten vorliegen – die Verbraucher, die das rechtswidrige Produkt oder die rechtswidrige Dienstleistung über seine Dienste erworben haben über Folgendes:

a) die Tatsache, dass das Produkt oder die Dienstleistung rechtswidrig ist

b) die Identität des Unternehmers und

c) die einschlägigen Rechtsbehelfe.

[2] Die Pflicht nach Unterabsatz 1 gilt nur für den Erwerb von rechtswidrigen Produkten oder Dienstleistungen in den vergangenen sechs Monaten ab dem Zeitpunkt, zu dem der Anbieter von der Rechtswidrigkeit Kenntnis erlangt hat.

(2) Verfügt der Anbieter der Online-Plattformen, die Verbrauchern den Abschluss von Fernabsatzverträgen mit Unternehmern ermöglichen, in der in Absatz 1 genannten Situation nicht über die Kontaktdaten aller betroffenen Verbraucher, so macht dieser Anbieter die Informationen über das rechtswidrige Produkt oder die rechtswidrige Dienstleistung, die Identität des Unternehmers und die einschlägigen Rechtsbehelfe auf seiner Online-Schnittstelle öffentlich und leicht zugänglich.

Abschnitt 5. Zusätzliche Verpflichtungen in Bezug auf den Umgang mit systemischen Risiken für Anbieter von sehr großen Online-Plattformen und sehr großen Online-Suchmaschinen

Art. 33[1)] Sehr große Online-Plattformen und sehr große Online-Suchmaschinen. (1) Dieser Abschnitt gilt für Online-Plattformen und On-

[1)] Art. 33 Abs. 3–6 gilt ab dem **16.11.2022**.

line-Suchmaschinen, die eine durchschnittliche monatliche Zahl von mindestens 45 Millionen aktiven Nutzern in der Union haben und die gemäß Absatz 4 als sehr große Online-Plattformen oder sehr große Online-Suchmaschinen benannt sind.

(2) [1] Die Kommission erlässt delegierte Rechtsakte gemäß Artikel 87, um die in Absatz 1 genannte durchschnittliche monatliche Zahl der aktiven Nutzer in der Union anzupassen, falls die Bevölkerung der Union gegenüber ihrer Bevölkerung im Jahr 2020 oder – nach einer Anpassung durch einen delegierten Rechtsakt – gegenüber ihrer Bevölkerung in dem Jahr, in dem der letzte delegierte Rechtsakt erlassen wurde, um mindestens 5% zu- oder abnimmt. [2] In diesem Fall passt sie die Zahl so an, dass sie 10% der Bevölkerung der Union in dem Jahr entspricht, in dem sie den delegierten Rechtsakt erlässt, und zwar so auf- oder abgerundet, dass die Zahl in Millionen ausgedrückt werden kann.

(3) Die Kommission kann – nach Anhörung des Gremiums – delegierte Rechtsakte gemäß Artikel 87 erlassen, um für die Zwecke von Absatz 1 des vorliegenden Artikels und von Artikel 24 Absatz 2 die Bestimmungen dieser Verordnung zu ergänzen, indem sie die Methode zur Berechnung der durchschnittlichen monatlichen Zahl der aktiven Nutzer in der Union ergänzt und sicherstellt, dass die Methode den Markt- und Technologieentwicklungen Rechnung trägt.

(4) *[1]* [1] Die Kommission erlässt nach Konsultation des Mitgliedstaats der Niederlassung oder nach Berücksichtigung der vom Koordinator für digitale Dienste am Niederlassungsort gemäß Artikel 24 Absatz 4 bereitgestellten Informationen einen Beschluss, mit dem für die Zwecke dieser Verordnung die Online-Plattform oder die Online-Suchmaschine als sehr große Online-Plattform oder sehr große Online-Suchmaschine benannt wird, deren durchschnittliche monatliche Zahl aktiver Nutzer mindestens der in Absatz 1 des vorliegenden Artikels genannten Zahl entspricht. [2] Die Kommission fasst ihren Beschluss auf der Grundlage der vom Anbieter der Online-Plattform oder der Online-Suchmaschine gemeldeten Daten gemäß Artikel 24 Absatz 2 oder der gemäß Artikel 24 Absatz 3 verlangten Informationen oder etwaiger anderer der Kommission zur Verfügung stehender Informationen.

[2] Kommt der Anbieter der Online-Plattform oder der Online-Suchmaschine den Bestimmungen des Artikels 24 Absatz 2 oder der Aufforderung des Koordinators für digitale Dienste am Niederlassungsort oder der Aufforderung der Kommission gemäß Artikel 24 Absatz 3 nicht nach, so hindert dies die Kommission nicht daran, diesen Anbieter gemäß diesem Absatz als Anbieter einer sehr großen Online-Plattform oder einer sehr großen Online-Suchmaschine zu benennen.

[3] [1] Stützt die Kommission ihren Beschluss auf andere Informationen, die ihr gemäß Unterabsatz 1 vorliegen, oder auf zusätzliche Informationen, die gemäß Artikel 24 Absatz 3 angefordert werden, so gibt sie dem betroffenen Anbieter der Online-Plattforme oder der Online-Suchmaschine zehn Arbeitstage, um zu den vorläufigen Feststellungen der Kommission, dass sie die Online-Plattform oder die Online-Suchmaschine als sehr große Online-Plattform bzw. sehr große Online-Suchmaschine zu benennen beabsichtigt, Stellung zu nehmen. [2] Die Kommission trägt den Stellungnahmen des betroffenen Anbieters gebührend Rechnung.

[4] Nimmt der Anbieter der Online-Plattform oder der Online-Suchmaschine nicht gemäß Unterabsatz 3 Stellung, so hindert dies die Kommission nicht daran, diese Online-Plattform oder diese Online-Suchmaschine auf der Grundlage anderer ihr zur Verfügung stehenden Informationen als sehr große Online-Plattform bzw. sehr große Online-Suchmaschine zu benennen.

(5) Die Kommission hebt die Benennung auf, wenn die Online-Plattform oder die Online-Suchmaschine während eines ununterbrochenen Zeitraums von einem Jahr nicht über eine durchschnittliche monatliche Zahl aktiver Nutzer verfügt, die der in Absatz 1 genannten Zahl entspricht oder darüber liegt.

(6) *[1]* Die Kommission teilt dem betroffenen Anbieter der Online-Plattform oder der Online-Suchmaschine, dem Gremium und dem Koordinator für digitale Dienste am Niederlassungsort ihre Beschlüsse gemäß den Absätzen 4 und 5 unverzüglich mit.

[2] [1] Die Kommission sorgt dafür, dass die Liste der benannten sehr großen Online-Plattformen und sehr großen Online-Suchmaschinen im Amtsblatt der Europäischen Union veröffentlicht wird, und hält diese Liste auf dem neuesten Stand. [2] Nach Ablauf von vier Monaten nach der in Unterabsatz 1 genannten Mitteilung an den Anbieter finden die Pflichten dieses Abschnitts auf die betroffenen sehr großen Online-Plattformen und sehr großen Online-Suchmaschinen Anwendung bzw. keine Anwendung mehr.

Art. 34 Risikobewertung. (1) *[1]* Die Anbieter sehr großer Online-Plattformen und sehr großer Online-Suchmaschinen ermitteln, analysieren und bewerten sorgfältig alle systemischen Risiken in der Union, die sich aus der Konzeption oder dem Betrieb ihrer Dienste und seinen damit verbundenen Systemen, einschließlich algorithmischer Systeme, oder der Nutzung ihrer Dienste ergeben.

[2] [1] Sie führen die Risikobewertungen bis zu dem in Artikel 33 Absatz 6 Unterabsatz 2 genannten Anwendungsbeginn und danach mindestens einmal jährlich, in jedem Fall aber vor der Einführung von Funktionen durch, die voraussichtlich kritische Auswirkungen auf die gemäß diesem Artikel ermittelten Risiken haben. [2] Diese Risikobewertung erfolgt spezifisch für ihre Dienste und verhältnismäßig zu den systemischen Risiken unter Berücksichtigung ihrer Schwere und Wahrscheinlichkeit und umfasst die folgenden systemischen Risiken:

a) Verbreitung rechtswidriger Inhalte über ihre Dienste;

b) etwaige tatsächliche oder vorhersehbare nachteilige Auswirkungen auf die Ausübung der Grundrechte, insbesondere des in Artikel 1 der Charta[1)] verankerten Grundrechts auf Achtung der Menschenwürde, des in Artikel 7 der Charta verankerten Grundrechts auf Achtung des Privat- und Familienlebens, des in Artikel 8 der Charta verankerten Grundrechts auf Schutz personenbezogener Daten, des in Artikel 11 der Charta verankerten Grundrechts auf die Meinungs- und Informationsfreiheit, einschließlich Medienfreiheit und -pluralismus auf das in Artikel 21 der Charta verankerte Grundrecht auf Nichtdiskriminierung, die in Artikel 24 der Charta verankerten

---

[1)] Nr. **9**.

Rechte des Kindes und den in Artikel 38 der Charta verankerten umfangreichen Verbraucherschutz;

c) alle tatsächlichen oder absehbaren nachteiligen Auswirkungen auf die gesellschaftliche Debatte und auf Wahlprozesse und die öffentliche Sicherheit;

d) alle tatsächlichen oder absehbaren nachteiligen Auswirkungen in Bezug auf geschlechtsspezifische Gewalt, den Schutz der öffentlichen Gesundheit und von Minderjährigen sowie schwerwiegende nachteilige Folgen für das körperliche und geistige Wohlbefinden einer Person.

(2) [1] Bei der Durchführung der Risikobewertung berücksichtigen die Anbieter sehr großer Online-Plattformen und sehr großer Online-Suchmaschinen insbesondere, ob und wie die folgenden Faktoren die in Absatz 1 genannten systemischen Risiken beeinflussen:

a) die Gestaltung ihrer Empfehlungssysteme und anderer relevanter algorithmischer Systeme;

b) ihre Systeme zur Moderation von Inhalten;

c) die anwendbaren allgemeinen Geschäftsbedingungen und ihre Durchsetzung;

d) Systeme zur Auswahl und Anzeige von Werbung;

e) die datenbezogene Praxis des Anbieters.

[2] Bei den Bewertungen wird auch analysiert, ob und wie die Risiken gemäß Absatz 1 durch vorsätzliche Manipulation ihres Dienstes, auch durch unauthentische Verwendung oder automatisierte Ausnutzung des Dienstes, sowie durch die Verstärkung und die Möglichkeit der raschen und weiten Verbreitung von rechtswidrigen Inhalten und von Informationen, die mit ihren allgemeinen Geschäftsbedingungen unvereinbar sind, beeinflusst werden. [3] Bei der Bewertung werden spezifische regionale oder sprachliche Aspekte auch dann berücksichtigt, wenn sie für einen Mitgliedstaat spezifisch sind.

(3) Die Anbieter sehr großer Online-Plattformen und sehr großer Online-Suchmaschinen bewahren die entsprechenden Dokumente der Risikobewertungen mindestens drei Jahre nach Durchführung der Risikobewertungen auf und übermitteln sie der Kommission und dem Koordinator für digitale Dienste am Niederlassungsort bei Bedarf.

Art. 35 Risikominderung. (1) [1] Die Anbieter sehr großer Online-Plattformen und sehr großer Online-Suchmaschinen ergreifen angemessene, verhältnismäßige und wirksame Risikominderungsmaßnahmen, die auf die gemäß Artikel 34 ermittelten besonderen systemischen Risiken zugeschnitten sind, wobei die Auswirkungen solcher Maßnahmen auf die Grundrechte besonders zu berücksichtigen sind. [2] Hierzu können unter Umständen gehören:

a) Anpassung der Gestaltung, der Merkmale oder der Funktionsweise ihrer Dienste einschließlich ihrer Online-Schnittstellen;

b) Anpassung der allgemeinen Geschäftsbedingungen und ihrer Durchsetzung;

c) Anpassung der Verfahren zur Moderation von Inhalten, einschließlich der Geschwindigkeit und Qualität der Bearbeitung von Meldungen zu bestimmten Arten rechtswidriger Inhalte, und, soweit erforderlich, rasche Entfernung der gemeldeten Inhalte oder Sperrung des Zugangs dazu, insbesondere in Bezug auf rechtswidrige Hetze oder Cybergewalt; sowie Anpassung aller einschlägigen Entscheidungsprozesse und der für die Moderation von Inhalten eingesetzten Mittel;

d) Erprobung und Anpassung ihrer algorithmischen Systeme, einschließlich ihrer Empfehlungssysteme;

e) Anpassung ihrer Werbesysteme und Annahme von gezielten Maßnahmen zur Beschränkung oder Anpassung der Anzeige von Werbung in Verbindung mit dem von ihnen erbrachten Dienst;

f) Stärkung der internen Prozesse, der Ressourcen, der Prüfung, der Dokumentation oder der Beaufsichtigung ihrer Tätigkeiten, insbesondere im Hinblick auf die Erkennung systemischer Risiken;

g) Beginn oder Anpassung der Zusammenarbeit mit vertrauenswürdigen Hinweisgebern gemäß Artikel 22 und der Umsetzung der Entscheidungen von außergerichtlichen Streitbeilegungsstellen gemäß Artikel 21;

h) Beginn oder Anpassung der Zusammenarbeit mit anderen Anbietern von Online-Plattformen oder Online-Suchmaschinen anhand der in Artikel 45 und Artikel 48 genannten Verhaltenskodizes bzw. Krisenprotokolle;

i) Sensibilisierungsmaßnahmen und Anpassung ihrer Online-um Nutzern mehr Informationen zu geben;

j) gezielte Maßnahmen zum Schutz der Rechte des Kindes, darunter auch Werkzeuge zur Altersüberprüfung und zur elterlichen Kontrolle sowie Werkzeuge, die es Minderjährigen ermöglichen sollen, Missbrauch zu melden bzw. Unterstützung zu erhalten;

k) Sicherstellung, dass eine Einzelinformation, unabhängig davon, ob es sich um einen erzeugten oder manipulierten Bild-, Ton- oder Videoinhalt handelt, der bestehenden Personen, Gegenständen, Orten oder anderen Einrichtungen oder Ereignissen merklich ähnelt und einer Person fälschlicherweise als echt oder wahrheitsgemäß erscheint, durch eine auffällige Kennzeichnung erkennbar ist, wenn sie auf ihren Online-Schnittstellen angezeigt wird, und darüber hinaus Bereitstellung einer benutzerfreundlichen Funktion, die es den Nutzern des Dienstes ermöglicht, solche Informationen anzuzeigen.

(2) [1]Das Gremium veröffentlicht in Zusammenarbeit mit der Kommission einmal jährlich einen umfassenden Bericht. [2]Der Bericht enthält folgende Informationen:

a) Ermittlung und Bewertung der auffälligsten wiederkehrenden systemischen Risiken, die von Anbietern sehr großer Online-Plattformen und sehr großer Online-Suchmaschinen gemeldet oder über andere Informationsquellen, insbesondere aus den gemäß den Artikeln 39, 40 und 42 bereitgestellten Informationen, ermittelt wurden;

b) bewährte Verfahren für Anbieter sehr großer Online-Plattformen und sehr großer Online-Suchmaschinen zur Minderung der ermittelten systemischen Risiken.

[3]Dieser Bericht enthält Angaben über systemische Risiken, aufgeschlüsselt nach den Mitgliedstaaten, in denen sie gegebenenfalls auftraten, und – falls zweckmäßig – in der Union als Ganzes.

(3) [1]Die Kommission kann in Zusammenarbeit mit den Koordinatoren für digitale Dienste Leitlinien für die Anwendung des Absatzes 1 in Bezug auf besondere Risiken herausgeben, um insbesondere bewährte Verfahren vorzustellen und mögliche Maßnahmen zu empfehlen, wobei sie die möglichen

Auswirkungen der Maßnahmen auf die in der Charta[1)] verankerten Grundrechte aller Beteiligten gebührend berücksichtigt. [2]Im Hinblick auf die Ausarbeitung dieser Leitlinien führt die Kommission öffentliche Konsultationen durch.

Art. 36 Krisenreaktionsmechanismus. (1) [1]Im Krisenfall kann die Kommission auf Empfehlung des Gremiums einen Beschluss erlassen, in dem ein oder mehrere Anbieter sehr großer Online-Plattformen oder sehr großer Online-Suchmaschinen aufgefordert werden, eine oder mehrere der folgenden Maßnahmen zu ergreifen:

a) eine Bewertung, ob und, wenn ja, in welchem Umfang und wie der Betrieb und die Nutzung ihrer Dienste erheblich zu einer schwerwiegenden Bedrohung im Sinne von Absatz 2 beitragen oder voraussichtlich beitragen werden;

b) die Ermittlung und Anwendung von gezielten, wirksamen und verhältnismäßigen Maßnahmen, etwa Maßnahmen gemäß Artikel 35 Absatz 1 oder Artikel 48 Absatz 2, um einen solchen Beitrag zu der gemäß Buchstabe a ermittelten schwerwiegenden Bedrohung zu verhindern, zu beseitigen oder zu begrenzen;

c) Berichterstattung an die Kommission bis zu einem bestimmten im Beschluss festgelegten Zeitpunkt oder in regelmäßigen Abständen über die unter Buchstabe a genannten Bewertungen, über den genauen Inhalt, die Durchführung und die qualitativen und quantitativen Auswirkungen der gemäß Buchstabe b ergriffenen gezielten Maßnahmen sowie über alle anderen Fragen im Zusammenhang mit diesen Bewertungen oder Maßnahmen, wie in dem Beschluss festgelegt;

[2]Bei der Ermittlung und Anwendung von Maßnahmen gemäß Buchstabe b berücksichtigt bzw. berücksichtigen der bzw. die Diensteanbieter gebührend die Schwere der in Absatz 2 genannten schwerwiegenden Bedrohung, die Dringlichkeit der Maßnahmen und die tatsächlichen oder potenziellen Auswirkungen auf die Rechte und berechtigten Interessen aller betroffenen Parteien, einschließlich des möglichen Versäumnisses, bei den Maßnahmen die in der Charta[1)] verankerten Grundrechte zu achten.

(2) Für die Zwecke dieses Artikels gilt eine Krise als eingetreten, wenn außergewöhnliche Umstände eintreten, die zu einer schwerwiegenden Bedrohung der öffentlichen Sicherheit oder der öffentlichen Gesundheit in der Union oder in wesentlichen Teilen der Union führen können.

(3) Bei der Beschlussfassung nach Absatz 1 stellt die Kommission sicher, dass alle folgenden Anforderungen erfüllt sind:

a) die in dem Beschluss geforderten Maßnahmen sind unbedingt erforderlich, gerechtfertigt und verhältnismäßig, insbesondere in Bezug auf die Schwere der in Absatz 2 genannten schwerwiegenden Bedrohung, die Dringlichkeit der Maßnahmen und die tatsächlichen oder potenziellen Auswirkungen auf die Rechte und berechtigten Interessen aller betroffenen Parteien, einschließlich des möglichen Versäumnisses, bei den Maßnahmen die in der Charta verankerten Grundrechte zu achten;

[1)] Nr. **9**.

b) in dem Beschluss wird eine angemessene Frist festgelegt, innerhalb deren die in Absatz 1 Buchstabe b genannten gezielten Maßnahmen zu treffen sind, wobei insbesondere der Dringlichkeit dieser Maßnahmen und der für ihre Vorbereitung und Durchführung erforderlichen Zeit Rechnung zu tragen ist;
c) die in dem Beschluss geforderten Maßnahmen sind auf eine Dauer von höchstens drei Monaten begrenzt.

(4) Nach der Annahme des Beschlusses nach Absatz 1 ergreift die Kommission unverzüglich folgende Maßnahmen:
a) sie teilt den Beschluss dem Anbieter bzw. den Anbietern mit, an den bzw. die der Beschluss gerichtet ist;
b) sie macht den Beschluss öffentlich zugänglich; und
c) sie setzt das Gremium von dem Beschluss in Kenntnis, fordert es auf, dazu Stellung zu nehmen, und hält es über alle weiteren Entwicklungen im Zusammenhang mit dem Beschluss auf dem Laufenden.

(5) Die Wahl der gemäß Absatz 1 Buchstabe b und Absatz 7 Unterabsatz 2 zu treffenden gezielten Maßnahmen verbleibt bei dem Anbieter bzw. den Anbietern, an den bzw. die sich der Beschluss der Kommission richtet.

(6) [1] Die Kommission kann von sich aus oder auf Ersuchen des Anbieters mit dem Anbieter in einen Dialog treten, um festzustellen, ob die in Absatz 1 Buchstabe b genannten geplanten oder durchgeführten Maßnahmen angesichts der besonderen Umstände des Anbieters wirksam und verhältnismäßig sind, um die verfolgten Ziele zu erreichen. [2] Insbesondere stellt die Kommission sicher, dass die vom Diensteanbieter gemäß Absatz 1 Buchstabe b ergriffenen Maßnahmen den in Absatz 3 Buchstaben a und c genannten Anforderungen entsprechen.

(7) *[1]* [1] Die Kommission überwacht die Anwendung der gezielten Maßnahmen, die gemäß dem in Absatz 1 genannten Beschluss getroffen wurden, auf der Grundlage der in Absatz 1 Buchstabe c genannten Berichte und aller sonstigen einschlägigen Informationen, einschließlich der Informationen, die sie gemäß Artikel 40 oder 67 anfordern kann, wobei sie der Entwicklung der Krise Rechnung trägt. [2] Die Kommission erstattet dem Gremium regelmäßig, mindestens jedoch monatlich, über diese Überwachung Bericht.

[2] Ist die Kommission der Auffassung, dass die geplanten oder durchgeführten gezielten Maßnahmen gemäß Absatz 1 Buchstabe b nicht wirksam oder verhältnismäßig sind, so kann sie den Anbieter durch Erlass eines Beschlusses nach Anhörung des Gremiums auffordern, die Ermittlung oder Anwendung dieser gezielten Maßnahmen zu überprüfen.

(8) Wenn dies angesichts der Entwicklung der Krise angemessen ist, kann die Kommission auf Empfehlung des Gremiums den in Absatz 1 oder Absatz 7 Unterabsatz 2 genannten Beschluss ändern, indem sie
a) den Widerruf des Beschlusses und – falls angezeigt – die Aufforderung an die sehr große Online-Plattform oder sehr große Online-Suchmaschine, die gemäß Absatz 1 Buchstabe b oder Absatz 7 Unterabsatz 2 ermittelten und umgesetzten Maßnahmen nicht mehr anwendet, insbesondere wenn die Gründe für solche Maßnahmen nicht mehr vorliegen;
b) den in Absatz 3 Buchstabe c genannten Zeitraum um höchstens drei Monate verlängert;

c) die bei der Anwendung der Maßnahmen gesammelten Erfahrungen, insbesondere das mögliche Versäumnis, bei den Maßnahmen die in der Charta verankerten Grundrechte zu achten, berücksichtigt.

(9) Die Anforderungen der Absätze 1 bis 6 gelten für den in diesem Artikel genannten Beschluss und dessen Änderung.

(10) Die Kommission trägt etwaigen Stellungnahmen des Gremiums gemäß den Empfehlungen in diesem Artikel weitestgehend Rechnung.

(11) Die Kommission erstattet dem Europäischen Parlament und dem Rat nach der Annahme von Beschlüssen gemäß diesem Artikel jährlich, in jedem Fall jedoch drei Monate nach dem Ende der Krise, über die Anwendung der aufgrund dieser Beschlüsse getroffenen spezifischen Maßnahmen Bericht.

Art. 37[1)] Unabhängige Prüfung. (1) Die Anbieter sehr großer Online-Plattformen und sehr großer Online-Suchmaschinen werden mindestens einmal jährlich auf eigene Kosten einer unabhängigen Prüfung unterzogen, bei der die Einhaltung folgender Pflichten und Verpflichtungszusagen bewertet wird:

a) die in Kapitel III festgelegten Pflichten,

b) die Verpflichtungszusagen, die gemäß den in den Artikeln 45 und 46 genannten Verhaltenskodizes und den in Artikel 48 genannten Krisenprotokollen gemacht wurden.

(2) *[1]* [1] Die Anbieter sehr großer Online-Plattformen und sehr großer Online-Suchmaschinen leisten den Organisationen, die die Prüfungen gemäß diesem Artikel durchführen, die erforderliche Unterstützung und arbeiten mit ihnen zusammen, damit sie diese Prüfungen wirksam, effizient und rechtzeitig durchführen können, unter anderem indem sie ihnen Zugang zu allen relevanten Daten und Räumlichkeiten gewähren und mündliche oder schriftliche Fragen beantworten. [2] Sie dürfen die Durchführung der Prüfung nicht behindern, übermäßig beeinflussen oder untergraben.

[2] [1] Diese Prüfungen sorgen in Bezug auf die Informationen, die sie von den Anbietern sehr großer Online-Plattformen und sehr großer Online-Suchmaschinen und Dritten im Rahmen der Prüfungen, auch nach Abschluss der Prüfungen, erhalten, für ein angemessenes Maß an Vertraulichkeit und die Einhaltung der Geheimhaltungspflicht. [2] Die Einhaltung dieser Anforderung darf sich jedoch nicht nachteilig auf die Durchführung der Prüfungen und anderer Bestimmungen dieser Verordnung, insbesondere der Bestimmungen über Transparenz, Überwachung und Durchsetzung, auswirken. [3] Soweit es für die Zwecke der Transparenzberichtspflichten gemäß Artikel 42 Absatz 4 erforderlich ist, sind dem Bericht über die Durchführung der Prüfung gemäß den Absätzen 4 und 6 dieses Artikels Fassungen des Prüfberichts beizufügen, die keine Informationen enthalten, die nach angemessenem Ermessen als vertraulich angesehen werden könnten.

(3) Die Prüfungen gemäß Absatz 1 werden von Stellen durchgeführt, die

a) von dem Anbieter der betreffenden sehr großen Online-Plattform oder sehr großen Online-Suchmaschine und jeder juristischen Person, die mit diesem

---

1) Art. 37 Abs. 7 gilt ab dem **16.11.2022**.

Anbieter in Verbindung steht, unabhängig sind und sich in keinen Interessenkonflikten mit diesen befinden; insbesondere

i) in den 12 Monaten vor Beginn der Prüfung keine prüfungsfremden Leistungen im Zusammenhang mit den geprüften Sachverhalten für den Anbieter der betreffenden sehr großen Online-Plattform oder sehr großen Online-Suchmaschine und für mit diesem in Verbindung stehende juristische Personen erbracht haben und sich verpflichtet haben, ihnen diese Dienstleistungen in den 12 Monaten nach Abschluss der Prüfung nicht zu erbringen,

ii) für den betreffenden Anbieter einer sehr großen Online-Plattform oder sehr großen Online-Suchmaschine und für mit ihm in Verbindung stehende juristische Personen während eines Zeitraums von mehr als zehn aufeinanderfolgenden Jahren keine Prüfungsleistungen gemäß diesem Artikel erbracht haben,

iii) die Prüfung nicht gegen Honorare durchführen, die vom Ergebnis der Prüfung abhängen;

b) nachgewiesene Sachkenntnis auf dem Gebiet des Risikomanagements sowie technische Kompetenzen und Kapazitäten haben,

c) nachweislich mit Objektivität und gemäß der Berufsethik arbeiten, insbesondere aufgrund der Einhaltung von Verhaltenskodizes oder der einschlägigen Normen.

(4) [1] Anbieter sehr großer Online-Plattformen oder sehr großer Online-Suchmaschinen stellen sicher, dass die Stellen, die die Prüfungen durchführen, für jede Prüfung einen Prüfbericht anfertigen. [2] Dieser Bericht enthält eine schriftliche Begründung sowie mindestens Folgendes:

a) Name, Anschrift und Kontaktstelle des Anbieters der sehr großen Online-Plattform oder sehr großen Online-Suchmaschine, der geprüft wird, und Zeitraum, auf den sich die Prüfung bezieht,

b) Name und Anschrift der Stelle bzw. der Stellen, die die Prüfung durchführt bzw. durchführen,

c) Interessenerklärung,

d) Beschreibung der konkret geprüften Elemente und der angewandten Methode,

e) Beschreibung und Zusammenfassung der wichtigsten Erkenntnisse aus der Prüfung,

f) Auflistung der Dritten, die im Rahmen der Prüfung konsultiert wurden,

g) Stellungnahme der Prüfer dazu, ob der geprüfte Anbieter der sehr großen Online-Plattform oder sehr großen Online-Suchmaschine den in Absatz 1 genannten Pflichten und Verpflichtungszusagen nachgekommen ist, und zwar entweder „positiv", „positiv mit Anmerkungen" oder „negativ",

h) falls die Stellungnahme nicht „positiv" ist, operative Empfehlungen für besondere Maßnahmen im Hinblick auf die Einhaltung aller Pflichten und Verpflichtungszusagen und den empfohlenen Zeitrahmen dafür.

(5) War die Stelle, die die Prüfung durchgeführt hat, nicht in der Lage, bestimmte Elemente zu prüfen oder auf der Grundlage ihrer Untersuchungen eine Stellungnahme abzugeben, so muss der Prüfbericht eine Erläuterung der Umstände und der Gründe enthalten, aus denen diese Elemente nicht geprüft werden konnten.

(6) [1]Die Anbieter sehr großer Online-Plattformen oder sehr großer Online-Suchmaschinen, die keinen „positiven“ Prüfbericht erhalten, tragen die an sie gerichteten operativen Empfehlungen gebührend Rechnung und ergreifen die erforderlichen Maßnahmen zu deren Umsetzung. [2]Sie nehmen innerhalb eines Monats nach Erhalt dieser Empfehlungen einen Bericht über die Umsetzung der Prüfergebnisse an, in dem sie diese Maßnahmen darlegen. [3]Falls sie die operativen Empfehlungen nicht umsetzen, begründen sie dies in dem Bericht und legen die alternativen Maßnahmen dar, die sie ergriffen haben, um festgestellte Verstöße zu beheben.

(7) [1]Der Kommission ist dazu befugt, gemäß Artikel 87 delegierte Rechtsakte zu erlassen, um diese Verordnung durch Festlegung der erforderlichen Vorschriften für die Durchführung der Prüfungen gemäß diesem Artikel zu ergänzen, insbesondere in Bezug auf die erforderlichen Vorschriften über die Verfahrensschritte, die Prüfungsmethoden und die Berichtsvorlagen für die gemäß diesem Artikel durchgeführten Prüfungen. [2]In den delegierten Rechtsakten wird etwaigen freiwilligen Prüfungsnormen gemäß Artikel 44 Absatz 1 Buchstabe e Rechnung getragen.

Art. 38 Empfehlungssysteme. Zusätzlich zu den in Artikel 27 festgelegten Anforderungen legen die Anbieter sehr großer Online-Plattformen und sehr großer Online-Suchmaschinen, die Empfehlungssysteme verwenden, mindestens eine Option für jedes ihrer Empfehlungssysteme vor, die nicht auf Profiling gemäß Artikel 4 Absatz 4 der Verordnung (EU) 2016/679[1)] beruht.

Art. 39 Zusätzliche Transparenz der Online-Werbung. (1) [1]Die Anbieter sehr großer Online-Plattformen oder sehr großer Online-Suchmaschinen, die Werbung auf ihren Online-Schnittstellen anzeigen, stellen die in Absatz 2 genannten Angaben in einem spezifischen Bereich ihrer Online-Schnittstelle zusammen und machen diese über Anwendungsprogrammierschnittstellen für den gesamten Zeitraum, in dem sie eine Werbung anzeigen, und ein Jahr lang nach der letzten Anzeige der Werbung auf ihren Online-Schnittstellen mithilfe eines durchsuchbaren und verlässlichen Werkzeugs, das mit mehreren Kriterien abgefragt werden kann, öffentlich zugänglich. [2]Sie stellen sicher, dass das Archiv keine personenbezogenen Daten der Nutzer enthält, denen die Werbung angezeigt wurde oder hätte angezeigt werden können, und angemessene Bemühungen unternehmen, um sicherzustellen, dass die Informationen präzise und vollständig sind.

(2) Das Archiv enthält zumindest alle folgenden Angaben:

a) den Inhalt der Werbung, einschließlich des Namens des Produkts, der Dienstleistung oder der Marke und des Gegenstands der Werbung;
b) die natürliche oder juristische Person, in deren Namen die Werbung angezeigt wird;
c) die natürliche oder juristische Person, die für die Werbung bezahlt hat, wenn sich diese Person von der in Buchstabe b genannten Person unterscheidet,
d) den Zeitraum, in dem die Werbung angezeigt wurde;
e) ob die Werbung gezielt einer oder mehreren bestimmten Gruppen von Nutzern angezeigt werden sollte, und falls ja, welche Hauptparameter zu diesem Zweck verwendet wurden, einschließlich der wichtigsten Parameter,

---

[1)] Nr. **1**.

die gegebenenfalls zum Ausschluss einer oder mehrerer solcher bestimmter Gruppen verwendet werden;

f) die auf den sehr großen Online-Plattformen gemäß Artikel 26 Absatz 2 veröffentlichte und ermittelte kommerzielle Kommunikation;

g) die Gesamtzahl der erreichten Nutzer und gegebenenfalls aggregierte Zahlen aufgeschlüsselt nach Mitgliedstaat für die Gruppe oder Gruppen von Nutzern, an die die Werbung gezielt gerichtet war.

(3) *[1]* [1] In Bezug auf Absatz 2 Buchstaben a, b und c darf das Archiv die in diesen Buchstaben genannten Informationen nicht enthalten, wenn ein Anbieter einer sehr großen Online-Plattform oder sehr großen Online-Suchmaschine den Zugang zu einer bestimmten Werbung aufgrund mutmaßlicher Rechtswidrigkeit oder Unvereinbarkeit mit seinen allgemeinen Geschäftsbedingungen entfernt oder gesperrt hat. [2] In diesem Fall enthält das Archiv für die in Rede stehende Werbung die Informationen gemäß Artikel 17 Absatz 3 Buchstaben a bis e bzw. Artikel 9 Absatz 2 Buchstabe a Ziffer i.

[2] Die Kommission kann nach Konsultation des Gremiums, der einschlägigen zugelassenen Forscher gemäß Artikel 40 und der Öffentlichkeit Leitlinien zur Struktur, Organisation und Funktionsweise der in diesem Artikel genannten Archive herausgeben.

Art. 40[1)] Datenzugang und Kontrolle. (1) Die Anbieter sehr großer Online-Plattformen oder sehr großer Online-Suchmaschinen gewähren dem Koordinator für digitale Dienste am Niederlassungsort oder der Kommission auf deren begründetes Verlangen innerhalb einer darin genannten angemessenen Frist Zugang zu den Daten, die für die Überwachung und Bewertung der Einhaltung dieser Verordnung erforderlich sind.

(2) Die Koordinatoren für digitale Dienste und die Kommission verwenden die Daten, auf die gemäß Absatz 1 zugegriffen wurde, ausschließlich zur Überwachung und Bewertung der Einhaltung dieser Verordnung, und sie berücksichtigen dabei gebührend die Rechte und Interessen der betroffenen Anbieter sehr großer Online-Plattformen oder sehr großer Online-Suchmaschinen und Nutzer, einschließlich des Schutzes personenbezogener Daten, des Schutzes vertraulicher Informationen, insbesondere von Geschäftsgeheimnissen, und der Aufrechterhaltung der Sicherheit ihres Dienstes.

(3) Für die Zwecke des Absatzes 1 erläutern die Anbieter sehr großer Online-Plattformen oder sehr großer Online-Suchmaschinen auf Verlangen des Koordinators für digitale Dienste am Niederlassungsort oder der Kommission die Gestaltung, die Logik, die Funktionsweise und die Tests ihrer algorithmischen Systeme einschließlich ihrer Empfehlungssysteme.

(4) Die Anbieter sehr großer Online-Plattformen oder sehr großer Online-Suchmaschinen gewähren auf begründetes Verlangen des Koordinators für digitale Dienste am Niederlassungsort innerhalb einer darin genannten angemessenen Frist zugelassenen Forschern, die die Anforderungen in Absatz 8 dieses Artikels erfüllen, Zugang zu Daten zum ausschließlichen Zweck der Durchführung von Forschungsarbeiten, die zur Aufspürung, zur Ermittlung und zum Verständnis systemischer Risiken in der Union gemäß Artikel 34 Absatz 1 beitragen, auch in Bezug auf die Bewertung der Angemessenheit, der

---

1) Art. 40 Abs. 13 gilt ab dem **16.11.2022**.

Wirksamkeit und der Auswirkungen der Risikominderungsmaßnahmen gemäß Artikel 35.

(5) Innerhalb von 15 Tagen nach Eingang eines Verlangens gemäß Absatz 4 können Anbieter sehr großer Online-Plattformen oder sehr großer Online-Suchmaschinen den Koordinator für digitale Dienste am Niederlassungsort ersuchen, das Verlangen zu ändern, wenn sie sich aus einem der beiden folgenden Gründe außerstande sehen, Zugang zu den angeforderten Daten zu gewähren:

a) sie haben keinen Zugriff auf die Daten;

b) die Gewährung des Zugangs zu den Daten führt zu erheblichen Schwachstellen bei der Sicherheit ihres Dienstes oder beim Schutz vertraulicher Informationen, insbesondere von Geschäftsgeheimnissen.

(6) *[1]* Änderungsanträge nach Absatz 5 müssen Vorschläge für eine oder mehrere Alternativen enthalten, wie der Zugang zu den angeforderten Daten oder zu anderen Daten gewährt werden kann, die für die Zwecke des Verlangens angemessen und ausreichend sind.

[2] Der Koordinator für digitale Dienste am Niederlassungsort entscheidet innerhalb von 15 Tagen über den Änderungsantrag und teilt dem Anbieter der sehr großen Online-Plattforme oder sehr großen Online-Suchmaschine den betreffenden Beschluss sowie das gegebenenfalls geänderte Verlangen mit der neuen Frist für dessen Erfüllung mit.

(7) Die Anbieter sehr großer Online-Plattformen oder sehr großer Online-Suchmaschinen erleichtern und gewähren den Zugang zu Daten gemäß den Absätzen 1 und 4 über geeignete Schnittstellen, die in dem Verlangen angegeben sind, einschließlich Online-Datenbanken oder Anwendungsprogrammierschnittstellen.

(8) [1] Auf hinreichend begründeten Antrag von Forschern erkennt der Koordinator für digitale Dienste am Niederlassungsort solchen Forschern für spezifische im Antrage genannte Forschungsarbeiten den Status von 'zugelassenen Forschern, zu und reicht bei einem Anbieter einer sehr großen Online-Plattform oder sehr großen Online-Suchmaschine ein begründetes Verlangen auf Datenzugang gemäß Absatz 4 ein, sofern die Forscher nachweisen, dass sie alle folgenden Bedingungen erfüllen:

a) sie sind einer Forschungseinrichtung im Sinne von Artikel 2 Nummer 1 der Richtlinie (EU) 2019/790 angeschlossen;

b) sie sind unabhängig von kommerziellen Interessen;

c) ihr Antrag gibt Aufschluss über die Finanzierung der Forschung;

d) sie sind in der Lage, die mit jedem Verlangen verbundenen besonderen Anforderungen an die Datensicherheit und die Vertraulichkeit einzuhalten und personenbezogene Daten zu schützen, und sie beschreiben in ihrem Verlangen die angemessenen technischen und organisatorischen Maßnahmen, die sie hierzu getroffen haben;

e) in ihrem Antrag wird nachgewiesen, dass der Zugang zu den Daten und die beantragten Fristen für die Zwecke ihrer Forschungsarbeiten notwendig und verhältnismäßig sind und dass die erwarteten Ergebnisse dieser Forschung zu den in Absatz 4 genannten Zwecken beitragen werden;

f) die geplanten Forschungstätigkeiten werden zu den in Absatz 4 genannten Zwecken durchgeführt;

g) sie haben sich dazu verpflichtet, ihre Forschungsergebnisse innerhalb eines angemessenen Zeitraums nach Abschluss der Forschungsarbeiten und unter Berücksichtigung der Rechte und Interessen der Nutzer des betreffenden Dienstes im Einklang mit der Verordnung (EU) 2016/679[1)] kostenlos öffentlich zugänglich zu machen.

[2]Der Koordinator für digitale Dienste am Niederlassungsort unterrichtet die Kommission und das Gremium über den Eingang von Verlangen gemäß diesem Absatz.

(9) *[1]* [1]Forscher können ihr Verlangen auch beim Koordinator für digitale Dienste des Mitgliedstaats der Forschungsorganisation, der sie angeschlossen sind, einreichen. [2]Nach Eingang des Verlangens gemäß diesem Absatz führt der Koordinator für digitale Dienste eine Anfangsbewertung durch, ob die jeweiligen Forscher alle in Absatz 8 genannten Bedingungen erfüllen. [3]Der jeweilige Koordinator für digitale Dienste übermittelt anschließend das Verlangen zusammen mit den von den jeweiligen Forschern eingereichten Belegen und der Anfangsbewertung an den Koordinator für digitale Dienste am Niederlassungsort. [4]Der Koordinator für digitale Dienste am Niederlassungsort trifft die Entscheidung, ob einem Forscher unverzüglich der Status eines „zugelassenen Forschers" zuerkannt wird.

[2] Während der bereitgestellten ersten Bewertung gebührend Rechnung zu tragen ist, liegt die endgültige Entscheidung über die Zuerkennung des Status eines „zugelassenen Forschers" gemäß Absatz 8 in der Zuständigkeit des Koordinators für digitale Dienste am Niederlassungsort.

(10) [1]Der Koordinator für digitale Dienste, der den Status eines zugelassenen Forschers zuerkannt und bei Anbietern sehr großer Online-Plattformen oder sehr großer Online-Suchmaschinen das begründete Verlangen auf Datenzugang zugunsten eines zugelassenen Forschers eingereicht hat, trifft eine Entscheidung über die Beendigung des Zugangs, wenn er nach einer Untersuchung von sich aus oder auf der Grundlage von Informationen Dritter feststellt, dass der zugelassene Forscher die in Absatz 8 genannten Bedingungen nicht mehr erfüllt, und unterrichtet den betroffenen Anbieter der sehr großen Online-Plattform oder sehr großen Online-Suchmaschine über die Entscheidung. [2]Vor der Beendigung des Zugangs erteilt der Koordinator für digitale Dienste dem zugelassenen Forscher die Gelegenheit, zu den Untersuchungsergebnissen und zu der Absicht, den Zugang zu beenden, Stellung zu nehmen.

(11) Die Koordinatoren für digitale Dienste am Niederlassungsort teilen dem Gremium die Namen und Kontaktangaben der natürlichen Personen oder Einrichtungen, denen sie gemäß Absatz 8 den Status eines „zugelassenen Forschers" zuerkannt haben, sowie den Zweck der Forschungsarbeiten, für die der Antrag gestellt wurde, mit oder sie übermitteln dem Gremium diese Informationen, wenn der Datenzugang gemäß Absatz 10 beendet wurde.

(12) Die Anbieter sehr großer Online-Plattformen oder sehr großer Online-Suchmaschinen gewähren unverzüglich Zugang zu Daten, einschließlich – soweit dies technisch möglich ist – zu Daten in Echtzeit vorausgesetzt, die Daten sind Forschern, auch Forschern, die mit gemeinnützigen Einrichtungen, Organisationen und Vereinigungen verbunden sind, die die in Absatz 8 Buchstaben b, c, d und e genannten Bedingungen erfüllen und die Daten ausschließ-

---

[1)] Nr. **1**.

lich zu Forschungszwecken verwenden, die zur Aufdeckung, Identifizierung und zum Verständnis systemischer Risiken in der Union gemäß Artikel 34 Absatz 1 beitragen, über ihre Online-Schnittstelle öffentlich zugänglich.

(13) [1]Die Kommission erlässt nach Anhörung des Gremiums delegierte Rechtsakte zur Ergänzung dieser Verordnung zur Festlegung der technischen Bedingungen, unter denen die Anbieter sehr großer Online-Plattformen oder sehr großer Online-Suchdienste Daten gemäß den Absätzen 1 und 4 zur Verfügung stellen müssen, und der Zwecke, für die die Daten verwendet werden dürfen. [2]In diesen delegierten Rechtsakten werden die besonderen Bedingungen festgelegt, nach denen eine solche Datenweitergabe an Forscher im Einklang mit der Verordnung (EU) 2016/679 erfolgen darf und die einschlägigen objektiven Indikatoren sowie die Verfahren und erforderlichenfalls die unabhängigen Beratungsmechanismen zur Unterstützung der Datenweitergabe, wobei die Rechte und Interessen der Anbieter sehr großer Online-Plattformen oder sehr großer Online-Suchmaschinen und der Nutzer zu berücksichtigen sind, einschließlich des Schutzes vertraulicher Informationen, insbesondere von Geschäftsgeheimnissen, und der Aufrechterhaltung der Sicherheit ihres Dienstes.

Art. 41 Compliance-Abteilung. (1) [1]Anbieter sehr großer Online-Plattformen oder sehr großer Online-Suchmaschinen richten eine Compliance-Abteilung ein, die unabhängig von ihren operativen Abteilungen ist und aus einem oder mehreren Compliance-Beauftragten besteht, einschließlich des Leiters der Compliance-Abteilung. [2]Diese Compliance-Abteilung verfügt über ausreichend Autorität, Befugnisse und Ressourcen sowie über Zugang zum Leitungsorgan des Anbieters der sehr großen Online-Plattform oder sehr großen Online-Suchmaschine, um die Einhaltung dieser Verordnung durch den betreffenden Anbieter zu überwachen.

(2) *[1]* Das Leitungsorgan des Anbieters der sehr großen Online-Plattform oder sehr großen Online-Suchmaschine stellt sicher, dass die Compliance-Beauftragten über die zur Erfüllung der in Absatz 3 genannten Aufgaben erforderlichen beruflichen Qualifikationen, Kenntnisse, Erfahrungen und Fähigkeiten verfügen.

[2] Das Leitungsorgan des Anbieters der sehr großen Online-Plattform oder sehr großen Online-Suchmaschine stellt sicher, dass es sich bei dem Leiter der Compliance-Abteilung um eine unabhängige Führungskraft handelt, die eigens für die Compliance-Abteilung zuständig ist.

[3] Der Leiter der Compliance-Abteilung untersteht direkt dem Leitungsorgan des Anbieters der sehr großen Online-Plattform oder sehr großen Online-Suchmaschine und kann Bedenken äußern und dieses Organ warnen, falls in Artikel 34 genannte Risiken oder die Nichteinhaltung dieser Verordnung den Anbieter der sehr großen Online-Plattform oder sehr großen Online-Suchmaschine betreffen oder betreffen könnten, unbeschadet der Zuständigkeiten des Leitungsorgans in seinen Aufsichts- und Leitungsfunktionen.

[4] Der Leiter der Compliance-Abteilung darf nicht ohne vorherige Zustimmung des Leitungsorgans des Anbieters der sehr großen Online-Plattform oder sehr großen Online-Suchmaschine abgelöst werden.

(3) Compliance-Beauftragte haben folgende Aufgaben:

a) Zusammenarbeit mit dem Koordinator für digitale Dienste am Niederlassungsort und mit der Kommission für die Zwecke dieser Verordnung;

b) Gewährleistung, dass alle in Artikel 34 genannten Risiken ermittelt und ordnungsgemäß gemeldet werden, und dass angemessene, verhältnismäßige und wirksame Risikominderungsmaßnahmen gemäß Artikel 35 ergriffen werden;

c) Organisation und Beaufsichtigung der Tätigkeiten des Anbieters der sehr großen Online-Plattform oder sehr großen Online-Suchmaschine im Zusammenhang mit der unabhängigen Prüfung gemäß Artikel 37;

d) Information und Beratung des Managements und der Mitarbeiter des Anbieters der sehr großen Online-Plattform oder sehr großen Online-Suchmaschine über die einschlägigen Verpflichtungen aus dieser Verordnung;

e) Überwachung, dass der Anbieter der sehr großen Online-Plattform oder sehr großen Online-Suchmaschine seinen Verpflichtungen aus dieser Verordnung nachkommt;

f) gegebenenfalls Überwachung der Einhaltung der Verpflichtungszusagen, die der Anbieter der sehr großen Online-Plattform oder sehr großen Online-Suchmaschine im Rahmen der Verhaltenskodizes gemäß den Artikeln 45 und 46 oder der Krisenprotokolle gemäß Artikel 48 gemacht hat.

(4) Anbieter sehr großer Online-Plattform oder sehr großer Online-Suchmaschinen teilen dem Koordinator für digitale Dienste am Niederlassungsort und der Kommission die Namen und die Kontaktangaben des Leiters der Compliance-Abteilung mit.

(5) Das Leitungsorgan des Anbieters der sehr großen Online-Plattform oder sehr großen Online-Suchmaschine übernimmt die Festlegung, Beaufsichtigung und Haftung der bzw. für die Umsetzung der Unternehmensführungsregelungen des Anbieters, die für die Unabhängigkeit der Compliance-Abteilung sorgen, einschließlich der Aufgabenverteilung innerhalb der Organisation des Anbieters der sehr großen Online-Plattform oder sehr großen Online-Suchmaschine, der Vermeidung von Interessenkonflikten und des verantwortungsvollen Umgangs mit den gemäß Artikel 34 ermittelten systemischen Risiken.

(6) Das Leitungsorgan billigt und überprüft regelmäßig, mindestens jedoch einmal jährlich, die Strategien und Maßnahmen für das Angehen, das Management, die Überwachung und die Minderung der gemäß Artikel 34 ermittelten Risiken, denen die sehr große Online-Plattform oder sehr großen Online-Suchmaschine ausgesetzt ist oder ausgesetzt sein könnte.

(7) [1] Das Leitungsorgan widmet der Prüfung der mit dem Risikomanagement verbundenen Maßnahmen ausreichend Zeit. [2] Es beteiligt sich aktiv an den Entscheidungen im Zusammenhang mit dem Risikomanagement und sorgt dafür, dass für das Management der gemäß Artikel 34 ermittelten Risiken angemessene Ressourcen zugewiesen werden.

Art. 42 Transparenzberichtspflichten. (1) Anbieter sehr großer Online-Plattformen oder sehr großer Online-Suchmaschinen veröffentlichen spätestens zwei Monate nach dem in Artikel 33 Absatz 6 Unterabsatz 2 genannten Anwendungsbeginn und danach mindestens alle sechs Monate die in Artikel 15 genannten Berichte.

(2) [1] Die von Anbietern sehr großer Online-Suchmaschinen veröffentlichten Berichte gemäß Absatz 1 dieses Artikels enthalten zusätzlich zu den in Artikel 15 und Artikel 24 Absatz 1 genannten Informationen folgende Angaben:

a) die personellen Ressourcen, die der Anbieter einer sehr großen Online-Plattform für die Moderation von Inhalten in Bezug auf den in der Union angebotenen Dienst – aufgeschlüsselt nach jeder einschlägigen Amtssprache der Mitgliedstaaten – einsetzt, einschließlich für die Einhaltung der Verpflichtungen gemäß der Artikel 16 und 22 sowie für die Einhaltung der Verpflichtungen gemäß Artikel 20;
b) die Qualifikationen und Sprachkenntnisse der Personen, die die unter Buchstabe a genannten Tätigkeiten durchführen, sowie die Schulung und Unterstützung dieses Personals;
c) die Indikatoren für die Genauigkeit und damit zusammenhängende Informationen gemäß Artikel 15 Absatz 1 Buchstabe e, aufgeschlüsselt nach jeder Amtssprache der Mitgliedstaaten.

[2] Die Berichte werden mindestens in einer der Amtssprachen der Mitgliedstaaten veröffentlicht.

(3) Zusätzlich zu den in Artikel 24 Absatz 2 genannten Informationen nehmen Anbieter sehr großer Online-Plattformen oder sehr großer Online-Suchmaschinen die durchschnittliche monatliche Zahl der Nutzer für jeden Mitgliedstaat in die in Absatz 1 dieses Artikels genannten Berichte auf.

(4) Anbieter sehr großer Online-Plattformen oder sehr großer Online-Suchmaschinen übermitteln dem Koordinator für digitale Dienste am Niederlassungsort und der Kommission spätestens drei Monate nach Eingang des Prüfberichts gemäß Artikel 37 Absatz 4 unverzüglich nach Abschluss folgende Unterlagen und machen sie öffentlich zugänglich:

a) einen Bericht über die Ergebnisse der Risikobewertung gemäß Artikel 34,
b) die gemäß Artikel 35 Absatz 1 getroffenen besonderen Abhilfemaßnahmen,
c) den in Artikel 37 Absatz 4 genannten Prüfbericht,
d) den in Artikel 37 Absatz 6 genannten Bericht über die Umsetzung der Prüfergebnisse,
e) gegebenenfalls Informationen über die Konsultationen, die der Anbieter zur Unterstützung der Risikobewertungen und der Gestaltung der Risikominderungsmaßnahmen durchgeführt hat.

(5) [1] Ist ein Anbieter einer sehr großen Online-Plattform oder sehr großen Online-Suchmaschine der Auffassung, dass die Veröffentlichung von Informationen gemäß Absatz 4 zur Offenlegung vertraulicher Informationen dieses Anbieters oder der Nutzer führen, erhebliche Schwachstellen für die Sicherheit seines Dienstes verursachen, die öffentliche Sicherheit beeinträchtigen oder Nutzern schaden könnte, so kann der Anbieter diese Informationen aus den öffentlich zugänglichen Berichten entfernen. [2] In diesem Fall übermittelt der Anbieter dem Koordinator für digitale Dienste am Niederlassungsort und der Kommission die vollständigen Berichte zusammen mit einer Begründung für die Entfernung der Informationen aus den öffentlich zugänglichen Berichten.

Art. 43 Aufsichtsgebühren. (1) Die Kommission erhebt von den Anbietern sehr großer Online-Plattformen und sehr großer Online-Suchmaschinen bei ihrer Benennung gemäß Artikel 33 eine jährliche Aufsichtsgebühr.

(2) Der Gesamtbetrag der jährlichen Aufsichtsgebühren deckt die geschätzten Kosten, die der Kommission im Zusammenhang mit ihren Aufsichtsaufgaben im Rahmen dieser Verordnung entstehen, insbesondere die Kosten im Zusammenhang mit der Benennung gemäß Artikel 33, der Einrichtung, der Pflege und dem Betrieb der Datenbank gemäß Artikel 24 Absatz 5 und dem Informationsaustauschsystem gemäß Artikel 85, den Befassungen gemäß Artikel 59, der Unterstützung des Ausschusses gemäß Artikel 62 und den Aufsichtsaufgaben gemäß Artikel 56 und Kapitel IV Abschnitt 4.

(3) *[1]* Anbietern sehr großer Online-Plattformen und sehr großer Online-Suchmaschinen wird jährlich eine Aufsichtsgebühr für jeden Dienst berechnet, für den sie gemäß Artikel 33 benannt wurden.

[2] [1] Die Kommission erlässt Durchführungsrechtsakte zur Festlegung der Höhe der jährlichen Aufsichtsgebühr für jeden Anbieter einer sehr großen Online-Plattform oder einer sehr großen Online-Suchmaschine. [2] Beim Erlass dieser Durchführungsrechtsakte wendet die Kommission die in dem in Absatz 4 des vorliegenden Artikels genannten delegierten Rechtsakt festgelegte Methodik an und beachtet die in Absatz 5 des vorliegenden Artikels genannten Grundsätze. [3] Diese Durchführungsrechtsakte werden nach dem in Artikel 88 genannten Beratungsverfahren erlassen.

(4) [1] Die Kommission erlässt gemäß Artikel 87 delegierte Rechtsakte und legt die detaillierte Methodik und entsprechende Verfahren für Folgendes fest:

a) die Festlegung der Kosten gemäß Absatz 2;

b) die Festlegung der einzelnen jährlichen Aufsichtsgebühren gemäß Absatz 5 Buchstaben b und c;

c) die Festlegung des maximalen Gesamtgrenzwerts gemäß Absatz 5 Buchstabe c; und

d) die für die Durchführung der Zahlung erforderlichen Einzelheiten.

[2] Beim Erlass dieser delegierten Rechtsakte beachtet die Kommission die in Absatz 5 des vorliegenden Artikels genannten Grundsätze.

(5) Der Durchführungsrechtsakt gemäß Absatz 3 und der delegierte Rechtsakt gemäß Absatz 4 entsprechen den folgenden Grundsätzen:

a) bei der Schätzung des Gesamtbetrags der jährlichen Aufsichtsgebühr werden die im Vorjahr angefallenen Kosten berücksichtigt;

b) die jährliche Aufsichtsgebühr steht im Verhältnis zur durchschnittlichen monatlichen Zahl der aktiven Nutzer in der Union jeder gemäß Artikel 33 benannten sehr großen Online-Plattform oder jeder sehr großen Online-Suchmaschine;

c) der Gesamtbetrag der jährlichen Aufsichtsgebühr, die einem bestimmten Anbieter einer sehr großen Online-Plattform oder einer sehr großen Suchmaschine in Rechnung gestellt wird, darf in keinem Fall 0,05% seiner weltweiten Jahresnettoeinnahmen im vorangegangenen Geschäftsjahr übersteigen.

(6) Die einzelnen jährlichen Aufsichtsgebühren, die gemäß Absatz 1 in Rechnung gestellt werden, stellen externe zweckgebundene Einnahmen im

Sinne von Artikel 21 Absatz 5 der Verordnung (EU, Euratom) 2018/1046 des Europäischen Parlaments und des Rates[1] dar.

(7) Die Kommission erstattet dem Europäischen Parlament und dem Rat jährlich Bericht über den Gesamtbetrag der Kosten, die für die Erfüllung der Aufgaben gemäß dieser Verordnung entstanden sind, und über den Gesamtbetrag der einzelnen jährlichen Aufsichtsgebühren, die im Vorjahr erhoben wurden.

Abschnitt 6. Sonstige Bestimmungen über Sorgfaltspflichten

Art. 44 Normen. (1) Die Kommission konsultiert das Gremium und unterstützt und fördert die Entwicklung und Umsetzung freiwilliger Normen, die einschlägige europäische und internationale Normungsgremien zumindest in Bezug auf folgende Bereiche festlegen:

a) elektronische Übermittlung von Meldungen nach Artikel 16;

b) Vorlagen, Gestaltungs- und Verfahrensnormen für eine benutzerfreundliche Kommunikation mit den Nutzern über Beschränkungen, die sich aus den allgemeinen Geschäftsbedingungen und deren Änderungen ergeben;

c) elektronische Übermittlung von Meldungen durch vertrauenswürdige Hinweisgeber nach Artikel 22, auch über Anwendungsprogrammierschnittstellen;

d) besondere Schnittstellen, einschließlich Anwendungsprogrammierschnittstellen, welche die Erfüllung in den Artikeln 39 und 40 festgelegten Pflichten erleichtern;

e) Prüfung sehr großer Online-Plattformen und sehr großer Online-Suchmaschinen gemäß Artikel 37;

f) Interoperabilität der in Artikel 39 Absatz 2 genannten Werbearchive;

g) Datenübermittlung zwischen Werbevermittlern im Rahmen der Transparenzpflichten nach Artikel 26 Absatz 1 Buchstaben b, c und d;

h) technische Maßnahmen, die die Einhaltung der in dieser Verordnung enthaltenen Verpflichtungen in Bezug auf Werbung ermöglichen, einschließlich der Verpflichtungen in Bezug auf eine deutlich sichtbare Kennzeichnung von Werbung und kommerzieller Kommunikation gemäß Artikel 26;

i) Auswahlschnittstellen und Darstellung von Informationen über die Hauptparameter verschiedener Arten von Empfehlungssystemen gemäß den Artikeln 27 und 38;

j) Normen für gezielte Maßnahmen zum Schutz Minderjähriger im Internet.

(2) [1]Die Kommission unterstützt die Überarbeitung der Normen unter Berücksichtigung der Entwicklung der Technik und des Verhaltens der Nutzer der betreffenden Dienste. [2]Die einschlägigen Informationen über die Überarbeitung der Normen müssen öffentlich verfügbar und leicht zugänglich sein.

---

[1] **Amtl. Anm.:** Verordnung (EU, Euratom) 2018/1046 des Europäischen Parlaments und des Rates vom 18. Juli 2018 über die Haushaltsordnung für den Gesamthaushaltsplan der Union, zur Änderung der Verordnungen (EU) Nr. 1296/2013, (EU) Nr. 1301/2013, (EU) Nr. 1303/2013, (EU) Nr. 1304/2013, (EU) Nr. 1309/2013, (EU) Nr. 1316/2013, (EU) Nr. 223/2014, (EU) Nr. 283/2014 und des Beschlusses Nr. 541/2014/EU sowie zur Aufhebung der Verordnung (EU, Euratom) Nr. 966/2012 (**ABl. L 193 vom 30.7.2018, S. 1**).

Art. 45 Verhaltenskodizes. (1) Die Kommission und das Gremium fördern und erleichtern die Ausarbeitung von freiwilligen Verhaltenskodizes auf Unionsebene, um zur ordnungsgemäßen Anwendung dieser Verordnung beizutragen, wobei sie insbesondere den besonderen Herausforderungen Rechnung tragen, die mit der Bekämpfung verschiedener Arten rechtswidriger Inhalte und systemischer Risiken im Einklang mit dem Unionsrecht, insbesondere in Bezug auf den Wettbewerb und den Schutz personenbezogener Daten, verbunden sind.

(2) Treten erhebliche systemische Risiken im Sinne des Artikels 34 Absatz 1 auf, die mehrere sehr große Online-Plattformen oder sehr große Online-Suchmaschinen betreffen, kann die Kommission die betreffenden Anbieter sehr großer Online-Plattformen oder die betreffenden Anbieter sehr großer Online-Suchmaschinen und gegebenenfalls andere Anbieter sehr großer Online-Plattformen, sehr großer Online-Suchmaschinen, von Online-Plattformen und von Vermittlungsdiensten sowie zuständige Behörden, Organisationen der Zivilgesellschaft und andere einschlägige Akteure auffordern, sich an der Ausarbeitung von Verhaltenskodizes zu beteiligen; dabei können unter anderem auch Verpflichtungen zur Ergreifung spezifischer Risikominderungsmaßnahmen sowie ein Rahmen für die regelmäßige Berichterstattung über alle ergriffenen Maßnahmen und deren Ergebnisse festgelegt werden.

(3) [1] Bei der Umsetzung der Absätze 1 und 2 setzen sich die Kommission und das Gremium sowie gegebenenfalls andere Stellen dafür ein, dass in den Verhaltenskodizes die damit verfolgten spezifischen Ziele klar dargelegt werden und wesentliche Leistungsindikatoren enthalten sind, um die Verwirklichung dieser Ziele zu messen, und dass die Kodizes den Bedürfnissen und Interessen aller Beteiligten, und insbesondere der Bürger, auf Unionsebene gebührend Rechnung tragen. [2] Darüber hinaus bemühen sich die Kommission und das Gremium, dass die Beteiligten der Kommission und ihren jeweiligen Koordinatoren für digitale Dienste am Niederlassungsort regelmäßig über alle ergriffenen Maßnahmen und deren Ergebnisse Bericht erstatten, gemessen anhand der wesentlichen Leistungsindikatoren in den Kodizes. [3] Die wesentlichen Leistungsindikatoren und die Berichtspflichten tragen den Größen- und Kapazitätsunterschieden der einzelnen Beteiligten Rechnung.

(4) *[1]* [1] Die Kommission und das Gremium bewerten, ob die Verhaltenskodizes den in den Absätzen 1 und 3 genannten Zielen entsprechen, und überwachen und bewerten regelmäßig die Erreichung der damit verfolgten Ziele und berücksichtigen dabei die gegebenenfalls darin enthaltenen wesentlichen Leistungsindikatoren. [2] Sie veröffentlichen ihre Schlussfolgerungen.

[2] Die Kommission und das Gremium fördern und erleichtern zudem die regelmäßige Überprüfung und Anpassung der Verhaltenskodizes.

[3] Im Falle eines systematischen Verstoßes gegen die Verhaltenskodizes können die Kommission und das Gremium die Unterzeichner der Verhaltenskodizes auffordern, die erforderlichen Maßnahmen zu ergreifen.

Art. 46 Verhaltenskodizes für Online-Werbung. (1) Die Kommission fördert und erleichtert die Ausarbeitung von freiwilligen Verhaltenskodizes auf Unionsebene durch Anbieter von Online-Plattformen und andere einschlägige Diensteanbieter, einschließlich Anbieter von Vermittlungsdiensten für Online-Werbung, andere Akteuren entlang der Wertschöpfungskette der programmgesteuerten Werbung oder Organisationen, die Nutzer vertreten, und Organisationen der Zivilgesellschaft oder einschlägige Behörden, um über die Anforderungen der Artikel 26 und 39 hinaus zu mehr Transparenz für Akteure entlang der Wertschöpfungskette der Online-Werbung beizutragen.

(2) [1]Die Kommission setzt sich dafür ein, dass mit den Verhaltenskodizes eine wirksame Informationsübermittlung unter uneingeschränkter Achtung der Rechte und Interessen aller Beteiligten sowie ein wettbewerbsorientiertes, transparentes und faires Umfeld in der Online-Werbung im Einklang mit dem Unionsrecht und dem nationalen Recht, insbesondere in Bezug auf den Wettbewerb und den Schutz der Privatsphäre und personenbezogener Daten, angestrebt werden. [2]Die Kommission setzt sich dafür ein, dass sich die Verhaltenskodizes mindestens auf Folgendes erstrecken:

a) die Übermittlung von Informationen, die sich im Besitz von Anbietern von Vermittlungsdiensten für Online-Werbung befinden, an die Nutzer hinsichtlich der Anforderungen gemäß Artikel 26 Absatz 1 Buchstaben b, c und d;
b) die Übermittlung von Informationen, die sich im Besitz von Anbietern von Vermittlungsdiensten für Online-Werbung befinden, an die Archive gemäß Artikel 39;
c) aussagekräftige Informationen über die Monetarisierung von Daten.

(3) Die Kommission fördert die Ausarbeitung von Verhaltenskodizes bis zum 18. Februar 2025 und ihre Anwendung bis zum 18. August 2025.

(4) Die Kommission fordert alle Akteure entlang der Wertschöpfungskette der Online-Werbung nach Absatz 1 auf, die in den Verhaltenskodizes festgelegten Verpflichtungen zu fördern und sie einzuhalten.

Art. 47 Verhaltenskodizes in Bezug auf die Barrierefreiheit. (1) Die Kommission fördert und erleichtert die Ausarbeitung von Verhaltenskodizes auf Unionsebene mit Beteiligung von Anbietern von Online-Plattformen und anderen einschlägigen Diensteanbietern, Organisationen, die Nutzer vertreten, Organisationen der Zivilgesellschaft oder einschlägigen Behörden, um eine uneingeschränkte und wirksame gleichberechtigte Beteiligung zu fördern, indem der Zugang zu Online-Diensten verbessert wird, die durch ihre ursprüngliche Konzeption oder spätere Anpassung den besonderen Bedürfnissen von Menschen mit Behinderungen Rechnung tragen.

(2) [1]Die Kommission setzt sich dafür ein, dass mit den Verhaltenskodizes das Ziel verfolgt wird, die Barrierefreiheit dieser Dienste im Einklang mit dem Unionsrecht und den nationalen Rechtsvorschriften sicherzustellen, um ihre vorhersehbare Nutzung durch Menschen mit Behinderungen zu maximieren. [2]Die Kommission setzt sich dafür ein, dass sich die Verhaltenskodizes mindestens auf folgende Ziele beziehen:

a) Konzeption und Anpassung von Diensten, um sie für Menschen mit Behinderungen zugänglich zu machen, indem sie wahrnehmbar, bedienbar, verständlich und robust gestaltet werden;
b) Erläuterung, wie die Dienste die geltenden Anforderungen an die Barrierefreiheit erfüllen, und Bereitstellung dieser Informationen für die Öffentlichkeit in einer Weise, dass sie für Menschen mit Behinderungen zugänglich sind;
c) Bereitstellung von Informationen, Formulare und Maßnahmen nach dieser Verordnung in einer Weise, dass sie leicht auffindbar, leicht verständlich und für Menschen mit Behinderungen zugänglich sind.

(3) Die Kommission fördert die Ausarbeitung von Verhaltenskodizes bis zum 18. Februar 2025 und ihre Anwendung bis zum 18. August 2025.

Art. 48 Krisenprotokolle. (1) Das Gremium kann der Kommission empfehlen, gemäß den Absätzen 2, 3 und 4 die Ausarbeitung von freiwilligen Krisenprotokollen zur Bewältigung von Krisensituationen einzuleiten Diese Situationen sind strikt auf außergewöhnliche Umstände beschränkt, die die öffentliche Sicherheit oder Gesundheit beeinträchtigen.

(2) [1] Die Kommission fördert und erleichtert die Beteiligung von Anbietern sehr großer Online-Plattformen, sehr großer Online-Suchmaschinen und gegebenenfalls anderer Online-Plattformen oder anderer Online-Suchmaschinen sich an der Ausarbeitung, Erprobung und Anwendung dieser Krisenprotokolle zu beteiligen. [2] Die Kommission ist bestrebt, sicherzustellen, dass diese Krisenprotokolle eine oder mehrere der folgenden Maßnahmen umfassen:

a) hervorgehobene Darstellung von Informationen über die Krisensituation, die von den Behörden der Mitgliedstaaten oder auf Unionsebene oder je nach Krisenkontext von anderen einschlägigen zuverlässigen Stellen bereitgestellt werden;

b) Gewährleistung, dass der Anbieter von Vermittlungsdiensten eine spezifische Kontaktstelle für das Krisenmanagement benennt; gegebenenfalls kann dies die in Artikel 11 genannte elektronische Kontaktstelle sein, oder – bei Anbietern einer sehr großen Online-Plattform oder einer sehr großen Online-Suchmaschine – der in Artikel 41 genannte Compliance-Beauftragte;

c) gegebenenfalls Anpassung der Ressourcen, die für die Erfüllung der Verpflichtungen gemäß den Artikeln 16, 20, 22, 23 und 35 vorgesehen sind, an den durch die Krisensituation entstandenen Bedarf.

(3) [1] Die Kommission bezieht gegebenenfalls die Behörden der Mitgliedstaaten in die Ausarbeitung, Erprobung und Überwachung der Anwendung der Krisenprotokolle ein, und kann auch die Einrichtungen und sonstigen Stellen der Union einbeziehen. [2] Die Kommission kann gegebenenfalls auch Organisationen der Zivilgesellschaft oder andere einschlägige Organisationen in die Ausarbeitung der Krisenprotokolle einbeziehen.

(4) Die Kommission setzt sich dafür ein, dass alle folgenden Elemente in den Krisenprotokollen klar dargelegt werden:

a) die spezifischen Parameter zur Bestimmung der besonderen außergewöhnlichen Umstände, denen mit dem Krisenprotokoll begegnet werden soll, und die damit verfolgten Ziele;

b) die Rolle der einzelnen Beteiligten und die Maßnahmen, die sie in Vorbereitung und nach Aktivierung des Krisenprotokolls zu ergreifen haben;

c) ein klares Verfahren, um zu bestimmen, wann das Krisenprotokoll zu aktivieren ist;

d) ein klares Verfahren zur Bestimmung des Zeitraums, in dem die nach Aktivierung des Krisenprotokolls zu ergreifenden Maßnahmen durchzuführen sind und der strikt auf das zur Bewältigung der besonderen außergewöhnlichen Umstände erforderliche Maß beschränkt ist;

e) Schutzvorkehrungen zur Vermeidung negativer Auswirkungen auf die Ausübung der in der Charta[1] verankerten Grundrechte, insbesondere der Meinungs- und Informationsfreiheit und des Rechts auf Nichtdiskriminierung;

f) ein Verfahren für die öffentliche Berichterstattung über alle ergriffenen Maßnahmen, ihre Dauer und ihre Ergebnisse nach Beendigung der Krisensituation.

(5) Ist die Kommission der Auffassung, dass ein Krisenprotokoll der Krisensituation nicht wirksam begegnet oder die Ausübung der in Absatz 4 Buchstabe e genannten Grundrechte nicht schützt, fordert sie die Beteiligten auf, das Krisenprotokoll zu überarbeiten, auch durch die Ergreifung zusätzlicher Maßnahmen.

Kapitel IV.[2] Umsetzung, Zusammenarbeit, Sanktionen und Durchsetzung

Abschnitt 1. Zuständige Behörden und nationale Koordinatoren für digitale Dienste

Art. 49 Zuständige Behörden und Koordinatoren für digitale Dienste.

(1) Die Mitgliedstaaten benennen eine oder mehrere zuständige Behörden, die für die Beaufsichtigung der Anbieter von Vermittlungsdiensten und die Durchsetzung dieser Verordnung zuständig sind (im Folgenden „zuständige Behörden").

(2) *[1]* [1]Die Mitgliedstaaten benennen eine der zuständigen Behörden als ihren Koordinator für digitale Dienste. [2]Der Koordinator für digitale Dienste ist für alle Fragen im Zusammenhang mit der Überwachung und Durchsetzung dieser Verordnung in diesem Mitgliedstaat zuständig, es sei denn, der betreffende Mitgliedstaat hat bestimmte besondere Aufgaben oder Sektoren anderen zuständigen Behörden übertragen. [3]Der Koordinator für digitale Dienste ist in jedem Fall dafür zuständig, die Koordinierung dieser Angelegenheiten auf nationaler Ebene sicherzustellen und zu einer wirksamen und einheitlichen Überwachung und Durchsetzung dieser Verordnung in der gesamten Union beizutragen.

[2] Zu diesem Zweck arbeiten die Koordinatoren für digitale Dienste untereinander sowie mit anderen nationalen zuständigen Behörden, dem Gremium und der Kommission zusammen, unbeschadet der Möglichkeit der Mitgliedstaaten, Mechanismen für die Zusammenarbeit und einen regelmäßigen Meinungsaustausch zwischen dem Koordinator für digitale Dienste und anderen nationalen Behörden vorzusehen, sofern dies für die Wahrnehmung ihrer jeweiligen Aufgaben von Bedeutung ist.

[3] Benennt ein Mitgliedstaat neben dem Koordinator für digitale Dienste eine oder mehrere zuständige Behörden, so stellt er sicher, dass die jeweiligen Aufgaben dieser Behörden und des Koordinators für digitale Dienste klar definiert sind und dass sie bei der Wahrnehmung ihrer Aufgaben eng und wirksam zusammenarbeiten.

---

[1] Nr. **9**.
[2] Kap. IV Abschn. 4, 5, und 6 gilt ab dem **16.11.2022**.

(3) *[1]* Die Mitgliedstaaten benennen die Koordinatoren für digitale Dienste bis zum 17. Februar 2024.

[2] [1] Die Mitgliedstaaten machen die Namen ihrer als Koordinator für digitale Dienste benannten zuständigen Behörden und Informationen darüber, wie sie kontaktiert werden können, öffentlich zugänglich und teilen diese der Kommission und dem Gremium mit. [2] Der betreffende Mitgliedstaat teilt der Kommission und dem Gremium den Namen der anderen in Absatz 2 genannten zuständigen Behörden sowie deren jeweilige Aufgaben mit.

(4) Die in den Artikeln 50, 51 und 56 festgelegten Bestimmungen für die Koordinatoren für digitale Dienste gelten auch für alle anderen zuständigen Behörden, die die Mitgliedstaaten gemäß Absatz 1 des vorliegenden Artikels benennen.

Art. 50 Anforderungen an Koordinatoren für digitale Dienste.

(1) [1] Die Mitgliedstaaten stellen sicher, dass ihre Koordinatoren für digitale Dienste ihre Aufgaben im Rahmen dieser Verordnung unparteiisch, transparent und zeitnah erfüllen. [2] Die Mitgliedstaaten sorgen dafür, dass ihren Koordinatoren für digitale Dienste alle erforderlichen Ressourcen zur Ausführung ihrer Aufgaben zur Verfügung stehen, einschließlich ausreichender technischer, finanzieller und personeller Ressourcen für eine angemessene Beaufsichtigung aller in ihren Zuständigkeitsbereich fallenden Anbieter von Vermittlungsdiensten. [3] Jeder Mitgliedstaat sorgt dafür, dass sein Koordinator für digitale Dienste seinen Haushalt innerhalb dessen Gesamtobergrenzen ausreichend autonom verwalten kann, damit die Unabhängigkeit des Koordinators für digitale Dienste nicht beeinträchtigt wird.

(2) [1] Bei der Wahrnehmung ihrer Aufgaben und Befugnisse gemäß dieser Verordnung handeln die Koordinatoren für digitale Dienste völlig unabhängig. [2] Sie arbeiten frei von äußeren Einflüssen und dürfen weder direkt noch indirekt Weisungen von anderen Behörden oder privaten Stellen einholen oder entgegennehmen.

(3) [1] Absatz 2 dieses Artikels lässt die Aufgaben der Koordinatoren für digitale Dienste innerhalb des in dieser Verordnung vorgesehenen Überwachungs- und Durchsetzungssystems und die Zusammenarbeit mit anderen zuständigen Behörden gemäß Artikel 49 Absatz 2 unberührt. [2] Absatz 2 dieses Artikels steht der Ausübung der gerichtlichen Kontrolle nicht entgegen, und er berührt ferner nicht die angemessenen Rechenschaftspflichten in Bezug auf die allgemeinen Tätigkeiten der Koordinatoren für digitale Dienste, wie Finanzausgaben oder Berichterstattung an die nationalen Parlamente, sofern diese Pflichten die Verwirklichung der Ziele dieser Verordnung nicht untergraben.

Art. 51 Befugnisse der Koordinatoren für digitale Dienste. (1) Soweit dies für die Wahrnehmung ihrer Aufgaben im Rahmen dieser Verordnung erforderlich ist, verfügen die Koordinatoren für digitale Dienste über folgende Untersuchungsbefugnisse in Bezug auf Verhaltensweisen von Anbietern von Vermittlungsdiensten, die in die Zuständigkeit ihres Mitgliedstaats fallen:

a) die Befugnis, von diesen Anbietern sowie von allen anderen Personen, die zu Zwecken ihrer gewerblichen, geschäftlichen, handwerklichen oder beruflichen Tätigkeit handeln und Kenntnis von Informationen über eine mutmaßliche Zuwiderhandlung gegen diese Verordnung haben dürften, einschließlich Organisationen, die die Prüfungen gemäß Artikel 37 und Artikel 75

Absatz 2 durchführen, zu verlangen, dass sie diese Informationen unverzüglich übermitteln,

b) die Befugnis, in allen Räumlichkeiten, die diese Anbieter oder diese Personen zu Zwecken ihrer gewerblichen, geschäftlichen, handwerklichen oder beruflichen Tätigkeit nutzen, Nachprüfungen durchzuführen oder eine Justizbehörde in ihrem Mitgliedstaat zur Anordnung solcher Nachprüfungen aufzufordern, oder andere Behörden aufzufordern, dies zu tun, um Informationen über eine mutmaßliche Zuwiderhandlung unabhängig vom Speichermedium zu untersuchen, sicherzustellen oder Kopien davon anzufertigen oder zu erhalten,

c) die Befugnis, alle Mitarbeiter oder Vertreter dieser Anbieter oder Personen aufzufordern, Erklärungen zu allen Informationen im Zusammenhang mit einer mutmaßlichen Zuwiderhandlung abzugeben, und die Antworten mit ihrer Einwilligung mit beliebigen technischen Mitteln aufzuzeichnen.

(2) [1] Soweit dies für die Wahrnehmung ihrer Aufgaben im Rahmen dieser Verordnung erforderlich ist, verfügen die Koordinatoren für digitale Diente über folgende Durchsetzungsbefugnisse gegenüber Anbietern von Vermittlungsdiensten, die in die Zuständigkeit ihres Mitgliedstaats fallen:

a) die Befugnis, die Verpflichtungszusagen dieser Anbieter in Bezug auf die Einhaltung dieser Verordnung anzunehmen und diese Verpflichtungszusagen für bindend zu erklären,

b) die Befugnis zur Anordnung der Einstellung von Zuwiderhandlungen und gegebenenfalls Verhängung von Abhilfemaßnahmen, die in einem angemessenen Verhältnis zur Zuwiderhandlung stehen und erforderlich sind, um die Zuwiderhandlung wirksam zu beenden, oder zur Aufforderung einer Justizbehörde in ihrem Mitgliedstaat, dies zu tun,

c) die Befugnis zur Verhängung von Geldbußen oder zur Aufforderung einer Justizbehörde in ihrem Mitgliedstaat, dies zu tun, gemäß Artikel 52 wegen Nichteinhaltung dieser Verordnung, auch der nach Absatz 1 des vorliegenden Artikels erlassenen Untersuchungsanordnungen,

d) die Befugnis zur Verhängung eines Zwangsgelds oder zur Aufforderung einer Justizbehörde in ihrem Mitgliedstaat, dies zu tun, gemäß Artikel 52, um sicherzustellen, dass eine Zuwiderhandlung nach einem gemäß Buchstabe b dieses Unterabsatzes erlassenen Beschluss oder die Nichtbefolgung einer der gemäß Absatz 1 des vorliegenden Artikels erlassenen Untersuchungsanordnungen beendet wird;

e) die Befugnis, einstweilige Maßnahmen zur Vermeidung der Gefahr eines schwerwiegenden Schadens zu ergreifen oder die zuständigen nationalen Justizbehörden in ihrem Mitgliedstaat hierzu aufzufordern.

[2] In Bezug auf Unterabsatz 1 Buchstaben c und d verfügen die Koordinatoren für digitale Dienste auch gegenüber den anderen in Absatz 1 genannten Personen bei Nichtbefolgung von Anordnungen, die ihnen gemäß dem genannten Absatz erteilt wurden, über die in diesen Buchstaben genannten Durchsetzungsbefugnisse. [3] Sie üben diese Durchsetzungsbefugnisse erst aus, nachdem sie diesen anderen Personen rechtzeitig alle einschlägigen Informationen im Zusammenhang mit solchen Anordnungen zur Kenntnis bringen, einschließlich des Geltungszeitraums, der Geldbußen oder Zwangsgelder, die wegen Nichtbefolgung verhängt werden können, und der Rechtsbehelfsmöglichkeiten.

(3) *[1]* [1]Soweit dies zur Erfüllung ihrer Aufgaben im Rahmen dieser Verordnung erforderlich ist, haben die Koordinatoren für digitale Dienste in Bezug auf Anbieter von Vermittlungsdiensten, die in die Zuständigkeit ihres Mitgliedstaats fallen, in Fällen, in denen alle anderen Befugnisse nach diesem Artikel zur Einstellung einer Zuwiderhandlung ausgeschöpft sind, die Zuwiderhandlung nicht behoben wurde oder anhält und einen schwerwiegenden Schaden verursacht, der durch die Ausübung anderer Befugnisse nach Unionsrecht oder nationalem Recht nicht vermieden werden kann, die Befugnis, folgende Maßnahmen zu ergreifen:

a) vom Leitungsorgan desjenigen Anbieters zu verlangen, dass es die Lage unverzüglich prüft, einen Aktionsplan annimmt und vorlegt, in dem die zur Einstellung der Zuwiderhandlung erforderlichen Maßnahmen dargelegt werden, sicherstellt, dass der Anbieter diese Maßnahmen ergreift, und über die getroffenen Maßnahmen Bericht erstattet,

b) ist der Koordinator für digitale Dienste der Auffassung, dass ein Anbieter von Vermittlungsdiensten die in Buchstabe a genannten Anforderungen nicht ausreichend erfüllt hat, dass die Zuwiderhandlung nicht behoben wurde oder anhält und einen schwerwiegenden Schaden verursacht und dass die Zuwiderhandlung eine Straftat darstellt, die das Leben oder die Sicherheit von Personen bedroht, so fordert er die zuständige Justizbehörde seines Mitgliedstaats auf, anzuordnen, dass der Zugang der Nutzer zu dem von der Zuwiderhandlung betroffenen Dienst oder – nur wenn dies technisch nicht möglich ist – zur Online-Schnittstelle des Anbieters von Vermittlungsdiensten, auf der die Zuwiderhandlung erfolgt, vorübergehend eingeschränkt wird.

[2]Sofern der Koordinator für digitale Dienste nicht gemäß Artikel 82 auf Verlangen der Kommission tätig wird, gibt er vor der Übermittlung der in Unterabsatz 1 Buchstabe b dieses Absatzes genannten Aufforderung Beteiligten Gelegenheit, innerhalb einer Frist von mindestens zwei Wochen schriftlich dazu Stellung zu nehmen, wobei er die beabsichtigten Maßnahmen darlegt und den bzw. die Adressaten der Aufforderung nennt. [3]Der Anbieter von Vermittlungsdiensten, der Adressat bzw. die Adressaten und jeder andere Dritte, der ein berechtigtes Interesse nachweist, ist bzw. sind berechtigt, an dem Verfahren vor der zuständigen Justizbehörde teilzunehmen. [4]Jede angeordnete Maßnahme muss der Art, Schwere, Wiederholung und Dauer der Zuwiderhandlung angemessen sein, ohne den Zugang der Nutzer des betreffenden Dienstes zu rechtmäßigen Informationen ungebührlich einzuschränken.

[2] [1]Die Beschränkung des Zugangs gilt für einen Zeitraum von vier Wochen, wobei die zuständige Justizbehörde in ihrer Anordnung die Möglichkeit hat, dem Koordinator für digitale Dienste zu gestatten, diesen Zeitraum bis zu einer von dieser Justizbehörde festgelegten Höchstzahl von weiteren Zeiträumen derselben Dauer zu verlängern. [2]Der Koordinator für digitale Dienste verlängert den Zeitraum nur, wenn er unter Berücksichtigung der Rechte und Interessen aller von dieser Beschränkung betroffenen Parteien und aller relevanten Umstände, einschließlich aller Informationen, die der Anbieter von Vermittlungsdiensten, der Adressat bzw. die Adressaten und jeder andere Dritte, der bzw. die ein berechtigtes Interesse nachgewiesen hat bzw. haben, ihm zur Verfügung stellen kann, der Auffassung ist, dass die beiden folgenden Bedingungen erfüllt sind:

a) der Anbieter von Vermittlungsdiensten hat es versäumt, die erforderlichen Maßnahmen zur Beendigung der Zuwiderhandlung zu ergreifen,

b) die vorübergehende Beschränkung schränkt den Zugang der Nutzer zu rechtmäßigen Informationen nicht ungebührlich ein, wobei die Zahl der betroffenen Nutzer und die Frage, ob es geeignete und leicht zugängliche Alternativen gibt, zu berücksichtigen sind.

[3] Ist der Koordinator für digitale Dienste der Auffassung, dass die in Unterabsatz 3 Buchstaben a und b dargelegten Bedingungen erfüllt sind, kann aber dennoch die Frist gemäß Unterabsatz 3 nicht weiter verlängern, so richtet er eine neue Aufforderung gemäß Unterabsatz 1 Buchstabe b an die zuständige Justizbehörde.

(4) Die in den Absätzen 1, 2 und 3 aufgeführten Befugnisse gelten unbeschadet des Abschnitts 3.

(5) Die von den Koordinatoren für digitale Dienste in Ausübung ihrer in den Absätzen 1, 2 und 3 genannten Befugnisse ergriffenen Maßnahmen müssen wirksam, abschreckend und verhältnismäßig sein, wobei insbesondere die Art, Schwere, Wiederholung und Dauer der Zuwiderhandlung oder der mutmaßlichen Zuwiderhandlung, auf den sich diese Maßnahmen beziehen, sowie gegebenenfalls die wirtschaftliche, technische und operative Leistungsfähigkeit des betreffenden Anbieters von Vermittlungsdiensten zu berücksichtigen sind.

(6) [1] Die Mitgliedstaaten legen spezifische Bedingungen und Verfahren für die Ausübung der Befugnisse gemäß den Absätzen 1, 2 und 3 fest und stellen sicher, dass jede Ausübung dieser Befugnisse angemessenen Garantien unterliegt, die im anwendbaren nationalen Recht unter Einhaltung der Charta[1)] und der allgemeinen Grundsätze des EU-Rechts festgelegt sind. [2] Insbesondere dürfen diese Maßnahmen nur im Einklang mit dem Recht auf Achtung des Privatlebens und mit den Verteidigungsrechten, einschließlich des Rechts auf rechtliches Gehör und auf Akteneinsicht, und vorbehaltlich des Rechts aller betroffenen Parteien auf einen wirksamen gerichtlichen Rechtsbehelf getroffen werden.

Art. 52 Sanktionen. (1) Die Mitgliedstaaten erlassen Vorschriften über Sanktionen, die bei Zuwiderhandlungen der Anbieter von Vermittlungsdiensten, die in ihre Zuständigkeit fallen, gegen diese Verordnung zu verhängen sind, und treffen alle für die Anwendung der Sanktionen im Einklang mit Artikel 51 erforderlichen Maßnahmen.

(2) [1] Sanktionen müssen wirksam, verhältnismäßig und abschreckend sein. [2] Die Mitgliedstaaten teilen der Kommission diese Vorschriften und Maßnahmen mit und melden ihr unverzüglich alle diesbezüglichen Änderungen.

(3) [1] Die Mitgliedstaaten stellen sicher, dass der Höchstbetrag der Geldbußen, die bei Nichteinhaltung einer in dieser Verordnung festgelegten Verpflichtung verhängt werden können, 6% des weltweiten Jahresumsatzes des betreffenden Anbieters von Vermittlungsdiensten im vorangegangenen Geschäftsjahr beträgt. [2] Die Mitgliedstaaten stellen sicher, dass der Höchstbetrag der Geldbußen, die bei Bereitstellung unrichtiger, unvollständiger oder irreführender Informationen, beim Versäumnis einer Antwort oder der Berichtigung unrichtiger, unvollständiger oder irreführender Informationen sowie bei der Nichtduldung

---

1) Nr. **9**.

einer Nachprüfung verhängt werden können, 1% des weltweiten Jahresumsatzes des betreffenden Anbieters von Vermittlungsdiensten oder der betreffenden Person im vorangegangenen Geschäftsjahr beträgt.

(4) Die Mitgliedstaaten stellen sicher, dass der Höchstbetrag eines Zwangsgelds 5% des durchschnittlichen weltweiten Tagesumsatzes oder der durchschnittlichen weltweiten Tageseinnahmen des betreffenden Anbieters von Vermittlungsdiensten im vorangegangenen Geschäftsjahr, berechnet ab dem in dem betreffenden Beschluss genannten Datum, beträgt.

Art. 53 Beschwerderecht. [1] Die Nutzer sowie jegliche Einrichtungen, Organisationen oder Vereinigungen, die mit der Wahrnehmung der mit dieser Verordnung übertragenen Rechte beauftragt sind, haben das Recht, beim Koordinator für digitale Dienste des Mitgliedstaats, in dem der Nutzer des Dienstes sich aufhält oder niedergelassen ist, Beschwerde gegen Anbieter von Vermittlungsdiensten wegen einer mutmaßlichen Zuwiderhandlung gegen diese Verordnung einzulegen. [2] Der Koordinator für digitale Dienste prüft die Beschwerde und leitet sie gegebenenfalls an den Koordinator für digitale Dienste am Niederlassungsort weiter; falls er es für angebracht hält, fügt er eine Stellungnahme hinzu. [3] Fällt die Beschwerde in die Zuständigkeit einer anderen zuständigen Behörde in seinem Mitgliedstaat, leitet der Koordinator für digitale Dienste, der die Beschwerde erhält, sie an diese Behörde weiter. [4] Während dieser Verfahren haben beide Parteien das Recht, angehört zu werden und angemessen über den Stand der Beschwerde nach Maßgabe des nationalen Rechts unterrichtet zu werden.

Art. 54 Entschädigung. Nutzer haben das Recht, im Einklang mit dem EU-Recht und nationalen Recht Schadenersatz von Anbietern von Vermittlungsdiensten für etwaige Schäden oder Verluste zu fordern, die aufgrund eines Verstoßes dieser Anbieter gegen die Verpflichtungen gemäß dieser Verordnung entstanden sind.

Art. 55 Tätigkeitsberichte. (1) [1] Die Koordinatoren für digitale Dienste erstellen Jahresberichte über ihre Tätigkeiten im Rahmen dieser Verordnung, einschließlich der Zahl der eingegangenen Beschwerden gemäß Artikel 53 und einer Übersicht über entsprechende Folgemaßnahmen. [2] Die Koordinatoren für digitale Dienste machen die Jahresberichte vorbehaltlich der geltenden Vorschriften über die Vertraulichkeit von Informationen gemäß Artikel 84 in einem maschinenlesbaren Format der Öffentlichkeit zugänglich und übermitteln sie der Kommission und dem Gremium.

(2) Der Jahresbericht enthält ferner folgende Angaben:

a) Anzahl und Gegenstand der Anordnungen zum Vorgehen gegen rechtswidrige Inhalte und der Auskunftsanordnungen, die gemäß den Artikeln 9 und 10 von einer nationalen Justiz- oder Verwaltungsbehörde des Mitgliedstaats des Koordinators für digitale Dienste erlassen wurden,
b) die Befolgung dieser Anordnungen, wie dem Koordinator für digitale Dienste gemäß den Artikeln 9 und 10 mitgeteilt.

(3) Hat ein Mitgliedstaat gemäß Artikel 49 mehrere zuständige Behörden benannt, so stellt er sicher, dass der Koordinator für digitale Dienste einen einzigen Bericht über die Tätigkeiten aller zuständigen Behörden erstellt und

dass der Koordinator für digitale Dienste alle einschlägigen Informationen und Unterstützung von den entsprechenden anderen zuständigen Behörden erhält.

Abschnitt 2. Zuständigkeit, koordinierte Untersuchungen und Kohärenzmechanismen

Art. 56 Zuständigkeit. (1) Abgesehen von den Befugnissen gemäß Absatz 2, 3 und 4 verfügt der Mitgliedstaat, in dem sich die Hauptniederlassung des Anbieters von Vermittlungsdiensten befindet über ausschließliche Befugnisse diese Verordnung zu überwachen und durchzusetzen.

(2) Die Kommission verfügt über ausschließliche Befugnisse Kapitel III Abschnitt 5 u überwachen und durchzusetzen.

(3) Die Kommission verfügt über Befugnisse diese Verordnung gegenüber Anbietern sehr großer Online-Plattformen und sehr großer Online-Suchmaschinen zu überwachen und durchzusetzen, wobei es sich um andere Befugnisse als die in Kapitel III Abschnitt 5 dieser Verordnung genannten handelt.

(4) Hat die Kommission kein Verfahren wegen desselben Verstoßes eingeleitet, verfügt der Mitgliedstaat, in dem sich die Hauptniederlassung des Anbieters einer sehr großen Online-Plattform oder einer sehr großen Online-Suchmaschine befindet, über die Befugnisse die Verpflichtungen dieser Verordnung in Bezug auf diese Anbieter, sofern sie nicht in Kapitel III Abschnitt 5 festgelegt sind zu überwachen und durchzusetzen.

(5) Die Mitgliedstaaten und die Kommission sorgen in enger Zusammenarbeit für die Überwachung und Durchsetzung der Bestimmungen dieser Verordnung.

(6) Hat ein Anbieter von Vermittlungsdiensten, der keine Niederlassung in der EU, verfügt der Mitgliedstaat, in dem dessen gesetzlicher Vertreter ansässig oder niedergelassen ist, oder die Kommission gemäß den Absätzen 1 und 4 dieses Artikels gegebenenfalls über die Befugnisse die einschlägigen Verpflichtungen gemäß dieser Verordnung zu überwachen und durchzusetzen.

(7) *[1]* Benennt ein Anbieter von Vermittlungsdiensten keinen gesetzlichen Vertreter gemäß Artikel 13, so verfügen alle Mitgliedstaaten und im Falle eines Anbieters einer sehr großen Online-Plattform oder einer sehr großen Online-Suchmaschine die Kommission über diese Befugnisse gemäß diesem Artikel zu überwachen und durchzusetzen.

[2] [1] Beabsichtigt ein Koordinator für digitale Dienste, seine Befugnisse gemäß diesem Absatz auszuüben, so unterrichtet er alle anderen Koordinatoren für digitale Dienste und die Kommission und stellt sicher, dass die in der Charta[1)] verankerten geltenden Garantien eingehalten werden, insbesondere um zu vermeiden, dass ein und dasselbe Verhalten mehr als einmal wegen Zuwiderhandlung gegen die in dieser Verordnung festgelegten Pflichten sanktioniert wird. [2] Beabsichtigt die Kommission, ihre Befugnisse gemäß diesem Absatz auszuüben, unterrichtet sie alle anderen Koordinatoren für digitale Dienste von dieser Absicht. [3] Ist eine Unterrichtung gemäß diesem Absatz erfolgt, so leiten die anderen Mitgliedstaaten keine Verfahren wegen desselben Verstoßes wie dem in der Unterrichtung genannten ein.

---

1) Nr. 9.

Art. 57 Gegenseitige Amtshilfe. (1) [1] Im Hinblick auf eine einheitliche und effiziente Anwendung dieser Verordnung arbeiten die Koordinatoren für digitale Dienste und die Kommission eng zusammen und leisten einander gegenseitige Amtshilfe. [2] Die gegenseitige Amtshilfe umfasst insbesondere den Informationsaustausch gemäß diesem Artikel und die Pflicht des Koordinators für digitale Dienste am Niederlassungsort, alle Koordinatoren für digitale Dienste am Bestimmungsort, das Gremium und die Kommission über die Einleitung von Untersuchungen und die Absicht, eine endgültige Entscheidung in Bezug auf einen spezifischen Anbieter von Vermittlungsdiensten zu treffen, einschließlich seiner Bewertung, zu unterrichten.

(2) [1] Für die Zwecke einer Untersuchung kann der Koordinator für digitale Dienste am Niederlassungsort andere Koordinatoren für digitale Dienste auffordern, spezifische Informationen über einen bestimmten Anbieter von Vermittlungsdiensten, über die sie verfügen, bereitzustellen oder ihre in Artikel 51 Absatz 1 genannten Untersuchungsbefugnisse in Bezug auf spezifische Informationen, die sich in ihrem Mitgliedstaat befinden, auszuüben. [2] Gegebenenfalls kann der Koordinator für digitale Dienste, der eine solche Aufforderung erhält, andere zuständige Behörden oder andere Behörden des betreffenden Mitgliedstaats mit einbeziehen.

(3) [1] Der Koordinator für digitale Dienste, an den eine Aufforderung gemäß Absatz 2 ergeht, kommt dieser Aufforderung nach und unterrichtet den Koordinator für digitale Dienste des Mitgliedsstaats der Niederlassung unverzüglich und spätestens zwei Monate nach deren Eingang über die ergriffenen Maßnahmen, es sei denn,

a) der Umfang des Gegenstands der Aufforderung ist mit Blick auf den Zweck der Untersuchung nicht ausreichend spezifiziert, nicht ausreichend begründet oder nicht angemessen, oder
b) weder der Koordinator für digitale Dienste, an den die Aufforderung ergeht, noch eine andere Behörde dieses Mitgliedstaats verfügt über die angeforderten Informationen oder hat den Zugang zu diesen Informationen, oder
c) der Aufforderung kann nicht nachgekommen werden, ohne dass dadurch gegen Unionsrecht oder nationales Recht verstoßen wird,

[2] Der Koordinator für digitale Dienste, der eine solche Aufforderung erhält, begründet seine Ablehnung durch eine mit Gründen versehene Antwort innerhalb der in Unterabsatz 1 genannten Frist.

Art. 58 Grenzüberschreitende Zusammenarbeit zwischen Koordinatoren für digitale Dienste. (1) Hat ein Koordinator für digitale Dienste am Bestimmungsort Grund zu der Annahme, dass ein Anbieter von Vermittlungsdiensten auf eine Weise gegen diese Verordnung verstoßen hat, die sich negativ auf die Nutzer des Dienstes im Mitgliedstaat des Koordinators für digitale Dienste auswirkt, so kann er – sofern die Kommission nicht aufgrund derselben mutmaßlichen Zuwiderhandlung eine Untersuchung eingeleitet hat – den Koordinator für digitale Dienste am Niederlassungsort auffordern, die Angelegenheit zu prüfen und die erforderlichen Untersuchungs- und Durchsetzungsmaßnahmen zu ergreifen, um die Einhaltung dieser Verordnung sicherzustellen.

(2) Auf Aufforderung von mindestens drei Koordinatoren für digitale Dienste am Bestimmungsort, die Grund zu der Annahme haben, dass ein spezifischer

Anbieter von Vermittlungsdiensten gegen diese Verordnung auf eine Weise verstoßen hat, die sich negativ auf Nutzer in ihren Mitgliedstaaten auswirkt, kann das Gremium – sofern die Kommission nicht aufgrund derselben Zuwiderhandlung eine Untersuchung eingeleitet hat – den Koordinator für digitale Dienste am Niederlassungsort auffordern, die Angelegenheit zu prüfen und die erforderlichen Untersuchungs- und Durchsetzungsmaßnahmen zu ergreifen, um die Einhaltung dieser Verordnung sicherzustellen.

(3) Eine Aufforderung gemäß Absatz 1 oder 2 muss hinreichend begründet sein und zumindest folgende Informationen enthalten:

a) die Kontaktstelle des betreffenden Anbieters von Vermittlungsdiensten gemäß Artikel 11;
b) eine Beschreibung der einschlägigen Fakten, der betreffenden Bestimmungen dieser Verordnung und der Gründe, aufgrund derer der Koordinator für digitale Dienste, der die Aufforderung übermittelt hat, oder das Gremium vermutet, dass der Anbieter gegen diese Verordnung verstoßen hat, einschließlich der Beschreibung der negativen Auswirkungen der mutmaßlichen Zuwiderhandlung;
c) alle sonstigen Informationen, die der Koordinator für digitale Dienste, der die Aufforderung übermittelt hat, oder das Gremium für relevant hält, gegebenenfalls einschließlich Informationen, die auf eigene Initiative zusammengetragen wurden, oder Vorschläge für spezifische Untersuchungs- oder Durchsetzungsmaßnahmen, einschließlich einstweiliger Maßnahmen.

(4) [1] Der Koordinator für digitale Dienste am Niederlassungsort trägt der Aufforderung gemäß der Absätze 1 oder 2 dieses Artikels weitestgehend Rechnung. [2] Ist er der Auffassung, dass er nicht über ausreichende Informationen verfügt, um der Aufforderung Folge zu leisten, und hat er Grund zu der Annahme, dass der Koordinator für digitale Dienste, der die Aufforderung übermittelt hat, oder das Gremium zusätzliche Informationen bereitstellen könnte, so kann der Koordinator für digitale Dienste am Niederlassungsort entweder diese Informationen gemäß Artikel 57 anfordern oder eine gemeinsame Untersuchung gemäß Artikel 60 Absatz 1 einleiten, an der mindestens der Koordinator für digitale Dienste, der die Aufforderung erteilt hat, teilnimmt. [3] Die Frist gemäß Absatz 5 dieses Artikels ruht, bis diese zusätzlichen Informationen vorliegen oder bis die Einladung zur Teilnahme an der gemeinsamen Untersuchung abgelehnt wurde.

(5) Der Koordinator für digitale Dienste am Niederlassungsort teilt dem Koordinator für digitale Dienste, der die Aufforderung übermittelt hat, und dem Gremium unverzüglich, in jedem Fall aber spätestens zwei Monate nach Eingang der Aufforderung gemäß Absatz 1 oder 2, die Bewertung der mutmaßlichen Zuwiderhandlung sowie eine Erläuterung etwaiger Untersuchungs- oder Durchsetzungsmaßnahmen mit, die in diesem Zusammenhang ergriffen wurden oder geplant sind, um die Einhaltung dieser Verordnung sicherzustellen.

Art. 59 Befassung der Kommission. (1) [1] Geht keine Mitteilung innerhalb der in Artikel 58 Absatz 5 festgelegten Frist ein, oder stimmt der Ausschuss der Bewertung oder den gemäß Artikel 58 Absatz 5 ergriffenen oder geplanten Maßnahmen nicht zu, sowie in den in Artikel 60 Absatz 3 genannten Fällen kann das Gremium die Kommission unter Vorlage aller einschlägigen Informationen mit der Angelegenheit befassen. [2]Diese Informationen umfassen mindestens die an den Koordinator für digitale Dienste am Niederlassungsort gerichtete Aufforderung oder Empfehlung, die Bewertung dieses Koordinators für digitale Dienste, die Gründe für die Nichtzustimmung und alle zusätzlichen Informationen zur Unterstützung der Befassung der Kommission.

(2) Die Kommission gibt innerhalb von zwei Monaten nach ihrer Befassung gemäß Absatz 1 eine Bewertung der Angelegenheit ab, nachdem sie den Koordinator für digitale Dienste am Niederlassungsort konsultiert hat.

(3) *[1]* Ist die Kommission gemäß Absatz 2 des vorliegenden Artikels der Ansicht, dass die Bewertung oder die gemäß Artikel 58 Absatz 5 ergriffenen oder geplanten Untersuchungs- oder Durchsetzungsmaßnahmen nicht mit dieser Verordnung vereinbar oder nicht ausreichend sind, um ihre wirksame Durchsetzung zu gewährleisten, teilt sie dem Koordinator für digitale Dienste am Niederlassungsort und dem Gremium ihren Standpunkt mit und fordert den Koordinator für digitale Dienste am Niederlassungsort auf, die Angelegenheit zu überprüfen.

[2] [1]Der Koordinator für digitale Dienste am Niederlassungsort ergreift die erforderlichen Untersuchungs- oder Durchsetzungsmaßnahmen, um die Einhaltung dieser Verordnung sicherzustellen, wobei er den Standpunkten und dem Überprüfungsantrag der Kommission weitestgehend Rechnung trägt. [2]Der Koordinator für digitale Dienste am Niederlassungsort unterrichtet die Kommission sowie den antragstellenden Koordinator für digitale Dienste oder das Gremium, die Maßnahmen gemäß Artikel 58 Absatz 1 oder 2 ergriffen haben, innerhalb von zwei Monaten nach der Beantragung der Überprüfung über die ergriffenen Maßnahmen.

Art. 60 Gemeinsame Untersuchungen. (1) Der Koordinator für digitale Dienste am Niederlassungsort kann unter Beteiligung eines oder mehrerer anderer betreffenden Koordinatoren für digitale Dienste gemeinsame Untersuchungen einleiten und leiten:

a) von Amts wegen, um eine mutmaßliche Zuwiderhandlung gegen diese Verordnung durch einen bestimmten Anbieter von Vermittlungsdiensten in mehreren Mitgliedstaaten zu untersuchen oder
b) auf Empfehlung des Gremiums, das auf Antrag von mindestens drei Koordinatoren für digitale Dienste handelt, die – auf der Grundlage eines begründeten Verdachts – eine Zuwiderhandlung durch einen bestimmten Anbieter von Vermittlungsdiensten vermuten, durch die Nutzer in ihren Mitgliedstaaten beeinträchtigt werden.

(2) *[1]* [1]Ein Koordinator für digitale Dienste, der nachweist, dass er ein berechtigtes Interesse an der Teilnahme an einer gemeinsamen Untersuchung gemäß Absatz 1 hat, kann eine solche beantragen. [2]Die gemeinsame Untersuchung wird innerhalb von drei Monaten nach ihrer Einleitung abgeschlossen, sofern die Teilnehmer nichts anderes vereinbaren.

[2] [1]Der Koordinator für digitale Dienste am Niederlassungsort teilt seinen vorläufigen Standpunkt zu der mutmaßlichen Zuwiderhandlung spätestens einen Monat nach Ablauf der in Unterabsatz 1 genannten Frist allen Koordinatoren für digitale Dienste, der Kommission und dem Gremium mit. [2]In dem vorläufigen Standpunkt werden die Ansichten aller Koordinatoren für digitale Dienste, die an der gemeinsamen Untersuchung teilnehmen, berück-

sichtigt. [3] Gegebenenfalls werden in diesem vorläufigen Standpunkt auch die vorgesehenen Durchsetzungsmaßnahmen dargelegt.

(3) Das Gremium kann die Kommission gemäß Artikel 59 mit der Angelegenheit befassen, wenn

a) der Koordinator für digitale Dienste am Niederlassungsort seinen vorläufigen Standpunkt nicht innerhalb der in Absatz 2 genannten Frist mitgeteilt hat;
b) das Gremium mit dem vorläufigen Standpunkt des Koordinators für digitale Dienste am Niederlassungsort im Wesentlichen nicht übereinstimmt; oder
c) der Koordinator für digitale Dienste am Niederlassungsort die gemeinsame Untersuchung nach der Empfehlung des Gremiums gemäß Absatz 1 Buchstabe b nicht unverzüglich eingeleitet hat.

(4) [1] Bei der Durchführung der gemeinsamen Untersuchung arbeiten die Koordinatoren für digitale Dienste in guter Absicht zusammen, wobei sie gegebenenfalls die Angaben des Koordinators für digitale Dienste am Niederlassungsort und die Empfehlung des Gremiums berücksichtigen. [2] Die an der gemeinsamen Untersuchung beteiligten Koordinatoren für digitale Dienste am Bestimmungsort sind berechtigt, auf Ersuchen oder nach Konsultation des Koordinators für digitale Dienste am Niederlassungsort ihre Untersuchungsbefugnisse gemäß Artikel 51 Absatz 1 in Bezug auf die von der mutmaßlichen Zuwiderhandlung betroffenen Anbieter von Vermittlungsdiensten mit Blick auf Informationen und Räumlichkeiten in ihrem Hoheitsgebiet auszuüben.

Abschnitt 3. Europäisches Gremium für digitale Dienste

Art. 61 Europäisches Gremium für digitale Dienste. (1) Es wird eine unabhängige Beratergruppe der Koordinatoren für digitale Dienste für die Beaufsichtigung der Anbieter von Vermittlungsdiensten mit der Bezeichnung „Europäisches Gremium für digitale Dienste" (im Folgenden „Gremium") eingerichtet.

(2) Das Gremium berät die Koordinatoren für digitale Dienste und die Kommission im Einklang mit dieser Verordnung, um folgende Ziele zu erreichen:

a) Beitrag zur einheitlichen Anwendung dieser Verordnung und zur wirksamen Zusammenarbeit der Koordinatoren für digitale Dienste und der Kommission in Angelegenheiten, die unter diese Verordnung fallen;
b) Koordinierung und Mitwirkung an Leitlinien und Analysen der Kommission, der Koordinatoren für digitale Dienste und anderer zuständiger Behörden zu neu auftretenden Fragen in Bezug auf Angelegenheiten, die unter diese Verordnung fallen, im gesamten Binnenmarkt;
c) Unterstützung der Koordinatoren für digitale Dienste und der Kommission bei der Beaufsichtigung sehr großer Online-Plattformen.

Art. 62 Struktur des Gremiums. (1) [1] Das Gremium setzt sich aus den Koordinatoren für digitale Dienste zusammen, die durch hochrangige Beamte vertreten werden. [2] Benennt ein Mitgliedstaat oder benennen mehrere Mitgliedstaaten keinen Koordinator für digitale Dienste hindert dies das Gremium nicht daran, seine Aufgaben nach dieser Verordnung wahrzunehmen. [3] Sofern dies im nationalen Recht vorgesehen ist, können sich neben dem Koordinator für digitale Dienste auch andere zuständige Behörden, die mit spezifischen operativen Zuständigkeiten für die Anwendung und Durchsetzung dieser Verordnung betraut sind, an der Arbeit des Gremiums beteiligen. [4]Weitere nationale Behörden können zu den Sitzungen eingeladen werden, wenn die erörterten Fragen für sie von Belang sind.

(2) [1]Den Vorsitz des Gremiums führt die Kommission. [2]Die Kommission beruft die Sitzungen ein und bereitet die Tagesordnung im Einklang mit den Aufgaben des Gremiums gemäß dieser Verordnung und im Einklang mit seiner Geschäftsordnung vor. [3]Wird das Gremium ersucht, eine Empfehlung gemäß dieser Verordnung anzunehmen, so stellt sie dieses Ersuchen den anderen Koordinatoren für digitale Dienste unverzüglich über das Informationsaustauschsystem gemäß Artikel 85 bereit.

(3) *[1]* [1]Jeder Mitgliedstaat verfügt über eine Stimme. [2]Die Kommission hat kein Stimmrecht.

[2] [1]Das Gremium nimmt seine Beschlüsse mit einfacher Mehrheit an. [2]Bei der Annahme seiner Empfehlung an die Kommission nach Artikel 36 Absatz 1 Unterabsatz 1, stimmt das Gremium innerhalb von 48 Stunden ab, nachdem der Vorsitzende des Gremiums das Ersuchen gestellt hat.

(4) Die Kommission leistet administrative und analytische Unterstützung für die Tätigkeiten des Gremiums gemäß dieser Verordnung.

(5) [1]Das Gremium kann Sachverständige und Beobachter zu seinen Sitzungen einladen und mit anderen Einrichtungen und sonstigen Stellen der Union sowie Beratergruppen und gegebenenfalls mit externen Sachverständigen zusammenarbeiten. [2]Das Gremium macht der Öffentlichkeit die Ergebnisse dieser Zusammenarbeit zugänglich.

(6) Das Gremium kann interessierte Kreise konsultieren und stellt die Ergebnisse dieser Konsultation öffentlich zur Verfügung.

(7) Das Gremium gibt sich nach Zustimmung der Kommission eine Geschäftsordnung.

Art. 63 Aufgaben des Gremiums. (1) Soweit dies zur Erreichung der in Artikel 61 Absatz 2 genannten Ziele erforderlich ist, nimmt das Gremium insbesondere folgende Aufgaben wahr:

a) Unterstützung der Koordinierung gemeinsamer Untersuchungen;
b) Unterstützung der zuständigen Behörden bei der Analyse der Berichte und Ergebnisse von Prüfungen sehr großer Online-Plattformen oder sehr großer Online-Suchmaschinen, die gemäß dieser Verordnung zu übermitteln sind;
c) Abgabe von Stellungnahmen, Empfehlungen oder Ratschlägen an die Koordinatoren für digitale Dienste im Einklang mit dieser Verordnung, wobei insbesondere die Dienstleistungsfreiheit der Anbieter von Vermittlungsdiensten zu berücksichtigen ist;
d) Beratung der Kommission hinsichtlich der in Artikel 66 genannten Maßnahmen und Abgabe von Stellungnahmen in Bezug auf sehr große Online-Plattformen oder sehr große Online-Suchmaschinen gemäß dieser Verordnung;
e) Unterstützung und Förderung der Entwicklung und Umsetzung europäischer Normen, Leitlinien, Berichte, Vorlagen und Verhaltenskodizes in Zusammenarbeit mit den einschlägigen Interessenträgern gemäß dieser Verordnung, u.a. durch Abgabe von Stellungnahmen oder Empfehlungen zu Angelegenheiten im Zusammenhang mit Artikel 44, sowie Bestimmung neu

auftretender Fragen in Bezug auf Angelegenheiten, die unter diese Verordnung fallen.

(2) Die Koordinatoren für digitale Dienste und gegebenenfalls andere zuständige Behörden, die den vom Gremium an sie gerichteten Stellungnahmen, Aufforderungen oder Empfehlungen nicht folgen, geben bei der Berichterstattung gemäß dieser Verordnung oder bei der Annahme ihrer einschlägigen Beschlüsse gegebenenfalls die Gründe dafür, einschließlich einer Erläuterung zu den Untersuchungen und Maßnahmen, die sie durchgeführt haben, an.

Abschnitt 4. Beaufsichtigung, Untersuchung, Durchsetzung und Überwachung in Bezug auf Anbieter sehr großer Online-Plattformen und sehr großer Online-Suchmaschinen

Art. 64 Entwicklung von Sachkenntnis und Kapazitäten. (1) Die Kommission entwickelt in Zusammenarbeit mit den Koordinatoren für digitale Dienste und dem Gremium Sachkenntnis und Kapazitäten der Union, gegebenenfalls auch durch die Entsendung von Personal der Mitgliedstaaten.

(2) Darüber hinaus koordiniert die Kommission, in Zusammenarbeit mit den Koordinatoren für digitale Dienste und dem Gremium die Bewertung systemischer und neu aufkommender Probleme in Bezug auf sehr große Online-Plattformen oder sehr große Online-Suchmaschinen in der gesamten Union mit Blick auf Angelegenheiten, die unter diese Verordnung fallen.

(3) Die Kommission kann die Koordinatoren für digitale Dienste, das Gremium und andere Organe, Einrichtungen und sonstige Stellen der Union, die über einschlägige Sachkenntnis verfügen, ersuchen, sie bei der Bewertung systemischer und neu auftretender Probleme in der gesamten Union im Rahmen dieser Verordnung zu unterstützen.

(4) Die Mitgliedstaaten arbeiten mit der Kommission, insbesondere über ihre jeweiligen Koordinatoren für digitale Dienste und gegebenenfalls andere zuständige Behörden zusammen, auch indem sie ihre Sachkenntnis und Kapazitäten zur Verfügung stellen.

Art. 65 Durchsetzung von Pflichten der Anbieter sehr großer Online-Plattformen und sehr großer Online-Suchmaschinen. (1) [1] Für die Zwecke der Untersuchung der Einhaltung der in dieser Verordnung festgelegten Pflichten durch die Anbieter sehr großer Online-Plattformen und sehr großer Online-Suchmaschinen kann die Kommission die in diesem Abschnitt festgelegten Untersuchungsbefugnisse bereits ausüben, bevor sie ein Verfahren gemäß Artikel 66 Absatz 2 einleitet. [2] Sie kann diese Befugnisse von Amts wegen oder auf Antrag gemäß Absatz 2 dieses Artikels ausüben.

(2) Hat ein Koordinator für digitale Dienste Grund zu der Annahme, dass ein Anbieter einer sehr großen Online-Plattform oder einer sehr großen Online-Suchmaschine gegen die Bestimmungen des Kapitels III Abschnitt 5 verstoßen hat oder systematisch gegen Bestimmungen dieser Verordnung verstößt und diese Zuwiderhandlung schwerwiegende Auswirkungen auf die Nutzer in seinem Mitgliedstaat hat, so kann er über das in Artikel 85 genannte Informationsaustauschsystem eine Aufforderung an die Kommission richten, die Angelegenheit zu prüfen.

(3) Eine Aufforderung gemäß Absatz 2 muss hinreichend begründet sein und zumindest folgende Informationen enthalten:

a) die Kontaktstelle des betreffenden Anbieters der sehr großen Online-Plattform oder sehr großen Online-Suchmaschine gemäß Artikel 11;

b) eine Beschreibung der einschlägigen Fakten, der betreffenden Bestimmungen dieser Verordnung und der Gründe, aufgrund derer der Koordinator für digitale Dienste, der die Aufforderung übermittelt hat, vermutet, dass der betreffende Anbieter einer sehr großen Online-Plattform oder einer sehr großen Online-Suchmaschine gegen diese Verordnung verstoßen hat, einschließlich einer Beschreibung der Fakten, die belegen, dass die Zuwiderhandlung systemischer Art ist;

c) alle sonstigen Informationen, die der Koordinator für digitale Dienste, der die Aufforderung übermittelt hat, für relevant hält, einschließlich gegebenenfalls Informationen, die er auf eigene Initiative hin zusammengetragen hat.

Art. 66 Einleitung von Verfahren durch die Kommission und Zusammenarbeit bei Untersuchungen. (1) Die Kommission kann Verfahren im Hinblick auf den möglichen Erlass von Beschlüssen gemäß den Artikeln 73 und 74 in Bezug auf das einschlägige Verhalten des Anbieters einer sehr großen Online-Plattform oder einer sehr großen Online-Suchmaschine einleiten, wenn dieser im Verdacht steht, gegen Bestimmungen dieser Verordnung verstoßen zu haben.

(2) *[1]* Beschließt die Kommission, ein Verfahren nach Absatz 1 dieses Artikels einzuleiten, so teilt sie dies allen Koordinatoren für digitale Dienste und dem Gremium über das in Artikel 85 genannte Informationsaustauschsystem sowie dem betreffenden Anbieter der sehr großen Online-Plattform oder der sehr großen Online-Suchmaschine mit.

[2] Die Koordinatoren für digitale Dienste übermitteln der Kommission unverzüglich nach ihrer Unterrichtung über die Einleitung des Verfahrens alle Informationen über die fragliche Zuwiderhandlung, über die sie verfügen.

[3] Die Einleitung eines Verfahrens gemäß Absatz 1 dieses Artikels durch die Kommission entbindet den Koordinator für digitale Dienste und gegebenenfalls alle zuständigen Behörden von ihren Artikel 56 Absatz 4 dieser Verordnung vorgesehenen Befugnissen für die Überwachung und Durchsetzung der Verpflichtungen gemäß.

(3) [1] Bei der Ausübung ihrer Untersuchungsbefugnisse gemäß dieser Verordnung kann die Kommission die individuelle oder gemeinsame Unterstützung von Koordinatoren für digitale Dienste, die von der mutmaßlichen Zuwiderhandlung betroffen sind, einschließlich des Koordinators für digitale Dienste am Niederlassungsort, anfordern. [2] Die Koordinatoren für digitale Dienste, bei denen ein solcher Antrag eingegangen ist, und jede andere zuständige Behörde – sofern sie vom Koordinator für digitale Dienste beteiligt wurde – arbeiten aufrichtig und zügig mit der Kommission zusammen und sind berechtigt, ihre Untersuchungsbefugnisse gemäß Artikel 51 Absatz 1 in Bezug auf den Anbieter der betreffenden sehr große Online-Plattform oder der betreffenden sehr großen Online-Suchmaschine im Hinblick auf Informationen, Personen und Räumlichkeiten im Hoheitsgebiet ihres Mitgliedstaats und im Einklang mit dem Antrag auszuüben.

(4) [1] Die Kommission stellt dem Koordinator für digitale Dienste am Niederlassungsort und dem Gremium sämtliche relevanten Informationen über die

Ausübung der in den Artikeln 67 bis 72 genannten Befugnisse bereit und teilt ihm ihre vorläufige Beurteilung gemäß Artikel 79 Absatz 1 mit. [2]Das Gremium legt der Kommission seine Ansichten zu der vorläufigen Beurteilung innerhalb einer gemäß Artikel 79 Absatz 2 festgelegten Frist vor. [3]Die Kommission trägt den Ansichten des Gremiums bei ihrer Entscheidung weitestgehend Rechnung.

Art. 67 Auskunftsverlangen. (1) Zur Wahrnehmung der ihr in diesem Abschnitt übertragenen Aufgaben kann die Kommission durch einfaches Verlangen oder im Wege eines Beschlusses von dem betreffenden Anbieter einer sehr großen Online-Plattform oder einer sehr großen Online-Suchmaschine sowie von allen anderen natürlichen oder juristischen Personen, die zu Zwecken ihrer gewerblichen, geschäftlichen, handwerklichen oder beruflichen Tätigkeit handeln und Kenntnis von Informationen über eine mutmaßliche Zuwiderhandlung gegen diese Verordnung haben dürften, einschließlich Organisationen, die die Prüfungen gemäß Artikel 37 und Artikel 75 Absatz 2 durchführen, die Übermittlung dieser Informationen innerhalb einer angemessenen Frist verlangen.

(2) Bei der Übermittlung eines einfachen Auskunftsverlangens an den betreffenden Anbieter einer sehr großen Online-Plattform oder einer sehr großen Online-Suchmaschine oder an eine andere Person gemäß Absatz 1 gibt die Kommission die Rechtsgrundlage und den Zweck des Verlangens an, führt auf, welche Informationen erforderlich sind, und setzt die Frist für die Übermittlung der Informationen und nennt die in Artikel 74 vorgesehenen Geldbußen für den Fall, dass unrichtige, unvollständige oder irreführende Angaben gemacht werden.

(3) [1]Verlangt die Kommission im Wege eines Beschlusses, dass der betreffende Anbieter einer sehr großen Online-Plattform oder einer sehr großen Online-Suchmaschine oder eine andere Person gemäß Absatz 1 Informationen übermittelt, gibt sie die Rechtsgrundlage und den Zweck des Verlangens an, führt auf, welche Informationen erforderlich sind, und setzt die Frist für die Übermittlung der Informationen. [2]Ferner nennt sie darin die in Artikel 74 vorgesehenen Geldbußen bzw. nennt oder verhängt darin die in Artikel 76 vorgesehenen Zwangsgelder. [3]Darüber hinaus wird darin auf das Recht hingewiesen, den Beschluss vom Gerichtshof der Europäischen Union überprüfen zu lassen.

(4) [1]Die Anbieter der betreffenden sehr großen Online-Plattform oder sehr großen Online-Suchmaschine oder eine andere Person gemäß Absatz 1 oder deren Vertreter und, im Falle von juristischen Personen, Gesellschaften oder Unternehmen oder wenn sie keine Rechtspersönlichkeit besitzen, die nach Gesetz oder Satzung zu ihrer Vertretung berufenen Personen stellen die angeforderten Informationen im Namen des betreffenden Anbieters einer sehr großen Online-Plattform oder einer sehr großen Online-Suchmaschine oder einer anderen Person gemäß Absatz 1 bereit. [2]Ordnungsgemäß bevollmächtigte Rechtsanwälte können die Informationen im Namen ihrer Mandanten erteilen. [3]Letztere bleiben in vollem Umfang dafür verantwortlich, dass die erteilten Informationen vollständig, sachlich richtig und nicht irreführend sind.

(5) Auf Verlangen der Kommission stellen die Koordinatoren für digitale Dienste und andere zuständige Behörden der Kommission alle Informationen

zur Verfügung, die sie zur Wahrnehmung der ihr in diesem Abschnitt übertragenen Aufgaben benötigt.

(6) Die Kommission übermittelt den Koordinatoren für digitale Dienste nach der Übermittlung des einfachen Verlangens oder des Beschlusses gemäß Absatz 1 des vorliegenden Artikels umgehend eine Kopie des Verlangens oder Beschlusses über das in Artikel 85 genannte Informationsaustauschsystem.

Art. 68 Befugnis zur Befragung und Aufnahme von Aussagen.

(1) [1] Zur Wahrnehmung der ihr in diesem Abschnitt übertragenen Aufgaben kann die Kommission jede natürliche oder juristische Person befragen, die der Befragung zum Zweck der Einholung von Informationen über den Gegenstand einer Untersuchung der mutmaßlichen Zuwiderhandlung zustimmt. [2] Die Kommission ist berechtigt, diese Befragungen mit geeigneten technischen Mitteln aufzuzeichnen.

(2) [1] Wird die Befragung nach Absatz 1 nicht in den Räumlichkeiten der Kommission durchgeführt, unterrichtet die Kommission den Koordinator für digitale Dienste des Mitgliedstaats, in dessen Hoheitsgebiet die Befragung stattfindet. [2] Auf Verlangen dieses Koordinators für digitale Dienste können dessen Bedienstete die mit der Befragung beauftragten Bediensteten der Kommission und die anderen von ihr ermächtigten Begleitpersonen unterstützen.

Art. 69 Befugnis zur Durchführung von Nachprüfungen. (1) Zur Wahrnehmung der ihr in diesem Abschnitt übertragenen Aufgaben kann die Kommission alle erforderlichen Nachprüfungen in den Räumlichkeiten des betreffenden Anbieters einer sehr großen Online-Plattform oder einer sehr großen Online-Suchmaschine oder einer anderen Person gemäß Artikel 67 Absatz 1 durchführen.

(2) Die mit den Nachprüfungen beauftragten Bediensteten der Kommission und die anderen von ihr ermächtigten Begleitpersonen sind befugt,

a) alle Räumlichkeiten, Grundstücke und Transportmittel des betreffenden Anbieters einer sehr großen Online-Plattform oder einer sehr großen Online-Suchmaschine oder der betreffenden anderen Person zu betreten,
b) die Bücher und sonstigen Aufzeichnungen im Zusammenhang mit der Erbringung der betreffenden Dienstleistung unabhängig von jeweiligen Datenträger zu prüfen,
c) Kopien oder Auszüge gleich in welcher Form aus diesen Büchern und sonstigen Aufzeichnungen anzufertigen oder zu verlangen,
d) von dem betreffenden Anbieter einer sehr großen Online-Plattform oder einer sehr großen Online-Suchmaschine oder der betreffenden anderen Person Zugang zu Informationen über die Organisation, die Funktionsweise, das IT-System, die Algorithmen, die Datenverwaltung und die Geschäftspraktiken sowie Erläuterungen dazu zu verlangen und diese Erläuterungen aufzuzeichnen oder zu dokumentieren,
e) alle Räumlichkeiten, die der betreffende Anbieter einer sehr großen Online-Plattform oder einer sehr großen Online-Suchmaschine oder die betreffende andere Person zu Zwecken seiner/ihrer gewerblichen, geschäftlichen, handwerklichen oder beruflichen Tätigkeit nutzt, sowie alle Bücher und sonstigen Aufzeichnungen für die Dauer der Nachprüfung und in dem für die Nachprüfung erforderlichen Ausmaß zu versiegeln,

f) alle Vertreter oder Bediensteten des betreffenden Anbieters einer sehr großen Online-Plattform oder einer sehr großen Online-Suchmaschine oder der betreffenden anderen Person zur Abgabe von Erklärungen zu Sachverhalten oder Unterlagen aufzufordern, die mit dem Gegenstand und dem Zweck der Nachprüfung in Zusammenhang stehen, und die Antworten aufzuzeichnen,

g) Fragen im Zusammenhang mit dem Gegenstand und dem Zweck der Nachprüfung an diese Vertreter oder Bediensteten zu richten und die Antworten aufzuzeichnen.

(3) Nachprüfungen können mit Unterstützung von Prüfern oder Sachverständigen, die von der Kommission gemäß Artikel 72 Absatz 2 benannt werden, sowie mit Unterstützung des Koordinators für digitale D ienste oder anderer zuständiger nationaler Behörden des Mitgliedstaats, in dessen Hoheitsgebiet die Nachprüfung durchgeführt werden soll, durchgeführt werden.

(4) [1] Sind die angeforderten Bücher oder sonstigen Aufzeichnungen im Zusammenhang mit der Erbringung der betreffenden Dienstleistung nicht vollständig vorgelegt worden oder die Antworten auf die nach Maßgabe von Absatz 2 gestellten Fragen unrichtig, unvollständig oder irreführend üben die mit Nachprüfungen beauftragten Bediensteten der Kommission und die anderen von ihr ermächtigten Begleitpersonen ihre Befugnisse unter Vorlage eines schriftlichen Auftrags aus, in dem der Gegenstand und der Zweck der Nachprüfung genannt sind und auf die in den Artikeln 74 und 76 vorgesehenen Sanktionen für den Fall hingewiesen wird. [2] Die Kommission unterrichtet den Koordinator für digitale Dienste des Mitgliedstaats, in dessen Hoheitsgebiet die Nachprüfung durchgeführt werden soll, rechtzeitig vor der Nachprüfung davon.

(5) Bei Nachprüfungen können die Bediensteten der Kommission und die anderen von ihr ermächtigten Begleitpersonen, die von ihr benannten Prüfer oder Sachverständigen, der Koordinator für digitale Dienste oder die anderen zuständigen Behörden des Mitgliedstaates, in dessen Hoheitsgebiet die Nachprüfung durchgeführt wird, von dem betreffenden Anbieter einer sehr großen Online-Plattform oder einer sehr großen Online-Suchmaschine oder der betreffenden anderen Person Erläuterungen zu der Organisation, der Funktionsweise, dem IT-System, den Algorithmen, der Datenverwaltung und dem Geschäftsgebaren verlangen und können ihr Schlüsselpersonal befragen.

(6) [1] Der betreffende Anbieter einer sehr großen Online-Plattform oder einer sehr großen Online-Suchmaschine oder die betreffende andere natürliche oder juristische Person ist verpflichtet, die Nachprüfungen zu dulden, die die Kommission durch Beschluss angeordnet hat. [2] In dem Beschluss werden Gegenstand und Zweck der Nachprüfung aufgeführt, das Datum des Beginns der Nachprüfung festgelegt, die in den Artikeln 74 und 76 vorgesehenen Sanktionen angegeben sowie auf das Recht hingewiesen, den Beschluss vom Gerichtshof der Europäischen Union überprüfen zu lassen. [3] Die Kommission konsultiert den Koordinator für digitale Dienste des Mitgliedstaats, in dessen Hoheitsgebiet die Nachprüfung durchgeführt werden soll, bevor dieser Beschluss gefasst wird.

(7) [1] Die Bediensteten des Koordinators für digitale Dienste des Mitgliedstaats, in dessen Hoheitsgebiet die Nachprüfung durchgeführt werden soll, und die anderen von ihm ermächtigten oder benannten Personen unterstützen auf Ersuchen dieses Koordinators für digitale Dienste oder der Kommission die

Bediensteten der Kommission und die anderen von ihr ermächtigten Begleitpersonen aktiv bei der Nachprüfung. [2] Sie verfügen hierzu über die in Absatz 2 aufgeführten Befugnisse.

(8) Stellen die Bediensteten der Kommission oder die anderen von ihr ermächtigten Begleitpersonen fest, dass sich der betreffende Anbieter einer sehr großen Online-Plattform oder einer sehr großen Online-Suchmaschine oder die betreffende andere Person einer nach Maßgabe dieses Artikels angeordneten Nachprüfung widersetzt, gewährt der Mitgliedstaat, in dessen Hoheitsgebiet die Nachprüfung durchgeführt werden soll, diesen Bediensteten oder anderen ermächtigten Personen auf deren Ersuchen und im Einklang mit den Rechtsvorschriften des Mitgliedstaates die erforderliche Unterstützung – auch in Form von Zwangsmaßnahmen einer zuständigen Strafverfolgungsbehörde, falls dies nach nationalem Recht zulässig ist –, damit sie die Nachprüfung durchführen können.

(9) [1] Erfordert die in Absatz 8 vorgesehene Unterstützung im Einklang mit dem nationalen Recht des betreffenden Mitgliedstaats eine Genehmigung einer nationalen Justizbehörde, beantragt der Koordinator für digitale Dienste dieses Mitgliedstaats die Genehmigung auf Ersuchen der Bediensteten der Kommission und der anderen von ihr ermächtigten Begleitpersonen. [2] Die Genehmigung kann auch vorsorglich beantragt werden.

(10) [1] Wird die Genehmigung nach Absatz 9 beantragt, prüft die nationale Justizbehörde, die mit dem jeweiligen Fall befasst wurde, ob der Beschluss der Kommission, mit dem die Nachprüfung angeordnet wird, echt ist und ob die geplanten Zwangsmaßnahmen im Hinblick auf den Gegenstand der Nachprüfung weder willkürlich noch unverhältnismäßig sind. [2] Bei der Durchführung einer solchen Nachprüfung kann die nationale Justizbehörde die Kommission direkt oder über die Koordinatoren für digitale Dienste des betreffenden Mitgliedstaats um ausführliche Erläuterungen ersuchen insbesondere zu den Gründen, aus denen die Kommission einen Zuwiderhandlung gegen diese Verordnung vermutet, sowie der Schwere der mutmaßlichen Zuwiderhandlung und der Art der Beteiligung des betreffenden Anbieters einer sehr großen Online-Plattform oder einer sehr großen Online-Suchmaschine oder der betreffenden anderen Person. [3] Die nationale Justizbehörde darf jedoch weder die Notwendigkeit der Nachprüfung infrage stellen noch Auskünfte aus der Verfahrensakte der Kommission verlangen. [4] Die Rechtmäßigkeit des Beschlusses der Kommission unterliegt ausschließlich der Prüfung durch den Gerichtshof der Europäischen Union.

Art. 70 Einstweilige Maßnahmen. (1) Im Rahmen eines Verfahrens, das zum Erlass eines Beschlusses wegen Nichteinhaltung gemäß Artikel 73 Absatz 1 führen kann, kann die Kommission bei Dringlichkeit aufgrund der Gefahr einer schwerwiegenden Schädigung der Nutzer auf der Grundlage einer prima facie festgestellten Zuwiderhandlung im Wege eines Beschlusses einstweilige Maßnahmen gegen den betreffenden Anbieter einer sehr großen Online-Plattform oder einer sehr großen Online-Suchmaschine anordnen.

(2) Ein Beschluss gemäß Absatz 1 hat eine befristete Geltungsdauer und kann – sofern erforderlich und angemessen – verlängert werden.

Art. 71 Verpflichtungszusagen. (1) Bietet der betreffende Anbieter einer sehr großen Online-Plattform oder einer sehr großen Online-Suchmaschine während des Verfahrens nach diesem Abschnitt Verpflichtungszusagen an, mit denen die Einhaltung der einschlägigen Bestimmungen dieser Verordnung sichergestellt werden soll, kann die Kommission diese Verpflichtungszusagen für den betreffenden Anbieter einer sehr großen Online-Plattform oder einer sehr großen Online-Suchmaschine im Wege eines Beschlusses für bindend erklären und feststellen, dass für ein Tätigwerden der Kommission kein Anlass mehr besteht.

(2) Die Kommission kann das Verfahren auf Antrag oder von Amts wegen wieder aufnehmen,

a) wenn eine materielle Änderung des Sachverhalts eingetreten ist, auf den sich der Beschluss stützte,
b) wenn der betreffende Anbieter einer sehr großen Online-Plattform oder einer sehr großen Online-Suchmaschine gegen seine Verpflichtungszusagen verstößt oder
c) wenn der Beschluss auf unvollständigen, unrichtigen oder irreführenden Angaben des betreffenden Anbieters einer sehr großen Online-Plattform oder einer sehr großen Online-Suchmaschine oder einer anderen Person gemäß Artikel 67 Absatz 1 beruhte.

(3) Ist die Kommission der Auffassung, dass die von dem betreffenden Anbieter einer sehr großen Online-Plattform oder einer sehr großen Online-Suchmaschine angebotenen Verpflichtungszusagen die wirksame Einhaltung der einschlägigen Bestimmungen dieser Verordnung nicht sicherstellen können, lehnt sie diese Verpflichtungszusagen bei Abschluss des Verfahrens in einem mit Gründen versehenen Beschluss ab.

Art. 72 Überwachungsmaßnahmen. (1) [1]Zur Wahrnehmung der ihr in diesem Abschnitt übertragenen Aufgaben kann die Kommission die erforderlichen Maßnahmen ergreifen, um die wirksame Umsetzung und Einhaltung dieser Verordnung durch Anbieter sehr großer Online-Plattformen oder sehr großer Online-Suchmaschinen zu überwachen. [2]Die Kommission kann anordnen, dass sie Zugang zu ihren Datenbanken und Algorithmen gewähren und entsprechende Erläuterungen dazu geben. [3]Zu diesen Maßnahmen kann gehören, dass dem Anbieter einer sehr großen Online-Plattform oder einer sehr großen Online-Suchmaschine die Verpflichtung auferlegt wird, alle Dokumente aufzubewahren, die für die Bewertung der Umsetzung und Einhaltung der Verpflichtungen gemäß dieser Verordnung als notwendig erachtet werden.

(2) Die Maßnahmen gemäß Absatz 1 können die Benennung unabhängiger externer Sachverständiger und Prüfer sowie die Benennung von Sachverständigen und Prüfern der zuständigen nationalen Behörden mit Zustimmung der betreffenden Behörde umfassen, die die Kommission bei der Überwachung der wirksamen Umsetzung und Einhaltung der einschlägigen Bestimmungen dieser Verordnung unterstützen und der Kommission spezifisches Fachwissen oder Kenntnisse zur Verfügung stellen.

Art. 73 Nichteinhaltung. (1) Die Kommission erlässt einen Beschluss wegen Nichteinhaltung, wenn sie feststellt, dass der betreffende Anbieter einer sehr großen Online-Plattform oder einer sehr großen Online-Suchmaschine eine oder mehrere der folgenden Anforderungen nicht erfüllt:

a) die einschlägigen Bestimmungen dieser Verordnung,
b) gemäß Artikel 70 angeordnete einstweilige Maßnahmen,
c) gemäß Artikel 71 bindende Verpflichtungszusagen.

(2) [1] Vor Erlass des Beschlusses gemäß Absatz 1 teilt die Kommission dem betreffenden Anbieter einer sehr großen Online-Plattform oder einer sehr großen Online-Suchmaschine ihre vorläufige Beurteilung mit. [2] In dieser vorläufigen Beurteilung erläutert die Kommission, welche Maßnahmen sie zu ergreifen beabsichtigt bzw. der betreffende Anbieter einer sehr großen Online-Plattform oder einer sehr großen Online-Suchmaschine ergreifen sollte, um der vorläufigen Beurteilung wirksam Rechnung zu tragen.

(3) In dem gemäß Absatz 1 erlassenen Beschluss ordnet die Kommission an, dass der betreffende Anbieter einer sehr großen Online-Plattform oder einer sehr großen Online-Suchmaschine die erforderlichen Maßnahmen ergreift, um die Einhaltung des Beschlusses nach Absatz 1 innerhalb einer darin genannten angemessenen Frist sicherzustellen und Informationen über die Maßnahmen zu übermitteln, die dieser Anbieter zu ergreifen beabsichtigt, um dem Beschluss nachzukommen.

(4) Der betreffende Anbieter einer sehr großen Online-Plattform oder einer sehr großen Online-Suchmaschine übermittelt der Kommission bei deren Umsetzung eine Beschreibung der Maßnahmen, die er ergriffen hat, um die Einhaltung des Beschlusses nach Absatz 1 sicherzustellen.

(5) [1] Stellt die Kommission fest, dass die Bedingungen des Absatzes 1 nicht erfüllt sind, schließt sie die Untersuchung mit einem Beschluss ab. [2] Der Beschluss ist sofort anwendbar.

Art. 74 Geldbußen. (1) In ihrem in Artikel 73 genannten Beschluss kann die Kommission gegen den betreffenden Anbieter einer sehr großen Online-Plattform oder einer sehr großen Online-Suchmaschine Geldbußen bis zu einem Höchstbetrag von 6% seines im vorangegangenen Geschäftsjahr weltweit erzielten Gesamtjahresumsatzes verhängen, wenn sie feststellt, dass der Anbieter vorsätzlich oder fahrlässig

a) gegen die einschlägigen Bestimmungen dieser Verordnung verstößt,
b) einem Beschluss, mit dem einstweilige Maßnahmen gemäß Artikel 70 angeordnet werden, nicht nachkommt oder
c) eine Verpflichtungszusage, die durch einen Beschluss gemäß Artikel 71 für bindend erklärt wurde, nicht einhält.

(2) Die Kommission kann gegen den betreffenden Anbieter einer sehr großen Online-Plattform oder einer sehr großen Online-Suchmaschine oder eine andere natürliche oder juristische Person gemäß Artikel 67 Absatz 1 im Wege eines Beschlusses Geldbußen bis zu einem Höchstbetrag von 1% der Gesamtjahreseinnahmen oder des weltweiten Gesamtjahresumsatzes im vorangegangenen Geschäftsjahr verhängen, wenn dieser bzw. diese vorsätzlich oder fahrlässig

a) in Beantwortung eines einfachen oder im Wege eines Beschlusses ergangenen Verlangens gemäß Artikel 67 unrichtige, unvollständige oder irreführende Angaben macht,
b) ein im Wege eines Beschlusses ergangenes Auskunftsverlangen nicht innerhalb der gesetzten Frist beantwortet,

c) unrichtige, unvollständige oder irreführende Angaben eines Beschäftigten nicht innerhalb der von der Kommission gesetzten Frist berichtigt oder vollständige Informationen nicht erteilt oder verweigert,

d) sich einer Nachprüfung gemäß Artikel 69 verweigert,

e) die von der Kommission gemäß Artikel 72 erlassenen Maßnahmen nicht einhält oder

f) die Bedingungen für die Einsicht in die Akten der Kommission gemäß Artikel 79 Absatz 4 nicht erfüllt.

(3) Vor Erlass des Beschlusses gemäß Absatz 2 teilt die Kommission dem betreffenden Anbieter einer sehr großen Online-Plattform oder einer sehr großen Online-Suchmaschine oder einer anderen Person gemäß Artikel 67 Absatz 1 ihre vorläufige Beurteilung mit.

(4) Bei der Festsetzung der Höhe der Geldbuße berücksichtigt die Kommission Art, Schwere, Dauer und Wiederholung der Zuwiderhandlung sowie bei gemäß Absatz 2 verhängten Geldbußen die im Verfahren verursachte Verzögerung.

Art. 75 Erweiterte Beaufsichtigung von Maßnahmen zur Behebung von Zuwiderhandlungen gegen in Kapitel III Abschnitt 5 festgelegte Pflichten. (1) [1] Wenn die Kommission einen Beschluss gemäß Artikel 73 in Bezug auf eine Zuwiderhandlung durch einen Anbieter einer sehr großen Online-Plattform oder einer sehr großen Online-Suchmaschine gegen eine der Bestimmungen von Kapitel III Abschnitt 5 annimmt, nutzt sie das System der erweiterten Beaufsichtigung gemäß dem vorliegenden Artikel. [2] Dabei trägt sie etwaigen Stellungnahmen des Gremiums gemäß diesem Artikel weitestgehend Rechnung.

(2) [1] In dem Beschluss gemäß Artikel 73 fordert die Kommission den betreffenden Anbieter einer sehr großen Online-Plattform oder einer sehr großen Online-Suchmaschine auf, dem Koordinator für digitale Dienste, der Kommission und dem Gremium innerhalb einer angemessenen, in dem Beschluss festgelegten Frist einen Aktionsplan zu übermitteln, in dem die Maßnahmen dargelegt sind, die notwendig und hinreichend sind, um die Zuwiderhandlung zu beenden oder Abhilfe zu schaffen. [2] Diese Maßnahmen umfassen die Verpflichtungszusage, eine unabhängige Prüfung der Umsetzung der anderen Maßnahmen gemäß Artikel 37 Absätze 3 und 4 durchzuführen, und wobei die Identität der Prüfer sowie das Verfahren, der Zeitplan und die Nachbereitung der Prüfung anzugeben sind. [3] Die Maßnahmen können auch die Verpflichtungszusage umfassen, sich an einem einschlägigen Verhaltenskodex gemäß Artikel 45 zu beteiligen.

(3) *[1]* [1] Innerhalb eines Monats nach Erhalt des Aktionsplans übermittelt das Gremium der Kommission seine Stellungnahme zu dem Aktionsplan. [2] Innerhalb eines Monats nach Erhalt dieser Stellungnahme entscheidet die Kommission, ob die im Aktionsplan vorgesehenen Maßnahmen ausreichen, um die Zuwiderhandlung zu beenden oder Abhilfe zu schaffen, und setzt eine angemessene Frist für seine Umsetzung. [3] Bei dieser Entscheidung berücksichtigt sie die etwaige Verpflichtungszusage zur Einhaltung der einschlägigen Verhaltenskodizes. [4] Anschließend überwacht die Kommission die Umsetzung des Aktionsplans. [5] Zu diesem Zweck übermittelt der betreffende Anbieter einer sehr großen Online-Plattform oder einer sehr großen Online-Suchmaschine

der Kommission den Prüfbericht, nachdem er verfügbar ist, und hält die Kommission über die unternommenen Schritte zur Umsetzung des Aktionsplans auf dem Laufenden. [6] Wenn dies für eine solche Überwachung erforderlich ist, kann die Kommission den betreffenden Anbieter einer sehr großen Online-Plattform oder einer sehr großen Online-Suchmaschine auffordern, innerhalb einer von der Kommission festgelegten angemessenen Frist zusätzliche Angaben zu machen.

[2] Die Kommission hält das Gremium und die Koordinatoren für digitale Dienste über die Umsetzung des Aktionsplans und über ihre Überwachung der Umsetzung auf dem Laufenden.

(4) Die Kommission kann die erforderlichen Maßnahmen im Einklang mit dieser Verordnung, insbesondere Artikel 76 Absatz 1 Buchstabe e und Artikel 82 Absatz 1, ergreifen, wenn

a) der betreffende Anbieter der sehr großen Online-Plattform oder der sehr großen Online-Suchmaschine es versäumt, innerhalb der vorgegebenen Frist einen Aktionsplan, den Prüfbericht, aktuelle Informationen oder die angeforderten zusätzlichen Angaben vorzulegen,
b) die Kommission den vorgeschlagenen Aktionsplan ablehnt, weil sie der Ansicht ist, dass die darin vorgesehenen Maßnahmen nicht ausreichen, um die Zuwiderhandlung zu beenden oder Abhilfe zu schaffen, oder
c) die Kommission auf der Grundlage des Prüfberichts, etwaiger aktueller Informationen oder zusätzlicher Angaben oder sonstiger ihr zur Verfügung stehender sachdienlicher Informationen der Auffassung ist, dass die Umsetzung des Aktionsplans nicht ausreicht, um die Zuwiderhandlung zu beenden oder Abhilfe zu schaffen.

Art. 76 Zwangsgelder. (1) Die Kommission kann – im Wege eines Beschlusses – gegen den betreffenden Anbieter einer sehr großen Online-Plattform oder einer sehr großen Online-Suchmaschine oder gegebenenfalls eine andere Person gemäß Artikel 67 Absatz 1 ein Zwangsgeld pro Tag bis zu einem Höchstbetrag von 5% der im vorangegangenen Geschäftsjahr erzielten durchschnittlichen Tageseinnahmen oder des im vorangegangenen Geschäftsjahr weltweit erzielten durchschnittlichen Jahresumsatzes, berechnet ab dem im Beschluss genannten Tag, verhängen, um ihn/sie dazu zu zwingen,

a) in Beantwortung eines Beschlusses zum Auskunftsverlangen gemäß Artikel 67 richtige und vollständige Informationen zu übermitteln,
b) eine Nachprüfung zu dulden, die die Kommission im Wege eines Beschlusses gemäß Artikel 69 angeordnet hat,
c) einem Beschluss nachzukommen, mit dem einstweilige Maßnahmen gemäß Artikel 70 Absatz 1 angeordnet werden,
d) Verpflichtungszusagen nachzukommen, die im Wege eines Beschlusses gemäß Artikel 71 Absatz 1 für bindend erklärt wurden,
e) einem Beschluss gemäß Artikel 73 Absatz 1 und, falls zutreffend, den darin enthaltenen Anforderungen an den Aktionsplan gemäß Artikel 75 nachzukommen.

(2) Ist der betreffende Anbieter einer sehr großen Online-Plattform oder einer sehr großen Online-Suchmaschine oder eine andere Person gemäß Artikel 67 Absatz 1 der Verpflichtung nachgekommen, die mit dem Zwangsgeld

durchgesetzt werden sollte, kann die Kommission den endgültigen Betrag des Zwangsgelds auf einen niedrigeren Betrag als den in dem ursprünglichen Beschluss festsetzen.

Art. 77 Verjährungsfrist für die Verhängung von Sanktionen. (1) Für die der Kommission mit den Artikeln 74 und 76 übertragenen Befugnisse gilt eine Verjährungsfrist von fünf Jahren.

(2) [1]Die Frist läuft ab dem Tag, an dem die Zuwiderhandlung begangen worden ist. [2]Im Fall andauernder oder wiederholter Zuwiderhandlungen läuft die Frist jedoch ab dem Tag, an dem die Zuwiderhandlung beendet wird.

(3) [1]Jede Maßnahme der Kommission oder des Koordinators für digitale Dienste zum Zwecke der Untersuchung oder Verfolgung einer Zuwiderhandlung unterbricht die Verjährungsfrist für die Verhängung von Geldbußen oder Zwangsgeldern. [2]Zu den Maßnahmen, die die Verjährungsfrist unterbrechen, gehören insbesondere

a) Auskunftsverlangen der Kommission oder eines Koordinators für digitale Dienste,
b) Nachprüfungen,
c) die Eröffnung eines Verfahrens durch die Kommission gemäß Artikel 66 Absatz 1.

(4) [1]Nach jeder Unterbrechung beginnt die Frist von Neuem. [2]Die Verjährungsfrist für die Verhängung von Geldbußen oder Zwangsgeldern endet jedoch spätestens an dem Tag, an dem ein Zeitraum verstrichen ist, der der doppelten Verjährungsfrist entspricht, ohne dass die Kommission eine Geldbuße oder ein Zwangsgeld verhängt hat. [3]Diese Frist wird um den Zeitraum verlängert, in dem die Verjährungsfrist gemäß Absatz 5 ausgesetzt wurde.

(5) Die Verjährungsfrist für die Durchsetzung von Geldbußen oder Zwangsgeldern ruht, solange zu dem Beschluss der Kommission ein Verfahren vor dem Gerichtshof der Europäischen Union anhängig ist.

Art. 78 Verjährungsfrist für die Durchsetzung von Sanktionen.
(1) Für die Befugnisse der Kommission zur Durchsetzung von Beschlüssen gemäß den Artikeln 74 und 76 gilt eine Verjährungsfrist von fünf Jahren.

(2) Die Verjährungsfrist läuft ab dem Tag, an dem der Beschluss rechtskräftig wird.

(3) Die Verjährungsfrist für die Durchsetzung von Sanktionen wird durch Folgendes unterbrochen:

a) die Bekanntgabe eines Beschlusses, durch den der ursprüngliche Betrag der Geldbuße oder des Zwangsgelds geändert oder ein Antrag auf eine solche Änderung abgelehnt wird,
b) jede auf zwangsweise Beitreibung der Geldbuße oder des Zwangsgelds gerichtete Maßnahme der Kommission oder eines Mitgliedstaats, der auf Ersuchen der Kommission handelt.

(4) Nach jeder Unterbrechung beginnt die Frist von Neuem.

(5) Die Verjährungsfrist für die Durchsetzung von Sanktionen ruht, solange

a) eine Zahlungsfrist bewilligt ist,

b) die Zwangsvollstreckung durch eine Entscheidung des Gerichtshofs der Europäischen Union oder eine Entscheidung eines nationalen Gerichts ausgesetzt ist.

Art. 79 Anspruch auf rechtliches Gehör und Recht auf Akteneinsicht.

(1) Bevor die Kommission einen Beschluss gemäß Artikel 73 Absatz 1, Artikel 74 oder Artikel 76 erlässt, gibt sie dem betreffenden Anbieter einer sehr großen Online-Plattform oder einer sehr großen Online-Suchmaschine oder einer anderen Person gemäß Artikel 67 Absatz 1 Gelegenheit, sich zu Folgendem zu äußern:

a) der vorläufigen Beurteilung der Kommission, einschließlich der Beschwerdepunkte, und

b) den Maßnahmen, die die Kommission in Anbetracht der vorläufigen Beurteilung gemäß Buchstabe a zu treffen beabsichtigt.

(2) Der betreffende Anbieter einer sehr großen Online-Plattform oder einer sehr großen Online-Suchmaschine oder eine andere Person gemäß Artikel 67 Absatz 1 kann innerhalb einer von der Kommission in ihrer vorläufigen Beurteilung gesetzten angemessenen Frist, die mindestens 14 Tage beträgt, zu der vorläufigen Beurteilung der Kommission Stellung nehmen.

(3) Die Kommission stützt ihre Beschlüsse ausschließlich auf Beschwerdepunkte, zu denen sich die betroffenen Parteien äußern konnten.

(4) [1] Die Verteidigungsrechte der betroffenen Parteien werden während des Verfahrens in vollem Umfang gewahrt. [2] Sie haben vorbehaltlich des berechtigten Interesses des betreffenden Anbieters einer sehr großen Online-Plattform oder einer sehr großen Online-Suchmaschine oder der betreffenden anderen Person an der Wahrung ihrer Geschäftsgeheimnisse das Recht auf Einsicht in die Akten der Kommission im Rahmen einer einvernehmlichen Einsichtnahme. [3] Die Kommission ist befugt, im Falle von Meinungsverschiedenheiten zwischen den Parteien Beschlüsse über die Bedingungen im Zusammenhang mit der Offenlegung zu fassen. [4] Vom Recht auf Einsicht in die Akten der Kommission ausgenommen sind vertrauliche Informationen und interne Dokumente der Kommission, des Gremiums, der Koordinatoren für digitale Dienste, anderer zuständiger Behörden oder anderer öffentlicher Behörden der Mitgliedstaaten. [5] Insbesondere ist die Korrespondenz zwischen der Kommission und den Behörden der Mitgliedstaaten von der Akteneinsicht ausgenommen. [6] Dieser Absatz steht der Offenlegung und Verwendung der für den Nachweis einer Zuwiderhandlung notwendigen Informationen durch die Kommission in keiner Weise entgegen.

(5) Die gemäß den Artikeln 67, 68 und 69 erlangten Informationen dürfen ausschließlich für die Zwecke dieser Verordnung verwendet werden.

Art. 80 Veröffentlichung von Beschlüssen. (1) [1] Die Kommission veröffentlicht die Beschlüsse, die sie gemäß Artikel 70 Absatz 1 und Artikel 71 Absatz 1 sowie gemäß den Artikeln 73 bis 76 erlässt. [2] Bei dieser Veröffentlichung gibt sie die Namen der Parteien, den wesentlichen Inhalt des Beschlusses und die gegebenenfalls verhängten Sanktionen an.

(2) Die Veröffentlichung trägt den Rechten und berechtigten Interessen des betreffenden Anbieters einer sehr großen Online-Plattform oder einer sehr großen Online-Suchmaschine, jeder anderen Person gemäß Artikel 67 Absatz 1 und etwaiger Dritter am Schutz ihrer vertraulichen Informationen Rechnung.

Art. 81 Ermessensnachprüfung durch den Gerichtshof der Europäischen Union. [1] Nach Artikel 261 AEUV hat der Gerichtshof der Europäischen Union die Befugnis zu unbeschränkter Ermessensnachprüfung von Beschlüssen, mit denen die Kommission Geldbußen oder Zwangsgelder verhängt hat. [2] Er kann die verhängten Geldbußen oder Zwangsgelder aufheben, herabsetzen oder erhöhen.

Art. 82 Beschränkung der Anträge auf Akteneinsicht und Zusammenarbeit mit nationalen Gerichten. (1) *[1]* Wurden alle Befugnisse nach diesem Abschnitt zur Einstellung einer Zuwiderhandlung gegen diese Verordnung ausgeschöpft, aber die Zuwiderhandlung hält an und verursacht einen schwerwiegenden Schaden, der durch die Ausübung anderer Befugnisse nach Unionsrecht oder nationalem Recht nicht vermieden werden kann, kann die Kommission den Koordinator für digitale Dienste am Niederlassungsort des betreffenden Anbieters einer sehr großen Online-Plattform oder einer sehr großen Online-Suchmaschine auffordern, gemäß Artikel 51 Absatz 3 tätig zu werden.

[2] Bevor die Kommission eine solche Aufforderung an den Koordinator für digitale Dienste richtet, gibt sie Beteiligten Gelegenheit, innerhalb einer Frist von mindestens 14 Arbeitstagen schriftlich dazu Stellung zu nehmen, wobei sie die beabsichtigten Maßnahmen beschreibt und den bzw. die Adressaten der Aufforderung nennt.

(2) *[1]* [1] Wenn die kohärente Anwendung dieser Verordnung dies erfordert, kann die Kommission von Amts wegen der in Artikel 51 Absatz 3 genannten zuständigen Justizbehörde eine schriftliche Stellungnahme übermitteln. [2] Mit Zustimmung der betreffenden Justizbehörde kann sie auch mündlich Stellung nehmen.

[2] Ausschließlich zur Vorbereitung ihrer Stellungnahme kann die Kommission diese Justizbehörde auffordern, ihr alle für die Beurteilung des Falles erforderlichen Unterlagen zu übermitteln oder für deren Übermittlung zu sorgen.

(3) [1] Entscheidet ein nationales Gericht in einer Angelegenheit, die bereits Gegenstand eines Beschlusses der Kommission nach dieser Verordnung ist, erlässt dieses nationale Gericht keine Entscheidung, die diesem Beschluss der Kommission zuwiderläuft. [2] Die nationalen Gerichte vermeiden es auch, Entscheidungen zu erlassen, die einem Beschluss zuwiderlaufen könnten, den die Kommission in einem von ihr nach dieser Verordnung eingeleiteten Verfahren zu erlassen beabsichtigt. [3] Zu diesem Zweck kann das nationale Gericht prüfen, ob es notwendig ist, das vor ihm anhängige Verfahren auszusetzen. [4] Dies gilt unbeschadet von Artikels 267 AEUV.

Art. 83 Durchführungsrechtsakte im Zusammenhang mit dem Eingreifen der Kommission. [1] In Bezug auf das Eingreifen der Kommission gemäß diesem Abschnitt kann die Kommission Durchführungsrechtsakte zu den praktischen Modalitäten für Folgendes erlassen:

a) die Verfahren gemäß den Artikeln 69 bis 72,
b) die Anhörungen gemäß Artikel 79,
c) die einvernehmliche Offenlegung von Informationen gemäß Artikel 79.

[2] Bevor Maßnahmen gemäß Absatz 1 ergriffen werden, veröffentlicht die Kommission einen Entwurf dieser Maßnahmen und fordert alle Beteiligten auf, innerhalb der darin festgelegten Frist, die mindestens einen Monat beträgt, dazu Stellung zu nehmen. [3] Diese Durchführungsrechtsakte werden gemäß dem in Artikel 88 genannten Beratungsverfahren erlassen.

Abschnitt 5. Gemeinsame Durchsetzungsbestimmungen

Art. 84 Berufsgeheimnis. Unbeschadet des Austauschs und der Verwendung der Informationen gemäß diesem Kapitel geben die Kommission, das Gremium, die zuständigen Behörden der Mitgliedstaaten und ihre jeweiligen Beamten, Bediensteten und sonstigen Personen, die unter ihrer Aufsicht tätig sind, sowie die anderen beteiligten natürlichen oder juristischen Personen, einschließlich der gemäß Artikel 72 Absatz 2 benannten Prüfer und Sachverständigen, keine Informationen preis, die sie bei der Anwendung dieser Verordnung erlangt oder ausgetauscht haben und die ihrem Wesen nach unter das Berufsgeheimnis fallen.

Art. 85 Informationsaustauschsystem. (1) [1] Die Kommission errichtet und pflegt ein zuverlässiges und sicheres Informationsaustauschsystem für die Kommunikation zwischen den Koordinatoren für digitale Dienste, der Kommission und dem Gremium. [2] Andere zuständige Behörden können Zugang zu diesem System erhalten, wenn dies für die Durchführung der ihnen im Einklang mit dieser Verordnung übertragenen Aufgaben erforderlich ist.

(2) Die Koordinatoren für digitale Dienste, die Kommission und das Gremium nutzen das Informationsaustauschsystem für alle Mitteilungen gemäß dieser Verordnung.

(3) [1] Die Kommission erlässt Durchführungsrechtsakte zur Festlegung der praktischen und operativen Modalitäten für die Funktionsweise des Informationsaustauschsystems und seine Interoperabilität mit anderen einschlägigen Systemen. [2] Diese Durchführungsrechtsakte werden gemäß dem in Artikel 88 genannten Beratungsverfahren erlassen.

Art. 86 Vertretung. (1) Unbeschadet der Richtlinie (EU) 2020/1828 oder jeder anderen Art von Vertretung nach nationalem Recht haben die Nutzer von Vermittlungsdiensten zumindest das Recht, eine Einrichtung, Organisation oder Vereinigung mit der Wahrnehmung der mit dieser Verordnung übertragenen Rechte in ihrem Namen zu beauftragen, sofern die Einrichtung, Organisation oder Vereinigung alle folgenden Bedingungen erfüllt:

a) Sie verfolgt keine Gewinnerzielungsabsicht.
b) Sie wurde nach dem Recht eines Mitgliedstaats ordnungsgemäß gegründet.
c) Aus ihren satzungsmäßigen Zielen ergibt sich ein berechtigtes Interesse daran, die Einhaltung dieser Verordnung sicherzustellen.

(2) Die Anbieter von Online-Plattformen ergreifen die erforderlichen technischen und organisatorischen Maßnahmen, damit Beschwerden, die von Einrichtungen, Organisationen oder Vereinigungen gemäß Absatz 1 des vorliegen-

den Artikels im Namen der Nutzer über die in Artikel 20 Absatz 1 genannten Mechanismen übermittelt werden, vorrangig und umgehend bearbeitet werden und darüber entschieden wird.

Abschnitt 6. Delegierte Rechtsakte und Durchführungsrechtsakte

Art. 87 Ausübung der Befugnisübertragung. (1) Die Befugnis zum Erlass delegierter Rechtsakte wird der Kommission unter den in diesem Artikel festgelegten Bedingungen übertragen.

(2) [1] Die Befugnis zum Erlass delegierter Rechtsakte gemäß den Artikeln 24, 33, 37, 40 und 43 wird der Kommission für fünf Jahre ab dem 16. November 2022 übertragen. [2] Die Kommission erstellt spätestens neun Monate vor Ablauf des Zeitraums von fünf Jahren einen Bericht über die Befugnisübertragung. [3] Die Befugnisübertragung verlängert sich stillschweigend um Zeiträume glei cher Länge, es sei denn, das Europäische Parlament oder der Rat widersprechen einer solchen Verlängerung spätestens drei Monate vor Ablauf des jeweiligen Zeitraums.

(3) [1] Die Befugnisübertragung gemäß den Artikeln 24, 33, 37, 40 und 43 kann vom Europäischen Parlament oder vom Rat jederzeit widerrufen werden. [2] Der Beschluss über den Widerruf beendet die Übertragung der in diesem Beschluss angegebenen Befugnis. [3] Er wird am Tag nach seiner Veröffentlichung im Amtsblatt der Europäischen Union oder zu einem im Beschluss über den Widerruf angegebenen späteren Zeitpunkt wirksam. [4] Die Gültigkeit von delegierten Rechtsakten, die bereits in Kraft sind, wird von dem Beschluss über den Widerruf nicht berührt.

(4) Vor dem Erlass eines delegierten Rechtsakts konsultiert die Kommission die von den einzelnen Mitgliedstaaten benannten Sachverständigen, im Einklang mit den in der Interinstitutionellen Vereinbarung vom 13. April 2016 über bessere Rechtsetzung enthaltenen Grundsätzen.

(5) Sobald die Kommission einen delegierten Rechtsakt erlässt, übermittelt sie ihn gleichzeitig dem Europäischen Parlament und dem Rat.

(6) [1] Ein delegierter Rechtsakt, der gemäß den Artikeln 24, 33, 37, 40 und 43 erlassen wurde, tritt nur in Kraft, wenn weder das Europäische Parlament noch der Rat innerhalb einer Frist von drei Monaten nach Übermittlung dieses Rechtsakts an das Europäische Parlament und den Rat Einwände erhoben haben oder wenn vor Ablauf dieser Frist das Europäische Parlament und der Rat beide der Kommission mitgeteilt haben, dass sie keine Einwände erheben werden. [2] Auf Initiative des Europäischen Parlaments oder des Rates wird diese Frist um drei Monate verlängert.

Art. 88 Ausschussverfahren. (1) [1] Die Kommission wird von einem Ausschuss („Ausschuss für digitale Dienste") unterstützt. [2] Dieser Ausschuss ist ein Ausschuss im Sinne der Verordnung (EU) Nr. 182/2011.

(2) Wird auf diesen Absatz Bezug genommen, gilt Artikel 4 der Verordnung (EU) Nr. 182/2011.

Kapitel V. Schlussbestimmungen

Art. 89, 90 *(nicht wiedergegebene Änderungsvorschriften)*

Art. 91 Überprüfung. (1) [1]Bis zum 18. Februar 2027 bewertet die Kommission die potenziellen Auswirkungen dieser Verordnung auf die Entwicklung und das Wirtschaftswachstum kleiner und mittlerer Unternehmen und erstattet dem Europäischen Parlament, dem Rat und dem Europäischen Wirtschafts- und Sozialausschuss darüber Bericht. [2]Bis zum 17. November 2025 bewertet die Kommission Folgendes und erstattet dem Europäischen Parlament, dem Rat und dem Europäischen Wirtschafts- und Sozialausschuss darüber Bericht:

a) die Anwendung von Artikel 33, einschließlich des Umfangs der Anbieter von Vermittlungsdiensten, die unter die Verpflichtungen nach Kapitel III Abschnitt 5 dieser Verordnung fallen,

b) die Art und Weise wie diese Verordnung Berührungspunkte mit anderen Rechtsakten, insbesondere den in Artikel 2 Absätze 3 und 4 genannten Rechtsakten aufweist.

(2) *[1]* Bis zum 17. November 2027 und danach alle fünf Jahre bewertet die Kommission diese Verordnung und erstattet dem Europäischen Parlament, dem Rat und dem Europäischen Wirtschafts- und Sozialausschuss darüber Bericht.

[2] In diesem Bericht wird insbesondere Folgendes behandelt:

a) die Anwendung von Absatz 1 Unterabsatz 2 Buchstaben a und b,

b) der Beitrag dieser Verordnung zur Vertiefung und zum effizienten Funktionieren des Binnenmarkts für Vermittlungsdienste, insbesondere im Hinblick auf die grenzüberschreitende Erbringung digitaler Dienste,

c) die Anwendung der Artikel 13, 16, 20, 21, 45 und 46,

d) der Umfang der Verpflichtungen für Klein- und Kleinstunternehmen,

e) die Wirksamkeit der Überwachungs- und Durchsetzungsmechanismen,

f) die Auswirkungen auf die Achtung des Rechts auf freie Meinungsäußerung und auf Auskunft.

(3) Den in den Absätzen 1 und 2 genannten Berichten wird bei Bedarf ein Vorschlag zur Änderung dieser Verordnung beigefügt.

(4) Die Kommission bewertet in dem in Absatz 2 genannten Bericht auch die Jahresberichte über die Tätigkeiten der Koordinatoren für digitale Dienste, die der Kommission und dem Gremium gemäß Artikel 55 Absatz 1 vorzulegen sind, und erstattet darüber Bericht.

(5) Für die Zwecke des Absatzes 2 übermitteln die Mitgliedstaaten und das Gremium auf Verlangen der Kommission Informationen.

(6) Bei den in Absatz 2 genannten Bewertungen berücksichtigt die Kommission die Standpunkte und Feststellungen des Europäischen Parlaments, des Rates und anderer einschlägiger Stellen oder Quellen und widmet den kleinen und mittleren Unternehmen und der Stellung neuer Wettbewerber besondere Aufmerksamkeit.

(7) [1]Bis zum 18. Februar 2027 nimmt die Kommission nach Konsultation des Gremiums und unter Berücksichtigung der ersten Jahre der Anwendung der Verordnung eine Bewertung der Arbeitsweise des Gremiums und der Anwendung von Artikel 43 vor und erstattet dem Europäischen Parlament,

dem Rat und dem Europäischen Wirtschafts- und Sozialausschuss darüber Bericht. [2] Auf der Grundlage der Ergebnisse und unter weitestgehender Berücksichtigung der Stellungnahme des Gremiums wird diesem Bericht eventuell ein Vorschlag zur Änderung dieser Verordnung in Bezug auf die Struktur des Gremiums beigefügt.

Art. 92 Bevorstehenden Anwendung für Anbieter sehr großer Online-Plattformen und sehr großer Online-Suchmaschinen. Diese Verordnung gilt für Anbieter sehr großer Online-Plattformen und sehr großer Online-Suchmaschinen, die gemäß Artikel 33 Absatz 4 benannt wurden, ab dem Datum vier Monaten nach der Mitteilung an den betreffenden Anbieter gemäß Artikel 33 Absatz 6, wenn dieses Datum vor dem 17. Februar 2024 liegt.

Art. 93 Inkrafttreten und Anwendung. (1) Diese Verordnung tritt am zwanzigsten Tag nach ihrer Veröffentlichung[1)] im *Amtsblatt der Europäischen Union* in Kraft.

(2) *[1]* Diese Verordnung gilt ab dem 17. Februar 2024.

[2] Artikel 24 Absätze 2, 3 und 6, Artikel 33 Absätze 3 bis 6, Artikel 37 Absatz 7, Artikel 40 Absatz 13 und Kapitel IV Abschnitte 4, 5, und 6 gelten jedoch ab dem 16. November 2022.

Diese Verordnung ist in allen ihren Teilen verbindlich und gilt unmittelbar in jedem Mitgliedstaat.

1) Veröffentlicht am 27.10.2022.

6. Verordnung (EU) 2022/1925 des Europäischen Parlaments und des Rates vom 14. September 2022 über bestreitbare und faire Märkte im digitalen Sektor und zur Änderung der Richtlinien (EU) 2019/1937 und (EU) 2020/1828 (Gesetz über digitale Märkte)[1) 2)]

(Text von Bedeutung für den EWR)

(ABl. L 265 vom 12.10.2022, S. 1, ELI: http://data.europa.eu/eli/reg/2022/1925/oj)

Celex-Nr. 3 2022 R 1925

Nichtamtliche Inhaltsübersicht

[1)] Englische Kurzbezeichnung: „DMA".

[2)] Inkrafttreten gem. Art. 54 Abs. 1 am 1.11.2022; die VO gilt gem. Art. 54 Abs. 2 überwiegend ab 2.5.2023, gem. Art. 54 Abs. 3 teilweise ab 1.11.2022 (Art. 3 Abs. 6 und 7, Art. 40, 46–50) und teilweise ab 25.6.2023 (Art. 42, 43).

DAS EUROPÄISCHE PARLAMENT UND DER RAT DER EUROPÄISCHEN UNION –

gestützt auf den Vertrag über die Arbeitsweise der Europäischen Union, insbesondere auf Artikel 114,

auf Vorschlag der Europäischen Kommission,

nach Zuleitung des Entwurfs des Gesetzgebungsakts an die nationalen Parlamente,

nach Stellungnahme des Europäischen Wirtschafts- und Sozialausschusses[1)],

nach Stellungnahme des Ausschusses der Regionen[2)],

gemäß dem ordentlichen Gesetzgebungsverfahren[3)],

in Erwägung nachstehender Gründe:

(1) Digitale Dienste im Allgemeinen und Online-Plattformen im Besonderen spielen eine immer wichtigere Rolle in der Wirtschaft, vor allem im Binnenmarkt, da sie es Unternehmen ermöglichen, Nutzer in der gesamten Union zu erreichen, den grenzüberschreitenden Handel erleichtern und einer großen Zahl von Unternehmen in der Union völlig neue Geschäftsmöglichkeiten eröffnen, was Verbrauchern in der Union zugutekommt.

---

1) **Amtl. Anm.:** ABl. C 286 vom 16.7.2021, S. 64.
2) **Amtl. Anm.:** ABl. C 440 vom 29.10.2021, S. 67.
3) **Amtl. Anm.:** Standpunkt des Europäischen Parlaments vom 5. Juli 2022 (noch nicht im Amtsblatt veröffentlicht) und Beschluss des Rates vom 18. Juli 2022.

(2) Zugleich weisen die zentralen Plattformdienste unter diesen digitalen Diensten eine Reihe von Merkmalen auf, die von den Unternehmen, die sie bereitstellen, zu ihrem eigenen Vorteil genutzt werden können. Ein Beispiel für solche Merkmale zentraler Plattformdienste sind extreme Größenvorteile, die in vielen Fällen darauf zurückzuführen sind, dass für die Bedienung weiterer gewerblicher Nutzer oder Endnutzer fast keine Grenzkosten entstehen. Weitere solcher Merkmale zentraler Plattformdienste sind die sehr starken Netzwerkeffekte, die durch die Mehrseitigkeit dieser Dienste bedingte Fähigkeit, viele gewerbliche Nutzer mit vielen Endnutzern in Verbindung zu bringen, die beträchtliche Abhängigkeit sowohl der gewerblichen Nutzer als auch der Endnutzer, Bindungseffekte (lock-in effects), fehlende Parallelverwendung mehrerer Dienste (multi-homing) der Endnutzer für denselben Zweck, vertikale Integration sowie Datenvorteile. All diese Merkmale können in Verbindung mit unfairen Praktiken von Unternehmen, die die zentralen Plattformdienste bereitstellen, dazu führen, dass die Bestreitbarkeit zentraler Plattformdienste beträchtlich untergraben wird und die Fairness der Geschäftsbeziehungen zwischen den Unternehmen, die diese Dienste bereitstellen, und ihren gewerblichen Nutzern und Endnutzern beeinträchtigt wird. Dies führt in der Praxis rasch zu einer möglicherweise weitreichenden Verringerung der Auswahl der gewerblichen Nutzer und Endnutzer und kann deshalb dem Betreiber dieser Dienste die Position eines sogenannten Torwächters verschaffen. Zugleich sollte anerkannt werden, dass nicht gewinnorientierte Dienste wie etwa kollaborative Projekte für die Zwecke dieser Verordnung nicht als zentrale Plattformdienste gelten sollten.

(3) Einige wenige große Unternehmen, die zentrale Plattformdienste bereitstellen, haben beträchtliche wirtschaftliche Macht erlangt, die sie für eine Benennung als Torwächter im Sinne dieser Verordnung qualifizieren könnte. Sie können durch ihre Dienste in der Regel viele gewerbliche Nutzer mit vielen Endnutzern in Verbindung bringen, was es ihnen ermöglicht, ihre in einem Tätigkeitsbereich erworbenen Vorteile, z.B. ihren Zugang zu großen Datenmengen, in anderen Tätigkeitsbereichen für sich zu nutzen. Einige dieser Unternehmen kontrollieren ganze Plattformökosysteme in der digitalen Wirtschaft, und angesichts dieses strukturellen Vorteils ist es selbst für sehr innovative und effiziente bestehende oder neue Marktteilnehmer extrem schwierig, mit diesen Unternehmen in Wettbewerb zu treten oder ihnen ihre Position streitig zu machen. Die Bestreitbarkeit ist insbesondere aufgrund der sehr hohen Schranken für einen Markteintritt oder -austritt, darunter hohe Ausgaben für Investitionskosten, die bei einem Marktaustritt nicht oder nicht leicht zurückerlangt werden können, und des fehlenden oder schlechteren Zugangs zu einigen in der digitalen Wirtschaft entscheidenden Inputs wie Daten beschränkt. Dadurch erhöht sich die Wahrscheinlichkeit, dass die zugrunde liegenden Märkte nicht gut funktionieren oder in naher Zukunft nicht mehr gut funktionieren werden.

(4) Zusammengenommen dürften diese Merkmale von Torwächtern in vielen Fällen zu schwerwiegenden Ungleichgewichten bei der Verhandlungsmacht und folglich zu unfairen Praktiken und Bedingungen für gewerbliche Nutzer und für Endnutzer der von Torwächtern angebote-

nen zentralen Plattformdienste führen, was sich nachteilig auf Preise, Qualität, fairen Wettbewerb, Auswahl und Innovation im digitalen Sektor auswirken würde.

(5) Daher können die Marktprozesse im Bereich der zentralen Plattformdienste oft keine fairen wirtschaftlichen Ergebnisse gewährleisten. Die Artikel 101 und 102 des Vertrags über die Arbeitsweise der Europäischen Union (AEUV) sind zwar auf das Verhalten von Torwächtern anwendbar, jedoch nur auf bestimmte Arten von Marktmacht, z.B. eine beherrschende Stellung auf spezifischen Märkten, und von wettbewerbswidrigem Verhalten, und werden erst im Nachhinein durchgesetzt und erst nach einer umfassenden Untersuchung oft sehr komplexer Fakten in konkreten Fällen. Außerdem wirft das Verhalten von Torwächtern, die nicht zwangsläufig über eine marktbeherrschende Stellung im wettbewerbsrechtlichen Sinne verfügen müssen, mit Blick auf das wirksame Funktionieren des Binnenmarkts Herausforderungen auf, denen das geltende Unionsrecht nicht oder nicht wirksam Rechnung trägt.

(6) Torwächter haben erheblichen Einfluss auf den Binnenmarkt, da sie vielen gewerblichen Nutzern als Zugangstor zu Endnutzern in der ganzen Union und auf verschiedenen Märkten dienen. Die nachteiligen Auswirkungen unfairer Praktiken auf den Binnenmarkt und die besonders geringe Bestreitbarkeit zentraler Plattformdienste, einschließlich der negativen Auswirkungen solcher unfairer Praktiken auf Wirtschaft und Gesellschaft, haben nationale Gesetzgeber und sektorale Regulierungsbehörden dazu veranlasst, tätig zu werden. Auf nationaler Ebene wurde bereits eine Reihe von Regulierungsvorschriften für digitale Dienste oder zumindest bestimmte solcher Dienste erlassen oder vorgeschlagen, um unfairen Praktiken zu begegnen und die Bestreitbarkeit dieser Dienste zu erhöhen. Dies hat jedoch zu uneinheitlichen Regulierungsvorschriften und damit zu einer Fragmentierung des Binnenmarkts geführt, sodass die Befolgungskosten aufgrund unterschiedlicher nationaler Vorschriften steigen könnten.

(7) Zweck dieser Verordnung ist es daher, zum reibungslosen Funktionieren des Binnenmarkts beizutragen, indem Vorschriften festgelegt werden, die die Bestreitbarkeit und Fairness der Märkte im digitalen Sektor im Allgemeinen und für gewerbliche Nutzer und Endnutzer zentraler Plattformdienste, die von Torwächtern bereitgestellt werden, im Besonderen gewährleisten. Es sollten geeignete regulatorische Maßnahmen getroffen werden, um gewerbliche Nutzer und Endnutzer der von Torwächtern bereitgestellten zentralen Plattformdienste in der gesamten Union vor unfairen Praktiken von Torwächtern zu schützen, um grenzüberschreitende Geschäfte innerhalb der Union zu erleichtern und auf diese Weise das reibungslose Funktionieren des Binnenmarkts zu verbessern und eine bestehende oder mit Wahrscheinlichkeit entstehende Fragmentierung in den unter diese Verordnung fallenden Bereichen zu beseitigen. Wenngleich Torwächter meist weltweit oder europaweit ausgerichtete Geschäftsmodelle und algorithmische Strukturen zugrunde legen, können sie in verschiedenen Mitgliedstaaten unterschiedliche Konditionen und Geschäftspraktiken anwenden und haben das in einigen Fällen auch getan; dies kann ungleiche Wettbewerbsbedingungen für die Nutzer ihrer zen-

tralen Plattformdienste zur Folge haben, was die Integration des Binnenmarkts beeinträchtigt.

(8) Durch eine gewisse Angleichung unterschiedlich gestalteter nationaler Rechtsvorschriften können Hindernisse ausgeräumt werden, die der freien Erbringung und dem freien Empfang von Dienstleistungen wie Einzelhandelsdienstleistungen im Binnenmarkt entgegenstehen. Auf der Ebene der Union sollten daher gezielte harmonisierte rechtliche Verpflichtungen festgelegt werden, um zum Vorteil der Wirtschaft der Union insgesamt und letztlich der Verbraucher in der Union bestreitbare und faire digitale Märkte, auf denen Torwächter tätig sind, im Binnenmarkt sicherzustellen.

(9) Eine Fragmentierung des Binnenmarkts kann nur dann wirksam abgewendet werden, wenn die Mitgliedstaaten daran gehindert werden, nationale Vorschriften anzuwenden, die in den Anwendungsbereich dieser Verordnung fallen und dieselben Ziele wie diese Verordnung verfolgen. Dies schließt nicht die Möglichkeit aus, auf Torwächter im Sinne dieser Verordnung andere nationale Vorschriften, mit denen andere legitime Ziele des öffentlichen Interesses im Sinne des AEUV oder in der Rechtsprechung des Gerichtshofs der Europäischen Union (im Folgenden „Gerichtshof") anerkannte zwingende Gründe des öffentlichen Interesses verfolgt werden, anzuwenden.

(10) Da diese Verordnung die Vorschriften über die Durchsetzung des Wettbewerbsrechts ergänzen soll, sollte sie zugleich unbeschadet der Artikel 101 und 102 AEUV, unbeschadet der entsprechenden nationalen Wettbewerbsvorschriften und anderes einseitiges Verhalten betreffender nationaler Wettbewerbsvorschriften, nach denen Marktstellungen und Verhaltensweisen einschließlich ihrer tatsächlichen oder möglichen Auswirkungen und des genauen Gegenstands der verbotenen Verhaltensweisen im Einzelfall zu prüfen sind und nach denen Unternehmen Effizienz und objektive Rechtsfertigungsgründe als Argumente für derartige Verhaltensweisen anführen können, und unbeschadet nationaler Vorschriften über die Fusionskontrolle gelten. Die Anwendung der genannten Vorschriften sollte jedoch nicht die Verpflichtungen, die Torwächtern nach dieser Verordnung auferlegt werden, und ihre einheitliche und wirksame Anwendung im Binnenmarkt berühren.

(11) Die Artikel 101 und 102 AEUV und die entsprechenden nationalen Wettbewerbsvorschriften in Bezug auf mehr- und einseitiges wettbewerbswidriges Verhalten und die Fusionskontrolle sollen den unverfälschten Wettbewerb auf dem Markt schützen. Diese Verordnung verfolgt ein Ziel, das das im Wettbewerbsrecht definierte Ziel, den unverfälschten Wettbewerb auf bestimmten Märkten zu schützen, ergänzt, aber sich davon unterscheidet; sie soll sicherstellen, dass Märkte, auf denen Torwächter tätig sind, bestreitbar und fair sind und bleiben – ungeachtet der tatsächlichen, möglichen oder vermuteten Auswirkungen des unter diese Verordnung fallenden Verhaltens eines Torwächters auf einem Markt. Diese Verordnung soll daher ein anderes rechtliches Interesse als das durch jene Vorschriften Geschützte schützen und unbeschadet ihrer Anwendung gelten.

(12) Zudem sollte diese Verordnung unbeschadet der Vorschriften gelten, die sich aus anderen Rechtsakten der Union zur Regelung bestimmter

Aspekte der unter diese Verordnung fallenden Dienstleistungen ergeben, insbesondere der Verordnungen (EU) 2016/679[1) 2)] und (EU) 2019/1150[3)] des Europäischen Parlaments und des Rates und einer Verordnung über einen Binnenmarkt für digitale Dienste und der Richtlinien 2002/58/EG[4) 5)], 2005/29/EG[6)], 2010/13/EU[7)], (EU) 2015/2366[8)], (EU) 2019/790[9)] und (EU) 2019/882[10)] des Europäischen Parlaments und des Rates und der Richtlinie 93/13/EWG des Rates[11)] sowie nationaler Vorschriften zur Durchsetzung oder Durchführung dieser Rechtsakte der Union.

(13) Eine geringe Bestreitbarkeit und unfaire Praktiken im digitalen Sektor sind bei bestimmten digitalen Diensten häufiger und stärker ausgeprägt als bei anderen. Dies ist insbesondere bei weitverbreiteten und allgemein genutzten digitalen Diensten der Fall, die meistens direkt zwischen gewerblichen Nutzern und Endnutzern vermitteln und bei denen Merkmale wie extreme Größenvorteile, sehr starke Netzwerkeffekte, die durch die Mehrseitigkeit dieser Dienste bedingte Fähigkeit, viele gewerbliche Nutzer mit vielen Endnutzern in Verbindung zu bringen, Bindungseffekte, fehlende Parallelverwendung mehrerer Dienste oder eine vertikale Integration besonders stark ausgeprägt sind. Oft gibt es nur ein oder sehr wenige große Unternehmen, die solche digitalen Dienste bereitstellen. Diese Unternehmen haben sich am häufigsten zu Torwächtern für ge-

---

1) Nr. **1**.

2) **Amtl. Anm.:** Verordnung (EU) 2016/679 *[Nr. 1]* des Europäischen Parlaments und des Rates vom 27. April 2016 zum Schutz natürlicher Personen bei der Verarbeitung personenbezogener Daten, zum freien Datenverkehr und zur Aufhebung der Richtlinie 95/46/EG (Datenschutz-Grundverordnung *[Nr. 1]*) (ABl. L 119 vom 4.5.2016, S. 1).

3) **Amtl. Anm.:** Verordnung (EU) 2019/1150 des Europäischen Parlaments und des Rates vom 20. Juni 2019 zur Förderung von Fairness und Transparenz für gewerbliche Nutzer von Online-Vermittlungsdiensten (ABl. L 186 vom 11.7.2019, S. 57).

4) Nr. **3**.

5) **Amtl. Anm.:** Richtlinie 2002/58/EG *[Nr. 3]* des Europäischen Parlaments und des Rates vom 12. Juli 2002 über die Verarbeitung personenbezogener Daten und den Schutz der Privatsphäre in der elektronischen Kommunikation (ABl. L 201 vom 31.7.2002, S. 37).

6) **Amtl. Anm.:** Richtlinie 2005/29/EG des Europäischen Parlaments und des Rates vom 11. Mai 2005 über unlautere Geschäftspraktiken von Unternehmen gegenüber Verbrauchern im Binnenmarkt und zur Änderung der Richtlinie 84/450/EWG des Rates, der Richtlinien 97/7/EG, 98/27/EG und 2002/65/EG des Europäischen Parlaments und des Rates sowie der Verordnung (EG) Nr. 2006/2004 des Europäischen Parlaments und des Rates (Richtlinie über unlautere Geschäftspraktiken) (ABl. L 149 vom 11.6.2005, S. 22).

7) **Amtl. Anm.:** Richtlinie 2010/13/EU des Europäischen Parlaments und des Rates vom 10. März 2010 zur Koordinierung bestimmter Rechts- und Verwaltungsvorschriften der Mitgliedstaaten über die Bereitstellung audiovisueller Mediendienste (Richtlinie über audiovisuelle Mediendienste) (ABl. L 95 vom 15.4.2010, S. 1).

8) **Amtl. Anm.:** Richtlinie (EU) 2015/2366 des Europäischen Parlaments und des Rates vom 25. November 2015 über Zahlungsdienste im Binnenmarkt, zur Änderung der Richtlinien 2002/65/EG, 2009/110/EG und 2013/36/EU und der Verordnung (EU) Nr. 1093/2010 sowie zur Aufhebung der Richtlinie 2007/64/EG (ABl. L 337 vom 23.12.2015, S. 35).

9) **Amtl. Anm.:** Richtlinie (EU) 2019/790 des Europäischen Parlaments und des Rates vom 17. April 2019 über das Urheberrecht und die verwandten Schutzrechte im digitalen Binnenmarkt und zur Änderung der Richtlinien 96/9/EG und 2001/29/EG (ABl. L 130 vom 17.5.2019, S. 92).

10) **Amtl. Anm.:** Richtlinie (EU) 2019/882 des Europäischen Parlaments und des Rates vom 17. April 2019 über die Barrierefreiheitsanforderungen für Produkte und Dienstleistungen (ABl. L 151 vom 7.6.2019, S. 70).

11) **Amtl. Anm.:** Richtlinie 93/13/EWG des Rates vom 5. April 1993 über missbräuchliche Klauseln in Verbraucherverträgen (ABl. L 95 vom 21.4.1993, S. 29).

werbliche Nutzer und Endnutzer entwickelt, was weitreichende Auswirkungen hat. Insbesondere haben sie die Fähigkeit erlangt, leicht zum Nachteil ihrer gewerblichen Nutzer und Endnutzer einseitig Geschäftsbedingungen festzulegen. Daher ist es erforderlich, nur auf diejenigen digitalen Dienste abzustellen, die von gewerblichen Nutzern und Endnutzern am stärksten in Anspruch genommen werden und bei denen Bedenken hinsichtlich einer geringen Bestreitbarkeit und unfairer Praktiken von Torwächtern eindeutiger angebracht sind und dies mit Blick auf den Binnenmarkt dringend angegangen werden muss.

(14) Insbesondere Online-Vermittlungsdienste, Online-Suchmaschinen, Betriebssysteme, Online-Dienste sozialer Netzwerke, Video-Sharing-Plattform-Dienste, nummernunabhängige interpersonelle Kommunikationsdienste, Cloud-Computing-Dienste, virtuelle Assistenten, Webbrowser und Online-Werbedienste, einschließlich Werbevermittlungsdiensten, können allesamt Auswirkungen auf viele Endnutzer und viele Unternehmen haben, sodass das Risiko besteht, dass auf unfaire Geschäftspraktiken zurückgegriffen wird. Sie sollten deshalb in die Bestimmung des Begriffs „zentrale Plattformdienste" eingeschlossen werden und unter diese Verordnung fallen. Online-Vermittlungsdienste können auch im Bereich Finanzdienstleistungen tätig sein und die in Anhang II der Richtlinie (EU) 2015/1535 des Europäischen Parlaments und des Rates[1)] nicht erschöpfend aufgeführten Dienste vermitteln oder für die Erbringung solcher Dienste genutzt werden. Für die Zwecke dieser Verordnung sollte die Bestimmung des Begriffs „zentrale Plattformdienste" technologieneutral sein und so verstanden werden, dass sie Dienste umfasst, die auf verschiedenen Medien oder Geräten oder über solche Medien und Geräte bereitgestellt werden, z.B. verbundene Fernsehgeräte oder eingebettete digitale Dienste in Fahrzeugen. Unter bestimmten Umständen sollte der Begriff „Endnutzer" Nutzer einschließen, die üblicherweise als gewerbliche Nutzer angesehen werden, die aber in einer bestimmten Situation zentrale Plattformdienste nicht für die Bereitstellung von Waren oder Dienstleistungen für Endnutzer nutzen; dies wäre z.B. bei Unternehmen der Fall, die Cloud-Computing-Dienste für eigene Zwecke nutzen.

(15) Wenn digitale Dienste als zentrale Plattformdienste einzustufen sind, so gibt das allein noch keinen Anlass zu hinreichend ernsten Bedenken bezüglich der Bestreitbarkeit oder unfairer Praktiken. Anlass zu solchen Bedenken besteht nur dann, wenn ein zentraler Plattformdienst ein wichtiges Zugangstor darstellt und von einem Unternehmen betrieben wird, das erheblichen Einfluss auf den Binnenmarkt hat und über eine gefestigte und dauerhafte Position verfügt oder voraussichtlich in naher Zukunft eine solche erlangen wird. Folglich sollten die angestrebten harmonisierten Vorschriften dieser Verordnung nur für Unternehmen gelten, die auf der Grundlage dieser drei objektiven Kriterien benannt werden, und nur für diejenigen ihrer zentralen Plattformdienste, die für sich genommen für gewerbliche Nutzer ein wichtiges Zugangstor zu Endnutzern darstellen. Die Tatsache, dass ein Unternehmen, das zentrale

---

[1)] **Amtl. Anm.:** Richtlinie (EU) 2015/1535 des Europäischen Parlaments und des Rates vom 9. September 2015 über ein Informationsverfahren auf dem Gebiet der technischen Vorschriften und der Vorschriften für die Dienste der Informationsgesellschaft (ABl. L 241 vom 17.9.2015, S. 1).

Plattformdienste bereitstellt, möglicherweise nicht nur zwischen gewerblichen Nutzern und Endnutzern, sondern auch zwischen Endnutzern und Endnutzern vermittelt, z.B. im Fall nummernunabhängiger interpersoneller Kommunikationsdienste, sollte der Schlussfolgerung nicht entgegenstehen, dass ein solches Unternehmen für gewerbliche Nutzer ein wichtiges Zugangstor zu Endnutzern ist oder sein könnte.

(16) Um die wirksame Anwendung dieser Verordnung auf diejenigen Unternehmen, die zentrale Plattformdienste bereitstellen, zu gewährleisten, bei denen die Erfüllung dieser objektiven Anforderungen am wahrscheinlichsten ist und bei denen unfaire Praktiken, die die Bestreitbarkeit verringern, am häufigsten sind und die stärksten Auswirkungen haben, sollte die Kommission Unternehmen, die zentrale Plattformdienste bereitstellen und bestimmte quantitative Schwellenwerte erreichen, unmittelbar als Torwächter benennen können. Für solche Unternehmen sollte auf jeden Fall ein zügiges Benennungsverfahren durchgeführt werden, das nach dem Geltungsbeginn dieser Verordnung beginnen sollte.

(17) Die Tatsache, dass ein Unternehmen einen sehr hohen Umsatz in der Union erzielt und einen zentralen Plattformdienst in mindestens drei Mitgliedstaaten bereitstellt, ist ein dringender Anhaltspunkt dafür, dass es erheblichen Einfluss auf den Binnenmarkt hat. Dies trifft auch zu, wenn die Marktkapitalisierung bzw. der entsprechende Marktwert eines Unternehmens, das einen zentralen Plattformdienst in mindestens drei Mitgliedstaaten bereitstellt, sehr hoch ist. Deshalb sollte davon ausgegangen werden, dass ein Unternehmen, das einen zentralen Plattformdienst bereitstellt, erheblichen Einfluss auf den Binnenmarkt hat, wenn es in mindestens drei Mitgliedstaaten einen zentralen Plattformdienst bereitstellt und entweder der Umsatz seiner Unternehmensgruppe in der Union mindestens einem bestimmten hohen Schwellenwert entspricht oder die Marktkapitalisierung der Gruppe mindestens einem bestimmten hohen absoluten Wert entspricht. Bei Unternehmen, die zentrale Plattformdienste bereitstellen und nichtbörsennotierten Unternehmen angehören, sollte der entsprechende Marktwert als Referenzwert herangezogen werden. Die Kommission sollte die Möglichkeit haben, von ihrer Befugnis zum Erlass delegierter Rechtsakte Gebrauch zu machen, um eine objektive Methode zur Berechnung dieses Wertes festzulegen.

Wenn ein Unternehmen über einen hohen in der Union erzielten Gruppenumsatz verfügt und den Schwellenwert für die Zahl der Nutzer zentraler Plattformdienste in der Union erreicht, ist davon auszugehen, dass es recht gut in der Lage ist, seine Nutzer zu monetarisieren. Bei einer hohen Marktkapitalisierung in Bezug auf denselben Schwellenwert für die Zahl der Nutzer in der Union ist davon auszugehen, dass es über ein verhältnismäßig hohes Potenzial verfügt, diese Nutzer in naher Zukunft zu monetarisieren. Dieses Monetarisierungspotenzial gibt wiederum grundsätzlich Aufschluss darüber, inwieweit die betreffenden Unternehmen als Zugangstor fungieren. Beide Indikatoren spiegeln zudem die finanziellen Möglichkeiten dieser Unternehmen sowie ihre Fähigkeit wider, ihren Zugang zu Finanzmärkten zur Stärkung ihrer Position einzusetzen. Dies kann beispielsweise der Fall sein, wenn dieser bessere Zugang für den Erwerb anderer Unternehmen genutzt wird, wobei sich gezeigt hat, dass diese Fähigkeit negative Auswirkungen auf die Innovationstätigkeit haben kann. Die Marktkapitalisierung kann auch die Erwartungen hinsichtlich der künftigen Position und Auswirkungen der betreffenden Unternehmen im Binnenmarkt widerspiegeln, auch wenn diese möglicherweise gerade einen relativ geringen Umsatz erzielen. Der Marktkapitalisierungswert sollte auf der durchschnittlichen Marktkapitalisierung der größten börsennotierten Unternehmen in der Union während eines geeigneten Zeitraums beruhen.

(18) Während eine Marktkapitalisierung, die im vergangenen Geschäftsjahr mindestens dem Schwellenwert entspricht, Anlass zu der Vermutung geben sollte, dass ein Unternehmen, das zentrale Plattformdienste bereitstellt, erheblichen Einfluss auf den Binnenmarkt hat, sollte eine Marktkapitalisierung, die mindestens drei Jahre lang mindestens dem Schwellenwert entspricht, als Bestätigung dieser Annahme angesehen werden.

(19) Zur Klärung der Frage, ob ein Unternehmen, das zentrale Plattformdienste bereitstellt, als Unternehmen mit erheblichem Einfluss auf den Binnenmarkt angesehen werden sollte, könnte hingegen eine eingehende Prüfung mehrerer die Marktkapitalisierung betreffender Faktoren erforderlich sein. Dies könnte der Fall sein, wenn die Marktkapitalisierung des Unternehmens, das zentrale Plattformdienste bereitstellt, in vorausgehenden Geschäftsjahren deutlich unter dem Schwellenwert lag und die Volatilität seiner Marktkapitalisierung während des beobachteten Zeitraums in keinem angemessenen Verhältnis zur allgemeinen Volatilität des Aktienmarkts stand oder wenn die Entwicklung seiner Marktkapitalisierung im Verhältnis zu den Markttrends im Widerspruch zu einem raschen und stetigen Anstieg stand.

(20) Wenn eine sehr große Zahl gewerblicher Nutzer auf einen zentralen Plattformdienst angewiesen ist, um eine sehr große Zahl von monatlich aktiven Endnutzern zu erreichen, kann das Unternehmen, das diesen Dienst bereitstellt, die Tätigkeiten eines wesentlichen Teils der gewerblichen Nutzer zu seinem Vorteil beeinflussen; dies ist grundsätzlich ein Hinweis darauf, dass jenes Unternehmen ein wichtiges Zugangstor darstellt. Der festzulegende Schwellenwert für die Zahl der Endnutzer sollte einem erheblichen Prozentsatz der Gesamtbevölkerung der Union entsprechen, während für den Schwellenwert für die gewerblichen Nutzer ein erheblicher Prozentsatz der Unternehmen, zentrale Plattformdienste nutzen, zugrunde gelegt werden sollte. Die Zahl der aktiven Endnutzer und gewerblichen Nutzer sollte so ermittelt und berechnet werden, dass sie die Rolle und Reichweite des betreffenden zentralen Plattformdienstes angemessen wiedergibt. Um Rechtssicherheit für Torwächter zu schaffen, sollten die Faktoren zur Bestimmung der Zahl der aktiven Endnutzer und gewerblichen Nutzer je zentralem Plattformdienst in einem Anhang dieser Verordnung festgelegt werden. Diese Faktoren können durch technologische und sonstige Entwicklungen beeinflusst werden. Der Kommission sollte daher die Befugnis übertragen werden, delegierte Rechtsakte zur Änderung dieser Verordnung durch Aktualisierung der Methode und der Liste der Indikatoren, die zur Bestimmung der Zahl der aktiven Endnutzer und der aktiven gewerblichen Nutzer verwendet werden, zu erlassen.

(21) Ein Unternehmen, das zentrale Plattformdienste bereitstellt, verfügt insbesondere dann über eine gefestigte und dauerhafte Position hinsichtlich

seiner Tätigkeiten bzw. wird eine solche voraussichtlich in naher Zukunft erlangen, wenn die Bestreitbarkeit seiner Position beschränkt ist. Dies ist wahrscheinlich der Fall, wenn das Unternehmen über einen Zeitraum von mindestens drei Jahren lang in mindestens drei Mitgliedstaaten einen zentralen Plattformdienst für eine sehr große Zahl von gewerblichen Nutzern und Endnutzern bereitgestellt hat.

(22) Solche Schwellenwerte können durch Marktentwicklungen und technische Entwicklungen beeinflusst werden. Der Kommission sollte daher die Befugnis übertragen werden, delegierte Rechtsakte zu erlassen, mit denen sie die Methode festlegt, anhand deren bestimmt wird, ob die quantitativen Schwellenwerte erreicht sind, und diese Methode, falls nötig, regelmäßig an Marktentwicklungen und technologische Entwicklungen anpasst. Die in dieser Verordnung festgelegten quantitativen Schwellenwerte sollten durch diese delegierten Rechtsakte nicht geändert werden.

(23) Ein Unternehmen, das zentrale Plattformdienste bereitstellt, sollte die Vermutung, dass es erheblichen Einfluss auf den Binnenmarkt hat, unter außergewöhnlichen Umständen widerlegen können, indem es nachweist, dass es zwar die in dieser Verordnung festgelegten quantitativen Schwellenwerte erreicht, aber nicht die Anforderungen für die Benennung als Torwächter erfüllt. Die Beweislast dafür, dass die auf der Erfüllung der quantitativen Schwellenwerte beruhende Vermutung nicht anwendbar sein sollte, sollte von dem Unternehmen getragen werden. Die Kommission sollte bei ihrer Beurteilung der vorgebrachten Belege und Argumente nur die Elemente berücksichtigen, die sich unmittelbar auf die quantitativen Kriterien beziehen, nämlich die Auswirkungen des Unternehmens, das zentrale Plattformdienste bereitstellt, auf den Binnenmarkt jenseits von Einnahmen und Marktkapitalisierung, wie etwa seine absolute Größe, und die Zahl der Mitgliedstaaten, in denen es tätig ist, das Ausmaß, um das die Zahl der tatsächlichen gewerblichen Nutzer und Endnutzer die Schwellenwerte überschreitet, und die Bedeutung des Unternehmens, das zentrale Plattformdienste betreibt, unter Berücksichtigung des Gesamtumfangs der Tätigkeiten des jeweiligen zentralen Plattformdienstes sowie die Zahl der Jahre, in denen die Schwellenwerte erreicht wurden.
Rechtfertigungen auf Basis wirtschaftlicher Gründe, durch die eine Marktdefinition vorgenommen oder nachgewiesen werden soll, dass ein bestimmtes Verhalten eines Unternehmens, das zentrale Plattformdienste bereitstellt, Effizienzgewinne hervorbringt, sollten nicht berücksichtigt werden, da dies für die Benennung als Torwächter nicht relevant ist. Wenn die vorgebrachten Argumente nicht hinreichend substanziiert sind, weil sie die Vermutung nicht eindeutig entkräften, so sollte die Kommission die Möglichkeit haben, die Argumente innerhalb der für die Benennung vorgesehenen Frist von 45 Arbeitstagen zurückzuweisen. Wenn das Unternehmen, das zentrale Plattformdienste bereitstellt, die Untersuchung behindert, indem es den Untersuchungsmaßnahmen der Kommission nicht nachkommt, sollte die Kommission auf der Grundlage verfügbarer Informationen über die quantitativen Schwellenwerte eine Entscheidung treffen können.

(24) Auch bei Unternehmen, die zentrale Plattformdienste bereitstellen und nicht alle quantitativen Schwellenwerte erreichen, sollte anhand der allgemeinen objektiven Anforderungen – ihrem erheblichen Einfluss auf den Binnenmarkt, ihrer Funktion als wichtiges Zugangstor gewerblicher Nutzer zu Endnutzern und ihrer aktuellen oder für die nahe Zukunft absehbaren gefestigten und dauerhaften Position hinsichtlich ihrer Tätigkeiten – geprüft werden, ob sie als Torwächter einzustufen sind. Handelt es sich bei dem Unternehmen, das zentrale Plattformdienste bereitstellt, um ein mittleres, kleines oder Kleinstunternehmen, so sollte bei der Prüfung sorgfältig berücksichtigt werden, ob ein solches Unternehmen in der Lage wäre, die Bestreitbarkeit der zentralen Plattformdienste beträchtlich zu untergraben, da diese Verordnung in erster Linie auf große Unternehmen mit beträchtlicher wirtschaftlicher Macht anstatt auf mittlere, kleine oder Kleinstunternehmen abzielt.

(25) Eine solche Prüfung kann nur im Rahmen einer Marktuntersuchung erfolgen, bei der die quantitativen Schwellenwerte berücksichtigt werden. Die Kommission sollte bei dieser Prüfung das Ziel verfolgen, die Innovationstätigkeit und die Qualität digitaler Produkte und Dienstleistungen, faire und wettbewerbsbestimmte Preise sowie die gewerblichen Nutzern und Endnutzern gebotene Qualität und Auswahl zu erhalten und zu fördern. Zudem können für die betreffenden Unternehmen, die zentrale Plattformdienste bereitstellen, spezifische Aspekte wie extreme Größen- oder Verbundvorteile, sehr starke Netzwerkeffekte, Datenvorteile, die durch die Mehrseitigkeit dieser Dienste bedingte Fähigkeit, viele gewerbliche Nutzer mit vielen Endnutzern in Verbindung zu bringen, Bindungseffekte, fehlende Parallelverwendung mehrerer Dienste, eine konglomeratsartige Unternehmensstruktur oder eine vertikale Integration berücksichtigt werden. Zudem können eine sehr hohe Marktkapitalisierung, ein im Verhältnis zum Gewinn sehr hohes Eigenkapital oder ein sehr hoher durch Endnutzer eines einzigen zentralen Plattformdienstes erzielter Umsatz als Indikatoren für das Potenzial solcher Unternehmen, Marktmacht zu übertragen, sowie für das Kippen des Marktes zu ihren Gunsten herangezogen werden. Neben der Marktkapitalisierung sind hohe Raten relativen Wachstums Beispiele für dynamische Parameter, die für die Ermittlung von Unternehmen, die zentrale Plattformdienste bereitstellen und für die abzusehen ist, dass sie eine gefestigte und dauerhafte Position erlangen werden, besonders relevant sind. Wenn das Unternehmen, das zentrale Plattformdienste bereitstellt, den Untersuchungsmaßnahmen der Kommission nicht nachkommt und dadurch die Untersuchung erheblich behindert, sollte die Kommission aus den verfügbaren Informationen für das Unternehmen nachteilige Schlüsse ziehen und ihre Entscheidung darauf stützen können.

(26) Eine bestimmte Teilmenge an Bestimmungen sollten für jene Unternehmen gelten, die zentrale Plattformdienste bereitstellen und voraussichtlich in naher Zukunft eine gefestigte und dauerhafte Position erlangen werden. Aufgrund der spezifischen Merkmale zentraler Plattformdienste besteht auch durch sie die Gefahr eines Kippens: Sobald ein Unternehmen, das den zentralen Plattformdienst bereitstellt, in Bezug auf die Größe oder Vermittlungsmacht einen gewissen Vorteil gegenüber Wettbewerbern oder potenziellen Wettbewerbern erlangt, könnte seine Position un-

angreifbar werden, sodass es möglicherweise in naher Zukunft eine dauerhafte und gefestigte Position erlangen könnte. Unternehmen können versuchen, dieses Kippen herbeizuführen, und durch Anwendung einiger unfairer Bedingungen und Praktiken, die Gegenstand dieser Verordnung sind, zu Torwächtern werden. In einer solchen Situation sollte eingegriffen werden, bevor der Markt kippt und dies nicht mehr rückgängig zu machen ist.

(27) Gleichwohl sollte sich ein solcher frühzeitiger Eingriff darauf beschränken, nur die Verpflichtungen aufzuerlegen, die erforderlich und geeignet sind, um sicherzustellen, dass die betreffenden Dienste bestreitbar bleiben, und um der ermittelten Gefahr unfairer Bedingungen und Praktiken vorzubeugen. Verpflichtungen, durch die verhindert wird, dass die betreffenden Unternehmen, die zentrale Plattformdienste bereitstellen, hinsichtlich ihrer Tätigkeiten eine gefestigte und dauerhafte Position erlangen, z.B. Verpflichtungen, die der Übertragung von Marktmacht vorbeugen, und Verpflichtungen, die Anbieterwechsel und Parallelverwendung mehrerer Dienste erleichtern, sind gezielter auf diesen Zweck ausgerichtet. Im Hinblick auf die Wahrung der Verhältnismäßigkeit sollte die Kommission zudem nur jene Verpflichtungen auswählen, die erforderlich und angemessen sind, um die Ziele dieser Verordnung zu erreichen, und regelmäßig überprüfen, ob diese Verpflichtungen aufrechterhalten, aufgehoben oder angepasst werden sollten.

(28) Die Anwendung nur derjenigen Verpflichtungen, die erforderlich und angemessen sind, um die Ziele dieser Verordnung zu erreichen, sollte der Kommission die Möglichkeit bieten, rechtzeitig und wirksam einzugreifen, und dabei die Verhältnismäßigkeit der in Betracht gezogenen Maßnahmen umfassend zu wahren. Ferner sollte es das Vertrauen der tatsächlichen oder potenziellen Marktteilnehmer in die Bestreitbarkeit und Fairness der betreffenden Dienste stärken.

(29) Torwächter sollten die in dieser Verordnung festgelegten Verpflichtungen in Bezug auf jeden in dem entsprechenden Benennungsbeschluss aufgeführten zentralen Plattformdienst einhalten. Im Rahmen der Anwendung der Verpflichtungen sollte eine etwaige Konglomeratsposition von Torwächtern berücksichtigt werden. Darüber hinaus sollte es der Kommission möglich sein, dem Torwächter per Beschluss Durchführungsmaßnahmen aufzuerlegen. Diese Durchführungsmaßnahmen sollten so konzipiert sein, dass sie möglichst große Wirkung entfalten; sie sollten den Merkmalen zentraler Plattformdienste und etwaigen Umgehungsrisiken Rechnung tragen und mit dem Grundsatz der Verhältnismäßigkeit und den Grundrechten sowohl der betreffenden Unternehmen als auch Dritter im Einklang stehen.

(30) Angesichts der sich äußerst rasch wandelnden und komplexen technologischen Beschaffenheit zentraler Plattformdienste muss der Status von Torwächtern – auch derjenigen, die voraussichtlich in naher Zukunft hinsichtlich ihrer Tätigkeiten eine gefestigte und dauerhafte Position erlangen werden – regelmäßig überprüft werden. Um allen Marktteilnehmern einschließlich der Torwächter die erforderliche Rechtssicherheit bezüglich der anwendbaren rechtlichen Verpflichtungen zu bieten, müssen diese regelmäßigen Überprüfungen zeitlich begrenzt sein. Außerdem ist es wichtig, solche Überprüfungen regelmäßig, und zwar mindestens

alle drei Jahre, durchzuführen. Darüber hinaus ist es wichtig klarzustellen, dass nicht jede Änderung der Sachlage, auf deren Grundlage ein Unternehmen, das zentrale Plattformdienste bereitstellt, als Torwächter benannt wurde, eine Änderung des Benennungsbeschlusses erfordern sollte. Eine Änderung ist nur dann erforderlich, wenn die Änderung der Sachlage auch zu einer Änderung der Bewertung führt. Die Feststellung, ob dies der Fall ist oder nicht, sollte auf einer Einzelfallbewertung der Sachlage und der Umstände beruhen.

(31) Um die Bestreitbarkeit und Fairness der von Torwächtern bereitgestellten zentralen Plattformdienste zu gewährleisten, ist es erforderlich, harmonisierte Vorschriften in Bezug auf diese Dienste klar und eindeutig festzulegen. Solche Regeln werden benötigt, um dem Risiko vorzubeugen, dass Praktiken von Torwächtern nachteilige Auswirkungen haben, und kämen dem Geschäftsumfeld der betreffenden Dienste, den Nutzern und letztlich der Gesellschaft insgesamt zugute. Die Verpflichtungen beziehen sich auf diejenigen Praktiken, die unter Berücksichtigung der Merkmale des digitalen Sektors als die Bestreitbarkeit untergrabend oder als unfair angesehen werden – oder beides – und die besonders negative unmittelbare Auswirkungen auf gewerbliche Nutzer und Endnutzer haben. Die in dieser Verordnung festgelegten Verpflichtungen sollten insbesondere der Art der bereitgestellte zentralen Plattformdienste Rechnung tragen können. Die Verpflichtungen aus dieser Verordnung sollten die Bestreitbarkeit und Fairness nicht nur hinsichtlich der im Benennungsbeschluss aufgeführten zentralen Plattformdienste, sondern auch hinsichtlich anderer digitaler Produkte und Dienstleistungen gewährleisten, bei denen Torwächter ihre Funktion als Zugangstor für sich nutzen und die häufig zusammen mit den zentralen Plattformdiensten oder zu deren Unterstützung bereitgestellt werden.

(32) Für die Zwecke dieser Verordnung sollte sich „Bestreitbarkeit" auf die Fähigkeit von Unternehmen beziehen, Hindernisse für einen Markteintritt oder eine Expansion wirksam zu überwinden und den Torwächter aufgrund der Vorzüge ihrer Produkte und Dienstleistungen herauszufordern. Die Merkmale zentraler Plattformdienste im digitalen Sektor wie etwa Netzwerkeffekte, ausgeprägte Größenvorteile und Datenvorteile haben die Bestreitbarkeit dieser Dienste und der damit verbundenen Ökosysteme eingeschränkt. Eine solche geringe Bestreitbarkeit verringert die Anreize zur Innovation und Verbesserung von Produkten und Dienstleistungen für den Torwächter, seine gewerblichen Nutzer, seine Herausforderer und Kunden und wirkt sich somit negativ auf das Innovationspotenzial der gesamten Online-Plattformwirtschaft aus. Die Bestreitbarkeit der Dienste im digitalen Sektor kann auch eingeschränkt sein, wenn es mehr als einen Torwächter für einen zentralen Plattformdienst gibt. Mit dieser Verordnung sollten daher bestimmte Praktiken von Torwächtern verboten werden, die geeignet sind, Hindernisse für einen Markteintritt oder eine Expansion zu vergrößern, und sollten Torwächtern bestimmte Verpflichtungen auferlegt werden, die diese Hindernisse tendenziell verringern. Mit den Verpflichtungen sollte auch auf Situationen eingegangen werden, in denen die Position des Torwächters womöglich so gefestigt ist, dass der Wettbewerb zwischen Plattformen kurzfristig

nicht wirksam ist, sodass ein plattforminterner Wettbewerb geschaffen oder verstärkt werden muss.

(33) Für die Zwecke dieser Verordnung sollte sich „unfair" auf ein Ungleichgewicht zwischen den Rechten und Pflichten gewerblicher Nutzer beziehen, durch das der Torwächter einen unverhältnismäßigen Vorteil erlangt. Marktteilnehmer, einschließlich gewerblicher Nutzer zentraler Plattformdienste und alternativer Anbieter von Diensten, die zusammen mit solchen zentralen Plattformdiensten oder zu deren Unterstützung erbracht werden, sollten die Möglichkeit haben, die aus ihren innovativen oder sonstigen Bemühungen entstehenden Erträge angemessen abzuschöpfen. Aufgrund ihrer Funktion als Zugangstor und ihrer überragenden Verhandlungsmacht ist es möglich, dass Torwächter Verhaltensweisen an den Tag legen, die es anderen nicht ermöglichen, die Erträge aus ihren eigenen Beiträgen in vollem Umfang abzuschöpfen, und einseitig unausgewogene Bedingungen für die Nutzung ihrer zentralen Plattformdienste oder Dienste, die zusammen mit ihren zentralen Plattformdiensten oder zu deren Unterstützung erbracht werden, festlegen. Ein solches Ungleichgewicht wird nicht dadurch ausgeschlossen, dass der Torwächter einer bestimmten Gruppe von Nutzern einen bestimmten Dienst kostenlos anbietet, und kann auch darin bestehen, dass gewerbliche Nutzer ausgeschlossen oder diskriminiert werden, insbesondere wenn diese mit den vom Torwächter erbrachten Diensten im Wettbewerb stehen. Daher sollten Torwächtern mit dieser Verordnung Verpflichtungen auferlegt werden, die auf solche Verhaltensweisen abstellen.

(34) Bestreitbarkeit und Fairness sind miteinander verknüpft. Die fehlende oder geringe Bestreitbarkeit eines bestimmten Dienstes kann es einem Torwächter ermöglichen, unfaire Praktiken anzuwenden. Ebenso können unfaire Praktiken eines Torwächters die Möglichkeiten gewerblicher Nutzer oder Dritter einschränken, die Position des Torwächters anzufechten. Eine bestimmte Verpflichtung in dieser Verordnung kann sich daher auf beide Elemente beziehen.

(35) Die in dieser Verordnung festgelegten Verpflichtungen sind daher erforderlich, um konkrete Probleme bezüglich der öffentlichen Ordnung anzugehen, zumal im Hinblick auf die Notwendigkeit, die öffentliche Ordnung zu wahren, die Privatsphäre zu schützen und betrügerische und irreführende Geschäftspraktiken zu bekämpfen, dasselbe Ergebnis nicht durch andere, weniger restriktive Maßnahmen erzielt werden kann.

(36) Torwächter erheben häufig in unmittelbarer Weise personenbezogene Daten von Endnutzern für die Zwecke der Erbringung von Online-Werbediensten, wenn Endnutzer Internetseiten und Software-Anwendungen Dritter nutzen. Zudem stellen Dritte Torwächtern personenbezogene Daten ihrer Endnutzer zur Verfügung, um bestimmte von den Torwächtern im Rahmen ihrer zentralen Plattformdienste erbrachten Dienste nutzen zu können, z.B. maßgeschneiderte Zielgruppen. Die Verarbeitung personenbezogener Daten von Dritten, die zentrale Plattformdienste nutzen, für die Zwecke der Erbringung von Online-Werbediensten verschafft Torwächtern hinsichtlich der Anhäufung von Daten potenzielle Vorteile, wodurch Markteintrittsschranken entstehen. Dies liegt daran, dass Torwächter personenbezogene Daten von deutlich mehr Dritten verarbeiten als andere Unternehmen. Ähnliche Vorteile ergeben sich

daraus, dass i) personenbezogene Daten von Endnutzern, die über einen zentralen Plattformdienst erhoben wurden, mit Daten zusammengeführt werden, die über andere Dienste erhoben wurden, ii) personenbezogene Daten aus einem zentralen Plattformdienst in anderen Diensten weiterverwendet werden, die der Torwächter getrennt erbringt, insbesondere in Diensten, die nicht zusammen mit dem betreffenden zentralen Plattformdienst oder zu dessen Unterstützung erbracht werden, und umgekehrt oder iii) Endnutzer in verschiedenen Diensten von Torwächtern angemeldet werden, um personenbezogene Daten zusammenzuführen. Damit sichergestellt ist, dass Torwächter die Bestreitbarkeit zentraler Plattformdienste nicht auf unfaire Weise untergraben, sollten Torwächter Endnutzern ermöglichen, frei zu entscheiden, ob sie solchen Datenverarbeitungs- und Anmeldungspraktiken zustimmen, indem sie eine weniger personalisierte, aber gleichwertige Alternative anbieten, ohne die Nutzung des zentralen Plattformdienstes oder bestimmter Funktionen davon von der Einwilligung des Endnutzers abhängig zu machen. Dies sollte unbeschadet einer Verarbeitung personenbezogener Daten oder einer Anmeldung von Endnutzern in einem Dienst durch den Torwächter gelten, die sich auf die Rechtsgrundlage des Artikels 6 Absatz 1 Buchstaben c, d und e der Verordnung (EU) 2016/679[1)], nicht aber auf Artikel 6 Absatz 1 Buchstaben b und f der genannten Verordnung, stützt.

(37) Die weniger personalisierte Alternative sollte sich nicht von dem Dienst, der den Endnutzern, die ihre Einwilligung erteilen, erbracht wird, unterscheiden oder von geringerer Qualität sein, es sei denn, eine Qualitätsminderung ist eine unmittelbare Folge davon, dass der Torwächter nicht in der Lage ist, solche personenbezogenen Daten zu verarbeiten oder Endnutzer in einem Dienst anzumelden. Die Verweigerung der Einwilligung sollte nicht aufwendiger sein als die Erteilung der Einwilligung. Wenn der Torwächter um Einwilligung ersucht, sollte er dem Endnutzer proaktiv eine nutzerfreundliche Lösung für die explizite, klare und unkomplizierte Erteilung, Änderung oder Widerrufung der Einwilligung präsentieren. Insbesondere sollte die Einwilligung durch eine klare bestätigende Handlung oder Erklärung erteilt werden, die eine freiwillig für den bestimmten Fall, in informierter Weise und unmissverständlich abgegebene Willensbekundung des Endnutzers im Sinne der Verordnung (EU) 2016/679[1)] darstellt. Zum Zeitpunkt der Einwilligung und nur soweit zutreffend sollte der Endnutzer darüber informiert werden, dass eine Verweigerung der Einwilligung zu einem weniger personalisierten Angebot führen kann, dass der zentrale Plattformdienst aber ansonsten unverändert bleibt und keine Funktionen vorenthalten werden. Kann die Einwilligung dem zentralen Plattformdienst des Torwächters nicht unmittelbar erteilt werden, so sollten Endnutzer ausnahmsweise über jeden Dienst eines Dritten, der diesen zentralen Plattformdienst nutzt, ihre Einwilligung erteilen können, dass der Torwächter personenbezogene Daten für die Zwecke der Erbringung von Online-Werbediensten verarbeiten darf.

Zudem sollte es ebenso einfach sein, die Einwilligung zu widerrufen wie sie zu erteilen. Torwächter sollten ihre Online-Schnittstellen nicht so

---

[1)] Nr. 1.

gestalten, organisieren oder betreiben, dass Endnutzer getäuscht, manipuliert oder anderweitig in ihrer Fähigkeit, ihre Einwilligung frei zu erteilen, maßgeblich beeinträchtigt oder behindert werden. Insbesondere sollte es Torwächtern nicht gestattet sein, Endnutzer mehr als einmal jährlich aufzufordern, ihre Einwilligung für denselben Verarbeitungszweck zu erteilen, für den sie ursprünglich keine Einwilligung erteilt oder ihre Einwilligung widerrufen haben. Diese Verordnung lässt die Verordnung (EU) 2016/679[1)], einschließlich ihres Durchsetzungsrahmens, unberührt, die auf alle Ansprüche betroffener Personen im Zusammenhang mit einer Verletzung ihrer Rechte nach der genannten Verordnung in vollem Umfang anwendbar bleibt.

(38) Kinder verdienen in Bezug auf ihre personenbezogenen Daten besonderen Schutz, insbesondere im Hinblick auf die Verwendung ihrer personenbezogenen Daten für die Zwecke kommerzieller Kommunikation oder der Erstellung von Nutzerprofilen. Der Schutz von Kindern im Internet ist ein wichtiges Ziel der Union und sollte im einschlägigen Unionsrecht Niederschlag finden. In diesem Zusammenhang sollte die Verordnung über einen Binnenmarkt für digitale Dienste gebührend berücksichtigt werden. Die vorliegende Verordnung entbindet Torwächter in keiner Weise von der im anwendbaren Unionsrecht verankerten Verpflichtung zum Schutz von Kindern.

(39) In bestimmten Fällen, z.B. durch die Auferlegung vertraglicher Bedingungen, können Torwächter die Möglichkeiten gewerblicher Nutzer ihrer Online-Vermittlungsdienste beschränken, Endnutzern über andere Online-Vermittlungsdienste oder über direkte Online-Vertriebskanäle Produkte oder Dienstleistungen zu günstigeren Bedingungen, einschließlich günstigerer Preise, anzubieten. Beziehen sich solche Beschränkungen auf Online-Vermittlungsdienste Dritter, so schränken sie die Bestreitbarkeit durch andere Plattformen und damit die Auswahl anderer Online-Vermittlungsdienste für Endnutzer ein. Beziehen sich solche Beschränkungen auf direkte Online-Vertriebskanäle, so schränken sie die Freiheit gewerblicher Nutzer, solche Kanäle zu nutzen, auf unfaire Weise ein. Damit gewerbliche Nutzer der von Torwächtern betriebenen Online-Vermittlungsdienste andere Online-Vermittlungsdienste oder direkte Online-Vertriebskanäle frei wählen und den Endnutzern ihre Produkte oder Dienstleistungen zu differenzierten Konditionen anbieten können, sollte nicht hingenommen werden, dass Torwächter die Möglichkeiten gewerblicher Nutzer, sich für eine Differenzierung der Geschäftsbedingungen einschließlich des Preises zu entscheiden, einschränken. Dies sollte für jede Maßnahme mit gleicher Wirkung gelten, z.B. für erhöhte Provisionssätze oder die Auslistung der Angebote gewerblicher Nutzer.

(40) Um eine weitere Verstärkung ihrer Abhängigkeit von den zentralen Plattformdiensten von Torwächtern zu verhindern und um Parallelverwendung mehrerer Dienste zu fördern, sollten gewerbliche Nutzer dieser Torwächter den Vertriebskanal frei wählen und bewerben können, der sich ihrer Ansicht nach am besten für die Zwecke von Interaktionen mit Endnutzern eignet, die diese gewerblichen Nutzer bereits über die zentralen Plattformdienste des Torwächters oder über andere Kanäle akqui-

---

[1)] Nr. 1.

riert haben. Dies sollte für die Bewerbung von Angeboten, auch über eine Software-Anwendung des gewerblichen Nutzers, und jegliche Form der Kommunikation und des Vertragsabschlusses zwischen gewerblichen Nutzern und Endnutzern gelten. Ein akquirierter Endnutzer ist ein Endnutzer, der bereits eine Geschäftsbeziehung mit dem gewerblichen Nutzer eingegangen ist und für die Erleichterung von dessen ursprünglicher Akquirierung durch den gewerblichen Nutzer der Torwächter gegebenenfalls unmittelbar oder mittelbar durch den gewerblichen Nutzer vergütet wurde. Solche Geschäftsbeziehungen können entweder mit einer Vergütung einhergehen oder kostenfrei sein, wie etwa kostenlose Testversionen oder Gratisversionen, und können entweder über den zentralen Plattformdienst des Torwächters oder über einen beliebigen anderen Kanal eingegangen worden sein. Auch die Endnutzer sollten frei sein, Angebote solcher gewerblichen Nutzer zu wählen und mit diesen Verträge zu schließen – entweder über etwaige zentrale Plattformdienste des Torwächters oder über einen direkten Vertriebskanal des gewerblichen Nutzers oder einen anderen indirekten Kanal, den der gewerbliche Nutzer nutzt.

(41) Die Fähigkeit von Endnutzern, außerhalb der zentralen Plattformdienste des Torwächters Inhalte, Abonnements, Funktionen oder andere Elemente zu erwerben, sollte weder untergraben noch eingeschränkt werden. Insbesondere sollte eine Situation vermieden werden, in der Torwächter den Zugang von Endnutzern zu solchen Diensten und die Nutzung solcher Dienste über eine Software-Anwendung beschränken, die auf dem zentralen Plattformdienst des Torwächters ausgeführt wird. So sollten beispielsweise Abonnenten von Online-Inhalten, die außerhalb einer Software-Anwendung, eines Geschäfts für Software-Anwendungen oder eines virtuellen Assistenten erworben wurden, nicht allein aus dem Grund, dass die Online-Inhalte nicht über eine Software-Anwendung, ein Geschäft für Software-Anwendungen oder einen virtuellen Assistenten erworben wurden, daran gehindert werden, über eine Software-Anwendung auf dem zentralen Plattformdienst des Torwächters auf diese Online-Inhalte zuzugreifen.

(42) Zur Wahrung eines fairen Geschäftsumfelds und der Bestreitbarkeit des digitalen Sektors ist es wichtig, das Recht der gewerblichen Nutzer und Endnutzer, einschließlich Hinweisgebern, zu schützen, Bedenken wegen unfairer Praktiken von Torwächtern, die Fragen der Nichteinhaltung des einschlägigen Unionsrechts oder nationalen Rechts aufwerfen, bei den zuständigen Verwaltungsstellen oder Behörden einschließlich nationaler Gerichte geltend zu machen. So ist es beispielsweise möglich, dass sich gewerbliche Nutzer oder Endnutzer wegen verschiedener unfairer Praktiken beschweren möchten, z.B. wegen diskriminierender Zugangsbedingungen, einer ungerechtfertigten Schließung von Konten gewerblicher Nutzer oder unklarer Gründe für die Auslistung von Produkten. Daher sollte jede Praktik, die diese Nutzer – beispielsweise durch Vertraulichkeitsklauseln in Vereinbarungen oder andere schriftliche Bedingungen – auf irgendeine Weise es ihnen erschwert oder daran hindert, ihre Bedenken geltend zu machen oder bestehende Rechtsmittel einzulegen, verboten werden. Dieses Verbot sollte das Recht von gewerblichen Nutzern und Torwächtern unberührt lassen, in ihren Vereinbarungen die Nut-

zungsbedingungen einschließlich gültiger Mechanismen für die Behandlung von Beschwerden, darunter Mechanismen für eine außergerichtliche Beilegung von Rechtsstreitigkeiten oder die Zuständigkeit spezifischer Gerichte, im Einklang mit dem einschlägigen Unionsrecht und nationalen Recht festzulegen. Dies sollte auch die Rolle von Torwächtern bei der Bekämpfung illegaler Online-Inhalte unberührt lassen.

(43) Bestimmte Dienste, die zusammen mit oder zur Unterstützung einschlägiger zentraler Plattformdienste des Torwächters erbracht werden, wie etwa Identifizierungsdienste, Webbrowser-Engines, Zahlungsdienste oder technische Dienste zur Unterstützung der Erbringung von Zahlungsdiensten, z.B. Zahlungssysteme für in der Software-Anwendung integrierte Käufe (in-app purchase), sind für gewerbliche Nutzer für die Führung ihrer Geschäfte von entscheidender Bedeutung und ermöglichen ihnen die Optimierung von Diensten. Insbesondere beruht jeder Browser auf einer Webbrowser-Engine, die für Schlüsselfunktionen des Browsers wie Geschwindigkeit, Zuverlässigkeit und Webkompatibilität maßgeblich ist. Wenn Torwächter Webbrowser-Engines betreiben und vorgeben, sind sie in der Lage, die Funktionen und Standards zu bestimmen, die nicht nur für ihre eigenen Webbrowser, sondern auch für konkurrierende Webbrowser und damit für Web-Software-Anwendungen gelten. Deshalb sollten Torwächter ihre Position nicht einsetzen, um von ihren abhängigen gewerblichen Nutzern zu verlangen, dass sie im Rahmen der Bereitstellung von Diensten oder Produkten einen der vom Torwächter selbst bereitgestellten Dienste, die zusammen mit oder zur Unterstützung von zentralen Plattformdiensten erbracht werden, nutzen. Um zu vermeiden, dass Torwächter gewerblichen Nutzern ihre eigenen Dienste, die zusammen mit oder zur Unterstützung von zentralen Plattformdiensten erbracht werden, indirekt aufzwingen, sollte es Torwächtern auch untersagt sein, Endnutzern die Nutzung solcher Dienste vorzugeben, wenn eine solche Anforderung im Zusammenhang mit dem Dienst auferlegt würde, den der gewerbliche Nutzer, der den zentralen Plattformdienst des Torwächters nutzt, für Endnutzer erbringt. Dieses Verbot zielt darauf ab, die Freiheit des gewerblichen Nutzers zu schützen, andere Dienste als diejenigen des Torwächters zu wählen, sollte jedoch nicht als Verpflichtung des gewerblichen Nutzers ausgelegt werden, seinen Endnutzern solche Alternativen anzubieten.

(44) Das Verhalten, von gewerblichen Nutzern oder Endnutzern als Bedingung für die Nutzung von, den Zugang zu, die Anmeldung in oder die Registrierung bei einem im Benennungsbeschluss aufgeführten zentralen Plattformdienst eines im Benennungsbeschluss aufgeführten Torwächters oder eines Torwächters, der die in dieser Verordnung festgelegten Schwellenwerte für aktive Endnutzer und gewerbliche Nutzer erreicht, zu verlangen, einen anderen zentralen Plattformdienst zu abonnieren oder sich bei diesem zu registrieren, ermöglicht den Torwächtern, neue gewerbliche Nutzer und Endnutzer für seine zentralen Plattformdienste zu gewinnen und zu binden, indem er dafür sorgt, dass gewerbliche Nutzer nur dann Zugang zu einem zentralen Plattformdienst haben, wenn sie sich zumindest auch für einen zweiten zentralen Plattformdienst registrieren oder ein entsprechendes Konto einrichten. Dieses Verhalten verschafft Torwächtern auch aufgrund der Anhäufung von Daten einen

potenziellen Vorteil. Daher ist dieses Verhalten geeignet, Markteintrittsschranken zu schaffen, und sollte verboten werden.

(45) Die Bedingungen, zu denen Torwächter Online-Werbedienste für gewerbliche Nutzer, darunter Werbetreibende sowie Herausgeber, erbringen, sind oft intransparent und undurchsichtig. Diese Intransparenz hängt zum Teil mit den Praktiken einiger weniger Plattformen zusammen, ist aber auch durch die Komplexität der heutigen programmatischen Werbung bedingt. Die Transparenz in dieser Branche hat offenbar nach der Einführung neuer Datenschutzvorschriften abgenommen. Dies führt dazu, dass Werbetreibende und Herausgeber in vielen Fällen nicht über genügend Informationen und Kenntnisse über die Bedingungen der von ihnen bezogenen Online-Werbedienste verfügen und ihre Fähigkeit beeinträchtigt wird, zwischen Unternehmen, die Online-Werbedienste erbringen, zu wechseln. Außerdem dürften die Kosten für Online-Werbedienste unter diesen Bedingungen höher sein als in einem faireren, transparenteren und bestreitbareren Plattformumfeld. Diese höheren Kosten dürften sich in den Preisen niederschlagen, die Endnutzer für viele täglich genutzte Produkte und Dienstleistungen zahlen, die auf der Nutzung von Online-Werbediensten beruhen. Daher sollten Transparenzverpflichtungen vorsehen, dass Torwächter Werbetreibenden und Herausgebern, für die sie Online-Werbedienste erbringen, auf Anfrage kostenlos Informationen zur Verfügung stellen müssen, anhand deren beide Seiten den Preis der einzelnen Online-Werbedienste nachvollziehen können, die im Rahmen der betreffenden Werbewertschöpfungskette erbracht wurden.
Diese Informationen sollten einem Werbetreibenden auf Anfrage auf Ebene einer einzelnen Anzeige zur Verfügung gestellt werden, und zwar in Bezug auf den Preis und die Gebühren, die diesem Werbetreibenden in Rechnung gestellt werden, sowie – vorbehaltlich der Zustimmung des Herausgebers, der Eigentümer des Inventars ist, in dem die Anzeige angezeigt wird – die Vergütung, die dieser zustimmende Herausgeber erhält. Die Bereitstellung dieser Informationen auf täglicher Basis wird es Werbetreibenden ermöglichen, Informationen zu erhalten, die eine ausreichende Granularität aufweisen, um die Kosten der Nutzung der Online-Werbedienste von Torwächtern mit den Kosten der Nutzung von Online-Werbediensten anderer Unternehmen zu vergleichen. Wenn einige Herausgeber der Weitergabe der einschlägigen Informationen an den Werbetreibenden nicht zustimmen, sollte der Torwächter dem Werbetreibenden die Informationen über die durchschnittliche tägliche Vergütung, die diese Herausgeber für die betreffenden Anzeigen erhalten, zur Verfügung stellen. Die gleiche Verpflichtung und die gleichen Grundsätze für die Weitergabe der einschlägigen Informationen über die Erbringung von Online-Werbediensten sollten für Anfragen von Herausgebern gelten. Da Torwächter für die Erbringung von Online-Werbediensten für Werbetreibende und Herausgeber unterschiedliche Preismodelle verwenden können, z.B. einen pro Werbeansicht (impression), pro Abruf oder aufgrund eines anderen Kriteriums berechneten Preis, sollten Torwächter auch die Methode angeben, nach der die einzelnen Preise und Vergütungen berechnet werden.

(46) Unter bestimmten Umständen hat ein Torwächter als Unternehmen, das zentrale Plattformdienste bereitstellt, eine Doppelrolle, indem es zum

einen für seine gewerblichen Nutzer einen zentralen Plattformdienst bereitstellt und möglicherweise zusammen mit diesem zentralen Plattformdienst oder zu dessen Unterstützung andere Dienste erbringt und zum anderen als Anbieter derselben oder ähnlicher Dienstleistungen oder Produkte für dieselben Endkunden mit ebendiesen gewerblichen Nutzern im Wettbewerb steht oder im Wettbewerb zu stehen beabsichtigt. Unter diesen Umständen kann ein Torwächter einen Vorteil aus seiner Doppelrolle ziehen, indem er Daten, die von seinen gewerblichen Nutzern im Rahmen ihrer Tätigkeiten bei der Nutzung der zentralen Plattformdienste oder der zusammen mit diesen zentralen Plattformdiensten oder zu deren Unterstützung erbrachten Dienste generiert oder bereitgestellt werden, für die Zwecke seiner eigenen Dienstleistungen oder Produkte verwendet. Die Daten des gewerblichen Nutzers können auch Daten umfassen, die von seinen Endnutzern generiert oder bei deren Tätigkeiten bereitgestellt werden. Dies kann beispielsweise der Fall sein, wenn ein Torwächter gewerblichen Nutzern einen Online-Marktplatz oder ein Geschäft für Software-Anwendungen bereitstellt und zugleich als Unternehmen auftritt, das Online-Einzelhandelsdienstleistungen oder Software-Anwendungen anbietet. Um zu verhindern, dass Torwächter unfaire Vorteile aus dieser Doppelrolle ziehen, ist es erforderlich sicherzustellen, dass sie keine aggregierten oder nichtaggregierten Daten, die nicht öffentlich zugängliche anonymisierte und personenbezogene Daten umfassen könnten, nutzen, um ähnliche Dienstleistungen zu erbringen wie ihre gewerblichen Nutzer. Diese Verpflichtung sollte für den Torwächter als Ganzen gelten, d.h. einschließlich des Geschäftsbereichs, in dem er mit den gewerblichen Nutzern eines zentralen Plattformdienstes im Wettbewerb steht, aber nicht nur für diesen Geschäftsbereich.

(47) Gewerbliche Nutzer können auch Online-Werbedienste von einem Unternehmen, das zentrale Plattformdienste bereitstellt, erwerben, um Waren und Dienstleistungen für Endnutzer anzubieten. In diesem Fall kann es vorkommen, dass die Daten nicht auf dem zentralen Plattformdienst generiert werden, sondern dem zentralen Plattformdienst von dem gewerblichen Nutzer bereitgestellt werden oder auf der Grundlage seiner über den betreffenden zentralen Plattformdienst durchgeführten Tätigkeiten generiert werden. Unter bestimmten Umständen kann der zentrale Plattformdienst, der Werbedienste erbringt, eine Doppelrolle haben, nämlich als Unternehmen, das Online-Werbedienste erbringt, sowie als Unternehmen, das Dienste erbringt, die im Wettbewerb mit gewerblichen Nutzern stehen. Folglich sollte die Verpflichtung, nach der ein Torwächter, der eine Doppelrolle hat, keine Daten gewerblicher Nutzer verwenden darf, auch für die Daten gelten, die ein zentraler Plattformdienst von Unternehmen für die Zwecke der Erbringung von Online-Werbediensten auf dem betreffenden zentralen Plattformdienst erhalten hat.

(48) Im Hinblick auf Cloud-Computing-Dienste sollte die Verpflichtung, keine Daten gewerblicher Nutzer zu verwenden, auf Daten ausgeweitet werden, die gewerbliche Nutzer des Torwächters bereitstellen oder generieren, wenn sie den Cloud-Computing-Dienst des Torwächters oder dessen Geschäft für Software-Anwendungen nutzen, über den Endnutzer von Cloud-Computing-Diensten auf Software-Anwendungen zugreifen

können. Diese Verpflichtung sollte das Recht des Torwächters unberührt lassen, aggregierte Daten für die Erbringung anderer Dienste, die zusammen mit seinem zentralen Plattformdienst oder zu dessen Unterstützung erbracht werden, z.B. Datenanalyse-Dienste, zu nutzen, sofern dabei die Vorgaben der Verordnung (EU) 2016/679[1] und der Richtlinie 2002/58/EG[2] sowie die in der vorliegenden Verordnung festgelegten Verpflichtungen in Bezug auf solche Dienste eingehalten werden.

(49) Ein Torwächter kann verschiedene Mittel einsetzen, um seine eigenen Dienstleistungen oder Produkte oder jene eines Dritten auf seinem Betriebssystem, virtuellen Assistenten oder Webbrowser zum Nachteil derselben oder ähnlicher Dienstleistungen, die Endnutzer über andere Dritte erhalten könnten, zu begünstigen. Dies kann beispielsweise vorkommen, wenn ein Torwächter bestimmte Software-Anwendungen oder Dienste vorinstalliert. Um den Endnutzern eine echte Auswahl zu ermöglichen, sollten Torwächter Endnutzer nicht daran hindern, Software-Anwendungen auf ihrem Betriebssystem zu deinstallieren. Der Torwächter sollte solche Deinstallationen nur dann einschränken können, wenn diese Software-Anwendungen für das Funktionieren des Betriebssystems oder des Geräts unabdingbar sind. Torwächter sollten es den Endnutzern ferner ermöglichen, die Standardeinstellungen des Betriebssystems, virtuellen Assistenten oder Webbrowsers auf einfache Weise zu ändern, wenn diese Standardeinstellungen ihre eigenen Software-Anwendungen und Dienste begünstigen. Dazu gehört, dass automatisch ein Auswahlbildschirm angezeigt wird, wenn die Nutzer erstmalig auf eine Online-Suchmaschine, einen virtuellen Assistenten oder einen Webbrowser des Torwächters, die bzw. der im Benennungsbeschluss aufgeführt ist, zugreifen, und dass es den Endnutzern gestattet wird, einen alternativen standardmäßig eingestellten Dienst auszuwählen, wenn das Betriebssystem des Torwächters die Endnutzer zu dieser Online-Suchmaschine, diesem virtuellen Assistenten oder diesem Webbrowser lenkt und wenn der virtuelle Assistent oder der Webbrowser des Torwächters die Nutzer zu der im Benennungsbeschluss aufgeführten Online-Suchmaschine lenkt.

(50) Die von einem Torwächter für den Vertrieb von Software-Anwendungen festgelegten Regeln können unter bestimmten Umständen die Möglichkeiten der Endnutzer in zweierlei Hinsicht einschränken: zum einen in Bezug auf die Installation und effektive Nutzung von Software-Anwendungen Dritter oder deren Geschäfte für Software-Anwendungen auf Hardware oder Betriebssystemen dieses Torwächters und zum anderen in Bezug auf den Zugriff auf solche Software-Anwendungen oder Geschäfte für Software-Anwendungen außerhalb der zentralen Plattformdienste dieses Torwächters. Solche Beschränkungen können die Möglichkeiten von Anwendungsentwicklern zur Nutzung anderer Vertriebskanäle und die Möglichkeiten von Endnutzern, zwischen Software-Anwendungen verschiedener Vertriebskanäle zu wählen, begrenzen und sollten als unfaire Maßnahmen, die die Bestreitbarkeit zentraler Plattformdienste schwächen könnten, verboten werden. Um die Bestreitbarkeit zu gewährleisten, sollte der Torwächter darüber hinaus zulassen, dass die Software-

[1] Nr. **1**.
[2] Nr. **3**.

Anwendungen Dritter oder Geschäfte für Software-Anwendungen Dritter den Endnutzer auffordern, zu entscheiden, ob dieser Dienst standardmäßig eingestellt werden soll, und es ermöglichen, dass diese Änderung auf einfache Weise vorgenommen werden kann.

Der Torwächter sollte angemessene technische oder vertragliche Maßnahmen ergreifen können, um sicherzustellen, dass Software-Anwendungen Dritter und Geschäfte für Software-Anwendungen Dritter nicht die Integrität der von ihm bereitgestellten Hardware oder des von ihm bereitgestellten Betriebssystems gefährden, sofern er nachweist, dass diese Maßnahmen erforderlich und gerechtfertigt sind und die Integrität der Hardware bzw. des Betriebssystems nicht durch weniger restriktive Mittel geschützt werden kann. Die Integrität der Hardware oder des Betriebssystems sollte alle Gestaltungsoptionen umfassen, die umgesetzt und erhalten werden müssen, damit die Hardware oder das Betriebssystem gegen unbefugten Zugriff geschützt ist, indem sichergestellt wird, dass die für die betreffende Hardware oder das betreffende Betriebssystem geltenden Sicherheitseinstellungen nicht beeinträchtigt werden können. Damit sichergestellt ist, dass Software-Anwendungen Dritter oder Geschäfte für Software-Anwendungen Dritter die Sicherheit der Endnutzer nicht untergraben, sollte der Torwächter darüber hinaus unbedingt erforderliche und angemessene Maßnahmen und Einstellungen, bei denen es sich nicht um Standardeinstellungen handelt, umsetzen können, die es den Endnutzern ermöglichen, ihre Sicherheit in Bezug auf Software-Anwendungen Dritter oder Geschäfte für Software-Anwendungen Dritter wirksam zu schützen, sofern der Torwächter nachweist, dass diese Maßnahmen und Einstellungen unbedingt erforderlich und gerechtfertigt sind und dieses Ziel nicht durch weniger restriktive Mittel erreicht werden kann. Der Torwächter sollte solche Maßnahmen nicht als Standardeinstellung oder durch eine Vorinstallation umsetzen können.

(51) Da Torwächter in vielen Fällen vertikal integriert sind und Endnutzern Produkte oder Dienstleistungen über ihre eigenen zentralen Plattformdienste oder über gewerbliche Nutzer anbieten, über die sie Kontrolle ausüben, kommt es häufig zu Interessenkonflikten. Dazu kann gehören, dass ein Torwächter seine eigenen Online-Vermittlungsdienste über eine Online-Suchmaschine bereitstellt. Wenn Torwächter diese Produkte oder Dienstleistungen auf dem zentralen Plattformdienst anbieten, können sie ihr eigenes Angebot durch Ranking sowie damit verbundene Indexierung und damit verbundenes Auffinden (crawling) besser positionieren als die Produkte oder Dienstleistungen Dritter, die ebenfalls auf diesem zentralen Plattformdienst tätig sind. Dies kann beispielsweise beim Ranking von Produkten oder Dienstleistungen – einschließlich anderer zentraler Plattformdienste – in den Ergebnissen von Online-Suchmaschinen erfolgen oder wenn diese ganz oder teilweise in Ergebnisse von Online-Suchmaschinen oder thematischen Gruppen von Ergebnissen integriert sind und zusammen mit den Ergebnissen einer Online-Suchmaschine angezeigt werden, die von bestimmten Endnutzern als von der Online-Suchmaschine getrennter oder zusätzlicher Dienst angesehen oder genutzt werden.

Es kann auch bei Software-Anwendungen erfolgen, die über Geschäfte für Software-Anwendungen vertrieben werden, oder bei Videos, die über eine Video-Sharing-Plattform vertrieben werden, oder bei Produkten und Dienstleistungen, die im Newsfeed eines Online-Dienstes eines sozialen Netzwerks hervorgehoben oder in den Suchergebnissen oder auf einem Online-Marktplatz angezeigt werden, oder bei Produkten und Dienstleistungen, die über einen virtuellen Assistenten angeboten werden. Eine solche bessere Positionierung des eigenen Angebots des Torwächters kann auch bereits vor dem Ranking infolge einer Abfrage erfolgen, etwa beim Auffinden oder bei der Indexierung. Der Torwächter kann beispielsweise bereits beim Auffinden (crawling), einem Verfahren zum Auffinden neuer und aktualisierter Inhalte, oder bei der Indexierung, die das Speichern und Ordnen der beim Auffinden gefundenen Inhalte umfasst, seine eigenen Inhalte gegenüber jenen von Dritten bevorzugen. Unter diesen Umständen spielt der Torwächter eine Doppelrolle, denn er ist sowohl Vermittler für Drittunternehmen als auch ein Unternehmen, das Produkte oder Dienstleistungen direkt anbietet. Folglich können solche Torwächter die Bestreitbarkeit in Bezug auf diese Produkte oder Dienstleistungen auf diesen zentralen Plattformdiensten direkt zum Nachteil der nicht unter der Kontrolle des Torwächters stehenden gewerblichen Nutzer untergraben.

(52) In solchen Situationen sollten die Torwächter die Produkte oder Dienstleistungen, die sie selbst oder über einen von ihnen kontrollierten gewerblichen Nutzer anbieten, beim Ranking auf dem zentralen Plattformdienst und bei der damit verbundenen Indexierung und dem damit verbundenen Auffinden weder durch rechtliche noch durch kommerzielle oder technische Mittel anders oder bevorzugt behandeln. Um sicherzustellen, dass diese Verpflichtung wirksam ist, sollten auch die für ein solches Ranking geltenden Bedingungen generell fair und transparent sein. Unter „Ranking" ist in diesem Zusammenhang jedwede relative Hervorhebung zu verstehen, auch das Anzeigen, die Beurteilung, das Verlinken oder die Sprachausgabe von Ergebnissen, und es sollte auch Fälle umfassen, in denen ein zentraler Plattformdienst dem Endnutzer nur ein einziges Ergebnis darstellt oder kommuniziert. Um sicherzustellen, dass diese Verpflichtung wirksam ist und nicht umgangen werden kann, sollte sie auch für jede Maßnahme gelten, die die gleiche Wirkung wie eine Differenzierung oder Vorzugsbehandlung beim Ranking hat. Die nach Artikel 5 der Verordnung (EU) 2019/1150 erlassenen Leitlinien sollten auch die Um- und Durchsetzung dieser Verpflichtung erleichtern.

(53) Torwächter sollten die freie Auswahl von Endnutzern nicht dadurch beschränken oder verhindern, dass sie sie technisch oder auf andere Weise daran hindern, zwischen verschiedenen Software-Anwendungen und Diensten zu wechseln oder solche zu abonnieren. So hätten mehr Unternehmen die Möglichkeit, ihre Dienste anzubieten, was letztlich eine größere Auswahl für die Endnutzer zur Folge hätte. Torwächter sollten ungeachtet dessen, ob sie Hardware für den Zugang zu solchen Software-Anwendungen oder Diensten herstellen, eine freie Auswahl sicherstellen und sollten keine künstlichen technischen oder sonstigen Hindernisse errichten, um einen Anbieterwechsel unmöglich oder unwirksam zu machen. Das reine Anbieten eines bestimmten Produkts oder einer bestimmten Dienstleistung für Endnutzer (z.B. durch eine Vorinstallation) oder die Verbesserung des Angebots für Endnutzer (z.B. durch Preiser-

mäßigungen oder höhere Qualität) sollten für sich genommen nicht als verbotenes Hindernis für einen Anbieterwechsel gelten.

(54) Torwächter können den Zugriff von Endnutzern auf Online-Inhalte und -Dienste einschließlich Software-Anwendungen beeinträchtigen. Daher sollten Regeln festgelegt werden, um sicherzustellen, dass das Recht der Endnutzer auf Zugang zu einem offenen Internet nicht durch das Verhalten von Torwächtern beeinträchtigt wird. Torwächter können insbesondere durch ihre Kontrolle über Hardware oder Betriebssysteme auch die Möglichkeiten von Endnutzern, effektiv zwischen verschiedenen Unternehmen, die Internetzugangsdienste bereitstellen, zu wechseln, technisch beschränken. Dies verfälscht die Wettbewerbsbedingungen für Internetzugangsdienste und schadet letztlich den Endnutzern. Daher sollte sichergestellt werden, dass Torwächter Endnutzer bei der Auswahl des Unternehmens, das ihnen den Internetzugangsdienst bereitstellt, nicht unangemessen einschränken.

(55) Ein Torwächter kann Dienste oder Hardware, wie z.B. direkt am Körper tragbare Geräte (wearable devices), bereitstellen, die auf Hardware- oder Software-Funktionen eines Geräts zurückgreifen, auf das über ein Betriebssystem oder einen virtuellen Assistenten zugegriffen wird oder das durch diese gesteuert wird, um Endnutzern spezifische Funktionen anzubieten. In diesem Fall müssen konkurrierende Anbieter von Diensten oder Hardware, wie z.B. Anbieter von direkt am Körper tragbaren Geräten, über eine gleichermaßen wirksame Interoperabilität mit – und Zugang zu Zwecken der Interoperabilität zu – denselben Hardware- oder Software-Funktionen verfügen, damit sie den Endnutzern ein konkurrenzfähiges Angebot bereitstellen können.

(56) Torwächter können auch als Entwickler von Betriebssystemen und Hersteller von Geräten, einschließlich der technischen Funktionen solcher Geräte, eine Doppelrolle spielen. So kann zum Beispiel ein Torwächter, der ein Gerät herstellt, den Zugang zu einigen Funktionen dieses Geräts wie der Nahfeldkommunikationstechnologie, sicheren Elementen und Prozessoren, Authentifizierungsmechanismen oder der Software für den Betrieb dieser Technologien beschränken, die für die wirksame Erbringung eines Dienstes, der zusammen mit dem zentralen Plattformdienst oder zu dessen Unterstützung erbracht wird, durch den Torwächter sowie jedes potenzielle Drittunternehmen, das einen solchen Dienst erbringt, erforderlich sein könnte.

(57) Wenn Doppelrollen in einer Weise verwendet werden, dass alternative Anbieter von Diensten und Hardware daran gehindert werden, zu gleichen Bedingungen auf dieselben Betriebssystem-, Hardware- oder Software-Funktionen zuzugreifen, die der Torwächter für die Erbringung seiner eigenen Ergänzungs- oder Unterstützungsdienste oder Hardware zur Verfügung hat oder verwendet, könnte dies die Innovationen seitens der alternativen Anbieter sowie die Auswahl für die Endnutzer erheblich beeinträchtigen. Daher sollten die Torwächter verpflichtet sein, kostenlos eine wirksame Interoperabilität mit – und Zugang zu Zwecken der Interoperabilität zu – denselben Betriebssystem-, Hardware- oder Software-Funktionen zu gewährleisten, die sie für die Bereitstellung ihrer eigenen Ergänzungs- und Unterstützungsdienste und Hardware zur Verfügung haben. Ein derartiger Zugang kann auch für Software-Anwendungen im

Zusammenhang mit den einschlägigen Diensten, die zusammen mit dem zentralen Plattformdienst oder zu dessen Unterstützung erbracht werden, erforderlich sein, um wirksam Funktionen zu entwickeln und bereitzustellen, bei denen Interoperabilität mit den von Torwächtern bereitgestellten Funktionen gegeben ist. Ziel der Verpflichtungen ist es, konkurrierenden Dritten eine Interkonnektivität mit den jeweiligen Funktionen durch Schnittstellen oder ähnliche Lösungen zu gestatten, die ebenso wirksam ist wie bei den eigenen Diensten oder der eigenen Hardware des Torwächters.

(58) Die Bedingungen, zu denen Torwächter Online-Werbedienste für gewerbliche Nutzer wie z.B. Werbetreibende oder Herausgeber erbringen, sind oft intransparent und undurchsichtig. Daher verfügen Werbetreibende und Herausgeber oft nicht über genügend Informationen über die Wirkung einer konkreten Werbemaßnahme. Zur Förderung der Fairness, Transparenz und Bestreitbarkeit der im Benennungsbeschluss aufgeführten Online-Werbedienste sowie der in andere zentrale Plattformdienste desselben Unternehmens vollständig integrierten Online-Werbedienste, sollten Torwächter Werbetreibenden und Herausgebern sowie von Werbetreibenden und Herausgebern bevollmächtigten Dritten auf Antrag kostenlos Zugang zu den Instrumenten zur Leistungsmessung der Torwächter und zu den – aggregierten und nichtaggregierten – Daten gewähren, die Werbetreibende, bevollmächtigte Dritte wie Werbeagenturen, die im Auftrag eines Unternehmens Werbung platzieren, und Herausgeber für ihre eigene unabhängige Überprüfung der Erbringung der relevanten Online-Werbedienste benötigen.

(59) Torwächter profitieren von ihrem Zugang zu großen Datenmengen, die sie im Zuge des Betriebs der zentralen Plattformdienste sowie anderer digitaler Dienste erheben. Um sicherzustellen, dass Torwächter nicht die Bestreitbarkeit zentraler Plattformdienste oder das Innovationspotenzial des dynamischen digitalen Sektors untergraben, indem sie den Anbieterwechsel oder Parallelverwendung mehrerer Dienste beschränken, sollten Endnutzer sowie von einem Endnutzer bevollmächtigte Dritte wirksam und unmittelbar Zugang zu den Daten erhalten, die sie bereitgestellt haben bzw. die durch ihre Tätigkeit im Zusammenhang mit den relevanten zentralen Plattformdiensten des Torwächters generiert wurden. Die Daten sollten in einem Format bereitgestellt werden, auf das unmittelbar und wirksam zugegriffen werden kann und das vom Endnutzer oder dem betreffenden vom Endnutzer bevollmächtigten Dritten, auf den die Daten übertragen werden, verwendet werden kann. Die Torwächter sollten auch durch geeignete und hochwertige technische Maßnahmen wie Anwendungsprogrammierschnittstellen sicherstellen, dass Endnutzer oder von Endnutzern bevollmächtigte Dritte die Daten unbeschränkt kontinuierlich und in Echtzeit übertragen können. Dies sollte auch für alle anderen Daten verschiedener Aggregationsebenen gelten, die für eine wirksame Übertragbarkeit erforderlich sind. Zur Vermeidung von Zweifeln ergänzt die Verpflichtung des Torwächters nach dieser Verordnung, die wirksame Übertragbarkeit von Daten zu gewährleisten, das Recht auf Datenübertragbarkeit gemäß der Verordnung (EU) 2016/679[1]. Die Ver-

[1] Nr. **1**.

einfachung des Anbieterwechsels oder Parallelverwendung mehrerer Dienste sollte wiederum zu einer größeren Auswahl für Endnutzer führen und dient als Innovationsanreiz für Torwächter und gewerbliche Nutzer.

(60) Gewerbliche Nutzer, die zentrale Plattformdienste von Torwächtern nutzen, sowie die Endnutzer solcher gewerblichen Nutzer stellen große Datenmengen bereit und generieren sie. Um sicherzustellen, dass gewerbliche Nutzer Zugang zu den auf diese Weise generierten Daten haben, sollte der Torwächter ihnen auf Anfrage kostenlos einen wirksamen Zugang dazu bereitstellen. Auch Dritte, die der gewerbliche Nutzer mit der Verarbeitung seiner Daten beauftragt hat, sollten für diese Verarbeitung einen solchen Zugang erhalten. Der Zugang sollte den Zugang zu Daten umfassen, die dieselben gewerblichen Nutzer und dieselben Endnutzer dieser gewerblichen Nutzer im Rahmen anderer Dienste desselben Torwächters bereitgestellt oder generiert haben, einschließlich Diensten, die zusammen mit zentralen Plattformdiensten oder zu deren Unterstützung bereitgestellt werden, sofern sie untrennbar mit der relevanten Anfrage verbunden sind. In diesem Zusammenhang sollte ein Torwächter keine vertraglichen oder sonstigen Beschränkungen anwenden, um gewerbliche Nutzer am Zugang zu relevanten Daten zu hindern; ferner sollte er es gewerblichen Nutzern ermöglichen, die Einwilligung ihrer Endnutzer für den Zugang zu solchen Daten und Datenabfragen zu erhalten, wenn eine solche Einwilligung nach der Verordnung (EU) 2016/679[1)] und der Richtlinie 2002/58/EG[2)] erforderlich ist. Torwächter sollten auch den kontinuierlichen Echtzeitzugang zu diesen Daten durch geeignete technische Maßnahmen sicherstellen, indem sie beispielsweise hochwertige Programmierschnittstellen oder integrierte Tools für gewerbliche Nutzer mit geringem Volumen einrichten.

(61) Der Wert von Online-Suchmaschinen für ihre gewerblichen Nutzer und Endnutzer steigt in dem Maße, wie die Gesamtzahl der Nutzer steigt. Unternehmen, die Online-Suchmaschinen bereitstellen, erheben und speichern aggregierte Datensätze, die Informationen über den Gegenstand von Suchanfragen sowie die Interaktionen des Nutzers mit den ihnen bereitgestellten Ergebnissen enthalten. Unternehmen, die Online-Suchmaschinen bereitstellen, erheben diese Daten bei Suchanfragen, die über ihre Online-Suchmaschinen und ggf. auf den Plattformen ihrer nachgelagerten Geschäftspartner durchgeführt werden. Der Zugang von Torwächtern zu solchen Ranking-, Anfrage-, Klick- und Ansichtsdaten stellt ein beträchtliches Hindernis für einen Markteintritt oder eine Expansion dar, das die Bestreitbarkeit von Online-Suchmaschinen untergräbt. Daher sollte von Torwächtern verlangt werden, dass sie anderen Unternehmen, die solche Dienste bereitstellen, zu fairen, zumutbaren und diskriminierungsfreien Bedingungen Zugang zu diesen im Zusammenhang mit unbezahlten und bezahlten Ergebnissen von Suchanfragen von Verbrauchern erhobenen Ranking-, Anfrage-, Klick- und Ansichtsdaten gewähren, sodass diese Drittunternehmen ihre Dienste optimieren können und die Position der relevanten zentralen Plattformdienste angreifen können. Auch Dritte, die der Betreiber einer Online-Such-

[1)] Nr. 1.
[2)] Nr. 3.

maschine mit der Verarbeitung dieser Daten für diese Online-Suchmaschine beauftragt hat, sollten einen solchen Zugang erhalten. Bei der Bereitstellung des Zugangs zu seinen Suchdaten sollte ein Torwächter den Schutz der personenbezogenen Daten von Endnutzern, auch vor möglichen Risiken einer erneuten Identifizierung, durch geeignete Mittel wie die Anonymisierung solcher personenbezogenen Daten sicherstellen, ohne die Qualität oder die Nutzbarkeit der Daten wesentlich zu beeinträchtigen. Die betreffenden Daten gelten als anonymisiert, wenn personenbezogene Daten irreversibel so verändert wurden, dass sich die Informationen nicht mehr auf eine identifizierte oder identifizierbare natürliche Person beziehen, oder wenn personenbezogene Daten in einer Weise anonymisiert wurden, dass die betroffene Person nicht oder nicht mehr identifiziert werden kann.

(62) Für im Benennungsbeschluss aufgeführte Geschäfte für Software-Anwendungen, Online-Suchmaschinen und Online-Dienste sozialer Netzwerke sollten die Torwächter allgemeine Zugangsbedingungen veröffentlichen und anwenden, die fair, zumutbar und diskriminierungsfrei sein sollten. Diese allgemeinen Bedingungen sollten einen unionsbasierten alternativen Streitbeilegungsmechanismus vorsehen, der leicht zugänglich, unparteiisch, unabhängig und für den gewerblichen Nutzer gebührenfrei ist, unbeschadet der Eigenkosten des gewerblichen Nutzers sowie angemessener Maßnahmen zur Verhinderung von Missbrauch des Streitbeilegungsmechanismus durch die gewerblichen Nutzer. Der Streitbeilegungsmechanismus sollte das Recht der gewerblichen Nutzer unberührt lassen, im Einklang mit dem Unionsrecht und dem nationalen Recht Rechtsmittel bei Justizbehörden einzulegen. Insbesondere Torwächter, die Zugang zu Geschäften für Software-Anwendungen bieten, sind ein wichtiges Zugangstor für gewerbliche Nutzer, die Endnutzer erreichen wollen. In Anbetracht der ungleichen Verteilung der Verhandlungsmacht zwischen diesen Torwächtern und gewerblichen Nutzern ihrer Geschäfte für Software-Anwendungen sollte es diesen Torwächtern untersagt sein, allgemeine Bedingungen, einschließlich preislicher Bedingungen, aufzuerlegen, die unfair wären oder zu einer ungerechtfertigten Ungleichbehandlung führen würden.

Preisliche oder andere allgemeine Zugangsbedingungen sollten als unfair angesehen werden, wenn sie zu einem Ungleichgewicht zwischen den gewerblichen Nutzern auferlegten Rechten und Pflichten führen oder dem Torwächter einen Vorteil verschaffen, der in Anbetracht seiner Dienstleistung für die gewerblichen Nutzer unverhältnismäßig ist, oder wenn durch sie gewerbliche Nutzer, die dieselben oder ähnliche Dienstleistungen wie der Torwächter erbringen, benachteiligt werden. Die folgenden Kenngrößen können als Maßstab für die Bewertung der Fairness der allgemeinen Zugangsbedingungen herangezogen werden: die Preise oder Bedingungen, die andere Betreiber von Geschäften für Software-Anwendungen für dieselben oder ähnliche Dienstleistungen erheben bzw. auferlegen; die Preise oder Bedingungen, die der Betreiber eines Geschäfts für Software-Anwendungen für verschiedene verbundene oder ähnliche Dienstleistungen erhebt bzw. auferlegt oder von verschiedenen Arten von Endnutzern erhebt bzw. diesen auferlegt; die Preise oder Bedingungen, die der Betreiber eines Geschäfts für Software-Anwendungen für dieselbe Dienstleistung in unterschiedlichen Regionen erhebt bzw. auferlegt; die Preise oder Bedingungen, die der Betreiber eines Geschäfts für Software-Anwendungen für dieselbe Dienstleistung erhebt bzw. auferlegt, die der Torwächter für sich selbst erbringt. Diese Verpflichtung sollte kein Zugangsrecht begründen und nicht die Möglichkeiten der Betreiber von Geschäften für Software-Anwendungen, Online-Suchmaschinen und Online-Diensten sozialer Netzwerke beschneiden, ihrer Verantwortung im Hinblick auf die Bekämpfung illegaler und unerwünschter Inhalte gemäß der Verordnung über einen Binnenmarkt für digitale Dienste ordnungsgemäß nachzukommen.

(63) Torwächter können es gewerblichen Nutzern und Endnutzern erschweren, einen zentralen Plattformdienst zu kündigen, den sie zuvor abonniert haben. Daher sollten Vorschriften festgelegt werden, um Situationen zu verhindern, in denen Torwächter die Rechte von gewerblichen Nutzern und Endnutzern untergraben, eine freie Wahl darüber zu treffen, welchen zentralen Plattformdienst sie nutzen. Um die Wahlfreiheit von gewerblichen Nutzern und Endnutzern zu gewährleisten, sollte es einem Torwächter nicht gestattet sein, die Kündigung eines zentralen Plattformdienstes durch gewerbliche Nutzer oder Endnutzer unnötig schwierig oder kompliziert zu gestalten. Die Schließung eines Kontos oder die Kündigung eines Abonnements sollte nicht komplizierter gestaltet werden als das Anlegen eines Kontos oder das Abonnieren desselben Dienstes. Torwächter sollten bei der Beendigung von Verträgen mit ihren Endnutzern oder gewerblichen Nutzern keine zusätzlichen Gebühren verlangen. Torwächter sollten sicherstellen, dass die Bedingungen für die Beendigung von Verträgen stets verhältnismäßig sind und von den Endnutzern ohne übermäßige Schwierigkeiten eingehalten werden können, beispielsweise hinsichtlich der Kündigungsgründe, der Kündigungsfrist oder der Form einer solchen Kündigung. Dies gilt unbeschadet nationaler Rechtsvorschriften, die im Einklang mit dem Unionsrecht zur Festlegung von Rechten und Pflichten hinsichtlich der Bedingungen für die Beendigung der Bereitstellung zentraler Plattformdienste durch Endnutzer anwendbar sind.

(64) Der Mangel an Interoperabilität ermöglicht es Torwächtern, die nummernunabhängige interpersonelle Kommunikationsdienste erbringen, von starken Netzwerkeffekten zu profitieren, was zur Schwächung der Bestreitbarkeit beiträgt. Darüber hinaus bieten Torwächter oft – unabhängig davon, ob Endnutzer Parallelverwendung mehrerer Dienste betreiben – nummernunabhängige interpersonelle Kommunikationsdienste als Teil ihres Plattformökosystems an, und dies verstärkt die Markteintrittsschranken für alternative Anbieter solcher Dienste noch weiter und erhöht die Kosten der Endnutzer für einen Anbieterwechsel. Unbeschadet der Richtlinie (EU) 2018/1972 des Europäischen Parlaments und des Rates[1] und insbesondere der in Artikel 61 der genannten Richtlinie festgelegten Bedingungen und Verfahren sollten Torwächter daher – gebührenfrei und auf Antrag – die Interoperabilität mit bestimmten grundlegenden Funk-

[1] **Amtl. Anm.:** Richtlinie (EU) 2018/1972 des Europäischen Parlaments und des Rates vom 11. Dezember 2018 über den europäischen Kodex für die elektronische Kommunikation (ABl. L 321 vom 17.12.2018, S. 36).

tionen ihrer nummernunabhängigen interpersonellen Kommunikationsdienste, die sie für ihre eigenen Endnutzer erbringen, für Drittanbieter solcher Dienste sicherstellen.

Torwächter sollten Interoperabilität für Drittanbieter nummernunabhängiger interpersoneller Kommunikationsdienste sicherstellen, die ihre nummernunabhängigen interpersonellen Kommunikationsdienste an Endnutzer und gewerbliche Nutzer in der Union anbieten oder anbieten möchten. Um die praktische Durchführung dieser Interoperabilität zu erleichtern, sollte von dem betreffenden Torwächter verlangt werden, ein Referenzangebot zu veröffentlichen, in dem die technischen Einzelheiten und die allgemeinen Bedingungen der Interoperabilität mit seinen nummernunabhängigen interpersonellen Kommunikationsdiensten dargelegt sind. Die Kommission sollte gegebenenfalls das Gremium europäischer Regulierungsstellen für elektronische Kommunikation konsultieren können, um festzustellen, ob die in dem Referenzangebot, das der Torwächter verwenden möchte oder verwendet hat, veröffentlichten technischen Einzelheiten und allgemeinen Bedingungen die Einhaltung dieser Verpflichtung gewährleisten.

In jedem Fall sollten der Torwächter und der antragstellende Anbieter im Einklang mit ihren Verpflichtungen gemäß dieser Verordnung und dem anwendbaren Unionsrecht, insbesondere der Verordnung (EU) 2016/679[1)] und der Richtlinie 2002/58/EG[2)], sicherstellen, dass die Interoperabilität ein hohes Maß an Sicherheit und Datenschutz nicht untergräbt. Die Verpflichtung im Zusammenhang mit der Interoperabilität sollte die Informationen und Wahlmöglichkeiten unberührt lassen, die den Endnutzern nummernunabhängiger interpersoneller Kommunikationsdienste des Torwächters und des antragstellenden Anbieters gemäß dieser Verordnung und anderen Rechtsvorschriften der Union, insbesondere der Verordnung (EU) 2016/679[1)], zur Verfügung zu stellen sind.

(65) Um die Wirksamkeit der in dieser Verordnung festgelegten Verpflichtungen zu gewährleisten und gleichzeitig sicherzustellen, dass diese Verpflichtungen auf das Maß beschränkt sind, das erforderlich ist, um die Bestreitbarkeit zu gewährleisten und den schädlichen Auswirkungen der unfairen Praktiken von Torwächtern zu begegnen, müssen diese Verpflichtungen klar definiert und umrissen werden, damit die Torwächter sie unter uneingeschränkter Einhaltung des anwendbaren Rechts, insbesondere der Verordnung (EU) 2016/679[1)] und der Richtlinie 2002/58/EG[2)] sowie der Rechtsvorschriften über Anforderungen des Verbraucherschutzes, der Cybersicherheit, der Produktsicherheit und der Zugänglichkeit, einschließlich der Richtlinie (EU) 2019/882 und der Richtlinie (EU) 2016/2102 des Europäischen Parlaments und des Rates[3)], vollständig einhalten können. Die Torwächter sollten durch entsprechende Gestaltung dafür sorgen, dass die Vorgaben dieser Verordnung eingehalten werden. Daher sollten die erforderlichen Maßnahmen so weit wie mög-

---

[1)] Nr. **1**.
[2)] Nr. **3**.
[3)] **Amtl. Anm.:** Richtlinie (EU) 2016/2102 des Europäischen Parlaments und des Rates vom 26. Oktober 2016 über den barrierefreien Zugang zu den Websites und mobilen Anwendungen öffentlicher Stellen (ABl. L 327 vom 2.12.2016, S. 1).

lich in die Gestaltung der von den Torwächtern genutzten Technik einfließen.

In bestimmten Fällen kann es angezeigt sein, dass die Kommission, im Anschluss an einen Dialog mit dem betreffenden Torwächter und nachdem Dritten die Möglichkeit zur Stellungnahme gegeben wurde, einige der Maßnahmen präzisiert, die der betreffende Torwächter ergreifen sollte, um möglicherweise noch näher auszuführende Verpflichtungen oder – im Falle der Umgehung – alle Verpflichtungen wirksam zu erfüllen. Eine solche Präzisierung sollte insbesondere dann möglich sein, wenn die Umsetzung einer möglicherweise noch näher auszuführenden Verpflichtung durch Unterschiede zwischen Diensten innerhalb einer einzigen Kategorie zentraler Plattformdienste beeinflusst werden kann. Zu diesem Zweck sollte der Torwächter die Kommission um die Aufnahme eines Verfahrens ersuchen können, mit dem die Kommission einige der Maßnahmen präzisieren kann, die der betreffende Torwächter ergreifen sollte, um diese Verpflichtungen wirksam zu erfüllen.

Ob und wann eine solche Präzisierung erfolgen sollte, sollte im Ermessen der Kommission liegen, wobei die Grundsätze der Gleichbehandlung, der Verhältnismäßigkeit und der guten Verwaltungspraxis zu wahren sind. Dabei sollte die Kommission die wichtigsten Gründe für ihre Einschätzung angeben, einschließlich von Prioritäten für die Durchsetzung. Dieses Verfahren sollte nicht dazu genutzt werden, die Wirksamkeit dieser Verordnung zu untergraben. Darüber hinaus berührt dieses Verfahren nicht die Befugnisse der Kommission, einen Beschluss zu erlassen, mit dem die Nichteinhaltung einer der in dieser Verordnung festgelegten Verpflichtungen durch einen Torwächter festgestellt wird, einschließlich der Möglichkeit, Geldbußen oder Zwangsgelder zu verhängen. Die Kommission sollte Verfahren wiederaufnehmen können, unter anderem wenn die präzisierten Maßnahmen sich als nicht wirksam erweisen. Eine Wiederaufnahme aufgrund einer im Wege eines Beschlusses angenommenen unwirksamen Präzisierung sollte es der Kommission ermöglichen, die Präzisierung vorausschauend zu ändern. Die Kommission sollte auch eine angemessene Frist festlegen können, innerhalb derer das Verfahren wiederaufgenommen werden kann, wenn die präzisierten Maßnahmen sich als nicht wirksam erweisen.

(66) Als zusätzliches Element zur Gewährleistung der Verhältnismäßigkeit sollten Torwächter die Möglichkeit erhalten, die Aussetzung einer bestimmten Verpflichtung in dem erforderlichen Umfang zu beantragen, wenn außergewöhnliche Umstände vorliegen, auf die der Torwächter keinen Einfluss hat, wie etwa ein unvorhergesehener externer Schock, durch den ein erheblicher Teil der Nachfrage der Endnutzer nach dem betreffenden zentralen Plattformdienst vorübergehend weggefallen ist; in diesem Falle müsste der Torwächter nachweisen, dass die Erfüllung der betreffenden Verpflichtung die Rentabilität der Geschäftstätigkeit des betreffenden Torwächters in der Union gefährden würde. Die Kommission sollte die außergewöhnlichen Umstände, die die Aussetzung rechtfertigen, ermitteln und diese regelmäßig überprüfen, um zu beurteilen, ob die Voraussetzungen für die Gewährung der Aussetzung noch vorliegen.

(67) Unter außergewöhnlichen Umständen, die ausschließlich im Zusammenhang mit der Wahrung der öffentlichen Gesundheit oder der öffentlichen Sicherheit – im Sinne des Unionsrechts und der Auslegung durch den Gerichtshof – vorliegen können, sollte die Kommission einen bestimmten zentralen Plattformdienst per Beschluss von einer bestimmten Verpflichtung befreien können. Werden diese öffentlichen Interessen beeinträchtigt, so könnte dies darauf hindeuten, dass die gesamtgesellschaftlichen Kosten, die infolge der Durchsetzung einer bestimmten Verpflichtung entstünden, in einem bestimmten Ausnahmefall zu hoch und somit unverhältnismäßig sind. Gegebenenfalls sollte die Kommission die Einhaltung erleichtern können, indem sie bewertet, ob eine begrenzte und hinreichend begründete Aussetzung oder Befreiung gerechtfertigt ist. Dies sollte gewährleisten, dass die in dieser Verordnung festgelegten Verpflichtungen verhältnismäßig sind ohne die beabsichtigten Ex-ante-Auswirkungen im Hinblick auf Fairness und Bestreitbarkeit zu untergraben. Wird eine entsprechende Befreiung eingeräumt, so sollte die Kommission ihre Entscheidung jedes Jahr überprüfen.

(68) Torwächter sollten die Kommission innerhalb des Zeitrahmens für die Einhaltung ihrer Verpflichtungen nach dieser Verordnung im Wege einer obligatorischen Berichterstattung über die Maßnahmen informieren, deren Umsetzung sie planen oder die sie umgesetzt haben, um die wirksame Einhaltung dieser Verpflichtungen sicherzustellen, einschließlich jener Maßnahmen, die die Einhaltung der Verordnung (EU) 2016/679[1)] betreffen, soweit sie für die Einhaltung der in der vorliegenden Verordnung vorgesehenen Verpflichtungen relevant sind, womit die Kommission in die Lage versetzt werden sollte, ihre Aufgaben nach der vorliegenden Verordnung zu erfüllen. Außerdem sollte eine klare und verständliche nichtvertrauliche Zusammenfassung dieser Informationen öffentlich zugänglich gemacht werden, wobei dem berechtigten Interesse der Torwächter an der Wahrung ihrer Geschäftsgeheimnisse und anderer vertraulicher Informationen Rechnung zu tragen ist. Diese nichtvertrauliche Veröffentlichung sollte es Dritten ermöglichen, zu bewerten, ob die Torwächter die in dieser Verordnung festgelegten Verpflichtungen einhalten. Eine solche Berichterstattung sollte etwaigen Durchsetzungsmaßnahmen, die die Kommission zu einem beliebigen Zeitpunkt nach der Berichterstattung ergreift, nicht vorgreifen. Die Kommission sollte einen Link zu der nichtvertraulichen Zusammenfassung des Berichts sowie alle anderen auf Informationspflichten gemäß dieser Verordnung beruhenden öffentlichen Informationen online veröffentlichen, damit der Zugang zu diesen Informationen in nutzbarer und umfassender Weise, insbesondere für kleine und mittlere Unternehmen (KMU), gewährleistet ist.

(69) Die Verpflichtungen der Torwächter sollten nur aktualisiert werden, wenn nach einer gründlichen Untersuchung der Art und Auswirkungen bestimmter Praktiken festgestellt wird, dass diese Praktiken nunmehr als unfair einzustufen sind oder die Bestreitbarkeit ebenso beschränken wie die in dieser Verordnung dargelegten unfairen Praktiken, aber möglicherweise nicht unter die Verpflichtungen dieser Verordnung fallen. Die Kommission sollte entweder von Amts wegen oder auf begründeten

---

[1)] Nr. **1**.

Antrag von mindestens drei Mitgliedstaaten eine Untersuchung einleiten können, um festzustellen, ob die bestehenden Verpflichtungen aktualisiert werden müssen. Die Mitgliedstaaten sollten bei der Vorlage solcher begründeter Anträge Informationen über neu eingeführte Angebote von Produkten, Dienstleistungen, Software oder Funktionen aufnehmen können, die Bedenken hinsichtlich der Bestreitbarkeit oder Fairness aufwerfen, unabhängig davon, ob sie im Zusammenhang mit bestehenden zentralen Plattformdiensten oder auf andere Weise umgesetzt werden. Hält es die Kommission im Anschluss an eine Marktuntersuchung für erforderlich, wesentliche Elemente dieser Verordnung zu ändern, etwa durch die Aufnahme neuer Verpflichtungen, die von den in dieser Verordnung behandelten Fragen der Bestreitbarkeit oder Fairness abweichen, so sollte die Kommission einen Vorschlag zur Änderung dieser Verordnung vorlegen.

(70) Angesichts der beträchtlichen wirtschaftlichen Macht von Torwächtern ist es wichtig, dass die Verpflichtungen wirksam angewendet und nicht umgangen werden. Zu diesem Zweck sollten die in Rede stehenden Vorschriften auf alle Praktiken eines Torwächters angewendet werden, ungeachtet der Form dieser Praktiken und unabhängig davon, ob sie vertraglicher, geschäftlicher, technischer oder anderer Art sind, solange die Praktik dem Praktiktypus entspricht, der von einer der in dieser Verordnung festgelegten Verpflichtungen erfasst ist. Torwächter sollten kein Verhalten an den Tag legen, das die Wirksamkeit der in dieser Verordnung festgelegten Verbote und Verpflichtungen untergraben würde. Zu solchem Verhalten gehören die vom Torwächter verwendete Gestaltung, die Darstellung der Wahlmöglichkeiten des Endnutzers in einer nicht neutralen Weise oder die Nutzung der Struktur, der Funktion oder der Art und Weise der Bedienung einer Benutzerschnittstelle oder eines Teils davon, um die Nutzerautonomie, die Entscheidungsfindung oder die Wahlmöglichkeit zu beeinträchtigen oder einzuschränken. Darüber hinaus sollte es Torwächtern nicht erlaubt sein, ein Verhalten an den Tag zu legen, das die im Rahmen dieser Verordnung geforderte Interoperabilität untergräbt, beispielsweise durch ungerechtfertigte technische Schutzmaßnahmen, diskriminierende Nutzungsbedingungen, unrechtmäßige Inanspruchnahme eines Urheberrechts in Bezug auf Anwendungsprogrammierschnittstellen oder Bereitstellung irreführender Informationen. Torwächtern sollte es nicht erlaubt sein, ihre Benennung zu umgehen, indem sie ihre zentralen Plattformdienste künstlich segmentieren, aufteilen, unterteilen, fragmentieren oder aufspalten, um die in dieser Verordnung festgelegten quantitativen Schwellenwerte zu umgehen.

(71) Die Torwächter sollten der Kommission alle geplanten Übernahmen anderer Unternehmen, die zentrale Plattformdienste oder andere Dienste im digitalen Sektor oder andere Dienste, die die Erhebung von Daten ermöglichen, bereitstellen, im Voraus mitteilen, damit der Torwächter-Status wirksam überprüft und die Liste der zentralen Plattformdienste eines Torwächters angepasst werden können. Solche Informationen sollten nicht nur der Überprüfung des Status einzelner Torwächter dienen; sie sind auch für die Beobachtung breiterer Bestreitbarkeitstendenzen im digitalen Sektor sehr wichtig und können deshalb ein nützlicher zu berücksichtigender Faktor im Rahmen der in dieser Verordnung vorgese-

henen Marktuntersuchungen sein. Darüber hinaus sollte die Kommission die Mitgliedstaaten über diese Informationen unterrichten, da sie diese Informationen für die Zwecke der nationalen Fusionskontrolle verwenden können und da die zuständige nationale Behörde diese Übernahmen unter bestimmten Umständen zum Zwecke der Fusionskontrolle an die Kommission verweisen kann. Die Kommission sollte ferner jährlich eine Liste der Übernahmen, über die sie vom Torwächter informiert wurde, veröffentlichen. Um die notwendige Transparenz und Nützlichkeit dieser Unterrichtung zu den verschiedenen in dieser Verordnung vorgesehenen Zwecken zu gewährleisten, sollten die Torwächter mindestens Informationen über die an dem Zusammenschluss beteiligten Unternehmen, ihren unionsweiten und weltweiten Jahresumsatz, ihren Tätigkeitsbereich, einschließlich der unmittelbar mit dem Zusammenschluss in Verbindung stehenden Tätigkeiten, den Transaktionswert oder eine Schätzung desselben, eine zusammenfassende Beschreibung des Zusammenschlusses, einschließlich seiner Art und der ihm zugrunde liegenden Beweggründe, sowie eine Aufstellung der von dem Vorhaben betroffenen Mitgliedstaaten bereitstellen.

(72) Bei der Bewertung möglicher negativer Auswirkungen der beobachteten Praktik der Torwächter zur Erhebung und Sammlung großer Datenmengen von Endnutzern müssen die Interessen der Endnutzer hinsichtlich des Schutzes ihrer Daten und ihrer Privatsphäre berücksichtigt werden. Die Gewährleistung eines angemessenen Maßes an Transparenz bei den Profiling-Praktiken der Torwächter – unter anderem, aber nicht begrenzt auf, Profiling im Sinne von Artikel 4 Nummer 4 der Verordnung (EU) 2016/679[1] – fördert die Bestreitbarkeit der zentralen Plattformdienste. Durch Transparenzanforderungen wird von außen Druck auf Torwächter ausgeübt, tiefgreifendes Verbraucher-Profiling nicht zum Branchenstandard zu machen, zumal potenzielle Markteinsteiger oder neugegründete Unternehmen nicht im gleichen Umfang, mit der gleichen Tiefe und in ähnlicher Größenordnung auf Daten zugreifen können. Eine größere Transparenz dürfte es anderen Unternehmen, die zentrale Plattformdienste bereitstellen, ermöglichen, sich durch anspruchsvollere Garantien für den Schutz der Privatsphäre wirksamer von den etablierten Diensten abzusetzen.

Damit diese Transparenzpflicht ein Mindestmaß an Wirksamkeit entfaltet, sollten die Torwächter zumindest eine unabhängig geprüfte Beschreibung der Grundlage darlegen, auf der das Profiling durchgeführt wird, und dabei unter anderem erläutern, ob auf personenbezogene Daten und Daten aus Nutzeraktivitäten im Einklang mit der Verordnung (EU) 2016/679[1] zurückgegriffen wird, wie diese Daten verarbeitet werden, zu welchem Zweck das Profil erstellt und letztlich genutzt wird, über welchen Zeitraum das Profiling erfolgt, welche Auswirkungen das Profiling auf die Dienste des Torwächters hat, mit welchen Maßnahmen die Endnutzer auf die einschlägige Nutzung eines solchen Profilings wirksam hingewiesen werden und mit welchen Maßnahmen sie um Einwilligung ersucht werden bzw. ihnen die Möglichkeit gegeben wird, ihre Einwilligung zu verweigern oder zu widerrufen. Die Kommission sollte die

[1] Nr. **1**.

geprüfte Beschreibung dem Europäischen Datenschutzausschuss übermitteln, damit sie in die Durchsetzung der Datenschutzvorschriften der Union einfließen kann. Die Kommission sollte ermächtigt werden, die Methodik und das Verfahren für die geprüfte Beschreibung zu entwickeln, und zwar in Abstimmung mit dem Europäischen Datenschutzbeauftragten, dem Europäischen Datenschutzausschuss, der Zivilgesellschaft und Sachverständigen, im Einklang mit den Verordnungen (EU) Nr. 182/2011[1)] und (EU) 2018/1725[2)] des Europäischen Parlaments und des Rates.

(73) Damit die Ziele dieser Verordnung vollständig und dauerhaft erreicht werden, sollte die Kommission darüber befinden können, ob ein Unternehmen, das zentrale Plattformdienste bereitstellt, auch dann als Torwächter zu benennen ist, wenn es die in dieser Verordnung festgelegten quantitativen Schwellenwerte nicht erreicht, ob einem Torwächter, der die Vorgaben systematisch nicht einhält, zusätzliche Abhilfemaßnahmen aufzuerlegen sind, ob zusätzliche Dienste des digitalen Sektors in die Liste der zentralen Plattformdienste aufgenommen werden sollten und ob zusätzliche Praktiken, die in ähnlicher Weise unfair sind und die Bestreitbarkeit digitaler Märkte beschränken, untersucht werden müssen. Wenn die Kommission darüber befindet, sollte sie sich auf Marktuntersuchungen stützen, die innerhalb eines angemessenen Zeitrahmens auf der Grundlage klarer Verfahren und Fristen durchzuführen sind, um die Ex-ante-Auswirkungen dieser Verordnung auf die Bestreitbarkeit und Fairness im digitalen Sektor zu gewährleisten und für die erforderliche Rechtssicherheit zu sorgen.

(74) Die Kommission sollte nach einer Marktuntersuchung feststellen können, dass ein Unternehmen, das einen zentralen Plattformdienst bereitstellt, alle grundlegenden qualitativen Kriterien erfüllt, um als Torwächter eingestuft zu werden. Wenn das der Fall ist, sollte das betreffende Unternehmen grundsätzlich alle einschlägigen Verpflichtungen dieser Verordnung erfüllen. Einem Unternehmen, das von der Kommission als Torwächter benannt wurde, weil abzusehen ist, dass es in naher Zukunft eine gefestigte und dauerhafte Position erlangen wird, sollte die Kommission jedoch nur diejenigen Verpflichtungen auferlegen, die erforderlich und geeignet sind, um zu verhindern, dass der betreffende Torwächter hinsichtlich seiner Tätigkeiten eine gefestigte und dauerhafte Position erlangt. In Bezug auf solche neu entstehenden Torwächter sollte die Kommission berücksichtigen, dass dieser Status grundsätzlich vorübergehender Natur ist; daher sollte zu einem bestimmten Zeitpunkt abschließend geprüft werden, ob ein solches Unternehmen, das zentrale Plattformdienste bereitstellt, nunmehr eine gefestigte und dauerhafte Position erlangt hat,

---

[1)] **Amtl. Anm.:** Verordnung (EU) Nr. 182/2011 des Europäischen Parlaments und des Rates vom 16. Februar 2011 zur Festlegung der allgemeinen Regeln und Grundsätze, nach denen die Mitgliedstaaten die Wahrnehmung der Durchführungsbefugnisse durch die Kommission kontrollieren (ABl. L 55 vom 28.2.2011, S. 13).

[2)] **Amtl. Anm.:** Verordnung (EU) 2018/1725 des Europäischen Parlaments und des Rates vom 23. Oktober 2018 zum Schutz natürlicher Personen bei der Verarbeitung personenbezogener Daten durch die Organe, Einrichtungen und sonstigen Stellen der Union, zum freien Datenverkehr und zur Aufhebung der Verordnung (EG) Nr. 45/2001 und des Beschlusses Nr. 1247/2002/EG (ABl. L 295 vom 21.11.2018, S. 39).

sodass ihm alle Verpflichtungen auferlegt werden sollten, oder ob die Benennungsvoraussetzungen letztlich nicht erfüllt sind, sodass alle zuvor auferlegten Verpflichtungen aufgehoben werden sollten.

(75) Die Kommission sollte untersuchen und darüber befinden, ob durch zusätzliche verhaltensbezogene oder gegebenenfalls strukturelle Abhilfemaßnahmen sichergestellt werden sollte, dass der Torwächter die Ziele dieser Verordnung nicht unterlaufen kann, indem er eine oder mehrere der in dieser Verordnung festgelegten Verpflichtungen systematisch nicht erfüllt. Dies ist der Fall, wenn die Kommission gegen einen Torwächter innerhalb eines Zeitraums von acht Jahren mindestens drei Nichteinhaltungsbeschlüsse erlassen hat, die verschiedene zentrale Plattformdienste und verschiedene in dieser Verordnung festgelegte Verpflichtungen betreffen können, und wenn der Torwächter seine Auswirkungen auf den Binnenmarkt, die wirtschaftliche Abhängigkeit seiner gewerblichen Nutzer und Endnutzer von den zentralen Plattformdiensten des Torwächters oder die Festigung seiner Position aufrechterhalten, ausgeweitet oder weiter verstärkt hat. Es sollte davon ausgegangen werden, dass ein Torwächter seine Position als Torwächter aufrechterhalten, ausgeweitet oder verstärkt hat, wenn er trotz der von der Kommission ergriffenen Durchsetzungsmaßnahmen seine Bedeutung für gewerbliche Nutzer als Zugangstor zu Endnutzern beibehalten oder weiter konsolidiert oder gefestigt hat.
In solchen Fällen sollte die Kommission befugt sein, unter gebührender Beachtung des Grundsatzes der Verhältnismäßigkeit eine verhaltensbezogene oder strukturelle Abhilfemaßnahme zu verhängen. Sofern eine derartige Abhilfemaßnahme angemessen und erforderlich ist, um die durch die systematische Nichteinhaltung beeinträchtigte Fairness und Bestreitbarkeit aufrechtzuerhalten oder wiederherzustellen, sollte die Kommission in diesem Zusammenhang befugt sein, dem Torwächter für einen begrenzten Zeitraum zu untersagen, einen Zusammenschluss bezüglich dieser zentralen Plattformdienste oder der anderen im digitalen Sektor erbrachten Dienste oder der die Datenerhebung ermöglichenden Dienste, die durch die systematische Nichteinhaltung betroffen sind, einzugehen. Um eine wirksame Beteiligung Dritter zu ermöglichen und damit Abhilfemaßnahmen vor ihrer Anwendung getestet werden können, sollte die Kommission eine detaillierte nichtvertrauliche Zusammenfassung des Falls und der zu ergreifenden Maßnahmen veröffentlichen. Die Kommission sollte Verfahren wiederaufnehmen können, unter anderem wenn die präzisierten Abhilfemaßnahmen sich als nicht wirksam erweisen. Eine Wiederaufnahme aufgrund im Wege eines Beschlusses angenommener unwirksamer Abhilfemaßnahmen sollte es der Kommission ermöglichen, die Abhilfemaßnahmen vorausschauend zu ändern. Die Kommission sollte auch eine angemessene Frist festlegen können, innerhalb derer es möglich sein sollte, das Verfahren wiederaufzunehmen, wenn die Abhilfemaßnahmen sich als nicht wirksam erweisen.

(76) Wenn ein Torwächter der Kommission im Zuge einer Untersuchung in Bezug auf systematische Nichteinhaltung Verpflichtungszusagen anbietet, sollte die Kommission die Möglichkeit haben, diese Verpflichtungszusagen per Beschluss für den betreffenden Torwächter für bindend zu erklären, wenn sie feststellt, dass durch diese Verpflichtungszusagen die wirk-

same Einhaltung der in dieser Verordnung festgelegten Verpflichtungen gewährleistet wird. In dem betreffenden Beschluss sollte auch festgestellt werden, dass für ein Tätigwerden der Kommission in Bezug auf die systematische Nichteinhaltung, die Gegenstand der Untersuchung ist, kein Anlass mehr besteht. Wenn die Kommission bewertet, ob die vom Torwächter angebotenen Verpflichtungszusagen ausreichend sind, um die wirksame Einhaltung der Verpflichtungen nach dieser Verordnung sicherzustellen, sollte sie die Möglichkeit haben, vom Torwächter durchgeführte Tests zum Nachweis der Wirksamkeit der angebotenen Verpflichtungszusagen in der Praxis zu berücksichtigen. Die Kommission sollte überprüfen, ob der Beschluss über die Verpflichtungszusagen uneingeschränkt geachtet wird und die damit verfolgten Ziele erreicht werden, und sie sollte befugt sein, den Beschluss wiederaufzunehmen, wenn sie feststellt, dass die Verpflichtungszusagen nicht wirksam sind.

(77) Die Dienste im digitalen Sektor und die Arten von Praktiken im Zusammenhang mit diesen Diensten können sich innerhalb kurzer Zeit stark ändern. Um sicherzustellen, dass diese Verordnung auf dem aktuellen Stand bleibt und eine wirksame und ganzheitliche regulatorische Lösung zur Bewältigung der im Zusammenhang mit Torwächtern auftretenden Probleme darstellt, sollten die mit dieser Verordnung eingeführten Listen der zentralen Plattformdienste und die in dieser Verordnung vorgesehenen Verpflichtungen regelmäßig überprüft werden. Dies ist insbesondere wichtig um sicherzustellen, dass eine Verhaltensweise, die wahrscheinlich die Bestreitbarkeit zentraler Plattformdienste beschränkt oder unfair ist, aufgedeckt wird. Angesichts des dynamischen Wandels im digitalen Sektor sollte zwar regelmäßig eine Überprüfung durchgeführt werden, solche Überprüfungen sollten jedoch in einem angemessenen zeitlichen Rahmen erfolgen, um hinsichtlich der regulatorischen Rahmenbedingungen Rechtssicherheit zu gewährleisten. Außerdem sollte durch Marktuntersuchungen sichergestellt werden, dass die Kommission auf Basis einer soliden Beweisgrundlage beurteilen kann, ob sie vorschlagen sollte, diese Verordnung dahin gehend zu ändern, dass die Listen der zentralen Plattformdienste überarbeitet, ergänzt oder weiter präzisiert werden. Zudem sollte durch Marktuntersuchungen sichergestellt werden, dass die Kommission auf Basis einer soliden Faktengrundlage beurteilen kann, ob sie vorschlagen sollte, die mit dieser Verordnung festgelegten Verpflichtungen zu ändern, oder ob sie einen delegierten Rechtsakt zur Aktualisierung der Verpflichtungen erlassen sollte.

(78) In Bezug auf Verhaltensweisen von Torwächtern, die nicht unter die in dieser Verordnung festgelegten Verpflichtungen fallen, sollte die Kommission eine Marktuntersuchung zu neuen Dienstleistungen und neuen Praktiken einleiten können, um festzustellen, ob die in dieser Verordnung festgelegten Verpflichtungen durch einen delegierten Rechtsakt, der in den in der Verordnung für delegierte Rechtsakte festgelegten Geltungsbereich der Ermächtigung fällt, oder durch die Vorlage eines Vorschlags zur Änderung dieser Verordnung ergänzt werden sollten. Dies berührt nicht die Möglichkeit der Kommission, in geeigneten Fällen ein Verfahren nach Artikel 101 oder 102 AEUV einzuleiten. Ein solches Ver-

fahren sollte gemäß der Verordnung (EG) Nr. 1/2003 des Rates[1] durchgeführt werden. In dringenden Fällen, in denen die Gefahr eines schweren und nicht wiedergutzumachenden Schadens für den Wettbewerb besteht, sollte die Kommission den Erlass einstweiliger Maßnahmen gemäß Artikel 8 der Verordnung (EG) Nr. 1/2003 in Erwägung ziehen.

(79) Falls Torwächter unfaire oder die Bestreitbarkeit von im Rahmen dieser Verordnung benannten zentralen Plattformdiensten beschränkende Praktiken an den Tag legen und diese Praktiken nicht ausdrücklich von den in dieser Verordnung festgelegten Verpflichtungen erfasst werden, sollte die Kommission diese Verordnung durch delegierte Rechtsakte aktualisieren können. Solche Aktualisierungen im Wege delegierter Rechtsakte sollten denselben Untersuchungsstandards genügen und ihnen sollte daher eine Marktuntersuchung vorausgegangen sein. Ferner sollte die Kommission bei der Ermittlung solcher Arten von Praktiken einen vordefinierten Standard zugrunde legen. Dieser rechtliche Standard sollte dafür sorgen, dass hinreichend vorhersehbar ist, welche Arten von Verpflichtungen Torwächtern nach dieser Verordnung jederzeit auferlegt werden könnten.

(80) Mit Blick auf eine wirksame Durchführung und Einhaltung dieser Verordnung sollte die Kommission über umfangreiche Untersuchungs- und Durchsetzungsbefugnisse verfügen, sodass sie die Einhaltung der in dieser Verordnung festgelegten Vorschriften untersuchen, durchsetzen und überwachen kann und gleichzeitig das Grundrecht auf Anhörung und Akteneinsicht im Rahmen des Durchsetzungsverfahrens gewahrt ist. Die Kommission sollte über diese Untersuchungsbefugnisse auch in Bezug auf die Durchführung von Marktuntersuchungen verfügen, unter anderem im Hinblick auf die Aktualisierung und Überprüfung dieser Verordnung.

(81) Die Kommission sollte die Befugnis erhalten, die für die Zwecke dieser Verordnung erforderlichen Auskünfte zu verlangen. Insbesondere sollte die Kommission Zugang zu allen relevanten Unterlagen, Daten, Datenbanken, Algorithmen und Informationen haben, die für die Einleitung und Durchführung von Untersuchungen und die Überwachung der Einhaltung der in dieser Verordnung festgelegten Verpflichtungen erforderlich sind, unabhängig davon, wer diese Informationen besitzt, und unabhängig von ihrer Form, ihrem Format, dem Speichermedium oder dem Ort ihrer Speicherung.

(82) Die Kommission sollte von Unternehmen oder Unternehmensvereinigungen direkt verlangen können, sachdienliche Beweismittel, Daten und Informationen vorzulegen. Darüber hinaus sollte die Kommission von zuständigen Behörden eines Mitgliedstaats sowie von jeder natürlichen oder juristischen Person alle für die Zwecke dieser Verordnung erforderlichen Informationen verlangen können. Im Zusammenhang mit der Einhaltung der Vorgaben eines Beschlusses der Kommission müssen Unternehmen Fragen zum Sachverhalt beantworten und Unterlagen vorlegen.

(83) Ferner sollte die Kommission die Befugnis erhalten, Nachprüfungen bei allen Unternehmen oder Unternehmensvereinigungen durchzuführen

[1] **Amtl. Anm.:** Verordnung (EG) Nr. 1/2003 des Rates vom 16. Dezember 2002 zur Durchführung der in den Artikeln 81 und 82 des Vertrags niedergelegten Wettbewerbsregeln (ABl. L 1 vom 4.1.2003, S. 1).

und Personen zu befragen, die über sachdienliche Informationen verfügen könnten, und die abgegebenen Erklärungen aufzuzeichnen.

(84) Einstweilige Maßnahmen können ein wichtiges Instrument sein, um sicherzustellen, dass die untersuchte Zuwiderhandlung nicht während einer laufenden Untersuchung zu einem schweren und nicht wiedergutzumachenden Schaden für gewerbliche Nutzer oder Endnutzer von Torwächtern führt. Sie sind ein wichtiges Mittel, um Entwicklungen zu vermeiden, die durch einen Beschluss der Kommission am Ende des Verfahrens nur sehr schwer wieder rückgängig zu machen wären. Die Kommission sollte daher befugt sein, im Rahmen eines Verfahrens, das im Hinblick auf den möglichen Erlass eines Nichteinhaltungsbeschlusses eingeleitet wurde, einstweilige Maßnahmen anzuordnen. Diese Befugnis sollte in Fällen gelten, in denen die Kommission prima facie eine Zuwiderhandlung gegen Verpflichtungen durch Torwächter festgestellt hat und in denen die Gefahr eines schweren und nicht wiedergutzumachenden Schadens für gewerbliche Nutzer oder Endnutzer von Torwächtern besteht. Einstweilige Maßnahmen sollen nur eine befristete Geltungsdauer haben, entweder ein Zeitraum, der mit dem Abschluss des Verfahrens durch die Kommission endet, oder für einen festgelegten Zeitraum, der sofern erforderlich und angemessen verlängerbar ist.

(85) Die Kommission sollte geeignete Maßnahmen ergreifen können, um die wirksame Umsetzung und Einhaltung der in dieser Verordnung genannten Verpflichtungen zu überwachen. So sollte die Kommission unabhängige externe Sachverständige und Rechnungsprüfer bestellen können, die die Kommission bei dieser Aufgabe unterstützen – gegebenenfalls auch Sachverständige zuständiger Behörden der Mitgliedstaaten wie Datenschutz- oder Verbraucherschutzbehörden. Bei der Bestellung der Rechnungsprüfer sollte die Kommission für ausreichend Rotation sorgen.

(86) Die Einhaltung der in dieser Verordnung festgelegten Verpflichtungen sollte durch Geldbußen und Zwangsgelder durchgesetzt werden können. Zu diesem Zweck sollten die Nichteinhaltung von Verpflichtungen sowie Verstöße gegen Verfahrensregeln mit angemessenen Geldbußen und Zwangsgeldern belegt und angemessene Verjährungsfristen festgelegt werden; dabei sollten die Grundsätze der Verhältnismäßigkeit und des Verbots der doppelten Strafverfolgung beachtet werden. Die Kommission und die einschlägigen nationalen Behörden sollten ihre Durchsetzungsbemühungen abstimmen, damit sichergestellt ist, dass diese Grundsätze beachtet werden. Insbesondere sollte die Kommission allen Geldbußen und Zwangsgeldern Rechnung tragen, die im Wege einer endgültigen Entscheidung in einem Verfahren wegen einer Zuwiderhandlung gegen andere Vorschriften der Union oder nationale Vorschriften wegen desselben Sachverhalts gegen dieselbe juristische Person verhängt wurden, damit sichergestellt ist, dass die insgesamt verhängten Geldbußen und Zwangsgelder der Schwere der begangenen Zuwiderhandlung entsprechen.

(87) Um zu gewährleisten, dass die Geldbußen, die Unternehmensvereinigungen wegen Zuwiderhandlungen auferlegt werden, auch tatsächlich gezahlt werden, müssen die Voraussetzungen festgelegt werden, unter denen die Kommission die Möglichkeit haben sollte, die Zahlung der Geldbuße

von den Mitgliedern der betreffenden Unternehmensvereinigung zu verlangen, wenn die Unternehmensvereinigung selbst zahlungsunfähig ist.

(88) Im Rahmen von Verfahren nach dieser Verordnung sollte dem betroffenen Unternehmen das Recht eingeräumt werden, von der Kommission gehört zu werden, und die erlassenen Beschlüsse sollten auf breiter Ebene bekannt gemacht werden. Vertrauliche Informationen müssen unter Wahrung des Rechts auf eine gute Verwaltung, des Rechts auf Akteneinsicht und des Anspruchs auf rechtliches Gehör geschützt werden. Darüber hinaus sollte die Kommission unter Wahrung der Vertraulichkeit der Informationen sicherstellen, dass alle Informationen, auf denen der Beschluss beruht, in einem Umfang offengelegt werden, der es den Adressaten des Beschlusses ermöglicht, den Sachverhalt und die Erwägungen, die dem Beschluss zugrunde liegen, nachzuvollziehen. Außerdem muss sichergestellt werden, dass die Kommission nur Informationen verwendet, die gemäß dieser Verordnung für die Zwecke dieser Verordnung erhoben wurden, es sei denn, es ist ausdrücklich etwas anderes vorgesehen. Schließlich sollte es unter bestimmten Voraussetzungen möglich sein, dass bestimmte Geschäftsunterlagen, wie etwa die Kommunikation zwischen Rechtsanwälten und ihren Mandanten, unter bestimmten Voraussetzungen als vertraulich angesehen werden.

(89) Bei der Erstellung nichtvertraulicher Zusammenfassungen, die veröffentlicht werden, damit interessierte Dritte wirksam Stellung nehmen können, sollte die Kommission dem berechtigten Interesse von Unternehmen an der Wahrung ihrer Geschäftsgeheimnisse und anderer vertraulicher Informationen gebührend Rechnung tragen.

(90) Die kohärente, wirksame und komplementäre Durchsetzung der verfügbaren Rechtsinstrumente gegenüber Torwächtern erfordert eine Zusammenarbeit und Koordinierung zwischen der Kommission und nationalen Behörden im Rahmen ihrer Zuständigkeiten. Die Kommission und die nationalen Behörden sollten zusammenarbeiten und ihre Maßnahmen koordinieren, die für die Durchsetzung der verfügbaren Rechtsinstrumente gegenüber Torwächtern im Sinne dieser Verordnung erforderlich sind, und den in Artikel 4 des Vertrags über die Europäische Union (EUV) verankerten Grundsatz der loyalen Zusammenarbeit achten. Die Unterstützung der Kommission durch nationale Behörden sollte auch darin bestehen können, dass sie der Kommission alle erforderlichen in ihrem Besitz befindlichen Informationen zur Verfügung stellen oder der Kommission auf Anfrage bei der Ausübung ihrer Befugnisse behilflich sind, damit diese die ihr durch diese Verordnung übertragenen Aufgaben besser wahrnehmen kann.

(91) Die Kommission ist die einzige Behörde, die zur Durchsetzung dieser Verordnung befugt ist. Zur Unterstützung der Kommission sollten die Mitgliedstaaten die Möglichkeit haben, ihre für die Durchsetzung von Wettbewerbsvorschriften zuständigen nationalen Behörden zu ermächtigen, Untersuchungen zur möglichen Nichteinhaltung von bestimmten Verpflichtungen nach dieser Verordnung durch Torwächter durchzuführen. Dies könnte insbesondere in Fällen von Bedeutung sein, in denen nicht von vornherein festgestellt werden kann, ob das Verhalten eines Torwächters eine Zuwiderhandlung gegen diese Verordnung, gegen Wettbewerbsvorschriften, zu deren Durchsetzung die zuständige nationa-

le Behörde befugt ist, oder gegen beides darstellen könnte. Die für die Durchsetzung von Wettbewerbsvorschriften zuständige nationale Behörde sollte der Kommission über mögliche Nichteinhaltung von bestimmten Verpflichtungen nach dieser Verordnung durch Torwächter Bericht erstatten, damit die Kommission als alleinige Durchsetzungsbehörde ein Verfahren zur Untersuchung einer etwaigen Nichteinhaltung der Bestimmungen dieser Verordnung einleiten kann.
Die Kommission sollte nach freiem Ermessen über die Einleitung dieser Verfahren entscheiden können. Um sich überschneidende Untersuchungen im Rahmen dieser Verordnung zu vermeiden, sollte die betreffende zuständige nationale Behörde die Kommission unterrichten, bevor sie ihre erste Untersuchungsmaßnahme wegen einer möglichen Nichteinhaltung von bestimmten Verpflichtungen nach dieser Verordnung durch Torwächter ergreift. Die zuständigen nationalen Behörden sollten ferner eng mit der Kommission zusammenarbeiten und sich mit ihr abstimmen, wenn sie nationale Wettbewerbsvorschriften gegen Torwächter durchsetzen, auch mit Blick auf die Festlegung von Geldbußen. Zu diesem Zweck sollten sie die Kommission informieren, wenn sie ein Verfahren auf der Grundlage nationaler Wettbewerbsvorschriften gegen Torwächter einleiten, und auch bevor sie in einem solchen Verfahren Torwächtern Verpflichtungen auferlegen. Um Doppelarbeit zu vermeiden, sollte es möglich sein, dass die Unterrichtung über den Entwurf einer Entscheidung gemäß Artikel 11 der Verordnung (EG) Nr. 1/2003 gegebenenfalls als Notifizierung im Sinne der vorliegenden Verordnung dient.

(92) Um die einheitliche Anwendung und Durchsetzung dieser Verordnung zu gewährleisten, muss sichergestellt werden, dass nationale Behörden, einschließlich nationaler Gerichte, über alle erforderlichen Informationen verfügen, um sicherstellen zu können, dass ihre Entscheidungen nicht im Widerspruch zu einem von der Kommission im Rahmen dieser Verordnung erlassenen Beschluss stehen. Die nationalen Gerichte sollten die Kommission ersuchen dürfen, ihnen Informationen oder Stellungnahmen zu Fragen der Anwendung dieser Verordnung zu übermitteln. Gleichzeitig sollte die Kommission gegenüber den nationalen Gerichten mündliche oder schriftliche Stellungnahmen abgeben können. Dies berührt nicht die Möglichkeit nationaler Gerichte, gemäß Artikel 267 AEUV um eine Vorabentscheidung zu ersuchen.

(93) Um eine kohärente, wirksame und komplementäre Durchführung dieser Verordnung und anderer sektorspezifischer Vorschriften, die für Torwächter gelten, zu gewährleisten, sollte die Kommission auf das Fachwissen einer eigens eingerichteten hochrangigen Gruppe zurückgreifen können. Diese hochrangige Gruppe sollte die Kommission gegebenenfalls auch durch Beratung, Fachwissen und Empfehlungen zu allgemeinen Angelegenheiten im Zusammenhang mit der Durchführung oder Durchsetzung dieser Verordnung unterstützen können. Die hochrangige Gruppe sollte sich aus den einschlägigen europäischen Gremien und Netzwerken zusammensetzen; dabei sollte auf ein hohes Maß an Fachwissen und auf geografische Ausgewogenheit geachtet werden. Die Mitglieder der hochrangigen Gruppe sollten den Gremien und Netzwerken, die sie vertreten, über die im Rahmen der Gruppe ausgeübten Aufgaben regelmäßig Bericht erstatten und sie hierzu konsultieren.

(94) Da die auf der Grundlage dieser Verordnung getroffenen Beschlüsse der Kommission der Prüfung durch den Gerichtshof im Einklang mit dem AEUV unterliegen, sollte der Gerichtshof gemäß Artikel 261 AEUV über die Befugnis zur unbeschränkten Ermessensnachprüfung von Geldbußen und Zwangsgeldern verfügen.

(95) Die Kommission sollte Leitlinien ausarbeiten können, um weitere Orientierungshilfen zu verschiedenen Aspekten dieser Verordnung zu geben oder um Unternehmen, die zentrale Plattformdienste bereitstellen, bei der Umsetzung der Verpflichtungen aus dieser Verordnung zu unterstützen. Diese Orientierungshilfen sollten sich insbesondere auf die Erfahrungen stützen können, die die Kommission bei der Überwachung der Einhaltung dieser Verordnung gewinnt. Die Herausgabe von Leitlinien im Rahmen dieser Verordnung ist ein Vorrecht und unterliegt dem alleinigen Ermessen der Kommission, und sie sollte nicht als konstitutives Element betrachtet werden, um sicherzustellen, dass die betreffenden Unternehmen oder Unternehmensvereinigungen die Verpflichtungen aus dieser Verordnung einhalten.

(96) Die Umsetzung einiger Verpflichtungen der Torwächter, wie etwa jener im Zusammenhang mit dem Zugang zu Daten und der Übertragbarkeit von Daten oder der Interoperabilität könnte durch den Rückgriff auf technische Normen erleichtert werden. In diesem Zusammenhang sollte die Kommission – sofern angemessen und erforderlich – europäische Normungsorganisationen ersuchen können, solche Normen auszuarbeiten.

(97) Um dafür zu sorgen, dass die digitalen Märkte, auf denen Torwächter tätig sind, in der gesamten Union bestreitbar und fair sind, sollte der Kommission die Befugnis übertragen werden, gemäß Artikel 290 AEUV Rechtsakte zu erlassen, um die in einem Anhang dieser Verordnung enthaltene Methode zur Feststellung, ob die quantitativen Schwellenwerte für aktive Endnutzer und aktive gewerbliche Nutzer für die Benennung von Torwächtern erreicht sind, zu ändern, um die nicht in dem genannten Anhang enthaltenen zusätzlichen Elemente der Methode zur Feststellung, ob die quantitativen Schwellenwerte für die Benennung von Torwächtern erreicht sind, zu präzisieren und um die in dieser Verordnung festgelegten bestehenden Verpflichtungen zu ergänzen, wenn die Kommission auf der Grundlage einer Marktuntersuchung festgestellt hat, dass die Verpflichtungen in Bezug auf unfaire oder die Bestreitbarkeit zentraler Plattformdienste beschränkende Praktiken aktualisiert werden müssen, und die in Betracht gezogene Aktualisierung in den in dieser Verordnung festgelegten Anwendungsbereich der Ermächtigung für solche delegierten Rechtsakte fällt.

(98) Beim Erlass delegierter Rechtsakte ist es von besonderer Bedeutung, dass die Kommission im Zuge ihrer Vorbereitungsarbeit angemessene Konsultationen, auch auf der Ebene von Sachverständigen, durchführt, die mit den Grundsätzen in Einklang stehen, die in der Interinstitutionellen Vereinbarung vom 13. April 2016 über bessere Rechtsetzung[1)] niedergelegt wurden. Um insbesondere für eine gleichberechtigte Beteiligung an der Vorbereitung delegierter Rechtsakte zu sorgen, sollten das Euro-

---

[1)] **Amtl. Anm.:** ABl. L 123 vom 12.5.2016, S. 1.

päische Parlament und der Rat alle Dokumente zur gleichen Zeit wie die Sachverständigen der Mitgliedstaaten erhalten, und ihre Sachverständigen sollten systematisch Zugang zu den Sitzungen der Sachverständigengruppen der Kommission haben, die mit der Vorbereitung der delegierten Rechtsakte befasst sind.

(99) Zur Gewährleistung einheitlicher Bedingungen für die Durchführung dieser Verordnung sollten der Kommission Durchführungsbefugnisse übertragen werden, um Maßnahmen festzulegen, die von Torwächtern umzusetzen sind, damit sie die Verpflichtungen nach dieser Verordnung wirksam einhalten; um eine bestimmte einem Torwächter auferlegte Verpflichtung ganz oder teilweise auszusetzen; um einen Torwächter ganz oder teilweise von einer bestimmten Verpflichtung zu befreien; um die Maßnahmen festzulegen, die von einem Torwächter bei Umgehung der Verpflichtungen nach dieser Verordnung umzusetzen sind; um eine Marktuntersuchung zur Benennung von Torwächtern oder zur Untersuchung einer systematischen Nichteinhaltung abzuschließen; um bei einer systematischen Nichteinhaltung Abhilfemaßnahmen zu verhängen; um einstweilige Maßnahmen gegen einen Torwächter anzuordnen; um Verpflichtungszusagen für einen Torwächter bindend zu machen; um ihre Feststellung einer Nichteinhaltung darzulegen; um die endgültige Höhe der Zwangsgelder festzusetzen; um Form, Inhalt und sonstige Einzelheiten der von Torwächtern übermittelten Mitteilungen, Schriftsätze, mit Gründen versehenen Anträge und Berichte über die Regulierungsmaßnahmen festzulegen; um operative und technische Vorkehrungen im Hinblick auf die Umsetzung von Interoperabilität sowie die Methodik und das Verfahren für die geprüfte Beschreibung der Techniken zum Verbraucher-Profiling festzulegen; um praktische Modalitäten für Verfahren, die Verlängerung von Fristen, die Ausübung von Rechten während des Verfahrens, die Offenlegungsbedingungen sowie die Zusammenarbeit und Koordinierung zwischen der Kommission und den nationalen Behörden bereitzustellen. Diese Befugnisse sollten im Einklang mit der Verordnung (EU) Nr. 182/2011 ausgeübt werden.

(100) Für den Erlass eines Durchführungsrechtsakts über die praktischen Modalitäten der Zusammenarbeit und Koordinierung zwischen der Kommission und den Mitgliedstaaten sollte das Prüfverfahren Anwendung finden. Für die übrigen in dieser Verordnung vorgesehenen Durchführungsrechtsakte sollte das Beratungsverfahren Anwendung finden. Dies ist dadurch gerechtfertigt, dass die genannten übrigen Durchführungsrechtsakte praktische Aspekte der in dieser Verordnung festgelegten Verfahren wie etwa Form, Inhalt und andere Einzelheiten verschiedener Verfahrensschritte, die praktischen Modalitäten verschiedener Verfahrensschritte wie etwa die Verlängerung von Verfahrensfristen oder den Anspruch auf rechtliches Gehör, sowie an Torwächter gerichtete individuelle Durchführungsbeschlüsse betreffen.

(101) Gemäß der Verordnung (EU) Nr. 182/2011 sollte jeder Mitgliedstaat im beratenden Ausschuss vertreten sein und über die Zusammensetzung seiner Delegation entscheiden. Diese Delegation kann unter anderem Sachverständige der zuständigen Behörden der Mitgliedstaaten umfassen, die über das einschlägige Fachwissen für eine bestimmte Frage verfügen, die dem beratenden Ausschuss vorgelegt wird.

(102) Hinweisgeber können den zuständigen Behörden neue Informationen zur Kenntnis bringen, die die zuständigen Behörden bei der Aufdeckung von Verstößen gegen diese Verordnung unterstützen und es ihnen ermöglichen können, Sanktionen zu verhängen. Es sollte sichergestellt werden, dass angemessene Vorkehrungen bestehen, um Hinweisgeber zur Unterrichtung der zuständigen Behörden über tatsächliche oder mögliche Verstöße gegen diese Verordnung zu befähigen und die Hinweisgeber vor Vergeltungsmaßnahmen zu schützen. Zu diesem Zweck sollte in dieser Verordnung vorgesehen werden, dass die Richtlinie (EU) 2019/1937 des Europäischen Parlaments und des Rates[1] für die Meldung von Verstößen gegen diese Verordnung und für den Schutz von Personen, die solche Verstöße melden, gilt.

(103) Um die Rechtssicherheit zu erhöhen, sollte in der Richtlinie (EU) 2019/1937 widergespiegelt werden, dass sie gemäß dieser Verordnung für die Meldung von Verstößen gegen diese Verordnung und für den Schutz der Personen, die solche Verstöße melden, gilt. Der Anhang der Richtlinie (EU) 2019/1937 sollte daher entsprechend geändert werden. Es obliegt den Mitgliedstaaten, dafür zu sorgen, dass diese Änderung in den Umsetzungsmaßnahmen, die sie gemäß der Richtlinie (EU) 2019/1937 erlassen, widergespiegelt wird, wenngleich der Erlass nationaler Umsetzungsmaßnahmen keine Bedingung dafür ist, dass die genannte Richtlinie ab dem Geltungsbeginn dieser Verordnung für die Meldung von Verstößen gegen diese Verordnung und für den Schutz der Personen, die solche Verstöße melden, gilt.

(104) Verbraucher sollten ihre Rechte im Zusammenhang mit den gemäß dieser Verordnung für Torwächter geltenden Verpflichtungen im Wege von Verbandsklagen gemäß der Richtlinie (EU) 2020/1828 des Europäischen Parlaments und des Rates[2] durchsetzen können. Zu diesem Zweck sollte in dieser Verordnung vorgesehen werden, dass die Richtlinie (EU) 2020/1828 Anwendung auf Verbandsklagen findet, die wegen Verstößen der Torwächter gegen Bestimmungen dieser Verordnung, die die Kollektivinteressen der Verbraucher beeinträchtigen oder beeinträchtigen können, angestrengt werden. Der Anhang der genannten Richtlinie sollte daher entsprechend geändert werden. Es obliegt den Mitgliedstaaten, dafür zu sorgen, dass diese Änderung in den Umsetzungsmaßnahmen, die sie gemäß der Richtlinie (EU) 2020/1828 erlassen, widergespiegelt wird, wenngleich der Erlass diesbezüglicher nationaler Umsetzungsmaßnahmen keine Bedingung dafür ist, dass die genannte Richtlinie auf diese Verbandsklagen Anwendung findet. Die Anwendbarkeit der Richtlinie (EU) 2020/1828 auf Verbandsklagen wegen Verstößen der Torwächter gegen Bestimmungen dieser Verordnung, die die Kollektivinteressen der Verbraucher beeinträchtigen oder beeinträchtigen können, sollte ab dem Geltungsbeginn der Rechts- und Verwaltungsvorschriften der Mitgliedstaaten, die für die Umsetzung der genannten Richtlinie erforderlich sind,

[1] **Amtl. Anm.:** Richtlinie (EU) 2019/1937 des Europäischen Parlaments und des Rates vom 23. Oktober 2019 zum Schutz von Personen, die Verstöße gegen das Unionsrecht melden (ABl. L 305 vom 26.11.2019, S. 17).

[2] **Amtl. Anm.:** Richtlinie (EU) 2020/1828 des Europäischen Parlaments und des Rates vom 25. November 2020 über Verbandsklagen zum Schutz der Kollektivinteressen der Verbraucher und zur Aufhebung der Richtlinie 2009/22/EG (ABl. L 409 vom 4.12.2020, S. 1).

oder ab dem Geltungsbeginn dieser Verordnung beginnen, je nachdem, welcher Zeitpunkt der spätere ist.

(105) Die Kommission sollte diese Verordnung regelmäßig bewerten und ihre Auswirkungen auf die Bestreitbarkeit und Fairness der Geschäftsbeziehungen in der Online-Plattformwirtschaft genau überwachen; dabei sollte sie insbesondere der Frage nachgehen, inwieweit angesichts der einschlägigen technologischen oder geschäftlichen Entwicklungen Änderungen notwendig geworden sind. Im Zuge dieser Bewertung sollte sie die Liste der zentralen Plattformdienste und der den Torwächtern auferlegten Verpflichtungen sowie deren Durchsetzung regelmäßig überprüfen, um sicherzustellen, dass die digitalen Märkte in der gesamten Union bestreitbar und fair sind. In diesem Kontext sollte die Kommission auch die Tragweite der Verpflichtung bezüglich der Interoperabilität von nummernunabhängigen elektronischen Kommunikationsdiensten bewerten. Um einen umfassenden Überblick über die Entwicklungen im digitalen Sektor zu erhalten, sollten im Rahmen der Bewertung die einschlägigen Erfahrungen der Mitgliedstaaten und der betreffenden Interessenträger berücksichtigt werden. Die Kommission sollte in diesem Zusammenhang auch die Stellungnahmen und Berichte berücksichtigen können, die ihr von der durch den Beschluss C(2018) 2393 der Kommission vom 26. April 2018 eingerichteten Beobachtungsstelle für die Online-Plattformwirtschaft vorgelegt wurden. Im Anschluss an die Bewertung sollte die Kommission geeignete Maßnahmen ergreifen. Die Kommission sollte bei der Bewertung und Überprüfung der in dieser Verordnung genannten Praktiken und Verpflichtungen ein hohes Maß an Schutz und Achtung der gemeinsamen Rechte und Werte, insbesondere der Gleichheit und Nichtdiskriminierung, gewährleisten.

(106) Unbeschadet des Haushaltsverfahrens sollte die Kommission im Wege der bestehenden Finanzinstrumente mit angemessenen personellen, finanziellen und technischen Ressourcen ausgestattet werden, damit sichergestellt ist, dass sie im Hinblick auf die Durchsetzung dieser Verordnung ihre Pflichten wirksam erfüllen und ihre Befugnisse effektiv ausüben kann.

(107) Da das Ziel dieser Verordnung, nämlich einen bestreitbaren und fairen digitalen Sektor im Allgemeinen und bestreitbare und faire zentrale Plattformdienste im Besonderen zu gewährleisten, um für Innovationen, eine hohe Qualität digitaler Produkte und Dienste, faire und wettbewerbsbasierte Preise sowie eine hohe Qualität und Auswahl für die Endnutzer im digitalen Sektor zu sorgen, auf Ebene der Mitgliedstaaten nicht hinreichend verwirklicht werden kann, sondern vielmehr in Anbetracht des Geschäftsmodells und der Tätigkeiten der Torwächter sowie des Umfangs und der Auswirkungen ihrer Tätigkeiten auf Ebene der Union besser zu verwirklichen ist, kann die Union im Einklang mit dem in Artikel 5 EUV verankerten Subsidiaritätsprinzip tätig werden. Entsprechend dem in demselben Artikel genannten Grundsatz der Verhältnismäßigkeit geht diese Verordnung nicht über das für die Verwirklichung dieser Ziele erforderliche Maß hinaus.

(108) Der Europäische Datenschutzbeauftragte wurde gemäß Artikel 42 der Verordnung (EU) 2018/1725 angehört und hat am 10. Februar 2021 eine Stellungnahme[1)] abgegeben.

(109) Diese Verordnung wahrt die Grundrechte und Grundsätze, wie sie in der Charta der Grundrechte der Europäischen Union[2)] verankert sind, insbesondere deren Artikel 16, 47 und 50. Dementsprechend sollten diese Rechte und Grundsätze bei der Auslegung und Anwendung dieser Verordnung gewahrt werden –

HABEN FOLGENDE VERORDNUNG ERLASSEN:

Kapitel I. Gegenstand, Anwendungsbereich und Begriffsbestimmungen

Art. 1 Gegenstand und Anwendungsbereich (1) Zweck dieser Verordnung ist es, zum reibungslosen Funktionieren des Binnenmarkts beizutragen, indem harmonisierte Vorschriften festgelegt werden, die in der gesamten Union zum Nutzen von gewerblichen Nutzern und Endnutzern für alle Unternehmen bestreitbare und faire Märkte im digitalen Sektor, auf denen Torwächter tätig sind, gewährleisten.

(2) Diese Verordnung gilt für zentrale Plattformdienste, die Torwächter für in der Union niedergelassene gewerbliche Nutzer oder in der Union niedergelassene oder aufhältige Endnutzer bereitstellen oder anbieten, ungeachtet des Niederlassungsorts und Standorts der Torwächter und ungeachtet des sonstigen auf die Erbringung von Dienstleistungen anwendbaren Rechts.

(3) Diese Verordnung gilt nicht für Märkte im Zusammenhang mit

a) elektronischen Kommunikationsnetzen im Sinne des Artikels 2 Nummer 1 der Richtlinie (EU) 2018/1972;

b) elektronischen Kommunikationsdiensten im Sinne des Artikels 2 Nummer 4 der Richtlinie (EU) 2018/1972, ausgenommen nummernunabhängige interpersonelle Kommunikationsdienste.

(4) Was interpersonelle Kommunikationsdienste im Sinne des Artikels 2 Nummer 5 der Richtlinie (EU) 2018/1972 betrifft, so berührt diese Verordnung nicht die Befugnisse und Zuständigkeiten, die den nationalen Regulierungsbehörden und anderen zuständigen Behörden nach Artikel 61 der genannten Richtlinie übertragen werden.

(5) [1] Um eine Fragmentierung des Binnenmarkts zu vermeiden, erlegen die Mitgliedstaaten Torwächtern keine weiteren Verpflichtungen im Wege von Rechts- oder Verwaltungsvorschriften auf, um bestreitbare und faire Märkte zu gewährleisten. [2] Diese Verordnung hindert die Mitgliedstaaten nicht daran, Unternehmen – einschließlich solcher, die zentrale Plattformdienste bereitstellen – für Angelegenheiten, die nicht in den Anwendungsbereich dieser Verordnung fallen, Verpflichtungen aufzuerlegen, sofern diese Verpflichtungen mit dem Unionsrecht vereinbar sind und nicht darauf zurückzuführen sind, dass die betreffenden Unternehmen den Status eines Torwächters im Sinne dieser Verordnung haben.

[1)] **Amtl. Anm.:** ABl. C 147 vom 26.4.2021, S. 4.
[2)] Nr. **9**.

(6) [1] Diese Verordnung berührt nicht die Anwendung der Artikel 101 und 102 AEUV. [2] Sie lässt auch die Anwendung der folgenden Vorschriften unberührt:

a) nationaler Wettbewerbsvorschriften zum Verbot von wettbewerbswidrigen Vereinbarungen, Beschlüssen von Unternehmensvereinigungen, aufeinander abgestimmten Verhaltensweisen und der missbräuchlichen Ausnutzung einer beherrschenden Stellung,
b) nationaler Wettbewerbsvorschriften, mit denen andere Formen einseitiger Verhaltensweisen verboten werden, soweit sie auf andere Unternehmen als Torwächter angewandt werden oder Torwächtern damit weitere Verpflichtungen auferlegt werden, und
c) der Verordnung (EG) Nr. 139/2004 des Rates[1)] und nationaler Fusionskontrollvorschriften.

(7) [1] Die nationalen Behörden erlassen keine Entscheidungen, die einem von der Kommission nach dieser Verordnung erlassenen Beschluss zuwiderlaufen. [2] Die Kommission und die Mitgliedstaaten arbeiten eng zusammen und koordinieren ihre Durchsetzungsmaßnahmen auf der Grundlage der in den Artikeln 37 und 38 genannten Grundsätze.

Art. 2 Begriffsbestimmungen. Für die Zwecke dieser Verordnung bezeichnet der Ausdruck

1. „Torwächter" ein Unternehmen, das zentrale Plattformdienste bereitstellt und nach Artikel 3 benannt worden ist;
2. „zentraler Plattformdienst" die folgenden Dienste:
   a) Online-Vermittlungsdienste,
   b) Online-Suchmaschinen,
   c) Online-Dienste sozialer Netzwerke,
   d) Video-Sharing-Plattform-Dienste,
   e) nummernunabhängige interpersonelle Kommunikationsdienste,
   f) Betriebssysteme,
   g) Webbrowser,
   h) virtuelle Assistenten,
   i) Cloud-Computing-Dienste,
   j) Online-Werbedienste, einschließlich Werbenetzwerken, Werbebörsen und sonstiger Werbevermittlungsdienste, die von einem Unternehmen, das einen der unter den Buchstaben a bis i genannten zentralen Plattformdienste bereitstellt, bereitgestellt werden;
3. „Dienst der Informationsgesellschaft" einen Dienst im Sinne des Artikels 1 Absatz 1 Buchstabe b der Richtlinie (EU) 2015/1535;
4. „digitaler Sektor" den Sektor der Produkte und Dienstleistungen, die durch Dienste der Informationsgesellschaft bereitgestellt werden;
5. „Online-Vermittlungsdienste" Online-Vermittlungsdienste im Sinne des Artikels 2 Nummer 2 der Verordnung (EU) 2019/1150;

[1)] **Amtl. Anm.:** Verordnung (EG) Nr. 139/2004 des Rates vom 20. Januar 2004 über die Kontrolle von Unternehmenszusammenschlüssen („EG-Fusionskontrollverordnung") (ABl. L 24 vom 29.1. 2004, S. 1).

6. „Online-Suchmaschine“ eine Online-Suchmaschine im Sinne des Artikels 2 Nummer 5 der Verordnung (EU) 2019/1150;
7. „Online-Dienst eines sozialen Netzwerks“ eine Plattform, auf der Endnutzer mit unterschiedlichen Geräten insbesondere durch Unterhaltungen, Beiträge, Videos und Empfehlungen miteinander in Kontakt treten und kommunizieren sowie Inhalte teilen und andere Nutzer und Inhalte entdecken können;
8. „Video-Sharing-Plattform-Dienst“ einen Video-Sharing-Plattform-Dienst im Sinne des Artikels 1 Absatz 1 Buchstabe aa der Richtlinie 2010/13/EU;
9. „nummernunabhängiger interpersoneller Kommunikationsdienst“ einen nummernunabhängigen interpersonellen Kommunikationsdienst im Sinne des Artikels 2 Nummer 7 der Richtlinie (EU) 2018/1972;
10. „Betriebssystem“ eine Systemsoftware, die die Grundfunktionen der Hardware oder Software steuert und die Ausführung von Software-Anwendungen ermöglicht;
11. „Webbrowser“ eine Software-Anwendung, die Endnutzern den Zugriff auf und die Interaktion mit Web-Inhalten ermöglicht, die auf Servern gehostet werden, welche mit Netzwerken wie dem Internet verbunden sind, einschließlich eigenständiger Webbrowser sowie in Software integrierter oder eingebetteter oder vergleichbarer Webbrowser;
12. „virtueller Assistent“ eine Software, die Aufträge, Aufgaben oder Fragen verarbeiten kann, auch aufgrund von Eingaben in Ton-, Bild- und Schriftform, Gesten oder Bewegungen, und die auf der Grundlage dieser Aufträge, Aufgaben oder Fragen den Zugang zu anderen Diensten ermöglicht oder angeschlossene physische Geräte steuert;
13. „Cloud-Computing-Dienst“ einen Cloud-Computing-Dienst im Sinne des Artikels 4 Nummer 19 der Richtlinie (EU) 2016/1148 des Europäischen Parlaments und des Rates[1];
14. „Geschäfte für Software-Anwendungen“ Online-Vermittlungsdienste, durch die in erster Linie Software-Anwendungen als Produkt oder Dienstleistung vermittelt werden;
15. „Software-Anwendung“ ein digitales Produkt oder eine digitale Dienstleistung, das bzw. die über ein Betriebssystem genutzt wird;
16. „Zahlungsdienst“ einen Zahlungsdienst im Sinne des Artikels 4 Nummer 3 der Richtlinie (EU) 2015/2366;
17. „technischer Dienst zur Unterstützung von Zahlungsdiensten“ einen Dienst im Sinne des Artikels 3 Buchstabe j der Richtlinie (EU) 2015/2366;
18. „Zahlungsdienst für in der Software-Anwendung integrierte Käufe“ eine Software-Anwendung, einen Dienst oder eine Benutzeroberfläche, die den Kauf digitaler Inhalte oder digitaler Dienste innerhalb einer Software-Anwendung, einschließlich Inhalten, Abonnements, Merkmalen oder Funktionen, und die Zahlungen für solche Käufe ermöglicht;
19. „Identifizierungsdienst“ einen Dienst, der zusammen mit oder zur Unterstützung von zentralen Plattformdiensten erbracht wird und unabhängig

[1] **Amtl. Anm.:** Richtlinie (EU) 2016/1148 des Europäischen Parlaments und des Rates vom 6. Juli 2016 über Maßnahmen zur Gewährleistung eines hohen gemeinsamen Sicherheitsniveaus von Netz- und Informationssystemen in der Union (ABl. L 194 vom 19.7.2016, S. 1).

von der verwendeten Technologie eine Überprüfung der Identität von Endnutzern oder gewerblichen Nutzern ermöglicht;

20. „Endnutzer" eine natürliche oder juristische Person, die zentrale Plattformdienste nutzt und nicht als gewerblicher Nutzer auftritt;

21. „gewerblicher Nutzer" eine natürliche oder juristische Person, die im Rahmen einer geschäftlichen oder beruflichen Tätigkeit zentrale Plattformdienste zum Zweck oder im Zuge der Bereitstellung von Waren oder Dienstleistungen für Endnutzer nutzt;

22. „Ranking" die relative Hervorhebung von Waren und Dienstleistungen, die über Online-Vermittlungsdienste, Online-Dienste sozialer Netzwerke, Video-Sharing-Plattform-Dienste oder virtuelle Assistenten angeboten werden, oder die Relevanz, die den Suchergebnissen von Online-Suchmaschinen mittels entsprechender Darstellung, Organisation oder Kommunikation durch die Unternehmen, die Online-Vermittlungsdienste, Online-Dienste sozialer Netzwerke, Video-Sharing-Plattform-Dienste, virtuelle Assistenten oder Online-Suchmaschinen anbieten, zugemessen wird, unabhängig von den für diese Darstellung, Organisation oder Kommunikation verwendeten technischen Mitteln und unabhängig davon, ob nur ein einziges Ergebnis dargestellt oder kommuniziert wird;

23. „Suchergebnisse" alle Informationen in beliebigem Format, darunter in Text-, grafischer, gesprochener oder sonstiger Form, die als Antwort auf eine Suchanfrage ausgegeben werden und sich auf diese beziehen, unabhängig davon, ob es sich bei den ausgegebenen Informationen um ein bezahltes oder ein unbezahltes Ergebnis, eine direkte Antwort oder ein Produkt, eine Dienstleistung oder eine Information handelt, das bzw. die in Verbindung mit den organischen Ergebnissen angeboten oder zusammen mit diesen angezeigt wird oder teilweise oder vollständig in diese eingebettet ist;

24. „Daten" jegliche digitale Darstellung von Handlungen, Tatsachen oder Informationen sowie jegliche Zusammenstellung solcher Handlungen, Tatsachen oder Informationen, auch in Form von Ton-, Bild- oder audiovisuellem Material;

25. „personenbezogene Daten" personenbezogene Daten im Sinne des Artikels 4 Nummer 1 der Verordnung (EU) 2016/679[1)];

26. „nicht personenbezogene Daten" Daten, bei denen es sich nicht um personenbezogene Daten handelt;

27. „Unternehmen" eine Einheit, die eine wirtschaftliche Tätigkeit ausübt, unabhängig von ihrer Rechtsform und der Art ihrer Finanzierung, einschließlich aller verbundenen Unternehmen, die durch die unmittelbare oder mittelbare Kontrolle eines Unternehmens durch ein anderes Unternehmen eine Gruppe bilden;

28. „Kontrolle" die Möglichkeit, im Sinne des Artikels 3 Absatz 2 der Verordnung (EG) Nr. 139/2004 bestimmenden Einfluss auf ein Unternehmen auszuüben;

29. „Interoperabilität" die Fähigkeit, Informationen auszutauschen und die über Schnittstellen oder andere Lösungen ausgetauschten Informationen beiderseitig zu nutzen, sodass alle Hardware- oder Softwarekomponenten

---

[1)] Nr. 1.

mit anderer Hardware und Software auf die vorgesehene Weise zusammenwirken und bei Nutzern auf die vorgesehene Weise funktionieren;

30. „Umsatz" den von einem Unternehmen erzielten Umsatz im Sinne des Artikels 5 Absatz 1 der Verordnung (EG) Nr. 139/2004;
31. „Profiling" ein Profiling im Sinne des Artikels 4 Nummer 4 der Verordnung (EU) 2016/679;
32. „Einwilligung" eine Einwilligung im Sinne des Artikels 4 Nummer 11 der Verordnung (EU) 2016/679;
33. „nationales Gericht" ein Gericht eines Mitgliedstaats im Sinne des Artikels 267 AEUV.

Kapitel II. Torwächter

Art. 3 Benennung von Torwächtern. (1) Ein Unternehmen wird als Torwächter benannt, wenn es

a) erheblichen Einfluss auf den Binnenmarkt hat,
b) einen zentralen Plattformdienst bereitstellt, der gewerblichen Nutzern als wichtiges Zugangstor zu Endnutzern dient, und
c) hinsichtlich seiner Tätigkeiten eine gefestigte und dauerhafte Position innehat oder absehbar ist, dass es eine solche Position in naher Zukunft erlangen wird.

(2) Es wird davon ausgegangen, dass ein Unternehmen die jeweiligen Anforderungen des Absatzes 1 erfüllt, wenn es

a) in Bezug auf Absatz 1 Buchstabe a in jedem der vergangenen drei Geschäftsjahre in der Union einen Jahresumsatz von mindestens 7,5 Mrd. EUR erzielt hat oder wenn seine durchschnittliche Marktkapitalisierung oder sein entsprechender Marktwert im vergangenen Geschäftsjahr mindestens 75 Mrd. EUR betrug und es in mindestens drei Mitgliedstaaten denselben zentralen Plattformdienst bereitstellt;
b) in Bezug auf Absatz 1 Buchstabe b einen zentralen Plattformdienst bereitstellt, der im vergangenen Geschäftsjahr mindestens 45 Millionen in der Union niedergelassene oder aufhältige monatlich aktive Endnutzer und mindestens 10 000 in der Union niedergelassene jährlich aktive gewerbliche Nutzer hatte, wobei die Ermittlung und Berechnung gemäß der Methode und den Indikatoren im Anhang erfolgt;
c) in Bezug auf Absatz 1 Buchstabe c die unter Buchstabe b des vorliegenden Absatzes genannten Schwellenwerte in jedem der vergangenen drei Geschäftsjahre erreicht hat.

(3) *[1]* [1] Wenn ein Unternehmen, das zentrale Plattformdienste bereitstellt, alle in Absatz 2 genannten Schwellenwerte erreicht, teilt es dies der Kommission unverzüglich, in jedem Fall aber innerhalb von zwei Monaten nach Erreichen der Schwellenwerte mit und übermittelt ihr die in Absatz 2 genannten einschlägigen Angaben. [2] Die entsprechende Mitteilung muss die in Absatz 2 genannten einschlägigen Angaben für jeden zentralen Plattformdienst des Unternehmens enthalten, der die in Absatz 2 Buchstabe b genannten Schwellenwerte erreicht. [3] Erreicht ein weiterer zentraler Plattformdienst, der von dem zuvor als Torwächter benannten Unternehmen erbracht wird, die in Absatz 2 Buchstaben b und c genannten Schwellenwerte, so teilt das Unternehmen dies

der Kommission innerhalb von zwei Monaten nach Erreichen dieser Schwellenwerte mit.

[2] Versäumt es das Unternehmen, das den zentralen Plattformdienst bereitstellt, die Kommission gemäß Unterabsatz 1 des vorliegenden Absatzes zu benachrichtigen und innerhalb der von der Kommission in dem Auskunftsverlangen gemäß Artikel 21 gesetzten Frist alle einschlägigen Angaben zu übermitteln, die die Kommission benötigt, um das betroffene Unternehmen gemäß Absatz 4 des vorliegenden Artikels als Torwächter zu benennen, so ist die Kommission dennoch berechtigt, das Unternehmen auf der Grundlage der ihr vorliegenden Angaben als Torwächter zu benennen.

[3] Kommt das Unternehmen, das zentrale Plattformdienste bereitstellt, dem Auskunftsverlangen gemäß Unterabsatz 2 des vorliegenden Absatzes nach oder werden die Informationen übermittelt nachdem die in jenem Unterabsatz genannte Frist abgelaufen ist, so wendet die Kommission das Verfahren nach Absatz 4 an.

(4) Die Kommission benennt ein Unternehmen, das zentrale Plattformdienste bereitstellt und alle in Absatz 2 genannten Schwellenwerte erreicht, unverzüglich und spätestens innerhalb von 45 Arbeitstagen nach Erhalt der vollständigen Angaben nach Absatz 3 als Torwächter.

(5) *[1]* Das Unternehmen, das zentrale Plattformdienste bereitstellt, kann im Rahmen seiner Mitteilung hinreichend substanziierte Argumente dafür vorbringen, dass es in Anbetracht der Umstände, unter denen der betreffende zentrale Plattformdienst bereitgestellt wird, die in Absatz 1 aufgeführten Anforderungen ausnahmsweise nicht erfüllt, obwohl es alle in Absatz 2 genannten Schwellenwerte erreicht.

[2] Ist die Kommission der Auffassung, dass die von dem Unternehmen, das zentrale Plattformdienste bereitstellt, gemäß Unterabsatz 1 vorgebrachten Argumente nicht hinreichend substanziiert sind, weil sie die Vermutungen nach Absatz 2 dieses Artikels nicht eindeutig entkräften, so kann sie diese Argumente innerhalb der in Absatz 4 genannten Frist zurückweisen, ohne das Verfahren nach Artikel 17 Absatz 3 anzuwenden.

[3] Bringt das Unternehmen, das zentrale Plattformdienste bereitstellt, solche hinreichend substanziierten Argumente vor, die die Vermutungen nach Absatz 2 des vorliegenden Artikels eindeutig entkräften, so kann die Kommission ungeachtet des Unterabsatzes 1 des vorliegenden Absatzes innerhalb der in Absatz 4 dieses Artikels genannten Frist das Verfahren nach Artikel 17 Absatz 3 eröffnen.

[4] Kommt die Kommission zu dem Schluss, dass das Unternehmen, das zentrale Plattformdienste bereitstellt, nicht nachweisen konnte, dass die von ihm erbrachten einschlägigen zentralen Plattformdienste die Anforderungen des Absatzes 1 des vorliegenden Artikels nicht erfüllen, so benennt sie dieses Unternehmen gemäß dem Verfahren nach Artikel 17 Absatz 3 als Torwächter.

(6)[1)] Der Kommission wird gemäß Artikel 49 die Befugnis übertragen, delegierte Rechtsakte zu erlassen, um diese Verordnung durch Festlegung der Methode zu ergänzen, anhand deren bestimmt wird, ob die in Absatz 2 des vorliegenden Artikels genannten quantitativen Schwellenwerte erreicht sind,

---

[1)] Gilt gem. Art. 54 Abs. 3 ab 1.11.2022.

und um diese Methode bei Bedarf regelmäßig an Marktentwicklungen und technologische Entwicklungen anzupassen.

(7)[1)] Der Kommission wird die Befugnis übertragen, gemäß Artikel 49 delegierte Rechtsakte zu erlassen, um diese Verordnung durch Aktualisierung der Methode und der Liste der Indikatoren im Anhang zu ändern.

(8) *[1]* Die Kommission benennt jedes Unternehmen, das zentrale Plattformdienste bereitstellt und sämtliche in Absatz 1 des vorliegenden Artikels genannten Anforderungen erfüllt, aber nicht jeden der in Absatz 2 des vorliegenden Artikels genannten Schwellenwerte erreicht, nach dem Verfahren des Artikels 17 als Torwächter.

[2] [1]Dafür berücksichtigt die Kommission einige oder alle der folgenden Aspekte, soweit sie für das betreffende Unternehmen, das zentrale Plattformdienste bereitstellt, relevant sind:

a) die Größe dieses Unternehmens, einschließlich seines Umsatzes, seiner Marktkapitalisierung, seiner Tätigkeiten und seiner Position,
b) die Zahl der gewerblichen Nutzer, die den zentralen Plattformdienst nutzen, um Endnutzer zu erreichen, und die Zahl der Endnutzer,
c) Netzwerkeffekte und Datenvorteile, insbesondere im Zusammenhang mit dem Zugang des Unternehmens zu personenbezogenen und nicht personenbezogenen Daten und deren Erhebung sowie Analysefähigkeiten,
d) etwaige Skalen- und Verbundeffekte, von denen das Unternehmen profitiert, auch in Bezug auf Daten und gegebenenfalls auf seine Tätigkeiten außerhalb der Union,
e) die Bindung von gewerblichen Nutzern und Endnutzern, einschließlich Kosten für einen Wechsel und Verhaltensverzerrungen, die die Fähigkeit von gewerblichen Nutzern und Endnutzern zum Wechsel oder zur Parallelverwendung mehrerer Dienste einschränken,
f) eine konglomeratsartige Unternehmensstruktur oder vertikale Integration des Unternehmens, die es ihm beispielsweise ermöglicht, Quersubventionen vorzunehmen, Daten aus verschiedenen Quellen zusammenzuführen oder seine Position zu seinem Vorteil zu nutzen, oder
g) sonstige strukturelle Geschäfts- oder Dienstmerkmale.

[2]Bei ihrer Bewertung nach diesem Absatz trägt die Kommission auch der absehbaren Entwicklung in Bezug auf die in Unterabsatz 2 aufgeführten Aspekte Rechnung, einschließlich etwaiger geplanter Zusammenschlüsse, an denen ein weiteres Unternehmen beteiligt ist, das zentrale Plattformdienste oder andere Dienste im digitalen Sektor bereitstellt oder die Erhebung von Daten ermöglicht.

[3] Wenn ein Unternehmen, das einen zentralen Plattformdienst bereitstellt und die in Absatz 2 genannten quantitativen Schwellenwerte nicht erreicht, den von der Kommission angeordneten Untersuchungsmaßnahmen nicht hinreichend nachkommt und dieser Verstoß andauert, nachdem das Unternehmen aufgefordert wurde, den Maßnahmen innerhalb einer angemessenen Frist nachzukommen und dazu Stellung zu nehmen, darf die Kommission das Unternehmen auf der Grundlage der ihr vorliegenden Informationen als Torwächter benennen.

---

1) Gilt gem. Art. 54 Abs. 3 ab 1.11.2022.

(9) Bei jedem Unternehmen, das gemäß Absatz 4 oder 8 als Torwächter benannt wurde, führt die Kommission im Benennungsbeschluss die einschlägigen zentralen Plattformdienste auf, die von dem Unternehmen bereitgestellt werden und für sich genommen gemäß Absatz 1 Buchstabe b gewerblichen Nutzern als wichtiges Zugangstor zu Endnutzern dienen.

(10) Der Torwächter muss die in den Artikeln 5, 6 und 7 genannten Verpflichtungen spätestens sechs Monate, nachdem einer seiner zentralen Plattformdienste im Benennungsbeschluss nach Absatz 9 des vorliegenden Artikels aufgeführt wurde, erfüllen.

Art. 4 Überprüfung des Torwächter-Status. (1) Die Kommission kann auf Antrag oder von Amts wegen jederzeit einen nach Artikel 3 erlassenen Benennungsbeschluss überprüfen, ändern oder aufheben,

a) wenn sich der Sachverhalt, auf den sich der Benennungsbeschluss stützte, in einem wesentlichen Punkt geändert hat oder

b) wenn der Benennungsbeschluss auf unvollständigen, unrichtigen oder irreführenden Angaben beruhte.

(2) *[1]* [1]Die Kommission überprüft regelmäßig, mindestens jedoch alle drei Jahre, ob die Torwächter die in Artikel 3 Absatz 1 genannten Anforderungen nach wie vor erfüllen. [2]Diese Überprüfung prüft, ob die Liste der zentralen Plattformdienste des Torwächters, die jeweils für sich genommen gemäß Artikel 3 Absatz 1 Buchstabe b gewerblichen Nutzern als wichtiges Zugangstor zu Endnutzern dienen, geändert werden muss. [3]Diese Überprüfungen haben keine aufschiebende Wirkung auf die Verpflichtungen des Torwächters.

[2] Die Kommission überprüft außerdem mindestens einmal jährlich, ob neue Unternehmen, die zentrale Plattformdienste bereitstellen, die genannten Anforderungen erfüllen.

[3] Stellt die Kommission anhand der Überprüfungen nach Unterabsatz 1 fest, dass sich der Sachverhalt, auf den sich die Benennung der Unternehmen, die zentrale Plattformdienste bereitstellen, als Torwächter stützte, geändert hat, so erlässt sie einen Beschluss zur Bestätigung, Änderung oder Aufhebung des Benennungsbeschlusses.

(3) Die Kommission veröffentlicht und aktualisiert laufend eine Liste der Torwächter und die Liste der zentralen Plattformdienste, in Bezug auf welche die Torwächter die in Kapitel III genannten Verpflichtungen einhalten müssen.

Kapitel III. Unfaire oder die Bestreitbarkeit beschränkende Praktiken von Torwächtern

Art. 5 Verpflichtungen von Torwächtern. (1) Der Torwächter hält alle Verpflichtungen nach diesem Artikel in Bezug auf jeden seiner zentralen Plattformdienste ein, die im Benennungsbeschluss nach Artikel 3 Absatz 9 aufgeführt sind.

(2) *[1]* [1]Der Torwächter darf

a) personenbezogene Daten von Endnutzern, die Dienste Dritter nutzen, welche zentrale Plattformdienste des Torwächters in Anspruch nehmen, nicht zum Zweck des Betriebs von Online-Werbediensten verarbeiten,

b) personenbezogene Daten aus dem betreffenden zentralen Plattformdienst nicht mit personenbezogenen Daten aus weiteren zentralen Plattformdiensten oder aus anderen vom Torwächter bereitgestellten Diensten oder mit personenbezogenen Daten aus Diensten Dritter zusammenführen,

c) personenbezogene Daten aus dem betreffenden zentralen Plattformdienst nicht in anderen vom Torwächter getrennt bereitgestellten Diensten, einschließlich anderer zentraler Plattformdienste, weiterverwenden und umgekehrt und

d) Endnutzer nicht in anderen Diensten des Torwächters anmelden, um personenbezogene Daten zusammenzuführen,

außer wenn dem Endnutzer die spezifische Wahl gegeben wurde und er im Sinne des Artikels 4 Nummer 11 und des Artikels 7 der Verordnung (EU) 2016/679[1)] eingewilligt hat. [2]Wurde die für die Zwecke des Unterabsatz 1 gegebene Einwilligung vom Endnutzer verweigert oder widerrufen, so darf der Torwächter sein Ersuchen um Einwilligung für denselben Zweck innerhalb eines Jahres nicht mehr als einmal wiederholen.

[2] Dieser Absatz berührt nicht die Möglichkeit des Torwächters, sich gegebenenfalls auf Artikel 6 Absatz 1 Buchstaben c, d und e der Verordnung (EU) 2016/679 zu berufen.

(3) Der Torwächter darf die gewerbliche Nutzer nicht daran hindern, Endnutzern dieselben Produkte oder Dienstleistungen über Online-Vermittlungsdienste Dritter oder über ihre eigenen direkten Online-Vertriebskanäle zu anderen Preisen oder Bedingungen anzubieten als über die Online-Vermittlungsdienste des Torwächters.

(4) Der Torwächter gibt gewerblichen Nutzern die Möglichkeit n, Angebote gegenüber Endnutzern, die über seinen zentralen Plattformdienst oder über andere Kanäle akquiriert wurden, kostenlos zu kommunizieren und zu bewerben – auch zu anderen Bedingungen – und mit diesen Endnutzern Verträge zu schließen, unabhängig davon, ob sie zu diesem Zweck die zentralen Plattformdienste des Torwächters nutzen.

(5) Der Torwächter gibt Endnutzern die Möglichkeit, über seine zentralen Plattformdienste durch Nutzung der Software-Anwendung eines gewerblichen Nutzers auf Inhalte, Abonnements, Funktionen oder andere Elemente zuzugreifen und diese zu nutzen, auch wenn diese Endnutzer diese Elemente bei dem betreffenden gewerblichen Nutzer ohne Nutzung der zentralen Plattformdienste des Torwächters erworben haben.

(6) [1]Der Torwächter darf gewerbliche Nutzer oder Endnutzer nicht direkt oder indirekt daran hindern, einer zuständigen Behörde, einschließlich nationaler Gerichte, eine etwaige Nichteinhaltung des einschlägigen Unionsrechts oder nationalen Rechts durch den Torwächter im Zusammenhang mit den Praktiken des Torwächters mitzuteilen, oder sie in dieser Hinsicht einschränken. [2]Dies berührt nicht das Recht von gewerblichen Nutzern und Torwächtern, in ihren Vereinbarungen die Nutzungsbedingungen von Mechanismen für die Behandlung von rechtmäßigen Beschwerden festzulegen.

(7) Der Torwächter darf von Endnutzern oder gewerblichen Nutzern nicht verlangen, dass sie einen Identifizierungsdienst, eine Webbrowser-Engine oder einen Zahlungsdienst, oder technische Dienste zur Unterstützung der Erbrin-

---

[1)] Nr. **1**.

gung von Zahlungsdiensten, beispielsweise Zahlungssysteme für in der Software-Anwendung integrierte Käufe, des Torwächters im Zusammenhang mit Diensten, die von den gewerblichen Nutzern, die zentrale Plattformdienste des Torwächters nutzen, erbracht werden, nutzen bzw. – im Falle von gewerblichen Nutzern – nutzen, anbieten oder mit ihnen interoperieren.

(8) Der Torwächter darf von gewerblichen Nutzern oder Endnutzern nicht verlangen, dass sie weitere zentrale Plattformdienste, die im Benennungsbeschluss nach Artikel 3 Absatz 9 aufgeführt sind oder die die in Artikel 3 Absatz 2 Buchstabe b genannten Schwellenwerte erreichen, abonnieren oder sich bei diesen registrieren, um gemäß dem genannten Artikel aufgeführte zentrale Plattformdienste des Torwächters nutzen, darauf zugreifen, sich bei diesen anmelden oder sich bei diesen registrieren zu können.

(9) [1] Der Torwächter gibt jedem Werbetreibenden, für den er Online-Werbedienste erbringt, oder von Werbetreibenden bevollmächtigten Dritten auf Anfrage des Werbetreibenden hin täglich kostenlos Auskunft über jede vom Werbetreibenden geschaltete Anzeige, und zwar über

a) die vom Werbetreibenden gezahlten Preise und Gebühren, einschließlich etwaiger Abzüge und Aufschläge, für jede der vom Torwächter bereitgestellten einschlägigen Online-Werbedienste,
b) die vom Herausgeber erhaltene Vergütung, einschließlich etwaiger Abzüge und Aufschläge, vorbehaltlich der Zustimmung des Herausgebers, und
c) die Kennzahlen, anhand deren die einzelnen Preise, Gebühren und Vergütungen berechnet werden.

[2] Stimmt ein Herausgeber der Weitergabe von Informationen über die erhaltene Vergütung gemäß Unterabsatz 1 Buchstabe b nicht zu, so gibt der Torwächter jedem Werbetreibenden kostenlos Auskunft über die durchschnittliche tägliche Vergütung, die dieser Herausgeber für die betreffenden Anzeigen erhält, einschließlich etwaiger Abzüge und Aufschläge.

(10) [1] Der Torwächter gibt jedem Herausgeber, für den er Online-Werbedienste erbringt, oder von Herausgebern bevollmächtigten Dritten auf Anfrage des Herausgebers hin täglich kostenlos Auskunft über jede auf dem Inventar des Herausgebers angezeigte Anzeige, und zwar über

a) die vom Herausgeber erhaltene Vergütung und die von ihm gezahlten Gebühren, einschließlich etwaiger Abzüge und Aufschläge, für jede der vom Torwächter bereitgestellten einschlägigen Online-Werbedienste,
b) den vom Werbetreibendem gezahlten Preis, einschließlich etwaiger Abzüge und Aufschläge, vorbehaltlich der Zustimmung des Werbetreibenden, und
c) die Kennzahlen, anhand dessen die einzelnen Preise und Vergütungen berechnet werden.

[2] Stimmt ein Werbetreibender der Weitergabe von Informationen nicht zu, so gibt der Torwächter jedem Herausgeber kostenlos Auskunft über den durchschnittlichen täglichen Preis, den dieser Werbetreibende für die betreffenden Anzeigen zahlt, einschließlich etwaiger Abzüge und Aufschläge.

Art. 6 Verpflichtungen von Torwächtern, die möglicherweise noch durch Artikel 8 näher ausgeführt werden. (1) Der Torwächter hält alle Verpflichtungen nach diesem Artikel in Bezug auf jeden seiner zentralen Plattformdienste ein, die im Benennungsbeschluss nach Artikel 3 Absatz 9 aufgeführt sind.

(2) *[1]* Der Torwächter darf im Wettbewerb mit gewerblichen Nutzern keine nicht öffentlich zugänglichen Daten verwenden, die von diesen gewerblichen Nutzern im Zusammenhang mit der Nutzung der betreffenden zentralen Plattformdienste oder der zusammen mit den betreffenden zentralen Plattformdiensten oder zu deren Unterstützung erbrachten Dienste generiert oder bereitgestellt werden, einschließlich der von den Kunden dieser gewerblichen Nutzer generierten oder bereitgestellten Daten.

[2] Für die Zwecke des Unterabsatzes 1 umfassen die nicht öffentlich zugänglichen Daten alle von gewerblichen Nutzern generierten aggregierten und nichtaggregierten Daten, die aus den kommerziellen Tätigkeiten gewerblicher Nutzer oder ihrer Kunden auf den betreffenden zentralen Plattformdiensten oder auf Diensten, die zusammen mit den betreffenden zentralen Plattformdiensten des Torwächters oder zu deren Unterstützung erbracht werden, abgeleitet oder durch diese erhoben werden können, einschließlich Klick-, Anfrage-, Ansichts- und Sprachdaten.

(3) *[1]* Der Torwächter gestattet es Endnutzern und ermöglicht es ihnen technisch, Software-Anwendungen auf dem Betriebssystem des Torwächters auf einfache Weise zu deinstallieren; dies gilt unbeschadet der Möglichkeit des Torwächters, die Deinstallation von Software-Anwendungen zu beschränken, die für das Funktionieren des Betriebssystems oder des Geräts unabdingbar sind und die aus technischen Gründen nicht von Dritten eigenständig angeboten werden können.

[2] [1] Der Torwächter gestattet es Endnutzern und ermöglicht es ihnen technisch, Standardeinstellungen des Betriebssystems, virtuellen Assistenten und Webbrowsers des Torwächters, die Endnutzer zu vom Torwächter angebotenen Produkten oder Dienstleistungen leiten oder lenken, auf einfache Weise zu ändern. [2] Dazu gehört, dass Endnutzer bei der ersten Nutzung einer Online-Suchmaschine, eines virtuellen Assistenten oder eines Webbrowsers des Torwächters, die bzw. der im Benennungsbeschluss nach Artikel 3 Absatz 9 aufgeführt sind, aufgefordert werden, aus einer Liste der wesentlichen verfügbaren Diensteanbieter die Online-Suchmaschine, den virtuellen Assistenten oder den Webbrowser, auf die bzw. den das Betriebssystem des Torwächters Nutzer standardmäßig leitet oder lenkt, sowie die Online-Suchmaschine, auf die der virtuelle Assistent und der Webbrowser des Torwächters Nutzer standardmäßig leitet oder lenkt, auszuwählen.

(4) *[1]* [1] Der Torwächter gestattet es und ermöglicht es technisch, Software-Anwendungen Dritter und von Dritten betriebene Geschäfte für Software-Anwendungen, die sein Betriebssystem nutzen oder mit diesem interoperieren, zu installieren und effektiv zu nutzen und auf diese Software-Anwendungen bzw. Geschäfte für Software-Anwendungen auf anderem Wege als über die betreffenden zentralen Plattformdienste des Torwächters zuzugreifen. [2] Der Torwächter darf gegebenenfalls nicht verhindern, dass die heruntergeladenen Software-Anwendungen Dritter oder von Dritten betriebenen Geschäfte für Software-Anwendungen Endnutzer auffordern, zu entscheiden, ob sie die heruntergeladene Software-Anwendung oder das heruntergeladene Geschäft für Software-Anwendungen als Standard festlegen wollen. [3] Der Torwächter muss es Endnutzern, die beschließen, die heruntergeladene Software-Anwendung oder das heruntergeladene Geschäft für Software-Anwendungen als Stan-

dard festzulegen, technisch ermöglichen, diese Änderung auf einfache Weise vorzunehmen.

[2] Der Torwächter wird nicht daran gehindert, Maßnahmen zu ergreifen, soweit sie unbedingt erforderlich und angemessen sind, um sicherzustellen, dass Software-Anwendungen Dritter oder von Dritten betriebene Geschäfte für Software-Anwendungen die Integrität der vom Torwächter bereitgestellten Hardware oder des vom Torwächter bereitgestellten Betriebssystems nicht gefährden, sofern die Maßnahmen vom Torwächter hinreichend begründet werden.

[3] Darüber hinaus wird der Torwächter nicht daran gehindert, Maßnahmen und Einstellungen, die keine Standardeinstellungen sind, vorzunehmen, soweit sie unbedingt erforderlich und angemessen sind, die es Endnutzern ermöglichen, die Sicherheit in Bezug auf Software-Anwendungen Dritter oder von Dritten betriebene Geschäfte für Software-Anwendungen wirksam zu schützen, sofern die Maßnahmen und Einstellungen keine Standardeinstellungen sind und vom Torwächter hinreichend begründet werden.

(5) [1] Der Torwächter darf von ihm selbst angebotene Dienstleistungen und Produkte beim Ranking sowie bei der damit verbundenen Indexierung und dem damit verbundenen Auffinden gegenüber ähnlichen Dienstleistungen oder Produkten eines Dritten nicht bevorzugen. [2] Der Torwächter muss das Ranking anhand transparenter, fairer und diskriminierungsfreier Bedingungen vornehmen.

(6) Der Torwächter darf die Möglichkeiten der Endnutzer, zwischen verschiedenen Software-Anwendungen und Diensten, auf die über die zentralen Plattformdienste des Torwächters zugegriffen wird, zu wechseln oder solche zu abonnieren, weder technisch noch anderweitig beschränken; dies gilt auch für die Wahl der Internetzugangsdienste für Endnutzer.

(7) *[1]* [1] Der Torwächter ermöglicht Diensteanbietern und Anbietern von Hardware kostenlos wirksame Interoperabilität mit – und Zugang für Zwecke der Interoperabilität zu – denselben über das Betriebssystem oder den virtuellen Assistenten, das bzw. der im Benennungsbeschluss nach Artikel 3 Absatz 9 aufgeführt ist, zugegriffenen oder gesteuerten Hardware- und Software-Funktionen, die für die vom Torwächter bereitgestellten Dienste oder die von ihm bereitgestellte Hardware zur Verfügung stehen. [2] Darüber hinaus ermöglicht der Torwächter gewerblichen Nutzern und alternativen Anbietern von Diensten, die zusammen mit zentralen Plattformdiensten oder zu deren Unterstützung erbracht werden, kostenlos wirksame Interoperabilität mit – und Zugang für Zwecke der Interoperabilität zu – denselben Betriebssystem-, Hardware- oder Software-Funktionen, die der Torwächter bei der Erbringung solcher Dienste zur Verfügung hat oder verwendet, unabhängig davon, ob die Funktionen Teil des Betriebssystems sind.

[2] Der Torwächter wird nicht daran gehindert, unbedingt erforderliche und angemessene Maßnahmen zu ergreifen, um sicherzustellen, dass die Integrität des Betriebssystems, des virtuellen Assistenten, der Hardware oder der Software-Funktionen, die vom Torwächter bereitgestellt werden, durch Interoperabilität nicht beeinträchtigt werden, sofern der Torwächter solche Maßnahmen hinreichend begründet.

(8) [1] Der Torwächter gewährt Werbetreibenden und Herausgebern sowie von Werbetreibenden und Herausgebern beauftragten Dritten auf ihren Antrag

hin kostenlos Zugang zu seinen Instrumenten zur Leistungsmessung und zu den Daten, die sie benötigen, um ihre eigene unabhängige Überprüfung des Werbeinventars vorzunehmen, einschließlich aggregierter und nichtaggregierter Daten. [2]Diese Daten werden so bereitgestellt, dass Werbetreibende und Herausgeber ihre eigenen Überprüfungs- und Messinstrumente einsetzen können, um die Leistung der von den Torwächtern bereitgestellten zentralen Plattformdienste zu bewerten.

(9) Der Torwächter ermöglicht Endnutzern und von ihnen beauftragten Dritten auf ihren Antrag hin kostenlos die effektive Übertragbarkeit der Daten, die vom Endnutzer bereitgestellt oder durch die Tätigkeit des Endnutzers im Zusammenhang mit der Nutzung des betreffenden zentralen Plattformdienstes generiert werden, auch indem kostenlos Instrumente bereitgestellt werden, die die effektive Nutzung dieser Datenübertragbarkeit erleichtern, und indem unter anderem ein permanenter Echtzeitzugang zu diesen Daten gewährleistet wird.

(10) [1]Der Torwächter gewährt gewerblichen Nutzern und von einem gewerblichen Nutzer zugelassenen Dritten auf ihren Antrag hin kostenlos einen effektiven, hochwertigen und permanenten Echtzeitzugang zu aggregierten und nichtaggregierten Daten, einschließlich personenbezogener Daten, die im Zusammenhang mit der Nutzung der betreffenden zentralen Plattformdienste oder von Diensten, die zusammen mit den betreffenden zentralen Plattformdiensten oder zu deren Unterstützung erbracht werden, durch diese gewerblichen Nutzer und die Endnutzer, die die Produkte oder Dienstleistungen dieser gewerblichen Nutzer in Anspruch nehmen, bereitgestellt oder generiert werden, und ermöglicht die Nutzung solcher Daten. [2]In Bezug auf personenbezogene Daten darf der Torwächter diesen Zugang zu den und die Nutzung von personenbezogenen Daten nur dann gewähren bzw. ermöglichen, wenn sie unmittelbar mit der Nutzung der vom betreffenden gewerblichen Nutzer über den betreffenden zentralen Plattformdienst angebotenen Produkte oder Dienstleistungen durch die Endnutzer im Zusammenhang stehen und sofern die Endnutzer einer solchen Weitergabe durch eine Einwilligung zustimmt.

(11) [1]Der Torwächter gewährt Drittunternehmen, die Online-Suchmaschinen bereitstellen, auf ihren Antrag hin zu fairen, zumutbaren und diskriminierungsfreien Bedingungen Zugang zu Ranking-, Anfrage-, Klick- und Ansichtsdaten in Bezug auf unbezahlte und bezahlte Suchergebnisse, die von Endnutzern über seine Online-Suchmaschinen generiert werden. [2]Alle derartigen Anfrage-, Klick- und Ansichtsdaten, bei denen es sich um personenbezogene Daten handelt, werden anonymisiert.

(12) *[1]* Der Torwächter wendet für den Zugang gewerblicher Nutzer zu seinen im Benennungsbeschluss nach Artikel 3 Absatz 9 aufgeführten Geschäften für Software-Anwendungen, Online-Suchmaschinen und Online-Diensten sozialer Netzwerke faire, zumutbare und diskriminierungsfreie allgemeine Bedingungen an.

[2] Zu diesem Zweck veröffentlicht der Torwächter allgemeine Zugangsbedingungen, einschließlich eines alternativen Streitbeilegungsmechanismus.

[3] Die Kommission prüft, ob die veröffentlichten allgemeinen Zugangsbedingungen dem vorliegenden Absatz entsprechen.

(13) [1]Die allgemeinen Bedingungen des Torwächters für die Kündigung eines zentralen Plattformdienstes dürfen nicht unverhältnismäßig sein. [2]Der

Torwächter stellt sicher, dass die Kündigungsbedingungen ohne übermäßige Schwierigkeiten eingehalten werden können.

Art. 7 Verpflichtung von Torwächtern zur Interoperabilität nummernunabhängiger interpersoneller Kommunikationsdienste. (1) Erbringt ein Torwächter nummernunabhängige interpersonelle Kommunikationsdienste, die im Benennungsbeschluss nach Artikel 3 Absatz 9 aufgeführt sind, so sorgt er für die Interoperabilität der grundlegenden Funktionen seiner nummernunabhängigen interpersonellen Kommunikationsdienste mit den nummernunabhängigen interpersonellen Kommunikationsdiensten anderer Anbieter, die solche Dienste in der Union anbieten oder anzubieten beabsichtigen, indem er auf Antrag kostenlos die im Sinne der Interoperabilität erforderlichen technischen Schnittstellen oder ähnliche Lösungen bereitstellt.

(2) Der Torwächter sorgt, wenn er diese Funktionen für die eigenen Endnutzer selbst bereitstellt, zumindest für die Interoperabilität der folgenden grundlegenden Funktionen nach Absatz 1:

a) im Anschluss an die Aufführung im Benennungsbeschluss nach Artikel 3 Absatz 9:
   i) Ende-zu-Ende-Textnachrichten zwischen zwei einzelnen Endnutzern;
   ii) Austausch von Bildern, Sprachnachrichten, Videos und anderen angehängten Dateien bei der Ende-zu-Ende-Kommunikation zwischen zwei einzelnen Endnutzern;

b) innerhalb von zwei Jahren nach der Benennung:
   i) Ende-zu-Ende-Textnachrichten innerhalb von Gruppen einzelner Endnutzer;
   ii) Austausch von Bildern, Sprachnachrichten, Videos und anderen angehängten Dateien bei der Ende-zu-Ende-Kommunikation zwischen einer Gruppenunterhaltung und einem einzelnen Endnutzer;

c) innerhalb von vier Jahren nach der Benennung:
   i) Ende-zu-Ende-Sprachanrufe zwischen zwei einzelnen Endnutzern;
   ii) Ende-zu-Ende-Videoanrufe zwischen zwei einzelnen Endnutzern;
   iii) Ende-zu-Ende-Sprachanrufe zwischen einer Gruppenunterhaltung und einem einzelnen Endnutzer;
   iv) Ende-zu-Ende-Videoanrufe zwischen einer Gruppenunterhaltung und einem einzelnen Endnutzer.

(3) Das Sicherheitsniveau, gegebenenfalls einschließlich der Ende-zu-Ende-Verschlüsselung, das der Torwächter seinen eigenen Endnutzern bietet, muss bei allen interoperablen Diensten beibehalten werden.

(4) [1] Der Torwächter veröffentlicht ein Referenzangebot mit den technischen Einzelheiten und allgemeinen Bedingungen für die Interoperabilität mit seinen nummernunabhängigen interpersonellen Kommunikationsdiensten, einschließlich der erforderlichen Einzelheiten zum Sicherheitsniveau und zur Ende-zu-Ende-Verschlüsselung. [2] Der Torwächter veröffentlicht dieses Referenzangebot innerhalb der in Artikel 3 Absatz 10 festgelegten Frist und aktualisiert es erforderlichenfalls.

(5) [1] Nach der Veröffentlichung des Referenzangebots gemäß Absatz 4 kann jeder Anbieter nummernunabhängiger interpersoneller Kommunikationsdienste, der solche Dienste in der Union anbietet oder anzubieten beabsichtigt,

Interoperabilität mit den vom Torwächter erbrachten nummernunabhängigen interpersonellen Kommunikationsdiensten beantragen. [2]Ein solcher Antrag kann sich auf einige oder alle der in Absatz 2 aufgeführten grundlegenden Funktionen erstrecken. [3]Der Torwächter kommt jedem zumutbaren Antrag auf Interoperabilität innerhalb von drei Monaten nach Eingang des Antrags nach, indem er die beantragten grundlegenden Funktionen bereitstellt.

(6) Die Kommission kann die Fristen für die Einhaltung der Verpflichtungen nach Absatz 2 oder 5 auf begründeten Antrag des Torwächters ausnahmsweise verlängern, wenn der Torwächter nachweist, dass dies zur Gewährleistung wirksamer Interoperabilität und zur Aufrechterhaltung des erforderlichen Sicherheitsniveaus, gegebenenfalls einschließlich Ende-zu-Ende-Verschlüsselung, erforderlich ist.

(7) Den Endnutzern der nummernunabhängigen interpersonellen Kommunikationsdienste des Torwächters und des antragstellenden Anbieters nummernunabhängiger interpersoneller Kommunikationsdienste bleibt freigestellt, ob sie sich für die Nutzung der interoperablen grundlegenden Funktionen, die der Torwächter gemäß Absatz 1 bereitstellen kann, entscheiden.

(8) [1]Nur diejenigen personenbezogenen Daten von Endnutzern, die für wirksame Interoperabilität unbedingt erforderlich sind, werden vom Torwächter erhoben und mit dem Anbieter nummernunabhängiger interpersoneller Kommunikationsdienste, der einen Antrag auf Interoperabilität stellt, ausgetauscht. [2]Bei der Erhebung und dem Austausch der personenbezogenen Daten von Endnutzern sind die Verordnung (EU) 2016/679[1)] und die Richtlinie 2002/58/EG[2)] vollumfänglich einzuhalten.

(9) Der Torwächter wird nicht daran gehindert, Maßnahmen zu ergreifen, um sicherzustellen, dass Dritte, die nummernunabhängige interpersonelle Kommunikationsdienste erbringen und Interoperabilität beantragen, die Integrität, die Sicherheit und den Schutz der Privatsphäre seiner Dienste nicht gefährden, sofern diese Maßnahmen unbedingt erforderlich und angemessen sind und vom Torwächter hinreichend begründet werden.

Art. 8 Einhaltung der Verpflichtungen durch Torwächter. (1) [1]Der Torwächter hat die Einhaltung der Verpflichtungen aus den Artikeln 5, 6 und 7 dieser Verordnung sicherzustellen und weist diese nach. [2]Die Maßnahmen, die der Torwächter ergreift, um die Einhaltung der genannten Artikel sicherzustellen, müssen dazu führen, dass die Zielsetzungen dieser Verordnung und der jeweiligen Verpflichtung wirksam erreicht werden. [3]Der Torwächter stellt sicher, dass diese Maßnahmen im Einklang mit dem anwendbaren Recht, insbesondere der Verordnung (EU) 2016/679[1)], der Richtlinie 2002/58/EG[2)], den Rechtsvorschriften in Bezug auf Cybersicherheit, Verbraucherschutz, Produktsicherheit sowie den Anforderungen an die Barrierefreiheit durchgeführt werden.

(2) *[1]* Die Kommission kann von Amts wegen oder auf Antrag des Torwächters gemäß Absatz 3 des vorliegenden Artikels ein Verfahren nach Artikel 20 einleiten.

[2] [1]Die Kommission kann Durchführungsrechtsakte erlassen, in denen die Maßnahmen festgelegt werden, die der betreffende Torwächter zu ergreifen

---

1) Nr. 1.
2) Nr. 3.

hat, um den Verpflichtungen aus Artikel 6 und 7 wirksam nachzukommen. [2]Dieser Durchführungsrechtsakt wird gemäß dem in Artikel 50 Absatz 2 genannten Beratungsverfahren erlassen innerhalb von sechs Monaten nach Einleitung des Verfahrens nach Artikel 20.

[3] Leitet die Kommission von Amts wegen ein Verfahren wegen Umgehung nach Artikel 13 ein, so können diese Maßnahmen die Verpflichtungen aus den Artikeln 5, 6 und 7 betreffen.

(3) *[1]* [1]Ein Torwächter kann die Kommission ersuchen, ein Verfahren einzuleiten, um festzustellen, ob das Ziel der betreffenden Verpflichtung durch die Maßnahmen, die der Torwächter zur Gewährleistung der Einhaltung der Artikel 6 und 7 zu ergreifen beabsichtigt oder ergriffen hat, in Anbetracht der besonderen Umstände des Torwächters wirksam erreicht wird. [2]Die Kommission entscheidet nach eigenem Ermessen über die Einleitung eines solchen Verfahrens, unter Wahrung der Grundsätze der Gleichbehandlung, der Verhältnismäßigkeit und der guten Verwaltungspraxis.

[2] [1]Der Torwächter fügt seinem Ersuchen einen mit Gründen versehenen Schriftsatz bei, in dem er die Maßnahmen erläutert, die er zu ergreifen beabsichtigt oder ergriffen hat. [2]Darüber hinaus stellt der Torwächter eine nichtvertrauliche Fassung seines mit Gründen versehenen Schriftsatzes zur Verfügung, die gemäß Absatz 6 an Dritte weitergegeben werden kann.

(4) Die Absätze 2 und 3 des vorliegenden Artikels lassen die Befugnisse der Kommission nach den Artikeln 29, 30 und 31 unberührt.

(5) [1]Im Hinblick auf den Erlass eines Beschlusses nach Absatz 2 gibt die Kommission dem Torwächter innerhalb von drei Monaten nach Einleitung des Verfahrens nach Artikel 20 ihre vorläufige Beurteilung bekannt. [2]In dieser vorläufigen Beurteilung erläutert die Kommission, welche Maßnahmen sie zu ergreifen beabsichtigt bzw. der betreffende Torwächter ihrer Ansicht nach ergreifen sollte, um der vorläufigen Beurteilung wirksam Rechnung zu tragen.

(6) [1]Um interessierten Dritten wirksam Gelegenheit zur Stellungnahme zu geben, veröffentlicht die Kommission bei Mitteilung ihrer vorläufigen Beurteilung an den Torwächter nach Absatz 5 oder so bald wie möglich danach eine nichtvertrauliche Zusammenfassung des Falls und der Maßnahmen, die sie zu ergreifen beabsichtigt oder die der betreffende Torwächter ihrer Ansicht nach ergreifen sollte. [2]Die Kommission legt für die Abgabe der Stellungnahmen einen angemessenen Zeitraum fest.

(7) Bei der Festlegung der Maßnahmen nach Absatz 2 stellt die Kommission sicher, dass die Ziele dieser Verordnung und der betreffenden Verpflichtung durch diese Maßnahmen wirksam erreicht werden und die Maßnahmen in Anbetracht der besonderen Umstände des Torwächters und der betreffenden Dienstleistung verhältnismäßig sind.

(8) Für die Zwecke der Festlegung der Verpflichtungen nach Artikel 6 Absätze 11 und 12 prüft die Kommission auch, ob die beabsichtigten bzw. durchgeführten Maßnahmen sicherstellen, dass kein Ungleichgewicht zwischen den Rechten und Pflichten der gewerblichen Nutzer mehr besteht und dass die Maßnahmen dem Torwächter keinen Vorteil verschaffen, der in Anbetracht seiner Dienstleistung für die gewerblichen Nutzer unverhältnismäßig wäre.

(9) Bei Verfahren nach Absatz 2 kann die Kommission auf Antrag oder von Amts wegen beschließen, das Verfahren wieder aufzunehmen, wenn

a) sich der Sachverhalt, auf den sich der Beschluss stützte, in einem wesentlichen Punkt geändert hat oder
b) der Beschluss auf unvollständigen, unrichtigen oder irreführenden Angaben beruhte oder
c) die im Beschluss genannten Maßnahmen nicht wirksam sind.

Art. 9 Aussetzung. (1) [1] Weist der Torwächter in einem mit Gründen versehenen Antrag nach, dass die Einhaltung einer bestimmten Verpflichtung nach den Artikeln 5, 6 oder 7 für einen im Benennungsbeschluss nach Artikel 3 Absatz 9 aufgeführten zentralen Plattformdienst aufgrund außergewöhnlicher Umstände, auf die der Torwächter keinen Einfluss hat, die Rentabilität der Geschäftstätigkeit des Torwächters in der Union gefährden würde, so kann die Kommission einen Durchführungsrechtsakt erlassen, mit dem sie beschließt, die in dem mit Gründen versehenen Antrag genannte bestimmte Verpflichtung ausnahmsweise ganz oder teilweise auszusetzen. [2] In diesem Durchführungsrechtsakt begründet die Kommission ihren Aussetzungsbeschluss, indem sie die außergewöhnlichen Umstände angibt, die die Aussetzung rechtfertigen. [3] Dieser Durchführungsrechtsakt wird auf den Umfang und die Geltungsdauer beschränkt, die für die Beseitigung der Gefährdung der Rentabilität des Torwächters erforderlich sind. [4] Die Kommission bemüht sich, diesen Durchführungsrechtsakt unverzüglich, spätestens jedoch drei Monate nach Eingang eines vollständigen mit Gründen versehenen Antrags, zu erlassen. [5] Dieser Durchführungsrechtsakt wird gemäß dem in Artikel 50 Absatz 2 genannten Beratungsverfahren erlassen.

(2) [1] Wird eine Aussetzung nach Absatz 1 gewährt, so überprüft die Kommission ihren Aussetzungsbeschluss jedes Jahr, es sei denn, in dem Beschluss ist ein kürzerer Zeitraum festgelegt. [2] Infolge einer solchen Überprüfung hebt die Kommission die Aussetzung ganz oder teilweise auf oder beschließt, dass die Voraussetzungen des Absatzes 1 nach wie vor erfüllt sind.

(3) [1] In dringenden Fällen kann die Kommission auf mit Gründen versehenen Antrag eines Torwächters die Anwendung einer bestimmten Verpflichtung nach Absatz 1 auf einen oder mehrere einzelne zentrale Plattformdienste bereits vor dem Erlass eines Beschlusses nach dem genannten Absatz vorläufig aussetzen. [2] Ein solcher Antrag kann jederzeit gestellt und bewilligt werden, bis die Kommission über den Antrag nach Absatz 1 befunden hat.

(4) [1] Bei der Prüfung eines Antrags nach den Absätzen 1 und 3 berücksichtigt die Kommission insbesondere die Auswirkungen der Einhaltung der betreffenden Verpflichtung auf die Rentabilität der Geschäftstätigkeit des Torwächters in der Union sowie auf Dritte, insbesondere KMU und Verbraucher. [2] Die Kommission kann die Aussetzung von geeigneten Bedingungen und Auflagen abhängig machen, um ein ausgewogenes Gleichgewicht zwischen diesen Interessen und den Zielen der vorliegenden Verordnung zu erreichen.

Art. 10 Befreiung aus Gründen der öffentlichen Gesundheit und der öffentlichen Sicherheit. (1) [1] Die Kommission kann auf einen mit Gründen versehenen Antrag eines Torwächters hin oder von Amts wegen einen Durchführungsrechtsakt erlassen, in dem sie ihren Beschluss darlegt, den Torwächter ganz oder teilweise von einer bestimmten Verpflichtung nach den Artikeln 5, 6 oder 7 in Bezug auf einen im Benennungsbeschluss nach Artikel 3 Absatz 9 aufgeführten zentralen Plattformdienst zu befreien, falls die Befreiung aus den in Absatz 3 des vorliegenden Artikels genannten Gründen gerechtfertigt ist (im Folgenden „Befreiungsbeschluss“). [2] Die Kommission erlässt einen solchen Befreiungsbeschluss innerhalb von drei Monaten nach Eingang eines vollständigen mit Gründen versehenen Antrags und legt eine Begründung vor, in der die Gründe für die Befreiung erläutert werden. [3] Dieser Durchführungsrechtsakt wird gemäß dem in Artikel 50 Absatz 2 genannten Beratungsverfahren erlassen.

(2) [1] Wird eine Befreiung gemäß Absatz 1 gewährt, so überprüft die Kommission ihren Befreiungsbeschluss, falls der Grund für die Befreiung nicht mehr besteht, mindestens aber einmal jährlich. [2] Infolge einer solchen Überprüfung hebt die Kommission die Befreiung entweder ganz oder teilweise auf oder beschließt, dass die Voraussetzungen des Absatzes 1 nach wie vor erfüllt sind.

(3) Eine Befreiung nach Absatz 1 kann ausschließlich aus Gründen der öffentlichen Gesundheit oder der öffentlichen Sicherheit gewährt werden.

(4) [1] In dringenden Fällen kann die Kommission auf einen mit Gründen versehenen Antrag eines Torwächters oder von Amts wegen die Anwendung einer bestimmten Verpflichtung nach Absatz 1 auf einen oder mehrere einzelne zentrale Plattformdienste bereits vor dem Erlass eines Beschlusses nach dem genannten Absatz vorläufig aussetzen. [2] Ein solcher Antrag kann jederzeit gestellt und bewilligt werden, bis die Kommission über den Antrag nach Absatz 1 befunden hat.

(5) [1] Bei der Prüfung eines Antrags nach den Absätzen 1 und 4 berücksichtigt die Kommission insbesondere die Auswirkungen der Einhaltung der betreffenden Verpflichtung auf die in Absatz 3 genannten Gründe sowie die Auswirkungen auf den betreffenden Torwächter und auf Dritte. [2] Die Kommission kann die Aussetzung von Bedingungen und Auflagen abhängig machen, um ein ausgewogenes Gleichgewicht zwischen den Zielen hinter den in Absatz 3 genannten Gründen und den Zielen der vorliegenden Verordnung zu erreichen.

Art. 11 Berichterstattung. (1) Innerhalb von sechs Monaten nach seiner Benennung gemäß Artikel 3 und im Einklang mit Artikel 3 Absatz 10 legt der Torwächter der Kommission einen Bericht vor, in dem er ausführlich und transparent beschreibt, welche Maßnahmen er ergriffen hat, um die Einhaltung der Verpflichtungen aus den Artikeln 5, 6 und 7 sicherzustellen.

(2) *[1]* Innerhalb der in Absatz 1 genannten Frist veröffentlicht der Torwächter eine nichtvertrauliche Zusammenfassung des Berichts und übermittelt sie der Kommission.

[2] [1] Der Torwächter aktualisiert diesen Bericht und diese nichtvertrauliche Zusammenfassung mindestens einmal jährlich. [2] Die Kommission stellt auf ihrer Internetseite einen Link zu der nichtvertraulichen Zusammenfassung bereit.

Art. 12 Aktualisierung der Verpflichtungen der Torwächter. (1) [1] Der Kommission wird die Befugnis übertragen, gemäß Artikel 49 delegierte Rechtsakte zu erlassen, um diese Verordnung in Bezug auf die in den Artikeln 5 und 6 festgelegten Verpflichtungen zu ergänzen. [2] Diese delegierten Rechtsakte stützen sich auf eine Marktuntersuchung nach Artikel 19, in deren Rahmen festgestellt wurde, dass diese Verpflichtungen aktualisiert werden müssen, um Praktiken zu begegnen, die die Bestreitbarkeit zentraler Plattformdienste beschränken oder in gleicher Weise unfair sind wie die Praktiken, denen mit den in den Artikeln 5 und 6 genannten Verpflichtungen begegnet werden soll.

(2) Der Anwendungsbereich eines delegierten Rechtsakts, der gemäß Absatz 1 erlassen wird, ist auf Folgendes beschränkt:

a) die Ausweitung einer Verpflichtung, die nur für bestimmte zentrale Plattformdienste gilt, auf andere in Artikel 2 Nummer 2 aufgeführte zentrale Plattformdienste,

b) die Ausweitung einer Verpflichtung, die bestimmten gewerblichen Nutzern oder Endnutzern zugutekommt, sodass sie auch anderen gewerblichen Nutzern oder Endnutzern zugutekommt,

c) die Festlegung der Art und Weise, in der Torwächter die in den Artikeln 5 und 6 festgelegten Verpflichtungen erfüllen müssen, um die wirksame Einhaltung dieser Verpflichtungen zu gewährleisten,

d) die Ausweitung einer Verpflichtung, die nur für bestimmte Dienste gilt, die zusammen mit oder zur Unterstützung von zentralen Plattformdiensten erbracht werden, auf andere Dienste, die zusammen mit oder zur Unterstützung von zentralen Plattformdiensten erbracht werden,

e) die Ausweitung einer Verpflichtung, die nur für bestimmte Arten von Daten gilt, auf andere Arten von Daten,

f) die Aufnahme weiterer Bedingungen, wenn durch eine Verpflichtung bestimmte Bedingungen für das Verhalten eines Torwächters festgelegt werden, oder

g) die Anwendung einer Verpflichtung, die das Verhältnis zwischen mehreren zentralen Plattformdiensten des Torwächters regelt, auf das Verhältnis zwischen einem zentralen Plattformdienst und anderen Diensten des Torwächters.

(3) *[1]* Der Kommission wird die Befugnis übertragen, gemäß Artikel 49 delegierte Rechtsakte zu erlassen, um diese Verordnung in Bezug auf die Liste grundlegender Funktionen nach Artikel 7 Absatz 2 zu ändern, indem Funktionen nummernunabhängiger interpersoneller Kommunikationsdienste aufgenommen oder gestrichen werden.

[2] Diese delegierten Rechtsakte stützen sich auf eine Marktuntersuchung nach Artikel 19, in deren Rahmen festgestellt wurde, dass diese Verpflichtungen aktualisiert werden müssen, um Praktiken zu begegnen, die die Bestreitbarkeit zentraler Plattformdienste beschränken oder in gleicher Weise unfair sind wie die Praktiken, denen mit den in Artikel 7 festgelegten Verpflichtungen begegnet werden soll.

(4) [1] Der Kommission wird die Befugnis übertragen, gemäß Artikel 49 delegierte Rechtsakte zu erlassen, um diese Verordnung in Bezug auf die Verpflichtungen aus Artikel 7 zu ergänzen, indem sie festlegt, auf welche Art und Weise diese Verpflichtungen zu erfüllen sind, damit ihre wirksame Einhaltung gewährleistet ist. [2] Diese delegierten Rechtsakte stützen sich auf eine Marktuntersuchung nach Artikel 19, in deren Rahmen festgestellt wurde, dass diese Verpflichtungen aktualisiert werden müssen, um Praktiken zu begegnen, die die Bestreitbarkeit zentraler Plattformdienste beschränken oder in gleicher Weise unfair sind wie die Praktiken, denen mit den in Artikel 7 festgelegten Verpflichtungen begegnet werden soll.

(5) Eine Praktik nach den Absätzen 1, 3 und 4 gilt als die Bestreitbarkeit zentraler Plattformdienste beschränkend oder unfair, wenn

a) sie von Torwächtern angewandt wird und Innovationen behindern und die Wahlmöglichkeiten für gewerbliche Nutzer und Endnutzer einschränken kann, da sie
   i) die Bestreitbarkeit eines zentralen Plattformdienstes oder anderer Dienste im digitalen Sektor dauerhaft beeinträchtigt oder zu beeinträchtigen droht, indem Hindernisse geschaffen oder verstärkt werden, die anderen Unternehmen den Markteintritt oder eine Expansion als Anbieter eines zentralen Plattformdienstes oder anderer Dienste im digitalen Sektor erschweren, oder
   ii) andere Betreiber daran hindert, denselben Zugang zu entscheidendem Input zu haben wie der Torwächter, oder
b) ein Ungleichgewicht zwischen den Rechten und Pflichten der gewerblichen Nutzer besteht und der Torwächter von den gewerblichen Nutzern einen Vorteil erhält, der in Anbetracht seiner Dienstleistung für diese gewerblichen Nutzer unverhältnismäßig wäre, oder

Art. 13 Umgehungsverbot. (1) [1] Ein Unternehmen, das zentrale Plattformdienste bereitstellt, darf diese Dienste nicht auf vertraglichem, kommerziellem, technischem oder anderem Wege segmentieren, aufteilen, unterteilen, fragmentieren oder aufspalten, um dadurch die quantitativen Schwellenwerte nach Artikel 3 Absatz 2 zu umgehen. [2] Eine solche Praktik eines Unternehmens hindert die Kommission nicht daran, es gemäß Artikel 3 Absatz 4 als Torwächter zu benennen.

(2) Hat die Kommission den Verdacht, dass ein Unternehmen, das zentrale Plattformdienste bereitstellt, eine in Absatz 1 genannte Praktik anwendet, so kann sie von diesem Unternehmen alle Informationen verlangen, die sie für erforderlich hält, um feststellen zu können, ob das Unternehmen eine solche Praktik angewandt hat.

(3) Der Torwächter stellt sicher, dass die Verpflichtungen aus den Artikeln 5, 6 und 7 vollständig und wirksam eingehalten werden.

(4) Der Torwächter darf kein Verhalten an den Tag legen, das die wirksame Einhaltung der Verpflichtungen aus den Artikeln 5, 6 und 7 untergräbt, unabhängig davon, ob das Verhalten vertraglicher, kommerzieller, technischer oder sonstiger Art ist oder in der Verwendung von Verhaltenslenkungsmethoden oder Schnittstellengestaltung besteht.

(5) [1] Wenn eine Einwilligung zur Erhebung, Verarbeitung, Weiterverwendung und Weitergabe personenbezogener Daten erforderlich ist, um die Einhaltung der vorliegenden Verordnung zu gewährleisten, trifft der Torwächter geeignete Maßnahmen, damit gewerbliche Nutzer die für ihre Verarbeitung erforderliche Einwilligung unmittelbar erhalten können, sofern eine solche Einwilligung nach der Verordnung (EU) 2016/679[1)] oder der Richtlinie 2002/58/EG[2)] erforderlich ist, oder damit er die Vorschriften und Grundsätze der Union in Bezug auf den Datenschutz und den Schutz der Privatsphäre auf andere Weise einhalten kann, beispielsweise indem er den gewerblichen Nutzern gegebenenfalls ordnungsgemäß anonymisierte Daten zur Verfügung stellt. [2] Der Torwächter darf die Einholung dieser Einwilligung durch den gewerb-

---

1) Nr. **1**.
2) Nr. **3**.

lichen Nutzer nicht aufwendiger machen, als sie es bei seinen eigenen Diensten ist.

(6) Der Torwächter darf weder die Bedingungen oder die Qualität der zentralen Plattformdienste für gewerbliche Nutzer oder Endnutzer, die von den in den Artikeln 5, 6 und 7 festgelegten Rechten bzw. Möglichkeiten Gebrauch machen, verschlechtern noch die Ausübung dieser Rechte bzw. Möglichkeiten übermäßig erschweren, auch nicht dadurch, dass er dem Endnutzer Wahlmöglichkeiten in einer nicht neutralen Weise anbietet oder die Autonomie, Entscheidungsfreiheit oder freie Auswahl von Endnutzern oder gewerblichen Nutzern durch die Struktur, Gestaltung, Funktion oder Art der Bedienung einer Benutzerschnittstelle oder eines Teils davon untergräbt.

(7) Umgeht der Torwächter eine der Verpflichtungen aus Artikel 5, 6 oder 7 in einer in den Absätzen 4, 5 und 6 des vorliegenden Artikels beschriebenen Weise oder versucht er, sie derart zu umgehen, so kann die Kommission ein Verfahren nach Artikel 20 einleiten und einen Durchführungsrechtsakt nach Artikel 8 Absatz 2 erlassen, um die Maßnahmen festzulegen, die der Torwächter zu ergreifen hat.

(8) Absatz 6 des vorliegenden Artikels lässt die Befugnisse der Kommission nach den Artikeln 29, 30 und 31 unberührt.

Art. 14 Verpflichtung zur Unterrichtung über Zusammenschlüsse.

(1) *[1]* Der Torwächter unterrichtet die Kommission über jeden geplanten Zusammenschluss im Sinne des Artikels 3 der Verordnung (EG) Nr. 139/2004, wenn die sich zusammenschließenden Unternehmen oder das Zielunternehmen zentrale Plattformdienste bereitstellen oder sonstige Dienste im digitalen Sektor erbringen oder die Erhebung von Daten ermöglichen; dies gilt unabhängig davon, ob der Zusammenschluss nach jener Verordnung bei der Kommission oder nach den nationalen Fusionskontrollvorschriften bei einer zuständigen nationalen Wettbewerbsbehörde anmeldepflichtig ist.

[2] Der Torwächter unterrichtet die Kommission vor Vollzug des Zusammenschlusses und nach Vertragsabschluss, Veröffentlichung des Übernahmeangebots oder Erwerb einer die Kontrolle begründenden Beteiligung über den Zusammenschluss.

(2) *[1]* Die vom Torwächter bereitgestellten Informationen nach Absatz 1 umfassen mindestens eine Beschreibung der an dem Zusammenschluss beteiligten Unternehmen, ihre unionsweiten und weltweiten Jahresumsätze, ihre Tätigkeitsbereiche, einschließlich der unmittelbar mit dem Zusammenschluss in Verbindung stehenden Tätigkeiten, und der Transaktionswert des Vertrags oder einen entsprechenden Schätzwert sowie eine zusammenfassende Beschreibung des Zusammenschlusses, einschließlich seiner Art und der ihm zugrunde liegenden Beweggründe und einer Aufstellung der von dem Zusammenschluss betroffenen Mitgliedstaaten.

[2] Die vom Torwächter bereitgestellten Informationen umfassen auch den unionsweiten Jahresumsatz, die Zahl der jährlich aktiven gewerblichen Nutzer und die Zahl der monatlich aktiven Endnutzer jedes betreffenden zentralen Plattformdienstes.

(3) Erreichen infolge eines Zusammenschlusses nach Absatz 1 des vorliegenden Artikels weitere zentrale Plattformdienste für sich genommen die in Artikel 3 Absatz 2 Buchstabe b genannten Schwellenwerte, so teilt der betreffende

Torwächter dies der Kommission innerhalb von zwei Monaten nach Vollzug des Zusammenschlusses mit und übermittelt ihr die in Artikel 3 Absatz 2 genannten Angaben.

(4) *[1]* Die Kommission unterrichtet die zuständigen Behörden der Mitgliedstaaten über alle nach Absatz 1 erhaltenen Informationen und veröffentlicht jährlich die Liste der Übernahmen, über die sie von Torwächtern gemäß dem genannten Absatz unterrichtet wurde.

[2] Die Kommission trägt den berechtigten Interessen der Unternehmen an der Wahrung ihrer Geschäftsgeheimnisse Rechnung.

(5) Die zuständigen Behörden der Mitgliedstaaten können die nach Absatz 1 des vorliegenden Artikels erhaltenen Informationen verwenden, um die Kommission gemäß Artikel 22 der Verordnung (EG) Nr. 139/2004 um Prüfung des Zusammenschlusses zu ersuchen.

Art. 15 Prüfungspflicht. (1) [1] Der Torwächter legt der Kommission innerhalb von sechs Monaten nach seiner Benennung gemäß Artikel 3 eine von unabhängiger Stelle geprüfte Beschreibung aller Techniken zum Verbraucher-Profiling vor, die er für einzelne oder alle seiner im Benennungsbeschluss nach Artikel 3 Absatz 9 aufgeführten zentralen Plattformdienste verwendet. [2] Die Kommission übermittelt diese geprüfte Beschreibung dem Europäischen Datenschutzausschuss.

(2) Die Kommission kann einen Durchführungsrechtsakt nach Artikel 46 Absatz 1 Buchstabe g erlassen, um die Methodik und das Verfahren für die Prüfung auszugestalten.

(3) [1] Der Torwächter veröffentlicht eine Übersicht über die geprüfte Beschreibung nach Absatz 1. [2] Dabei ist der Torwächter berechtigt, der Notwendigkeit der Wahrung seiner Geschäftsgeheimnisse Rechnung zu tragen. [3] Der Torwächter aktualisiert die Beschreibung und die Übersicht mindestens einmal jährlich.

Kapitel IV. Marktuntersuchung

Art. 16 Einleitung einer Marktuntersuchung. (1) Beabsichtigt die Kommission, eine Marktuntersuchung im Hinblick auf den möglichen Erlass von Beschlüssen nach Artikel 17, 18 oder 19 einzuleiten, so erlässt sie einen Beschluss zur Einleitung einer Marktuntersuchung.

(2) Ungeachtet des Absatzes 1 kann die Kommission ihre Untersuchungsbefugnisse nach dieser Verordnung ausüben, bevor sie eine Marktuntersuchung gemäß dem genannten Absatz einleitet.

(3) In dem in Absatz 1 genannten Beschluss wird Folgendes festgelegt:

a) der Tag der Einleitung der Marktuntersuchung;

b) der Gegenstand der Marktuntersuchung;

c) der Zweck der Marktuntersuchung.

(4) Die Kommission kann eine von ihr abgeschlossene Marktuntersuchung wieder aufnehmen, wenn

a) sich der Sachverhalt, auf den sich ein nach Artikel 17, 18 oder 19 erlassener Beschluss stützte, in einem wesentlichen Punkt geändert hat, oder

b) der nach Artikel 17, 18 oder 19 erlassene Beschluss auf unvollständigen, unrichtigen oder irreführenden Angaben beruhte.

(5) Die Kommission kann eine oder mehrere zuständige nationale Behörden um Hilfe bei ihrer Marktuntersuchung ersuchen.

Art. 17 Marktuntersuchung zur Benennung von Torwächtern.

(1) [1]Die Kommission kann eine Marktuntersuchung durchführen, um zu prüfen, ob ein Unternehmen, das zentrale Plattformdienste bereitstellt, nach Artikel 3 Absatz 8 als Torwächter zu benennen ist, oder um die zentralen Plattformdienste zu ermitteln, die in dem Benennungsbeschluss nach Artikel 3 Absatz 9 aufzuführen sind. [2]Die Kommission bemüht sich, ihre Marktuntersuchung innerhalb von zwölf Monaten nach dem in Artikel 16 Absatz 3 Buchstabe a genannten Zeitpunkt abzuschließen. [3]Zum Abschluss ihrer Marktuntersuchung erlässt die Kommission einen Durchführungsrechtsakt, in dem ihre Entscheidung dargelegt wird. [4]Dieser Durchführungsrechtsakt wird gemäß dem in Artikel 50 Absatz 2 genannten Beratungsverfahren erlassen.

(2) [1]Im Zuge einer Marktuntersuchung nach Absatz 1 dieses Artikels bemüht sich die Kommission, dem betreffenden Unternehmen, das zentrale Plattformdienste bereitstellt, innerhalb von sechs Monaten nach dem in Artikel 16 Absatz 3 Buchstabe a genannten Zeitpunkt ihre vorläufige Beurteilung mitzuteilen. [2]In der vorläufigen Beurteilung erläutert die Kommission, ob sie der vorläufigen Auffassung ist, dass es angezeigt ist, dieses Unternehmen als Torwächter im Sinne des Artikels 3 Absatz 8 zu benennen und die relevanten zentralen Plattformdienste in der Liste nach Artikel 3 Absatz 9 zu führen.

(3) *[1]* Wenn das Unternehmen, das zentrale Plattformdienste bereitstellt, die in Artikel 3 Absatz 2 genannten Schwellenwerte erreicht, aber hinreichend substanziierte Argumente nach Artikel 3 Absatz 5 vorgebracht hat, die die Vermutung nach Artikel 3 Absatz 2 eindeutig entkräften, bemüht sich die Kommission, die Marktuntersuchung innerhalb von fünf Monaten nach dem in Artikel 16 Absatz 3 Buchstabe a genannten Zeitpunkt zum Abschluss zu bringen.

[2] In diesem Fall bemüht sich die Kommission, dem betreffenden Unternehmen innerhalb von drei Monaten nach dem in Artikel 16 Absatz 3 Buchstabe a genannten Zeitpunkt ihre vorläufige Beurteilung nach Absatz 2 des vorliegenden Artikels mitzuteilen.

(4) [1]Benennt die Kommission nach Artikel 3 Absatz 8 ein Unternehmen, das zentrale Plattformdienste bereitstellt, als Torwächter, das hinsichtlich seiner Tätigkeiten noch keine gefestigte und dauerhafte Position innehat, bei dem aber absehbar ist, dass es eine solche Position in naher Zukunft erlangen wird, so kann sie lediglich eine oder mehrere der Verpflichtungen des Artikels 5 Absätze 3 bis 6 und des Artikels 6 Absätze 4, 7, 9, 10 und 13, die im Benennungsbeschluss aufgeführt werden, für diesen Torwächter für anwendbar erklären. [2]Die Kommission erklärt nur diejenigen Verpflichtungen für anwendbar, die angemessen und erforderlich sind, um zu verhindern, dass der betreffende Torwächter auf unfaire Weise hinsichtlich seiner Tätigkeiten eine gefestigte und dauerhafte Position erlangt. [3]Die Kommission überprüft solche Benennungen im Einklang mit dem in Artikel 4 dargelegten Verfahren.

Art. 18 Marktuntersuchung bei systematischer Nichteinhaltung.

(1) [1]Die Kommission kann eine Marktuntersuchung durchführen, um zu prüfen, ob ein Torwächter seine Verpflichtungen systematisch nicht einhält. [2]Die Kommission schließt diese Marktuntersuchung innerhalb von zwölf Monaten nach dem in Artikel 16 Absatz 3 Buchstabe a genannten Zeitpunkt ab. [3]Ergibt die Marktuntersuchung, dass ein Torwächter eine oder mehrere der in den Artikeln 5, 6 und 7 festgelegten Verpflichtungen systematisch nicht einhält und seine Torwächter-Position im Hinblick auf die in Artikel 3 Absatz 1 genannten Anforderungen beibehalten, gestärkt oder ausgeweitet hat, so kann die Kommission Durchführungsrechtsakte erlassen, mit denen verhaltensbezogenen oder strukturellen Abhilfemaßnahmen gegen den Torwächter verhängt werden, die angemessen und erforderlich sind, um die wirksame Einhaltung der Vorgaben dieser Verordnung zu gewährleisten. [4]Dieser Durchführungsrechtsakt wird gemäß dem in Artikel 50 Absatz 2 genannten Beratungsverfahren erlassen.

(2) Die nach Absatz 1 dieses Artikels verhängte Abhilfemaßnahme kann, insofern sie angemessen und erforderlich ist, zur Aufrechterhaltung oder Wiederherstellung der durch die systematische Nichteinhaltung beeinträchtigten Fairness und Bestreitbarkeit das für einen begrenzten Zeitraum geltende Verbot für den Torwächter beinhalten, einen Zusammenschluss im Sinne des Artikels 3 der Verordnung (EG) Nr. 139/2004 bezüglich der zentralen Plattformdienste oder der anderen im digitalen Sektor erbrachten oder die Datenerhebung ermöglichenden Dienste einzugehen, die durch die systematische Nichteinhaltung betroffen sind.

(3) Es ist davon auszugehen, dass ein Torwächter Verpflichtungen des Artikels 5, 6 oder 7 systematisch nicht einhält, wenn die Kommission in einem Zeitraum von acht Jahren vor Erlass des Beschlusses zur Einleitung einer Marktuntersuchung im Hinblick auf den möglichen Erlass eines Beschlusses nach diesem Artikel mindestens drei Nichteinhaltungsbeschlüsse nach Artikel 29 gegen den Torwächter bezüglich eines seiner zentralen Plattformdienste erlassen hat.

(4) [1]Die Kommission teilt dem betreffenden Torwächter ihre vorläufige Beurteilung innerhalb von sechs Monaten nach dem in Artikel 16 Absatz 3 Buchstabe a genannten Zeitpunkt mit. [2]In ihrer vorläufigen Beurteilung erläutert die Kommission, ob sie die vorläufige Auffassung vertritt, dass die Voraussetzungen des Absatzes 1 dieses Artikels erfüllt sind, und welche Abhilfemaßnahme(n) sie vorläufig für erforderlich und angemessen erachtet.

(5) [1]Damit interessierte Dritte wirksam Stellung nehmen können, veröffentlicht die Kommission zeitgleich mit der Mitteilung ihrer vorläufigen Beurteilung an den Torwächter nach Absatz 4 oder so bald wie möglich danach eine nichtvertrauliche Zusammenfassung des Falls und der Abhilfemaßnahmen, deren Verhängung sie in Erwägung zieht. [2]Die Kommission legt einen angemessenen Zeitraum fest, in dem diese Stellungnahmen abzugeben sind.

(6) [1]Beabsichtigt die Kommission, einen Beschluss nach Absatz 1 dieses Artikels zu erlassen, indem sie die vom Torwächter nach Artikel 25 angebotenen Verpflichtungszusagen für bindend erklärt, so veröffentlicht sie eine nichtvertrauliche Zusammenfassung des Falls und der wichtigsten Inhalte der Verpflichtungszusagen. [2]Interessierte Dritte können ihre Stellungnahmen inner-

halb eines von der Kommission festzulegenden angemessenen Zeitraums abgeben.

(7) [1] Während der Marktuntersuchung kann die Kommission deren Dauer jederzeit verlängern, wenn dies aus objektiven Gründen gerechtfertigt und angemessen ist. [2] Die Verlängerung kann sich auf die Frist beziehen, innerhalb deren die Kommission ihre vorläufige Beurteilung mitteilen muss, oder auf die Frist für den Erlass des abschließenden Beschlusses. [3] Verlängerungen im Sinne dieses Absatzes dürfen zusammengenommen die Dauer von sechs Monaten nicht übersteigen.

(8) [1] Die Kommission überprüft regelmäßig die nach den Absätzen 1 und 2 dieses Artikels verhängten Abhilfemaßnahmen, um sicherzustellen, dass der Torwächter seinen Verpflichtungen nach den Artikeln 5, 6 und 7 tatsächlich nachkommt. [2] Die Kommission ist berechtigt, diese Abhilfemaßnahmen zu ändern, wenn sie nach einer neuen Marktuntersuchung feststellt, dass sie nicht wirksam sind.

Art. 19 Marktuntersuchung in Bezug auf neue Dienste und neue Praktiken. (1) [1] Die Kommission kann eine Marktuntersuchung durchführen, um zu prüfen, ob ein oder mehrere Dienste des digitalen Sektors in die Liste der zentralen Plattformdienste nach Artikel 2 Nummer 2 aufgenommen werden sollten, oder um Praktiken aufzudecken, die die Bestreitbarkeit zentraler Plattformdienste beschränken oder unfair sind, und denen durch diese Verordnung nicht wirksam begegnet wird. [2] In ihrer Bewertung berücksichtigt die Kommission alle einschlägigen Ergebnisse der Verfahren nach den Artikeln 101 und 102 AEUV in Bezug auf digitale Märkte sowie alle sonstigen relevanten Entwicklungen.

(2) Die Kommission kann bei der Durchführung einer Marktuntersuchung nach Absatz 1 Dritte konsultieren, unter anderem gewerbliche Nutzer und Endnutzer von Diensten des digitalen Sektors, die Gegenstand der Untersuchung sind, sowie gewerbliche Nutzer und Endnutzer, die Praktiken unterliegen, die Gegenstand der Untersuchung sind.

(3) *[1]* Die Kommission veröffentlicht ihre Beurteilung innerhalb von 18 Monaten nach dem in Artikel 16 Absatz 3 Buchstabe a genannten Zeitpunkt in einem Bericht.

[2] [1] Dieser Bericht wird gegebenenfalls dem Europäischen Parlament und dem Rat zusammen mit Folgendem übermittelt:

a) einem Gesetzgebungsvorschlag zur Änderung dieser Verordnung, um zusätzliche Dienste des digitalen Sektors in die Liste der zentralen Plattformdienste nach Artikel 2 Nummer 2 oder neue Verpflichtungen in Kapitel III aufzunehmen, oder

b) einem Entwurf eines delegierten Rechtsakts zur Ergänzung dieser Verordnung in Bezug auf die in den Artikeln 5 und 6 festgelegten Verpflichtungen, oder einem Entwurf eines delegierten Rechtsakts zur Änderung oder Ergänzung dieser Verordnung in Bezug auf die in Artikel 7 festgelegten Verpflichtungen, wie in Artikel 12 vorgesehen.

[2] Gegebenenfalls kann in dem unter Unterabsatz 2 Buchstabe a genannten Gesetzgebungsvorschlag zur Änderung dieser Verordnung auch vorgeschlagen werden, bestehende Dienste aus der Liste der zentralen Plattformdienste nach

Artikel 2 Nummer 2 zu streichen oder bestehende Verpflichtungen aus Artikel 5, 6 oder 7 zu streichen.

Kapitel V. Untersuchungs-, Durchsetzungs- und Überwachungsbefugnisse

Art. 20 Einleitung eines Verfahrens. (1) Beabsichtigt die Kommission, ein Verfahren im Hinblick auf den möglichen Erlass von Beschlüssen nach Artikel 8, 29 oder 30 einzuleiten, so erlässt sie einen Beschluss zur Einleitung eines Verfahrens.

(2) Ungeachtet des Absatzes 1 kann die Kommission ihre Untersuchungsbefugnisse nach dieser Verordnung ausüben, bevor sie ein Verfahren gemäß dem genannten Absatz einleitet.

Art. 21 Auskunftsverlangen. (1) [1] Die Kommission kann zur Erfüllung ihrer Aufgaben nach dieser Verordnung Unternehmen und Unternehmensvereinigungen durch einfaches Auskunftsverlangen oder im Wege eines Beschlusses auffordern, alle erforderlichen Auskünfte zu erteilen. [2] Die Kommission kann durch einfaches Auskunftsverlangen oder im Wege eines Beschlusses auch Zugang zu allen Daten und Algorithmen von Unternehmen und Informationen über Tests verlangen sowie diesbezügliche Erläuterungen anfordern.

(2) Bei der Übermittlung eines einfachen Auskunftsverlangens an ein Unternehmen oder eine Unternehmensvereinigung gibt die Kommission die Rechtsgrundlage und den Zweck des Auskunftsverlangens an, führt auf, welche Auskünfte erforderlich sind, legt die Frist für die Übermittlung der Auskünfte fest und weist auf die in Artikel 30 vorgesehenen Geldbußen hin, die für den Fall der Erteilung unvollständiger, unrichtiger oder irreführender Auskünfte oder Erläuterungen gelten.

(3) [1] Wenn die Kommission Unternehmen und Unternehmensvereinigungen im Wege eines Beschlusses zur Erteilung von Auskünften verpflichtet, gibt sie die Rechtsgrundlage und den Zweck des Auskunftsverlangens an, führt auf, welche Auskünfte erforderlich sind, und legt die Frist für die Übermittlung der Auskünfte fest. [2] Verpflichtet sie Unternehmen dazu, Zugang zu allen Daten, Algorithmen und Informationen über Tests zu gewähren, so gibt sie den Zweck des Verlangens an und legt die Frist für die Gewährung des Zugangs fest. [3] Ferner weist sie auf die in Artikel 30 vorgesehenen Geldbußen sowie auf die in Artikel 31 vorgesehenen Zwangsgelder hin oder erlegt letztere auf. [4] Außerdem weist sie auf das Recht hin, den Beschluss vom Gerichtshof überprüfen zu lassen.

(4) [1] Die Unternehmen oder Unternehmensvereinigungen oder ihre Vertreter erteilen die verlangten Auskünfte im Namen des betreffenden Unternehmens oder der betreffenden Unternehmensvereinigung. [2] Ordnungsgemäß bevollmächtigte Rechtsanwälte können die Auskünfte im Namen ihrer Mandanten erteilen. [3] Letztere bleiben in vollem Umfang dafür verantwortlich, dass die erteilten Auskünfte vollständig, sachlich richtig und nicht irreführend sind.

(5) Die zuständigen Behörden der Mitgliedstaaten erteilen der Kommission auf Verlangen alle ihnen vorliegenden Auskünfte, die sie für die Erfüllung der ihr mit dieser Verordnung übertragenen Aufgaben benötigt.

Art. 22 Befugnis zur Befragung und zur Aufnahme von Aussagen.

(1) [1] Die Kommission kann zur Erfüllung ihrer Aufgaben nach dieser Verordnung jede natürliche oder juristische Person befragen, die in die Befragung zum Zweck der Einholung von Informationen, die mit dem Gegenstand einer Untersuchung im Zusammenhang stehen, einwilligt. [2] Die Kommission ist berechtigt, diese Befragungen mit beliebigen technischen Mitteln aufzuzeichnen.

(2) [1] Wird eine Befragung gemäß Absatz 1 dieses Artikels in den Räumlichkeiten eines Unternehmens durchgeführt, so unterrichtet die Kommission die für die Durchsetzung der in Artikel 1 Absatz 6 genannten Vorschriften zuständige nationale Behörde des Mitgliedstaats, in dessen Hoheitsgebiet die Befragung stattfindet. [2] Auf Verlangen dieser Behörde können deren Bedienstete die Bediensteten der Kommission und die anderen von der Kommission ermächtigten Begleitpersonen bei der Durchführung der Befragung unterstützen.

Art. 23 Befugnis zur Durchführung von Nachprüfungen. (1) Die Kommission kann zur Erfüllung ihrer Aufgaben nach dieser Verordnung alle erforderlichen Nachprüfungen bezüglich Unternehmen oder Unternehmensvereinigungen durchführen.

(2) Die mit den Nachprüfungen beauftragten Bediensteten der Kommission und die anderen von ihr ermächtigten Begleitpersonen sind befugt,

a) alle Räumlichkeiten, Grundstücke und Transportmittel der Unternehmen und Unternehmensvereinigungen zu betreten,
b) die Bücher und sonstigen Geschäftsunterlagen, unabhängig davon, in welcher Form sie vorliegen, zu prüfen,
c) Kopien oder Auszüge gleich in welcher Form aus diesen Büchern und Geschäftsunterlagen anzufertigen oder zu verlangen,
d) von dem Unternehmen oder der Unternehmensvereinigung Erläuterungen zu der Organisation, der Funktionsweise, dem IT-System, den Algorithmen, der Datenverwaltung und dem Geschäftsgebaren sowie einen entsprechenden Zugang zu verlangen sowie die abgegebenen Erläuterungen mit beliebigen technischen Mitteln aufzuzeichnen oder zu dokumentieren,
e) betriebliche Räumlichkeiten und Bücher oder Unterlagen jeder Art für die Dauer der Nachprüfung in dem hierfür erforderlichen Ausmaß zu versiegeln,
f) von allen Vertretern oder Beschäftigten des Unternehmens oder der Unternehmensvereinigung Erläuterungen zu Fakten oder Unterlagen zu verlangen, die mit Gegenstand und Zweck der Nachprüfung in Zusammenhang stehen, und ihre Antworten mit beliebigen technischen Mitteln zu Protokoll zu nehmen.

(3) Zur Durchführung von Nachprüfungen kann die Kommission die Unterstützung von nach Artikel 26 Absatz 2 benannten Prüfern oder Sachverständigen anfordern sowie die Unterstützung der für die Durchsetzung der in Artikel 1 Absatz 6 genannten Vorschriften zuständigen nationalen Behörde des Mitgliedstaats, in dessen Hoheitsgebiet die Nachprüfung durchgeführt werden soll.

(4) [1] Bei Nachprüfungen können die Kommission und die von ihr benannten Prüfer oder Sachverständigen und die für die Durchsetzung der in Artikel 1 Absatz 6 genannten Vorschriften zuständige nationale Behörde des Mitglied-

staats, in dessen Hoheitsgebiet die Nachprüfung durchgeführt werden soll, von dem Unternehmen oder der Unternehmensvereinigung Erläuterungen zur Organisation, der Funktionsweise, dem IT-System, den Algorithmen, der Datenverwaltung und dem Geschäftsgebaren sowie einen entsprechenden Zugang verlangen. [2]Die Kommission und die von ihr benannten Prüfer oder Sachverständigen und die für die Durchsetzung der in Artikel 1 Absatz 6 genannten Vorschriften zuständige nationale Behörde des Mitgliedstaats, in dessen Hoheitsgebiet die Nachprüfung durchgeführt werden soll, können alle Vertreter oder Beschäftigten des Unternehmens befragen.

(5) [1]Die mit Nachprüfungen beauftragten Bediensteten der Kommission und die anderen von ihr ermächtigten Begleitpersonen üben ihre Befugnisse unter Vorlage eines schriftlichen Auftrags aus, in dem der Gegenstand und der Zweck der Nachprüfung bezeichnet sind und auf die in Artikel 30 vorgesehenen Geldbußen für den Fall hingewiesen wird, dass die angeforderten Bücher oder sonstigen Geschäftsunterlagen nicht vollständig vorgelegt werden oder die Antworten auf die nach den Absätzen 2 und 4 des vorliegenden Artikels gestellten Fragen unrichtig oder irreführend sind. [2]Die Kommission unterrichtet die für die Durchsetzung der in Artikel 1 Absatz 6 genannten Vorschriften zuständige nationale Behörde des Mitgliedstaats, in dessen Hoheitsgebiet die Nachprüfung durchgeführt werden soll, über die Nachprüfung rechtzeitig vor deren Beginn.

(6) [1]Die Unternehmen oder Unternehmensvereinigungen sind verpflichtet, Nachprüfungen zu dulden, die durch einen Beschluss der Kommission angeordnet wurden. [2]In diesem Beschluss werden Gegenstand und Zweck der Nachprüfung genannt, das Datum des Beginns der Nachprüfung festgelegt und auf die in den Artikeln 30 bzw. 31 vorgesehenen Geldbußen und Zwangsgelder sowie auf das Recht hingewiesen, diesen Beschluss vom Gerichtshof überprüfen zu lassen.

(7) [1]Bedienstete der für die Durchsetzung der in Artikel 1 Absatz 6 genannten Vorschriften zuständigen nationalen Behörde des Mitgliedstaats, in dessen Hoheitsgebiet die Nachprüfung durchgeführt werden soll, sowie die von dieser Behörde ermächtigten oder benannten Personen unterstützen auf Ersuchen dieser Behörde oder der Kommission die Bediensteten und die anderen von der Kommission ermächtigten Begleitpersonen aktiv. [2]Sie verfügen hierzu über die in den Absätzen 2 und 4 des vorliegenden Artikels genannten Befugnisse.

(8) Stellen die beauftragten Bediensteten der Kommission und die anderen von ihr ermächtigten Begleitpersonen fest, dass sich ein Unternehmen oder eine Unternehmensvereinigung einer nach Maßgabe dieses Artikels angeordneten Nachprüfung widersetzt, so gewährt der betreffende Mitgliedstaat die erforderliche Unterstützung, gegebenenfalls unter Einsatz von Polizeikräften oder einer entsprechenden vollziehenden Behörde, damit die Bediensteten der Kommission ihren Nachprüfungsauftrag erfüllen können.

(9) [1]Setzt die Amtshilfe nach Absatz 8 dieses Artikels nach nationalen Vorschriften eine gerichtliche Genehmigung voraus, so ist diese von der Kommission oder der für die Durchsetzung der in Artikel 1 Absatz 6 genannten Vorschriften zuständigen nationalen Behörde des Mitgliedstaats oder von von diesen Behörden dazu ermächtigen Bediensteten zu beantragen. [2]Die Genehmigung kann auch vorsorglich beantragt werden.

(10) [1] Wird die in Absatz 9 dieses Artikels genannte Genehmigung beantragt, so überprüft das nationale Gericht, ob der Beschluss der Kommission echt ist und die beantragten Zwangsmaßnahmen weder willkürlich noch, gemessen am Gegenstand der Nachprüfung, unverhältnismäßig sind. [2] Bei der Prüfung der Verhältnismäßigkeit der Zwangsmaßnahmen kann das nationale Gericht die Kommission direkt oder über die für die Durchsetzung der in Artikel 1 Absatz 6 genannten Vorschriften zuständige nationale Behörde des Mitgliedstaats, um ausführliche Erläuterungen ersuchen, insbesondere zu den Gründen, aus denen die Kommission eine Zuwiderhandlung gegen diese Verordnung vermutet, sowie zur Schwere des mutmaßlichen Verstoßes und zur Art der Beteiligung des betreffenden Unternehmens. [3] Das nationale Gericht darf jedoch weder die Notwendigkeit der Nachprüfung in Frage stellen noch Auskünfte aus den Akten der Kommission verlangen. [4] Die Prüfung der Rechtmäßigkeit des Kommissionsbeschlusses ist dem Gerichtshof vorbehalten.

Art. 24 Einstweilige Maßnahmen. [1] Die Kommission kann in dringenden Fällen, wenn die Gefahr eines schweren und nicht wiedergutzumachenden Schadens für gewerbliche Nutzer oder Endnutzer von Torwächtern besteht, auf der Grundlage einer prima facie festgestellten Zuwiderhandlung gegen Artikel 5, 6 oder 7 einen Durchführungsrechtsakt zur Anordnung einstweiliger Maßnahmen gegen einen Torwächter erlassen. [2] Dieser Durchführungsrechtsakt wird ausschließlich im Rahmen eines Verfahrens erlassen, das im Hinblick auf den möglichen Erlass eines Nichteinhaltungsbeschlusses nach Artikel 29 Absatz 1 eingeleitet wurde. [3] Er hat nur eine befristete Geltungsdauer und kann verlängert werden, soweit dies erforderlich und angemessen ist. [4] Dieser Durchführungsrechtsakt wird gemäß dem in Artikel 50 Absatz 2 genannten Beratungsverfahren erlassen.

Art. 25 Verpflichtungszusagen. (1) [1] Bietet der betreffende Torwächter während eines Verfahrens nach Artikel 18 Verpflichtungszusagen in Bezug auf die betreffenden zentralen Plattformdienste an, um die Einhaltung der in den Artikeln 5, 6 und 7 festgelegten Verpflichtungen zu gewährleisten, so kann die Kommission einen Durchführungsrechtsakt erlassen, mit dem diese Verpflichtungszusagen für den Torwächter für bindend erklärt werden, und feststellen, dass für ein Tätigwerden der Kommission kein Anlass mehr besteht. [2] Dieser Durchführungsrechtsakt wird gemäß dem in Artikel 50 Absatz 2 genannten Beratungsverfahren erlassen.

(2) Die Kommission kann das Verfahren auf Antrag oder von Amts wegen per Beschluss wieder aufnehmen, wenn

a) sich der Sachverhalt, auf den sich der Beschluss stützte, in einem wesentlichen Punkt geändert hat,
b) der betreffende Torwächter seine Verpflichtungszusagen nicht einhält,
c) der Beschluss auf unvollständigen, unrichtigen oder irreführenden Angaben der beteiligten Unternehmen beruhte, oder
d) die Verpflichtungszusagen sich nicht als wirksam erweisen.

(3) Ist die Kommission der Auffassung, dass die von dem betreffenden Torwächter angebotenen Verpflichtungszusagen nicht geeignet sind, die wirksame Einhaltung der in den Artikeln 5, 6 und 7 festgelegten Verpflichtungen sicherzustellen, so erläutert sie in dem Beschluss, mit dem das Verfahren abgeschlossen wird, weshalb sie die Verpflichtungszusagen nicht für bindend erklärt.

Art. 26 Überwachung von Verpflichtungen und Maßnahmen.

(1) [1] Die Kommission ergreift die erforderlichen Maßnahmen, um die wirksame Umsetzung und Einhaltung der in den Artikeln 5, 6 und 7 genannten Verpflichtungen und der nach den Artikeln 8, 18, 24, 25 und 29 erlassenen Beschlüsse zu überwachen. [2] Zu diesen Maßnahmen kann insbesondere gehören, dass dem Torwächter die Verpflichtung auferlegt wird, alle Dokumente aufzubewahren, die für die Bewertung der Umsetzung und Einhaltung dieser Verpflichtungen und Beschlüsse als relevant erachtet werden.

(2) Die Maßnahmen nach Absatz 1 können die Benennung unabhängiger externer Sachverständiger und Prüfer sowie die Benennung von Bediensteten der zuständigen nationalen Behörden der Mitgliedstaaten umfassen, die die Kommission bei der Überwachung der Verpflichtungen und Maßnahmen unterstützen und ihr mit spezifischem Fachwissen oder Kenntnissen zur Seite stehen.

Art. 27 Informationen von Dritten. (1) Dritte – einschließlich gewerbliche Nutzer, Wettbewerber oder Endnutzer der in dem Benennungsbeschluss gemäß Artikel 3 Absatz 9 aufgeführten zentralen Plattformdienste sowie ihre Vertreter – können die für die Durchsetzung der in Artikel 1 Absatz 6 genannten Vorschriften zuständige nationale Behörde des Mitgliedstaats oder direkt die Kommission über Praktiken oder Verhaltensweisen von Torwächtern informieren, die in den Anwendungsbereich dieser Verordnung fallen.

(2) Die für die Durchsetzung der in Artikel 1 Absatz 6 genannten Vorschriften zuständige nationale Behörde des Mitgliedstaats und die Kommission können nach freiem Ermessen über geeignete Maßnahmen entscheiden und sind in keiner Weise verpflichtet, Folgemaßnahmen zu den erhaltenen Informationen zu ergreifen.

(3) Kommt die für die Durchsetzung der in Artikel 1 Absatz 6 genannten Vorschriften zuständige nationale Behörde des Mitgliedstaats auf der Grundlage der nach Absatz 1 des vorliegenden Artikels erhaltenen Informationen zu dem Schluss, dass möglicherweise eine Nichteinhaltung dieser Verordnung vorliegt, so übermittelt sie diese Informationen der Kommission.

Art. 28 Compliance-Funktion. (1) Torwächter führen eine Compliance-Funktion ein, die unabhängig von den operativen Funktionen des Torwächters ist und aus einem oder mehreren Compliance-Beauftragten besteht, einschließlich des Leiters der Compliance-Funktion.

(2) Der Torwächter stellt sicher, dass die in Absatz 1 genannte Compliance-Funktion über ausreichend Befugnisse, Status und Ressourcen sowie über Zugang zum Leitungsorgan des Torwächters verfügt, um die Einhaltung dieser Verordnung durch den Torwächter zu überwachen.

(3) *[1]* Das Leitungsorgan des Torwächters stellt sicher, dass die nach Absatz 1 benannten Compliance-Beauftragten über die zur Erfüllung der in Absatz 5 genannten Aufgaben erforderlichen beruflichen Qualifikationen, Kenntnisse, Erfahrungen und Fähigkeiten verfügen.

[2] Das Leitungsorgan des Torwächters stellt ferner sicher, dass es sich beim Leiter der Compliance-Funktion um eine unabhängige Führungskraft handelt, die eigens für die Compliance-Funktion zuständig ist.

(4) *[1]* Der Leiter der Compliance-Funktion untersteht direkt dem Leitungsorgan des Torwächters und kann Bedenken äußern und dieses Organ warnen, falls die Gefahr einer Nichteinhaltung dieser Verordnung besteht, unbeschadet der Zuständigkeiten des Leitungsorgans in seinen Aufsichts- und Leitungsfunktionen.

[2] Der Leiter der Compliance-Funktion darf nicht ohne vorherige Zustimmung des Leitungsorgans des Torwächters abgelöst werden.

(5) Die vom Torwächter gemäß Absatz 1 ernannten Compliance-Beauftragten haben folgende Aufgaben:

a) Organisation, Überwachung und Beaufsichtigung der Maßnahmen und Tätigkeiten des Torwächters, mit denen die Einhaltung dieser Verordnung sichergestellt werden soll;
b) Information und Beratung des Managements und der Mitarbeiter des Torwächters über die einschlägigen Verpflichtungen aus dieser Verordnung;
c) gegebenenfalls Überwachung der Einhaltung der gemäß Artikel 25 für bindend erklärten Verpflichtungszusagen, unbeschadet der Möglichkeit der Kommission, gemäß Artikel 26 Absatz 2 unabhängige externe Sachverständige zu benennen;
d) Zusammenarbeit mit der Kommission für die Zwecke dieser Verordnung.

(6) Die Torwächter teilen der Kommission den Namen und die Kontaktdaten des Leiters der Compliance-Funktion mit.

(7) Das Leitungsorgan des Torwächters übernimmt die Festlegung, Beaufsichtigung und Haftung der bzw. für die Umsetzung der Unternehmensführungsregelungen des Torwächters, die für die Unabhängigkeit der Compliance-Funktion sorgen, einschließlich der Kompetenzaufteilung in der Organisation des Torwächters und der Vermeidung von Interessenkonflikten.

(8) Das Leitungsorgan billigt und überprüft regelmäßig, mindestens jedoch einmal jährlich, die Strategien und Maßnahmen für das Angehen, das Management und die Überwachung der Einhaltung dieser Verordnung.

(9) [1] Das Leitungsorgan widmet dem Management und der Überwachung der Einhaltung dieser Verordnung ausreichend Zeit. [2] Es beteiligt sich aktiv an den Entscheidungen im Zusammenhang mit dem Management und der Durchsetzung dieser Verordnung und sorgt dafür, dass angemessene Ressourcen dafür zugewiesen werden.

Art. 29 Nichteinhaltung. (1) [1] Die Kommission erlässt einen Durchführungsrechtsakt, in dem ihre Feststellung der Nichteinhaltung dargelegt wird (im Folgenden „Nichteinhaltungsbeschluss"), wenn sie feststellt, dass ein Torwächter

a) eine der in den Artikeln 5, 6 oder 7 genannten Verpflichtungen nicht erfüllt,
b) den von der Kommission durch einen nach Artikel 8 Absatz 2 erlassenen Beschluss festgelegten Maßnahmen nicht nachkommt,
c) nach Artikel 18 Absatz 1 verhängten Abhilfemaßnahmen nicht nachkommt,
d) nach Artikel 24 angeordneten einstweiligen Maßnahmen nicht nachkommt, oder
e) Verpflichtungszusagen, die nach Artikel 25 für bindend erklärt wurden, nicht einhält.

[2] Dieser Durchführungsrechtsakt wird gemäß dem in Artikel 50 Absatz 2 genannten Beratungsverfahren erlassen.

(2) Die Kommission bemüht sich, ihren Nichteinhaltungsbeschluss innerhalb von zwölf Monaten nach Einleitung des Verfahrens gemäß Artikel 20 zu erlassen.

(3) [1] Vor Erlass des Nichteinhaltungsbeschlusses teilt die Kommission dem betreffenden Torwächter ihre vorläufige Beurteilung mit. [2] In dieser vorläufigen Beurteilung erläutert die Kommission, welche Maßnahmen sie zu ergreifen beabsichtigt bzw. der Torwächter ergreifen sollte, um der vorläufigen Beurteilung wirksam Rechnung zu tragen.

(4) Die Kommission kann Dritte konsultieren, wenn sie beabsichtigt, einen Nichteinhaltungsbeschluss zu erlassen.

(5) In dem Nichteinhaltungsbeschluss fordert die Kommission den Torwächter auf, die Nichteinhaltung innerhalb einer angemessenen Frist abzustellen und zu erläutern, wie er diesem Beschluss nachzukommen gedenkt.

(6) Der Torwächter übermittelt der Kommission eine Beschreibung der Maßnahmen, die er ergriffen hat, um die Einhaltung des Nichteinhaltungsbeschlusses sicherzustellen.

(7) Entscheidet die Kommission, keinen Nichteinhaltungsbeschluss zu erlassen, so schließt sie das Verfahren im Wege eines Beschlusses ab.

Art. 30 Geldbußen. (1) In ihrem Nichteinhaltungsbeschluss kann die Kommission gegen den betreffenden Torwächter Geldbußen bis zu einem Höchstbetrag von 10 % seines im vorausgegangenen Geschäftsjahr weltweit erzielten Gesamtumsatzes verhängen, wenn sie feststellt, dass der Torwächter vorsätzlich oder fahrlässig

a) eine der in den Artikeln 5, 6 und 7 genannten Verpflichtungen nicht erfüllt,
b) den von der Kommission durch einen nach Artikel 8 Absatz 2 erlassenen Beschluss festgelegten Maßnahmen nicht nachkommt,
c) nach Artikel 18 Absatz 1 verhängten Abhilfemaßnahmen nicht nachkommt,
d) nach Artikel 24 angeordneten einstweiligen Maßnahmen nicht nachkommt, oder
e) Verpflichtungszusagen, die nach Artikel 25 für bindend erklärt wurden, nicht einhält.

(2) Ungeachtet des Absatzes 1 dieses Artikels kann die Kommission im Nichteinhaltungsbeschluss gegen einen Torwächter Geldbußen in Höhe von bis zu 20 % seines im vorausgegangenen Geschäftsjahr weltweit erzielten Gesamtumsatzes verhängen, wenn sie feststellt, dass der Torwächter eine identische oder ähnliche Zuwiderhandlung gegen eine in Artikel 5, 6 oder 7 festgelegte Verpflichtung in Bezug auf denselben zentralen Plattformdienst begangen hat wie eine bereits im Wege eines in den vorangegangenen acht Jahren erlassenen Nichteinhaltungsbeschlusses festgestellte von ihm begangene Zuwiderhandlung.

(3) Die Kommission kann einen Beschluss erlassen, mit dem gegen Unternehmen, einschließlich gegebenenfalls Torwächter, und Unternehmensvereinigungen Geldbußen bis zu einem Höchstbetrag von 1 % ihres im vorausgegangenen Geschäftsjahr weltweit erzielten Gesamtumsatzes verhängt werden, wenn sie vorsätzlich oder fahrlässig

a) die für die Beurteilung ihrer Benennung als Torwächter nach Artikel 3 erforderlichen Auskünfte nicht innerhalb der gesetzten Frist erteilen oder unrichtige, unvollständige oder irreführende Angaben machen,
b) der Verpflichtung zur Mitteilung an die Kommission gemäß Artikel 3 Absatz 3 nicht nachkommen,
c) die nach Artikel 14 erforderlichen Auskünfte nicht erteilen oder unrichtige, unvollständige oder irreführende Angaben machen,
d) die nach Artikel 15 erforderliche Beschreibung nicht übermitteln oder unrichtige, unvollständige oder irreführende Angaben machen,
e) als Antwort auf einen Antrag nach Artikel 21 Absatz 3 den verlangten Zugang zu Daten, Algorithmen und Informationen über Tests nicht erteilen,
f) die nach Artikel 21 Absatz 3 verlangten Angaben nicht innerhalb der gesetzten Frist erteilen oder unrichtige, unvollständige oder irreführende Angaben und Erläuterungen machen, die nach Artikel 21 verlangt wurden oder im Rahmen einer Befragung nach Artikel 22 gegeben wurden;
g) unrichtige, unvollständige oder irreführende Angaben eines Vertreters oder Beschäftigten des Unternehmens nicht innerhalb der von der Kommission gesetzten Frist berichtigen oder in Bezug auf Sachverhalte, die mit dem Gegenstand und dem Zweck einer Nachprüfung nach Artikel 23 im Zusammenhang stehen, keine vollständigen Auskünfte erteilen oder die Erteilung vollständiger Auskünfte verweigern,
h) eine Nachprüfung nach Artikel 23 nicht dulden,
i) die von der Kommission gemäß Artikel 26 verhängten Verpflichtungen nicht einhalten,
j) eine Compliance-Funktion gemäß Artikel 28 nicht einführen, oder
k) die Bedingungen für die Einsicht in die Akten der Kommission gemäß Artikel 34 Absatz 4 nicht erfüllen.

(4) Bei der Festsetzung der Höhe einer Geldbuße berücksichtigt die Kommission die Schwere, die Dauer und eine etwaige Wiederholung der Zuwiderhandlung sowie bei nach Absatz 3 verhängten Geldbußen die im Verfahren verursachte Verzögerung.

(5) *[1]* Wird gegen eine Unternehmensvereinigung eine Geldbuße unter Berücksichtigung des weltweit erzielten Umsatzes ihrer Mitglieder verhängt und ist diese Unternehmensvereinigung selbst nicht zahlungsfähig, so ist sie verpflichtet, von ihren Mitgliedern Beiträge zur Deckung des Betrags dieser Geldbuße zu fordern.

[2] Werden diese Beiträge innerhalb einer von der Kommission gesetzten Frist nicht geleistet, so kann die Kommission die Zahlung der Geldbuße unmittelbar von jedem Unternehmen verlangen, dessen Vertreter Mitglieder in den betreffenden Entscheidungsgremien dieser Unternehmensvereinigung waren.

[3] Nachdem die Kommission die Zahlung nach Unterabsatz 2 verlangt hat, kann sie die Zahlung des Restbetrags von jedem Mitglied der Unternehmensvereinigung verlangen, soweit dies für die vollständige Zahlung der Geldbuße erforderlich ist.

[4] Die Kommission darf jedoch Zahlungen nach Unterabsatz 2 oder 3 nicht von Unternehmen verlangen, die nachweisen, dass sie den Beschluss der Unternehmensvereinigung, mit dem gegen diese Verordnung verstoßen wurde, nicht

umgesetzt haben und entweder von dessen Existenz keine Kenntnis hatten oder sich aktiv davon distanziert haben, noch ehe die Kommission das Verfahren nach Artikel 20 eingeleitet hat.

[5] Die finanzielle Haftung eines Unternehmens für die Zahlung der Geldbuße darf 20 % seines im vorausgegangenen Geschäftsjahr weltweit erzielten Gesamtumsatzes nicht übersteigen.

Art. 31 Zwangsgelder. (1) Die Kommission kann einen Beschluss erlassen, mit dem gegen Unternehmen, einschließlich gegebenenfalls Torwächter, und Unternehmensvereinigungen tägliche Zwangsgelder bis zu einem Höchstbetrag von 5 % des im vorausgegangenen Geschäftsjahr weltweit erzielten durchschnittlichen Tagesumsatzes, berechnet ab dem im Beschluss genannten Tag, verhängt werden, um sie dazu zu zwingen,

a) den von der Kommission durch einen nach Artikel 8 Absatz 2 erlassenen Beschluss festgelegten Maßnahmen nachzukommen,
b) einem Beschluss nach Artikel 18 Absatz 1 nachzukommen,
c) in Beantwortung eines im Wege eines Beschlusses nach Artikel 21 ergangenen Auskunftsverlangens innerhalb der gesetzten Frist richtige und vollständige Auskünfte zu erteilen,
d) im den Zugang zu Daten, Algorithmen und Informationen über Tests als Antwort auf einen Antrag nach Artikel 21 Absatz 3 zu gewährleisten und diesbezügliche Erläuterungen zu geben, wie in einem Beschlusses nach Artikel 21 verlangt,
e) eine Nachprüfung zu dulden, die mit einem Beschluss nach Artikel 23 angeordnet wurde,
f) einem nach Artikel 24 erlassenen Beschluss zur Anordnung einstweiliger Maßnahmen nachzukommen,
g) per Beschluss nach Artikel 25 Absatz 1 für bindend erklärte Verpflichtungszusagen einzuhalten, oder
h) einem Beschluss nach Artikel 29 Absatz 1 nachzukommen.

(2) [1] Sind die Unternehmen oder Unternehmensvereinigungen der Verpflichtung nachgekommen, die mit dem Zwangsgeld durchgesetzt werden sollte, so kann die Kommission einen Durchführungsrechtsakt erlassen, mit dem die endgültige Höhe des Zwangsgelds auf einen niedrigeren Betrag festgesetzt wird als den, der sich aus dem ursprünglichen Beschluss ergeben würde. [2] Dieser Durchführungsrechtsakt wird gemäß dem in Artikel 50 Absatz 2 genannten Beratungsverfahren erlassen.

Art. 32 Verjährungsfrist für die Verhängung von Sanktionen. (1) Für die der Kommission mit den Artikeln 30 und 31 übertragenen Befugnisse gilt eine Verjährungsfrist von fünf Jahren.

(2) [1] Die Frist läuft ab dem Tag, an dem die Zuwiderhandlung begangen worden ist. [2] Im Fall andauernder oder wiederholter Zuwiderhandlungen läuft die Frist jedoch erst ab dem Tag, an dem die Zuwiderhandlung beendet wird.

(3) [1] Jede Handlung der Kommission zum Zwecke einer Marktuntersuchung oder Verfolgung einer Zuwiderhandlung unterbricht die Verjährungsfrist für die Verhängung von Geldbußen oder Zwangsgeldern. [2] Die Unterbrechung tritt mit dem Tag ein, an dem die Handlung mindestens einem an der Zuwiderhandlung beteiligten Unternehmen oder einer beteiligten Unternehmensver-

einigung bekannt gegeben wird. [3] Die Verjährung wird unter anderem unterbrochen durch

a) Auskunftsverlangen der Kommission,
b) schriftliche Nachprüfungsaufträge, die die Kommission ihren Bediensteten erteilt hat,
c) die Einleitung eines Verfahrens nach Artikel 20 durch die Kommission.

(4) [1] Nach jeder Unterbrechung beginnt die Frist von Neuem. [2] Die Verjährung tritt jedoch spätestens mit dem Tag ein, an dem die doppelte Verjährungsfrist verstrichen ist, ohne dass die Kommission eine Geldbuße oder ein Zwangsgeld verhängt hat. [3] Diese Frist verlängert sich um den Zeitraum, in dem die Verjährung nach Absatz 5 ruht.

(5) Die Verjährungsfrist für die Verhängung von Geldbußen oder Zwangsgeldern ruht, solange zu dem Beschluss der Kommission ein Verfahren vor dem Gerichtshof anhängig ist.

Art. 33 Verjährungsfrist für die Durchsetzung von Sanktionen.

(1) Für die Befugnis der Kommission zur Durchsetzung von nach Artikel 30 oder Artikel 31 erlassenen Beschlüssen gilt eine Verjährungsfrist von fünf Jahren.

(2) Die Frist läuft ab dem Tag, an dem der Beschluss rechtskräftig wird.

(3) Die Verjährungsfrist für die Durchsetzung von Sanktionen wird unterbrochen durch

a) die Bekanntgabe eines Beschlusses, durch den der ursprüngliche Betrag der Geldbuße oder des Zwangsgelds geändert oder ein Antrag auf eine solche Änderung abgelehnt wird, oder
b) jede auf zwangsweise Beitreibung der Geldbuße oder des Zwangsgelds gerichtete Maßnahme der Kommission oder eines Mitgliedstaats, der auf Ersuchen der Kommission handelt.

(4) Nach jeder Unterbrechung beginnt die Frist von Neuem.

(5) Die Verjährungsfrist für die Durchsetzung von Sanktionen ruht, solange

a) eine Zahlungsfrist bewilligt ist oder
b) die Zwangsvollstreckung durch eine Entscheidung des Gerichtshofs oder eine Entscheidung eines nationalen Gerichts ausgesetzt ist.

Art. 34 Anspruch auf rechtliches Gehör und Recht auf Akteneinsicht.

(1) Vor Erlass eines Beschlusses nach Artikel 8, Artikel 9 Absatz 1, Artikel 10 Absatz 1, den Artikeln 17, 18, 24, 25, 29, 30 oder Artikel 31 Absatz 2 gibt die Kommission dem Torwächter oder dem betreffenden Unternehmen bzw. der betreffenden Unternehmensvereinigung Gelegenheit, sich zu Folgendem zu äußern:

a) der vorläufigen Beurteilung der Kommission, einschließlich der Beschwerdepunkte, und
b) den Maßnahmen, die die Kommission in Anbetracht der vorläufigen Beurteilung nach Buchstabe a dieses Absatzes zu treffen beabsichtigt.

(2) Der Torwächter, das Unternehmen oder die Unternehmensvereinigung kann der Kommission seine bzw. ihre Stellungnahme zu der vorläufigen Beurteilung der Kommission innerhalb einer von der Kommission in ihrer vorläu-

figen Beurteilung festgesetzten Frist, die mindestens 14 Tage betragen muss, übermitteln.

(3) Die Kommission stützt ihre Beschlüsse nur auf vorläufige Beurteilungen, einschließlich der Beschwerdepunkte, zu denen sich der Torwächter, das Unternehmen bzw. die Unternehmensvereinigung äußern konnte.

(4) [1]Die Verteidigungsrechte des Torwächters, des Unternehmens oder der Unternehmensvereinigung müssen während des Verfahrens in vollem Umfang gewahrt werden. [2]Der Torwächter, das Unternehmen oder die Unternehmensvereinigung hat vorbehaltlich des berechtigten Interesses von Unternehmen an der Wahrung ihrer Geschäftsgeheimnisse das Recht auf Einsicht in die Akte der Kommission im Rahmen der Offenlegungsbedingungen. [3]Im Falle von Meinungsverschiedenheiten zwischen den Parteien kann die Kommission Beschlüsse erlassen, in denen diese Offenlegungsbedingungen festgelegt werden. [4]Von der Einsicht in die Akte der Kommission ausgenommen sind vertrauliche Informationen sowie interne Schriftstucke der Kommission und der zustandigen Behörden der Mitgliedstaaten. [5]Insbesondere die Korrespondenz zwischen der Kommission und den zuständigen Behörden der Mitgliedstaaten ist von der Akteneinsicht ausgenommen. [6]Dieser Absatz steht der Offenlegung und Nutzung der für den Nachweis einer Zuwiderhandlung notwendigen Informationen durch die Kommission in keiner Weise entgegen.

Art. 35 Jährliche Berichterstattung. (1) Die Kommission übermittelt dem Europäischen Parlament und dem Rat einen jährlichen Bericht über die Umsetzung dieser Verordnung und die Fortschritte bei der Erreichung ihrer Ziele.

(2) Der in Absatz 1 genannte Bericht enthält Folgendes:

a) eine Zusammenfassung der Tätigkeiten der Kommission, einschließlich etwaiger angenommener Maßnahmen oder Beschlüsse und laufender Marktuntersuchungen im Zusammenhang mit dieser Verordnung;

b) die Ergebnisse aus der Überwachung der Umsetzung der Verpflichtungen nach dieser Verordnung durch die Torwächter;

c) eine Bewertung der in Artikel 15 genannten geprüften Beschreibung;

d) eine Übersicht über die Zusammenarbeit zwischen der Kommission und den nationalen Behörden im Zusammenhang mit dieser Verordnung;

e) eine Übersicht über die Tätigkeiten und Aufgaben der hochrangigen Gruppe digitaler Regulierungsbehörden, einschließlich der Art und Weise, wie ihre Empfehlungen bezüglich der Durchsetzung dieser Verordnung umzusetzen sind.

(3) Die Kommission veröffentlicht den Bericht auf ihrer Internetseite.

Art. 36 Berufsgeheimnis. (1) Die nach dieser Verordnung erhobenen Informationen werden für die Zwecke dieser Verordnung verwendet.

(2) Die gemäß Artikel 14 erhobenen Informationen werden für die Zwecke dieser Verordnung, der Verordnung (EG) Nr. 139/2004 und der nationalen Fusionskontrollvorschriften verwendet.

(3) Die gemäß Artikel 15 erhobenen Informationen werden für die Zwecke dieser Verordnung und der Verordnung (EU) 2016/679[1]) verwendet.

---

[1]) Nr. **1**.

(4) Unbeschadet des Austauschs und der Verwendung der Informationen, die für die in den Artikeln 38, 39, 41 und 43 genannten Zwecke bereitgestellt werden, dürfen die Kommission, die zuständigen Behörden der Mitgliedstaaten und ihre Beamten, Bediensteten und andere unter ihrer Aufsicht tätige Personen sowie sonstige beteiligte natürliche oder juristische Personen einschließlich der nach Artikel 26 Absatz 2 benannten Prüfer und Sachverständigen keine Informationen preisgeben, die sie im Rahmen der Anwendung dieser Verordnung erlangt oder ausgetauscht haben und die ihrem Wesen nach unter das Berufsgeheimnis fallen.

Art. 37 Zusammenarbeit mit nationalen Behörden. (1) Die Kommission und die Mitgliedstaaten arbeiten eng zusammen und koordinieren ihre Durchsetzungsmaßnahmen, um eine kohärente, wirksame und komplementäre Durchsetzung von Rechtsinstrumenten, die auf Torwächter im Sinne dieser Verordnung angewendet werden, zu gewährleisten.

(2) Die Kommission kann soweit erforderlich nationale Behörden zu allen Angelegenheiten im Zusammenhang mit der Anwendung dieser Verordnung konsultieren.

Art. 38 Zusammenarbeit und Koordinierung mit für die Durchsetzung von Wettbewerbsvorschriften zuständigen nationalen Behörden.

(1) [1] Die Kommission und die für die Durchsetzung der in Artikel 1 Absatz 6 genannten Vorschriften zuständigen nationalen Behörden der Mitgliedstaaten arbeiten zusammen und unterrichten einander über das Europäische Wettbewerbsnetz (ECN) über ihre jeweiligen Durchsetzungsmaßnahmen. [2] Sie sind befugt, einander alle Informationen über tatsächliche oder rechtliche Umstände, einschließlich vertraulicher Informationen, mitzuteilen. [3] Ist die zuständige Behörde nicht Mitglied des ECN, so trifft die Kommission die erforderlichen Vorkehrungen für die Zusammenarbeit und den Informationsaustausch in Fällen im Zusammenhang mit der Durchsetzung dieser Verordnung und der Durchsetzung der in Artikel 1 Absatz 6 genannten Fälle durch diese Behörden. [4] Die Kommission kann diese Vorkehrungen in einem Durchführungsrechtsakt gemäß Artikel 46 Absatz 1 Buchstabe l festlegen.

(2) [1] Beabsichtigt eine für die Durchsetzung der in Artikel 1 Absatz 6 genannten Vorschriften zuständige nationale Behörde eines Mitgliedstaats eine Untersuchung von Torwächtern auf der Grundlage der in Artikel 1 Absatz 6 genannten nationalen Rechtsvorschriften einzuleiten, so unterrichtet sie die Kommission vor oder unmittelbar nach dem Beginn einer solchen Maßnahme schriftlich über die erste förmliche Untersuchungsmaßnahme. [2] Diese Informationen können auch den für die Durchsetzung der in Artikel 1 Absatz 6 genannten Vorschriften zuständigen nationalen Behörden der anderen Mitgliedstaaten zur Verfügung gestellt werden.

(3) [1] Beabsichtigt eine für die Durchsetzung der in Artikel 1 Absatz 6 genannten Vorschriften zuständige nationale Behörde eines Mitgliedstaats, Torwächtern Verpflichtungen aufzuerlegen, die sich auf die in Artikel 1 Absatz 6 genannten nationalen Rechtsvorschriften stützen, so teilt sie der Kommission den Entwurf der Maßnahme spätestens 30 Tage vor deren Erlass unter Angabe der Gründe für die Maßnahme mit. [2] Im Falle einstweiliger Maßnahmen teilt die für die Durchsetzung der in Artikel 1 Absatz 6 genannten Vorschriften zuständige nationale Behörde eines Mitgliedstaats der Kommission einen Ent-

wurf der beabsichtigten Maßnahmen so bald wie möglich und spätestens unmittelbar nach dem Erlass dieser Maßnahmen mit. [3]Diese Informationen können auch den für die Durchsetzung der in Artikel 1 Absatz 6 genannten Vorschriften zuständigen nationalen Behörden der anderen Mitgliedstaaten zur Verfügung gestellt werden.

(4) Die in den Absätzen 2 und 3 vorgesehenen Informationsmechanismen gelten nicht für beabsichtigte Beschlüsse gemäß den nationalen Fusionskontrollvorschriften.

(5) Die gemäß den Absätzen 1 bis 3 dieses Artikels ausgetauschten Informationen dürfen ausschließlich für die Zwecke der Koordinierung der Durchsetzung dieser Verordnung und der in Artikel 1 Absatz 6 genannten Vorschriften ausgetauscht und verwendet werden.

(6) Die Kommission kann die für die Durchsetzung der in Artikel 1 Absatz 6 genannten Vorschriften zuständigen nationalen Behörden der Mitgliedstaaten ersuchen, ihre Marktuntersuchungen gemäß dieser Verordnung zu unterstützen.

(7) *[1]* [1]Eine für die Durchsetzung der in Artikel 1 Absatz 6 genannten Vorschriften zuständige nationale Behörde eines Mitgliedstaats kann bei einer möglichen Nichteinhaltung der Artikel 5, 6 und 7 dieser Verordnung von Amts wegen eine Untersuchung in ihrem Hoheitsgebiet durchführen, wenn sie nach nationalem Recht hierfür zuständig ist und entsprechende Untersuchungsbefugnisse besitzt. [2]Bevor sie eine erste förmliche Untersuchungsmaßnahme ergreift, unterrichtet sie die Kommission schriftlich.

[2] [1]Die Einleitung eines Verfahrens durch die Kommission nach Artikel 20 entbindet die für die Durchsetzung der in Artikel 1 Absatz 6 genannten Vorschriften zuständigen nationalen Behörden der Mitgliedstaaten von der Möglichkeit, eine solche Untersuchung durchzuführen, oder beendet eine solche Untersuchung, wenn sie bereits läuft. [2]Diese Behörden erstatten der Kommission Bericht über die Ergebnisse dieser Untersuchung, um die Kommission in ihrer Rolle als alleinige Durchsetzungsbehörde dieser Verordnung zu unterstützen.

Art. 39 Zusammenarbeit mit nationalen Gerichten. (1) Im Rahmen von Verfahren zur Anwendung dieser Verordnung können die nationalen Gerichte die Kommission um die Übermittlung von Informationen, die sich in ihrem Besitz befinden, oder um Stellungnahmen zu Fragen im Zusammenhang mit der Anwendung dieser Verordnung bitten.

(2) [1]Die Mitgliedstaaten übermitteln der Kommission eine Kopie jedes schriftlichen Urteils eines nationalen Gerichtes betreffend die Anwendung dieser Verordnung. [2]Die betreffende Kopie wird unverzüglich übermittelt, nachdem das vollständige schriftliche Urteil den Parteien zugestellt wurde.

(3) [1]Wenn die kohärente Anwendung dieser Verordnung dies erfordert, kann die Kommission von Amts wegen den nationalen Gerichten eine schriftliche Stellungnahme übermitteln. [2]Sie kann mit Erlaubnis des betreffenden Gerichts auch mündlich Stellung nehmen.

(4) Die Kommission kann ausschließlich für die Ausarbeitung ihrer Stellungnahmen das betreffende nationale Gericht ersuchen, ihr alle zur Beurteilung des Falls notwendigen Schriftstücke zu übermitteln oder für deren Übermittlung zu sorgen.

(5) [1] Die nationalen Gerichte erlassen keine Entscheidungen, die einem von der Kommission nach dieser Verordnung erlassenen Beschluss zuwiderlaufen. [2] Sie vermeiden es auch, Entscheidungen zu erlassen, die einer Entscheidung zuwiderlaufen, die die Kommission in einem von ihr nach dieser Verordnung eingeleiteten Verfahren zu erlassen beabsichtigt. [3] Zu diesem Zweck kann das nationale Gericht prüfen, ob es notwendig ist, das vor ihm anhängige Verfahren auszusetzen. [4] Dies berührt nicht die Möglichkeit nationaler Gerichte, gemäß Artikel 267 AEUV um eine Vorabentscheidung zu ersuchen.

Art. 40[1)] **Hochrangige Gruppe.** (1) Die Kommission richtet eine hochrangige Gruppe für das Gesetz über digitale Märkte (im Folgenden „hochrangige Gruppe") ein.

(2) Die hochrangige Gruppe setzt sich aus den folgenden europäischen Gremien und Netzwerken zusammen:

a) Gremium europäischer Regulierungsstellen für elektronische Kommunikation;
b) Europäischer Datenschutzbeauftragter und Europäischer Datenschutzausschuss;
c) Europäisches Wettbewerbsnetz;
d) Netzwerk für die Zusammenarbeit im Verbraucherschutz;
e) Gruppe europäischer Regulierungsstellen für audiovisuelle Mediendienste.

(3) [1] Die in Absatz 2 genannten europäischen Gremien und Netzwerke verfügen jeweils über die gleiche Zahl von Vertretern in der hochrangigen Gruppe. [2] Die Gesamtzahl der Mitglieder der hochrangigen Gruppe darf 30 nicht überschreiten.

(4) [1] Die Kommission stellt Sekretariatsdienste für die hochrangige Gruppe bereit, um ihre Arbeit zu erleichtern. [2] Die Kommission führt den Vorsitz der hochrangigen Gruppe und nimmt an ihren Sitzungen teil. [3] Die hochrangige Gruppe tagt mindestens einmal pro Kalenderjahr auf Ersuchen der Kommission. [4] Die Kommission beruft ferner eine Sitzung der Gruppe ein, wenn dies von einer Mehrheit der Mitglieder der Gruppe beantragt wird, um eine spezifische Frage zu erörtern.

(5) Die hochrangige Gruppe kann der Kommission Beratung und Fachwissen in den Bereichen, die in die Zuständigkeit ihrer Mitglieder fallen, bereitstellen; dazu gehören unter anderem:

a) Beratung und Empfehlungen innerhalb ihres Fachbereichs, die für alle allgemeinen Fragen im Zusammenhang mit der Anwendung oder Durchsetzung dieser Verordnung von Belang sind; oder
b) Beratung und Fachwissen zur Förderung eines einheitlichen Regulierungsansatzes in Bezug auf verschiedene Regulierungsinstrumente.

(6) [1] Die hochrangige Gruppe kann insbesondere die bestehenden und potenziellen Wechselwirkungen zwischen dieser Verordnung und den sektorspezifischen Vorschriften, die von den nationalen Behörden, aus denen die in Absatz 2 genannten europäischen Gremien und Netzwerke zusammengesetzt sind, angewandt werden, ermitteln und beurteilen und der Kommission einen jährlichen Bericht vorlegen, in dem diese Beurteilung dargelegt wird und

---

1) Gilt gem. Art. 54 Abs. 3 ab 1.11.2022.

potenzielle regulierungsübergreifende Fragen ermittelt werden. [2]Diesem Bericht können Empfehlungen beigefügt werden, die auf einheitliche fachübergreifende Ansätze und Synergien zwischen der Anwendung dieser Verordnung und anderer sektorspezifischer Vorschriften abzielen. [3]Der Bericht wird dem Europäischen Parlament und dem Rat übermittelt.

(7) Im Kontext von Marktuntersuchungen in Bezug auf neue Dienste und neue Praktiken kann die hochrangige Gruppe der Kommission Fachwissen zur Notwendigkeit der Änderung, Ergänzung oder Streichung von Bestimmungen dieser Verordnung bereitstellen, damit sichergestellt wird, dass die digitalen Märkte in der gesamten Union bestreitbar und fair sind.

Art. 41 Ersuchen um Einleitung einer Marktuntersuchung. (1) Drei oder mehr Mitgliedstaaten können die Kommission ersuchen, eine Marktuntersuchung nach Artikel 17 einzuleiten, weil ihres Erachtens hinreichende Gründe dafür sprechen, dass ein Unternehmen als Torwächter benannt werden sollte.

(2) Ein oder mehrere Mitgliedstaaten können die Kommission ersuchen, eine Marktuntersuchung nach Artikel 18 einzuleiten, weil ihres Erachtens hinreichende Gründe dafür sprechen, dass ein Torwächter eine oder mehrere der in den Artikeln 5, 6 und 7 festgelegten Verpflichtungen systematisch nicht einhält und seine Torwächter-Position im Hinblick auf die in Artikel 3 Absatz 1 genannten Anforderungen beibehalten, gestärkt oder ausgeweitet hat.

(3) Drei oder mehr Mitgliedstaaten können die Kommission ersuchen, eine Marktuntersuchung nach Artikel 19 durchzuführen, weil ihres Erachtens hinreichende Gründe dafür sprechen, dass

a) ein oder mehrere Dienste des digitalen Sektors in die Liste der zentralen Plattformdienste nach Artikel 2 Nummer 2 aufgenommen werden sollten oder

b) eine oder mehrere Praktiken nicht wirksam durch diese Verordnung angegangen werden und die Bestreitbarkeit zentraler Plattformdienste beschränken oder unfair sein könnten.

(4) [1]Die Mitgliedstaaten legen Belege zur Untermauerung ihres Ersuchens nach den Absätzen 1, 2 und 3 vor. [2]Bei Ersuchen nach Absatz 3 können diese Belege Informationen über neu eingeführte Angebote von Produkten, Diensten, Software oder Merkmalen umfassen, die Bedenken hinsichtlich der Bestreitbarkeit oder Fairness aufwerfen, unabhängig davon, ob sie im Zusammenhang mit bestehenden zentralen Plattformdiensten oder auf andere Weise umgesetzt werden.

(5) [1]Innerhalb von vier Monaten nach Erhalt eines Ersuchens gemäß diesem Artikel prüft die Kommission, ob hinreichende Gründe dafür sprechen, eine Marktuntersuchung nach den Absätzen 1, 2 oder 3 einzuleiten. [2]Die Kommission veröffentlicht die Ergebnisse ihrer Bewertung.

Art. 42[1)] Verbandsklagen. Richtlinie (EU) 2020/1828 findet Anwendung auf Verbandsklagen gegen Zuwiderhandlungen durch Torwächter gegen Bestimmungen dieser Verordnung, die die Kollektivinteressen der Verbraucher beeinträchtigen oder zu beeinträchtigen drohen.

[1)] Gilt gem. Art. 54 Abs. 3 ab 25.6.2023.

Art. 43[1] **Meldung von Verstößen und Schutz von Hinweisgebern.**

Für die Meldung von Verstößen gegen diese Verordnung und den Schutz von Personen, die solche Verstöße melden, gilt die Richtlinie (EU) 2019/1937.

Kapitel VI. Schlussbestimmungen

Art. 44 Veröffentlichung von Beschlüssen. (1) [1] Die Kommission veröffentlicht die Beschlüsse, die sie nach Artikel 3, Artikel 4, Artikel 8 Absatz 2, Artikel 9, Artikel 10, Artikel 16 bis 20, Artikel 24, Artikel 25 Absatz 1, Artikel 29, Artikel 30 und Artikel 31 erlässt. [2] In dieser Veröffentlichung sind die Namen der beteiligten Unternehmen und der wesentliche Inhalt des Beschlusses, einschließlich der gegebenenfalls verhängten Sanktionen, anzugeben.

(2) Bei der Veröffentlichung ist dem berechtigten Interesse der Torwächter oder Dritter am Schutz ihrer vertraulichen Informationen Rechnung zu tragen.

Art. 45 Ermessensnachprüfung durch den Gerichtshof. [1] Nach Artikel 261 AEUV hat der Gerichtshof die Befugnis zu unbeschränkter Ermessensnachprüfung von Beschlüssen, mit denen die Kommission Geldbußen oder Zwangsgelder verhängt hat. [2] Er kann die verhängten Geldbußen oder Zwangsgelder aufheben, herabsetzen oder erhöhen.

Art. 46[2] **Durchführungsvorschriften.** (1) Die Kommission kann Durchführungsrechtsakte zur Festlegung detaillierter Regelungen für die Anwendung von Folgendem erlassen:

a) Form, Inhalt und sonstigen Einzelheiten der nach Artikel 3 zu übermittelnden Mitteilungen und Schriftsätze;
b) Form, Inhalt und sonstigen Einzelheiten der technischen Maßnahmen, die von den Torwächtern durchzuführen sind, um die Einhaltung der Vorgaben des Artikels 5, 6 oder 7 zu gewährleisten;
c) operativen und technischen Vorkehrungen im Hinblick auf die Umsetzung der Interoperabilität nummernunabhängiger interpersoneller Kommunikationsdienste nach Artikel 7;
d) Form, Inhalt und sonstigen Einzelheiten der mit Gründen versehenen Anträge nach Artikel 8 Absatz 3;
e) Form, Inhalt und sonstigen Einzelheiten der mit Gründen versehenen Anträge nach den Artikeln 9 und 10;
f) Form, Inhalt und sonstigen Einzelheiten der nach Artikel 11 vorzulegenden Berichte über die Regulierungsmaßnahmen;
g) Methodik und Verfahren der in Artikel 15 Absatz 1 vorgesehenen geprüften Beschreibung der Techniken zum Verbraucher-Profiling; bei der Ausarbeitung des Entwurfs eines Durchführungsrechtsakts für diesen Zweck konsultiert die Kommission den Europäischen Datenschutzbeauftragten, und sie kann den Europäischen Datenschutzausschuss, die Zivilgesellschaft und andere einschlägige Sachverständige konsultieren;

[1] Gilt gem. Art. 54 Abs. 3 ab 25.6.2023.
[2] Gilt gem. Art. 54 Abs. 3 ab 1.11.2022.

h) Form, Inhalt und sonstigen Einzelheiten der nach den Artikeln 14 und 15 zu übermittelnden Mitteilungen und Schriftsätze;
i) der praktischen Modalitäten der Einleitung von Verfahren zum Zwecke von Marktuntersuchungen im Sinne der Artikel 17, 18 und 19 sowie von Verfahren nach den Artikeln 24, 25 und 29;
j) der praktischen Modalitäten der Ausübung des Anspruchs auf rechtliches Gehör nach Artikel 34;
k) der praktischen Modalitäten der Offenlegungsbedingungen nach Artikel 34;
l) der praktischen Modalitäten der Zusammenarbeit und Koordinierung zwischen der Kommission und den nationalen Behörden nach den Artikeln 37 und 38; und
m) der praktischen Modalitäten für die Berechnung und Verlängerung von Fristen.

(2) *[1]* Die Durchführungsrechtsakte im Sinne von Absatz 1 Buchstaben a bis k und m dieses Artikels werden gemäß dem in Artikel 50 Absatz 2 genannten Beratungsverfahren erlassen.

[2] Der Durchführungsrechtsakt im Sinne von Absatz 1 Buchstabe l dieses Artikels wird gemäß dem in Artikel 50 Absatz 3 genannten Prüfverfahren erlassen.

(3) Vor dem Erlass von Durchführungsrechtsakten nach Absatz 1 veröffentlicht die Kommission einen Entwurf davon und fordert alle Beteiligten auf, innerhalb einer Frist, die mindestens einen Monat betragen muss, zu dem Entwurf Stellung zu nehmen.

Art. 47[1)] Leitlinien. Die Kommission kann Leitlinien zu allen Aspekten dieser Verordnung erlassen, um ihre wirksame Durchführung und Durchsetzung zu erleichtern.

Art. 48[1)] Festlegung von Normen. Soweit angemessen und erforderlich, kann die Kommission die europäischen Normungsgremien beauftragen, die Umsetzung der in dieser Verordnung festgelegten Verpflichtungen durch die Entwicklung geeigneter Normen zu erleichtern.

Art. 49[1)] Ausübung der Befugnisübertragung. (1) Die Befugnis zum Erlass delegierter Rechtsakte wird der Kommission unter den in diesem Artikel festgelegten Bedingungen übertragen.

(2) [1] Die Befugnis zum Erlass delegierter Rechtsakte gemäß Artikel 3 Absätze 6 und 7 und Artikel 12 Absätze 1, 3 und 4 wird der Kommission für einen Zeitraum von fünf Jahren ab dem 1. November 2022 übertragen. [2] Die Kommission erstellt spätestens neun Monate vor Ablauf des Zeitraums von fünf Jahren einen Bericht über die Befugnisübertragung. [3] Die Befugnisübertragung verlängert sich stillschweigend um Zeiträume gleicher Länge, es sei denn, das Europäische Parlament oder der Rat widersprechen einer solchen Verlängerung spätestens drei Monate vor Ablauf des jeweiligen Zeitraums.

(3) [1] Die Befugnisübertragung gemäß Artikel 3 Absätze 6 und 7 und Artikel 12 Absätze 1, 3 und 4 kann vom Europäischen Parlament oder vom Rat jederzeit widerrufen werden. [2] Der Beschluss über den Widerruf beendet die

---

[1)] Gilt gem. Art. 54 Abs. 3 ab 1.11.2022.

Übertragung der in diesem Beschluss angegebenen Befugnis. [3] Er wird am Tag nach seiner Veröffentlichung im *Amtsblatt der Europäischen Union* oder zu einem im Beschluss über den Widerruf angegebenen späteren Zeitpunkt wirksam. [4] Die Gültigkeit von delegierten Rechtsakten, die bereits in Kraft sind, wird von dem Beschluss über den Widerruf nicht berührt.

(4) Vor dem Erlass eines delegierten Rechtsakts konsultiert die Kommission die von den einzelnen Mitgliedstaaten benannten Sachverständigen im Einklang mit den in der Interinstitutionellen Vereinbarung vom 13. April 2016 über bessere Rechtsetzung enthaltenen Grundsätzen.

(5) Sobald die Kommission einen delegierten Rechtsakt erlässt, übermittelt sie ihn gleichzeitig dem Europäischen Parlament und dem Rat.

(6) [1] Ein delegierter Rechtsakt, der gemäß Artikel 3 Absätze 6 und 7 und Artikel 12 Absätze 1, 3 und 4 erlassen wurde, tritt nur in Kraft, wenn weder das Europäische Parlament noch der Rat innerhalb einer Frist von zwei Monaten nach Übermittlung dieses Rechtsakts an das Europäische Parlament und den Rat Einwände erhoben haben oder wenn vor Ablauf dieser Frist das Europäische Parlament und der Rat beide der Kommission mitgeteilt haben, dass sie keine Einwände erheben werden. [2] Auf Initiative des Europäischen Parlaments oder des Rates wird diese Frist um zwei Monate verlängert.

Art. 50[1)] Ausschussverfahren. (1) [1] Die Kommission wird von einem Ausschuss („Beratender Ausschuss für digitale Märkte") unterstützt. [2] Dieser Ausschuss ist ein Ausschuss im Sinne der Verordnung (EU) Nr. 182/2011.

(2) *[1]* Wird auf diesen Absatz Bezug genommen, so gilt Artikel 4 der Verordnung (EU) Nr. 182/2011.

[2] Wird die Stellungnahme des Ausschusses im schriftlichen Verfahren eingeholt, so wird das Verfahren ohne Ergebnis abgeschlossen, wenn der Vorsitz des Ausschusses dies innerhalb der Frist zur Abgabe der Stellungnahme beschließt oder eine einfache Mehrheit der Ausschussmitglieder dies verlangt.

(3) Wird auf diesen Absatz Bezug genommen, so gilt Artikel 5 der Verordnung (EU) Nr. 182/2011.

(4) [1] Die Kommission übermittelt dem Adressaten eines Einzelbeschlusses zusammen mit diesem Beschluss die Stellungnahme des Ausschusses. [2] Sie veröffentlicht die Stellungnahme zusammen mit dem Einzelbeschluss unter Berücksichtigung der berechtigten Interessen an der Wahrung von Geschäftsgeheimnissen.

Art. 51, 52 *(nicht wiedergegebene Änderungsvorschriften)*

Art. 53 Evaluierung. (1) Bis zum 3. Mai 2026 und danach alle drei Jahre wird die Kommission diese Verordnung evaluieren und dem Europäischen Parlament, dem Rat und dem Europäischen Wirtschafts- und Sozialausschuss einen Bericht vorlegen.

(2) [1] In den Evaluierungen wird beurteilt, ob das Ziel dieser Verordnung, nämlich die Gewährleistung bestreitbarer und fairer Märkte, erreicht wurde, und ferner werden die Auswirkungen dieser Verordnung auf gewerbliche Nutzer, insbesondere KMU, und Endnutzer beurteilt. [2] Darüber hinaus evalu-

1) Gilt gem. Art. 54 Abs. 3 ab 1.11.2022.

iert die Kommission, ob der Geltungsbereich des Artikels 7 auf Online-Dienste sozialer Netzwerke ausgeweitet werden kann.

(3) [1] Im Rahmen der Evaluierungen wird ermittelt, ob Vorschriften geändert werden müssen, etwa in Bezug auf die in Artikel 2 Nummer 2 aufgeführte Liste zentraler Plattformdienste und die in den Artikeln 5, 6 und 7 genannten Verpflichtungen und deren Durchsetzung, um sicherzustellen, dass die digitalen Märkte in der gesamten Union bestreitbar und fair sind. [2] Im Anschluss an die Evaluierungen ergreift die Kommission geeignete Maßnahmen, wozu auch Gesetzgebungsvorschläge gehören können.

(4) Die zuständigen Behörden der Mitgliedstaaten übermitteln der Kommission alle ihnen vorliegenden einschlägigen Informationen, die diese für die Ausarbeitung des in Absatz 1 genannten Berichts benötigt.

Art. 54 Inkrafttreten und Geltungsbeginn. *[1]* Diese Verordnung tritt am zwanzigsten Tag nach ihrer Veröffentlichung[1] im *Amtsblatt der Europäischen Union* in Kraft.

[2] Sie gilt ab dem 2. Mai 2023.

[3] Artikel 3 Absätze 6 und 7 und die Artikel 40, 46, 47, 48, 49 und 50 gelten jedoch ab dem 1. November 2022, und die Artikel 42 und 43 gelten ab dem 25. Juni 2023.

[4] Liegt das Datum des 25. Juni 2023 jedoch vor dem in Unterabsatz 2[2] *des vorliegenden Artikels genannten Datum des Geltungsbeginns, so wird die Anwendung der Artikel 42 und 43 bis zu dem in Unterabsatz 2*[2] *des vorliegenden Artikels genannten Datum des Geltungsbeginns verschoben.*[3]

Diese Verordnung ist in allen ihren Teilen verbindlich und gilt unmittelbar in jedem Mitgliedstaat.

Anhang

A. „Allgemeines"

1. In diesem Anhang soll die Methode zur Ermittlung und Berechnung der „aktiven Endnutzer" und der „aktiven gewerblichen Nutzer" für jeden in Artikel 2 Nummer 2 aufgeführten zentralen Plattformdienst festgelegt werden. Er bietet einen Bezugsrahmen, der es den Unternehmen ermöglicht, zu beurteilen, ob ihre zentralen Plattformdienste die in Artikel 3 Absatz 2 Buchstabe b festgelegten quantitativen Schwellenwerte erreichen, sodass davon ausgegangen werden kann, dass sie die Anforderung nach Artikel 3 Absatz 1 Buchstabe b erfüllen. Daher wird dieser Bezugsrahmen auch für jede umfassendere Bewertung nach Artikel 3 Absatz 8 von Bedeutung sein. Es liegt in der Verantwortung der Unternehmen, im Einklang mit den gemeinsamen Grundsätzen und der spezifischen Methode, die in diesem Anhang dargelegt sind, eine möglichst weitgehende Annäherung vorzunehmen. Die Bestimmungen dieses Anhangs hindern die Kommission nicht daran, innerhalb der in den einschlägigen Bestimmungen dieser Verordnung festgelegten Fristen

---

[1] Veröffentlicht am 12.10.2022.
[2] Richtig wohl: „Absatz 2".
[3] Gegenstandslos, da der 25.6.2023 nach dem in Abs. 2 genannten 2.5.2023 liegt.

von Unternehmen, die zentrale Plattformdienste bereitstellen, die Bereitstellung aller Informationen zu verlangen, die zur Ermittlung und Berechnung der „aktiven Endnutzer" und der „aktiven gewerblichen Nutzer" erforderlich sind. Dieser Anhang sollte in keiner Weise eine Rechtsgrundlage für das Tracking von Nutzern darstellen. Die in diesem Anhang beschriebene Methode lässt auch die im Rahmen dieser Verordnung festgelegten Verpflichtungen unberührt, insbesondere diejenigen, die in Artikel 3 Absätze 3 und 8 und Artikel 13 Absatz 3 festgelegt sind. Insbesondere bedeutet die geforderte Einhaltung von Artikel 13 Absatz 3 auch, dass die „aktiven Endnutzer" und „aktiven gewerblichen Nutzer" auf der Grundlage einer genauen Messung oder der besten verfügbaren Annäherung – im Einklang mit den tatsächlichen Ermittlungs- und Berechnungskapazitäten, die das Unternehmen, das zentrale Plattformdienste bereitstellt, zum relevanten Zeitpunkt besitzt – ermittelt und berechnet werden müssen. Diese Messungen oder die beste verfügbare Annäherung müssen mit den gemäß Artikel 15 gemeldeten Messungen im Einklang stehen und diese umfassen.

2. In Artikel 2 Nummern 20 und 21 sind die Begriffsbestimmungen für „Endnutzer" und „gewerbliche Nutzer" festgelegt, die allen zentralen Plattformdiensten gemeinsam sind.
3. Zur Ermittlung und Berechnung der Zahl der „aktiven Endnutzer" und „aktiven gewerblichen Nutzer" wird in diesem Anhang auf das Konzept der „eindeutiger Nutzer" verwiesen. Der Begriff „eindeutiger Nutzer" umfasst „aktive Endnutzer" und „aktive gewerbliche Nutzer", die für den betreffenden zentralen Plattformdienst während eines bestimmten Zeitraums (d.h. ein Monat bei „aktiven Endnutzern" und ein Jahr bei „aktiven gewerblichen Nutzern") nur einmal gezählt werden, unabhängig davon, wie oft sie in diesem Zeitraum den betreffenden zentralen Plattformdienst genutzt haben. Dies gilt unbeschadet der Tatsache, dass dieselbe natürliche oder juristische Person gleichzeitig ein „aktiver Endnutzer" oder ein „aktiver gewerblicher Nutzer" verschiedener zentraler Plattformdienste sein kann.

B. „Aktive Endnutzer"

1. Die Zahl der „eindeutigen Nutzer" in Bezug auf „aktive Endnutzer" wird anhand der genauesten Metrik ermittelt, die von dem Unternehmen, das einen der zentralen Plattformdienste bereitstellt, angegeben wird; insbesondere gilt dabei Folgendes:
   a. Es ist anzunehmen, dass die Erhebung von Daten über die Nutzung von zentralen Plattformdiensten in Umgebungen, bei denen sich Nutzer registrieren oder anmelden müssen, auf den ersten Blick das geringste Risiko einer Doppelerfassung birgt, beispielsweise in Bezug auf das Nutzerverhalten über Geräte oder Plattformen hinweg. Daher müssen die Unternehmen aggregierte anonymisierte Daten über die Zahl der eindeutigen Endnutzer pro zentralem Plattformdienst übermitteln, die auf Umgebungen, bei denen sich Nutzer registrieren oder anmelden müssen, beruhen, sofern solche Daten vorhanden sind.
   b. Im Falle von zentralen Plattformdiensten, die (auch) von Endnutzern außerhalb von Umgebungen, bei denen sich Nutzer registrieren oder anmelden müssen, genutzt werden, übermittelt das Unternehmen zusätzlich aggregierte anonymisierte Daten über die Zahl der eindeutigen Nut-

zer des jeweiligen zentralen Plattformdienstes auf der Grundlage einer alternativen Metrik, die auch Endnutzer außerhalb von Umgebungen, bei denen sich Nutzer registrieren oder anmelden müssen, erfasst, wie Internet-Protokoll-Adressen, Cookie-Kennungen oder sonstige Kennungen wie Funkfrequenzkennzeichnungen, sofern diese Adressen oder Kennungen objektiv für die Bereitstellung der zentralen Plattformdienste erforderlich sind.

2. Die Zahl der „monatlich aktiven Endnutzer" muss auf der durchschnittlichen Zahl der Endnutzer beruhen, die während des überwiegenden Teils des Geschäftsjahres monatlich aktiv waren. Die Formulierung „überwiegender Teil des Geschäftsjahres" soll es Unternehmen, die zentrale Plattformdienste bereitstellen, ermöglichen, Ausreißer innerhalb eines gegebenen Jahres zu vernachlässigen. Ausreißer sind naturgemäß Zahlen, die deutlich außerhalb der normalen und absehbaren Zahlen liegen. Ein Beispiel eines Ausreißers ist ein unvorhergesehener Anstieg oder Rückgang der Nutzung, der in einem einzigen Monat des Geschäftsjahres aufgetreten ist. Zahlen im Zusammenhang mit jährlich auftretenden Ereignissen, wie z.B. jährlichen Verkaufsaktionen, sind keine Ausreißer.

C. „Aktive gewerbliche Nutzer"

Die Zahl der „eindeutigen Nutzer" in Bezug auf „aktive gewerbliche Nutzer" wird gegebenenfalls auf Kontoebene bestimmt, wobei jedes einzelne gewerbliche Konto, das mit der Nutzung eines von dem Unternehmen bereitgestellten zentralen Plattformdienstes in Verbindung gebracht wird, einen eindeutigen gewerblichen Nutzer des jeweiligen zentralen Plattformdienstes darstellt. Gilt der Begriff „gewerbliches Konto" nicht für einen bestimmten zentralen Plattformdienst, bestimmt das relevante Unternehmen, das zentrale Plattformdienste bereitstellt, die Zahl der eindeutigen gewerblichen Nutzer unter Bezugnahme auf das betreffende Unternehmen.

D. „Vorlage von Informationen"

1. Das Unternehmen, das der Kommission gemäß Artikel 3 Absatz 3 Informationen über die Zahl der aktiven Endnutzer und aktiven gewerblichen Nutzer pro zentralem Plattformdienst übermittelt, ist dafür verantwortlich, die Vollständigkeit und Richtigkeit dieser Informationen sicherzustellen. In diesem Zusammenhang gilt Folgendes:
   a. Das Unternehmen ist für die Übermittlung von Daten für den jeweiligen zentralen Plattformdienst verantwortlich, wobei verhindert wird, dass die aktiven Endnutzer und aktiven gewerblichen Nutzer untererfasst bzw. mehrfach erfasst werden (z.B. wenn Nutzer über verschiedene Plattformen oder Geräte auf die zentralen Plattformdienste zugreifen).
   b. Das Unternehmen ist dafür verantwortlich, präzise und prägnante Erläuterungen zu der Methode zu geben, die angewandt wurde, um die Informationen zu erhalten, sowie zu etwaigen Risiken einer Unter- oder Mehrfacherfassung der aktiven Endnutzer und aktiven gewerblichen Nutzer für den jeweiligen zentralen Plattformdienst und zu den zur Bewältigung dieses Risikos gewählten Lösungen.
   c. Das Unternehmen stellt Daten bereit, die auf einer alternativen Metrik beruhen, wenn die Kommission Bedenken hinsichtlich der Richtigkeit

der Daten hat, die das Unternehmen, das die zentralen Plattformdienste bereitstellt, bereitgestellt hat.

2. Für die Zwecke der Berechnung der Zahl der „aktiven Endnutzer“ und „aktiven gewerblichen Nutzer“ gilt Folgendes:

   a. Das Unternehmen, das zentrale Plattformdienste bereitstellt, darf zentrale Plattformdienste, die zur selben Kategorie von zentralen Plattformdiensten gemäß Artikel 2 Nummer 2 gehören, vor allem aufgrund der Tatsache, dass sie unter Verwendung unterschiedlicher Domänennamen – seien es länderspezifische Top-Level-Domains (ccTLD) oder generische Top-Level-Domains (gTLD) – oder geografischer Attribute erbracht werden, nicht als eigenständige Dienste führen.

   b. Das Unternehmen, das zentrale Plattformdienste bereitstellt, betrachtet als eigenständige zentrale Plattformdienste die zentralen Plattformdienste, die entweder von ihren Endnutzern oder ihren gewerblichen Nutzern oder von beiden für unterschiedliche Zwecke genutzt werden, auch wenn deren Endnutzer oder gewerbliche Nutzer dieselben sein können und auch wenn sie zur selben Kategorie von zentralen Plattformdiensten gemäß Artikel 2 Nummer 2 gehören.

   c. Das Unternehmen, das zentrale Plattformdienste bereitstellt, betrachtet als eigenständige zentrale Plattformdienste die Dienste, die das betreffende Unternehmen in integrierter Weise anbietet, die

      i) aber nicht zur selben Kategorie von zentralen Plattformdiensten gemäß Artikel 2 Nummer 2 gehören, oder

      ii) die entweder von ihren Endnutzern oder ihren gewerblichen Nutzern oder von beiden für unterschiedliche Zwecke genutzt werden, auch wenn deren Endnutzer und gewerbliche Nutzer dieselben sein können und auch wenn sie zur selben Kategorie von zentralen Plattformdiensten gemäß Artikel 2 Nummer 2 gehören.

E. „Besondere Begriffsbestimmungen“

Die nachstehende Tabelle enthält besondere Begriffsbestimmungen für „aktive Endnutzer“ und „aktive gewerbliche Nutzer“ für die einzelnen zentralen Plattformdienste.

Zentrale Plattformdienste	Aktive Endnutzer	Aktive gewerbliche Nutzer
Online-Vermittlungsdienste	Zahl der eindeutigen Endnutzer, die den Online-Vermittlungsdienst mindestens einmal im Monat genutzt haben, beispielsweise durch aktives Einloggen, Eingeben einer Abfrage, Klicken oder Scrollen, oder die mindestens einmal im Monat eine Transaktion über den Online-Vermittlungsdienst abgewickelt haben.	Zahl der eindeutigen gewerblichen Nutzer, die während des gesamten Jahres mindestens einen Artikel bei dem Online-Vermittlungsdienst gelistet hatten oder die während des Jahres eine durch den Online-Vermittlungsdienst ermöglichte Transaktion abgewickelt haben.
Online-Suchmaschinen	Zahl der eindeutigen Endnutzer, die die Online-Suchmaschine mindestens einmal im Monat genutzt haben, beispielsweise durch Eingeben einer Abfrage.	Zahl der eindeutigen gewerblichen Nutzer mit gewerblichen Internetseiten (d.h. Internetseiten, die im Rahmen einer geschäftlichen oder beruflichen Tätigkeit genutzt werden), die während des Jahres durch die Online-Suchmaschine indexiert wurden oder Teil des Indexes der Online-Suchmaschine waren.
Online-Dienste sozialer Netzwerke	Zahl der eindeutigen Endnutzer, die den Online-Dienst eines sozialen Netzwerks mindestens einmal im Monat genutzt haben, beispielsweise durch aktives Einloggen, Öffnen einer Seite, Scrollen, Klicken, Liken, Eingeben einer Abfrage, Veröffentlichen von Beiträgen oder Kommentieren.	Zahl der eindeutigen gewerblichen Nutzer, deren Geschäft gelistet ist oder ein Geschäftskonto im Online-Dienst eines sozialen Netzwerks haben und die den Dienst mindestens einmal im Jahr in irgendeiner Weise genutzt haben, beispielsweise durch aktives Einloggen, Öffnen einer Seite, Scrollen, Klicken, Liken, Eingeben einer Abfrage, Veröffentlichen von Beiträgen, Kommentieren oder Nutzen der für Unternehmen angebotenen Instrumente.
Video-Sharing-Plattform-Dienste	Zahl der eindeutigen Endnutzer, die den Video-Sharing-Plattform-Dienst mindestens einmal im Monat genutzt haben, beispielsweise durch Abspielen eines Segments eines audiovisuellen Inhalts, Eingeben einer Abfrage oder Hochladen eines audiovisuellen Inhalts, einschließlich insbesondere nutzergenerierter Videos.	Zahl der eindeutigen gewerblichen Nutzer, die während des Jahres mindestens einen auf dem Video-Sharing-Plattform-Dienst hochgeladenen oder abgespielten audiovisuellen Inhalt bereitgestellt haben.

Zentrale Plattformdienste	Aktive Endnutzer	Aktive gewerbliche Nutzer
Nummernunabhängige interpersonelle Kommunikationsdienste	Zahl der eindeutigen Endnutzer, die mindestens einmal im Monat eine Kommunikation über den nummernunabhängigen interpersonellen Kommunikationsdienst eingeleitet oder in irgendeiner Weise daran teilgenommen haben.	Zahl der eindeutigen gewerblichen Nutzer, die mindestens einmal während des Jahres ein Geschäftskonto genutzt oder in anderer Weise eine Kommunikation über den nummernunabhängigen interpersonellen Kommunikationsdienst eingeleitet oder in irgendeiner Weise daran teilgenommen haben, um direkt mit einem Endnutzer zu kommunizieren.
Betriebssysteme	Zahl der eindeutigen Endnutzer, die mindestens einmal im Monat ein Gerät mit dem Betriebssystem, das aktiviert, aktualisiert oder genutzt wurde, verwendet haben.	Zahl der eindeutigen Entwickler, die während des Jahres mindestens eine Softwareanwendung oder ein Softwareprogramm, die bzw. das die Programmiersprache oder beliebige Software-Entwicklungstools des Betriebssystems verwendet oder die bzw. das in irgendeiner Weise auf dem Betriebssystem läuft, veröffentlicht, aktualisiert oder angeboten haben.
Virtueller Assistent	Zahl der eindeutigen Endnutzer, die den virtuellen Assistenten mindestens einmal im Monat in irgendeiner Weise genutzt haben, beispielsweise durch Aktivieren, Stellen einer Frage, Zugriff auf einen Dienst durch einen Befehl oder Steuerung eines Smart-Home-Geräts.	Zahl der eindeutigen Entwickler, die während des Jahres mindestens eine Softwareanwendung für einen virtuellen Assistenten oder eine Funktionalität angeboten haben, um eine bestehende Softwareanwendung durch den virtuellen Assistenten zugänglich zu machen.
Webbrowser	Zahl der eindeutigen Endnutzer, die den Webbrowser mindestens einmal im Monat genutzt haben, beispielsweise durch Eingeben einer Abfrage oder einer Adresse einer Internetseite im URL-Eingabefeld des Webbrowsers.	Zahl der eindeutigen gewerblichen Nutzer, auf deren gewerbliche Internetseiten (d.h. Internetseiten, die im Rahmen einer geschäftlichen oder beruflichen Tätigkeit genutzt werden) mindestens einmal während des Jahres über den Webbrowser zugegriffen wurde oder die ein Plug-in, eine Erweiterung oder ein Add-on zur Verwendung im Webbrowser angeboten haben.
Cloud-Computing-Dienste	Zahl der eindeutigen Endnutzer, die mindestens einmal im Monat beliebige Cloud-Com-	Zahl der eindeutigen gewerblichen Nutzer, die während des Jahres beliebige Cloud-Computing-Dienste

Zentrale Plattformdienste	Aktive Endnutzer	Aktive gewerbliche Nutzer
	puting-Dienste des betreffenden Betreibers von Cloud-Computing-Diensten gegen irgendeine Art von Vergütung genutzt haben, unabhängig davon, ob diese Vergütung im selben Monat erfolgt.	erbracht haben, die in der Cloud-Infrastruktur des betreffenden Betreibers von Cloud-Computing-Diensten gehostet sind.
Online-Werbedienste	Für Eigenverkäufe von Werbefläche: Zahl der eindeutigen Endnutzer, die mindestens einmal im Monat einer Werbeansicht ausgesetzt waren. Für Werbevermittlungsdienste (einschließlich Werbenetzwerke, Werbebörsen und sonstige Werbevermittlungsdienste): Zahl der eindeutigen Endnutzer, die mindestens einmal im Monat einer Werbeansicht ausgesetzt waren, der den Werbevermittlungsdienst ausgelöst hat.	Für Eigenverkäufe von Werbefläche: Zahl der eindeutigen Werbetreibenden, die während des Jahres mindestens eine Werbeansicht angezeigt haben. Für Werbevermittlungsdienste (einschließlich Werbenetzwerke, Werbebörsen und sonstige Werbevermittlungsdienste): Zahl der eindeutigen gewerblichen Nutzer (einschließlich Werbetreibende, Herausgeber oder sonstige Vermittler), die während des Jahres über den Werbevermittlungsdienst interagiert haben oder seine Dienste genutzt haben.

7. Verordnung (EU) 2023/2854 des Europäischen Parlaments und des Rates vom 13. Dezember 2023 über harmonisierte Vorschriften für einen fairen Datenzugang und eine faire Datennutzung sowie zur Änderung der Verordnung (EU) 2017/2394 und der Richtlinie (EU) 2020/1828 (Datenverordnung)[1)]

(Text von Bedeutung für den EWR)

(ABl. L, 2023/2854, 22.12.2023, ELI: http://data.europa.eu/eli/reg/2023/2854/oj)

Celex-Nr. 3 2023 R 2854

Nichtamtliche Inhaltsübersicht

---

1) Englische Kurzbezeichnung: „Data Act".

DAS EUROPÄISCHE PARLAMENT UND DER RAT DER EUROPÄISCHEN UNION –

gestützt auf den Vertrag über die Arbeitsweise der Europäischen Union, insbesondere auf Artikel 114,

auf Vorschlag der Europäischen Kommission,

nach Zuleitung des Entwurfs des Gesetzgebungsakts an die nationalen Parlamente,

nach Stellungnahme der Europäischen Zentralbank[1)],

[1)] **Amtl. Anm.:** ABl. C 402 vom 19.10.2022, S. 5.

nach Stellungnahme des Europäischen Wirtschafts- und Sozialausschusses[1)],

nach Stellungnahme des Ausschusses der Regionen[2)],

gemäß dem ordentlichen Gesetzgebungsverfahren[3)],

in Erwägung nachstehender Gründe:

(1) In den letzten Jahren haben datengetriebene Technologien transformative Wirkung auf alle Wirtschaftssektoren gehabt. Insbesondere die rasche Verbreitung von Produkten, die mit dem Internet vernetzt sind, hat den Umfang und den potenziellen Wert von Daten für Verbraucher, Unternehmen und Gesellschaft erhöht. Hochwertige und interoperable Daten aus verschiedenen Bereichen steigern die Wettbewerbsfähigkeit und Innovation und sorgen für ein nachhaltiges Wirtschaftswachstum. Dieselben Daten können unbegrenzt für verschiedene Zwecke verwendet und weiterverwendet werden, ohne dass dadurch Qualität oder Quantität beeinträchtigt wird.

(2) Hindernisse bei der Datenweitergabe verhindern jedoch eine optimale Verteilung der Daten zum Nutzen der Gesellschaft. Zu diesen Hindernissen gehören der Mangel an Anreizen für Dateninhaber, freiwillig Vereinbarungen über die Datenweitergabe einzugehen, Unsicherheiten in Bezug auf Rechte und Pflichten in Verbindung mit Daten, die Kosten der Auftragsvergabe in Bezug auf technische Schnittstellen und für deren Einrichtung, die starke Fragmentierung von Informationen in Datensilos, die schlechte Verwaltung von Metadaten, fehlende Normen für die semantische und technische Interoperabilität, Engpässe beim Datenzugang, das Fehlen einheitlicher Verfahren für die Datenweitergabe und der Missbrauch vertraglicher Ungleichgewichte hinsichtlich Datenzugang und Datennutzung.

(3) In Sektoren mit zahlreichen Kleinstunternehmen sowie Kleinunternehmen und mittleren Unternehmen im Sinne von Artikel 2 des Anhangs der Empfehlung 2003/361/EG der Kommission[4)] (KMU) mangelt es häufig an digitalen Kapazitäten und Kompetenzen für die Erhebung, Analyse und Nutzung von Daten; zudem ist der Zugang oftmals eingeschränkt, weil ein einziger Akteur im System die Daten hält oder weil Daten oder Datendienste an sich bzw. über Grenzen hinweg nicht interoperabel sind.

(4) Um den Bedürfnissen der digitalen Wirtschaft gerecht zu werden und die Hindernisse für einen reibungslos funktionierenden Binnenmarkt für Daten zu beseitigen, muss ein harmonisierter Rahmen geschaffen werden, in dem festgelegt wird, wer unter welchen Bedingungen und auf welcher Grundlage berechtigt ist, Produktdaten oder verbundene Dienstdaten zu nutzen. Daher sollten die Mitgliedstaaten in den Angelegenheiten, die in den Anwendungsbereich der vorliegenden Verordnung fallen, keine zusätzlichen nationalen Anforderungen annehmen oder aufrecht-

---

[1)] **Amtl. Anm.:** ABl. C 365 vom 23.9.2022, S. 18.

[2)] **Amtl. Anm.:** ABl. C 375 vom 30.9.2022, S. 112.

[3)] **Amtl. Anm.:** Standpunkt des Europäischen Parlaments vom 9. November 2023 (noch nicht im Amtsblatt veröffentlicht) und Beschluss des Rates vom 27. November 2023.

[4)] **Amtl. Anm.:** Empfehlung 2003/361/EG der Kommission vom 6. Mai 2003 betreffend die Definition der Kleinstunternehmen sowie der kleinen und mittleren Unternehmen (ABl. L 124 vom 20.5.2003, S. 36).

erhalten, sofern das in der vorliegenden Verordnung nicht ausdrücklich vorgesehen ist, da dies ihre direkte und einheitliche Anwendung beeinträchtigen würde. Ferner sollten auf Unionsebene ergriffene Maßnahmen die Verpflichtungen und Zusagen, die sich aus den von der Union geschlossenen internationalen Handelsabkommen ergeben, unberührt lassen.

(5) Mit dieser Verordnung wird sichergestellt, dass die Nutzer eines vernetzten Produkts oder verbundenen Dienstes in der Union zeitnah auf die Daten zugreifen können, die bei der Nutzung dieses vernetzten Produkts oder verbundenen Dienstes generiert werden, und dass diese Nutzer die Daten verwenden und auch an Dritte ihrer Wahl weitergeben können. Sie verpflichtet Dateninhaber, die Daten unter bestimmten Umständen den Nutzern und Dritten ihrer Wahl bereitzustellen. Ferner wird sichergestellt, dass Dateninhaber den Datenempfängern in der Union Daten zu fairen, angemessenen und nichtdiskriminierenden Bedingungen und auf transparente Weise bereitstellen. Privatrechtliche Vorschriften sind im Gesamtrahmen für die Datenweitergabe von entscheidender Bedeutung. Daher werden mit dieser Verordnung die vertragsrechtlichen Vorschriften angepasst und die Ausnutzung vertraglicher Ungleichgewichte verhindert, die einen fairen Datenzugang und eine faire Datennutzung erschweren. Mit dieser Verordnung wird auch sichergestellt, dass die Dateninhaber den öffentlichen Stellen und der Kommission, der Europäischen Zentralbank oder Einrichtungen der Union die Daten bereitstellen, die im Falle außergewöhnlicher Notwendigkeit zur Wahrnehmung einer spezifischen Aufgabe im öffentlichen Interesse erforderlich sind. Darüber hinaus soll mit dieser Verordnung der Wechsel zwischen Datenverarbeitungsdiensten erleichtert und die Interoperabilität von Daten sowie von Mechanismen und Diensten für die Datenweitergabe in der Union verbessert werden. Diese Verordnung sollte nicht so ausgelegt werden, dass sie Dateninhabern ein neues Recht auf die Nutzung von Daten verleiht, die bei der Nutzung eines vernetzten Produkts oder verbundenen Dienstes generiert werden.

(6) Die Datengenerierung ist das Ergebnis der Handlungen mindestens zweier Akteure, insbesondere des Entwicklers oder Herstellers eines vernetzten Produkts, bei dem es sich in vielen Fällen auch um einen Erbringer verbundener Dienste handeln kann, und des Nutzers des vernetzten Produkts oder des verbundenen Dienstes. Es stellen sich Fragen der Fairness in der digitalen Wirtschaft, da die von solchen vernetzten Produkten oder verbundenen Diensten erfassten Daten ein wichtiges Gut für Folgemarkt-Dienste, Nebendienste und sonstige Dienste sind. Um die wichtigen wirtschaftlichen Vorteile von Daten zu nutzen sowie um Unternehmen in der Union für die Weitergabe von Daten auf der Grundlage freiwilliger Vereinbarungen und für die Entwicklung einer datengetriebenen Wertschöpfung zu gewinnen, ist ein allgemeiner Ansatz für die Zuweisung von Rechten für den Datenzugang und die Datennutzung der Gewährung ausschließlicher Zugangs- und Nutzungsrechte vorzuziehen. In dieser Verordnung sind horizontale Regelungen vorgesehen, denen das Unionsrecht oder das nationale Recht folgen könnten, das die besonderen Gegebenheiten der betreffenden Sektoren Rechnung zu angeht.

(7) Das Grundrecht auf den Schutz personenbezogener Daten wird insbesondere durch die Verordnungen (EU) 2016/679[1] und (EU) 2018/1725[2] des Europäischen Parlaments und des Rates gewahrt. Die Richtlinie 2002/58/EG des Europäischen Parlaments und des Rates[3] schützt darüber hinaus die Privatsphäre und die Vertraulichkeit der Kommunikation, unter anderem mittels Bedingungen für die Speicherung personenbezogener und nicht-personenbezogener Daten auf Endgeräten und den Zugang dazu. Diese Gesetzgebungsakte der Union bilden die Grundlage für eine nachhaltige und verantwortungsvolle Datenverarbeitung, auch wenn Datensätze eine Mischung aus personenbezogenen und nicht-personenbezogenen Daten enthalten. Die vorliegende Verordnung ergänzt das Unionsrecht zum Schutz personenbezogener Daten und zum Schutz der Privatsphäre, insbesondere die Verordnungen (EU) 2016/679 und (EU) 2018/1725 und die Richtlinie 2002/58/EG[4], und lässt es unberührt. Keine Bestimmung dieser Verordnung sollte dahingehend angewandt oder ausgelegt werden, dass das Recht auf den Schutz personenbezogener Daten oder das Recht auf Privatsphäre und Vertraulichkeit der Kommunikation abgeschwächt oder eingeschränkt wird. Jegliche Verarbeitung personenbezogener Daten nach dieser Verordnung sollte dem Datenschutzrecht der Union entsprechen, einschließlich dem Erfordernis einer gültigen Rechtsgrundlage für die Verarbeitung gemäß Artikel 6 der Verordnung (EU) 2016/679[5] und gegebenenfalls den Bedingungen des Artikels 9 der genannten Verordnung und des Artikels 5 Absatz 3 der Richtlinie 2002/58/EG[4]. Die vorliegende Verordnung stellt keine Rechtsgrundlage für die Erhebung oder Generierung personenbezogener Daten durch den Dateninhaber dar. Die vorliegende Verordnung verpflichtet die Dateninhaber, Nutzern Dritten seiner Wahl oder auf Anfrage eines Nutzers personenbezogene Daten bereitzustellen. Ein solcher Zugang sollte im Falle personenbezogener Daten gewährt werden, die vom Dateninhaber auf der Grundlage einer der in Artikel 6 der Verordnung (EU) 2016/679[5] genannten Rechtsgrundlagen verarbeitet werden. Handelt es sich bei dem Nutzer nicht um die betroffene Person, so bietet die vorliegende Verordnung keine Rechtsgrundlage für die Gewährung des Zugangs zu personenbezogenen Daten oder für deren Bereitstellung an Dritte und sollte nicht so verstanden werden, dass sie dem Dateninhaber ein neues Recht auf die Nutzung personenbezogener Daten, die bei der Nutzung eines vernetzten Produkts oder verbundenen Dienstes generiert

---

[1] **Amtl. Anm.:** Verordnung (EU) 2016/679 *[Nr. 1]* des Europäischen Parlaments und des Rates vom 27. April 2016 zum Schutz natürlicher Personen bei der Verarbeitung personenbezogener Daten, zum freien Datenverkehr und zur Aufhebung der Richtlinie 95/46/EG (Datenschutz-Grundverordnung) (ABl. L 119 vom 4.5.2016, S. 1).

[2] **Amtl. Anm.:** Verordnung (EU) 2018/1725 des Europäischen Parlaments und des Rates vom 23. Oktober 2018 zum Schutz natürlicher Personen bei der Verarbeitung personenbezogener Daten durch die Organe, Einrichtungen und sonstigen Stellen der Union, zum freien Datenverkehr und zur Aufhebung der Verordnung (EG) Nr. 45/2001 und des Beschlusses Nr. 1247/2002/EG (ABl. L 295 vom 21.11.2018, S. 39).

[3] **Amtl. Anm.:** Richtlinie 2002/58/EG *[Nr. 3]* des Europäischen Parlaments und des Rates vom 12. Juli 2002 über die Verarbeitung personenbezogener Daten und den Schutz der Privatsphäre in der elektronischen Kommunikation (Datenschutzrichtlinie für elektronische Kommunikation) (ABl. L 201 vom 31.7.2002, S. 37).

[4] Nr. **3**.

[5] Nr. **1**.

wurden, verleiht. In diesen Fällen könnte es im Interesse des Nutzers liegen, die Erfüllung der Anforderungen des Artikels 6 der Verordnung (EU) 2016/679[1)] zu ermöglichen. Da die vorliegende Verordnung die Datenschutzrechte der betroffenen Personen nicht beeinträchtigen sollte, kann der Dateninhaber Datenzugangsverlangen in diesen Fällen unter anderem nachkommen, indem er personenbezogene Daten anonymisiert oder, wenn ohne Weiteres verfügbare Daten personenbezogene Daten mehrerer betroffener Personen enthalten, nur personenbezogene Daten des Nutzers übermittelt.

(8) Die Grundsätze der Datenminimierung und des Datenschutzes durch Technikgestaltung und durch datenschutzfreundliche Voreinstellungen sind von wesentlicher Bedeutung, wenn die Verarbeitung erhebliche Risiken für die Grundrechte des Einzelnen mit sich bringt. Unter Berücksichtigung des Stands der Technik sollten alle Parteien, die an der Datenweitergabe – einschließlich der Datenweitergabe im Anwendungsbereich dieser Verordnung – beteiligt sind, technische und organisatorische Maßnahmen zum Schutz dieser Rechte ergreifen. Zu diesen Maßnahmen gehören nicht nur Pseudonymisierung und Verschlüsselung, sondern auch der Einsatz zunehmend verfügbarer Technik, die es ermöglicht, Algorithmen direkt am Ort der Datengenerierung einzusetzen und wertvolle Erkenntnisse zu gewinnen, ohne dass die Daten zwischen den Parteien übertragen bzw. die Rohdaten oder strukturierten Daten selbst unnötig kopiert werden.

(9) Sofern in der vorliegenden Verordnung nicht anders vorgesehen, lässt sie das nationale Vertragsrecht, einschließlich der Vorschriften über das Zustandekommen von Verträgen, ihre Gültigkeit oder ihre Rechtsfolgen oder über die Auswirkungen der Beendigung eines Vertrags, unberührt. Die vorliegende Verordnung ergänzt das Unionsrecht zur Förderung der Interessen der Verbraucher und zur Gewährleistung eines hohen Verbraucherschutzniveaus sowie zum Schutz ihrer Gesundheit, Sicherheit und wirtschaftlichen Interessen, insbesondere die Richtlinie 93/13/EWG des Rates[2)] und der Richtlinien 2005/29/EG[3)] und 2011/83/EU[4)] des Europäischen Parlaments und des Rates, und lässt es unberührt.

(10) Diese Verordnung berührt nicht Rechtsvorschriften der Union nationale Rechtsvorschriften über die Datenweitergabe, den Datenzugang und die Datennutzung zum Zwecke der Verhütung, Ermittlung, Aufdeckung oder zur Verfolgung von Straftaten oder der Strafvollstreckung oder für

---

[1)] Nr. **1**.

[2)] **Amtl. Anm.:** Richtlinie 93/13/EWG des Rates vom 5. April 1993 über missbräuchliche Klauseln in Verbraucherverträgen (ABl. L 95 vom 21.4.1993, S. 29).

[3)] **Amtl. Anm.:** Richtlinie 2005/29/EG des Europäischen Parlaments und des Rates vom 11. Mai 2005 über unlautere Geschäftspraktiken von Unternehmen gegenüber Verbrauchern im Binnenmarkt und zur Änderung der Richtlinie 84/450/EWG des Rates, der Richtlinien 97/7/EG, 98/27/EG und 2002/65/EG des Europäischen Parlaments und des Rates sowie der Verordnung (EG) Nr. 2006/2004 des Europäischen Parlaments und des Rates (Richtlinie über unlautere Geschäftspraktiken) (ABl. L 149 vom 11.6.2005, S. 22).

[4)] **Amtl. Anm.:** Richtlinie 2011/83/EU des Europäischen Parlaments und des Rates vom 25. Oktober 2011 über die Rechte der Verbraucher, zur Abänderung der Richtlinie 93/13/EWG des Rates und der Richtlinie 1999/44/EG des Europäischen Parlaments und des Rates sowie zur Aufhebung der Richtlinie 85/577/EWG des Rates und der Richtlinie 97/7/EG des Europäischen Parlaments und des Rates (ABl. L 304 vom 22.11.2011, S. 64).

Zoll- und Steuerzwecke, unabhängig davon, auf welcher Rechtsgrundlage nach dem Vertrag über die Arbeitsweise der Europäischen Union (AEUV) diese Rechtsvorschriften der Union erlassen wurden, oder Rechtsvorschriften über die internationale Zusammenarbeit in diesem Bereich, insbesondere auf der Grundlage des Übereinkommens des Europarats über Computerkriminalität (ETS Nr. 185), das am 23. November 2001 in Budapest unterzeichnet wurde. Zu diesen Rechtsvorschriften gehören die Verordnungen (EU) 2021/784[1], (EU) 2022/2065[2] und (EU) 2023/1543[3] des Europäischen Parlaments und des Rates und die Richtlinie (EU) 2023/1544 des Europäischen Parlaments und des Rates[4]. Die vorliegende Verordnung gilt nicht für die Erhebung oder das Teilen von oder den Zugang zu oder die Nutzung von Daten gemäß der Verordnung (EU) 2015/847 des Europäischen Parlaments und des Rates[5] sowie der Richtlinie (EU) 2015/849 des Europäischen Parlaments und des Rates[6]. Die vorliegende Verordnung gilt nicht für nicht unter das Unionsrecht fallende Bereiche und berührt nicht die Zuständigkeiten der Mitgliedstaaten in Bezug auf die öffentliche Sicherheit, die Verteidigung oder die nationale Sicherheit, die Zoll- und Steuerverwaltung oder die Gesundheit und Sicherheit der Bürgerinnen und Bürger, unabhängig von der Art des Rechtsträgers, der von den Mitgliedstaaten mit der Wahrnehmung von Aufgaben im Zusammenhang mit diesen Zuständigkeiten betraut wurde.

(11) Sofern nicht ausdrücklich in der vorliegenden Verordnung vorgesehen, sollten Rechtsvorschriften der Union, in denen Anforderungen an die physische Konzeption und die Daten für Produkte, die in der Union in Verkehr gebracht werden sollen, festgelegt werden, von dieser Verordnung unberührt bleiben.

(12) Diese Verordnung ergänzt das Unionsrecht zur Festlegung von Barrierefreiheitsanforderungen für bestimmte Produkte und Dienstleistungen,

---

[1] **Amtl. Anm.:** Verordnung (EU) 2021/784 des Europäischen Parlaments und des Rates vom 29. April 2021 zur Bekämpfung der Verbreitung terroristischer Online-Inhalte (ABl. L 172 vom 17.5. 2021, S. 79).

[2] **Amtl. Anm.:** Verordnung (EU) 2022/2065 *[Nr. 5]* des Europäischen Parlaments und des Rates vom 19. Oktober 2022 über einen Binnenmarkt für digitale Dienste und zur Änderung der Richtlinie 2000/31/EG (Gesetz über digitale Dienste *[Nr. 5]*) (ABl. L 277 vom 27.10.2022, S. 1).

[3] **Amtl. Anm.:** Verordnung (EU) 2023/1543 des Europäischen Parlaments und des Rates vom 12. Juli 2023 über Europäische Herausgabeanordnungen und Europäische Sicherungsanordnungen für elektronische Beweismittel in Strafverfahren und für die Vollstreckung von Freiheitsstrafen nach Strafverfahren (ABl. L 191 vom 28.7.2023, S. 118).

[4] **Amtl. Anm.:** Richtlinie (EU) 2023/1544 des Europäischen Parlaments und des Rates vom 12. Juli 2023 zur Festlegung einheitlicher Regeln für die Benennung von benannten Niederlassungen und die Bestellung von Vertretern zu Zwecken der Erhebung elektronischer Beweismittel in Strafverfahren (ABl. L 191 vom 28.7.2023, S. 181).

[5] **Amtl. Anm.:** Verordnung (EU) 2015/847 des Europäischen Parlaments und des Rates vom 20. Mai 2015 über die Übermittlung von Angaben bei Geldtransfers und zur Aufhebung der Verordnung (EG) Nr. 1781/2006 (ABl. L 141 vom 5.6.2015, S. 1).

[6] **Amtl. Anm.:** Richtlinie (EU) 2015/849 des Europäischen Parlaments und des Rates vom 20. Mai 2015 zur Verhinderung der Nutzung des Finanzsystems zum Zwecke der Geldwäsche und der Terrorismusfinanzierung, zur Änderung der Verordnung (EU) Nr. 648/2012 des Europäischen Parlaments und des Rates und zur Aufhebung der Richtlinie 2005/60/EG des Europäischen Parlaments und des Rates und der Richtlinie 2006/70/EG der Kommission (ABl. L 141 vom 5.6.2015, S. 73).

insbesondere die Richtlinie (EU) 2019/882 des Europäischen Parlaments und des Rates[1)], und lässt es unberührt.

(13) Diese Verordnung berührt nicht die Rechtsakte der Union und der Mitgliedstaaten zum Schutz der Rechte des geistigen Eigentums, darunter die Richtlinien 2001/29/EG[2)], 2004/48/EG[3)] und (EU) 2019/790[4)] des Europäischen Parlaments und des Rates.

(14) Vernetzte Produkte, die mittels ihrer Komponenten oder Betriebssysteme Daten über ihre Leistung, Nutzung oder Umgebung erlangen, generieren oder erheben und die diese Daten über einen elektronischen Kommunikationsdienst, eine physische Verbindung oder einen geräteinternen Zugang übermitteln können – häufig als Internet der Dinge bezeichnet –, sollten in den Anwendungsbereich dieser Verordnung fallen, mit Ausnahme von Prototypen. Beispiele für solche elektronischen Kommunikationsdienste umfassen insbesondere terrestrische Telefonnetze, Fernsehkabelnetze, Satellitennetze und Nahfeldkommunikationsnetze. Vernetzte Produkte kommen in allen Bereichen der Wirtschaft und Gesellschaft vor, einschließlich in privaten, zivilen oder gewerblichen Infrastrukturen, Fahrzeugen, medizinischer Ausrüstung, Lifestyle-Ausrüstung, Schiffen, Luftfahrzeugen, Haushaltsgeräten und Konsumgütern, Medizin- und Gesundheitsprodukten oder landwirtschaftlichen und industriellen Maschinen und Anlagen. Durch die Entscheidungen der Hersteller bei der Konzeption und gegebenenfalls durch das Unionsrecht oder das nationale Recht, mit dem sektorspezifischer Bedürfnisse und Ziele angegangen werden, oder durch die einschlägigen Entscheidungen der Wettbewerbsbehörden sollte vorgegeben werden, welche Daten von einem vernetzten Produkt bereitgestellt werden können.

(15) Die Daten stellen digitalisierte Nutzerhandlungen und -vorgänge dar und sollten dementsprechend für den Nutzer zugänglich sein. Die Vorschriften für den Zugang zu und die Nutzung von Daten von vernetzten Produkten und verbundenen Diensten im Rahmen dieser Verordnung betreffen sowohl Produktdaten als auch verbundene Dienstdaten. Produktdaten bezeichnet Daten, die durch die Nutzung eines vernetzten Produkts generiert werden und die der Hersteller so konzipiert hat, dass sie von einem Nutzer, Dateninhaber oder Dritten – gegebenenfalls einschließlich des Herstellers – aus dem vernetzten Produkt abgerufen werden können. Verbundene Dienstdaten bezeichnet Daten, die ebenfalls die Digitalisierung von Nutzerhandlungen oder -vorgängen im Zusammenhang mit dem vernetzten Produkt darstellen und während der Erbringung eines verbundenen Dienstes durch den Anbieter generiert werden. Unter Daten, die bei der Nutzung eines vernetzten Produkts oder verbundenen

---

[1)] **Amtl. Anm.:** Richtlinie (EU) 2019/882 des Europäischen Parlaments und des Rates vom 17. April 2019 über die Barrierefreiheitsanforderungen für Produkte und Dienstleistungen (ABl. L 151 vom 7.6.2019, S. 70).

[2)] **Amtl. Anm.:** Richtlinie 2001/29/EG des Europäischen Parlaments und des Rates vom 22. Mai 2001 zur Harmonisierung bestimmter Aspekte des Urheberrechts und der verwandten Schutzrechte in der Informationsgesellschaft (ABl. L 167 vom 22.6.2001, S. 10).

[3)] **Amtl. Anm.:** Richtlinie 2004/48/EG des Europäischen Parlaments und des Rates vom 29. April 2004 zur Durchsetzung der Rechte des geistigen Eigentums (ABl. L 157 vom 30.4.2004, S. 45).

[4)] **Amtl. Anm.:** Richtlinie (EU) 2019/790 des Europäischen Parlaments und des Rates vom 17. April 2019 über das Urheberrecht und die verwandten Schutzrechte im digitalen Binnenmarkt und zur Änderung der Richtlinien 96/9/EG und 2001/29/EG (ABl. L 130 vom 17.5.2019, S. 92).

Dienstes generiert werden, sollten absichtlich aufgezeichnete Daten oder Daten verstanden werden, die indirekt durch Nutzerhandlungen generiert werden, wie z.B. Daten über die Umgebung oder Interaktionen des vernetzten Produkts. Diese Daten sollten Daten über die Nutzung eines vernetzten Produkts einschließen, die von einer Benutzerschnittstelle oder über einen verbundenen Dienst generiert werden, und sollten sich nicht auf die Information beschränken, dass ein Produkt oder Dienst genutzt wurde, sondern alle Daten umfassen, die das vernetzte Produkt infolge einer solchen Nutzung generiert, wie z.B. automatisch von Sensoren generierte Daten und Daten, die von eingebetteten Anwendungen aufgezeichnet werden, einschließlich Anwendungen, die den Hardwarestatus und Funktionsstörungen angeben. Zu diesen Daten sollten auch Daten gehören, die von dem vernetzten Produkt oder verbundenen Dienst generiert werden, während der Nutzer inaktiv ist, etwa wenn er beschließt, ein vernetztes Produkt für einen bestimmten Zeitraum nicht zu verwenden, sondern es im Bereitschaftszustand zu belassen oder sogar auszuschalten, da sich der Status eines vernetzten Produkts oder seiner Komponenten, beispielsweise seiner Batterien, ändern kann, wenn sich das vernetzte Produkt im Bereitschaftszustand befindet oder ausgeschaltet ist. Daten, die nicht wesentlich verändert werden, d.h. Daten in Rohform, auch als Quell- oder Primärdaten bezeichnet, die sich auf Datenpunkte beziehen, die ohne jegliche weitere Form der Verarbeitung automatisch generiert werden, sowie Daten, die vor der Weiterverarbeitung und Auswertung aufbereitet wurden, um sie verständlich und nutzbar zu machen, fallen in den Anwendungsbereich dieser Verordnung. Dazu gehören Daten, die von einem einzelnen Sensor oder einer Gruppe miteinander verbundener Sensoren erhoben wurden, um die erfassten Daten für vielfältigere Anwendungsfälle verständlich zu machen, indem eine physikalische Größe oder Eigenschaft oder die Veränderung einer physikalischen Größe, wie Temperatur, Druck, Durchflussmenge, Ton, pH-Wert, Flüssigkeitsstand, Position, Beschleunigung oder Geschwindigkeit, bestimmt wird. Der Begriff „aufbereitete Daten" sollte nicht so ausgelegt werden, dass der Dateninhaber dazu verpflichtet ist, wesentliche Investitionen in die Bereinigung und Transformation der Daten vorzunehmen. Die Daten, die bereitzustellen sind, sollten die einschlägigen Metadaten, einschließlich ihres grundlegenden Kontexts und Zeitstempels, umfassen, um die Daten in Kombination mit anderen Daten, z.B. Daten, die sortiert und mit anderen, mit ihnen verbundenen Datenpunkten klassifiziert wurden oder die in ein gängiges Format umformatiert wurden, nutzbar zu machen. Derartige Daten sind potenziell wertvoll für den Nutzer und unterstützen Innovationen und die Entwicklung digitaler und anderer Dienste zum Schutz der Umwelt, der Gesundheit und der Kreislaufwirtschaft, unter anderem indem sie die Wartung und Reparatur der betreffenden vernetzten Produkte erleichtern. Dagegen sollten aus solchen Daten gefolgerte oder abgeleitete Informationen, die das Ergebnis zusätzlicher Investitionen in die Zuweisung von Werten oder Erkenntnissen aus den Daten sind (insbesondere mittels komplexer proprietärer Algorithmen, einschließlich solcher, die Teil proprietärer Software sind), nicht in den Anwendungsbereich dieser Verordnung fallen, und somit sollten Dateninhaber bei diesen Daten auch nicht dazu verpflichtet sein, sie einem Nutzer oder Datenempfänger bereitzustellen, es sei denn, der

Nutzer und der Dateninhaber haben etwas anderes vereinbart. Zu diesen Daten könnten insbesondere Informationen gehören, die durch Sensorfusion gewonnen werden, bei der Daten von mehreren Sensoren abgeleitet oder gefolgert werden, die in dem vernetzten Produkt unter Verwendung komplexer proprietärer Algorithmen erhoben werden und möglicherweise Rechten des geistigen Eigentums unterliegen.

(16) Diese Verordnung ermöglicht es Nutzern vernetzter Produkte, Folgemarkt-Dienste, Nebendienste und sonstige Dienste zu nutzen, die auf Daten basieren, die von in diese Produkte eingebetteten Sensoren erhoben werden, wobei die Erhebung dieser Daten von potenziellem Nutzen für die Verbesserung der Leistung der vernetzten Produkte ist. Es ist wichtig, einerseits die Märkte für die Bereitstellung solcher mit Sensoren ausgestatteter vernetzter Produkte und damit verbundener Dienste und andererseits die Märkte für nicht verwandte Software und Inhalte wie Text-, Audio- oder audiovisuelle Inhalte, die häufig Rechten des geistigen Eigentums unterliegen, voneinander abzugrenzen. Daher sollten Daten, die von solchen mit Sensoren ausgestatteten vernetzten Produkten generiert werden, wenn ihre Nutzer Inhalte – unter anderem zur Nutzung durch einen Online-Dienst – aufzeichnen, übermitteln, anzeigen lassen oder abspielen, sowie die Inhalte selbst, die häufig Rechten des geistigen Eigentums unterliegen, nicht unter diese Verordnung fallen. Diese Verordnung sollte auch nicht für Daten gelten, die von dem vernetzten Produkt für die Zwecke der Speicherung oder Verarbeitung im Namen anderer Parteien, die keine Nutzer sind, erlangt oder generiert wurden oder auf die über das vernetzte Produkt zugegriffen wurde oder die an es übermittelt wurden, wie es etwa bei Servern oder Cloud-Infrastrukturen, die von ihren Eigentümern ausschließlich im Auftrag Dritter betrieben werden, unter anderem zur Nutzung durch einen Online-Dienst, der Fall sein kann.

(17) Für Produkte, die zum Zeitpunkt des Erwerbs, der Anmietung oder des Leasings so mit einem verbundenen Dienst vernetzt sind, dass das vernetzte Produkt ohne diesen Dienst eine oder mehrere seiner Funktionen nicht ausführen könnte, oder der anschließend vom Hersteller oder von einem Dritten mit dem Produkt vernetzt wird, um die Funktionen des vernetzten Produkts zu ergänzen oder anzupassen, müssen Vorschriften festgelegt werden. Im Rahmen solcher verbundenen Dienste werden Daten zwischen dem vernetzten Produkt und dem Diensteanbieter ausgetauscht, das heißt, sie sollten als Dienste verstanden werden, die ausdrücklich mit dem Betrieb der Funktionen des vernetzten Produkts verknüpft sind, wie im Fall von Diensten, die gegebenenfalls Befehle an das vernetzte Produkt übermitteln, die sich wiederum auf dessen Aktivität oder Verhalten auswirken können. Dienste, die sich nicht auf den Betrieb des vernetzten Produkts auswirken und durch die keine Daten oder Befehle des Diensteanbieters an das vernetzte Produkt übermittelt werden, sollten nicht als verbundene Dienste gelten. Zu solchen Diensten könnten z.B. zusätzliche Beratungs-, Analyse- oder Finanzdienstleistungen oder regelmäßige Reparatur- und Wartungsdienste gehören. Verbundene Dienste können als Teil eines Kauf-, Miet- oder Leasingvertrags angeboten werden. Verbundene Dienste könnten auch für Produkte derselben Art erbracht werden, und Nutzer sollten ihre Erbringung –

unter Berücksichtigung der Beschaffenheit des vernetzten Produkts und öffentlicher Erklärungen, die im Vorfeld des Vertragsschlusses von dem Verkäufer oder im Auftrag des Verkäufers, Vermieters, Leasinggebers oder anderer Personen in vorgelagerten Gliedern der Vertragskette, einschließlich des Herstellers, abgegeben wurden – vernünftigerweise erwarten können. Diese verbundenen Dienste können, unabhängig von den Datenerhebungsmöglichkeiten des vernetzten Produkts, mit dem sie verbunden sind, selbst Daten generieren, die für den Nutzer von Wert sind. Diese Verordnung sollte auch für verbundene Dienste gelten, die nicht vom Verkäufer, Vermieter oder Leasinggeber selbst, sondern von einem Dritten erbracht werden. Bei Zweifeln, ob die Erbringung des Dienstes Teil des Kauf-, Miet- oder Leasingvertrags ist, sollte diese Verordnung Anwendung finden. Weder die Stromversorgung noch die Bereitstellung der Konnektivität sind nach dieser Verordnung als verbundene Dienste auszulegen.

(18) Unter dem Nutzer eines vernetzten Produkts sollte eine natürliche oder juristische Person, z.B. ein Unternehmen, ein Verbraucher oder eine öffentliche Stelle, verstanden werden, die Eigentümer eines vernetzten Produkts oder – beispielsweise durch einen Miet- oder Leasingvertrag – Inhaber bestimmter befristeter Rechte auf Zugang zu Daten aus dem vernetzten Produkt oder auf deren Nutzung ist oder verbundene Dienste für das vernetzte Produkt in Anspruch nimmt. Diese Zugangsrechte sollten in keiner Weise eine Änderung der oder einen Eingriff in die Rechte betroffener Personen, die möglicherweise mit einem vernetzten Produkt oder einem verbundenen Dienst interagieren, in Bezug auf die von dem vernetzten Produkt oder während der Erbringung verbundener Dienste generierten personenbezogenen Daten bewirken. Der Nutzer trägt die Risiken und genießt die Vorteile der Nutzung des vernetzten Produkts und sollte auch Zugang zu den von ihm generierten Daten haben. Er sollte daher berechtigt sein, aus den von diesem vernetzten Produkt und allen verbundenen Diensten generierten Daten Nutzen zu ziehen. Ein Eigentümer, Mieter oder Leasingnehmer sollte ebenfalls als Nutzer gelten, auch in Fällen, in denen mehrere Rechtsträger als Nutzer gelten können. Im Falle mehrerer Nutzer kann jeder einzelne Nutzer auf unterschiedliche Weise zur Datengenerierung beitragen und ein Interesse an verschiedenen Formen der Nutzung haben; Beispiele sind das Flottenmanagement für ein Leasingunternehmen oder Mobilitätslösungen für Einzelpersonen, die einen Car-Sharing-Dienst nutzen.

(19) Der Begriff „Datenkompetenz" bezeichnet die Fähigkeiten, das Wissen und das Verständnis, die/das es Nutzern, Verbrauchern und Unternehmen, insbesondere KMU, die in den Anwendungsbereich dieser Verordnung fallen, ermöglichen, sich des potenziellen Werts der von ihnen generierten, produzierten und weitergegebenen Daten bewusst zu werden, und sie dazu motivieren, im Einklang mit den einschlägigen Rechtsvorschriften Zugang zu ihren Daten anzubieten und zu gewähren. Datenkompetenz sollte über den Erwerb von Wissen über Instrumente und Technologien hinausgehen und darauf abzielen, Bürgerinnen und Bürger und Unternehmen in die Lage zu versetzen und zu befähigen, aus einem inklusiven und fairen Datenmarkt Nutzen zu ziehen. Die Verbreitung von Maßnahmen zur Datenkompetenz und die Einführung angemessener

Folgemaßnahmen könnten dazu beitragen, die Arbeitsbedingungen zu verbessern, und letztlich die Konsolidierung und den Innovationspfad der Datenwirtschaft in der Union unterstützen. Die zuständigen Behörden sollten Instrumente fördern und Maßnahmen ergreifen, um die Datenkompetenz von Nutzern und Rechtsträgern, die in den Anwendungsbereich dieser Verordnung fallen, zu verbessern und sie für ihre Rechte und Pflichten aus dieser Verordnung zu sensibilisieren.

(20) In der Praxis sind nicht alle Daten, die durch vernetzte Produkte oder verbundene Dienste generiert werden, für ihre Nutzer leicht zugänglich, und es gibt häufig nur begrenzte Möglichkeiten in Bezug auf die Übertragbarkeit von Daten, die durch mit dem Internet vernetzte Produkte generiert werden. Die Nutzer sind daher nicht in der Lage, die Daten zu erlangen, die erforderlich sind, um Reparatur- und andere Dienste in Anspruch zu nehmen, und Unternehmen sind nicht in der Lage, innovative, bequeme und effizientere Dienste anzubieten. In vielen Sektoren können die Hersteller, da sie die Kontrolle über die technische Konzeption der vernetzten Produkte oder verbundener Dienste haben, bestimmen, welche Daten generiert werden und wie darauf zugegriffen werden kann, obwohl sie keinen Rechtsanspruch auf diese Daten haben. Daher muss sichergestellt werden, dass vernetzte Produkte so konzipiert und hergestellt sowie damit verbundene Dienste so konzipiert und erbracht werden, dass die Produktdaten und die verbundenen Dienstdaten, einschließlich der entsprechenden Metadaten, die zur Auslegung und Nutzung dieser Daten erforderlich sind, und zwar auch, um die Daten abrufen, nutzen oder weitergeben zu können, für einen Nutzer stets leicht und sicher zugänglich sind, und dies kostenlos, in einem umfassenden, strukturierten, gängigen und maschinenlesbaren Format. Produktdaten und verbundene Dienstdaten, die ein Dateninhaber rechtmäßig von dem vernetzten Produkt oder verbundenen Dienst erhält oder erhalten kann, etwa aufgrund der Konzeption des vernetzten Produkts, des Vertrags des Dateninhabers mit dem Nutzer über die Erbringung verbundener Dienste und seiner technischen Mittel für den Datenzugang ohne unverhältnismäßig hohen Aufwand, werden als „ohne Weiteres verfügbare Daten“ bezeichnet. Von ohne Weiteres verfügbaren Daten ausgenommen sind Daten, die bei der Produktnutzung generiert werden, sofern das vernetzte Produkt nicht dafür ausgelegt ist, dass solche Daten außerhalb der Komponente, in der sie generiert werden, oder des vernetzten Produkts als Ganzem gespeichert oder übermittelt werden. Diese Verordnung sollte daher nicht dahingehend ausgelegt werden, dass die Verpflichtung zur Speicherung von Daten auf der zentralen Rechnereinheit eines vernetzten Produkts besteht. Das Fehlen einer solchen Verpflichtung sollte den Hersteller oder Dateninhaber nicht daran hindern, solche Anpassungen auf freiwilliger Basis mit dem Nutzer zu vereinbaren. Die Konzeptionspflichten nach Maßgabe dieser Verordnung lassen auch den Grundsatz der Datenminimierung nach Artikel 5 Absatz 1 Buchstabe c der Verordnung (EU) 2016/679[1)] unberührt und sollten nicht so verstanden werden, dass vernetzte Produkte und verbundene Dienste derart konzipiert werden müssen, dass damit auch andere als die für die Zwecke

[1)] Nr. 1.

ihrer Verarbeitung erforderlichen personenbezogenen Daten gespeichert oder anderweitig verarbeitet werden. Es könnte Unionsrecht oder nationales Recht eingeführt werden, um weitere Besonderheiten festzulegen, wie etwa die Produktdaten, die über vernetzte Produkte oder verbundene Dienste zugänglich sein sollten, da diese Daten für den effizienten Betrieb, die Reparatur oder die Wartung dieser vernetzten Produkte oder verbundenen Dienste von wesentlicher Bedeutung sein können. Führen spätere Aktualisierungen oder Änderungen eines vernetzten Produkts oder eines verbundenen Dienstes durch den Hersteller oder eine andere Partei zu zusätzlichen zugänglichen Daten oder zu einer Einschränkung ursprünglich zugänglicher Daten, so sollten diese Änderungen dem Nutzer im Rahmen der Aktualisierung oder Änderung mitgeteilt werden.

(21) Gelten mehrere Personen oder Rechtsträger als Nutzer, beispielsweise im Falle gemeinschaftlichen Eigentums oder wenn ein Eigentümer, Mieter oder Leasingnehmer gemeinsame Rechte am Datenzugang oder an der Datennutzung besitzt, so sollte die Konzeption des vernetzten Produkts oder verbundenen Dienstes oder der entsprechenden Schnittstelle jedem Nutzer den Zugang zu den von diesen generierten Daten ermöglichen. Die Nutzung von vernetzten Produkten, die Daten generieren, erfordert in der Regel, dass ein Nutzerkonto eingerichtet wird. Ein solches Konto ermöglicht es dem Nutzer, durch den Dateninhaber, bei dem es sich um den Hersteller handeln kann, identifiziert zu werden. Es kann auch als Kommunikationsmittel und zur Einreichung und Bearbeitung von Datenzugangsverlangen verwendet werden. Haben mehrere Hersteller oder Erbringer verbundener Dienste gemeinsam vernetzte Produkte an denselben Nutzer verkauft, vermietet oder verleast bzw. integrierte Dienste für diesen erbracht, so sollte sich der Nutzer an jede der Parteien wenden, mit der er einen Vertrag geschlossen hat. Hersteller oder Entwickler eines vernetzten Produkts, das in der Regel von mehreren Personen verwendet wird, sollten die erforderlichen Mechanismen einrichten, die gegebenenfalls die Einrichtung getrennter Nutzerkonten für einzelne Personen oder die Nutzung desselben Nutzerkontos durch mehrere Personen ermöglichen. Kontobezogene Lösungen sollten es den Nutzern ermöglichen, ihre Konten und die damit verbundenen Daten zu löschen, und könnten für Nutzer insbesondere in Fällen, in denen das Eigentum an dem Produkt auf andere Personen übergeht oder andere Personen das vernetzte Produkt nutzen, die Möglichkeit vorsehen, den Datenzugang, die Datennutzung oder die Datenweitergabe zu beenden oder deren Einstellung zu beantragen. Der Zugang sollte dem Nutzer auf der Grundlage einfacher Antragsverfahren gewährt werden, die eine automatische Ausführung ermöglichen und keine Prüfung oder Freigabe durch den Hersteller oder Dateninhaber erfordern. Dies bedeutet, dass die Daten nur bereitgestellt werden sollten, wenn der Nutzer tatsächlich Zugang wünscht. Ist die automatische Ausführung des Datenzugangsverlangens, beispielsweise über ein Nutzerkonto oder die mit dem vernetzten Produkt oder dem verbundenen Dienst bereitgestellte mobile Anwendung, nicht möglich, so sollte der Hersteller dem Nutzer mitteilen, wie auf die Daten zugegriffen werden kann.

(22) Die vernetzten Produkte können so konzipiert sein, dass bestimmte Daten direkt von einem Datenspeicher auf dem Gerät oder von einem

entfernten Server, an den die Daten übermittelt werden, zugänglich gemacht werden. Der Zugang zu Datenspeichern auf dem Gerät kann über kabelgebundene oder drahtlose lokale Funknetze ermöglicht werden, die mit einem öffentlich verfügbaren elektronischen Kommunikationsdienst oder Mobilfunknetz verbunden sind. Bei dem Server kann es sich um die eigenen lokalen Serverkapazitäten des Herstellers oder um die eines Dritten oder eines Cloud-Diensteanbieters handeln. Auftragsverarbeiter im Sinne von Artikel 4 Nummer 8 der Verordnung (EU) 2016/679[1)] gelten nicht als Dateninhaber. Sie können jedoch ausdrücklich vom Verantwortlichen im Sinne von Artikel 4 Nummer 7 der Verordnung (EU) 2016/679[1)] beauftragt werden, Daten bereitzustellen. Vernetzte Produkte können so konzipiert sein, dass der Nutzer oder ein Dritter die Daten auf dem vernetzten Produkt, auf einer Rechnerinstanz des Herstellers oder in einer von dem Nutzer oder Dritten ausgewählten Informations- und Kommunikationstechnologie-(IKT)-Umgebung verarbeiten kann.

(23) Virtuelle Assistenten spielen eine immer wichtigere Rolle bei der Digitalisierung des Verbraucherumfelds und des beruflichen Umfelds und dienen als benutzerfreundliche Schnittstelle für die Wiedergabe von Inhalten, das Erlangen von Informationen oder die Aktivierung von Produkten, die mit dem Internet verbunden sind. Virtuelle Assistenten können beispielsweise in einer Smart-Home-Umgebung als zentrales Zugangstor dienen und erhebliche Mengen relevanter Daten darüber erfassen, wie Nutzer mit Produkten interagieren, die mit dem Internet verbunden sind, einschließlich solcher, die von Dritten hergestellt werden, und können die Nutzung der vom Hersteller bereitgestellten Schnittstellen, wie Touchscreens oder Smartphone-Apps, ersetzen. Unter Umständen möchte der Nutzer diese Daten Drittherstellern bereitstellen, um neuartige intelligente Dienste zu aktivieren. Virtuelle Assistenten sollten unter das in dieser Verordnung vorgesehene Datenzugangsrecht fallen. Unter das in dieser Verordnung vorgesehene Datenzugangsrecht sollten auch Daten fallen, die generiert werden, wenn ein Nutzer über einen virtuellen Assistenten, der von einem anderen Rechtsträger als dem Hersteller des vernetzten Produkts bereitgestellt wird, mit einem vernetzten Produkt interagiert. Allerdings sollten nur die aus der Interaktion zwischen dem Nutzer und einem vernetzten Produkt oder verbundenen Dienst über den virtuellen Assistenten anfallenden Daten von dieser Verordnung gedeckt sein. Vom virtuellen Assistenten erstellte Daten, die nicht mit der Verwendung eines vernetzten Produkts oder verbundenen Dienstes zusammenhängen, sind nicht von dieser Verordnung gedeckt.

(24) Vor Abschluss eines Kauf-, Miet- oder Leasingvertrags für ein vernetztes Produkt sollte der Verkäufer, Vermieter oder Leasinggeber – bei dem es sich auch um den Hersteller handeln kann – dem Nutzer Informationen zu den Produktdaten die das vernetzte Produkt generieren kann, einschließlich der Art, des Formats und der geschätzten Datenmenge, auf klare und verständliche Weise bereitstellen. Dies könnte, soweit verfügbar, Informationen über Datenstrukturen, Datenformate, Vokabulare, Klassifizierungssysteme, Taxonomien und Codelisten sowie klare und ausrei-

[1)] Nr. **1**.

chende Informationen einschließen, die für die Ausübung der Nutzerrechte relevant sind, und darüber, wie die Daten gespeichert oder abgerufen werden können oder wie auf sie zugegriffen werden kann, einschließlich der Nutzungsbedingungen und der Dienstqualität von Anwendungsprogrammierschnittstellen oder gegebenenfalls der Bereitstellung von Software Development Kits. Diese Pflicht sorgt für Transparenz in Bezug auf die generierten Produktdaten und vereinfacht den Zugang für den Nutzer. Der Informationspflicht könnte beispielsweise dadurch nachgekommen werden, dass eine stabile URL-Adresse im Internet unterhalten wird, die als Weblink oder QR-Code verbreitet werden kann und zu den einschlägigen Informationen führt, die der Verkäufer, der Vermieter oder der Leasinggeber – bei dem es sich auch um den Hersteller handeln kann – dem Nutzer vor Abschluss eines Kauf-, Miet- oder Leasingvertrags für ein vernetztes Produkt bereitstellen könnte. Der Nutzer muss die Informationen in jedem Fall so speichern können, dass sie in der Folge eingesehen werden können und die unveränderte Wiedergabe der gespeicherten Informationen möglich ist. Zwar kann vom Dateninhaber nicht erwartet werden, dass er die Daten mit Blick auf die Bedürfnisse des Nutzers des vernetzten Produkts unbegrenzt speichert, jedoch sollte er eine angemessene Regelung in Bezug auf die Dauer der Datenspeicherung anwenden, gegebenenfalls im Einklang mit dem Grundsatz der Speicherbegrenzung nach Artikel 5 Absatz 1 Buchstabe e der Verordnung (EU) 2016/679[1)], die die wirksame Anwendung der Datenzugangsrechte gemäß dieser Verordnung ermöglicht. Die Informationspflicht berührt nicht die Pflicht des Verantwortlichen, der betroffenen Person Informationen gemäß den Artikeln 12, 13 und 14 der Verordnung (EU) 2016/679[1)] zu übermitteln. Die Pflicht, vor Abschluss eines Vertrags über die Erbringung eines verbundenen Dienstes die entsprechenden Informationen bereitzustellen, sollte beim potenziellen Dateninhaber liegen, unabhängig davon, ob der Dateninhaber einen Kauf-, Miet- oder Leasingvertrag für ein vernetztes Produkt abschließt. Ändern sich die Informationen während der Lebensdauer des vernetzten Produkts oder der Vertragslaufzeit für den verbundenen Dienst, einschließlich wenn sich der Zweck, zu dem diese Daten verwendet werden sollen, gegenüber dem ursprünglich vorgesehenen Zweck ändert, so sollten diesbezügliche Informationen auch dem Nutzer bereitgestellt werden.

(25) Diese Verordnung sollte nicht so verstanden werden, dass sie Dateninhabern ein neues Recht auf die Nutzung von Produktdaten oder verbundener Dienstdaten verleiht. Ist der Hersteller eines vernetzten Produkts der Dateninhaber, so sollte ein Vertrag zwischen dem Hersteller und dem Nutzer die Grundlage für die Nutzung nicht-personenbezogener Daten durch den Hersteller bilden. Ein solcher Vertrag könnte Teil einer Vereinbarung über die Erbringung des verbundenen Dienstes sein, die zusammen mit dem Kauf-, Miet- oder Leasingvertrag für das vernetzte Produkt getroffen werden kann. Jede Vertragsklausel, nach der der Dateninhaber die Produktdaten oder verbundenen Dienstdaten nutzen darf, sollte für den Nutzer transparent sein, auch in Bezug auf die Zwecke, zu denen der Dateninhaber die Daten zu verwenden beabsichtigt. Zu diesen

1) Nr. **1**.

Verwendungszwecken könnten die Verbesserung der Funktionsweise des vernetzten Produkts oder verbundener Dienste, die Entwicklung neuer Produkte oder Dienste oder die Aggregation von Daten mit dem Ziel, die sich daraus ergebenden abgeleiteten Daten Dritten bereitzustellen, gehören, sofern diese abgeleiteten Daten es nicht ermöglichen, einzelne Daten zu ermitteln, die von dem vernetzten Produkt an den Dateninhaber übermittelt wurden, und es Dritten nicht ermöglichen, diese Daten aus dem Datensatz abzurufen. Jede Vertragsänderung sollte der fundierten Zustimmung des Nutzers bedürfen. Diese Verordnung hindert die Parteien nicht daran, Vertragsklauseln zu vereinbaren, die bewirken, dass die Nutzung von nicht-personenbezogenen Daten oder bestimmten Kategorien nicht-personenbezogenen Daten durch einen Dateninhaber ausgeschlossen oder eingeschränkt wird. Sie hindert die Parteien auch nicht daran, zu vereinbaren, dass Produktdaten oder verbundene Dienstdaten Dritten direkt oder indirekt, einschließlich sofern einschlägig über einen anderen Dateninhaber, bereitgestellt werden können. Darüber hinaus steht diese Verordnung auch sektorspezifischen Regulierungsanforderungen nach Unionsrecht oder nach mit dem Unionsrecht im Einklang stehendem nationalen Recht nicht entgegen, die die Nutzung bestimmter Daten durch den Dateninhaber aus genau festgelegten Gründen der öffentlichen Ordnung ausschließen oder einschränken würden. Ferner steht diese Verordnung dem nicht entgegen, dass Nutzer im Falle von Geschäftsbeziehungen zwischen Unternehmen Dritten oder Dateninhabern unter jeglichen rechtmäßigen Vertragsklauseln Daten bereitstellen, unter anderem indem sie vereinbaren, eine erneute Weitergabe dieser Daten zu begrenzen oder einzuschränken, oder dass Nutzer beispielsweise für den Verzicht auf ihr Recht, diese Daten zu verwenden oder weiterzugeben, eine angemessene Gegenleistung erhalten. Obwohl der Begriff „Dateninhaber“ öffentliche Stellen im Allgemeinen nicht einschließt, kann er jedoch öffentliche Unternehmen einschließen.

(26) Um das Entstehen liquider, fairer und effizienter Märkte für nicht-personenbezogene Daten zu fördern, sollten die Nutzer vernetzter Produkte Daten mit minimalem rechtlichem und technischem Aufwand, auch für kommerzielle Zwecke, an andere weitergeben können. Für Unternehmen ist es derzeit oft schwierig, die Personal- oder EDV-Kosten zu rechtfertigen, die anfallen, um nicht-personenbezogene Datensätze oder Datenprodukte aufzubereiten und sie potenziellen Gegenparteien über Datenvermittlungsdienste, einschließlich Datenmarktplätze, anzubieten. Ein wesentliches Hindernis für die Weitergabe nicht-personenbezogener Daten durch Unternehmen ergibt sich daher aus der fehlenden Vorhersehbarkeit des wirtschaftlichen Ertrags von Investitionen in die Aufbereitung und Bereitstellung von Datensätzen oder Datenprodukten. Damit in der Union liquide, faire und effiziente Märkte für nicht-personenbezogene Daten entstehen können, muss geklärt werden, welche Partei das Recht hat, solche Daten auf einem Markt anzubieten. Nutzer sollten daher das Recht haben, nicht-personenbezogene Daten zu kommerziellen und nichtkommerziellen Zwecken an Datenempfänger weiterzugeben. Eine solche Datenweitergabe könnte direkt durch den Nutzer, auf Verlangen des Nutzers über einen Dateninhaber oder durch Datenvermittlungsdienste erfolgen. Datenvermittlungsdienste im Sinne der Verordnung

(EU) 2022/868 des Europäischen Parlaments und des Rates[1] könnten der Datenwirtschaft dienen, indem sie Geschäftsbeziehungen zwischen Nutzern, Datenempfängern und Dritten herstellen und die Nutzer bei der Ausübung ihres Datennutzungsrechts unterstützen, etwa indem sie die Anonymisierung der personenbezogenen Daten oder die Aggregation des Zugangs zu Daten von einer Vielzahl einzelner Nutzer sicherstellen. Sind Daten von der Verpflichtung eines Dateninhabers, sie Nutzern oder Dritten bereitzustellen, ausgenommen, so könnte der Umfang dieser Daten in dem zwischen dem Nutzer und dem Dateninhaber geschlossenen Vertrag über die Erbringung eines verbundenen Dienstes festgelegt werden, sodass die Nutzer leicht feststellen können, welche Daten ihnen für die Weitergabe an Datenempfänger oder Dritte bereitstehen. Dateninhaber sollten Dritten nicht-personenbezogene Produktdaten weder zu kommerziellen noch zu nichtkommerziellen Zwecken bereitstellen, außer es geht um die Erfüllung ihres Vertrags mit dem Nutzer; dies sollte die rechtlichen Anforderungen nach dem Unionsrecht oder dem nationalen Recht an einen Dateninhaber für die Bereitstellung von Daten unberührt lassen. Gegebenenfalls sollten Dateninhaber Dritte vertraglich dazu verpflichten, die von ihnen erhaltenen Daten nicht erneut weiterzugeben.

(27) In konzentrierten Sektoren, in denen die Endnutzer durch eine kleine Zahl von Herstellern mit vernetzten Produkten versorgt werden, stehen den Nutzern unter Umständen nur begrenzte Möglichkeiten für den Datenzugang, die Datennutzung und die Weitergabe von Daten zur Verfügung. Unter diesen Umständen reichen vertragliche Vereinbarungen möglicherweise nicht aus, um das Ziel der Stärkung der Handlungsfähigkeit der Nutzer zu erreichen, was es den Nutzern erschwert, aus den Daten, die mit den von ihnen gekauften, gemieteten oder geleasten vernetzen Produkten generiert werden, Wert zu schöpfen. Folglich ist das Potenzial für innovative kleinere Unternehmen, datengestützte Lösungen auf wettbewerbsfähige Weise anzubieten, und für eine vielfältige Datenwirtschaft in der Union begrenzt. Diese Verordnung sollte daher auf den jüngsten Entwicklungen in bestimmten Sektoren aufbauen, wie dem Verhaltenskodex für die Weitergabe von Agrardaten im Wege eines Vertrags. Unionsrecht oder nationales Recht kann erlassen werden, um sektorspezifischen Bedürfnissen und Zielen Rechnung zu tragen. Darüber hinaus sollten Dateninhaber ohne Weiteres verfügbare Daten, bei denen es sich um nicht-personenbezogene Daten handelt, nicht verwenden, um Einblicke in die wirtschaftliche Lage, die Vermögenswerte oder die Produktionsmethoden des Nutzers oder in die Nutzung durch den Nutzer auf jegliche andere Art zu erlangen, die die gewerbliche Position dieses Nutzers auf den Märkten, auf denen dieser tätig ist, untergraben könnte. Dazu könnte gehören, dass Wissen über die Gesamtleistung eines Unternehmens oder eines landwirtschaftlichen Betriebs in Vertragsverhandlungen mit dem Nutzer über den potenziellen Erwerb des Produkts oder landwirtschaftlicher Erzeugnisse des Nutzers zu seinem Nachteil eingesetzt würde oder dass solche Informationen in größere aggregierte Daten-

---

[1] **Amtl. Anm.:** Verordnung (EU) 2022/868 *[Nr. 8]* des Europäischen Parlaments und des Rates vom 30. Mai 2022 über europäische Daten-Governance und zur Änderung der Verordnung (EU) 2018/1724 (Daten-Governance-Rechtsakt) (ABl. L 152 vom 3.6.2022, S. 1).

banken über bestimmte Märkte – z.B. Datenbanken über Ernteerträge für die kommende Erntesaison – eingegeben würden, da sich eine solche Verwendung indirekt negativ auf den Nutzer auswirken könnte. Dem Nutzer sollte die für die Verwaltung der Berechtigungen erforderliche technische Schnittstelle bereitgestellt werden, vorzugsweise mit fein abgestuften Berechtigungsoptionen (z.B. „Zugriff einmalig zulassen" oder „Zugriff nur während der Nutzung der App oder des Dienstes zulassen"), einschließlich der Möglichkeit, solche Berechtigungen zu widerrufen.

(28) Bei Verträgen zwischen einem Dateninhaber und einem Verbraucher als Nutzer eines vernetzten Produkts oder verbundenen Dienstes, das bzw. der Daten generiert, gilt das Verbraucherrecht der Union, insbesondere die Richtlinien 93/13/EWG und 2005/29/EG, damit ein Verbraucher keinen missbräuchlichen Vertragsklauseln unterliegt. Für die Zwecke dieser Verordnung sollten missbräuchliche Vertragsklauseln, die einem Unternehmen einseitig auferlegt werden, für das betreffende Unternehmen nicht verbindlich sein.

(29) Dateninhaber können eine geeignete Nutzeridentifizierung verlangen, um die Berechtigung eines Nutzers auf Zugang zu den Daten zu überprüfen. Im Falle personenbezogener Daten, die von einem Auftragsverarbeiter im Auftrag des Verantwortlichen verarbeitet werden, sollten die Dateninhaber sicherstellen, dass das Zugangsverlangen vom Auftragsverarbeiter entgegengenommen und bearbeitet wird.

(30) Dem Nutzer sollte es freistehen, die Daten zu jedem rechtmäßigen Zweck zu verwenden. Dazu gehören die Bereitstellung der Daten, die der Nutzer im Rahmen der Ausübung seiner Rechte nach dieser Verordnung erhalten hat, für einen Dritten, der einen Folgemarkt-Dienst anbietet, der möglicherweise mit einem von einem Dateninhaber bereitgestellten Dienst im Wettbewerb steht, oder die Anweisung hierzu an den Dateninhaber. Das Zugangsverlangen sollte vom Nutzer oder von einem bevollmächtigten Dritten gestellt werden, der im Namen eines Nutzers handelt, einschließlich von einem Erbringer eines Datenvermittlungsdienstes. Dateninhaber sollten sicherstellen, dass die einem Dritten bereitgestellten Daten so genau, vollständig, zuverlässig, relevant und aktuell sind wie die bei der Nutzung des vernetzten Produkts oder verbundenen Dienstes generierten Daten, auf die der Dateninhaber selbst zugreifen kann oder darf. Rechte des geistigen Eigentums sollten bei der Verarbeitung der Daten gewahrt werden. Es ist wichtig, dass weiter Anreize für Investitionen in Produkte bestehen, deren Funktionen auf der Nutzung der Daten von in diese Produkte eingebauten Sensoren basieren.

(31) Nach der Richtlinie (EU) 2016/943 des Europäischen Parlaments und des Rates [1)] gilt der Erwerb, die Nutzung oder die Offenlegung eines Geschäftsgeheimnisses unter anderem dann als rechtmäßig, wenn der betreffende Erwerb oder die betreffende Nutzung oder Offenlegung nach Unionsrecht oder nationalem Recht vorgeschrieben oder zulässig ist. Nach dieser Verordnung sind Dateninhaber zwar dazu verpflichtet, be-

---

[1)] **Amtl. Anm.:** Richtlinie (EU) 2016/943 des Europäischen Parlaments und des Rates vom 8. Juni 2016 über den Schutz vertraulichen Know-hows und vertraulicher Geschäftsinformationen (Geschäftsgeheimnisse) vor rechtswidrigem Erwerb sowie rechtswidriger Nutzung und Offenlegung (ABl. L 157 vom 15.6.2016, S. 1).

stimmte Daten gegenüber Nutzern oder vom Nutzer ausgewählten Dritten offenzulegen, selbst wenn diese Daten unter den Schutz des Geschäftsgeheimnisses fallen, doch sollte dies so ausgelegt werden, dass der Schutz von Geschäftsgeheimnissen nach Maßgabe der Richtlinie (EU) 2016/943 gewahrt wird. In diesem Zusammenhang sollten Dateninhaber dem Nutzer oder vom Nutzer ausgewählten Dritten die Wahrung der Vertraulichkeit von Daten, die als Geschäftsgeheimnisse gelten, vorschreiben können. Daher sollten Dateninhaber die Geschäftsgeheimnisse vor deren Offenlegung ermitteln und die Möglichkeit haben, mit Nutzern oder vom Nutzer ausgewählten Dritten notwendige Maßnahmen zur Wahrung ihrer Vertraulichkeit zu vereinbaren, unter anderem durch die Verwendung von Mustervertragsklauseln, Vertraulichkeitsvereinbarungen, strengen Zugangsprotokollen, technischen Standards und die Anwendung von Verhaltenskodizes. Neben der Verwendung der von der Kommission zu entwickelnden und zu empfehlenden Mustervertragsklauseln könnte auch die Festlegung von Verhaltenskodizes und technischen Standards in Bezug auf den Schutz von Geschäftsgeheimnissen bei der Verarbeitung der Daten dazu beitragen, das Ziel dieser Verordnung zu erreichen, und sollte daher vorangetrieben werden. Besteht keine Vereinbarung über die notwendigen Maßnahmen oder setzt ein Nutzer oder ein vom Nutzer ausgewählter Dritter diese vereinbarten Maßnahmen nicht um oder verstößt gegen die Vertraulichkeit von Geschäftsgeheimnissen, so sollte es dem Dateninhaber möglich sein, die Weitergabe der als Geschäftsgeheimnisse eingestuften Daten zu verweigern oder auszusetzen. In solchen Fällen sollte der Dateninhaber dem Nutzer oder dem Dritten seine Entscheidung unverzüglich schriftlich mitteilen und die nationale zuständige Behörde des Mitgliedstaats, in dem der Dateninhaber niedergelassen ist, davon unterrichten, dass er die Weitergabe von Daten verweigert oder ausgesetzt hat, und angeben, welche Maßnahmen nicht vereinbart oder umgesetzt wurden und – sofern relevant – bei welchen Geschäftsgeheimnissen die Vertraulichkeit verletzt wurde. Grundsätzlich können Dateninhaber ein Datenzugangsverlangen gemäß dieser Verordnung nicht allein aufgrund dessen ablehnen, dass bestimmte Daten als Geschäftsgeheimnisse gelten, da dies die beabsichtigte Wirkung dieser Verordnung untergraben würde. In Ausnahmefällen sollte es einem Dateninhaber, der Inhaber eines Geschäftsgeheimnisses ist, jedoch möglich sein, im Einzelfall ein Datenzugangsverlangen für die betreffenden spezifischen Daten abzulehnen, wenn er gegenüber dem Nutzer oder dem Dritten nachweisen kann, dass durch die Offenlegung dieses Geschäftsgeheimnisses trotz von dem Nutzer oder dem Dritten vorgenommener technischer und organisatorischer Maßnahmen mit hoher Wahrscheinlichkeit ein schwerer wirtschaftlicher Schaden entsteht. Ein schwerer wirtschaftlicher Schaden geht mit schweren irreparablen wirtschaftlichen Verlusten einher. Der Dateninhaber sollte seine Weigerung gegenüber dem Nutzer oder dem Dritten unverzüglich in schriftlicher Form ordnungsgemäß begründen und die zuständige Behörde hiervon in Kenntnis setzen. Eine solche Begründung sollte sich auf objektive Fakten stützen, aus denen hervorgeht, dass durch die Offenlegung bestimmter Daten die konkrete Gefahr eines schweren wirtschaftlichen Schadens zu erwarten ist, und weshalb die zum Schutz der verlangten Daten ergriffenen Maßnahmen als nicht ausreichend erachtet werden. In diesem Zusammenhang kann etwaigen negativen Auswirkungen auf die Cybersicherheit Rechnung getragen werden. Unbeschadet des Rechts, vor einem Gericht eines Mitgliedstaats Rechtsmittel einzulegen, kann der Nutzer oder der Dritte, der die Entscheidung des Dateninhabers, die Weitergabe von Daten abzuweisen oder zu verweigern oder auszusetzen, anfechten möchte, bei der zuständigen Behörde Beschwerde einlegen, die sodann unverzüglich entscheiden sollte, ob und unter welchen Bedingungen die Weitergabe der Daten beginnen oder wieder aufgenommen werden sollte, oder der Nutzer oder der Dritte kann mit dem Dateninhaber vereinbaren, eine Streitbeilegungsstelle mit der Angelegenheit zu befassen. Die in dieser Verordnung vorgesehenen Ausnahmen von den Datenzugangsrechten sollten in keiner Weise die Rechte der betroffenen Personen auf Zugang und Datenübertragbarkeit gemäß der Verordnung (EU) 2016/679[1)] beschränken.

(32) Das Ziel dieser Verordnung besteht nicht nur darin, die Entwicklung neuer, innovativer vernetzter Produkte oder verbundener Dienste zu fördern und Innovationen auf den Folgemärkten voranzutreiben, sondern auch darin, die Entwicklung völlig neuartiger Dienste unter Nutzung der betreffenden Daten anzuregen, auch auf der Grundlage von Daten aus einer Vielzahl von vernetzten Produkten oder verbundenen Diensten. Gleichzeitig soll mit der vorliegenden Verordnung verhindert werden, dass die Anreize für Investitionen in die Art vernetzter Produkte, von denen die Daten erlangt werden, verloren gehen, etwa wenn Daten zur Entwicklung eines konkurrierenden vernetzten Produkts genutzt werden, das insbesondere aufgrund seiner Merkmale, seines Preises und seines Verwendungszwecks von den Nutzern als austauschbar oder ersetzbar betrachtet wird. Diese Verordnung sieht kein Verbot der Entwicklung eines verbundenen Dienstes unter Nutzung der im Rahmen dieser Verordnung erlangten Daten vor, da dies eine unerwünschte abschreckende Wirkung auf Innovationen hätte. Die Innovationsanstrengungen der Dateninhaber werden durch das Verbot geschützt, Daten, zu denen im Rahmen dieser Verordnung Zugang besteht, für die Entwicklung eines vernetzten Konkurrenzprodukts zu nutzen. Ob ein vernetztes Produkt mit dem vernetzten Produkt, von dem die Daten stammen, im Wettbewerb steht, hängt davon ab, ob die beiden vernetzten Produkte auf demselben Produktmarkt miteinander konkurrieren. Dies ist auf der Grundlage der bewährten Grundsätze des Wettbewerbsrechts der Union zur Bestimmung des einschlägigen Produktmarkts zu entscheiden. Allerdings könnte ein rechtmäßiger Zweck der Nutzung der Daten, soweit die Anforderungen der vorliegenden Verordnung, des Unionsrechts oder des nationalen Rechts dabei erfüllt sind, Reverse Engineering (Nachkonstruktion) umfassen. Dabei kann es sich um Zwecke der Reparatur oder der Verlängerung der Lebensdauer eines vernetzten Produkts oder der Erbringung von Folgemarkt-Diensten für vernetzte Produkte handeln.

(33) Ein Dritter, dem Daten bereitgestellt werden, kann eine natürliche oder juristische Person, wie etwa ein Verbraucher, ein Unternehmen, eine Forschungseinrichtung, eine gemeinnützige Organisation oder ein in beruflicher Eigenschaft handelnder Rechtsträger, sein. Wenn ein Dateninhaber dem Dritten die Daten bereitstellt, sollte er seine Position nicht

---

[1)] Nr. **1**.

missbrauchen, um einen Wettbewerbsvorteil auf Märkten zu erlangen, auf denen der Dateninhaber und der Dritte möglicherweise in direktem Wettbewerb stehen. Der Dateninhaber sollte ohne Weiteres verfügbare Daten daher nicht dazu nutzen, um Einblicke in die wirtschaftliche Lage, die Vermögenswerte oder Produktionsmethoden des Dritten oder die Nutzung durch den Dritten auf jegliche andere Weise zu erlangen, die die gewerbliche Position des Dritten auf den Märkten, auf denen dieser tätig ist, untergraben könnte. Der Nutzer sollte in der Lage sein, nicht-personenbezogene Daten zu kommerziellen Zwecken an Dritte weiterzugeben. Nach Zustimmung des Nutzers und vorbehaltlich der Bestimmungen dieser Verordnung sollten Dritte die vom Nutzer eingeräumten Datenzugangsrechte auf andere Dritte übertragen können, auch gegen Entgelt. Datenmittler zwischen Unternehmen und Personal Information Management Systemen (personal information management systems, PIMS), die in der Verordnung (EU) 2022/868[1] als Datenvermittlungsdienste bezeichnet werden, können Nutzer oder Dritte bei der Aufnahme von Geschäftsbeziehungen mit einer unbestimmten Zahl potenzieller Gegenparteien zu jedem in den Anwendungsbereich dieser Verordnung fallenden rechtmäßigen Zweck unterstützen. Sie könnten eine entscheidende Rolle bei der Aggregation des Zugangs zu Daten spielen, sodass Big-Data-Analysen oder maschinelles Lernen erleichtert werden können, vorausgesetzt dass die Nutzer die volle Kontrolle darüber behalten, ob sie ihre Daten zu einer solchen Aggregation bereitstellen und unter welchen kommerziellen Bedingungen ihre Daten zu nutzen sind.

(34) Bei der Nutzung eines vernetzten Produkts oder verbundenen Dienstes können, insbesondere wenn es sich bei dem Nutzer um eine natürliche Person handelt, Daten generiert werden, die sich auf eine betroffene Person beziehen. Die Verarbeitung solcher Daten unterliegt den Vorschriften der Verordnung (EU) 2016/679[2], auch wenn personenbezogene und nicht-personenbezogene Daten in einem Datensatz untrennbar miteinander verbunden sind. Die betroffene Person kann der Nutzer oder eine andere natürliche Person sein. Zugang zu personenbezogenen Daten darf nur von einem Verantwortlichen oder einer betroffenen Person verlangt werden. Der Nutzer, der die betroffene Person ist, ist unter bestimmten Umständen gemäß der Verordnung (EU) 2016/679[2] berechtigt, auf die jenen Nutzer betreffenden personenbezogenen Daten zuzugreifen; diese Rechte bleiben von der vorliegenden Verordnung unberührt. Nach der vorliegenden Verordnung hat ein Nutzer, der eine natürliche Person ist, ferner das Recht auf Zugang zu allen durch die Nutzung eines vernetzten Produkts generierten Daten, ob personenbezogen oder nicht-personenbezogen. Handelt es sich beim Nutzer nicht um die betroffene Person, sondern um ein Unternehmen, einschließlich eines Einzelunternehmers, und wird das Produkt nicht gemeinsam in einem Haushalt verwendet, so gilt der Nutzer als Verantwortlicher. Dementsprechend benötigt ein Nutzer, der als Verantwortlicher Zugang zu personenbezogenen Daten, die bei der Nutzung eines vernetzten Produkts oder verbundenen Dienstes generiert werden, zu verlangen beabsichtigt, für

[1] Nr. **8**.
[2] Nr. **1**.

die Verarbeitung der Daten eine Rechtsgrundlage gemäß Artikel 6 Absatz 1 der Verordnung (EU) 2016/679[1)], wie etwa die Einwilligung der betroffenen Person oder die Erfüllung eines Vertrags, dessen Vertragspartei die betroffene Person ist. Dieser Nutzer sollte sicherstellen, dass die betroffene Person angemessen über die spezifischen, eindeutigen und rechtmäßigen Zwecke der Verarbeitung dieser Daten und darüber informiert wird, wie die betroffene Person ihre Rechte wirksam ausüben kann. Handelt es sich bei dem Dateninhaber und dem Nutzer um gemeinsam Verantwortliche im Sinne des Artikels 26 der Verordnung (EU) 2016/679[1)], so müssen sie in einer Vereinbarung in transparenter Form festlegen, wer von ihnen die einschlägigen Pflichten zur Einhaltung der genannten Verordnung erfüllt. Es sollte davon ausgegangen werden, dass ein solcher Nutzer, sobald Daten bereitgestellt wurden, seinerseits Dateninhaber werden kann, wenn jener Nutzer die Kriterien dieser Verordnung erfüllt, und damit seinerseits den Pflichten zur Bereitstellung von Daten im Rahmen dieser Verordnung unterliegen kann.

(35) Produktdaten oder verbundene Dienstdaten sollten Dritten nur auf Verlangen des Nutzers bereitgestellt werden. Dementsprechend ergänzt die vorliegende Verordnung das in Artikel 20 der Verordnung (EU) 2016/679[1)] verankerte Recht einer betroffenen Personen, die sie betreffenden personenbezogenen Daten in einem strukturierten, gängigen, maschinenlesbaren und interoperablen Format zu erhalten und sie auch einem anderen Verantwortlichen zu übertragen, wenn diese Daten mithilfe automatisierter Verfahren auf der Grundlage von Artikel 6 Absatz 1 Buchstabe a oder Artikel 9 Absatz 2 Buchstabe a oder eines Vertrags gemäß Artikel 6 Absatz 1 Buchstabe b der genannten Verordnung verarbeitet werden. Betroffene Personen haben ebenfalls das Recht, zu erwirken, dass die personenbezogenen Daten von einem Verantwortlichen direkt an einen anderen Verantwortlichen übermittelt werden, jedoch nur sofern dies technisch machbar ist. In Artikel 20 der Verordnung (EU) 2016/679[1)] wird präzisiert, dass dies Daten betrifft, die die betroffene Person bereitgestellt hat, ohne jedoch anzugeben, ob dies ein aktives Verhalten der betroffenen Person erfordert oder ob dies auch in Fällen gilt, in denen ein vernetztes Produkt oder verbundener Dienst durch seine Konzeption das Verhalten einer betroffenen Person oder andere Informationen in Bezug auf eine betroffene Person passiv erfasst. Die in dieser Verordnung enthaltenen Rechte ergänzen das Recht, personenbezogene Daten gemäß Artikel 20 der Verordnung (EU) 2016/679[1)] auf verschiedene Weise zu erhalten und zu übertragen. Die vorliegende Verordnung gewährt Nutzern das Recht auf Zugang und darauf, einem Dritten alle Produktdaten oder verbundenen Dienstdaten bereitzustellen, unabhängig davon, ob es sich um personenbezogene Daten handelt, sowie unabhängig von der Unterscheidung zwischen aktiv bereitgestellten oder passiv erfassten Daten und von der Rechtsgrundlage für die Verarbeitung. Im Gegensatz zu Artikel 20 der Verordnung (EU) 2016/679[1)] wird mit der vorliegenden Verordnung die technische Machbarkeit des Zugangs Dritter zu allen Arten von Daten, die in ihren Anwendungsbereich fallen – ob personenbezogen oder nicht-personenbezogen –, vorgeschrieben und gewährleis-

[1)] Nr. 1.

tet, womit sichergestellt wird, dass technische Hindernisse den Zugang zu diesen Daten nicht mehr behindern oder verhindern. Außerdem ermöglicht sie es Dateninhabern, eine angemessene Gegenleistung für Kosten festlegen, die durch die Bereitstellung des direkten Zugangs zu den vom vernetzten Produkt des Nutzers generierten Daten entstehen, die von Dritten, nicht aber vom Nutzer zu tragen ist. Wenn ein Dateninhaber und ein Dritter nicht in der Lage sind, Bedingungen für einen solchen direkten Zugang zu vereinbaren, sollte die betroffene Person in keiner Weise daran gehindert werden, die in der Verordnung (EU) 2016/679[1)] festgelegten Rechte, einschließlich des Rechts auf Datenübertragbarkeit, durch Einlegung von Rechtsbehelfen gemäß der genannten Verordnung auszuüben. In diesem Zusammenhang gilt, dass im Einklang mit der Verordnung (EU) 2016/679[1)] durch einen Vertrag nicht die Verarbeitung besonderer Kategorien personenbezogener Daten durch den Dateninhaber oder den Dritten gestattet werden kann.

(36) Der Zugang zu auf Endgeräten gespeicherten von über Endgeräte zugänglichen Daten unterliegt der Richtlinie 2002/58/EG[2)] und erfordert die Einwilligung des Teilnehmers oder Nutzers im Sinne der genannten Richtlinie, es sei denn, der Datenzugang ist unbedingt für die Bereitstellung eines vom Nutzer oder vom Teilnehmer ausdrücklich verlangten Dienstes der Informationsgesellschaft oder zum alleinigen Zweck der Übertragung einer Nachricht erforderlich. Die Richtlinie 2002/58/EG[2)] schützt die Integrität der Endgeräte eines Nutzers im Hinblick auf die Nutzung von Verarbeitungs- und Speicherfunktionen und die Sammlung von Informationen. Geräte des Internets der Dinge gelten als Endgeräte, wenn sie direkt oder indirekt mit einem öffentlichen Kommunikationsnetz verbunden sind.

(37) Um zu verhindern, dass Nutzer ausgenutzt werden, sollten Dritte, denen die Daten auf Verlangen des Nutzers bereitgestellt wurden, diese Daten nur zu den mit dem Nutzer vereinbarten Zwecken verarbeiten und sie nur an andere Dritte weitergeben, wenn der Nutzer seine Einwilligung zu dieser Datenweitergabe gegeben hat.

(38) Im Einklang mit dem Grundsatz der Datenminimierung sollten Dritte nur auf solche Informationen zugreifen, die für die Erbringung des vom Nutzer verlangten Dienstes erforderlich sind. Nachdem der Dritte Zugang zu den Daten erhalten hat, sollte er diese zu den mit dem Nutzer vereinbarten Zwecken verarbeiten, ohne dass der Dateninhaber eingreift. Es sollte für den Nutzer genauso einfach sein, den Zugang Dritter zu den Daten zu verweigern oder zu beenden, wie es für ihn ist, den Zugang zu den Daten zu gestatten. Weder Dritte noch Dateninhaber sollten die Ausübung der Wahlmöglichkeiten oder Rechte der Nutzer unangemessen erschweren, auch nicht, indem sie ihnen Wahlmöglichkeiten auf nicht neutrale Weise anbieten, oder den Nutzer zwingen, täuschen oder manipulieren, oder indem sie – auch mittels einer digitalen Benutzerschnittstelle oder eines Teils davon –, die Autonomie, Entscheidungsfähigkeit oder freie Wahlmöglichkeiten des Nutzers untergraben oder beeinträchtigen. In diesem Zusammenhang sollten Dritte oder Dateninhaber bei der

---

[1)] Nr. **1**.
[2)] Nr. **3**.

Gestaltung ihrer digitalen Schnittstellen nicht auf sogenannte „Dark Patterns“ zurückgreifen. „Dark Patterns“ sind Gestaltungstechniken, die dazu dienen, Verbraucher zu Entscheidungen, die negative Folgen für sie haben, zu verleiten oder sie zu täuschen. Diese manipulativen Techniken können eingesetzt werden, um Nutzer, insbesondere schutzbedürftige Verbraucher, zu unerwünschtem Verhalten zu bewegen und zu täuschen, indem sie zu Entscheidungen über die Datenoffenlegung angeregt werden, sowie um die Entscheidungsfindung der Nutzer des Dienstes unverhältnismäßig in einer Weise zu beeinflussen, die ihre Autonomie, Entscheidungsfähigkeit oder Wahlmöglichkeiten untergräbt oder beeinträchtigt. Übliche und rechtmäßige Geschäftspraktiken, die mit dem Unionsrecht im Einklang stehen, sollten an sich nicht als „Dark Patterns“ angesehen werden. Dritte und Dateninhaber sollten ihren Pflichten nach dem einschlägigen Unionsrecht nachkommen, insbesondere den Anforderungen der Richtlinien 98/6/EG[1)] und 2000/31/EG[2)] des Europäischen Parlaments und des Rates sowie der Richtlinien 2005/29/EG und 2011/83/EU.

(39) Dritte sollten auch davon absehen, Daten, die in den Anwendungsbereich dieser Verordnung fallen, für das Profiling einer Person zu verwenden, es sei denn, solche Verarbeitungstätigkeiten sind unbedingt erforderlich, um den vom Nutzer verlangten Dienst zu erbringen, einschließlich im Kontext der automatisierten Entscheidungsfindung. Die Anforderung, Daten zu löschen, wenn diese für den mit dem Nutzer vereinbarten Zweck nicht mehr erforderlich sind, ergänzt – sofern in Bezug nicht-personenbezogene Daten nichts anderes vereinbart wurde – das Recht der betroffenen Person auf Löschung gemäß Artikel 17 der Verordnung (EU) 2016/679[3)]. Wenn ein Dritter ein Anbieter eines Datenvermittlungsdienstes ist, gelten die in der Verordnung (EU) 2022/868[4)] für die betroffene Person vorgesehenen Schutzvorkehrungen. Der Dritte kann die Daten für die Entwicklung eines neuen und innovativen vernetzten Produkts oder verbundenen Dienstes, nicht aber für die Entwicklung eines konkurrierenden vernetzten Produkts verwenden.

(40) Start-ups, kleine Unternehmen und Unternehmen, die nach Artikel 2 des Anhangs der Empfehlung 2003/361/EG als mittlere Unternehmen einzustufen sind, sowie Unternehmen aus traditionellen Branchen mit weniger entwickelten digitalen Fähigkeiten haben Schwierigkeiten, Zugang zu einschlägigen Daten zu erlangen. Ziel dieser Verordnung ist es, diesen Rechtsträgern den Zugang zu Daten zu erleichtern und gleichzeitig sicherzustellen, dass die entsprechenden Pflichten so verhältnismäßig wie möglich sind, um eine Übervorteilung zu vermeiden. Durch die Anhäufung und Aggregation gewaltiger Datenmengen und die tech-

---

[1)] **Amtl. Anm.:** Richtlinie 98/6/EG des Europäischen Parlaments und des Rates vom 16. Februar 1998 über den Schutz der Verbraucher bei der Angabe der Preise der ihnen angebotenen Erzeugnisse (ABl. L 80 vom 18.3.1998, S. 27).

[2)] **Amtl. Anm.:** Richtlinie 2000/31/EG des Europäischen Parlaments und des Rates vom 8. Juni 2000 über bestimmte rechtliche Aspekte der Dienste der Informationsgesellschaft, insbesondere des elektronischen Geschäftsverkehrs, im Binnenmarkt („Richtlinie über den elektronischen Geschäftsverkehr") (ABl. L 178 vom 17.7.2000, S. 1).

[3)] Nr. **1**.

[4)] Nr. **8**.

nologische Infrastruktur für ihre Monetarisierung ist in der digitalen Wirtschaft gleichzeitig eine kleine Zahl sehr großer Unternehmen mit beträchtlicher wirtschaftlicher Macht entstanden. Zu diesen sehr großen Unternehmen gehören Betreiber zentraler Plattformdienste, die ganze Plattformökosysteme in der digitalen Wirtschaft kontrollieren, sodass es bestehenden oder neuen Marktteilnehmern nicht möglich ist, ihnen ihre Position streitig zu machen oder mit ihnen in Wettbewerb zu treten. Die Verordnung (EU) 2022/1925 des Europäischen Parlaments und des Rates [1)] zielt darauf ab, diese Ineffizienzen und Ungleichgewichte zu beheben, indem die Kommission ein Unternehmen als „Torwächter" benennen kann und diesen Torwächtern eine Reihe von Pflichten auferlegt wird, darunter das Verbot, bestimmte Daten ohne Einwilligung zusammenzuführen, und die Pflicht, wirksames Rechte auf Datenübertragbarkeit gemäß Artikel 20 der Verordnung (EU) 2016/679[2)] zu gewährleisten. Gemäß der Verordnung (EU) 2022/1925[3)] und angesichts der einzigartigen Fähigkeit dieser Unternehmen, Daten zu erwerben, ist es zur Erreichung des Ziels der vorliegenden Verordnung nicht erforderlich und somit in Bezug auf die den entsprechenden Pflichten unterliegenden Dateninhaber unverhältnismäßig, solchen Torwächtern ein Datenzugangsrecht einzuräumen. Ihre Einbeziehung dürfte auch die Vorteile einschränken, die die vorliegende Verordnung im Zusammenhang mit der gerechten Verteilung der Datenwertschöpfung unter den Marktteilnehmern für KMU bewirken kann. Dies bedeutet, dass ein als Torwächter benanntes Unternehmen, das zentrale Plattformdienste betreibt, auf der Grundlage der vorliegenden Verordnung keinen Zugang zu Nutzerdaten verlangen oder erhalten kann, die bei der Nutzung eines vernetzten Produkts oder verbundenen Dienstes oder eines virtuellen Assistenten generiert werden. Darüber hinaus dürfen Dritte, denen Daten auf Verlangen des Nutzers bereitgestellt werden, die Daten keinem Torwächter bereitstellen. Beispielsweise darf der Dritte keinen Torwächter mit der Erbringung des Dienstes beauftragen. Dies hindert Dritte jedoch nicht daran, Datenverarbeitungsdienste in Anspruch zu nehmen, die von einem Torwächter angeboten werden. Außerdem hindert es diese Unternehmen nicht daran, dieselben Daten auf andere rechtmäßige Weise zu erlangen und zu nutzen. Die Zugangsrechte gemäß der vorliegenden Verordnung tragen zu einer größeren Auswahl an Dienstleistungen für die Verbraucher bei. Da freiwillige Vereinbarungen zwischen Torwächtern und Dateninhabern hiervon unberührt bleiben, würde eine Beschränkung der Zugangsgewährung für Torwächter diese nicht vom Markt ausschließen oder daran hindern, ihre Dienste anzubieten.

(41) Angesichts des derzeitigen Stands der Technik wäre es zu aufwendig, Kleinstunternehmen und Kleinunternehmen weitere Konzeptionspflichten für vernetzte Produkte, die von ihnen hergestellt oder konzipiert, oder verbundene Dienste, die von ihnen erbracht werden, aufzuerlegen.

[1)] **Amtl. Anm.:** Verordnung (EU) 2022/1925 *[Nr. **6**]* des Europäischen Parlaments und des Rates vom 14. September 2022 über bestreitbare und faire Märkte im digitalen Sektor und zur Änderung der Richtlinien (EU) 2019/1937 und (EU) 2020/1828 (Gesetz über digitale Märkte) (ABl. L 265 vom 12.10.2022, S. 1).

[2)] Nr. **1**.

[3)] Nr. **6**.

Dies ist jedoch nicht der Fall, wenn ein Kleinstunternehmen oder Kleinunternehmen ein Partnerunternehmen oder ein verbundenes Unternehmen im Sinne von Artikel 3 des Anhangs der Empfehlung 2003/361/EG hat, das nicht als Kleinstunternehmen oder Kleinunternehmen gilt, und das mit der Herstellung oder Konzeption eines vernetzten Produkts oder mit der Erbringung eines verbundenen Dienstes beauftragt wird. In solchen Fällen ist das Unternehmen, das einem Kleinstunternehmen oder Kleinunternehmen den Herstellungs- oder Konzeptionsauftrag erteilt hat, in der Lage, dem Auftragnehmer angemessenen zu entschädigen. Ein Kleinstunternehmen oder Kleinunternehmen kann jedoch als Dateninhaber den Anforderungen dieser Verordnung unterliegen, wenn es nicht der Hersteller des vernetzten Produkts oder ein Erbringer verbundener Dienste ist. Für ein Unternehmen, das seit weniger als einem Jahr als mittleres Unternehmen eingestuft ist, sowie für von einem mittleren Unternehmen vor weniger als einem Jahr auf den Markt gebrachte vernetzte Produkte sollte eine Übergangszeit gelten. Dieser Zeitraum von einem Jahr erlaubt es einem mittleren Unternehmen, sich anzupassen und vorzubereiten, bevor es auf dem Dienstleistungsmarkt für die von ihm hergestellten vernetzten Produkte auf Grundlage der Zugangsrechte gemäß dieser Verordnung dem Wettbewerb ausgesetzt ist. Diese Übergangszeit gilt nicht, wenn ein solches mittleres Unternehmen ein Partnerunternehmen oder ein verbundenes Unternehmen hat, das nicht als Kleinstunternehmen oder Kleinunternehmen gilt, oder wenn ein solches mittleres Unternehmen mit der Herstellung oder Konzeption eines vernetzten Produkts oder der Erbringung eines verbundenen Dienstes beauftragt wurde.

(42) Unter Berücksichtigung der Vielzahl von vernetzten Produkten, mit denen hinsichtlich Art, Umfang und Häufigkeit unterschiedliche Daten generiert werden, die mit unterschiedlichen Daten- und Cybersicherheitsrisiken einhergehen und wirtschaftliche Chancen von unterschiedlichem Wert bieten, und um die Kohärenz der Verfahren für die Datenweitergabe im Binnenmarkt, auch sektorübergreifend, sicherzustellen und faire Verfahren für die Datenweitergabe selbst in jenen Bereichen zu fördern und voranzubringen, in denen ein solches Recht auf Datenzugang nicht vorgesehen ist, enthält diese Verordnung horizontale Vorschriften über die Ausgestaltung des Datenzugangs in all jenen Fällen, in denen ein Dateninhaber nach dem Unionsrecht oder nationalen Rechtsvorschriften, die im Einklang mit Unionsrecht erlassen wurden, verpflichtet ist, einem Datenempfänger Daten bereitzustellen. Ein solcher Zugang sollte auf fairen, angemessenen, nichtdiskriminierenden und transparenten Bedingungen beruhen. Diese allgemeinen Zugangsvorschriften gelten nicht für Datenbereitstellungspflichten gemäß der Verordnung (EU) 2016/679[1]. Die freiwillige Datenweitergabe bleibt von diesen Vorschriften unberührt. Die unverbindlichen Mustervertragsklauseln für die Datenweitergabe zwischen Unternehmen, die die Kommission erarbeiten und empfehlen wird, können den Parteien dabei helfen, Verträge zu schließen, die faire, angemessene und nichtdiskriminierende Bedingungen enthalten und in transparenter Weise umgesetzt werden

[1] Nr. **1**.

sollen. Der Abschluss von Verträgen, die die unverbindlichen Mustervertragsklauseln beinhalten können, sollte nicht bedeuten, dass das Recht auf Weitergabe von Daten an Dritte in irgendeiner Weise an das Bestehen eines solchen Vertrags geknüpft ist. Sollten die Parteien – auch mit Unterstützung von Streitbeilegungsstellen – nicht in der Lage sein, einen Vertrag über die Datenweitergabe zu schließen, so ist das Recht, Daten an Dritte weiterzugeben, vor nationalen Gerichten einklagbar.

(43) Auf der Grundlage des Grundsatzes der Vertragsfreiheit sollte es den Parteien freistehen, in ihren Verträgen im Rahmen der allgemeinen Zugangsvorschriften für die Bereitstellung von Daten die genauen Bedingungen für die Bereitstellung von Daten auszuhandeln. Die Bedingungen solcher Verträge könnten sich auch auf technische und organisatorische Maßnahmen, auch in Bezug auf die Datensicherheit, erstrecken.

(44) Um sicherzustellen, dass die Bedingungen für einen obligatorischen Datenzugang für beide Vertragsparteien fair sind, sollten die allgemeinen Vorschriften über Datenzugangsrechte auf die Vorschrift zur Vermeidung missbräuchlicher Vertragsklauseln Bezug nehmen.

(45) In Vereinbarungen über die Bereitstellung von Daten, die im Rahmen der Geschäftsbeziehungen zwischen Unternehmen abgeschlossen werden, sollte unabhängig davon, ob es sich um große Unternehmen oder KMU handelt, nicht zwischen vergleichbaren Kategorien von Datenempfängern unterschieden werden. Zum Ausgleich des Mangels an Informationen über die in verschiedenen Verträgen enthaltenen Bedingungen, der es dem Datenempfänger erschwert, zu beurteilen, ob die Bedingungen für die Bereitstellung der Daten nichtdiskriminierend sind, sollte es in der Verantwortung der Dateninhaber liegen, nachzuweisen, dass eine Vertragsklausel nichtdiskriminierend ist. Es liegt keine rechtswidrige Diskriminierung vor, wenn der Dateninhaber für die Bereitstellung von Daten unterschiedliche Vertragsklauseln vorsieht, sofern diese Unterschiede aus objektiven Gründen gerechtfertigt sind. Diese Pflichten gelten unbeschadet der Verordnung (EU) 2016/679[1)].

(46) Um weitere Investitionen in die Generierung und Bereitstellung wertvoller Daten zu fördern, einschließlich Investitionen in einschlägige technische Instrumente, zugleich aber unverhältnismäßige Belastungen bei Datenzugang und Datennutzung zu vermeiden, da die Datenweitergabe dadurch wirtschaftlich nicht mehr tragfähig wäre, enthält diese Verordnung den Grundsatz, dass Dateninhaber eine angemessene Gegenleistung verlangen können, wenn sie gemäß Unionsrecht oder nationalem Recht, das im Einklang mit Unionsrecht erlassen wurde, verpflichtet sind, einem Datenempfänger im Rahmen von Geschäftsbeziehungen zwischen Unternehmen Daten bereitzustellen. Diese Gegenleistung sollte nicht als Bezahlung für die Daten selbst verstanden werden. Die Kommission sollte Leitlinien erlassen, anhand derer eine angemessene Gegenleistung in der Datenwirtschaft berechnet werden kann.

(47) Erstens kann eine angemessene Gegenleistung für die Erfüllung der Verpflichtung gemäß Unionsrecht oder nationalen Rechtsvorschriften, die im Einklang mit Unionsrecht erlassen wurden, einem Datenzugangsverlangen nachzukommen, einen Ausgleich für die Kosten umfassen, die mit

---

[1)] Nr. **1**.

der Bereitstellung der Daten verbunden sind. Dies können technische Kosten sein, beispielsweise Kosten, die für die Wiedergabe, die elektronische Verbreitung und die Speicherung von Daten erforderlich sind, nicht aber die Kosten der Datensammlung oder -produktion. Die technischen Kosten könnten ferner die Kosten für die Verarbeitung umfassen, die im Vorfeld der Bereitstellung der Daten erforderlich ist, einschließlich der mit der Formatierung der Daten verbundenen Kosten. Kosten im Zusammenhang mit der Bereitstellung der Daten können auch die Kosten für die Erleichterung konkreter Datenweitergabeverlangen umfassen. In Abhängigkeit von der Datenmenge sowie von den für die Bereitstellung der Daten getroffenen Vereinbarungen können diese Kosten zudem unterschiedlich hoch ausfallen. Durch langfristige Vereinbarungen zwischen Dateninhabern und Datenempfängern, z.B. über ein Abonnementmodell oder die Verwendung von intelligenten Verträgen, können die Kosten im Rahmen regelmäßiger oder wiederholter Transaktionen in einer Geschäftsbeziehung niedriger sein. Kosten im Zusammenhang mit der Bereitstellung von Daten beziehen sich entweder auf ein bestimmtes Verlangen oder decken mehrere Verlangen ab. Im letzteren Fall sollten die Kosten für die Bereitstellung der Daten nicht von einem einzelnen Datenempfänger in voller Höhe getragen werden. Zweitens kann die angemessene Gegenleistung auch eine Marge umfassen, außer in Bezug auf KMU und gemeinnützige Forschungseinrichtungen. Die Marge kann in Abhängigkeit von den Faktoren, die mit den Daten selbst im Zusammenhang stehen, etwa Menge, Format oder Art der Daten, unterschiedlich bemessen sein. Sie kann die Kosten für die Erhebung der Daten berücksichtigen. Daher kann die Marge geringer ausfallen, wenn der Dateninhaber die Daten für sein eigenes Unternehmen erhoben hat, ohne wesentliche Investitionen zu tätigen, oder aber höher ausfallen, wenn in die Datenerhebung für die Zwecke des Unternehmens des Dateninhabers stark investiert werden muss. In Fällen, in denen sich die Nutzung der Daten durch den Datenempfänger nicht auf die eigenen Tätigkeiten des Dateninhabers auswirkt, kann die Marge begrenzt oder sogar ausgeschlossen werden. Außerdem könnte die Gegenleistung dadurch, dass die Daten von einem vernetzten Produkt, das Eigentum des Nutzers ist oder von ihm gemietet oder geleast wird, mitgeneriert werden, vergleichsweise niedriger ausfallen als in anderen Fällen, in denen die Daten, etwa bei der Erbringung eines verbundenen Dienstes, vom Dateninhaber generiert werden.

(48) Ein Eingreifen ist nicht erforderlich, wenn Daten zwischen großen Unternehmen weitergegeben werden oder wenn es sich beim Dateninhaber um ein kleines oder mittleres Unternehmen und beim Datenempfänger um ein großes Unternehmen handelt. In diesen Fällen wird davon ausgegangen, dass die Unternehmen in der Lage sind, innerhalb angemessener und nichtdiskriminierender Grenzen eine Gegenleistung auszuhandeln.

(49) Um KMU vor übermäßigen wirtschaftlichen Belastungen zu schützen, die ihnen die Entwicklung und den Betrieb innovativer Geschäftsmodelle übermäßig erschweren würden, sollte die von ihnen zu tragende angemessene Gegenleistung für die Bereitstellung von Daten die mit der Bereitstellung der Daten direkt verbundenen Kosten nicht übersteigen.

Mit der Bereitstellung direkt verbundene Kosten sind jene Kosten, die den einzelnen Datenzugangsverlangen zuzurechnen sind, wobei zu berücksichtigen ist, dass der Dateninhaber die erforderlichen technischen Schnittstellen oder die erforderliche Software und Netzanbindung dauerhaft einzurichten hat. Dieselbe Regelung sollte für gemeinnützige Forschungseinrichtungen gelten.

(50) In hinreichend begründeten Fällen, auch wenn es notwendig ist, die Beteiligung der Verbraucher und den Wettbewerb zu gewährleisten oder Innovationen auf bestimmten Märkten zu fördern, kann Unionsrecht oder in nationalem Recht, das im Einklang mit Unionsrecht erlassen wurde, eine festgelegte Gegenleistung für die Bereitstellung bestimmter Arten von Daten vorgeschrieben werden.

(51) Transparenz ist ein wichtiger Grundsatz, um sicherzustellen, dass die von einem Dateninhaber verlangte Gegenleistung angemessen ist oder, falls es sich bei dem Datenempfänger um ein KMU oder eine gemeinnützige Forschungseinrichtung handelt, dass die Gegenleistung nicht die Kosten übersteigt, die direkt mit der Bereitstellung der Daten für den Datenempfänger verbunden und jeweils dem einzelnen Verlangen zuzurechnen sind. Damit Datenempfänger beurteilen und überprüfen können, ob die Gegenleistung den Anforderungen dieser Verordnung entspricht, sollte der Dateninhaber dem Datenempfänger ausreichend detaillierte Informationen für die Berechnung der Gegenleistung bereitstellen.

(52) Alternative Möglichkeiten zur Beilegung innerstaatlicher und grenzüberschreitender Streitigkeiten im Zusammenhang mit der Bereitstellung von Daten sollten Dateninhabern und Datenempfängern gleichermaßen zur Verfügung stehen, sodass das Vertrauen in die Datenweitergabe gestärkt wird. Falls sich die Parteien nicht auf faire, angemessene und nichtdiskriminierende Bedingungen für die Bereitstellung von Daten einigen können, sollten die Streitbeilegungsstellen den Parteien eine einfache, schnelle und kostengünstige Lösung anbieten. Während in dieser Verordnung nur die Bedingungen festgelegt sind, die Streitbeilegungsstellen erfüllen müssen, um zertifiziert zu werden, steht es den Mitgliedstaaten frei, spezifische Vorschriften für das Zertifizierungsverfahren, einschließlich des Ablaufs oder des Widerrufs der Zertifizierung, zu erlassen. Die in dieser Verordnung enthaltenen Bestimmungen über die Streitbeilegung sollten die Mitgliedstaaten nicht dazu verpflichten, Streitbeilegungsstellen einzurichten.

(53) Das Streitbeilegungsverfahren im Rahmen dieser Verordnung ist ein freiwilliges Verfahren, das es Nutzern, Dateninhabern und Datenempfängern ermöglicht, zu vereinbaren, Streitbeilegungsstellen mit ihren Streitigkeiten zu befassen. Daher sollte es den Parteien freistehen, sich an eine Streitbeilegungsstelle ihrer Wahl zu wenden, sei es innerhalb oder außerhalb der Mitgliedstaaten, in denen diese Parteien niedergelassen sind.

(54) Um zu vermeiden, dass – insbesondere in einer grenzüberschreitenden Situation – zwei oder mehr Streitbeilegungsstellen mit derselben Streitigkeit befasst werden, sollte ein Ersuchen zur Streitbeilegung von einer Streitbeilegungsstelle ablehnt werden können, wenn es bereits bei einer anderen Streitbeilegungsstelle oder einem Gericht eines Mitgliedstaats eingereicht wurde.

(55) Um die einheitliche Anwendung dieser Verordnung zu gewährleisten, sollten die Streitbeilegungsstellen die von der Kommission zu entwickelnden und zu empfehlenden unverbindlichen Mustervertragsklauseln sowie Unionsrecht oder nationales Recht zur Festlegung der Verpflichtungen zur Weitergabe von Daten oder Leitlinien der einschlägigen Fachbehörden für die Anwendung dieses Rechts berücksichtigen.

(56) Die Parteien eines Streitbeilegungsverfahrens sollten nicht daran gehindert werden, ihre Grundrechte auf einen wirksamen Rechtsbehelf und ein faires Verfahren auszuüben. Daher sollte die Entscheidung, eine Streitbeilegungsstelle mit einer Streitigkeit zu befassen, diesen Parteien nicht das Recht nehmen, bei einem Gericht eines Mitgliedstaats Rechtsmittel einzulegen. Die Streitbeilegungsstellen sollten jährliche Tätigkeitsberichte öffentlich verfügbar machen.

(57) Dateninhaber können geeignete technische Schutzmaßnahmen anwenden, um die unrechtmäßige Offenlegung von oder den unrechtmäßigen Zugang zu Daten zu verhindern. Diese Maßnahmen sollten jedoch weder zwischen Datenempfängern unterscheiden noch den Zugang zu Daten und deren Nutzung für Nutzer oder Datenempfänger beeinträchtigen. Im Falle missbräuchlicher Praktiken eines Datenempfängers, wie Irreführung des Dateninhabers durch Bereitstellung falscher Informationen in der Absicht, die Daten für unrechtmäßige Zwecke zu nutzen, einschließlich der Entwicklung eines konkurrierenden vernetzten Produkts auf der Grundlage der Daten, kann der Dateninhaber und gegebenenfalls, falls es sich nicht um die gleiche Person handelt, der Inhaber eines Geschäftsgeheimnisses oder der Nutzer den Dritten oder den Datenempfänger auffordern, unverzüglich Korrektur- oder Abhilfemaßnahmen zu ergreifen. Derartige Aufforderungen, insbesondere Aufforderungen zur Einstellung der Herstellung, des Angebots oder des Inverkehrbringens von Waren, abgeleiteten Daten oder Dienstleistungen sowie Aufforderungen zur Beendigung der Einfuhr, Ausfuhr und Lagerung rechtsverletzender Waren bzw. zu deren Vernichtung, sollten im Hinblick darauf bewertet werden, ob sie in Bezug auf die Interessen des Dateninhabers, des Inhabers des Geschäftsgeheimnisses oder des Nutzers verhältnismäßig sind.

(58) Wenn sich eine Partei in einer stärkeren Verhandlungsposition befindet, besteht die Gefahr, dass sie diese Position bei Verhandlungen über den Zugang zu Daten zum Nachteil der anderen Vertragspartei ausnutzen könnte, mit dem Ergebnis, dass der Zugang zu Daten wirtschaftlich weniger tragfähig und bisweilen untragbar ist. Solche vertraglichen Ungleichgewichte schaden allen Unternehmen, die nicht wirklich in der Lage sind, die Bedingungen für den Zugang zu Daten auszuhandeln, und die unter Umständen keine andere Wahl haben, als nicht verhandelbare Vertragsklauseln zu akzeptieren. Daher sollten missbräuchliche Vertragsklauseln in Bezug auf den Datenzugang und die Datennutzung oder die Haftung und Rechtsbehelfe bei Verletzung oder Beendigung datenbezogener Pflichten für Unternehmen nicht bindend sein, wenn diese Bedingungen diesen Unternehmen einseitig auferlegt wurden.

(59) Bei den Vorschriften über Vertragsklauseln sollte der Grundsatz der Vertragsfreiheit als wesentliches Konzept in den Geschäftsbeziehungen zwischen Unternehmen berücksichtigt werden. Daher sollten nicht alle Vertragsklauseln einer Missbräuchlichkeitsprüfung unterzogen werden, son-

dern nur jene Klauseln, die einseitig auferlegt werden. Dies betrifft Situationen ohne Verhandlungsspielraum, in denen eine Partei eine bestimmte Vertragsklausel einbringt und das andere Unternehmen den Inhalt dieser Klausel trotz Verhandlungsversuchs nicht beeinflussen kann. Vertragsklauseln, die lediglich von einer Partei eingebracht und von dem anderen Unternehmen akzeptiert werden, oder Klauseln, die zwischen den Vertragsparteien ausgehandelt und anschließend in geänderter Form vereinbart werden, sollten nicht als einseitig auferlegt gelten.

(60) Darüber hinaus sollten die Vorschriften über missbräuchliche Vertragsklauseln nur für diejenigen Bestandteile eines Vertrags gelten, die sich auf die Bereitstellung von Daten beziehen, d.h. Vertragsklauseln über den Datenzugang und die Datennutzung sowie die Haftung oder Rechtsbehelfe bei Verletzung und Beendigung datenbezogener Pflichten. Andere Teile desselben Vertrags, die nicht mit der Bereitstellung von Daten zusammenhängen, sollten nicht der in dieser Verordnung festgelegten Missbräuchlichkeitsprüfung unterliegen.

(61) Kriterien für die Ermittlung missbräuchlicher Vertragsklauseln sollten nur auf überzogene Vertragsklauseln angewandt werden, bei denen eine stärkere Verhandlungsposition missbraucht wurde. Die überwiegende Mehrheit der Vertragsklauseln, die für eine Partei wirtschaftlich günstiger sind als für die andere, einschließlich derjenigen, die in Verträgen zwischen Unternehmen üblich sind, sind ein normaler Ausdruck des Grundsatzes der Vertragsfreiheit und gelten weiterhin. Für die Zwecke dieser Verordnung würde eine grobe Abweichung von der guten Geschäftspraxis unter anderem bedeuten, dass die Partei, der die Bedingung einseitig auferlegt wurde, in ihrer Fähigkeit, ihr berechtigtes geschäftliches Interesse an den betreffenden Daten zu schützen, objektiv beeinträchtigt wird.

(62) Um für Rechtssicherheit zu sorgen, wird in dieser Verordnung eine Liste von Klauseln festgelegt, die stets als missbräuchlich gelten und eine Liste von Klauseln, bei denen davon ausgegangen wird, dass sie missbräuchlich sind. Im letzteren Fall sollte das Unternehmen, das die Vertragsklausel vorschreibt, in der Lage sein, die Vermutung der Missbräuchlichkeit zu widerlegen, indem es nachweist, dass eine in dieser Verordnung aufgeführte Vertragsklausel im konkreten Fall nicht missbräuchlich ist. Ist eine Vertragsklausel nicht in der Liste der Klauseln aufgeführt, die stets als missbräuchlich gelten oder bei denen davon ausgegangen wird, dass sie missbräuchlich sind, so findet die allgemeine Missbräuchlichkeitsbestimmung Anwendung. In diesem Zusammenhang sollten die in dieser Verordnung als missbräuchlich aufgeführten Vertragsklauseln als Maßstab für die Auslegung der allgemeinen Missbräuchlichkeitsbestimmung dienen. Schließlich können von der Kommission erstellte und empfohlene unverbindliche Mustervertragsklauseln für Verträge über die Datenweitergabe zwischen Unternehmen für Wirtschaftsunternehmen auch bei der Aushandlung von Verträgen hilfreich sein. Wird eine Vertragsklausel für missbräuchlich erklärt, so sollte der betreffende Vertrag ohne diese Klausel weiterhin gelten, es sei denn, die missbräuchliche Klausel ist nicht von den übrigen Vertragsklauseln abtrennbar.

(63) Im Falle außergewöhnlicher Notwendigkeit kann es erforderlich sein, dass öffentliche Stellen, die Kommission, die Europäische Zentralbank oder Einrichtungen der Union bei der Wahrnehmung ihrer gesetzlichen

Pflichten im öffentlichen Interesse vorhandene Daten, gegebenenfalls einschließlich beigefügter Metadaten, die von einem Unternehmen gehalten werden, nutzen, um auf öffentliche Notlagen oder andere Ausnahmesituationen zu reagieren. Unter einer außergewöhnlichen Notwendigkeit sind – im Gegensatz zu sonstigen Umständen, die möglicherweise geplant oder terminiert sind oder regelmäßig oder häufig eintreten, – Umstände zu verstehen, die nicht vorhersehbar und zeitlich begrenzt sind. Während der Begriff „Dateninhaber" öffentliche Stellen im Allgemeinen nicht einschließt, kann er öffentliche Unternehmen umfassen. Forschungseinrichtungen und Forschungsförderungseinrichtungen könnten auch als öffentliche Stellen oder Einrichtungen des öffentlichen Rechts eingerichtet sein. Um die Belastung der Unternehmen zu begrenzen, sollten Kleinstunternehmen und Kleinunternehmen nur dann verpflichtet sein, öffentlichen Stellen, der Kommission, der Europäischen Zentralbank oder Einrichtungen der Union Daten bereitzustellen, wenn solche Daten in Fällen außergewöhnlicher Notwendigkeit erforderlich sind, um auf einen öffentlichen Notstand zu reagieren und öffentliche Stellen, die Kommission, die Europäische Zentralbank oder die Einrichtungen der Union solche Daten unter gleichwertigen Bedingungen auf andere Weise nicht rechtzeitig und wirksam beschaffen können.

(64) Bei öffentlichen Notständen wie Notlagen im Bereich der öffentlichen Gesundheit, Notlagen aufgrund von Naturkatastrophen, einschließlich solcher, die durch den Klimawandel und die Umweltzerstörung noch verschärft werden, sowie von Menschen verursachter schwerer Katastrophen, wie großen Cybersicherheitsvorfällen, wird das öffentliche Interesse an der Verwendung der Daten schwerer wiegen als das Interesse der Dateninhaber, frei über die von ihnen gehaltenen Daten zu verfügen. In einem solchen Fall sollten die Dateninhaber verpflichtet werden, die Daten öffentlichen Stellen, der Kommission, der Europäischen Zentralbank oder Einrichtungen der Union auf deren Verlangen bereitzustellen. Das Vorliegen eines öffentlichen Notstands sollte in Übereinstimmung mit dem Unionsrecht oder nationalen Recht und auf der Grundlage der jeweils einschlägigen Verfahren, einschließlich der Verfahren der einschlägigen internationalen Organisationen festgestellt oder erklärt werden. In solchen Fällen sollte die öffentliche Stelle nachweisen, dass die Daten, die Gegenstand des Verlangens sind, nicht auf andere Weise rechtzeitig und wirksam und unter gleichwertigen Bedingungen erlangt werden konnten, beispielsweise durch die freiwillige Bereitstellung von Daten durch ein anderes Unternehmen oder Abfragen einer öffentlichen Datenbank.

(65) Eine außergewöhnliche Notwendigkeit kann sich auch aus Situationen ergeben, die keinen Notstand darstellen. In solchen Fällen sollte es einer öffentlichen Stelle, der Kommission, der Europäischen Zentralbank oder einer Einrichtung der Union nur gestattet sein, nicht-personenbezogene Daten zu verlangen. Die öffentliche Stelle sollte nachweisen, dass die Daten erforderlich sind, um eine bestimmte Aufgabe im öffentlichen Interesse zu erfüllen, die gesetzlich ausdrücklich vorgesehen ist, etwa die Erstellung amtlicher Statistiken oder die Eindämmung oder Überwindung eines öffentlichen Notstands. Darüber hinaus kann ein solches Verlangen nur gestellt werden, wenn die öffentliche Stelle, die Kommission, die Europäische Zentralbank oder eine Einrichtung der Union spezifische

Daten ermittelt hat, die sie auf andere Weise nicht rechtzeitig und wirksam und unter gleichwertigen Bedingungen erlangen könnte, und nur, wenn sie alle anderen zur Verfügung stehenden Mittel ausgeschöpft hat, um diese Daten zu erlangen, wie etwa die Beschaffung der Daten über freiwillige Vereinbarungen, einschließlich des Erwerbs von nicht-personenbezogenen Daten auf dem Markt, wobei der jeweilige Marktkurs geboten wird, oder durch Rückgriff auf bestehende Verpflichtungen zur Bereitstellung von Daten oder den Erlass neuer Rechtsvorschriften, die die rechtzeitige Verfügbarkeit der Daten gewährleisten könnten. Ferner sollten die Bedingungen und Grundsätze für Verlangen etwa in Bezug auf Zweckbindung, Verhältnismäßigkeit, Transparenz und Befristung gelten. Werden Daten verlangt, die für die Erstellung amtlicher Statistiken erforderlich sind, so sollte die anfragende öffentliche Stelle auch nachweisen, ob sie nach nationalem Recht befugt ist, nicht-personenbezogene Daten auf dem Markt zu erwerben.

(66) Diese Verordnung sollte weder für freiwillige Vereinbarungen über den Datenaustausch zwischen privaten und öffentlichen Stellen, einschließlich der Bereitstellung von Daten durch KMU, gelten noch diesen vorgreifen, und sie lässt Rechtsakte der Union unberührt, die verbindliche Auskunftsersuchen öffentlicher Stellen an private Einrichtungen vorsehen. Die den Dateninhabern auferlegten Pflichten zur Bereitstellung von Daten, die nicht auf einer außergewöhnlichen Notwendigkeit beruhen, insbesondere wenn die Datengrundlage und die Dateninhaber bekannt sind oder die Daten regelmäßig genutzt werden können, wie im Falle von Berichtspflichten und sich aus dem Binnenmarkt ergebenden Pflichten, sollten von dieser Verordnung nicht berührt werden. Datenzugangsanforderungen, die dazu dienen, die Einhaltung der geltenden Vorschriften zu überprüfen, sollten von dieser Verordnung ebenfalls nicht berührt werden, auch in Fällen, in denen öffentliche Stellen die Aufgabe der Überprüfung der Einhaltung der Vorschriften anderen als öffentlichen Stellen übertragen.

(67) Diese Verordnung ergänzt das Unionsrecht und das nationale Recht, die den Zugang zu Daten für statistische Zwecke und deren Nutzung für statistische Zwecke regeln, insbesondere die Verordnung (EG) Nr. 223/2009 des Europäischen Parlaments und des Rates[1] und die nationalen Rechtsakte im Zusammenhang mit amtlichen Statistiken, und lässt diese unberührt.

(68) Bei der Wahrnehmung ihrer Aufgaben in den Bereichen Verhütung, Ermittlung, Aufdeckung oder Verfolgung von Straftaten oder Ordnungswidrigkeiten oder der Vollstreckung strafrechtlicher und verwaltungsrechtlicher Sanktionen sowie der Erhebung von Daten für Steuer- oder Zollzwecke sollten sich öffentliche Stellen, die Kommission, die Europäische Zentralbank oder Einrichtungen der Union auf ihre Befugnisse im

[1] **Amtl. Anm.:** Verordnung (EG) Nr. 223/2009 des Europäischen Parlaments und des Rates vom 11. März 2009 über europäische Statistiken und zur Aufhebung der Verordnung (EG, Euratom) Nr. 1101/2008 des Europäischen Parlaments und des Rates über die Übermittlung von unter die Geheimhaltungspflicht fallenden Informationen an das Statistische Amt der Europäischen Gemeinschaften, der Verordnung (EG) Nr. 322/97 des Rates über die Gemeinschaftsstatistiken und des Beschlusses 89/382/EWG, Euratom des Rates zur Einsetzung eines Ausschusses für das Statistische Programm der Europäischen Gemeinschaften (ABl. L 87 vom 31.3.2009, S. 164).

Rahmen des Unionsrechts oder des nationalen Rechts stützen. Diese Verordnung berührt daher nicht die Gesetzgebungsakte für die Datenweitergabe, den Datenzugang und die Datennutzung in diesen Bereichen.

(69) Im Einklang mit Artikel 6 Absätze 1 und 3 der Verordnung (EU) 2016/679[1)] ist ein verhältnismäßiger, begrenzter und vorhersehbarer Rahmen auf Unionsebene erforderlich, wenn es um die Wahl der Rechtsgrundlage für die Bereitstellung von Daten durch Dateninhaber für öffentliche Stellen, die Kommission, die Europäische Zentralbank und die Einrichtungen der Union im Fall außergewöhnlicher Notwendigkeit geht, um sowohl Rechtssicherheit zu gewährleisten als auch den Verwaltungsaufwand für Unternehmen so gering wie möglich zu halten. Zu diesem Zweck sollten Datenverlangen öffentlicher Stellen, der Kommission, der Europäischen Zentralbank oder der Einrichtungen der Union an Dateninhaber hinsichtlich ihres Umfangs und ihrer Detailstufe spezifisch, transparent und verhältnismäßig sein. Der Zweck des Verlangens und die beabsichtigte Nutzung der verlangten Daten sollten konkret und eindeutig erläutert werden, wobei der anfragenden Stelle eine angemessene Flexibilität bei der Wahrnehmung ihrer Aufgaben im öffentlichen Interesse einzuräumen ist. Das Verlangen sollte auch den berechtigten Interessen der Dateninhaber, an die es gerichtet wird, Rechnung tragen. Der Aufwand für die Dateninhaber sollte so gering wie möglich gehalten werden, indem die anfragenden Stellen verpflichtet werden, den Einmaligkeitsgrundsatz einzuhalten, der verhindert, dass dieselben Daten mehrmals oder von mehreren öffentlichen Stellen, der Kommission, der Europäischen Zentralbank oder den Einrichtungen der Union verlangt werden. Zur Gewährleistung der Transparenz sollten Datenverlangen, die von der Kommission, der Europäischen Zentralbank oder Einrichtungen der Union gestellt werden, unverzüglich von der die Daten verlangenden Stelle veröffentlicht werden. Die Europäische Zentralbank und die Einrichtungen der Union sollten die Kommission über ihre Verlangen unterrichten. Wenn das Datenverlangen von einer öffentlichen Stelle gestellt wurde, sollte diese Stelle auch den Datenkoordinator des Mitgliedstaats, in dem die öffentliche Stelle niedergelassen ist, unterrichten. Es sollte sichergestellt werden, dass alle Verlangen online öffentlich verfügbar sind. Nach einer solchen Unterrichtung über ein Datenverlangen kann die zuständige Behörde beschließen, die Rechtmäßigkeit des Verlangens zu bewerten, und ihre Aufgaben im Zusammenhang mit der Durchsetzung und Anwendung dieser Verordnung wahrnehmen. Der Datenkoordinator sollte sicherstellen, dass alle von öffentlichen Stellen gestellten Verlangen online öffentlich verfügbar sind.

(70) Mit der Datenbereitstellungspflicht soll sichergestellt werden, dass öffentliche Stellen, die Kommission, die Europäische Zentralbank oder Einrichtungen der Union über das erforderliche Wissen zur Bewältigung oder Verhinderung öffentlicher Notstände oder zu deren Überwindung oder zur Aufrechterhaltung der Kapazitäten zur Erfüllung bestimmter, gesetzlich ausdrücklich vorgesehener Aufgaben verfügen. Bei den von diesen Stellen erlangten Daten kann es sich um Geschäftsgeheimnisse

---

[1)] Nr. 1.

handeln. Daher sollten weder die Verordnung (EU) 2022/868[1] noch die Richtlinie (EU) 2019/1024 des Europäischen Parlaments und des Rates[2] für Daten gelten, die im Rahmen der vorliegenden Verordnung bereitgestellt werden, und diese Daten sollten nicht als offene Daten betrachtet werden, die Dritten zur Weiterverwendung zur Verfügung stehen. Dies sollte jedoch die Anwendbarkeit der Richtlinie (EU) 2019/1024 auf die Weiterverwendung amtlicher Statistiken, für deren Erstellung gemäß dieser Verordnung erlangte Daten verwendet wurden, unberührt lassen, sofern sich die Weiterverwendung nicht auf die zugrunde liegenden Daten erstreckt. Darüber hinaus sollte dies die Möglichkeit der Weitergabe der Daten zu Forschungszwecken oder für die Entwicklung, Erstellung und Verbreitung amtlicher Statistiken unberührt lassen, sofern die in der vorliegenden Verordnung festgelegten Bedingungen erfüllt sind. Öffentliche Stellen sollten auch Daten, die sie gemäß der vorliegenden Verordnung erlangt haben, mit anderen öffentlichen Stellen, der Kommission, der Europäischen Zentralbank oder Einrichtungen der Union austauschen dürfen, um die außergewöhnliche Notwendigkeit auszuräumen, wegen der sie verlangt wurden.

(71) Dateninhaber sollten die Möglichkeit haben, je nach Art der in dem Verlangen geltend gemachten außergewöhnlichen Notwendigkeit unverzüglich und in jedem Fall spätestens innerhalb von fünf oder 30 Arbeitstagen entweder eine Änderung des Verlangens einer öffentlichen Stelle, der Kommission, der Europäischen Zentralbank oder einer Einrichtung der Union abzulehnen oder dieses zu beantragen. Gegebenenfalls sollte der Dateninhaber diese Gelegenheit haben, wenn er keine Kontrolle über die verlangten Daten hat, d.h. wenn er keinen unmittelbaren Zugang zu den Daten hat und deren Verfügbarkeit nicht feststellen kann. Die Nichtbereitstellung der Daten sollte sich begründen lassen, wenn nachgewiesen werden kann, dass das Verlangen mit einem zuvor von einer anderen öffentlichen Stelle oder von der Kommission, der Europäischen Zentralbank oder einer Einrichtung der Union zu demselben Zweck eingereichten Verlangen vergleichbar ist und der Dateninhaber nicht über die Löschung der Daten gemäß dieser Verordnung informiert wurde. Wenn ein Dateninhaber das Verlangen ablehnt oder dessen Änderung beantragt, sollte er die Ablehnung gegenüber der öffentlichen Stelle, der Kommission, der Europäischen Zentralbank oder der Einrichtung der Union, die das Verlangen gestellt hat, begründen. Wenn in Bezug auf die verlangten Datensätze die Datenbankrechte sui generis gemäß der Richtlinie 96/9/EG des Europäischen Parlaments und des Rates[3] Anwendung finden, sollten die Dateninhaber ihre Rechte in einer Weise ausüben, die die öffentliche Stelle, die Kommission, die Europäische Zentralbank oder Einrichtung der Union nicht daran hindert, die Daten im Einklang mit dieser Verordnung zu erlangen oder weiterzugeben.

---

[1] Nr. **8**.

[2] **Amtl. Anm.:** Richtlinie (EU) 2019/1024 des Europäischen Parlaments und des Rates vom 20. Juni 2019 über offene Daten und die Weiterverwendung von Informationen des öffentlichen Sektors (ABl. L 172 vom 26.6.2019, S. 56).

[3] **Amtl. Anm.:** Richtlinie 96/9/EG des Europäischen Parlaments und des Rates vom 11. März 1996 über den rechtlichen Schutz von Datenbanken (ABl. L 77 vom 27.3.1996, S. 20).

(72) Im Falle einer außergewöhnlichen Notwendigkeit im Zusammenhang mit öffentlichen Notstandsmaßnahmen sollten öffentliche Stellen nach Möglichkeit nicht-personenbezogene Daten verwenden. Im Falle von Verlangen, die auf einer außergewöhnlichen Notwendigkeit beruhen, die nicht im Zusammenhang mit einem öffentlichen Notstand steht, können keine personenbezogenen Daten verlangt werden. Wenn personenbezogene Daten Gegenstand des Verlangens sind, sollte der Dateninhaber die Daten stets anonymisieren. Ist es unbedingt erforderlich, mit den Daten für eine öffentliche Stelle, die Kommission, die Europäische Zentralbank oder eine Einrichtung der Union auch personenbezogene Daten bereitzustellen oder erweist sich eine Anonymisierung als unmöglich, so sollte die Stelle, die die Daten verlangt, die strikte Notwendigkeit und die besonderen und begrenzten Zwecke der Verarbeitung nachweisen. Die geltenden Vorschriften über den Schutz personenbezogener Daten sollten eingehalten werden. Die Bereitstellung der Daten und ihre anschließende Nutzung sollten mit Schutzvorkehrungen für die Rechte und Interessen der von diesen Daten betroffenen Personen einhergehen.

(73) Daten, die öffentlichen Stellen, der Kommission, der Europäischen Zentralbank oder Einrichtungen der Union wegen einer außergewöhnlichen Notwendigkeit bereitgestellt werden, sollten nur für die Zwecke des Datenverlangens genutzt werden, es sei denn, der Dateninhaber, der die Daten bereitgestellt hat, hat ausdrücklich zugestimmt, dass die Daten für andere Zwecke genutzt werden. Sofern nichts anderes vereinbart wurde, sollten die Daten gelöscht werden, sobald sie für den im Verlangen genannten Zweck nicht mehr erforderlich sind, und der Dateninhaber sollte davon in Kenntnis gesetzt werden. Diese Verordnung baut auf den bestehenden Zugangsregelungen der Union und der Mitgliedstaaten auf und bewirkt keine Änderung des nationalen Rechts für den Zugang der Öffentlichkeit zu Dokumenten im Zusammenhang mit Transparenzpflichten. Daten sollten gelöscht werden, sobald sie nicht mehr benötigt werden, um diesen Transparenzpflichten nachzukommen.

(74) Bei der Weiterverwendung von Daten, die von Dateninhabern bereitgestellt werden, sollten öffentliche Stellen, die Kommission, die Europäische Zentralbank oder Einrichtungen der Union sowohl geltendes Unionsrecht oder nationales Recht als auch die vertraglichen Pflichten des Dateninhabers einhalten. Sie sollten sowohl davon absehen, ein vernetztes Produkt oder einen verbundenen Dienst zu entwickeln oder zu verbessern, das/die mit dem vernetzten Produkt oder des verbundenen Dienstes des Dateninhabers im Wettbewerb steht, als auch davon, die Daten zu diesen Zwecken an Dritte weiterzugeben. Außerdem sollten sie einen Dateninhaber auf dessen Ersuchen hin öffentlich anerkennen und für die Gewährleistung der Sicherheit der erhaltenen Daten verantwortlich sein. Ist die Offenlegung von Geschäftsgeheimnissen des Dateninhabers gegenüber öffentlichen Stellen, der Kommission, der Europäischen Zentralbank oder Einrichtungen der Union unbedingt erforderlich, um den Zweck zu erfüllen, für den die Daten verlangt wurden, so sollte dem Dateninhaber die Vertraulichkeit dieser Daten vor deren Offenlegung zugesichert werden.

(75) Wenn es um den Schutz eines bedeutenden öffentlichen Gutes geht, wie etwa die Bewältigung öffentlicher Notstände, sollte von der öffentlichen

Stelle, der Kommission, der Europäischen Zentralbank oder der betreffenden Einrichtung der Union nicht erwartet werden, dass sie den Unternehmen für die erlangten Daten eine Gegenleistung gewähren. Öffentliche Notstände sind seltene Ereignisse, und nicht alle derartigen Notstände erfordern die Nutzung von Daten, die von Unternehmen gehalten werden. Gleichzeitig könnte die Verpflichtung zur Bereitstellung von Daten für Kleinstunternehmen und Kleinunternehmen eine erhebliche Belastung darstellen. Diese Unternehmen sollten daher selbst im Kontext öffentlicher Notstandsmaßnahmen eine Gegenleistung verlangen können. Es ist nicht wahrscheinlich, dass die Geschäftstätigkeit der Dateninhaber durch die Inanspruchnahme dieser Verordnung durch öffentliche Stellen, die Kommission, die Europäische Zentralbank oder Einrichtungen der Union beeinträchtigt wird. Da Fälle einer außergewöhnlichen Notwendigkeit, bei denen es sich nicht um die Bewältigung eines öffentlichen Notstands handelt, jedoch unter Umständen häufiger sind, sollten Dateninhaber in diesen Fällen Anspruch auf eine angemessene Gegenleistung haben, die die mit der Erfüllung des Verlangens verbundenen technischen und organisatorischen Kosten nicht übersteigen sollte, sowie auf die angemessene Marge, die zur Bereitstellung der Daten für die öffentliche Stelle, die Kommission, die Europäische Zentralbank oder die Einrichtung der Union erforderlich ist. Die Gegenleistung sollte nicht als Bezahlung für die Daten selbst und nicht als obligatorisch verstanden werden. Dateninhaber sollten keine Gegenleistung verlangen können, wenn die nationalen statistischen Ämter oder andere für die Erstellung von Statistiken zuständige nationale Behörden Dateninhabern aufgrund des nationalen Rechts keine Gegenleistung für die Bereitstellung von Daten gewähren dürfen. Die öffentliche Stelle, die Kommission, die Europäische Zentralbank oder die betreffende Einrichtung der Union sollte in der Lage sein, die Höhe der vom Dateninhaber geforderten Gegenleistung anzufechten, indem sie die zuständige Behörde des Mitgliedstaats, in dem der Dateninhaber niedergelassen ist, mit der Angelegenheit befassen.

(76) Die öffentliche Stelle, die Kommission, die Europäische Zentralbank oder eine Einrichtung der Union sollte befugt sein, die Daten, die sie aufgrund des Verlangens erlangt hat, an andere Stellen oder Personen weiterzugeben, wenn dies zur Durchführung wissenschaftlicher oder analytischer Tätigkeiten erforderlich ist, die sie nicht selbst durchführen kann, sofern diese Tätigkeiten mit dem Zweck des Datenverlangens vereinbar sind. Sie sollte den Dateninhaber rechtzeitig über eine solche Weitergabe unterrichten. Die Daten können unter den gleichen Umständen auch zur Entwicklung, Erstellung und Verteilung amtlicher Statistiken an die nationalen statistischen Ämter und Eurostat weitergegeben werden. Die betreffenden Forschungstätigkeiten sollten jedoch mit dem Zweck des Datenverlangens vereinbar sein, und der Dateninhaber sollte über die Weitergabe der von ihm bereitgestellten Daten informiert werden. Einzelpersonen, die Forschung betreiben, oder Forschungsorganisationen, an die diese Daten weitergegeben werden können, sollten entweder gemeinnützig sein oder in staatlich anerkanntem Auftrag im öffentlichen Interesse handeln. Organisationen sollten für die Zwecke dieser Verordnung nicht als Forschungsorganisationen gelten, wenn sie in erheblichem Maße dem Einfluss gewerblicher Unternehmen unterliegen, die aufgrund der

strukturellen Gegebenheiten Kontrolle ausüben können und dadurch einen bevorzugten Zugang zu den Forschungsergebnissen erhalten könnten.

(77) Zur Bewältigung eines grenzüberschreitenden öffentlichen Notstands oder einer anderen außergewöhnlichen Notwendigkeit können Datenverlangen an Dateninhaber in anderen Mitgliedstaaten als dem der anfragenden öffentlichen Stelle gerichtet werden. In diesem Fall sollte die anfragende öffentliche Stelle die zuständige Behörde des Mitgliedstaats unterrichten, in dem der Dateninhaber niedergelassen ist, damit diese das Verlangen anhand der in der vorliegenden Verordnung festgelegten Kriterien prüfen kann. Dies sollte auch für Verlangen der Kommission, der Europäischen Zentralbank oder einer Einrichtung der Union gelten. Falls personenbezogene Daten verlangt werden, sollte die öffentliche Stelle die für die Überwachung der Anwendung der Verordnung (EU) 2016/679[1] zuständige Aufsichtsbehörde in dem Mitgliedstaat, in dem die öffentliche Stelle niedergelassen ist, informieren. Die betreffende zuständige Behörde sollte befugt sein, die öffentliche Stelle, die Kommission, die Europäische Zentralbank oder die Einrichtung der Union darauf hinzuweisen, dass sie mit den öffentlichen Stellen des Mitgliedstaats zusammenarbeiten muss, in dem der Dateninhaber niedergelassen ist, um den Verwaltungsaufwand für den Dateninhaber zu minimieren. Hat die zuständige Behörde hinsichtlich der Vereinbarkeit des Verlangens mit dieser Verordnung triftige Einwände, so sollte sie das Verlangen der öffentlichen Stelle, der Kommission, der Europäischen Zentralbank oder der Einrichtung der Union ablehnen, die diesen Einwänden ihrerseits Rechnung tragen sollte, bevor sie weitere Maßnahmen – einschließlich der erneuten Einreichung des Verlangens – ergreift.

(78) Die Fähigkeit der Kunden von Datenverarbeitungsdiensten, einschließlich Cloud- und Edge-Diensten, von einem Datenverarbeitungsdienst unter Wahrung eines Mindestumfangs von Dienstfunktionen – und ohne dass es zu Ausfallzeiten kommt – zu einem anderen zu wechseln oder ohne unangemessene Erschwernisse und Datenübertragungskosten Dienste mehrerer Anbieter zu nutzen, ist eine wesentliche Voraussetzung für einen stärker wettbewerbsorientierten Markt mit geringeren Marktzutrittsschranken für neue Anbieter von Datenverarbeitungsdiensten sowie für die Sicherstellung einer besseren Resilienz der Nutzer dieser Dienste. Kunden, die von unentgeltlichen Angeboten profitieren, sollten auch von den in dieser Verordnung festgelegten Bestimmungen für den Wechsel profitieren, damit diese Angebote nicht zu einer Abhängigkeitssituation für die Kunden führen.

(79) Mit der Verordnung (EU) 2018/1807 des Europäischen Parlaments und des Rates[2] werden Anbieter von Datenverarbeitungsdiensten angehalten, Verhaltensregeln für die Selbstregulierung zu entwickeln und wirksam umzusetzen, die bewährte Verfahren umfassen, unter anderem zur Erleichterung des Wechsels des Anbieters von Datenverarbeitungsdiensten

---

[1] Nr. **1**.

[2] **Amtl. Anm.:** Verordnung (EU) 2018/1807 des Europäischen Parlaments und des Rates vom 14. November 2018 über einen Rahmen für den freien Verkehr nicht-personenbezogener Daten in der Europäischen Union (ABl. L 303 vom 28.11.2018, S. 59).

und der Übertragung von Daten. Da die Verbreitung daraufhin entwickelter Selbstregulierungsrahmen zurückhaltend ausfiel und es generell an offenen Standards und Schnittstellen mangelt, muss für Anbieter von Datenverarbeitungsdiensten eine Reihe regulatorischer Mindestverpflichtungen festgelegt werden, um jene vorkommerziellen, gewerblichen, technischen, vertraglichen und organisatorischen Hindernisse auszuräumen, die im Fall eines Anbieterwechsels des Kunden nicht nur zu einer geminderten Datenübertragungsgeschwindigkeit führen, sondern den effektiven Vollzug des Wechsels zwischen Datenverarbeitungsdiensten verhindern.

(80) Datenverarbeitungsdienste sollten Dienste umfassen, die den ortsunabhängigen und bedarfsgesteuerten Netzzugang zu einem konfigurierbaren, skalierbaren und elastischen gemeinsam genutzten Pool verteilter Ressourcen ermöglichen. Zu diesen Rechenressourcen zählen Ressourcen wie etwa Netze, Server oder sonstige virtuelle oder physische Infrastrukturen, Software – einschließlich Tools zur Entwicklung von Software –, Speicher, Anwendungen und Dienste. Dass sich Kunden von Datenverarbeitungsdiensten selbst, ohne Interaktion mit dem Anbieter von Datenverarbeitungsdiensten Rechenkapazitäten wie Serverzeit oder Netzwerkspeicherplatz zuweisen können, könnte als minimaler Verwaltungsaufwand und minimale Interaktion zwischen Anbieter und Kunde beschrieben werden. Der Begriff „ortsunabhängig" wird verwendet, um zu beschreiben, dass die Bereitstellung der Rechenkapazitäten über das Netz und der Zugang zu ihnen über Mechanismen erfolgt, die den Einsatz heterogener Thin- oder Thick-Client-Plattformen (von Webbrowsern bis hin zu mobilen Geräten und Arbeitsplatzrechnern) fördern. Der Begriff „skalierbar" bezeichnet Rechenressourcen, die unabhängig von ihrem geografischen Standort vom Anbieter von Datenverarbeitungsdiensten flexibel zugewiesen werden, um Nachfrageschwankungen auszugleichen. Der Begriff „elastisch " dient zur Beschreibung der Rechenressourcen, die entsprechend der Nachfrage bereitgestellt und freigegeben werden, um je nach Arbeitsaufkommen zügig verfügbare Ressourcen auf- bzw. abbauen zu können. Der Begriff „gemeinsam genutzter Pool" dient zur Beschreibung der Rechenressourcen, die mehreren Nutzern bereitgestellt werden, die über einen gemeinsamen Zugang auf den Dienst zugreifen, wobei die Verarbeitung jedoch für jeden Nutzer getrennt erfolgt, obwohl der Dienst über dieselbe elektronische Ausrüstung erbracht wird. Der Begriff „verteilt" dient zur Beschreibung der Rechenressourcen, die sich auf verschiedenen vernetzten Computern oder Geräten befinden und die untereinander durch Nachrichtenaustausch kommunizieren und sich koordinieren. Der Begriff „hochgradig verteilt" dient zur Beschreibung der Datenverarbeitungsdienste, bei denen Daten näher an dem Ort verarbeitet werden, an dem sie generiert oder erhoben werden, z.B. in einem vernetzten Datenverarbeitungsgerät. Edge-Computing, eine Form dieser hochgradig verteilten Datenverarbeitung, dürfte neue Geschäftsmodelle und Cloud-Dienste hervorbringen, die von Anfang an offen und interoperabel sein sollten.

(81) Der generische Begriff „Datenverarbeitungsdienste" umfasst eine beträchtliche Zahl von Diensten mit einer sehr großen Bandbreite an unterschiedlichen Anwendungszwecken, Funktionen und technischen

Strukturen. Nach allgemeinem Verständnis von Anbietern und Nutzern und im Einklang mit weit verbreiteten Standards fallen Datenverarbeitungsdienste unter eines oder mehrere der folgenden drei Modelle für die Bereitstellung von Datenverarbeitungsdiensten, nämlich „Infrastructure-as-a-Service" (IaaS), „Platform-as-a-Service" (PaaS) und „Software-as-a-Service" (SaaS). Bei diesen Modellen für die Bereitstellung von Diensten handelt es sich um eine spezifische, vorgefertigte Kombination von IKT-Ressourcen, die von einem Anbieter von Datenverarbeitungsdiensten angeboten wird. Diese drei grundlegenden Bereitstellungsmodelle für Datenverarbeitungsdienste werden weiter durch neue Variationen ergänzt, die jeweils eine ganz bestimmte Kombination von IKT-Ressourcen aufweisen, wie z.B. „Storage-as-a-Service" und „Database-as-a-Service". Datenverarbeitungsdienste können detaillierter kategorisiert und in eine nicht erschöpfende Liste von Datenverarbeitungsdiensten unterteilt werden, die dasselbe Hauptziel und dieselben Hauptfunktionen sowie dieselbe Art von Datenverarbeitungsmodellen haben, die nicht mit den operativen Merkmalen des Dienstes (gleiche Dienstart) in Zusammenhang stehen. Dienste, die der gleichen Dienstart angehören, können zwar dasselbe Modell für die Bereitstellung von Datenverarbeitungsdiensten aufweisen, doch während zwei Datenbanken dem Anschein nach dasselbe Hauptziel haben können, könnten sie nach Berücksichtigung ihres Datenverarbeitungsmodells, ihres Vertriebsmodells und der Anwendungsfälle, auf die sie ausgerichtet sind, in eine detailliertere Unterkategorie vergleichbarer Dienste fallen. Dienste der gleichen Dienstart können unterschiedliche und konkurrierende Merkmale wie Leistung, Sicherheit, Robustheit und Qualität des Dienstes aufweisen.

(82) Wenn der ursprüngliche Anbieter von Datenverarbeitungsdiensten die Extraktion der dem Kunden gehörenden exportierbaren Daten behindert, kann das die Wiederherstellung der Dienstfunktionen in der Infrastruktur des übernehmenden Anbieters von Datenverarbeitungsdiensten behindern. Um die Ausstiegsstrategie des Kunden zu erleichtern, unnötige und aufwändige Aufgaben zu vermeiden und sicherzustellen, dass der Kunde keine seiner Daten durch den Vollzug des Wechsels verliert, sollte der ursprüngliche Anbieter von Datenverarbeitungsdiensten den Kunden im Voraus über den Umfang der Daten unterrichten, die exportiert werden können, sobald dieser Kunde beschließt, zu einem anderen Dienst, der von einem anderen Anbieter von Datenverarbeitungsdiensten angeboten wird, oder zu einer IKT-Infrastruktur in eigenen Räumlichkeiten zu wechseln. Der Begriff „exportierbare Daten" sollte zumindest die Eingabe- und Ausgabedaten – einschließlich Metadaten –, die durch die Nutzung des Datenverarbeitungsdienstes durch den Kunden unmittelbar oder mittelbar generiert oder gemeinsam generiert werden, umfassen, mit Ausnahme der Vermögenswerte oder Daten von dem Anbieter von Datenverarbeitungsdiensten oder von einem Dritten. Vermögenswerte oder Daten von dem Anbieter von Datenverarbeitungsdiensten oder von einem Dritten, die durch Rechte des geistigen Eigentums geschützt sind oder Geschäftsgeheimnisse dieses Anbieters oder Dritten darstellen, oder Daten im Zusammenhang mit der Integrität und Sicherheit des Dienstes, bei denen der Anbieter von Datenverarbeitungsdiensten im Falle eines Exports Cybersicherheitsrisiken ausgesetzt ist, sollten von den exportier-

baren Daten ausgenommen sein. Diese Ausnahmen sollten den Vollzug des Wechsels weder behindern noch verzögern.

(83) Digitale Vermögenswerte beziehen sich auf Elemente in digitaler Form, für die der Kunde das Nutzungsrecht hat, einschließlich Anwendungen und Metadaten im Zusammenhang mit der Konfiguration von Einstellungen, der Sicherheit und der Verwaltung von Zugangs- und Kontrollrechten, sowie andere Elemente wie Darstellungen von Virtualisierungstechnologien, einschließlich virtueller Maschinen und Container. Digitale Vermögenswerte können übertragen werden, sofern der Kunde ein Nutzungsrecht hat, das unabhängig von der vertraglichen Beziehung mit dem Datenverarbeitungsdienst, den er wechseln möchte, besteht. Die vorstehend genannten anderen Elemente sind die Voraussetzung dafür, dass der Kunde seine Daten und Anwendungen im Umfeld des übernehmenden Anbieters von Datenverarbeitungsdiensten effektiv nutzen kann.

(84) Ziel dieser Verordnung ist es, den Wechsel zwischen Datenverarbeitungsdiensten zu erleichtern, wozu die Bedingungen und Maßnahmen gehören, die notwendig sind, damit ein Kunde in der Lage ist, einen Vertrag für einen Datenverarbeitungsdienst zu kündigen, einen oder mehrere neue Verträge mit verschiedenen Anbietern von Datenverarbeitungsdiensten zu schließen, seine exportierbaren Daten und digitalen Vermögenswerte zu übertragen und gegebenenfalls von Funktionsäquivalenz zu profitieren.

(85) Der Wechsel ist ein Vorgang, der vom Kunden ausgeht und aus mehreren Schritten – einschließlich Datenextraktion – besteht, was das Herunterladen der Daten aus dem Ökosystem des ursprünglichen Anbieters von Datenverarbeitungsdiensten bezeichnet, die Umwandlung der Daten, wenn diese so strukturiert sind, dass sie nicht in das Schema des Zielspeicherorts passen, sowie das Hochladen der Daten in einen neuen Zielspeicherort. In bestimmten, in dieser Verordnung beschriebenen Situationen sollte es auch als Wechsel gelten, wenn ein bestimmter Dienst aus dem Vertrag herausgelöst und zu einem anderen Anbieter verlegt wird. Der Wechsel wird manchmal von einem Dritten im Namen des Kunden vollzogen. Dementsprechend sollten alle in dieser Verordnung festgelegten Rechte und Pflichten des Kunden, einschließlich der Verpflichtung, nach Treu und Glauben zusammenzuarbeiten, so verstanden werden, dass sie unter diesen Umständen auch für den betreffenden Dritten gelten. Anbieter von Datenverarbeitungsdiensten und Kunden tragen in Abhängigkeit vom Verfahrensschritt ein unterschiedliches Maß an Verantwortung. So ist beispielsweise der ursprüngliche Anbieter von Datenverarbeitungsdiensten dafür verantwortlich, die Daten in ein maschinenlesbares Format zu extrahieren, während der Kunde und der übernehmende Anbieter von Datenverarbeitungsdiensten die Daten in die neue Umgebung hochladen müssen, sofern kein spezieller professioneller Übergangsdienst in Anspruch genommen wird. Ein Kunde, der beabsichtigt, die in dieser Verordnung vorgesehenen Rechte im Zusammenhang mit dem Wechsel auszuüben, sollte den ursprünglichen Anbieter von Datenverarbeitungsdiensten von der Entscheidung, entweder zu einem anderen Anbieter von Datenverarbeitungsdiensten oder zu einer IKT-Infrastruktur in eigenen Räumlichkeiten zu wechseln oder die Ver-

mögenswerte und exportierbaren Daten des Kunden zu löschen, in Kenntnis setzen.

(86) Funktionsäquivalenz bedeutet, dass nach einem Wechsel ein Mindestfunktionsumfang auf der Grundlage der exportierbaren Daten und digitalen Vermögenswerte des Kunden in der Umgebung des neuen Datenverarbeitungsdienstes der gleichen Dienstart wiederhergestellt wird, wobei der übernehmende Datenverarbeitungsdienst bei gemeinsam genutzten Funktionen, die dem Kunden im Rahmen des Vertrags bereitgestellt werden, ein im Wesentlichen vergleichbares Ergebnis liefert. Von Anbietern von Datenverarbeitungsdiensten kann nur erwartet werden, dass sie die Funktionsäquivalenz in Bezug auf die Funktionen ermöglichen, die sowohl vom ursprünglichen als auch vom übernehmenden Datenverarbeitungsdienst unabhängig voneinander angeboten werden. Anbieter von Datenverarbeitungsdiensten sind nach der vorliegenden Verordnung nur zur Erleichterung der Funktionsäquivalenz verpflichtet, wenn sie Dienste des Bereitstellungsmodells IaaS anbieten.

(87) Datenverarbeitungsdienste werden in verschiedenen Bereichen verwendet und weisen hinsichtlich ihrer Komplexität und der Dienstart Unterschiede auf. Dies ist insbesondere mit Blick auf den Übertragungsvorgang und den entsprechenden Zeitrahmen zu berücksichtigen. Eine Verlängerung des Übergangszeitraums geltend zu machen, wenn der Wechsel aus technischen Gründen nicht in der vorgesehenen Zeit abgeschlossen werden kann, sollte aber dessen ungeachtet nur in hinreichend begründeten Fällen geltend gemacht werden können. Die Beweislast sollte in dieser Hinsicht vollständig beim Anbieter des betreffenden Datenverarbeitungsdienstes liegen. Dies gilt unbeschadet des ausschließlichen Rechts des Kunden, den Übergangszeitraum einmal um einen Zeitraum zu verlängern, der seines Erachtens seinen eigenen Zwecken besser entspricht. Der Kunde kann sich vor oder während des Übergangszeitraums auf dieses Recht auf Verlängerung berufen, wobei zu berücksichtigen ist, dass der Vertrag während des Übergangszeitraums weiterhin gilt.

(88) Wechselentgelte sind Entgelte, die Anbieter von Datenverarbeitungsdiensten bei ihren Kunden für den Vollzug des Wechsels erheben. Üblicherweise sollen mit diesen Entgelten die Kosten, die dem ursprünglichen Anbieter von Datenverarbeitungsdiensten durch den Wechsel entstehen können, an den Kunden, der den Wechsel wünscht, weitergegeben werden. Gängige Beispiele für Wechselentgelte sind mit der Datenübertragung von einem Anbieter von Datenverarbeitungsdiensten zu einem anderen oder von einem Anbieter zu einer IKT-Infrastruktur in den eigenen Räumlichkeiten verbundene Kosten („Datenextraktionsentgelte“) oder durch spezifische Unterstützungstätigkeiten während des Vollzugs des Wechsels anfallende Kosten. Unangemessen hohe Datenextraktionsentgelte und andere ungerechtfertigte Entgelte, die in keinem Zusammenhang mit den tatsächlichen Kosten des Wechsels stehen, behindern Anbieterwechsel seitens des Kunden, schränken den freien Datenfluss ein, können den Wettbewerb einschränken und zu Abhängigkeitsverhältnissen des Kunden in Bezug auf einen bestimmten Dienst führen, da Anreize, sich für einen anderen oder weiteren Diensteanbieter zu entscheiden, verringert werden. Daher sollten Wechselentgelte nach drei Jahren nach dem Tag des Inkrafttretens dieser Verordnung abgeschafft

werden. Anbieter von Datenverarbeitungsdiensten sollten bis zu diesem Zeitpunkt ermäßigte Wechselentgelte erheben können.

(89) Der ursprüngliche Anbieter von Datenverarbeitungsdiensten sollte bestimmte Aufgaben auslagern und Dritten für die Erfüllung der in dieser Verordnung festgelegten Verpflichtungen eine Gegenleistung erbringen können. Die Kosten für die vom ursprünglichen Anbieter von Datenverarbeitungsdiensten beschlossene Auslagerung von Diensten während des Vollzugs des Wechsels sollte nicht der Kunde tragen, und diese Kosten sollten als ungerechtfertigt gelten, es sei denn, sie decken Leistungen, die der Anbieter von Datenverarbeitungsdiensten auf Bitte des Kunden um zusätzliche Unterstützung beim Wechsel hin erbringt, die über die in dieser Verordnung ausdrücklich festgelegten Pflichten des Anbieters beim Wechsel hinausgehen. Diese Verordnung hindert Kunden nicht daran, Dritten für die Unterstützung im Migrationsprozess eine Gegenleistung zu erbringen, bzw. sie hindert Parteien nicht daran, im Einklang mit dem Unionsrecht oder dem nationalen Recht Verträge über Datenverarbeitungsdienste mit fester Laufzeit zu vereinbaren, einschließlich verhältnismäßiger Sanktionen für die vorzeitige Kündigung dieser Verträge. Zur Förderung des Wettbewerbs sollte die schrittweise Abschaffung der mit dem Wechsel von Datenverarbeitungsdiensten verbundenen Entgelte insbesondere die Abschaffung der Datenextraktionsentgelte umfassen, die von einem Anbieter von Datenverarbeitungsdiensten beim Kunden erhoben werden. Standarddienstentgelte für die Erbringung der Datenverarbeitungsdienste selbst sind keine Wechselentgelte. Diese Standarddienstentgelte sind nicht widerrufsfähig und gelten, bis der Vertrag über die Erbringung des betreffenden Dienstes nicht mehr gilt. Kunden können nach dieser Verordnung die Erbringung zusätzlicher Dienste verlangen, die über die nach dieser Verordnung bestehenden Pflichten des Anbieters beim Wechsel hinausgehen. Diese zusätzlichen Dienste können vom Anbieter erbracht und in Rechnung gestellt werden, wenn sie auf Verlangen des Kunden erbracht werden und der Kunde dem Preis dieser Dienste im Voraus zustimmt.

(90) Um einer Bindung an bestimmte Anbieter zu Lasten des Wettbewerbs und der Entwicklung neuer Dienste entgegenzuwirken, bedarf es eines ambitionierten und innovationsfördernden regulatorischen Konzepts für Interoperabilität. Die Interoperabilität zwischen Datenverarbeitungsdiensten erfordert mehrere Schnittstellen und Infrastrukturebenen sowie Software und beschränkt sich selten auf die einfache Frage, ob sie erreicht werden kann oder nicht. Der Aufbau der nötigen Interoperabilität ist vielmehr von einer Kosten-Nutzen-Analyse abhängig, mit der ermittelt wird, ob es sinnvoll ist, die vernunftgemäß vorhersehbaren Ergebnisse anzustreben. Die Norm ISO/IEC 19941:2017 ist eine wichtige internationale Norm, die einen wichtigen Bezugspunkt hinsichtlich der Verwirklichung der Ziele dieser Verordnung bildet, da sie technische Erwägungen zur Klärung der Komplexität eines solchen Verfahrens umfasst.

(91) Wenn Anbieter von Datenverarbeitungsdiensten ihrerseits Kunden von Datenverarbeitungsdiensten sind, die von einem Dritten erbracht werden, können sie selbst vom wirksameren Vollzug des Wechsels profitieren, während sie in Bezug auf eigene Dienstangebote weiter an die Pflichten nach dieser Verordnung gebunden bleiben.

(92) Anbieter von Datenverarbeitungsdiensten sollten verpflichtet sein, im Rahmen ihrer Fähigkeiten und in einem angemessenen Verhältnis zu ihren jeweiligen Verpflichtungen jede Hilfe und Unterstützung zu leisten, die erforderlich ist, um den Wechsel zum Dienst eines anderen Anbieters von Datenverarbeitungsdiensten erfolgreich, effektiv und sicher zu vollziehen. Diese Verordnung verpflichtet Anbieter von Datenverarbeitungsdiensten nicht dazu, neue Kategorien von Datenverarbeitungsdiensten, auch nicht innerhalb der IKT-Infrastruktur verschiedener Anbieter von Datenverarbeitungsdiensten oder auf deren Grundlage zu entwickeln, um die Funktionsäquivalenz in einer anderen als der eigenen Umgebung zu gewährleisten. Der ursprüngliche Anbieter von Datenverarbeitungsdiensten hat weder Zugang zur noch Einblick in die Umgebung des übernehmenden Anbieters von Datenverarbeitungsdiensten. Funktionsäquivalenz sollte also nicht dahingehend verstanden werden, dass sie den ursprünglichen Anbieter von Datenverarbeitungsdiensten zur Wiederherstellung des betreffenden Dienstes innerhalb der Infrastruktur des übernehmenden Anbieters von Datenverarbeitungsdiensten verpflichtet. Der ursprüngliche Anbieter von Datenverarbeitungsdiensten sollte vielmehr im Rahmen seiner Befugnisse alle ihm vernünftigerweise zur Verfügung stehenden Maßnahmen ergreifen, um die Verwirklichung der Funktionsäquivalenz zu ermöglichen, indem er Kapazitäten, angemessene Informationen, Dokumentation, technische Unterstützung und gegebenenfalls die erforderlichen Instrumente bereitstellt.

(93) Anbieter von Datenverarbeitungsdiensten sollten zudem dazu verpflichtet werden, bestehende Hindernisse auszuräumen und keine neuen Hindernisse zu schaffen; dies gilt auch in Bezug auf Kunden, die zu einer IKT-Infrastruktur in eigenen Räumlichkeiten wechseln möchten. Hindernisse können unter anderem vorkommerzieller, gewerblicher, technischer, vertraglicher oder organisatorischer Art sein. Anbieter von Datenverarbeitungsdiensten sollten ferner dazu verpflichtet werden, Hindernisse für die Herauslösung eines bestimmten einzelnen Dienstes aus anderen, im Rahmen eines Vertrags erbrachten Datenverarbeitungsdiensten zu beseitigen und einen Wechsel für den betreffenden Dienst zu ermöglichen, wenn einer solchen Herauslösung keine größeren, nachweislichen technischen Hindernisse entgegenstehen.

(94) Während des gesamten Vollzugs des Wechsels sollte ein hohes Maß an Sicherheit gewahrt werden. Das bedeutet, dass der ursprüngliche Anbieter von Datenverarbeitungsdiensten das Sicherheitsniveau, zu dem er sich in Bezug auf den Dienst verpflichtet hat, auf alle technischen Modalitäten – wie Netzverbindungen oder physische Geräte – ausdehnen sollte, für die er während des Vollzugs des Wechsels verantwortlich ist. Bestehende Rechte im Zusammenhang mit der Kündigung von Verträgen, einschließlich derjenigen, die mit der Verordnung (EU) 2016/679[1] und der Richtlinie (EU) 2019/770 des Europäischen Parlaments und des Rates[2] eingeführt wurden, sollten davon unberührt bleiben. Die vorliegende Verordnung darf nicht so verstanden werden, dass ein Anbieter von

[1] Nr. 1.

[2] **Amtl. Anm.:** Richtlinie (EU) 2019/770 des Europäischen Parlaments und des Rates vom 20. Mai 2019 über bestimmte vertragsrechtliche Aspekte der Bereitstellung digitaler Inhalte und digitaler Dienstleistungen (ABl. L 136 vom 22.5.2019, S. 1).

Datenverarbeitungsdiensten daran gehindert wird, Kunden neue und verbesserte Dienste, Merkmale und Funktionen anzubieten oder auf dieser Grundlage mit anderen Anbietern von Datenverarbeitungsdiensten in Wettbewerb zu treten.

(95) Die Informationen, die Anbieter von Datenverarbeitungsdiensten Kunden bereitstellen müssen, könnten die Ausstiegsstrategie der Kunden unterstützen. Die Informationen sollten Folgendes umfassen: Verfahren für die Einleitung des Wechsels vom Datenverarbeitungsdienst, die maschinenlesbaren Datenformate, in die die Nutzerdaten exportiert werden können, die Instrumente für den Datenexport – einschließlich offener Schnittstellen – und Informationen zur Kompatibilität mit harmonisierten Normen oder gemeinsamen Spezifikationen auf der Grundlage offener Interoperabilitätsspezifikationen, Informationen über bekannte technische Beschränkungen und Einschränkungen, die sich auf den Vollzug des Wechsels auswirken könnten, und die geschätzte Zeit, die erforderlich ist, um den Wechsel zu vollziehen.

(96) Um die Interoperabilität und den Wechsel zwischen Datenverarbeitungsdiensten zu erleichtern, sollten Nutzer und Anbieter von Datenverarbeitungsdiensten die Verwendung von Instrumenten für die Umsetzung und die Einhaltung der Vorschriften in Erwägung ziehen, vor allem derjenigen, die von der Kommission in Form eines EU-Regelwerks für die Cloud sowie eines Leitfadens für die Vergabe öffentlicher Aufträge für Datenverarbeitungsdiensten veröffentlicht wurden. Insbesondere Standardvertragsklauseln sind geeignet, da sie das Vertrauen in Datenverarbeitungsdienste stärken, ein ausgewogeneres Verhältnis zwischen Nutzern und Anbietern von Datenverarbeitungsdiensten schaffen und die Rechtssicherheit in Bezug auf die Bedingungen für den Wechsel zu anderen Datenverarbeitungsdiensten erhöhen. In diesem Zusammenhang sollten Nutzer und Anbieter von Datenverarbeitungsdiensten die Verwendung der Standardvertragsklauseln oder anderer Instrumente für die Einhaltung von Vorschriften durch Selbstregulierung – sofern diese den Anforderungen dieser Verordnung entsprechen –, in Erwägung ziehen, die von einschlägigen Gremien oder Sachverständigengruppen, die nach Unionsrecht eingerichtet wurden, ausgearbeitet wurden.

(97) Um den Wechsel zwischen Datenverarbeitungsdiensten zu erleichtern, sollten alle beteiligten Parteien, einschließlich des ursprünglichen und des übernehmenden Anbieters von Datenverarbeitungsdiensten, nach Treu und Glauben zusammenarbeiten, um den Vollzug des Wechsels wirksam zu gestalten, und die sichere und fristgemäße Übertragung der erforderlichen Daten in einem gängigen, maschinenlesbaren Format über eine offene Schnittstelle zu ermöglichen und dabei die Dienstkontinuität zu wahren.

(98) Datenverarbeitungsdienste für Dienste, bei denen die meisten Hauptmerkmale speziell auf konkrete Vorgaben eines einzelnen Kunden zugeschnitten sind oder bei denen alle Komponenten für die Zwecke eines einzelnen Kunden entwickelt wurden, sollten von einigen der für den Wechsel zwischen Datenverarbeitungsdiensten geltenden Verpflichtungen ausgenommen werden. Dienste, die der Anbieter von Datenverarbeitungsdiensten über seinen Dienstleistungskatalog im großen kommerziellen Maßstab anbietet, sollten nicht dazu gehören. Es gehört zu den

Verpflichtungen des Anbieters von Datenverarbeitungsdiensten, potenzielle Kunden solcher Dienste vor Abschluss eines Vertrags ordnungsgemäß über diejenigen in dieser Verordnung festgelegten Verpflichtungen zu informieren, die nicht für die betreffenden Dienste gelten. Der Anbieter von Datenverarbeitungsdiensten ist nicht daran gehindert, solche Dienste letztlich in großem Maßstab einzuführen; in diesem Fall müsste er jedoch alle in dieser Verordnung festgelegten Verpflichtungen für den Wechsel erfüllen.

(99) Im Einklang mit der Mindestanforderung, den Wechsel von Anbietern von Datenverarbeitungsdiensten zu ermöglichen, zielt diese Verordnung auch darauf ab, die Interoperabilität für die parallele Nutzung mehrerer Datenverarbeitungsdienste durch ergänzende Funktionen zu verbessern. Dies betrifft Situationen, in denen Kunden einen Vertrag im Hinblick auf den Wechsel zu einem anderen Anbieter von Datenverarbeitungsdiensten nicht kündigen, sondern mehrere Dienste verschiedener Anbieter parallel und interoperabel genutzt werden, um die ergänzenden Funktionen der verschiedenen Dienste in der Systemkonfiguration des Kunden nutzen zu können. Im Gegensatz zu der einmaligen Extraktion, die beim Vollzug eines Wechsels erforderlich ist, kann die Datenextraktion von einem zu einem anderen Anbieter von Datenverarbeitungsdiensten mit dem Ziel, die parallele Nutzung von Diensten zu erleichtern, jedoch bekanntlich ein fortlaufender Vorgang sein. Anbieter von Datenverarbeitungsdiensten sollten daher für die Datenextraktion zu Zwecken der parallelen Nutzung nach drei Jahren nach dem Tag des Inkrafttretens der vorliegenden Verordnung weiterhin Datenextraktionsentgelte erheben können, die die anfallenden Kosten nicht übersteigen. Dies ist unter anderem für die erfolgreiche Einführung von Multi-Cloud-Strategien wichtig, die es Kunden ermöglichen, zukunftssichere IT-Strategien umzusetzen, und die Abhängigkeit von einzelnen Anbietern von Datenverarbeitungsdiensten verringern. Durch die Erleichterung eines Multi-Cloud-Ansatzes für Kunden von Datenverarbeitungsdiensten kann außerdem – wie in der Verordnung (EU) 2022/2554 des Europäischen Parlaments und des Rates[1)] in Bezug auf Anbieter von Finanzdienstleistungen festgestellt – dazu beigetragen werden, die Betriebsstabilität der digitalen Systeme der Kunden zu stärken.

(100) Offene Interoperabilitätsspezifikationen und -normen, die gemäß Anhang II der Verordnung (EU) Nr. 1025/2012 des Europäischen Parlaments und des Rates[2)] im Bereich der Interoperabilität und Übertragbarkeit entwickelt wurden, werden voraussichtlich eine Cloud-Umgebung mit mehreren Anbietern ermöglichen, was eine wesentliche Voraussetzung für offene Innovation in der europäischen Datenwirtschaft ist. Da die

---

[1)] **Amtl. Anm.:** Verordnung (EU) 2022/2554 des Europäischen Parlaments und des Rates vom 14. Dezember 2022 über die digitale operationale Resilienz im Finanzsektor und zur Änderung der Verordnungen (EG) Nr. 1060/2009, (EU) Nr. 648/2012, (EU) Nr. 600/2014, (EU) Nr. 909/2014 und (EU) 2016/1011 (ABl. L 333 vom 27.12.2022, S. 1).

[2)] **Amtl. Anm.:** Verordnung (EU) Nr. 1025/2012 des Europäischen Parlaments und des Rates vom 25. Oktober 2012 zur europäischen Normung, zur Änderung der Richtlinien 89/686/EWG und 93/15/EWG des Rates sowie der Richtlinien 94/9/EG, 94/25/EG, 95/16/EG, 97/23/EG, 98/34/EG, 2004/22/EG, 2007/23/EG, 2009/23/EG und 2009/105/EG des Europäischen Parlaments und des Rates und zur Aufhebung des Beschlusses 87/95/EWG des Rates und des Beschlusses Nr. 1673/2006/EG des Europäischen Parlaments und des Rates (ABl. L 316 vom 14.11.2012, S. 12).

Akzeptanz festgelegter Normen auf dem Markt im Rahmen der 2016 abgeschlossenen Initiative zur Koordinierung der Cloud-Normung (CSC) zurückhaltend ausfiel, muss sich die Kommission auch darauf verlassen, dass die Marktteilnehmer einschlägige offene Interoperabilitätsspezifikationen entwickeln, um mit dem raschen technologischen Fortschritt in dieser Branche Schritt zu halten. Solche offenen Interoperabilitätsspezifikationen können dann von der Kommission in Form gemeinsamer Spezifikationen erlassen werden. Wenn ferner nicht nachgewiesen wurde, dass gemeinsame Spezifikationen oder Normen, die eine wirksame Cloud-Interoperabilität der Verarbeitung von Daten auf PaaS- und SaaS-Ebene erleichtern, durch marktgesteuerte Verfahren festgelegt werden können, sollte die Kommission auf der Grundlage der vorliegenden Verordnung und im Einklang mit der Verordnung (EU) Nr. 1025/2012 in der Lage sein, europäische Normungsgremien mit der Entwicklung solcher Normen für bestimmte Dienstarten zu beauftragen, für die solche Normen noch nicht existieren. Darüber hinaus wird die Kommission die Marktteilnehmer anhalten, einschlägige offene Interoperabilitätsspezifikationen zu, entwickeln. Im Anschluss an eine Konsultation der Interessenträger sollte die Kommission im Wege von Durchführungsrechtsakten durch einen Verweis in einer zentralen Datenbank der Union für Normen für die Interoperabilität von Datenverarbeitungsdiensten vorschreiben können, dass für bestimmte Dienstarten harmonisierte Normen für die Interoperabilität oder gemeinsame Interoperabilitätsspezifikationen verwendet werden. Anbieter von Datenverarbeitungsdiensten sollten die Kompatibilität mit diesen harmonisierten Normen und gemeinsamen Spezifikationen auf der Grundlage offener Interoperabilitätsspezifikationen sicherstellen, die die Sicherheit oder die Integrität der Daten nicht beeinträchtigen sollten. Auf harmonisierte Normen für die Interoperabilität von Datenverarbeitungsdiensten und gemeinsame Spezifikationen auf der Grundlage offener Interoperabilitätsspezifikationen wird nur verwiesen, wenn sie den in dieser Verordnung festgelegten Kriterien entsprechen, die denselben Stellenwert haben wie die Anforderungen in Anhang II der Verordnung (EU) Nr. 1025/2012 und die in der internationalen Norm ISO/IEC 19941:2017 definierten Interoperabilitätsaspekte. Darüber hinaus sollte bei der Normung den Bedürfnissen von KMU Rechnung getragen werden.

(101) Drittländer können Gesetze, Verordnungen und sonstige Rechtsakte erlassen, die darauf ausgerichtet sind, dass nicht-personenbezogene Daten, die – auch in der Union – außerhalb der Landesgrenzen gespeichert sind, übertragen werden können bzw. staatliche Stellen direkten Zugang zu solchen Daten haben. In Drittländern ergangene Gerichtsurteile oder Entscheidungen anderer Justiz- oder Verwaltungsbehörden, einschließlich Strafverfolgungsbehörden, mit denen eine solche Übertragung von oder ein solcher Zugang zu nicht-personenbezogenen Daten gefordert wird, sollten vollstreckbar sein, wenn sie sich auf eine internationale Vereinbarung, etwa ein Rechtshilfeabkommen, stützen, das zwischen dem anfragenden Drittland und der Union oder einem Mitgliedstaat besteht. Mitunter kann es auch dazu kommen, dass die sich aus dem Recht eines Drittlands ergebende Verpflichtung zur Übertragung von oder Gewährung des Zugangs zu nicht-personenbezogenen Daten einer nach Uni-

onsrecht oder nach dem nationalen Recht des betreffenden Mitgliedstaats bestehenden Verpflichtung zum Schutz dieser Daten entgegensteht, insbesondere, was den Schutz der Grundrechte des Einzelnen, wie das Recht auf Sicherheit und das Recht auf einen wirksamen Rechtsbehelf, oder die grundlegenden Interessen eines Mitgliedstaats im Zusammenhang mit der nationalen Sicherheit oder Verteidigung sowie den Schutz sensibler Geschäftsdaten, einschließlich des Schutzes des Geschäftsgeheimnisses, und den Schutz von Rechten des geistigen Eigentums, darunter auch vertragliche Vertraulichkeitspflichten nach einem solchen Gesetz, betrifft. Besteht keine internationale Vereinbarung zur Regelung dieser Fragen, so sollte die Übertragung von oder der Zugang zu nicht-personenbezogenen Daten nur gestattet sein, wenn überprüft wurde, dass das Rechtssystem des betreffenden Drittlands die Begründung und die Verhältnismäßigkeit sowie die hinreichende Bestimmtheit der gerichtlichen Anordnung oder Entscheidung vorschreibt und dem Adressaten die Möglichkeit einräumt, dem zuständigen Gericht des Drittlands, das zur gebührenden Berücksichtigung der einschlägigen rechtlichen Interessen des Bereitstellers der Daten befugt ist, seinen begründeten Einwand zur Überprüfung vorzulegen. Nach Möglichkeit sollte der Anbieter von Datenverarbeitungsdiensten den Kunden, dessen Daten verlangt werden, im Rahmen des Datenzugangsverlangens der Behörde des Drittlands vor der Gewährung des Zugangs zu diesen Daten unterrichten können, um zu überprüfen, ob ein solcher Zugang möglicherweise gegen Unionsrecht oder nationales Recht verstößt, wie etwa ein solches über den Schutz sensibler Geschäftsdaten, einschließlich des Schutzes des Geschäftsgeheimnisses und der Rechte des geistigen Eigentums sowie vertraglicher Vertraulichkeitspflichten.

(102) Um das Vertrauen in Daten weiter zu stärken, ist es wichtig, dass Schutzvorkehrungen, die Unionsbürgern, der öffentlichen Hand und Unternehmen die Kontrolle über ihre Daten gewährleisten sollen, so weit wie möglich umgesetzt werden. Darüber hinaus sollten das Recht, die Werte und die Standards der Union unter anderem in Bezug auf Sicherheit, Datenschutz und Privatsphäre sowie Verbraucherschutz gewahrt werden. Um einen unrechtmäßigen staatlichen Zugang der Behörden von Drittländern zu nicht-personenbezogenen Daten zu verhindern, sollten dieser Verordnung unterliegende Anbieter von Datenverarbeitungsdiensten wie Cloud- und Edge-Diensten alle zumutbaren Maßnahmen ergreifen, um den Zugang zu Systemen zu verhindern, in denen nicht-personenbezogenen Daten gespeichert werden, gegebenenfalls auch durch die Verschlüsselung von Daten, häufige Audits, die Überprüfung der Einhaltung der einschlägigen Systeme für die Sicherheitszertifizierung und die Änderung der Unternehmenspolitik.

(103) Normung und semantische Interoperabilität sollten eine wichtige Rolle bei der Bereitstellung technischer Lösungen zur Gewährleistung der Interoperabilität innerhalb von und zwischen gemeinsamen europäischen Datenräumen spielen, bei denen es sich um zweck- oder sektorspezifische oder sektorübergreifende interoperable Rahmen für gemeinsame Normen und Verfahren für die Weitergabe oder die gemeinsame Verarbeitung von Daten, unter anderem für die Entwicklung neuer Produkte und Dienste, wissenschaftliche Forschung oder zivilgesellschaftliche Initiati-

ven, handelt. In dieser Verordnung sollten bestimmte wesentliche Interoperabilitätsanforderungen festgelegt werden. Teilnehmer an Datenräumen, die anderen Teilnehmern Daten oder Datendienste anbieten und bei denen es sich um Stellen handelt, die die Weitergabe von Daten innerhalb gemeinsamer europäischer Datenräume erleichtern oder daran beteiligt sind, einschließlich Dateninhaber, sollten diese Anforderungen erfüllen, soweit sie Elemente betreffen, die ihrer Kontrolle unterliegen. Die Einhaltung dieser Vorschriften kann durch die Einhaltung der in dieser Verordnung festgelegten wesentlichen Anforderungen gewährleistet oder aufgrund der Einhaltung von harmonisierten Normen oder gemeinsamen Spezifikationen im Rahmen einer Konformitätsvermutung vermutet werden. Um die Konformität mit den Interoperabilitätsanforderungen zu erleichtern, muss eine Konformitätsvermutung für die Interoperabilitätslösungen vorgesehen werden, die ganz oder teilweise den harmonisierten Normen gemäß der Verordnung (EU) Nr. 1025/2012 entsprechen, welche den Standardrahmen für die Erarbeitung der Normen, nach denen solche Konformitätsvermutungen vorgesehen werden, bildet. Die Kommission sollte die Hindernisse für die Interoperabilität bewerten und den Normungsbedarf priorisieren, sodass sie auf dieser Grundlage gemäß der Verordnung (EU) Nr. 1025/2012 eine oder mehrere europäische Normungsorganisationen damit beauftragen kann, Entwürfe für harmonisierte Normen zu erarbeiten, die die in der vorliegenden Verordnung festgelegten wesentlichen Anforderungen erfüllen. Führen solche Aufträge nicht zu harmonisierten Normen oder reichen solche harmonisierten Normen nicht aus, um die Konformität mit den wesentlichen Anforderungen der vorliegenden Verordnung zu gewährleisten, so sollte die Kommission, sofern sie dabei die Rolle und die Funktionen der Normungsorganisationen gebührend achtet, in der Lage sein, gemeinsame Spezifikationen in den genannten Bereichen zu erlassen. Gemeinsame Spezifikationen sollten nur als außergewöhnliche Ausweichlösung erlassen werden, um die Einhaltung der wesentlichen Anforderungen dieser Verordnung zu erleichtern, oder wenn der Normungsprozess blockiert ist, oder bei Verzögerungen bei der Festlegung geeigneter harmonisierter Normen. Ist eine Verzögerung auf die technische Komplexität der betreffenden Norm zurückzuführen, so sollte die Kommission dies berücksichtigen, bevor sie die Festlegung gemeinsamer Spezifikationen in Erwägung zieht. Gemeinsame Spezifikationen sollten offen und inklusiv erarbeitet werden und gegebenenfalls dem Rat des gemäß der Verordnung (EU) 2022/868[1)] eingerichteten Europäischen Dateninnovationsrates (EDIB) Rechnung tragen. Darüber hinaus könnten in den verschiedenen Sektoren – auf der Grundlage ihrer jeweiligen besonderen Bedürfnisse – auch gemeinsame Spezifikationen im Einklang mit Unionsrecht oder nationalem Recht erlassen werden. Darüber hinaus sollte die Kommission in die Lage versetzt werden, die Erarbeitung harmonisierter Normen für die Interoperabilität von Datenverarbeitungsdiensten in Auftrag zu geben.

(104) Um die Interoperabilität von Instrumenten für die automatisierte Durchführung von Vereinbarungen über die Datenweitergabe zu fördern, müs-

[1)] Nr. **8**.

sen wesentliche Anforderungen an intelligente Verträge festgelegt werden, die Fachkräfte für andere erstellen oder in Anwendungen integrieren, die die Umsetzung von Vereinbarungen über die Datenweitergabe unterstützen. Um die Konformität solcher intelligenten Verträge mit diesen wesentlichen Anforderungen zu erleichtern, muss eine Konformitätsvermutung für die intelligenten Verträge vorgesehen werden, die ganz oder teilweise den harmonisierten Normen gemäß der Verordnung (EU) Nr. 1025/2012 entsprechen. Der Begriff „intelligenter Vertrag" in der vorliegenden Verordnung ist technologieneutral. Intelligente Verträge können beispielsweise mit einem elektronischen Vorgangsregister verbunden werden. Die wesentlichen Anforderungen sollten nur für Anbieter intelligenter Verträge gelten, nicht aber dann, wenn sie intern intelligente Verträge, die ausschließlich für den internen Gebrauch bestimmt sind, ausarbeiten. Die wesentliche Anforderung, sicherzustellen, dass intelligente Verträge ausgesetzt und beendet werden können, setzt die gegenseitige Zustimmung der Parteien zu der Vereinbarung über die Datenweitergabe voraus. Die Anwendbarkeit der einschlägigen Vorschriften des Zivil-, Vertrags- und Verbraucherschutzrechts auf Vereinbarungen über die Datenweitergabe bleibt von der Nutzung intelligenter Verträge für die automatisierte Ausführung solcher Vereinbarungen unberührt oder sollte davon unberührt bleiben.

(105) Zum Nachweis, dass die wesentlichen Anforderungen dieser Verordnung erfüllt sind, sollte der Anbieter eines intelligenten Vertrags – oder in dessen Ermangelung die Person, deren gewerbliche, geschäftliche oder berufliche Tätigkeit die Einführung intelligenter Verträge für Andere im Zusammenhang mit der Durchführung einer Vereinbarung oder Teilen davon über die Bereitstellung von Daten im Kontext der vorliegenden Verordnung beinhaltet, – eine Konformitätsbewertung durchführen und eine EU-Konformitätserklärung ausstellen. Diese Konformitätsbewertung sollte den allgemeinen Grundsätzen nach der Verordnung (EG) Nr. 765/2008 des Europäischen Parlaments und des Rates[1] und dem Beschluss (EG) Nr. 768/2008 des Europäischen Parlaments und des Rates[2] unterliegen.

(106) Abgesehen davon, dass professionelle Entwickler intelligenter Verträge zur Erfüllung wesentlicher Anforderungen verpflichtet werden müssen, ist es auch wichtig, diejenigen Teilnehmer in Datenräumen, die anderen Teilnehmern innerhalb von gemeinsamen europäischen Datenräumen und über diese Datenräume Daten oder datenbasierte Dienste anbieten, dazu anzuhalten, die Interoperabilität von Instrumenten für die Datenweitergabe – einschließlich intelligenter Verträge – zu unterstützen.

(107) Um die Anwendung und Durchsetzung dieser Verordnung zu gewährleisten, sollten die Mitgliedstaaten eine oder mehrere zuständige Behörden benennen. Benennt ein Mitgliedstaat mehr als eine zuständige Be-

[1] **Amtl. Anm.:** Verordnung (EG) Nr. 765/2008 des Europäischen Parlaments und des Rates vom 9. Juli 2008 über die Vorschriften für die Akkreditierung und Marktüberwachung im Zusammenhang mit der Vermarktung von Produkten und zur Aufhebung der Verordnung (EWG) Nr. 339/93 des Rates (ABl. L 218 vom 13.8.2008, S. 30).

[2] **Amtl. Anm.:** Beschluss Nr. 768/2008/EG des Europäischen Parlaments und des Rates vom 9. Juli 2008 über einen gemeinsamen Rechtsrahmen für die Vermarktung von Produkten und zur Aufhebung des Beschlusses 93/465/EWG des Rates (ABl. L 218 vom 13.8.2008, S. 82).

hörde, so sollte er unter ihnen auch einen Datenkoordinator benennen. Die zuständigen Behörden sollten miteinander zusammenarbeiten. Durch die Ausübung ihrer Ermittlungsbefugnisse im Einklang mit den geltenden nationalen Verfahren sollten die zuständigen Behörden in der Lage sein, Informationen zu suchen und zu erhalten, insbesondere in Bezug auf die Tätigkeiten von Stellen in ihrem Zuständigkeitsbereich und – auch im Rahmen gemeinsamer Untersuchungen – unter gebührender Berücksichtigung des Umstands, dass Aufsichts- und Durchsetzungsmaßnahmen in Bezug auf in die Zuständigkeit eines anderen Mitgliedstaats fallende Rechtsträger von der zuständigen Behörde dieses anderen Mitgliedstaats, gegebenenfalls im Einklang mit den Verfahren für die grenzüberschreitende Zusammenarbeit, erlassen werden sollten. Die zuständigen Behörden sollten einander rechtzeitig unterstützen, insbesondere wenn eine zuständige Behörde in einem Mitgliedstaat über relevante Informationen für eine von den zuständigen Behörden in anderen Mitgliedstaaten durchgeführte Untersuchung verfügt oder solche Informationen sammeln kann, zu denen die zuständigen Behörden in dem Mitgliedstaat, in dem die Einrichtung niedergelassen ist, keinen Zugang haben. Die zuständigen Behörden und die Datenkoordinatoren sollten in einem von der Kommission geführten öffentlichen Register aufgeführt werden. Der Datenkoordinator könnte im Hinblick auf die Erleichterung der Zusammenarbeit in grenzüberschreitenden Situationen zusätzliche Hilfe bieten, wenn etwa einer zuständigen Behörde eines bestimmten Mitgliedstaats nicht bekannt ist, an welche Behörde sie sich im Mitgliedstaat des Datenkoordinators wenden sollte, wenn beispielsweise der Fall mehr als eine zuständige Behörde oder mehr als einen Sektor betrifft. Der Datenkoordinator sollte als zentrale Anlaufstelle für alle Fragen im Zusammenhang mit der Anwendung dieser Verordnung handeln. Wurde kein Datenkoordinator benannt, so sollte die zuständige Behörde die dem Datenkoordinator gemäß dieser Verordnung übertragenen Aufgaben übernehmen. Die für die Überwachung der Einhaltung des Datenschutzrechts zuständigen Behörden und die nach Unionsrecht oder nationalem Recht benannten zuständigen Behörden sollten in ihren Zuständigkeitsbereichen für die Anwendung dieser Verordnung verantwortlich sein. Um Interessenkonflikte zu vermeiden, sollten die Behörden, die im Bereich der Bereitstellung von Daten im Anschluss an ein Verlangen aufgrund einer außergewöhnlichen Notwendigkeit für die Anwendung und Durchsetzung dieser Verordnung zuständig sind, nicht das Recht haben, ein solches Verlangen zu stellen.

(108) Zur Durchsetzung ihrer Rechte gemäß dieser Verordnung sollten natürliche und juristische Personen das Recht haben, bei Verletzung ihrer Rechte aus dieser Verordnung durch Beschwerdeeinlegung Rechtsmittel einzulegen. Der Datenkoordinator sollte natürlichen und juristischen Personen auf Anfrage alle erforderlichen Informationen bereitstellen, damit sie bei der betreffenden zuständigen Behörde Beschwerde einlegen können. Diese Behörden sollten zur Zusammenarbeit verpflichtet sein, damit die Beschwerde angemessen bearbeitet und wirksam und zügig beschieden werden kann. Um den Mechanismus des Netzwerks für die Zusammenarbeit im Verbraucherschutz zu nutzen und Verbandsklagen zu ermöglichen, werden mit dieser Verordnung die Anhänge der Verord-

nung (EU) 2017/2394 des Europäischen Parlaments und des Rates[1] und der Richtlinie (EU) 2020/1828 des Europäischen Parlaments und des Rates[2] geändert.

(109) Die zuständigen Behörden sollten sicherstellen, dass für Verstöße gegen die in dieser Verordnung festgelegten Pflichten Sanktionen gelten. Solche Sanktionen könnten finanzielle Sanktionen, Verwarnungen, Verweise oder Anordnungen, die Geschäftspraxis mit den in dieser Verordnung festgelegten Verpflichtungen in Einklang zu bringen, einschließen. Die von den Mitgliedstaaten festgelegten Sanktionen sollten wirksam, verhältnismäßig und abschreckend sein und den Empfehlungen des EDIB Rechnung tragen und somit dazu beitragen, dass bei der Festlegung und Anwendung von Sanktionen ein Höchstmaß an Kohärenz erreicht wird. Die zuständigen Behörden sollten gegebenenfalls einstweilige Maßnahmen ergreifen, um die Auswirkungen eines mutmaßlichen Verstoßes zu begrenzen, solange die Untersuchung dieses Verstoßes noch nicht abgeschlossen ist. Dabei sollten sie unter anderem Art, Schwere, Ausmaß und Dauer der Pflichtverletzung im Hinblick auf das betreffende öffentliche Interesse, den Umfang und die Art der ausgeübten Tätigkeiten und die wirtschaftliche Leistungsfähigkeit de verstoßenden Partei berücksichtigen. Sie sollten auch berücksichtigen, ob der Rechtsverletzer seinen Pflichten aus dieser Verordnung systematisch oder wiederholt nicht nachkommt. Um die Einhaltung des Grundsatzes ne bis in idem zu gewährleisten und insbesondere zu vermeiden, dass ein und derselbe Verstoß gegen die Pflichten aus dieser Verordnung mehr als einmal geahndet wird, sollte ein Mitgliedstaat, der beabsichtigt, seine Zuständigkeit in Bezug auf eine verstoßende Partei auszuüben, die nicht in der Union niedergelassen ist und keinen Vertreter in der Union benannt hat, unverzüglich alle Datenkoordinatoren und die Kommission unterrichten.

(110) Der EDIB sollte die Kommission bei der Koordinierung der nationalen Verfahren und Strategien zu den unter diese Verordnung fallenden Themen sowie bei der Verwirklichung ihrer Ziele in Bezug auf die technische Normung zur Verbesserung der Interoperabilität beraten und unterstützen. Er sollte auch eine Schlüsselrolle übernehmen, wenn es darum geht, zwischen den zuständigen Behörden umfassende Gespräche über die Anwendung und Durchsetzung der vorliegenden Verordnung auf den Weg zu bringen. Der betreffende Informationsaustausch soll den wirksamen Zugang zur Justiz sowie die Durchsetzung und justizielle Zusammenarbeit in der gesamten Union verbessern. Neben anderen Aufgaben sollten die zuständigen Behörden den EDIB als Plattform für die Bewertung, Koordinierung und Annahme von Empfehlungen zur Festlegung von Sanktionen für Verstöße gegen diese Verordnung nutzen. Er sollte es den zuständigen Behörden ermöglichen, mit Unterstützung der Kommission einen optimalen Ansatz für die Festlegung und Verhängung solcher

---

[1] **Amtl. Anm.:** Verordnung (EU) 2017/2394 des Europäischen Parlaments und des Rates vom 12. Dezember 2017 über die Zusammenarbeit zwischen den für die Durchsetzung der Verbraucherschutzgesetze zuständigen nationalen Behörden und zur Aufhebung der Verordnung (EG) Nr. 2006/2004 (ABl. L 345 vom 27.12.2017, S. 1).

[2] **Amtl. Anm.:** Richtlinie (EU) 2020/1828 des Europäischen Parlaments und des Rates vom 25. November 2020 über Verbandsklagen zum Schutz der Kollektivinteressen der Verbraucher und zur Aufhebung der Richtlinie 2009/22/EG (ABl. L 409 vom 4.12.2020, S. 1).

Sanktionen abzustimmen. Dieser Ansatz verhindert eine Fragmentierung und räumt den Mitgliedstaaten gleichzeitig Flexibilität ein, und er sollte zu wirksamen Empfehlungen führen, die die einheitliche Anwendung dieser Verordnung unterstützen. Außerdem sollte dem EDIB bei den Normungsverfahren und der Annahme gemeinsamer Spezifikationen im Wege von Durchführungsrechtsakten und bei der Annahme delegierter Rechtsakte zur Einführung eines Überwachungsmechanismus für die von den Anbietern von Datenverarbeitungsdiensten erhobenen Wechselentgelte und zur weiteren Präzisierung der wesentlichen Anforderungen an die Interoperabilität von Daten, von Mechanismen und Diensten für die Datenweitergabe sowie an die gemeinsamen europäischen Datenräume eine beratende Rolle zukommen. Ferner sollte er die Kommission bei der Annahme der Leitlinien zur Festlegung von Interoperabilitätsspezifikationen für das Funktionieren der gemeinsamen europäischen Datenräume beraten und unterstützen.

(111) Um Unternehmen bei der Ausarbeitung und Aushandlung von Verträgen zu unterstützen, sollte die Kommission unverbindliche Mustervertragsklauseln für Verträge über die Datenweitergabe zwischen Unternehmen erstellen und empfehlen, erforderlichenfalls unter Berücksichtigung der Bedingungen in bestimmten Sektoren und bestehender Verfahren mit freiwilligen Datenweitergabemechanismen. Diese Mustervertragsklauseln sollten in erster Linie eine praktische Handhabe bieten, um insbesondere KMU den Abschluss eines Vertrags zu erleichtern. Werden die Mustervertragsbestimmungen umfassend und durchgehend verwendet, so dürften sie sich auch positiv auf die Gestaltung von Verträgen über den Datenzugang und die Datennutzung auswirken und somit insgesamt zu faireren Vertragsbeziehungen beim Datenzugang und bei der Datenweitergabe führen.

(112) Damit nicht das Risiko besteht, dass die Inhaber von Daten, die durch physische Komponenten wie Sensoren eines vernetzten Produkts und eines verbundenen Dienstes erlangt oder generiert wurden, oder anderen maschinengenerierten Daten in Datenbanken das Schutzrecht sui generis gemäß Artikel 7 der Richtlinie 96/9/EG geltend machen und dadurch insbesondere die wirksame Ausübung des Rechts der Nutzer auf Datenzugang und Datennutzung sowie des Rechts auf die Weitergabe von Daten an Dritte gemäß dieser Verordnung behindern, sollte klargestellt werden, dass das Schutzrecht sui generis für solche Datenbanken nicht gilt. Dies berührt nicht die mögliche Anwendung des Schutzrechts sui generis gemäß Artikel 7 der Richtlinie 96/9/EG auf Datenbanken, die Daten enthalten, die nicht in den Anwendungsbereich dieser Verordnung fallen, sofern die Schutzanforderungen gemäß Absatz 1 jenes Artikels erfüllt sind.

(113) Damit den technischen Aspekten von Datenverarbeitungsdiensten Rechnung getragen wird, sollte der Kommission die Befugnis übertragen werden, gemäß Artikel 290 AEUV Rechtsakte zur Ergänzung dieser Verordnung zu erlassen, um einen Überwachungsmechanismus der von den Anbietern von Datenverarbeitungsdiensten auf dem Markt verlangten Wechselentgelte einzuführen, und um die wesentlichen Anforderungen im Hinblick auf die Interoperabilität für Teilnehmer von Datenräumen, die anderen Teilnehmern an Datenräumen Daten oder Datendienste

anbieten, weiter zu präzisieren. Es ist von besonderer Bedeutung, dass die Kommission im Zuge ihrer Vorbereitungsarbeit angemessene Konsultationen, auch auf der Ebene von Sachverständigen, durchführt, die mit den Grundsätzen in Einklang stehen, die in der Interinstitutionellen Vereinbarung vom 13. April 2016 über bessere Rechtsetzung[1] niedergelegt wurden. Um insbesondere für eine gleichberechtigte Beteiligung an der Vorbereitung delegierter Rechtsakte zu sorgen, erhalten das Europäische Parlament und der Rat alle Dokumente zur gleichen Zeit wie die Sachverständigen der Mitgliedstaaten, und ihre Sachverständigen haben systematisch Zugang zu den Sitzungen der Sachverständigengruppen der Kommission, die mit der Vorbereitung der delegierten Rechtsakte befasst sind.

(114) Zur Gewährleistung einheitlicher Bedingungen für die Durchführung dieser Verordnung sollten der Kommission Durchführungsbefugnisse eingeräumt werden bezüglich der Annahme gemeinsamer Spezifikationen zur Sicherstellung der Interoperabilität der Daten, der Mechanismen und Diensten für die Datenweitergabe und der gemeinsamen europäischen Datenräume, bezüglich gemeinsamer Spezifikationen für die Interoperabilität von Datenverarbeitungsdiensten und bezüglich gemeinsamer Spezifikationen für die Interoperabilität intelligenter Verträge. Auch sollten der Kommission Durchführungsbefugnisse eingeräumt werden bezüglich der Veröffentlichung der Bezugnahmen auf harmonisierten Normen und gemeinsamen Spezifikationen für die Interoperabilität von in der zentralen Datenbank der Union für Normen für die Interoperabilität von Datenverarbeitungsdiensten. Diese Befugnisse sollten im Einklang mit der Verordnung (EU) Nr. 182/2011 des Europäischen Parlaments und des Rates[2] ausgeübt werden.

(115) Diese Verordnung sollte Vorschriften unberührt lassen, die besonderen Bedürfnissen einzelner Sektoren oder Bereichen von öffentlichem Interesse Rechnung tragen. Solche Vorschriften können zusätzliche Anforderungen an die technischen Aspekte des Datenzugangs, wie Schnittstellen für den Datenzugang, oder an die Art und Weise umfassen, wie der Datenzugang gewährt werden könnte, z.B. direkt über das Produkt oder über Datenvermittlungsdienste. Ebenso können solche Vorschriften Beschränkungen der Rechte der Dateninhaber auf Zugang zu oder Nutzung von Nutzerdaten oder andere Aspekte betreffen, die über den Datenzugang und die Datennutzung hinausgehen, wie z.B. Governance-Aspekte oder Sicherheitsanforderungen, einschließlich Anforderungen an die Cybersicherheit. Diese Verordnung sollte auch spezifischere Vorschriften im Zusammenhang mit der Entwicklung gemeinsamer europäischer Datenräume oder – vorbehaltlich der in dieser Verordnung festgelegten Ausnahmen – Unionsrecht oder nationales Recht zur Zugänglichmachung von Daten und zur Genehmigung ihrer Nutzung für die Zwecke der wissenschaftlichen Forschung unberührt lassen.

---

[1] **Amtl. Anm.:** ABl. L 123 vom 12.5.2016, S. 1.

[2] **Amtl. Anm.:** Verordnung (EU) Nr. 182/2011 des Europäischen Parlaments und des Rates vom 16. Februar 2011 zur Festlegung der allgemeinen Regeln und Grundsätze, nach denen die Mitgliedstaaten die Wahrnehmung der Durchführungsbefugnisse durch die Kommission kontrollieren (ABl. L 55 vom 28.2.2011, S. 13).

(116) Diese Verordnung sollte die Anwendung der Wettbewerbsvorschriften, insbesondere der Artikel 101 und 102 AEUV unberührt lassen. Die in dieser Verordnung vorgesehenen Vorschriften dürfen nicht dazu verwendet werden, den Wettbewerb entgegen den Vorschriften des AEUV einzuschränken.

(117) Damit sich die Teilnehmer, die in den Anwendungsbereich dieser Verordnung fallen, an die neuen Vorschriften dieser Verordnung anpassen und die notwendigen technischen Vorkehrungen treffen können, sollten diese Vorschriften erst ab dem 12. September 2025 anwendbar werden.

(118) Der Europäische Datenschutzbeauftragte und der Europäische Datenschutzausschuss wurden gemäß Artikel 42 Absätze 1 und 2 der Verordnung (EU) 2018/1725 angehört und haben am 4. Mai 2022 ihre Stellungnahmen abgegeben.

(119) Da die Ziele dieser Verordnung, nämlich die Gewährleistung einer fairen Aufteilung des Wertes von Daten auf die Akteure der Datenwirtschaft und Förderung eines fairen Zugangs zu Daten und ihrer Nutzung, um zur Schaffung eines echten Binnenmarktes für Daten beizutragen, von den Mitgliedstaaten nicht ausreichend verwirklicht werden können, sondern vielmehr wegen des Umfangs und der Wirkungen der Maßnahme und der grenzüberschreitenden Nutzung der Daten auf Unionsebene besser zu verwirklichen sind, kann die Union im Einklang mit dem in Artikel 5 des Vertrags über die Europäische Union verankerten Subsidiaritätsprinzip tätig werden. Entsprechend dem in demselben Artikel genannten Grundsatz der Verhältnismäßigkeit geht diese Verordnung nicht über das für die Verwirklichung dieser Ziele erforderliche Maß hinaus –

HABEN FOLGENDE VERORDNUNG ERLASSEN:

Kapitel I. Allgemeine Bestimmungen

Art. 1 Gegenstand und Anwendungsbereich (1) Diese Verordnung enthält harmonisierte Vorschriften unter anderem über

a) die Bereitstellung von Produktdaten und verbundenen Dienstdaten für den Nutzer des vernetzten Produkts oder verbundenen Dienstes,
b) die Bereitstellung von Daten durch Dateninhaber für Datenempfänger,
c) die Bereitstellung von Daten durch Dateninhaber für öffentliche Stellen, die Kommission, die Europäische Zentralbank und Einrichtungen der Union, soweit eine außergewöhnliche Notwendigkeit der Nutzung dieser Daten zur Wahrnehmung einer spezifischen Aufgabe von öffentlichem Interesse besteht,
d) die Erleichterung des Wechsels zwischen Datenverarbeitungsdiensten,
e) die Einführung von Schutzmaßnahmen gegen den unrechtmäßigen Zugang Dritter zu nicht-personenbezogenen Daten und
f) die Entwicklung von Interoperabilitätsnormen für Daten, die abgerufen, übertragen und genutzt werden sollen.

(2) Die vorliegende Verordnung erstreckt sich auf personenbezogene und nicht-personenbezogene Daten, einschließlich der folgenden Arten von Daten, in den folgenden Zusammenhängen:

a) Kapitel II gilt für Daten, mit Ausnahme von Inhalten, die die Leistung, Nutzung und Umgebung von vernetzten Produkten und verbundenen Diensten betreffen;
b) Kapitel III gilt für alle Daten des Privatsektors, die rechtlichen Verpflichtungen mit Blick auf die Datenweitergabe unterliegen;
c) Kapitel IV gilt für alle Daten des Privatsektors, die auf der Grundlage von Verträgen zwischen Unternehmen abgerufen und genutzt werden;
d) Kapitel V gilt für alle Daten des Privatsektors mit Schwerpunkt auf nicht-personenbezogenen Daten;
e) Kapitel VI gilt für alle von Anbietern von Datenverarbeitungsdiensten verarbeiteten Daten und Dienste;
f) Kapitel VII gilt für alle nicht-personenbezogenen Daten, die in der Union von Anbietern von Datenverarbeitungsdiensten gehalten werden.

(3) Diese Verordnung gilt für
a) Hersteller vernetzter Produkte, die in der Union in Verkehr gebracht werden, und Anbieter verbundener Dienste, unabhängig vom Ort der Niederlassung dieser Hersteller oder Anbieter;
b) die Nutzer der unter Buchstabe a genannten vernetzten Produkte oder verbundenen Dienste in der Union;
c) Dateninhaber, unabhängig vom Ort ihrer Niederlassung, die Datenempfängern in der Union Daten bereitstellen;
d) Datenempfänger in der Union, denen Daten bereitgestellt werden;
e) öffentliche Stellen, die Kommission, die Europäische Zentralbank und Einrichtungen der Union, die von Dateninhabern verlangen, Daten bereitzustellen, soweit eine außergewöhnliche Notwendigkeit der Nutzung dieser Daten zur Wahrnehmung einer speziellen Aufgabe im öffentlichen Interesse besteht, sowie die Dateninhaber, die solche Daten auf ein solches Verlangen hin bereitstellen;
f) Anbieter von Datenverarbeitungsdiensten, unabhängig vom Ort ihrer Niederlassung, die Kunden in der Union solche Dienste anbieten;
g) Teilnehmer an Datenräumen und Anbieter von Anwendungen, die intelligente Verträge verwenden, und Personen, deren gewerbliche, geschäftliche oder berufliche Tätigkeit die Einführung intelligenter Verträge für andere im Zusammenhang mit der Durchführung einer Vereinbarung umfasst.

(4) Wird in dieser Verordnung auf vernetzte Produkte oder verbundene Dienste Bezug genommen, so gilt, dass diese Bezugnahmen auch virtuelle Assistenten einschließen, soweit diese mit einem vernetzten Produkt oder verbundenen Dienst interagieren.

(5) [1] Diese Verordnung gilt unbeschadet des Unionsrechts und des nationalen Rechts über den Schutz personenbezogener Daten, die Privatsphäre, die Vertraulichkeit der Kommunikation und die Integrität von Endgeräten, die für personenbezogene Daten gelten, die im Zusammenhang mit den in der vorliegenden Verordnung festgelegten Rechten und Pflichten verarbeitet werden, insbesondere der Verordnungen (EU) 2016/679 und (EU) 2018/1725 und der Richtlinie 2002/58/EG[1)], einschließlich der Befugnisse und Zuständigkeiten

---

[1)] Nr. 3.

der Aufsichtsbehörden und der Rechte der betroffenen Personen. [2]Soweit Nutzer betroffene Personen sind, ergänzen die in Kapitel II dieser Verordnung festgelegten Rechte das Auskunftsrecht von betroffenen Personen und das Recht auf Datenübertragbarkeit gemäß Artikel 15 bzw. Artikel 20 der Verordnung (EU) 2016/679[1)]. [3]Im Falle eines Widerspruchs zwischen der vorliegenden Verordnung und dem Unionsrecht in Bezug auf den Schutz personenbezogener Daten bzw. der Privatsphäre oder den im Einklang mit dem Unionsrecht erlassenen nationalen Rechtsvorschriften haben das Unionsrecht oder das nationale Recht zum Schutz personenbezogener Daten bzw. der Privatsphäre Vorrang.

(6) *[1]* Die vorliegende Verordnung gilt weder für freiwillige Vereinbarungen über den Datenaustausch zwischen privaten und öffentlichen Stellen – insbesondere freiwillige Vereinbarungen über die Datenweitergabe –, noch greift sie ihnen vor.

[2] [1]Die vorliegende Verordnung berührt nicht die Rechtsakte der Union und die nationalen Rechtsakte über die Datenweitergabe, den Datenzugang und die Datennutzung zum Zwecke der Verhütung, Ermittlung, Aufdeckung oder Verfolgung von Straftaten oder der Strafvollstreckung, oder für Zoll- und Steuerzwecke insbesondere die Verordnungen (EU) 2021/784, (EU) 2022/2065 und (EU) 2023/1543 und die Richtlinie (EU) 2023/1544 oder die internationale Zusammenarbeit in diesem Bereich. [2]Die vorliegende Verordnung gilt nicht für die Datenerhebung, die Datenweitergabe, die Datennutzung oder den Datenzugang gemäß der Verordnung (EU) 2015/847 und der Richtlinie (EU) 2015/849. [3]Die vorliegende Verordnung gilt nicht in den nicht unter das Unionsrecht fallenden Bereichen und berührt keinesfalls die Zuständigkeiten der Mitgliedstaaten in Bezug auf die öffentliche Sicherheit, die Verteidigung oder die nationale Sicherheit, unabhängig von der Art der Einrichtung, die von den Mitgliedstaaten mit der Wahrnehmung von Aufgaben im Zusammenhang mit diesen Zuständigkeiten betraut wurde, oder ihre Befugnis, andere wesentliche staatliche Funktionen zu wahren, einschließlich der Gewährleistung der territorialen Unversehrtheit des Staates und der Aufrechterhaltung der öffentlichen Ordnung. [4]Die vorliegende Verordnung berührt nicht die Zuständigkeiten der Mitgliedstaaten in Bezug auf die Zoll- und Steuerverwaltung oder die Gesundheit und Sicherheit der Bürger.

(7) Mit der vorliegenden Verordnung wird der Selbstregulierungsansatz der Verordnung (EU) 2018/1807 ergänzt, indem allgemein geltende Verpflichtungen in Bezug auf den Cloud-Wechsel hinzugefügt werden.

(8) Diese Verordnung berührt nicht die Rechtsakte der Union und die nationalen Rechtsakte zur Gewährleistung des Schutzes der Rechte des geistigen Eigentums, insbesondere die Richtlinien 2001/29/EG, 2004/48/EG und (EU) 2019/790.

(9) Die vorliegende Verordnung ergänzt, und berührt nicht, das Unionsrecht, mit dem die Interessen der Verbraucher gefördert und ein hohes Verbraucherschutzniveau sichergestellt sowie die Gesundheit, Sicherheit und wirtschaftlichen Interessen der Verbraucher geschützt werden, insbesondere die Richtlinien 93/13/EWG, 2005/29/EG und 2011/83/EU.

[1)] Nr. 1.

(10) Diese Verordnung steht dem Abschluss freiwilliger rechtmäßiger Verträge über die Datenweitergabe – einschließlich auf der Grundlage der Gegenseitigkeit geschlossener Verträge –, die den Anforderungen dieser Verordnung entsprechen, nicht entgegen.

Art. 2 Begriffsbestimmungen. Für die Zwecke dieser Verordnung bezeichnet der Ausdruck

1. „Daten" jede digitale Darstellung von Handlungen, Tatsachen oder Informationen sowie jede Zusammenstellung solcher Handlungen, Tatsachen oder Informationen auch in Form von Ton-, Bild- oder audiovisuellem Material;
2. „Metadaten" eine strukturierte Beschreibung der Inhalte oder der Nutzung von Daten, die das Auffinden eben jener Daten bzw. deren Verwendung erleichtert;
3. „personenbezogene Daten" personenbezogene Daten im Sinne des Artikels 4 Nummer 1 der Verordnung (EU) 2016/679[1];
4. „nicht-personenbezogene Daten" Daten, die keine personenbezogenen Daten sind;
5. „vernetztes Produkt" einen Gegenstand, der Daten über seine Nutzung oder Umgebung erlangt, generiert oder erhebt und der Produktdaten über einen elektronischen Kommunikationsdienst, eine physische Verbindung oder einen geräteinternen Zugang übermitteln kann und dessen Hauptfunktion nicht die Speicherung, Verarbeitung oder Übertragung von Daten im Namen einer anderen Partei – außer dem Nutzer – ist;
6. „verbundener Dienst" einen digitalen Dienst, bei dem es sich nicht um einen elektronischen Kommunikationsdienst handelt, – einschließlich Software –, der zum Zeitpunkt des Kaufs, der Miete oder des Leasings so mit dem Produkt verbunden ist, dass das vernetzte Produkt ohne ihn eine oder mehrere seiner Funktionen nicht ausführen könnte oder der anschließend vom Hersteller oder einem Dritten mit dem Produkt verbunden wird, um die Funktionen des vernetzten Produkts zu ergänzen, zu aktualisieren oder anzupassen;
7. „Verarbeitung" jeden mit oder ohne Hilfe automatisierter Verfahren ausgeführten Vorgang oder jede solche Vorgangsreihe im Zusammenhang mit Daten oder Datensätzen, wie etwa das Erheben, das Erfassen, die Organisation, das Ordnen, die Speicherung, die Anpassung oder Veränderung, der Abruf, das Abfragen, die Nutzung, die Offenlegung durch Übermittlung, Verbreitung oder eine andere Form der Bereitstellung, der Abgleich oder die Verknüpfung, die Einschränkung, das Löschen oder die Vernichtung;
8. „Datenverarbeitungsdienst" eine digitale Dienstleistung, die einem Kunden bereitgestellt wird und einen flächendeckenden und auf Abruf verfügbaren Netzzugang zu einem gemeinsam genutzten Pool konfigurierbarer, skalierbarer und elastischer Rechenressourcen zentralisierter, verteilter oder hochgradig verteilter Art ermöglicht, die mit minimalem Verwaltungsaufwand oder minimaler Interaktion des Diensteanbieters rasch bereitgestellt und freigegeben werden können;

---

[1] Nr. **1**.

9. „gleiche Dienstart“ eine Reihe von Datenverarbeitungsdiensten, die dasselbe Hauptziel haben und dasselbe Dienstmodell für die Datenverarbeitung sowie dieselben Hauptfunktionen aufweisen;
10. „Datenvermittlungsdienst“ einen Datenvermittlungsdienst im Sinne von Artikel 2 Nummer 11 der Verordnung (EU) 2022/868[1];
11. „betroffene Person“ eine betroffene Person gemäß Artikel 4 Nummer 1 der Verordnung (EU) 2016/679;
12. „Nutzer“ eine natürliche oder juristische Person, die ein vernetztes Produkt besitzt oder der vertraglich zeitweilige Rechte für die Nutzung des vernetzten Produkts übertragen wurden oder die verbundenen Dienste in Anspruch nimmt;
13. „Dateninhaber“ eine natürliche oder juristische Person, die nach dieser Verordnung, nach geltendem Unionsrecht oder nach nationalen Rechtsvorschriften zur Umsetzung des Unionsrechts berechtigt oder verpflichtet ist, Daten – soweit vertraglich vereinbart, auch Produktdaten oder verbundene Dienstdaten – zu nutzen und bereitzustellen, die sie während der Erbringung eines verbundenen Dienstes abgerufen oder generiert hat;
14. „Datenempfänger“ eine natürliche oder juristische Person, die zu Zwecken innerhalb ihrer gewerblichen, geschäftlichen, handwerklichen oder beruflichen Tätigkeit handelt, ohne Nutzer eines vernetzten Produktes oder verbundenen Dienstes zu sein, und dem vom Dateninhaber Daten bereitgestellt werden, einschließlich eines Dritten, dem der Dateninhaber auf Verlangen des Nutzers oder im Einklang mit einer rechtlichen Verpflichtung aus anderem Unionsrecht oder aus nationalen Rechtsvorschriften, die im Einklang mit Unionsrecht erlassen wurden, Daten bereitstellt;
15. „Produktdaten“ Daten, die durch die Nutzung eines vernetzten Produkts generiert werden und die der Hersteller so konzipiert hat, dass sie über einen elektronischen Kommunikationsdienst, eine physische Verbindung oder einen geräteinternen Zugang von einem Nutzer, Dateninhaber oder Dritten – gegebenenfalls einschließlich des Herstellers – abgerufen werden können;
16. „verbundene Dienstdaten“ Daten, die die Digitalisierung von Nutzerhandlungen oder Vorgängen im Zusammenhang mit dem vernetzten Produkt darstellen und vom Nutzer absichtlich aufgezeichnet oder als Nebenprodukt der Handlung des Nutzers während der Bereitstellung eines verbundenen Dienstes durch den Anbieter generiert werden;
17. „ohne Weiteres verfügbare Daten“ Produktdaten und verbundene Dienstdaten, die ein Dateninhaber ohne unverhältnismäßigen Aufwand rechtmäßig von dem vernetzten Produkt oder verbundenen Dienst erhält oder erhalten kann, wobei über eine einfache Bearbeitung hinausgegangen wird;
18. „Geschäftsgeheimnis“ ein Geschäftsgeheimnis im Sinne von Artikel 2 Nummer 1 der Richtlinie (EU) 2016/943;
19. „Inhaber eines Geschäftsgeheimnisses“ den Inhaber eines Geschäftsgeheimnisses im Sinne von Artikel 2 Nummer 2 der Richtlinie (EU) 2016/943;
20. „Profiling“ Profiling im Sinne des Artikels 4 Absatz 4 der Verordnung (EU) 2016/679;

---

[1] Nr. **8**.

21. „Bereitstellung auf dem Markt“ jede entgeltliche oder unentgeltliche Abgabe eines vernetzten Produkts zum Vertrieb, Verbrauch oder zur Verwendung auf dem Unionsmarkt im Rahmen einer Geschäftstätigkeit;
22. „Inverkehrbringen“ die erstmalige Bereitstellung eines vernetzten Produkts auf dem Unionsmarkt;
23. „Verbraucher“ jede natürliche Person, die zu Zwecken handelt, die außerhalb ihrer gewerblichen, geschäftlichen, handwerklichen oder beruflichen Tätigkeit liegen;
24. „Unternehmen“ eine natürliche oder juristische Person, die in Bezug auf von dieser Verordnung erfasste Verträge und Vorgehensweisen zu Zwecken im Zusammenhang mit ihrer gewerblichen, geschäftlichen, handwerklichen oder beruflichen Tätigkeit handelt;
25. „Kleinunternehmen“ ein Kleinunternehmen im Sinne des Artikels 2 Absatz 2 des Anhangs der Empfehlung 2003/361/EG;
26. „Kleinstunternehmen“ ein Kleinstunternehmen im Sinne des Artikels 2 Absatz 3 des Anhangs der Empfehlung 2003/361/EG;
27. „Einrichtungen der Union“ die Einrichtungen, Stellen und Agenturen der Union, die gemäß Rechtsakten eingerichtet wurden, die auf der Grundlage des Vertrags über die Europäische Union, des AEUV oder des Vertrags zur Gründung der Europäischen Atomgemeinschaft angenommen wurden;
28. „öffentliche Stelle“ die nationalen, regionalen und lokalen Behörden, Körperschaften und Einrichtungen des öffentlichen Rechts der Mitgliedstaaten oder Verbände, die aus einer oder mehreren dieser Behörden, Körperschaften oder Einrichtungen bestehen;
29. „öffentlicher Notstand“ eine zeitlich begrenzte Ausnahmesituation – wie etwa Notfälle im Bereich der öffentlichen Gesundheit, Notfälle infolge von Naturkatastrophen sowie von Menschen verursachte Katastrophen größeren Ausmaßes, einschließlich schwerer Cybersicherheitsvorfälle –, die sich negativ auf die Bevölkerung der Union oder eines Mitgliedstaats bzw. eines Teils davon auswirkt, das Risiko schwerwiegender und dauerhafter Folgen für die Lebensbedingungen, die wirtschaftliche Stabilität oder die finanzielle Stabilität oder die Gefahr einer erheblichen und unmittelbaren Beeinträchtigung wirtschaftlicher Vermögenswerte in der Union oder in dem betroffenen Mitgliedstaat birgt und die nach den einschlägigen Verfahren des Unionsrechts oder des nationalen Rechts festgestellt und amtlich ausgerufen wurde;
30. „Kunde“ eine natürliche oder juristische Person, die mit einem Anbieter von Datenverarbeitungsdiensten eine vertragliche Beziehung eingegangen ist, um einen oder mehrere Datenverarbeitungsdienste in Anspruch zu nehmen;
31. „virtuelle Assistenten“ Software, die Aufträge, Aufgaben oder Fragen verarbeiten kann, auch aufgrund von Eingaben in Ton- und Schriftform, mit Gesten oder Bewegungen, und die auf der Grundlage dieser Aufträge, Aufgaben oder Fragen den Zugang zu anderen Diensten gewährt oder die Funktionen von vernetzten Produkten steuert;
32. „digitale Vermögenswerte“ Elemente in digitaler Form – einschließlich Anwendungen –, für die der Kunde ein Nutzungsrecht hat, unabhängig von der vertraglichen Beziehung mit dem Datenverarbeitungsdienst, den er wechseln möchte;

33. „IKT-Infrastruktur in eigenen Räumlichkeiten“ IKT-Infrastruktur und Rechenressourcen, die im Eigentum des Kunden stehen oder vom Kunden gemietet oder geleast werden und die sich im Rechenzentrum des Kunden befinden und von ihm oder einem Dritten betrieben wird bzw. werden;
34. „Wechsel“ den Prozess, an dem ein Quellenanbieter von Datenverarbeitungsdiensten, ein Kunde eines Datenverarbeitungsdienstes und gegebenenfalls ein übernehmender Anbieter von Datenverarbeitungsdiensten beteiligt sind und bei dem der Kunde eines Datenverarbeitungsdienstes von der Nutzung eines Datenverarbeitungsdienstes zur Nutzung eines anderen Datenverarbeitungsdienstes der gleichen Dienstart oder eines anderen Dienstes, der von einem anderen Anbieter von Datenverarbeitungsdiensten angeboten wird oder der einem einer IKT-Infrastruktur in eigenen Räumlichkeiten angeboten wird, auch durch Extraktion, Umwandlung und Hochladen der Daten, wechselt;
35. „Datenextraktionsentgelte“ Datenübertragungsentgelte, die den Kunden dafür in Rechnung gestellt werden, dass ihre Daten über das Netz aus der IKT-Infrastruktur eines Anbieters von Datenverarbeitungsdiensten in die Systeme anderer Anbieter oder in IKT-Infrastruktur in eigenen Räumlichkeiten extrahiert werden;
36. „Wechselentgelte“ andere Entgelte als Standarddienstentgelte oder Sanktionen bei vorzeitiger Kündigung, die ein Anbieter von Datenverarbeitungsdiensten bei einem Kunden für die Handlungen erhebt, die in dieser Verordnung für den Wechsel zu den Systemen eines anderen Anbieters oder IKT-Infrastruktur in eigenen Räumlichkeiten vorgeschrieben sind, einschließlich Datenextraktionsentgelten;
37. „Funktionsäquivalenz“ die Wiederherstellung – auf der Grundlage der exportierbaren Daten und digitalen Vermögenswerte des Kunden – eines Mindestmaßes an Funktionalität in der Umgebung eines neuen Datenverarbeitungsdienstes der gleichen Dienstart nach dem Wechsel, wenn der übernehmende Datenverarbeitungsdienst als Reaktion auf dieselbe Eingabe für gemeinsame Funktionen, die dem Kunden im Rahmen des Vertrags bereitgestellt werden, ein materiell vergleichbares Ergebnis erbringt;
38. „exportierbare Daten“ für die Zwecke von den Artikeln 23 bis 31 und Artikel 35 die Eingabe- und Ausgabedaten einschließlich Metadaten, die unmittelbar oder mittelbar durch die Nutzung des Datenverarbeitungsdienstes durch den Kunden oder gemeinsam generiert werden, mit Ausnahme der Vermögenswerte oder Daten eines Anbieters von Datenverarbeitungsdiensten oder Dritter, die durch Rechte des geistigen Eigentums geschützt sind oder ein Geschäftsgeheimnis darstellen;
39. „intelligenter Vertrag“ ein Computerprogramm, das für die automatisierte Ausführung einer Vereinbarung oder eines Teils davon verwendet wird, wobei eine Abfolge elektronischer Datensätze verwendet wird und die Integrität dieser Datensätze sowie die Richtigkeit ihrer chronologischen Reihenfolge gewährleistet werden;
40. „Interoperabilität“ die Fähigkeit von zwei oder mehr Datenräumen oder Kommunikationsnetzen, Systemen, vernetzten Produkten, Anwendungen, Datenverarbeitungsdiensten oder Komponenten, Daten auszutauschen und zu nutzen, um ihre Funktionen auszuführen;

41. „offene Interoperabilitätsspezifikationen" eine technische Spezifikation im Bereich der Informations- und Kommunikationstechnologie, die leistungsbezogen darauf ausgerichtet sind, die Interoperabilität zwischen Datenverarbeitungsdiensten herzustellen;
42. „gemeinsame Spezifikationen" ein Dokument, bei dem es sich nicht um eine Norm handelt und das technische Lösungen enthält, die es ermöglichen, bestimmte Anforderungen und Pflichten, die im Rahmen dieser Verordnung festgelegt worden sind, zu erfüllen;
43. „harmonisierte Norm" eine harmonisierte Norm im Sinne des Artikels 2 Nummer 1 Buchstabe c der Verordnung (EU) Nr. 1025/2012.

Kapitel II. Datenweitergabe von Unternehmen an Verbraucher und zwischen Unternehmen

Art. 3 Pflicht der Zugänglichmachung von Produktdaten und verbundenen Dienstdaten für den Nutzer. (1) Vernetzte Produkte werden so konzipiert und hergestellt und verbundene Dienste werden so konzipiert und erbracht, dass die Produktdaten und verbundenen Dienstdaten – einschließlich der für die Auslegung und Nutzung dieser Daten erforderlichen relevanten Metadaten – standardmäßig für den Nutzer einfach, sicher, unentgeltlich in einem umfassenden, strukturierten, gängigen und maschinenlesbaren Format und, soweit relevant und technisch durchführbar, direkt zugänglich sind.

(2) Vor Abschluss eines Kauf-, Miet- oder Leasingvertrags für ein vernetztes Produkt werden dem Nutzer vom Verkäufer, Vermieter oder Leasinggeber – wobei es sich auch um den Hersteller handeln kann – mindestens folgende Informationen in klarer und verständlicher Art und Weise bereitgestellt:

a) die Art, das Format und der geschätzte Umfang der Produktdaten, die das vernetzte Produkt generieren kann;
b) die Angabe, ob das vernetzte Produkt in der Lage ist, Daten kontinuierlich und in Echtzeit zu generieren;
c) die Angabe, ob das vernetzte Produkt in der Lage ist, Daten auf einem Gerät oder einem entfernten Server zu speichern, gegebenenfalls einschließlich der vorgesehenen Speicherungsdauer;
d) die Angabe, wie der Nutzer auf die Daten zugreifen, sie abrufen oder gegebenenfalls löschen kann, einschließlich der technischen Mittel hierfür sowie die betreffenden Nutzungsbedingungen und die betreffende Dienstqualität.

(3) Vor Abschluss eines Vertrags für die Erbringung eines verbundenen Dienstes stellt der Anbieter eines solchen verbundenen Dienstes dem Nutzer mindestens folgende Informationen in einer klaren und verständlichen Art und Weise bereit:

a) die Art, der geschätzte Umfang und die Häufigkeit der Erhebung der Produktdaten, die der potenzielle Dateninhaber voraussichtlich erhalten wird, und gegebenenfalls die Modalitäten, nach denen der Nutzer auf diese Daten zugreifen oder sie abrufen kann, einschließlich der Modalitäten des künftigen Dateninhabers in Bezug auf die Speicherung und der Dauer der Aufbewahrung von Daten;

b) die Art und der geschätzte Umfang der zu generierenden verbundenen Dienstdaten sowie die Modalitäten, nach denen der Nutzer auf diese Daten zugreifen oder sie abrufen kann, einschließlich der Modalitäten des künftigen Dateninhabers in Bezug auf die Speicherung und der Dauer der Aufbewahrung von Daten;
c) die Angabe, ob der potenzielle Dateninhaber erwartet, ohne Weiteres verfügbare Daten selbst zu verwenden, und die Zwecke, zu denen diese Daten verwendet werden sollen, und ob er beabsichtigt, einem oder mehreren Dritten zu gestatten, die Daten zu mit dem Nutzer vereinbarten Zwecken zu verwenden;
d) die Identität des potenziellen Dateninhabers, z.B. sein Handelsname und die Anschrift des Ortes, an dem er niedergelassen ist, sowie gegebenenfalls anderer Datenverarbeitungsparteien;
e) die Kommunikationsmittel, über die der potenzielle Dateninhaber schnell kontaktiert und effizient mit ihm kommuniziert werden kann;
f) die Angabe, wie der Nutzer darum ersuchen kann, dass die Daten an einen Dritten weitergegeben werden, und wie er die Datenweitergabe gegebenenfalls beenden kann;
g) das Recht des Nutzers, bei der in Artikel 37 genannten zuständigen Behörde Beschwerde wegen eines Verstoßes gegen eine der Bestimmungen dieses Kapitels einzulegen;
h) die Angabe, ob ein potenzieller Dateninhaber Inhaber von Geschäftsgeheimnissen ist, die in den Daten enthalten sind, die über das vernetzte Produkt zugänglich sind oder die bei der Erbringung eines verbundenen Dienstes generiert werden, und, wenn der potenzielle Dateninhaber nicht Inhaber von Geschäftsgeheimnissen ist, die Identität des Inhabers des Geschäftsgeheimnisses;
i) die Dauer des Vertrags zwischen dem Nutzer und dem potenziellen Dateninhaber sowie die Ausgestaltung für die vorzeitige Beendigung eines solchen Vertrags.

Art. 4 Rechte und Pflichten von Nutzern und Dateninhabern in Bezug auf den Zugang zu sowie die Nutzung und die Bereitstellung von Produktdaten und verbundenen Dienstdaten. (1) [1] Soweit der Nutzer nicht direkt vom vernetzten Produkt oder verbundenen Dienst aus auf die Daten zugreifen kann, stellen die Dateninhaber dem Nutzer ohne Weiteres verfügbare Daten einschließlich der zur Auslegung und Nutzung der Daten erforderlichen Metadaten unverzüglich, einfach, sicher, unentgeltlich, in einem umfassenden, gängigen und maschinenlesbaren Format und – falls relevant und technisch durchführbar – in der gleichen Qualität wie für den Dateninhaber kontinuierlich und in Echtzeit bereit. [2] Dies geschieht auf einfaches Verlangen auf elektronischem Wege, soweit dies technisch durchführbar ist.

(2) [1] Nutzer und Dateninhaber können den Zugang zu sowie die Nutzung oder die erneute Weitergabe von Daten vertraglich beschränken, wenn eine solche Verarbeitung die im Unionsrecht oder im nationalen Recht festgelegten Sicherheitsanforderungen des vernetzten Produkts beeinträchtigen und damit zu schwerwiegenden nachteiligen Auswirkungen auf die Gesundheit oder die Sicherheit von natürlichen Personen führen könnte. [2] Die für die betreffenden Sektoren zuständigen Behörden können den Nutzern und Dateninhabern in

diesem Zusammenhang technisches Fachwissen bereitstellen. [3]Verweigert der Dateninhaber die Weitergabe von Daten gemäß diesem Artikel, so teilt er dies der gemäß Artikel 37 benannten zuständigen Behörde mit.

(3) Unbeschadet des Rechts des Nutzers, jederzeit vor einem Gericht eines Mitgliedstaats Rechtsmittel einzulegen, kann der Nutzer im Zusammenhang mit einer Streitigkeit mit dem Dateninhaber in Bezug auf die in Absatz 2 genannten vertraglichen Beschränkungen oder Verbote

a) gemäß Artikel 37 Absatz 5 Buchstabe b eine Beschwerde bei der zuständigen Behörde einlegen oder

b) mit dem Dateninhaber vereinbaren, gemäß Artikel 10 Absatz 1 eine Streitbeilegungsstelle mit der Angelegenheit zu befassen.

(4) Die Dateninhaber dürfen die Ausübung der Wahlmöglichkeiten oder Rechte durch den Nutzer nach diesem Artikel nicht unangemessen erschweren, auch nicht dadurch, dass sie dem Nutzer in nicht neutraler Weise Wahlmöglichkeiten anbieten oder die Autonomie, die Entscheidungsfreiheit oder die Wahlfreiheit des Nutzers durch die Struktur, die Gestaltung, die Funktion oder die Funktionsweise einer digitalen Benutzerschnittstelle oder eines Teils davon unterlaufen oder beeinträchtigen.

(5) [1]Um zu überprüfen, ob eine natürliche oder juristische Person als Nutzer für die Zwecke von Absatz 1 einzustufen ist, verlangt der Dateninhaber von dieser Person keine Informationen, die über das erforderliche Maß hinausgehen. [2]Dateninhaber bewahren keine Informationen über den Zugang des Nutzers zu den verlangten Daten – insbesondere keine Protokolldaten – auf, die über das hinausgehen, was für die ordnungsgemäße Ausführung des Zugangsverlangens des Nutzers und für die Sicherheit und Pflege der Dateninfrastruktur erforderlich ist.

(6) [1]Geschäftsgeheimnisse werden gewahrt und nur offengelegt, wenn vom Dateninhaber und vom Nutzer vor der Offenlegung alle Maßnahmen getroffen worden sind, die erforderlich sind, um die Vertraulichkeit der Geschäftsgeheimnisse, insbesondere gegenüber Dritten, zu wahren. [2]Der Dateninhaber oder, wenn sie nicht dieselbe Person sind, der Inhaber des Geschäftsgeheimnisses ermittelt, auch in den relevanten Metadaten, die als Geschäftsgeheimnisse geschützten Daten und vereinbart mit dem Nutzer angemessene technische und organisatorische Maßnahmen, die erforderlich sind, um die Vertraulichkeit der weitergegebenen Daten, insbesondere gegenüber Dritten, zu wahren; dies gilt etwa für Mustervertragsklauseln, Vertraulichkeitsvereinbarungen, strenge Zugangsprotokolle, technische Normen und die Anwendung von Verhaltenskodizes.

(7) [1]Wenn keine Einigung über die in Absatz 6 genannten erforderlichen Maßnahmen erzielt wird oder wenn vom Nutzer die gemäß Absatz 6 vereinbarten Maßnahmen nicht umgesetzt werden oder die Vertraulichkeit der Geschäftsgeheimnisse verletzt wird, kann der Dateninhaber die Weitergabe von Daten, die als Geschäftsgeheimnisse eingestuft wurden, verweigern oder gegebenenfalls aussetzen. [2]Die Entscheidung des Dateninhabers ist ordnungsgemäß zu begründen und dem Nutzer unverzüglich schriftlich mitzuteilen. [3]In solchen Fällen teilt der Dateninhaber der gemäß Artikel 37 benannten zuständigen Behörde mit, dass er die Weitergabe von Daten verweigert oder ausgesetzt hat, und gibt an, welche Maßnahmen nicht vereinbart oder umgesetzt wurden und bei welchen Geschäftsgeheimnissen die Vertraulichkeit untergraben wurde.

(8) [1] Wenn unter außergewöhnlichen Umständen der Dateninhaber, der Inhaber eines Geschäftsgeheimnisses ist, nachweisen kann, dass er trotz der vom Nutzer gemäß Absatz 6 des vorliegenden Artikels getroffenen technischen und organisatorischen Maßnahmen mit hoher Wahrscheinlichkeit einen schweren wirtschaftlichen Schaden durch die Offenlegung von Geschäftsgeheimnissen erleiden wird, kann er ein Datenzugangsverlangen für die betreffenden speziellen Daten im Einzelfall ablehnen. [2] Dieser Nachweis ist auf der Grundlage objektiver Fakten, insbesondere der Durchsetzbarkeit des Schutzes von Geschäftsgeheimnissen in Drittländern, der Art und des Vertraulichkeitsgrads der verlangten Daten sowie der Einzigartigkeit und Neuartigkeit des vernetzten Produkts hinreichend zu begründen und dem Nutzer unverzüglich schriftlich vorzulegen. [3] Verweigert der Dateninhaber die Weitergabe von Daten gemäß vorliegendem Absatz, so teilt er dies der gemäß Artikel 37 benannten zuständigen Behörde mit.

(9) Unbeschadet des Rechts eines Nutzers, jederzeit vor einem Gericht eines Mitgliedstaats Rechtsmittel einzulegen, kann die Entscheidung eines Dateninhabers, die Weitergabe von Daten gemäß den Absätzen 7 und 8 abzulehnen, zu verweigern oder auszusetzen, von einem Nutzer angefochten werden, indem er

a) gemäß Artikel 37 Absatz 5 Buchstabe b eine Beschwerde bei der zuständigen Behörde einreicht, die unverzüglich entscheidet, ob und unter welchen Bedingungen die Weitergabe der Daten beginnt oder wieder aufgenommen wird, oder

b) mit dem Dateninhaber vereinbart, gemäß Artikel 10 Absatz 1 eine Streitbeilegungsstelle mit der Angelegenheit zu befassen.

(10) Der Nutzer darf die aufgrund eines Verlangens nach Absatz 1 erlangten Daten weder zur Entwicklung eines vernetzten Produkts nutzen, das mit dem vernetzten Produkt, von dem die Daten stammen, im Wettbewerb steht, noch darf er diese Daten mit dieser Absicht an einen Dritten weitergeben oder nutzen, um Einblicke in die wirtschaftliche Lage, die Vermögenswerte und die Produktionsmethoden des Herstellers oder gegebenenfalls des Dateninhabers zu erlangen.

(11) Der Nutzer darf keine Zwangsmittel einsetzen oder Lücken in der zum Schutz der Daten bestehenden technischen Infrastruktur eines Dateninhabers ausnutzen, um Zugang zu Daten zu erlangen.

(12) Handelt es sich bei dem Nutzer nicht um die betroffene Person, deren personenbezogene Daten verlangt werden, so darf der Dateninhaber personenbezogene Daten, die bei der Nutzung eines vernetzten Produktes oder verbundenen Dienstes generiert werden, dem Nutzer nur dann bereitstellen, wenn es für die Verarbeitung eine gültige Rechtsgrundlage gemäß Artikel 6 der Verordnung (EU) 2016/679[1)] gibt und gegebenenfalls die Bedingungen des Artikels 9 jener Verordnung sowie des Artikels 5 Absatz 3 der Richtlinie 2002/58/EG[2)] erfüllt sind.

(13) [1] Der Dateninhaber darf ohne Weiteres verfügbare Daten, bei denen es sich um nicht-personenbezogene Daten handelt, nur auf der Grundlage eines Vertrags mit dem Nutzer nutzen. [2] Der Dateninhaber darf solche Daten nicht

1) Nr. 1.
2) Nr. 3.

verwenden, um daraus Einblicke in die wirtschaftliche Lage, Vermögenswerte und Produktionsmethoden des Nutzers oder in die Nutzung durch den Nutzer auf jegliche andere Art, die die gewerbliche Position dieses Nutzers auf Märkten, auf denen dieser tätig ist, untergraben könnte, zu erlangen.

(14) [1]Dateninhaber dürfen nicht-personenbezogene Produktdaten Dritten zu keinen anderen kommerziellen oder nichtkommerziellen Zwecken als zur Erfüllung ihres Vertrags mit dem Nutzer bereitstellen. [2]Gegebenenfalls werden Dritte von Dateninhabern vertraglich verpflichtet, die von ihnen erhaltenen Daten nicht erneut weiterzugeben.

Art. 5 Recht des Nutzers auf Weitergabe von Daten an Dritte.

(1) [1]Auf Verlangen eines Nutzers oder einer im Namen eines Nutzers handelnden Partei stellt der Dateninhaber einem Dritten ohne Weiteres verfügbare Daten sowie die für die Auslegung und Nutzung dieser Daten erforderlichen Metadaten unverzüglich, für den Nutzer unentgeltlich, in derselben Qualität, die dem Dateninhaber zur Verfügung steht, einfach, sicher, für den Nutzer unentgeltlich, in einem umfassenden, strukturierten, gängigen und maschinenlesbaren Format und, soweit relevant und technisch durchführbar, kontinuierlich und in Echtzeit bereit. [2]Die Daten werden durch den Dateninhaber für den Dritten gemäß den Artikeln 8 und 9 bereitgestellt.

(2) Absatz 1 gilt nicht für ohne Weiteres verfügbare Daten im Zusammenhang mit der Prüfung neuer vernetzter Produkte, Stoffe oder Verfahren, die noch nicht in Verkehr gebracht werden, es sei denn, ihre Verwendung durch Dritte ist vertraglich genehmigt.

(3) Ein Unternehmen, das gemäß Artikel 3 der Verordnung (EU) 2022/1925[1)] als Torwächter benannt wurde, gilt nicht als im Sinne des vorliegenden Artikels zugelassener Dritter und ist daher nicht berechtigt,

a) einen Nutzer dazu aufzufordern oder durch geschäftliche Anreize in irgendeiner Weise, auch durch eine finanzielle oder sonstige Gegenleistung, dafür zu gewinnen, Daten, die vom Nutzer aufgrund eines Verlangens nach Artikel 4 Absatz 1 erlangt wurden, für einen seiner Dienste bereitzustellen;

b) einen Nutzer dazu aufzufordern oder durch geschäftliche Anreize dafür zu gewinnen, vom Dateninhaber zu verlangen, gemäß Absatz 1 dieses Artikels Daten für einen seiner Dienste bereitzustellen;

c) von einem Nutzer Daten zu erhalten, die der Nutzer aufgrund eines Verlangens nach Artikel 4 Absatz 1 erlangt hat.

(4) [1]Für die Zwecke der Überprüfung, ob eine natürliche oder juristische Person für die Zwecke von Absatz 1 als Nutzer oder als Dritter einzustufen ist, werden vom Dateninhaber oder Dritten keine Informationen verlangt, die über das erforderliche Maß hinausgehen. [2]Die Dateninhaber bewahren keine Informationen über den Zugang des Dritten zu den verlangten Daten auf, die über das hinausgehen, was für die ordnungsgemäße Ausführung des Zugangsverlangens des Dritten und für die Sicherheit und Pflege der Dateninfrastruktur erforderlich ist.

(5) Der Dritte darf keine Zwangsmittel verwenden oder Lücken in der zum Schutz der Daten bestehenden technischen Infrastruktur des Dateninhabers ausnutzen, um Zugang zu Daten zu erlangen.

[1)] Nr. **6**.

(6) Der Dateninhaber darf ohne Weiteres verfügbare Daten nicht verwenden, um daraus Einblicke in die wirtschaftliche Lage, Vermögenswerte und Produktionsmethoden des Dritten oder in die Nutzung durch den Dritten auf jegliche andere Art, die die gewerbliche Position des Dritten auf den Märkten, auf denen dieser tätig ist, untergraben könnte, zu erlangen, es sei denn, der Dritte hat eine solche Nutzung genehmigt und hat die technische Möglichkeit, diese Genehmigung jederzeit einfach zu widerrufen.

(7) Handelt es sich bei dem Nutzer nicht um die betroffene Person, deren personenbezogene Daten verlangt werden, so dürfen personenbezogene Daten, die bei der Nutzung eines vernetzten Produktes oder verbundenen Dienstes generiert werden, nur dann vom Dateninhaber dem Dritten bereitgestellt werden, wenn es für die Verarbeitung eine gültige Rechtsgrundlage gemäß Artikel 6 der Verordnung (EU) 2016/679[1)] gibt und gegebenenfalls die Bedingungen des Artikels 9 jener Verordnung sowie des Artikels 5 Absatz 3 der Richtlinie 2002/58/EG[2)] erfüllt sind.

(8) Die Ausübung der Rechte der betroffenen Person gemäß der Verordnung (EU) 2016/679 und insbesondere des Rechts auf Datenübertragbarkeit gemäß Artikel 20 jener Verordnung darf durch Versäumnisse seitens des Dateninhabers oder des Dritten, Vorkehrungen für die Übermittlung der Daten zu treffen, nicht behindert, verhindert oder beeinträchtigt werden.

(9) [1] Geschäftsgeheimnisse werden gewahrt und Dritten gegenüber nur insoweit offengelegt, als diese Offenlegung für den zwischen dem Nutzer und dem Dritten vereinbarten Zweck unbedingt erforderlich ist. [2] Der Dateninhaber oder, wenn sie nicht dieselbe Person sind, der Inhaber des Geschäftsgeheimnisses ermittelt, auch in den relevanten Metadaten, die als Geschäftsgeheimnisse geschützten Daten und vereinbart mit dem Dritten alle angemessenen technischen und organisatorischen Maßnahmen, die erforderlich sind, um die Vertraulichkeit der weitergegebenen Daten zu wahren; dies gilt etwa für Mustervertragsklauseln, Vertraulichkeitsvereinbarungen, strenge Zugangsprotokolle, technische Normen und die Anwendung von Verhaltenskodizes.

(10) [1] Wenn keine Einigung über die in Absatz 9 des vorliegenden Artikels genannten erforderlichen Maßnahmen erzielt wird oder wenn von dem Dritten die gemäß Absatz 9 des vorliegenden Artikels vereinbarten Maßnahmen nicht umgesetzt werden oder die Vertraulichkeit der Geschäftsgeheimnisse verletzt wird, kann der Dateninhaber die Weitergabe von Daten, die als Geschäftsgeheimnisse ermittelt wurden, verweigern oder gegebenenfalls aussetzen. [2] Die Entscheidung des Dateninhabers ist ordnungsgemäß zu begründen und dem Dritten unverzüglich schriftlich mitzuteilen. [3] In solchen Fällen teilt der Dateninhaber der gemäß Artikel 37 benannten zuständigen Behörde mit, dass er die Weitergabe von Daten verweigert oder ausgesetzt hat, und gibt an, welche Maßnahmen nicht vereinbart oder umgesetzt wurden und bei welchen Geschäftsgeheimnissen die Vertraulichkeit verletzt wurde.

(11) [1] Wenn unter außergewöhnlichen Umständen der Dateninhaber, der Inhaber eines Geschäftsgeheimnisses ist, nachweisen kann, dass er trotz der vom Dritten gemäß Absatz 9 des vorliegenden Artikels getroffenen technischen und organisatorischen Maßnahmen mit hoher Wahrscheinlichkeit einen schweren wirtschaftlichen Schaden durch eine Offenlegung von Geschäftsgeheimnissen

---

1) Nr. **1**.
2) Nr. **3**.

erleiden wird, kann er das Datenzugangsverlangen für die betreffenden speziellen Daten im Einzelfall ablehnen. [2]Dieser Nachweis ist auf der Grundlage objektiver Fakten, insbesondere der Durchsetzbarkeit des Schutzes von Geschäftsgeheimnissen in Drittländern, der Art und des Grads der Vertraulichkeit der verlangten Daten sowie der Einzigartigkeit und Neuartigkeit des vernetzten Produkts hinreichend zu begründen und Dritten unverzüglich schriftlich vorzulegen. [3]Verweigert der Dateninhaber die Weitergabe von Daten gemäß diesem Absatz, so teilt er dies der gemäß Artikel 37 benannten zuständigen Behörde mit.

(12) Unbeschadet des Rechts Dritter, jederzeit vor einem Gericht eines Mitgliedstaats Rechtsmittel einzulegen, kann ein Dritter, der eine Entscheidung des Dateninhabers, die Weitergabe von Daten gemäß den Absätzen 10 und 11 abzulehnen, zu verweigern oder auszusetzen, anfechten möchte:

a) gemäß Artikel 37 Absatz 5 Buchstabe b eine Beschwerde bei der zuständigen Behorde einreichen, die unverzüglich entscheidet, ob und unter welchen Bedingungen die Weitergabe der Daten beginnt oder wieder aufgenommen wird, oder

b) mit dem Dateninhaber vereinbaren, gemäß Artikel 10 Absatz 1 eine Streitbeilegungsstelle mit der Angelegenheit zu befassen.

(13) Das Recht gemäß Absatz 1 darf die Rechte betroffener Personen gemäß dem geltenden Unionsrecht und nationalen Recht über den Schutz personenbezogener Daten nicht beeinträchtigen.

Art. 6 Pflichten Dritter, die Daten auf Verlangen des Nutzers erhalten.

(1) [1]Ein Dritter verarbeitet die ihm nach Artikel 5 bereitgestellten Daten nur zu den Zwecken und unter den Bedingungen, die er mit dem Nutzer vereinbart hat und gemäß dem geltenden Unionsrecht und nationalen Recht über den Schutz personenbezogener Daten, einschließlich der Rechte der betroffenen Person, soweit personenbezogene Daten betroffen sind. [2]Der Dritte löscht die Daten, sobald sie für den vereinbarten Zweck nicht mehr benötigt werden, sofern mit dem Nutzer in Bezug auf nicht-personenbezogene Daten nichts anderes vereinbart wurde.

(2) Dem Dritten ist untersagt,

a) den Nutzern die Ausübung ihrer Wahlmöglichkeiten oder ihrer Rechte gemäß Artikel 5 und dem vorliegenden Artikel übermäßig zu erschweren, auch nicht, indem er den Nutzern Wahlmöglichkeiten auf nicht neutrale Weise anbietet, oder die Nutzer in irgendeiner Weise zwingt, täuscht oder manipuliert oder – auch mittels einer digitalen Benutzerschnittstelle oder eines Teils davon – die Autonomie, Entscheidungsfähigkeit oder Wahlmöglichkeiten des Nutzers zu untergraben oder zu beeinträchtigen;

b) unbeschadet des Artikels 22 Absatz 2 Buchstaben a und c der Verordnung (EU) 2016/679[1)], die erhaltenen Daten für das Profiling zu nutzen, es sei denn, dies ist erforderlich, um den vom Nutzer gewünschten Dienst zu erbringen;

c) die erhaltenen Daten einem anderen Dritten bereitzustellen, es sei denn, die Daten werden auf der Grundlage eines Vertrags mit dem Nutzer bereitgestellt, und vorausgesetzt, der andere Dritte trifft alle zwischen dem Daten-

---

[1)] Nr. **1**.

inhaber und dem Dritten vereinbarten Maßnahmen, die erforderlich sind, um die Vertraulichkeit von Geschäftsgeheimnissen zu wahren;

d) die erhaltenen Daten einem Unternehmen, das gemäß Artikel 3 der Verordnung (EU) 2022/1925[1] als Torwächter benannt wurde, bereitzustellen;

e) die erhaltenen Daten zu nutzen, um ein Produkt zu entwickeln, das mit dem vernetzten Produkt, von dem die Daten stammen, im Wettbewerb steht, oder die Daten zu diesem Zweck an einen anderen Dritten weiterzugeben. Dritten ist ferner untersagt, ihnen bereitgestellte nicht-personenbezogene Produktdaten oder verbundene Dienstdaten zu nutzen, um Einblicke in die wirtschaftliche Lage, die Vermögenswerte und die Produktionsmethoden des Dateninhabers oder die Nutzung durch den Dateninhaber zu gewinnen;

f) die erhaltenen Daten in einer Weise zu verwenden, die nachteilige Auswirkungen auf die Sicherheit des vernetzten Produkts oder des verbundenen Dienstes haben;

g) die mit dem Dateninhaber oder dem Inhaber der Geschäftsgeheimnisse gemäß Artikel 5 Absatz 9 vereinbarten Maßnahmen zu missachten und die Vertraulichkeit von Geschäftsgeheimnissen zu untergraben;

h) den Nutzer, bei dem es sich um einen Verbraucher handelt, daran zu hindern – einschließlich auf der Grundlage eines Vertrags –, die erhaltenen Daten anderen Parteien bereitzustellen.

Art. 7 Umfang der Pflichten zur Datenweitergabe von Unternehmen an Verbraucher und zwischen Unternehmen. (1) *[1]* Die Pflichten nach diesem Kapitel gelten nicht für Daten, die bei der Nutzung von vernetzten Produkten generiert werden, die von einem Kleinstunternehmen oder einem Kleinunternehmen hergestellt oder konzipiert werden oder die bei der Nutzung von verbundenen Diensten generiert werden, die von einem solchen Unternehmen erbracht werden, sofern dieses Unternehmen kein Partnerunternehmen oder kein verbundenes Unternehmen im Sinne des Artikels 3 des Anhangs der Empfehlung 2003/361/EG hat, das nicht als Kleinstunternehmen oder Kleinunternehmen gilt, und sofern das Kleinstunternehmen oder Kleinunternehmen nicht als Unterauftragnehmer mit der Herstellung oder der Konzeption eines vernetzten Produkts oder der Erbringung eines verbundenen Dienstes beauftragt wurde.

[2] Das Gleiche gilt für Daten, die durch die Nutzung von vernetzten Produkten generiert werden, die von einem Unternehmen hergestellt werden, das seit weniger als einem Jahr als mittleres Unternehmen Sinne des Artikels 2 des Anhangs der Empfehlung 2003/361/EG eingestuft ist, oder für verbundene Dienste, die von einem solchen Unternehmen erbracht werden, und für vernetzten Produkte für ein Jahr nach dem Zeitpunkt ihres Inverkehrbringens durch ein mittleres Unternehmen.

(2) Vertragsklauseln, die zum Nachteil des Nutzers die Anwendung der Rechte des Nutzers nach diesem Kapitel ausschließen, davon abweichen oder die Wirkung dieser Rechte abändern, sind für den Nutzer nicht bindend.

---

[1] Nr. **6**.

Kapitel III. Pflichten der Dateninhaber, die gemäß dem Unionsrecht verpflichtet sind, Daten bereitzustellen

Art. 8 Bedingungen, unter denen Dateninhaber Datenempfängern Daten bereitstellen. (1) Ist im Rahmen von Geschäftsbeziehungen zwischen Unternehmen ein Dateninhaber nach Artikel 5 oder nach anderem anwendbaren Unionsrecht oder nach im Einklang mit dem Unionsrecht erlassenen nationalen Recht verpflichtet, einem Datenempfänger Daten bereitzustellen, so vereinbart er mit einem Datenempfänger die Ausgestaltung für die Bereitstellung der Daten und stellt diese zu fairen, angemessenen und nichtdiskriminierenden Bedingungen und in transparenter Weise im Einklang mit dem vorliegenden Kapitel und dem Kapitel IV bereit.

(2) Eine Vertragsklausel in Bezug auf den Datenzugang und die Datennutzung oder die Haftung und Rechtsbehelfe bei Verletzung oder Beendigung datenbezogener Pflichten ist nicht bindend, wenn sie eine missbräuchliche Vertragsklausel im Sinne des Artikels 13 darstellt oder wenn sie zum Nachteil des Nutzers die Ausübung der Rechte des Nutzers nach Kapitel II ausschließt, davon abweicht oder deren Wirkung abändert.

(3) [1]Ein Dateninhaber darf in Bezug auf die Modalitäten der Bereitstellung von Daten nicht zwischen vergleichbaren Kategorien von Datenempfängern, einschließlich Partnerunternehmen oder verbundenen Unternehmen, diskriminieren. [2]Ist ein Datenempfänger der Ansicht, dass die Bedingungen, unter denen ihm Daten bereitgestellt werden, diskriminierend sind, so stellt der Dateninhaber dem Datenempfänger auf dessen begründetes Ersuchen unverzüglich Informationen bereit, aus denen hervorgeht, dass keine Diskriminierung vorliegt.

(4) Daten dürfen einem Datenempfänger vom Dateninhaber – auch exklusiv – nur dann bereitgestellt werden, wenn der Nutzer dies gemäß Kapitel II verlangt hat.

(5) Dateninhaber und Datenempfänger müssen keine Informationen herausgeben, die über das hinausgehen, was erforderlich ist, um die Einhaltung der für die Datenbereitstellung vereinbarten Mustervertragsklauseln oder die Erfüllung ihrer Pflichten aus dieser Verordnung oder aus anderem anwendbaren Unionsrecht oder aus im Einklang mit Unionsrecht erlassenen nationalen Recht zu überprüfen.

(6) Eine Pflicht, einem Datenempfänger Daten bereitzustellen, verpflichtet nicht zur Offenlegung von Geschäftsgeheimnissen, es sei denn, im Unionsrecht, einschließlich des Artikels 4 Absatz 6 und des Artikels 5 Absatz 9 der vorliegenden Verordnung, oder in im Einklang mit Unionsrecht erlassenen nationalen Rechtsvorschriften ist etwas anderes vorgesehen.

Art. 9 Gegenleistung für die Bereitstellung von Daten. (1) Jede Gegenleistung, die zwischen einem Dateninhaber und einem Datenempfänger für die Bereitstellung von Daten im Rahmen von Geschäftsbeziehungen zwischen Unternehmen vereinbart wird, muss diskriminierungsfrei und angemessen sein, und darf eine Marge enthalten.

(2) Bei der Einigung auf eine Gegenleistung berücksichtigen der Dateninhaber und der Datenempfänger insbesondere Folgendes:

a) angefallene Kosten für die Bereitstellung der Daten, einschließlich insbesondere der notwendigen Kosten für die Formatierung der Daten, die Verbreitung auf elektronischem Wege und die Speicherung;

b) gegebenenfalls Investitionen in die Erhebung und Generierung von Daten, wobei berücksichtigt wird, ob andere Parteien zur Beschaffung, Generierung oder Erhebung der betreffenden Daten beigetragen haben.

(3) Die in Absatz 1 genannte Gegenleistung kann auch von Umfang, Format und Art der Daten abhängen.

(4) Ist der Datenempfänger ein KMU oder eine gemeinnützige Forschungseinrichtung und hat der betreffende Datenempfänger keine Partnerunternehmen oder verbundenen Unternehmen, die nicht als KMU gelten, so darf eine Gegenleistung die in Absatz 2 Buchstabe a aufgeführten Kosten nicht übersteigen.

(5) Die Kommission erlässt Leitlinien für die Berechnung einer angemessenen Gegenleistung unter Berücksichtigung des Rates des in Artikel 42 genannten Europäischen Dateninnovationsrates (EDIB).

(6) Dieser Artikel steht dem nicht entgegen, dass Unionsrecht oder im Einklang mit Unionsrecht erlassene nationale Rechtsvorschriften eine Gegenleistung für die Bereitstellung von Daten ausschließen oder eine geringere Gegenleistung vorsehen.

(7) Der Dateninhaber stellt dem Datenempfänger Informationen bereit, in denen die Grundlage für die Berechnung der Gegenleistung so detailliert dargelegt ist, dass der Datenempfänger beurteilen kann, ob die Anforderungen der Absätze 1 bis 4 erfüllt sind.

Art. 10 Streitbeilegung. (1) Nutzer, Dateninhaber und Datenempfänger haben Zugang zu einer gemäß Absatz 5 des vorliegenden Artikels zertifizierten Streitbeilegungsstelle für die Beilegung von Streitigkeiten nach Artikel 4 Absatz 3 und Absatz 9 und Artikel 5 Absatz 12 sowie Streitigkeiten im Zusammenhang mit den fairen, angemessenen und nichtdiskriminierenden Bedingungen für die Bereitstellung von Daten und die transparente Art und Weise der Bereitstellung von Daten gemäß dem vorliegenden Kapitel und Kapitel IV.

(2) Die Streitbeilegungsstellen teilen den betroffenen Parteien die Entgelte oder die zur Festsetzung der Entgelte verwendeten Methoden mit, bevor diese Parteien eine Entscheidung beantragen.

(3) [1] Bei Streitigkeiten, die einer Streitbeilegungsstelle nach Artikel 4 Absatz 3 zugewiesen wurden, gilt, wenn die Streitbeilegungsstelle eine Streitigkeit zugunsten des Nutzers oder Datenempfängers entscheidet, dass der Dateninhaber alle von der Streitbeilegungsstelle erhobenen Gebühren trägt und dem betreffenden Nutzer oder Datenempfänger alle sonstigen angemessenen Ausgaben, die diesem im Zusammenhang mit der Streitbeilegung entstanden sind, erstattet. [2] Entscheidet die Streitbeilegungsstelle eine Streitigkeit zugunsten des Dateninhabers, so ist der Nutzer oder der Datenempfänger nicht verpflichtet, Gebühren oder sonstige Kosten zu erstatten, die der Dateninhaber im Zusammenhang mit der Streitbeilegung gezahlt hat oder zu zahlen hat, es sei denn, die Streitbeilegungsstelle stellt fest, dass der Nutzer oder der Datenempfänger offensichtlich bösgläubig gehandelt hat.

(4) Kunden und Anbieter von Datenverarbeitungsdiensten haben Zugang zu einer Streitbeilegungsstelle, die gemäß Absatz 5 des vorliegenden Artikels

zugelassen ist, um Streitigkeiten im Zusammenhang mit Verletzungen der Rechte der Kunden und der Pflichten der Anbieter von Datenverarbeitungsdiensten entsprechend Artikeln 23 bis 31 beizulegen.

(5) Der Mitgliedstaat, in dem die Streitbeilegungsstelle niedergelassen ist, lässt diese Stelle auf deren Antrag hin zu, nachdem sie nachgewiesen hat, dass sie alle folgenden Bedingungen erfüllt:

a) Sie ist unparteiisch und unabhängig und trifft ihre Entscheidungen nach klaren, diskriminierungsfreien und fairen Verfahrensregeln;

b) sie verfügt über das erforderliche Fachwissen, insbesondere in Bezug auf faire, angemessene und nichtdiskriminierende Bedingungen, einschließlich Gegenleistungen, über die transparente Bereitstellung von Daten, die es ihr ermöglicht, diese Bedingungen effektiv festzulegen;

c) sie ist über elektronische Kommunikationsmittel leicht erreichbar;

d) sie ist in der Lage, ihre Entscheidungen rasch, effizient und kostengünstig in mindestens einer Amtssprache der Union zu erlassen.

(6) [1]Die Mitgliedstaaten teilen der Kommission die nach Absatz 5 zugelassenen Streitbeilegungsstellen mit. [2]Die Kommission veröffentlicht auf einer eigens hierfür eingerichteten Website eine Liste dieser Stellen und hält diese auf dem neuesten Stand.

(7) Eine Streitbeilegungsstelleverweigert die Bearbeitung eines Streitbeilegungsantrags, der bereits bei einer anderen Streitbeilegungsstelle oder einem Gericht eines Mitgliedstaats eingereicht wurde.

(8) [1]Eine Streitbeilegungsstelle bietet den Parteien die Möglichkeit, sich innerhalb einer angemessenen Frist zu den Angelegenheiten zu äußern, in denen sich diese Parteien an die betreffende Stelle gewandt haben. [2]In diesem Zusammenhang werden jeder Partei die Schriftsätze der anderen Partei und etwaige Erklärungen von Sachverständigen bereitgestellt. [3]Den Parteien wird die Möglichkeit geboten, zu diesen Schriftsätzen und Erklärungen Stellung zu nehmen.

(9) [1]Eine Streitbeilegungsstelle entscheidet in einer Angelegenheit, die ihr vorgelegt wird, spätestens 90 Tage nach Erhalt eines Antrags gemäß den Absätzen 1 bis 4. [2]Diese Entscheidung erfolgt schriftlich oder auf einem dauerhaften Datenträger und wird mit einer Begründung versehen.

(10) [1]Die Streitbeilegungsstellen erstellen und veröffentlichen jährliche Tätigkeitsberichte. [2]Diese Jahresberichte müssen insbesondere die folgenden allgemeinen Angaben umfassen:

a) eine Zusammenstellung der Ergebnisse von Streitigkeiten;

b) den durchschnittlichen Zeitaufwand für die Lösung von Streitigkeiten;

c) die häufigsten Gründe für Streitigkeiten.

(11) Um den Austausch von Informationen und bewährten Verfahren zu erleichtern, kann eine Streitbeilegungsstelle beschließen, in den in Absatz 10 genannten Bericht Empfehlungen dazu aufzunehmen, wie Probleme zu vermeiden oder zu beheben sind.

(12) Die Entscheidung einer Streitbeilegungsstelle ist für die Parteien nur dann bindend, wenn die Parteien vor Beginn des Streitbeilegungsverfahrens dem bindenden Charakter ausdrücklich zugestimmt haben.

(13) Dieser Artikel berührt nicht das Recht der Parteien, wirksame Rechtsmittel bei einem Gericht eines Mitgliedstaats einzulegen.

Art. 11 Technische Schutzmaßnahmen über die unbefugte Nutzung oder Offenlegung von Daten. (1) [1] Ein Dateninhaber kann geeignete technische Schutzmaßnahmen, einschließlich intelligenter Verträge und Verschlüsselung, anwenden, um den unbefugten Zugang zu Daten, einschließlich Metadaten, zu verhindern und die Einhaltung der Artikel 5, 6, 8 und 9 sowie der für die Datenbereitstellung vereinbarten Mustervertragsklauseln sicherzustellen. [2] Bei solchen technischen Schutzmaßnahmen dürfen weder Datenempfänger unterschiedlich behandelt werden noch dürfen Nutzer an der Ausübung ihres Rechts, eine Kopie der Daten zu erhalten, Daten abzurufen, zu verwenden oder auf diese zuzugreifen oder Dritten nach Artikel 5 Daten bereitzustellen, oder Dritte an der Ausübung ihrer Rechte nach dem Unionsrecht oder den nationalen Rechtsvorschriften, die im Einklang mit dem Unionsrecht angenommen wurden, gehindert werden. [3] Nutzer, Dritte und Datenempfänger dürfen solche technischen Schutzmaßnahmen nur ändern oder aufheben, wenn der Dateninhaber dem zugestimmt hat.

(2) Unter den in Absatz 3 genannten Umständen kommt der Dritte oder der Datenempfänger den Aufforderungen des Dateninhabers und gegebenenfalls des Inhabers des Geschäftsgeheimnisses – wenn es sich nicht um dieselbe Person handelt – oder des Nutzers unverzüglich nach:

a) die vom Dateninhaber bereitgestellten Daten und alle etwaigen Kopien davon zu löschen;
b) das Herstellen, Anbieten, Inverkehrbringen oder Verwenden von Waren, abgeleiteten Daten oder Dienstleistungen, die auf den mit den Daten erlangten Kenntnissen beruhen, oder das Einführen, Ausführen oder Lagern von in diesem Sinne rechtsverletzenden Waren einzustellen und alle rechtsverletzenden Waren zu vernichten, wenn die ernsthafte Gefahr besteht, dass die unrechtmäßige Verwendung dieser Daten dem Dateninhaber, dem Inhaber des Geschäftsgeheimnisses oder dem Nutzer einen erheblichen Schaden zufügt, bzw. sofern eine solche Maßnahme im Hinblick auf die Interessen des Dateninhabers, des Inhabers des Geschäftsgeheimnisses oder des Nutzers nicht unverhältnismäßig wäre;
c) den Nutzer über die unbefugte Nutzung oder Offenlegung der Daten und über die Maßnahmen, die ergriffen wurden, um die unbefugte Nutzung oder Offenlegung der Daten zu unterbinden, zu unterrichten;
d) die Partei, die durch den Missbrauch oder die Offenlegung dieser unrechtmäßig abgerufenen oder genutzten Daten geschädigt wurde, zu entschädigen.

(3) Absatz 2 findet Anwendung, wenn ein Dritter oder ein Datenempfänger

a) zwecks Erlangung der Daten einem Dateninhaber falsche Informationen gegeben, Täuschungs- oder Zwangsmittel eingesetzt oder Lücken in der zum Schutz der Daten bestehenden technischen Infrastruktur der Daten missbraucht hat,
b) die bereitgestellten Daten für nicht genehmigte Zwecke, einschließlich der Entwicklung eines konkurrierenden vernetzten Produkts im Sinne von Artikel 6 Absatz 2 Buchstabe e, genutzt hat,
c) unrechtmäßig Daten an eine andere Partei weitergegeben hat,

d) die gemäß Artikel 5 Absatz 9 vereinbarten technischen und organisatorischen Maßnahmen nicht aufrechterhalten hat oder

e) die vom Dateninhaber gemäß Absatz 1 des vorliegenden Artikels angewandten technischen Schutzmaßnahmen ohne Zustimmung des Dateninhabers verändert oder aufgehoben hat.

(4) Absatz 2 gilt ebenfalls, wenn ein Nutzer die vom Dateninhaber angewandten technischen Schutzmaßnahmen ändert oder aufhebt oder die vom Nutzer im Einvernehmen mit dem Dateninhaber oder, wenn sie nicht dieselbe Person sind, dem Inhaber des Geschäftsgeheimnisses getroffenen technischen und organisatorischen Maßnahmen zur Wahrung von Geschäftsgeheimnissen nicht aufrechterhält, sowie für jede andere Partei, die die Daten von dem Nutzer unter Verstoß gegen diese Verordnung erhält.

(5) Hat der Datenempfänger gegen Artikel 6 Absatz 2 Buchstabe a oder b verstoßen, so haben die Nutzer dieselben Rechte wie Dateninhaber gemäß Absatz 2 des vorliegenden Artikels.

Art. 12 Umfang der Pflichten der Dateninhaber, die nach dem Unionsrecht verpflichtet sind, Daten bereitzustellen. (1) Dieses Kapitel gilt, wenn ein Dateninhaber im Rahmen von Geschäftsbeziehungen zwischen Unternehmen nach Artikel 5 oder nach geltendem Unionsrecht oder nach im Einklang mit Unionsrecht erlassenen nationalen Rechtsvorschriften verpflichtet ist, einem Datenempfänger Daten bereitzustellen.

(2) Eine Vertragsklausel in einer Datenweitergabevereinbarung, die zum Nachteil einer Partei oder gegebenenfalls zum Nachteil des Nutzers die Anwendung dieses Kapitels ausschließt, davon abweicht oder seine Wirkung abändert, ist für diese Partei nicht bindend.

Kapitel IV. Missbräuchliche Vertragsklauseln in Bezug auf den Datenzugang und die Datennutzung zwischen Unternehmen

Art. 13 Missbräuchliche Vertragsklauseln, die einem anderen Unternehmen einseitig auferlegt werden. (1) Vertragsklauseln in Bezug auf den Datenzugang und die Datennutzung oder die Haftung und Rechtsbehelfe bei Verletzung oder Beendigung datenbezogener Pflichten, die ein Unternehmen einem anderen Unternehmen einseitig auferlegt, sind für letzteres Unternehmen nicht bindend, wenn sie missbräuchlich sind.

(2) Wenn Vertragsklauseln zwingenden Bestimmungen des Unionsrechts oder bei Fehlen von Vertragsklauseln zur Regelung der Angelegenheit geltenden Bestimmungen des Unionsrechts entsprechen, gelten sie nicht als missbräuchlich.

(3) Vertragsklauseln sind missbräuchlich, wenn ihre Anwendung eine grobe Abweichung von der guten Geschäftspraxis bei Datenzugang und Datennutzung darstellt oder gegen das Gebot von Treu und Glauben verstößt.

(4) Eine Vertragsklausel gilt insbesondere dann als missbräuchlich im Sinne des Absatzes 3, wenn sie Folgendes bezweckt oder bewirkt:

a) den Ausschluss oder die Beschränkung der Haftung der Partei, die die Klausel einseitig auferlegt hat, für vorsätzliche oder grob fahrlässige Handlungen;

b) den Ausschluss der Rechtsbehelfe, die der Partei, der die Klausel einseitig auferlegt wurde, bei Nichterfüllung von Vertragspflichten zur Verfügung stehen, oder den Ausschluss der Haftung der Partei, die die Klausel einseitig auferlegt hat, bei einer Verletzung dieser Pflichten;

c) das ausschließliche Recht der Partei, die die Klausel einseitig auferlegt hat, zu bestimmen, ob die gelieferten Daten vertragsgemäß sind, oder Vertragsklauseln auszulegen.

(5) *[1]* Eine Vertragsklausel gilt als missbräuchlich im Sinne des Absatzes 3, wenn sie Folgendes bezweckt oder bewirkt:

a) eine unangemessene Beschränkung der Rechtsmittel bei Nichterfüllung von Vertragspflichten oder der Haftung bei einer Verletzung dieser Pflichten oder eine Erweiterung der Haftung des Unternehmens, dem die Klausel einseitig auferlegt wurde;

b) das Recht der Partei, die die Klausel einseitig auferlegt hat, auf Zugang zu Daten der anderen Vertragspartei und deren Nutzung in einer Weise, die den berechtigten Interessen der anderen Vertragspartei erheblich schadet, insbesondere, wenn diese Daten sensible Geschäftsdaten enthalten oder durch das Geschäftsgeheimnis oder durch Rechte des geistigen Eigentums geschützt sind;

c) die Hinderung der Partei, der die Klausel einseitig auferlegt wurde, daran, die von ihr während der Vertragslaufzeit bereitgestellten oder generierten Daten zu nutzen, oder eine Beschränkung der Nutzung dieser Daten insofern, als diese Partei nicht berechtigt ist, diese Daten in angemessener Weise zu nutzen, zu erfassen, darauf zuzugreifen oder sie zu kontrollieren oder zu verwerten;

d) die Hinderung der Partei, der die Klausel einseitig auferlegt wurde, daran, die Vereinbarung innerhalb einer angemessenen Frist zu kündigen;

e) die Hinderung der Partei, der die Klausel einseitig auferlegt wurde, daran, während der Vertragslaufzeit oder innerhalb einer angemessenen Frist nach Kündigung des Vertrags eine Kopie der von ihr bereitgestellten oder generierten Daten zu erhalten;

f) die Möglichkeit, dass die Partei, die die Klausel einseitig auferlegt hat, den Vertrag mit unangemessen kurzer Frist kündigen darf, und zwar unter Berücksichtigung jeglicher realistischen Möglichkeit für die andere Vertragspartei, zu einem anderen, vergleichbaren Dienst zu wechseln, und des durch die Kündigung verursachten finanziellen Nachteils, außer bei Vorliegen schwerwiegender Gründe;

g) die Möglichkeit, dass die Partei, die die Klausel einseitig auferlegt hat, den vertraglich vereinbarten Preis oder eine andere wesentliche Bedingung in Bezug auf Art, Format, Qualität oder Menge der weiterzugebenden Daten ohne eine im Vertrag spezifizierte stichhaltige Begründung wesentlich abändert, ohne dass der anderen Partei das Recht eingeräumt wird, den Vertrag im Falle einer solchen Abänderung zu kündigen.

[2] Unterabsatz 1 Buchstabe g berührt nicht Klauseln, nach denen sich die Partei, die die Klausel einseitig auferlegt hat, das Recht vorbehält, die Bedingungen eines unbefristeten Vertrags einseitig zu ändern, sofern eine in diesem Vertrag spezifizierte stichhaltige Begründung vorliegt, wonach die Partei, die die Klausel einseitig auferlegt hat, verpflichtet ist, die andere Vertragspartei

innerhalb einer angemessenen Frist von solch einer beabsichtigten Änderung in Kenntnis zu setzen, und es der anderen Vertragspartei freisteht, den Vertrag im Falle einer solchen Änderung unentgeltlich zu kündigen.

(6) [1] Vertragsklauseln gelten im Sinne dieses Artikels als einseitig auferlegt, wenn sie von einer Vertragspartei eingebracht werden und die andere Vertragspartei ihren Inhalt trotz des Versuchs, hierüber zu verhandeln, nicht beeinflussen kann. [2] Die Vertragspartei, die die Vertragsklausel eingebracht hat, trägt die Beweislast dafür, dass diese Klausel nicht einseitig auferlegt wurde. [3] Die Vertragspartei, die die beanstandete Klausel eingebracht hat, kann sich nicht darauf berufen, dass es sich um eine missbräuchliche Vertragsklausel handelt.

(7) Ist die missbräuchliche Vertragsklausel von den übrigen Bedingungen des Vertrags abtrennbar, so bleiben die übrigen Vertragsklauseln bindend.

(8) Dieser Artikel gilt weder für Vertragsklauseln, in denen der Hauptgegenstand des Vertrags festgelegt wird, noch für die Angemessenheit des Preises für die als Gegenleistung weitergegebenen Daten.

(9) Die Parteien eines unter Absatz 1 fallenden Vertrags dürfen die Anwendung dieses Artikels nicht ausschließen, nicht davon abweichen und dessen Wirkungen nicht abändern.

Kapitel V. Bereitstellung von Daten für öffentliche Stellen, die Kommission, die Europäische Zentralbank und Einrichtungen der Union wegen außergewöhnlicher Notwendigkeit

Art. 14 Pflicht zur Bereitstellung von Daten wegen außergewöhnlicher Notwendigkeit. Wenn eine öffentliche Stelle, die Kommission, die Europäische Zentralbank oder eine Einrichtung der Union den Nachweis dafür erbringt, dass im Hinblick auf die Erfüllung ihrer rechtlichen Aufgaben im öffentlichen Interesse die außergewöhnliche Notwendigkeit der Nutzung bestimmter Daten – einschließlich der für die Auslegung und Nutzung dieser Daten erforderlichen betreffenden Metadaten – gemäß Artikel 15 besteht, stellen die Dateninhaber, bei denen sich diese Daten befinden und bei denen es sich um andere juristische Personen als öffentliche Stellen handelt, diese Daten auf ordnungsgemäß begründeten Antrag bereit.

Art. 15 Außergewöhnliche Notwendigkeit der Datennutzung.

(1) Die außergewöhnliche Notwendigkeit der Nutzung bestimmter Daten im Sinne dieses Kapitels ist zeitlich befristet und im Umfang begrenzt und gilt nur unter einem der folgenden Umstände als gegeben, wenn:

a) die verlangten Daten zur Bewältigung eines öffentlichen Notstands erforderlich sind und die öffentliche Stelle, die Kommission, die Europäische Zentralbank oder die Einrichtung der Union diese Daten unter gleichwertigen Bedingungen auf andere Weise nicht rechtzeitig und wirksam beschaffen kann;

b) nicht von Buchstabe a erfassten Umstände vorliegen, und nur soweit nicht-personenbezogene Daten betroffen sind, wenn

   i) eine öffentliche Stelle, die Kommission, die Europäische Zentralbank oder eine Einrichtung der Union auf der Grundlage des Unionsrechts oder des nationalen Rechts tätig wird und spezifische Daten ermittelt hat, deren Fehlen sie daran hindert, eine bestimmte im öffentlichen Interesse ausgeübte Aufgabe zu erfüllen, die rechtlich ausdrücklich vorgesehen ist, wie etwa amtliche Statistiken zu erstellen oder einen öffentlichen Notstand einzudämmen oder zu überwinden, und

ii) die öffentliche Stelle, die Kommission, die Europäische Zentralbank oder die Einrichtung der Union alle anderen ihr zur Verfügung stehenden Mittel ausgeschöpft hat, um solche Daten zu erlangen, darunter der Erwerb von nicht-personenbezogenen Daten auf dem Markt durch Angebot von Markttarifen oder die Inanspruchnahme bestehender Verpflichtungen zur Bereitstellung von Daten oder der Erlass neuer Rechtsvorschriften, die die rechtzeitige Verfügbarkeit der Daten gewährleisten könnten.

(2) Absatz 1 Buchstabe b dieses Artikels gilt nicht für Kleinstunternehmen und Kleinunternehmen.

(3) Die Verpflichtung, nachzuweisen, dass die öffentliche Stelle nicht in der Lage war, nicht-personenbezogene Daten durch den Erwerb auf dem Markt zu erhalten, gilt nicht, wenn die spezifische Aufgabe, die im öffentlichen Interesse ausgeübt wird, in der Erstellung amtlicher Statistiken besteht und der Erwerb solcher Daten nach nationalem Recht nicht zulässig ist.

Art. 16 Verhältnis zu anderen Pflichten zur Bereitstellung von Daten für öffentliche Stellen, die Kommission, die Europäische Zentralbank und Einrichtungen der Union. (1) Dieses Kapitel berührt nicht die im Unionsrecht oder im nationalen Recht festgelegten Pflichten in Bezug auf die Berichterstattung, die Erfüllung von Informationszugangsverlangen oder den Nachweis und die Überprüfung der Einhaltung rechtlicher Pflichten.

(2) [1] Dieses Kapitel gilt nicht für öffentliche Stellen, die Kommission, die Europäische Zentralbank und die Einrichtungen der Union, die Tätigkeiten zur Verhütung, Ermittlung, Aufdeckung oder Verfolgung von Straftaten oder Ordnungswidrigkeiten oder der Strafvollstreckung durchführen, oder für die Zoll- oder Steuerverwaltung. [2] Dieses Kapitel berührt nicht das anwendbare Unionsrecht und das anwendbare nationale Recht über die Verhütung, Ermittlung, Aufdeckung oder Verfolgung von Straftaten oder Ordnungswidrigkeiten oder über die Vollstreckung von Strafen oder verwaltungsrechtlichen Sanktionen oder über die Zoll- oder Steuerverwaltung.

Art. 17 Datenbereitstellungsverlangen. (1) Öffentliche Stellen, die Kommission, die Europäische Zentralbank oder Einrichtungen der Union müssen in ihren Datenverlangen nach Artikel 14

a) angeben, welche Daten, einschließlich der für die Auslegung und Nutzung dieser Daten erforderlichen relevanten Metadaten, benötigt werden;

b) nachweisen, dass die für das Bestehen einer außergewöhnlichen Notwendigkeit erforderlichen Bedingungen gemäß Artikel 15 für die Zwecke, für die die Daten verlangt werden, erfüllt sind;

c) den Zweck des Verlangens, die beabsichtigte Nutzung der verlangten Daten gegebenenfalls auch durch einen Dritten gemäß Absatz 4, und die Dauer dieser Nutzung sowie gegebenenfalls die Art und Weise erläutern, wie die Verarbeitung personenbezogener Daten der außergewöhnlichen Notwendigkeit abhelfen soll;

d) nach Möglichkeit angeben, wann die Daten von allen Parteien, die Zugang zu den Daten haben, voraussichtlich gelöscht sein werden;
e) die Wahl des Dateninhabers, an den das Verlangen gerichtet ist, begründen;
f) alle anderen öffentlichen Stellen oder die Kommission, die Europäische Zentralbank oder Einrichtungen der Union und Dritte angeben, an die die verlangten Daten voraussichtlich weitergegeben werden;
g) – falls personenbezogene Daten verlangt werden – alle technischen und organisatorischen Maßnahmen angeben, die zur Umsetzung der Datenschutzgrundsätze und erforderlichen Garantien erforderlich und verhältnismäßig sind, wie etwa die Pseudonymisierung, und ob der Dateninhaber vor der Bereitstellung der Daten eine Anonymisierung vornehmen kann;
h) die Rechtsvorschrift angeben, durch die der anfragenden öffentlichen Stelle, der Kommission, der Europäischen Union oder der Einrichtung der Union die für das Datenverlangen relevante spezifische im öffentlichen Interesse ausgeübte Aufgabe übertragen wird;
i) die Frist angeben, innerhalb deren die Daten bereitzustellen sind und die Frist gemäß Artikel 18 Absatz 2, innerhalb deren der Dateninhaber das Verlangen ablehnen oder dessen Änderung beantragen kann;
j) sich nach besten Kräften darum bemühen, zu vermeiden, dass die Erfüllung des Datenverlangens zur Haftung des Dateninhabers für Verstöße gegen das Unionsrecht oder nationales Recht führt.

(2) [1] Ein Datenverlangen nach Absatz 1 dieses Artikels muss
a) schriftlich und in klarer, prägnanter, einfacher und für den Dateninhaber verständlicher Sprache abgefasst sein,
b) genaue Angaben zur Art der verlangten Daten enthalten und sich auf die Daten beziehen, über die der Dateninhaber zum Zeitpunkt des Verlangens Kontrolle hat;
c) im Hinblick auf die Detailstufe und den Umfang der verlangten Daten sowie die Häufigkeit des Zugangs zu den verlangten Daten in einem angemessenen Verhältnis zu der außergewöhnlichen Notwendigkeit stehen und ausreichend begründet sein;
d) die rechtmäßigen Ziele des Dateninhabers unter Zusage der Gewährleistung der Wahrung von Geschäftsgeheimnissen gemäß Artikel 19 Absatz 3 und unter Berücksichtigung der Kosten und des nötigen Aufwands für die Bereitstellung der Daten achten;
e) nicht-personenbezogene Daten betreffen, und nur dann, wenn sich erweist, dass dies nicht ausreicht, um auf die außergewöhnliche Notwendigkeit der Nutzung von Daten gemäß Artikel 15 Absatz 1 Buchstabe a zu reagieren, personenbezogene Daten in pseudonymisierter Form verlangen und die technischen und organisatorischen Maßnahmen festlegen, die zum Schutz der Daten ergriffen werden;
f) dem Dateninhaber Aufschluss über die Sanktionen geben, die nach Artikel 40 von der nach Artikel 37 benannten zuständigen Behörde verhängt werden, wenn er dem Verlangen nicht nachkommt;
g) sofern das Verlangen durch eine öffentliche Stelle erfolgt, dem in Artikel 37 genannten Datenkoordinator des Mitgliedstaats, in dem die anfragende öffentliche Stelle niedergelassen ist, übermittelt werden, der das Verlangen unverzüglich online öffentlich verfügbar macht, es sei denn, die öffentliche

Stelle ist der Auffassung, dass diese Veröffentlichung eine Gefahr für die öffentliche Sicherheit darstellen würde;

h) sofern das Verlangen durch die Kommission, die Europäische Zentralbank oder eine Einrichtung der Union erfolgt, unverzüglich online verfügbar gemacht werden;

i) – falls personenbezogene Daten verlangt werden – der für die Überwachung der Anwendung der Verordnung (EU) 2016/679[1)] zuständigen Aufsichtsbehörde im Mitgliedstaat, in dem die öffentliche Stelle niedergelassen ist, unverzüglich gemeldet werden.

[2] Die Europäische Zentralbank und die Einrichtungen der Union informieren die Kommission über ihre Verlangen.

(3) [1] Eine öffentliche Stelle, die Kommission, die Europäische Zentralbank oder eine Einrichtung der Union dürfen nach diesem Kapitel erlangte Daten nicht zur Weiterverwendung im Sinne des Artikels 2 Nummer 2 der Verordnung (EU) 2022/868[2)] oder Artikel 2 Nummer 11 der Richtlinie (EU) 2019/1024 bereitstellen. [2] Die Verordnung (EU) 2022/868 und die Richtlinie (EU) 2019/1024 finden keine Anwendung auf nach diesem Kapitel erlangte von öffentlichen Stellen gehaltene Daten.

(4) [1] Durch Absatz 3 dieses Artikels wird eine öffentliche Stelle, die Kommission, die Europäische Zentralbank oder eine Einrichtung der Union nicht daran gehindert, nach diesem Kapitel erlangte Daten mit einer anderen öffentlichen Stelle oder mit der Kommission, der Europäischen Zentralbank oder einer Einrichtung der Union zwecks Wahrnehmung der in Artikel 15 genannten Aufgaben auszutauschen, wie in dem Verlangen gemäß Absatz 1 Buchstabe f des vorliegenden Artikels angegeben, oder die Daten einem Dritten bereitzustellen, wenn sie im Rahmen einer öffentlich verfügbaren Vereinbarung technische Inspektionen oder andere Aufgaben an diesen Dritten delegiert hat. [2] Die Pflichten öffentlicher Stellen gemäß Artikel 19, insbesondere die Garantien zur Wahrung der Vertraulichkeit von Geschäftsgeheimnissen, gelten auch für diese Dritten. [3] Wenn eine öffentliche Stelle, die Kommission, die Europäische Zentralbank oder eine Einrichtung der Union Daten nach diesem Absatz übermittelt oder bereitstellt, teilt sie dies dem Dateninhaber, von dem sie die Daten erhalten hat, unverzüglich mit.

(5) Ist der Dateninhaber der Ansicht, dass seine Rechte nach diesem Kapitel durch die Übermittlung oder Bereitstellung von Daten verletzt wurden, so kann er bei der nach Artikel 37 benannten zuständigen Behörde des Mitgliedstaats, in dem der Dateninhaber niedergelassen ist, Beschwerde einlegen.

(6) Die Kommission entwickelt ein Musterformular für Verlangen gemäß dem vorliegenden Artikel.

Art. 18 Erfüllung von Datenverlangen. (1) Ein Dateninhaber, der ein Datenzugangsverlangen nach diesem Kapitel erhält, stellt der anfragenden öffentlichen Stelle, der Kommission, der Europäischen Zentralbank oder einer Einrichtung der Union die Daten unverzüglich bereit, wobei die erforderlichen technischen, organisatorischen und rechtlichen Maßnahmen berücksichtigt werden.

---

1) Nr. 1.
2) Nr. 8.

(2) Unbeschadet besonderer Erfordernisse bezüglich der Verfügbarkeit von Daten, die in Unionsrecht oder nationalem Recht festgelegt sind, kann ein Dateninhaber Datenzugangsverlangen im Sinne dieses Kapitels im Falle von Daten, die zur Bewältigung eines öffentlichen Notstands erforderlich sind, unverzüglich und in jedem Fall innerhalb von fünf Arbeitstagen nach Eingang des Datenverlangens sowie in anderen Fällen einer außergewöhnlichen Notwendigkeit unverzüglich und in jedem Fall innerhalb von 30 Arbeitstagen nach Eingang des betreffenden Datenverlangens aus einem der folgenden Gründe ablehnen oder deren Änderung beantragen:

a) Der Dateninhaber hat keine Kontrolle über die verlangten Daten;
b) ein ähnliches Verlangen zu demselben Zweck wurde bereits von einer anderen öffentlichen Stelle oder von der Kommission, der Europäischen Zentralbank oder einer Einrichtung der Union gestellt, und der Dateninhaber wurde nicht gemäß Artikel 19 Absatz 1 Buchstabe c über das Löschen der Daten unterrichtet;
c) das Verlangen erfüllt nicht die Voraussetzungen nach Artikel 17 Absätze 1 und 2.

(3) Wenn der Dateninhaber das Verlangen gemäß Absatz 2 Buchstabe b ablehnt oder dessen Änderung beantragt, nennt er die öffentliche Stelle oder die Kommission, die Europäische Zentralbank oder die Einrichtung der Union, die zuvor zu demselben Zweck Daten verlangt hatte.

(4) [1] Wenn die verlangten Daten auch personenbezogene Daten enthalten, werden diese vom Dateninhaber ordnungsgemäß anonymisiert, es sei denn, zur Erfüllung des Datenzugangsverlangens einer öffentlichen Stelle, der Kommission, der Europäischen Zentralbank oder einer Einrichtung der Union ist die Offenlegung personenbezogener Daten erforderlich. [2] In diesen Fällen muss der Dateninhaber die Daten pseudonymisieren.

(5) Wenn die öffentliche Stelle, die Kommission, die Europäische Zentralbank oder die Einrichtung der Union beabsichtigt, der Ablehnung des Datenverlangens eines Dateninhabers zu widersprechen, oder wenn der Dateninhaber Einspruch gegen das Verlangen einzulegen beabsichtigt und die Angelegenheit durch eine entsprechende Änderung des Verlangens nicht beigelegt werden kann, wird die nach Artikel 37 benannte zuständige Behörde des Mitgliedstaats, in dem der Dateninhaber niedergelassen ist, mit der Angelegenheit befasst.

Art. 19 Pflichten öffentlicher Stellen, der Kommission, der Europäischen Zentralbank und der Einrichtungen der Union. (1) Eine öffentliche Stelle, die Kommission, die Europäische Zentralbank oder eine Einrichtung der Union, die Daten aufgrund eines Verlangens nach Artikel 14 erhalten hat,

a) darf die Daten nicht in einer Weise nutzen, die mit dem Zweck des Datenverlangens unvereinbar ist;
b) muss technische und organisatorische Maßnahmen getroffen haben, die die Vertraulichkeit und Integrität der verlangten Daten und die Sicherheit der Datenübermittlungen – insbesondere bei personenbezogenen Daten – wahren und die Rechte und Freiheiten der betroffenen Personen schützen;
c) muss die Daten löschen, sobald sie für den angegebenen Zweck nicht mehr erforderlich sind, und dem Dateninhaber sowie den Einzelpersonen oder Organisationen, die die Daten gemäß Artikel 21 Absatz 1 erhalten haben,

unverzüglich mitteilen, dass die Daten gelöscht worden sind, es sei denn, die Archivierung der Daten ist im Einklang mit Unionsrecht oder nationalem Recht über den Zugang der Öffentlichkeit zu Dokumenten im Rahmen der Transparenzverpflichtungen vorgeschrieben.

(2) Eine öffentliche Stelle, die Kommission, die Europäische Zentralbank oder eine Einrichtung der Union oder Dritte, die Daten gemäß diesem Kapitel erhalten, sind nicht berechtigt,

a) die Daten oder Erkenntnisse über die wirtschaftliche Lage, die Vermögenswerte und Produktions- oder Betriebsmethoden des Dateninhabers zu nutzen, um ein vernetztes Produkt oder einen verbundenen Dienst zu entwickeln oder zu verbessern, das bzw. die mit dem vernetzten Produkt oder des verbundenen Dienstes des Dateninhabers im Wettbewerb steht;
b) die Daten für die unter Buchstabe a genannten Zwecke an einen anderen Dritten weiterzugeben.

(3) [1] Die Offenlegung von Geschäftsgeheimnissen gegenüber einer öffentlichen Stelle, der Kommission, der Europäischen Zentralbank oder einer Einrichtung der Union gilt nur in dem Maße als erforderlich, in dem dies für den Zweck eines Verlangens gemäß Artikel 15 unerlässlich ist. [2] In diesem Fall muss der Dateninhaber oder, falls es sich dabei nicht um dieselbe Person handelt, der Inhaber des Geschäftsgeheimnisses die Daten, die als Geschäftsgeheimnisse geschützt sind, einschließlich der einschlägigen Metadaten, identifizieren. [3] Die öffentliche Stelle, die Kommission, die Europäische Zentralbank oder die Einrichtung der Union treffen vor der Offenlegung von Geschäftsgeheimnissen alle erforderlichen und geeigneten technischen und organisatorischen Maßnahmen, um die Vertraulichkeit der Geschäftsgeheimnisse zu wahren, gegebenenfalls einschließlich der Verwendung von Mustervertragsbestimmungen, technischen Normen und der Anwendung von Verhaltenskodizes.

(4) Eine öffentliche Stelle, die Kommission, die Europäische Zentralbank oder eine Einrichtung der Union sind für die Sicherheit der erhaltenen Daten verantwortlich.

Art. 20 Ausgleich im Falle einer außergewöhnlichen Notwendigkeit.

(1) [1] Dateninhaber, bei denen es sich nicht um Kleinstunternehmen und Kleinunternehmen handelt, stellen die zur Bewältigung eines öffentlichen Notstands nach Artikel 15 Absatz 1 Buchstabe a erforderlichen Daten unentgeltlich bereit. [2] Die öffentliche Stelle, die Kommission, die Europäische Zentralbank oder die Einrichtung der Union, die die Daten erhalten haben, erkennen den Beitrag des Dateninhabers auf dessen Ersuchen hin öffentlich an.

(2) [1] Der Dateninhaber hat Anspruch auf eine faire Gegenleistung für die Bereitstellung von Daten im Einklang mit einem Verlangen gemäß Artikel 15 Absatz 1 Buchstabe b. [2] Diese Gegenleistung deckt mindestens die technischen und organisatorischen Kosten, die durch die Erfüllung des Verlangens entstehen, gegebenenfalls einschließlich der Kosten einer Anonymisierung, Pseudonymisierung, Aggregation und technischen Anpassung, und einer angemessenen Marge. [3] Auf Verlangen der öffentlichen Stelle, der Kommission, der Europäischen Zentralbank oder der Einrichtung der Union übermittelt der Dateninhaber Informationen über die Grundlage der Kostenberechnung und die angemessene Marge.

(3) Absatz 2 gilt auch, wenn Kleinstunternehmen und Kleinunternehmen für die Bereitstellung von Daten eine Gegenleistung beanspruchen.

(4) [1] Dateninhaber haben kein Recht auf Gegenleistung für die Bereitstellung von Daten zur Erfüllung eines Verlangens gemäß Artikel 15 Absatz 1 Buchstabe b, falls die besondere Aufgabe im öffentlichen Interesse in der Erstellung amtlicher Statistiken durchgeführt wird und der Erwerb von Daten nach nationalem Recht nicht zulässig ist. [2] Die Mitgliedstaaten unterrichten die Kommission, wenn der Erwerb von Daten für die Erstellung amtlicher Statistiken nach nationalem Recht nicht zulässig ist.

(5) Ist die öffentliche Stelle, die Kommission, die Europäische Zentralbank oder die Einrichtung der Union mit der Höhe der vom Dateninhaber geforderten Gegenleistung nicht einverstanden, so kann sie bei der nach Artikel 37 benannten zuständigen Behörde des Mitgliedstaats, in dem der Dateninhaber niedergelassen ist, Beschwerde einlegen.

Art. 21 Weitergabe von im Zusammenhang mit außergewöhnlichen Notwendigkeiten erhaltenen Daten an Forschungseinrichtungen oder statistische Ämter. (1) Eine öffentliche Stelle, die Kommission, die Europäische Zentralbank oder eine Einrichtung der Union ist berechtigt, die nach diesem Kapitel erhaltenen Daten weiterzugeben

a) an Einzelpersonen oder Organisationen im Hinblick auf die Durchführung wissenschaftlicher Forschungstätigkeiten oder Analysen, die mit dem Zweck des Datenverlangens vereinbar sind, oder

b) an nationale statistische Ämter oder an Eurostat zur Erstellung amtlicher Statistiken.

(2) [1] Personen oder Organisationen, die Daten nach Absatz 1 erhalten, müssen gemeinnützig oder im Rahmen einer nach Unionsrecht oder nach nationalem Recht anerkannten Aufgabe von öffentlichem Interesse handeln. [2] Dies umfasst keine Organisationen, die in erheblichem Maße dem Einfluss gewerblicher Unternehmen unterliegen, wodurch diese einen bevorzugten Zugang zu den Forschungsergebnissen erhalten könnten.

(3) Einzelpersonen oder Organisationen, die Daten nach Absatz 1 des vorliegenden Artikels erhalten, müssen die gleichen Verpflichtungen erfüllen, die für öffentliche Stellen, die Kommission, die Europäische Zentralbank oder die Einrichtungen der Union nach Artikel 17 Absatz 3 und Artikel 19 gelten.

(4) Unbeschadet des Artikels 19 Absatz 1 Buchstabe c können Einzelpersonen oder Organisationen, die Empfänger der Daten gemäß Absatz 1 dieses Artikels sind, die erhaltenen Daten, nachdem sie von den öffentlichen Stellen, der Kommission, der Europäischen Zentralbank und den Einrichtungen der Union gelöscht wurden, für einen Zeitraum von bis zu sechs Monaten für die Zwecke des Datenverlangens aufbewahren.

(5) [1] Beabsichtigt eine öffentliche Stelle, die Kommission, die Europäische Zentralbank oder eine Einrichtung der Union, Daten gemäß Absatz 1 des vorliegenden Artikels zu übermitteln oder bereitzustellen, so teilt sie dies dem Dateninhaber, von dem die Daten empfangen wurden, unverzüglich mit, unter Angabe der Identität und der Kontaktdaten der die Daten empfangenden Organisation oder Einzelperson, des Zwecks der Übermittlung oder Bereitstellung der Daten, des Zeitraums, für den die Daten verwendet werden sollen, und der getroffenen technischen Schutzmaßnahmen und organisatorischen

Maßnahmen, auch wenn personenbezogene Daten oder Geschäftsgeheimnisse betroffen sind. [2] Ist der Dateninhaber mit der Übermittlung oder Bereitstellung von Daten nicht einverstanden, so kann er bei der nach Artikel 37 benannten zuständigen Behörde des Mitgliedstaats, in dem der Dateninhaber niedergelassen ist, Beschwerde einlegen.

Art. 22 Amtshilfe und grenzüberschreitende Zusammenarbeit.

(1) Öffentliche Stellen, die Kommission, die Europäische Zentralbank und die Einrichtungen der Union arbeiten im Hinblick auf die kohärente Umsetzung dieses Kapitels zusammen und unterstützen sich diesbezüglich gegenseitig.

(2) Daten, die im Zusammenhang mit einem Amtshilfeersuchen und geleisteter Amtshilfe nach Absatz 1 ausgetauscht worden sind, dürfen nicht in einer Weise genutzt werden, die mit dem Zweck des Datenverlangens unvereinbar ist.

(3) [1] Beabsichtigt eine öffentliche Stelle, von einem Dateninhaber, der in einem anderen Mitgliedstaat niedergelassen ist, die Bereitstellung von Daten zu verlangen, so teilt sie diese Absicht zunächst der nach Artikel 37 benannten zuständigen Behörde jenes Mitgliedstaats mit. [2] Diese Anforderung gilt auch für Zugangsverlangen der Kommission, der Europäischen Zentralbank sowie von Einrichtungen der Union. [3] Das Verlangen wird von der zuständigen Behörde des Mitgliedstaats, in dem der Dateninhaber niedergelassen ist, geprüft.

(4) *[1]* Nach Prüfung des Verlangens im Lichte der in Artikel 17 festgelegten Anforderungen ergreift die jeweils zuständige Behörde unverzüglich eine der folgenden Maßnahmen:

a) Sie übermittelt das Verlangen an den Dateninhaber und weist die anfragende öffentlichen Stelle, die Kommission, die Europäische Zentralbank oder die Einrichtung der Union gegebenenfalls darauf hin, dass sie mit öffentlichen Stellen des Mitgliedstaats, in dem der Dateninhaber niedergelassen ist, zusammenarbeiten muss, um den Verwaltungsaufwand für den Dateninhaber bei der Erfüllung des Verlangens zu verringern;
b) sie lehnt das Verlangen aus hinreichend begründeten Gründen im Einklang mit diesem Kapitel ab.

[2] Die anfragende öffentliche Stelle, die Kommission, die Europäische Zentralbank oder die Einrichtung der Union trägt dem Hinweis der jeweils zuständigen Behörde sowie den von dieser genannten Gründen gemäß Unterabsatz 1 Rechnung, bevor sie, falls zutreffend, weitere Maßnahmen wie die erneute Einreichung des Verlangens ergreift.

Kapitel VI. Wechsel zwischen Datenverarbeitungsdiensten

Art. 23 Beseitigung von Hindernissen für einen wirksamen Wechsel.

[1] Anbieter von Datenverarbeitungsdiensten treffen die in den Artikeln 25, 26, 27, 29 und 30 vorgesehenen Maßnahmen, um es Kunden zu ermöglichen, zu einem Datenverarbeitungsdienst, der die gleiche Dienstart abdeckt, die von einem anderen Anbieter von Datenverarbeitungsdiensten erbracht wird, oder zu IKT-Infrastruktur in eigenen Räumlichkeiten zu wechseln oder gegebenenfalls mehrere Anbieter von Datenverarbeitungsdiensten gleichzeitig in Anspruch zu nehmen. [2] Insbesondere dürfen Anbieter von Datenverarbeitungsdiensten keine vorkommerziellen, gewerblichen, technischen, vertraglichen

und organisatorischen Hindernisse aufzwingen und müssen solche Hindernisse beseitigen, wenn sie die Kunden daran hindern,

a) den Vertrag über den Datenverarbeitungsdienst nach der maximalen Kündigungsfrist und nachdem der Wechsel gemäß Artikel 25 erfolgreich vollzogen ist, zu kündigen;

b) neue Verträge mit einem anderen Anbieter von Datenverarbeitungsdiensten für die gleiche Dienstart zu schließen;

c) exportierbare Daten des Kunden und digitale Vermögenswerte zu einem anderen Anbieter von Datenverarbeitungsdiensten oder zu einer IKT-Infrastruktur in eigenen Räumlichkeiten zu übertragen, auch nach Inanspruchnahme eines unentgeltlichen Angebots;

d) gemäß Artikel 24 die Funktionsäquivalenz bei der Nutzung des neuen Datenverarbeitungsdienstes in der IKT-Umgebung eines anderen Anbieters von Datenverarbeitungsdiensten, der die gleiche Dienstart abdeckt, zu erreichen;

e) die in Artikel 30 Absatz 1 genannten Datenverarbeitungsdienste von anderen von dem Anbieter von Datenverarbeitungsdiensten erbrachten Datenverarbeitungsdiensten zu trennen, soweit dies technisch durchführbar ist.

Art. 24 Tragweite der technischen Verpflichtungen. Die Verantwortung von Anbietern von Datenverarbeitungsdiensten gemäß der Artikel 23, 25, 29, 30 und 34 gilt nur für die Dienste, Verträge oder Geschäftsgepflogenheiten, die vom ursprünglichen Anbieter der Datenverarbeitungsdienste angeboten wurden.

Art. 25 Vertragsklauseln für den Wechsel. (1) [1] Die Rechte des Kunden und die Pflichten des Anbieters von Datenverarbeitungsdiensten in Bezug auf den Wechsel zwischen Anbietern solcher Dienste oder gegebenenfalls zu einer IKT-Infrastruktur in eigenen Räumlichkeiten werden eindeutig in einem schriftlichen Vertrag festgelegt. [2] Der Anbieter von Datenverarbeitungsdiensten stellt dem Kunden diesen Vertrag vor der Vertragsunterzeichnung so bereit, dass er den Vertrag speichern und reproduzieren kann.

(2) Unbeschadet der Richtlinie (EU) 2019/770 enthält der in Absatz 1 dieses Artikels genannte Vertrag mindestens Folgendes:

a) Klauseln, die es dem Kunden ermöglichen, auf Verlangen zu einem Datenverarbeitungsdienst zu wechseln, der von einem anderen Anbieter von Datenverarbeitungsdiensten angeboten wird, oder alle exportierbaren Daten und digitalen Vermögenswerte unverzüglich und in keinem Fall zu einem späteren Zeitpunkt als nach Ablauf der verbindlichen Übergangsfrist von höchstens 30 Kalendertagen ab Ablauf der in Buchstabe d genannten maximalen Kündigungsfrist auf eine IKT-Infrastruktur in eigenen Räumlichkeiten zu übertragen, wobei der Anbieter von Datenverarbeitungsdiensten in dieser Frist

   i) dem Kunden und von ihm autorisierten Dritten beim Vollzug des Wechsels angemessene Unterstützung leistet;

   ii) mit der gebotenen Sorgfalt handelt, um die Kontinuität des Geschäftsbetriebs aufrechtzuerhalten und die Erbringung der vertragsmäßigen Funktionen oder Dienste fortzusetzen;

iii) eindeutig über bekannte Risiken für die unterbrechungsfreie Erbringung der Funktionen oder Dienste unterrichtet, die auf den ursprünglichen Anbieter der Datenverarbeitungsdienste zurückgehen;

iv) während der Wechsel vollzogen wird, für ein hohes Maß an Sicherheit sorgt; dies gilt insbesondere für die Sicherheit der Daten während ihrer Übertragung und die kontinuierliche Sicherheit der Daten während des in Buchstabe g genannten Abrufzeitraums im Einklang mit dem geltenden Unionsrecht oder dem nationalen Recht;

b) die Verpflichtung des Anbieters von Datenverarbeitungsdiensten, die für die vertraglich vereinbarten Dienste relevante Ausstiegsstrategie des Kunden zu unterstützen, unter anderem durch Bereitstellung aller einschlägigen Informationen;

c) eine Klausel, in der festgelegt ist, dass der Vertrag als beendet gilt und der Kunde über die Kündigung in einem der folgenden Fälle unterrichtet wird:

i) gegebenenfalls, nachdem der Wechsel erfolgreich vollzogen ist;

ii) nach Ablauf der in Buchstabe d genannten maximalen Kündigungsfrist, wenn der Kunde nicht wechseln, sondern seine exportierbaren Daten und digitalen Vermögenswerte nach Beendigung des Dienstes löschen möchte,

d) eine maximale Kündigungsfrist für die Einleitung des Wechsels, die zwei Monate nicht überschreiten darf;

e) eine erschöpfende Auflistung aller Kategorien von Daten und digitalen Vermögenswerten, die während des Wechselvollzugs übertragen werden können, einschließlich mindestens aller exportierbaren Daten;

f) eine erschöpfende Liste der Datenkategorien, die für die interne Funktionsweise des Datenverarbeitungsdienstes des Anbieters spezifisch sind und von den exportierbaren Daten gemäß Buchstabe e des vorliegenden Absatzes ausgenommen werden, wenn die Gefahr einer Verletzung von Geschäftsgeheimnissen des Anbieters besteht, vorausgesetzt solche Ausnahmen behindern oder verzögern den Wechsel nach Artikel 23 Buchstabe c nicht;

g) eine Mindestfrist für den Datenabruf von mindestens 30 Kalendertagen, der nach dem Ablauf des zwischen dem Kunden und dem Anbieter der Datenverarbeitungsdienste gemäß Buchstabe a des vorliegenden Absatzes und Absatz 4 vereinbarten Übergangszeitraums beginnt;

h) eine Klausel, die garantiert, dass alle exportierbaren Daten und digitalen Vermögenswerte, die direkt vom Kunden generiert werden oder sich direkt auf den Kunden beziehen, nach Ablauf des unter Buchstabe g genannten Abrufzeitraums oder nach Ablauf eines vereinbarten alternativen Zeitraums zu einem späteren Zeitpunkt als dem Ablaufdatum des in Buchstabe g genannten Abrufzeitraums vollständig gelöscht werden, sofern der Wechsel erfolgreich vollzogen ist;

i) Wechselentgelte, die von Anbietern von Datenverarbeitungsdiensten gemäß Artikel 29 erhoben werden können.

(3) Der in Absatz 1 genannte Vertrag muss Klauseln enthalten, wonach der Kunde den Anbieter von Datenverarbeitungsdiensten nach Ablauf der maximalen Kündigungsfrist gemäß Absatz 2 Buchstabe d über seine Entscheidung unterrichten kann, eine oder mehrere der folgenden Maßnahmen durchzuführen:

a) Wechsel zu einem anderen Anbieter von Datenverarbeitungsdiensten, wobei der Kunde in diesem Fall die erforderlichen Angaben zu diesem Anbieter macht;
b) Wechsel zu einer IKT-Infrastruktur in eigenen Räumlichkeiten;
c) Löschung seiner exportierbaren Daten und digitalen Vermögenswerte.

(4) [1] Ist der verbindliche maximale Übergangszeitraum nach Absatz 2 Buchstabe a technisch nicht durchführbar, so teilt der Anbieter von Datenverarbeitungsdiensten dies dem Kunden innerhalb von 14 Arbeitstagen nach der Beantragung des Wechsels mit und begründet ordnungsgemäß die technische Undurchführbarkeit und gibt einen alternativen Übergangszeitraum an, der sieben Monate nicht überschreiten darf. [2] Im Einklang mit Absatz 1 wird die Kontinuität des Dienstes während des alternativen Übergangszeitraums gegebenenfalls sichergestellt.

(5) Unbeschadet des Absatzes 4 enthält der in Absatz 1 genannte Vertrag Klauseln, wonach der Kunde berechtigt ist, den Übergangszeitraum einmal um einen Zeitraum zu verlängern, den er für seine eigenen Zwecke für angemessener hält.

Art. 26 Informationspflicht der Anbieter von Datenverarbeitungsdiensten. Der Anbieter von Datenverarbeitungsdiensten stellt dem Kunden Folgendes bereit:

a) Informationen über die verfügbaren Verfahren für den Wechsel und die Übertragung von Inhalten auf den Datenverarbeitungsdienst, einschließlich Informationen über verfügbare Wechsel- und Übertragungsmethoden und -formate sowie über Einschränkungen und technische Beschränkungen, die dem Anbieter von Datenverarbeitungsdiensten bekannt sind;
b) einen Verweis auf ein aktuelles Online-Register der Anbieter von Datenverarbeitungsdiensten mit Einzelheiten zu allen Datenstrukturen und Datenformaten sowie zu den einschlägigen Normen und offenen Interoperabilitätsspezifikationen, in denen die in Artikel 25 Absatz 2 Buchstabe e beschriebenen exportierbaren Daten verfügbar sind.

Art. 27 Verpflichtung zum Handeln nach Treu und Glauben. Alle Beteiligten, einschließlich der übernehmenden Anbieter von Datenverarbeitungsdiensten, arbeiten nach Treu und Glauben zusammen, damit der Wechsel effektiv vollzogen wird, Daten rechtzeitig übertragen werden können und die Kontinuität des Datenverarbeitungsdienstes aufrechterhalten wird.

Art. 28 Vertragliche Transparenzpflichten in Bezug auf den Zugang und die Übermittlung im internationalen Umfeld. (1) Anbieter von Datenverarbeitungsdiensten stellen auf ihren Websites folgende Informationen bereit und halten diese Informationen auf dem neuesten Stand:

a) die Gerichtsbarkeit, der die IKT-Infrastruktur unterliegt, die für die Datenverarbeitung der einzelnen Dienste der Anbieter errichtet wurde;
b) eine allgemeine Beschreibung der technischen, organisatorischen und vertraglichen Maßnahmen, die der Anbieter von Datenverarbeitungsdiensten getroffen hat, um einen internationalen staatlichen Zugang zu oder eine internationale staatliche Übermittlung von in der Union gespeicherten nicht-personenbezogenen Daten zu verhindern, wenn ein entsprechender

Zugang oder eine entsprechende Übermittlung im Widerspruch zum Unionsrecht oder zum nationalen Recht des betreffenden Mitgliedstaats stünde.

(2) Die in Absatz 1 genannten Websites werden in dem Vertrag für alle Datenverarbeitungsdienste, die von Anbietern von Datenverarbeitungsdiensten angeboten werden, aufgeführt.

Art. 29 Schrittweise Abschaffung von Wechselentgelten. (1) Ab dem 12. Januar 2027 dürfen Anbieter von Datenverarbeitungsdiensten für den Vollzug des Anbieterwechsels keine Wechselentgelte mehr erheben.

(2) Vom 11. Januar 2024 bis zum 12. Januar 2027 dürfen Anbieter von Datenverarbeitungsdiensten bei den Kunden für den Vollzug des Wechsels ermäßigte Wechselentgelte erheben.

(3) Die in Absatz 2 genannten ermäßigten Wechselentgelte dürfen die Kosten, die dem Anbieter von Datenverarbeitungsdiensten im unmittelbaren Zusammenhang mit dem betreffenden Wechsel entstehen, nicht übersteigen.

(4) Vor dem Abschluss eines Vertrags mit einem Kunden unterrichten Anbieter von Datenverarbeitungsdiensten den potenziellen Kunden eindeutig über die möglicherweise erhobenen Standarddienstentgelte und die bei vorzeitiger Kündigung möglicherweise auferlegten Sanktionen sowie über die ermäßigten Wechselentgelte, die während des in Absatz 2 genannten Zeitrahmens erhoben werden könnten.

(5) Gegebenenfalls stellen Anbieter von Datenverarbeitungsdiensten einem Kunden Informationen über Datenverarbeitungsdienste bereit, durch die der Wechsel sehr kompliziert oder kostspielig wird oder ohne nennenswerte Eingriffe in die Daten, digitalen Vermögenswerte oder die Dienstarchitektur unmöglich ist.

(6) Anbieter von Datenverarbeitungsdiensten veröffentlichen die in den Absätzen 4 und 5 genannten Informationen für Kunden gegebenenfalls auf einem gesonderten Abschnitt ihrer Website oder auf eine andere leicht zugängliche Weise.

(7) Der Kommission wird die Befugnis übertragen, gemäß Artikel 45 delegierte Rechtsakte zur Ergänzung dieser Verordnung zu erlassen, indem ein Überwachungsmechanismus eingerichtet wird, mit dem die Kommission die von Anbietern von Datenverarbeitungsdiensten auf dem Markt verlangten Wechselentgelte überwachen kann, um sicherzustellen, dass die Wechselentgelte gemäß den Absätzen 1 und 2 des vorliegenden Artikels innerhalb der in diesen Absätzen festgelegten Fristen abgeschafft und verringert werden.

Art. 30 Technische Aspekte des Wechsels. (1) [1] Was Datenverarbeitungsdienste für skalierbare und elastische Rechenressourcen betrifft, die auf Infrastrukturelemente wie Server, Netze und die für den Betrieb der Infrastruktur erforderlichen virtuellen Ressourcen beschränkt sind, aber keinen Zugang zu den Betriebsdiensten, zur Software und zu den Anwendungen gewähren, die auf diesen Infrastrukturelementen gespeichert sind, anderweitig verarbeitet oder eingesetzt werden, ergreifen Anbieter im Einklang mit Artikel 27 alle ihnen zur Verfügung stehenden angemessenen Maßnahmen, um zu ermöglichen, dass der Kunde, nachdem er zu einem Dienst der gleichen Dienstart gewechselt ist, bei der Nutzung des übernehmenden Datenverarbeitungsdienstes Funktionsäquivalenz erreicht. [2] Der ursprüngliche Anbieter von Datenverarbeitungsdiensten ermöglicht den Wechsel, indem er Kapazitäten, angemessene Informationen, Dokumentationsmaterial, technische Unterstützung und gegebenenfalls die erforderlichen Instrumente bereitstellt.

(2) [1] Andere als die in Absatz 1 genannten Anbieter von Datenverarbeitungsdiensten stellen allen ihren Kunden und den betreffenden übernehmenden Anbietern von Datenverarbeitungsdiensten unentgeltlich offene Schnittstellen bereit, um den Wechsel zu ermöglichen. [2] Diese Schnittstellen müssen ausreichende Informationen über den betreffenden Dienst enthalten, damit die Software entwickelt werden kann, die für die Kommunikation mit den Diensten zu Zwecken der Datenübertragbarkeit und der Interoperabilität erforderlich ist.

(3) Bei anderen als den in Absatz 1 des vorliegenden Artikels genannten Datenverarbeitungsdiensten gewährleisten Anbieter von Datenverarbeitungsdiensten die Kompatibilität mit gemeinsamen Spezifikationen auf der Grundlage offener Interoperabilitätsspezifikationen oder harmonisierter Interoperabilitätsnormen, und zwar mindestens zwölf Monate, nachdem die Bezugnahmen auf diese gemeinsamen Interoperabilitätsspezifikationen oder harmonisierten Normen für die Interoperabilität von Datenverarbeitungsdiensten – im Anschluss an die Veröffentlichung der zugrunde liegenden Durchführungsrechtsakte im *Amtsblatt der Europäischen Union* – in der zentralen Datenbank der Union für Normen für Datenverarbeitungsdienste im Einklang mit Artikel 35 Absatz 8 veröffentlicht wurden.

(4) Anbieter von Datenverarbeitungsdiensten, die nicht in Absatz 1 dieses Artikels genannt sind, aktualisieren das in Artikel 26 Buchstabe b genannte Online-Register im Einklang mit ihren Verpflichtungen gemäß Absatz 3 des vorliegenden Artikels.

(5) Im Falle eines Wechsels zwischen Diensten der gleichen Dienstart, für die in der zentralen Datenbank der Union für die Interoperabilität von Datenverarbeitungsdiensten gemäß Artikel 35 Absatz 8 keine gemeinsamen Spezifikationen oder die in Absatz 3 des vorliegenden Artikels genannten harmonisierten Normen für die Interoperabilität veröffentlicht wurden, exportiert der Anbieter der Datenverarbeitungsdienste auf Verlangen des Kunden alle exportierbaren Daten in einem strukturierten, gängigen und maschinenlesbaren Format.

(6) Anbieter von Datenverarbeitungsdiensten sind nicht verpflichtet, neue Technologien oder Dienste zu entwickeln oder digitale Vermögenswerte, die durch Rechte des geistigen Eigentums geschützt sind oder ein Geschäftsgeheimnis darstellen, gegenüber einem Kunden oder einem anderen Anbieter von Datenverarbeitungsdiensten offenzulegen oder die Sicherheit und Integrität des Kunden oder Anbieters zu beeinträchtigen.

Art. 31 Spezifische Regelung für bestimmte Datenverarbeitungsdienste. (1) Die in Artikel 23 Buchstabe d, Artikel 29 und Artikel 30 Absätze 1 und 3 festgelegten Verpflichtungen gelten nicht für Datenverarbeitungsdienste, bei denen die meisten zentralen Funktionen auf die spezifischen Bedürfnisse eines einzelnen Kunden zugeschnitten wurden, oder wenn alle Komponenten für die Zwecke eines einzelnen Kunden entwickelt wurden und wenn diese Datenverarbeitungsdienste nicht im größeren kommerziellen Maßstab über den Dienstleistungskatalog der Anbieter von Datenverarbeitungsdiensten angeboten werden.

(2) Die in diesem Kapitel festgelegten Verpflichtungen gelten nicht für Datenverarbeitungsdienste, die nicht als Vollversion, sondern zu Test- und Bewertungszwecken und für einen begrenzten Zeitraum bereitgestellt werden.

(3) Vor dem Abschluss eines Vertrags über die Erbringung der in diesem Artikel genannten Datenverarbeitungsdienste unterrichtet der Anbieter von Datenverarbeitungsdiensten den potenziellen Kunden über die Verpflichtungen aus diesem Kapitel, die nicht gelten.

Kapitel VII. Unrechtmäßiger staatlicher Zugang zu und unrechtmäßige staatliche Übermittlung von nichtpersonenbezogenen Daten im internationalen Umfeld

Art. 32 Staatlicher Zugang und staatliche Übermittlung im internationalen Umfeld. (1) Unbeschadet der Absätze 2 oder 3 treffen Anbieter von Datenverarbeitungsdiensten alle angemessenen technischen, organisatorischen und rechtlichen Maßnahmen, einschließlich Verträgen, um den staatlichen Zugang zu und die staatliche Übermittlung von in der Union gespeicherten nicht-personenbezogenen Daten im internationalen Umfeld und durch Drittländer zu verhindern, wenn dies im Widerspruch zum Unionsrecht oder zum nationalen Recht des betreffenden Mitgliedstaats stehen würde.

(2) Für jegliche Entscheidung bzw. jegliches Urteil eines Gerichts eines Drittlands und jegliche Entscheidung einer Verwaltungsbehörde eines Drittlands, die Anbieter von Datenverarbeitungsdiensten auffordern, in den Anwendungsbereich dieser Verordnung fallende nicht-personenbezogene Daten zu übermitteln oder Zugang zu diesen Daten zu gewähren, gilt, dass sie unabhängig von der Art und Weise nur anerkannt werden bzw. vollstreckbar sind, wenn sie auf einer rechtskräftigen internationalen Übereinkunft, etwa auf einem Rechtshilfeabkommen zwischen dem anfragenden Drittland und der Union oder einer solcher Übereinkunft zwischen dem anfragenden Drittland und einem Mitgliedstaat, beruhen.

(3) *[1]* [1] Wenn keine internationale Übereinkunft gemäß Absatz 2 besteht und an einen Anbieter von Datenverarbeitungsdiensten eine Entscheidung bzw. ein Urteil eines Gerichts eines Drittlands oder eine Entscheidung einer Verwaltungsbehörde eines Drittlands ergeht, wonach unter diese Verordnung fallende in der Union gespeicherte nicht-personenbezogene Daten zu übermitteln sind oder Zugang zu diesen Daten zu gewähren ist, und der Adressat eines solchen Urteils oder einer solchen Entscheidung im Falle der Folgeleistung gegen das Unionsrecht oder das nationale Recht des betreffenden Mitgliedstaats verstoßen würde, erfolgt die Übermittlung von oder die Gewährung des Zugangs zu diesen Daten an bzw. für die betreffende Drittlandsbehörde nur, wenn

a) das Rechtssystem des Drittlands vorschreibt, dass die Entscheidung oder das Urteil zu begründen ist und verhältnismäßig sein muss, und vorsieht, dass die Entscheidung oder das Urteil eine hinreichende Bestimmtheit aufweisen muss, indem darin z.B. eine hinreichende Bezugnahme auf bestimmte verdächtige Personen oder Rechtsverletzungen erfolgt,

b) der begründete Einwand des Adressaten von einem zuständigen Gericht des Drittlands überprüft wird und

c) das zuständige Gericht des Drittlands, das die Entscheidung oder das Urteil erlässt oder die Entscheidung einer Verwaltungsbehörde überprüft, nach dem

Recht dieses Drittlands befugt ist, die einschlägigen rechtlichen Interessen des Bereitstellers der durch das Unionsrecht oder das nationale Recht des betreffenden Mitgliedstaats geschützten Daten gebührend zu berücksichtigen.

[2]Der Adressat der Entscheidung oder des Urteils kann die Stellungnahme der zuständigen nationalen Stelle oder der für die internationale Zusammenarbeit in Rechtssachen zuständigen Behörde einholen, um festzustellen, ob die in Unterabsatz 1 festgelegten Bedingungen erfüllt sind, insbesondere wenn er der Auffassung ist, dass die Entscheidung möglicherweise Geschäftsgeheimnisse und andere sensible Geschäftsdaten sowie Inhalte, die durch Rechte des geistigen Eigentums geschützt sind, betrifft oder die Übermittlung eine Re-Identifikation ermöglichen könnte. [3]Die zuständige nationale Stelle oder Behörde kann die Kommission konsultieren. [4]Ist der Adressat der Auffassung, dass die Entscheidung oder das Urteil die nationale Sicherheit oder die Verteidigungsinteressen der Union oder ihrer Mitgliedstaaten beeinträchtigen könnte, so holt er die Stellungnahme der einschlägigen nationalen Stellen oder Behörden ein, um festzustellen, ob die verlangten Daten die nationale Sicherheit oder die Verteidigungsinteressen der Union oder ihrer Mitgliedstaaten betreffen. [5]Hat der Adressat binnen eines Monats keine Antwort erhalten oder gelangt eine solche Stelle oder Behörde in ihrer Stellungnahme zu dem Schluss, dass die in Unterabsatz 1 festgelegten Bedingungen nicht erfüllt sind, so kann der Adressat die Aufforderung zur Übermittlung von oder zum Zugang zu nicht-personenbezogenen Daten aus diesen Gründen ablehnen.

[2] Der in Artikel 42 genannte EDIB berät und unterstützt die Kommission bei der Ausarbeitung von Leitlinien für die Bewertung, ob die in Unterabsatz 1 dieses Absatzes genannten Bedingungen erfüllt sind.

(4) Sind die Voraussetzungen nach Absatz 2 oder Absatz 3 erfüllt, so stellt der Anbieter von Datenverarbeitungsdiensten die Mindestmenge an Daten bereit, die auf der Grundlage einer angemessenen Auslegung dieses Verlangens durch den Anbieter oder die in Absatz 3 Unterabsatz 2 genannte einschlägige nationale Stelle oder Behörde als Reaktion auf das Verlangen zulässig ist.

(5) Der Anbieter von Datenverarbeitungsdiensten teilt dem Kunden mit, dass für seine Daten ein Datenzugangsverlangen einer Behörde eines Drittlands vorliegt, bevor er das Verlangen erfüllt, außer in Fällen, in denen das Verlangen Strafverfolgungszwecken dient und solange zur Wahrung der Wirksamkeit der Strafverfolgungsmaßnahmen erforderlich ist.

Kapitel VIII. Interoperabilität

Art. 33 Wesentliche Anforderungen an die Interoperabilität von Daten, von Mechanismen und Diensten für die Datenweitergabe sowie von gemeinsamen europäischen Datenräumen. (1) [1]Teilnehmer an Datenräumen, die anderen Teilnehmern Daten oder Datendienste anbieten, müssen die folgenden wesentlichen Anforderungen zur Erleichterung der Interoperabilität von Daten, von Mechanismen und Diensten für die Datenweitergabe sowie von gemeinsamen europäischen Datenräumen erfüllen, bei denen es sich um zweck- oder sektorspezifische oder sektorübergreifende interoperable Rahmen für gemeinsame Normen und Verfahren für die Weitergabe oder die gemeinsame Verarbeitung von Daten – unter anderem für die Entwicklung neuer Produkte und Dienste, wissenschaftliche Forschung oder Initiativen der Zivilgesellschaft – handelt:

a) Datensatzinhalte, Nutzungsbeschränkungen, Lizenzen, Datenerhebungsmethoden, Datenqualität und Unsicherheiten sind – gegebenenfalls in maschinenlesbarem Format – hinreichend beschrieben, um dem Empfänger das Auffinden der Daten, den Datenzugang und die Datennutzung zu ermöglichen;

b) die Datenstrukturen, Datenformate, Vokabulare, Klassifizierungssysteme, Taxonomien und Codelisten, sofern verfügbar, werden in einer öffentlich verfügbaren und einheitlichen Weise beschrieben;

c) die technischen Mittel für den Datenzugang, wie etwa Anwendungsprogrammierschnittstellen, sowie ihre Nutzungsbedingungen und die Dienstqualität sind ausreichend beschrieben, um den automatischen Datenzugang und die automatische Datenübermittlung zwischen den Parteien, auch kontinuierlich, im Massen-Download oder in Echtzeit in einem maschinenlesbaren Format zu ermöglichen, sofern dies technisch machbar ist und das reibungslose Funktionieren des vernetzten Produkts nicht beeinträchtigt;

d) es werden gegebenenfalls die Mittel bereitgestellt, mit denen die Interoperabilität von Tools für die Automatisierung der Ausführung von Verträgen über die Datenweitergabe, wie intelligenten Verträgen, ermöglicht wird.

[2]Die Anforderungen können allgemeiner Art sein oder bestimmte Sektoren betreffen, müssen aber die Wechselwirkungen mit Anforderungen aus anderem Unionsrecht oder aus nationalem Recht in vollem Umfang berücksichtigen.

(2) *[1]* Der Kommission wird die Befugnis übertragen, gemäß Artikel 45 dieser Verordnung delegierte Rechtsakte zur Ergänzung dieser Verordnung durch die nähere Bestimmung der in Absatz 1 des vorliegenden Artikels festgelegten wesentlichen Anforderungen zu erlassen, und zwar in Bezug auf diejenigen Anforderungen, die naturgemäß nicht die beabsichtigte Wirkung entfalten können, sofern sie nicht in verbindlichen Rechtsakten der Union näher spezifiziert werden, und mit Ziel, den technologischen Entwicklungen und Marktentwicklungen angemessen Rechnung zu tragen.

[2] Die Kommission berücksichtigt den Rat des EDIB gemäß Artikel 42 Buchstabe c, wenn sie delegierte Rechtsakte erlässt.

(3) Bei Teilnehmern an Datenräumen, die Daten oder Datendienste für andere Teilnehmer an Datenräumen anbieten, die ganz oder teilweise den harmonisierten Normen entsprechen, deren Fundstellen im *Amtsblatt der Europäischen Union* veröffentlicht werden, wird die Konformität mit den in Absatz 1 festgelegten wesentlichen Anforderungen vermutet, soweit diese Anforderungen durch diese harmonisierten Normen oder Teile dieser harmonisierten Normen erfasst werden.

(4) Die Kommission beauftragt gemäß Artikel 10 der Verordnung (EU) Nr. 1025/2012 eine oder mehrere europäische Normungsorganisationen damit, Entwürfe für harmonisierte Normen zu erarbeiten, die den in Absatz 1 des vorliegenden Artikels festgelegten wesentlichen Anforderungen genügen.

(5) *[1]* Die Kommission kann im Wege von Durchführungsrechtsakten gemeinsame Spezifikationen erlassen, die einige oder alle in Absatz 1 festgelegten wesentlichen Anforderungen erfassen, sofern folgende Voraussetzungen erfüllt sind:

a) Die Kommission hat gemäß Artikel 10 Absatz 1 der Verordnung (EU) Nr. 1025/2012 eine oder mehrere europäische Normungsorganisationen damit beauftragt, eine harmonisierte Norm zu erarbeiten, die den in Absatz 1 des vorliegenden Artikels festgelegten wesentlichen Anforderungen genügt, und
   i) der Auftrag wurde entweder nicht angenommen,
   ii) die harmonisierten Normen für diesen Auftrag sind nicht innerhalb der gemäß Artikel 10 Absatz 1 der Verordnung (EU) Nr. 1025/2012 gesetzten Frist vorgelegt worden oder
   iii) die harmonisierten Normen erfüllen den Auftrag nicht, und
b) im *Amtsblatt der Europäischen Union* ist für die harmonisierten Normen, die die einschlägigen, in Absatz 1 des vorliegenden Artikels festgelegten wesentlichen Anforderungen erfassen, keine Fundstelle gemäß der Verordnung (EU) Nr. 1025/2012 veröffentlicht, und wird eine solche Fundstelle voraussichtlich auch nicht innerhalb einer angemessenen Frist veröffentlicht werden.

[2] Diese Durchführungsrechtsakte werden gemäß dem in Artikel 46 Absatz 2 genannten Prüfverfahren erlassen.

(6) Vor der Ausarbeitung eines Entwurfs des in Absatz 5 des vorliegenden Artikels genannten Durchführungsrechtsakts teilt die Kommission dem in Artikel 22 der Verordnung (EU) Nr. 1025/2012 genannten Ausschuss mit, dass die Bedingungen von Absatz 5 des vorliegenden Artikels ihres Erachtens erfüllt sind.

(7) Bei der Ausarbeitung des Entwurfs des in Absatz 5 genannten Durchführungsrechtsakts berücksichtigt die Kommission den Rat des EDIB und die Standpunkte anderer einschlägiger Gremien oder Expertengruppen und konsultiert ordnungsgemäß alle einschlägigen Interessenträger.

(8) Bei Teilnehmern an Datenräumen, die Daten oder Datendienste für andere Teilnehmer an Datenräumen anbieten, die ganz oder teilweise den gemeinsamen Spezifikationen entsprechen, die gemäß den in Absatz 5 genannten Durchführungsrechtsakten festgelegt wurden, wird die Konformität mit den in Absatz 1 festgelegten wesentlichen Anforderungen vermutet, soweit diese Anforderungen ganz oder teilweise durch diese gemeinsamen Spezifikationen erfasst werden.

(9) [1] Wird eine harmonisierte Norm von einer europäischen Normungsorganisation angenommen und der Kommission für die Zwecke der Veröffentlichung ihrer Fundstelle im *Amtsblatt der Europäischen Union* vorgeschlagen, so bewertet die Kommission die harmonisierte Norm gemäß der Verordnung (EU) Nr. 1025/2012. [2] Wird die Fundstelle einer harmonisierten Norm im *Amtsblatt der Europäischen Union* veröffentlicht, so werden die in Absatz 5 des vorliegenden Artikels genannten Durchführungsrechtsakte, die dieselben wesentlichen Anforderungen erfassen, wie sie von dieser harmonisierten Norm erfasst sind, von der Kommission ganz oder teilweise aufgehoben.

(10) [1] Ist ein Mitgliedstaat der Auffassung, dass eine gemeinsame Spezifikation den in Absatz 1 festgelegten wesentlichen Anforderungen nicht vollständig entspricht, so setzt er die Kommission durch die Übermittlung einer ausführlichen Erläuterung davon in Kenntnis. [2] Die Kommission bewertet die ausführliche Erläuterung und kann gegebenenfalls den Durchführungsrechtsakt ändern, durch den die fragliche gemeinsame Spezifikation festgelegt wurde.

(11) Die Kommission kann unter Berücksichtigung des Vorschlags des EDIB gemäß Artikel 30 Buchstabe h der Verordnung (EU) 2022/868[1] zur Festlegung von interoperablen Rahmen für gemeinsame Normen und Verfahren für das Funktionieren gemeinsamer europäischer Datenräume Leitlinien annehmen.

Art. 34 Interoperabilität zu Zwecken der parallelen Nutzung von Datenverarbeitungsdiensten. (1) Die in Artikel 23, Artikels 24, Artikels 25 Absatz 2 Buchstabe a Ziffern ii und iv und Buchstaben e und f sowie Artikel 30 Absätze 2, 3, 4 und 5 festgelegten Anforderungen gelten entsprechend auch für Anbieter von Datenverarbeitungsdiensten, um die Interoperabilität zu Zwecken der parallelen Nutzung von Datenverarbeitungsdiensten zu erleichtern.

(2) Wenn ein Datenverarbeitungsdienst parallel mit einem anderen Datenverarbeitungsdienst genutzt wird, können die Anbieter von Datenverarbeitungsdiensten Datenextraktionsentgelte verlangen, aber nur zur Weitergabe der entstandenen Extraktionskosten, ohne diese Kosten zu übersteigen.

Art. 35 Interoperabilität von Datenverarbeitungsdiensten. (1) Offene Interoperabilitätsspezifikationen und harmonisierte Normen für die Interoperabilität von Datenverarbeitungsdiensten

a) bewirken, soweit dies technisch machbar ist, die Interoperabilität zwischen verschiedenen Datenverarbeitungsdiensten, die die gleiche Dienstart abdecken;
b) verbessern die Übertragbarkeit digitaler Vermögenswerte zwischen verschiedenen Datenverarbeitungsdiensten, die die gleiche Dienstart abdecken;
c) erleichtern, soweit dies technisch machbar ist, die Funktionsäquivalenz zwischen den in Artikel 30 Absatz 1 genannten Datenverarbeitungsdiensten, die die gleiche Dienstart abdecken;
d) beeinträchtigen Sicherheit und Integrität der Datenverarbeitungsdienste und Daten nicht;
e) sind für die Möglichkeit einer technischen Aufrüstung und die Einbindung neuer Funktionen und Innovationen in Datenverarbeitungsdiensten ausgelegt.

(2) Offene Interoperabilitätsspezifikationen und harmonisierte Normen für die Interoperabilität von Datenverarbeitungsdiensten müssen Folgendes angemessen regeln:

a) die Aspekte der Cloud-Interoperabilität in Bezug auf die Transportinteroperabilität, die syntaktische Interoperabilität, die semantische Dateninteroperabilität, die verhaltensbezogene Interoperabilität und die Interoperabilität der Regeln und Vorgaben;
b) die Aspekte der Cloud-Datenübertragbarkeit in Bezug auf die syntaktische Datenübertragbarkeit, die semantische Datenübertragbarkeit und die Übertragbarkeit der Datenregeln;
c) die Aspekte der Cloud-Anwendungen in Bezug auf die syntaktische Übertragbarkeit von Anwendungen, die Übertragbarkeit von Anwendungsbefehlen, die Übertragbarkeit von Anwendungsmetadaten, die Übertragbarkeit des Anwendungsverhaltens und die Übertragbarkeit der Anwendungsregeln.

---

[1] Nr. **8**.

(3) Offene Interoperabilitätsspezifikationen müssen Anhang II der Verordnung (EU) Nr. 1025/2012 entsprechen.

(4) Nach Berücksichtigung einschlägiger internationaler und europäischer Normen und Selbstregulierungsinitiativen kann die Kommission gemäß Artikel 10 Absatz 1 der Verordnung (EU) Nr. 1025/2012 eine oder mehrere europäische Normungsorganisationen damit beauftragen, Entwürfe für harmonisierte Normen, die in den Absätzen 1 und 2 des vorliegenden Artikels festgelegten wesentlichen Anforderungen genügen, zu erarbeiten.

(5) Die Kommission kann im Wege von Durchführungsrechtsakten gemeinsame Spezifikationen auf der Grundlage offener Interoperabilitätsspezifikationen festlegen, die alle in den Absätzen 1 und 2 des vorliegenden Artikels festgelegten wesentlichen Anforderungen erfassen.

(6) Die Kommission berücksichtigt bei der Ausarbeitung des in Absatz 5 dieses Artikels genannten Entwurfs des Durchführungsrechtsakts die Standpunkte der in Artikel 37 Absatz 5 Buchstabe h genannten einschlägigen zuständigen Behörden sowie anderer einschlägiger Gremien oder Expertengruppen und konsultiert ordnungsgemäß alle einschlägigen Interessenträger.

(7) [1] Ist ein Mitgliedstaat der Auffassung, dass eine gemeinsame Spezifikation den wesentlichen Anforderungen gemäß den Absätzen 1 und 2 nicht vollständig entspricht, so setzt er die Kommission durch Übermittlung einer ausführlichen Erläuterung davon in Kenntnis. [2] Die Kommission bewertet die ausführliche Erläuterung und kann gegebenenfalls den Durchführungsrechtsakt, durch den die betreffende gemeinsame Spezifikation festgelegt wurde, ändern.

(8) Für die Zwecke des Artikels 30 Absatz 3 veröffentlicht die Kommission im Wege von Durchführungsrechtsakten die Fundstellen harmonisierter Normen und gemeinsamer Spezifikationen für die Interoperabilität von Datenverarbeitungsdiensten in einer zentralen Datenbank der Union für Normen für die Interoperabilität von Datenverarbeitungsdiensten.

(9) Die in diesem Artikel genannten Durchführungsrechtsakte werden gemäß dem in Artikel 46 Absatz 2 genannten Prüfverfahren erlassen.

Art. 36 Wesentliche Anforderungen an intelligente Verträge für die Ausführung von Datenweitergabevereinbarungen. (1) Der Anbieter einer Anwendung, in der intelligente Verträge verwendet werden, oder – in dessen Ermangelung – die Person, deren gewerbliche, geschäftliche oder berufliche Tätigkeit den Einsatz intelligenter Verträge für Dritte im Zusammenhang mit der vollständigen oder teilweisen Ausführung einer Datenbereitstellungsvereinbarung beinhaltet, muss sicherstellen, dass diese intelligenten Verträge die folgenden wesentlichen Anforderungen erfüllen:

a) Robustheit und Zugangskontrolle, zur Gewährleistung, dass der intelligente Vertrag so konzipiert wurde, dass er Zugangskontrollmechanismen und ein sehr hohes Maß an Robustheit bietet, um Funktionsfehler zu vermeiden und Manipulationen durch Dritte standzuhalten;

b) sichere Beendigung und Unterbrechung, zur Gewährleistung, dass es einen Mechanismus gibt, mit dem die weitere Ausführung von Transaktionen beendet werden kann und dass der intelligente Vertrag interne Funktionen enthält, mit denen der Vertrag zurückgesetzt oder die Anweisung ausgegeben werden kann, den Betrieb zu beenden oder zu unterbrechen, insbesondere um eine künftige unbeabsichtigte Ausführung zu vermeiden;

c) Datenarchivierung und Datenkontinuität, zur Gewährleistung, dass in Situationen, in denen ein intelligenter Vertrag beendet oder deaktiviert werden muss, ist die Möglichkeit der Archivierung der Transaktionsdaten, der Logik und des Programmcodes des intelligenten Vertrags besteht, damit Aufzeichnungen über Vorgänge vorliegen (Prüfbarkeit), die in der Vergangenheit mit den Daten durchgeführt wurden,
d) Zugangskontrolle, zur Gewährleistung, dass ein Intelligenter Vertrag durch strenge Zugangskontrollmechanismen auf der Governance-Ebene und der Ebene des intelligenten Vertrags geschützt ist, und
e) Kohärenz, zur Gewährleistung der Übereinstimmung mit den Bedingungen der Datenweitergabevereinbarung, die mit dem intelligenten Vertrag umgesetzt wird.

(2) Der Anbieter eines intelligenten Vertrags oder – in dessen Ermangelung – die Person, deren gewerbliche, geschäftliche oder berufliche Tätigkeit den Einsatz intelligenter Verträge für Dritte im Zusammenhang mit einer Durchführung einer Datenbereitstellungsvereinbarung oder Teilen davon beinhaltet, führt im Hinblick auf die Erfüllung der in Absatz 1 festgelegten wesentlichen Anforderungen eine Konformitätsbewertung durch und stellt bei Erfüllung dieser Anforderungen eine EU-Konformitätserklärung aus.

(3) Mit der Ausstellung der EU-Konformitätserklärung übernimmt der Anbieter einer Anwendung, in der intelligente Verträge verwendet werden, oder – in dessen Ermangelung – die Person, deren gewerbliche, geschäftliche oder berufliche Tätigkeit den Einsatz intelligenter Verträge für Dritte im Zusammenhang mit der Durchführung einer Datenbereitstellungsvereinbarung oder Teilen davon beinhaltet, die Verantwortung dafür, dass die in Absatz 1 festgelegten wesentlichen Anforderungen erfüllt sind.

(4) Bei einem intelligenten Vertrag, der den harmonisierten Normen oder deren einschlägigen Teilen dieser Normen, deren Fundstellen im *Amtsblatt der Europäischen Union* veröffentlicht werden, entspricht, wird eine Konformität mit den in Absatz 1 festgelegten wesentlichen Anforderungen vermutet, soweit diese Anforderungen durch diese harmonisierten Normen erfasst sind.

(5) Die Kommission beauftragt gemäß Artikel 10 der Verordnung (EU) Nr. 1025/2012 eine oder mehrere europäische Normungsorganisationen, Entwürfe für harmonisierte Normen zu erarbeiten, die den in Absatz 1 des vorliegenden Artikels genannten wesentlichen Anforderungen genügen.

(6) *[1]* Die Kommission kann im Wege von Durchführungsrechtsakten gemeinsame Spezifikationen erlassen, die einige oder alle der wesentlichen Anforderungen gemäß Absatz 1 erfassen, sofern die folgenden Voraussetzungen erfüllt sind:
a) Die Kommission hat gemäß Artikel 10 Absatz 1 der Verordnung (EU) Nr. 1025/2012 eine oder mehrere europäische Normungsorganisationen damit beauftragt, eine harmonisierte Norm zu erarbeiten, die den in Absatz 1 des vorliegenden Artikels festgelegten wesentlichen Anforderungen genügt, und
   i) der Auftrag wurde nicht angenommen,
   ii) die harmonisierten Normen für diesen Auftrag sind nicht innerhalb der gemäß Artikel 10 Absatz 1 der Verordnung (EU) Nr. 1025/2012 gesetzten Frist vorgelegt worden oder

iii) die harmonisierten Normen erfüllen den Auftrag nicht, und

b) im *Amtsblatt der Europäischen Union* ist für die harmonisierten Normen, die die einschlägigen, in Absatz 1 des vorliegenden Artikels festgelegten wesentlichen Anforderungen erfassen, keine Fundstelle gemäß der Verordnung (EU) Nr. 1025/2012 veröffentlicht, und eine solche Fundstelle wird voraussichtlich auch nicht innerhalb einer angemessenen Frist veröffentlicht werden.

[2] Diese Durchführungsrechtsakte werden gemäß dem in Artikel 46 Absatz 2 genannten Prüfverfahren erlassen.

(7) Vor der Ausarbeitung eines Entwurfs des in Absatz 6 des vorliegenden Artikels genannten Durchführungsrechtsakts teilt die Kommission dem in Artikel 22 der Verordnung (EU) Nr. 1025/2012 genannten Ausschuss mit, dass die Bedingungen des Absatzes 6 des vorliegenden Artikels ihres Erachtens erfüllt worden sind.

(8) Bei der Ausarbeitung des Entwurfs des in Absatz 6 genannten Durchführungsrechtsakts berücksichtigt die Kommission den Rat des EDIB und die Standpunkte anderer einschlägiger Gremien oder Expertengruppen und konsultiert ordnungsgemäß alle einschlägigen Interessenträger.

(9) Beim Anbieter eines intelligenten Vertrags oder – in dessen Ermangelung – bei der Person, deren gewerbliche, geschäftliche oder berufliche Tätigkeit den Einsatz intelligenter Verträge für Dritte im Zusammenhang mit der Durchführung einer Datenbereitstellungsvereinbarung oder Teilen davon umfasst, die die mit den in Absatz 6 genannten Durchführungsrechtsakten vollständig oder teilweise festgelegten gemeinsamen Spezifikationen erfüllt, wird eine Konformität mit den in Absatz 1 festgelegten wesentlichen Anforderungen vermutet, soweit diese Anforderungen durch diese gemeinsamen Spezifikationen ganz oder teilweise erfasst werden.

(10) [1] Wird eine harmonisierte Norm von einer europäischen Normungsorganisation angenommen und der Kommission zur Veröffentlichung ihrer Fundstelle im *Amtsblatt der Europäischen Union* vorgeschlagen, so bewertet die Kommission diese harmonisierte Norm gemäß der Verordnung (EU) Nr. 1025/2012. [2] Wird die Fundstelle einer harmonisierten Norm im *Amtsblatt der Europäischen Union* veröffentlicht, so werden die in Absatz 6 dieses Artikels genannten Durchführungsrechtsakte, die dieselben wesentlichen Anforderungen erfassen, wie sie von dieser harmonisierten Norm erfasst sind, von der Kommission ganz oder teilweise aufgehoben.

(11) [1] Ist ein Mitgliedstaat der Auffassung, dass eine gemeinsame Spezifikation den in Absatz 1 genannten wesentlichen Anforderungen nicht vollständig entspricht, so setzt er die Kommission durch Übermittlung einer ausführlichen Erläuterung davon in Kenntnis. [2] Die Kommission bewertet die ausführliche Erläuterung und kann gegebenenfalls den Durchführungsrechtsakt, durch den die betreffende gemeinsame Spezifikation festgelegt wurde, ändern.

Kapitel IX. Anwendung und Durchsetzung

Art. 37 Zuständige Behörden und Datenkoordinatoren. (1) [1] Jeder Mitgliedstaat benennt eine oder mehrere zuständige Behörden, die für die Anwendung und Durchsetzung dieser Verordnung (im Folgenden „zuständige Behörden") verantwortlich sind. [2]Die Mitgliedstaaten können eine oder mehrere neue Behörden einrichten oder sich auf bestehende Behörden stützen.

(2) [1]Benennt ein Mitgliedstaat mehr als eine zuständige Behörde, so benennt er einen Datenkoordinator aus ihrer Mitte, um die Zusammenarbeit zwischen den zuständigen Behörden zu erleichtern und die Stellen, die in den Anwendungsbereich dieser Verordnung fallen, in allen Fragen im Zusammenhang mit ihrer Anwendung und Durchsetzung zu unterstützen. [2]Die zuständigen Behörden arbeiten bei der Wahrnehmung der ihnen nach Absatz 5 übertragenen Aufgaben und Befugnisse zusammen.

(3) *[1]* [1]Die für die Überwachung der Anwendung der Verordnung (EU) 2016/679**[1)]** zuständigen Aufsichtsbehörden sind bezüglich des Schutzes personenbezogener Daten auch für die Überwachung der Anwendung der vorliegenden Verordnung zuständig. [2]Die Kapitel VI und VII der Verordnung (EU) 2016/679 finden sinngemäß Anwendung. [3]Der Europäische Datenschutzbeauftragte ist für die Überwachung der Anwendung dieser Verordnung zuständig, insofern die Kommission, die Europäische Zentralbank oder Einrichtungen der Union davon betroffen sind.

[2] Artikel 62 der Verordnung (EU) 2018/1725 gilt gegebenenfalls sinngemäß.

[3] Die in diesem Absatz genannten Aufsichtsbehörden nehmen ihre Aufgaben und Befugnisse im Hinblick auf die Verarbeitung personenbezogener Daten wahr.

(4) Unbeschadet des Absatzes 1 gilt Folgendes:

a) Bei besonderen sektoralen Angelegenheiten des Datenzugangs und der Datennutzung im Zusammenhang mit der Anwendung dieser Verordnung bleibt die Zuständigkeit der sektoralen Behörden gewahrt;

b) die für die Anwendung und Durchsetzung der Artikel 23 bis 31 und der Artikel 34 und 35 verantwortliche zuständige Behörde muss über Erfahrungen auf dem Gebiet Daten und elektronische Kommunikationsdienste verfügen.

(5) *[1]* Die Mitgliedstaaten sorgen dafür, dass die Aufgaben und Befugnisse der zuständigen Behörden eindeutig festgelegt werden und Folgendes umfassen:

a) Förderung der Datenkompetenz und der Sensibilisierung von Nutzern und Stellen, die in den Anwendungsbereich dieser Verordnung fallen, in Bezug auf die Rechte und Pflichten aus dieser Verordnung;

b) Bearbeitung von Beschwerden über mutmaßliche Verstöße gegen diese Verordnung, einschließlich Bezug auf Geschäftsgeheimnisse, und angemessene Untersuchung des Beschwerdegegenstands sowie regelmäßige Unterrichtung des Beschwerdeführers – gegebenenfalls im Einklang mit nationalem Recht – innerhalb einer angemessenen Frist über den Fortgang und das Ergebnis der Untersuchung, insbesondere, wenn eine weitere Untersuchung oder die Abstimmung mit einer anderen zuständigen Behörde notwendig ist;

c) Durchführung von Untersuchungen über Fragen der Anwendung dieser Verordnung, einschließlich auf der Grundlage von Informationen einer anderen zuständigen Behörde oder sonstigen Behörde;

---

1) Nr. **1**.

d) Verhängung wirksamer, verhältnismäßiger und abschreckender finanzieller Sanktionen, die auch Zwangsgelder und Geldstrafen mit Rückwirkung umfassen können, oder Einleitung von Gerichtsverfahren zur Verhängung von Geldbußen;

e) Beobachtung technologischer und einschlägiger wirtschaftlicher Entwicklungen, die für die Bereitstellung und Nutzung von Daten von Bedeutung sind;

f) Zusammenarbeit mit den zuständigen Behörden anderer Mitgliedstaaten und gegebenenfalls mit der Kommission oder dem EDIB, um die einheitliche und effiziente Anwendung dieser Verordnung zu gewährleisten, einschließlich des unverzüglichen Austauschs aller relevanten Informationen auf elektronischem Wege, einschließlich in Bezug auf Absatz 10 des vorliegenden Artikels;

g) Zusammenarbeit mit den einschlägigen zuständigen Behörden, die für die Anwendung anderer Rechtsakte der Union oder nationaler Rechtsakte zuständig sind, einschließlich mit auf dem Gebiet Daten und elektronische Kommunikationsdienste zuständigen Behörden, mit der für die Überwachung der Anwendung der Verordnung (EU) 2016/679 zuständigen Aufsichtsbehörde oder mit sektoralen Behörden, um sicherzustellen, dass diese Verordnung im Einklang mit anderem Unionsrecht und nationalem Recht durchgesetzt wird;

h) Zusammenarbeit mit den einschlägigen zuständigen Behörden zur Gewährleistung der Durchsetzung der Artikel 23 bis 31 und der Artikel 34 und 35 im Einklang mit anderem Unionsrecht und mit der Selbstregulierung, die für Anbieter von Datenverarbeitungsdiensten gelten;

i) Gewährleistung der Abschaffung von Wechselentgelten gemäß Artikel 29;

j) Prüfung von Datenverlangen nach Kapitel V.

[2] Wird ein Datenkoordinator benannt, so erleichtert er die in Unterabsatz 1 Buchstaben f, g und h genannte Zusammenarbeit und unterstützt die zuständigen Behörden auf deren Ersuchen.

(6) Falls eine solche zuständige Behörde benannt wurde, hat der Datenkoordinator folgende Aufgaben:

a) Er fungiert als zentrale Anlaufstelle für alle Fragen im Zusammenhang mit der Anwendung dieser Verordnung;

b) Er gewährleistet die öffentliche Verfügbarkeit der von öffentlichen Stellen im Fall außergewöhnlicher Notwendigkeit nach Kapitel V gestellten Datenzugangsverlangen und fördert freiwillige Datenweitergabevereinbarungen zwischen öffentlichen Stellen und Dateninhabern;

c) unterrichtet die Kommission jährlich über die nach Artikel 4 Absatz 2 und Absatz 8 und Artikel 5 Absatz 11 mitgeteilten Ablehnungen.

(7) [1] Die Mitgliedstaaten teilen der Kommission die Namen der zuständigen Behörden und ihre Aufgaben und Befugnisse sowie gegebenenfalls den Namen des Datenkoordinators mit. [2] Die Kommission führt ein öffentliches Register dieser Behörden.

(8) Bei der Wahrnehmung ihrer Aufgaben und Befugnisse gemäß dieser Verordnung handeln die zuständigen Behörden unparteiisch und unterliegen keiner direkten oder indirekten Einflussnahme von außen und dürfen von

anderen Behörden oder von privaten Parteien im Einzelfall keine Weisungen einholen oder entgegennehmen.

(9) Die Mitgliedstaaten sorgen dafür, dass die zuständigen Behörden personell und technisch mit ausreichenden Mitteln und dem einschlägigen Fachwissen ausgestattet sind, damit sie ihre Aufgaben gemäß dieser Verordnung wirksam wahrnehmen können.

(10) [1] Rechtsträger, die in den Anwendungsbereich dieser Verordnung fallen, unterliegen der Zuständigkeit des Mitgliedstaats, in dem der Rechtsträger niedergelassen ist. [2] Ist der Rechtsträger in mehr als einem Mitgliedstaat niedergelassen, so wird davon ausgegangen, dass er in die Zuständigkeit des Mitgliedstaats fällt, in dem er seine Hauptniederlassung hat, d.h. in dem der Rechtsträger seinen Hauptsitz oder eingetragenen Sitz hat, von dem aus die wichtigsten finanziellen Tätigkeiten und die betriebliche Kontrolle erfolgen.

(11) Jeder in den Anwendungsbereich dieser Verordnung fallende Rechtsträger, der in der Union vernetzte Produkte bereitstellt oder Dienste anbietet und nicht in der Union niedergelassen ist, benennt einen Vertreter in einem der Mitgliedstaaten.

(12) [1] Damit die Einhaltung dieser Verordnung sichergestellt ist, beauftragt ein in den Anwendungsbereich dieser Verordnung fallender Rechtsträger, der in der Union vernetzte Produkte bereitstellt oder Dienste anbietet, einen Vertreter, an den sich die zuständigen Behörden in allen Fragen im Zusammenhang mit diesem Rechtsträger zusätzlich oder an seiner Stelle wenden. [2] Dieser Vertreter arbeitet mit den zuständigen Behörden zusammen und erbringt gegenüber den zuständigen Behörden auf Anfrage den umfassenden Nachweis für die Maßnahmen und die Bestimmungen, die von dem in den Anwendungsbereich dieser Verordnung fallenden Rechtsträger, der in der Union vernetzte Produkte bereitstellt oder Dienste anbietet, zur Gewährleistung der Einhaltung dieser Verordnung ergriffen bzw. aufgestellt wurden.

(13) [1] Für in den Anwendungsbereich dieser Verordnung fallende Rechtsträger, die in der Union vernetzte Produkte bereitstellen oder Dienste anbieten, gilt, dass sie der Zuständigkeit des Mitgliedstaats unterliegen, in dem ihr jeweiliger Vertreter ansässig ist. [2] Die Benennung eines Vertreters durch diesen Rechtsträger erfolgt unbeschadet der Haftung eines solchen Rechtsträgers und etwaiger rechtlicher Schritte, die gegen einen solchen Rechtsträger angestrengt werden könnten. [3] Bis ein Rechtsträger einen Vertreter gemäß diesem Artikel benennt, fällt er für die Zwecke der Sicherstellung der Anwendung und Durchsetzung dieser Verordnung gegebenenfalls in die Zuständigkeit aller Mitgliedstaaten. [4] Jede zuständige Behörde kann ihre Zuständigkeit – einschließlich durch Verhängung wirksamer, verhältnismäßiger und abschreckender Sanktionen – ausüben, sofern der Rechtsträger nicht bereits Gegenstand eines durch eine andere zuständige Behörde in derselben Sache eingeleiteten Durchsetzungsverfahrens nach dieser Verordnung ist.

(14) [1] Die zuständigen Behörden sind befugt, von Nutzern, Dateninhabern oder Datenempfängern oder deren Vertretern, die in die Zuständigkeit ihres Mitgliedstaats fallen, alle Informationen zu verlangen, die nötig sind, um die Einhaltung dieser Verordnung zu überprüfen. [2] Jedes Informationsverlangen muss in angemessenem Verhältnis zur Wahrnehmung dieser Aufgabe stehen und begründet sein.

(15) [1]Ersucht eine zuständige Behörde in einem Mitgliedstaat um die Unterstützung oder Vollstreckungsmaßnahmen einer zuständigen Behörde in einem anderen Mitgliedstaat, so stellt sie ein begründetes Ersuchen. [2]Eine zuständige Behörde beantwortet ein solches Ersuchen unverzüglich nach dessen Eingang, wobei sie die einzelnen ergriffenen oder geplanten Maßnahmen aufführt.

(16) [1]Die zuständigen Behörden wahren den Grundsatz der Vertraulichkeit und des Berufs- und Geschäftsgeheimnisses und schützen personenbezogene Daten nach Maßgabe des Unionsrechts oder des nationalen Rechts. [2]Alle Informationen, die im Zusammenhang mit einem Amtshilfeersuchen ausgetauscht und nach diesem Artikel bereitgestellt werden, dürfen nur für die Zwecke dieses Ersuchens verwendet werden.

Art. 38 Recht auf Beschwerde. (1) [1]Unbeschadet eines anderen verwaltungsrechtlichen oder gerichtlichen Rechtsbehelfs haben natürliche und juristische Personen das Recht, einzeln oder gegebenenfalls gemeinsam bei der jeweils zuständigen Behörde des Mitgliedstaats ihres gewöhnlichen Aufenthaltsorts, ihres Arbeitsplatzes oder ihrer Niederlassung Beschwerde einzulegen, wenn sie der Ansicht sind, dass ihre Rechte nach dieser Verordnung verletzt wurden. [2]Der Datenkoordinator stellt natürlichen und juristischen Personen auf Anfrage alle erforderlichen Informationen bereit, damit sie bei der zuständigen Behörde Beschwerde einlegen können.

(2) Die zuständige Behörde, bei der die Beschwerde eingelegt wurde, unterrichtet den Beschwerdeführer im Einklang mit dem nationalen Recht über den Stand des Verfahrens und die getroffene Entscheidung.

(3) [1]Die zuständigen Behörden arbeiten zusammen, um Beschwerden wirksam und fristgemäß zu bearbeiten und zu lösen, und tauschen dazu unter anderem unverzüglich alle relevanten Informationen auf elektronischem Wege aus. [2]Diese Zusammenarbeit berührt nicht das Verfahren für die Zusammenarbeit gemäß den Kapiteln VI und VII der Verordnung (EU) 2016/679[1)] und gemäß der Verordnung (EU) 2017/2394.

Art. 39 Recht auf einen wirksamen gerichtlichen Rechtsbehelf.

(1) Unbeschadet anderer verwaltungsrechtlicher oder außergerichtlicher Rechtsbehelfe hat jede betroffene natürliche oder juristische Person das Recht auf einen wirksamen gerichtlichen Rechtsbehelf gegen rechtsverbindliche Entscheidungen zuständiger Behörden.

(2) Wenn eine zuständige Behörde in Bezug auf eine Beschwerde untätig bleibt, hat jede davon betroffene natürliche oder juristische Person im Einklang mit dem nationalen Recht entweder das Recht auf einen wirksamen gerichtlichen Rechtsbehelf oder Zugang zur Nachprüfung durch eine unparteiische Stelle mit entsprechender Sachkenntnis.

(3) Verfahren nach diesem Artikel werden bei den Gerichten des Mitgliedstaats der zuständigen Behörde eingeleitet, gegen die sich der Rechtsbehelf, der von einer einzelnen natürlichen oder juristischen Person oder gegebenenfalls von den Vertretern einer oder mehrerer natürlicher oder juristischer Personen eingelegt wurde, richtet.

[1)] Nr. 1.

Art. 40 Sanktionen. (1) [1]Die Mitgliedstaaten erlassen Vorschriften über Sanktionen, die bei Verstößen gegen diese Verordnung zu verhängen sind, und treffen alle für die Anwendung der Sanktionen erforderlichen Maßnahmen. [2]Die vorgesehenen Sanktionen müssen wirksam, verhältnismäßig und abschreckend sein.

(2) [1]Die Mitgliedstaaten teilen der Kommission diese Vorschriften und Maßnahmen bis zum 12. September 2025 mit und melden ihr unverzüglich alle späteren diesbezüglichen Änderungen. [2]Die Kommission führt ein leicht zugängliches öffentliches Register dieser Maßnahmen und aktualisiert es regelmäßig.

(3) Bei der Verhängung von Sanktionen aufgrund von Verstößen gegen diese Verordnung berücksichtigen die Mitgliedstaaten die Empfehlungen des EDIB und die folgenden nicht erschöpfenden Kriterien:

a) Art, Schwere, Umfang und Dauer des Verstoßes;

b) Maßnahmen, die die verstoßende Partei ergriffen hat, um den durch den Verstoß verursachten Schaden zu mindern oder zu beheben;

c) frühere Verstöße der verstoßenden Partei;

d) die finanziellen Vorteile, die die verstoßende Partei durch den Verstoß erzielt, oder die Verluste, die sie durch ihn vermieden hat, sofern diese Vorteile oder Verluste zuverlässig festgestellt werden können;

e) sonstige erschwerende oder mildernde Umstände des jeweiligen Falls;

f) den Jahresumsatz der verstoßenden Partei im vorangegangenen Geschäftsjahr in der Union.

(4) Bei Verstößen gegen die Pflichten der Kapitel II, III und V dieser Verordnung können die für die Überwachung der Anwendung der Verordnung (EU) 2016/679 zuständigen Aufsichtsbehörden innerhalb ihres Zuständigkeitsbereichs Geldbußen im Einklang mit Artikel 83 der Verordnung (EU) 2016/679 bis zu dem in Artikel 83 Absatz 5 der Verordnung genannten Betrag verhängen.

(5) Bei Verstößen gegen die Pflichten des Kapitels V dieser Verordnung kann der Europäische Datenschutzbeauftragte innerhalb seines Zuständigkeitsbereichs Geldbußen im Einklang mit Artikel 66 der Verordnung (EU) 2018/1725 bis zu dem in Artikel 66 Absatz 3 der Verordnung genannten Betrag verhängen.

Art. 41 Mustervertragsklauseln und Standardvertragsklauseln. Die Kommission erstellt und empfiehlt vor dem 12. September 2025 unverbindliche Mustervertragsklauseln für den Datenzugang und die Datennutzung – einschließlich Bedingungen für eine angemessene Gegenleistung und den Schutz von Geschäftsgeheimnissen sowie nicht verbindliche Standardvertragsklauseln für Verträge über Cloud-Computing –, um die Parteien bei der Ausarbeitung und Aushandlung von Verträgen mit fairen, angemessenen und nichtdiskriminierenden vertraglichen Rechten und Pflichten zu unterstützen.

Art. 42 Rolle des EDIB. Der gemäß Artikel 29 der Verordnung (EU) 2022/868 von der Kommission als Expertengruppe eingesetzte EDIB, in dem die zuständigen Behörden vertreten sind, unterstützt die einheitliche Anwendung dieser Verordnung durch

a) Beratung und Unterstützung der Kommission in Bezug auf die Entwicklung einer kohärenten Praxis der zuständigen Behörden bei der Durchsetzung der Kapitel II, III, V und VII,

b) Erleichterung der Zusammenarbeit zwischen den zuständigen Behörden durch Kapazitätsaufbau und Informationsaustausch, insbesondere durch die Festlegung von Methoden für den effizienten Austausch von Informationen über die Durchsetzung der Rechte und Pflichten nach den Kapiteln II, III und V in grenzüberschreitenden Fällen, einschließlich der Abstimmung in Bezug auf die Festlegung von Sanktionen,

c) Beratung und Unterstützung der Kommission in Bezug auf
   i) die Beantwortung der Frage, ob um die Erarbeitung harmonisierter Normen gemäß Artikel 33 Absatz 4, Artikel 35 Absatz 4 und Artikel 36 Absatz 5 ersucht werden soll,
   ii) die Ausarbeitung der Durchführungsrechtsakte gemäß Artikel 33 Absatz 5, Artikel 35 Absätze 5 und 8 sowie Artikel 36 Absatz 6,
   iii) die Ausarbeitung der in Artikel 29 Absatz 7 und Artikel 33 Absatz 2 genannten delegierten Rechtsakte und
   iv) die Annahme der Leitlinien zur Festlegung von interoperablen Rahmen für gemeinsame Normen und Verfahren für das Funktionieren gemeinsamer europäischer Datenräume gemäß Artikel 33 Absatz 11.

Kapitel X. Schutzrecht *sui generis* nach der Richtlinie 96/9/EG

Art. 43 Datenbanken, die bestimmte Daten enthalten. Das in Artikel 7 der Richtlinie 96/9/EG festgelegte Schutzrecht *sui generis* findet keine Anwendung, wenn Daten mittels eines in den Anwendungsbereich der vorliegenden Verordnung – und insbesondere der Artikel 4 und 5 dieser Verordnung – fallenden vernetzten Produkts oder verbundenen Dienstes erlangt oder erzeugt wurden.

Kapitel XI. Schlussbestimmungen

Art. 44 Andere Rechtsakte der Union zur Regelung von Rechten und Pflichten in Bezug auf den Datenzugang und die Datennutzung.

(1) Die besonderen Pflichten zur Bereitstellung von Daten zwischen Unternehmen, zwischen Unternehmen und Verbrauchern sowie ausnahmsweise zwischen Unternehmen und öffentlichen Stellen aufgrund von Rechtsvorschriften der Union, die bis zum 11. Januar 2024 in Kraft getreten sind, und darauf beruhenden delegierten Rechtsakten oder Durchführungsrechtsakten bleiben unberührt.

(2) Diese Verordnung berührt nicht das Unionsrecht, in denen hinsichtlich der Bedürfnisse eines Sektors, eines gemeinsamen europäischen Datenraums oder eines Gebietes von öffentlichem Interesse weitere Anforderungen festgelegt werden, insbesondere in Bezug auf

a) technische Aspekte des Datenzugangs,

b) Beschränkungen der Rechte des Dateninhabers auf Zugang zu bestimmten von Nutzern bereitgestellten Daten und auf deren Nutzung,

c) Aspekte, die über den Datenzugang und die Datennutzung hinausgehen.

(3) Diese Verordnung – mit Ausnahme des Kapitels V – berührt nicht das Unionsrecht und das nationale Recht, das den Zugang zu Daten und die Genehmigung ihrer Nutzung zu Zwecken der wissenschaftlichen Forschung vorsieht.

Art. 45 Ausübung der Befugnisübertragung. (1) Die Befugnis zum Erlass delegierter Rechtsakte wird der Kommission unter den in diesem Artikel festgelegten Bedingungen übertragen.

(2) Die Befugnis zum Erlass delegierter Rechtsakte gemäß Artikel 29 Absatz 7 und Artikel 33 Absatz 2 wird der Kommission auf unbestimmte Zeit ab dem 11. Januar 2024 übertragen.

(3) [1]Die Befugnisübertragung gemäß Artikel 29 Absatz 7 und Artikel 33 Absatz 2 kann vom Europäischen Parlament oder vom Rat jederzeit widerrufen werden. [2]Der Beschluss über den Widerruf beendet die Übertragung der in diesem Beschluss angegebenen Befugnis. [3]Er wird am Tag nach seiner Veröffentlichung im *Amtsblatt der Europäischen Union* oder zu einem im Beschluss über den Widerruf angegebenen späteren Zeitpunkt wirksam. [4]Die Gültigkeit von delegierten Rechtsakten, die bereits in Kraft sind, wird von dem Beschluss über den Widerruf nicht berührt.

(4) Vor dem Erlass eines delegierten Rechtsakts konsultiert die Kommission die von den einzelnen Mitgliedstaaten benannten Sachverständigen im Einklang mit den in der Interinstitutionellen Vereinbarung vom 13. April 2016 über bessere Rechtsetzung enthaltenen Grundsätzen.

(5) Sobald die Kommission einen delegierten Rechtsakt erlässt, übermittelt sie ihn gleichzeitig dem Europäischen Parlament und dem Rat.

(6) [1]Ein delegierter Rechtsakt, der gemäß Artikel 29 Absatz 7 oder Artikel 33 Absatz 2 erlassen wurde, tritt nur in Kraft, wenn weder das Europäische Parlament noch der Rat innerhalb einer Frist von drei Monaten nach Übermittlung dieses Rechtsakts an das Europäische Parlament und den Rat Einwände erhoben haben oder wenn vor Ablauf dieser Frist das Europäische Parlament und der Rat beide der Kommission mitgeteilt haben, dass sie keine Einwände erheben werden. [2]Auf Initiative des Europäischen Parlaments oder des Rates wird diese Frist um drei Monate verlängert.

Art. 46 Ausschussverfahren. (1) [1]Die Kommission wird von dem Ausschuss, der durch die Verordnung (EU) 2022/868[1)] eingesetzt wurde, unterstützt. [2]Dieser Ausschuss ist ein Ausschuss im Sinne der Verordnung (EU) Nr. 182/2011.

(2) Wird auf diesen Absatz Bezug genommen, so gilt Artikel 5 der Verordnung (EU) Nr. 182/2011.

Art. 47, 48 *(hier nicht wiedergegebene Änderungsvorschriften)*

[1)] Nr. 8.

Art. 49 Bewertung und Überprüfung. (1) [1]Bis zum 12. September 2028 führt die Kommission eine Bewertung dieser Verordnung durch und übermittelt dem Europäischen Parlament und dem Rat sowie dem Europäischen Wirtschafts- und Sozialausschuss einen Bericht über ihre wichtigsten Ergebnisse. [2]Bei dieser Bewertung wird insbesondere Folgendes bewertet:

a) Situationen, die für die Zwecke des Artikels 15 der vorliegenden Verordnung und die praktische Anwendung von Kapitel V der vorliegenden Verordnung als Fälle außergewöhnlicher Notwendigkeit angesehen werden, insbesondere die Erfahrungen mit der Anwendung von Kapitel V der vorliegenden Verordnung durch öffentliche Stellen, die Kommission, die Europäische Zentralbank und Einrichtungen der Union; von den zuständigen Behörden gemeldete Anzahl und Ergebnisse der Verfahren, die bei der zuständigen Behörde gemäß Artikel 18 Absatz 5 in Bezug auf die Anwendung von Kapitel V der vorliegenden Verordnung eingeleitet wurden; die Auswirkungen anderer Verpflichtungen, die im Unionsrecht oder im nationalen Recht für die Zwecke der Erfüllung von Informationszugangsverlangen festgelegt sind; die Auswirkungen von Mechanismen für die freiwillige Datenweitergabe, wie die von gemäß der Verordnung (EU) 2022/868[1] anerkannten datenaltruistischen Organisationen eingeführten, auf die Verwirklichung der Ziele des Kapitels V der vorliegenden Verordnung und die Rolle personenbezogener Daten im Zusammenhang mit Artikel 15 der vorliegenden Verordnung, einschließlich der Entwicklung von Technologien zur Verbesserung des Schutzes der Privatsphäre;
b) die Auswirkungen dieser Verordnung auf die Nutzung von Daten in der Wirtschaft, auch auf Dateninnovation, Datenmonetarisierungspraxis und Datenvermittlungsdienste, sowie auf die Weitergabe von Daten innerhalb der gemeinsamen europäischen Datenräume;
c) die Zugänglichkeit und die Nutzung der verschiedenen Kategorien und Arten von Daten;
d) der Ausschluss bestimmter Kategorien von Unternehmen als Begünstigte nach Artikel 5,
e) das Nichtbestehen von Auswirkungen auf die Rechte des geistigen Eigentums;
f) die Auswirkungen auf Geschäftsgeheimnisse, auch auf den Schutz vor dem rechtswidrigen Erwerb sowie der rechtswidrigen Nutzung und Offenlegung von Geschäftsgeheimnissen, sowie die Auswirkungen des Mechanismus, in dessen Rahmen der Dateninhaber das Datenzugangsverlangen des Nutzers gemäß Artikel 4 Absatz 8 und Artikel 5 Absatz 11 ablehnen kann, dabei wird, soweit möglich, einer etwaigen Überarbeitung der Richtlinie (EU) 2016/943 Rechnung getragen;
g) die Frage, ob die Liste missbräuchlicher Vertragsklauseln gemäß Artikel 13 angesichts neuer Geschäftsgepflogenheiten und der rasch voranschreitenden Marktinnovation noch aktuell ist;
h) Änderungen der Vertragspraxis von Anbietern von Datenverarbeitungsdiensten und die Frage, ob Artikel 25 angesichts dieser Änderungen noch ausreichend eingehalten wird;

---

[1] Nr. 8.

i) die Senkung der Entgelte, die Anbieter von Datenverarbeitungsdiensten für den Vollzug des Wechsels verlangen, im Einklang mit der schrittweisen Abschaffung von Wechselentgelten nach Artikel 29;
j) das Zusammenwirken dieser Verordnung mit anderen Rechtsakten der Union, die für die Datenwirtschaft von Bedeutung sind;
k) die Verhinderung des unrechtmäßigen staatlichen Zugangs zu nicht-personenbezogenen Daten;
l) die Wirksamkeit der Durchsetzungsregelung nach Artikel 37;
m) die Auswirkung der vorliegenden Verordnung auf KMU im Hinblick auf deren Innovationsfähigkeit und der Verfügbarkeit von Datenverarbeitungsdiensten für Nutzer in der Union sowie auf mit der Einhaltung der neuen Verpflichtungen verbundene Belastungen.

(2) [1]Bis zum 12. September 2028 führt die Kommission eine Bewertung dieser Verordnung durch und übermittelt dem Europäischen Parlament und dem Rat sowie dem Europäischen Wirtschafts- und Sozialausschuss, zusätzlich zu ihrem Bericht gemäß Absatz 1, einen Bericht über ihre wichtigsten Ergebnisse. [2]Bei dieser Bewertung werden die Auswirkungen der Artikel 23 bis 31, des Artikels 34 und des Artikels 35 – insbesondere in Bezug auf die Preisgestaltung und die Vielfalt der in der Union angebotenen Datenverarbeitungsdienste, unter besonderer Berücksichtigung von KMU-Anbietern – bewertet.

(3) Die Mitgliedstaaten übermitteln der Kommission alle zur Ausarbeitung der in den Absätzen 1 und 2 genannten Berichte erforderlichen Informationen.

(4) Die Kommission kann dem Europäischen Parlament und dem Rat auf der Grundlage der in den Absätzen 1 und 2 genannten Berichte gegebenenfalls einen Gesetzgebungsvorschlag zur Änderung dieser Verordnung vorlegen.

Art. 50 Inkrafttreten und Geltungsbeginn. *[1]* Diese Verordnung tritt am zwanzigsten Tag nach ihrer Veröffentlichung[1)] im *Amtsblatt der Europäischen Union* in Kraft.

[2] Sie gilt ab dem 12. September 2025.

[3] Die Verpflichtung gemäß Artikel 3 Absatz 1 gilt für vernetzte Produkte und die mit ihnen verbundenen Dienste, die nach dem 12. September 2026 in Verkehr gebracht wurden.

[4] Kapitel III gilt nur in Bezug auf Datenbereitstellungspflichten nach dem Unionsrecht oder nach im Einklang mit Unionsrecht erlassenen nationalen Rechtsvorschriften, die nach dem 12. September 2025 in Kraft treten.

[5] Kapitel IV gilt für Verträge, die nach dem 12. September 2025 geschlossen wurden.

[6] Kapitel IV gilt ab dem 12. September 2027 für Verträge, die am oder vor dem 12. September 2025 geschlossen wurden, sofern
a) sie unbefristet sind oder
b) ihre Geltungsdauer frühestens 10 Jahre nach dem 11. Januar 2024 endet.

Diese Verordnung ist in allen ihren Teilen verbindlich und gilt unmittelbar in jedem Mitgliedstaat.

---

1) Veröffentlicht am 22.12.2023.

8. Verordnung (EU) 2022/868 des Europäischen Parlaments und des Rates vom 30. Mai 2022 über europäische Daten-Governance und zur Änderung der Verordnung (EU) 2018/1724 (Daten-Governance-Rechtsakt)[1)]

(Text von Bedeutung für den EWR)

(ABl. L 152 vom 3.6.2022, S. 1, ELI: http://data.europa.eu/eli/reg/2022/868/oj)

Celex-Nr. 3 2022 R 0868

DAS EUROPÄISCHE PARLAMENT UND DER RAT DER EUROPÄISCHEN UNION –

gestützt auf den Vertrag über die Arbeitsweise der Europäischen Union, insbesondere auf Artikel 114,

auf Vorschlag der Europäischen Kommission,

nach Zuleitung des Entwurfs des Gesetzgebungsakts an die nationalen Parlamente,

nach Stellungnahme des Europäischen Wirtschafts- und Sozialausschusses[2)],

nach Anhörung des Ausschusses der Regionen,

gemäß dem ordentlichen Gesetzgebungsverfahren[3)],

in Erwägung nachstehender Gründe:

(1) Der Vertrag über die Arbeitsweise der Europäischen Union (AEUV) sieht die Schaffung eines Binnenmarkts und die Einführung eines Systems vor, das Wettbewerbsverzerrungen im Binnenmarkt verhindert. Die Festlegung von Regeln und Verfahren in den Mitgliedstaaten in Bezug auf den Aufbau eines gemeinsamen Rahmens für die Daten-Governance dürfte zu diesen Zielen unter uneingeschränkter Achtung der Grundrechte beitragen. Zudem dürfte sie die Stärkung der offenen strategischen Autonomie der Union gewährleisten und den freien internationalen Datenverkehr fördern.

(2) Im letzten Jahrzehnt hat die Digitaltechnik mit ihrem Einfluss auf alle Tätigkeitsbereiche und das tägliche Leben die Wirtschaft und Gesellschaft tiefgreifend verändert. Daten stehen im Mittelpunkt dieses Wandels: Die von Daten vorangetriebene Innovation wird sowohl den Bürgerinnen und Bürgern der Union als auch der Wirtschaft enorme Vorteile bringen, beispielsweise durch eine Verbesserung und Personalisierung der Medizin, durch das Ermöglichen einer neuen Mobilität und durch das Beitragen zu dem in der Mitteilung der Kommission vom 11. Dezember 2019 angekündigten europäischen Grünen Deal. Um diese datengesteuerte Wirtschaft

---

[1)] Englische Kurzbezeichnung: „Data Governance Act" (DGA).

[2)] **Amtl. Anm.:** ABl. C 286 vom 16.7.2021, S. 38.

[3)] **Amtl. Anm.:** Standpunkt des Europäischen Parlaments vom 6. April 2022 (noch nicht im Amtsblatt veröffentlicht) und Beschluss des Rates vom 16. Mai 2022.

für alle Unionsbürger inklusiv zu gestalten, muss der Verringerung der digitalen Kluft, der Stärkung der Teilhabe von Frauen an der Datenwirtschaft und der Förderung von auf dem neuesten Stand befindlichen europäischen Sachkenntnissen im Technologiesektor besondere Aufmerksamkeit gewidmet werden. Die Datenwirtschaft muss so gestaltet werden, dass Unternehmen – insbesondere Kleinstunternehmen sowie kleine und mittlere Unternehmen (KMU) im Sinne des Anhangs der Empfehlung 2003/361/EG der Kommission[1)] sowie Start-up-Unternehmen – gedeihen können, die Neutralität des Datenzugangs sowie die Datenübertragbarkeit und die Interoperabilität von Daten sichergestellt sind und Lock-in-Effekte vermieden werden. In ihrer Mitteilung vom 19. Februar 2020 über eine Europäische Datenstrategie (Europäische Datenstrategie) erläuterte die Kommission ihre Vision für einen gemeinsamen europäischen Datenraum, d.h. einen Binnenmarkt für Daten, in dem Daten unabhängig vom physischen Ort ihrer Speicherung in der Union unter Einhaltung des geltenden Rechts verwendet werden können, der unter anderem für die schnelle Entwicklung von KI-Technologien von entscheidender Bedeutung sein könnte.

Zudem forderte die Kommission einen freien und sicheren Datenverkehr mit Drittländern, wobei allerdings Ausnahmen und Beschränkungen zur öffentlichen Sicherheit, zur öffentlichen Ordnung und zu anderen berechtigten Zielen des Gemeinwohls in der Union im Einklang mit internationalen Verpflichtungen, auch den Grundrechten, zu beachten sind. Damit aus dieser Vision Wirklichkeit wird, schlug die Kommission vor, gemeinsame europäische Datenräume für verschiedene Bereiche für eine gemeinsame Nutzung und Bündelung von Daten einzurichten. Wie bereits in der Europäischen Datenstrategie vorgeschlagen, können sich diese gemeinsamen europäischen Datenräume auf Bereiche wie Gesundheit, Mobilität, Fertigung, Finanzdienstleistungen, Energie und Landwirtschaft oder auf eine Kombination dieser Bereiche, beispielsweise der Bereiche Energie und Klima, sowie auf Themen wie den europäischen Grünen Deal oder europäische Datenräume für die öffentliche Verwaltung oder Qualifikationen erstrecken. Die gemeinsamen europäischen Datenräume sollten dafür sorgen, dass Daten auffindbar, zugänglich, interoperabel und weiterverwendbar sind (im Folgenden „FAIR-Datengrundsätze") und gleichzeitig ein hohes Maß an Cybersicherheit gewährleistet ist. Wenn in der Datenwirtschaft gleiche Wettbewerbsbedingungen bestehen, stützt sich der Wettbewerb der Unternehmen auf die Qualität der Dienstleistungen und nicht auf die Menge der von ihnen kontrollierten Daten. Für die Gestaltung, Schaffung und Aufrechterhaltung gleicher Wettbewerbsbedingungen in der Datenwirtschaft bedarf es solider Governance mit Beteiligung und Vertretung relevanter Interessenträger eines gemeinsamen europäischen Datenraums.

(3) Es ist notwendig, die Bedingungen für die gemeinsame Datennutzung im Binnenmarkt zu verbessern und dazu einen harmonisierten Rahmen für den Datenaustausch zu schaffen sowie bestimmte grundlegende Anforderungen an die Daten-Governance festzulegen, wobei der Erleichterung der

---

[1)] **Amtl. Anm.:** Empfehlung 2003/361/EG der Kommission vom 6. Mai 2003 betreffend die Definition der Kleinstunternehmen sowie der kleinen und mittleren Unternehmen (ABl. L 124 vom 20.5.2003, S. 36).

Kooperation besondere Aufmerksamkeit zu widmen ist. Ziel dieser Verordnung sollte es sein, die Entwicklung eines grenzfreien digitalen Binnenmarktes sowie eine auf den Menschen ausgerichtete, vertrauenswürdige und sichere Datengesellschaft und -wirtschaft voranzutreiben. Mit sektorspezifischem Unionsrecht, wie beispielsweise dem vorgesehenen Unionsrecht zum europäischen Gesundheitsdatenraum und zum Zugang zu Fahrzeugdaten, können je nach den Besonderheiten eines Sektors neue und ergänzende Elemente entwickelt, angepasst und vorgeschlagen werden. Zudem werden bestimmte Wirtschaftssektoren bereits durch sektorspezifisches Unionsrecht reguliert, darunter auch Vorschriften für die grenzüberschreitende bzw. unionsweite gemeinsame Nutzung von Daten und den Zugang zu Daten, beispielsweise die Richtlinie 2011/24/EU des Europäischen Parlaments und des Rates[1)] im Zusammenhang mit dem europäischen Gesundheitsdatenraum sowie die einschlägigen Gesetzgebungsakte im Bereich Verkehr, z.B. die Verordnungen (EU) 2019/1239[2)] und (EU) 2020/1056[3)] und die Richtlinie 2010/40/EU[4)] des Europäischen Parlaments und des Rates mit Blick auf den europäischen Mobilitätsdatenraum.

Daher sollten die Verordnungen (EG) Nr. 223/2009[5)], (EU) 2018/858[6)] und (EU) 2018/1807[7)] und die Richtlinien 2000/31/EG[8)], 2001/29/EG[9)],

---

[1)] **Amtl. Anm.:** Richtlinie 2011/24/EU des Europäischen Parlaments und des Rates vom 9. März 2011 über die Ausübung der Patientenrechte in der grenzüberschreitenden Gesundheitsversorgung (ABl. L 88 vom 4.4.2011, S. 45).

[2)] **Amtl. Anm.:** Verordnung (EU) 2019/1239 des Europäischen Parlaments und des Rates vom 20. Juni 2019 zur Einrichtung eines europäischen Umfelds zentraler Meldeportale für den Seeverkehr und zur Aufhebung der Richtlinie 2010/65/EU (ABl. L 198 vom 25.7.2019, S. 64).

[3)] **Amtl. Anm.:** Verordnung (EU) 2020/1056 des Europäischen Parlaments und des Rates vom 15. Juli 2020 über elektronische Frachtbeförderungsinformationen (ABl. L 249 vom 31.7.2020, S. 33).

[4)] **Amtl. Anm.:** Richtlinie 2010/40/EU des Europäischen Parlaments und des Rates vom 7. Juli 2010 zum Rahmen für die Einführung intelligenter Verkehrssysteme im Straßenverkehr und für deren Schnittstellen zu anderen Verkehrsträgern (ABl. L 207 vom 6.8.2010, S. 1).

[5)] **Amtl. Anm.:** Verordnung (EG) Nr. 223/2009 des Europäischen Parlaments und des Rates vom 11. März 2009 über europäische Statistiken und zur Aufhebung der Verordnung (EG, Euratom) Nr. 1101/2008 des Europäischen Parlaments und des Rates über die Übermittlung von unter die Geheimhaltungspflicht fallenden Informationen an das Statistische Amt der Europäischen Gemeinschaften, der Verordnung (EG) Nr. 322/97 des Rates über die Gemeinschaftsstatistiken und des Beschlusses 89/382/EWG, Euratom des Rates zur Einsetzung eines Ausschusses für das Statistische Programm der Europäischen Gemeinschaften (ABl. L 87 vom 31.3.2009, S. 164).

[6)] **Amtl. Anm.:** Verordnung (EU) 2018/858 des Europäischen Parlaments und des Rates vom 30. Mai 2018 über die Genehmigung und die Marktüberwachung von Kraftfahrzeugen und Kraftfahrzeuganhängern sowie von Systemen, Bauteilen und selbstständigen technischen Einheiten für diese Fahrzeuge, zur Änderung der Verordnungen (EG) Nr. 715/2007 und (EG) Nr. 595/2009 und zur Aufhebung der Richtlinie 2007/46/EG (ABl. L 151 vom 14.6.2018, S. 1).

[7)] **Amtl. Anm.:** Verordnung (EU) 2018/1807 des Europäischen Parlaments und des Rates vom 14. November 2018 über einen Rahmen für den freien Verkehr nicht-personenbezogener Daten in der Europäischen Union (ABl. L 303 vom 28.11.2018, S. 59).

[8)] **Amtl. Anm.:** Richtlinie 2000/31/EG des Europäischen Parlaments und des Rates vom 8. Juni 2000 über bestimmte rechtliche Aspekte der Dienste der Informationsgesellschaft, insbesondere des elektronischen Geschäftsverkehrs, im Binnenmarkt („Richtlinie über den elektronischen Geschäftsverkehr") (ABl. L 178 vom 17.7.2000, S. 1).

[9)] **Amtl. Anm.:** Richtlinie 2001/29/EG des Europäischen Parlaments und des Rates vom 22. Mai 2001 zur Harmonisierung bestimmter Aspekte des Urheberrechts und der verwandten Schutzrechte in der Informationsgesellschaft (ABl. L 167 vom 22.6.2001, S. 10).

2004/48/EG[1], 2007/2/EG[2], 2010/40/EU, (EU) 2015/849[3], (EU) 2016/943[4], (EU) 2017/1132[5], (EU) 2019/790[6] und (EU) 2019/1024[7] des Europäischen Parlaments und des Rates sowie anderes sektorspezifisches Unionsrecht für den Zugang zu Daten und deren Weiterverwendung unberührt bleiben. Das Unionsrecht und das nationale Recht über den Zugang zu Daten und deren Weiterverwendung für Zwecke der Prävention, Ermittlung, Aufdeckung oder Verfolgung von Straftaten oder der Strafvollstreckung sowie die diesbezügliche internationale Zusammenarbeit sollten von dieser Verordnung unberührt bleiben.
Diese Verordnung sollte die Zuständigkeiten der Mitgliedstaaten für Tätigkeiten im Bereich der öffentlichen Sicherheit, der Landesverteidigung und der nationalen Sicherheit unberührt lassen. Die Weiterverwendung von aus diesen Gründen geschützten und im Besitz öffentlicher Stellen befindlichen Daten, einschließlich Daten aus Vergabeverfahren, die in den Anwendungsbereich der Richtlinie 2009/81/EG des Europäischen Parlaments und des Rates[8] fallen, sollte nicht unter diese Verordnung fallen. Für die Weiterverwendung geschützter und im Besitz öffentlicher Stellen befindlicher Daten bestimmter Kategorien sowie für die Erbringung von Datenvermittlungsdiensten und von auf Datenaltruismus beruhenden Diensten in der Union sollte eine horizontale Regelung geschaffen werden. Aufgrund der Besonderheiten verschiedener Sektoren kann es erforderlich sein, ausgehend von den Anforderungen dieser Verordnung sektorale datengestützte Systeme zu konzipieren. Anbieter von Datenvermittlungsdiensten, die die Anforderungen dieser Verordnung erfüllen, sollten die Bezeichnung „in der Union anerkannter Anbieter von Datenvermittlungsdiensten" führen dürfen. Juristische Personen, die bestrebt sind, Ziele von allgemeinem Interesse zu unterstützen, indem sie einschlägige Daten

---

[1] **Amtl. Anm.:** Richtlinie 2004/48/EG des Europäischen Parlaments und des Rates vom 29. April 2004 zur Durchsetzung der Rechte des geistigen Eigentums (ABl. L 157 vom 30.4.2004, S. 45).

[2] **Amtl. Anm.:** Richtlinie 2007/2/EG des Europäischen Parlaments und des Rates vom 14. März 2007 zur Schaffung einer Geodateninfrastruktur in der Europäischen Gemeinschaft (INSPIRE) (ABl. L 108 vom 25.4.2007, S. 1).

[3] **Amtl. Anm.:** Richtlinie (EU) 2015/849 des Europäischen Parlaments und des Rates vom 20. Mai 2015 zur Verhinderung der Nutzung des Finanzsystems zum Zwecke der Geldwäsche und der Terrorismusfinanzierung, zur Änderung der Verordnung (EU) Nr. 648/2012 des Europäischen Parlaments und des Rates und zur Aufhebung der Richtlinie 2005/60/EG des Europäischen Parlaments und des Rates und der Richtlinie 2006/70/EG der Kommission (ABl. L 141 vom 5.6.2015, S. 73).

[4] **Amtl. Anm.:** Richtlinie (EU) 2016/943 des Europäischen Parlaments und des Rates vom 8. Juni 2016 über den Schutz vertraulichen Know-hows und vertraulicher Geschäftsinformationen (Geschäftsgeheimnisse) vor rechtswidrigem Erwerb sowie rechtswidriger Nutzung und Offenlegung (ABl. L 157 vom 15.6.2016, S. 1).

[5] **Amtl. Anm.:** Richtlinie (EU) 2017/1132 des Europäischen Parlaments und des Rates vom 14. Juni 2017 über bestimmte Aspekte des Gesellschaftsrechts (ABl. L 169 vom 30.6.2017, S. 46).

[6] **Amtl. Anm.:** Richtlinie (EU) 2019/790 des Europäischen Parlaments und des Rates vom 17. April 2019 über das Urheberrecht und die verwandten Schutzrechte im digitalen Binnenmarkt und zur Änderung der Richtlinien 96/9/EG und 2001/29/EG (ABl. L 130 vom 17.5.2019, S. 92).

[7] **Amtl. Anm.:** Richtlinie (EU) 2019/1024 des Europäischen Parlaments und des Rates vom 20. Juni 2019 über offene Daten und die Weiterverwendung von Informationen des öffentlichen Sektors (ABl. L 172 vom 26.6.2019, S. 56).

[8] **Amtl. Anm.:** Richtlinie 2009/81/EG des Europäischen Parlaments und des Rates vom 13. Juli 2009 über die Koordinierung der Verfahren zur Vergabe bestimmter Bau-, Liefer- und Dienstleistungsaufträge in den Bereichen Verteidigung und Sicherheit und zur Änderung der Richtlinien 2004/17/EG und 2004/18/EG (ABl. L 216 vom 20.8.2009, S. 76).

auf der Grundlage von Datenaltruismus in entsprechend großem Maßstab zur Verfügung stellen und die in dieser Verordnung festgelegten Anforderungen erfüllen, sollten sich als „in der Union anerkannte datenaltruistische Organisation" eintragen lassen und diese Bezeichnung führen können. Sind diese öffentlichen Stellen, Anbieter von Datenvermittlungsdiensten oder, juristischen Personen (im Folgenden „anerkannte datenaltruistische Organisationen") gemäß sektorspezifischem Unionsrecht oder nationalem Recht verpflichtet, bestimmte zusätzliche technische, administrative oder organisatorische Anforderungen einzuhalten, etwa im Rahmen von Genehmigungs- oder Zertifizierungsverfahren, so sollten auch diese Bestimmungen des sektorspezifischen Unionsrecht oder des nationalen Rechts Anwendung finden.

(4) Diese Verordnung sollte die Verordnungen (EU) 2016/679[1] und (EU) 2018/1725[2] des Europäischen Parlaments und des Rates sowie die Richtlinien 2002/58/EG[3] und (EU) 2016/680[4] des Europäischen Parlaments und des Rates und die entsprechenden Bestimmungen des nationalen Rechts unberührt lassen, einschließlich in den Fällen, in denen personenbezogene und nicht personenbezogene Daten in einem Datensatz untrennbar miteinander verbunden sind. Insbesondere sollte mit dieser Verordnung keine neue Rechtsgrundlage für die Verarbeitung personenbezogener Daten für irgendeine der regulierten Tätigkeiten geschaffen werden bzw. keine Änderung der Informationsanforderungen gemäß der Verordnung (EU) 2016/679[5] bewirkt werden. Die Durchführung dieser Verordnung sollte der grenzüberschreitenden Datenübertragung im Einklang mit Kapitel V der Verordnung (EU) 2016/679[5] nicht im Wege stehen. Im Fall eines Konflikts zwischen dieser Verordnung und dem Unionsrecht über den Schutz personenbezogener Daten oder dem gemäß diesem Unionsrecht erlassenen nationalen Recht sollte das einschlägige Unionsrecht oder das nationale Recht über den Schutz personenbezogener Daten Vorrang haben. Es sollte möglich sein, Datenschutzbehörden als gemäß dieser Verordnung zuständige Behörden zu betrachten. Wenn andere Behörden als zuständige Behörden gemäß dieser Verordnung handeln, sollten sie dabei

---

[1] **Amtl. Anm.:** Verordnung (EU) 2016/679 *[Nr. 1]* des Europäischen Parlaments und des Rates vom 27. April 2016 zum Schutz natürlicher Personen bei der Verarbeitung personenbezogener Daten, zum freien Datenverkehr und zur Aufhebung der Richtlinie 95/46/EG (Datenschutz-Grundverordnung) (ABl. L 119 vom 4.5.2016, S. 1).

[2] **Amtl. Anm.:** Verordnung (EU) 2018/1725 des Europäischen Parlaments und des Rates vom 23. Oktober 2018 zum Schutz natürlicher Personen bei der Verarbeitung personenbezogener Daten durch die Organe, Einrichtungen und sonstigen Stellen der Union, zum freien Datenverkehr und zur Aufhebung der Verordnung (EG) Nr. 45/2001 und des Beschlusses Nr. 1247/2002/EG (ABl. L 295 vom 21.11.2018, S. 39).

[3] **Amtl. Anm.:** Richtlinie 2002/58/EG *[Nr. 3]* des Europäischen Parlaments und des Rates vom 12. Juli 2002 über die Verarbeitung personenbezogener Daten und den Schutz der Privatsphäre in der elektronischen Kommunikation (Datenschutzrichtlinie für elektronische Kommunikation) (ABl. L 201 vom 31.7.2002, S. 37).

[4] **Amtl. Anm.:** Richtlinie (EU) 2016/680 *[Nr. 2]* des Europäischen Parlaments und des Rates vom 27. April 2016 zum Schutz natürlicher Personen bei der Verarbeitung personenbezogener Daten durch die zuständigen Behörden zum Zwecke der Verhütung, Ermittlung, Aufdeckung oder Verfolgung von Straftaten oder der Strafvollstreckung sowie zum freien Datenverkehr und zur Aufhebung des Rahmenbeschlusses 2008/977/JI des Rates (ABl. L 119 vom 4.5.2016, S. 89).

[5] Nr. **1**.

die Aufsichtsbefugnisse und –zuständigkeiten der Datenschutzbehörden gemäß der Verordnung (EU) 2016/679[1] davon unberührt bleiben.

(5) Es muss auf Unionsebene gehandelt werden, um das Vertrauen in die gemeinsame Datennutzung zu stärken, indem geeignete Mechanismen geschaffen werden, die es den betroffenen Personen und Dateninhabern ermöglichen, Kontrolle über die sie betreffenden Daten auszuüben, und sonstige Hemmnisse für eine gut funktionierende und wettbewerbsfähige datengesteuerte Wirtschaft abzubauen. Die Verpflichtungen und Zusagen, die sich aus den von der Union abgeschlossenen völkerrechtlichen Handelsabkommen ergeben, sollten von dieser Maßnahme unberührt bleiben. Ein unionsweiter Governance-Rahmen sollte zum Ziel haben, das Vertrauen unter Einzelpersonen und Unternehmen in Bezug auf den Zugang zu Daten, deren Kontrolle, gemeinsame Nutzung, Verwendung und Weiterverwendung zu stärken, und zwar insbesondere durch die Schaffung geeigneter Mechanismen, die es den betroffenen Personen ermöglichen, ihre Rechte zu kennen und effektiv wahrzunehmen, sowie mit Blick auf die Weiterverwendung bestimmter Arten von Daten, die im Besitz des öffentlichen Sektors sind, auf die Erbringung von Diensten durch Anbieter von Datenvermittlungsdiensten für betroffene Personen, Dateninhaber und Datennutzer sowie auf die Erhebung und Verarbeitung von Daten, die von natürlichen und juristischen Personen für altruistische Zwecke zur Verfügung gestellt werden. Insbesondere kann durch mehr Transparenz hinsichtlich des Zwecks der Datennutzung und der Bedingungen, unter denen Unternehmen Daten speichern, zur Verbesserung des Vertrauens beitragen werden.

(6) Die Vorstellung, dass Daten, die von öffentlichen Stellen oder sonstigen Einrichtungen mithilfe öffentlicher Gelder generiert oder erhoben wurden, auch der Gesellschaft zugutekommen sollten, hat seit Langem Eingang in die Strategie der Union gefunden. Die Richtlinie (EU) 2019/1024 und sektorspezifisches Unionsrecht zielen darauf ab, dass öffentliche Stellen die Zugänglichkeit der von ihnen erzeugten Daten für die Verwendung und Weiterverwendung in größerem Umfang erleichtern. Dennoch werden in öffentlichen Datenbanken vorhandene Daten bestimmter Kategorien, wie vertrauliche Geschäftsdaten, unter die Geheimhaltungspflicht fallende statistische Daten, durch die Rechte Dritter an geistigem Eigentum geschützte Daten, einschließlich Geschäftsgeheimnissen und personenbezogener Daten, oft nicht einmal für Forschungszwecke oder innovative Tätigkeiten im öffentlichen Interesse zur Verfügung gestellt, obwohl diese Verfügbarkeit gemäß dem anwendbaren Unionsrecht, insbesondere der Verordnung (EU) 2016/679[1], der Richtlinie 2002/58/EG[2] und der Richtlinie (EU) 2016/680[3], möglich ist. Aufgrund der Sensibilität solcher Daten müssen bestimmte verfahrenstechnische und rechtliche Anforderungen erfüllt werden, bevor sie zur Verfügung gestellt werden, nicht zuletzt zur Wahrung der Rechte Dritter an diesen sensiblen Daten oder zur Begrenzung nachteiliger Auswirkungen auf die Grundrechte, den Grundsatz der Nichtdiskriminierung und den Datenschutz. Die Erfüllung dieser

---

[1] Nr. **1**.
[2] Nr. **3**.
[3] Nr. **2**.

Anforderungen erfordert in der Regel viel Zeit und Sachverstand. Dies hat dazu geführt, dass diese Daten unzureichend genutzt werden. Zwar haben einige Mitgliedstaaten Strukturen und Verfahren geschaffen oder Vorschriften erlassen, um die Weiterverwendung dieser Art von Daten zu erleichtern, doch gilt das nicht für die gesamte Union. Um die Nutzung von Daten für die europäische Forschung und Innovation durch private und öffentliche Einrichtungen zu erleichtern, bedarf es klarer Bedingungen für den Zugang zu solchen Daten und deren Nutzung in der gesamten Union.

(7) Für Datenbanken, die personenbezogene Daten enthalten, gibt es Techniken, die Analysen ermöglichen, z.B. Anonymisierung, differentielle Privatsphäre, Generalisierung oder Datenunterdrückung und Randomisierung, Verwendung synthetischer Daten oder ähnlicher Methoden sowie sonstige dem Stand der Technik entsprechende Methoden zur Wahrung der Privatsphäre, die zu einer datenschutzfreundlicheren Datenverarbeitung beitragen könnten. Die Mitgliedstaaten sollten öffentliche Stellen dabei unterstützen, solche Techniken optimal zu nutzen, um so viele Daten wie möglich für die gemeinsame Nutzung verfügbar zu machen. Mithilfe dieser Techniken im Verbund mit umfassenden Datenschutz-Folgenabschätzungen und sonstigen Schutzvorkehrungen kann ein Beitrag zu mehr Sicherheit bei der Verwendung und Weiterverwendung personenbezogener Daten geleistet werden und dürfte eine sichere Weiterverwendung vertraulicher Geschäftsdaten für Forschung, Innovation und statistische Zwecke gewährleistet werden können. In vielen Fällen bedeutet die Anwendung solcher Techniken, Folgenabschätzungen und sonstiger Schutzvorkehrungen, dass die Verwendung und Weiterverwendung von Daten nur in einer sicheren Verarbeitungsumgebung möglich ist, die der öffentlichen Stelle eingerichtet und beaufsichtigt wird. Auf Unionsebene gibt es Erfahrungen mit solchen sicheren Verarbeitungsumgebungen, die auf der Grundlage der Verordnung (EU) Nr. 557/2013 der Kommission[1] für Forschungsarbeiten zu statistischen Mikrodaten genutzt werden. Allgemein sollte die Verarbeitung personenbezogener Daten stets auf einer der Rechtsgrundlagen beruhen, die in den Artikeln 6 und 9 der Verordnung (EU) 2016/679[2] bestimmt sind.

(8) Im Einklang mit der Verordnung (EU) 2016/679[2] sollten die Grundsätze des Datenschutzes nicht auf anonyme Informationen angewendet werden, d.h. auf Informationen, die sich nicht auf eine bestimmte oder bestimmbare natürliche Person beziehen, oder auf personenbezogene Daten, die in einer Weise anonymisiert wurden, dass die betroffene Person nicht oder nicht mehr bestimmt werden kann. Die erneute Identifizierung betroffener Personen anhand anonymisierter Datensätze sollte untersagt sein. Dies sollte die Möglichkeit unberührt lassen, im Einklang mit der Verordnung (EU) 2016/679[2] durchgeführte Forschungsarbeiten zu Anonymisierungstechniken durchzuführen, insbesondere um die Informationssicherheit zu

---

[1] **Amtl. Anm.:** Verordnung (EU) Nr. 557/2013 der Kommission vom 17. Juni 2013 zur Durchführung der Verordnung (EG) Nr. 223/2009 des Europäischen Parlaments und des Rates über europäische Statistiken in Bezug auf den Zugang zu vertraulichen Daten für wissenschaftliche Zwecke und zur Aufhebung der Verordnung (EG) Nr. 831/2002 der Kommission (ABl. L 164 vom 18.6.2013, S. 16).

[2] Nr. **1**.

gewährleisten, bestehende Anonymisierungstechniken zu verbessern und zur allgemeinen Zuverlässigkeit der Anonymisierung beizutragen.

(9) Um den Schutz personenbezogener Daten und vertraulicher Daten zu erleichtern und das Verfahren für die Bereitstellung solcher Daten zur Weiterverwendung gemäß dieser Verordnung zu beschleunigen, sollten die Mitgliedstaaten die öffentliche Stellen dazu anhalten, Daten im Einklang mit dem in Artikel 5 Absatz 2 der Richtlinie (EU) 2019/1024 genannten Grundsatz „konzeptionell und standardmäßig offen" zu erstellen und sie zugänglich zu machen, und die Erstellung und Beschaffung von Daten in Formaten und Strukturen fördern, die diesbezüglich eine Anonymisierung ermöglichen.

(10) Daten, die sich im Besitz öffentlicher Stellen befinden und unter die Kategorien fallen, für die eine Weiterverwendung nach dieser Verordnung infrage kommt, fallen nicht in den Anwendungsbereich der Richtlinie (EU) 2019/1024, die Daten ausschließt, die unzugänglich sind, weil es sich um vertrauliche Geschäftsdaten, unter die Geheimhaltungspflicht fallende statistische Daten und Daten handelt, die Teil von Werken oder sonstigen Schutzgegenständen sind und durch Rechte Dritter an geistigem Eigentum geschützt werden. Vertrauliche Geschäftsdaten umfassen Daten, die durch das Geschäftsgeheimnis geschützt sind, geschütztes Know-how und etwaige sonstige Informationen, deren unrechtmäßige Offenlegung die Marktposition oder die finanzielle Solidität eines Unternehmens beeinträchtigen würde. Diese Verordnung sollte für personenbezogene Daten gelten, die insoweit nicht in den Anwendungsbereich der Richtlinie (EU) 2019/1024 fallen, als nach deren Zugangsregelungen der Zugang zu diesen Daten aus Gründen des Datenschutzes, des Schutzes der Privatsphäre und der Integrität von Einzelpersonen nach den Datenschutzvorschriften ausgeschlossen oder eingeschränkt ist. Die Weiterverwendung von Daten, die möglicherweise Geschäftsgeheimnisse enthalten, sollte unbeschadet der Richtlinie (EU) 2016/943 erfolgen, die den Rahmen für die Rechtmäßigkeit von Erwerb, Nutzung oder Offenlegung von Geschäftsgeheimnissen festlegt.

(11) Diese Verordnung sollte keine Verpflichtung begründen, die Weiterverwendung von Daten zu erlauben, die sich im Besitz öffentlicher Stellen befinden. Daher sollte jeder Mitgliedstaat insbesondere entscheiden können, ob Daten zur Weiterverwendung zugänglich gemacht werden, und zwar auch im Hinblick auf die Zwecke und den Umfang eines solchen Zugangs. Auf Unionsebene oder nationaler Ebene geltende Vorschriften, die im Einzelnen noch genauer festlegen, welche Bedingungen öffentliche Stellen an die Weiterverwendung von Daten knüpfen müssen, sollten von dieser Verordnung unberührt bleiben und von ihr ergänzt werden. Der Zugang der Öffentlichkeit zu amtlichen Dokumenten kann als öffentliches Interesse betrachtet werden. Unter Berücksichtigung der Rolle des Zugangs der Öffentlichkeit zu amtlichen Dokumenten und der Transparenz in einer demokratischen Gesellschaft sollte diese Verordnung auch das Unionsrecht und das nationale Recht über die Gewährung des Zugangs zu amtlichen Dokumenten und deren Offenlegung unberührt lassen. Der Zugang zu amtlichen Dokumenten kann insbesondere entweder im Einklang mit nationalem Recht, ohne besondere Bedingungen festzulegen,

oder durch die Festlegung besonderer Bedingungen, die in dieser Verordnung nicht vorgesehen sind, gewährt werden.

(12) Die in dieser Verordnung enthaltene Weiterverwendungsregelung sollte für Daten gelten, deren Bereitstellung in den Mitgliedstaaten unter den gesetzlich oder anderweitig verbindlich festgelegten öffentlichen Auftrag der betreffenden öffentlichen Stellen fällt. Bestehen keine entsprechenden Vorschriften, sollte der Umfang des öffentlichen Auftrags, unter der Voraussetzung, dass er transparent ist und überprüft wird, im Einklang mit der allgemeinen Verwaltungspraxis der Mitgliedstaaten festgelegt werden. Der öffentliche Auftrag könnte allgemein oder für einzelne öffentliche Stellen fallbezogen festgelegt werden. Da die Begriffsbestimmung für öffentliche Stellen keine öffentlichen Unternehmen erfasst, sollten die in Besitz öffentlicher Unternehmen befindlichen Daten nicht unter diese Verordnung fallen. Auch sollte diese Verordnung nicht für Daten gelten, die sich im Besitz von Kultureinrichtungen etwa von Bibliotheken, Archiven und Museen sowie Orchestern, Opern, Balletten und Theatern – oder Bildungseinrichtungen befinden, da die sich in ihrem Besitz befindlichen Werke und sonstigen Dokumente vorrangig den Rechten Dritter an geistigem Eigentum unterliegen. Forschungseinrichtungen und Forschungsfördereinrichtungen könnten auch als öffentliche Stellen oder Einrichtungen des öffentlichen Rechts aufgestellt werden.
Für solche hybriden Einrichtungen gilt diese Richtlinie nur in Bezug auf ihre Funktion als Forschungseinrichtung. Befinden sich Daten im Besitz einer Forschungseinrichtung, die Teil eines spezifischen öffentlich-privaten Zusammenschlusses mit Einrichtungen des privaten Sektors oder sonstigen öffentlichen Stellen, Einrichtungen des öffentlichen Rechts oder hybriden Forschungseinrichtungen, d.h. sowohl als öffentliche Stelle als auch als öffentliches Unternehmen aufgestellte Einrichtungen, mit dem Hauptzweck der Forschung ist, so sollten diese Daten ebenfalls nicht unter diese Verordnung fallen. Die Mitgliedstaaten sollten diese Verordnung gegebenenfalls auf öffentliche Unternehmen oder private Unternehmen, die Aufgaben des öffentlichen Sektors wahrnehmen oder Dienstleistungen von allgemeinem Interesse bereitstellen, anwenden können. Ein Austausch von Daten zwischen öffentlichen Stellen in der Union oder zwischen öffentlichen Stellen in der Union und öffentlichen Stellen in Drittländern oder internationalen Organisationen, der ausschließlich im Rahmen der Erfüllung ihres öffentlichen Auftrags stattfindet, sollte ebenso wie der Austausch von Daten zwischen Forschern zu nichtkommerziellen Forschungszwecken, nicht den Bestimmungen dieser Verordnung in Bezug auf die Weiterverwendung bestimmter Kategorien geschützter Daten im Besitz öffentlicher Stellen unterliegen.

(13) Bei der Festlegung der Grundsätze für die Weiterverwendung der in ihrem Besitz befindlichen Daten sollten öffentliche Stellen das Wettbewerbsrecht einhalten und den Abschluss von Vereinbarungen vermeiden, deren Ziel oder Wirkung darin bestehen könnte, für die Weiterverwendung bestimmter Daten ausschließliche Rechte zu begründen. Solche Vereinbarungen sollten nur dann zulässig sein, wenn sie sich aus Gründen rechtfertigen lassen, die in der Erbringung eines Dienstes oder der Bereitstellung eines Produkts im allgemeinem Interesse liegen, und sie hierfür notwendig sind. Dies könnte der Fall sein, wenn sich nur mit ihrer ausschließlichen Ver-

wendung ein optimaler gesellschaftlicher Nutzen der betreffenden Daten erzielen lässt, weil es beispielsweise nur eine Einrichtung gibt (die sich auf die Verarbeitung eines bestimmten Datensatzes spezialisiert hat), die einen Dienst erbringen oder ein Produkt bereitstellen kann, mit dem eine öffentliche Stelle in die Lage versetzt wird, einen Dienst im allgemeinen Interesse zu erbringen. Diese Vereinbarungen sollten jedoch gemäß dem anwendbaren Unionsrecht oder nationalen Recht geschlossen werden und einer regelmäßigen Überprüfung anhand von Marktanalysen unterzogen werden, damit festgestellt werden kann, ob die Gewährung der Ausschließlichkeit nach wie vor notwendig ist. Ferner sollten solche Vereinbarungen gegebenenfalls den einschlägigen Vorschriften über staatliche Beihilfen entsprechen und nur für eine begrenzte Dauer, der zwölf Monate nicht überschreiten sollte, geschlossen werden. Im Sinne der Transparenz sollten solche Ausschließlichkeitsvereinbarungen im Internet in einer Form veröffentlicht werden, die im Einklang mit dem einschlägigen Unionsrecht über die Vergabe öffentlicher Aufträge steht. Entspricht ein ausschließliches Recht zur Weiterverwendung nicht dieser Verordnung, so sollte dieses ausschließliche Recht unwirksam sein.

(14) Bereits vor dem Tag des Inkrafttretens dieser Verordnung bestehende und nunmehr verbotene Ausschließlichkeitsvereinbarungen und sonstige Praktiken oder Vereinbarungen, die die Weiterverwendung von Daten im Besitz von öffentlichen Stellen betreffen und die zwar keine Ausschließlichkeitsrechte gewähren, bei denen jedoch nach vernünftigem Ermessen davon ausgegangen werden kann, dass sie die Verfügbarkeit von Daten für die Weiterverwendung einschränken, sollten nach Ablauf ihrer Gültigkeit nicht erneuert werden. Unbefristete oder langfristige Vereinbarungen sollten innerhalb von 30 Monaten nach Inkrafttreten dieser Verordnung beendet werden.

(15) Diese Verordnung sollte Bedingungen für die Weiterverwendung geschützter Daten festlegen, die für öffentliche Stellen gelten, die nach nationalem Recht als dafür zuständig benannt werden, die Weiterverwendung zu erlauben oder zu verweigern, und die die Rechte und Pflichten in Bezug auf den Zugang zu solchen Daten unberührt lassen. Diese Bedingungen sollten nichtdiskriminierend, transparent, verhältnismäßig und objektiv gerechtfertigt sein und den Wettbewerb nicht einschränken, wobei insbesondere der Zugang von KMU und Start-up-Unternehmen zu solchen Daten gefördert werden sollte. Die Bedingungen für die Weiterverwendung sollten so gestaltet werden, dass wissenschaftliche Forschung gefördert wird, so dass beispielsweise die bevorzugte Behandlung der wissenschaftlichen Forschung als nicht diskriminierend betrachtet werden sollte. Öffentliche Stellen, die die Weiterverwendung von Daten erlauben, sollten über die für den Schutz der Rechte und Interessen Dritter erforderlichen technischen Mittel verfügen und dazu befugt sein, die notwendigen Informationen vom Weiterverwender anzufordern. Die Bedingungen für die Weiterverwendung von Daten sollten sich auf das beschränken, was zur Wahrung der Rechte und Interessen Dritter an den Daten und der Integrität der Informatik- und Kommunikationssysteme der öffentlichen Stellen notwendig ist. Die von öffentlichen Stellen auferlegten Bedingungen sollten den Interessen der Weiterverwender bestmöglich dienen, ohne dass den öffentlichen Stellen hieraus ein unverhältnismäßig hoher Aufwand

erwächst. Die Bedingungen mit der Wiederverwendung von Daten verbundenen Bedingungen sollten derart konzipiert sein, dass wirksame Vorkehrungen in Bezug auf den Schutz personenbezogener Daten sichergestellt sind. Vor der Übermittlung sollten personenbezogene Daten anonymisiert werden, sodass ausgeschlossen ist, dass die betroffenen Personen identifiziert werden können, und sollten Daten, die vertrauliche Geschäftsinformationen enthalten, so verändert werden, dass keine vertraulichen Informationen offengelegt werden. Wenn die Bereitstellung anonymisierter oder veränderter Daten nicht den Bedürfnissen des Weiterverwenders entspricht und wenn etwaige Anforderungen in Bezug auf die Durchführung einer Datenschutz-Folgenabschätzung und die Konsultation der Aufsichtsbehörde gemäß den Artikeln 35 und 36 der Verordnung (EU) 2016/679[1)] erfüllt wurden und die Risiken für die Rechte und Interessen der betroffenen Personen minimal sind, könnte die Weiterverwendung der Daten in den Räumlichkeiten der öffentlichen Stelle oder der Fernzugriff zur Verarbeitung in einer sicheren Verarbeitungsumgebung erlaubt werden.

Dies könnte eine geeignete Regelung für die Weiterverwendung pseudonymisierter Daten sein. Die Datenanalysen in solchen sicheren Verarbeitungsumgebungen sollten von der öffentlichen Stelle beaufsichtigt werden, damit die Rechte und Interessen Dritter geschützt werden. Insbesondere sollten personenbezogene Daten nur dann zur Weiterverwendung an Dritte übermittelt werden, wenn es hierfür im Datenschutzrecht eine Rechtsgrundlage gibt. Nicht personenbezogene Daten sollten nur übermittelt werden, wenn kein Grund zu der Annahme besteht, dass betroffene Personen anhand der Kombination nicht personenbezogener Datensätze identifiziert werden können. Dies sollte auch für pseudonymisierte Daten gelten, die ihren Status als personenbezogene Daten behalten. Im Falle der erneuten Identifizierung betroffener Personen sollte zusätzlich zur einer Verpflichtung, eine solche Datenschutzverletzung gemäß Verordnung (EU) 2016/679[1)] einer Aufsichtsbehörde und der betroffenen Person mitzuteilen, auch eine Verpflichtung bestehen, diese Datenschutzverletzung der öffentlichen Stelle mitzuteilen. Gegebenenfalls sollten die öffentlichen Stellen die Weiterverwendung von Daten auf der Grundlage der Einwilligung betroffener Personen bzw. Erlaubnis von Dateninhabern zur Weiterverwendung ihrer Daten mit geeigneten technischen Mitteln erleichtern. In diesem Zusammenhang sollte die öffentliche Stelle die potenziellen Weiterverwender der Daten nach besten Kräften bei der Einholung dieser Einwilligung oder Erlaubnis unterstützen, indem sie technische Mechanismen schafft, mit denen Einwilligungs- oder Erlaubnisanfragen der Weiterverwender weitergeleitet werden können, soweit dies praktisch durchführbar ist. Dabei sollten keine Kontaktangaben weitergegeben werden, die es Weiterverwendern ermöglichen würden, betroffene Personen oder Dateninhaber direkt zu kontaktieren. Bei der Übermittlung einer Einwilligungs- oder Erlaubnisanfrage sollte die öffentliche Stelle sicherstellen, dass die betroffene Person oder der Dateninhaber unmissverständlich darüber informiert wird, dass sie die Einwilligung oder Erlaubnis ablehnen kann.

[1)] Nr. **1**.

(16) Um die Nutzung von Daten im Besitz von öffentlichen Stellen für Zwecke der wissenschaftlichen Forschung zu erleichtern und zu fördern, werden die öffentlichen Stellen angehalten, einen harmonisierten Ansatz und harmonisierte Verfahren zu entwickeln, um diese Daten für Zwecke der wissenschaftlichen Forschung im öffentlichen Interesse leicht zugänglich zu machen. Dies könnte unter anderem bedeuten, dass gestraffte Verwaltungsverfahren, eine standardisierte Datenformatierung, informative Metadaten zu Entscheidungen über Methodik und Datenerhebung sowie standardisierte Datenfelder geschaffen werden, die es ermöglichen, Datensätze von verschiedenen Datenquellen des öffentlichen Sektors zu Analysezwecken gegebenenfalls leicht zusammenzuführen. Ziel dieser Verfahren sollte es sein, öffentlich finanzierte und erstellte Daten für Zwecke der wissenschaftlichen Forschung im Einklang mit dem Grundsatz „so offen wie möglich, so geschlossen wie nötig" zu fördern.

(17) Rechte Dritter an geistigem Eigentum sollten von dieser Verordnung unberührt bleiben. Diese Verordnung sollte weder bestehende Rechte öffentlicher Stellen an geistigem Eigentum oder deren Inhaberschaft daran berühren noch die Ausübung dieser Rechte in irgendeiner Weise einschränken. Die sich aus dieser Verordnung ergebenden Verpflichtungen sollten nur insoweit gelten, als sie mit völkerrechtlichen Übereinkommen zum Schutz der Rechte des geistigen Eigentums, insbesondere der Berner Übereinkunft zum Schutz von Werken der Literatur und Kunst (Berner Übereinkunft), dem Übereinkommen über handelsbezogene Aspekte der Rechte des geistigen Eigentums (TRIPS-Übereinkommen), dem Urheberrechtsvertrag der Weltorganisation für geistiges Eigentum (WCT) sowie dem Unionsrecht oder dem nationalen Recht über geistiges Eigentum vereinbar sind. Öffentliche Stellen sollten ihre Urheberrechte jedoch auf eine Weise ausüben, die eine Weiterverwendung erleichtert.

(18) Daten, für die Rechte des geistigen Eigentums gelten, sowie Geschäftsgeheimnisse sollten nur dann an Dritte übermittelt werden, wenn diese Übermittlung nach Unionsrecht oder nationalem Recht rechtmäßig ist oder die Zustimmung des Rechteinhabers vorliegt. Sofern öffentliche Stellen Inhaber des Datenbankherstellerrechts nach Artikel 7 Absatz 1 der Richtlinie 96/9/EG des Europäischen Parlaments und des Rates[1)] sind, sollten sie dieses Recht nicht in Anspruch nehmen, um die Weiterverwendung der Daten zu verhindern oder über die in dieser Verordnung festgelegten Beschränkungen hinaus einzuschränken.

(19) Unternehmen und betroffene Personen sollten darauf vertrauen können, dass die Weiterverwendung von geschützten Daten bestimmter Kategorien, die sich im Besitz von Stellen des öffentlichen Sektors befinden, in einer Art und Weise erfolgt, die ihre Rechte und Interessen wahrt. Daher sollten zusätzliche Schutzvorkehrungen für Situationen getroffen werden, in denen die Weiterverwendung solcher Daten des öffentlichen Sektors außerhalb des öffentlichen Sektors erfolgt, wie eine Anforderung, dass öffentliche Stellen sicherstellen, dass in allen Fällen, auch wenn Daten in Drittländer übertragen werden, die Rechte und Interessen natürlicher und juristischer Personen in vollem Umfang gewahrt werden, insbesondere im

---

[1)] **Amtl. Anm.:** Richtlinie 96/9/EG des Europäischen Parlaments und des Rates vom 11. März 1996 über den rechtlichen Schutz von Datenbanken (ABl. L 77 vom 27.3.1996, S. 20).

Hinblick auf personenbezogene Daten, sensible Geschäftsdaten und Rechte des geistigen Eigentums. Öffentliche Stellen sollten die Weiterverwendung von Informationen, die von Versicherungsunternehmen oder sonstigen Dienstleistern in e-Gesundheitsanwendungen gespeichert werden, zum Zwecke der Diskriminierung bei der Festlegung von Preisen nicht gestatten, da dies dem Grundrecht auf Zugang zur Gesundheitsfürsorge zuwiderlaufen würde.

(20) Außerdem ist es zur Wahrung eines fairen Wettbewerbs und der offenen Marktwirtschaft von größter Bedeutung, geschützte nicht personenbezogene Daten, vor allem Geschäftsgeheimnisse, aber auch nicht personenbezogene Daten von Inhalten, die durch Rechte des geistigen Eigentums geschützt sind, vor unrechtmäßigem Zugriff, der möglicherweise den Diebstahl geistigen Eigentums oder Industriespionage zur Folge hat, zu schützen. Zum Schutz der Rechte oder Interessen der Dateninhaber sollte es möglich sein, nicht personenbezogene Daten, die nach Unionsrecht oder dem nationalen Recht vor unrechtmäßigem oder unbefugtem Zugriff zu schützen sind und die sich im Besitz öffentlicher Stellen befinden, nur dann in Drittländer zu übertragen, wenn angemessene Schutzvorkehrungen für die Nutzung der Daten getroffen wurden. Zu diesen angemessenen Schutzvorkehrungen sollte auch eine Bedingung gehören, dass öffentliche Stellen geschützte Daten nur dann an einen Weiterverwender übermitteln, wenn dieser Weiterverwender sich zum Schutz der Daten vertraglich verpflichtet. Ein Weiterverwender, der beabsichtigt, die geschützten Daten in ein Drittland zu übertragen, sollte sich dazu verpflichten, die in dieser Verordnung festgelegten Bedingungen selbst nach der Übertragung der Daten in das Drittland einzuhalten. Für eine ordnungsgemäße Durchsetzung der Einhaltung dieser Verpflichtungen sollte der Weiterverwender zur Beilegung von Rechtsstreitigkeiten zudem die Gerichtsbarkeit des Mitgliedstaats der öffentlichen Stelle, die die Weiterverwendung der Daten erlaubt hat, als zuständig anerkennen.

(21) Angemessene Schutzvorkehrungen sollten auch dann als umgesetzt gelten, wenn in dem Drittland, in das nicht personenbezogene Daten übertragen werden sollen, gleichwertige Maßnahmen bestehen, mit denen gewährleistet wird, dass für Daten ein ähnliches Schutzniveau gilt wie das, das auf der Grundlage des Unionsrechts vor allem im Hinblick auf den Schutz von Geschäftsgeheimnissen und der Rechte des geistigen Eigentums Anwendung findet. Wenn dies aufgrund der Vielzahl unionsweit gestellter Anträge auf Weiterverwendung nicht personenbezogener Daten in bestimmten Drittländern gerechtfertigt ist, sollte die Kommission in der Lage sein, hierzu durch Durchführungsrechtsakte zu erklären, dass ein Drittland ein Schutzniveau bietet, das im Wesentlichen dem durch Unionsrecht gewährten Schutzniveau gleichwertig ist. Die Kommission sollte auf der Grundlage der von den Mitgliedstaaten über den Europäischen Dateninnovationsrat bereitgestellten Informationen die Notwendigkeit solcher Durchführungsrechtsakte prüfen. Durch solche Durchführungsrechtsakte hätten öffentliche Stellen die Gewissheit, dass der Schutz von Daten im Besitz öffentlicher Stellen bei deren Weiterverwendung in dem betreffenden Drittland nicht gefährdet wäre. Bei der Bewertung des in dem betreffenden Drittland gewährten Schutzniveaus sollten insbesondere das einschlägige allgemeine und sektorale Recht berücksichtigt werden, auch solche,

die sich auf die öffentliche Sicherheit, die Landesverteidigung und die nationale Sicherheit beziehen, sowie die strafrechtlichen Vorschriften in Bezug auf den Zugang zu und den Schutz von nicht personenbezogenen Daten und auf den etwaigen Zugang der öffentlichen Stellen des betreffenden Drittlands zu den übertragenen Daten; außerdem sollten das Vorhandensein und die wirksame Funktionsweise einer oder mehrerer unabhängiger Aufsichtsbehörden, die in dem betreffenden Drittland für die Einhaltung und Durchsetzung der Rechtsvorschriften, mit denen der Zugang zu solchen Daten geregelt wird, zuständig sind, die internationalen Verpflichtungen hinsichtlich des Datenschutzes oder die Verpflichtungen, die sich aus rechtsverbindlichen Übereinkommen oder Instrumenten sowie aus der Teilnahme an multilateralen oder regionalen Systemen ableiten, berücksichtigt werden.

Im Zusammenhang mit der Übertragung nicht personenbezogener Daten in Drittländer ist es von besonderer Bedeutung, ob Dateninhabern, öffentlichen Stellen oder Anbietern von Datenvermittlungsdiensten in dem betreffenden Drittland wirksame Rechtsbehelfe zur Verfügung stehen. Solche Schutzvorkehrungen sollten daher auch das Bestehen durchsetzbarer Rechte und wirksamer Rechtsbehelfe umfassen. Diese Durchführungsrechtsakte sollten rechtliche Verpflichtungen oder vertragliche Vereinbarungen, die ein Weiterverwender zum Schutz nicht personenbezogener Daten, insbesondere von Industriedaten, bereits eingegangen ist, sowie das Recht öffentlicher Stellen unberührt lassen, Weiterverwender im Einklang mit dieser Verordnung zur Einhaltung der Bedingungen für die Weiterverwendung zu verpflichten.

(22) Einige Drittländer erlassen Gesetze, Verordnungen und sonstige Rechtsakte, die auf die unmittelbare Übertragung nicht personenbezogener Daten oder den unmittelbaren Zugang von Regierungsorganisationen zu diesen Daten, die in der Union der Kontrolle natürlicher oder juristischer Personen in der Gerichtsbarkeit von Mitgliedstaaten unterliegen, abzielen. Beschlüsse und Urteile von Gerichten in Drittländern oder Entscheidungen von Behörden in Drittländern, mit denen eine solche Übertragung oder ein solcher Zugang zu nicht personenbezogener Daten gefordert wird, sollten vollstreckbar sein, wenn sie sich auf ein völkerrechtliches Abkommen, etwa ein Rechtshilfeabkommen, stützen, das zwischen dem betreffenden Drittland und der Union oder einem Mitgliedstaat besteht. In einigen Fällen kann es dazu kommen, dass die sich aus einem Gesetz eines Drittlands ergebende Verpflichtung zur Übertragung nicht personenbezogener Daten oder zur Gewährung des Zugangs zu diesen Daten mit der Verpflichtung zum Schutz dieser Daten nach Unionsrecht oder nationalem Recht kollidiert, insbesondere im Hinblick auf den Schutz der Grundrechte der Einzelpersonen oder der grundlegenden Interessen eines Mitgliedstaats im Zusammenhang mit der nationalen Sicherheit oder der Landesverteidigung sowie auf den Schutz sensibler Geschäftsdaten und der Rechte des geistigen Eigentums, darunter auch vertragliche Vertraulichkeitspflichten nach einem solchen Gesetz. Besteht kein völkerrechtliches Abkommen zur Regelung dieser Fragen, so sollte die Übertragung von oder der Zugang zu nicht personenbezogenen Daten insbesondere nur dann erlaubt werden, wenn festgestellt wurde, dass das Rechtssystem des betreffenden Drittlands die Begründung und Verhältnismäßigkeit der Ent-

scheidung oder des Urteils sowie die hinreichende Bestimmtheit des gerichtlichen Beschlusses oder des Urteils vorschreibt und dem Adressaten die Möglichkeit einräumt, seinen begründeten Einwand einem zuständigen Gericht des Drittlands, das befugt ist, die einschlägigen rechtlichen Interessen des Bereitstellers der Daten gebührend zu berücksichtigen, zur Überprüfung vorzulegen.
Darüber hinaus sollten öffentliche Stellen, natürliche oder juristische Personen, denen das Recht auf Weiterverwendung von Daten gewährt wurde, Anbieter von Datenvermittlungsdiensten und anerkannte datenaltruistischen Organisationen bei der Unterzeichnung von vertraglichen Vereinbarungen mit sonstigen privaten Parteien sicherstellen, dass der Zugriff durch Drittländer auf in der Union gespeicherte nicht personenbezogene Daten oder deren Übertragung in Drittländer nur im Einklang mit dem Unionsrecht oder dem nationalen Recht des entsprechenden Mitgliedstaats erfolgt.

(23) Das Vertrauen in die Datenwirtschaft kann nur weiter gestärkt werden, wenn die Schutzvorkehrungen, mit denen die Kontrolle über die strategischen und sensiblen Daten der Bürgerinnen und Bürger, des öffentlichen Sektors und der Unternehmen der Union sichergestellt wird, umgesetzt werden und das Recht, die Werte und die Standards der Union, unter anderem in Bezug auf die Sicherheit, den Datenschutz und den Verbraucherschutz, gewahrt werden. Zur Vermeidung unrechtmäßiger Zugriffe auf nicht personenbezogene Daten sollten öffentliche Stellen, natürliche oder juristische Personen, denen das Recht auf Weiterverwendung von Daten gewährt wurde, Anbieter von Datenvermittlungsdiensten und anerkannte datenaltruistische Organisationen alle Maßnahmen ergreifen, die nach vernünftigem Ermessen den Zugang zu den Systemen verhindern, in denen nicht personenbezogene Daten gespeichert sind, auch durch Verschlüsselung der Daten oder innerbetriebliche Vorgaben. Zu diesem Zweck sollte sichergestellt werden, dass öffentliche Stellen, natürliche oder juristische Personen, denen das Recht auf Weiterverwendung von Daten gewährt wurde, Anbieter von Datenvermittlungsdiensten und anerkannte datenaltruistische Organisationen alle einschlägigen technischen Standards, Verhaltenskodizes und Zertifizierungen auf Unionsebene einhalten.

(24) Zum Aufbau von Vertrauen in die Weiterverwendungsmechanismen ist es möglicherweise notwendig, im Einklang mit völkerrechtlichen Verpflichtungen strengere Bedingungen an bestimmte Arten nicht personenbezogener Daten, zu knüpfen die im Hinblick auf die Übertragung in Drittländer in besonderen künftigen Gesetzgebungsakten der Union als hochsensibel eingestuft werden können, wenn diese Übertragung Ziele des Gemeinwohls der Union gefährden könnte. So könnten im Gesundheitsbereich bestimmte Datensätze, die sich im Besitz von öffentlichen Gesundheitseinrichtungen, wie beispielsweise Krankenhäusern, befinden, als hochsensible Gesundheitsdaten gelten. Andere einschlägige Sektoren erfassen die Bereiche Verkehr, Energie, Umwelt oder Finanzen. Um hier unionsweit einheitlich vorzugehen, sollte im Unionsrecht, beispielsweise im Zusammenhang mit dem europäischen Gesundheitsdatenraum oder anderem sektorspezifischem Recht, festgelegt werden, welche nicht personenbezogenen öffentlichen Daten als hochsensibel gelten. Diese Bedingungen für die Übertragung solcher Daten in Drittländer sollten in delegierten

Rechtsakten festgelegt werden. Die Bedingungen sollten verhältnismäßig, nichtdiskriminierend und für den Schutz der genannten berechtigten Ziele des Gemeinwohls der Union notwendig sein, wie etwa für den Schutz der öffentlichen Gesundheit, der Sicherheit, der Umwelt, der guten Sitten, der Verbraucher sowie der Privatsphäre und personenbezogener Daten. Diese Bedingungen sollten den Risiken entsprechen, die mit Blick auf die Sensibilität dieser Daten bestehen, etwa dem Risiko der erneuten Identifizierung von Einzelpersonen. Diese Bedingungen könnten Auflagen für die Übertragung oder technische Vorkehrungen enthalten, z.B. die Anforderung der Verwendung einer sicheren Verarbeitungsumgebung, Beschränkungen hinsichtlich der Weiterverwendung der Daten in Drittländern oder Kategorien von Personen, die berechtigt sind, diese Daten in Drittländer zu übertragen und die in dem betreffenden Drittland Zugang zu den Daten haben. In außergewöhnlichen Fällen könnten diese Bedingungen zum Schutz öffentlicher Interessen auch Beschränkungen in Bezug auf die Übertragung der Daten in Drittländer enthalten.

(25) Öffentliche Stellen sollten Gebühren für die Weiterverwendung von Daten erheben können, aber auch eine Weiterverwendung zu ermäßigten Gebühren oder eine kostenlose Weiterverwendung erlauben können, beispielsweise für bestimmte Kategorien der Weiterverwendung, etwa für nichtkommerzielle Zwecke, für Zwecke der wissenschaftlichen Forschung oder durch KMU, Start-up-Unternehmen, die Zivilgesellschaft und Bildungseinrichtungen, um so Anreize für die Weiterverwendung der Daten in Forschung und Innovation zu schaffen und unter Beachtung der Vorschriften über staatliche Beihilfen Unternehmen zu unterstützen, von denen wichtige Innovationen ausgehen und für die es in der Regel schwieriger ist, einschlägige Daten selbst zu erheben. In diesem besonderen Zusammenhang sollten die Zwecke der wissenschaftlichen Forschung – unabhängig von der organisatorischen oder finanziellen Struktur der betreffenden Forschungseinrichtung – jegliche Art von Forschungszweck umfassen, mit Ausnahme der Forschung, die von einem Unternehmen mit dem Ziel der Entwicklung, Verbesserung oder Optimierung von Produkten oder Dienstleistungen betrieben wird. Diese Gebühren sollten transparent und nichtdiskriminierend sein, in einem angemessenen Verhältnis zu den entstandenen Kosten stehen und den Wettbewerb nicht beschränken. Eine Liste der Kategorien von Weiterverwendern, von denen eine ermäßigte oder keine Gebühr erhoben wird, sollte zusammen mit den Kriterien für die Erstellung dieser Liste öffentlich zugänglich gemacht werden.

(26) Um die Weiterverwendung von Daten besonderer Kategorien im Besitz öffentlicher Stellen Anreize zu schaffen, sollten die Mitgliedstaaten eine zentrale Informationsstelle einrichten, die als Anlaufstelle für diejenigen dient, die die Weiterverwendung von solchen Daten beabsichtigen. Die Informationsstelle sollte sektorübergreifend angelegt sein und erforderlichenfalls sektorale Regelungen ergänzen. Die zentrale Informationsstelle sollte Anfragen oder Anträge in Bezug auf die Weiterverwendung auf automatischem Wege übermitteln können. Beim Übermittlungsprozess sollte für ausreichende menschliche Aufsicht gesorgt sein. Zu diesem Zweck könnten bereits vorhandene praktische Strukturen wie offene Datenportale genutzt werden. Die zentrale Informationsstelle sollte über eine

Bestandsliste verfügen, die einen Überblick über alle verfügbaren Datenressourcen, gegebenenfalls einschließlich der bei sektoralen, regionalen oder lokalen Informationsstellen verfügbaren Datenressourcen, und einschlägige Informationen mit einer Beschreibung der verfügbaren Daten enthält. Ferner sollten die Mitgliedstaaten zuständige Stellen benennen, einrichten oder deren Einrichtung erleichtern, um öffentliche Stellen, die die Weiterverwendung geschützter Daten bestimmter Kategorien erlauben, zu unterstützen. Ihre Aufgaben könnten auch die Gewährung des Zugangs zu Daten umfassen, sofern ihnen hierzu auf der Grundlage des sektoralen Unionsrechts oder des nationalen Rechts der Auftrag erteilt wurde. Diese zuständigen Stellen sollten öffentliche Stellen mit moderner Technik unterstützen, etwa Technik zur optimalen Strukturierung und Speicherung der Daten, damit die Daten – insbesondere über Anwendungsprogrammierschnittstellen – leicht zugänglich, interoperabel, übertragbar und durchsuchbar werden, wobei bewährte Verfahren für die Datenverarbeitung sowie bestehende Regulierungs- und Technikstandards und sichere Datenverarbeitungsumgebungen zu berücksichtigen sind, die es ermöglichen, Daten unter Wahrung des Datenschutzes und der Privatsphäre zu analysieren.
Die zuständigen Stellen sollten aufgrund von Anweisungen der öffentlichen Stellen tätig werden. Solche Unterstützungsstrukturen könnten die betroffenen Personen und die Dateninhaber beim Einwilligungsmanagement oder Erlaubnismanagement für die Weiterverwendung unterstützen, wenn beispielsweise für bestimmte Bereiche der wissenschaftlichen Forschung die Einwilligung und Erlaubnis unter der Voraussetzung gegeben wird, dass anerkannte Standards der Ethik für die wissenschaftliche Forschung eingehalten werden. Die zuständigen Stellen sollten keine Aufsichtsfunktion haben, die gemäß der Verordnung (EU) 2016/679[1] Aufsichtsbehörden vorbehalten ist. Unbeschadet der Aufsichtsbefugnisse der Datenschutzbehörden sollte die Datenverarbeitung unter der Verantwortung der für das Datenregister zuständigen öffentlichen Stelle erfolgen, bei der es sich auch weiterhin und sofern es personenbezogene Daten betrifft, um einen Datenverantwortlichen im Sinne der Verordnung (EU) 2016/679[1] handelt. Die Mitgliedstaaten sollten eine oder mehrere zuständige Stellen benennen können, die für verschiedene Sektoren zuständig sind. Unter Umständen könnten die internen Dienste öffentlicher Stellen auch als zuständige Stellen fungieren. Eine zuständige Stelle könnte eine öffentliche Stelle sein, die gegebenenfalls andere öffentliche Stellen bei der Erteilung der Erlaubnis zur Weiterverwendung unterstützt, oder eine öffentliche Stelle, die die Weiterverwendung selbst erlaubt. Zur Unterstützung anderer öffentlicher Stellen sollte auch gehören, sie auf Anfrage über bewährte Verfahren zur Erfüllung der Anforderungen dieser Verordnung zu informieren, also etwa in Bezug auf die technischen Mittel zur Schaffung einer sicheren Verarbeitungsumgebung oder zur Gewährleistung der Privatsphäre und der Vertraulichkeit, wenn der Zugang zur Weiterverwendung von Daten im Rahmen des Anwendungsbereichs dieser Verordnung gewährt wird.

---

[1] Nr. **1**.

(27) Datenvermittlungsdienste dürften eine Schlüsselrolle in der Datenwirtschaft spielen, insbesondere durch die Unterstützung und Förderung freiwilliger Verfahren zur gemeinsamen Datennutzung zwischen Unternehmen oder die Erleichterung zur gemeinsamen Datennutzung im Zusammenhang mit den im Unionsrecht oder im nationalen Recht festgelegten Verpflichtungen –. Sie könnten zu Akteuren werden, die den Austausch erheblicher Mengen einschlägiger Daten erleichtern. Anbieter von Datenvermittlungsdiensten, bei denen es sich auch um öffentliche Stellen handeln kann und die Dienste anbieten, die die verschiedenen Akteure miteinander verbinden, können zur effizienten Bündelung von Daten sowie zur Erleichterung des bilateralen Datenaustauschs beitragen. Spezialisierte Datenvermittlungsdienste, die von betroffenen Personen, Dateninhabern und Datennutzern unabhängig sind, könnten bei der Entstehung neuer, von Akteuren mit beträchtlicher Marktmacht unabhängiger datengetriebener Ökosysteme eine unterstützende Rolle spielen und dabei Unternehmen aller Größenordnungen – insbesondere KMU und Start-up-Unternehmen mit eingeschränkten finanziellen, rechtlichen oder administrativen Möglichkeiten – einen nichtdiskriminierenden Zugang zur Datenwirtschaft ermöglichen. Dies wird insbesondere im Zusammenhang mit der Schaffung gemeinsamer europäischer Datenräume, also zweck- oder sektorspezifischer oder auch sektorübergreifender interoperabler Rahmen mit gemeinsamen Normen und Praktiken für die gemeinsame Nutzung oder Verarbeitung von Daten – unter anderem zur Entwicklung neuer Produkte und Dienste, für die wissenschaftliche Forschung oder für Initiativen der Zivilgesellschaft – von Bedeutung sein. Zu den Datenvermittlungsdiensten könnten auch die zwei- oder mehrseitige gemeinsame Datennutzung oder die Einrichtung von Plattformen oder Datenbanken zur gemeinsamen Datennutzung oder -verwendung sowie die Einrichtung einer speziellen Infrastruktur für die Vernetzung von betroffenen Personen, Dateninhabern und Datennutzern gehören.

(28) Diese Verordnung sollte für Dienste gelten, deren Ziel darin besteht, mit technischen, rechtlichen oder sonstigen Mitteln geschäftliche Beziehungen zur gemeinsamen Datennutzung, auch zur Ausübung der Rechte betroffener Personen in Bezug auf personenbezogene Daten, zwischen einer unbestimmten Zahl von betroffenen Personen und Dateninhabern auf der einen und Datennutzern auf der anderen Seite herzustellen. Bieten Unternehmen oder sonstige Stellen eine Vielzahl von datenbezogenen Diensten an, so sollten nur diejenigen Tätigkeiten, die unmittelbar die Bereitstellung von Datenvermittlungsdiensten betreffen, unter diese Verordnung fallen. Die Bereitstellung von Cloud-Speicher, Analysediensten, Software zur gemeinsamen Datennutzung, von Internetbrowsern oder Browser-Plugins oder von E-Mail-Diensten sollte nicht als Datenvermittlungsdienst im Sinne dieser Verordnung gelten, sofern mit diesen Diensten betroffenen Personen oder Dateninhabern ausschließlich technische Werkzeuge zur gemeinsamen Datennutzung mit anderen bereitgestellt werden, die Bereitstellung dieser Werkzeuge aber weder darauf abzielt, zwischen Dateninhabern und Datennutzern eine geschäftliche Beziehung herzustellen, noch dem Anbieter von Datenvermittlungsdiensten ermöglicht, Informationen über die Herstellung geschäftlicher Beziehungen zum Zwecke der gemeinsamen Datennutzung zu erlangen. Beispiele für Datenvermittlungsdienste

schließen Datenmarktplätze ein, auf denen Unternehmen anderen Daten zugänglich machen könnten, Orchestrierer von Ökosystemen zur gemeinsamen Datennutzung, die allen Interessierten, etwa im Zusammenhang mit gemeinsamen europäischen Datenräumen, offen stehen, sowie Datenbestände, die von mehreren natürlichen oder juristischen Personen gemeinsam erstellt werden, um dann allen Interessierten Lizenzen für die Nutzung dieser Datenbestände zu erteilen, die so gestaltet sind, dass alle beitragenden Teilnehmer eine Gegenleistung für ihren Beitrag erhalten würden.

Dies würde Dienste ausschließen, die Daten von Dateninhabern einholen und aggregieren, anreichern oder umwandeln, um deren Wert erheblich zu steigern, und Lizenzen für die Nutzung der sich daraus ergebenden Daten an die Datennutzer vergeben, ohne eine geschäftliche Beziehung zwischen Dateninhabern und Datennutzern herzustellen. Dies würde auch Dienste ausschließen, die ausschließlich von einem Dateninhaber genutzt werden, um die Verwendung von den im Besitz dieses Dateninhabers befindlichen Daten zu ermöglichen, oder die von mehreren juristischen Personen in einer geschlossenen Gruppe, auch im Rahmen von Lieferanten- oder Kundenbeziehungen oder vertraglich festgelegten Formen der Zusammenarbeit, genutzt werden, insbesondere wenn deren Hauptziel darin besteht, die Funktionen von mit dem Internet der Dinge verbundenen Objekten und Geräten sicherzustellen.

(29) Dienste, die auf die Vermittlung urheberrechtlich geschützter Inhalte ausgerichtet sind, beispielsweise Diensteanbieter für das Teilen von Online-Inhalten gemäß der Definition in Artikel 2 Nummer 6 der Richtlinie (EU) 2019/790, sollten nicht unter diese Verordnung fallen. „Bereitsteller konsolidierter Datenträger" im Sinne von Artikel 2 Absatz 1 Nummer 35 der Verordnung (EU) Nr. 600/2014 des Europäischen Parlaments und des Rates[1] und „Kontoinformationsdienstleister" im Sinne von Artikel 4 Nummer 19 der Richtlinie (EU) 2015/2366 des Europäischen Parlaments und des Rates[2] sollten für die Zwecke dieser Verordnung nicht als Anbieter von Datenvermittlungsdiensten gelten. Diese Verordnung sollte nicht für Dienste gelten, die von öffentlichen Stellen angeboten werden, um die Weiterverwendung entweder von geschützten Daten im Besitz von öffentlicher Stellen im Einklang mit dieser Verordnung oder die Verwendung jeglicher anderer Daten zu ermöglichen, sofern diese Dienste nicht darauf abzielen, Geschäftsbeziehungen herzustellen. Die in dieser Verordnung geregelten datenaltruistischen Organisationen sollten nicht als Anbieter von Datenvermittlungsdiensten gelten, sofern diese Dienste keine Geschäftsbeziehungen zwischen potenziellen Datennutzern einerseits und betroffenen Personen und Dateninhabern, die Daten für altruistische Zwecke zugänglich machen, andererseits herstellen. Sonstige Dienste, mit denen keine Geschäftsbeziehungen hergestellt werden sollen, wie Archive

---

[1] **Amtl. Anm.:** Verordnung (EU) Nr. 600/2014 des Europäischen Parlaments und des Rates vom 15. Mai 2014 über Märkte für Finanzinstrumente und zur Änderung der Verordnung (EU) Nr. 648/2012 (ABl. L 173 vom 12.6.2014, S. 84).

[2] **Amtl. Anm.:** Richtlinie (EU) 2015/2366 des Europäischen Parlaments und des Rates vom 25. November 2015 über Zahlungsdienste im Binnenmarkt, zur Änderung der Richtlinien 2002/65/EG, 2009/110/EG und 2013/36/EU und der Verordnung (EU) Nr. 1093/2010 sowie zur Aufhebung der Richtlinie 2007/64/EG (ABl. L 337 vom 23.12.2015, S. 35).

zur Ermöglichung der Weiterverwendung von wissenschaftlichen Forschungsdaten im Einklang mit den Grundsätzen des offenen Zugangs, sollten nicht als Datenvermittlungsdienste im Sinne der vorliegenden Verordnung gelten.

(30) Zu einer besonderen Kategorie von Datenvermittlungsdiensten gehören Anbieter von Diensten, die ihre Dienste betroffenen Personen anbieten. Diese Anbieter von Datenvermittlungsdiensten wollen die Handlungsfähigkeit betroffener Personen und insbesondere die Kontrolle von Einzelpersonen in Bezug auf die ihn betreffenden Daten verbessern. Diese Anbieter unterstützen Einzelpersonen bei der Ausübung ihrer Rechte gemäß der Verordnung (EU) 2016/679[1)], insbesondere in Bezug auf die Erteilung oder den Widerruf ihrer Einwilligung in die Datenverarbeitung, das Recht auf Auskunft über ihre eigenen Daten, das Recht auf Berichtigung unrichtiger personenbezogener Daten, das Recht auf Löschung oder das „Recht auf Vergessenwerden“, das Recht auf Einschränkung der Verarbeitung und das Recht auf Datenübertragbarkeit, das es betroffenen Personen ermöglicht, ihre personenbezogenen Daten von einem für die Datenverarbeitung Verantwortlichen auf einen anderen zu übertragen. In diesem Zusammenhang ist es wichtig, dass das Geschäftsmodell dieser Anbieter sicherstellt, dass keine falschen Anreize bestehen, die Einzelpersonen dazu bewegen, solche Dienste in Anspruch zu nehmen, um mehr sie betreffende Daten für die Verarbeitung zur Verfügung zu stellen, als im Interesse der Einzelpersonen liegt. Dies könnte die Beratung von Einzelpersonen über die mögliche Verwendung ihrer Daten, in die sie einwilligen könnten, und die Durchführung von Sorgfaltsprüfungen bei den Datennutzern umfassen, bevor diese Kontakt zu betroffenen Personen aufnehmen dürfen, um betrügerische Praktiken zu vermeiden. In bestimmten Situationen könnte es wünschenswert sein, die eigentlichen Daten in einem „persönlichen Datenraum“ zusammenzustellen, damit eine Verarbeitung innerhalb dieses Raums erfolgen kann, ohne dass personenbezogene Daten an Dritte übermittelt werden, um die personenbezogenen Daten und die Privatsphäre bestmöglich zu schützen. Solche „persönlichen Datenräume“ könnten statische personenbezogene Daten wie Name, Anschrift oder Geburtsdatum sowie dynamische Daten enthalten, die von Einzelpersonen zum Beispiel bei der Nutzung eines Online-Dienstes oder eines mit dem Internet der Dinge verbundenen Objekts generiert werden. Sie könnten auch zur Speicherung von geprüften Identitätsangaben, wie Reisepassnummer oder Sozialversicherungsdaten, sowie als Berechtigungsnachweise wie Führerscheine, Diplome oder Bankkontodaten verwendet werden.

(31) Datengenossenschaften sind bestrebt, eine Reihe von Zielen zu erreichen, insbesondere die Position von Einzelpersonen bei der sachkundigen Entscheidung vor der Einwilligung zur Datennutzung zu stärken, die Geschäftsbedingungen von Datennutzerorganisationen im Zusammenhang mit der Datennutzung in einer Weise zu beeinflussen, die den einzelnen Mitgliedern der Gruppe bessere Wahlmöglichkeiten bietet, oder mögliche Lösungen zu ermitteln, wenn einzelne Mitglieder einer Gruppe unterschiedliche Standpunkte zu der Frage vertreten, wie Daten verwendet

---

[1)] Nr. 1.

werden können, wenn sich diese Daten auf mehrere betroffene Personen innerhalb dieser Gruppe beziehen. In diesem Zusammenhang ist es wichtig anzuerkennen, dass die Rechte gemäß der Verordnung (EU) 2016/679[1] persönliche Rechte der betroffenen Personen sind und dass die betroffenen Personen nicht auf diese Rechte verzichten können. Datengenossenschaften könnten auch ein nützliches Instrument für Ein-Personen-Unternehmen und KMU darstellen, die in Bezug auf das Wissen über die Weitergabe von Daten häufig mit Einzelpersonen vergleichbar sind.

(32) Um das Vertrauen in diese Datenvermittlungsdienste zu stärken, insbesondere in Bezug auf die Nutzung von Daten und die Einhaltung der von den betroffenen Personen und den Dateninhabern auferlegten Bedingungen, ist es erforderlich, einen Rechtsrahmen auf Unionsebene zu schaffen, in dem stark harmonisierte Anforderungen an die vertrauenswürdige Erbringung solcher Datenvermittlungsdienste festgelegt werden und der von den zuständigen nationalen Behörden umgesetzt wird. Dieser Rahmen wird dazu beitragen, dass betroffene Personen und Dateninhaber sowie Datennutzer eine bessere Kontrolle über den Zugang zu ihren Daten und deren Nutzung im Einklang mit dem Unionsrecht haben. Die Kommission könnte auch darauf hinwirken und den Weg dafür bereiten, dass auf Unionsebene unter Einbeziehung der einschlägigen Interessenträger Verhaltenskodizes, insbesondere zur Interoperabilität, entwickelt werden. Sowohl bei der Datenweitergabe zwischen Unternehmen als auch zwischen Unternehmen und Verbrauchern sollten die Anbieter von Datenvermittlungsdiensten eine neuartige europäische Art der Daten-Governance ermöglichen, indem sie eine Trennung zwischen der Bereitstellung, der Vermittlung und der Nutzung von Daten in der Datenwirtschaft vorsehen. Anbieter von Datenvermittlungsdiensten könnten auch eine spezifische technische Infrastruktur für die Vernetzung von betroffenen Personen und Dateninhabern mit Datennutzern bereitstellen. In diesem Zusammenhang ist es von besonderer Bedeutung, diese Infrastruktur so zu gestalten, dass KMU und Start-up-Unternehmen nicht auf technische oder sonstige Hindernisse stoßen, wenn sie an der Datenwirtschaft teilnehmen wollen. Datenvermittlungsdienste sollten Dateninhabern oder betroffenen Personen insbesondere zur Erleichterung des Datenaustauschs, z.B. durch vorübergehende Speicherung, Pflege, Konvertierung, Anonymisierung und Pseudonymisierung anbieten dürfen. Diese Werkzeuge und Dienste sollten jedoch nur auf ausdrücklichen Antrag oder mit der Zustimmung des Dateninhabers oder der betroffenen Person verwendet werden; und in diesem Zusammenhang angebotene Werkzeuge Dritter sollten Daten zu keinen anderen Zwecken verwenden. Gleichzeitig sollten Anbieter von Datenvermittlungsdiensten die ausgetauschten Daten anpassen dürfen, um auf Wunsch des Datennutzers deren Nutzbarkeit für den Datennutzer zu verbessern oder die Interoperabilität, beispielsweise zur Konvertierung der Daten in bestimmte Formate zu verbessern.

(33) Es ist wichtig, dass ein durch Wettbewerb geprägtes Umfeld für die gemeinsame Datennutzung ermöglicht wird. Ein Schlüsselelement zur Verbesserung des Vertrauens in die Datenvermittlungsdienste und zur Stärkung der Kontrolle über diese Dienste durch die Dateninhaber, betrof-

---

[1] Nr. **1**.

fenen Personen und Datennutzer ist die Neutralität der Anbieter der Datenvermittlungsdienste in Bezug auf die zwischen Dateninhabern oder betroffenen Personen und Datennutzern weitergegebenen Daten. Es ist daher notwendig, dass Anbieter von Datenvermittlungsdiensten bei den Transaktionen lediglich als Mittler tätig werden und die weitergegebenen Daten nicht für andere Zwecke verwenden. Die kommerziellen Bedingungen, einschließlich der Preisgestaltung, für die Bereitstellung der Datenvermittlungsdienste sollten nicht davon abhängig sein, ob ein potenzieller Dateninhaber oder Datennutzer andere Dienstleistungen, wie etwa Speicherdienste, Datenanalytik, künstliche Intelligenz oder sonstige datenbasierte Anwendungen, die von demselben Anbieter von Datenvermittlungsdiensten oder von einer mit ihm verbundenen Einrichtung angeboten werden, in Anspruch nimmt, und wenn dies der Fall ist, in welchem Umfang der Dateninhaber oder Datennutzer diese anderen Dienste nutzt. Dies erfordert auch eine strukturelle Trennung des Datenvermittlungsdienstes von allen anderen erbrachten Diensten, um Interessenkonflikte zu vermeiden. Dies bedeutet, dass der Datenvermittlungsdienst von einer juristischen Person erbracht werden sollte, die von den anderen Tätigkeiten dieses Anbieters von Datenvermittlungsdiensten getrennt ist. Jedoch sollten die Anbieter von Datenvermittlungsdiensten die von den Dateninhabern bereitgestellten Daten zur Verbesserung ihrer Datenvermittlungsdienste verwenden können.

Auf ausdrücklichen Antrag oder mit der Zustimmung der betroffenen Person oder des Dateninhabers sollten Anbieter von Datenvermittlungsdiensten Dateninhabern, betroffenen Personen oder Datennutzern ihre Werkzeuge oder die Werkzeuge Dritter zur Verfügung stellen können, um die Datenweitergabe, etwa durch Werkzeuge zur Konvertierung oder Pflege von Daten, zu erleichtern. Mit den in diesem Zusammenhang zur Verfügung gestellten Werkzeugen Dritter sollten Daten ausschließlich zu mit den Datenvermittlungsdiensten verbundenen Zwecken verwendet werden. Anbieter von Datenvermittlungsdiensten, die die Datenweitergabe zwischen Einzelpersonen als betroffenen Personen und juristischen Personen als Datennutzer vermitteln, sollten darüber hinaus treuhänderische Pflichten gegenüber den Einzelpersonen haben, damit sichergestellt ist, dass sie im besten Interesse der betroffenen Personen handeln. Haftungsfragen in Bezug auf alle materiellen und immateriellen Schäden und Nachteile infolge eines Verhaltens des Anbieters von Datenvermittlungsdiensten könnten in den entsprechenden Verträgen auf der Grundlage der nationalen Haftungsregelungen geregelt werden.

(34) Damit der Binnenmarkt reibungslos funktionieren kann, sollten Anbieter von Datenvermittlungsdiensten angemessene Maßnahmen ergreifen, um die Interoperabilität innerhalb eines Sektors und zwischen verschiedenen Sektoren sicherzustellen. Zu diesen angemessenen Maßnahmen könnte gehören, dass die bestehenden, allgemein verwendeten Standards des Sektors, in dem der Anbieter von Datenvermittlungsdiensten tätig ist, eingehalten werden. Der Europäische Dateninnovationsrat sollte gegebenenfalls der Einführung zusätzlicher Industriestandards den Weg ebnen. Anbieter von Datenvermittlungsdiensten sollten die vom Europäischen Dateninnovationsrat festgelegten Maßnahmen für die Interoperabilität zwischen Datenvermittlungsdiensten rechtzeitig umsetzen.

(35) Die vorliegende Verordnung sollte die Verpflichtung der Anbieter von Datenvermittlungsdiensten zur Einhaltung der Verordnung (EU) 2016/679[1)] und die Verantwortung der Aufsichtsbehörden, die Einhaltung dieser Verordnung sicherzustellen, unberührt lassen. Verarbeiten Anbieter von Datenvermittlungsdiensten personenbezogene Daten, so sollte diese Verordnung nicht den Schutz personenbezogener Daten berühren. Handelt es sich bei den Anbietern von Datenvermittlungsdiensten um für die Verarbeitung Verantwortliche oder Auftragsverarbeiter im Sinne der Verordnung (EU) 2016/679[1)], so sind sie an die Bestimmungen der genannten Verordnung gebunden.

(36) Von Anbietern von Datenvermittlungsdiensten wird erwartet, dass sie über Verfahren und Maßnahmen verfügen, um Sanktionen bei betrügerischen oder missbräuchlichen Praktiken in Bezug auf Parteien, die über ihre Datenvermittlungsdienste Zugang zu erlangen versuchen, zu verhängen, unter anderem durch Maßnahmen wie den Ausschluss von Datennutzern, die gegen die Geschäftsbedingungen oder geltendes Recht verstoßen.

(37) Die Anbieter von Datenvermittlungsdiensten sollten auch Maßnahmen ergreifen, um die Einhaltung des Wettbewerbsrechts sicherzustellen, und über entsprechende Verfahren verfügen. Dies gilt insbesondere dann, wenn die gemeinsame Datennutzung es den Unternehmen ermöglicht, Kenntnis der Marktstrategien ihrer tatsächlichen oder potenziellen Wettbewerber zu erlangen. Zu den sensiblen wettbewerbsrelevanten Informationen gehören in der Regel Informationen über Kunden, künftige Preise, Produktionskosten, Mengen, Umsätze, Verkäufe oder Kapazitäten.

(38) Es sollte ein Anmeldeverfahren für Datenvermittlungsdienste eingeführt werden, damit sichergestellt ist, dass die Daten-Governance auf der Grundlage einer vertrauenswürdigen Datenweitergabe in der Union erfolgt. Die Vorteile eines vertrauenswürdigen Umfelds ließen sich am besten dadurch erreichen, dass eine Reihe von Anforderungen an die Erbringung von Datenvermittlungsdiensten geknüpft würde, ohne dass jedoch eine ausdrückliche Entscheidung oder ein Verwaltungsakt der zuständigen Behörde für die Erbringung solcher Datenvermittlungsdienste erforderlich wäre. Durch das Anmeldeverfahren sollten keine unnötigen Hindernisse für KMU, Start-up-Unternehmen und Organisationen der Zivilgesellschaft entstehen, und es sollte dem Grundsatz der Nichtdiskriminierung folgen.

(39) Um eine wirksame grenzüberschreitende Erbringung von Dienstleistungen zu unterstützen, sollte der Anbieter von Datenvermittlungsdiensten aufgefordert werden, eine Anmeldung nur an die für Datenvermittlungsdienste zuständige Behörde des Mitgliedstaats zu richten, in dem sich seine Hauptniederlassung oder sein gesetzlicher Vertreter befindet. Eine solche Anmeldung sollte nicht mehr als eine einfache Erklärung der Absicht beinhalten, solche Dienste zu erbringen, und nur durch Angabe der in dieser Verordnung genannten Informationen ergänzt werden. Nach der entsprechenden Anmeldung sollte der Anbieter von Datenvermittlungsdiensten in der Lage sein, den Betrieb ohne weitere Anmeldepflichten in jedem Mitgliedstaat aufzunehmen.

(40) Das in dieser Verordnung festgelegte Anmeldeverfahren sollte spezifische zusätzliche Vorschriften für die Erbringung von Datenvermittlungsdiens-

---

[1)] Nr. **1**.

ten, die aufgrund sektorspezifischer Rechtsvorschriften gelten, unberührt lassen.

(41) Die Hauptniederlassung eines Anbieters von Datenvermittlungsdiensten in der Union sollte seine Hauptverwaltung in der Union sein. Zur Bestimmung der Hauptniederlassung eines Anbieters von Datenvermittlungsdiensten in der Union sollten objektive Kriterien herangezogen werden; ein Kriterium sollte dabei die effektive und tatsächliche Ausübung von Verwaltungstätigkeiten sein. Die Tätigkeiten eines Anbieters von Datenvermittlungsdiensten sollten gemäß dem nationalen Recht des Mitgliedstaats erfolgen, in dem sich seine Hauptniederlassung befindet.

(42) Um zu gewährleisten, dass die Anbieter von Datenvermittlungsdiensten diese Verordnung einhalten, sollten sie ihre Hauptniederlassung in der Union haben. Bietet ein Anbieter von Datenvermittlungsdiensten, der keine Niederlassung in der Union hat, Dienste in der Union an, so sollte er stattdessen einen gesetzlichen Vertreter benennen. Die Benennung eines gesetzlichen Vertreters ist in solchen Fällen notwendig, da solche Anbieter von Datenvermittlungsdiensten personenbezogene Daten sowie vertrauliche Geschäftsdaten verarbeiten, weshalb die Einhaltung dieser Verordnung durch die Anbieter von Datenvermittlungsdiensten eng überwacht werden muss. Um festzustellen, ob ein solcher Anbieter von Datenvermittlungsdiensten in der Union Dienste anbietet, sollte geprüft werden, ob er offensichtlich beabsichtigt, Personen in einem oder mehreren Mitgliedstaaten Datenvermittlungsdienste anzubieten. Die bloße Zugänglichkeit der Website oder einer E-Mail-Adresse und anderer Kontaktdaten des Anbieters von Datenvermittlungsdiensten in der Union oder die Verwendung einer Sprache, die in dem Drittland, in dem der Anbieter von Datenvermittlungsdiensten niedergelassen ist, allgemein gebräuchlich ist, sollte hierfür kein ausreichender Anhaltspunkt sein. Jedoch könnten andere Faktoren wie die Verwendung einer Sprache oder Währung, die in einem oder mehreren Mitgliedstaaten gebräuchlich ist, in Verbindung mit der Möglichkeit, Dienste in dieser Sprache zu bestellen, oder die Erwähnung von Nutzern in der Union darauf hindeuten, dass der Anbieter von Datenvermittlungsdiensten beabsichtigt, in der Union Dienste anzubieten.
Ein benannter gesetzlicher Vertreter sollte im Auftrag des Anbieters von Datenvermittlungsdiensten handeln, und es sollte der für die Anbieter von Datenvermittlungsdiensten zuständigen Behörden möglich sein, sich zusätzlich zu einem oder statt an einen Anbieter von Datenvermittlungsdiensten an den gesetzlichen Vertreter zu wenden, auch um im Falle eines Verstoßes ein Durchsetzungsverfahren einzuleiten, wenn ein nicht in der Union niedergelassener Anbieter von Datenvermittlungsdiensten die Vorschriften nicht einhält. Der Anbieter von Datenvermittlungsdiensten sollte den gesetzlichen Vertreter benennen und schriftlich beauftragen, in Bezug auf die ihm nach dieser Verordnung obliegenden Verpflichtungen in seinem Auftrag zu handeln.

(43) Damit betroffene Personen und Dateninhaber in der Union anerkannte Anbieter von Datenvermittlungsdiensten ohne Weiteres erkennen können und dadurch ihr Vertrauen in in der Union anerkannte Anbieter von Datenvermittlungsdiensten wächst, sollte zusätzlich zu der Bezeichnung „in der Union anerkannter Anbieter von Datenvermittlungsdiensten" ein

in der gesamten Union wiedererkennbares, gemeinsames Logo eingeführt werden.

(44) Die für Datenvermittlungsdienste zuständigen Behörden, die für die Überwachung der Einhaltung der Anforderungen dieser Verordnung durch die Anbieter von Datenvermittlungsdiensten benannt wurden, sollten auf der Grundlage ihrer Kapazitäten und ihres Fachwissens in Bezug auf den horizontalen oder sektoralen Datenaustausch ausgewählt werden. Sie sollten bei der Wahrnehmung ihrer Aufgaben von allen Anbietern von Datenvermittlungsdiensten unabhängig sowie transparent und unparteiisch sein. Die Mitgliedstaaten sollten der Kommission die Namen jener benannten, für Datenvermittlungsdienste zuständigen Behörden mitteilen. Die Befugnisse und Zuständigkeiten der benannten zuständigen Behörden sollten die Befugnisse der Datenschutzbehörden unberührt lassen. Insbesondere in Bezug auf Fragen, die eine Prüfung der Einhaltung der Verordnung (EU) 2016/679[1] erfordern, sollte die für Datenvermittlungsdienste zuständige Behörde gegebenenfalls um eine Stellungnahme oder einen Beschluss der gemäß der genannten Verordnung zuständigen Aufsichtsbehörde ersuchen.

(45) Die Nutzung von Daten für Ziele von allgemeinem Interesse, die von betroffenen Personen auf der Grundlage ihrer sachkundigen Einwilligung freiwillig oder – wenn es sich um nicht personenbezogene Daten handelt – von Dateninhabern bereitgestellt werden, birgt ein großes Potenzial. Zu diesen Zielen gehören die Gesundheitsversorgung, die Bekämpfung des Klimawandels, die Verbesserung der Mobilität, die einfachere Entwicklung, Erstellung und Verbreitung amtlicher Statistiken, die bessere Erbringung öffentlicher Dienstleistungen oder bessere staatliche Entscheidungsfindung. Die Unterstützung der wissenschaftlichen Forschung sollte ebenfalls als Ziel von allgemeinem Interesse betrachtet werden. Ziel dieser Verordnung sollte es sein, zur Entstehung von ausreichend großen Datenbeständen beizutragen, die auf der Grundlage von Datenaltruismus bereitgestellt werden, um Datenanalysen und maschinelles Lernen auch grenzüberschreitend in der Union ermöglichen. Um dieses Ziel zu erreichen, sollten die Mitgliedstaaten organisatorische oder technische Vorkehrungen oder beides treffen können, mit denen der Datenaltruismus erleichtert würde. Zu solchen Vorkehrungen könnte gehören, dass betroffenen Personen oder Dateninhabern leicht verwendbare Werkzeuge zur Verfügung stehen, mit denen sie die Einwilligung oder Erlaubnis zur altruistischen Verwendung ihrer Daten erteilen können, dass Sensibilisierungskampagnen veranstaltet werden oder die zuständigen Behörden einen strukturierten Austausch dazu führen, wie staatliche Maßnahmen wie die Verbesserung des Verkehrs, der öffentlichen Gesundheit und der Bekämpfung des Klimawandels von Datenaltruismus profitieren können. Zu diesem Zweck sollten die Mitgliedstaaten auch nationale Strategien für Datenaltruismus festlegen können. Die betroffenen Personen sollten eine Entschädigung nur für diejenigen Kosten erhalten können, die ihnen durch die Bereitstellung ihrer Daten für Ziele von allgemeinem Interesse entstehen.

(46) Es wird erwartet, dass die Eintragung anerkannter datenaltruistischer Organisationen und die Verwendung des Labels „in der Union anerkannte datenaltruistische Organisation“ zur Einrichtung von Datenarchiven führt.

---

[1] Nr. **1**.

Die Eintragung in einem Mitgliedstaat wäre unionsweit gültig, und sollte die grenzüberschreitende Datennutzung innerhalb der Union und die Entstehung von Datenbeständen, die mehrere Mitgliedstaaten abdecken, erleichtern. Dateninhaber könnten die Verarbeitung ihrer nicht personenbezogenen Daten für eine Reihe von Zwecken erlauben, die zum Zeitpunkt der Erteilung der Erlaubnis noch nicht festgelegt waren. Die Erfüllung der Anforderungen dieser Verordnung durch diese eingetragenen Einrichtungen sollte für Vertrauen darin sorgen, dass die für altruistische Zwecke bereitgestellten Daten dem allgemeinen Interesse dienen. Dieses Vertrauen sollte sich insbesondere aus einem Niederlassungsort oder einem gesetzlichen Vertreter in der Union sowie aus der Anforderung ergeben, dass anerkannte datenaltruistische Organisationen keinen Erwerbszweck verfolgen, aus Transparenzanforderungen und aus spezifischen Vorkehrungen zum Schutz der Rechte und Interessen der betroffenen Personen und Unternehmen.

Weitere Schutzvorkehrungen sollten umfassen, dass einschlägige Daten in einer von anerkannten datenaltruistischen Organisationen betriebenen sicheren Verarbeitungsumgebung verarbeitet werden können, dass mithilfe von Aufsichtsmechanismen wie Ethikräten oder -gremien, einschließlich Vertretern der Zivilgesellschaft, sichergestellt wird, dass der für die Verarbeitung Verantwortliche hohe wissenschaftliche Ethikstandards und den Schutz der Grundrechte einhält, dass wirksame und klar kommunizierte technische Mittel vorhanden sind, um die Einwilligung auf der Grundlage der Informationspflichten des Auftragsverarbeiters gemäß der Verordnung (EU) 2016/679[1] jederzeit widerrufen oder ändern zu können, sowie Mittel, mit deren Hilfe sich die betroffenen Personen über die Verwendung der von ihnen bereitgestellten Daten laufend informieren können. Die Eintragung als anerkannte datenaltruistische Organisation sollte keine Voraussetzung für die Ausübung datenaltruistischer Tätigkeiten sein. Die Kommission sollte im Wege delegierter Rechtsakte ein Regelwerk erstellen, das in enger Zusammenarbeit mit datenaltruistischen Organisationen und einschlägigen Interessenträgern erstellt wird. Die Einhaltung dieses Regelwerks sollte eine Voraussetzung für die Eintragung als anerkannte datenaltruistische Organisation sein.

(47) Damit betroffene Personen und Dateninhaber anerkannte datenaltruistische Organisationen ohne Weiteres erkennen können und dadurch ihr Vertrauen in diese Anbieter wächst, sollte ein in der gesamten Union wiedererkennbares, gemeinsames Logo eingeführt werden. Das gemeinsame Logo sollte zusammen mit einem QR-Code mit Link zum öffentlichen Unionsregister der anerkannten datenaltruistischen Organisationen erscheinen.

(48) Diese Verordnung sollte die Einrichtung, Organisation und Funktionsweise von Einrichtungen, die sich nach nationalem Recht dem Datenaltruismus verschreiben, unberührt lassen und sich auf die Anforderung stützen, dass die Tätigkeiten einer Organisation ohne Erwerbszweck in einem Mitgliedstaat nach nationalem Recht rechtmäßig sein müssen.

(49) Diese Verordnung sollte die Einrichtung, Organisation und Funktionsweise von Einrichtungen, die keine öffentlichen Stellen sind und im

[1] Nr. 1.

Bereich der gemeinsamen Nutzung von Daten und Inhalten auf der Grundlage von freien Lizenzen tätig sind und damit zur Schaffung von gemeinsamen, für alle zugänglichen Ressourcen beitragen, unberührt lassen. Dazu sollten offene, kollaborative Plattformen zum Wissensaustausch, frei zugängliche wissenschaftliche und akademische Archive, Plattformen zur Entwicklung von Open-Source-Software und Aggregationsplattformen für Open-Access-Inhalte gehören.

(50) Anerkannte datenaltruistische Organisationen sollten einschlägige Daten direkt bei natürlichen und juristischen Personen erheben oder von Dritten erhobene Daten verarbeiten können. Datenaltruistische Organisationen könnten die erhobenen Daten zu selbst festgelegten Zwecken verarbeiten oder könnten gegebenenfalls die Verarbeitung zu diesen Zwecken durch Dritte erlauben. Handelt es sich bei den anerkannten datenaltruistischen Organisationen um für die Verarbeitung Verantwortliche oder Auftragsverarbeiter gemäß der Verordnung (EU) 2016/679[1)], so sollten sie die genannte Verordnung einhalten. In der Regel stützt sich Datenaltruismus auf die Einwilligung der betroffenen Personen im Sinne von Artikel 6 Absatz 1 Buchstabe a und Artikel 9 Absatz 2 Buchstabe a der Verordnung (EU) 2016/679[1)], die den Anforderungen an eine rechtmäßige Einwilligung gemäß den Artikeln 7 und 8 der genannten Verordnung entsprechen sollte. Gemäß der Verordnung (EU) 2016/679[1)] könnten wissenschaftliche Forschungszwecke, bestimmte Forschungsbereiche oder Teile von Forschungsprojekten durch die Einwilligung in die Weiterverarbeitung der Daten für diese Zwecke unterstützt werden, sofern anerkannte Standards der Ethik für die wissenschaftliche Forschung eingehalten werden. Gemäß Artikel 5 Absatz 1 Buchstabe b der Verordnung (EU) 2016/679[1)] sollte eine Weiterverarbeitung der Daten für wissenschaftliche oder historische Forschungszwecke oder für statistische Zwecke gemäß Artikel 89 Absatz 1 der Verordnung (EU) 2016/679[1)] nicht als unvereinbar mit den ursprünglichen Zwecken gelten. Für nicht personenbezogene Daten sollten die Nutzungsbeschränkungen in der vom Dateninhaber erteilten Erlaubnis aufgeführt sein.

(51) Die für die Registrierung datenaltruistischer Organisationen zuständigen Behörden, die benannt wurden, um die Einhaltung der Anforderungen dieser Verordnung durch anerkannte datenaltruistische Organisationen zu überwachen, sollten auf der Grundlage ihrer Kapazitäten und ihres Fachwissens ausgewählt werden. Sie sollten bei der Wahrnehmung ihrer Aufgaben von allen anerkannten datenaltruistischen Organisationen unabhängig sowie transparent und unparteiisch sein. Die Mitgliedstaaten sollten der Kommission die Namen dieser für die Registrierung datenaltruistischer Organisationen benannten zuständigen Behörden mitteilen. Die Befugnisse und Zuständigkeiten der für die Registrierung datenaltruistischer Organisationen benannten zuständigen Behörden sollten die Befugnisse der Datenschutzbehörden unberührt lassen. Insbesondere in Bezug auf Fragen, die eine Prüfung der Einhaltung der Verordnung (EU) 2016/679[1)] erfordern, sollte die für die Registrierung datenaltruistischer Organisationen zuständige Behörde gegebenenfalls um eine Stellungnahme oder einen

[1)] Nr. **1**.

Beschluss der gemäß der genannten Verordnung zuständigen Aufsichtsbehörde ersuchen.

(52) Um insbesondere im Zusammenhang mit Daten, die altruistisch für die wissenschaftliche Forschung und für statistische Zwecke zur Verfügung gestellt werden das Vertrauen in das Verfahren der Einwilligung und des Widerrufs zu fördern und für mehr Rechtssicherheit und Nutzerfreundlichkeit darin zu sorgen, sollte ein europäisches Einwilligungsformular für Datenaltruismus entwickelt und bei der altruistischen Datenweitergabe verwendet werden. Ein solches Formular sollte für die betroffenen Personen zu mehr Transparenz darüber beitragen, dass ihre Daten in Übereinstimmung mit ihrer Einwilligung und unter uneingeschränkter Einhaltung der Datenschutzvorschriften abgerufen und verwendet werden. Es sollte auch die Erteilung und den Widerruf der Einwilligung erleichtern und verwendet werden, um den Datenaltruismus von Unternehmen zu vereinheitlichen und einen Mechanismus bereitzustellen, der es diesen Unternehmen ermöglicht, ihre Erlaubnis zur Nutzung der Daten zurückzuziehen. Um den Besonderheiten einzelner Sektoren – auch aus datenschutzrechtlicher Sicht – Rechnung zu tragen, sollte das europäische Einwilligungsformular für Datenaltruismus modular aufgebaut sein, damit es an bestimmte Sektoren und für verschiedene Zwecke angepasst werden kann.

(53) Zur erfolgreichen Umsetzung des Rahmens für die Daten-Governance sollte ein Europäischer Dateninnovationsrat in Form einer Expertengruppe eingerichtet werden. Der Europäischer Dateninnovationsrat sollte sich aus Vertretern der für Datenvermittlungsdienste zuständigen Behörden sowie den für die Registrierung datenaltruistischer Organisationen aller Mitgliedstaaten, des Europäischen Datenschutzausschusses, des Europäischen Datenschutzbeauftragten, der Agentur der Europäischen Union für Cybersicherheit (ENISA), der Kommission, dem KMU-Beauftragten der EU oder einem vom Netz der KMU-Beauftragten benannten Vertreter und anderen Vertretern von maßgeblichen Stellen in bestimmten Sektoren und von Stellen mit spezifischen Fachkenntnissen zusammensetzen. Der Europäische Dateninnovationsrat sollte aus einer Reihe von Untergruppen bestehen, einschließlich einer Untergruppe für die Einbeziehung von Interessenträgern die sich aus einschlägigen Vertretern der Wirtschaft zusammensetzen, wie Gesundheit, Umwelt, Landwirtschaft, Verkehr, Energie, industrielle Fertigung, Medien, Kultur- und Kreativbranche und Statistik und gegebenenfalls Vertretern der Forschung, der Wissenschaft, der Zivilgesellschaft, von Normungsorganisationen, einschlägigen gemeinsamen europäischen Datenräumen und anderen einschlägigen Interessenträger und Dritten, gegebenenfalls von Stellen mit spezifischen Fachkenntnissen wie nationalen statistischen Ämtern.

(54) Unter Berücksichtigung der Normungsarbeit in bestimmten Sektoren oder Bereichen sollte der Europäische Dateninnovationsrat die Kommission bei der Koordinierung nationaler Verfahren und Strategien zu den unter diese Verordnung fallenden Themen sowie bei der sektorübergreifenden Datennutzung unterstützen, indem er die Grundsätze des Europäischen Interoperabilitätsrahmens befolgt und europäische und internationale Normen und Spezifikationen, auch im Rahmen der Multi-Stakeholder-Plattform der EU für die IKT-Normung, sowie die Kernvokabulare und die CEF-

Bausteine, nutzt. Die Arbeiten an der technischen Normung könnten die Festlegung von Prioritäten für die Entwicklung von Normen und die Festlegung und Aufrechterhaltung einer Reihe technischer und rechtlicher Normen für die Datenübermittlung zwischen zwei Verarbeitungsumgebungen umfassen, die die Organisation von Datenräumen ermöglichen – insbesondere bei der Klärung, welche Normen und Praktiken sektorspezifisch und welche sektorübergreifend sind, sowie bei der diesbezüglichen Differenzierung. Der Europäische Dateninnovationsrat sollte mit sektoralen Gremien, Netzen oder Expertengruppen oder anderen sektorübergreifenden Organisationen, die sich mit der Weiterverwendung von Daten befassen, zusammenarbeiten. Im Hinblick auf den Datenaltruismus sollte der Europäische Dateninnovationsrat die Kommission in Absprache mit dem Europäischen Datenschutzausschuss bei der Entwicklung des Einwilligungsformulars für Datenaltruismus unterstützen. Durch Unterbreitung von Leitlinien für gemeinsame europäische Datenräume sollte der Europäische Dateninnovationsrat die Entwicklung einer funktionierenden europäischen Datenwirtschaft auf der Grundlage dieser Datenräume, wie in der europäischen Datenstrategie dargelegt, unterstützen.

(55) Die Mitgliedstaaten sollten Vorschriften über anzuwendende Sanktionen bei Verstößen gegen diese Verordnung festlegen und sollten alle Maßnahmen ergreifen, die sicherstellen, dass diese durchgeführt werden. Die Sanktionen sollten wirksam, verhältnismäßig und abschreckend sein. Große Diskrepanzen zwischen den Vorschriften über Sanktionen könnten zur Verzerrung des Wettbewerbs im digitalen Binnenmarkt führen. Die Harmonisierung dieser Vorschriften könnte in dieser Hinsicht von Vorteil sein.

(56) Um für eine wirksame Durchsetzung dieser Verordnung zu sorgen und sicherzustellen, dass Anbieter von Datenvermittlungsdiensten und Einrichtungen, die eine Eintragung als anerkannte datenaltruistische Organisation anstreben, vollständigen und grenzüberschreitenden Online-Zugang zu den Anmelde- und Eintragungsverfahren haben und diese vollständig online abwickeln können, sollten diese Verfahren im Rahmen des einheitlichen digitalen Zugangstors angeboten werden, das gemäß der Verordnung (EU) 2018/1724 des Europäischen Parlaments und des Rates[1] eingerichtet wurde. Diese Verfahren sollten in die im Anhang II der Verordnung (EU) 2018/1724 enthaltene Liste der Verfahren aufgenommen werden.

(57) Die Verordnung (EU) 2018/1724 sollte daher entsprechend geändert werden.

(58) Um die Wirksamkeit dieser Verordnung sicherzustellen, sollte der Kommission die Befugnis übertragen werden, gemäß Artikel 290 AEUV Rechtsakte zu erlassen, um diese Verordnung zu ergänzen, indem in besonderen Gesetzgebungsakten der Union besondere Bedingungen für die Übertragung bestimmter als hochsensibel geltender Kategorien nicht personenbezogener Daten in Drittländer festgelegt werden und indem ein Regelwerk für anerkannte datenaltruistische Organisationen ausgearbeitet wird, das von diesen Organisationen einzuhalten ist, das informationsbezo-

---

[1] **Amtl. Anm.:** Verordnung (EU) 2018/1724 des Europäischen Parlaments und des Rates vom 2. Oktober 2018 über die Einrichtung eines einheitlichen digitalen Zugangstors zu Informationen, Verfahren, Hilfs- und Problemlösungsdiensten und zur Änderung der Verordnung (EU) Nr. 1024/2012 (ABl. L 295 vom 21.11.2018, S. 1).

gene, technische und Sicherheitsanforderungen sowie Kommunikationsfahrpläne und Interoperabilitätsnormen enthält. Es ist von besonderer Bedeutung, dass die Kommission im Zuge ihrer Vorbereitungsarbeit angemessene Konsultationen, auch auf der Ebene von Sachverständigen, durchführt, die mit den Grundsätzen in Einklang stehen, die in der Interinstitutionellen Vereinbarung vom 13. April 2016 über bessere Rechtsetzung[1)] niedergelegt wurden. Um insbesondere für eine gleichberechtigte Beteiligung an der Vorbereitung delegierter Rechtsakte zu sorgen, erhalten das Europäische Parlament und der Rat alle Dokumente zur gleichen Zeit wie die Sachverständigen der Mitgliedstaaten, und ihre Sachverständigen haben systematisch Zugang zu den Sitzungen der Sachverständigengruppen der Kommission, die mit der Vorbereitung der delegierten Rechtsakte befasst sind.

(59) Zur Gewährleistung einheitlicher Bedingungen für die Durchführung dieser Verordnung sollten der Kommission Durchführungsbefugnisse zur Unterstützung der öffentlichen Stellen und der Weiterverwender bei der Einhaltung der Bedingungen für die Weiterverwendung gemäß dieser Verordnung durch Bereitstellung von Mustervertragsklauseln für die Übertragung nicht personenbezogener Daten durch Weiterverwender in ein Drittland, zur Erklärung der der Rechts-, Aufsichts- und Durchsetzungsmechanismen eines Drittlands, die im Wesentlichen dem durch das Unionsrecht gewährleisteten Schutz gleichwertig sind, zur Ausgestaltung des gemeinsamen Logos für Anbieter von Datenvermittlungsdiensten und zur Ausgestaltung des gemeinsamen Logos datenaltruistischer Organisationen, sowie zur Entwicklung des europäischen Einwilligungsformulars für Datenaltruismus übertragen werden. Diese Befugnisse sollten im Einklang mit der Verordnung (EU) Nr. 182/2011 des Europäischen Parlaments und des Rates[2)] ausgeübt werden.

(60) Diese Verordnung sollte die Anwendung der Wettbewerbsvorschriften, insbesondere der Artikel 101 und 102 AEUV unberührt lassen. Die in dieser Verordnung vorgesehenen Vorschriften dürfen nicht dazu verwendet werden, den Wettbewerb entgegen den Vorschriften des AEUV einzuschränken. Dies betrifft insbesondere die Vorschriften für den Austausch sensibler wettbewerbsrelevanter Informationen zwischen tatsächlichen oder potenziellen Wettbewerbern durch Datenvermittlungsdienste.

(61) Der Europäische Datenschutzbeauftragte und der Europäische Datenschutzausschuss wurden gemäß Artikel 42 Absatz 1 der Verordnung (EU) 2018/1725 angehört und haben am 10. März 2021 ihre Stellungnahme abgegeben.

(62) Leitprinzipien dieser Verordnung sind die Achtung der Grundrechte und die Wahrung der Grundsätze, die insbesondere in der Charta der Grundrechte der Europäischen Union anerkannt sind, darunter die Achtung der Privatsphäre, der Schutz personenbezogener Daten, die unternehmerische Freiheit, das Eigentumsrecht und die Integration von Menschen mit Be-

---

[1)] **Amtl. Anm.:** ABl. L 123 vom 12.5.2016, S. 1.

[2)] **Amtl. Anm.:** Verordnung (EU) Nr. 182/2011 des Europäischen Parlaments und des Rates vom 16. Februar 2011 zur Festlegung der allgemeinen Regeln und Grundsätze, nach denen die Mitgliedstaaten die Wahrnehmung der Durchführungsbefugnisse durch die Kommission kontrollieren (ABl. L 55 vom 28.2.2011, S. 13).

hinderungen. Bezüglich Letzterer sollten die öffentlichen Stellen und Dienste gemäß dieser Verordnung gegebenenfalls die Richtlinien (EU) 2016/2102[1)] und (EU) 2019/882[2)] des Europäischen Parlaments und des Rates einhalten. Darüber hinaus sollte im Zusammenhang mit Informations- und Kommunikationstechnologie dem Konzept „Design für alle" Rechnung getragen werden; dabei handelt es sich um bewusste und systematische Bemühungen um die Anwendung von Grundsätzen, Methoden und Werkzeugen zur Verbreitung eines universellen Designs bei computerbezogenen Technologien – auch bei internetbasierten Technologien –, mit dem nachträgliche Anpassungen oder spezielle Designs hinfällig werden.

(63) Da die Ziele dieser Verordnung, nämlich die Weiterverwendung von Daten bestimmter Datenkategorien, die im Besitz öffentlicher Stellen sind, innerhalb der Union und die Schaffung eines ein Anmelde- und Aufsichtsrahmens für die Erbringung von Datenvermittlungsdiensten sowie eines Rahmens für die freiwillige Eintragung von Einrichtungen, die Daten für altruistische Zwecke zur Verfügung stellen und eines Rahmens für die Einsetzung eines Europäischen Dateninnovationsrats, von den Mitgliedstaaten nicht ausreichend verwirklicht werden können, sondern vielmehr wegen des Umfangs oder wegen der Wirkungen auf Unionsebene besser zu verwirklichen sind, kann die Union im Einklang mit dem in Artikel 5 des Vertrags über die Europäische Union niedergelegten Subsidiaritätsprinzips tätig werden. Entsprechend dem in demselben Artikel genannten Grundsatz der Verhältnismäßigkeit geht diese Verordnung nicht über das für die Verwirklichung dieser Ziele erforderliche Maß hinaus –

HABEN FOLGENDE VERORDNUNG ERLASSEN:

Kapitel I. Allgemeine Bestimmungen

Art. 1 Gegenstand und Anwendungsbereich. (1) In dieser Verordnung wird Folgendes festgelegt:

a) Bedingungen für die Weiterverwendung von Daten bestimmter Datenkategorien, die im Besitz öffentlicher Stellen sind, innerhalb der Union;

b) ein Anmelde- und Aufsichtsrahmen für die Erbringung von Datenvermittlungsdiensten;

c) ein Rahmen für die freiwillige Eintragung von Einrichtungen, die für altruistische Zwecke zur Verfügung gestellte Daten erheben und verarbeiten und

d) ein Rahmen für die Einsetzung eines Europäischen Dateninnovationsrats.

(2) *[1]* Diese Verordnung begründet weder eine Verpflichtung für öffentliche Stellen, die Weiterverwendung von Daten zu erlauben, noch befreit sie öffent-

---

[1)] **Amtl. Anm.:** Richtlinie (EU) 2016/2102 des Europäischen Parlaments und des Rates vom 26. Oktober 2016 über den barrierefreien Zugang zu den Websites und mobilen Anwendungen öffentlicher Stellen (ABl. L 327 vom 2.12.2016, S. 1).

[2)] **Amtl. Anm.:** Richtlinie (EU) 2019/882 des Europäischen Parlaments und des Rates vom 17. April 2019 über die Barrierefreiheitsanforderungen für Produkte und Dienstleistungen (ABl. L 151 vom 7.6.2019, S. 70).

liche Stellen von ihren Geheimhaltungspflichten nach dem Unionsrecht oder dem nationalen Recht.

[2] [1] Von dieser Verordnung unberührt bleiben

a) besondere Bestimmungen des Unionsrechts oder des nationalen Rechts über den Zugang zu bestimmten Kategorien von Daten oder deren Weiterverwendung, insbesondere in Bezug auf die Zugangsgewährung zu amtlichen Dokumenten und deren Offenlegung, und

b) die nach dem Unionsrecht oder dem nationalen Recht geltenden Verpflichtungen öffentlicher Stellen, die Weiterverwendung von Daten zu erlauben, oder die Anforderungen in Bezug auf die Verarbeitung nicht personenbezogener Daten.

[2] Müssen öffentliche Stellen, Anbieter von Datenvermittlungsdiensten oder anerkannte Einrichtungen, die Datenaltruismus-Dienste erbringen, aufgrund sektorspezifischen Unionsrechts oder nationalen Rechts bestimmte zusätzliche technische, administrative oder organisatorische Anforderungen einhalten, einschließlich durch Genehmigungs- oder Zertifizierungsverfahren, so finden auch diese Bestimmungen des sektorspezifischen Unionsrechts oder nationalen Rechts Anwendung. [3] Etwaige spezifische zusätzliche Anforderungen müssen nichtdiskriminierend, verhältnismäßig und objektiv gerechtfertigt sein.

(3) [1] Das Unionsrecht und das nationale Recht über den Schutz personenbezogener Daten gelten für alle personenbezogenen Daten, die im Zusammenhang mit der vorliegenden Verordnung verarbeitet werden. [2] Insbesondere gilt die vorliegende Verordnung unbeschadet der Verordnungen (EU) 2016/679[1)] und (EU) 2018/1725 und der Richtlinien 2002/58/EG[2)] und (EU) 2016/680[3)], einschließlich im Hinblick auf die Befugnisse der Aufsichtsbehörden. [3] Im Fall eines Konflikts zwischen der vorliegenden Verordnung und dem Unionsrecht über den Schutz personenbezogener Daten oder dem entsprechend diesem Unionsrecht erlassenen nationalen Recht soll das einschlägige Unionsrecht bzw. das nationale Recht über den Schutz personenbezogener Daten Vorrang haben. [4] Die vorliegende Verordnung schafft keine Rechtsgrundlage für die Verarbeitung personenbezogener Daten, noch berührt es die in den Verordnungen (EU) 2016/679 oder (EU) 2018/1725 oder den Richtlinien 2002/58/EG oder (EU) 2016/680 festgelegten Rechte und Pflichten.

(4) Die Anwendung des Wettbewerbsrechts bleibt von dieser Verordnung unberührt.

(5) Diese Verordnung lässt die Zuständigkeiten der Mitgliedstaaten für Tätigkeiten im Bereich der öffentlichen Sicherheit, der Landesverteidigung und der nationalen Sicherheit unberührt.

Art. 2 Begriffsbestimmungen. Für die Zwecke dieser Verordnung bezeichnet der Ausdruck

1. „Daten" jede digitale Darstellung von Handlungen, Tatsachen oder Informationen sowie jede Zusammenstellung solcher Handlungen, Tatsachen oder Informationen auch in Form von Ton-, Bild- oder audiovisuellem Material;

[1)] Nr. **1**.
[2)] Nr. **3**.
[3)] Nr. **2**.

2. „Weiterverwendung" die Nutzung von Daten, die im Besitz öffentlicher Stellen sind, durch natürliche oder juristische Personen für kommerzielle oder nichtkommerzielle Zwecke, die sich von dem ursprünglichen Zweck im Rahmen des öffentlichen Auftrags, für den die Daten erstellt wurden, unterscheiden, abgesehen vom Austausch von Daten zwischen öffentlichen Stellen ausschließlich im Rahmen der Erfüllung ihres öffentlichen Auftrags;
3. „personenbezogene Daten" personenbezogene Daten im Sinne des Artikels 4 Nummer 1 der Verordnung (EU) 2016/679[1];
4. „nicht personenbezogene Daten" Daten, die keine personenbezogenen Daten sind;
5. „Einwilligung" eine Einwilligung im Sinne des Artikels 4 Nummer 11 der Verordnung (EU) 2016/679;
6. „Erlaubnis", dass Datennutzern das Recht auf Verarbeitung nicht personenbezogener Daten eingeräumt wird;
7. „betroffene Person" eine betroffene Person im Sinne von Artikel 4 Nummer 1 der Verordnung (EU) 2016/679;
8. „Dateninhaber" eine juristische Person, einschließlich öffentlichen Stellen und internationalen Organisationen oder natürlichen Person, die in Bezug auf die betreffenden Daten keine betroffene Person ist, welche nach geltendem Unionsrecht oder geltendem nationalen Recht berechtigt ist, Zugang zu bestimmten personenbezogenen Daten oder nicht personenbezogenen Daten zu gewähren oder diese Daten weiterzugeben;
9. „Datennutzer" eine natürliche oder juristische Person, die rechtmäßig Zugang zu bestimmten personenbezogenen oder nicht personenbezogenen Daten hat und im Fall personenbezogener Daten, unter anderem nach der Verordnung (EU) 2016/679, berechtigt ist, diese Daten für kommerzielle oder nichtkommerzielle Zwecke zu nutzen;
10. „gemeinsame Datennutzung" die entgeltliche oder unentgeltliche Bereitstellung von Daten durch eine betroffene Person oder einen Dateninhaber an einen Datennutzer für die gemeinschaftliche oder individuelle Nutzung dieser Daten auf der Grundlage freiwilliger Vereinbarungen, des Unionsrechts oder des nationalen Rechts, sowohl direkt als auch über einen Mittler, etwa im Rahmen von gebührenpflichtigen oder gebührenfreien offenen oder kommerziellen Lizenzen;
11. „Datenvermittlungsdienst" einen Dienst, mit dem durch technische, rechtliche oder sonstige Mittel Geschäftsbeziehungen zwischen einer unbestimmten Anzahl von betroffenen Personen oder Dateninhabern einerseits und Datennutzern andererseits hergestellt werden sollen, um die gemeinsame Datennutzung, auch für die Zwecke der Ausübung der Rechte betroffener Personen in Bezug auf personenbezogene Daten, zu ermöglichen, und die zumindest folgendes nicht umfassen:
    a) Dienste, in deren Rahmen Daten von Dateninhabern eingeholt und aggregiert, angereichert oder umgewandelt werden, um deren Wert erheblich zu steigern, und Lizenzen für die Nutzung der resultierenden Daten an die Datennutzer vergeben werden, ohne eine Geschäftsbeziehung zwischen Dateninhabern und Datennutzern herzustellen;

---

[1] Nr. **1**.

b) Dienste, deren Schwerpunkt auf der Vermittlung urheberrechtlich geschützter Inhalte liegt;

c) Dienste, die ausschließlich von einem Dateninhaber genutzt werden, um die Verwendung von im Besitz dieses Dateninhabers befindlichen Daten zu ermöglichen, oder die von mehreren juristischen Personen in einer geschlossenen Gruppe, einschließlich Lieferanten- oder Kundenbeziehungen oder vertraglich festgelegter Kooperationen, genutzt werden, insbesondere wenn deren Hauptziel darin besteht, Funktionen von Gegenständen und Geräten im Zusammenhang mit dem Internet der Dinge sicherzustellen;

d) Datenvermittlungsdienste, die von öffentlichen Stellen ohne die Absicht der Herstellung von Geschäftsbeziehungen angeboten werden;

12. „Verarbeitung" die Verarbeitung im Sinne von Artikel 4 Nummer 2 der Verordnung (EU) 2016/679 im Hinblick auf personenbezogene Daten oder Artikel 3 Nummer 2 der Verordnung (EU) 2018/1807 im Hinblick auf nicht personenbezogene Daten;

13. „Zugang" die Datennutzung im Einklang mit bestimmten technischen, rechtlichen oder organisatorischen Anforderungen, ohne dass Daten hierzu zwingend übertragen oder heruntergeladen werden müssen;

14. „Hauptniederlassung" einer juristischen Person den Ort, an dem sich ihre Hauptverwaltung in der Union befindet;

15. „Dienste von Datengenossenschaften" Datenvermittlungsdienste, die von einer Organisationsstruktur angeboten werden, welche sich aus betroffenen Personen, Ein-Personen-Unternehmen oder KMU, die in dieser Struktur Mitglied sind, zusammensetzt, und deren Hauptzwecke in der Unterstützung ihrer Mitglieder bei der Ausübung ihrer Rechte in Bezug auf bestimmte Daten bestehen, unter anderem beim Treffen einer sachkundigen Entscheidung vor der Einwilligung zur Datenverarbeitung, beim Meinungsaustausch über die den Interessen ihrer Mitglieder im Zusammenhang mit ihren Daten am besten entsprechenden Zwecke und Bedingungen der Datenverarbeitung und beim Aushandeln der Bedingungen der Datenverarbeitung im Namen der Mitglieder, bevor die Erlaubnis zur Verarbeitung nicht personenbezogener Daten erteilt oder in die Verarbeitung personenbezogener Daten eingewilligt wird;

16. „Datenaltruismus" die freiwillige gemeinsame Nutzung von Daten auf der Grundlage der Einwilligung betroffener Personen zur Verarbeitung der sie betreffenden personenbezogenen Daten oder einer Erlaubnis anderer Dateninhaber zur Nutzung ihrer nicht personenbezogenen Daten, ohne hierfür ein Entgelt zu fordern oder zu erhalten, das über eine Entschädigung für die ihnen durch die Bereitstellung ihrer Daten entstandenen Kosten hinausgeht, für Ziele von allgemeinem Interesse gemäß dem nationalen Recht, wie die Gesundheitsversorgung, die Bekämpfung des Klimawandels, die Verbesserung der Mobilität, die einfachere Entwicklung, Erstellung und Verbreitung amtlicher Statistiken, die Verbesserung der Erbringung öffentlicher Dienstleistungen, die staatliche Entscheidungsfindung oder die wissenschaftliche Forschung im allgemeinen Interesse;

17. „öffentliche Stelle" den Staat, Gebietskörperschaften, Einrichtungen des öffentlichen Rechts oder Verbände, die aus einer oder mehreren dieser

Körperschaften oder einer oder mehreren dieser Einrichtungen des öffentlichen Rechts bestehen;

18. „Einrichtungen des öffentlichen Rechts" Einrichtungen, die die folgenden Eigenschaften aufweisen:
    a) sie wurden zu dem besonderen Zweck gegründet, im allgemeinen Interesse liegende Aufgaben zu erfüllen, und haben keinen gewerblichen oder kommerziellen Charakter,
    b) sie besitzen Rechtspersönlichkeit,
    c) sie werden überwiegend vom Staat, von Gebietskörperschaften oder von anderen Einrichtungen des öffentlichen Rechts finanziert, unterstehen hinsichtlich ihrer Leitung der Aufsicht dieser Körperschaften oder Einrichtungen, oder haben ein Verwaltungs-, Leitungs- beziehungsweise Aufsichtsorgan, das mehrheitlich aus Mitgliedern besteht, die vom Staat, von Gebietskörperschaften oder von anderen Einrichtungen des öffentlichen Rechts ernannt worden sind;
19. „öffentliches Unternehmen" ein Unternehmen, auf das öffentliche Stellen aufgrund ihres Eigentums, ihrer finanziellen Beteiligung oder der für das Unternehmen geltenden Bestimmungen unmittelbar oder mittelbar einen beherrschenden Einfluss ausüben können; von einem beherrschenden Einfluss der öffentlichen Stellen ist im Sinne dieser Begriffsbestimmung in jedem der folgenden Fälle auszugehen, in denen diese Stellen unmittelbar oder mittelbar
    a) die Mehrheit des gezeichneten Kapitals des Unternehmens halten,
    b) über die Mehrheit der mit den Anteilen am Unternehmen verbundenen Stimmrechte verfügen,
    c) mehr als die Hälfte der Mitglieder des Verwaltungs-, Leitungs- oder Aufsichtsorgans des Unternehmens ernennen können;
20. „sichere Verarbeitungsumgebung" die physische oder virtuelle Umgebung und die organisatorischen Mittel, mit denen die Einhaltung der Anforderungen des Unionsrechts, wie der Verordnung (EU) 2016/679, insbesondere im Hinblick auf die Rechte der betroffenen Personen, der Rechte des geistigen Eigentums und der geschäftlichen und statistischen Vertraulichkeit, der Integrität und der Verfügbarkeit, sowie des geltenden Unionsrechts und des nationalen Rechts gewährleistet wird und die es der Einrichtung, die die sichere Verarbeitungsumgebung bereitstellt, ermöglichen, alle Datenverarbeitungsvorgänge zu bestimmen und zu beaufsichtigen, darunter auch das Anzeigen, Speichern, Herunterladen und Exportieren von Daten und das Berechnen abgeleiteter Daten mithilfe von Rechenalgorithmen;
21. „gesetzlicher Vertreter" eine in der Union niedergelassene natürliche oder juristische Person, die ausdrücklich benannt wurde, um im Auftrag eines nicht in der Union niedergelassenen Anbieters von Datenvermittlungsdiensten oder einer Einrichtung, die von natürlichen oder juristischen Personen auf der Grundlage des Datenaltruismus für Ziele von allgemeinem Interesse zur Verfügung gestellte Daten erhebt, zu handeln, und an die sich die für die Datenvermittlungsdienste zuständigen Behörden und die für die Registrierung datenaltruistischer Organisationen zuständigen Behörden hinsichtlich der Verpflichtungen nach dieser Verordnung ausschließlich oder zusätzlich zu den betreffenden Anbietern von Datenvermittlungsdiensten bzw. den betreffenden Einrichtungen, wenden auch um gegen einen nicht

in der Union niedergelassenen Anbieter von Datenvermittlungsdiensten oder eine nicht in der Union niedergelassene Einrichtung, der bzw. die die Vorschriften nicht einhält, Durchsetzungsverfahren einzuleiten.

Kapitel II. Weiterverwendung bestimmter Kategorien geschützter Daten im Besitz öffentlicher Stellen

Art. 3 Datenkategorien. (1) Dieses Kapitel gilt für Daten, die sich im Besitz öffentlicher Stellen befinden und aus folgenden Gründen geschützt sind:

a) geschäftliche Geheimhaltung, einschließlich Betriebsgeheimnissen, Berufsgeheimnissen, Unternehmensgeheimnissen;
b) statistische Geheimhaltung,
c) der Schutz geistigen Eigentums Dritter oder
d) der Schutz personenbezogener Daten, soweit diese Daten nicht in den Anwendungsbereich der Richtlinie (EU) 2019/1024 fallen.

(2) Dieses Kapitel gilt nicht für

a) Daten, die im Besitz öffentlicher Unternehmen sind,
b) Daten, die im Besitz öffentlich-rechtlicher Rundfunkanstalten und ihrer Zweigstellen oder anderer Stellen und deren Zweigstellen sind und der Wahrnehmung eines öffentlichen Sendeauftrags dienen,
c) Daten, die im Besitz von Kultureinrichtungen und Bildungseinrichtungen sind,
d) Daten, die im Besitz öffentlicher Stellen sind und aus Gründen der öffentlichen Sicherheit, der Landesverteidigung oder der nationalen Sicherheit geschützt sind, oder
e) Daten, deren Bereitstellung nicht unter den im betreffenden Mitgliedstaat gesetzlich oder anderweitig verbindlich festgelegten öffentlichen Auftrag der betreffenden öffentlichen Stellen fällt oder, in Ermangelung solcher Rechtsvorschriften, nicht unter den durch allgemeine Verwaltungspraxis in dem Mitgliedstaat festgelegten öffentlichen Auftrag fällt, vorausgesetzt, dass der Umfang der öffentlichen Aufträge transparent ist und regelmäßig überprüft wird.

(3) Dieses Kapitel berührt nicht:

a) Das Unionsrecht und das nationale Recht oder völkerrechtliche Übereinkünfte, denen die Union oder die Mitgliedstaaten beigetreten sind, in Bezug auf den Schutz der in Absatz 1 genannten Datenkategorien und
b) das Unionsrecht und das nationale Recht über den Zugang zu Dokumenten.

Art. 4 Verbot von Ausschließlichkeitsvereinbarungen. (1) Vereinbarungen oder sonstige Praktiken in Bezug auf die Weiterverwendung von Daten, die im Besitz öffentlicher Stellen sind und Daten der in Artikel 3 Absatz 1 genannten Datenkategorien enthalten, sind verboten, soweit sie ausschließliche Rechte gewähren oder aber zum Gegenstand haben oder bewirken, dass solche ausschließlichen Rechte gewährt werden oder die Verfügbarkeit von Daten zur Weiterverwendung durch andere Einrichtungen als die Parteien solcher Vereinbarungen oder sonstigen Praktiken eingeschränkt wird.

(2) Abweichend von Absatz 1 kann ein ausschließliches Recht auf Weiterverwendung der in dem Absatz genannten Daten gewährt werden, soweit dies für die Erbringung eines Dienstes oder die Bereitstellung eines Produkts im allgemeinen Interesse erforderlich ist, die andernfalls nicht möglich gewesen wären.

(3) Ein ausschließliches Recht nach Absatz 2 wird durch einen Verwaltungsakt oder eine vertragliche Vereinbarung gemäß dem geltenden Unionsrecht oder dem nationalen Recht sowie im Einklang mit den Grundsätzen der Transparenz, der Gleichbehandlung und der Nichtdiskriminierung gewährt.

(4) [1] Die Dauer des ausschließlichen Rechts auf Weiterverwendung von Daten darf 12 Monate nicht überschreiten. [2] Wird ein Vertrag abgeschlossen, so ist dessen Dauer die gleiche wie die des ausschließlichen Rechts.

(5) Die Gewährung eines ausschließlichen Rechts nach den Absätzen 2, 3 und 4, einschließlich der Begründung, warum die Gewährung eines solchen Rechts erforderlich ist, ist transparent und wird in einer Form, die dem einschlägigen Unionsrecht für die Vergabe öffentlicher Aufträge entspricht, im Internet öffentlich zugänglich gemacht.

(6) Vereinbarungen oder andere Praktiken, die unter das in Absatz 1 genannte Verbot fallen und die in den Absätzen 2 und 3 festgelegten Bedingungen nicht erfüllen, die aber vor dem 23. Juni 2022 bereits bestanden haben, werden zum Ende des anwendbaren Vertrags, auf jeden Fall aber zum 24. Dezember 2024 beendet.

Art. 5 Bedingungen für die Weiterverwendung. (1) *[1]* [1] Öffentliche Stellen, die nach nationalem Recht dafür zuständig sind, den Zugang zur Weiterverwendung von Daten einer oder mehrerer der in Artikel 3 Absatz 1 genannten Datenkategorien zu gewähren oder zu verweigern, machen die Bedingungen für das Erlauben einer solchen Weiterverwendung und das Verfahren für die Beantragung einer solchen Weiterverwendung über die zentrale Informationsstelle nach Artikel 8 öffentlich zugänglich. [2] Bei der Gewährung oder Verweigerung des Zugangs zur Weiterverwendung können sie von den in Artikel 7 Absatz 1 genannten zuständigen Stellen unterstützt werden.

[2] Die Mitgliedstaaten stellen sicher, dass die öffentlichen Stellen über die notwendigen Ressourcen verfügen und den vorliegenden Artikel einhalten.

(2) [1] Die Bedingungen für die Weiterverwendung müssen in Bezug auf die Datenkategorien, die Zwecke der Weiterverwendung und die Art der Daten, deren Weiterverwendung erlaubt wird, nichtdiskriminierend, transparent, verhältnismäßig und objektiv gerechtfertigt sein. [2] Diese Bedingungen dürfen nicht der Behinderung des Wettbewerbs dienen.

(3) [1] Öffentliche Stellen sorgen gemäß dem Unionsrecht und dem nationalen Recht dafür, dass die Daten geschützt bleiben. [2] Sie können folgende Anforderungen vorschreiben:

a) Den Zugang zur Weiterverwendung von Daten nur zu gewähren, wenn die öffentliche Stelle oder die zuständige Stelle nach Eingang des Antrags auf Weiterverwendung sichergestellt hat, dass die Daten
   i) im Falle personenbezogener Daten anonymisiert wurden und
   ii) im Falle von vertraulichen Geschäftsinformationen, einschließlich Geschäftsgeheimnisse oder durch Rechte des geistigen Eigentums geschützte

Inhalte, nach einer anderen Methode der Offenlegungskontrolle verändert, aggregiert oder aufbereitet wurden,

b) der Zugang zu den Daten und deren Weiterverwendung erfolgt durch Fernzugriff in einer von der öffentlichen Stelle bereitgestellten oder kontrollierten sicheren Verarbeitungsumgebung,

c) der Zugang zu den Daten und deren Weiterverwendung erfolgt unter Einhaltung hoher Sicherheitsstandards innerhalb der physischen Räumlichkeiten, in denen sich die sichere Verarbeitungsumgebung befindet, sofern ein Fernzugriff nicht erlaubt werden kann, ohne die Rechte und Interessen Dritter zu gefährden.

(4) [1] Die öffentlichen Stellen erlegen im Falle einer erlaubten Weiterverwendung gemäß Absatz 3 Buchstaben b und c Bedingungen auf, mit denen die Integrität des Betriebs der technischen Systeme der verwendeten sicheren Verarbeitungsumgebung gewahrt wird. [2] Die öffentliche Stelle behält sich das Recht vor, das Verfahren, die Mittel und die Ergebnisse der vom Weiterverwender durchgeführten Datenverarbeitung zu überprüfen, um die Integrität des Datenschutzes zu wahren, und sie behält sich das Recht vor, die Verwendung der Ergebnisse zu verbieten, wenn darin Informationen enthalten sind, die die Rechte und Interessen Dritter gefährden. [3] Die Entscheidung, die Verwendung der Ergebnisse zu verbieten, muss für den Weiterverwender verständlich und transparent sein.

(5) [1] Sofern im nationalen Recht für die Weiterverwendung von Daten gemäß Artikel 3 Absatz 1 keine besonderen Schutzvorkehrungen bezüglich geltender Geheimhaltungspflichten vorgesehen sind, macht die öffentliche Stelle die Nutzung der gemäß Absatz 3 des vorliegenden Artikels bereitgestellten Daten davon abhängig, ob der Weiterverwender einer Geheimhaltungspflicht nachkommt, wonach ihm die Offenlegung von Informationen, die er möglicherweise trotz der getroffenen Schutzvorkehrungen erlangt hat, untersagt ist, wenn dadurch die Rechte und Interessen Dritter verletzt würden. [2] Weiterverwendern ist es untersagt, betroffene Personen, auf die sich die Daten beziehen, erneut zu identifizieren, und sie ergreifen technische und operative Maßnahmen, um eine erneute Identifizierung zu verhindern und der öffentlichen Stelle etwaige Datenschutzverletzungen, die zu einer erneuten Identifizierung der betroffenen Personen führen könnten, mitzuteilen. [3] Im Falle der unbefugten Weiterverwendung nicht personenbezogener Daten unterrichtet der Weiterverwender unverzüglich, gegebenenfalls mit Unterstützung der öffentlichen Stelle, die juristischen Personen, deren Rechte und Interessen beeinträchtigt werden könnten.

(6) [1] Kann die Weiterverwendung von Daten gemäß den in den Absätzen 3 und 4 des vorliegenden Artikels festgelegten Verpflichtungen nicht erlaubt werden und es keine andere Rechtsgrundlage für die Übermittlung der Daten gemäß der Verordnung (EU) 2016/679[1)] gibt, bemüht sich die öffentliche Stelle, gemäß dem Unionsrecht und dem nationalen Recht, nach besten Kräften, mögliche Weiterverwender dabei zu unterstützen, die Einwilligung der betroffenen Personen oder die Erlaubnis der Dateninhaber einzuholen, deren Rechte und Interessen durch eine solche Weiterverwendung beeinträchtigt werden könnten, sofern dies ohne einen unverhältnismäßig hohen Auf-

---

[1)] Nr. **1**.

wand für die öffentliche Stelle machbar ist. [2] In den Fällen, in denen die öffentliche Stelle eine solche Unterstützung leistet, kann sie von den in Artikel 7 Absatz 1 genannten zuständigen Stellen unterstützt werden.

(7) [1] Die Weiterverwendung von Daten ist nur unter Wahrung der Rechte des geistigen Eigentums zulässig. [2] Öffentliche Stellen nehmen das in Artikel 7 Absatz 1 der Richtlinie 96/9/EG vorgesehene Recht der Hersteller von Datenbanken nicht in Anspruch, um dadurch die Weiterverwendung von Daten zu verhindern oder diese Weiterverwendung über die in dieser Verordnung festgelegten Beschränkungen hinaus einzuschränken.

(8) Werden angeforderte Daten nach den Bestimmungen des Unionsrechts oder des nationalen Rechts über die geschäftliche oder die statistische Geheimhaltung als vertraulich angesehen, so stellen die öffentlichen Stellen sicher, dass die vertraulichen Daten infolge der Erlaubnis einer solchen Weiterverwendung nicht offengelegt werden, es sei denn, die Weiterverwendung ist gemäß Absatz 6 zulässig.

(9) [1] Beabsichtigt ein Weiterverwender nach Artikel 3 Absatz 1 geschützte nicht personenbezogene Daten in ein Drittland zu übertragen, so hat er die öffentliche Stelle zum Zeitpunkt der Beantragung der Weiterverwendung solcher Daten von seiner Absicht, solche Daten zu übertragen, und dem Zweck dieser Übertragung zu unterrichten. [2] Im Falle einer Weiterverwendung gemäß Absatz 6 des vorliegenden Artikels unterrichtet der Weiterverwender, gegebenenfalls mit Unterstützung der öffentlichen Stelle, die juristische Person, deren Rechte und Interessen beeinträchtigt werden können, über diese Absicht, den Zweck und die angemessenen Schutzvorkehrungen. [3] Die öffentliche Stelle gestattet die Weiterverwendung nur, wenn die juristische Person die Erlaubnis für die Übertragung erteilt.

(10) Öffentliche Stellen übermitteln nicht personenbezogene vertrauliche Daten oder durch Rechte des geistigen Eigentums geschützte Daten nur dann an einen Weiterverwender, der beabsichtigt, diese Daten in ein nicht gemäß Absatz 12 benanntes Drittland zu übertragen, wenn der Weiterverwender sich vertraglich dazu verpflichtet,

a) die gemäß den Absätzen 7 und 8 auferlegten Verpflichtungen auch nach der Übertragung der Daten in das Drittland weiterhin zu erfüllen und
b) die Zuständigkeit der Gerichte des Mitgliedstaats der übermittelnden öffentlichen Stelle für alle Streitigkeiten im Zusammenhang mit der Einhaltung der Absätze 7 und 8 anzuerkennen.

(11) *[1]* Öffentliche Stellen bieten den Weiterverwendern gegebenenfalls und im Rahmen ihrer Möglichkeiten Beratung und Unterstützung, indem sie den in Absatz 10 des vorliegenden Artikels genannten Verpflichtungen nachkommen.

[2] [1] Zur Unterstützung der öffentlichen Stellen und der Weiterverwender kann die Kommission Durchführungsrechtsakte mit Mustervertragsklauseln für die Erfüllung der in Absatz 10 des vorliegenden Artikels genannten Verpflichtungen erlassen. [2] Diese Durchführungsrechtsakte werden gemäß dem in Artikel 33 Absatz 3 genannten Prüfverfahren erlassen.

(12) [1] Wenn dies aufgrund der Vielzahl unionsweit gestellter Anträge auf Weiterverwendung nicht personenbezogener Daten in bestimmten Drittländern gerechtfertigt ist, kann die Kommission Durchführungsrechtsakte erlassen,

in denen sie erklärt, dass die Rechts-, Aufsichts- und Durchsetzungsmechanismen eines Drittlands

a) den Schutz geistigen Eigentums und von Geschäftsgeheimnissen in einer Weise gewährleisten, die im Wesentlichen dem durch das Unionsrecht gewährleisteten Schutz gleichwertig ist,
b) wirksam angewendet und durchgesetzt werden und
c) wirksame gerichtliche Rechtsbehelfe vorsehen.

[2] Diese Durchführungsrechtsakte werden gemäß dem in Artikel 33 Absatz 3 genannten Prüfverfahren erlassen.

(13) *[1]* [1] Nach besonderen Gesetzgebungsakten der Union können bestimmte Kategorien nicht personenbezogener Daten, die im Besitz öffentlicher Stellen sind, für die Zwecke dieses Artikels als hochsensibel gelten, wenn die Übertragung dieser Daten in Drittländer Ziele des Gemeinwohls der Union, beispielsweise in den Bereichen Sicherheit und öffentliche Gesundheit, gefährden könnte oder die Gefahr einer erneuten Identifizierung anhand nicht personenbezogener, anonymisierter Daten birgt. [2] Wird ein solcher Rechtsakt erlassen, so erlässt die Kommission gemäß Artikel 32 delegierte Rechtsakte zur Ergänzung dieser Verordnung durch Festlegung besonderer Bedingungen für die Übertragung dieser Daten in Drittländer.

[2] [1] Diese besonderen Bedingungen richten sich nach der Art der Kategorien der nicht personenbezogenen Daten, die in dem besonderen Gesetzgebungsakt der Union aufgeführt werden, und den Gründen, aus denen diese Kategorien als hochsensibel gelten, wobei sie die Risiken einer erneuten Identifizierung anhand anonymisierter Daten berücksichtigen. [2] Sie sind nichtdiskriminierend und auf das erforderliche Maß zur Erreichung der in diesem Gesetzgebungsakt der Union festgelegten Ziele des Gemeinwohls der Union beschränkt; sie stehen im Einklang mit den internationalen Verpflichtungen der Union.

[3] Wenn dies nach besonderen Gesetzgebungsakt der Union gemäß Unterabsatz 1 erforderlich ist, können diese besonderen Bedingungen Vorgaben für die Übertragung oder diesbezügliche technische Vorkehrungen, Beschränkungen bezüglich der Weiterverwendung von Daten in Drittländern oder Kategorien von Personen, die berechtigt sind, solche Daten in Drittländer zu übertragen, oder – in Ausnahmefällen – Beschränkungen für Übertragungen in Drittländer umfassen.

(14) Die natürliche oder juristische Person, der das Recht auf Weiterverwendung nicht personenbezogener Daten gewährt wurde, darf die Daten nur in solche Drittländer übertragen, die die Anforderungen der Absätze 10, 12 und 13 erfüllen.

Art. 6 Gebühren. (1) Öffentliche Stellen, die eine Weiterverwendung von Daten der in Artikel 3 Absatz 1 genannten Datenkategorien erlauben, können Gebühren für die Erlaubnis der Weiterverwendung dieser Daten erheben.

(2) Gemäß Absatz 1 erhobene Gebühren müssen transparent, nichtdiskriminierend, verhältnismäßig und objektiv gerechtfertigt sein und dürfen den Wettbewerb nicht einschränken.

(3) Öffentliche Stellen müssen gewährleisten, dass alle Gebühren auch online über weithin verfügbare grenzüberschreitende Zahlungsdienste ohne Diskriminierung aufgrund des Niederlassungsorts des Zahlungsdienstleisters, des Aus-

stellungsorts des Zahlungsinstruments oder des Standorts des Zahlungskontos in der Union bezahlt werden können.

(4) [1] Erheben die öffentlichen Stellen Gebühren, so ergreifen sie Maßnahmen, um – gemäß den Vorschriften über staatliche Beihilfen – Anreize für die Weiterverwendung von Daten der in Artikel 3 Absatz 1 genannten Datenkategorien zu nichtkommerziellen Zwecken wie der wissenschaftlichen Forschung und durch KMU und Start-up-Unternehmen zu schaffen. [2] In diesem Zusammenhang können öffentliche Stellen die Daten insbesondere KMU, Start-up-Unternehmen, der Zivilgesellschaft und Bildungseinrichtungen auch gegen eine ermäßigte Gebühr oder unentgeltlich zur Verfügung stellen. [3] Öffentliche Stellen können zu diesem Zweck eine Liste der Kategorien von Weiterverwendern aufstellen, denen Daten für die Weiterverwendung gegen eine ermäßigte Gebühr oder unentgeltlich zur Verfügung gestellt werden. [4] Diese Liste wird zusammen mit den Kriterien, die bei ihrer Aufstellung verwendet wurden, veröffentlicht.

(5) Gebühren werden aus den Kosten abgeleitet, die mit der Durchführung des Antragsverfahrens auf Weiterverwendung von Daten der in Artikel 3 Absatz 1 genannten Datenkategorien verbunden sind, und auf die für das Folgende erforderlichen Kosten beschränkt:

a) die Vervielfältigung, Bereitstellung und Verbreitung der Daten,
b) die Freigabe der Urheberrechte,
c) die Anonymisierung oder sonstigen Aufbereitung personenbezogener oder vertraulicher Geschäftsinformationen gemäß Artikel 5 Absatz 3,
d) die Instandhaltung einer sicheren Verarbeitungsumgebung,
e) der Erwerb des Rechts auf Erlaubnis der Weiterverwendung gemäß diesem Kapitel von Dritten außerhalb des öffentlichen Sektors und
f) der Unterstützung von Weiterverwendern bei der Einholung der Einwilligung der betroffenen Personen und der Erlaubnis der Dateninhaber, deren Rechte und Interessen durch eine solche Weiterverwendung beeinträchtigt werden könnten.

(6) [1] Die Kriterien und die Methode für die Gebührenberechnung werden von den Mitgliedstaaten festgelegt und veröffentlicht. [2] Die öffentliche Stelle veröffentlicht eine Beschreibung der wichtigsten Kostenarten und die Regeln der Kostenzuweisung.

Art. 7 Zuständige Stellen. (1) [1] Für die Durchführung der in diesem Artikel genannten Aufgaben benennt jeder Mitgliedstaat eine oder mehrere zuständige Stellen, die für bestimmte Sektoren zuständig sein können, welche die öffentlichen Stellen, die Zugang zur Weiterverwendung von Daten der in Artikel 3 Absatz 1 genannten Datenkategorien gewähren oder verweigern, unterstützen. [2] Die Mitgliedstaaten können entweder eine oder mehrere neue zuständige Stellen einrichten oder sich auf bestehende öffentliche Stellen oder interne Dienste öffentlicher Stellen stützen, die die in dieser Verordnung festgelegten Bedingungen erfüllen.

(2) [1] Die zuständigen Stellen können nach dem Unionsrecht oder dem nationalen Recht, wenn darin eine solche Zugangsgewährung vorgesehen ist, befugt werden, den Zugang zur Weiterverwendung von Daten der in Artikel 3 Absatz 1 genannten Datenkategorien zu gewähren. [2] In den Fällen, in denen sie

den Zugang zur Weiterverwendung gewähren oder verweigern, finden die Artikel 4, 5, 6 und 9 auf diese zuständigen Stellen Anwendung.

(3) Die zuständigen Stellen müssen zur Erfüllung der ihnen übertragenen Aufgaben über angemessene rechtliche, finanzielle, technische und personelle Mittel, einschließlich der erforderlichen technischen Sachkenntnis, verfügen, damit sie in der Lage sind, das einschlägige Unionsrecht bzw. nationale Recht in Bezug auf die Regelungen für den Zugang zu Daten der in Artikel 3 Absatz 1 genannten Datenkategorien einzuhalten.

(4) Soweit erforderlich, beinhaltet die Unterstützung nach Absatz 1 Folgendes:

a) Leistung technischer Unterstützung durch Bereitstellung einer sicheren Verarbeitungsumgebung für die Gewährung des Zugangs zur Weiterverwendung von Daten;
b) Beratung und technische Unterstützung bei der bestmöglichen Strukturierung und Speicherung von Daten, um diese Daten leicht zugänglich zu machen;
c) Leistung technischer Unterstützung bei der Pseudonymisierung und Sicherstellung, dass die Datenverarbeitung in einer Weise erfolgt, bei der die Privatsphäre, die Vertraulichkeit, die Integrität und die Zugänglichkeit in Bezug auf die Informationen in den Daten, deren Weiterverwendung erlaubt wird, effektiv gewahrt bleiben; dazu gehören auch Techniken zur Anonymisierung, Generalisierung, Unterdrückung und Randomisierung personenbezogener Daten oder andere dem Stand der Technik entsprechende Methoden zur Wahrung der Privatsphäre sowie die Löschung vertraulicher Geschäftsinformationen, wie Handelsgeheimnisse oder durch Rechte des geistigen Eigentums geschützte Inhalte;
d) gegebenenfalls Unterstützung der öffentlichen Stellen, um Weiterverwender bei der Einholung der Einwilligung der betroffenen Personen zur Weiterverwendung oder der Erlaubnis der Dateninhaber entsprechend ihrer besonderen Festlegungen zu unterstützen, auch im Hinblick auf das Hoheitsgebiet, in dem die Datenverarbeitung stattfinden soll, und Unterstützung der öffentlichen Stellen bei der Einrichtung technischer Mechanismen, mit denen Einwilligungsanfragen oder die Erlaubnis der Weiterverwender übermittelt werden können, soweit dies praktikabel ist;
e) Unterstützung öffentlicher Stellen bei der Beurteilung, ob die von einem Weiterverwender nach Artikel 5 Absatz 10 eingegangenen vertragliche Zusagen angemessen sind.

(5) [1]Jeder Mitgliedstaat teilt der Kommission bis zum 24. September 2023 die Namen der nach Absatz 1 benannten zuständigen Stellen mit. [2]Jeder Mitgliedstaatteilt der Kommission auch alle späteren Änderungen des Namens dieser benannten zuständigen Stellen mit.

Art. 8 Zentrale Informationsstellen. (1) [1]Die Mitgliedstaaten gewährleisten, dass alle einschlägigen Informationen in Bezug auf die Anwendung der Artikel 5 und 6 über eine zentrale Informationsstelle erhältlich und leicht zugänglich sind. [2]Als Informationsstelle können die Mitgliedstaaten entweder eine neue Stelle oder Organisation einrichten oder eine vorhandene Stelle oder Organisation benennen. [3]Die zentrale Informationsstelle kann mit sektoralen, regionalen oder lokalen Informationsstellen verknüpft sein. [4]Die Funktionen der zentralen Informationsstelle können automatisiert werden, sofern die öffentliche Stelle für angemessene Unterstützung sorgt.

(2) [1]Die zentrale Informationsstelle ist befugt, Anfragen oder Anträge in Bezug auf die Weiterverwendung von Daten der in Artikel 3 Absatz 1 genannten Datenkategorien entgegenzunehmen, und übermittelt diese – sofern möglich und angebracht durch automatisierte Verfahren – an die zuständigen öffentlichen Stellen oder gegebenenfalls an die in Artikel 7 Absatz 1 genannten zuständigen Stellen. [2]Die zentrale Informationsstelle stellt auf elektronischem Wege eine durchsuchbare Bestandsliste mit einer Übersicht aller verfügbaren Datenressourcen, gegebenenfalls einschließlich der bei sektoralen, regionalen oder lokalen Informationsstellen verfügbaren Datenressourcen, und einschlägige Informationen mit einer Beschreibung der verfügbaren Daten bereit, die mindestens das Datenformat und den Datenumfang und die Bedingungen für ihre Weiterverwendung umfasst.

(3) Die zentrale Informationsstelle kann einen gesonderten, vereinfachten und gut dokumentierten Informationskanal für KMU und Start-up-Unternehmen einrichten, der auf deren Bedarf und Kapazitäten mit Blick auf die Beantragung der Weiterverwendung von Daten der in Artikel 3 Absatz 1 genannten Datenkategorien abstellt.

(4) Die Kommission richtet ein europaweites zentrales Zugangsportal ein, über das ein durchsuchbares elektronisches Verzeichnis der bei den zentralen nationalen Informationsstellen verfügbaren Daten sowie weitere Informationen darüber bereitgestellt werden, wie über die zentralen nationalen Informationsstellen Daten angefordert werden können.

Art. 9 Verfahren für Anträge auf Weiterverwendung. (1) *[1]* Sofern nicht gemäß dem nationalen Recht kürzeren Fristen festgelegt sind, treffen die zuständigen öffentlichen Stellen oder die in Artikel 7 Absatz 1 genannten zuständigen Stellen eine Entscheidung über den Antrag auf Weiterverwendung von Daten der in Artikel 3 Absatz 1 genannten Datenkategorien innerhalb von zwei Monaten nach Eingang des Antrags.

[2] [1]Bei außergewöhnlich umfangreichen und komplexen Anträgen auf Weiterverwendung kann diese Frist von zwei Monaten um bis zu 30 Tage verlängert werden. [2]In solchen Fällen teilen die zuständigen öffentlichen Stellen oder die in Artikel 7 Absatz 1 genannten zuständigen Stellen dem Antragsteller möglichst bald mit, dass für die Durchführung des Verfahrens mehr Zeit benötigt wird, zusammen mit den Gründen für die Verzögerung.

(2) [1]Jede natürliche oder juristische Person, die von einer Entscheidung gemäß Absatz 1 direkt betroffen ist, hat in dem Mitgliedstaat, in dem die betreffende Stelle ihren Sitz hat, einen wirksamen Rechtsbehelfsanspruch. [2]Dieser Rechtsbehelfsanspruch ist durch das nationale Recht geregelt und umfasst die Möglichkeit der Überprüfung durch eine unparteiische Stelle mit entsprechender Sachkenntnis, wie die nationale Wettbewerbsbehörde, die für den Zugang zu Dokumenten zuständige Behörde, die gemäß der Verordnung (EU) 2016/679[1)] errichtete Aufsichtsbehörde oder ein nationales Gericht, deren Entscheidungen für die betreffende öffentliche Stelle oder die zuständige Stelle bindend sind.

[1)] Nr. **1**.

Kapitel III. Anforderungen an Datenvermittlungsdienste

Art. 10 Datenvermittlungsdienste. Die Erbringung der folgenden Datenvermittlungsdienste erfolgt gemäß Artikel 12 und unterliegt einem Anmeldeverfahren:

a) Vermittlungsdienste zwischen Dateninhabern und potenziellen Datennutzern, einschließlich Bereitstellung der technischen oder sonstigen Mittel als Voraussetzung solcher Dienste; zu diesen Diensten können auch der zwei- oder mehrseitige Austausch von Daten oder die Einrichtung von Plattformen oder Datenbanken, die den Austausch oder die gemeinsame Nutzung von Daten ermöglichen, sowie die Einrichtung anderer spezieller Infrastrukturen für die Vernetzung von Dateninhabern mit Datennutzern gehören;

b) Vermittlungsdienste zwischen betroffenen Personen, die ihre personenbezogenen Daten zugänglich machen wollen, oder natürlichen Personen, die nicht personenbezogene Daten zugänglich machen wollen, und potenziellen Datennutzern, einschließlich Bereitstellung der technischen oder sonstigen Mittel als Voraussetzung dieser Dienste, sowie insbesondere Ermöglichung der Ausübung der in der Verordnung (EU) 2016/679[1)] verankerten Rechte betroffener Personen;

c) Dienste von Datengenossenschaften.

Art. 11 Anmeldung der Anbieter von Datenvermittlungsdiensten. (1) Jeder Anbieter von Datenvermittlungsdiensten, der beabsichtigt, die in Artikel 10 genannten Datenvermittlungsdienste zu erbringen, muss sich bei der für Datenvermittlungsdienste zuständigen Behörde anmelden.

(2) Unbeschadet unionsrechtlicher Bestimmungen zur Regelung grenzübergreifender Schadenersatzklagen und damit zusammenhängender Verfahren gilt für die Zwecke dieser Verordnung, dass ein Anbieter von Datenvermittlungsdiensten, der in mehreren Mitgliedstaaten niedergelassen ist, der rechtlichen Zuständigkeit des Mitgliedstaats unterliegt, in dem er seine Hauptniederlassung hat.

(3) *[1]* Ein Anbieter von Datenvermittlungsdiensten, der nicht in der Union niedergelassen ist, aber die in Artikel 10 genannten Datenvermittlungsdienste in der Union anbietet, benennt einen gesetzlichen Vertreter in einem der Mitgliedstaaten, in denen diese Dienste angeboten werden.

[2] [1] Um die Einhaltung dieser Verordnung sicherzustellen, beauftragt der Anbieter der Datenvermittlungsdienste den gesetzlichen Vertreter, neben ihm oder an seiner Stelle für Datenvermittlungsdienste zuständigen Behörden oder betroffenen Personen und Dateninhabern bei Fragen im Zusammenhang mit den erbrachten Datenvermittlungsdiensten als Anlaufstelle zu dienen. [2] Der gesetzliche Vertreter arbeitet mit den für Datenvermittlungsdienste zuständigen Behörden zusammen und legt ihnen auf Verlangen umfassend dar, welche Maßnahmen und Vorkehrungen der Anbieter von Datenvermittlungsdiensten getroffen hat, um die Einhaltung dieser Verordnung sicherzustellen.

[3] [1] Es gilt, dass der Anbieter von Datenvermittlungsdiensten der rechtlichen Zuständigkeit des Mitgliedstaats unterliegt, in dem sich der gesetzliche Vertreter

---

[1)] Nr. 1.

befindet. [2]Die Benennung eines gesetzlichen Vertreters durch den Anbieter von Datenvermittlungsdiensten erfolgt unbeschadet etwaiger rechtlicher Schritte gegen den Anbieter von Datenvermittlungsdiensten.

(4) Sobald er die Anmeldung vorgenommen hat, kann der Anbieter von Datenvermittlungsdiensten gemäß Absatz 1 die Tätigkeit unter den in diesem Kapitel festgelegten Bedingungen aufnehmen.

(5) Die in Absatz 1 genannte Anmeldung berechtigt den Anbieter von Datenvermittlungsdiensten zur Erbringung von Datenvermittlungsdiensten in allen Mitgliedstaaten.

(6) Die in Absatz 1 genannte Anmeldung muss folgende Angaben enthalten:

a) den Namen des Anbieters von Datenvermittlungsdiensten,

b) den Rechtsstatus, die Rechtsform, die Eigentümerstruktur, die relevanten Tochtergesellschaften und, sofern der Anbieter von Datenvermittlungsdiensten in einem Handelsregister oder einem anderen vergleichbaren öffentlichen nationalen Register eingetragen ist, die Registernummer des Anbieters von Datenvermittlungsdiensten,

c) die Anschrift der Hauptniederlassung des Anbieters von Datenvermittlungsdiensten in der Union, falls zutreffend, und die Anschrift einer etwaigen Zweigniederlassung in einem anderen Mitgliedstaat oder des gesetzlichen Vertreters,

d) eine öffentliche Website mit vollständigen und aktuellen Informationen über den Anbieter von Datenvermittlungsdiensten und seine Tätigkeiten, einschließlich mindestens der Informationen gemäß den Buchstaben a, b, c und f,

e) die Kontaktpersonen und Kontaktangaben des Anbieters von Datenvermittlungsdiensten,

f) eine Beschreibung des Datenvermittlungsdienstes, den der Anbieter von Datenvermittlungsdiensten zu erbringen beabsichtigt, und Angaben dazu, unter welche der in Artikel 10 genannten Kategorien dieser Datenvermittlungsdienst fällt,

g) den voraussichtlichen Tag der Aufnahme der Tätigkeit, falls dies ein anderer als der Tag der Anmeldung ist.

(7) Die für Datenvermittlungsdienste zuständige Behörde stellt sicher, dass das Anmeldeverfahren nichtdiskriminierend ist und zu keinen Wettbewerbsverzerrungen führt.

(8) Auf Antrag des Anbieters von Datenvermittlungsdiensten gibt die für Datenvermittlungsdienste zuständige Behörde innerhalb einer Woche nach einer ordnungsgemäß und vollständig abgeschlossenen Anmeldung eine standardisierte Erklärung ab, in der sie bestätigt, dass der Anbieter von Datenvermittlungsdiensten die in Absatz 1 genannte Anmeldung vorgenommen hat und dass die Anmeldung die in Absatz 6 genannten Informationen enthält.

(9) *[1]* [1]Auf Antrag des Anbieters von Datenvermittlungsdiensten bestätigt die für Datenvermittlungsdienste zuständige Behörde, dass der Anbieter von Datenvermittlungsdiensten die Anforderungen dieses Artikels und des Artikels 12 erfüllt. [2]Nach Erhalt einer solchen Bestätigung kann der Anbieter von Datenvermittlungsdiensten bei der schriftlichen und mündlichen Kommunikation den das Label „in der Union anerkannter Anbieter von Datenvermittlungsdiensten" führen und ein gemeinsames Logo verwenden.

[2] [1]Damit in der Union anerkannte Anbieter von Datenvermittlungsdiensten in der gesamten Union leicht erkennbar sind, legt die Kommission im Wege von Durchführungsrechtsakten die Ausgestaltung eines gemeinsamen Logos fest. [2]In der Union anerkannte Anbieter von Datenvermittlungsdiensten verwenden das gemeinsame Logo deutlich gut sichtbar auf jeder mit ihren Datenvermittlungsdiensten verbundenen Online- und Offline-Veröffentlichung.

[3] Die Durchführungsrechtsakte werden nach dem in Artikel 33 Absatz 2 genannten Beratungsverfahren erlassen.

(10) [1]Die für Datenvermittlungsdienste zuständige Behörde teilt der Kommission jede neue Anmeldung unverzüglich auf elektronischem Wege mit. [2]Die Kommission führt ein Register aller Anbieter von Datenvermittlungsdiensten, die ihre Dienste in der Union erbringen, und aktualisiert dieses Register regelmäßig. [3]Die Informationen gemäß Absatz 6 Buchstaben a, b, c, d, f und g werden in einem öffentlichen Register veröffentlicht.

(11) [1]Die für Datenvermittlungsdienste zuständige Behörde kann nach Maßgabe des nationalen Rechts Gebühren für die Anmeldung erheben. [2]Diese Gebühren sind verhältnismäßig und objektiv und beruhen auf den Verwaltungskosten, die durch die Überwachung der Einhaltung der Vorschriften und andere Marktkontrolltätigkeiten der für Datenvermittlungsdienste zuständigen Behörden in Bezug auf Anmeldungen von Anbietern von Datenvermittlungsdiensten entstehen. [3]Im Falle von KMU und Start-up-Unternehmen kann die für Datenvermittlungsdienste zuständige Behörde eine ermäßigte Anmeldegebühr verlangen oder auf die Gebühr verzichten.

(12) Anbieter von Datenvermittlungsdiensten teilen der für Datenvermittlungsdienste zuständigen Behörde jede Änderung der gemäß Absatz 6 übermittelten Angaben innerhalb von 14 Tagen ab dem Tag der Änderung mit.

(13) Stellt ein Anbieter von Datenvermittlungsdiensten seine Tätigkeiten ein, so meldet er dies der nach den Absätzen 1, 2 und 3 bestimmten für Datenvermittlungsdienste zuständigen Behörde innerhalb von 15 Tagen.

(14) [1]Die für Datenvermittlungsdienste zuständige Behörde teilt der Kommission jede der in den Absätzen 12 und 13 genannten Abmeldung unverzüglich auf elektronischem Wege mit. [2]Die Kommission aktualisiert das öffentliche Register der Anbieter von Datenvermittlungsdiensten in der Union entsprechend.

Art. 12 Bedingungen für die Erbringung von Datenvermittlungsdiensten. Die Erbringung von Datenvermittlungsdiensten nach Artikel 10 unterliegt folgenden Bedingungen:

a) Der Anbieter von Datenvermittlungsdiensten verwendet die Daten, für die er Datenvermittlungsdienste erbringt, für keine anderen Zwecke, als sie den Datennutzern zur Verfügung zu stellen, und stellt die Datenvermittlungsdienste über eine gesonderte juristische Person bereit;

b) die kommerziellen Bedingungen, einschließlich der Preisgestaltung, für die Erbringung von Datenvermittlungsdiensten für einen Dateninhaber oder Datennutzer sind nicht davon abhängig, ob der Dateninhaber oder Datennutzer andere Dienste desselben Anbieters von Datenvermittlungsdiensten oder eines verbundenen Unternehmens nutzt, und wenn dies der Fall ist, in welchem Umfang der Dateninhaber oder Datennutzer diese anderen Dienste nutzt;

c) die Daten, die in Bezug auf Tätigkeiten einer natürlichen oder juristischen Person zur Erbringung des Datenvermittlungsdienstes erhoben werden, einschließlich Datum, Uhrzeit und Geolokalisierungsdaten, Dauer der Tätigkeit sowie Verbindungen zu anderen natürlichen oder juristischen Personen, die von der den Datenvermittlungsdienst nutzenden Person hergestellt werden, werden nur für die Entwicklung dieses Datenvermittlungsdienstes verwendet, was die Nutzung von Daten für die Aufdeckung von Betrug oder im Interesse der Cybersicherheit umfassen kann, und sie sind den Dateninhabern auf Anfrage zur Verfügung zu stellen;

d) der Anbieter von Datenvermittlungsdiensten ermöglicht den Austausch der Daten in dem Format, in dem er diese von einer betroffenen Person oder vom Dateninhaber erhält, wandelt die Daten nur in bestimmte Formate um, um die Interoperabilität innerhalb und zwischen Sektoren zu verbessern, oder wenn der Datennutzer dies verlangt, oder wenn das Unionsrecht dies vorschreibt oder wenn dies der Harmonisierung mit internationalen oder europäischen Datennormen dient und bietet betroffenen Personen oder Dateninhabern die Möglichkeit an, auf diese Umwandlungen zu verzichten („opt out"), sofern sie nicht durch das Unionsrecht vorgeschrieben sind;

e) Datenvermittlungsdienste können ein Angebot zusätzlicher spezifischer Werkzeuge und Dienste für Dateninhaber oder betroffene Personen umfassen, insbesondere um den Datenaustausch zu erleichtern, z.B. vorübergehende Speicherung, Pflege, Konvertierung, Anonymisierung und Pseudonymisierung; diese Werkzeuge werden nur auf ausdrücklichen Antrag oder mit Zustimmung des Dateninhabers oder der betroffenen Person verwendet, und die in diesem Zusammenhang angebotenen Werkzeugen Dritter werden für keine anderen Zwecke verwendet;

f) der Anbieter von Datenvermittlungsdiensten stellt sicher, dass das Verfahren für den Zugang zu seinem Dienst sowohl für betroffene Personen als auch für Dateninhaber sowie für Datennutzer – auch in Bezug auf die Preise und die Geschäftsbedingungen – fair, transparent und nichtdiskriminierend ist;

g) der Anbieter von Datenvermittlungsdiensten verfügt über Verfahren, um betrügerische oder missbräuchliche Praktiken in Bezug auf Parteien zu verhindern, die über seine Datenvermittlungsdienste Zugang zu erlangen suchen;

h) der Anbieter von Datenvermittlungsdiensten gewährleistet im Falle seiner Insolvenz eine angemessene Weiterführung der Erbringung seiner Datenvermittlungsdienste und richtet, sofern dieser Datenvermittlungsdienst die Speicherung von Daten sicherstellt, Mechanismen ein, die es Dateninhabern und Datennutzern ermöglichen, Zugang zu ihren Daten zu erhalten, diese zu übertragen oder abzurufen und im Fall der Erbringung von Datenvermittlungsdiensten zwischen betroffenen Personen und Datennutzern, ihre Rechte auszuüben;

i) der Anbieter von Datenvermittlungsdiensten trifft geeignete Maßnahmen, um unter anderem mithilfe von allgemein verwendeten offenen Standards in dem Sektor, in dem der Anbieter von Datenvermittlungsdiensten tätig ist, die Interoperabilität mit anderen Datenvermittlungsdiensten zu gewährleisten;

j) der Anbieter von Datenvermittlungsdiensten ergreift angemessene technische, rechtliche und organisatorische Maßnahmen, um die Übertragung nicht personenbezogener Daten oder den Zugang zu diesen Daten zu verhindern, die nach Maßgabe des Unionsrechts oder des nationalen Rechts des jeweiligen Mitgliedstaats rechtswidrig sind;

k) die Dateninhaber werden vom Anbieter von Datenvermittlungsdiensten im Falle einer unbefugten Übertragung, des unbefugten Zugriffs oder der unbefugten Nutzung der von ihm geteilten nicht personenbezogenen Daten unverzüglich unterrichtet;

l) der Anbieter von Datenvermittlungsdiensten trifft die notwendigen Maßnahmen, um ein angemessenes Sicherheitsniveau bei der Speicherung, Verarbeitung und Übermittlung nicht personenbezogener Daten zu gewährleisten, und der Anbieter von Datenvermittlungsdiensten stellt ferner das höchste Sicherheitsniveau bei der Speicherung und Übermittlung sensibler wettbewerbsrelevanter Informationen sicher;

m) der Anbieter von Datenvermittlungsdiensten, der Dienste für betroffene Personen anbietet, handelt bei der Erleichterung der Rechteausausübung durch die betroffenen Personen im besten Interesse der betroffenen Personen; insbesondere informiert und –soweit erforderlich – berät er betroffene Personen in prägnanter, transparenter, verständlicher und leicht zugänglicher Weise über die beabsichtigte Nutzung der Daten durch Datennutzer und die üblichen Geschäftsbedingungen für solche Nutzungen, bevor die betroffenen Personen ihre Einwilligung erteilen;

n) stellt ein Anbieter von Datenvermittlungsdiensten Werkzeuge zur Einholung der Einwilligung betroffener Personen oder der Erlaubnis zur Verarbeitung der von Dateninhabern zur Verfügung gestellten Daten bereit, so gibt er gegebenenfalls das Hoheitsgebiet des Drittlandes an, in dem die Datennutzung stattfinden soll, und stellt den betroffenen Personen Werkzeuge zur Erteilung und zum Widerruf der Einwilligung sowie Dateninhabern Werkzeuge zur Erteilung und zum Widerruf der Erlaubnis zur Verarbeitung von Daten zur Verfügung;

o) der Anbieter von Datenvermittlungsdiensten führt ein Protokoll über die Datenvermittlungstätigkeit.

Art. 13 Zuständige Behörden für Datenvermittlungsdienste. (1) [1]Jeder Mitgliedstaat benennt eine oder mehrere zuständige Behörden für die Wahrnehmung der Aufgaben im Zusammenhang mit dem Anmeldeverfahren für Datenvermittlungsdienste, und teilt der Kommission bis zum 24. September 2023 die Namen dieser zuständigen Behörden mit. [2]Jeder Mitgliedstaat teilt der Kommission auch alle späteren Änderungen der Namen dieser zuständigen Behörden mit.

(2) Die für Datenvermittlungsdienste zuständigen Behörden müssen den Anforderungen des Artikels 26 genügen.

(3) [1]Die Befugnisse der für Datenvermittlungsdienste zuständigen Behörden lassen die Befugnisse der Datenschutzbehörden, der nationalen Wettbewerbsbehörden, der für Cybersicherheit zuständigen Behörden und anderer einschlägiger Fachbehörden unberührt. [2]Nach Maßgabe ihrer jeweiligen Befugnisse im Rahmen des Unionsrechts und des nationalen Rechts begründen diese Behörden eine enge Zusammenarbeit, tauschen Informationen aus, die für die Wahr-

nehmung ihrer Aufgaben in Bezug auf Anbieter von Datenvermittlungsdiensten erforderlich sind, und bemühen sich darum, dass die Entscheidungen, die bei der Anwendung der Verordnung getroffen werden, konsistent sind.

Art. 14 Überwachung der Einhaltung. (1) [1]Die für Datenvermittlungsdienste zuständigen Behörden überwachen und beaufsichtigen die Einhaltung der Anforderungen dieses Kapitels durch die Anbieter von Datenvermittlungsdiensten. [2]Auf Antrag einer natürlichen oder juristischen Person kann die für Datenvermittlungsdienste zuständige Behörde auch die Einhaltung der Rechtsvorschriften durch Anbieter von Datenvermittlungsdiensten überwachen und beaufsichtigen.

(2) [1]Die für Datenvermittlungsdienste zuständigen Behörden sind befugt, von den Anbietern von Datenvermittlungsdiensten oder ihren gesetzlichen Vertretern alle Informationen anzufordern, die nötig sind, um die Einhaltung der Anforderungen dieses Kapitels zu überprüfen. [2]Jede Anforderung von Informationen muss in angemessenem Verhältnis zur Wahrnehmung dieser Aufgabe stehen und mit Gründen versehen sein.

(3) Stellt die für Datenvermittlungsdienste zuständige Behörde fest, dass ein Anbieter von Datenvermittlungsdiensten gegen eine oder mehrere Anforderungen dieses Kapitels verstößt, teilt sie dies dem betreffenden Anbieter von Datenvermittlungsdiensten mit und gibt ihm Gelegenheit, innerhalb von 30 Tagen nach Erhalt der Mitteilung dazu Stellung zu nehmen.

(4) *[1]* [1]Die für Datenvermittlungsdienste zuständige Behörde ist befugt, die Beendigung des in Absatz 3 genannten Verstoßes innerhalb einer angemessenen Frist oder im Fall eines schwerwiegenden Verstoßes unverzüglich zu verlangen, und ergreift angemessene und verhältnismäßige Maßnahmen, um die Einhaltung sicherzustellen. [2]In dieser Hinsicht müssen die für Datenvermittlungsdienste zuständigen Behörden gegebenenfalls dazu befugt sein,

a) im Rahmen von Verwaltungsverfahren abschreckende Geldstrafen, die Zwangsgelder und Zwangsgelder mit Rückwirkung umfassen können, zu verhängen gerichtliche Verfahren zur Verhängung von Geldbußen einzuleiten, oder beides zu tun;
b) eine Verschiebung des Beginns oder eine Aussetzung der Erbringung des Datenvermittlungsdienstes bis zu den von der für Datenvermittlungsdienste zuständigen Behörde geforderten Änderungen seiner Bedingungen anzuordnen oder
c) die Einstellung der Bereitstellung des Datenvermittlungsdienstes anzuordnen, falls schwere oder wiederholte Verstöße trotz der vorherigen Mitteilung gemäß Absatz 3 nicht behoben wurden.

[3]Die für Datenvermittlungsdienste zuständige Behörde fordert die Kommission auf, den Anbieter des Datenvermittlungsdienstes aus dem Register der Anbieter von Datenvermittlungsdiensten zu streichen, sobald sie die Einstellung der Bereitstellung von Datenvermittlungsdiensten gemäß Unterabsatz 1 Buchstabe c angeordnet hat.

[2] [1]Wenn ein Anbieter von Datenvermittlungsdiensten die Verstöße beseitigt, teilt dieser Anbieter von Datenvermittlungsdiensten dies erneut der für Datenvermittlungsdienste zuständigen Behörde mit. [2]Die für Datenvermittlungsdienste zuständige Behörde teilt der Kommission jede erneute Mitteilung mit.

(5) Wenn ein Anbieter von Datenvermittlungsdiensten, der nicht in der Union niedergelassen ist, keinen gesetzlichen Vertreter benennt oder der gesetzliche Vertreter es versäumt, auf Verlangen der für Datenvermittlungsdienste zuständigen Behörde die erforderlichen Informationen vorzulegen, durch die die Einhaltung dieser Verordnung umfassend belegt wird, ist die für Datenvermittlungsdienste zuständige Behörde befugt, den Beginn der Erbringung des Datenvermittlungsdienstes zu verschieben oder diese auszusetzen, bis der gesetzliche Vertreter benannt wurde oder die erforderlichen Informationen vorgelegt wurden.

(6) Die für Datenvermittlungsdienste zuständigen Behörden teilen dem betreffenden Anbieter der Datenvermittlungsdienste unverzüglich die gemäß den Absätzen 4 und 5 auferlegten Maßnahmen, die Gründe dafür sowie die notwendigen Schritte zur Behebung der entsprechenden Mängel mit und setzen dem Anbieter von Datenvermittlungsdiensten eine angemessene Frist von höchstens 30 Tagen damit der Anbieter von Datenvermittlungsdiensten diesen Maßnahmen nachkommen kann.

(7) *[1]* [1] Hat ein Anbieter von Datenvermittlungsdiensten für die gemeinsame Datennutzung seine Hauptniederlassung oder seinen gesetzlichen Vertreter in einem Mitgliedstaat, erbringt aber Dienste in anderen Mitgliedstaaten, so arbeiten die für Datenvermittlungsdienste zuständige Behörde des Mitgliedstaats, in dem sich die Hauptniederlassung oder der gesetzliche Vertreter befindet, und die für Datenvermittlungsdienste zuständigen Behörden der betreffenden anderen Mitgliedstaaten zusammen und unterstützen einander. [2] Diese Unterstützung und Zusammenarbeit kann den Informationsaustausch zwischen den betreffenden für Datenvermittlungsdienste zuständigen Behörden für die Zwecke ihrer Tätigkeiten im Rahmen dieser Verordnung und das begründete Ersuchen umfassen, die in diesem Artikel genannten Maßnahmen zu ergreifen.

[2] [1] Ersucht eine für Datenvermittlungsdienste zuständige Behörde in einem Mitgliedstaat um Unterstützung einer für Datenvermittlungsdienste zuständigen Behörden aus einem anderen Mitgliedstaat, so stellt sie ein begründetes Ersuchen. [2] Die für Datenvermittlungsdienste zuständige Behörde antwortet dieses Ersuchen unverzüglich und innerhalb einer Frist, die der Dringlichkeit des Ersuchens angemessen ist.

[3] Alle Informationen, die im Zusammenhang mit einem Amtshilfeersuchen und geleisteter Amtshilfe nach diesem Artikel ausgetauscht werden, dürfen nur zu den Zwecken verwendet werden, für die um sie ersucht wurde.

Art. 15 Ausnahmen. Dieses Kapitel gilt nicht für anerkannte datenaltruistische Organisationen und andere Einrichtungen ohne Erwerbszweck, soweit deren Tätigkeit darin besteht, für Ziele von allgemeinem Interesse Daten zu erheben, die von natürlichen oder juristischen Personen auf der Grundlage des Datenaltruismus zur Verfügung gestellt werden, es sei denn, diese Organisationen und Einrichtungen sind bestrebt, Geschäftsbeziehungen zwischen einer unbestimmten Zahl von betroffenen Personen und Dateninhabern einerseits und Datennutzern andererseits herzustellen.

Kapitel IV. Datenaltruismus

Art. 16 Nationale Regelungen für Datenaltruismus. *[1]* [1]Die Mitgliedstaaten können organisatorische oder technische Regelungen oder beides festlegen, um Datenaltruismus zu erleichtern. [2]Hierzu können die Mitgliedstaaten nationale Strategien für Datenaltruismus festlegen. [3]Diese nationalen Strategien können insbesondere dazu dienen, betroffene Personen dabei zu unterstützen, sie betreffende personenbezogene Daten im Besitz öffentlicher Stellen freiwillig für den Datenaltruismus zur Verfügung zu stellen, und die erforderlichen Informationen festzulegen, die betroffenen Personen in Bezug auf die Weiterverwendung ihrer Daten im allgemeinen Interesse zur Verfügung gestellt werden müssen.

[2] Entwickelt ein Mitgliedstaat solche nationalen Strategien, so teilt er dies der Kommission mit.

Art. 17 Öffentliche Register der anerkannten datenaltruistischen Organisationen. (1) Jede für die Registrierung von datenaltruistischen Organisationen zuständige Behörde führt ein öffentliches nationales Register der anerkannten datenaltruistischen Organisationen und aktualisiert dieses regelmäßig.

(2) *[1]* [1]Die Kommission pflegt zu Informationszwecken ein öffentliches Unionsregister der anerkannten datenaltruistischen Organisationen. [2]Sofern eine gemäß Artikel 18 im öffentlichen nationalen Register der anerkannten datenaltruistischen Organisationen eingetragene Einrichtung registriert ist, darf sie in ihrer schriftlichen und mündlichen Kommunikation die Bezeichnung „in der Union anerkannte datenaltruistische Organisation" und ein gemeinsames Logo verwenden.

[2] [1]Damit anerkannte datenaltruistische Organisationen in der gesamten Union leicht zu erkennen sind, legt die Kommission im Wege von Durchführungsrechtsakten die Ausgestaltung des gemeinsamen Logos fest. [2]Anerkannte datenaltruistische Organisationen verwenden das gemeinsame Logo gut sichtbar auf jeder Online- und Offline-Veröffentlichung, die mit ihren datenaltruistischen Tätigkeiten in Zusammenhang steht. [3]Das gemeinsame Logo erscheint gemeinsam mit einem QR-Code mit Link zum öffentlichen Unionsregister der anerkannten datenaltruistischen Organisationen.

[3] Die Durchführungsrechtsakte werden nach dem in Artikel 33 Absatz 2 genannten Beratungsverfahren erlassen.

Art. 18 Allgemeine Eintragungsanforderungen. Um für eine Eintragung in ein öffentliches nationales Register anerkannter datenaltruistischer Organisationen infrage zu kommen, muss eine Einrichtung

a) datenaltruistische Tätigkeiten durchführen;

b) gemäß nationalem Recht Rechtspersönlichkeit haben, um gegebenenfalls gemäß dem nationalen Recht Ziele von allgemeinem Interesse zu erreichen;

c) selbst ohne Erwerbszweck tätig sein und rechtlich unabhängig von jeder Organisation, die Erwerbszwecke verfolgt, handeln;

d) die Datenaltruismus-Tätigkeiten über eine Struktur ausüben, die von ihren anderen Tätigkeiten funktionell getrennt ist;

e) dem in Artikel 22 Absatz 1 genannten Regelwerk entsprechen, und zwar spätestens 18 Monate nach dem Tag des Inkrafttretens der delegierten Rechtsakte, auf die in jenem Absatz Bezuggenommen wird.

Art. 19 Eintragung anerkannter datenaltruistischer Organisationen.

(1) Eine Einrichtung, die die Anforderungen des Artikels 18 erfüllt, kann einen Antrag auf Eintragung in das nationale öffentliche Register der anerkannten datenaltruistischen Organisationen in dem Mitgliedstaat stellen, in dem sie niedergelassen ist.

(2) Eine Einrichtung, die die Anforderungen des Artikels 18 erfüllt und in mehreren Mitgliedstaaten niedergelassen ist, kann einen Antrag zur Eintragung in das nationale öffentliche Register der anerkannten datenaltruistischen Organisationen in dem Mitgliedstaat beantragen, in dem sie ihre Hauptniederlassung hat.

(3) *[1]* Eine Einrichtung, die die Anforderungen des Artikels 18 erfüllt, aber nicht in der Union niedergelassen ist, benennt einen gesetzlichen Vertreter in einem der Mitgliedstaaten, in dem diese datenaltruistischen Dienste angeboten werden.

[2] [1] Um die Einhaltung dieser Verordnung sicherzustellen, beauftragt die Einrichtung den gesetzlichen Vertreter, neben ihr oder an ihrer Stelle für die Registrierung datenaltruistischer Organisationen den zuständigen Behörden oder betroffenen Personen und Dateninhabern bei Fragen im Zusammenhang mit diesen Einrichtungen als Anlaufstelle zu dienen. [2] Der gesetzliche Vertreter arbeitet mit den für die Registrierung datenaltruistischer Organisationen zuständigen Behörden zusammen und legt ihnen auf Verlangen umfassend dar, welche Maßnahmen und Vorkehrungen die Einrichtung getroffen hat, um die Einhaltung dieser Verordnung sicherzustellen.

[3] [1] Die Einrichtung gilt als in der Zuständigkeit des Mitgliedstaats liegend, in dem der gesetzliche Vertreter niedergelassen ist. [2] Die Einrichtung kann einen Antrag zur Registrierung in das nationale öffentliche Register der anerkannten datenaltruistischen Organisationen in diesem Mitgliedstaat beantragen. [3] Die Benennung eines gesetzlichen Vertreters durch die Einrichtung erfolgt unbeschadet etwaiger rechtlicher Schritte gegen die Einrichtung.

(4) Der Eintragungsantrag gemäß den Absätzen 1, 2 und 3 muss folgende Angaben enthalten:

a) den Namen der Einrichtung,
b) Rechtsstatus, Rechtsform und, sofern die Einrichtung in einem öffentlichen nationalen Register eingetragen ist, Registernummer der Einrichtung,
c) die Satzung der Einrichtung, falls zutreffend,
d) die Einnahmequellen der Einrichtung,
e) die Anschrift der Hauptniederlassung der Einrichtung in der Union, falls vorhanden, und die Anschrift einer etwaigen Zweigniederlassung in einem anderen Mitgliedstaat oder des gesetzlichen Vertreters,
f) eine öffentliche Website mit vollständigen und aktuellen Informationen über die Einrichtung und ihre Tätigkeiten, einschließlich mindestens der Informationen gemäß den Buchstaben a, b, d, e und h,
g) die Kontaktpersonen und Kontaktangaben der Einrichtung,

h) die Ziele von allgemeinem Interesse, die sie mit der Erhebung der Daten fördern will,
i) die Art der Daten, die die Einrichtung überprüfen oder verarbeiten will, sowie, im Fall von personenbezogenen Daten, die Kategorien von personenbezogenen Daten,
j) alle sonstigen Nachweise, die belegen, dass die Anforderungen des Artikels 18 erfüllt werden.

(5) *[1]* [1] Nachdem die Einrichtung alle erforderlichen Informationen gemäß Absatz 4 übermittelt hat und die für die Registrierung datenaltruistischer Organisationen zuständige Behörde den Eintragungsantrag bewertet hat und zu dem Schluss gekommen ist, dass die Einrichtung die Anforderungen des Artikels 18 erfüllt, nimmt die Behörde innerhalb von 12 Wochen nach Eingang des Antrags auf Registrierung die Eintragung der Einrichtung in das öffentliche nationale Register der anerkannten datenaltruistischen Organisationen vor. [2] Die Eintragung gilt in allen Mitgliedstaaten.

[2] [1] Die für die Registrierung von datenaltruistischen Organisationen zuständige Behörde teilt der Kommission jede Registrierung mit. [2] Die Kommission nimmt diese Registrierung in das öffentliche Unionsregister der anerkannten datenaltruistischen Organisationen auf.

(6) Die in Absatz 4 Buchstaben a, b, f, g und h genannten Angaben werden im einschlägigen öffentlichen nationalen Register der anerkannten datenaltruistischen Organisationen veröffentlicht.

(7) *[1]* Eine anerkannte datenaltruistische Organisation teilt der entsprechenden für die Registrierung von datenaltruistischen Organisationen zuständigen Behörde jede Änderung der gemäß Absatz 4 übermittelten Angaben innerhalb von 14 Tagen ab dem Tag der Änderung mit.

[2] [1] Die für die Registrierung datenaltruistischer Organisationen zuständigen Behörde teilt der Kommission unverzüglich jede solche Mitteilung auf elektronischem Wege mit. [2] Auf der Grundlage einer solchen Meldung aktualisiert die Kommission unverzüglich das öffentliche Unionsregister der anerkannten datenaltruistischen Organisationen.

Art. 20 Transparenzanforderungen. (1) Eine anerkannte datenaltruistische Organisation führt vollständige und genaue Aufzeichnungen über Folgendes:
a) alle natürlichen oder juristischen Personen, denen die Möglichkeit zur Verarbeitung der im Besitz dieser anerkannten datenaltruistischen Organisation befindlichen Daten gegeben wurde, sowie deren Kontaktdaten,
b) den Zeitpunkt oder die Dauer der Verarbeitung personenbezogener Daten oder der Nutzung nicht personenbezogener Daten,
c) den Zweck der Verarbeitung entsprechend der Erklärung der natürlichen oder juristischen Person, der die Möglichkeit zur Verarbeitung gegeben wurde,
d) etwaige Gebühren, die von den die Daten verarbeitenden natürlichen oder juristischen Personen gezahlt wurden.

(2) Eine anerkannte datenaltruistische Organisation erstellt einen jährlichen Tätigkeitsbericht und übermittelt ihn der entsprechenden für die Eintragung von datenaltruistischen Organisationen zuständigen Behörde; dieser Bericht enthält mindestens Folgendes:

a) Informationen über die Tätigkeiten der anerkannten datenaltruistischen Organisation,
b) eine Beschreibung, in welcher Weise die Zwecke von allgemeinem Interesse, zu denen die Daten gesammelt wurden, in dem betreffenden Geschäftsjahr gefördert wurden,
c) eine Liste aller natürlichen und juristischen Personen, denen erlaubt wurde, die in ihrem Besitz befindlichen Daten zu verarbeiten, einschließlich einer zusammenfassenden Beschreibung der Zwecke von allgemeinem Interesse, die mit dieser Datenverarbeitung verfolgt wurden, und einer Beschreibung der hierzu herangezogenen technischen Mittel, die auch eine Beschreibung der zur Wahrung der Privatsphäre und des Datenschutzes eingesetzten Techniken umfasst,
d) gegebenenfalls eine Zusammenfassung der Ergebnisse der von der anerkannten datenaltruistischen Organisationerlaubten Datenverarbeitung,
e) Informationen über die Einnahmequellen der anerkannten datenaltruistischen Organisation, insbesondere alle Einnahmen aus der Zugänglichmachung der Daten, sowie über die Ausgaben.

Art. 21 Besondere Anforderungen zum Schutz der Rechte und Interessen betroffener Personen und Dateninhaber im Hinblick auf ihre Daten. (1) Eine anerkannte datenaltruistische Organisation informiert betroffene Personen oder Dateninhaber vor der Verarbeitung ihrer Daten auf klare und leicht verständliche Weise über Folgendes:
a) die Ziele von allgemeinem Interesse und gegebenenfalls den angegebenen, ausdrücklichen und rechtmäßigen Zweck der Verarbeitung personenbezogener Daten, für die sie die Verarbeitung ihrer Daten durch einen Datennutzer erlaubt;
b) den Standort und die Ziele von allgemeinem Interesse, für die sie eine etwaige Verarbeitung in einem Drittland erlaubt, sofern die Verarbeitung von der anerkannten datenaltruistischen Organisation vorgenommen wird.

(2) [1] Die anerkannte datenaltruistische Organisation verwendet die Daten nicht für andere als die Ziele von allgemeinem Interesse, für die die betroffene Person oder der Dateninhaber die Verarbeitung erlaubt hat. [2] Die anerkannte datenaltruistische Organisation darf keine irreführenden Vermarktungspraktiken verwenden, um Daten zu erhalten.

(3) [1] Die anerkannte datenaltruistische Organisation stellt Werkzeuge zur Einholung der Einwilligung betroffener Personen oder der Erlaubnis zur Verarbeitung der von Dateninhabern zur Verfügung gestellten Daten bereit. [2] Die anerkannte datenaltruistische Organisation stellt ferner Werkzeuge zum einfachen Widerruf einer solchen Einwilligung oder Erlaubnis zur Verfügung.

(4) Die anerkannte datenaltruistische Organisation ergreift Maßnahmen, um ein angemessenes Sicherheitsniveau für die Speicherung und Verarbeitung der nicht personenbezogenen Daten sicherzustellen, die sie auf der Grundlage von Datenaltruismus erhoben hat.

(5) Die Dateninhaber werden von der anerkannten datenaltruistischen Organisation im Falle einer unbefugten Übertragung, des unbefugten Zugriffs oder der unbefugten Nutzung der von ihm geteilten nicht personenbezogenen Daten unverzüglich unterrichtet.

(6) Ermöglicht die anerkannte datenaltruistische Organisation die Datenverarbeitung durch Dritte, einschließlich durch die Bereitstellung von Werkzeugen zur Einholung der Einwilligung betroffener Personen oder der Erlaubnis zur Verarbeitung der von Dateninhabern zur Verfügung gestellten Daten bereit, so gibt sie gegebenenfalls das Hoheitsgebiet des Drittlandes an, in denen die Datennutzung stattfinden soll.

Art. 22 Regelwerk. (1) Die Kommission erlässt gemäß Artikel 32 delegierte Rechtsakte zur Ergänzung der vorliegenden Verordnung durch die Ausarbeitung eines Regelwerks, das Folgendes enthält:

a) angemessene Informationsanforderungen, um sicherzustellen, dass betroffene Personen und Dateninhaber vor Erteilung einer Einwilligung oder Erlaubnis für Datenaltruismus ausreichend detaillierte, klare und transparente Informationen über die Datennutzung, die Werkzeuge zur Erteilung und zum Widerruf der Einwilligung oder Erlaubnis und über die Maßnahmen erhalten, die ergriffen werden, um einen Missbrauch der mit der datenaltruistischen Organisation ausgetauschten Daten zu verhindern,

b) geeignete technische Anforderungen und Sicherheitsanforderungen, um ein angemessenes Sicherheitsniveau für die Speicherung und Verarbeitung von Daten sowie für die Werkzeuge zur Erteilung und zum Widerruf der Einwilligung oder der Erlaubnis,

c) Kommunikationsfahrpläne, bei denen ein multidisziplinärer Ansatz verfolgt wird, um das Bewusstsein für Datenaltruismus, die Bezeichnung als „in der Union anerkannte datenaltruistische Organisation" und das Regelwerk unter den einschlägigen Interessenträgern, insbesondere Dateninhabern und betroffenen Personen, die möglicherweise ihre Daten austauschen würden, zu schärfen,

d) Empfehlungen zu einschlägigen Interoperabilitätsnormen.

(2) Das in Absatz 1 genannte Regelwerk wird in enger Zusammenarbeit mit datenaltruistischen Organisationen und einschlägigen Interessenträgern erstellt.

Art. 23 Für die Registrierung von datenaltruistischen Organisationen zuständige Behörden. (1) *[1]* Jeder Mitgliedstaat benennt eine oder mehrere zuständige Behörden, die für das öffentliche nationale Register der anerkannten datenaltruistischen Organisationen zuständig sind.

[2] Die für die Registrierung von datenaltruistischen Organisationen zuständigen Behörden müssen den Anforderungen gemäß Artikel 26 entsprechen.

(2) [1] Jeder Mitgliedstaat teilt der Kommission den Namen seiner für die Registrierung von datenaltruistischen Organisationen zuständigen Behörden bis zum 24. September 2023 mit. [2] Jeder Mitgliedstaat teilt der Kommission auch alle späteren Änderungen der Namen dieser zuständigen Behörden mit.

(3) Die für die Eintragung von datenaltruistischen Organisationen zuständige Behörde nimmt ihre Aufgaben in Bezug auf die Verarbeitung personenbezogener Daten in Zusammenarbeit mit der einschlägigen Datenschutzbehörde sowie mit den einschlägigen sektoralen Behörden desselben Mitgliedstaats wahr.

Art. 24 Überwachung der Einhaltung. (1) [1] Die für die Registrierung von datenaltruistischen Organisationen zuständigen Behörden überwachen und beaufsichtigen die Einhaltung der in diesem Kapitel festgelegten Anforderungen durch die anerkannten datenaltruistischen Organisationen. [2] Die für die Eintragung von datenaltruistischen Organisationen zuständige Behörde kann die Einhaltung der Rechtsvorschriften durch diese datenaltruistischen Organisationen auch auf Antrag einer natürlichen oder juristischen Person überwachen und beaufsichtigen.

(2) [1] Die für die Registrierung von datenaltruistischen Organisationen zuständigen Behörden sind befugt, von den anerkannten datenaltruistischen Organisationen alle Informationen zu verlangen, die nötig sind, um die Einhaltung der Anforderungen dieses Kapitels zu überprüfen. [2] Jede Anforderung von Informationen muss in angemessenem Verhältnis zur Wahrnehmung dieser Aufgabe stehen und begründet sein.

(3) Stellt die für die Registrierung von datenaltruistischen Organisationen zuständige Behörde fest, dass eine anerkannte datenaltruistische Organisation gegen eine oder mehrere Anforderungen dieses Kapitels verstößt, teilt sie dies der anerkannten datenaltruistischen Organisation mit und gibt ihr Gelegenheit, innerhalb von 30 Tagen nach Erhalt der Meldung dazu Stellung zu nehmen.

(4) Die für die Registrierung von datenaltruistischen Organisationen zuständige Behörde ist befugt, die Beendigung des in Absatz 3 genannten Verstoßes entweder unverzüglich oder innerhalb einer angemessenen Frist zu verlangen, und ergreift angemessene und verhältnismäßige Maßnahmen, um die Einhaltung sicherzustellen.

(5) [1] Erfüllt eine anerkannte datenaltruistische Organisation eine oder mehrere der Anforderungen dieses Kapitels auch dann nicht, nachdem sie von der für die Registrierung von datenaltruistischen Organisationen zuständigen Behörde gemäß Absatz 3 davon unterrichtet wurde, so

a) verliert sie ihr Recht, in ihrer schriftlichen und mündlichen Kommunikation die Bezeichnung „in der Union anerkannte datenaltruistische Organisation“ zu führen,

b) wird sie aus dem einschlägigen öffentlichen nationalen Register der anerkannten datenaltruistischen Organisationen und dem öffentlichen Unionsregister der anerkannten datenaltruistischen Organisationen gestrichen.

[2] Jede Entscheidung gemäß Unterabsatz 1 Buchstabe a, die das Recht widerruft, die Bezeichnung „in der Union anerkannte datenaltruistische Organisation“ zu führen, wird durch die für die Registrierung von datenaltruistischen Organisationen zuständige Behörde öffentlich zugänglich gemacht.

(6) *[1]* [1] Hat eine anerkannte datenaltruistische Organisation ihre Hauptniederlassung oder ihren gesetzlichen Vertreter in einem Mitgliedstaat, betätigt sich aber in anderen Mitgliedstaaten, so arbeiten die für die Registrierung von datenaltruistischen Organisationen zuständige Behörde des Mitgliedstaats, in dem sich die Hauptniederlassung oder der gesetzliche Vertreter befindet, und die für die Registrierung von datenaltruistischen Organisationen zuständigen Behörden der betreffenden anderen Mitgliedstaaten zusammen und unterstützen einander. [2] Diese Unterstützung und Zusammenarbeit kann den Informationsaustausch zwischen den betreffenden für die Registrierung von datenaltruistischen Organisationen zuständigen Behörden für die Zwecke ihrer Tätigkeiten im Rahmen dieser Verordnung und begründete Ersuchen umfassen, die in diesem Artikel genannten Maßnahmen zu ergreifen.

[2] [1] Ersucht eine für die Registrierung von datenaltruistischen Organisationen zuständige Behörde in einem Mitgliedstaat um Unterstützung durch eine

für die Registrierung von datenaltruistischen Organisationen zuständige Behörde in einem anderen Mitgliedstaat, so stellt sie ein begründetes Ersuchen. [2] Nach einem solchen Ersuchen antwortet die für die Registrierung von datenaltruistischen Organisationen zuständige Behörde unverzüglich und innerhalb eines Zeitrahmens, der der Dringlichkeit des Ersuchens angemessen ist.

[3] Alle Informationen, die im Zusammenhang mit einem Amtshilfeersuchen und geleisteter Amtshilfe nach diesem Artikel ausgetauscht werden, dürfen nur zu den Zwecken des Ersuchens verwendet werden.

Art. 25 Europäisches Einwilligungsformular für Datenaltruismus.

(1) [1] Um die Erhebung von Daten auf der Grundlage des Datenaltruismus zu erleichtern, erlässt die Kommission nach Konsultation des Europäischen Datenschutzausschusses, unter Berücksichtigung der Empfehlungen des Europäischen Dateninnovationsrats sowie unter entsprechender Einbeziehung einschlägiger Interessenträger Durchführungsrechtsakte zur Festlegung und Ausarbeitung eines europäischen Einwilligungsformulars für Datenaltruismus. [2] Das Formular ermöglicht das Einholen von Einwilligungen und Erlaubnissen in allen Mitgliedstaaten in einem einheitlichen Format. [3] Diese Durchführungsrechtsakte werden nach dem in Artikel 33 Absatz 2 genannten Beratungsverfahren erlassen.

(2) Das europäische Einwilligungsformular für Datenaltruismus ist modular aufgebaut, damit es für bestimmte Sektoren und für verschiedene Zwecke angepasst werden kann.

(3) Werden personenbezogene Daten erfasst, so ermöglicht das europäische Einwilligungsformular für Datenaltruismus es, dass betroffene Personen gemäß der Verordnung (EU) 2016/679[1)] damit ihre Einwilligung zu einem bestimmten Datenverarbeitungsvorgang erteilen und widerrufen können.

(4) Das Formular ist leicht verständlich und wird in einer Form bereitgestellt, in der es auf Papier ausgedruckt werden kann, sowie in elektronischer, maschinenlesbarer Form.

Kapitel V. Zuständige Behörden und Verfahrensvorschriften

Art. 26 Anforderungen an zuständige Behörden. (1) [1] Die für Datenvermittlungsdienste zuständigen Behörden und die für die Registrierung von datenaltruistischen Organisationen zuständigen Behörden müssen von allen Anbietern von Datenvermittlungsdiensten und allen anerkannten datenaltruistischen Organisationen rechtlich getrennt und funktional unabhängig sein. [2] Die Aufgaben der für Datenvermittlungsdienste zuständigen Behörden und der für die Registrierung von datenaltruistischen Organisationen zuständigen Behörden können von derselben Behörde wahrgenommen werden. [3] Die Mitgliedstaaten können entweder eine oder mehrere neue Behörden für diese Zwecke errichten oder bereits vorhandene Behörden nutzen.

(2) [1] Die für Datenvermittlungsdienste zuständigen Behörden und die für die Registrierung von datenaltruistischen Organisationen zuständigen Behörden nehmen ihre Aufgaben unparteiisch, transparent, kohärent und rechtzeitig

---

1) Nr. 1.

wahr. [2] Bei der Wahrnehmung ihrer Aufgaben sorgen sie für einen fairen Wettbewerb und Diskriminierungsfreiheit.

(3) [1] Die oberste Leitungsebene und die Mitarbeiter, die für die Durchführung der in dieser Verordnung vorgesehenen einschlägigen Aufgaben der für Datenvermittlungsdienste zuständigen Behörden und der für die Registrierung von datenaltruistischen Organisationen zuständigen Behörden verantwortlich sind, dürfen weder Konstrukteur, Hersteller, Lieferant, Installateur, Käufer, Eigentümer, Verwender oder Wartungsbetrieb der von ihnen bewerteten Dienste noch bevollmächtigter Vertreter einer dieser Parteien sein. [2] Dies schließt die Verwendung von bewerteten Diensten, die für die Tätigkeit der für Datenvermittlungsdienste zuständigen Behörde und der für die Registrierung von datenaltruistischen Organisationen zuständigen Behörde nötig sind, oder die Verwendung solcher Dienste zum persönlichen Gebrauch nicht aus.

(4) Die oberste Leitungsebene und die Mitarbeiter der für Datenvermittlungsdienste zuständigen Behörden und der für die Registrierung von datenaltruistischen Organisationen zuständigen Behörden dürfen sich nicht mit Tätigkeiten befassen, die ihre Unabhängigkeit bei der Beurteilung oder ihre Integrität im Zusammenhang mit den ihnen übertragenen Bewertungstätigkeiten beeinträchtigen könnten.

(5) Die für Datenvermittlungsdienste zuständigen Behörden und die für die Registrierung von datenaltruistischen Organisationen zuständigen Behörden müssen über angemessene finanzielle und personelle Mittel verfügen, um die ihnen übertragenen Aufgaben erfüllen zu können, einschließlich der erforderlichen Fachkenntnisse und Ressourcen.

(6) [1] Die für Datenvermittlungsdienste zuständigen Behörden und die für die Registrierung von datenaltruistischen Organisationen zuständigen Behörden eines Mitgliedstaats stellen der Kommission und den für Datenvermittlungsdienste zuständigen Behörden und den für die Registrierung von datenaltruistischen Organisationen zuständigen Behörden anderer Mitgliedstaaten auf begründeten Antrag und unverzüglich die Informationen zur Verfügung, die sie zur Wahrnehmung ihrer Aufgaben gemäß dieser Verordnung benötigen. [2] Sieht eine für Datenvermittlungsdienste zuständige Behörden oder eine für die Registrierung von datenaltruistischen Organisationen zuständige Behörde die verlangten Informationen nach den Bestimmungen des Unionsrechts und des nationalen Rechts über das Berufs- und Geschäftsgeheimnis als vertraulich an, so gewährleisten die Kommission und alle anderen für Datenvermittlungsdienste zuständigen Behörden und die für die Registrierung von datenaltruistischen Organisationen zuständigen Behörden eine entsprechende vertrauliche Behandlung.

Art. 27 Beschwerderecht. (1) Natürliche und juristische Personen haben das Recht, wegen aller in den Anwendungsbereich dieser Verordnung fallenden Angelegenheiten bei der jeweiligen, für die Datenvermittlungsdienste zuständigen Behörde, allein oder gegebenenfalls gemeinsam, Beschwerde gegen einen Anbieter von Datenvermittlungsdiensten oder bei der jeweiligen, für die Registrierung von datenaltruistischen Organisationen gegen eine anerkannte datenaltruistische Organisation einzulegen.

(2) Die für Datenvermittlungsdienste zuständige Behörde und die für die Registrierung von datenaltruistischen Organisationen zuständige Behörde, bei der die Beschwerde eingelegt wurde, unterrichtet den Beschwerdeführer

a) über den Stand des Verfahrens und die getroffene Entscheidung und

b) über die Möglichkeit eines gerichtlichen Rechtsbehelfs nach Artikel 28.

Art. 28 Recht auf einen wirksamen gerichtlichen Rechtsbehelf.

(1) Jede betroffene natürliche oder juristische Person hat unbeschadet eines anderweitigen verwaltungsrechtlichen oder außergerichtlichen Rechtsbehelfs das Recht auf einen wirksamen gerichtlichen Rechtsbehelf gegen rechtsverbindliche Entscheidungen gemäß Artikel 14 durch die für Datenvermittlungsdienste zuständigen Behörden in Bezug auf die Verwaltung, Kontrolle und Durchsetzung der Anmeldevorschriften für Anbieter von Datenvermittlungsdiensten und rechtsverbindliche Entscheidungen gemäß Artikel 19 und 24 durch die für die Registrierung von datenaltruistischen Organisationen zuständigen Behörden in Bezug auf die Überwachung von anerkannten datenaltruistischen Organisationen.

(2) Verfahren nach diesem Artikel werden bei den Gerichten des Mitgliedstaats der für Datenvermittlungsdienste zuständigen Behörde und der für die Registrierung von datenaltruistischen Organisationen zuständigen Behörde, gegen die der allein oder gegebenenfalls gemeinsam von den Vertretern einer oder mehrerer natürlicher oder juristischer Personen eingelegte Rechtsbehelf gerichtet ist, eingeleitet.

(3) Bleibt eine für Datenvermittlungsdienste zuständige Behörde oder eine für die Registrierung von datenaltruistischen Organisationen zuständige Behörde auf eine Beschwerde untätig, haben betroffene natürliche und juristische Personen gemäß dem nationalen Recht entweder Anspruch auf einen wirksamen gerichtlichen Rechtsbehelf oder Zugang zur Nachprüfung durch eine unparteiische Stelle mit entsprechender Sachkenntnis.

Kapitel VI. Europäischer Dateninnovationsrat

Art. 29 Europäischer Dateninnovationsrat. (1) [1]Die Kommission setzt einen Europäischen Dateninnovationsrat ein, der die Form einer Expertengruppe hat und sich aus Vertretern der für Datenvermittlungsdienste zuständige Behörden und der für die Registrierung von datenaltruistischen Organisationen zuständigen Behörden aller Mitgliedstaaten, des Europäischen Datenschutzausschusses, des Europäischen Datenschutzbeauftragten, der ENISA, der Kommission, dem KMU-Beauftragten der EU oder einem vom Netz der KMU-Beauftragten benannten Vertreter und anderen Vertretern von maßgeblichen Stellen in bestimmten Sektoren und von Stellen mit spezifischen Fachkenntnissen zusammensetzt. [2]Bei der Ernennung einzelner Sachverständiger strebt die Kommission im Hinblick auf die Zusammensetzung der Expertengruppe ein ausgewogenes Geschlechterverhältnis und geografische Ausgewogenheit unter den Mitgliedern der Expertengruppe an.

(2) Der Europäische Dateninnovationsrat besteht aus mindestens den drei folgenden Untergruppen:

a) einer aus den für Datenvermittlungsdienste zuständigen Behörden und den für die Registrierung von datenaltruistischen Organisationen zuständigen Behörden zusammengesetzten Untergruppe für die Aufgaben gemäß Artikel 30 Buchstaben a, c, j und k,

b) einer Untergruppe für technische Beratungen zu Normung, Übertragbarkeit und Interoperabilität gemäß Artikel 30 Buchstaben f und g,

c) einer Untergruppe für die Einbeziehung von Interessenträgern, der einschlägige Vertreter der Wirtschaft, der Forschung, der Wissenschaft, der Zivilgesellschaft, von Normungsgremien, einschlägigen gemeinsamen europäischen Datenräumen und andere einschlägige Interessenträger und Dritte angehören, die den Europäischen Dateninnovationsrat zu Aufgaben gemäß Artikel 30 Buchstaben d, e, f, g und h beraten.

(3) Die Kommission führt den Vorsitz in den Sitzungen des Europäischen Dateninnovationsrats.

(4) Der Europäische Dateninnovationsrat wird von einem Sekretariat unterstützt, das von der Kommission gestellt wird.

Art. 30 Aufgaben des Europäischen Dateninnovationsrats. Der Europäische Dateninnovationsrat hat folgende Aufgaben:

a) Beratung und Unterstützung der Kommission bei der Entwicklung einer einheitlichen Praxis der öffentlichen Stellen und der in Artikel 7 Absatz 1 genannten zuständigen Stellen für die Bearbeitung von Anträgen auf Weiterverwendung von Daten der in Artikel 3 Absatz 1 genannten Datenkategorien;

b) Beratung und Unterstützung der Kommission bei der Entwicklung einer einheitlichen Praxis für den unionsweiten Datenaltruismus;

c) Beratung und Unterstützung der Kommission bei der Entwicklung einer einheitlichen Praxis der für Datenvermittlungsdienste zuständigen Behörden und der für die Registrierung von datenaltruistischen Organisationen zuständigen Behörden bei der Anwendung der Anforderungen, die jeweils für Anbieter von Datenvermittlungsdiensten und anerkannte datenaltruistische Organisationen gelten;

d) Beratung und Unterstützung der Kommission bei der Entwicklung einheitlicher Leitlinien dazu, wie nicht personenbezogene sensible Geschäftsdaten, vor allem Geschäftsgeheimnisse, aber auch nicht personenbezogene Daten von Inhalten, die durch Rechte des geistigen Eigentums geschützt sind, vor unrechtmäßigem Zugriff, der möglicherweise den Diebstahl geistigen Eigentums oder Industriespionage zur Folge hat, optimal geschützt werden können;

e) Beratung und Unterstützung der Kommission bei der Entwicklung einheitlicher Leitlinien zu Cybersicherheitsanforderungen beim Austausch und der Speicherung von Daten;

f) Beratung der Kommission unter besonderer Berücksichtigung der Beiträge von Normungsgremien bei der Festlegung von Prioritäten für die Verwendung bzw. Entwicklung sektorübergreifender Normen für die Datennutzung und sektorübergreifende gemeinsame Datennutzung durch neue gemeinsame europäische Datenräume sowie für den sektorübergreifenden Vergleich und Austausch bewährter Verfahren in Bezug auf Sicherheitsanforderungen und Zugangsverfahren in bestimmten Sektoren, wobei sektorspezifische Normungstätigkeiten insbesondere bei der Klärung, welche Normen und Praktiken sektorspezifisch und welche sektorübergreifend sind, und bei der diesbezüglichen Differenzierung zu berücksichtigen sind;

g) Unterstützung der Kommission unter besonderer Berücksichtigung der Beiträge von Normungsgremien bei ihren Bemühungen, einer Fragmentierung des Binnenmarkts und der Datenwirtschaft im Binnenmarkt entgegenzuwirken, indem die grenzüberschreitende und die sektorübergreifende Interoperabilität von Daten sowie von Diensten für die gemeinsame Datennutzung zwischen verschiedenen Sektoren und Bereichen auf der Grundlage bestehender europäischer, internationaler oder nationaler Normen verbessert wird, um unter anderem die Schaffung gemeinsamer europäischer Datenräume zu fördern;

h) Unterbreitung von Leitlinien zu „gemeinsamen europäischen Datenräumen", also zu zweck- oder sektorspezifischen oder auch sektorübergreifenden interoperablen Rahmen mit gemeinsamen Normen und Praktiken für die gemeinsame Nutzung oder Verarbeitung von Daten – unter anderem zur Entwicklung neuer Produkte und Dienste, für die wissenschaftliche Forschung oder für Initiativen der Zivilgesellschaft; solche gemeinsame Normen und Praktiken tragen geltenden Normen Rechnung, entsprechen den Wettbewerbsregeln und gewährleisten den nichtdiskriminierenden Zugang für alle Beteiligten, um die gemeinsame Datennutzung in der Union zu erleichtern und das Potenzial bereits vorhandener und künftiger Datenräume auszuschöpfen; dabei werden folgende Bereiche behandelt:

   i) Verwendung und Entwicklung sektorübergreifender Normen für die Datennutzung und die sektorübergreifende gemeinsame Datennutzung, sektorübergreifender Vergleich und Austausch bewährter Verfahren in Bezug auf sektorale Sicherheitsanforderungen und Zugangsverfahren, wobei sektorspezifische Normungstätigkeiten insbesondere Klärung der Frage, welche Normen und Praktiken sektorspezifisch und welche sektorübergreifend sind, und bei der diesbezüglichen Differenzierung zu berücksichtigen sind,

   ii) Anforderungen bezüglich der Beseitigung von Marktzutrittsbeschränkungen und der Vermeidung von Lock-in-Effekten im Interesse eines fairen Wettbewerbs und der Interoperabilität,

   iii) angemessener Schutz für rechtmäßige Datenübertragungen in Drittländer, einschließlich Schutzvorkehrungen gegen nach Unionsrecht verbotene Datenübertragungen,

   iv) angemessene und nichtdiskriminierende Vertretung der einschlägigen Interessenträger bei der Verwaltung gemeinsamer europäischer Datenräume,

   v) Einhaltung der gemäß dem Unionsrecht geltenden Cybersicherheitsanforderungen.

i) Erleichterung der Zusammenarbeit zwischen den Mitgliedstaaten bezüglich der Festlegung harmonisierter Bedingungen für die Erlaubnis, binnenmarktweit im Besitz öffentlicher Stellen befindliche Kategorien von Daten gemäß Artikel 3 Absatz 1 wiederzuverwenden;

j) Erleichterung der Zusammenarbeit zwischen den für Datenvermittlungsdienste zuständigen Behörden und den für die Registrierung von datenaltruistischen Organisationen zuständigen Behörden mittels Kapazitätsaufbau und Informationsaustausch, insbesondere durch die Festlegung von Methoden für einen effizienten Informationsaustausch über das Anmeldeverfahren für Anbieter von Datenvermittlungsdiensten und die Eintragung und Überwachung anerkannter datenaltruistischer Organisationen, einschließlich der Abstimmung über Gebühren und Sanktionen sowie der Erleichterung der Zusammenarbeit zwischen den für Datenvermittlungsdienste zuständigen Behörden und den für die Registrierung von datenaltruistischen Organisationen zuständigen Behörden beim internationalen Zugang zu Daten und internationale Datenübertragungen;

k) Beratung und Unterstützung der Kommission bei der Prüfung der Frage, ob die Durchführungsrechtsakte gemäß Artikel 5 Absätze 11 und 12 erlassen werden sollen;

l) Beratung und Unterstützung der Kommission bei der Entwicklung des europäischen Einwilligungsformulars für Datenaltruismus gemäß Artikel 25 Absatz 1;

m) Beratung der Kommission bei der Verbesserung des internationalen Regelungsumfelds für nicht personenbezogene Daten einschließlich der Normung.

Kapitel VII. Internationaler Zugang und internationale Übertragung

Art. 31 Internationaler Zugang und internationale Übertragung.

(1) Die öffentliche Stelle, die natürliche oder juristische Person, der das Recht auf Weiterverwendung von Daten nach Kapitel II gewährt wurde, der Anbieter von Datenvermittlungsdiensten oder die anerkannte datenaltruistische Organisation ergreifen alle angemessenen technischen, rechtlichen und organisatorischen Maßnahmen, einschließlich vertraglicher Vereinbarungen, um die internationale Übertragung in der Union gespeicherter nicht personenbezogener Daten oder den Zugang von Regierungsorganisationen zu diesen Daten zu verhindern, wenn eine solche Übertragung oder ein solcher Zugang im Widerspruch zum Unionsrecht oder dem nationalen Recht des betreffenden Mitgliedstaats stünde; Absatz 2 oder Absatz 3 bleiben davon unberührt.

(2) Entscheidungen und Urteile eines Gerichts eines Drittlands und jegliche Entscheidung einer Verwaltungsbehörde eines Drittlands, mit denen von einer öffentlichen Stelle, einer natürlichen oder juristischen Person, der das Recht auf Weiterverwendung von Daten nach Kapitel II gewährt wurde, einem Anbieter von Datenvermittlungsdiensten oder einer anerkannten datenaltruistischen Organisationen die Übertragung von in der Union gespeicherten nicht personenbezogenen Daten im Anwendungsbereich dieser Verordnung oder der Zugang zu diesen Daten in der Union verlangt wird, werden nur dann anerkannt oder vollstreckbar, wenn sie auf eine in Kraft befindliche völkerrechtliche Übereinkunft wie etwa ein Rechtshilfeabkommen zwischen dem ersuchenden Drittland und der Union oder auf eine solche Vereinbarung zwischen dem ersuchenden Drittland und einem Mitgliedstaat gestützt sind.

(3) Wenn keine völkerrechtliche Übereinkunft gemäß Absatz 2 des vorliegenden Artikels besteht und eine Entscheidung oder ein Urteil eines Gerichts eines Drittlandes oder eine Entscheidung einer Verwaltungsbehörde eines Drittlands, mit der die Übertragung nicht personenbezogener Daten im Anwendungsbereich dieser Verordnung aus der Union oder der Zugang zu diesen Daten in der Union verlangt wird, an eine öffentliche Stelle, eine natürliche oder juristische Person, der das Recht auf Weiterverwendung von Daten nach

Kapitel II gewährt wurde, einen Anbieter von Datenvermittlungsdiensten oder eine anerkannte datenaltruistische Organisation gerichtet ist und die Befolgung einer solchen Entscheidung den Adressaten in Widerspruch zum Unionsrecht oder zum nationalen Recht des betreffenden Mitgliedstaats bringen würde, erfolgt die Übertragung dieser Daten an die Behörde des Drittlands oder die entsprechende Zugangsgewährung nur dann, wenn

a) das Rechtssystem des Drittlands vorschreibt, dass die Entscheidung oder das Urteil zu begründen ist und verhältnismäßig sein muss, und weiter vorsieht, dass die die Entscheidung oder das Urteil eine hinreichende Bestimmtheit aufweisen muss, indem z.B. darin eine hinreichende Bezugnahme auf bestimmte verdächtige Personen oder Rechtsverletzungen erfolgt,
b) der begründete Einwand des Adressaten von einem zuständigen Gericht des Drittlands überprüft wird und
c) das zuständige Gericht des Drittlands, das die Entscheidung oder das Urteil erlässt oder die Entscheidung einer Verwaltungsbehörde überprüft, nach dem Recht dieses Drittlands befugt ist, die einschlägigen rechtlichen Interessen des Bereitstellers der durch das Unionsrecht oder das nationale Recht des betreffenden Mitgliedstaats geschützten Daten gebührend zu berücksichtigen.

(4) Sind die in Absatz 2 oder 3 festgelegten Bedingungen nicht erfüllt, so überträgt die öffentliche Stelle, die natürliche oder juristische Person, der das Recht auf Weiterverwendung von Daten nach Kapitel II gewährt wurde, der Anbieter von Datenvermittlungsdiensten oder die anerkannte datenaltruistische Organisation aufgrund einer vertretbaren Auslegung des Ersuchens nur die auf das Ersuchen hin zulässige Mindestmenge an Daten.

(5) Bevor die öffentliche Stelle, die natürliche oder juristische Person, der das Recht auf Weiterverwendung von Daten nach Kapitel II gewährt wurde, der Anbieter von Datenvermittlungsdiensten oder die anerkannte datenaltruistische Organisation dem Ersuchen einer Verwaltungsbehörde eines Drittlands auf Zugang zu den Daten eines Dateninhabers nachkommt, unterrichtet sie bzw. er den Dateninhaber über das Vorliegen dieses Ersuchens, es sei denn, das Ersuchen dient Strafverfolgungszwecken, und solange dies zur Wahrung der Wirksamkeit der Strafverfolgungsmaßnahme erforderlich ist.

Kapitel VIII. Delegierung und Ausschussverfahren

Art. 32 Ausübung der Befugnisübertragung. (1) Die Befugnis zum Erlass delegierter Rechtsakte wird der Kommission unter den in diesem Artikel festgelegten Bedingungen übertragen.

(2) Die Befugnis zum Erlass delegierter Rechtsakte gemäß Artikel 5 Absatz 13 und Artikel 22 Absatz 1 wird der Kommission auf unbestimmte Zeit ab dem 23. Juni 2022 übertragen.

(3) [1] Die Befugnisübertragung gemäß Artikel 5 Absatz 13 und Artikel 22 Absatz 1 kann vom Europäischen Parlament oder vom Rat jederzeit widerrufen werden. [2] Der Beschluss über den Widerruf beendet die Übertragung der in diesem Beschluss angegebenen Befugnis. [3] Er wird am Tag nach seiner Veröffentlichung im *Amtsblatt der Europäischen Union* oder zu einem im Beschluss über den Widerruf angegebenen späteren Zeitpunkt wirksam. [4] Die Gültigkeit

von delegierten Rechtsakten, die bereits in Kraft sind, wird von dem Beschluss über den Widerruf nicht berührt.

(4) Vor dem Erlass eines delegierten Rechtsakts konsultiert die Kommission die von den einzelnen Mitgliedstaaten benannten Sachverständigen im Einklang mit den in der Interinstitutionellen Vereinbarung vom 13. April 2016 über bessere Rechtsetzung enthaltenen Grundsätzen.

(5) Sobald die Kommission einen delegierten Rechtsakt erlässt, übermittelt sie ihn gleichzeitig dem Europäischen Parlament und dem Rat.

(6) [1] Ein delegierter Rechtsakt, der gemäß Artikel 5 Absatz 13 und Artikel 22 Absatz 1 erlassen wurde, tritt nur in Kraft, wenn weder das Europäische Parlament noch der Rat innerhalb einer Frist von drei Monaten nach Übermittlung dieses Rechtsakts an das Europäische Parlament und den Rat Einwände erhoben haben oder wenn vor Ablauf dieser Frist das Europäische Parlament und der Rat beide der Kommission mitgeteilt haben, dass sie keine Einwände erheben werden. [2] Auf Initiative des Europäischen Parlaments oder des Rates wird diese Frist um drei Monate verlängert.

Art. 33 Ausschussverfahren. (1) [1] Die Kommission wird von einem Ausschuss unterstützt. [2] Dieser Ausschuss ist ein Ausschuss im Sinne der Verordnung (EU) Nr. 182/2011.

(2) Wird auf diesen Absatz Bezug genommen, so gilt Artikel 4 der Verordnung (EU) Nr. 182/2011.

(3) Wird auf diesen Absatz Bezug genommen, so gilt Artikel 5 der Verordnung (EU) Nr. 182/2011.

Kapitel IX. Schluss- und Übergangsbestimmungen

Art. 34 Sanktionen. (1) [1] Die Mitgliedstaaten erlassen Vorschriften über Sanktionen, die bei Verstößen gegen die für die Übertragung nicht personenbezogener Daten in Drittländer gemäß Artikel 5 Absatz 14 und Artikel 31 geltenden Verpflichtungen, die nach Artikel 11 für Anbieter von Datenvermittlungsdiensten geltende Mitteilungspflicht, die gemäß Artikel 12 für die Erbringung von Datenvermittlungsdiensten geltenden Bedingungen und die gemäß den Artikeln 18, 20, 21 und 22 für die Eintragung als anerkannte datenaltruistische Organisation geltenden Bedingungen zu verhängen sind, und treffen alle für die Anwendung der Sanktionen erforderlichen Maßnahmen. [2] Die vorgesehenen Sanktionen müssen wirksam, verhältnismäßig und abschreckend sein. [3] In ihren Sanktionsvorschriften tragen die Mitgliedstaaten den Empfehlungen des Europäischen Dateninnovationsrats Rechnung. [4] Die Mitgliedstaaten teilen der Kommission diese Vorschriften und Maßnahmen bis zum 24. September 2023 mit und melden ihr unverzüglich alle späteren diesbezüglichen Änderungen.

(2) Bei der Verhängung von Sanktionen aufgrund von Verstößen gegen diese Verordnung gegen Anbieter von Datenvermittlungsdiensten und anerkannte datenaltruistische Organisationen berücksichtigen die Mitgliedstaaten, gegebenenfalls die folgenden nicht erschöpfenden und indikativen Kriterien:

a) Art, Schwere, Umfang und Dauer des Verstoßes;
b) Maßnahmen, die der Anbieter von Datenvermittlungsdiensten oder die anerkannte datenaltruistische Organisation zur Minderung oder Behebung des durch den Verstoß bedingten Schadens ergreifen;
c) frühere Verstöße des Anbieters von Datenvermittlungsdiensten oder der anerkannten datenaltruistischen Organisation;
d) die durch den Verstoß bedingten finanziellen Gewinne oder Verluste des Anbieters von Datenvermittlungsdiensten oder der anerkannten datenaltruistischen Organisation, sofern diese Gewinne oder Verluste zuverlässig festgestellt werden können;
e) sonstige erschwerende oder mildernde Umstände im jeweiligen Fall.

Art. 35 Bewertung und Überprüfung. *[1]* [1]Bis zum 24. September 2025 führt die Kommission eine Bewertung dieser Verordnung durch und übermittelt dem Europäischen Parlament und dem Rat sowie dem Europäischen Wirtschafts- und Sozialausschuss einen Bericht über ihre wichtigsten Ergebnisse. [2]Dem Bericht werden, soweit erforderlich, Gesetzgebungsvorschläge beigefügt.

[2] Dabei wird in dem Bericht insbesondere Folgendes bewertet:
a) Anwendung und Funktionsweise der von den Mitgliedstaaten gemäß Artikel 34 festgelegten Sanktionsvorschriften;
b) Grad der Einhaltung dieser Verordnung durch die gesetzlichen Vertreter von Anbietern von Datenvermittlungsdiensten und anerkannten datenaltruistischen Organisationen, die nicht in der Union niedergelassen sind, und Grad der Durchsetzbarkeit von verhängten Sanktionen gegen diese Anbieter und Organisationen;
c) Art der gemäß Kapitel IV eingetragenen datenaltruistischen Organisationen und ein Überblick über die mit der gemeinsamen Datennutzung verfolgten Zwecke von allgemeinem Interesse, um diesbezüglich klare Kriterien festzulegen.

[3] Die Mitgliedstaaten übermitteln der Kommission alle zur Ausarbeitung dieses Berichts erforderlichen Informationen.

Art. 36 Änderung der Verordnung (EU) 2018/1724. *(nicht wiedergegebene Änderungsvorschrift)*

Art. 37 Übergangsregelung. Einrichtungen, die am 23. Juni 2022 die in Artikel 10 genannten Datenvermittlungsdienste bereits erbringen, müssen den in Kapitel III festgelegten Verpflichtungen ab dem 24. September 2025 nachkommen.

Art. 38 Inkrafttreten und Geltung. [1]Diese Verordnung tritt am zwanzigsten Tag nach ihrer Veröffentlichung[1)] im *Amtsblatt der Europäischen Union* in Kraft. [2]Sie gilt ab dem 24. September 2023.

Diese Verordnung ist in allen ihren Teilen verbindlich und gilt unmittelbar in jedem Mitgliedstaat.

[1)] Veröffentlicht am 3.6.2022.

Charta der Grundrechte der Europäischen Union[1]

(2007/C 303/01)

Vom 12. Dezember 2007[2]

(ABl. 2016 C 202 S. 389)[3]

Celex-Nr. 1 2007 P/TXT

Nichtamtliche Inhaltsübersicht

---

[1] Die Verweise/Bezugnahmen auf Vorschriften des AEUV und/oder EUV sind gemäß Art. 5 des Vertrags von Lissabon iVm den Übereinstimmungstabellen an die neue Nummerierung angepasst worden.

[2] Der hier wiedergegebene Wortlaut übernimmt mit Anpassungen die am 7.12.2000 proklamierte Charta. Inkrafttreten am 1.12.2009, siehe die Bek. v. 13.11.2009 (BGBl. II S. 1223).

[3] Der Wortlaut dieser konsolidierten Fassung entspricht dem hier wiedergegebenen (ohne die Erläuterungen am Ende).

Präambel

Die Völker Europas sind entschlossen, auf der Grundlage gemeinsamer Werte eine friedliche Zukunft zu teilen, indem sie sich zu einer immer engeren Union verbinden.

[1] In dem Bewusstsein ihres geistig-religiösen[1)] und sittlichen Erbes gründet sich die Union auf die unteilbaren und universellen Werte der Würde des Menschen, der Freiheit, der Gleichheit und der Solidarität. [2] Sie beruht auf den Grundsätzen der Demokratie und der Rechtsstaatlichkeit. [3] Sie stellt den Menschen in den Mittelpunkt ihres Handelns, indem sie die Unionsbürgerschaft und einen Raum der Freiheit, der Sicherheit und des Rechts begründet.

[1] Die Union trägt zur Erhaltung und zur Entwicklung dieser gemeinsamen Werte unter Achtung der Vielfalt der Kulturen und Traditionen der Völker Europas sowie der nationalen Identität der Mitgliedstaaten und der Organisation ihrer staatlichen Gewalt auf nationaler, regionaler und lokaler Ebene bei. [2] Sie ist bestrebt, eine ausgewogene und nachhaltige Entwicklung zu fördern und stellt den freien Personen-, Dienstleistungs-, Waren- und Kapitalverkehr sowie die Niederlassungsfreiheit sicher.

[1)] In den Fassungen fast aller anderen Amtssprachen fehlt ein ausdrücklicher Hinweis auf die Religiösität. So heißt es etwa im Englischen: „spiritual and moral heritage", im Französischen: „patrimoine spirituel et moral". Die Wendung „spiritual and moral" wurde im Übrigen bewusst aus der Präambel der Satzung des Europarates idF der Bek. v. 5.5.1949 (BGBl. 1950 S. 263), zuletzt geänd. durch Satzung v. 17.2.2016 (BGBl. II S. 292) übernommen, wo sie in der amtlichen deutschen Übersetzung mit „geistig und moralisch" wiedergegeben wird.

Zu diesem Zweck ist es notwendig, angesichts der Weiterentwicklung der Gesellschaft, des sozialen Fortschritts und der wissenschaftlichen und technologischen Entwicklungen den Schutz der Grundrechte zu stärken, indem sie in einer Charta sichtbarer gemacht werden.

[1] Diese Charta bekräftigt unter Achtung der Zuständigkeiten und Aufgaben der Union und des Subsidiaritätsprinzips die Rechte, die sich vor allem aus den gemeinsamen Verfassungstraditionen und den gemeinsamen internationalen Verpflichtungen der Mitgliedstaaten, aus der Europäischen Konvention zum Schutz der Menschenrechte und Grundfreiheiten, aus den von der Union und dem Europarat beschlossenen Sozialchartas sowie aus der Rechtsprechung des Gerichtshofs der Europäischen Union und des Europäischen Gerichtshofs für Menschenrechte ergeben. [2] In diesem Zusammenhang erfolgt die Auslegung der Charta durch die Gerichte der Union und der Mitgliedstaaten unter gebührender Berücksichtigung der Erläuterungen, die unter der Leitung des Präsidiums des Konvents zur Ausarbeitung der Charta formuliert und unter der Verantwortung des Präsidiums des Europäischen Konvents aktualisiert wurden.

Die Ausübung dieser Rechte ist mit Verantwortung und mit Pflichten sowohl gegenüber den Mitmenschen als auch gegenüber der menschlichen Gemeinschaft und den künftigen Generationen verbunden.

Daher erkennt die Union die nachstehend aufgeführten Rechte, Freiheiten und Grundsätze an.

Titel I. Würde des Menschen

Art. 1 Würde des Menschen. [1] Die Würde des Menschen ist unantastbar. [2] Sie ist zu achten und zu schützen.

Art. 2 Recht auf Leben. (1) Jeder Mensch hat das Recht auf Leben.

(2) Niemand darf zur Todesstrafe verurteilt oder hingerichtet werden.

Art. 3 Recht auf Unversehrtheit. (1) Jeder Mensch hat das Recht auf körperliche und geistige Unversehrtheit.

(2) Im Rahmen der Medizin und der Biologie muss insbesondere Folgendes beachtet werden:

a) die freie Einwilligung des Betroffenen nach vorheriger Aufklärung entsprechend den gesetzlich festgelegten Einzelheiten,

b) das Verbot eugenischer Praktiken, insbesondere derjenigen, welche die Selektion von Menschen zum Ziel haben,

c) das Verbot, den menschlichen Körper und Teile davon als solche zur Erzielung von Gewinnen zu nutzen,

d) das Verbot des reproduktiven Klonens von Menschen.

Art. 4 Verbot der Folter und unmenschlicher oder erniedrigender Strafe oder Behandlung. Niemand darf der Folter oder unmenschlicher oder erniedrigender Strafe oder Behandlung unterworfen werden.

Art. 5 Verbot der Sklaverei und der Zwangsarbeit. (1) Niemand darf in Sklaverei oder Leibeigenschaft gehalten werden.

(2) Niemand darf gezwungen werden, Zwangs- oder Pflichtarbeit zu verrichten.

(3) Menschenhandel ist verboten.

Titel II. Freiheiten

Art. 6 Recht auf Freiheit und Sicherheit. Jeder Mensch hat das Recht auf Freiheit und Sicherheit.

Art. 7 Achtung des Privat- und Familienlebens. Jede Person hat das Recht auf Achtung ihres Privat- und Familienlebens, ihrer Wohnung sowie ihrer Kommunikation.

Art. 8 Schutz personenbezogener Daten. (1) Jede Person hat das Recht auf Schutz der sie betreffenden personenbezogenen Daten.

(2) [1] Diese Daten dürfen nur nach Treu und Glauben für festgelegte Zwecke und mit Einwilligung der betroffenen Person oder auf einer sonstigen gesetzlich geregelten legitimen Grundlage verarbeitet werden. [2] Jede Person hat das Recht, Auskunft über die sie betreffenden erhobenen Daten zu erhalten und die Berichtigung der Daten zu erwirken.

(3) Die Einhaltung dieser Vorschriften wird von einer unabhängigen Stelle überwacht.

Art. 9 Recht, eine Ehe einzugehen und eine Familie zu gründen. Das Recht, eine Ehe einzugehen, und das Recht, eine Familie zu gründen, werden nach den einzelstaatlichen Gesetzen gewährleistet, welche die Ausübung dieser Rechte regeln.

Art. 10 Gedanken-, Gewissens- und Religionsfreiheit. (1) [1] Jede Person hat das Recht auf Gedanken-, Gewissens- und Religionsfreiheit. [2] Dieses Recht umfasst die Freiheit, die Religion oder Weltanschauung zu wechseln, und die Freiheit, seine Religion oder Weltanschauung einzeln oder gemeinsam mit anderen öffentlich oder privat durch Gottesdienst, Unterricht, Bräuche und Riten zu bekennen.

(2) Das Recht auf Wehrdienstverweigerung aus Gewissensgründen wird nach den einzelstaatlichen Gesetzen anerkannt, welche die Ausübung dieses Rechts regeln.

Art. 11 Freiheit der Meinungsäußerung und Informationsfreiheit.

(1) [1] Jede Person hat das Recht auf freie Meinungsäußerung. [2] Dieses Recht schließt die Meinungsfreiheit und die Freiheit ein, Informationen und Ideen ohne behördliche Eingriffe und ohne Rücksicht auf Staatsgrenzen zu empfangen und weiterzugeben.

(2) Die Freiheit der Medien und ihre Pluralität werden geachtet.

Art. 12 Versammlungs- und Vereinigungsfreiheit. (1) Jede Person hat das Recht, sich insbesondere im politischen, gewerkschaftlichen und zivilgesellschaftlichen Bereich auf allen Ebenen frei und friedlich mit anderen zu versammeln und frei mit anderen zusammenzuschließen, was das Recht jeder Person umfasst, zum Schutz ihrer Interessen Gewerkschaften zu gründen und Gewerkschaften beizutreten.

(2) Politische Parteien auf der Ebene der Union tragen dazu bei, den politischen Willen der Unionsbürgerinnen und Unionsbürger zum Ausdruck zu bringen.

Art. 13 Freiheit der Kunst und der Wissenschaft. [1]Kunst und Forschung sind frei. [2]Die akademische Freiheit wird geachtet.

Art. 14 Recht auf Bildung. (1) Jede Person hat das Recht auf Bildung sowie auf Zugang zur beruflichen Ausbildung und Weiterbildung.

(2) Dieses Recht umfasst die Möglichkeit, unentgeltlich am Pflichtschulunterricht teilzunehmen.

(3) Die Freiheit zur Gründung von Lehranstalten unter Achtung der demokratischen Grundsätze sowie das Recht der Eltern, die Erziehung und den Unterricht ihrer Kinder entsprechend ihren eigenen religiösen, weltanschaulichen und erzieherischen Überzeugungen sicherzustellen, werden nach den einzelstaatlichen Gesetzen geachtet, welche ihre Ausübung regeln.

Art. 15 Berufsfreiheit und Recht zu arbeiten. (1) Jede Person hat das Recht, zu arbeiten und einen frei gewählten oder angenommenen Beruf auszuüben.

(2) Alle Unionsbürgerinnen und Unionsbürger haben die Freiheit, in jedem Mitgliedstaat Arbeit zu suchen, zu arbeiten, sich niederzulassen oder Dienstleistungen zu erbringen.

(3) Die Staatsangehörigen dritter Länder, die im Hoheitsgebiet der Mitgliedstaaten arbeiten dürfen, haben Anspruch auf Arbeitsbedingungen, die denen der Unionsbürgerinnen und Unionsbürger entsprechen.

Art. 16 Unternehmerische Freiheit. Die unternehmerische Freiheit wird nach dem Unionsrecht und den einzelstaatlichen Rechtsvorschriften und Gepflogenheiten anerkannt.

Art. 17 Eigentumsrecht. (1) [1]Jede Person hat das Recht, ihr rechtmäßig erworbenes Eigentum zu besitzen, zu nutzen, darüber zu verfügen und es zu vererben. [2]Niemandem darf sein Eigentum entzogen werden, es sei denn aus Gründen des öffentlichen Interesses in den Fällen und unter den Bedingungen, die in einem Gesetz vorgesehen sind, sowie gegen eine rechtzeitige angemessene Entschädigung für den Verlust des Eigentums. [3]Die Nutzung des Eigentums kann gesetzlich geregelt werden, soweit dies für das Wohl der Allgemeinheit erforderlich ist.

(2) Geistiges Eigentum wird geschützt.

Art. 18 Asylrecht. Das Recht auf Asyl wird nach Maßgabe des Genfer Abkommens vom 28. Juli 1951 und des Protokolls vom 31. Januar 1967 über die Rechtsstellung der Flüchtlinge sowie nach Maßgabe des Vertrags über die Europäische Union und des Vertrags über die Arbeitsweise der Europäischen Union (im Folgenden „die Verträge") gewährleistet.

Art. 19 Schutz bei Abschiebung, Ausweisung und Auslieferung.
(1) Kollektivausweisungen sind nicht zulässig.

(2) Niemand darf in einen Staat abgeschoben oder ausgewiesen oder an einen Staat ausgeliefert werden, in dem für sie oder ihn das ernsthafte Risiko der Todesstrafe, der Folter oder einer anderen unmenschlichen oder erniedrigenden Strafe oder Behandlung besteht.

Titel III. Gleichheit

Art. 20 Gleichheit vor dem Gesetz. Alle Personen sind vor dem Gesetz gleich.

Art. 21 Nichtdiskriminierung. (1) Diskriminierungen insbesondere wegen des Geschlechts, der Rasse, der Hautfarbe, der ethnischen oder sozialen Herkunft, der genetischen Merkmale, der Sprache, der Religion oder der Weltanschauung, der politischen oder sonstigen Anschauung, der Zugehörigkeit zu einer nationalen Minderheit, des Vermögens, der Geburt, einer Behinderung, des Alters oder der sexuellen Ausrichtung sind verboten.

(2) Unbeschadet besonderer Bestimmungen der Verträge ist in ihrem Anwendungsbereich jede Diskriminierung aus Gründen der Staatsangehörigkeit verboten.

Art. 22 Vielfalt der Kulturen, Religionen und Sprachen. Die Union achtet die Vielfalt der Kulturen, Religionen und Sprachen.

Art. 23 Gleichheit von Frauen und Männern. *[1]* Die Gleichheit von Frauen und Männern ist in allen Bereichen, einschließlich der Beschäftigung, der Arbeit und des Arbeitsentgelts, sicherzustellen.

[2] Der Grundsatz der Gleichheit steht der Beibehaltung oder der Einführung spezifischer Vergünstigungen für das unterrepräsentierte Geschlecht nicht entgegen.

Art. 24 Rechte des Kindes. (1) [1] Kinder haben Anspruch auf den Schutz und die Fürsorge, die für ihr Wohlergehen notwendig sind. [2] Sie können ihre Meinung frei äußern. [3] Ihre Meinung wird in den Angelegenheiten, die sie betreffen, in einer ihrem Alter und ihrem Reifegrad entsprechenden Weise berücksichtigt.

(2) Bei allen Kinder betreffenden Maßnahmen öffentlicher Stellen oder privater Einrichtungen muss das Wohl des Kindes eine vorrangige Erwägung sein.

(3) Jedes Kind hat Anspruch auf regelmäßige persönliche Beziehungen und direkte Kontakte zu beiden Elternteilen, es sei denn, dies steht seinem Wohl entgegen.

Art. 25 Rechte älterer Menschen. Die Union anerkennt und achtet das Recht älterer Menschen auf ein würdiges und unabhängiges Leben und auf Teilnahme am sozialen und kulturellen Leben.

Art. 26 Integration von Menschen mit Behinderung. Die Union anerkennt und achtet den Anspruch von Menschen mit Behinderung auf Maßnahmen zur Gewährleistung ihrer Eigenständigkeit, ihrer sozialen und beruflichen Eingliederung und ihrer Teilnahme am Leben der Gemeinschaft.

Titel IV. Solidarität

Art. 27 Recht auf Unterrichtung und Anhörung der Arbeitnehmerinnen und Arbeitnehmer im Unternehmen. Für die Arbeitnehmerinnen und Arbeitnehmer oder ihre Vertreter muss auf den geeigneten Ebenen eine rechtzeitige Unterrichtung und Anhörung in den Fällen und unter den Voraussetzungen gewährleistet sein, die nach dem Unionsrecht und den einzelstaatlichen Rechtsvorschriften und Gepflogenheiten vorgesehen sind.

Art. 28 Recht auf Kollektivverhandlungen und Kollektivmaßnahmen. Die Arbeitnehmerinnen und Arbeitnehmer sowie die Arbeitgeberinnen und Arbeitgeber oder ihre jeweiligen Organisationen haben nach dem Unionsrecht und den einzelstaatlichen Rechtsvorschriften und Gepflogenheiten das Recht, Tarifverträge auf den geeigneten Ebenen auszuhandeln und zu schließen sowie bei Interessenkonflikten kollektive Maßnahmen zur Verteidigung ihrer Interessen, einschließlich Streiks, zu ergreifen.

Art. 29 Recht auf Zugang zu einem Arbeitsvermittlungsdienst. Jeder Mensch hat das Recht auf Zugang zu einem unentgeltlichen Arbeitsvermittlungsdienst.

Art. 30 Schutz bei ungerechtfertigter Entlassung. Jede Arbeitnehmerin und jeder Arbeitnehmer hat nach dem Unionsrecht und den einzelstaatlichen Rechtsvorschriften und Gepflogenheiten Anspruch auf Schutz vor ungerechtfertigter Entlassung.

Art. 31 Gerechte und angemessene Arbeitsbedingungen. (1) Jede Arbeitnehmerin und jeder Arbeitnehmer hat das Recht auf gesunde, sichere und würdige Arbeitsbedingungen.

(2) Jede Arbeitnehmerin und jeder Arbeitnehmer hat das Recht auf eine Begrenzung der Höchstarbeitszeit, auf tägliche und wöchentliche Ruhezeiten sowie auf bezahlten Jahresurlaub.

Art. 32 Verbot der Kinderarbeit und Schutz der Jugendlichen am Arbeitsplatz. *[1]* [1]Kinderarbeit ist verboten. [2]Unbeschadet günstigerer Vorschriften für Jugendliche und abgesehen von begrenzten Ausnahmen darf das Mindestalter für den Eintritt in das Arbeitsleben das Alter, in dem die Schulpflicht endet, nicht unterschreiten.

[2] Zur Arbeit zugelassene Jugendliche müssen ihrem Alter angepasste Arbeitsbedingungen erhalten und vor wirtschaftlicher Ausbeutung und vor jeder Arbeit geschützt werden, die ihre Sicherheit, ihre Gesundheit, ihre körperliche, geistige, sittliche oder soziale Entwicklung beeinträchtigen oder ihre Erziehung gefährden könnte.

Art. 33 Familien- und Berufsleben. (1) Der rechtliche, wirtschaftliche und soziale Schutz der Familie wird gewährleistet.

(2) Um Familien- und Berufsleben miteinander in Einklang bringen zu können, hat jeder Mensch das Recht auf Schutz vor Entlassung aus einem mit der Mutterschaft zusammenhängenden Grund sowie den Anspruch auf einen bezahlten Mutterschaftsurlaub und auf einen Elternurlaub nach der Geburt oder Adoption eines Kindes.

Art. 34 Soziale Sicherheit und soziale Unterstützung. (1) Die Union anerkennt und achtet das Recht auf Zugang zu den Leistungen der sozialen Sicherheit und zu den sozialen Diensten, die in Fällen wie Mutterschaft, Krankheit, Arbeitsunfall, Pflegebedürftigkeit oder im Alter sowie bei Verlust des Arbeitsplatzes Schutz gewährleisten, nach Maßgabe des Unionsrechts und der einzelstaatlichen Rechtsvorschriften und Gepflogenheiten.

(2) Jeder Mensch, der in der Union seinen rechtmäßigen Wohnsitz hat und seinen Aufenthalt rechtmäßig wechselt, hat Anspruch auf die Leistungen der sozialen Sicherheit und die sozialen Vergünstigungen nach dem Unionsrecht und den einzelstaatlichen Rechtsvorschriften und Gepflogenheiten.

(3) Um die soziale Ausgrenzung und die Armut zu bekämpfen, anerkennt und achtet die Union das Recht auf eine soziale Unterstützung und eine Unterstützung für die Wohnung, die allen, die nicht über ausreichende Mittel verfügen, ein menschenwürdiges Dasein sicherstellen sollen, nach Maßgabe des Unionsrechts und der einzelstaatlichen Rechtsvorschriften und Gepflogenheiten.

Art. 35 Gesundheitsschutz. [1]Jeder Mensch hat das Recht auf Zugang zur Gesundheitsvorsorge und auf ärztliche Versorgung nach Maßgabe der einzelstaatlichen Rechtsvorschriften und Gepflogenheiten. [2]Bei der Festlegung und Durchführung der Politik und Maßnahmen der Union in allen Bereichen wird ein hohes Gesundheitsschutzniveau sichergestellt.

Art. 36 Zugang zu Dienstleistungen von allgemeinem wirtschaftlichen Interesse. Die Union anerkennt und achtet den Zugang zu Dienstleistungen von allgemeinem wirtschaftlichen Interesse, wie er durch die einzelstaatlichen Rechtsvorschriften und Gepflogenheiten im Einklang mit den Verträgen geregelt ist, um den sozialen und territorialen Zusammenhalt der Union zu fördern.

Art. 37 Umweltschutz. Ein hohes Umweltschutzniveau und die Verbesserung der Umweltqualität müssen in die Politik der Union einbezogen und nach dem Grundsatz der nachhaltigen Entwicklung sichergestellt werden.

Art. 38 Verbraucherschutz. Die Politik der Union stellt ein hohes Verbraucherschutzniveau sicher.

Titel V. Bürgerrechte

Art. 39 Aktives und passives Wahlrecht bei den Wahlen zum Europäischen Parlament. (1) Die Unionsbürgerinnen und Unionsbürger besitzen in dem Mitgliedstaat, in dem sie ihren Wohnsitz haben, das aktive und passive Wahlrecht bei den Wahlen zum Europäischen Parlament unter denselben Bedingungen wie die Angehörigen des betreffenden Mitgliedstaats.

(2) Die Mitglieder des Europäischen Parlaments werden in allgemeiner, unmittelbarer, freier und geheimer Wahl gewählt.

Art. 40 Aktives und passives Wahlrecht bei den Kommunalwahlen. Die Unionsbürgerinnen und Unionsbürger besitzen in dem Mitgliedstaat, in dem sie ihren Wohnsitz haben, das aktive und passive Wahlrecht bei Kommunalwahlen unter denselben Bedingungen wie die Angehörigen des betreffenden Mitgliedstaats.

Art. 41 Recht auf eine gute Verwaltung. (1) Jede Person hat ein Recht darauf, dass ihre Angelegenheiten von den Organen, Einrichtungen und sonstigen Stellen der Union unparteiisch, gerecht und innerhalb einer angemessenen Frist behandelt werden.

(2) Dieses Recht umfasst insbesondere

a) das Recht jeder Person, gehört zu werden, bevor ihr gegenüber eine für sie nachteilige individuelle Maßnahme getroffen wird,

b) das Recht jeder Person auf Zugang zu den sie betreffenden Akten unter Wahrung des berechtigten Interesses der Vertraulichkeit sowie des Berufs- und Geschäftsgeheimnisses,

c) die Verpflichtung der Verwaltung, ihre Entscheidungen zu begründen.

(3) Jede Person hat Anspruch darauf, dass die Union den durch ihre Organe oder Bediensteten in Ausübung ihrer Amtstätigkeit verursachten Schaden nach den allgemeinen Rechtsgrundsätzen ersetzt, die den Rechtsordnungen der Mitgliedstaaten gemeinsam sind.

(4) Jede Person kann sich in einer der Sprachen der Verträge an die Organe der Union wenden und muss eine Antwort in derselben Sprache erhalten.

Art. 42 Recht auf Zugang zu Dokumenten. Die Unionsbürgerinnen und Unionsbürger sowie jede natürliche oder juristische Person mit Wohnsitz oder satzungsmäßigem Sitz in einem Mitgliedstaat haben das Recht auf Zugang zu den Dokumenten der Organe, Einrichtungen und sonstigen Stellen der Union, unabhängig von der Form der für diese Dokumente verwendeten Träger.

Art. 43 Der Europäische Bürgerbeauftragte. Die Unionsbürgerinnen und Unionsbürger sowie jede natürliche oder juristische Person mit Wohnsitz oder satzungsmäßigem Sitz in einem Mitgliedstaat haben das Recht, den Europäischen Bürgerbeauftragten im Falle von Missständen bei der Tätigkeit der Organe, Einrichtungen und sonstigen Stellen der Union, mit Ausnahme des Gerichtshofs der Europäischen Union in Ausübung seiner Rechtsprechungsbefugnisse, zu befassen.

Art. 44 Petitionsrecht. Die Unionsbürgerinnen und Unionsbürger sowie jede natürliche oder juristische Person mit Wohnsitz oder satzungsmäßigem Sitz in einem Mitgliedstaat haben das Recht, eine Petition an das Europäische Parlament zu richten.

Art. 45 Freizügigkeit und Aufenthaltsfreiheit. (1) Die Unionsbürgerinnen und Unionsbürger haben das Recht, sich im Hoheitsgebiet der Mitgliedstaaten frei zu bewegen und aufzuhalten.

(2) Staatsangehörigen von Drittländern, die sich rechtmäßig im Hoheitsgebiet eines Mitgliedstaats aufhalten, kann nach Maßgabe der Verträge Freizügigkeit und Aufenthaltsfreiheit gewährt werden.

Art. 46 Diplomatischer und konsularischer Schutz. Die Unionsbürgerinnen und Unionsbürger genießen im Hoheitsgebiet eines Drittlands, in dem der Mitgliedstaat, dessen Staatsangehörigkeit sie besitzen, nicht vertreten ist, den Schutz durch die diplomatischen und konsularischen Behörden eines jeden Mitgliedstaats unter denselben Bedingungen wie Staatsangehörige dieses Staates.

Titel VI. Justizielle Rechte

Art. 47 Recht auf einen wirksamen Rechtsbehelf und ein unparteiisches Gericht. *[1]* Jede Person, deren durch das Recht der Union garantierte Rechte oder Freiheiten verletzt worden sind, hat das Recht, nach Maßgabe der in diesem Artikel vorgesehenen Bedingungen bei einem Gericht einen wirksamen Rechtsbehelf einzulegen.

[2] [1] Jede Person hat ein Recht darauf, dass ihre Sache von einem unabhängigen, unparteiischen und zuvor durch Gesetz errichteten Gericht in einem fairen Verfahren, öffentlich und innerhalb angemessener Frist verhandelt wird. [2] Jede Person kann sich beraten, verteidigen und vertreten lassen.

[3] Personen, die nicht über ausreichende Mittel verfügen, wird Prozesskostenhilfe bewilligt, soweit diese Hilfe erforderlich ist, um den Zugang zu den Gerichten wirksam zu gewährleisten.

Art. 48 Unschuldsvermutung und Verteidigungsrechte. (1) Jeder Angeklagte gilt bis zum rechtsförmlich erbrachten Beweis seiner Schuld als unschuldig.

(2) Jedem Angeklagten wird die Achtung der Verteidigungsrechte gewährleistet.

Art. 49 Grundsätze der Gesetzmäßigkeit und der Verhältnismäßigkeit im Zusammenhang mit Straftaten und Strafen. (1) [1] Niemand darf wegen einer Handlung oder Unterlassung verurteilt werden, die zur Zeit ihrer Begehung nach innerstaatlichem oder internationalem Recht nicht strafbar war. [2] Es darf auch keine schwerere Strafe als die zur Zeit der Begehung angedrohte Strafe verhängt werden. [3] Wird nach Begehung einer Straftat durch Gesetz eine mildere Strafe eingeführt, so ist diese zu verhängen.

(2) Dieser Artikel schließt nicht aus, dass eine Person wegen einer Handlung oder Unterlassung verurteilt oder bestraft wird, die zur Zeit ihrer Begehung nach den allgemeinen, von der Gesamtheit der Nationen anerkannten Grundsätzen strafbar war.

(3) Das Strafmaß darf zur Straftat nicht unverhältnismäßig sein.

Art. 50 Recht, wegen derselben Straftat nicht zweimal strafrechtlich verfolgt oder bestraft zu werden. Niemand darf wegen einer Straftat, derentwegen er bereits in der Union nach dem Gesetz rechtskräftig verurteilt oder freigesprochen worden ist, in einem Strafverfahren erneut verfolgt oder bestraft werden.

Titel VII. Allgemeine Bestimmungen über die Auslegung und Anwendung der Charta

Art. 51 Anwendungsbereich. (1) [1] Diese Charta gilt für die Organe, Einrichtungen und sonstigen Stellen der Union unter Wahrung des Subsidiaritätsprinzips und für die Mitgliedstaaten ausschließlich bei der Durchführung des Rechts der Union. [2] Dementsprechend achten sie die Rechte, halten sie sich an die Grundsätze und fördern sie deren Anwendung entsprechend ihren jeweiligen Zuständigkeiten und unter Achtung der Grenzen der Zuständigkeiten, die der Union in den Verträgen übertragen werden.

(2) Diese Charta dehnt den Geltungsbereich des Unionsrechts nicht über die Zuständigkeiten der Union hinaus aus und begründet weder neue Zuständigkeiten noch neue Aufgaben für die Union, noch ändert sie die in den Verträgen festgelegten Zuständigkeiten und Aufgaben.

Art. 52 Tragweite und Auslegung der Rechte und Grundsätze.

(1) [1]Jede Einschränkung der Ausübung der in dieser Charta anerkannten Rechte und Freiheiten muss gesetzlich vorgesehen sein und den Wesensgehalt dieser Rechte und Freiheiten achten. [2]Unter Wahrung des Grundsatzes der Verhältnismäßigkeit dürfen Einschränkungen nur vorgenommen werden, wenn sie erforderlich sind und den von der Union anerkannten dem Gemeinwohl dienenden Zielsetzungen oder den Erfordernissen des Schutzes der Rechte und Freiheiten anderer tatsächlich entsprechen.

(2) Die Ausübung der durch diese Charta anerkannten Rechte, die in den Verträgen geregelt sind, erfolgt im Rahmen der in den Verträgen festgelegten Bedingungen und Grenzen.

(3) [1]Soweit diese Charta Rechte enthält, die den durch die Europäische Konvention zum Schutz der Menschenrechte und Grundfreiheiten garantierten Rechten entsprechen, haben sie die gleiche Bedeutung und Tragweite, wie sie ihnen in der genannten Konvention verliehen wird. [2]Diese Bestimmung steht dem nicht entgegen, dass das Recht der Union einen weiter gehenden Schutz gewährt.

(4) Soweit in dieser Charta Grundrechte anerkannt werden, wie sie sich aus den gemeinsamen Verfassungsüberlieferungen der Mitgliedstaaten ergeben, werden sie im Einklang mit diesen Überlieferungen ausgelegt.

(5) [1]Die Bestimmungen dieser Charta, in denen Grundsätze festgelegt sind, können durch Akte der Gesetzgebung und der Ausführung der Organe, Einrichtungen und sonstigen Stellen der Union sowie durch Akte der Mitgliedstaaten zur Durchführung des Rechts der Union in Ausübung ihrer jeweiligen Zuständigkeiten umgesetzt werden. [2]Sie können vor Gericht nur bei der Auslegung dieser Akte und bei Entscheidungen über deren Rechtmäßigkeit herangezogen werden.

(6) Den einzelstaatlichen Rechtsvorschriften und Gepflogenheiten ist, wie es in dieser Charta bestimmt ist, in vollem Umfang Rechnung zu tragen.

(7) Die Erläuterungen, die als Anleitung für die Auslegung dieser Charta verfasst wurden, sind von den Gerichten der Union und der Mitgliedstaaten gebührend zu berücksichtigen.

Art. 53 Schutzniveau. Keine Bestimmung dieser Charta ist als eine Einschränkung oder Verletzung der Menschenrechte und Grundfreiheiten auszulegen, die in dem jeweiligen Anwendungsbereich durch das Recht der Union und das Völkerrecht sowie durch die internationalen Übereinkünfte, bei denen die Union oder alle Mitgliedstaaten Vertragsparteien sind, darunter insbesondere die Europäische Konvention zum Schutz der Menschenrechte und Grundfreiheiten, sowie durch die Verfassungen der Mitgliedstaaten anerkannt werden.

Art. 54 Verbot des Missbrauchs der Rechte. Keine Bestimmung dieser Charta ist so auszulegen, als begründe sie das Recht, eine Tätigkeit auszuüben oder eine Handlung vorzunehmen, die darauf abzielt, die in der Charta anerkannten Rechte und Freiheiten abzuschaffen oder sie stärker einzuschränken, als dies in der Charta vorgesehen ist.

Der vorstehende Wortlaut übernimmt mit Anpassungen die am 7. Dezember 2000 proklamierte Charta und ersetzt sie ab dem Zeitpunkt des Inkrafttretens[1] des Vertrags von Lissabon.
Geschehen zu Strassburg am zwölften Dezember zweitausendsieben.[2]

Erläuterungen[3] zur Charta der Grundrechte

Die nachstehenden Erläuterungen wurden ursprünglich unter der Verantwortung des Präsidiums des Konvents, der die Charta der Grundrechte der Europäischen Union ausgearbeitet hat, formuliert. Sie wurden unter der Verantwortung des Präsidiums des Europäischen Konvents aufgrund der von diesem Konvent vorgenommenen Anpassungen des Wortlauts der Charta (insbesondere der Artikel 51 und 52) und der Fortentwicklung des Unionsrechts aktualisiert. Diese Erläuterungen haben als solche keinen rechtlichen Status, stellen jedoch eine nützliche Interpretationshilfe dar, die dazu dient, die Bestimmungen der Charta zu verdeutlichen.

Titel I – Würde des Menschen

Erläuterung zu Artikel 1 – Würde des Menschen

Die Würde des Menschen ist nicht nur ein Grundrecht an sich, sondern bildet das eigentliche Fundament der Grundrechte. Die Allgemeine Erklärung der Menschenrechte von 1948 verankert die Menschenwürde in ihrer Präambel: „… da die Anerkennung der allen Mitgliedern der menschlichen Familie innewohnenden Würde und ihrer gleichen und unveräußerlichen Rechte die Grundlage der Freiheit, der Gerechtigkeit und des Friedens in der Welt bildet." In seinem Urteil vom 9. Oktober 2001 in der Rechtssache C-377/98, Niederlande gegen Europäisches Parlament und Rat, Slg. 2001, I-7079, Randnrn. 70-77 bestätigte der Gerichtshof, dass das Grundrecht auf Menschenwürde Teil des Unionsrechts ist.

Daraus ergibt sich insbesondere, dass keines der in dieser Charta festgelegten Rechte dazu verwendet werden darf, die Würde eines anderen Menschen zu verletzen, und dass die Würde des Menschen zum Wesensgehalt der in dieser Charta festgelegten Rechte gehört. Sie darf daher auch bei Einschränkungen eines Rechtes nicht angetastet werden.

Erläuterung zu Artikel 2 – Recht auf Leben

1. Absatz 1 dieses Artikels basiert auf Artikel 2 Absatz 1 Satz 1 der Europäischen Menschenrechtskonvention (EMRK), der wie folgt lautet:

---

[1] Die Bundesrepublik Deutschland hat mWv 15.10.2008 durch G v. 8.1.2008 (BGBl. II S. 1038) dem Vertrag von Lissabon zugestimmt; Inkrafttreten am 1.12.2009, siehe die Bek. v. 13.11.2009 (BGBl. II S. 1223).

[2] Von der Wiedergabe der Unterschriften der Präsidenten des Europäischen Parlaments, des Rats der Europäischen Union und der Kommission der Europäischen Gemeinschaften wurde abgesehen.

[3] **Amtl. Anm.:** Anmerkung des Herausgebers: Die Verweise auf die Artikelnummerierung der Verträge wurden auf den neuesten Stand gebracht und einige Fehler wurden berichtigt.

„1. Das Recht jedes Menschen auf Leben wird gesetzlich geschützt …“.

2. Satz 2 der genannten Vorschrift, der die Todesstrafe zum Gegenstand hatte, ist durch das Inkrafttreten des Protokolls Nr. 6 zur EMRK hinfällig geworden, dessen Artikel 1 wie folgt lautet:

„[1] Die Todesstrafe ist abgeschafft. [2] Niemand darf zu dieser Strafe verurteilt oder hingerichtet werden.“

Auf dieser Vorschrift beruht Artikel 2 Absatz 2 der Charta.

3. Die Bestimmungen des Artikels 2 der Charta entsprechen den Bestimmungen der genannten Artikel der EMRK und des Zusatzprotokolls. Sie haben nach Artikel 52 Absatz 3 der Charta die gleiche Bedeutung und Tragweite. So müssen die in der EMRK enthaltenen „Negativdefinitionen“ auch als Teil der Charta betrachtet werden:

a) Artikel 2 Absatz 2 EMRK:

„Eine Tötung wird nicht als Verletzung dieses Artikels betrachtet, wenn sie durch eine Gewaltanwendung verursacht wird, die unbedingt erforderlich ist, um

a) jemanden gegen rechtswidrige Gewalt zu verteidigen;

b) jemanden rechtmäßig festzunehmen oder jemanden, dem die Freiheit rechtmäßig entzogen ist, an der Flucht zu hindern;

c) einen Aufruhr oder Aufstand rechtmäßig niederzuschlagen“.

b) Artikel 2 des Protokolls Nr. 6 zur EMRK:

„Ein Staat kann in seinem Recht die Todesstrafe für Taten vorsehen, die in Kriegszeiten oder bei unmittelbarer Kriegsgefahr begangen werden; diese Strafe darf nur in den Fällen, die im Recht vorgesehen sind, und in Übereinstimmung mit dessen Bestimmungen angewendet werden …“.

Erläuterung zu Artikel 3 – Recht auf Unversehrtheit

1. In seinem Urteil vom 9. Oktober 2001 in der Rechtssache C-377/98, Niederlande gegen Europäisches Parlament und Rat, Slg. 2001, I-7079, Randnrn. 70, 78, 79 und 80, bestätigte der Gerichtshof, dass das Grundrecht auf Unversehrtheit Teil des Unionsrechts ist und im Bereich der Medizin und der Biologie die freie Einwilligung des Spenders und des Empfängers nach vorheriger Aufklärung umfasst.

2. Die Grundsätze des Artikels 3 der Charta sind bereits in dem im Rahmen des Europarates angenommenen Übereinkommen über Menschenrechte und Biomedizin (STE 164 und Zusatzprotokoll STE 168) enthalten. Die Charta will von diesen Bestimmungen nicht abweichen und verbietet daher lediglich das reproduktive Klonen. Die anderen Formen des Klonens werden von der Charta weder gestattet noch verboten. Sie hindert den Gesetzgeber also keineswegs daran, auch die anderen Formen des Klonens zu verbieten.

3. Durch den Hinweis auf eugenische Praktiken, insbesondere diejenigen, welche die Selektion von Menschen zum Ziel haben, soll die Möglichkeit erfasst werden, dass Selektionsprogramme organisiert und durchgeführt werden, die beispielsweise Sterilisierungskampagnen, erzwungene Schwangerschaften, die Pflicht, den Ehepartner in der gleichen Volksgruppe zu wählen, usw. umfassen; derartige Handlungen werden in dem am 17. Juli 1998 in Rom verabschiedeten Statut des Internationalen Strafgerichtshofs (siehe Artikel 7 Absatz 1 Buchstabe g) als internationale Verbrechen betrachtet.

Erläuterung zu Artikel 4 – Verbot der Folter und unmenschlicher oder erniedrigender Strafe oder Behandlung

Das Recht nach Artikel 4 entspricht dem Recht, das durch den gleich lautenden Artikel 3 EMRK garantiert ist: „Niemand darf der Folter oder unmenschlicher oder erniedrigender Strafe oder Behandlung unterworfen werden." Nach Artikel 52 Absatz 3 der Charta hat Artikel 4 also die gleiche Bedeutung und Tragweite wie Artikel 3 EMRK.

Erläuterung zu Artikel 5 – Verbot der Sklaverei und der Zwangsarbeit

1. Das Recht nach Artikel 5 Absätze 1 und 2 entspricht dem gleich lautenden Artikel 4 Absätze 1 und 2 EMRK. Nach Artikel 52 Absatz 3 der Charta hat dieses Recht also die gleiche Bedeutung und Tragweite wie Artikel 4 EMRK. Daraus folgt:
   - Eine legitime Einschränkung des Rechts nach Absatz 1 kann es nicht geben.
   - In Absatz 2 müssen in Bezug auf die Begriffe „Zwangs- oder Pflichtarbeit" die „negativen" Definitionen nach Artikel 4 Absatz 3 EMRK berücksichtigt werden:

   „Nicht als Zwangs- oder Pflichtarbeit im Sinne dieses Artikels gilt
   a) eine Arbeit, die üblicherweise von einer Person verlangt wird, der unter den Voraussetzungen des Artikels 5 die Freiheit entzogen oder die bedingt entlassen worden ist;
   b) eine Dienstleistung militärischer Art oder eine Dienstleistung, die an die Stelle des im Rahmen der Wehrpflicht zu leistenden Dienstes tritt, in Ländern, wo die Dienstverweigerung aus Gewissensgründen anerkannt ist;
   c) eine Dienstleistung, die verlangt wird, wenn Notstände oder Katastrophen das Leben oder das Wohl der Gemeinschaft bedrohen;
   d) eine Arbeit oder Dienstleistung, die zu den üblichen Bürgerpflichten gehört."

2. Absatz 3 ergibt sich unmittelbar aus der Menschenwürde und trägt neueren Entwicklungen auf dem Gebiet der organisierten Kriminalität wie der Schleuserkriminalität oder der organisierten sexuellen Ausbeutung Rechnung. Das Europol-Übereinkommen enthält im Anhang folgende Definition, die den Menschenhandel zum Zwecke der sexuellen Ausbeutung betrifft: „Menschenhandel: tatsächliche und rechtswidrige Unterwerfung einer Person unter den Willen anderer Personen mittels Gewalt, Drohung oder Täuschung oder unter Ausnutzung eines Abhängigkeitsverhältnisses insbesondere mit folgendem Ziel: Ausbeutung der Prostitution, Ausbeutung von Minderjährigen, sexuelle Gewalt gegenüber Minderjährigen oder Handel im Zusammenhang mit Kindesaussetzung." Kapitel VI des Schengener Durchführungsübereinkommens, das in den Besitzstand der Union integriert worden ist und an dem sich das Vereinigte Königreich und Irland beteiligen, enthält in Artikel 27 Absatz 1 folgende auf die Schleuseraktivitäten zielende Bestimmung: „Die Vertragsparteien verpflichten sich, angemessene Sanktionen gegen jede Person vorzusehen, die zu Erwerbszwecken einem Drittausländer hilft oder zu helfen versucht, in das Hoheitsgebiet einer der Vertragsparteien unter Verletzung ihrer Rechtsvorschriften in Bezug auf die Einreise und den Aufenthalt von Drittausländern einzureisen oder sich dort aufzuhalten." Am 19. Juli 2002 nahm

der Rat einen Rahmenbeschluss zur Bekämpfung des Menschenhandels (ABl. L 203 vom 1.8.2002, S. 1) an; in Artikel 1 dieses Rahmenbeschlusses sind die Handlungen im Zusammenhang mit dem Menschenhandel zum Zwecke der Ausbeutung von Arbeitskräften oder der sexuellen Ausbeutung näher bestimmt, die die Mitgliedstaaten aufgrund des genannten Rahmenbeschlusses unter Strafe stellen müssen.

Titel II – Freiheiten

Erläuterung zu Artikel 6 – Recht auf Freiheit und Sicherheit

Die Rechte nach Artikel 6 entsprechen den Rechten, die durch Artikel 5 EMRK garantiert sind, denen sie nach Artikel 52 Absatz 3 der Charta an Bedeutung und Tragweite gleichkommen. Die Einschränkungen, die legitim an diesen Rechten vorgenommen werden können, dürfen daher nicht über die Einschränkungen hinausgehen, die im Rahmen des wie folgt lautenden Artikels 5 EMRK zulässig sind:

„1. Jeder Mensch hat das Recht auf Freiheit und Sicherheit. Die Freiheit darf nur in den folgenden Fällen und nur auf die gesetzlich vorgeschriebene Weise entzogen werden:
   a) rechtmäßige Freiheitsentziehung nach Verurteilung durch ein zuständiges Gericht;
   b) rechtmäßige Festnahme oder Freiheitsentziehung wegen Nichtbefolgung einer rechtmäßigen gerichtlichen Anordnung oder zur Erzwingung der Erfüllung einer gesetzlichen Verpflichtung;
   c) rechtmäßige Festnahme oder Freiheitsentziehung zur Vorführung vor die zuständige Gerichtsbehörde, wenn hinreichender Verdacht besteht, dass die betreffende Person eine Straftat begangen hat, oder wenn begründeter Anlass zu der Annahme besteht, dass es notwendig ist, sie an der Begehung einer Straftat oder an der Flucht nach Begehung einer solchen zu hindern;
   d) rechtmäßige Freiheitsentziehung bei Minderjährigen zum Zweck überwachter Erziehung oder zur Vorführung vor die zuständige Behörde;
   e) rechtmäßige Freiheitsentziehung mit dem Ziel, eine Verbreitung ansteckender Krankheiten zu verhindern, sowie bei psychisch Kranken, Alkohol- oder Rauschgiftsüchtigen und Landstreichern;
   f) rechtmäßige Festnahme oder Freiheitsentziehung zur Verhinderung der unerlaubten Einreise sowie bei Personen, gegen die ein Ausweisungs- oder Auslieferungsverfahren im Gange ist.

2. Jeder festgenommenen Person muss unverzüglich in einer ihr verständlichen Sprache mitgeteilt werden, welches die Gründe für ihre Festnahme sind und welche Beschuldigungen gegen sie erhoben werden.

3. Jede Person, die nach Absatz 1 Buchstabe c von Festnahme oder Freiheitsentziehung betroffen ist, muss unverzüglich einem Richter oder einer anderen gesetzlich zur Wahrnehmung richterlicher Aufgaben ermächtigten Person vorgeführt werden; sie hat Anspruch auf ein Urteil innerhalb angemessener Frist oder auf Entlassung während des Verfahrens. Die Entlassung kann von der Leistung einer Sicherheit für das Erscheinen vor Gericht abhängig gemacht werden.

4. Jede Person, die festgenommen oder der die Freiheit entzogen ist, hat das Recht, zu beantragen, dass ein Gericht innerhalb kurzer Frist über die

Rechtmäßigkeit der Freiheitsentziehung entscheidet und ihre Entlassung anordnet, wenn die Freiheitsentziehung nicht rechtmäßig ist.

5. Jede Person, die unter Verletzung dieses Artikels von Festnahme oder Freiheitsentziehung betroffen ist, hat Anspruch auf Schadensersatz."

Die Rechte nach Artikel 6 müssen insbesondere dann geachtet werden, wenn das Europäische Parlament und der Rat Gesetzgebungsakte im Bereich der justiziellen Zusammenarbeit in Strafsachen auf der Grundlage der Artikel 82, 83 und 85 des Vertrags über die Arbeitsweise der Europäischen Union, insbesondere zur Festlegung gemeinsamer Mindestvorschriften über die Tatbestandsmerkmale strafbarer Handlungen und die Strafen sowie über bestimmte Aspekte des Verfahrensrechts erlassen.

Erläuterung zu Artikel 7 – Achtung des Privat- und Familienlebens

Die Rechte nach Artikel 7 entsprechen den Rechten, die durch Artikel 8 EMRK garantiert sind. Um der technischen Entwicklung Rechnung zu tragen, wurde der Begriff „Korrespondenz" durch „Kommunikation" ersetzt.

Nach Artikel 52 Absatz 3 haben diese Rechte die gleiche Bedeutung und Tragweite wie die Rechte aus dem entsprechenden Artikel der EMRK. Ihre möglichen legitimen Einschränkungen sind daher diejenigen, die der genannte Artikel 8 gestattet:

„1. Jede Person hat das Recht auf Achtung ihres Privat- und Familienlebens, ihrer Wohnung und ihrer Korrespondenz.

2. Eine Behörde darf in die Ausübung dieses Rechts nur eingreifen, soweit der Eingriff gesetzlich vorgesehen und in einer demokratischen Gesellschaft notwendig ist für die nationale oder öffentliche Sicherheit, für das wirtschaftliche Wohl des Landes, zur Aufrechterhaltung der Ordnung, zur Verhütung von Straftaten, zum Schutz der Gesundheit oder der Moral oder zum Schutz der Rechte und Freiheiten anderer."

Erläuterung zu Artikel 8 – Schutz personenbezogener Daten

Dieser Artikel stützte sich auf Artikel 286 des Vertrags zur Gründung der Europäischen Gemeinschaft und auf die Richtlinie 95/46/EG des Europäischen Parlaments und des Rates zum Schutz natürlicher Personen bei der Verarbeitung personenbezogener Daten und zum freien Datenverkehr (ABl. L 281 vom 23.11. 1995, S. 31) sowie auf Artikel 8 EMRK und das Übereinkommen des Europarates vom 28. Januar 1981 zum Schutz des Menschen bei der automatischen Verarbeitung personenbezogener Daten[1], das von allen Mitgliedstaaten ratifiziert wurde. Artikel 286 EGV wird nunmehr durch Artikel 16 des Vertrags über die Arbeitsweise der Europäischen Union und Artikel 39 des Vertrags über die Europäische Union ersetzt. Es wird ferner auf die Verordnung (EG) Nr. 45/2001 des Europäischen Parlaments und des Rates zum Schutz natürlicher Personen bei der Verarbeitung personenbezogener Daten durch die Organe und Einrichtungen der Gemeinschaft und zum freien Datenverkehr (ABl. L 8 vom 12.1.2001 S. 1) verwiesen. Die genannte Richtlinie und Verordnung enthalten Bedingungen und Beschränkungen für die Wahrnehmung des Rechts auf den Schutz personenbezogener Daten.

---

[1] Nr. **10**.

Erläuterung zu Artikel 9 – Recht, eine Ehe einzugehen und eine Familie zu gründen

Dieser Artikel stützt sich auf Artikel 12 EMRK, der wie folgt lautet: „Männer und Frauen im heiratsfähigen Alter haben das Recht, nach den innerstaatlichen Gesetzen, welche die Ausübung dieses Rechts regeln, eine Ehe einzugehen und eine Familie zu gründen." Die Formulierung dieses Rechts wurde zeitgemäßer gestaltet, um Fälle zu erfassen, in denen nach den einzelstaatlichen Rechtsvorschriften andere Formen als die Heirat zur Gründung einer Familie anerkannt werden. Durch diesen Artikel wird es weder untersagt noch vorgeschrieben, Verbindungen von Menschen gleichen Geschlechts den Status der Ehe zu verleihen. Dieses Recht ist also dem von der EMRK vorgesehenen Recht ähnlich, es kann jedoch eine größere Tragweite haben, wenn die einzelstaatlichen Rechtsvorschriften dies vorsehen.

Erläuterung zu Artikel 10 – Gedanken-, Gewissens- und Religionsfreiheit

Das in Absatz 1 garantierte Recht entspricht dem Recht, das durch Artikel 9 EMRK garantiert ist, und hat nach Artikel 52 Absatz 3 der Charta die gleiche Bedeutung und die gleiche Tragweite wie dieses. Bei Einschränkungen muss daher Artikel 9 Absatz 2 EMRK gewahrt werden, der wie folgt lautet: „Die Freiheit, seine Religion oder Weltanschauung zu bekennen, darf nur Einschränkungen unterworfen werden, die gesetzlich vorgesehen und in einer demokratischen Gesellschaft notwendig sind für die öffentliche Sicherheit, zum Schutz der öffentlichen Ordnung, Gesundheit oder Moral oder zum Schutz der Rechte und Freiheiten anderer."

Das in Absatz 2 garantierte Recht entspricht den einzelstaatlichen Verfassungstraditionen und der Entwicklung der einzelstaatlichen Gesetzgebungen in diesem Punkt.

Erläuterung zu Artikel 11 – Freiheit der Meinungsäußerung und Informationsfreiheit

1. Artikel 11 entspricht Artikel 10 EMRK, der wie folgt lautet:

„1. Jede Person hat das Recht auf freie Meinungsäußerung. Dieses Recht schließt die Meinungsfreiheit und die Freiheit ein, Informationen und Ideen ohne behördliche Eingriffe und ohne Rücksicht auf Staatsgrenzen zu empfangen und weiterzugeben. Dieser Artikel hindert die Staaten nicht, für Hörfunk-, Fernseh- oder Kinounternehmen eine Genehmigung vorzuschreiben.

2. Die Ausübung dieser Freiheiten ist mit Pflichten und Verantwortung verbunden; sie kann daher Formvorschriften, Bedingungen, Einschränkungen oder Strafdrohungen unterworfen werden, die gesetzlich vorgesehen und in einer demokratischen Gesellschaft notwendig sind für die nationale Sicherheit, die territoriale Unversehrtheit oder die öffentliche Sicherheit, zur Aufrechterhaltung der Ordnung oder zur Verhütung von Straftaten, zum Schutz der Gesundheit oder der Moral, zum Schutz des guten Rufes oder der Rechte anderer, zur Verhinderung der Verbreitung vertraulicher Informationen oder zur Wahrung der Autorität und der Unparteilichkeit der Rechtsprechung."

Nach Artikel 52 Absatz 3 der Charta hat dieses Recht die gleiche Bedeutung und Tragweite wie das durch die EMRK garantierte Recht. Die möglichen

Einschränkungen dieses Rechts dürfen also nicht über die in Artikel 10 Absatz 2 vorgesehenen Einschränkungen hinausgehen, allerdings unbeschadet der Beschränkungen, die die Möglichkeit der Mitgliedstaaten, Genehmigungsregelungen nach Artikel 10 Absatz 1 Satz 3 der EMRK einzuführen, durch das Wettbewerbsrecht der Union erfahren kann.

2. Absatz 2 dieses Artikels erläutert die Auswirkungen von Absatz 1 hinsichtlich der Freiheit der Medien. Er stützt sich insbesondere auf die Rechtsprechung des Gerichtshofs bezüglich des Fernsehens, insbesondere in der Rechtssache C-288/89 (Urteil vom 25. Juli 1991, Stichting Collectieve Antennevoorziening Gouda u.a.; Slg. 1991, I-4007), und auf das Protokoll über den öffentlich-rechtlichen Rundfunk in den Mitgliedstaaten, das dem EGV und nunmehr den Verträgen beigefügt ist, sowie auf die Richtlinie 89/552/EWG des Rates (siehe insbesondere Erwägungsgrund 17).

Erläuterung zu Artikel 12 – Versammlungs- und Vereinigungsfreiheit

1. Absatz 1 dieses Artikels entspricht Artikel 11 EMRK, der wie folgt lautet:
„1. Jede Person hat das Recht, sich frei und friedlich mit anderen zu versammeln und sich frei mit anderen zusammenzuschließen; dazu gehört auch das Recht, zum Schutz seiner Interessen Gewerkschaften zu gründen und Gewerkschaften beizutreten.
2. Die Ausübung dieser Rechte darf nur Einschränkungen unterworfen werden, die gesetzlich vorgesehen und in einer demokratischen Gesellschaft notwendig sind für die nationale oder öffentliche Sicherheit, zur Aufrechterhaltung der Ordnung oder zur Verhütung von Straftaten, zum Schutz der Gesundheit oder der Moral oder zum Schutz der Rechte und Freiheiten anderer. Dieser Artikel steht rechtmäßigen Einschränkungen der Ausübung dieser Rechte für Angehörige der Streitkräfte, der Polizei oder der Staatsverwaltung nicht entgegen.„
Die Bestimmungen des Absatzes 1 dieses Artikels 12 haben die gleiche Bedeutung wie die Bestimmungen der EMRK; sie haben jedoch eine größere Tragweite, weil sie auf alle Ebenen, auch auf die europäische Ebene, Anwendung finden können. Nach Artikel 52 Absatz 3 der Charta dürfen die Einschränkungen dieses Rechts nicht über die Einschränkungen hinausgehen, die als mögliche rechtmäßige Einschränkungen im Sinne von Artikel 11 Absatz 2 EMRK gelten.
2. Dieses Recht stützt sich auch auf Artikel 11 der Gemeinschaftscharta der sozialen Grundrechte der Arbeitnehmer.
3. Absatz 2 dieses Artikels entspricht Artikel 10 Absatz 4 des Vertrags über die Europäische Union.

Erläuterung zu Artikel 13 – Freiheit der Kunst und der Wissenschaft

Dieses Recht leitet sich in erster Linie aus der Gedankenfreiheit und der Freiheit der Meinungsäußerung ab. Seine Ausübung erfolgt unter Wahrung von Artikel 1, und es kann den durch Artikel 10 EMRK gestatteten Einschränkungen unterworfen werden.

Erläuterung zu Artikel 14 – Recht auf Bildung

1. Dieser Artikel lehnt sich sowohl an die gemeinsamen verfassungsrechtlichen Traditionen der Mitgliedstaaten als auch an Artikel 2 des Zusatzprotokolls zur EMRK an, der folgenden Wortlaut hat:

„Niemandem darf das Recht auf Bildung verwehrt werden. Der Staat hat bei Ausübung der von ihm auf dem Gebiete der Erziehung und des Unterrichts übernommenen Aufgaben das Recht der Eltern zu achten, die Erziehung und den Unterricht entsprechend ihren eigenen religiösen und weltanschaulichen Überzeugungen sicherzustellen."

Es wurde für zweckmäßig erachtet, diesen Artikel auf den Zugang zur beruflichen Aus- und Weiterbildung auszudehnen (siehe Nummer 15 der Gemeinschaftscharta der sozialen Grundrechte der Arbeitnehmer sowie Artikel 10 der Europäischen Sozialcharta) und den Grundsatz der Unentgeltlichkeit des Pflichtschulunterrichts einzufügen. In seiner hier vorliegenden Fassung besagt dieser Grundsatz lediglich, dass in Bezug auf den Pflichtschulunterricht jedes Kind die Möglichkeit haben muss, eine schulische Einrichtung zu besuchen, die unentgeltlichen Unterricht erteilt. Er besagt nicht, dass alle – und insbesondere auch die privaten – schulischen Einrichtungen, die den betreffenden Unterricht oder berufliche Ausbildung und Weiterbildung anbieten, dies unentgeltlich tun müssen. Ebenso wenig verbietet er, dass bestimmte besondere Unterrichtsformen entgeltlich sein können, sofern der Staat Maßnahmen zur Gewährung eines finanziellen Ausgleichs trifft. Soweit die Charta für die Union gilt, bedeutet das, dass die Union im Rahmen ihrer bildungspolitischen Maßnahmen die Unentgeltlichkeit des Pflichtunterrichts achten muss, doch es erwachsen ihr daraus selbstverständlich keine neuen Zuständigkeiten. Was das Recht der Eltern anbelangt, so ist dieses in Verbindung mit Artikel 24 auszulegen.

2. Die Freiheit zur Gründung von öffentlichen oder privaten Lehranstalten wird als einer der Aspekte der unternehmerischen Freiheit garantiert, ihre Ausübung ist jedoch durch die Achtung der demokratischen Grundsätze eingeschränkt und erfolgt entsprechend den in den einzelstaatlichen Rechtsvorschriften festgelegten Einzelheiten.

Erläuterung zu Artikel 15 – Berufsfreiheit und Recht zu arbeiten

Die in Artikel 15 Absatz 1 festgeschriebene Berufsfreiheit ist in der Rechtsprechung des Gerichtshofs anerkannt (siehe u.a. die Urteile vom 14. Mai 1974, Rechtssache 4/73, Nold, Slg. 1974, 491, Randnrn. 12-14; vom 13. Dezember 1979, Rechtssache 44/79, Hauer, Slg. 1979, 3727; vom 8. Oktober 1986, Rechtssache 234/85, Keller, Slg. 1986, 2897, Randnr. 8).

Dieser Absatz lehnt sich ferner an Artikel 1 Absatz 2 der am 18. Oktober 1961 unterzeichneten und von allen Mitgliedstaaten ratifizierten Europäischen Sozialcharta und an Nummer 4 der Gemeinschaftscharta der sozialen Grundrechte der Arbeitnehmer vom 9. Dezember 1989 an. Der Ausdruck „Arbeitsbedingungen" ist im Sinne des Artikels 156 des Vertrags über die Arbeitsweise der Europäischen Union zu verstehen.

In Absatz 2 wurden die drei Freiheiten aufgenommen, die durch die Artikel 26 und 45, 49 und 56 des Vertrags über die Arbeitsweise der Europäischen Union garantiert sind, d.h. die Freizügigkeit der Arbeitnehmer, die Niederlassungsfreiheit und der freie Dienstleistungsverkehr.

Absatz 3 stützt sich auf Artikel 153 Absatz 1 Buchstabe g des Vertrags über die Arbeitsweise der Europäischen Union sowie auf Artikel 19 Absatz 4 der am 18. Oktober 1961 unterzeichneten und von allen Mitgliedstaaten ratifizierten Europäischen Sozialcharta. Somit findet Artikel 52 Absatz 2 der Charta Anwendung. Die Frage der Anheuerung von Seeleuten, die Staatsangehörige von Drittstaaten sind, in der Besatzung von Schiffen unter der Flagge eines Mitgliedstaats der Union wird durch das Unionsrecht und die einzelstaatlichen Rechtsvorschriften und Gepflogenheiten geregelt.

Erläuterung zu Artikel 16 – Unternehmerische Freiheit

Dieser Artikel stützt sich auf die Rechtsprechung des Gerichtshofs, der die Freiheit, eine Wirtschafts- oder Geschäftstätigkeit auszuüben, (siehe die Urteile vom 14. Mai 1974, Rechtssache 4/73, Nold, Slg. 1974, 491, Randnr. 14; und vom 27. September 1979, Rechtssache 230/78, SpA Eridania und andere, Slg. 1979, 2749, Randnrn. 20 und 31) und die Vertragsfreiheit (siehe u.a. die Urteile „Sukkerfabriken Nykoebing", Rechtssache 151/78, Slg. 1979, 1, Randnr. 19; und vom 5. Oktober 1999, Rechtssache C-240/97, Spanien gegen Kommission, Slg. 1999, I-6571, Randnr. 99) anerkannt hat, sowie auf Artikel 119 Absätze 1 und 3 des Vertrags über die Arbeitsweise der Europäischen Union, in dem der freie Wettbewerb anerkannt wird. Dieses Recht wird natürlich unter Einhaltung des Unionsrechts und der einzelstaatlichen Rechtsvorschriften ausgeübt. Es kann nach Artikel 52 Absatz 1 der Charta beschränkt werden.

Erläuterung zu Artikel 17 – Eigentumsrecht

Dieser Artikel entspricht Artikel 1 des Zusatzprotokolls zur EMRK:

„*[1]* Jede natürliche oder juristische Person hat das Recht auf Achtung ihres Eigentums. Niemandem darf sein Eigentum entzogen werden, es sei denn, dass das öffentliche Interesse es verlangt, und nur unter den durch Gesetz und durch die allgemeinen Grundsätze des Völkerrechts vorgesehenen Bedingungen.

[2] Absatz 1 beeinträchtigt jedoch nicht das Recht des Staates, diejenigen Gesetze anzuwenden, die er für die Regelung der Benutzung des Eigentums im Einklang mit dem allgemeinen Interesse oder zur Sicherung der Zahlung der Steuern oder sonstigen Abgaben oder von Geldstrafen für erforderlich hält."

Es handelt sich um ein gemeinsames Grundrecht aller einzelstaatlichen Verfassungen. Es wurde mehrfach durch die Rechtsprechung des Gerichtshofs – zum ersten Mal in dem Urteil Hauer (13. Dezember 1979, Slg. 1979, 3727) – bekräftigt. Die Formulierung wurde zeitgemäßer gestaltet, doch hat dieses Recht nach Artikel 52 Absatz 3 die gleiche Bedeutung und die gleiche Tragweite wie das in der EMRK garantierte Recht, wobei nicht über die in der EMRK vorgesehenen Einschränkungen hinausgegangen werden darf.

Der Schutz des geistigen Eigentums ist zwar ein Aspekt des Eigentumsrechts, er wird jedoch aufgrund seiner zunehmenden Bedeutung und aufgrund des abgeleiteten Gemeinschaftsrechts in Absatz 2 ausdrücklich aufgeführt. Das geistige Eigentum umfasst neben dem literarischen und dem künstlerischen Eigentum unter anderem das Patent- und Markenrecht sowie die verwandten Schutzrechte. Die in Absatz 1 vorgesehenen Garantien gelten sinngemäß für das geistige Eigentum.

Erläuterung zu Artikel 18 – Asylrecht

Der Wortlaut des Artikels stützte sich auf Artikel 63 EGV, der nunmehr durch Artikel 78 des Vertrags über die Arbeitsweise der Europäischen Union ersetzt wurde und der die Union zur Einhaltung der Genfer Flüchtlingskonvention verpflichtet. Es sei auf die den Verträgen beigefügten Protokolle über das Vereinigte Königreich und Irland sowie Dänemark verwiesen, um zu bestimmen, inwieweit diese Mitgliedstaaten das diesbezügliche Unionsrecht anwenden und inwieweit dieser Artikel auf sie Anwendung findet. Dieser Artikel berücksichtigt das den Verträgen beigefügte Protokoll über die Gewährung von Asyl.

Erläuterung zu Artikel 19 – Schutz bei Abschiebung, Ausweisung und Auslieferung

Absatz 1 dieses Artikels hat hinsichtlich der Kollektivausweisungen die gleiche Bedeutung und Tragweite wie Artikel 4 des Zusatzprotokolls Nr. 4 zur EMRK. Hiermit soll gewährleistet werden, dass jeder Beschluss gesondert geprüft wird und dass nicht beschlossen werden kann, alle Menschen, die die Staatsangehörigkeit eines bestimmten Staates besitzen, mit einer einzigen Maßnahme auszuweisen (siehe auch Artikel 13 des Internationalen Pakts über bürgerliche und politische Rechte).

Mit Absatz 2 wird die einschlägige Rechtsprechung des Europäischen Gerichtshofs für Menschenrechte zu Artikel 3 EMRK (siehe Ahmed gegen Österreich, Urteil vom 17. Dezember 1996, Slg. EGMR 1996, VI-2206 und Soering, Urteil vom 7. Juli 1989) übernommen.

Titel III – Gleichheit

Erläuterung zu Artikel 20 – Gleichheit vor dem Gesetz

Dieser Artikel entspricht dem allgemeinen Rechtsprinzip, das in allen europäischen Verfassungen verankert ist und das der Gerichtshof als ein Grundprinzip des Gemeinschaftsrechts angesehen hat (Urteil vom 13. November 1984, Rechtssache 283/83, Racke, Slg. 1984, 3791, Urteil vom 17. April 1997, Rechtssache C-15/95, EARL, Slg. 1997, I-1961 und Urteil vom 13. April 2000, Rechtssache C-292/97, Karlsson, Slg. 2000, 2737).

Erläuterung zu Artikel 21 – Nichtdiskriminierung

Absatz 1 lehnt sich an Artikel 13 EGV, der nun durch Artikel 19 des Vertrags über die Arbeitsweise der Europäischen Union ersetzt wurde, und Artikel 14 EMRK sowie an Artikel 11 des Übereinkommens über Menschenrechte und Biomedizin in Bezug auf das genetische Erbe an. Soweit er mit Artikel 14 EMRK zusammenfällt, findet er nach diesem Artikel Anwendung.

Absatz 1 und Artikel 19 des Vertrags über die Arbeitsweise der Europäischen Union, der einen anderen Anwendungsbereich hat und einen anderen Zweck verfolgt, stehen nicht in Widerspruch zueinander und sind nicht unvereinbar miteinander: In Artikel 19 wird der Union die Zuständigkeit übertragen, Gesetzgebungsakte - unter anderem auch betreffend die Harmonisierung der Rechtsvorschriften der Mitgliedstaaten - zur Bekämpfung bestimmter Formen der Diskriminierung, die in diesem Artikel erschöpfend aufgezählt sind, zu erlassen. Diese Rechtsvorschriften können Maßnahmen der Behörden der Mitgliedstaaten (sowie die Beziehungen zwischen Privatpersonen) in jedem Bereich innerhalb der Grenzen der Zuständigkeiten der Union umfassen. In Absatz 1 des Artikels 21 hingegen wird weder eine Zuständigkeit zum Erlass von Antidiskriminierungsgesetzen in diesen Bereichen des Handelns von Mitgliedstaaten oder Privatpersonen geschaffen noch ein umfassendes Diskriminierungsverbot in diesen Bereichen festgelegt. Vielmehr behandelt er die Diskriminierung seitens der Organe und Einrichtungen der Union im Rahmen der Ausübung der ihr nach den Verträgen zugewiesenen Zuständigkeiten und seitens der Mitgliedstaaten im Rahmen der Umsetzung des Unionsrechts. Mit Absatz 1 wird daher weder der Umfang der nach Artikel 19 zugewiesenen Zuständigkeiten noch die Auslegung dieses Artikels geändert.

Absatz 2 entspricht Artikel 18 Absatz 1 des Vertrags über die Arbeitsweise der Europäischen Union und findet entsprechend Anwendung.

Erläuterung zu Artikel 22 – Vielfalt der Kulturen, Religionen und Sprachen

Dieser Artikel stützte sich auf Artikel 6 des Vertrags über die Europäische Union und auf Artikel 151 Absätze 1 und 4 EGV in Bezug auf die Kultur, der nunmehr durch Artikel 167 Absätze 1 und 4 des Vertrags über die Arbeitsweise der Europäischen Union ersetzt wurde. Die Achtung der kulturellen und sprachlichen Vielfalt ist nunmehr auch in Artikel 3 Absatz 3 des Vertrags über die Europäische Union verankert. Der vorliegende Artikel lehnt sich ebenfalls an die Erklärung Nr. 11 zur Schlussakte des Vertrags von Amsterdam betreffend den Status der Kirchen und weltanschauliche Gemeinschaften an, deren Inhalt nunmehr in Artikel 17 des Vertrags über die Arbeitsweise der Europäischen Union aufgenommen wurde.

Erläuterung zu Artikel 23 – Gleichheit von Frauen und Männern

Absatz 1 dieses Artikels stützte sich auf Artikel 2 und Artikel 3 Absatz 2 EGV, die nunmehr durch Artikel 3 des Vertrags über die Europäische Union und Artikel 8 des Vertrags über die Arbeitsweise der Europäischen Union ersetzt wurden und die die Union auf das Ziel der Förderung der Gleichstellung von Männern und Frauen verpflichten, sowie auf Artikel 157 Absatz 1 des Vertrags über die Arbeitsweise der Europäischen Union. Er lehnt sich an Artikel 20 der revidierten Europäischen Sozialcharta vom 3. Mai 1996 und an Nummer 16 der Gemeinschaftscharta der Arbeitnehmerrechte an.

Er stützt sich auch auf Artikel 157 Absatz 3 des Vertrags über die Arbeitsweise der Europäischen Union und auf Artikel 2 Absatz 4 der Richtlinie 76/207/EWG des Rates zur Verwirklichung des Grundsatzes der Gleichbehandlung von Männern und Frauen hinsichtlich des Zugangs zur Beschäftigung, zur Berufsbildung und zum beruflichen Aufstieg sowie in Bezug auf die Arbeitsbedingungen.

Absatz 2 übernimmt in einer kürzeren Formulierung Artikel 157 Absatz 4 des Vertrags über die Arbeitsweise der Europäischen Union, wonach der Grundsatz der Gleichbehandlung der Beibehaltung oder der Einführung spezifischer Vergünstigungen zur Erleichterung der Berufstätigkeit des unterrepräsentierten Geschlechts oder zur Verhinderung oder zum Ausgleich von Benachteiligungen in der beruflichen Laufbahn nicht entgegensteht. Nach Artikel 52 Absatz 2 ändert dieser Absatz nicht Artikel 157 Absatz 4.

Erläuterung zu Artikel 24 – Rechte des Kindes

Dieser Artikel stützt sich auf das am 20. November 1989 unterzeichnete und von allen Mitgliedstaaten ratifizierte Übereinkommen von New York über die Rechte des Kindes, insbesondere auf die Artikel 3, 9, 12 und 13 dieses Übereinkommens.

Mit Absatz 3 wird der Umstand berücksichtigt, dass als Teil der Errichtung des Raums der Freiheit, der Sicherheit und des Rechts die Gesetzgebung der Union in Bereichen des Zivilrechts mit grenzüberschreitenden Bezügen – für die in Artikel 81 des Vertrags über die Arbeitsweise der Europäischen Union die entsprechende Zuständigkeit vorgesehen ist – insbesondere auch das Umgangsrecht umfassen kann, mit dem sichergestellt wird, dass Kinder regelmäßige persönliche Beziehungen und direkte Kontakte zu beiden Elternteilen unterhalten können.

Erläuterung zu Artikel 25 – Rechte älterer Menschen

Dieser Artikel lehnt sich an Artikel 23 der revidierten Europäischen Sozialcharta und an die Artikel 24 und 25 der Gemeinschaftscharta der sozialen Grundrechte der Arbeitnehmer an. Die Teilnahme am sozialen und kulturellen Leben umfasst natürlich auch die Teilnahme am politischen Leben.

Erläuterung zu Artikel 26 – Integration von Menschen mit Behinderung

Der in diesem Artikel aufgeführte Grundsatz stützt sich auf Artikel 15 der Europäischen Sozialcharta und lehnt sich ferner an Nummer 26 der Gemeinschaftscharta der sozialen Grundrechte der Arbeitnehmer an.

Titel IV – Solidarität

Erläuterung zu Artikel 27 – Recht auf Unterrichtung und Anhörung der Arbeitnehmerinnen und Arbeitnehmer im Unternehmen

Dieser Artikel ist in der revidierten Europäischen Sozialcharta (Artikel 21) und in der Gemeinschaftscharta der sozialen Grundrechte der Arbeitnehmer (Nummern 17 und 18) enthalten. Er gilt unter den im Unionsrecht und in den Rechtsvorschriften der Mitgliedstaaten vorgesehenen Bedingungen. Die Bezugnahme auf die geeigneten Ebenen verweist auf die nach dem Unionsrecht und den einzelstaatlichen Rechtsvorschriften vorgesehenen Ebenen, was die europäische Ebene einschließen kann, wenn die Rechtsvorschriften der Union dies vorsehen. Die Union verfügt diesbezüglich über einen beachtlichen Besitzstand: die Artikel 154 und 155 des Vertrags über die Arbeitsweise der Europäischen Union, die Richtlinien 2002/14/EG (allgemeiner Rahmen für die Unterrichtung und Anhörung der Arbeitnehmer in der Europäischen Gemeinschaft), 98/59/EG (Massenentlassungen), 2001/23/EG (Übergang von Unternehmen) und 94/45/EG (Europäischer Betriebsrat).

Erläuterung zu Artikel 28 – Recht auf Kollektivverhandlungen und Kollektivmaßnahmen

Dieser Artikel stützt sich auf Artikel 6 der Europäischen Sozialcharta sowie auf die Gemeinschaftscharta der sozialen Grundrechte der Arbeitnehmer (Nummern 12 bis 14). Das Recht auf kollektive Maßnahmen wurde vom Europäischen Gerichtshof für Menschenrechte als einer der Bestandteile des gewerkschaftlichen Vereinigungsrechts anerkannt, das durch Artikel 11 EMRK festgeschrieben ist. Was die geeigneten Ebenen betrifft, auf denen die Tarifverhandlungen stattfinden können, so wird auf die Erläuterung zum vorhergehenden Artikel verwiesen. Die Modalitäten und Grenzen für die Durchführung von Kollektivmaßnahmen, darunter auch Streiks, werden durch die einzelstaatlichen Rechtsvorschriften und Gepflogenheiten geregelt; dies gilt auch für die Frage, ob diese Maßnahmen in mehreren Mitgliedstaaten parallel durchgeführt werden können.

Erläuterung zu Artikel 29 – Recht auf Zugang zu einem Arbeitsvermittlungsdienst

Dieser Artikel stützt sich auf Artikel 1 Absatz 3 der Europäischen Sozialcharta sowie auf Nummer 13 der Gemeinschaftscharta der sozialen Grundrechte der Arbeitnehmer.

Erläuterung zu Artikel 30 – Schutz bei ungerechtfertigter Entlassung

Dieser Artikel lehnt sich an Artikel 24 der revidierten Sozialcharta an. Siehe auch die Richtlinien 2001/23/EG über die Wahrung von Ansprüchen der Arbeitnehmer beim Übergang von Unternehmen und 80/987/EWG über den Schutz der Arbeitnehmer bei Zahlungsunfähigkeit des Arbeitgebers, geändert durch die Richtlinie 2002/74/EG.

Erläuterung zu Artikel 31 – Gerechte und angemessene Arbeitsbedingungen

1. Absatz 1 dieses Artikels stützt sich auf die Richtlinie 89/391/EWG über die Durchführung von Maßnahmen zur Verbesserung der Sicherheit und des Gesundheitsschutzes der Arbeitnehmer am Arbeitsplatz. Er lehnt sich ferner an Artikel 3 der Sozialcharta und Nummer 19 der Gemeinschaftscharta der Arbeitnehmerrechte sowie hinsichtlich des Rechts auf Würde am Arbeitsplatz an Artikel 26 der revidierten Sozialcharta an. Der Ausdruck „Arbeitsbedingungen" ist im Sinne des Artikels 156 des Vertrags über die Arbeitsweise der Europäischen Union zu verstehen.
2. Absatz 2 stützt sich auf die Richtlinie 93/104/EG über bestimmte Aspekte der Arbeitszeitgestaltung sowie auf Artikel 2 der Europäischen Sozialcharta und auf Nummer 8 der Gemeinschaftscharta der Arbeitnehmerrechte.

Erläuterung zu Artikel 32 – Verbot der Kinderarbeit und Schutz der Jugendlichen am Arbeitsplatz

Dieser Artikel stützt sich auf die Richtlinie 94/33/EG über den Jugendarbeitsschutz sowie auf Artikel 7 der Europäischen Sozialcharta und auf die Nummern 20 bis 23 der Gemeinschaftscharta der sozialen Grundrechte der Arbeitnehmer.

Erläuterung zu Artikel 33 – Familien- und Berufsleben

Artikel 33 Absatz 1 stützt sich auf Artikel 16 der Europäischen Sozialcharta.

Absatz 2 lehnt sich an die Richtlinie 92/85/EWG über die Durchführung von Maßnahmen zur Verbesserung der Sicherheit und des Gesundheitsschutzes von schwangeren Arbeitnehmerinnen, Wöchnerinnen und stillenden Arbeitnehmerinnen am Arbeitsplatz und an die Richtlinie 96/34/EG zu der von UNICE, CEEP und EGB geschlossenen Rahmenvereinbarung über Elternurlaub an. Er stützt sich ferner auf Artikel 8 (Mutterschutz) der Europäischen Sozialcharta und lehnt sich an Artikel 27 (Recht der Arbeitnehmer mit Familienpflichten auf Chancengleichheit und Gleichbehandlung) der revidierten Sozialcharta an. Der Begriff „Mutterschaft" deckt den Zeitraum von der Zeugung bis zum Stillen des Kindes ab.

Erläuterung zu Artikel 34 – Soziale Sicherheit und soziale Unterstützung

Der in Artikel 34 Absatz 1 aufgeführte Grundsatz stützt sich auf die Artikel 153 und 156 des Vertrags über die Arbeitsweise der Europäischen Union sowie auf Artikel 12 der Europäischen Sozialcharta und auf Nummer 10 der Gemeinschaftscharta der Arbeitnehmerrechte. Er ist von der Union zu wahren, wenn sie im Rahmen ihrer Zuständigkeiten nach den Artikeln 153 und 156 des Vertrags über die Arbeitsweise der Europäischen Union tätig wird. Durch den Hinweis auf die sozialen Dienste sollen die Fälle erfasst werden, in denen derartige Dienste eingerichtet wurden, um bestimmte Leistungen sicherzustellen; dies bedeutet aber keineswegs, dass solche Dienste eingerichtet werden müssen, wo sie nicht bestehen. Der Begriff „Mutterschaft" ist im Sinne des vorangehenden Artikels zu verstehen.

Absatz 2 stützt sich auf Artikel 12 Absatz 4 und Artikel 13 Absatz 4 der Europäischen Sozialcharta sowie auf Nummer 2 der Gemeinschaftscharta der sozialen Grundrechte der Arbeitnehmer und spiegelt die Regeln wider, die sich aus den Verordnungen (EWG) Nr. 1408/71 und (EWG) Nr. 1612/68 ergeben.

Absatz 3 lehnt sich an Artikel 13 der Europäischen Sozialcharta und die Artikel 30 und 31 der revidierten Sozialcharta sowie an Nummer 10 der Gemeinschaftscharta an. Er ist von der Union im Rahmen der Politiken zu wahren, die auf Artikel 153 des Vertrags über die Arbeitsweise der Europäischen Union beruhen.

Erläuterung zu Artikel 35 – Gesundheitsschutz

Die in diesem Artikel enthaltenen Grundsätze stützen sich auf Artikel 152 EGV, der nunmehr durch Artikel 168 des Vertrags über die Arbeitsweise der Europäischen Union ersetzt wurde, sowie auf die Artikel 11 und 13 der Europäischen Sozialcharta. Satz 2 entspricht Artikel 168 Absatz 1.

Erläuterung zu Artikel 36 – Zugang zu Dienstleistungen von allgemeinem wirtschaftlichen Interesse

Dieser Artikel steht vollauf im Einklang mit Artikel 14 des Vertrags über die Arbeitsweise der Europäischen Union und begründet kein neues Recht. Er stellt lediglich den Grundsatz auf, dass die Union den Zugang zu den Dienstleistungen von allgemeinem wirtschaftlichen Interesse nach den einzelstaatlichen Bestimmungen achtet, sofern diese mit dem Unionsrecht vereinbar sind.

Erläuterung zu Artikel 37 – Umweltschutz

Die in diesem Artikel enthaltenen Grundsätze stützten sich auf die Artikel 2, 6 und 174 EGV, die nunmehr durch Artikel 3 Absatz 3 des Vertrags über die Europäische Union sowie die Artikel 11 und 191 des Vertrags über die Arbeitsweise der Europäischen Union ersetzt wurden.

Er lehnt sich auch an die Verfassungsbestimmungen einiger Mitgliedstaaten an.

Erläuterung zu Artikel 38 – Verbraucherschutz

Der in diesem Artikel enthaltene Grundsatz stützt sich auf Artikel 169 des Vertrags über die Arbeitsweise der Europäischen Union.

Titel V – Bürgerrechte

Erläuterung zu Artikel 39 – Aktives und passives Wahlrecht bei den Wahlen zum Europäischen Parlament

Artikel 39 findet nach Artikel 52 Absatz 2 der Charta im Rahmen der in den Verträgen festgelegten Bedingungen Anwendung. Absatz 1 des Artikels 39 entspricht dem Recht, das durch Artikel 20 Absatz 2 des Vertrags über die Arbeitsweise der Europäischen Union garantiert ist (siehe auch die Rechtsgrundlage in Artikel 22 des Vertrags über die Arbeitsweise der Europäischen Union für die Festlegung der Einzelheiten für die Ausübung dieses Rechts), und Absatz 2 dieses Artikels entspricht Artikel 14 Absatz 3 des Vertrags über die Europäische Union. Artikel 39 Absatz 2 gibt die Grundprinzipien für die Durchführung von Wahlen in einem demokratischen System wieder.

Erläuterung zu Artikel 40 – Aktives und passives Wahlrecht bei den Kommunalwahlen

Dieser Artikel entspricht dem Recht, das durch Artikel 20 Absatz 2 des Vertrags über die Arbeitsweise der Europäischen Union garantiert ist (siehe auch die Rechtsgrundlage in Artikel 22 des Vertrags über die Arbeitsweise der Europäischen Union für die Festlegung der Einzelheiten für die Ausübung dieses Rechts). Nach Artikel 52 Absatz 2 findet es im Rahmen der in diesen beiden Artikeln der Verträge festgelegten Bedingungen Anwendung.

Erläuterung zu Artikel 41 – Recht auf eine gute Verwaltung

Artikel 41 ist auf das Bestehen der Union als eine Rechtsgemeinschaft gestützt, deren charakteristische Merkmale sich durch die Rechtsprechung entwickelt haben, die unter anderem eine gute Verwaltung als allgemeinen Rechtsgrundsatz festgeschrieben hat (siehe u.a. das Urteil des Gerichtshofs vom 31. März 1992 (Rechtssache C-255/90 P, Burban, Slg. 1992, I-2253) sowie die Urteile des Gerichts erster Instanz vom 18. September 1995 (Rechtssache T-167/94, Nölle, Slg. 1995, II-2589) und vom 9. Juli 1999 (Rechtssache T-231/97, New Europe Consulting und andere, Slg. 1999, II-2403). Dieses Recht in der in den ersten beiden Absätzen dargestellten Form ergibt sich aus der Rechtsprechung (Urteile des Gerichtshofs vom 15. Oktober 1987 (Rechtssache 222/86, Heylens, Slg. 1987, 4097, Randnr. 15), vom 18. Oktober 1989 (Rechtssache 374/87, Orkem, Slg. 1989, 3283) und vom 21. November 1991 (Rechtssache C-269/90, TU München, Slg. 1991, I-5469) sowie die Urteile des Gerichts erster Instanz vom 6. Dezember 1994 (Rechtssache T-450/93, Lisrestal, Slg. 1994, II-1177) und vom 18. September 1995 (Rechtssache T-167/94, Nölle, Slg. 1995, II-2589)) und - bezüglich der Pflicht zur Begründung - aus Artikel 296 des Vertrags über die Arbeitsweise der Europäischen Union, siehe ferner die Rechtsgrundlage in Artikel 298 des Vertrags über die Arbeitsweise der Europäischen Union für die Annahme gesetzlicher Bestimmungen im Interesse einer offenen, effizienten und unabhängigen europäischen Verwaltung.

In Absatz 3 ist das nunmehr durch Artikel 349 des Vertrags über die Arbeitsweise der Europäischen Union garantierte Recht aufgeführt. In Absatz 4 ist das nunmehr durch Artikel 20 Absatz 2 Buchstabe d und Artikel 25 des Vertrags über die Arbeitsweise der Europäischen Union garantierte Recht aufgeführt. Nach Artikel 52 Absatz 2 finden diese Rechte im Rahmen der in den Verträgen festgelegten Bedingungen und Grenzen Anwendung.

Das Recht auf einen wirksamen Rechtsbehelf, das hierbei eine wichtige Rolle spielt, wird durch Artikel 47 der Charta gewährleistet.

Erläuterung zu Artikel 42 – Recht auf Zugang zu Dokumenten

Das in diesem Artikel garantierte Recht wurde aus Artikel 255 EGV, auf dessen Grundlage in der Folge die Verordnung (EG) Nr. 1049/2001 angenommen wurde, übernommen. Der Europäische Konvent hat dieses Recht auf Dokumente der Organe, Einrichtungen, Ämter und Agenturen der Union im Allgemeinen ausgeweitet, ungeachtet ihrer Form (siehe Artikel 15 Absatz 3 des Vertrags über die Arbeitsweise der Europäischen Union). Nach Artikel 52 Absatz 2 der Charta wird das Recht auf Zugang zu Dokumenten im Rahmen der in Artikel 15 Absatz 3 des Vertrags über die Arbeitsweise der Europäischen Union festgelegten Bedingungen und Grenzen ausgeübt.

Erläuterung zu Artikel 43 – Der Europäische Bürgerbeauftragte

Das in diesem Artikel garantierte Recht ist das Recht, das durch die Artikel 20 und 228 des Vertrags über die Arbeitsweise der Europäischen Union garantiert ist. Nach Artikel 52 Absatz 2 findet es im Rahmen der in diesen beiden Artikeln festgelegten Bedingungen Anwendung.

Erläuterung zu Artikel 44 – Petitionsrecht

Das in diesem Artikel garantierte Recht ist das Recht, das durch die Artikel 20 und 227 des Vertrags über die Arbeitsweise der Europäischen Union garantiert ist. Nach Artikel 52 Absatz 2 findet es im Rahmen der in diesen beiden Artikeln festgelegten Bedingungen Anwendung.

Erläuterung zu Artikel 45 – Freizügigkeit und Aufenthaltsfreiheit

Das in Absatz 1 garantierte Recht ist das Recht, das durch Artikel 20 Absatz 2 Buchstabe a des Vertrags über die Arbeitsweise der Europäischen Union garantiert ist (vgl. auch die Rechtsgrundlage in Artikel 21 und das Urteil des Gerichtshofs vom 17. September 2002, Rechtssache C-413/99, Baumbast, Slg. 2002, I-709). Nach Artikel 52 Absatz 2 findet es im Rahmen der in den Verträgen festgelegten Bedingungen und Grenzen Anwendung.

Absatz 2 erinnert an die der Union durch die Artikel 77, 78 und 79 des Vertrags über die Arbeitsweise der Europäischen Union erteilte Zuständigkeit. Daraus folgt, dass die Gewährung dieses Rechts von der Ausübung dieser Zuständigkeit durch die Organe abhängt.

Erläuterung zu Artikel 46 – Diplomatischer und konsularischer Schutz

Das in diesem Artikel garantierte Recht ist das Recht, das durch Artikel 20 des Vertrags über die Arbeitsweise der Europäischen Union garantiert ist (siehe auch die Rechtsgrundlage in Artikel 23 des Vertrags). Nach Artikel 52 Absatz 2 findet es im Rahmen der in diesen Artikeln festgelegten Bedingungen Anwendung.

Titel VI – Justizielle Rechte

Erläuterung zu Artikel 47 – Recht auf einen wirksamen Rechtsbehelf und ein unparteiisches Gericht

Absatz 1 stützt sich auf Artikel 13 EMRK:

„Jede Person, die in ihren in dieser Konvention anerkannten Rechten oder Freiheiten verletzt worden ist, hat das Recht, bei einer innerstaatlichen Instanz eine wirksame Beschwerde zu erheben, auch wenn die Verletzung von Personen begangen worden ist, die in amtlicher Eigenschaft gehandelt haben."

Im Unionsrecht wird jedoch ein umfassenderer Schutz gewährt, da ein Recht auf einen wirksamen Rechtsbehelf bei einem Gericht garantiert wird. Der Gerichtshof hat dieses Recht in seinem Urteil vom 15. Mai 1986 als allgemeinen Grundsatz des Unionsrechts festgeschrieben (Rechtssache 222/84, Johnston, Slg. 1986, 1651); siehe auch die Urteile vom 15. Oktober 1987 (Rechtssache 222/86, Heylens, Slg. 1987, 4097) und vom 3. Dezember 1992 (Rechtssache C-97/91, Borelli, Slg. 1992, I-6313). Nach Auffassung des Gerichtshofs gilt dieser allgemeine Grundsatz des Unionsrechts auch für die Mitgliedstaaten, wenn sie das Unionsrecht anwenden. Die Übernahme dieser Rechtsprechung des Gerichtshofs in die Charta zielte nicht darauf ab, das in den Verträgen vorgesehene Rechtsschutzsystem und insbesondere nicht die Bestimmungen über die Zulässigkeit direkter Klagen beim Gerichtshof der Europäischen Union zu ändern.

Der Europäische Konvent hat sich mit dem System des gerichtlichen Rechtsschutzes der Union, einschließlich der Zulässigkeitsvorschriften, befasst und hat es mit einigen Änderungen, die in die Artikel 251 bis 281 des Vertrags über die Arbeitsweise der Europäischen Union und insbesondere in Artikel 263 Absatz 4 eingeflossen sind, bestätigt. Artikel 47 gilt gegenüber den Organen der Union und den Mitgliedstaaten, wenn diese das Unionsrecht anwenden, und zwar für sämtliche durch das Unionsrecht garantierte Rechte.

Absatz 2 entspricht Artikel 6 Absatz 1 EMRK, der wie folgt lautet:

„Jede Person hat ein Recht darauf, dass über Streitigkeiten in Bezug auf ihre zivilrechtlichen Ansprüche und Verpflichtungen oder über eine gegen sie erhobene strafrechtliche Anklage von einem unabhängigen und unparteiischen, auf Gesetz beruhenden Gericht in einem fairen Verfahren, öffentlich und innerhalb angemessener Frist verhandelt wird. Das Urteil muss öffentlich verkündet werden; Presse und Öffentlichkeit können jedoch während des ganzen oder eines Teiles des Verfahrens ausgeschlossen werden, wenn dies im Interesse der Moral, der öffentlichen Ordnung oder der nationalen Sicherheit in einer demokratischen Gesellschaft liegt, wenn die Interessen von Jugendlichen oder der Schutz des Privatlebens der Prozessparteien es verlangen oder - soweit das Gericht es für unbedingt erforderlich hält - wenn unter besonderen Umständen eine öffentliche Verhandlung die Interessen der Rechtspflege beeinträchtigen würde."

Im Unionsrecht gilt das Recht auf ein Gerichtsverfahren nicht nur für Streitigkeiten im Zusammenhang mit zivilrechtlichen Ansprüchen und Verpflichtungen. Dies ist eine der Folgen der Tatsache, dass die Union eine Rechtsgemeinschaft ist, wie der Gerichtshof in der Rechtssache 294/83, „Les Verts" gegen Europäisches Parlament (Urteil vom 23. April 1986, Slg. 1986, 1339) festgestellt hat. Mit Ausnahme ihres Anwendungsbereichs gelten die Garantien der EMRK jedoch in der Union entsprechend.

In Bezug auf Absatz 3 sei darauf hingewiesen, dass nach der Rechtsprechung des Europäischen Gerichtshofs für Menschenrechte eine Prozesskostenhilfe zu gewähren ist, wenn mangels einer solchen Hilfe die Einlegung eines wirksamen Rechtsbehelfs nicht gewährleistet wäre (EGMR, Urteil vom 9.10.1979, Airey, Serie A, Band 32, S. 11). Es gibt auch ein Prozesskostenhilfesystem für die beim Gerichtshof der Europäischen Union anhängigen Rechtssachen.

Erläuterung zu Artikel 48 – Unschuldsvermutung und Verteidigungsrechte

Artikel 48 entspricht Artikel 6 Absätze 2 und 3 EMRK, der wie folgt lautet:

„2. Jede Person, die einer Straftat angeklagt ist, gilt bis zum gesetzlichen Beweis ihrer Schuld als unschuldig.

3. Jede angeklagte Person hat mindestens folgende Rechte:
   a) innerhalb möglichst kurzer Frist in einer ihr verständlichen Sprache in allen Einzelheiten über Art und Grund der gegen sie erhobenen Beschuldigung unterrichtet zu werden;
   b) ausreichende Zeit und Gelegenheit zur Vorbereitung ihrer Verteidigung zu haben;
   c) sich selbst zu verteidigen, sich durch einen Verteidiger ihrer Wahl verteidigen zu lassen oder, falls ihr die Mittel zur Bezahlung fehlen, unentgeltlich den Beistand eines Verteidigers zu erhalten, wenn dies im Interesse der Rechtspflege erforderlich ist;

d) Fragen an Belastungszeugen zu stellen oder stellen zu lassen und die Ladung und Vernehmung von Entlastungszeugen unter denselben Bedingungen zu erwirken, wie sie für Belastungszeugen gelten;

e) unentgeltliche Unterstützung durch einen Dolmetscher zu erhalten, wenn sie die Verhandlungssprache des Gerichts nicht versteht oder spricht."

Nach Artikel 52 Absatz 3 hat dieses Recht dieselbe Bedeutung und dieselbe Tragweite wie das durch die EMRK garantierte Recht.

Erläuterung zu Artikel 49 – Grundsätze der Gesetzmäßigkeit und der Verhältnismäßigkeit im Zusammenhang mit Straftaten und Strafen

In diesen Artikel ist die klassische Regel des Verbots der Rückwirkung von Gesetzen und Strafen in Strafsachen aufgenommen worden. Hinzugefügt wurde die in zahlreichen Mitgliedstaaten geltende und in Artikel 15 des Internationalen Paktes über bürgerliche und politische Rechte enthaltene Regel der Rückwirkung von milderen Strafrechtsvorschriften.

Artikel 7 EMRK lautet wie folgt:

„1. Niemand darf wegen einer Handlung oder Unterlassung verurteilt werden, die zur Zeit ihrer Begehung nach innerstaatlichem oder internationalem Recht nicht strafbar war. Es darf auch keine schwerere Strafe als die zur Zeit der Begehung angedrohte Strafe verhängt werden.

2. Dieser Artikel schließt nicht aus, dass jemand wegen einer Handlung oder Unterlassung verurteilt oder bestraft wird, die zur Zeit ihrer Begehung nach den von den zivilisierten Völkern anerkannten allgemeinen Rechtsgrundsätzen strafbar war."

Es wurde lediglich in Absatz 2 das Wort „zivilisierten" gestrichen; der Sinn dieses Absatzes, der insbesondere auf die Verbrechen gegen die Menschlichkeit zielt, wird dadurch in keiner Weise verändert. Entsprechend Artikel 52 Absatz 3 hat daher das garantierte Recht dieselbe Bedeutung und dieselbe Tragweite wie das von der EMRK garantierte Recht.

In Absatz 3 wurde der allgemeine Grundsatz der Verhältnismäßigkeit von Straftat und Strafmaß aufgenommen, der durch die gemeinsamen verfassungsrechtlichen Traditionen der Mitgliedstaaten und die Rechtsprechung des Gerichtshofs der Gemeinschaften festgeschrieben worden ist.

Erläuterung zu Artikel 50 – Recht, wegen derselben Straftat nicht zweimal strafrechtlich verfolgt oder bestraft zu werden

Artikel 4 des Protokolls Nr. 7 zur EMRK lautet wie folgt:

„1. Niemand darf wegen einer Straftat, wegen der er bereits nach dem Gesetz und dem Strafverfahrensrecht eines Staates rechtskräftig verurteilt oder freigesprochen worden ist, in einem Strafverfahren desselben Staates erneut verfolgt oder bestraft werden.

2. Absatz 1 schließt die Wiederaufnahme des Verfahrens nach dem Gesetz und dem Strafverfahrensrecht des betreffenden Staates nicht aus, falls neue oder neu bekannt gewordene Tatsachen vorliegen oder das vorausgegangene Verfahren schwere, den Ausgang des Verfahrens berührende Mängel aufweist.

3. Von diesem Artikel darf nicht nach Artikel 15 der Konvention abgewichen werden."

Die Regel „ne bis in idem" wird im Unionsrecht angewandt (siehe in der umfangreichen Rechtsprechung Urteil vom 5. Mai 1966, Rechtssachen 18/65 und 35/65, Gutmann gegen Kommission, Slg. 1966, 150, und in jüngerer Zeit Urteil des Gerichts erster Instanz vom 20. April 1999, verbundene Rechtssachen T-305/94 und andere, Limburgse Vinyl Maatschappij NV gegen Kommission, Slg. 1999, II-931). Es ist darauf hinzuweisen, dass die Regel des Verbots der Doppelbestrafung sich auf gleichartige Sanktionen, in diesem Fall durch ein Strafgericht verhängte Strafen, bezieht.

Nach Artikel 50 findet die Regel „ne bis in idem" nicht nur innerhalb der Gerichtsbarkeit eines Staates, sondern auch zwischen den Gerichtsbarkeiten mehrerer Mitgliedstaaten Anwendung. Dies entspricht dem Rechtsbesitzstand der Union; siehe die Artikel 54 bis 58 des Schengener Durchführungsübereinkommens und Urteil des Gerichtshofes vom 11. Februar 2003, Rechtssache C-187/01 Gözütok (Slg. 2003, I-1345), Artikel 7 des Übereinkommens über den Schutz der finanziellen Interessen der Europäischen Gemeinschaften sowie Artikel 10 des Übereinkommens über die Bekämpfung der Bestechung. Die klar eingegrenzten Ausnahmen, in denen die Mitgliedstaaten nach diesen Übereinkommen von der Regel „ne bis in idem" abweichen können, sind von der horizontalen Klausel des Artikels 52 Absatz 1 über die Einschränkungen abgedeckt. Was die in Artikel 4 des Protokolls Nr. 7 bezeichneten Fälle betrifft, nämlich die Anwendung des Grundsatzes in ein und demselben Mitgliedstaat, so hat das garantierte Recht dieselbe Bedeutung und dieselbe Tragweite wie das entsprechende Recht der EMRK.

Titel VII – Allgemeine Bestimmungen über die Auslegung und Anwendung der Charta

Erläuterung zu Artikel 51 – Anwendungsbereich

Mit Artikel 51 soll der Anwendungsbereich der Charta festgelegt werden. Es soll klar zum Ausdruck gebracht werden, dass die Charta zuerst auf die Organe und Einrichtungen der Union Anwendung findet, und zwar unter Beachtung des Grundsatzes der Subsidiarität. Bei dieser Bestimmung hielt man sich an Artikel 6 Absatz 2 des Vertrags über die Europäische Union, wonach die Union die Grundrechte zu achten hat, wie auch an das Mandat des Europäischen Rates (Köln). Der Begriff „Organe" ist in den Verträgen festgelegt. Der Ausdruck „Einrichtungen und sonstigen Stellen" wird in den Verträgen üblicherweise als Bezeichnung für alle durch die Verträge oder durch sekundäre Rechtsakte geschaffenen Einrichtungen verwendet (siehe beispielsweise Artikel 15 oder 16 des Vertrags über die Arbeitsweise der Europäischen Union).

Was die Mitgliedstaaten betrifft, so ist der Rechtsprechung des Gerichtshofs eindeutig zu entnehmen, dass die Verpflichtung zur Einhaltung der im Rahmen der Union definierten Grundrechte für die Mitgliedstaaten nur dann gilt, wenn sie im Anwendungsbereich des Unionsrechts handeln (Urteil vom 13. Juli 1989, Rechtssache 5/88, Wachauf, Slg. 1989, 2609, Urteil vom 18. Juni 1991, Rechtssache C-260/89, ERT, Slg. 1991, I-2925, Urteil vom 18. Dezember 1997, Rechtssache C-309/96, Annibaldi, Slg. 1997, I-7493). Der Gerichtshof hat diese Rechtsprechung kürzlich wie folgt bestätigt: „Die Mitgliedstaaten müssen bei der Durchführung der gemeinschaftsrechtlichen Regelungen aber auch die Erfordernisse des Grundrechtschutzes in der Gemeinschaftsrechtsordnung beachten." (Urteil vom 13. April 2000, Rechtssache C-292/97, Slg. 2000, I-2737, Randnr. 37). Diese in der Charta verankerte Regel gilt natürlich sowohl für die zentralen Behörden als auch für die regionalen oder lokalen Stellen sowie für die öffentlichen Einrichtungen, wenn sie das Unionsrecht anwenden.

Absatz 2, zusammen mit Absatz 1 Satz 2, bestätigt, dass die Charta nicht eine Erweiterung der Zuständigkeiten und Aufgaben bewirken darf, die der Union durch die Verträge zugewiesen sind. Es geht darum, explizit darzulegen, was sich logischerweise aus dem Subsidiaritätsprinzip und dem Umstand ergibt, dass die Union nur über die ihr eigens zugewiesenen Befugnisse verfügt. Die Grundrechte, wie sie in der Union garantiert werden, werden nur im Rahmen dieser von den Verträgen bestimmten Zuständigkeiten wirksam. Folglich kann sich für die Organe der Union nur nach Maßgabe dieser Befugnisse eine Verpflichtung nach Absatz 1 Satz 2 zur Förderung der in der Charta festgelegten Grundsätze ergeben.

Absatz 2 bestätigt auch, dass die Charta sich nicht dahin gehend auswirken darf, dass der Geltungsbereich des Unionsrechts über die in den Verträgen festgelegten Zuständigkeiten der Union hinaus ausgedehnt wird. Der Gerichtshof hat diese Regel bereits in Bezug auf die als Teil des Unionsrechts anerkannten Grundrechte aufgestellt (Urteil vom 17. Februar 1998, Rechtssache C-249/96, Grant, Slg. 1998, I-621, Randnr. 45). Im Einklang mit dieser Regel versteht es sich von selbst, dass der Verweis auf die Charta in Artikel 6 des Vertrags über die Europäische Union nicht dahin gehend verstanden werden kann, dass sie für sich genommen den als „Durchführung des Rechts der Union" betrachteten Aktionsrahmen der Mitgliedstaaten (im Sinne von Absatz 1 und der vorstehend genannten Rechtsprechung) ausdehnt.

Erläuterung zu Artikel 52 – Tragweite und Auslegung der Rechte und Grundsätze

Mit Artikel 52 sollen die Tragweite der Rechte und Grundsätze der Charta und Regeln für ihre Auslegung festgelegt werden. Absatz 1 enthält die allgemeine Einschränkungsregelung. Die verwendete Formulierung lehnt sich an die Rechtsprechung des Gerichtshofes an, die wie folgt lautet: „Nach gefestigter Rechtsprechung kann jedoch die Ausübung dieser Rechte, insbesondere im Rahmen einer gemeinsamen Marktorganisation, Beschränkungen unterworfen werden, sofern diese tatsächlich dem Gemeinwohl dienenden Zielen der Gemeinschaft entsprechen und nicht einen im Hinblick auf den verfolgten Zweck unverhältnismäßigen, nicht tragbaren Eingriff darstellen, der diese Rechte in ihrem Wesensgehalt antastet" (Urteil vom 13. April 2000, Rechtssache C-292/97, Randnr. 45). Die Bezugnahme auf das von der Union anerkannte Gemeinwohl erstreckt sich nicht nur auf die in Artikel 3 des Vertrags über die Europäische Union aufgeführten Ziele, sondern auch auf andere Interessen, die durch besondere Bestimmungen der Verträge wie Artikel 4 Absatz 1 des Vertrags über die Europäische Union, Artikel 35 Absatz 3 des Vertrags über die Arbeitsweise der Europäischen Union und die Artikel 36 und 346 dieses Vertrags geschützt werden.

Absatz 2 bezieht sich auf Rechte, die bereits ausdrücklich im Vertrag zur Gründung der Europäischen Gemeinschaft garantiert waren und in der Charta anerkannt wurden und die nun in den Verträgen zu finden sind (insbesondere die Rechte aus der Unionsbürgerschaft). Er verdeutlicht, dass diese Rechte weiterhin den Bedingungen und Grenzen unterliegen, die für das Unionsrecht, auf dem sie beruhen, gelten und die in den Verträgen festgelegt sind. Mit der Charta wird die Regelung hinsichtlich der durch den EG-Vertrag gewährten und in die Verträge übernommenen Rechte nicht geändert.

Mit Absatz 3 soll die notwendige Kohärenz zwischen der Charta und der EMRK geschaffen werden, indem die Regel aufgestellt wird, dass in dieser Charta enthaltene Rechte, die den durch die EMRK garantierten Rechten entsprechen, die gleiche Bedeutung und Tragweite, einschließlich der zugelassenen Einschränkungen, besitzen, wie sie ihnen in der EMRK verliehen werden. Daraus ergibt sich insbesondere, dass der Gesetzgeber bei der Festlegung von Einschränkungen dieser Rechte die gleichen Normen einhalten muss, die in der ausführlichen Regelung der Einschränkungen in der EMRK vorgesehen sind, die damit auch für die von diesem Absatz erfassten Rechte gelten, ohne dass dadurch die Eigenständigkeit des Unionsrechts und des Gerichtshofs der Europäischen Union berührt wird.

Die Bezugnahme auf die EMRK erstreckt sich sowohl auf die Konvention als auch auf ihre Protokolle. Die Bedeutung und Tragweite der garantierten Rechte werden nicht nur durch den Wortlaut dieser Vertragswerke, sondern auch durch die Rechtsprechung des Europäischen Gerichtshofs für Menschenrechte und durch den Gerichtshof der Europäischen Union bestimmt. Mit dem letzten Satz des Absatzes soll der Union die Möglichkeit gegeben werden, für einen weiter gehenden Schutz zu sorgen. Auf jeden Fall darf der durch die Charta gewährleistete Schutz niemals geringer als der durch die EMRK gewährte Schutz sein.

Die Charta berührt nicht die den Mitgliedstaaten offen stehende Möglichkeit, von Artikel 15 EMRK Gebrauch zu machen, der im Falle eines Krieges oder eines anderen öffentlichen Notstands, der das Leben der Nation bedroht, eine Abweichung von den in der EMRK vorgesehenen Rechten erlaubt, wenn sie nach ihren in Artikel 4 Absatz 1 des Vertrags über die Europäische Union und in den Artikeln 72 und 347 des Vertrags über die Arbeitsweise der Europäischen Union anerkannten Verantwortlichkeiten Maßnahmen im Bereich der nationalen Verteidigung im Kriegsfalle oder im Bereich der Aufrechterhaltung der öffentlichen Ordnung treffen.

Die Rechte, bei denen derzeit – ohne die Weiterentwicklung des Rechts, der Gesetzgebung und der Verträge auszuschließen – davon ausgegangen werden kann, dass sie Rechten aus der EMRK im Sinne dieses Absatzes entsprechen, sind nachstehend aufgeführt. Nicht aufgeführt sind die Rechte, die zu den Rechten aus der EMRK hinzukommen.

1. Artikel der Charta, die dieselbe Bedeutung und Tragweite wie die entsprechenden Artikel der Europäischen Menschenrechtskonvention haben:
   - Artikel 2 entspricht Artikel 2 EMRK;
   - Artikel 4 entspricht Artikel 3 EMRK;
   - Artikel 5 Absätze 1 und 2 entsprechen Artikel 4 EMRK;
   - Artikel 6 entspricht Artikel 5 EMRK;
   - Artikel 7 entspricht Artikel 8 EMRK;
   - Artikel 10 Absatz 1 entspricht Artikel 9 EMRK;
   - Artikel 11 entspricht Artikel 10 EMRK unbeschadet der Einschränkungen, mit denen das Unionsrecht das Recht der Mitgliedstaaten auf Einführung der in Artikel 10 Absatz 1 dritter Satz EMRK genannten Genehmigungsverfahren eingrenzen kann;
   - Artikel 17 entspricht Artikel 1 des Zusatzprotokolls zur EMRK;

– Artikel 19 Absatz 1 entspricht Artikel 4 des Protokolls Nr. 4 zur EMRK;
– Artikel 19 Absatz 2 entspricht Artikel 3 EMRK in der Auslegung durch den Europäischen Gerichtshof für Menschenrechte;
– Artikel 48 entspricht Artikel 6 Absätze 2 und 3 EMRK;
– Artikel 49 Absatz 1 (mit Ausnahme des letzten Satzes) und Absatz 2 entsprechen Artikel 7 EMRK.

2. Artikel, die dieselbe Bedeutung haben wie die entsprechenden Artikel der EMRK, deren Tragweite aber umfassender ist:
– Artikel 9 deckt Artikel 12 EMRK ab, aber sein Anwendungsbereich kann auf andere Formen der Eheschließung ausgedehnt werden, wenn die einzelstaatlichen Rechtsvorschriften diese vorsehen;
– Artikel 12 Absatz 1 entspricht Artikel 11 EMRK, aber sein Anwendungsbereich ist auf die Ebene der Union ausgedehnt worden;
– Artikel 14 Absatz 1 entspricht Artikel 2 des Zusatzprotokolls zur EMRK, aber sein Anwendungsbereich ist auf den Zugang zur beruflichen Ausbildung und Weiterbildung ausgedehnt worden;
– Artikel 14 Absatz 3 entspricht Artikel 2 des Zusatzprotokolls zur EMRK, was die Rechte der Eltern betrifft;
– Artikel 47 Absätze 2 und 3 entsprechen Artikel 6 Absatz 1 EMRK, aber die Beschränkung auf Streitigkeiten in Bezug auf zivilrechtliche Ansprüche und Verpflichtungen oder strafrechtliche Anklagen kommt nicht zum Tragen, wenn es um das Recht der Union und dessen Anwendung geht;
– Artikel 50 entspricht Artikel 4 des Protokolls Nr. 7 zur EMRK, aber seine Tragweite ist auf die Ebene der Europäischen Union ausgedehnt worden und er gilt zwischen den Gerichten der Mitgliedstaaten;
– schließlich können die Unionsbürgerinnen und -bürger im Anwendungsbereich des Unionsrechts wegen des Verbots jeglicher Diskriminierung aufgrund der Nationalität nicht als Ausländer angesehen werden. Die in Artikel 16 EMRK vorgesehenen Beschränkungen der Rechte ausländischer Personen finden daher in diesem Rahmen auf die Unionsbürgerinnen und -bürger keine Anwendung.

Die Auslegungsregel in Absatz 4 beruht auf dem Wortlaut des Artikels 6 Absatz 3 des Vertrags über die Europäische Union und trägt dem Ansatz des Gerichtshofs hinsichtlich der gemeinsamen Verfassungsüberlieferungen gebührend Rechnung (z.B. Urteil vom 13. Dezember 1979, Rechtssache 44/79, Hauer, Slg. 1979, 3727; Urteil vom 18. Mai 1982, Rechtssache 155/79, AM&S, Slg. 1982, 1575). Anstatt einem restriktiven Ansatz eines „kleinsten gemeinsamen Nenners" zu folgen, sind die Charta-Rechte dieser Regel zufolge so auszulegen, dass sie ein hohes Schutzniveau bieten, das dem Unionsrecht angemessen ist und mit den gemeinsamen Verfassungsüberlieferungen im Einklang steht.

In Absatz 5 wird die Unterscheidung zwischen „Rechten" und „Grundsätzen" in der Charta näher bestimmt. Dieser Unterscheidung zufolge sind subjektive Rechte zu beachten, während Grundsätze einzuhalten sind (Artikel 51 Absatz 1). Grundsätze können durch Rechtsakte oder Durchführungsvorschriften (die von der Union im Einklang mit ihren Zuständigkeiten erlassen werden, von den Mitgliedstaaten aber nur dann, wenn sie Unionsrecht umsetzen) umgesetzt werden; sie erhalten demzufolge nur dann Bedeutung für die Gerichte, wenn solche Rechtsakte ausgelegt oder überprüft werden. Sie begründen jedoch keine

direkten Ansprüche auf den Erlass positiver Maßnahmen durch die Organe der Union oder die Behörden den Mitgliedstaaten; dies steht sowohl mit der Rechtsprechung des Gerichtshofs (vgl. insbesondere die Rechtsprechung über das „Vorsorgeprinzip" in Artikel 191 Absatz 2 des Vertrags über die Arbeitsweise der Europäischen Union: Urteil des Gerichts erster Instanz vom 11. September 2002, Rechtssache T-13/99, Pfizer gegen Rat, mit zahlreichen Nachweisen aus der älteren Rechtsprechung, sowie eine Reihe von Urteilen zu Artikel 33 (ex-39) über die Grundsätze des Agrarrechts, z.B. Urteil des Gerichtshofs in der Rechtssache 265/85, Van den Bergh, Slg. 1987, 1155, Prüfung des Grundsatzes der Marktstabilisierung und des Vertrauensschutzes) als auch mit dem Ansatz der Verfassungsordnungen der Mitgliedstaaten zu „Grundsätzen", insbesondere im Bereich des Sozialrechts, in Einklang. Zu den in der Charta anerkannten Grundsätzen gehören beispielsweise die Artikel 25, 26 und 37. In einigen Fällen kann ein Charta-Artikel sowohl Elemente eines Rechts als auch eines Grundsatzes enthalten, beispielsweise Artikel 23, 33 und 34.
Absatz 6 bezieht sich auf die verschiedenen Artikel in der Charta, in denen im Sinne der Subsidiarität auf die einzelstaatlichen Rechtsvorschriften und Gepflogenheiten verwiesen wird.

Erläuterung zu Artikel 53 – Schutzniveau

Der Zweck dieser Bestimmung ist die Aufrechterhaltung des durch das Recht der Union, das Recht der Mitgliedstaaten und das Völkerrecht in seinem jeweiligen Anwendungsbereich gegenwärtig gewährleisteten Schutzniveaus. Aufgrund ihrer Bedeutung findet die EMRK Erwähnung.

Erläuterung zu Artikel 54 – Verbot des Missbrauchs der Rechte

Dieser Artikel entspricht Artikel 17 EMRK:

„Diese Konvention ist nicht so auszulegen, als begründe sie für einen Staat, eine Gruppe oder eine Person das Recht, eine Tätigkeit auszuüben oder eine Handlung vorzunehmen, die darauf abzielt, die in der Konvention festgelegten Rechte und Freiheiten abzuschaffen oder sie stärker einzuschränken, als es in der Konvention vorgesehen ist."

10. Übereinkommen zum Schutz des Menschen bei der automatischen Verarbeitung personenbezogener Daten

Vom 28. Januar 1981[1)]

(BGBl. 1985 II S. 538)

zuletzt geänd. durch Protokoll zur Änd. des Übereinkommens zum Schutz des Menschen bei der automatischen Verarbeitung personenbezogener Daten v. 10.10.2018[2)] (BGBl. 2020 II S. 874, 875)

Nichtamtliche Inhaltsübersicht

[1)] Das Übereinkommen wurde für die Bundesrepublik Deutschland ratifiziert durch G v. 13.3.1985 (BGBl. II S. 538) und trat gem. Bek. v. 26.9.1985 (BGBl. II S. 1134) am **1.10.1985** in Kraft.

Zur Zustimmung von Nordrhein-Westfalen siehe die Bek. v. 30.4.1986 (GV. NRW. S. 352).

[2)] Das Änderungsprotokoll wurde für die Bundesrepublik Deutschland veröffentlicht durch G v. 12.11.2020 (BGBl. II S. 874).

(Übersetzung)

Präambel

Die Mitgliedstaaten des Europarats, die dieses Übereinkommen unterzeichnen –

in der Erwägung, daß es das Ziel des Europarats ist, eine engere Verbindung zwischen seinen Mitgliedern herbeizuführen, die vor allem auf der Achtung des Vorranges des Rechts sowie der Menschenrechte und Grundfreiheiten beruht,

in der Erwägung, daß es das Ziel des Europarats ist, eine engere Verbindung zwischen seinen Mitgliedern herbeizuführen, die vor allem auf der Achtung des Vorranges des Rechts sowie der Menschenrechte und Grundfreiheiten beruht,

in der Erwägung, daß es angesichts des zunehmenden grenzüberschreitenden Verkehrs automatisch verarbeiteter personenbezogener Daten wünschenswert ist, den Schutz der Rechte und Grundfreiheiten jedes Menschen, vor allem das Recht auf Achtung des Persönlichkeitsbereichs, zu erweitern,

unter gleichzeitiger Bekräftigung, für eine Informationsfreiheit ohne Rücksicht auf Staatsgrenzen einzutreten,

in Anerkennung der Notwendigkeit, die grundlegenden Werte der Achtung des Persönlichkeitsbereichs und des freien Informationsaustausches zwischen den Völkern in Einklang zu bringen –

Sind wie folgt übereingekommen:

Kapitel I. Allgemeine Bestimmungen

Art. 1 Gegenstand und Zweck. Zweck dieses Übereinkommens ist es, im Hoheitsgebiet jeder Vertragspartei für jedermann ungeachtet seiner Staatsangehörigkeit oder seines Wohnorts sicherzustellen, daß seine Rechte und Grundfreiheiten, insbesondere sein Recht auf einen Persönlichkeitsbereich, bei der automatischen Verarbeitung personenbezogener Daten geschützt werden („Datenschutz").

Art. 2 Begriffsbestimmungen. In diesem Übereinkommen

a) bedeutet „personenbezogene Daten" jede Information über eine bestimmte oder bestimmbare natürliche Person („Betroffener");

b) bedeutet „automatisierte Datei/Datensammlung" jede zur automatischen Verarbeitung erfaßte Gesamtheit von Informationen;

c) umfaßt „automatische Verarbeitung" die folgenden Tätigkeiten, wenn sie ganz oder teilweise mit Hilfe automatisierter Verfahren durchgeführt werden: das Speichern von Daten, das Durchführen logischer und/oder rechnerischer Operationen mit diesen Daten, das Verändern, Löschen, Wiedergewinnen oder Bekanntgeben von Daten;

d) bedeutet „Verantwortlicher für die Datei/Datensammlung"[1] die natürliche oder juristische Person, die Behörde, die Einrichtung oder jede andere Stelle, die nach dem innerstaatlichen Recht zuständig ist, darüber zu entscheiden, welchen Zweck die automatisierte Datei/Datensammlung haben soll, welche

[1] **Amtl. Anm.:** Diesem Ausdruck entspricht in der Bundesrepublik Deutschland der Begriff „speichernde Stelle".

Arten personenbezogener Daten gespeichert und welche Verarbeitungsverfahren auf sie angewendet werden sollen.

Art. 3 Geltungsbereich. (1) Die Vertragsparteien verpflichten sich, dieses Übereinkommen auf automatisierte Dateien/Datensammlungen und automatische Verarbeitungen von personenbezogenen Daten im öffentlichen und privaten Bereich anzuwenden.

(2) Jeder Staat kann bei der Unterzeichnung oder bei der Hinterlegung seiner Ratifikations-, Annahme-, Genehmigungs- oder Beitrittsurkunde oder jederzeit danach durch Erklärung an den Generalsekretär des Europarates bekanntgeben,

a) daß er dieses Übereinkommen auf bestimmte Arten von automatisierten Dateien/Datensammlungen mit personenbezogenen Daten nicht anwendet und hinterlegt ein Verzeichnis dieser Arten. In das Verzeichnis darf er jedoch Arten automatisierter Dateien/Datensammlungen nicht aufnehmen, die nach seinem innerstaatlichen Recht Datenschutzvorschriften unterliegen. Er ändert dieses Verzeichnis durch eine neue Erklärung, wenn weitere Arten von automatisierten Dateien/Datensammlungen mit personenbezogenen Daten seinen innerstaatlichen Datenschutzvorschriften unterstellt werden;

b) daß er dieses Übereinkommen auch auf Informationen über Personengruppen, Vereinigungen, Stiftungen, Gesellschaften, Körperschaften oder andere Stellen anwendet, die unmittelbar oder mittelbar aus natürlichen Personen bestehen, unabhängig davon, ob diese Stellen Rechtspersönlichkeit besitzen oder nicht;

c) daß er dieses Übereinkommen auch auf Dateien/Datensammlungen mit personenbezogenen Daten anwendet, die nicht automatisch verarbeitet werden.

(3) Jeder Staat, der den Geltungsbereich dieses Übereinkommens durch eine Erklärung nach Absatz 2 Buchstabe b ober c erweitert hat, kann in dieser Erklärung bekanntgeben, daß die Erweiterung nur für bestimmte Arten von Dateien/Datensammlungen mit personenbezogenen Daten gilt; er hinterlegt ein Verzeichnis dieser Arten.

(4) Hat eine Vertragspartei bestimmte Arten von automatisierten Dateien/Datensammlungen mit personenbezogenen Daten durch eine Erklärung nach Absatz 2 Buchstabe a ausgeschlossen, so kann sie nicht verlangen, daß eine Vertragspartei, die diese Arten nicht ausgeschlossen hat, das Übereinkommen auf diese Arten anwendet.

(5) Ebenso kann eine Vertragspartei, die keine Erweiterung nach Absatz 2 Buchstabe b oder c vorgenommen hat, in diesen Punkten die Anwendung dieses Übereinkommens nicht verlangen von einer Vertragspartei, die eine solche Erweiterung vorgenommen hat.

(6) [1] Die Erklärungen nach Absatz 2 werden mit Inkrafttreten des Übereinkommens für den Staat wirksam, der sie angegeben hat, wenn sie im Zeitpunkt der Unterzeichnung oder der Hinterlegung seiner Ratifikations-, Annahme-, Genehmigungs- oder Beitrittsurkunde abgegeben worden sind, oder drei Monate nach ihrem Eingang beim Generalsekretär des Europarats, wenn sie später abgegeben worden sind. [2] Diese Erklärungen können ganz oder teilweise durch Notifikation an den Generalsekretär des Europarats zurückgenommen werden. [3] Die Zurücknahme wird drei Monate nach Eingang der Notifikation wirksam.

Kapitel II. Grundsätze für den Datenschutz

Art. 4 Pflichten der Vertragsparteien. (1) Jede Vertragspartei trifft in ihrem innerstaatlichen Recht die erforderlichen Maßnahmen, um die in diesem Kapitel aufgestellten Grundsätze für den Datenschutz zu verwirklichen.

(2) Jede Vertragspartei trifft diese Maßnahmen spätestens zu dem Zeitpunkt, zu dem dieses Übereinkommen für sie in Kraft tritt.

Art. 5 Qualität der Daten. Personenbezogene Daten, die automatisch verarbeitet werden,

a) müssen nach Treu und Glauben und auf rechtmäßige Weise beschafft sein und verarbeitet werden;

b) müssen für festgelegte und rechtmäßige Zwecke gespeichert sein und dürfen nicht so verwendet werden, daß es mit diesen Zwecken unvereinbar ist;

c) müssen den Zwecken, für die sie gespeichert sind, entsprechen, dafür erheblich sein und dürfen nicht darüber hinausgehen;

d) müssen sachlich richtig und wenn nötig auf den neuesten Stand gebracht sein;

e) müssen so aufbewahrt werden, daß der Betroffene nicht länger identifiziert werden kann, als es die Zwecke, für die sie gespeichert sind, erfordern.

Art. 6 Besondere Arten von Daten. [1] Personenbezogene Daten, welche die rassische Herkunft, politische Anschauungen oder religiöse oder andere Überzeugungen erkennen lassen, sowie personenbezogene Daten, welche die Gesundheit oder das Sexualleben betreffen, dürfen nur automatisch verarbeitet werden, wenn das innerstaatliche Recht einen geeigneten Schutz gewährleistet. [2] Dasselbe gilt für personenbezogene Daten über Strafurteile.

Art. 7 Datensicherung. Für den Schutz personenbezogener Daten, die in automatisierten Dateien/Datensammlungen gespeichert sind, werden geeignete Sicherungsmaßnahmen getroffen gegen die zufällige oder unbefugte Zerstörung, gegen zufälligen Verlust sowie unbefugten Zugang, unbefugte Veränderung oder unbefugtes Bekanntgeben.

Art. 8 Zusätzlicher Schutz für den Betroffenen. Jedermann muß die Möglichkeit haben,

a) das Vorhandensein einer automatisierten Datei/Datensammlung mit personenbezogenen Daten, ihre Hauptzwecke sowie die Bezeichnung, den gewöhnlichen Aufenthaltsort oder den Sitz des Verantwortlichen für die Datei/Datensammlung[1)] festzustellen;

b) in angemessenen Zeitabständen und ohne unzumutbare Verzögerung oder übermäßige Kosten die Bestätigung zu erhalten, ob Daten über ihn in einer automatisierten Datei/Datensammlung mit personenbezogenen Daten gespeichert sind, sowie zu erwirken, daß ihm diese Daten in verständlicher Form mitgeteilt werden;

[1)] **Amtl. Anm.:** Diesem Ausdruck entspricht in der Bundesrepublik Deutschland der Begriff „speichernde Stelle".

c) gegebenenfalls diese Daten berichtigen oder löschen zu lassen, wenn sie entgegen den Vorschriften des innerstaatlichen Rechts verarbeitet worden sind, welche die Grundsätze der Artikel 5 und 6 verwirklichen;
d) über ein Rechtsmittel zu verfügen, wenn seiner Forderung nach Bestätigung oder gegebenenfalls nach Mitteilung, Berichtigung oder Löschung im Sinne der Buchstaben b und c nicht entsprochen wird.

Art. 9 Ausnahmen und Einschränkungen. (1) Ausnahmen von den Artikeln 5, 6 und 8 sind nicht zulässig, abgesehen von den in diesem Artikel vorgesehenen.

(2) Eine Abweichung von den Artikeln 5, 6 und 8 ist zulässig, wenn sie durch das Recht der Vertragspartei vorgesehen und in einer demokratischen Gesellschaft eine notwendige Maßnahme ist
a) zum Schutz der Sicherheit des Staates, der öffentlichen Sicherheit sowie der Währungsinteressen des Staates oder zur Bekämpfung von Straftaten;
b) zum Schutz des Betroffenen oder der Rechte und Freiheiten Dritter.

(3) Die Ausübung der Rechte nach Artikel 8 Buchstaben b, c und d kann durch Gesetz für automatisierte Dateien/Datensammlungen mit personenbezogenen Daten eingeschränkt werden, die Zwecken der Statistik oder der wissenschaftlichen Forschung dienen, wenn offensichtlich keine Gefahr besteht, daß der Persönlichkeitsbereich der Betroffenen beeinträchtigt wird.

Art. 10 Sanktionen und Rechtsmittel. Jede Vertragspartei verpflichtet sich, geeignete Sanktionen und Rechtsmittel für Verletzungen der Vorschriften des innerstaatlichen Rechts, welche die in diesem Kapitel aufgestellten Grundsätze für den Datenschutz verwirklichen, festzulegen.

Art. 11 Weitergehender Schutz. Dieses Kapitel ist nicht so auszulegen, als ob es die Möglichkeit begrenze oder auf andere Weise beeinträchtige, daß eine Vertragspartei den Betroffenen ein größeres Maß an Schutz als das in diesem Übereinkommen vorgeschriebene gewährt.

Kapitel III. Grenzüberschreitender Datenverkehr

Art. 12 Grenzüberschreitender Verkehr personenbezogener Daten und innerstaatliches Recht. (1) Werden personenbezogene Daten, die automatisch verarbeitet werden oder für eine solche Verarbeitung beschafft worden sind, – mittels welcher Datenträger auch immer – über die Staatsgrenzen hinweg weitergegeben, so finden die folgenden Bestimmungen Anwendung.

(2) Eine Vertragspartei darf allein zum Zweck des Schutzes des Persönlichkeitsbereichs den grenzüberschreitenden Verkehr personenbezogener Daten in das Hoheitsgebiet einer anderen Vertragspartei nicht verbieten oder von einer besonderen Genehmigung abhängig machen.

(3) Jede Vertragspartei ist jedoch berechtigt, von Absatz 2 abzuweichen,
a) soweit ihr Recht für bestimmte Arten von personenbezogenen Daten oder automatisierten Dateien/Datensammlungen mit personenbezogenen Daten wegen der Beschaffenheit dieser Arten besondere Vorschriften enthält, es sei denn, die Vorschriften der anderen Vertragspartei sehen einen gleichwertigen Schutz vor;

b) um zu verhindern, daß ihr Recht dadurch umgangen wird, daß eine Weitergabe aus ihrem Hoheitsgebiet in das Hoheitsgebiet einer Nichtvertragspartei auf dem Weg über das Hoheitsgebiet einer anderen Vertragspartei erfolgt.

Kapitel IV. Gegenseitige Hilfeleistung

Art. 13 Zusammenarbeit zwischen den Vertragsparteien. (1) Die Vertragsparteien verpflichten sich, einander bei der Durchführung dieses Übereinkommens Hilfe zu leisten.

(2) Zu diesem Zweck

a) bezeichnet jede Vertragspartei eine oder mehrere Behörden und teilt deren amtliche Bezeichnung und Anschrift dem Generalsekretär des Europarats mit;

b) legt jede Vertragspartei, die mehrere Behörden bezeichnet hat, die Zuständigkeit jeder Behörde fest und gibt sie in ihrer Mitteilung nach Buchstabe a an.

(3) Eine bezeichnete Behörde einer Vertragspartei wird auf Ersuchen einer bezeichneten Behörde einer anderen Vertragspartei

a) Auskünfte über Recht und Verwaltungspraxis im Bereich des Datenschutzes erteilen;

b) in Übereinstimmung mit dem innerstaatlichen Recht und allein zum Zweck des Schutzes des Persönlichkeitsbereichs alle geeigneten Maßnahmen treffen, um Sachauskünfte über eine bestimmte automatische Verarbeitung, die in ihrem Hoheitsgebiet durchgeführt wird, zu erteilen, jedoch mit Ausnahme der dabei verarbeiteten personenbezogenen Daten.

Art. 14 Unterstützung von Betroffenen die im Ausland wohnen.

(1) Jede Vertragspartei unterstützt Personen, die im Ausland wohnen, bei der Ausübung der Rechte, die ihnen nach dem innerstaatlichen Recht zustehen, das die in Artikel 8 aufgestellten Grundsätze verwirklicht.

(2) Eine im Hoheitsgebiet einer anderen Vertragspartei wohnende Person kann ihren Antrag über die bezeichnete Behörde dieser Vertragspartei stellen.

(3) Der Antrag auf Unterstützung muß alle erforderlichen Angaben enthalten, insbesondere über

a) den Namen, die Anschrift und alle anderen für die Identifizierung des Antragstellers erheblichen Einzelheiten;

b) die automatisierte Datei/Datensammlung mit personenbezogenen Daten oder den dafür Verantwortlichen auf die sich der Antrag bezieht;

c) den Zweck des Antrags.

Art. 15 Sicherheiten bei Hilfeleistung durch bezeichnete Behörden.

(1) Hat eine bezeichnete Behörde einer Vertragspartei von einer bezeichneten Behörde einer anderen Vertragspartei Auskünfte erhalten, die einem Antrag auf Unterstützung dienen oder Antwort auf ein eigenes Ersuchen geben, so darf sie diese Auskünfte nur zu den Zwecken verwenden, die dem Antrag oder Ersuchen zugrunde liegen.

(2) Jede Vertragspartei sorgt dafür, daß die Personen, die der bezeichneten Behörde angehören oder in ihrem Namen handeln, durch entsprechende Verpflichtungen zur Geheimhaltung oder zur vertraulichen Behandlung dieser Auskünfte gebunden werden.

(3) Es ist einer bezeichneten Behörde in keinem Fall erlaubt, nach Artikel 14 Absatz 2 im Namen eines im Ausland wohnenden Betroffenen von sich aus und ohne dessen ausdrückliche Zustimmung einen Antrag auf Unterstützung zu stellen.

Art. 16 Ablehnung von Ersuchen und Anträgen. Eine bezeichnete Behörde, an die nach Artikel 13 ein Ersuchen oder nach Artikel 14 ein Antrag gerichtet wird, kann nur ablehnen, ihnen stattzugeben, wenn

a) sie mit den Befugnissen der für die Beantwortung zuständigen Behörden auf dem Gebiet des Datenschutzes nicht vereinbar sind;

b) sie den Bestimmungen dieses Übereinkommens nicht entsprechen;

c) ihre Erfüllung mit der Souveränität, der Sicherheit oder der öffentlichen Ordnung der Vertragspartei, die sie bezeichnet hat, oder mit den Rechten und Grundfreiheiten der Person, die der Gerichtsbarkeit dieser Vertragspartei unterstehen, nicht vereinbar wäre.

Art. 17 Kosten und Verfahren. (1) [1] Für Hilfe, welche die Vertragsparteien einander nach Artikel 13 leisten oder für die Unterstützung, die sie Betroffenen im Ausland nach Artikel 14 leisten, werden keine Auslagen oder Gebühren außer für Sachverständige und Dolmetscher erhoben. [2] Diese Auslagen oder Gebühren werden von der Vertragspartei getragen, welche die ersuchende Behörde bezeichnet hat.

(2) Der Betroffene kann nicht verpflichtet werden, für Schritte, die im Hoheitsgebiet einer anderen Vertragspartei für ihn unternommen werden, höhere Auslagen oder Gebühren zu zahlen, als von Personen erhoben werden können, die im Hoheitsgebiet der betreffenden Vertragspartei wohnen.

(3) Die sonstigen Einzelheiten im Zusammenhang mit der Hilfeleistung oder Unterstützung, insbesondere hinsichtlich der Form und der Verfahren sowie der zu verwendenden Sprachen, werden unmittelbar zwischen den beteiligten Vertragsparteien festgelegt.

Kapitel V. Beratender Ausschuß

Art. 18 Zusammensetzung des Ausschusses. (1) Nach dem Inkrafttreten dieses Übereinkommens wird ein Beratender Ausschuß eingesetzt.

(2) [1] Jede Vertragspartei ernennt einen Vertreter und einen Stellvertreter für diesen Ausschuß. [2] Jeder Mitgliedsstaat des Europarats, der nicht Vertragspartei des Übereinkommens ist, hat das Recht, sich im Ausschuß durch einen Beobachter vertreten zu lassen.

(3) Der Beratende Ausschuß kann durch einstimmigen Beschluß jeden Nichtmitgliedstaat des Europarats, der nicht Vertragspartei des Übereinkommens ist, einladen, sich durch einen Beobachter in einer seiner Sitzungen vertreten zu lassen.

Art. 19 Aufgaben des Ausschusses. Der Beratende Ausschuß

a) kann Vorschläge zur Erleichterung oder Verbesserung der Anwendung des Übereinkommens machen;

b) kann in Übereinstimmung mit Artikel 21 Änderungen dieses Übereinkommens vorschlagen;

c) nimmt zu jeder vorgeschlagenen Änderung dieses Übereinkommens Stellung, die ihm nach Artikel 21 Absatz 3 unterbreitet wird;

d) kann auf Ersuchen einer Vertragspartei zu allen Fragen im Zusammenhang mit der Anwendung dieses Übereinkommens Stellung nehmen.

Art. 20 Verfahren. (1) [1]Der Beratende Ausschuß wird vom Generalsekretär des Europarats einberufen. [2]Seine erste Sitzung findet innerhalb von zwölf Monaten nach Inkrafttreten dieses Übereinkommens statt. [3]Danach tritt er mindestens alle zwei Jahre sowie immer dann zusammen, wenn ein Drittel der Vertreter der Vertragsparteien dies verlangt.

(2) Der Beratende Ausschuß ist in einer Sitzung beschlußfähig, wenn die Mehrheit der Vertreter der Vertragsparteien anwesend ist.

(3) Im Anschluß an jede Sitzung unterbreitet der Beratende Ausschuß dem Ministerkomitee des Europarats einen Bericht über seine Arbeit und die Wirksamkeit des Übereinkommens.

(4) In Übereinstimmung mit diesem Übereinkommen gibt sich der Beratende Ausschuß eine Geschäftsordnung.

Kapitel VI. Änderungen

Art. 21 Änderungen. (1) Änderungen dieses Übereinkommens können von einer Vertragspartei, vom Ministerkomitee des Europarats oder vom Beratenden Ausschuß vorgeschlagen werden.

(2) Der Generalsekretär des Europarats teilt jeden Änderungsvorschlag den Mitgliedstaaten des Europarats sowie jedem Nichtmitgliedstaat mit, der diesem Übereinkommen beigetreten ist oder der nach Artikel 23 eingeladen worden ist, ihm beizutreten.

(3) Darüber hinaus wird jede von einer Vertragspartei oder vom Ministerkomitee vorgeschlagene Änderung dem Beratenden Ausschuß übermittelt; dieser teilt dem Ministerkomitee seine Stellungnahme zu der vorgeschlagenen Änderung mit.

(4) Das Ministerkomitee prüft die vorgeschlagene Änderung und die Stellungnahme des Beratenden Ausschusses und kann die Änderung genehmigen.

(5) Der Wortlaut einer Änderung, die das Ministerkomitee nach Absatz 4 genehmigt hat, wird den Vertragsparteien zur Annahme zugeleitet.

(6) Eine nach Absatz 4 genehmigte Änderung tritt am dreißigsten Tag nach dem Zeitpunkt in Kraft, zu dem alle Vertragsparteien dem Generalsekretär ihre Annahme mitgeteilt haben.

Kapitel VII. Schlußklauseln

Art. 22 Inkrafttreten. (1) [1]Dieses Übereinkommen liegt für die Mitgliedstaaten des Europarats zur Unterzeichnung auf. [2]Es bedarf der Ratifikation, Annahme oder Genehmigung. [3]Die Ratifikations-, Annahme- oder Genehmigungsurkunden werden beim Generalsekretär des Europarats hinterlegt.

(2) Das Übereinkommen tritt am ersten Tag des Monats in Kraft[1)], der auf einen Zeitabschnitt von drei Monaten nach dem Tag folgt, an dem fünf Mitgliedsstaaten des Europarats nach Absatz 1 ihre Zustimmung ausgedrückt haben, durch das Übereinkommen gebunden zu sein.

(3) Für jeden Mitgliedstaat, der später seine Zustimmung ausdrückt, durch das Übereinkommen gebunden zu sein, tritt es am ersten Tag des Monats in Kraft, der auf einen Zeitabschnitt von drei Monaten nach Hinterlegung der Ratifikations-, Annahme- oder Genehmigungsurkunde folgt.

Art. 23 Beitritt von Nichtmitgliedstaaten. (1) Nach Inkrafttreten dieses Übereinkommens kann das Ministerkomitee des Europarats durch einen mit der in Artikel 20 Buchstabe d der Satzung vorgesehenen Mehrheit und mit einhelliger Zustimmung der Vertreter der Vertragsstaaten, die Anspruch auf einen Sitz im Komitee haben, gefaßten Beschluß jeden Nichtmitgliedstaat des Rates einladen, dem Übereinkommen beizutreten.

(2) Für jeden beitretenden Staat tritt das Übereinkommen am ersten Tag des Monats in Kraft, der auf einen Zeitabschnitt von drei Monaten nach Hinterlegung der Beitrittsurkunde beim Generalsekretär des Europarats folgt.

Art. 24 Räumlicher Geltungsbereich. (1) Jeder Staat kann bei der Unterzeichnung oder bei der Hinterlegung seiner Ratifikations-, Annahme-, Genehmigungs- oder Beitrittsurkunde einzelne oder mehrere Hoheitsgebiete bezeichnen, auf die dieses Übereinkommen Anwendung findet.

(2) [1]Jeder Staat kann jederzeit danach durch eine an den Generalsekretär des Europarats gerichtete Erklärung die Anwendung dieses Übereinkommens auf jedes weitere in der Erklärung bezeichnete Hoheitsgebiet erstrecken. [2]Das Übereinkommen tritt für dieses Hoheitsgebiet am ersten Tag des Monats in Kraft, der auf einen Zeitabschnitt von drei Monaten nach Eingang der Erklärung beim Generalsekretär folgt.

(3) [1]Jede nach den Absätzen 1 und 2 abgegebene Erklärung kann in bezug auf jedes darin bezeichnete Hoheitsgebiet durch eine an den Generalsekretär des Europarats gerichtete Notifikation zurückgenommen werden. [2]Die Zurücknahme wird am ersten Tag des Monats wirksam, der auf einen Zeitabschnitt von sechs Monaten nach Eingang der Notifikation beim Generalsekretär folgt.

Art. 25 Vorbehalte. Vorbehalte zu diesem Übereinkommen sind nicht zulässig.

---

1) Das Übereinkommen ist für die Bundesrepublik Deutschland **mWv 1.10.1985** in Kraft getreten; siehe hierzu die Bekanntmachung über das Inkrafttreten des Übereinkommens zum Schutz des Menschen bei der automatischen Verarbeitung personenbezogener Daten v. 26.9.1985 (BGBl. II S. 1134).

Art. 26 Kündigung. (1) Jede Vertragspartei kann dieses Übereinkommen jederzeit durch eine an den Generalsekretär des Europarats gerichtete Notifikation kündigen.

(2) Die Kündigung wird am ersten Tag des Monats wirksam, der auf einen Zeitabschnitt von sechs Monaten nach Eingang der Notifikation beim Generalsekretär folgt.

Art. 27 Notifikationen. Der Generalsekretär des Europarats notifiziert den Mitgliedstaaten des Rates und jedem Staat, der diesem Übereinkommen beigetreten ist,

a) jede Unterzeichnung;

b) jede Hinterlegung einer Ratifikations-, Annahme-, Genehmigungs- oder Beitrittsurkunde;

c) jeden Zeitpunkt des Inkrafttretens dieses Übereinkommens nach den Artikeln 22, 23 und 24;

d) jede andere Handlung, Notifikation oder Mitteilung im Zusammenhang mit diesem Übereinkommen.

Art. 28 Räumlicher Geltungsbereich *(noch nicht in Kraft)*

Art. 29 Vorbehalte *(noch nicht in Kraft)*

Art. 30 Kündigung *(noch nicht in Kraft)*

Art. 31 Notifikationen *(noch nicht in Kraft)*

Zu Urkund dessen haben die hierzu gehörig befugten Unterzeichneten dieses Übereinkommen unterschrieben.

Geschehen zu Straßburg am 28. Januar 1981 in englischer und französischer Sprache, wobei jeder Wortlaut gleichermaßen verbindlich ist, in einer Urschrift, die im Archiv des Europarats hinterlegt wird. Der Generalsekretär des Europarats übermittelt allen Mitgliedstaaten des Europarats und allen zum Beitritt zu diesem Übereinkommen eingeladenen Staaten beglaubigte Abschriften.

Zweiter Teil. Nationales Recht

11. Bundesdatenschutzgesetz (BDSG)[1)]

Vom 30. Juni 2017
(BGBl. I S. 2097)

FNA 204-4

zuletzt geänd. durch Art. 7 G zur Durchführung der VO (EU) 2022/2065 v. 6.5.2024 (BGBl. 2024 I Nr. 149)

Inhaltsübersicht

[1)] Verkündet als Art. 1 des Datenschutz-Anpassungs- und -UmsetzungsG EU v. 30.6.2017 (BGBl. I S. 2097); Inkrafttreten gem. Art. 8 Abs. 1 dieses G am 25.5.2018.

Teil 1. Gemeinsame Bestimmungen

Kapitel 1. Anwendungsbereich und Begriffsbestimmungen

§ 1 Anwendungsbereich des Gesetzes. (1) [1]Dieses Gesetz gilt für die Verarbeitung personenbezogener Daten durch

1. öffentliche Stellen des Bundes,
2. öffentliche Stellen der Länder, soweit der Datenschutz nicht durch Landesgesetz geregelt ist und soweit sie
   a) Bundesrecht ausführen oder
   b) als Organe der Rechtspflege tätig werden und es sich nicht um Verwaltungsangelegenheiten handelt.

[2]Für nichtöffentliche Stellen gilt dieses Gesetz für die ganz oder teilweise automatisierte Verarbeitung personenbezogener Daten sowie die nicht automatisierte Verarbeitung personenbezogener Daten, die in einem Dateisystem gespeichert sind oder gespeichert werden sollen, es sei denn, die Verarbeitung durch natürliche Personen erfolgt zur Ausübung ausschließlich persönlicher oder familiärer Tätigkeiten.

(2) [1]Andere Rechtsvorschriften des Bundes über den Datenschutz gehen den Vorschriften dieses Gesetzes vor. [2]Regeln sie einen Sachverhalt, für den

dieses Gesetz gilt, nicht oder nicht abschließend, finden die Vorschriften dieses Gesetzes Anwendung. [3]Die Verpflichtung zur Wahrung gesetzlicher Geheimhaltungspflichten oder von Berufs- oder besonderen Amtsgeheimnissen, die nicht auf gesetzlichen Vorschriften beruhen, bleibt unberührt.

(3) Die Vorschriften dieses Gesetzes gehen denen des Verwaltungsverfahrensgesetzes[1)] vor, soweit bei der Ermittlung des Sachverhalts personenbezogene Daten verarbeitet werden.

(4) [1]Dieses Gesetz findet Anwendung auf öffentliche Stellen. [2]Auf nichtöffentliche Stellen findet es Anwendung, sofern

1. der Verantwortliche oder Auftragsverarbeiter personenbezogene Daten im Inland verarbeitet,
2. die Verarbeitung personenbezogener Daten im Rahmen der Tätigkeiten einer inländischen Niederlassung des Verantwortlichen oder Auftragsverarbeiters erfolgt oder
3. der Verantwortliche oder Auftragsverarbeiter zwar keine Niederlassung in einem Mitgliedstaat der Europäischen Union oder in einem anderen Vertragsstaat des Abkommens über den Europäischen Wirtschaftsraum hat, er aber in den Anwendungsbereich der Verordnung (EU) 2016/679[2)] des Europäischen Parlaments und des Rates vom 27. April 2016 zum Schutz natürlicher Personen bei der Verarbeitung personenbezogener Daten, zum freien Datenverkehr und zur Aufhebung der Richtlinie 95/46/EG (Datenschutz-Grundverordnung) (ABl. L 119 vom 4.5.2016, S. 1; L 314 vom 22.11.2016, S. 72; L 127 vom 23.5.2018, S. 2) in der jeweils geltenden Fassung fällt.

[3]Sofern dieses Gesetz nicht gemäß Satz 2 Anwendung findet, gelten für den Verantwortlichen oder Auftragsverarbeiter nur die §§ 8 bis 21, 39 bis 44.

(5) Die Vorschriften dieses Gesetzes finden keine Anwendung, soweit das Recht der Europäischen Union, im Besonderen die Verordnung (EU) 2016/679 in der jeweils geltenden Fassung, unmittelbar gilt.

(6) [1]Bei Verarbeitungen zu Zwecken gemäß Artikel 2 der Verordnung (EU) 2016/679 stehen die Vertragsstaaten des Abkommens über den Europäischen Wirtschaftsraum den Mitgliedstaaten der Europäischen Union gleich. [2]Andere Staaten gelten insoweit als Drittstaaten.

(7) [1]Bei Verarbeitungen zu Zwecken gemäß Artikel 1 Absatz 1 der Richtlinie (EU) 2016/680[3)] des Europäischen Parlaments und des Rates vom 27. April 2016 zum Schutz natürlicher Personen bei der Verarbeitung personenbezogener Daten durch die zuständigen Behörden zum Zwecke der Verhütung, Ermittlung, Aufdeckung oder Verfolgung von Straftaten oder der Strafvollstreckung sowie zum freien Datenverkehr und zur Aufhebung des Rahmenbeschlusses 2008/977/JI des Rates (ABl. L 119 vom 4.5.2016, S. 89) stehen die bei der Umsetzung, Anwendung und Entwicklung des Schengen-Besitzstands assoziierten Staaten den Mitgliedstaaten der Europäischen Union gleich. [2]Andere Staaten gelten insoweit als Drittstaaten.

(8) Für Verarbeitungen personenbezogener Daten durch öffentliche Stellen im Rahmen von nicht in die Anwendungsbereiche der Verordnung (EU)

[1)] Auszugsweise abgedruckt unter Nr. **21**.
[2)] Nr. **1**.
[3)] Nr. **2**.

2016/679 und der Richtlinie (EU) 2016/680 fallenden Tätigkeiten finden die Verordnung (EU) 2016/679 und die Teile 1 und 2 dieses Gesetzes entsprechend Anwendung, soweit nicht in diesem Gesetz oder einem anderen Gesetz Abweichendes geregelt ist.

§ 2 Begriffsbestimmungen. (1) Öffentliche Stellen des Bundes sind die Behörden, die Organe der Rechtspflege und andere öffentlich-rechtlich organisierte Einrichtungen des Bundes, der bundesunmittelbaren Körperschaften, der Anstalten und Stiftungen des öffentlichen Rechts sowie deren Vereinigungen ungeachtet ihrer Rechtsform.

(2) Öffentliche Stellen der Länder sind die Behörden, die Organe der Rechtspflege und andere öffentlich-rechtlich organisierte Einrichtungen eines Landes, einer Gemeinde, eines Gemeindeverbandes oder sonstiger der Aufsicht des Landes unterstehender juristischer Personen des öffentlichen Rechts sowie deren Vereinigungen ungeachtet ihrer Rechtsform.

(3) [1] Vereinigungen des privaten Rechts von öffentlichen Stellen des Bundes und der Länder, die Aufgaben der öffentlichen Verwaltung wahrnehmen, gelten ungeachtet der Beteiligung nichtöffentlicher Stellen als öffentliche Stellen des Bundes, wenn

1. sie über den Bereich eines Landes hinaus tätig werden oder
2. dem Bund die absolute Mehrheit der Anteile gehört oder die absolute Mehrheit der Stimmen zusteht.

[2] Andernfalls gelten sie als öffentliche Stellen der Länder.

(4) [1] Nichtöffentliche Stellen sind natürliche und juristische Personen, Gesellschaften und andere Personenvereinigungen des privaten Rechts, soweit sie nicht unter die Absätze 1 bis 3 fallen. [2] Nimmt eine nichtöffentliche Stelle hoheitliche Aufgaben der öffentlichen Verwaltung wahr, ist sie insoweit öffentliche Stelle im Sinne dieses Gesetzes.

(5) [1] Öffentliche Stellen des Bundes gelten als nichtöffentliche Stellen im Sinne dieses Gesetzes, soweit sie als öffentlich-rechtliche Unternehmen am Wettbewerb teilnehmen. [2] Als nichtöffentliche Stellen im Sinne dieses Gesetzes gelten auch öffentliche Stellen der Länder, soweit sie als öffentlich-rechtliche Unternehmen am Wettbewerb teilnehmen, Bundesrecht ausführen und der Datenschutz nicht durch Landesgesetz geregelt ist.

Kapitel 2. Rechtsgrundlagen der Verarbeitung personenbezogener Daten

§ 3 Verarbeitung personenbezogener Daten durch öffentliche Stellen. Die Verarbeitung personenbezogener Daten durch eine öffentliche Stelle ist zulässig, wenn sie zur Erfüllung der in der Zuständigkeit des Verantwortlichen liegenden Aufgabe oder in Ausübung öffentlicher Gewalt, die dem Verantwortlichen übertragen wurde, erforderlich ist.

§ 4 Videoüberwachung öffentlich zugänglicher Räume. (1) [1] Die Beobachtung öffentlich zugänglicher Räume mit optisch-elektronischen Einrichtungen (Videoüberwachung) ist nur zulässig, soweit sie

1. zur Aufgabenerfüllung öffentlicher Stellen,
2. zur Wahrnehmung des Hausrechts oder

3. zur Wahrnehmung berechtigter Interessen für konkret festgelegte Zwecke

erforderlich ist und keine Anhaltspunkte bestehen, dass schutzwürdige Interessen der betroffenen Personen überwiegen. [2] Bei der Videoüberwachung von

1. öffentlich zugänglichen großflächigen Anlagen, wie insbesondere Sport-, Versammlungs- und Vergnügungsstätten, Einkaufszentren oder Parkplätzen, oder
2. Fahrzeugen und öffentlich zugänglichen großflächigen Einrichtungen des öffentlichen Schienen-, Schiffs- und Busverkehrs

gilt der Schutz von Leben, Gesundheit oder Freiheit von dort aufhältigen Personen als ein besonders wichtiges Interesse.

(2) Der Umstand der Beobachtung und der Name und die Kontaktdaten des Verantwortlichen sind durch geeignete Maßnahmen zum frühestmöglichen Zeitpunkt erkennbar zu machen.

(3) [1] Die Speicherung oder Verwendung von nach Absatz 1 erhobenen Daten ist zulässig, wenn sie zum Erreichen des verfolgten Zwecks erforderlich ist und keine Anhaltspunkte bestehen, dass schutzwürdige Interessen der betroffenen Personen überwiegen. [2] Absatz 1 Satz 2 gilt entsprechend. [3] Für einen anderen Zweck dürfen sie nur weiterverarbeitet werden, soweit dies zur Abwehr von Gefahren für die staatliche und öffentliche Sicherheit sowie zur Verfolgung von Straftaten erforderlich ist.

(4) [1] Werden durch Videoüberwachung erhobene Daten einer bestimmten Person zugeordnet, so besteht die Pflicht zur Information der betroffenen Person über die Verarbeitung gemäß den Artikeln 13 und 14 der Verordnung (EU) 2016/679[1)]. [2] § 32 gilt entsprechend.

(5) Die Daten sind unverzüglich zu löschen, wenn sie zur Erreichung des Zwecks nicht mehr erforderlich sind oder schutzwürdige Interessen der betroffenen Personen einer weiteren Speicherung entgegenstehen.

Kapitel 3. Datenschutzbeauftragte öffentlicher Stellen

§ 5 Benennung. (1) [1] Öffentliche Stellen benennen eine Datenschutzbeauftragte oder einen Datenschutzbeauftragten. [2] Dies gilt auch für öffentliche Stellen nach § 2 Absatz 5, die am Wettbewerb teilnehmen.

(2) Für mehrere öffentliche Stellen kann unter Berücksichtigung ihrer Organisationsstruktur und ihrer Größe eine gemeinsame Datenschutzbeauftragte oder ein gemeinsamer Datenschutzbeauftragter benannt werden.

(3) Die oder der Datenschutzbeauftragte wird auf der Grundlage ihrer oder seiner beruflichen Qualifikation und insbesondere ihres oder seines Fachwissens benannt, das sie oder er auf dem Gebiet des Datenschutzrechts und der Datenschutzpraxis besitzt, sowie auf der Grundlage ihrer oder seiner Fähigkeit zur Erfüllung der in § 7 genannten Aufgaben.

(4) Die oder der Datenschutzbeauftragte kann Beschäftigte oder Beschäftigter der öffentlichen Stelle sein oder ihre oder seine Aufgaben auf der Grundlage eines Dienstleistungsvertrags erfüllen.

[1)] Nr. 1.

(5) Die öffentliche Stelle veröffentlicht die Kontaktdaten der oder des Datenschutzbeauftragten und teilt diese Daten der oder dem Bundesbeauftragten für den Datenschutz und die Informationsfreiheit mit.

§ 6 Stellung. (1) Die öffentliche Stelle stellt sicher, dass die oder der Datenschutzbeauftragte ordnungsgemäß und frühzeitig in alle mit dem Schutz personenbezogener Daten zusammenhängenden Fragen eingebunden wird.

(2) Die öffentliche Stelle unterstützt die Datenschutzbeauftragte oder den Datenschutzbeauftragten bei der Erfüllung ihrer oder seiner Aufgaben gemäß § 7, indem sie die für die Erfüllung dieser Aufgaben erforderlichen Ressourcen und den Zugang zu personenbezogenen Daten und Verarbeitungsvorgängen sowie die zur Erhaltung ihres oder seines Fachwissens erforderlichen Ressourcen zur Verfügung stellt.

(3) [1] Die öffentliche Stelle stellt sicher, dass die oder der Datenschutzbeauftragte bei der Erfüllung ihrer oder seiner Aufgaben keine Anweisungen bezüglich der Ausübung dieser Aufgaben erhält. [2] Die oder der Datenschutzbeauftragte berichtet unmittelbar der höchsten Leitungsebene der öffentlichen Stelle. [3] Die oder der Datenschutzbeauftragte darf von der öffentlichen Stelle wegen der Erfüllung ihrer oder seiner Aufgaben nicht abberufen oder benachteiligt werden.

(4) [1] Die Abberufung der oder des Datenschutzbeauftragten ist nur in entsprechender Anwendung des § 626 des Bürgerlichen Gesetzbuchs zulässig. [2] Die Kündigung des Arbeitsverhältnisses ist unzulässig, es sei denn, dass Tatsachen vorliegen, welche die öffentliche Stelle zur Kündigung aus wichtigem Grund ohne Einhaltung einer Kündigungsfrist berechtigen. [3] Nach dem Ende der Tätigkeit als Datenschutzbeauftragte oder als Datenschutzbeauftragter ist die Kündigung des Arbeitsverhältnisses innerhalb eines Jahres unzulässig, es sei denn, dass die öffentliche Stelle zur Kündigung aus wichtigem Grund ohne Einhaltung einer Kündigungsfrist berechtigt ist.

(5) [1] Betroffene Personen können die Datenschutzbeauftragte oder den Datenschutzbeauftragten zu allen mit der Verarbeitung ihrer personenbezogenen Daten und mit der Wahrnehmung ihrer Rechte gemäß der Verordnung (EU) 2016/679[1)], diesem Gesetz sowie anderen Rechtsvorschriften über den Datenschutz im Zusammenhang stehenden Fragen zu Rate ziehen. [2] Die oder der Datenschutzbeauftragte ist zur Verschwiegenheit über die Identität der betroffenen Person sowie über Umstände, die Rückschlüsse auf die betroffene Person zulassen, verpflichtet, soweit sie oder er nicht davon durch die betroffene Person befreit wird.

(6) [1] Wenn die oder der Datenschutzbeauftragte bei ihrer oder seiner Tätigkeit Kenntnis von Daten erhält, für die der Leitung oder einer bei der öffentlichen Stelle beschäftigten Person aus beruflichen Gründen ein Zeugnisverweigerungsrecht zusteht, steht dieses Recht auch der oder dem Datenschutzbeauftragten und den ihr oder ihm unterstellten Beschäftigten zu. [2] Über die Ausübung dieses Rechts entscheidet die Person, der das Zeugnisverweigerungsrecht aus beruflichen Gründen zusteht, es sei denn, dass diese Entscheidung in absehbarer Zeit nicht herbeigeführt werden kann. [3] Soweit das Zeugnisverweigerungsrecht der oder des Datenschutzbeauftragten

---

[1)] Nr. 1.

reicht, unterliegen ihre oder seine Akten und andere Dokumente einem Beschlagnahmeverbot.

§ 7 Aufgaben. (1) [1]Der oder dem Datenschutzbeauftragten obliegen neben den in der Verordnung (EU) 2016/679[1)] genannten Aufgaben zumindest folgende Aufgaben:

1. Unterrichtung und Beratung der öffentlichen Stelle und der Beschäftigten, die Verarbeitungen durchführen, hinsichtlich ihrer Pflichten nach diesem Gesetz und sonstigen Vorschriften über den Datenschutz, einschließlich der zur Umsetzung der Richtlinie (EU) 2016/680[2)] erlassenen Rechtsvorschriften;
2. Überwachung der Einhaltung dieses Gesetzes und sonstiger Vorschriften über den Datenschutz, einschließlich der zur Umsetzung der Richtlinie (EU) 2016/680 erlassenen Rechtsvorschriften, sowie der Strategien der öffentlichen Stelle für den Schutz personenbezogener Daten, einschließlich der Zuweisung von Zuständigkeiten, der Sensibilisierung und der Schulung der an den Verarbeitungsvorgängen beteiligten Beschäftigten und der diesbezüglichen Überprüfungen;
3. Beratung im Zusammenhang mit der Datenschutz-Folgenabschätzung und Überwachung ihrer Durchführung gemäß § 67 dieses Gesetzes;
4. Zusammenarbeit mit der Aufsichtsbehörde;
5. Tätigkeit als Anlaufstelle für die Aufsichtsbehörde in mit der Verarbeitung zusammenhängenden Fragen, einschließlich der vorherigen Konsultation gemäß § 69 dieses Gesetzes, und gegebenenfalls Beratung zu allen sonstigen Fragen.

[2]Im Fall einer oder eines bei einem Gericht bestellten Datenschutzbeauftragten beziehen sich diese Aufgaben nicht auf das Handeln des Gerichts im Rahmen seiner justiziellen Tätigkeit.

(2) [1]Die oder der Datenschutzbeauftragte kann andere Aufgaben und Pflichten wahrnehmen. [2]Die öffentliche Stelle stellt sicher, dass derartige Aufgaben und Pflichten nicht zu einem Interessenkonflikt führen.

(3) Die oder der Datenschutzbeauftragte trägt bei der Erfüllung ihrer oder seiner Aufgaben dem mit den Verarbeitungsvorgängen verbundenen Risiko gebührend Rechnung, wobei sie oder er die Art, den Umfang, die Umstände und die Zwecke der Verarbeitung berücksichtigt.

Kapitel 4. Die oder der Bundesbeauftragte für den Datenschutz und die Informationsfreiheit

§ 8 Errichtung. (1) [1]Die oder der Bundesbeauftragte für den Datenschutz und die Informationsfreiheit (Bundesbeauftragte) ist eine oberste Bundesbehörde. [2]Der Dienstsitz ist Bonn.

(2) Die Beamtinnen und Beamten der oder des Bundesbeauftragten sind Beamtinnen und Beamte des Bundes.

(3) [1]Die oder der Bundesbeauftragte kann Aufgaben der Personalverwaltung und Personalwirtschaft auf andere Stellen des Bundes übertragen, soweit hier-

[1)] Nr. 1.
[2)] Nr. 2.

durch die Unabhängigkeit der oder des Bundesbeauftragten nicht beeinträchtigt wird. [2] Diesen Stellen dürfen personenbezogene Daten der Beschäftigten übermittelt werden, soweit deren Kenntnis zur Erfüllung der übertragenen Aufgaben erforderlich ist.

§ 9 Zuständigkeit. (1) [1] Die oder der Bundesbeauftragte ist zuständig für die Aufsicht über die öffentlichen Stellen des Bundes, auch soweit sie als öffentlich-rechtliche Unternehmen am Wettbewerb teilnehmen, sowie über Unternehmen, soweit diese für die geschäftsmäßige Erbringung von Telekommunikationsdienstleistungen Daten von natürlichen oder juristischen Personen verarbeiten und sich die Zuständigkeit nicht bereits aus § 29 des Telekommunikation-Digitale-Dienste-Datenschutz-Gesetzes[1)] ergibt. [2] Die Vorschriften dieses Kapitels gelten auch für Auftragsverarbeiter, soweit sie nichtöffentliche Stellen sind, bei denen dem Bund die Mehrheit der Anteile gehört oder die Mehrheit der Stimmen zusteht und der Auftraggeber eine öffentliche Stelle des Bundes ist.

(2) Die oder der Bundesbeauftragte ist nicht zuständig für die Aufsicht über die von den Bundesgerichten im Rahmen ihrer justiziellen Tätigkeit vorgenommenen Verarbeitungen.

§ 10 Unabhängigkeit. (1) [1] Die oder der Bundesbeauftragte handelt bei der Erfüllung ihrer oder seiner Aufgaben und bei der Ausübung ihrer oder seiner Befugnisse völlig unabhängig. [2] Sie oder er unterliegt weder direkter noch indirekter Beeinflussung von außen und ersucht weder um Weisung noch nimmt sie oder er Weisungen entgegen.

(2) Die oder der Bundesbeauftragte unterliegt der Rechnungsprüfung durch den Bundesrechnungshof, soweit hierdurch ihre oder seine Unabhängigkeit nicht beeinträchtigt wird.

§ 11 Ernennung und Amtszeit. (1) [1] Der Deutsche Bundestag wählt ohne Aussprache auf Vorschlag der Bundesregierung die Bundesbeauftragte oder den Bundesbeauftragten mit mehr als der Hälfte der gesetzlichen Zahl seiner Mitglieder. [2] Die oder der Gewählte ist von der Bundespräsidentin oder dem Bundespräsidenten zu ernennen. [3] Die oder der Bundesbeauftragte muss bei ihrer oder seiner Wahl das 35. Lebensjahr vollendet haben. [4] Sie oder er muss über die für die Erfüllung ihrer oder seiner Aufgaben und Ausübung ihrer oder seiner Befugnisse erforderliche Qualifikation, Erfahrung und Sachkunde insbesondere im Bereich des Schutzes personenbezogener Daten verfügen. [5] Insbesondere muss die oder der Bundesbeauftragte über durch einschlägige Berufserfahrung erworbene Kenntnisse des Datenschutzrechts verfügen und die Befähigung zum Richteramt oder höheren Verwaltungsdienst haben.

(2) [1] Die oder der Bundesbeauftragte leistet vor der Bundespräsidentin oder dem Bundespräsidenten folgenden Eid: „Ich schwöre, dass ich meine Kraft dem Wohle des deutschen Volkes widmen, seinen Nutzen mehren, Schaden von ihm wenden, das Grundgesetz[2)] und die Gesetze des Bundes wahren und verteidigen, meine Pflichten gewissenhaft erfüllen und Gerechtigkeit gegen jedermann üben werde. So wahr mir Gott helfe." [2] Der Eid kann auch ohne religiöse Beteuerung geleistet werden.

[1)] Nr. **14**.
[2)] Auszugsweise abgedruckt unter Nr. **19**.

(3) [1] Die Amtszeit der oder des Bundesbeauftragten beträgt fünf Jahre. [2] Einmalige Wiederwahl ist zulässig.

§ 12 Amtsverhältnis. (1) Die oder der Bundesbeauftragte steht nach Maßgabe dieses Gesetzes zum Bund in einem öffentlich-rechtlichen Amtsverhältnis.

(2) [1] Das Amtsverhältnis beginnt mit der Aushändigung der Ernennungsurkunde. [2] Es endet mit dem Ablauf der Amtszeit oder mit dem Rücktritt. [3] Die Bundespräsidentin oder der Bundespräsident enthebt auf Vorschlag der Präsidentin oder des Präsidenten des Bundestages die Bundesbeauftragte ihres oder den Bundesbeauftragten seines Amtes, wenn die oder der Bundesbeauftragte eine schwere Verfehlung begangen hat oder die Voraussetzungen für die Wahrnehmung ihrer oder seiner Aufgaben nicht mehr erfüllt. [4] Im Fall der Beendigung des Amtsverhältnisses oder der Amtsenthebung erhält die oder der Bundesbeauftragte eine von der Bundespräsidentin oder dem Bundespräsidenten vollzogene Urkunde. [5] Eine Amtsenthebung wird mit der Aushändigung der Urkunde wirksam. [6] Endet das Amtsverhältnis mit Ablauf der Amtszeit, ist die oder der Bundesbeauftragte verpflichtet, auf Ersuchen der Präsidentin oder des Präsidenten des Bundestages die Geschäfte bis zur Ernennung einer Nachfolgerin oder eines Nachfolgers für die Dauer von höchstens sechs Monaten weiterzuführen.

(3) [1] Die Leitende Beamtin oder der Leitende Beamte nimmt die Rechte der oder des Bundesbeauftragten wahr, wenn die oder der Bundesbeauftragte an der Ausübung ihres oder seines Amtes verhindert ist oder wenn ihr oder sein Amtsverhältnis endet und sie oder er nicht zur Weiterführung der Geschäfte verpflichtet ist. [2] § 10 Absatz 1 ist entsprechend anzuwenden.

(4) [1] Die oder der Bundesbeauftragte erhält vom Beginn des Kalendermonats an, in dem das Amtsverhältnis beginnt, bis zum Schluss des Kalendermonats, in dem das Amtsverhältnis endet, im Fall des Absatzes 2 Satz 6 bis zum Ende des Monats, in dem die Geschäftsführung endet, Amtsbezüge in Höhe der Besoldungsgruppe B 11 sowie den Familienzuschlag entsprechend Anlage V des Bundesbesoldungsgesetzes. [2] Das Bundesreisekostengesetz und das Bundesumzugskostengesetz sind entsprechend anzuwenden. [3] Im Übrigen sind § 12 Absatz 6 sowie die §§ 13 bis 20 und 21a Absatz 5 des Bundesministergesetzes mit den Maßgaben anzuwenden, dass an die Stelle der vierjährigen Amtszeit in § 15 Absatz 1 des Bundesministergesetzes eine Amtszeit von fünf Jahren tritt. [4] Abweichend von Satz 3 in Verbindung mit den §§ 15 bis 17 und 21a Absatz 5 des Bundesministergesetzes berechnet sich das Ruhegehalt der oder des Bundesbeauftragten unter Hinzurechnung der Amtszeit als ruhegehaltsfähige Dienstzeit in entsprechender Anwendung des Beamtenversorgungsgesetzes, wenn dies günstiger ist und die oder der Bundesbeauftragte sich unmittelbar vor ihrer oder seiner Wahl zur oder zum Bundesbeauftragten als Beamtin oder Beamter oder als Richterin oder Richter mindestens in dem letzten gewöhnlich vor Erreichen der Besoldungsgruppe B 11 zu durchlaufenden Amt befunden hat.

[Abs. 5 bis 31.12.2024:]

(5) Zur Abmilderung der Folgen der gestiegenen Verbraucherpreise werden der oder dem Bundesbeauftragten in entsprechender Anwendung des § 14 Absatz 4 bis 8 des Bundesbesoldungsgesetzes die folgenden Sonderzahlungen gewährt:

1. für den Monat Juni 2023 eine einmalige Sonderzahlung in Höhe von 1 240 Euro sowie
2. für die Monate Juli 2023 bis Februar 2024 eine monatliche Sonderzahlung in Höhe von jeweils 220 Euro.

§ 13 Rechte und Pflichten. (1) [1] Die oder der Bundesbeauftragte sieht von allen mit den Aufgaben ihres oder seines Amtes nicht zu vereinbarenden Handlungen ab und übt während ihrer oder seiner Amtszeit keine andere mit ihrem oder seinem Amt nicht zu vereinbarende entgeltliche oder unentgeltliche Tätigkeit aus. [2] Insbesondere darf die oder der Bundesbeauftragte neben ihrem oder seinem Amt kein anderes besoldetes Amt, kein Gewerbe und keinen Beruf ausüben und weder der Leitung oder dem Aufsichtsrat oder Verwaltungsrat eines auf Erwerb gerichteten Unternehmens noch einer Regierung oder einer gesetzgebenden Körperschaft des Bundes oder eines Landes angehören. [3] Sie oder er darf nicht gegen Entgelt außergerichtliche Gutachten abgeben.

(2) [1] Die oder der Bundesbeauftragte hat der Präsidentin oder dem Präsidenten des Bundestages Mitteilung über Geschenke zu machen, die sie oder er in Bezug auf das Amt erhält. [2] Die Präsidentin oder der Präsident des Bundestages entscheidet über die Verwendung der Geschenke. [3] Sie oder er kann Verfahrensvorschriften erlassen.

(3) [1] Die oder der Bundesbeauftragte ist berechtigt, über Personen, die ihr oder ihm in ihrer oder seiner Eigenschaft als Bundesbeauftragte oder Bundesbeauftragter Tatsachen anvertraut haben, sowie über diese Tatsachen selbst das Zeugnis zu verweigern. [2] Dies gilt auch für die Mitarbeiterinnen und Mitarbeiter der oder des Bundesbeauftragten mit der Maßgabe, dass über die Ausübung dieses Rechts die oder der Bundesbeauftragte entscheidet. [3] Soweit das Zeugnisverweigerungsrecht der oder des Bundesbeauftragten reicht, darf die Vorlegung oder Auslieferung von Akten oder anderen Dokumenten von ihr oder ihm nicht gefordert werden.

(4) [1] Die oder der Bundesbeauftragte ist, auch nach Beendigung ihres oder seines Amtsverhältnisses, verpflichtet, über die ihr oder ihm amtlich bekanntgewordenen Angelegenheiten Verschwiegenheit zu bewahren. [2] Dies gilt nicht für Mitteilungen im dienstlichen Verkehr oder über Tatsachen, die offenkundig sind oder ihrer Bedeutung nach keiner Geheimhaltung bedürfen. [3] Die oder der Bundesbeauftragte entscheidet nach pflichtgemäßem Ermessen, ob und inwieweit sie oder er über solche Angelegenheiten vor Gericht oder außergerichtlich aussagt oder Erklärungen abgibt; wenn sie oder er nicht mehr im Amt ist, ist die Genehmigung der oder des amtierenden Bundesbeauftragten erforderlich. [4] Unberührt bleibt die gesetzlich begründete Pflicht, Straftaten anzuzeigen und bei einer Gefährdung der freiheitlichen demokratischen Grundordnung für deren Erhaltung einzutreten. [5] Für die Bundesbeauftragte oder den Bundesbeauftragten und ihre oder seine Mitarbeiterinnen und Mitarbeiter gelten die §§ 93, 97 und 105 Absatz 1, § 111 Absatz 5 in Verbindung mit § 105 Absatz 1 sowie § 116 Absatz 1 der Abgabenordnung[1)] nicht. [6] Satz 5 findet keine Anwendung, soweit die Finanzbehörden die Kenntnis für die Durchführung eines Verfahrens wegen einer Steuerstraftat sowie eines damit zusammenhängenden Steuerverfahrens benötigen, an deren Verfolgung ein zwingendes öffentliches Interesse besteht, oder soweit es sich um vorsätzlich falsche

---

[1)] Nr. **26**.

Angaben der oder des Auskunftspflichtigen oder der für sie oder ihn tätigen Personen handelt. [7] Stellt die oder der Bundesbeauftragte einen Datenschutzverstoß fest, ist sie oder er befugt, diesen anzuzeigen und die betroffene Person hierüber zu informieren.

(5) [1] Die oder der Bundesbeauftragte darf als Zeugin oder Zeuge aussagen, es sei denn, die Aussage würde

1. dem Wohl des Bundes oder eines Landes Nachteile bereiten, insbesondere Nachteile für die Sicherheit der Bundesrepublik Deutschland oder ihre Beziehungen zu anderen Staaten, oder
2. Grundrechte verletzen.

[2] Betrifft die Aussage laufende oder abgeschlossene Vorgänge, die dem Kernbereich exekutiver Eigenverantwortung der Bundesregierung zuzurechnen sind oder sein könnten, darf die oder der Bundesbeauftragte nur im Benehmen mit der Bundesregierung aussagen. [3] § 28 des Bundesverfassungsgerichtsgesetzes bleibt unberührt.

(6) Die Absätze 3 und 4 Satz 5 bis 7 gelten entsprechend für die öffentlichen Stellen, die für die Kontrolle der Einhaltung der Vorschriften über den Datenschutz in den Ländern zuständig sind.

§ 14 Aufgaben. (1) [1] Die oder der Bundesbeauftragte hat neben den in der Verordnung (EU) 2016/679[1)] genannten Aufgaben die Aufgaben,

1. die Anwendung dieses Gesetzes und sonstiger Vorschriften über den Datenschutz, einschließlich der zur Umsetzung der Richtlinie (EU) 2016/680[2)] erlassenen Rechtsvorschriften, zu überwachen und durchzusetzen,
2. die Öffentlichkeit für die Risiken, Vorschriften, Garantien und Rechte im Zusammenhang mit der Verarbeitung personenbezogener Daten zu sensibilisieren und sie darüber aufzuklären, wobei spezifische Maßnahmen für Kinder besondere Beachtung finden,
3. den Deutschen Bundestag und den Bundesrat, die Bundesregierung und andere Einrichtungen und Gremien über legislative und administrative Maßnahmen zum Schutz der Rechte und Freiheiten natürlicher Personen in Bezug auf die Verarbeitung personenbezogener Daten zu beraten,
4. die Verantwortlichen und die Auftragsverarbeiter für die ihnen aus diesem Gesetz und sonstigen Vorschriften über den Datenschutz, einschließlich den zur Umsetzung der Richtlinie (EU) 2016/680 erlassenen Rechtsvorschriften, entstehenden Pflichten zu sensibilisieren,
5. auf Anfrage jeder betroffenen Person Informationen über die Ausübung ihrer Rechte aufgrund dieses Gesetzes und sonstiger Vorschriften über den Datenschutz, einschließlich der zur Umsetzung der Richtlinie (EU) 2016/680 erlassenen Rechtsvorschriften, zur Verfügung zu stellen und gegebenenfalls zu diesem Zweck mit den Aufsichtsbehörden in anderen Mitgliedstaaten zusammenzuarbeiten,
6. sich mit Beschwerden einer betroffenen Person oder Beschwerden einer Stelle, einer Organisation oder eines Verbandes gemäß Artikel 55 der Richtlinie (EU) 2016/680 zu befassen, den Gegenstand der Beschwerde in

---

[1)] Nr. 1.
[2)] Nr. 2.

angemessenem Umfang zu untersuchen und den Beschwerdeführer innerhalb einer angemessenen Frist über den Fortgang und das Ergebnis der Untersuchung zu unterrichten, insbesondere, wenn eine weitere Untersuchung oder Koordinierung mit einer anderen Aufsichtsbehörde notwendig ist,

7. mit anderen Aufsichtsbehörden zusammenzuarbeiten, auch durch Informationsaustausch, und ihnen Amtshilfe zu leisten, um die einheitliche Anwendung und Durchsetzung dieses Gesetzes und sonstiger Vorschriften über den Datenschutz, einschließlich der zur Umsetzung der Richtlinie (EU) 2016/680 erlassenen Rechtsvorschriften, zu gewährleisten,
8. Untersuchungen über die Anwendung dieses Gesetzes und sonstiger Vorschriften über den Datenschutz, einschließlich der zur Umsetzung der Richtlinie (EU) 2016/680 erlassenen Rechtsvorschriften, durchzuführen, auch auf der Grundlage von Informationen einer anderen Aufsichtsbehörde oder einer anderen Behörde,
9. maßgebliche Entwicklungen zu verfolgen, soweit sie sich auf den Schutz personenbezogener Daten auswirken, insbesondere die Entwicklung der Informations- und Kommunikationstechnologie und der Geschäftspraktiken,
10. Beratung in Bezug auf die in § 69 genannten Verarbeitungsvorgänge zu leisten und
11. Beiträge zur Tätigkeit des Europäischen Datenschutzausschusses zu leisten.

[2] Im Anwendungsbereich der Richtlinie (EU) 2016/680 nimmt die oder der Bundesbeauftragte zudem die Aufgabe nach § 60 wahr.

(2) [1] Zur Erfüllung der in Absatz 1 Satz 1 Nummer 3 genannten Aufgabe kann die oder der Bundesbeauftragte zu allen Fragen, die im Zusammenhang mit dem Schutz personenbezogener Daten stehen, von sich aus oder auf Anfrage Stellungnahmen an den Deutschen Bundestag oder einen seiner Ausschüsse, den Bundesrat, die Bundesregierung, sonstige Einrichtungen und Stellen sowie an die Öffentlichkeit richten. [2] Auf Ersuchen des Deutschen Bundestages, eines seiner Ausschüsse oder der Bundesregierung geht die oder der Bundesbeauftragte ferner Hinweisen auf Angelegenheiten und Vorgänge des Datenschutzes bei den öffentlichen Stellen des Bundes nach.

(3) Die oder der Bundesbeauftragte erleichtert das Einreichen der in Absatz 1 Satz 1 Nummer 6 genannten Beschwerden durch Maßnahmen wie etwa die Bereitstellung eines Beschwerdeformulars, das auch elektronisch ausgefüllt werden kann, ohne dass andere Kommunikationsmittel ausgeschlossen werden.

(4) [1] Die Erfüllung der Aufgaben der oder des Bundesbeauftragten ist für die betroffene Person unentgeltlich. [2] Bei offenkundig unbegründeten oder, insbesondere im Fall von häufiger Wiederholung, exzessiven Anfragen kann die oder der Bundesbeauftragte eine angemessene Gebühr auf der Grundlage der Verwaltungskosten verlangen oder sich weigern, aufgrund der Anfrage tätig zu werden. [3] In diesem Fall trägt die oder der Bundesbeauftragte die Beweislast für den offenkundig unbegründeten oder exzessiven Charakter der Anfrage.

§ 15 Tätigkeitsbericht. [1] Die oder der Bundesbeauftragte erstellt einen Jahresbericht über ihre oder seine Tätigkeit, der eine Liste der Arten der gemeldeten Verstöße und der Arten der getroffenen Maßnahmen, einschließlich der verhängten Sanktionen und der Maßnahmen nach Artikel 58 Absatz 2 der

Verordnung (EU) 2016/679[1], enthalten kann. [2]Die oder der Bundesbeauftragte übermittelt den Bericht dem Deutschen Bundestag, dem Bundesrat und der Bundesregierung und macht ihn der Öffentlichkeit, der Europäischen Kommission und dem Europäischen Datenschutzausschuss zugänglich.

§ 16 Befugnisse. (1) [1]Die oder der Bundesbeauftragte nimmt im Anwendungsbereich der Verordnung (EU) 2016/679[1] die Befugnisse gemäß Artikel 58 der Verordnung (EU) 2016/679 wahr. [2]Kommt die oder der Bundesbeauftragte zu dem Ergebnis, dass Verstöße gegen die Vorschriften über den Datenschutz oder sonstige Mängel bei der Verarbeitung personenbezogener Daten vorliegen, teilt sie oder er dies der zuständigen Rechts- oder Fachaufsichtsbehörde mit und gibt dieser vor der Ausübung der Befugnisse des Artikels 58 Absatz 2 Buchstabe b bis g, i und j der Verordnung (EU) 2016/679 gegenüber dem Verantwortlichen Gelegenheit zur Stellungnahme innerhalb einer angemessenen Frist. [3]Von der Einräumung der Gelegenheit zur Stellungnahme kann abgesehen werden, wenn eine sofortige Entscheidung wegen Gefahr im Verzug oder im öffentlichen Interesse notwendig erscheint oder ihr ein zwingendes öffentliches Interesse entgegensteht. [4]Die Stellungnahme soll auch eine Darstellung der Maßnahmen enthalten, die aufgrund der Mitteilung der oder des Bundesbeauftragten getroffen worden sind.

(2) [1]Stellt die oder der Bundesbeauftragte bei Datenverarbeitungen durch öffentliche Stellen des Bundes zu Zwecken außerhalb des Anwendungsbereichs der Verordnung (EU) 2016/679 Verstöße gegen die Vorschriften dieses Gesetzes oder gegen andere Vorschriften über den Datenschutz oder sonstige Mängel bei der Verarbeitung oder Nutzung personenbezogener Daten fest, so beanstandet sie oder er dies gegenüber der zuständigen obersten Bundesbehörde und fordert diese zur Stellungnahme innerhalb einer von ihr oder ihm zu bestimmenden Frist auf. [2]Die oder der Bundesbeauftragte kann von einer Beanstandung absehen oder auf eine Stellungnahme verzichten, insbesondere wenn es sich um unerhebliche oder inzwischen beseitigte Mängel handelt. [3]Die Stellungnahme soll auch eine Darstellung der Maßnahmen enthalten, die aufgrund der Beanstandung der oder des Bundesbeauftragten getroffen worden sind. [4]Die oder der Bundesbeauftragte kann den Verantwortlichen auch davor warnen, dass beabsichtigte Verarbeitungsvorgänge voraussichtlich gegen in diesem Gesetz enthaltene und andere auf die jeweilige Datenverarbeitung anzuwendende Vorschriften über den Datenschutz verstoßen.

(3) [1]Die Befugnisse der oder des Bundesbeauftragten erstrecken sich auch auf

1. von ihrer oder seiner Aufsicht unterliegenden Stellen erlangte personenbezogene Daten über den Inhalt und die näheren Umstände des Brief-, Post- und Fernmeldeverkehrs und
2. personenbezogene Daten, die einem besonderen Amtsgeheimnis, insbesondere dem Steuergeheimnis nach § 30 der Abgabenordnung[2], unterliegen.

[2]Das Grundrecht des Brief-, Post- und Fernmeldegeheimnisses des Artikels 10 des Grundgesetzes[3] wird insoweit eingeschränkt.

---

[1] Nr. **1**.
[2] Nr. **26**.
[3] Nr. **19**.

(4) [1]Die öffentlichen Stellen des Bundes sind verpflichtet, der oder dem Bundesbeauftragten und ihren oder seinen Beauftragten

1. jederzeit Zugang zu den Grundstücken und Diensträumen, einschließlich aller Datenverarbeitungsanlagen und -geräte, sowie zu allen personenbezogenen Daten und Informationen, die zur Erfüllung ihrer oder seiner Aufgaben notwendig sind, zu gewähren und
2. alle Informationen, die für die Erfüllung ihrer oder seiner Aufgaben erforderlich sind, bereitzustellen.

[2]Für nichtöffentliche Stellen besteht die Verpflichtung des Satzes 1 Nummer 1 nur während der üblichen Betriebs- und Geschäftszeiten.

(5) [1]Die oder der Bundesbeauftragte wirkt auf die Zusammenarbeit mit den öffentlichen Stellen, die für die Kontrolle der Einhaltung der Vorschriften über den Datenschutz in den Ländern zuständig sind, sowie mit den Aufsichtsbehörden nach § 40 hin. [2]§ 40 Absatz 3 Satz 1 zweiter Halbsatz gilt entsprechend.

Kapitel 5. Vertretung im Europäischen Datenschutzausschuss, zentrale Anlaufstelle, Zusammenarbeit der Aufsichtsbehörden des Bundes und der Länder in Angelegenheiten der Europäischen Union

§ 17 Vertretung im Europäischen Datenschutzausschuss, zentrale Anlaufstelle. (1) [1]Gemeinsamer Vertreter im Europäischen Datenschutzausschuss und zentrale Anlaufstelle ist die oder der Bundesbeauftragte (gemeinsamer Vertreter). [2]Als Stellvertreterin oder Stellvertreter des gemeinsamen Vertreters wählt der Bundesrat eine Leiterin oder einen Leiter der Aufsichtsbehörde eines Landes (Stellvertreter). [3]Die Wahl erfolgt für fünf Jahre. [4]Mit dem Ausscheiden aus dem Amt als Leiterin oder Leiter der Aufsichtsbehörde eines Landes endet zugleich die Funktion als Stellvertreter. [5]Wiederwahl ist zulässig.

(2) Der gemeinsame Vertreter überträgt in Angelegenheiten, die die Wahrnehmung einer Aufgabe betreffen, für welche die Länder allein das Recht zur Gesetzgebung haben, oder welche die Einrichtung oder das Verfahren von Landesbehörden betreffen, dem Stellvertreter auf dessen Verlangen die Verhandlungsführung und das Stimmrecht im Europäischen Datenschutzausschuss.

§ 18 Verfahren der Zusammenarbeit der Aufsichtsbehörden des Bundes und der Länder. (1) [1]Die oder der Bundesbeauftragte und die Aufsichtsbehörden der Länder (Aufsichtsbehörden des Bundes und der Länder) arbeiten in Angelegenheiten der Europäischen Union mit dem Ziel einer einheitlichen Anwendung der Verordnung (EU) 2016/679[1)] und der Richtlinie (EU) 2016/680[2)] zusammen. [2]Vor der Übermittlung eines gemeinsamen Standpunktes an die Aufsichtsbehörden der anderen Mitgliedstaaten, die Europäische Kommission oder den Europäischen Datenschutzausschuss geben sich die Aufsichtsbehörden des Bundes und der Länder frühzeitig Gelegenheit zur Stellungnahme. [3]Zu diesem Zweck tauschen sie untereinander alle zweckdienlichen Informationen aus. [4]Die Aufsichtsbehörden des Bundes und der Länder beteiligen die nach den Artikeln 85 und 91 der Verordnung (EU) 2016/679 eingerichteten spezifischen Aufsichtsbehörden, sofern diese von der Angelegenheit betroffen sind.

---

1) Nr. 1.
2) Nr. 2.

(2) [1]Soweit die Aufsichtsbehörden des Bundes und der Länder kein Einvernehmen über den gemeinsamen Standpunkt erzielen, legen die federführende Behörde oder in Ermangelung einer solchen der gemeinsame Vertreter und sein Stellvertreter einen Vorschlag für einen gemeinsamen Standpunkt vor. [2]Einigen sich der gemeinsame Vertreter und sein Stellvertreter nicht auf einen Vorschlag für einen gemeinsamen Standpunkt, legt in Angelegenheiten, die die Wahrnehmung von Aufgaben betreffen, für welche die Länder allein das Recht der Gesetzgebung haben, oder welche die Einrichtung oder das Verfahren von Landesbehörden betreffen, der Stellvertreter den Vorschlag für einen gemeinsamen Standpunkt fest. [3]In den übrigen Fällen fehlenden Einvernehmens nach Satz 2 legt der gemeinsame Vertreter den Standpunkt fest. [4]Der nach den Sätzen 1 bis 3 vorgeschlagene Standpunkt ist den Verhandlungen zu Grunde zu legen, wenn nicht die Aufsichtsbehörden von Bund und Ländern einen anderen Standpunkt mit einfacher Mehrheit beschließen. [5]Der Bund und jedes Land haben jeweils eine Stimme. [6]Enthaltungen werden nicht gezählt.

(3) [1]Der gemeinsame Vertreter und dessen Stellvertreter sind an den gemeinsamen Standpunkt nach den Absätzen 1 und 2 gebunden und legen unter Beachtung dieses Standpunktes einvernehmlich die jeweilige Verhandlungsführung fest. [2]Sollte ein Einvernehmen nicht erreicht werden, entscheidet in den in § 18 Absatz 2 Satz 2 genannten Angelegenheiten der Stellvertreter über die weitere Verhandlungsführung. [3]In den übrigen Fällen gibt die Stimme des gemeinsamen Vertreters den Ausschlag.

§ 19 Zuständigkeiten. (1) [1]Federführende Aufsichtsbehörde eines Landes im Verfahren der Zusammenarbeit und Kohärenz nach Kapitel VII der Verordnung (EU) 2016/679[1)] ist die Aufsichtsbehörde des Landes, in dem der Verantwortliche oder der Auftragsverarbeiter seine Hauptniederlassung im Sinne des Artikels 4 Nummer 16 der Verordnung (EU) 2016/679 oder seine einzige Niederlassung in der Europäischen Union im Sinne des Artikels 56 Absatz 1 der Verordnung (EU) 2016/679 hat. [2]Im Zuständigkeitsbereich der oder des Bundesbeauftragten gilt Artikel 56 Absatz 1 in Verbindung mit Artikel 4 Nummer 16 der Verordnung (EU) 2016/679 entsprechend. [3]Besteht über die Federführung kein Einvernehmen, findet für die Festlegung der federführenden Aufsichtsbehörde das Verfahren des § 18 Absatz 2 entsprechende Anwendung.

(2) [1]Die Aufsichtsbehörde, bei der eine betroffene Person Beschwerde eingereicht hat, gibt die Beschwerde an die federführende Aufsichtsbehörde nach Absatz 1, in Ermangelung einer solchen an die Aufsichtsbehörde eines Landes ab, in dem der Verantwortliche oder der Auftragsverarbeiter eine Niederlassung hat. [2]Wird eine Beschwerde bei einer sachlich unzuständigen Aufsichtsbehörde eingereicht, gibt diese, sofern eine Abgabe nach Satz 1 nicht in Betracht kommt, die Beschwerde an die Aufsichtsbehörde am Wohnsitz des Beschwerdeführers ab. [3]Die empfangende Aufsichtsbehörde gilt als die Aufsichtsbehörde nach Maßgabe des Kapitels VII der Verordnung (EU) 2016/679, bei der die Beschwerde eingereicht worden ist, und kommt den Verpflichtungen aus Artikel 60 Absatz 7 bis 9 und Artikel 65 Absatz 6 der Verordnung (EU) 2016/679 nach. [4]Im Zuständigkeitsbereich der oder des Bundesbeauftragten gibt die Aufsichtsbehörde, bei der eine Beschwerde eingereicht wurde, diese, sofern

---

[1)] Nr. 1.

eine Abgabe nach Absatz 1 nicht in Betracht kommt, an den Bundesbeauftragten oder die Bundesbeauftragte ab.

Kapitel 6. Rechtsbehelfe

§ 20 Gerichtlicher Rechtsschutz. (1) [1]Für Streitigkeiten zwischen einer natürlichen oder einer juristischen Person und einer Aufsichtsbehörde des Bundes oder eines Landes über Rechte gemäß Artikel 78 Absatz 1 und 2 der Verordnung (EU) 2016/679[1)] sowie § 61 ist der Verwaltungsrechtsweg gegeben. [2]Satz 1 gilt nicht für Bußgeldverfahren.

(2) Die Verwaltungsgerichtsordnung ist nach Maßgabe der Absätze 3 bis 7 anzuwenden.

(3) Für Verfahren nach Absatz 1 Satz 1 ist das Verwaltungsgericht örtlich zuständig, in dessen Bezirk die Aufsichtsbehörde ihren Sitz hat.

(4) In Verfahren nach Absatz 1 Satz 1 ist die Aufsichtsbehörde beteiligungsfähig.

(5) [1]Beteiligte eines Verfahrens nach Absatz 1 Satz 1 sind

1. die natürliche oder juristische Person als Klägerin oder Antragstellerin und
2. die Aufsichtsbehörde als Beklagte oder Antragsgegnerin.

[2]§ 63 Nummer 3 und 4 der Verwaltungsgerichtsordnung bleibt unberührt.

(6) Ein Vorverfahren findet nicht statt.

(7) Die Aufsichtsbehörde darf gegenüber einer Behörde oder deren Rechtsträger nicht die sofortige Vollziehung gemäß § 80 Absatz 2 Satz 1 Nummer 4 der Verwaltungsgerichtsordnung anordnen.

§ 21 Antrag der Aufsichtsbehörde auf gerichtliche Entscheidung bei angenommener Rechtswidrigkeit eines Beschlusses der Europäischen Kommission. (1) Hält eine Aufsichtsbehörde einen Angemessenheitsbeschluss der Europäischen Kommission, einen Beschluss über die Anerkennung von Standardschutzklauseln oder über die Allgemeingültigkeit von genehmigten Verhaltensregeln, auf dessen Gültigkeit es für eine Entscheidung der Aufsichtsbehörde ankommt, für rechtswidrig, so hat die Aufsichtsbehörde ihr Verfahren auszusetzen und einen Antrag auf gerichtliche Entscheidung zu stellen.

(2) [1]Für Verfahren nach Absatz 1 ist der Verwaltungsrechtsweg gegeben. [2]Die Verwaltungsgerichtsordnung ist nach Maßgabe der Absätze 3 bis 6 anzuwenden.

(3) Über einen Antrag der Aufsichtsbehörde nach Absatz 1 entscheidet im ersten und letzten Rechtszug das Bundesverwaltungsgericht.

(4) [1]In Verfahren nach Absatz 1 ist die Aufsichtsbehörde beteiligungsfähig. [2]An einem Verfahren nach Absatz 1 ist die Aufsichtsbehörde als Antragstellerin beteiligt; § 63 Nummer 3 und 4 der Verwaltungsgerichtsordnung bleibt unberührt. [3]Das Bundesverwaltungsgericht kann der Europäischen Kommission Gelegenheit zur Äußerung binnen einer zu bestimmenden Frist geben.

(5) Ist ein Verfahren zur Überprüfung der Gültigkeit eines Beschlusses der Europäischen Kommission nach Absatz 1 bei dem Gerichtshof der Europäischen Union anhängig, so kann das Bundesverwaltungsgericht anordnen, dass die

---

[1)] Nr. 1.

Verhandlung bis zur Erledigung des Verfahrens vor dem Gerichtshof der Europäischen Union auszusetzen sei.

(6) [1] In Verfahren nach Absatz 1 ist § 47 Absatz 5 Satz 1 und Absatz 6 der Verwaltungsgerichtsordnung entsprechend anzuwenden. [2] Kommt das Bundesverwaltungsgericht zu der Überzeugung, dass der Beschluss der Europäischen Kommission nach Absatz 1 gültig ist, so stellt es dies in seiner Entscheidung fest. [3] Andernfalls legt es die Frage nach der Gültigkeit des Beschlusses gemäß Artikel 267 des Vertrags über die Arbeitsweise der Europäischen Union dem Gerichtshof der Europäischen Union zur Entscheidung vor.

Teil 2. Durchführungsbestimmungen für Verarbeitungen zu Zwecken gemäß Artikel 2 der Verordnung (EU) 2016/679

Kapitel 1. Rechtsgrundlagen der Verarbeitung personenbezogener Daten

Abschnitt 1. Verarbeitung besonderer Kategorien personenbezogener Daten und Verarbeitung zu anderen Zwecken

§ 22 Verarbeitung besonderer Kategorien personenbezogener Daten.

(1) Abweichend von Artikel 9 Absatz 1 der Verordnung (EU) 2016/679[1] ist die Verarbeitung besonderer Kategorien personenbezogener Daten im Sinne des Artikels 9 Absatz 1 der Verordnung (EU) 2016/679 zulässig

1. durch öffentliche und nichtöffentliche Stellen, wenn sie
   a) erforderlich ist, um die aus dem Recht der sozialen Sicherheit und des Sozialschutzes erwachsenden Rechte auszuüben und den diesbezüglichen Pflichten nachzukommen,
   b) zum Zweck der Gesundheitsvorsorge, für die Beurteilung der Arbeitsfähigkeit des Beschäftigten, für die medizinische Diagnostik, die Versorgung oder Behandlung im Gesundheits- oder Sozialbereich oder für die Verwaltung von Systemen und Diensten im Gesundheits- und Sozialbereich oder aufgrund eines Vertrags der betroffenen Person mit einem Angehörigen eines Gesundheitsberufs erforderlich ist und diese Daten von ärztlichem Personal oder durch sonstige Personen, die einer entsprechenden Geheimhaltungspflicht unterliegen, oder unter deren Verantwortung verarbeitet werden,
   c) aus Gründen des öffentlichen Interesses im Bereich der öffentlichen Gesundheit, wie des Schutzes vor schwerwiegenden grenzüberschreitenden Gesundheitsgefahren oder zur Gewährleistung hoher Qualitäts- und Sicherheitsstandards bei der Gesundheitsversorgung und bei Arzneimitteln und Medizinprodukten erforderlich ist; ergänzend zu den in Absatz 2 genannten Maßnahmen sind insbesondere die berufsrechtlichen und strafrechtlichen Vorgaben zur Wahrung des Berufsgeheimnisses einzuhalten, oder
   d) aus Gründen eines erheblichen öffentlichen Interesses zwingend erforderlich ist,

---

[1] Nr. 1.

2. durch öffentliche Stellen, wenn sie
   a) zur Abwehr einer erheblichen Gefahr für die öffentliche Sicherheit erforderlich ist,
   b) zur Abwehr erheblicher Nachteile für das Gemeinwohl oder zur Wahrung erheblicher Belange des Gemeinwohls zwingend erforderlich ist oder
   c) aus zwingenden Gründen der Verteidigung oder der Erfüllung über- oder zwischenstaatlicher Verpflichtungen einer öffentlichen Stelle des Bundes auf dem Gebiet der Krisenbewältigung oder Konfliktverhinderung oder für humanitäre Maßnahmen erforderlich ist

und soweit die Interessen des Verantwortlichen an der Datenverarbeitung in den Fällen der Nummer 1 Buchstabe d und der Nummer 2 die Interessen der betroffenen Person überwiegen.

(2) [1] In den Fällen des Absatzes 1 sind angemessene und spezifische Maßnahmen zur Wahrung der Interessen der betroffenen Person vorzusehen. [2] Unter Berücksichtigung des Stands der Technik, der Implementierungskosten und der Art, des Umfangs, der Umstände und der Zwecke der Verarbeitung sowie der unterschiedlichen Eintrittswahrscheinlichkeit und Schwere der mit der Verarbeitung verbundenen Risiken für die Rechte und Freiheiten natürlicher Personen können dazu insbesondere gehören:

1. technisch organisatorische Maßnahmen, um sicherzustellen, dass die Verarbeitung gemäß der Verordnung (EU) 2016/679 erfolgt,
2. Maßnahmen, die gewährleisten, dass nachträglich überprüft und festgestellt werden kann, ob und von wem personenbezogene Daten eingegeben, verändert oder entfernt worden sind,
3. Sensibilisierung der an Verarbeitungsvorgängen Beteiligten,
4. Benennung einer oder eines Datenschutzbeauftragten,
5. Beschränkung des Zugangs zu den personenbezogenen Daten innerhalb der verantwortlichen Stelle und von Auftragsverarbeitern,
6. Pseudonymisierung personenbezogener Daten,
7. Verschlüsselung personenbezogener Daten,
8. Sicherstellung der Fähigkeit, Vertraulichkeit, Integrität, Verfügbarkeit und Belastbarkeit der Systeme und Dienste im Zusammenhang mit der Verarbeitung personenbezogener Daten, einschließlich der Fähigkeit, die Verfügbarkeit und den Zugang bei einem physischen oder technischen Zwischenfall rasch wiederherzustellen,
9. zur Gewährleistung der Sicherheit der Verarbeitung die Einrichtung eines Verfahrens zur regelmäßigen Überprüfung, Bewertung und Evaluierung der Wirksamkeit der technischen und organisatorischen Maßnahmen oder
10. spezifische Verfahrensregelungen, die im Fall einer Übermittlung oder Verarbeitung für andere Zwecke die Einhaltung der Vorgaben dieses Gesetzes sowie der Verordnung (EU) 2016/679 sicherstellen.

§ 23 Verarbeitung zu anderen Zwecken durch öffentliche Stellen.

(1) Die Verarbeitung personenbezogener Daten zu einem anderen Zweck als zu demjenigen, zu dem die Daten erhoben wurden, durch öffentliche Stellen im Rahmen ihrer Aufgabenerfüllung ist zulässig, wenn

1. offensichtlich ist, dass sie im Interesse der betroffenen Person liegt und kein Grund zu der Annahme besteht, dass sie in Kenntnis des anderen Zwecks ihre Einwilligung verweigern würde,
2. Angaben der betroffenen Person überprüft werden müssen, weil tatsächliche Anhaltspunkte für deren Unrichtigkeit bestehen,
3. sie zur Abwehr erheblicher Nachteile für das Gemeinwohl oder einer Gefahr für die öffentliche Sicherheit, die Verteidigung oder die nationale Sicherheit, zur Wahrung erheblicher Belange des Gemeinwohls oder zur Sicherung des Steuer- und Zollaufkommens erforderlich ist,
4. sie zur Verfolgung von Straftaten oder Ordnungswidrigkeiten, zur Vollstreckung oder zum Vollzug von Strafen oder Maßnahmen im Sinne des § 11 Absatz 1 Nummer 8 des Strafgesetzbuchs oder von Erziehungsmaßregeln oder Zuchtmitteln im Sinne des Jugendgerichtsgesetzes oder zur Vollstreckung von Geldbußen erforderlich ist,
5. sie zur Abwehr einer schwerwiegenden Beeinträchtigung der Rechte einer anderen Person erforderlich ist oder
6. sie der Wahrnehmung von Aufsichts- und Kontrollbefugnissen, der Rechnungsprüfung oder der Durchführung von Organisationsuntersuchungen des Verantwortlichen dient; dies gilt auch für die Verarbeitung zu Ausbildungs- und Prüfungszwecken durch den Verantwortlichen, soweit schutzwürdige Interessen der betroffenen Person dem nicht entgegenstehen.

(2) Die Verarbeitung besonderer Kategorien personenbezogener Daten im Sinne des Artikels 9 Absatz 1 der Verordnung (EU) 2016/679[1)] zu einem anderen Zweck als zu demjenigen, zu dem die Daten erhoben wurden, ist zulässig, wenn die Voraussetzungen des Absatzes 1 und ein Ausnahmetatbestand nach Artikel 9 Absatz 2 der Verordnung (EU) 2016/679 oder nach § 22 vorliegen.

§ 24 Verarbeitung zu anderen Zwecken durch nichtöffentliche Stellen. (1) Die Verarbeitung personenbezogener Daten zu einem anderen Zweck als zu demjenigen, zu dem die Daten erhoben wurden, durch nichtöffentliche Stellen ist zulässig, wenn

1. sie zur Abwehr von Gefahren für die staatliche oder öffentliche Sicherheit oder zur Verfolgung von Straftaten erforderlich ist oder
2. sie zur Geltendmachung, Ausübung oder Verteidigung zivilrechtlicher Ansprüche erforderlich ist,

sofern nicht die Interessen der betroffenen Person an dem Ausschluss der Verarbeitung überwiegen.

(2) Die Verarbeitung besonderer Kategorien personenbezogener Daten im Sinne des Artikels 9 Absatz 1 der Verordnung (EU) 2016/679[1)] zu einem anderen Zweck als zu demjenigen, zu dem die Daten erhoben wurden, ist zulässig, wenn die Voraussetzungen des Absatzes 1 und ein Ausnahmetatbestand nach Artikel 9 Absatz 2 der Verordnung (EU) 2016/679 oder nach § 22 vorliegen.

[1)] Nr. 1.

§ 25 Datenübermittlungen durch öffentliche Stellen. (1) [1]Die Übermittlung personenbezogener Daten durch öffentliche Stellen an öffentliche Stellen ist zulässig, wenn sie zur Erfüllung der in der Zuständigkeit der übermittelnden Stelle oder des Dritten, an den die Daten übermittelt werden, liegenden Aufgaben erforderlich ist und die Voraussetzungen vorliegen, die eine Verarbeitung nach § 23 zulassen würden. [2]Der Dritte, an den die Daten übermittelt werden, darf diese nur für den Zweck verarbeiten, zu dessen Erfüllung sie ihm übermittelt werden. [3]Eine Verarbeitung für andere Zwecke ist unter den Voraussetzungen des § 23 zulässig.

(2) [1]Die Übermittlung personenbezogener Daten durch öffentliche Stellen an nichtöffentliche Stellen ist zulässig, wenn

1. sie zur Erfüllung der in der Zuständigkeit der übermittelnden Stelle liegenden Aufgaben erforderlich ist und die Voraussetzungen vorliegen, die eine Verarbeitung nach § 23 zulassen würden,
2. der Dritte, an den die Daten übermittelt werden, ein berechtigtes Interesse an der Kenntnis der zu übermittelnden Daten glaubhaft darlegt und die betroffene Person kein schutzwürdiges Interesse an dem Ausschluss der Übermittlung hat oder
3. es zur Geltendmachung, Ausübung oder Verteidigung rechtlicher Ansprüche erforderlich ist

und der Dritte sich gegenüber der übermittelnden öffentlichen Stelle verpflichtet hat, die Daten nur für den Zweck zu verarbeiten, zu dessen Erfüllung sie ihm übermittelt werden. [2]Eine Verarbeitung für andere Zwecke ist zulässig, wenn eine Übermittlung nach Satz 1 zulässig wäre und die übermittelnde Stelle zugestimmt hat.

(3) Die Übermittlung besonderer Kategorien personenbezogener Daten im Sinne des Artikels 9 Absatz 1 der Verordnung (EU) 2016/679[1)] ist zulässig, wenn die Voraussetzungen des Absatzes 1 oder 2 und ein Ausnahmetatbestand nach Artikel 9 Absatz 2 der Verordnung (EU) 2016/679 oder nach § 22 vorliegen.

Abschnitt 2. Besondere Verarbeitungssituationen

§ 26 Datenverarbeitung für Zwecke des Beschäftigungsverhältnisses.

(1) [1]Personenbezogene Daten von Beschäftigten dürfen für Zwecke des Beschäftigungsverhältnisses verarbeitet werden, wenn dies für die Entscheidung über die Begründung eines Beschäftigungsverhältnisses oder nach Begründung des Beschäftigungsverhältnisses für dessen Durchführung oder Beendigung oder zur Ausübung oder Erfüllung der sich aus einem Gesetz oder einem Tarifvertrag, einer Betriebs- oder Dienstvereinbarung (Kollektivvereinbarung) ergebenden Rechte und Pflichten der Interessenvertretung der Beschäftigten erforderlich ist. [2]Zur Aufdeckung von Straftaten dürfen personenbezogene Daten von Beschäftigten nur dann verarbeitet werden, wenn zu dokumentierende tatsächliche Anhaltspunkte den Verdacht begründen, dass die betroffene Person im Beschäftigungsverhältnis eine Straftat begangen hat, die Verarbeitung zur Aufdeckung erforderlich ist und das schutzwürdige Interesse der oder des Beschäftigten an dem Ausschluss der Verarbeitung nicht überwiegt, insbesondere Art und Ausmaß im Hinblick auf den Anlass nicht unverhältnismäßig sind.

[1)] Nr. 1.

(2) [1]Erfolgt die Verarbeitung personenbezogener Daten von Beschäftigten auf der Grundlage einer Einwilligung, so sind für die Beurteilung der Freiwilligkeit der Einwilligung insbesondere die im Beschäftigungsverhältnis bestehende Abhängigkeit der beschäftigten Person sowie die Umstände, unter denen die Einwilligung erteilt worden ist, zu berücksichtigen. [2]Freiwilligkeit kann insbesondere vorliegen, wenn für die beschäftigte Person ein rechtlicher oder wirtschaftlicher Vorteil erreicht wird oder Arbeitgeber und beschäftigte Person gleichgelagerte Interessen verfolgen. [3]Die Einwilligung hat schriftlich oder elektronisch zu erfolgen, soweit nicht wegen besonderer Umstände eine andere Form angemessen ist. [4]Der Arbeitgeber hat die beschäftigte Person über den Zweck der Datenverarbeitung und über ihr Widerrufsrecht nach Artikel 7 Absatz 3 der Verordnung (EU) 2016/679[1)] in Textform aufzuklären.

(3) [1]Abweichend von Artikel 9 Absatz 1 der Verordnung (EU) 2016/679 ist die Verarbeitung besonderer Kategorien personenbezogener Daten im Sinne des Artikels 9 Absatz 1 der Verordnung (EU) 2016/679 für Zwecke des Beschäftigungsverhältnisses zulässig, wenn sie zur Ausübung von Rechten oder zur Erfüllung rechtlicher Pflichten aus dem Arbeitsrecht, dem Recht der sozialen Sicherheit und des Sozialschutzes erforderlich ist und kein Grund zu der Annahme besteht, dass das schutzwürdige Interesse der betroffenen Person an dem Ausschluss der Verarbeitung überwiegt. [2]Absatz 2 gilt auch für die Einwilligung in die Verarbeitung besonderer Kategorien personenbezogener Daten; die Einwilligung muss sich dabei ausdrücklich auf diese Daten beziehen. [3]§ 22 Absatz 2 gilt entsprechend.

(4) [1]Die Verarbeitung personenbezogener Daten, einschließlich besonderer Kategorien personenbezogener Daten von Beschäftigten für Zwecke des Beschäftigungsverhältnisses, ist auf der Grundlage von Kollektivvereinbarungen zulässig. [2]Dabei haben die Verhandlungspartner Artikel 88 Absatz 2 der Verordnung (EU) 2016/679 zu beachten.

(5) Der Verantwortliche muss geeignete Maßnahmen ergreifen, um sicherzustellen, dass insbesondere die in Artikel 5 der Verordnung (EU) 2016/679 dargelegten Grundsätze für die Verarbeitung personenbezogener Daten eingehalten werden.

(6) Die Beteiligungsrechte der Interessenvertretungen der Beschäftigten bleiben unberührt.

(7) Die Absätze 1 bis 6 sind auch anzuwenden, wenn personenbezogene Daten, einschließlich besonderer Kategorien personenbezogener Daten, von Beschäftigten verarbeitet werden, ohne dass sie in einem Dateisystem gespeichert sind oder gespeichert werden sollen.

(8) [1]Beschäftigte im Sinne dieses Gesetzes sind:

1. Arbeitnehmerinnen und Arbeitnehmer, einschließlich der Leiharbeitnehmerinnen und Leiharbeitnehmer im Verhältnis zum Entleiher,
2. zu ihrer Berufsbildung Beschäftigte,
3. Teilnehmerinnen und Teilnehmer an Leistungen zur Teilhabe am Arbeitsleben sowie an Abklärungen der beruflichen Eignung oder Arbeitserprobung (Rehabilitandinnen und Rehabilitanden),
4. in anerkannten Werkstätten für behinderte Menschen Beschäftigte,

---

1) Nr. **1**.

5. Freiwillige, die einen Dienst nach dem Jugendfreiwilligendienstegesetz oder dem Bundesfreiwilligendienstgesetz leisten,
6. Personen, die wegen ihrer wirtschaftlichen Unselbständigkeit als arbeitnehmerähnliche Personen anzusehen sind; zu diesen gehören auch die in Heimarbeit Beschäftigten und die ihnen Gleichgestellten,
7. Beamtinnen und Beamte des Bundes, Richterinnen und Richter des Bundes, Soldatinnen und Soldaten sowie Zivildienstleistende.

[2] Bewerberinnen und Bewerber für ein Beschäftigungsverhältnis sowie Personen, deren Beschäftigungsverhältnis beendet ist, gelten als Beschäftigte.

§ 27 Datenverarbeitung zu wissenschaftlichen oder historischen Forschungszwecken und zu statistischen Zwecken. (1) [1] Abweichend von Artikel 9 Absatz 1 der Verordnung (EU) 2016/679[1)] ist die Verarbeitung besonderer Kategorien personenbezogener Daten im Sinne des Artikels 9 Absatz 1 der Verordnung (EU) 2016/679 auch ohne Einwilligung für wissenschaftliche oder historische Forschungszwecke oder für statistische Zwecke zulässig, wenn die Verarbeitung zu diesen Zwecken erforderlich ist und die Interessen des Verantwortlichen an der Verarbeitung die Interessen der betroffenen Person an einem Ausschluss der Verarbeitung erheblich überwiegen. [2] Der Verantwortliche sieht angemessene und spezifische Maßnahmen zur Wahrung der Interessen der betroffenen Person gemäß § 22 Absatz 2 Satz 2 vor.

(2) [1] Die in den Artikeln 15, 16, 18 und 21 der Verordnung (EU) 2016/679 vorgesehenen Rechte der betroffenen Person sind insoweit beschränkt, als diese Rechte voraussichtlich die Verwirklichung der Forschungs- oder Statistikzwecke unmöglich machen oder ernsthaft *beinträchtigen*[2)] und die Beschränkung für die Erfüllung der Forschungs- oder Statistikzwecke notwendig ist. [2] Das Recht auf Auskunft gemäß Artikel 15 der Verordnung (EU) 2016/679 besteht darüber hinaus nicht, wenn die Daten für Zwecke der wissenschaftlichen Forschung erforderlich sind und die Auskunftserteilung einen unverhältnismäßigen Aufwand erfordern würde.

(3) [1] Ergänzend zu den in § 22 Absatz 2 genannten Maßnahmen sind zu wissenschaftlichen oder historischen Forschungszwecken oder zu statistischen Zwecken verarbeitete besondere Kategorien personenbezogener Daten im Sinne des Artikels 9 Absatz 1 der Verordnung (EU) 2016/679 zu anonymisieren, sobald dies nach dem Forschungs- oder Statistikzweck möglich ist, es sei denn, berechtigte Interessen der betroffenen Person stehen dem entgegen. [2] Bis dahin sind die Merkmale gesondert zu speichern, mit denen Einzelangaben über persönliche oder sachliche Verhältnisse einer bestimmten oder bestimmbaren Person zugeordnet werden können. [3] Sie dürfen mit den Einzelangaben nur zusammengeführt werden, soweit der Forschungs- oder Statistikzweck dies erfordert.

(4) Der Verantwortliche darf personenbezogene Daten nur veröffentlichen, wenn die betroffene Person eingewilligt hat oder dies für die Darstellung von Forschungsergebnissen über Ereignisse der Zeitgeschichte unerlässlich ist.

[1)] Nr. 1.
[2)] Richtig wohl: „beeinträchtigen".

§ 28 Datenverarbeitung zu im öffentlichen Interesse liegenden Archivzwecken. (1) [1] Abweichend von Artikel 9 Absatz 1 der Verordnung (EU) 2016/679[1)] ist die Verarbeitung besonderer Kategorien personenbezogener Daten im Sinne des Artikels 9 Absatz 1 der Verordnung (EU) 2016/679 zulässig, wenn sie für im öffentlichen Interesse liegende Archivzwecke erforderlich ist. [2] Der Verantwortliche sieht angemessene und spezifische Maßnahmen zur Wahrung der Interessen der betroffenen Person gemäß § 22 Absatz 2 Satz 2 vor.

(2) Das Recht auf Auskunft der betroffenen Person gemäß Artikel 15 der Verordnung (EU) 2016/679 besteht nicht, wenn das Archivgut nicht durch den Namen der Person erschlossen ist oder keine Angaben gemacht werden, die das Auffinden des betreffenden Archivguts mit vertretbarem Verwaltungsaufwand ermöglichen.

(3) [1] Das Recht auf Berichtigung der betroffenen Person gemäß Artikel 16 der Verordnung (EU) 2016/679 besteht nicht, wenn die personenbezogenen Daten zu Archivzwecken im öffentlichen Interesse verarbeitet werden. [2] Bestreitet die betroffene Person die Richtigkeit der personenbezogenen Daten, ist ihr die Möglichkeit einer Gegendarstellung einzuräumen. [3] Das zuständige Archiv ist verpflichtet, die Gegendarstellung den Unterlagen hinzuzufügen.

(4) Die in Artikel 18 Absatz 1 Buchstabe a, b und d, den Artikeln 20 und 21 der Verordnung (EU) 2016/679 vorgesehenen Rechte bestehen nicht, soweit diese Rechte voraussichtlich die Verwirklichung der im öffentlichen Interesse liegenden Archivzwecke unmöglich machen oder ernsthaft beeinträchtigen und die Ausnahmen für die Erfüllung dieser Zwecke erforderlich sind.

§ 29 Rechte der betroffenen Person und aufsichtsbehördliche Befugnisse im Fall von Geheimhaltungspflichten. (1) [1] Die Pflicht zur Information der betroffenen Person gemäß Artikel 14 Absatz 1 bis 4 der Verordnung (EU) 2016/679[1)] besteht ergänzend zu den in Artikel 14 Absatz 5 der Verordnung (EU) 2016/679 genannten Ausnahmen nicht, soweit durch ihre Erfüllung Informationen offenbart würden, die ihrem Wesen nach, insbesondere wegen der überwiegenden berechtigten Interessen eines Dritten, geheim gehalten werden müssen. [2] Das Recht auf Auskunft der betroffenen Person gemäß Artikel 15 der Verordnung (EU) 2016/679 besteht nicht, soweit durch die Auskunft Informationen offenbart würden, die nach einer Rechtsvorschrift oder ihrem Wesen nach, insbesondere wegen der überwiegenden berechtigten Interessen eines Dritten, geheim gehalten werden müssen. [3] Die Pflicht zur Benachrichtigung gemäß Artikel 34 der Verordnung (EU) 2016/679 besteht ergänzend zu der in Artikel 34 Absatz 3 der Verordnung (EU) 2016/679 genannten Ausnahme nicht, soweit durch die Benachrichtigung Informationen offenbart würden, die nach einer Rechtsvorschrift oder ihrem Wesen nach, insbesondere wegen der überwiegenden berechtigten Interessen eines Dritten, geheim gehalten werden müssen. [4] Abweichend von der Ausnahme nach Satz 3 ist die betroffene Person nach Artikel 34 der Verordnung (EU) 2016/679 zu benachrichtigen, wenn die Interessen der betroffenen Person, insbesondere unter Berücksichtigung drohender Schäden, gegenüber dem Geheimhaltungsinteresse überwiegen.

[1)] Nr. **1**.

(2) Werden Daten Dritter im Zuge der Aufnahme oder im Rahmen eines Mandatsverhältnisses an einen Berufsgeheimnisträger übermittelt, so besteht die Pflicht der übermittelnden Stelle zur Information der betroffenen Person gemäß Artikel 13 Absatz 3 der Verordnung (EU) 2016/679 nicht, sofern nicht das Interesse der betroffenen Person an der Informationserteilung überwiegt.

(3) [1] Gegenüber den in § 203 Absatz 1, 2a und 3 des Strafgesetzbuchs[1)] genannten Personen oder deren Auftragsverarbeitern bestehen die Untersuchungsbefugnisse der Aufsichtsbehörden gemäß Artikel 58 Absatz 1 Buchstabe e und f der Verordnung (EU) 2016/679 nicht, soweit die Inanspruchnahme der Befugnisse zu einem Verstoß gegen die Geheimhaltungspflichten dieser Personen führen würde. [2] Erlangt eine Aufsichtsbehörde im Rahmen einer Untersuchung Kenntnis von Daten, die einer Geheimhaltungspflicht im Sinne des Satzes 1 unterliegen, gilt die Geheimhaltungspflicht auch für die Aufsichtsbehörde.

§ 30 Verbraucherkredite. (1) Eine Stelle, die geschäftsmäßig personenbezogene Daten, die zur Bewertung der Kreditwürdigkeit von Verbrauchern genutzt werden dürfen, zum Zweck der Übermittlung erhebt, speichert oder verändert, hat Auskunftsverlangen von Darlehensgebern aus anderen Mitgliedstaaten der Europäischen Union genauso zu behandeln wie Auskunftsverlangen inländischer Darlehensgeber.

(2) [1] Wer den Abschluss eines Verbraucherdarlehensvertrags oder eines Vertrags über eine entgeltliche Finanzierungshilfe mit einem Verbraucher infolge einer Auskunft einer Stelle im Sinne des Absatzes 1 ablehnt, hat den Verbraucher unverzüglich hierüber sowie über die erhaltene Auskunft zu unterrichten. [2] Die Unterrichtung unterbleibt, soweit hierdurch die öffentliche Sicherheit oder Ordnung gefährdet würde. [3] § 37 bleibt unberührt.

§ 31 Schutz des Wirtschaftsverkehrs bei Scoring und Bonitätsauskünften. (1) Die Verwendung eines Wahrscheinlichkeitswerts über ein bestimmtes zukünftiges Verhalten einer natürlichen Person zum Zweck der Entscheidung über die Begründung, Durchführung oder Beendigung eines Vertragsverhältnisses mit dieser Person (Scoring) ist nur zulässig, wenn

1. die Vorschriften des Datenschutzrechts eingehalten wurden,
2. die zur Berechnung des Wahrscheinlichkeitswerts genutzten Daten unter Zugrundelegung eines wissenschaftlich anerkannten mathematisch-statistischen Verfahrens nachweisbar für die Berechnung der Wahrscheinlichkeit des bestimmten Verhaltens erheblich sind,
3. für die Berechnung des Wahrscheinlichkeitswerts nicht ausschließlich Anschriftendaten genutzt wurden und
4. im Fall der Nutzung von Anschriftendaten die betroffene Person vor Berechnung des Wahrscheinlichkeitswerts über die vorgesehene Nutzung dieser Daten unterrichtet worden ist; die Unterrichtung ist zu dokumentieren.

(2) [1] Die Verwendung eines von Auskunfteien ermittelten Wahrscheinlichkeitswerts über die Zahlungsfähig- und Zahlungswilligkeit einer natürlichen Person ist im Fall der Einbeziehung von Informationen über Forderungen nur zulässig, soweit die Voraussetzungen nach Absatz 1 vorliegen und nur solche

---

[1)] Nr. **23**.

Forderungen über eine geschuldete Leistung, die trotz Fälligkeit nicht erbracht worden ist, berücksichtigt werden,

1. die durch ein rechtskräftiges oder für vorläufig vollstreckbar erklärtes Urteil festgestellt worden sind oder für die ein Schuldtitel nach § 794 der Zivilprozessordnung vorliegt,
2. die nach § 178 der Insolvenzordnung festgestellt und nicht vom Schuldner im Prüfungstermin bestritten worden sind,
3. die der Schuldner ausdrücklich anerkannt hat,
4. bei denen
   a) der Schuldner nach Eintritt der Fälligkeit der Forderung mindestens zweimal schriftlich gemahnt worden ist,
   b) die erste Mahnung mindestens vier Wochen zurückliegt,
   c) der Schuldner zuvor, jedoch frühestens bei der ersten Mahnung, über eine mögliche Berücksichtigung durch eine Auskunftei unterrichtet worden ist und
   d) der Schuldner die Forderung nicht bestritten hat oder
5. deren zugrunde liegendes Vertragsverhältnis aufgrund von Zahlungsrückständen fristlos gekündigt werden kann und bei denen der Schuldner zuvor über eine mögliche Berücksichtigung durch eine Auskunftei unterrichtet worden ist.

[2]Die Zulässigkeit der Verarbeitung, einschließlich der Ermittlung von Wahrscheinlichkeitswerten, von anderen bonitätsrelevanten Daten nach allgemeinem Datenschutzrecht bleibt unberührt.

Kapitel 2. Rechte der betroffenen Person

§ 32 Informationspflicht bei Erhebung von personenbezogenen Daten bei der betroffenen Person. (1) Die Pflicht zur Information der betroffenen Person gemäß Artikel 13 Absatz 3 der Verordnung (EU) 2016/679[1)] besteht ergänzend zu der in Artikel 13 Absatz 4 der Verordnung (EU) 2016/679 genannten Ausnahme dann nicht, wenn die Erteilung der Information über die beabsichtigte Weiterverarbeitung

1. eine Weiterverarbeitung analog gespeicherter Daten betrifft, bei der sich der Verantwortliche durch die Weiterverarbeitung unmittelbar an die betroffene Person wendet, der Zweck mit dem ursprünglichen Erhebungszweck gemäß der Verordnung (EU) 2016/679 vereinbar ist, die Kommunikation mit der betroffenen Person nicht in digitaler Form erfolgt und das Interesse der betroffenen Person an der Informationserteilung nach den Umständen des Einzelfalls, insbesondere mit Blick auf den Zusammenhang, in dem die Daten erhoben wurden, als gering anzusehen ist,
2. im Fall einer öffentlichen Stelle die ordnungsgemäße Erfüllung der in der Zuständigkeit des Verantwortlichen liegenden Aufgaben im Sinne des Artikels 23 Absatz 1 Buchstabe a bis e der Verordnung (EU) 2016/679 gefährden würde und die Interessen des Verantwortlichen an der Nichterteilung der Information die Interessen der betroffenen Person überwiegen,

---

1) Nr. 1.

3. die öffentliche Sicherheit oder Ordnung gefährden oder sonst dem Wohl des Bundes oder eines Landes Nachteile bereiten würde und die Interessen des Verantwortlichen an der Nichterteilung der Information die Interessen der betroffenen Person überwiegen,
4. die Geltendmachung, Ausübung oder Verteidigung rechtlicher Ansprüche beeinträchtigen würde und die Interessen des Verantwortlichen an der Nichterteilung der Information die Interessen der betroffenen Person überwiegen oder
5. eine vertrauliche Übermittlung von Daten an öffentliche Stellen gefährden würde.

(2) [1] Unterbleibt eine Information der betroffenen Person nach Maßgabe des Absatzes 1, ergreift der Verantwortliche geeignete Maßnahmen zum Schutz der berechtigten Interessen der betroffenen Person, einschließlich der Bereitstellung der in Artikel 13 Absatz 1 und 2 der Verordnung (EU) 2016/679 genannten Informationen für die Öffentlichkeit in präziser, transparenter, verständlicher und leicht zugänglicher Form in einer klaren und einfachen Sprache. [2] Der Verantwortliche hält schriftlich fest, aus welchen Gründen er von einer Information abgesehen hat. [3] Die Sätze 1 und 2 finden in den Fällen des Absatzes 1 Nummer 4 und 5 keine Anwendung.

(3) Unterbleibt die Benachrichtigung in den Fällen des Absatzes 1 wegen eines vorübergehenden Hinderungsgrundes, kommt der Verantwortliche der Informationspflicht unter Berücksichtigung der spezifischen Umstände der Verarbeitung innerhalb einer angemessenen Frist nach Fortfall des Hinderungsgrundes, spätestens jedoch innerhalb von zwei Wochen, nach.

§ 33 Informationspflicht, wenn die personenbezogenen Daten nicht bei der betroffenen Person erhoben wurden. (1) Die Pflicht zur Information der betroffenen Person gemäß Artikel 14 Absatz 1, 2 und 4 der Verordnung (EU) 2016/679[1)] besteht ergänzend zu den in Artikel 14 Absatz 5 der Verordnung (EU) 2016/679 und der in § 29 Absatz 1 Satz 1 genannten Ausnahme nicht, wenn die Erteilung der Information

1. im Fall einer öffentlichen Stelle
   a) die ordnungsgemäße Erfüllung der in der Zuständigkeit des Verantwortlichen liegenden Aufgaben im Sinne des Artikels 23 Absatz 1 Buchstabe a bis e der Verordnung (EU) 2016/679 gefährden würde oder
   b) die öffentliche Sicherheit oder Ordnung gefährden oder sonst dem Wohl des Bundes oder eines Landes Nachteile bereiten würde

und deswegen das Interesse der betroffenen Person an der Informationserteilung zurücktreten muss,

2. im Fall einer nichtöffentlichen Stelle
   a) die Geltendmachung, Ausübung oder Verteidigung zivilrechtlicher Ansprüche beeinträchtigen würde oder die Verarbeitung Daten aus zivilrechtlichen Verträgen beinhaltet und der Verhütung von Schäden durch Straftaten dient, sofern nicht das berechtigte Interesse der betroffenen Person an der Informationserteilung überwiegt, oder

---

1) Nr. **1**.

b) die zuständige öffentliche Stelle gegenüber dem Verantwortlichen festgestellt hat, dass das Bekanntwerden der Daten die öffentliche Sicherheit oder Ordnung gefährden oder sonst dem Wohl des Bundes oder eines Landes Nachteile bereiten würde; im Fall der Datenverarbeitung für Zwecke der Strafverfolgung bedarf es keiner Feststellung nach dem ersten Halbsatz.

(2) [1] Unterbleibt eine Information der betroffenen Person nach Maßgabe des Absatzes 1, ergreift der Verantwortliche geeignete Maßnahmen zum Schutz der berechtigten Interessen der betroffenen Person, einschließlich der Bereitstellung der in Artikel 14 Absatz 1 und 2 der Verordnung (EU) 2016/679 genannten Informationen für die Öffentlichkeit in präziser, transparenter, verständlicher und leicht zugänglicher Form in einer klaren und einfachen Sprache. [2] Der Verantwortliche hält schriftlich fest, aus welchen Gründen er von einer Information abgesehen hat.

(3) Bezieht sich die Informationserteilung auf die Übermittlung personenbezogener Daten durch öffentliche Stellen an Verfassungsschutzbehörden, den Bundesnachrichtendienst, den Militärischen Abschirmdienst und, soweit die Sicherheit des Bundes berührt wird, andere Behörden des Bundesministeriums der Verteidigung, ist sie nur mit Zustimmung dieser Stellen zulässig.

§ 34 Auskunftsrecht der betroffenen Person. (1) Das Recht auf Auskunft der betroffenen Person gemäß Artikel 15 der Verordnung (EU) 2016/679[1)] besteht ergänzend zu den in § 27 Absatz 2, § 28 Absatz 2 und § 29 Absatz 1 Satz 2 genannten Ausnahmen nicht, wenn

1. die betroffene Person nach § 33 Absatz 1 Nummer 1, 2 Buchstabe b oder Absatz 3 nicht zu informieren ist, oder
2. die Daten
   a) nur deshalb gespeichert sind, weil sie aufgrund gesetzlicher oder satzungsmäßiger Aufbewahrungsvorschriften nicht gelöscht werden dürfen, oder
   b) ausschließlich Zwecken der Datensicherung oder der Datenschutzkontrolle dienen

   und die Auskunftserteilung einen unverhältnismäßigen Aufwand erfordern würde sowie eine Verarbeitung zu anderen Zwecken durch geeignete technische und organisatorische Maßnahmen ausgeschlossen ist.

(2) [1] Die Gründe der Auskunftsverweigerung sind zu dokumentieren. [2] Die Ablehnung der Auskunftserteilung ist gegenüber der betroffenen Person zu begründen, soweit nicht durch die Mitteilung der tatsächlichen und rechtlichen Gründe, auf die die Entscheidung gestützt wird, der mit der Auskunftsverweigerung verfolgte Zweck gefährdet würde. [3] Die zum Zweck der Auskunftserteilung an die betroffene Person und zu deren Vorbereitung gespeicherten Daten dürfen nur für diesen Zweck sowie für Zwecke der Datenschutzkontrolle verarbeitet werden; für andere Zwecke ist die Verarbeitung nach Maßgabe des Artikels 18 der Verordnung (EU) 2016/679 einzuschränken.

(3) [1] Wird der betroffenen Person durch eine öffentliche Stelle des Bundes keine Auskunft erteilt, so ist sie auf ihr Verlangen der oder dem Bundesbeauftragten zu erteilen, soweit nicht die jeweils zuständige oberste Bundesbehörde im Einzelfall feststellt, dass dadurch die Sicherheit des Bundes oder eines Landes

---

[1)] Nr. **1**.

gefährdet würde. [2] Die Mitteilung der oder des Bundesbeauftragten an die betroffene Person über das Ergebnis der datenschutzrechtlichen Prüfung darf keine Rückschlüsse auf den Erkenntnisstand des Verantwortlichen zulassen, sofern dieser nicht einer weitergehenden Auskunft zustimmt.

(4) Das Recht der betroffenen Person auf Auskunft über personenbezogene Daten, die durch eine öffentliche Stelle weder automatisiert verarbeitet noch nicht automatisiert verarbeitet und in einem Dateisystem gespeichert werden, besteht nur, soweit die betroffene Person Angaben macht, die das Auffinden der Daten ermöglichen, und der für die Erteilung der Auskunft erforderliche Aufwand nicht außer Verhältnis zu dem von der betroffenen Person geltend gemachten Informationsinteresse steht.

§ 35 Recht auf Löschung. (1) [1] Ist eine Löschung im Fall nicht automatisierter Datenverarbeitung wegen der besonderen Art der Speicherung nicht oder nur mit unverhältnismäßig hohem Aufwand möglich und ist das Interesse der betroffenen Person an der Löschung als gering anzusehen, besteht das Recht der betroffenen Person auf und die Pflicht des Verantwortlichen zur Löschung personenbezogener Daten gemäß Artikel 17 Absatz 1 der Verordnung (EU) 2016/679[1)] ergänzend zu den in Artikel 17 Absatz 3 der Verordnung (EU) 2016/679 genannten Ausnahmen nicht. [2] In diesem Fall tritt an die Stelle einer Löschung die Einschränkung der Verarbeitung gemäß Artikel 18 der Verordnung (EU) 2016/679. [3] Die Sätze 1 und 2 finden keine Anwendung, wenn die personenbezogenen Daten unrechtmäßig verarbeitet wurden.

(2) [1] Ergänzend zu Artikel 18 Absatz 1 Buchstabe b und c der Verordnung (EU) 2016/679 gilt Absatz 1 Satz 1 und 2 entsprechend im Fall des Artikels 17 Absatz 1 Buchstabe a und d der Verordnung (EU) 2016/679, solange und soweit der Verantwortliche Grund zu der Annahme hat, dass durch eine Löschung schutzwürdige Interessen der betroffenen Person beeinträchtigt würden. [2] Der Verantwortliche unterrichtet die betroffene Person über die Einschränkung der Verarbeitung, sofern sich die Unterrichtung nicht als unmöglich erweist oder einen unverhältnismäßigen Aufwand erfordern würde.

(3) Ergänzend zu Artikel 17 Absatz 3 Buchstabe b der Verordnung (EU) 2016/679 gilt Absatz 1 entsprechend im Fall des Artikels 17 Absatz 1 Buchstabe a der Verordnung (EU) 2016/679, wenn einer Löschung satzungsgemäße oder vertragliche Aufbewahrungsfristen entgegenstehen.

§ 36 Widerspruchsrecht. Das Recht auf Widerspruch gemäß Artikel 21 Absatz 1 der Verordnung (EU) 2016/679[1)] gegenüber einer öffentlichen Stelle besteht nicht, soweit an der Verarbeitung ein zwingendes öffentliches Interesse besteht, das die Interessen der betroffenen Person überwiegt, oder eine Rechtsvorschrift zur Verarbeitung verpflichtet.

§ 37 Automatisierte Entscheidungen im Einzelfall einschließlich Profiling. (1) Das Recht gemäß Artikel 22 Absatz 1 der Verordnung (EU) 2016/679[1)], keiner ausschließlich auf einer automatisierten Verarbeitung beruhenden Entscheidung unterworfen zu werden, besteht über die in Artikel 22 Absatz 2 Buchstabe a und c der Verordnung (EU) 2016/679 genannten Ausnahmen

[1)] Nr. **1**.

hinaus nicht, wenn die Entscheidung im Rahmen der Leistungserbringung nach einem Versicherungsvertrag ergeht und

1. dem Begehren der betroffenen Person stattgegeben wurde oder
2. die Entscheidung auf der Anwendung verbindlicher Entgeltregelungen für Heilbehandlungen beruht und der Verantwortliche für den Fall, dass dem Antrag nicht vollumfänglich stattgegeben wird, angemessene Maßnahmen zur Wahrung der berechtigten Interessen der betroffenen Person trifft, wozu mindestens das Recht auf Erwirkung des Eingreifens einer Person seitens des Verantwortlichen, auf Darlegung des eigenen Standpunktes und auf Anfechtung der Entscheidung zählt; der Verantwortliche informiert die betroffene Person über diese Rechte spätestens zum Zeitpunkt der Mitteilung, aus der sich ergibt, dass dem Antrag der betroffenen Person nicht vollumfänglich stattgegeben wird.

(2) [1] Entscheidungen nach Absatz 1 dürfen auf der Verarbeitung von Gesundheitsdaten im Sinne des Artikels 4 Nummer 15 der Verordnung (EU) 2016/679 beruhen. [2] Der Verantwortliche sieht angemessene und spezifische Maßnahmen zur Wahrung der Interessen der betroffenen Person gemäß § 22 Absatz 2 Satz 2 vor.

Kapitel 3. Pflichten der Verantwortlichen und Auftragsverarbeiter

§ 38 Datenschutzbeauftragte nichtöffentlicher Stellen. (1) [1] Ergänzend zu Artikel 37 Absatz 1 Buchstabe b und c der Verordnung (EU) 2016/679[1)] benennen der Verantwortliche und der Auftragsverarbeiter eine Datenschutzbeauftragte oder einen Datenschutzbeauftragten, soweit sie in der Regel mindestens 20 Personen ständig mit der automatisierten Verarbeitung personenbezogener Daten beschäftigen. [2] Nehmen der Verantwortliche oder der Auftragsverarbeiter Verarbeitungen vor, die einer Datenschutz-Folgenabschätzung nach Artikel 35 der Verordnung (EU) 2016/679 unterliegen, oder verarbeiten sie personenbezogene Daten geschäftsmäßig zum Zweck der Übermittlung, der anonymisierten Übermittlung oder für Zwecke der Markt- oder Meinungsforschung, haben sie unabhängig von der Anzahl der mit der Verarbeitung beschäftigten Personen eine Datenschutzbeauftragte oder einen Datenschutzbeauftragten zu benennen.

(2) § 6 Absatz 4, 5 Satz 2 und Absatz 6 finden Anwendung, § 6 Absatz 4 jedoch nur, wenn die Benennung einer oder eines Datenschutzbeauftragten verpflichtend ist.

§ 39 Akkreditierung. [1] Die Erteilung der Befugnis, als Zertifizierungsstelle gemäß Artikel 43 Absatz 1 Satz 1 der Verordnung (EU) 2016/679[1)] tätig zu werden, erfolgt durch die für die datenschutzrechtliche Aufsicht über die Zertifizierungsstelle zuständige Aufsichtsbehörde des Bundes oder der Länder auf der Grundlage einer Akkreditierung durch die Deutsche Akkreditierungsstelle. [2] § 2 Absatz 3 Satz 2, § 4 Absatz 3 und § 10 Absatz 1 Satz 1 Nummer 3 des Akkreditierungsstellengesetzes finden mit der Maßgabe Anwendung, dass der Datenschutz als ein dem Anwendungsbereich des § 1 Absatz 2 Satz 2 unterfallender Bereich gilt.

[1)] Nr. **1**.

Kapitel 4. Aufsichtsbehörde für die Datenverarbeitung durch nichtöffentliche Stellen

§ 40 Aufsichtsbehörden der Länder. (1) Die nach Landesrecht zuständigen Behörden überwachen im Anwendungsbereich der Verordnung (EU) 2016/679[1)] bei den nichtöffentlichen Stellen die Anwendung der Vorschriften über den Datenschutz.

(2) [1] Hat der Verantwortliche oder Auftragsverarbeiter mehrere inländische Niederlassungen, findet für die Bestimmung der zuständigen Aufsichtsbehörde Artikel 4 Nummer 16 der Verordnung (EU) 2016/679 entsprechende Anwendung. [2] Wenn sich mehrere Behörden für zuständig oder für unzuständig halten oder wenn die Zuständigkeit aus anderen Gründen zweifelhaft ist, treffen die Aufsichtsbehörden die Entscheidung gemeinsam nach Maßgabe des § 18 Absatz 2. [3] § 3 Absatz 3 und 4 des Verwaltungsverfahrensgesetzes findet entsprechende Anwendung.

(3) [1] Die Aufsichtsbehörde darf die von ihr gespeicherten Daten nur für Zwecke der Aufsicht verarbeiten; hierbei darf sie Daten an andere Aufsichtsbehörden übermitteln. [2] Eine Verarbeitung zu einem anderen Zweck ist über Artikel 6 Absatz 4 der Verordnung (EU) 2016/679 hinaus zulässig, wenn

1. offensichtlich ist, dass sie im Interesse der betroffenen Person liegt und kein Grund zu der Annahme besteht, dass sie in Kenntnis des anderen Zwecks ihre Einwilligung verweigern würde,
2. sie zur Abwehr erheblicher Nachteile für das Gemeinwohl oder einer Gefahr für die öffentliche Sicherheit oder zur Wahrung erheblicher Belange des Gemeinwohls erforderlich ist oder
3. sie zur Verfolgung von Straftaten oder Ordnungswidrigkeiten, zur Vollstreckung oder zum Vollzug von Strafen oder Maßnahmen im Sinne des § 11 Absatz 1 Nummer 8 des Strafgesetzbuchs oder von Erziehungsmaßregeln oder Zuchtmitteln im Sinne des Jugendgerichtsgesetzes oder zur Vollstreckung von Geldbußen erforderlich ist.

[3] Stellt die Aufsichtsbehörde einen Verstoß gegen die Vorschriften über den Datenschutz fest, so ist sie befugt, die betroffenen Personen hierüber zu unterrichten, den Verstoß anderen für die Verfolgung oder Ahndung zuständigen Stellen anzuzeigen sowie bei schwerwiegenden Verstößen die Gewerbeaufsichtsbehörde zur Durchführung gewerberechtlicher Maßnahmen zu unterrichten. [4] § 13 Absatz 4 Satz 4 bis 7 gilt entsprechend.

(4) [1] Die der Aufsicht unterliegenden Stellen sowie die mit deren Leitung beauftragten Personen haben einer Aufsichtsbehörde auf Verlangen die für die Erfüllung ihrer Aufgaben erforderlichen Auskünfte zu erteilen. [2] Der Auskunftspflichtige kann die Auskunft auf solche Fragen verweigern, deren Beantwortung ihn selbst oder einen der in § 383 Absatz 1 Nummer 1 bis 3 der Zivilprozessordnung bezeichneten Angehörigen der Gefahr strafgerichtlicher Verfolgung oder eines Verfahrens nach dem Gesetz über Ordnungswidrigkeiten aussetzen würde. [3] Der Auskunftspflichtige ist darauf hinzuweisen.

(5) [1] Die von einer Aufsichtsbehörde mit der Überwachung der Einhaltung der Vorschriften über den Datenschutz beauftragten Personen sind befugt, zur Erfüllung ihrer Aufgaben Grundstücke und Geschäftsräume der Stelle zu be-

---

[1)] Nr. **1**.

treten und Zugang zu allen Datenverarbeitungsanlagen und -geräten zu erhalten. [2] Die Stelle ist insoweit zur Duldung verpflichtet. [3] § 16 Absatz 4 gilt entsprechend.

(6) [1] Die Aufsichtsbehörden beraten und unterstützen die Datenschutzbeauftragten mit Rücksicht auf deren typische Bedürfnisse. [2] Sie können die Abberufung der oder des Datenschutzbeauftragten verlangen, wenn sie oder er die zur Erfüllung ihrer oder seiner Aufgaben erforderliche Fachkunde nicht besitzt oder im Fall des Artikels 38 Absatz 6 der Verordnung (EU) 2016/679 ein schwerwiegender Interessenkonflikt vorliegt.

(7) Die Anwendung der Gewerbeordnung bleibt unberührt.

Kapitel 5. Sanktionen

§ 41 Anwendung der Vorschriften über das Bußgeld- und Strafverfahren. (1) [1] Für Verstöße nach Artikel 83 Absatz 4 bis 6 der Verordnung (EU) 2016/679[1)] gelten, soweit dieses Gesetz nichts anderes bestimmt, die Vorschriften des Gesetzes über Ordnungswidrigkeiten sinngemäß. [2] Die §§ 17, 35 und 36 des Gesetzes über Ordnungswidrigkeiten finden keine Anwendung. [3] § 68 des Gesetzes über Ordnungswidrigkeiten findet mit der Maßgabe Anwendung, dass das Landgericht entscheidet, wenn die festgesetzte Geldbuße den Betrag von einhunderttausend Euro übersteigt.

(2) [1] Für Verfahren wegen eines Verstoßes nach Artikel 83 Absatz 4 bis 6 der Verordnung (EU) 2016/679 gelten, soweit dieses Gesetz nichts anderes bestimmt, die Vorschriften des Gesetzes über Ordnungswidrigkeiten und der allgemeinen Gesetze über das Strafverfahren, namentlich der Strafprozessordnung[2)] und des Gerichtsverfassungsgesetzes, entsprechend. [2] Die §§ 56 bis 58, 87, 88, 99 und 100 des Gesetzes über Ordnungswidrigkeiten finden keine Anwendung. [3] § 69 Absatz 4 Satz 2 des Gesetzes über Ordnungswidrigkeiten findet mit der Maßgabe Anwendung, dass die Staatsanwaltschaft das Verfahren nur mit Zustimmung der Aufsichtsbehörde, die den Bußgeldbescheid erlassen hat, einstellen kann.

§ 42 Strafvorschriften. (1) Mit Freiheitsstrafe bis zu drei Jahren oder mit Geldstrafe wird bestraft, wer wissentlich nicht allgemein zugängliche personenbezogene Daten einer großen Zahl von Personen, ohne hierzu berechtigt zu sein,

1. einem Dritten übermittelt oder
2. auf andere Art und Weise zugänglich macht

und hierbei gewerbsmäßig handelt.

(2) Mit Freiheitsstrafe bis zu zwei Jahren oder mit Geldstrafe wird bestraft, wer personenbezogene Daten, die nicht allgemein zugänglich sind,

1. ohne hierzu berechtigt zu sein, verarbeitet oder
2. durch unrichtige Angaben erschleicht

und hierbei gegen Entgelt oder in der Absicht handelt, sich oder einen anderen zu bereichern oder einen anderen zu schädigen.

---

1) Nr. **1**.
2) Auszugsweise abgedruckt unter Nr. **22**.

(3) [1]Die Tat wird nur auf Antrag verfolgt. [2]Antragsberechtigt sind die betroffene Person, der Verantwortliche, die oder der Bundesbeauftragte und die Aufsichtsbehörde.

(4) Eine Meldung nach Artikel 33 der Verordnung (EU) 2016/679[1)] oder eine Benachrichtigung nach Artikel 34 Absatz 1 der Verordnung (EU) 2016/679 darf in einem Strafverfahren gegen den Meldepflichtigen oder Benachrichtigenden oder seine in § 52 Absatz 1 der Strafprozessordnung bezeichneten Angehörigen nur mit Zustimmung des Meldepflichtigen oder Benachrichtigenden verwendet werden.

§ 43 Bußgeldvorschriften. (1) Ordnungswidrig handelt, wer vorsätzlich oder fahrlässig

1. entgegen § 30 Absatz 1 ein Auskunftsverlangen nicht richtig behandelt oder
2. entgegen § 30 Absatz 2 Satz 1 einen Verbraucher nicht, nicht richtig, nicht vollständig oder nicht rechtzeitig unterrichtet.

(2) Die Ordnungswidrigkeit kann mit einer Geldbuße bis zu fünfzigtausend Euro geahndet werden.

(3) Gegen Behörden und sonstige öffentliche Stellen im Sinne des § 2 Absatz 1 werden keine Geldbußen verhängt.

(4) Eine Meldung nach Artikel 33 der Verordnung (EU) 2016/679[1)] oder eine Benachrichtigung nach Artikel 34 Absatz 1 der Verordnung (EU) 2016/679 darf in einem Verfahren nach dem Gesetz über Ordnungswidrigkeiten gegen den Meldepflichtigen oder Benachrichtigenden oder seine in § 52 Absatz 1 der Strafprozessordnung bezeichneten Angehörigen nur mit Zustimmung des Meldepflichtigen oder Benachrichtigenden verwendet werden.

Kapitel 6. Rechtsbehelfe

§ 44 Klagen gegen den Verantwortlichen oder Auftragsverarbeiter.

(1) [1]Klagen der betroffenen Person gegen einen Verantwortlichen oder einen Auftragsverarbeiter wegen eines Verstoßes gegen datenschutzrechtliche Bestimmungen im Anwendungsbereich der Verordnung (EU) 2016/679[1)] oder der darin enthaltenen Rechte der betroffenen Person können bei dem Gericht des Ortes erhoben werden, an dem sich eine Niederlassung des Verantwortlichen oder Auftragsverarbeiters befindet. [2]Klagen nach Satz 1 können auch bei dem Gericht des Ortes erhoben werden, an dem die betroffene Person ihren gewöhnlichen Aufenthaltsort hat.

(2) Absatz 1 gilt nicht für Klagen gegen Behörden, die in Ausübung ihrer hoheitlichen Befugnisse tätig geworden sind.

(3) [1]Hat der Verantwortliche oder Auftragsverarbeiter einen Vertreter nach Artikel 27 Absatz 1 der Verordnung (EU) 2016/679 benannt, gilt dieser auch als bevollmächtigt, Zustellungen in zivilgerichtlichen Verfahren nach Absatz 1 entgegenzunehmen. [2]§ 184 der Zivilprozessordnung bleibt unberührt.

[1)] Nr. 1.

Teil 3. Bestimmungen für Verarbeitungen zu Zwecken gemäß Artikel 1 Absatz 1 der Richtlinie (EU) 2016/680

Kapitel 1. Anwendungsbereich, Begriffsbestimmungen und allgemeine Grundsätze für die Verarbeitung personenbezogener Daten

§ 45 Anwendungsbereich. [1] Die Vorschriften dieses Teils gelten für die Verarbeitung personenbezogener Daten durch die für die Verhütung, Ermittlung, Aufdeckung, Verfolgung oder Ahndung von Straftaten oder Ordnungswidrigkeiten zuständigen öffentlichen Stellen, soweit sie Daten zum Zweck der Erfüllung dieser Aufgaben verarbeiten. [2] Die öffentlichen Stellen gelten dabei als Verantwortliche. [3] Die Verhütung von Straftaten im Sinne des Satzes 1 umfasst den Schutz vor und die Abwehr von Gefahren für die öffentliche Sicherheit. [4] Die Sätze 1 und 2 finden zudem Anwendung auf diejenigen öffentlichen Stellen, die für die Vollstreckung von Strafen, von Maßnahmen im Sinne des § 11 Absatz 1 Nummer 8 des Strafgesetzbuchs, von Erziehungsmaßregeln oder Zuchtmitteln im Sinne des Jugendgerichtsgesetzes und von Geldbußen zuständig sind. [5] Soweit dieser Teil Vorschriften für Auftragsverarbeiter enthält, gilt er auch für diese.

§ 46 Begriffsbestimmungen. Es bezeichnen die Begriffe:

1. „personenbezogene Daten" alle Informationen, die sich auf eine identifizierte oder identifizierbare natürliche Person (betroffene Person) beziehen; als identifizierbar wird eine natürliche Person angesehen, die direkt oder indirekt, insbesondere mittels Zuordnung zu einer Kennung wie einem Namen, zu einer Kennnummer, zu Standortdaten, zu einer Online-Kennung oder zu einem oder mehreren besonderen Merkmalen, die Ausdruck der physischen, physiologischen, genetischen, psychischen, wirtschaftlichen, kulturellen oder sozialen Identität dieser Person sind, identifiziert werden kann;
2. „Verarbeitung" jeden mit oder ohne Hilfe automatisierter Verfahren ausgeführten Vorgang oder jede solche Vorgangsreihe im Zusammenhang mit personenbezogenen Daten wie das Erheben, das Erfassen, die Organisation, das Ordnen, die Speicherung, die Anpassung, die Veränderung, das Auslesen, das Abfragen, die Verwendung, die Offenlegung durch Übermittlung, Verbreitung oder eine andere Form der Bereitstellung, den Abgleich, die Verknüpfung, die Einschränkung, das Löschen oder die Vernichtung;
3. „Einschränkung der Verarbeitung" die Markierung gespeicherter personenbezogener Daten mit dem Ziel, ihre künftige Verarbeitung einzuschränken;
4. „Profiling" jede Art der automatisierten Verarbeitung personenbezogener Daten, bei der diese Daten verwendet werden, um bestimmte persönliche Aspekte, die sich auf eine natürliche Person beziehen, zu bewerten, insbesondere um Aspekte der Arbeitsleistung, der wirtschaftlichen Lage, der Gesundheit, der persönlichen Vorlieben, der Interessen, der Zuverlässigkeit, des Verhaltens, der Aufenthaltsorte oder der Ortswechsel dieser natürlichen Person zu analysieren oder vorherzusagen;
5. „Pseudonymisierung" die Verarbeitung personenbezogener Daten in einer Weise, in der die Daten ohne Hinzuziehung zusätzlicher Informationen nicht mehr einer spezifischen betroffenen Person zugeordnet werden können, sofern diese zusätzlichen Informationen gesondert aufbewahrt werden

und technischen und organisatorischen Maßnahmen unterliegen, die gewährleisten, dass die Daten keiner betroffenen Person zugewiesen werden können;

6. „Dateisystem" jede strukturierte Sammlung personenbezogener Daten, die nach bestimmten Kriterien zugänglich sind, unabhängig davon, ob diese Sammlung zentral, dezentral oder nach funktionalen oder geografischen Gesichtspunkten geordnet geführt wird;
7. „Verantwortlicher" die natürliche oder juristische Person, Behörde, Einrichtung oder andere Stelle, die allein oder gemeinsam mit anderen über die Zwecke und Mittel der Verarbeitung von personenbezogenen Daten entscheidet;
8. „Auftragsverarbeiter" eine natürliche oder juristische Person, Behörde, Einrichtung oder andere Stelle, die personenbezogene Daten im Auftrag des Verantwortlichen verarbeitet;
9. „Empfänger" eine natürliche oder juristische Person, Behörde, Einrichtung oder andere Stelle, der personenbezogene Daten offengelegt werden, unabhängig davon, ob es sich bei ihr um einen Dritten handelt oder nicht; Behörden, die im Rahmen eines bestimmten Untersuchungsauftrags nach dem Unionsrecht oder anderen Rechtsvorschriften personenbezogene Daten erhalten, gelten jedoch nicht als Empfänger; die Verarbeitung dieser Daten durch die genannten Behörden erfolgt im Einklang mit den geltenden Datenschutzvorschriften gemäß den Zwecken der Verarbeitung;
10. „Verletzung des Schutzes personenbezogener Daten" eine Verletzung der Sicherheit, die zur unbeabsichtigten oder unrechtmäßigen Vernichtung, zum Verlust, zur Veränderung oder zur unbefugten Offenlegung von oder zum unbefugten Zugang zu personenbezogenen Daten geführt hat, die verarbeitet wurden;
11. „genetische Daten" personenbezogene Daten zu den ererbten oder erworbenen genetischen Eigenschaften einer natürlichen Person, die eindeutige Informationen über die Physiologie oder die Gesundheit dieser Person liefern, insbesondere solche, die aus der Analyse einer biologischen Probe der Person gewonnen wurden;
12. „biometrische Daten" mit speziellen technischen Verfahren gewonnene personenbezogene Daten zu den physischen, physiologischen oder verhaltenstypischen Merkmalen einer natürlichen Person, die die eindeutige Identifizierung dieser natürlichen Person ermöglichen oder bestätigen, insbesondere Gesichtsbilder oder daktyloskopische Daten;
13. „Gesundheitsdaten" personenbezogene Daten, die sich auf die körperliche oder geistige Gesundheit einer natürlichen Person, einschließlich der Erbringung von Gesundheitsdienstleistungen, beziehen und aus denen Informationen über deren Gesundheitszustand hervorgehen;
14. „besondere Kategorien personenbezogener Daten"
    a) Daten, aus denen die rassische oder ethnische Herkunft, politische Meinungen, religiöse oder weltanschauliche Überzeugungen oder die Gewerkschaftszugehörigkeit hervorgehen,
    b) genetische Daten,
    c) biometrische Daten zur eindeutigen Identifizierung einer natürlichen Person,

d) Gesundheitsdaten und

e) Daten zum Sexualleben oder zur sexuellen Orientierung;

15. „Aufsichtsbehörde" eine von einem Mitgliedstaat gemäß Artikel 41 der Richtlinie (EU) 2016/680[1)] eingerichtete unabhängige staatliche Stelle;
16. „internationale Organisation" eine völkerrechtliche Organisation und ihre nachgeordneten Stellen sowie jede sonstige Einrichtung, die durch eine von zwei oder mehr Staaten geschlossene Übereinkunft oder auf der Grundlage einer solchen Übereinkunft geschaffen wurde;
17. „Einwilligung" jede freiwillig für den bestimmten Fall, in informierter Weise und unmissverständlich abgegebene Willensbekundung in Form einer Erklärung oder einer sonstigen eindeutigen bestätigenden Handlung, mit der die betroffene Person zu verstehen gibt, dass sie mit der Verarbeitung der sie betreffenden personenbezogenen Daten einverstanden ist.

§ 47 Allgemeine Grundsätze für die Verarbeitung personenbezogener Daten. Personenbezogene Daten müssen

1. auf rechtmäßige Weise und nach Treu und Glauben verarbeitet werden,
2. für festgelegte, eindeutige und rechtmäßige Zwecke erhoben und nicht in einer mit diesen Zwecken nicht zu vereinbarenden Weise verarbeitet werden,
3. dem Verarbeitungszweck entsprechen, für das Erreichen des Verarbeitungszwecks erforderlich sein und ihre Verarbeitung nicht außer Verhältnis zu diesem Zweck stehen,
4. sachlich richtig und erforderlichenfalls auf dem neuesten Stand sein; dabei sind alle angemessenen Maßnahmen zu treffen, damit personenbezogene Daten, die im Hinblick auf die Zwecke ihrer Verarbeitung unrichtig sind, unverzüglich gelöscht oder berichtigt werden,
5. nicht länger als es für die Zwecke, für die sie verarbeitet werden, erforderlich ist, in einer Form gespeichert werden, die die Identifizierung der betroffenen Personen ermöglicht, und
6. in einer Weise verarbeitet werden, die eine angemessene Sicherheit der personenbezogenen Daten gewährleistet; hierzu gehört auch ein durch geeignete technische und organisatorische Maßnahmen zu gewährleistender Schutz vor unbefugter oder unrechtmäßiger Verarbeitung, unbeabsichtigtem Verlust, unbeabsichtigter Zerstörung oder unbeabsichtigter Schädigung.

Kapitel 2. Rechtsgrundlagen der Verarbeitung personenbezogener Daten

§ 48 Verarbeitung besonderer Kategorien personenbezogener Daten.

(1) Die Verarbeitung besonderer Kategorien personenbezogener Daten ist nur zulässig, wenn sie zur Aufgabenerfüllung unbedingt erforderlich ist.

(2) [1] Werden besondere Kategorien personenbezogener Daten verarbeitet, sind geeignete Garantien für die Rechtsgüter der betroffenen Personen vorzusehen. [2] Geeignete Garantien können insbesondere sein

---

[1)] Nr. 2.

1. spezifische Anforderungen an die Datensicherheit oder die Datenschutzkontrolle,
2. die Festlegung von besonderen Aussonderungsprüffristen,
3. die Sensibilisierung der an Verarbeitungsvorgängen Beteiligten,
4. die Beschränkung des Zugangs zu den personenbezogenen Daten innerhalb der verantwortlichen Stelle,
5. die von anderen Daten getrennte Verarbeitung,
6. die Pseudonymisierung personenbezogener Daten,
7. die Verschlüsselung personenbezogener Daten oder
8. spezifische Verfahrensregelungen, die im Fall einer Übermittlung oder Verarbeitung für andere Zwecke die Rechtmäßigkeit der Verarbeitung sicherstellen.

§ 49 Verarbeitung zu anderen Zwecken. [1] Eine Verarbeitung personenbezogener Daten zu einem anderen Zweck als zu demjenigen, zu dem sie erhoben wurden, ist zulässig, wenn es sich bei dem anderen Zweck um einen der in § 45 genannten Zwecke handelt, der Verantwortliche befugt ist, Daten zu diesem Zweck zu verarbeiten, und die Verarbeitung zu diesem Zweck erforderlich und verhältnismäßig ist. [2] Die Verarbeitung personenbezogener Daten zu einem anderen, in § 45 nicht genannten Zweck ist zulässig, wenn sie in einer Rechtsvorschrift vorgesehen ist.

§ 50 Verarbeitung zu archivarischen, wissenschaftlichen und statistischen Zwecken. [1] Personenbezogene Daten dürfen im Rahmen der in § 45 genannten Zwecke in archivarischer, wissenschaftlicher oder statistischer Form verarbeitet werden, wenn hieran ein öffentliches Interesse besteht und geeignete Garantien für die Rechtsgüter der betroffenen Personen vorgesehen werden. [2] Solche Garantien können in einer so zeitnah wie möglich erfolgenden Anonymisierung der personenbezogenen Daten, in Vorkehrungen gegen ihre unbefugte Kenntnisnahme durch Dritte oder in ihrer räumlich und organisatorisch von den sonstigen Fachaufgaben getrennten Verarbeitung bestehen.

§ 51 Einwilligung. (1) Soweit die Verarbeitung personenbezogener Daten nach einer Rechtsvorschrift auf der Grundlage einer Einwilligung erfolgen kann, muss der Verantwortliche die Einwilligung der betroffenen Person nachweisen können.

(2) Erfolgt die Einwilligung der betroffenen Person durch eine schriftliche Erklärung, die noch andere Sachverhalte betrifft, muss das Ersuchen um Einwilligung in verständlicher und leicht zugänglicher Form in einer klaren und einfachen Sprache so erfolgen, dass es von den anderen Sachverhalten klar zu unterscheiden ist.

(3) [1] Die betroffene Person hat das Recht, ihre Einwilligung jederzeit zu widerrufen. [2] Durch den Widerruf der Einwilligung wird die Rechtmäßigkeit der aufgrund der Einwilligung bis zum Widerruf erfolgten Verarbeitung nicht berührt. [3] Die betroffene Person ist vor Abgabe der Einwilligung hiervon in Kenntnis zu setzen.

(4) [1] Die Einwilligung ist nur wirksam, wenn sie auf der freien Entscheidung der betroffenen Person beruht. [2] Bei der Beurteilung, ob die Einwilligung freiwillig erteilt wurde, müssen die Umstände der Erteilung berücksichtigt

werden. [3]Die betroffene Person ist auf den vorgesehenen Zweck der Verarbeitung hinzuweisen. [4]Ist dies nach den Umständen des Einzelfalles erforderlich oder verlangt die betroffene Person dies, ist sie auch über die Folgen der Verweigerung der Einwilligung zu belehren.

(5) Soweit besondere Kategorien personenbezogener Daten verarbeitet werden, muss sich die Einwilligung ausdrücklich auf diese Daten beziehen.

§ 52 Verarbeitung auf Weisung des Verantwortlichen. Jede einem Verantwortlichen oder einem Auftragsverarbeiter unterstellte Person, die Zugang zu personenbezogenen Daten hat, darf diese Daten ausschließlich auf Weisung des Verantwortlichen verarbeiten, es sei denn, dass sie nach einer Rechtsvorschrift zur Verarbeitung verpflichtet ist.

§ 53 Datengeheimnis. [1]Mit Datenverarbeitung befasste Personen dürfen personenbezogene Daten nicht unbefugt verarbeiten (Datengeheimnis). [2]Sie sind bei der Aufnahme ihrer Tätigkeit auf das Datengeheimnis zu verpflichten. [3]Das Datengeheimnis besteht auch nach der Beendigung ihrer Tätigkeit fort.

§ 54 Automatisierte Einzelentscheidung. (1) Eine ausschließlich auf einer automatischen Verarbeitung beruhende Entscheidung, die mit einer nachteiligen Rechtsfolge für die betroffene Person verbunden ist oder sie erheblich beeinträchtigt, ist nur zulässig, wenn sie in einer Rechtsvorschrift vorgesehen ist.

(2) Entscheidungen nach Absatz 1 dürfen nicht auf besonderen Kategorien personenbezogener Daten beruhen, sofern nicht geeignete Maßnahmen zum Schutz der Rechtsgüter sowie der berechtigten Interessen der betroffenen Personen getroffen wurden.

(3) Profiling, das zur Folge hat, dass betroffene Personen auf der Grundlage von besonderen Kategorien personenbezogener Daten diskriminiert werden, ist verboten.

Kapitel 3. Rechte der betroffenen Person

§ 55 Allgemeine Informationen zu Datenverarbeitungen. Der Verantwortliche hat in allgemeiner Form und für jedermann zugänglich Informationen zur Verfügung zu stellen über

1. die Zwecke der von ihm vorgenommenen Verarbeitungen,
2. die im Hinblick auf die Verarbeitung ihrer personenbezogenen Daten bestehenden Rechte der betroffenen Personen auf Auskunft, Berichtigung, Löschung und Einschränkung der Verarbeitung,
3. den Namen und die Kontaktdaten des Verantwortlichen und der oder des Datenschutzbeauftragten,
4. das Recht, die Bundesbeauftragte oder den Bundesbeauftragten anzurufen, und
5. die Erreichbarkeit der oder des Bundesbeauftragten.

§ 56 Benachrichtigung betroffener Personen. (1) Ist die Benachrichtigung betroffener Personen über die Verarbeitung sie betreffender personenbezogener Daten in speziellen Rechtsvorschriften, insbesondere bei verdeckten

Maßnahmen, vorgesehen oder angeordnet, so hat diese Benachrichtigung zumindest die folgenden Angaben zu enthalten:

1. die in § 55 genannten Angaben,
2. die Rechtsgrundlage der Verarbeitung,
3. die für die Daten geltende Speicherdauer oder, falls dies nicht möglich ist, die Kriterien für die Festlegung dieser Dauer,
4. gegebenenfalls die Kategorien von Empfängern der personenbezogenen Daten sowie
5. erforderlichenfalls weitere Informationen, insbesondere, wenn die personenbezogenen Daten ohne Wissen der betroffenen Person erhoben wurden.

(2) In den Fällen des Absatzes 1 kann der Verantwortliche die Benachrichtigung insoweit und solange aufschieben, einschränken oder unterlassen, wie andernfalls

1. die Erfüllung der in § 45 genannten Aufgaben,
2. die öffentliche Sicherheit oder
3. Rechtsgüter Dritter

gefährdet würden, wenn das Interesse an der Vermeidung dieser Gefahren das Informationsinteresse der betroffenen Person überwiegt.

(3) Bezieht sich die Benachrichtigung auf die Übermittlung personenbezogener Daten an Verfassungsschutzbehörden, den Bundesnachrichtendienst, den Militärischen Abschirmdienst und, soweit die Sicherheit des Bundes berührt wird, andere Behörden des Bundesministeriums der Verteidigung, ist sie nur mit Zustimmung dieser Stellen zulässig.

(4) Im Fall der Einschränkung nach Absatz 2 gilt § 57 Absatz 7 entsprechend.

§ 57 Auskunftsrecht. (1) [1]Der Verantwortliche hat betroffenen Personen auf Antrag Auskunft darüber zu erteilen, ob er sie betreffende Daten verarbeitet. [2]Betroffene Personen haben darüber hinaus das Recht, Informationen zu erhalten über

1. die personenbezogenen Daten, die Gegenstand der Verarbeitung sind, und die Kategorie, zu der sie gehören,
2. die verfügbaren Informationen über die Herkunft der Daten,
3. die Zwecke der Verarbeitung und deren Rechtsgrundlage,
4. die Empfänger oder die Kategorien von Empfängern, gegenüber denen die Daten offengelegt worden sind, insbesondere bei Empfängern in Drittstaaten oder bei internationalen Organisationen,
5. die für die Daten geltende Speicherdauer oder, falls dies nicht möglich ist, die Kriterien für die Festlegung dieser Dauer,
6. das Bestehen eines Rechts auf Berichtigung, Löschung oder Einschränkung der Verarbeitung der Daten durch den Verantwortlichen,
7. das Recht nach § 60, die Bundesbeauftragte oder den Bundesbeauftragten anzurufen, sowie
8. Angaben zur Erreichbarkeit der oder des Bundesbeauftragten.

(2) Absatz 1 gilt nicht für personenbezogene Daten, die nur deshalb verarbeitet werden, weil sie aufgrund gesetzlicher Aufbewahrungsvorschriften nicht gelöscht werden dürfen oder die ausschließlich Zwecken der Datensiche-

rung oder der Datenschutzkontrolle dienen, wenn die Auskunftserteilung einen unverhältnismäßigen Aufwand erfordern würde und eine Verarbeitung zu anderen Zwecken durch geeignete technische und organisatorische Maßnahmen ausgeschlossen ist.

(3) Von der Auskunftserteilung ist abzusehen, wenn die betroffene Person keine Angaben macht, die das Auffinden der Daten ermöglichen, und deshalb der für die Erteilung der Auskunft erforderliche Aufwand außer Verhältnis zu dem von der betroffenen Person geltend gemachten Informationsinteresse steht.

(4) Der Verantwortliche kann unter den Voraussetzungen des § 56 Absatz 2 von der Auskunft nach Absatz 1 Satz 1 absehen oder die Auskunftserteilung nach Absatz 1 Satz 2 teilweise oder vollständig einschränken.

(5) Bezieht sich die Auskunftserteilung auf die Übermittlung personenbezogener Daten an Verfassungsschutzbehörden, den Bundesnachrichtendienst, den Militärischen Abschirmdienst und, soweit die Sicherheit des Bundes berührt wird, andere Behörden des Bundesministeriums der Verteidigung, ist sie nur mit Zustimmung dieser Stellen zulässig.

(6) [1] Der Verantwortliche hat die betroffene Person über das Absehen von oder die Einschränkung einer Auskunft unverzüglich schriftlich zu unterrichten. [2] Dies gilt nicht, wenn bereits die Erteilung dieser Informationen eine Gefährdung im Sinne des § 56 Absatz 2 mit sich bringen würde. [3] Die Unterrichtung nach Satz 1 ist zu begründen, es sei denn, dass die Mitteilung der Gründe den mit dem Absehen von oder der Einschränkung der Auskunft verfolgten Zweck gefährden würde.

(7) [1] Wird die betroffene Person nach Absatz 6 über das Absehen von oder die Einschränkung der Auskunft unterrichtet, kann sie ihr Auskunftsrecht auch über die Bundesbeauftragte oder den Bundesbeauftragten ausüben. [2] Der Verantwortliche hat die betroffene Person über diese Möglichkeit sowie darüber zu unterrichten, dass sie gemäß § 60 die Bundesbeauftragte oder den Bundesbeauftragten anrufen oder gerichtlichen Rechtsschutz suchen kann. [3] Macht die betroffene Person von ihrem Recht nach Satz 1 Gebrauch, ist die Auskunft auf ihr Verlangen der oder dem Bundesbeauftragten zu erteilen, soweit nicht die zuständige oberste Bundesbehörde im Einzelfall feststellt, dass dadurch die Sicherheit des Bundes oder eines Landes gefährdet würde. [4] Die oder der Bundesbeauftragte hat die betroffene Person zumindest darüber zu unterrichten, dass alle erforderlichen Prüfungen erfolgt sind oder eine Überprüfung durch sie stattgefunden hat. [5] Diese Mitteilung kann die Information enthalten, ob datenschutzrechtliche Verstöße festgestellt wurden. [6] Die Mitteilung der oder des Bundesbeauftragten an die betroffene Person darf keine Rückschlüsse auf den Erkenntnisstand des Verantwortlichen zulassen, sofern dieser keiner weitergehenden Auskunft zustimmt. [7] Der Verantwortliche darf die Zustimmung nur insoweit und solange verweigern, wie er nach Absatz 4 von einer Auskunft absehen oder sie einschränken könnte. [8] Die oder der Bundesbeauftragte hat zudem die betroffene Person über ihr Recht auf gerichtlichen Rechtsschutz zu unterrichten.

(8) Der Verantwortliche hat die sachlichen oder rechtlichen Gründe für die Entscheidung zu dokumentieren.

§ 58 Rechte auf Berichtigung und Löschung sowie Einschränkung der Verarbeitung. (1) [1]Die betroffene Person hat das Recht, von dem Verantwortlichen unverzüglich die Berichtigung sie betreffender unrichtiger Daten zu verlangen. [2]Insbesondere im Fall von Aussagen oder Beurteilungen betrifft die Frage der Richtigkeit nicht den Inhalt der Aussage oder Beurteilung. [3]Wenn die Richtigkeit oder Unrichtigkeit der Daten nicht festgestellt werden kann, tritt an die Stelle der Berichtigung eine Einschränkung der Verarbeitung. [4]In diesem Fall hat der Verantwortliche die betroffene Person zu unterrichten, bevor er die Einschränkung wieder aufhebt. [5]Die betroffene Person kann zudem die Vervollständigung unvollständiger personenbezogener Daten verlangen, wenn dies unter Berücksichtigung der Verarbeitungszwecke angemessen ist.

(2) Die betroffene Person hat das Recht, von dem Verantwortlichen unverzüglich die Löschung sie betreffender Daten zu verlangen, wenn deren Verarbeitung unzulässig ist, deren Kenntnis für die Aufgabenerfüllung nicht mehr erforderlich ist oder diese zur Erfüllung einer rechtlichen Verpflichtung gelöscht werden müssen.

(3) [1]Anstatt die personenbezogenen Daten zu löschen, kann der Verantwortliche deren Verarbeitung einschränken, wenn

1. Grund zu der Annahme besteht, dass eine Löschung schutzwürdige Interessen einer betroffenen Person beeinträchtigen würde,
2. die Daten zu Beweiszwecken in Verfahren, die Zwecken des § 45 dienen, weiter aufbewahrt werden müssen oder
3. eine Löschung wegen der besonderen Art der Speicherung nicht oder nur mit unverhältnismäßigem Aufwand möglich ist.

[2]In ihrer Verarbeitung nach Satz 1 eingeschränkte Daten dürfen nur zu dem Zweck verarbeitet werden, der ihrer Löschung entgegenstand.

(4) Bei automatisierten Dateisystemen ist technisch sicherzustellen, dass eine Einschränkung der Verarbeitung eindeutig erkennbar ist und eine Verarbeitung für andere Zwecke nicht ohne weitere Prüfung möglich ist.

(5) [1]Hat der Verantwortliche eine Berichtigung vorgenommen, hat er einer Stelle, die ihm die personenbezogenen Daten zuvor übermittelt hat, die Berichtigung mitzuteilen. [2]In Fällen der Berichtigung, Löschung oder Einschränkung der Verarbeitung nach den Absätzen 1 bis 3 hat der Verantwortliche Empfängern, denen die Daten übermittelt wurden, diese Maßnahmen mitzuteilen. [3]Der Empfänger hat die Daten zu berichtigen, zu löschen oder ihre Verarbeitung einzuschränken.

(6) [1]Der Verantwortliche hat die betroffene Person über ein Absehen von der Berichtigung oder Löschung personenbezogener Daten oder über die an deren Stelle tretende Einschränkung der Verarbeitung schriftlich zu unterrichten. [2]Dies gilt nicht, wenn bereits die Erteilung dieser Informationen eine Gefährdung im Sinne des § 56 Absatz 2 mit sich bringen würde. [3]Die Unterrichtung nach Satz 1 ist zu begründen, es sei denn, dass die Mitteilung der Gründe den mit dem Absehen von der Unterrichtung verfolgten Zweck gefährden würde.

(7) § 57 Absatz 7 und 8 findet entsprechende Anwendung.

§ 59 Verfahren für die Ausübung der Rechte der betroffenen Person.

(1) [1]Der Verantwortliche hat mit betroffenen Personen unter Verwendung einer klaren und einfachen Sprache in präziser, verständlicher und leicht zugänglicher Form zu kommunizieren. [2]Unbeschadet besonderer Formvorschriften soll er bei der Beantwortung von Anträgen grundsätzlich die für den Antrag gewählte Form verwenden.

(2) Bei Anträgen hat der Verantwortliche die betroffene Person unbeschadet des § 57 Absatz 6 und des § 58 Absatz 6 unverzüglich schriftlich darüber in Kenntnis zu setzen, wie verfahren wurde.

(3) [1]Die Erteilung von Informationen nach § 55, die Benachrichtigungen nach den §§ 56 und 66 und die Bearbeitung von Anträgen nach den §§ 57 und 58 erfolgen unentgeltlich. [2]Bei offenkundig unbegründeten oder exzessiven Anträgen nach den §§ 57 und 58 kann der Verantwortliche entweder eine angemessene Gebühr auf der Grundlage der Verwaltungskosten verlangen oder sich weigern, aufgrund des Antrags tätig zu werden. [3]In diesem Fall muss der Verantwortliche den offenkundig unbegründeten oder exzessiven Charakter des Antrags belegen können.

(4) Hat der Verantwortliche begründete Zweifel an der Identität einer betroffenen Person, die einen Antrag nach den §§ 57 oder 58 gestellt hat, kann er von ihr zusätzliche Informationen anfordern, die zur Bestätigung ihrer Identität erforderlich sind.

§ 60 Anrufung der oder des Bundesbeauftragten. (1) [1]Jede betroffene Person kann sich unbeschadet anderweitiger Rechtsbehelfe mit einer Beschwerde an die Bundesbeauftragte oder den Bundesbeauftragten wenden, wenn sie der Auffassung ist, bei der Verarbeitung ihrer personenbezogenen Daten durch öffentliche Stellen zu den in § 45 genannten Zwecken in ihren Rechten verletzt worden zu sein. [2]Dies gilt nicht für die Verarbeitung von personenbezogenen Daten durch Gerichte, soweit diese die Daten im Rahmen ihrer justiziellen Tätigkeit verarbeitet haben. [3]Die oder der Bundesbeauftragte hat die betroffene Person über den Stand und das Ergebnis der Beschwerde zu unterrichten und sie hierbei auf die Möglichkeit gerichtlichen Rechtsschutzes nach § 61 hinzuweisen.

(2) [1]Die oder der Bundesbeauftragte hat eine bei ihr oder ihm eingelegte Beschwerde über eine Verarbeitung, die in die Zuständigkeit einer Aufsichtsbehörde in einem anderen Mitgliedstaat der Europäischen Union fällt, unverzüglich an die zuständige Aufsichtsbehörde des anderen Staates weiterzuleiten. [2]Sie oder er hat in diesem Fall die betroffene Person über die Weiterleitung zu unterrichten und ihr auf deren Ersuchen weitere Unterstützung zu leisten.

§ 61 Rechtsschutz gegen Entscheidungen der oder des Bundesbeauftragten oder bei deren oder dessen Untätigkeit. (1) Jede natürliche oder juristische Person kann unbeschadet anderer Rechtsbehelfe gerichtlich gegen eine verbindliche Entscheidung der oder des Bundesbeauftragten vorgehen.

(2) Absatz 1 gilt entsprechend zugunsten betroffener Personen, wenn sich die oder der Bundesbeauftragte mit einer Beschwerde nach § 60 nicht befasst oder die betroffene Person nicht innerhalb von drei Monaten nach Einlegung der Beschwerde über den Stand oder das Ergebnis der Beschwerde in Kenntnis gesetzt hat.

Kapitel 4. Pflichten der Verantwortlichen und Auftragsverarbeiter

§ 62 Auftragsverarbeitung. (1) [1] Werden personenbezogene Daten im Auftrag eines Verantwortlichen durch andere Personen oder Stellen verarbeitet, hat der Verantwortliche für die Einhaltung der Vorschriften dieses Gesetzes und anderer Vorschriften über den Datenschutz zu sorgen. [2] Die Rechte der betroffenen Personen auf Auskunft, Berichtigung, Löschung, Einschränkung der Verarbeitung und Schadensersatz sind in diesem Fall gegenüber dem Verantwortlichen geltend zu machen.

(2) Ein Verantwortlicher darf nur solche Auftragsverarbeiter mit der Verarbeitung personenbezogener Daten beauftragen, die mit geeigneten technischen und organisatorischen Maßnahmen sicherstellen, dass die Verarbeitung im Einklang mit den gesetzlichen Anforderungen erfolgt und der Schutz der Rechte der betroffenen Personen gewährleistet wird.

(3) [1] Auftragsverarbeiter dürfen ohne vorherige schriftliche Genehmigung des Verantwortlichen keine weiteren Auftragsverarbeiter hinzuziehen. [2] Hat der Verantwortliche dem Auftragsverarbeiter eine allgemeine Genehmigung zur Hinzuziehung weiterer Auftragsverarbeiter erteilt, hat der Auftragsverarbeiter den Verantwortlichen über jede beabsichtigte Hinzuziehung oder Ersetzung zu informieren. [3] Der Verantwortliche kann in diesem Fall die Hinzuziehung oder Ersetzung untersagen.

(4) [1] Zieht ein Auftragsverarbeiter einen weiteren Auftragsverarbeiter hinzu, so hat er diesem dieselben Verpflichtungen aus seinem Vertrag mit dem Verantwortlichen nach Absatz 5 aufzuerlegen, die auch für ihn gelten, soweit diese Pflichten für den weiteren Auftragsverarbeiter nicht schon aufgrund anderer Vorschriften verbindlich sind. [2] Erfüllt ein weiterer Auftragsverarbeiter diese Verpflichtungen nicht, so haftet der ihn beauftragende Auftragsverarbeiter gegenüber dem Verantwortlichen für die Einhaltung der Pflichten des weiteren Auftragsverarbeiters.

(5) [1] Die Verarbeitung durch einen Auftragsverarbeiter hat auf der Grundlage eines Vertrags oder eines anderen Rechtsinstruments zu erfolgen, der oder das den Auftragsverarbeiter an den Verantwortlichen bindet und der oder das den Gegenstand, die Dauer, die Art und den Zweck der Verarbeitung, die Art der personenbezogenen Daten, die Kategorien betroffener Personen und die Rechte und Pflichten des Verantwortlichen festlegt. [2] Der Vertrag oder das andere Rechtsinstrument haben insbesondere vorzusehen, dass der Auftragsverarbeiter

1. nur auf dokumentierte Weisung des Verantwortlichen handelt; ist der Auftragsverarbeiter der Auffassung, dass eine Weisung rechtswidrig ist, hat er den Verantwortlichen unverzüglich zu informieren;
2. gewährleistet, dass die zur Verarbeitung der personenbezogenen Daten befugten Personen zur Vertraulichkeit verpflichtet werden, soweit sie keiner angemessenen gesetzlichen Verschwiegenheitspflicht unterliegen;
3. den Verantwortlichen mit geeigneten Mitteln dabei unterstützt, die Einhaltung der Bestimmungen über die Rechte der betroffenen Person zu gewährleisten;
4. alle personenbezogenen Daten nach Abschluss der Erbringung der Verarbeitungsleistungen nach Wahl des Verantwortlichen zurückgibt oder löscht und bestehende Kopien vernichtet, wenn nicht nach einer Rechtsvorschrift eine Verpflichtung zur Speicherung der Daten besteht;

5. dem Verantwortlichen alle erforderlichen Informationen, insbesondere die gemäß § 76 erstellten Protokolle, zum Nachweis der Einhaltung seiner Pflichten zur Verfügung stellt;
6. Überprüfungen, die von dem Verantwortlichen oder einem von diesem beauftragten Prüfer durchgeführt werden, ermöglicht und dazu beiträgt;
7. die in den Absätzen 3 und 4 aufgeführten Bedingungen für die Inanspruchnahme der Dienste eines weiteren Auftragsverarbeiters einhält;
8. alle gemäß § 64 erforderlichen Maßnahmen ergreift und
9. unter Berücksichtigung der Art der Verarbeitung und der ihm zur Verfügung stehenden Informationen den Verantwortlichen bei der Einhaltung der in den §§ 64 bis 67 und § 69 genannten Pflichten unterstützt.

(6) Der Vertrag im Sinne des Absatzes 5 ist schriftlich oder elektronisch abzufassen.

(7) Ein Auftragsverarbeiter, der die Zwecke und Mittel der Verarbeitung unter Verstoß gegen diese Vorschrift bestimmt, gilt in Bezug auf diese Verarbeitung als Verantwortlicher.

§ 63 Gemeinsam Verantwortliche. [1] Legen zwei oder mehr Verantwortliche gemeinsam die Zwecke und die Mittel der Verarbeitung fest, gelten sie als gemeinsam Verantwortliche. [2] Gemeinsam Verantwortliche haben ihre jeweiligen Aufgaben und datenschutzrechtlichen Verantwortlichkeiten in transparenter Form in einer Vereinbarung festzulegen, soweit diese nicht bereits in Rechtsvorschriften festgelegt sind. [3] Aus der Vereinbarung muss insbesondere hervorgehen, wer welchen Informationspflichten nachzukommen hat und wie und gegenüber wem betroffene Personen ihre Rechte wahrnehmen können. [4] Eine entsprechende Vereinbarung hindert die betroffene Person nicht, ihre Rechte gegenüber jedem der gemeinsam Verantwortlichen geltend zu machen.

§ 64 Anforderungen an die Sicherheit der Datenverarbeitung.

(1) [1] Der Verantwortliche und der Auftragsverarbeiter haben unter Berücksichtigung des Stands der Technik, der Implementierungskosten, der Art, des Umfangs, der Umstände und der Zwecke der Verarbeitung sowie der Eintrittswahrscheinlichkeit und der Schwere der mit der Verarbeitung verbundenen Gefahren für die Rechtsgüter der betroffenen Personen die erforderlichen technischen und organisatorischen Maßnahmen zu treffen, um bei der Verarbeitung personenbezogener Daten ein dem Risiko angemessenes Schutzniveau zu gewährleisten, insbesondere im Hinblick auf die Verarbeitung besonderer Kategorien personenbezogener Daten. [2] Der Verantwortliche hat hierbei die einschlägigen Technischen Richtlinien und Empfehlungen des Bundesamtes für Sicherheit in der Informationstechnik zu berücksichtigen.

(2) [1] Die in Absatz 1 genannten Maßnahmen können unter anderem die Pseudonymisierung und Verschlüsselung personenbezogener Daten umfassen, soweit solche Mittel in Anbetracht der Verarbeitungszwecke möglich sind. [2] Die Maßnahmen nach Absatz 1 sollen dazu führen, dass

1. die Vertraulichkeit, Integrität, Verfügbarkeit und Belastbarkeit der Systeme und Dienste im Zusammenhang mit der Verarbeitung auf Dauer sichergestellt werden und

2. die Verfügbarkeit der personenbezogenen Daten und der Zugang zu ihnen bei einem physischen oder technischen Zwischenfall rasch wiederhergestellt werden können.

(3) [1] Im Fall einer automatisierten Verarbeitung haben der Verantwortliche und der Auftragsverarbeiter nach einer Risikobewertung Maßnahmen zu ergreifen, die Folgendes bezwecken:

1. Verwehrung des Zugangs zu Verarbeitungsanlagen, mit denen die Verarbeitung durchgeführt wird, für Unbefugte (Zugangskontrolle),
2. Verhinderung des unbefugten Lesens, Kopierens, Veränderns oder Löschens von Datenträgern (Datenträgerkontrolle),
3. Verhinderung der unbefugten Eingabe von personenbezogenen Daten sowie der unbefugten Kenntnisnahme, Veränderung und Löschung von gespeicherten personenbezogenen Daten (Speicherkontrolle),
4. Verhinderung der Nutzung automatisierter Verarbeitungssysteme mit Hilfe von Einrichtungen zur Datenübertragung durch Unbefugte (Benutzerkontrolle),
5. Gewährleistung, dass die zur Benutzung eines automatisierten Verarbeitungssystems Berechtigten ausschließlich zu den von ihrer Zugangsberechtigung umfassten personenbezogenen Daten Zugang haben (Zugriffskontrolle),
6. Gewährleistung, dass überprüft und festgestellt werden kann, an welche Stellen personenbezogene Daten mit Hilfe von Einrichtungen zur Datenübertragung übermittelt oder zur Verfügung gestellt wurden oder werden können (Übertragungskontrolle),
7. Gewährleistung, dass nachträglich überprüft und festgestellt werden kann, welche personenbezogenen Daten zu welcher Zeit und von wem in automatisierte Verarbeitungssysteme eingegeben oder verändert worden sind (Eingabekontrolle),
8. Gewährleistung, dass bei der Übermittlung personenbezogener Daten sowie beim Transport von Datenträgern die Vertraulichkeit und Integrität der Daten geschützt werden (Transportkontrolle),
9. Gewährleistung, dass eingesetzte Systeme im Störungsfall wiederhergestellt werden können (Wiederherstellbarkeit),
10. Gewährleistung, dass alle Funktionen des Systems zur Verfügung stehen und auftretende Fehlfunktionen gemeldet werden (Zuverlässigkeit),
11. Gewährleistung, dass gespeicherte personenbezogene Daten nicht durch Fehlfunktionen des Systems beschädigt werden können (Datenintegrität),
12. Gewährleistung, dass personenbezogene Daten, die im Auftrag verarbeitet werden, nur entsprechend den Weisungen des Auftraggebers verarbeitet werden können (Auftragskontrolle),
13. Gewährleistung, dass personenbezogene Daten gegen Zerstörung oder Verlust geschützt sind (Verfügbarkeitskontrolle),
14. Gewährleistung, dass zu unterschiedlichen Zwecken erhobene personenbezogene Daten getrennt verarbeitet werden können (Trennbarkeit).

[2] Ein Zweck nach Satz 1 Nummer 2 bis 5 kann insbesondere durch die Verwendung von dem Stand der Technik entsprechenden Verschlüsselungsverfahren erreicht werden.

§ 65 Meldung von Verletzungen des Schutzes personenbezogener Daten an die oder den Bundesbeauftragten. (1) [1]Der Verantwortliche hat eine Verletzung des Schutzes personenbezogener Daten unverzüglich und möglichst innerhalb von 72 Stunden, nachdem sie ihm bekannt geworden ist, der oder dem Bundesbeauftragten zu melden, es sei denn, dass die Verletzung voraussichtlich keine Gefahr für die Rechtsgüter natürlicher Personen mit sich gebracht hat. [2]Erfolgt die Meldung an die Bundesbeauftragte oder den Bundesbeauftragten nicht innerhalb von 72 Stunden, so ist die Verzögerung zu begründen.

(2) Ein Auftragsverarbeiter hat eine Verletzung des Schutzes personenbezogener Daten unverzüglich dem Verantwortlichen zu melden.

(3) Die Meldung nach Absatz 1 hat zumindest folgende Informationen zu enthalten:

1. eine Beschreibung der Art der Verletzung des Schutzes personenbezogener Daten, die, soweit möglich, Angaben zu den Kategorien und der ungefähren Anzahl der betroffenen Personen, zu den betroffenen Kategorien personenbezogener Daten und zu der ungefähren Anzahl der betroffenen personenbezogenen Datensätze zu enthalten hat,
2. den Namen und die Kontaktdaten der oder des Datenschutzbeauftragten oder einer sonstigen Person oder Stelle, die weitere Informationen erteilen kann,
3. eine Beschreibung der wahrscheinlichen Folgen der Verletzung und
4. eine Beschreibung der von dem Verantwortlichen ergriffenen oder vorgeschlagenen Maßnahmen zur Behandlung der Verletzung und der getroffenen Maßnahmen zur Abmilderung ihrer möglichen nachteiligen Auswirkungen.

(4) Wenn die Informationen nach Absatz 3 nicht zusammen mit der Meldung übermittelt werden können, hat der Verantwortliche sie unverzüglich nachzureichen, sobald sie ihm vorliegen.

(5) [1]Der Verantwortliche hat Verletzungen des Schutzes personenbezogener Daten zu dokumentieren. [2]Die Dokumentation hat alle mit den Vorfällen zusammenhängenden Tatsachen, deren Auswirkungen und die ergriffenen Abhilfemaßnahmen zu umfassen.

(6) Soweit von einer Verletzung des Schutzes personenbezogener Daten personenbezogene Daten betroffen sind, die von einem oder an einen Verantwortlichen in einem anderen Mitgliedstaat der Europäischen Union übermittelt wurden, sind die in Absatz 3 genannten Informationen dem dortigen Verantwortlichen unverzüglich zu übermitteln.

(7) § 42 Absatz 4 findet entsprechende Anwendung.

(8) Weitere Pflichten des Verantwortlichen zu Benachrichtigungen über Verletzungen des Schutzes personenbezogener Daten bleiben unberührt.

§ 66 Benachrichtigung betroffener Personen bei Verletzungen des Schutzes personenbezogener Daten. (1) Hat eine Verletzung des Schutzes personenbezogener Daten voraussichtlich eine erhebliche Gefahr für Rechtsgüter betroffener Personen zur Folge, so hat der Verantwortliche die betroffenen Personen unverzüglich über den Vorfall zu benachrichtigen.

(2) Die Benachrichtigung nach Absatz 1 hat in klarer und einfacher Sprache die Art der Verletzung des Schutzes personenbezogener Daten zu beschreiben und zumindest die in § 65 Absatz 3 Nummer 2 bis 4 genannten Informationen und Maßnahmen zu enthalten.

(3) Von der Benachrichtigung nach Absatz 1 kann abgesehen werden, wenn

1. der Verantwortliche geeignete technische und organisatorische Sicherheitsvorkehrungen getroffen hat und diese Vorkehrungen auf die von der Verletzung des Schutzes personenbezogener Daten betroffenen Daten angewandt wurden; dies gilt insbesondere für Vorkehrungen wie Verschlüsselungen, durch die die Daten für unbefugte Personen unzugänglich gemacht wurden;
2. der Verantwortliche durch im Anschluss an die Verletzung getroffene Maßnahmen sichergestellt hat, dass aller Wahrscheinlichkeit nach keine erhebliche Gefahr im Sinne des Absatzes 1 mehr besteht, oder
3. dies mit einem unverhältnismäßigen Aufwand verbunden wäre; in diesem Fall hat stattdessen eine öffentliche Bekanntmachung oder eine ähnliche Maßnahme zu erfolgen, durch die die betroffenen Personen vergleichbar wirksam informiert werden.

(4) [1] Wenn der Verantwortliche die betroffenen Personen über eine Verletzung des Schutzes personenbezogener Daten nicht benachrichtigt hat, kann die oder der Bundesbeauftragte förmlich feststellen, dass ihrer oder seiner Auffassung nach die in Absatz 3 genannten Voraussetzungen nicht erfüllt sind. [2] Hierbei hat sie oder er die Wahrscheinlichkeit zu berücksichtigen, dass die Verletzung eine erhebliche Gefahr im Sinne des Absatzes 1 zur Folge hat.

(5) Die Benachrichtigung der betroffenen Personen nach Absatz 1 kann unter den in § 56 Absatz 2 genannten Voraussetzungen aufgeschoben, eingeschränkt oder unterlassen werden, soweit nicht die Interessen der betroffenen Person aufgrund der von der Verletzung ausgehenden erheblichen Gefahr im Sinne des Absatzes 1 überwiegen.

(6) § 42 Absatz 4 findet entsprechende Anwendung.

§ 67 Durchführung einer Datenschutz-Folgenabschätzung. (1) Hat eine Form der Verarbeitung, insbesondere bei Verwendung neuer Technologien, aufgrund der Art, des Umfangs, der Umstände und der Zwecke der Verarbeitung voraussichtlich eine erhebliche Gefahr für die Rechtsgüter betroffener Personen zur Folge, so hat der Verantwortliche vorab eine Abschätzung der Folgen der vorgesehenen Verarbeitungsvorgänge für die betroffenen Personen durchzuführen.

(2) Für die Untersuchung mehrerer ähnlicher Verarbeitungsvorgänge mit ähnlich hohem Gefahrenpotential kann eine gemeinsame Datenschutz-Folgenabschätzung vorgenommen werden.

(3) Der Verantwortliche hat die Datenschutzbeauftragte oder den Datenschutzbeauftragten an der Durchführung der Folgenabschätzung zu beteiligen.

(4) Die Folgenabschätzung hat den Rechten der von der Verarbeitung betroffenen Personen Rechnung zu tragen und zumindest Folgendes zu enthalten:

1. eine systematische Beschreibung der geplanten Verarbeitungsvorgänge und der Zwecke der Verarbeitung,

2. eine Bewertung der Notwendigkeit und Verhältnismäßigkeit der Verarbeitungsvorgänge in Bezug auf deren Zweck,
3. eine Bewertung der Gefahren für die Rechtsgüter der betroffenen Personen und
4. die Maßnahmen, mit denen bestehenden Gefahren abgeholfen werden soll, einschließlich der Garantien, der Sicherheitsvorkehrungen und der Verfahren, durch die der Schutz personenbezogener Daten sichergestellt und die Einhaltung der gesetzlichen Vorgaben nachgewiesen werden sollen.

(5) Soweit erforderlich, hat der Verantwortliche eine Überprüfung durchzuführen, ob die Verarbeitung den Maßgaben folgt, die sich aus der Folgenabschätzung ergeben haben.

§ 68 Zusammenarbeit mit der oder dem Bundesbeauftragten. Der Verantwortliche hat mit der oder dem Bundesbeauftragten bei der Erfüllung ihrer oder seiner Aufgaben zusammenzuarbeiten.

§ 69 Anhörung der oder des Bundesbeauftragten. (1) [1] Der Verantwortliche hat vor der Inbetriebnahme von neu anzulegenden Dateisystemen die Bundesbeauftragte oder den Bundesbeauftragten anzuhören, wenn

1. aus einer Datenschutz-Folgenabschätzung nach § 67 hervorgeht, dass die Verarbeitung eine erhebliche Gefahr für die Rechtsgüter der betroffenen Personen zur Folge hätte, wenn der Verantwortliche keine Abhilfemaßnahmen treffen würde, oder
2. die Form der Verarbeitung, insbesondere bei der Verwendung neuer Technologien, Mechanismen oder Verfahren, eine erhebliche Gefahr für die Rechtsgüter der betroffenen Personen zur Folge hat.

[2] Die oder der Bundesbeauftragte kann eine Liste der Verarbeitungsvorgänge erstellen, die der Pflicht zur Anhörung nach Satz 1 unterliegen.

(2) [1] Der oder dem Bundesbeauftragten sind im Fall des Absatzes 1 vorzulegen:

1. die nach § 67 durchgeführte Datenschutz-Folgenabschätzung,
2. gegebenenfalls Angaben zu den jeweiligen Zuständigkeiten des Verantwortlichen, der gemeinsam Verantwortlichen und der an der Verarbeitung beteiligten Auftragsverarbeiter,
3. Angaben zu den Zwecken und Mitteln der beabsichtigten Verarbeitung,
4. Angaben zu den zum Schutz der Rechtsgüter der betroffenen Personen vorgesehenen Maßnahmen und Garantien und
5. Name und Kontaktdaten der oder des Datenschutzbeauftragten.

[2] Auf Anforderung sind ihr oder ihm zudem alle sonstigen Informationen zu übermitteln, die sie oder er benötigt, um die Rechtmäßigkeit der Verarbeitung sowie insbesondere die in Bezug auf den Schutz der personenbezogenen Daten der betroffenen Personen bestehenden Gefahren und die diesbezüglichen Garantien bewerten zu können.

(3) [1] Falls die oder der Bundesbeauftragte der Auffassung ist, dass die geplante Verarbeitung gegen gesetzliche Vorgaben verstoßen würde, insbesondere weil der Verantwortliche das Risiko nicht ausreichend ermittelt oder keine ausreichenden Abhilfemaßnahmen getroffen hat, kann sie oder er dem Verantwortlichen und gegebenenfalls dem Auftragsverarbeiter innerhalb eines Zeitraums

von sechs Wochen nach Einleitung der Anhörung schriftliche Empfehlungen unterbreiten, welche Maßnahmen noch ergriffen werden sollten. [2] Die oder der Bundesbeauftragte kann diese Frist um einen Monat verlängern, wenn die geplante Verarbeitung besonders komplex ist. [3] Sie oder er hat in diesem Fall innerhalb eines Monats nach Einleitung der Anhörung den Verantwortlichen und gegebenenfalls den Auftragsverarbeiter über die Fristverlängerung zu informieren.

(4) [1] Hat die beabsichtigte Verarbeitung erhebliche Bedeutung für die Aufgabenerfüllung des Verantwortlichen und ist sie daher besonders dringlich, kann er mit der Verarbeitung nach Beginn der Anhörung, aber vor Ablauf der in Absatz 3 Satz 1 genannten Frist beginnen. [2] In diesem Fall sind die Empfehlungen der oder des Bundesbeauftragten im Nachhinein zu berücksichtigen und sind die Art und Weise der Verarbeitung daraufhin gegebenenfalls anzupassen.

§ 70 Verzeichnis von Verarbeitungstätigkeiten. (1) [1] Der Verantwortliche hat ein Verzeichnis aller Kategorien von Verarbeitungstätigkeiten zu führen, die in seine Zuständigkeit fallen. [2] Dieses Verzeichnis hat die folgenden Angaben zu enthalten:

1. den Namen und die Kontaktdaten des Verantwortlichen und gegebenenfalls des gemeinsam mit ihm Verantwortlichen sowie den Namen und die Kontaktdaten der oder des Datenschutzbeauftragten,
2. die Zwecke der Verarbeitung,
3. die Kategorien von Empfängern, gegenüber denen die personenbezogenen Daten offengelegt worden sind oder noch offengelegt werden sollen,
4. eine Beschreibung der Kategorien betroffener Personen und der Kategorien personenbezogener Daten,
5. gegebenenfalls die Verwendung von Profiling,
6. gegebenenfalls die Kategorien von Übermittlungen personenbezogener Daten an Stellen in einem Drittstaat oder an eine internationale Organisation,
7. Angaben über die Rechtsgrundlage der Verarbeitung,
8. die vorgesehenen Fristen für die Löschung oder die Überprüfung der Erforderlichkeit der Speicherung der verschiedenen Kategorien personenbezogener Daten und
9. eine allgemeine Beschreibung der technischen und organisatorischen Maßnahmen gemäß § 64.

(2) Der Auftragsverarbeiter hat ein Verzeichnis aller Kategorien von Verarbeitungen zu führen, die er im Auftrag eines Verantwortlichen durchführt, das Folgendes zu enthalten hat:

1. den Namen und die Kontaktdaten des Auftragsverarbeiters, jedes Verantwortlichen, in dessen Auftrag der Auftragsverarbeiter tätig ist, sowie gegebenenfalls der oder des Datenschutzbeauftragten,
2. gegebenenfalls Übermittlungen von personenbezogenen Daten an Stellen in einem Drittstaat oder an eine internationale Organisation unter Angabe des Staates oder der Organisation und
3. eine allgemeine Beschreibung der technischen und organisatorischen Maßnahmen gemäß § 64.

(3) Die in den Absätzen 1 und 2 genannten Verzeichnisse sind schriftlich oder elektronisch zu führen.

(4) Verantwortliche und Auftragsverarbeiter haben auf Anforderung ihre Verzeichnisse der oder dem Bundesbeauftragten zur Verfügung zu stellen.

§ 71 Datenschutz durch Technikgestaltung und datenschutzfreundliche Voreinstellungen. (1) [1]Der Verantwortliche hat sowohl zum Zeitpunkt der Festlegung der Mittel für die Verarbeitung als auch zum Zeitpunkt der Verarbeitung selbst angemessene Vorkehrungen zu treffen, die geeignet sind, die Datenschutzgrundsätze wie etwa die Datensparsamkeit wirksam umzusetzen, und die sicherstellen, dass die gesetzlichen Anforderungen eingehalten und die Rechte der betroffenen Personen geschützt werden. [2]Er hat hierbei den Stand der Technik, die Implementierungskosten und die Art, den Umfang, die Umstände und die Zwecke der Verarbeitung sowie die unterschiedliche Eintrittswahrscheinlichkeit und Schwere der mit der Verarbeitung verbundenen Gefahren für die Rechtsgüter der betroffenen Personen zu berücksichtigen. [3]Insbesondere sind die Verarbeitung personenbezogener Daten und die Auswahl und Gestaltung von Datenverarbeitungssystemen an dem Ziel auszurichten, so wenig personenbezogene Daten wie möglich zu verarbeiten. [4]Personenbezogene Daten sind zum frühestmöglichen Zeitpunkt zu anonymisieren oder zu pseudonymisieren, soweit dies nach dem Verarbeitungszweck möglich ist.

(2) [1]Der Verantwortliche hat geeignete technische und organisatorische Maßnahmen zu treffen, die sicherstellen, dass durch Voreinstellungen grundsätzlich nur solche personenbezogenen Daten verarbeitet werden können, deren Verarbeitung für den jeweiligen bestimmten Verarbeitungszweck erforderlich ist. [2]Dies betrifft die Menge der erhobenen Daten, den Umfang ihrer Verarbeitung, ihre Speicherfrist und ihre Zugänglichkeit. [3]Die Maßnahmen müssen insbesondere gewährleisten, dass die Daten durch Voreinstellungen nicht automatisiert einer unbestimmten Anzahl von Personen zugänglich gemacht werden können.

§ 72 Unterscheidung zwischen verschiedenen Kategorien betroffener Personen. [1]Der Verantwortliche hat bei der Verarbeitung personenbezogener Daten so weit wie möglich zwischen den verschiedenen Kategorien betroffener Personen zu unterscheiden. [2]Dies betrifft insbesondere folgende Kategorien:

1. Personen, gegen die ein begründeter Verdacht besteht, dass sie eine Straftat begangen haben,
2. Personen, gegen die ein begründeter Verdacht besteht, dass sie in naher Zukunft eine Straftat begehen werden,
3. verurteilte Straftäter,
4. Opfer einer Straftat oder Personen, bei denen bestimmte Tatsachen darauf hindeuten, dass sie Opfer einer Straftat sein könnten, und
5. andere Personen wie insbesondere Zeugen, Hinweisgeber oder Personen, die mit den in den Nummern 1 bis 4 genannten Personen in Kontakt oder Verbindung stehen.

§ 73 Unterscheidung zwischen Tatsachen und persönlichen Einschätzungen. [1]Der Verantwortliche hat bei der Verarbeitung so weit wie möglich danach zu unterscheiden, ob personenbezogene Daten auf Tatsachen oder auf persönlichen Einschätzungen beruhen. [2]Zu diesem Zweck soll er, soweit dies im Rahmen der jeweiligen Verarbeitung möglich und angemessen ist, Beurteilungen, die auf persönlichen Einschätzungen beruhen, als solche kenntlich machen. [3]Es muss außerdem feststellbar sein, welche Stelle die Unterlagen führt, die der auf einer persönlichen Einschätzung beruhenden Beurteilung zugrunde liegen.

§ 74 Verfahren bei Übermittlungen. (1) [1]Der Verantwortliche hat angemessene Maßnahmen zu ergreifen, um zu gewährleisten, dass personenbezogene Daten, die unrichtig oder nicht mehr aktuell sind, nicht übermittelt oder sonst zur Verfügung gestellt werden. [2]Zu diesem Zweck hat er, soweit dies mit angemessenem Aufwand möglich ist, die Qualität der Daten vor ihrer Übermittlung oder Bereitstellung zu überprüfen. [3]Bei jeder Übermittlung personenbezogener Daten hat er zudem, soweit dies möglich und angemessen ist, Informationen beizufügen, die es dem Empfänger gestatten, die Richtigkeit, die Vollständigkeit und die Zuverlässigkeit der Daten sowie deren Aktualität zu beurteilen.

(2) [1]Gelten für die Verarbeitung von personenbezogenen Daten besondere Bedingungen, so hat bei Datenübermittlungen die übermittelnde Stelle den Empfänger auf diese Bedingungen und die Pflicht zu ihrer Beachtung hinzuweisen. [2]Die Hinweispflicht kann dadurch erfüllt werden, dass die Daten entsprechend markiert werden.

(3) Die übermittelnde Stelle darf auf Empfänger in anderen Mitgliedstaaten der Europäischen Union und auf Einrichtungen und sonstige Stellen, die nach den Kapiteln 4 und 5 des Titels V des Dritten Teils des Vertrags über die Arbeitsweise der Europäischen Union errichtet wurden, keine Bedingungen anwenden, die nicht auch für entsprechende innerstaatliche Datenübermittlungen gelten.

§ 75 Berichtigung und Löschung personenbezogener Daten sowie Einschränkung der Verarbeitung. (1) Der Verantwortliche hat personenbezogene Daten zu berichtigen, wenn sie unrichtig sind.

(2) Der Verantwortliche hat personenbezogene Daten unverzüglich zu löschen, wenn ihre Verarbeitung unzulässig ist, sie zur Erfüllung einer rechtlichen Verpflichtung gelöscht werden müssen oder ihre Kenntnis für seine Aufgabenerfüllung nicht mehr erforderlich ist.

(3) [1]§ 58 Absatz 3 bis 5 ist entsprechend anzuwenden. [2]Sind unrichtige personenbezogene Daten oder personenbezogene Daten unrechtmäßig übermittelt worden, ist auch dies dem Empfänger mitzuteilen.

(4) Unbeschadet in Rechtsvorschriften festgesetzter Höchstspeicher- oder Löschfristen hat der Verantwortliche für die Löschung von personenbezogenen Daten oder eine regelmäßige Überprüfung der Notwendigkeit ihrer Speicherung angemessene Fristen vorzusehen und durch verfahrensrechtliche Vorkehrungen sicherzustellen, dass diese Fristen eingehalten werden.

§ 76 Protokollierung. (1) In automatisierten Verarbeitungssystemen haben Verantwortliche und Auftragsverarbeiter mindestens die folgenden Verarbeitungsvorgänge zu protokollieren:

1. Erhebung,
2. Veränderung,

3. Abfrage,
4. Offenlegung einschließlich Übermittlung,
5. Kombination und
6. Löschung.

(2) Die Protokolle über Abfragen und Offenlegungen müssen es ermöglichen, die Begründung, das Datum und die Uhrzeit dieser Vorgänge und so weit wie möglich die Identität der Person, die die personenbezogenen Daten abgefragt oder offengelegt hat, und die Identität des Empfängers der Daten festzustellen.

(3) Die Protokolle dürfen ausschließlich für die Überprüfung der Rechtmäßigkeit der Datenverarbeitung durch die Datenschutzbeauftragte oder den Datenschutzbeauftragten, die Bundesbeauftragte oder den Bundesbeauftragten und die betroffene Person sowie für die Eigenüberwachung, für die Gewährleistung der Integrität und Sicherheit der personenbezogenen Daten und für Strafverfahren verwendet werden.

(4) Die Protokolldaten sind am Ende des auf deren Generierung folgenden Jahres zu löschen.

(5) Der Verantwortliche und der Auftragsverarbeiter haben die Protokolle der oder dem Bundesbeauftragten auf Anforderung zur Verfügung zu stellen.

§ 77 Vertrauliche Meldung von Verstößen. Der Verantwortliche hat zu ermöglichen, dass ihm vertrauliche Meldungen über in seinem Verantwortungsbereich erfolgende Verstöße gegen Datenschutzvorschriften zugeleitet werden können.

Kapitel 5. Datenübermittlungen an Drittstaaten und an internationale Organisationen

§ 78 Allgemeine Voraussetzungen. (1) Die Übermittlung personenbezogener Daten an Stellen in Drittstaaten oder an internationale Organisationen ist bei Vorliegen der übrigen für Datenübermittlungen geltenden Voraussetzungen zulässig, wenn

1. die Stelle oder internationale Organisation für die in § 45 genannten Zwecke zuständig ist und
2. die Europäische Kommission gemäß Artikel 36 Absatz 3 der Richtlinie (EU) 2016/680[1] einen Angemessenheitsbeschluss gefasst hat.

(2) [1]Die Übermittlung personenbezogener Daten hat trotz des Vorliegens eines Angemessenheitsbeschlusses im Sinne des Absatzes 1 Nummer 2 und des zu berücksichtigenden öffentlichen Interesses an der Datenübermittlung zu unterbleiben, wenn im Einzelfall ein datenschutzrechtlich angemessener und die elementaren Menschenrechte wahrender Umgang mit den Daten beim Empfänger nicht hinreichend gesichert ist oder sonst überwiegende schutzwürdige Interessen einer betroffenen Person entgegenstehen. [2]Bei seiner Beurteilung hat der Verantwortliche maßgeblich zu berücksichtigen, ob der Empfänger im Einzelfall einen angemessenen Schutz der übermittelten Daten garantiert.

---

[1] Nr. 2.

(3) [1] Wenn personenbezogene Daten, die aus einem anderen Mitgliedstaat der Europäischen Union übermittelt oder zur Verfügung gestellt wurden, nach Absatz 1 übermittelt werden sollen, muss diese Übermittlung zuvor von der zuständigen Stelle des anderen Mitgliedstaats genehmigt werden. [2] Übermittlungen ohne vorherige Genehmigung sind nur dann zulässig, wenn die Übermittlung erforderlich ist, um eine unmittelbare und ernsthafte Gefahr für die öffentliche Sicherheit eines Staates oder für die wesentlichen Interessen eines Mitgliedstaats abzuwehren, und die vorherige Genehmigung nicht rechtzeitig eingeholt werden kann. [3] Im Fall des Satzes 2 ist die Stelle des anderen Mitgliedstaats, die für die Erteilung der Genehmigung zuständig gewesen wäre, unverzüglich über die Übermittlung zu unterrichten.

(4) [1] Der Verantwortliche, der Daten nach Absatz 1 übermittelt, hat durch geeignete Maßnahmen sicherzustellen, dass der Empfänger die übermittelten Daten nur dann an andere Drittstaaten oder andere internationale Organisationen weiterübermittelt, wenn der Verantwortliche diese Übermittlung zuvor genehmigt hat. [2] Bei der Entscheidung über die Erteilung der Genehmigung hat der Verantwortliche alle maßgeblichen Faktoren zu berücksichtigen, insbesondere die Schwere der Straftat, den Zweck der ursprünglichen Übermittlung und das in dem Drittstaat oder der internationalen Organisation, an das oder an die die Daten weiterübermittelt werden sollen, bestehende Schutzniveau für personenbezogene Daten. [3] Eine Genehmigung darf nur dann erfolgen, wenn auch eine direkte Übermittlung an den anderen Drittstaat oder die andere internationale Organisation zulässig wäre. [4] Die Zuständigkeit für die Erteilung der Genehmigung kann auch abweichend geregelt werden.

§ 79 Datenübermittlung bei geeigneten Garantien. (1) Liegt entgegen § 78 Absatz 1 Nummer 2 kein Beschluss nach Artikel 36 Absatz 3 der Richtlinie (EU) 2016/680[1)] vor, ist eine Übermittlung bei Vorliegen der übrigen Voraussetzungen des § 78 auch dann zulässig, wenn

1. in einem rechtsverbindlichen Instrument geeignete Garantien für den Schutz personenbezogener Daten vorgesehen sind oder
2. der Verantwortliche nach Beurteilung aller Umstände, die bei der Übermittlung eine Rolle spielen, zu der Auffassung gelangt ist, dass geeignete Garantien für den Schutz personenbezogener Daten bestehen.

(2) [1] Der Verantwortliche hat Übermittlungen nach Absatz 1 Nummer 2 zu dokumentieren. [2] Die Dokumentation hat den Zeitpunkt der Übermittlung, die Identität des Empfängers, den Grund der Übermittlung und die übermittelten personenbezogenen Daten zu enthalten. [3] Sie ist der oder dem Bundesbeauftragten auf Anforderung zur Verfügung zu stellen.

(3) [1] Der Verantwortliche hat die Bundesbeauftragte oder den Bundesbeauftragten zumindest jährlich über Übermittlungen zu unterrichten, die aufgrund einer Beurteilung nach Absatz 1 Nummer 2 erfolgt sind. [2] In der Unterrichtung kann er die Empfänger und die Übermittlungszwecke angemessen kategorisieren.

§ 80 Datenübermittlung ohne geeignete Garantien. (1) Liegt entgegen § 78 Absatz 1 Nummer 2 kein Beschluss nach Artikel 36 Absatz 3 der Richtlinie (EU) 2016/680[1)] vor und liegen auch keine geeigneten Garantien im

---

[1)] Nr. 2.

Sinne des § 79 Absatz 1 vor, ist eine Übermittlung bei Vorliegen der übrigen Voraussetzungen des § 78 auch dann zulässig, wenn die Übermittlung erforderlich ist

1. zum Schutz lebenswichtiger Interessen einer natürlichen Person,
2. zur Wahrung berechtigter Interessen der betroffenen Person,
3. zur Abwehr einer gegenwärtigen und erheblichen Gefahr für die öffentliche Sicherheit eines Staates,
4. im Einzelfall für die in § 45 genannten Zwecke oder
5. im Einzelfall zur Geltendmachung, Ausübung oder Verteidigung von Rechtsansprüchen im Zusammenhang mit den in § 45 genannten Zwecken.

(2) Der Verantwortliche hat von einer Übermittlung nach Absatz 1 abzusehen, wenn die Grundrechte der betroffenen Person das öffentliche Interesse an der Übermittlung überwiegen.

(3) Für Übermittlungen nach Absatz 1 gilt § 79 Absatz 2 entsprechend.

§ 81 Sonstige Datenübermittlung an Empfänger in Drittstaaten. (1) Verantwortliche können bei Vorliegen der übrigen für die Datenübermittlung in Drittstaaten geltenden Voraussetzungen im besonderen Einzelfall personenbezogene Daten unmittelbar an nicht in § 78 Absatz 1 Nummer 1 genannte Stellen in Drittstaaten übermitteln, wenn die Übermittlung für die Erfüllung ihrer Aufgaben unbedingt erforderlich ist und

1. im konkreten Fall keine Grundrechte der betroffenen Person das öffentliche Interesse an einer Übermittlung überwiegen,
2. die Übermittlung an die in § 78 Absatz 1 Nummer 1 genannten Stellen wirkungslos oder ungeeignet wäre, insbesondere weil sie nicht rechtzeitig durchgeführt werden kann, und
3. der Verantwortliche dem Empfänger die Zwecke der Verarbeitung mitteilt und ihn darauf hinweist, dass die übermittelten Daten nur in dem Umfang verarbeitet werden dürfen, in dem ihre Verarbeitung für diese Zwecke erforderlich ist.

(2) Im Fall des Absatzes 1 hat der Verantwortliche die in § 78 Absatz 1 Nummer 1 genannten Stellen unverzüglich über die Übermittlung zu unterrichten, sofern dies nicht wirkungslos oder ungeeignet ist.

(3) Für Übermittlungen nach Absatz 1 gilt § 79 Absatz 2 und 3 entsprechend.

(4) Bei Übermittlungen nach Absatz 1 hat der Verantwortliche den Empfänger zu verpflichten, die übermittelten personenbezogenen Daten ohne seine Zustimmung nur für den Zweck zu verarbeiten, für den sie übermittelt worden sind.

(5) Abkommen im Bereich der justiziellen Zusammenarbeit in Strafsachen und der polizeilichen Zusammenarbeit bleiben unberührt.

Kapitel 6. Zusammenarbeit der Aufsichtsbehörden

§ 82 Gegenseitige Amtshilfe. (1) [1]Die oder der Bundesbeauftragte hat den Datenschutzaufsichtsbehörden in anderen Mitgliedstaaten der Europäischen Union Informationen zu übermitteln und Amtshilfe zu leisten, soweit dies für eine einheitliche Umsetzung und Anwendung der Richtlinie (EU) 2016/680[1] erforderlich ist. [2]Die Amtshilfe betrifft insbesondere Auskunftsersuchen und aufsichtsbezogene Maßnahmen, beispielsweise Ersuchen um Konsultation oder um Vornahme von Nachprüfungen und Untersuchungen.

(2) Die oder der Bundesbeauftragte hat alle geeigneten Maßnahmen zu ergreifen, um Amtshilfeersuchen unverzüglich und spätestens innerhalb eines Monats nach deren Eingang nachzukommen.

(3) Die oder der Bundesbeauftragte darf Amtshilfeersuchen nur ablehnen, wenn

1. sie oder er für den Gegenstand des Ersuchens oder für die Maßnahmen, die sie oder er durchführen soll, nicht zuständig ist oder
2. ein Eingehen auf das Ersuchen gegen Rechtsvorschriften verstoßen würde.

(4) [1]Die oder der Bundesbeauftragte hat die ersuchende Aufsichtsbehörde des anderen Staates über die Ergebnisse oder gegebenenfalls über den Fortgang der Maßnahmen zu informieren, die getroffen wurden, um dem Amtshilfeersuchen nachzukommen. [2]Sie oder er hat im Fall des Absatzes 3 die Gründe für die Ablehnung des Ersuchens zu erläutern.

(5) Die oder der Bundesbeauftragte hat die Informationen, um die sie oder er von der Aufsichtsbehörde des anderen Staates ersucht wurde, in der Regel elektronisch und in einem standardisierten Format zu übermitteln.

(6) Die oder der Bundesbeauftragte hat Amtshilfeersuchen kostenfrei zu erledigen, soweit sie oder er nicht im Einzelfall mit der Aufsichtsbehörde des anderen Staates die Erstattung entstandener Ausgaben vereinbart hat.

(7) [1]Ein Amtshilfeersuchen der oder des Bundesbeauftragten hat alle erforderlichen Informationen zu enthalten; hierzu gehören insbesondere der Zweck und die Begründung des Ersuchens. [2]Die auf das Ersuchen übermittelten Informationen dürfen ausschließlich zu dem Zweck verwendet werden, zu dem sie angefordert wurden.

Kapitel 7. Haftung und Sanktionen

§ 83 Schadensersatz und Entschädigung. (1) [1]Hat ein Verantwortlicher einer betroffenen Person durch eine Verarbeitung personenbezogener Daten, die nach diesem Gesetz oder nach anderen auf ihre Verarbeitung anwendbaren Vorschriften rechtswidrig war, einen Schaden zugefügt, ist er oder sein Rechtsträger der betroffenen Person zum Schadensersatz verpflichtet. [2]Die Ersatzpflicht entfällt, soweit bei einer nicht automatisierten Verarbeitung der Schaden nicht auf ein Verschulden des Verantwortlichen zurückzuführen ist.

(2) Wegen eines Schadens, der nicht Vermögensschaden ist, kann die betroffene Person eine angemessene Entschädigung in Geld verlangen.

(3) Lässt sich bei einer automatisierten Verarbeitung personenbezogener Daten nicht ermitteln, welche von mehreren beteiligten Verantwortlichen den Schaden verursacht hat, so haftet jeder Verantwortliche beziehungsweise sein Rechtsträger.

---

[1] Nr. 2.

(4) Hat bei der Entstehung des Schadens ein Verschulden der betroffenen Person mitgewirkt, ist § 254 des Bürgerlichen Gesetzbuchs entsprechend anzuwenden.

(5) Auf die Verjährung finden die für unerlaubte Handlungen geltenden Verjährungsvorschriften des Bürgerlichen Gesetzbuchs entsprechende Anwendung.

§ 84 Strafvorschriften. Für Verarbeitungen personenbezogener Daten durch öffentliche Stellen im Rahmen von Tätigkeiten nach § 45 Satz 1, 3 oder 4 findet § 42 entsprechende Anwendung.

Teil 4. Besondere Bestimmungen für Verarbeitungen im Rahmen von nicht in die Anwendungsbereiche der Verordnung (EU) 2016/679 und der Richtlinie (EU) 2016/680 fallenden Tätigkeiten

§ 85 Verarbeitung personenbezogener Daten im Rahmen von nicht in die Anwendungsbereiche der Verordnung (EU) 2016/679 und der Richtlinie (EU) 2016/680 fallenden Tätigkeiten. (1) [1] Die Übermittlung personenbezogener Daten an einen Drittstaat oder an über- oder zwischenstaatliche Stellen oder internationale Organisationen im Rahmen von nicht in die Anwendungsbereiche der Verordnung (EU) 2016/679[1)] und der Richtlinie (EU) 2016/680[2)] fallenden Tätigkeiten ist über die bereits gemäß der Verordnung (EU) 2016/679 zulässigen Fälle hinaus auch dann zulässig, wenn sie zur Erfüllung eigener Aufgaben aus zwingenden Gründen der Verteidigung oder zur Erfüllung über- oder zwischenstaatlicher Verpflichtungen einer öffentlichen Stelle des Bundes auf dem Gebiet der Krisenbewältigung oder Konfliktverhinderung oder für humanitäre Maßnahmen erforderlich ist. [2] Der Empfänger ist darauf hinzuweisen, dass die übermittelten Daten nur zu dem Zweck verwendet werden dürfen, zu dem sie übermittelt wurden.

(2) Für Verarbeitungen im Rahmen von nicht in die Anwendungsbereiche der Verordnung (EU) 2016/679 und der Richtlinie (EU) 2016/680 fallenden Tätigkeiten durch Dienststellen im Geschäftsbereich des Bundesministeriums der Verteidigung gilt § 16 Absatz 4 nicht, soweit das Bundesministerium der Verteidigung im Einzelfall feststellt, dass die Erfüllung der dort genannten Pflichten die Sicherheit des Bundes gefährden würde.

(3) [1] Für Verarbeitungen im Rahmen von nicht in die Anwendungsbereiche der Verordnung (EU) 2016/679 und der Richtlinie (EU) 2016/680 fallenden Tätigkeiten durch öffentliche Stellen des Bundes besteht keine Informationspflicht gemäß Artikel 13 Absatz 1 und 2 der Verordnung (EU) 2016/679, wenn

1. es sich um Fälle des § 32 Absatz 1 Nummer 1 bis 3 handelt oder
2. durch ihre Erfüllung Informationen offenbart würden, die nach einer Rechtsvorschrift oder ihrem Wesen nach, insbesondere wegen der überwiegenden berechtigten Interessen eines Dritten, geheim gehalten werden müssen, und deswegen das Interesse der betroffenen Person an der Erteilung der Information zurücktreten muss.

---

1) Nr. 1.
2) Nr. 2.

[2]Ist die betroffene Person in den Fällen des Satzes 1 nicht zu informieren, besteht auch kein Recht auf Auskunft. [3]§ 32 Absatz 2 und § 33 Absatz 2 finden keine Anwendung.

§ 86 Verarbeitung personenbezogener Daten für Zwecke staatlicher Auszeichnungen und Ehrungen. (1) [1]Zur Vorbereitung und Durchführung staatlicher Verfahren bei Auszeichnungen und Ehrungen dürfen sowohl die zuständigen als auch andere öffentliche und nichtöffentliche Stellen die dazu erforderlichen personenbezogenen Daten, einschließlich besonderer Kategorien personenbezogener Daten im Sinne des Artikels 9 Absatz 1 der Verordnung (EU) 2016/679[1)], auch ohne Kenntnis der betroffenen Person verarbeiten. [2]Für nichtöffentliche Stellen gilt insoweit § 1 Absatz 8 entsprechend. [3]Eine Verarbeitung der personenbezogenen Daten nach Satz 1 für andere Zwecke ist nur mit Einwilligung der betroffenen Person zulässig.

(2) Soweit eine Verarbeitung ausschließlich für die in Absatz 1 Satz 1 genannten Zwecke erfolgt, sind die Artikel 13 bis 16, 19 und 21 der Verordnung (EU) 2016/679 nicht anzuwenden.

(3) Bei der Verarbeitung besonderer Kategorien personenbezogener Daten im Sinne des Artikels 9 Absatz 1 der Verordnung (EU) 2016/679 sieht der Verantwortliche angemessene und spezifische Maßnahmen zur Wahrung der Rechte der betroffenen Person gemäß § 22 Absatz 2 vor.

---

1) Nr. 1.

12. Gesetz zur Regelung des Zugangs zu Informationen des Bundes (Informationsfreiheitsgesetz – IFG)

Vom 5. September 2005
(BGBl. I S. 2722)

FNA 201-10

zuletzt geänd. durch Art. 44 Elfte ZuständigkeitsanpassungsVO v. 19.6.2020 (BGBl. I S. 1328)

Nichtamtliche Inhaltsübersicht

Der Bundestag hat das folgende Gesetz beschlossen:

§ 1 Grundsatz. (1) [1]Jeder hat nach Maßgabe dieses Gesetzes gegenüber den Behörden des Bundes einen Anspruch auf Zugang zu amtlichen Informationen. [2]Für sonstige Bundesorgane und -einrichtungen gilt dieses Gesetz, soweit sie öffentlich-rechtliche Verwaltungsaufgaben wahrnehmen. [3]Einer Behörde im Sinne dieser Vorschrift steht eine natürliche Person oder juristische Person des Privatrechts gleich, soweit eine Behörde sich dieser Person zur Erfüllung ihrer öffentlich-rechtlichen Aufgaben bedient.

(2) [1]Die Behörde kann Auskunft erteilen, Akteneinsicht gewähren oder Informationen in sonstiger Weise zur Verfügung stellen. [2]Begehrt der Antragsteller eine bestimmte Art des Informationszugangs, so darf dieser nur aus wichtigem Grund auf andere Art gewährt werden. [3]Als wichtiger Grund gilt insbesondere ein deutlich höherer Verwaltungsaufwand.

(3) Regelungen in anderen Rechtsvorschriften über den Zugang zu amtlichen Informationen gehen mit Ausnahme des § 29 des Verwaltungsverfahrensgesetzes und des § 25 des Zehnten Buches Sozialgesetzbuch vor.

§ 2 Begriffsbestimmungen. Im Sinne dieses Gesetzes ist

1. amtliche Information: jede amtlichen Zwecken dienende Aufzeichnung, unabhängig von der Art ihrer Speicherung. Entwürfe und Notizen, die nicht Bestandteil eines Vorgangs werden sollen, gehören nicht dazu;
2. Dritter: jeder, über den personenbezogene Daten oder sonstige Informationen vorliegen.

§ 3 Schutz von besonderen öffentlichen Belangen. Der Anspruch auf Informationszugang besteht nicht,

1. wenn das Bekanntwerden der Information nachteilige Auswirkungen haben kann auf
   a) internationale Beziehungen,
   b) militärische und sonstige sicherheitsempfindliche Belange der Bundeswehr,
   c) Belange der inneren oder äußeren Sicherheit,
   d) Kontroll- oder Aufsichtsaufgaben der Finanz-, Wettbewerbs- und Regulierungsbehörden,
   e) Angelegenheiten der externen Finanzkontrolle,
   f) Maßnahmen zum Schutz vor unerlaubtem Außenwirtschaftsverkehr,
   g) die Durchführung eines laufenden Gerichtsverfahrens, den Anspruch einer Person auf ein faires Verfahren oder die Durchführung strafrechtlicher, ordnungswidrigkeitsrechtlicher oder disziplinarischer Ermittlungen,
2. wenn das Bekanntwerden der Information die öffentliche Sicherheit gefährden kann,
3. wenn und solange
   a) die notwendige Vertraulichkeit internationaler Verhandlungen oder
   b) die Beratungen von Behörden beeinträchtigt werden,
4. wenn die Information einer durch Rechtsvorschrift oder durch die Allgemeine Verwaltungsvorschrift zum materiellen und organisatorischen Schutz von Verschlusssachen geregelten Geheimhaltungs- oder Vertraulichkeitspflicht oder einem Berufs- oder besonderen Amtsgeheimnis unterliegt,
5. hinsichtlich vorübergehend beigezogener Information einer anderen öffentlichen Stelle, die nicht Bestandteil der eigenen Vorgänge werden soll,
6. wenn das Bekanntwerden der Information geeignet wäre, fiskalische Interessen des Bundes im Wirtschaftsverkehr oder wirtschaftliche Interessen der Sozialversicherungen zu beeinträchtigen,
7. bei vertraulich erhobener oder übermittelter Information, soweit das Interesse des Dritten an einer vertraulichen Behandlung im Zeitpunkt des Antrags auf Informationszugang noch fortbesteht,
8. gegenüber den Nachrichtendiensten sowie den Behörden und sonstigen öffentlichen Stellen des Bundes, soweit sie Aufgaben im Sinne des § 10 Nr. 3 des Sicherheitsüberprüfungsgesetzes wahrnehmen.

§ 4 Schutz des behördlichen Entscheidungsprozesses. (1) [1] Der Antrag auf Informationszugang soll abgelehnt werden für Entwürfe zu Entscheidungen sowie Arbeiten und Beschlüsse zu ihrer unmittelbaren Vorbereitung, soweit und solange durch die vorzeitige Bekanntgabe der Informationen der Erfolg der Entscheidung oder bevorstehender behördlicher Maßnahmen vereitelt würde. [2] Nicht der unmittelbaren Entscheidungsvorbereitung nach Satz 1 dienen regelmäßig Ergebnisse der Beweiserhebung und Gutachten oder Stellungnahmen Dritter.

(2) Der Antragsteller soll über den Abschluss des jeweiligen Verfahrens informiert werden.

§ 5 Schutz personenbezogener Daten. (1) [1]Zugang zu personenbezogenen Daten darf nur gewährt werden, soweit das Informationsinteresse des Antragstellers das schutzwürdige Interesse des Dritten am Ausschluss des Informationszugangs überwiegt oder der Dritte eingewilligt hat. [2]Besondere Kategorien personenbezogener Daten im Sinne des Artikels 9 Absatz 1 der Verordnung (EU) 2016/679[1)] des Europäischen Parlaments und des Rates vom 27. April 2016 zum Schutz natürlicher Personen bei der Verarbeitung personenbezogener Daten, zum freien Datenverkehr und zur Aufhebung der Richtlinie 95/46/EG (Datenschutz- Grundverordnung) (ABl. L 119 vom 4.5. 2016, S. 1; L 314 vom 22.11.2016, S. 72; L 127 vom 23.5.2018, S. 2) in der jeweils geltenden Fassung dürfen nur übermittelt werden, wenn der Dritte ausdrücklich eingewilligt hat.

(2) Das Informationsinteresse des Antragstellers überwiegt nicht bei Informationen aus Unterlagen, soweit sie mit dem Dienst- oder Amtsverhältnis oder einem Mandat des Dritten in Zusammenhang stehen und bei Informationen, die einem Berufs- oder Amtsgeheimnis unterliegen.

(3) Das Informationsinteresse des Antragstellers überwiegt das schutzwürdige Interesse des Dritten am Ausschluss des Informationszugangs in der Regel dann, wenn sich die Angabe auf Name, Titel, akademischen Grad, Berufs- und Funktionsbezeichnung, Büroanschrift und -telekommunikationsnummer beschränkt und der Dritte als Gutachter, Sachverständiger oder in vergleichbarer Weise eine Stellungnahme in einem Verfahren abgegeben hat.

(4) Name, Titel, akademischer Grad, Berufs- und Funktionsbezeichnung, Büroanschrift und -telekommunikationsnummer von Bearbeitern sind vom Informationszugang nicht ausgeschlossen, soweit sie Ausdruck und Folge der amtlichen Tätigkeit sind und kein Ausnahmetatbestand erfüllt ist.

§ 6 Schutz des geistigen Eigentums und von Betriebs- oder Geschäftsgeheimnissen. [1]Der Anspruch auf Informationszugang besteht nicht, soweit der Schutz geistigen Eigentums entgegensteht. [2]Zugang zu Betriebs- oder Geschäftsgeheimnissen darf nur gewährt werden, soweit der Betroffene eingewilligt hat.

§ 7 Antrag und Verfahren. (1) [1]Über den Antrag auf Informationszugang entscheidet die Behörde, die zur Verfügung über die begehrten Informationen berechtigt ist. [2]Im Fall des § 1 Abs. 1 Satz 3 ist der Antrag an die Behörde zu richten, die sich der natürlichen oder juristischen Person des Privatrechts zur Erfüllung ihrer öffentlich-rechtlichen Aufgaben bedient. [3]Betrifft der Antrag Daten Dritter im Sinne von § 5 Abs. 1 und 2 oder § 6, muss er begründet werden. [4]Bei gleichförmigen Anträgen von mehr als 50 Personen gelten die §§ 17 bis 19 des Verwaltungsverfahrensgesetzes entsprechend.

(2) [1]Besteht ein Anspruch auf Informationszugang zum Teil, ist dem Antrag in dem Umfang stattzugeben, in dem der Informationszugang ohne Preisgabe der geheimhaltungsbedürftigen Informationen oder ohne unverhältnismäßigen Verwaltungsaufwand möglich ist. [2]Entsprechendes gilt, wenn sich der Antragsteller in den Fällen, in denen Belange Dritter berührt sind, mit einer Unkenntlichmachung der diesbezüglichen Informationen einverstanden erklärt.

[1)] Nr. 1.

(3) [1] Auskünfte können mündlich, schriftlich oder elektronisch erteilt werden. [2] Die Behörde ist nicht verpflichtet, die inhaltliche Richtigkeit der Information zu prüfen.

(4) [1] Im Fall der Einsichtnahme in amtliche Informationen kann sich der Antragsteller Notizen machen oder Ablichtungen und Ausdrucke fertigen lassen. [2] § 6 Satz 1 bleibt unberührt.

(5) [1] Die Information ist dem Antragsteller unter Berücksichtigung seiner Belange unverzüglich zugänglich zu machen. [2] Der Informationszugang soll innerhalb eines Monats erfolgen. [3] § 8 bleibt unberührt.

§ 8 Verfahren bei Beteiligung Dritter. (1) Die Behörde gibt einem Dritten, dessen Belange durch den Antrag auf Informationszugang berührt sind, schriftlich Gelegenheit zur Stellungnahme innerhalb eines Monats, sofern Anhaltspunkte dafür vorliegen, dass er ein schutzwürdiges Interesse am Ausschluss des Informationszugangs haben kann.

(2) [1] Die Entscheidung nach § 7 Abs. 1 Satz 1 ergeht schriftlich und ist auch dem Dritten bekannt zu geben. [2] Der Informationszugang darf erst erfolgen, wenn die Entscheidung dem Dritten gegenüber bestandskräftig ist oder die sofortige Vollziehung angeordnet worden ist und seit der Bekanntgabe der Anordnung an den Dritten zwei Wochen verstrichen sind. [3] § 9 Abs. 4 gilt entsprechend.

§ 9 Ablehnung des Antrags; Rechtsweg. (1) Die Bekanntgabe einer Entscheidung, mit der der Antrag ganz oder teilweise abgelehnt wird, hat innerhalb der Frist nach § 7 Abs. 5 Satz 2 zu erfolgen.

(2) Soweit die Behörde den Antrag ganz oder teilweise ablehnt, hat sie mitzuteilen, ob und wann der Informationszugang ganz oder teilweise zu einem späteren Zeitpunkt voraussichtlich möglich ist.

(3) Der Antrag kann abgelehnt werden, wenn der Antragsteller bereits über die begehrten Informationen verfügt oder sich diese in zumutbarer Weise aus allgemein zugänglichen Quellen beschaffen kann.

(4) [1] Gegen die ablehnende Entscheidung sind Widerspruch und Verpflichtungsklage zulässig. [2] Ein Widerspruchsverfahren nach den Vorschriften des 8. Abschnitts der Verwaltungsgerichtsordnung ist auch dann durchzuführen, wenn die Entscheidung von einer obersten Bundesbehörde getroffen wurde.

§ 10 Gebühren und Auslagen. (1) [1] Für individuell zurechenbare öffentliche Leistungen nach diesem Gesetz werden Gebühren und Auslagen erhoben. [2] Dies gilt nicht für die Erteilung einfacher Auskünfte.

(2) Die Gebühren sind auch unter Berücksichtigung des Verwaltungsaufwandes so zu bemessen, dass der Informationszugang nach § 1 wirksam in Anspruch genommen werden kann.

(3) [1] Das Bundesministerium des Innern, für Bau und Heimat wird ermächtigt, für individuell zurechenbare öffentliche Leistungen nach diesem Gesetz die Gebührentatbestände und Gebührensätze durch Rechtsverordnung ohne Zustimmung des Bundesrates zu bestimmen. [2] § 10 des Bundesgebührengesetzes findet keine Anwendung.

§ 11 Veröffentlichungspflichten. (1) Die Behörden sollen Verzeichnisse führen, aus denen sich die vorhandenen Informationssammlungen und -zwecke erkennen lassen.

(2) Organisations- und Aktenpläne ohne Angabe personenbezogener Daten sind nach Maßgabe dieses Gesetzes allgemein zugänglich zu machen.

(3) Die Behörden sollen die in den Absätzen 1 und 2 genannten Pläne und Verzeichnisse sowie weitere geeignete Informationen in elektronischer Form allgemein zugänglich machen.

§ 12 Bundesbeauftragter für die Informationsfreiheit. (1) Jeder kann den Bundesbeauftragten für die Informationsfreiheit anrufen, wenn er sein Recht auf Informationszugang nach diesem Gesetz als verletzt ansieht.

(2) Die Aufgabe des Bundesbeauftragten für die Informationsfreiheit wird von dem Bundesbeauftragten für den Datenschutz wahrgenommen.

(3) Die Bestimmungen des Bundesdatenschutzgesetzes in der am 24. Mai 2018 geltenden Fassung über die Kontrollaufgaben des Bundesbeauftragten für den Datenschutz (§ 24 Abs. 1 und 3 bis 5), über Beanstandungen (§ 25 Abs. 1 Satz 1 Nr. 1 und 4, Satz 2 und Abs. 2 und 3) sowie über weitere Aufgaben gemäß § 26 Abs. 1 bis 3 gelten entsprechend.

§ 13 Änderung anderer Vorschriften. *(hier nicht wiedergegeben)*

§ 14 Bericht und Evaluierung. [1] Die Bundesregierung unterrichtet den Deutschen Bundestag zwei Jahre vor Außerkrafttreten über die Anwendung dieses Gesetzes. [2] Der Deutsche Bundestag wird das Gesetz ein Jahr vor Außerkrafttreten auf wissenschaftlicher Grundlage evaluieren.

§ 15 Inkrafttreten. Dieses Gesetz tritt am 1. Januar 2006 in Kraft.

13. Digitale-Dienste-Gesetz (DDG)[1) 2)]

Vom 6. Mai 2024
(BGBl. 2024 I Nr. 149)

FNA 772-10

Nichtamtliche Inhaltsübersicht

[1)] **Amtl. Anm.:** Die §§ 1, 2, 3, 4, 5, 6 und 23 dienen der Umsetzung der Richtlinie 2000/31/EG des Europäischen Parlaments und des Rates vom 8. Juni 2000 über bestimmte rechtliche Aspekte der Dienste der Informationsgesellschaft, insbesondere des elektronischen Geschäftsverkehrs, im Binnenmarkt („Richtlinie über den elektronischen Geschäftsverkehr") (ABl. L 178 vom 17.7.2000, S. 1), die zuletzt durch die Verordnung (EU) 2022/2065 (ABl. L 277 vom 27.10.2022, S. 1; L 310 vom 1.12. 2022, S. 17) geändert worden ist. Die §§ 1, 2, 3, 6, 9, 10 und 11 dienen der Umsetzung der Richtlinie 2010/13/EU des Europäischen Parlaments und des Rates vom 10. März 2010 zur Koordinierung bestimmter Rechts- und Verwaltungsvorschriften der Mitgliedstaaten über die Bereitstellung audiovisueller Mediendienste (Richtlinie über audiovisuelle Mediendienste) (ABl. L 95 vom 15.4.2010, S. 1; L 263 vom 6.10.2010, S. 15), die zuletzt durch die Richtlinie (EU) 2018/1808 (ABl. L 303 vom 28.11.2018, S. 69) geändert worden ist. § 8 dient der Umsetzung der Richtlinie 2001/29/EG des Europäischen Parlaments und des Rates vom 22. Mai 2001 zur Harmonisierung bestimmter Aspekte des Urheberrechts und der verwandten Schutzrechte in der Informationsgesellschaft (ABl. L 167 vom 22.6.2001, S. 10; L 6 vom 10.1.2002, S. 71), die zuletzt durch die Richtlinie (EU) 2019/790 (ABl. L 130 vom 17.5.2019, S. 92) geändert worden ist, und der Richtlinie 2004/48/EG des Europäischen Parlaments und des Rates vom 29. April 2004 zur Durchsetzung der Rechte des geistigen Eigentums (ABl. L 157 vom 30.4.2004, S. 45; L 195 vom 2.6.2004, S. 16).

[2)] Verkündet als Art. 1 G v. 6.5.2024 (BGBl. 2024 I Nr. 149); Inkrafttreten gem. Art. 37 Abs. 1 dieses G am 14.5.2024.

Teil 1. Allgemeine Vorschriften

§ 1 Anwendungsbereich, Begriffsbestimmungen. (1) [1] Dieses Gesetz gilt für alle Diensteanbieter nach Absatz 4 Nummer 5, sofern in diesem Gesetz nichts anderes bestimmt ist. [2] Abweichend von Satz 1 gelten die Vorschriften dieses Gesetzes zur Durchsetzung der Verordnung (EU) 2019/1150 des Europäischen Parlaments und des Rates vom 20. Juni 2019 zur Förderung von Fairness und Transparenz für gewerbliche Nutzer von Online-Vermittlungsdiensten (ABl. L 186 vom 11.7.2019, S. 57) für Anbieter von Online-Vermittlungsdiensten nach Artikel 2 Nummer 2 und 3 sowie für Anbieter von Online-Suchmaschinen nach Artikel 2 Nummer 5 und 6 dieser Verordnung. [3] Dieses Gesetz gilt nicht für Rundfunk im Sinne der medienrechtlichen Bestimmungen der Länder.

(2) [1] Die inhalts- und vielfaltsbezogenen Anforderungen an digitale Dienste und die hierfür zuständigen Aufsichtsbehörden ergeben sich aus den medienrechtlichen Bestimmungen der Länder. [2] Die Vorschriften des Gesetzes gegen Wettbewerbsbeschränkungen einschließlich dessen §§ 19 bis 20 sowie der Regelungen zu den Aufgaben, Befugnissen und Zuständigkeiten der Kartellbehörden bleiben unberührt.

(3) Dieses Gesetz trifft weder Regelungen im Bereich des internationalen Privatrechts noch regelt es die Zuständigkeit der Gerichte.

(4) Im Sinne dieses Gesetzes ist oder sind

1. „digitaler Dienst" ein Dienst im Sinne des Artikels 1 Absatz 1 Buchstabe b der Richtlinie (EU) 2015/1535 des Europäischen Parlaments und des Rates vom 9. September 2015 über ein Informationsverfahren auf dem Gebiet der technischen Vorschriften und der Vorschriften für die Dienste der Informationsgesellschaft (ABl. L 241 vom 17.9.2015, S. 1);

2. „Koordinierungsstelle für digitale Dienste" der nationale Koordinator für digitale Dienste im Sinne des Artikels 49 Absatz 2 der Verordnung (EU) 2022/2065[1)] des Europäischen Parlaments und des Rates vom 19. Oktober 2022 über einen Binnenmarkt für digitale Dienste und zur Änderung der Richtlinie 2000/31/EG (Gesetz über digitale Dienste) (ABl. L 277 vom 27.10.2022, S. 1; L 310 vom 1.12.2022, S. 17);
3. „drahtloses lokales Netzwerk" ein Drahtloszugangssystem mit geringer Leistung und geringer Reichweite sowie mit geringem Störungsrisiko für weitere, von anderen Nutzern in unmittelbarer Nähe installierte Systeme dieser Art, das nicht exklusive Grundfrequenzen nutzt;
4. „audiovisuelle Mediendienste"
   a) audiovisuelle Mediendienste auf Abruf (Nummer 6) und
   b) die audiovisuelle kommerzielle Kommunikation (Nummer 7);
5. „Diensteanbieter" Anbieter digitaler Dienste;
6. „audiovisuelle Mediendienste auf Abruf" nichtlineare audiovisuelle Mediendienste, bei denen der Hauptzweck des Dienstes oder eines trennbaren Teils des Dienstes darin besteht, unter der redaktionellen Verantwortung eines Anbieters von audiovisuellen Mediendiensten der Allgemeinheit Sendungen zur Information, Unterhaltung oder Bildung zum individuellen Abruf zu einem vom Nutzer gewählten Zeitpunkt bereitzustellen;
7. „audiovisuelle kommerzielle Kommunikation" jede Form der Kommunikation mit Bildern mit oder ohne Ton, die einer Sendung oder einem nutzergenerierten Video gegen Entgelt oder gegen eine ähnliche Gegenleistung oder als Eigenwerbung beigefügt oder darin enthalten ist, wenn die Kommunikation der unmittelbaren oder mittelbaren Förderung des Absatzes von Waren und Dienstleistungen oder der Förderung des Erscheinungsbilds natürlicher oder juristischer Personen, die einer wirtschaftlichen Tätigkeit nachgehen, dient, einschließlich Sponsoring und Produktplatzierung;
8. „Videosharingplattform-Dienste"
   a) digitale Dienste, bei denen der Hauptzweck oder eine wesentliche Funktion darin besteht, Sendungen oder nutzergenerierte Videos, für die der Diensteanbieter keine redaktionelle Verantwortung trägt, der Allgemeinheit bereitzustellen, wobei der Diensteanbieter die Organisation der Sendungen und der nutzergenerierten Videos, auch mit automatischen Mitteln, bestimmt,
   b) trennbare Teile digitaler Dienste, wenn für den trennbaren Teil der in Buchstabe a genannte Hauptzweck vorliegt;
9. „Videosharingplattform-Anbieter" ein Diensteanbieter, der Videosharingplattform-Dienste betreibt;
10. „redaktionelle Verantwortung" die Ausübung einer wirksamen Kontrolle hinsichtlich der Zusammenstellung der Sendungen und ihrer Bereitstellung mittels eines Katalogs;
11. „Sendung" eine Abfolge von bewegten Bildern mit oder ohne Ton, die unabhängig von ihrer Länge Einzelbestandteil eines von einem Diensteanbieter erstellten Sendeplans oder Katalogs ist;

[1)] Nr. **5**.

12. „nutzergeneriertes Video“ eine von einem Nutzer erstellte Abfolge von bewegten Bildern mit oder ohne Ton, die unabhängig von ihrer Länge einen Einzelbestandteil darstellt und die von diesem Nutzer oder einem anderen Nutzer auf einen Videosharingplattform-Dienst hochgeladen wird;
13. „Mitgliedstaat“ jeder Mitgliedstaat der Europäischen Union und jeder andere Vertragsstaat des Abkommens über den Europäischen Wirtschaftsraum, für den die Richtlinie 2010/13/EU des Europäischen Parlaments und des Rates vom 10. März 2010 zur Koordinierung bestimmter Rechts- und Verwaltungsvorschriften der Mitgliedstaaten über die Bereitstellung audiovisueller Mediendienste (Richtlinie über audiovisuelle Mediendienste) (ABl. L 95 vom 15.4.2010, S. 1; L 263 vom 6.10.2010, S. 15), die durch die Richtlinie (EU) 2018/1808 (ABl. L 303 vom 28.11.2018, S. 69) geändert worden ist, gilt;
14. „Drittstaat“ jeder Staat, der nicht Mitgliedstaat ist;
15. „Mutterunternehmen“ ein Unternehmen, das ein oder mehrere Tochterunternehmen kontrolliert;
16. „Tochterunternehmen“ ein Unternehmen, das unmittelbar oder mittelbar von einem Mutterunternehmen kontrolliert wird;
17. „Gruppe“ die Gesamtheit eines Mutterunternehmens und seiner Tochterunternehmen sowie aller anderen mit dem Mutterunternehmen und seinen Tochterunternehmen wirtschaftlich und rechtlich verbundenen Unternehmen.

§ 2 Europäisches Sitzland. (1) Sitzland des Diensteanbieters innerhalb des Geltungsbereichs der Richtlinie 2000/31/EG des Europäischen Parlaments und des Rates vom 8. Juni 2000 über bestimmte rechtliche Aspekte der Dienste der Informationsgesellschaft, insbesondere des elektronischen Geschäftsverkehrs, im Binnenmarkt (Richtlinie über den elektronischen Geschäftsverkehr) (ABl. L 178 vom 17.7.2000, S. 1), die zuletzt durch die Verordnung (EU) 2022/2065 (ABl. L 277 vom 27.10.2022, S. 1; L 310 vom 1.12.2022, S. 17) geändert worden ist, ist der Mitgliedstaat, in dessen Hoheitsgebiet der Diensteanbieter niedergelassen ist.

(2) [1]Abweichend von Absatz 1 gilt bei audiovisuellen Mediendiensten im Anwendungsbereich der Richtlinie 2010/13/EU derjenige Mitgliedstaat als Sitzland des Anbieters von audiovisuellen Mediendiensten, in dem die Hauptverwaltung des Diensteanbieters liegt und in dem die redaktionellen Entscheidungen über den audiovisuellen Mediendienst getroffen werden. [2]Werden die redaktionellen Entscheidungen über den audiovisuellen Mediendienst in einem anderen Mitgliedstaat als in dem des Sitzes der Hauptverwaltung getroffen, so gilt als Sitzland des Diensteanbieters

1. derjenige dieser beiden Mitgliedstaaten, in dem ein erheblicher Teil des Personals des Diensteanbieters, das mit der Durchführung der programmbezogenen Tätigkeiten des audiovisuellen Mediendienstes betraut ist, tätig ist,
2. derjenige dieser beiden Mitgliedstaaten, in dem die Hauptverwaltung des Diensteanbieters liegt, wenn ein erheblicher Teil des Personals des Anbieters audiovisueller Mediendienste, das mit der Ausübung der sendungsbezogenen Tätigkeiten betraut ist, in beiden Mitgliedstaaten tätig ist, oder

3. derjenige dieser beiden Mitgliedstaaten, in dem der Diensteanbieter zuerst mit seiner Tätigkeit nach Maßgabe des Rechts dieses Mitgliedstaats begonnen hat, sofern
   a) eine dauerhafte und tatsächliche Verbindung mit der Wirtschaft dieses Mitgliedstaats fortbesteht und
   b) ein erheblicher Teil des Personals des Anbieters von audiovisuellen Mediendiensten, das mit der Ausübung der sendungsbezogenen Tätigkeiten betraut ist, in keinem der beiden Mitgliedstaaten tätig ist.

[3] Werden die redaktionellen Entscheidungen über den audiovisuellen Mediendienst in einem Drittstaat getroffen, so gilt derjenige Mitgliedstaat als Sitzland, in dem die Hauptverwaltung des Diensteanbieters liegt. [4] Liegt die Hauptverwaltung des Diensteanbieters in einem Drittstaat und werden die redaktionellen Entscheidungen über den audiovisuellen Mediendienst in einem Mitgliedstaat getroffen, gilt der Mitgliedstaat als Sitzland, in dem ein erheblicher Teil des mit der Bereitstellung des audiovisuellen Mediendienstes betrauten Personals tätig ist.

(3) [1] Für Anbieter von audiovisuellen Mediendiensten, die nicht bereits aufgrund ihrer Niederlassung der Rechtshoheit eines Mitgliedstaats unterliegen, gilt derjenige Mitgliedstaat als Sitzland, in dem sie

1. eine dort gelegene Satelliten-Bodenstation für die Aufwärtsstrecke nutzen oder
2. zwar keine dort gelegene Satelliten-Bodenstation für die Aufwärtsstrecke, aber eine diesem Mitgliedstaat zugewiesene Übertragungskapazität eines Satelliten nutzen.

[2] Liegt keines dieser beiden Kriterien vor, gilt derjenige Mitgliedstaat, in dem der Anbieter von audiovisuellen Mediendiensten gemäß den Artikeln 49 bis 55 des Vertrages über die Arbeitsweise der Europäischen Union niedergelassen ist, auch als Sitzland für diesen Anbieter von audiovisuellen Mediendiensten.

(4) Ist ein Videosharingplattform-Anbieter im Anwendungsbereich der Richtlinie 2010/13/EU nicht im Hoheitsgebiet eines Mitgliedstaats niedergelassen, so gilt abweichend von Absatz 1 derjenige Mitgliedstaat als Sitzland, in dessen Hoheitsgebiet

1. ein Mutterunternehmen oder ein Tochterunternehmen des Videosharingplattform-Anbieters niedergelassen ist oder
2. ein anderes Unternehmen einer Gruppe, von der der Videosharingplattform-Anbieter ein Teil ist, niedergelassen ist.

(5) Sind in den Fällen des Absatzes 4 das Mutterunternehmen, das Tochterunternehmen oder die anderen Unternehmen der Gruppe jeweils in verschiedenen Mitgliedstaaten niedergelassen, so gilt der Videosharingplattform-Anbieter als in dem Mitgliedstaat niedergelassen, in dem

1. sein Mutterunternehmen niedergelassen ist,
2. mangels einer Niederlassung nach Nummer 1 sein Tochterunternehmen niedergelassen ist oder
3. mangels einer Niederlassung nach Nummer 2 das oder die anderen Unternehmen der Gruppe niedergelassen ist oder sind.

(6) [1] Gibt es mehrere Tochterunternehmen und ist jedes dieser Tochterunternehmen in einem anderen Mitgliedstaat niedergelassen, so gilt der Videosha-

ringplattform-Anbieter als in dem Mitgliedstaat niedergelassen, in dem eines der Tochterunternehmen zuerst seine Tätigkeit aufgenommen hat. [2] Voraussetzung ist, dass eine dauerhafte und tatsächliche Verbindung zwischen dem Tochterunternehmen und der Wirtschaft dieses Mitgliedstaats besteht.

(7) [1] Gibt es mehrere andere Unternehmen, die Teil der Gruppe sind und von denen jedes in einem anderen Mitgliedstaat niedergelassen ist, so gilt der Videosharingplattform-Anbieter als in dem Mitgliedstaat niedergelassen, in dem eines dieser Unternehmen zuerst seine Tätigkeit aufgenommen hat. [2] Voraussetzung ist, dass eine dauerhafte und tatsächliche Verbindung zwischen dem Unternehmen und der Wirtschaft dieses Mitgliedstaats besteht.

(8) Treten zwischen der zuständigen inländischen Behörde und einer Behörde eines anderen Mitgliedstaats Meinungsverschiedenheiten darüber auf, welcher Mitgliedstaat Sitzland des Diensteanbieters nach den Absätzen 2 bis 7 ist oder als solcher gilt, so bringt die zuständige inländische Behörde diese Meinungsverschiedenheiten der Europäischen Kommission unverzüglich zur Kenntnis.

§ 3 Herkunftslandprinzip. (1) Diensteanbieter und ihre digitalen Dienste, die nach § 2 in Deutschland niedergelassen sind, unterliegen den Anforderungen des deutschen Rechts auch dann, wenn die digitalen Dienste innerhalb des Geltungsbereichs der Richtlinie 2000/31/EG und der Richtlinie 2010/13/EU in einem anderen Mitgliedstaat geschäftsmäßig angeboten oder verbreitet werden, soweit nicht die Verordnung (EU) 2022/2065[1)] unmittelbar gilt.

(2) Der freie Verkehr von digitalen Diensten, die innerhalb des Geltungsbereichs der Richtlinien 2000/31/EG und 2010/13/EU in Deutschland von Diensteanbietern, die in einem anderen Mitgliedstaat niedergelassen sind, geschäftsmäßig angeboten oder verbreitet werden, wird vorbehaltlich der Absätze 5 bis 7 nicht eingeschränkt.

(3) Von den Absätzen 1 und 2 bleiben unberührt:

1. die Freiheit der Rechtswahl,
2. die Vorschriften für vertragliche Schuldverhältnisse in Bezug auf Verbraucherverträge,
3. gesetzliche Vorschriften über die Form des Erwerbs von Grundstücken und grundstücksgleichen Rechten sowie über die Form der Begründung, Übertragung, Änderung oder Aufhebung von dinglichen Rechten an Grundstücken und grundstücksgleichen Rechten und
4. das für den Schutz personenbezogener Daten geltende Recht.

(4) Die Absätze 1 und 2 gelten nicht für

1. die Tätigkeit von Notaren sowie von Angehörigen anderer Berufe, soweit diese ebenfalls hoheitlich tätig sind,
2. die Vertretung von Mandanten und die Wahrnehmung ihrer Interessen vor Gericht,
3. die Zulässigkeit nicht angeforderter kommerzieller Kommunikationen durch elektronische Post,
4. Gewinnspiele mit einem einen Geldwert darstellenden Einsatz bei Glücksspielen, einschließlich Lotterien und Wetten,

---

1) Nr. 5.

5. die Anforderungen an Verteildienste,
6. das Urheberrecht, verwandte Schutzrechte, Rechte im Sinne der Richtlinie 87/54/EWG des Rates vom 16. Dezember 1986 über den Rechtsschutz der Topographien von Halbleitererzeugnissen (ABl. L 24 vom 27.1.1987, S. 36) und der Richtlinie 96/9/EG des Europäischen Parlaments und des Rates vom 11. März 1996 über den rechtlichen Schutz von Datenbanken (ABl. L 77 vom 27.3.1996, S. 20) sowie für gewerbliche Schutzrechte,
7. die Ausgabe elektronischen Geldes durch Institute, die gemäß Artikel 8 Absatz 1 der Richtlinie 2000/46/EG des Europäischen Parlaments und des Rates vom 18. September 2000 über die Aufnahme, Ausübung und Beaufsichtigung der Tätigkeit von E-Geld-Instituten (ABl. L 275 vom 27.10.2000, S. 39) von der Anwendung einiger oder aller Vorschriften dieser Richtlinie und von der Anwendung der Richtlinie 2000/12/EG des Europäischen Parlaments und des Rates vom 20. März 2000 über die Aufnahme und Ausübung der Tätigkeit der Kreditinstitute (ABl. L 126 vom 25.5.2000, S. 1) freigestellt sind,
8. Vereinbarungen oder Verhaltensweisen, die dem Kartellrecht unterliegen,
9. Bereiche, die erfasst sind von den §§ 39, 57 bis 59, 61 bis 65, 146, 241 bis 243b, 305 und 306 des Versicherungsaufsichtsgesetzes vom 1. April 2015 (BGBl. I S. 434), das zuletzt durch Artikel 9 des Gesetzes vom 31. Mai 2023 (BGBl. 2023 I Nr. 140) geändert worden ist, für Bereiche, die erfasst sind von den Vorschriften der Versicherungsberichterstattungs-Verordnung vom 19. Juli 2017 (BGBl. I S. 2858), die durch Artikel 7 des Gesetzes vom 17. August 2017 (BGBl. I S. 3214) geändert worden ist, für die Regelungen über das auf Versicherungsverträge anwendbare Recht sowie für Bedingungen, die für das Angebot und den Abschluss von Versicherungen zur Erfüllung einer in einem Mitgliedstaat vorgeschriebenen Versicherungspflicht gelten.

(5) [1]Das Angebot von digitalen Diensten, bei denen es sich nicht um audiovisuelle Mediendienste handelt, durch einen Diensteanbieter, der in einem anderen Mitgliedstaat niedergelassen ist, darf durch Maßnahmen auf Grundlage des deutschen Rechts eingeschränkt werden, sofern

1. dies dazu dient, folgende Schutzziele vor Beeinträchtigungen oder ernsthaften und schwerwiegenden Gefahren zu schützen:
   a) die öffentliche Sicherheit und Ordnung, einschließlich des Jugendschutzes, insbesondere im Hinblick auf
      aa) die Verhütung, Ermittlung, Aufklärung, Verfolgung und Vollstreckung von Straftaten und Ordnungswidrigkeiten,
      bb) die Bekämpfung der Verunglimpfung aus Gründen der Rasse, des Geschlechts, des Glaubens oder der Nationalität,
      cc) Verletzungen der Menschenwürde einzelner Personen oder
      dd) die Wahrung nationaler Sicherheits- und Verteidigungsinteressen,
   b) die öffentliche Gesundheit oder
   c) die Interessen der Verbraucher und die Interessen von Anlegern und
2. die Maßnahmen, die auf der Grundlage des deutschen Rechts in Betracht kommen, in einem angemessenen Verhältnis zu den Schutzzielen nach Nummer 1 stehen.

[2] Maßnahmen nach Satz 1 Nummer 2 sind nur zulässig, wenn die gemäß Artikel 3 Absatz 4 Buchstabe b und Absatz 5 der Richtlinie 2000/31/EG erforderlichen Verfahren eingehalten werden; davon unberührt bleiben gerichtliche Verfahren einschließlich etwaiger Vorverfahren und die Verfolgung von Straftaten einschließlich der Strafvollstreckung und von Ordnungswidrigkeiten.

(6) Der freie Empfang und die Weiterverbreitung von audiovisuellen Mediendiensten aus anderen Mitgliedstaaten darf abweichend von Absatz 2 vorübergehend beeinträchtigt werden, wenn diese audiovisuellen Mediendienste

1. in offensichtlicher, ernsthafter und schwerwiegender Weise Folgendes enthalten:
   a) eine Aufstachelung zu Gewalt oder Hass gegen eine Gruppe von Personen oder gegen ein Mitglied einer Gruppe von Personen aus einem der in Artikel 21 der Charta der Grundrechte der Europäischen Union[1] (ABl. C 364 vom 18.12.2000, S. 1) genannten Gründe,
   b) eine öffentliche Aufforderung zur Begehung einer terroristischen Straftat gemäß Artikel 5 der Richtlinie (EU) 2017/541 des Europäischen Parlaments und des Rates vom 15. März 2017 zur Terrorismusbekämpfung und zur Ersetzung des Rahmenbeschlusses 2002/475/JI des Rates und zur Änderung des Beschlusses 2005/671/JI des Rates (ABl. L 88 vom 31.3. 2017, S. 6),
   c) einen Verstoß gegen die Vorgaben zum Schutz von Minderjährigen nach Artikel 6a Absatz 1 der Richtlinie 2010/13/EU oder
2. eine Beeinträchtigung oder eine ernsthafte und schwerwiegende Gefahr der Beeinträchtigung darstellen für
   a) die öffentliche Gesundheit,
   b) die öffentliche Sicherheit oder
   c) die Wahrung nationaler Sicherheits- und Verteidigungsinteressen.

(7) [1] Das Angebot von digitalen Diensten kann durch Anordnungen zum Vorgehen gegen rechtswidrige Inhalte nach Artikel 9 der Verordnung (EU) 2022/2056 und zur Bereitstellung von Informationen nach Artikel 10 der Verordnung (EU) 2022/2065 eingeschränkt werden. [2] Diese Anordnungen unterliegen nicht den Anforderungen der Absätze 5 und 6.

§ 4 Zulassungsfreiheit. Das Anbieten von digitalen Diensten ist im Rahmen der Gesetze zulassungs- und anmeldefrei.

Teil 2. Informationspflichten

§ 5 Allgemeine Informationspflichten. (1) Diensteanbieter haben für geschäftsmäßige, in der Regel gegen Entgelt angebotene digitale Dienste folgende Informationen, die leicht erkennbar und unmittelbar erreichbar sein müssen, ständig verfügbar zu halten:

1. den Namen und die Anschrift, unter der sie niedergelassen sind, bei juristischen Personen zusätzlich die Rechtsform, den Vertretungsberechtigten und, sofern Angaben über das Kapital der Gesellschaft gemacht werden, das

---

[1] Nr. **9**.

Stamm- oder Grundkapital sowie, wenn nicht alle in Geld zu leistenden Einlagen eingezahlt sind, der Gesamtbetrag der ausstehenden Einlagen,

2. Angaben, die eine schnelle elektronische Kontaktaufnahme und eine unmittelbare Kommunikation mit ihnen ermöglichen, einschließlich der Adresse für die elektronische Post,
3. soweit der Dienst im Rahmen einer Tätigkeit angeboten oder erbracht wird, die der behördlichen Zulassung bedarf, Angaben zur zuständigen Aufsichtsbehörde,
4. die Angabe des Handelsregisters oder ähnlicher Register, in das sie eingetragen sind, und die entsprechende Registernummer,
5. soweit der Dienst angeboten oder erbracht wird in Ausübung eines Berufs im Sinne von Artikel 1 Buchstabe d der Richtlinie 89/48/EWG des Rates vom 21. Dezember 1988 über eine allgemeine Regelung zur Anerkennung der Hochschuldiplome, die eine mindestens dreijährige Berufsausbildung abschließen (ABl. L 19 vom 24.1.1989, S. 16), oder im Sinne von Artikel 1 Buchstabe f der Richtlinie 92/51/EWG des Rates vom 18. Juni 1992 über eine zweite allgemeine Regelung zur Anerkennung beruflicher Befähigungsnachweise in Ergänzung zur Richtlinie 89/48/EWG (ABl. L 209 vom 24.7. 1992, S. 25; L 17 vom 25.1.1995, S. 20), die zuletzt durch die Richtlinie 2006/100/EG (ABl. L 363 vom 20.12.2006, S. 141) geändert worden ist, Angaben über
   a) die Kammer, der die Diensteanbieter angehören,
   b) die gesetzliche Berufsbezeichnung und den Staat, in dem die Berufsbezeichnung verliehen worden ist,
   c) die Bezeichnung der berufsrechtlichen Regelungen und die Angabe, wie diese Regelungen zugänglich sind,
6. in Fällen, in denen sie eine Umsatzsteueridentifikationsnummer nach § 27a Absatz 1 Satz 1, 2 oder 3 des Umsatzsteuergesetzes oder eine Wirtschafts-Identifikationsnummer nach § 139c Absatz 1 der Abgabenordnung[1] besitzen, die Angabe dieser Nummer,
7. bei Aktiengesellschaften, Kommanditgesellschaften auf Aktien und Gesellschaften mit beschränkter Haftung, die sich in Abwicklung oder Liquidation befinden, die Angabe hierüber,
8. bei Anbietern von audiovisuellen Mediendiensten die Angabe
   a) des Mitgliedstaats, der für sie Sitzland ist oder als Sitzland gilt sowie
   b) der zuständigen Regulierungs- und Aufsichtsbehörden.

(2) Weitergehende Informationspflichten nach anderen Rechtsvorschriften bleiben unberührt.

§ 6 Besondere Pflichten bei kommerziellen Kommunikationen.

(1) Diensteanbieter haben bei kommerziellen Kommunikationen, die digitale Dienste oder Bestandteile von digitalen Diensten sind, mindestens zu beachten, dass

1. kommerzielle Kommunikationen klar als solche zu erkennen sein müssen,
2. die natürliche oder juristische Person, in deren Auftrag kommerzielle Kommunikationen erfolgen, klar identifizierbar sein muss,

[1] Nr. **26**.

3. Angebote zur Verkaufsförderung wie Preisnachlässe, Zugaben und Geschenke klar als solche erkennbar sein müssen und die Bedingungen für ihre Inanspruchnahme leicht zugänglich sein sowie klar und unzweideutig angegeben werden müssen und
4. Preisausschreiben oder Gewinnspiele mit Werbecharakter klar als solche erkennbar sein müssen und die Teilnahmebedingungen leicht zugänglich sein sowie klar und unzweideutig angegeben werden müssen.

(2) [1] Werden kommerzielle Kommunikationen per elektronischer Post versandt, darf in der Kopf- und in der Betreffzeile weder der Absender noch der kommerzielle Charakter der Nachricht verschleiert oder verheimlicht werden. [2] Ein Verschleiern oder Verheimlichen liegt dann vor, wenn die Kopf- oder die Betreffzeile absichtlich so gestaltet ist, dass der Empfänger vor Einsichtnahme in den Inhalt der Kommunikation keine oder irreführende Informationen über die tatsächliche Identität des Absenders oder den kommerziellen Charakter der Nachricht erhalt.

(3) Videosharingplattform-Anbieter müssen eine Funktion bereitstellen, mit der Nutzer, die nutzergenerierte Videos hochladen, erklären können, ob diese Videos audiovisuelle kommerzielle Kommunikation enthalten.

(4) Videosharingplattform-Anbieter sind verpflichtet, audiovisuelle kommerzielle Kommunikation, die Nutzer auf den Videosharingplattform-Dienst hochgeladen haben, als solche zu kennzeichnen, sofern sie nach Absatz 3 oder anderweitig Kenntnis von dieser erlangt haben.

(5) Die Vorschriften des Gesetzes gegen den unlauteren Wettbewerb[1)] und der Preisangabenverordnung bleiben unberührt.

Teil 3. Rechtsverletzungen von Nutzern

§ 7 Beschränkte Verantwortlichkeit. (1) Die Artikel 4 bis 8 der Verordnung (EU) 2022/2065[2)] gelten für alle Diensteanbieter einschließlich der öffentlichen Stellen unabhängig davon, ob für die Nutzung ein Entgelt erhoben wird.

(2) [1] Diensteanbieter, die Nutzern einen Internetzugang über ein drahtloses lokales Netzwerk zur Verfügung stellen, dürfen von einer Behörde nicht verpflichtet werden,

1. vor Gewährung des Zugangs
   a) die persönlichen Daten von Nutzern zu erheben und zu speichern (Registrierung) oder
   b) die Eingabe eines Passworts zu verlangen oder
2. das Anbieten des Dienstes dauerhaft einzustellen.

[2] Diensteanbieter können jedoch auf freiwilliger Basis die Nutzer identifizieren, eine Passworteingabe verlangen oder andere freiwillige Maßnahmen ergreifen.

(3) [1] Haften Diensteanbieter nach Artikel 4 der Verordnung (EU) 2022/2065 nicht, so können sie auch nicht wegen einer rechtswidrigen Handlung eines Nutzers auf Schadensersatz oder Beseitigung oder Unterlassung einer Rechtsverletzung in Anspruch genommen werden; dasselbe gilt hinsichtlich aller

---

1) Nr. **17**.
2) Nr. **5**.

Kosten für die Geltendmachung und Durchsetzung dieser Ansprüche. [2] Satz 1 ist nicht anzuwenden, wenn der Diensteanbieter absichtlich mit einem Nutzer seines Dienstes zusammenarbeitet, um rechtswidrige Handlungen zu begehen.

(4) Die Absätze 2 und 3 sind auf Diensteanbieter auch dann anzuwenden, wenn der Dienst unentgeltlich oder durch eine öffentliche Stelle erbracht wird.

§ 8 Anspruch auf Sperrung bei Rechtsverletzung. (1) Wurde ein digitaler Dienst, der darin besteht, von einem Nutzer bereitgestellte Informationen in einem Kommunikationsnetz zu übermitteln oder den Zugang zu einem Kommunikationsnetz zu vermitteln, von einem Nutzer in Anspruch genommen, um das Recht am geistigen Eigentum eines anderen zu verletzen, und besteht für den Inhaber des Rechts keine andere Möglichkeit, der Verletzung seines Rechts abzuhelfen, so kann der Inhaber des Rechts von dem betroffenen Diensteanbieter die Sperrung der Nutzung von Informationen verlangen, um die Wiederholung der Rechtsverletzung zu verhindern.

(2) Die Sperrung muss zumutbar und verhältnismäßig sein.

(3) Ein Anspruch gegen den Diensteanbieter auf Erstattung der vor- und außergerichtlichen Kosten für die Geltendmachung und Durchsetzung des Anspruchs nach Absatz 1 besteht nicht, es sei denn, der Diensteanbieter arbeitet absichtlich mit einem Nutzer seines Dienstes zusammen, um das geistige Eigentum eines anderen zu verletzen.

(4) [1] Die Absätze 1 bis 3 gelten auch dann, wenn der Dienst unentgeltlich oder durch öffentliche Stellen erbracht wird. [2] Verpflichtungen zur Entfernung von Informationen oder zur Sperrung der Nutzung von Informationen nach den allgemeinen Gesetzen aufgrund von gerichtlichen oder behördlichen Anordnungen bleiben auch im Fall einer beschränkten Verantwortlichkeit des Diensteanbieters nach den Artikeln 4 bis 6 der Verordnung (EU) 2022/2065[1)] und des § 7 unberührt.

Teil 4. Vorschriften für Anbieter von audiovisuellen Mediendiensten und für Videosharingplattform-Anbieter

§ 9 Listen der Anbieter von audiovisuellen Mediendiensten und der Videosharingplattform-Anbieter. (1) [1] Die nach Landesrecht zuständige Behörde erstellt jeweils eine Liste der Anbieter von audiovisuellen Mediendiensten und der Videosharingplattform-Anbieter, deren Sitzland Deutschland ist oder für die Deutschland als Sitzland gilt. [2] In der Liste sind zu jedem audiovisuellen Mediendiensteanbieter und Videosharingplattform-Anbieter die maßgeblichen Kriterien nach § 2 Absatz 2 bis 7 anzugeben.

(2) Die nach Landesrecht zuständige Behörde übermittelt die Listen der Anbieter von audiovisuellen Mediendiensten und der Videosharingplattform-Anbieter sowie alle Aktualisierungen dieser Listen der für Kultur und Medien zuständigen obersten Bundesbehörde.

(3) Die für Kultur und Medien zuständige oberste Bundesbehörde leitet die ihr übermittelten Listen der Anbieter von audiovisuellen Mediendiensten und Videosharingplattform-Anbietern sowie alle Aktualisierungen dieser Listen an die Europäische Kommission weiter.

---

1) Nr. **5**.

§ 10 Auskunftsverlangen der nach Landesrecht zuständigen Behörde.

(1) Anbieter von audiovisuellen Mediendiensten und Videosharingplattform-Anbieter sind verpflichtet, der nach Landesrecht zuständigen Behörde auf Verlangen Auskünfte über die in § 2 Absatz 2 bis 7 genannten Kriterien zu erteilen, soweit dies für die Erfüllung der Aufgaben nach § 9 Absatz 1 Satz 2 und Absatz 2 erforderlich ist.

(2) [1] Anbieter von audiovisuellen Mediendiensten und Videosharingplattform-Anbieter können die Auskunft auf solche Fragen verweigern, deren Beantwortung sie selbst oder einen der in § 383 Absatz 1 Nummer 1 bis 3 der Zivilprozessordnung bezeichneten Angehörigen der Gefahr der Verfolgung wegen einer Straftat oder einer Ordnungswidrigkeit aussetzen würde. [2] Sie sind über ihr Recht zur Auskunftsverweigerung zu belehren. [3] Die Tatsache, auf die der Anbieter von audiovisuellen Mediendiensten oder der Videosharingplattform-Anbieter die Verweigerung der Auskunft nach Satz 1 stützt, ist auf Verlangen glaubhaft zu machen. [4] Es genügt die eidliche Versicherung des Anbieters von audiovisuellen Mediendiensten oder des Videosharingplattform-Anbieters.

§ 11 Vertragliche Nutzungsverbote. (1) Videosharingplattform-Anbieter sind verpflichtet, mit ihren Nutzern wirksam zu vereinbaren, dass diese auf der Videosharingplattform keine unzulässige audiovisuelle kommerzielle Kommunikation verbreiten dürfen.

(2) Unzulässige audiovisuelle kommerzielle Kommunikation im Sinne dieser Vorschrift ist audiovisuelle kommerzielle Kommunikation, die gegen folgende Vorschriften verstößt:

1. § 20 des Tabakerzeugnisgesetzes vom 4. April 2016 (BGBl. I S. 569), das zuletzt durch Artikel 2 Absatz 5 des Gesetzes vom 20. Dezember 2022 (BGBl. I S. 2752) geändert worden ist, oder
2. § 10 des Heilmittelwerbegesetzes in der Fassung der Bekanntmachung vom 19. Oktober 1994 (BGBl. I S. 3068), das zuletzt durch Artikel 6 des Gesetzes vom 11. Juli 2022 (BGBl. I S. 1082) geändert worden ist.

Teil 5. Durchführung der Verordnung (EU) 2022/2065

Abschnitt 1. Zuständige Behörden und Koordinierungsstelle für digitale Dienste

Unterabschnitt 1. Zuständige Behörden

§ 12 Zuständige Behörden nach Artikel 49 Absatz 1 der Verordnung (EU) 2022/2065. (1) Die Bundesnetzagentur für Elektrizität, Gas, Telekommunikation, Post und Eisenbahnen (Bundesnetzagentur) ist vorbehaltlich der Absätze 2 und 3 zuständige Behörde nach Artikel 49 Absatz 1 der Verordnung (EU) 2022/2065[1)].

(2) [1] Die Bundeszentrale für Kinder- und Jugendmedienschutz ist zuständige Behörde für die Durchsetzung von Artikel 14 Absatz 3 und für die Durchsetzung von strukturellen Vorsorgemaßnahmen nach Artikel 28 Absatz 1 der Verordnung (EU) 2022/2065, soweit diese nicht Maßnahmen nach dem Ju-

[1)] Nr. 5.

gendmedienschutz-Staatsvertrag in der Fassung vom 14. Dezember 2021 betreffen. [2] Für diese Maßnahmen sowie für konkrete Einzelmaßnahmen nach dem Jugendmedienschutz-Staatsvertrag sind die nach den medienrechtlichen Bestimmungen der Länder benannten Stellen zuständige Behörden. [3] Zur Durchsetzung und Überwachung der Verordnung (EU) 2022/2065 wird in der Bundeszentrale für Kinder- und Jugendmedienschutz eine Stelle zur Durchsetzung von Kinderrechten in digitalen Diensten mit Sitz in Bonn eingerichtet. [4] Auf die Stelle zur Durchsetzung von Kinderrechten in digitalen Diensten sind folgende Regelungen entsprechend anzuwenden:

1. hinsichtlich der Ausstattung § 14 Absatz 2,
2. hinsichtlich der Unabhängigkeit § 15 und
3. hinsichtlich der Leitung § 16 Absatz 1, 3 und 5 Satz 5 und 6 sowie Absatz 6.

[5] Die Direktorin oder der Direktor der Bundeszentrale für Kinder- und Jugendmedienschutz tritt an die Stelle der Präsidentin oder des Präsidenten der Bundesnetzagentur. [6] Die Leiterin oder der Leiter der Stelle zur Durchsetzung von Kinderrechten in digitalen Diensten wird von der Direktorin oder dem Direktor der Bundeszentrale für Kinder- und Jugendmedienschutz ernannt.

(3) Der Bundesbeauftragte für den Datenschutz und die Informationsfreiheit ist zuständige Behörde für die Durchsetzung von Artikel 26 Absatz 3 und Artikel 28 Absatz 2 und 3 der Verordnung (EU) 2022/2065.

(4) Im Übrigen bleiben die für die Beaufsichtigung von Diensteanbietern bestehenden gesetzlichen Zuständigkeiten unberührt.

(5) Das Deutsche-Welle-Gesetz und die medienrechtlichen Bestimmungen der Länder bleiben unberührt.

§ 13 Meldung des Verdachts auf Straftaten gemäß Artikel 18 der Verordnung (EU) 2022/2065 an das Bundeskriminalamt. [1] Das Bundeskriminalamt nimmt als Zentralstelle Informationen nach Artikel 18 Absatz 1 und 2 der Verordnung (EU) 2022/2065[1)] entgegen, verarbeitet diese Informationen im Rahmen seiner gesetzlichen Aufgaben nach dem Bundeskriminalamtgesetz und leitet die Informationen an die jeweils zuständige Strafverfolgungsbehörde weiter. [2] Die Bundesregierung legt dem Bundestag jährlich, erstmals zum 30. Juni 2025, einen Bericht vor über die Art und Anzahl der dem Bundeskriminalamt nach dieser Vorschrift gemeldeten Straftaten.

Unterabschnitt 2. Koordinierungsstelle für digitale Dienste

§ 14 Errichtung und Ausstattung. (1) Zur Durchsetzung und Überwachung der Verordnung (EU) 2022/2065[1)] wird eine Koordinierungsstelle für digitale Dienste in der Bundesnetzagentur mit Sitz in Bonn eingerichtet.

(2) Der Koordinierungsstelle für digitale Dienste ist für die Erfüllung ihrer Aufgaben die notwendige Personal- und Sachausstattung zur Verfügung zu stellen.

(3) Eine angemessene finanzielle Ausstattung nach Absatz 2 umfasst auch einen Forschungsetat, den die Koordinierungsstelle für digitale Dienste insbesondere für Kooperationen mit Forschungseinrichtungen verwenden kann.

[1)] Nr. 5.

§ 15 Unabhängigkeit. [1] Die Koordinierungsstelle für digitale Dienste handelt bei der Wahrnehmung der ihr durch die Verordnung (EU) 2022/2065[1)] zugewiesenen Aufgaben und Befugnisse völlig unabhängig. [2] Sie unterliegt weder direkter noch indirekter Beeinflussung von außen und ersucht weder um Weisungen noch nimmt sie Weisungen entgegen, sofern diese Weisungen den fachlichen Bereich der unabhängigen Aufgabenerfüllung betreffen.

§ 16 Leitung der Koordinierungsstelle für digitale Dienste. (1) Die Leiterin oder der Leiter der Koordinierungsstelle für digitale Dienste trifft die von der Verordnung (EU) 2022/2065[1)] vorgesehenen Entscheidungen.

(2) [1] Die Leiterin oder der Leiter der Koordinierungsstelle für digitale Dienste vertritt die Bundesrepublik Deutschland im Europäischen Gremium für digitale Dienste nach Artikel 61 der Verordnung (EU) 2022/2065 und übt das Stimmrecht aus. [2] Die Leiterin oder der Leiter der Koordinierungsstelle für digitale Dienste kann sich hierbei gemäß Artikel 62 Absatz 1 Satz 1 der Verordnung (EU) 2022/2065 vertreten lassen. [3] Die zuständigen Behörden nach § 12 Absatz 2 und 3 können sich nach Maßgabe ihrer spezifischen Zuständigkeiten an der Arbeit des Gremiums nach Artikel 62 Absatz 1 Satz 3 der Verordnung (EU) 2022/2065 beteiligen.

(3) [1] Die Leiterin oder der Leiter der Koordinierungsstelle für digitale Dienste steht in einem Beamtenverhältnis auf Zeit. [2] Die Amtszeit beträgt fünf Jahre. [3] Eine einmalige Verlängerung um fünf Jahre ist zulässig.

(4) Die Leiterin oder der Leiter der Koordinierungsstelle für digitale Dienste muss zur Erfüllung ihrer oder seiner Aufgaben und zur Ausübung ihrer oder seiner Befugnisse über die erforderliche Qualifikation, Erfahrung und Sachkunde insbesondere im Bereich der Geschäftsmodelle digitaler Dienste und über Kenntnisse des Rechtsrahmens digitaler Dienste verfügen.

(5) [1] Die Leiterin oder der Leiter der Koordinierungsstelle für digitale Dienste wird nach öffentlicher Ausschreibung von der Präsidentin oder dem Präsidenten der Bundesnetzagentur gegenüber dem Bundesministerium für Wirtschaft und Klimaschutz vorgeschlagen. [2] Bei der Ausübung seines Vorschlagsrechts handelt die Präsidentin oder der Präsident der Bundesnetzagentur unabhängig. [3] Die Ernennung der Leiterin oder des Leiters erfolgt durch die Bundespräsidentin oder den Bundespräsidenten. [4] Bis zur Ernennung der Leiterin oder des Leiters der Koordinierungsstelle für digitale Dienste nimmt der Präsident oder die Präsidentin der Bundesnetzagentur geschäftsführend die Aufgaben der Leitung wahr, sofern nicht durch die bisherige Leiterin oder den bisherigen Leiter der Koordinierungsstelle für digitale Dienste eine Stellvertretung der Leiterin oder des Leiters bestimmt wurde. [5] Wird eine Bundesbeamtin oder ein Bundesbeamter zur Leiterin oder zum Leiter ernannt, ruhen für die Dauer des Beamtenverhältnisses auf Zeit die in dem Beamtenverhältnis auf Lebenszeit begründeten Rechte und Pflichten. [6] Davon ausgenommen sind die Pflicht zur Verschwiegenheit und das Verbot, Belohnungen oder Geschenke oder sonstige Vorteile anzunehmen.

(6) Die Leiterin oder der Leiter der Koordinierungsstelle für digitale Dienste darf weder ein Unternehmen der Digitalwirtschaft innehaben noch leiten noch darf sie oder er Mitglied des Vorstandes oder des Aufsichtsrates eines Unter-

---

1) Nr. 5.

nehmens der Digitalwirtschaft sein noch darf sie oder er einer Regierung oder einer gesetzgebenden Körperschaft des Bundes oder eines Landes angehören.

§ 17 Tätigkeitsbericht. (1) Die Koordinierungsstelle für digitale Dienste legt den nach Artikel 55 der Verordnung (EU) 2022/2065[1)] jährlich zu erstellenden Tätigkeitsbericht den gesetzgebenden Körperschaften des Bundes vor.

(2) Der Tätigkeitsbericht enthält insbesondere folgende Angaben der Koordinierungsstelle für digitale Dienste und der weiteren nach § 12 Absatz 2 und 3 für die Durchsetzung der Verordnung (EU) 2022/2065 zuständigen Behörden:

1. die Anzahl der eingegangenen Beschwerden gemäß Artikel 53 der Verordnung (EU) 2022/2065 und eine Übersicht über die aufgrund der Beschwerden eingeleiteten Maßnahmen,
2. die Anzahl und den Gegenstand der Anordnungen zum Vorgehen gegen rechtswidrige Inhalte und der Auskunftsanordnungen, die gemäß den Artikeln 9 und 10 der Verordnung (EU) 2022/2065 von den nationalen Justiz- oder Verwaltungsbehörden erlassen wurden,
3. die Anzahl und den Gegenstand der Ausführungen der in Nummer 2 genannten Anordnungen, wie sie der Koordinierungsstelle für digitale Dienste gemäß den Artikeln 9 und 10 der Verordnung (EU) 2022/2065 mitgeteilt wurden,
4. Angaben zu den eingesetzten personellen und finanziellen Ressourcen,
5. Anzahl der Gespräche, aufgeschlüsselt nach Datum und Namen der Organisation, die die Koordinierungsstelle für digitale Dienste mit Vertreterinnen und Vertretern von Unternehmen, Verbänden oder sonstigen Interessenvertretern im Zusammenhang mit den ihr gesetzlich zugewiesenen Aufgaben zur Durchsetzung der Verordnung (EU) 2022/2065 geführt hat,
6. Anzahl und Gegenstand der festgestellten Verstöße gegen die Verordnung (EU) 2022/2065 sowie
7. Anzahl eingeleiteter Ordnungswidrigkeitenverfahren nach § 33 und weiterer eingeleiteter Maßnahmen nach § 27 sowie die Höhe der festgesetzten Buß- und Zwangsgelder.

(3) Die Koordinierungsstelle für digitale Dienste veröffentlicht den Tätigkeitsbericht zeitgleich mit der Vorlage nach Absatz 1 in elektronischer Form und in einem für Menschen mit Behinderungen barrierefreien Format auf ihrer Internetseite.

(4) Die nach § 12 Absatz 2 und 3 zuständigen Behörden teilen der Koordinierungsstelle für digitale Dienste alle Informationen gemäß Absatz 2 mit, die für die Erstellung erforderlich sind.

§ 18 Zusammenarbeit der Koordinierungsstelle für digitale Dienste mit den zuständigen Behörden, Verwaltungsvereinbarung. (1) [1]Die nach § 12 Absatz 2 und 3 für die Durchsetzung der Verordnung (EU) 2022/2065[1)] zuständigen Behörden und die Koordinierungsstelle für digitale Dienste arbeiten zur Erfüllung ihrer Aufgaben im Rahmen ihrer jeweiligen Zuständigkeiten kooperativ und vertrauensvoll zusammen. [2]Sie teilen einander Beobach-

[1)] Nr. 5.

tungen und Feststellungen mit, die für die Erfüllung der beiderseitigen Aufgaben von Bedeutung sein können.

(2) [1] Die Einzelheiten der Zusammenarbeit nach Absatz 1 können in einer Verwaltungsvereinbarung näher geregelt werden. [2] In der Verwaltungsvereinbarung kann insbesondere Folgendes geregelt werden:

1. eine Koordinierung des Daten- und Informationsaustausches nach Absatz 3,
2. eine Verfahrensweise zur Entgegennahme und Weiterleitung von Beschwerden nach § 20.

(3) [1] Soweit es zur Aufsicht und Sanktionierung im Rahmen der Durchsetzung der Verordnung (EU) 2022/2065 sowie zur Durchführung der Aufgabe der Koordinierungsstelle für digitale Dienste als zentrale Informationsstelle nach § 20 erforderlich ist, dürfen die zuständigen Behörden nach § 12 Absatz 2 und 3 und die Koordinierungsstelle für digitale Dienste einander folgende Inhalte und Daten einschließlich personenbezogener Daten übermitteln:

1. Internetinhalte sowie die zugehörigen Bestands- und Nutzungsdaten des Nutzerkontos eines digitalen Dienstes sowie
2. Nutzerbeschwerden und die jeweils zugehörige Kommunikation mit Beschwerdeführern.

[2] Die Koordinierungsstelle für digitale Dienste und die zuständigen Behörden nach § 12 Absatz 2 und 3 dürfen die ihnen übermittelten Inhalte und Daten in ihren Aufsichts- und Sanktionsverfahren verwerten. [3] Beweisverwertungsverbote bleiben unberührt.

§ 19 Zusammenarbeit mit anderen Behörden, Einrichtung von Verbindungsschnittstellen, Verwaltungsvereinbarung. (1) Sofern Aufgaben der Koordinierungsstelle für digitale Dienste die Prüfung der Einhaltung der Verordnung (EU) 2016/679[1)] des Europäischen Parlaments und des Rates vom 27. April 2016 zum Schutz natürlicher Personen bei der Verarbeitung personenbezogener Daten, zum freien Datenverkehr und zur Aufhebung der Richtlinie 95/46/EG (Datenschutz-Grundverordnung) (ABl. L 119 vom 4.5. 2016, S. 1) und sonstiger Vorschriften über den Datenschutz berühren, entscheidet die Koordinierungsstelle für digitale Dienste im Benehmen mit der zuständigen Datenschutzaufsichtsbehörde.

(2) [1] Im Rahmen ihrer jeweiligen Zuständigkeiten arbeiten die Koordinierungsstelle für digitale Dienste und die nach § 12 Absatz 2 Satz 1 und Absatz 3 zuständigen Behörden mit dem Bundeskartellamt und mit der Bundesnetzagentur, soweit ihre sonstigen Aufgabenbereiche unabhängig von der Koordinierungsstelle für digitale Dienste betroffen sind, kooperativ und vertrauensvoll zusammen. [2] Die in Satz 1 genannten Behörden können unabhängig von der jeweils gewählten Verfahrensart untereinander Informationen einschließlich Betriebs- und Geschäftsgeheimnissen austauschen, soweit dies zur Erfüllung ihrer jeweiligen Aufgaben erforderlich ist, sowie diese Informationen in ihren Verfahren verwerten. [3] Soweit es zur Erfüllung der Aufgaben nach diesem Gesetz, nach dem Terroristische-Online-Inhalte-Bekämpfungs-Gesetz oder nach dem Gesetz gegen Wettbewerbsbeschränkungen erforderlich ist, können die in Satz 1 genannten Behörden im Rahmen des Austausches nach Satz 2

[1)] Nr. 1.

auch personenbezogene Daten austauschen und in den betreffenden Verfahren verwerten. [4]Beweisverwertungsverbote bleiben unberührt.

(3) [1]Im Rahmen ihrer jeweiligen Zuständigkeiten nach diesem Gesetz arbeitet die Koordinierungsstelle für digitale Dienste zur Wahrnehmung der Aufgaben nach der Verordnung (EU) 2022/2065[1)] mit dem Bundeskriminalamt zusammen. [2]Die Koordinierungsstelle für digitale Dienste und das Bundeskriminalamt dürfen einander Internetinhalte sowie die zugehörigen Bestands- und Nutzungsdaten des Nutzerkontos eines digitalen Dienstes sowie auf eine Meldung bezogene Verwaltungsdaten, jeweils einschließlich personenbezogener Daten übermitteln, soweit dies zur Aufsicht und Sanktionierung durch die Koordinierungsstelle für digitale Dienste im Rahmen der Durchsetzung der Verordnung (EU) 2022/2065 erforderlich ist. [3]Die Koordinierungsstelle für digitale Dienste darf die ihr übermittelten Daten in ihren Aufsichts- und Sanktionsverfahren verwenden. [4]Beweisverwertungsverbote bleiben unberührt.

(4) [1]Die Koordinierungsstelle für digitale Dienste und die nach § 12 Absatz 2 und 3 zuständigen Behörden arbeiten mit den weiteren für die Beaufsichtigung von Diensteanbietern zuständigen nationalen Behörden nach § 12 Absatz 4 und mit nach Absatz 5 eingerichteten Verbindungsschnittstellen zur Erfüllung ihrer Aufgaben im Rahmen ihrer jeweiligen Zuständigkeiten kooperativ und vertrauensvoll zusammen. [2]Die in Satz 1 genannten Behörden teilen einander Beobachtungen und Feststellungen mit, die für die Erfüllung der beiderseitigen Aufgaben von Bedeutung sein können.

(5) [1]Bundesministerien können innerhalb ihrer Zuständigkeitsbereiche Verbindungsschnittstellen einrichten, die bei ihnen eingehende Beschwerden an die jeweils zuständigen Behörden weiterleiten. [2]Zur Wahrnehmung der Aufgabe als Verbindungsschnittstelle dürfen diese Nutzerbeschwerden, die einen Bereich betreffen, nach dem nach § 12 Absatz 4 die gesetzliche Zuständigkeit von Landesbehörden unberührt bleibt, einschließlich enthaltener personenbezogener Daten, entgegennehmen und an die jeweils zuständige Behörde weiterleiten.

(6) [1]Die Einzelheiten der Zusammenarbeit der Koordinierungsstelle für digitale Dienste und der nach § 12 Absatz 2 und 3 zuständigen Behörden mit den Behörden nach § 12 Absatz 4 und mit den Verbindungsschnittstellen nach Absatz 5 können in Verwaltungsvereinbarungen näher geregelt werden. [2]In den Verwaltungsvereinbarungen kann insbesondere Folgendes geregelt werden:
1. die Art und Weise der Zusammenarbeit,
2. die Art und Weise des Informationsaustausches nach Absatz 4 Satz 2 und
3. die Übermittlung von Anordnungen durch eine für die Beaufsichtigung von Diensteanbietern zuständige nationale Justiz- oder Verwaltungsbehörde an den Koordinator für digitale Dienste nach Artikel 9 Absatz 3 und Artikel 10 Absatz 3 der Verordnung (EU) 2022/2065.

§ 20 Zentrale Beschwerdestelle. (1) [1]Unbeschadet der Vorgaben des Artikels 53 der Verordnung (EU) 2022/2065[1)] ist die Koordinierungsstelle für digitale Dienste über den gesamten Zeitraum des Beschwerdeverfahrens wegen einer Zuwiderhandlung gegen die Verordnung (EU) 2022/2065 Ansprechpartnerin des Beschwerdeführers (zentrale Beschwerdestelle). [2]Die Koordinie-

[1)] Nr. **5**.

rungsstelle für digitale Dienste ist über den gesamten Zeitraum des Beschwerdeverfahrens auch zentrale Beschwerdestelle im Fall einer Weiterleitung an eine gemäß § 12 Absatz 2 und 3 zuständige Behörde, sofern der Beschwerdeführer nicht diese Behörde als Ansprechpartnerin benennt. [3]Unbeschadet der Informationspflichten zu personenbezogenen Daten nach der Verordnung (EU) 2016/679[1)] ist der Beschwerdeführer unverzüglich nach Feststellung der Zuständigkeit einer nach § 12 Absatz 2 und 3 zuständigen Behörde für eine Beschwerde über Folgendes zu informieren:

1. über die Funktion der zentralen Beschwerdestelle als Ansprechpartnerin des Beschwerdeführers auch für den Fall, dass eine andere Behörde nach § 12 Absatz 2 und 3 für die konkrete Beschwerde zuständig ist,
2. über die Weiterleitung und den Austausch seiner Beschwerde und der folgenden Kommunikation,
3. über das Verfahren der Weiterleitung und des Austausches zwischen der zentralen Beschwerdestelle und den zuständigen Behörden nach § 12 Absatz 2 und 3,
4. über die Möglichkeit, die gemäß § 12 Absatz 2 und 3 zuständige Behörde als Ansprechpartnerin zu benennen.

(2) Zur Erfüllung ihrer Aufgaben als zentrale Beschwerdestelle hat die Koordinierungsstelle für digitale Dienste das Recht, sich von der gemäß § 12 Absatz 2 und 3 zuständigen Behörde auf Nachfrage des Beschwerdeführers jederzeit angemessen über den Stand der Beschwerde unterrichten zu lassen.

(3) Zur Erfüllung ihrer Aufgaben als zentrale Beschwerdestelle richtet die Koordinierungsstelle für digitale Dienste ein Beschwerdemanagementsystem ein, das leicht zugänglich und benutzerfreundlich ist und die Einreichung hinreichend präziser und angemessen begründeter Beschwerden ermöglicht.

§ 21 Beirat. (1) Bei der Koordinierungsstelle für digitale Dienste wird ein Beirat eingerichtet.

(2) [1]Der Beirat besteht aus den folgenden 16 Mitgliedern:

1. vier Vertreterinnen und Vertreter der Wissenschaft,
2. acht Vertreterinnen und Vertreter der Zivilgesellschaft, einschließlich Verbraucherverbänden, und
3. vier Vertreterinnen und Vertreter von Wirtschaftsverbänden.

[2]Unternehmen können nicht Mitglieder des Beirats sein. [3]Die Vertreterinnen und Vertreter sollen hinsichtlich der Art und Weise der Tätigkeit digitaler Dienste über besondere rechtliche, wirtschaftswissenschaftliche, sozialpolitische oder technologische Erfahrungen oder über ausgewiesene einschlägige wissenschaftliche Kenntnisse verfügen.

(3) Der Beirat hat die Aufgabe,

1. die Koordinierungsstelle für digitale Dienste und die weiteren zuständigen Behörden nach § 12 Absatz 2 und 3 in grundsätzlichen Fragen der Anwendung und Durchsetzung der Verordnung (EU) 2022/2065[2)] zu beraten,
2. der Koordinierungsstelle für digitale Dienste und den weiteren zuständigen Behörden nach § 12 Absatz 2 und 3 allgemeine Empfehlungen zur wirkungs-

---

[1)] Nr. **1**.
[2)] Nr. **5**.

vollen und einheitlichen Durchführung der Verordnung (EU) 2022/2065 vorzuschlagen und

3. wissenschaftliche Fragestellungen, insbesondere auch zum Umgang mit Daten, an die Koordinierungsstelle für digitale Dienste und die weiteren zuständigen Behörden nach § 12 Absatz 2 und 3 heranzutragen.

(4) [1]Die Mitglieder des Beirats werden vom Deutschen Bundestag vorgeschlagen und für die Dauer der Wahlperiode des Deutschen Bundestages vom Bundesministerium für Wirtschaft und Klimaschutz im Einvernehmen mit dem Bundesministerium für Digitales und Verkehr berufen. [2]Sie bleiben nach Beendigung der Wahlperiode des Deutschen Bundestages noch so lange im Amt, bis die neuen Mitglieder berufen worden sind. [3]Die Mitglieder des Beirats können auf ihre Mitgliedschaft verzichten. [4]Der Verzicht ist gegenüber dem Bundesministerium für Wirtschaft und Klimaschutz schriftlich oder elektronisch zu erklären. [5]Hierüber ist das Bundesministerium für Digitales und Verkehr vom Bundesministerium für Wirtschaft und Klimaschutz zu unterrichten. [6]Scheidet ein Mitglied vorzeitig aus, so ist unverzüglich an seiner Stelle ein neues Mitglied zu berufen.

(5) Die Mitglieder des Beirats sind in der Ausübung ihrer Tätigkeit im Beirat unabhängig, unterliegen keinen Weisungen und sind ausschließlich dem öffentlichen Interesse verpflichtet.

(6) Der Beirat gibt sich eine Geschäftsordnung.

(7) Der Beirat wählt nach Maßgabe seiner Geschäftsordnung aus seiner Mitte ein vorsitzendes und ein stellvertretendes vorsitzendes Mitglied.

(8) [1]Für den Beirat unterhält die Bundesnetzagentur eine Geschäftsstelle. [2]Diese Geschäftsstelle muss angemessen ausgestattet werden.

(9) Die Mitglieder des Beirats erhalten Ersatz von Reisekosten und ein angemessenes Sitzungsgeld, das das Bundesministerium für Wirtschaft und Klimaschutz im Benehmen mit dem Bundesministerium für Digitales und Verkehr festsetzt.

(10) [1]Der Beirat soll mindestens einmal im Vierteljahr zu einer Sitzung zusammentreten. [2]Sitzungen sind anzuberaumen, wenn die Koordinierungsstelle für digitale Dienste oder mindestens drei Mitglieder die Einberufung beantragen. [3]Die oder der Vorsitzende des Beirats kann jederzeit eine Sitzung anberaumen. [4]Der Beirat kann andere Einrichtungen und Gruppen im Rahmen seiner Tätigkeit in geeigneter Form einbeziehen.

(11) [1]Die Sitzungen sind öffentlich, soweit der Beirat nach Maßgabe seiner Geschäftsordnung nichts anderes beschließt. [2]Die schriftlichen Dokumente des Beirats wie Berichte, Empfehlungen, Gutachten und Positionspapiere sind entsprechend den Vorgaben für die Koordinierungsstelle für digitale Dienste nach § 17 Absatz 3 frei zugänglich auf der Internetseite der Koordinierungsstelle für digitale Dienste zu veröffentlichen, soweit Betriebs- und Geschäftsgeheimnisse von betroffenen Unternehmen gewahrt werden und die Dokumente keine vertraulichen Informationen oder Informationen aus laufenden Verfahren betreffen.

(12) [1]Die Leiterin oder der Leiter der Koordinierungsstelle für digitale Dienste oder die Stellvertretung nimmt an den Sitzungen teil. [2]Sie oder er muss während der Sitzung jederzeit gehört werden. [3]Der Beirat kann die Anwesen-

heit der Leiterin oder des Leiters der Koordinierungsstelle für digitale Dienste verlangen, wenn die Stellvertretung der Leiterin oder des Leiters verhindert ist.

(13) Der Beirat berichtet dem Deutschen Bundestag jährlich über seine Tätigkeit nach Absatz 3 sowie im Hinblick auf die Zusammenarbeit mit der Koordinierungsstelle für digitale Dienste und den anderen zuständigen Behörden nach § 12 Absatz 2 und 3.

(14) [1] Die Koordinierungsstelle für digitale Dienste und die anderen zuständigen Behörden nach § 12 Absatz 2 Satz 1 und 3 informieren den Beirat auf Verlangen über den Tätigkeitsbericht nach § 17 hinaus über ihre Tätigkeiten. [2] Dabei sind das Berufsgeheimnis nach Artikel 84 der Verordnung (EU) 2022/2065 sowie Betriebs- und Geschäftsgeheimnisse zu wahren. [3] Die Information erfolgt in der Regel in den Sitzungen des Beirats.

Teil 6. Sonstige Zuständigkeiten

§ 22 Durchsetzung der Verordnung (EU) 2019/1150. (1) [1] Die Bundesnetzagentur ist zuständige Behörde für die Durchsetzung der Verordnung (EU) 2019/1150, wenn Anbieter ihre Online-Vermittlungsdienste oder Online-Suchmaschinen gewerblichen Nutzern oder Nutzern mit Unternehmenswebseite bereitstellen oder zur Bereitstellung anbieten, die ihre Niederlassung oder ihren Wohnsitz in der Bundesrepublik Deutschland haben und die über diese Online-Vermittlungsdienste oder Online-Suchmaschinen Waren oder Dienstleistungen Verbrauchern, die sich in der Europäischen Union befinden, anbieten. [2] Satz 1 gilt unabhängig vom Niederlassungsort oder Sitz der Anbieter dieser Dienste und unabhängig vom ansonsten anzuwendenden Recht.

(2) Die Bundesnetzagentur ist befugt, Organisationen, Verbände und öffentliche Stellen mit Sitz in Deutschland nach Artikel 14 der Verordnung (EU) 2019/1150 zu benennen.

(3) [1] Die Bundesnetzagentur und das Bundeskartellamt arbeiten kooperativ und vertrauensvoll zusammen. [2] Auf Anfrage übermitteln sie im Rahmen der jeweils geltenden Rechtsvorschriften einander Informationen, die für die Erfüllung ihrer jeweiligen Aufgaben erforderlich sind.

§ 23 Verbindungsstelle nach Artikel 19 Absatz 2 der Richtlinie 2000/31/EG. Die Bundesnetzagentur ist zuständige Verbindungsstelle nach Artikel 19 Absatz 2 der Richtlinie über den elektronischen Geschäftsverkehr.

Teil 7. Befugnisse und Verfahren

§ 24 Ermittlungen. (1) Im Rahmen der Ausübung der Befugnisse gemäß Artikel 51 Absatz 1 der Verordnung (EU) 2022/2065[1] dürfen die Koordinierungsstelle für digitale Dienste und die nach § 12 Absatz 2 Satz 1 und Absatz 3 zuständigen Behörden alle Ermittlungen führen und alle Beweise erheben, die erforderlich sind.

(2) [1] Für den Beweis durch Augenschein, Zeugen und Sachverständige sind § 372 Absatz 1, die §§ 376 bis 378, 380 bis 387, 390, 395 bis 397, 398 Absatz 1 und die §§ 401, 402, 404, 404a, 406 bis 409, 411 bis 414 der Zivilprozess-

[1] Nr. 5.

ordnung entsprechend anzuwenden; Haft darf nicht verhängt werden. [2] Für die Entscheidung über die Beschwerde ist das Oberlandesgericht zuständig.

(3) [1] Über die Aussagen der Zeuginnen und Zeugen sowie über die Aussagen der Sachverständigen soll ein Protokoll erstellt werden. [2] Das Protokoll ist von der ermittelnden Person der zuständigen Behörde und, wenn ein Urkundsbeamter zugezogen ist, auch von diesem zu unterschreiben. [3] Das Protokoll soll Ort und Tag der Verhandlung sowie die Namen der Mitwirkenden und Beteiligten enthalten. [4] Das Protokoll ist den Zeuginnen und Zeugen sowie den Sachverständigen zur Genehmigung vorzulesen oder zur eigenen Durchsicht vorzulegen. [5] Die erteilte Genehmigung ist zu vermerken und von den Betreffenden zu unterschreiben. [6] Unterbleibt die Unterschrift, so ist der Grund hierfür anzugeben.

(4) [1] Die Koordinierungsstelle für digitale Dienste und die nach § 12 Absatz 2 Satz 1 und Absatz 3 zuständigen Behörden können das Amtsgericht um die Beeidigung von Zeuginnen und Zeugen ersuchen, wenn sie die Beeidigung zur Herbeiführung einer wahrheitsgemäßen Aussage für notwendig erachten. [2] Über die Beeidigung entscheidet das Gericht.

(5) Sofern die Ermittlungen ergeben haben, dass ein Anbieter von Vermittlungsdiensten gegen Auflagen oder Anordnungen der Koordinierungsstelle für digitale Dienste oder der nach § 12 Absatz 2 Satz 1 und Absatz 3 zuständigen Behörden verstoßen hat, hat der Anbieter der Koordinierungsstelle für digitale Dienste oder den nach § 12 Absatz 2 Satz 1 und Absatz 3 zuständigen Behörden die Aufwendungen für diese Ermittlungen einschließlich ihrer Auslagen für Sachverständige zu erstatten.

§ 25 Auskunftserteilung und Durchsuchungen. (1) [1] Die in Artikel 51 Absatz 1 Buchstabe a und c der Verordnung (EU) 2022/2065[1)] genannten Personen sind verpflichtet, auf Verlangen der Koordinierungsstelle für digitale Dienste oder der nach § 12 Absatz 2 Satz 1 und Absatz 3 zuständigen Behörden die betreffenden Informationen zur Verfügung zu stellen. [2] Die in Artikel 51 Absatz 1 Buchstabe b der Verordnung (EU) 2022/2065 genannten Personen sind verpflichtet, die Prüfung der geschäftlichen Unterlagen sowie das Betreten der in Artikel 51 Absatz 1 Buchstabe b der Verordnung (EU) 2022/2065 genannten Räumlichkeiten während der üblichen Geschäftszeiten zu dulden. [3] Bei juristischen Personen, Gesellschaften oder nicht rechtsfähigen Vereinen gelten die Verpflichtungen nach den Sätzen 1 und 2 für die nach Gesetz oder Satzung zur Vertretung berufenen Personen.

(2) Die nach Absatz 1 zur Information Verpflichteten können die Auskunft auf solche Fragen verweigern, deren Beantwortung sie selbst oder Personen nach § 383 Absatz 1 Nummer 1 bis 3 der Zivilprozessordnung der Gefahr strafgerichtlicher Verfolgung oder eines Verfahrens nach dem Gesetz über Ordnungswidrigkeiten aussetzen würde.

(3) [1] Personen, die mit der Durchführung von Nachprüfungen beauftragt werden, dürfen die Büro- und Geschäftsräume von Unternehmen sowie von Vereinigungen von Unternehmen während der üblichen Geschäftszeiten betreten. [2] Durchsuchungen dürfen nur auf Anordnung des Amtsgerichts, in dessen Bezirk die Durchsuchungen erfolgen sollen, vorgenommen werden. [3] Auf die Anfechtung einer solchen Anordnung sind die §§ 306 bis 310 und § 311a der

---

[1)] Nr. 5.

Strafprozessordnung entsprechend anzuwenden. [4]Bei Gefahr im Verzug dürfen die Personen, die die Nachprüfung durchführen, während der Geschäftszeit die erforderlichen Durchsuchungen ohne richterliche Anordnung vornehmen. [5]An Ort und Stelle ist von ihnen ein Protokoll über die Durchsuchung und ihr wesentliches Ergebnis zu erstellen, aus dem sich, falls keine richterliche Anordnung ergangen ist, auch die Tatsachen ergeben, die zur Annahme einer Gefahr im Verzug geführt haben. [6]Das Grundrecht auf Unverletzlichkeit der Wohnung (Artikel 13 Absatz 1 des Grundgesetzes[1)]) wird insoweit eingeschränkt.

§ 26 Beschlagnahme. (1) [1]Die Koordinierungsstelle für digitale Dienste oder die nach § 12 Absatz 2 Satz 1 und Absatz 3 zuständigen Behörden können Gegenstände, die als Beweismittel für die Ermittlung von Bedeutung sein können, beschlagnahmen. [2]Die Beschlagnahme ist den davon Betroffenen unverzüglich bekannt zu geben. [3]Die Koordinierungsstelle für digitale Dienste oder die nach § 12 Absatz 2 Satz 1 und Absatz 3 zuständigen Behörden haben innerhalb von drei Tagen die gerichtliche Bestätigung des Amtsgerichts, in dessen Bezirk die Beschlagnahme stattgefunden hat, zu beantragen, wenn bei der Beschlagnahme

1. weder der davon Betroffene noch ein erwachsener Angehöriger des Betroffenen anwesend war oder
2. der Betroffene und im Fall seiner Abwesenheit ein erwachsener Angehöriger des Betroffenen gegen die Beschlagnahme ausdrücklich Widerspruch erhoben hat.

(2) [1]Der Betroffene kann jederzeit eine gerichtliche Entscheidung beantragen. [2]Hierüber ist er zu belehren. [3]Über den Antrag entscheidet das nach Absatz 1 Satz 3 zuständige Gericht. [4]Gegen die gerichtliche Entscheidung ist die Beschwerde zulässig. [5]Die §§ 306 bis 310 und § 311a der Strafprozessordnung gelten entsprechend.

§ 27 Durchsetzung von Verpflichtungen. (1) Für die Ausübung der Befugnisse gemäß Artikel 51 Absatz 2 der Verordnung (EU) 2022/2065[2)] durch die Koordinierungsstelle für digitale Dienste und die nach § 12 Absatz 2 Satz 1 und Absatz 3 zuständigen Behörden gelten die Maßgaben der Absätze 2 und 3.

(2) [1]Stellt die Koordinierungsstelle für digitale Dienste oder eine nach § 12 Absatz 2 Satz 1 und Absatz 3 zuständige Behörde fest, dass ein Anbieter von Vermittlungsdiensten seine Verpflichtungen nach der Verordnung (EU) 2022/2065 oder nach § 25 Absatz 1 nicht erfüllt, so fordert sie den Anbieter von Vermittlungsdiensten auf,

1. innerhalb einer angemessenen Frist zur Nichterfüllung der Verpflichtung Stellung zu nehmen und
2. innerhalb einer angemessenen Frist oder unverzüglich der Nichterfüllung der Verpflichtung abzuhelfen.

[2]Das Abhilfeverlangen nach Satz 1 Nummer 2 kann nur gleichzeitig mit der Anordnung nach Absatz 3 angefochten werden.

[1)] Nr. **19**.
[2)] Nr. **5**.

(3) [1] Die Koordinierungsstelle für digitale Dienste oder die nach § 12 Absatz 2 Satz 1 und Absatz 3 zuständigen Behörden können die erforderlichen Maßnahmen anordnen, um die Einhaltung der Verpflichtungen sicherzustellen, wenn der Anbieter von Vermittlungsdiensten dem Abhilfeverlangen nach Absatz 2 Nummer 2 nicht innerhalb der gesetzten Frist nachkommt. [2] Bei der Anordnung ist dem Anbieter von Vermittlungsdiensten eine angemessene Frist zu setzen, um den Maßnahmen entsprechen zu können.

(4) Zur Durchsetzung der Anordnungen der Koordinierungsstelle für digitale Dienste und der nach § 12 Absatz 2 Satz 1 und Absatz 3 zuständigen Behörden nach Artikel 51 Absatz 2 und 3 der Verordnung (EU) 2022/2065 in Verbindung mit den Absätzen 1 und 2 kann nach Maßgabe des Verwaltungsvollstreckungsgesetzes ein Zwangsgeld von bis zu 5 Prozent des durchschnittlichen weltweiten Tagesumsatzes oder der durchschnittlichen weltweiten Tageseinnahmen des Diensteanbieters im vorangegangenen Geschäftsjahr, berechnet ab dem in der Androhung genannten Datum, festgesetzt werden.

§ 28 Information der Öffentlichkeit. (1) [1] Die Koordinierungsstelle für digitale Dienste und die nach § 12 Absatz 2 Satz 1 und Absatz 3 zuständigen Behörden können der Öffentlichkeit fortlaufend über ihre Tätigkeit sowie über die Lage und Entwicklung auf ihrem Aufgabengebiet berichten. [2] Dazu können sie auf ihrer Internetseite und in sonstiger Weise jegliche Informationen über ihre Tätigkeit veröffentlichen, die insbesondere für Verbraucher oder sonstige Marktteilnehmer Bedeutung haben können.

(2) Sofern die Koordinierungsstelle für digitale Dienste und die nach § 12 Absatz 2 Satz 1 und Absatz 3 zuständigen Behörden über von ihnen geführte Verfahren oder über getroffene Anordnungen, Maßnahmen oder Bußgeldentscheidungen informieren, kann die Information Einzelheiten zum festgestellten Verstoß sowie Angaben zu den Beteiligten des Verfahrens enthalten, soweit davon keine personenbezogenen Daten betroffen sind.

(3) Die Absätze 1 und 2 gelten entsprechend für die Bundesnetzagentur, sofern diese nach § 22 zuständig ist.

§ 29 Maßnahmen nach Artikel 51 Absatz 3 der Verordnung (EU) 2022/2065. (1) [1] Zuständige Justizbehörde nach Artikel 51 Absatz 3 Unterabsatz 1 Buchstabe b der Verordnung (EU) 2022/2065[1)] ist das Amtsgericht, in dessen Bezirk die Koordinierungsstelle für digitale Dienste ihren Sitz hat. [2] Sofern in diesem Gesetz oder in der Verordnung (EU) 2022/2065 nicht etwas Abweichendes bestimmt ist, sind die allgemeinen Vorschriften des Gesetzes über das Verfahren in Familiensachen und in den Angelegenheiten der freiwilligen Gerichtsbarkeit anzuwenden.

(2) Die §§ 49 bis 57 des Gesetzes über das Verfahren in Familiensachen und in den Angelegenheiten der freiwilligen Gerichtsbarkeit sind nicht anzuwenden.

(3) [1] Maßnahmen nach Artikel 51 Absatz 3 Unterabsatz 1 Buchstabe b der Verordnung (EU) 2022/2065 darf das Gericht nur auf Antrag der Koordinierungsstelle für digitale Dienste oder der nach § 12 Absatz 2 Satz 1 und Absatz 3 dieses Gesetzes zuständigen Behörden anordnen. [2] Der Antrag ist zu begründen. [3] Die Begründung hat folgende Angaben zu enthalten:

[1)] Nr. **5**.

1. Angaben über das Vorliegen der Voraussetzungen einer Anordnung nach Artikel 51 Absatz 3 Unterabsatz 1 Buchstabe b der Verordnung (EU) 2022/2065,
2. Angaben über die begehrte Einschränkung, insbesondere, ob eine Einschränkung des Zugangs oder die Einschränkung der Online-Schnittstelle begehrt wird,
3. die Angabe, ob der Antrag auf Verlangen der Europäischen Kommission gestellt wird,
4. gegebenenfalls die Angabe, weshalb begehrt wird, den Geltungszeitraum von vier Wochen durch die antragstellende Behörde für eine Höchstzahl von weiteren Zeiträumen nach Artikel 51 Absatz 3 Unterabsatz 3 der Verordnung (EU) 2022/2065 verlängern zu dürfen.

[4] Die Angaben nach Satz 3 Nummer 1 sind glaubhaft zu machen.

§ 30 Befugnisse der Bundesnetzagentur. Für die Wahrnehmung der Befugnisse der Bundesnetzagentur als zuständige Behörde nach § 22 gelten § 202 Absatz 1, 2, 4 und 5 (Durchsetzung von Verpflichtungen), § 203 Absatz 1 Satz 1, Absatz 2 Satz 1 und Absatz 6 Satz 1 und 3 bis 6 (Auskunftsverlangen und weitere Untersuchungsrechte; Übermittlungspflichten), die §§ 204 bis 207 (Auskunftserteilung, Ermittlungen, Beschlagnahme und Vorläufige Anordnungen) des Telekommunikationsgesetzes[1)] entsprechend.

§ 31 Rechtsbehelfe. (1) Widerspruch und Anfechtungsklagen gegen Verwaltungsakte der Koordinierungsstelle für digitale Dienste und der nach § 12 Absatz 2 Satz 1 und Absatz 3 zuständigen Behörden zum Vollzug der Verordnung (EU) 2022/2065[2)] haben keine aufschiebende Wirkung.

(2) Absatz 1 gilt entsprechend für die Bundesnetzagentur, sofern diese nach § 22 zuständig ist.

§ 32 Verwaltungsverfahren. (1) [1] Entscheidungen der Koordinierungsstelle für digitale Dienste und Entscheidungen der nach § 12 Absatz 2 Satz 1 und Absatz 3 zuständigen Behörden sind zu begründen. [2] Sie sind mit der Begründung und einer Belehrung über den zulässigen Rechtsbehelf den Beteiligten bekannt zu geben.

(2) [1] Entscheidungen der Koordinierungsstelle für digitale Dienste und Entscheidungen der nach § 12 Absatz 2 Satz 1 und Absatz 3 zuständigen Behörden in Form von Allgemeinverfügungen sind öffentlich bekannt zu geben. [2] Die öffentliche Bekanntgabe wird dadurch bewirkt, dass

1. die vollständige Entscheidung auf der Internetseite der Koordinierungsstelle für digitale Dienste oder der jeweils anderen nach § 12 Absatz 2 Satz 1 und Absatz 3 zuständigen Behörde veröffentlicht wird und
2. Folgendes im elektronischen Bundesanzeiger bekannt gemacht wird:
   a) der verfügende Teil der Allgemeinverfügung,
   b) die Rechtsbehelfsbelehrung und
   c) ein Hinweis auf die Veröffentlichung der vollständigen Entscheidung auf der jeweiligen Internetseite.

[1)] Nr. **15**.
[2)] Nr. **5**.

(3) Die Absätze 1 und 2 gelten entsprechend für die Bundesnetzagentur, sofern diese nach § 22 zuständig ist.

Teil 8. Bußgeldvorschriften

§ 33 Bußgeldvorschriften. (1) Ordnungswidrig handelt, wer absichtlich entgegen § 6 Absatz 2 Satz 1 den Absender oder den kommerziellen Charakter der Nachricht verschleiert oder verheimlicht.

(2) Ordnungswidrig handelt, wer vorsätzlich oder fahrlässig

1. entgegen § 5 Absatz 1 eine Information nicht, nicht richtig oder nicht vollständig verfügbar hält,
2. entgegen § 10 Absatz 1 eine Auskunft nicht, nicht richtig, nicht vollständig oder nicht rechtzeitig erteilt,
3. entgegen
   a) § 25 Absatz 1 Satz 1, auch in Verbindung mit Satz 3, oder
   b) § 30 in Verbindung mit § 203 Absatz 1 Satz 1 des Telekommunikationsgesetzes[1)]

   eine Information nicht, nicht richtig, nicht vollständig oder nicht rechtzeitig zur Verfügung stellt oder
4. entgegen
   a) § 25 Absatz 1 Satz 2, auch in Verbindung mit Satz 3, oder
   b) § 30 in Verbindung mit § 204 Absatz 1 Satz 1 Nummer 3 des Telekommunikationsgesetzes

   eine dort genannte Prüfung oder ein dort genanntes Betreten nicht duldet.

(3) Ordnungswidrig handelt, wer gegen die Verordnung (EU) 2019/1150 des Europäischen Parlaments und des Rates vom 20. Juni 2019 zur Förderung von Fairness und Transparenz für gewerbliche Nutzer von Online-Vermittlungsdiensten (ABl. L 186 vom 11.7.2019, S. 57) verstößt, indem er vorsätzlich oder fahrlässig

1. entgegen Artikel 3 Absatz 5 nicht sicherstellt, dass die dort genannte Identität erkennbar ist,
2. entgegen Artikel 4 Absatz 1 oder Absatz 2, jeweils in Verbindung mit Artikel 4 Absatz 5, eine Begründung nicht, nicht richtig, nicht vollständig, nicht in der vorgeschriebenen Weise oder nicht rechtzeitig übermittelt,
3. entgegen Artikel 4 Absatz 3 Satz 1 oder Artikel 5 Absatz 4 eine dort genannte Möglichkeit nicht, nicht richtig, nicht vollständig oder nicht rechtzeitig bietet,
4. entgegen Artikel 4 Absatz 3 Satz 2 einen gewerblichen Nutzer nicht, nicht richtig, nicht vollständig oder nicht rechtzeitig einsetzt,
5. entgegen Artikel 4 Absatz 4 Unterabsatz 2 eine Begründung nicht, nicht richtig, nicht vollständig, nicht in der vorgeschriebenen Weise oder nicht rechtzeitig zur Verfügung stellt,
6. entgegen Artikel 5 Absatz 2 Satz 1 in Verbindung mit Artikel 5 Absatz 3 oder Absatz 5 einen Hauptparameter oder die Gewichtung der Hauptparameter nicht richtig darstellt,

---

1) Nr. **15**.

7. entgegen Artikel 5 Absatz 2 Satz 2 in Verbindung mit Artikel 5 Absatz 3 oder Absatz 5 nicht dafür sorgt, dass eine Beschreibung aktuell ist,
8. entgegen Artikel 7 Absatz 2 in Verbindung mit Artikel 7 Absatz 3 eine dort genannte Erläuterung nicht, nicht richtig oder nicht vollständig vornimmt,
9. entgegen Artikel 11 Absatz 1 Unterabsatz 1 in Verbindung mit Unterabsatz 2 ein internes System nicht, nicht richtig, nicht vollständig oder nicht spätestens mit dem Anbieten des Online-Vermittlungsdienstes einrichtet,
10. entgegen Artikel 11 Absatz 2 Buchstabe a eine Prüfung nicht oder nicht unverzüglich nach Kenntnisnahme durchführt,
11. entgegen Artikel 11 Absatz 2 Buchstabe b eine Bearbeitung nicht oder nicht unverzüglich nach der Feststellung, dass eine Bearbeitung erforderlich ist, durchführt,
12. entgegen Artikel 11 Absatz 2 Buchstabe c eine Unterrichtung nicht oder nicht unverzüglich nach Beendigung der Bearbeitung durchführt,
13. entgegen Artikel 11 Absatz 4 Unterabsatz 1 Satz 1 eine Information nicht oder nicht spätestens mit der Einrichtung des Beschwerdesystems verfügbar macht,
14. entgegen Artikel 11 Absatz 4 Unterabsatz 1 Satz 2 eine Information nicht oder nicht rechtzeitig überprüft oder nicht oder nicht rechtzeitig aktualisiert oder
15. entgegen Artikel 12 Absatz 6 eine Information nicht, nicht richtig, nicht vollständig oder nicht rechtzeitig bereitstellt.

(4) Ordnungswidrig handelt, wer entgegen Artikel 16 Absatz 6 Satz 1 der Verordnung (EU) 2022/2065[1)] des Europäischen Parlaments und des Rates vom 19. Oktober 2022 über einen Binnenmarkt für digitale Dienste und zur Änderung der Richtlinie 2000/31/EG (Gesetz über digitale Dienste) (ABl. L 277 vom 27.10.2022, S. 1; L 310 vom 1.12.2022, S. 17) eine Entscheidung nicht frei von Willkür oder nicht objektiv trifft und eine solche Handlung wiederholt.

(5) Ordnungswidrig handelt, wer gegen die Verordnung (EU) 2022/2065 verstößt, indem er vorsätzlich oder fahrlässig

1. entgegen Artikel 9 Absatz 1 oder Absatz 5 Satz 1, Artikel 10 Absatz 1, Artikel 14 Absatz 2 oder Artikel 32 Absatz 1 eine Information nicht, nicht richtig, nicht vollständig oder nicht rechtzeitig gibt,
2. entgegen Artikel 11 Absatz 1, Artikel 12 Absatz 1 oder Artikel 13 Absatz 1 in Verbindung mit Artikel 13 Absatz 2 eine Kontaktstelle oder eine Person nicht, nicht richtig oder nicht spätestens mit Anbieten des Vermittlungsdienstes benennt,
3. entgegen Artikel 11 Absatz 2 Satz 1 in Verbindung mit Artikel 11 Absatz 3 oder Artikel 12 Absatz 2 Satz 1 eine Information nicht oder nicht spätestens mit Anbieten des Vermittlungsdienstes veröffentlicht,
4. entgegen Artikel 13 Absatz 4 Satz 1 eine Meldung nicht, nicht richtig, nicht vollständig oder nicht spätestens mit Anbieten des Vermittlungsdienstes macht,
5. entgegen Artikel 13 Absatz 4 Satz 2 nicht dafür sorgt, dass eine dort genannte Angabe aktuell ist,

---

1) Nr. 5.

6. entgegen Artikel 14 Absatz 3 eine Erläuterung nicht, nicht richtig oder nicht vollständig vornimmt,
7. entgegen Artikel 15 Absatz 1 Satz 1 in Verbindung mit Satz 2, jeweils auch in Verbindung mit Artikel 24 Absatz 1, einen Bericht nicht, nicht richtig, nicht vollständig, nicht in der vorgeschriebenen Weise oder nicht rechtzeitig zur Verfügung stellt,
8. entgegen Artikel 16 Absatz 1 Satz 1 in Verbindung mit Satz 2 oder Artikel 16 Absatz 2 ein Meldeverfahren nicht, nicht richtig, nicht vollständig, nicht in der vorgeschriebenen Weise oder nicht spätestens mit Anbieten des Hostingdienstes einrichtet,
9. entgegen Artikel 16 Absatz 5, auch in Verbindung mit Artikel 16 Absatz 6 Satz 2, eine Mitteilung nicht, nicht richtig, nicht vollständig oder nicht rechtzeitig macht oder einen Hinweis nicht, nicht richtig, nicht vollständig oder nicht rechtzeitig gibt,
10. entgegen Artikel 17 Absatz 1 in Verbindung mit Artikel 17 Absatz 2 Unterabsatz 1 Satz 2, Absatz 3 oder Absatz 4 eine Begründung nicht, nicht richtig, nicht vollständig oder nicht rechtzeitig vorlegt,
11. entgegen Artikel 20 Absatz 1 in Verbindung mit Artikel 20 Absatz 2 oder Absatz 3 einen Zugang zu einem Beschwerdemanagementsystem nicht, nicht richtig, nicht vollständig, nicht in der vorgeschriebenen Weise oder nicht für die vorgeschriebene Dauer gewährt,
12. entgegen Artikel 20 Absatz 4 Satz 2 eine Entscheidung nicht oder nicht rechtzeitig rückgängig macht,
13. entgegen Artikel 20 Absatz 5 eine Mitteilung nicht, nicht richtig, nicht vollständig oder nicht rechtzeitig macht,
14. entgegen Artikel 20 Absatz 6 nicht sicherstellt, dass eine Entscheidung in dort genannter Weise getroffen wird,
15. entgegen Artikel 21 Absatz 1 Unterabsatz 2 nicht sicherstellt, dass eine dort genannte Information zugänglich ist,
16. entgegen Artikel 22 Absatz 1 eine Maßnahme nicht oder nicht spätestens mit Anbieten der Online-Plattform ergreift,
17. entgegen Artikel 24 Absatz 3 Satz 1 oder Absatz 5 Satz 1 eine Information nicht, nicht richtig, nicht vollständig oder nicht rechtzeitig übermittelt,
18. entgegen Artikel 24 Absatz 5 Satz 2 nicht sicherstellt, dass eine dort genannte Information personenbezogene Daten nicht enthält,
19. entgegen Artikel 25 Absatz 1 eine Online-Schnittstelle konzipiert, organisiert oder betreibt,
20. entgegen Artikel 26 Absatz 1 nicht sicherstellt, dass ein Nutzer in der Lage ist, eine dort genannte Angabe zu erkennen,
21. entgegen Artikel 26 Absatz 2 Unterabsatz 1 eine Funktion nicht oder nicht richtig bietet,
22. entgegen Artikel 26 Absatz 2 Unterabsatz 2 nicht sicherstellt, dass ein Nutzer einen dort genannten Sachverhalt feststellen kann,
23. entgegen Artikel 26 Absatz 3 Werbung anzeigt,
24. entgegen Artikel 27 Absatz 1 in Verbindung mit Artikel 27 Absatz 2 einen Parameter nicht, nicht richtig, nicht vollständig oder nicht in der vorgeschriebenen Weise darlegt,

25. entgegen Artikel 27 Absatz 3 Satz 1 in Verbindung mit Satz 2 eine Funktion nicht, nicht richtig oder nicht in der vorgeschriebenen Weise zugänglich macht,
26. entgegen Artikel 28 Absatz 2 Werbung darstellt,
27. entgegen Artikel 30 Absatz 1 nicht sicherstellt, dass ein Unternehmer eine Online-Plattform nur unter einer dort genannten Voraussetzung nutzen kann,
28. entgegen Artikel 30 Absatz 3 Unterabsatz 1 eine Aufforderung nicht, nicht richtig oder nicht rechtzeitig vornimmt,
29. entgegen Artikel 30 Absatz 5 Satz 1 eine Information nicht oder nicht mindestens sechs Monate speichert,
30. entgegen Artikel 30 Absatz 6 eine Information weitergibt,
31. entgegen Artikel 30 Absatz 7 eine Information nicht, nicht richtig, nicht vollständig, nicht in der vorgeschriebenen Weise oder nicht spätestens mit Anbieten der Online-Plattform zur Verfügung stellt,
32. entgegen Artikel 31 Absatz 1 Unterabsatz 1 oder Absatz 2 nicht sicherstellt, dass eine Online-Schnittstelle in dort genannter Weise konzipiert oder organisiert ist, oder
33. entgegen Artikel 32 Absatz 2 eine Information nicht, nicht richtig, nicht vollständig, nicht in der vorgeschriebenen Weise oder nicht unverzüglich nach Kenntnisnahme zugänglich macht.

(6) Die Ordnungswidrigkeit kann geahndet werden

1. in den Fällen der
   a) Absätze 1 und 3 Nummer 1, 3, 4, 9, 10 und 11 und
   b) Absätze 4 und 5 Nummer 8, 10 bis 12, 14, 16, 18, 20 bis 30 und 32

   mit einer Geldbuße bis zu dreihunderttausend Euro,
2. in den Fällen des
   a) Absatzes 3 Nummer 2, 5 bis 8, 12 bis 14 und 15 und
   b) Absatzes 5 Nummer 1 bis 7, 9, 13, 15, 17, 19, 31 und 33

   mit einer Geldbuße bis zu hunderttausend Euro und
3. in den Fällen des Absatzes 2 mit einer Geldbuße bis zu fünfzigtausend Euro.

(7) Bei einer juristischen Person oder Personenvereinigung mit einem Jahresumsatz von mehr als

1. 5 Millionen Euro kann abweichend von Absatz 6 Nummer 1 Buchstabe b eine dort genannte Ordnungswidrigkeit mit einer Geldbuße bis zu 6 Prozent,
2. 10 Millionen Euro kann abweichend von Absatz 6 Nummer 2 Buchstabe b eine dort genannte Ordnungswidrigkeit mit einer Geldbuße bis zu 1 Prozent

des Jahresumsatzes geahndet werden, der von der juristischen Person oder Personenvereinigung weltweit in dem Geschäftsjahr erzielt wurde, das der Behördenentscheidung vorausgeht.

(8) Verwaltungsbehörde im Sinne des § 36 Absatz 1 Nummer 1 des Gesetzes über Ordnungswidrigkeiten ist in den Fällen

1. des Absatzes 2 Nummer 3 Buchstabe a und Nummer 4 Buchstabe a und des Absatzes 5 Nummer 1 bis 5, 7 bis 22, 24, 25 und 27 bis 33 die Koordinierungsstelle für digitale Dienste,

2. des Absatzes 2 Nummer 3 Buchstabe b und Nummer 4 Buchstabe b und des Absatzes 3 die Bundesnetzagentur,
3. des Absatzes 5 Nummer 6 die Bundeszentrale für Kinder- und Jugendmedienschutz, soweit sie nach § 12 Absatz 2 Satz 1 für die Durchsetzung des Artikels 14 Absatz 3 der Verordnung (EU) 2022/2065 zuständig ist,
4. des Absatzes 5 Nummer 23 und 26 der Bundesbeauftragte für den Datenschutz und die Informationsfreiheit.

Teil 9. Übergangs- und Schlussvorschriften

§ 34 Evaluierung. [1] Die Bundesregierung wird fünf Jahre nach Inkrafttreten dieses Gesetzes die in den §§ 18 und 19 enthaltenen Regelungen über die Zusammenarbeit der Koordinierungsstelle für digitale Dienste mit den zuständigen Behörden sowie die Zusammenarbeit mit anderen Behörden evaluieren und dabei insbesondere prüfen, ob die Ausgestaltung der Verfahren zwischen den zuständigen Behörden geeignet ist, die Verordnung (EU) 2022/2065[1)] effektiv durchzusetzen. [2] Über das Ergebnis wird sie dem Bundestag Bericht erstatten.

---

1) Nr. 5.

14. Gesetz über den Datenschutz und den Schutz der Privatsphäre in der Telekommunikation und bei digitalen Diensten (Telekommunikation-Digitale-Dienste-Datenschutz-Gesetz – TDDDG)[1) 2)]

Vom 23. Juni 2021
(BGBl. I S. 1982, ber. 2022 S. 1045)

FNA 204-5

zuletzt geänd. durch Art. 44 G zur weiteren Digitalisierung der Justiz v. 12.7.2024 (BGBl. 2024 I Nr. 234)

Inhaltsübersicht

[1)] **Amtl. Anm.:** Dieses Gesetz dient der Umsetzung der Richtlinie 2002/58/EG *[Nr. 3]* des Europäischen Parlaments und des Rates vom 12. Juli 2002 über die Verarbeitung personenbezogener Daten und den Schutz der Privatsphäre in der elektronischen Kommunikation (Datenschutzrichtlinie für elektronische Kommunikation) (ABl. L 201 vom 31.7.2002, S. 37), die durch Artikel 2 der Richtlinie 2009/136/EG des Europäischen Parlaments und des Rates vom 25. November 2009 (ABl. L 337 vom 18.12.2009, S. 11) geändert worden ist.

[2)] Verkündet als Art. 1 G v. 23.6.2021 (BGBl. I S. 1982); Inkrafttreten gem. Art. 14 dieses G am 1.12.2021.

Teil 1. Allgemeine Vorschriften

§ 1 Anwendungsbereich des Gesetzes. (1) Dieses Gesetz regelt

1. das Fernmeldegeheimnis, einschließlich des Abhörverbotes und der Geheimhaltungspflicht der Betreiber von Funkanlagen,
2. besondere Vorschriften zum Schutz personenbezogener Daten bei der Nutzung von Telekommunikationsdiensten und digitalen Diensten,
3. die Anforderungen an den Schutz der Privatsphäre im Hinblick auf die Mitteilung ankommender Verbindungen, die Rufnummernunterdrückung und -anzeige und die automatische Anrufweiterschaltung,
4. die Anforderungen an die Aufnahme in Endnutzerverzeichnisse und die Bereitstellung von Endnutzerdaten an Auskunftsdienste, Dienste zur Unterrichtung über einen individuellen Gesprächswunsch eines anderen Nutzers und Anbieter von Endnutzerverzeichnissen,
5. die von Anbietern von digitalen Diensten zu beachtenden technischen und organisatorischen Vorkehrungen,
6. die Anforderungen an die Erteilung von Auskünften über Bestands- und Nutzungsdaten durch Anbieter von digitalen Diensten,
7. den Schutz der Privatsphäre bei Endeinrichtungen hinsichtlich der Anforderungen an die Speicherung von Informationen in Endeinrichtungen der Endnutzer und den Zugriff auf Informationen, die bereits in Endeinrichtungen der Endnutzer gespeichert sind, und
8. die Aufsichtsbehörden und die Aufsicht im Hinblick auf den Datenschutz und den Schutz der Privatsphäre in der Telekommunikation; bei digitalen Diensten bleiben die Aufsicht durch die nach Landesrecht zuständigen Behörden und § 40 des Bundesdatenschutzgesetzes[1] unberührt.

(2) Dem Fernmeldegeheimnis unterliegende Einzelangaben über Verhältnisse einer bestimmten oder bestimmbaren juristischen Person oder Personengesellschaft, die mit der Fähigkeit ausgestattet ist, Rechte zu erwerben oder Verbindlichkeiten einzugehen, stehen den personenbezogenen Daten gleich.

(3) [1] Diesem Gesetz unterliegen alle Unternehmen und Personen, die im Geltungsbereich dieses Gesetzes eine Niederlassung haben oder Dienstleistungen erbringen oder daran mitwirken oder Waren auf dem Markt bereitstellen. [2] § 3 des Digitale-Dienste-Gesetzes[2] bleibt unberührt.

---

[1] Nr. **11**.
[2] Nr. **13**.

§ 2 Begriffsbestimmungen. (1) Die Begriffsbestimmungen des Telekommunikationsgesetzes[1], des Digitale-Dienste-Gesetzes[2] und der Verordnung (EU) 2016/679[3] des Europäischen Parlaments und des Rates vom 27. April 2016 zum Schutz natürlicher Personen bei der Verarbeitung personenbezogener Daten, zum freien Datenverkehr und zur Aufhebung der Richtlinie 95/46/EG (Datenschutz-Grundverordnung) gelten auch für dieses Gesetz, soweit in Absatz 2 keine abweichende Begriffsbestimmung getroffen wird.

(2) Im Sinne dieses Gesetzes ist oder sind

1. „Anbieter von digitalen Diensten" jede natürliche oder juristische Person, die eigene oder fremde digitale Dienste erbringt, an der Erbringung mitwirkt oder den Zugang zur Nutzung von eigenen oder fremden digitalen Diensten vermittelt,
2. „Bestandsdaten" im Sinne des Teils 3 dieses Gesetzes die personenbezogenen Daten, deren Verarbeitung zum Zweck der Begründung, inhaltlichen Ausgestaltung oder Änderung eines Vertragsverhältnisses zwischen dem Anbieter von digitalen Diensten und dem Nutzer über die Nutzung von digitalen Diensten erforderlich ist,
3. „Nutzungsdaten" die personenbezogenen Daten eines Nutzers von digitalen Diensten, deren Verarbeitung erforderlich ist, um die Inanspruchnahme von digitalen Diensten zu ermöglichen und abzurechnen; dazu gehören insbesondere
   a) Merkmale zur Identifikation des Nutzers,
   b) Angaben über Beginn und Ende sowie Umfang der jeweiligen Nutzung und
   c) Angaben über die vom Nutzer in Anspruch genommenen digitalen Dienste,
4. „Nachricht" jede Information, die zwischen einer endlichen Zahl von Beteiligten über einen Telekommunikationsdienst ausgetauscht oder weitergeleitet wird; davon ausgenommen sind Informationen, die als Teil eines Rundfunkdienstes über ein öffentliches Telekommunikationsnetz an die Öffentlichkeit weitergeleitet werden, soweit die Informationen nicht mit dem identifizierbaren Nutzer, der sie erhält, in Verbindung gebracht werden können,
5. „Dienst mit Zusatznutzen" jeder von einem Anbieter eines Telekommunikationsdienstes bereitgehaltene zusätzliche Dienst, der die Verarbeitung von Verkehrsdaten oder anderen Standortdaten als Verkehrsdaten in einem Maße erfordert, das über das für die Übermittlung einer Nachricht oder für die Entgeltabrechnung des Telekommunikationsdienstes erforderliche Maß hinausgeht,
6. „Endeinrichtung" jede direkt oder indirekt an die Schnittstelle eines öffentlichen Telekommunikationsnetzes angeschlossene Einrichtung zum Aussenden, Verarbeiten oder Empfangen von Nachrichten; sowohl bei direkten als auch bei indirekten Anschlüssen kann die Verbindung über Draht, optische Faser oder elektromagnetisch hergestellt werden; bei einem indirekten Anschluss ist zwischen der Endeinrichtung und der Schnittstelle des öffentlichen Netzes ein Gerät geschaltet.

---

[1] Nr. **15**.
[2] Nr. **13**.
[3] Nr. **1**.

Teil 2. Datenschutz und Schutz der Privatsphäre in der Telekommunikation

Kapitel 1. Vertraulichkeit der Kommunikation

§ 3 Vertraulichkeit der Kommunikation – Fernmeldegeheimnis.

(1) [1] Dem Fernmeldegeheimnis unterliegen der Inhalt der Telekommunikation und ihre näheren Umstände, insbesondere die Tatsache, ob jemand an einem Telekommunikationsvorgang beteiligt ist oder war. [2] Das Fernmeldegeheimnis erstreckt sich auch auf die näheren Umstände erfolgloser Verbindungsversuche.

(2) [1] Zur Wahrung des Fernmeldegeheimnisses sind verpflichtet

1. Anbieter von öffentlich zugänglichen Telekommunikationsdiensten sowie natürliche und juristische Personen, die an der Erbringung solcher Dienste mitwirken,
2. Anbieter von ganz oder teilweise geschäftsmäßig angebotenen Telekommunikationsdiensten sowie natürliche und juristische Personen, die an der Erbringung solcher Dienste mitwirken,
3. Betreiber öffentlicher Telekommunikationsnetze und
4. Betreiber von Telekommunikationsanlagen, mit denen geschäftsmäßig Telekommunikationsdienste erbracht werden.

[2] Die Pflicht zur Geheimhaltung besteht auch nach dem Ende der Tätigkeit fort, durch die sie begründet worden ist.

(3) [1] Den nach Absatz 2 Satz 1 Verpflichteten ist es untersagt, sich oder anderen über das für die Erbringung der Telekommunikationsdienste oder für den Betrieb ihrer Telekommunikationsnetze oder ihrer Telekommunikationsanlagen einschließlich des Schutzes ihrer technischen Systeme erforderliche Maß hinaus Kenntnis vom Inhalt oder von den näheren Umständen der Telekommunikation zu verschaffen. [2] Sie dürfen Kenntnisse über Tatsachen, die dem Fernmeldegeheimnis unterliegen, nur für den in Satz 1 genannten Zweck verwenden. [3] Eine Verwendung dieser Kenntnisse für andere Zwecke, insbesondere die Weitergabe an andere, ist nur zulässig, soweit dieses Gesetz oder eine andere gesetzliche Vorschrift dies vorsieht und sich dabei ausdrücklich auf Telekommunikationsvorgänge bezieht. [4] Die Anzeigepflicht nach § 138 des Strafgesetzbuches hat Vorrang.

(4) Befindet sich die Telekommunikationsanlage an Bord eines Wasser- oder Luftfahrzeugs, so besteht die Pflicht zur Wahrung des Fernmeldegeheimnisses nicht gegenüber der Person, die das Fahrzeug führt, und ihrer Stellvertretung.

§ 4 Rechte des Erben des Endnutzers und anderer berechtigter Personen. Das Fernmeldegeheimnis steht der Wahrnehmung von Rechten gegenüber dem Anbieter des Telekommunikationsdienstes nicht entgegen, wenn diese Rechte statt durch den betroffenen Endnutzer durch seinen Erben oder eine andere berechtigte Person, die zur Wahrnehmung der Rechte des Endnutzers befugt ist, wahrgenommen werden.

§ 5 Abhörverbot, Geheimhaltungspflicht der Betreiber von Funkanlagen. (1) Mit einer Funkanlage (§ 3 Absatz 1 Nummer 1 des Funkanlagengesetzes) dürfen nur solche Nachrichten abgehört oder in vergleichbarer Weise zur Kenntnis genommen werden, die für den Betreiber der Funkanlage, für Funkamateure im Sinne des § 2 Nummer 1 des Amateurfunkgesetzes, für die Allgemeinheit oder für einen unbestimmten Personenkreis bestimmt sind.

(2) [1] Der Inhalt anderer als in Absatz 1 genannter Nachrichten sowie die Tatsache ihres Empfangs dürfen, auch wenn der Empfang unbeabsichtigt geschieht, auch von Personen, für die eine Pflicht zur Geheimhaltung nicht schon nach § 3 besteht, anderen nicht mitgeteilt werden. [2] § 3 Absatz 4 gilt entsprechend.

(3) Das Abhören oder die in vergleichbarer Weise erfolgende Kenntnisnahme und die Weitergabe von Nachrichten aufgrund besonderer gesetzlicher Ermächtigung bleiben unberührt.

§ 6 Nachrichtenübermittlung mit Zwischenspeicherung. (1) Nach § 3 Absatz 2 Satz 1 Nummer 1 und 2 Verpflichtete dürfen bei Diensten, für deren Durchführung eine Zwischenspeicherung erforderlich ist, Nachrichteninhalte, insbesondere Sprach-, Ton-, Text- und Grafikmitteilungen von Endnutzern, im Rahmen eines hierauf gerichteten Diensteangebots verarbeiten, wenn

1. die Verarbeitung ausschließlich in Telekommunikationsanlagen des zwischenspeichernden Anbieters erfolgt, es sei denn, die Nachrichteninhalte werden im Auftrag des Endnutzers oder durch Eingabe des Endnutzers in Telekommunikationsanlagen anderer Anbieter weitergeleitet;
2. ausschließlich der Endnutzer
   a) durch seine Eingabe Inhalt, Umfang und Art der Verarbeitung bestimmt und
   b) bestimmt, wer Nachrichteninhalte eingeben und darauf zugreifen darf, und
3. der Verpflichtete
   a) dem Endnutzer mitteilen darf, dass der Empfänger auf die Nachricht zugegriffen hat, und
   b) Nachrichteninhalte nur entsprechend dem mit dem Endnutzer geschlossenen Vertrag löschen darf.

(2) [1] Nach § 3 Absatz 2 Satz 1 Nummer 1 und 2 Verpflichtete haben die erforderlichen technischen und organisatorischen Maßnahmen zu treffen, um Fehlübermittlungen und das unbefugte Offenbaren von Nachrichteninhalten innerhalb des Unternehmens des Anbieters und an Dritte auszuschließen. [2] Erforderlich sind Maßnahmen nur, wenn ihr Aufwand in einem angemessenen Verhältnis zu dem angestrebten Schutzzweck steht. [3] Soweit es im Hinblick auf den angestrebten Schutzzweck erforderlich ist, sind die Maßnahmen dem jeweiligen Stand der Technik anzupassen.

§ 7 Verlangen eines amtlichen Ausweises. (1) [1] Anbieter und mitwirkende Personen nach § 3 Absatz 2 Satz 1 Nummer 1 und 2 können im Zusammenhang mit dem Begründen und dem Ändern eines Vertragsverhältnisses mit einem Endnutzer über das Erbringen von Telekommunikationsdiensten die Vorlage eines amtlichen Ausweises verlangen, wenn dies zur Überprüfung der Angaben des Endnutzers erforderlich ist. [2] Die Pflicht nach § 172 des Telekommunikationsgesetzes[1)] bleibt unberührt.

[1)] Nr. **15**.

(2) Um dem Verlangen nach Vorlage eines amtlichen Ausweises zu entsprechen, kann der Endnutzer den elektronischen Identitätsnachweis gemäß § 18 des Personalausweisgesetzes, gemäß § 12 des eID-Karte-Gesetzes oder gemäß § 78 Absatz 5 des Aufenthaltsgesetzes nutzen.

(3) [1] Von dem Ausweis darf eine Kopie erstellt werden. [2] Die Kopie ist unverzüglich nach Feststellung der für den Vertragsabschluss erforderlichen Angaben des Endnutzers zu vernichten. [3] Andere als die für den Vertragsabschluss erforderlichen Daten dürfen dabei nicht verarbeitet werden.

§ 8 Missbrauch von Telekommunikationsanlagen. (1) Es ist verboten, Telekommunikationsanlagen zu besitzen, herzustellen, auf dem Markt bereitzustellen, einzuführen oder sonst in den Geltungsbereich dieses Gesetzes zu verbringen, die ihrer Form nach einen anderen Gegenstand vortäuschen oder die mit Gegenständen des täglichen Gebrauchs verkleidet sind und aufgrund dieser Umstände oder aufgrund ihrer Funktionsweise in besonderer Weise geeignet und dazu bestimmt sind, das nicht öffentlich gesprochene Wort eines anderen von diesem unbemerkt abzuhören oder das Bild eines anderen von diesem unbemerkt aufzunehmen.

(2) Als zum unbemerkten Abhören oder Aufnehmen eines Bildes bestimmt gilt eine Telekommunikationsanlage insbesondere, wenn ihre Abhör- oder Aufnahmefunktion beim bestimmungsgemäßen Gebrauch des Gegenstandes für den Betroffenen nicht eindeutig erkennbar ist.

(3) Das Verbot, Telekommunikationsanlagen nach Absatz 1 zu besitzen, gilt nicht für denjenigen, der die tatsächliche Gewalt über eine solche Telekommunikationsanlage

1. als Organ, als Mitglied eines Organs, als gesetzlicher Vertreter oder als vertretungsberechtigter Gesellschafter eines Berechtigten nach Absatz 5 erlangt,
2. von einem anderen oder für einen anderen Berechtigten nach Absatz 5 erlangt, sofern und solange er die Weisungen des anderen Berechtigten über die Ausübung der tatsächlichen Gewalt über die Telekommunikationsanlage aufgrund eines Dienst- oder Arbeitsverhältnisses zu befolgen hat oder die tatsächliche Gewalt aufgrund gerichtlichen oder behördlichen Auftrags ausübt,
3. als Gerichtsvollzieher oder Vollzugsbeamter in einem Vollstreckungsverfahren erwirbt,
4. von einem Berechtigten nach Absatz 5 vorübergehend zum Zweck der sicheren Verwahrung oder der nicht gewerbsmäßigen Beförderung zu einem Berechtigten erlangt,
5. lediglich zur gewerbsmäßigen Beförderung oder gewerbsmäßigen Lagerung erlangt,
6. durch Fund erlangt, sofern er die Telekommunikationsanlage unverzüglich abliefert an den Verlierer, den Eigentümer, einen sonstigen Berechtigten nach Absatz 5 oder die für die Entgegennahme der Fundanzeige zuständige Stelle,
7. von Todes wegen erwirbt, sofern er die Telekommunikationsanlage unverzüglich einem Berechtigten nach Absatz 5 überlässt oder sie für dauernd unbrauchbar macht.

(4) [1] Das Verbot, Telekommunikationsanlagen nach Absatz 1 zu besitzen, gilt ferner nicht für eine Telekommunikationsanlage, die durch Entfernen eines

wesentlichen Bauteils dauernd unbrauchbar gemacht worden ist, sofern derjenige, der die tatsächliche Gewalt über eine solche Telekommunikationsanlage erlangt, den Erwerb unverzüglich der Bundesnetzagentur schriftlich anzeigt. [2]Die Anzeige muss folgende Angaben enthalten:

1. Name, Vornamen und Anschrift des Erwerbers,
2. die Art der Telekommunikationsanlage, deren Hersteller- oder Warenzeichen und, wenn die Telekommunikationsanlage eine Herstellungsnummer hat, auch diese,
3. die glaubhafte Darlegung, dass der Erwerber die Telekommunikationsanlage ausschließlich zu Sammlerzwecken erworben hat.

(5) [1]Die zuständigen obersten Bundes- oder Landesbehörden lassen Ausnahmen von Absatz 1 zu, wenn es im öffentlichen Interesse, insbesondere aus Gründen der öffentlichen Sicherheit oder zum Zweck der Lehre über oder der Forschung an entsprechenden Telekommunikationsanlagen erforderlich ist. [2]Absatz 1 gilt ferner nicht, soweit das Bundesamt für Wirtschaft und Ausfuhrkontrolle die Ausfuhr der Telekommunikationsanlagen genehmigt hat, und nicht für technische Mittel von Behörden, die diese in den Grenzen ihrer gesetzlichen Befugnisse zur Durchführung von technischen Ermittlungsmaßnahmen einsetzen.

(6) Es ist verboten, öffentlich oder in Mitteilungen, die für einen größeren Personenkreis bestimmt sind, für Telekommunikationsanlagen mit dem Hinweis zu werben, dass sie geeignet sind, das nicht öffentlich gesprochene Wort eines anderen von diesem unbemerkt abzuhören oder das Bild eines anderen von diesem unbemerkt aufzunehmen.

Kapitel 2. Verkehrsdaten, Standortdaten

§ 9 Verarbeitung von Verkehrsdaten. (1) [1]Nach § 3 Absatz 2 Satz 1 Verpflichtete dürfen folgende Verkehrsdaten nur verarbeiten, soweit dies zum Aufbau und zur Aufrechterhaltung der Telekommunikation, zur Entgeltabrechnung oder zum Aufbau weiterer Verbindungen erforderlich ist:

1. die Nummer oder Kennung der beteiligten Anschlüsse oder der Endeinrichtung, personenbezogene Berechtigungskennungen, bei Verwendung von Kundenkarten auch die Kartennummer, bei mobilen Anschlüssen auch die Standortdaten,
2. den Beginn und das Ende der jeweiligen Verbindung nach Datum und Uhrzeit und, soweit die Entgelte davon abhängen, die übermittelten Datenmengen,
3. den vom Nutzer in Anspruch genommenen Telekommunikationsdienst,
4. die Endpunkte von festgeschalteten Verbindungen, ihren Beginn und ihr Ende nach Datum und Uhrzeit und, soweit die Entgelte davon abhängen, die übermittelten Datenmengen und
5. sonstige zum Aufbau und zur Aufrechterhaltung der Telekommunikation sowie zur Entgeltabrechnung notwendige Verkehrsdaten.

[2]Im Übrigen sind Verkehrsdaten von den nach § 3 Absatz 2 Satz 1 Verpflichteten nach Beendigung der Verbindung unverzüglich zu löschen. [3]Eine über Satz 1 hinausgehende Verarbeitung der Verkehrsdaten ist unzulässig. [4]Die Pflicht zur Verarbeitung von Verkehrsdaten aufgrund von anderen Rechtsvorschriften bleibt unberührt.

(2) [1] Teilnehmerbezogene Verkehrsdaten nach Absatz 1 dürfen vom Anbieter des Telekommunikationsdienstes zum Zweck der Vermarktung von Telekommunikationsdiensten, zur bedarfsgerechten Gestaltung von Telekommunikationsdiensten oder zur Bereitstellung von Diensten mit Zusatznutzen im dazu erforderlichen Maß und im dazu erforderlichen Zeitraum nur verwendet werden, wenn der Endnutzer in diese Verwendung gemäß der Verordnung (EU) 2016/679[1)] eingewilligt hat. [2] Die Daten anderer Endnutzer sind unverzüglich zu anonymisieren. [3] Eine zielnummernbezogene Verwendung der Verkehrsdaten zu den in Satz 1 genannten Zwecken ist nur zulässig, wenn der Endnutzer gemäß der Verordnung (EU) 2016/679 informiert wurde und er eingewilligt hat. [4] Hierbei sind die Daten anderer Endnutzer unverzüglich zu anonymisieren. [5] Außerdem ist der Endnutzer darauf hinzuweisen, dass er die Einwilligung nach den Sätzen 1 und 3 jederzeit widerrufen kann.

§ 10 Entgeltermittlung und Entgeltabrechnung. (1) [1] Die Verarbeitung der Verkehrsdaten nach § 9 Absatz 1 Satz 1 durch nach § 3 Absatz 2 Satz 1 Nummer 1 und 2 Verpflichtete zur Ermittlung des Entgelts und zur Abrechnung mit den Endnutzern darf nur nach Maßgabe der Absätze 2 bis 4 erfolgen. [2] Erbringt ein Anbieter eines Telekommunikationsdienstes seine Dienste über ein öffentliches Telekommunikationsnetz eines anderen Betreibers, darf dieser Betreiber dem Anbieter des Telekommunikationsdienstes die für die Erbringung von dessen Diensten erhobenen Verkehrsdaten übermitteln. [3] Hat der Anbieter eines Telekommunikationsdienstes mit einem Dritten einen Vertrag über den Einzug des Entgelts geschlossen, so darf er dem Dritten die Verkehrsdaten nach § 9 Absatz 1 Satz 1 Nummer 1 bis 3 und 5 nur übermitteln, soweit es zum Einzug des Entgelts und der Erstellung einer detaillierten Rechnung erforderlich ist. [4] Der Dritte darf die Daten nur zu diesem Zweck verarbeiten. [5] Der Dritte ist vertraglich zur Wahrung des Fernmeldegeheimnisses und des dem Anbieter des Telekommunikationsdienstes obliegenden Datenschutzes zu verpflichten.

(2) [1] Nach § 3 Absatz 2 Satz 1 Nummer 1 und 2 Verpflichtete haben nach Beendigung der Verbindung aus den Verkehrsdaten nach § 9 Absatz 1 Satz 1 Nummer 1 bis 3 und 5 unverzüglich die für die Berechnung des Entgelts erforderlichen Daten zu ermitteln. [2] Diese Daten dürfen bis zu sechs Monate nach Versendung der Rechnung gespeichert werden. [3] Für die Abrechnung nicht erforderliche Daten sind unverzüglich zu löschen. [4] Hat der Endnutzer gegen die Höhe der in Rechnung gestellten Verbindungsentgelte vor Ablauf der Frist nach Satz 2 Einwendungen erhoben, dürfen die Daten gespeichert werden, bis die Einwendungen abschließend geklärt sind.

(3) Soweit es für die Abrechnung des Anbieters eines Telekommunikationsdienstes mit anderen Anbietern von Telekommunikationsdiensten oder mit deren Endnutzern sowie für die Abrechnung anderer Anbieter mit ihren Endnutzern erforderlich ist, dürfen der Anbieter und mitwirkende Personen nach § 3 Absatz 2 Satz 1 Nummer 1 und 2 die für die Berechnung des Entgelts erforderlichen Verkehrsdaten nach § 9 Absatz 1 Satz 1 Nummer 1 bis 3 und 5 verarbeiten.

(4) Ziehen der Anbieter und mitwirkende Personen nach § 3 Absatz 2 Satz 1 Nummer 1 und 2 mit der Rechnung Entgelte für Leistungen eines Dritten ein,

---

[1)] Nr. **1**.

die dieser im Zusammenhang mit der Erbringung von Telekommunikationsdiensten erbracht hat, so dürfen dem Dritten Verkehrsdaten nach § 9 Absatz 1 Satz 1 Nummer 1 bis 3 und 5 übermittelt werden, soweit diese im Einzelfall für die Durchsetzung der Forderungen des Dritten gegenüber seinem Endnutzer erforderlich sind.

§ 11 Einzelverbindungsnachweis. (1) [1]Dem Endnutzer sind die Verkehrsdaten nach § 9 Absatz 1 Satz 1 Nummer 1 bis 3 derjenigen Verbindungen, für die er entgeltpflichtig ist, durch Anbieter und mitwirkende Personen nach § 3 Absatz 2 Satz 1 Nummer 1 und 2 mitzuteilen, wenn er vor dem maßgeblichen Abrechnungszeitraum einen Einzelverbindungsnachweis verlangt hat. [2]Auf Wunsch dürfen ihm auch die Daten pauschal abgegoltener Verbindungen mitgeteilt werden. [3]Dabei entscheidet der Endnutzer, ob ihm die von ihm gewählten Rufnummern ungekürzt oder unter Kürzung um die letzten drei Ziffern mitgeteilt werden. [4]Bei einem Teilnehmeranschluss im Haushalt ist die Mitteilung nur zulässig, wenn der Anschlussinhaber in Textform erklärt hat, dass er alle zum Haushalt gehörenden Personen, die den Teilnehmeranschluss nutzen, darüber informiert hat und künftige Mitnutzer des Teilnehmeranschlusses unverzüglich darüber informieren wird, dass dem Inhaber des Teilnehmeranschlusses die Verkehrsdaten nach Satz 1 zur Erteilung des Einzelverbindungsnachweises bekannt gegeben werden.

(2) [1]Unbeschadet des Absatzes 1 dürfen dem Endnutzer die Verkehrsdaten nach Absatz 1 Satz 1 mitgeteilt werden, wenn er Einwendungen gegen die Höhe der Verbindungsentgelte erhoben hat. [2]Das gilt auch für einen Mobilfunkanschluss.

(3) [1]Bei Teilnehmeranschlüssen in Betrieben und Behörden ist die Mitteilung nur zulässig, wenn der Inhaber des Teilnehmeranschlusses in Textform erklärt hat, dass die Mitarbeiter informiert worden sind und künftige Mitarbeiter unverzüglich informiert werden und dass der Betriebsrat oder die Personalvertretung entsprechend den gesetzlichen Vorschriften beteiligt worden ist oder eine solche Beteiligung nicht erforderlich ist. [2]Soweit die öffentlich-rechtlichen Religionsgesellschaften für ihren Bereich eigene Mitarbeitervertreterregelungen erlassen haben, findet Satz 1 mit der Maßgabe Anwendung, dass an die Stelle des Betriebsrates oder der Personalvertretung die jeweilige Mitarbeitervertretung tritt.

(4) Soweit ein Anschlussinhaber zur vollständigen oder teilweisen Übernahme der Entgelte für Verbindungen verpflichtet ist, die bei seinem Anschluss ankommen, dürfen ihm in dem für ihn bestimmten Einzelverbindungsnachweis die Nummern der Anschlüsse, von denen die Anrufe ausgingen, nur unter Kürzung um die letzten drei Ziffern mitgeteilt werden.

(5) Der Einzelverbindungsnachweis nach Absatz 1 Satz 1 darf nicht Verbindungen zu Anschlüssen erkennen lassen,

1. deren Inhaber Personen, Behörden oder Organisationen in sozialen oder kirchlichen Bereichen sind, die grundsätzlich anonym bleibenden Endnutzern ganz oder überwiegend telefonische Beratung in seelischen oder sozialen Notlagen anbieten und die selbst oder deren Mitarbeiter insoweit besonderen Verpflichtungen zur Verschwiegenheit unterliegen, und
2. die die Bundesnetzagentur für Elektrizität, Gas, Telekommunikation, Post und Eisenbahnen (Bundesnetzagentur) in eine Liste aufgenommen hat.

(6) [1]Der Beratung im Sinne des Absatzes 5 Nummer 1 dienen neben den in § 203 Absatz 1 Nummer 4 und 5 des Strafgesetzbuches[1)] genannten Personengruppen insbesondere die Telefonseelsorge und die Gesundheitsberatung. [2]Die Bundesnetzagentur nimmt die Inhaber der Anschlüsse auf Antrag in die Liste auf, wenn sie die Aufgabenbestimmung nach Absatz 5 Nummer 1 durch Bescheinigung einer Behörde oder Körperschaft, Anstalt oder Stiftung des öffentlichen Rechts nachgewiesen haben. [3]Die Liste wird zum Abruf im automatisierten Verfahren bereitgestellt. [4]Die Verpflichteten nach § 3 Absatz 2 Satz 1, die Einzelverbindungsnachweise erstellen, haben die Liste quartalsweise abzufragen und Änderungen unverzüglich in ihren Abrechnungsverfahren anzuwenden.

§ 12 Störungen von Telekommunikationsanlagen und Missbrauch von Telekommunikationsdiensten. (1) [1]Soweit erforderlich, dürfen Verpflichtete nach § 3 Absatz 2 Satz 1 Verkehrsdaten der Endnutzer sowie die Steuerdaten eines informationstechnischen Protokolls zur Datenübertragung, die unabhängig vom Inhalt eines Kommunikationsvorgangs übertragen oder auf den am Kommunikationsvorgang beteiligten Servern gespeichert werden und zur Gewährleistung der Kommunikation zwischen Empfänger und Sender notwendig sind, verarbeiten, um Störungen oder Fehler an Telekommunikationsanlagen zu erkennen, einzugrenzen oder zu beseitigen. [2]Dies gilt auch für Störungen, die zu einer Einschränkung der Verfügbarkeit von Informations- und Telekommunikationsdiensten oder zu einem unerlaubten Zugriff auf Telekommunikations- und Datenverarbeitungssysteme der Nutzer führen können. [3]Eine Verarbeitung der Verkehrsdaten und Steuerdaten zu anderen Zwecken ist unzulässig. [4]Soweit die Verkehrsdaten nicht automatisiert erhoben und verwendet werden, muss der Datenschutzbeauftragte des Verpflichteten nach § 3 Absatz 2 Satz 1 unverzüglich über die Verfahren und Umstände der Maßnahme informiert werden. [5]Betroffene Endnutzer sind von dem nach § 3 Absatz 2 Satz 1 Verpflichteten zu benachrichtigen, sofern sie ermittelt werden können.

(2) Die Verkehrsdaten und Steuerdaten sind unverzüglich zu löschen, sobald sie für die Beseitigung der Störung nicht mehr erforderlich sind.

(3) [1]Zur Durchführung von Umschaltungen sowie zum Erkennen und Eingrenzen von Störungen im Netz ist dem Betreiber von Telekommunikationsnetzen oder seinem Beauftragten das Aufschalten auf bestehende Verbindungen erlaubt, soweit dies betrieblich erforderlich ist. [2]Eventuelle bei der Aufschaltung erstellte Aufzeichnungen sind unverzüglich zu löschen. [3]Das Aufschalten muss den betroffenen Kommunikationsteilnehmern durch ein akustisches oder sonstiges Signal zeitgleich angezeigt und ausdrücklich mitgeteilt werden. [4]Sofern dies technisch nicht möglich ist, muss der betriebliche Datenschutzbeauftragte des Betreibers des Telekommunikationsnetzes unverzüglich detailliert über die Verfahren und Umstände der Maßnahme informiert werden. [5]Diese Informationen hat der betriebliche Datenschutzbeauftragte für zwei Jahre aufzubewahren.

(4) [1]Wenn tatsächliche Anhaltspunkte für die rechtswidrige Inanspruchnahme eines Telekommunikationsnetzes oder Telekommunikationsdienstes vorliegen, insbesondere für eine Leistungserschleichung oder einen Betrug oder eine unzumutbare Belästigung nach § 7 des Gesetzes gegen den unlauteren Wett-

[1)] Nr. **23**.

bewerb[1], darf der Verpflichtete nach § 3 Absatz 2 Satz 1 zur Sicherung seines Entgeltanspruchs sowie zum Schutz der Endnutzer vor der rechtswidrigen Inanspruchnahme des Telekommunikationsdienstes oder des Telekommunikationsnetzes Verkehrsdaten verarbeiten, die erforderlich sind, um die rechtswidrige Inanspruchnahme des Telekommunikationsnetzes oder Telekommunikationsdienstes aufzudecken und zu unterbinden. [2]Die Anhaltspunkte für die rechtwidrige Inanspruchnahme des Telekommunikationsnetzes oder Telekommunikationsdienstes hat der nach § 3 Absatz 2 Satz 1 Verpflichtete zu dokumentieren. [3]Der nach § 3 Absatz 2 Satz 1 Verpflichtete darf aus den Verkehrsdaten nach Satz 1 einen pseudonymisierten Gesamtdatenbestand bilden, der Aufschluss über die von einzelnen Endnutzern erzielten Umsätze gibt und unter Zugrundelegung geeigneter Kriterien das Auffinden solcher Verbindungen des Netzes ermöglicht, bei denen der Verdacht einer rechtswidrigen Inanspruchnahme besteht. [4]Die Verkehrsdaten anderer Verbindungen sind unverzüglich zu löschen. [5]Die Aufsichtsbehörde ist über Einführung und Änderung eines Verfahrens nach Satz 1 unverzüglich in Kenntnis zu setzen.

§ 13 Standortdaten. (1) [1]Standortdaten, die in Bezug auf die Nutzer von öffentlichen Telekommunikationsnetzen oder Telekommunikationsdiensten verarbeitet werden, dürfen nur in dem zur Bereitstellung von Diensten mit Zusatznutzen erforderlichen Umfang und innerhalb des dafür erforderlichen Zeitraums verarbeitet werden, wenn sie anonymisiert wurden oder wenn der Nutzer vom Anbieter des Dienstes mit Zusatznutzen gemäß der Verordnung (EU) 2016/679[2] informiert wurde und eingewilligt hat. [2]Der Anbieter des Dienstes mit Zusatznutzen hat bei jeder Feststellung des Standortes des Mobilfunkendgerätes den Endnutzer durch eine Textmitteilung an das Endgerät, dessen Standortdaten ermittelt wurden, über die Feststellung des Standortes zu informieren. [3]Dies gilt nicht, wenn der Standort nur auf dem Endgerät angezeigt wird, dessen Standortdaten ermittelt wurden. [4]Werden die Standortdaten für einen Dienst mit Zusatznutzen verarbeitet, der die Übermittlung von Standortdaten eines Mobilfunkendgerätes an einen anderen Nutzer oder Dritte, die nicht Anbieter des Dienstes mit Zusatznutzen sind, zum Gegenstand hat, muss der Nutzer seine Einwilligung ausdrücklich, gesondert und schriftlich gegenüber dem Anbieter des Dienstes mit Zusatznutzen erteilen. [5]In diesem Fall gilt die Verpflichtung nach Satz 2 entsprechend für den Anbieter des Dienstes mit Zusatznutzen. [6]Der Anschlussinhaber muss weitere Nutzer seines Mobilfunkanschlusses über eine erteilte Einwilligung unterrichten.

(2) Haben die Nutzer ihre Einwilligung zur Verarbeitung von Standortdaten gegeben, müssen sie auch weiterhin die Möglichkeit haben, die Verarbeitung dieser Daten für jede Verbindung zum Netz oder für jede Übertragung einer Nachricht auf einfache Weise und unentgeltlich zeitweise zu untersagen.

(3) Bei Verbindungen zu Anschlüssen, die unter den Notrufnummern 112 oder 110 oder den Rufnummern 124 124 oder 116 117 erreicht werden, haben der Anbieter und mitwirkende Personen nach § 3 Absatz 2 Satz 1 Nummer 1 und 2 sicherzustellen, dass nicht im Einzelfall oder dauernd die Übermittlung von Standortdaten ausgeschlossen wird.

---

[1] Nr. **17**.
[2] Nr. **1**.

(4) Die Verarbeitung von Standortdaten nach den Absätzen 1 und 2 muss auf das für die Bereitstellung des Dienstes mit Zusatznutzen erforderliche Maß sowie auf Personen beschränkt werden, die im Auftrag des Betreibers des Telekommunikationsnetzes oder des Anbieters des Telekommunikationsdienstes oder des Dritten, der den Dienst mit Zusatznutzen anbietet, handeln.

Kapitel 3. Mitteilen ankommender Verbindungen, Rufnummernanzeige und -unterdrückung, automatische Anrufweiterschaltung

§ 14 Mitteilen ankommender Verbindungen. (1) [1] Trägt ein Anschlussinhaber in einem Verfahren schlüssig vor, dass bei seinem Anschluss bedrohende oder belästigende Anrufe ankommen, hat der Anbieter des Telekommunikationsdienstes auf schriftlichen Antrag auch netzübergreifend Auskunft über die Inhaber der Anschlusskennungen zu erteilen, von denen die Verbindungen ausgehen; das Verfahren ist zu dokumentieren. [2] Die Auskunft darf sich nur auf Verbindungen und Verbindungsversuche beziehen, die nach Stellung des Antrags stattgefunden haben. [3] Der Anbieter des Telekommunikationsdienstes darf die Anschlusskennungen, Namen und Anschriften der Inhaber dieser Anschlusskennungen sowie Datum und Uhrzeit des Beginns der Verbindungen und der Verbindungsversuche verarbeiten sowie diese Daten dem betroffenen Anschlussinhaber mitteilen.

(2) Die Bekanntgabe nach Absatz 1 Satz 3 darf nur erfolgen, wenn der betroffene Anschlussinhaber des betroffenen Anschlusses zuvor die Verbindungen nach Datum, Uhrzeit oder anderen geeigneten Kriterien eingrenzt, soweit ein Missbrauch dieses Verfahrens nicht auf andere Weise ausgeschlossen werden kann.

(3) Im Fall einer netzübergreifenden Auskunft sind die an der Verbindung mitwirkenden anderen Anbieter und Betreiber nach § 3 Absatz 2 Satz 1 verpflichtet, dem Anbieter des Telekommunikationsdienstes des bedrohten oder belästigten Anschlussinhabers die erforderlichen Auskünfte zu erteilen, sofern sie über diese Daten verfügen.

(4) [1] Der Inhaber der Anschlusskennung, von der die festgestellten Verbindungen ausgegangen sind, ist darüber zu unterrichten, dass über diese Verbindungen Auskunft erteilt wurde. [2] Davon kann abgesehen werden, wenn der Antragsteller schriftlich schlüssig vorgetragen hat, dass ihm aus dieser Mitteilung wesentliche Nachteile entstehen können, und diese Nachteile bei Abwägung mit den schutzwürdigen Interessen der Anrufenden als wesentlich schwerwiegender erscheinen. [3] Erhält der Inhaber der Anschlusskennung, von der die als bedrohend oder belästigend bezeichneten Anrufe ausgegangen sind, auf andere Weise Kenntnis von der Auskunftserteilung nach Absatz 1 Satz 3, so ist er auf Verlangen über die Auskunftserteilung zu unterrichten.

(5) Die Aufsichtsbehörde ist über die Einführung und Änderungen des Verfahrens zur Einhaltung der Anforderungen der Absätze 1 bis 4 unverzüglich in Kenntnis zu setzen.

§ 15 Rufnummernanzeige und -unterdrückung. (1) [1] Bietet der Anbieter eines Sprachkommunikationsdienstes bei Anrufen die Anzeige der Rufnummer der anrufenden Endnutzer an, so müssen anrufende und angerufene Endnutzer die Möglichkeit haben, die Rufnummernanzeige dauernd oder für jeden Anruf einzeln auf einfache Weise und unentgeltlich zu unterdrücken. [2] Angerufene Endnutzer müssen die Möglichkeit haben, eingehende Anrufe, bei denen die Rufnummernanzeige durch den anrufenden Endnutzer unterdrückt wurde, auf einfache Weise und unentgeltlich abzuweisen. [3] Wird die Anzeige der Rufnummer von angerufenen Endnutzern angeboten, so müssen angerufene Endnutzer die Möglichkeit haben, die Anzeige ihrer Rufnummer beim anrufenden Endnutzer auf einfache Weise und unentgeltlich zu unterdrücken. [4] Die Anzeige von Rufnummern von anrufenden Endnutzern darf bei den Notrufnummern 112 und 110 sowie den Rufnummern 124 124 und 116 117 nicht ausgeschlossen werden.

(2) Bei Anrufen zum Zweck der Werbung dürfen anrufende Nutzer weder die Rufnummernanzeige unterdrücken noch bei dem Anbieter des Telekommunikationsdienstes veranlassen, dass diese unterdrückt wird; der anrufende Nutzer hat sicherzustellen, dass dem Angerufenen die dem anrufenden Nutzer zugeteilte Rufnummer übermittelt wird.

(3) [1] Sofern Anschlussinhaber es beantragen, müssen Anbieter von Sprachkommunikationsdiensten einen Anschluss bereitstellen, bei dem die Übermittlung der Rufnummer unentgeltlich ausgeschlossen ist. [2] Auf Antrag des Anschlussinhabers sind solche Anschlüsse im Endnutzerverzeichnis (§ 17) zu kennzeichnen. [3] Ist eine Kennzeichnung nach Satz 2 erfolgt, so darf an den gekennzeichneten Anschluss eine Übermittlung der Rufnummer des Anschlusses, von dem der Anruf ausgeht, erst dann erfolgen, wenn die Kennzeichnung in der aktualisierten Fassung des Endnutzerverzeichnisses nicht mehr enthalten ist.

(4) Hat der Anschlussinhaber die Eintragung in das Endnutzerverzeichnis nicht nach § 17 beantragt, unterbleibt die Anzeige seiner Rufnummer bei dem angerufenen Anschluss, es sei denn, dass der Anschlussinhaber die Übermittlung seiner Rufnummer ausdrücklich wünscht.

(5) Die Absätze 1 bis 4 gelten auch für Anrufe in das Ausland und für aus dem Ausland kommende Anrufe, soweit sie Anrufende oder Angerufene im Inland betreffen.

§ 16 Automatische Anrufweiterschaltung. Anbieter von Sprachkommunikationsdiensten sind verpflichtet, ihren Endnutzern die Möglichkeit einzuräumen, eine von einem Dritten veranlasste automatische Weiterschaltung auf das Endgerät des Endnutzers auf einfache Weise und unentgeltlich abzustellen, soweit dies technisch möglich ist.

Kapitel 4. Endnutzerverzeichnisse, Bereitstellen von Endnutzerdaten

§ 17 Endnutzerverzeichnisse. (1) [1] Anschlussinhaber können mit ihrer Rufnummer, ihrem Namen und ihrer Anschrift in gedruckte oder elektronische Endnutzerverzeichnisse, die der Öffentlichkeit unmittelbar oder über Auskunftsdienste zugänglich sind, eingetragen werden, soweit sie dies beantragen. [2] Vor ihrem Antrag sind die Anschlussinhaber über weitere Nutzungsmöglichkeiten aufgrund der in elektronischen Fassungen der Verzeichnisse eingebetteten Suchfunktionen zu informieren. [3] Auf Antrag können zusätzliche Angaben wie Beruf und Branche eingetragen werden. [4] Dabei können die Antragsteller bestimmen, welche Angaben in den Verzeichnissen veröffentlicht werden sollen. [5] Auf Verlangen des Antragstellers dürfen weitere Nutzer des Anschlusses mit Namen und Vornamen eingetragen werden, soweit diese damit einverstanden sind. [6] Für die Einträge nach Satz 1 darf ein Entgelt nicht erhoben werden.

(2) Der Anbieter eines nummerngebundenen interpersonellen Telekommunikationsdienstes hat Anschlussinhaber bei der Begründung des Vertragsverhältnisses über die Möglichkeit zu informieren, ihre Rufnummer, ihren Namen, ihren Vornamen und ihre Anschrift in Endnutzerverzeichnisse nach Absatz 1 Satz 1 aufzunehmen.

(3) Der Anschlussinhaber kann von seinem Anbieter des nummerngebundenen interpersonellen Telekommunikationsdienstes jederzeit verlangen, dass seine Rufnummer, sein Name, sein Vorname und seine Anschrift in Auskunfts- und Verzeichnismedien unentgeltlich eingetragen, gespeichert, berichtigt oder gelöscht werden.

(4) Anbieter von Auskunfts- und Verzeichnismedien sind verpflichtet, die gemäß § 18 Absatz 1 übermittelten Daten zu veröffentlichen sowie unrichtige oder gelöschte Daten aus den Verzeichnissen zu entfernen und Berichtigungen vorzunehmen.

§ 18 Bereitstellen von Endnutzerdaten. (1) Jeder Anbieter eines nummerngebundenen interpersonellen Telekommunikationsdienstes hat unter Beachtung der anzuwendenden datenschutzrechtlichen Regelungen jedem Unternehmen Endnutzerdaten nach § 17 Absatz 1 auf Antrag zum Zweck der Bereitstellung von öffentlich zugänglichen Auskunftsdiensten, Diensten zur Unterrichtung über einen individuellen Gesprächswunsch eines anderen Nutzers und von Endnutzerverzeichnissen bereitzustellen.

(2) [1] Für die Bereitstellung der Daten kann ein Entgelt verlangt werden. [2] Das Entgelt unterliegt in der Regel einer nachträglichen Missbrauchsprüfung durch die Bundesnetzagentur nach Maßgabe der Bestimmungen des Telekommunikationsgesetzes[1)] zur Missbrauchsprüfung von Entgelten. [3] Ein Entgelt kann nur dann der Entgeltgenehmigungspflicht nach dem Telekommunikationsgesetz unterworfen werden, wenn das Unternehmen, von dem die Endnutzerdaten bereitgestellt werden, auf dem Markt für Endnutzerdaten über eine beträchtliche Marktmacht verfügt.

(3) Die Bereitstellung der Daten nach Absatz 1 hat unverzüglich nach einem Antrag nach Absatz 1 und in nichtdiskriminierender Weise zu erfolgen.

(4) Die nach Absatz 1 bereitgestellten Daten müssen vollständig sein und inhaltlich sowie technisch so aufbereitet sein, dass sie nach dem jeweiligen Stand der Technik ohne Schwierigkeiten in ein kundenfreundlich gestaltetes Endnutzerverzeichnis oder in eine entsprechende Auskunftsdienste-Datenbank aufgenommen werden können.

---

1) Nr. **15**.

Teil 3. Datenschutz bei digitalen Diensten, Endeinrichtungen

Kapitel 1. Technische und organisatorische Vorkehrungen, Verarbeitung von Daten zum Zweck des Jugendschutzes und zur Auskunftserteilung

§ 19 Technische und organisatorische Vorkehrungen. (1) Anbieter von digitalen Diensten haben durch technische und organisatorische Vorkehrungen sicherzustellen, dass der Nutzer von digitalen Diensten

1. die Nutzung des Dienstes jederzeit beenden kann und
2. digitale Dienste geschützt gegen Kenntnisnahme Dritter in Anspruch nehmen kann.

(2) [1] Anbieter von digitalen Diensten haben die Nutzung von digitalen Diensten und ihre Bezahlung anonym oder unter Pseudonym zu ermöglichen, soweit dies technisch möglich und zumutbar ist. [2] Der Nutzer von digitalen Diensten ist über diese Möglichkeit zu informieren.

(3) Die Weitervermittlung zu einem anderen Anbieter von digitalen Diensten ist dem Nutzer anzuzeigen.

(4) [1] Anbieter von digitalen Diensten haben, soweit dies technisch möglich und wirtschaftlich zumutbar ist, im Rahmen ihrer jeweiligen Verantwortlichkeit für geschäftsmäßig angebotene digitale Dienste durch technische und organisatorische Vorkehrungen sicherzustellen, dass

1. kein unerlaubter Zugriff auf die technischen Einrichtungen, die sie für das Angebot ihrer digitalen Dienste nutzen, möglich ist und
2. die technischen Einrichtungen nach Nummer 1 gesichert sind gegen Störungen, auch gegen solche, die durch äußere Angriffe bedingt sind.

[2] Vorkehrungen nach Satz 1 müssen den Stand der Technik berücksichtigen. [3] Eine Vorkehrung nach Satz 1 ist insbesondere die Anwendung eines als sicher anerkannten Verschlüsselungsverfahrens. [4] Anordnungen des Bundesamtes für Sicherheit in der Informationstechnik nach § 7d Satz 1 BSI-Gesetz bleiben unberührt.

§ 20 Verarbeitung personenbezogener Daten Minderjähriger. Hat ein Anbieter von digitalen Diensten zur Wahrung des Jugendschutzes personenbezogene Daten von Minderjährigen erhoben, etwa durch Mittel zur Altersverifikation oder andere technische Maßnahmen, oder anderweitig gewonnen, so darf er diese Daten nicht für kommerzielle Zwecke verarbeiten.

§ 21 Bestandsdaten. (1) Auf Anordnung der zuständigen Stellen dürfen Anbieter von digitalen Diensten im Einzelfall Auskunft über Bestandsdaten erteilen, soweit dies zur Durchsetzung der Rechte am geistigen Eigentum erforderlich ist.

(2) [1] Der Anbieter von digitalen Diensten darf darüber hinaus im Einzelfall Auskunft über bei ihm vorhandene Bestandsdaten erteilen, soweit dies zur Durchsetzung zivilrechtlicher Ansprüche wegen der Verletzung absolut geschützter Rechte aufgrund rechtswidriger audiovisueller Inhalte oder aufgrund von Inhalten, die den Tatbestand der §§ 86, 86a, 89a, 91, 100a, 111, 126, 129 bis 129b, 130, 131, 140, 166, 184b, 185 bis 187, 189, 201a, 241 oder 269 des

Strafgesetzbuches[1)] erfüllen und nicht gerechtfertigt sind, erforderlich ist. [2]In diesem Umfang ist er gegenüber dem Verletzten zur Auskunft verpflichtet.

(3) [1]Für die Erteilung der Auskunft nach Absatz 2 ist eine vorherige gerichtliche Anordnung über die Zulässigkeit der Auskunftserteilung erforderlich, die vom Verletzten zu beantragen ist. [2]Das Gericht entscheidet zugleich über die Verpflichtung zur Auskunftserteilung, sofern der Antrag nicht ausdrücklich auf die Anordnung der Zulässigkeit der Auskunftserteilung beschränkt ist. [3]Für den Erlass dieser Anordnung ist das Landgericht ohne Rücksicht auf den Streitwert zuständig. [4]Örtlich zuständig ist das Gericht, in dessen Bezirk der Verletzte seinen Wohnsitz, seinen Sitz oder eine Niederlassung hat. [5]Die Entscheidung trifft die Zivilkammer. [6]Für das Verfahren gelten die Vorschriften des Gesetzes über das Verfahren in Familiensachen und in den Angelegenheiten der freiwilligen Gerichtsbarkeit entsprechend. [7]Die Kosten der richterlichen Anordnung trägt der Verletzte. [8]Gegen die Entscheidung des Landgerichts ist die Beschwerde statthaft.

(4) [1]Der Anbieter von digitalen Diensten ist als Beteiligter zu dem Verfahren nach Absatz 3 hinzuzuziehen. [2]Er darf den Nutzer über die Einleitung des Verfahrens unterrichten.

§ 22 Auskunftsverfahren bei Bestandsdaten. (1) [1]Wer geschäftsmäßig digitale Dienste erbringt, daran mitwirkt oder den Zugang zur Nutzung daran vermittelt, darf die Bestandsdaten nach Maßgabe dieser Vorschrift zur Erfüllung von Auskunftspflichten gegenüber den in Absatz 3 genannten Stellen verwenden. [2]Dies gilt nicht für Passwörter oder andere Daten, mittels derer der Zugriff auf Endgeräte oder auf Speichereinrichtungen, die in diesen Endgeräten oder hiervon räumlich getrennt eingesetzt werden, geschützt wird. [3]Die in eine Auskunft aufzunehmenden Bestandsdaten dürfen auch anhand einer zu einem bestimmten Zeitpunkt zugewiesenen Internetprotokoll-Adresse bestimmt werden; hierfür dürfen Nutzungsdaten auch automatisiert ausgewertet werden. [4]Für die Auskunftserteilung sind sämtliche unternehmensinternen Datenquellen zu berücksichtigen.

(2) [1]Die Auskunft darf nur erteilt werden nach Maßgabe der nachfolgenden Absätze und soweit die um die Auskunft ersuchende Stelle dies im Einzelfall unter Angabe einer gesetzlichen Bestimmung verlangt, die ihr eine Erhebung der in Absatz 1 in Bezug genommenen Daten erlaubt. [2]Das Auskunftsverlangen ist schriftlich oder elektronisch zu stellen. [3]Bei Gefahr im Verzug darf die Auskunft auch erteilt werden, wenn das Verlangen in anderer Form gestellt wird. [4]In diesem Fall ist das Verlangen unverzüglich nachträglich schriftlich oder elektronisch zu bestätigen. [5]Die Verantwortung für die Zulässigkeit der Auskunft tragen die um Auskunft ersuchenden Stellen.

(3) Die Auskunft nach Absatz 1 Satz 1 darf nur erteilt werden an

1. die für die Verfolgung von Straftaten und Ordnungswidrigkeiten zuständigen Behörden, soweit zureichende tatsächliche Anhaltspunkte für eine Straftat oder Ordnungswidrigkeit, die gegenüber einer natürlichen Person mit Geldbuße im Höchstmaß von mehr als fünfzehntausend Euro bedroht ist, vorliegen und die in die Auskunft aufzunehmenden Daten erforderlich sind, um den Sachverhalt zu erforschen, den Aufenthaltsort eines Beschuldigten oder Betroffenen zu ermitteln oder eine Strafe zu vollstrecken,

---

[1)] Nr. 23.

2. die für die Abwehr von Gefahren für die öffentliche Sicherheit oder Ordnung zuständigen Behörden, soweit die in die Auskunft aufzunehmenden Daten im Einzelfall erforderlich sind,
   a) zur Abwehr einer Gefahr für die öffentliche Sicherheit, oder
   b) zum Schutz von Leib, Leben, Freiheit der Person, sexueller Selbstbestimmung, dem Bestand und der Sicherheit des Bundes oder eines Landes, der freiheitlich demokratischen Grundordnung, Gütern der Allgemeinheit, deren Bedrohung die Grundlagen der Existenz der Menschen berührt, sowie nicht unerheblichen Sachwerten, wenn Tatsachen den Schluss auf ein wenigstens seiner Art nach konkretisiertes sowie zeitlich absehbares Geschehen zulassen, an dem bestimmte Personen beteiligt sein werden, oder
   c) zum Schutz von Leib, Leben, Freiheit der Person, sexueller Selbstbestimmung, dem Bestand und der Sicherheit des Bundes oder eines Landes, der freiheitlich demokratischen Grundordnung sowie Gütern der Allgemeinheit, deren Bedrohung die Grundlagen der Existenz der Menschen berührt, wenn das individuelle Verhalten einer Person die konkrete Wahrscheinlichkeit begründet, dass sie in einem übersehbaren Zeitraum eine gegen ein solches Rechtsgut gerichtete Straftat begehen wird, oder
   d) zur Verhütung einer Straftat von erheblicher Bedeutung, sofern Tatsachen die Annahme rechtfertigen, dass eine Person innerhalb eines übersehbaren Zeitraums auf eine ihrer Art nach konkretisierte Weise als Täter oder Teilnehmer an der Begehung einer Tat beteiligt ist, oder
   e) zur Verhütung einer schweren Straftat im Sinne von § 100a Absatz 2 der Strafprozessordnung[1)], sofern das individuelle Verhalten einer Person die konkrete Wahrscheinlichkeit begründet, dass die Person innerhalb eines übersehbaren Zeitraums die Tat begehen wird,
3. das Bundeskriminalamt als Zentralstelle nach § 2 des Bundeskriminalamtgesetzes, sofern
   a) zureichende tatsächliche Anhaltspunkte für eine Straftat im Sinne des § 2 Absatz 1 des Bundeskriminalamtgesetzes vorliegen und die in die Auskunft aufzunehmenden Daten erforderlich sind, um
      aa) die zuständige Strafverfolgungsbehörde zu ermitteln oder
      bb) ein Auskunftsersuchen einer ausländischen Strafverfolgungsbehörde im Rahmen des internationalen polizeilichen Dienstverkehrs, das nach Maßgabe der Vorschriften über die internationale Rechtshilfe in Strafsachen bearbeitet wird, zu erledigen, oder
   b) die in die Auskunft aufzunehmenden Daten im Rahmen der Strafvollstreckung erforderlich sind, um ein Auskunftsersuchen einer ausländischen Strafverfolgungsbehörde im Rahmen des polizeilichen Dienstverkehrs, das nach Maßgabe der Vorschriften über die internationale Rechtshilfe in Strafsachen bearbeitet wird, zu erledigen, oder
   c) die Gefahr besteht, dass eine Person an der Begehung einer Straftat im Sinne des § 2 Absatz 1 des Bundeskriminalamtgesetzes beteiligt sein wird, und die in die Auskunft aufzunehmenden Daten erforderlich sind, um
      aa) die für die Verhütung der Straftat zuständige Polizeibehörde zu ermitteln oder

---

1) Nr. 22.

bb) ein Auskunftsersuchen einer ausländischen Polizeibehörde im Rahmen des polizeilichen Dienstverkehrs zur Verhütung der Straftat zu erledigen, oder

d) Tatsachen die Annahme rechtfertigen, dass eine Person innerhalb eines übersehbaren Zeitraums auf eine zumindest ihrer Art nach konkretisierte Weise an einer Straftat von erheblicher Bedeutung beteiligt sein wird und die in die Auskunft aufzunehmenden Daten erforderlich sind, um

aa) die für die Verhütung der Straftat zuständige Polizeibehörde zu ermitteln oder

bb) ein Auskunftsersuchen einer ausländischen Polizeibehörde im Rahmen des polizeilichen Dienstverkehrs zur Verhütung der Straftat zu erledigen, oder

e) das individuelle Verhalten einer Person die konkrete Wahrscheinlichkeit begründet, dass sie innerhalb eines übersehbaren Zeitraums eine schwere Straftat nach § 100a Absatz 2 der Strafprozessordnung[1] begehen wird, und die in die Auskunft aufzunehmenden Daten erforderlich sind, um

aa) die für die Verhütung der Straftat zuständige Polizeibehörde zu ermitteln oder

bb) ein Auskunftsersuchen einer ausländischen Polizeibehörde im Rahmen des polizeilichen Dienstverkehrs zur Verhütung der Straftat zu erledigen,

4. das Zollkriminalamt als Zentralstelle nach § 3 des Zollfahndungsdienstgesetzes, sofern

a) im Einzelfall zureichende tatsächliche Anhaltspunkte für eine Straftat vorliegen und die in die Auskunft aufzunehmenden Daten erforderlich sind, um

aa) die zuständige Strafverfolgungsbehörde zu ermitteln oder

bb) ein Auskunftsersuchen einer ausländischen Strafverfolgungsbehörde im Rahmen des internationalen polizeilichen Dienstverkehrs, das nach Maßgabe der Vorschriften über die internationale Rechtshilfe in Strafsachen bearbeitet wird, auch im Rahmen der Strafvollstreckung, zu erledigen, oder

b) dies im Einzelfall erforderlich ist

aa) zur Abwehr einer Gefahr für die öffentliche Sicherheit, oder

bb) zum Schutz von Leib, Leben, Freiheit der Person, sexueller Selbstbestimmung, dem Bestand und der Sicherheit des Bundes oder eines Landes, der freiheitlich demokratischen Grundordnung, Gütern der Allgemeinheit, deren Bedrohung die Grundlagen der Existenz der Menschen berührt, sowie nicht unerheblichen Sachwerten, wenn Tatsachen den Schluss auf ein wenigstens seiner Art nach konkretisiertes und zeitlich absehbares Geschehen zulassen, an dem bestimmte Personen beteiligt sein werden, oder

cc) zum Schutz von Leib, Leben, Freiheit der Person, sexueller Selbstbestimmung, dem Bestand und der Sicherheit des Bundes oder eines Landes, der freiheitlich demokratischen Grundordnung sowie Gütern der Allgemeinheit, deren Bedrohung die Grundlagen der Existenz der

---

[1] Nr. 22.

Menschen berührt, wenn das individuelle Verhalten einer Person die konkrete Wahrscheinlichkeit begründet, dass die Gefährdung eines solchen Rechtsgutes in einem übersehbaren Zeitraum eintreten wird, oder

dd) zur Erledigung eines Auskunftsersuchens einer ausländischen Polizeibehörde im Rahmen des polizeilichen Dienstverkehrs zur Verhütung einer Straftat, oder

ee) zur Verhütung einer Straftat von erheblicher Bedeutung, sofern Tatsachen die Annahme rechtfertigen, dass eine Person innerhalb eines übersehbaren Zeitraums auf eine ihrer Art nach konkretisierte Weise als Täter oder Teilnehmer an der Begehung der Tat beteiligt ist, oder

ff) zur Verhütung einer schweren Straftat nach § 100a Absatz 2 der Strafprozessordnung[1)], sofern das individuelle Verhalten einer Person die konkrete Wahrscheinlichkeit begründet, dass die Person innerhalb eines übersehbaren Zeitraums die Tat begehen wird,

5. die Behörden der Zollverwaltung und die nach Landesrecht zuständigen Behörden, sofern im Einzelfall bei der Veröffentlichung von Angeboten oder Werbemaßnahmen ohne Angabe von Name und Anschrift tatsächliche Anhaltspunkte für Schwarzarbeit oder illegale Beschäftigung nach § 1 des Schwarzarbeitsbekämpfungsgesetzes vorliegen und die in die Auskunft aufzunehmenden Daten zur Identifizierung des Auftraggebers erforderlich sind, um Schwarzarbeit oder illegale Beschäftigung aufzudecken,

6. die Verfassungsschutzbehörden des Bundes und der Länder, soweit dies aufgrund tatsächlicher Anhaltspunkte im Einzelfall erforderlich ist zur Aufklärung bestimmter Bestrebungen oder Tätigkeiten nach
   a) § 3 Absatz 1 des Bundesverfassungsschutzgesetzes oder
   b) einem zum Verfassungsschutz (§ 1 Absatz 1 des Bundesverfassungsschutzgesetzes) landesgesetzlich begründeten Beobachtungsauftrag der Landesbehörde, insbesondere zum Schutz der verfassungsmäßigen Ordnung vor Bestrebungen und Tätigkeiten der organisierten Kriminalität,

7. den Militärischen Abschirmdienst, soweit dies aufgrund tatsächlicher Anhaltspunkte im Einzelfall zur Aufklärung bestimmter Bestrebungen oder Tätigkeiten nach § 1 Absatz 1 des MAD-Gesetzes oder zur Sicherung der Einsatzbereitschaft der Truppe oder zum Schutz der Angehörigen, der Dienststellen und Einrichtungen des Geschäftsbereichs des Bundesministeriums der Verteidigung nach § 14 Absatz 1 des MAD-Gesetzes erforderlich ist,

8. den Bundesnachrichtendienst, soweit dies erforderlich ist
   a) zur politischen Unterrichtung der Bundesregierung, wenn im Einzelfall tatsächliche Anhaltspunkte dafür vorliegen, dass durch die Auskunft Informationen über das Ausland gewonnen werden können, die von außen- und sicherheitspolitischer Bedeutung für die Bundesrepublik Deutschland sind und zu deren Aufklärung das Bundeskanzleramt den Bundesnachrichtendienst beauftragt hat, oder
   b) zur Früherkennung von aus dem Ausland drohenden Gefahren von internationaler Bedeutung, wenn im Einzelfall tatsächliche Anhaltspunkte dafür vorliegen, dass durch die Auskunft Erkenntnisse gewonnen werden können mit Bezug zu den in § 4 Absatz 3 Nummer 1 des BND-Gesetzes

---

[1)] Nr. **22**.

genannten Gefahrenbereichen oder zum Schutz der in § 4 Absatz 3 Nummer 2 und 3 des BND-Gesetzes genannten Rechtsgüter.

(4) Die Auskunft nach Absatz 1 Satz 3 darf nur erteilt werden an

1. die für die Verfolgung von Straftaten zuständigen Behörden, soweit zureichende tatsächliche Anhaltspunkte für eine Straftat vorliegen und die in die Auskunft aufzunehmenden Daten erforderlich sind, um den Sachverhalt zu erforschen, den Aufenthaltsort eines Beschuldigten zu ermitteln oder eine Strafe zu vollstrecken,
2. die für die Abwehr von Gefahren für die öffentliche Sicherheit oder Ordnung zuständigen Behörden, wenn die in die Auskunft aufzunehmenden Daten im Einzelfall erforderlich sind
   a) zum Schutz von Leib, Leben, Freiheit der Person, sexueller Selbstbestimmung, dem Bestand und der Sicherheit des Bundes oder eines Landes, der freiheitlich demokratischen Grundordnung, Gütern der Allgemeinheit, deren Bedrohung die Grundlagen der Existenz der Menschen berührt, sowie nicht unerheblicher Sachwerte oder zur Verhütung einer Straftat oder
   b) zum Schutz von Leib, Leben, Freiheit der Person, sexueller Selbstbestimmung, dem Bestand und der Sicherheit des Bundes oder eines Landes, der freiheitlich demokratischen Grundordnung sowie Gütern der Allgemeinheit, deren Bedrohung die Grundlagen der Existenz der Menschen berührt, sowie nicht unerheblicher Sachwerte, wenn Tatsachen den Schluss auf ein wenigstens seiner Art nach konkretisiertes sowie zeitlich absehbares Geschehen zulassen, an dem bestimmte Personen beteiligt sein werden, oder
   c) zum Schutz von Leib, Leben, Freiheit der Person, sexueller Selbstbestimmung, dem Bestand und der Sicherheit des Bundes oder eines Landes, der freiheitlich demokratischen Grundordnung sowie Gütern der Allgemeinheit, deren Bedrohung die Grundlagen der Existenz der Menschen berührt, wenn das individuelle Verhalten einer Person die konkrete Wahrscheinlichkeit begründet, dass sie in einem übersehbaren Zeitraum eine gegen ein solches Rechtsgut gerichtete Straftat begehen wird, oder
   d) zur Verhütung einer schweren Straftat nach § 100a Absatz 2 der Strafprozessordnung[1)], sofern Tatsachen die Annahme rechtfertigen, dass eine Person innerhalb eines übersehbaren Zeitraums auf eine ihrer Art nach konkretisierten Weise als Täter oder Teilnehmer an der Begehung einer Tat beteiligt ist, oder
   e) zur Verhütung einer schweren Straftat nach § 100a Absatz 2 der Strafprozessordnung[1)], sofern das individuelle Verhalten einer Person die konkrete Wahrscheinlichkeit begründet, dass die Person innerhalb eines übersehbaren Zeitraums die Tat begehen wird,
3. das Bundeskriminalamt als Zentralstelle nach § 2 des Bundeskriminalamtgesetzes, sofern
   a) zureichende tatsächliche Anhaltspunkte für eine Straftat im Sinne des § 2 Absatz 1 des Bundeskriminalamtgesetzes vorliegen und die in die Auskunft aufzunehmenden Daten erforderlich sind, um

---

[1)] Nr. **22**.

aa) die zuständige Strafverfolgungsbehörde zu ermitteln, oder

bb) ein Auskunftsersuchen einer ausländischen Strafverfolgungsbehörde im Rahmen des internationalen polizeilichen Dienstverkehrs, das nach Maßgabe der Vorschriften über die internationale Rechtshilfe in Strafsachen bearbeitet wird, zu erledigen, oder

b) die in die Auskunft aufzunehmenden Daten im Rahmen der Strafvollstreckung erforderlich sind, um ein Auskunftsersuchen einer ausländischen Strafverfolgungsbehörde im Rahmen des polizeilichen Dienstverkehrs, das nach Maßgabe der Vorschriften über die internationale Rechtshilfe in Strafsachen bearbeitet wird, zu erledigen,

c) die Gefahr besteht, dass eine Person an der Begehung einer Straftat im Sinne des § 2 Absatz 1 des Bundeskriminalamtgesetzes beteiligt sein wird und die in die Auskunft aufzunehmenden Daten erforderlich sind, um

aa) die für die Verhütung der Straftat zuständige Polizeibehörde zu ermitteln, oder

bb) ein Auskunftsersuchen einer ausländischen Polizeibehörde im Rahmen des polizeilichen Dienstverkehrs zur Verhütung der Straftat zu erledigen, oder

d) Tatsachen die Annahme rechtfertigen, dass eine Person innerhalb eines übersehbaren Zeitraums auf eine zumindest ihrer Art nach konkretisierte Weise an einer schweren Straftat nach § 100a Absatz 2 der Strafprozessordnung[1] beteiligt sein wird, und die in die Auskunft aufzunehmenden Daten erforderlich sind, um

aa) die für die Verhütung der Straftat zuständige Polizeibehörde zu ermitteln, oder

bb) ein Auskunftsersuchen einer ausländischen Polizeibehörde im Rahmen des polizeilichen Dienstverkehrs zur Verhütung der Straftat zu erledigen, oder

e) das individuelle Verhalten einer Person die konkrete Wahrscheinlichkeit begründet, dass sie innerhalb eines übersehbaren Zeitraums eine schwere Straftat nach § 100a Absatz 2 der Strafprozessordnung[1] begehen wird, und die in die Auskunft aufzunehmenden Daten erforderlich sind, um

aa) die für die Verhütung der Straftat zuständige Polizeibehörde zu ermitteln, oder

bb) ein Auskunftsersuchen einer ausländischen Polizeibehörde im Rahmen des polizeilichen Dienstverkehrs zur Verhütung der Straftat zu erledigen,

4. das Zollkriminalamt als Zentralstelle nach § 3 des Zollfahndungsdienstgesetzes, sofern

a) im Einzelfall zureichende tatsächliche Anhaltspunkte für eine Straftat vorliegen, und die in die Auskunft aufzunehmenden Daten erforderlich sind, um

aa) die zuständige Strafverfolgungsbehörde zu ermitteln, oder

bb) ein Auskunftsersuchen einer ausländischen Strafverfolgungsbehörde im Rahmen des internationalen polizeilichen Dienstverkehrs, das nach Maßgabe der Vorschriften über die internationale Rechtshilfe in Straf-

---

[1] Nr. 22.

sachen bearbeitet wird, auch im Rahmen der Strafvollstreckung, zu erledigen, oder

b) dies im Einzelfall erforderlich ist

aa) zum Schutz von Leib, Leben, Freiheit der Person, sexueller Selbstbestimmung, dem Bestand und der Sicherheit des Bundes oder eines Landes, der freiheitlich demokratischen Grundordnung, Gütern der Allgemeinheit, deren Bedrohung die Grundlagen der Existenz der Menschen berührt, sowie nicht unerheblicher Sachwerte oder zur Verhütung einer Straftat, oder

bb) zum Schutz von Leib, Leben, Freiheit der Person, sexueller Selbstbestimmung, dem Bestand und der Sicherheit des Bundes oder eines Landes, der freiheitlich demokratischen Grundordnung sowie Gütern der Allgemeinheit, deren Bedrohung die Grundlagen der Existenz der Menschen berührt, wenn Tatsachen den Schluss auf ein wenigstens seiner Art nach konkretisiertes und zeitlich absehbares Geschehen zulassen, an dem bestimmte Personen beteiligt sein werden, oder

cc) zum Schutz von Leib, Leben, Freiheit der Person, sexueller Selbstbestimmung, dem Bestand und der Sicherheit des Bundes oder eines Landes, der freiheitlich demokratischen Grundordnung sowie Gütern der Allgemeinheit, deren Bedrohung die Grundlagen der Existenz der Menschen berührt, wenn das individuelle Verhalten einer Person die konkrete Wahrscheinlichkeit begründet, dass die Gefährdung eines solchen Rechtsgutes in einem übersehbaren Zeitraum eintreten wird, oder

dd) zur Erledigung eines Auskunftsersuchens einer ausländischen Polizeibehörde im Rahmen des polizeilichen Dienstverkehrs zur Verhütung einer schweren Straftat nach § 100a Absatz 2 der Strafprozessordnung[1], oder

ee) zur Verhütung einer schweren Straftat nach § 100a Absatz 2 der Strafprozessordnung[1], sofern Tatsachen die Annahme rechtfertigen, dass eine Person innerhalb eines übersehbaren Zeitraums auf eine ihrer Art nach konkretisierte Weise als Täter oder Teilnehmer an der Begehung der Tat beteiligt ist, oder

ff) zur Verhütung einer schweren Straftat nach § 100a Absatz 2 der Strafprozessordnung[1], sofern das individuelle Verhalten einer Person die konkrete Wahrscheinlichkeit begründet, dass die Person innerhalb eines übersehbaren Zeitraums die Tat begehen wird,

5. die Behörden der Zollverwaltung und die nach Landesrecht zuständigen Behörden zur Verhütung einer Straftat nach den §§ 10, 10a oder 11 des Schwarzarbeitsbekämpfungsgesetzes oder § 266a des Strafgesetzbuches,

6. die Verfassungsschutzbehörden des Bundes und der Länder, soweit dies aufgrund tatsächlicher Anhaltspunkte im Einzelfall erforderlich ist zur Aufklärung bestimmter Bestrebungen oder Tätigkeiten nach

a) § 3 Absatz 1 des Bundesverfassungsschutzgesetzes, oder

b) einem zum Verfassungsschutz (§ 1 Absatz 1 des Bundesverfassungsschutzgesetzes) landesgesetzlich begründeten Beobachtungsauftrag der Landes-

[1] Nr. **22**.

behörde, insbesondere zum Schutz der verfassungsmäßigen Ordnung vor Bestrebungen und Tätigkeiten der organisierten Kriminalität,

7. den Militärischen Abschirmdienst, soweit dies aufgrund tatsächlicher Anhaltspunkte im Einzelfall zur Aufklärung bestimmter Bestrebungen oder Tätigkeiten nach § 1 Absatz 1 des MAD-Gesetzes oder zur Sicherung der Einsatzbereitschaft der Truppe oder zum Schutz der Angehörigen, der Dienststellen und Einrichtungen des Geschäftsbereichs des Bundesministeriums der Verteidigung nach § 14 Absatz 1 des MAD-Gesetzes erforderlich ist,
8. den Bundesnachrichtendienst, soweit dies erforderlich ist
   a) zur politischen Unterrichtung der Bundesregierung, wenn im Einzelfall tatsächliche Anhaltspunkte dafür vorliegen, dass durch die Auskunft Informationen über das Ausland gewonnen werden können, die von außen- und sicherheitspolitischer Bedeutung für die Bundesrepublik Deutschland sind und zu deren Aufklärung das Bundeskanzleramt den Bundesnachrichtendienst beauftragt hat, oder
   b) zur Früherkennung von aus dem Ausland drohenden Gefahren von internationaler Bedeutung, wenn im Einzelfall tatsächliche Anhaltspunkte dafür vorliegen, dass durch die Auskunft Erkenntnisse gewonnen werden können mit Bezug zu den in § 4 Absatz 3 Nummer 1 des BND-Gesetzes genannten Gefahrenbereichen oder zum Schutz der in § 4 Absatz 3 Nummer 2 und 3 des BND-Gesetzes genannten Rechtsgüter.

(5) [1] Derjenige, der geschäftsmäßig digitale Dienste erbringt, daran mitwirkt oder den Zugang zur Nutzung daran vermittelt, hat die zu beauskunftenden Daten unverzüglich und vollständig zu übermitteln. [2] Eine Verschlüsselung der Daten bleibt unberührt. [3] Über das Auskunftsersuchen und die Auskunftserteilung haben die Verpflichteten gegenüber den Betroffenen sowie Dritten Stillschweigen zu wahren.

(6) [1] Wer geschäftsmäßig digitale Dienste erbringt oder daran mitwirkt, hat die in seinem Verantwortungsbereich für die Auskunftserteilung erforderlichen Vorkehrungen auf seine Kosten zu treffen. [2] Jedes Auskunftsverlangen ist durch eine verantwortliche Fachkraft auf Einhaltung der in Absatz 2 genannten formalen Voraussetzungen zu prüfen. [3] Die weitere Bearbeitung des Auskunftsverlangens darf erst nach einem positiven Prüfergebnis freigegeben werden.

§ 23 Auskunftsverfahren bei Passwörtern und anderen Zugangsdaten.

(1) [1] Abweichend von § 22 darf derjenige, der geschäftsmäßig digitale Dienste erbringt, daran mitwirkt oder den Zugang zur Nutzung daran vermittelt, die als Bestandsdaten erhobenen Passwörter oder andere Daten, mittels derer der Zugriff auf Endgeräte oder auf Speichereinrichtungen, die in diesen Endgeräten oder hiervon räumlich getrennt eingesetzt werden, geschützt wird, nach Maßgabe dieser Vorschrift zur Erfüllung von Auskunftspflichten gegenüber den in Absatz 2 genannten Stellen verwenden. [2] Für die Auskunftserteilung sind sämtliche unternehmensinternen Datenquellen zu berücksichtigen.

(2) [1] Die Auskunft nach Absatz 1 Satz 1 darf nur erteilt werden an

1. zur Verfolgung von Straftaten zuständige Behörden, soweit diese im Einzelfall die Übermittlung unter Angabe einer gesetzlichen Bestimmung, die ihnen eine Erhebung und Nutzung der in Absatz 1 genannten Daten zur Verfolgung besonders schwerer Straftaten nach § 100b Absatz 2 Nummer 1 Buchstabe a, c, e, f, g, h oder m, Nummer 3 Buchstabe b erste Alternative,

Nummer 5, 6, 9 oder 10 der Strafprozessordnung[1] erlauben, nach Anordnung durch ein Gericht verlangen, oder

2. für die Abwehr von Gefahren für die öffentliche Sicherheit oder Ordnung zuständige Behörden, soweit diese im Einzelfall die Übermittlung unter Angabe einer gesetzlichen Bestimmung, die ihnen eine Erhebung und Nutzung der in Absatz 1 genannten Daten zur Abwehr einer konkreten Gefahr für Leib, Leben oder Freiheit der Person, für die sexuelle Selbstbestimmung, für den Bestand des Bundes oder eines Landes, die freiheitlich demokratische Grundordnung sowie Güter der Allgemeinheit, deren Bedrohung die Grundlagen der Existenz der Menschen berührt, erlauben, nach Anordnung durch ein Gericht verlangen.

[2] An andere öffentliche und nichtöffentliche Stellen dürfen Daten nach Absatz 1 nicht übermittelt werden. [3] Die Verantwortung für die Zulässigkeit der Auskunft tragen die um Auskunft ersuchenden Stellen.

(3) [1] Derjenige, der geschäftsmäßig digitale Dienste erbringt, daran mitwirkt oder den Zugang zur Nutzung daran vermittelt, hat die zu beauskunftenden Daten unverzüglich und vollständig zu übermitteln. [2] Eine Verschlüsselung der Daten bleibt unberührt. [3] Über das Auskunftsersuchen und die Auskunftserteilung haben die Verpflichteten gegenüber den Betroffenen sowie Dritten Stillschweigen zu wahren.

(4) [1] Wer geschäftsmäßig digitale Dienste erbringt oder daran mitwirkt, hat die in seinem Verantwortungsbereich für die Auskunftserteilung erforderlichen Vorkehrungen auf seine Kosten zu treffen. [2] Jedes Auskunftsverlangen ist durch eine verantwortliche Fachkraft auf Einhaltung der in Absatz 2 genannten formalen Voraussetzungen zu prüfen. [3] Die weitere Bearbeitung des Auskunftsverlangens darf erst nach einem positiven Prüfergebnis freigegeben werden.

§ 24 Auskunftsverfahren bei Nutzungsdaten. (1) [1] Wer geschäftsmäßig digitale Dienste erbringt, daran mitwirkt oder den Zugang zur Nutzung daran vermittelt, darf die Nutzungsdaten nach Maßgabe dieser Vorschrift zur Erfüllung von Auskunftspflichten gegenüber den in Absatz 3 genannten Stellen verwenden. [2] Für die Auskunftserteilung sind sämtliche unternehmensinternen Datenquellen zu berücksichtigen.

(2) [1] Die Auskunft darf nur erteilt werden nach Maßgabe der nachfolgenden Absätze und soweit die um die Auskunft ersuchende Stelle dies im Einzelfall unter Angabe einer gesetzlichen Bestimmung verlangt, die ihr eine Erhebung der in Absatz 1 in Bezug genommenen Daten erlaubt. [2] Das Auskunftsverlangen ist schriftlich oder elektronisch zu stellen. [3] Bei Gefahr im Verzug darf die Auskunft auch erteilt werden, wenn das Verlangen in anderer Form gestellt wird. [4] In diesem Fall ist das Verlangen unverzüglich nachträglich schriftlich oder elektronisch zu bestätigen. [5] Die Verantwortung für die Zulässigkeit der Auskunft tragen die um Auskunft ersuchenden Stellen.

(3) Die Auskunft nach Absatz 1 Satz 1 darf nur erteilt werden an

1. die für die Verfolgung von Straftaten zuständigen Behörden, soweit zureichende tatsächliche Anhaltspunkte für eine Straftat vorliegen und die zu erhebenden Daten erforderlich sind, um den Sachverhalt zu erforschen, den Aufenthaltsort eines Beschuldigten zu ermitteln,

---

[1] Nr. 22.

2. die für die Abwehr von Gefahren für die öffentliche Sicherheit oder Ordnung zuständigen Behörden, soweit dies im Einzelfall erforderlich ist,
   a) zur Abwehr einer Gefahr für
      aa) die öffentliche Sicherheit, wobei die Auskunft auf Nutzungsdaten nach § 2 Absatz 2 Nummer 3 Buchstabe a beschränkt ist, oder
      bb) Leib, Leben, Freiheit der Person, die sexuelle Selbstbestimmung, den Bestand und die Sicherheit des Bundes oder eines Landes, die freiheitlich demokratische Grundordnung, Güter der Allgemeinheit, deren Bedrohung die Grundlagen der Existenz der Menschen berührt, sowie nicht unerhebliche Sachwerte, oder
   b) zum Schutz von Leib, Leben, Freiheit der Person, sexueller Selbstbestimmung, dem Bestand und der Sicherheit des Bundes oder eines Landes, der freiheitlich demokratischen Grundordnung, Gütern der Allgemeinheit, deren Bedrohung die Grundlagen der Existenz der Menschen berührt, sowie nicht unerheblichen Sachwerten, wenn Tatsachen den Schluss auf ein wenigstens seiner Art nach konkretisiertes sowie zeitlich absehbares Geschehen zulassen, an dem bestimmte Personen beteiligt sein werden, oder
   c) zum Schutz von Leib, Leben, Freiheit der Person, sexueller Selbstbestimmung, dem Bestand und der Sicherheit des Bundes oder eines Landes, der freiheitlich demokratischen Grundordnung sowie Gütern der Allgemeinheit, deren Bedrohung die Grundlagen der Existenz der Menschen berührt, wenn das individuelle Verhalten einer Person die konkrete Wahrscheinlichkeit begründet, dass sie in einem übersehbaren Zeitraum eine gegen ein solches Rechtsgut gerichtete Straftat begehen wird, oder
   d) zur Verhütung einer Straftat von erheblicher Bedeutung, sofern Tatsachen die Annahme rechtfertigen, dass eine Person innerhalb eines übersehbaren Zeitraums auf eine ihrer Art nach konkretisierten Weise als Täter oder Teilnehmer an der Begehung einer Tat beteiligt ist, oder
   e) zur Verhütung einer schweren Straftat nach § 100a Absatz 2 der Strafprozessordnung[1)], sofern das individuelle Verhalten einer Person die konkrete Wahrscheinlichkeit begründet, dass die Person innerhalb eines übersehbaren Zeitraums die Tat begehen wird,
3. das Bundeskriminalamt als Zentralstelle nach § 2 des Bundeskriminalamtgesetzes, sofern im Einzelfall eine erhebliche Gefahr für die öffentliche Sicherheit vorliegt oder zureichende tatsächliche Anhaltspunkte für eine Straftat im Sinne des § 2 Absatz 1 des Bundeskriminalamtgesetzes vorliegen und die Daten erforderlich sind, um die zuständige Strafverfolgungsbehörde oder zuständige Polizeibehörde zu ermitteln, wobei die Auskunft auf Nutzungsdaten nach § 2 Absatz 2 Nummer 3 Buchstabe a beschränkt ist,
4. das Zollkriminalamt, soweit dies im Einzelfall erforderlich ist zum Schutz der in § 4 Absatz 1, auch in Verbindung mit Absatz 2, des Außenwirtschaftsgesetzes genannten Rechtsgüter, wenn
   a) Tatsachen den Schluss auf ein wenigstens seiner Art nach konkretisiertes sowie zeitlich absehbares Geschehen zulassen, an dem bestimmte Personen beteiligt sein werden, oder

---

[1)] Nr. **22**.

b) das individuelle Verhalten einer Person die konkrete Wahrscheinlichkeit begründet, dass sie in einem übersehbaren Zeitraum eine gegen ein solches Rechtsgut gerichtete Straftat begehen wird,

5. die Verfassungsschutzbehörden des Bundes und der Länder, soweit dies aufgrund tatsächlicher Anhaltspunkte im Einzelfall erforderlich ist zur Aufklärung bestimmter Bestrebungen oder Tätigkeiten nach
   a) § 3 Absatz 1 des Bundesverfassungsschutzgesetzes oder
   b) einem zum Verfassungsschutz (§ 1 Absatz 1 des Bundesverfassungsschutzgesetzes) landesgesetzlich begründeten Beobachtungsauftrag der Landesbehörde, insbesondere zum Schutz der verfassungsmäßigen Ordnung vor Bestrebungen und Tätigkeiten der organisierten Kriminalität,
6. den Militärischen Abschirmdienst, soweit dies aufgrund tatsächlicher Anhaltspunkte im Einzelfall zur Aufklärung bestimmter Bestrebungen oder Tätigkeiten nach § 1 Absatz 1 des MAD-Gesetzes oder zur Sicherung der Einsatzbereitschaft der Truppe oder zum Schutz der Angehörigen, der Dienststellen und Einrichtungen des Geschäftsbereichs des Bundesministeriums der Verteidigung nach § 14 Absatz 1 des MAD-Gesetzes erforderlich ist,
7. den Bundesnachrichtendienst zur Gewinnung von Erkenntnissen über das Ausland von außen- und sicherheitspolitischer Bedeutung für die Bundesrepublik Deutschland, sofern
   a) tatsächliche Anhaltspunkte dafür vorliegen, dass ein wenigstens seiner Art nach konkretisiertes sowie zeitlich absehbares Geschehen besteht, an dem bestimmte Personen beteiligt sein werden, und das
      aa) einem der in § 4 Absatz 3 Nummer 1 des BND-Gesetzes genannten Gefahrenbereiche unterfällt, oder
      bb) eines der in § 4 Absatz 3 Nummer 2 und 3 des BND-Gesetzes genannten Rechtsgüter beeinträchtigen wird, oder
   b) eine Auskunftserteilung über bestimmte Nutzungsdaten im Sinne von § 2 Absatz 2 Nummer 3 Buchstabe a erforderlich ist, um einen Nutzer zu identifizieren, von dem ein bestimmter, dem Bundesnachrichtendienst bereits bekannter Inhalt der Nutzung des digitalen Dienstes herrührt, zum Zweck
      aa) der politischen Unterrichtung der Bundesregierung, wenn im Einzelfall tatsächliche Anhaltspunkte für bestimmte Vorgänge im Ausland vorliegen, die von außen- und sicherheitspolitischer Bedeutung für die Bundesrepublik Deutschland sind und zu deren Aufklärung das Bundeskanzleramt den Bundesnachrichtendienst beauftragt hat, oder
      bb) der Früherkennung von aus dem Ausland drohenden Gefahren von internationaler Bedeutung, wenn im Einzelfall tatsächliche Anhaltspunkte für Vorgänge im Ausland bestehen, die einen Bezug zu den in § 4 Absatz 3 Nummer 1 des BND-Gesetzes genannten Gefahrenbereichen aufweisen oder darauf abzielen oder geeignet sind, die in § 4 Absatz 3 Nummer 2 und 3 des BND-Gesetzes genannten Rechtsgüter zu schädigen.

(4) [1] Derjenige, der geschäftsmäßig digitale Dienste erbringt, daran mitwirkt oder den Zugang zur Nutzung daran vermittelt, hat die zu beauskunftenden Daten unverzüglich und vollständig zu übermitteln. [2] Eine Verschlüsselung der Daten bleibt unberührt. [3] Über das Auskunftsersuchen und die Auskunftsertei-

lung haben die Verpflichteten gegenüber den Betroffenen sowie Dritten Stillschweigen zu wahren.

(5) [1] Wer geschäftsmäßig digitale Dienste erbringt oder daran mitwirkt, hat die in seinem Verantwortungsbereich für die Auskunftserteilung erforderlichen Vorkehrungen auf seine Kosten zu treffen. [2] Jedes Auskunftsverlangen ist durch eine verantwortliche Fachkraft auf Einhaltung der in Absatz 2 genannten formalen Voraussetzungen zu prüfen. [3] Die weitere Bearbeitung des Auskunftsverlangens darf erst nach einem positiven Prüfergebnis freigegeben werden.

Kapitel 2. Endeinrichtungen

§ 25 Schutz der Privatsphäre bei Endeinrichtungen. (1) [1] Die Speicherung von Informationen in der Endeinrichtung des Endnutzers oder der Zugriff auf Informationen, die bereits in der Endeinrichtung gespeichert sind, sind nur zulässig, wenn der Endnutzer auf der Grundlage von klaren und umfassenden Informationen eingewilligt hat. [2] Die Information des Endnutzers und die Einwilligung haben gemäß der Verordnung (EU) 2016/679[1)] zu erfolgen.

(2) Die Einwilligung nach Absatz 1 ist nicht erforderlich,

1. wenn der alleinige Zweck der Speicherung von Informationen in der Endeinrichtung des Endnutzers oder der alleinige Zweck des Zugriffs auf bereits in der Endeinrichtung des Endnutzers gespeicherte Informationen die Durchführung der Übertragung einer Nachricht über ein öffentliches Telekommunikationsnetz ist oder
2. wenn die Speicherung von Informationen in der Endeinrichtung des Endnutzers oder der Zugriff auf bereits in der Endeinrichtung des Endnutzers gespeicherte Informationen unbedingt erforderlich ist, damit der Anbieter eines digitalen Dienstes einen vom Nutzer ausdrücklich gewünschten digitalen Dienst zur Verfügung stellen kann.

§ 26 Anerkannte Dienste zur Einwilligungsverwaltung, Endnutzereinstellungen. (1) Dienste zur Verwaltung von nach § 25 Absatz 1 erteilten Einwilligungen, die

1. nutzerfreundliche und wettbewerbskonforme Verfahren und technische Anwendungen zur Einholung und Verwaltung der Einwilligung haben,
2. kein wirtschaftliches Eigeninteresse an der Erteilung der Einwilligung und an den verwalteten Daten haben und unabhängig von Unternehmen sind, die ein solches Interesse haben können,
3. die personenbezogenen Daten und die Informationen über die Einwilligungsentscheidungen für keine anderen Zwecke als die Einwilligungsverwaltung verarbeiten und
4. ein Sicherheitskonzept vorlegen, das eine Bewertung der Qualität und Zuverlässigkeit des Dienstes und der technischen Anwendungen ermöglicht und aus dem sich ergibt, dass der Dienst sowohl technisch als auch organisatorisch die rechtlichen Anforderungen an den Datenschutz und die Datensicherheit, die sich insbesondere aus der Verordnung (EU) 2016/679[1)] ergeben, erfüllt,

---

1) Nr. 1.

können von einer unabhängigen Stelle nach Maßgabe der Rechtsverordnung nach Absatz 2 anerkannt werden.

(2) Die Bundesregierung bestimmt durch Rechtsverordnung mit Zustimmung des Bundestages und des Bundesrates die Anforderungen

1. an das nutzerfreundliche und wettbewerbskonforme Verfahren und technische Anwendungen nach Absatz 1 Nummer 1 und
2. an das Verfahren der Anerkennung, insbesondere
   a) den erforderlichen Inhalt des Antrags auf Anerkennung,
   b) den Inhalt des Sicherheitskonzepts nach Absatz 1 Nummer 4 und
   c) die für die Anerkennung zuständige unabhängige Stelle, und
3. die technischen und organisatorischen Maßnahmen, dass
   a) Software zum Abrufen und Darstellen von Informationen aus dem Internet,
      aa) Einstellungen der Endnutzer hinsichtlich der Einwilligung nach § 25 Absatz 1 befolgt und
      bb) die Einbindung von anerkannten Diensten zur Einwilligungsverwaltung berücksichtigt und
   b) Anbieter von digitalen Diensten bei der Verwaltung der von Endnutzern erteilten Einwilligung die Einbindung von anerkannten Diensten zur Einwilligungsverwaltung und Einstellungen durch die Endnutzer berücksichtigen.

(3) Die Bundesregierung bewertet innerhalb von zwei Jahren nach Inkrafttreten einer Rechtsverordnung nach Absatz 1 die Wirksamkeit der getroffenen Maßnahmen im Hinblick auf die Errichtung nutzerfreundlicher und wettbewerbskonformer Einwilligungsverfahren und legt dazu einen Bericht an den Bundestag und den Bundesrat vor.

Teil 4. Straf- und Bußgeldvorschriften und Aufsicht

§ 27 Strafvorschriften. (1) Mit Freiheitsstrafe bis zu zwei Jahren oder mit Geldstrafe wird bestraft, wer

1. entgegen § 5 Absatz 1 eine Nachricht abhört oder in vergleichbarer Weise zur Kenntnis nimmt,
2. entgegen § 5 Absatz 2 Satz 1 eine Mitteilung macht oder
3. entgegen § 8 Absatz 1 eine dort genannte Telekommunikationsanlage herstellt oder auf dem Markt bereitstellt.

(2) Handelt der Täter in den Fällen des Absatzes 1 Nummer 3 fahrlässig, so ist die Strafe Freiheitsstrafe bis zu einem Jahr oder Geldstrafe.

§ 28 Bußgeldvorschriften. (1) Ordnungswidrig handelt, wer vorsätzlich oder fahrlässig

1. entgegen § 8 Absatz 6 für eine Telekommunikationsanlage wirbt,
2. entgegen § 9 Absatz 1 Satz 1 oder Absatz 2 Satz 1 Verkehrsdaten verarbeitet,
3. entgegen § 10 Absatz 2 Satz 3 dort genannte Daten nicht oder nicht rechtzeitig löscht,
4. entgegen § 12 Absatz 1 Satz 3 Verkehrsdaten verarbeitet,
5. entgegen § 12 Absatz 2 Verkehrsdaten nicht oder nicht rechtzeitig löscht,

6. entgegen § 12 Absatz 3 Satz 2 eine dort genannte Aufzeichnung nicht oder nicht rechtzeitig löscht,
7. entgegen § 12 Absatz 4 Satz 5 oder § 14 Absatz 5 die Aufsichtsbehörde nicht oder nicht rechtzeitig in Kenntnis setzt,
8. entgegen § 13 Absatz 1 Satz 2 den Endnutzer nicht, nicht richtig oder nicht rechtzeitig informiert,
9. entgegen § 15 Absatz 2 erster Halbsatz die Rufnummernanzeige unterdrückt oder veranlasst, dass diese unterdrückt wird,
10. entgegen § 19 Absatz 1 nicht sicherstellt, dass der Nutzer einen dort genannten Dienst beenden oder in Anspruch nehmen kann,
11. entgegen § 20 personenbezogene Daten verarbeitet,
12. entgegen § 22 Absatz 5 Satz 1, § 23 Absatz 3 Satz 1 oder § 24 Absatz 4 Satz 1 die dort genannten Daten nicht, nicht richtig, nicht vollständig oder nicht rechtzeitig übermittelt oder
13. entgegen § 25 Absatz 1 Satz 1 eine Information speichert oder auf eine Information zugreift.

(2) Die Ordnungswidrigkeit kann in den Fällen des Absatzes 1 Nummer 2, 3, 9, 11, 12 und 13 mit einer Geldbuße bis zu dreihunderttausend Euro, in den Fällen des Absatzes 1 Nummer 4 und 5 mit einer Geldbuße bis zu hunderttausend Euro, in den Fällen des Absatzes 1 Nummer 8 mit einer Geldbuße bis zu fünfzigtausend Euro und in den übrigen Fällen mit einer Geldbuße bis zu zehntausend Euro geahndet werden.

(3) Verwaltungsbehörde im Sinne des § 36 Absatz 1 Nummer 1 des Gesetzes über Ordnungswidrigkeiten ist

1. die Bundesnetzagentur in den Fällen des Absatzes 1 Nummer 1 und 9,
2. der Bundesbeauftragte oder die Bundesbeauftragte für den Datenschutz und die Informationsfreiheit in den Fällen des Absatzes 1 Nummer 2 bis 8 und im Fall des Absatzes 1 Nummer 13, soweit die Speicherung von oder der Zugriff auf Informationen durch Anbieter von Telekommunikationsdiensten oder durch Bundesbehörden erfolgt.

(4) Gegen Behörden und sonstige öffentliche Stellen im Sinne des § 2 Absatz 1 oder Absatz 2 des Bundesdatenschutzgesetzes[1] werden keine Geldbußen verhängt.

§ 29 Zuständigkeit, Aufgaben und Befugnisse der oder des Bundesbeauftragten für den Datenschutz und die Informationsfreiheit.

(1) Soweit für die geschäftsmäßige Erbringung von Telekommunikationsdiensten Daten von natürlichen oder juristischen Personen verarbeitet werden, ist der oder die Bundesbeauftragte für den Datenschutz und die Informationsfreiheit die zuständige Aufsichtsbehörde.

(2) Erfolgt die Speicherung von Informationen in der Endeinrichtung des Endnutzers oder der Zugriff auf Informationen, die bereits in der Endeinrichtung gespeichert sind, durch Anbieter von Telekommunikationsdiensten oder durch öffentliche Stellen des Bundes, ist der oder die Bundesbeauftragte für den Datenschutz und die Informationsfreiheit zuständige Aufsichtsbehörde für die Einhaltung des § 25.

---

[1] Nr. **11**.

(3) Im Hinblick auf die Befugnisse des oder der Bundesbeauftragten für den Datenschutz und die Informationsfreiheit im Rahmen seiner oder ihrer Aufsichtstätigkeit über die Einhaltung der Bestimmungen nach diesem Gesetz findet Artikel 58 der Verordnung (EU) 2016/679[1] entsprechende Anwendung.

(4) Das Fernmeldegeheimnis des Artikels 10 des Grundgesetzes[2] wird eingeschränkt, soweit die Wahrnehmung der Befugnisse nach Absatz 3 dies erfordert.

§ 30 Zuständigkeit, Aufgaben und Befugnisse der Bundesnetzagentur. (1) Die Bundesnetzagentur ist zuständige Aufsichtsbehörde für die Einhaltung der Vorschriften in Teil 2, soweit nicht gemäß § 29 die Zuständigkeit des oder der Bundesbeauftragten für den Datenschutz und die Informationsfreiheit gegeben ist.

(2) [1]Die Bundesnetzagentur kann Anordnungen und andere Maßnahmen treffen, um die Einhaltung der Vorschriften des Teils 2 sicherzustellen. [2]Der nach den Vorschriften des Teils 2 Verpflichtete muss auf Anforderung der Bundesnetzagentur die hierzu erforderlichen Auskünfte erteilen. [3]Die Bundesnetzagentur ist zur Überprüfung der Einhaltung der Verpflichtungen befugt, die Geschäfts- und Betriebsräume während der üblichen Betriebs- oder Geschäftszeiten zu betreten und zu besichtigen.

(3) Über die Befugnis zu Anordnungen nach Absatz 2 hinaus kann die Bundesnetzagentur bei Nichterfüllung von Verpflichtungen des Teils 2 den Betrieb von betroffenen Telekommunikationsanlagen oder das Erbringen des betreffenden Telekommunikationsdienstes ganz oder teilweise untersagen, wenn mildere Eingriffe zur Durchsetzung rechtmäßigen Verhaltens nicht ausreichen.

(4) Zur Durchsetzung von Maßnahmen und Anordnungen nach den Absätzen 2 und 3 kann nach Maßgabe des Verwaltungsvollstreckungsgesetzes ein Zwangsgeld bis zu 1 Million Euro festgesetzt werden.

(5) Das Fernmeldegeheimnis des Artikels 10 des Grundgesetzes[2] wird eingeschränkt, soweit die Wahrnehmung der Befugnisse nach Absatz 2 Satz 1 und 3 dies erfordert.

---

[1] Nr. **1**.
[2] Nr. **19**.

15. Telekommunikationsgesetz (TKG)[1)]

Vom 23. Juni 2021
(BGBl. I S. 1858)

FNA 900-17

zuletzt geänd. durch Art. 35 G zur Durchführung der VO (EU) 2022/2065 v. 6.5.2024 (BGBl. 2024 I Nr. 149)

– Auszug –

Teil 10. Öffentliche Sicherheit und Notfallvorsorge

Abschnitt 1. Öffentliche Sicherheit

§ 164 Notruf. (1) [1] Wer öffentlich zugängliche nummerngebundene interpersonelle Telekommunikationsdienste für das Führen von ausgehenden Gesprächen zu einer oder mehreren Nummern des nationalen oder internationalen Nummernplans erbringt, hat Vorkehrungen zu treffen, damit Endnutzern unentgeltliche Verbindungen möglich sind, die entweder durch die Wahl der europaeinheitlichen Notrufnummer 112 oder der zusätzlichen nationalen Notrufnummer 110 oder durch das Aussenden entsprechender Signalisierungen eingeleitet werden (Notrufverbindungen). [2] Wer derartige öffentlich zugängliche nummerngebundene interpersonelle Telekommunikationsdienste erbringt, den Zugang zu solchen Diensten ermöglicht oder Telekommunikationsnetze betreibt, die für diese Dienste einschließlich der Durchleitung von Anrufen genutzt werden, hat sicherzustellen oder im notwendigen Umfang daran mitzuwirken, dass Notrufverbindungen jederzeit unverzüglich zu der örtlich zuständigen Notrufabfragestelle hergestellt werden. [3] Die nach den Sätzen 1 und 2 Verpflichteten haben sicherzustellen, dass der Notrufabfragestelle auch Folgendes mit der Notrufverbindung übermittelt wird:

1. die Rufnummer des Anschlusses, von dem die Notrufverbindung ausgeht, und
2. die Daten, die zur Ermittlung des Standortes erforderlich sind, von dem die Notrufverbindung ausgeht.

[4] Notrufverbindungen sind vorrangig vor anderen Verbindungen herzustellen; sie stehen vorrangigen Verbindungen nach § 186 Absatz 2 Satz 1 gleich. [5] Daten, die nach Maßgabe der Rechtsverordnung nach Absatz 5 zur Verfolgung von Missbrauch des Notrufs erforderlich sind, dürfen auch verzögert an die Notrufabfragestelle übermittelt werden. [6] Die Übermittlung der Daten nach den Sätzen 3 und 5 erfolgt unentgeltlich. [7] Die für Notrufverbindungen entstehenden Kosten trägt jeder Anbieter eines Telekommunikationsdienstes selbst; die Entgeltlichkeit von Vorleistungen bleibt unberührt.

(2) Im Hinblick auf Notrufverbindungen, die unter Verwendung eines Telefaxgerätes eingeleitet werden, gilt Absatz 1 entsprechend.

(3) [1] Zur Gewährleistung einer gleichwertigen Notrufkommunikation von Menschen mit Behinderungen ist sicherzustellen, dass bei Nutzung eines Ver-

[1)] Verkündet als Art. 1 G v. 23.6.2021 (BGBl. I S. 1858); Inkrafttreten gem. Art. 61 Abs. 1 dieses G am 1.12.2021.

mittlungsdienstes nach § 51 Absatz 4 unentgeltliche Notrufverbindungen möglich sind. [2] Soweit technisch möglich, gelten die Anforderungen des Absatzes 1 Satz 3 und 6 entsprechend.

(4) [1] Anbieter nummernunabhängiger interpersoneller Telekommunikationsdienste, die eine direkte Kommunikation zu der örtlich zuständigen Notrufabfragestelle ermöglichen, haben sicherzustellen, dass die zur Ermittlung des Standortes erforderlichen Daten übermittelt werden. [2] Die für diese Notrufverbindungen entstehenden Kosten trägt jeder Anbieter eines Telekommunikationsdienstes selbst; die Entgeltlichkeit von Vorleistungen bleibt unberührt.

(5) [1] Das Bundesministerium für Wirtschaft und Energie wird ermächtigt, im Einvernehmen mit dem Bundesministerium des Innern, für Bau und Heimat, dem Bundesministerium für Verkehr und digitale Infrastruktur und dem Bundesministerium für Arbeit und Soziales durch Rechtsverordnung mit Zustimmung des Bundesrates Regelungen zu treffen

1. zu den Grundsätzen der Festlegung von Einzugsgebieten von Notrufabfragestellen und deren Unterteilungen durch die für den Notruf zuständigen Landes- und Kommunalbehörden sowie zu den Grundsätzen des Abstimmungsverfahrens zwischen diesen Behörden und den betroffenen Netzbetreibern, soweit diese Grundsätze für die Herstellung von Notrufverbindungen erforderlich sind,
2. zur Herstellung von Notrufverbindungen zur jeweils örtlich zuständigen Notrufabfragestelle oder Ersatznotrufabfragestelle,
3. zum Umfang der für Notrufverbindungen zu erbringenden Leistungsmerkmale, einschließlich
   a) der Übermittlung der Daten nach Absatz 1 Satz 3 und
   b) zulässiger Abweichungen hinsichtlich der nach Absatz 1 Satz 3 Nummer 1 zu übermittelnden Daten in unausweichlichen technisch bedingten Sonderfällen,
4. zur Bereitstellung und Übermittlung von Daten, die geeignet sind, der Notrufabfragestelle die Verfolgung von Missbrauch des Notrufs zu ermöglichen,
5. zum Herstellen von Notrufverbindungen mittels automatischer Verfahren,
6. zur Sicherstellung der Gleichwertigkeit der Notrufkommunikation für Menschen mit Behinderungen und
7. zu den Aufgaben der Bundesnetzagentur auf den in den Nummern 1 bis 6 aufgeführten Gebieten, insbesondere im Hinblick auf die Festlegung von Kriterien für die Genauigkeit und Zuverlässigkeit der Daten, die zur Ermittlung des Standortes erforderlich sind, von dem die Notrufverbindung ausgeht.

[2] Landesrechtliche Regelungen über Notrufabfragestellen, die nicht Verpflichtungen im Sinne der Absätze 1 bis 4 betreffen, bleiben von den Vorschriften dieses Absatzes unberührt.

(6) [1] Die technischen Einzelheiten zu den in Absatz 5 Satz 1 Nummer 1 bis 6 aufgeführten Regelungsgegenständen, insbesondere die Kriterien für die Genauigkeit und Zuverlässigkeit der Angaben zu dem Standort, von dem die Notrufverbindung ausgeht, legt die Bundesnetzagentur in einer Technischen Richtlinie fest; dabei berücksichtigt sie die Vorschriften der Rechtsverordnung

nach Absatz 5. [2]Die Bundesnetzagentur erstellt die Technische Richtlinie unter Beteiligung

1. der Verbände der durch die Absätze 1 bis 4 betroffenen Anbieter von Telekommunikationsdiensten und Betreiber von Telekommunikationsnetzen,
2. der vom Bundesministerium des Innern, für Bau und Heimat benannten Vertreter der Betreiber von Notrufabfragestellen und
3. der Hersteller der in den Telekommunikationsnetzen und Notrufabfragestellen eingesetzten technischen Einrichtungen.

[3]Bei den Festlegungen in der Technischen Richtlinie sind internationale Standards zu berücksichtigen; Abweichungen von den Standards sind zu begründen. [4]Die Verpflichteten nach den Absätzen 1 bis 4 haben die Anforderungen der Technischen Richtlinie spätestens ein Jahr nach deren Bekanntmachung zu erfüllen, sofern in der Technischen Richtlinie für bestimmte Verpflichtungen kein längerer Übergangszeitraum festgelegt ist. [5]Nach dieser Technischen Richtlinie gestaltete mängelfreie technische Einrichtungen müssen im Falle einer Änderung der Technischen Richtlinie spätestens drei Jahre nach deren Inkrafttreten die geänderten Anforderungen erfüllen.

§ 164a Öffentliche Warnungen. (1) Betreiber öffentlicher Mobilfunknetze haben

1. technische Einrichtungen für Warnungen vor drohenden oder sich ausbreitenden größeren Notfällen und Katastrophen vorzuhalten, die
   a) über das zentrale Warnsystem des Bundes von den Gefahrenabwehrbehörden sowie Behörden des Zivil- und Katastrophenschutzes ausgelöst und
   b) an empfangsbereite Mobilfunkendgeräte, die sich in dem von der auslösenden Behörde bestimmten geographischen Gebiet befinden, ausgesendet werden können und
2. durch organisatorische Vorkehrungen die Möglichkeit der jederzeitigen unverzüglichen Aussendung von Warnungen nach Nummer 1 sicherzustellen.

(2) Betreiber öffentlicher Mobilfunknetze haben Warnungen nach Absatz 1 an alle Mobilfunkendgeräte in dem von der auslösenden Behörde bestimmten geographischen Gebiet auszusenden.

(3) Anbieter öffentlich zugänglicher mobiler nummerngebundener interpersoneller Telekommunikationsdienste

1. wirken im notwendigen Umfang daran mit, dass Warnungen nach Absatz 1 jederzeit und unverzüglich zu den Endnutzern in dem bestimmten geographischen Gebiet ausgesendet werden können und
2. informieren ihre Endnutzer über die Voraussetzungen für den Empfang von Warnungen nach Absatz 1.

(4) Das Bundesministerium für Wirtschaft und Energie wird ermächtigt, im Einvernehmen mit dem Bundesministerium des Innern, für Bau und Heimat und dem Bundesministerium für Verkehr und digitale Infrastruktur durch Rechtsverordnung mit Zustimmung des Bundesrates Regelungen zu treffen

1. über die grundlegenden technischen Anforderungen für die Aussendung von Warnungen im öffentlichen Mobilfunknetz, einschließlich der zu beachtenden Sicherheitsanforderungen,

2. über die organisatorischen Rahmenbedingungen für die Aussendung von Warnungen, einschließlich Erreichbarkeits- und Reaktionszeiten,
3. zum Umfang der bei der Aussendung von Warnungen zu erbringenden Leistungsmerkmale, einschließlich der dabei verarbeiteten Daten,
4. zur Konkretisierung der Verpflichtungen für Anbieter nach Absatz 3 und
5. zu den Aufgaben der Bundesnetzagentur hinsichtlich der in den Nummern 1 bis 4 aufgeführten Gebiete.

(5) [1] Die technischen Einzelheiten zu den in Absatz 4 Nummer 1 bis 4 aufgeführten Regelungsgegenständen legt die Bundesnetzagentur in einer Technischen Richtlinie fest; dabei berücksichtigt sie die Vorschriften der Rechtsverordnung nach Absatz 4. [2] Die Bundesnetzagentur erstellt die Technische Richtlinie unter Beteiligung

1. der Verbände
   a) der durch die Absätze 1 und 2 verpflichteten Betreiber öffentlicher Mobilfunknetze,
   b) der durch Absatz 3 verpflichteten Anbieter öffentlich zugänglicher mobiler nummerngebundener interpersoneller Telekommunikationsdienste,
   c) der Hersteller der in den Mobilfunknetzen eingesetzten technischen Einrichtungen und
   d) der Hersteller der Mobilfunkendgeräte,
2. des Bundesamtes für Bevölkerungsschutz und Katastrophenhilfe,
3. der vom Bundesamt für Bevölkerungsschutz und Katastrophenhilfe benannten Vertreter der in Absatz 1 Nummer 1 Buchstabe a genannten Behörden und
4. des Bundesamtes für Sicherheit in der Informationstechnik hinsichtlich der technischen Anforderungen in Absatz 4 Nummer 1.

[3] Bei den Festlegungen in der Technischen Richtlinie sind internationale Standards zu berücksichtigen; Abweichungen von den Standards sind zu begründen. [4] Die nach den Absätzen 1 bis 3 Verpflichteten haben die Anforderungen der Technischen Richtlinie spätestens ein Jahr nach deren Bekanntmachung zu erfüllen, sofern in der Technischen Richtlinie für bestimmte Verpflichtungen kein anderer Übergangszeitraum festgelegt ist.

(6) [1] Notwendige Aufwendungen, die den Betreibern öffentlicher Mobilfunknetze durch die Umsetzung der Anforderungen aus Absatz 1 entstehen, sind auf Antrag zu ersetzen. [2] Für die Bemessung des Aufwendungsersatzes sind die tatsächlich entstandenen Kosten der Verpflichteten maßgebend. [3] Über die Anträge auf Aufwendungsersatz entscheidet die Bundesnetzagentur. [4] Die durch die Aussendung der Warnungen nach Absatz 2 entstehenden Kosten trägt jeder Betreiber selbst. [5] Die für das Versenden von Informationen anfallenden Kosten nach Absatz 3 trägt jeder Anbieter selbst.

§ 165 Technische und organisatorische Schutzmaßnahmen. (1) [1] Wer Telekommunikationsdienste erbringt oder daran mitwirkt, hat angemessene technische Vorkehrungen und sonstige Maßnahmen zu treffen

1. zum Schutz des Fernmeldegeheimnisses und
2. gegen die Verletzung des Schutzes personenbezogener Daten.

[2] Dabei ist der Stand der Technik zu berücksichtigen.

(2) [1]Wer ein öffentliches Telekommunikationsnetz betreibt oder öffentlich zugängliche Telekommunikationsdienste erbringt, hat bei den hierfür betriebenen Telekommunikations- und Datenverarbeitungssystemen angemessene technische und organisatorische Vorkehrungen und sonstige Maßnahmen zu treffen

1. zum Schutz gegen Störungen, die zu erheblichen Beeinträchtigungen von Telekommunikationsnetzen und -diensten führen, auch, sofern diese Störungen durch äußere Angriffe und Einwirkungen von Katastrophen bedingt sein können, und
2. zur Beherrschung der Risiken für die Sicherheit von Telekommunikationsnetzen und -diensten.

[2]Insbesondere sind Maßnahmen, einschließlich gegebenenfalls Maßnahmen in Form von Verschlüsselung, zu treffen, um Telekommunikations- und Datenverarbeitungssysteme gegen unerlaubte Zugriffe zu sichern und Auswirkungen von Sicherheitsverletzungen für Nutzer, andere Telekommunikationsnetze und Dienste so gering wie möglich zu halten. [3]Bei diesen Maßnahmen ist der Stand der Technik zu berücksichtigen.

(3) [1]Als eine angemessene Maßnahme im Sinne des Absatzes 2 können Betreiber öffentlicher Telekommunikationsnetze und Anbieter öffentlich zugänglicher Telekommunikationsdienste Systeme zur Angriffserkennung im Sinne des § 2 Absatz 9b des BSI-Gesetzes einsetzen. [2]Betreiber öffentlicher Telekommunikationsnetze und Anbieter öffentlich zugänglicher Telekommunikationsdienste mit erhöhtem Gefährdungspotenzial haben entsprechende Systeme zur Angriffserkennung einzusetzen. [3]Die eingesetzten Systeme zur Angriffserkennung müssen in der Lage sein, durch kontinuierliche und automatische Erfassung und Auswertung Gefahren oder Bedrohungen zu erkennen. [4]Sie sollen zudem in der Lage sein, erkannte Gefahren oder Bedrohungen abzuwenden und für eingetretene Störungen geeignete Beseitigungsmaßnahmen vorsehen. [5]Weitere Einzelheiten kann die Bundesnetzagentur im Katalog von Sicherheitsanforderungen nach § 167 festlegen.

(4) Kritische Komponenten im Sinne von § 2 Absatz 13 des BSI-Gesetzes dürfen von einem Betreiber öffentlicher Telekommunikationsnetze mit erhöhtem Gefährdungspotenzial nur eingesetzt werden, wenn sie vor dem erstmaligen Einsatz von einer anerkannten Zertifizierungsstelle überprüft und zertifiziert wurden.

(5) Wer ein öffentliches Telekommunikationsnetz betreibt, hat Maßnahmen zu treffen, um den ordnungsgemäßen Betrieb seiner Netze zu gewährleisten und dadurch die fortlaufende Verfügbarkeit der über diese Netze erbrachten Dienste sicherzustellen.

(6) [1]Technische Vorkehrungen und sonstige Schutzmaßnahmen sind angemessen, wenn der dafür erforderliche technische und wirtschaftliche Aufwand nicht außer Verhältnis zur Bedeutung der zu schützenden Telekommunikationsnetze oder -dienste steht. [2]§ 62 Absatz 1 des Bundesdatenschutzgesetzes[1)] gilt entsprechend.

(7) Bei gemeinsamer Nutzung eines Standortes oder technischer Einrichtungen hat jeder Beteiligte die Verpflichtungen nach den Absätzen 1 bis 5 zu

---

[1)] Nr. **11**.

erfüllen, soweit bestimmte Verpflichtungen nicht einem bestimmten Beteiligten zugeordnet werden können.

(8) Im Falle des Eintritts eines Sicherheitsvorfalls oder der Feststellung einer erheblichen Gefahr kann die Bundesnetzagentur Maßnahmen zur Behebung des Sicherheitsvorfalls oder zur Abwendung der Gefahr und deren Umsetzungsfristen anordnen.

(9) [1] Die Bundesnetzagentur kann anordnen, dass sich die Betreiber öffentlicher Telekommunikationsnetze oder die Anbieter öffentlich zugänglicher Telekommunikationsdienste einer Überprüfung durch eine qualifizierte unabhängige Stelle oder eine zuständige nationale Behörde unterziehen, in der festgestellt wird, ob die Anforderungen nach den Absätzen 1 bis 7 erfüllt sind. [2] Unbeschadet von Satz 1 haben sich Betreiber öffentlicher Telekommunikationsnetze mit erhöhtem Gefährdungspotenzial alle zwei Jahre einer Überprüfung durch eine qualifizierte unabhängige Stelle oder eine zuständige nationale Behörde zu unterziehen, in der festgestellt wird, ob die Anforderungen nach den Absätzen 1 bis 7 erfüllt sind. [3] Die Bundesnetzagentur legt den Zeitpunkt der erstmaligen Überprüfung fest. [4] Der nach den Sätzen 1 und 2 Verpflichtete hat eine Kopie des Überprüfungsberichts unverzüglich an die Bundesnetzagentur und an das Bundesamt für Sicherheit in der Informationstechnik, sofern dieses die Überprüfung nicht vorgenommen hat, zu übermitteln. [5] Er trägt die Kosten dieser Überprüfung. [6] Die Bewertung der Überprüfung sowie eine diesbezügliche Feststellung von Sicherheitsmängeln im Sicherheitskonzept nach § 166 erfolgt durch die Bundesnetzagentur im Einvernehmen mit dem Bundesamt für Sicherheit in der Informationstechnik.

(10) Über aufgedeckte Mängel bei der Erfüllung der Sicherheitsanforderungen in der Informationstechnik sowie die in diesem Zusammenhang von der Bundesnetzagentur geforderten Abhilfemaßnahmen unterrichtet die Bundesnetzagentur unverzüglich das Bundesamt für Sicherheit in der Informationstechnik.

(11) [1] Die Bundesnetzagentur kann zur Unterstützung ein Computer-Notfallteam gemäß Artikel 9 der Richtlinie (EU) 2016/1148 des Europäischen Parlaments und des Rates vom 6. Juli 2016 über Maßnahmen zur Gewährleistung eines hohen gemeinsamen Sicherheitsniveaus von Netz- und Informationssystemen in der Union (ABl. L 194 vom 19.7.2016, S. 1; L 33 vom 7.2. 2018, S. 5) im Rahmen der zugewiesenen Aufgaben in Anspruch nehmen. [2] Die Bundesnetzagentur kann ferner das Bundesamt für Sicherheit in der Informationstechnik, die zuständigen nationalen Strafverfolgungsbehörden und die Bundesbeauftragte oder den Bundesbeauftragten für den Datenschutz und die Informationsfreiheit konsultieren.

§ 166 Sicherheitsbeauftragter und Sicherheitskonzept. (1) Wer ein öffentliches Telekommunikationsnetz betreibt oder öffentlich zugängliche Telekommunikationsdienste erbringt, hat

1. einen Sicherheitsbeauftragten zu bestimmen,
2. einen in der Europäischen Union ansässigen Ansprechpartner zu benennen und
3. ein Sicherheitskonzept zu erstellen, aus dem hervorgeht,
   a) welches öffentliche Telekommunikationsnetz betrieben wird und welche öffentlich zugänglichen Telekommunikationsdienste erbracht werden,

b) von welchen Gefährdungen auszugehen ist und

c) welche technischen Vorkehrungen oder sonstigen Schutzmaßnahmen zur Erfüllung der durch die Vorgaben des Katalogs von Sicherheitsanforderungen nach § 167 konkretisierten Verpflichtungen aus § 165 Absatz 1 bis 7 getroffen oder geplant sind; sofern der Katalog lediglich Sicherheitsziele vorgibt, ist darzulegen, dass mit den ergriffenen Maßnahmen das jeweilige Sicherheitsziel vollumfänglich erreicht wird.

(2) [1] Wer ein öffentliches Telekommunikationsnetz betreibt, hat der Bundesnetzagentur das Sicherheitskonzept unverzüglich nach der Aufnahme des Netzbetriebs vorzulegen. [2] Wer öffentlich zugängliche Telekommunikationsdienste erbringt, kann von der Bundesnetzagentur verpflichtet werden, das Sicherheitskonzept vorzulegen.

(3) Mit dem Sicherheitskonzept ist eine Erklärung vorzulegen, dass die in dem Sicherheitskonzept aufgezeigten technischen Vorkehrungen und sonstigen Schutzmaßnahmen umgesetzt sind oder unverzüglich umgesetzt werden.

(4) [1] Stellt die Bundesnetzagentur im Sicherheitskonzept oder bei dessen Umsetzung Sicherheitsmängel fest, so kann sie die unverzügliche Beseitigung dieser Mängel verlangen. [2] Sofern sich die dem Sicherheitskonzept zugrunde liegenden Gegebenheiten ändern, hat der nach Absatz 2 Verpflichtete das Sicherheitskonzept unverzüglich nach der Änderung anzupassen und der Bundesnetzagentur unverzüglich nach erfolgter Anpassung unter Hinweis auf die Änderungen erneut vorzulegen.

(5) [1] Die Bundesnetzagentur überprüft regelmäßig die Umsetzung des Sicherheitskonzepts. [2] Die Überprüfung soll mindestens alle zwei Jahre erfolgen.

§ 167 Katalog von Sicherheitsanforderungen. (1) [1] Die Bundesnetzagentur legt im Einvernehmen mit dem Bundesamt für Sicherheit in der Informationstechnik und der oder dem Bundesbeauftragten für den Datenschutz und die Informationsfreiheit durch Allgemeinverfügung in einem Katalog von Sicherheitsanforderungen für das Betreiben von Telekommunikations- und Datenverarbeitungssystemen sowie für die Verarbeitung personenbezogener Daten fest:

1. Einzelheiten der nach § 165 Absatz 1 bis 7 zu treffenden technischen Vorkehrungen und sonstigen Maßnahmen unter Beachtung der verschiedenen Gefährdungspotenziale der öffentlichen Telekommunikationsnetze und öffentlich zugänglichen Telekommunikationsdienste,
2. welche Funktionen kritische Funktionen im Sinne von § 2 Absatz 13 Satz 1 Nummer 3 Buchstabe b des BSI-Gesetzes sind, die von kritischen Komponenten im Sinne von § 2 Absatz 13 des BSI-Gesetzes realisiert werden, und
3. wer als Betreiber öffentlicher Telekommunikationsnetze und als Anbieter öffentlich zugänglicher Telekommunikationsdienste mit erhöhtem Gefährdungspotenzial einzustufen ist.

[2] Der Katalog von Sicherheitsanforderungen nach Satz 1 kann auch Anforderungen zur Offenlegung und Interoperabilität von Schnittstellen von Netzkomponenten einschließlich einzuhaltender technischer Standards enthalten. [3] Die Bundesnetzagentur gibt den Herstellern, den Verbänden der Betreiber öffentlicher Telekommunikationsnetze und den Verbänden der Anbieter öffentlich zugänglicher Telekommunikationsdienste Gelegenheit zur Stellungnahme.

(2) Die Verpflichteten haben die Vorgaben des Katalogs spätestens ein Jahr nach dessen Inkrafttreten zu erfüllen, es sei denn, in dem Katalog ist eine davon abweichende Umsetzungsfrist festgelegt worden.

§ 168 Mitteilung eines Sicherheitsvorfalls. (1) [1] Wer ein öffentliches Telekommunikationsnetz betreibt oder öffentlich zugängliche Telekommunikationsdienste erbringt, hat der Bundesnetzagentur und dem Bundesamt für Sicherheit in der Informationstechnik einen Sicherheitsvorfall mit beträchtlichen Auswirkungen auf den Betrieb der Netze oder die Erbringung der Dienste unverzüglich mitzuteilen. [2] § 42 Absatz 4 und § 43 Absatz 4 des Bundesdatenschutzgesetzes[1)] gelten entsprechend.

(2) Das Ausmaß der Auswirkungen eines Sicherheitsvorfalls ist – sofern verfügbar – insbesondere anhand folgender Kriterien zu bewerten:
1. die Zahl der von dem Sicherheitsvorfall betroffenen Nutzer,
2. die Dauer des Sicherheitsvorfalls,
3. die geographische Ausdehnung des von dem Sicherheitsvorfall betroffenen Gebiets,
4. das Ausmaß der Beeinträchtigung des Telekommunikationsnetzes oder des Dienstes,
5. das Ausmaß der Auswirkungen auf wirtschaftliche und gesellschaftliche Tätigkeiten.

(3) Die Mitteilung nach Absatz 1 Satz 1 muss die folgenden Angaben enthalten:
1. Angaben zu dem Sicherheitsvorfall,
2. Angaben zu den Kriterien nach Absatz 2,
3. Angaben zu den betroffenen Systemen sowie
4. Angaben zu der vermuteten oder tatsächlichen Ursache.

(4) [1] Die Bundesnetzagentur legt Einzelheiten des Mitteilungsverfahrens fest. [2] Die Bundesnetzagentur kann einen detaillierten Bericht über den Sicherheitsvorfall und die ergriffenen Abhilfemaßnahmen verlangen.

(5) [1] Erforderlichenfalls unterrichtet die Bundesnetzagentur die nationalen Regulierungsbehörden der anderen Mitgliedstaaten der Europäischen Union und die Agentur der Europäischen Union für Cybersicherheit über den Sicherheitsvorfall. [2] Die Bundesnetzagentur kann die Öffentlichkeit unterrichten oder die nach Absatz 1 Satz 1 Verpflichteten zu dieser Unterrichtung verpflichten, wenn sie zu dem Schluss gelangt, dass die Bekanntgabe des Sicherheitsvorfalls im öffentlichen Interesse liegt.

(6) [1] Im Falle einer besonderen und erheblichen Gefahr eines Sicherheitsvorfalls informieren die nach Absatz 1 Satz 1 Verpflichteten die von dieser Gefahr potenziell betroffenen Nutzer über alle möglichen Schutz- oder Abhilfemaßnahmen, die von den Nutzern ergriffen werden können sowie gegebenenfalls auch über die Gefahr selbst. [2] § 8e des BSI-Gesetzes gilt entsprechend.

(7) Die Bundesnetzagentur legt der Kommission, der Agentur der Europäischen Union für Cybersicherheit und dem Bundesamt für Sicherheit in der

---

[1)] Nr. **11**.

Informationstechnik einmal pro Jahr einen zusammenfassenden Bericht über die eingegangenen Meldungen und die ergriffenen Abhilfemaßnahmen vor.

§ 169 Daten- und Informationssicherheit. (1) [1] Wer öffentlich zugängliche Telekommunikationsdienste erbringt, hat im Falle einer Verletzung des Schutzes personenbezogener Daten unverzüglich die Bundesnetzagentur und die Bundesbeauftragte oder den Bundesbeauftragten für den Datenschutz und die Informationsfreiheit von der Verletzung zu benachrichtigen. [2] Ist anzunehmen, dass durch die Verletzung des Schutzes personenbezogener Daten Endnutzer oder andere Personen schwerwiegend in ihren Rechten oder schutzwürdigen Interessen beeinträchtigt werden, hat der Anbieter des Telekommunikationsdienstes zusätzlich die Betroffenen unverzüglich von dieser Verletzung zu benachrichtigen. [3] In Fällen, in denen in dem Sicherheitskonzept nachgewiesen wurde, dass die von der Verletzung betroffenen personenbezogenen Daten durch geeignete technische Vorkehrungen gesichert, insbesondere unter Anwendung eines als sicher anerkannten Verschlüsselungsverfahrens gespeichert wurden, ist eine Benachrichtigung nicht erforderlich. [4] Unabhängig von Satz 3 kann die Bundesnetzagentur den Anbieter des Telekommunikationsdienstes unter Berücksichtigung der wahrscheinlichen nachteiligen Auswirkungen der Verletzung des Schutzes personenbezogener Daten zu einer Benachrichtigung der Betroffenen verpflichten. [5] Im Übrigen gelten § 42 Absatz 4 und § 43 Absatz 4 des Bundesdatenschutzgesetzes[1] entsprechend.

(2) [1] Die Benachrichtigung nach Absatz 1 Satz 1 und 2 muss mindestens enthalten:

1. die Art der Verletzung des Schutzes personenbezogener Daten,
2. Angaben zu den Kontaktstellen, bei denen weitere Informationen erhältlich sind, und
3. Empfehlungen zu Maßnahmen, die mögliche nachteilige Auswirkungen der Verletzung des Schutzes personenbezogener Daten begrenzen.

[2] In der Benachrichtigung an die Bundesnetzagentur und die Bundesbeauftragte oder den Bundesbeauftragten für den Datenschutz und die Informationsfreiheit hat der Anbieter des Telekommunikationsdienstes zusätzlich die Folgen der Verletzung des Schutzes personenbezogener Daten und die beabsichtigten oder ergriffenen Maßnahmen darzulegen.

(3) [1] Die Anbieter der Telekommunikationsdienste haben ein Verzeichnis der Verletzungen des Schutzes personenbezogener Daten zu führen, das Angaben zu Folgendem enthält:

1. den Umständen der Verletzungen,
2. den Auswirkungen der Verletzungen und
3. den ergriffenen Abhilfemaßnahmen.

[2] Diese Angaben müssen ausreichend sein, um der Bundesnetzagentur und der oder dem Bundesbeauftragten für den Datenschutz und die Informationsfreiheit die Prüfung zu ermöglichen, ob die Absätze 1 und 2 eingehalten wurden. [3] Das Verzeichnis enthält nur die zu diesem Zweck erforderlichen Informationen und muss nicht Verletzungen berücksichtigen, die mehr als fünf Jahre zurückliegen.

---

[1] Nr. **11**.

(4) [1] Werden dem Anbieter des Telekommunikationsdienstes nach Absatz 1 Satz 1 Störungen bekannt, die von Datenverarbeitungssystemen der Nutzer ausgehen, so hat er die Nutzer, soweit ihm diese bereits bekannt sind, unverzüglich darüber zu benachrichtigen. [2] Soweit technisch möglich und zumutbar, hat er die Nutzer auf angemessene, wirksame und zugängliche technische Mittel hinzuweisen, mit denen sie diese Störungen erkennen und beseitigen können. [3] Der Anbieter des Telekommunikationsdienstes darf die Teile des Datenverkehrs von und zu einem Nutzer, von denen eine Störung ausgeht, umleiten, soweit dies erforderlich ist, um den Nutzer über die Störungen benachrichtigen zu können.

(5) [1] Wird der Anbieter des Telekommunikationsdienstes nach Absatz 1 Satz 1 vom Bundesamt für Sicherheit in der Informationstechnik über konkrete erhebliche Gefahren informiert, die von Datenverarbeitungssystemen der Nutzer ausgehen oder diese betreffen, so hat er die betroffenen Nutzer, soweit ihm diese bekannt sind, unverzüglich darüber zu benachrichtigen. [2] Soweit technisch möglich und zumutbar, hat er die Nutzer auf angemessene, wirksame und zugängliche technische Mittel hinzuweisen, mit denen sie diese Gefahren erkennen und ihnen vorbeugen können. [3] Werden dem Anbieter des Telekommunikationsdienstes nach Absatz 1 Satz 1 Gefahren bekannt, die von Datenverarbeitungssystemen der Nutzer ausgehen oder diese betreffen, so kann er die Nutzer, soweit ihm diese bekannt sind, darüber benachrichtigen. [4] Soweit technisch möglich und zumutbar, kann er die Nutzer auf angemessene, wirksame und zugängliche technische Mittel hinweisen, mit denen sie diese Gefahren erkennen und ihnen vorbeugen können.

(6) Der Anbieter des Telekommunikationsdienstes darf im Falle einer Störung die Nutzung des Telekommunikationsdienstes bis zur Beendigung der Störung einschränken, umleiten oder unterbinden, soweit dies erforderlich ist, um die Beeinträchtigung der Telekommunikations- und Datenverarbeitungssysteme des Anbieters des Telekommunikationsdienstes, eines Nutzers im Sinne des Absatzes 4 oder anderer Nutzer zu beseitigen oder zu verhindern und der Nutzer die Störung nicht unverzüglich selbst beseitigt oder zu erwarten ist, dass der Nutzer die Störung selbst nicht unverzüglich beseitigt.

(7) Der Anbieter des Telekommunikationsdienstes darf den Datenverkehr von und zu Störungsquellen einschränken, umleiten oder unterbinden, soweit dies zur Vermeidung von Störungen in den Telekommunikations- und Datenverarbeitungssystemen der Nutzer erforderlich ist.

(8) Vorbehaltlich technischer Durchführungsmaßnahmen der Kommission nach Artikel 4 Absatz 5 der Richtlinie 2002/58/EG[1)] des Europäischen Parlaments und des Rates vom 12. Juli 2002 über die Verarbeitung personenbezogener Daten und den Schutz der Privatsphäre in der elektronischen Kommunikation (Datenschutzrichtlinie für elektronische Kommunikation) (ABl. L 201 vom 31.7.2002, S. 37; L 241 vom 10.9.2013, S. 9; L 162 vom 23.6.2017, S. 56), die zuletzt durch die Richtlinie 2009/136/EG (ABl. L 337 vom 18.12.2009, S. 11) geändert worden ist, kann die Bundesnetzagentur Leitlinien vorgeben bezüglich des Formats, der Verfahrensweise und der Umstände, unter denen eine Benachrichtigung über eine Verletzung des Schutzes personenbezogener Daten erforderlich ist.

---

1) Nr. **3**.

§ 170 Umsetzung von Überwachungsmaßnahmen, Erteilung von Auskünften. (1) Wer eine Telekommunikationsanlage betreibt, mit der öffentlich zugängliche Telekommunikationsdienste erbracht werden, hat

1. ab dem Zeitpunkt der Betriebsaufnahme auf eigene Kosten technische Einrichtungen zur Umsetzung gesetzlich vorgesehener Maßnahmen zur Überwachung der Telekommunikation vorzuhalten und organisatorische Vorkehrungen für deren unverzügliche Umsetzung zu treffen,
2. in Fällen, in denen die Überwachbarkeit nur durch das Zusammenwirken von zwei oder mehreren Telekommunikationsanlagen eines oder mehrerer Betreiber sichergestellt werden kann, ab dem Zeitpunkt der Betriebsaufnahme die dazu erforderlichen automatischen Steuerungsmöglichkeiten zur Erfassung und Ausleitung der zu überwachenden Telekommunikation in seiner Telekommunikationsanlage bereitzustellen sowie eine derartige Steuerung zu ermöglichen,
3. der Bundesnetzagentur unverzüglich nach der Betriebsaufnahme
   a) mitzuteilen, dass er die Vorkehrungen nach Nummer 1 getroffen hat, sowie
   b) einen Zustellungsbevollmächtigten im Inland zu benennen, bei dem die Zustellung für ihn bestimmter Anordnungen zur Überwachung der Telekommunikation sowie damit zusammenhängender Verfügungen und Schriftstücke bewirkt werden kann,
4. der Bundesnetzagentur den unentgeltlichen Nachweis zu erbringen, dass seine technischen Einrichtungen und organisatorischen Vorkehrungen nach Nummer 1 mit den Vorschriften der Rechtsverordnung nach Absatz 5 und der Technischen Richtlinie nach Absatz 6 übereinstimmen; dazu hat er unverzüglich, spätestens einen Monat nach Betriebsaufnahme,
   a) der Bundesnetzagentur die Unterlagen zu übersenden, die dort für die Vorbereitung der im Rahmen des Nachweises von der Bundesnetzagentur durchzuführenden Prüfungen erforderlich sind, und
   b) mit der Bundesnetzagentur einen Prüftermin für die Erbringung dieses Nachweises zu vereinbaren;

   bei den für den Nachweis erforderlichen Prüfungen hat er die Bundesnetzagentur zu unterstützen,
5. der Bundesnetzagentur auf deren besondere Aufforderung insbesondere zur Beseitigung von Fehlfunktionen eine erneute unentgeltliche Prüfung seiner technischen und organisatorischen Vorkehrungen zu gestatten sowie
6. die Aufstellung und den Betrieb von technischen Mitteln der zur Überwachung der Telekommunikation berechtigten Stellen für die Durchführung von Maßnahmen nach den §§ 3, 5 und 8 des Artikel 10-Gesetzes[1] oder nach den §§ 19, 24, 26, 32 und 33 des BND-Gesetzes in seinen Räumen zu dulden und Bediensteten der für diese Maßnahmen zuständigen Stelle sowie bei Maßnahmen nach den §§ 3, 5 und 8 des Artikel 10-Gesetzes den Mitgliedern und Mitarbeitern der G 10-Kommission (§ 1 Absatz 2 des Artikel 10-Gesetzes) Zugang zu diesen technischen Mitteln zur Erfüllung ihrer gesetzlichen Aufgaben zu gewähren.

---

[1] Nr. **20**.

(2) Wer öffentlich zugängliche Telekommunikationsdienste erbringt und sich hierfür eines Betreibers einer Telekommunikationsanlage bedient, hat

1. sich bei der Auswahl des Betreibers der dafür genutzten Telekommunikationsanlage zu vergewissern, dass dieser Anordnungen zur Überwachung der Telekommunikation unverzüglich nach Maßgabe des Absatzes 1 sowie der Rechtsverordnung nach Absatz 5 und der Technischen Richtlinie nach Absatz 6 umsetzen kann, und
2. der Bundesnetzagentur unverzüglich nach Aufnahme seines Dienstes mitzuteilen,
   a) welche Telekommunikationsdienste er erbringt,
   b) durch wen Überwachungsanordnungen, die seine Nutzer betreffen, umgesetzt werden und
   c) an welche im Inland gelegene Stelle die Zustellung von Anordnungen zur Überwachung der Telekommunikation sowie damit zusammenhängender Verfügungen und Schriftstücke bewirkt werden kann.

(3) [1] Änderungen der den Mitteilungen nach Absatz 1 Nummer 3 Buchstabe b und Absatz 2 Nummer 2 zugrunde liegenden Daten sind der Bundesnetzagentur unverzüglich mitzuteilen. [2] In Fällen, in denen noch keine Vorschriften nach Absatz 6 vorhanden sind, hat der Verpflichtete die technischen Einrichtungen nach Absatz 1 Nummer 1 und 2 in Absprache mit der Bundesnetzagentur zu gestalten, die entsprechende Festlegungen im Benehmen mit den berechtigten Stellen trifft.

(4) [1] Die Absätze 1 bis 3 gelten nicht, soweit die Rechtsverordnung nach Absatz 5 Ausnahmen für die Telekommunikationsanlage vorsieht. [2] § 100a Absatz 4 Satz 1 der Strafprozessordnung[1)], § 2 Absatz 1a Satz 1 Nummer 1 bis 3 des Artikel 10-Gesetzes, § 51 Absatz 6 Satz 1 des Bundeskriminalamtgesetzes, § 25 Absatz 1 Satz 1 des BND-Gesetzes sowie entsprechende landesgesetzliche Regelungen zur polizeilich-präventiven Telekommunikationsüberwachung bleiben unberührt.

(5) Die Bundesregierung wird ermächtigt, durch Rechtsverordnung mit Zustimmung des Bundesrates

1. Regelungen zu treffen
   a) über die grundlegenden technischen Anforderungen und die organisatorischen Eckpunkte für die Umsetzung von Überwachungsmaßnahmen und die Erteilung von Auskünften einschließlich der Umsetzung von Überwachungsmaßnahmen und der Erteilung von Auskünften durch einen von dem Verpflichteten beauftragten Erfüllungsgehilfen und der Speicherung von Anordnungsdaten sowie zu den Mitwirkungspflichten bei technischen Ermittlungsmaßnahmen bei Mobilfunkendgeräten nach § 171,
   b) über den Regelungsrahmen für die Technische Richtlinie nach Absatz 6,
   c) für den Nachweis nach Absatz 1 Nummer 4,
   d) für die erneute Prüfung nach Absatz 1 Nummer 5,
   e) für die nähere Ausgestaltung der Duldungsverpflichtung nach Absatz 1 Nummer 6 und
   f) für die nähere Ausgestaltung der Sicherstellungspflichten nach Absatz 11 sowie

---

[1)] Nr. 22.

2. zu bestimmen,
   a) in welchen Fällen und unter welchen Bedingungen vorübergehend auf die Einhaltung bestimmter technischer Vorgaben verzichtet werden kann,
   b) dass die Bundesnetzagentur aus technischen Gründen Ausnahmen von der Erfüllung einzelner technischer Anforderungen zulassen kann und
   c) bei welchen Telekommunikationsanlagen und damit erbrachten Telekommunikationsdiensten aus grundlegenden technischen Erwägungen oder aus Gründen der Verhältnismäßigkeit abweichend von Absatz 1 Nummer 1 keine technischen Einrichtungen vorgehalten und keine organisatorischen Vorkehrungen getroffen werden müssen.

(6) [1] Die Bundesnetzagentur legt technische Einzelheiten zur Umsetzung von Maßnahmen zur Überwachung der Telekommunikation, insbesondere technische Einzelheiten, die zur Sicherstellung einer vollständigen Erfassung der zu überwachenden Telekommunikation und zur Auskunftserteilung sowie zur Gestaltung des Übergabepunktes zu den berechtigten Stellen und zur Speicherung der Anordnungsdaten sowie zu den Mitwirkungspflichten bei technischen Ermittlungsmaßnahmen bei Mobilfunkendgeräten nach § 171 erforderlich sind, in einer im Benehmen mit den berechtigten Stellen und unter Beteiligung der Verbände und der Hersteller zu erstellenden Technischen Richtlinie fest. [2] Dabei sind internationale technische Standards zu berücksichtigen; Abweichungen von den Standards sind zu begründen.

(7) [1] Wer technische Einrichtungen zur Umsetzung von Überwachungsmaßnahmen herstellt oder vertreibt, kann von der Bundesnetzagentur verlangen, dass sie diese Einrichtungen im Rahmen einer Typmusterprüfung im Zusammenwirken mit bestimmten Telekommunikationsanlagen daraufhin prüft, ob die rechtlichen und technischen Vorschriften der Rechtsverordnung nach Absatz 5 und der Technischen Richtlinie nach Absatz 6 erfüllt werden. [2] Die Bundesnetzagentur kann nach pflichtgemäßem Ermessen vorübergehend Abweichungen von den technischen Vorgaben zulassen, sofern die Umsetzung von Überwachungsmaßnahmen grundsätzlich sichergestellt ist und sich ein nur unwesentlicher Anpassungsbedarf bei den Einrichtungen der berechtigten Stellen ergibt. [3] Die Bundesnetzagentur hat dem Hersteller oder Vertreiber das Prüfergebnis schriftlich mitzuteilen. [4] Die Prüfergebnisse werden von der Bundesnetzagentur bei dem Nachweis der Übereinstimmung der technischen Einrichtungen mit den anzuwendenden technischen Vorschriften beachtet, den der Verpflichtete nach Absatz 1 Nummer 4 zu erbringen hat. [5] Die vom Bundesministerium für Wirtschaft und Energie vor Inkrafttreten dieser Vorschrift ausgesprochenen Zustimmungen zu den von Herstellern vorgestellten Rahmenkonzepten gelten als Mitteilungen im Sinne des Satzes 3.

(8) [1] Wer nach Absatz 1 oder 2 in Verbindung mit der Rechtsverordnung nach Absatz 5 und der Technischen Richtlinie nach Absatz 6 verpflichtet ist, Vorkehrungen zu treffen, hat die Anforderungen spätestens ein Jahr, nachdem sie für ihn Geltung erlangen, zu erfüllen, sofern dort nicht für bestimmte Verpflichtungen ein längerer Zeitraum festgelegt ist. [2] Nach dieser Richtlinie gestaltete mängelfreie technische Einrichtungen für bereits vom Verpflichteten angebotene Telekommunikationsdienste müssen im Falle einer Änderung der Richtlinie spätestens drei Jahre nach deren Inkrafttreten die geänderten Anforderungen erfüllen. [3] Stellt sich bei dem Nachweis nach Absatz 1 Nummer 4 oder einer erneuten Prüfung nach Absatz 1 Nummer 5 ein Mangel bei den von

dem Verpflichteten getroffenen technischen oder organisatorischen Vorkehrungen heraus, hat er diesen Mangel nach Vorgaben der Bundesnetzagentur in angemessener Frist zu beseitigen; stellt sich im Betrieb, insbesondere anlässlich durchzuführender Überwachungsmaßnahmen, ein Mangel heraus, hat er diesen unverzüglich zu beseitigen. [4] Sofern für die technische Einrichtung eine Typmusterprüfung nach Absatz 7 durchgeführt worden ist und dabei Fristen für die Beseitigung von Mängeln festgelegt worden sind, hat die Bundesnetzagentur diese Fristen bei ihren Vorgaben zur Mängelbeseitigung nach Satz 3 zu berücksichtigen.

(9) [1] Jeder Betreiber einer Telekommunikationsanlage, der anderen im Rahmen seines Angebots für die Öffentlichkeit Netzabschlusspunkte seiner Telekommunikationsanlage überlässt, ist verpflichtet, den gesetzlich zur Überwachung der Telekommunikation berechtigten Stellen auf deren Anforderung Netzabschlusspunkte für die Übertragung der im Rahmen einer Überwachungsmaßnahme anfallenden Informationen unverzüglich und vorrangig bereitzustellen. [2] Die technische Ausgestaltung derartiger Netzabschlusspunkte kann in einer Rechtsverordnung nach Absatz 5 geregelt werden. [3] Für die Bereitstellung und Nutzung gelten mit Ausnahme besonderer Tarife oder Zuschläge für vorrangige oder vorzeitige Bereitstellung oder Entstörung die jeweils für die Allgemeinheit anzuwendenden Tarife. [4] Besondere vertraglich vereinbarte Rabatte bleiben von Satz 3 unberührt.

(10) [1] Telekommunikationsanlagen, die von den gesetzlich berechtigten Stellen betrieben werden und mittels derer in das Fernmeldegeheimnis oder in den Netzbetrieb eingegriffen werden soll, sind im Einvernehmen mit der Bundesnetzagentur technisch zu gestalten. [2] Die Bundesnetzagentur hat sich gegenüber der berechtigten Stelle zu der technischen Gestaltung innerhalb angemessener Frist zu äußern.

(11) Betreiber von öffentlichen Mobilfunknetzen, die Nutzer eines Betreibers von öffentlichen Mobilfunknetzen in der Europäischen Union nach Absprache anschließen und zu dessen Telekommunikationsanlage vermitteln, haben bei der durch sie bereitzustellenden Überwachungskopie sicherzustellen, dass eine durch den ausländischen Betreiber netzseitig aufgebrachte Verschlüsselung zu dessen Nutzern aufgehoben wird, soweit hierfür internationale technische Standards zur Verfügung stehen, die in der Technischen Richtlinie nach Absatz 6 beschrieben werden.

§ 171 Mitwirkung bei technischen Ermittlungsmaßnahmen bei Mobilfunkendgeräten. [1] Jeder Betreiber eines öffentlichen Mobilfunknetzes hat den berechtigten Stellen nach § 100i Absatz 1 der Strafprozessordnung[1)], § 53 des Bundekriminalamtsgesetzes, § 9 Absatz 4 des Bundesverfassungsschutzgesetzes, auch in Verbindung mit § 5 des MAD-Gesetzes und § 5 des BND-Gesetzes, oder nach Landesrecht nach Maßgabe der Rechtsverordnung nach § 170 Absatz 5 und der Technischen Richtlinie nach § 170 Absatz 6 ohne dass dies dem Endnutzer bekannt wird,

1. den Einsatz von technischen Mitteln der berechtigten Stellen in seinem Mobilfunknetz zu ermöglichen, die der Ermittlung folgender Informationen von Mobilfunkendgeräten dienen:
   a) des Standortes,

[1)] Nr. 22.

b) der Gerätenummer,
c) der Kennung zur Identifizierung des Anschlusses und
d) der temporären oder dauerhaften Kennungen, die Mobilfunkendgeräten in seinem Mobilfunknetz zugewiesen sind,

sowie

2. eine automatisierte Auskunft über die temporär und dauerhaft in seinem Mobilfunknetz zugewiesenen Kennungen unverzüglich zu erteilen.

[2] § 170 Absatz 10 gilt entsprechend. [3] Verpflichtungen nach Maßgabe des § 170 bleiben unberührt. [4] Die Benachrichtigung des Endnutzers erfolgt ausschließlich durch die für die Maßnahme zuständige Behörde nach den jeweils geltenden Vorschriften.

§ 172 Daten für Auskunftsersuchen der Sicherheitsbehörden.

(1) [1] Wer nummerngebundene interpersonelle Telekommunikationsdienste, Internetzugangsdienste oder Dienste, die ganz oder überwiegend in der Übertragung von Signalen bestehen, erbringt und dabei Rufnummern oder andere Anschlusskennungen vergibt oder Telekommunikationsanschlüsse für von anderen vergebene Rufnummern oder andere Anschlusskennungen bereitstellt, hat für die Auskunftsverfahren nach den §§ 173 und 174 vor der Freischaltung folgende Daten zu erheben und unverzüglich zu speichern, auch, soweit diese Daten für betriebliche Zwecke nicht erforderlich sind:

1. die Rufnummern,
2. andere von ihm vergebene Anschlusskennungen,
3. den Namen und die Anschrift des Anschlussinhabers,
4. bei natürlichen Personen deren Geburtsdatum,
5. bei Festnetzanschlüssen die Anschrift des Anschlusses,
6. in Fällen, in denen neben einem Mobilfunkanschluss auch ein Mobilfunkendgerät überlassen wird, die Gerätenummer dieses Gerätes sowie
7. das Datum der Vergabe der Rufnummer und, soweit abweichend, das Datum des Vertragsbeginns.

[2] Das Datum der Beendigung der Zuordnung der Rufnummer und, sofern davon abweichend, das Datum des Vertragsendes sind bei Bekanntwerden ebenfalls zu speichern. [3] Die Sätze 1 und 2 gelten auch, sofern die Daten nicht in Endnutzerverzeichnisse eingetragen werden. [4] Für das Auskunftsverfahren nach § 174 ist die Form der Datenspeicherung freigestellt.

(2) [1] Anbieter von im Voraus bezahlten Mobilfunkdiensten haben die Richtigkeit der nach Absatz 1 Satz 1 Nummer 3 und 4 erhobenen Daten, sofern die Daten in den vorgelegten Dokumenten oder eingesehenen Registern oder Verzeichnissen enthalten sind, vor der Freischaltung zu überprüfen durch

1. Vorlage eines Ausweises im Sinne des § 2 Absatz 1 des Personalausweisgesetzes,
2. Vorlage eines Passes im Sinne des § 1 Absatz 2 des Passgesetzes,
3. Vorlage eines sonstigen gültigen amtlichen Ausweises, der ein Lichtbild des Inhabers enthält und mit dem die Pass- und Ausweispflicht im Inland erfüllt wird, wozu insbesondere auch ein nach ausländerrechtlichen Bestimmungen anerkannter oder zugelassener Pass, Personalausweis oder Pass- oder Ausweisersatz zählt,

4. Vorlage eines Aufenthaltstitels,
5. Vorlage eines Ankunftsnachweises nach § 63a Absatz 1 des Asylgesetzes oder einer Bescheinigung über die Aufenthaltsgestattung nach § 63 Absatz 1 des Asylgesetzes,
6. Vorlage einer Bescheinigung über die Aussetzung der Abschiebung nach § 60a Absatz 4 des Aufenthaltsgesetzes oder
7. Vorlage eines Auszugs aus dem Handels- oder Genossenschaftsregister oder einem vergleichbaren amtlichen Register oder Verzeichnis, der Gründungsdokumente oder gleichwertiger beweiskräftiger Dokumente oder durch Einsichtnahme in diese Register oder Verzeichnisse und Abgleich mit den darin enthaltenen Daten, sofern es sich bei dem Anschlussinhaber um eine juristische Person oder Personengesellschaft handelt.

[2] Dazu darf ihnen abweichend von § 20 Absatz 2 Satz 2 des Personalausweisgesetzes und § 18 Absatz 3 Satz 2 des Passgesetzes ein Vertriebspartner eine elektronische Kopie des Personalausweises oder Reisepasses übersenden. [3] Die Überprüfung kann auch durch andere geeignete Verfahren erfolgen; die Bundesnetzagentur legt nach Anhörung der betroffenen Kreise fest, welche anderen Verfahren zur Überprüfung geeignet sind, wobei jeweils zum Zweck der Identifikation vor Freischaltung der vertraglich vereinbarten Mobilfunkdienstleistung ein Dokument im Sinne des Satzes 1 genutzt werden muss. [4] Verpflichtete haben vor Nutzung anderer geeigneter Verfahren die Feststellung der Übereinstimmung eines Verfahrens mit der Festlegung der Bundesnetzagentur durch eine Konformitätsbewertungsstelle im Sinne der Begriffsbestimmung in Artikel 2 Nummer 13 der Verordnung (EG) Nr. 765/2008 des Europäischen Parlaments und des Rates vom 9. Juli 2008 über die Vorschriften für die Akkreditierung und Marktüberwachung im Zusammenhang mit der Vermarktung von Produkten und zur Aufhebung der Verordnung (EWG) Nr. 339/93 des Rates (ABl. L 218 vom 13.8.2008, S. 30) nachzuweisen, die gemäß jener Verordnung als zur Durchführung der Konformitätsbewertung von anderen geeigneten Verfahren nach Satz 3 akkreditiert worden ist. [5] Die Feststellung darf bei Nutzung des Verfahrens nicht älter als 24 Monate sein. [6] Bei der Überprüfung ist die Art des eingesetzten Verfahrens zu speichern; bei Überprüfung mittels eines Dokumentes im Sinne des Satzes 1 Nummer 1 bis 6 sind ferner Angaben zu Art, Nummer und ausstellender Stelle zu speichern. [7] Für die Identifizierung anhand eines elektronischen Identitätsnachweises nach § 18 des Personalausweisgesetzes, nach § 12 des eID-Karte-Gesetzes oder nach § 78 Absatz 5 des Aufenthaltsgesetzes gilt § 8 Absatz 2 Satz 5 des Geldwäschegesetzes entsprechend.

(3) Die Verpflichtung zur unverzüglichen Speicherung nach Absatz 1 Satz 1 gilt hinsichtlich der Daten nach Absatz 1 Satz 1 Nummer 1, 3, 4 und 7 entsprechend für denjenigen, der nummernunabhängige interpersonelle Telekommunikationsdienste erbringt und dabei Daten nach Absatz 1 Satz 1 Nummer 1, 3, 4 und 7 erhebt, wobei an die Stelle der Daten nach Absatz 1 Satz 1 Nummer 1 die entsprechenden Kennungen des Dienstes und an die Stelle des Anschlussinhabers nach Absatz 1 Satz 1 Nummer 3 der Nutzer des Dienstes tritt.

(4) Wird dem Verpflichteten nach den Absätzen 1 bis 3 eine Änderung bekannt, hat er die Daten unverzüglich zu berichtigen.

(5) [1]Bedient sich ein Verpflichteter nach den Absätzen 1 bis 3 zur Erhebung der Daten nach Absatz 1 Satz 1 und 2 und Absatz 3 oder Überprüfung der Daten nach Absatz 2 eines Dritten, bleibt er für die Erfüllung der Pflichten nach den Absätzen 1 bis 3 verantwortlich. [2]Es ist dem Dritten verboten, unrichtige Daten zu verwenden oder zu verarbeiten. [3]Werden dem Dritten im Rahmen des üblichen Geschäftsablaufs Änderungen der Daten nach Absatz 1 Satz 1 und 2 und Absatz 3 bekannt, hat er diese dem Anbieter des Telekommunikationsdienstes unverzüglich zu übermitteln.

(6) Die Daten nach den Absätzen 1 bis 3 sind mit Ablauf des auf die Beendigung des Vertragsverhältnisses folgenden Kalenderjahres zu löschen.

(7) Eine Entschädigung für die Datenerhebung und -speicherung wird nicht gewährt.

§ 173 Automatisiertes Auskunftsverfahren. (1) [1]Wer nummerngebundene interpersonelle Telekommunikationsdienste oder Dienste, die ganz oder überwiegend in der Übertragung von Signalen bestehen, erbringt und dabei Rufnummern vergibt, hat die nach § 172 Absatz 1, 2 und 4 erhobenen Daten unverzüglich in Kundendateien zu speichern, in die auch Rufnummern und Rufnummernkontingente, die zur weiteren Vermarktung oder sonstigen Nutzung an andere Anbieter von Telekommunikationsdiensten vergeben werden, sowie bei portierten Rufnummern die aktuelle Portierungskennung aufzunehmen sind. [2]Der Verpflichtete kann auch eine andere Stelle nach Maßgabe des Artikels 28 der Verordnung (EU) 2016/679 des[1)] Europäischen Parlaments und des Rates vom 27. April 2016 zum Schutz natürlicher Personen bei der Verarbeitung personenbezogener Daten, zum freien Datenverkehr und zur Aufhebung der Richtlinie 95/46/EG (Datenschutz-Grundverordnung) (ABl. L 119 vom 4.5.2016, S. 1; L 314 vom 22.11.2016, S. 72; L 127 vom 23.5.2018, S. 2) beauftragen, die Kundendateien zu führen. [3]Für die Berichtigung und Löschung der in den Kundendateien gespeicherten Daten gilt § 172 Absatz 4 und 6 entsprechend. [4]In Fällen portierter Rufnummern sind die Rufnummer und die zugehörige Portierungskennung erst nach Ablauf des Jahres zu löschen, das dem Zeitpunkt folgt, zu dem die Rufnummer wieder an den Netzbetreiber zurückgegeben wurde, dem sie ursprünglich zugeteilt worden war.

(2) [1]Der Verpflichtete hat zu gewährleisten, dass

1. die Bundesnetzagentur jederzeit Daten aus den Kundendateien automatisiert im Inland abrufen kann,
2. der Abruf von Daten unter Verwendung unvollständiger Abfragedaten oder die Suche mittels einer Ähnlichenfunktion erfolgen kann.

[2]Der Verpflichtete und sein Beauftragter haben durch technische und organisatorische Maßnahmen sicherzustellen, dass ihnen die abgerufenen Daten nicht zur Kenntnis gelangen können.

(3) [1]Die Bundesnetzagentur darf Daten aus den Kundendateien nur abrufen, soweit die Kenntnis der Daten erforderlich ist

1. für die Verfolgung von Ordnungswidrigkeiten oder Verstößen nach diesem Gesetz oder nach dem Gesetz gegen den unlauteren Wettbewerb,
2. für die Erledigung von Auskunftsersuchen der in Absatz 4 genannten Stellen.

---

1) Nr. 1.

[2] Die ersuchende Stelle prüft unverzüglich, inwieweit sie die als Antwort übermittelten Daten benötigt; nicht benötigte Daten löscht sie unverzüglich; dies gilt auch für die Bundesnetzagentur für den Abruf von Daten nach Satz 1 Nummer 1.

(4) Auskünfte aus den Kundendateien nach Absatz 1 werden den folgenden Stellen nach Absatz 7 jederzeit erteilt, soweit die Auskünfte zur Erfüllung ihrer gesetzlichen Aufgaben erforderlich sind und die Ersuchen an die Bundesnetzagentur im automatisierten Auskunftsverfahren vorgelegt werden:

1. den Gerichten und Strafverfolgungsbehörden,
2. den Polizeivollzugsbehörden des Bundes und der Länder für Zwecke der Gefahrenabwehr,
3. dem Zollkriminalamt und den Zollfahndungsämtern für Zwecke eines Strafverfahrens sowie dem Zollkriminalamt zur Vorbereitung und Durchführung von Maßnahmen nach § 72 des Zollfahndungsdienstgesetzes,
4. den Verfassungsschutzbehörden des Bundes und der Länder, dem Militärischen Abschirmdienst, dem Bundesnachrichtendienst,
5. den Notrufabfragestellen nach § 164 sowie der Abfragestelle für die Rufnummer 124 124,
6. der Bundesanstalt für Finanzdienstleistungsaufsicht,
7. den Behörden der Zollverwaltung für die in § 2 Absatz 1 des Schwarzarbeitsbekämpfungsgesetzes genannten Zwecke über zentrale Abfragestellen,
8. den nach Landesrecht für die Verfolgung und Ahndung von Ordnungswidrigkeiten zuständigen Behörden für die in § 2 Absatz 3 des Schwarzarbeitsbekämpfungsgesetzes genannten Zwecke über zentrale Abfragestellen sowie
9. den für die Verfolgung und Ahndung von Ordnungswidrigkeiten nach § 81 Absatz 1 bis 3 des Gesetzes gegen Wettbewerbsbeschränkungen zuständigen Kartellbehörden.

(5) [1] Das Bundesministerium für Wirtschaft und Energie wird ermächtigt, im Einvernehmen mit dem Bundeskanzleramt, dem Bundesministerium des Innern, für Bau und Heimat, dem Bundesministerium der Justiz und für Verbraucherschutz, dem Bundesministerium der Finanzen, dem Bundesministerium für Verkehr und digitale Infrastruktur sowie dem Bundesministerium der Verteidigung eine Rechtsverordnung mit Zustimmung des Bundesrates zu erlassen, in der Folgendes geregelt wird:

1. die wesentlichen Anforderungen an die technischen Verfahren
   a) zur Übermittlung der Ersuchen an die Bundesnetzagentur,
   b) zur Abfrage der Daten durch die Bundesnetzagentur bei den Verpflichteten und deren Antwort an die Bundesnetzagentur einschließlich der für die Abfrage zu verwendenden Datenarten und
   c) zur Übermittlung der Ergebnisse des Abrufs von der Bundesnetzagentur an die ersuchenden Stellen,
2. die zu beachtenden Sicherheitsanforderungen,
3. für Auskünfte und Abrufe mit unvollständigen Abfragedaten und für die Suche mittels einer Ähnlichenfunktion
   a) die Mindestanforderungen an den Umfang der einzugebenden Daten zur möglichst genauen Bestimmung der gesuchten Person,
   b) die Zeichen, die in Ersuchen verwendet werden dürfen,

c) Anforderungen an den Einsatz sprachwissenschaftlicher Verfahren, die gewährleisten, dass unterschiedliche Schreibweisen eines Personen-, Straßen- oder Ortsnamens sowie Abweichungen, die sich aus der Vertauschung, Auslassung oder Hinzufügung von Namensbestandteilen ergeben, in die Suche und das Suchergebnis einbezogen werden,

d) die zulässige Menge der an die Bundesnetzagentur zu übermittelnden Antwortdatensätze sowie

4. wer abweichend von Absatz 1 Satz 1 aus Gründen der Verhältnismäßigkeit keine Kundendateien für das automatisierte Auskunftsverfahren vorhalten muss; in diesen Fällen gilt § 172 Absatz 1 Satz 4 entsprechend.

[2] Im Übrigen können in der Rechtsverordnung auch Einschränkungen der Abfragemöglichkeit für die in Absatz 4 Nummer 5 bis 9 genannten Stellen auf den für diese Stellen erforderlichen Umfang geregelt werden.

(6) [1] Die technischen Einzelheiten des automatisierten Auskunftsverfahrens legt die Bundesnetzagentur unter Beteiligung der betroffenen Verbände und der berechtigten Stellen in einer Technischen Richtlinie fest, die bei Bedarf an den Stand der Technik anzupassen ist. [2] Die Verpflichteten nach den Absätzen 1 und 2 und die berechtigten Stellen haben die Anforderungen der Technischen Richtlinie spätestens ein Jahr nach deren Inkrafttreten zu erfüllen, es sei denn, in der Technischen Richtlinie ist eine davon abweichende Umsetzungsfrist festgelegt worden. [3] Nach dieser Richtlinie gestaltete mängelfreie technische Einrichtungen müssen im Falle einer Änderung der Technischen Richtlinie spätestens drei Jahre nach deren Inkrafttreten die geänderten Anforderungen erfüllen.

(7) [1] Auf Ersuchen der in Absatz 4 genannten Stellen hat die Bundesnetzagentur die entsprechenden Datensätze aus den Kundendateien nach Absatz 1 abzurufen und als Ergebnis an die ersuchende Stelle zu übermitteln. [2] Sie prüft die Zulässigkeit der Übermittlung nur, soweit hierzu ein besonderer Anlass besteht. [3] Die Verantwortung für die Zulässigkeit der Übermittlung tragen

1. in den Fällen des Absatzes 3 Satz 1 Nummer 1 die Bundesnetzagentur und
2. in den Fällen des Absatzes 3 Satz 1 Nummer 2 die in Absatz 4 genannten Stellen.

(8) [1] Die Bundesnetzagentur protokolliert für Zwecke der Datenschutzkontrolle durch die jeweils zuständige Stelle bei jedem Abruf

1. den Zeitpunkt,
2. die bei der Durchführung des Abrufs verwendeten Daten,
3. die abgerufenen Daten,
4. ein die abrufende Person eindeutig bezeichnendes Datum sowie
5. die ersuchende Stelle, deren Aktenzeichen und ein die ersuchende Person eindeutig bezeichnendes Datum.

[2] Eine Verwendung der Protokolldaten für andere Zwecke ist unzulässig. [3] Die Protokolldaten sind nach einem Jahr zu löschen.

(9) [1] Der Verpflichtete nach den Absätzen 1 und 2 hat alle technischen Vorkehrungen in seinem Verantwortungsbereich auf seine Kosten zu treffen, die für die Erteilung der Auskünfte nach dieser Vorschrift erforderlich sind. [2] Dazu gehören auch die Anschaffung der zur Sicherstellung der Vertraulichkeit und des Schutzes vor unberechtigten Zugriffen erforderlichen Geräte, die

Einrichtung eines geeigneten Telekommunikationsanschlusses sowie die laufende Bereitstellung dieser Vorkehrungen nach Maßgaben der Rechtsverordnung nach Absatz 5 und der Technischen Richtlinie nach Absatz 6. [3] Eine Entschädigung für im automatisierten Auskunftsverfahren erteilte Auskünfte wird den Verpflichteten nicht gewährt.

§ 174 Manuelles Auskunftsverfahren. (1) [1] Wer Telekommunikationsdienste erbringt oder daran mitwirkt, darf von ihm erhobene Bestandsdaten sowie die nach § 172 erhobenen Daten nach Maßgabe dieser Vorschrift zur Erfüllung von Auskunftspflichten gegenüber den in Absatz 3 genannten Stellen verwenden. [2] Dies gilt auch für Daten, mittels derer der Zugriff auf Endgeräte oder auf Speichereinrichtungen, die in diesen Endgeräten oder hiervon räumlich getrennt eingesetzt werden, geschützt wird. [3] Die in eine Auskunft aufzunehmenden Daten dürfen auch anhand einer zu einem bestimmten Zeitpunkt zugewiesenen Internetprotokoll-Adresse bestimmt werden; hierfür dürfen Verkehrsdaten auch automatisiert ausgewertet werden. [4] Für die Auskunftserteilung nach Satz 3 sind sämtliche unternehmensinternen Datenquellen zu berücksichtigen. [5] Der Verpflichtete hat die in seinem Verantwortungsbereich für die Auskunftserteilung erforderlichen Vorkehrungen auf eigene Kosten zu treffen.

(2) [1] Die Auskunft darf nur erteilt werden nach Maßgabe der nachfolgenden Absätze und soweit die um die Auskunft ersuchende Stelle dies im Einzelfall unter Angabe einer gesetzlichen Bestimmung verlangt, die ihr eine Erhebung der in Absatz 1 in Bezug genommenen Daten erlaubt. [2] Das Auskunftsverlangen ist schriftlich oder elektronisch zu stellen. [3] Bei Gefahr im Verzug darf die Auskunft auch erteilt werden, wenn das Verlangen in anderer Form gestellt wird. [4] In diesem Falle ist das Verlangen unverzüglich nachträglich schriftlich oder elektronisch zu bestätigen. [5] Die Verantwortung für die Zulässigkeit der Auskunft tragen die um Auskunft ersuchenden Stellen.

(3) Die Auskunft nach Absatz 1 Satz 1 darf nur erteilt werden

1. an die für die Verfolgung von Straftaten und Ordnungswidrigkeiten zuständigen Behörden, soweit zureichende tatsächliche Anhaltspunkte für eine Straftat oder Ordnungswidrigkeit vorliegen und die in die Auskunft aufzunehmenden Daten erforderlich sind, um den Sachverhalt zu erforschen, den Aufenthaltsort eines Beschuldigten oder Betroffenen zu ermitteln oder eine Strafe zu vollstrecken,
2. an die für die Abwehr von Gefahren für die öffentliche Sicherheit oder Ordnung zuständigen Behörden, wenn die in die Auskunft aufzunehmenden Daten im Einzelfall erforderlich sind
   a) zur Abwehr einer Gefahr für die öffentliche Sicherheit oder
   b) zum Schutz von Leib, Leben, Freiheit der Person, sexueller Selbstbestimmung, dem Bestand und der Sicherheit des Bundes oder eines Landes, der freiheitlich demokratischen Grundordnung, Gütern der Allgemeinheit, deren Bedrohung die Grundlagen der Existenz der Menschen berührt sowie nicht unerheblichen Sachwerten, wenn Tatsachen den Schluss auf ein wenigstens seiner Art nach konkretisiertes sowie zeitlich absehbares Geschehen zulassen, an dem bestimmte Personen beteiligt sein werden, oder
   c) zum Schutz von Leib, Leben, Freiheit der Person, sexueller Selbstbestimmung, dem Bestand und der Sicherheit des Bundes oder eines Landes, der

freiheitlich demokratischen Grundordnung sowie Gütern der Allgemeinheit, deren Bedrohung die Grundlagen der Existenz der Menschen berührt, wenn das individuelle Verhalten einer Person die konkrete Wahrscheinlichkeit begründet, dass sie in einem übersehbaren Zeitraum eine gegen ein solches Rechtsgut gerichtete Straftat begehen wird, oder

d) zur Verhütung einer Straftat von erheblicher Bedeutung, sofern Tatsachen die Annahme rechtfertigen, dass eine Person innerhalb eines übersehbaren Zeitraums auf eine ihrer Art nach konkretisierte Weise als Täter oder Teilnehmer an der Begehung einer Tat beteiligt ist, oder

e) zur Verhütung einer schweren Straftat nach § 100a Absatz 2 der Strafprozessordnung[1], sofern das individuelle Verhalten einer Person die konkrete Wahrscheinlichkeit begründet, dass die Person innerhalb eines übersehbaren Zeitraums die Tat begehen wird,

3. an das Bundeskriminalamt als Zentralstelle nach § 2 des Bundeskriminalamtgesetzes,

a) sofern zureichende tatsächliche Anhaltspunkte für eine Straftat im Sinne des § 2 Absatz 1 des Bundeskriminalamtgesetzes vorliegen und die in die Auskunft aufzunehmenden Daten erforderlich sind,

aa) um die zuständige Strafverfolgungsbehörde zu ermitteln, oder

bb) um ein Auskunftsersuchen einer ausländischen Strafverfolgungsbehörde im Rahmen des internationalen polizeilichen Dienstverkehrs, das nach Maßgabe der Vorschriften über die internationale Rechtshilfe in Strafsachen bearbeitet wird, zu erledigen, oder

b) sofern die in die Auskunft aufzunehmenden Daten im Rahmen der Strafvollstreckung erforderlich sind, um ein Auskunftsersuchen einer ausländischen Strafverfolgungsbehörde im Rahmen des polizeilichen Dienstverkehrs, das nach Maßgabe der Vorschriften über die internationale Rechtshilfe in Strafsachen bearbeitet wird, zu erledigen, oder

c) sofern die Gefahr besteht, dass eine Person an der Begehung einer Straftat im Sinne des § 2 Absatz 1 des Bundeskriminalamtgesetzes beteiligt sein wird und die in die Auskunft aufzunehmenden Daten erforderlich sind,

aa) um die für die Verhütung der Straftat zuständige Polizeibehörde zu ermitteln, oder

bb) um ein Auskunftsersuchen einer ausländischen Polizeibehörde im Rahmen des polizeilichen Dienstverkehrs zur Verhütung der Straftat zu erledigen, oder

d) sofern Tatsachen die Annahme rechtfertigen, dass eine Person innerhalb eines übersehbaren Zeitraums auf eine zumindest ihrer Art nach konkretisierte Weise an einer Straftat von erheblicher Bedeutung beteiligt sein wird und die in die Auskunft aufzunehmenden Daten erforderlich sind,

aa) um die für die Verhütung der Straftat zuständige Polizeibehörde zu ermitteln oder

bb) um ein Auskunftsersuchen einer ausländischen Polizeibehörde im Rahmen des polizeilichen Dienstverkehrs zur Verhütung der Straftat zu erledigen oder

---

[1] Nr. 22.

e) sofern das individuelle Verhalten einer Person die konkrete Wahrscheinlichkeit begründet, dass sie innerhalb eines übersehbaren Zeitraums eine schwere Straftat nach § 100a Absatz 2 der Strafprozessordnung[1] begehen wird und die in die Auskunft aufzunehmenden Daten erforderlich sind,

aa) um die für die Verhütung der Straftat zuständige Polizeibehörde zu ermitteln oder

bb) um ein Auskunftsersuchen einer ausländischen Polizeibehörde im Rahmen des polizeilichen Dienstverkehrs zur Verhütung der Straftat zu erledigen,

4. an das Zollkriminalamt als Zentralstelle nach § 3 des Zollfahndungsdienstgesetzes,

a) sofern zureichende tatsächliche Anhaltspunkte für eine Straftat vorliegen und die in die Auskunft aufzunehmenden Daten erforderlich sind, um

aa) die zuständige Strafverfolgungsbehörde zu ermitteln, oder

bb) ein Auskunftsersuchen einer ausländischen Strafverfolgungsbehörde im Rahmen des internationalen polizeilichen Dienstverkehrs, das nach Maßgabe der Vorschriften über die internationale Rechtshilfe in Strafsachen bearbeitet wird, auch im Rahmen der Strafvollstreckung, zu erledigen, oder

b) sofern dies im Einzelfall erforderlich ist

aa) zur Abwehr einer Gefahr für die öffentliche Sicherheit,

bb) zum Schutz von Leib, Leben, Freiheit der Person, sexueller Selbstbestimmung, dem Bestand und der Sicherheit des Bundes oder eines Landes, der freiheitlich demokratischen Grundordnung, Gütern der Allgemeinheit, deren Bedrohung die Grundlagen der Existenz der Menschen berührt, sowie nicht unerheblichen Sachwerten, wenn Tatsachen den Schluss auf ein wenigstens seiner Art nach konkretisiertes und zeitlich absehbares Geschehen zulassen, an dem bestimmte Personen beteiligt sein werden, oder

cc) zum Schutz von Leib, Leben, Freiheit der Person, sexueller Selbstbestimmung, dem Bestand und der Sicherheit des Bundes oder eines Landes, der freiheitlich demokratischen Grundordnung sowie Gütern der Allgemeinheit, deren Bedrohung die Grundlagen der Existenz der Menschen berührt, wenn das individuelle Verhalten einer Person die konkrete Wahrscheinlichkeit begründet, dass die Gefährdung eines solchen Rechtsgutes in einem übersehbaren Zeitraum eintreten wird, oder

dd) zur Erledigung eines Auskunftsersuchens einer ausländischen Polizeibehörde im Rahmen des polizeilichen Dienstverkehrs zur Verhütung einer Straftat oder

ee) zur Verhütung einer Straftat von erheblicher Bedeutung, sofern Tatsachen die Annahme rechtfertigen, dass eine Person innerhalb eines übersehbaren Zeitraums auf eine ihrer Art nach konkretisierte Weise als Täter oder Teilnehmer an der Begehung der Tat beteiligt ist, oder

ff) zur Verhütung einer schweren Straftat nach § 100a Absatz 2 der Strafprozessordnung[1], sofern das individuelle Verhalten einer Person die

---

[1] Nr. 22.

konkrete Wahrscheinlichkeit begründet, dass die Person innerhalb eines übersehbaren Zeitraums die Tat begehen wird,

5. an die Verfassungsschutzbehörden des Bundes und der Länder, soweit dies aufgrund tatsächlicher Anhaltspunkte im Einzelfall erforderlich ist zur Aufklärung bestimmter Bestrebungen oder Tätigkeiten nach
   a) § 3 Absatz 1 des Bundesverfassungsschutzgesetzes oder
   b) einem zum Verfassungsschutz (§ 1 Absatz 1 des Bundesverfassungsschutzgesetzes) landesgesetzlich begründeten Beobachtungsauftrag der Landesbehörde, insbesondere zum Schutz der verfassungsmäßigen Ordnung vor Bestrebungen und Tätigkeiten der organisierten Kriminalität,
6. an den Militärischen Abschirmdienst, soweit dies aufgrund tatsächlicher Anhaltspunkte im Einzelfall zur Aufklärung bestimmter Bestrebungen oder Tätigkeiten nach § 1 Absatz 1 des MAD-Gesetzes oder zur Sicherung der Einsatzbereitschaft der Truppe oder zum Schutz der Angehörigen, der Dienststellen oder Einrichtungen des Geschäftsbereichs des Bundesministeriums der Verteidigung nach § 14 Absatz 1 des MAD-Gesetzes erforderlich ist,
7. an den Bundesnachrichtendienst, soweit dies erforderlich ist
   a) zur politischen Unterrichtung der Bundesregierung, wenn im Einzelfall tatsächliche Anhaltspunkte dafür vorliegen, dass durch die Auskunft Informationen über das Ausland gewonnen werden können, die von außen- und sicherheitspolitischer Bedeutung für die Bundesrepublik Deutschland sind und zu deren Aufklärung das Bundeskanzleramt den Bundesnachrichtendienst beauftragt hat, oder
   b) zur Früherkennung von aus dem Ausland drohenden Gefahren von internationaler Bedeutung, wenn im Einzelfall tatsächliche Anhaltspunkte dafür vorliegen, dass durch die Auskunft Erkenntnisse gewonnen werden können mit Bezug zu den in § 4 Absatz 3 Nummer 1 des BND-Gesetzes genannten Gefahrenbereichen oder zum Schutz der in § 4 Absatz 3 Nummer 2 und 3 des BND-Gesetzes genannten Rechtsgüter,
8. an das Bundesamt für Sicherheit in der Informationstechnik zum Schutz der Versorgung der Bevölkerung in den Bereichen des § 2 Absatz 10 Satz 1 Nummer 1 des BSI-Gesetzes oder der öffentlichen Sicherheit, um damit eine Beeinträchtigung der Sicherheit oder Funktionsfähigkeit informationstechnischer Systeme einer Kritischen Infrastruktur oder eines Unternehmens im besonderen öffentlichen Interesse abzuwenden, wenn Tatsachen den Schluss auf ein wenigstens seiner Art nach konkretisiertes und zeitlich absehbares Geschehen zulassen, das auf die informationstechnischen Systeme bestimmbarer Infrastrukturen oder Unternehmen abzielen wird, und die in die Auskunft aufzunehmenden Daten im Einzelfall erforderlich sind, um den Betreiber der betroffenen Kritischen Infrastruktur oder das betroffene Unternehmen im besonderen öffentlichen Interesse vor dieser Beeinträchtigung zu warnen, über diese zu informieren oder bei deren Beseitigung zu beraten oder zu unterstützen.

(4) [1] Die Auskunft nach Absatz 1 Satz 2 darf nur unter den Voraussetzungen des Absatzes 3 und nur dann erteilt werden, wenn die Auskunft verlangende Stelle auch zur Nutzung der zu beauskunftenden Daten im Einzelfall berechtigt ist. [2] Die Verantwortung für die Berechtigung zur Nutzung der zu beauskunftenden Daten tragen die um Auskunft ersuchenden Stellen.

(5) Die Auskunft nach Absatz 1 Satz 3 darf nur erteilt werden an

1. die für die Verfolgung von Straftaten zuständigen Behörden, soweit zureichende tatsächliche Anhaltspunkte für eine Straftat vorliegen und die in die Auskunft aufzunehmenden Daten erforderlich sind, um den Sachverhalt zu erforschen, den Aufenthaltsort eines Beschuldigten zu ermitteln oder eine Strafe zu vollstrecken,
2. die für die Abwehr von Gefahren für die öffentliche Sicherheit oder Ordnung zuständigen Behörden, wenn die in die Auskunft aufzunehmenden Daten im Einzelfall erforderlich sind
   a) zum Schutz von Leib, Leben, Freiheit der Person, sexueller Selbstbestimmung, dem Bestand und der Sicherheit des Bundes oder eines Landes, der freiheitlich demokratischen Grundordnung, Gütern der Allgemeinheit, deren Bedrohung die Grundlagen der Existenz der Menschen berührt, sowie nicht unerheblicher Sachwerte oder zur Verhütung einer Straftat oder
   b) zum Schutz von Leib, Leben, Freiheit der Person, sexueller Selbstbestimmung, dem Bestand und der Sicherheit des Bundes oder eines Landes, der freiheitlich demokratischen Grundordnung sowie Gütern der Allgemeinheit, deren Bedrohung die Grundlagen der Existenz der Menschen berührt, wenn Tatsachen den Schluss auf ein wenigstens seiner Art nach konkretisiertes sowie zeitlich absehbares Geschehen zulassen, an dem bestimmte Personen beteiligt sein werden, oder
   c) zum Schutz von Leib, Leben, Freiheit der Person, sexueller Selbstbestimmung, dem Bestand und der Sicherheit des Bundes oder eines Landes, der freiheitlich demokratischen Grundordnung sowie Gütern der Allgemeinheit, deren Bedrohung die Grundlagen der Existenz der Menschen berührt, wenn das individuelle Verhalten einer Person die konkrete Wahrscheinlichkeit begründet, dass sie in einem übersehbaren Zeitraum eine gegen ein solches Rechtsgut gerichtete Straftat begehen wird, oder
   d) zur Verhütung einer schweren Straftat nach § 100a Absatz 2 der Strafprozessordnung[1], sofern Tatsachen die Annahme rechtfertigen, dass eine Person innerhalb eines übersehbaren Zeitraums auf eine ihrer Art nach konkretisierten Weise als Täter oder Teilnehmer an der Begehung einer Tat beteiligt ist, oder
   e) zur Verhütung einer schweren Straftat nach § 100a Absatz 2 der Strafprozessordnung[1], sofern das individuelle Verhalten einer Person die konkrete Wahrscheinlichkeit begründet, dass die Person innerhalb eines übersehbaren Zeitraums die Tat begehen wird,
3. das Bundeskriminalamt als Zentralstelle nach § 2 des Bundeskriminalamtgesetzes, sofern
   a) zureichende tatsächliche Anhaltspunkte für eine Straftat im Sinne des § 2 Absatz 1 des Bundeskriminalamtgesetzes vorliegen und die in die Auskunft aufzunehmenden Daten erforderlich sind, um
      aa) die zuständige Strafverfolgungsbehörde zu ermitteln, oder
      bb) ein Auskunftsersuchen einer ausländischen Strafverfolgungsbehörde im Rahmen des internationalen polizeilichen Dienstverkehrs, das nach

---

[1] Nr. **22**.

Maßgabe der Vorschriften über die internationale Rechtshilfe in Strafsachen bearbeitet wird, zu erledigen, oder

b) die in die Auskunft aufzunehmenden Daten im Rahmen der Strafvollstreckung erforderlich sind, um ein Auskunftsersuchen einer ausländischen Strafverfolgungsbehörde im Rahmen des polizeilichen Dienstverkehrs, das nach Maßgabe der Vorschriften über die internationale Rechtshilfe in Strafsachen bearbeitet wird, zu erledigen,

c) die Gefahr besteht, dass eine Person an der Begehung einer Straftat im Sinne des § 2 Absatz 1 des Bundeskriminalamtgesetzes beteiligt sein wird und die in die Auskunft aufzunehmenden Daten erforderlich sind, um

aa) die für die Verhütung der Straftat zuständigen Polizeibehörde zu ermitteln, oder

bb) ein Auskunftsersuchen einer ausländischen Polizeibehörde im Rahmen des polizeilichen Dienstverkehrs zur Verhütung der Straftat zu erledigen, oder

d) Tatsachen die Annahme rechtfertigen, dass eine Person innerhalb eines übersehbaren Zeitraums auf eine zumindest ihrer Art nach konkretisierte Weise an einer schweren Straftat nach § 100a Absatz 2 der Strafprozessordnung[1] beteiligt sein wird und die in die Auskunft aufzunehmenden Daten erforderlich sind, um

aa) die für die Verhütung der Straftat zuständige Polizeibehörde zu ermitteln, oder

bb) ein Auskunftsersuchen einer ausländischen Polizeibehörde im Rahmen des polizeilichen Dienstverkehrs zur Verhütung der Straftat zu erledigen, oder

e) das individuelle Verhalten einer Person die konkrete Wahrscheinlichkeit begründet, dass sie innerhalb eines übersehbaren Zeitraums eine schwere Straftat nach § 100a Absatz 2 der Strafprozessordnung[1] begehen wird, und die in die Auskunft aufzunehmenden Daten erforderlich sind, um

aa) die für die Verhütung der Straftat zuständige Polizeibehörde zu ermitteln, oder

bb) ein Auskunftsersuchen einer ausländischen Polizeibehörde im Rahmen des polizeilichen Dienstverkehrs zur Verhütung der Straftat zu erledigen,

4. das Zollkriminalamt als Zentralstelle nach § 3 des Zollfahndungsdienstgesetzes, sofern

a) im Einzelfall zureichende tatsächliche Anhaltspunkte für eine Straftat vorliegen und die in die Auskunft aufzunehmenden Daten erforderlich sind, um

aa) die zuständige Strafverfolgungsbehörde zu ermitteln, oder

bb) ein Auskunftsersuchen einer ausländischen Strafverfolgungsbehörde im Rahmen des internationalen polizeilichen Dienstverkehrs, das nach Maßgabe der Vorschriften über die internationale Rechtshilfe in Strafsachen bearbeitet wird, auch im Rahmen der Strafvollstreckung, zu erledigen, oder

b) dies im Einzelfall erforderlich ist

---

[1] Nr. 22.

aa) zum Schutz von Leib, Leben, Freiheit der Person, sexueller Selbstbestimmung, dem Bestand und der Sicherheit des Bundes oder eines Landes, der freiheitlich demokratischen Grundordnung, Gütern der Allgemeinheit, deren Bedrohung die Grundlagen der Existenz der Menschen berührt, sowie nicht unerheblicher Sachwerte oder zur Verhütung einer Straftat, oder

bb) zum Schutz von Leib, Leben, Freiheit der Person, sexueller Selbstbestimmung, dem Bestand und der Sicherheit des Bundes oder eines Landes, der freiheitlich demokratischen Grundordnung sowie Gütern der Allgemeinheit, deren Bedrohung die Grundlagen der Existenz der Menschen berührt, wenn Tatsachen den Schluss auf ein wenigstens seiner Art nach konkretisiertes und zeitlich absehbares Geschehen zulassen, an dem bestimmte Personen beteiligt sein werden, oder

cc) zum Schutz von Leib, Leben, Freiheit der Person, sexueller Selbstbestimmung, dem Bestand und der Sicherheit des Bundes oder eines Landes, der freiheitlich demokratischen Grundordnung sowie Gütern der Allgemeinheit, deren Bedrohung die Grundlagen der Existenz der Menschen berührt, wenn das individuelle Verhalten einer Person die konkrete Wahrscheinlichkeit begründet, dass die Gefährdung eines solchen Rechtsgutes in einem übersehbaren Zeitraum eintreten wird, oder

dd) zur Erledigung eines Auskunftsersuchens einer ausländischen Polizeibehörde im Rahmen des polizeilichen Dienstverkehrs zur Verhütung einer schweren Straftat nach § 100a Absatz 2 der Strafprozessordnung[1], oder

ee) zur Verhütung einer schweren Straftat nach § 100a Absatz 2 der Strafprozessordnung[1], sofern Tatsachen die Annahme rechtfertigen, dass eine Person innerhalb eines übersehbaren Zeitraums auf eine ihrer Art nach konkretisierte Weise als Täter oder Teilnehmer an der Begehung der Tat beteiligt ist, oder

ff) zur Verhütung einer schweren Straftat nach § 100a Absatz 2 der Strafprozessordnung[1], sofern das individuelle Verhalten einer Person, die konkrete Wahrscheinlichkeit begründet, dass die Person innerhalb eines übersehbaren Zeitraums die Tat begehen wird,

5. die Verfassungsschutzbehörden des Bundes und der Länder, soweit dies aufgrund tatsächlicher Anhaltspunkte im Einzelfall erforderlich ist zur Aufklärung bestimmter Bestrebungen oder Tätigkeiten nach
   a) § 3 Absatz 1 des Bundesverfassungsschutzgesetzes oder
   b) einem zum Verfassungsschutz (§ 1 Absatz 1 des Bundesverfassungsschutzgesetzes) landesgesetzlich begründeten Beobachtungsauftrag der Landesbehörde, insbesondere zum Schutz der verfassungsmäßigen Ordnung vor Bestrebungen und Tätigkeiten der organisierten Kriminalität,
6. den Militärischen Abschirmdienst, soweit dies aufgrund tatsächlicher Anhaltspunkte im Einzelfall zur Aufklärung bestimmter Bestrebungen oder Tätigkeiten nach § 1 Absatz 1 des MAD-Gesetzes oder zur Sicherung der Einsatzbereitschaft der Truppe oder zum Schutz der Angehörigen, der

---

[1] Nr. 22.

Dienststellen und Einrichtungen des Geschäftsbereichs des Bundesministeriums der Verteidigung nach § 14 Absatz 1 des MAD-Gesetzes erforderlich ist,

7. den Bundesnachrichtendienst, soweit dies erforderlich ist
   a) zur politischen Unterrichtung der Bundesregierung, wenn im Einzelfall tatsächliche Anhaltspunkte dafür vorliegen, dass durch die Auskunft Informationen über das Ausland gewonnen werden können, die von außen- und sicherheitspolitischer Bedeutung für die Bundesrepublik Deutschland sind und zu deren Aufklärung das Bundeskanzleramt den Bundesnachrichtendienst beauftragt hat, oder
   b) zur Früherkennung von aus dem Ausland drohenden Gefahren von internationaler Bedeutung, wenn im Einzelfall tatsächliche Anhaltspunkte dafür vorliegen, dass durch die Auskunft Erkenntnisse gewonnen werden können mit Bezug zu den in § 4 Absatz 3 Nummer 1 des BND-Gesetzes genannten Gefahrenbereichen oder zum Schutz der in § 4 Absatz 3 Nummer 2 und 3 des BND-Gesetzes genannten Rechtsgüter,
8. an das Bundesamt für Sicherheit in der Informationstechnik zum Schutz der Versorgung der Bevölkerung in den Bereichen des § 2 Absatz 10 Satz 1 Nummer 1 des BSI-Gesetzes oder der öffentlichen Sicherheit, um damit eine Beeinträchtigung der Sicherheit oder Funktionsfähigkeit informationstechnischer Systeme einer Kritischen Infrastruktur oder eines Unternehmens im besonderen öffentlichen Interesse abzuwenden, wenn Tatsachen den Schluss auf ein wenigstens seiner Art nach konkretisiertes und zeitlich absehbares Geschehen zulassen, das auf die informationstechnischen Systeme bestimmbarer Infrastrukturen oder Unternehmen abzielen wird, und die in die Auskunft aufzunehmenden Daten im Einzelfall erforderlich sind, um den Betreiber der betroffenen Kritischen Infrastruktur oder das betroffene Unternehmen im besonderen öffentlichen Interesse vor dieser Beeinträchtigung zu warnen, über diese zu informieren oder bei deren Beseitigung zu beraten oder zu unterstützen.

(6) [1] Derjenige, der geschäftsmäßig Telekommunikationsdienste erbringt oder daran mitwirkt, hat die zu beauskunftenden Daten unverzüglich und vollständig zu übermitteln. [2] Über das Auskunftsersuchen und die Auskunftserteilung haben die Verpflichteten gegenüber den Betroffenen sowie Dritten Stillschweigen zu wahren.

(7) [1] Wer öffentlich zugängliche Telekommunikationsdienste erbringt, hat für die Entgegennahme der Auskunftsverlangen sowie für die Erteilung der zugehörigen Auskünfte gesicherte elektronische Schnittstellen nach Maßgabe der Verordnung nach § 170 Absatz 5 und der Technischen Richtlinie nach § 170 Absatz 6 bereitzuhalten, durch die auch die gegen die Kenntnisnahme der Daten durch Unbefugte gesicherte Übertragung gewährleistet ist. [2] Dabei haben Verpflichtete mit 100 000 oder mehr Vertragspartnern die Schnittstelle sowie das E-Mail-basierte Übermittlungsverfahren nach der Technischen Richtlinie nach § 170 Absatz 6 bereitzuhalten. [3] Verpflichtete mit weniger als 100 000 Vertragspartnern müssen nur das E-Mail-basierte Übermittlungsverfahren bereithalten. [4] Darüber hinaus gelten für die Entgegennahme der Auskunftsverlangen sowie für die Übermittlung der zugehörigen Auskünfte § 31 Absatz 2 Satz 2 bis 4 und Absatz 6 und 7, § 34 Absatz 1 Satz 1 und 3 und Absatz 2 sowie § 35 der Verordnung nach § 170 Absatz 5 entsprechend. [5] Die Verpflichteten haben dafür Sorge zu tragen, dass jedes Auskunftsverlangen

durch eine verantwortliche Fachkraft auf Einhaltung der in Absatz 2 genannten formalen Voraussetzungen geprüft und die weitere Bearbeitung des Verlangens erst nach einem positiven Prüfergebnis freigegeben wird. [6]Die Prüfung und Freigabe durch eine verantwortliche Fachkraft nach Satz 5 kann unterbleiben, sofern durch die technische Ausgestaltung der elektronischen Schnittstelle die Einhaltung der in Absatz 2 genannten formalen Voraussetzungen automatisch überprüft werden kann.

§ 175 Verpflichtete; Entschädigung. (1) [1]Die Verpflichtungen zur Speicherung von Verkehrsdaten, zur Verwendung der Daten und zur Datensicherheit nach den §§ 176 bis 181 beziehen sich auf Anbieter öffentlich zugänglicher Telekommunikationsdienste für Endnutzer, bei denen es sich nicht um nummernunabhängige interpersonelle Telekommunikationsdienste handelt. [2]Ein Anbieter nach Satz 1, der nicht alle der nach Maßgabe der §§ 176 bis 181 zu speichernden Daten selbst erzeugt oder verarbeitet, hat

1. sicherzustellen, dass die nicht von ihm selbst bei der Erbringung seines Dienstes erzeugten oder verarbeiteten Daten gemäß § 176 Absatz 1 gespeichert werden, und
2. der Bundesnetzagentur auf deren Verlangen unverzüglich mitzuteilen, wer diese Daten speichert.

(2) [1]Für notwendige Aufwendungen, die den Verpflichteten durch die Umsetzung der Vorgaben aus den §§ 176, 178 bis 181 entstehen, ist eine angemessene Entschädigung zu zahlen, soweit dies zur Abwendung oder zum Ausgleich unbilliger Härten geboten erscheint. [2]Für die Bemessung der Entschädigung sind die tatsächlich entstandenen Kosten maßgebend. [3]Über Anträge auf Entschädigung entscheidet die Bundesnetzagentur.

§ 176 Pflichten zur Speicherung von Verkehrsdaten. (1) Die in § 175 Absatz 1 Genannten sind verpflichtet, Daten wie folgt im Inland zu speichern:

1. Daten nach den Absätzen 2 und 3 für zehn Wochen,
2. Standortdaten nach Absatz 4 für vier Wochen.

(2) [1]Die Anbieter von Sprachkommunikationsdiensten speichern

1. die Rufnummer oder eine andere Kennung des anrufenden und des angerufenen Anschlusses sowie bei Um- oder Weiterschaltungen jedes weiteren beteiligten Anschlusses,
2. Datum und Uhrzeit von Beginn und Ende der Verbindung unter Angabe der zugrunde liegenden Zeitzone,
3. Angaben zu dem genutzten Dienst, wenn im Rahmen des Sprachkommunikationsdienstes unterschiedliche Dienste genutzt werden können,
4. im Falle mobiler Sprachkommunikationsdienste ferner
   a) die internationale Kennung mobiler Endnutzer für den anrufenden und den angerufenen Anschluss,
   b) die internationale Kennung des anrufenden und des angerufenen Endgerätes,
   c) Datum und Uhrzeit der ersten Aktivierung des Dienstes unter Angabe der zugrunde liegenden Zeitzone, wenn Dienste im Voraus bezahlt wurden,

5. im Falle von Internet-Sprachkommunikationsdiensten auch die Internetprotokoll-Adressen des anrufenden und des angerufenen Anschlusses und zugewiesene Benutzerkennungen.

[2] Satz 1 gilt entsprechend

1. bei der Übermittlung einer Kurz-, Multimedia- oder ähnlichen Nachricht; hierbei treten an die Stelle der Angaben nach Satz 1 Nummer 2 die Zeitpunkte der Versendung und des Empfangs der Nachricht;
2. für unbeantwortete oder wegen eines Eingriffs des Netzwerkmanagements erfolglose Anrufe, soweit der Anbieter öffentlich zugänglicher Sprachkommunikationsdienste die in Satz 1 genannten Verkehrsdaten für die in § 9 des Telekommunikation-Digitale-Dienste-Datenschutz-Gesetzes[1)] genannten Zwecke speichert oder protokolliert.

(3) Die Anbieter öffentlich zugänglicher Internetzugangsdienste speichern

1. die dem Endnutzer für eine Internetnutzung zugewiesene Internetprotokoll-Adresse,
2. eine eindeutige Kennung des Anschlusses, über den die Internetnutzung erfolgt, sowie eine zugewiesene Benutzerkennung,
3. Datum und Uhrzeit von Beginn und Ende der Internetnutzung unter der zugewiesenen Internetprotokoll-Adresse unter Angabe der zugrunde liegenden Zeitzone.

(4) [1] Im Falle der Nutzung mobiler Sprachkommunikationsdienste sind die Bezeichnungen der Funkzellen zu speichern, die durch den anrufenden und den angerufenen Anschluss bei Beginn der Verbindung genutzt wurden. [2] Bei öffentlich zugänglichen Internetzugangsdiensten ist im Falle der mobilen Nutzung die Bezeichnung der bei Beginn der Internetverbindung genutzten Funkzelle zu speichern. [3] Zusätzlich sind die Daten vorzuhalten, aus denen sich die geografische Lage und die Hauptstrahlrichtungen der die jeweilige Funkzelle versorgenden Funkantennen ergeben.

(5) Der Inhalt der Kommunikation, Daten über aufgerufene Internetseiten und Daten von Diensten der elektronischen Post dürfen aufgrund dieser Vorschrift nicht gespeichert werden.

(6) [1] Daten, die den in § 11 Absatz 5 des Telekommunikation-Digitale-Dienste-Datenschutz-Gesetzes genannten Verbindungen zugrunde liegen, dürfen aufgrund dieser Vorschrift nicht gespeichert werden. [2] Dies gilt entsprechend für Telefonverbindungen, die von den in § 11 Absatz 5 des Telekommunikation-Digitale-Dienste-Datenschutz-Gesetzes genannten Stellen ausgehen. [3] § 11 Absatz 6 des Telekommunikation-Digitale-Dienste-Datenschutz-Gesetzes gilt entsprechend.

(7) Die Speicherung der Daten hat so zu erfolgen, dass Auskunftsersuchen der berechtigten Stellen unverzüglich beantwortet werden können.

(8) Der nach § 175 Absatz 1 Verpflichtete hat die aufgrund des Absatzes 1 gespeicherten Daten unverzüglich, spätestens jedoch binnen einer Woche nach Ablauf der Speicherfristen nach Absatz 1, irreversibel zu löschen oder die irreversible Löschung sicherzustellen.

[1)] Nr. **14**.

§ 177 Verwendung der Daten. (1) Die aufgrund des § 176 gespeicherten Daten dürfen

1. an eine Strafverfolgungsbehörde übermittelt werden, soweit diese die Übermittlung unter Berufung auf eine gesetzliche Bestimmung, die ihr eine Erhebung der in § 176 genannten Daten zur Verfolgung besonders schwerer Straftaten erlaubt, verlangt;
2. an eine Gefahrenabwehrbehörde der Länder übermittelt werden, soweit diese die Übermittlung unter Berufung auf eine gesetzliche Bestimmung, die ihr eine Erhebung der in § 176 genannten Daten zur Abwehr einer konkreten Gefahr für Leib, Leben oder Freiheit einer Person oder für den Bestand des Bundes oder eines Landes erlaubt, verlangt;
3. durch den Anbieter öffentlich zugänglicher Telekommunikationsdienste für eine Auskunft nach § 174 Absatz 1 Satz 3 verwendet werden.

(2) Für andere Zwecke als die in Absatz 1 genannten dürfen die aufgrund des § 176 gespeicherten Daten von den nach § 175 Absatz 1 Verpflichteten nicht verwendet werden.

(3) [1] Die Übermittlung der Daten erfolgt nach Maßgabe der Rechtsverordnung nach § 170 Absatz 5 und der Technischen Richtlinie nach § 170 Absatz 6. [2] Die Daten sind so zu kennzeichnen, dass erkennbar ist, dass es sich um Daten handelt, die nach § 176 gespeichert waren. [3] Nach Übermittlung an eine andere Stelle ist die Kennzeichnung durch diese aufrechtzuerhalten.

§ 178 Gewährleistung der Sicherheit der Daten. [1] Der nach § 175 Absatz 1 Verpflichtete hat sicherzustellen, dass die aufgrund der Speicherpflicht nach § 176 Absatz 1 gespeicherten Daten durch technische und organisatorische Maßnahmen nach dem Stand der Technik gegen unbefugte Kenntnisnahme und Verwendung geschützt werden. [2] Die Maßnahmen umfassen insbesondere

1. den Einsatz eines besonders sicheren Verschlüsselungsverfahrens,
2. die Speicherung in gesonderten, von den für die üblichen betrieblichen Aufgaben getrennten Speichereinrichtungen,
3. die Speicherung mit einem hohen Schutz vor dem Zugriff aus dem Internet auf vom Internet entkoppelten Datenverarbeitungssystemen,
4. die Beschränkung des Zutritts zu den Datenverarbeitungsanlagen auf Personen, die durch den Verpflichteten besonders ermächtigt sind, und
5. die notwendige Mitwirkung von mindestens zwei Personen beim Zugriff auf die Daten, die dazu durch den Verpflichteten besonders ermächtigt worden sind.

§ 179 Protokollierung. (1) [1] Der nach § 175 Absatz 1 Verpflichtete hat sicherzustellen, dass für Zwecke der Datenschutzkontrolle jeder Zugriff, insbesondere das Lesen, Kopieren, Ändern, Löschen und Sperren der aufgrund der Speicherpflicht nach § 176 Absatz 1 gespeicherten Daten protokolliert wird. [2] Zu protokollieren sind

1. der Zeitpunkt des Zugriffs,
2. die auf die Daten zugreifenden Personen,
3. Zweck und Art des Zugriffs.

(2) Für andere Zwecke als die der Datenschutzkontrolle dürfen die Protokolldaten nicht verwendet werden.

(3) Der nach § 175 Absatz 1 Verpflichtete hat sicherzustellen, dass die Protokolldaten nach einem Jahr gelöscht werden.

§ 180 Anforderungskatalog. (1) [1]Bei der Umsetzung der Verpflichtungen gemäß den §§ 176 bis 179 ist ein besonders hoher Standard der Datensicherheit und Datenqualität zu gewährleisten. [2]Die Einhaltung dieses Standards wird vermutet, wenn alle Anforderungen des Katalogs der technischen Vorkehrungen und sonstigen Maßnahmen erfüllt werden, den die Bundesnetzagentur im Benehmen mit dem Bundesamt für Sicherheit in der Informationstechnik und der oder dem Bundesbeauftragten für den Datenschutz und die Informationsfreiheit erstellt.

(2) [1]Die Bundesnetzagentur überprüft fortlaufend die im Katalog nach Absatz 1 Satz 2 enthaltenen Anforderungen; hierbei berücksichtigt sie den Stand der Technik und der Fachdiskussion. [2]Stellt die Bundesnetzagentur Änderungsbedarf fest, ist der Katalog im Benehmen mit dem Bundesamt für Sicherheit in der Informationstechnik und der oder dem Bundesbeauftragten für den Datenschutz und die Informationsfreiheit unverzüglich anzupassen.

(3) [1]§ 167 Absatz 1 Satz 3 gilt entsprechend. [2]Der Anforderungskatalog wird von der Bundesnetzagentur veröffentlicht. [3]§ 165 Absatz 9 Satz 1 und 5 gilt mit der Maßgabe, dass an die Stelle der Anforderungen nach § 165 Absatz 1 bis 7 die Anforderungen nach Absatz 1 Satz 1, § 176 Absatz 7 und 8, § 178 und § 179 Absatz 1 und 3 treten.

§ 181 Sicherheitskonzept. [1]Der nach § 175 Absatz 1 Verpflichtete hat in das Sicherheitskonzept nach § 166 zusätzlich aufzunehmen,

1. welche Systeme zur Erfüllung der Verpflichtungen aus den §§ 176 bis 179 betrieben werden,
2. von welchen Gefährdungen für diese Systeme auszugehen ist und
3. welche technischen Vorkehrungen oder sonstigen Maßnahmen getroffen oder geplant sind, um diesen Gefährdungen entgegenzuwirken und die Verpflichtungen aus den §§ 176 bis 179 zu erfüllen.

[2]Der nach § 175 Absatz 1 Verpflichtete hat der Bundesnetzagentur das Sicherheitskonzept unverzüglich nach dem Beginn der Speicherung nach § 176 und unverzüglich bei jeder Änderung des Konzepts vorzulegen. [3]Bleibt das Sicherheitskonzept unverändert, hat der nach § 175 Absatz 1 Verpflichtete dies gegenüber der Bundesnetzagentur im Abstand von jeweils zwei Jahren schriftlich zu erklären.

§ 182 Auskunftsersuchen des Bundesnachrichtendienstes. (1) [1]Betreiber öffentlicher Telekommunikationsnetze haben dem Bundesministerium für Wirtschaft und Energie auf Anfrage entgeltfrei Auskünfte über die Strukturen der Telekommunikationsnetze sowie bevorstehende Änderungen zu erteilen. [2]Einzelne Telekommunikationsvorgänge und Bestandsdaten von Endnutzern dürfen nicht Gegenstand einer Auskunft nach dieser Vorschrift sein.

(2) [1]Anfragen nach Absatz 1 sind nur zulässig, wenn ein entsprechendes Ersuchen des Bundesnachrichtendienstes vorliegt und soweit die Auskunft zur

Erfüllung der Aufgaben nach den §§ 5 und 8 des Artikel 10-Gesetzes[1] oder den §§ 19, 24, 26, 32 und 33 des BND-Gesetzes erforderlich ist. [2]Die Verwendung einer nach dieser Vorschrift erlangten Auskunft zu anderen Zwecken ist ausgeschlossen.

§ 183 Kontrolle und Durchsetzung von Verpflichtungen. (1) [1]Die Bundesnetzagentur kann Anordnungen und andere Maßnahmen treffen, um die Einhaltung der Vorschriften des Abschnitts 1 sowie der aufgrund dieses Abschnitts ergangenen Rechtsverordnungen und Allgemeinverfügungen, insbesondere der jeweils anzuwendenden Technischen Richtlinien, sicherzustellen. [2]Der nach den Vorschriften des Abschnitts 1 Verpflichtete muss auf Anforderung der Bundesnetzagentur die hierzu erforderlichen Auskünfte erteilen. [3]Die Bundesnetzagentur ist zur Überprüfung der Einhaltung der Verpflichtungen befugt, die Geschäfts- und Betriebsräume während der üblichen Betriebs- oder Geschäftszeiten zu betreten und zu besichtigen. [4]Die Befugnisse der Bundesnetzagentur nach Teil 11 Abschnitt 2 bleiben unberührt.

(2) [1]Die Bundesnetzagentur kann bei konkreten Anhaltspunkten für Verstöße gegen die Verpflichtungen aus § 172 den Inhalt von Kundendateien nach § 173 Absatz 1 Satz 1 überprüfen und dazu auch personenbezogene Daten verarbeiten. [2]Die Speicherdauer der personenbezogenen Daten ist auf das erforderliche Maß zu beschränken.

(3) Bei wiederholten Verstößen gegen § 172 Absatz 1 bis 6, § 173 Absatz 1, 2, 6 Satz 2, Absatz 9 Satz 1 und 2 oder § 174 Absatz 1 Satz 5 und Absatz 6 kann die Tätigkeit des Verpflichteten durch Anordnung der Bundesnetzagentur dahingehend eingeschränkt werden, dass der Kundenstamm bis zur Erfüllung der sich aus diesen Vorschriften ergebenden Verpflichtungen nur durch Vertragsablauf oder Kündigung verändert werden darf.

(4) Über die Befugnis zu Anordnungen nach Absatz 3 hinaus kann die Bundesnetzagentur bei Nichterfüllung von Verpflichtungen dieses Abschnitts den Betrieb der betreffenden Telekommunikationsanlage oder das Erbringen des betreffenden Telekommunikationsdienstes ganz oder teilweise untersagen, wenn mildere Eingriffe zur Durchsetzung rechtmäßigen Verhaltens nicht ausreichen.

(5) Zur Durchsetzung von Maßnahmen nach den Absätzen 1 bis 4 kann nach Maßgabe des Verwaltungsvollstreckungsgesetzes ein Zwangsgeld bis zu einer Million Euro festgesetzt werden.

(6) Das Fernmeldegeheimnis des Artikels 10 des Grundgesetzes[2] wird nach Maßgabe des Absatzes 1 eingeschränkt.

Teil 13. Bußgeldvorschriften

§ 228 Bußgeldvorschriften. (1) Ordnungswidrig handelt, wer vorsätzlich oder leichtfertig einer vollziehbaren Anordnung nach § 203 Absatz 4 Satz 1 Nummer 2 zuwiderhandelt.

[1] Nr. **20**.
[2] Nr. **19**.

(2) Ordnungswidrig handelt, wer vorsätzlich oder fahrlässig

1. entgegen § 4 eine Information nicht, nicht richtig, nicht vollständig oder nicht rechtzeitig zur Verfügung stellt,
2. entgegen § 5 Absatz 1 eine Meldung nicht, nicht richtig, nicht vollständig, nicht in der vorgeschriebenen Weise oder nicht rechtzeitig macht,
3. einer vollziehbaren Anordnung nach
   a) § 19 Absatz 1 Satz 1 in Verbindung mit § 18 Absatz 1 Satz 1 zweiter Halbsatz Nummer 2 oder 3, § 25 Absatz 1, 2 oder 3 Satz 1, § 29 Absatz 4 Satz 2, § 38 Absatz 4 Satz 1 oder 2, § 44 Absatz 3 Satz 2, auch in Verbindung mit § 46 Absatz 6, § 46 Absatz 5, § 47 Absatz 1 Satz 1, § 49 Absatz 2 erster Halbsatz, § 50 Absatz 4 Satz 1, § 161 Absatz 2 Satz 1 oder Absatz 3 Satz 1 oder § 188 Absatz 1,
   b) § 47 Absatz 3, § 104 oder § 203 Absatz 2 Satz 1 Nummer 1 oder Satz 3 oder
   c) § 58 Absatz 5 Satz 2, § 123 Absatz 1, 2 Satz 1 oder 2, Absatz 3 Satz 1, Absatz 4 oder 5, § 149 Absatz 2 Satz 1 oder § 166 Absatz 2 Satz 2 oder Absatz 4 Satz 1

   zuwiderhandelt,
4. entgegen
   a) § 34 Absatz 1,
   b) § 45 Absatz 1 oder § 76 Absatz 2 Nummer 4 oder
   c) § 111 Absatz 1 Nummer 1

   eine Anzeige nicht oder nicht rechtzeitig erstattet,
5. ohne Genehmigung nach § 38 Absatz 1 Satz 1 ein Entgelt erhebt,
6. einer Rechtsverordnung nach § 52 Absatz 4 oder § 108 Absatz 6 Satz 1 oder einer vollziehbaren Anordnung aufgrund einer solchen Rechtsverordnung zuwiderhandelt, soweit die Rechtsverordnung für einen bestimmten Tatbestand auf diese Bußgeldvorschrift verweist,
7. entgegen § 54 Absatz 3 Satz 1, auch in Verbindung mit § 54 Absatz 3 Satz 3, eine Vertragszusammenfassung nicht oder nicht rechtzeitig zur Verfügung stellt,
8. entgegen § 55 Absatz 1 eine Information nicht, nicht richtig, nicht vollständig oder nicht rechtzeitig zur Verfügung stellt,
9. entgegen § 57 Absatz 2 Satz 1 den Endnutzer nicht oder nicht rechtzeitig unterrichtet,
10. entgegen § 58 Absatz 2 Satz 1 eine Dokumentation nicht oder nicht rechtzeitig erstellt,
11. entgegen § 59 Absatz 2 Satz 1 nicht sicherstellt, dass die Leistung beim Anbieterwechsel gegenüber dem Endnutzer nicht unterbrochen wird,
12. entgegen § 59 Absatz 2 Satz 3 den Telekommunikationsdienst unterbricht,
13. entgegen § 61 Absatz 3 Satz 1 eine Leistung ganz oder teilweise verweigert,
14. entgegen § 73 Absatz 3 Satz 1 den Anschluss einer Telekommunikationsendeinrichtung verweigert,
15. entgegen § 73 Absatz 3 Satz 3 die Zugangsdaten oder eine Information nicht, nicht richtig, nicht vollständig, nicht in der vorgeschriebenen Weise oder nicht rechtzeitig zur Verfügung stellt,

16. entgegen § 74 Absatz 5 eine Leistung anbietet,
17. ohne Frequenzzuteilung nach § 91 Absatz 1 Satz 1 eine Frequenz nutzt,
18. ohne Übertragung nach § 95 Absatz 2 Satz 1 ein deutsches Orbit- oder Frequenznutzungsrecht ausübt,
19. einer vollziehbaren Auflage nach § 99 Absatz 3 Satz 1 Nummer 1 zuwiderhandelt,
20. entgegen § 109 Absatz 1 Satz 1 oder 2, Absatz 2 Satz 1 oder Absatz 3 eine Angabe nicht, nicht richtig oder nicht vollständig macht,
21. entgegen § 109 Absatz 2 Satz 3 die Preisangabe zeitlich kürzer anzeigt,
22. entgegen § 110 Absatz 1, auch in Verbindung mit § 110 Absatz 2 Satz 1 oder 2, Absatz 3 Satz 1 oder Absatz 4 Satz 1 oder 2, einen dort genannten Preis nicht, nicht richtig, nicht vollständig oder nicht rechtzeitig ansagt,
23. entgegen § 112 Absatz 1, 2, 4 oder 5 Satz 1 einen Preis erhebt,
24. entgegen § 113 Absatz 1 Satz 1, auch in Verbindung mit § 113 Absatz 1 Satz 2, eine Verbindung nicht oder nicht rechtzeitig trennt,
25. entgegen § 114 Absatz 1 oder 3 Satz 2 einen dort genannten Dialer einsetzt,
26. entgegen § 115 Absatz 1 eine Warteschleife einsetzt,
27. entgegen § 115 Absatz 2 Satz 1 nicht sicherstellt, dass der Anrufende informiert wird,
28. entgegen § 119 Absatz 1 Satz 2 einen R-Gesprächsdienst anbietet,
29. entgegen § 120 Absatz 1 Satz 1, auch in Verbindung mit § 120 Absatz 5 Satz 1, nicht sicherstellt, dass eine vollständige Rufnummer übermittelt und gekennzeichnet wird,
30. entgegen § 120 Absatz 1 Satz 3, auch in Verbindung mit § 120 Absatz 5 Satz 1, oder entgegen § 120 Absatz 2 Satz 1 oder 3 eine dort genannte Rufnummer aufsetzt oder übermittelt,
31. entgegen § 120 Absatz 1 Satz 4, auch in Verbindung mit § 120 Absatz 5 Satz 1, eine übermittelte Rufnummer verändert,
32. entgegen § 120 Absatz 3 Satz 1 nicht sicherstellt, dass eine dort genannte Rufnummer nicht als Rufnummer des Anrufers übermittelt oder angezeigt wird,
33. entgegen § 120 Absatz 4 Satz 1 nicht sicherstellt, dass eine dort genannte Rufnummer nur in den dort genannten Fällen angezeigt wird,
34. entgegen § 120 Absatz 4 Satz 2 erster Halbsatz nicht sicherstellt, dass der Eintrittsweg gekennzeichnet wird,
35. entgegen § 164 Absatz 1 Satz 2, auch in Verbindung mit § 164 Absatz 2 oder einer Rechtsverordnung nach § 164 Absatz 5 Satz 1 Nummer 2, nicht sicherstellt, dass eine Notrufverbindung hergestellt wird,
36. entgegen § 164 Absatz 1 Satz 3, auch in Verbindung mit § 164 Absatz 2 oder einer Rechtsverordnung nach § 164 Absatz 5 Satz 1 Nummer 3, oder entgegen § 164 Absatz 4 Satz 1 nicht sicherstellt, dass die Rufnummer oder die dort genannten Daten übermittelt werden,
37. entgegen § 164 Absatz 3 Satz 1, auch in Verbindung mit einer Rechtsverordnung nach § 164 Absatz 5 Nummer 6, nicht sicherstellt, dass eine dort genannte Notrufverbindung möglich ist,

37a. entgegen § 164a Absatz 1 Nummer 1, auch in Verbindung mit einer Rechtsverordnung nach § 164a Absatz 4 Nummer 1, 2 oder 3, eine dort genannte Einrichtung nicht oder nicht richtig vorhält,

37b. entgegen § 164a Absatz 1 Nummer 2, auch in Verbindung mit einer Rechtsverordnung nach § 164a Absatz 4 Nummer 1, 2 oder 3, eine dort genannte Aussendung nicht sicherstellt,

37c. einer vollziehbaren Anordnung nach § 164a Absatz 2, auch in Verbindung mit einer Rechtsverordnung nach § 164a Absatz 4 Nummer 1, 2 oder 3, zuwiderhandelt,

38. entgegen § 166 Absatz 2 Satz 1 oder Absatz 4 Satz 2 oder § 181 Satz 2 ein Sicherheitskonzept nicht, nicht richtig, nicht vollständig oder nicht rechtzeitig vorlegt,

39. entgegen § 168 Absatz 1 Satz 1, § 170 Absatz 1 Nummer 3 Buchstabe a, Absatz 2 Nummer 2 oder Absatz 3 Satz 1 oder § 175 Absatz 1 Satz 2 Nummer 2 eine Mitteilung nicht, nicht richtig, nicht vollständig oder nicht rechtzeitig macht,

40. entgegen § 169 Absatz 1 Satz 1 oder 2 oder Absatz 5 Satz 1 eine Benachrichtigung nicht, nicht richtig, nicht vollständig oder nicht rechtzeitig vornimmt,

41. entgegen § 169 Absatz 3 Satz 1 das dort genannte Verzeichnis nicht, nicht richtig oder nicht vollständig führt,

42. entgegen § 170 Absatz 1 Satz 1 Nummer 1 in Verbindung mit einer Rechtsverordnung nach § 170 Absatz 5 Nummer 1 Buchstabe a eine technische Einrichtung nicht vorhält oder eine organisatorische Vorkehrung nicht trifft,

43. entgegen § 170 Absatz 1 Satz 1 Nummer 2 in Verbindung mit einer Rechtsverordnung nach § 170 Absatz 5 Nummer 1 Buchstabe a eine Steuerungsmöglichkeit nicht oder nicht rechtzeitig bereitstellt oder eine Steuerung nicht oder nicht rechtzeitig ermöglicht,

44. entgegen § 170 Absatz 1 Satz 1 Nummer 3 Buchstabe b einen Zustellungsbevollmächtigten im Inland nicht oder nicht rechtzeitig benennt,

45. entgegen § 170 Absatz 1 Satz 1 Nummer 5 eine Prüfung nicht gestattet,

46. entgegen § 170 Absatz 1 Satz 1 Nummer 6 die Aufstellung oder den Betrieb eines dort genannten technischen Mittels nicht duldet oder den Zugang zu einem solchen technischen Mittel nicht gewährt,

47. entgegen § 170 Absatz 8 Satz 3 einen Mangel nicht oder nicht rechtzeitig beseitigt,

48. entgegen § 170 Absatz 9 Satz 1 einen Netzabschlusspunkt nicht, nicht in der vorgeschriebenen Weise oder nicht rechtzeitig bereitstellt,

49. entgegen § 172 Absatz 1 Satz 1, auch in Verbindung mit § 172 Absatz 3, oder entgegen § 172 Absatz 4 dort genannte Daten nicht, nicht richtig, nicht vollständig oder nicht rechtzeitig erhebt, nicht, nicht richtig, nicht vollständig oder nicht rechtzeitig speichert oder nicht, nicht richtig, nicht vollständig oder nicht rechtzeitig berichtigt,

50. entgegen § 172 Absatz 2 Satz 1 die Richtigkeit der Daten nicht, nicht richtig, nicht vollständig oder nicht rechtzeitig überprüft,

51. entgegen § 172 Absatz 5 Satz 2 unrichtige Daten verwendet oder verarbeitet,

52. entgegen § 172 Absatz 5 Satz 3 eine Änderung nicht, nicht richtig, nicht vollständig oder nicht rechtzeitig übermittelt,
53. entgegen § 172 Absatz 6 Daten nicht oder nicht rechtzeitig löscht,
54. entgegen § 173 Absatz 2 Satz 1 Nummer 1 nicht gewährleistet, dass die Bundesnetzagentur jederzeit und automatisiert Daten aus den Kundendateien abrufen kann,
55. entgegen § 173 Absatz 2 Satz 2 nicht sicherstellt, dass ihm die abgerufenen Daten nicht zur Kenntnis gelangen können,
56. entgegen § 174 Absatz 6 Satz 2 Stillschweigen nicht wahrt,
57. entgegen § 176 Absatz 8 Daten nicht oder nicht rechtzeitig löscht oder die Löschung nicht sicherstellt,
58. entgegen § 177 Absatz 2 oder § 179 Absatz 2 dort genannte Daten für andere als die dort genannten Zwecke verwendet,
59. entgegen § 178 Satz 1 nicht sicherstellt, dass Daten geschützt werden,
60. entgegen § 179 Absatz 1 Satz 1 nicht sicherstellt, dass jeder Zugriff protokolliert wird,
61. entgegen § 182 Absatz 1 Satz 1, § 183 Absatz 1 Satz 2 oder § 190 Absatz 1 Satz 2 eine Auskunft nicht, nicht richtig, nicht vollständig oder nicht rechtzeitig erteilt,
62. entgegen § 185 Absatz 1 einen Telekommunikationsdienst, den Netzbetrieb oder eine Dienstleistung nicht aufrechterhält,
63. entgegen § 186 Absatz 1 einen Anschluss oder einen Übertragungsweg nicht oder nicht rechtzeitig bereitstellt oder nicht oder nicht rechtzeitig entstört oder eine Datenübertragungsrate nicht oder nicht rechtzeitig erweitert,
64. entgegen § 187 Absatz 2 Satz 1 eine Vorkehrung nicht oder nicht rechtzeitig trifft,
65. entgegen § 187 Absatz 2 Satz 2 eine Vorkehrung nicht oder nicht rechtzeitig aufhebt,
66. entgegen § 187 Absatz 2 Satz 3 eine Information nicht, nicht richtig oder nicht rechtzeitig gibt,
67. entgegen § 190 Absatz 1 Satz 5 eine Überprüfung nicht duldet oder
68. entgegen § 203 Absatz 1 Satz 1 eine Information nicht, nicht richtig, nicht vollständig oder nicht rechtzeitig zur Verfügung stellt.

(3) Ordnungswidrig handelt, wer gegen die Verordnung (EU) Nr. 531/2012 des Europäischen Parlaments und des Rates vom 13. Juni 2012 über das Roaming in öffentlichen Mobilfunknetzen in der Union (ABl. L 172 vom 30.6.2012, S. 10), die zuletzt durch die Verordnung (EU) 2017/920 (ABl. L 147 vom 9.6.2017, S. 1) geändert worden ist, verstößt, indem er vorsätzlich oder fahrlässig

1. entgegen Artikel 3 Absatz 5 Satz 2 einen Entwurf nicht oder nicht rechtzeitig vorlegt,
2. entgegen Artikel 5 Absatz 1 Satz 2 einem dort genannten Antrag nicht oder nicht unverzüglich nach Zugang des Antrags nachkommt,
3. entgegen Artikel 6a ein dort genanntes Entgelt berechnet,
4. entgegen Artikel 6e Absatz 1 Unterabsatz 2 Satz 1 einen Aufschlag erhebt,

5. entgegen Artikel 6e Absatz 1 Unterabsatz 3 Satz 1 oder 3 ein Entgelt nicht richtig abrechnet,
6. entgegen Artikel 6e Absatz 1 Unterabsatz 3 Satz 2 eine andere Mindestabrechnungsdauer zugrunde legt,
7. entgegen Artikel 11 ein technisches Merkmal verändert,
8. entgegen Artikel 14 Absatz 1 Unterabsatz 1 eine dort genannte Preisinformation nicht, nicht richtig, nicht vollständig, nicht in der vorgeschriebenen Weise oder nicht rechtzeitig bereitstellt,
9. entgegen Artikel 15 Absatz 2a Satz 1 in Verbindung mit Satz 2 eine Mitteilung nicht oder nicht rechtzeitig versendet,
10. entgegen Artikel 15 Absatz 3 Unterabsatz 6 Satz 1 nicht sicherstellt, dass eine dort genannte Meldung übermittelt wird,
11. entgegen Artikel 15 Absatz 3 Unterabsatz 7 Satz 3 die Erbringung oder Inrechnungstellung eines dort genannten Dienstes nicht oder nicht rechtzeitig einstellt,
12. entgegen Artikel 15 Absatz 3 Unterabsatz 8 eine dort genannte Änderung nicht oder nicht rechtzeitig vornimmt oder
13. entgegen Artikel 16 Absatz 4 Satz 2 eine Information nicht, nicht richtig, nicht vollständig oder nicht rechtzeitig übermittelt.

(4) Ordnungswidrig handelt, wer gegen die Verordnung (EU) 2015/2120 des Europäischen Parlaments und des Rates vom 25. November 2015 über Maßnahmen zum Zugang zum offenen Internet und zu Endkundenentgelten für regulierte intra-EU-Kommunikation sowie zur Änderung der Richtlinie 2002/22/EG und der Verordnung (EU) Nr. 531/2012 (ABl. L 310 vom 26.11. 2015, S. 1), die zuletzt durch die Verordnung (EU) 2018/1971 (ABl. L 321 vom 17.12.2018, S. 1) geändert worden ist, verstößt, indem er vorsätzlich oder fahrlässig

1. entgegen Artikel 3 Absatz 2 als Anbieter von Internetzugangsdiensten eine Vereinbarung trifft oder eine Geschäftspraxis anwendet,
2. entgegen Artikel 3 Absatz 3 Unterabsatz 3 erster Halbsatz eine dort genannte Verkehrsmanagementmaßnahme anwendet,
3. entgegen Artikel 4 Absatz 1 Unterabsatz 1 Satz 1 nicht sicherstellt, dass ein dort genannter Vertrag die dort genannten Angaben enthält,
4. einer vollziehbaren Anordnung nach Artikel 5 Absatz 1 Unterabsatz 1 Satz 2 zuwiderhandelt,
5. entgegen Artikel 5 Absatz 2 eine dort genannte Information nicht, nicht richtig, nicht vollständig oder nicht rechtzeitig vorlegt oder nicht, nicht richtig, nicht vollständig oder nicht rechtzeitig übermittelt,
6. entgegen Artikel 5a Absatz 2 Satz 2 einen Verbraucher nicht, nicht richtig, nicht vollständig oder nicht rechtzeitig unterrichtet oder
7. entgegen Artikel 5a Absatz 5 Satz 1, auch in Verbindung mit Satz 3, als Anbieter regulierter intra-EU-Kommunikation eine dort genannte Obergrenze nicht, nicht richtig oder nicht rechtzeitig festlegt.

(5) Ordnungswidrig handelt, wer als Anbieter regulierter intra-EU-Kommunikation nach Artikel 2 Absatz 2 Nummer 3 der Verordnung (EU) 2015/2120 vorsätzlich oder fahrlässig

1. gegenüber einem Verbraucher einen Endkundenpreis berechnet, der den in Artikel 5a Absatz 1 der Verordnung (EU) 2015/2120 genannten Endkundenpreis überschreitet,
2. nicht sicherstellt, dass ein in Artikel 5a Absatz 3 der Verordnung (EU) 2015/2120 genannter Tarifwechsel durchgeführt wird, oder
3. nicht sicherstellt, dass ein Verbraucher gemäß Artikel 5a Absatz 4 der Verordnung (EU) 2015/2120 aus einem oder in einen dort genannten Tarif kostenfrei wechseln kann.

(6) Ordnungswidrig handelt, wer gegen die Verordnung (EU) 2018/302 des Europäischen Parlaments und des Rates vom 28. Februar 2018 über Maßnahmen gegen ungerechtfertigtes Geoblocking und andere Formen der Diskriminierung aufgrund der Staatsangehörigkeit, des Wohnsitzes oder des Ortes der Niederlassung des Kunden innerhalb des Binnenmarkts und zur Änderung der Verordnungen (EG) Nr. 2006/2004 und (EU) 2017/2394 sowie der Richtlinie 2009/22/EG (ABl. L 60I vom 2.3.2018, S. 1) verstößt, indem er vorsätzlich oder fahrlässig

1. entgegen Artikel 3 Absatz 1 einen Zugang zur Online-Benutzeroberfläche sperrt oder beschränkt,
2. entgegen Artikel 3 Absatz 2 Unterabsatz 1 einen Kunden zu einer dort genannten Version der Online-Benutzeroberfläche weiterleitet,
3. entgegen Artikel 4 Absatz 1 unterschiedliche Allgemeine Geschäftsbedingungen anwendet oder
4. entgegen Artikel 5 Absatz 1 unterschiedliche Bedingungen für einen Zahlungsvorgang anwendet.

(7) Die Ordnungswidrigkeit kann geahndet werden

1. in den Fällen des
   a) Absatzes 2 Nummer 19,
   b) Absatzes 3 Nummer 3 und 4 und des Absatzes 5 Nummer 1 und
   c) Absatzes 4 Nummer 1, 2 und 4

   mit einer Geldbuße bis zu einer Million Euro,
2. in den Fällen des Absatzes 2 Nummer 3 Buchstabe a, Nummer 4 Buchstabe a, Nummer 17, 42, 43, 47, 54 und 57 bis 59 mit einer Geldbuße bis zu fünfhunderttausend Euro,
3. in den Fällen des Absatzes 2 Nummer 10, 37 bis 38, 46, 49, 50, 53 und 60 und des Absatzes 6 mit einer Geldbuße von bis zu dreihunderttausend Euro,
4. in den Fällen des Absatzes 2 Nummer 3 Buchstabe c, Nummer 6 bis 8, 14 bis 16, 20 bis 36, 40, 61, 63 bis 66 und 68, des Absatzes 3 Nummer 1, 2 und 8, des Absatzes 4 Nummer 3 und 6 und des Absatzes 5 Nummer 2 und 3 mit einer Geldbuße bis zu einhunderttausend Euro,
5. in den Fällen des Absatzes 2 Nummer 11, 18 und 56 mit einer Geldbuße bis zu fünfzigtausend Euro und
6. in den übrigen Fällen der Absätze 1 bis 4 mit einer Geldbuße bis zu zehntausend Euro.

(8) [1] Bei einer juristischen Person oder Personenvereinigung mit einem durchschnittlichen Jahresumsatz von mehr als

1. 50 Millionen Euro kann abweichend von Absatz 7 Nummer 1 Buchstabe a in Verbindung mit § 30 Absatz 2 Satz 2 des Gesetzes über Ordnungswidrigkeiten eine Ordnungswidrigkeit nach Absatz 2 Nummer 19 in Verbindung mit § 30 Absatz 1 des Gesetzes über Ordnungswidrigkeiten mit einer Geldbuße bis zu 2 Prozent,
2. 100 Millionen Euro kann abweichend von Absatz 7 Nummer 1 Buchstabe c in Verbindung mit § 30 Absatz 2 Satz 2 des Gesetzes über Ordnungswidrigkeiten eine Ordnungswidrigkeit nach Absatz 4 Nummer 1, 2 oder 4, jeweils in Verbindung mit § 30 Absatz 1 des Gesetzes über Ordnungswidrigkeiten, mit einer Geldbuße bis zu 1 Prozent

des durchschnittlichen Jahresumsatzes geahndet werden, der von der juristischen Person oder Personenvereinigung weltweit in den letzten drei Geschäftsjahren erzielt wurde, die der Behördenentscheidung vorausgehen. [2]In den durchschnittlichen Jahresumsatz nach Satz 1 sind die durchschnittlichen Jahresumsätze aller Unternehmen einzubeziehen, die mit der juristischen Person oder Personenvereinigung nach § 3 Nummer 69 verbunden oder zusammengeschlossen sind. [3]Der durchschnittliche Jahresumsatz kann geschätzt werden.

(9) Verwaltungsbehörde im Sinne des § 36 Absatz 1 Nummer 1 des Gesetzes über Ordnungswidrigkeiten ist die Bundesnetzagentur.

(10) [1]Die Bundesnetzagentur ist zuständige Vollstreckungsbehörde für das Verfahren wegen der Festsetzung einer Geldbuße. [2]Die Vollstreckung der im gerichtlichen Ordnungswidrigkeitenverfahren verhängten Geldbuße und des Geldbetrages, dessen Einziehung nach § 29a des Gesetzes über Ordnungswidrigkeiten angeordnet wurde, erfolgt durch die Bundesnetzagentur als Vollstreckungsbehörde aufgrund einer von dem Urkundsbeamten der Geschäftsstelle des Gerichts zu erteilenden, mit der Bescheinigung der Vollstreckbarkeit versehenen beglaubigten Abschrift der Urteilsformel entsprechend den Vorschriften über die Vollstreckung von Bußgeldbescheiden. [3]Die Geldbußen und die Geldbeträge, deren Einziehung nach § 29a des Gesetzes über Ordnungswidrigkeiten angeordnet wurde, fließen der Bundeskasse zu, die auch die der Staatskasse auferlegten Kosten trägt.

16. Verordnung über die technische und organisatorische Umsetzung von Maßnahmen zur Überwachung der Telekommunikation (Telekommunikations-Überwachungsverordnung – TKÜV)[1)]

In der Fassung der Bekanntmachung vom 11. Juli 2017[2)]
(BGBl. I S. 2316)

FNA 900-15-3

zuletzt geänd. durch Art. 33 G zur Durchführung der VO (EU) 2022/2065 v. 6.5.2024 (BGBl. 2024 I Nr. 149)

Teil 1. Allgemeine Vorschriften

§ 1 Gegenstand der Verordnung. Diese Verordnung regelt

1. die grundlegenden Anforderungen an die Gestaltung der technischen Einrichtungen, die für die Umsetzung der
   a) in § 100a Absatz 1 Satz 1 der Strafprozessordnung[3)],
   b) in den §§ 3, 5 und 8 des Artikel 10-Gesetzes[4)],
   c) in § 72 Absatz 1, 2 und 4 des Zollfahndungsdienstgesetzes,
   d) in § 51 des Bundeskriminalamtgesetzes,
   e) in den §§ 19, 24 und 26 des BND-Gesetzes sowie
   f) im Landesrecht

   vorgesehenen Maßnahmen zur Überwachung der Telekommunikation erforderlich sind, sowie organisatorische Eckpunkte für die Umsetzung derartiger Maßnahmen mittels dieser Einrichtungen,
2. den Rahmen für die Technische Richtlinie nach § 170 Absatz 6 des Telekommunikationsgesetzes,
3. das Verfahren für den Nachweis nach § 170 Absatz 1 Satz 1 Nummer 4 und 5 des Telekommunikationsgesetzes,
4. die Ausgestaltung der Verpflichtungen zur Duldung der Aufstellung von technischen Einrichtungen für Maßnahmen der strategischen Kontrolle nach § 5 oder § 8 des Artikel 10-Gesetzes oder nach den §§ 19, 24 oder 26 des BND-Gesetzes sowie des Zugangs zu diesen Einrichtungen,
5. bei welchen Telekommunikationsanlagen dauerhaft oder vorübergehend keine technischen Einrichtungen zur Umsetzung von Anordnungen zur Überwachung der Telekommunikation vorgehalten oder keine organisatorischen Vorkehrungen getroffen werden müssen,

---

[1)] **Amtl. Anm.:** Notifiziert gemäß der Richtlinie (EU) 2015/1535 des Europäischen Parlaments und des Rates vom 9. September 2015 über ein Informationsverfahren auf dem Gebiet der technischen Vorschriften und der Vorschriften für die Dienste der Informationsgesellschaft (ABl. L 241 vom 17.9.2015, S. 1).

[2)] Neubekanntmachung der TKÜV v. 3.11.2005 (BGBl. I S. 3136) in der ab 21.7.2017 geltenden Fassung. Die VO wurde in ihrer ursprünglichen Fassung von der Bundesregierung auf Grund von § 110 Abs. 2, 6 Satz 2 und Abs. 8 Satz 2 TKG v. 22.6.2004 (BGBl. I S. 1190) erlassen.

[3)] Nr. **22**.

[4)] Nr. **20**.

6. welche Ausnahmen von der Erfüllung einzelner technischer Anforderungen die Bundesnetzagentur zulassen kann,
7. die Anforderungen an die Aufzeichnungsanschlüsse, an die die Aufzeichnungs- und Auswertungseinrichtungen angeschlossen werden, sowie
8. die Anforderungen an das Übermittlungsverfahren und das Datenformat für Auskunftsersuchen über Verkehrsdaten und der zugehörigen Ergebnisse.

§ 2 Begriffsbestimmungen. Im Sinne dieser Verordnung ist

1. Anordnung
   a) im Sinne der Teile 2 und 3 die Anordnung zur Überwachung der Telekommunikation nach § 100e der Strafprozessordnung[1], § 10 des Artikel 10-Gesetzes[2], § 74 des Zollfahndungsdienstgesetzes, § 51 des Bundeskriminalamtgesetzes, § 25 Absatz 1 Satz 1 des BND-Gesetzes oder nach Landesrecht und
   b) im Sinne des Teils 4 die Anordnung zur Erteilung von Auskünften über Verkehrsdaten nach § 100g in Verbindung mit § 101a Absatz 1 der Strafprozessordnung[1], § 8a Absatz 1 Satz 1 Nummer 4 des Bundesverfassungsschutzgesetzes, auch in Verbindung mit § 4a des MAD-Gesetzes oder § 3 des BND-Gesetzes, § 52 des Bundeskriminalamtgesetzes, § 77 des Zollfahndungsdienstgesetzes oder nach Landesrecht;
2. Aufzeichnungsanschluss
   der Telekommunikationsanschluss einer berechtigten Stelle, an den deren Aufzeichnungs- und Auswertungseinrichtungen angeschlossen werden (Netzabschlusspunkt im Sinne von § 170 Absatz 9 des Telekommunikationsgesetzes);

2a. Aufzeichnungs- und Auswertungseinrichtung
   die technische Einrichtung einer berechtigten Stelle, die an Aufzeichnungsanschlüsse angeschlossen wird und der Aufzeichnung, technischen Aufbereitung und Auswertung der Überwachungskopie dient;

3. berechtigte Stelle
   a) im Sinne der Teile 2 und 3 die nach § 100a Absatz 4 Satz 1 der Strafprozessordnung[1], § 1 Absatz 1 Nummer 1 des Artikel 10-Gesetzes, § 72 Absatz 1 des Zollfahndungsdienstgesetzes, § 51 Absatz 6 Satz 1 des Bundeskriminalamtgesetzes, den §§ 19, 24 oder 26 des BND-Gesetzes oder nach Landesrecht auf Grund der jeweiligen Anordnung zur Überwachung und Aufzeichnung der Telekommunikation berechtigte Stelle und
   b) im Sinne des Teils 4 die Stelle,
      aa) die nach § 101a Absatz 1 in Verbindung mit § 100a Absatz 4 Satz 1 der Strafprozessordnung[1], § 8a Absatz 1 Satz 1 Nummer 4 des Bundesverfassungsschutzgesetzes, auch in Verbindung mit § 4a des MAD-Gesetzes oder § 3 des BND-Gesetzes, § 52 des Bundeskriminalamtgesetzes, § 77 des Zollfahndungsdienstgesetzes oder nach Landesrecht auf Grund der jeweiligen Anordnung berechtigt ist, Auskunftsverlangen über nach den §§ 9 und 12 des Telekommunikation-

---

[1] Nr. **22**.
[2] Nr. **20**.

Digitale-Dienste-Datenschutz-Gesetzes[1] erhobene Verkehrsdaten zu stellen, oder

bb) der nach § 177 Absatz 1 Nummer 1 oder 2 des Telekommunikationsgesetzes Auskünfte über nach § 176 des Telekommunikationsgesetzes gespeicherte Verkehrsdaten erteilt werden dürfen;

4. Betreiber einer Telekommunikationsanlage
das Unternehmen, das die tatsächliche Kontrolle über die Funktionen einer Telekommunikationsanlage ausübt;
5. (weggefallen)
6. Endgerät
die technische Einrichtung, mittels derer ein Nutzer einen Telekommunikationsanschluss zur Abwicklung seiner Telekommunikation nutzt;
7. Pufferung
die kurzzeitige Zwischenspeicherung von Informationen zur Vermeidung von Informationsverlusten während systembedingter Wartezeiten;
8. Referenznummer
die von der berechtigten Stelle vorgegebene eindeutige, auch nichtnumerische Bezeichnung der Überwachungsmaßnahme oder des Auskunftsverlangens, die auch die Bezeichnung der berechtigten Stelle enthält;
9. Speichereinrichtung
eine netzseitige Einrichtung zur Speicherung von Telekommunikation, die einem Nutzer zugeordnet ist;
10. Telekommunikationsanschluss
der durch eine Rufnummer oder andere Adressierungsangabe eindeutig bezeichnete Zugang zu einer Telekommunikationsanlage, der es einem Nutzer ermöglicht, Telekommunikationsdienste zu nutzen;
11. Übergabepunkt
der Punkt der technischen Einrichtungen des Verpflichteten, an dem er die Überwachungskopie bereitstellt; der Übergabepunkt kann als systeminterner Übergabepunkt gestaltet sein, der am Ort der Telekommunikationsanlage nicht physikalisch dargestellt ist;
12. Übertragungsweg, der dem unmittelbaren nutzerbezogenen Zugang zum Internet dient
die Verbindung zwischen dem Endgerät eines Internet-Nutzers und dem Netzknoten, der den Koppelpunkt zum Internet enthält, soweit nicht die Vermittlungsfunktion eines Netzknotens genutzt wird, der dem Zugang zum Sprachkommunikationsdienst dient;
13. Überwachungseinrichtung
die für die technische Umsetzung von Anordnungen erforderlichen technischen Einrichtungen des Betreibers einer Telekommunikationsanlage einschließlich der zugehörigen Programme und Daten;
14. Überwachungskopie
das vom Verpflichteten auf Grund einer Anordnung auszuleitende und an die Aufzeichnungs- und Auswertungseinrichtung zu übermittelnde Doppel der zu überwachenden Telekommunikation;

---

[1] Nr. **14**.

15. Überwachungsmaßnahme
eine Maßnahme zur Überwachung der Telekommunikation nach § 100a Absatz 1 Satz 1 der Strafprozessordnung[1)], den §§ 3, 5 oder 8 des Artikel 10-Gesetzes, § 72 Absatz 1, 2 und 4 des Zollfahndungsdienstgesetzes, § 51 Absatz 1 des Bundeskriminalamtgesetzes, den §§ 19, 24 oder 26 des BND-Gesetzes oder nach Landesrecht;
16. Verpflichteter
wer nach dieser Verordnung technische oder organisatorische Vorkehrungen zur Umsetzung von Anordnungen zu treffen hat;
17. zu überwachende Kennung
   a) das technische Merkmal, durch das die zu überwachende Telekommunikation in der Telekommunikationsanlage des Verpflichteten gekennzeichnet ist,
   b) im Falle von Übertragungswegen, die dem unmittelbaren nutzerbezogenen Zugang zum Internet dienen, oder im Falle des § 5 oder des § 8 des Artikel 10-Gesetzes die Bezeichnung des Übertragungswegs, oder
   c) im Falle der §§ 19, 24 oder 26 des BND-Gesetzes die Bezeichnung des Telekommunikationsnetzes einschließlich der für die Umsetzung der Anordnung erforderlichen, in der Technischen Richtlinie nach § 170 Absatz 6 des Telekommunikationsgesetzes festgelegten technischen Parameter;
18. Zuordnungsnummer
das vom Verpflichteten zu vergebende eindeutige, auch nichtnumerische Zuordnungsmerkmal, auf Grund dessen Teile der Überwachungskopie und die zugehörigen Daten einander zweifelsfrei zugeordnet werden können.

Teil 2. Maßnahmen nach § 100a Absatz 1 Satz 1 der Strafprozessordnung[1)], § 3 des Artikel 10-Gesetzes, § 72 Absatz 1, 2 und 4 des Zollfahndungsdienstgesetzes, § 51 Absatz 1 des Bundeskriminalamtgesetzes oder nach Landesrecht

Abschnitt 1. Kreis der Verpflichteten, Grundsätze

§ 3 Kreis der Verpflichteten. (1) [1]Die Vorschriften dieses Teils gelten für die Betreiber von Telekommunikationsanlagen, mit denen öffentlich zugängliche Telekommunikationsdienste erbracht werden. [2]Werden mit einer Telekommunikationsanlage sowohl öffentlich zugängliche Telekommunikationsdienste als auch andere Telekommunikationsdienste erbracht, gelten die Vorschriften nur für den Teil der Telekommunikationsanlage, der der Erbringung von öffentlich zugänglichen Telekommunikationsdiensten dient.

(2) [1]Für Telekommunikationsanlagen im Sinne von Absatz 1 müssen keine Vorkehrungen getroffen werden, soweit

1. es sich um ein Telekommunikationsnetz handelt, das Telekommunikationsnetze miteinander verbindet und keine Telekommunikationsanschlüsse aufweist,
2. sie Netzknoten sind, die der Zusammenschaltung mit dem Internet dienen,

---
[1)] Nr. 22.

3. sie aus Übertragungswegen gebildet werden, es sei denn, dass diese dem unmittelbaren nutzerbezogenen Zugang zum Internet dienen,
4. sie ausschließlich der Verteilung von Rundfunk oder anderen für die Öffentlichkeit bestimmten Diensten, dem Abruf von allgemein zugänglichen Informationen oder der Übermittlung von Messwerten, nicht individualisierten Daten, Notrufen oder Informationen für die Sicherheit und Leichtigkeit des See- oder Luftverkehrs dienen,
5. an sie nicht mehr als 10 000 Nutzer angeschlossen sind oder
6. mit ihnen ausschließlich nummernunabhängige interpersonelle Telekommunikationsdienste oder ausschließlich nichtkennungsbezogene Internetzugangsdienste über ein drahtloses lokales Netzwerk erbracht werden und an sie nicht mehr als 100 000 Nutzer angeschlossen sind.

[2]Satz 1 Nummer 1 und 5 gilt nicht für Netzknoten, die der Vermittlung eines öffentlich zugänglichen Sprachkommunikationsdienstes ins Ausland dienen. [3]Satz 1 Nummer 1 und 2 gilt nicht im Hinblick auf Vorkehrungen zur Erfüllung der Verpflichtung aus . § 170 Absatz 1 Satz 1 Nummer 2 des 'Telekommunikationsgesetzes

(3) § 100a Absatz 4 Satz 1 der Strafprozessordnung[1)], § 2 Absatz 1a Satz 1 Nummer 1 bis 3 Artikel 10-Gesetzes[2)], § 72 Absatz 7 des Zollfahndungsdienstgesetzes, § 51 Absatz 6 Satz 1 des Bundeskriminalamtgesetzes sowie die Vorschriften des Landesrechts über Maßnahmen zur Überwachung der Telekommunikation bleiben von den Absätzen 1 und 2 unberührt.

§ 4 Grenzen des Anwendungsbereichs. (1) Telekommunikation, bei der die Telekommunikationsanlage im Rahmen der üblichen Betriebsverfahren erkennt, dass sich das Endgerät, das die zu überwachende Kennung nutzt, im Ausland befindet, ist nicht zu erfassen, es sei denn, die zu überwachende Telekommunikation

1. wird an einen im Inland gelegenen Telekommunikationsanschluss gerichtet,
2. geht von einem im Inland gelegenen Telekommunikationsanschluss aus oder
3. wird an eine im Inland befindliche Speichereinrichtung um- oder weitergeleitet.

(2) [1]Die Telekommunikation ist jedoch in den Fällen zu erfassen, in denen sie

1. von einem den berechtigten Stellen nicht bekannten Telekommunikationsanschluss im Inland herrührt und für eine in der Anordnung angegebene ausländische Rufnummer bestimmt ist oder
2. von einem in der Anordnung angegebenen Telekommunikationsanschluss im Ausland herrührt und für eine den berechtigten Stellen nicht bekannte Rufnummer im Inland bestimmt ist.

[2]Die technische Umsetzung derartiger Anordnungen ist vom Verpflichteten in Abstimmung mit der Bundesnetzagentur zu regeln, wobei hinsichtlich der Gestaltung der Überwachungseinrichtung, des Übergabepunktes und der zu treffenden organisatorischen Vorkehrungen von § 5 Absatz 1 Nummer 1, § 6 Absatz 3 und 4, § 7 Absatz 1 Satz 1 Nummer 2, 4 und 7 und Absatz 2 bis 4

[1)] Nr. **22**.
[2)] Nr. **20**.

abgewichen werden kann. [3] § 22 ist im Rahmen von Überwachungsmaßnahmen nach Satz 1 nicht anzuwenden.

§ 5 Grundsätze. (1) Die zu überwachende Telekommunikation umfasst bei Überwachungsmaßnahmen nach § 100a Absatz 1 Satz 1 der Strafprozessordnung[1)], dem § 3 des Artikel 10-Gesetzes[2)], dem § 72 Absatz 1, 2 und 4 des Zollfahndungsdienstgesetzes, § 51 Absatz 1 des Bundeskriminalamtgesetzes oder nach Landesrecht die Telekommunikation, die

1. von der zu überwachenden Kennung ausgeht,
2. für die zu überwachende Kennung bestimmt ist,
3. in eine Speichereinrichtung, die der zu überwachenden Kennung zugeordnet ist, eingestellt oder aus dieser abgerufen wird oder
4. (weggefallen)
5. zu einer der zu überwachenden Kennung aktuell zugeordneten anderen Zieladresse um- oder weitergeleitet wird,

und besteht aus dem Inhalt und den Daten über die näheren Umstände der Telekommunikation.

(2) [1] Zur technischen Umsetzung einer Anordnung hat der Verpflichtete der berechtigten Stelle am Übergabepunkt eine vollständige Kopie der durch die zu überwachende Kennung bezeichneten Telekommunikation bereitzustellen, die über seine Telekommunikationsanlage abgewickelt wird. [2] Dabei hat er sicherzustellen, dass die bereitgestellten Daten ausschließlich die durch die Anordnung bezeichnete Telekommunikation enthalten. [3] Bei Zusammenschaltungen mit Telekommunikationsnetzen anderer Betreiber hat er sicherzustellen, dass die Daten nach § 7 Absatz 1 Satz 1 Nummer 3 im Rahmen der technischen Möglichkeiten übergeben werden. [4] Satz 1 gilt nicht für Telekommunikation, die in rundfunkähnlicher Weise für alle Nutzer gleichermaßen und unverändert übermittelt und vom Verpflichteten selbst eingespeist wird.

(3) [1] Der Verpflichtete hat sicherzustellen, dass er die Umsetzung einer Anordnung eigenverantwortlich vornehmen kann. [2] In diesem Rahmen ist die Wahrnehmung der im Überwachungsfall erforderlichen Tätigkeiten durch einen Erfüllungsgehilfen zulässig, der jedoch nicht der berechtigten Stelle angehören darf.

(4) [1] Der Verpflichtete hat sicherzustellen, dass die technische Umsetzung einer Anordnung weder von den an der Telekommunikation Beteiligten noch von Dritten feststellbar ist. [2] Insbesondere dürfen die Betriebsmöglichkeiten des Telekommunikationsanschlusses, der durch die zu überwachende Kennung genutzt wird, durch die technische Umsetzung einer Anordnung nicht verändert werden.

(5) [1] Der Verpflichtete hat der berechtigten Stelle unmittelbar nach Abschluss der für die technische Umsetzung einer Anordnung erforderlichen Tätigkeiten den tatsächlichen Einrichtungszeitpunkt sowie die tatsächlich betroffene Kennung mitzuteilen. [2] Dies gilt entsprechend für die Übermittlung einer Information zum Zeitpunkt der Beendigung einer Überwachungsmaßnahme.

(6) Der Verpflichtete hat Engpässe, die bei gleichzeitiger Durchführung mehrerer Überwachungsmaßnahmen auftreten, unverzüglich zu beseitigen.

---

1) Nr. 22.
2) Nr. 20.

Abschnitt 2. Technische Anforderungen

§ 6 Grundlegende Anforderungen an die technischen Einrichtungen.

(1) Der Verpflichtete hat seine Überwachungseinrichtungen so zu gestalten, dass er eine Anordnung unverzüglich umsetzen kann; dies gilt für eine von der berechtigten Stelle verlangte vorfristige Abschaltung einer Überwachungsmaßnahme entsprechend.

(2) Der Verpflichtete hat sicherzustellen, dass die Verfügbarkeit seiner Überwachungseinrichtungen der Verfügbarkeit seiner Telekommunikationsanlage entspricht, soweit dies mit vertretbarem Aufwand realisierbar ist.

(3) [1] Der Verpflichtete hat seine Überwachungseinrichtungen so zu gestalten, dass er die Überwachung neben der in seiner Telekommunikationsanlage verwendeten Ursprungs- oder Zieladresse auf Grund jeder in der Technischen Richtlinie nach § 36 bereichsspezifisch festgelegten Kennungsart ermöglichen kann, die er für die technische Abwicklung der Telekommunikation in seiner Telekommunikationsanlage erhebt. [2] Soweit die zu überwachende Kennung des Telekommunikationsanschlusses in Fällen abgehender Telekommunikation durch die Telekommunikationsanlage des Verpflichteten nicht ausgewertet wird, hat der Verpflichtete die Überwachungskopie nach Maßgabe der Technischen Richtlinie auf der Basis der zugehörigen Benutzerkennung bereitzustellen.

(4) Der Verpflichtete muss sicherstellen, dass er die Überwachung derselben zu überwachenden Kennung gleichzeitig für mehr als eine berechtigte Stelle ermöglichen kann.

§ 7 Bereitzustellende Daten. (1) [1] Der Verpflichtete hat der berechtigten Stelle als Teil der Überwachungskopie auch die folgenden bei ihm vorhandenen Daten bereitzustellen, auch wenn die Übermittlung von Telekommunikationsinhalten nicht zustande kommt:

1. die zu überwachende Kennung;
2. in Fällen, in denen die Telekommunikation von der zu überwachenden Kennung ausgeht,
   a) die jeweils gewählte Rufnummer oder andere Adressierungsangabe, auch wenn diese bei vorzeitiger Beendigung eines im Telekommunikationsnetz begonnenen Telekommunikationsversuches unvollständig bleibt und
   b) sofern die zu überwachende Telekommunikation an ein anderes als das von dem Nutzer der zu überwachenden Kennung gewählte Ziel um- oder weitergeleitet wird, auch die Rufnummer oder andere Adressierungsangabe des Um- oder Weiterleitungsziels, bei mehrfach gestaffelten Um- oder Weiterleitungen die Rufnummern oder anderen Adressierungsangaben der einzelnen Um- oder Weiterleitungsziele;
3. in Fällen, in denen die zu überwachende Kennung Ziel der Telekommunikation ist, die Rufnummer oder andere Adressierungsangabe, von der die zu überwachende Telekommunikation ausgeht, auch wenn die Telekommunikation an eine andere, der zu überwachenden Kennung aktuell zugeordnete Zieladresse um- oder weitergeleitet wird oder das Ziel eine der zu überwachenden Kennung zugeordnete Speichereinrichtung ist;
4. in Fällen, in denen die zu überwachende Kennung zeitweise einem beliebigen Telekommunikationsanschluss zugeordnet ist, auch die diesem Anschluss fest zugeordnete Rufnummer oder andere Adressierungsangabe;

5. in Fällen, in denen der Nutzer für eine bestimmte Telekommunikation ein Dienstmerkmal in Anspruch nimmt, die Angabe dieses Dienstmerkmals einschließlich dessen Kenngrößen, soweit diese Angaben in dem Netzknoten vorhanden sind, in dem die Anordnung umgesetzt wird;
6. Angaben über die technische Ursache für die Beendigung der zu überwachenden Telekommunikation oder für das Nichtzustandekommen einer von der zu überwachenden Kennung veranlassten Telekommunikation, soweit diese Angaben in dem Netzknoten vorhanden sind, in dem die Anordnung umgesetzt wird;
7. bei einer zu überwachenden Kennung, deren Nutzung nicht ortsgebunden ist, Angaben zum Standort des Endgerätes mit der größtmöglichen Genauigkeit, die in dem das Endgerät versorgenden Netz für diesen Standort üblicherweise zur Verfügung steht; zur Umsetzung von Anordnungen, durch die Angaben zum Standort des empfangsbereiten, der zu überwachenden Kennung zugeordneten Endgerätes verlangt werden, hat der Verpflichtete seine Überwachungseinrichtungen so zu gestalten, dass sie diese Angaben automatisch erfassen und an die berechtigte Stelle weiterleiten;
8. Angaben zur Zeit (auf der Grundlage der amtlichen Zeit), zu der die zu überwachende Telekommunikation stattgefunden hat,
   a) in Fällen, in denen die zu überwachende Telekommunikation über physikalische oder logische Kanäle übermittelt wird (verbindungsorientierte Telekommunikation), mindestens zwei der folgenden Angaben:
      aa) Datum und Uhrzeit des Beginns der Telekommunikation oder des Telekommunikationsversuchs,
      bb) Datum und Uhrzeit des Endes der Telekommunikation,
      cc) Dauer der Telekommunikation,
   b) in Fällen, in denen die zu überwachende Telekommunikation nicht über physikalische oder logische Kanäle übermittelt wird (verbindungslose Telekommunikation), die Zeitpunkte mit Datum und Uhrzeit, zu denen die einzelnen Bestandteile der zu überwachenden Telekommunikation an die zu überwachende Kennung oder von der zu überwachenden Kennung gesendet werden;
9. die der Telekommunikationsanlage des Verpflichteten bekannten öffentlichen Internetprotokoll-Adressen der beteiligten Nutzer;
10. die der Telekommunikationsanlage des Verpflichteten bekannten Kodierungen, die bei der Übermittlung der überwachten Telekommunikation verwendet werden.

[2] Daten zur Anzeige des Entgelts, das für die von der zu überwachenden Kennung geführte Telekommunikation anfällt, sind nicht an die berechtigte Stelle zu übermitteln, auch wenn diese Daten an das von der zu überwachenden Kennung genutzte Endgerät übermittelt werden. [3] Auf die wiederholte Übermittlung von Ansagen oder vergleichbaren Daten kann verzichtet werden, solange diese Daten unverändert bleiben.

(2) [1] Der Verpflichtete hat jede bereitgestellte Überwachungskopie und die Daten nach Absatz 1 Satz 1 durch die von der berechtigten Stelle vorgegebene Referenznummer der jeweiligen Überwachungsmaßnahme zu bezeichnen. [2] Der Verpflichtete hat jeden Teil der Überwachungskopie und die zugehörigen

Daten nach Absatz 1 Satz 1 zusätzlich durch eine Zuordnungsnummer zu kennzeichnen.

(3) In Fällen, in denen die Überwachungseinrichtungen so gestaltet sind, dass die Kopie des Inhalts der zu überwachenden Telekommunikation getrennt von den durch die Referenznummer gekennzeichneten Daten nach Absatz 1 Satz 1 bereitgestellt werden, sind der berechtigten Stelle ausschließlich diese Daten zu übermitteln, sofern dies im Einzelfall in der Anordnung ausdrücklich bestimmt wird.

(4) Die Absätze 1 bis 3 gelten auch für die Überwachung der Telekommunikation,

1. solange die zu überwachende Kennung an einer Telekommunikation mit mehr als einer Gegenstelle beteiligt ist,
2. wenn unter der zu überwachenden Kennung gleichzeitig mehrere Telekommunikationen stattfinden.

(5) [1] Die Anforderungen nach den Absätzen 1 bis 4 gelten unabhängig von der der jeweiligen Telekommunikationsanlage zu Grunde liegenden Technologie. [2] Die Gestaltung hat der Verpflichtete entsprechend seiner Telekommunikationsanlage festzulegen.

§ 8 Übergabepunkt. (1) Der Verpflichtete hat seine Überwachungseinrichtungen so zu gestalten, dass die Überwachungskopie an einem Übergabepunkt bereitgestellt wird, der den Vorschriften dieser Verordnung und den Vorgaben der Technischen Richtlinie nach § 36 entspricht.

(2) [1] Der Verpflichtete hat den Übergabepunkt so zu gestalten, dass

1. dieser ausschließlich von dem Verpflichteten oder seinem Erfüllungsgehilfen gesteuert werden kann; in Fällen, in denen der Übergabepunkt mittels Fernzugriffs gesteuert werden soll, muss sichergestellt sein, dass der Fernzugriff ausschließlich über die Überwachungseinrichtungen des Verpflichteten erfolgen kann;
2. an diesem ausschließlich die Überwachungskopie bereitgestellt wird;
3. der berechtigten Stelle die Überwachungskopie grundsätzlich in dem Format bereitgestellt wird, in dem dem Verpflichteten die zu überwachende Telekommunikation vorliegt; Absatz 3 Satz 1 und 2 bleibt unberührt;
4. die Qualität der an dem Übergabepunkt bereitgestellten Überwachungskopie grundsätzlich nicht schlechter ist als die der zu überwachenden Telekommunikation;
5. die Überwachungskopie so bereitgestellt wird, dass der Telekommunikationsinhalt grundsätzlich getrennt nach Sende- und Empfangsrichtung des Endgerätes, das für die durch die zu überwachende Kennung bezeichnete Telekommunikation genutzt wird, an die Aufzeichnungsanschlüsse übermittelt wird; dies gilt auch, wenn die zu überwachende Kennung an einer Telekommunikation mit mehr als einer Gegenstelle beteiligt ist;
6. die Zugänge zu dem Telekommunikationsnetz, das für die Übermittlung der Überwachungskopie benutzt wird, Bestandteile des Übergabepunktes sind und
7. hinsichtlich der Fähigkeit zur Übermittlung der Überwachungskopie folgende Anforderungen erfüllt werden:

a) die Übermittlung der Überwachungskopie an die Aufzeichnungsanschlüsse erfolgt grundsätzlich über geeignete öffentliche Telekommunikationsnetze oder über genormte, allgemein verfügbare Übertragungswege und Übertragungsprotokolle,

b) die Übermittlung der Überwachungskopie an die Aufzeichnungsanschlüsse wird ausschließlich von den Überwachungseinrichtungen jeweils unmittelbar nach dem Erkennen einer zu überwachenden Telekommunikation eingeleitet und

c) die Schutzanforderungen gemäß § 14 Absatz 2 werden unterstützt.

[2] Wird in begründeten Ausnahmefällen bei bestimmten Telekommunikationsanlagen von dem Grundsatz nach Satz 1 Nummer 3 abgewichen, hat der Verpflichtete dies in den der Bundesnetzagentur nach § 19 Absatz 2 einzureichenden Unterlagen darzulegen; die Bundesnetzagentur entscheidet abschließend, ob und für welchen Zeitraum Abweichungen geduldet werden. [3] Auf die Richtungstrennung nach Satz 1 Nummer 5 kann in Fällen verzichtet werden, in denen es sich bei der zu überwachenden Telekommunikation um einseitig gerichtete Telekommunikation oder um nicht vollduplexfähige Telekommunikation handelt.

(3) [1] Wenn der Verpflichtete die ihm zur Übermittlung anvertraute Telekommunikation netzseitig durch technische Maßnahmen gegen unbefugte Kenntnisnahme schützt oder er bei der Erzeugung oder dem Austausch von Schlüsseln mitwirkt und ihm dadurch die Entschlüsselung der Telekommunikation möglich ist, hat er die für diese Telekommunikation angewendeten Schutzvorkehrungen bei der an dem Übergabepunkt bereitzustellenden Überwachungskopie aufzuheben. [2] Satz 1 gilt entsprechend bei der Anwendung von Komprimierungsverfahren. [3] § 14 Absatz 2 bleibt unberührt.

§ 9 Übermittlung der Überwachungskopie. (1) [1] Die Übermittlung der Überwachungskopie einschließlich der Daten nach § 7 Absatz 1 Satz 1 sowie der Referenznummern und Zuordnungsnummern nach § 7 Absatz 2 vom Übergabepunkt an die berechtigte Stelle soll über öffentliche Telekommunikationsnetze erfolgen. [2] Dem Verpflichteten werden hierzu von der berechtigten Stelle für jede zu überwachende Kennung die Aufzeichnungsanschlüsse benannt, an die die Überwachungskopie zu übermitteln ist und die so gestaltet sind, dass sie Überwachungskopien mehrerer gleichzeitig stattfindender zu überwachender Telekommunikationen einer zu überwachenden Kennung entgegennehmen können. [3] Die Rufnummern oder anderen Adressierungsangaben der Aufzeichnungsanschlüsse können voneinander abweichen, wenn die Kopie der zu überwachenden Telekommunikationsinhalte und die zugehörigen Daten nach § 7 Absatz 1 Satz 1 einschließlich der Referenznummern und Zuordnungsnummern nach § 7 Absatz 2 über voneinander getrennte Wege oder über Netze mit unterschiedlicher Technologie übermittelt werden. [4] Die Inanspruchnahme der öffentlichen Telekommunikationsnetze für die Übermittlung der Überwachungskopie ist auf die hierfür erforderliche Zeitdauer zu begrenzen.

(2) (weggefallen)

(3) Maßnahmen zum Schutz der zu übermittelnden Überwachungskopie richten sich nach § 14.

§ 10 Zeitweilige Übermittlungshindernisse. [1]Der Verpflichtete hat seine Überwachungseinrichtungen so zu gestalten, dass die Daten nach § 7 Absatz 1 Satz 1 einschließlich der Referenznummern und Zuordnungsnummern nach § 7 Absatz 2 in Fällen, in denen die Übermittlung der Überwachungskopie an den Aufzeichnungsanschluss ausnahmsweise nicht möglich ist, unverzüglich nachträglich übermittelt werden. [2]Eine Verhinderung oder Verzögerung der zu überwachenden Telekommunikation oder eine Speicherung des Inhalts der Überwachungskopie aus diesen Gründen ist nicht zulässig. [3]Eine für den ungestörten Funktionsablauf aus technischen, insbesondere übermittlungstechnischen Gründen erforderliche Pufferung der Überwachungskopie bleibt von Satz 2 unberührt.

§ 11 (weggefallen)

Abschnitt 3. Organisatorische Anforderungen, Schutzanforderungen

§ 12 Entgegennahme der Anordnung, Rückfragen. (1) [1]Der Verpflichtete hat sicherzustellen, dass er jederzeit telefonisch über das Vorliegen einer Anordnung und die Dringlichkeit ihrer Umsetzung benachrichtigt werden kann. [2]Der Verpflichtete hat sicherzustellen, dass er eine Anordnung innerhalb seiner üblichen Geschäftszeiten jederzeit entgegennehmen kann. [3]Außerhalb seiner üblichen Geschäftszeiten muss er eine unverzügliche Entgegennahme der Anordnung sicherstellen, spätestens jedoch nach sechs Stunden nach der Benachrichtigung. [4]Soweit in der Anordnung eine kürzere Zeitspanne festgelegt ist, sind die dazu erforderlichen Schritte mit der berechtigten Stelle im Einzelfall abzustimmen. [5]Für die Benachrichtigung und für die Entgegennahme der Anordnung hat der Verpflichtete der Bundesnetzagentur eine im Inland gelegene Stelle sowie deren übliche Geschäftszeiten anzugeben; Änderungen sind unverzüglich mitzuteilen. [6]Die Stelle des Verpflichteten muss für die berechtigten Stellen zu dem gewöhnlichen Entgelt für eine einfache Telekommunikationsverbindung erreichbar sein.

(2) [1]Der Verpflichtete hat die zur Umsetzung einer Anordnung erforderlichen Schritte auch auf Grund einer ihm auf gesichertem elektronischem Weg oder vorab per Telefax übermittelten Kopie der Anordnung einzuleiten. [2]Eine auf Grund eines Telefax eingeleitete Überwachungsmaßnahme hat der Verpflichtete wieder abzuschalten, sofern ihm das Original oder eine beglaubigte Abschrift der Anordnung nicht binnen einer Woche nach Übermittlung der Kopie vorgelegt wird. [3]Bei Übermittlung der Anordnung auf gesichertem elektronischen Weg hat der Verpflichtete sicherzustellen, dass

1. die Anordnung und die zugehörigen Daten in seinem Verantwortungsbereich nicht verändert und
2. die für die technische Umsetzung erforderlichen Arbeitsschritte in keinem Fall ohne Mitwirkung seines Personals eingeleitet

werden können.

(3) [1]Der Verpflichtete hat sicherzustellen, dass er telefonische Rückfragen der berechtigten Stellen zur technischen Umsetzung einzelner noch nicht abgeschlossener Überwachungsmaßnahmen jederzeit durch sachkundiges Personal entgegennehmen kann. [2]Ist eine sofortige Klärung nicht möglich, hat der Verpflichtete den Sachverhalt während der üblichen Geschäftszeiten unverzüglich, außerhalb der üblichen Geschäftszeiten innerhalb von sechs Stunden, einer

Klärung zuzuführen und die anfragende Stelle über den Sachstand der Klärung zu benachrichtigen. [3] Andere Rechtsvorschriften, nach denen die berechtigten Stellen im Einzelfall eine frühere Beantwortung ihrer Rückfragen fordern können, bleiben unberührt. [4] Für die Angabe und Erreichbarkeit der die Rückfragen entgegennehmenden Stelle des Verpflichteten gilt Absatz 1 Satz 5 entsprechend.

§ 13 Störung und Unterbrechung. [1] Während einer Überwachungsmaßnahme hat der Verpflichtete die betroffenen berechtigten Stellen unverzüglich über Störungen seiner Überwachungseinrichtungen und Unterbrechungen einer Überwachungsmaßnahme zu verständigen. [2] Dabei sind anzugeben:

1. die Art der Störung oder der Grund der Unterbrechung und deren Auswirkungen auf die laufenden Überwachungsmaßnahmen sowie
2. der Beginn und die voraussichtliche Dauer der Störung oder Unterbrechung.

[3] Nach Behebung der Störung oder Beendigung der Unterbrechung sind die betroffenen berechtigten Stellen unverzüglich über den Zeitpunkt zu verständigen, ab dem die Überwachungseinrichtungen wieder ordnungsgemäß zur Verfügung stehen. [4] Der Verpflichtete hat seine Überwachungseinrichtungen unverzüglich und vorrangig vor Telekommunikationsanschlüssen anderer Nutzer zu entstören. [5] In Mobilfunknetzen sind die Angaben über Störungen, die sich nur in regional begrenzten Bereichen des Netzes auswirken, nur auf Nachfrage der berechtigten Stelle zu machen.

§ 14 Schutzanforderungen. (1) Der Verpflichtete hat die von ihm zu treffenden Vorkehrungen zur technischen und organisatorischen Umsetzung von Anordnungen, insbesondere die technischen Einrichtungen zur Steuerung der Überwachungsfunktionen und des Übergabepunktes nach § 8 einschließlich der zwischen diesen befindlichen Übertragungsstrecken, nach dem Stand der Technik gegen unbefugte Inanspruchnahme zu schützen; die technischen Einrichtungen zur Steuerung der Überwachungsfunktionen und des Übergabepunktes nach § 8 sind im Inland zu betreiben.

(2) [1] Die Überwachungskopie ist durch angemessene Verfahren gegen eine Kenntnisnahme durch unbefugte Dritte zu schützen. [2] Für die Übermittlung der Überwachungskopie an die Aufzeichnungsanschlüsse, die durch angemessene technische Maßnahmen vor einer unbefugten Belegung geschützt sind, sind Verfahren anzuwenden, die einen angemessenen Schutz vor einer Übermittlung an Nichtberechtigte gewährleisten. [3] Die zur Erreichung der Ziele nach den Sätzen 1 und 2 erforderlichen Verfahren sind in der Technischen Richtlinie nach § 36 festzulegen. [4] Sollen die Schutzziele nach Satz 2 im Rahmen einer Geschlossenen Benutzergruppe erreicht werden, darf hierfür ausschließlich eine eigens für diesen Zweck eingerichtete Geschlossene Benutzergruppe genutzt werden, die durch die Bundesnetzagentur verwaltet wird. [5] Die Schutzanforderung nach Satz 1 gilt bei der Übermittlung der Überwachungskopie an die Aufzeichnungsanschlüsse über festgeschaltete Übertragungswege oder über Telekommunikationsnetze mit leitungsvermittelnder Technik auf Grund der diesen Übertragungsmedien zu Grunde liegenden Gestaltungsgrundsätze als erfüllt. [6] In den übrigen Fällen sind die zur Erfüllung dieser Schutzanforderung erforderlichen technischen Schutzvorkehrungen auf der Seite der Telekommunikationsanlage des Verpflichteten Bestandteil der Überwachungseinrich-

tungen und auf der Seite der berechtigten Stelle Bestandteil der Aufzeichnungs- und Auswertungseinrichtungen.

(3) [1] Im Übrigen erfolgt die Umsetzung von Anordnungen unter Beachtung der beim Betreiben von Telekommunikationsanlagen oder Erbringen von Telekommunikationsdiensten üblichen Sorgfalt. [2] Dies gilt insbesondere hinsichtlich der Sicherheit und Verfügbarkeit zentralisierter oder teilzentralisierter Einrichtungen, sofern Überwachungsmaßnahmen mittels solcher Einrichtungen eingerichtet und verwaltet werden. [3] Die Verpflichteten haben dafür zu sorgen, dass die mit der Umsetzung von Überwachungsmaßnahmen betrauten Personen die damit zusammenhängenden Tätigkeiten nur in sich beim Verpflichteten oder dessen Erfüllungsgehilfen befindlichen Räumen ausführen, in denen Unbefugte keine Kenntnis von der Anordnung oder den darauf beruhenden Tätigkeiten erhalten können. [4] Satz 3 gilt nicht für die Entgegennahme der Benachrichtigung über das Vorliegen einer Anordnung gemäß § 12 Absatz 1 Satz 1. [5] Der Verpflichtete hat die Anordnungsdaten, die bei der technischen Umsetzung einer Anordnung aus technischen Gründen in einer Telekommunikationsanlage gespeichert oder hinterlegt werden müssen, nach Vorgaben des Telekommunikationsgesetzes sowie der Technischen Richtlinie nach § 170 Absatz 6 des Telekommunikationsgesetzes gegen unbefugte Kenntnisnahme zu schützen.

§ 15 Verschwiegenheit. (1) Der Verpflichtete darf Informationen über die Art und Weise, wie Anordnungen in seiner Telekommunikationsanlage umgesetzt werden, Unbefugten nicht zugänglich machen.

(2) [1] Der Verpflichtete hat den Schutz der im Zusammenhang mit Überwachungsmaßnahmen stehenden Informationen sicherzustellen. [2] Dies gilt insbesondere hinsichtlich unbefugter Kenntnisnahme von Informationen über zu überwachende Kennungen und die Anzahl gegenwärtig oder in der Vergangenheit überwachter Kennungen sowie die Zeiträume, in denen Überwachungsmaßnahmen durchgeführt worden sind. [3] Für unternehmensinterne Prüfungen, die in keinem unmittelbaren Zusammenhang mit der Umsetzung von Anordnungen stehen, darf jedoch die Anzahl der in einem zurückliegenden Zeitraum betroffenen zu überwachenden Kennungen mitgeteilt werden, sofern sichergestellt ist, dass keine Rückschlüsse auf die betroffenen Kennungen oder auf die die Überwachung durchführenden Stellen möglich sind.

(3) In Fällen, in denen dem Verpflichteten bekannt wird oder er einen begründeten Verdacht hat, dass ein Unbefugter entgegen Absatz 2 Kenntnis von einer Überwachungsmaßnahme erlangt hat, hat der Verpflichtete die betroffene berechtigte Stelle und die Bundesnetzagentur unverzüglich und umfassend über das Vorkommnis zu informieren.

§ 16 Protokollierung. (1) [1] Der Verpflichtete hat sicherzustellen, dass jede Anwendung seiner Überwachungseinrichtungen, die als integraler Bestandteil der Telekommunikationsanlage gestaltet sind, bei der Eingabe der für die technische Umsetzung erforderlichen Daten automatisch lückenlos protokolliert wird. [2] Unter Satz 1 fallen auch Anwendungen für unternehmensinterne Testzwecke, für Zwecke des Nachweises (§ 19 Absatz 5), für Prüfungen im Falle von Änderungen der Telekommunikationsanlage oder nachträglich festgestellten Mängeln (§ 20) und für probeweise Anwendungen der Überwachungsfunktionen (§ 23) sowie solche Anwendungen, die durch fehlerhafte oder missbräuchliche Eingabe, Bedienung oder Schaltung verursacht wurden. [3]Es sind zu protokollieren:

1. die Referenznummer oder eine unternehmensinterne Bezeichnung der Überwachungsmaßnahme,
2. die tatsächlich eingegebene Kennung, auf Grund derer die Überwachungseinrichtungen die Überwachungskopie bereitstellen,
3. die Zeitpunkte (Datum und Uhrzeit auf der Grundlage der amtlichen Zeit), zwischen denen die Überwachungseinrichtungen die Telekommunikation in Bezug auf die Kennung nach Nummer 2 erfassen,
4. die Rufnummer oder andere Adressierungsangabe des Anschlusses, an den die Überwachungskopie übermittelt wird,
5. ein Merkmal zur Erkennbarkeit der Person, die die Daten nach den Nummern 1 bis 4 eingibt,
6. Datum und Uhrzeit der Eingabe.

[4]Die Angaben nach Satz 3 Nummer 5 dürfen ausschließlich bei auf tatsächlichen Anhaltspunkten beruhenden Untersuchungen zur Aufklärung von Missbrauchs- oder Fehlerfällen verwendet werden.

(2) Der Verpflichtete hat sicherzustellen, dass durch die technische Gestaltung der Zugriffsrechte und Löschfunktionen folgende Anforderungen eingehalten werden:

1. das Personal, das mit der technischen Umsetzung von Anordnungen betraut ist, darf keinen Zugriff auf die Protokolldaten, die Löschfunktionen und die Funktionen zur Erteilung von Zugriffsrechten haben;
2. die Funktionen zur Löschung von Protokolldaten dürfen ausschließlich dem für die Prüfung dieser Daten verantwortlichen Personal des Verpflichteten verfügbar sein;
3. jede Nutzung der Löschfunktionen nach Nummer 2 ist unter Angabe des Zeitpunktes und eines Merkmals zur Erkennbarkeit der die Funktion jeweils nutzenden Person in einem Datensatz zu protokollieren, der frühestens nach zwei Jahren gelöscht oder überschrieben werden darf;
4. die Berechtigungen zum Zugriff auf die Funktionen von Datenverarbeitungsanlagen oder auf die Datenbestände, die für die Prüfung der Protokolldaten oder die Erteilung von Zugriffsrechten erforderlich sind, dürfen nicht ohne Nachweis eingerichtet, geändert oder gelöscht werden können; jede Erteilung, Änderung oder Aufhebung einer Berechtigung ist einschließlich ihres Zeitpunktes bis zum Ende des zweiten auf die Erteilung, Änderung oder Aufhebung folgenden Kalenderjahres so zu dokumentieren, dass die Daten, einschließlich aller bestehenden Berechtigungen, im Rahmen der üblichen Geschäftszeiten jederzeit für Prüfungen abrufbar sind.

§ 17 Prüfung und Löschung der Protokolldaten, Vernichtung von Unterlagen. (1) [1]Der Verpflichtete hat einen angemessenen Anteil der für die Aktivierung, Änderung oder Abschaltung der Überwachungsfunktionalität nach § 16 protokollierten Eingaben auf Übereinstimmung mit den ihm vorliegenden Unterlagen zu prüfen. [2]Die Prüfung hat mindestens quartalsweise zu erfolgen, die unternehmensinterne Festlegung kürzerer Prüfzeiträume ist zulässig. [3]Die Überprüfung muss sich auf mindestens 20 vom Hundert der im Prüfzeitraum angeordneten Überwachungsmaßnahmen beziehen, jedoch nicht mehr als 200 Maßnahmen je Kalendervierteljahr umfassen. [4]Darüber hinaus sind die Protokolldaten in allen Fällen zu prüfen,

1. die in § 23 genannt sind, oder

2. in denen Tatsachen den Verdacht einer Unregelmäßigkeit begründen.

[5]In den geheimschutzbetreuten Unternehmen obliegen die Aufgaben nach den Sätzen 1 und 4 dem Sicherheitsbevollmächtigten. [6]Das mit der Prüfung betraute Personal kann zur Klärung von Zweifelsfällen das mit der technischen Umsetzung der Anordnungen betraute Personal hinzuziehen. [7]Der Verpflichtete hat die Ergebnisse der Prüfungen schriftlich festzuhalten. [8]Sind keine Beanstandungen aufgetreten, darf in den Prüfergebnissen die nach § 16 Absatz 1 Satz 3 Nummer 2 protokollierte Kennung nicht mehr vermerkt sein und kann auf die übrigen Angaben gemäß § 16 Absatz 1 Satz 3 verzichtet werden. [9]Der Verpflichtete hat der Bundesnetzagentur spätestens zum Ende eines jeden Kalendervierteljahres eine Kopie der Prüfergebnisse zu übersenden. [10]Die Bundesnetzagentur bewahrt diese Unterlagen bis zum Ende des folgenden Kalenderjahres auf; sie kann sie bei der Einsichtnahme nach Absatz 4 verwenden.

(2) [1]Der Verpflichtete hat die Protokolldaten vorbehaltlich Satz 2 und Absatz 3 Satz 6 nach Ablauf von zwölf Monaten nach Versendung der Prüfergebnisse an die Bundesnetzagentur unverzüglich zu löschen und die entsprechenden Anordnungen und alle zugehörigen Unterlagen einschließlich der für die jeweilige Überwachungsmaßnahme angefertigten unternehmensinternen Hilfsmittel zu vernichten, es sei denn, dass die Überwachungsmaßnahme zu diesem Zeitpunkt noch nicht beendet ist. [2]Andere Rechtsvorschriften, die eine über Satz 1 hinausgehende Aufbewahrungszeit für Unterlagen vorschreiben, bleiben unberührt; dies gilt entsprechend auch für unternehmensinterne Vorgaben zur Aufbewahrung von Abrechnungsunterlagen.

(3) [1]Bei Beanstandungen, insbesondere auf Grund unzulässiger Eingaben oder unzureichender Angaben, hat der Verpflichtete unverzüglich eine Untersuchung der Angelegenheit einzuleiten und die Bundesnetzagentur unter Angabe der wesentlichen Einzelheiten schriftlich darüber zu unterrichten. [2]Steht die Beanstandung im Zusammenhang mit einer Überwachungsmaßnahme, hat der Verpflichtete zusätzlich unverzüglich die betroffene berechtigte Stelle zu informieren. [3]Die Pflicht zur Untersuchung und Unterrichtung nach den Sätzen 1 und 2 besteht auch für Fälle, in denen der Verpflichtete unabhängig von der Prüfung der Protokolldaten Kenntnis über einen zu beanstandenden Sachverhalt erhält. [4]Das Ergebnis der Untersuchung ist schriftlich festzuhalten. [5]Der Verpflichtete hat eine Kopie des Untersuchungsergebnisses an die Bundesnetzagentur zu übersenden, die sie bis zum Ende des folgenden Kalenderjahres aufbewahrt. [6]Für die Löschung der beanstandeten Protokolldaten und die Vernichtung der zugehörigen Unterlagen nach Abschluss der gemäß Satz 1 oder Satz 3 durchzuführenden Untersuchungen gilt Absatz 2 vorbehaltlich anderer Rechtsvorschriften entsprechend mit der Maßgabe, dass an die Stelle des dort genannten Zeitpunktes der Dezember des Kalenderjahres tritt, das auf den Abschluss der Untersuchung folgt.

(4) [1]Die Bundesnetzagentur ist befugt, Einsicht in die Protokolldaten, Anordnungen und die zugehörigen Unterlagen sowie in die Datensätze nach § 16 Absatz 2 Nummer 3 und 4 zu nehmen. [2]Die Befugnisse der für die Kontrolle der Einhaltung der Vorschriften über den Schutz personenbezogener Daten

zuständigen Behörden werden durch die Absätze 1 bis 3 nicht berührt. [3] Für die gemäß § 16 erstellten Protokolldaten muss für die Kontrollen nach den Sätzen 1 und 2 die Möglichkeit bestehen, diese sowohl nach ihrer Entstehungszeit als auch nach den betroffenen Kennungen sortiert auszugeben.

Abschnitt 4. Verfahren zum Nachweis nach § 170 Absatz 1 Satz 1 Nummer 4 des Telekommunikationsgesetzes

§ 18 (weggefallen)

§ 19 Nachweis. (1) [1] Für den nach § 170 Absatz 1 Satz 1 Nummer 4 des Telekommunikationsgesetzes zu erbringenden Nachweis der Übereinstimmung der von dem Verpflichteten getroffenen Vorkehrungen mit den Vorschriften dieser Verordnung und der Technischen Richtlinie (§ 36) hat der Verpflichtete der Bundesnetzagentur die zur Prüfung erforderlichen Unterlagen einzureichen und ihr die erforderlichen Prüfungen der Überwachungseinrichtungen und der organisatorischen Vorkehrungen vor Ort zu ermöglichen. [2] Den Nachweis für baugleiche Einrichtungen hat der Verpflichtete nur einmal zu erbringen; die Bundesnetzagentur kann jedoch in begründeten Fällen einen weiteren Nachweis an einer baugleichen Einrichtung verlangen.

(2) [1] Die von dem Verpflichteten vorzulegenden Unterlagen, zu deren Form die Bundesnetzagentur Vorgaben machen kann, müssen die zur Beurteilung des Sachverhalts erforderlichen Angaben enthalten. [2] Dazu gehören insbesondere Angaben zu Name und Sitz des Verpflichteten sowie die Namen der Personen, die für die Vorhaltung der Überwachungseinrichtungen verantwortlich sind, sowie Beschreibungen über:

1. die technische Gestaltung der Telekommunikationsanlage einschließlich der mit ihr erbrachten oder geplanten Telekommunikationsdienste und der zugehörigen Dienstmerkmale,
2. die Arten der Kennungen, die bei den erbrachten oder geplanten Telekommunikationsdiensten ausgewertet werden können,
3. die Überwachungseinrichtungen, insbesondere hinsichtlich der Anforderungen nach § 7 Absatz 1 bis 4 sowie § 10,
4. den Übergabepunkt gemäß § 8 und die Bereitstellung der Überwachungskopie gemäß § 9 sowie
5. die technischen Einrichtungen und die organisatorischen Vorkehrungen zur Umsetzung der §§ 4, 5, 6, 12 und 13 Satz 4, des § 14 Absatz 1, 2 Satz 1 bis 4 und Absatz 3 sowie der §§ 16 und 17 Absatz 1 Satz 1 bis 4 sowie
6. die technische Gestaltung des Zusammenwirkens der Überwachungseinrichtungen mit den Telekommunikationsanlagen anderer Betreiber.

[3] Unterlagen, die Geschäfts- oder Betriebsgeheimnisse enthalten, sind entsprechend zu kennzeichnen. [4] Soweit für die Überwachungseinrichtungen auf Antrag des Herstellers oder Vertreibers dieser Einrichtungen eine Typmusterprüfung nach § 170 Absatz 7 des Telekommunikationsgesetzes durchgeführt wurde, kann der Verpflichtete zur Vereinfachung auf die Ergebnisse dieser Typmusterprüfung verweisen.

(3) [1] Die Bundesnetzagentur bestätigt dem Verpflichteten den Eingang der Unterlagen. [2] Sie prüft die Unterlagen darauf, ob die Überwachungseinrichtungen und die organisatorischen Vorkehrungen den Anforderungen der §§ 4, 5, 6

und 7 Absatz 1 bis 4, der §§ 8 bis 10, 12 und 13 Satz 4, des § 14 Absatz 1, 2 Satz 1 bis 4 und Absatz 3, der §§ 16 und 17 Absatz 1 Satz 1 bis 4 sowie den Anforderungen der Technischen Richtlinie nach § 36 entsprechen; dabei berücksichtigt sie die Zulässigkeit von älteren technischen Vorschriften nach § 36 Satz 4 und von Abweichungen gemäß § 22. [3] Nach Prüfung der schriftlichen Unterlagen vereinbart die Bundesnetzagentur mit dem Verpflichteten einen Termin für eine technische Prüfung der Überwachungseinrichtungen und eine Prüfung der organisatorischen Vorkehrungen.

(4) [1] Die Bundesnetzagentur stellt die prüffähigen Unterlagen unverzüglich dem Generalbundesanwalt beim Bundesgerichtshof, dem Zollkriminalamt, dem Bundesamt für Verfassungsschutz als Koordinierungsstelle für die Nachrichtendienste und dem Bundeskriminalamt als Zentralstelle zur Stellungnahme innerhalb einer gesetzten angemessenen Frist zur Verfügung. [2] Die rechtzeitig eingegangenen Stellungnahmen hat die Bundesnetzagentur bei ihrer Entscheidung über die vorübergehende Duldung von Abweichungen mit zu berücksichtigen.

(5) [1] Die Bundesnetzagentur kann von dem Verpflichteten verlangen, dass er unentgeltlich

1. ihren Bediensteten die Durchführung der erforderlichen Prüfungen bezüglich der Einhaltung der in Absatz 3 genannten Anforderungen ermöglicht,
2. bei Prüfungen nach Nummer 1 im erforderlichen Umfang mitwirkt und
3. die für die Prüfungen nach Nummer 1 erforderlichen Telekommunikationsanschlüsse seiner Telekommunikationsanlage sowie die notwendigen Endgeräte bereitstellt und die für die Prüfung notwendige Telekommunikation an geeignete Testanschlüsse übermittelt.

[2] Für die Zwecke der Prüfung der Protokolldaten nach § 17 bestätigt die Bundesnetzagentur dem Verpflichteten den Zeitraum der Prüfung, die Kennungen der für die Prüfung verwendeten Telekommunikationsanschlüsse sowie die Rufnummern oder anderen Adressierungsangaben der Anschlüsse, an die die Kopie der Telekommunikation übermittelt wurde. [3] Die Bundesnetzagentur kann zu den Prüfungen nach Satz 1 auch Vertreter der in Absatz 4 genannten Stellen hinzuziehen. [4] Für Prüfungen, die die Bundesnetzagentur nach § 170 Absatz 1 Satz 1 Nummer 5 des Telekommunikationsgesetzes zur Beseitigung von Fehlfunktionen durchführt, gelten die Sätze 1 bis 3 entsprechend.

(6) [1] Entsprechen die von dem Verpflichteten vorgehaltenen Überwachungseinrichtungen und die von ihm getroffenen organisatorischen Vorkehrungen den Vorschriften dieser Verordnung und der Technischen Richtlinie nach § 36, erteilt die Bundesnetzagentur dem Verpflichteten innerhalb von vier Wochen nach Abschluss der Prüfungen nach Absatz 5 einen entsprechenden Nachweisbescheid. [2] Weichen die vorgehaltenen Überwachungseinrichtungen oder die getroffenen organisatorischen Vorkehrungen von den Vorschriften ab, hat die Bundesnetzagentur dem Verpflichteten aufzuerlegen, die Abweichung innerhalb einer angemessenen Frist zu beseitigen. [3] Eine dauerhafte Abweichung kann nur geduldet werden, wenn zu erwarten ist, dass die Durchführung von Überwachungsmaßnahmen nicht beeinträchtigt wird und keine Änderungen bei den Aufzeichnungs- und Auswertungseinrichtungen erforderlich sind; in diesem Fall sind die geduldeten Abweichungen im Nachweisbescheid zu bezeichnen. [4] Bei Abweichungen, die eine Verletzung des Fernmeldegeheimnisses oder wesentliche Mängel bei der Überwachung zur Folge haben, hat die

Bundesnetzagentur in dem Nachweisbescheid darzustellen, dass der Nachweis für diejenigen Dienste oder Dienstmerkmale nicht erbracht ist, bei denen sich diese Abweichungen auswirken.

(7) Gehen die Unterlagen nach Absatz 2 erst so spät bei der Bundesnetzagentur ein, dass von ihr angeforderte Ergänzungen nicht mehr fristgerecht erfolgen können, soll sie vor Einleiten von Zwangsmitteln nach § 183 Absatz 4 oder 5 des Telekommunikationsgesetzes eine Nachbesserungsfrist einräumen, die einen Monat nicht übersteigen darf.

(8) Im Falle der Fortschreibung der Unterlagen, insbesondere im Zusammenhang mit Änderungen wie nach § 20, hat der Verpflichtete der Bundesnetzagentur entsprechend geänderte Unterlagen zusammen mit einer Liste der jeweils insgesamt gültigen Dokumente vorzulegen; die Absätze 1 bis 7 gelten entsprechend.

§ 20 Änderungen der Telekommunikationsanlage oder der Überwachungseinrichtung. [1] § 19 gilt entsprechend bei jeder Änderung der Telekommunikationsanlage, eines mittels dieser Telekommunikationsanlage angebotenen Telekommunikationsdienstes oder der Überwachungseinrichtung, sofern diese Änderung Einfluss auf die Überwachungsfunktionen hat. [2] Änderungen, die Auswirkungen auf die Aufzeichnungs- oder Auswertungseinrichtungen haben, dürfen erst nach Abstimmung mit der Bundesnetzagentur vorgenommen werden.

Abschnitt 5. Abweichungen

§ 21 (weggefallen)

§ 22 Abweichungen, Feldversuche, Probebetriebe. (1) [1] Die Bundesnetzagentur kann im Rahmen des Nachweises nach § 19 im Benehmen mit den in § 19 Absatz 4 genannten Stellen auf Antrag des Verpflichteten bei einzelnen Telekommunikationsanlagen hinsichtlich der Gestaltung der Überwachungseinrichtungen Abweichungen von einzelnen Anforderungen der Technischen Richtlinie nach § 36 dulden, sofern

1. die Überwachbarkeit sichergestellt ist und die Durchführung von Überwachungsmaßnahmen nicht grundlegend beeinträchtigt wird und
2. ein hierdurch bedingter Änderungsbedarf bei den Aufzeichnungs- und Auswertungseinrichtungen nicht unverhältnismäßig hoch ist.

[2] Der Verpflichtete hat der Bundesnetzagentur die Gründe für Abweichungen nach Satz 1, die genaue Beschreibung des Übergabepunktes mit Hinweisen auf die Abweichungen von den Vorschriften sowie die Folgen dieser Abweichungen mitzuteilen. [3] Die Bundesnetzagentur ist unbeschadet möglicher Schutzrechtsvermerke des Verpflichteten befugt, Mitteilungen nach Satz 2 an die in § 19 Absatz 4 genannten Stellen zu übermitteln, damit die vorhandenen Aufzeichnungs- und Auswertungseinrichtungen gegebenenfalls angepasst werden können. [4] Der Nachweisbescheid kann mit Auflagen verbunden werden. [5] In der Technischen Richtlinie nach § 36 können für bestimmte Telekommunikationsanlagen oder Telekommunikationsdienste technische Voraussetzungen festgelegt werden, bei deren Einhaltung Abweichungen allgemein zulässig sind.

(2) [1]Die Bundesnetzagentur kann für die Überwachungseinrichtungen in Teilen von Telekommunikationsanlagen, die Versuchs- oder Probezwecken oder im Rahmen von Feldversuchen der Ermittlung der Funktionsfähigkeit der Telekommunikationsanlage unter tatsächlichen Betriebsbedingungen oder der bedarfsgerechten Ausgestaltung von am Telekommunikationsmarkt nachgefragten Telekommunikationsdiensten dienen, den Nachweis im Hinblick auf den befristet betriebenen Teil der Telekommunikationsanlage oder den befristet oder einem begrenzten Nutzerkreis angebotenen Telekommunikationsdienst nach einem vereinfachten Verfahren annehmen; Wiederholungen sind zulässig. [2]Sie kann dabei nach pflichtgemäßem Ermessen im Einzelfall vorübergehend auf die Einhaltung einzelner technischer Vorschriften dieser Verordnung oder einzelner Anforderungen der Technischen Richtlinie nach § 36 verzichten, sofern

1. der Versuchs- oder Probebetrieb oder der Feldversuch des Teils der Telekommunikationsanlage für nicht länger als zwölf Monate vorgesehen ist,
2. nicht mehr als 10 000 Nutzer oder sonstige Nutzungsberechtigte, die nicht zu dem Personal des Verpflichteten zählen, in den Versuchs- oder Probebetrieb oder in den Feldversuch einbezogen werden und
3. sichergestellt ist, dass eine Überwachung der Telekommunikation möglich ist.

[3]Absatz 1 Satz 2 bis 4 gilt entsprechend.

Abschnitt 6. Sonstige Vorschriften

§ 23 Probeweise Anwendung der Überwachungsfunktionen. (1) [1]Die probeweise Anwendung der Überwachungsfunktionen ist auf das unabdingbare Maß zu begrenzen und nur zulässig

1. zur Durchführung des Nachweises nach § 19 oder einer insbesondere zur Beseitigung von Fehlfunktionen von der Bundesnetzagentur verlangten Prüfung nach § 170 Absatz 1 Nummer 5 des Telekommunikationsgesetzes,
2. zur Funktionsprüfung der Überwachungseinrichtungen durch den Betreiber oder zur Schulung von Personal des Verpflichteten unter Verwendung von ausschließlich zu diesem Zweck eingerichteten Anschlüssen oder
3. zur Funktionsprüfung der Aufzeichnungs- und Auswertungseinrichtungen; Aus- oder Fortbildungsmaßnahmen der berechtigten Stellen stehen solchen Funktionsprüfungen gleich.

[2]Für eine insbesondere zur Beseitigung von Fehlfunktionen von der Bundesnetzagentur verlangte Prüfung nach § 170 Absatz 1 Nummer 5 des Telekommunikationsgesetzes kann sie vom Verpflichteten auch verlangen, dass für automatisch durchzuführende Prüfungen gleichzeitig mehrere Testanschlüsse und Endgeräte bereitgestellt werden sowie eine von der Bundesnetzagentur bereitgestellte Anwendung auf diesen Endgeräten installiert wird. [3]Bei der probeweisen Anwendung ist sicherzustellen, dass die Anschlüsse, auf die die Überwachungsfunktionen angewendet werden, ausschließlich zu Prüfzwecken genutzt werden und die Personen, die für die probeweise erzeugte Telekommunikation verantwortlich sind, diese ohne Beteiligung Dritter durchführen. [4]Der Zeitraum der probeweisen Anwendung nach Satz 1 Nummer 3 darf sechs Monate nicht überschreiten; Verlängerungen sind zulässig. [5]Der Verpflichtete hat der Bundesnetzagentur die von ihm für die Fälle nach Satz 1 Nummer 2

vorgesehenen Anschlüsse vor der erstmaligen Durchführung von Funktionsprüfungen seiner Überwachungseinrichtungen schriftlich anzuzeigen. [6]Die Bundesnetzagentur führt über diese Anschlüsse eine Liste und bestätigt dem Verpflichteten den Eintrag der von ihm benannten Anschlüsse. [7]Nach Eingang dieser Bestätigung kann der Verpflichtete Funktionsprüfungen unter ausschließlicher Einbeziehung dieser Anschlüsse jederzeit eigenverantwortlich nach Bedarf durchführen. [8]In den Fällen des Satzes 1 Nummer 3 bedarf die probeweise Anwendung der vorherigen Anmeldung durch die berechtigte Stelle bei der Bundesnetzagentur. [9]In der Anmeldung sind der Grund für die probeweise Anwendung, der Zeitraum der Erprobung, die Kennungen, die bei der Erprobung an Stelle einer zu überwachenden Kennung verwendet werden, sowie die Rufnummern oder anderen Adressierungsangaben der Anschlüsse anzugeben, an die die Kopie der Telekommunikation übermittelt wird. [10]Die Bundesnetzagentur bestätigt die Anmeldung mit den in Satz 8 genannten Angaben schriftlich oder durch eine gesicherte elektronische Übermittlung sowohl der berechtigten Stelle als auch dem Verpflichteten. [11]In Fällen einer dringenden Störungsbeseitigung ist eine nachträgliche Anzeige oder Anmeldung zulässig. [12]Für die Behandlung der Bestätigung beim Verpflichteten gilt § 17 entsprechend. [13]Form und Übermittlungsverfahren für die Anzeige, die Anmeldung und die Bestätigung sowie Vorgaben für die in diesen Fällen zu verwendende Referenznummer können in der Technischen Richtlinie nach § 36 festgelegt werden.

(2) Zur Durchführung der in Absatz 1 Satz 1 Nummer 3 genannten Aufgaben hat der Verpflichtete der berechtigten Stelle auf Verlangen Telekommunikationsanschlüsse seiner Telekommunikationsanlage zu den üblichen Geschäftsbedingungen an den von dieser benannten Orten einzurichten und zu überlassen und Telekommunikationsdienste bereitzustellen sowie die Überwachungsfunktion bei diesen Anschlüssen nach den zeitlichen Vorgaben der berechtigten Stelle einzurichten.

§ 24 Anforderungen an Aufzeichnungsanschlüsse. (1) [1]Der nach § 170 Absatz 9 des Telekommunikationsgesetzes verpflichtete Betreiber hat der berechtigten Stelle auf Antrag die von ihr benötigten Aufzeichnungsanschlüsse unverzüglich und in dringenden Fällen vorrangig bereitzustellen. [2]Zur Sicherstellung der Erreichbarkeit dieser Anschlüsse und zum Schutz vor falschen Übermittlungen sind geeignete technische Maßnahmen gemäß § 14 Absatz 2 vorzusehen.

(2) Der nach § 170 Absatz 9 des Telekommunikationsgesetzes verpflichtete Betreiber hat im Störungsfall die unverzügliche und vorrangige Entstörung der Anschlüsse nach Absatz 1 sicherzustellen.

§ 25 (weggefallen)

Teil 3. Maßnahmen nach den §§ 5 und 8 des Artikel 10-Gesetzes und den §§ 19, 24 und 26 des BND-Gesetzes

§ 26 Kreis der Verpflichteten. (1) Die Vorschriften dieses Teils gelten für Betreiber von Telekommunikationsanlagen, die

1. der Bereitstellung von internationalen leitungsgebundenen Telekommunikationsbeziehungen dienen, soweit eine gebündelte Übertragung erfolgt oder

2. der Bereitstellung von internationalen Telekommunikationsbeziehungen dienen, über die Telekommunikation von Ausländern im Ausland erfolgt und

für öffentlich zugängliche Telekommunikationsdienste genutzt werden.

(2) [1] Die Bundesnetzagentur kann im Einvernehmen mit dem Bundesnachrichtendienst Betreiber nach Absatz 1 auf deren Antrag für einen bestimmten Zeitraum, der drei Jahre nicht übersteigen darf, von den Verpflichtungen befreien, die sich aus den §§ 27 und 28 ergeben; wiederholte Befreiungen sind zulässig. [2] Für die rechtzeitige Antragstellung gilt die in § 170 Absatz 1 Nummer 4 zweiter Halbsatz des Telekommunikationsgesetzes genannte Frist entsprechend. [3] Anträge auf eine wiederholte Befreiung kann der Verpflichtete frühestens drei Monate und spätestens sechs Wochen vor Ablauf der laufenden Frist stellen. [4] Die Bundesnetzagentur soll über die Anträge innerhalb von sechs Wochen entscheiden. [5] Im Falle einer Beendigung der Befreiung hat der Verpflichtete die nach den §§ 27 und 28 erforderlichen technischen und organisatorischen Vorkehrungen innerhalb von sechs Monaten nach Ablauf der bisherigen Befreiungsfrist zu treffen.

§ 27 Grundsätze, technische und organisatorische Umsetzung von Anordnungen, Verschwiegenheit. (1) [1] Die zu überwachende Telekommunikation umfasst bei Überwachungsmaßnahmen nach § 5 oder § 8 des Artikel 10-Gesetzes[1)] die Telekommunikation, die auf dem in der Anordnung bezeichneten Übertragungsweg übertragen wird, einschließlich der auf diesem Übertragungsweg übermittelten, für den Auf- oder Abbau von Telekommunikationsverbindungen notwendigen vermittlungstechnischen Steuerzeichen und bei Überwachungsmaßnahmen nach den §§ 19, 24 oder 26 des BND-Gesetzes die Telekommunikation, die in der Anordnung nach § 25Absatz 1 Satz 1 des BND-Gesetzes bezeichnet wird, einschließlich der in dieser Telekommunikation übermittelten, für den Auf- oder Abbau von Telekommunikationsverbindungen notwendigen vermittlungstechnischen Steuerzeichen. [2] § 5 gilt mit Ausnahme von seinem Absatz 1, 2 Satz 3 und Absatz 4 Satz 2 entsprechend.

(2) Der Verpflichtete hat dem Bundesnachrichtendienst an einem Übergabepunkt im Inland eine vollständige Kopie der Telekommunikation bereitzustellen, die über die in der Anordnung bezeichneten Übertragungswege oder Telekommunikationsnetze übertragen wird.

(3) Der Verpflichtete hat in seinen Räumen die Aufstellung und den Betrieb von Geräten des Bundesnachrichtendienstes zu dulden, die nur von hierzu besonders ermächtigten Bediensteten des Bundesnachrichtendienstes eingestellt und gewartet werden dürfen und die folgende Anforderungen erfüllen:

1. die nach Absatz 2 bereitgestellte Kopie wird bei Überwachungsmaßnahmen nach den §§ 5 oder 8 des Artikel 10-Gesetzes in der Weise bearbeitet, dass die Festlegung nach § 10 Absatz 4 Satz 3 des Artikel 10-Gesetzes eingehalten und die danach verbleibende Kopie an den Bundesnachrichtendienst nur insoweit übermittelt wird, als sie Telekommunikation mit dem in der Anordnung nach § 10 Absatz 4 Satz 2 des Artikel 10-Gesetzes bezeichneten Gebiet enthält; im Übrigen wird die Kopie gelöscht;
2. ein unbefugter Fernzugriff auf die Geräte ist ausgeschlossen;

[1)] Nr. **20**.

3. die Geräte verfügen über eine dem Stand der Technik entsprechende Zugriffskontrolle und über eine automatische lückenlose Protokollierung aller Zugriffe;
4. die Einhaltung der Anforderungen nach den Nummern 1 bis 3 ist durch das Bundesamt für Sicherheit in der Informationstechnik zertifiziert.

(4) [1] Der Verpflichtete hat während seiner üblichen Geschäftszeiten folgenden Personen nach Anmeldung Zutritt zu den in Absatz 3 bezeichneten Geräten zu gewähren:
1. den Bediensteten des Bundesnachrichtendienstes zur Einstellung und Wartung der Geräte,
2. bei Überwachungsmaßnahmen nach den §§ 5 oder 8 des Artikel 10-Gesetzes zusätzlich den Mitgliedern und Mitarbeitern der G 10-Kommission (§ 1 Absatz 2 des Artikel 10-Gesetzes) zur Kontrolle der Geräte und ihrer Datenverarbeitungsprogramme sowie der Protokolle nach Absatz 3 Nummer 3.

[2] Der Verpflichtete hat sicherzustellen, dass eine unbeaufsichtigte Tätigkeit der nach Satz 1 Zutrittsberechtigten auf die in Absatz 3 bezeichneten Geräte begrenzt bleibt.

(5) Im Einzelfall erforderlich werdende ergänzende Einzelheiten hinsichtlich der Aufstellung der in Absatz 3 bezeichneten Geräte und des Zugangs zu diesen Geräten sind in einer Vereinbarung zwischen dem Verpflichteten und dem Bundesnachrichtendienst zu regeln.

(6) Der Verpflichtete hat seine Überwachungseinrichtungen so zu gestalten und die organisatorischen Vorkehrungen so zu treffen, dass er eine Anordnung unverzüglich umsetzen kann.

(7) [1] Für die Gestaltung des Übergabepunktes gilt § 8 Absatz 2 Satz 1 Nummer 1 bis 4 entsprechend. [2] Technische Einzelheiten zum Übergabepunkt können in der Technischen Richtlinie nach § 36 festgelegt werden, sie können jedoch auch in Abstimmung mit der Bundesnetzagentur und den betroffenen Interessenvertretern festgelegt werden.

(8) [1] Für die Entstörung und Störungsmeldung, für die Schutzanforderungen, für die Pflicht zur Verschwiegenheit, für die Entgegennahme der Information über das Vorliegen einer Anordnung und die Entgegennahme einer Anordnung sowie für Rückfragen gelten § 12 Absatz 1 Satz 5 und Absatz 3, §§ 13, 14 Absatz 1 und 3 sowie § 15 entsprechend mit der von § 12 Absatz 1 Satz 1 bis 3 und Absatz 3 Satz 1 abweichenden Maßgabe, dass der Verpflichtete innerhalb seiner üblichen Geschäftszeiten jederzeit über das Vorliegen einer Anordnung und die Dringlichkeit ihrer Umsetzung benachrichtigt werden kann, er eine Anordnung entgegennehmen und Rückfragen zu einzelnen noch nicht abgeschlossenen Überwachungsmaßnahmen entgegennehmen kann. [2] Für Funktionsprüfungen der Aufzeichnungs- und Auswertungseinrichtungen des Bundesnachrichtendienstes gilt § 23 Absatz 1 Satz 1 Nummer 3 entsprechend; für derartige Funktionsprüfungen ist abweichend von § 23 Absatz 1 Satz 8 bis 13 für Maßnahmen nach den §§ 5 oder 8 des Artikel 10-Gesetzes eine Anordnung nach den §§ 5 oder 8 des Artikel 10-Gesetzes und für Maßnahmen nach den §§ 19, 24 oder 26 des BND-Gesetzes eine Anordnung nach § 25 Absatz 1 Satz 1 des BND-Gesetzes erforderlich.

§ 28 Verfahren. (1) Sofern der Verpflichtete für die technische Umsetzung von Anordnungen nach § 5 oder § 8 des Artikel 10-Gesetzes[1] oder Anordnungen für Maßnahmen nach den §§ 19, 24 oder 26 des BND-Gesetzes technische Einrichtungen oder Funktionen verwendet, die durch Eingaben in Steuerungssysteme bedient werden, die von diesen Einrichtungen abgesetzt sind, gelten die §§ 16 und 17 entsprechend.

(2) (weggefallen)

(3) Für den Nachweis der Übereinstimmung der getroffenen Vorkehrungen mit den Bestimmungen dieser Verordnung und der Technischen Richtlinie gilt § 19 entsprechend mit folgenden Maßgaben:

1. An die Stelle der in § 19 Absatz 4 genannten Stellen tritt der Bundesnachrichtendienst.
2. An die Stelle der in § 19 Absatz 5 geforderten Prüfungen tritt eine Prüfung entsprechend § 27 Absatz 2 und 6 bis 8.

(4) Für nachträgliche Änderungen an der Telekommunikationsanlage des Verpflichteten oder an den Überwachungseinrichtungen gilt § 20 entsprechend.

§ 29 Bereitstellung von Übertragungswegen zum Bundesnachrichtendienst. Für die Bereitstellung der Übertragungswege, die zur Übermittlung der gemäß § 27 Absatz 3 Nummer 1 aufbereiteten Kopie an den Bundesnachrichtendienst erforderlich sind, gilt § 24 Absatz 1 Satz 1 und Absatz 2 entsprechend.

Teil 4. Vorkehrungen für die Erteilung von Auskünften über Verkehrsdaten

§ 30 Kreis der Verpflichteten. [1] Die Vorschriften dieses Teils gelten für

1. die Betreiber von Telekommunikationsanlagen, mit denen öffentlich zugängliche Telekommunikationsdienste erbracht werden, sowie
2. die Anbieter von öffentlich zugänglichen Telekommunikationsdiensten

in dem Umfang, in dem diese ihre Dienste für Endnutzer erbringen. [2] § 170 Absatz 2 des Telekommunikationsgesetzes gilt entsprechend für die nach Satz 1 Verpflichteten, die nur Teile von Telekommunikationsanlagen nach Satz 1 Nummer 1 betreiben oder die öffentlich zugängliche Telekommunikationsdienste erbringen, ohne hierfür Telekommunikationsanlagen zu betreiben.

§ 31 Grundsätze. (1) [1] Die nach § 30 Verpflichteten haben Auskunftsverlangen in einem digitalen Format zu beantworten. [2] Die Anforderungen nach § 14 Absatz 1 und 3 gelten entsprechend.

(2) [1] Die nach § 30 Verpflichteten haben sicherzustellen, dass sie Anordnungen zur Auskunftserteilung jederzeit elektronisch entgegennehmen sowie die zugehörigen Auskünfte auf gleichem Weg erteilen können; dabei haben diejenigen Verpflichteten, die zur Bereithaltung der Schnittstelle nach § 174 Absatz 7 Satz 2 erste Alternative des Telekommunikationsgesetzes verpflichtet sind, diese Schnittstelle auch für die Entgegennahme der Anordnungen zur Auskunftserteilung und für die Übermittlung der zugehörigen Auskünfte zu verwenden

[1] Nr. 20.

und Verpflichtete, die nicht zur Bereithaltung dieser Schnittstelle verpflichtet sind, mindestens das E-Mail-basierte Übermittlungsverfahren nach § 174 Absatz 7 Satz 3 bereitzuhalten. 2 Die nach § 30 Verpflichteten haben technisch sicherzustellen, dass sowohl die Anordnung als auch die Auskünfte bei der Übermittlung gegen Veränderungen und unbefugte Kenntnisnahme durch Dritte geschützt sind. 3 Die dafür zu beachtenden technischen Einzelheiten einschließlich der zugehörigen Formate und der zu verwendenden Verschlüsselungsverfahren für die Übermittlung der Anordnung und der Auskünfte legt die Bundesnetzagentur in der Technischen Richtlinie nach § 170 Absatz 6 des Telekommunikationsgesetzes fest. 4 Eine Übermittlung der Anordnung oder der Auskünfte per Telefax ist unzulässig. 5 Für die Benachrichtigung über das Vorliegen einer Anordnung und die Dringlichkeit ihrer Umsetzung, für die Entgegennahme der Anordnung, für den sicheren Umgang mit der Anordnung und deren Umsetzung, für den Schutz der für die Erteilung von Auskünften erforderlichen Funktionen und der dafür vorzuhaltenden technischen Einrichtungen sowie für Rückfragen zu erteilten Auskünften gilt im Übrigen § 12 Absatz 1 Satz 2 und 5, Absatz 2 sowie Absatz 3 entsprechend. 6 Für Rückfragen zu erteilten Auskünften gilt dies mit der Maßgabe, dass der Verpflichtete Rückfragen nur innerhalb seiner üblichen Geschäftszeiten durch sachkundiges Personal zu beantworten braucht.

(3) 1 Die nach § 30 Verpflichteten haben die technischen und organisatorischen Vorkehrungen so zu treffen, dass sie Auskunftsverlangen zu ihnen vorliegenden Verkehrsdaten unverzüglich beantworten können (§ 100a Absatz 4 Satz 1 der Strafprozessordnung[1]); dies gilt auch, wenn für die Auskünfte über gespeicherte Verkehrsdaten zu Verbindungen, die zu einer bestimmten Zieladresse oder von einer bekannten Rufnummer zu unbekannten Zieladressen hergestellt wurden, die Suche in allen Datensätzen der abgehenden oder ankommenden Verbindungen eines Betreibers erforderlich ist (Zielwahlsuche). 2 Für Fälle der Zielwahlsuche gilt abweichend von Absatz 2 Satz 5 auch § 12 Absatz 1 Satz 1 und 3 entsprechend. 3 In der Technischen Richtlinie nach § 170 Absatz 6 des Telekommunikationsgesetzes können in Abhängigkeit von der jeweiligen Netzstruktur und der in dem Netz eingesetzten Technologie angemessene Zeitspannen festgelegt werden, die zwischen der Erhebung der Verkehrsdaten in den Netzelementen und deren Verfügbarkeit für den Abruf höchstens vergehen dürfen.

(4) Die nach § 30 Verpflichteten haben sicherzustellen, dass die Verfügbarkeit ihrer für die Auskunftserteilung erforderlichen technischen Einrichtungen der Verfügbarkeit ihrer Telekommunikationsanlagen entspricht.

(5) 1 Betreiber nach § 30 Satz 1 Nummer 1, mit deren Telekommunikationsanlagen Telekommunikationsdienste für nicht mehr als 100 000 Endnutzer erbracht werden und Anbieter nach § 30 Satz 1 Nummer 2, die ihre Dienste für nicht mehr als 100 000 Endnutzer erbringen, brauchen die Vorkehrungen nach den Absätzen 3 und 4 nicht zu treffen; sie dürfen der Verpflichtung nach Absatz 2 Satz 1 in der Weise nachkommen, dass sie erst nach Benachrichtigung durch die berechtigte Stelle über das Vorliegen einer Anordnung innerhalb ihrer üblichen Geschäftszeiten unverzüglich die Anordnung entgegennehmen und die zugehörigen Auskünfte erteilen. 2 Verpflichtungen nach § 101a Absatz 1 der Strafprozessordnung[1] oder nach den anderen in § 2 Nummer 1 Buchstabe

[1] Nr. 22.

b genannten Vorschriften zur Erteilung von Auskünften über Verkehrsdaten bleiben unberührt.

(6) Für das Treffen der Vorkehrungen nach diesem Teil, die Umsetzung einer Anordnung zur Erteilung von Auskünften über Verkehrsdaten sowie für die Wahrnehmung dieser Aufgaben durch einen Erfüllungsgehilfen gilt § 5 Absatz 3 entsprechend.

(7) Das Übermittlungsverfahren nach Absatz 2 und die dafür vorgehaltenen technischen Einrichtungen dürfen auch genutzt werden für die Übermittlung von:

1. Anordnungen zur Überwachung der Telekommunikation,
2. Auskunftsverlangen zu Bestandsdaten nach § 174 des Telekommunikationsgesetzes,
3. Auskunftsverlangen zu Standortangaben sowie
4. Antworten zu den Auskunftsverlangen nach den Nummern 2 und 3.

§ 32 Auskünfte über zurückliegende Verkehrsdaten, zukünftige Verkehrsdaten, Verkehrsdaten in Echtzeit. (1) [1]Die nach § 30 Verpflichteten haben Auskünfte auf Grundlage der nach den Vorschriften des Telekommunikationsgesetzes gespeicherten und zum Zeitpunkt der Auskunftserteilung vorhandenen Daten zu erteilen. [2]Dabei haben sie stets alle dem Auskunftsverlangen zuzuordnenden Datensätze bereitzustellen, die ihnen zum Zeitpunkt der Auskunftserteilung vorliegen. [3]Datensätze, die erst nach einer technisch bedingten Wartezeit zur Verfügung stehen und einem bereits beauskunfteten Auskunftsverlangen zuzuordnen sind, sind unverzüglich nachträglich zu übermitteln. [4]Die berechtigte Stelle kann bereits bei der erstmaligen Übermittlung des Auskunftsverlangens Anforderungen zur nachträglichen Übermittlung von Datensätzen nach Satz 3 festlegen. [5]Macht sie von dieser Möglichkeit Gebrauch, sind diese Anforderungen maßgeblich für die nachträgliche Übermittlung nach Satz 3. [6]Die berechtigte Stelle kann im Einzelfall auch auf die nachträgliche Übermittlung verzichten.

(2) [1]In Fällen von Anordnungen zur Erteilung von Auskünften über Verkehrsdaten, die erst nach dem Zeitpunkt der Ausstellung der Anordnung anfallen (zukünftige Verkehrsdaten), haben die nach § 30 Verpflichteten der jeweiligen berechtigten Stelle zu jeder sich auf diese Anordnung stützenden Anforderung Auskünfte über die der Anordnung zuzuordnenden Datensätze zu erteilen, die ihnen zum Zeitpunkt der Auskunftserteilung vorliegen; dabei können sich in jeder aktuellen Auskunftserteilung auch Datensätze befinden, die zu vorhergehenden Anforderungen bereits mitgeteilt wurden. [2]Die Häufigkeit und der Zeitabstand der jeweiligen Anforderungen liegt im ausschließlichen Ermessen der berechtigten Stelle. [3]Im Rahmen von Anordnungen zur Erteilung von Auskünften über zukünftige Verkehrsdaten können auch Auskünfte über Verkehrsdaten verlangt werden, die nach den Vorschriften des Telekommunikationsgesetzes nicht gespeichert, aber im Rahmen des Telekommunikationsvorganges erhoben werden; besondere Vorkehrungen zur Erteilung von derartigen Auskünften müssen jedoch nicht getroffen werden.

(3) [1]Für die Umsetzung von Auskunftsverlangen über Verkehrsdaten in Echtzeit brauchen nur diejenigen Verpflichteten nach § 30 Vorkehrungen zu treffen, die auch nach § 3 verpflichtet sind, technische Vorkehrungen für die Umsetzung von Überwachungsmaßnahmen vorzuhalten. [2]Für die Umsetzung

derartiger Auskunftsverlangen gilt abweichend von § 31 Absatz 2 Satz 5 auch § 12 Absatz 1 Satz 1 und 3 entsprechend. [3]Die nach Satz 1 Verpflichteten können zur Umsetzung derartiger Auskunftsverlangen ihre technischen Einrichtungen zur Umsetzung von Überwachungsmaßnahmen oder Einrichtungen, die in Bezug auf die bereitzustellenden Daten nach § 7 gleichwertig sind, mit der Maßgabe nutzen, dass

1. die an die auskunftsberechtigte Stelle übermittelten Daten keine Nachrichteninhalte enthalten,
2. Standortdaten auch für lediglich empfangsbereite Endgeräte erhoben und an die auskunftsberechtigte Stelle übermittelt werden und
3. die Übermittlung von Standortdaten nach Nummer 2 derart eingeschränkt werden kann, dass sie für die Strafverfolgungsbehörden nur nach Maßgabe des § 100g Absatz 1 der Strafprozessordnung[1)] oder für eine andere auskunftsberechtigte Stelle nur nach Maßgabe der für diese Stelle geltenden gesetzlichen Vorschriften erfolgt.

(4) § 6 Absatz 4 gilt entsprechend; in Fällen von zeitweiligen Übermittlungshindernissen, Störungen und Unterbrechungen gelten die §§ 10 und 13 entsprechend.

§ 33 Verschwiegenheit. Für die im Zusammenhang mit Auskunftsverlangen und den dazu erteilten Auskünften zu wahrende Verschwiegenheit gilt § 15 entsprechend.

§ 34 Nachweis, probeweise Anwendungen. (1) [1]Für den Nachweis der Übereinstimmung der getroffenen Vorkehrungen mit den Bestimmungen dieser Verordnung und der Technischen Richtlinie nach § 170 Absatz 6 des Telekommunikationsgesetzes gilt § 19 entsprechend. [2]Außerdem sind in den Unterlagen nach § 19 Absatz 2 auch die gespeicherten Datenarten, die jeweilige Speicherungsdauer und der voraussichtliche Zeitverzug zwischen Erhebung und Verfügbarkeit für deren Abruf zu nennen. [3]Bei nachträglichen Änderungen an den für die Auskunftserteilung vorgehaltenen technischen Einrichtungen gilt § 20 entsprechend.

(2) Für probeweise Anwendungen der technischen Einrichtungen der Verpflichteten nach den §§ 30, 31 und 32 gilt § 23 entsprechend.

§ 35 Protokollierung. [1]Der Verpflichtete hat sicherzustellen, dass die Zugriffe auf seine für die Erteilung von Auskünften vorgehaltenen technischen Einrichtungen automatisch lückenlos protokolliert werden. [2]Dies gilt unabhängig davon, ob die Zugriffe darauf abzielen, Verkehrsdaten zugänglich zu machen, die nach den Vorschriften des Telekommunikationsgesetzes gespeichert wurden, oder Verkehrsdatenübermittlungen in Echtzeit einzurichten. [3]Zu protokollieren sind:

1. die Referenznummer des Auskunftsverlangens, der probeweisen Anwendung nach § 34 Absatz 2 oder einer sonstigen Nutzung der technischen Einrichtungen,
2. die tatsächlich eingegebene Kennung, auf Grund derer die Verkehrsdatensätze ermittelt werden,

---

[1)] Nr. 22.

3. die weiteren für die Suche verwendeten Daten einschließlich der Zeitpunkte (Datum und Uhrzeit auf der Grundlage der amtlichen Zeit), zwischen denen die Verkehrsdatensätze in Bezug auf die Kennung nach Nummer 2 erfasst werden,
4. die Angabe der Rechtsvorschrift (§§ 9 oder § 12 des Telekommunikation-Digitale-Dienste-Datenschutz-Gesetzes[1]) oder § 176 des Telekommunikationsgesetzes), auf deren Grundlage die beauskunfteten Verkehrsdaten gespeichert wurden,
5. die Adressierungsangabe des Anschlusses, an den die ermittelten Verkehrsdatensätze übermittelt werden,
6. ein Merkmal zur Erkennbarkeit der Personen, die die Daten nach den Nummern 1 bis 5 auf Seiten des Verpflichteten eingeben,
7. Datum und Uhrzeit der Eingabe.

[4]Die ermittelten Verkehrsdaten dürfen nicht protokolliert werden. [5]Satz 1 gilt nicht für betrieblich erforderliche Zugriffe auf Daten, die nach den §§ 9 oder 12 des Telekommunikation-Digitale-Dienste-Datenschutz-Gesetzes gespeichert werden. [6]Die Angaben nach Satz 3 Nummer 6 dürfen ausschließlich bei auf tatsächlichen Anhaltspunkten beruhenden Untersuchungen zur Aufklärung von Missbrauchs- oder Fehlerfällen verwendet werden. [7]Im Übrigen gelten für die Protokollierung sowie für die Prüfung und Löschung der dafür erzeugten Protokolldaten § 16 Absatz 2 und § 17 entsprechend mit der Maßgabe, dass abweichend von § 17 Absatz 1 Satz 3 fünf vom Hundert der gestellten Auskunftsverlangen einer Prüfung zu unterziehen sind.

Teil 5. Ergänzende technische Festlegungen, Übergangsvorschriften, Schlussbestimmungen

§ 36 Technische Richtlinie. [1]Die technischen Einzelheiten zu § 2 Nummer 8 und 17 Buchstabe c, § 4 Absatz 1 und 2, § 5 Absatz 1, 2, 4 Satz 1, Absatz 5 und 6, § 6 Absatz 3, § 7 Absatz 1, 2 und 4, § 8 Absatz 2, § 9 Absatz 1, § 10 Satz 1 und 3, § 12 Absatz 2 Satz 1 und 3, § 14 Absatz 1 und 2 Satz 1, 2, 4 und 5 sowie Absatz 3 Satz 2, § 22 Absatz 1 Satz 5, § 23 Absatz 1 Satz 9 und 12, die erforderlichen technischen Eigenschaften der Aufzeichnungsanschlüsse nach § 24 Absatz 1 Satz 2 sowie die Einzelheiten zur Übermittlung von Auskunftsverlangen und zugehörigen Auskünften nach den §§ 31, 32 und 34 und deren technischen Formate werden von der Bundesnetzagentur unter Beteiligung der Verbände der Verpflichteten, der berechtigten Stellen sowie der Hersteller der Überwachungseinrichtungen und der Aufzeichnungs- und Auswertungseinrichtungen in einer Technischen Richtlinie festgelegt. [2]Sofern erforderlich, können in der Technischen Richtlinie auch Einzelheiten nach § 27 Absatz 7 Satz 2 und zu § 170 Absatz 1 Nummer 2 des Telekommunikationsgesetzes, soweit sie für das Zusammenwirken von Telekommunikationsanlagen, die von verschiedenen Verpflichteten betrieben werden, notwendig sind, unter Beteiligung der betroffenen Interessenvertreter festgelegt werden. [3]Die Technische Richtlinie wird im gleichen Verfahren an den jeweiligen Stand der Technik angepasst. [4]In der Technischen Richtlinie ist zudem festzulegen, bis zu welchem Zeitpunkt bisherige technische Vorschriften noch angewendet werden

---

[1] Nr. **14**.

dürfen. [5] Die Bundesnetzagentur informiert auf ihrer Internetseite über die anwendbaren Ausgabestände der internationalen technischen Standards, auf die in der Technischen Richtlinie Bezug genommen wird. [6] In der Technischen Richtlinie sind auch die Arten der Kennungen festzulegen, für die bei bestimmten Arten von Telekommunikationsanlagen neben den dort verwendeten Ziel- und Ursprungsadressen auf Grund der die Überwachung der Telekommunikation regelnden Gesetze zusätzliche Vorkehrungen für die technische Umsetzung von Anordnungen zu treffen sind. [7] In Fällen, in denen neue technische Entwicklungen nicht in der Technischen Richtlinie berücksichtigt sind, hat der Verpflichtete die Gestaltung seiner Überwachungseinrichtungen mit der Bundesnetzagentur abzustimmen.

§ 37 Übergangsvorschrift. Für Überwachungseinrichtungen, für die bereits eine Genehmigung nach § 19 der Telekommunikations-Überwachungsverordnung vom 22. Januar 2002 (BGBl. I S. 458), zuletzt geändert durch Artikel 3 Absatz 18 des Gesetzes vom 7. Juli 2005 (BGBl. I S. 1970), oder das Einvernehmen nach § 16 der Fernmeldeverkehr-Überwachungs-Verordnung vom 18. Mai 1995 (BGBl. I S. 722), geändert durch Artikel 4 des Gesetzes vom 26. Juni 2001 (BGBl. I S. 1254), erteilt wurde, ist kein Nachweis nach § 19 erforderlich, sofern die Auflagen aus der Genehmigung erfüllt werden; § 170 Absatz 8 des Telekommunikationsgesetzes bleibt unberührt.

17. Gesetz gegen den unlauteren Wettbewerb (UWG)[1]

in der Fassung der Bekanntmachung vom 3. März 2010[2]
(BGBl. I S. 254)

FNA 43-7

zuletzt geänd. durch Art. 21 G zur Durchführung der VO (EU) 2022/2065 sowie zur Durchführung der VO (EU) 2019/1150 und zur Änd. weiterer Gesetze v. 6.5.2024 (BGBl. 2024 I Nr. 149)

– Auszug –

Kapitel 1. Allgemeine Bestimmungen

§ 7 Unzumutbare Belästigungen. (1) [1] Eine geschäftliche Handlung, durch die ein Marktteilnehmer in unzumutbarer Weise belästigt wird, ist unzulässig. [2] Dies gilt insbesondere für Werbung, obwohl erkennbar ist, dass der angesprochene Marktteilnehmer diese Werbung nicht wünscht.

(2) Eine unzumutbare Belästigung ist stets anzunehmen

1. bei Werbung mit einem Telefonanruf gegenüber einem Verbraucher ohne dessen vorherige ausdrückliche Einwilligung oder gegenüber einem sonstigen Marktteilnehmer ohne dessen zumindest mutmaßliche Einwilligung,
2. bei Werbung unter Verwendung einer automatischen Anrufmaschine, eines Faxgerätes oder elektronischer Post, ohne dass eine vorherige ausdrückliche Einwilligung des Adressaten vorliegt, oder
3. bei Werbung mit einer Nachricht,
   a) bei der die Identität des Absenders, in dessen Auftrag die Nachricht übermittelt wird, verschleiert oder verheimlicht wird oder
   b) bei der gegen § 6 Absatz 1 des Digitale-Dienste-Gesetzes[3] verstoßen wird oder in der der Empfänger aufgefordert wird, eine Website aufzurufen, die gegen diese Vorschrift verstößt, oder

---

[1] **Amtl. Anm.:** Dieses Gesetz dient der Umsetzung der Richtlinie 2005/29/EG des Europäischen Parlaments und des Rates vom 11. Mai 2005 über unlautere Geschäftspraktiken von Unternehmen gegenüber Verbrauchern im Binnenmarkt und zur Änderung der Richtlinie 84/450/EWG des Rates, der Richtlinien 97/7/EG, 98/27/EG und 2002/65/EG des Europäischen Parlaments und des Rates sowie der Verordnung (EG) Nr. 2006/2004 des Europäischen Parlaments und des Rates (ABl. L 149 vom 11.6.2005, S. 22; berichtigt im ABl. L 253 vom 25.9.2009, S. 18) sowie der Richtlinie 2006/114/EG des Europäischen Parlaments und des Rates vom 12. Dezember 2006 über irreführende und vergleichende Werbung (kodifizierte Fassung) (ABl. L 376 vom 27.12.2006, S. 21). Es dient ferner der Umsetzung von Artikel 13 der Richtlinie 2002/58/EG *[Nr. 3]* des Europäischen Parlaments und des Rates vom 12. Juli 2002 über die Verarbeitung personenbezogener Daten und den Schutz der Privatsphäre in der elektronischen Kommunikation (ABl. L 201 vom 31.7.2002, S. 37), der zuletzt durch Artikel 2 Nummer 7 der Richtlinie 2009/136/EG (ABl. L 337 vom 18.12.2009, S. 11) geändert worden ist.

Die Verpflichtungen aus der Richtlinie 98/34/EG des Europäischen Parlaments und des Rates vom 22. Juni 1998 über ein Informationsverfahren auf dem Gebiet der Normen und technischen Vorschriften und der Vorschriften für die Dienste der Informationsgesellschaft (ABl. L 204 vom 21.7.1998, S. 37), die zuletzt durch die Richtlinie 2006/96/EG (ABl. L 363 vom 20.12.2006, S. 81) geändert worden ist, sind beachtet worden.

[2] Neubekanntmachung des UWG v. 3.7.2004 (BGBl. I S. 1414) in der ab 4.8.2009 geltenden Fassung.

[3] Nr. **13**.

c) bei der keine gültige Adresse vorhanden ist, an die der Empfänger eine Aufforderung zur Einstellung solcher Nachrichten richten kann, ohne dass hierfür andere als die Übermittlungskosten nach den Basistarifen entstehen.

(3) Abweichend von Absatz 2 Nummer 2 ist eine unzumutbare Belästigung bei einer Werbung unter Verwendung elektronischer Post nicht anzunehmen, wenn

1. ein Unternehmer im Zusammenhang mit dem Verkauf einer Ware oder Dienstleistung von dem Kunden dessen elektronische Postadresse erhalten hat,
2. der Unternehmer die Adresse zur Direktwerbung für eigene ähnliche Waren oder Dienstleistungen verwendet,
3. der Kunde der Verwendung nicht widersprochen hat und
4. der Kunde bei Erhebung der Adresse und bei jeder Verwendung klar und deutlich darauf hingewiesen wird, dass er der Verwendung jederzeit widersprechen kann, ohne dass hierfür andere als die Übermittlungskosten nach den Basistarifen entstehen.

§ 7a Einwilligung in Telefonwerbung. (1) Wer mit einem Telefonanruf gegenüber einem Verbraucher wirbt, hat dessen vorherige ausdrückliche Einwilligung in die Telefonwerbung zum Zeitpunkt der Erteilung in angemessener Form zu dokumentieren und gemäß Absatz 2 Satz 1 aufzubewahren.

(2) [1] Die werbenden Unternehmen müssen den Nachweis nach Absatz 1 ab Erteilung der Einwilligung sowie nach jeder Verwendung der Einwilligung fünf Jahre aufbewahren. [2] Die werbenden Unternehmen haben der nach § 20 Absatz 3 zuständigen Verwaltungsbehörde den Nachweis nach Absatz 1 auf Verlangen unverzüglich vorzulegen.

18. Gesetz betreffend das Urheberrecht an Werken der bildenden Künste und der Photographie

Vom 9. Januar 1907
Reichsgesetzbl. S. 7[1)]

BGBl. III/FNA 440-3

zuletzt geänd. durch Art. 3 § 31 G zur Beendigung der Diskriminierung gleichgeschlechtlicher Gemeinschaften v. 16.2.2001 (BGBl. I S. 266)

– Auszug –

§ 22 [Recht am eigenen Bilde] [1] Bildnisse dürfen nur mit Einwilligung des Abgebildeten verbreitet oder öffentlich zur Schau gestellt werden. [2] Die Einwilligung gilt im Zweifel als erteilt, wenn der Abgebildete dafür, daß er sich abbilden ließ, eine Entlohnung erhielt. [3] Nach dem Tode des Abgebildeten bedarf es bis zum Ablaufe von 10 Jahren der Einwilligung der Angehörigen des Abgebildeten. [4] Angehörige im Sinne dieses Gesetzes sind der überlebende Ehegatte oder Lebenspartner und die Kinder des Abgebildeten und, wenn weder ein Ehegatte oder Lebenspartner noch Kinder vorhanden sind, die Eltern des Abgebildeten.

§ 23 [Ausnahmen zu § 22] (1) Ohne die nach § 22 erforderliche Einwilligung dürfen verbreitet und zur Schau gestellt werden:

1. Bildnisse aus dem Bereiche der Zeitgeschichte;
2. Bilder, auf denen die Personen nur als Beiwerk neben einer Landschaft oder sonstigen Örtlichkeit erscheinen;
3. Bilder von Versammlungen, Aufzügen und ähnlichen Vorgängen, an denen die dargestellten Personen teilgenommen haben;
4. Bildnisse, die nicht auf Bestellung angefertigt sind, sofern die Verbreitung oder Schaustellung einem höheren Interesse der Kunst dient.

(2) Die Befugnis erstreckt sich jedoch nicht auf eine Verbreitung und Schaustellung, durch die ein berechtigtes Interesse des Abgebildeten oder, falls dieser verstorben ist, seiner Angehörigen verletzt wird.

---

1) Maßgebliche amtliche Quelle ist das BGBl. III.

19. Grundgesetz für die Bundesrepublik Deutschland

Vom 23. Mai 1949
(BGBl. S. 1)

BGBl. III/FNA 100-1

zuletzt geänd. durch Art. 1 ÄndG (Art. 82) v. 19.12.2022 (BGBl. I S. 2478)

– Auszug –

I. Die Grundrechte

Art. 1 [Schutz der Menschenwürde, Menschenrechte, Grundrechtsbindung] (1) [1]Die Würde des Menschen ist unantastbar. [2]Sie zu achten und zu schützen ist Verpflichtung aller staatlichen Gewalt.

(2) Das Deutsche Volk bekennt sich darum zu unverletzlichen und unveräußerlichen Menschenrechten als Grundlage jeder menschlichen Gemeinschaft, des Friedens und der Gerechtigkeit in der Welt.

(3) Die nachfolgenden Grundrechte binden Gesetzgebung, vollziehende Gewalt und Rechtsprechung als unmittelbar geltendes Recht.

Art. 2 [Freie Entfaltung der Persönlichkeit, Recht auf Leben, körperliche Unversehrtheit, Freiheit der Person] (1) Jeder hat das Recht auf die freie Entfaltung seiner Persönlichkeit, soweit er nicht die Rechte anderer verletzt und nicht gegen die verfassungsmäßige Ordnung oder das Sittengesetz verstößt.

(2) [1]Jeder hat das Recht auf Leben und körperliche Unversehrtheit. [2]Die Freiheit der Person ist unverletzlich. [3]In diese Rechte darf nur auf Grund eines Gesetzes eingegriffen werden.

Art. 3 [Gleichheit vor dem Gesetz] (1) Alle Menschen sind vor dem Gesetz gleich.

(2) [1]Männer und Frauen sind gleichberechtigt. [2]Der Staat fördert die tatsächliche Durchsetzung der Gleichberechtigung von Frauen und Männern und wirkt auf die Beseitigung bestehender Nachteile hin.

(3) [1]Niemand darf wegen seines Geschlechtes, seiner Abstammung, seiner Rasse, seiner Sprache, seiner Heimat und Herkunft, seines Glaubens, seiner religiösen oder politischen Anschauungen benachteiligt oder bevorzugt werden. [2]Niemand darf wegen seiner Behinderung benachteiligt werden.

Art. 5 [Recht der freien Meinungsäußerung, Medienfreiheit, Kunst- und Wissenschaftsfreiheit] (1) [1]Jeder hat das Recht, seine Meinung in Wort, Schrift und Bild frei zu äußern und zu verbreiten und sich aus allgemein zugänglichen Quellen ungehindert zu unterrichten. [2]Die Pressefreiheit und die Freiheit der Berichterstattung durch Rundfunk und Film werden gewährleistet. [3]Eine Zensur findet nicht statt.

(2) Diese Rechte finden ihre Schranken in den Vorschriften der allgemeinen Gesetze, den gesetzlichen Bestimmungen zum Schutze der Jugend und in dem Recht der persönlichen Ehre.

(3) [1]Kunst und Wissenschaft, Forschung und Lehre sind frei. [2]Die Freiheit der Lehre entbindet nicht von der Treue zur Verfassung.

Art. 10 [Brief-, Post- und Fernmeldegeheimnis] (1) Das Briefgeheimnis sowie das Post- und Fernmeldegeheimnis sind unverletzlich.

(2) [1] Beschränkungen dürfen nur auf Grund eines Gesetzes angeordnet werden. [2] Dient die Beschränkung dem Schutze der freiheitlichen demokratischen Grundordnung oder des Bestandes oder der Sicherung des Bundes oder eines Landes, so kann das Gesetz bestimmen, daß sie dem Betroffenen nicht mitgeteilt wird und daß an die Stelle des Rechtsweges die Nachprüfung durch von der Volksvertretung bestellte Organe und Hilfsorgane tritt.

Art. 13 [Unverletzlichkeit der Wohnung] (1) Die Wohnung ist unverletzlich.

(2) Durchsuchungen dürfen nur durch den Richter, bei Gefahr im Verzuge auch durch die in den Gesetzen vorgesehenen anderen Organe angeordnet und nur in der dort vorgeschriebenen Form durchgeführt werden.

(3) [1] Begründen bestimmte Tatsachen den Verdacht, daß jemand eine durch Gesetz einzeln bestimmte besonders schwere Straftat begangen hat, so dürfen zur Verfolgung der Tat auf Grund richterlicher Anordnung technische Mittel zur akustischen Überwachung von Wohnungen, in denen der Beschuldigte sich vermutlich aufhält, eingesetzt werden, wenn die Erforschung des Sachverhalts auf andere Weise unverhältnismäßig erschwert oder aussichtslos wäre. [2] Die Maßnahme ist zu befristen. [3] Die Anordnung erfolgt durch einen mit drei Richtern besetzten Spruchkörper. [4] Bei Gefahr im Verzuge kann sie auch durch einen einzelnen Richter getroffen werden.

(4) [1] Zur Abwehr dringender Gefahren für die öffentliche Sicherheit, insbesondere einer gemeinen Gefahr oder einer Lebensgefahr, dürfen technische Mittel zur Überwachung von Wohnungen nur auf Grund richterlicher Anordnung eingesetzt werden. [2] Bei Gefahr im Verzuge kann die Maßnahme auch durch eine andere gesetzlich bestimmte Stelle angeordnet werden; eine richterliche Entscheidung ist unverzüglich nachzuholen.

(5) [1] Sind technische Mittel ausschließlich zum Schutze der bei einem Einsatz in Wohnungen tätigen Personen vorgesehen, kann die Maßnahme durch eine gesetzlich bestimmte Stelle angeordnet werden. [2] Eine anderweitige Verwertung der hierbei erlangten Erkenntnisse ist nur zum Zwecke der Strafverfolgung oder der Gefahrenabwehr und nur zulässig, wenn zuvor die Rechtmäßigkeit der Maßnahme richterlich festgestellt ist; bei Gefahr im Verzuge ist die richterliche Entscheidung unverzüglich nachzuholen.

(6) [1] Die Bundesregierung unterrichtet den Bundestag jährlich über den nach Absatz 3 sowie über den im Zuständigkeitsbereich des Bundes nach Absatz 4 und, soweit richterlich überprüfungsbedürftig, nach Absatz 5 erfolgten Einsatz technischer Mittel. [2] Ein vom Bundestag gewähltes Gremium übt auf der Grundlage dieses Berichts die parlamentarische Kontrolle aus. [3] Die Länder gewährleisten eine gleichwertige parlamentarische Kontrolle.

(7) Eingriffe und Beschränkungen dürfen im übrigen nur zur Abwehr einer gemeinen Gefahr oder einer Lebensgefahr für einzelne Personen, auf Grund eines Gesetzes auch zur Verhütung dringender Gefahren für die öffentliche Sicherheit und Ordnung, insbesondere zur Behebung der Raumnot, zur Bekämpfung von Seuchengefahr oder zum Schutze gefährdeter Jugendlicher vorgenommen werden.

20. Gesetz zur Beschränkung des Brief-, Post- und Fernmeldegeheimnisses (Artikel 10-Gesetz – G 10)[1]

Vom 26. Juni 2001

(BGBl. I S. 1254, ber. S. 2298, 2017 S. 154)

FNA 190-4

zuletzt geänd. durch Art. 4 G zum ersten Teil der Reform des Nachrichtendienstrechts v. 22.12.2023 (BGBl. 2023 I Nr. 413)

Nichtamtliche Inhaltsübersicht

Der Bundestag hat das folgende Gesetz beschlossen:

---

[1] Verkündet als Art. 1 Artikel 10-NeuregelungsG v. 26.6.2001 (BGBl. I S. 1254, ber. S. 2298, 2017 S. 154); Inkrafttreten gem. Art. 5 Satz 1 dieses G am 29.6.2001.

Abschnitt 1. Allgemeine Bestimmungen

§ 1 Gegenstand des Gesetzes. (1) Es sind

1. die Verfassungsschutzbehörden des Bundes und der Länder, der Militärische Abschirmdienst und der Bundesnachrichtendienst zur Abwehr von drohenden Gefahren für die freiheitliche demokratische Grundordnung oder den Bestand oder die Sicherheit des Bundes oder eines Landes einschließlich der Sicherheit der in der Bundesrepublik Deutschland stationierten Truppen der nichtdeutschen Vertragsstaaten des Nordatlantikvertrages,
2. der Bundesnachrichtendienst im Rahmen seiner Aufgaben nach § 1 Abs. 2 des BND-Gesetzes auch zu den in § 5 Abs. 1 Satz 3 Nr. 2 bis 8 und § 8 Abs. 1 Satz 1 bestimmten Zwecken

berechtigt, die Telekommunikation zu überwachen und aufzuzeichnen, in den Fällen der Nummer 1 auch die dem Brief- oder Postgeheimnis unterliegenden Sendungen zu öffnen und einzusehen.

(2) Soweit Maßnahmen nach Absatz 1 von Behörden des Bundes durchgeführt werden, unterliegen sie der Kontrolle durch das Parlamentarische Kontrollgremium und durch eine besondere Kommission (G 10-Kommission).

§ 2 Pflichten der Anbieter von Post- und Telekommunikationsdiensten; Verordnungsermächtigung. (1) [1] Wer geschäftsmäßig Postdienste erbringt oder an der Erbringung solcher Dienste mitwirkt, hat der berechtigten Stelle auf Anordnung Auskunft über die näheren Umstände des Postverkehrs zu erteilen und Sendungen, die ihm zum Einsammeln, Weiterleiten oder Ausliefern anvertraut sind, auszuhändigen. [2] Der nach Satz 1 Verpflichtete hat der berechtigten Stelle auf Verlangen die zur Vorbereitung einer Anordnung erforderlichen Auskünfte zu Postfächern zu erteilen, ohne dass es hierzu einer gesonderten Anordnung bedarf.

(1a) [1] Wer geschäftsmäßig Telekommunikationsdienste erbringt oder an der Erbringung solcher Dienste mitwirkt, hat der berechtigten Stelle auf Anordnung

1. Auskunft über die näheren Umstände der nach Wirksamwerden der Anordnung durchgeführten Telekommunikation zu erteilen,
2. Inhalte, die ihm zur Übermittlung auf dem Telekommunikationsweg anvertraut sind, auszuleiten,
3. die Überwachung und Aufzeichnung der Telekommunikation zu ermöglichen, auch durch Zugangsgewährung zu seinen Einrichtungen während seiner üblichen Geschäftszeiten, sowie
4. die Einbringung von technischen Mitteln zur Durchführung einer Maßnahme nach § 11 Absatz 1a durch Unterstützung bei der Umleitung von Telekommunikation durch die berechtigte Stelle zu ermöglichen
   a) durch Mitteilung der zur Erbringung in den umgeleiteten Datenstrom erforderlichen Informationen über die Strukturen der von ihm betriebenen Telekommunikationsnetze und Telekommunikationsanlagen sowie die von ihm erbrachten Telekommunikationsdienste;
   b) durch sonstige Unterstützung bei der Umleitung einschließlich der Gewährung des Zugangs zu seinen Einrichtungen während seiner üblichen Geschäftszeiten sowie der Ermöglichung der Aufstellung und des Betriebs von Geräten für die Durchführung der Maßnahme.

[2]Das Nähere zur technischen und organisatorischen Umsetzung der Mitwirkungspflichten nach Satz 1 Nummer 1 bis 3 bestimmt sich nach § 170 des Telekommunikationsgesetzes[1)] und der dazu erlassenen Rechtsverordnung. [3]In den Fällen des Satzes 1 Nummer 1 bleiben § 8a Absatz 1 Satz 1 Nummer 4 des Bundesverfassungsschutzgesetzes, § 4a des MAD-Gesetzes und § 3 des BND-Gesetzes unberührt. [4]Satz 1 Nummer 4 Buchstabe b gilt nur für denjenigen, der eine Telekommunikationsanlage betreibt, mit der öffentlich zugängliche Internetzugangsdienste oder öffentlich zugängliche Dienste, die ganz oder überwiegend in der Übertragung von Signalen bestehen, erbracht werden.

(1b) Das Bundesministerium des Innern, für Bau und Heimat wird ermächtigt, durch Rechtsverordnung im Einvernehmen mit dem Bundeskanzleramt, dem Bundesministerium für Wirtschaft und Energie, dem Bundesministerium für Verkehr und digitale Infrastruktur, dem Bundesministerium der Justiz und für Verbraucherschutz und dem Bundesministerium der Verteidigung mit Zustimmung des Bundesrates das Nähere zur technischen und organisatorischen Umsetzung der Mitwirkungspflichten nach Absatz 1a Satz 1 Nummer 4 zu bestimmen.

(2) [1]Der nach Absatz 1 oder Absatz 1a Verpflichtete hat vor Durchführung einer beabsichtigten Beschränkungsmaßnahme unverzüglich die Personen, die mit der Durchführung der Maßnahme betraut werden sollen,

1. auszuwählen,
2. einer einfachen Sicherheitsüberprüfung unterziehen zu lassen und
3. über Mitteilungsverbote nach § 17 sowie die Strafbarkeit eines Verstoßes nach § 18 zu belehren; die Belehrung ist aktenkundig zu machen.

[2]Mit der Durchführung einer Beschränkungsmaßnahme dürfen nur Personen betraut werden, die nach Maßgabe des Satzes 1 überprüft und belehrt worden sind. [3]Nach Zustimmung des Bundesministeriums des Innern, für Bau und Heimat, bei Beschränkungsmaßnahmen einer Landesbehörde des zuständigen Landesministeriums, kann der Behördenleiter der berechtigten Stelle oder dessen Stellvertreter die nach Absatz 1 oder Absatz 1a Verpflichteten schriftlich auffordern, die Beschränkungsmaßnahme bereits vor Abschluss der Sicherheitsüberprüfung durchzuführen. [4]Der nach Absatz 1 oder Absatz 1a Verpflichtete hat sicherzustellen, dass die Geheimschutzmaßnahmen zum Schutz als VS-NUR FÜR DEN DIENSTGEBRAUCH eingestufter Informationen gemäß der nach § 35 Absatz 1 des Sicherheitsüberprüfungsgesetzes zu erlassenden allgemeinen Verwaltungsvorschrift zum materiellen Geheimschutz in der jeweils geltenden Fassung getroffen werden.

(3) [1]Die Sicherheitsüberprüfung nach Absatz 2 Satz 1 Nr. 2 ist entsprechend dem Sicherheitsüberprüfungsgesetz durchzuführen. [2]Für Beschränkungsmaßnahmen einer Landesbehörde gilt dies nicht, soweit Rechtsvorschriften des Landes vergleichbare Bestimmungen enthalten; in diesem Fall sind die Rechtsvorschriften des Landes entsprechend anzuwenden. [3]Zuständig ist bei Beschränkungsmaßnahmen von Bundesbehörden das Bundesministerium des Innern, für Bau und Heimat; im Übrigen sind die nach Landesrecht bestimmten Behörden zuständig. [4]Soll mit der Durchführung einer Beschränkungsmaßnahme eine Person betraut werden, für die innerhalb der letzten fünf Jahre bereits eine gleich- oder höherwertige Sicherheitsüberprüfung nach Bundes- oder Landesrecht

---

[1)] Nr. **15**.

durchgeführt worden ist, soll von einer erneuten Sicherheitsüberprüfung abgesehen werden.

Abschnitt 2. Beschränkungen in Einzelfällen

§ 3 Voraussetzungen. (1) [1]Beschränkungen nach § 1 Abs. 1 Nr. 1 dürfen unter den dort bezeichneten Voraussetzungen angeordnet werden, wenn tatsächliche Anhaltspunkte für den Verdacht bestehen, dass jemand

1. Straftaten des Friedensverrats oder des Hochverrats (§§ 80a bis 83 des Strafgesetzbuches),
2. Straftaten der Gefährdung des demokratischen Rechtsstaates (§§ 84 bis 86, 87 bis 89b, 89c Absatz 1 bis 4 des Strafgesetzbuches, § 20 Abs. 1 Nr. 1 bis 4 des Vereinsgesetzes),
3. Straftaten des Landesverrats und der Gefährdung der äußeren Sicherheit (§§ 94 bis 96, 97a bis 100a des Strafgesetzbuches),
4. Straftaten gegen die Landesverteidigung (§§ 109e bis 109g des Strafgesetzbuches),
5. Straftaten gegen die Sicherheit der in der Bundesrepublik Deutschland stationierten Truppen der nichtdeutschen Vertragsstaaten des Nordatlantikvertrages (§§ 87, 89, 94 bis 96, 98 bis 100, 109e bis 109g des Strafgesetzbuches in Verbindung mit § 1 des NATO-Truppen-Schutzgesetzes),
6. Straftaten nach
   a) den §§ 129a bis 130 des Strafgesetzbuches sowie
   b) den §§ 211, 212, 239a, 239b, 306 bis 306c, 308 Abs. 1 bis 3, § 315 Abs. 3, § 316b Abs. 3 und § 316c Abs. 1 und 3 des Strafgesetzbuches, soweit diese sich gegen die freiheitliche demokratische Grundordnung, den Bestand oder die Sicherheit des Bundes oder eines Landes richten,
7. Straftaten nach § 95 Abs. 1 Nr. 8 des Aufenthaltsgesetzes,
8. Straftaten nach den §§ 202a, 202b und 303a, 303b des Strafgesetzbuches[1)], soweit sich die Straftat gegen die innere oder äußere Sicherheit der Bundesrepublik Deutschland, insbesondere gegen sicherheitsempfindliche Stellen von lebenswichtigen Einrichtungen richtet, oder
9. Straftaten nach § 13 des Völkerstrafgesetzbuches

plant, begeht oder begangen hat. [2]Gleiches gilt, wenn tatsächliche Anhaltspunkte für den Verdacht bestehen, dass jemand Mitglied einer Vereinigung ist, deren Zwecke oder deren Tätigkeit darauf gerichtet sind, Straftaten zu begehen, die gegen die freiheitliche demokratische Grundordnung, den Bestand oder die Sicherheit des Bundes oder eines Landes gerichtet sind.

(1a) Beschränkungen nach § 1 Abs. 1 Nr. 1 dürfen unter den dort bezeichneten Voraussetzungen für den Bundesnachrichtendienst auch für Telekommunikationsanschlüsse, die sich an Bord deutscher Schiffe außerhalb deutscher Hoheitsgewässer befinden, angeordnet werden, wenn tatsächliche Anhaltspunkte bestehen, dass jemand eine der in § 72 Absatz 1 und 3 des Zollfahndungsdienstgesetzes genannten Straftaten plant, begeht oder begangen hat.

(2) [1]Die Anordnung ist nur zulässig, wenn die Erforschung des Sachverhalts auf andere Weise aussichtslos oder wesentlich erschwert wäre. [2]Sie darf sich nur

---

1) Nr. **23**.

gegen den Verdächtigen oder gegen Personen richten, von denen auf Grund bestimmter Tatsachen anzunehmen ist, dass sie für den Verdächtigen bestimmte oder von ihm herrührende Mitteilungen entgegennehmen oder weitergeben oder dass der Verdächtige ihren Anschluss benutzt. [3] Maßnahmen, die sich auf Sendungen beziehen, sind nur hinsichtlich solcher Sendungen zulässig, bei denen Tatsachen die Annahme rechtfertigen, dass sie von dem, gegen den sich die Anordnung richtet, herrühren oder für ihn bestimmt sind. [4] Abgeordnetenpost von Mitgliedern des Deutschen Bundestages und der Parlamente der Länder darf nicht in eine Maßnahme einbezogen werden, die sich gegen einen Dritten richtet.

§ 3a Schutz des Kernbereichs privater Lebensgestaltung. (1) [1] Beschränkungen nach § 1 Abs. 1 Nr. 1 sind unzulässig, soweit tatsächliche Anhaltspunkte für die Annahme vorliegen, dass durch sie allein Erkenntnisse aus dem Kernbereich privater Lebensgestaltung erfasst würden. [2] Soweit im Rahmen von Beschränkungen nach § 1 Abs. 1 Nr. 1 neben einer automatischen Aufzeichnung eine unmittelbare Kenntnisnahme erfolgt, ist die Maßnahme unverzüglich zu unterbrechen, soweit sich während der Überwachung tatsächliche Anhaltspunkte dafür ergeben, dass Inhalte, die dem Kernbereich privater Lebensgestaltung zuzurechnen sind, erfasst werden. [3] Bestehen insoweit Zweifel, darf nur eine automatische Aufzeichnung fortgesetzt werden. [4] Automatische Aufzeichnungen nach Satz 3 sind unverzüglich einem bestimmten Mitglied der G10-Kommission oder seinem Stellvertreter zur Entscheidung über die Verwertbarkeit oder Löschung der Daten vorzulegen. [5] Das Nähere regelt die Geschäftsordnung. [6] Die Entscheidung des Mitglieds der Kommission, dass eine Verwertung erfolgen darf, ist unverzüglich durch die Kommission zu bestätigen. [7] Ist die Maßnahme nach Satz 2 unterbrochen worden, so darf sie für den Fall, dass sie nicht nach Satz 1 unzulässig ist, fortgeführt werden. [8] Erkenntnisse aus dem Kernbereich privater Lebensgestaltung, die durch eine Beschränkung nach § 1 Abs. 1 Nr. 1 erlangt worden sind, dürfen nicht verwertet werden. [9] Aufzeichnungen hierüber sind unverzüglich zu löschen. [10] Die Tatsachen der Erfassung der Daten und der Löschung sind zu dokumentieren. [11] Die Dokumentation darf ausschließlich für Zwecke der Datenschutzkontrolle verwendet werden. [12] Sie ist sechs Monate nach der Mitteilung nach § 12 Absatz 1 Satz 1 oder der Feststellung nach § 12 Absatz 1 Satz 5 zu löschen.

(2) [1] Bei Gefahr im Verzug können Aufzeichnungen nach Absatz 1 Satz 3 unter Aufsicht eines Bediensteten, der die Befähigung zum Richteramt hat, gesichtet werden. [2] Der Bedienstete entscheidet im Benehmen mit dem nach § 5 des Bundesdatenschutzgesetzes[1)] oder entsprechenden landesrechtlichen Vorschriften benannten Datenschutzbeauftragten oder einem von diesem beauftragten Beschäftigten, für den § 6 Absatz 3 des Bundesdatenschutzgesetzes insoweit entsprechend gilt, über eine vorläufige Nutzung.

§ 3b Schutz zeugnisverweigerungsberechtigter Personen. (1) [1] Maßnahmen nach § 1 Abs. 1 Nr. 1, die sich gegen eine in § 53 Absatz 1 Satz 1 Nummer 1, 2, 3 oder Nummer 4 der Strafprozessordnung genannte Person, im Falle von § 53 Absatz 1 Satz 1 Nummer 3 der Strafprozessordnung beschränkt auf Rechtsanwälte und Kammerrechtsbeistände, richten und voraussichtlich Erkenntnisse erbringen würden, über die diese Person das Zeugnis verweigern dürfte, sind

---

[1)] Nr. **11**.

unzulässig. [2]Dennoch erlangte Erkenntnisse dürfen nicht verwertet werden. [3]Aufzeichnungen hierüber sind unverzüglich zu löschen. [4]Die Tatsache ihrer Erlangung und Löschung ist zu dokumentieren. [5]Die Sätze 2 bis 3 gelten entsprechend, wenn durch eine Maßnahme, die sich nicht gegen eine in Satz 1 genannte Person richtet, von einer dort genannten Person Erkenntnisse erlangt werden, über die sie das Zeugnis verweigern dürfte.

(2) [1]Soweit durch eine Beschränkung eine in § 53 Abs. 1 Satz 1 Nr. 3 bis 3b oder Nr. 5 der Strafprozessordnung genannte Person, im Falle von § 53 Absatz 1 Satz 1 Nummer 3 der Strafprozessordnung mit Ausnahme von Rechtsanwälten und Kammerrechtsbeiständen, betroffen wäre und dadurch voraussichtlich Erkenntnisse erlangt würden, über die diese Person das Zeugnis verweigern dürfte, ist dies im Rahmen der Prüfung der Verhältnismäßigkeit unter Würdigung des öffentlichen Interesses an den von dieser Person wahrgenommenen Aufgaben und des Interesses an der Geheimhaltung der dieser Person anvertrauten oder bekannt gewordenen Tatsachen besonders zu berücksichtigen. [2]Soweit hiernach geboten, ist die Maßnahme zu unterlassen oder, soweit dies nach der Art der Maßnahme möglich ist, zu beschränken.

(3) Die Absätze 1 und 2 gelten entsprechend, soweit die in § 53a der Strafprozessordnung Genannten das Zeugnis verweigern dürften.

(4) Die Absätze 1 bis 3 gelten nicht, sofern die zeugnisverweigerungsberechtigte Person Verdächtiger im Sinne des § 3 Abs. 2 Satz 2 ist oder tatsächliche Anhaltspunkte den Verdacht begründen, dass sie dessen in § 3 Abs. 1 bezeichnete Bestrebungen durch Entgegennahme oder Weitergabe von Mitteilungen bewusst unterstützt.

§ 4 Prüf-, Kennzeichnungs- und Löschungspflichten, Übermittlungen, Zweckbindung. (1) [1]Die erhebende Stelle prüft unverzüglich und sodann in Abständen von höchstens sechs Monaten, ob die erhobenen personenbezogenen Daten im Rahmen ihrer Aufgaben allein oder zusammen mit bereits vorliegenden Daten für die in § 1 Abs. 1 Nr. 1 bestimmten Zwecke erforderlich sind. [2]Soweit die Daten für diese Zwecke nicht erforderlich sind und nicht für eine Übermittlung an andere Stellen benötigt werden, sind sie unverzüglich unter Aufsicht eines Bediensteten, der die Befähigung zum Richteramt hat, zu löschen. [3]Die Löschung ist zu protokollieren. [4]Die Protokolldaten dürfen ausschließlich zur Durchführung der Datenschutzkontrolle verwendet werden. [5]Die Protokolldaten sind am Ende des Kalenderjahres, das dem Jahr der Protokollierung folgt, zu löschen. [6]Die Löschung der Daten unterbleibt, soweit die Daten für eine Mitteilung nach § 12 Abs. 1 oder für eine gerichtliche Nachprüfung der Rechtmäßigkeit der Beschränkungsmaßnahme von Bedeutung sein können. [7]In diesem Fall ist die Verarbeitung der Daten einzuschränken; sie dürfen nur zu diesen Zwecken verwendet werden.

(2) [1]Die verbleibenden Daten sind zu kennzeichnen. [2]Nach einer Übermittlung ist die Kennzeichnung durch den Empfänger aufrechtzuerhalten. [3]Die Daten dürfen nur zu den in § 1 Abs. 1 Nr. 1 und den in Absatz 4 genannten Zwecken verwendet werden.

(3) [1]Der Behördenleiter oder sein Stellvertreter kann anordnen, dass bei der Übermittlung auf die Kennzeichnung verzichtet wird, wenn dies unerlässlich ist, um die Geheimhaltung einer Beschränkungsmaßnahme nicht zu gefährden, und die G 10-Kommission oder, soweit es sich um die Übermittlung durch eine Landesbehörde handelt, die nach Landesrecht zuständige Stelle zugestimmt hat.

[2]Bei Gefahr im Verzuge kann die Anordnung bereits vor der Zustimmung getroffen werden. [3]Wird die Zustimmung versagt, ist die Kennzeichnung durch den Übermittlungsempfänger unverzüglich nachzuholen; die übermittelnde Behörde hat ihn hiervon zu unterrichten.

(4) Die Daten dürfen an andere als die nach § 1 Absatz 1 Nummer 1 berechtigten Stellen nur übermittelt werden

1. zur Verhinderung oder Aufklärung von Straftaten, wenn
   a) tatsächliche Anhaltspunkte für den Verdacht bestehen, dass jemand eine der in § 3 Abs. 1 und 1a genannten Straftaten plant oder begeht,
   b) bestimmte Tatsachen den Verdacht begründen, dass jemand eine sonstige in § 7 Absatz 2 genannte Straftat plant oder begeht,
2. zur Verfolgung von Straftaten, wenn bestimmte Tatsachen den Verdacht begründen, dass jemand eine in Nummer 1 bezeichnete Straftat begeht oder begangen hat, oder
3. zur Vorbereitung und Durchführung eines Verfahrens nach Artikel 21 Abs. 2 Satz 2 des Grundgesetzes oder einer Maßnahme nach § 3 Abs. 1 Satz 1 des Vereinsgesetzes,

soweit sie zur Erfüllung der Aufgaben des Empfängers erforderlich sind und in den Fällen der Nummern 1 und 2 daneben die Voraussetzungen der Vorschriften vorliegen, die Übermittlungen der übermittelnden Stelle für die Verhinderung, Aufklärung oder Verfolgung von Straftaten allgemein regeln.

(5) [1]Sind mit personenbezogenen Daten, die übermittelt werden dürfen, weitere Daten des Betroffenen oder eines Dritten in Akten so verbunden, dass eine Trennung nicht oder nur mit unvertretbarem Aufwand möglich ist, ist die Übermittlung auch dieser Daten zulässig; eine Verwendung dieser Daten ist unzulässig. [2]Über die Übermittlung entscheidet ein Bediensteter der übermittelnden Stelle, der die Befähigung zum Richteramt hat. [3]Die Übermittlung ist zu protokollieren.

(6) [1]Der Empfänger darf die übermittelten Daten nur für die Zwecke verwenden, zu deren Erfüllung sie ihm übermittelt worden sind. [2]Er prüft unverzüglich und sodann in Abständen von höchstens sechs Monaten, ob die übermittelten Daten für diese Zwecke erforderlich sind. [3]Absatz 1 Satz 2 und 3 gilt entsprechend. [4]Der Empfänger unterrichtet die übermittelnde Stelle unverzüglich über die erfolgte Löschung.

§ 4a Weiterverarbeitung von Verkehrsdaten durch den Bundesnachrichtendienst. (1) Der Bundesnachrichtendienst darf erhobene Verkehrsdaten, bei denen für einen Teilnehmer der Kommunikation eine Beschränkung nach § 3 angeordnet ist, zur Erfüllung seiner Aufgaben auch weiterverarbeiten, um

1. Personen zu erkennen, die einen Deutschlandbezug aufweisen und über die Informationen erlangt werden können, die für die Aufgabenerfüllung des Bundesnachrichtendienstes relevant sind, oder
2. geeignete Übertragungswege im Sinne des § 10 Absatz 4 Satz 2 zu bestimmen.

(2) [1]Spätestens drei Monate nach ihrer Erhebung sind die nach Absatz 1 gespeicherten Verkehrsdaten daraufhin zu prüfen, ob die weitere Speicherung zur Erfüllung der Aufgaben des Bundesnachrichtendienstes erforderlich ist. [2]Spätestens sechs Monate nach ihrer Erhebung sind diese Daten zu löschen, es sei denn, es wurde im Einzelfall festgestellt, dass eine weitere Speicherung für die

Zwecke des Absatzes 1 erforderlich ist. [3] Ist im Einzelfall festgestellt worden, dass eine weitere Speicherung für die Zwecke nach Absatz 1 erforderlich ist, prüft der Bundesnachrichtendienst sodann regelmäßig in Abständen von höchstens sechs Monaten, ob die weitere Speicherung der Verkehrsdaten für diese Zwecke erforderlich ist.

(3) [1] Die Erfüllung der in den Absätzen 1 und 2 genannten Voraussetzungen wird regelmäßig stichprobenartig durch eine hierzu beauftragte Bedienstete oder einen hierzu beauftragten Bediensteten des Bundesnachrichtendienstes, die oder der die Befähigung zum Richteramt hat, überprüft. [2] Soweit die Überprüfung eine unzulässige Verarbeitung ergibt, sind die Daten unverzüglich unter Aufsicht einer Bediensteten oder eines Bediensteten des Bundesnachrichtendienstes, die oder der die Befähigung zum Richteramt hat, zu löschen. [3] § 4 Absatz 1 Satz 3 bis 5 gilt entsprechend.

Abschnitt 3. Strategische Beschränkungen

§ 5 Voraussetzungen. (1) [1] Auf Antrag des Bundesnachrichtendienstes dürfen Beschränkungen nach § 1 für internationale Telekommunikationsbeziehungen, soweit eine gebündelte Übertragung erfolgt, angeordnet werden. [2] Die jeweiligen Telekommunikationsbeziehungen werden von dem nach § 10 Abs. 1 zuständigen Bundesministerium mit Zustimmung des Parlamentarischen Kontrollgremiums bestimmt. [3] Beschränkungen nach Satz 1 sind nur zulässig zur Sammlung von Informationen über Sachverhalte, deren Kenntnis notwendig ist, um die Gefahr

1. eines bewaffneten Angriffs auf die Bundesrepublik Deutschland,
2. der Begehung internationaler terroristischer Anschläge mit unmittelbarem Bezug zur Bundesrepublik Deutschland,
3. der internationalen Verbreitung von Kriegswaffen im Sinne des Gesetzes über die Kontrolle von Kriegswaffen sowie des unerlaubten Außenwirtschaftsverkehrs mit Waren, Datenverarbeitungsprogrammen und Technologien in Fällen von erheblicher Bedeutung,
4. der unbefugten gewerbs- oder bandenmäßig organisierten Verbringung von Betäubungsmitteln in das Gebiet der Europäischen Union in Fällen von erheblicher Bedeutung mit Bezug zur Bundesrepublik Deutschland,
5. der Beeinträchtigung der Geldwertstabilität im Euro-Währungsraum durch im Ausland begangene Geldfälschungen,
6. der international organisierten Geldwäsche in Fällen von erheblicher Bedeutung,
7. des gewerbs- oder bandenmäßig organisierten Einschleusens von ausländischen Personen in das Gebiet der Europäischen Union in Fällen von erheblicher Bedeutung mit Bezug zur Bundesrepublik Deutschland
   a) bei unmittelbarem Bezug zu den Gefahrenbereichen nach Nr. 1 bis 3 oder
   b) in Fällen, in denen eine erhebliche Anzahl geschleuster Personen betroffen ist, insbesondere wenn durch die Art der Schleusung von einer Gefahr für ihr Leib oder Leben auszugehen ist, oder
   c) in Fällen von unmittelbarer oder mittelbarer Unterstützung oder Duldung durch ausländische öffentliche Stellen oder
8. des internationalen kriminellen, terroristischen oder staatlichen Angriffs mittels Schadprogrammen oder vergleichbaren schädlich wirkenden informati-

onstechnischen Mitteln auf die Vertraulichkeit, Integrität oder Verfügbarkeit von IT-Systemen in Fällen von erheblicher Bedeutung mit Bezug zur Bundesrepublik Deutschland

rechtzeitig zu erkennen und einer solchen Gefahr zu begegnen. [4] In den Fällen von Satz 3 Nr. 1 dürfen Beschränkungen auch für Postverkehrsbeziehungen angeordnet werden; Satz 2 gilt entsprechend.

(2) [1] Bei Beschränkungen von Telekommunikationsbeziehungen darf der Bundesnachrichtendienst nur Suchbegriffe verwenden, die zur Aufklärung von Sachverhalten über den in der Anordnung bezeichneten Gefahrenbereich bestimmt und geeignet sind. [2] Es dürfen keine Suchbegriffe verwendet werden, die

1. Identifizierungsmerkmale enthalten, die zu einer gezielten Erfassung bestimmter Telekommunikationsanschlüsse führen, oder
2. den Kernbereich der privaten Lebensgestaltung betreffen.

[3] Dies gilt nicht für Telekommunikationsanschlüsse im Ausland, sofern ausgeschlossen werden kann, dass Anschlüsse, deren Inhaber oder regelmäßige Nutzer deutsche Staatsangehörige sind, gezielt erfasst werden. [4] Die Durchführung ist zu protokollieren. [5] Die Protokolldaten dürfen ausschließlich zu Zwecken der Datenschutzkontrolle verwendet werden. [6] Sie sind am Ende des Kalenderjahres, das dem Jahr der Protokollierung folgt, zu löschen.

§ 5a Schutz des Kernbereichs privater Lebensgestaltung. [1] Durch Beschränkungen nach § 1 Abs. 1 Nr. 2 dürfen keine Kommunikationsinhalte aus dem Kernbereich privater Lebensgestaltung erfasst werden. [2] Sind durch eine Beschränkung nach § 1 Abs. 1 Nr. 2 Kommunikationsinhalte aus dem Kernbereich privater Lebensgestaltung erfasst worden, dürfen diese nicht verwertet werden. [3] Sie sind unverzüglich unter Aufsicht eines Bediensteten, der die Befähigung zum Richteramt hat, zu löschen. [4] § 3a Absatz 1 Satz 2 bis 7 und Absatz 2 gilt entsprechend. [5] Die Tatsache der Erfassung der Daten und ihrer Löschung ist zu protokollieren. [6] Die Protokolldaten dürfen ausschließlich zum Zwecke der Durchführung der Datenschutzkontrolle verwendet werden. [7] Sie sind sechs Monate nach der Mitteilung oder der Feststellung nach § 12 Absatz 2 zu löschen.

§ 5b Schutz zeugnisverweigerungsberechtigter Personen. Für den Schutz zeugnisverweigerungsberechtigter Personen gilt § 3b entsprechend.

§ 6 Prüf-, Kennzeichnungs- und Löschungspflichten, Zweckbindung.

(1) [1] Der Bundesnachrichtendienst prüft unverzüglich und sodann in Abständen von höchstens sechs Monaten, ob die erhobenen personenbezogenen Daten im Rahmen seiner Aufgaben allein oder zusammen mit bereits vorliegenden Daten für die in § 5 Abs. 1 Satz 3 bestimmten Zwecke erforderlich sind. [2] Soweit die Daten für diese Zwecke nicht erforderlich sind und nicht für eine Übermittlung an andere Stellen benötigt werden, sind sie unverzüglich unter Aufsicht eines Bediensteten, der die Befähigung zum Richteramt hat, zu löschen. [3] Die Löschung ist zu protokollieren. [4] Die Protokolldaten dürfen ausschließlich zur Durchführung von Kontrollen der Datenverarbeitung, einschließlich der Datenschutzkontrolle, verwendet werden. [5] Die Protokolldaten sind am Ende des Kalenderjahres zu löschen, das dem Jahr der Protokollierung folgt. [6] Außer in den Fällen der erstmaligen Prüfung nach Satz 1 unterbleibt die Löschung, soweit die Daten für eine Mitteilung nach § 12 Abs. 2 oder für eine gerichtliche Nachprüfung der Rechtmäßigkeit der Beschränkungsmaßnahme von Bedeutung sein

können. [7] In diesem Fall ist die Verarbeitung der Daten einzuschränken; sie dürfen nur zu diesen Zwecken verwendet werden.

(2) [1] Die verbleibenden Daten sind zu kennzeichnen. [2] Nach einer Übermittlung ist die Kennzeichnung durch den Empfänger aufrechtzuerhalten. [3] Die Daten dürfen nur zu den in § 5 Abs. 1 Satz 3 genannten Zwecken und für Übermittlungen nach § 7 Abs. 1 bis 4a und § 7a verwendet werden.

(3) [1] Auf Antrag des Bundesnachrichtendienstes dürfen zur Prüfung der Relevanz erfasster Telekommunikationsverkehre auf Anordnung des nach § 10 Abs. 1 zuständigen Bundesministeriums die erhobenen Daten in einem automatisierten Verfahren mit bereits vorliegenden Rufnummern oder anderen Kennungen bestimmter Telekommunikationsanschlüsse abgeglichen werden, bei denen tatsächliche Anhaltspunkte dafür bestehen, dass sie in einem Zusammenhang mit dem Gefahrenbereich stehen, für den die Überwachungsmaßnahme angeordnet wurde. [2] Zu diesem Abgleich darf der Bundesnachrichtendienst auch Rufnummern oder andere Kennungen bestimmter Telekommunikationsanschlüsse im Inland verwenden. [3] Die zu diesem Abgleich genutzten Daten dürfen nicht als Suchbegriffe im Sinne des § 5 Abs. 2 Satz 1 verwendet werden. [4] Der Abgleich und die Gründe für die Verwendung der für den Abgleich genutzten Daten sind zu protokollieren. [5] Die Protokolldaten dürfen ausschließlich zur Durchführung von Kontrollen der Datenverarbeitung, einschließlich der Datenschutzkontrolle, verwendet werden. [6] Sie sind am Ende des Kalenderjahres, das dem Jahr der Protokollierung folgt, zu vernichten.

(4) [1] Unabhängig von Absatz 1 Satz 1 und 2 darf der Bundesnachrichtendienst auf den nach § 5 Absatz 1 in Verbindung mit § 10 Absatz 4 Satz 2 angeordneten Übertragungswegen zur Erfüllung seiner Aufgaben Verkehrsdaten erheben und unter den Voraussetzungen des Satzes 3 weiterverarbeiten, sofern diejenigen Verkehrsdaten, die eine Identifizierung von deutschen Staatsangehörigen, von inländischen juristischen Personen oder von sich im Bundesgebiet aufhaltenden Personen ermöglichen, im Falle ihrer Erhebung unverzüglich automatisiert unkenntlich gemacht werden. [2] Die automatisierte Unkenntlichmachung ist so durchzuführen, dass

1. die Eindeutigkeit der Daten erhalten bleibt und
2. eine rückwirkende Identifizierung der in Satz 1 genannten Personen unmöglich oder nur mit unvertretbar hohem Aufwand möglich ist.

[3] Der Bundesnachrichtendienst darf Verkehrsdaten, die nach den Sätzen 1 und 2 unkenntlich gemacht wurden, zur Erfüllung seiner Aufgaben weiterverarbeiten, um

1. Personen außerhalb des in Satz 1 genannten Personenkreises zu erkennen, die einen Deutschlandbezug aufweisen und über die Informationen erlangt werden können, die für die Aufgabenerfüllung des Bundesnachrichtendienstes relevant sind, sowie
2. geeignete Übertragungswege im Sinne des § 10 Absatz 4 Satz 2 zu bestimmen.

[4] Die in Satz 1 genannten Verkehrsdaten sind spätestens sechs Monate nach ihrer Erhebung zu löschen, es sei denn, es wurde im Einzelfall festgestellt, dass eine weitere Speicherung für die Zwecke nach Satz 3 erforderlich ist. [5] Ist im Einzelfall festgestellt worden, dass eine weitere Speicherung für die Zwecke nach Satz 3 erforderlich ist, prüft der Bundesnachrichtendienst bei der Einzelfallbearbeitung

und nach festgesetzten Fristen, spätestens nach zehn Jahren, ob die unkenntlich gemachten Verkehrsdaten weiterhin für diese Zwecke erforderlich sind.

(5) [1] Unabhängig von Absatz 1 Satz 1 und 2 darf der Bundesnachrichtendienst erhobene Verkehrsdaten, die auf der Grundlage eines Suchbegriffs nach § 5 Absatz 2 erfasst worden sind, zur Erfüllung seiner Aufgaben weiterverarbeiten, um

1. Personen zu erkennen, die einen Deutschlandbezug aufweisen und über die Informationen erlangt werden können, die für die Aufgabenerfüllung des Bundesnachrichtendienstes relevant sind, sowie
2. geeignete Übertragungswege im Sinne des § 10 Absatz 4 Satz 2 zu identifizieren.

[2] Wird bei der Weiterverarbeitung nach Satz 1 erkannt, dass eine darüber hinausgehende Weiterverarbeitung der Verkehrsdaten durch den Bundesnachrichtendienst erforderlich ist, um Straftaten im Sinne des § 3 Absatz 1 oder Gefahren im Sinne des § 5 Absatz 1 Satz 3 oder des § 8 Absatz 1 zu erkennen und einer solchen Gefahr zu begegnen, darf der Bundesnachrichtendienst diese Daten auch zu diesen Zwecken weiterverarbeiten. [3] Spätestens drei Monate nach ihrer Erhebung sind die in den Sätzen 1 und 2 genannten Verkehrsdaten daraufhin zu prüfen, ob die weitere Speicherung zur Erfüllung der Aufgaben des Bundesnachrichtendienstes erforderlich ist. [4] Spätestens sechs Monate nach ihrer Erhebung sind die in den Sätzen 1 und 2 genannten Daten zu löschen, es sei denn, es wurde im Einzelfall festgestellt, dass eine weitere Speicherung für die Zwecke nach den Sätzen 1 und 2 erforderlich ist. [5] Ist im Einzelfall festgestellt worden, dass eine weitere Speicherung für die Zwecke nach den Sätzen 1 und 2 erforderlich ist, prüft der Bundesnachrichtendienst sodann regelmäßig in Abständen von höchstens sechs Monaten, ob die weitere Speicherung der Verkehrsdaten für diese Zwecke nach den Sätzen 1 und 2 erforderlich ist.

(6) [1] Die Erfüllung der in Absatz 5 genannten Voraussetzungen wird regelmäßig stichprobenartig durch eine hierzu beauftragte Bedienstete oder einen hierzu beauftragten Bediensteten des Bundesnachrichtendienstes, die oder der die Befähigung zum Richteramt hat, überprüft. [2] Soweit die Überprüfung eine unzulässige Verarbeitung ergibt, sind die Daten unverzüglich unter Aufsicht einer Bediensteten oder eines Bediensteten des Bundesnachrichtendienstes, die oder der die Befähigung zum Richteramt hat, zu löschen. [3] Absatz 1 Satz 3 bis 5 gilt entsprechend.

§ 7 Übermittlungen durch den Bundesnachrichtendienst. (1) Durch Beschränkungen nach § 5 erhobene personenbezogene Daten dürfen an die Verfassungsschutzbehörden des Bundes und der Länder sowie an das Bundesamt für den Militärischen Abschirmdienst unter den Voraussetzungen des § 11 des BND-Gesetzes übermittelt werden.

(2) Durch Beschränkungen nach § 5 erhobene personenbezogene Daten dürfen an inländische Strafverfolgungsbehörden unter den Voraussetzungen des § 11a des BND-Gesetzes übermittelt werden.

(3) Durch Beschränkungen nach § 5 erhobene personenbezogene Daten dürfen an inländische öffentliche Stellen unter den Voraussetzungen des § 11b des BND-Gesetzes übermittelt werden.

(4) *(aufgehoben)*

(5) [1] Die Übermittlung ist nur zulässig, soweit sie zur Erfüllung der Aufgaben des Empfängers erforderlich ist. [2] Sind mit personenbezogenen Daten, die übermittelt werden dürfen, weitere Daten des Betroffenen oder eines Dritten in Akten so verbunden, dass eine Trennung nicht oder nur mit unvertretbarem Aufwand möglich ist, ist die Übermittlung auch dieser Daten zulässig; eine Verwendung dieser Daten ist unzulässig. [3] Über die Übermittlung entscheidet ein Bediensteter des Bundesnachrichtendienstes, der die Befähigung zum Richteramt hat. [4] Die Übermittlung ist zu protokollieren.

(6) [1] Der Empfänger darf die Daten nur für die Zwecke verwenden, zu deren Erfüllung sie ihm übermittelt worden sind. [2] Er prüft unverzüglich und sodann in Abständen von höchstens sechs Monaten, ob die übermittelten Daten für diese Zwecke erforderlich sind. [3] § 4 Abs. 6 Satz 4 und § 6 Abs. 1 Satz 2 und 3 gelten entsprechend.

§ 7a Übermittlungen durch den Bundesnachrichtendienst an ausländische öffentliche Stellen. (1) Der Bundesnachrichtendienst darf durch Beschränkungen nach § 5 Absatz 1 Satz 3 Nummer 2, 3, 7 und 8 erhobene personenbezogene Daten unter den Voraussetzungen des § 11e des BND-Gesetzes an die mit nachrichtendienstlichen Aufgaben betrauten ausländischen öffentlichen Stellen übermitteln.

(2) Die Übermittlung bedarf der Zustimmung des Bundeskanzleramtes.

(3) [1] Über die Übermittlung entscheidet ein Bediensteter des Bundesnachrichtendienstes, der die Befähigung zum Richteramt hat. [2] Die Übermittlung ist zu protokollieren. [3] Der Bundesnachrichtendienst führt einen Nachweis über den Zweck, die Veranlassung, die Aktenfundstelle und die Empfänger der Übermittlungen nach Absatz 1 und 2. [4] Die Nachweise sind gesondert aufzubewahren, gegen unberechtigten Zugriff zu sichern und am Ende des Kalenderjahres, das dem Jahr ihrer Erstellung folgt, zu vernichten.

(4) Der Empfänger ist zu verpflichten,

1. die übermittelten Daten nur zu dem Zweck zu verwenden, zu dem sie ihm übermittelt wurden,
2. eine angebrachte Kennzeichnung beizubehalten und
3. dem Bundesnachrichtendienst auf Ersuchen Auskunft über die Verwendung zu erteilen.

(5) Das Bundeskanzleramt unterrichtet monatlich die G10-Kommission über Übermittlungen nach Absatz 1.

(6) Das Parlamentarische Kontrollgremium ist in Abständen von höchstens sechs Monaten über die vorgenommenen Übermittlungen nach Absatz 1 und 2 zu unterrichten.

§ 8 Gefahr für Leib oder Leben einer Person im Ausland. (1) Auf Antrag des Bundesnachrichtendienstes dürfen Beschränkungen nach § 1 für internationale Telekommunikationsbeziehungen im Sinne des § 5 Abs. 1 Satz 1 angeordnet werden, wenn dies erforderlich ist, um eine im Einzelfall bestehende Gefahr für Leib oder Leben einer Person im Ausland rechtzeitig zu erkennen oder ihr zu begegnen und dadurch Belange der Bundesrepublik Deutschland unmittelbar in besonderer Weise berührt sind.

(2) [1] Die jeweiligen Telekommunikationsbeziehungen werden von dem nach § 10 Abs. 1 zuständigen Bundesministerium mit Zustimmung des Parlamentari-

schen Kontrollgremiums bestimmt. [2]Die Zustimmung bedarf der Mehrheit von zwei Dritteln seiner Mitglieder. [3]Die Bestimmung tritt spätestens nach zwei Monaten außer Kraft. [4]Eine erneute Bestimmung ist zulässig, soweit ihre Voraussetzungen fortbestehen.

(3) [1]Die Anordnung ist nur zulässig, wenn die Erforschung des Sachverhalts auf andere Weise aussichtslos oder wesentlich erschwert wäre. [2]Der Bundesnachrichtendienst darf nur Suchbegriffe verwenden, die zur Erlangung von Informationen über die in der Anordnung bezeichnete Gefahr bestimmt und geeignet sind. [3]§ 5 Abs. 2 Satz 2 bis 6 gilt entsprechend. [4]Ist die Überwachungsmaßnahme erforderlich, um einer im Einzelfall bestehenden Gefahr für Leib oder Leben einer Person zu begegnen, dürfen die Suchbegriffe auch Identifizierungsmerkmale enthalten, die zu einer gezielten Erfassung der Rufnummer oder einer anderen Kennung des Telekommunikationsanschlusses dieser Person im Ausland führen.

(4) [1]Der Bundesnachrichtendienst prüft unverzüglich und sodann in Abständen von höchstens sechs Monaten, ob die erhobenen personenbezogenen Daten im Rahmen seiner Aufgaben allein oder zusammen mit bereits vorliegenden Daten zu dem in Absatz 1 bestimmten Zweck erforderlich sind. [2]Soweit die Daten für diesen Zweck nicht erforderlich sind, sind sie unverzüglich unter Aufsicht eines Bediensteten, der die Befähigung zum Richteramt hat, zu löschen. [3]Die Löschung ist zu protokollieren. [4]§ 6 Absatz 1 Satz 4 und 5, Absatz 2 Satz 1 und 2 und Absatz 5 und 6 gilt entsprechend mit der Maßgabe, dass die Weiterverarbeitung nach § 6 Absatz 5 Satz 2 nur zur Erkennung und Begegnung von Gefahren im Sinne des § 8 Absatz 1 zulässig ist. [5]Die Daten dürfen nur zu den in den Absätzen 1, 5 und 6 genannten Zwecken verwendet werden.

(5) Die erhobenen personenbezogenen Daten dürfen unter den Voraussetzungen der §§ 11 und 11b des BND-Gesetzes übermittelt werden, wenn zudem tatsächliche Anhaltspunkte den Verdacht begründen, dass jemand eine Straftat plant oder begeht, die geeignet ist, zu der Entstehung oder Aufrechterhaltung der in Absatz 1 bezeichneten Gefahr beizutragen.

(6) Die erhobenen personenbezogenen Daten dürfen an Strafverfolgungsbehörden unter den Voraussetzungen des § 11a des BND-Gesetzes übermittelt werden, wenn zudem bestimmte Tatsachen den Verdacht begründen, dass jemand eine in Absatz 5 bezeichnete Straftat begeht oder begangen hat.

(7) § 7 Absatz 5 und 6 sowie § 7a gelten entsprechend.

Abschnitt 4. Verfahren

§ 9 Antrag. (1) Beschränkungsmaßnahmen nach diesem Gesetz dürfen nur auf Antrag angeordnet werden.

(2) Antragsberechtigt sind im Rahmen ihres Geschäftsbereichs

1. das Bundesamt für Verfassungsschutz,
2. die Verfassungsschutzbehörden der Länder,
3. der Militärische Abschirmdienst und
4. der Bundesnachrichtendienst

durch den Behördenleiter oder seinen Stellvertreter.

(3) [1]Der Antrag ist schriftlich zu stellen und zu begründen. [2]Er muss alle für die Anordnung erforderlichen Angaben enthalten; im Falle der Durchführung

nach § 11 Absatz 1a auch eine möglichst genaue Bezeichnung des informationstechnischen Systems, in das zur Datenerhebung eingegriffen werden soll. [3] In den Fällen der §§ 3 und 8 hat der Antragsteller darzulegen, dass die Erforschung des Sachverhalts auf andere Weise aussichtslos oder wesentlich erschwert wäre.

§ 10 Anordnung. (1) Zuständig für die Anordnung von Beschränkungsmaßnahmen ist bei Anträgen der Verfassungsschutzbehörden der Länder die zuständige oberste Landesbehörde, im Übrigen das Bundesministerium des Innern, für Bau und Heimat.

(2) [1] Die Anordnung ergeht schriftlich. [2] In ihr sind der Grund der Anordnung und die zur Überwachung berechtigte Stelle anzugeben sowie Art, Umfang und Dauer der Beschränkungsmaßnahme zu bestimmen.

(3) [1] In den Fällen des § 3 muss die Anordnung denjenigen bezeichnen, gegen den sich die Beschränkungsmaßnahme richtet. [2] Bei einer Überwachung der Telekommunikation ist auch die Rufnummer oder eine andere Kennung des Telekommunikationsanschlusses oder die Kennung des Endgerätes, wenn diese allein diesem Endgerät zuzuordnen ist, anzugeben.

(4) [1] In den Fällen der §§ 5 und 8 sind die Suchbegriffe in der Anordnung zu benennen. [2] Ferner sind das Gebiet, über das Informationen gesammelt werden sollen, und die Übertragungswege, die der Beschränkung unterliegen, zu bezeichnen. [3] Weiterhin ist festzulegen, welcher Anteil der auf diesen Übertragungswegen zur Verfügung stehenden Übertragungskapazität überwacht werden darf. [4] In den Fällen des § 5 darf dieser Anteil höchstens 20 vom Hundert betragen.

(5) [1] In den Fällen der §§ 3 und 5 ist die Anordnung auf höchstens drei Monate zu befristen. [2] Verlängerungen um jeweils nicht mehr als drei weitere Monate sind auf Antrag zulässig, soweit die Voraussetzungen der Anordnung fortbestehen.

(6) [1] Die Anordnung ist dem nach § 2 Absatz 1 Satz 1 oder Absatz 1a Verpflichteten insoweit mitzuteilen, als dies erforderlich ist, um ihm die Erfüllung seiner Verpflichtungen zu ermöglichen. [2] Die Mitteilung entfällt, wenn die Anordnung ohne seine Mitwirkung ausgeführt werden kann.

(7) [1] Das Bundesamt für Verfassungsschutz unterrichtet die jeweilige Landesbehörde für Verfassungsschutz über die in deren Bereich getroffenen Beschränkungsanordnungen. [2] Die Landesbehörden für Verfassungsschutz teilen dem Bundesamt für Verfassungsschutz die in ihrem Bereich getroffenen Beschränkungsanordnungen mit.

§ 11 Durchführung. (1) Die aus der Anordnung sich ergebenden Beschränkungsmaßnahmen sind unter Verantwortung der Behörde, auf deren Antrag die Anordnung ergangen ist, und unter Aufsicht eines Bediensteten vorzunehmen, der die Befähigung zum Richteramt hat.

(1a) [1] Die Überwachung und Aufzeichnung der laufenden Telekommunikation, die nach dem Zeitpunkt der Anordnung übertragen worden ist, darf auch in der Art und Weise erfolgen, dass in ein von dem Betroffenen genutztes informationstechnisches System eingegriffen wird, wenn dies notwendig ist, um die Überwachung und Aufzeichnung insbesondere in unverschlüsselter Form zu ermöglichen. [2] Auf dem informationstechnischen System des Betroffenen ab dem Zeitpunkt der Anordnung gespeicherte Inhalte und Umstände der Kommunikation dürfen überwacht und aufgezeichnet werden, wenn sie auch während des laufenden Übertragungsvorgangs im öffentlichen Telekommunikationsnetz in verschlüsselter Form hätten überwacht und aufgezeichnet werden können. [3] Bei den Maßnahmen nach den Sätzen 1 und 2 ist technisch sicherzustellen, dass

1. ausschließlich überwacht und aufgezeichnet werden können:
   a) die laufende Kommunikation (Satz 1) und
   b) Inhalte und Umstände der Kommunikation, die auch während des laufenden Kommunikationsvorgangs ab dem Zeitpunkt der Anordnung im öffentlichen Telekommunikationsnetz hätten überwacht und aufgezeichnet werden können (Satz 2),
2. an dem informationstechnischen System nur Veränderungen vorgenommen werden, die für die Datenerhebung unerlässlich sind,
3. die vorgenommenen Veränderungen bei Beendigung der Maßnahme, soweit technisch möglich, automatisiert rückgängig gemacht werden.

[4] Das eingesetzte Mittel ist nach dem Stand der Technik gegen unbefugte Nutzung zu schützen. [5] Kopierte Daten sind nach dem Stand der Technik gegen Veränderung, unbefugte Löschung und unbefugte Kenntnisnahme zu schützen. [6] Bei jedem Einsatz sind zu protokollieren:

1. die Bezeichnung des technischen Mittels und der Zeitpunkt seines Einsatzes,
2. die Angaben zur Identifizierung des informationstechnischen Systems und die daran vorgenommenen nicht nur flüchtigen Veränderungen,
3. die Angaben, die die Feststellung der erhobenen Daten ermöglichen, und
4. die Organisationseinheit, die die Maßnahme durchführt.

(1b) [1] Werden nach der Anordnung weitere Kennungen von Telekommunikationsanschlüssen der Person, gegen die sich die Anordnung richtet, bekannt, darf die Durchführung der Beschränkungsmaßnahme auch auf diese Kennungen erstreckt werden. [2] Satz 1 findet keine Anwendung auf weitere Kennungen von Telekommunikationsanschlüssen von Personen, gegen die sich die Anordnung richtet, weil auf Grund bestimmter Tatsachen anzunehmen ist, dass der Verdächtige ihren Anschluss benutzt (§ 3 Absatz 2 Satz 2 Variante 3).

(2) [1] Die Maßnahmen sind unverzüglich zu beenden, wenn sie nicht mehr erforderlich sind oder die Voraussetzungen der Anordnung nicht mehr vorliegen. [2] Die Beendigung ist der Stelle, die die Anordnung getroffen hat, und dem nach § 2 Absatz 1 Satz 1 oder Absatz 1a Verpflichteten, dem die Anordnung mitgeteilt worden ist, anzuzeigen. [3] Die Anzeige an den Verpflichteten entfällt, wenn die Anordnung ohne seine Mitwirkung ausgeführt wurde.

(3) [1] Postsendungen, die zur Öffnung und Einsichtnahme ausgehändigt worden sind, sind dem Postverkehr unverzüglich wieder zuzuführen. [2] Telegramme dürfen dem Postverkehr nicht entzogen werden. [3] Der zur Einsichtnahme berechtigten Stelle ist eine Abschrift des Telegramms zu übergeben.

§ 12 Mitteilungen an Betroffene. (1) [1] Beschränkungsmaßnahmen nach § 3 sind dem Betroffenen nach ihrer Einstellung mitzuteilen. [2] Die Mitteilung unterbleibt, solange eine Gefährdung des Zwecks der Beschränkung nicht ausgeschlossen werden kann oder solange der Eintritt übergreifender Nachteile für das Wohl des Bundes oder eines Landes absehbar ist. [3] Erfolgt die nach Satz 2 zurückgestellte Mitteilung nicht binnen zwölf Monaten nach Beendigung der Maßnahme, bedarf die weitere Zurückstellung der Zustimmung der G10-Kom-

mission. [4]Die G10-Kommission bestimmt die Dauer der weiteren Zurückstellung. [5]Einer Mitteilung bedarf es nicht, wenn die G10-Kommission einstimmig festgestellt hat, dass
1. eine der Voraussetzungen in Satz 2 auch nach fünf Jahren nach Beendigung der Maßnahme noch vorliegt,
2. sie mit an Sicherheit grenzender Wahrscheinlichkeit auch in Zukunft vorliegt und
3. die Voraussetzungen für eine Löschung sowohl bei der erhebenden Stelle als auch beim Empfänger vorliegen.

(2) [1]Absatz 1 gilt entsprechend für Beschränkungsmaßnahmen nach den §§ 5 und 8, sofern die personenbezogenen Daten nicht unverzüglich gelöscht wurden. [2]Die Frist von fünf Jahren beginnt mit der Erhebung der personenbezogenen Daten.

(3) [1]Die Mitteilung obliegt der Behörde, auf deren Antrag die Anordnung ergangen ist. [2]Wurden personenbezogene Daten übermittelt, erfolgt die Mitteilung im Benehmen mit dem Empfänger.

§ 13 Rechtsweg. Gegen die Anordnung von Beschränkungsmaßnahmen nach den §§ 3 und 5 Abs. 1 Satz 3 Nr. 1 und ihren Vollzug ist der Rechtsweg vor der Mitteilung an den Betroffenen nicht zulässig.

Abschnitt 5. Kontrolle

§ 14 Parlamentarisches Kontrollgremium. (1) [1]Das nach § 10 Abs. 1 für die Anordnung von Beschränkungsmaßnahmen zuständige Bundesministerium unterrichtet in Abständen von höchstens sechs Monaten das Parlamentarische Kontrollgremium über die Durchführung dieses Gesetzes. [2]Dabei ist gesondert auf Anordnungen einzugehen, die nach § 11 Absatz 1a durchgeführt werden. [3]Das Gremium erstattet dem Deutschen Bundestag jährlich einen Bericht über Durchführung sowie Art und Umfang der Maßnahmen nach den §§ 3, 5, 7a und 8; dabei sind die Grundsätze des § 10 Absatz 1 des Kontrollgremiumgesetzes zu beachten.

(2) [1]Bei Gefahr im Verzug kann das zuständige Bundesministerium die Bestimmungen nach den §§ 5 und 8 vorläufig treffen und das Parlamentarische Kontrollgremium durch seinen Vorsitzenden und dessen Stellvertreter vorläufig zustimmen. [2]Die Zustimmung des Parlamentarischen Kontrollgremiums ist unverzüglich einzuholen. [3]Die Bestimmung tritt außer Kraft, wenn die vorläufige Zustimmung nicht binnen drei Werktagen und die Zustimmung nicht binnen zwei Wochen erfolgt.

§ 15 G 10-Kommission. (1) [1]Die G 10-Kommission besteht aus dem Vorsitzenden und vier Beisitzern sowie fünf stellvertretenden Mitgliedern, die an den Sitzungen mit Rede- und Fragerecht teilnehmen können. [2]Mindestens drei Mitglieder und drei stellvertretende Mitglieder müssen die Befähigung zum Richteramt besitzen. [3]Die Mitglieder der G 10-Kommission sind in ihrer Amtsführung unabhängig und Weisungen nicht unterworfen. [4]Sie nehmen ein öffentliches Ehrenamt wahr und werden von dem Parlamentarischen Kontrollgremium nach Anhörung der Bundesregierung für die Dauer einer Wahlperiode des Deutschen Bundestages mit der Maßgabe bestellt, dass ihre Amtszeit erst mit der Neubestimmung der Mitglieder der Kommission endet. [5]Die oder der Ständige

Bevollmächtigte des Parlamentarischen Kontrollgremiums nimmt regelmäßig an den Sitzungen der G 10-Kommission teil.

(2) [1] Die Beratungen der G 10-Kommission sind geheim. [2] Die Mitglieder der Kommission sind zur Geheimhaltung der Angelegenheiten verpflichtet, die ihnen bei ihrer Tätigkeit in der Kommission bekannt geworden sind. [3] Dies gilt auch für die Zeit nach ihrem Ausscheiden aus der Kommission.

(3) [1] Der G 10-Kommission ist die für die Erfüllung ihrer Aufgaben notwendige Personal- und Sachausstattung zur Verfügung zu stellen; sie ist im Einzelplan des Deutschen Bundestages gesondert im Kapitel für die parlamentarische Kontrolle der Nachrichtendienste auszuweisen. [2] Der Kommission sind Mitarbeiter mit technischem Sachverstand zur Verfügung zu stellen.

(4) [1] Die G 10-Kommission tritt mindestens einmal im Monat zusammen. [2] Sie gibt sich eine Geschäftsordnung, die der Zustimmung des Parlamentarischen Kontrollgremiums bedarf. [3] Vor der Zustimmung ist die Bundesregierung zu hören.

(5) [1] Die G 10-Kommission entscheidet von Amts wegen oder auf Grund von Beschwerden über die Zulässigkeit und Notwendigkeit von Beschränkungsmaßnahmen. [2] Die Kontrollbefugnis der Kommission erstreckt sich auf die gesamte Verarbeitung der nach diesem Gesetz erlangten personenbezogenen Daten durch Nachrichtendienste des Bundes einschließlich der Entscheidung über die Mitteilung an Betroffene. [3] Der Kommission und ihren Mitarbeitern ist dabei insbesondere

1. Auskunft zu ihren Fragen zu erteilen,
2. Einsicht in alle Unterlagen, insbesondere in die gespeicherten Daten und in die Datenverarbeitungsprogramme, zu gewähren, die im Zusammenhang mit der Beschränkungsmaßnahme stehen, und
3. jederzeit Zutritt in alle Diensträume zu gewähren.

[4] Nummer 2 schließt ein, während einer Kontrolle beim Nachrichtendienst des Bundes dort Daten aus automatisierten Dateien selbst abrufen zu können. [5] Die Kommission kann dem Bundesbeauftragten für den Datenschutz Gelegenheit zur Stellungnahme in Fragen des Datenschutzes geben.

(6) [1] Das zuständige Bundesministerium holt die Zustimmung der G 10-Kommission zu den von ihm angeordneten Beschränkungsmaßnahmen ein. [2] Die Anordnung darf erst vollzogen werden, wenn die G 10-Kommission der angeordneten Beschränkungsmaßnahme nach Prüfung der Zulässigkeit und Notwendigkeit zugestimmt hat. [3] Stimmt die G 10-Kommission der angeordneten Beschränkungsmaßnahme nicht zu, hat das zuständige Bundesministerium die Anordnung unverzüglich aufzuheben.

(7) [1] Das zuständige Bundesministerium unterrichtet monatlich die G 10-Kommission über Mitteilungen von Bundesbehörden nach § 12 Abs. 1 und 2 oder über die Gründe, die einer Mitteilung entgegenstehen. [2] Hält die Kommission eine Mitteilung für geboten, ist diese unverzüglich vorzunehmen. [3] § 12 Abs. 3 Satz 2 bleibt unberührt, soweit das Benehmen einer Landesbehörde erforderlich ist.

(8) Die G 10-Kommission und das Parlamentarische Kontrollgremium tauschen sich regelmäßig unter Wahrung der jeweils geltenden Geheimhaltungsvorschriften über allgemeine Angelegenheiten ihrer Kontrolltätigkeit aus.

§ 15a Eilanordnung. (1) Das zuständige Bundesministerium kann bei Gefahr im Verzug in der Anordnung bestimmen, dass die Beschränkungsmaßnahme abweichend von § 15 Absatz 6 Satz 2 auch bereits vor der Zustimmung der G 10-Kommission vollzogen werden darf (Eilanordnung).

(2) [1] Wird die Eilanordnung nicht innerhalb von drei Werktagen vom Vorsitzenden der G 10-Kommission, von seinem Stellvertreter oder einem vom Vorsitzenden dazu bestimmten Mitglied bestätigt, so ist unverzüglich

1. der Vollzug der Eilanordnung auszusetzen und
2. die Eilanordnung durch das zuständige Bundesministerium aufzuheben.

[2] Die mit der Beschränkungsmaßnahme erhobenen Daten sind zudem unverzüglich unter Aufsicht eines Beamten, der die Befähigung zum Richteramt hat, zu löschen; § 4 Absatz 1 Satz 3 bis 7 gilt entsprechend. [3] Eine Bestätigung der Eilanordnung kann unter Auflagen erfolgen.

(3) [1] Wird die Eilanordnung bestätigt, so hat die G 10-Kommission die Zulässigkeit und die Notwendigkeit der durch die Eilanordnung angeordneten Beschränkungsmaßnahme unverzüglich zu prüfen. [2] Erteilt die G 10-Kommission nach Prüfung der Zulässigkeit und Notwendigkeit ihre Zustimmung nicht, so ist die Beschränkungsmaßnahme vom zuständigen Bundesministerium unverzüglich aufzuheben und die mit der Beschränkungsmaßnahme erhobenen Daten sind unverzüglich unter Aufsicht eines Beamten, der die Befähigung zum Richteramt hat, zu löschen; § 4 Absatz 1 Satz 3 bis 7 gilt entsprechend.

(4) [1] Bei Gefahr im Verzug ist am Tag der Beantragung der Anordnung der Beschränkungsmaßnahme bereits vor der Anordnung durch das zuständige Bundesministerium eine automatische Aufzeichnung der zu überwachenden Telekommunikation durch die den Antrag stellende Behörde zulässig. [2] Diese Aufzeichnung darf von der antragstellenden Behörde weiterverarbeitet werden, wenn eine Eilanordnung des zuständigen Bundesministeriums innerhalb von 24 Stunden nach Beantragung erfolgt. [3] Anderenfalls ist die technische Aufzeichnung unverzüglich automatisiert zu löschen; § 4 Absatz 1 Satz 3 bis 7 gilt entsprechend.

§ 16 Parlamentarische Kontrolle in den Ländern. [1] Durch den Landesgesetzgeber wird die parlamentarische Kontrolle der nach § 10 Abs. 1 für die Anordnung von Beschränkungsmaßnahmen zuständigen obersten Landesbehörden und die Überprüfung der von ihnen angeordneten Beschränkungsmaßnahmen geregelt. [2] Personenbezogene Daten dürfen nur dann an Landesbehörden übermittelt werden, wenn die Kontrolle ihrer Verarbeitung durch den Landesgesetzgeber geregelt ist.

Abschnitt 6. Straf- und Bußgeldvorschriften

§ 17 Mitteilungsverbote. (1) Wird die Telekommunikation nach diesem Gesetz oder nach den §§ 100a, 100e der Strafprozessordnung[1)] überwacht, darf diese Tatsache von Personen, die Telekommunikationsdienste erbringen oder an der Erbringung solcher Dienste mitwirken, anderen nicht mitgeteilt werden.

(2) Wird die Aushändigung von Sendungen nach § 2 Absatz 1 Satz 1 angeordnet, darf diese Tatsache von Personen, die zur Aushändigung verpflichtet oder

---

[1)] Nr. 22.

mit der Sendungsübermittlung betraut sind oder hieran mitwirken, anderen nicht mitgeteilt werden.

(3) Erfolgt ein Auskunftsersuchen oder eine Auskunftserteilung nach § 2 Absatz 1 oder Absatz 1a Satz 1, darf diese Tatsache oder der Inhalt des Ersuchens oder der erteilten Auskunft von Personen, die zur Beantwortung verpflichtet oder mit der Beantwortung betraut sind oder hieran mitwirken, anderen nicht mitgeteilt werden.

§ 18 Straftaten. Mit Freiheitsstrafe bis zu zwei Jahren oder mit Geldstrafe wird bestraft, wer entgegen § 17 eine Mitteilung macht.

§ 19 Ordnungswidrigkeiten. (1) Ordnungswidrig handelt, wer

1. einer vollziehbaren Anordnung nach § 2 Abs. 1 Satz 1 oder Absatz 1a Satz 1 zuwiderhandelt,
2. entgegen § 2 Abs. 2 Satz 2 eine Person betraut oder
3. entgegen § 2 Abs. 2 Satz 3 nicht sicherstellt, dass eine Geheimschutzmaßnahme getroffen wird.

(2) Die Ordnungswidrigkeit kann mit einer Geldbuße bis zu fünfzehntausend Euro geahndet werden.

(3) Bußgeldbehörde im Sinne des § 36 Abs. 1 Nr. 1 des Gesetzes über Ordnungswidrigkeiten ist die nach § 10 Abs. 1 zuständige Stelle.

Abschnitt 7. Schlussvorschriften

§ 20 Entschädigung. [1] Die nach § 1 Abs. 1 berechtigten Stellen haben für die Leistungen nach § 2 Absatz 1 und 1a eine Entschädigung zu gewähren, deren Umfang sich nach § 23 des Justizvergütungs- und -entschädigungsgesetzes bemisst. [2] In den Fällen der §§ 5 und 8 ist eine Entschädigung zu vereinbaren, deren Höhe sich an den nachgewiesenen tatsächlichen Kosten orientiert.

§ 21 Einschränkung von Grundrechten. Das Grundrecht des Brief-, Post- und Fernmeldegeheimnisses (Artikel 10 des Grundgesetzes[1)]) wird durch dieses Gesetz eingeschränkt.

§ 22 Übergangsregelung. Bis zur Neubestellung der G 10-Kommission nach § 15 Absatz 1 Satz 4 ist

1. § 15 Absatz 1 Satz 1 und 2 und Absatz 6 in der bis zum 8. Juli 2021 geltenden Fassung weiter anzuwenden,
2. § 15a nicht anzuwenden.

[1)] Nr. **19**.

21. Verwaltungsverfahrensgesetz (VwVfG)

In der Fassung der Bekanntmachung vom 23. Januar 2003[1)]
(BGBl. I S. 102)

FNA 201-6

zuletzt geänd. durch Art. 2 PostrechtsmodernisierungsG v. 15.7.2024 (BGBl. 2024 I Nr. 236)

– Auszug –

Teil I. Anwendungsbereich, örtliche Zuständigkeit, elektronische Kommunikation, Amtshilfe, europäische Verwaltungszusammenarbeit

Abschnitt 1. Anwendungsbereich, örtliche Zuständigkeit, elektronische Kommunikation

§ 1 Anwendungsbereich. (1) Dieses Gesetz gilt für die öffentlich-rechtliche Verwaltungstätigkeit der Behörden

1. des Bundes, der bundesunmittelbaren Körperschaften, Anstalten und Stiftungen des öffentlichen Rechts,
2. der Länder, der Gemeinden und Gemeindeverbände, der sonstigen der Aufsicht des Landes unterstehenden juristischen Personen des öffentlichen Rechts, wenn sie Bundesrecht im Auftrag des Bundes ausführen,

soweit nicht Rechtsvorschriften des Bundes inhaltsgleiche oder entgegenstehende Bestimmungen enthalten.

(2) [1] Dieses Gesetz gilt auch für die öffentlich-rechtliche Verwaltungstätigkeit der in Absatz 1 Nr. 2 bezeichneten Behörden, wenn die Länder Bundesrecht, das Gegenstände der ausschließlichen oder konkurrierenden Gesetzgebung des Bundes betrifft, als eigene Angelegenheit ausführen, soweit nicht Rechtsvorschriften des Bundes inhaltsgleiche oder entgegenstehende Bestimmungen enthalten. [2] Für die Ausführung von Bundesgesetzen, die nach Inkrafttreten dieses Gesetzes erlassen werden, gilt dies nur, soweit die Bundesgesetze mit Zustimmung des Bundesrates dieses Gesetz für anwendbar erklären.

(3) Für die Ausführung von Bundesrecht durch die Länder gilt dieses Gesetz nicht, soweit die öffentlich-rechtliche Verwaltungstätigkeit der Behörden landesrechtlich durch ein Verwaltungsverfahrensgesetz geregelt ist.

(4) Behörde im Sinne dieses Gesetzes ist jede Stelle, die Aufgaben der öffentlichen Verwaltung wahrnimmt.

§ 2 Ausnahmen vom Anwendungsbereich. (1) Dieses Gesetz gilt nicht für die Tätigkeit der Kirchen, der Religionsgesellschaften und Weltanschauungsgemeinschaften sowie ihrer Verbände und Einrichtungen.

(2) Dieses Gesetz gilt ferner nicht für

1. Verfahren der Bundes- oder Landesfinanzbehörden nach der Abgabenordnung[2)],

---

[1)] Neubekanntmachung des VwVfG idF der Bek. v. 21.9.1998 (BGBl. I S. 3050) in der ab 1.2.2003 geltenden Fassung.

[2)] Nr. **26**.

2. die Strafverfolgung, die Verfolgung und Ahndung von Ordnungswidrigkeiten, die Rechtshilfe für das Ausland in Straf- und Zivilsachen und, unbeschadet des § 80 Abs. 4, für Maßnahmen des Richterdienstrechts,
3. Verfahren vor dem Deutschen Patent- und Markenamt und den bei diesem errichteten Schiedsstellen,
4. Verfahren nach dem Sozialgesetzbuch,
5. das Recht des Lastenausgleichs,
6. das Recht der Wiedergutmachung.

(3) Für die Tätigkeit

1. der Gerichtsverwaltungen und der Behörden der Justizverwaltung einschließlich der ihrer Aufsicht unterliegenden Körperschaften des öffentlichen Rechts gilt dieses Gesetz nur, soweit die Tätigkeit der Nachprüfung durch die Gerichte der Verwaltungsgerichtsbarkeit oder durch die in verwaltungsrechtlichen Anwalts-, Patentanwalts- und Notarsachen zuständigen Gerichte unterliegt;
2. der Behörden bei Leistungs-, Eignungs- und ähnlichen Prüfungen von Personen gelten nur die §§ 3a bis 13, 20 bis 27, 29 bis 38, 40 bis 52, 79, 80 und 96;
3. der Vertretungen des Bundes im Ausland gilt dieses Gesetz nicht.

Abschnitt 2. Amtshilfe

§ 4 Amtshilfepflicht. (1) Jede Behörde leistet anderen Behörden auf Ersuchen ergänzende Hilfe (Amtshilfe).

(2) Amtshilfe liegt nicht vor, wenn

1. Behörden einander innerhalb eines bestehenden Weisungsverhältnisses Hilfe leisten;
2. die Hilfeleistung in Handlungen besteht, die der ersuchten Behörde als eigene Aufgabe obliegen.

§ 5 Voraussetzungen und Grenzen der Amtshilfe. (1) Eine Behörde kann um Amtshilfe insbesondere dann ersuchen, wenn sie

1. aus rechtlichen Gründen die Amtshandlung nicht selbst vornehmen kann;
2. aus tatsächlichen Gründen, besonders weil die zur Vornahme der Amtshandlung erforderlichen Dienstkräfte oder Einrichtungen fehlen, die Amtshandlung nicht selbst vornehmen kann;
3. zur Durchführung ihrer Aufgaben auf die Kenntnis von Tatsachen angewiesen ist, die ihr unbekannt sind und die sie selbst nicht ermitteln kann;
4. zur Durchführung ihrer Aufgaben Urkunden oder sonstige Beweismittel benötigt, die sich im Besitz der ersuchten Behörde befinden;
5. die Amtshandlung nur mit wesentlich größerem Aufwand vornehmen könnte als die ersuchte Behörde.

(2) [1] Die ersuchte Behörde darf Hilfe nicht leisten, wenn

1. sie hierzu aus rechtlichen Gründen nicht in der Lage ist;
2. durch die Hilfeleistung dem Wohl des Bundes oder eines Landes erhebliche Nachteile bereitet würden.

[2] Die ersuchte Behörde ist insbesondere zur Vorlage von Urkunden oder Akten sowie zur Erteilung von Auskünften nicht verpflichtet, wenn die Vorgänge nach einem Gesetz oder ihrem Wesen nach geheim gehalten werden müssen.

(3) Die ersuchte Behörde braucht Hilfe nicht zu leisten, wenn

1. eine andere Behörde die Hilfe wesentlich einfacher oder mit wesentlich geringerem Aufwand leisten kann;
2. sie die Hilfe nur mit unverhältnismäßig großem Aufwand leisten könnte;
3. sie unter Berücksichtigung der Aufgaben der ersuchenden Behörde durch die Hilfeleistung die Erfüllung ihrer eigenen Aufgaben ernstlich gefährden würde.

(4) Die ersuchte Behörde darf die Hilfe nicht deshalb verweigern, weil sie das Ersuchen aus anderen als den in Absatz 3 genannten Gründen oder weil sie die mit der Amtshilfe zu verwirklichende Maßnahme für unzweckmäßig hält.

(5) [1] Hält die ersuchte Behörde sich zur Hilfe nicht für verpflichtet, so teilt sie der ersuchenden Behörde ihre Auffassung mit. [2] Besteht diese auf der Amtshilfe, so entscheidet über die Verpflichtung zur Amtshilfe die gemeinsame fachlich zuständige Aufsichtsbehörde oder, sofern eine solche nicht besteht, die für die ersuchte Behörde fachlich zuständige Aufsichtsbehörde.

§ 7 Durchführung der Amtshilfe. (1) Die Zulässigkeit der Maßnahme, die durch die Amtshilfe verwirklicht werden soll, richtet sich nach dem für die ersuchende Behörde, die Durchführung der Amtshilfe nach dem für die ersuchte Behörde geltenden Recht.

(2) [1] Die ersuchende Behörde trägt gegenüber der ersuchten Behörde die Verantwortung für die Rechtmäßigkeit der zu treffenden Maßnahme. [2] Die ersuchte Behörde ist für die Durchführung der Amtshilfe verantwortlich.

Teil II. Allgemeine Vorschriften über das Verwaltungsverfahren

Abschnitt 1. Verfahrensgrundsätze

§ 9 Begriff des Verwaltungsverfahrens. Das Verwaltungsverfahren im Sinne dieses Gesetzes ist die nach außen wirkende Tätigkeit der Behörden, die auf die Prüfung der Voraussetzungen, die Vorbereitung und den Erlass eines Verwaltungsaktes oder auf den Abschluss eines öffentlich-rechtlichen Vertrags gerichtet ist; es schließt den Erlass des Verwaltungsaktes oder den Abschluss des öffentlich-rechtlichen Vertrags ein.

§ 13 Beteiligte. (1) Beteiligte sind

1. Antragsteller und Antragsgegner,
2. diejenigen, an die die Behörde den Verwaltungsakt richten will oder gerichtet hat,
3. diejenigen, mit denen die Behörde einen öffentlich-rechtlichen Vertrag schließen will oder geschlossen hat,
4. diejenigen, die nach Absatz 2 von der Behörde zu dem Verfahren hinzugezogen worden sind.

(2) [1] Die Behörde kann von Amts wegen oder auf Antrag diejenigen, deren rechtliche Interessen durch den Ausgang des Verfahrens berührt werden können, als Beteiligte hinzuziehen. [2] Hat der Ausgang des Verfahrens rechtsgestal-

tende Wirkung für einen Dritten, so ist dieser auf Antrag als Beteiligter zu dem Verfahren hinzuzuziehen; soweit er der Behörde bekannt ist, hat diese ihn von der Einleitung des Verfahrens zu benachrichtigen.

(3) Wer anzuhören ist, ohne dass die Voraussetzungen des Absatzes 1 vorliegen, wird dadurch nicht Beteiligter.

§ 24 Untersuchungsgrundsatz. (1) [1]Die Behörde ermittelt den Sachverhalt von Amts wegen. [2]Sie bestimmt Art und Umfang der Ermittlungen; an das Vorbringen und an die Beweisanträge der Beteiligten ist sie nicht gebunden. [3]Setzt die Behörde automatische Einrichtungen zum Erlass von Verwaltungsakten ein, muss sie für den Einzelfall bedeutsame tatsächliche Angaben des Beteiligten berücksichtigen, die im automatischen Verfahren nicht ermittelt würden.

(2) Die Behörde hat alle für den Einzelfall bedeutsamen, auch die für die Beteiligten günstigen Umstände zu berücksichtigen.

(3) Die Behörde darf die Entgegennahme von Erklärungen oder Anträgen, die in ihren Zuständigkeitsbereich fallen, nicht deshalb verweigern, weil sie die Erklärung oder den Antrag in der Sache für unzulässig oder unbegründet hält.

§ 25 Beratung, Auskunft, frühe Öffentlichkeitsbeteiligung. (1) [1]Die Behörde soll die Abgabe von Erklärungen, die Stellung von Anträgen oder die Berichtigung von Erklärungen oder Anträgen anregen, wenn diese offensichtlich nur versehentlich oder aus Unkenntnis unterblieben oder unrichtig abgegeben oder gestellt worden sind. [2]Sie erteilt, soweit erforderlich, Auskunft über die den Beteiligten im Verwaltungsverfahren zustehenden Rechte und die ihnen obliegenden Pflichten.

(2) [1]Die Behörde erörtert, soweit erforderlich, bereits vor Stellung eines Antrags mit dem zukünftigen Antragsteller, welche Nachweise und Unterlagen von ihm zu erbringen sind und in welcher Weise das Verfahren beschleunigt werden kann. [2]Soweit es der Verfahrensbeschleunigung dient, soll sie dem Antragsteller nach Eingang des Antrags unverzüglich Auskunft über die voraussichtliche Verfahrensdauer und die Vollständigkeit der Antragsunterlagen geben.

(3) [1]Die Behörde wirkt darauf hin, dass der Träger bei der Planung von Vorhaben, die nicht nur unwesentliche Auswirkungen auf die Belange einer größeren Zahl von Dritten haben können, die betroffene Öffentlichkeit frühzeitig über die Ziele des Vorhabens, die Mittel, es zu verwirklichen, und die voraussichtlichen Auswirkungen des Vorhabens unterrichtet (frühe Öffentlichkeitsbeteiligung). [2]Die frühe Öffentlichkeitsbeteiligung soll möglichst bereits vor Stellung eines Antrags stattfinden. [3]Der betroffenen Öffentlichkeit soll Gelegenheit zur Äußerung und zur Erörterung gegeben werden. [4]Das Ergebnis der vor Antragstellung durchgeführten frühen Öffentlichkeitsbeteiligung soll der betroffenen Öffentlichkeit und der Behörde spätestens mit der Antragstellung, im Übrigen unverzüglich mitgeteilt werden. [5]Satz 1 gilt nicht, soweit die betroffene Öffentlichkeit bereits nach anderen Rechtsvorschriften vor der Antragstellung zu beteiligen ist. [6]Beteiligungsrechte nach anderen Rechtsvorschriften bleiben unberührt.

§ 26 Beweismittel. (1) [1]Die Behörde bedient sich der Beweismittel, die sie nach pflichtgemäßem Ermessen zur Ermittlung des Sachverhalts für erforderlich hält. [2]Sie kann insbesondere

1. Auskünfte jeder Art einholen,
2. Beteiligte anhören, Zeugen und Sachverständige vernehmen oder die schriftliche oder elektronische Äußerung von Beteiligten, Sachverständigen und Zeugen einholen,
3. Urkunden und Akten beiziehen,
4. den Augenschein einnehmen.

(2) [1]Die Beteiligten sollen bei der Ermittlung des Sachverhalts mitwirken. [2]Sie sollen insbesondere ihnen bekannte Tatsachen und Beweismittel angeben. [3]Eine weitergehende Pflicht, bei der Ermittlung des Sachverhalts mitzuwirken, insbesondere eine Pflicht zum persönlichen Erscheinen oder zur Aussage, besteht nur, soweit sie durch Rechtsvorschrift besonders vorgesehen ist.

(3) [1]Für Zeugen und Sachverständige besteht eine Pflicht zur Aussage oder zur Erstattung von Gutachten, wenn sie durch Rechtsvorschrift vorgesehen ist. [2]Falls die Behörde Zeugen und Sachverständige herangezogen hat, erhalten sie auf Antrag in entsprechender Anwendung des Justizvergütungs- und -entschädigungsgesetzes eine Entschädigung oder Vergütung.

§ 28 Anhörung Beteiligter. (1) Bevor ein Verwaltungsakt erlassen wird, der in Rechte eines Beteiligten eingreift, ist diesem Gelegenheit zu geben, sich zu den für die Entscheidung erheblichen Tatsachen zu äußern.

(2) Von der Anhörung kann abgesehen werden, wenn sie nach den Umständen des Einzelfalls nicht geboten ist, insbesondere wenn

1. eine sofortige Entscheidung wegen Gefahr im Verzug oder im öffentlichen Interesse notwendig erscheint;
2. durch die Anhörung die Einhaltung einer für die Entscheidung maßgeblichen Frist in Frage gestellt würde;
3. von den tatsächlichen Angaben eines Beteiligten, die dieser in einem Antrag oder einer Erklärung gemacht hat, nicht zu seinen Ungunsten abgewichen werden soll;
4. die Behörde eine Allgemeinverfügung oder gleichartige Verwaltungsakte in größerer Zahl oder Verwaltungsakte mit Hilfe automatischer Einrichtungen erlassen will;
5. Maßnahmen in der Verwaltungsvollstreckung getroffen werden sollen.

(3) Eine Anhörung unterbleibt, wenn ihr ein zwingendes öffentliches Interesse entgegensteht.

§ 30 Geheimhaltung. Die Beteiligten haben Anspruch darauf, dass ihre Geheimnisse, insbesondere die zum persönlichen Lebensbereich gehörenden Geheimnisse sowie die Betriebs- und Geschäftsgeheimnisse, von der Behörde nicht unbefugt offenbart werden.

22. Strafprozeßordnung (StPO)

In der Fassung der Bekanntmachung vom 7. April 1987[1)]
(BGBl. I S. 1074, 1319)

FNA 312-2

zuletzt geänd. durch Art. 3 G zur Fortentwicklung des Völkerstrafrechts v. 30.7.2024 (BGBl. 2024 I Nr. 255)

– Auszug –

Erstes Buch. Allgemeine Vorschriften

Siebter Abschnitt. Sachverständige und Augenschein

§ 81f Verfahren bei der molekulargenetischen Untersuchung.

(1) [1]Untersuchungen nach § 81e Abs. 1 dürfen ohne Einwilligung der betroffenen Person nur durch das Gericht, bei Gefahr im Verzug auch durch die Staatsanwaltschaft und ihre Ermittlungspersonen (§ 152 des Gerichtsverfassungsgesetzes) angeordnet werden. [2]Die einwilligende Person ist darüber zu belehren, für welchen Zweck die zu erhebenden Daten verwendet werden. [3]Die Einwilligung ist schriftlich zu erklären oder von der Staatsanwaltschaft oder ihren Ermittlungspersonen in Gegenwart der einwilligenden Person zu protokollieren oder auf sonstige Weise zu dokumentieren.

(2) [1]Mit der Untersuchung nach § 81e sind in der schriftlichen Anordnung Sachverständige zu beauftragen, die öffentlich bestellt oder nach dem Verpflichtungsgesetz verpflichtet oder Amtsträger sind, die der ermittlungsführenden Behörde nicht angehören oder einer Organisationseinheit dieser Behörde angehören, die von der ermittlungsführenden Dienststelle organisatorisch und sachlich getrennt ist. [2]Diese haben durch technische und organisatorische Maßnahmen zu gewährleisten, daß unzulässige molekulargenetische Untersuchungen und unbefugte Kenntnisnahme Dritter ausgeschlossen sind. [3]Dem Sachverständigen ist das Untersuchungsmaterial ohne Mitteilung des Namens, der Anschrift und des Geburtstages und -monats der betroffenen Person zu übergeben. [4]Ist der Sachverständige eine nichtöffentliche Stelle, finden die Vorschriften der Verordnung (EU) 2016/679[2)] des Europäischen Parlaments und des Rates vom 27. April 2016 zum Schutz natürlicher Personen bei der Verarbeitung personenbezogener Daten, zum freien Datenverkehr und zur Aufhebung der Richtlinie 95/46/EG (Datenschutz-Grundverordnung) (ABl. L 119 vom 4.5.2016, S. 1; L 314 vom 22.11.2016, S. 72; L 127 vom 23.5.2018, S. 2) und des Bundesdatenschutzgesetzes[3)] auch dann Anwendung, wenn die personenbezogenen Daten nicht automatisiert verarbeitet und die Daten nicht in einem Dateisystem gespeichert sind oder gespeichert werden sollen.

---

1) Neubekanntmachung der StPO idF der Bek. v. 7.1.1975 (BGBl. I S. 129, 650) in der seit 1.4. 1987 geltenden Fassung.
2) Nr. **1**.
3) Nr. **11**.

§ 81g DNA-Identitätsfeststellung. (1) [1]Ist der Beschuldigte einer Straftat von erheblicher Bedeutung oder einer Straftat gegen die sexuelle Selbstbestimmung verdächtig, dürfen ihm zur Identitätsfeststellung in künftigen Strafverfahren Körperzellen entnommen und zur Feststellung des DNA-Identifizierungsmusters sowie des Geschlechts molekulargenetisch untersucht werden, wenn wegen der Art oder Ausführung der Tat, der Persönlichkeit des Beschuldigten oder sonstiger Erkenntnisse Grund zu der Annahme besteht, dass gegen ihn künftig Strafverfahren wegen einer Straftat von erheblicher Bedeutung zu führen sind. [2]Die wiederholte Begehung sonstiger Straftaten kann im Unrechtsgehalt einer Straftat von erheblicher Bedeutung gleichstehen.

(2) [1]Die entnommenen Körperzellen dürfen nur für die in Absatz 1 genannte molekulargenetische Untersuchung verwendet werden; sie sind unverzüglich zu vernichten, sobald sie hierfür nicht mehr erforderlich sind. [2]Bei der Untersuchung dürfen andere Feststellungen als diejenigen, die zur Ermittlung des DNA-Identifizierungsmusters sowie des Geschlechts erforderlich sind, nicht getroffen werden; hierauf gerichtete Untersuchungen sind unzulässig.

(3) [1]Die Entnahme der Körperzellen darf ohne Einwilligung des Beschuldigten nur durch das Gericht, bei Gefahr im Verzug auch durch die Staatsanwaltschaft und ihre Ermittlungspersonen (§ 152 des Gerichtsverfassungsgesetzes) angeordnet werden. [2]Die molekulargenetische Untersuchung der Körperzellen darf ohne Einwilligung des Beschuldigten nur durch das Gericht angeordnet werden. [3]Die einwilligende Person ist darüber zu belehren, für welchen Zweck die zu erhebenden Daten verwendet werden. [4]§ 81f Absatz 1 Satz 3 und Absatz 2 gilt entsprechend. [5]In der schriftlichen Begründung des Gerichts sind einzelfallbezogen darzulegen

1. die für die Beurteilung der Erheblichkeit der Straftat bestimmenden Tatsachen,
2. die Erkenntnisse, auf Grund derer Grund zu der Annahme besteht, dass gegen den Beschuldigten künftig Strafverfahren zu führen sein werden, sowie
3. die Abwägung der jeweils maßgeblichen Umstände.

(4) Die Absätze 1 bis 3 gelten entsprechend, wenn die betroffene Person wegen der Tat rechtskräftig verurteilt oder nur wegen

1. erwiesener oder nicht auszuschließender Schuldunfähigkeit,
2. auf Geisteskrankheit beruhender Verhandlungsunfähigkeit oder
3. fehlender oder nicht auszuschließender fehlender Verantwortlichkeit (§ 3 des Jugendgerichtsgesetzes)

nicht verurteilt worden ist und die entsprechende Eintragung im Bundeszentralregister oder Erziehungsregister noch nicht getilgt ist.

(5) [1]Die erhobenen Daten dürfen beim Bundeskriminalamt gespeichert und nach Maßgabe des Bundeskriminalamtgesetzes verwendet werden. [2]Das Gleiche gilt

1. unter den in Absatz 1 genannten Voraussetzungen für die nach § 81e Abs. 1 erhobenen Daten eines Beschuldigten sowie
2. für die nach § 81e Abs. 2 Satz 1 erhobenen Daten.

[3]Die Daten dürfen nur für Zwecke eines Strafverfahrens, der Gefahrenabwehr und der internationalen Rechtshilfe hierfür übermittelt werden. [4]Im Fall des

Satzes 2 Nr. 1 ist der Beschuldigte unverzüglich von der Speicherung zu benachrichtigen und darauf hinzuweisen, dass er die gerichtliche Entscheidung beantragen kann.

§ 81h DNA-Reihenuntersuchung. (1) [1]Begründen bestimmte Tatsachen den Verdacht, dass ein Verbrechen gegen das Leben, die körperliche Unversehrtheit, die persönliche Freiheit oder die sexuelle Selbstbestimmung begangen worden ist, dürfen Personen, die bestimmte, auf den Täter vermutlich zutreffende Prüfungsmerkmale erfüllen, mit ihrer Einwilligung

1. Körperzellen entnommen,
2. diese zur Feststellung des DNA-Identifizierungsmusters und des Geschlechts molekulargenetisch untersucht und
3. die festgestellten DNA-Identifizierungsmuster mit den DNA-Identifizierungsmustern von Spurenmaterial automatisiert abgeglichen werden,

soweit dies zur Feststellung erforderlich ist, ob das Spurenmaterial von diesen Personen oder von ihren Verwandten in gerader Linie oder in der Seitenlinie bis zum dritten Grad stammt, und die Maßnahme insbesondere im Hinblick auf die Anzahl der von ihr betroffenen Personen nicht außer Verhältnis zur Schwere der Tat steht. [2]Die Einwilligung ist schriftlich zu erklären oder von der Staatsanwaltschaft oder ihren Ermittlungspersonen in Gegenwart der einwilligenden Person zu protokollieren oder auf sonstige Weise zu dokumentieren.

(2) [1]Eine Maßnahme nach Absatz 1 bedarf der gerichtlichen Anordnung. [2]Diese ergeht schriftlich. [3]Sie muss die betroffenen Personen anhand bestimmter Prüfungsmerkmale bezeichnen und ist zu begründen. [4]Einer vorherigen Anhörung der betroffenen Personen bedarf es nicht. [5]Die Entscheidung, mit der die Maßnahme angeordnet wird, ist nicht anfechtbar.

(3) [1]Für die Durchführung der Maßnahme gilt § 81f Absatz 2 entsprechend. [2]Die entnommenen Körperzellen sind unverzüglich zu vernichten, sobald sie für die Untersuchung nach Absatz 1 nicht mehr benötigt werden. [3]Soweit die Aufzeichnungen über die durch die Maßnahme festgestellten DNA-Identifizierungsmuster zur Erforschung des Sachverhalts nicht mehr erforderlich sind, sind sie unverzüglich zu löschen. [4]Die Vernichtung und die Löschung sind zu dokumentieren.

(4) [1]Die betroffenen Personen sind schriftlich darüber zu belehren, dass die Maßnahme nur mit ihrer Einwilligung durchgeführt werden darf. [2]Vor Erteilung der Einwilligung sind sie schriftlich auch darauf hinzuweisen, dass

1. die entnommenen Körperzellen ausschließlich zur Feststellung des DNA-Identifizierungsmusters, der Abstammung und des Geschlechts untersucht werden und dass sie unverzüglich vernichtet werden, sobald sie hierfür nicht mehr erforderlich sind,
2. das Untersuchungsergebnis mit den DNA-Identifizierungsmustern von Spurenmaterial automatisiert daraufhin abgeglichen wird, ob das Spurenmaterial von ihnen oder von ihren Verwandten in gerader Linie oder in der Seitenlinie bis zum dritten Grad stammt,
3. das Ergebnis des Abgleichs zu Lasten der betroffenen Person oder mit ihr in gerader Linie oder in der Seitenlinie bis zum dritten Grad verwandter Personen verwertet werden darf und

4. die festgestellten DNA-Identifizierungsmuster nicht zur Identitätsfeststellung in künftigen Strafverfahren beim Bundeskriminalamt gespeichert werden.

Achter Abschnitt. Ermittlungsmaßnahmen

§ 94 Sicherstellung und Beschlagnahme von Gegenständen zu Beweiszwecken. (1) Gegenstände, die als Beweismittel für die Untersuchung von Bedeutung sein können, sind in Verwahrung zu nehmen oder in anderer Weise sicherzustellen.

(2) Befinden sich die Gegenstände in dem Gewahrsam einer Person und werden sie nicht freiwillig herausgegeben, so bedarf es der Beschlagnahme.

(3) Die Absätze 1 und 2 gelten auch für Führerscheine, die der Einziehung unterliegen.

(4) Die Herausgabe beweglicher Sachen richtet sich nach den §§ 111n und 111o.

§ 97 Beschlagnahmeverbot. (1) Der Beschlagnahme unterliegen nicht

1. schriftliche Mitteilungen zwischen dem Beschuldigten und den Personen, die nach § 52 oder § 53 Abs. 1 Satz 1 Nr. 1 bis 3b das Zeugnis verweigern dürfen;
2. Aufzeichnungen, welche die in § 53 Abs. 1 Satz 1 Nr. 1 bis 3b Genannten über die ihnen vom Beschuldigten anvertrauten Mitteilungen oder über andere Umstände gemacht haben, auf die sich das Zeugnisverweigerungsrecht erstreckt;
3. andere Gegenstände einschließlich der ärztlichen Untersuchungsbefunde, auf die sich das Zeugnisverweigerungsrecht der in § 53 Abs. 1 Satz 1 Nr. 1 bis 3b Genannten erstreckt.

(2) [1] Diese Beschränkungen gelten nur, wenn die Gegenstände im Gewahrsam der zur Verweigerung des Zeugnisses Berechtigten sind, es sei denn, es handelt sich um eine elektronische Gesundheitskarte im Sinne des § 291a des Fünften Buches Sozialgesetzbuch. [2] Die Beschränkungen der Beschlagnahme gelten nicht, wenn bestimmte Tatsachen den Verdacht begründen, dass die zeugnisverweigerungsberechtigte Person an der Tat oder an einer Datenhehlerei, Begünstigung, Strafvereitelung oder Hehlerei beteiligt ist, oder wenn es sich um Gegenstände handelt, die durch eine Straftat hervorgebracht oder zur Begehung einer Straftat gebraucht oder bestimmt sind oder die aus einer Straftat herrühren.

(3) Die Absätze 1 und 2 sind entsprechend anzuwenden, soweit die Personen, die nach § 53a Absatz 1 Satz 1 an der beruflichen Tätigkeit der in § 53 Absatz 1 Satz 1 Nummer 1 bis 3b genannten Personen mitwirken, das Zeugnis verweigern dürfen.

(4) [1] Soweit das Zeugnisverweigerungsrecht der in § 53 Abs. 1 Satz 1 Nr. 4 genannten Personen reicht, ist die Beschlagnahme von Gegenständen unzulässig. [2] Dieser Beschlagnahmeschutz erstreckt sich auch auf Gegenstände, die von den in § 53 Abs. 1 Satz 1 Nr. 4 genannten Personen den an ihrer Berufstätigkeit nach § 53a Absatz 1 Satz 1 mitwirkenden Personen anvertraut sind. [3] Satz 1 gilt entsprechend, soweit die Personen, die nach § 53a Absatz 1 Satz 1 an der beruflichen Tätigkeit der in § 53 Absatz 1 Satz 1 Nummer 4 genannten Personen mitwirken, das Zeugnis verweigern dürften.

(5) [1]Soweit das Zeugnisverweigerungsrecht der in § 53 Abs. 1 Satz 1 Nr. 5 genannten Personen reicht, ist die Beschlagnahme von Verkörperungen eines Inhalts (§ 11 Absatz 3 des Strafgesetzbuches), die sich im Gewahrsam dieser Personen oder der Redaktion, des Verlages, der Druckerei oder der Rundfunkanstalt befinden, unzulässig. [2]Absatz 2 Satz 2 und § 160a Abs. 4 Satz 2 gelten entsprechend, die Beteiligungsregelung in Absatz 2 Satz 2 jedoch nur dann, wenn die bestimmten Tatsachen einen dringenden Verdacht der Beteiligung begründen; die Beschlagnahme ist jedoch auch in diesen Fällen nur zulässig, wenn sie unter Berücksichtigung der Grundrechte aus Artikel 5 Abs. 1 Satz 2 des Grundgesetzes[1)] nicht außer Verhältnis zur Bedeutung der Sache steht und die Erforschung des Sachverhaltes oder die Ermittlung des Aufenthaltsortes des Täters auf andere Weise aussichtslos oder wesentlich erschwert wäre.

§ 98 Verfahren bei der Beschlagnahme. (1) [1]Beschlagnahmen dürfen nur durch das Gericht, bei Gefahr im Verzug auch durch die Staatsanwaltschaft und ihre Ermittlungspersonen (§ 152 des Gerichtsverfassungsgesetzes) angeordnet werden. [2]Die Beschlagnahme nach § 97 Abs. 5 Satz 2 in den Räumen einer Redaktion, eines Verlages, einer Druckerei oder einer Rundfunkanstalt darf nur durch das Gericht angeordnet werden.

(2) [1]Der Beamte, der einen Gegenstand ohne gerichtliche Anordnung beschlagnahmt hat, soll binnen drei Tagen die gerichtliche Bestätigung beantragen, wenn bei der Beschlagnahme weder der davon Betroffene noch ein erwachsener Angehöriger anwesend war oder wenn der Betroffene und im Falle seiner Abwesenheit ein erwachsener Angehöriger des Betroffenen gegen die Beschlagnahme ausdrücklichen Widerspruch erhoben hat. [2]Der Betroffene kann jederzeit die gerichtliche Entscheidung beantragen. [3]Die Zuständigkeit des Gerichts bestimmt sich nach § 162. [4]Der Betroffene kann den Antrag auch bei dem Amtsgericht einreichen, in dessen Bezirk die Beschlagnahme stattgefunden hat; dieses leitet den Antrag dem zuständigen Gericht zu. [5]Der Betroffene ist über seine Rechte zu belehren.

(3) Ist nach erhobener öffentlicher Klage die Beschlagnahme durch die Staatsanwaltschaft oder eine ihrer Ermittlungspersonen erfolgt, so ist binnen drei Tagen dem Gericht von der Beschlagnahme Anzeige zu machen; die beschlagnahmten Gegenstände sind ihm zur Verfügung zu stellen.

(4) [1]Wird eine Beschlagnahme in einem Dienstgebäude oder einer nicht allgemein zugänglichen Einrichtung oder Anlage der Bundeswehr erforderlich, so wird die vorgesetzte Dienststelle der Bundeswehr um ihre Durchführung ersucht. [2]Die ersuchende Stelle ist zur Mitwirkung berechtigt. [3]Des Ersuchens bedarf es nicht, wenn die Beschlagnahme in Räumen vorzunehmen ist, die ausschließlich von anderen Personen als Soldaten bewohnt werden.

§ 98a Rasterfahndung. (1) [1]Liegen zureichende tatsächliche Anhaltspunkte dafür vor, daß eine Straftat von erheblicher Bedeutung

1. auf dem Gebiet des unerlaubten Betäubungsmittel- oder Waffenverkehrs, der Geld- oder Wertzeichenfälschung,
2. auf dem Gebiet des Staatsschutzes (§§ 74a, 120 des Gerichtsverfassungsgesetzes),
3. auf dem Gebiet der gemeingefährlichen Straftaten,

[1)] Nr. **19**.

4. gegen Leib oder Leben, die sexuelle Selbstbestimmung oder die persönliche Freiheit,
5. gewerbs- oder gewohnheitsmäßig oder
6. von einem Bandenmitglied oder in anderer Weise organisiert

begangen worden ist, so dürfen, unbeschadet §§ 94, 110, 161, personenbezogene Daten von Personen, die bestimmte, auf den Täter vermutlich zutreffende Prüfungsmerkmale erfüllen, mit anderen Daten maschinell abgeglichen werden, um Nichtverdächtige auszuschließen oder Personen festzustellen, die weitere für die Ermittlungen bedeutsame Prüfungsmerkmale erfüllen. [2]Die Maßnahme darf nur angeordnet werden, wenn die Erforschung des Sachverhalts oder die Ermittlung des Aufenthaltsortes des Täters auf andere Weise erheblich weniger erfolgversprechend oder wesentlich erschwert wäre.

(2) Zu dem in Absatz 1 bezeichneten Zweck hat die speichernde Stelle die für den Abgleich erforderlichen Daten aus den Datenbeständen auszusondern und den Strafverfolgungsbehörden zu übermitteln.

(3) [1]Soweit die zu übermittelnden Daten von anderen Daten nur mit unverhältnismäßigem Aufwand getrennt werden können, sind auf Anordnung auch die anderen Daten zu übermitteln. [2]Ihre Nutzung ist nicht zulässig.

(4) Auf Anforderung der Staatsanwaltschaft hat die speichernde Stelle die Stelle, die den Abgleich durchführt, zu unterstützen.

(5) § 95 Abs. 2 gilt entsprechend.

§ 98b Verfahren bei der Rasterfahndung. (1) [1]Der Abgleich und die Übermittlung der Daten dürfen nur durch das Gericht, bei Gefahr im Verzug auch durch die Staatsanwaltschaft angeordnet werden. [2]Hat die Staatsanwaltschaft die Anordnung getroffen, so beantragt sie unverzüglich die gerichtliche Bestätigung. [3]Die Anordnung tritt außer Kraft, wenn sie nicht binnen drei Werktagen vom Gericht bestätigt wird. [4]Die Anordnung ergeht schriftlich. [5]Sie muß den zur Übermittlung Verpflichteten bezeichnen und ist auf die Daten und Prüfungsmerkmale zu beschränken, die für den Einzelfall benötigt werden. [6]Die Übermittlung von Daten, deren Verwendung besondere bundesgesetzliche oder entsprechende landesgesetzliche Verwendungsregelungen entgegenstehen, darf nicht angeordnet werden. [7]Die §§ 96, 97, 98 Abs. 1 Satz 2 gelten entsprechend.

(2) Ordnungs- und Zwangsmittel (§ 95 Abs. 2) dürfen nur durch das Gericht, bei Gefahr im Verzug auch durch die Staatsanwaltschaft angeordnet werden; die Festsetzung von Haft bleibt dem Gericht vorbehalten.

(3) [1]Sind die Daten auf Datenträgern übermittelt worden, so sind diese nach Beendigung des Abgleichs unverzüglich zurückzugeben. [2]Personenbezogene Daten, die auf andere Datenträger übertragen wurden, sind unverzüglich zu löschen, sobald sie für das Strafverfahren nicht mehr benötigt werden.

(4) Nach Beendigung einer Maßnahme nach § 98a ist die Stelle zu unterrichten, die für die Kontrolle der Einhaltung der Vorschriften über den Datenschutz bei öffentlichen Stellen zuständig ist.

§ 98c Maschineller Abgleich mit vorhandenen Daten. [1]Zur Aufklärung einer Straftat oder zur Ermittlung des Aufenthaltsortes einer Person, nach der für Zwecke eines Strafverfahrens gefahndet wird, dürfen personenbezogene Daten aus einem Strafverfahren mit anderen zur Strafverfolgung oder Strafvollstreckung oder zur Gefahrenabwehr gespeicherten Daten maschinell abgeglichen werden. [2]Entgegenstehende besondere bundesgesetzliche oder entsprechende landesgesetzliche Verwendungsregelungen bleiben unberührt.

§ 99 Postbeschlagnahme und Auskunftsverlangen. (1) [1]Zulässig ist die Beschlagnahme der an den Beschuldigten gerichteten Postsendungen und Telegramme, die sich im Gewahrsam von Personen oder Unternehmen befinden, die geschäftsmäßig Post- oder Telekommunikationsdienste erbringen oder daran mitwirken. [2]Ebenso ist eine Beschlagnahme von Postsendungen und Telegrammen zulässig, bei denen aus vorliegenden Tatsachen zu schließen ist, daß sie von dem Beschuldigten herrühren oder für ihn bestimmt sind und daß ihr Inhalt für die Untersuchung Bedeutung hat.

(2) [1]Unter den Voraussetzungen des Absatzes 1 ist es auch zulässig, von Personen oder Unternehmen, die geschäftsmäßig Postdienste erbringen oder daran mitwirken, Auskunft über Postsendungen zu verlangen, die an den Beschuldigten gerichtet sind, von ihm herrühren oder für ihn bestimmt sind. [2]Die Auskunft umfasst ausschließlich die aufgrund von Rechtsvorschriften außerhalb des Strafrechts erhobenen Daten, sofern sie Folgendes betreffen:

1. Namen und Anschriften von Absendern, Empfängern und, soweit abweichend, von denjenigen Personen, welche die jeweilige Postsendung eingeliefert oder entgegengenommen haben,
2. Art des in Anspruch genommenen Postdienstes,
3. Maße und Gewicht der jeweiligen Postsendung,
4. die vom Postdienstleister zugeteilte Sendungsnummer der jeweiligen Postsendung sowie, sofern der Empfänger eine Abholstation mit Selbstbedienungs-Schließfächern nutzt, dessen persönliche Postnummer,
5. Zeit- und Ortsangaben zum jeweiligen Postsendungsverlauf sowie
6. Bildaufnahmen von der Postsendung, die zu Zwecken der Erbringung der Postdienstleistung erstellt wurden.

[3]Auskunft über den Inhalt der Postsendung darf darüber hinaus nur verlangt werden, wenn die in Satz 1 bezeichneten Personen oder Unternehmen davon auf rechtmäßige Weise Kenntnis erlangt haben. [4]Auskunft nach den Sätzen 2 und 3 müssen sie auch über solche Postsendungen erteilen, die sich noch nicht oder nicht mehr in ihrem Gewahrsam befinden.

§ 100 Verfahren bei der Postbeschlagnahme und Auskunftsverlangen.

(1) Zur Anordnung der Maßnahmen nach § 99 ist nur das Gericht, bei Gefahr im Verzug auch die Staatsanwaltschaft befugt.

(2) Anordnungen der Staatsanwaltschaft nach Absatz 1 treten, auch wenn sie eine Auslieferung nach § 99 Absatz 1 oder eine Auskunftserteilung nach § 99 Absatz 2 noch nicht zur Folge gehabt haben, außer Kraft, wenn sie nicht binnen drei Werktagen gerichtlich bestätigt werden.

(3) [1]Die Öffnung der ausgelieferten Postsendungen steht dem Gericht zu. [2]Es kann diese Befugnis der Staatsanwaltschaft übertragen, soweit dies erforderlich ist, um den Untersuchungserfolg nicht durch Verzögerung zu gefährden. [3]Die Übertragung ist nicht anfechtbar; sie kann jederzeit widerrufen werden. [4]Solange eine Anordnung nach Satz 2 nicht ergangen ist, legt die Staatsanwaltschaft die ihr ausgelieferten Postsendungen sofort, und zwar verschlossene Postsendungen ungeöffnet, dem Gericht vor.

(4) [1]Über eine von der Staatsanwaltschaft verfügte Maßnahme nach § 99 entscheidet das nach § 98 zuständige Gericht. [2]Über die Öffnung einer ausgelieferten Postsendung entscheidet das Gericht, das die Beschlagnahme angeordnet oder bestätigt hat.

(5) [1]Postsendungen, deren Öffnung nicht angeordnet worden ist, sind unverzüglich an den vorgesehenen Empfänger weiterzuleiten. [2]Dasselbe gilt, soweit nach der Öffnung die Zurückbehaltung nicht erforderlich ist.

(6) Der Teil einer zurückbehaltenen Postsendung, dessen Vorenthaltung nicht mit Rücksicht auf die Untersuchung geboten erscheint, ist dem vorgesehenen Empfänger abschriftlich mitzuteilen.

§ 100a Telekommunikationsüberwachung. (1) [1]Auch ohne Wissen der Betroffenen darf die Telekommunikation überwacht und aufgezeichnet werden, wenn

1. bestimmte Tatsachen den Verdacht begründen, dass jemand als Täter oder Teilnehmer eine in Absatz 2 bezeichnete schwere Straftat begangen, in Fällen, in denen der Versuch strafbar ist, zu begehen versucht, oder durch eine Straftat vorbereitet hat,
2. die Tat auch im Einzelfall schwer wiegt und
3. die Erforschung des Sachverhalts oder die Ermittlung des Aufenthaltsortes des Beschuldigten auf andere Weise wesentlich erschwert oder aussichtslos wäre.

[2]Die Überwachung und Aufzeichnung der Telekommunikation darf auch in der Weise erfolgen, dass mit technischen Mitteln in von dem Betroffenen genutzte informationstechnische Systeme eingegriffen wird, wenn dies notwendig ist, um die Überwachung und Aufzeichnung insbesondere in unverschlüsselter Form zu ermöglichen. [3]Auf dem informationstechnischen System des Betroffenen gespeicherte Inhalte und Umstände der Kommunikation dürfen überwacht und aufgezeichnet werden, wenn sie auch während des laufenden Übertragungsvorgangs im öffentlichen Telekommunikationsnetz in verschlüsselter Form hätten überwacht und aufgezeichnet werden können.

(2) Schwere Straftaten im Sinne des Absatzes 1 Nr. 1 sind:

1. aus dem Strafgesetzbuch[1]:
   a) Straftaten des Friedensverrats, des Hochverrats und der Gefährdung des demokratischen Rechtsstaates sowie des Landesverrats und der Gefährdung der äußeren Sicherheit nach den §§ 80a bis 82, 84 bis 86, 87 bis 89a, 89c Absatz 1 bis 4, 94 bis 100a,
   b) Bestechlichkeit und Bestechung von Mandatsträgern nach § 108e,
   c) Straftaten gegen die Landesverteidigung nach den §§ 109d bis 109h,
   d) Straftaten gegen die öffentliche Ordnung nach § 127 Absatz 3 und 4 sowie den §§ 129 bis 130,
   e) Geld- und Wertzeichenfälschung nach den §§ 146 und 151, jeweils auch in Verbindung mit § 152, sowie nach § 152a Abs. 3 und § 152b Abs. 1 bis 4,

---

[1] Auszugsweise abgedruckt unter Nr. **23**.

f) Straftaten gegen die sexuelle Selbstbestimmung in den Fällen der §§ 176, 176c, 176d und, unter den in § 177 Absatz 6 Satz 2 Nummer 2 genannten Voraussetzungen, des § 177,
g) Verbreitung, Erwerb und Besitz kinder- und jugendpornographischer Inhalte nach § 184b, § 184c Absatz 2,
h) Mord und Totschlag nach den §§ 211 und 212,
i) Straftaten gegen die persönliche Freiheit nach den §§ 232, 232a Absatz 1 bis 5, den §§ 232b, 233 Absatz 2, den §§ 233a, 234 bis 234b, 239a und 239b,
j) Bandendiebstahl nach § 244 Abs. 1 Nr. 2***[bis 11.12.2024:*** , Wohnungseinbruchdiebstahl nach § 244 Absatz 4***]*** und schwerer Bandendiebstahl nach § 244a,
k) Straftaten des Raubes und der Erpressung nach den §§ 249 bis 255,
l) gewerbsmäßige Hehlerei, Bandenhehlerei und gewerbsmäßige Bandenhehlerei nach den §§ 260 und 260a,
m) Geldwäsche nach § 261, wenn die Vortat eine der in den Nummern 1 bis 11 genannten schweren Straftaten ist,
n) Betrug und Computerbetrug unter den in § 263 Abs. 3 Satz 2 genannten Voraussetzungen und im Falle des § 263 Abs. 5, jeweils auch in Verbindung mit § 263a Abs. 2,
o) Subventionsbetrug unter den in § 264 Abs. 2 Satz 2 genannten Voraussetzungen und im Falle des § 264 Abs. 3 in Verbindung mit § 263 Abs. 5,
p) Sportwettbetrug und Manipulation von berufssportlichen Wettbewerben unter den in § 265e Satz 2 genannten Voraussetzungen,
q) Vorenthalten und Veruntreuen von Arbeitsentgelt unter den in § 266a Absatz 4 Satz 2 Nummer 4 genannten Voraussetzungen,
r) Straftaten der Urkundenfälschung unter den in § 267 Abs. 3 Satz 2 genannten Voraussetzungen und im Fall des § 267 Abs. 4, jeweils auch in Verbindung mit § 268 Abs. 5 oder § 269 Abs. 3, sowie nach § 275 Abs. 2 und § 276 Abs. 2,
s) Bankrott unter den in § 283a Satz 2 genannten Voraussetzungen,
t) Straftaten gegen den Wettbewerb nach § 298 und, unter den in § 300 Satz 2 genannten Voraussetzungen, nach § 299,
u) gemeingefährliche Straftaten in den Fällen der §§ 306 bis 306c, 307 Abs. 1 bis 3, des § 308 Abs. 1 bis 3, des § 309 Abs. 1 bis 4, des § 310 Abs. 1, der §§ 313, 314, 315 Abs. 3, des § 315b Abs. 3 sowie der §§ 316a und 316c,
v) Bestechlichkeit und Bestechung nach den §§ 332 und 334,

2. aus der Abgabenordnung[1]:
a) Steuerhinterziehung unter den in § 370 Absatz 3 Satz 2 Nummer 1 genannten Voraussetzungen, sofern der Täter als Mitglied einer Bande, die sich zur fortgesetzten Begehung von Taten nach § 370 Absatz 1 verbunden hat, handelt, oder unter den in § 370 Absatz 3 Satz 2 Nummer 5 genannten Voraussetzungen,

---

[1] Nr. **26**.

b) gewerbsmäßiger, gewaltsamer und bandenmäßiger Schmuggel nach § 373,
c) Steuerhehlerei im Falle des § 374 Abs. 2,

3. aus dem Anti-Doping-Gesetz:
Straftaten nach § 4 Absatz 4 Nummer 2 Buchstabe b,
4. aus dem Asylgesetz:
a) Verleitung zur missbräuchlichen Asylantragstellung nach § 84 Abs. 3,
b) gewerbs- und bandenmäßige Verleitung zur missbräuchlichen Asylantragstellung nach § 84a,
5. aus dem Aufenthaltsgesetz:
a) Einschleusen von Ausländern und Personen, auf die das Freizügigkeitsgesetz/EU Anwendung findet, nach § 96 Absatz 1, 2 und 4,
b) Einschleusen mit Todesfolge und gewerbs- und bandenmäßiges Einschleusen nach § 97,

5a. aus dem Ausgangsstoffgesetz:
Straftaten nach § 13 Absatz 3,

6. aus dem Außenwirtschaftsgesetz:
vorsätzliche Straftaten nach den §§ 17 und 18 des Außenwirtschaftsgesetzes,

7. aus dem Betäubungsmittelgesetz:
a) Straftaten nach einer in § 29 Abs. 3 Satz 2 Nr. 1 in Bezug genommenen Vorschrift unter den dort genannten Voraussetzungen,
b) Straftaten nach den §§ 29a, 30 Abs. 1 Nr. 1, 2 und 4 sowie den §§ 30a und 30b,

7a. aus dem Konsumcannabisgesetz:
a) Straftaten nach einer in § 34 Absatz 3 Satz 2 Nummer 1 in Bezug genommenen Vorschrift unter den dort genannten Voraussetzungen,
b) Straftaten nach § 34 Absatz 4,

7b. aus dem Medizinal-Cannabisgesetz:
a) Straftaten nach einer in § 25 Absatz 4 Satz 2 Nummer 1 in Bezug genommenen Vorschrift unter den dort genannten Voraussetzungen,
b) Straftaten nach § 25 Absatz 5,

8. aus dem Grundstoffüberwachungsgesetz:
Straftaten nach § 19 Abs. 1 unter den in § 19 Abs. 3 Satz 2 genannten Voraussetzungen,

9. aus dem Gesetz über die Kontrolle von Kriegswaffen:
a) Straftaten nach § 19 Abs. 1 bis 3 und § 20 Abs. 1 und 2 sowie § 20a Abs. 1 bis 3, jeweils auch in Verbindung mit § 21,
b) Straftaten nach § 22a Abs. 1 bis 3,

9a. aus dem Neue-psychoaktive-Stoffe-Gesetz:
Straftaten nach § 4 Absatz 3 Nummer 1 Buchstabe a,

10. aus dem Völkerstrafgesetzbuch:
a) Völkermord nach § 6,
b) Verbrechen gegen die Menschlichkeit nach § 7,
c) Kriegsverbrechen nach den §§ 8 bis 12,
d) Verbrechen der Aggression nach § 13,

11. aus dem Waffengesetz:
   a) Straftaten nach § 51 Abs. 1 bis 3,
   b) Straftaten nach § 52 Abs. 1 Nr. 1 und 2 Buchstabe c und d sowie Abs. 5 und 6.

(3) Die Anordnung darf sich nur gegen den Beschuldigten oder gegen Personen richten, von denen auf Grund bestimmter Tatsachen anzunehmen ist, dass sie für den Beschuldigten bestimmte oder von ihm herrührende Mitteilungen entgegennehmen oder weitergeben oder dass der Beschuldigte ihren Anschluss oder ihr informationstechnisches System benutzt.

(4) [1] Auf Grund der Anordnung einer Überwachung und Aufzeichnung der Telekommunikation hat jeder, der Telekommunikationsdienste erbringt oder daran mitwirkt, dem Gericht, der Staatsanwaltschaft und ihren im Polizeidienst tätigen Ermittlungspersonen (§ 152 des Gerichtsverfassungsgesetzes) diese Maßnahmen zu ermöglichen und die erforderlichen Auskünfte unverzüglich zu erteilen. [2] Ob und in welchem Umfang hierfür Vorkehrungen zu treffen sind, bestimmt sich nach dem Telekommunikationsgesetz und der Telekommunikations-Überwachungsverordnung[1)]. [3] § 95 Absatz 2 gilt entsprechend.

(5) [1] Bei Maßnahmen nach Absatz 1 Satz 2 und 3 ist technisch sicherzustellen, dass

1. ausschließlich überwacht und aufgezeichnet werden können:
   a) die laufende Telekommunikation (Absatz 1 Satz 2), oder
   b) Inhalte und Umstände der Kommunikation, die ab dem Zeitpunkt der Anordnung nach § 100e Absatz 1 auch während des laufenden Übertragungsvorgangs im öffentlichen Telekommunikationsnetz hätten überwacht und aufgezeichnet werden können (Absatz 1 Satz 3),
2. an dem informationstechnischen System nur Veränderungen vorgenommen werden, die für die Datenerhebung unerlässlich sind, und
3. die vorgenommenen Veränderungen bei Beendigung der Maßnahme, soweit technisch möglich, automatisiert rückgängig gemacht werden.

[2] Das eingesetzte Mittel ist nach dem Stand der Technik gegen unbefugte Nutzung zu schützen. [3] Kopierte Daten sind nach dem Stand der Technik gegen Veränderung, unbefugte Löschung und unbefugte Kenntnisnahme zu schützen.

(6) Bei jedem Einsatz des technischen Mittels sind zu protokollieren

1. die Bezeichnung des technischen Mittels und der Zeitpunkt seines Einsatzes,
2. die Angaben zur Identifizierung des informationstechnischen Systems und die daran vorgenommenen nicht nur flüchtigen Veränderungen,
3. die Angaben, die die Feststellung der erhobenen Daten ermöglichen, und
4. die Organisationseinheit, die die Maßnahme durchführt.

§ 100b Online-Durchsuchung. (1) Auch ohne Wissen des Betroffenen darf mit technischen Mitteln in ein von dem Betroffenen genutztes informationstechnisches System eingegriffen und dürfen Daten daraus erhoben werden (Online-Durchsuchung), wenn

1. bestimmte Tatsachen den Verdacht begründen, dass jemand als Täter oder Teilnehmer eine in Absatz 2 bezeichnete besonders schwere Straftat began-

---

1) Nr. **16**.

gen oder in Fällen, in denen der Versuch strafbar ist, zu begehen versucht hat,
2. die Tat auch im Einzelfall besonders schwer wiegt und
3. die Erforschung des Sachverhalts oder die Ermittlung des Aufenthaltsortes des Beschuldigten auf andere Weise wesentlich erschwert oder aussichtslos wäre.

(2) Besonders schwere Straftaten im Sinne des Absatzes 1 Nummer 1 sind:

1. aus dem Strafgesetzbuch[1]:
   a) Straftaten des Hochverrats und der Gefährdung des demokratischen Rechtsstaates sowie des Landesverrats und der Gefährdung der äußeren Sicherheit nach den §§ 81, 82, 89a, 89c Absatz 1 bis 4, nach den §§ 94, 95 Absatz 3 und § 96 Absatz 1, jeweils auch in Verbindung mit § 97b, sowie nach den §§ 97a, 98 Absatz 1 Satz 2, § 99 Absatz 2 und den §§ 100, 100a Absatz 4,
   b) Betreiben krimineller Handelsplattformen im Internet in den Fällen des § 127 Absatz 3 und 4, sofern der Zweck der Handelsplattform im Internet darauf ausgerichtet ist, in den Buchstaben a und c bis o sowie in den Nummern 2 bis 10 genannte besonders schwere Straftaten zu ermöglichen oder zu fördern,
   c) Bildung krimineller Vereinigungen nach § 129 Absatz 1 in Verbindung mit Absatz 5 Satz 3 und Bildung terroristischer Vereinigungen nach § 129a Absatz 1, 2, 4, 5 Satz 1 erste Alternative, jeweils auch in Verbindung mit § 129b Absatz 1,
   d) Geld- und Wertzeichenfälschung nach den §§ 146 und 151, jeweils auch in Verbindung mit § 152, sowie nach § 152a Absatz 3 und § 152b Absatz 1 bis 4,
   e) Straftaten gegen die sexuelle Selbstbestimmung in den Fällen des § 176 Absatz 1 und der §§ 176c, 176d und, unter den in § 177 Absatz 6 Satz 2 Nummer 2 genannten Voraussetzungen, des § 177,
   f) Verbreitung, Erwerb und Besitz kinderpornografischer Inhalte in den Fällen des § 184b Absatz 1 Satz 1 und Absatz 2,
   g) Mord und Totschlag nach den §§ 211, 212,
   h) Straftaten gegen die persönliche Freiheit in den Fällen des § 232 Absatz 2 und 3, des § 232a Absatz 1, 3, 4 und 5 zweiter Halbsatz, des § 232b Absatz 1 und 3 sowie Absatz 4, dieser in Verbindung mit § 232a Absatz 4 und 5 zweiter Halbsatz, des § 233 Absatz 2, des § 233a Absatz 1, 3 und 4 zweiter Halbsatz, der §§ 234 und 234a Absatz 1 und 2 sowie der §§ 239a und 239b,
   i) Bandendiebstahl nach § 244 Absatz 1 Nummer 2 und schwerer Bandendiebstahl nach § 244a,
   j) schwerer Raub und Raub mit Todesfolge nach § 250 Absatz 1 oder Absatz 2, § 251,
   k) räuberische Erpressung nach § 255 und besonders schwerer Fall einer Erpressung nach § 253 unter den in § 253 Absatz 4 Satz 2 genannten Voraussetzungen,

---

[1] Auszugsweise abgedruckt unter Nr. **23**.

l) gewerbsmäßige Hehlerei, Bandenhehlerei und gewerbsmäßige Bandenhehlerei nach den §§ 260, 260a,
m) besonders schwerer Fall der Geldwäsche nach § 261 unter den in § 261 Absatz 5 Satz 2 genannten Voraussetzungen, wenn die Vortat eine der in den Nummern 1 bis 7 genannten besonders schweren Straftaten ist,
n) Computerbetrug in den Fällen des § 263a Absatz 2 in Verbindung mit § 263 Absatz 5,
o) besonders schwerer Fall der Bestechlichkeit und Bestechung nach § 335 Absatz 1 unter den in § 335 Absatz 2 Nummer 1 bis 3 genannten Voraussetzungen,

2. aus dem Asylgesetz:
a) Verleitung zur missbräuchlichen Asylantragstellung nach § 84 Absatz 3,
b) gewerbs- und bandenmäßige Verleitung zur missbräuchlichen Asylantragstellung nach § 84a Absatz 1,
3. aus dem Aufenthaltsgesetz:
a) Einschleusen von Ausländern nach § 96 Absatz 2,
b) Einschleusen mit Todesfolge oder gewerbs- und bandenmäßiges Einschleusen nach § 97,
4. aus dem Außenwirtschaftsgesetz:
a) Straftaten nach § 17 Absatz 1, 2 und 3, jeweils auch in Verbindung mit Absatz 6 oder 7,
b) Straftaten nach § 18 Absatz 7 und 8, jeweils auch in Verbindung mit Absatz 10,
5. aus dem Betäubungsmittelgesetz:
a) besonders schwerer Fall einer Straftat nach § 29 Absatz 1 Satz 1 Nummer 1, 5, 6, 10, 11 oder 13, Absatz 3 unter der in § 29 Absatz 3 Satz 2 Nummer 1 genannten Voraussetzung,
b) eine Straftat nach den §§ 29a, 30 Absatz 1 Nummer 1, 2, 4, § 30a,

5a. aus dem Konsumcannabisgesetz:
Straftaten nach § 34 Absatz 4 Nummer 1, 3 oder Nummer 4,

5b. aus dem Medizinal-Cannabisgesetz:
Straftaten nach § 25 Absatz 5 Nummer 1, 3 oder Nummer 4,

6. aus dem Gesetz über die Kontrolle von Kriegswaffen:
a) eine Straftat nach § 19 Absatz 2 oder § 20 Absatz 1, jeweils auch in Verbindung mit § 21,
b) besonders schwerer Fall einer Straftat nach § 22a Absatz 1 in Verbindung mit Absatz 2,
7. aus dem Grundstoffüberwachungsgesetz:
Straftaten nach § 19 Absatz 3,
8. aus dem Neue-psychoaktive-Stoffe-Gesetz:
Straftaten nach § 4 Absatz 3 Nummer 1,
9. aus dem Völkerstrafgesetzbuch:
a) Völkermord nach § 6,
b) Verbrechen gegen die Menschlichkeit nach § 7,
c) Kriegsverbrechen nach den §§ 8 bis 12,
d) Verbrechen der Aggression nach § 13,

10. aus dem Waffengesetz:
    a) besonders schwerer Fall einer Straftat nach § 51 Absatz 1 in Verbindung mit Absatz 2,
    b) besonders schwerer Fall einer Straftat nach § 52 Absatz 1 Nummer 1 in Verbindung mit Absatz 5.

(3) [1]Die Maßnahme darf sich nur gegen den Beschuldigten richten. [2]Ein Eingriff in informationstechnische Systeme anderer Personen ist nur zulässig, wenn auf Grund bestimmter Tatsachen anzunehmen ist, dass

1. der in der Anordnung nach § 100e Absatz 3 bezeichnete Beschuldigte informationstechnische Systeme der anderen Person benutzt, und
2. die Durchführung des Eingriffs in informationstechnische Systeme des Beschuldigten allein nicht zur Erforschung des Sachverhalts oder zur Ermittlung des Aufenthaltsortes eines Mitbeschuldigten führen wird.

[3]Die Maßnahme darf auch durchgeführt werden, wenn andere Personen unvermeidbar betroffen werden.

(4) § 100a Absatz 5 und 6 gilt mit Ausnahme von Absatz 5 Satz 1 Nummer 1 entsprechend.

§ 100c Akustische Wohnraumüberwachung. (1) Auch ohne Wissen der Betroffenen darf das in einer Wohnung nichtöffentlich gesprochene Wort mit technischen Mitteln abgehört und aufgezeichnet werden, wenn

1. bestimmte Tatsachen den Verdacht begründen, dass jemand als Täter oder Teilnehmer eine in § 100b Absatz 2 bezeichnete besonders schwere Straftat begangen oder in Fällen, in denen der Versuch strafbar ist, zu begehen versucht hat,
2. die Tat auch im Einzelfall besonders schwer wiegt,
3. auf Grund tatsächlicher Anhaltspunkte anzunehmen ist, dass durch die Überwachung Äußerungen des Beschuldigten erfasst werden, die für die Erforschung des Sachverhalts oder die Ermittlung des Aufenthaltsortes eines Mitbeschuldigten von Bedeutung sind, und
4. die Erforschung des Sachverhalts oder die Ermittlung des Aufenthaltsortes eines Mitbeschuldigten auf andere Weise unverhältnismäßig erschwert oder aussichtslos wäre.

(2) [1]Die Maßnahme darf sich nur gegen den Beschuldigten richten und nur in Wohnungen des Beschuldigten durchgeführt werden. [2]In Wohnungen anderer Personen ist die Maßnahme nur zulässig, wenn auf Grund bestimmter Tatsachen anzunehmen ist, dass

1. der in der Anordnung nach § 100e Absatz 3 bezeichnete Beschuldigte sich dort aufhält und
2. die Maßnahme in Wohnungen des Beschuldigten allein nicht zur Erforschung des Sachverhalts oder zur Ermittlung des Aufenthaltsortes eines Mitbeschuldigten führen wird.

[3]Die Maßnahme darf auch durchgeführt werden, wenn andere Personen unvermeidbar betroffen werden.

§ 100d Kernbereich privater Lebensgestaltung; Zeugnisverweigerungsberechtigte. (1) Liegen tatsächliche Anhaltspunkte für die Annahme vor, dass durch eine Maßnahme nach den §§ 100a bis 100c allein Erkenntnisse aus dem Kernbereich privater Lebensgestaltung erlangt werden, ist die Maßnahme unzulässig.

(2) [1] Erkenntnisse aus dem Kernbereich privater Lebensgestaltung, die durch eine Maßnahme nach den §§ 100a bis 100c erlangt wurden, dürfen nicht verwertet werden. [2] Aufzeichnungen über solche Erkenntnisse sind unverzüglich zu löschen. [3] Die Tatsache ihrer Erlangung und Löschung ist zu dokumentieren.

(3) [1] Bei Maßnahmen nach § 100b ist, soweit möglich, technisch sicherzustellen, dass Daten, die den Kernbereich privater Lebensgestaltung betreffen, nicht erhoben werden. [2] Erkenntnisse, die durch Maßnahmen nach § 100b erlangt wurden und den Kernbereich privater Lebensgestaltung betreffen, sind unverzüglich zu löschen oder von der Staatsanwaltschaft dem anordnenden Gericht zur Entscheidung über die Verwertbarkeit und Löschung der Daten vorzulegen. [3] Die Entscheidung des Gerichts über die Verwertbarkeit ist für das weitere Verfahren bindend.

(4) [1] Maßnahmen nach § 100c dürfen nur angeordnet werden, soweit auf Grund tatsächlicher Anhaltspunkte anzunehmen ist, dass durch die Überwachung Äußerungen, die dem Kernbereich privater Lebensgestaltung zuzurechnen sind, nicht erfasst werden. [2] Das Abhören und Aufzeichnen ist unverzüglich zu unterbrechen, wenn sich während der Überwachung Anhaltspunkte dafür ergeben, dass Äußerungen, die dem Kernbereich privater Lebensgestaltung zuzurechnen sind, erfasst werden. [3] Ist eine Maßnahme unterbrochen worden, so darf sie unter den in Satz 1 genannten Voraussetzungen fortgeführt werden. [4] Im Zweifel hat die Staatsanwaltschaft über die Unterbrechung oder Fortführung der Maßnahme unverzüglich eine Entscheidung des Gerichts herbeizuführen; § 100e Absatz 5 gilt entsprechend. [5] Auch soweit für bereits erlangte Erkenntnisse ein Verwertungsverbot nach Absatz 2 in Betracht kommt, hat die Staatsanwaltschaft unverzüglich eine Entscheidung des Gerichts herbeizuführen. [6] Absatz 3 Satz 3 gilt entsprechend.

(5) [1] In den Fällen des § 53 sind Maßnahmen nach den §§ 100b und 100c unzulässig; ergibt sich während oder nach Durchführung der Maßnahme, dass ein Fall des § 53 vorliegt, gilt Absatz 2 entsprechend. [2] In den Fällen der §§ 52 und 53a dürfen aus Maßnahmen nach den §§ 100b und 100c gewonnene Erkenntnisse nur verwertet werden, wenn dies unter Berücksichtigung der Bedeutung des zugrunde liegenden Vertrauensverhältnisses nicht außer Verhältnis zum Interesse an der Erforschung des Sachverhalts oder der Ermittlung des Aufenthaltsortes eines Beschuldigten steht. [3] § 160a Absatz 4 gilt entsprechend.

§ 100e Verfahren bei Maßnahmen nach den §§ 100a bis 100c.

(1) [1] Maßnahmen nach § 100a dürfen nur auf Antrag der Staatsanwaltschaft durch das Gericht angeordnet werden. [2] Bei Gefahr im Verzug kann die Anordnung auch durch die Staatsanwaltschaft getroffen werden. [3] Soweit die Anordnung der Staatsanwaltschaft nicht binnen drei Werktagen von dem Gericht bestätigt wird, tritt sie außer Kraft. [4] Die Anordnung ist auf höchstens drei Monate zu befristen. [5] Eine Verlängerung um jeweils nicht mehr als drei

Monate ist zulässig, soweit die Voraussetzungen der Anordnung unter Berücksichtigung der gewonnenen Ermittlungsergebnisse fortbestehen.

(2) [1] Maßnahmen nach den §§ 100b und 100c dürfen nur auf Antrag der Staatsanwaltschaft durch die in § 74a Absatz 4 des Gerichtsverfassungsgesetzes genannte Kammer des Landgerichts angeordnet werden, in dessen Bezirk die Staatsanwaltschaft ihren Sitz hat. [2] Bei Gefahr im Verzug kann diese Anordnung auch durch den Vorsitzenden getroffen werden. [3] Dessen Anordnung tritt außer Kraft, wenn sie nicht binnen drei Werktagen von der Strafkammer bestätigt wird. [4] Die Anordnung ist auf höchstens einen Monat zu befristen. [5] Eine Verlängerung um jeweils nicht mehr als einen Monat ist zulässig, soweit die Voraussetzungen unter Berücksichtigung der gewonnenen Ermittlungsergebnisse fortbestehen. [6] Ist die Dauer der Anordnung auf insgesamt sechs Monate verlängert worden, so entscheidet über weitere Verlängerungen das Oberlandesgericht.

(3) [1] Die Anordnung ergeht schriftlich. [2] In ihrer Entscheidungsformel sind anzugeben:

1. soweit möglich, der Name und die Anschrift des Betroffenen, gegen den sich die Maßnahme richtet,
2. der Tatvorwurf, auf Grund dessen die Maßnahme angeordnet wird,
3. Art, Umfang, Dauer und Endzeitpunkt der Maßnahme,
4. die Art der durch die Maßnahme zu erhebenden Informationen und ihre Bedeutung für das Verfahren,
5. bei Maßnahmen nach § 100a die Rufnummer oder eine andere Kennung des zu überwachenden Anschlusses oder des Endgerätes, sofern sich nicht aus bestimmten Tatsachen ergibt, dass diese zugleich einem anderen Endgerät zugeordnet ist; im Fall des § 100a Absatz 1 Satz 2 und 3 eine möglichst genaue Bezeichnung des informationstechnischen Systems, in das eingegriffen werden soll,
6. bei Maßnahmen nach § 100b eine möglichst genaue Bezeichnung des informationstechnischen Systems, aus dem Daten erhoben werden sollen,
7. bei Maßnahmen nach § 100c die zu überwachende Wohnung oder die zu überwachenden Wohnräume.

(4) [1] In der Begründung der Anordnung oder Verlängerung von Maßnahmen nach den §§ 100a bis 100c sind deren Voraussetzungen und die wesentlichen Abwägungsgesichtspunkte darzulegen. [2] Insbesondere sind einzelfallbezogen anzugeben:

1. die bestimmten Tatsachen, die den Verdacht begründen,
2. die wesentlichen Erwägungen zur Erforderlichkeit und Verhältnismäßigkeit der Maßnahme,
3. bei Maßnahmen nach § 100c die tatsächlichen Anhaltspunkte im Sinne des § 100d Absatz 4 Satz 1.

(5) [1] Liegen die Voraussetzungen der Anordnung nicht mehr vor, so sind die auf Grund der Anordnung ergriffenen Maßnahmen unverzüglich zu beenden. [2] Das anordnende Gericht ist nach Beendigung der Maßnahme über deren Ergebnisse zu unterrichten. [3] Bei Maßnahmen nach den §§ 100b und 100c ist das anordnende Gericht auch über den Verlauf zu unterrichten. [4] Liegen die Voraussetzungen der Anordnung nicht mehr vor, so hat das Gericht den Abbruch der Maßnahme anzuordnen, sofern der Abbruch nicht bereits durch

die Staatsanwaltschaft veranlasst wurde. [5] Die Anordnung des Abbruchs einer Maßnahme nach den §§ 100b und 100c kann auch durch den Vorsitzenden erfolgen.

(6) Die durch Maßnahmen nach den §§ 100b und 100c erlangten und verwertbaren personenbezogenen Daten dürfen für andere Zwecke nach folgenden Maßgaben verwendet werden:

1. Die Daten dürfen in anderen Strafverfahren ohne Einwilligung der insoweit überwachten Personen nur zur Aufklärung einer Straftat, auf Grund derer Maßnahmen nach § 100b oder § 100c angeordnet werden könnten, oder zur Ermittlung des Aufenthalts der einer solchen Straftat beschuldigten Person verwendet werden.
2. [1] Die Verwendung der Daten, auch solcher nach § 100d Absatz 5 Satz 1 zweiter Halbsatz, zu Zwecken der Gefahrenabwehr ist nur zur Abwehr einer im Einzelfall bestehenden Lebensgefahr oder einer dringenden Gefahr für Leib oder Freiheit einer Person, für die Sicherheit oder den Bestand des Staates oder für Gegenstände von bedeutendem Wert, die der Versorgung der Bevölkerung dienen, von kulturell herausragendem Wert oder in § 305 des Strafgesetzbuches genannt sind, zulässig. [2] Die Daten dürfen auch zur Abwehr einer im Einzelfall bestehenden dringenden Gefahr für sonstige bedeutende Vermögenswerte verwendet werden. [3] Sind die Daten zur Abwehr der Gefahr oder für eine vorgerichtliche oder gerichtliche Überprüfung der zur Gefahrenabwehr getroffenen Maßnahmen nicht mehr erforderlich, so sind Aufzeichnungen über diese Daten von der für die Gefahrenabwehr zuständigen Stelle unverzüglich zu löschen. [4] Die Löschung ist aktenkundig zu machen. [5] Soweit die Löschung lediglich für eine etwaige vorgerichtliche oder gerichtliche Überprüfung zurückgestellt ist, dürfen die Daten nur für diesen Zweck verwendet werden; für eine Verwendung zu anderen Zwecken sind sie zu sperren.
3. Sind verwertbare personenbezogene Daten durch eine entsprechende polizeirechtliche Maßnahme erlangt worden, dürfen sie in einem Strafverfahren ohne Einwilligung der insoweit überwachten Personen nur zur Aufklärung einer Straftat, auf Grund derer die Maßnahmen nach § 100b oder § 100c angeordnet werden könnten, oder zur Ermittlung des Aufenthalts der einer solchen Straftat beschuldigten Person verwendet werden.

§ 100f Akustische Überwachung außerhalb von Wohnraum. (1) Auch ohne Wissen der betroffenen Personen darf außerhalb von Wohnungen das nichtöffentlich gesprochene Wort mit technischen Mitteln abgehört und aufgezeichnet werden, wenn bestimmte Tatsachen den Verdacht begründen, dass jemand als Täter oder Teilnehmer eine in § 100a Abs. 2 bezeichnete, auch im Einzelfall schwerwiegende Straftat begangen oder in Fällen, in denen der Versuch strafbar ist, zu begehen versucht hat, und die Erforschung des Sachverhalts oder die Ermittlung des Aufenthaltsortes eines Beschuldigten auf andere Weise aussichtslos oder wesentlich erschwert wäre.

(2) [1] Die Maßnahme darf sich nur gegen einen Beschuldigten richten. [2] Gegen andere Personen darf die Maßnahme nur angeordnet werden, wenn auf Grund bestimmter Tatsachen anzunehmen ist, dass sie mit einem Beschuldigten in Verbindung stehen oder eine solche Verbindung hergestellt wird, die Maßnahme zur Erforschung des Sachverhalts oder zur Ermittlung des Aufenthalts-

ortes eines Beschuldigten führen wird und dies auf andere Weise aussichtslos oder wesentlich erschwert wäre.

(3) Die Maßnahme darf auch durchgeführt werden, wenn Dritte unvermeidbar betroffen werden.

(4) § 100d Absatz 1 und 2 sowie § 100e Absatz 1, 3, 5 Satz 1 gelten entsprechend.

§ 100g Erhebung von Verkehrsdaten. (1) [1] Begründen bestimmte Tatsachen den Verdacht, dass jemand als Täter oder Teilnehmer

1. eine Straftat von auch im Einzelfall erheblicher Bedeutung, insbesondere eine in § 100a Absatz 2 bezeichnete Straftat, begangen hat, in Fällen, in denen der Versuch strafbar ist, zu begehen versucht hat oder durch eine Straftat vorbereitet hat oder
2. eine Straftat mittels Telekommunikation begangen hat,

so dürfen Verkehrsdaten (§§ 9 und 12 des Telekommunikation-Digitale-Dienste-Datenschutz-Gesetzes[1]) und § 2a Absatz 1 des Gesetzes über die Errichtung einer Bundesanstalt für den Digitalfunk der Behörden und Organisationen mit Sicherheitsaufgaben) erhoben werden, soweit dies für die Erforschung des Sachverhalts erforderlich ist und die Erhebung der Daten in einem angemessenen Verhältnis zur Bedeutung der Sache steht. [2] Im Fall des Satzes 1 Nummer 2 ist die Maßnahme nur zulässig, wenn die Erforschung des Sachverhalts auf andere Weise aussichtslos wäre. [3] Die Erhebung gespeicherter (retrograder) Standortdaten ist nach diesem Absatz nur unter den Voraussetzungen des Absatzes 2 zulässig. [4] Im Übrigen ist die Erhebung von Standortdaten nur für künftig anfallende Verkehrsdaten oder in Echtzeit und nur im Fall des Satzes 1 Nummer 1 zulässig, soweit sie für die Erforschung des Sachverhalts oder die Ermittlung des Aufenthaltsortes des Beschuldigten erforderlich ist.

(2) [1] Begründen bestimmte Tatsachen den Verdacht, dass jemand als Täter oder Teilnehmer eine der in Satz 2 bezeichneten besonders schweren Straftaten begangen hat oder in Fällen, in denen der Versuch strafbar ist, eine solche Straftat zu begehen versucht hat, und wiegt die Tat auch im Einzelfall besonders schwer, dürfen die nach § 176 des Telekommunikationsgesetzes[2]) gespeicherten Verkehrsdaten erhoben werden, soweit die Erforschung des Sachverhalts oder die Ermittlung des Aufenthaltsortes des Beschuldigten auf andere Weise wesentlich erschwert oder aussichtslos wäre und die Erhebung der Daten in einem angemessenen Verhältnis zur Bedeutung der Sache steht. [2] Besonders schwere Straftaten im Sinne des Satzes 1 sind:

1. aus dem Strafgesetzbuch[3]):
   a) Straftaten des Hochverrats und der Gefährdung des demokratischen Rechtsstaates sowie des Landesverrats und der Gefährdung der äußeren Sicherheit nach den §§ 81, 82, 89a, nach den §§ 94, 95 Absatz 3 und § 96 Absatz 1, jeweils auch in Verbindung mit § 97b, sowie nach den §§ 97a, 98 Absatz 1 Satz 2, § 99 Absatz 2 und den §§ 100, 100a Absatz 4,

---

[1]) Nr. **14**.
[2]) Nr. **15**.
[3]) Auszugsweise abgedruckt unter Nr. **23**.

b) besonders schwerer Fall des Landfriedensbruchs nach § 125a sowie Betreiben krimineller Handelsplattformen im Internet in den Fällen des § 127 Absatz 3 und 4,

c) Bildung krimineller Vereinigungen nach § 129 Absatz 1 in Verbindung mit Absatz 5 Satz 3 sowie Bildung terroristischer Vereinigungen nach § 129a Absatz 1, 2, 4, 5 Satz 1 erste Alternative, jeweils auch in Verbindung mit § 129b Absatz 1,

d) Straftaten gegen die sexuelle Selbstbestimmung in den Fällen der §§ 176, 176c, 176d und, unter den in § 177 Absatz 6 Satz 2 Nummer 2 genannten Voraussetzungen, des § 177,

e) Verbreitung, Erwerb und Besitz kinder- und jugendpornographischer Inhalte in den Fällen des § 184b Absatz 1 Satz 1, Absatz 2 und 3 sowie des § 184c Absatz 2,

f) Mord und Totschlag nach den §§ 211 und 212,

g) Straftaten gegen die persönliche Freiheit in den Fällen der §§ 234, 234a Absatz 1, 2, §§ 239a, 239b und Zwangsprostitution und Zwangsarbeit nach § 232a Absatz 3, 4 oder 5 zweiter Halbsatz, § 232b Absatz 3 oder 4 in Verbindung mit § 232a Absatz 4 oder 5 zweiter Halbsatz und Ausbeutung unter Ausnutzung einer Freiheitsberaubung nach § 233a Absatz 3 oder 4 zweiter Halbsatz,

h) Einbruchdiebstahl in eine dauerhaft genutzte Privatwohnung nach § 244 Absatz 4, schwerer Bandendiebstahl nach § 244a Absatz 1, schwerer Raub nach § 250 Absatz 1 oder Absatz 2, Raub mit Todesfolge nach § 251, räuberische Erpressung nach § 255 und besonders schwerer Fall einer Erpressung nach § 253 unter den in § 253 Absatz 4 Satz 2 genannten Voraussetzungen, gewerbsmäßige Bandenhehlerei nach § 260a Absatz 1, besonders schwerer Fall der Geldwäsche nach § 261 unter den in § 261 Absatz 5 Satz 2 genannten Voraussetzungen, wenn die Vortat eine der in den Nummern 1 bis 8 genannten besonders schweren Straftaten ist,

i) gemeingefährliche Straftaten in den Fällen der §§ 306 bis 306c, 307 Absatz 1 bis 3, des § 308 Absatz 1 bis 3, des § 309 Absatz 1 bis 4, des § 310 Absatz 1, der §§ 313, 314, 315 Absatz 3, des § 315b Absatz 3 sowie der §§ 316a und 316c,

2. aus dem Aufenthaltsgesetz:

a) Einschleusen von Ausländern nach § 96 Absatz 2,

b) Einschleusen mit Todesfolge oder gewerbs- und bandenmäßiges Einschleusen nach § 97,

3. aus dem Außenwirtschaftsgesetz:
Straftaten nach § 17 Absatz 1 bis 3 und § 18 Absatz 7 und 8,

4. aus dem Betäubungsmittelgesetz:

a) besonders schwerer Fall einer Straftat nach § 29 Absatz 1 Satz 1 Nummer 1, 5, 6, 10, 11 oder 13, Absatz 3 unter der in § 29 Absatz 3 Satz 2 Nummer 1 genannten Voraussetzung,

b) eine Straftat nach den §§ 29a, 30 Absatz 1 Nummer 1, 2, 4, § 30a,

5. aus dem Grundstoffüberwachungsgesetz:
eine Straftat nach § 19 Absatz 1 unter den in § 19 Absatz 3 Satz 2 genannten Voraussetzungen,

6. aus dem Gesetz über die Kontrolle von Kriegswaffen:
   a) eine Straftat nach § 19 Absatz 2 oder § 20 Absatz 1, jeweils auch in Verbindung mit § 21,
   b) besonders schwerer Fall einer Straftat nach § 22a Absatz 1 in Verbindung mit Absatz 2,
7. aus dem Völkerstrafgesetzbuch:
   a) Völkermord nach § 6,
   b) Verbrechen gegen die Menschlichkeit nach § 7,
   c) Kriegsverbrechen nach den §§ 8 bis 12,
   d) Verbrechen der Aggression nach § 13,
8. aus dem Waffengesetz:
   a) besonders schwerer Fall einer Straftat nach § 51 Absatz 1 in Verbindung mit Absatz 2,
   b) besonders schwerer Fall einer Straftat nach § 52 Absatz 1 Nummer 1 in Verbindung mit Absatz 5.

(3) [1]Die Erhebung aller in einer Funkzelle angefallenen Verkehrsdaten (Funkzellenabfrage) ist nur zulässig,
1. wenn die Voraussetzungen des Absatzes 1 Satz 1 Nummer 1 erfüllt sind,
2. soweit die Erhebung der Daten in einem angemessenen Verhältnis zur Bedeutung der Sache steht und
3. soweit die Erforschung des Sachverhalts oder die Ermittlung des Aufenthaltsortes des Beschuldigten auf andere Weise aussichtslos oder wesentlich erschwert wäre.

[2]Auf nach § 176 des Telekommunikationsgesetzes gespeicherte Verkehrsdaten darf für eine Funkzellenabfrage nur unter den Voraussetzungen des Absatzes 2 zurückgegriffen werden.

(4) [1]Die Erhebung von Verkehrsdaten nach Absatz 2, auch in Verbindung mit Absatz 3 Satz 2, die sich gegen eine der in § 53 Absatz 1 Satz 1 Nummer 1 bis 5 genannten Personen richtet und die voraussichtlich Erkenntnisse erbringen würde, über die diese das Zeugnis verweigern dürfte, ist unzulässig. [2]Dennoch erlangte Erkenntnisse dürfen nicht verwendet werden. [3]Aufzeichnungen hierüber sind unverzüglich zu löschen. [4]Die Tatsache ihrer Erlangung und der Löschung der Aufzeichnungen ist aktenkundig zu machen. [5]Die Sätze 2 bis 4 gelten entsprechend, wenn durch eine Ermittlungsmaßnahme, die sich nicht gegen eine in § 53 Absatz 1 Satz 1 Nummer 1 bis 5 genannte Person richtet, von dieser Person Erkenntnisse erlangt werden, über die sie das Zeugnis verweigern dürfte. [6]§ 160a Absatz 3 und 4 gilt entsprechend.

(5) Erfolgt die Erhebung von Verkehrsdaten nicht beim Erbringer von Telekommunikationsdiensten, bestimmt sie sich nach Abschluss des Kommunikationsvorgangs nach den allgemeinen Vorschriften.

§ 100h Weitere Maßnahmen außerhalb von Wohnraum. (1) [1]Auch ohne Wissen der betroffenen Personen dürfen außerhalb von Wohnungen
1. Bildaufnahmen hergestellt werden,
2. sonstige besondere für Observationszwecke bestimmte technische Mittel verwendet werden,

wenn die Erforschung des Sachverhalts oder die Ermittlung des Aufenthaltsortes eines Beschuldigten auf andere Weise weniger erfolgversprechend oder erschwert wäre. [2]Eine Maßnahme nach Satz 1 Nr. 2 ist nur zulässig, wenn Gegenstand der Untersuchung eine Straftat von erheblicher Bedeutung ist.

(2) [1]Die Maßnahmen dürfen sich nur gegen einen Beschuldigten richten. [2]Gegen andere Personen sind

1. Maßnahmen nach Absatz 1 Nr. 1 nur zulässig, wenn die Erforschung des Sachverhalts oder die Ermittlung des Aufenthaltsortes eines Beschuldigten auf andere Weise erheblich weniger erfolgversprechend oder wesentlich erschwert wäre,
2. Maßnahmen nach Absatz 1 Nr. 2 nur zulässig, wenn auf Grund bestimmter Tatsachen anzunehmen ist, dass sie mit einem Beschuldigten in Verbindung stehen oder eine solche Verbindung hergestellt wird, die Maßnahme zur Erforschung des Sachverhalts oder zur Ermittlung des Aufenthaltsortes eines Beschuldigten führen wird und dies auf andere Weise aussichtslos oder wesentlich erschwert wäre.

(3) Die Maßnahmen dürfen auch durchgeführt werden, wenn Dritte unvermeidbar mitbetroffen werden.

(4) § 100d Absatz 1 und 2 gilt entsprechend.

§ 100i Technische Ermittlungsmaßnahmen bei Mobilfunkendgeräten. (1) Begründen bestimmte Tatsachen den Verdacht, dass jemand als Täter oder Teilnehmer eine Straftat von auch im Einzelfall erheblicher Bedeutung, insbesondere eine in § 100a Abs. 2 bezeichnete Straftat, begangen hat, in Fällen, in denen der Versuch strafbar ist, zu begehen versucht hat oder durch eine Straftat vorbereitet hat, so dürfen durch technische Mittel

1. die Gerätenummer eines Mobilfunkendgerätes und die Kartennummer der darin verwendeten Karte sowie
2. der Standort eines Mobilfunkendgerätes

ermittelt werden, soweit dies für die Erforschung des Sachverhalts oder die Ermittlung des Aufenthaltsortes des Beschuldigten erforderlich ist.

(2) [1]Personenbezogene Daten Dritter dürfen anlässlich solcher Maßnahmen nur erhoben werden, wenn dies aus technischen Gründen zur Erreichung des Zwecks nach Absatz 1 unvermeidbar ist. [2]Über den Datenabgleich zur Ermittlung der gesuchten Geräte- und Kartennummer hinaus dürfen sie nicht verwendet werden und sind nach Beendigung der Maßnahme unverzüglich zu löschen.

(3) [1]§ 100a Abs. 3 und § 100e Absatz 1 Satz 1 bis 3, Absatz 3 Satz 1 und Absatz 5 Satz 1 gelten entsprechend. [2]Die Anordnung ist auf höchstens sechs Monate zu befristen. [3]Eine Verlängerung um jeweils nicht mehr als sechs weitere Monate ist zulässig, soweit die in Absatz 1 bezeichneten Voraussetzungen fortbestehen.

§ 100j Bestandsdatenauskunft. (1) [1]Soweit dies für die Erforschung des Sachverhalts oder die Ermittlung des Aufenthaltsortes eines Beschuldigten erforderlich ist, darf Auskunft verlangt werden

1. über Bestandsdaten gemäß § 3 Nummer 6 des Telekommunikationsgesetzes[1] und über die nach § 172 des Telekommunikationsgesetzes erhobenen Daten (§ 174 Absatz 1 Satz 1 des Telekommunikationsgesetzes) von demjenigen, der geschäftsmäßig Telekommunikationsdienste erbringt oder daran mitwirkt, und
2. über Bestandsdaten gemäß § 2 Absatz 2 Nummer 2 des Telekommunikation-Digitale-Dienste-Datenschutz-Gesetzes[2] (§ 22 Absatz 1 Satz 1 des Telekommunikation-Digitale-Dienste-Datenschutz-Gesetzes[2]) von demjenigen, der geschäftsmäßig eigene oder fremde digitale Dienste zur Nutzung bereithält oder den Zugang zur Nutzung vermittelt.

²Bezieht sich das Auskunftsverlangen nach Satz 1 Nummer 1 auf Daten, mittels derer der Zugriff auf Endgeräte oder auf Speichereinrichtungen, die in diesen Endgeräten oder hiervon räumlich getrennt eingesetzt werden, geschützt wird (§ 174 Absatz 1 Satz 2 des Telekommunikationsgesetzes), darf die Auskunft nur verlangt werden, wenn die gesetzlichen Voraussetzungen für die Nutzung der Daten vorliegen. ³Bezieht sich das Auskunftsverlangen nach Satz 1 Nummer 2 auf als Bestandsdaten erhobene Passwörter oder andere Daten, mittels derer der Zugriff auf Endgeräte oder auf Speichereinrichtungen, die in diesen Endgeräten oder hiervon räumlich getrennt eingesetzt werden, geschützt wird (§ 23 des Telekommunikation-Digitale-Dienste-Datenschutz-Gesetzes[2]), darf die Auskunft nur verlangt werden, wenn die gesetzlichen Voraussetzungen für ihre Nutzung zur Verfolgung einer besonders schweren Straftat nach § 100b Absatz 2 Nummer 1 Buchstabe a, c, e, f, g, h oder m, Nummer 3 Buchstabe b erste Alternative oder Nummer 5, 5a, 5b, 6, 9 oder 10 vorliegen.

(2) ¹Die Auskunft nach Absatz 1 darf auch anhand einer zu einem bestimmten Zeitpunkt zugewiesenen Internetprotokoll-Adresse verlangt werden (§ 174 Absatz 1 Satz 3, § 177 Absatz 1 Nummer 3 des Telekommunikationsgesetzes und § 22 Absatz 1 Satz 3 und 4 des Telekommunikation-Digitale-Dienste-Datenschutz-Gesetzes[2]). ²Das Vorliegen der Voraussetzungen für ein Auskunftsverlangen nach Satz 1 ist aktenkundig zu machen.

(3) ¹Auskunftsverlangen nach Absatz 1 Satz 2 und 3 dürfen nur auf Antrag der Staatsanwaltschaft durch das Gericht angeordnet werden. ²Im Fall von Auskunftsverlangen nach Absatz 1 Satz 2 kann die Anordnung bei Gefahr im Verzug auch durch die Staatsanwaltschaft oder ihre Ermittlungspersonen (§ 152 des Gerichtsverfassungsgesetzes) getroffen werden. ³In diesem Fall ist die gerichtliche Entscheidung unverzüglich nachzuholen. ⁴Die Sätze 1 bis 3 finden bei Auskunftsverlangen nach Absatz 1 Satz 2 keine Anwendung, wenn die betroffene Person vom Auskunftsverlangen bereits Kenntnis hat oder haben muss oder wenn die Nutzung der Daten bereits durch eine gerichtliche Entscheidung gestattet wird. ⁵Das Vorliegen der Voraussetzungen nach Satz 4 ist aktenkundig zu machen.

(4) ¹Die betroffene Person ist in den Fällen des Absatzes 1 Satz 2 und 3 und des Absatzes 2 über die Beauskunftung zu benachrichtigen. ²Die Benachrichtigung erfolgt, soweit und sobald hierdurch der Zweck der Auskunft nicht vereitelt wird. ³Sie unterbleibt, wenn ihr überwiegende schutzwürdige Belange Dritter oder der betroffenen Person selbst entgegenstehen. ⁴Wird die Benach-

[1] Nr. **15**.
[2] Nr. **14**.

richtigung nach Satz 2 zurückgestellt oder nach Satz 3 von ihr abgesehen, sind die Gründe aktenkundig zu machen.

(5) [1] Auf Grund eines Auskunftsverlangens nach Absatz 1 oder 2 hat derjenige, der geschäftsmäßig Telekommunikationsdienste oder *Telemediendienste*[1)] erbringt oder daran mitwirkt, die zur Auskunftserteilung erforderlichen Daten unverzüglich zu übermitteln. [2] § 95 Absatz 2 gilt entsprechend.

§ 101 Verfahrensregelungen bei verdeckten Maßnahmen. (1) Für Maßnahmen nach den §§ 98a, 99, 100a bis 100f, 100h, 100i, 110a, 163d bis 163g gelten, soweit nichts anderes bestimmt ist, die nachstehenden Regelungen.

(2) [1] Entscheidungen und sonstige Unterlagen über Maßnahmen nach den §§ 100b, 100c, 100f, 100h Abs. 1 Nr. 2 und § 110a werden bei der Staatsanwaltschaft verwahrt. [2] Zu den Akten sind sie erst zu nehmen, wenn die Voraussetzungen für eine Benachrichtigung nach Absatz 5 erfüllt sind.

(3) [1] Personenbezogene Daten, die durch Maßnahmen nach Absatz 1 erhoben wurden, sind entsprechend zu kennzeichnen. [2] Nach einer Übermittlung an eine andere Stelle ist die Kennzeichnung durch diese aufrechtzuerhalten.

(4) [1] Von den in Absatz 1 genannten Maßnahmen sind im Falle
1. des § 98a die betroffenen Personen, gegen die nach Auswertung der Daten weitere Ermittlungen geführt wurden,
2. des § 99 der Absender und der Adressat der Postsendung,
3. des § 100a die Beteiligten der überwachten Telekommunikation,
4. des § 100b die Zielperson sowie die erheblich mitbetroffenen Personen,
5. des § 100c
   a) der Beschuldigte, gegen den sich die Maßnahme richtete,
   b) sonstige überwachte Personen,
   c) Personen, die die überwachte Wohnung zur Zeit der Durchführung der Maßnahme innehatten oder bewohnten,
6. des § 100f die Zielperson sowie die erheblich mitbetroffenen Personen,
7. des § 100h Abs. 1 die Zielperson sowie die erheblich mitbetroffenen Personen,
8. des § 100i die Zielperson,
9. des § 110a
   a) die Zielperson,
   b) die erheblich mitbetroffenen Personen,
   c) die Personen, deren nicht allgemein zugängliche Wohnung der Verdeckte Ermittler betreten hat,
10. des § 163d die betroffenen Personen, gegen die nach Auswertung der Daten weitere Ermittlungen geführt wurden,
11. des § 163e die Zielperson und die Person, deren personenbezogene Daten gemeldet worden sind,
12. des § 163f die Zielperson sowie die erheblich mitbetroffenen Personen,
13. des § 163g die Zielperson

[1)] Nach den Änd. durch G v. 6.5.2024 (BGBl. 2024 I Nr. 149) ab 14.5.2024 wohl richtig: „digitale Dienste".

zu benachrichtigen. [2]Dabei ist auf die Möglichkeit nachträglichen Rechtsschutzes nach Absatz 7 und die dafür vorgesehene Frist hinzuweisen. [3]Die Benachrichtigung unterbleibt, wenn ihr überwiegende schutzwürdige Belange einer betroffenen Person entgegenstehen. [4]Zudem kann die Benachrichtigung einer in Satz 1 Nummer 2 und 3 bezeichneten Person, gegen die sich die Maßnahme nicht gerichtet hat, unterbleiben, wenn diese von der Maßnahme nur unerheblich betroffen wurde und anzunehmen ist, dass sie kein Interesse an einer Benachrichtigung hat. [5]Nachforschungen zur Feststellung der Identität einer in Satz 1 bezeichneten Person sind nur vorzunehmen, wenn dies unter Berücksichtigung der Eingriffsintensität der Maßnahme gegenüber dieser Person, des Aufwands für die Feststellung ihrer Identität sowie der daraus für diese oder andere Personen folgenden Beeinträchtigungen geboten ist.

(5) [1]Die Benachrichtigung erfolgt, sobald dies ohne Gefährdung des Untersuchungszwecks, des Lebens, der körperlichen Unversehrtheit und der persönlichen Freiheit einer Person und von bedeutenden Vermögenswerten, im Fall des § 110a auch der Möglichkeit der weiteren Verwendung des Verdeckten Ermittlers möglich ist. [2]Wird die Benachrichtigung nach Satz 1 zurückgestellt, sind die Gründe aktenkundig zu machen.

(6) [1]Erfolgt die nach Absatz 5 zurückgestellte Benachrichtigung nicht binnen zwölf Monaten nach Beendigung der Maßnahme, bedürfen weitere Zurückstellungen der gerichtlichen Zustimmung. [2]Das Gericht bestimmt die Dauer weiterer Zurückstellungen. [3]Es kann dem endgültigen Absehen von der Benachrichtigung zustimmen, wenn die Voraussetzungen für eine Benachrichtigung mit an Sicherheit grenzender Wahrscheinlichkeit auch in Zukunft nicht eintreten werden. [4]Sind mehrere Maßnahmen in einem engen zeitlichen Zusammenhang durchgeführt worden, so beginnt die in Satz 1 genannte Frist mit der Beendigung der letzten Maßnahme. [5]Bei Maßnahmen nach den §§ 100b und 100c beträgt die in Satz 1 genannte Frist sechs Monate.

(7) [1]Gerichtliche Entscheidungen nach Absatz 6 trifft das für die Anordnung der Maßnahme zuständige Gericht, im Übrigen das Gericht am Sitz der zuständigen Staatsanwaltschaft. [2]Die in Absatz 4 Satz 1 genannten Personen können bei dem nach Satz 1 zuständigen Gericht auch nach Beendigung der Maßnahme bis zu zwei Wochen nach ihrer Benachrichtigung die Überprüfung der Rechtmäßigkeit der Maßnahme sowie der Art und Weise ihres Vollzugs beantragen. [3]Gegen die Entscheidung ist die sofortige Beschwerde statthaft. [4]Ist die öffentliche Klage erhoben und der Angeklagte benachrichtigt worden, entscheidet über den Antrag das mit der Sache befasste Gericht in der das Verfahren abschließenden Entscheidung.

(8) [1]Sind die durch die Maßnahme erlangten personenbezogenen Daten zur Strafverfolgung und für eine etwaige gerichtliche Überprüfung der Maßnahme nicht mehr erforderlich, so sind sie unverzüglich zu löschen. [2]Die Löschung ist aktenkundig zu machen. [3]Soweit die Löschung lediglich für eine etwaige gerichtliche Überprüfung der Maßnahme zurückgestellt ist, dürfen die Daten ohne Einwilligung der betroffenen Personen nur zu diesem Zweck verwendet werden; ihre Verarbeitung ist entsprechend einzuschränken.

§ 101a Gerichtliche Entscheidung; Datenkennzeichnung und -auswertung; Benachrichtigungspflichten bei Verkehrs- und Nutzungsdaten. (1) [1]Bei Erhebungen von Verkehrsdaten nach § 100g gelten § 100a Absatz 3 und 4 und § 100e entsprechend mit der Maßgabe, dass

1. in der Entscheidungsformel nach § 100e Absatz 3 Satz 2 auch die zu übermittelnden Daten und der Zeitraum, für den sie übermittelt werden sollen, eindeutig anzugeben sind,
2. der nach § 100a Absatz 4 Satz 1 zur Auskunft Verpflichtete auch mitzuteilen hat, welche der von ihm übermittelten Daten nach § 176 des Telekommunikationsgesetzes[1] gespeichert wurden.

[2] In den Fällen des § 100g Absatz 2, auch in Verbindung mit § 100g Absatz 3 Satz 2, findet abweichend von Satz 1 § 100e Absatz 1 Satz 2 keine Anwendung. [3] Bei Funkzellenabfragen nach § 100g Absatz 3 genügt abweichend von § 100e Absatz 3 Satz 2 Nummer 5 eine räumlich und zeitlich eng begrenzte und hinreichend bestimmte Bezeichnung der Telekommunikation.

(1a) Bei der Erhebung und Beauskunftung von Nutzungsdaten eines digitalen Dienstes nach § 1 Absatz 4 Nummer 1 des Digitale-Dienste-Gesetzes[2] nach § 100k gilt § 100a Absatz 3 und 4, bei der Erhebung von Nutzungsdaten nach § 100k Absatz 1 und 2 zudem § 100e Absatz 1 und 3 bis 5 entsprechend mit der Maßgabe, dass in der Entscheidungsformel nach § 100e Absatz 3 Satz 2 an die Stelle der Rufnummer (§ 100e Absatz 3 Satz 2 Nummer 5), soweit möglich eine eindeutige Kennung des Nutzerkontos des Betroffenen, ansonsten eine möglichst genaue Bezeichnung des digitalen Dienstes nach § 1 Absatz 4 Nummer 1 des Digitale-Dienste-Gesetzes tritt, auf den sich das Auskunftsverlangen bezieht.

(2) Wird eine Maßnahme nach § 100g oder § 100k Absatz 1 oder Absatz 2 angeordnet oder verlängert, sind in der Begründung einzelfallbezogen insbesondere die wesentlichen Erwägungen zur Erforderlichkeit und Angemessenheit der Maßnahme, auch hinsichtlich des Umfangs der zu erhebenden Daten und des Zeitraums, für den sie erhoben werden sollen, darzulegen.

(3) [1] Personenbezogene Daten, die durch Maßnahmen nach § 100g oder § 100k Absatz 1 oder Absatz 2 erhoben wurden, sind entsprechend zu kennzeichnen und unverzüglich auszuwerten. [2] Bei der Kennzeichnung ist erkennbar zu machen, ob es sich um Daten handelt, die nach § 176 des Telekommunikationsgesetzes gespeichert waren. [3] Nach einer Übermittlung an eine andere Stelle ist die Kennzeichnung durch diese aufrechtzuerhalten. [4] Für die Löschung personenbezogener Daten gilt § 101 Absatz 8 entsprechend.

(4) [1] Verwertbare personenbezogene Daten, die durch Maßnahmen nach § 100g Absatz 2, auch in Verbindung mit § 100g Absatz 1 Satz 3 oder Absatz 3 Satz 2, erhoben wurden, dürfen ohne Einwilligung der Beteiligten der betroffenen Telekommunikation nur für folgende andere Zwecke und nur nach folgenden Maßgaben verwendet werden:

1. in anderen Strafverfahren zur Aufklärung einer Straftat, auf Grund derer eine Maßnahme nach § 100g Absatz 2, auch in Verbindung mit § 100g Absatz 1 Satz 3 oder Absatz 3 Satz 2, angeordnet werden könnte, oder zur Ermittlung des Aufenthalts der einer solchen Straftat beschuldigten Person,
2. Übermittlung zu Zwecken der Abwehr von konkreten Gefahren für Leib, Leben oder Freiheit einer Person oder für den Bestand des Bundes oder eines Landes (§ 177 Absatz 1 Nummer 2 des Telekommunikationsgesetzes).

---

[1] Nr. **15**.
[2] Nr. **13**.

[2]Die Stelle, die die Daten weiterleitet, macht die Weiterleitung und deren Zweck aktenkundig. [3]Sind die Daten nach Satz 1 Nummer 2 nicht mehr zur Abwehr der Gefahr oder nicht mehr für eine vorgerichtliche oder gerichtliche Überprüfung der zur Gefahrenabwehr getroffenen Maßnahmen erforderlich, so sind Aufzeichnungen über diese Daten von der für die Gefahrenabwehr zuständigen Stelle unverzüglich zu löschen. [4]Die Löschung ist aktenkundig zu machen. [5]Soweit die Löschung lediglich für eine etwaige vorgerichtliche oder gerichtliche Überprüfung zurückgestellt ist, dürfen die Daten nur für diesen Zweck verwendet werden; für eine Verwendung zu anderen Zwecken sind sie zu sperren.

(5) Sind verwertbare personenbezogene Daten, die nach § 176 des Telekommunikationsgesetzes gespeichert waren, durch eine entsprechende polizeirechtliche Maßnahme erlangt worden, dürfen sie in einem Strafverfahren ohne Einwilligung der Beteiligten der betroffenen Telekommunikation nur zur Aufklärung einer Straftat, auf Grund derer eine Maßnahme nach § 100g Absatz 2, auch in Verbindung mit Absatz 3 Satz 2, angeordnet werden könnte, oder zur Ermittlung des Aufenthalts der einer solchen Straftat beschuldigten Person verwendet werden.

(6) [1]Die Beteiligten der betroffenen Telekommunikation und die betroffenen Nutzer des digitalen Dienstes nach § 1 Absatz 4 Nummer 1 des Digitale-Dienste-Gesetzes sind von der Erhebung der Verkehrsdaten nach § 100g oder der Nutzungsdaten nach § 100k Absatz 1 und 2 zu benachrichtigen. [2]§ 101 Absatz 4 Satz 2 bis 5 und Absatz 5 bis 7 gilt entsprechend mit der Maßgabe, dass

1. das Unterbleiben der Benachrichtigung nach § 101 Absatz 4 Satz 3 der Anordnung des zuständigen Gerichts bedarf;
2. abweichend von § 101 Absatz 6 Satz 1 die Zurückstellung der Benachrichtigung nach § 101 Absatz 5 Satz 1 stets der Anordnung des zuständigen Gerichts bedarf und eine erstmalige Zurückstellung auf höchstens zwölf Monate zu befristen ist.

(7) [1]Die betroffene Person ist in den Fällen des § 100k Absatz 3 über die Beauskunftung zu benachrichtigen. [2]Die Benachrichtigung erfolgt, soweit und sobald hierdurch der Zweck der Beauskunftung nicht vereitelt wird. [3]Sie unterbleibt, wenn ihr überwiegende schutzwürdige Belange Dritter oder der betroffenen Person selbst entgegenstehen. [4]Wird die Benachrichtigung nach Satz 2 zurückgestellt oder nach Satz 3 von ihr abgesehen, sind die Gründe aktenkundig zu machen.

§ 101b Statistische Erfassung; Berichtspflichten. (1) [1]Die Länder und der Generalbundesanwalt berichten dem Bundesamt für Justiz kalenderjährlich jeweils bis zum 30. Juni des dem Berichtsjahr folgenden Jahres über in ihrem Zuständigkeitsbereich angeordnete Maßnahmen nach den §§ 100a, 100b, 100c, 100g und 100k Absatz 1 und 2. [2]Das Bundesamt für Justiz erstellt eine Übersicht zu den im Berichtsjahr bundesweit angeordneten Maßnahmen und veröffentlicht diese im Internet. [3]Über die im jeweils vorangegangenen Kalenderjahr nach § 100c angeordneten Maßnahmen berichtet die Bundesregierung dem Deutschen Bundestag vor der Veröffentlichung im Internet.

(2) In den Übersichten über Maßnahmen nach § 100a sind anzugeben:
1. die Anzahl der Verfahren, in denen Maßnahmen nach § 100a Absatz 1 angeordnet worden sind;
2. die Anzahl der Überwachungsanordnungen nach § 100a Absatz 1, unterschieden nach Erst- und Verlängerungsanordnungen;
3. die jeweils zugrunde liegende Anlassstraftat nach der Unterteilung in § 100a Absatz 2;
4. die Anzahl der Verfahren, in denen ein Eingriff in ein von dem Betroffenen genutztes informationstechnisches System nach § 100a Absatz 1 Satz 2 und 3
   a) im richterlichen Beschluss angeordnet wurde und
   b) tatsächlich durchgeführt wurde.

(3) In den Übersichten über Maßnahmen nach § 100b sind anzugeben:
1. die Anzahl der Verfahren, in denen Maßnahmen nach § 100b Absatz 1 angeordnet worden sind;
2. die Anzahl der Überwachungsanordnungen nach § 100b Absatz 1, unterschieden nach Erst- und Verlängerungsanordnungen;
3. die jeweils zugrunde liegende Anlassstraftat nach Maßgabe der Unterteilung in § 100b Absatz 2;
4. die Anzahl der Verfahren, in denen ein Eingriff in ein vom Betroffenen genutztes informationstechnisches System tatsächlich durchgeführt wurde.

(4) In den Berichten über Maßnahmen nach § 100c sind anzugeben:
1. die Anzahl der Verfahren, in denen Maßnahmen nach § 100c Absatz 1 angeordnet worden sind;
2. die jeweils zugrunde liegende Anlassstraftat nach Maßgabe der Unterteilung in § 100b Absatz 2;
3. ob das Verfahren einen Bezug zur Verfolgung organisierter Kriminalität aufweist;
4. die Anzahl der überwachten Objekte je Verfahren nach Privatwohnungen und sonstigen Wohnungen sowie nach Wohnungen des Beschuldigten und Wohnungen dritter Personen;
5. die Anzahl der überwachten Personen je Verfahren nach Beschuldigten und nichtbeschuldigten Personen;
6. die Dauer der einzelnen Überwachung nach Dauer der Anordnung, Dauer der Verlängerung und Abhördauer;
7. wie häufig eine Maßnahme nach § 100d Absatz 4, § 100e Absatz 5 unterbrochen oder abgebrochen worden ist;
8. ob eine Benachrichtigung der betroffenen Personen (§ 101 Absatz 4 bis 6) erfolgt ist oder aus welchen Gründen von einer Benachrichtigung abgesehen worden ist;
9. ob die Überwachung Ergebnisse erbracht hat, die für das Verfahren relevant sind oder voraussichtlich relevant sein werden;
10. ob die Überwachung Ergebnisse erbracht hat, die für andere Strafverfahren relevant sind oder voraussichtlich relevant sein werden;
11. wenn die Überwachung keine relevanten Ergebnisse erbracht hat: die Gründe hierfür, differenziert nach technischen Gründen und sonstigen Gründen;

12. die Kosten der Maßnahme, differenziert nach Kosten für Übersetzungsdienste und sonstigen Kosten.

(5) In den Übersichten über Maßnahmen nach § 100g sind anzugeben:

1. unterschieden nach Maßnahmen nach § 100g Absatz 1, 2 und 3
   a) die Anzahl der Verfahren, in denen diese Maßnahmen durchgeführt wurden;
   b) die Anzahl der Erstanordnungen, mit denen diese Maßnahmen angeordnet wurden;
   c) die Anzahl der Verlängerungsanordnungen, mit denen diese Maßnahmen angeordnet wurden;
2. untergliedert nach der Anzahl der zurückliegenden Wochen, für die die Erhebung von Verkehrsdaten angeordnet wurde, jeweils bemessen ab dem Zeitpunkt der Anordnung
   a) die Anzahl der Anordnungen nach § 100g Absatz 1;
   b) die Anzahl der Anordnungen nach § 100g Absatz 2;
   c) die Anzahl der Anordnungen nach § 100g Absatz 3;
   d) die Anzahl der Anordnungen, die teilweise ergebnislos geblieben sind, weil die abgefragten Daten teilweise nicht verfügbar waren;
   e) die Anzahl der Anordnungen, die ergebnislos geblieben sind, weil keine Daten verfügbar waren.

(6) In den Übersichten über Maßnahmen nach § 100k sind jeweils unterschieden nach Maßnahmen nach den Absätzen 1 und 2 anzugeben:

1. die Anzahl der Verfahren, in denen Maßnahmen angeordnet worden sind;
2. die Anzahl der Anordnungen, unterschieden nach Erst- und Verlängerungsanordnungen;
3. untergliedert nach der Anzahl der zurückliegenden Wochen, für die die Erhebung von Nutzungsdaten angeordnet wurde, jeweils bemessen ab dem Zeitpunkt der Anordnung
   a) die Anzahl der Anordnungen, die teilweise ergebnislos geblieben sind, weil die abgefragten Daten teilweise nicht verfügbar waren;
   b) die Anzahl der Anordnungen, die ergebnislos geblieben sind, weil keine Daten verfügbar waren.

§ 110 Durchsicht von Papieren und elektronischen Speichermedien.

(1) Die Durchsicht der Papiere des von der Durchsuchung Betroffenen steht der Staatsanwaltschaft und auf deren Anordnung ihren Ermittlungspersonen (§ 152 des Gerichtsverfassungsgesetzes) zu.

(2) [1] Im Übrigen sind Beamte zur Durchsicht der aufgefundenen Papiere nur dann befugt, wenn der Inhaber die Durchsicht genehmigt. [2] Andernfalls haben sie die Papiere, deren Durchsicht sie für geboten erachten, in einem Umschlag, der in Gegenwart des Inhabers mit dem Amtssiegel zu verschließen ist, an die Staatsanwaltschaft abzuliefern.

(3) [1] Nach Maßgabe der Absätze 1 und 2 ist auch die Durchsicht von elektronischen Speichermedien bei dem von der Durchsuchung Betroffenen zulässig. [2] Diese Durchsicht darf auch auf hiervon räumlich getrennte Speichermedien erstreckt werden, soweit auf sie von dem elektronischen Speichermedium aus zugegriffen werden kann, wenn andernfalls der Verlust der gesuchten

Daten zu befürchten ist. [3]Daten, die für die Untersuchung von Bedeutung sein können, dürfen gesichert werden.

(4) Werden Papiere zur Durchsicht mitgenommen oder Daten vorläufig gesichert, gelten die §§ 95a und 98 Absatz 2 entsprechend.

§ 110a Verdeckter Ermittler. (1) [1]Verdeckte Ermittler dürfen zur Aufklärung von Straftaten eingesetzt werden, wenn zureichende tatsächliche Anhaltspunkte dafür vorliegen, daß eine Straftat von erheblicher Bedeutung

1. auf dem Gebiet des unerlaubten Betäubungsmittel- oder Waffenverkehrs, der Geld- oder Wertzeichenfälschung,
2. auf dem Gebiet des Staatsschutzes (§§ 74a, 120 des Gerichtsverfassungsgesetzes),
3. gewerbs- oder gewohnheitsmäßig oder
4. von einem Bandenmitglied oder in anderer Weise organisiert

begangen worden ist. [2]Zur Aufklärung von Verbrechen dürfen Verdeckte Ermittler auch eingesetzt werden, soweit auf Grund bestimmter Tatsachen die Gefahr der Wiederholung besteht. [3]Der Einsatz ist nur zulässig, soweit die Aufklärung auf andere Weise aussichtslos oder wesentlich erschwert wäre. [4]Zur Aufklärung von Verbrechen dürfen Verdeckte Ermittler außerdem eingesetzt werden, wenn die besondere Bedeutung der Tat den Einsatz gebietet und andere Maßnahmen aussichtslos wären. [5]§ 100d Absatz 1 und 2 gilt entsprechend.

(2) [1]Verdeckte Ermittler sind Beamte des Polizeidienstes, die unter einer ihnen verliehenen, auf Dauer angelegten, veränderten Identität (Legende) ermitteln. [2]Sie dürfen unter der Legende am Rechtsverkehr teilnehmen.

(3) Soweit es für den Aufbau oder die Aufrechterhaltung der Legende unerläßlich ist, dürfen entsprechende Urkunden hergestellt, verändert und gebraucht werden.

§ 110b Verfahren beim Einsatz eines Verdeckten Ermittlers. (1) [1]Der Einsatz eines Verdeckten Ermittlers ist erst nach Zustimmung der Staatsanwaltschaft zulässig. [2]Besteht Gefahr im Verzug und kann die Entscheidung der Staatsanwaltschaft nicht rechtzeitig eingeholt werden, so ist sie unverzüglich herbeizuführen; die Maßnahme ist zu beenden, wenn nicht die Staatsanwaltschaft binnen drei Werktagen zustimmt. [3]Die Zustimmung ist schriftlich zu erteilen und zu befristen. [4]Eine Verlängerung ist zulässig, solange die Voraussetzungen für den Einsatz fortbestehen.

(2) [1]Einsätze,

1. die sich gegen einen bestimmten Beschuldigten richten oder
2. bei denen der Verdeckte Ermittler eine Wohnung betritt, die nicht allgemein zugänglich ist,

bedürfen der Zustimmung des Gerichts. [2]Bei Gefahr im Verzug genügt die Zustimmung der Staatsanwaltschaft. [3]Kann die Entscheidung der Staatsanwaltschaft nicht rechtzeitig eingeholt werden, so ist sie unverzüglich herbeizuführen. [4]Die Maßnahme ist zu beenden, wenn nicht das Gericht binnen drei Werktagen zustimmt. [5]Absatz 1 Satz 3 und 4 gilt entsprechend.

(3) [1]Die Identität des Verdeckten Ermittlers kann auch nach Beendigung des Einsatzes geheimgehalten werden. [2]Die Staatsanwaltschaft und das Gericht, die

für die Entscheidung über die Zustimmung zu dem Einsatz zuständig sind, können verlangen, daß die Identität ihnen gegenüber offenbart wird. [3] Im übrigen ist in einem Strafverfahren die Geheimhaltung der Identität nach Maßgabe des § 96 zulässig, insbesondere dann, wenn Anlaß zu der Besorgnis besteht, daß die Offenbarung Leben, Leib oder Freiheit des Verdeckten Ermittlers oder einer anderen Person oder die Möglichkeit der weiteren Verwendung des Verdeckten Ermittlers gefährden würde.

§ 110c Befugnisse des Verdeckten Ermittlers. [1] Verdeckte Ermittler dürfen unter Verwendung ihrer Legende eine Wohnung mit dem Einverständnis des Berechtigten betreten. [2] Das Einverständnis darf nicht durch ein über die Nutzung der Legende hinausgehendes Vortäuschen eines Zutrittsrechts herbeigeführt werden. [3] Im übrigen richten sich die Befugnisse des Verdeckten Ermittlers nach diesem Gesetz und anderen Rechtsvorschriften.

§ 110d Besonderes Verfahren bei Einsätzen zur Ermittlung von Straftaten nach den §§ 176e und 184b des Strafgesetzbuches. [1] Einsätze, bei denen entsprechend § 176e Absatz 5 oder § 184b Absatz 6 des Strafgesetzbuches Handlungen im Sinne des § 176e Absatz 1 und 3 oder § 184b Absatz 1 Satz 1 Nummer 1, 2 und 4 sowie Satz 2 des Strafgesetzbuches vorgenommen werden, bedürfen der Zustimmung des Gerichts. [2] In dem Antrag ist darzulegen, dass die handelnden Polizeibeamten auf den Einsatz umfassend vorbereitet wurden. [3] Bei Gefahr im Verzug genügt die Zustimmung der Staatsanwaltschaft. [4] Die Maßnahme ist zu beenden, wenn nicht das Gericht binnen drei Werktagen zustimmt. [5] Die Zustimmung ist schriftlich zu erteilen und zu befristen. [6] Eine Verlängerung ist zulässig, solange die Voraussetzungen für den Einsatz fortbestehen.

§ 110e *(aufgehoben)*

Zweites Buch. Verfahren im ersten Rechtszug

Zweiter Abschnitt. Vorbereitung der öffentlichen Klage

§ 161 Allgemeine Ermittlungsbefugnis der Staatsanwaltschaft.

(1) [1] Zu dem in § 160 Abs. 1 bis 3 bezeichneten Zweck ist die Staatsanwaltschaft befugt, von allen Behörden Auskunft zu verlangen und Ermittlungen jeder Art entweder selbst vorzunehmen oder durch die Behörden und Beamten des Polizeidienstes vornehmen zu lassen, soweit nicht andere gesetzliche Vorschriften ihre Befugnisse besonders regeln. [2] Die Behörden und Beamten des Polizeidienstes sind verpflichtet, dem Ersuchen oder Auftrag der Staatsanwaltschaft zu genügen, und in diesem Falle befugt, von allen Behörden Auskunft zu verlangen.

(2) Soweit in diesem Gesetz die Löschung personenbezogener Daten ausdrücklich angeordnet wird, ist § 58 Absatz 3 des Bundesdatenschutzgesetzes[1)] nicht anzuwenden.

(3) [1] Ist eine Maßnahme nach diesem Gesetz nur bei Verdacht bestimmter Straftaten zulässig, so dürfen die auf Grund einer entsprechenden Maßnahme nach anderen Gesetzen erlangten personenbezogenen Daten ohne Einwilligung

---

1) Nr. **11**.

der von der Maßnahme betroffenen Personen zu Beweiszwecken im Strafverfahren nur zur Aufklärung solcher Straftaten verwendet werden, zu deren Aufklärung eine solche Maßnahme nach diesem Gesetz hätte angeordnet werden dürfen. [2] § 100e Absatz 6 Nummer 3 bleibt unberührt.

(4) In oder aus einer Wohnung erlangte personenbezogene Daten aus einem Einsatz technischer Mittel zur Eigensicherung im Zuge nicht offener Ermittlungen auf polizeirechtlicher Grundlage dürfen unter Beachtung des Grundsatzes der Verhältnismäßigkeit zu Beweiszwecken nur verwendet werden (Artikel 13 Abs. 5 des Grundgesetzes[1)]), wenn das Amtsgericht (§ 162 Abs. 1), in dessen Bezirk die anordnende Stelle ihren Sitz hat, die Rechtmäßigkeit der Maßnahme festgestellt hat; bei Gefahr im Verzug ist die richterliche Entscheidung unverzüglich nachzuholen.

§ 163d Speicherung und Abgleich von Daten aus Kontrollen.

(1) [1] Begründen bestimmte Tatsachen den Verdacht, daß

1. eine der in § 111 bezeichneten Straftaten
   oder
2. eine der in § 100a Abs. 2 Nr. 6 bis 9 und 11 bezeichneten Straftaten

begangen worden ist, so dürfen die anläßlich einer grenzpolizeilichen Kontrolle, im Falle der Nummer 1 auch die bei einer Personenkontrolle nach § 111 anfallenden Daten über die Identität von Personen sowie Umstände, die für die Aufklärung der Straftat oder für die Ergreifung des Täters von Bedeutung sein können, in einem Dateisystem gespeichert werden, wenn Tatsachen die Annahme rechtfertigen, daß die Auswertung der Daten zur Ergreifung des Täters oder zur Aufklärung der Straftat führen kann und die Maßnahme nicht außer Verhältnis zur Bedeutung der Sache steht. [2] Dies gilt auch, wenn im Falle des Satzes 1 Pässe und Personalausweise automatisch gelesen werden. [3] Die Übermittlung der Daten ist nur an Strafverfolgungsbehörden zulässig.

(2) [1] Maßnahmen der in Absatz 1 bezeichneten Art dürfen nur durch den Richter, bei Gefahr im Verzug auch durch die Staatsanwaltschaft und ihre Ermittlungspersonen (§ 152 des Gerichtsverfassungsgesetzes) angeordnet werden. [2] Hat die Staatsanwaltschaft oder eine ihrer Ermittlungspersonen die Anordnung getroffen, so beantragt die Staatsanwaltschaft unverzüglich die richterliche Bestätigung der Anordnung. [3] § 100e Absatz 1 Satz 3 gilt entsprechend.

(3) [1] Die Anordnung ergeht schriftlich. [2] Sie muß die Personen, deren Daten gespeichert werden sollen, nach bestimmten Merkmalen oder Eigenschaften so genau bezeichnen, wie dies nach der zur Zeit der Anordnung vorhandenen Kenntnis von dem oder den Tatverdächtigen möglich ist. [3] Art und Dauer der Maßnahmen sind festzulegen. [4] Die Anordnung ist räumlich zu begrenzen und auf höchstens drei Monate zu befristen. [5] Eine einmalige Verlängerung um nicht mehr als drei weitere Monate ist zulässig, soweit die in Absatz 1 bezeichneten Voraussetzungen fortbestehen.

(4) [1] Liegen die Voraussetzungen für den Erlaß der Anordnung nicht mehr vor oder ist der Zweck der sich aus der Anordnung ergebenden Maßnahmen erreicht, so sind diese unverzüglich zu beenden. [2] Die durch die Maßnahmen erlangten personenbezogenen Daten sind unverzüglich zu löschen, sobald sie für das Strafverfahren nicht oder nicht mehr benötigt werden; eine Speiche-

---

1) Nr. **19**.

rung, die die Laufzeit der Maßnahmen (Absatz 3) um mehr als drei Monate überschreitet, ist unzulässig. [3] Über die Löschung ist die Staatsanwaltschaft zu unterrichten.

§ 163g Automatische Kennzeichenerfassung. (1) [1] Örtlich begrenzt dürfen im öffentlichen Verkehrsraum ohne das Wissen der betroffenen Personen Kennzeichen von Kraftfahrzeugen sowie Ort, Datum, Uhrzeit und Fahrtrichtung durch den Einsatz technischer Mittel automatisch erhoben werden, wenn zureichende tatsächliche Anhaltspunkte dafür vorliegen, dass eine Straftat von erheblicher Bedeutung begangen worden ist, und die Annahme gerechtfertigt ist, dass diese Maßnahme zur Ermittlung der Identität oder des Aufenthaltsorts des Beschuldigten führen kann. [2] Die automatische Datenerhebung darf nur vorübergehend und nicht flächendeckend erfolgen.

(2) [1] Die nach Absatz 1 erhobenen Kennzeichen von Kraftfahrzeugen dürfen automatisch abgeglichen werden mit Kennzeichen von Kraftfahrzeugen,

1. die auf den Beschuldigten zugelassen sind oder von ihm genutzt werden oder
2. die auf andere Personen als den Beschuldigten zugelassen sind oder von ihnen genutzt werden, wenn aufgrund bestimmter Tatsachen anzunehmen ist, dass sie mit dem Beschuldigten in Verbindung stehen oder eine solche Verbindung hergestellt wird, und die Ermittlung des Aufenthaltsortes des Beschuldigten auf andere Weise erheblich weniger erfolgversprechend oder wesentlich erschwert wäre.

[2] Der automatische Abgleich hat unverzüglich nach der automatischen Datenerhebung nach Absatz 1 zu erfolgen. [3] Im Trefferfall ist unverzüglich die Übereinstimmung zwischen den nach Absatz 1 erhobenen Kennzeichen und den in Satz 1 bezeichneten weiteren Kennzeichen manuell zu überprüfen. [4] Wenn kein Treffer vorliegt oder die manuelle Überprüfung den Treffer nicht bestätigt, sind die nach Absatz 1 erhobenen Daten sofort und spurenlos zu löschen.

(3) [1] Die Anordnung der Maßnahmen nach den Absätzen 1 und 2 ergeht schriftlich durch die Staatsanwaltschaft. [2] Sie muss das Vorliegen der Voraussetzungen der Maßnahmen darlegen und diejenigen Kennzeichen, mit denen die automatisch erhobenen Daten nach Absatz 2 Satz 1 abgeglichen werden sollen, genau bezeichnen. [3] Die örtliche Begrenzung im öffentlichen Verkehrsraum (Absatz 1 Satz 1) ist zu benennen und die Anordnung ist zu befristen. [4] Bei Gefahr im Verzug darf die Anordnung auch mündlich und durch die Ermittlungspersonen der Staatsanwaltschaft (§ 152 des Gerichtsverfassungsgesetzes) ergehen; in diesem Fall sind die schriftlichen Darlegungen nach den Sätzen 2 und 3 binnen drei Tagen vom Anordnenden nachzuholen.

(4) Liegen die Voraussetzungen der Anordnung nicht mehr vor oder ist der Zweck der Maßnahmen erreicht, sind diese unverzüglich zu beenden.

Achtes Buch. Schutz und Verwendung von Daten

Erster Abschnitt. Erteilung von Auskünften und Akteneinsicht, sonstige Verwendung von Daten für verfahrensübergreifende Zwecke

§ 474 Auskünfte und Akteneinsicht für Justizbehörden und andere öffentliche Stellen. (1) Gerichte, Staatsanwaltschaften und andere Justizbehörden erhalten Akteneinsicht, wenn dies für Zwecke der Rechtspflege erforderlich ist.

(2) [1] Im Übrigen sind Auskünfte aus Akten an öffentliche Stellen zulässig, soweit

1. die Auskünfte zur Feststellung, Durchsetzung oder zur Abwehr von Rechtsansprüchen im Zusammenhang mit der Straftat erforderlich sind,
2. diesen Stellen in sonstigen Fällen auf Grund einer besonderen Vorschrift von Amts wegen personenbezogene Daten aus Strafverfahren übermittelt werden dürfen oder soweit nach einer Übermittlung von Amts wegen die Übermittlung weiterer personenbezogener Daten zur Aufgabenerfüllung erforderlich ist oder
3. die Auskünfte zur Vorbereitung von Maßnahmen erforderlich sind, nach deren Erlass auf Grund einer besonderen Vorschrift von Amts wegen personenbezogene Daten aus Strafverfahren an diese Stellen übermittelt werden dürfen.

[2] Die Erteilung von Auskünften an die Nachrichtendienste richtet sich nach § 18 des Bundesverfassungsschutzgesetzes, § 12 des Sicherheitsüberprüfungsgesetzes, § 10 des MAD-Gesetzes und § 10 des BND-Gesetzes sowie den entsprechenden landesrechtlichen Vorschriften.

(3) Unter den Voraussetzungen des Absatzes 2 kann Akteneinsicht gewährt werden, wenn die Erteilung von Auskünften einen unverhältnismäßigen Aufwand erfordern würde oder die Akteneinsicht begehrende Stelle unter Angabe von Gründen erklärt, dass die Erteilung einer Auskunft zur Erfüllung ihrer Aufgabe nicht ausreichen würde.

(4) Unter den Voraussetzungen der Absätze 1 oder 3 können amtlich verwahrte Beweisstücke besichtigt werden.

(5) Akten, die noch in Papierform vorliegen, können in den Fällen der Absätze 1 und 3 zur Einsichtnahme übersandt werden.

(6) Landesgesetzliche Regelungen, die parlamentarischen Ausschüssen ein Recht auf Akteneinsicht einräumen, bleiben unberührt.

§ 475 Auskünfte und Akteneinsicht für Privatpersonen und sonstige Stellen. (1) [1] Für eine Privatperson und für sonstige Stellen kann unbeschadet des § 57 des Bundesdatenschutzgesetzes[1)] ein Rechtsanwalt Auskünfte aus Akten erhalten, die dem Gericht vorliegen oder diesem im Falle der Erhebung der öffentlichen Klage vorzulegen wären, soweit er hierfür ein berechtigtes Interesse darlegt. [2] Auskünfte sind zu versagen, wenn der hiervon Betroffene ein schutzwürdiges Interesse an der Versagung hat.

(2) Unter den Voraussetzungen des Absatzes 1 kann Akteneinsicht gewährt werden, wenn die Erteilung von Auskünften einen unverhältnismäßigen Aufwand erfordern oder nach Darlegung dessen, der Akteneinsicht begehrt, zur Wahrnehmung des berechtigten Interesses nicht ausreichen würde.

(3) Unter den Voraussetzungen des Absatzes 2 können amtlich verwahrte Beweisstücke besichtigt werden.

(4) Unter den Voraussetzungen des Absatzes 1 können auch Privatpersonen und sonstigen Stellen Auskünfte aus den Akten erteilt werden.

[1)] Nr. **11**.

§ 476 Auskünfte und Akteneinsicht zu Forschungszwecken. (1) [1]Die Übermittlung personenbezogener Daten in Akten an Hochschulen, andere Einrichtungen, die wissenschaftliche Forschung betreiben, und öffentliche Stellen ist zulässig, soweit

1. dies für die Durchführung bestimmter wissenschaftlicher Forschungsarbeiten erforderlich ist,
2. eine Nutzung anonymisierter Daten zu diesem Zweck nicht möglich oder die Anonymisierung mit einem unverhältnismäßigen Aufwand verbunden ist und
3. das öffentliche Interesse an der Forschungsarbeit das schutzwürdige Interesse des Betroffenen an dem Ausschluss der Übermittlung erheblich überwiegt.

[2]Bei der Abwägung nach Satz 1 Nr. 3 ist im Rahmen des öffentlichen Interesses das wissenschaftliche Interesse an dem Forschungsvorhaben besonders zu berücksichtigen.

(2) [1]Die Übermittlung der Daten erfolgt durch Erteilung von Auskünften, wenn hierdurch der Zweck der Forschungsarbeit erreicht werden kann und die Erteilung keinen unverhältnismäßigen Aufwand erfordert. [2]Andernfalls kann auch Akteneinsicht gewährt werden. [3]Die Akten, die in Papierform vorliegen, können zur Einsichtnahme übersandt werden.

(3) [1]Personenbezogene Daten werden nur an solche Personen übermittelt, die Amtsträger oder für den öffentlichen Dienst besonders Verpflichtete sind oder die zur Geheimhaltung verpflichtet worden sind. [2]§ 1 Abs. 2, 3 und 4 Nr. 2 des Verpflichtungsgesetzes findet auf die Verpflichtung zur Geheimhaltung entsprechende Anwendung.

(4) [1]Die personenbezogenen Daten dürfen nur für die Forschungsarbeit verwendet werden, für die sie übermittelt worden sind. [2]Die Verwendung für andere Forschungsarbeiten oder die Weitergabe richtet sich nach den Absätzen 1 bis 3 und bedarf der Zustimmung der Stelle, die die Übermittlung der Daten angeordnet hat.

(5) [1]Die Daten sind gegen unbefugte Kenntnisnahme durch Dritte zu schützen. [2]Die wissenschaftliche Forschung betreibende Stelle hat dafür zu sorgen, dass die Verwendung der personenbezogenen Daten räumlich und organisatorisch getrennt von der Erfüllung solcher Verwaltungsaufgaben oder Geschäftszwecke erfolgt, für die diese Daten gleichfalls von Bedeutung sein können.

(6) [1]Sobald der Forschungszweck es erlaubt, sind die personenbezogenen Daten zu anonymisieren. [2]Solange dies noch nicht möglich ist, sind die Merkmale gesondert aufzubewahren, mit denen Einzelangaben über persönliche oder sachliche Verhältnisse einer bestimmten oder bestimmbaren Person zugeordnet werden können. [3]Sie dürfen mit den Einzelangaben nur zusammengeführt werden, soweit der Forschungszweck dies erfordert.

(7) [1]Wer nach den Absätzen 1 bis 3 personenbezogene Daten erhalten hat, darf diese nur veröffentlichen, wenn dies für die Darstellung von Forschungsergebnissen über Ereignisse der Zeitgeschichte unerlässlich ist. [2]Die Veröffentlichung bedarf der Zustimmung der Stelle, die die Daten übermittelt hat.

(8) Ist der Empfänger eine nichtöffentliche Stelle, finden die Vorschriften der Verordnung (EU) 2016/679[1)] und des Bundesdatenschutzgesetzes[2)] auch dann Anwendung, wenn die personenbezogenen Daten nicht automatisiert verarbeitet werden und nicht in einem Dateisystem gespeichert sind oder gespeichert werden.

§ 477 Datenübermittlung von Amts wegen. (1) Von Amts wegen dürfen personenbezogene Daten aus Strafverfahren Strafverfolgungsbehörden und Strafgerichten für Zwecke der Strafverfolgung sowie den zuständigen Behörden und Gerichten für Zwecke der Verfolgung von Ordnungswidrigkeiten übermittelt werden, soweit diese Daten aus der Sicht der übermittelnden Stelle hierfür erforderlich sind.

(2) Eine von Amts wegen erfolgende Übermittlung personenbezogener Daten aus Strafverfahren ist auch zulässig, wenn die Kenntnis der Daten aus der Sicht der übermittelnden Stelle erforderlich ist für

1. die Vollstreckung von Strafen oder von Maßnahmen im Sinne des § 11 Absatz 1 Nummer 8 des Strafgesetzbuches oder für die Vollstreckung oder Durchführung von Erziehungsmaßregeln oder von Zuchtmitteln im Sinne des Jugendgerichtsgesetzes,
2. den Vollzug von freiheitsentziehenden Maßnahmen oder
3. Entscheidungen in Strafsachen, insbesondere über die Strafaussetzung zur Bewährung oder deren Widerruf, oder in Bußgeld- oder Gnadensachen.

§ 478 Form der Datenübermittlung. Auskünfte nach den §§ 474 bis 476 und Datenübermittlungen von Amts wegen nach § 477 können auch durch Überlassung von Kopien aus den Akten erfolgen.

§ 479 Übermittlungsverbote und Verwendungsbeschränkungen.

(1) Auskünfte nach den §§ 474 bis 476 und Datenübermittlungen von Amts wegen nach § 477 sind zu versagen, wenn ihnen Zwecke des Strafverfahrens, auch die Gefährdung des Untersuchungszwecks in einem anderen Strafverfahren, oder besondere bundesgesetzliche oder landesgesetzliche Verwendungsregelungen entgegenstehen.

(2) [1] Ist eine Maßnahme nach diesem Gesetz nur bei Verdacht bestimmter Straftaten zulässig, so gilt für die Verwendung der auf Grund einer solchen Maßnahme erlangten Daten in anderen Strafverfahren § 161 Absatz 3 entsprechend. [2] Darüber hinaus dürfen verwertbare personenbezogene Daten, die durch eine Maßnahme der nach Satz 1 bezeichneten Art erlangt worden sind, ohne Einwilligung der von der Maßnahme betroffenen Personen nur verwendet werden

1. zu Zwecken der Gefahrenabwehr, soweit sie dafür durch eine entsprechende Maßnahme nach den für die zuständige Stelle geltenden Gesetzen erhoben werden könnten,
2. zur Abwehr einer Gefahr für Leib, Leben oder Freiheit einer Person oder für die Sicherheit oder den Bestand des Bundes oder eines Landes oder für

---

1) Nr. 1.
2) Nr. 11.

bedeutende Vermögenswerte, wenn sich aus den Daten im Einzelfall jeweils konkrete Ansätze zur Abwehr einer solchen Gefahr erkennen lassen,
3. für Zwecke, für die eine Übermittlung nach § 18 des Bundesverfassungsschutzgesetzes zulässig ist, sowie
4. nach Maßgabe des § 476.

[3] § 100i Absatz 2 Satz 2 und § 108 Absatz 2 und 3 bleiben unberührt.

(3) Wenn in den Fällen der §§ 474 bis 476
1. der Angeklagte freigesprochen, die Eröffnung des Hauptverfahrens abgelehnt oder das Verfahren eingestellt wurde oder
2. die Verurteilung nicht in ein Führungszeugnis für Behörden aufgenommen wird und seit der Rechtskraft der Entscheidung mehr als zwei Jahre verstrichen sind,

dürfen Auskünfte aus den Akten und Akteneinsicht an nichtöffentliche Stellen nur gewährt werden, wenn ein rechtliches Interesse an der Kenntnis der Information glaubhaft gemacht ist und der frühere Beschuldigte kein schutzwürdiges Interesse an der Versagung hat.

(4) [1] Die Verantwortung für die Zulässigkeit der Übermittlung trägt die übermittelnde Stelle. [2] Abweichend hiervon trägt in den Fällen der §§ 474 bis 476 der Empfänger die Verantwortung für die Zulässigkeit der Übermittlung, sofern dieser eine öffentliche Stelle oder ein Rechtsanwalt ist. [3] Die übermittelnde Stelle prüft in diesem Falle nur, ob das Übermittlungsersuchen im Rahmen der Aufgaben des Empfängers liegt, es sei denn, dass ein besonderer Anlass zu einer weitergehenden Prüfung der Zulässigkeit der Übermittlung vorliegt.

(5) § 32f Absatz 5 Satz 2 und 3 gilt mit folgenden Maßgaben entsprechend:
1. Eine Verwendung der nach den §§ 474 und 475 erlangten personenbezogenen Daten für andere Zwecke ist zulässig, wenn dafür Auskunft oder Akteneinsicht gewährt werden dürfte und im Falle des § 475 die Stelle, die Auskunft oder Akteneinsicht gewährt hat, zustimmt;
2. eine Verwendung der nach § 477 erlangten personenbezogenen Daten für andere Zwecke ist zulässig, wenn dafür eine Übermittlung nach § 477 erfolgen dürfte.

§ 480 Entscheidung über die Datenübermittlung. (1) [1] Über die Übermittlungen nach den §§ 474 bis 477 entscheidet im vorbereitenden Verfahren und nach rechtskräftigem Abschluss des Verfahrens die Staatsanwaltschaft, im Übrigen der Vorsitzende des mit der Sache befassten Gerichts. [2] Die Staatsanwaltschaft ist auch nach Erhebung der öffentlichen Klage befugt, personenbezogene Daten zu übermitteln. [3] Die Staatsanwaltschaft kann die Behörden des Polizeidienstes, die die Ermittlungen geführt haben oder führen, ermächtigen, in den Fällen des § 475 Akteneinsicht und Auskünfte zu erteilen. [4] Gegen deren Entscheidung kann die Entscheidung der Staatsanwaltschaft eingeholt werden. [5] Die Übermittlung personenbezogener Daten zwischen Behörden des Polizeidienstes oder eine entsprechende Akteneinsicht ist ohne Entscheidung nach Satz 1 zulässig, sofern keine Zweifel an der Zulässigkeit der Übermittlung oder der Akteneinsicht bestehen.

(2) [1] Aus beigezogenen Akten, die nicht Aktenbestandteil sind, dürfen Übermittlungen nur mit Zustimmung der Stelle erfolgen, um deren Akten es sich

handelt; Gleiches gilt für die Akteneinsicht. [2] In den Fällen der §§ 474 bis 476 sind Auskünfte und Akteneinsicht nur zulässig, wenn der Antragsteller die Zustimmung nachweist.

(3) [1] In den Fällen des § 475 kann gegen die Entscheidung der Staatsanwaltschaft nach Absatz 1 gerichtliche Entscheidung durch das nach § 162 zuständige Gericht beantragt werden. [2] Die §§ 297 bis 300, 302, 306 bis 309, 311a und 473a gelten entsprechend. [3] Die Entscheidung des Gerichts ist unanfechtbar, solange die Ermittlungen noch nicht abgeschlossen sind. [4] Diese Entscheidungen werden nicht mit Gründen versehen, soweit durch deren Offenlegung der Untersuchungszweck gefährdet werden könnte.

(4) Die übermittelnde Stelle hat die Übermittlung und deren Zweck aktenkundig zu machen.

§ 481 Verwendung personenbezogener Daten für polizeiliche Zwecke. (1) [1] Die Polizeibehörden dürfen nach Maßgabe der Polizeigesetze personenbezogene Daten aus Strafverfahren verwenden. [2] Zu den dort genannten Zwecken dürfen Strafverfolgungsbehörden und Gerichte an Polizeibehörden personenbezogene Daten aus Strafverfahren übermitteln oder Akteneinsicht gewähren. [3] Mitteilungen nach Satz 2 können auch durch Bewährungshelfer und Führungsaufsichtsstellen erfolgen, wenn dies zur Abwehr einer Gefahr für ein bedeutendes Rechtsgut erforderlich und eine rechtzeitige Übermittlung durch die in Satz 2 genannten Stellen nicht gewährleistet ist. [4] Die Sätze 1 und 2 gelten nicht in den Fällen, in denen die Polizei ausschließlich zum Schutz privater Rechte tätig wird.

(2) Die Verwendung ist unzulässig, soweit besondere bundesgesetzliche oder entsprechende landesgesetzliche Verwendungsregelungen entgegenstehen.

(3) Hat die Polizeibehörde Zweifel, ob eine Verwendung personenbezogener Daten nach dieser Bestimmung zulässig ist, gilt § 480 Absatz 1 Satz 1 und 2 entsprechend.

§ 482 Mitteilung des Aktenzeichens und des Verfahrensausgangs an die Polizei. (1) Die Staatsanwaltschaft teilt der Polizeibehörde, die mit der Angelegenheit befasst war, ihr Aktenzeichen mit.

(2) [1] Sie unterrichtet die Polizeibehörde in den Fällen des Absatzes 1 über den Ausgang des Verfahrens durch Mitteilung der Entscheidungsformel, der entscheidenden Stelle sowie des Datums und der Art der Entscheidung. [2] Die Übersendung der Mitteilung zum Bundeszentralregister ist zulässig, im Falle des Erforderns auch des Urteils oder einer mit Gründen versehenen Einstellungsentscheidung.

(3) In Verfahren gegen Unbekannt sowie bei Verkehrsstrafsachen, soweit sie nicht unter die §§ 142, 315 bis 315c des Strafgesetzbuches fallen, wird der Ausgang des Verfahrens nach Absatz 2 von Amts wegen nicht mitgeteilt.

(4) Wird ein Urteil übersandt, das angefochten worden ist, so ist anzugeben, wer Rechtsmittel eingelegt hat.

Zweiter Abschnitt. Regelungen über die Datenverarbeitung

§ 483 Datenverarbeitung für Zwecke des Strafverfahrens. (1) [1] Gerichte, Strafverfolgungsbehörden einschließlich Vollstreckungsbehörden, Bewährungshelfer, Aufsichtsstellen bei Führungsaufsicht und die Gerichtshilfe dürfen personenbezogene Daten in Dateisystemen verarbeiten, soweit dies für Zwecke des Strafverfahrens erforderlich ist. [2]Die Polizei darf unter der Voraussetzung des Satzes 1 personenbezogene Daten auch in einem Informationssystem verarbeiten, welches nach Maßgabe eines anderen Gesetzes errichtet ist. [3]Für dieses Informationssystem wird mindestens festgelegt:

1. die Kennzeichnung der personenbezogenen Daten durch die Bezeichnung
   a) des Verfahrens, in dem die Daten erhoben wurden,
   b) der Maßnahme, wegen der die Daten erhoben wurden, sowie der Rechtsgrundlage der Erhebung und
   c) der Straftat, zu deren Aufklärung die Daten erhoben wurden,
2. die Zugriffsberechtigungen,
3. die Fristen zur Prüfung, ob gespeicherte Daten zu löschen sind sowie die Speicherungsdauer der Daten.

(2) Die Daten dürfen auch für andere Strafverfahren, die internationale Rechtshilfe in Strafsachen und Gnadensachen genutzt werden.

(3) Erfolgt in einem Dateisystem der Polizei die Speicherung zusammen mit Daten, deren Speicherung sich nach den Polizeigesetzen richtet, so ist für die Verarbeitung personenbezogener Daten und die Rechte der Betroffenen das für die speichernde Stelle geltende Recht maßgeblich.

§ 484 Datenverarbeitung für Zwecke künftiger Strafverfahren; Verordnungsermächtigung. (1) Strafverfolgungsbehörden dürfen für Zwecke künftiger Strafverfahren

1. die Personendaten des Beschuldigten und, soweit erforderlich, andere zur Identifizierung geeignete Merkmale,
2. die zuständige Stelle und das Aktenzeichen,
3. die nähere Bezeichnung der Straftaten, insbesondere die Tatzeiten, die Tatorte und die Höhe etwaiger Schäden,
4. die Tatvorwürfe durch Angabe der gesetzlichen Vorschriften,
5. die Einleitung des Verfahrens sowie die Verfahrenserledigungen bei der Staatsanwaltschaft und bei Gericht nebst Angabe der gesetzlichen Vorschriften

in Dateisystemen verarbeiten.

(2) [1]Weitere personenbezogene Daten von Beschuldigten und Tatbeteiligten dürfen sie in Dateisystemen nur verarbeiten, soweit dies erforderlich ist, weil wegen der Art oder Ausführung der Tat, der Persönlichkeit des Beschuldigten oder Tatbeteiligten oder sonstiger Erkenntnisse Grund zu der Annahme besteht, dass weitere Strafverfahren gegen den Beschuldigten zu führen sind. [2]Wird der Beschuldigte rechtskräftig freigesprochen, die Eröffnung des Hauptverfahrens gegen ihn unanfechtbar abgelehnt oder das Verfahren nicht nur vorläufig eingestellt, so ist die Verarbeitung nach Satz 1 unzulässig, wenn sich aus den Gründen der Entscheidung ergibt, dass die betroffene Person die Tat nicht oder nicht rechtswidrig begangen hat.

(3) [1]Das Bundesministerium der Justiz und für Verbraucherschutz und die Landesregierungen bestimmen für ihren jeweiligen Geschäftsbereich durch Rechtsverordnung das Nähere über die Art der Daten, die nach Absatz 2 für Zwecke künftiger Strafverfahren gespeichert werden dürfen. [2]Dies gilt nicht für Daten in Dateisystemen, die nur vorübergehend vorgehalten und innerhalb

von drei Monaten nach ihrer Erstellung gelöscht werden. [3] Die Landesregierungen können die Ermächtigung durch Rechtsverordnung auf die zuständigen Landesministerien übertragen.

(4) Die Verarbeitung personenbezogener Daten, die für Zwecke künftiger Strafverfahren von der Polizei gespeichert sind oder werden, richtet sich, ausgenommen die Verarbeitung für Zwecke eines Strafverfahrens, nach den Polizeigesetzen.

§ 485 Datenverarbeitung für Zwecke der Vorgangsverwaltung. [1] Gerichte, Strafverfolgungsbehörden einschließlich Vollstreckungsbehörden, Bewährungshelfer, Aufsichtsstellen bei Führungsaufsicht und die Gerichtshilfe dürfen personenbezogene Daten in Dateisystemen verarbeiten, soweit dies für Zwecke der Vorgangsverwaltung erforderlich ist. [2] Eine Nutzung für die in § 483 bezeichneten Zwecke ist zulässig. [3] Eine Nutzung für die in § 484 bezeichneten Zwecke ist zulässig, soweit die Speicherung auch nach dieser Vorschrift zulässig wäre. [4] § 483 Absatz 1 Satz 2 und Absatz 3 ist entsprechend anwendbar.

§ 486 Gemeinsame Dateisysteme. [1] Die personenbezogenen Daten können für die in den §§ 483 bis 485 genannten Stellen in gemeinsamen Dateisystemen gespeichert werden. [2] Dies gilt für Fälle des § 483 Absatz 1 Satz 2, auch in Verbindung mit § 485 Satz 4, entsprechend.

§ 487 Übermittlung gespeicherter Daten; Auskunft. (1) [1] Die nach den §§ 483 bis 485 gespeicherten Daten dürfen den zuständigen Stellen übermittelt werden, soweit dies für die in diesen Vorschriften genannten Zwecke, für Zwecke eines Gnadenverfahrens, des Vollzugs von freiheitsentziehenden Maßnahmen oder der internationalen Rechtshilfe in Strafsachen erforderlich ist. [2] § 479 Absatz 1 und 2 und § 485 Satz 3 gelten entsprechend. [3] Bewährungshelfer und Führungsaufsichtsstellen dürfen personenbezogene Daten von Verurteilten, die unter Aufsicht gestellt sind, an die Einrichtungen des Justiz- und Maßregelvollzugs übermitteln, wenn diese Daten für den Vollzug der Freiheitsentziehung, insbesondere zur Förderung der Vollzugs- und Behandlungsplanung oder der Entlassungsvorbereitung, erforderlich sind; das Gleiche gilt für Mitteilungen an Vollstreckungsbehörden, soweit diese Daten für die in § 477 Absatz 2 Nummer 1 oder 3 genannten Zwecke erforderlich sind.

(2) [1] Außerdem kann, unbeschadet des § 57 des Bundesdatenschutzgesetzes[1)], Auskunft erteilt werden, soweit nach den Vorschriften dieses Gesetzes Akteneinsicht oder Auskunft aus den Akten gewährt werden könnte. [2] Entsprechendes gilt für Mitteilungen nach den §§ 477 und 481 Absatz 1 Satz 2 sowie für andere besondere gesetzliche Bestimmungen, die die Übermittlung personenbezogener Daten aus Strafverfahren anordnen oder erlauben.

(3) [1] Die Verantwortung für die Zulässigkeit der Übermittlung trägt die übermittelnde Stelle. [2] Erfolgt die Übermittlung auf Ersuchen des Empfängers, trägt dieser die Verantwortung. [3] In diesem Falle prüft die übermittelnde Stelle nur, ob das Übermittlungsersuchen im Rahmen der Aufgaben des Empfängers liegt, es sei denn, dass besonderer Anlass zu einer weitergehenden Prüfung der Zulässigkeit der Übermittlung besteht.

---

1) Nr. **11**.

(4) [1]Die nach den §§ 483 bis 485 gespeicherten Daten dürfen auch für wissenschaftliche Zwecke übermittelt werden. [2]§ 476 gilt entsprechend.

(5) Besondere gesetzliche Bestimmungen, die die Übermittlung von Daten aus einem Strafverfahren anordnen oder erlauben, bleiben unberührt.

(6) [1]Die Daten dürfen nur zu dem Zweck verwendet werden, für den sie übermittelt worden sind. [2]Eine Verwendung für andere Zwecke ist zulässig, soweit die Daten auch dafür hätten übermittelt werden dürfen.

§ 488 Automatisierte Verfahren für Datenübermittlungen. (1) [1]Die Einrichtung eines automatisierten Abrufverfahrens oder eines automatisierten Anfrage- und Auskunftsverfahrens ist für Übermittlungen nach § 487 Abs. 1 zwischen den in § 483 Abs. 1 genannten Stellen zulässig, soweit diese Form der Datenübermittlung unter Berücksichtigung der schutzwürdigen Interessen der betroffenen Personen wegen der Vielzahl der Übermittlungen oder wegen ihrer besonderen Eilbedürftigkeit angemessen ist. [2]Die beteiligten Stellen haben zu gewährleisten, dass dem jeweiligen Stand der Technik entsprechende Maßnahmen zur Sicherstellung von Datenschutz und Datensicherheit getroffen werden, die insbesondere die Vertraulichkeit und Unversehrtheit der Daten gewährleisten; im Falle der Nutzung allgemein zugänglicher Netze sind dem jeweiligen Stand der Technik entsprechende Verschlüsselungsverfahren anzuwenden.

(2) [1]Bei der Festlegung zur Einrichtung eines automatisierten Abrufverfahrens haben die beteiligten Stellen zu gewährleisten, dass die Zulässigkeit des Abrufverfahrens kontrolliert werden kann. [2]Hierzu haben sie Folgendes schriftlich festzulegen:

1. den Anlass und den Zweck des Abrufverfahrens,
2. die Dritten, an die übermittelt wird,
3. die Art der zu übermittelnden Daten und
4. die nach § 64 des Bundesdatenschutzgesetzes[1)] erforderlichen technischen und organisatorischen Maßnahmen.

[3]Die Festlegung bedarf der Zustimmung der für die speichernde und die abrufende Stelle jeweils zuständigen Bundes- und Landesministerien. [4]Die speichernde Stelle übersendet die Festlegungen der Stelle, die für die Kontrolle der Einhaltung der Vorschriften über den Datenschutz bei öffentlichen Stellen zuständig ist.

(3) [1]Die Verantwortung für die Zulässigkeit des einzelnen Abrufs trägt der Empfänger. [2]Die speichernde Stelle prüft die Zulässigkeit der Abrufe nur, wenn dazu Anlass besteht. [3]Die speichernde Stelle hat zu gewährleisten, dass die Übermittlung personenbezogener Daten festgestellt und überprüft werden kann. [4]Im Rahmen der Protokollierung nach § 76 des Bundesdatenschutzgesetzes hat sie ergänzend zu den dort in Absatz 2 aufgeführten Daten die abgerufenen Daten, die Kennung der abrufenden Stelle und das Aktenzeichen des Empfängers zu protokollieren. [5]Die Protokolldaten sind nach zwölf Monaten zu löschen.

(4) Die Absätze 2 und 3 gelten für das automatisierte Anfrage- und Auskunftsverfahren entsprechend.

---

1) Nr. **11**.

§ 489 Löschung und Einschränkung der Verarbeitung von Daten.

(1) Zu löschen sind, unbeschadet der anderen, in § 75 Absatz 2 des Bundesdatenschutzgesetzes[1] genannten Gründe für die Pflicht zur Löschung,

1. die nach § 483 gespeicherten Daten mit der Erledigung des Verfahrens, soweit ihre Speicherung nicht nach den §§ 484 und 485 zulässig ist,
2. die nach § 484 gespeicherten Daten, soweit die dortigen Voraussetzungen nicht mehr vorliegen und ihre Speicherung nicht nach § 485 zulässig ist, und
3. die nach § 485 gespeicherten Daten, sobald ihre Speicherung zur Vorgangsverwaltung nicht mehr erforderlich ist.

(2) [1] Als Erledigung des Verfahrens gilt die Erledigung bei der Staatsanwaltschaft oder, sofern die öffentliche Klage erhoben wurde, bei Gericht. [2] Ist eine Strafe oder eine sonstige Sanktion angeordnet worden, so ist der Abschluss der Vollstreckung oder der Erlass maßgeblich. [3] Wird das Verfahren eingestellt und hindert die Einstellung die Wiederaufnahme der Verfolgung nicht, so ist das Verfahren mit Eintritt der Verjährung als erledigt anzusehen.

(3) [1] Der Verantwortliche prüft nach festgesetzten Fristen, ob gespeicherte Daten zu löschen sind. [2] Die Frist zur Überprüfung der Notwendigkeit der Speicherung nach § 75 Absatz 4 des Bundesdatenschutzgesetzes beträgt für die nach § 484 gespeicherten Daten

1. bei Beschuldigten, die zur Tatzeit das achtzehnte Lebensjahr vollendet hatten, zehn Jahre,
2. bei Jugendlichen fünf Jahre,
3. in den Fällen des rechtskräftigen Freispruchs, der unanfechtbaren Ablehnung der Eröffnung des Hauptverfahrens und der nicht nur vorläufigen Verfahrenseinstellung drei Jahre,
4. bei nach § 484 Absatz 1 gespeicherten Daten zu Personen, die zur Tatzeit nicht strafmündig waren, zwei Jahre.

(4) Der Verantwortliche kann in der Errichtungsanordnung nach § 490 kürzere Prüffristen festlegen.

(5) Die Fristen nach Absatz 3 beginnen mit dem Tag, an dem das letzte Ereignis eingetreten ist, das zur Speicherung der Daten geführt hat, jedoch nicht vor

1. Entlassung der betroffenen Person aus einer Justizvollzugsanstalt oder
2. Beendigung einer mit Freiheitsentziehung verbundenen Maßregel der Besserung und Sicherung.

(6) [1] § 58 Absatz 3 Satz 1 Nummer 1 und 3 des Bundesdatenschutzgesetzes gilt für die Löschung nach Absatz 1 entsprechend. [2] Darüber hinaus ist an Stelle der Löschung personenbezogener Daten deren Verarbeitung einzuschränken, soweit die Daten für laufende Forschungsarbeiten benötigt werden. [3] Die Verarbeitung personenbezogener Daten ist ferner einzuschränken, soweit sie nur zu Zwecken der Datensicherung oder der Datenschutzkontrolle gespeichert sind. [4] Daten, deren Verarbeitung nach den Sätzen 1 oder 2 eingeschränkt ist, dürfen nur zu dem Zweck verwendet werden, für den ihre Löschung unterblieben ist. [5] Sie dürfen auch verwendet werden, soweit dies zur Behebung einer bestehenden Beweisnot unerlässlich ist.

---

[1] Nr. **11**.

(7) Anstelle der Löschung der Daten sind die Datenträger an ein Staatsarchiv abzugeben, soweit besondere archivrechtliche Regelungen dies vorsehen.

§ 490 Errichtungsanordnung für automatisierte Dateisysteme. [1]Der Verantwortliche legt für jedes automatisierte Dateisystem in einer Errichtungsanordnung mindestens fest:

1. die Bezeichnung des Dateisystems,
2. die Rechtsgrundlage und den Zweck des Dateisystems,
3. den Personenkreis, über den Daten in dem Dateisystem verarbeitet werden,
4. die Art der zu verarbeitenden Daten,
5. die Anlieferung oder Eingabe der zu verarbeitenden Daten,
6. die Voraussetzungen, unter denen in dem Dateisystem verarbeitete Daten an welche Empfänger und in welchem Verfahren übermittelt werden,
7. Prüffristen und Speicherungsdauer.

[2]Dies gilt nicht für Dateisysteme, die nur vorübergehend vorgehalten und innerhalb von drei Monaten nach ihrer Erstellung gelöscht werden, und Informationssysteme gemäß § 483 Absatz 1 Satz 2.

§ 491 Auskunft an betroffene Personen. (1) [1]Ist die betroffene Person bei einem gemeinsamen Dateisystem nicht in der Lage, den Verantwortlichen festzustellen, so kann sie sich zum Zweck der Auskunft nach § 57 des Bundesdatenschutzgesetzes[1)] an jede beteiligte speicherungsberechtigte Stelle wenden. [2]Über die Erteilung einer Auskunft entscheidet die ersuchte speicherungsberechtigte Stelle im Einvernehmen mit dem Verantwortlichen.

(2) Für den Auskunftsanspruch betroffener Personen gilt § 57 des Bundesdatenschutzgesetzes.

Dritter Abschnitt. Länderübergreifendes staatsanwaltschaftliches Verfahrensregister

§ 492 Zentrales staatsanwaltschaftliches Verfahrensregister. (1) Das Bundesamt für Justiz (Registerbehörde) führt ein zentrales staatsanwaltschaftliches Verfahrensregister.

(2) [1]In das Register sind

1. die Personendaten des Beschuldigten und, soweit erforderlich, andere zur Identifizierung geeignete Merkmale,
2. die zuständige Stelle und das Aktenzeichen,
3. die nähere Bezeichnung der Straftaten, insbesondere die Tatzeiten, die Tatorte und die Höhe etwaiger Schäden,
4. die Tatvorwürfe durch Angabe der gesetzlichen Vorschriften,
5. die Einleitung des Verfahrens sowie die Verfahrenserledigungen bei der Staatsanwaltschaft und bei Gericht nebst Angabe der gesetzlichen Vorschriften

einzutragen. [2]Die Daten dürfen nur für Strafverfahren gespeichert und verändert werden.

---

1) Nr. **11**.

(3) [1]Die Staatsanwaltschaften teilen die einzutragenden Daten der Registerbehörde zu dem in Absatz 2 Satz 2 genannten Zweck mit. [2]Auskünfte aus dem Verfahrensregister dürfen nur Strafverfolgungsbehörden für Zwecke eines Strafverfahrens erteilt werden. [3]Dem Bundeskriminalamt dürfen Auskünfte auch erteilt werden, soweit dies im Einzelfall zur Erfüllung seiner Aufgaben nach § 5 Absatz 1, § 6 Absatz 1 oder § 7 Absatz 1 und 2 des Bundeskriminalamtgesetzes erforderlich ist. [4]§ 5 Abs. 5 Satz 1 Nr. 2 des Waffengesetzes, § 8a Absatz 5 Satz 1 Nummer 2 des Sprengstoffgesetzes, § 7 Absatz 3 Satz 1 Nummer 3 des Luftsicherheitsgesetzes, § 12 Absatz 1 Nummer 2 des Sicherheitsüberprüfungsgesetzes und § 31 Absatz 4a Satz 1 des Geldwäschegesetzes bleiben unberührt; die Auskunft über die Eintragung wird insoweit im Einvernehmen mit der Staatsanwaltschaft, die die personenbezogenen Daten zur Eintragung in das Verfahrensregister mitgeteilt hat, erteilt, wenn hiervon eine Gefährdung des Untersuchungszwecks nicht zu besorgen ist.

(4) [1]Die in Absatz 2 Satz 1 Nummer 1 und 2 und, wenn dies erforderlich ist, Nummer 3 und 4 genannten Daten dürfen nach Maßgabe des § 18 Abs. 3 des Bundesverfassungsschutzgesetzes, auch in Verbindung mit § 10 Abs. 2 des Gesetzes über den Militärischen Abschirmdienst und § 10 Absatz 3 des BND-Gesetzes, auf Ersuchen auch an die Verfassungsschutzbehörden des Bundes und der Länder, den Militärischen Abschirmdienst und den Bundesnachrichtendienst übermittelt werden. [2]§ 18 Abs. 5 Satz 2 des Bundesverfassungsschutzgesetzes gilt entsprechend.

(4a) [1]Kann die Registerbehörde eine Mitteilung oder ein Ersuchen einem Datensatz nicht eindeutig zuordnen, übermittelt sie an die ersuchende Stelle zur Identitätsfeststellung Datensätze zu Personen mit ähnlichen Personalien. [2]Nach erfolgter Identifizierung hat die ersuchende Stelle alle Daten, die sich nicht auf die betroffene Person beziehen, unverzüglich zu löschen. [3]Ist eine Identifizierung nicht möglich, sind alle übermittelten Daten zu löschen. [4]In der Rechtsverordnung nach § 494 Abs. 4 ist die Anzahl der Datensätze, die auf Grund eines Abrufs übermittelt werden dürfen, auf das für eine Identifizierung notwendige Maß zu begrenzen.

(5) [1]Die Verantwortung für die Zulässigkeit der Übermittlung trägt der Empfänger. [2]Die Registerbehörde prüft die Zulässigkeit der Übermittlung nur, wenn besonderer Anlaß hierzu besteht.

(6) Die Daten dürfen unbeschadet des Absatzes 3 Satz 3 und 4 sowie des Absatzes 4 nur in Strafverfahren verwendet werden.

§ 493 Automatisiertes Verfahren für Datenübermittlungen. (1) [1]Die Übermittlung der Daten erfolgt im Wege eines automatisierten Abrufverfahrens oder eines automatisierten Anfrage- und Auskunftsverfahrens, im Falle einer Störung der Datenfernübertragung oder bei außergewöhnlicher Dringlichkeit telefonisch oder durch Telefax. [2]Die beteiligten Stellen haben zu gewährleisten, dass dem jeweiligen Stand der Technik entsprechende Maßnahmen zur Sicherstellung von Datenschutz und Datensicherheit getroffen werden, die insbesondere die Vertraulichkeit und Unversehrtheit der Daten gewährleisten; im Falle der Nutzung allgemein zugänglicher Netze sind dem jeweiligen Stand der Technik entsprechende Verschlüsselungsverfahren anzuwenden.

(2) [1]Bei der Festlegung zur Einrichtung eines automatisierten Abrufverfahrens gilt § 488 Absatz 2 Satz 1 und 2 entsprechend. [2]Die Registerbehörde übersendet die Festlegungen dem Bundesbeauftragten für den Datenschutz.

(3) [1]Die Verantwortung für die Zulässigkeit des einzelnen automatisierten Abrufs trägt der Empfänger. [2]Die Registerbehörde prüft die Zulässigkeit der Abrufe nur, wenn dazu Anlaß besteht. [3]Im Rahmen der Protokollierung nach § 76 des Bundesdatenschutzgesetzes[1)] hat sie ergänzend zu den dort in Absatz 2 aufgeführten Daten die abgerufenen Daten, die Kennung der abrufenden Stelle und das Aktenzeichen des Empfängers zu protokollieren. [4]Die Protokolldaten sind nach sechs Monaten zu löschen.

(4) Die Absätze 2 und 3 gelten für das automatisierte Anfrage- und Auskunftsverfahren entsprechend.

§ 494 Berichtigung, Löschung und Einschränkung der Verarbeitung von Daten; Verordnungsermächtigung. (1) In den Fällen des § 58 Absatz 1 und des § 75 Absatz 1 des Bundesdatenschutzgesetzes[1)] teilt der Verantwortliche insbesondere der Registerbehörde die Unrichtigkeit unverzüglich mit; der Verantwortliche trägt die Verantwortung für die Richtigkeit und Aktualität der Daten.

(2) [1]Die Daten sind zu löschen, sobald sich aus dem Bundeszentralregister ergibt, dass in dem Strafverfahren, aus dem die Daten übermittelt worden sind, eine nach § 20 des Bundeszentralregistergesetzes mitteilungspflichtige gerichtliche Entscheidung oder Verfügung der Strafverfolgungsbehörde ergangen ist. [2]Wird der Beschuldigte rechtskräftig freigesprochen, die Eröffnung des Hauptverfahrens gegen ihn unanfechtbar abgelehnt oder das Verfahren nicht nur vorläufig eingestellt, so sind die Daten zwei Jahre nach der Erledigung des Verfahrens zu löschen, es sei denn, vor Eintritt der Löschungsfrist wird ein weiteres Verfahren zur Eintragung in das Verfahrensregister mitgeteilt. [3]In diesem Fall bleiben die Daten gespeichert, bis für alle Eintragungen die Löschungsvoraussetzungen vorliegen. [4]Die Staatsanwaltschaft teilt der Registerbehörde unverzüglich den Eintritt der Löschungsvoraussetzungen oder den Beginn der Löschungsfrist nach Satz 2 mit.

(3) § 489 Absatz 7 gilt entsprechend.

(4) Das Bundesministerium der Justiz und für Verbraucherschutz bestimmt durch Rechtsverordnung mit Zustimmung des Bundesrates die näheren Einzelheiten, insbesondere

1. die Art der zu verarbeitenden Daten,
2. die Anlieferung der zu verarbeitenden Daten,
3. die Voraussetzungen, unter denen in dem Dateisystem verarbeitete Daten an welche Empfänger und in welchem Verfahren übermittelt werden,
4. die Einrichtung eines automatisierten Abrufverfahrens,
5. die nach den §§ 64, 71 und 72 des Bundesdatenschutzgesetzes erforderlichen technischen und organisatorischen Maßnahmen.

§ 495 Auskunft an betroffene Personen. [1]Der betroffenen Person ist entsprechend § 57 des Bundesdatenschutzgesetzes[1)] Auskunft aus dem Verfahrensregister zu erteilen; § 491 Absatz 2 gilt entsprechend. [2]Über die Erteilung einer Auskunft entscheidet die Registerbehörde im Einvernehmen mit der Staatsanwaltschaft, die die personenbezogenen Daten zur Eintragung in das Verfahrensregister mitgeteilt hat. [3]Soweit eine Auskunft aus dem Verfahrensregister

[1)] Nr. **11**.

an eine öffentliche Stelle erteilt wurde und die betroffene Person von dieser Stelle Auskunft über die so erhobenen Daten begehrt, entscheidet hierüber diese Stelle im Einvernehmen mit der Staatsanwaltschaft, die die personenbezogenen Daten zur Eintragung in das Verfahrensregister mitgeteilt hat.

Vierter Abschnitt. Schutz personenbezogener Daten in einer elektronischen Akte; Verwendung personenbezogener Daten aus elektronischen Akten

§ 496 Verwendung personenbezogener Daten in einer elektronischen Akte. (1) Das Verarbeiten und Nutzen personenbezogener Daten in einer elektronischen Akte oder in elektronischen Aktenkopien ist zulässig, soweit dies für die Zwecke des Strafverfahrens erforderlich ist.

(2) Dabei sind

1. die organisatorischen und technischen Maßnahmen zu treffen, die erforderlich sind, um den besonderen Anforderungen des Datenschutzes und der Datensicherheit gerecht zu werden, und
2. die Grundsätze einer ordnungsgemäßen Datenverarbeitung einzuhalten, insbesondere die Daten ständig verfügbar zu halten und Vorkehrungen gegen einen Datenverlust zu treffen.

(3) Elektronische Akten und elektronische Aktenkopien sind keine Dateisysteme im Sinne des Zweiten Abschnitts.

§ 497 Datenverarbeitung im Auftrag. (1) Mit der dauerhaften rechtsverbindlichen Speicherung elektronischer Akten dürfen nichtöffentliche Stellen nur dann beauftragt werden, wenn eine öffentliche Stelle den Zutritt und den Zugang zu den Datenverarbeitungsanlagen, in denen die elektronischen Akten rechtsverbindlich gespeichert werden, tatsächlich und ausschließlich kontrolliert.

(2) [1] Eine Begründung von Unterauftragsverhältnissen durch nichtöffentliche Stellen im Rahmen des dauerhaften rechtsverbindlichen Speicherns der elektronischen Akte ist zulässig, wenn der Auftraggeber im Einzelfall zuvor eingewilligt hat. [2] Die Einwilligung darf nur erteilt werden, wenn der Zutritt und der Zugang zu den Datenverarbeitungsanlagen in dem Unterauftragsverhältnis entsprechend Absatz 1 vertraglich geregelt sind.

(3) [1] Eine Pfändung von Einrichtungen, in denen eine nichtöffentliche Stelle im Auftrag einer öffentlichen Stelle Daten verarbeitet, ist unzulässig. [2] Eine Beschlagnahme solcher Einrichtungen setzt voraus, dass die öffentliche Stelle im Einzelfall eingewilligt hat.

§ 498 Verwendung personenbezogener Daten aus elektronischen Akten. (1) Das Verarbeiten und Nutzen personenbezogener Daten aus elektronischen Akten oder elektronischen Aktenkopien ist zulässig, soweit eine Rechtsvorschrift die Verwendung personenbezogener Daten aus einem Strafverfahren erlaubt oder anordnet.

(2) Der maschinelle Abgleich personenbezogener Daten mit elektronischen Akten oder elektronischen Aktenkopien gemäß § 98c ist unzulässig, es sei denn, er erfolgt mit einzelnen, zuvor individualisierten Akten oder Aktenkopien.

§ 499 Löschung elektronischer Aktenkopien. Elektronische Aktenkopien sind unverzüglich zu löschen, wenn sie nicht mehr erforderlich sind.

Fünfter Abschnitt. Anwendbarkeit des Bundesdatenschutzgesetzes

§ 500 Entsprechende Anwendung. (1) Soweit öffentliche Stellen der Länder im Anwendungsbereich dieses Gesetzes personenbezogene Daten verarbeiten, ist Teil 3 des Bundesdatenschutzgesetzes[1] entsprechend anzuwenden.

(2) Absatz 1 gilt

1. nur, soweit nicht in diesem Gesetz etwas anderes bestimmt ist, und
2. nur mit der Maßgabe, dass die Landesbeauftragte oder der Landesbeauftragte an die Stelle der oder des Bundesbeauftragten tritt.

[1] Nr. **11**.

23. Strafgesetzbuch (StGB)

In der Fassung der Bekanntmachung vom 13. November 1998[1)]
(BGBl. I S. 3322)

FNA 450-2

zuletzt geänd. durch Art. 2 G zur Fortentwicklung des Völkerstrafrechts v. 30.7.2024 (BGBl. 2024 I Nr. 255)

– Auszug –

Besonderer Teil

Siebenter Abschnitt. Straftaten gegen die öffentliche Ordnung

§ 126a Gefährdendes Verbreiten personenbezogener Daten. (1) Wer öffentlich, in einer Versammlung oder durch Verbreiten eines Inhalts (§ 11 Absatz 3) personenbezogene Daten einer anderen Person in einer Art und Weise verbreitet, die geeignet und nach den Umständen bestimmt ist, diese Person oder eine ihr nahestehende Person der Gefahr

1. eines gegen sie gerichteten Verbrechens oder
2. einer gegen sie gerichteten sonstigen rechtswidrigen Tat gegen die sexuelle Selbstbestimmung, die körperliche Unversehrtheit, die persönliche Freiheit oder gegen eine Sache von bedeutendem Wert

auszusetzen, wird mit Freiheitsstrafe bis zu zwei Jahren oder mit Geldstrafe bestraft.

(2) Handelt es sich um nicht allgemein zugängliche Daten, so ist die Strafe Freiheitsstrafe bis zu drei Jahren oder Geldstrafe.

(3) § 86 Absatz 4 gilt entsprechend.

§ 127 Betreiben krimineller Handelsplattformen im Internet.

(1) [1]Wer eine Handelsplattform im Internet betreibt, deren Zweck darauf ausgerichtet ist, die Begehung von rechtswidrigen Taten zu ermöglichen oder zu fördern, wird mit Freiheitsstrafe bis zu fünf Jahren oder mit Geldstrafe bestraft, wenn die Tat nicht in anderen Vorschriften mit schwererer Strafe bedroht ist. [2]Rechtswidrige Taten im Sinne des Satzes 1 sind

1. Verbrechen,
2. Vergehen nach
   a) den §§ 86, 86a, 91, 130, 147 und 148 Absatz 1 Nummer 3, den §§ 149, 152a und 176a Absatz 2, § 176b Absatz 2, § 180 Absatz 2, § 184b Absatz 1, § 184c Absatz 1, § 184l Absatz 1 und 3, den §§ 202a, 202b, 202c, 202d, 232 und 232a Absatz 1, 2, 5 und 6, nach § 232b Absatz 1, 2 und 4 in Verbindung mit § 232a Absatz 5, nach den §§ 233, 233a, 236, 259 und 260, nach § 261 Absatz 1 und 2 unter den in § 261 Absatz 5 Satz 2 genannten Voraussetzungen sowie nach den §§ 263, 263a, 267, 269, 275, 276, 303a und 303b,
   b) § 4 Absatz 1 bis 3 des Anti-Doping-Gesetzes,

[1)] Neubekanntmachung des StGB idF der Bek. v. 10.3.1987 (BGBl. I S. 945, 1160) in der ab 1.1. 1999 geltenden Fassung.

c) § 29 Absatz 1 Satz 1 Nummer 1, auch in Verbindung mit Absatz 6, sowie Absatz 2 und 3 des Betäubungsmittelgesetzes,

d) § 19 Absatz 1 bis 3 des Grundstoffüberwachungsgesetzes,

e) § 4 Absatz 1 und 2 des Neue-psychoaktive-Stoffe-Gesetzes,

f) § 95 Absatz 1 bis 3 des Arzneimittelgesetzes,

g) § 52 Absatz 1 Nummer 1 und 2 Buchstabe b und c, Absatz 2 und 3 Nummer 1 und 7 sowie Absatz 5 und 6 des Waffengesetzes,

h) § 40 Absatz 1 bis 3 des Sprengstoffgesetzes,

i) § 13 des Ausgangsstoffgesetzes,

j) § 83 Absatz 1 Nummer 4 und 5 sowie Absatz 4 des Kulturgutschutzgesetzes,

k) den §§ 143, 143a und 144 des Markengesetzes sowie

l) den §§ 51 und 65 des Designgesetzes.

(2) Handelsplattform im Internet im Sinne dieser Vorschrift ist jede virtuelle Infrastruktur im frei zugänglichen wie im durch technische Vorkehrungen zugangsbeschränkten Bereich des Internets, die Gelegenheit bietet, Menschen, Waren, Dienstleistungen oder Inhalte (§ 11 Absatz 3) anzubieten oder auszutauschen.

(3) Mit Freiheitsstrafe von sechs Monaten bis zu zehn Jahren wird bestraft, wer im Fall des Absatzes 1 gewerbsmäßig oder als Mitglied einer Bande handelt, die sich zur fortgesetzten Begehung solcher Taten verbunden hat.

(4) Mit Freiheitsstrafe von einem Jahr bis zu zehn Jahren wird bestraft, wer bei der Begehung einer Tat nach Absatz 1 beabsichtigt oder weiß, dass die Handelsplattform im Internet den Zweck hat, Verbrechen zu ermöglichen oder zu fördern.

Dreizehnter Abschnitt. Straftaten gegen die sexuelle Selbstbestimmung

§ 184k Verletzung des Intimbereichs durch Bildaufnahmen. (1) Mit Freiheitsstrafe bis zu zwei Jahren oder mit Geldstrafe wird bestraft, wer

1. absichtlich oder wissentlich von den Genitalien, dem Gesäß, der weiblichen Brust oder der diese Körperteile bedeckenden Unterwäsche einer anderen Person unbefugt eine Bildaufnahme herstellt oder überträgt, soweit diese Bereiche gegen Anblick geschützt sind,
2. eine durch eine Tat nach Nummer 1 hergestellte Bildaufnahme gebraucht oder einer dritten Person zugänglich macht oder
3. eine befugt hergestellte Bildaufnahme der in der Nummer 1 bezeichneten Art wissentlich unbefugt einer dritten Person zugänglich macht.

(2) Die Tat wird nur auf Antrag verfolgt, es sei denn, dass die Strafverfolgungsbehörde wegen des besonderen öffentlichen Interesses an der Strafverfolgung ein Einschreiten von Amts wegen für geboten hält.

(3) Absatz 1 gilt nicht für Handlungen, die in Wahrnehmung überwiegender berechtigter Interessen erfolgen, namentlich der Kunst oder der Wissenschaft, der Forschung oder der Lehre, der Berichterstattung über Vorgänge des Zeitgeschehens oder der Geschichte oder ähnlichen Zwecken dienen.

(4) [1] Die Bildträger sowie Bildaufnahmegeräte oder andere technische Mittel, die der Täter oder Teilnehmer verwendet hat, können eingezogen werden. [2] § 74a ist anzuwenden.

Fünfzehnter Abschnitt. Verletzung des persönlichen Lebens- und Geheimbereichs

§ 201 Verletzung der Vertraulichkeit des Wortes. (1) Mit Freiheitsstrafe bis zu drei Jahren oder mit Geldstrafe wird bestraft, wer unbefugt

1. das nichtöffentlich gesprochene Wort eines anderen auf einen Tonträger aufnimmt oder
2. eine so hergestellte Aufnahme gebraucht oder einem Dritten zugänglich macht.

(2) [1] Ebenso wird bestraft, wer unbefugt

1. das nicht zu seiner Kenntnis bestimmte nichtöffentlich gesprochene Wort eines anderen mit einem Abhörgerät abhört oder
2. das nach Absatz 1 Nr. 1 aufgenommene oder nach Absatz 2 Nr. 1 abgehörte nichtöffentlich gesprochene Wort eines anderen im Wortlaut oder seinem wesentlichen Inhalt nach öffentlich mitteilt.

[2] Die Tat nach Satz 1 Nr. 2 ist nur strafbar, wenn die öffentliche Mitteilung geeignet ist, berechtigte Interessen eines anderen zu beeinträchtigen. [3] Sie ist nicht rechtswidrig, wenn die öffentliche Mitteilung zur Wahrnehmung überragender öffentlicher Interessen gemacht wird.

(3) Mit Freiheitsstrafe bis zu fünf Jahren oder mit Geldstrafe wird bestraft, wer als Amtsträger oder als für den öffentlichen Dienst besonders Verpflichteter die Vertraulichkeit des Wortes verletzt (Absätze 1 und 2).

(4) Der Versuch ist strafbar.

(5) [1] Die Tonträger und Abhörgeräte, die der Täter oder Teilnehmer verwendet hat, können eingezogen werden. [2] § 74a ist anzuwenden.

§ 201a Verletzung des höchstpersönlichen Lebensbereichs und von Persönlichkeitsrechten durch Bildaufnahmen. (1) Mit Freiheitsstrafe bis zu zwei Jahren oder mit Geldstrafe wird bestraft, wer

1. von einer anderen Person, die sich in einer Wohnung oder einem gegen Einblick besonders geschützten Raum befindet, unbefugt eine Bildaufnahme herstellt oder überträgt und dadurch den höchstpersönlichen Lebensbereich der abgebildeten Person verletzt,
2. eine Bildaufnahme, die die Hilflosigkeit einer anderen Person zur Schau stellt, unbefugt herstellt oder überträgt und dadurch den höchstpersönlichen Lebensbereich der abgebildeten Person verletzt,
3. eine Bildaufnahme, die in grob anstößiger Weise eine verstorbene Person zur Schau stellt, unbefugt herstellt oder überträgt,
4. eine durch eine Tat nach den Nummern 1 bis 3 hergestellte Bildaufnahme gebraucht oder einer dritten Person zugänglich macht oder
5. eine befugt hergestellte Bildaufnahme der in den Nummern 1 bis 3 bezeichneten Art wissentlich unbefugt einer dritten Person zugänglich macht und in den Fällen der Nummern 1 und 2 dadurch den höchstpersönlichen Lebensbereich der abgebildeten Person verletzt.

(2) [1]Ebenso wird bestraft, wer unbefugt von einer anderen Person eine Bildaufnahme, die geeignet ist, dem Ansehen der abgebildeten Person erheblich zu schaden, einer dritten Person zugänglich macht. [2]Dies gilt unter den gleichen Voraussetzungen auch für eine Bildaufnahme von einer verstorbenen Person.

(3) Mit Freiheitsstrafe bis zu zwei Jahren oder mit Geldstrafe wird bestraft, wer eine Bildaufnahme, die die Nacktheit einer anderen Person unter achtzehn Jahren zum Gegenstand hat,

1. herstellt oder anbietet, um sie einer dritten Person gegen Entgelt zu verschaffen, oder
2. sich oder einer dritten Person gegen Entgelt verschafft.

(4) Absatz 1 Nummer 2 und 3, auch in Verbindung mit Absatz 1 Nummer 4 oder 5, Absatz 2 und 3 gelten nicht für Handlungen, die in Wahrnehmung überwiegender berechtigter Interessen erfolgen, namentlich der Kunst oder der Wissenschaft, der Forschung oder der Lehre, der Berichterstattung über Vorgänge des Zeitgeschehens oder der Geschichte oder ähnlichen Zwecken dienen.

(5) [1]Die Bildträger sowie Bildaufnahmegeräte oder andere technische Mittel, die der Täter oder Teilnehmer verwendet hat, können eingezogen werden. [2]§ 74a ist anzuwenden.

§ 202 Verletzung des Briefgeheimnisses. (1) Wer unbefugt

1. einen verschlossenen Brief oder ein anderes verschlossenes Schriftstück, die nicht zu seiner Kenntnis bestimmt sind, öffnet oder
2. sich vom Inhalt eines solchen Schriftstücks ohne Öffnung des Verschlusses unter Anwendung technischer Mittel Kenntnis verschafft,

wird mit Freiheitsstrafe bis zu einem Jahr oder mit Geldstrafe bestraft, wenn die Tat nicht in § 206 mit Strafe bedroht ist.

(2) Ebenso wird bestraft, wer sich unbefugt vom Inhalt eines Schriftstücks, das nicht zu seiner Kenntnis bestimmt und durch ein verschlossenes Behältnis gegen Kenntnisnahme besonders gesichert ist, Kenntnis verschafft, nachdem er dazu das Behältnis geöffnet hat.

(3) Einem Schriftstück im Sinne der Absätze 1 und 2 steht eine Abbildung gleich.

§ 202a Ausspähen von Daten. (1) Wer unbefugt sich oder einem anderen Zugang zu Daten, die nicht für ihn bestimmt und die gegen unberechtigten Zugang besonders gesichert sind, unter Überwindung der Zugangssicherung verschafft, wird mit Freiheitsstrafe bis zu drei Jahren oder mit Geldstrafe bestraft.

(2) Daten im Sinne des Absatzes 1 sind nur solche, die elektronisch, magnetisch oder sonst nicht unmittelbar wahrnehmbar gespeichert sind oder übermittelt werden.

§ 202b Abfangen von Daten. Wer unbefugt sich oder einem anderen unter Anwendung von technischen Mitteln nicht für ihn bestimmte Daten (§ 202a Abs. 2) aus einer nichtöffentlichen Datenübermittlung oder aus der elektromagnetischen Abstrahlung einer Datenverarbeitungsanlage verschafft, wird mit Freiheitsstrafe bis zu zwei Jahren oder mit Geldstrafe bestraft, wenn die Tat nicht in anderen Vorschriften mit schwererer Strafe bedroht ist.

§ 202c Vorbereiten des Ausspähens und Abfangens von Daten.

(1) Wer eine Straftat nach § 202a oder § 202b vorbereitet, indem er

1. Passwörter oder sonstige Sicherungscodes, die den Zugang zu Daten (§ 202a Abs. 2) ermöglichen, oder
2. Computerprogramme, deren Zweck die Begehung einer solchen Tat ist,

herstellt, sich oder einem anderen verschafft, verkauft, einem anderen überlässt, verbreitet oder sonst zugänglich macht, wird mit Freiheitsstrafe bis zu zwei Jahren oder mit Geldstrafe bestraft.

(2) § 149 Abs. 2 und 3 gilt entsprechend.

§ 202d Datenhehlerei. (1) Wer Daten (§ 202a Absatz 2), die nicht allgemein zugänglich sind und die ein anderer durch eine rechtswidrige Tat erlangt hat, sich oder einem anderen verschafft, einem anderen überlässt, verbreitet oder sonst zugänglich macht, um sich oder einen Dritten zu bereichern oder einen anderen zu schädigen, wird mit Freiheitsstrafe bis zu drei Jahren oder mit Geldstrafe bestraft.

(2) Die Strafe darf nicht schwerer sein als die für die Vortat angedrohte Strafe.

(3) [1] Absatz 1 gilt nicht für Handlungen, die ausschließlich der Erfüllung rechtmäßiger dienstlicher oder beruflicher Pflichten dienen. [2] Dazu gehören insbesondere

1. solche Handlungen von Amtsträgern oder deren Beauftragten, mit denen Daten ausschließlich der Verwertung in einem Besteuerungsverfahren, einem Strafverfahren oder einem Ordnungswidrigkeitenverfahren zugeführt werden sollen, sowie
2. solche beruflichen Handlungen der in § 53 Absatz 1 Satz 1 Nummer 5 der Strafprozessordnung genannten Personen, mit denen Daten entgegengenommen, ausgewertet oder veröffentlicht werden.

§ 203 Verletzung von Privatgeheimnissen. (1) Wer unbefugt ein fremdes Geheimnis, namentlich ein zum persönlichen Lebensbereich gehörendes Geheimnis oder ein Betriebs- oder Geschäftsgeheimnis, offenbart, das ihm als

1. Arzt, Zahnarzt, Tierarzt, Apotheker oder Angehörigen eines anderen Heilberufs, der für die Berufsausübung oder die Führung der Berufsbezeichnung eine staatlich geregelte Ausbildung erfordert,
2. Berufspsychologen mit staatlich anerkannter wissenschaftlicher Abschlußprüfung,
3. Rechtsanwalt, Kammerrechtsbeistand, Patentanwalt, Notar, Verteidiger in einem gesetzlich geordneten Verfahren, Wirtschaftsprüfer, vereidigtem Buchprüfer, Steuerberater, Steuerbevollmächtigten,

3a. Organ oder Mitglied eines Organs einer Wirtschaftsprüfungs-, Buchprüfungs- oder einer Berufsausübungsgesellschaft von Steuerberatern und Steuerbevollmächtigten, einer Berufsausübungsgesellschaft von Rechtsanwälten oder europäischen niedergelassenen Rechtsanwälten oder einer Berufsausübungsgesellschaft von Patentanwälten oder niedergelassenen europäischen Patentanwälten im Zusammenhang mit der Beratung und Vertretung der Wirtschaftsprüfungs-, Buchprüfungs- oder Berufsausübungsgesellschaft im

Bereich der Wirtschaftsprüfung, Buchprüfung oder Hilfeleistung in Steuersachen oder ihrer rechtsanwaltlichen oder patentanwaltlichen Tätigkeit,
4. Ehe-, Familien-, Erziehungs- oder Jugendberater sowie Berater für Suchtfragen in einer Beratungsstelle, die von einer Behörde oder Körperschaft, Anstalt oder Stiftung des öffentlichen Rechts anerkannt ist,
5. Mitglied oder Beauftragten einer anerkannten Beratungsstelle nach den §§ 3 und 8 des Schwangerschaftskonfliktgesetzes,
6. staatlich anerkanntem Sozialarbeiter oder staatlich anerkanntem Sozialpädagogen oder
7. Angehörigen eines Unternehmens der privaten Kranken-, Unfall- oder Lebensversicherung oder einer privatärztlichen, steuerberaterlichen oder anwaltlichen Verrechnungsstelle

anvertraut worden oder sonst bekanntgeworden ist, wird mit Freiheitsstrafe bis zu einem Jahr oder mit Geldstrafe bestraft.

(2) [1] Ebenso wird bestraft, wer unbefugt ein fremdes Geheimnis, namentlich ein zum persönlichen Lebensbereich gehörendes Geheimnis oder ein Betriebs- oder Geschäftsgeheimnis, offenbart, das ihm als

1. Amtsträger oder Europäischer Amtsträger,
2. für den öffentlichen Dienst besonders Verpflichteten,
3. Person, die Aufgaben oder Befugnisse nach dem Personalvertretungsrecht wahrnimmt,
4. Mitglied eines für ein Gesetzgebungsorgan des Bundes oder eines Landes tätigen Untersuchungsausschusses, sonstigen Ausschusses oder Rates, das nicht selbst Mitglied des Gesetzgebungsorgans ist, oder als Hilfskraft eines solchen Ausschusses oder Rates,
5. öffentlich bestelltem Sachverständigen, der auf die gewissenhafte Erfüllung seiner Obliegenheiten auf Grund eines Gesetzes förmlich verpflichtet worden ist, oder
6. Person, die auf die gewissenhafte Erfüllung ihrer Geheimhaltungspflicht bei der Durchführung wissenschaftlicher Forschungsvorhaben auf Grund eines Gesetzes förmlich verpflichtet worden ist,

anvertraut worden oder sonst bekanntgeworden ist. [2] Einem Geheimnis im Sinne des Satzes 1 stehen Einzelangaben über persönliche oder sachliche Verhältnisse eines anderen gleich, die für Aufgaben der öffentlichen Verwaltung erfaßt worden sind; Satz 1 ist jedoch nicht anzuwenden, soweit solche Einzelangaben anderen Behörden oder sonstigen Stellen für Aufgaben der öffentlichen Verwaltung bekanntgegeben werden und das Gesetz dies nicht untersagt.

(3) [1] Kein Offenbaren im Sinne dieser Vorschrift liegt vor, wenn die in den Absätzen 1 und 2 genannten Personen Geheimnisse den bei ihnen berufsmäßig tätigen Gehilfen oder den bei ihnen zur Vorbereitung auf den Beruf tätigen Personen zugänglich machen. [2] Die in den Absätzen 1 und 2 Genannten dürfen fremde Geheimnisse gegenüber sonstigen Personen offenbaren, die an ihrer beruflichen oder dienstlichen Tätigkeit mitwirken, soweit dies für die Inanspruchnahme der Tätigkeit der sonstigen mitwirkenden Personen erforderlich ist; das Gleiche gilt für sonstige mitwirkende Personen, wenn diese sich weiterer Personen bedienen, die an der beruflichen oder dienstlichen Tätigkeit der in den Absätzen 1 und 2 Genannten mitwirken.

(4) [1] Mit Freiheitsstrafe bis zu einem Jahr oder mit Geldstrafe wird bestraft, wer unbefugt ein fremdes Geheimnis offenbart, das ihm bei der Ausübung oder bei Gelegenheit seiner Tätigkeit als mitwirkende Person oder als bei den in den Absätzen 1 und 2 genannten Personen tätiger Datenschutzbeauftragter bekannt geworden ist. [2] Ebenso wird bestraft, wer

1. als in den Absätzen 1 und 2 genannte Person nicht dafür Sorge getragen hat, dass eine sonstige mitwirkende Person, die unbefugt ein fremdes, ihr bei der Ausübung oder bei Gelegenheit ihrer Tätigkeit bekannt gewordenes Geheimnis offenbart, zur Geheimhaltung verpflichtet wurde; dies gilt nicht für sonstige mitwirkende Personen, die selbst eine in den Absätzen 1 oder 2 genannte Person sind,
2. als im Absatz 3 genannte mitwirkende Person sich einer weiteren mitwirkenden Person, die unbefugt ein fremdes, ihr bei der Ausübung oder bei Gelegenheit ihrer Tätigkeit bekannt gewordenes Geheimnis offenbart, bedient und nicht dafür Sorge getragen hat, dass diese zur Geheimhaltung verpflichtet wurde; dies gilt nicht für sonstige mitwirkende Personen, die selbst eine in den Absätzen 1 oder 2 genannte Person sind, oder
3. nach dem Tod der nach Satz 1 oder nach den Absätzen 1 oder 2 verpflichteten Person ein fremdes Geheimnis unbefugt offenbart, das er von dem Verstorbenen erfahren oder aus dessen Nachlass erlangt hat.

(5) Die Absätze 1 bis 4 sind auch anzuwenden, wenn der Täter das fremde Geheimnis nach dem Tod des Betroffenen unbefugt offenbart.

(6) Handelt der Täter gegen Entgelt oder in der Absicht, sich oder einen anderen zu bereichern oder einen anderen zu schädigen, so ist die Strafe Freiheitsstrafe bis zu zwei Jahren oder Geldstrafe.

§ 204 Verwertung fremder Geheimnisse. (1) Wer unbefugt ein fremdes Geheimnis, namentlich ein Betriebs- oder Geschäftsgeheimnis, zu dessen Geheimhaltung er nach § 203 verpflichtet ist, verwertet, wird mit Freiheitsstrafe bis zu zwei Jahren oder mit Geldstrafe bestraft.

(2) § 203 Absatz 5 gilt entsprechend.

§ 205 Strafantrag. (1) [1] In den Fällen des § 201 Abs. 1 und 2 und der §§ 202, 203 und 204 wird die Tat nur auf Antrag verfolgt. [2] Dies gilt auch in den Fällen der §§ 201a, 202a, 202b und 202d, es sei denn, dass die Strafverfolgungsbehörde wegen des besonderen öffentlichen Interesses an der Strafverfolgung ein Einschreiten von Amts wegen für geboten hält.

(2) [1] Stirbt der Verletzte, so geht das Antragsrecht nach § 77 Abs. 2 auf die Angehörigen über; dies gilt nicht in den Fällen der §§ 202a, 202b und 202d. [2] Gehört das Geheimnis nicht zum persönlichen Lebensbereich des Verletzten, so geht das Antragsrecht bei Straftaten nach den §§ 203 und 204 auf die Erben über. [3] Offenbart oder verwertet der Täter in den Fällen der §§ 203 und 204 das Geheimnis nach dem Tod des Betroffenen, so gelten die Sätze 1 und 2 sinngemäß. [4] In den Fällen des § 201a Absatz 1 Nummer 3 und Absatz 2 Satz 2 steht das Antragsrecht den in § 77 Absatz 2 bezeichneten Angehörigen zu.

§ 206 Verletzung des Post- oder Fernmeldegeheimnisses. (1) Wer unbefugt einer anderen Person eine Mitteilung über Tatsachen macht, die dem Post- oder Fernmeldegeheimnis unterliegen und die ihm als Inhaber oder Beschäftigtem eines Unternehmens bekanntgeworden sind, das geschäftsmäßig

Post- oder Telekommunikationsdienste erbringt, wird mit Freiheitsstrafe bis zu fünf Jahren oder mit Geldstrafe bestraft.

(2) Ebenso wird bestraft, wer als Inhaber oder Beschäftigter eines in Absatz 1 bezeichneten Unternehmens unbefugt

1. eine Sendung, die einem solchen Unternehmen zur Übermittlung anvertraut worden und verschlossen ist, öffnet oder sich von ihrem Inhalt ohne Öffnung des Verschlusses unter Anwendung technischer Mittel Kenntnis verschafft,
2. eine einem solchen Unternehmen zur Übermittlung anvertraute Sendung unterdrückt oder
3. eine der in Absatz 1 oder in Nummer 1 oder 2 bezeichneten Handlungen gestattet oder fördert.

(3) Die Absätze 1 und 2 gelten auch für Personen, die

1. Aufgaben der Aufsicht über ein in Absatz 1 bezeichnetes Unternehmen wahrnehmen,
2. von einem solchen Unternehmen oder mit dessen Ermächtigung mit dem Erbringen von Post- oder Telekommunikationsdiensten betraut sind oder
3. mit der Herstellung einer dem Betrieb eines solchen Unternehmens dienenden Anlage oder mit Arbeiten daran betraut sind.

(4) Wer unbefugt einer anderen Person eine Mitteilung über Tatsachen macht, die ihm als außerhalb des Post- oder Telekommunikationsbereichs tätigem Amtsträger auf Grund eines befugten oder unbefugten Eingriffs in das Post- oder Fernmeldegeheimnis bekanntgeworden sind, wird mit Freiheitsstrafe bis zu zwei Jahren oder mit Geldstrafe bestraft.

(5) [1] Dem Postgeheimnis unterliegen die näheren Umstände des Postverkehrs bestimmter Personen sowie der Inhalt von Postsendungen. [2] Dem Fernmeldegeheimnis unterliegen der Inhalt der Telekommunikation und ihre näheren Umstände, insbesondere die Tatsache, ob jemand an einem Telekommunikationsvorgang beteiligt ist oder war. [3] Das Fernmeldegeheimnis erstreckt sich auch auf die näheren Umstände erfolgloser Verbindungsversuche.

Siebenundzwanzigster Abschnitt. Sachbeschädigung

§ 303a Datenveränderung. (1) Wer rechtswidrig Daten (§ 202a Abs. 2) löscht, unterdrückt, unbrauchbar macht oder verändert, wird mit Freiheitsstrafe bis zu zwei Jahren oder mit Geldstrafe bestraft.

(2) Der Versuch ist strafbar.

(3) Für die Vorbereitung einer Straftat nach Absatz 1 gilt § 202c entsprechend.

Dreißigster Abschnitt. Straftaten im Amt

§ 353a Vertrauensbruch im auswärtigen Dienst. (1) Wer bei der Vertretung der Bundesrepublik Deutschland gegenüber einer fremden Regierung, einer Staatengemeinschaft oder einer zwischenstaatlichen Einrichtung einer amtlichen Anweisung zuwiderhandelt oder in der Absicht, die Bundesregierung irrezuleiten, unwahre Berichte tatsächlicher Art erstattet, wird mit Freiheitsstrafe bis zu fünf Jahren oder mit Geldstrafe bestraft.

(2) Die Tat wird nur mit Ermächtigung der Bundesregierung verfolgt.

§ 353b Verletzung des Dienstgeheimnisses und einer besonderen Geheimhaltungspflicht. (1) [1] Wer ein Geheimnis, das ihm als

1. Amtsträger,
2. für den öffentlichen Dienst besonders Verpflichteten,
3. Person, die Aufgaben oder Befugnisse nach dem Personalvertretungsrecht wahrnimmt oder
4. Europäischer Amtsträger,

anvertraut worden oder sonst bekanntgeworden ist, unbefugt offenbart und dadurch wichtige öffentliche Interessen gefährdet, wird mit Freiheitsstrafe bis zu fünf Jahren oder mit Geldstrafe bestraft. [2] Hat der Täter durch die Tat fahrlässig wichtige öffentliche Interessen gefährdet, so wird er mit Freiheitsstrafe bis zu einem Jahr oder mit Geldstrafe bestraft.

(2) Wer, abgesehen von den Fällen des Absatzes 1, unbefugt einen Gegenstand oder eine Nachricht, zu deren Geheimhaltung er

1. auf Grund des Beschlusses eines Gesetzgebungsorgans des Bundes oder eines Landes oder eines seiner Ausschüsse verpflichtet ist oder
2. von einer anderen amtlichen Stelle unter Hinweis auf die Strafbarkeit der Verletzung der Geheimhaltungspflicht förmlich verpflichtet worden ist,

an einen anderen gelangen läßt oder öffentlich bekanntmacht und dadurch wichtige öffentliche Interessen gefährdet, wird mit Freiheitsstrafe bis zu drei Jahren oder mit Geldstrafe bestraft.

(3) Der Versuch ist strafbar.

(3a) Beihilfehandlungen einer in § 53 Absatz 1 Satz 1 Nummer 5 der Strafprozessordnung genannten Person sind nicht rechtswidrig, wenn sie sich auf die Entgegennahme, Auswertung oder Veröffentlichung des Geheimnisses oder des Gegenstandes oder der Nachricht, zu deren Geheimhaltung eine besondere Verpflichtung besteht, beschränken.

(4) [1] Die Tat wird nur mit Ermächtigung verfolgt. [2] Die Ermächtigung wird erteilt

1. von dem Präsidenten des Gesetzgebungsorgans
   a) in den Fällen des Absatzes 1, wenn dem Täter das Geheimnis während seiner Tätigkeit bei einem oder für ein Gesetzgebungsorgan des Bundes oder eines Landes bekanntgeworden ist,
   b) in den Fällen des Absatzes 2 Nr. 1;
2. von der obersten Bundesbehörde
   a) in den Fällen des Absatzes 1, wenn dem Täter das Geheimnis während seiner Tätigkeit sonst bei einer oder für eine Behörde oder bei einer anderen amtlichen Stelle des Bundes oder für eine solche Stelle bekanntgeworden ist,
   b) in den Fällen des Absatzes 2 Nr. 2, wenn der Täter von einer amtlichen Stelle des Bundes verpflichtet worden ist;
3. von der Bundesregierung in den Fällen des Absatzes 1 Satz 1 Nummer 4, wenn dem Täter das Geheimnis während seiner Tätigkeit bei einer Dienststelle der Europäischen Union bekannt geworden ist;
4. von der obersten Landesbehörde in allen übrigen Fällen der Absätze 1 und 2 Nr. 2.

[3] In den Fällen des Satzes 2 Nummer 3 wird die Tat nur verfolgt, wenn zudem ein Strafverlangen der Dienststelle vorliegt.

§ 353c (weggefallen)

§ 353d Verbotene Mitteilungen über Gerichtsverhandlungen. Mit Freiheitsstrafe bis zu einem Jahr oder mit Geldstrafe wird bestraft, wer

1. entgegen einem gesetzlichen Verbot über eine Gerichtsverhandlung, bei der die Öffentlichkeit ausgeschlossen war, oder über den Inhalt eines die Sache betreffenden amtlichen Dokuments öffentlich eine Mitteilung macht,
2. entgegen einer vom Gericht auf Grund eines Gesetzes auferlegten Schweigepflicht Tatsachen unbefugt offenbart, die durch eine nichtöffentliche Gerichtsverhandlung oder durch ein die Sache betreffendes amtliches Dokument zu seiner Kenntnis gelangt sind, oder
3. die Anklageschrift oder andere amtliche Dokumente eines Strafverfahrens, eines Bußgeldverfahrens oder eines Disziplinarverfahrens, ganz oder in wesentlichen Teilen, im Wortlaut öffentlich mitteilt, bevor sie in öffentlicher Verhandlung erörtert worden sind oder das Verfahren abgeschlossen ist.

§ 354 (weggefallen)

§ 355 Verletzung des Steuergeheimnisses. (1) [1] Wer unbefugt

1. personenbezogene Daten eines anderen, die ihm als Amtsträger
   a) in einem Verwaltungsverfahren, einem Rechnungsprüfungsverfahren oder einem gerichtlichen Verfahren in Steuersachen,
   b) in einem Strafverfahren wegen einer Steuerstraftat oder in einem Bußgeldverfahren wegen einer Steuerordnungswidrigkeit,
   c) im Rahmen einer Weiterverarbeitung nach § 29c Absatz 1 Satz 1 Nummer 4, 5 oder 6 der Abgabenordnung[1)] oder aus anderem dienstlichen Anlass, insbesondere durch Mitteilung einer Finanzbehörde oder durch die gesetzlich vorgeschriebene Vorlage eines Steuerbescheids oder einer Bescheinigung über die bei der Besteuerung getroffenen Feststellungen

   bekannt geworden sind, oder
2. ein fremdes Betriebs- oder Geschäftsgeheimnis, das ihm als Amtsträger in einem der in Nummer 1 genannten Verfahren bekannt geworden ist,

offenbart oder verwertet, wird mit Freiheitsstrafe bis zu zwei Jahren oder mit Geldstrafe bestraft. [2] Personenbezogene Daten eines anderen oder fremde Betriebs- oder Geschäftsgeheimnisse sind dem Täter auch dann als Amtsträger in einem in Satz 1 Nummer 1 genannten Verfahren bekannt geworden, wenn sie sich aus Daten ergeben, zu denen er Zugang hatte und die er unbefugt abgerufen hat. [3] Informationen, die sich auf identifizierte oder identifizierbare verstorbene natürliche Personen oder Körperschaften, rechtsfähige oder nicht rechtsfähige Personenvereinigungen oder Vermögensmassen beziehen, stehen personenbezogenen Daten eines anderen gleich.

(2) Den Amtsträgern im Sinne des Absatzes 1 stehen gleich

1. die für den öffentlichen Dienst besonders Verpflichteten,
2. amtlich zugezogene Sachverständige und

---

1) Nr. **26**.

3. die Träger von Ämtern der Kirchen und anderen Religionsgesellschaften des öffentlichen Rechts.

(3) [1]Die Tat wird nur auf Antrag des Dienstvorgesetzten oder des Verletzten verfolgt. [2]Bei Taten amtlich zugezogener Sachverständiger ist der Leiter der Behörde, deren Verfahren betroffen ist, neben dem Verletzten antragsberechtigt.

§ 356 Parteiverrat. (1) Ein Anwalt oder ein anderer Rechtsbeistand, welcher bei den ihm in dieser Eigenschaft anvertrauten Angelegenheiten in derselben Rechtssache beiden Parteien durch Rat oder Beistand pflichtwidrig dient, wird mit Freiheitsstrafe von drei Monaten bis zu fünf Jahren bestraft.

(2) Handelt derselbe im Einverständnis mit der Gegenpartei zum Nachteil seiner Partei, so tritt Freiheitsstrafe von einem Jahr bis zu fünf Jahren ein.

24. Betriebsverfassungsgesetz

In der Fassung der Bekanntmachung vom 25. September 2001[1)]
(BGBl. I S. 2518)

FNA 801-7

zuletzt geänd. durch Art. 1 Zweites ÄndG v. 19.7.2024 (BGBl. 2024 I Nr. 248)

– Auszug –

Vierter Teil. Mitwirkung und Mitbestimmung der Arbeitnehmer

Erster Abschnitt. Allgemeines

§ 79 Geheimhaltungspflicht. (1) [1] Die Mitglieder und Ersatzmitglieder des Betriebsrats sind verpflichtet, Betriebs- oder Geschäftsgeheimnisse, die ihnen wegen ihrer Zugehörigkeit zum Betriebsrat bekannt geworden und vom Arbeitgeber ausdrücklich als geheimhaltungsbedürftig bezeichnet worden sind, nicht zu offenbaren und nicht zu verwerten. [2] Dies gilt auch nach dem Ausscheiden aus dem Betriebsrat. [3] Die Verpflichtung gilt nicht gegenüber Mitgliedern des Betriebsrats. [4] Sie gilt ferner nicht gegenüber dem Gesamtbetriebsrat, dem Konzernbetriebsrat, der Bordvertretung, dem Seebetriebsrat und den Arbeitnehmervertretern im Aufsichtsrat sowie im Verfahren vor der Einigungsstelle, der tariflichen Schlichtungsstelle (§ 76 Abs. 8) oder einer betrieblichen Beschwerdestelle (§ 86).

(2) Absatz 1 gilt sinngemäß für die Mitglieder und Ersatzmitglieder des Gesamtbetriebsrats, des Konzernbetriebsrats, der Jugend- und Auszubildendenvertretung, der Gesamt-Jugend- und Auszubildendenvertretung, der Konzern-Jugend- und Auszubildendenvertretung, des Wirtschaftsausschusses, der Bordvertretung, des Seebetriebsrats, der gemäß § 3 Abs. 1 gebildeten Vertretungen der Arbeitnehmer, der Einigungsstelle, der tariflichen Schlichtungsstelle (§ 76 Abs. 8) und einer betrieblichen Beschwerdestelle (§ 86) sowie für die Vertreter von Gewerkschaften oder von Arbeitgebervereinigungen.

§ 79a Datenschutz. [1] Bei der Verarbeitung personenbezogener Daten hat der Betriebsrat die Vorschriften über den Datenschutz einzuhalten. [2] Soweit der Betriebsrat zur Erfüllung der in seiner Zuständigkeit liegenden Aufgaben personenbezogene Daten verarbeitet, ist der Arbeitgeber der für die Verarbeitung Verantwortliche im Sinne der datenschutzrechtlichen Vorschriften. [3] Arbeitgeber und Betriebsrat unterstützen sich gegenseitig bei der Einhaltung der datenschutzrechtlichen Vorschriften. [4] Die oder der Datenschutzbeauftragte ist gegenüber dem Arbeitgeber zur Verschwiegenheit verpflichtet über Informationen, die Rückschlüsse auf den Meinungsbildungsprozess des Betriebsrats zulassen. [5] § 6 Absatz 5 Satz 2, § 38 Absatz 2 des Bundesdatenschutzgesetzes[2)] gelten auch im Hinblick auf das Verhältnis der oder des Datenschutzbeauftragten zum Arbeitgeber.

[1)] Neubekanntmachung des BetrVG idF der Bek. v. 23.12.1988 (BGBl. 1989 I S. 1, ber. S. 902) in der ab 28. Juli 2001 geltenden Fassung.

[2)] Nr. **11**.

§ 80 Allgemeine Aufgaben. (1) Der Betriebsrat hat folgende allgemeine Aufgaben:

1. darüber zu wachen, dass die zugunsten der Arbeitnehmer geltenden Gesetze, Verordnungen, Unfallverhütungsvorschriften, Tarifverträge und Betriebsvereinbarungen durchgeführt werden;
2. Maßnahmen, die dem Betrieb und der Belegschaft dienen, beim Arbeitgeber zu beantragen;

2a. die Durchsetzung der tatsächlichen Gleichstellung von Frauen und Männern, insbesondere bei der Einstellung, Beschäftigung, Aus-, Fort- und Weiterbildung und dem beruflichen Aufstieg, zu fördern;

2b. die Vereinbarkeit von Familie und Erwerbstätigkeit zu fördern;

3. Anregungen von Arbeitnehmern und der Jugend- und Auszubildendenvertretung entgegenzunehmen und, falls sie berechtigt erscheinen, durch Verhandlungen mit dem Arbeitgeber auf eine Erledigung hinzuwirken; er hat die betreffenden Arbeitnehmer über den Stand und das Ergebnis der Verhandlungen zu unterrichten;
4. die Eingliederung schwerbehinderter Menschen einschließlich der Förderung des Abschlusses von Inklusionsvereinbarungen nach § 166 des Neunten Buches Sozialgesetzbuch und sonstiger besonders schutzbedürftiger Personen zu fördern;
5. die Wahl einer Jugend- und Auszubildendenvertretung vorzubereiten und durchzuführen und mit dieser zur Förderung der Belange der in § 60 Abs. 1 genannten Arbeitnehmer eng zusammenzuarbeiten; er kann von der Jugend- und Auszubildendenvertretung Vorschläge und Stellungnahmen anfordern;
6. die Beschäftigung älterer Arbeitnehmer im Betrieb zu fördern;
7. die Integration ausländischer Arbeitnehmer im Betrieb und das Verständnis zwischen ihnen und den deutschen Arbeitnehmern zu fördern sowie Maßnahmen zur Bekämpfung von Rassismus und Fremdenfeindlichkeit im Betrieb zu beantragen;
8. die Beschäftigung im Betrieb zu fördern und zu sichern;
9. Maßnahmen des Arbeitsschutzes und des betrieblichen Umweltschutzes zu fördern.

(2) [1] Zur Durchführung seiner Aufgaben nach diesem Gesetz ist der Betriebsrat rechtzeitig und umfassend vom Arbeitgeber zu unterrichten; die Unterrichtung erstreckt sich auch auf die Beschäftigung von Personen, die nicht in einem Arbeitsverhältnis zum Arbeitgeber stehen, und umfasst insbesondere den zeitlichen Umfang des Einsatzes, den Einsatzort und die Arbeitsaufgaben dieser Personen. [2] Dem Betriebsrat sind auf Verlangen jederzeit die zur Durchführung seiner Aufgaben erforderlichen Unterlagen zur Verfügung zu stellen; in diesem Rahmen ist der Betriebsausschuss oder ein nach § 28 gebildeter Ausschuss berechtigt, in die Listen über die Bruttolöhne und -gehälter Einblick zu nehmen. [3] Zu den erforderlichen Unterlagen gehören auch die Verträge, die der Beschäftigung der in Satz 1 genannten Personen zugrunde liegen. [4] Soweit es zur ordnungsgemäßen Erfüllung der Aufgaben des Betriebsrats erforderlich ist, hat der Arbeitgeber ihm sachkundige Arbeitnehmer als Auskunftspersonen zur Verfügung zu stellen; er hat hierbei die Vorschläge des Betriebsrats zu berücksichtigen, soweit betriebliche Notwendigkeiten nicht entgegenstehen.

(3) [1] Der Betriebsrat kann bei der Durchführung seiner Aufgaben nach näherer Vereinbarung mit dem Arbeitgeber Sachverständige hinzuziehen, soweit dies zur ordnungsgemäßen Erfüllung seiner Aufgaben erforderlich ist. [2] Muss der Betriebsrat zur Durchführung seiner Aufgaben die Einführung oder Anwendung von Künstlicher Intelligenz beurteilen, gilt insoweit die Hinzuziehung eines Sachverständigen als erforderlich. [3] Gleiches gilt, wenn sich Arbeitgeber und Betriebsrat auf einen ständigen Sachverständigen in Angelegenheiten nach Satz 2 einigen.

(4) Für die Geheimhaltungspflicht der Auskunftspersonen und der Sachverständigen gilt § 79 entsprechend.

Zweiter Abschnitt. Mitwirkungs- und Beschwerderecht des Arbeitnehmers

§ 81 Unterrichtungs- und Erörterungspflicht des Arbeitgebers.

(1) [1] Der Arbeitgeber hat den Arbeitnehmer über dessen Aufgabe und Verantwortung sowie über die Art seiner Tätigkeit und ihre Einordnung in den Arbeitsablauf des Betriebs zu unterrichten. [2] Er hat den Arbeitnehmer vor Beginn der Beschäftigung über die Unfall- und Gesundheitsgefahren, denen dieser bei der Beschäftigung ausgesetzt ist, sowie über die Maßnahmen und Einrichtungen zur Abwendung dieser Gefahren und die nach § 10 Abs. 2 des Arbeitsschutzgesetzes getroffenen Maßnahmen zu belehren.

(2) [1] Über Veränderungen in seinem Arbeitsbereich ist der Arbeitnehmer rechtzeitig zu unterrichten. [2] Absatz 1 gilt entsprechend.

(3) In Betrieben, in denen kein Betriebsrat besteht, hat der Arbeitgeber die Arbeitnehmer zu allen Maßnahmen zu hören, die Auswirkungen auf Sicherheit und Gesundheit der Arbeitnehmer haben können.

(4) [1] Der Arbeitgeber hat den Arbeitnehmer über die aufgrund einer Planung von technischen Anlagen, von Arbeitsverfahren und Arbeitsabläufen oder der Arbeitsplätze vorgesehenen Maßnahmen und ihre Auswirkungen auf seinen Arbeitsplatz, die Arbeitsumgebung sowie auf Inhalt und Art seiner Tätigkeit zu unterrichten. [2] Sobald feststeht, dass sich die Tätigkeit des Arbeitnehmers ändern wird und seine beruflichen Kenntnisse und Fähigkeiten zur Erfüllung seiner Aufgaben nicht ausreichen, hat der Arbeitgeber mit dem Arbeitnehmer zu erörtern, wie dessen berufliche Kenntnisse und Fähigkeiten im Rahmen der betrieblichen Möglichkeiten den künftigen Anforderungen angepasst werden können. [3] Der Arbeitnehmer kann bei der Erörterung ein Mitglied des Betriebsrats hinzuziehen.

§ 82 Anhörungs- und Erörterungsrecht des Arbeitnehmers. (1) [1] Der Arbeitnehmer hat das Recht, in betrieblichen Angelegenheiten, die seine Person betreffen, von den nach Maßgabe des organisatorischen Aufbaus des Betriebs hierfür zuständigen Personen gehört zu werden. [2] Er ist berechtigt, zu Maßnahmen des Arbeitgebers, die ihn betreffen, Stellung zu nehmen sowie Vorschläge für die Gestaltung des Arbeitsplatzes und des Arbeitsablaufs zu machen.

(2) [1] Der Arbeitnehmer kann verlangen, dass ihm die Berechnung und Zusammensetzung seines Arbeitsentgelts erläutert und dass mit ihm die Beurteilung seiner Leistungen sowie die Möglichkeiten seiner beruflichen Entwicklung im Betrieb erörtert werden. [2] Er kann ein Mitglied des Betriebsrats hinzuziehen. [3] Das Mitglied des Betriebsrats hat über den Inhalt dieser Verhandlungen Still-

schweigen zu bewahren, soweit es vom Arbeitnehmer im Einzelfall nicht von dieser Verpflichtung entbunden wird.

§ 83 Einsicht in die Personalakten. (1) [1]Der Arbeitnehmer hat das Recht, in die über ihn geführten Personalakten Einsicht zu nehmen. [2]Er kann hierzu ein Mitglied des Betriebsrats hinzuziehen. [3]Das Mitglied des Betriebsrats hat über den Inhalt der Personalakte Stillschweigen zu bewahren, soweit es vom Arbeitnehmer im Einzelfall nicht von dieser Verpflichtung entbunden wird.

(2) Erklärungen des Arbeitnehmers zum Inhalt der Personalakte sind dieser auf sein Verlangen beizufügen.

§ 84 Beschwerderecht. (1) [1]Jeder Arbeitnehmer hat das Recht, sich bei den zuständigen Stellen des Betriebs zu beschweren, wenn er sich vom Arbeitgeber oder von Arbeitnehmern des Betriebs benachteiligt oder ungerecht behandelt oder in sonstiger Weise beeinträchtigt fühlt. [2]Er kann ein Mitglied des Betriebsrats zur Unterstützung oder Vermittlung hinzuziehen.

(2) Der Arbeitgeber hat den Arbeitnehmer über die Behandlung der Beschwerde zu bescheiden und, soweit er die Beschwerde für berechtigt erachtet, ihr abzuhelfen.

(3) Wegen der Erhebung einer Beschwerde dürfen dem Arbeitnehmer keine Nachteile entstehen.

§ 85 Behandlung von Beschwerden durch den Betriebsrat. (1) Der Betriebsrat hat Beschwerden von Arbeitnehmern entgegenzunehmen und, falls er sie für berechtigt erachtet, beim Arbeitgeber auf Abhilfe hinzuwirken.

(2) [1]Bestehen zwischen Betriebsrat und Arbeitgeber Meinungsverschiedenheiten über die Berechtigung der Beschwerde, so kann der Betriebsrat die Einigungsstelle anrufen. [2]Der Spruch der Einigungsstelle ersetzt die Einigung zwischen Arbeitgeber und Betriebsrat. [3]Dies gilt nicht, soweit Gegenstand der Beschwerde ein Rechtsanspruch ist.

(3) [1]Der Arbeitgeber hat den Betriebsrat über die Behandlung der Beschwerde zu unterrichten. [2]§ 84 Abs. 2 bleibt unberührt.

§ 86 Ergänzende Vereinbarungen. [1]Durch Tarifvertrag oder Betriebsvereinbarung können die Einzelheiten des Beschwerdeverfahrens geregelt werden. [2]Hierbei kann bestimmt werden, dass in den Fällen des § 85 Abs. 2 an die Stelle der Einigungsstelle eine betriebliche Beschwerdestelle tritt.

§ 86a Vorschlagsrecht der Arbeitnehmer. [1]Jeder Arbeitnehmer hat das Recht, dem Betriebsrat Themen zur Beratung vorzuschlagen. [2]Wird ein Vorschlag von mindestens 5 vom Hundert der Arbeitnehmer des Betriebs unterstützt, hat der Betriebsrat diesen innerhalb von zwei Monaten auf die Tagesordnung einer Betriebsratssitzung zu setzen.

Dritter Abschnitt. Soziale Angelegenheiten

§ 87 Mitbestimmungsrechte. (1) Der Betriebsrat hat, soweit eine gesetzliche oder tarifliche Regelung nicht besteht, in folgenden Angelegenheiten mitzubestimmen:

1. Fragen der Ordnung des Betriebs und des Verhaltens der Arbeitnehmer im Betrieb;

2. Beginn und Ende der täglichen Arbeitszeit einschließlich der Pausen sowie Verteilung der Arbeitszeit auf die einzelnen Wochentage;
3. vorübergehende Verkürzung oder Verlängerung der betriebsüblichen Arbeitszeit;
4. Zeit, Ort und Art der Auszahlung der Arbeitsentgelte;
5. Aufstellung allgemeiner Urlaubsgrundsätze und des Urlaubsplans sowie die Festsetzung der zeitlichen Lage des Urlaubs für einzelne Arbeitnehmer, wenn zwischen dem Arbeitgeber und den beteiligten Arbeitnehmern kein Einverständnis erzielt wird;
6. Einführung und Anwendung von technischen Einrichtungen, die dazu bestimmt sind, das Verhalten oder die Leistung der Arbeitnehmer zu überwachen;
7. Regelungen über die Verhütung von Arbeitsunfällen und Berufskrankheiten sowie über den Gesundheitsschutz im Rahmen der gesetzlichen Vorschriften oder der Unfallverhütungsvorschriften;
8. Form, Ausgestaltung und Verwaltung von Sozialeinrichtungen, deren Wirkungsbereich auf den Betrieb, das Unternehmen oder den Konzern beschränkt ist;
9. Zuweisung und Kündigung von Wohnräumen, die den Arbeitnehmern mit Rücksicht auf das Bestehen eines Arbeitsverhältnisses vermietet werden, sowie die allgemeine Festlegung der Nutzungsbedingungen;
10. Fragen der betrieblichen Lohngestaltung, insbesondere die Aufstellung von Entlohnungsgrundsätzen und die Einführung und Anwendung von neuen Entlohnungsmethoden sowie deren Änderung;
11. Festsetzung der Akkord- und Prämiensätze und vergleichbarer leistungsbezogener Entgelte, einschließlich der Geldfaktoren;
12. Grundsätze über das betriebliche Vorschlagswesen;
13. Grundsätze über die Durchführung von Gruppenarbeit; Gruppenarbeit im Sinne dieser Vorschrift liegt vor, wenn im Rahmen des betrieblichen Arbeitsablaufs eine Gruppe von Arbeitnehmern eine ihr übertragene Gesamtaufgabe im Wesentlichen eigenverantwortlich erledigt;
14. Ausgestaltung von mobiler Arbeit, die mittels Informations- und Kommunikationstechnik erbracht wird.

(2) [1] Kommt eine Einigung über eine Angelegenheit nach Absatz 1 nicht zustande, so entscheidet die Einigungsstelle. [2] Der Spruch der Einigungsstelle ersetzt die Einigung zwischen Arbeitgeber und Betriebsrat.

§ 88 Freiwillige Betriebsvereinbarungen. Durch Betriebsvereinbarung können insbesondere geregelt werden

1. zusätzliche Maßnahmen zur Verhütung von Arbeitsunfällen und Gesundheitsschädigungen;

1a. Maßnahmen des betrieblichen Umweltschutzes;

2. die Errichtung von Sozialeinrichtungen, deren Wirkungsbereich auf den Betrieb, das Unternehmen oder den Konzern beschränkt ist;
3. Maßnahmen zur Förderung der Vermögensbildung;
4. Maßnahmen zur Integration ausländischer Arbeitnehmer sowie zur Bekämpfung von Rassismus und Fremdenfeindlichkeit im Betrieb;
5. Maßnahmen zur Eingliederung schwerbehinderter Menschen.

§ 89 Arbeits- und betrieblicher Umweltschutz. (1) [1]Der Betriebsrat hat sich dafür einzusetzen, dass die Vorschriften über den Arbeitsschutz und die Unfallverhütung im Betrieb sowie über den betrieblichen Umweltschutz durchgeführt werden. [2]Er hat bei der Bekämpfung von Unfall- und Gesundheitsgefahren die für den Arbeitsschutz zuständigen Behörden, die Träger der gesetzlichen Unfallversicherung und die sonstigen in Betracht kommenden Stellen durch Anregung, Beratung und Auskunft zu unterstützen.

(2) [1]Der Arbeitgeber und die in Absatz 1 Satz 2 genannten Stellen sind verpflichtet, den Betriebsrat oder die von ihm bestimmten Mitglieder des Betriebsrats bei allen im Zusammenhang mit dem Arbeitsschutz oder der Unfallverhütung stehenden Besichtigungen und Fragen und bei Unfalluntersuchungen hinzuzuziehen. [2]Der Arbeitgeber hat den Betriebsrat auch bei allen im Zusammenhang mit dem betrieblichen Umweltschutz stehenden Besichtigungen und Fragen hinzuzuziehen und ihm unverzüglich die den Arbeitsschutz, die Unfallverhütung und den betrieblichen Umweltschutz betreffenden Auflagen und Anordnungen der zuständigen Stellen mitzuteilen.

(3) Als betrieblicher Umweltschutz im Sinne dieses Gesetzes sind alle personellen und organisatorischen Maßnahmen sowie alle die betrieblichen Bauten, Räume, technische Anlagen, Arbeitsverfahren, Arbeitsabläufe und Arbeitsplätze betreffenden Maßnahmen zu verstehen, die dem Umweltschutz dienen.

(4) An Besprechungen des Arbeitgebers mit den Sicherheitsbeauftragten im Rahmen des § 22 Abs. 2 des Siebten Buches Sozialgesetzbuch nehmen vom Betriebsrat beauftragte Betriebsratsmitglieder teil.

(5) Der Betriebsrat erhält vom Arbeitgeber die Niederschriften über Untersuchungen, Besichtigungen und Besprechungen, zu denen er nach den Absätzen 2 und 4 hinzuzuziehen ist.

(6) Der Arbeitgeber hat dem Betriebsrat eine Durchschrift der nach § 193 Abs. 5 des Siebten Buches Sozialgesetzbuch vom Betriebsrat zu unterschreibenden Unfallanzeige auszuhändigen.

Vierter Abschnitt. Gestaltung von Arbeitsplatz, Arbeitsablauf und Arbeitsumgebung

§ 90 Unterrichtungs- und Beratungsrechte. (1) Der Arbeitgeber hat den Betriebsrat über die Planung

1. von Neu-, Um- und Erweiterungsbauten von Fabrikations-, Verwaltungs- und sonstigen betrieblichen Räumen,
2. von technischen Anlagen,
3. von Arbeitsverfahren und Arbeitsabläufen einschließlich des Einsatzes von Künstlicher Intelligenz oder
4. der Arbeitsplätze

rechtzeitig unter Vorlage der erforderlichen Unterlagen zu unterrichten.

(2) [1]Der Arbeitgeber hat mit dem Betriebsrat die vorgesehenen Maßnahmen und ihre Auswirkungen auf die Arbeitnehmer, insbesondere auf die Art ihrer Arbeit sowie die sich daraus ergebenden Anforderungen an die Arbeitnehmer so rechtzeitig zu beraten, dass Vorschläge und Bedenken des Betriebsrats bei der Planung berücksichtigt werden können. [2]Arbeitgeber und Betriebsrat sollen dabei auch die gesicherten arbeitswissenschaftlichen Erkenntnisse über die menschengerechte Gestaltung der Arbeit berücksichtigen.

§ 91 Mitbestimmungsrecht. [1] Werden die Arbeitnehmer durch Änderungen der Arbeitsplätze, des Arbeitsablaufs oder der Arbeitsumgebung, die den gesicherten arbeitswissenschaftlichen Erkenntnissen über die menschengerechte Gestaltung der Arbeit offensichtlich widersprechen, in besonderer Weise belastet, so kann der Betriebsrat angemessene Maßnahmen zur Abwendung, Milderung oder zum Ausgleich der Belastung verlangen. [2] Kommt eine Einigung nicht zustande, so entscheidet die Einigungsstelle. [3] Der Spruch der Einigungsstelle ersetzt die Einigung zwischen Arbeitgeber und Betriebsrat.

Fünfter Abschnitt. Personelle Angelegenheiten

Erster Unterabschnitt. Allgemeine personelle Angelegenheiten

§ 92 Personalplanung. (1) [1] Der Arbeitgeber hat den Betriebsrat über die Personalplanung, insbesondere über den gegenwärtigen und künftigen Personalbedarf sowie über die sich daraus ergebenden personellen Maßnahmen einschließlich der geplanten Beschäftigung von Personen, die nicht in einem Arbeitsverhältnis zum Arbeitgeber stehen, und Maßnahmen der Berufsbildung anhand von Unterlagen rechtzeitig und umfassend zu unterrichten. [2] Er hat mit dem Betriebsrat über Art und Umfang der erforderlichen Maßnahmen und über die Vermeidung von Härten zu beraten.

(2) Der Betriebsrat kann dem Arbeitgeber Vorschläge für die Einführung einer Personalplanung und ihre Durchführung machen.

(3) [1] Die Absätze 1 und 2 gelten entsprechend für Maßnahmen im Sinne des § 80 Abs. 1 Nr. 2a und 2b, insbesondere für die Aufstellung und Durchführung von Maßnahmen zur Förderung der Gleichstellung von Frauen und Männern. [2] Gleiches gilt für die Eingliederung schwerbehinderter Menschen nach § 80 Absatz 1 Nummer 4.

§ 92a Beschäftigungssicherung. (1) [1] Der Betriebsrat kann dem Arbeitgeber Vorschläge zur Sicherung und Förderung der Beschäftigung machen. [2] Diese können insbesondere eine flexible Gestaltung der Arbeitszeit, die Förderung von Teilzeitarbeit und Altersteilzeit, neue Formen der Arbeitsorganisation, Änderungen der Arbeitsverfahren und Arbeitsabläufe, die Qualifizierung der Arbeitnehmer, Alternativen zur Ausgliederung von Arbeit oder ihrer Vergabe an andere Unternehmen sowie zum Produktions- und Investitionsprogramm zum Gegenstand haben.

(2) [1] Der Arbeitgeber hat die Vorschläge mit dem Betriebsrat zu beraten. [2] Hält der Arbeitgeber die Vorschläge des Betriebsrats für ungeeignet, hat er dies zu begründen; in Betrieben mit mehr als 100 Arbeitnehmern erfolgt die Begründung schriftlich. [3] Zu den Beratungen kann der Arbeitgeber oder der Betriebsrat einen Vertreter der Bundesagentur für Arbeit hinzuziehen.

§ 93 Ausschreibung von Arbeitsplätzen. Der Betriebsrat kann verlangen, dass Arbeitsplätze, die besetzt werden sollen, allgemein oder für bestimmte Arten von Tätigkeiten vor ihrer Besetzung innerhalb des Betriebs ausgeschrieben werden.

§ 94 Personalfragebogen, Beurteilungsgrundsätze. (1) [1] Personalfragebogen bedürfen der Zustimmung des Betriebsrats. [2] Kommt eine Einigung über ihren Inhalt nicht zustande, so entscheidet die Einigungsstelle. [3] Der Spruch der Einigungsstelle ersetzt die Einigung zwischen Arbeitgeber und Betriebsrat.

(2) Absatz 1 gilt entsprechend für persönliche Angaben in schriftlichen Arbeitsverträgen, die allgemein für den Betrieb verwendet werden sollen, sowie für die Aufstellung allgemeiner Beurteilungsgrundsätze.

§ 95 Auswahlrichtlinien. (1) [1]Richtlinien über die personelle Auswahl bei Einstellungen, Versetzungen, Umgruppierungen und Kündigungen bedürfen der Zustimmung des Betriebsrats. [2]Kommt eine Einigung über die Richtlinien oder ihren Inhalt nicht zustande, so entscheidet auf Antrag des Arbeitgebers die Einigungsstelle. [3]Der Spruch der Einigungsstelle ersetzt die Einigung zwischen Arbeitgeber und Betriebsrat.

(2) [1]In Betrieben mit mehr als 500 Arbeitnehmern kann der Betriebsrat die Aufstellung von Richtlinien über die bei Maßnahmen des Absatzes 1 Satz 1 zu beachtenden fachlichen und persönlichen Voraussetzungen und sozialen Gesichtspunkte verlangen. [2]Kommt eine Einigung über die Richtlinien oder ihren Inhalt nicht zustande, so entscheidet die Einigungsstelle. [3]Der Spruch der Einigungsstelle ersetzt die Einigung zwischen Arbeitgeber und Betriebsrat.

(2a) Die Absätze 1 und 2 finden auch dann Anwendung, wenn bei der Aufstellung der Richtlinien nach diesen Absätzen Künstliche Intelligenz zum Einsatz kommt.

(3) [1]Versetzung im Sinne dieses Gesetzes ist die Zuweisung eines anderen Arbeitsbereichs, die voraussichtlich die Dauer von einem Monat überschreitet, oder die mit einer erheblichen Änderung der Umstände verbunden ist, unter denen die Arbeit zu leisten ist. [2]Werden Arbeitnehmer nach der Eigenart ihres Arbeitsverhältnisses üblicherweise nicht ständig an einem bestimmten Arbeitsplatz beschäftigt, so gilt die Bestimmung des jeweiligen Arbeitsplatzes nicht als Versetzung.

Zweiter Unterabschnitt. Berufsbildung

§ 96 Förderung der Berufsbildung. (1) [1]Arbeitgeber und Betriebsrat haben im Rahmen der betrieblichen Personalplanung und in Zusammenarbeit mit den für die Berufsbildung und den für die Förderung der Berufsbildung zuständigen Stellen die Berufsbildung der Arbeitnehmer zu fördern. [2]Der Arbeitgeber hat auf Verlangen des Betriebsrats den Berufsbildungsbedarf zu ermitteln und mit ihm Fragen der Berufsbildung der Arbeitnehmer des Betriebs zu beraten. [3]Hierzu kann der Betriebsrat Vorschläge machen.

(1a) [1]Kommt im Rahmen der Beratung nach Absatz 1 eine Einigung über Maßnahmen der Berufsbildung nicht zustande, können der Arbeitgeber oder der Betriebsrat die Einigungsstelle um Vermittlung anrufen. [2]Die Einigungsstelle hat eine Einigung der Parteien zu versuchen.

(2) [1]Arbeitgeber und Betriebsrat haben darauf zu achten, dass unter Berücksichtigung der betrieblichen Notwendigkeiten den Arbeitnehmern die Teilnahme an betrieblichen oder außerbetrieblichen Maßnahmen der Berufsbildung ermöglicht wird. [2]Sie haben dabei auch die Belange älterer Arbeitnehmer, Teilzeitbeschäftigter und von Arbeitnehmern mit Familienpflichten zu berücksichtigen.

§ 97 Einrichtungen und Maßnahmen der Berufsbildung. (1) Der Arbeitgeber hat mit dem Betriebsrat über die Errichtung und Ausstattung betrieblicher Einrichtungen zur Berufsbildung, die Einführung betrieblicher Berufsbildungsmaßnahmen und die Teilnahme an außerbetrieblichen Berufsbildungsmaßnahmen zu beraten.

(2) [1] Hat der Arbeitgeber Maßnahmen geplant oder durchgeführt, die dazu führen, dass sich die Tätigkeit der betroffenen Arbeitnehmer ändert und ihre beruflichen Kenntnisse und Fähigkeiten zur Erfüllung ihrer Aufgaben nicht mehr ausreichen, so hat der Betriebsrat bei der Einführung von Maßnahmen der betrieblichen Berufsbildung mitzubestimmen. [2] Kommt eine Einigung nicht zustande, so entscheidet die Einigungsstelle. [3] Der Spruch der Einigungsstelle ersetzt die Einigung zwischen Arbeitgeber und Betriebsrat.

§ 98 Durchführung betrieblicher Bildungsmaßnahmen. (1) Der Betriebsrat hat bei der Durchführung von Maßnahmen der betrieblichen Berufsbildung mitzubestimmen.

(2) Der Betriebsrat kann der Bestellung einer mit der Durchführung der betrieblichen Berufsbildung beauftragten Person widersprechen oder ihre Abberufung verlangen, wenn diese die persönliche oder fachliche, insbesondere die berufs- und arbeitspädagogische Eignung im Sinne des Berufsbildungsgesetzes nicht besitzt oder ihre Aufgaben vernachlässigt.

(3) Führt der Arbeitgeber betriebliche Maßnahmen der Berufsbildung durch oder stellt er für außerbetriebliche Maßnahmen der Berufsbildung Arbeitnehmer frei oder trägt er die durch die Teilnahme von Arbeitnehmern an solchen Maßnahmen entstehenden Kosten ganz oder teilweise, so kann der Betriebsrat Vorschläge für die Teilnahme von Arbeitnehmern oder Gruppen von Arbeitnehmern des Betriebs an diesen Maßnahmen der beruflichen Bildung machen.

(4) [1] Kommt im Fall des Absatzes 1 oder über die nach Absatz 3 vom Betriebsrat vorgeschlagenen Teilnehmer eine Einigung nicht zustande, so entscheidet die Einigungsstelle. [2] Der Spruch der Einigungsstelle ersetzt die Einigung zwischen Arbeitgeber und Betriebsrat.

(5) [1] Kommt im Fall des Absatzes 2 eine Einigung nicht zustande, so kann der Betriebsrat beim Arbeitsgericht beantragen, dem Arbeitgeber aufzugeben, die Bestellung zu unterlassen oder die Abberufung durchzuführen. [2] Führt der Arbeitgeber die Bestellung einer rechtskräftigen gerichtlichen Entscheidung zuwider durch, so ist er auf Antrag des Betriebsrats vom Arbeitsgericht wegen der Bestellung nach vorheriger Androhung zu einem Ordnungsgeld zu verurteilen; das Höchstmaß des Ordnungsgeldes beträgt 10 000 Euro. [3] Führt der Arbeitgeber die Abberufung einer rechtskräftigen gerichtlichen Entscheidung zuwider nicht durch, so ist auf Antrag des Betriebsrats vom Arbeitsgericht zu erkennen, dass der Arbeitgeber zur Abberufung durch Zwangsgeld anzuhalten sei; das Höchstmaß des Zwangsgeldes beträgt für jeden Tag der Zuwiderhandlung 250 Euro. [4] Die Vorschriften des Berufsbildungsgesetzes über die Ordnung der Berufsbildung bleiben unberührt.

(6) Die Absätze 1 bis 5 gelten entsprechend, wenn der Arbeitgeber sonstige Bildungsmaßnahmen im Betrieb durchführt.

Dritter Unterabschnitt. Personelle Einzelmaßnahmen

§ 99 Mitbestimmung bei personellen Einzelmaßnahmen. (1) [1] In Unternehmen mit in der Regel mehr als zwanzig wahlberechtigten Arbeitnehmern hat der Arbeitgeber den Betriebsrat vor jeder Einstellung, Eingruppierung, Umgruppierung und Versetzung zu unterrichten, ihm die erforderlichen Bewerbungsunterlagen vorzulegen und Auskunft über die Person der Beteiligten zu geben; er hat dem Betriebsrat unter Vorlage der erforderlichen Unterlagen Auskunft über die Auswirkungen der geplanten Maßnahme zu geben und die Zustimmung des Betriebsrats zu der geplanten Maßnahme einzuholen. [2]Bei Einstellungen und Versetzungen hat der Arbeitgeber insbesondere den in Aussicht genommenen Arbeitsplatz und die vorgesehene Eingruppierung mitzuteilen. [3]Die Mitglieder des Betriebsrats sind verpflichtet, über die ihnen im Rahmen der personellen Maßnahmen nach den Sätzen 1 und 2 bekannt gewordenen persönlichen Verhältnisse und Angelegenheiten der Arbeitnehmer, die ihrer Bedeutung oder ihrem Inhalt nach einer vertraulichen Behandlung bedürfen, Stillschweigen zu bewahren; § 79 Abs. 1 Satz 2 bis 4 gilt entsprechend.

(2) Der Betriebsrat kann die Zustimmung verweigern, wenn

1. die personelle Maßnahme gegen ein Gesetz, eine Verordnung, eine Unfallverhütungsvorschrift oder gegen eine Bestimmung in einem Tarifvertrag oder in einer Betriebsvereinbarung oder gegen eine gerichtliche Entscheidung oder eine behördliche Anordnung verstoßen würde,
2. die personelle Maßnahme gegen eine Richtlinie nach § 95 verstoßen würde,
3. die durch Tatsachen begründete Besorgnis besteht, dass infolge der personellen Maßnahme im Betrieb beschäftigte Arbeitnehmer gekündigt werden oder sonstige Nachteile erleiden, ohne dass dies aus betrieblichen oder persönlichen Gründen gerechtfertigt ist; als Nachteil gilt bei unbefristeter Einstellung auch die Nichtberücksichtigung eines gleich geeigneten befristet Beschäftigten,
4. der betroffene Arbeitnehmer durch die personelle Maßnahme benachteiligt wird, ohne dass dies aus betrieblichen oder in der Person des Arbeitnehmers liegenden Gründen gerechtfertigt ist,
5. eine nach § 93 erforderliche Ausschreibung im Betrieb unterblieben ist oder
6. die durch Tatsachen begründete Besorgnis besteht, dass der für die personelle Maßnahme in Aussicht genommene Bewerber oder Arbeitnehmer den Betriebsfrieden durch gesetzwidriges Verhalten oder durch grobe Verletzung der in § 75 Abs. 1 enthaltenen Grundsätze, insbesondere durch rassistische oder fremdenfeindliche Betätigung, stören werde.

(3) [1]Verweigert der Betriebsrat seine Zustimmung, so hat er dies unter Angabe von Gründen innerhalb einer Woche nach Unterrichtung durch den Arbeitgeber diesem schriftlich mitzuteilen. [2]Teilt der Betriebsrat dem Arbeitgeber die Verweigerung seiner Zustimmung nicht innerhalb der Frist schriftlich mit, so gilt die Zustimmung als erteilt.

(4) Verweigert der Betriebsrat seine Zustimmung, so kann der Arbeitgeber beim Arbeitsgericht beantragen, die Zustimmung zu ersetzen.

25. Handelsgesetzbuch

Vom 10. Mai 1897
Reichsgesetzbl. S. 219
BGBl. III/FNA 4100-1
zuletzt geänd. durch Art. 2 Zweites G zur Änd. des DWD-G sowie zur Änd. handelsrechtlicher Vorschriften v. 11.4.2024 (BGBl. 2024 I Nr. 120)

– Auszug –

Drittes Buch. Handelsbücher

Erster Abschnitt. Vorschriften für alle Kaufleute

Dritter Unterabschnitt. Aufbewahrung und Vorlage

§ 257 Aufbewahrung von Unterlagen. Aufbewahrungsfristen. (1) Jeder Kaufmann ist verpflichtet, die folgenden Unterlagen geordnet aufzubewahren:

1. Handelsbücher, Inventare, Eröffnungsbilanzen, Jahresabschlüsse, Einzelabschlüsse nach § 325 Abs. 2a, Lageberichte, Konzernabschlüsse, Konzernlageberichte sowie die zu ihrem Verständnis erforderlichen Arbeitsanweisungen und sonstigen Organisationsunterlagen,
2. die empfangenen Handelsbriefe,
3. Wiedergaben der abgesandten Handelsbriefe,
4. Belege für Buchungen in den von ihm nach § 238 Abs. 1 zu führenden Büchern (Buchungsbelege).

(2) Handelsbriefe sind nur Schriftstücke, die ein Handelsgeschäft betreffen.

(3) [1] Mit Ausnahme der Eröffnungsbilanzen und Abschlüsse können die in Absatz 1 aufgeführten Unterlagen auch als Wiedergabe auf einem Bildträger oder auf anderen Datenträgern aufbewahrt werden, wenn dies den Grundsätzen ordnungsmäßiger Buchführung entspricht und sichergestellt ist, daß die Wiedergabe oder die Daten

1. mit den empfangenen Handelsbriefen und den Buchungsbelegen bildlich und mit den anderen Unterlagen inhaltlich übereinstimmen, wenn sie lesbar gemacht werden,
2. während der Dauer der Aufbewahrungsfrist verfügbar sind und jederzeit innerhalb angemessener Frist lesbar gemacht werden können.

[2] Sind Unterlagen auf Grund des § 239 Abs. 4 Satz 1 auf Datenträgern hergestellt worden, können statt des Datenträgers die Daten auch ausgedruckt aufbewahrt werden; die ausgedruckten Unterlagen können auch nach Satz 1 aufbewahrt werden.

(4) Die in Absatz 1 Nr. 1 und 4 aufgeführten Unterlagen sind zehn Jahre, die sonstigen in Absatz 1 aufgeführten Unterlagen sechs Jahre aufzubewahren.

(5) Die Aufbewahrungsfrist beginnt mit dem Schluß des Kalenderjahrs, in dem die letzte Eintragung in das Handelsbuch gemacht, das Inventar aufgestellt, die Eröffnungsbilanz oder der Jahresabschluß festgestellt, der Einzelabschluss nach § 325 Abs. 2a oder der Konzernabschluß aufgestellt, der Handelsbrief empfangen oder abgesandt worden oder der Buchungsbeleg entstanden ist.

26. Abgabenordnung (AO)

In der Fassung der Bekanntmachung vom 1. Oktober 2002[1)]
(BGBl. I S. 3866; 2003 I S. 61)

FNA 610-1-3

zuletzt geänd. durch Art. 8a Gesetz zur Änderung des Onlinezugangsgesetzes sowie weiterer Vorschriften zur Digitalisierung der Verwaltung (OZG-Änderungsgesetz – OZGÄndG) v. 19.7.2024 (BGBl. 2024 I Nr. 245)

– Auszug –

Vierter Teil. Durchführung der Besteuerung

Zweiter Abschnitt. Mitwirkungspflichten

1. Unterabschnitt. Führung von Büchern und Aufzeichnungen

§ 147 Ordnungsvorschriften für die Aufbewahrung von Unterlagen.

(1) Die folgenden Unterlagen sind geordnet aufzubewahren:

1. Bücher und Aufzeichnungen, Inventare, Jahresabschlüsse, Lageberichte, die Eröffnungsbilanz sowie die zu ihrem Verständnis erforderlichen Arbeitsanweisungen und sonstigen Organisationsunterlagen,
2. die empfangenen Handels- oder Geschäftsbriefe,
3. Wiedergaben der abgesandten Handels- oder Geschäftsbriefe,
4. Buchungsbelege,

4a. Unterlagen nach Artikel 15 Absatz 1 und Artikel 163 des Zollkodex der Union,

5. sonstige Unterlagen, soweit sie für die Besteuerung von Bedeutung sind.

(2) Mit Ausnahme der Jahresabschlüsse, der Eröffnungsbilanz und der Unterlagen nach Absatz 1 Nummer 4a, sofern es sich bei letztgenannten Unterlagen um amtliche Urkunden oder handschriftlich zu unterschreibende nicht förmliche Präferenznachweise handelt, können die in Absatz 1 aufgeführten Unterlagen auch als Wiedergabe auf einem Bildträger oder auf anderen Datenträgern aufbewahrt werden, wenn dies den Grundsätzen ordnungsmäßiger Buchführung entspricht und sichergestellt ist, dass die Wiedergabe oder die Daten

1. mit den empfangenen Handels- oder Geschäftsbriefen und den Buchungsbelegen bildlich und mit den anderen Unterlagen inhaltlich übereinstimmen, wenn sie lesbar gemacht werden,
2. während der Dauer der Aufbewahrungsfrist jederzeit verfügbar sind, unverzüglich lesbar gemacht und maschinell ausgewertet werden können.

(3) [1]Die in Absatz 1 Nr. 1, 4 und 4a aufgeführten Unterlagen sind zehn Jahre, die sonstigen in Absatz 1 aufgeführten Unterlagen sechs Jahre aufzubewahren, sofern nicht in anderen Steuergesetzen kürzere Aufbewahrungsfristen zugelassen sind. [2]Kürzere Aufbewahrungsfristen nach außersteuerlichen Gesetzen lassen die in Satz 1 bestimmte Frist unberührt. [3]Bei empfangenen Lieferscheinen, die keine Buchungsbelege nach Absatz 1 Nummer 4 sind, endet die

---

[1)] Neubekanntmachung der AO v. 16.3.1976 (BGBl. I S. 613, 1977 I S. 269) in der ab 1.9.2002 geltenden Fassung.

Aufbewahrungsfrist mit dem Erhalt der Rechnung. [4] Für abgesandte Lieferscheine, die keine Buchungsbelege nach Absatz 1 Nummer 4 sind, endet die Aufbewahrungsfrist mit dem Versand der Rechnung. [5] Die Aufbewahrungsfrist läuft jedoch nicht ab, soweit und solange die Unterlagen für Steuern von Bedeutung sind, für welche die Festsetzungsfrist noch nicht abgelaufen ist; § 169 Abs. 2 Satz 2 gilt nicht.

(4) Die Aufbewahrungsfrist beginnt mit dem Schluss des Kalenderjahrs, in dem die letzte Eintragung in das Buch gemacht, das Inventar, die Eröffnungsbilanz, der Jahresabschluss oder der Lagebericht aufgestellt, der Handels- oder Geschäftsbrief empfangen oder abgesandt worden oder der Buchungsbeleg entstanden ist, ferner die Aufzeichnung vorgenommen worden ist oder die sonstigen Unterlagen entstanden sind.

(5) Wer aufzubewahrende Unterlagen in der Form einer Wiedergabe auf einem Bildträger oder auf anderen Datenträgern vorlegt, ist verpflichtet, auf seine Kosten diejenigen Hilfsmittel zur Verfügung zu stellen, die erforderlich sind, um die Unterlagen lesbar zu machen; auf Verlangen der Finanzbehörde hat er auf seine Kosten die Unterlagen unverzüglich ganz oder teilweise auszudrucken oder ohne Hilfsmittel lesbare Reproduktionen beizubringen.

(6) [1] Sind die Unterlagen nach Absatz 1 mit Hilfe eines Datenverarbeitungssystems erstellt worden,

1. hat die Finanzbehörde im Rahmen einer Außenprüfung das Recht, Einsicht in die gespeicherten Daten zu nehmen und das Datenverarbeitungssystem zur Prüfung dieser Unterlagen zu nutzen,
2. kann die Finanzbehörde verlangen, dass die Daten nach ihren Vorgaben maschinell ausgewertet zur Verfügung gestellt werden, oder
3. kann die Finanzbehörde verlangen, dass die Daten nach ihren Vorgaben in einem maschinell auswertbaren Format an sie übertragen werden.

[2] Teilt der Steuerpflichtige der Finanzbehörde mit, dass sich seine Daten nach Absatz 1 bei einem Dritten befinden, so hat der Dritte

1. der Finanzbehörde Einsicht in die für den Steuerpflichtigen gespeicherten Daten zu gewähren oder
2. diese Daten nach den Vorgaben der Finanzbehörde maschinell auszuwerten oder
3. ihr nach ihren Vorgaben die für den Steuerpflichtigen gespeicherten Daten in einem maschinell auswertbaren Format zu übertragen.

[3] Die Kosten trägt der Steuerpflichtige. [4] In Fällen des Satzes 3 hat der mit der Außenprüfung betraute Amtsträger den in § 3 und § 4 Nummer 1 und 2 des Steuerberatungsgesetzes bezeichneten Personen sein Erscheinen in angemessener Frist anzukündigen. [5] Sofern noch nicht mit einer Außenprüfung begonnen wurde, ist es im Fall eines Wechsels des Datenverarbeitungssystems oder im Fall der Auslagerung von aufzeichnungs- und aufbewahrungspflichtigen Daten aus dem Produktivsystem in ein anderes Datenverarbeitungssystem ausreichend, wenn der Steuerpflichtige nach Ablauf des fünften Kalenderjahres, das auf die Umstellung oder Auslagerung folgt, diese Daten ausschließlich auf einem maschinell lesbaren und maschinell auswertbaren Datenträger vorhält.

(7) [1] Die Verarbeitung und Aufbewahrung der nach Absatz 6 zur Verfügung gestellten Daten ist auch auf mobilen Datenverarbeitungssystemen der Finanzbehörden unabhängig von deren Einsatzort zulässig, sofern diese unter Berück-

sichtigung des Stands der Technik gegen unbefugten Zugriff gesichert sind. [2]Die Finanzbehörde darf die nach Absatz 6 zur Verfügung gestellten und gespeicherten Daten bis zur Unanfechtbarkeit der die Daten betreffenden Verwaltungsakte auch auf den mobilen Datenverarbeitungssystemen unabhängig von deren Einsatzort aufbewahren.

§ 147a Vorschriften für die Aufbewahrung von Aufzeichnungen und Unterlagen bestimmter Steuerpflichtiger. (1) [1]Steuerpflichtige, bei denen die Summe der positiven Einkünfte nach § 2 Absatz 1 Nummer 4 bis 7 des Einkommensteuergesetzes (Überschusseinkünfte) mehr als 500 000 Euro im Kalenderjahr beträgt, haben die Aufzeichnungen und Unterlagen über die den Überschusseinkünften zu Grunde liegenden Einnahmen und Werbungskosten sechs Jahre aufzubewahren. [2]Im Falle der Zusammenveranlagung sind für die Feststellung des Überschreitens des Betrags von 500 000 Euro die Summe der positiven Einkünfte nach Satz 1 eines jeden Ehegatten oder Lebenspartners maßgebend. [3]Die Verpflichtung nach Satz 1 ist vom Beginn des Kalenderjahrs an zu erfüllen, das auf das Kalenderjahr folgt, in dem die Summe der positiven Einkünfte im Sinne des Satzes 1 mehr als 500 000 Euro beträgt. [4]Die Verpflichtung nach Satz 1 endet mit Ablauf des fünften aufeinanderfolgenden Kalenderjahrs, in dem die Voraussetzungen des Satzes 1 nicht erfüllt sind. [5]§ 147 Absatz 2, Absatz 3 Satz 5 und Absatz 4 bis 7 gilt entsprechend. [6]Die Sätze 1 bis 3 und 5 gelten entsprechend in den Fällen, in denen die zuständige Finanzbehörde den Steuerpflichtigen für die Zukunft zur Aufbewahrung der in Satz 1 genannten Aufzeichnungen und Unterlagen verpflichtet, weil er seinen Mitwirkungspflichten nach § 12 Absatz 3 des Gesetzes zur Abwehr von Steuervermeidung und unfairem Steuerwettbewerb nicht nachgekommen ist.

(2) [1]Steuerpflichtige, die allein oder zusammen mit nahestehenden Personen im Sinne des § 1 Absatz 2 des Außensteuergesetzes unmittelbar oder mittelbar einen beherrschenden oder bestimmenden Einfluss auf die gesellschaftsrechtlichen, finanziellen oder geschäftlichen Angelegenheiten einer Drittstaat-Gesellschaft im Sinne des § 138 Absatz 3 ausüben können, haben die Aufzeichnungen und Unterlagen über diese Beziehung und alle damit verbundenen Einnahmen und Ausgaben sechs Jahre aufzubewahren. [2]Diese Aufbewahrungspflicht ist von dem Zeitpunkt an zu erfüllen, in dem der Sachverhalt erstmals verwirklicht worden ist, der den Tatbestand des Satzes 1 erfüllt. [3]Absatz 1 Satz 4 sowie § 147 Absatz 2, 3 Satz 5 und Absatz 5 bis 7 gelten entsprechend.

27. Durchführungsbeschluss (EU) 2021/914 der Kommission vom 4. Juni 2021 über Standardvertragsklauseln für die Übermittlung personenbezogener Daten an Drittländer gemäß der Verordnung (EU) 2016/679 des Europäischen Parlaments und des Rates

(Text von Bedeutung für den EWR)

(ABl. L 199 S. 31)

Celex-Nr. 3 2021 D 0914

DIE EUROPÄISCHE KOMMISSION –

gestützt auf den Vertrag über die Arbeitsweise der Europäischen Union,

gestützt auf die Verordnung (EU) 2016/679[1)] des Europäischen Parlaments und des Rates vom 27. April 2016 zum Schutz natürlicher Personen bei der Verarbeitung personenbezogener Daten, zum freien Datenverkehr und zur Aufhebung der Richtlinie 95/46/EG (Datenschutz-Grundverordnung[1)])[2)], insbesondere auf Artikel 28 Absatz 7 und Artikel 46 Absatz 2 Buchstabe c,

in Erwägung nachstehender Gründe:

(1) Technologische Entwicklungen erleichtern den grenzüberschreitenden Datenverkehr, der für den Ausbau der internationalen Zusammenarbeit und des internationalen Handels erforderlich ist. Gleichzeitig muss bei der Übermittlung personenbezogener Daten an Drittländer, einschließlich im Falle von Weiterübermittlungen, sichergestellt werden, dass das durch die Verordnung (EU) 2016/679 gewährleistete Schutzniveau für natürliche Personen nicht untergraben wird[3)]. Die Bestimmungen über Datenübermittlungen in Kapitel V der Verordnung (EU) 2016/679 sollen den Fortbestand dieses hohen Schutzniveaus bei der Übermittlung personenbezogener Daten an ein Drittland gewährleisten[4)].

(2) Gemäß Artikel 46 Absatz 1 der Verordnung (EU) 2016/679 darf ein Verantwortlicher oder ein Auftragsverarbeiter – wenn kein Angemessenheitsbeschluss der Kommission nach Artikel 45 Absatz 3 vorliegt – personenbezogene Daten an ein Drittland nur übermitteln, sofern er geeignete Garantien vorgesehen hat und sofern den betroffenen Personen durchsetzbare Rechte und wirksame Rechtsbehelfe zur Verfügung stehen. Solche Garantien können in Standarddatenschutzklauseln bestehen, die

---

1) Nr. **1**.

2) **Amtl. Anm.:** ABl. L 119 vom 4.5.2016, S. 1.

3) **Amtl. Anm.:** Artikel 44 der Verordnung (EU) 2016/679.

4) **Amtl. Anm.:** Siehe auch das Urteil des Gerichtshofs vom 16. Juli 2020, Data Protection Commissioner/Facebook Ireland Ltd und Maximilian Schrems (im Folgenden „Schrems II"), Rechtssache C-311/18, ECLI:EU:C:2020:559, Rn. 93.

von der Kommission gemäß Artikel 46 Absatz 2 Buchstabe c erlassen werden.

(3) Die Rolle von Standardvertragsklauseln beschränkt sich auf die Gewährleistung angemessener Datenschutzgarantien für internationale Datenübermittlungen. Daher steht es dem Verantwortlichen oder dem Auftragsverarbeiter, der die personenbezogenen Daten an ein Drittland übermittelt („Datenexporteur"), und dem die personenbezogenen Daten annehmenden Verantwortlichen oder Auftragsverarbeiter („Datenimporteur") frei, diese Standardvertragsklauseln in einen umfangreicheren Vertrag aufzunehmen und weitere Klauseln oder zusätzliche Garantien hinzuzufügen, sofern diese weder unmittelbar noch mittelbar im Widerspruch zu den Standardvertragsklauseln stehen oder die Grundrechte oder Grundfreiheiten der betroffenen Personen beschneiden. Die Verantwortlichen und die Auftragsverarbeiter werden ermutigt, mittels vertraglicher Verpflichtungen, die die Standardvertragsklauseln ergänzen, zusätzliche Garantien zu bieten[1]. Der Rückgriff auf die Standardvertragsklauseln erfolgt unbeschadet der vertraglichen Pflichten des Datenexporteurs und/oder des Datenimporteurs, die Einhaltung der geltenden Vorrechte und Befreiungen zu gewährleisten.

(4) Über den Rückgriff auf Standardvertragsklauseln (mit dem Ziel, geeignete Garantien für Datenübermittlungen nach Artikel 46 Absatz 1 der Verordnung (EU) 2016/679 zu bieten) hinaus muss der Datenexporteur seinen allgemeinen Pflichten als Verantwortlicher oder Auftragsverarbeiter gemäß der Verordnung (EU) 2016/679 nachkommen. Diese Pflichten schließen die Pflicht des Verantwortlichen ein, die betroffenen Personen nach Artikel 13 Absatz 1 Buchstabe f und Artikel 14 Absatz 1 Buchstabe f Verordnung (EU) 2016/679 über die beabsichtigte Übermittlung personenbezogener Daten an ein Drittland zu informieren. Im Falle von Datenübermittlungen gemäß Artikel 46 der Verordnung (EU) 2016/679 muss diese Information einen Verweis auf die angemessenen Garantien und die Möglichkeiten, wie eine Kopie von ihnen eingeholt werden kann, oder wo sie verfügbar sind, umfassen.

(5) Die Entscheidung 2001/497/EG der Kommission[2] und der Beschluss 2010/87/EU der Kommission[3] enthalten Standardvertragsklauseln, um die Übermittlung personenbezogener Daten von einem in der Union niedergelassenen Verantwortlichen an einen Verantwortlichen oder einen Auftragsverarbeiter zu erleichtern, der in einem Drittland niedergelassen ist, das kein angemessenes Schutzniveau bietet. Diese Entscheidung und dieser Beschluss beruhten auf der Richtlinie 95/46/EG des Europäischen Parlaments und des Rates[4].

---

[1] **Amtl. Anm.:** Erwägungsgrund 109 der Verordnung (EU) 2016/679 *[Nr. 1]*.

[2] **Amtl. Anm.:** Entscheidung 2001/497/EG der Kommission vom 15. Juni 2001 hinsichtlich Standardvertragsklauseln für die Übermittlung personenbezogener Daten in Drittländer nach der Richtlinie 95/46/EG (ABl. L 181 vom 4.7.2001, S. 19).

[3] **Amtl. Anm.:** Beschluss 2010/87/EU der Kommission vom 5. Februar 2010 über Standardvertragsklauseln für die Übermittlung personenbezogener Daten an Auftragsverarbeiter in Drittländern nach der Richtlinie 95/46/EG des Europäischen Parlaments und des Rates (ABl. L 39 vom 12.2.2010, S. 5).

[4] **Amtl. Anm.:** Richtlinie 95/46/EG des Europäischen Parlaments und des Rates vom 24. Oktober 1995 zum Schutz natürlicher Personen bei der Verarbeitung personenbezogener Daten und zum freien Datenverkehr (ABl. L 281 vom 23.11.1995, S. 31).

(6) Gemäß Artikel 46 Absatz 5 der Verordnung (EU) 2016/679 bleiben die Entscheidung 2001/497/EG und der Beschluss 2010/87/EU so lange in Kraft, bis sie erforderlichenfalls mit einem nach Artikel 46 Absatz 2 besagter Verordnung erlassenen Beschluss der Kommission geändert, ersetzt oder aufgehoben werden. Die Standardvertragsklauseln in dieser Entscheidung bzw. in diesem Beschluss mussten im Lichte der neuen Anforderungen der Verordnung (EU) 2016/679 aktualisiert werden. Darüber hinaus haben sich seit dem Erlass der genannten Entscheidung und des genannten Beschlusses wichtige Entwicklungen in der digitalen Wirtschaft vollzogen, in deren Rahmen neue und komplexere Verarbeitungsvorgänge, an denen häufig mehrere Datenimporteure und Datenexporteure beteiligt sind, lange und komplexe Verarbeitungsketten sowie geänderte Geschäftsbeziehungen allgemein Anwendung finden. Dadurch war eine Modernisierung der Standardvertragsklauseln notwendig, um diese Realitäten besser widerzuspiegeln, indem zusätzliche Verarbeitungs- und Übermittlungsszenarien erfasst werden und ein flexiblerer Ansatz möglich ist, beispielsweise in Bezug auf die Anzahl der Parteien, die dem Vertrag beitreten können.

(7) Unbeschadet der Auslegung des Begriffs der internationalen Datenübermittlung gemäß der Verordnung (EU) 2016/679 können die im Anhang dieses Beschlusses aufgeführten Standardvertragsklauseln von einem Verantwortlichen oder einem Auftragsverarbeiter verwendet werden, um geeignete Garantien im Sinne des Artikels 46 Absatz 1 der Verordnung (EU) 2016/679 für die Übermittlung personenbezogener Daten an einen in einem Drittland niedergelassenen Auftragsverarbeiter oder Verantwortlichen zu gewährleisten. Die Standardvertragsklauseln dürfen nur insoweit für derartige Datenübermittlungen verwendet werden, als die Verarbeitung durch den Datenimporteur nicht in den Anwendungsbereich der Verordnung (EU) 2016/679 fällt. Dies schließt auch die Übermittlung personenbezogener Daten durch einen nicht in der Union niedergelassenen Verantwortlichen oder Auftragsverarbeiter ein, soweit die Verarbeitung Artikel 3 Absatz 2 der Verordnung (EU) 2016/679 unterliegt, da die Datenübermittlung im Zusammenhang damit steht, betroffenen Personen in der Union Waren oder Dienstleistungen anzubieten oder das Verhalten betroffener Personen zu beobachten, soweit dieses in der Union erfolgt.

(8) Angesichts der allgemeinen Angleichung der Verordnung (EU) 2016/679 und der Verordnung (EU) 2018/1725 des Europäischen Parlaments und des Rates[1] sollte es möglich sein, die Standardvertragsklauseln auch im Zusammenhang mit einem Vertrag gemäß Artikel 29 Absatz 4 der Verordnung (EU) 2018/1725 für die Übermittlung personenbezogener Daten an einen Unterauftragsverarbeiter in einem Drittland durch einen Auftragsverarbeiter zu verwenden, bei dem es sich nicht um ein Organ oder eine Einrichtung der Union handelt, der aber an die Verordnung (EU) 2016/679 gebunden ist und personenbezogene Daten im Auftrag eines Organs oder einer Einrichtung der Union gemäß Artikel 29 der Verordnung (EU) 2018/1725 verarbeitet. Sofern der Vertrag dieselben Daten-

[1] **Amtl. Anm.:** Verordnung (EU) 2018/1725 des Europäischen Parlaments und des Rates vom 23. Oktober 2018 zum Schutz natürlicher Personen bei der Verarbeitung personenbezogener Daten durch die Organe, Einrichtungen und sonstigen Stellen der Union, zum freien Datenverkehr und zur Aufhebung der Verordnung (EG) Nr. 45/2001 und des Beschlusses Nr. 1247/2002/EG (ABl. L 295 vom 21.11.2018, S. 39); siehe Erwägungsgrund 5.

schutzpflichten widerspiegelt, die im Vertrag oder in einem anderen Rechtsinstrument zwischen dem Verantwortlichen und dem Auftragsverarbeiter gemäß Artikel 29 Absatz 3 der Verordnung (EU) 2018/1725 festgelegt sind, insbesondere indem hinreichende Garantien für technische und organisatorische Maßnahmen geboten werden, die eine Verarbeitung im Einklang mit den Anforderungen dieser Verordnung gewährleisten, wird dadurch die Einhaltung von Artikel 29 Absatz 4 der Verordnung (EU) 2018/1725 sichergestellt. Dies ist insbesondere dann der Fall, wenn sich der Verantwortliche und der Auftragsverarbeiter auf die Standardvertragsklauseln im Durchführungsbeschluss der Kommission über Standardvertragsklauseln zwischen Verantwortlichen und Auftragsverarbeitern gemäß Artikel 28 Absatz 7 der Verordnung (EU) 2016/679 des Europäischen Parlaments und des Rates und Artikel 29 Absatz 7 der Verordnung (EU) 2018/1725 des Europäischen Parlaments und des Rates[1)] stützen.

(9) Umfasst die Verarbeitung Datenübermittlungen von der Verordnung (EU) 2016/679 unterliegenden Verantwortlichen an Auftragsverarbeiter außerhalb des räumlichen Anwendungsbereichs dieser Verordnung oder von der Verordnung (EU) 2016/679 unterliegenden Auftragsverarbeitern an Unterauftragsverarbeiter außerhalb des räumlichen Anwendungsbereichs dieser Verordnung, so sollten die Standardvertragsklauseln im Anhang dieses Beschlusses auch die Erfüllung der Anforderungen in Artikel 28 Absätze 3 und 4 der Verordnung (EU) 2016/679 ermöglichen.

(10) In den im Anhang dieses Beschlusses aufgeführten Standardvertragsklauseln werden allgemeine Klauseln mit einem modularen Ansatz kombiniert, um verschiedenen Datenübermittlungsszenarien und der Komplexität moderner Verarbeitungsketten Rechnung zu tragen. Zusätzlich zu den allgemeinen Klauseln sollten Verantwortliche und Auftragsverarbeiter das für ihre Situation geltende Modul auswählen; auf diese Weise können sie ihre Pflichten gemäß den Standardvertragsklauseln auf ihre jeweilige Rolle und jeweiligen Verantwortlichkeiten hinsichtlich der betreffenden Datenverarbeitung zuschneiden. Mehr als zwei Parteien sollten sich an die Standardvertragsklauseln halten können. Darüber hinaus sollten weitere Verantwortliche und Auftragsverarbeiter den Standardvertragsklauseln während der gesamten Laufzeit des Vertrags, der diese Klauseln als Bestandteile enthält, als Datenexporteure oder Datenimporteure beitreten dürfen.

(11) Um geeignete Garantien zu bieten, sollten die Standardvertragsklauseln gewährleisten, dass für die auf dieser Grundlage übermittelten personenbezogenen Daten ein Schutzniveau besteht, das dem in der Union garantierten Schutzniveau der Sache nach gleichwertig ist[2)]. Um die Transparenz der Verarbeitung zu gewährleisten, sollten die betroffenen Personen eine Kopie der Standardvertragsklauseln erhalten und insbesondere über die Kategorien der verarbeiteten personenbezogenen Daten, das Recht auf Erhalt einer Kopie der Standardvertragsklauseln und jede Weiterübermittlung informiert werden. Weiterübermittlungen durch den Datenimporteur an einen Dritten in einem anderen Drittland sollten nur zulässig sein, wenn dieser Dritte den Standardvertragsklauseln beitritt oder wenn der Fort-

---

[1)] **Amtl. Anm.:** C(2021) 3701.

[2)] **Amtl. Anm.:** Schrems II, Rn. 96 und 103. Siehe auch Verordnung (EU) 2016/679 *[Nr. **1**]*, Erwägungsgründe 108 und 114.

bestand des Schutzes auf andere Weise gewährleistet ist, oder in bestimmten Situationen, zum Beispiel auf der Grundlage der ausdrücklichen Zustimmung der betroffenen Person nach Inkenntnissetzung.

(12) Von einigen Ausnahmen abgesehen, insbesondere in Bezug auf bestimmte Pflichten, die ausschließlich die Beziehung zwischen dem Datenexporteur und dem Datenimporteur betreffen, sollten betroffene Personen die Standardvertragsklauseln als Drittbegünstigte geltend machen und erforderlichenfalls durchsetzen können. Daher sollten die Parteien zwar die Möglichkeit haben, das Recht eines der Mitgliedstaaten als geltendes Recht für die Standardvertragsklauseln zu wählen, doch müssen in diesem Recht Rechte als Drittbegünstigte zulässig sein. Zur Erleichterung des individuellen Rechtsbehelfs sollte der Datenimporteur durch die Standardvertragsklauseln verpflichtet werden, den betroffenen Personen eine Anlaufstelle mitzuteilen und Beschwerden oder Anträge unverzüglich zu bearbeiten. Bei Streitigkeiten zwischen dem Datenimporteur und einer betroffenen Person, die ihre Rechte als Drittbegünstigte geltend macht, sollte die betroffene Person in der Lage sein, bei der zuständigen Aufsichtsbehörde Beschwerde einzulegen oder die Streitigkeit an die zuständigen Gerichte in der EU zu verweisen.

(13) Um eine wirksame Durchsetzung zu gewährleisten, sollte sich der Datenimporteur der Zuständigkeit der betreffenden Behörde und Gerichte unterwerfen und sich zur Befolgung der verbindlichen Entscheidungen nach dem geltenden Recht des Mitgliedstaats verpflichten müssen. Insbesondere sollte sich der Datenimporteur damit einverstanden erklären, Anfragen zu beantworten, sich Prüfungen zu unterziehen und den von der Aufsichtsbehörde getroffenen Maßnahmen, darunter auch Abhilfemaßnahmen und Ausgleichsmaßnahmen, nachzukommen. Darüber hinaus sollte der Datenimporteur die Möglichkeit haben, betroffenen Personen anzubieten, sich an eine unabhängige Streitbeilegungsstelle zu wenden, ohne dass ihnen Kosten entstehen. Im Einklang mit Artikel 80 Absatz 1 der Verordnung (EU) 2016/679 sollte es betroffenen Personen gestattet sein, sich bei Streitigkeiten mit dem Datenimporteur durch Vereinigungen oder andere Einrichtungen vertreten zu lassen, wenn sie dies wünschen.

(14) Die Standardvertragsklauseln sollten Vorschriften über die Haftung zwischen den Parteien und in Bezug auf betroffene Personen sowie Entschädigungsregelungen zwischen den Parteien vorsehen. Wenn der betroffenen Person infolge einer Verletzung der ihr nach den Standardvertragsklauseln zugestandenen Rechte als Drittbegünstigte ein materieller oder immaterieller Schaden entsteht, sollte sie Anspruch auf Entschädigung haben. Eine etwaige Haftung gemäß der Verordnung (EU) 2016/679 sollte davon unberührt bleiben.

(15) Im Falle einer Datenübermittlung an einen Datenimporteur, der als Auftragsverarbeiter oder Unterauftragsverarbeiter fungiert, sollten gemäß Artikel 28 Absatz 3 der Verordnung (EU) 2016/679 spezielle Anforderungen gelten. In den Standardvertragsklauseln sollte vorgesehen werden, den Datenimporteur dazu zu verpflichten, alle erforderlichen Informationen zum Nachweis der Einhaltung der in den Klauseln festgelegten Pflichten zur Verfügung zu stellen und dem Datenexporteur die Prüfung seiner Verarbeitungstätigkeiten zu ermöglichen und zu einer solchen Prüfung beizutragen. Im Hinblick auf die Beauftragung eines Unterauftragsver-

arbeiters durch den Datenimporteur gemäß Artikel 28 Absätze 2 und 4 der Verordnung (EU) 2016/679 sollten in den Standardvertragsklauseln speziell das Verfahren für die allgemeine oder gesonderte Genehmigung seitens des Datenexporteurs sowie die Anforderung festgelegt werden, dass ein schriftlicher Vertrag mit dem Unterauftragsverarbeiter zu schließen ist, der das gleiche Schutzniveau wie die Klauseln gewährleistet.

(16) Es ist angebracht, in den Standardvertragsklauseln unterschiedliche Garantien vorzusehen, die den spezifischen Fall abdecken, dass ein in der Union ansässiger Auftragsverarbeiter personenbezogene Daten an seinen in einem Drittland ansässigen Verantwortlichen übermittelt, und die die begrenzten eigenständigen Pflichten der Auftragsverarbeiter gemäß der Verordnung (EU) 2016/679 widerspiegeln. Insbesondere sollte der Auftragsverarbeiter gemäß den Standardvertragsklauseln verpflichtet sein, den Verantwortlichen zu informieren, wenn er dessen Anweisungen nicht befolgen kann, einschließlich in dem Fall, wenn diese Anweisungen gegen das Datenschutzrecht der Union verstoßen; außerdem sollten die Standardvertragsklauseln den Verantwortlichen verpflichten, alle Handlungen zu unterlassen, die den Auftragsverarbeiter daran hindern würden, seinen Pflichten gemäß der Verordnung (EU) 2016/679 nachzukommen. Ferner sollten die Parteien durch die Klauseln verpflichtet werden, sich gegenseitig bei der Beantwortung von Anfragen und Anträgen zu unterstützen, die von betroffenen Personen gemäß den für den Datenimporteur geltenden lokalen Rechtsvorschriften oder – bei der Datenverarbeitung in der Union – gemäß der Verordnung (EU) 2016/679 gestellt werden. Zusätzliche Anforderungen sollten gelten, um etwaige Auswirkungen der Rechtsvorschriften des Bestimmungsdrittlandes auf die Einhaltung der Klauseln durch den Verantwortlichen zu berücksichtigen, insbesondere in Bezug auf den Umgang mit bindenden Ersuchen von Behörden im Drittland um Offenlegung der übermittelten personenbezogenen Daten, wenn der in der Union ansässige Auftragsverarbeiter die von dem im Drittland ansässigen Verantwortlichen erhaltenen personenbezogenen Daten mit personenbezogenen Daten kombiniert, die vom Auftragsverarbeiter in der Union erhoben wurden. Dagegen sind solche Anforderungen nicht gerechtfertigt, wenn die Auslagerung lediglich die Verarbeitung und die Rückübertragung der vom Verantwortlichen erhaltenen personenbezogener Daten umfasst und der Verantwortliche in jedem Fall der Gerichtsbarkeit des betreffenden Drittlandes unterliegt und weiterhin unterliegen wird.

(17) Die Parteien sollten in der Lage sein, die Einhaltung der Standardvertragsklauseln nachzuweisen. Insbesondere sollte der Datenimporteur verpflichtet sein, geeignete Nachweise für die unter seiner Verantwortung durchgeführten Verarbeitungstätigkeiten aufzubewahren und den Datenexporteur unverzüglich in Kenntnis zu setzen, wenn er aus welchen Gründen auch immer nicht in der Lage ist, die Klauseln einzuhalten. Der Datenexporteur sollte seinerseits die Datenübermittlung aussetzen und in besonders schweren Fällen das Recht haben, den Vertrag zu kündigen, soweit es um die Verarbeitung personenbezogener Daten gemäß Standardvertragsklauseln geht, wenn der Datenimporteur gegen die Standardvertragsklauseln verstößt oder diese nicht einhalten kann. Wenn sich lokale Rechtsvorschriften auf die Einhaltung der Klauseln auswirken, sollten besondere Vorschriften gelten. Personenbezogene Daten, die vor Beendi-

gung des Vertrags übermittelt wurden, sowie Kopien davon sollten nach Wahl des Datenexporteurs an diesen zurückgegeben oder vollständig vernichtet werden.

(18) Die Standardvertragsklauseln sollten – insbesondere im Lichte der Rechtsprechung des Gerichtshofs[1] – spezifische Garantien vorsehen, um etwaige Auswirkungen der Rechtsvorschriften des Bestimmungsdrittlandes auf die Einhaltung der Klauseln durch den Datenimporteur zu berücksichtigen, speziell in Bezug auf den Umgang mit bindenden Ersuchen von Behörden in diesem Land um Offenlegung der übermittelten personenbezogenen Daten.

(19) Die Übermittlung und Verarbeitung personenbezogener Daten im Rahmen von Standardvertragsklauseln sollten nicht erfolgen, wenn die Rechtsvorschriften und Gepflogenheiten des Bestimmungsdrittlandes den Datenimporteur an der Einhaltung der Klauseln hindern. In diesem Zusammenhang sollten Rechtsvorschriften und Gepflogenheiten, die den Wesensgehalt der Grundrechte und Grundfreiheiten achten und nicht über Maßnahmen hinausgehen, die in einer demokratischen Gesellschaft notwendig und verhältnismäßig sind, um eines der in Artikel 23 Absatz 1 der Verordnung (EU) 2016/679 aufgeführten Ziele sicherzustellen, nicht als im Widerspruch zu den Standardvertragsklauseln stehend betrachtet werden. Die Parteien sollten zusichern, dass sie zum Zeitpunkt der Zustimmung zu den Standardvertragsklauseln keinen Grund zu der Annahme haben, dass die für den Datenimporteur geltenden Rechtsvorschriften und Gepflogenheiten diesen Anforderungen nicht entsprechen.

(20) Die *Partien*[2] sollten insbesondere den besonderen Umständen der Übermittlung (wie Inhalt und Dauer des Vertrags, Art der zu übermittelnden Daten, Art des Empfängers, Zweck der Verarbeitung), den Rechtsvorschriften und Gepflogenheiten des Bestimmungsdrittlandes, die angesichts der Umstände der Übermittlung relevant sind, und etwaigen Garantien zur Ergänzung der Garantien gemäß den Standardvertragsklauseln (einschließlich der einschlägigen vertraglichen, technischen und organisatorischen Maßnahmen, die für die Übermittlung und die Verarbeitung der personenbezogenen Daten im Bestimmungsland gelten) Rechnung tragen. Was die Auswirkungen solcher Rechtsvorschriften und Gepflogenheiten auf die Einhaltung der Standardvertragsklauseln betrifft, so können im Rahmen einer Gesamtbeurteilung verschiedene Aspekte betrachtet werden, darunter zuverlässige Informationen über die Anwendung der Rechtsvorschriften in der Praxis (z.B. Rechtsprechung und Berichte unabhängiger Aufsichtsgremien), das Vorliegen oder Nichtvorliegen von Anträgen innerhalb desselben Sektors und, unter strengen Voraussetzungen, die dokumentierte praktische Erfahrung des Datenexporteurs und Datenimporteurs.

(21) Der Datenimporteur sollte den Datenexporteur darüber informieren, wenn er nach Zustimmung zu den Standardvertragsklauseln Grund zu der Annahme hat, dass er nicht in der Lage ist, die Standardvertragsklauseln einzuhalten. Erhält der Datenexporteur eine solche Mitteilung oder erhält er auf andere Weise Kenntnis davon, dass der Datenimporteur nicht mehr

---

[1] **Amtl. Anm.:** Schrems II.
[2] Richtig wohl: "Parteien".

in der Lage ist, die Standardvertragsklauseln einzuhalten, sollte er geeignete Abhilfemaßnahmen ermitteln, erforderlichenfalls in Abstimmung mit der zuständigen Aufsichtsbehörde. Diese Maßnahmen können ergänzende Maßnahmen des Datenexporteurs und/oder des Datenimporteurs umfassen, zum Beispiel technische oder organisatorische Maßnahmen zur Gewährleistung der Sicherheit und Vertraulichkeit. Der Datenexporteur sollte verpflichtet werden, die Datenübermittlung auszusetzen, wenn er der Auffassung ist, dass keine angemessenen Garantien gewährleistet werden können, oder wenn er von der zuständigen Aufsichtsbehörde dazu angewiesen wird.

(22) Soweit möglich, sollte der Datenimporteur den Datenexporteur und die betroffene Person benachrichtigen, wenn er von einer Behörde (auch einer Justizbehörde) ein nach dem Recht des Bestimmungslandes rechtlich bindendes Ersuchen um Offenlegung personenbezogener Daten erhält, die gemäß den Standardvertragsklauseln übermittelt wurden. Gleichermaßen sollte der Datenimporteur den Datenexporteur und die betroffene Person benachrichtigen, wenn er davon Kenntnis erhält, dass eine Behörde nach dem Recht des Bestimmungsdrittlandes direkten Zugang zu diesen personenbezogenen Daten hat. Ist der Datenimporteur trotz aller Anstrengungen nicht in der Lage, den Datenexporteur und/oder die betroffene Person über spezifische Offenlegungsersuchen zu informieren, sollte er dem Datenexporteur möglichst viele sachdienliche Informationen über die eingegangenen Ersuchen zur Verfügung stellen. Darüber hinaus sollte der Datenimporteur dem Datenexporteur in regelmäßigen Abständen aggregierte Informationen bereitstellen. Der Datenimporteur sollte außerdem verpflichtet sein, alle eingegangenen Offenlegungsersuchen und die übermittelten Antworten zu dokumentieren und diese Informationen dem Datenexporteur oder der zuständigen Aufsichtsbehörde oder beiden auf Verlangen zur Verfügung zu stellen. Kommt der Datenimporteur nach einer Prüfung der Rechtmäßigkeit eines solchen Ersuchens nach den Rechtsvorschriften des Bestimmungslandes zu dem Schluss, dass hinreichende Gründe für die Annahme bestehen, dass der Antrag nach den Rechtsvorschriften des Bestimmungsdrittlandes rechtswidrig ist, sollte er das Ersuchen anfechten und gegebenenfalls die verfügbaren Rechtsmittel ausschöpfen. Ist der Datenimporteur nicht mehr in der Lage, die Standardvertragsklauseln einzuhalten, sollte er den Datenexporteur in jedem Fall entsprechend informieren, auch dann, wenn dies die Folge eines Offenlegungsersuchens ist.

(23) Da sich die Bedürfnisse der Interessenträger, die Technologie und die Verarbeitungsvorgänge ändern können, sollte die Kommission im Rahmen der nach Artikel 97 der Verordnung (EU) 2016/679 erforderlichen regelmäßigen Bewertung dieser Verordnung die Funktion der Standardvertragsklauseln vor dem Hintergrund der gesammelten Erfahrungen prüfen.

(24) Die Entscheidung 2001/497/EG und der Beschluss 2010/87/EU sollten drei Monate nach Inkrafttreten des vorliegenden Beschlusses aufgehoben werden. Allerdings sollten die Datenexporteure und Datenimporteure innerhalb dieses Zeitraums die Standardvertragsklauseln der Entscheidung 2001/497/EG und des Beschlusses 2010/87/EU für die Zwecke des Artikels 46 Absatz 1 der Verordnung (EU) 2016/679 weiterhin verwenden können. Für einen weiteren Zeitraum von 15 Monaten sollten sich Daten-

exporteure und Datenimporteure für die Zwecke des Artikels 46 Absatz 1 der Verordnung (EU) 2016/679 weiterhin auf die Standardvertragsklauseln der Entscheidung 2001/497/EG und des Beschlusses 2010/87/EU stützen können, um vor dem Datum der Aufhebung dieser Entscheidung und dieses Beschlusses zwischen ihnen geschlossene Verträge zu erfüllen, sofern die Verarbeitungsvorgänge, die Gegenstand des Vertrags sind, unverändert bleiben und die Anwendung der Klauseln gewährleistet, dass die Übermittlung personenbezogener Daten geeigneten Garantien im Sinne des Artikels 46 Absatz 1 der Verordnung (EU) 2016/679 unterliegt. Im Falle relevanter Vertragsänderungen sollte der Datenexporteur verpflichtet sein, sich auf einen neuen Grund für Datenübermittlungen im Rahmen des Vertrags zu stützen, insbesondere indem er die bestehenden Standardvertragsklauseln durch die im Anhang des vorliegenden Beschlusses aufgeführten Standardvertragsklauseln ersetzt. Gleiches sollte für jede Unterauftragsvergabe von Verarbeitungsvorgängen, die Gegenstand des Vertrags sind, an einen (Unter-)Auftragsverarbeiter gelten.

(25) Gemäß Artikel 42 Absätze 1 und 2 der Verordnung (EU) 2018/1725 wurden der Europäische Datenschutzbeauftragte und der Europäische Datenschutzausschuss konsultiert; diese haben am 14. Januar 2021 eine gemeinsame Stellungnahme[1] abgegeben, die bei der Ausarbeitung des vorliegenden Beschlusses berücksichtigt wurde.

(26) Die in diesem Beschluss vorgesehenen Maßnahmen stehen im Einklang mit der Stellungnahme des gemäß Artikel 93 der Verordnung (EU) 2016/679 eingesetzten Ausschusses –

HAT FOLGENDEN BESCHLUSS ERLASSEN:

Art. 1 [Standardvertragsklauseln] (1) Die im Anhang aufgeführten Standardvertragsklauseln gelten als geeignete Garantien im Sinne des Artikels 46 Absatz 1 und des Artikels 46 Absatz 2 Buchstabe c der Verordnung (EU) 2016/679[2] für die Übermittlung von gemäß dieser Verordnung verarbeiteten personenbezogenen Daten durch einen Verantwortlichen oder einen Auftragsverarbeiter (Datenexporteur) an einen Verantwortlichen oder einen (Unter-)Auftragsverarbeiter, dessen Verarbeitung der Daten nicht dieser Verordnung unterliegt (Datenimporteur).

(2) In den Standardvertragsklauseln sind auch die Rechte und Pflichten der Verantwortlichen und der Auftragsverarbeiter in Bezug auf die in Artikel 28 Absätze 3 und 4 der Verordnung (EU) 2016/679 genannten Fragen im Hinblick auf die Übermittlung personenbezogener Daten von einem Verantwortlichen an einen Auftragsverarbeiter oder von einem Auftragsverarbeiter an einen Unterauftragsverarbeiter festgelegt.

Art. 2 [Unterrichtung über Ausübung der Abhilfebefugnisse] Wenn die zuständigen Behörden der Mitgliedstaaten ihre Abhilfebefugnisse gemäß Artikel 58 der Verordnung (EU) 2016/679 ausüben, weil in den Rechtsvorschriften oder in der Praxis des Bestimmungsdrittlands Bestimmungen gelten oder gelten

---

[1] **Amtl. Anm.:** Gemeinsame Stellungnahme 2/2021 des EDSA und des EDSB zum Durchführungsbeschluss der Europäischen Kommission über Standardvertragsklauseln für die Übermittlung personenbezogener Daten an Drittländer für die in Artikel 46 Absatz 2 Buchstabe c der Verordnung (EU) 2016/679 *[Nr. 1]* genannten Angelegenheiten.

[2] Nr. **1**.

werden, die den Datenimporteur daran hindern, die im Anhang aufgeführten Standardvertragsklauseln einzuhalten – was zur Aussetzung oder Untersagung von Datenübermittlungen an Drittländer führt –, so unterrichtet der betreffende Mitgliedstaat unverzüglich die Kommission, die die Informationen an die anderen Mitgliedstaaten weiterleitet.

Art. 3 [Prüfung der praktischen Anwendung] Die Kommission prüft die praktische Anwendung der im Anhang aufgeführten Standardvertragsklauseln auf der Grundlage aller verfügbaren Informationen im Rahmen der gemäß Artikel 97 der Verordnung (EU) 2016/679 erforderlichen regelmäßigen Bewertung.

Art. 4 [Inkrafttreten; Außerkrafttreten] (1) Dieser Beschluss tritt am zwanzigsten Tag nach seiner Veröffentlichung[1] im *Amtsblatt der Europäischen Union* in Kraft.

(2) Die Entscheidung 2001/497/EG wird mit Wirkung vom 27. September 2021 aufgehoben.

(3) Der Beschluss 2010/87/EU wird mit Wirkung vom 27. September 2021 aufgehoben.

(4) In Bezug auf Verträge, die vor dem 27. September 2021 auf Grundlage der Entscheidung 2001/497/EG oder des Beschlusses 2010/87/EU geschlossen wurden, wird davon ausgegangen, dass sie geeignete Garantien im Sinne des Artikels 46 Absatz 1 der Verordnung (EU) 2016/679 bis zum 27. Dezember 2022 bieten, sofern die Verarbeitungsvorgänge, die Gegenstand des Vertrags sind, unverändert bleiben und die Anwendung dieser Klauseln gewährleistet, dass die Übermittlung personenbezogener Daten geeigneten Garantien unterliegt.

---

[1] Veröffentlicht am 7.6.2021.

Anhang. Standardvertragsklauseln

Abschnitt I

Klausel 1. Zweck und Anwendungsbereich

a) Mit diesen Standardvertragsklauseln soll sichergestellt werden, dass die Anforderungen der Verordnung (EU) 2016/679[1] des Europäischen Parlaments und des Rates vom 27. April 2016 zum Schutz natürlicher Personen bei der Verarbeitung personenbezogener Daten, zum freien Datenverkehr und zur Aufhebung der Richtlinie 95/46/EG (Datenschutz-Grundverordnung)[2] bei der Übermittlung personenbezogener Daten an ein Drittland eingehalten werden.

b) Die Parteien:

i) die in Anhang I.A aufgeführte(n) natürliche(n) oder juristische(n) Person(en), Behörde(n), Agentur(en) oder sonstige(n) Stelle(n) (im Folgenden „Einrichtung(en)"), die die personenbezogenen Daten übermittelt/n (im Folgenden jeweils „Datenexporteur"), und

ii) die in Anhang I.A aufgeführte(n) Einrichtung(en) in einem Drittland, die die personenbezogenen Daten direkt oder indirekt über eine andere Einrichtung, die ebenfalls Partei dieser Klauseln ist, erhält/erhalten (im Folgenden jeweils „Datenimporteur"),

haben sich mit diesen Standardvertragsklauseln (im Folgenden „Klauseln") einverstanden erklärt.

c) Diese Klauseln gelten für die Übermittlung personenbezogener Daten gemäß Anhang I.B.

d) Die Anlage zu diesen Klauseln mit den darin enthaltenen Anhängen ist Bestandteil dieser Klauseln.

Klausel 2. Wirkung und Unabänderbarkeit der Klauseln

a) Diese Klauseln enthalten geeignete Garantien, einschließlich durchsetzbarer Rechte betroffener Personen und wirksamer Rechtsbehelfe gemäß Artikel 46 Absatz 1 und Artikel 46 Absatz 2 Buchstabe c der Verordnung (EU) 2016/679 sowie – in Bezug auf Datenübermittlungen von Verantwortlichen an Auftragsverarbeiter und/oder von Auftragsverarbeitern an Auftragsverarbeiter – Standardvertragsklauseln gemäß Artikel 28 Absatz 7 der Verordnung (EU) 2016/679, sofern diese nicht geändert werden, mit Ausnahme der

---

[1] Nr. **1**.

[2] **Amtl. Anm.:** Handelt es sich bei dem Datenexporteur um einen Auftragsverarbeiter, der der Verordnung (EU) 2016/679 *[Nr. **1**]* unterliegt und der im Auftrag eines Organs oder einer Einrichtung der Union als Verantwortlicher handelt, so gewährleistet der Rückgriff auf diese Klauseln bei der Beauftragung eines anderen Auftragsverarbeiters (Unterauftragsverarbeitung), der nicht unter die Verordnung (EU) 2016/679 fällt, ebenfalls die Einhaltung von Artikel 29 Absatz 4 der Verordnung (EU) 2018/1725 des Europäischen Parlaments und des Rates vom 23. Oktober 2018 zum Schutz natürlicher Personen bei der Verarbeitung personenbezogener Daten durch die Organe, Einrichtungen und sonstigen Stellen der Union, zum freien Datenverkehr und zur Aufhebung der Verordnung (EG) Nr. 45/2001 und des Beschlusses Nr. 1247/2002/EG (ABl. L 295 vom 21.11.2018, S. 39), insofern als diese Klauseln und die gemäß Artikel 29 Absatz 3 der Verordnung (EU) 2018/1725 im Vertrag oder in einem anderen Rechtsinstrument zwischen dem Verantwortlichen und dem Auftragsverarbeiter festgelegten Datenschutzpflichten angeglichen sind. Dies ist insbesondere dann der Fall, wenn sich der Verantwortliche und der Auftragsverarbeiter auf die im Beschluss 2021/915 enthaltenen Standardvertragsklauseln stützen.

Auswahl des entsprechenden Moduls oder der entsprechenden Module oder der Ergänzung oder Aktualisierung von Informationen in der Anlage. Dies hindert die Parteien nicht daran, die in diesen Klauseln festgelegten Standardvertragsklauseln in einen umfangreicheren Vertrag aufzunehmen und/ oder weitere Klauseln oder zusätzliche Garantien hinzuzufügen, sofern diese weder unmittelbar noch mittelbar im Widerspruch zu diesen Klauseln stehen oder die Grundrechte oder Grundfreiheiten der betroffenen Personen beschneiden.

b) Diese Klauseln gelten unbeschadet der Verpflichtungen, denen der Datenexporteur gemäß der Verordnung (EU) 2016/679 unterliegt.

Klausel 3. Drittbegünstigte

a) Betroffene Personen können diese Klauseln als Drittbegünstigte gegenüber dem Datenexporteur und/oder dem Datenimporteur geltend machen und durchsetzen, mit folgenden Ausnahmen:
   i) Klausel 1, Klausel 2, Klausel 3, Klausel 6, Klausel 7
   ii) Klausel 8 – Modul eins: Klausel 8.5 Buchstabe e und Klausel 8.9 Buchstabe b Modul zwei: Klausel 8.1 Buchstabe b, Klausel 8.9 Buchstaben a, c, d und e Modul drei: Klausel 8.1 Buchstaben a, c und d und Klausel 8.9 Buchstaben a, c, d, e, f und g Modul vier: Klausel 8.1 Buchstabe b und Klausel 8.3 Buchstabe b
   iii) Klausel 9 – Modul zwei: Klausel 9 Buchstaben a, c, d und e Modul drei: Klausel 9 Buchstaben a, c, d und e
   iv) Klausel 12 – Modul eins: Klausel 12 Buchstaben a und d Module zwei und drei: Klausel 12 Buchstaben a, d und f
   v) Klausel 13
   vi) Klausel 15.1 Buchstaben c, d und e
   vii) Klausel 16 Buchstabe e
   viii) Klausel 18 – Module eins, zwei und drei Klausel 18 Buchstaben a und b Modul vier: Klausel 18

b) Die Rechte betroffener Personen gemäß der Verordnung (EU) 2016/679 bleiben von Buchstabe a unberührt.

Klausel 4. Auslegung

a) Werden in diesen Klauseln in der Verordnung (EU) 2016/679 definierte Begriffe verwendet, so haben diese Begriffe dieselbe Bedeutung wie in dieser Verordnung.

b) Diese Klauseln sind im Lichte der Bestimmungen der Verordnung (EU) 2016/679 auszulegen.

c) Diese Klauseln dürfen nicht in einer Weise ausgelegt werden, die mit den in der Verordnung (EU) 2016/679 vorgesehenen Rechten und Pflichten im Widerspruch steht.

Klausel 5. Vorrang

Im Falle eines Widerspruchs zwischen diesen Klauseln und den Bestimmungen von damit zusammenhängenden Vereinbarungen zwischen den Parteien, die zu dem Zeitpunkt bestehen, zu dem diese Klauseln vereinbart oder eingegangen werden, haben diese Klauseln Vorrang.

Klausel 6. Beschreibung der Datenübermittlung(en)

Die Einzelheiten der Datenübermittlung(en), insbesondere die Kategorien der übermittelten personenbezogenen Daten und der/die Zweck(e), zu dem/denen sie übermittelt werden, sind in Anhang I.B aufgeführt.

Klausel 7. *fakultativ*
Kopplungsklausel

a) Eine Einrichtung, die nicht Partei dieser Klauseln ist, kann diesen Klauseln mit Zustimmung der Parteien jederzeit entweder als Datenexporteur oder als Datenimporteur beitreten, indem sie die Anlage ausfüllt und Anhang I.A unterzeichnet.

b) Nach Ausfüllen der Anlage und Unterzeichnung von Anhang I.A wird die beitretende Einrichtung Partei dieser Klauseln und hat die Rechte und Pflichten eines Datenexporteurs oder eines Datenimporteurs entsprechend ihrer Bezeichnung in Anhang I.A.

c) Für den Zeitraum vor ihrem Beitritt als Partei erwachsen der beitretenden Einrichtung keine Rechte oder Pflichten aus diesen Klauseln.

Abschnitt II. Pflichten der Parteien

Klausel 8. Datenschutzgarantien

Der Datenexporteur versichert, sich im Rahmen des Zumutbaren davon überzeugt zu haben, dass der Datenimporteur – durch die Umsetzung geeigneter technischer und organisatorischer Maßnahmen – in der Lage ist, seinen Pflichten aus diesen Klauseln nachzukommen.

Modul Eins: Übermittlung von Verantwortlichen an Verantwortliche

8.1. Zweckbindung

Der Datenimporteur verarbeitet die personenbezogenen Daten nur für den/die in Anhang I.B genannten spezifischen Zweck(e) der Übermittlung. Er darf die personenbezogenen Daten nur dann für einen anderen Zweck verarbeiten,

i) wenn er die vorherige Einwilligung der betroffenen Person eingeholt hat,

ii) wenn dies zur Geltendmachung, Ausübung oder Verteidigung von Rechtsansprüchen im Zusammenhang mit bestimmten Verwaltungs-, Gerichts- oder regulatorischen Verfahren erforderlich ist oder

iii) wenn dies zum Schutz lebenswichtiger Interessen der betroffenen Person oder einer anderen natürlichen Person erforderlich ist.

8.2. Transparenz

a) Damit betroffene Personen ihre Rechte gemäß Klausel 10 wirksam ausüben können, teilt der Datenimporteur ihnen entweder direkt oder über den Datenexporteur Folgendes mit:

   i) seinen Namen und seine Kontaktdaten,

   ii) die Kategorien der verarbeiteten personenbezogenen Daten,

   iii) das Recht auf Erhalt einer Kopie dieser Klauseln,

   iv) wenn er eine Weiterübermittlung der personenbezogenen Daten an Dritte beabsichtigt, den Empfänger oder die Kategorien von Empfängern (je nach Bedarf zur Bereitstellung aussagekräftiger Informationen), den

Zweck und den Grund einer solchen Weiterübermittlung gemäß Klausel 8.7.

b) Buchstabe a findet keine Anwendung, wenn die betroffene Person bereits über die Informationen verfügt, einschließlich in dem Fall, wenn diese Informationen bereits vom Datenexporteur bereitgestellt wurden, oder wenn sich die Bereitstellung der Informationen als nicht möglich erweist oder einen unverhältnismäßigen Aufwand für den Datenimporteur mit sich bringen würde. Im letzteren Fall macht der Datenimporteur die Informationen, soweit möglich, öffentlich zugänglich.

c) Die Parteien stellen der betroffenen Person auf Anfrage eine Kopie dieser Klauseln, einschließlich der von ihnen ausgefüllten Anlage, unentgeltlich zur Verfügung. Soweit es zum Schutz von Geschäftsgeheimnissen oder anderen vertraulichen Informationen, einschließlich personenbezogener Daten, notwendig ist, können die Parteien Teile des Textes der Anlage vor der Weitergabe einer Kopie unkenntlich machen; sie legen jedoch eine aussagekräftige Zusammenfassung vor, wenn die betroffene Person andernfalls den Inhalt der Anlage nicht verstehen würde oder ihre Rechte nicht ausüben könnte. Auf Anfrage teilen die Parteien der betroffenen Person die Gründe für die Schwärzungen so weit wie möglich mit, ohne die geschwärzten Informationen offenzulegen.

d) Die Buchstaben a bis c gelten unbeschadet der Pflichten des Datenexporteurs gemäß den Artikeln 13 und 14 der Verordnung (EU) 2016/679.

8.3. Richtigkeit und Datenminimierung

a) Jede Partei stellt sicher, dass die personenbezogenen Daten sachlich richtig und erforderlichenfalls auf dem neuesten Stand sind. Der Datenimporteur trifft alle angemessenen Maßnahmen, um sicherzustellen, dass personenbezogene Daten, die im Hinblick auf den/die Zweck(e) der Verarbeitung unrichtig sind, unverzüglich gelöscht oder berichtigt werden.

b) Stellt eine der Parteien fest, dass die von ihr übermittelten oder erhaltenen personenbezogenen Daten unrichtig oder veraltet sind, unterrichtet sie unverzüglich die andere Partei.

c) Der Datenimporteur stellt sicher, dass die personenbezogenen Daten angemessen und erheblich sowie auf das für den/die Zweck(e) ihrer Verarbeitung notwendige Maß beschränkt sind.

8.4. Speicherbegrenzung

Der Datenimporteur speichert die personenbezogenen Daten nur so lange, wie es für den/die Zweck(e), für den/die sie verarbeitet werden, erforderlich ist. Er trifft geeignete technische oder organisatorische Maßnahmen, um die Einhaltung dieser Verpflichtung sicherzustellen; hierzu zählen auch die Löschung oder Anonymisierung[1] der Daten und aller Sicherungskopien am Ende der Speicherfrist.

[1] **Amtl. Anm.:** Die Daten müssen in einer Weise anonymisiert werden, dass eine Person im Einklang mit Erwägungsgrund 26 der Verordnung (EU) 2016/679 *[Nr. 1]* nicht mehr identifizierbar ist; außerdem muss dieser Vorgang unumkehrbar sein.

8.5. Sicherheit der Verarbeitung

a) Der Datenimporteur und – während der Datenübermittlung – auch der Datenexporteur treffen geeignete technische und organisatorische Maßnahmen, um die Sicherheit der personenbezogenen Daten zu gewährleisten, einschließlich des Schutzes vor einer Verletzung der Sicherheit, die, ob unbeabsichtigt oder unrechtmäßig, zur Vernichtung, zum Verlust, zur Veränderung oder zur unbefugten Offenlegung von beziehungsweise zum unbefugten Zugang zu den personenbezogenen Daten führt (im Folgenden „Verletzung des Schutzes personenbezogener Daten"). Bei der Beurteilung des angemessenen Schutzniveaus tragen sie dem Stand der Technik, den Implementierungskosten, der Art, dem Umfang, den Umständen und dem/den Zweck(en) der Verarbeitung sowie den mit der Verarbeitung verbundenen Risiken für die betroffene Person gebührend Rechnung. Die Parteien ziehen insbesondere eine Verschlüsselung oder Pseudonymisierung, auch während der Datenübermittlung, in Betracht, wenn dadurch der Verarbeitungszweck erfüllt werden kann.

b) Die Parteien haben sich auf die in Anhang II aufgeführten technischen und organisatorischen Maßnahmen geeinigt. Der Datenimporteur führt regelmäßige Kontrollen durch, um sicherzustellen, dass diese Maßnahmen weiterhin ein angemessenes Schutzniveau bieten.

c) Der Datenimporteur gewährleistet, dass sich die zur Verarbeitung der personenbezogenen Daten befugten Personen zur Vertraulichkeit verpflichtet haben oder einer angemessenen gesetzlichen Verschwiegenheitspflicht unterliegen.

d) Im Falle einer Verletzung des Schutzes personenbezogener Daten im Zusammenhang mit der Verarbeitung personenbezogener Daten durch den Datenimporteur gemäß diesen Klauseln ergreift der Datenimporteur geeignete Maßnahmen zur Behebung der Verletzung des Schutzes personenbezogener Daten und gegebenenfalls Maßnahmen zur Abmilderung ihrer möglichen nachteiligen Auswirkungen.

e) Hat die Verletzung des Schutzes personenbezogener Daten voraussichtlich ein Risiko für die persönlichen Rechte und Freiheiten natürlicher Personen zur Folge, meldet der Datenimporteur die Verletzung unverzüglich sowohl dem Datenexporteur als auch der gemäß Klausel 13 festgelegten zuständigen Aufsichtsbehörde. Diese Meldung enthält i) eine Beschreibung der Art der Verletzung (soweit möglich, mit Angabe der Kategorien und der ungefähren Zahl der betroffenen Personen und der ungefähren Zahl der betroffenen personenbezogenen Datensätze), ii) ihre wahrscheinlichen Folgen, iii) die ergriffenen oder vorgeschlagenen Maßnahmen zur Behebung der Verletzung und iv) die Kontaktdaten einer Anlaufstelle, bei der weitere Informationen eingeholt werden können. Soweit es dem Datenimporteur nicht möglich ist, alle Informationen zur gleichen Zeit bereitzustellen, kann er diese Informationen ohne unangemessene weitere Verzögerung schrittweise zur Verfügung stellen.

f) Hat die Verletzung des Schutzes personenbezogener Daten voraussichtlich ein hohes Risiko für die persönlichen Rechte und Freiheiten natürlicher Personen zur Folge, so benachrichtigt der Datenimporteur ebenfalls die jeweiligen betroffenen Personen unverzüglich von der Verletzung des Schutzes personenbezogener Daten und der Art der Verletzung, erforderlichenfalls in Zusammenarbeit mit dem Datenexporteur, unter Angabe der unter Buchstabe e Ziffern ii bis iv genannten Informationen, es sei denn, der Datenimporteur hat Maßnahmen ergriffen, um das Risiko für die Rechte oder Freiheiten natürlicher Personen erheblich zu mindern, oder die Benachrichtigung wäre mit einem unverhältnismäßigen Aufwand verbunden. Im letzteren Fall gibt der Datenimporteur stattdessen eine öffentliche Bekanntmachung heraus oder ergreift eine vergleichbare Maßnahme, um die Öffentlichkeit über die Verletzung des Schutzes personenbezogener Daten zu informieren.

g) Der Datenimporteur dokumentiert alle maßgeblichen Fakten im Zusammenhang mit der Verletzung des Schutzes personenbezogener Daten, einschließlich ihrer Auswirkungen und etwaiger ergriffener Abhilfemaßnahmen, und führt Aufzeichnungen darüber.

8.6. Sensible Daten

Sofern die Übermittlung personenbezogene Daten umfasst, aus denen die rassische oder ethnische Herkunft, politische Meinungen, religiöse oder weltanschauliche Überzeugungen oder die Gewerkschaftszugehörigkeit hervorgehen, oder die genetische Daten oder biometrische Daten zum Zweck der eindeutigen Identifizierung einer natürlichen Person, Daten über die Gesundheit, das Sexualleben oder die sexuelle Ausrichtung einer Person oder Daten über strafrechtliche Verurteilungen oder Straftaten enthalten (im Folgenden „sensible Daten"), wendet der Datenimporteur spezielle Beschränkungen und/oder zusätzliche Garantien an, die an die spezifische Art der Daten und die damit verbundenen Risiken angepasst sind. Dies kann die Beschränkung des Personals, das Zugriff auf die personenbezogenen Daten hat, zusätzliche Sicherheitsmaßnahmen (wie Pseudonymisierung) und/oder zusätzliche Beschränkungen in Bezug auf die weitere Offenlegung umfassen.

8.7. Weiterübermittlungen

Der Datenimporteur darf die personenbezogenen Daten nicht an Dritte weitergeben, die (in demselben Land wie der Datenimporteur oder in einem anderen Drittland) außerhalb der Europäischen Union[1] ansässig sind (im Folgenden „Weiterübermittlung"), es sei denn, der Dritte ist im Rahmen des betreffenden Moduls an diese Klauseln gebunden oder erklärt sich mit der Bindung daran einverstanden. Andernfalls ist eine Weiterübermittlung durch den Datenimporteur nur in folgenden Fällen zulässig:

i) Sie erfolgt an ein Land, für das ein Angemessenheitsbeschluss nach Artikel 45 der Verordnung (EU) 2016/679 gilt, der die Weiterübermittlung abdeckt,

ii) der Dritte gewährleistet auf andere Weise geeignete Garantien gemäß Artikel 46 oder Artikel 47 der Verordnung (EU) 2016/679 im Hinblick auf die betreffende Verarbeitung,

iii) der Dritte geht mit dem Datenimporteur ein bindendes Instrument ein, mit dem das gleiche Datenschutzniveau wie gemäß diesen Klauseln gewähr-

---

[1] **Amtl. Anm.:** Das Abkommen über den Europäischen Wirtschaftsraum (EWR-Abkommen) regelt die Einbeziehung der drei EWR-Staaten Island, Liechtenstein und Norwegen in den Binnenmarkt der Europäischen Union. Das Datenschutzrecht der Union, darunter die Verordnung (EU) 2016/679 *[Nr. 1]*, ist in das EWR-Abkommen einbezogen und wurde in Anhang XI aufgenommen. Daher gilt eine Weitergabe durch den Datenimporteur an einen im EWR ansässigen Dritten nicht als Weiterübermittlung im Sinne dieser Klauseln.

leistet wird, und der Datenimporteur stellt dem Datenexporteur eine Kopie dieser Garantien zur Verfügung,

iv) die Weiterübermittlung ist zur Geltendmachung, Ausübung oder Verteidigung von Rechtsansprüchen im Zusammenhang mit bestimmten Verwaltungs-, Gerichts- oder regulatorischen Verfahren erforderlich,

v) die Weiterübermittlung ist erforderlich, um lebenswichtige Interessen der betroffenen Person oder einer anderen natürlichen Person zu schützen, oder

vi) – falls keine der anderen Bedingungen erfüllt ist – der Datenimporteur hat die ausdrückliche Einwilligung der betroffenen Person zu einer Weiterübermittlung in einem speziellen Fall eingeholt, nachdem er sie über den/die Zweck(e), die Identität des Empfängers und die ihr mangels geeigneter Datenschutzgarantien aus einer solchen Übermittlung möglicherweise erwachsenden Risiken informiert hat. In diesem Fall unterrichtet der Datenimporteur den Datenexporteur und übermittelt ihm auf dessen Verlangen eine Kopie der Informationen, die der betroffenen Person bereitgestellt wurden.

Jede Weiterübermittlung erfolgt unter der Bedingung, dass der Datenimporteur alle anderen Garantien gemäß diesen Klauseln, insbesondere die Zweckbindung, einhält.

8.8. Verarbeitung unter der Aufsicht des Datenimporteurs

Der Datenimporteur stellt sicher, dass jede ihm unterstellte Person, einschließlich eines Auftragsverarbeiters, diese Daten ausschließlich auf der Grundlage seiner Weisungen verarbeitet.

8.9. Dokumentation und Einhaltung der Klauseln

a) Jede Partei muss nachweisen können, dass sie ihre Pflichten gemäß diesen Klauseln erfüllt. Insbesondere führt der Datenimporteur geeignete Aufzeichnungen über die unter seiner Verantwortung durchgeführten Verarbeitungstätigkeiten.

b) Der Datenimporteur stellt der zuständigen Aufsichtsbehörde diese Aufzeichnungen auf Verlangen zur Verfügung.

Modul Zwei: Übermittlung von Verantwortlichen an Auftragsverarbeiter

8.1. Weisungen

a) Der Datenimporteur verarbeitet die personenbezogenen Daten nur auf dokumentierte Weisung des Datenexporteurs. Der Datenexporteur kann solche Weisungen während der gesamten Vertragslaufzeit erteilen.

b) Der Datenimporteur unterrichtet den Datenexporteur unverzüglich, wenn er diese Weisungen nicht befolgen kann.

8.2. Zweckbindung

Der Datenimporteur verarbeitet die personenbezogenen Daten nur für den/die in Anhang I.B genannten spezifischen Zweck(e), sofern keine weiteren Weisungen des Datenexporteurs bestehen.

8.3. Transparenz

Auf Anfrage stellt der Datenexporteur der betroffenen Person eine Kopie dieser Klauseln, einschließlich der von den Parteien ausgefüllten Anlage, unentgeltlich zur Verfügung. Soweit es zum Schutz von Geschäftsgeheimnissen oder anderen vertraulichen Informationen, einschließlich der in Anhang II beschriebenen Maßnahmen und personenbezogener Daten, notwendig ist, kann der Datenexporteur Teile des Textes der Anlage zu diesen Klauseln vor der Weitergabe einer Kopie unkenntlich machen; er legt jedoch eine aussagekräftige Zusammenfassung vor, wenn die betroffene Person andernfalls den Inhalt der Anlage nicht verstehen würde oder ihre Rechte nicht ausüben könnte. Auf Anfrage teilen die Parteien der betroffenen Person die Gründe für die Schwärzungen so weit wie möglich mit, ohne die geschwärzten Informationen offenzulegen. Diese Klausel gilt unbeschadet der Pflichten des Datenexporteurs gemäß den Artikeln 13 und 14 der Verordnung (EU) 2016/679.

8.4. Richtigkeit

Stellt der Datenimporteur fest, dass die erhaltenen personenbezogenen Daten unrichtig oder veraltet sind, unterrichtet er unverzüglich den Datenexporteur. In diesem Fall arbeitet der Datenimporteur mit dem Datenexporteur zusammen, um die Daten zu löschen oder zu berichtigen.

8.5. Dauer der Verarbeitung und Löschung oder Rückgabe der Daten

Die Daten werden vom Datenimporteur nur für die in Anhang I.B angegebene Dauer verarbeitet. Nach Wahl des Datenexporteurs löscht der Datenimporteur nach Beendigung der Erbringung der Datenverarbeitungsdienste alle im Auftrag des Datenexporteurs verarbeiteten personenbezogenen Daten und bescheinigt dem Datenexporteur, dass dies erfolgt ist, oder gibt dem Datenexporteur alle in seinem Auftrag verarbeiteten personenbezogenen Daten zurück und löscht bestehende Kopien. Bis zur Löschung oder Rückgabe der Daten stellt der Datenimporteur weiterhin die Einhaltung dieser Klauseln sicher. Falls für den Datenimporteur lokale Rechtsvorschriften gelten, die ihm die Rückgabe oder Löschung der personenbezogenen Daten untersagen, sichert der Datenimporteur zu, dass er die Einhaltung dieser Klauseln auch weiterhin gewährleistet und diese Daten nur in dem Umfang und so lange verarbeitet, wie dies gemäß den betreffenden lokalen Rechtsvorschriften erforderlich ist. Dies gilt unbeschadet von Klausel 14, insbesondere der Pflicht des Datenimporteurs gemäß Klausel 14 Buchstabe e, den Datenexporteur während der Vertragslaufzeit zu benachrichtigen, wenn er Grund zu der Annahme hat, dass für ihn Rechtsvorschriften oder Gepflogenheiten gelten oder gelten werden, die nicht mit den Anforderungen in Klausel 14 Buchstabe a im Einklang stehen.

8.6. Sicherheit der Verarbeitung

a) Der Datenimporteur und, während der Datenübermittlung, auch der Datenexporteur treffen geeignete technische und organisatorische Maßnahmen, um die Sicherheit der Daten zu gewährleisten, einschließlich des Schutzes vor einer Verletzung der Sicherheit, die, ob unbeabsichtigt oder unrechtmäßig, zur Vernichtung, zum Verlust, zur Veränderung oder zur unbefugten Offenlegung von beziehungsweise zum unbefugten Zugang zu diesen Daten führt (im Folgenden „Verletzung des Schutzes personenbezogener Daten"). Bei der Beurteilung des angemessenen Schutzniveaus tragen die Parteien dem Stand der Technik, den Implementierungskosten, der Art, dem Umfang, den Umständen und dem/den Zweck(en) der Verarbeitung sowie den mit der Verarbeitung verbundenen Risiken für die betroffenen Personen gebührend Rechnung. Die Parteien ziehen insbesondere eine Verschlüsselung oder Pseudonymisierung, auch während der Datenübermittlung, in Betracht, wenn dadurch der Verarbeitungszweck erfüllt werden kann. Im Falle einer Pseudonymisierung verbleiben die zusätzlichen Informationen, mit denen die personenbezogenen Daten einer speziellen betroffenen Person zugeordnet werden können, soweit möglich, unter der ausschließlichen Kontrolle des Datenexporteurs. Zur Erfüllung seinen Pflichten gemäß diesem Absatz setzt der Datenimporteur mindestens die in Anhang II aufgeführten technischen und organisatorischen Maßnahmen um. Der Datenimporteur führt regelmäßige Kontrollen durch, um sicherzustellen, dass diese Maßnahmen weiterhin ein angemessenes Schutzniveau bieten.

b) Der Datenimporteur gewährt seinem Personal nur insoweit Zugang zu den personenbezogenen Daten, als dies für die Durchführung, Verwaltung und Überwachung des Vertrags unbedingt erforderlich ist. Er gewährleistet, dass sich die zur Verarbeitung der personenbezogenen Daten befugten Personen zur Vertraulichkeit verpflichtet haben oder einer angemessenen gesetzlichen Verschwiegenheitspflicht unterliegen.

c) Im Falle einer Verletzung des Schutzes personenbezogener Daten im Zusammenhang mit der Verarbeitung personenbezogener Daten durch den Datenimporteur gemäß diesen Klauseln ergreift der Datenimporteur geeignete Maßnahmen zur Behebung der Verletzung, darunter auch Maßnahmen zur Abmilderung ihrer nachteiligen Auswirkungen. Zudem meldet der Datenimporteur dem Datenexporteur die Verletzung unverzüglich, nachdem sie ihm bekannt wurde. Diese Meldung enthält die Kontaktdaten einer Anlaufstelle für weitere Informationen, eine Beschreibung der Art der Verletzung (soweit möglich, mit Angabe der Kategorien und der ungefähren Zahl der betroffenen Personen und der ungefähren Zahl der betroffenen personenbezogenen Datensätze), die wahrscheinlichen Folgen der Verletzung und die ergriffenen oder vorgeschlagenen Maßnahmen zur Behebung der Verletzung und gegebenenfalls Maßnahmen zur Abmilderung etwaiger nachteiliger Auswirkungen. Wenn und soweit nicht alle Informationen zur gleichen Zeit bereitgestellt werden können, enthält die ursprüngliche Meldung die zu jenem Zeitpunkt verfügbaren Informationen, und weitere Informationen werden, sobald sie verfügbar sind, anschließend ohne unangemessene Verzögerung bereitgestellt.

d) Unter Berücksichtigung der Art der Verarbeitung und der dem Datenimporteur zur Verfügung stehenden Informationen arbeitet der Datenimporteur mit dem Datenexporteur zusammen und unterstützt ihn dabei, seinen Pflichten gemäß der Verordnung (EU) 2016/679 nachzukommen, insbesondere die zuständige Aufsichtsbehörde und die betroffenen Personen zu benachrichtigen.

8.7. Sensible Daten

Soweit die Übermittlung personenbezogene Daten umfasst, aus denen die rassische oder ethnische Herkunft, politische Meinungen, religiöse oder weltanschauliche Überzeugungen oder die Gewerkschaftszugehörigkeit hervorgehen, oder die genetische Daten oder biometrische Daten zum Zweck der eindeutigen Identifizierung einer natürlichen Person, Daten über die Gesundheit, das Sexualleben oder die sexuelle Ausrichtung einer Person oder Daten über strafrechtliche Verurteilungen und Straftaten enthalten (im Folgenden

„sensible Daten"), wendet der Datenimporteur die in Anhang I.B beschriebenen speziellen Beschränkungen und/oder zusätzlichen Garantien an.

8.8. Weiterübermittlungen

Der Datenimporteur gibt die personenbezogenen Daten nur auf dokumentierte Weisung des Datenexporteurs an Dritte weiter. Die Daten dürfen zudem nur an Dritte weitergegeben werden, die (in demselben Land wie der Datenimporteur oder in einem anderen Drittland) außerhalb der Europäischen Union[1] ansässig sind (im Folgenden „Weiterübermittlung"), sofern der Dritte im Rahmen des betreffenden Moduls an diese Klauseln gebunden ist oder sich mit der Bindung daran einverstanden erklärt oder falls

i) die Weiterübermittlung an ein Land erfolgt, für das ein Angemessenheitsbeschluss nach Artikel 45 der Verordnung (EU) 2016/679 gilt, der die Weiterübermittlung abdeckt,
ii) der Dritte auf andere Weise geeignete Garantien gemäß Artikel 46 oder Artikel 47 der Verordnung (EU) 2016/679 im Hinblick auf die betreffende Verarbeitung gewährleistet,
iii) die Weiterübermittlung zur Geltendmachung, Ausübung oder Verteidigung von Rechtsansprüchen im Zusammenhang mit bestimmten Verwaltungs-, Gerichts- oder regulatorischen Verfahren erforderlich ist oder
iv) die Weiterübermittlung erforderlich ist, um lebenswichtige Interessen der betroffenen Person oder einer anderen natürlichen Person zu schützen.

Jede Weiterübermittlung erfolgt unter der Bedingung, dass der Datenimporteur alle anderen Garantien gemäß diesen Klauseln, insbesondere die Zweckbindung, einhält.

8.9. Dokumentation und Einhaltung der Klauseln

a) Der Datenimporteur bearbeitet Anfragen des Datenexporteurs, die sich auf die Verarbeitung gemäß diesen Klauseln beziehen, umgehend und in angemessener Weise.
b) Die Parteien müssen die Einhaltung dieser Klauseln nachweisen können. Insbesondere führt der Datenimporteur geeignete Aufzeichnungen über die im Auftrag des Datenexporteurs durchgeführten Verarbeitungstätigkeiten.
c) Der Datenimporteur stellt dem Datenexporteur alle Informationen zur Verfügung, die erforderlich sind, um die Einhaltung der in diesen Klauseln festgelegten Pflichten nachzuweisen; auf Verlangen des Datenexporteurs ermöglicht er diesem, die unter diese Klauseln fallenden Verarbeitungstätigkeiten in angemessenen Abständen oder bei Anzeichen für eine Nichteinhaltung zu prüfen, und trägt zu einer solchen Prüfung bei. Bei der Entscheidung über eine Überprüfung oder Prüfung kann der Datenexporteur einschlägige Zertifizierungen des Datenimporteurs berücksichtigen.
d) Der Datenexporteur kann die Prüfung selbst durchführen oder einen unabhängigen Prüfer beauftragen. Die Prüfungen können Inspektionen in den

---

[1] **Amtl. Anm.:** Das Abkommen über den Europäischen Wirtschaftsraum (EWR-Abkommen) regelt die Einbeziehung der drei EWR-Staaten Island, Liechtenstein und Norwegen in den Binnenmarkt der Europäischen Union. Das Datenschutzrecht der Union, darunter die Verordnung (EU) 2016/679 *[Nr. 1]*, ist in das EWR-Abkommen einbezogen und wurde in Anhang XI aufgenommen. Daher gilt eine Weitergabe durch den Datenimporteur an einen im EWR ansässigen Dritten nicht als Weiterübermittlung im Sinne dieser Klauseln.

Räumlichkeiten oder physischen Einrichtungen des Datenimporteurs umfassen und werden gegebenenfalls mit angemessener Vorankündigung durchgeführt.

e) Die Parteien stellen der zuständigen Aufsichtsbehörde die unter den Buchstaben b und c genannten Informationen, einschließlich der Ergebnisse von Prüfungen, auf Anfrage zur Verfügung.

Modul Drei: Übermittlung von Auftragsverarbeitern an Auftragsverarbeiter

8.1. Weisungen

a) Der Datenexporteur hat dem Datenimporteur mitgeteilt, dass er als Auftragsverarbeiter nach den Weisungen seines/seiner Verantwortlichen fungiert, und der Datenexporteur stellt dem Datenimporteur diese Weisungen vor der Verarbeitung zur Verfügung.

b) Der Datenimporteur verarbeitet die personenbezogenen Daten nur auf der Grundlage dokumentierter Weisungen des Verantwortlichen, die dem Datenimporteur vom Datenexporteur mitgeteilt wurden, sowie auf der Grundlage aller zusätzlichen dokumentierten Weisungen des Datenexporteurs. Diese zusätzlichen Weisungen dürfen nicht im Widerspruch zu den Weisungen des Verantwortlichen stehen. Der Verantwortliche oder der Datenexporteur kann während der gesamten Vertragslaufzeit weitere dokumentierte Weisungen im Hinblick auf die Datenverarbeitung erteilen.

c) Der Datenimporteur unterrichtet den Datenexporteur unverzüglich, wenn er diese Weisungen nicht befolgen kann. Ist der Datenimporteur nicht in der Lage, die Weisungen des Verantwortlichen zu befolgen, setzt der Datenexporteur den Verantwortlichen unverzüglich davon in Kenntnis.

d) Der Datenexporteur sichert zu, dass er dem Datenimporteur dieselben Datenschutzpflichten auferlegt hat, die im Vertrag oder in einem anderen Rechtsinstrument nach dem Unionsrecht oder dem Recht des betreffenden Mitgliedstaats zwischen dem Verantwortlichen und dem Datenexporteur festgelegt sind.[1)]

8.2. Zweckbindung

Der Datenimporteur verarbeitet die personenbezogenen Daten nur für den/die in Anhang I.B genannten spezifischen Übermittlungszweck(e), sofern keine weiteren Weisungen seitens des Verantwortlichen, die dem Datenimporteur vom Datenexporteur mitgeteilt wurden, oder seitens des Datenexporteurs bestehen.

8.3. Transparenz

Auf Anfrage stellt der Datenexporteur der betroffenen Person eine Kopie dieser Klauseln, einschließlich der von den Parteien ausgefüllten Anlage, unentgeltlich zur Verfügung. Soweit es zum Schutz von Geschäftsgeheimnissen oder anderen vertraulichen Informationen, einschließlich personenbezogener Daten, notwendig ist, kann der Datenexporteur Teile des Textes der Anlage vor der Weitergabe einer Kopie unkenntlich machen; er legt jedoch eine aussagekräfti-

---

[1)] **Amtl. Anm.:** Siehe Artikel 28 Absatz 4 der Verordnung (EU) 2016/679 *[Nr. 1]* und, wenn es sich bei dem Verantwortlichen um ein Organ oder eine Einrichtung der Union handelt, Artikel 29 Absatz 4 der Verordnung (EU) 2018/1725.

ge Zusammenfassung vor, wenn die betroffene Person andernfalls den Inhalt der Anlage nicht verstehen würde oder ihre Rechte nicht ausüben könnte. Auf Anfrage teilen die Parteien der betroffenen Person die Gründe für die Schwärzungen so weit wie möglich mit, ohne die geschwärzten Informationen offenzulegen.

8.4. Richtigkeit

Stellt der Datenimporteur fest, dass die erhaltenen personenbezogenen Daten unrichtig oder veraltet sind, unterrichtet er unverzüglich den Datenexporteur. In diesem Fall arbeitet der Datenimporteur mit dem Datenexporteur zusammen, um die Daten zu berichtigen oder zu löschen.

8.5. Dauer der Verarbeitung und Löschung oder Rückgabe der Daten

Die Daten werden vom Datenimporteur nur für die in Anhang I.B angegebene Dauer verarbeitet. Nach Wahl des Datenexporteurs löscht der Datenimporteur nach Beendigung der Datenverarbeitungsdienste alle im Auftrag des Verantwortlichen verarbeiteten personenbezogenen Daten und bescheinigt dem Datenexporteur, dass dies erfolgt ist, oder gibt dem Datenexporteur alle in seinem Auftrag verarbeiteten personenbezogenen Daten zurück und löscht bestehende Kopien. Bis zur Löschung oder Rückgabe der Daten stellt der Datenimporteur weiterhin die Einhaltung dieser Klauseln sicher. Falls für den Datenimporteur lokale Rechtsvorschriften gelten, die ihm die Rückgabe oder Löschung der personenbezogenen Daten untersagen, sichert der Datenimporteur zu, dass er die Einhaltung dieser Klauseln auch weiterhin gewährleistet und diese Daten nur in dem Umfang und so lange verarbeitet, wie dies gemäß den betreffenden lokalen Rechtsvorschriften erforderlich ist. Dies gilt unbeschadet von Klausel 14, insbesondere der Pflicht des Datenimporteurs gemäß Klausel 14 Buchstabe e, den Datenexporteur während der Vertragslaufzeit zu benachrichtigen, wenn er Grund zu der Annahme hat, dass für ihn Rechtsvorschriften oder Gepflogenheiten gelten oder gelten werden, die nicht mit den Anforderungen in Klausel 14 Buchstabe a im Einklang stehen.

8.6. Sicherheit der Verarbeitung

a) Der Datenimporteur und, während der Datenübermittlung, auch der Datenexporteur treffen geeignete technische und organisatorische Maßnahmen, um die Sicherheit der Daten zu gewährleisten, einschließlich des Schutzes vor einer Verletzung der Sicherheit, die, ob unbeabsichtigt oder unrechtmäßig, zur Vernichtung, zum Verlust, zur Veränderung oder zur unbefugten Offenlegung von beziehungsweise zum unbefugten Zugang zu diesen Daten führt (im Folgenden „Verletzung des Schutzes personenbezogener Daten"). Bei der Beurteilung des angemessenen Schutzniveaus tragen sie dem Stand der Technik, den Implementierungskosten, der Art, dem Umfang, den Umständen und dem/den Zweck(en) der Verarbeitung sowie den mit der Verarbeitung verbundenen Risiken für die betroffene Person gebührend Rechnung. Die Parteien ziehen insbesondere eine Verschlüsselung oder Pseudonymisierung, auch während der Datenübermittlung, in Betracht, wenn dadurch der Verarbeitungszweck erfüllt werden kann. Im Falle einer Pseudonymisierung verbleiben die zusätzlichen Informationen, mit denen die personenbezogenen Daten einer speziellen betroffenen Person zugeordnet werden können, soweit möglich, unter der ausschließlichen Kontrolle des Datenexporteurs oder des Verantwortlichen. Zur Erfüllung seinen Pflichten gemäß diesem Absatz setzt der Datenimporteur mindestens die in Anhang II aufgeführten technischen und organisatorischen Maßnahmen um. Der Datenimporteur führt regelmäßige Kontrollen durch, um sicherzustellen, dass diese Maßnahmen weiterhin ein angemessenes Schutzniveau bieten.

b) Der Datenimporteur gewährt seinem Personal nur insoweit Zugang zu den Daten, als dies für die Durchführung, Verwaltung und Überwachung des Vertrags unbedingt erforderlich ist. Er gewährleistet, dass sich die zur Verarbeitung der personenbezogenen Daten befugten Personen zur Vertraulichkeit verpflichtet haben oder einer angemessenen gesetzlichen Verschwiegenheitspflicht unterliegen.

c) Im Falle einer Verletzung des Schutzes personenbezogener Daten im Zusammenhang mit der Verarbeitung personenbezogener Daten durch den Datenimporteur gemäß diesen Klauseln ergreift der Datenimporteur geeignete Maßnahmen zur Behebung der Verletzung, darunter auch Maßnahmen zur Abmilderung ihrer nachteiligen Auswirkungen. Außerdem meldet der Datenimporteur die Verletzung dem Datenexporteur und, sofern angemessen und machbar, dem Verantwortlichen unverzüglich, nachdem ihm die Verletzung bekannt wurde. Diese Meldung enthält die Kontaktdaten einer Anlaufstelle für weitere Informationen, eine Beschreibung der Art der Verletzung (soweit möglich, mit Angabe der Kategorien und der ungefähren Zahl der betroffenen Personen und der ungefähren Zahl der betroffenen personenbezogenen Datensätze), die wahrscheinlichen Folgen der Verletzung und die ergriffenen oder vorgeschlagenen Maßnahmen zur Behebung der Verletzung des Schutzes der Daten, einschließlich Maßnahmen zur Abmilderung etwaiger nachteiliger Auswirkungen. Wenn und soweit nicht alle Informationen zur gleichen Zeit bereitgestellt werden können, enthält die ursprüngliche Meldung die zu jenem Zeitpunkt verfügbaren Informationen, und weitere Informationen werden, sobald sie verfügbar sind, anschließend ohne unangemessene Verzögerung bereitgestellt.

d) Unter Berücksichtigung der Art der Verarbeitung und der dem Datenimporteur zur Verfügung stehenden Informationen arbeitet der Datenimporteur mit dem Datenexporteur zusammen und unterstützt ihn dabei, seinen Pflichten gemäß der Verordnung (EU) 2016/679 nachzukommen, insbesondere den Verantwortlichen zu unterrichten, damit dieser wiederum die zuständige Aufsichtsbehörde und die betroffenen Personen benachrichtigen kann.

8.7. Sensible Daten

Soweit die Übermittlung personenbezogene Daten umfasst, aus denen die rassische oder ethnische Herkunft, politische Meinungen, religiöse oder weltanschauliche Überzeugungen oder die Gewerkschaftszugehörigkeit hervorgehen, oder die genetische Daten oder biometrische Daten zum Zweck der eindeutigen Identifizierung einer natürlichen Person, Daten über die Gesundheit, das Sexualleben oder die sexuelle Ausrichtung einer Person oder Daten über strafrechtliche Verurteilungen und Straftaten enthalten (im Folgenden „sensible Daten"), wendet der Datenimporteur die in Anhang I.B angegebenen speziellen Beschränkungen und/oder zusätzlichen Garantien an.

8.8. Weiterübermittlungen

Der Datenimporteur gibt die personenbezogenen Daten nur auf der Grundlage dokumentierter Weisungen des Verantwortlichen, die dem Datenimporteur vom Datenexporteur mitgeteilt wurden, an Dritte weiter. Die Daten dürfen zudem nur an Dritte weitergegeben werden, die (in demselben Land wie der Datenimporteur oder in einem anderen Drittland) außerhalb der Europäischen Union[1] ansässig sind (im Folgenden „Weiterübermittlung"), sofern der Dritte im Rahmen des betreffenden Moduls an diese Klauseln gebunden ist oder sich mit der Bindung daran einverstanden erklärt oder falls

i) die Weiterübermittlung an ein Land erfolgt, für das ein Angemessenheitsbeschluss nach Artikel 45 der Verordnung (EU) 2016/679 gilt, der die Weiterübermittlung abdeckt,

ii) der Dritte auf andere Weise geeignete Garantien gemäß Artikel 46 oder Artikel 47 der Verordnung (EU) 2016/679 gewährleistet,

iii) die Weiterübermittlung zur Geltendmachung, Ausübung oder Verteidigung von Rechtsansprüchen im Zusammenhang mit bestimmten Verwaltungs-, Gerichts- oder regulatorischen Verfahren erforderlich ist oder

iv) die Weiterübermittlung erforderlich ist, um lebenswichtige Interessen der betroffenen Person oder einer anderen natürlichen Person zu schützen.

Jede Weiterübermittlung erfolgt unter der Bedingung, dass der Datenimporteur alle anderen Garantien gemäß diesen Klauseln, insbesondere die Zweckbindung, einhält.

8.9. Dokumentation und Einhaltung der Klauseln

a) Der Datenimporteur bearbeitet Anfragen des Datenexporteurs oder des Verantwortlichen, die sich auf die Verarbeitung gemäß diesen Klauseln beziehen, umgehend und in angemessener Weise.

b) Die Parteien müssen die Einhaltung dieser Klauseln nachweisen können. Insbesondere führt der Datenimporteur geeignete Aufzeichnungen über die im Auftrag des Verantwortlichen durchgeführten Verarbeitungstätigkeiten.

c) Der Datenimporteur stellt dem Datenexporteur alle Informationen zur Verfügung, die für den Nachweis der Einhaltung der in diesen Klauseln festgelegten Pflichten erforderlich sind, und der Datenexporteur stellt diese Informationen wiederum dem Verantwortlichen bereit.

d) Der Datenimporteur ermöglicht dem Datenexporteur die Prüfung der unter diese Klauseln fallenden Verarbeitungstätigkeiten in angemessenen Abständen oder bei Anzeichen für eine Nichteinhaltung und trägt zu einer solchen Prüfung bei. Gleiches gilt, wenn der Datenexporteur eine Prüfung auf Weisung des Verantwortlichen beantragt. Bei der Entscheidung über eine Prüfung kann der Datenexporteur einschlägige Zertifizierungen des Datenimporteurs berücksichtigen.

e) Wird die Prüfung auf Weisung des Verantwortlichen durchgeführt, stellt der Datenexporteur die Ergebnisse dem Verantwortlichen zur Verfügung.

f) Der Datenexporteur kann die Prüfung selbst durchführen oder einen unabhängigen Prüfer beauftragen. Die Prüfungen können Inspektionen in den

---

[1] **Amtl. Anm.:** Das Abkommen über den Europäischen Wirtschaftsraum (EWR-Abkommen) regelt die Einbeziehung der drei EWR-Staaten Island, Liechtenstein und Norwegen in den Binnenmarkt der Europäischen Union. Das Datenschutzrecht der Union, darunter die Verordnung (EU) 2016/679 *[Nr. 1]*, ist in das EWR-Abkommen einbezogen und wurde in Anhang XI aufgenommen. Daher gilt eine Weitergabe durch den Datenimporteur an einen im EWR ansässigen Dritten nicht als Weiterübermittlung im Sinne dieser Klauseln.

Räumlichkeiten oder physischen Einrichtungen des Datenimporteurs umfassen und werden gegebenenfalls mit angemessener Vorankündigung durchgeführt.

g) Die Parteien stellen der zuständigen Aufsichtsbehörde die unter den Buchstaben b und c genannten Informationen, einschließlich der Ergebnisse von Prüfungen, auf Anfrage zur Verfügung.

Modul Vier: Übermittlung von Auftragsverarbeitern an Verantwortliche

8.1. Weisungen

a) Der Datenexporteur verarbeitet die personenbezogenen Daten nur auf dokumentierte Weisung des Datenimporteurs, der als sein Verantwortlicher fungiert.

b) Der Datenexporteur unterrichtet den Datenimporteur unverzüglich, wenn er die betreffenden Weisungen nicht befolgen kann, u.a. wenn eine solche Weisung gegen die Verordnung (EU) 2016/679 oder andere Datenschutzvorschriften der Union oder eines Mitgliedstaats verstößt.

c) Der Datenimporteur sieht von jeglicher Handlung ab, die den Datenexporteur an der Erfüllung seiner Pflichten gemäß der Verordnung (EU) 2016/679 hindern würde, einschließlich im Zusammenhang mit Unterverarbeitungen oder der Zusammenarbeit mit den zuständigen Aufsichtsbehörden.

d) Nach Wahl des Datenimporteurs löscht der Datenexporteur nach Beendigung der Datenverarbeitungsdienste alle im Auftrag des Datenimporteurs verarbeiteten personenbezogenen Daten und bescheinigt dem Datenimporteur, dass dies erfolgt ist, oder gibt dem Datenimporteur alle in seinem Auftrag verarbeiteten personenbezogenen Daten zurück und löscht bestehende Kopien.

8.2. Sicherheit der Verarbeitung

a) Die Parteien treffen geeignete technische und organisatorische Maßnahmen, um die Sicherheit der personenbezogenen Daten, auch während der Übermittlung, sowie den Schutz vor einer Verletzung der Sicherheit zu gewährleisten, die, ob unbeabsichtigt oder unrechtmäßig, zur Vernichtung, zum Verlust, zur Veränderung oder zur unbefugten Offenlegung von beziehungsweise zum unbefugten Zugang zu den personenbezogenen Daten führt (im Folgenden „Verletzung des Schutzes personenbezogener Daten"). Bei der Beurteilung des angemessenen Schutzniveaus tragen sie dem Stand der Technik, den Implementierungskosten, der Art der personenbezogenen Daten[1)], der Art, dem Umfang, den Umständen und dem/den Zweck(en) der Verarbeitung sowie den mit der Verarbeitung verbundenen Risiken für die betroffenen Personen gebührend Rechnung und ziehen insbesondere eine Verschlüsselung oder Pseudonymisierung, auch während der Übermittlung, in Betracht, wenn dadurch der Verarbeitungszweck erfüllt werden kann.

[1)] **Amtl. Anm.:** Hierzu zählt, ob die Übermittlung und Weiterverarbeitung personenbezogene Daten umfassen, aus denen die rassische oder ethnische Herkunft, politische Meinungen, religiöse oder weltanschauliche Überzeugungen oder die Gewerkschaftszugehörigkeit hervorgehen, oder genetische Daten oder biometrische Daten zum Zweck der eindeutigen Identifizierung einer natürlichen Person, Daten über die Gesundheit, das Sexualleben oder die sexuelle Ausrichtung einer Person oder Daten über strafrechtliche Verurteilungen oder Straftaten enthalten.

b) Der Datenexporteur unterstützt den Datenimporteur bei der Gewährleistung einer angemessenen Sicherheit der Daten gemäß Buchstabe a. Im Falle einer Verletzung des Schutzes personenbezogener Daten im Zusammenhang mit den vom Datenexporteur gemäß diesen Klauseln verarbeiteten personenbezogenen Daten meldet der Datenexporteur dem Datenimporteur die Verletzung unverzüglich, nachdem sie ihm bekannt wurde, und unterstützt den Datenimporteur bei der Behebung der Verletzung.

c) Der Datenexporteur gewährleistet, dass sich die zur Verarbeitung der personenbezogenen Daten befugten Personen zur Vertraulichkeit verpflichtet haben oder einer angemessenen gesetzlichen Verschwiegenheitspflicht unterliegen.

8.3. Dokumentation und Einhaltung der Klauseln

a) Die Parteien müssen die Einhaltung dieser Klauseln nachweisen können.

b) Der Datenexporteur stellt dem Datenimporteur alle Informationen zur Verfügung, die für den Nachweis der Einhaltung seiner Pflichten gemäß diesen Klauseln erforderlich sind, und ermöglicht Prüfungen und trägt zu diesen bei.

Klausel 9. Einsatz von Unterauftragsverarbeitern

Modul Zwei: Übermittlung von Verantwortlichen an Auftragsverarbeiter

a) OPTION 1: VORHERIGE GESONDERTE GENEHMIGUNG. Der Datenimporteur darf keine seiner Verarbeitungstätigkeiten, die er im Auftrag des Datenexporteurs gemäß diesen Klauseln durchführt, ohne vorherige gesonderte schriftliche Genehmigung des Datenexporteurs an einen Unterauftragsverarbeiter untervergeben. Der Datenimporteur reicht den Antrag auf die gesonderte Genehmigung mindestens [Zeitraum angeben] vor der Beauftragung des Unterauftragsverarbeiters zusammen mit den Informationen ein, die der Datenexporteur benötigt, um über die Genehmigung zu entscheiden. Die Liste der vom Datenexporteur bereits genehmigten Unterauftragsverarbeiter findet sich in Anhang III. Die Parteien halten Anhang III jeweils auf dem neuesten Stand.
OPTION 2: ALLGEMEINE SCHRIFTLICHE GENEHMIGUNG. Der Datenimporteur besitzt die allgemeine Genehmigung des Datenexporteurs für die Beauftragung von Unterauftragsverarbeitern, die in einer vereinbarten Liste aufgeführt sind. Der Datenimporteur unterrichtet den Datenexporteur mindestens [Zeitraum angeben] im Voraus ausdrücklich in schriftlicher Form über alle beabsichtigten Änderungen dieser Liste durch Hinzufügen oder Ersetzen von Unterauftragsverarbeitern und räumt dem Datenexporteur damit ausreichend Zeit ein, um vor der Beauftragung des/der Unterauftragsverarbeiter/s Einwände gegen diese Änderungen erheben zu können. Der Datenimporteur stellt dem Datenexporteur die erforderlichen Informationen zur Verfügung, damit dieser sein Widerspruchsrecht ausüben kann.

b) Beauftragt der Datenimporteur einen Unterauftragsverarbeiter mit der Durchführung bestimmter Verarbeitungstätigkeiten (im Auftrag des Datenexporteurs), so muss diese Beauftragung im Wege eines schriftlichen Vertrags erfolgen, der im Wesentlichen dieselben Datenschutzpflichten vorsieht wie diejenigen, die den Datenimporteur gemäß diesen Klauseln binden, einschließlich im Hinblick auf Rechte als Drittbegünstigte für betroffene Personen.[1] Die Parteien erklären sich damit einverstanden, dass der Datenimporteur durch Einhaltung der vorliegenden Klausel seinen Pflichten gemäß Klausel 8.8 nachkommt. Der Datenimporteur stellt sicher, dass der Unterauftragsverarbeiter die Pflichten erfüllt, denen der Datenimporteur gemäß diesen Klauseln unterliegt.

c) Der Datenimporteur stellt dem Datenexporteur auf dessen Verlangen eine Kopie einer solchen Untervergabevereinbarung und etwaiger späterer Änderungen zur Verfügung. Soweit es zum Schutz von Geschäftsgeheimnissen oder anderen vertraulichen Informationen, einschließlich personenbezogener Daten, notwendig ist, kann der Datenimporteur den Wortlaut der Vereinbarung vor der Weitergabe einer Kopie unkenntlich machen.

d) Der Datenimporteur haftet gegenüber dem Datenexporteur in vollem Umfang dafür, dass der Unterauftragsverarbeiter seinen Pflichten gemäß dem mit dem Datenimporteur geschlossenen Vertrag nachkommt. Der Datenimporteur benachrichtigt den Datenexporteur, wenn der Unterauftragsverarbeiter seinen Pflichten gemäß diesem Vertrag nicht nachkommt.

e) Der Datenimporteur vereinbart mit dem Unterauftragsverarbeiter eine Drittbegünstigtenklausel, wonach der Datenexporteur – sollte der Datenimporteur faktisch oder rechtlich nicht mehr bestehen oder zahlungsunfähig sein – das Recht hat, den Untervergabevertrag zu kündigen und den Unterauftragsverarbeiter anzuweisen, die personenbezogenen Daten zu löschen oder zurückzugeben.

Modul Drei: Übermittlung von Auftragsverarbeitern an Auftragsverarbeiter

a) OPTION 1: VORHERIGE GESONDERTE GENEHMIGUNG. Der Datenimporteur darf keine seiner Verarbeitungstätigkeiten, die er im Auftrag des Datenexporteurs gemäß diesen Klauseln durchführt, ohne vorherige gesonderte schriftliche Genehmigung des Verantwortlichen an einen Unterauftragsverarbeiter untervergeben. Der Datenimporteur reicht den Antrag auf die gesonderte Genehmigung mindestens [*Zeitraum angeben*] vor der Beauftragung des Unterauftragsverarbeiters zusammen mit den Informationen ein, die der Verantwortliche benötigt, um über die Genehmigung zu entscheiden. Er informiert den Datenexporteur über eine solche Beauftragung. Die Liste der vom Verantwortlichen bereits genehmigten Unterauftragsverarbeiter findet sich in Anhang III. Die Parteien halten Anhang III jeweils auf dem neuesten Stand.

OPTION 2: ALLGEMEINE SCHRIFTLICHE GENEHMIGUNG. Der Datenimporteur besitzt die allgemeine Genehmigung des Verantwortlichen für die Beauftragung von Unterauftragsverarbeitern, die in einer vereinbarten Liste aufgeführt sind. Der Datenimporteur unterrichtet den Verantwortlichen mindestens [*Zeitraum angeben*] im Voraus ausdrücklich in schriftlicher Form über alle beabsichtigten Änderungen dieser Liste durch Hinzufügen oder Ersetzen von Unterauftragsverarbeitern und räumt dem Verantwortlichen damit ausreichend Zeit ein, um vor der Beauftragung des/der Unterauftragsverarbeiter/s Einwände gegen diese Änderungen erheben zu können.

---

[1] **Amtl. Anm.**: Diese Anforderung ist gegebenenfalls vom Unterauftragsverarbeiter zu erfüllen, der diesen Klauseln gemäß Klausel 7 im Rahmen des betreffenden Moduls beitritt.

Der Datenimporteur stellt dem Verantwortlichen die erforderlichen Informationen zur Verfügung, damit dieser sein Widerspruchsrecht ausüben kann. Der Datenimporteur unterrichtet den Datenexporteur über die Beauftragung des/der Unterauftragsverarbeiter/s.

b) Beauftragt der Datenimporteur einen Unterauftragsverarbeiter mit der Durchführung bestimmter Verarbeitungstätigkeiten (im Auftrag des Verantwortlichen), so muss diese Beauftragung im Wege eines schriftlichen Vertrags erfolgen, der im Wesentlichen dieselben Datenschutzpflichten vorsieht wie diejenigen, die den Datenimporteur gemäß diesen Klauseln binden, einschließlich im Hinblick auf Rechte als Drittbegünstigte für betroffene Personen.[1)] Die Parteien erklären sich damit einverstanden, dass der Datenimporteur durch Einhaltung der vorliegenden Klausel seinen Pflichten gemäß Klausel 8.8 nachkommt. Der Datenimporteur stellt sicher, dass der Unterauftragsverarbeiter die Pflichten erfüllt, denen der Datenimporteur gemäß diesen Klauseln unterliegt.

c) Auf Verlangen des Datenexporteurs oder des Verantwortlichen stellt der Datenimporteur eine Kopie einer solchen Untervergabevereinbarung und etwaiger späterer Änderungen zur Verfügung. Soweit es zum Schutz von Geschäftsgeheimnissen oder anderen vertraulichen Informationen, einschließlich personenbezogener Daten, notwendig ist, kann der Datenimporteur den Wortlaut der Vereinbarung vor der Weitergabe einer Kopie unkenntlich machen.

d) Der Datenimporteur haftet gegenüber dem Datenexporteur in vollem Umfang dafür, dass der Unterauftragsverarbeiter seinen Pflichten gemäß dem mit dem Datenimporteur geschlossenen Vertrag nachkommt. Der Datenimporteur benachrichtigt den Datenexporteur, wenn der Unterauftragsverarbeiter seinen Pflichten gemäß diesem Vertrag nicht nachkommt.

e) Der Datenimporteur vereinbart mit dem Unterauftragsverarbeiter eine Drittbegünstigtenklausel, wonach der Datenexporteur – sollte der Datenimporteur faktisch oder rechtlich nicht mehr bestehen oder zahlungsunfähig sein – das Recht hat, den Untervergabevertrag zu kündigen und den Unterauftragsverarbeiter anzuweisen, die personenbezogenen Daten zu löschen oder zurückzugeben.

Klausel 10. Rechte betroffener Personen

Modul Eins: Übermittlung von Verantwortlichen an Verantwortliche

a) Der Datenimporteur bearbeitet, gegebenenfalls mit Unterstützung des Datenexporteurs, alle Anfragen und Anträge einer betroffenen Person im Zusammenhang mit der Verarbeitung ihrer personenbezogenen Daten und der Ausübung ihrer Rechte gemäß diesen Klauseln unverzüglich, spätestens jedoch innerhalb eines Monats nach Eingang der Anfrage oder des Antrags.[2)] Der Datenimporteur trifft geeignete Maßnahmen, um solche Anfragen und Anträge und die Ausübung der Rechte betroffener Personen zu erleichtern.

[1)] **Amtl. Anm.:** Diese Anforderung ist gegebenenfalls vom Unterauftragsverarbeiter zu erfüllen, der diesen Klauseln gemäß Klausel 7 im Rahmen des betreffenden Moduls beitritt.

[2)] **Amtl. Anm.:** Diese Frist kann um höchstens zwei weitere Monate verlängert werden, wenn dies unter Berücksichtigung der Komplexität und der Anzahl von Anträgen erforderlich ist. Der Datenimporteur unterrichtet die betroffene Person ordnungsgemäß und unverzüglich über eine solche Verlängerung.

Alle Informationen, die der betroffenen Person zur Verfügung gestellt werden, müssen in verständlicher und leicht zugänglicher Form vorliegen und in einer klaren und einfachen Sprache abgefasst sein.

b) Insbesondere unternimmt der Datenimporteur auf Antrag der betroffenen Person folgende Handlungen, wobei der betroffenen Person keine Kosten entstehen:

   i) Er legt der betroffenen Person eine Bestätigung darüber vor, ob sie betreffende personenbezogene Daten verarbeitet werden, und, falls dies der Fall ist, stellt er ihr eine Kopie der sie betreffenden Daten und die in Anhang I enthaltenen Informationen zur Verfügung; er stellt, falls personenbezogene Daten weiterübermittelt wurden oder werden, Informationen über die Empfänger oder Kategorien von Empfängern (je nach Bedarf zur Bereitstellung aussagekräftiger Informationen), an die die personenbezogenen Daten weiterübermittelt wurden oder werden, sowie über den Zweck dieser Weiterübermittlung und deren Grund gemäß Klausel 8.7 bereit; er informiert die betroffene Person über ihr Recht, gemäß Klausel 12 Buchstabe c Ziffer i bei einer Aufsichtsbehörde Beschwerde einzulegen;

   ii) er berichtigt unrichtige oder unvollständige Daten über die betroffene Person;

   iii) er löscht personenbezogene Daten, die sich auf die betroffene Person beziehen, wenn diese Daten unter Verstoß gegen eine dieser Klauseln, die Rechte als Drittbegünstigte gewährleisten, verarbeitet werden oder wurden oder wenn die betroffene Person ihre Einwilligung, auf die sich die Verarbeitung stützt, widerruft.

c) Verarbeitet der Datenimporteur die personenbezogenen Daten für Zwecke der Direktwerbung, so stellt er die Verarbeitung für diese Zwecke ein, wenn die betroffene Person Widerspruch dagegen einlegt.

d) Der Datenimporteur trifft keine Entscheidung, die ausschließlich auf der automatisierten Verarbeitung der übermittelten personenbezogenen Daten beruht (im Folgenden „automatisierte Entscheidung"), welche rechtliche Wirkung für die betroffene Person entfalten oder sie in ähnlicher Weise erheblich beeinträchtigen würde, es sei denn, die betroffene Person hat hierzu ihre ausdrückliche Einwilligung gegeben oder eine solche Verarbeitung ist nach den Rechtsvorschriften des Bestimmungslandes zulässig und in diesen sind angemessene Maßnahmen zur Wahrung der Rechte und Freiheiten sowie der berechtigten Interessen der betroffenen Person festgelegt. In diesem Fall muss der Datenimporteur, erforderlichenfalls in Zusammenarbeit mit dem Datenexporteur,

   i) die betroffene Person über die geplante automatisierte Entscheidung, die angestrebten Auswirkungen und die damit verbundene Logik unterrichten und

   ii) geeignete Garantien umsetzen, die mindestens bewirken, dass die betroffene Person die Entscheidung anfechten, ihren Standpunkt darlegen und eine Überprüfung durch einen Menschen erwirken kann.

e) Bei exzessiven Anträgen einer betroffenen Person – insbesondere im Fall von häufiger Wiederholung – kann der Datenimporteur entweder eine angemessene Gebühr unter Berücksichtigung der Verwaltungskosten für die Erledigung des Antrags verlangen oder sich weigern, aufgrund des Antrags tätig zu werden.

f) Der Datenimporteur kann den Antrag einer betroffenen Person ablehnen, wenn eine solche Ablehnung nach den Rechtsvorschriften des Bestimmungslandes zulässig und in einer demokratischen Gesellschaft notwendig und verhältnismäßig ist, um eines der in Artikel 23 Absatz 1 der Verordnung (EU) 2016/679 aufgeführten Ziele zu schützen.

g) Beabsichtigt der Datenimporteur, den Antrag einer betroffenen Person abzulehnen, so unterrichtet er die betroffene Person über die Gründe für die Ablehnung und über die Möglichkeit, Beschwerde bei der zuständigen Aufsichtsbehörde einzulegen und/oder einen gerichtlichen Rechtsbehelf einzulegen.

Modul Zwei: Übermittlung von Verantwortlichen an Auftragsverarbeiter

a) Der Datenimporteur unterrichtet den Datenexporteur unverzüglich über jeden Antrag, den er von einer betroffenen Person erhalten hat. Er beantwortet diesen Antrag nicht selbst, es sei denn, er wurde vom Datenexporteur dazu ermächtigt.

b) Der Datenimporteur unterstützt den Datenexporteur bei der Erfüllung von dessen Pflicht, Anträge betroffener Personen auf Ausübung ihrer Rechte gemäß der Verordnung (EU) 2016/679 zu beantworten. Zu diesem Zweck legen die Parteien in Anhang II unter Berücksichtigung der Art der Verarbeitung die geeigneten technischen und organisatorischen Maßnahmen, durch die Unterstützung geleistet wird, sowie den Anwendungsbereich und den Umfang der erforderlichen Unterstützung fest.

c) Bei der Erfüllung seiner Pflichten gemäß den Buchstaben a und b befolgt der Datenimporteur die Weisungen des Datenexporteurs.

Modul Drei: Übermittlung von Auftragsverarbeitern an Auftragsverarbeiter

a) Der Datenimporteur unterrichtet den Datenexporteur und gegebenenfalls den Verantwortlichen unverzüglich über jeden Antrag, den er von einer betroffenen Person erhält; er beantwortet diesen Antrag erst dann, wenn er vom Verantwortlichen dazu ermächtigt wurde.

b) Der Datenimporteur unterstützt den Verantwortlichen, gegebenenfalls in Zusammenarbeit mit dem Datenexporteur, bei der Erfüllung von dessen Pflicht, Anträge betroffener Personen auf Ausübung ihrer Rechte gemäß der Verordnung (EU) 2016/679 bzw. der Verordnung (EU) 2018/1725 zu beantworten. Zu diesem Zweck legen die Parteien in Anhang II unter Berücksichtigung der Art der Verarbeitung die geeigneten technischen und organisatorischen Maßnahmen, durch die Unterstützung geleistet wird, sowie den Anwendungsbereich und den Umfang der erforderlichen Unterstützung fest.

c) Bei der Erfüllung seiner Pflichten gemäß den Buchstaben a und b befolgt der Datenimporteur die Weisungen des Verantwortlichen, die ihm vom Datenexporteur übermittelt wurden.

Modul Vier: Übermittlung von Auftragsverarbeitern an Verantwortliche

Die Parteien unterstützen sich gegenseitig bei der Beantwortung von Anfragen und Anträgen, die von betroffenen Personen gemäß den für den Datenimporteur geltenden lokalen Rechtsvorschriften oder – bei der Datenverarbeitung durch den Datenexporteur in der Union – gemäß der Verordnung (EU) 2016/679 gestellt werden.

Klausel 11. Rechtsbehelf

a) Der Datenimporteur informiert die betroffenen Personen in transparenter und leicht zugänglicher Form mittels individueller Benachrichtigung oder auf seiner Website über eine Anlaufstelle, die befugt ist, Beschwerden zu bearbeiten. Er bearbeitet umgehend alle Beschwerden, die er von einer betroffenen Person erhält.

[OPTION: Der Datenimporteur erklärt sich damit einverstanden, dass betroffene Personen eine Beschwerde auch bei einer unabhängigen Streitbeilegungsstelle[1] einreichen können, ohne dass für die betroffene Person Kosten entstehen. Er unterrichtet die betroffenen Personen in der unter Buchstabe a beschriebenen Weise über einen solchen Rechtsbehelfsmechanismus sowie darüber, dass sie nicht verpflichtet sind, davon Gebrauch zu machen oder bei der Einlegung eines Rechtsbehelfs eine bestimmte Reihenfolge einzuhalten.]

Modul Eins: Übermittlung von Verantwortlichen an Verantwortliche

Modul Zwei: Übermittlung von Verantwortlichen an Auftragsverarbeiter

Modul Drei: Übermittlung von Auftragsverarbeitern an Auftragsverarbeiter

b) Im Falle einer Streitigkeit zwischen einer betroffenen Person und einer der Parteien bezüglich der Einhaltung dieser Klauseln bemüht sich die betreffende Partei nach besten Kräften um eine zügige gütliche Beilegung. Die Parteien halten einander über derartige Streitigkeiten auf dem Laufenden und bemühen sich gegebenenfalls gemeinsam um deren Beilegung.

c) Macht die betroffene Person ein Recht als Drittbegünstigte gemäß Klausel 3 geltend, erkennt der Datenimporteur die Entscheidung der betroffenen Person an,

i) eine Beschwerde bei der Aufsichtsbehörde des Mitgliedstaats ihres gewöhnlichen Aufenthaltsorts oder ihres Arbeitsorts oder bei der zuständigen Aufsichtsbehörde gemäß Klausel 13 einzureichen,

ii) den Streitfall an die zuständigen Gerichte im Sinne der Klausel 18 zu verweisen.

d) Die Parteien erkennen an, dass die betroffene Person von einer Einrichtung, Organisation oder Vereinigung ohne Gewinnerzielungsabsicht gemäß Artikel 80 Absatz 1 der Verordnung (EU) 2016/679 vertreten werden kann.

e) Der Datenimporteur unterwirft sich einem nach geltendem Unionsrecht oder dem geltenden Recht eines Mitgliedstaats verbindlichen Beschluss.

---

[1] **Amtl. Anm.:** Der Datenimporteur darf eine unabhängige Streitbeilegung über eine Schiedsstelle nur dann anbieten, wenn er in einem Land niedergelassen ist, das das New Yorker Übereinkommen über die Anerkennung und Vollstreckung ausländischer Schiedssprüche ratifiziert hat.

f) Der Datenimporteur erklärt sich damit einverstanden, dass die Entscheidung der betroffenen Person nicht ihre materiellen Rechte oder Verfahrensrechte berührt, Rechtsbehelfe im Einklang mit geltenden Rechtsvorschriften einzulegen.

Klausel 12. Haftung

Modul Eins: Übermittlung von Verantwortlichen an Verantwortliche

Modul Vier: Übermittlung von Auftragsverarbeitern an Verantwortliche

a) Jede Partei haftet gegenüber der/den anderen Partei(en) für Schäden, die sie der/den anderen Partei(en) durch einen Verstoß gegen diese Klauseln verursacht.

b) Jede Partei haftet gegenüber der betroffenen Person, und die betroffene Person hat Anspruch auf Schadenersatz für jeden materiellen oder immateriellen Schaden, den die Partei der betroffenen Person verursacht, indem sie deren Rechte als Drittbegünstigte gemäß diesen Klauseln verletzt. Dies gilt unbeschadet der Haftung des Datenexporteurs gemäß der Verordnung (EU) 2016/679.

c) Ist mehr als eine Partei für Schäden verantwortlich, die der betroffenen Person infolge eines Verstoßes gegen diese Klauseln entstanden sind, so haften alle verantwortlichen Parteien gesamtschuldnerisch, und die betroffene Person ist berechtigt, gegen jede der Parteien gerichtlich vorzugehen.

d) Die Parteien erklären sich damit einverstanden, dass eine Partei, die nach Buchstabe c haftbar gemacht wird, berechtigt ist, von der/den anderen Partei (en) den Teil des Schadenersatzes zurückzufordern, der deren Verantwortung für den Schaden entspricht.

e) Der Datenimporteur kann sich nicht auf das Verhalten eines Auftragsverarbeiters oder Unterauftragsverarbeiters berufen, um sich seiner eigenen Haftung zu entziehen.

Modul Zwei: Übermittlung von Verantwortlichen an Auftragsverarbeiter

Modul Drei: Übermittlung von Auftragsverarbeitern an Auftragsverarbeiter

a) Jede Partei haftet gegenüber der/den anderen Partei(en) für Schäden, die sie der/den anderen Partei(en) durch einen Verstoß gegen diese Klauseln verursacht.

b) Der Datenimporteur haftet gegenüber der betroffenen Person, und die betroffene Person hat Anspruch auf Schadenersatz für jeden materiellen oder immateriellen Schaden, den der Datenimporteur oder sein Unterauftragsverarbeiter der betroffenen Person verursacht, indem er deren Rechte als Drittbegünstigte gemäß diesen Klauseln verletzt.

c) Ungeachtet von Buchstabe b haftet der Datenimporteur gegenüber der betroffenen Person, und die betroffene Person hat Anspruch auf Schadenersatz für jeden materiellen oder immateriellen Schaden, den der Datenexporteur oder der Datenimporteur (oder dessen Unterauftragsverarbeiter) der betroffenen Person verursacht, indem er deren Rechte als Drittbegünstigte gemäß diesen Klauseln verletzt. Dies gilt unbeschadet der Haftung des Datenexporteurs und, sofern der Datenexporteur ein im Auftrag eines Verantwortlichen handelnder Auftragsverarbeiter ist, unbeschadet der Haftung des Verantwortlichen gemäß der Verordnung (EU) 2016/679 oder gegebenenfalls der Verordnung (EU) 2018/1725.

d) Die Parteien erklären sich damit einverstanden, dass der Datenexporteur, der nach Buchstabe c für durch den Datenimporteur (oder dessen Unterauftragsverarbeiter) verursachte Schäden haftet, berechtigt ist, vom Datenimporteur den Teil des Schadenersatzes zurückzufordern, der der Verantwortung des Datenimporteurs für den Schaden entspricht.

e) Ist mehr als eine Partei für Schäden verantwortlich, die der betroffenen Person infolge eines Verstoßes gegen diese Klauseln entstanden sind, so haften alle verantwortlichen Parteien gesamtschuldnerisch, und die betroffene Person ist berechtigt, gegen jede der Parteien gerichtlich vorzugehen.

f) Die Parteien erklären sich damit einverstanden, dass eine Partei, die nach Buchstabe e haftbar gemacht wird, berechtigt ist, von der/den anderen Partei (en) den Teil des Schadenersatzes zurückzufordern, der deren Verantwortung für den Schaden entspricht.

g) Der Datenimporteur kann sich nicht auf das Verhalten eines Unterauftragsverarbeiters berufen, um sich seiner eigenen Haftung *entziehen*[1].

Klausel 13. Aufsicht

Modul Eins: Übermittlung von Verantwortlichen an Verantwortliche

Modul Zwei: Übermittlung von Verantwortlichen an Auftragsverarbeiter

Modul Drei: Übermittlung von Auftragsverarbeitern an Auftragsverarbeiter

a) [Wenn der Datenexporteur in einem EU-Mitgliedstaat niedergelassen ist:] Die Aufsichtsbehörde, die dafür verantwortlich ist, sicherzustellen, dass der Datenexporteur bei Datenübermittlungen die Verordnung (EU) 2016/679 einhält, fungiert als zuständige Aufsichtsbehörde (entsprechend der Angabe in Anhang I.C).

[Wenn der Datenexporteur nicht in einem EU-Mitgliedstaat niedergelassen ist, aber nach Artikel 3 Absatz 2 der Verordnung (EU) 2016/679 in den räumlichen Anwendungsbereich dieser Verordnung fällt und einen Vertreter gemäß Artikel 27 Absatz 1 der Verordnung (EU) 2016/679 benannt hat:] Die Aufsichtsbehörde des Mitgliedstaats, in dem der Vertreter nach Artikel 27 Absatz 1 der Verordnung (EU) 2016/679 niedergelassen ist, fungiert als zuständige Aufsichtsbehörde (entsprechend der Angabe in Anhang I.C).

[Wenn der Datenexporteur nicht in einem EU-Mitgliedstaat niedergelassen ist, aber nach Artikel 3 Absatz 2 der Verordnung (EU) 2016/679 in den räumlichen Anwendungsbereich dieser Verordnung fällt, ohne jedoch einen Vertreter gemäß Artikel 27 Absatz 2 der Verordnung (EU) 2016/679 benennen zu müssen:] Die Aufsichtsbehörde eines der Mitgliedstaaten, in denen die betroffenen Personen niedergelassen sind, deren personenbezogene Daten gemäß diesen Klauseln im Zusammenhang mit den ihnen angebotenen Waren oder Dienstleistungen übermittelt werden oder deren Verhalten beobachtet wird, fungiert als zuständige Aufsichtsbehörde (entsprechend der Angabe in Anhang I.C).

---

[1] Richtig wohl: "zu entziehen".

b) Der Datenimporteur erklärt sich damit einverstanden, sich der Zuständigkeit der zuständigen Aufsichtsbehörde zu unterwerfen und bei allen Verfahren, mit denen die Einhaltung dieser Klauseln sichergestellt werden soll, mit ihr zusammenzuarbeiten. Insbesondere erklärt sich der Datenimporteur damit einverstanden, Anfragen zu beantworten, sich Prüfungen zu unterziehen und den von der Aufsichtsbehörde getroffenen Maßnahmen, darunter auch Abhilfemaßnahmen und Ausgleichsmaßnahmen, nachzukommen. Er bestätigt der Aufsichtsbehörde in schriftlicher Form, dass die erforderlichen Maßnahmen ergriffen wurden.

Abschnitt III. Lokale Rechtsvorschriften und Pflichten im Falle des Zugangs von Behörden zu den Daten

Klausel 14. Lokale Rechtsvorschriften und Gepflogenheiten, die sich auf die Einhaltung der Klauseln auswirken

Modul Eins: Übermittlung von Verantwortlichen an Verantwortliche

Modul Zwei: Übermittlung von Verantwortlichen an Auftragsverarbeiter

Modul Drei: Übermittlung von Auftragsverarbeitern an Auftragsverarbeiter

Modul Vier: Übermittlung von Auftragsverarbeitern an Verantwortliche *(wenn der in der EU ansässige Auftragsverarbeiter die von dem im Drittland ansässigen Verantwortlichen erhaltenen personenbezogenen Daten mit personenbezogenen Daten kombiniert, die vom Auftragsverarbeiter in der EU erhoben wurden)*

a) Die Parteien sichern zu, keinen Grund zu der Annahme zu haben, dass die für die Verarbeitung personenbezogener Daten durch den Datenimporteur geltenden Rechtsvorschriften und Gepflogenheiten im Bestimmungsdrittland, einschließlich Anforderungen zur Offenlegung personenbezogener Daten oder Maßnahmen, die öffentlichen Behörden den Zugang zu diesen Daten gestatten, den Datenimporteur an der Erfüllung seiner Pflichten gemäß diesen Klauseln hindern. Dies basiert auf dem Verständnis, dass Rechtsvorschriften und Gepflogenheiten, die den Wesensgehalt der Grundrechte und Grundfreiheiten achten und nicht über Maßnahmen hinausgehen, die in einer demokratischen Gesellschaft notwendig und verhältnismäßig sind, um eines der in Artikel 23 Absatz 1 der Verordnung (EU) 2016/679 aufgeführten Ziele sicherzustellen, nicht im Widerspruch zu diesen Klauseln stehen.

b) Die Parteien erklären, dass sie hinsichtlich der Zusicherung in Buchstabe a insbesondere die folgenden Aspekte gebührend berücksichtigt haben:
   i) die besonderen Umstände der Übermittlung, einschließlich der Länge der Verarbeitungskette, der Anzahl der beteiligten Akteure und der verwendeten Übertragungskanäle, beabsichtigte Datenweiterleitungen, die Art des Empfängers, den Zweck der Verarbeitung, die Kategorien und das Format der übermittelten personenbezogenen Daten, den Wirtschaftszweig, in dem die Übertragung erfolgt, den Speicherort der übermittelten Daten,
   ii) die angesichts der besonderen Umstände der Übermittlung relevanten Rechtsvorschriften und Gepflogenheiten des Bestimmungsdrittlandes

(einschließlich solcher, die die Offenlegung von Daten gegenüber Behörden vorschreiben oder den Zugang von Behörden zu diesen Daten gestatten) sowie die geltenden Beschränkungen und Garantien,[1)]

iii) alle relevanten vertraglichen, technischen oder organisatorischen Garantien, die zur Ergänzung der Garantien gemäß diesen Klauseln eingerichtet wurden, einschließlich Maßnahmen, die während der Übermittlung und bei der Verarbeitung personenbezogener Daten im Bestimmungsland angewandt werden.

c) Der Datenimporteur versichert, dass er sich im Rahmen der Beurteilung nach Buchstabe b nach besten Kräften bemüht hat, dem Datenexporteur sachdienliche Informationen zur Verfügung zu stellen, und erklärt sich damit einverstanden, dass er mit dem Datenexporteur weiterhin zusammenarbeiten wird, um die Einhaltung dieser Klauseln zu gewährleisten.

d) Die Parteien erklären sich damit einverstanden, die Beurteilung nach Buchstabe b zu dokumentieren und sie der zuständigen Aufsichtsbehörde auf Anfrage zur Verfügung zu stellen.

e) Der Datenimporteur erklärt sich damit einverstanden, während der Laufzeit des Vertrags den Datenexporteur unverzüglich zu benachrichtigen, wenn er nach Zustimmung zu diesen Klauseln Grund zu der Annahme hat, dass für ihn Rechtsvorschriften oder Gepflogenheiten gelten, die nicht mit den Anforderungen in Buchstabe a im Einklang stehen; hierunter fällt auch eine Änderung der Rechtsvorschriften des Drittlandes oder eine Maßnahme (z.B. ein Offenlegungsersuchen), die sich auf eine nicht mit den Anforderungen in Buchstabe a im Einklang stehende Anwendung dieser Rechtsvorschriften in der Praxis bezieht. [In Bezug auf Modul drei: Der Datenexporteur leitet die Benachrichtigung an den Verantwortlichen weiter.]

f) Nach einer Benachrichtigung gemäß Buchstabe e oder wenn der Datenexporteur anderweitig Grund zu der Annahme hat, dass der Datenimporteur seinen Pflichten gemäß diesen Klauseln nicht mehr nachkommen kann, ermittelt der Datenexporteur unverzüglich geeignete Maßnahmen (z.B. technische oder organisatorische Maßnahmen zur Gewährleistung der Sicherheit und Vertraulichkeit), die der Datenexporteur und/oder der Datenimporteur ergreifen müssen, um Abhilfe zu schaffen, [in Bezug auf Modul drei: gegebenenfalls in Absprache mit dem Verantwortlichen]. Der Datenexporteur setzt die Datenübermittlung aus, wenn er der Auffassung ist,

---

[1)] **Amtl. Anm.:** Zur Ermittlung der Auswirkungen derartiger Rechtsvorschriften und Gepflogenheiten auf die Einhaltung dieser Klauseln können in die Gesamtbeurteilung verschiedene Elemente einfließen. Diese Elemente können einschlägige und dokumentierte praktische Erfahrungen im Hinblick darauf umfassen, ob es bereits früher Ersuchen um Offenlegung seitens Behörden gab, die einen hinreichend repräsentativen Zeitrahmen abdecken, oder ob es solche Ersuchen nicht gab. Dies betrifft insbesondere interne Aufzeichnungen oder sonstige Belege, die fortlaufend mit gebührender Sorgfalt erstellt und von leitender Ebene bestätigt wurden, sofern diese Informationen rechtmäßig an Dritte weitergegeben werden können. Sofern anhand dieser praktischen Erfahrungen der Schluss gezogen wird, dass dem Datenimporteur die Einhaltung dieser Klauseln nicht unmöglich ist, muss dies durch weitere relevante objektive Elemente untermauert werden; den Parteien obliegt die sorgfältige Prüfung, ob alle diese Elemente ausreichend zuverlässig und repräsentativ sind, um die getroffene Schlussfolgerung zu bekräftigen. Insbesondere müssen die Parteien berücksichtigen, ob ihre praktische Erfahrung durch öffentlich verfügbare oder anderweitig zugängliche zuverlässige Informationen über das Vorhandensein oder Nicht-Vorhandensein von Ersuchen innerhalb desselben Wirtschaftszweigs und/oder über die Anwendung der Rechtsvorschriften in der Praxis, wie Rechtsprechung und Berichte unabhängiger Aufsichtsgremien, erhärtet und nicht widerlegt wird.

dass keine geeigneten Garantien für eine derartige Übermittlung gewährleistet werden können, oder wenn er [in Bezug Modul drei: vom Verantwortlichen oder] von der dafür zuständigen Aufsichtsbehörde dazu angewiesen wird. In diesem Fall ist der Datenexporteur berechtigt, den Vertrag zu kündigen, soweit es um die Verarbeitung personenbezogener Daten gemäß diesen Klauseln geht. Sind mehr als zwei Parteien an dem Vertrag beteiligt, so kann der Datenexporteur von diesem Kündigungsrecht nur gegenüber der verantwortlichen Partei Gebrauch machen, sofern die Parteien nichts anderes vereinbart haben. Wird der Vertrag gemäß dieser Klausel gekündigt, finden Klausel 16 Buchstaben d und e Anwendung.

Klausel 15. Pflichten des Datenimporteurs im Falle des Zugangs von Behörden zu den Daten

Modul Eins: Übermittlung von Verantwortlichen an Verantwortliche

Modul Zwei: Übermittlung von Verantwortlichen an Auftragsverarbeiter

Modul Drei: Übermittlung von Auftragsverarbeitern an Auftragsverarbeiter

Modul Vier: Übermittlung von Auftragsverarbeitern an Verantwortliche *(wenn der in der EU ansässige Auftragsverarbeiter die von dem im Drittland ansässigen Verantwortlichen erhaltenen personenbezogenen Daten mit personenbezogenen Daten kombiniert, die vom Auftragsverarbeiter in der EU erhoben wurden)*

15.1. Benachrichtigung

a) Der Datenimporteur erklärt sich damit einverstanden, den Datenexporteur und, soweit möglich, die betroffene Person (gegebenenfalls mit Unterstützung des Datenexporteurs) unverzüglich zu benachrichtigen,

i) wenn er von einer Behörde, einschließlich Justizbehörden, ein nach den Rechtsvorschriften des Bestimmungslandes rechtlich bindendes Ersuchen um Offenlegung personenbezogener Daten erhält, die gemäß diesen Klauseln übermittelt werden (diese Benachrichtigung muss Informationen über die angeforderten personenbezogenen Daten, die ersuchende Behörde, die Rechtsgrundlage des Ersuchens und die mitgeteilte Antwort enthalten), oder

ii) wenn er Kenntnis davon erlangt, dass eine Behörde nach den Rechtsvorschriften des Bestimmungslandes direkten Zugang zu personenbezogenen Daten hat, die gemäß diesen Klauseln übermittelt wurden; diese Benachrichtigung muss alle dem Datenimporteur verfügbaren Informationen enthalten.

[In Bezug auf Modul drei: Der Datenexporteur leitet die Benachrichtigung an den Verantwortlichen weiter.]

b) Ist es dem Datenimporteur gemäß den Rechtsvorschriften des Bestimmungslandes untersagt, den Datenexporteur und/oder die betroffene Person zu benachrichtigen, so erklärt sich der Datenimporteur einverstanden, sich nach besten Kräften um eine Aufhebung des Verbots zu bemühen, damit möglichst viele Informationen so schnell wie möglich mitgeteilt werden können. Der Datenimporteur verpflichtet sich, seine Anstrengungen zu dokumentieren, um diese auf Verlangen des Datenexporteurs nachweisen zu können.

c) Soweit dies nach den Rechtsvorschriften des Bestimmungslandes zulässig ist, erklärt sich der Datenimporteur bereit, dem Datenexporteur während der Vertragslaufzeit in regelmäßigen Abständen möglichst viele sachdienliche Informationen über die eingegangenen Ersuchen zur Verfügung zu stellen (insbesondere Anzahl der Ersuchen, Art der angeforderten Daten, ersuchende Behörde(n), ob Ersuchen angefochten wurden und das Ergebnis solcher Anfechtungen usw.). [In Bezug auf Modul drei: Der Datenexporteur leitet die Informationen an den Verantwortlichen weiter.]

d) Der Datenimporteur erklärt sich damit einverstanden, die Informationen gemäß den Buchstaben a bis c während der Vertragslaufzeit aufzubewahren und der zuständigen Aufsichtsbehörde auf Anfrage zur Verfügung zu stellen.

e) Die Buchstaben a bis c gelten unbeschadet der Pflicht des Datenimporteurs gemäß Klausel 14 Buchstabe e und Klausel 16, den Datenexporteur unverzüglich zu informieren, wenn er diese Klauseln nicht einhalten kann.

15.2. Überprüfung der Rechtmäßigkeit und Datenminimierung

a) Der Datenimporteur erklärt sich damit einverstanden, die Rechtmäßigkeit des Offenlegungsersuchens zu überprüfen, insbesondere ob das Ersuchen im Rahmen der Befugnisse liegt, die der ersuchenden Behörde übertragen wurden, und das Ersuchen anzufechten, wenn er nach sorgfältiger Beurteilung zu dem Schluss kommt, dass hinreichende Gründe zu der Annahme bestehen, dass das Ersuchen nach den Rechtsvorschriften des Bestimmungslandes, gemäß geltenden völkerrechtlichen Verpflichtungen und nach den Grundsätzen der Völkercourtoisie rechtswidrig ist. Unter den genannten Bedingungen sind vom Datenimporteur mögliche Rechtsmittel einzulegen. Bei der Anfechtung eines Ersuchens erwirkt der Datenimporteur einstweilige Maßnahmen, um die Wirkung des Ersuchens auszusetzen, bis die zuständige Justizbehörde über dessen Begründetheit entschieden hat. Er legt die angeforderten personenbezogenen Daten erst offen, wenn dies nach den geltenden Verfahrensregeln erforderlich ist. Diese Anforderungen gelten unbeschadet der Pflichten des Datenimporteurs gemäß Klausel 14 Buchstabe e.

b) Der Datenimporteur erklärt sich damit einverstanden, seine rechtliche Beurteilung und eine etwaige Anfechtung des Offenlegungsersuchens zu dokumentieren und diese Unterlagen dem Datenexporteur zur Verfügung zu stellen, soweit dies nach den Rechtsvorschriften des Bestimmungslandes zulässig ist. Auf Anfrage stellt er diese Unterlagen auch der zuständigen Aufsichtsbehörde zur Verfügung. [In Bezug auf Modul drei: Der Datenexporteur stellt die Beurteilung dem Verantwortlichen zur Verfügung.]

c) Der Datenimporteur erklärt sich damit einverstanden, bei der Beantwortung eines Offenlegungsersuchens auf der Grundlage einer vernünftigen Auslegung des Ersuchens die zulässige Mindestmenge an Informationen bereitzustellen.

Abschnitt IV. Schlussbestimmungen

Klausel 16. Verstöße gegen die Klauseln und Beendigung des Vertrags

a) Der Datenimporteur unterrichtet den Datenexporteur unverzüglich, wenn er aus welchen Gründen auch immer nicht in der Lage ist, diese Klauseln einzuhalten.

b) Verstößt der Datenimporteur gegen diese Klauseln oder kann er diese Klauseln nicht einhalten, setzt der Datenexporteur die Übermittlung personenbezogener Daten an den Datenimporteur aus, bis der Verstoß beseitigt oder der Vertrag beendet ist. Dies gilt unbeschadet von Klausel 14 Buchstabe f.

c) Der Datenexporteur ist berechtigt, den Vertrag zu kündigen, soweit er die Verarbeitung personenbezogener Daten gemäß diesen Klauseln betrifft, wenn

   i) der Datenexporteur die Übermittlung personenbezogener Daten an den Datenimporteur gemäß Buchstabe b ausgesetzt hat und die Einhaltung dieser Klauseln nicht innerhalb einer angemessenen Frist, in jedem Fall aber innerhalb einer einmonatigen Aussetzung, wiederhergestellt wurde,

   ii) der Datenimporteur in erheblichem Umfang oder fortdauernd gegen diese Klauseln verstößt oder

   iii) der Datenimporteur einer verbindlichen Entscheidung eines zuständigen Gerichts oder einer zuständigen Aufsichtsbehörde, die seine Pflichten gemäß diesen Klauseln zum Gegenstand hat, nicht nachkommt.

   In diesen Fällen unterrichtet der Datenexporteur die zuständige Aufsichtsbehörde [in Bezug auf Modul drei: und den Verantwortlichen] über derartige Verstöße. Sind mehr als zwei Parteien an dem Vertrag beteiligt, so kann der Datenexporteur von diesem Kündigungsrecht nur gegenüber der verantwortlichen Partei Gebrauch machen, sofern die Parteien nichts anderes vereinbart haben.

d) [In Bezug auf die Module eins, zwei und drei: Personenbezogene Daten, die vor Beendigung des Vertrags gemäß Buchstabe c übermittelt wurden, müssen nach Wahl des Datenexporteurs unverzüglich an diesen zurückgegeben oder vollständig gelöscht werden. Dies gilt gleichermaßen für alle Kopien der Daten.] [In Bezug auf Modul vier: Von dem in der EU ansässigen Datenexporteur erhobene personenbezogene Daten, die vor Beendigung des Vertrags gemäß Buchstabe c übermittelt wurden, müssen unverzüglich vollständig gelöscht werden, einschließlich aller Kopien.] Der Datenimporteur bescheinigt dem Datenexporteur die Löschung. Bis zur Löschung oder Rückgabe der Daten stellt der Datenimporteur weiterhin die Einhaltung dieser Klauseln sicher. Falls für den Datenimporteur lokale Rechtsvorschriften gelten, die ihm die Rückgabe oder Löschung der übermittelten personenbezogenen Daten untersagen, sichert der Datenimporteur zu, dass er die Einhaltung dieser Klauseln auch weiterhin gewährleistet und diese Daten nur in dem Umfang und so lange verarbeitet, wie dies gemäß den betreffenden lokalen Rechtsvorschriften erforderlich ist.

e) Jede Partei kann ihre Zustimmung widerrufen, durch diese Klauseln gebunden zu sein, wenn i) die Europäische Kommission einen Beschluss nach Artikel 45 Absatz 3 der Verordnung (EU) 2016/679 erlässt, der sich auf die Übermittlung personenbezogener Daten bezieht, für die diese Klauseln gelten, oder ii) die Verordnung (EU) 2016/679[1)] Teil des Rechtsrahmens des Landes wird, an das die personenbezogenen Daten übermittelt werden. Dies gilt unbeschadet anderer Verpflichtungen, die für die betreffende Verarbeitung gemäß der Verordnung (EU) 2016/679 gelten.

---

1) Nr. **1**.

Klausel 17. Anwendbares Recht

Modul Eins: Übermittlung von Verantwortlichen an Verantwortliche

Modul Zwei: Übermittlung von Verantwortlichen an Auftragsverarbeiter

Modul Drei: Übermittlung von Auftragsverarbeitern an Auftragsverarbeiter

[OPTION 1: Diese Klauseln unterliegen dem Recht eines der EU-Mitgliedstaaten, sofern dieses Recht Rechte als Drittbegünstigte zulässt. Die Parteien vereinbaren, dass dies das Recht von _______ *(Mitgliedstaat angeben)* ist.]

[OPTION 2 (in Bezug auf die Module zwei und drei): Diese Klauseln unterliegen dem Recht des EU-Mitgliedstaats, in dem der Datenexporteur niedergelassen ist. Wenn dieses Recht keine Rechte als Drittbegünstigte zulässt, unterliegen diese Klauseln dem Recht eines anderen EU-Mitgliedstaats, das Rechte als Drittbegünstigte zulässt. Die Parteien vereinbaren, dass dies das Recht von _______ *(Mitgliedstaat angeben)* ist.]

Modul Vier: Übermittlung von Auftragsverarbeitern an Verantwortliche

Diese Klauseln unterliegen dem Recht eines Landes, das Rechte als Drittbegünstigte zulässt. Die Parteien vereinbaren, dass dies das Recht von _______ *(Land angeben)* ist.

Klausel 18. Gerichtsstand und Zuständigkeit

Modul Eins: Übermittlung von Verantwortlichen an Verantwortliche

Modul Zwei: Übermittlung von Verantwortlichen an Auftragsverarbeiter

Modul Drei: Übermittlung von Auftragsverarbeitern an Auftragsverarbeiter

a) Streitigkeiten, die sich aus diesen Klauseln ergeben, werden von den Gerichten eines EU-Mitgliedstaats beigelegt.

b) Die Parteien vereinbaren, dass dies die Gerichte von _____ *(Mitgliedstaat angeben)* sind.

c) Eine betroffene Person kann Klage gegen den Datenexporteur und/oder den Datenimporteur auch vor den Gerichten des Mitgliedstaats erheben, in dem sie ihren gewöhnlichen Aufenthaltsort hat.

d) Die Parteien erklären sich damit einverstanden, sich der Zuständigkeit dieser Gerichte zu unterwerfen.

Modul Vier: Übermittlung von Auftragsverarbeitern an Verantwortliche

Streitigkeiten, die sich aus diesen Klauseln ergeben, werden von den Gerichten von _____ *(Land angeben)* beigelegt.

Anlage

ERLÄUTERUNG:
Es muss möglich sein, die für jede Datenübermittlung oder jede Kategorie von Datenübermittlungen geltenden Informationen klar voneinander zu unterscheiden und in diesem Zusammenhang die jeweilige(n) Rolle(n) der Parteien als Datenexporteur(e) und/oder Datenimporteur(e) zu bestimmen. Dies erfordert nicht zwingend, dass für jede Datenübermittlung bzw. jede Kategorie von Datenübermittlungen und/oder für jedes Vertragsverhältnis getrennte Anlagen ausgefüllt und unterzeichnet werden müssen, sofern die geforderte Transparenz bei Verwendung einer einzigen Anlage erzielt werden kann. Erforderlichenfalls sollten getrennte Anlagen verwendet werden, um ausreichende Klarheit zu gewährleisten.

Anhang I

A. **Liste der Parteien**

Modul Eins: Übermittlung von Verantwortlichen an Verantwortliche

Modul Zwei: Übermittlung von Verantwortlichen an Auftragsverarbeiter

Modul Drei: Übermittlung von Auftragsverarbeitern an Auftragsverarbeiter

Modul Vier: Übermittlung von Auftragsverarbeitern an Verantwortliche

Datenexporteur(e): [*Name und Kontaktdaten des Datenexporteurs/der Datenexporteure und gegebenenfalls seines/ihres Datenschutzbeauftragten und/oder Vertreters in der Europäischen Union*]

1. Name: ....
Anschrift:...
Name, Funktion und Kontaktdaten der Kontaktperson:.........................
Tätigkeiten, die für die gemäß diesen Klauseln übermittelten Daten von Belang sind: ....
Unterschrift und Datum: ....
Rolle (Verantwortlicher/Auftragsverarbeiter):..

2. ....

Datenimporteur(e): [*Name und Kontaktdaten des Datenexporteurs/der Datenimporteure, einschließlich jeder für den Datenschutz zuständigen Kontaktperson*]

1. Name: ....
Anschrift:...
Name, Funktion und Kontaktdaten der Kontaktperson:.........................
Tätigkeiten, die für die gemäß diesen Klauseln übermittelten Daten von Belang sind: ....
Unterschrift und Datum: ....
Rolle (Verantwortlicher/Auftragsverarbeiter):..

2. ....

B. **Beschreibung der Datenübermittlung**

Modul Eins: Übermittlung von Verantwortlichen an Verantwortliche

Modul Zwei: Übermittlung von Verantwortlichen an Auftragsverarbeiter

Modul Drei: Übermittlung von Auftragsverarbeitern an Auftragsverarbeiter

Modul Vier: Übermittlung von Auftragsverarbeitern an Verantwortliche

Kategorien betroffener Personen, deren personenbezogene Daten übermittelt werden

....

Kategorien der übermittelten personenbezogenen Daten

....

Übermittelte sensible Daten (falls zutreffend) und angewandte Beschränkungen oder Garantien, die der Art der Daten und den verbundenen Risiken in vollem Umfang Rechnung tragen, z.B. strenge Zweckbindung, Zugangsbeschränkungen (einschließlich des Zugangs nur für Mitarbeiter, die eine spezielle Schulung absolviert haben), Aufzeichnungen über den Zugang zu den Daten, Beschränkungen für Weiterübermittlungen oder zusätzliche Sicherheitsmaßnahmen

....

Häufigkeit der Übermittlung (z.B. ob die Daten einmalig oder kontinuierlich übermittelt werden)

....

Art der Verarbeitung

....

Zweck(e) der Datenübermittlung und Weiterverarbeitung

....

Dauer, für die die personenbezogenen Daten gespeichert werden, oder, falls dies nicht möglich ist, die Kriterien für die Festlegung dieser Dauer

....

Bei Datenübermittlungen an (Unter-)Auftragsverarbeiter sind auch Gegenstand, Art und Dauer der Verarbeitung anzugeben.

....

C. **Zuständige Aufsichtsbehörde**

Modul Eins: Übermittlung von Verantwortlichen an Verantwortliche

Modul Zwei: Übermittlung von Verantwortlichen an Auftragsverarbeiter

Modul Drei: Übermittlung von Auftragsverarbeitern an Auftragsverarbeiter

Angabe der zuständigen Aufsichtsbehörde(n) gemäß Klausel 13

....

Anhang II. Technische und organisatorische Maßnahmen, einschließlich zur Gewährleistung der Sicherheit der Daten

Modul Eins: Übermittlung von Verantwortlichen an Verantwortliche
Modul Zwei: Übermittlung von Verantwortlichen an Auftragsverarbeiter
Modul Drei: Übermittlung von Auftragsverarbeitern an Auftragsverarbeiter

ERLÄUTERUNG:

Die technischen und organisatorischen Maßnahmen müssen konkret (nicht allgemein) beschrieben werden. Beachten Sie hierzu bitte auch die allgemeine Erläuterung auf der ersten Seite der Anlage; insbesondere ist klar anzugeben, welche Maßnahmen für jede Datenübermittlung bzw. jede Kategorie von Datenübermittlungen gelten.

Beschreibung der von dem/den Datenimporteur(en) ergriffenen technischen und organisatorischen Maßnahmen (einschließlich aller relevanten Zertifizierungen) zur Gewährleistung eines angemessenen Schutzniveaus unter Berücksichtigung der Art, des Umfangs, der Umstände und des Zwecks der Verarbeitung sowie der Risiken für die Rechte und Freiheiten natürlicher Personen

[[1] Beispiele für mögliche Maßnahmen:

Maßnahmen der Pseudonymisierung und Verschlüsselung personenbezogener Daten

Maßnahmen zur fortdauernden Sicherstellung der Vertraulichkeit, Integrität, Verfügbarkeit und Belastbarkeit der Systeme und Dienste im Zusammenhang mit der Verarbeitung

Maßnahmen zur Sicherstellung der Fähigkeit, die Verfügbarkeit der personenbezogenen Daten und den Zugang zu ihnen bei einem physischen oder technischen Zwischenfall rasch wiederherzustellen

Verfahren zur regelmäßigen Überprüfung, Bewertung und Evaluierung der Wirksamkeit der technischen und organisatorischen Maßnahmen zur Gewährleistung der Sicherheit der Verarbeitung

Maßnahmen zur Identifizierung und Autorisierung der Nutzer

Maßnahmen zum Schutz der Daten während der Übermittlung

Maßnahmen zum Schutz der Daten während der Speicherung

Maßnahmen zur Gewährleistung der physischen Sicherheit von Orten, an denen personenbezogene Daten verarbeitet werden

Maßnahmen zur Gewährleistung der Protokollierung von Ereignissen

Maßnahmen zur Gewährleistung der Systemkonfiguration, einschließlich der Standardkonfiguration

Maßnahmen für die interne Governance und Verwaltung der IT und der IT-Sicherheit

Maßnahmen zur Zertifizierung/Qualitätssicherung von Prozessen und Produkten

Maßnahmen zur Gewährleistung der Datenminimierung

---

[1] Zeichensetzung amtlich.

Maßnahmen zur Gewährleistung der Datenqualität
Maßnahmen zur Gewährleistung einer begrenzten Vorratsdatenspeicherung
Maßnahmen zur Gewährleistung der Rechenschaftspflicht
Maßnahmen zur Ermöglichung der Datenübertragbarkeit und zur Gewährleistung der Löschung

Bei Datenübermittlungen an (Unter-)Auftragsverarbeiter sind auch die spezifischen technischen und organisatorischen Maßnahmen zu beschreiben, die der (Unter-)Auftragsverarbeiter zur Unterstützung des Verantwortlichen und (bei Datenübermittlungen von einem Auftragsverarbeiter an einen Unterauftragsverarbeiter) zur Unterstützung des Datenexporteurs ergreifen muss.

Anhang III. Liste der Unterauftragsverarbeiter

Modul Zwei: Übermittlung von Verantwortlichen an Auftragsverarbeiter
Modul Drei: Übermittlung von Auftragsverarbeitern an Auftragsverarbeiter

ERLÄUTERUNG:

Dieser Anhang muss für die Module zwei und drei im Falle einer gesonderten Genehmigung von Unterauftragsverarbeitern ausgefüllt werden (Klausel 9 Buchstabe a, Option 1).

Der Verantwortliche hat die Inanspruchnahme folgender Unterauftragsverarbeiter genehmigt:

1. Name: ...
   Anschrift: ...
   Name, Funktion und Kontaktdaten der Kontaktperson: ...
   Beschreibung der Verarbeitung (einschließlich einer klaren Abgrenzung der Verantwortlichkeiten, falls mehrere Unterauftragsverarbeiter genehmigt werden): ...
2. ...

Sachverzeichnis

Die fetten Zahlen bezeichnen die Gesetze, die mageren Zahlen bezeichnen deren Paragraphen.
Die Buchstaben ä, ö und ü sind wie a, o und u in das Alphabet eingeordnet.

WettbR · Wettbewerbsrecht MarkenR/KartellR

Textausgabe TOPTITEL

47. Aufl. 2024. 730 S. NEU

€ 16,90. dtv 5009

Neu im September 2024

Die Neuauflage enthält insbesondere die Änderungen der Richtlinie über Unlautere Geschäftspraktiken VO (EG) 2005/29 aus der neuen sog. »Greenwashing-Richtlinie« VO (EU) 2024/825 sowie als Neuaufnahme diese Vorschrift selbst.

PatR · Patent- und Designrecht

Textausgabe TOPTITEL

17. Aufl. 2023. 921 S.

€ 17,90. dtv 5563

Deutsches, europäisches und internationales Patentrecht, Arbeitnehmererfindungsrecht, Gebrauchsmusterrecht, Designrecht und Internationale Verträge.

GewO · Gewerbeordnung

Textausgabe TOPTITEL

43. Aufl. 2024. 780 S. NEU

€ 15,90. dtv 5004

Neu im Oktober 2024

U.a. mit HandwerksO, PreisangabenVO, Bundes-ImmissionsschutzG, ArbeitssicherheitsG, GefahrstoffVO, SchwarzarbeitsbekämpfungsG

InsO · Insolvenzordnung, StaRUG · Unternehmensstabilisierungs- und -restrukturierungsgesetz

Textausgabe TOPTITEL

26. Aufl. 2024. 371 S. NEU

€ 13,90. dtv 5583

Neu im September 2024

Mit Einführungsgesetz zur Insolvenzordnung, VO (EU) 2015/848 über Insolvenzverfahren, Insolvenzrechtlicher Vergütungsverordnung, Sanierungs- und insolvenzrechtlichem Krisenfolgenabmilderungsgesetz, Anfechtungsgesetz und weiteren insolvenzrechtlichen Vorschriften.

UrhR · Urheber- und Verlagsrecht

Textausgabe TOPTITEL

21. Aufl. 2023. 853 S.

€ 17,90. dtv 5538

Enthält alle wichtigen Gesetze und Verordnungen zum Urheber- und Verlagsrecht, das Recht der urheberrechtlichen Verwertungsgesellschaften mit ihren Tarifverträgen und Satzungen, Übereinkommen des internationalen Urheberrechts und die wichtigsten Richtlinien des Urheberrechts der Europäischen Union.

Schulze

Meine Rechte als Urheber

Urheber- und Verlagsrechte schützen und durchsetzen

Rechtsberater TOPTITEL

7. Aufl. 2020. 448 S.

€ 26,90. dtv 51241

Auch als **ebook** erhältlich.

Schöpferische Werke schützen.

Dieser Rechtsberater richtet sich an alle, die schöpferische Werke schaffen, darbieten, produzieren oder verwerten, also an Schriftsteller, Journalisten, Komponisten, Maler, Grafiker, Designer, Fotografen, Filmurheber, Künstler, Wissenschaftler und sonstige Urheber, außerdem an Verleger, Produzenten und andere Nutzer und deren Berater.

Leicht verständlich: Die rechtlichen Aspekte sind einfach aufbereitet und in einer verständlichen Sprache dargestellt.

Anschaulich: Zahlreiche Beispiele und Hervorhebungen machen die Ausführungen anschaulich.

Übersichtlich: Klar aufgebaut und mit einem ausführlichen Sachregister.

Inklusive Verwertungsgesellschaftengesetz sowie Urheberrechts-Wissensgesellschafts-Gesetz u.v.m.

Bölke/Zimmermann

Presserecht für Journalisten

Freiheit und Grenzen der Recherche und Berichterstattung in Presse, Rundfunk und Online-Medien.

Beck im dtv

2. Aufl. 2021. 328 S.

€ 22,90. dtv 51233

Auch als **ebook** erhältlich.

Ein Journalist, der professionell arbeiten will, muss einerseits seine **Möglichkeiten bei Recherche und Darstellung voll ausschöpfen,** sich andererseits seiner **Grenzen bewusst** sein. Dieses Buch soll beides fördern. Es beantwortet u.a. folgende Fragen:

- Was ist bei nachträglichen Änderungswünschen eines Interviewpartners zu tun?
- Dürfen Fotos aus sozialen Netzwerken genutzt werden?
- Was muss bei der Verbreitung von Informationen aus dem Internet beachtet werden?

Darüber hinaus enthält das Buch **viele Tipps zur Fehlervermeidung** und zur Schadensbegrenzung sowie zu Reaktionen auf anwaltliche Abmahnungen. Die Neuauflage behandelt u.a. die Rechtsprechung zu Online-Archiven (»Recht auf Vergessen«), das Trennungsgebot für Werbung in Online-Angeboten und den redaktionellen Datenschutz nach der DS-GVO.